༄། །ཤེས་རབ་ཀྱི་ཕ་རོལ་ཏུ་ཕྱིན་པ་སྟོང་ཕྲག་ཉི་ཤུ་ལྔ་པ་བཞུགས་སོ། །

ཀ

ཀྲུང་གོའི་བོད་རིག་པ་ཞིབ་འཇུག་ལྟེ་གནས་ཀྱི་བཀའ་
བསྟན་དཔེ་སྡུར་ཁང་གིས་དཔེ་སྒྲིག་ཞུས།

ཀྲུང་གོའི་བོད་རིག་པ་དཔེ་སྐྲུན་ཁང་།

༄། །རྒྱ་ཆེན་ཐུགས་བསྐྱེད་ཞིང་གི་མཆོག །མཆོག་གི་རྣམ་འདྲེན་ཐུབ་པ་ཆེ། །

ཨོཾ

ཨཱཿ

ཧཱུྃ།

༄། །གྲངས་མེད་དང་པོའི་ཚོགས་བསགས་ཡུལ། །ཡུལ་མཆོག་རིན་ཆེན་གཙུག་གཏོར་ཅན། །

ཨོཾ་

ཨཱཿ

ཧཱུྃ།

དེབ་བཅུ་གསུམ་པའི་དཀར་ཆག

ཉི་ཁྲི། ཀ (༡༣)

༄། །རྒྱ་ཆེན་ཐུགས་བསྐྱེད་ཞིང་གི་མཆོག །
མཆོག་གི་རྣམ་འདྲེན་ཐུབ་པ་ཆེ། །

༄། །གྲངས་མེད་དང་པོའི་ཚོགས་བསགས་ཡུལ། །
ཡུལ་མཆོག་རིན་ཆེན་གཙུག་ཏོར་ཅན། །

ཉེ་ཁྲི།

ཀ

༄། །ཤེས་རབ་ཀྱི་ཕ་རོལ་ཏུ་ཕྱིན་པ་སྟོང་ཕྲག་ཉི་ཤུ་ལྔ་པ།①

༄༅། །རྒྱ་གར་སྐད་དུ། པཉྩ་བིང་ཤ་ཏི་སཱ་②ཧ་སྲི་ཀཱ་③པྲཛྙཱ་པཱ་ར་མི་ཏཱ④། བོད་སྐད་དུ། ཤེས་རབ་ཀྱི་ཕ་རོལ་ཏུ་ཕྱིན་པ་སྟོང་ཕྲག་ཉི་ཤུ་ལྔ་པ། དུམ་བུ་⑤དང་པོ། བམ་པོ་གཅིག་པ། སངས་རྒྱས་དང་བྱང་ཆུབ་སེམས་དཔའ་ཐམས་ཅད་ལ་ཕྱག་འཚལ་ལོ། །འདི་སྐད་བདག་གིས་ཐོས་པ་⑥དུས་གཅིག་ན། བཅོམ་ལྡན་འདས་རྒྱལ་པོའི་ཁབ་ཀྱི་རི་བྱ་རྒོད༔འཕུངས་པོ་⑦ལ། དགེ་སློང་ལྔ་སྟོང་ཙམ་གྱི་དགེ་སློང་གི་དགེ་འདུན་ཆེན་པོ་དང་ཐབས་གཅིག་⑧སྟེ། ཐམས་ཅད་ཀྱང་དགྲ་བཅོམ་པ། ཟག་པ་ཟད་པ། ཉོན་མོངས་པ་མེད་པ། དབང་དུ་གྱུར་པ། སེམས་ཤིན་ཏུ་རྣམ་པར་གྲོལ་བ། ཤེས་རབ་ཤིན་ཏུ་རྣམ་པར་གྲོལ་བ། ཅང་ཤེས་པ། གླང་པོ་ཆེན་པོ། བྱ་བ་བྱས་པ། བྱེད་པ་བྱས་པ། ཁུར་བོར་བ། རང་གི་དོན་རབ་ཏུ་ཐོབ་པ། སྲིད་པར་⑨སྦྱོར་བ་ཡོངས་སུ་ཟད་པ། བཀའ་ཡང་དག་པས་སེམས་ཤིན་ཏུ་རྣམ་པར་གྲོལ་བ། སེམས་ཀྱི་དབང་

ཐམས་ཅད་ལ་ཕ་རོལ་ཏུ་ཕྱིན་པའི་མཆོག་ཐོབ་པ་ཤཱ་རིའི་བུ་ལྟ་བུ་ཡང་། གང་ཟག་གཅིག་མ་གཏོགས་པ་ནི། འདི་ལྟར་སློབ་པ་རྒྱུན་དུ་ཞུགས་པ་ཚེ་དང་ལྡན་པ་དགའ་བོའོ། །དགེ་སློང་མ་གྲགས་འཛིན་དང་། སྐྱེ་དགུའི་བདག་མོ་ཆེན་མོ་ལ་སོགས་པ་ལྔ་བརྒྱ་ཙམ་དང་། དགེ་བསྙེན་དང་། དགེ་བསྙེན་མ་ཤིན་ཏུ་མང་བ་ཀུན་ཀྱང་ཆོས་མཐོང་བ་ཤཱ་རིའི་བུ་དང་། བྱང་ཆུབ་སེམས་དཔའ་སེམས་དཔའ་ཆེན་པོ་ཚད་མེད་གྲངས་མེད་པ་ཐམས་ཅད་ཀྱང་གཟུངས་རབ་ཏུ་ཐོབ་པ། ཏིང་ངེ་འཛིན་རབ་ཏུ་ཐོབ་པ། སྟོང་པ་ཉིད་ཀྱིས་རྣམ་པར་སྤྱོད་པ། མཚན་མ་མེད་པའི་སྤྱོད་ཡུལ་ཅན། རྟོག་པ་མེད་པའི་སྨོན་ལམ་དང་ལྡན་པ། ཆོས་ཐམས་ཅད་ལ་མཉམ་པ་ཉིད་ཀྱི་བཟོད་པ་རབ་ཏུ་ཐོབ་པ། ཆགས་པ་མེད་པའི་གཟུངས་རབ་ཏུ་ཐོབ་པ། ཐོགས་པ་མེད་པའི་སྤོབས་པ་དང་ལྡན་པ། བསྟན་པ་ཟད་མི་ཤེས་པ་ལ་སོ་སོ་ཡང་དག་པར་རིག་པའི་ཚུལ་ཁོང་དུ་ཆུད་པ། མངོན་པར་ཤེས་པ་ཆེན་པོས་རྣམ་པར་རྩེ་བ། མངོན་པར་ཤེས་པ་ཤིན་ཏུ་མ་ཉམས་པ། མཉན་པར་འོས་པའི་ཚིག་དང་ལྡན་པ། ལེ་ལོ་མེད་ཅིང་བརྩོན་འགྲུས[1]བརྩམས་པ། ལུས་དང་སྲོག་ལ་མི་ལྟ་བ། ཚུལ་འཆོས[2]པ་མེད་པ། ཁ་གསག[3]མེད་པ། གྲགས་པ་དང་། ཁེ་དང་། བཀུར་སྟིའི་སེམས་མེད་པ། ཟང་ཟིང་མེད་པའི་ཆོས་སྟོན་པ། ཆོས་ཟབ་མོའི་བཟོད་པ་དམ་པ་རྟོགས་པར་ཁོང་དུ་ཆུད་པ། མི་འཇིགས་པ་ཆེན་པོ་ཐོབ་པ། ཡིད་ཡོངས་སུ་ཞུམ་པ་མེད་པ། བདུད་ཀྱི་ལས་ཐམས་ཅད་ལས་ཡང་དག་པར་འདས་པ། ལས་ཀྱི་སྒྲིབ་པ་རྒྱུན་ཆད་པ། ལས་དང་ཉོན་མོངས་པ་དང་། ཕྱིར་རྒོལ་བ་རབ་ཏུ་བཅོམ་པ། ཕ་རོལ་པོའི་རྒོལ་བ་ཐམས་ཅད་ཀྱིས་ཟིལ་གྱིས་མི་ནོན་པ། ཉན་ཐོས་དང་རང་སངས་རྒྱས་ཐམས་ཅད་ཀྱིས་རྟོགས་པར་དཀའ་བ། ཆོས་རབ་ཏུ་རྟོགས་པས་རྣམ་པར་དབྱེ་ཞིང་བསྟན་པ་ལ་

མཁས་པ་བསྐལ་པ་གྲངས་མེད་པ་ནས་སྨོན་ལམ་ཤིན་ཏུ་བརྩམས་པ། བཞིན་
འཛུམ་པ་དང་ལྡན་པ། སྔོན་དུ་སྨྲ་བ། ཁྲོ་གཉེར་མེད་པ། སྙན་ཅིང་འཇམ་
པའི་ཚིག་དང་ལྡན་པ། ཕ་རོལ་ལ་ཚིགས་སུ་བཅད་པའི་དབྱངས་སུ་བཛོད་པ་ལ་
མཁས་པ། སྤོབས་པ་མི་ཆོད་པ། འཁོར་མཐའ་ཡས་པ་ཟིལ་གྱིས་གནོན་པའི་
མི་འཇིགས་པ་དང་ལྡན་པ། བསྐལ་པ་བྱེ་བ་མཐའ་ཡས་པར་བསྟན་པའི་ཡེ་ཤེས་
ཀྱིས་[༡]འབྱུང་བ་ལ་མཁས་པ། ཆོས་ཐམས་ཅད་སྒྱུ་མ་དང་། སྨིག་རྒྱུ་དང་།
ཆུ་ཟླ་དང་། རྨི་ལམ་དང་། སྒྲ་བརྙན་དང་། མིག་ཡོར་དང་། ནམ···
མཁའ་དང་། དྲི་ཟའི་གྲོང་ཁྱེར་དང་། སྤྲུལ་པ་དང་། གཟུགས་བརྙན་ལྟ···
བུར་ཁོང་དུ་ཆུད་པ། སེམས་ཡོངས་སུ་ཞུམ་པ་མེད་པ། སེམས་ཅན་ཐམས་
ཅད་ཀྱི་སེམས་ཀྱི་རྒྱུད་དང་། ཤེས་པ་ཕྲ་བ་དང་། སྤྱོད་པ་དང་། མོས་པ···
ཁོང་དུ་ཆུད་པར་བྱ་བ་ལ་མཁས་པ། སེམས་ཅན་ཐམས་ཅད་ལ་ སྡང་བ་མེད་པའི་
སེམས་དང་ལྡན་པ། བཟོད་པ་རླབས་པོ་ཆེ་དང་ལྡན་པ། ཆོས་ཐམས་ཅད····
མཉམ་པ་ཉིད་དུ་རྟོགས་པར་བྱ་བའི་ཡེ་ཤེས་ལ་མཁས་པ། ཆོས་ཉིད་ཟབ་མོ་དང་
ལྡན་པས་གཏིང་དཔག་དཀའ་བ། རང་གི་སེམས་ལ་དབང་རབ་ཏུ་ཐོབ་པ།
ཆོས་ཐམས་ཅད་ལ་དབང་ཤིན་ཏུ་ཐོབ་པ། ལས་དང་ཉོན་མོངས་པ་དང་ལྟ་བའི་
སྒྲིབ་པ་ཐམས་ཅད་ལས་རྣམ་པར་གྲོལ་བ། བརྟེན་[༢]པ་རྟོགས་པར་བསྟན་པ་ལ་
མཁས་པ། རྟེན་ཅིང་འབྲེལ་བར་འབྱུང་བའི་ཚུལ་ཟབ་མོ་ཤེས་པ་ལ་ཞུགས་པ།
ལྟ་བ་དང་། བག་ལ་ཉལ་བ་དང་། ཀུན་ནས་ལྡང་བ་ཐམས་ཅད་དང་བྲལ་བ།
ཀུན་ཏུ་སྦྱོར་བ་ཐམས་ཅད་སྤངས་པ། [༣]ལས་དང་། ཉོན་མོངས་པ་ཐམས་
ཅད་རབ་ཏུ་ཞི་བར་བྱ་བ་ལ་མཁས་པ། བདེན་པ་རབ་ཏུ་རྟོགས་པར་བྱ་བའི་ཡེ་
ཤེས་ལ་མཁས་པ། ཆོས་ཐམས་ཅད་སྒྲ་བརྙན་དང་འདྲ་བར་རྟག་ཏུ་རྒྱུན་མི་ཆད་

པར་སོས་པ། ཆོས་ཀྱི་ཚུལ་བསྟན་པ་ཚད་མེད་པ་ལ་འཇིགས་[༡]པ་མེད་པ། བདག་ཉིད་ཇི་ལྟ་བ་བཞིན་དུ་ཁོང་དུ་ཆུད་པར་བྱ་བ་ལ་མཁས་པ། སངས་རྒྱས་ཀྱི་ཞིང་མཐའ་ཡས་པ་རྣམ་པར་དགོད་པའི་སྨོན་ལམ་གྱིས་འགྲོ་བ་ཡོངས་སུ་ཟིན་པ། འཇིག་རྟེན་གྱི་ཁམས་གྲངས་མེད་པ་ན་བཞུགས་པའི་སངས་རྒྱས་རྗེས་སུ་དྲན་པའི་ཏིང་ངེ་འཛིན་རྟག་ཏུ་རྒྱུན་མི་ཆད་པར་མངོན་དུ་གྱུར་པ། སངས་རྒྱས་འབྱུང་བ་ཐམས་ཅད་དུ་ཉེ་བར་འགྲོ་བ་ལ་མཁས་པ། སངས་རྒྱས་དཔག་ཏུ་མེད་པ་ལ་གསོལ་བ་གདབ་པར་མཁས་པ། སེམས་ཅན་གྱི་ལྟ་བ་སྣ་ཚོགས་ཀྱིས་ཡོངས་སུ་བསྐྱེད་པའི་ཉོན་མོངས་པ་ཞི་བར་བྱ་བ་ལ་མཁས་པ། ཏིང་ངེ་འཛིན་བརྒྱ་སྟོང་མངོན་པར་བསྒྲུབ་[༢]པ་ལ་རྣམ་པར་རྩེ་བའི་ཡེ་ཤེས་རྫོགས་པར་བྱ་བ་ལ་མཁས་པ། ཡོན་ཏན་བརྗོད་པ་བསྐལ་པ་མཐའ་ཡས་པར་མི་ཟད་པ་དང་ལྡན་པ་ཤ་སྟག་དང་ཐབས་གཅིག་[༣]སྟེ། འདི་ལྟར་བྱང་ཆུབ་སེམས་དཔའ་སེམས་དཔའ་ཆེན་པོ་བཟང་སྐྱོང་དང་། རིན་ཆེན་འབྱུང་གནས་དང་། རིན་ཆེན་སྙིང་པོ་དང་། རིན་ཆེན་སྦྱིན་པ་དང་། དེད་དཔོན་དམ་པ་དང་། སྐྱེས་བུས་སྦྱིན་དང་། སྐྱབ་སྲིད་དང་། ཚ་བདག་ལྷ་དང་། དབང་པོས་སྦྱིན་དང་། བཟང་པོའི་སྟོབས་དང་། བློ་གྲོས་དམ་པ་དང་། འཕགས་པའི་བློ་གྲོས་དང་། བློ་གྲོས་འཕེལ་བ་དང་། བློ་གྲོས་མཐའ་ཡས་དང་། དོན་ཡོད་མཐོང་བ་དང་། སྒྲིབ་མེད་བློ་གྲོས་དང་། རབ་ཏུ་ཞུགས་པ་དང་། མཐུ་དམ་པས་རྣམ་པར་གནོན་པ་དང་། བརྩོན་འགྲུས་མཐའ་ཡས་དང་། རྟག་ཏུ་བརྩོན་པ་དང་། རྟག་ཏུ་སྦྱོར་བ་དང་། མི་གཏོང་བརྩོན་པ་དང་། ཉི་མའི་སྙིང་པོ་དང་། ཟླ་བའི་སྙིང་པོ་དང་། བློ་གྲོས་དཔེ་མེད་པ་དང་། སྤྱན་རས་གཟིགས་ཀྱི་དབང་པོ་དང་། མཐུ་ཆེན་པོ་ཐོབ་པ་དང་། འཇམ་དཔལ་གཞོན་ནུར་གྱུར་པ་དང་།

བདུད་ཀྱི་སྟོབས་རབ་ཏུ་འཇོམས་(༡)པ་དང་། རྡོ་རྗེ་བློ་གྲོས་དང་། ལག་ན་རིན་ཆེན་ཕྱུག་རྒྱ་དང་། རྟག་ཏུ་ལག་བརྐྱང་དང་། སྙིང་རྗེ་ཆེར་སེམས་དང་། རྒྱན་ཆེན་པོ་དང་། རྣམ་པར་བཀོད་པའི་རྒྱལ་པོ་དང་། རི་བོའི་རྩེམ་དང་། བྱང་ཆུབ་སེམས་དཔའ་སེམས་དཔའ་ཆེན་པོ་བྱམས་པ་དང་། དེ་དག་ལ་སོགས་པ་གཞན་ཡང་བྱང་ཆུབ་སེམས་དཔའ་བྱེ་བ་ཁྲག་ཁྲིག་བརྒྱ་སྟོང་དུ་མ་དག་དང་ཐབས་གཅིག་(༢)ཏུ་བཞུགས་སོ། །དེ་ནས་དེའི་ཚེ་བཅོམ་ལྡན་འདས་ཉིད་ཀྱིས་གདན་སེང་གེའི་ཁྲི་བཤམས་ནས་སྐྱ་དྲང་པོར་བསྲང་སྟེ། དགོངས་པ་མངོན་དུ་བཞག་ནས༔ སྐྱིལ་མོ་ཀྲུང་(༣)བཅས་ཏེ་བཞུགས་སོ། །དེར་(༤)བཞུགས་ནས་ཏིང་ངེ་འཛིན་གང་དུ་ཏིང་ངེ་འཛིན་ཐམས་ཅད་འདུ་བ་དང་། ཡོངས་སུ་ཆུད་པ་དང་། རྗེས་སུ་འབྲང་བ་དང་། འདུ་བར་འགྱུར་བའི་ཏིང་ངེ་འཛིན་ཏིང་ངེ་འཛིན་གྱི་རྒྱལ་པོ་ཞེས་བྱ་བ་ལ་མཉམ་པར་(༥)བཞག་གོ། །དེ་ནས་བཅོམ་ལྡན་འདས་དགོངས་ཤིང་ཡང་དག་པར་མཁྱེན་པས་ཏིང་ངེ་འཛིན་དེ་ལས་བཞེངས་ཏེ། (༦)འཕྲུལ་གྱི་སྤྱན་གྱིས་སངས་རྒྱས་ཀྱི་ཞིང་འདི་ལ་རྣམ་པར་གཟིགས་སོ། །དེ་ལྟར་གཟིགས་ནས་སྐུ་ཐམས་ཅད་ནས་འོད་རབ་ཏུ་བཀྱེ་སྟེ། དེའི་ཞབས་ཀྱི་མཐིལ་གཉིས་ཀྱི་འཁོར་ལོ་(༧)རྩིབས་སྟོང་དང་ལྡན་པ་གཉིས་ལས་འོད་ཟེར་བྱེ་བ་ཁྲག་ཁྲིག་བརྒྱ་སྟོང་དྲུག་ཅུ་(༨)དྲུག་ཅུ་བྱུང་ངོ་། །ཞབས་གཉིས་ཀྱི་སོར་མོ་བཅུ་ལས་ཀྱང་འོད་ཟེར་བྱེ་བ་ཁྲག་ཁྲིག་བརྒྱ་སྟོང་དྲུག་ཅུ་དྲུག་ཅུ་བྱུང་ངོ་། །ཞབས་ཀྱི་ལོང་བུ་གཉིས་དང་། ཞབས་བྱིན་པ་གཉིས་དང་། ཞབས་པུས་མོ་གཉིས་དང་། ཞབས་བརླ་གཉིས་དང་། སྐུ་སྨད་ཟུར་གཉིས་དང་། སྐུ་ལྟེ་བའི་དཀྱིལ་འཁོར་དང་། སྐུ་རྩིབ་ལོགས་གཉིས་དང་། ཐུགས་ཀའི་སྐྱེས་བུ་ཆེན་པོའི་མཚན་དཔལ་གྱི་བེའུ་ལས་ཀྱང་འོད་ཟེར་བྱེ་བ་ཁྲག་ཁྲིག་བརྒྱ་སྟོང་དྲུག་ཅུ་དྲུག་ཅུ་བྱུང་ངོ་།།

ཕྱག་གི་སོར་མོ་བཅུ་ལས་ཀྱང་འོད་ཟེར་བྱེ་བ་ཁྲག་ཁྲིག་བརྒྱ་སྟོང་དྲུག་ཅུ་དྲུག་ཅུ་བྱུང་ངོ་། །དེ་བཞིན་དུ་ཕྱག་ལག་ངར་གཉིས་དང་། སྐུ་ཕྲག་པ་གཉིས་དང་། མགུར་དང་། ཚེམས་མཆེ་བ་བཞི་དང་། ཚེམས་བཞི་བཅུ་དང་། སྤྱན་གཉིས་དང་། སྙན་གཉིས་དང་། ཤངས་ཀྱི་སྦུབས་གཉིས་དང་། སྨིན་མཚམས་ཀྱི་མཛོད་སྤུ་དང་། སྙིང་གི་སྤྱི་གཙུག་དང་། ཞལ་གྱི་སྒོ་ནས་ཀྱང་འོད་ཟེར་བྱེ་བ་ཁྲག་ཁྲིག་བརྒྱ་སྟོང་དྲུག་ཅུ་དྲུག་ཅུ་བྱུང་སྟེ། འོད་ཟེར་བྱེ་བ་ཁྲག་ཁྲིག་བརྒྱ་སྟོང་[༧]དྲུག་ཅུ་པོ་དེ་དག་ཐམས་ཅད་ཀྱིས། སྟོང་གསུམ་གྱི་སྟོང་ཆེན་པོའི་འཇིག་རྟེན་གྱི་ཁམས་འདི་དག་ཐམས་ཅད་སྣང་བ་ཆེན་པོས་ཁྱབ་པར་བྱས་ཏེ། ཤར་ཕྱོགས་ཀྱི་འཇིག་རྟེན་གྱི་ཁམས་གང་གཱའི་ཀླུང་གི་བྱེ་མ་སྙེད་སྣང་བ་ཆེན་པོས་ཁྱབ་པར་བྱས་སོ། །ལྷོ་དང་ནུབ་དང་བྱང་དང་བྱང་ཤར་དང་ཤར་ལྷོ་དང་ལྷོ་ནུབ་དང་ནུབ་བྱང་གི་ཕྱོགས་མཚམས་དང་འོག་དང་སྟེང་གི་ཕྱོགས་སུ་ཕྱོགས་རེ་རེ་ཞིང་འཇིག་རྟེན་གྱི་ཁམས་གང་གཱའི་ཀླུང་གི་བྱེ་མ་སྙེད་སྣང་བ་ཆེན་པོས་ཁྱབ་པར་བྱས་སོ། །སེམས་ཅན་གང་གིས་འོད་ཟེར་དེ་མཐོང་བ་དང་། འོད་དེས་གང་ལ་རེག་པར་གྱུར་པ་དེ་དག་ཐམས་ཅད་ཀྱང་། བླ་ན་མེད་པ་ཡང་དག་པར་རྫོགས་པའི་[༢]བྱང་ཆུབ་ཏུ་ངེས་པར་གྱུར་ཏོ། །དེ་ནས་ཡང་[༣]བཅོམ་ལྡན་འདས་ཀྱི་[༤]བ་སྤུའི་སྒོ་ཐམས་ཅད་ནས་འོད་ཟེར་རབ་ཏུ་དགྱེ་བ་མཛད་དེ། འོད་དེས་ཀྱང་སྟོང་གསུམ་གྱི་སྟོང་ཆེན་པོའི་འཇིག་རྟེན་གྱི་ཁམས་འདི་སྣང་བ་ཆེན་པོས་ཁྱབ་པར་བྱས་སོ། །ཤར་ཕྱོགས་སུ་འཇིག་རྟེན་གྱི་ཁམས་གང་གཱའི་ཀླུང་གི་བྱེ་མ་སྙེད་སྣང་བ་ཆེན་པོས་ཁྱབ་པར་བྱས་སོ། །ལྷོ་དང་ནུབ་དང་བྱང་དང་བྱང་ཤར་དང་ཤར་ལྷོ་དང་ལྷོ་ནུབ་དང་ནུབ་བྱང་གི་ཕྱོགས་མཚམས་དང་འོག་དང་སྟེང་གི་ཕྱོགས་སུ་ཕྱོགས་རེ་རེ་ཞིང་ཡང་འཇིག་རྟེན་གྱི་ཁམས་གང་གཱའི་ཀླུང་གི་བྱེ་མ་སྙེད་སྣང་བ་

ཆེན་པོས་ཁྱབ་པར་བྱས་སོ། །སེམས་ཅན་གང་གིས་འོད་དེ་མཐོང་བ་དང་འོད་དེས་གང་ལ་རེག་པར་གྱུར་པ་དེ་དག་ཐམས་ཅད་ཀྱང་། བླ་ན་མེད་པ་ཡང་དག་པར་རྫོགས་པའི་བྱང་ཆུབ་ཏུ་ངེས་པར་གྱུར་ཏོ། །དེ་ནས་ཡང་[༧]བཅོམ་ལྡན་འདས་ཀྱིས་དེ་བཞིན་གཤེགས་པའི་རང་བཞིན་གྱི་འོད་ཀྱིས་སྟོང་གསུམ་གྱི་སྟོང་ཆེན་པོའི་འཇིག་རྟེན་གྱི་ཁམས་འདི་སྣང་བ་ཆེན་པོས་ཁྱབ་པར་མཛད་དེ། ཤར་ཕྱོགས་སུ་འཇིག་རྟེན་གྱི་ཁམས་གང་གཱའི་ཀླུང་གི་བྱེ་མ་སྙེད་སྣང་བ་ཆེན་པོས་ཁྱབ་པར་མཛད་དོ། །ལྷོ་དང་ནུབ་དང་བྱང་དང་བྱང་ཤར་དང་ཤར་ལྷོ་དང་ལྷོ་ནུབ་དང་ནུབ་བྱང་གི་ཕྱོགས་མཚམས་དང་འོག་དང་སྟེང་གི་ཕྱོགས་སུ་ཕྱོགས་རེ་རེ་ཞིང་འཇིག་རྟེན་གྱི་ཁམས་གང་གཱའི་ཀླུང་གི་བྱེ་མ་སྙེད་སྣང་བ་ཆེན་པོས་ཁྱབ་པར་མཛད་དོ༔ །སེམས་ཅན་གང་གིས་འོད་དེ་མཐོང་བ་དང་། འོད་དེས་གང་ལ་རེག་པར་གྱུར་པ་དེ་དག་ཐམས་ཅད་ཀྱང་། བླ་ན་མེད་པ་ཡང་དག་པར་རྫོགས་པའི་བྱང་ཆུབ་ཏུ་ངེས་པར་གྱུར་ཏོ། །དེ་ནས་བཅོམ་ལྡན་འདས་ཀྱིས་ཞལ་གྱི་སྒོ་ནས་ལྗགས་ཀྱི་དབང་པོ་བཀྲམ་སྟེ། སྟོང་གསུམ་གྱི་སྟོང་ཆེན་པོའི་འཇིག་རྟེན་གྱི་ཁམས་འདི་ཐམས་ཅད་ལྗགས་ཀྱི་དབང་པོས་ཁྱབ་པར་མཛད་ནས་ཞལ་འཛུམ་པ་མཛད་དོ། །ལྗགས་ཀྱི་དབང་པོ་དེ་ལས་ཀྱང་འོད་ཟེར་ཁ་དོག་སྣ་ཚོགས་བྱེ་བ་ཁྲག་ཁྲིག་བརྒྱ་སྟོང་དུ་མ་འཐོན་ཏེ། འོད་ཟེར་དེ་དག་ཐམས་ཅད་ལ་པད་མོ་མང་པོ༔ རིན་པོ་ཆེ་སྣ་ཚོགས་ཀྱི་རྒྱུ་ལས་བྱུང་བ། གསེར་གྱི་མདོག་ཏུ་སྣང་བ། འདབ་[༣]མ་སྟོང་དང་ལྡན་པ། སྣ་ཚོགས་སུ་འདུག་པ། བལྟ་ན་སྡུག་པ། ཡིད་དུ་འོང་བ། ཁ་དོག་བཟང་བ། དྲི་ཞིམ་པ། འཇམ་པ། ཀ་ཙ་ལིན་དི་ཀ་ལྟར་རེག་ན་བདེ་བར་འགྱུར་བ་ཤ་སྟག་ཀུན་ནས་གནས་པར་གྱུར་ཏེ། པད་མོ་དེ་དག་ལ་ཡང་དེ་བཞིན་གཤེགས་པའི་སྐུ་མང་པོ་བཞུགས་ཤིང་། འདི་ལྟ་སྟེ།

ཕ་རོལ་ཏུ་ཕྱིན་པ་དྲུག་དང་ལྡན་པའི་ཆོས་བསྟན་པ་འདི་ཉིད༔ ཀྱི་ཆོས་①སྟོན་པ་མཛད་དེ། དེ་དག་ཤར་ཕྱོགས་ཀྱི་འཇིག་རྟེན་གྱི་ཁམས་གང་གཱའི་ཀླུང་གི་བྱེ་མ་སྙེད་དུ་གཤེགས་ཤིང་དེ་དག་ཏུ་ཕྱིན་ནས་འདི་ལྟ་སྟེ། ཕ་རོལ་ཏུ་ཕྱིན་པ་དྲུག་དང་ལྡན་པའི་ཆོས་བསྟན་པ་འདི་ཉིད་ཀྱི་ཆོས་སྟོན་ཏོ། །དེ་དག་ལྷོ་དང་ནུབ་དང་བྱང་དང་བྱང་ཤར་དང་ཤར་ལྷོ་དང་ལྷོ་ནུབ་དང་ནུབ་བྱང་གི་ཕྱོགས་མཚམས་དང་འོག་དང་སྟེང་གི་ཕྱོགས་སུ་ཕྱོགས་རེ་རེ་ཞིང་འཇིག་རྟེན་གྱི་ཁམས་གང་གཱའི་ཀླུང་གི་བྱེ་མ་སྙེད་དུ་གཤེགས་ཤིང་། དེ་དག་ཏུ་ཕྱིན་ནས་ཀྱང་འདི་ལྟ་སྟེ། ཕ་རོལ་ཏུ་ཕྱིན་པ་དྲུག་དང་ལྡན་པའི་ཆོས་བསྟན་པ་འདི་ཉིད་ཀྱི་ཆོས་སྟོན་ཏོ། །སེམས་ཅན་གང་གིས་ཆོས་དེ་དག་ཐོས་པར་གྱུར་པ་དེ་དག་③ཐམས་ཅད་ཀྱང་། བླ་ན་མེད་པ་ཡང་དག་པར་རྫོགས་པའི་བྱང་ཆུབ་ཏུ་ངེས་པར་གྱུར་ཏོ། །དེ་ནས་བཅོམ་ལྡན་འདས་ཀྱིས་གདན་སེང་གེའི་ཁྲི་དེ་ལ་བཞུགས་བཞིན་དུ་སངས་རྒྱས་ཀྱི་ཏིང་ངེ་འཛིན་སེང་གེ་རྣམ་པར་རོལ་པ་ཞེས་བྱ་བ་ལ་མཉམ་པར་བཞག་སྟེ། རྫུ་འཕྲུལ་མངོན་པར་འདུ་མཛད་དོ། །རྫུ་འཕྲུལ་དེ་མངོན་པར་འདུ་མཛད་པས། སྟོང་གསུམ་གྱི་སྟོང་ཆེན་པོའི་འཇིག་རྟེན་གྱི་ཁམས་འདི་རྣམ་པ་དྲུག་ཏུ་གཡོས་ཏེ། གཡོས་སོ། །རབ་ཏུ་གཡོས་སོ། །ཀུན་ཏུ་གཡོས་སོ། །འགུལ་ཏོ། །རབ་ཏུ་འགུལ་ཏོ། །ཀུན་ཏུ་འགུལ་ཏོ། །ལྡིག་གོ། །རབ་ཏུ་ལྡིག་གོ། །ཀུན་ཏུ་ལྡིག་གོ། །ཆེམ་ཆེམ། རབ་ཏུ་ཆེམ་ཆེམ། ཀུན་དུ་ཆེམ་ཆེམ་མོ། །འུར་འུར། རབ་ཏུ་འུར་འུར། ཀུན་དུ་འུར་འུར་རོ། །ཤིག་ཤིག །རབ་ཏུ་ཤིག་ཤིག །ཀུན་དུ་ཤིག་ཤིག་གོ། །ཤར་མཐོ་ན་ནི་ནུབ་དམའ། ནུབ་མཐོ་ན་ནི་ཤར་དམའ། བྱང་མཐོ་ན་ནི་ལྷོ་དམའ། ལྷོ་མཐོ་ན་①ནི་བྱང་དམའ། མཐའ་མཐོ་ན་ནི་དབུས་དམའ། དབུས་མཐོ་ན་ནི་མཐའ་དམའ་སྟེ། དལ་བུས་བགས་ཀྱིས

ཉམས་སུ་བདེ་བར་སེམས་ཅན་ཐམས་ཅད་ལ་ཕན་པ་དང་བདེ་བ་སྐྱེད་[༡]པར་གྱུར་ཏོ། །དེ་ནས་དེའི་ཚེ་སྐད་ཅིག་ཡུད་ཙམ་ཐང་ཅིག་[༢]ལ། སྟོང་གསུམ་གྱི་སྟོང་ཆེན་པོའི་འཇིག་རྟེན་གྱི་ཁམས་འདི་ན་སེམས་ཅན་དམྱལ་བ་དང་། ཕྱུགས་སོང་གི་སྐྱེ་གནས་དང་། གཤིན་རྗེའི་འཇིག་རྟེན་དང་། མི་ཁོམ་པ་དང་། ངན་སོང་དང་། ངན་འགྲོ་དང་། ལོག་པར་ལྟུང་བ་གང་ཇི་སྙེད་ཡོད་པ་དེ་དག་ཐམས་ཅད་རྒྱུན་ཆད་ཅིང་སྟོངས་པར་གྱུར་ཏེ། སེམས་ཅན་དེ་དག་ཐམས་ཅད་ཀྱང་། མི་དང་སྐལ་བ་མཉམ་པར་སྐྱེས་པར་གྱུར་ཏོ། །དེ་བཞིན་དུ་རྒྱལ་ཆེན་བཞིའི་རིས་ཀྱི་ལྷ་དང་། སུམ་ཅུ་རྩ་གསུམ་དང་། མཚེ་མ་དང་། དགའ་ལྡན་དང་། འཕྲུལ་དགའ་དང་། གཞན་འཕྲུལ་དབང་བྱེད་ཀྱི་ལྷ་དང་། སྐལ་བ་མཉམ་པར་སྐྱེས་པར་གྱུར་ཏོ། །དེ་ནས་ལྷ་དེ་དག་དང་། མི་དེ་དག་[༣]དགའ་བ་དང་། མོས་པ་དང་། ཉམས་བདེ་བ་དེ་ཉིད་ཀྱིས་སྔོན་གྱི་ཚེ་རབས་རྗེས་སུ་དྲན་པར་གྱུར་ཏེ། རྗེས་སུ་དྲན་ནས་ཀྱང་དགའ་བ་དང་། མོས་པ་དང་ཉམས་བདེ་བ་ཐོབ་པར་གྱུར་པ་དེ་དག་བཅོམ་ལྡན་འདས་གང་ན་བ་དེར་དོང་ཞིང་ཕྱིན་ནས་ཞབས་ལ་ཕྱག་འཚལ་[༤]ཏེ། དེ་བཞིན་གཤེགས་པ་དགྲ་བཅོམ་པ་ཡང་དག་པར་རྫོགས་པའི་སངས་རྒྱས་དེ་དག་ལ་ཐལ་མོ་སྦྱོར་ཞིང་འདུད་པར་གྱུར་ཏོ། །ཤར་ཕྱོགས་ཀྱི་འཇིག་རྟེན་གྱི་ཁམས་གང་གཱའི་ཀླུང་གི་བྱེ་མ་སྙེད་དང་། ལྷོ་ཕྱོགས་དང་། ནུབ་ཕྱོགས་དང་། བྱང་ཕྱོགས་དང་། ཕྱོགས་མཚམས་རྣམས་དང་། འོག་དང་སྟེང་གི་ཕྱོགས་ཀྱི་ཕྱོགས་རེ་རེ་ཞིང་འཇིག་རྟེན་གྱི་ཁམས་གང་གཱའི་ཀླུང་གི་བྱེ་མ་སྙེད་ཀྱི་སེམས་ཅན་དམྱལ་བ་ཐམས་ཅད་དང་། ཕྱུགས་སོང་གི་སྐྱེ་གནས་ཐམས་ཅད་དང་། གཤིན་རྗེའི་འཇིག་རྟེན་ཐམས་ཅད་ཀྱང་རྒྱུན་ཆད། མི་ཁོམ་པ་ཐམས་ཅད་ཀྱང་ནུབ་པར་གྱུར་ཏེ། སེམས་ཅན་དེ་དག་ཐམས་ཅད་ཀྱང་མི་དང་

ལྷར་སྐལ་བ་མཉམ་པར་སྐྱེས་སོ། །དེ་ནས་མི་དེ་དག་དང་། ལྷ་དེ་དག་དགའ་བ་དང་། མོས་པ་དང་། ཉམས་བདེ་བ་དེ་ཉིད་ཀྱིས་སྟོན་གྱི་ཚེ་རབས་རྗེས་སུ་དྲན་པར་གྱུར་ཏེ། རྗེས་སུ་དྲན་ནས་ཀྱང་དགའ་བ་དང་། མོས་པ་དང་། ཉམས་བདེ་བ་ཐོབ་པར་གྱུར་པ་དེ་དག །རང་རང་གི་སངས་རྒྱས་ཀྱི་ཞིང་དེ་དག་ན༔ དེ་བཞིན་གཤེགས་པ་དགྲ་བཅོམ་པ་ཡང་དག་པར་རྫོགས་པའི་སངས་རྒྱས་གང་བཞུགས་པ་དེ་དག་གི་དྲུང་དུ་དོང་ཞིང་ཕྱིན་ནས། ཞབས་ལ་ཕྱག་འཚལ་ཏེ། དེ་བཞིན་གཤེགས་པ་དགྲ་བཅོམ་པ་ཡང་དག་པར་རྫོགས་པའི་སངས་རྒྱས་དེ་དག་ལ་ཐལ་མོ་སྦྱར་ཞིང་འདུད་པར་གྱུར་ཏོ། །དེ་ནས་དེའི་ཚེ་སྟོང་གསུམ་གྱི་སྟོང་ཆེན་པོའི་འཇིག་རྟེན་གྱི་ཁམས་འདི་ན། སེམས་ཅན་དམུས་ལོང་ཇི་སྙེད་ཅིག་ཡོད་པ་དེ་དག་ཐམས་ཅད་ཀྱང་། མིག་གིས་གཟུགས་མཐོང་བར་གྱུར་ཏོ། །འོན་པ་རྣམས་ཀྱང་རྣ་བས་སྒྲ་ཐོས་པར་གྱུར་ཏོ། །སྨྱོན་པ་རྣམས་ཀྱང་དྲན་པ་ཐོབ་པར་གྱུར་ཏོ། །སེམས་འཁྲུགས་པ་རྣམས་ཀྱང་འཁྲུག་པ་མེད་པའི་སེམས་ཐོབ་པར་གྱུར་ཏོ། །གོས་མེད་པ་རྣམས་ཀྱང་གོས་ཐོབ་པར་གྱུར་ཏོ། །དབུལ་པོ་རྣམས་ཀྱང་ནོར་ཐོབ་པར་གྱུར་ཏོ། །བཀྲེས་པ་རྣམས་ཀྱང་ཟས་ཐོབ་པར་གྱུར་ཏོ༔ །སྐོམ་པ་རྣམས་ཀྱང་བཏུང་བ་ཐོབ་པར་གྱུར་ཏོ། །ནད་ཀྱིས་བཏབ་པ་རྣམས་ཀྱང་ནད་མེད་པར་གྱུར་ཏོ། །ལུས་ཉམས་པ་དང་དབང་པོ་མ་ཚང་བ་རྣམས་ཀྱང་ལུས་དང་དབང་པོ་ཚང་ཞིང་རྒྱས་པར་གྱུར་ཏོ། །ངལ་བ་རྣམས་ཀྱང་ངལ་སོས་པར་གྱུར་ཏེ[༧]། ལུས་དང་ངག་དང་། ཡིད་ཀྱི་ལས་ཀྱི་མཐའ་དང་། འཚོ་བ་མི་དགེ་བ་མ་སྤངས་པ་རྣམས་ཀྱང་། ལུས་དང་ངག་དང་ཡིད་ཀྱི་ལས་ཀྱི་མཐའ་དང་འཚོ་བ་མི་དགེ་བ་སྤངས་པར་གྱུར་ཏོ། །སེམས་ཅན་ཐམས་ཅད་ཀྱང་སེམས་ཅན་ཐམས་ཅད་ལ། དཔེར་ན་ཕ་དང་། མ་དང་། ཕུ་ནུ་དང་།

སྲིང་མོ་དང་། མཛའ་བ་[1]དང་། གཉེན་པ་དང་། གྲོགས་པོ་དང་། མཚུངས་པའི་སེམས་ཀྱིས་ཕན་ཚུན་[2]སེམས་མཉམ་པ་ཉིད་དུ་གྱུར་ཏོ། །སེམས་ཅན་ཐམས་ཅད་ཀྱང་དགེ་བ་བཅུའི་ལས་ཀྱི་ལམ་དང་ལྡན་ཞིང་ཚངས་པར་སྤྱོད་པ་དང་། གཙང་བ་དང་། ཉེས་པའི་དྲི་ང་བ་མེད་དེ། མི་དགེ་བའི་རྟོགས་[3]པ་ཐམས་ཅད་དང་བྲལ་བར་གྱུར་ཏོ། །དེའི་ཚེ་སེམས་ཅན་ཐམས་ཅད་བདེ་བའི་རྣམ་པ་འདི་ལྟ་བུ་དང་ལྡན་པར་གྱུར་ཏེ། དཔེར་ན་དགེ་སློང་བསམ་གཏན་གསུམ་པ་ལ་སྙོམས་པར་ཞུགས་པའི་བདེ་བ་དེ་ལྟ་བུའི་བདེ་བ་ཐམས་ཅད་དང་ལྡན་པར་གྱུར་ཏོ། །དེའི་ཚེ་[4]སེམས་ཅན་ཐམས་ཅད་རྣམ་པ་འདི་ལྟ་བུའི་ཤེས་རབ་དང་ལྡན་པར་གྱུར་ཏེ། འདི་ལྟར་སྦྱིན་པ་ནི་དགེ་བའོ། །ཞི་བ་ནི་དགེ་བའོ། །དུལ་བ་ནི་དགེ་བའོ། །སྡོམ་པ་ནི་དགེ་བའོ། །བདེན་[5]པ་ནི་དགེ་བའོ། །བག་བྱེད་པ་ནི་དགེ་བའོ། །བྱམས་པ་ནི་དགེ་བའོ། །སྙིང་རྗེ་ནི་དགེ་བའོ། །ཚངས་པར་སྤྱོད་པ་སྤྱད་[6]པ་ནི་དགེ་བའོ། །སྲོག་ཆགས་སུ་གྱུར་པ་[7]ཐམས་ཅད་ལ་མི་འཚེ་བ་འདི་ནི་དགེ་བའོ། །ཞེས་བྱ་བར་ཤེས་པར་གྱུར་ཏོ། །དེའི་ཚེ་བཅོམ་ལྡན་འདས་གདན་སེང་གེའི་ཁྲི་དེ་ཉིད་ལ་བཞུགས་པས་འདི་ལྟ་སྟེ། དཔེར་ན་ཉི་མ་བསྒྲིབས་པ་མེད་པ་ནམ་མཁའི་དབྱིངས་ཡོངས་སུ་དག་པ་ལ་འདུག་པའམ། ཟླ་བ་ཉ་བའི་ཟླ་བའི་དཀྱིལ་འཁོར་ལྟར་སྟོང་གསུམ་གྱི་སྟོང་ཆེན་པོའི་འཇིག་རྟེན་གྱི་ཁམས་འདི་རི་རབ་དང་བཅས་པ། ཁོར་ཡུག་དང་བཅས་པ། ལྷའི་གནས་དང་བཅས་པ། དབང་པོ་དང་བཅས་པ། དབང་བྱེད་དང་བཅས་པ། ལྷ་དང་། ལྷ་མ་ཡིན་གྱི་རིས་དང་བཅས་པ། ཚངས་པ་དང་བཅས་པ། གཙང་མའི་གནས་དང་བཅས་པ་འདི་ཟིལ་གྱིས་མནན་ཏེ་བཞུགས་ན། འོད་དང་སྐུ་མདོག་དང་། གཟི་བརྗིད་དང་དཔལ་གྱིས་མཛེས་ཤིང་། ལྷམ་མེ། ལྷན་

ནེ༑ སྣང་ངེའོ། །ཇི་ལྟར་བཅོམ་ལྡན་འདས་ཀྱིས་སྟོང་གསུམ་གྱི་སྟོང་ཆེན་
པོའི་འཇིག་རྟེན་གྱི་ཁམས་འདི་ཞལ་གྱིས་མནན་ཏེ། འོད་དང་། སྐུ་མདོག་
དང་། གཟི་བརྗིད་དང་། དཔལ་གྱིས་མཛེས་ཤིང་། སྣམ་མེ། སྣན་ནེ།
སྣང་ངེར་བཞུགས་པ་དེ་བཞིན་དུ། ཤར་ཕྱོགས་ཀྱི་འཇིག་རྟེན་གྱི་ཁམས་གང་
གཱའི་ཀླུང་གི་བྱེ་མ་སྙེད་ཞལ་གྱིས[༡]མནན་ཏེ། འོད་དང་། སྐུ་མདོག་དང་།
གཟི་བརྗིད་དང་དཔལ་གྱིས་མཛེས་ཤིང་སྣམ་མེ་སྣན་ནེ་སྣང་ངེར་བཞུགས་སོ། །
དེ་བཞིན་དུ་ལྷོ་དང་ནུབ་དང་བྱང་དང་བྱང་ཤར་དང་ཤར་ལྷོ་དང་། ལྷོ་ནུབ་
དང་ནུབ་བྱང་གི་ཕྱོགས་མཚམས་དང་། འོག་དང་སྟེང་གི་ཕྱོགས་ཀྱི་ཕྱོགས་རེ་རེ་
ཞིང་འཇིག་རྟེན་གྱི་ཁམས་གང་གཱའི་ཀླུང་གི་བྱེ་མ་སྙེད་ཞལ་གྱིས་མནན་ཏེ། འོད་
དང་། སྐུ་མདོག་དང་། གཟི་བརྗིད་དང་། དཔལ་གྱིས་མཛེས་ཤིང་།
སྣམ་མེ་སྣན་ནེ། སྣང་ངེར་བཞུགས་སོ། །འདི་ལྟ་སྟེ་དཔེར་ན། རིའི་རྒྱལ་པོ་
རི་རབ་རི་ནག་པོ་གཞན་ཐམས་ཅད་ཞལ་གྱིས་ནོན་པར་གནས་པ་ནི་མཛེས་ཤིང་
སྣམ་མེ། སྣན་ནེ། སྣང་ངེའོ། །འདི་ལྟ་སྟེ་དཔེར་ན། ཟླ་བའི་དཀྱིལ་
འཁོར་སྐར་མའི་གཟུགས་ཐམས་ཅད་ཞལ་གྱིས་ནོན་པར་གནས་པ་ནི་མཛེས་ཤིང་
སྣམ་མེ། སྣན[༢]ནེ། སྣང་ངེའོ། །འདི་ལྟ་སྟེ་དཔེར་ན། ཉི་མའི་དཀྱིལ་
འཁོར་འོད་གཞན་ཐམས་ཅད་ཞལ༔ གྱིས་ནོན[༣]པར་གནས་པ་ནི་མཛེས་ཤིང་།
སྣམ་མེ། སྣན་ནེ། སྣང་ངེའོ། །དེ་བཞིན་དུ་བཅོམ་ལྡན་འདས་ཕྱོགས་
བཅུའི་འཇིག་རྟེན་ལྷ་དང་བཅས་པ། དབང་པོ་དང་བཅས་པ། ཚངས་པ་
དང་བཅས་པ། གཙང་མའི་གནས་དང་བཅས་པ། ཞལ་གྱིས་ནོན་པར་
བཞུགས་པ་ཡང་འོད་དང་། སྐུ་མདོག་དང་། གཟི་བརྗིད་དང་དཔལ་གྱིས་
མཛེས་ཤིང་། སྣམ[༤]མེ། སྣན་ནེ། སྣང་ངེའོ། །དེ་ནས་ཡང[༥]བཅོམ་ལྡན་

འདས་ཀྱིས་སྟོང་གསུམ་གྱི་(༡)སྟོང་ཆེན་པོའི་འཇིག་རྟེན་གྱི་ཁམས་འདིར། བཅོམ་ལྡན་འདས་ཀྱིས་(༢)རང་བཞིན་གྱི་སྐུ་ཅི་འདྲ་བ་དེ་བཞིན་དུ་བསྟན་ཏོ། །དེ་ནས་སྟོང་གསུམ་གྱི་སྟོང་ཆེན་པོའི་འཇིག་རྟེན་གྱི་ཁམས་འདིའི་གཙང་མའི་གནས་ཀྱི་ལྷའི་རིས་དང་། ཀུན་སྣང་དང་བ་དང་། ཚངས་རིས་དང་། གཞན་འཕྲུལ་དབང་བྱེད་དང་། འཕྲུལ་དགའ་དང་། དགའ་ལྡན་དང་། མཚོ་མ་དང་། སུམ་ཅུ་རྩ་གསུམ་དང་། རྒྱལ་ཆེན་བཞིའི་རིས་ཀྱི་ལྷ་གང་ཇི་སྙེད་པ་དེ་ཐམས་ཅད་ཀྱིས། དེ་བཞིན་གཤེགས་པ་དགྲ་བཅོམ་པ་ཡང་དག་པར་རྫོགས་པའི་སངས་རྒྱས་གདན་སེང་གེའི་ཁྲི་ལ་བཞུགས་པ་མཐོང་ནས། དགའ་ཞིང་སྤྲོ་བ་དང་། ཡིད་བདེ་ཞིང་རབ་ཏུ་དགའ་ལ་ཉམས་བདེ་བ་དང་ཡིད་བདེ་བ་སྐྱེས་ནས། ལྷ་རྫས་ཀྱི་མེ་ཏོག་དང་། ཕྲེང་བ་དང་། སྤོས་དང་། བྱུག་པ་དང་། ཕྱེ་མ་དང་། ལྷ་རྫས་ཀྱི་བྱུག་སྤོས་དང་། ལྷ་རྫས་ཀྱི་ཨུཏྤ་ལ་དང་། པད་མོ་དང་། ཀུ་མུ་ད་དང་། ཿཔུན་ད་(༣)རཱི་ཀ་དང་། ན་ལི་ན་དང་། སཽ་གན་དྷི་དང་། ལྷ་རྫས་ཀྱི་མེ་ཏོག་གེ་སར་དང་། ཏ་མ་ལའི་ལོ་མ་དང་། ལྷ་རྫས་ཀྱི་ན་བཟའ་དང་། རྒྱན་དང་། གདུགས་དང་། རྒྱལ་མཚན་དང་། ལྷ་རྫས་ཀྱི་བ་དན་མང་པོ་ཐོགས་ནས། བཅོམ་ལྡན་འདས་གང་ན་བ་དེར་དོང་(༤)སྟེ་ཕྱིན་ནས། མེ་ཏོག་དང་། ཕྲེང་བ་དང་། སྤོས་དང་། བྱུག་པ་དང་། ཕྱེ་མ་དང་། བྱུག་སྤོས་དང་། ཨུཏྤ་ལ་དང་། པད་མོ་དང་། ཀུ་མུ་ད་དང་། ཿཔུན་ད་(༥)རཱི་ཀ་དང་། ན་ལི་ན་དང་། སཽ་གན་དྷི་དང་། མེ་ཏོག་གེ་སར་དང་། ཏ་མ་ལའི་ལོ་མ་དང་། ལྷ་རྫས་ཀྱི་ན་བཟའ་དང་། རྒྱན་དང་། གདུགས་དང་། རྒྱལ་མཚན་དང་། ལྷའི་བ་དན་དག་གིས་བཅོམ་ལྡན་འདས་ལ་གཏོར་ཏོ༔ །མངོན་པར་གཏོར་ཏོ(༦)། །མངོན་པར་རབ་ཏུ་གཏོར་ཏོ། །སྟོང་གསུམ་

ཀྱི་སྟོང་ཆེན་པོའི་འཇིག་རྟེན་གྱི་ཁམས་འདི་ན་འདུལ་བ་དང་། སྟོད་དུ་གྱུར་པའི་
མི་ཇི་སྙེད་ཅིག་ཡོད་པ་དེ་དག་ཀྱང་མེ་ཏོག་ཆུ་ལས་སྐྱེས་པ་དང་། ཐང་ལས་སྐྱེས་
པ་མང་པོ་ཁྱེར་ནས། བཅོམ་ལྡན་འདས་གང་ན་བ་དེར་དོང་སྟེ་ཕྱིན་ནས།
བཅོམ་ལྡན་འདས་ལ་མཆོད་པ་བྱེད་པར་གྱུར་ཏོ། །མེ་ཏོག་དང་། ཕྲེང་བ་
དང་། སྤོས་དང་། བྱུག་པ་དང་། ཕྱེ་མ་ལ་སོགས་པ་དང་། ན་བཟའ་
དང་། རྒྱན་དང་། གདུགས་དང་། རྒྱལ་མཚན་དང་། བ་དན་དེ་དག་
ཐམས་ཅད་ཀྱང་དེ་མ་ཐག་ཏུ། བཅོམ་ལྡན་འདས་ཀྱི་བྱིན་གྱི་རླབས[1]ཀྱིས།
བཅོམ་ལྡན་འདས་ཀྱི་[2]དབུའི་སྟེང་གི་ནམ་མཁའ་ལ་མེ་ཏོག་ལ་སོགས་པའི་ཁང་པ་
བརྩེགས་པ། སྟོང་གསུམ་གྱི་སྟོང་ཆེན་པོའི་འཇིག་རྟེན་གྱི་ཁམས་ཙམ་དུ་རེད་དེ་
གནས་པར་གྱུར་ཏོ། །ཁང་པ་བརྩེགས་པ་དེ་ལས་ཀྱང་ལྷ་རྫས་ཀྱི་མེ་ཏོག་དང་།
དར་གྱི་ལྡ་ལྡི་མང་པོ་འཕྱང་བར་གྱུར་ཏོ། །མངོན་པར་འཕྱང་བར་གྱུར་ཏོ། །
རབ་ཏུ་འཕྱང་བར་གྱུར་ཏོ། །མེ་ཏོག་དང་། དར་གྱི་ལྡ་ལྡི་དེ་དག་གིས་སྟོང་
གསུམ་གྱི་སྟོང་ཆེན་པོའི་འཇིག་རྟེན་གྱི་ཁམས་འདི་ཤིན་ཏུ་མཛེས་པར་གྱུར་ཏོ། །
བཅོམ་ལྡན་འདས་ཀྱི་འོད་སྣང་བ་གསེར་གྱི་ཁ་དོག་ལྟ་བུ་དེས་ཀྱང་ཤིན་ཏུ་མཛེས་
ཤིང་། ལྷམ[3]མེ། ལྷན་ནེ། ལྷང་ངེར་གྱུར་ཏོ། །སྟོང་གསུམ་གྱི་སྟོང་ཆེན་
པོའི་འཇིག་རྟེན་གྱི་ཁམས་འདིར་ཇི་ལྟ་བ་དེ[4]བཞིན་དུ། ཤར་ཕྱོགས་ཀྱི་འཇིག་
རྟེན་གྱི་ཁམས་གང་གཱའི[5]ཀླུང་གི་བྱེ་མ་སྙེད་ཀྱང་། བཅོམ་ལྡན་འདས་ཀྱི་འོད་
སྣང་བ་དེས་ཁྱབ་ཅིང་གསལ་བར་གྱུར་ཏོ། །ལྷོ་དང་ནུབ་དང་བྱང་དང་བྱང་ཤར་
དང་ཤར་ལྷོ་དང་ལྷོ་ནུབ་དང་ནུབ་བྱང་གི་ཕྱོགས་མཚམས་དང་འོག་དང་སྟེང་གི་
ཕྱོགས་ཀྱི་ཕྱོགས་རེ་རེ་ཞིང་འཇིག་རྟེན་གྱི་ཁམས་གང་གཱའི་ཀླུང་གི་བྱེ་མ་སྙེད་ཀྱང་།
བཅོམ་ལྡན་འདས་ཀྱི་འོད་སྣང་བ་དེས་ཁྱབ་ཅིང་གསལ་བར་གྱུར་ཏོ། །དེ་ལ······

འཛམ་བུའི་[༡]གླིང་གི་མི་རྣམས་ཀྱིས་[༢]དེ་བཞིན་གཤེགས་པའི་སྐུ་བལྟ་[༣]བས་ཆོག་མི་ཤེས་པ་མཐོང་ནས། འདི་སྙམ་དུ་སེམས་པར་གྱུར་ཏེ། དེ་བཞིན་གཤེགས་པ་བདག་ཅག་གི་མདུན་ན་བཞུགས་ཤིང་ཆོས་སྟོན་ཏོ་སྙམ་མོ། །འཛམ་བུའི་[༤]གླིང་གི་མི་རྣམས་ཇི་ལྟར་སེམས་པ་དེ་བཞིན་དུ། ནུབ་ཀྱི་བ་ལང་[༥]སྤྱོད་དང་། ཤར་གྱི་ལུས་འཕགས་པོ་དང་། བྱང་གི་སྒྲ་མི་སྙན་དང་། རྒྱལ་ཆེན་བཞིའི་རིས་ཀྱི་ལྷ་རྣམས་དང་། འོག་མིན་གྱི་ལྷ་རྣམས་ཀྱི་བར་དང་། དེ་བཞིན་དུ་སྟོང་གི་འཇིག་རྟེན་གྱི་ཁམས་དང་། སྟོང་གཉིས་ཀྱི་འཇིག་རྟེན་གྱི་ཁམས་དང་། སྟོང་གསུམ་གྱི་སྟོང་ཆེན་པོའི་འཇིག་རྟེན་གྱི་ཁམས་ཀྱི་མི་ཐམས་ཅད་དང་ལྷ་ཐམས་ཅད་ཀྱིས། དེ་བཞིན་གཤེགས་པའི་སྐུ་བལྟ་[༦]བས་ཆོག་མི་ཤེས་པ་མཐོང་ནས་འདི་སྙམ་དུ་སེམས་པར་གྱུར་ཏེ། དེ་བཞིན་གཤེགས་པ་བདག་ཅག་གི་མདུན་ན་བཞུགས་ཤིང་ཆོས་སྟོན་ཏོ་སྙམ་མོ། །དེ་ནས་ཡང་བཅོམ་ལྡན་འདས་ཀྱིས་གདན་སེང་གེའི་ཁྲི་དེ་[༧]ལ་བཞུགས་བཞིན་དུ། འོད་རབ་ཏུ་དགྱེ་བ་མཛད་དེ། ཡང་འོད་དེས་སྟོང་གསུམ་གྱི་སྟོང་ཆེན་པོའི་འཇིག་རྟེན་གྱི་ཁམས་འདི་རབ་ཏུ་སྣང་བར་གྱུར་ཏོ། །ཤར་ཕྱོགས་དང་། ལྷོ་དང་ནུབ་དང་བྱང་དང་བྱང་ཤར་དང་ཤར་ལྷོ་དང་ལྷོ་ནུབ་དང་ནུབ་བྱང་གི་ཕྱོགས་མཚམས་དང་འོག་དང་སྟེང་གི་ཕྱོགས་ཀྱི་ཕྱོགས་རེ་རེ་ཞིང་འཇིག་རྟེན་གྱི་ཁམས་གང་གཱའི་ཀླུང་གི་བྱེ་མ་སྙེད་རབ་ཏུ་སྣང་བར་གྱུར་ཏོ། །འོད་དེས་སྟོང་གསུམ་གྱི་སྟོང་ཆེན་པོའི་འཇིག་རྟེན་གྱི་ཁམས་འདི་ན་སེམས་ཅན་གང་ཇི་སྙེད་ཅིག་ཡོད་པ་དེ་དག་ཐམས་ཅད་ཀྱིས། ཤར་ཕྱོགས་ཀྱི་འཇིག་རྟེན་གྱི་ཁམས་གང་གཱའི་ཀླུང་གི་བྱེ་མ་སྙེད་ཀྱི་དེ་བཞིན་གཤེགས་པ་དགྲ་བཅོམ་པ་ཡང་དག་པར་རྫོགས་པའི་སངས་རྒྱས་ཉན་ཐོས་ཀྱི་དགེ་འདུན་དང་བཅས་པ། བྱང་ཆུབ་སེམས་དཔའི་[༨]འཁོར་དང་བཅས་པ་མང་པོ་མཐོང་བར

གྱུར་ཏོ། །ཤར་ཕྱོགས་ཀྱི་འཇིག་རྟེན་གྱི་ཁམས་གང་གཱའི་[1]ཀླུང་གི་བྱེ་མ་སྙེད་པོ་དེ་དག་ན། སེམས་ཅན་གང་ཇི་སྙེད་འཁོད་པ་དེ་དག་གིས་ཀྱང་། སྟོང་གསུམ་གྱི་སྟོང་ཆེན་པོའི་འཇིག་རྟེན་གྱི་ཁམས་འདི་ན། བཅོམ་ལྡན་འདས་དེ་བཞིན་གཤེགས་པ་དགྲ་བཅོམ་པ་ཡང་དག་པར་རྫོགས་པའི་སངས་རྒྱས་ཤཱཀྱ་ཐུབ་པ་དགེ་སློང་གི་དགེ་འདུན་དང་བཅས་པ་བྱང་ཆུབ་སེམས་དཔའི་འཁོར་དང་ཐབས་གཅིག་[2]ཏུ་བཞུགས་པ་མཐོང་བར་གྱུར་ཏོ། །[3]ལྷོ་དང་ནུབ་དང་བྱང་དང་བྱང་ཤར་དང་ཤར་ལྷོ་དང་ལྷོ་ནུབ་དང་ནུབ་བྱང་གི་ཕྱོགས་མཚམས་དང་འོག་དང་སྟེང་གི་ཕྱོགས་ཀྱི་ཕྱོགས་རེ་རེ་ཞིང་འཇིག་རྟེན་གྱི་ཁམས་གང་གཱའི་ཀླུང་གི་བྱེ་མ་སྙེད་པོ་དེ་དག་ན། སེམས་ཅན་གང་ཇི་སྙེད་འཁོད་པ་དེ་དག་གིས་ཀྱང་སྟོང་གསུམ་གྱི་སྟོང་ཆེན་པོའི་འཇིག་རྟེན་གྱི་ཁམས་འདི་ན། བཅོམ་ལྡན་འདས་དེ་བཞིན་གཤེགས་པ་དགྲ་བཅོམ་པ་ཡང་དག་པར་རྫོགས་པའི་སངས་རྒྱས་ཤཱཀྱ་ཐུབ་པ་དགེ་སློང་གི་དགེ་འདུན་དང་བཅས་པ། བྱང་ཆུབ་སེམས་དཔའི་འཁོར་དང་ཐབས་གཅིག་ཏུ་བཞུགས་པ་མཐོང་བར་གྱུར་ཏོ། །དེ་ནས་ཤར་ཕྱོགས་ལོགས་སུ་འཇིག་རྟེན་གྱི་ཁམས་གང་གཱའི་ཀླུང་གི་བྱེ་མ་སྙེད་འདས་པ་ཀུན་གྱི་ཕ་རོལ་ན། འཇིག་རྟེན་གྱི་ཁམས་རིན་ཆེན་ཡོད་པ་ཞེས་བྱ་བ་ཡོད་དེ། དེ་ན་དེ་བཞིན་གཤེགས་པ་དགྲ་བཅོམ་པ་ཡང་དག་པར་རྫོགས་པའི་སངས་རྒྱས་རིན་ཆེན་འབྱུང་གནས་ཞེས་[4]བྱ་བ་བཞུགས་ཤིང་འཚོ་སྐྱོང་སྟེ། དེ་བྱང་ཆུབ་སེམས་དཔའ་སེམས་དཔའ་ཆེན་པོ་རྣམས་ལ་ཤེས་རབ་ཀྱི་ཕ་རོལ་ཏུ་ཕྱིན་པ་འདི་ཉིད་ཡང་དག་པར་སྟོན་པ་མཛད་དོ། །དེ་ནས་འཇིག་རྟེན་གྱི་ཁམས་དེ་ན་བྱང་ཆུབ་སེམས་དཔའ་སེམས་དཔའ་ཆེན་པོ་འོད་ཟེར་ཀུན་ནས་འབྱུང་བ་ཞེས་བྱ་བ་འདུག་འདུག་པས། སྣང་བ་ཆེན་པོ་དེ་དང་། ས་ཆེར་གཡོས་པ་དེ་དང་། དེ་བཞིན་གཤེགས་པའི་སྐུ་བལྟ་ན་ཆོག་མི་

ཤེས་པ་དེ་མཐོང་ནས། བཅོམ་ལྡན་འདས་དེ་བཞིན་གཤེགས་པ་དགྲ་བཅོམ་པ་
ཡང་དག་པར་རྫོགས་པའི་སངས་རྒྱས་རིན་ཆེན་འབྱུང་གནས་གང་ན་བ་དེར་སོང་
སྟེ་ཕྱིན་ནས། བཅོམ་ལྡན་འདས་དེ་བཞིན་གཤེགས་པ་རིན་ཆེན་འབྱུང་གནས་དེ་
ལ་འདི་སྐད་ཅེས་གསོལ་ཏོ། །བཅོམ་ལྡན་འདས་འོད་ཆེན་པོ་འདི་ལྟ་བུ་འཇིག་
རྟེན་དུ་བྱུང་བ་དང་། དོག་ས་འདི་ལྟར་ཆེར་གཡོས་པ་དང་། དེ་བཞིན་
གཤེགས་པའི་སྐུ་འདི་ལྟ་བུ་གདའ་བ་འདི་ཅིའི་རྒྱུ་ཅིའི་རྐྱེན། དེ་སྐད་ཅེས་གསོལ་
པ་དང་། བཅོམ་ལྡན་འདས་དེ་བཞིན་གཤེགས་པ་རིན་ཆེན་འབྱུང་གནས་ཀྱིས།
བྱང་ཆུབ་སེམས་དཔའ་སེམས་དཔའ་ཆེན་པོ་འོད་ཟེར་ཀུན་ནས་འབྱུང་བ་ལ་འདི་
སྐད་ཅེས་བཀའ་སྩལ་ཏོ། །རིགས་ཀྱི་བུ་འདི་ནས་ནུབ་ཕྱོགས་ལོགས་སུ་འཇིག་
རྟེན་གྱི་ཁམས་གང་གཱའི་ཀླུང་གི་བྱེ་མ་སྙེད་འདས་པ་ན། འཇིག་རྟེན་གྱི་ཁམས་མི་
མཛེད་ཅེས་བྱ་བ་ཡོད་དེ། དེ་ན་དེ་བཞིན་གཤེགས་པ་དགྲ་བཅོམ་པ་ཡང་དག་
པར་རྫོགས་པའི་སངས་རྒྱས་ཤཱཀྱ་ཐུབ་པ་ཞེས་བྱ་བ་བཞུགས་ཤིང་འཚོ་སྐྱོང་ངོ་། །
དེ་བྱང་ཆུབ་སེམས་དཔའ་སེམས་དཔའ་ཆེན་པོ་རྣམས་ལ་ཤེས་རབ་ཀྱི་ཕ་རོལ་ཏུ་
ཕྱིན་པ་སྟོན་ཏེ། འདི་ནི་དེའི་མཐུ་ཡིན་ཏེ་དེ་འདྲའོ། །དེ་ནས་བྱང་ཆུབ་
སེམས་དཔའ་སེམས་དཔའ་ཆེན་པོ་འོད་ཟེར་ཀུན་ནས་འབྱུང་བས། བཅོམ་ལྡན་
འདས་དེ་བཞིན་གཤེགས་པ་རིན་ཆེན་འབྱུང་གནས་ལ་འདི་སྐད་ཅེས་གསོལ་ཏོ། །
བཅོམ་ལྡན་འདས་བདག་ཀྱང་འཇིག་རྟེན་གྱི་ཁམས་མི་མཛེད་དེར། བཅོམ་ལྡན་
འདས་དེ་བཞིན་གཤེགས་པ་དགྲ་བཅོམ་པ་ཡང་དག་པར་རྫོགས་པའི་སངས་རྒྱས་
ཤཱཀྱ་ཐུབ་པ་དེ་བལྟ་བ་དང་། དེ་ལ་ཕྱག་བགྱི་ཞིང་བསྙེན་བཀུར་བ་དང་།
བྱང་ཆུབ་སེམས་དཔའ་སེམས་དཔའ་ཆེན་པོ་དེ་དག་ཀུན་ཀྱང་ཕལ་ཆེར་གཞོན་
ནུར་གྱུར་པ། གཟུངས་དང་སོ་སོ་ཡང་དག་པར་རིག་པ་བསྒྲུབ་པ་རབ་ཏུ་ཐོབ་པ།

ཉིད་དེ་འཛིན་དང་སྙོམས་པར་འཇུག་པ་ཐམས་ཅད་ལ་དབང་རབ་ཏུ་ཐོབ་པ་དེ་དག་བལྟ་བའི་སླད་དུ་མཆིའོ། །བཅོམ་ལྡན་འདས་དེ་བཞིན་གཤེགས་པ་རིན་ཆེན་འབྱུང་གནས་ཀྱིས་བཀའ་སྩལ་པ། རིགས་ཀྱི་བུ་དེ་ལྟར་དེའི་དུས་ལ་བབ་པར་ཤེས་ན་སོང་ཤིག[1] །དེ་ནས་དེ་བཞིན་གཤེགས་པ་རིན་ཆེན་འབྱུང་གནས་ཀྱིས་བྱང་ཆུབ་སེམས་དཔའ་སེམས་དཔའ་ཆེན་པོ་འོད་ཟེར་ཀུན་ནས་འབྱུང་བ་ལ་པད་མོ་རིན་པོ་ཆེ་སྣ་ཚོགས་ཀྱི་རྒྱུ་ལས་བྱུང་བ། གསེར་གྱི་མདོག་ཅན་འདབ་མ་སྟོང་དང་ལྡན་པ་སྟོང་བསྐུར་ཏེ། རིགས་ཀྱི་བུ་བཅོམ་ལྡན་འདས་དེ་བཞིན་གཤེགས་པ་དགྲ་བཅོམ་པ་ཡང་དག་པར་རྫོགས་པའི་སངས་རྒྱས་ཤཱཀྱ་ཐུབ་པ་དེ་ལ། བཅོམ་ལྡན་འདས་སྙུན་མི་མངའ་འམ། གནོད་པ་མ་མཆིས་སམ། ཟུ་བདོག[2] བདེའམ། སྐུ་ཉམས་དང་ལྡན་ནམ། བདེ་བ་དང་དགྱེས་པར་སྤྱོད་དམ་ཞེས་འདྲི་སྟེ། པད་མོ་གསེར་གྱི་མདོག་ཅན་འདབ[3]མ་སྟོང་དང་ལྡན་པ་འདི་དག་ཀྱང་། བཅོམ་ལྡན་འདས་དེ་བཞིན་གཤེགས་པ་རིན་ཆེན་འབྱུང་གནས་ཀྱིས། བཅོམ་ལྡན་འདས་ལ་མཆོད་པའི་སླད་དུ་བསྐུར་རོ་ཞེས་ཀྱང་གྱིས་ལ་པད་མོ་འདི་དག་གིས་གཏོར་ཅིག །རིགས་ཀྱི་བུ་སངས་རྒྱས་ཀྱི་ཞིང་དེར་བག་ཡོད་པར་སྤྱོད་ཅིག །དེ་ཅིའི་ཕྱིར་ཞེ་ན། འཇིག་རྟེན་གྱི་ཁམས་དེར་སྐྱེས་པའི་བྱང་ཆུབ་སེམས་དཔའ་སེམས་དཔའ་ཆེན་པོ་དེ་དག་ནི་མཇུ་བར་དཀའ་བ་ཡིན་གྱིས[4]། དེར་ཉམས་པར་གྱུར་ཏ་རེ། དེ་ནས་བྱང་ཆུབ་སེམས་དཔའ་སེམས་དཔའ་ཆེན་པོ་འོད་ཟེར་ཀུན་ནས་འབྱུང་བས། བཅོམ་ལྡན་འདས་དེ་བཞིན་གཤེགས་པ་དགྲ་བཅོམ་པ་ཡང་དག་པར་རྫོགས་པའི་སངས་རྒྱས་རིན་ཆེན་འབྱུང་གནས་དེ་ལས། པད་མོ་གསེར་གྱི་མདོག་ཅན་འདབ[5]མ་སྟོང་དང་ལྡན་པ་དེ་དག་བླངས་ཏེ། བྱང་ཆུབ་སེམས་དཔའ་ཁྱིམ་པ་དང་། རབ་ཏུ་བྱུང་བ་དང་། ཁྱེའུ་དང་བུ་

མོའི་གཟུགས་སུ་འདུག་པ་བྱེ་བ་ཁྲག་ཁྲིག་བརྒྱ་སྟོང་དུ་མ་དང་འགྲོགས་ཏེ[1]། [2]སངས་རྒྱས་ཀྱི་ཞིང་དེ་ནས་མི་སྣང་བར་གྱུར་ནས། ཤར་ཕྱོགས་ཀྱི་སངས་རྒྱས་བཅོམ་ལྡན་འདས་གང་ཇི་སྙེད་བཞུགས་ཤིང་འཚོ་སྐྱོང་བ་དེ་དག་ཐམས་ཅད་ལ། མེ་ཏོག་དང་། སྤོས་དང་། བདུག་སྤོས་དང་། ཕྲེང་བ་དང་། བྱུག་པ་དང་། ཕྱེ་མ་དང་། ན་བཟའ་དང་། རྒྱན་དང་། གདུགས་དང་། རྒྱལ་མཚན་དང་། བ་དན་དག་གིས་རིམ་གྲོར་བྱ་བ་དང་། བཀུར་སྟིར[3]བྱ་བ་དང་། བསྟི[4]སྟང་དུ་བྱ་བ་དང་། མཆོད་པ་བྱེད་ཅིང་། བྱང་ཆུབ་སེམས་དཔའི་རྫུ་འཕྲུལ་ཆེན་པོ་དང་། བྱང་ཆུབ་སེམས་དཔའི་མཐུ་ཆེན་པོས། བཅོམ་ལྡན་འདས་དེ་བཞིན་གཤེགས་པ་དགྲ་བཅོམ་པ་ཡང་དག་པར་རྫོགས་པའི་སངས་རྒྱས་ཤཱཀྱ་ཐུབ་པ་གང་ན་བ་དེར་དོང་སྟེ་ཕྱིན་ནས། བཅོམ་ལྡན་འདས་ཀྱི་ཞབས་གཉིས་ལ་སྤྱི་བོས་ཕྱག་འཚལ་ཏེ་ཕྱོགས་གཅིག་ཏུ་འཁོད་དོ། །ཕྱོགས་གཅིག་ཏུ་འཁོད་ནས། བྱང་ཆུབ་སེམས་དཔའ་སེམས་དཔའ་ཆེན་པོ་འོད་ཟེར་ཀུན་ནས་འབྱུང་བས། བཅོམ་ལྡན་འདས་ལ་འདི་སྐད་ཅེས་གསོལ་ཏོ། །བཅོམ་ལྡན་འདས་དེ་བཞིན་གཤེགས་པ་དགྲ་བཅོམ་པ་ཡང་དག་པར་རྫོགས་པའི་སངས་རྒྱས་རིན་ཆེན་འབྱུང་གནས། བཅོམ་ལྡན་འདས་ལ་སྙུན་མི་མངའ་འམ། གནོད་པ་མ་མཆིས་སམ། ཟོ་བཏོག[5]བདེའམ། སྐྱུ་ཉམས་དང་ལྡན་ནམ། བདེ་བ་དང་དགེས་པར་སྤྱོད་དམ་ཞེས་འདྲི་སྟེ། པད་མོ་གསེར་གྱི་མདོག་ཅན་འདབ་མ་སྟོང་དང་ལྡན་པ་འདི་དག་ཀྱང་། བཅོམ་ལྡན་འདས་དེ་བཞིན་གཤེགས་པ་རིན་ཆེན་འབྱུང་གནས་ཀྱིས། བཅོམ་ལྡན་འདས་ལ་མཆོད་པའི་སླད་དུ་བསྐུར་རོ། །དེ་ནས་བཅོམ་ལྡན་འདས་དེ་བཞིན་གཤེགས་པ་ཤཱཀྱ་ཐུབ་པས་པད་མོ་དེ་དག་བཞེས་ནས། ཤར་ཕྱོགས་ཀྱི་འཇིག་རྟེན་གྱི་ཁམས་གང་གཱའི་ཀླུང་གི་བྱེ་མ་སྙེད་པོ་

དེ་དག་གི་དེ་བཞིན་གཤེགས་པ་དགྲ་བཅོམ་པ་ཡང་དག་པར་རྫོགས་པའི་སངས་རྒྱས་དེ་དག་གང་ན་བ་དེར་གཏོར་ཏོ། །དེ་ནས་པད་མོ་དེ་དག་གིས་འཇིག་རྟེན་གྱི་ཁམས་དེ་དག་ཐམས་ཅད་རྒྱས་པར་ཁྱབ་པར་གྱུར་ཏོ[1]། །པད་མོ་དེ་དག་ལ་དེ་བཞིན་གཤེགས་པའི་སྐུ་མང་པོ་བཞུགས་ཤིང་། འདི་ལྟར་ཕ་རོལ་ཏུ་ཕྱིན་པ་དྲུག་པོ་འདི་ཉིད་ལས་བརྩམས་ཏེ་ཆོས་སྟོན་ཏོ། །ཆོས་བསྟན་པ་དེ་སེམས་ཅན་གང་གིས་ཐོས་པར་གྱུར་པ་དེ་དག་ཐམས་ཅད་བླ་ན་མེད་པ་ཡང་དག་པར་རྫོགས་པའི་བྱང་ཆུབ་ཏུ་ངེས་པར་གྱུར་ཏོ། །བྱང་ཆུབ་སེམས་དཔའ་ཁྱིམ་པ་དང་། རབ་ཏུ་བྱུང་བ་དང་། ཁྱེའུ་དང་བུ་མོའི་གཟུགས་སུ་འདུག་པ་དེ་དག་གིས་ཀྱང་། རང་རང་གི་དགེ་བའི་རྩ་བས། བཅོམ་ལྡན་འདས་དེ་བཞིན་གཤེགས་པ་དགྲ་བཅོམ་པ་ཡང་དག་པར་རྫོགས་པའི་སངས་རྒྱས་ཤཱཀྱ་ཐུབ་པ་ལ་རིམ་གྲོར་བྱས་སོ། །བཀུར་སྟིར་བྱས་སོ། །བསྟི་སྟང་དུ་བྱས་སོ། །མཆོད་པ་བྱས་ནས་ཕྱོགས་གཅིག་ཏུ་འཁོད་དོ། །དེ་ནས་ལྷོ་ཕྱོགས་ལོགས་སུ་འཇིག་རྟེན་གྱི་ཁམས་གང་གཱའི་ཀླུང་གི་བྱེ་མ་སྙེད་འདས་པ་ཀུན་གྱི་ཕ་རོལ་ན། འཇིག་རྟེན་གྱི་ཁམས་མྱ་ངན་མེད་པ་ཞེས་བྱ་བ་ཡོད་དེ། དེ་ན་དེ་བཞིན་གཤེགས་པ་དགྲ་བཅོམ་པ་ཡང་དག་པར་རྫོགས་པའི་སངས་རྒྱས་མྱ་ངན་མེད་པའི་དཔལ་ཞེས་བྱ་བ་བཞུགས་ཤིང་འཚོ་སྐྱོང་སྟེ། དེ་བྱང་ཆུབ་སེམས་དཔའ་སེམས་དཔའ་ཆེན་པོ་རྣམས་ལ་ཤེས་རབ་ཀྱི་ཕ་རོལ་ཏུ་ཕྱིན་པ་འདི་ཉིད་ཡང་དག་པར་སྟོན་པ་མཛད་དོ། །དེ་ནས་འཇིག་རྟེན་གྱི་ཁམས་དེ་ན་བྱང་ཆུབ་སེམས་དཔའ་སེམས་དཔའ་ཆེན་པོ་མྱ་ངན་མེད་པ་ཞེས་བྱ་བ་འདུག་འདུག་པས། སྣང་བ་ཆེན་པོ་དེ་དང་། ས་ཆེར་གཡོས་པ་དེ་དང་། དེ་བཞིན་གཤེགས་པའི་སྐུ་བལྟ་ན་ཆོག་མི་ཤེས་པ་དེ་མཐོང་ནས། བཅོམ་ལྡན་འདས་དེ་བཞིན་གཤེགས་པ་དགྲ་བཅོམ་པ་ཡང་དག་པར་རྫོགས་པའི་

སངས་རྒྱས་མྱ་ངན་མེད་པའི་དཔལ་གང་ན་བ་དེར་སོང་སྟེ་ཕྱིན་ནས། བཅོམ་ལྡན་འདས་དེ་བཞིན་གཤེགས་པ་མྱ་ངན་མེད་པའི་དཔལ་དེ་ལ་འདི་སྐད་ཅེས་གསོལ་ཏོ། །བཅོམ་ལྡན་འདས་འོད་ཆེན་པོ་འདི་ལྟ་བུ་འཇིག་རྟེན་དུ་བྱུང་བ་དང་། རྡོག་ས་འདི་ལྟར་ཆེར་གཡོས་པ་དང་། དེ་བཞིན་གཤེགས་པའི་སྐུ་འདི་ལྟ་བུ་གདའ་བ་འདི་ཅིའི་རྒྱུ་ཅིའི་རྐྱེན། དེ་སྐད་ཅེས་གསོལ་པ་དང་། བཅོམ་ལྡན་འདས་དེ་བཞིན་གཤེགས་པ་མྱ་ངན་མེད་པའི་དཔལ་གྱིས། བྱང་ཆུབ་སེམས་དཔའ་སེམས་དཔའ་ཆེན་པོ་མྱ་ངན་མེད་པ་ལ་འདི་སྐད་ཅེས་བཀའ་སྩལ་ཏོ། །རིགས་ཀྱི་བུ་འདི་ནས་བྱང་ཕྱོགས་སུ་འཇིག་རྟེན་གྱི་ཁམས་གང་གཱའི་ཀླུང་གི་བྱེ་མ་སྙེད་འདས་པ་ན། འཇིག་རྟེན་གྱི་ཁམས་མི་མཇེད་ཅེས་བྱ་བ་ཡོད་དེ། དེ་ན་དེ་བཞིན་གཤེགས་པ་དགྲ་བཅོམ་པ་ཡང་དག་པར་རྫོགས་པའི་སངས་རྒྱས་ཤཱཀྱ་ཐུབ་པ་ཞེས་བྱ་བ་བཞུགས་ཤིང་འཚོ་སྐྱོང་ངོ་། །དེ་བྱང་ཆུབ་སེམས་དཔའ་སེམས་དཔའ་ཆེན་པོ་རྣམས་ལ་ཤེས་རབ་ཀྱི་ཕ་རོལ་དུ་ཕྱིན་པ་སྟོན་ཏེ། འདི་ནི་དེའི་མཐུ་ཡིན་ཏེ་དེ་འདྲའོ། །དེ་ནས་བྱང་ཆུབ་སེམས་དཔའ་སེམས་དཔའ་ཆེན་པོ་མྱ་ངན་མེད་པས་བཅོམ་ལྡན་འདས་དེ་བཞིན་གཤེགས་པ་མྱ་ངན་མེད་པའི་དཔལ་ལ་འདི་སྐད་ཅེས་གསོལ་ཏོ། །བཅོམ་ལྡན་འདས་བདག་ཀྱང་འཇིག་རྟེན་གྱི་ཁམས་མི་མཇེད་དེར། བཅོམ་ལྡན་འདས་དེ་བཞིན་གཤེགས་པ་དགྲ་བཅོམ་པ་ཡང་དག་པར་རྫོགས་པའི་སངས་རྒྱས་ཤཱཀྱ་ཐུབ་པ་དེ་བལྟ་བ་དང་། དེ་ལ་ཕྱག་བགྱི་ཞིང་བསྙེན་བཀུར་བ་དང་། བྱང་ཆུབ་སེམས་དཔའ་སེམས་དཔའ་ཆེན་པོ་དེ་དག་ཀུན་ཀྱང་ཕལ་ཆེར་གཞོན་ནུར་གྱུར་པ། གཟུངས་དང་སོ་སོ་ཡང་དག་པར་རིག་པ་བསྒྲུབ་པ་རབ་ཏུ[7]ཐོབ་པ། ཏིང་ངེ་འཛིན་དང་སྙོམས་པར་འཇུག་པ་ཐམས་ཅད་ལ་དབང་རབ་ཏུ་ཐོབ་པ་དེ་དག་བལྟ་བའི་སླད་དུ་མཆིའོ། །བཅོམ་ལྡན……

འདས་དེ་བཞིན་གཤེགས་པ་མྱ་ངན་མེད་པའི་དཔལ་གྱིས་བཀའ་སྩལ་པ། རིགས་ཀྱི་བུ་དེ་ལྟར་དེའི་དུས་ལ་བབ་པར་ཤེས་ན་སོང་ཤིག །དེ་ནས་[1]དེ་བཞིན་གཤེགས་པ་མྱ་ངན་མེད་པའི་དཔལ་གྱིས། བྱང་ཆུབ་སེམས་དཔའ་སེམས་དཔའ་ཆེན་པོ་མྱ་ངན་མེད་པ་ལ་པད་མོ་རིན་པོ་ཆེ་སྣ་ཚོགས་ཀྱི་རྒྱུ་ལས་བྱུང་བ། གསེར་གྱི་མདོག་ཅན་འདབ་[2]མ་སྟོང་དང་ལྡན་པ་སྟོང་བསྐུར་ཏེ། རིགས་ཀྱི་བུ་བཅོམ་ལྡན་འདས་དེ་བཞིན་གཤེགས་པ་དགྲ་བཅོམ་པ་ཡང་དག་པར་རྫོགས་པའི་སངས་རྒྱས་ཤཱཀྱ་ཐུབ་པ་དེ་ལ། བཅོམ་ལྡན་འདས་སྙུན་མི་མངའ་འམ། གནོད་པ་མ་མཆིས་སམ། ཟྭ་བཏོག་[3]བདེའམ། སྐྱུ་ཉམས་དང་ལྡན་ནམ། བདེ་བ་དང་དགྱེས་པར་སྤྱོད་[4]དམ་ཞེས་འདྲི་སྟེ་པད་མོ་གསེར་གྱི་མདོག་ཅན་འདབ་[5]མ་སྟོང་དང་ལྡན་པ་འདི་དག་ཀྱང་། བཅོམ་ལྡན་འདས་དེ་བཞིན་གཤེགས་པ་མྱ་ངན་མེད་པའི་དཔལ་གྱིས། བཅོམ་ལྡན་འདས་ལ་མཆོད་པའི་སླད་དུ་བསྐུར་རོ། །ཞེས་[6]གྱིས་[7]ལ་པད་མོ་འདི་དག་གིས་གཏོར་ཅིག །རིགས་ཀྱི་བུ་སངས་རྒྱས་ཀྱི་ཞིང་དེར་བག་ཡོད་པར་སྤྱོད་ཅིག །དེ་ཅིའི་ཕྱིར་ཞེ་ན། འཇིག་རྟེན་གྱི་ཁམས་དེར་སྐྱེས་པའི་བྱང་ཆུབ་སེམས་དཔའ་སེམས་དཔའ་ཆེན་པོ་དེ་དག་ནི་མགུ་བར་དཀའ་བ་ཡིན་གྱིས[8]། དེར་ཉམས་པར་གྱུར་ཏ་རེ། དེ་ནས་བྱང་ཆུབ་སེམས་དཔའ་སེམས་དཔའ་ཆེན་པོ་མྱ་ངན་མེད་པས། བཅོམ་ལྡན་འདས་དེ་བཞིན་གཤེགས་པ་དགྲ་བཅོམ་པ་ཡང་དག་པར་རྫོགས་པའི་སངས་རྒྱས་མྱ་ངན་མེད་པའི་དཔལ་དེ་ལས། པད་མོ་གསེར་གྱི་མདོག་ཅན་འདབ་[9]མ་སྟོང་དང་ལྡན་པ་དེ་དག་བླངས་ཏེ། བྱང་ཆུབ་སེམས་དཔའ་ཁྱིམ་པ་དང་། རབ་ཏུ་བྱུང་བ་དང་། ཁྱེའུ་དང་བུ་མོའི་གཟུགས་སུ་འདུག་པ་ཅེ་བ་ཁྲག་ཁྲིག་བརྒྱ་སྟོང་དུ་མ་དང་འགྲོགས་ཏེ། སངས་རྒྱས་ཀྱི་ཞིང་དེ་ནས་མི་སྣང་བར་གྱུར་ནས། ལྷོ་ཕྱོགས་ཀྱི་སངས་

རྒྱས་བཅོམ་ལྡན་འདས་གང་ཇི་སྙེད་བཞུགས་ཤིང་འཚོ་སྐྱོང་བ་དེ་དག་ཐམས་ཅད་ལ། མེ་ཏོག་དང་སྤོས་དང་བདུག་སྤོས་དང་ཕྲེང་བ་དང་ཕྱུག་པ་དང་ཕྱེ་མ་དང་ན་བཟའ་དང་རྒྱན་དང་གདུགས་དང་རྒྱལ་མཚན་དང་བ་དན་དག་གིས་རིམ་གྲོར[༡]བྱ་བ་དང་བཀུར་སྟིར་བྱ་བ་དང་། བསྟི་སྟང་དུ་བྱ་བ་དང་མཆོད་པ་བྱེད་ཅིང་བྱང་ཆུབ་སེམས་དཔའི་རྫུ་འཕྲུལ་ཆེན་པོ་དང་བྱང་ཆུབ་སེམས་དཔའི་མཐུ་ཆེན་པོས། བཅོམ་ལྡན་འདས་དེ་བཞིན་གཤེགས་པ་དགྲ་བཅོམ་པ་ཡང་དག་པར་རྫོགས་པའི་སངས་རྒྱས་ཤཱཀྱ་ཐུབ་པ་གང་ན་བ་དེར་དོང་སྟེ་ཕྱིན་ནས། བཅོམ་ལྡན་འདས་ཀྱི་ཞབས་གཉིས་ལ་སྤྱི་བོས་ཕྱག་འཚལ་ཏེ། ཕྱོགས་གཅིག་ཏུ་འཁོད་དོ། །ཕྱོགས་གཅིག་ཏུ་འཁོད་ནས་བྱང་ཆུབ་སེམས་དཔའ་སེམས་དཔའ་ཆེན་པོ་མྱ་ངན་མེད་པས། བཅོམ་ལྡན་འདས་ལ་འདི་སྐད་ཅེས་གསོལ་ཏོ། །བཅོམ་ལྡན་འདས་དེ་བཞིན་གཤེགས་པ་དགྲ་བཅོམ་པ་ཡང་དག་པར་རྫོགས་པའི་སངས་རྒྱས་མྱ་ངན་མེད་པའི་དཔལ། བཅོམ་ལྡན་འདས་ལ་སྙུན་མི་མངའ་འམ། གནོད་པ་མ་མཆིས་སམ། ཟྙ་བདོག[༢]བདེའམ། སྐུ་ཉམས་དང་ལྡན་ནམ། བདེ་བ་དང་དགྱེས་པར་སྤྱོད་དམ་ཞེས་འདྲི་སྟེ། པད་མོ་གསེར་གྱི་མདོག་ཅན་འདབ[༣]མ་སྟོང་དང་ལྡན་པ་འདི་དག་ཀྱང་། བཅོམ་ལྡན་འདས་དེ་བཞིན་གཤེགས་པ་མྱ་ངན་མེད་པའི་དཔལ་གྱིས། བཅོམ་ལྡན་འདས་ལ་མཆོད་པའི་སླད་དུ་བསྐུར་རོ། །དེ་ནས་བཅོམ་ལྡན་འདས་དེ་བཞིན་གཤེགས་པ་ཤཱཀྱ་ཐུབ་པས་པད་མོ་དེ་དག་བཞེས་ནས། ལྷོ་ཕྱོགས་ཀྱི་འཇིག་རྟེན་གྱི་ཁམས་གང་གཱའི་ཀླུང་གི་བྱེ་མ་སྙེད་པོ་དེ་དག་གི་སངས་རྒྱས་བཅོམ་ལྡན་འདས་གང་ན་བ་དེར་གཏོར་ཏོ། །དེ་ནས་པད་མོ་དེ་དག་གིས་འཇིག་རྟེན་གྱི་ཁམས་དེ་དག་ཐམས་ཅད་རྒྱས་པར་ཁྱབ་པར་གྱུར་ཏེ། པད་མོ་དེ་དག་ལ་དེ་བཞིན་གཤེགས་པའི་སྐུ་མང་པོ་བཞུགས་ཤིང་། འདི་ལྟར་ཕ་རོལ་ཏུ

ཕྱིན་པ་དྲུག་པོ་འདི་ཉིད་ལས་བརྩམས་ཏེ་ཆོས་སྟོན་ཏོ། །ཆོས་བསྟན་པ་དེ་སེམས་ཅན་གང་གིས་ཐོས་པར་གྱུར་པ་དེ་དག་ཐམས་ཅད་ཀྱང་། བླ་ན་མེད་པ་ཡང་དག་པར་རྫོགས་པའི་བྱང་ཆུབ་ཏུ་ངེས་པར་གྱུར་ཏོ། །བྱང་ཆུབ་སེམས་དཔའ་ཁྱིམ་པ་དང་། རབ་ཏུ་བྱུང་བ་དང་། ཁྱེའུ་དང་བུ་མོའི་གཟུགས་སུ་འདུག་པ་དེ་དག་གིས་ཀྱང་རང་རང་གི་དགེ་བའི་རྩ་བས། བཅོམ་ལྡན་འདས་དེ་བཞིན་གཤེགས་པ་དགྲ་བཅོམ་པ་ཡང་དག་པར་རྫོགས་པའི་སངས་རྒྱས་ཤཱཀྱ་ཐུབ་པ་ལ་རིམ་གྲོར་བྱས་སོ། །བཀུར་སྟིར་བྱས་སོ། །བསྟི་སྟང་དུ་བྱས་སོ། །མཆོད་པ་བྱས་ནས་ཕྱོགས་གཅིག་ཏུ་འཁོད་དོ། །དེ་ནས་ནུབ་ཕྱོགས་ཕྱོགས་སུ་འཇིག་རྟེན་གྱི་ཁམས་གང་གཱའི་ཀླུང་གི་བྱེ་མ་སྙེད་འདས་པ་ཀུན་གྱི་ཕ་རོལ་ན། འཇིག་རྟེན་གྱི་ཁམས་ཉེ་བར་ཞི་བ་ཞེས་བྱ་བ་ཡོད་དེ། དེ་ན་དེ་བཞིན་གཤེགས་པ་དགྲ་བཅོམ་པ་ཡང་དག་པར་རྫོགས་པའི་སངས་རྒྱས་རིན་ཆེན་འོད་འཕྲོ་ཞེས་བྱ་བ་བཞུགས་ཤིང་འཚོ་སྐྱོང་སྟེ། དེ་བྱང་ཆུབ་སེམས་དཔའ་སེམས་དཔའ་ཆེན་པོ་རྣམས་ལ་ཤེས་རབ་ཀྱི་ཕ་རོལ་ཏུ་ཕྱིན་པ་འདི་ཉིད་ཡང་དག་པར་སྟོན་པ་མཛད་དོ། །དེ་ནས་འཇིག་རྟེན་གྱི་ཁམས་དེ་ན་བྱང་ཆུབ་སེམས་དཔའ་སེམས་དཔའ་ཆེན་པོ་སྤྱོད་པའི་བློ་གྲོས་ཞེས་བྱ་བ་འདུག་འདུག་པས། སྣང་བ་ཆེན་པོ་དེ་དང་། ས་ཆེར་གཡོས་པ་དེ་དང་། དེ་བཞིན་གཤེགས་པའི་སྐུ་བལྟ་ན་ཆོག་མི་ཤེས་པ་དེ་མཐོང་ནས། བཅོམ་ལྡན་འདས་དེ་བཞིན་གཤེགས་པ་དགྲ་བཅོམ་པ་ཡང་དག་པར་རྫོགས་པའི་སངས་རྒྱས་རིན་ཆེན་འོད་འཕྲོ་གང་ན་བ་དེར་སོང་སྟེ་ཕྱིན་ནས། བཅོམ་ལྡན་འདས་དེ་བཞིན་གཤེགས་པ་རིན་ཆེན་འོད་འཕྲོ་དེ་ལ་འདི་སྐད་ཅེས་གསོལ་ཏོ། །བཅོམ་ལྡན་འདས་འོད་ཆེན་པོ་འདི་ལྟ་བུ་འཇིག་རྟེན་དུ་བྱུང་བ་དང་། རོག་ས་འདི་ལྟར་ཆེར་གཡོས་པ་དང་། དེ་བཞིན་གཤེགས་པའི་སྐུ་འདི་ལྟ་བུ་

གདའ་བ་འདི་ཅིའི་རྒྱུ་ཅིའི་རྐྱེན། དེ་སྐད་ཅེས་གསོལ་པ་དང་། བཅོམ་ལྡན་འདས་རིན་ཆེན་འོད་འཕྲོས། བྱང་ཆུབ་སེམས་དཔའ་སེམས་དཔའ་ཆེན་པོ་སྤྱོད་པའི་བློ་[1]གྲོས་ལ་འདི་སྐད་ཅེས་བཀའ་སྩལ་ཏོ། །རིགས་ཀྱི་བུ་འདི་ནས་ཤར་ཕྱོགས་ཡོགས་སུ་འཇིག་རྟེན་གྱི་ཁམས་གང་གཱའི་ཀླུང་གི་བྱེ་མ་སྙེད་འདས་པ་ན། འཇིག་རྟེན་གྱི་ཁམས་མི་མཇེད་ཅེས་བྱ་བ་ཡོད་དེ། དེ་ན་དེ་བཞིན་གཤེགས་པ་དགྲ་བཅོམ་པ་ཡང་དག་པར་རྫོགས་པའི་སངས་རྒྱས་ཤཱཀྱ་ཐུབ་པ་ཞེས་བྱ་བ་བཞུགས་ཤིང་འཚོ་སྐྱོང་ངོ་། །དེ་བྱང་ཆུབ་སེམས་དཔའ་སེམས་དཔའ་ཆེན་པོ་རྣམས་ལ་ཤེས་རབ་ཀྱི་ཕ་རོལ་ཏུ་ཕྱིན་པ་སྟོན་ཏེ། འདི་ནི་དེའི་མཐུ་ཡིན་ཏེ་དེ་འདྲའོ། །དེ་ནས་བྱང་ཆུབ་སེམས་དཔའ་སེམས་དཔའ་ཆེན་པོ་སྤྱོད་པའི་བློ་གྲོས་ཀྱིས། བཅོམ་ལྡན་འདས་དེ་བཞིན་གཤེགས་པ་རིན་ཆེན་འོད་འཕྲོ་ལ་འདི་སྐད་ཅེས་གསོལ་ཏོ། །བཅོམ་ལྡན་འདས་བདག་ཀྱང་འཇིག་རྟེན་གྱི་ཁམས་མི་མཇེད་དེར། བཅོམ་ལྡན་འདས་དེ་བཞིན་གཤེགས་པ་དགྲ་བཅོམ་པ་ཡང་དག་པར་རྫོགས་པའི་སངས་རྒྱས་ཤཱཀྱ་ཐུབ་པ་དེ་བལྟ་བ་དང་དེ་ལ་ཕྱག་བགྱི་ཞིང་བསྙེན་བཀུར་བ་དང་། བྱང་ཆུབ་སེམས་དཔའ་སེམས་དཔའ་ཆེན་པོ་དེ་དག་ཀུན་ཀྱང༔ཕལ་ཆེར་གཞོན་ནུར་[2]གྱུར་པ། གཟུངས་དང་སོ་སོ་ཡང་དག་པར་རིག་པ་བསྒྲུབ་པ་རབ་ཏུ་ཐོབ་པ། ཏིང་ངེ་འཛིན་དང་སྙོམས་པར་འཇུག་པ་ཐམས་ཅད་ལ་དབང་རབ་ཏུ་ཐོབ་པ་དེ་དག་བལྟ་བའི་སླད་དུ་མཆིའོ། །བཅོམ་ལྡན་འདས་དེ་བཞིན་གཤེགས་པ་རིན་ཆེན་འོད་འཕྲོས་བཀའ་སྩལ་པ། རིགས་ཀྱི་བུ་དེ་ལྟར་དེའི་དུས་ལ་བབ་པར་ཤེས་ན་སོང་ཤིག །དེ་ནས་དེ་བཞིན་གཤེགས་པ་རིན་ཆེན་འོད་འཕྲོས། བྱང་ཆུབ་སེམས་དཔའ་སེམས་དཔའ་ཆེན་པོ་སྤྱོད་པའི་བློ་གྲོས་ལ། པད་མོ་རིན་པོ་ཆེ་སྣ་ཚོགས་ཀྱི་རྒྱུ་ལས་བྱུང་བ། གསེར་གྱི་མདོག་ཅན་འདབ་[3]མ་

སྟོང་དང་ལྡན་པ་སྟོང་བསྐུར་ཏེ། རིགས་ཀྱི་བུ་བཅོམ་ལྡན་འདས་དེ་བཞིན་གཤེགས་པ་དགྲ་བཅོམ་པ་ཡང་དག་པར་རྫོགས་པའི་སངས་རྒྱས་ཤཱཀྱ་ཐུབ་པ་དེ་ལ། བཅོམ་ལྡན་འདས་སྙུན་མི་མངའ་འམ། གནོད་པ་མ་མཆིས་སམ། ཟུ་བདོག(༡) བདེའམ། སྐུ་ཉམས་དང་ལྡན་ནམ། བདེ་བ་དང་དགྱེས་པར་སྤྱོད་དམ་ཞེས་འདྲི་སྟེ། པད་མོ་གསེར་གྱི་མདོག་ཅན་འདབ(༢)མ་སྟོང་དང་ལྡན་པ་འདི་དག་ཀྱང་། བཅོམ་ལྡན་འདས་དེ་བཞིན་གཤེགས་པ་རིན་ཆེན་འོད་འཕྲོས། བཅོམ་ལྡན་འདས་ལ་མཆོད་པའི་སླད་དུ་བསྐུར་ར་ཞེས་ཀྱང་གྱིས(༣)ལ། པད་མོ་འདི་དག་གིས་གཏོར་ཅིག །རིགས་ཀྱི་བུ་སངས་རྒྱས་ཀྱི་ཞིང་དེར་བག་ཡོད་པར་སྤྱོད་ཅིག །དེ་ཅིའི་ཕྱིར་ཞེ་ན། འཇིག་རྟེན་གྱི་ཁམས་དེར་སྐྱེས་པའི་བྱང་ཆུབ་སེམས་དཔའ་སེམས་དཔའ་ཆེན་པོ་དེ་དག་ནི་མགུ་བར་དཀའ་བ་ཡིན་གྱིས(༤)། དེར་ཉམས་པར་གྱུར་ཏ་རེ། དེ་ནས་བྱང་ཆུབ་སེམས་དཔའ་སེམས་དཔའ་ཆེན་པོ་སྤྱོད་པའི་བློ་གྲོས་ཀྱིས། བཅོམ་ལྡན་འདས་དེ་བཞིན་གཤེགས་པ་དགྲ་བཅོམ་པ་ཡང་དག་པར་རྫོགས་པའི་སངས་རྒྱས་རིན་ཆེན་འོད་འཕྲོ་དེ་ལས། པད་མོ་གསེར་གྱི་མདོག་ཅན་འདབ(༥)མ་སྟོང་དང་ལྡན་པ་དེ་དག་བླངས་ཏེ། བྱང་ཆུབ་སེམས་དཔའ་ཁྱིམ་པ་དང་། རབ་ཏུ་བྱུང་བ་དང་། ཁྱེའུ་དང་བུ་མོའི་གཟུགས་སུ་འདུག་པ་བྱེ་བ་ཁྲག་ཁྲིག་བརྒྱ་སྟོང་དུ་མ་དང་འགྲོགས་ཏེ། སངས་རྒྱས་ཀྱི་ཞིང་དེ་ནས་མི་སྣང་བར་གྱུར་ནས། ནུབ་ཕྱོགས་ཀྱི(༦)སངས་རྒྱས་བཅོམ་ལྡན་འདས་གང་ཇི་སྙེད་བཞུགས་ཤིང་འཚོ་སྐྱོང་བ་དེ་དག་ཐམས་ཅད་ལ་མེ་ཏོག་དང་སྤོས་དང་བདུག་སྤོས་དང་ཕྲེང་བ་དང་བྱུག་པ་དང་། ཕྱེ་མ་དང་ན་བཟའ་དང་རྒྱན་དང་གདུགས་དང་རྒྱལ་མཚན་དང་བ་དན་དག་གིས་རིམ་གྲོར་བྱ་བ་དང་བཀུར་སྟིར་བྱ་བ་དང་བསྟི་སྟང་དུ་བྱ་བ་དང་། མཆོད་པ་བྱེད་ཅིང་། བྱང་ཆུབ་སེམས་

དཔའི་རྫུ་འཕྲུལ་ཆེན་པོ་དང་བྱང་ཆུབ་སེམས་དཔའི་མཐུ་ཆེན་པོས། བཅོམ་ལྡན་འདས་དེ་བཞིན་གཤེགས་པ་དགྲ་བཅོམ་པ་ཡང་དག་པར་རྫོགས་པའི་སངས་རྒྱས་ཤཱཀྱ་ཐུབ་པ་གང་ན་བ་དེར་དོང་སྟེ་ཕྱིན་ནས། བཅོམ་ལྡན་འདས་ཀྱི་ཞབས་གཉིས་ལ་སྤྱི་བོས་ཕྱག་འཚལ་ཏེ། ཕྱོགས་གཅིག་ཏུ་འཁོད་དོ། །ཕྱོགས་གཅིག་ཏུ་འཁོད་ནས། བྱང་ཆུབ་སེམས་དཔའ་སེམས་དཔའ་ཆེན་པོ་སྤྱོད་པའི་བློ་གྲོས་ཀྱིས། བཅོམ་ལྡན་འདས་ཤཱཀྱ་ཐུབ་པ་ལ་འདི་སྐད་ཅེས་གསོལ་ཏོ། །བཅོམ་ལྡན་འདས་དེ་བཞིན་གཤེགས་པ་དགྲ་བཅོམ་པ་ཡང་དག་པར་རྫོགས་པའི་སངས་རྒྱས་རིན་ཆེན་འོད་འཕྲོ་བཅོམ་ལྡན་འདས་ལ་སྙུན་མི་མངའ་འམ། གནོད་པ་མ་མཆིས་སམ། ཟྡཿབདོག་བདེའམ[1]། སྐུ་ཉམས་དང་ལྡན་ནམ། བདེ་བ་དང་དགྱེས་པར་སྤྱོད་དམ་ཞེས་འདྲི་སྟེ། པད་མོ་གསེར་གྱི་མདོག་ཅན་འདབ[2]མ་སྟོང་དང་ལྡན་པ་འདི་དག་ཀྱང་། བཅོམ་ལྡན་འདས་དེ་བཞིན་གཤེགས་པ་རིན་ཆེན་འོད་འཕྲོས། བཅོམ་ལྡན་འདས་ལ་མཆོད་པའི་སླད་དུ་བསྐུར་རོ། །དེ་ནས་བཅོམ་ལྡན་འདས་དེ་བཞིན་གཤེགས་པ་ཤཱཀྱ་ཐུབ་པས་པད་མོ་དེ་དག་བཞེས་ནས། ནུབ་ཕྱོགས་ཀྱི་འཇིག་རྟེན་གྱི་ཁམས་གང་གཱའི་ཀླུང་གི་བྱེ་མ་སྙེད་པོ་དེ་དག་གི། དེ་བཞིན་གཤེགས་པ་དགྲ་བཅོམ་པ་ཡང་དག་པར་རྫོགས་པའི་སངས་རྒྱས་དེ་དག་གང་ན་བ་དེར་གཏོར་ཏོ། །དེ་ནས་པད་མོ་དེ་དག་གིས་འཇིག་རྟེན་གྱི་ཁམས་དེ་དག་ཐམས་ཅད་རྒྱས་པར་ཁྱབ་པར་གྱུར་ཏོ[3]། །པད་མོ་དེ་དག་ལ་དེ་བཞིན་གཤེགས་པའི་སྐུ་མང་པོ་བཞུགས་ཤིང་། འདི་ལྟར་ཕ་རོལ་ཏུ་ཕྱིན་པ་དྲུག་པོ་འདི་ཉིད་ལས་བརྩམས་ཏེ་ཆོས་སྟོན་ཏོ། །ཆོས་བསྟན་པ་དེ་སེམས་ཅན་གང་གིས་ཐོས་པར་གྱུར་པ་དེ་དག་ཐམས་ཅད་ཀྱང་བླ་ན་མེད་པ་ཡང་དག་པར་རྫོགས་པའི་བྱང་ཆུབ་ཏུ་ངེས་པར་གྱུར་ཏོ། །བྱང་ཆུབ་སེམས་དཔའ་ཁྱིམ་པ་དང་

རབ་ཏུ་བྱུང་བ་དང་། ཁྱེའུ་དང་བུ་མོའི་གཟུགས་སུ་འདུག་པ་དེ་དག་གིས་ཀྱང་རང་རང་གི་དགེ་བའི་རྩ་བས། བཅོམ་ལྡན་འདས་དེ་བཞིན་གཤེགས་པ་དགྲ་བཅོམ་པ་ཡང་དག་པར་རྫོགས་པའི་སངས་རྒྱས་ཤཱཀྱ་ཐུབ་པ་ལ་རིམ་གྲོར་བྱས་སོ། །བཀུར་སྟིར་[7]བྱས་སོ། །བསྟི་སྟང་དུ་བྱས་སོ། །མཆོད་པ་བྱས་ནས་ཕྱོགས་གཅིག་ཏུ་འཁོད་དོ། །དེ་ནས་བྱང་ཕྱོགས་ཡོགས་སུ་འཇིག་རྟེན་གྱི་ཁམས་གང་གཱའི་ཀླུང་གི་བྱེ་མ་སྙེད་འདས་པ་ཀུན་གྱི་ཕ་རོལ་ན། འཇིག་རྟེན་གྱི་ཁམས་རྒྱལ་བ་ཞེས་བྱ་བ་ཡོད་དེ། དེ་ན་དེ་བཞིན་གཤེགས་པ་དགྲ་བཅོམ་པ་ཡང་དག་པར་རྫོགས་པའི་སངས་རྒྱས་རྒྱལ་བའི་དབང་པོ་ཞེས་བྱ་བ་བཞུགས་ཤིང་འཚོ་སྐྱོང་སྟེ། དེ་བྱང་ཆུབ་སེམས་དཔའ་སེམས་དཔའ་ཆེན་པོ་རྣམས་ལ་ཤེས་རབ་ཀྱི་ཕ་རོལ་ཏུ་ཕྱིན་པ་འདི་ཉིད་ཡང་དག་པར་སྟོན་པ་མཛད་དོ། །དེ་ནས་འཇིག་རྟེན་གྱི་ཁམས་དེ་ན་བྱང་ཆུབ་སེམས་དཔའ་སེམས་དཔའ་ཆེན་པོ་རྒྱལ་བས་བྱིན་ཞེས་བྱ་བ་འདུག་འདུག་པས། སྣང་བ་ཆེན་པོ་དེ་དང་། ས་ཆེར་གཡོས་པ་དེ་དང་། དེ་བཞིན་གཤེགས་པའི་སྐུ་བལྟ་ན་ཆོག་མི་ཤེས་པ་དེ་མཐོང་ནས། བཅོམ་ལྡན་འདས་དེ་བཞིན་གཤེགས་པ་དགྲ་བཅོམ་པ་ཡང་དག་པར་རྫོགས་པའི་སངས་རྒྱས་རྒྱལ་བའི་དབང་པོ་གང་ན་བ་དེར་སོང་སྟེ་ཕྱིན་ནས། བཅོམ་ལྡན་འདས་དེ་བཞིན་གཤེགས་པ་རྒྱལ་བའི་དབང་པོ་དེ་ལ་འདི་སྐད་ཅེས་གསོལ་ཏོ། །བཅོམ་ལྡན་འདས་འོད་ཆེན་པོ་འདི་ལྟ་བུ་འཇིག་རྟེན་དུ་བྱུང་བ་དང་། དོག་ས་འདི་ལྟར་ཆེར་གཡོས་པ་དང་། དེ་བཞིན་གཤེགས་པའི་སྐུ་འདི་ལྟ་བུ་གདའ་བ་འདི་ཅིའི་རྒྱུ་ཅིའི་རྐྱེན། དེ་སྐད་ཅེས་གསོལ་པ་དང་། བཅོམ་ལྡན་འདས་དེ་བཞིན་གཤེགས་པ་རྒྱལ་བའི་དབང་པོས། བྱང་ཆུབ་སེམས་དཔའ་སེམས་དཔའ་ཆེན་པོ་[3]རྒྱལ་བས་བྱིན་ལ་འདི་སྐད་ཅེས་བཀའ་སྩལ་ཏོ། །རིགས་ཀྱི་བུ་འདི་ནས་ལྷོ་ཕྱོགས

ཡོགས་སུ་འཇིག་རྟེན་གྱི་ཁམས་གང་གཱའི་ཀླུང་གི་བྱེ་མ་སྙེད་འདས་པ་ན། འཇིག་རྟེན་གྱི་ཁམས་མི་མཇེད་ཅེས་བྱ་བ་ཡོད་དེ། དེ་ན་དེ་བཞིན་གཤེགས་པ་དགྲ་བཅོམ་པ་ཡང་དག་པར་རྫོགས་པའི་སངས་རྒྱས་ཤཱཀྱ་ཐུབ་པ་ཞེས་བྱ་བ་བཞུགས་ཤིང་འཚོ་སྐྱོང་ངོ་། །དེ་བྱང་ཆུབ་སེམས་དཔའ་སེམས་དཔའ་ཆེན་པོ་རྣམས་ལ་ཤེས་རབ་ཀྱི་ཕ་རོལ་ཏུ་ཕྱིན་པ་སྟོན་ཏེ། འདི་ནི་དེའི་མཐུ་ཡིན་ཏེ་དེ་འདྲའོ། ། དེ་ནས་བྱང་ཆུབ་སེམས་དཔའ་སེམས་དཔའ་ཆེན་པོ་རྒྱལ་བས་བྱིན་གྱིས། བཅོམ་ལྡན་འདས་དེ་བཞིན་གཤེགས་པ་རྒྱལ་བའི་དབང་པོ་ལ་འདི་སྐད་ཅེས་གསོལ་ཏོ། ། བཅོམ་ལྡན་འདས་བདག་ཀྱང་འཇིག་རྟེན་གྱི་ཁམས་མི་མཇེད་དེར། བཅོམ་ལྡན་འདས་དེ་བཞིན་གཤེགས་པ་དགྲ་བཅོམ་པ་ཡང་དག་པར་རྫོགས་པའི་སངས་རྒྱས་ཤཱཀྱ་ཐུབ་པ་དེ་བལྟ་བ་དང་། དེ་ལ་ཕྱག་བགྱི་ཞིང་བསྙེན་བཀུར་བ་དང་། བྱང་ཆུབ་སེམས་དཔའ་སེམས་དཔའ་ཆེན་པོ་དེ་དག་ཀུན་ཀྱང་ཕལ་ཆེར་གཞོན་ནུར་གྱུར་པ། གཟུངས་དང་སོ་སོ་ཡང་དག་པར་རིག་པ་བསྒྲུབ་པ་རབ་ཏུ་ཐོབ་པ། ཏིང་ངེ་འཛིན་དང་སྙོམས་པར་འཇུག་པ་ཐམས་ཅད་ལ་དབང་རབ་ཏུ་ཐོབ་པ་དེ་དག་བལྟ་བའི་སླད་དུ་མཆིའོ། །བཅོམ་ལྡན་འདས་དེ་བཞིན་གཤེགས་པ་རྒྱལ་བའི་དབང་པོས་བཀའ་སྩལ་པ། རིགས་ཀྱི་བུ་དེ་ལྟར་དེའི་དུས་ལ་བབ་པར་ཤེས་ན་སོང་ཤིག །དེ་ནས་དེ་བཞིན་གཤེགས་པ་རྒྱལ་བའི་དབང་པོས། བྱང་ཆུབ་སེམས་དཔའ་སེམས་དཔའ་ཆེན་པོ་རྒྱལ་བས་བྱིན་ལ། པད་མོ་རིན་པོ་ཆེ་སྣ་ཚོགས་ཀྱི་[1]རྒྱུ་ལས་བྱུང་བ། གསེར་གྱི་མདོག་ཅན་འདབ་[2]མ་སྟོང་དང་ལྡན་པ་སྟོང་ཿབསྐུར་ཏེ[3]། རིགས་ཀྱི་བུ་བཅོམ་ལྡན་འདས་དེ་བཞིན་གཤེགས་པ་དགྲ་བཅོམ་པ་ཡང་དག་པར་རྫོགས་པའི་སངས་རྒྱས་ཤཱཀྱ་ཐུབ་པ་དེ་ལ། བཅོམ་ལྡན་[4]འདས་སྙུན་མི་མངའ་འམ། གནོད་པ་མ་མཆིས་སམ། ཟོ་བདོག་[5]བདེའམ།

སྐུ་ཉམས་དང་ལྡན་ནམ། བདེ་བ་དང་དགྱེས་པར་སྤྱོད་དམ་ཞེས་འདྲི་སྟེ། པད་མོ་གསེར་གྱི་མདོག་ཅན་འདབ་[1]མ་སྟོང་དང་ལྡན་པ་འདི་དག་ཀྱང་། བཅོམ་ལྡན་འདས་དེ་བཞིན་གཤེགས་པ་རྒྱལ་བའི་དབང་པོས། བཅོམ་ལྡན་འདས་ལ་མཆོད་པའི་སླད་དུ་བསྐུར་རོ་ཞེས་ཀྱང་གྱིས་[2]ལ། པད་མོ་འདི་དག་གིས་གཏོར་ཅིག །རིགས་ཀྱི་བུ་སངས་རྒྱས་ཀྱི་ཞིང་དེར་བག་ཡོད་པར་སྤྱོད་ཅིག །དེ་ཅིའི་ཕྱིར་ཞེ་ན། འཇིག་རྟེན་གྱི་ཁམས་དེར་སྐྱེས་པའི་བྱང་ཆུབ་སེམས་དཔའ་སེམས་དཔའ་ཆེན་པོ་དེ་དག་ནི་མགུ་བར་དཀའ་བ་ཡིན་གྱིས[3]། དེར་ཉམས་པར་གྱུར་ཏ་རེ། དེ་ནས་བྱང་ཆུབ་སེམས་དཔའ་སེམས་དཔའ་ཆེན་པོ་རྒྱལ་བས་བྱིན་གྱིས། བཅོམ་ལྡན་འདས་དེ་བཞིན་གཤེགས་པ་དགྲ་བཅོམ་པ་ཡང་དག་པར་རྫོགས་པའི་སངས་རྒྱས་རྒྱལ་བའི་དབང་པོ་དེ་ལས། པད་མོ་གསེར་གྱི་མདོག་ཅན་འདབ་[4]མ་སྟོང་དང་ལྡན་པ་དེ་དག་བླངས་ཏེ། བྱང་ཆུབ་སེམས་དཔའ་ཁྱིམ་པ་དང་རབ་ཏུ་བྱུང་བ་དང་ཁྱེའུ་དང་བུ་མོའི་གཟུགས་སུ་འདུག་པ་བྱེ་བ་ཁྲག་ཁྲིག་བརྒྱ་སྟོང་དུ་མ་དང་འགྲོགས་[5]ཏེ། སངས་རྒྱས་ཀྱི་ཞིང་དེ་ནས་མི་སྣང་བར་གྱུར་ནས། བྱང་ཕྱོགས་ཀྱི་སངས་རྒྱས་བཅོམ་ལྡན་འདས་གང་ཇི་སྙེད་བཞུགས་ཤིང་འཚོ་སྐྱོང་བ་དེ་དག་ཐམས་ཅད་ལ་མེ་ཏོག་དང་སྤོས་དང་བདུག་སྤོས་དང་ཕྲེང་བ་དང་བྱུག་པ་དང་ཕྱེ་མ་དང་ན་བཟའ་དང་རྒྱན་དང་གདུགས་དང་རྒྱལ་མཚན་དང་། བ་དན་དག་གིས་རིམ་གྲོར་བྱ་བ་དང་། བཀུར་སྟིར་བྱ་བ་དང་བསྟི་སྟང་དུ་བྱ་བ་དང་མཆོད་པ་བྱེད་ཅིང་། བྱང་ཆུབ་སེམས་དཔའི་རྫུ་འཕྲུལ་ཆེན་པོ་དང་། བྱང་ཆུབ་སེམས་དཔའི་མཐུ་ཆེན་པོས། བཅོམ་ལྡན་འདས་དེ་བཞིན་གཤེགས་པ་དགྲ་བཅོམ་པ་ཡང་དག་པར་རྫོགས་པའི་སངས་རྒྱས་ཤཱཀྱ་ཐུབ་པ་གང་ན་བ་དེར་འོང་སྟེ་ཕྱིན་ནས། བཅོམ་ལྡན་འདས་ཀྱི་ཞབས་གཉིས་ལ་སྤྱི་བོས་ཕྱག

འཚལ་ཏེ་ཕྱོགས་གཅིག་ཏུ་འཁོད་དོ། །ཕྱོགས་གཅིག་ཏུ་འཁོད་ནས། བྱང་ཆུབ་སེམས་དཔའ་སེམས་དཔའ་ཆེན་པོ་རྒྱལ་བས་བྱིན་གྱིས། བཅོམ་ལྡན་འདས་ཤཱཀྱ་ཐུབ་པ་ལ་འདི་སྐད་ཅེས་གསོལ་ཏོ། །བཅོམ་ལྡན་འདས་དེ་བཞིན་གཤེགས་པ་དགྲ་བཅོམ་པ་ཡང་དག་པར་རྫོགས་པའི་སངས་རྒྱས་རྒྱལ་བའི་དབང་པོས། བཅོམ་ལྡན་འདས་ལ་སྙུན་མི་མངའ་འམ། གནོད་པ་མ་མཆིས་སམ། བྲོ་བདོག་[7]བདེའམ། སྐྱུ་ཉམས་དང་ལྡན་ནམ། བདེ་བ་དང་དགྱེས་པར་སྤྱོད་དམ་ཞེས་འདྲི་སྟེ། པད་མོ་གསེར་གྱི་མདོག་ཅན་འདབ་མ་སྟོང་དང་ལྡན་པ་འདི་དག་ཀྱང་། བཅོམ་ལྡན་འདས་དེ་བཞིན་གཤེགས་པ་རྒྱལ་བའི་དབང་པོས། བཅོམ་ལྡན་འདས་ལ་མཆོད་པའི་སླད་དུ་བསྐུར་རོ། །དེ་ནས་བཅོམ་ལྡན་འདས་དེ་བཞིན་གཤེགས་པ་ཤཱཀྱ་ཐུབ་པས་པད་མོ་དེ་དག་བཞེས་ནས། བྱང་ཕྱོགས་ཀྱི་འཇིག་རྟེན་གྱི་ཁམས་གང་གཱའི་ཀླུང་གི་བྱེ་མ་སྙེད་པོ་དེ་དག་གི་སངས་རྒྱས་བཅོམ་ལྡན་འདས་གང་ན་བ་དེར་གཏོར་ཏོ། །དེ་ནས་པད་མོ་དེ་དག་གིས་འཇིག་རྟེན་གྱི་ཁམས་དེ་དག་ཐམས་ཅད་རྒྱས་པར་ཁྱབ་པར་གྱུར་ཏེ། པད་མོ་དེ་དག་ལ་དེ་བཞིན་གཤེགས་པའི་སྐུ་མང་པོ་བཞུགས་ཤིང་། འདི་ལྟར་ཕ་རོལ་དུ་ཕྱིན་པ་དྲུག་པོ་འདི་ཉིད་ལས་བརྩམས་ཏེ་ཆོས་སྟོན་ཏོ། །ཆོས་བསྟན་པ་དེ་སེམས་ཅན་གང་གིས་ཐོས་པར་གྱུར་པ་དེ་དག་ཐམས་ཅད་ཀྱང་། བླ་ན་མེད་པ་ཡང་དག་པར་རྫོགས་པའི་བྱང་ཆུབ་ཏུ་ངེས་པར་གྱུར་ཏོ། །བྱང་ཆུབ་སེམས་དཔའ་ཁྱིམ་པ་དང་རབ་ཏུ་བྱུང་བ་དང་ཁྱེའུ་དང་བུ་མོའི་གཟུགས་སུ་འདུག་པ་དེ་དག་གིས་ཀྱང་། རང་རང་གི་དགེ་བའི་རྩ་བས། བཅོམ་ལྡན་འདས་དེ་བཞིན་གཤེགས་པ་དགྲ་བཅོམ་པ་ཡང་དག་པར་རྫོགས་པའི་སངས་རྒྱས་ཤཱཀྱ་ཐུབ་པ་ལ་རིམ་གྲོར་བྱས་སོ། །བཀུར་སྟིར་བྱས་སོ། །བསྟི་སྟང་དུ་བྱས་སོ། །མཆོད་པ་བྱས་ནས་ཕྱོགས་

གཅིག་ཏུ་འཁོད་དོ། །དེ་ནས་བྱང་ཤར་གྱི་ཕྱོགས་འཚམས[༧]སུ་འཇིག་རྟེན་གྱི་ཁམས་གང་གཱའི[༣]ཀླུང་གི་བྱེ་མ་སྙེད་འདས་པ་ཀུན་གྱི་ཕ་རོལ་ན། འཇིག་རྟེན་གྱི་ཁམས་ཏིང་ངེ་འཛིན་གྱིས་བརྒྱན་པ་ཞེས་བྱ་བ་ཡོད་དེ། དེ་ན་དེ་བཞིན་གཤེགས་པ་དགྲ་བཅོམ་པ་ཡང་དག་པར་རྫོགས་པའི་སངས་རྒྱས་ཏིང་ངེ་འཛིན་གྱི་གླང་པོ་དམ་པའི་དཔལ་ཞེས་བྱ་བ་བཞུགས་ཤིང་འཚོ་སྐྱོང་སྟེ། དེ་བྱང་ཆུབ་སེམས་དཔའ་སེམས་དཔའ་ཆེན་པོ་རྣམས་ལ་ཤེས་རབ་ཀྱི་ཕ་རོལ་ཏུ་ཕྱིན་པ་འདི་ཉིད་ཡང་དག་པར་སྟོན་པ་མཛད་དོ། །དེ་ནས་འཇིག་རྟེན་གྱི་ཁམས་དེ་ན་བྱང་ཆུབ་སེམས་དཔའ་སེམས་དཔའ་ཆེན་པོ་རྣམ་པར་རྒྱལ་བས་རྣམ་པར་གནོན་པ་ཞེས་བྱ་བ་འདུག་འདུག་པས། སྣང་བ་ཆེན་པོ་དེ་དང་། ས་ཆེར་གཡོས་པ་དེ་དང་། དེ་བཞིན་གཤེགས་པའི་སྐུ་བལྟ་ན་ཆོག་མི་ཤེས་པ་དེ་མཐོང་ནས། བཅོམ་ལྡན་འདས་དེ་བཞིན་གཤེགས་པ་དགྲ་བཅོམ་པ་ཡང་དག་པར་རྫོགས་པའི་སངས་རྒྱས་ཏིང་ངེ་འཛིན་གྱི་གླང་པོ་དམ་པའི་དཔལ་གང་ན་བ་དེར་སོང་སྟེ་ཕྱིན་ནས། བཅོམ་ལྡན་འདས་དེ་བཞིན་གཤེགས་པ་ཏིང་ངེ་འཛིན་གྱི་གླང་པོ་དམ་པའི་དཔལ་དེ་ལ་འདི་སྐད་ཅེས་གསོལ་ཏོ། །བཅོམ་ལྡན་འདས་འོད་ཆེན་པོ་འདི་ལྟ་བུ་འཇིག་རྟེན་དུ་བྱུང་བ་དང་། ངོ་ས་འདི་ལྟར་ཆེར་གཡོས་པ་དང་། དེ་བཞིན་གཤེགས་པའི་སྐུ་འདི་ལྟ་བུ་གདའ་བ་འདི་ཅིའི་རྒྱུ་ཅིའི་རྐྱེན། དེ་སྐད་ཅེས་གསོལ་པ་དང་། བཅོམ་ལྡན་འདས་དེ་བཞིན་གཤེགས་པ་ཏིང་ངེ་འཛིན་གྱི་གླང་པོ་དམ་པའི་དཔལ་གྱིས། བྱང་ཆུབ་སེམས་དཔའ་སེམས་དཔའ་ཆེན་པོ་རྣམ་པར་རྒྱལ་བས་རྣམ་པར་གནོན་པ་ལ་འདི་སྐད་ཅེས་བཀའ་སྩལ་ཏོ། །རིགས་ཀྱི་བུ་འདི་ནས་ལྷོ་ནུབ་ཀྱི་ཕྱོགས་མཚམས་ཡོགས་སུ་འཇིག་རྟེན་གྱི་ཁམས་གང་གཱའི་ཀླུང་གི་བྱེ་མ་སྙེད་འདས་པ་ན། འཇིག་རྟེན་གྱི་ཁམས་མི་མཇེད་ཅེས་བྱ་བ་ཡོད་དེ། དེ་ན

དེ་བཞིན་གཤེགས་པ་དགྲ་བཅོམ་པ་ཡང་དག་པར་རྫོགས་པའི་སངས་རྒྱས་ཤཱཀྱ་ཐུབ་པ་ཞེས་བྱ་བ་བཞུགས་ཤིང་འཚོ་སྐྱོང་ངོ་། །དེ་བྱང་ཆུབ་སེམས་དཔའ་སེམས་དཔའ་ཆེན་པོ་རྣམས་ལ་ཤེས་རབ་ཀྱི་ཕ་རོལ་ཏུ་ཕྱིན་པ་སྟོན་ཏེ། འདི་ནི་དེའི་མཐུ་ཡིན་ཏེ་དེ་འདྲའོ། །དེ་ནས་བྱང་ཆུབ་སེམས་དཔའ་སེམས་དཔའ་ཆེན་པོ་རྣམ་པར་རྒྱལ་བས་རྣམ་པར་གནོན་པས། བཅོམ་ལྡན་འདས་དེ་བཞིན་གཤེགས་པ་ཏིང་ངེ་འཛིན་གྱི་སླང་པོ་དམ་པའི་དཔལ་ལ་འདི་སྐད་ཅེས་གསོལ་ཏོ། །བཅོམ་ལྡན་འདས་བདག་ཀྱང་འཇིག་རྟེན་གྱི་ཁམས་མི་མཇེད་དེར། བཅོམ་ལྡན་འདས་དེ་བཞིན་གཤེགས་པ་དགྲ་བཅོམ་པ་ཡང་དག་པར་རྫོགས་པའི་སངས་རྒྱས་ཤཱཀྱ་ཐུབ་པ་དེ་བལྟ་བ་དང་། དེ་ལ་ཕྱག་བགྱི་ཞིང་བསྙེན་བཀུར་བ་དང་། བྱང་ཆུབ་སེམས་དཔའ་སེམས་དཔའ་ཆེན་པོ་དེ་དག་ཀུན་ཀྱང་ཕལ་ཆེར་གཞོན་ནུར་གྱུར་པ་གཟུངས་དང་། སོ་སོ་ཡང་དག་པར་རིག་པ་བསྒྲུབ་པ་[༡]རབ་ཏུ་ཐོབ་པ། ཏིང་ངེ་འཛིན་དང་སྙོམས་པར་འཇུག་པ་ཐམས་ཅད་ལ་དབང་རབ་ཏུ་ཐོབ་པ་དེ་དག་བལྟ་བའི་སླད་དུ་མཆིའོ། །བཅོམ་ལྡན་འདས་ཏིང་ངེ་འཛིན་གྱི་སླང་པོ་དམ་པའི་དཔལ་གྱིས་བཀའ་སྩལ་པ། རིགས་ཀྱི་བུ་དེ་ལྟར་དེའི་དུས་ལ་བབ་པར་ཤེས་ན་སོང་ཤིག། ||

ཤེས་རབ་ཀྱི་ཕ་རོལ་ཏུ་ཕྱིན་པ་སྟོང་ཕྲག་ཉི་ཤུ་ལྔ་པ། བམ་པོ་གཉིས་པ། དེ་ནས་དེ་བཞིན་གཤེགས་པ་ཏིང་ངེ་འཛིན་གྱི་སླང་པོ་དམ་པའི་དཔལ་གྱིས། བྱང་ཆུབ་སེམས་དཔའ་རྣམ་པར་རྒྱལ་བས་རྣམ་པར་གནོན་པ་ལ། པད་མོ་རིན་པོ་ཆེ་སྣ་ཚོགས་ཀྱི་རྒྱུ་ལས་བྱུང་བ། གསེར་གྱི་མདོག་ཅན་འདབ་[༢]མ་སྟོང་དང་ལྡན་པ་སྟོངཿབསྐུར་ཏེ[༣]། རིགས་ཀྱི་བུ་བཅོམ་ལྡན་འདས་དེ་བཞིན་གཤེགས་པ་དགྲ་བཅོམ་པ་ཡང་དག་པར་རྫོགས་པའི་སངས་རྒྱས་ཤཱཀྱ་ཐུབ་པ་དེ་ལ། བཅོམ་

ལྡན་འདས་སྐུན་མི་མངའ་འམ། གནོད་པ་མ་མཆིས་སམ། ཟོ་བདོག་①བདེའམ། སྙུ་ཉམས་དང་ལྡན་ནམ། བདེ་བ་དང་དགྱེས་པར་སྤྱོད་དམ་ཞེས་འདྲི་སྟེ། པད་མོ་གསེར་གྱི་མདོག་ཅན་འདབ་②མ་སྟོང་དང་ལྡན་པ་འདི་དག་ཀྱང་། བཅོམ་ལྡན་འདས་དེ་བཞིན་གཤེགས་པ་ཉིད་དེ་འཛིན་གྱི་གླང་པོ་དམ་པའི་དཔལ་གྱིས། བཅོམ་ལྡན་འདས་ལ་མཆོད་པའི་སླད་དུ་བསྐུར་རོ། །ཞེས་ཀྱང་གྱིས་ལ་པད་མོ་འདི་དག་གིས་གཏོར་ཅིག །རིགས་ཀྱི་བུ་སངས་རྒྱས་ཀྱི་ཞིང་དེ་ལ་③བག་ཡོད་པར་སྤྱོད་ཅིག །དེ་ཅིའི་ཕྱིར་ཞེ་ན། འཇིག་རྟེན་གྱི་ཁམས་དེར་སྐྱེས་པའི་བྱང་ཆུབ་སེམས་དཔའ་སེམས་དཔའ་ཆེན་པོ་དེ་དག་ནི་མགུ་བར་དཀའ་བ་ཡིན་གྱིས་④དེར་ཉམས་པར་གྱུར་ཏ་རེ། དེ་ནས་བྱང་ཆུབ་སེམས་དཔའ་སེམས་དཔའ་ཆེན་པོ་རྣམ་པར་རྒྱལ་བས་རྣམ་པར་གནོན་པས། བཅོམ་ལྡན་འདས་དེ་བཞིན་གཤེགས་པ་དགྲ་བཅོམ་པ་ཡང་དག་པར་རྫོགས་པའི་སངས་རྒྱས་ཉིད་དེ་འཛིན་གྱི་གླང་པོ་དམ་པའི་དཔལ་དེ་ལས། པད་མོ་གསེར་གྱི་མདོག་ཅན་འདབ་⑤མ་སྟོང་དང་ལྡན་པ་དེ་དག་བླངས་ཏེ། བྱང་ཆུབ་སེམས་དཔའ་ཁྱིམ་པ་དང་རབ་ཏུ་བྱུང་བ་དང་། ཁྱེའུ་དང་བུ་མོའི་གཟུགས་སུ་འདུག་པ་བྱེ་བ་ཁྲག་ཁྲིག་བརྒྱ་སྟོང་དུ་མ་དང་འགྲོགས་ཏེ། སངས་རྒྱས་ཀྱི་ཞིང་དེ་ནས་མི་སྣང་བར་གྱུར་ནས། བྱང་ཤར་གྱི་ཕྱོགས་མཚམས་ཀྱི་སངས་རྒྱས་བཅོམ་ལྡན་འདས་གང་ཇི་སྲིད་བཞུགས་ཤིང་འཚོ་སྐྱོང་བ་དེ་དག་ཐམས་ཅད་ལ་མེ་ཏོག་དང་། སྤོས་དང་བདུག་སྤོས་དང་ཕྲེང་བ་དང་བྱུག་པ་དང་ཕྱེ་མ་དང་ན་བཟའ་དང་རྒྱན་དང་གདུགས་དང་རྒྱལ་མཚན་དང་བ་དན་དག་གིས་རིམ་གྲོར་བྱ་བ་དང་བཀུར་སྟིར་བྱ་བ་དང་བསྟི་སྟང་དུ་བྱ་བ་དང་མཆོད་པ་བྱེད་ཅིང་། བྱང་ཆུབ་སེམས་དཔའི་རྫུ་འཕྲུལ་ཆེན་པོ་དང་བྱང་ཆུབ་སེམས་དཔའི་མཐུ་ཆེན་པོས། བཅོམ་ལྡན་འདས་དེ་

བཞིན་གཤེགས་པ་དགྲ་བཅོམ་པ་ཡང་དག་པར་རྫོགས་པའི་སངས་རྒྱས་ཤཱཀྱ་ཐུབ་པ་གང་ན་བ་དེར་དོང་སྟེ་ཕྱིན་ནས། བཅོམ་ལྡན་འདས་ཀྱི་ཞབས་གཉིས་ལ་སྤྱི་བོས་ཕྱག་འཚལ་ཏེ། ཕྱོགས་གཅིག་ཏུ་འཁོད་དོ། །ཕྱོགས་གཅིག་ཏུ་འཁོད་ནས། བྱང་ཆུབ་སེམས་དཔའ་སེམས་དཔའ་ཆེན་པོ་རྣམ་པར་རྒྱལ་བས་རྣམ་པར་གནོན་པས། བཅོམ་ལྡན་འདས་ཤཱཀྱ་ཐུབ་པ་ལ་འདི་སྐད་ཅེས་གསོལ་ཏོ། །བཅོམ་ལྡན་འདས་དེ་བཞིན་གཤེགས་པ་དགྲ་བཅོམ་པ་ཡང་དག་པར་རྫོགས་པའི་སངས་རྒྱས་ཉིད་ངེ་འཛིན་གྱི་སྣང་པོ་དམ་པའི་དཔལ། བཅོམ་ལྡན་འདས་ལ་སྙུན་མི་མངའ་འམ། གནོད་པ་མ་མཆིས་སམ། ཟྫ་བདོག་[༡]བདེའམ། སྐུ་ཉམས་དང་ལྡན་ནམ། བདེ་བ་དང་དགྱེས་པར་སྤྱོད་དམ་ཞེས་འདྲི་སྟེ། པད་མོ་གསེར་གྱི་མདོག་ཅན་འདབ་མ་སྟོང་དང་ལྡན་པ་འདི་དག་ཀྱང་། བཅོམ་ལྡན་འདས་དེ་བཞིན་གཤེགས་པ་ཉིད་ངེ་འཛིན་གྱི་སྣང་པོ་དམ་པའི་དཔལ་གྱིས། བཅོམ་ལྡན་འདས་ལ་མཆོད་པའི་སླད་དུ་བསྐུར་རོ། །དེ་ནས་བཅོམ་ལྡན་འདས་དེ་བཞིན་གཤེགས་པ་ཤཱཀྱ་ཐུབ་པས་པད་མོ་དེ་དག་བཞེས་ནས། བྱང་ཤར་གྱི་ཕྱོགས་མཚམས་ཀྱི་འཇིག་རྟེན་གྱི་ཁམས་གང་གཱའི་[༢]ཀླུང་གི་བྱེ་མ་སྙེད་པོ་དེ་དག་གི། དེ་བཞིན་གཤེགས་པ་དགྲ་བཅོམ་པ་ཡང་དག་པར་རྫོགས་པའི་སངས་རྒྱས་དེ་དག་གང་ན་བ་དེར་གཏོར་ཏོ། །དེ་ནས་པད་མོ་དེ་དག་གིས་འཇིག་རྟེན་གྱི་ཁམས་དེ་དག་ཐམས་ཅད་རྒྱས་པར་ཁྱབ་པར་གྱུར་ཏེ། པད་མོ་དེ་དག་ལ་དེ་བཞིན་གཤེགས་པའི་སྐུ་མང་པོ་བཞུགས་ཤིང་འདི་ལྟར་ཕ་རོལ་ཏུ་ཕྱིན་པ་དྲུག་པོ་འདི་ཉིད་ལས་བརྩམས་ཏེ་ཆོས་སྟོན་ཏོ། །ཆོས་བསྟན་པ་དེ་སེམས་ཅན་གང་གིས་ཐོས་པར་གྱུར་པ་དེ་དག་ཐམས་ཅད་ཀྱང་། བླ་ན་མེད་པ་ཡང་དག་པར་རྫོགས་པའི་བྱང་ཆུབ་ཏུ་ངེས་པར་གྱུར་ཏོ། །བྱང་ཆུབ་སེམས་དཔའ་ཁྱིམ་པ་དང་རབ་ཏུ་བྱུང་བ

དང་ཁྱིའུ་དང་བུ་མོའི་གཟུགས་སུ་འདུག་པ་དེ་དག་གིས་ཀྱང་རང་རང་གི་དགེ་བའི་རྩ་བས། བཅོམ་ལྡན་འདས་དེ་བཞིན་གཤེགས་པ་དགྲ་བཅོམ་པ་ཡང་དག་པར་རྫོགས་པའི་སངས་རྒྱས་ཤཱཀྱ་ཐུབ་པ་ལ་རིམ་གྲོར་བྱས་སོ། །བཀུར་སྟིར་བྱས་སོ། །བསྟི་སྟང་དུ་བྱས་སོ། །མཆོད་པ་བྱས་ནས་ཕྱོགས་གཅིག་ཏུ་འཁོད་དོ། །དེ་ནས་ཤར་ལྷོའི་ཕྱོགས་མཚམས་ཀྱི་འཇིག་རྟེན་གྱི་ཁམས་གངྒཱའི་ཀླུང་གི་བྱེ་མ་སྙེད་འདས་པ་ཀུན་གྱི་ཕ་རོལ་ན། འཇིག་རྟེན་གྱི་ཁམས་སྙིང་པོ་བྱང་ཆུབ་ཀྱི་རྒྱན་ཤིན་ཏུ་ཡིད་དུ་འོང་བ་ཞེས་བྱ་བ་ཡོད་དེ། དེ་ན་དེ་བཞིན་གཤེགས་པ་དགྲ་བཅོམ་པ་ཡང་དག་པར་རྫོགས་པའི་སངས་རྒྱས་པད་མོ་དམ་པའི་དཔལ་ཞེས་བྱ་བ་བཞུགས་ཤིང་འཚོ་སྐྱོང་སྟེ། དེ་བྱང་ཆུབ་སེམས་དཔའ་སེམས་དཔའ་ཆེན་པོ་རྣམས་ལ་ཤེས་རབ་ཀྱི་ཕ་རོལ་ཏུ་ཕྱིན་པ་འདི་ཉིད་ཡང་དག་པར་སྟོན་པ་མཛད་དོ། །དེ་ནས་འཇིག་རྟེན་གྱི་ཁམས་དེ་ན་བྱང་ཆུབ་སེམས་དཔའ་སེམས་དཔའ་ཆེན་པོ་ལག་ན་པད་མོ་ཞེས་བྱ་བ་འདུག་འདུག་པས། སྣང་བ་ཆེན་པོ་དེ་དང་ས་ཆེར་གཡོས་པ་དེ་དང་། དེ་བཞིན་གཤེགས་པའི་སྐུ་བལྟ་ན་ཆོག་མི་ཤེས་པ་དེ་མཐོང་ནས། བཅོམ་ལྡན་འདས་དེ་བཞིན་གཤེགས་པ་དགྲ་བཅོམ་པ་ཡང་དག་པར་རྫོགས་པའི་སངས་རྒྱས་པད་མོ་དམ་པའི་དཔལ་གང་ན་བ་དེར་སོང་སྟེ་ཕྱིན་ནས། བཅོམ་ལྡན་འདས་དེ་བཞིན་གཤེགས་པ་པད་མོ་དམ་པའི་དཔལ་དེ་ལ་འདི་སྐད་ཅེས་གསོལ་ཏོ། །བཅོམ་ལྡན་འདས་འོད་ཆེན་པོ་འདི་ལྟ་བུ་འཇིག་རྟེན་དུ་བྱུང་བ་དང་། དོག་ས་འདི་ལྟར་ཆེར་གཡོས་པ་དང་། དེ་བཞིན་གཤེགས་པའི་སྐུ་འདི་ལྟ་བུ་གདའ་བ་འདི་ཅིའི་རྒྱུ་ཅིའི་རྐྱེན། དེ་སྐད་ཅེས་གསོལ་པ་དང་། བཅོམ་ལྡན་འདས་དེ་བཞིན་གཤེགས་པ་པད་མོ་དམ་པའི་དཔལ་གྱིས། བྱང་ཆུབ་སེམས་དཔའ་སེམས་དཔའ་ཆེན་པོ་ལག་ན་པད་མོ་ལ་འདི་སྐད་ཅེས་བཀའ་སྩལ་ཏོ། །

རིགས་ཀྱི་བུ་འདི་ནས་ནུབ་ཕྱོགས་ཀྱི་ཕྱོགས་མཚམས་ཡོགས་སུ་འཇིག་རྟེན་གྱི་ཁམས་གངྒཱའི་ཀླུང་གི་བྱེ་མ་སྙེད་འདས་པ་ན། འཇིག་རྟེན་གྱི་ཁམས་མི་མཇེད་ཅེས་བྱ་བ་ཡོད་དེ། དེ་ན་དེ་བཞིན་གཤེགས་པ་དགྲ་བཅོམ་པ་ཡང་དག་པར་རྫོགས་པའི་སངས་རྒྱས་ཤཱཀྱ་ཐུབ་པ་ཞེས་བྱ་བ་བཞུགས་ཤིང་འཚོ་སྐྱོང་ངོ་། །དེ་བྱང་ཆུབ་སེམས་དཔའ་སེམས་དཔའ་ཆེན་པོ་རྣམས་ལ་ཤེས་རབ་ཀྱི་ཕ་རོལ་ཏུ་ཕྱིན་པ་སྟོན་ཏེ། འདི་ནི་དེའི་མཐུ་ཡིན་ཏེ་དེ་འདྲའོ། །དེ་ནས་བྱང་ཆུབ་སེམས་དཔའ་སེམས་དཔའ་ཆེན་པོ་ལག་ན་པད་མོས། བཅོམ་ལྡན་འདས་དེ་བཞིན་གཤེགས་པ་པད་མོ་དམ་པའི་དཔལ་ལ་འདི་སྐད་ཅེས་གསོལ་ཏོ། །བཅོམ་ལྡན་འདས་བདག་ཀྱང་འཇིག་རྟེན་གྱི་ཁམས་མི་མཇེད་དེར། བཅོམ་ལྡན་འདས་ཤཱཀྱ་ཐུབ་པ་དེ་བལྟ་བ་དང་། དེ་ལ་ཕྱག་བགྱི་ཞིང་བསྙེན་བཀུར་བ་དང་། བྱང་ཆུབ་སེམས་དཔའ་སེམས་དཔའ་ཆེན་པོ་དེ་དག་ཀུན་ཀྱང་ཕལ་ཆེར་གཞོན་ནུར་གྱུར་པ། གཟུངས་དང་སོ་སོ་ཡང་དག་པར་རིག་པ་བརྙེས་པ་རབ་ཏུ་ཐོབ་པ། ཉིང་ངེ་འཛིན་དང་སྙོམས་པར་འཇུག་པ་ཐམས་ཅད་ལ་དབང་རབ་ཏུ་ཐོབ་པ་དེ་དག་བལྟ་བའི་སླད་དུ་མཆིའོ། །བཅོམ་ལྡན་འདས་པད་མོ་དམ་པའི་དཔལ་གྱིས་བཀའ་སྩལ་པ། རིགས་ཀྱི་བུ་དེ་ལྟར་དེའི་དུས་ལ་བབ་པར་ཤེས་ན་སོང་ཤིག །དེ་ནས་དེ་བཞིན་གཤེགས་པ་པད་མོ་དམ་པའི་དཔལ་གྱིས། བྱང་ཆུབ་སེམས་དཔའ་སེམས་དཔའ་ཆེན་པོ་ལག་ན་པད་མོ་ལ། པད་མོ་རིན་པོ་ཆེ་སྣ་ཚོགས་ཀྱི་རྒྱུ་ལས་བྱུང་བ། གསེར་གྱི་མདོག་ཅན་འདབ་[1]མ་སྟོང་དང་ལྡན་པ་སྟོང་བསྐུར་ཏེ[2]། རིགས་ཀྱི་བུ་བཅོམ་ལྡན་འདས་དེ་བཞིན་གཤེགས་པ་དགྲ་བཅོམ་པ་ཡང་དག་པར་རྫོགས་པའི་སངས་རྒྱས་ཤཱཀྱ་ཐུབ་པ་དེ་ལ་བཅོམ་ལྡན་འདས་སྙུན་མི་མངའ་འམ། གནོད་པ་མ་མཆིས་སམ། ཟོ་བདོག་[3]བདེའམ། སྐུ་ཉམས་དང་ལྡན་ནམ། བདེ་བ

དང་དགྱེས་པར་སྤྱོད་དམ་ཞེས་འདྲི་སྟེ། པད་མོ་གསེར་གྱི་མདོག་ཅན་འདབ་མ་སྟོང་དང་ལྡན་པ་འདི་དག་ཀྱང་། བཅོམ་ལྡན་འདས་དེ་བཞིན་གཤེགས་པ་པད་མོ་དམ་པའི་དཔལ་གྱིས། བཅོམ་ལྡན་འདས་ལ་མཆོད་པའི་སླད་དུ་བསྐུར་རོ། །ཞེས་ཀྱང་གྱིས་ལ་པད་མོ་འདི་དག་གིས་གཏོར་ཅིག །རིགས་ཀྱི་བུ་སངས་རྒྱས་ཀྱི་ཞིང་དེར་བག་ཡོད་པར་སྤྱོད་ཅིག །དེ་ཅིའི་ཕྱིར་ཞེ་ན། འཇིག་རྟེན་གྱི་ཁམས་དེར་སྐྱེས་པའི་བྱང་ཆུབ་སེམས་དཔའ་སེམས་དཔའ་ཆེན་པོ་དེ་དག་ནི་མགུ་བར་དཀའ་བ་ཡིན་གྱིས[༡]། དེར་ཉམས་པར་གྱུར་ཏ་རེ། དེ་ནས་བྱང་ཆུབ་སེམས་དཔའ་སེམས་དཔའ་ཆེན་པོ་ལག་ན་པད་མོས། བཅོམ་ལྡན་འདས་དེ་བཞིན་གཤེགས་པ་དགྲ་བཅོམ་པ་ཡང་དག་པར་རྫོགས་པའི་སངས་རྒྱས་པད་མོ་དམ་པའི་དཔལ་དེ་ལས། པད་མོ་གསེར་གྱི་མདོག་ཅན་འདབ་[༢]མ་སྟོང་དང་ལྡན་པ་དེ་དག་བླངས་ཏེ། བྱང་ཆུབ་སེམས་དཔའ་ཁྱིམ་པ་དང་། རབ་ཏུ་བྱུང་བ་དང་ཁྱེའུ་དང་བུ་མོའི་གཟུགས་སུ་འདུག་པ་བྱེ་བ་ཁྲག་ཁྲིག་བརྒྱ་སྟོང་དུ་མ་དང་འགྲོགས་ཏེ༔ སངས་རྒྱས་ཀྱི་ཞིང་དེ་ནས་མི་སྣང་བར་གྱུར་ནས། ཤར་ལྷོའི་ཕྱོགས་མཚམས་ཀྱི་སངས་རྒྱས་བཅོམ་ལྡན་འདས་གང་ཇི་སྙེད་བཞུགས་ཤིང་འཚོ་སྐྱོང་བ་དེ་དག་ཐམས་ཅད་ལ་མེ་ཏོག་དང་། སྤོས་དང་། བདུག་སྤོས་དང་། ༔འཕྲེང་བ་དང་།[༣] བྱུག་པ་དང་། ཕྱེ་མ་དང་ན་བཟའ་དང་། རྒྱན་དང་གདུགས་དང་རྒྱལ་མཚན་དང་བ་དན་དག་གིས་རིམ་གྲོར་བྱ་བ་དང་། བཀུར་སྟིར་བྱ་བ་དང་། བསྟི་སྟང་དུ་བྱ་བ་དང་། མཆོད་པ་[༤]བྱེད་ཅིང་། བྱང་ཆུབ་སེམས་དཔའི་རྫུ་འཕྲུལ་ཆེན་པོ་དང་བྱང་ཆུབ་སེམས་དཔའི་མཐུ་ཆེན་པོས། བཅོམ་ལྡན་འདས་དེ་བཞིན་གཤེགས་པ་དགྲ་བཅོམ་པ་ཡང་དག་པར་རྫོགས་པའི་སངས་རྒྱས་ཤཱཀྱ་ཐུབ་པ་གང་ན་[༥]བ་དེར་སོང་སྟེ་ཕྱིན་ནས། བཅོམ་ལྡན་འདས་

ཀྱི་[༧]ཞབས་གཉིས་ལ་སྤྱི་བོས་ཕྱག་འཚལ་ཏེ་ཕྱོགས་གཅིག་ཏུ་འཁོད་དོ། །ཕྱོགས་གཅིག་ཏུ་འཁོད་ནས། བྱང་ཆུབ་སེམས་དཔའ་སེམས་དཔའ་ཆེན་པོ་ལག་ན་པད་མོས། བཅོམ་ལྡན་འདས་ལ་འདི་སྐད་ཅེས་གསོལ་ཏོ། །བཅོམ་ལྡན་འདས་དེ་བཞིན་གཤེགས་པ་དགྲ་བཅོམ་པ་ཡང་དག་པར་རྫོགས་པའི་སངས་རྒྱས་པད་མོ་དམ་པའི་དཔལ། བཅོམ་ལྡན་འདས་ལ་སྙུན་མི་མངའ་འམ། གནོད་པ་མ་མཆིས་སམ། ཟྙོ་བདོག་[༢]བདེའམ། སྐུ་ཉམས་དང་ལྡན་ནམ། བདེ་བ་དང་དགྱེས་པར་སྤྱོད་དམ་ཞེས་འདྲི་སྟེ། པད་མོ་གསེར་གྱི་མདོག་ཅན་འདབ་[༣]མ་སྟོང་དང་ལྡན་པ་འདི་དག་ཀྱང་། བཅོམ་ལྡན་འདས་དེ་བཞིན་གཤེགས་པ་དགྲ་བཅོམ་པ་ཡང་དག་པར་རྫོགས་པའི་སངས་རྒྱས་པད་མོ་དམ་པའི་དཔལ་གྱིས། བཅོམ་ལྡན་འདས་ལ་མཆོད་པའི་སླད་དུ་བསྐུར་རོ། །དེ་ནས་བཅོམ་ལྡན་འདས་དེ་བཞིན་གཤེགས་པ་དགྲ་བཅོམ་པ་ཡང་དག་པར་རྫོགས་པའི་སངས་རྒྱས་ཤཱཀྱ་ཐུབ་པས་པད་མོ་དེ་དག་བཞེས་ནས། ཤར་ཕྱོགས་ཀྱི་ཕྱོགས་མཚམས་ཀྱི་འཇིག་རྟེན་གྱི་ཁམས་གང་གཱའི་ཀླུང་གི་བྱེ་མ་སྙེད་པོ་དེ་དག་གི་དེ་བཞིན་གཤེགས་པ་དགྲ་བཅོམ་པ་ཡང་དག་པར་རྫོགས་པའི་སངས་རྒྱས་དེ་དག་གང་ན་བ་དེར་གཏོར་ཏོ། །དེ་ནས་པད་མོ་དེ་དག་གིས་འཇིག་རྟེན་གྱི་ཁམས་དེ་དག་ཐམས་ཅད་རྒྱས་པར་ཁྱབ་པར་གྱུར་ཏེ། པད་མོ་དེ་དག་ལ་དེ་བཞིན་གཤེགས་པའི་སྐུ་མང་པོ་བཞུགས་ཤིང་། འདི་ལྟར་ཕ་རོལ་ཏུ་ཕྱིན་པ་དྲུག་པོ་འདི་ཉིད་ལས་བརྩམས་ཏེ་ཆོས་སྟོན་ཏོ། །ཆོས་བསྟན་པ་དེ་སེམས་ཅན་གང་གིས་ཐོས་པར་གྱུར་པ་དེ་དག་ཐམས་ཅད་ཀྱང་། བླ་ན་མེད་པ་ཡང་དག་པར་རྫོགས་པའི་བྱང་ཆུབ་ཏུ་ངེས་པར་གྱུར་ཏོ། །བྱང་ཆུབ་སེམས་དཔའ་ཁྱིམ་པ་དང་རབ་ཏུ་བྱུང་བ་དང་ཁྱེའུ་དང་། བུ་མོའི་གཟུགས་སུ་འདུག་པ་དེ་དག་གིས་ཀྱང་། རང་རང་གི་[༤]དགེ་བའི་རྩ་བས། བཅོམ་ལྡན་

འདས་དེ་བཞིན་གཤེགས་པ་དགྲ་བཅོམ་པ་ཡང་དག་པར་རྫོགས་པའི་སངས་རྒྱས་ཤཱཀྱ་ཐུབ་པ་ལ་རིམ་གྲོར་བྱས་སོ། །བཀུར་སྟིར་བྱས་སོ། །བསྙེ་སྣང་དུ་བྱས་སོ།། མཆོད་པ་[༧]བྱས་ནས་ཕྱོགས་གཅིག་ཏུ་འཁོད་དོ། །དེ་ནས་ལྷོ་ནུབ་ཀྱི་ཕྱོགས་མཚམས་སུ་འཇིག་རྟེན་གྱི་ཁམས་གང་གཱའི་ཀླུང་གི་བྱེ་མ་སྙེད་འདས་པ་ཀུན་གྱི་ཕ་རོལ་ན། འཇིག་རྟེན་གྱི་ཁམས་རྟུལ་གྱི་ཚོགས་དང་བྲལ་བ་ཞེས་བྱ་བ་ཡོད་དེ། དེ་ན་དེ་བཞིན་གཤེགས་པ་དགྲ་བཅོམ་པ་ཡང་དག་པར་རྫོགས་པའི་སངས་རྒྱས་ཉི་མའི་དཀྱིལ་འཁོར་སྣང་བ་དམ་པའི་དཔལ་ཞེས་བྱ་བ་བཞུགས་[༨]ཤིང་འཚོ་[༩]སྐྱོང་སྟེ། དེ་བྱང་ཆུབ་སེམས་དཔའ་སེམས་དཔའ་ཆེན་པོ་རྣམས་ལ་ཤེས་རབ་ཀྱི་ཕ་རོལ་ཏུ་ཕྱིན་པ་འདི་ཉིད་ཡང་དག་པར་སྟོན་པ་མཛད་དོ། །དེ་ནས་འཇིག་རྟེན་གྱི་ཁམས་དེ་ན་བྱང་ཆུབ་སེམས་དཔའ་སེམས་དཔའ་ཆེན་པོ་ཉི་མ་རབ་ཏུ་སྣང་བ་ཞེས་བྱ་བ་འདུག་འདུག་པས། སྣང་བ་ཆེན་པོ་དེ་དང་། ས་ཆེར་གཡོས་པ་དེ་དང་། དེ་བཞིན་གཤེགས་པའི་སྐུ་བལྟ་ན་ཚོག་མི་ཤེས་པ་དེ་མཐོང་ནས། བཅོམ་ལྡན་འདས་དེ་བཞིན་གཤེགས་པ་དགྲ་བཅོམ་པ་ཡང་དག་པར་རྫོགས་པའི་སངས་རྒྱས་ཉི་མའི་དཀྱིལ་འཁོར་སྣང་བ་དམ་པའི་དཔལ་གང་ན་བ་དེར་སོང་སྟེ་ཕྱིན་ནས། བཅོམ་ལྡན་འདས་དེ་བཞིན་གཤེགས་པ་ཉི་མའི་དཀྱིལ་འཁོར་སྣང་བ་དམ་པའི་དཔལ་དེ་ལ་འདི་སྐད་ཅེས་གསོལ་ཏོ། །བཅོམ་ལྡན་འདས་འོད་ཆེན་པོ་འདི་ལྟ་བུ་འཇིག་རྟེན་དུ་བྱུང་བ་དང་། ཧོག་ས་འདི་ལྟར་ཆེར་གཡོས་པ་དང་། དེ་བཞིན་གཤེགས་པའི་སྐུ་འདི་ལྟ་བུ་གདའ་བ་འདི་ཅིའི་རྒྱུ་ཅིའི་རྐྱེན། དེ་སྐད་ཅེས་གསོལ་པ་དང་། བཅོམ་ལྡན་འདས་དེ་བཞིན་གཤེགས་པ་དགྲ་བཅོམ་པ་ཡང་དག་པར་རྫོགས་པའི་སངས་རྒྱས་ཉི་མའི་དཀྱིལ་འཁོར་སྣང་བ་དམ་པའི་དཔལ་གྱིས། བྱང་ཆུབ་སེམས་དཔའ་སེམས་དཔའ་ཆེན་པོ་ཉི་མ་རབ་ཏུ་སྣང་བ་དེ་ལ་འདི་སྐད་

ཅེས་བཀའ་སྩལ་ཏོ། །རིགས་ཀྱི་བུ་འདི་ནས་བྱང་ཤར་གྱི་ཕྱོགས་མཚམས་ཡོགས་སུ་འཇིག་རྟེན་གྱི་ཁམས་གཏྐའི་གླུང་གི་བྱེ་མ་སྙེད་འདས་པ་ན། འཇིག་རྟེན་གྱི་ཁམས་མི་མཛེད་ཅེས་བྱ་བ་ཡོད་དེ། དེ་ན་དེ་བཞིན་གཤེགས་པ་དགྲ་བཅོམ་པ་ཡང་དག་པར་རྫོགས་པའི་སངས་རྒྱས་ཤཱཀྱ་ཐུབ་པ་ཞེས་བྱ་བ་བཞུགས་ཤིང་འཚོ་སྐྱོང་ངོ་། །དེ་བྱང་ཆུབ་སེམས་དཔའ་སེམས་དཔའ་ཆེན་པོ་རྣམས་ལ་ཤེས་རབ་ཀྱི་ཕ་རོལ་ཏུ་ཕྱིན་པ་སྟོན་ཏེ། འདི་ནི་དེའི་མཐུ་ཡིན་ཏེ་དེ་འདྲའོ། །དེ་ནས་བྱང་ཆུབ་སེམས་དཔའ་སེམས་དཔའ་ཆེན་པོ་ཉི་མ་རབ་ཏུ་སྣང་བས། བཅོམ་ལྡན་འདས་ཉི་མའི་དཀྱིལ་འཁོར་སྣང་བ་དམ་པའི་དཔལ་ལ་འདི་སྐད་ཅེས་གསོལ་ཏོ། །བཅོམ་ལྡན་འདས་བདག་ཀྱང་འཇིག་རྟེན་གྱི་ཁམས་མི་མཛེད་དེར། བཅོམ་ལྡན་འདས་དེ་བཞིན་གཤེགས་པ་དགྲ་བཅོམ་པ་ཡང་དག་པར་རྫོགས་པའི་སངས་རྒྱས་ཤཱཀྱ་ཐུབ་པ་དེ་བལྟ་བ་དང་། དེ་ལ་ཕྱག་བགྱི་ཞིང་བསྙེན་བཀུར་བ་དང་། བྱང་ཆུབ་སེམས་དཔའ་སེམས་དཔའ་ཆེན་པོ་དེ་དག་ཀུན་ཀྱང་ཕལ་ཆེར་གཞོན་ནུར་གྱུར་པ། གཟུངས་དང་སོ་སོ་ཡང་དག་པར་རིག་པ་བསྒྲུབ་པ་རབ་ཏུ་ཐོབ་པ། ཏིང་ངེ་འཛིན་དང་སྙོམས་པར་འཇུག་པ་ཐམས་ཅད་ལ་དབང་རབ་ཏུ་ཐོབ་པ་དེ་དག་བལྟ་བའི་སླད་དུ་མཆིའོ། །བཅོམ་ལྡན་འདས་དེ་བཞིན་གཤེགས་པ་ཉི་མའི་དཀྱིལ་འཁོར་སྣང་བ་དམ་པའི་དཔལ་གྱིས་བཀའ་སྩལ་པ། རིགས་ཀྱི་བུ་དེ་ལྟར་དེའི་དུས་ལ་བབ་པར་ཤེས་ན་སོང་ཤིག །དེ་ནས་དེ་བཞིན་གཤེགས་པ་དགྲ་བཅོམ་པ་ཡང་དག་པར་རྫོགས་པའི་སངས་རྒྱས་ཉི་མའི་དཀྱིལ་འཁོར་སྣང་བ་དམ་པའི་དཔལ་གྱིས། བྱང་ཆུབ་སེམས་དཔའ་སེམས་དཔའ་ཆེན་པོ་ཉི་མ་རབ་ཏུ་སྣང་བ་ལ། པད་མོ་རིན་པོ་ཆེ་སྣ་ཚོགས་ཀྱི་རྒྱུ་ལས་བྱུང་བ། གསེར་གྱི་མདོག་ཅན་འདབ་མ་སྟོང་དང་ལྡན་པ་སྟོང་བསྐུར་[7]ཏེ། རིགས་ཀྱི་བུ་བཅོམ་ལྡན་

འདས་དེ་བཞིན་གཤེགས་པ་དགྲ་བཅོམ་པ་ཡང་དག་པར་རྫོགས་པའི་སངས་རྒྱས་ཤཱཀྱ་ཐུབ་པ་དེ་ལ། བཅོམ་ལྡན་འདས་ལ་[༡]སྙུན་མི་མངའ་འམ། གནོད་པ་མ་མཆིས་སམ། ཟོ་བདོག་[༢]བདེའམ། སྐུ་ཉམས་དང་ལྡན་ནམ། བདེ་བ་དང་དགྱེས་པར་སྤྱོད་དམ་ཞེས་འདྲི་སྟེ། པད་མོ་གསེར་གྱི་མདོག་ཅན་འདབ་མ་སྟོང་དང་ལྡན་པ་འདི་དག་ཀྱང་། བཅོམ་ལྡན་འདས་དེ་བཞིན་གཤེགས་པ་ཉི་མའི་དཀྱིལ་འཁོར༔སྣང་བ་[༣]དམ་པའི་དཔལ་གྱིས། བཅོམ་ལྡན་འདས་ལ་མཆོད་པའི་སླད་དུ་བསྐུར་རོ་ཞེས་ཀྱང་གྱིས་ལ། པད་མོ་འདི་དག་གིས་གཏོར་ཅིག །རིགས་ཀྱི་བུ་སངས་རྒྱས་ཀྱི་ཞིང་དེར་བག་ཡོད་པར་སྤྱོད་ཅིག །དེ་ཅིའི་ཕྱིར་ཞེ་ན། འཇིག་རྟེན་གྱི་ཁམས་དེར་སྐྱེས་པའི་བྱང་ཆུབ་སེམས་དཔའ་སེམས་དཔའ་ཆེན་པོ་དེ་དག་ནི་མགུ་བར་དཀའ་བ༔ཡིན་གྱིས[༤]། དེར་ཉམས་པར་གྱུར་ཏ་རེ། དེ་ནས་བྱང་ཆུབ་སེམས་དཔའ་སེམས་དཔའ་ཆེན་པོ་ཉི་མ་རབ་ཏུ་སྣང་བས། བཅོམ་ལྡན་འདས་དེ་བཞིན་གཤེགས་པ་དགྲ་བཅོམ་པ་ཡང་དག་པར་རྫོགས་པའི་སངས་རྒྱས་ཉི་མའི་དཀྱིལ་འཁོར་སྣང་བ་དམ་པའི་དཔལ་དེ་ལས། པད་མོ་གསེར་གྱི་མདོག་ཅན་འདབ་[༥]མ་སྟོང་དང་ལྡན་པ་དེ་དག་བླངས་ཏེ། བྱང་ཆུབ་སེམས་དཔའ་ཁྱིམ་པ་དང་རབ་ཏུ་བྱུང་བ་དང་ཁྱེའུ་དང་བུ་མོའི་གཟུགས་སུ་འདུག་པ་བྱེ་བ་ཁྲག་ཁྲིག་བརྒྱ་སྟོང་དུ་མ་དང་འགྲོགས་ཏེ། སངས་རྒྱས་ཀྱི་ཞིང་དེ་ནས་མི་སྣང་བར་གྱུར་ནས། ལྷོ་ནུབ་ཀྱི་ཕྱོགས་མཚམས་ཀྱི་སངས་རྒྱས་བཅོམ་ལྡན་འདས་གང་ཇི་སྙེད་ཅིག་བཞུགས་ཤིང་འཚོ་སྐྱོང་བ་དེ་དག་ཐམས་ཅད་ལ་མེ་ཏོག་དང་། སྤོས་དང་། བདུག་སྤོས་དང་། ཕྲེང་བ་དང་། བྱུག་པ་དང་། ཕྱེ་མ་དང་ན་བཟའ་དང་། རྒྱན་དང་གདུགས་དང་རྒྱལ་མཚན་དང་། བ་དན་དག་གིས་རིམ་གྲོར་བྱ་བ་དང་། བཀུར་སྟིར་བྱ་བ་དང་། བསྟི་སྟང་དུ༔བྱ་བ[༦]

དང་། མཆོད་པ་བྱེད་ཅིང་། བྱང་ཆུབ་སེམས་དཔའི་རྫུ་འཕྲུལ་ཆེན་པོ་དང་། བྱང་ཆུབ་སེམས་དཔའི་མཐུ་ཆེན་པོས། བཅོམ་ལྡན་འདས་དེ་བཞིན་གཤེགས་པ་དགྲ་བཅོམ་པ་ཡང་དག་པར་རྫོགས་པའི་སངས་རྒྱས་ཤཱཀྱ་ཐུབ་པ་གང་ན་བ་དེར་སོང་སྟེ་ཕྱིན་ནས། བཅོམ་ལྡན་འདས་ཀྱི་ཞབས་གཉིས་ལ་སྤྱི་བོས་ཕྱག་འཚལ་ཏེ། ཕྱོགས་གཅིག་ཏུ་འཁོད་དོ། །ཕྱོགས་གཅིག་ཏུ་འཁོད་ནས། བྱང་ཆུབ་སེམས་དཔའ་སེམས་དཔའ་ཆེན་པོ་ཉི་མ་རབ་ཏུ་སྣང་བས། བཅོམ་ལྡན་འདས་ལ་འདི་སྐད་ཅེས་གསོལ་ཏོ། །བཅོམ་ལྡན་འདས་དེ་བཞིན་གཤེགས་པ་དགྲ་བཅོམ་པ་ཡང་དག་པར་རྫོགས་པའི་སངས་རྒྱས་ཉི་མའི་དཀྱིལ་འཁོར་སྣང་བ་དམ་པའི་དཔལ། བཅོམ་ལྡན་འདས་ལ་སྙུན་མི་མངའ་འམ། གནོད་པ་མ་མཆིས་སམ། ཐོ་བཏོག[༡]བདེའམ། སྐུ་ཉམས་དང་ལྡན་ནམ། བདེ་བ་དང་དགྱེས་པར་སྤྱོད་དམ་ཞེས་འདྲི་སྟེ། པད་མོ་གསེར་གྱི་མདོག་ཅན་འདབ[༢]མ་སྟོང་དང་ལྡན་པ་འདི་དག་ཀྱང་། བཅོམ་ལྡན་འདས་དེ་བཞིན[༣]གཤེགས་པ་དགྲ་བཅོམ་པ་ཡང་དག་པར་རྫོགས་པའི་སངས་རྒྱས་ཉི་མའི་དཀྱིལ་འཁོར་སྣང་བ་དམ་པའི་དཔལ་གྱིས། བཅོམ་ལྡན་འདས་ལ་མཆོད་པའི་སླད་དུ་བསྐུར་རོ། །དེ་ནས་བཅོམ་ལྡན་འདས་དེ་བཞིན་གཤེགས་པ་དགྲ་བཅོམ་པ་ཡང་དག[༤]པར་རྫོགས་པའི་སངས་རྒྱས་ཤཱཀྱ་ཐུབ་པས་པད་མོ་དེ་དག་བཞེས་ནས། ཤར་ནུབ་ཀྱི་ཕྱོགས་མཚམས་ཀྱི་འཇིག་རྟེན་གྱི་ཁམས་གངྒཱའི་ཀླུང་གི་བྱེ་མ་སྙེད་པོ་དེ་དག་གི་དེ་བཞིན་གཤེགས་པ་དགྲ་བཅོམ་པ་ཡང་དག་པར་རྫོགས་པའི་སངས་རྒྱས་དེ་དག་གང་ན་བ་དེར་གཏོར་ཏོ། །དེ་ནས་པད་མོ་དེ་དག་གིས་འཇིག་རྟེན་གྱི་ཁམས་དེ་དག་ཐམས་ཅད་རྒྱས་པར་ཁྱབ་པར་གྱུར་ཏེ། པད་མོ་དེ་དག་ལ་དེ་བཞིན་གཤེགས་པའི་སྐུ་མང་པོ་བཞུགས་ཤིང་། འདི་ལྟར་ཕ་རོལ་ཏུ་ཕྱིན་པ་དྲུག་པོ་འདི་ཉིད་ལས་བརྩམས་ཏེ་ཆོས་སྟོན་ཏོ། །

ཆོས་བསྟན་པ་དེ་སེམས་ཅན་གང་གིས་ཐོས་པར་གྱུར་པ་དེ་དག་ཐམས་ཅད་ཀྱང་། བླ་ན་མེད་པ་ཡང་དག་པར་རྫོགས་པའི་བྱང་ཆུབ་ཏུ་ངེས་པར་གྱུར་ཏོ། །བྱང་ཆུབ་སེམས་དཔའ་ཁྲིམ་པ་དང་རབ་ཏུ་བྱུང་བ་དང་། ཁྱེའུ་དང་བུ་མོའི་གཟུགས་སུ་འདུག་པ་དེ་དག་གིས་ཀྱང་རང་རང་གི་དགེ་བའི་རྩ་བས། བཅོམ་ལྡན་འདས་དེ་བཞིན་གཤེགས་པ་དགྲ་བཅོམ་པ་ཡང་དག་པར་རྫོགས་པའི་སངས་རྒྱས་ཤཱཀྱ་ཐུབ་པ་ལ་རིམ་གྲོར་བྱས་སོ། །བཀུར་སྟིར་བྱས་སོ། །བསྟི་སྟང་དུ་བྱས་སོ། །མཆོད་པ་[7]བྱས་ནས་ཕྱོགས་གཅིག་ཏུ་འཁོད་དོ། །དེ་ནས་ནུབ་བྱང་གི་ཕྱོགས་མཚམས་སུ་འཇིག་རྟེན་གྱི་ཁམས་གངྒཱའི་ཀླུང་གི་བྱེ་མ་སྙེད་འདས་པ་ཀུན་གྱི་ཕ་རོལ་ན། འཇིག་རྟེན་གྱི་ཁམས་དབང་དུ་གྱུར་པ་ཞེས་བྱ་བ་ཡོད་དེ། དེ་ན་དེ་བཞིན་གཤེགས་པ་དགྲ་བཅོམ་པ་ཡང་དག་པར་རྫོགས་པའི་སངས་རྒྱས་གདུགས་དམ་པ་ཞེས་བྱ་བ་བཞུགས་ཤིང་འཚོ་སྐྱོང་སྟེ། དེ་བྱང་ཆུབ་སེམས་དཔའ་སེམས་དཔའ་ཆེན་པོ་རྣམས་ལ་ཤེས་རབ་ཀྱི་ཕ་རོལ་ཏུ་ཕྱིན་པ་འདི་ཉིད་ཡང་དག་པར་སྟོན་པ་མཛད་དོ། །དེ་ནས་འཇིག་རྟེན་གྱི་ཁམས་དེ་ན་བྱང་ཆུབ་སེམས་དཔའ་སེམས་དཔའ་ཆེན་པོ་རིན་ཆེན་མཆོག་ཅེས་བྱ་བ་འདུག་འདུག་པས། སྣང་བ་ཆེན་པོ་དེ་དང་ས་ཆེར་གཡོས་པ་དེ་དང་། དེ་བཞིན་གཤེགས་པའི་སྐུ་བལྟ་ན་ཆོག་མི་ཤེས་པ་དེ་མཐོང་ནས། བཅོམ་ལྡན་འདས་གདུགས་དམ་པ་གང་ན་བ་དེར་སོང་སྟེ་ཕྱིན་ནས། བཅོམ་ལྡན་འདས་དེ་བཞིན་གཤེགས་པ་དགྲ་བཅོམ་པ་ཡང་དག་པར་རྫོགས་པའི་སངས་རྒྱས་གདུགས་དམ་པ་དེ་ལ་འདི་སྐད་ཅེས་གསོལ་ཏོ། །བཅོམ་ལྡན་འདས་འོད་ཆེན་པོ་འདི་ལྟ་བུ་འཇིག་རྟེན་དུ་བྱུང་བ་དང་། རྡོག་ས་འདི་ལྟར་ཆེར་གཡོས་པ་དང་། དེ་བཞིན་གཤེགས་པའི་སྐུ་འདི་ལྟ་བུ་གདའ་བ་འདི་ཅིའི་རྒྱུ་ཅིའི་རྐྱེན། དེ་སྐད་ཅེས་གསོལ་པ་དང་། བཅོམ་ལྡན་

འདས་དེ་བཞིན་གཤེགས་པ་གདུགས་དམ་པས། བྱང་ཆུབ་སེམས་དཔའ་སེམས་
དཔའ་ཆེན་པོ་རིན་ཆེན་མཆོག་ལ་འདི་སྐད་ཅེས་བཀའ་སྩལ་ཏོ། །རིགས་ཀྱི་བུ་
འདི་ནས་ཤར་ལྷོའི་ཕྱོགས་མཚམས་ཡོགས་སུ་འཇིག་རྟེན་གྱི་ཁམས་གང་གཱའི་ཀླུང་གི་
བྱེ་མ་སྙེད་འདས་པ་ན། འཇིག་རྟེན་གྱི་ཁམས་མི་མཇེད་ཅེས་བྱ་བ་ཡོད་དེ།
དེ་ན་དེ་བཞིན་གཤེགས་པ་དགྲ་བཅོམ་པ་ཡང་དག་པར་རྫོགས་པའི་སངས་རྒྱས་
ཤཱཀྱ་ཐུབ་པ་ཞེས་བྱ་བ་བཞུགས་ཤིང་འཚོ་སྐྱོང་ངོ་། །དེ་བྱང་ཆུབ་སེམས་དཔའ་
སེམས་དཔའ་ཆེན་པོ་རྣམས་ལ་ཤེས་རབ་ཀྱི་ཕ་རོལ་ཏུ་ཕྱིན་པ་སྟོན་ཏེ། འདི་ནི་
དེའི་མཐུ་ཡིན་ཏེ་དེ་འདྲའོ། །དེ་ནས་བྱང་ཆུབ་སེམས་དཔའ་སེམས་དཔའ་ཆེན་
པོ་རིན་ཆེན་མཆོག་གིས། བཅོམ་ལྡན་འདས་དེ་བཞིན་གཤེགས་པ་གདུགས་དམ་
པ་ལ་འདི་སྐད་ཅེས་གསོལ་ཏོ། །བཅོམ་ལྡན་འདས་བདག་ཀྱང་འཇིག་རྟེན་གྱི་
ཁམས་མི་མཇེད་དེར། བཅོམ་ལྡན་འདས་དེ་བཞིན་གཤེགས་པ་དགྲ་བཅོམ་པ་
ཡང་དག་པར་རྫོགས་པའི་སངས་རྒྱས་ཤཱཀྱ་ཐུབ་པ་དེ་བལྟ་བ་དང་། དེ་ལ་ཕྱག་
བགྱི་ཞིང་བསྙེན་བཀུར་བ་དང་། བྱང་ཆུབ་སེམས་དཔའ་སེམས་དཔའ་ཆེན་པོ་
དེ་དག་ཀུན་ཀྱང་ཕལ་ཆེར་གཞོན་ནུར་གྱུར་པ་གཟུངས་དང་སོ་སོ་ཡང་དག་པར་
རིག་པ་བསྒྲུབ་པ་རབ་ཏུ་ཐོབ་པ། ཏིང་ངེ་འཛིན་དང་སྙོམས་པར་འཇུག་པ་
ཐམས་ཅད་ལ་དབང་རབ་ཏུ་ཐོབ་པ་དེ་དག་བལྟ་བའི་སླད་དུ་མཆིའོ། །བཅོམ་
ལྡན་འདས་དེ་བཞིན་གཤེགས་པ་གདུགས་དམ་པས་བཀའ་སྩལ་པ། རིགས་ཀྱི་བུ་
དེ་ལྟར་དེའི་དུས་ལ་བབ་པར་ཤེས་ན་སོང་ཤིག །དེ་ནས་དེ་བཞིན་གཤེགས་པ་
དགྲ་བཅོམ་པ་ཡང་དག་པར་རྫོགས་པའི་སངས་རྒྱས་གདུགས་དམ་པས། བྱང་
ཆུབ་སེམས་དཔའ་སེམས་དཔའ་ཆེན་པོ་རིན་ཆེན་མཆོག་ལ། པད་མོ་རིན་པོ་ཆེ་
སྣ་ཚོགས་ཀྱི་རྒྱུ་ལས་བྱུང་བ། གསེར་གྱི་མདོག་ཅན་འདབ་[7]མ་སྟོང་དང་ལྡན་པ་

སྟོང་བསྒྱུར་ཏེ། རིགས་ཀྱི་བུ་བཅོམ་ལྡན་འདས་དེ་བཞིན་གཤེགས་པ་དགྲ་བཅོམ་པ་ཡང་དག་པར་རྫོགས་པའི་སངས་རྒྱས་ཤཱཀྱ་ཐུབ་པ་དེ་ལ། བཅོམ་ལྡན་འདས་ལ་①སྙུན་མི་མངའ་འམ། གནོད་པ་མ་མཆིས་སམ། ཟོ་བདོག②བདེའམ། སྐུ་ཉམས་དང་ལྡན་ནམ། བདེ་བ་དང་དགྱེས་པར་སྤྱོད་དམ་ཞེས་འདྲི་སྟེ། པད་མོ་གསེར་གྱི་མདོག་ཅན་འདབ་མ་སྟོང་དང་ལྡན་པ་འདི་དག་ཀྱང་། བཅོམ་ལྡན་འདས་དེ་བཞིན་གཤེགས་པ་གདུགས་དམ་པས། བཅོམ་ལྡན་འདས་ལ་མཆོད་པའི་སླད་དུ་བསྒྱུར་རོ། །ཞེས་ཀྱང་གྱིས་ལ་པད་མོ་འདི་དག་གིས་གཏོར་ཅིག །རིགས་ཀྱི་བུ་སངས་རྒྱས་ཀྱི་ཞིང་དེར་བག་ཡོད་པར་སྤྱོད་ཅིག །དེ་ཅིའི་ཕྱིར་ཞེ་ན། འཇིག་རྟེན་གྱི་ཁམས་དེར་སྐྱེས་པའི་བྱང་ཆུབ་སེམས་དཔའ་སེམས་དཔའ་ཆེན་པོ་དེ་དག་ནི་མགུ་བར་དཀའ་བཿཡིན་གྱིས③། དེར་ཉམས་པར་གྱུར་ཏ་རེ། དེ་ནས་བྱང་ཆུབ་སེམས་དཔའ་སེམས་དཔའ་ཆེན་པོ་རིན་ཆེན་མཆོག་གིས། བཅོམ་ལྡན་འདས་དེ་བཞིན་གཤེགས་པ་དགྲ་བཅོམ་པ་ཡང་དག་པར་རྫོགས་པའི་སངས་རྒྱས་གདུགས་དམ་པ་དེ་ལས། པད་མོ་གསེར་གྱི་མདོག་ཅན་འདབ་④མ་སྟོང་དང་ལྡན་པ་དེ་དག་བླངས་ཏེ། བྱང་ཆུབ་སེམས་དཔའ་ཁྱིམ་པ་དང་། རབ་ཏུ་བྱུང་བ་དང་ཁྱེའུ་དང་བུ་མོའི་གཟུགས་སུ་འདུག་པ་བྱེ་བ་ཁྲག་ཁྲིག་བརྒྱ་སྟོང་དུ་མ་དང་འགྲོགས་ཏེ། སངས་རྒྱས་ཀྱི་ཞིང་དེ་ནས་མི་སྣང་བར་གྱུར་ནས། ནུབ་བྱང་གི་ཕྱོགས་མཚམས་ཀྱི་སངས་རྒྱས་བཅོམ་ལྡན་འདས་གང་ཇི་སྙེད་ཅིག་བཞུགས་ཤིང་འཚོ་⑤སྐྱོང་བ་དེ་དག་ཐམས་ཅད་ལ་མེ་ཏོག་དང་། སྤོས་དང་བདུག་སྤོས་དང་ཕྲེང་བ་དང་བྱུག་པ་དང་། ཕྱེ་མ་དང་ན་བཟའ་དང་རྒྱན་དང་གདུགས་དང་རྒྱལ་མཚན་དང་། བ་དན་དག་གིས་རིམ་གྲོར་བྱ་བ་དང་། བཀུར་སྟིར་བྱ་བ་དང་བསྟི་སྟང་དུ་བྱ་བ་དང་མཆོད་པ་བྱེད་ཅིང་། བྱང་ཆུབ་

སེམས་དཔའི་རྫུ་འཕྲུལ་ཆེན་པོ་དང་བྱང་ཆུབ་སེམས་དཔའི་མཐུ་ཆེན་པོས། བཅོམ་ལྡན་འདས་དེ་བཞིན་གཤེགས་པ་དགྲ་བཅོམ་པ་ཡང་དག་པར་རྫོགས་པའི་སངས་རྒྱས་ཤཱཀྱ་ཐུབ་པ་གང་ན་བ་དེར་དོང་སྟེ་ཕྱིན་ནས། བཅོམ་ལྡན་འདས་ཀྱི་ཞབས་གཉིས་ལ་སྤྱི་བོས་ཕྱག་འཚལ་ཏེ་ཕྱོགས་གཅིག་ཏུ་འཁོད་དོ། །ཕྱོགས་གཅིག་ཏུ་འཁོད་ནས། བྱང་ཆུབ་སེམས་དཔའ་སེམས་དཔའ་ཆེན་པོ་རིན་ཆེན་མཆོག་གིས། བཅོམ་ལྡན་འདས་ལ་འདི་སྐད་ཅེས་གསོལ་ཏོ། །བཅོམ་ལྡན་འདས་དེ་བཞིན་གཤེགས་པ་དགྲ་བཅོམ་པ་ཡང་དག་པར་རྫོགས་པའི་སངས་རྒྱས་གདུགས་དམ་པ། བཅོམ་ལྡན་འདས་ལ་སྙུན་མི་མངའ་འམ། གནོད་པ་མ་མཆིས་སམ། ཟི་བདོག[༢]བདེའམ། སྐུ་ཉམས་དང་ལྡན་ནམ། བདེ་བ་དང་དགྱེས་པར་སྤྱོད་དམ་ཞེས་འདྲི་སྟེ། པད་མོ་གསེར་གྱི་མདོག་ཅན་འདབ[༣]མ་སྟོང་དང་ལྡན་པ་འདི་དག་ཀྱང་། བཅོམ་ལྡན་འདས་དེ་བཞིན་གཤེགས་པ་དགྲ་བཅོམ་པ་ཡང་དག་པར་རྫོགས་པའི་སངས་རྒྱས་གདུགས་དམ་པས། བཅོམ་ལྡན་འདས་ལ་མཆོད་པའི་སླད་དུ་བསྐུར་རོ། །དེ་ནས་བཅོམ་ལྡན་འདས་དེ་བཞིན་གཤེགས་པ་དགྲ་བཅོམ་པ་ཡང་དག་པར་རྫོགས་པའི་སངས་རྒྱས་ཤཱཀྱ་ཐུབ་པས་པད་མོ་དེ་དག་བཞེས་ནས། ནུབ་བྱང་གི་ཕྱོགས་མཚམས་ཀྱི་འཇིག་རྟེན་གྱི་ཁམས་གངྒཱའི་ཀླུང་གི་བྱེ་མ་སྙེད་པོ་དེ་དག་གི་དེ་བཞིན་གཤེགས་པ་དགྲ་བཅོམ་པ་ཡང་དག་པར་རྫོགས་པའི་སངས་རྒྱས་དེ་དག་གང་ན་བ་དེར་གཏོར་ཏོ། །དེ་ནས་པད་མོ་དེ་དག་གིས་འཇིག་རྟེན་གྱི་ཁམས་དེ་དག་ཐམས་ཅད་རྒྱས་པར་ཁྱབ་པར་གྱུར་ཏེ། པད་མོ་དེ་དག་ལ་དེ་བཞིན་གཤེགས་པའི་སྐུ་མང་པོ་བཞུགས་ཤིང་། འདི་ལྟར་ཕ་རོལ་ཏུ་ཕྱིན་པ་དྲུག་པོ་འདི་ཉིད་ལས་བརྩམས་ཏེ་ཆོས་སྟོན་ཏོ། །ཆོས་བསྟན་པ་དེ་སེམས་ཅན་གང་གིས་ཐོས་པར་གྱུར་པ་དེ་དག་ཐམས་ཅད་ཀྱང་།

བླ་ན་མེད་པ་ཡང་དག་པར་རྫོགས་པའི་བྱང་ཆུབ་ཏུ་ངེས་པར་གྱུར་ཏོ། །བྱང་ཆུབ་སེམས་དཔའ་ཁྱིམ་པ་དང་རབ་ཏུ་བྱུང་བ་དང་། ཁྱེའུ་དང་བུ་མོའི་གཟུགས་སུ་འདུག་པ་དེ་དག་གིས་ཀྱང་། རང་རང་གི་དགེ་བའི་རྩ་བས། བཅོམ་ལྡན་འདས་དེ་བཞིན་གཤེགས་པ་དགྲ་བཅོམ་པ་ཡང་དག་པར་རྫོགས་པའི་སངས་རྒྱས་ཤཱཀྱ་ཐུབ་པ་ལ་རིམ་གྲོར་བྱས་སོ། །བཀུར་སྟིར་བྱས་སོ། །བསྙི་སྙང་དུ་བྱས་སོ། །མཆོད་པ་(༧)བྱས་ནས་ཕྱོགས་གཅིག་ཏུ་འཁོད་དོ། །དེ་ནས་འོག་གི་ཕྱོགས་སུ་འཇིག་རྟེན་གྱི་ཁམས་གནྡྷའི་(༣)གླུང་གི་བྱེ་མ་སྙེད་འདས་པ་ཀུན་གྱི་ཕ་རོལ་ན། འཇིག་རྟེན་གྱི་ཁམས་པད་མོ་ཞེས་བྱ་བ་ཡོད་དེ། དེ་ན་དེ་བཞིན་གཤེགས་པ་དགྲ་བཅོམ་པ་ཡང་དག་པར་རྫོགས་པའི་སངས་རྒྱས་པད་མོའི་དཔལ་ཞེས་བྱ་བ་བཞུགས་ཤིང་འཚོ་སྐྱོང་སྟེ། དེ་བྱང་ཆུབ་སེམས་དཔའ་སེམས་དཔའ་ཆེན་པོ་རྣམས་ལ་ཤེས་རབ་ཀྱི་ཕ་རོལ་ཏུ་ཕྱིན་པ་འདི་ཉིད་ཡང་དག་པར་སྟོན་པ་མཛད་དོ། །དེ་ནས་འཇིག་རྟེན་གྱི་ཁམས་དེ་ན་བྱང་ཆུབ་སེམས་དཔའ་སེམས་དཔའ་ཆེན་པོ་པད་མོ་དམ་པ་ཞེས་བྱ་བ་འདུག་འདུག་པས། སྣང་བ་ཆེན་པོ་དེ་དང་། ས་ཆེར་གཡོས་པ་དེ་དང་། དེ་བཞིན་གཤེགས་པའི་སྐུ་བལྟ་ན་ཆོག་མི་ཤེས་པ་དེ་མཐོང་ནས། བཅོམ་ལྡན་འདས་དེ་བཞིན་གཤེགས་པ་དགྲ་བཅོམ་པ་ཡང་དག་པར་རྫོགས་པའི་སངས་རྒྱས་པད་མོའི་དཔལ་གང་ན་བ་དེར་སོང་སྟེ་ཕྱིན་ནས། བཅོམ་ལྡན་འདས་དེ་བཞིན་གཤེགས་པ་དགྲ་བཅོམ་པ་ཡང་དག་པར་རྫོགས་པའི་སངས་རྒྱས་པད་མོའི་དཔལ་དེ་ལ་འདི་སྐད་ཅེས་གསོལ་ཏོ། །བཅོམ་ལྡན་འདས་འོད་ཆེན་པོ་འདི་ལྟ་(༣)བུ་འཇིག་རྟེན་དུ་བྱུང་བ་དང་། ར་འདི་ལྟར་ཆེར་གཡོས་པ་དང་། དེ་བཞིན་གཤེགས་པའི་སྐུ་འདི་ལྟ་བུ་གདའ་བ་འདི་ཅིའི་རྒྱུ་ཅིའི་རྐྱེན། དེ་སྐད་ཅེས་གསོལ་པ་དང་། བཅོམ་ལྡན་འདས་དེ་བཞིན་གཤེགས་པ་

དགྲ་བཅོམ་པ་ཡང་དག་པར་རྫོགས་པའི་སངས་རྒྱས་པད་མོའི་དཔལ་གྱིས། བྱང་ཆུབ་སེམས་དཔའ་སེམས་དཔའ་ཆེན་པོ་པད་མོ་དམ་པ་ལ་འདི་སྐད་ཅེས་བཀའ་སྩལ་ཏོ། །རིགས་ཀྱི་བུ་འདི་ནས་སྟེང་གི་ཕྱོགས་སུ་འཇིག་རྟེན་གྱི་ཁམས་གཉྫའི་ཀླུང་གི་བྱེ་མ་སྙེད་འདས་པ་ན། འཇིག་རྟེན་གྱི་ཁམས་མི་མཇེད་ཅེས་བྱ་བ་ཡོད་དེ། དེ་ན་དེ་བཞིན་གཤེགས་པ་དགྲ་བཅོམ་པ་ཡང་དག་པར་རྫོགས་པའི་སངས་རྒྱས་ཤཱཀྱ་ཐུབ་པ་ཞེས་བྱ་བ་བཞུགས་ཤིང་འཚོ་སྐྱོང་ངོ་། །དེ་བྱང་ཆུབ་སེམས་དཔའ་སེམས་དཔའ་ཆེན་པོ་རྣམས་ལ་ཤེས་རབ་ཀྱི་ཕ་རོལ་ཏུ་ཕྱིན་པ་སྟོན་ཏེ། འདི་ནི་དེའི་མཐུ་ཡིན་ཏེ་དེ་འདྲའོ། །དེ་ནས་བྱང་ཆུབ་སེམས་དཔའ་སེམས་དཔའ་ཆེན་པོ་པད་མོ་དམ་པས། བཅོམ་ལྡན་འདས་དེ་བཞིན་གཤེགས་པ་པད་མོའི་དཔལ་ལ་འདི་སྐད་ཅེས་གསོལ་ཏོ། །བཅོམ་ལྡན་འདས་བདག་ཀྱང་འཇིག་རྟེན་གྱི་ཁམས་མི་མཇེད་དེར། བཅོམ་ལྡན་འདས་དེ་བཞིན་གཤེགས་པ་དགྲ་བཅོམ་པ་ཡང་དག་པར་རྫོགས་པའི་སངས་རྒྱས་ཤཱཀྱ་ཐུབ་པ་དེ་བལྟ་བ་དང་། དེ་ལ་ཕྱག་བགྱི་ཞིང་བསྙེན་བཀུར་བ་དང་། བྱང་ཆུབ་སེམས་དཔའ་སེམས་དཔའ་ཆེན་པོ་དེ་དག་ཀུན་ཀྱང་ཕལ་ཆེར་གཞོན་ནུར་གྱུར་པ། གཟུངས་དང་སོ་སོ་ཡང་དག་པར་རིག་པ་བསྒྲུབ་[2]པ་རབ་ཏུ་ཐོབ་པ། ཏིང་ངེ་འཛིན་དང་སྙོམས་པར་འཇུག་པ་ཐམས་ཅད་ལ་དབང་རབ་ཏུ་ཐོབ་པ་དེ་དག་བལྟ་བའི་སླད་དུ་མཆིའོ། །བཅོམ་ལྡན་འདས་དེ་བཞིན་གཤེགས་པ་པད་མོའི་དཔལ་གྱིས་བཀའ་སྩལ་པ། རིགས་ཀྱི་བུ་དེ་ལྟར་དེའི་དུས་ལ་བབ་པར་ཤེས་ན་སོང་ཤིག །དེ་ནས་དེ་བཞིན་གཤེགས་པ་དགྲ་བཅོམ་པ་ཡང་དག་པར་རྫོགས་པའི་སངས་རྒྱས་པད་མོའི་དཔལ་གྱིས། བྱང་ཆུབ་སེམས་དཔའ་སེམས་དཔའ་ཆེན་པོ་པད་མོ་དམ་པ་ལ། པད་མོ་རིན་པོ་ཆེ་སྣ་ཚོགས་ཀྱི་རྒྱ་ལས་བྱུང་བ། གསེར་གྱི་མདོག་ཅན་འདབ་[3]མ་སྟོང་དང་ལྡན་པ་

སྟོང་བསྐུར་ཏེ[7]། རིགས་ཀྱི་བུ་བཅོམ་ལྡན་འདས་དེ་བཞིན་གཤེགས་པ་དགྲ་
བཅོམ་པ་ཡང་དག་པར་རྫོགས་པའི་སངས་རྒྱས་ཤཱཀྱ་ཐུབ་པ་དེ་ལ། བཅོམ་ལྡན་
འདས་སྙུན་མི་མངའ་འམ། གནོད་པ་མ་མཆིས་སམ། ཟོ་བདོག[8]བདེའམ།
སྐུ་ཉམས་དང་ལྡན་ནམ། བདེ་བ་དང་དགྱེས་པར་སྤྱོད་དམ་ཞེས་འདྲི་སྟེ།
པད་མོ་གསེར་གྱི་མདོག་ཅན་འདབ་མ་སྟོང་དང་ལྡན་པ་འདི་དག་ཀྱང་། བཅོམ་
ལྡན་འདས་དེ་བཞིན་གཤེགས་པ་པད་མོའི་དཔལ་གྱིས་བཅོམ་ལྡན་འདས་ལ་མཆོད་
པའི་སླད་དུ་བསྐུར་རོ། །ཞེས་ཀྱང་གྱིས་ལ་པད་མོ་འདི་དག་གིས་གཏོར་ཅིག །
རིགས་ཀྱི་བུ་སངས་རྒྱས་ཀྱི་ཞིང་དེར་བག་ཡོད་པར་སྤྱོད་ཅིག །དེ་ཅིའི་ཕྱིར་ཞེ་ན།
འཇིག་རྟེན་གྱི་ཁམས་དེར་སྐྱེས་པའི་བྱང་ཆུབ་སེམས་དཔའ་སེམས་དཔའ་ཆེན་པོ་
དེ་དག་ནི་མགུ་བར་དཀའ་བ་ཡིན་གྱིས[9]། དེར་ཉམས་པར་གྱུར་ཏ་རེ། དེ་
ནས་བྱང་ཆུབ་སེམས་དཔའ་སེམས་དཔའ་ཆེན་པོ་པད་མོ་དམ་པས། བཅོམ་ལྡན་
འདས་དེ་བཞིན་གཤེགས་པ་དགྲ་བཅོམ་པ་ཡང་དག་པར་རྫོགས་པའི་སངས་རྒྱས་
པད་མོའི་དཔལ་དེ་ལས། པད་མོ་གསེར་གྱི་མདོག་ཅན་འདབ་[10]མ་སྟོང་དང་
ལྡན་པ་དེ་དག་བླངས་ཏེ། བྱང་ཆུབ་སེམས་དཔའ་ཁྱིམ་པ་དང་། རབ་ཏུ་བྱུང་
བ་དང་། ཁྱེའུ་དང་བུ་མོའི་གཟུགས་སུ་འདུག་པ་བྱེ་བ་ཁྲག་ཁྲིག་བརྒྱ་སྟོང་དུ་མ་
དང་འགྲོགས་ཏེ། སངས་རྒྱས་ཀྱི་ཞིང་དེ་ནས་མི་སྣང་བར་གྱུར་ནས། འོག་གི་
ཕྱོགས་ཀྱི་སངས་རྒྱས་བཅོམ་ལྡན་འདས་གང་ཇི་སྙེད་ཅིག་བཞུགས་ཤིང་འཚོ་སྐྱོང་
བ་དེ་དག་ཐམས་ཅད་ལ་མེ་ཏོག་དང་སྤོས་དང་བདུག་སྤོས་དང་ཕྲེང་བ་དང་བྱུག་
པ་དང་ཕྱེ་མ་དང་ན་བཟའ་དང་རྒྱན་དང་གདུགས་དང་རྒྱལ་མཚན་དང་བ་དན་
དག་གིས་རིམ་གྲོར་བྱ་བ་དང་། བཀུར་སྟིར་བྱ་བ་དང་བསྟི་སྟང་དུ་བྱ་བ་དང་།
མཆོད་པ་བྱེད་ཅིང་། བྱང་ཆུབ་སེམས་དཔའི་རྫུ་འཕྲུལ་ཆེན་པོ་དང་བྱང་ཆུབ་

སེམས་དཔའི་མཐུ་ཆེན་པོས། བཅོམ་ལྡན་འདས་དེ་བཞིན་གཤེགས་པ་དགྲ་བཅོམ་པ་ཡང་དག་པར་རྫོགས་པའི་སངས་རྒྱས་ཤཱཀྱ་ཐུབ་པ་གང་ན་བ་དེར་སོང་སྟེ་ཕྱིན་ནས། བཅོམ་ལྡན་འདས་ཀྱི་ཞབས་གཉིས་ལ་སྤྱི་བོས་ཕྱག་འཚལ་ཏེ། ཕྱོགས་གཅིག་ཏུ་འཁོད་དོ། །ཕྱོགས་གཅིག་ཏུ་འཁོད་ནས། བྱང་ཆུབ་སེམས་དཔའ་སེམས་དཔའ་ཆེན་པོ་པད་མོ་དམ་པས། བཅོམ་ལྡན་འདས་ལ་འདི་སྐད་ཅེས་གསོལ་ཏོ། །བཅོམ་ལྡན་འདས་དེ་བཞིན་གཤེགས་པ་དགྲ་བཅོམ་པ་ཡང་དག་པར་རྫོགས་པའི་སངས་རྒྱས་པད་མོའི་དཔལ། བཅོམ་ལྡན་འདས་ལ་སྙུན་མི་མངའ་འམ། གནོད་པ་མ་མཆིས་སམ། ཟོ་བདོག་[༡]བདེའམ། སྐུ་ཉམས་དང་ལྡན་ནམ། བདེ་བ་དང་དགྱེས་པར་སྤྱོད་དམ་ཞེས་འདྲི་སྟེ། པད་མོ་གསེར་གྱི་མདོག་ཅན་འདབ་[༢]མ་སྟོང་དང་ལྡན་པ་འདི་དག་ཀྱང་། བཅོམ་ལྡན་འདས་དེ་བཞིན་གཤེགས་པ་དགྲ་བཅོམ་པ་ཡང་དག་པར་རྫོགས་པའི་སངས་རྒྱས་པད་མོའི་དཔལ་གྱིས། བཅོམ་ལྡན་འདས་ལ་མཆོད་པའི་སླད་དུ་བསྐུར་རོ། །དེ་ནས་བཅོམ་ལྡན་འདས་དེ་བཞིན་གཤེགས་པ་དགྲ་བཅོམ་པ་ཡང་དག་པར་རྫོགས་པའི་སངས་རྒྱས་ཤཱཀྱ་ཐུབ་པས་པད་མོ་དེ་དག་བཞེས་ནས། འོག་གི་ཕྱོགས་ཀྱི་འཇིག་རྟེན་གྱི་ཁམས་གངྒཱའི་ཀླུང་གི་བྱེ་མ་སྙེད་པོ་དེ་དག་གི། དེ་བཞིན་གཤེགས་པ་དགྲ་བཅོམ་པ་ཡང་དག་པར་རྫོགས་པའི་སངས་རྒྱས་དེ་དག་གང་ན་བ་དེར་གཏོར་ཏོ། །དེ་ནས་པད་མོ་དེ་དག་གིས་འཇིག་རྟེན་གྱི་ཁམས་དེ་དག་ཐམས་ཅད་རྒྱས་པར་ཁྱབ་པར་གྱུར་ཏེ། པད་མོ་དེ་དག་ལ་དེ་བཞིན་གཤེགས་པའི་སྐུ་མང་པོ་བཞུགས་ཤིང་། འདི་ལྟར་ཕ་རོལ་ཏུ་ཕྱིན་པ་དྲུག་པོ་འདི་ཉིད་ལས་བརྩམས་ཏེ་ཆོས་སྟོན་ཏོ། །ཆོས་བསྟན་པ་དེ་སེམས་ཅན་གང་གིས་ཐོས་པར་གྱུར་པ་དེ་དག་ཐམས་ཅད་ཀྱང་བླ་ན་མེད་པ་ཡང་དག་པར་རྫོགས་པའི་བྱང་ཆུབ་ཏུ་

ངེས་པར་གྱུར་ཏོ[༧]། །བྱང་ཆུབ་སེམས་དཔའ་ཁྱིམ་པ་དང་རབ་ཏུ་བྱུང་བ་དང་། ཁྱེའུ་དང་བུ་མོའི་གཟུགས་སུ་འདུག་པ་དེ་དག་གིས་ཀྱང་རང་རང་གི་དགེ་བའི་རྩ་བས། བཅོམ་ལྡན་འདས་དེ་བཞིན་གཤེགས་པ་དགྲ་བཅོམ་པ་ཡང་དག་པར་རྫོགས་པའི་སངས་རྒྱས་ཤཱཀྱ་ཐུབ་པ་ལ་རིམ་གྲོར་བྱས་སོ། །བཀུར་སྟིར་བྱས་སོ། །བསྟི་སྟང་དུ་བྱས་སོ། །མཆོད་པ་[༣]བྱས་ནས་ཕྱོགས་གཅིག་ཏུ་འཁོད་དོ། །དེ་ནས་སྟེང་གི་ཕྱོགས་སུ་འཇིག་རྟེན་གྱི་ཁམས་གངྒཱའི་ཀླུང་གི་བྱེ་མ་སྙེད་འདས་པ་ཀུན་གྱི་ཕ་རོལ་ན། འཇིག་རྟེན་གྱི་ཁམས་མདངས་དགའ་བ་ཞེས་བྱ་བ་ཡོད་དེ། དེ་ན་དེ་བཞིན་གཤེགས་པ་དགྲ་བཅོམ་པ་ཡང་དག་པར་རྫོགས་པའི་སངས་རྒྱས་དགའ་བའི་དཔལ་ཞེས་བྱ་བ་བཞུགས་ཤིང་འཚོ་སྐྱོང་སྟེ། དེ་བྱང་ཆུབ་སེམས་དཔའ་སེམས་དཔའ་ཆེན་པོ་རྣམས་ལ་ཤེས་རབ་ཀྱི་ཕ་རོལ་ཏུ་ཕྱིན་པ་འདི་ཉིད་ཡང་དག་པར་སྟོན་པ་མཛད་དོ། །དེ་ནས་འཇིག་རྟེན་གྱི་ཁམས་དེ་ན་བྱང་ཆུབ་སེམས་དཔའ་སེམས་དཔའ་ཆེན་པོ་དགའ་བས་བྱིན་པ་ཞེས་བྱ་བ་འདུག་འདུག་པས། སྣང་བ་ཆེན་པོ་དེ་དང་། ས་ཆེར་གཡོས་པ་དེ་དང་། དེ་བཞིན་གཤེགས་པའི་སྐུ་བལྟ་ན་ཆོག་མི་ཤེས་པ་དེ་མཐོང་ནས། བཅོམ་ལྡན་འདས་དགའ་བའི་དཔལ་གང་ན་བ་དེར་སོང་སྟེ་ཕྱིན་ནས། བཅོམ་ལྡན་འདས་དེ་བཞིན་གཤེགས་པ་དགྲ་བཅོམ་པ་ཡང་དག་པར་རྫོགས་པའི་སངས་རྒྱས་དགའ་བའི་དཔལ་དེ་ལ་འདི་སྐད་ཅེས་གསོལ་ཏོ། །བཅོམ་ལྡན་འདས་འོད་ཆེན་པོ་འདི་ལྟ་བུ་འཇིག་རྟེན་དུ་བྱུང་བ་དང་། རོག་ས་འདི་ལྟར་ཆེར་གཡོས་པ་དང་། དེ་བཞིན་གཤེགས་པའི་སྐུ་འདི་ལྟ་བུ་གདའ་བ་འདི་ཅིའི་རྒྱུ་ཅིའི་རྐྱེན། དེ་སྐད་ཅེས་གསོལ་པ་དང་། བཅོམ་ལྡན་འདས་དེ་བཞིན་གཤེགས་པ་དགྲ་བཅོམ་པ་ཡང་དག་པར་རྫོགས་པའི་སངས་རྒྱས་དགའ་བའི་དཔལ་གྱིས། བྱང་ཆུབ་སེམས་དཔའ་སེམས་དཔའ་ཆེན་པོ་

དགའ་བས་བྱིན་པ[༧]་ལ་འདི་སྐད་ཅེས་བཀའ་སྩལ་ཏོ། །རིགས་ཀྱི་བུ་འདི་ནས་འོག་གི་ཕྱོགས་སུ་འཇིག་རྟེན་གྱི་ཁམས་གནྒའི་ཀླུང་གི་བྱེ་མ་སྙེད་འདས་པ་ན། འཇིག་རྟེན་གྱི་ཁམས་མི་མཇེད་ཅེས་བྱ་བ་ཡོད་དེ། དེ་ན་དེ་བཞིན་གཤེགས་པ་དགྲ་བཅོམ་པ་ཡང་དག་པར་རྫོགས་པའི༔ སངས་རྒྱས་[༨]ཤཱཀྱ་ཐུབ་པ་ཞེས་བྱ་བ་བཞུགས་ཤིང་འཚོ་སྐྱོང་ངོ་། །དེ་བྱང་ཆུབ་སེམས་དཔའ་སེམས་དཔའ་ཆེན་པོ་རྣམས་ལ་ཤེས་རབ་ཀྱི་ཕ་རོལ་ཏུ་ཕྱིན་པ་སྟོན་ཏེ། འདི་ནི་དེའི་མཐུ་ཡིན་ཏེ་དེ་འདྲའོ༏ །དེ་ནས་བྱང་ཆུབ་སེམས་དཔའ་སེམས་དཔའ་ཆེན་པོ་དགའ་བས་བྱིན་པས༏ བཅོམ་ལྡན་འདས་དེ་བཞིན་གཤེགས་པ་དགྲ་བཅོམ་པ་ཡང་དག་པར་རྫོགས་པའི་སངས་རྒྱས་དགའ་བའི་དཔལ་ལ་འདི་སྐད་ཅེས་གསོལ་ཏོ། །བཅོམ་ལྡན་འདས་བདག་ཀྱང་འཇིག་རྟེན་གྱི་ཁམས་མི་མཇེད་དེར། བཅོམ་ལྡན་འདས་དེ་བཞིན་གཤེགས་པ་དགྲ་བཅོམ་པ་ཡང་དག་པར་རྫོགས་པའི་སངས་རྒྱས་ཤཱཀྱ་ཐུབ་པ་དེ་བལྟ་བ་དང་། དེ་ལ་ཕྱག་བགྱི་ཞིང་བསྙེན་བཀུར་བ་དང་། བྱང་ཆུབ་སེམས་དཔའ་སེམས་དཔའ་ཆེན་པོ་དེ་དག་ཀུན་ཀྱང་ཕལ་ཆེར་གཞོན་ནུར་གྱུར་པ། གཟུངས་དང་སོ་སོ་ཡང་དག་པར་རིག་པ་བསྒྲུབ་པ་རབ་ཏུ་ཐོབ་པ། ཏིང་ངེ་འཛིན་དང་སྙོམས་པར་འཇུག་པ་ཐམས་ཅད་ལ་དབང་རབ་ཏུ་ཐོབ་པ་དེ་དག་བལྟ་བའི་སླད་དུ་མཆིའོ། །བཅོམ་ལྡན་འདས་དེ་བཞིན་གཤེགས་པ་དགའ་བའི་དཔལ་གྱིས་བཀའ་སྩལ་པ། རིགས་ཀྱི་བུ་དེ་ལྟར་དེའི་དུས་ལ་བབ་པར་ཤེས་ན་སོང་ཤིག །དེ་ནས་དེ་བཞིན་གཤེགས་པ་དགྲ་བཅོམ་པ་ཡང་དག་པར་རྫོགས་པའི་སངས་རྒྱས་དགའ་བའི་དཔལ་གྱིས། བྱང་ཆུབ་སེམས་དཔའ་སེམས་དཔའ་ཆེན་པོ་དགའ་བས་བྱིན་པ་ལ། པད་མོ་རིན་པོ་ཆེ་སྣ་ཚོགས་ཀྱི་རྒྱུ་ལས་བྱུང་བ། གསེར་གྱི་མདོག་ཅན་འདབ་མ་སྟོང་དང་ལྡན་པ་སྟོང་བསྐུར་ཏེ། རིགས་ཀྱི་བུ

བཅོམ་ལྡན་འདས་དེ་བཞིན་གཤེགས་པ་དགྲ་བཅོམ་པ་ཡང་དག་པར་རྫོགས་པའི་
སངས་རྒྱས་ཤཱཀྱ་ཐུབ་པ་དེ་ལ། བཅོམ་ལྡན་འདས་ལ་སྙུན་མི་མངའ་འམ།
གནོད་པ་མ་མཆིས་སམ། ཟི་བདོག[༡]བདེའམ། སྐུ་ཉམས་དང་ལྡན་ནམ།
བདེ་བ་དང་དགྱེས་པར་སྤྱོད་དམ་ཞེས་འདྲི་སྟེ། པད་མོ་གསེར་གྱི་མདོག་ཅན་
འདབ[༢]མ་སྟོང་དང་ལྡན་པ་འདི་དག་ཀྱང་། བཅོམ་ལྡན་འདས་དེ་བཞིན་
གཤེགས་པ་དགའ་བའི་དཔལ་གྱིས། བཅོམ་ལྡན་འདས་ལ་མཆོད་པའི་སླད་དུ་
བསྐུར་རོ། །ཞེས་ཀྱང་གྱིས་ལ་པད་མོ་འདི་དག་གིས་གཏོར་ཅིག །རིགས་ཀྱི་བུ་
སངས་རྒྱས་ཀྱི་ཞིང་དེར་བག་ཡོད་པར་སྤྱོད་ཅིག །དེ་ཅིའི་ཕྱིར་ཞེ་ན། འཇིག་
རྟེན་གྱི་ཁམས་དེར་སྐྱེས་པའི་བྱང་ཆུབ་སེམས་དཔའ་སེམས་དཔའ་ཆེན་པོ་དེ་དག་
ནི་མགུ་བར་དཀའ་བ་ཡིན་གྱིས[༣]། དེར་ཉམས་པར་གྱུར་ཏ་རེ། དེ་ནས་བྱང་
ཆུབ་སེམས་དཔའ་སེམས་དཔའ་ཆེན་པོ་དགའ་བས་བྱིན་པས། བཅོམ་ལྡན་
འདས་དེ་བཞིན་གཤེགས་པ་དགྲ་བཅོམ་པ་ཡང་དག་པར་རྫོགས་པའི་སངས་རྒྱས་
དགའ་བའི་དཔལ་དེ་ལས། པད་མོ་གསེར་གྱི་མདོག་ཅན་འདབ[༤]མ་སྟོང་དང་
ལྡན་པ་དེ་དག་བླངས་ཏེ། བྱང་ཆུབ་སེམས་དཔའ་ཁྱིམ་པ་དང་། རབ་ཏུ་བྱུང་
བ་དང་། ཁྱེའུ་དང་བུ་མོའི་གཟུགས་སུ་འདུག་པ་བྱེ་བ་ཁྲག་ཁྲིག་བརྒྱ་སྟོང་དུ་མ་
དང་འགྲོགས་ཏེ། སངས་རྒྱས་ཀྱི་ཞིང་དེ་ནས་མི་སྣང་བར་གྱུར་ནས། སྟེང་གི་
ཕྱོགས་ཀྱི་སངས་རྒྱས་བཅོམ་ལྡན་འདས་གང་ཇི་སྙེད་ཅིག་བཞུགས་ཤིང་འཚོ་སྐྱོང་
བ་དེ་དག་ཐམས་ཅད་ལ་མེ་ཏོག་དང་། སྤོས་དང་། བདུག་སྤོས་དང་།
ཕྲེང་བ་དང་། བྱུག་པ་དང་། ཕྱེ་མ་དང་། ན་བཟའ་དང་། རྒྱན་དང་།
གདུགས་དང་རྒྱལ་མཚན་དང་། བ་དན་དག་གིས་རིམ་གྲོར་བྱ་བ་དང་བཀུར་
སྟིར་བྱ་བ་དང་བསྟི་སྟང་དུ་བྱ་བ་དང་མཆོད་པ་བྱེད་ཅིང་། བྱང་ཆུབ་སེམས་

དཔའི་རྫུ་འཕྲུལ་ཆེན་པོ་དང་། བྱང་ཆུབ་སེམས་དཔའི་མཐུ་ཆེན་པོས། བཅོམ་ལྡན་འདས་དེ་བཞིན་གཤེགས་པ་དགྲ་བཅོམ་པ་ཡང་དག་པར་རྫོགས་པའི་སངས་རྒྱས་ཤཱཀྱ་ཐུབ་པ་གང་ན་བ་དེར་སོང་སྟེ་ཕྱིན་ནས། བཅོམ་ལྡན་འདས་ཀྱི་ཞབས་གཉིས་ལ་སྤྱི་བོས་ཕྱག་འཚལ་ཏེ། ཕྱོགས་གཅིག་ཏུ་འཁོད་དོ། །ཕྱོགས་གཅིག་ཏུ་འཁོད་ནས། བྱང་ཆུབ་སེམས་དཔའ་སེམས་དཔའ་ཆེན་པོ་དགའ་བས་བྱིན་པས། བཅོམ་ལྡན་འདས་ལ་འདི་སྐད་ཅེས་གསོལ་ཏོ། །བཅོམ་ལྡན་འདས་དེ་བཞིན་གཤེགས་པ་དགྲ་བཅོམ་པ་ཡང་དག་པར་རྫོགས་པའི་སངས་རྒྱས་དགའ་བའི་དཔལ། བཅོམ་ལྡན་འདས་ལ་སྙུན་མི་མངའ་འམ། གནོད་པ་མ་མཆིས་སམ། ཟོ་བདོག་[1]བདེའམ། སྐུ་ཉམས་དང་ལྡན་ནམ། བདེ་བ་དང་དགེས་པར་སྤྱོད་དམ་ཞེས་འདྲི་སྟེ། པད་མོ་གསེར་གྱི་མདོག་ཅན་འདབ་[2]མ་སྟོང་དང་ལྡན་པ་འདི་དག་ཀྱང་། བཅོམ་ལྡན་འདས་དེ་བཞིན་གཤེགས་པ་དགའ་བའི་དཔལ་གྱིས། བཅོམ་ལྡན་འདས་ལ་མཆོད་པའི་སླད་དུ་བསྐུར་རོ། །དེ་ནས་བཅོམ་ལྡན་འདས་དེ་བཞིན་གཤེགས་པ་དགྲ་བཅོམ་པ་ཡང་དག་པར་རྫོགས་པའི་སངས་རྒྱས་ཤཱཀྱ་ཐུབ་པས། པད་མོ་དེ་དག་བཞེས་ནས། སྟོང་གི་ཕྱོགས་ཀྱི་འཇིག་རྟེན་གྱི་ཁམས་གངྒཱའི་ཀླུང་གི་བྱེ་མ་སྙེད་པོ་དེ་དག་གི་དེ་བཞིན་གཤེགས་པ་དགྲ་བཅོམ་པ་ཡང་དག་པར་རྫོགས་པའི་སངས་རྒྱས་དེ་དག་གང་ན་བ་དེར་གཏོར་ཏོ། །དེ་ནས་པད་མོ་དེ་དག་གིས་འཇིག་རྟེན་གྱི་ཁམས་དེ་དག་ཐམས་ཅད་རྒྱས་པར་ཁྱབ་པར་གྱུར་ཏེ། པད་མོ་དེ་དག་ལ་དེ་བཞིན་གཤེགས་པའི་སྐུ་མང་པོ་བཞུགས་ཤིང་འདི་ལྟར་ཕ་རོལ་ཏུ་ཕྱིན་པ་དྲུག་པོ་འདི་ཉིད་ལས་བརྩམས་ཏེ་ཆོས་སྟོན་ཏོ། །ཆོས་བསྟན་པ་དེ་སེམས་ཅན་གང་གིས་ཐོས་པར་གྱུར་པ་དེ་དག་ཐམས་ཅད་ཀྱང་། བླ་ན་[3]མེད་པ་ཡང་དག་པར་རྫོགས་པའི་བྱང་ཆུབ་ཏུ་ངེས་

པར་གྱུར་ཏོ། །བྱང་ཆུབ་སེམས་དཔའ་ཁྲིམ་པ་དང་རབ་ཏུ་བྱུང་བ་དང་།
ཁྱེའུ་དང་བུ་མོའི་གཟུགས་སུ་འདུག་པ་དེ་དག་གིས་ཀྱང་རང་རང་གི་དགེ་བའི་རྩ་
བས། བཅོམ་ལྡན་འདས་དེ་བཞིན་གཤེགས་པ་དགྲ་བཅོམ་པ་ཡང་དག་པར་
རྫོགས་པའི་སངས་རྒྱས་ཤཱཀྱ་ཐུབ་པ་ལ་རིམ་གྲོར་བྱས་སོ། །བཀུར་སྟིར་བྱས་སོ། །
བསྟི་སྟང་དུ་བྱས་སོ། །མཆོད་པ་བྱས་ནས་ཕྱོགས་གཅིག་ཏུ་འཁོད་དོ། །དེ་
ནས་དེའི་ཚེ་སྐད་ཅིག་ཡུད་ཙམ་ཐང་ཅིག་[1]ལ། སྟོང་གསུམ་གྱི་སྟོང་ཆེན་པོའི་
འཇིག་རྟེན་གྱི་ཁམས་འདི་རིན་པོ་ཆེའི་རང་བཞིན་དུ་ཀུན་ནས་གནས་པར་གྱུར་ཏེ།
མེ་ཏོག་སིལ་མ་སྣ་ཚོགས་ཀྱིས་ཀུན་ནས་གང་བ་དང་། དར་གྱི་ལྡ་ལྡི་དང་།
ཆུན་པོ་[2]ཀུན་ནས་བྲེས་པ་དང་། སྤོད་སྣ་ཚོགས་ནས་བདུག་སྤོས་སྣ་ཚོགས་
འཐུལ་བ་དང་། དཔག་བསམ་གྱི་ཤིང་རྒྱན་དང་འབྲས་བུ་སྣ་ཚོགས་ཀྱིས་[3]ཡལ་
གའི་[4]རྩེ་མོ་གཡུར་ཟ་བ་དང་། མེ་ཏོག་གི་ཤིང་དང་འབྲས་བུའི་ཤིང་དང་སྤོས་
ཀྱི་ཤིང་དང་ཕྲེང་བའི་ཤིང་དང་ཕྱེ་མའི་ཤིང་དང་། བདུག་སྤོས་ཀྱི་ཤིང་སྣ་ཚོགས་
ཀྱིས་[5]རབ་ཏུ་བརྒྱན་པ་ཀུན་ནས་གནས་པར་གྱུར་ཏེ། འདི་ལྟ་སྟེ་དཔེར་ན།
དེ་བཞིན་གཤེགས་པ་དགྲ་བཅོམ་པ་ཡང་དག་པར་རྫོགས་པའི་སངས་རྒྱས་མེ་ཏོག་
ཀུན་ནས་རྒྱས་པའི་སངས་རྒྱས་ཀྱི་ཞིང་གང་ན། འཇམ་དཔལ་གཞོན་ནུར་གྱུར་
པ་འདུག་པ་དང་། ལྷའི་བུ་བློ་གྲོས་ཤིན་ཏུ་བརྟན་[6]པ་དང་། བྱང་ཆུབ་སེམས་
དཔའ་སེམས་དཔའ་ཆེན་པོ་གཞན་ཡང་གཟི་བརྗིད་ཆེན་པོ་དག་འཁོད་པའི་འཇིག་
རྟེན་གྱི་ཁམས་པད་མོ་ཅན་བཞིན་དུ་གྱུར་ཏོ། །ཤེས་རབ་ཀྱི་ཕ་རོལ་ཏུ་ཕྱིན་པ་
སྟོང་ཕྲག་ཉི་ཤུ་ལྔ་པ་ལས་གླེང་གཞིའི་ལེའུ་སྟེ་དང་པོའོ།། །།

དེའི་ཚེ་དེ་ལྟར་བཅོམ་ལྡན་འདས་ཀྱིས་འཇིག་རྟེན་ལྷ་དང་བཅས་པ་བདུད་

དང་བཅས་པ། ཚངས་པ་དང་བཅས་པ། དགེ་སྦྱོང་དང་བྲམ་ཟེའི་སྐྱེ་དགུ་དང་བཅས་པ། ལྷ་དང་མི་དང་ལྷ་མ་ཡིན་དུ་བཅས་པ་མང་པོ་ཚོགས་པ་དང་། བྱང་ཆུབ་སེམས་དཔའ་སེམས་དཔའ་ཆེན་པོ་ཕལ་ཆེར་གཞོན་ནུར་གྱུར་པ་མང་པོ་དེ་དག་འདུས་པར་ཐུགས་སུ་ཆུད་ནས། བཅོམ་ལྡན་འདས་ཀྱིས་ཚེ་དང་ལྡན་པ༔ ཤཱ་ར་[༡]དྭ་ཏིའི་བུ་ལ་བཀའ་སྩལ་པ། ༔ཤཱ་ར་དྭ་[༢]ཏིའི་བུ་འདི་ལ་བྱང་ཆུབ་སེམས་དཔའ་སེམས་དཔའ་ཆེན་པོ་ཆོས་ཐམས་ཅད་རྣམ་པ་ཐམས་ཅད་དུ་མངོན་པར་རྫོགས་པར་འཚང་རྒྱ་བར་འདོད་པས་ཤེས་རབ་ཀྱི་ཕ་རོལ་དུ་ཕྱིན་པ་ལ་བརྩོན་པར་བྱའོ། །དེ་སྐད་ཅེས་བཀའ་སྩལ་པ་དང་། ཚེ་དང་ལྡན་པ་ཤཱ་ར་དྭ་ཏིའི་བུས། བཅོམ་ལྡན་འདས་ལ་འདི་སྐད་ཅེས་གསོལ་ཏོ། །བཅོམ་ལྡན་འདས་བྱང་ཆུབ་སེམས་དཔའ་སེམས་དཔའ་ཆེན་པོ་ཆོས་ཐམས་ཅད༔ རྣམ་པ་[༣]ཐམས་ཅད་དུ་མངོན་པར་རྫོགས་པར་འཚང་རྒྱ་བར་འཚལ་བས་ཇི་ལྟར་ཤེས་རབ་ཀྱི་ཕ་རོལ་དུ་ཕྱིན་པ་ལ་བརྩོན་པར་བགྱི། དེ་སྐད་ཅེས་གསོལ་པ་དང་། བཅོམ་ལྡན་འདས་ཀྱིས་ཚེ་དང་ལྡན་པ་ཤཱ་ར་དྭ་ཏིའི་བུ་ལ་འདི་སྐད་ཅེས་བཀའ་སྩལ་ཏོ། །ཤཱ་ར་དྭ་ཏིའི་བུ་འདི་ལ་བྱང་ཆུབ་སེམས་དཔའ་སེམས་དཔའ་ཆེན་པོས་གནས་པ་མེད་པའི་ཚུལ་དུ་ཤེས་རབ་ཀྱི་ཕ་རོལ་དུ་ཕྱིན་པ་ལ་གནས་ཏེ། སྦྱིན་པ་དང་གཏོང་བ་དང་ཡོངས་སུ་ལེན་པ་མི་དམིགས་[༤]པའི་ཕྱིར། ཡོངས་སུ་གཏོང་བ་མེད་པའི་ཚུལ་གྱིས། སྦྱིན་པའི་ཕ་རོལ་དུ་ཕྱིན་པ་ཡོངས་སུ་རྫོགས་པར་བྱའོ། །ལྟུང་བ་དང་མི་ལྟུང་བ་བྱ་བ་མེད་པའི་ཕྱིར། ཚུལ་ཁྲིམས་ཀྱི་ཕ་རོལ་དུ་ཕྱིན་པ་ཡོངས་སུ་རྫོགས་པར་བྱའོ། །འཁྲུག་པ་མེད་པའི་ཕྱིར། བཟོད་པའི་ཕ་རོལ་ཏུ་ཕྱིན་པ་ཡོངས་སུ་རྫོགས་པར་བྱའོ། །ལུས་དང་སེམས་ཀྱི་བརྩོན་འགྲུས་ཞུམས་པ་མེད་པའི་ཕྱིར། བརྩོན་འགྲུས་ཀྱི་ཕ་རོལ་དུ་ཕྱིན་པ་ཡོངས་སུ་རྫོགས་པར་བྱའོ། །རོ་མྱོང་[༥]བ་མེད་པའི་

ཕྱིར།༑ བསམ་གཏན་གྱི་ཕ་རོལ་ཏུ་ཕྱིན་པ་ཡོངས་སུ་རྫོགས་པར་བྱའོ། །ཆོས་ཐམས་ཅད་མི་དམིགས་པའི་ཕྱིར། ཤེས་རབ་ཀྱི་ཕ་རོལ་ཏུ་ཕྱིན་པ་ཡོངས་སུ་རྫོགས་པར་བྱའོ། །ཤ་ར་དྭ་ཏིའི་བུ་བྱང་ཆུབ་སེམས་དཔའ་སེམས་དཔའ་ཆེན་པོས་ཤེས་རབ་ཀྱི་ཕ་རོལ་ཏུ་ཕྱིན་པ་ལ་གནས་ཏེ། དྲན་པ་མི་དམིགས་པའི་ཕྱིར། དྲན་པ་ཉེ་བར་གཞག[༡]པ་བཞི་ཡོངས་སུ་རྫོགས་པར་བྱའོ། །ཡང་དག་པར་སྤོང་བ་བཞི་དང་། རྫུ་འཕྲུལ་གྱི་རྐང་པ་བཞི་དང་། དབང་པོ་ལྔ་དང་། སྟོབས་ལྔ་དང་། བྱང་ཆུབ་ཀྱི་ཡན་ལག་བདུན་དང་། འཕགས་པའི་ལམ་ཡན་ལག་བརྒྱད་པ་ཡོངས་སུ་རྫོགས་པར་བྱའོ། །སྟོང་པ་ཉིད་ཀྱི་ཏིང་ངེ་འཛིན་དང་། མཚན་མ་མེད་པའི་ཏིང་ངེ་འཛིན་དང་། སྨོན་པ་མེད་པའི་ཏིང་ངེ་འཛིན་ཡོངས་སུ་རྫོགས་པར་བྱའོ། །བསམ་གཏན་བཞི་དང་། ཚད་མེད་པ་བཞི་དང་། གཟུགས་མེད་པའི་སྙོམས་པར་འཇུག་པ་བཞི་དང་། རྣམ་པར་ཐར་པ་བརྒྱད་དང་། མཐར་གྱིས་གནས་པའི་སྙོམས་པར་འཇུག་པ་དགུ་དང་། མངོན་པར་ཤེས་པ་ལྔ་དང་། རྣམ་པར་བམ་པའི་འདུ་ཤེས་དང་། འབུ་ཅན་གྱི་འདུ་ཤེས་དང་། རྣམ་པར་རྣགས་པའི་འདུ་ཤེས་དང་། རྣམ་པར་དམར་བའི་འདུ་ཤེས་དང་། རྣམ་པར་སྔོས་པའི་འདུ་ཤེས་དང་། རྣམ་པར་ཟོས་པའི་འདུ་ཤེས་དང་། རྣམ་པར་འཐོར་བའི་འདུ་ཤེས་དང་། རུས་པའི་འདུ་ཤེས་དང་། རྣམ་པར་ཚིག་པའི་འདུ་ཤེས་དང་། ཟས[༢]མི་མཐུན[༢]པའི་འདུ་ཤེས་བསྒོམ་པར་བྱའོ། །སངས་རྒྱས་རྗེས་སུ་དྲན་པ་དང་། ཆོས་རྗེས་སུ་དྲན་པ་དང་། དགེ་འདུན་རྗེས་སུ་དྲན་པ་དང་། ཚུལ་ཁྲིམས་རྗེས་སུ་དྲན་པ་དང་། གཏོང་བ་རྗེས་སུ་དྲན་པ་དང་། ལྷ་རྗེས་སུ་དྲན་པ་དང་། དབུགས་ཕྱི་ནང་དུ་རྒྱུ་བ་རྗེས་སུ་དྲན་པ་དང་། སྐྱོ་བ་རྗེས་སུ་དྲན་པ་དང་། འཆི་བ་རྗེས་སུ་དྲན་པ་དང་། ལུས་

ཀྱི་རྣམ་པ་རྗེས་སུ་དྲན་པ་དང་། མི་རྟག་པའི་འདུ་ཤེས་དང་། སྡུག་བསྔལ་གྱི་འདུ་ཤེས་དང་། བདག་མེད་པའི་འདུ་ཤེས་དང་། མི་སྡུག་པའི་འདུ་ཤེས་དང་། འཆི་བའི་འདུ་ཤེས་དང་། འཇིག་རྟེན་ཐམས་ཅད་ལ་དགའ་བར་མི་བྱ་བའི་འདུ་ཤེས་དང་། འཇིག་རྟེན་ཐམས་ཅད་ལ་ཡིད་བརྟན་①དུ་མི་རུང་བའི་འདུ་ཤེས་དང་། སྡུག་བསྔལ་ཤེས་པ་དང་། ཀུན་འབྱུང་བ་ཤེས་པ་②དང་། འགོག་པ་ཤེས་པ་དང་། ལམ་ཤེས་པ་དང་། ཟད་པ་ཤེས་པ་དང་། མི་སྐྱེ་བ་ཤེས་པ་དང་། ཆོས་ཤེས་པ་དང་། རྗེས་སུ་འགྲོ་བ་ཤེས་པ་དང་། ཀུན་རྫོབ་ཤེས་པ་དང་། འདྲིས་པ་ཤེས་པ་དང་། སྦྲ་ཇི་བཞིན༔ ཤེས་པ་བསྒོམ་③པར་བྱའོ། །

རྣམ་པར་རྟོག་པ་དང་བཅས། རྣམ་པར་དཔྱོད་པ་དང་བཅས་པའི་ཏིང་ངེ་འཛིན་དང་། རྣམ་པར་རྟོག་པ་མེད་ཅིང་རྣམ་པར་དཔྱོད་པ་ཙམ་གྱི་ཏིང་ངེ་འཛིན་དང་། རྣམ་པར་རྟོག་པ་མེད་ཅིང་རྣམ་པར་དཔྱོད་པ་མེད་པའི་ཏིང་ངེ་འཛིན་དང་། ཡོངས་སུ་མ་ཤེས་པ་ཡོངས་སུ་ཤེས་པར་བྱ་བའི་དབང་པོ་དང་། ཀུན་ཤེས་པའི་དབང་པོ་དང་། ཀུན་ཤེས་པ་རིག་པའི་དབང་པོ་དང་། ཟིལ་གྱིས་གནོན་པའི་སྐྱེ་མཆེད་དང་། ཆུབ་པའི་སྐྱེ་མཆེད་དང་། བསྡུ་བའི་དངོས་པོ་བཞི་དང་། རྣམ་པར་དགོད་པ་བཞི་དང་། ས་བཅུ་དང་། སྤྱོད་པ་བཅུ་དང་། བཟོད་པ་བཅུ་དང་། ལྷག་པའི་བསམ་པ་ཉི་ཤུ་དང་། ཐམས་ཅད་མཁྱེན་པའི་ཡེ་ཤེས་དང་། ཞི་གནས་དང་། ལྷག་མཐོང་ཤེས་པ་དང་། རིག་པ་གསུམ་དང་། སོ་སོ་ཡང་དག་པར་རིག་པ་བཞི་དང་། མི་འཇིགས་པ་བཞི་དང་། མ་ཉམས་པའི་མངོན་པར་ཤེས་པ་ལྔ་དང་། ཕ་རོལ་ཏུ་ཕྱིན་པ་དྲུག་དང་། ནོར་བདུན་དང་། སྐྱེས་བུ་ཆེན་པོའི་རྣམ་པར་རྟོག་པ་བརྒྱད་དང་། སེམས་ཅན་གྱི་གནས་དགུ་དང་། དེ་བཞིན་གཤེགས་པའི་སྟོབས་བཅུ་དང་།

སངས་རྒྱས་ཀྱི་ཆོས་མ་འདྲེས་པ་བཅོ་[1]བརྒྱད་དང་། བྱམས་པ་ཆེན་པོ་དང་། སྙིང་རྗེ་ཆེན་པོ་དང་། དགའ་བ་ཆེན་པོ་དང་། བཏང་སྙོམས་ཆེན་པོ་ཡོངས་སུ་རྫོགས་པར་བྱའོ། །རྣམ་པ་ཐམས་ཅད་མཁྱེན་པའི་ཡེ་ཤེས་རྣམ་པའི་མཆོག་ཐམས་ཅད་དང་ལྡན་པ་[2]མངོན་པར་རྫོགས་པར་འཚང་རྒྱ་བར་འདོད་པ་དང་། ལམ་གྱི་རྣམ་པ་ཤེས་པ་དང་། ཐམས་ཅད་ཤེས་པ་དང་། སེམས་ཅན་ཐམས་ཅད་ཀྱི་སེམས་དང་། སྤྱོད་པ་དང་། ཤེས་པའི་རྣམ་པའི་ཤེས་པ་ཉིད་ཡོངས་སུ་རྫོགས་པར་བྱ་བར་འདོད་པའི་བྱང་ཆུབ་སེམས་དཔའ་སེམས་དཔའ་ཆེན་པོས་ཤེས་རབ་ཀྱི་ཕ་རོལ་ཏུ་ཕྱིན་པ་ལ་བརྩོན་པར་བྱའོ། །བག་ཆགས་ཀྱི་མཚམས་སྦྱོར་བའི་ཉོན་མོངས་པ་ཐམས་ཅད་སྤང་བར་འདོད་པའི་བྱང་ཆུབ་སེམས་དཔའ་སེམས་དཔའ་ཆེན་པོས་ཤེས་རབ་ཀྱི་ཕ་རོལ་ཏུ་ཕྱིན་པ་ལ་བརྩོན་པར་བྱ་སྟེ། ཤཱ་ར་དྭ་ཏིའི་བུ་དེ་ལྟར་བྱང་ཆུབ་སེམས་དཔའ་སེམས་དཔའ་ཆེན་པོས་ཤེས་རབ་ཀྱི་ཕ་རོལ་ཏུ་ཕྱིན་པ་ལ་བསླབ་པར་བྱའོ། །ཤཱ་ར་དྭ་ཏིའི་བུ་བྱང་ཆུབ་སེམས་དཔའི་སྐྱོན་མེད་པར་འཇུག་པར་འདོད་པའི་བྱང་ཆུབ་སེམས་དཔའ་སེམས་དཔའ་ཆེན་པོས་ཤེས་རབ་ཀྱི་ཕ་རོལ་ཏུ་ཕྱིན་པ་ལ་བསླབ་པར་བྱའོ། །ཉན་ཐོས་དང་། རང་སངས་རྒྱས་ཀྱི་ས་ཤེས་པར་འདོད་པ་དང་། ས་དེ་དག་ལས་འདའ་བར་འདོད་པ་དང་། ཕྱིར་མི་ལྡོག་པའི་ས་ལ་གནས་པར་འདོད་པ་དང་། མངོན་པར་ཤེས་པ་དྲུག་ལ་གནས་པར་འདོད་པ་དང་། སེམས་ཅན་ཐམས་ཅད་ཀྱི་སེམས་དང་སྤྱོད་པ་རྣམ་པར་གཡོ་བ་[3]ཤེས་པར་འདོད་པ་དང་། ཉན་ཐོས་དང་རང་སངས་རྒྱས་ཐམས་ཅད་ཀྱི་ཤེས་པ་ཟིལ་གྱིས་གནོན་པར་འདོད་པ་དང་། གཟུངས་ཀྱི་སྒོ་དང་ཏིང་ངེ་འཛིན་གྱི་སྒོ་མང་པོ་ཐོབ་པར་འདོད་པའི་བྱང་ཆུབ་སེམས་དཔའ་སེམས་དཔའ་ཆེན་པོས་ཤེས་རབ་ཀྱི་ཕ་རོལ་ཏུ་ཕྱིན་པ་ལ་བསླབ་པར་བྱའོ། །ཉན་

ཐོས་དང་རང་སངས་རྒྱས་ཀྱི་ཐེག་པ་པའི་རིགས་ཀྱི་བུ་དང་རིགས་ཀྱི་བུ་མོ་སྦྱིན་པ་གཏོང་བ་ཐམས་ཅད་ཀྱི་དགེ་བའི་རྩ་བ་ཐམས་ཅད་རྗེས་སུ་ཡི་རང་བ་དང་ལྡན་པའི་སེམས་བསྐྱེད་པ་གཅིག་གིས་ཟིལ་གྱིས་གནོན[༡]པར་འདོད་པ་དང་། ཉན་ཐོས་དང་རང་སངས་རྒྱས་ཐམས་ཅད་ཀྱི་ཚུལ་ཁྲིམས་དང་། ཏིང་ངེ་འཛིན་དང་། ཤེས་རབ་དང་། རྣམ་པར་གྲོལ་བ་དང་། རྣམ་པར་གྲོལ་བའི་ཡེ་ཤེས་མཐོང་བ་རྗེས་སུ་ཡི་རང་བ་དང་ལྡན་པའི་སེམས་བསྐྱེད་པ་གཅིག་གིས་ཟིལ་གྱིས་གནོན[༢]པར་འདོད་པ་དང་། ཉན་ཐོས་དང་རང་སངས་རྒྱས་ཐམས་ཅད་ཀྱི་བསམ་གཏན་དང་། རྣམ་པར་ཐར་པ་དང་། ཏིང་ངེ་འཛིན་དང་། སྙོམས་པར་འཇུག་པ་ཐམས་ཅད་རྗེས་སུ་ཡི་རང་བ་དང་ལྡན་པའི་སེམས་བསྐྱེད་པ་གཅིག་གིས་ཟིལ་གྱིས་གནོན[༣]པར་འདོད་པའི་བྱང་ཆུབ་སེམས་དཔའ་སེམས་དཔའ་ཆེན་པོས་ཤེས་རབ་ཀྱི་ཕ་རོལ་ཏུ་ཕྱིན་པ་ལ་བསླབ་པར་བྱའོ། །གཞན་ཡང་ཤཱ་ར་དྭ་ཏིའི་བུ་བྱང་ཆུབ་སེམས་དཔའ་སེམས་དཔའ་ཆེན་པོ་སེམས་ཅན་ཐམས་ཅད་ཀྱི་དོན་དུ་སྦྱིན་པ་ཆུང་ངུ་བྱིན་ཡང་། ཐབས་མཁས་པས་ཡོངས་སུ་བསྔོ་བའི་ཚུལ་གྱིས། ཇི་ལྟ་བུར་ན་ཚད་མེད་གྲངས་མེད་དཔག་ཏུ་མེད་པར་འགྱུར་སྙམ་ནའང[༤]། བྱང་ཆུབ་སེམས་དཔའ་སེམས་དཔའ་ཆེན་པོས་ཤེས་རབ་ཀྱི་ཕ་རོལ་ཏུ་ཕྱིན་པ་ལ་བསླབ་པར་བྱའོ། །དེ་བཞིན་དུ་སེམས་ཅན་ཐམས་ཅད་ཀྱི་དོན་དུ་ཚུལ་ཁྲིམས་ཆུང་ངུ་བསྲུངས། བཟོད་པ་ཆུང་ངུ་བསྒོམས་བརྩོན་འགྲུས་ཆུང་ངུ་བརྩམས[༥]། བསམ་གཏན་ཆུང་ངུ་ལ་མཉམ་པར་བཞག[༦] །ཤེས་རབ་ཆུང་ངུ་བསྒོམས་ཀྱང་། ཐབས་མཁས་པས་ཡོངས་སུ་བསྔོ་བའི་ཚུལ་གྱིས། ཇི་ལྟ་བུར་ན་ཚད་མེད་གྲངས་མེད་དཔག་ཏུ་མེད་པར་འགྱུར་སྙམ་ན་ཡང་བྱང་ཆུབ་སེམས་དཔའ་སེམས་དཔའ་ཆེན་པོས[༧]ཤེས་རབ་ཀྱི་ཕ་རོལ་དུ་ཕྱིན་པ་ལ་བསླབ་པར་བྱའོ། །ཤཱ་ར་དྭ་ཏིའི་བུ

གཞན་ཡང་བྱང་ཆུབ་སེམས་དཔའ་སེམས་དཔའ་ཆེན་པོ་སྦྱིན་པའི་ཕ་རོལ་དུ་ཕྱིན་པ་ལ་གནས་པར་འདོད་པ་དང་། སྦྱིན་པའི་ཕ་རོལ་དུ་ཕྱིན་པ་ཡོངས་སུ་རྫོགས་པར་བྱ་བར་འདོད་པ་དང་། དེ་བཞིན་དུ་ཚུལ་ཁྲིམས་ཀྱི་ཕ་རོལ་དུ་ཕྱིན་པ་ལ་སྤྱོད་པར་འདོད་པ་དང་། ཚུལ་ཁྲིམས་ཀྱི་ཕ་རོལ་དུ་ཕྱིན་པ་ཡོངས་སུ་རྫོགས་པར་བྱ་བར་འདོད་པ་དང་། བཟོད་པའི་ཕ་རོལ་ཏུ་ཕྱིན་པ་ལ་སྤྱོད་པར་འདོད་པ་དང་། བཟོད་པའི་ཕ་རོལ་ཏུ་ཕྱིན་པ་ཡོངས་སུ་རྫོགས་པར་བྱ་བར་འདོད་པ་དང་། བརྩོན་འགྲུས་ཀྱི་ཕ་རོལ་དུ་ཕྱིན་པ་ལ་སྤྱོད་པར་འདོད་པ་དང་། བརྩོན་འགྲུས་ཀྱི་ཕ་རོལ་དུ་ཕྱིན་པ་ཡོངས་སུ་རྫོགས་པར་བྱ་བར་འདོད་པ་དང་། བསམ་གཏན་གྱི་ཕ་རོལ་དུ་ཕྱིན་པ་ལ་སྤྱོད་པར་འདོད་པ་དང་། བསམ་གཏན་གྱི་ཕ་རོལ་དུ་ཕྱིན་པ་ཡོངས་སུ་རྫོགས་པར་བྱ་བར་འདོད་པ་དང་། ཤེས་རབ་ཀྱི་ཕ་རོལ་དུ་ཕྱིན་པ་ལ་སྤྱོད་པར་འདོད་པ་དང་། ཤེས་རབ་ཀྱི་ཕ་རོལ་དུ་ཕྱིན་པ་ཡོངས་སུ་རྫོགས་པར་བྱ་བར་འདོད་པས། ཤེས་རབ་ཀྱི་ཕ་རོལ་དུ་ཕྱིན་པ་ལ་བསླབ་པར་བྱའོ། །ཤ་ར་དྭ་ཏིའི་[1]བུ་གཞན་ཡང་བྱང་ཆུབ་སེམས་དཔའ་སེམས་དཔའ་ཆེན་པོ་ཇི་ལྟར་ན་ཚེ་རབས་ཐམས་ཅད་དུ་བདག་གིས་སངས་རྒྱས་ཀྱི་སྐུ་མཐོང་བར་འགྱུར། ཇི་ལྟར་ན་སངས་རྒྱས་ཀྱིས་བསྐུལ་བར་འགྱུར། ཇི་ལྟར་ན་སངས་རྒྱས་ཀྱིས་དགོངས་པར་འགྱུར། ཇི་ལྟར་ན་སངས་རྒྱས་མཉེས་པར་འགྱུར། ཇི་ལྟར་ན་སངས་རྒྱས་ཀྱིས་ཡོངས་སུ་གཟུང་[3]བར་འགྱུར་སྙམ་ན་ཡང་། ཤེས་རབ་ཀྱི་ཕ་རོལ་དུ་ཕྱིན་པ་ལ་བསླབ་པར་བྱའོ། །ཤ་ར་དྭ་ཏིའི་བུ་གཞན་ཡང་བྱང་ཆུབ་སེམས་དཔའ་སེམས་དཔའ་ཆེན་པོ་སངས་རྒྱས་ཀྱི་སྐུ་ཡོངས་སུ་བསྒྲུབ་པར་འདོད་པ་དང་། མི་ཆེན་པོའི་མཚན་སུམ་ཅུ་རྩ་གཉིས་ཐོབ་པར་འདོད་པས། ཤེས་རབ་ཀྱི་ཕ་རོལ་ཏུ་ཕྱིན་པ་ལ་བསླབ་པར་བྱའོ། །བྱང་ཆུབ་སེམས་དཔའ་སེམས་

དཔའ་ཆེན་པོ་དཔེ་བྱད་བཟང་པོ་བརྒྱད་ཅུ་ཐོབ་པར་འདོད་པ་དང་། ཚེ་རབས་ཐམས་ཅད་དུ་ཚེ་རབས་དྲན་པ་དང་། བྱང་ཆུབ་ཀྱི་སེམས་མི་སྟོར་བ་དང་། བྱང་ཆུབ་སེམས་དཔའི་སྤྱོད་པ་མི་ཉམས་པ་ཐོབ་པར་འདོད་པ་དང་། སྡིག་ཏོའི་མཛའ་བོ་དང་། སྡིག་ཏོའི་གྲོགས་པོ་ཐམས་ཅད་སྤང་[༡]བར་འདོད་པ་དང་། དགེ་བའི་བཤེས་གཉེན་སངས་རྒྱས་དང་བྱང་ཆུབ་སེམས་དཔའ་ཐམས་ཅད་བསྙེན་བཀུར་བར་འདོད་པ་དང་། བདུད་དང་བདུད་ཀྱི་རིས་སུ་གཏོགས་པའི་ལྷ་ཐམས་ཅད་ཕམ་པར་བྱ་བར་འདོད་པ་དང་། སྒྲིབ་པ་ཐམས་ཅད་རྣམ་པར་སྦྱང་བར་འདོད་པ་དང་། ཆོས་ཐམས་ཅད་ལ་བསྒྲིབས་པ་མེད་པ་ཐོབ་པར་འདོད་པས༔ ཤེས་རབ་ཀྱི་ཕ་རོལ་དུ་ཕྱིན་པ་ལ་བསླབ་པར་བྱའོ། །ཤཱ་རིའི་བུ་གཞན་ཡང་བྱང་ཆུབ་སེམས་དཔའ་སེམས་དཔའ་ཆེན་པོ་བྱང་ཆུབ་སེམས་དཔའི་རིགས་ཡོངས་སུ་བསྒྲུབ་པར་འདོད་པ་དང་། སངས་རྒྱས་ཀྱི་རིགས་བསྒྲུབ་པར་འདོད་པ་དང་། དཀོན་མཆོག་གསུམ་གྱི་གདུང་རྒྱུན་མི་གཅད་[༢]པའི་དོན་དུ་གནས་པར་འདོད་པས། ཤེས་རབ་ཀྱི་ཕ་རོལ་དུ་ཕྱིན་པ་ལ་བསླབ་པར་བྱའོ། །ཤཱ་རིའི་བུ་གཞན་ཡང་བྱང་ཆུབ་སེམས་དཔའ་སེམས་དཔའ་ཆེན་པོ་གཞོན་ནུའི་ས་ཐོབ་པར་འདོད་པ་དང་། སངས་རྒྱས་དང་བྱང་ཆུབ་སེམས་དཔའ་ཐམས་ཅད་དང་མི་འབྲལ་བར་འདོད་པ་དང་། བྱང་ཆུབ་སེམས་དཔའི་ས་ལས་འདའ་[༣]བར་འདོད་པ་དང་། མྱུར་དུ་དེ་བཞིན་གཤེགས་པའི་ས་ཡོངས་སུ་རྫོགས་པར་བྱ་བར་འདོད་པས། ཤེས་རབ་ཀྱི་ཕ་རོལ་དུ་ཕྱིན་པ་ལ་བསླབ་པར་བྱའོ༔ །ཤཱ་རིའི་བུ་གཞན་ཡང་བྱང་ཆུབ་སེམས་དཔའ་སེམས་དཔའ་ཆེན་པོ་དགེ་བའི་རྩ་བ་རྣམ་པ་གང་དང་གང་གིས་སངས་རྒྱས་བཅོམ་ལྡན་འདས་རྣམས་ལ་རིམ་གྲོར་བྱ་བ་དང་། བཀུར་སྟིར་བྱ་བ་དང་། བསྟི་སྟང་དུ་བྱ་བ་དང་།

མཆོད་པ་བྱེད་པ་དེ་ལྷ་བུའི་དགེ་བའི་རྩ་བ་དེ་དག་དང་། རྣམ་པ་དེ་དག་ཕུན་སུམ་ཚོགས་པར་འགྱུར་བར་དགའ་བས། ཤེས་རབ་ཀྱི་ཕ་རོལ་ཏུ་ཕྱིན་པ་ལ་བསླབ་པར་བྱའོ། །ཤ་ར་དྭ་ཏིའི་བུ་གཞན་ཡང་བྱང་ཆུབ་སེམས་དཔའ་སེམས་དཔའ་ཆེན་པོ་སེམས་ཅན་ཐམས་ཅད་ཡོངས་སུ་དགའ་བར་བྱ་བར་འདོད་པ་དང་། སེམས་ཅན་ཐམས་ཅད་ཀྱི་བསམ་པ་ཡོངས་སུ་རྫོགས་པར་བྱ་བར་འདོད་པ་དང་། ཟས་དང་སྐོམ་[1]དང་གོས་དང་རྒྱན་དང་མེ་ཏོག་དང་བདུག་སྤོས་དང་ཕྲེང་བ་དང་བྱུག་པ་དང་ཕྱེ་མ་དང་མལ་ཆ་དང་སྟན་དང་གནས་དང་ནད་ཀྱི་རྐྱེན་རྫི་[2]དང་ཡོ་བྱད་དང་ནོར་དང་འབྲུ་དང་ལྷབ་ལྷུབ་དང་ནོར་བུ་དང་མུ་ཏིག་དང་བཻ་ཌཱུ་[3]དང་དུང་དང་མན་ཤེལ་དང་། བྱི་[4]རུ་དང་ས་ལེ་སྦྲམ་དང་དངུལ་དང་བཟའ་ཤིང་གི་ར་བ་དང་། རྒྱལ་པོའི་སྲིད་ལ་སོགས་པ་ཡོ་བྱད་དང་། ཡོངས་སྤྱོད་ཐམས་ཅད་ཀྱིས་སེམས་ཅན་ཐམས་ཅད་ཡོངས་སུ་ཚིམ་པར་བྱའོ་སྙམ་ན་ཡང་[5]། ཤེས་རབ་ཀྱི་ཕ་རོལ་ཏུ་ཕྱིན་པ་ལ་བསླབ་པར་བྱའོ། །ཤ་ར་དྭ་ཏིའི་བུ་གཞན་ཡང་བྱང་ཆུབ་སེམས་དཔའ་སེམས་དཔའ་ཆེན་པོ་ཕྱོགས་ཐམས་ཅད་ཀྱི་འཇིག་རྟེན་གྱི་ཁམས་གཀླའི་[6]ཀླུང་གི་བྱེ་མ་སྙེད་དག་ན། སེམས་ཅན་གང་ཇི་སྙེད་ཅིག་ཡོད་པ་དེ་དག་ཐམས་ཅད་དགེ་བ་བཅུའི་ལས་ཀྱི་ལམ་ལ་དགོད་པར་འདོད་པ་དང་། བསམ་གཏན་བཞི་དང་། ཚད་མེད་པ་བཞི་དང་། མངོན་པར་ཤེས་པ་ལྔ་དང་། གསུམ་ལ་སྐྱབས་སུ་འགྲོ་བ་དང་། སངས་རྒྱས་དང་། ཆོས་དང་། དགེ་འདུན་ལ་མོས་པ་ཐོབ་པ་ལ་དགོད་པར་འདོད་པས་ཤེས་རབ་ཀྱི་ཕ་རོལ་ཏུ་ཕྱིན་པ་ལ་བསླབ་པར་བྱའོ།། ||

ཤེས་རབ་ཀྱི་ཕ་རོལ་ཏུ་ཕྱིན་པ་སྟོང་ཕྲག་ཉི་ཤུ་ལྔ་པ། བམ་པོ་གསུམ་པ། ཤ་ར་དྭ་ཏིའི་བུ་གཞན་ཡང་བྱང་ཆུབ་སེམས་དཔའ་སེམས་དཔའ་ཆེན་པོ་འཇིག་

རྟེན་གྱི་ཁམས་ཆོས་ཀྱི་དབྱིངས་ཀྱིས་ཀླས་པ། ནམ་མཁའི་དབྱིངས་ཀྱི་མཐས་[7] གཏུགས་པའི་སེམས་ཅན་ཐམས་ཅད་ཐེག་པ་ཆེན་པོ་ལ་གཟུད་པར་འདོད་པ་དང་། སྦྱིན་པའི་ཕ་རོལ་ཏུ་ཕྱིན་པ་ལ་དགོད་པར་འདོད་པ་དང་། ཚུལ་ཁྲིམས་ཀྱི་ཕ་རོལ་ཏུ་ཕྱིན་པ་དང་། བཟོད་པའི་ཕ་རོལ་ཏུ་ཕྱིན་པ་དང་། བརྩོན་འགྲུས་ཀྱི་ཕ་རོལ་ཏུ་ཕྱིན་པ་དང་། བསམ་གཏན་གྱི་ཕ་རོལ་ཏུ་ཕྱིན་པ་དང་། ཤེས་རབ་ཀྱི་ཕ་རོལ་ཏུ་ཕྱིན་པ་ལ་དགོད་པར་འདོད་པས་ཤེས་རབ་ཀྱི་ཕ་རོལ་ཏུ་ཕྱིན་པ་ལ་བསླབ་པར་བྱའོ། །ཤཱ་ར་དྭ་ཏིའི་བུ་གཞན་ཡང་བྱང་ཆུབ་སེམས་དཔའ་སེམས་དཔའ་ཆེན་པོ་དགེ་བའི་སེམས་བསྐྱེད་པ་གཅིག་འགའ་ཡང་སྙིང་པོ་བྱང་ཆུབ་ལ་ནམ་འདུག་གི་བར་དུ་མི་ཟད་པར་བྱ་བར་འདོད་པས། ཤེས་རབ་ཀྱི་ཕ་རོལ་ཏུ་ཕྱིན་པ་ལ་བསླབ་པར་བྱའོ། །ཤཱ་ར་དྭ་ཏིའི་བུ་གཞན་ཡང་ཤར་ཕྱོགས་ཀྱི་འཇིག་རྟེན་གྱི་ཁམས་གངྒཱའི་ཀླུང་གི་བྱེ་མ་སྙེད་དག་ན། སངས་རྒྱས་བཅོམ་ལྡན་འདས་གང་ཇི་སྙེད་བཞུགས་པ་དེ་དག་ཐམས་ཅད་བདག་གི་ཡོན་ཏན་བརྗོད་པར་དགའ་བའི་བྱང་ཆུབ་སེམས་དཔའ་སེམས་དཔའ་ཆེན་པོས་ཤེས་རབ་ཀྱི་ཕ་རོལ་ཏུ་ཕྱིན་པ་ལ་བསླབ་པར་བྱའོ། །དེ་བཞིན་དུ་ལྷོ་དང་ནུབ་དང་བྱང་དང་བྱང་ཤར་དང་ཤར་ལྷོ་དང་ལྷོ་ནུབ་དང་ནུབ་བྱང་དང་འོག་དང་སྟེང་གི་ཕྱོགས་ཀྱི་ཕྱོགས་རེ་རེ་ཞིང་འཇིག་རྟེན་གྱི་ཁམས་གངྒཱའི་ཀླུང་གི་བྱེ་མ་སྙེད་དག་ན། སངས་རྒྱས་བཅོམ་ལྡན་འདས་གང་ཇི་སྙེད་བཞུགས་པ་དེ་དག་ཐམས་ཅད་བདག་གི་ཡོན་ཏན་བརྗོད་པར་དགའ་བའི་བྱང་ཆུབ་སེམས་དཔའ་སེམས་དཔའ་ཆེན་པོས་ཤེས་རབ་ཀྱི་ཕ་རོལ་ཏུ་ཕྱིན་པ་ལ་བསླབ་པར་བྱའོ། །ཤཱ་ར་དྭ་ཏིའི་བུ་གཞན་ཡང་ཤར་ཕྱོགས་ཀྱི་སངས་རྒྱས་ཀྱི་ཞིང་གངྒཱའི་ཀླུང་གི་བྱེ་མ་སྙེད་པོ་དེ་དག་ཐམས་ཅད་དུ་སེམས་བསྐྱེད་པ་གཅིག་གིས་འགྲོ་བར་འདོད་པའི་བྱང་ཆུབ་སེམས་དཔའ་སེམས་དཔའ་ཆེན་པོས

ཤེས་རབ་ཀྱི་ཕ་རོལ་ཏུ་ཕྱིན་པ་ལ་བསླབ་པར་བྱའོ། །དེ་བཞིན་དུ་ལྷོ་དང་ནུབ་དང་བྱང་དང་བྱང་ཤར་དང་ཤར་ལྷོ་དང་ལྷོ་ནུབ་དང་ནུབ་བྱང་དང་། འོག་དང་སྟེང་གི་ཕྱོགས་ཀྱི་ཕྱོགས་རེ་རེ་ཞིང་སངས་རྒྱས་ཀྱི་ཞིང་གངྒཱའི་[༡]ཀླུང་གི་བྱེ་མ་སྙེད་པོ་དེ་དག་ཐམས་ཅད་དུ་སེམས་བསྐྱེད་པ་གཅིག་གིས་འགྲོ་བར་འདོད་པའི་བྱང་ཆུབ་སེམས་དཔའ་སེམས་དཔའ་ཆེན་པོས་ཤེས་རབ་ཀྱི་ཕ་རོལ་ཏུ་ཕྱིན་པ་ལ་བསླབ་པར་བྱའོ། །ཤཱ་ར་དྭ་ཏིའི་བུ་གཞན་ཡང་ཤར་ཕྱོགས་ཀྱི་སངས་རྒྱས་ཀྱི་ཞིང་གངྒཱའི་[༢]ཀླུང་གི་བྱེ་མ་སྙེད་པོ་དེ་དག་ཐམས་ཅད་དུ་སྒྲ་གཅིག་གི་དབྱངས་ཀྱིས་གོ་བར་བྱ་བར་འདོད་པའི་བྱང་ཆུབ་སེམས་དཔའ་སེམས་དཔའ་ཆེན་པོས་ཤེས་རབ་ཀྱི་ཕ་རོལ་ཏུ་ཕྱིན་པ་ལ་བསླབ་པར་བྱའོ། །དེ་བཞིན་དུ་ལྷོ་དང་ནུབ་དང་བྱང་དང་བྱང་ཤར་དང་ཤར་ལྷོ་དང་ལྷོ་ནུབ་དང་ནུབ་བྱང་དང་། འོག་དང་སྟེང་གི་ཕྱོགས་ཀྱི་ཕྱོགས་རེ་རེ་ཞིང་སངས་རྒྱས་ཀྱི་ཞིང་གངྒཱའི་[༣]ཀླུང་གི་བྱེ་མ་སྙེད་པོ་དེ་དག་ཐམས་ཅད་དུ་སྒྲ་གཅིག་གི་དབྱངས་ཀྱིས་གོ་བར་བྱ་བར་འདོད་པའི་བྱང་ཆུབ་སེམས་དཔའ་སེམས་དཔའ་ཆེན་པོས་ཤེས་རབ་ཀྱི་ཕ་རོལ་ཏུ་ཕྱིན་པ་ལ་བསླབ་པར་བྱའོ། །ཤཱ་ར་དྭ་ཏིའི་བུ་གཞན་ཡང་བྱང་ཆུབ་སེམས་དཔའ་སེམས་དཔའ་ཆེན་པོ་སངས་རྒྱས་ཀྱི་སྐྱེ་བ་རྒྱུན་མི་གཅད་[༤]པའི་དོན་དུ་གནས་པར་[༥]འདོད་པ་དང་། བྱང་ཆུབ་སེམས་དཔའི་རིགས་ཡོངས་སུ་བསྐྱུབ་པར་འདོད་པ་དང་། སངས་རྒྱས་ཀྱི་རིགས་རྒྱུན་མི་གཅད་[༦]པའི་དོན་དུ་གནས་པར་འདོད་པས། ཤེས་རབ་ཀྱི་ཕ་རོལ་ཏུ་ཕྱིན་པ་ལ་བསླབ་པར་བྱའོ། །ཤཱ་ར་དྭ་ཏིའི་བུ་གཞན་ཡང་ནང་སྟོང་པ་ཉིད་ལ་གནས་པར་འདོད་པའི་བྱང་ཆུབ་སེམས་དཔའ་སེམས་དཔའ་ཆེན་པོས་ཤེས་རབ་ཀྱི་ཕ་རོལ་ཏུ་ཕྱིན་པ་ལ་བསླབ་པར་བྱའོ། །དེ་བཞིན་དུ་ཕྱི་སྟོང་པ་ཉིད་དང་། ཕྱི་ནང་སྟོང་པ་ཉིད་དང་། སྟོང་པ་ཉིད་སྟོང་པ་ཉིད་དང་། ཆེན་པོ་སྟོང་པ་

ཉིད་དང་། དོན་དམ་པ་སྟོང་པ་ཉིད་དང་། འདུས་བྱས་སྟོང་པ་ཉིད་དང་། འདུས་མ་བྱས་སྟོང་པ་ཉིད་དང་། མཐའ་ལས་འདས་པ་སྟོང་པ་ཉིད་དང་། ཐོག་མ་དང་ཐ་མ་མེད་པ་སྟོང་པ་ཉིད་དང་། དོར་བ་མེད་པ་སྟོང་པ་ཉིད་དང་། རང་བཞིན་སྟོང་པ་ཉིད་དང་། ཆོས་ཐམས་ཅད་སྟོང་པ་ཉིད་དང་། རང་གི་མཚན་ཉིད་སྟོང་པ་ཉིད་དང་། མི་དམིགས་པ་སྟོང་པ་ཉིད་དང་། དངོས་པོ་མེད་པ་སྟོང་པ་ཉིད་དང་། ངོ་བོ་ཉིད་སྟོང་པ་ཉིད་དང་། དངོས་པོ་མེད་པའི་ངོ་བོ་ཉིད་སྟོང་པ་ཉིད་ལ་གནས་པར་འདོད་པས་ཤེས་རབ་ཀྱི་ཕ་རོལ་ཏུ་ཕྱིན་པ་ལ་བསླབ་པར་བྱའོ། །ཤཱ་ར་དྭ་ཏིའི་བུ་གཞན་ཡང་བྱང་ཆུབ་སེམས་དཔའ་སེམས་དཔའ་ཆེན་པོ་དམིགས་པ་དང་། དབང་དང་། དེ་མ་ཐག་པ་དང་། རྒྱུའི་རྐྱེན་ཡོངས་སུ་ཆུད་པར་འདོད་པ་དང་། དེ་བཞིན་ཉིད་ཀྱི་རྣམ་པ་དང་། མཚན་ཉིད་ཡོངས་སུ་ཆུད་པར་འདོད་པས། ཤེས་རབ་ཀྱི་ཕ་རོལ་ཏུ་ཕྱིན་པ་ལ་བསླབ་པར་བྱའོ། །ཤཱ་ར་དྭ་ཏིའི་བུ་གཞན་ཡང་བྱང་ཆུབ་སེམས་དཔའ་སེམས་དཔའ་ཆེན་པོ་ཆོས་ཐམས་ཅད་ཀྱི་དེ་བཞིན་ཉིད་དང་། མ་ནོར་བ་དེ་བཞིན་ཉིད་དང་། གཞན་མ་ཡིན་པ་དེ་བཞིན་ཉིད་དང་། འགྱུར་བ་མེད་པའི་དེ་བཞིན་ཉིད་དང་། ཡང་དག་པ་ཇི་ལྟ་བའི་དེ་བཞིན་ཉིད་ཡོངས་སུ་ཆུད་པར་འདོད་པས་ཤེས་རབ་ཀྱི་ཕ་རོལ་ཏུ་ཕྱིན་པ་ལ་བསླབ་པར་བྱའོ། །བྱང་ཆུབ་སེམས་དཔའ་སེམས་དཔའ་ཆེན་པོ་ཆོས་ཐམས་ཅད་ཀྱི་ཆོས་ཀྱི་དབྱིངས་ཡོངས་སུ་ཆུད་པར་འདོད་པ་དང་། ཆོས་ཐམས་ཅད་ཀྱི་ཡང་དག་པའི་མཐའ་ཡོངས་སུ་ཆུད་པར་འདོད་པས། ཤེས་རབ་ཀྱི་ཕ་རོལ་ཏུ་ཕྱིན་པ་ལ་བསླབ་པར་བྱའོ། །ཤཱ་ར་དྭ་ཏིའི་བུ་གཞན་ཡང་བྱང་ཆུབ་སེམས་དཔའ་སེམས་དཔའ་ཆེན་པོ་སྟོང་གསུམ་གྱི་སྟོང་ཆེན་པོའི་འཇིག་རྟེན་གྱི་ཁམས་གངྒའི་ཀླུང་གི་བྱེ་མ་ཇི་སྙེད་ཅིག་ཡོད་པ་དེ་དག་ཐམས་ཅད་ཤེས་

པར་འདོད་པས་ཤེས་རབ་ཀྱི་ཕ་རོལ་ཏུ་ཕྱིན་པ་ལ་བསླབ་པར་བྱའོ། །བྱང་ཆུབ་སེམས་དཔའ་སེམས་དཔའ་ཆེན་པོ་སྟོང་གསུམ་གྱི་སྟོང་ཆེན་པོའི་འཇིག་རྟེན་གྱི་ཁམས་ཀྱི་རྒྱ་མཚོ་ཆེན་པོ་དང་། ཆུ་ཀླུང་དང་། ཆུ་ཀླུང་ཆེན་པོ་དང་། ཆུ་སྲིན་དང་། ཉིང་[1]ཀ་དང་། མཚོ་དང་། ཟིང་བུ་དང་། ལུ་མ་དག་གི་ཆུའི་ཕུང་པོ་དེ་དག་ཐམས་ཅད་སྐྲའི་རྩེ་མོ་བརྒྱར་གཤེགས་པས་ཕྱེད་དུ་བླང་བར་འདོད་པ་དང་། དེ་ལ་གནས་པའི་སྲོག་ཆགས་རྣམས་ལ་ཡང་གནོད་པར་མི་འགྱུར་བར་འདོད་པས། ཤེས་རབ་ཀྱི་ཕ་རོལ་ཏུ་ཕྱིན་པ་ལ་བསླབ་པར་བྱའོ། །ཤ་ར་དྭ་ཏིའི་བུ་གཞན་ཡང་བྱང་ཆུབ་སེམས་དཔའ་སེམས་དཔའ་ཆེན་པོ་སྟོང་གསུམ་གྱི་སྟོང་ཆེན་པོའི་འཇིག་རྟེན་གྱི་ཁམས་ན་མེའི་ཕུང་པོ་ཇི་སྙེད་ཅིག་ཡོད་པ་དེ་དག་ཐམས་ཅད་འདི་ལྟ་སྟེ་དཔེར་ན། བསྐལ་པའི་མེ་ལྟར་མེ་ལྕེ་གཅིག་ཏུ་འབར་བར་གྱུར་ནའང་[2]། དེ་ལྟར་འབར་བ་དེ་ཁའི་དབུགས་གཅིག་གིས་ཞི་བར་བྱ་བར་འདོད་པས་ཤེས་རབ་ཀྱི་ཕ་རོལ་ཏུ་ཕྱིན་པ་ལ་བསླབ་པར་བྱའོ། །ཤཱ་ར་དྭ་ཏིའི་བུ་གཞན་ཡང་བྱང་ཆུབ་སེམས་དཔའ་སེམས་དཔའ་ཆེན་པོ་སྟོང་གསུམ་གྱི་སྟོང་ཆེན་པོའི་འཇིག་རྟེན་གྱི་ཁམས་ན། རླུང་གི་དཀྱིལ་འཁོར་ཇི་སྙེད་ཅིག་ཡོད་པ་སྟོང་གསུམ་གྱི་སྟོང་ཆེན་པོའི་འཇིག་རྟེན་གྱི་ཁམས་འདི་ཡང་། འདི་ལྟ་སྟེ་དཔེར་ན། ཕུབ་མ་སྤུར་གང་ལ་བྱ་བ་ལྟར་གཏོར་གཡད་[3]དེ། རྣམ་པར་འཇིག་པར་བྱེད་པ་དེ་ལྟ་བུར་རྣམ་པར་འཐོར་བ་ཆེན་པོའི་རླུང་གི་དཀྱིལ་འཁོར་སོར་མོ་གཅིག་གི་རྩེ་མོས་ཡོངས་སུ་ཁེབས་པར་བྱ་བར་འདོད་པ་དང་། གཞིལ་[4]བར་འདོད་པས། ཤེས་རབ་ཀྱི་ཕ་རོལ་ཏུ་ཕྱིན་པ་ལ་བསླབ་པར་བྱའོ། །ཤ་ར་དྭ་ཏིའི་བུ་གཞན་ཡང་བྱང་ཆུབ་སེམས་དཔའ་སེམས་དཔའ་ཆེན་པོ་སྟོང་གསུམ་གྱི་སྟོང་ཆེན་པོའི་འཇིག་རྟེན་གྱི་ཁམས་ཀྱི་ནམ་མཁའི་དབྱིངས་ཇི་ཙམ་པ་དེ་ཐམས

ཅད༔ སྐྱིལ་མོ་ཀྲུང་[༡]གཅིག་གིས་ཁྱབ་པར་དགང་བར་འདོད་པས། ཤེས་རབ་ཀྱི་ཕ་རོལ་ཏུ་ཕྱིན་པ་ལ་བསླབ་པར་བྱའོ། །ཤ་ར་དྭ་ཏིའི་བུ་གཞན་ཡང་བྱང་ཆུབ་སེམས་དཔའ་སེམས་དཔའ་ཆེན་པོ་སྟོང་གསུམ་གྱི་སྟོང་ཆེན་པོའི་འཇིག་རྟེན་གྱི་ཁམས་ན། རིའི་རྒྱལ་པོ་རི་རབ་དང་ཁོར་ཡུག་དང་ཁོར་ཡུག་ཆེན་པོ་ཇི་སྙེད་ཅིག་ཡོད་པ་དེ་དག་ཐམས་ཅད་སྲ་ཉག་མ་གཅིག་གིས་སྲྨས་ཏེ་ཕྱེ་ནུ་བཏེག་[༢]ནས། འཇིག་རྟེན་གྱི་ཁམས་ཚད་མེད་གྲངས་མེད་པར་འཕང་ངོ་སྙམ་ན་ཡང་། ཤེས་རབ་ཀྱི་ཕ་རོལ་ཏུ་ཕྱིན་པ་ལ་བསླབ་པར་བྱའོ། །ཤ་ར་དྭ་ཏིའི་བུ་གཞན་ཡང་བྱང་ཆུབ་སེམས་དཔའ་སེམས་དཔའ་ཆེན་པོ་སྟོང་གསུམ་གྱི་སྟོང་ཆེན་པོའི་འཇིག་རྟེན་གྱི་ཁམས་ཀྱི་ཤིང་དང་རྩྭ་དང་གེལ་པ་དང་རྩི་དང་ནགས་ཚལ་མང་པོ་དང་རྗོ་དང་བོང་བ་དང་གྲོ་མོ་དང་རི་དང་ས་ཆེན་པོའི་ལྷུན་དེ་དག་ཐམས་ཅད་རྡུལ་ཤིན་དུ་ཕྲ་བའི་ཚུལ་དུ་ཤེས་པར་འདོད་པས། ཤེས་རབ་ཀྱི་ཕ་རོལ་ཏུ་ཕྱིན་པ་ལ་བསླབ་པར་བྱའོ། །ཤ་ར་དྭ་ཏིའི་བུ་གཞན་ཡང་བྱང་ཆུབ་སེམས་དཔའ་སེམས་དཔའ་ཆེན་པོ་ཤར་ཕྱོགས་ཀྱི་འཇིག་རྟེན་གྱི་ཁམས་གང་གཱའི་ཀླུང་གི་བྱེ་མ་སྙེད་དག་ན། སངས་རྒྱས་བཅོམ་ལྡན་འདས་བྱང་ཆུབ་སེམས་དཔའི་འཁོར་དང་བཅས་པ། ཉན་ཐོས་ཀྱི་དགེ་འདུན་དང་བཅས་པ་ཇི་སྙེད་ཅིག་བཞུགས་པ་དེ་དག་ཐམས་ཅད་བསོད་སྙོམས་གཅིག་གིས་ཁྲིད་པར་བྱ་བར་འདོད་པ་དང་། དེ་བཞིན་དུ་མེ་ཏོག་གཅིག་དང་། ཕྲེང་བ་གཅིག་[༣]དང་སྤོས་གཅིག་དང་བྱུག་པ་གཅིག་དང་ཕྱེ་མ་གཅིག་དང་། ན་བཟའ་གཅིག་དང་རྒྱན་གཅིག་དང་གདུགས་གཅིག་དང་རྒྱལ་མཚན་གཅིག་དང་བ་དན་གཅིག་གིས་རིམ་གྲོར་བྱ་བར་འདོད་པ་དང་། བཀུར་སྟིར་བྱ་བར་འདོད་པ་དང་། བསྟི་སྟང་དུ་བྱ་བར་འདོད་པ་དང་། མཆོད་པར་[༤]བྱ་བར་འདོད་པས། ཤེས་རབ་ཀྱི་ཕ་རོལ་ཏུ་ཕྱིན་པ་ལ་བསླབ་པར་བྱའོ། །དེ་

བཞིན་དུ་བྱང་ཆུབ་སེམས་དཔའ་སེམས་དཔའ་ཆེན་པོ་ལྷོ་དང་ནུབ་དང་བྱང་དང་བྱང་ཤར་དང་ཤར་ལྷོ་དང་ལྷོ་ནུབ་དང་ནུབ་བྱང་དང་། འོག་དང་སྟེང་གི་ཕྱོགས་ཀྱི་ཕྱོགས་རེ་རེ་ཞིང་འཇིག་རྟེན་གྱི་ཁམས་གངྒཱའི་ཀླུང་གི་བྱེ་མ་སྙེད་དག་ན། སངས་རྒྱས་བཅོམ་ལྡན་འདས་བྱང་ཆུབ་སེམས་དཔའི་འཁོར་དང་བཅས་པ། ཉན་ཐོས་ཀྱི་དགེ་འདུན་དང་བཅས་པ་ཇི་སྙེད་ཅིག་བཞུགས་པ་དེ་དག་ཐམས་ཅད་བསོད་སྙོམས་གཅིག་གིས་ཁྱིད་པར་བྱ་བར་འདོད་པ་དང་། དེ་བཞིན་དུ་མེ་ཏོག་གཅིག་དང་ཕྲེང་བ་གཅིག་དང་། སྤོས་གཅིག་དང་། བྱུག་པ་གཅིག་དང་ཕྱེ་མ་གཅིག་དང་། ན་བཟའ་གཅིག་དང་། རྒྱན་གཅིག་དང་གདུགས་གཅིག་དང་། རྒྱལ་མཚན་གཅིག་དང་། བ་དན་གཅིག་གིས་རིམ་གྲོར་བྱ་བར་འདོད་པ་དང་། བཀུར་སྟིར་བྱ་བར་འདོད་པ་དང་། བསྟི་སྟང་དུ་བྱ་བར་འདོད་པ་དང་། མཆོད་པར་[༡]བྱ་བར་འདོད་པས། ཤེས་རབ་ཀྱི་ཕ་རོལ་ཏུ་ཕྱིན་པ་ལ་བསླབ་པར་བྱའོ། །ཤཱ་ར་དྭ་ཏིའི་བུ་གཞན་ཡང་བྱང་ཆུབ་སེམས་དཔའ་སེམས་དཔའ་ཆེན་པོ་ཤར་ཕྱོགས་ཀྱི་འཇིག་རྟེན་གྱི་ཁམས་གངྒཱའི་[༢]ཀླུང་གི་བྱེ་མ་སྙེད་དག་ན། སེམས་ཅན་ཇི་སྙེད་ཅིག་འཁོད་པ་དེ་དག་ཐམས་ཅད་ཚུལ་ཁྲིམས་ཀྱི་ཕུང་པོ་ལ་དགོད་[༣]པར་འདོད་པ་དང་། ཏིང་ངེ་འཛིན་གྱི་ཕུང་པོ་དང་། ཤེས་རབ་ཀྱི་ཕུང་པོ་དང་། རྣམ་པར་གྲོལ་བའི་ཕུང་པོ་དང་། རྣམ་པར་གྲོལ་བའི་ཡེ་ཤེས་མཐོང་བའི་ཕུང་པོ་ལ་དགོད་པར་འདོད་པ་དང་། རྒྱུན་དུ་ཞུགས་[༤]པའི་འབྲས་བུ་ལ་དགོད་པར་འདོད་པ་དང་། ལན་ཅིག་ཕྱིར་འོང་བའི་འབྲས་བུ་དང་། ཕྱིར་མི་འོང་བའི་འབྲས་བུ་དང་། དགྲ་བཅོམ་པ་ཉིད་དང་། རང་བྱང་ཆུབ་དང་། ཕུང་པོ་མ་ལུས་པའི་མྱ་ངན་ལས་འདས་པའི་དབྱིངས་ཀྱི་བར་ལ་དགོད་པར་འདོད་པས། ཤེས་རབ་ཀྱི་ཕ་རོལ་ཏུ་ཕྱིན་པ་ལ་བསླབ་པར་བྱའོ། །དེ་

བཞིན་དུ་བྱང་ཆུབ་སེམས་དཔའ་སེམས་དཔའ་ཆེན་པོ་ལྷོ་དང་ནུབ་དང་བྱང་དང་བྱང་ཤར་དང་ཤར་ལྷོ་དང་ལྷོ་ནུབ་དང་ནུབ་བྱང་དང་། འོག་དང་སྟེང་གི་ཕྱོགས་ཀྱི་ཕྱོགས་རེ་རེ་ཞིང་འཇིག་རྟེན་གྱི་ཁམས་གངྒཱའི་ཀླུང་གི་བྱེ་མ་སྙེད་དག་ན། སེམས་ཅན་ཇི་སྙེད་ཅིག་འཁོད་པ་དེ་དག་ཐམས་ཅད་ཚུལ་ཁྲིམས་ཀྱི་ཕུང་པོ་ལ་དགོད་པར་འདོད་པ་དང་། ཏིང་ངེ་འཛིན་གྱི་ཕུང་པོ་དང་། ཤེས་རབ་ཀྱི་ཕུང་པོ་དང་། རྣམ་པར་གྲོལ་བའི་ཕུང་པོ་དང་། རྣམ་པར་གྲོལ་བའི་ཡེ་ཤེས་མཐོང་བའི་ཕུང་པོ་ལ་དགོད་པར་འདོད་པ་དང་། རྒྱུན་ཏུ་ཞུགས་པའི་འབྲས་བུ་ལ་དགོད་པར་འདོད་པ་དང་། ལན་ཅིག་ཕྱིར་འོང་བའི་འབྲས་བུ་དང་། ཕྱིར་མི་འོང་བའི་འབྲས་བུ་དང་། དགྲ་བཅོམ་པ་ཉིད་དང་། རང་བྱང་ཆུབ་ལ་དགོད་པར་འདོད་པ་དང་། ཕུང་པོ་མ་ལུས་པའི་མྱ་ངན་ལས་འདས་པའི་དབྱིངས་ཀྱི་བར་ལ་དགོད་པར་འདོད་པས། ཤེས་རབ་ཀྱི་ཕ་རོལ་ཏུ་ཕྱིན་པ་ལ་བསླབ་པར་བྱའོ། །ཤཱ་ར་དྭ་ཏིའི་བུ་གཞན་ཡང་བྱང་ཆུབ་སེམས་དཔའ་སེམས་དཔའ་ཆེན་པོ་ཕྱོགས་བཅུའི་འཇིག་རྟེན་གྱི་ཁམས་ཐམས་ཅད་ན། སེམས་ཅན་ཇི་སྙེད་ཅིག་ཡོད་པ་དེ་དག་ཐམས་ཅད་ཉན་ཐོས་དང་། རང་སངས་རྒྱས་ཀྱི་ཐེག་པ་དང་། ཐེག་པ་ཆེན་པོས་ཡོངས་སུ་མྱ་ངན་ལས་བཟླ[1]བར་འདོད་པས། ཤེས་རབ་ཀྱི་ཕ་རོལ་ཏུ་ཕྱིན་པ་ལ་བསླབ་པར་བྱའོ། །ཤཱ་ར་དྭ་ཏིའི་བུ་གཞན་ཡང་བྱང་ཆུབ་སེམས་དཔའ་སེམས་དཔའ་ཆེན་པོ་ཤེས་རབ་ཀྱི་ཕ་རོལ་ཏུ་ཕྱིན་པ་ལ་སྤྱོད་ཅིང་། སྦྱིན་པ་གཏོང་བའི་ཚེ་འདི་ལྟར་བསླབ་པར་བྱ་སྟེ། སྦྱིན་པ་རྣམ་པ་འདི་ལྟར་བྱིན་ན་ནི་འབྲས་བུ་ཆེན་པོར་འགྱུར། སྦྱིན་པ་འདི་ལྟར་བྱིན་ན་ནི་རྒྱལ་རིགས་ཆེ་ཞིང་མཐོ་བའི་རིགས་སུ་སྐྱེ། སྦྱིན་པ་འདི་ལྟར་བྱིན་ན་ནི་བྲམ་ཟེ་ཆེ་ཞིང་མཐོ་བའི་རིགས་སུ་སྐྱེ། ：སྦྱིན་པ་འདི་ལྟར་བྱིན་ན་ནི།[2] ཁྱིམ་བདག་ཆེ་ཞིང་མཐོ་བའི་

རིགས་སུ་སྐྱེ། སྦྱིན་པ་འདི་ལྟར་བྱིན་ན་ནི། སྦྱིན་པ་དེ་ཉིད་ལ་གནས་པས། རྒྱལ་པོ་ཆེན་པོ་བཞིའི་རིས་ཀྱི་ལྷའི་ནང་དུ་སྐྱེ། སྦྱིན་པ་འདི་ལྟར་བྱིན་ན་ནི། སྦྱིན་པ་དེ་ཉིད་ལ་གནས་པས། སུམ་ཅུ་རྩ་གསུམ་དང་། མཚོ་མ་དང་དགའ་ལྡན་དང་། འཕྲུལ་དགའ་དང་གཞན་འཕྲུལ་དབང་བྱེད་ཀྱི་ལྷའི་ནང་དུ་སྐྱེ། སྦྱིན་པ་འདི་ལྟར་བྱིན་ན་ནི་སྦྱིན་པ་དེ་ཉིད་ལ་གནས་པས། བསམ་གཏན་དང་པོ་འགྲུབ་པར་འགྱུར། བསམ་གཏན་གཉིས་པ་དང་། གསུམ་པ་དང་། བཞི་པ་འགྲུབ་པར་འགྱུར། ནམ་མཁའ་མཐའ་ཡས་སྐྱེ་མཆེད་ཀྱི་མཉམ་པར་གཞག་པ་ལ་སྙོམས་པར་འཇུག་པར་འགྱུར། རྣམ་ཤེས་མཐའ་ཡས་སྐྱེ་མཆེད་ཀྱི་མཉམ་པར་གཞག་པ་དང་། ཅུང་ཟད་མེད་པའི་སྐྱེ་མཆེད་ཀྱི་མཉམ་པར་གཞག་པ་དང་། འདུ་ཤེས་མེད་འདུ་ཤེས་མེད་མིན་སྐྱེ་མཆེད་ཀྱི་མཉམ་པར་གཞག་པ་ལ་སྙོམས་པར་འཇུག་པར་འགྱུར། སྦྱིན་པ་འདི་ལྟར་བྱིན་ན་ནི། བྱང་ཆུབ་ཀྱི་ཕྱོགས་ཀྱི་ཆོས་སུམ་ཅུ་རྩ་བདུན་འབྱུང་བར་འགྱུར། སྦྱིན་པ་འདི་ལྟར་བྱིན་ན་ནི། སྟོང་པ་ཉིད་དང་། མཚན་མ་མེད་པ་དང་། སྨོན་པ་མེད་པ་འབྱུང་བར་འགྱུར། སྦྱིན་པ་འདི་ལྟར་བྱིན་ན་ནི་རྒྱུན་དུ་ཞུགས་པའི་འབྲས་བུ་ཐོབ་པར་འགྱུར། ལན་ཅིག་ཕྱིར་འོང་བའི་འབྲས་བུ་དང་། ཕྱིར་མི་འོང་བའི་འབྲས་བུ་དང་། དགྲ་བཅོམ་པ་ཉིད་དང་། རང་བྱང་ཆུབ་དང་། བླ་ན་མེད་པ་ཡང་དག་པར་རྫོགས་པའི་བྱང་ཆུབ་ཐོབ་པར་འདོད་པས། ཤེས་རབ་ཀྱི་ཕ་རོལ་ཏུ་ཕྱིན་པ་ལ་བསླབ་པར་བྱའོ། །ཤཱ་ར་དྭ་ཏིའི་བུ་གཞན་ཡང་བྱང་ཆུབ་སེམས་དཔའ་སེམས་དཔའ་ཆེན་པོ་ཤེས་རབ་ཀྱི་ཕ་རོལ་ཏུ་ཕྱིན་པ་ལ་སྤྱོད་པའི་ཚེ། ཐབས་མཁས་པས་སྦྱིན་པ་འདི་ལྟར་བྱིན་ན་ནི། སྦྱིན་པའི་ཕ་རོལ་ཏུ་ཕྱིན་པ་ཡོངས་སུ་རྫོགས་པར་བྱེད་དོ། །དེ་བཞིན་དུ། ཚུལ་ཁྲིམས་ཀྱི་ཕ་རོལ་ཏུ་ཕྱིན་པ་དང་། བཟོད་

པའི་ཕ་རོལ་ཏུ་ཕྱིན་པ་དང་། བརྩོན་འགྲུས་ཀྱི་ཕ་རོལ་ཏུ་ཕྱིན་པ་དང་། བསམ་གཏན་གྱི་ཕ་རོལ་ཏུ་ཕྱིན་པ་དང་། ཤེས་རབ་ཀྱི་ཕ་རོལ་ཏུ་ཕྱིན་པ་ཡོངས་སུ་རྫོགས་པར་བྱེད་དོ་ཞེས་བྱ་བར་བསླབ་པར་བྱའོ། །དེ་ནས་ཚེ་དང་ལྡན་པ་ཤ་ར་དྭ་ཏིའི་བུས། བཅོམ་ལྡན་འདས་ལ་འདི་སྐད་ཅེས་གསོལ་ཏོ། །བཅོམ་ལྡན་འདས་བྱང་ཆུབ་སེམས་དཔའ་སེམས་དཔའ་ཆེན་པོས་སྦྱིན་པ་རྣམ་པ་ཇི་ལྟ་བུར་སྩལ་ན། སྦྱིན་པའི་ཕ་རོལ་ཏུ་ཕྱིན་པ་ཡོངས་སུ་རྫོགས་པརཿབགྱིས་པ་①ལགས། ཇི་ལྟར་ན་ཚུལ་ཁྲིམས་ཀྱི་ཕ་རོལ་ཏུ་ཕྱིན་པ་དང་། བཟོད་པའི་ཕ་རོལ་ཏུ་ཕྱིན་པ་དང་། བརྩོན་འགྲུས་ཀྱི་ཕ་རོལ་ཏུ་ཕྱིན་པ་དང་། བསམ་གཏན་གྱི་ཕ་རོལ་ཏུ་ཕྱིན་པ་དང་། ཤེས་རབ་ཀྱི་ཕ་རོལ་ཏུ་ཕྱིན་པ་ཡོངས་སུ་རྫོགས་པར་བགྱིས་པ་②ལགས༑ བཅོམ་ལྡན་འདས་ཀྱིས་བཀའ་སྩལ་པ། ཤ་ར་དྭ་ཏིའི་བུ་སྦྱིན་པ་དང་། གཏོང་བ་དང་། ཡོངས་སུ་ལེན་པ་མི་དམིགས་པའི་ཚུལ་གྱིས་འཁོར་གསུམ་ཡོངས་སུ་དག་པས། སྦྱིན་པའི་ཕ་རོལ་ཏུ་ཕྱིན་པ་ཡོངས་སུ་རྫོགས་པར་བྱས་པ་ཡིན། དེ་བཞིན་དུ་ལྟུང་བ་དང་མི་ལྟུང་བ་བྱ་བ་མེད་པའི་ཕྱིར། ཚུལ་ཁྲིམས་ཀྱི་ཕ་རོལ་ཏུ་ཕྱིན་པ་ཡོངས་སུ་རྫོགས་པར་བྱས་པ་ཡིན། འཁྲུག་པ་མེད་པའི་ཕྱིར། བཟོད་པའི་ཕ་རོལ་ཏུ་ཕྱིན་པ་ཡོངས་སུ་རྫོགས་པར་བྱས་པ་ཡིན། ལུས་དང་སེམས་ཀྱི་བརྩོན་འགྲུས་འཇིག་པ་མེད་པའི་ཕྱིར། བརྩོན་འགྲུས་ཀྱི་ཕ་རོལ་ཏུ་ཕྱིན་པ་ཡོངས་སུ་རྫོགས་པར་བྱས་པ་ཡིན། འཁྲུགས་③པ་དང་རྟོག་པ་མེད་པའི་ཕྱིར། བསམ་གཏན་གྱི་ཕ་རོལ་ཏུ་ཕྱིན་པ་ཡོངས་སུ་རྫོགས་པར་བྱས་པ་ཡིན༑ ཆོས་ཐམས་ཅད་རབ་ཏུ་ཤེས་པ་མི་དམིགས་པའི་ཚུལ་གྱིས། ཤེས་རབ་ཀྱི་ཕ་རོལ་ཏུ་ཕྱིན་པ་ཡོངས་སུ་རྫོགས་པརཿབྱས་པ་④ཡིན་ནོ། །ཤ་ར་དྭ་ཏིའི་བུ་གཞན་ཡང་བྱང་ཆུབ་སེམས་དཔའ་སེམས་དཔའ་ཆེན་པོ་⑤སངས་རྒྱས་བཅོམ་ལྡན་

འདས་འདས་པ་དང་མ་བྱོན་པ་དང་[1]ལྟར་བྱུང་བ་རྣམས་ཀྱི་སངས་རྒྱས་ཀྱི་ཡོན་ཏན་ཐམས་ཅད་ཤེས་པར་འདོད་པ་དང་ཐོབ་པར་འདོད་པས། ཤེས་རབ་ཀྱི་ཕ་རོལ་ཏུ་ཕྱིན་པ་ལ་བསླབ་[2]པར་བྱའོ། །ཤཱ་ར་དྭ་ཏིའི་བུ་གཞན་ཡང་བྱང་ཆུབ་སེམས་དཔའ་སེམས་དཔའ་ཆེན་པོ་ཆོས་འདུས་བྱས་དང་། འདུས་མ་བྱས་རྣམས་ཀྱི་ཕ་རོལ་ཏུ་ཕྱིན་པར་འདོད་པས། ཤེས་རབ་ཀྱི་ཕ་རོལ་ཏུ་ཕྱིན་པ་ལ་བསླབ་པར་བྱའོ། །བྱང་ཆུབ་སེམས་དཔའ་སེམས་དཔའ་ཆེན་པོ་ཆོས་གང་ཟག་པ་དང་བཅས་པ་དང་། ཟག་པ་མེད་པ་དང་དགེ་བ་དང་མི་དགེ་བ་དང་འཇིག་རྟེན་པ་དང་འཇིག་རྟེན་ལས་འདས་པ་དང་གཟུགས་ཡོད་པ་དང་གཟུགས་མེད་པ་དང་ལུང་བསྟན་དུ་ཡོད་པ་དང་། ལུང་བསྟན་དུ་མེད་པ་དང་། ངེས་པ་དང་། མ་ངེས་པ་དང་། འབྱུང་བ་དང་། མི་འབྱུང་བ་དང་། འགྲིབ་པའི་ཚུལ་ཅན་དང་། ཁྱད་པར་གྱི་ཚུལ་ཅན་དང་། སོ་སོའི་སྐྱེ་བོའི་ཆོས་དང་འཕགས་པའི་ཆོས་དང་། སློབ་པའི་ཆོས་དང་། མི་སློབ་པའི་ཆོས་དང་ཉན་ཐོས་དང་རང་སངས་རྒྱས་ཀྱི་ཆོས་དང་། བྱང་ཆུབ་སེམས་དཔའི་ཆོས་དང་སངས་རྒྱས་ཀྱི་ཆོས་དང་། ཆོས་ཐམས་ཅད་ཀྱི་ཕ་རོལ་ཏུ་ཕྱིན་པར་འགྲོ་བར་འདོད་པས། ཤེས་རབ་ཀྱི་ཕ་རོལ་ཏུ་ཕྱིན་པ་ལ་བསླབ་པར་བྱའོ། །ཤཱ་ར་དྭ་ཏིའི་བུ་གཞན་ཡང་བྱང་ཆུབ་སེམས་དཔའ་སེམས་དཔའ་ཆེན་པོ་ཆོས་འདས་པ་དང་མ་འོངས་པ་དང་ད་ལྟར་བྱུང་བ་ཐམས་ཅད་ཀྱི་དེ་བཞིན་ཉིད་ཁོང་དུ་ཆུད་པར་འདོད་པས། ཤེས་རབ་ཀྱི་ཕ་རོལ་ཏུ་ཕྱིན་པ་ལ་བསླབ་པར་བྱའོ། །ཤཱ་ར་དྭ་ཏིའི་བུ་གཞན་ཡང་བྱང་ཆུབ་སེམས་དཔའ་སེམས་དཔའ་ཆེན་པོ་དེ་བཞིན་དུ་ཆོས་ཐམས་ཅད་ཀྱི་མི་སྐྱེ་བའི་མཐར་ཕྱིན་པར་འདོད་པ་དང་། ཆོས་ཐམས་ཅད་ཀྱི་ཡང་དག་པའི་མཐའ་རྟོགས་པར་འདོད་པས་ཤེས་རབ་ཀྱི་ཕ་རོལ་ཏུ་ཕྱིན་པ་ལ་བསླབ་པར་བྱའོ། །ཤ་

ར་དྭ་ཏིའི་བུ་གཞན་ཡང་བྱང་ཆུབ་སེམས་དཔའ་སེམས་དཔའ་ཆེན་པོ་ཉན་ཐོས་དང་། རང་སངས་རྒྱས་ཐམས་ཅད་ཀྱི་སྟོན་[1]དུ་འགྲོ་བར་འདོད་པས་ཤེས་རབ་ཀྱི་ཕ་རོལ་ཏུ་ཕྱིན་པ་ལ་བསླབ་པར་བྱའོ། །ཤ་ར་དྭ་ཏིའི་བུ་གཞན་ཡང་བྱང་ཆུབ་སེམས་དཔའ་སེམས་དཔའ་ཆེན་པོ་སངས་རྒྱས་བཅོམ་ལྡན་འདས་ཐམས་ཅད་ལ་རིམ་གྲོར་བྱ་བར་འདོད་པས་ཤེས་རབ་ཀྱི་ཕ་རོལ་ཏུ་ཕྱིན་པ་ལ་བསླབ་པར་བྱའོ། །ཤ་ར་དྭ་ཏིའི་བུ་གཞན་ཡང་བྱང་ཆུབ་སེམས་དཔའ་སེམས་དཔའ་ཆེན་པོ་སངས་རྒྱས་བཅོམ་ལྡན་འདས་ཐམས་ཅད་ཀྱི་ནང་གི་འཁོར་དུ་འགྱུར་བར་འདོད་པས་ཤེས་རབ་ཀྱི་ཕ་རོལ་ཏུ་ཕྱིན་པ་ལ་བསླབ་པར་བྱའོ། །ཤ་ར་དྭ་ཏིའི་བུ་གཞན་ཡང་བྱང་ཆུབ་སེམས་དཔའ་སེམས་དཔའ་ཆེན་པོ་འཁོར་མང་པོ་དང་ལྡན་པར་འདོད་པ་དང་། བྱང་ཆུབ་སེམས་དཔའི་འཁོར་ཐོབ་པར་འདོད་པས་ཤེས་རབ་ཀྱི་ཕ་རོལ་ཏུ་ཕྱིན་པ་ལ་བསླབ་པར་བྱའོ། །ཤ་ར་དྭ་ཏིའི་བུ་གཞན་ཡང་བྱང་ཆུབ་སེམས་དཔའ་སེམས་དཔའ་ཆེན་པོ་སྦྱིན་བདག་ཐམས་ཅད་ཀྱི་སྦྱིན་པ་ཡོངས་སུ་དག་པར་བྱ་བར་འདོད་པས། ཤེས་རབ་ཀྱི་ཕ་རོལ་ཏུ་ཕྱིན་པ་ལ་བསླབ་པར་བྱའོ།། ཤ་ར་དྭ་ཏིའི་བུ་གཞན་ཡང་བྱང་ཆུབ་སེམས་དཔའ་སེམས་དཔའ་ཆེན་པོ་སྦྱིན་པ་ལ་ཐོགས་པ་མེད་པའི་སེམས་དང་ལྡན་པར་འདོད་པ་དང་། ཚུལ་ཁྲིམས་ངན་པའི་སེམས་སྤང་བར་འདོད་པ་དང་། གནོད་པར་སེམས་པའི་[2]ཡིད་ངོར་བར་འདོད་པ་དང་། ལེ་ལོའི་སེམས་དང་། འཁྲུག་[3]པའི་སེམས་དང་། ཤེས་རབ་འཆལ་པའི་སེམས་མི་སྐྱེད་[4]པར་འདོད་པས་ཤེས་རབ་ཀྱི་ཕ་རོལ་ཏུ་ཕྱིན་པ་ལ་བསླབ་པར་བྱའོ། །ཤ་ར་དྭ་ཏིའི་བུ་གཞན་ཡང་བྱང་ཆུབ་སེམས་དཔའ་སེམས་དཔའ་ཆེན་པོ་སེམས་ཅན་ཐམས་ཅད་སྦྱིན་པ་ལས་བྱུང་བའི་བསོད་ནམས་བྱ་བའི་དངོས་པོ་ལ་དགོད་པར་འདོད་པ་དང་། ཚུལ་ཁྲིམས་ལས་བྱུང་བ་དང་།

བསྒོམས་[༡]པ་ལས་བྱུང་བ་དང་། རིམ་གྲོ་ལས་བྱུང་བ་དང་། དངོས་པོ་ཐམས་ཅད་ལས་བྱུང་བའི་བསོད་ནམས་བྱ་བའི་དངོས་པོ་ལ་དགོད་པར་འདོད་པས་ཤེས་རབ་ཀྱི་ཕ་རོལ་ཏུ་ཕྱིན་པ་ལ་བསླབ་པར་བྱའོ། །ཤ་ར་དྭ་ཏིའི་བུ་གཞན་ཡང་བྱང་ཆུབ་སེམས་དཔའ་སེམས་དཔའ་ཆེན་པོ་མིག་ལྔ་རྣམ་པ་ཐམས་ཅད་དུ་ཡོངས་སུ་བསྒྲུབ་པར་འདོད་པས་ཤེས་རབ་ཀྱི་ཕ་རོལ་ཏུ་ཕྱིན་པ་ལ་བསླབ་པར་བྱའོ། །འདི་ལྟ་སྟེ། ཤའི་མིག་དང་། ལྷའི་མིག་དང་། ཤེས་རབ་ཀྱི་མིག་དང་། ཆོས་ཀྱི་མིག་དང་། སངས་རྒྱས་ཀྱི་མིག་ཡོངས་སུ་བསྒྲུབ་པར་འདོད་པས་ཤེས་རབ་ཀྱི་ཕ་རོལ་ཏུ་ཕྱིན་པ་ལ་བསླབ་པར་བྱའོ། །ཤ་ར་དྭ་ཏིའི་བུ་གཞན་ཡང་བྱང་ཆུབ་སེམས་དཔའ་སེམས་དཔའ་ཆེན་པོ་ཤར་ཕྱོགས་ཀྱི་འཇིག་རྟེན་གྱི་ཁམས་གངྒཱའི་ཀླུང་གི་བྱེ་མ་སྙེད་དག་ན། སངས་རྒྱས་བཅོམ་ལྡན་འདས་གང་ཇི་སྙེད་ཅིག་བཞུགས་པ་དེ་དག་ཐམས་ཅད་དང་ལྷོ་དང་ནུབ་དང་བྱང་དང་བྱང་ཤར་དང་། ཤར་ལྷོ་དང་ལྷོ་ནུབ་དང་ནུབ་བྱང་དང་འོག་དང་[༢]སྟེང་གི་ཕྱོགས་ཀྱི་ཕྱོགས་རེ་རེ་ཞིང་འཇིག་རྟེན་གྱི་ཁམས་གངྒཱའི་[༣]ཀླུང་གི་བྱེ་མ་སྙེད་དག་ན། སངས་རྒྱས་བཅོམ་ལྡན་འདས་ཇི་སྙེད་ཅིག་བཞུགས་པ་དེ་དག་ཐམས་ཅད་ལྷའི་མིག་གིས་བལྟ་བར་འདོད་པ་དང་། སངས་རྒྱས་བཅོམ་ལྡན་འདས་དེ་དག་ཆོས་གང་སྟོན་པ་དེ་ཐམས་ཅད་ལྷའི་རྣ་བས་མཉན་པར་འདོད་པ་དང་། སངས་རྒྱས་བཅོམ་ལྡན་འདས་དེ་དག་གི་[༤]ཐུགས་སེམས་ཀྱིས་ཤིང་ཏུ་ཆུད་པར་འདོད་པ་དང་། སངས་རྒྱས་བཅོམ་ལྡན་འདས་དེ་དག་གི་སྔོན་གྱི་སྦྱོར་བ་དང་ལྡན་པའི་བྱང་ཆུབ་སེམས་དཔའི་སྤྱོད་པ་རྗེས་སུ་དྲན་པར་འདོད་པ་དང་། སངས་རྒྱས་བཅོམ་ལྡན་འདས་དེ་དག་གི་རྫུ་འཕྲུལ་དང་། རྣམ་པར་འཕྲུལ་པ་རྣམ་པ་མང་པོ་མཐོང་བར་འདོད་པས། ཤེས་རབ་ཀྱི་ཕ་རོལ་ཏུ་ཕྱིན་པ་ལ་བསླབ་པར་བྱའོ། །ཤ་ར་དྭ་ཏིའི་བུ་

གཞན་ཡང་བྱང་ཆུབ་སེམས་དཔའ་སེམས་དཔའ་ཆེན་པོ་སངས་རྒྱས་བཅོམ་ལྡན་འདས་དེ་དག་ཕྱོགས་བཅུ་ཀུན་གྱི་འཇིག་རྟེན་གྱི་ཁམས་སུ་ཆོས་གང་སྟོན་པ་དེ་དག་ཐམས་ཅད་དྲན་པའི་སྟོབས་དང་ཤུགས་གཅད་①དུ་མི་ཆོད་པས་ཡང་དག་པར་གཟུང་བར་འདོད་པ་དང་། བླ་ན་མེད་པ་ཡང་དག་པར་རྫོགས་པའི་བྱང་ཆུབ་ཏུ་མངོན་པར་རྫོགས་པར་སངས་རྒྱས་ཀྱི་བར་དུ་དེ་ཐམས་ཅད་ཆུད་མི་ཟ་བར་བྱ་བར་འདོད་པས། ཤེས་རབ་ཀྱི་ཕ་རོལ་ཏུ་ཕྱིན་པ་ལ་བསླབ་པར་བྱའོ། །ཤཱ་ར་དྭ་ཏིའི་བུ་གཞན་ཡང་བྱང་ཆུབ་སེམས་དཔའ་སེམས་དཔའ་ཆེན་པོ་སངས་རྒྱས་བཅོམ་ལྡན་འདས་འདས་པ་དང་མ་བྱོན་པ་དང་ད་ལྟར་བྱུང་བ་རྣམས་ཀྱི་སངས་རྒྱས་ཀྱི་ཞིང་དང་། སངས་རྒྱས་ཀྱི་ཞིང་ཡོངས་སུ་དག་པ་མང་པོ་མཐོང་བར་འདོད་པ་དང་ཡོངས་སུ་བསྒྲུབ་པར་འདོད་པས་ཤེས་རབ་ཀྱི་ཕ་རོལ་ཏུ་ཕྱིན་པ་ལ་བསླབ་པར་བྱའོ། །ཤཱ་ར་དྭ་ཏིའི་བུ་གཞན་ཡང་བྱང་ཆུབ་སེམས་དཔའ་སེམས་དཔའ་ཆེན་པོ་དེ་བཞིན་གཤེགས་པ་རྣམས་ཀྱི་མདོ་དང་། དབྱངས་ཀྱིས་བསྙད་པ་དང་། ལུང་བསྟན་པ་དང་། ཚིགས་སུ་བཅད་པ་དང་། ཆེད་དུ་བརྗོད་པ་དང་། གླེང་གཞི་དང་། འདི་ལྟར་འདས་པ་དང་། སྐྱེས་པའི་རབས་དང་། ཤིན་ཏུ་རྒྱས་པ་དང་། རྟོགས་པ་བརྗོད་པ་དང་། གཏན་ལ་དབབ་པར་བསྟན་པ་དང་། ཆོས་རྨད་དུ་བྱུང་བ་ཉན་ཐོས་དང་རང་སངས་རྒྱས་ཀྱི་②མ་ཐོས་པ་གང་ཇི་③བསྟན་ཀྱང་རུང་སྟེ། དེ་དག་ཐམས་ཅད་ཐོས་པར་འདོད་པ་དང་། གཟུང་བར་འདོད་པ་དང་། བཅང་བར་འདོད་པ་དང་། ཀློག་④པར་འདོད་པ་དང་། ཡོངས་སུ་ཆུབ་པར་བྱ་བར་འདོད་པ་དང་། མ་ནོར་བར་ནན་ཏན་དུ་བྱ་བར་འདོད་པ་དང་། གཞན་ལ་ཡང་རྒྱ་ཆེར་བསྟན་པར་འདོད་པ་དང་། ཡང་དག་པར་བསྟན་པར་འདོད་པས། ཤེས་རབ་ཀྱི་ཕ་རོལ་ཏུ་ཕྱིན་པ་ལ་བསླབ་པར་བྱའོ།།

ཤཱ་ར་དྭ་ཏིའི་བུ་གཞན་ཡང་བྱང་ཆུབ་སེམས་དཔའ་སེམས་དཔའ་ཆེན་པོ་ཤར་ཕྱོགས་སུ་སངས་རྒྱས་བཅོམ་ལྡན་འདས་[1]ཐམས་ཅད་ཀྱི་[2]གསུངས་པ་དང་གསུང་བ་དང་། གསུང་བར་འགྱུར་བ་དང་། དེ་བཞིན་དུ་ལྷོ་དང་ནུབ་དང་བྱང་དང་བྱང་ཤར་དང་ཤར་ལྷོ་དང་ལྷོ་ནུབ་དང་ནུབ་བྱང་དང་འོག་དང་སྟེང་གི་ཕྱོགས་སུ་སངས་རྒྱས་བཅོམ་ལྡན་འདས་ཐམས་ཅད་ཀྱིས་གསུངས་པ་དང་གསུང་བ་དང་གསུང་བར་འགྱུར་བ་གང་ཅི་ཡང་རུང་སྟེ། དེ་ཐམས་ཅད་མཉན་པར་འདོད་པ་དང་། ༔གཟུང་བར་[3]འདོད་པ་དང་། བཅང་བར་འདོད་པ་དང་། ཀླག་[4]པར་འདོད་པ་དང་། ཡོངས་སུ་ཆུབ་པར་བྱ་བར་འདོད་པ་དང་། གཞན་ལ་ཡང་དག་པར་རྒྱ་ཆེར་[5]བསྟན་པར་འདོད་པ་དང་། དེ་ལ་ཡང་མ་ནོར་བར་[6]ནན་ཏན་དུ་བྱ་བར་འདོད་པས་ཤེས་རབ་ཀྱི་ཕ་རོལ་ཏུ་ཕྱིན་པ་ལ་བསླབ་པར་བྱའོ། །

ཤཱ་ར་དྭ་ཏིའི་བུ་གཞན་ཡང་བྱང་ཆུབ་སེམས་དཔའ་སེམས་དཔའ་ཆེན་པོ་ཤར་ཕྱོགས་ཀྱི་འཇིག་རྟེན་གྱི་ཁམས་གངྒཱའི་[7]ཀླུང་གི་བྱེ་མ་སྙེད་དག་ན། མུན་པ་མུན་ནག་སྨག་ཏུ་གྱུར་པ། སྨག་གིས་ཁྱབ་པ། ཉི་མ་དང་ཟླ་བ་འདི་ལྟར་རྫུ་འཕྲུལ་ཆེ་ཞིང་འདི་ལྟར་གཟི་བརྗིད་ཆེ་ལ[8]། འདི་ལྟར་མཐུ་ཆེ་བ་གཉིས་ཀྱིས་ཀྱང་ལྷམ་མེར་མི་རུང་། ལྷན་ནེར་མི་རུང་། ལྷང་ངེར་མི་རུང་བ་དེ་ལྟ་བུ་ཐམས་ཅད་སྣང་བར་བྱ་བར་འདོད་པས་ཤེས་རབ་ཀྱི་ཕ་རོལ་ཏུ་ཕྱིན་པ་ལ་བསླབ་པར་བྱའོ། །

དེ་བཞིན་དུ་ལྷོ་དང་ནུབ་དང་བྱང་དང་། བྱང་ཤར་དང་ཤར་ལྷོ་དང་། ལྷོ་ནུབ་དང་། ནུབ་བྱང་དང་། འོག་དང་སྟེང་གི་ཕྱོགས་ཀྱི་ཕྱོགས་རེ་རེ་ཞིང་འཇིག་རྟེན་གྱི་ཁམས་གངྒཱའི་ཀླུང་གི་བྱེ་མ་སྙེད་དག་ན། མུན་པ་མུན་ནག་སྨག་ཏུ་གྱུར་པ། སྨག་གིས་ཁྱབ་པ། ཉི་མ་དང་ཟླ་བ་འདི་ལྟར་རྫུ་འཕྲུལ་ཆེ་ཞིང་། འདི་ལྟར་གཟི་བརྗིད་ཆེ་ལ། འདི་ལྟར་མཐུ་ཆེ་བ་གཉིས་ཀྱིས་ཀྱང་ལྷམ་མེར་མི་

ཙང་། ལྷན་ནེར་མི་ཙང་། ལྷང་ངེར་མི་ཙང་བ་དེ་ལྟ་བུ་ཐམས་ཅད་སྣང་བར་བྱ་བར་འདོད་པས། ཤེས་རབ་ཀྱི་ཕ་རོལ་ཏུ་ཕྱིན་པ་ལ་བསླབ་པར་བྱའོ། །ཤ་ར་དྭ་ཏིའི་བུ་གཞན་ཡང་བྱང་ཆུབ་སེམས་དཔའ་སེམས་དཔའ་ཆེན་པོ་ཤར་ཕྱོགས་ཀྱི་འཇིག་རྟེན་གྱི་ཁམས་གངྒཱའི་ཀླུང་གི་བྱེ་མ་ཇི་སྙེད་པ་གང་དུ་སངས་རྒྱས་ཀྱི་སྒྲ་དང་ཆོས་ཀྱི་སྒྲ་དང་དགེ་འདུན་གྱི་སྒྲ་སེམས་ཅན་རྣམས་ཀྱིས་མི་ཐོས་པ་དེ་ལྟ་བུའི་འཇིག་རྟེན་གྱི་ཁམས་དག་ཏུ་སེམས་ཅན་དེ་དག་ཐམས་ཅད་ཀྱིས། སངས་རྒྱས་དང་ཆོས་དང་དགེ་འདུན་གྱི་སྒྲ་ཐོས་པར་བྱ་བར་འདོད་པ་དང་། ཡང་དག་པའི་ལྟ་བ་ལ་དགོད་པར་འདོད་པས་ཤེས་རབ་ཀྱི་ཕ་རོལ་ཏུ་ཕྱིན་པ་ལ་བསླབ་པར་བྱའོ༔ །དེ་བཞིན་དུ། བྱང་ཆུབ་སེམས་དཔའ་སེམས་དཔའ་ཆེན་པོ་ལྷོ་དང་ནུབ་དང་བྱང་དང་བྱང་ཤར་དང་། ཤར་ལྷོ་དང་ལྷོ་ནུབ་དང་ནུབ་བྱང་དང་འོག་དང་སྟེང་གི་ཕྱོགས་ཀྱི་ཕྱོགས་རེ་རེ་ཞིང་འཇིག་རྟེན་གྱི་ཁམས་གངྒཱའི་ཀླུང་གི་བྱེ་མ་ཇི་སྙེད་པ་གང་དུ། སངས་རྒྱས་ཀྱི་སྒྲ་དང་ཆོས་ཀྱི་སྒྲ་དང་དགེ་འདུན་གྱི་སྒྲ་སེམས་ཅན་རྣམས་ཀྱིས་མི་ཐོས་པ་དེ་ལྟ་བུའི་འཇིག་རྟེན་གྱི་ཁམས་དག་ཏུ་སེམས་ཅནཿ དེ་དག་[༡]ཐམས་ཅད་ཀྱིས་སངས་རྒྱས་དང་ཆོས་དང་དགེ་འདུན་གྱི་སྒྲ་ཐོས་པར་བྱ་བར་འདོད་པ་དང་། ཡང་དག་པའི་ལྟ་བ་ལ་དགོད་པར་འདོད་པས་ཤེས་རབ་ཀྱི་ཕ་རོལ་ཏུ་ཕྱིན་པ་ལ་བསླབ་པར་བྱའོ། །ཤ་ར་དྭ་ཏིའི་[༢]བུ་གཞན་ཡང་བྱང་ཆུབ་སེམས་དཔའ་སེམས་དཔའ་ཆེན་པོ་ཤར་ཕྱོགས་དང་། ལྷོ་དང་ནུབ་དང་བྱང་དང་། བྱང་ཤར་དང་ཤར་ལྷོ་དང་ལྷོ་ནུབ་དང་ནུབ་བྱང་དང་འོག་དང་སྟེང་གི་ཕྱོགས་ཀྱི་ཕྱོགས་རེ་རེ་ཞིང་འཇིག་རྟེན་གྱི་ཁམས་གངྒཱའི་ཀླུང་གི་བྱེ་མ་སྙེད་དག་ན། སེམས་ཅན་ལོང་བ་ཇི་སྙེད་ཅིག་ཡོད་པ་དེ་དག་ཐམས་ཅད་བདག་གི་མཐུས༔ མིག་གིས་གཟུགས་མཐོང་བ་དང་། འོན་པ་རྣམས་རྣ་བས་སྒྲ་ཐོས་

པ་དང་། སྨྱོན་པ་རྣམས་དྲན་པ་ཐོབ་པ་དང་། གོས་མེད་པ་རྣམས་གོས་ཐོབ་པ་དང་། བཀྲེས་པ་དང་སྐོམ་པ་རྣམས་ཟས་དང་སྐོམ་ཐོབ་པ་དང་། ནད་པ་རྣམས་ནད་འཚོ་བར་འགྱུར་བ་དང་། བཙོན་ར་དང་ཁྲི་མོན་①ན་འཁོད་པ་རྣམས་བདག་གིས་②རྫུ་འཕྲུལ་དང་བདག་གི་མཐུས་དགའ་མགུར་འདོང་དུ་ཡོད་པར་བྱའོ་སྙམ་ན་ཡང་། ཤེས་རབ་ཀྱི་ཕ་རོལ་ཏུ་ཕྱིན་པ་ལ་བསླབ་པར་བྱའོ། །ཇི་ལྟར་ན་ཕྱོགས་བཅུ་ཀུན་གྱི་ཕྱོགས་རེ་རེའི་འཇིག་རྟེན་གྱི་ཁམས་གངྒའི་ཀླུང་གི་བྱེ་མ་སྙེད་དག་ན། སེམས་ཅན་མི་ཁོམ་པ་དང་། ངན་སོང་དུ་ལྷུང་③བ་སེམས་ཅན་དམྱལ་བ་པའམ། ཡུལ་སོང་གི་སྐྱེ་གནས་པའམ། གཤིན་རྗེའི་འཇིག་རྟེན་པ་ཇི་སྙེད་ཅིག་ཡོད་པ་དེ་དག་ཐམས་ཅད་བདག་གིས་④མཐུས། དེ་ནས་ཤི་འཕོས་ནས་མིའི་ལུས་ཐོབ་པར་བྱ་⑤སྙམ་སྟེ། སེམས་ཅན་དེ་དག་ཐམས་ཅད་ཚུལ་ཁྲིམས་ལ་དགོད་པར་འདོད་པ་དང་ཏིང་ངེ་འཛིན་དང་ཤེས་རབ་དང་རྣམ་པར་གྲོལ་བ་དང་། རྣམ་པར་གྲོལ་བའི་ཡེ་ཤེས་མཐོང་བ་ལ་དགོད་པར་འདོད་པ་དང་། རྒྱུན་ཏུ་ཞུགས་པའི་འབྲས་བུ་དང་། ལན་ཅིག་ཕྱིར་འོང་བའི་འབྲས་བུ་དང་། ཕྱིར་མི་འོང་བའི་འབྲས་བུ་དང་། དགྲ་བཅོམ་པ་ཉིད་དང་། རང་བྱང་ཆུབ་དང་། བླ་ན་མེད་པ་ཡང་དག་པར་རྫོགས་པའི་བྱང་ཆུབ་ལ་དགོད་པར་འདོད་པའི་བྱང་ཆུབ་སེམས་དཔའ་སེམས་དཔའ་ཆེན་པོས་ཤེས་རབ་ཀྱི་ཕ་རོལ་ཏུ་ཕྱིན་པ་ལ་བསླབ་པར་བྱའོ། །ཤ་ར་དྭ་ཏིའི་བུ་གཞན་ཡང་བྱང་ཆུབ་སེམས་དཔའ་སེམས་དཔའ་ཆེན་པོ་དེ་བཞིན་གཤེགས་པའི་སྤྱོད་ལམ་ལ་བསླབ་པར་འདོད་པ་དང་། དེ་བཞིན་གཤེགས་པའི་སྤྱོད་པ་དང་། ཚུལ་རྣམ་པར་དག་པ་དང་། དེ་བཞིན་གཤེགས་པའི་སྐུའི་ཕྲིན་ལས་དང་གསུང་གི་ཕྲིན་ལས་དང་ཐུགས་ཀྱི་ཕྲིན་ལས་ཡེ་ཤེས་སྔོན་དུ་འགྲོ་བ་ཡོངས་སུ་དག་པ་ལ་བསླབ་པར་འདོད་

པས་ཤེས་རབ་ཀྱི་ཕ་རོལ་ཏུ་ཕྱིན་པ་ལ་བསླབ་པར་བྱའོ། །ཤ་ར་དྭ་ཏིའི་བུ་གཞན་ཡང་བྱང་ཆུབ་སེམས་དཔའ་སེམས་དཔའ་ཆེན་པོ་ཤེས་རབ་ཀྱི་ཕ་རོལ་ཏུ་ཕྱིན་པ་ལ་སྤྱོད་པའི་ཚེ་འདི་ལྟར་ཡོངས་སུ་བརྟག་པར་བྱ་སྟེ། ཇི་ལྟར་ན་བདག་གིས་གླང་པོ་ཆེན་པོའི་ལྟ་སྟངས་ཀྱིས་བལྟས་ཏེ། སེམས་ཅན་རྣམས་ལ་ཐོགས་པ་མེད་པར······ཆོས་བསྟན་པར་འགྱུར①། ཇི་ལྟར་ན་བདག་སེང་གེ་ཆེན་པོའི་རྣམ་པར་བསྒྲིངས་པས་རྣམ་པར་སྒྲིང②བར་འགྱུར། ཇི་ལྟར་ན་བདག་གིས་དོན་ཡོད་པའི་རྣམ་པར་གནས③པས་རྣམ་པར་གནས④པར་བྱ། ཇི་ལྟར་ན་བདག་ས་ཆེན་པོ་ལ་སོར་བཞི་ཙམ་གྱིས་རྐང་པས་མི་རེག་པར་འགྲོ་བར་འགྱུར། ཇི་ལྟར་ན་བདག་གིས་པད་མོ་འདབ⑤མ་སྟོང་དང་ལྡན་པ་ལ་རྐང་པ་གཉིསཿཀྱི་མཐིལ⑥གཞག་ཅིང་། རྐང་པའི་འོག་ན་གནས་པའི་སྲོག་ཆགས་རྣམས་ལ་མི་གནོད་པར་འགྲོ་བར་བྱ། ཇི་ལྟར་ན་བདག་རྐང་པའི་མཐིལ་འཁོར་ལོའི་རྗེས་སྟོང་དང་ལྡན་པ་གཉིས་ཀྱིས་ས⑦ཆེན་པོ་ལ་རྣམ་པར་བྲིས་ཏེ་འགྲོ་བར་འགྱུར། ཇི་ལྟར་ན་བདག་ས་ཆེན་པོ་···ལ་འཁོར་ཀུན་ཏུ་འཁོར་ལོ་ཙམ་གྱི་ཁྱོན་ཡོངས་སུ་བསྐོར་ཅིང་འཆགས་ན་འཆག་པར་འགྱུར། ཇི་ལྟར་ན་བདག་ས་ཆེན་པོ་ཐམས་ཅད་དུ་རྒྱུ་ཞིང་སོང་ཡང་། སའི་རྡུལ་གྱིས་མི་གོས་པར་འགྱུར། ཇི་ལྟར་ན་བདག་དཔག་ཚད་གཅིག་གམ་གཉིས་སམ་གསུམ་འམ⑧བཞིའམ་ལྔའམ་བཅུའམ་ཉི་ཤུའམ་སུམ་ཅུའམ⑨བཞི་བཅུའམ་ལྔ་བཅུའམ་དཔག་ཚད་བརྒྱའམ་དཔག་ཚད་སྟོང་ངམ་དཔག་ཚད་བརྒྱ····ཕྲག་སྟོང་ནས་དཔག་ཚད་ཚད་མེད་པའམ་གྲངས་མེད་པའམ། བསམ་གྱིས་མི···ཁྱབ་པའམ། མཚུངས་པ་མེད་པའམ། མཐའ་ཡས་པའམ། ཀུན་ཏུ་མཐའ་ཡས་པའམ། གཞལ་དུ་མེད་པའམ། བརྗོད་དུ་མེད་པའི་ཡང་བརྗོད་དུ་མེད···པའི་བར་གྱི་སངས་རྒྱས་ཀྱི་ཞིང་དག་ཏུཿརྒྱུས་ཏེ⑩སོང་ཡང་། ལུས་དང་སེམས་ལ་

དྲུབ་པ་མེད་པར་འགྱུར་སྙམ་ན་[༧]ཡང་། ཤེས་རབ་ཀྱི་ཕ་རོལ་དུ་ཕྱིན་པ་ལ་བསླབ་པར་བྱའོ། །ཤཱ་ར་དྭ་ཏིའི་བུ་གཞན་ཡང་བྱང་ཆུབ་སེམས་དཔའ་སེམས་དཔའ་ཆེན་པོ་ཇི་ལྟར་ན་བདག་གིས་རྐང་པའི་མཐིལ་འཁོར་ལོའི་རྩིབས་སྟོང་དང་ལྡན་པ་གཉིས་ནས་འོད་ཟེར་བྱེ་བ་ཁྲག་ཁྲིག་བརྒྱ་ཕྲག་སྟོང་བཀྱེ་སྟེ། མི་ཁོམ་པ་དང་ངན་སོང་གི་སྡུག་བསྔལ་ཐམས་ཅད་རབ་ཏུ་ཞི་བར་བྱས་ནས། སེམས་ཅན་ཐམས་ཅད་བདེ་བར་བྱ་བར་འགྱུར་སྙམ་ན་ཡང་ཤེས་རབ་ཀྱི་ཕ་རོལ་ཏུ་ཕྱིན་པ་ལ་བསླབ་པར་བྱའོ། །ཤཱ་ར་དྭ་ཏིའི་བུ་གཞན་ཡང་བྱང་ཆུབ་སེམས་དཔའ་སེམས་དཔའ་ཆེན་པོ་ཤེས་རབ་ཀྱི་ཕ་རོལ་དུ་ཕྱིན་པ་ལ་སྤྱོད་པའི་ཚེ་འདི་ལྟར་ཡོངས་སུ་བརྟག་པར་བྱ་སྟེ། ཇི་ལྟར་ན་བདག་རྒྱལ་པོ་ཆེན་པོ་བཞིའི་རིས་ཀྱི་ལྷ་རྣམས་དང་། སུམ་ཅུ་རྩ་གསུམ་དང་། མཐའ་བྲལ་བ་མ་དང་། དགའ་ལྡན་དང་། འཕྲུལ་དགའ་དང་། གཞན་འཕྲུལ་དབང་བྱེད་དང་། ཚངས་རིས་དང་། ཚངས་ལྷ་ཉེ་པན་དང་། ཚངས་པ་ཀུན་འཁོར་དང་། ཚངས་ཆེན་དང་། སྣང་བ་དང་། ཆུང་སྣང་དང་། ཚད་མེད་སྣང་བ་དང་། ཀུན་སྣང་དང་བ་དང་། དགེ་བ་དང་། ཆུང་དགེ་དང་། ཚད་མེད་དགེ་བ་དང་། དགེ་རྒྱས་དང་། ཆེ་བ་དང་། ཆུང་ཆེ་དང་། ཚད་མེད་ཆེ་བ་དང་། འབྲས་བུ་ཆེ་བ་དང་། མི་ཆེ་བ་དང་། མི་གདུང་བ་དང་། གྱ་ནོམ་སྣང་བ་དང་། ཤིན་ཏུ་མཐོང་བ་དང་། འོག་མིན་གྱི་ལྷ་བྱེ་བ་ཁྲག་ཁྲིག་བརྒྱ་སྟོང་དུ་མས་བསྐོར་ཅིང་མདུན་དུ་བདར་ཏེ་སྙིང་པོ་བྱང་ཆུབ་ཀྱི་ཤིང་དྲུང་དུ་འགྲོ་བར་བྱ་སྙམ་ན་ཡང་ཤེས་རབ་ཀྱི་ཕ་རོལ་དུ་ཕྱིན་པ་ལ་བསླབ་པར་བྱའོ། །ཤཱ་ར་དྭ་ཏིའི་བུ་གཞན་ཡང་བྱང་ཆུབ་སེམས་དཔའ་སེམས་དཔའ་ཆེན་པོས་ཤེས་རབ་ཀྱི་ཕ་རོལ་ཏུ་ཕྱིན་པ་ལ་སྤྱོད་པའི་ཚེ། འདི་ལྟར་ཡོངས་སུ་བརྟག་པར་བྱ་སྟེ། ཇི་ལྟར་ན་བདག་བྱང་ཆུབ་ཀྱི་ཤིང་དྲུང་དུ་འདུག

པའི་ཚེ། རྒྱལ་པོ་ཆེན་པོ་བཞིའི་རིས་ཀྱི་ལྷ་དང་། སུམ་ཅུ་རྩ་གསུམ་དང་།
མཆོ་མ་དང་། དགའ་ལྡན་དང་། འཕྲུལ་དགའ་དང་། གཞན་འཕྲུལ་
དབང་བྱེད་དང་། ཚངས་རིས་དང་། ཚངས་ལྷ་ཉེ་ཕན་དང་། ཚངས་པ་
ཀུན་འཁོར་དང་། ཚངས་ཆེན་དང་། སྣང་བ་དང་། ཆུང་སྣང་དང་།
ཚད་མེད་སྣང་བ་དང་། ཀུན་སྣང་དང་བ་དང་། དགེ་བ་དང་། ཆུང་དགེ་
དང་། ཚད་མེད་དགེ་བ་དང་། དགེ་རྒྱས་དང་། ཆེ་བ་དང་། ཆུང་ཆེ་
དང་། ཚད་མེད་ཆེ་བ་དང་། འབྲས་བུ་ཆེ་བ་དང་། མི་ཆེ་བ་དང་། མྱི་
གདུང་བ་དང་། གྱ་ནོམ་སྣང་བ་དང་། ཤིན་དུ་མཐོང་བ་དང་། འོག་མིན་
གྱི་ལྷ་རྣམས་སྐྱན་གདིང་བར་འགྱུར་སྙམ་ན་ཡང་ཤེས་རབ་ཀྱི་ཕ་རོལ་ཏུ་ཕྱིན་པ་ལ་
བསླབ་པར་བྱའོ། །ཤ་ར་དྭ་ཏིའི་བུ་གཞན་ཡང་བྱང་ཆུབ་སེམས་དཔའ་སེམས་
དཔའ་ཆེན་པོས་[༡]ཤེས་རབ་ཀྱི་ཕ་རོལ་ཏུ་ཕྱིན་པ་ལ་སྤྱོད་པའི་ཚེ། འདི་ལྟར་
ཡོངས་སུ་བརྟག[༢]པར་བྱ་སྟེ། ཇི་ལྟར་ན་བདག་སྙིང་པོ་བྱང་ཆུབ་ལ་འདུག་སྟེ།
མཚན་གྱིས་ལེགས་པར་བརྒྱན[༣]པའི་ལག་གིས་ས་ཆེན་པོ་ལ་བརྡབས་ནས། ནག་
པོའི་ཕྱོགས་བདུད་འཁོར་དང་བཅས་པ་ཤིན་ཏུ་ཕམ་པར་བྱ་སྙམ་ན་ཡང་ཤེས་རབ་
ཀྱི་ཕ་རོལ་དུ་ཕྱིན་པ་ལ་བསླབ་པར་བྱའོ། །ཤ་ར་དྭ་ཏིའི་བུ་གཞན་ཡང་བྱང་ཆུབ་
སེམས་དཔའ་སེམས་དཔའ་ཆེན་པོས་ཤེས་རབ་ཀྱི་ཕ་རོལ་དུ་ཕྱིན་པ་ལ་སྤྱོད་པའི་ཚེ།
འདི་ལྟར་ཡོངས་སུ་བརྟག་པར་བྱ་སྟེ། ཇི་ལྟར་ན་བདག་བླ་ན་མེད་པ་ཡང་དག་
པར་རྫོགས་པའི་བྱང་ཆུབ་ཏུ་མངོན་པར་རྫོགས་པར་སངས་རྒྱས་ནས། འགྲོ་བ་
དང་། འགྲེང་བ་དང་འདུག[༤]པ་དང་། ཉལ་བའི་ས་ཕྱོགས་དེ་དག་རྡོ་རྗེའི་
རང་བཞིན་དུ་འདུག་པར་འགྱུར་སྙམ་ན་ཡང་ཤེས་རབ་ཀྱི་ཕ་རོལ་དུ་ཕྱིན་པ་ལ་
བསླབ་པར་བྱའོ། །ཤ་ར་དྭ་ཏིའི་བུ་གཞན་ཡང་བྱང་ཆུབ་སེམས་དཔའ་སེམས་

དཔའ་ཆེན་པོས་ཤེས་རབ་ཀྱི་ཕ་རོལ་ཏུ་ཕྱིན་པ་ལ་སྤྱོད་པའི་ཚེ་འདི་ལྟར་ཡོངས་སུ་བརྟག་པར་བྱ་སྟེ། ཇི་ལྟར་ན་བདག་ཉི་མ་གང་ལ་མངོན་པར་བྱུང་བ་དེ་ཉིད་ཀྱི་ཉི་མ་ལ། ནག་པོའི་ཕྱོགས་འཁོར་དང་བཅས་པ་ཕམ་པར་བྱས་ཏེ། བླ་ན་མེད་པ་ཡང་དག་པར་རྫོགས་པའི་བྱང་ཆུབ་ཏུ་མངོན་པར་འཚང་རྒྱ་བར་བྱ། མངོན་པར་སངས་རྒྱས་ནས་ནི་ཇི་ལྟར་ཉི་མ་དེ་ཉིད་ལ་ཆོས་ཀྱི་འཁོར་ལོ་བསྐོར་བར་བྱ། འཁོར་ལོ་བསྐོར་ནས་ནི་ཇི་ལྟར་ཚད་མེད་གྲངས་མེད་པའི་སེམས་ཅན་རྣམས་རྟུལ་དང་བྲལ་ཏེ། དྲི་མ་དང་བྲལ་ནས་ཆོས་ལ་ཆོས་ཀྱི་མིག་རྣམ་པར་དག་པར་བྱ། ཚད་མེད་གྲངས་མེད་པའི་སེམས་ཅན་རྣམས་ནི་ཇི་ལྟར་ཉེ་བར་ལེན་པ་མེད་པར་ཟག་པ་རྣམས་ལས་སེམས་རྣམ་པར་གྲོལ་བར་བྱ། ཚད་མེད་གྲངས་མེད་པའི་སེམས་ཅན་རྣམས་ནི་ཇི་ལྟར་བླ་ན་མེད་པ་ཡང་དག་པར་རྫོགས་པའི་བྱང་ཆུབ་ལས་ཕྱིར་མི་ལྡོག་པར་བྱ་སྙམ་ན་ཡང་ཤེས་རབ་ཀྱི་ཕ་རོལ་ཏུ་ཕྱིན་པ་ལ་བསླབ་པར་བྱའོ།།

ཤཱ་ར་དྭ་ཏིའི་བུ་གཞན་ཡང་བྱང་ཆུབ་སེམས་དཔའ་སེམས་དཔའ་ཆེན་པོས་ཤེས་རབ་ཀྱི་ཕ་རོལ་ཏུ་ཕྱིན་པ་ལ་སྤྱོད་པའི་ཚེ། འདི་ལྟར་སེམས་བསྐྱེད་པར་བྱ་སྟེ། ཇི་ལྟར་ན་བདག་བླ་ན་མེད་པ་ཡང་དག་པར་རྫོགས་པའི་བྱང་ཆུབ་ཏུ་མངོན་པར་རྫོགས་པར་སངས་རྒྱས་པའི་ཚེ། ཉན་ཐོས་ཀྱི་དགེ་འདུན་ནི་ཚད་མེད་གྲངས་མེད་པར་འགྱུར། ཆོས་བསྟན་པ་གཅིག་གིས་སྟན་གཅིག་པའི་དགྲ་བཅོམ་པ་ནི་ཚད་མེད་གྲངས་མེད་པར་འགྱུར། བྱང་ཆུབ་སེམས་དཔའ་སེམས་དཔའ་ཆེན་པོ་རྣམས་ནི་བླ་ན་མེད་པ་ཡང་དག་པར་རྫོགས་པའི་བྱང་ཆུབ་ལས[༡]ཕྱིར་མི་ལྡོག་པར་འགྱུར། བྱང་ཆུབ་སེམས་དཔའི་དགེ་འདུན་ནི་ཚད་མེད་གྲངས་མེད་པར་འགྱུར། ཚེའི་ཚད[༢]ནི་དཔག་ཏུ་མེད་པར་འགྱུར། འོད་དཔག་ཏུ་མེད་པ་ནི་ཕུན་སུམ་ཚོགས་པར་འགྱུར་སྙམ་ན་ཡང་ཤེས་རབ་ཀྱི་ཕ་རོལ་ཏུ་ཕྱིན་པ་ལ་བསླབ་པར་བྱའོ། །

ཤ་ར་དྭ་ཏིའི་བུ་གཞན་ཡང་བྱང་ཆུབ་སེམས་དཔའ་སེམས་དཔའ་ཆེན་པོ་ཇི་ལྟར་ན་བདག་བླ་ན་མེད་པ་ཡང་དག་པར་རྫོགས་པའི་བྱང་ཆུབ་ཏུ་མངོན་པར་རྫོགས་པར་སངས་རྒྱས་པའི་ཚེ། སངས་རྒྱས་ཀྱི་ཞིང་དེར་འདོད་ཆགས་དང་ཞེ་སྡང་དང་གཏི་མུག་གི་སྒྲ་ཡང་[1]མི་གྲག་པར་བྱ་སྙམ་ན་ཡང་ཤེས་རབ་ཀྱི་ཕ་རོལ་ཏུ་ཕྱིན་པ་ལ་བསླབ་པར་བྱའོ། །ཤ་ར་དྭ་ཏིའི་བུ་གཞན་ཡང་བྱང་ཆུབ་སེམས་དཔའ་སེམས་དཔའ་ཆེན་པོ་ཇི་ལྟར་ན་བདག་བླ་ན་མེད་པ་ཡང་དག་པར་རྫོགས་པའི་བྱང་ཆུབ་ཏུ་མངོན་པར་རྫོགས་པར་སངས་རྒྱས་པའི་ཚེ། སངས་རྒྱས་ཀྱི་ཞིང་དེའི་སེམས་ཅན་ཐམས་ཅད་ལ་འདི་ལྟར་སྦྱིན་པ་ནི་དགེ་བའོ། །ཏུལ་བ་ནི་དགེ་བའོ། །སྡོམ་པ་ནི་དགེ་བའོ། །ཚངས་པའི་སྤྱོད་པ་ནི་དགེ་བའོ། །སྲོག་ཆགས་སུ་གྱུར་པ་ཐམས་ཅད་ལ་འཚེ་བ་མེད་པ་ནི་དགེ་བའོ་ཞེས་བྱ་བར་ཤེས་པའི་ཤེས་རབ་དེ་ལྟ་བུ་དང་ལྡན་པར་འགྱུར་སྙམ་ན་ཡང་ཤེས་རབ་ཀྱི་ཕ་རོལ་ཏུ་ཕྱིན་པ་ལ་བསླབ་པར་བྱའོ། །བྱང་ཆུབ་སེམས་དཔའ་སེམས་དཔའ་ཆེན་པོ་ཇི་ལྟར་ན་བདག་ཡོངས་སུ་མྱ་ངན་ལས་འདས་ཀྱང་། དམ་པའི་ཆོས་ནུབ་ཅེས་བྱ་བའི་སྒྲ་ཡང་མི་གྲག་པར་འགྱུར་སྙམ་ན་ཡང་ཤེས་རབ་ཀྱི་ཕ་རོལ་ཏུ་ཕྱིན་པ་ལ་བསླབ་པར་བྱའོ། །བྱང་ཆུབ་སེམས་དཔའ་སེམས་དཔའ་ཆེན་པོ་ཇི་ལྟར་ན་བདག་གི་མིང་ཐོས་པ་ཙམ་གྱིས། འཇིག་རྟེན་གྱི་ཁམས་གནྒའི་[3]ཀླུང་གི་བྱེ་མ་སྙེད་ཀྱི་སེམས་ཅན་མང་པོ་བླ་ན་མེད་པ་ཡང་དག་པར་རྫོགས་པའི་བྱང་ཆུབ་ཏུ་ངེས་པར་འགྱུར་སྙམ་ན་ཡང་། ཤེས་རབ་ཀྱི་ཕ་རོལ་ཏུ་ཕྱིན་པ་ལ་བསླབ་པར་བྱའོ། །ཤ་ར་དྭ་ཏིའི་བུ་གང་གི་ཚེ་དེ་ལྟར་བྱང་ཆུབ་སེམས་དཔའ་སེམས་དཔའ་ཆེན་པོ་ཤེས་རབ་ཀྱི་ཕ་རོལ་ཏུ་ཕྱིན་པ་ལ་སྤྱོད་ཅིང་། ཡོན་ཏན་འདི་དག་བསྐྱུབ་པར་འགྱུར་བ་དེའི་ཚེ། རྒྱལ་པོ་ཆེན་པོ་བཞི་ཡང་གང་སྟོན་གྱི་དེ་བཞིན་གཤེགས་པ་རྣམས་ལ། སྔོན་གྱི་རྒྱལ་པོ་ཆེན་པོ་རྣམས་

ཀྱིས་ཕུལ་བའི་ལྷུང་བཟེད་རྣམས་བདག་ཅག་གིས་ཀྱང་འདི་ལ་དབུལ་བར་བྱའོ་
ཞེས་དགའ་བར་འགྱུར་རོ། །བདག་ཅག་གིས་འདི་ལ་རིམ་གྲོ་དང་བསྙེ་སྙང་དུ་
བྱའོ་ཞེས་སུམ་ཅུ་རྩ་གསུམ་པའི་ལྷ་རྣམས་དང་། མཆོ་མ་དང་། དགའ་ལྡན་
དང་། འཕྲུལ་དགའ་དང་། གཞན་འཕྲུལ་དབང་བྱེད་ཀྱི་ལྷ་རྣམས་ཀྱང་
དགའ་བར་འགྱུར་རོ། །དེ་ལྟར་ལྷ་མ་ཡིན་གྱི་རིས་རྣམས[༧]ནི་འགྲིབ་པར་འགྱུར།
ལྷའི་རིས་རྣམས་ནི་འཕེལ་བར་འགྱུར[༣]ཏེ། འདི་མངོན་པར་སངས་རྒྱས་ནས
ཆོས་ཀྱི་འཁོར་ལོ་བསྐོར་བའི་དོན་དུ་བདག་ཅག་གིས་གསོལ་བ་གདབ་པར་བྱའོ
ཞེས་ཚངས་རིས་ཀྱི་ལྷ་རྣམས་དང་། ཀུན་སྣང་དང་བ་དང་། དགེ་རྒྱས་དང་།
འབྲས་བུ་ཆེ་བ་དང་མི་ཆེ་བ་དང་། མི་གདུང་བ་དང་། ཤིན་ཏུ་མཐོང་བ་དང་།
གྱ་ནོམ་སྣང་བ་དང་། འོག་མིན་གྱི་ལྷ་རྣམས་ཀྱང་དགའ་བར་འགྱུར་རོ། །ཤཱ
ར་དྭ་ཏིའི་བུ་གང་གི་ཚེ། བྱང་ཆུབ་སེམས་དཔའ་སེམས་དཔའ་ཆེན་པོ་ཤེས་རབ་
ཀྱི་ཕ་རོལ་ཏུ་ཕྱིན་པ་ལ་སྤྱོད་ཅིང་། ཕ་རོལ་ཏུ་ཕྱིན་པ་དྲུག་གིས་རྣམ་པར་འཕེལ་
བར་འགྱུར་བ་དེའི་ཚེ། བྱང་ཆུབ་སེམས་དཔའི་ཐེག་པ་པའི་རིགས་ཀྱི་བུ་དང
རིགས་ཀྱི་བུ་མོ་རྣམས་ཀྱང་། བདག་ཅག་ནི་སེམས་ཅན་ཆེན་པོ་འདིའི[༣]ཕ་དང་
མ་དང་ཕུ་ནུ་དང་། [༨]སྲིང་མོ་དང་། ཆུང་མ་དང་། བུ་དང་བུ་མོ་དང་
མཛའ་བོ་དང་བློན་པོ་དང་གཉེན་བཤེས་དང་གྲོགས་པོ་དང་བཤེས་པར[༥]འགྱུར་རོ་
སྙམ་སྟེ། དགའ་བར་འགྱུར་རོ། །བྱང་ཆུབ་སེམས་དཔའ་སེམས་དཔའ་ཆེན
པོ་དེ་ལ་བཙུན་མོའི་འཁོར་དབུལ་ལོ་ཞེས། རྒྱལ་པོ་ཆེན་པོ་བཞི་དང་། རྒྱལ
པོ་ཆེན་པོ་བཞིའི་རིས་ཀྱི་ལྷ་དང་། སུམ་ཅུ་རྩ་གསུམ་དང་། མཆོ་མ་དང་།
དགའ་ལྡན་དང་། འཕྲུལ་དགའ་དང་། གཞན་འཕྲུལ་དབང་བྱེད་དང་།
ཚངས་རིས་དང་། ཚངས་ལྷ་ཉེ་ཕན་དང་། ཚངས་པ་ཀུན་འཁོར་དང་།

ཚངས་ཆེན་དང་། སྣང་བ་དང་། ཆུང་སྣང་དང་། ཚད་མེད་སྣང་བ་དང་། ཀུན་སྣང་དང་བ་དང་། དགེ་བ་དང་། ཆུང་དགེ་དང་། ཚད་མེད་དགེ་བ་དང་། དགེ་རྒྱས་དང་། ཆེ་བ་དང་། ཆུང་ཆེ་དང་། ཚད་མེད་ཆེ་བ་དང་། འབྲས་བུ་ཆེ་བ་དང་། མི་ཆེ་བ་དང་། མི་གདུང་བ་དང་། གྱ་ནོམ་སྣང་བ་དང་། ཤིན་ཏུ་མཐོང་བ་དང་། འོག་མིན་གྱི་ལྷ་རྣམས་ཀྱང་དགའ་བར་འགྱུར་ཏེ། དེ་ནི་སེམས་ཅན་རྣམས་བྱང་ཆུབ་ལ་འགོད་[༡]པའི་ཕྱིར་ཚངས་པར་སྤྱོད་པ་ཡིན་ཏེ། འདུ་བའི་ཆོས་རྣམས་ཀྱིས་ཡོངས་སུ་བསྡུ་བ་མ་ཡིན་ནོ། །དེ་ནི་འདི་ལྟར་སྟོན་ཏེ་བདག་གིས་སེམས་དང་པོ་བསྐྱེད་ནས་ཚངས་པར་སྤྱད་[༢]དེ། ཚངས་པར་མི་སྤྱོད་པ་མེད་པར་བྱའོ། །དེ་ཅིའི་ཕྱིར་ཞེ་ན། འདོད་པ་ལ་བསྟེན་[༣]པ་ནི། ཚངས་པའི་འཇིག་རྟེན་དུ་སྐྱེ་བ་ལ་ཡང་བར་དུ་གཅོད་ན། བླ་ན་མེད་པ་ཡང་དག་པར་རྫོགས་པའི་བྱང་ཆུབ་ལ་ལྟ་ཅི་སྨོས། དེ་བས་ན་བྱང་ཆུབ་སེམས་དཔའ་སེམས་དཔའ་ཆེན་པོས་ནི་མངོན་པར་བྱུང་ནས་ཚངས་པར་སྤྱད་[༤]དེ། བླ་ན་མེད་པ་ཡང་དག་པར་རྫོགས་པའི་བྱང་ཆུབ་ཏུ་མངོན་པར་རྫོགས་པར་འཚང་རྒྱ་བར་བྱའི[༥]། ཚངས་པར་མི་སྤྱོད་པར་མི་བྱའོ། །དེ་སྐད་ཅེས་བཀའ་སྩལ་པ་དང་། ཚེ་དང་ལྡན་པ་ཤ་ར་དྭ་ཏིའི་བུས་བཅོམ་ལྡན་འདས་ལ་འདི་སྐད་ཅེས་གསོལ་ཏོ། །ཅི་ལགས། བཅོམ་ལྡན་འདས་བྱང་ཆུབ་སེམས་དཔའ་སེམས་དཔའ་ཆེན་པོ་ལ་ཕ་དང་། མ་དང་མཆེས་བྲང་དང་བུ་དང་བུ་མོ་གདོན་མི་འཚལ་[༦]བར་འཚལ་ལམ། བཅོམ་ལྡན་འདས་ཀྱིས་བཀའ་སྩལ་པ། ཤ་ར་དྭ་ཏིའི་བུ་བྱང་ཆུབ་སེམས་དཔའ་སེམས་དཔའ་ཆེན་པོ་ལ་ལ་ལ་ནི་ཕ་དང་མ་གདོན་མི་ཟ་བར་དགོས་ཀྱི་བུ་དང་བུ་མོ་དང་ཆུང་མ་མི་[༧]དགོས་སོ། །ལ་ལ་ལ་ནི་ཕ་དང་མ་དང་ཆུང་མ་དང་བུ་དང་བུ་མོ་དག་ཀྱང་གདོན་མི་ཟ་བར་དགོས་སོ། །ཤ་

ར་དྭ་ཏིའི་བུ་བྱང་ཆུབ་སེམས་དཔའ་སེམས་དཔའ་ཆེན་པོ་ལ་ལ་ནི་སེམས་དང་པོ་བསྐྱེད་ཕྱིན་ཆད་ཚངས་པར་སྤྱོད་པ་ཡང་དག་པར་ལེན་ཏེ། བླ་ན་མེད་པ་ཡང་དག་པར་རྫོགས་པའི་བྱང་ཆུབ་ཏུ་མངོན་པར་སངས་རྒྱས་ཀྱི་བར་དུ་གཞོན་ནུར་གྱུར་པར་འགྱོད་དོ། །བྱང་ཆུབ་སེམས་དཔའ་སེམས་དཔའ་ཆེན་པོ་ལ་ལ་ནི་ཐབས་མཁས་པས་སེམས་ཅན་ཡོངས་སུ་སྨིན་པར་བྱ་བའི་ཕྱིར། འདོད་པའི་ཡོན་ཏན་ལྔ་ལ་ཡོངས་སུ་སྤྱད[༡]དེ། ཚང་མའི་འཁོར་གྱི་ནང་ནས་མངོན་པར་བྱུང་ནས། བླ་ན་མེད་པ་ཡང་དག་པར་རྫོགས་པའི་བྱང་ཆུབ་ཏུ་མངོན་པར་འཚང་རྒྱའོ། །ཤཱ་ར་དྭ་ཏིའི་བུ་བྱང་ཆུབ་སེམས་དཔའ་སེམས་དཔའ[༢]ཆེན་པོ་ཤེས་རབ་ཀྱི་ཕ་རོལ་ཏུ་ཕྱིན་པ་ཟབ་མོ་ལ་རྣམ་པར་སྤྱོད་པ། འདོད་པའི་ཉོན་མོངས་པ་དང་བྲལ་བ། ལ་ལ་ནི་སེམས་ཅན་ཡོངས་སུ་སྨིན་པར་བྱ་བའི་ཕྱིར། འདོད་པའི་ཡོན་ཏན་ལ་ཡོངས་སུ་སྤྱོད་པ་ཡང་སྟོན་ཏེ་ཉམས་ཀྱིས་ཡོངས་སུ་སྤྱོད་པ་མེད་དོ། །ཤཱ་ར་དྭ་ཏིའི་བུ་འདི་ལྟ་སྟེ་དཔེར་ན། སྒྱུ་མའི་མཁན་པོའམ། སྒྱུ་མའི་མཁན་པོའི་མཆན་བུ་མཁས་པ། སྒྱུ་མའི་སྔགས་དང་སྦྱོར་ཐབས་ཀྱི་ཚུལ་ལ་ཤིན་ཏུ་བསླབས་པ་དེ་ལྟ་བུ་ཞིག་གིས། འདོད་པའི་ཡོན་ཏན་ལྔ་མངོན་པར་སྤྲུལ་ཏེ། འདོད་པའི་ཡོན་ཏན་ལྔ་པོ་དེ་དག་ལ་བདག་ཉིད་རྩེ[༣]ཞིང་དགའ་བ་དང་ཡོངས་སུ་སྤྱོད་པ་བསྟན་ན། ཤཱ་ར་དྭ་ཏིའི་བུ་དེ་ལ་ཇི་སྙམ་དུ་སེམས། སྒྱུ་མའི་མཁན་པོ་དང་། སྒྱུ་མའི་མཁན་པོའི་མཆན་བུ་དེས་འདོད་པའི་ཡོན་ཏན་ལྔ་ལ་ཡོངས་སུ་སྤྱོད་པ་ཡོད་དམ། གསོལ་པ། བཅོམ་ལྡན་འདས་དེ་ལྟ་བུ་མ་མཆིས་སོ། །བཅོམ་ལྡན་འདས་ཀྱིས་བཀའ་སྩལ་པ། ཤཱ་ར་དྭ་ཏིའི་བུ་དེ་བཞིན་དུ་བྱང་ཆུབ་སེམས་དཔའ་སེམས་དཔའ་ཆེན་པོ་ཐེག་པ་ཆེན་པོའི་སྒྱུ་མ་ལ་ཤིན་ཏུ་བསླབས་པ། ཆོས་ཉིད་སྒྱུ་མ་ལྟ་བུས་རྣམ་པར་སྤྱོད་པ་རབ་ཏུ་ཐོབ་པ། ཉོན་མོངས་པ་ཐམས་

ཅད་དང་བྲལ་བ་དག་ཀྱང་། འདུལ་བའི་སེམས་ཅན་ཡོངས་སུ་སྨིན་པར་བྱ་བའི་ཕྱིར། སྙིང་རྗེ་ཆེན་པོའི་དབང་གིས་འདོད་པའི་ཡོན་ཏན་ལ་ཡོངས་སུ་སྤྱོད་པ་ཡང་སྟོན་ཏེ། དེ་དག་དེ་དང་འགྲོགས་པ་ཡང་མེད། དེས་འགྲོ་བར་འགྱུར་བ་ཡང་མེད་དོ། །ཤཱ་ར་དྭ་ཏིའི་བུ་བྱང་ཆུབ་སེམས་དཔའ་སེམས་དཔའ་ཆེན་པོ་རྣམས་ནི་རྣམ་གྲངས་དུ་མས་འདོད་པ་རྣམས་ལ་སྐྱོན་དུ་བརྗོད[1]དེ། འདོད་པ་རྣམས་ནི་ཀུན་ནས་འབར་བའོ། །འདོད་པ་རྣམས་ནི་རབ་ཏུ་སྨད་པའོ། །འདོད་པ་རྣམས་ནི་གནོད་པའོ། །འདོད་པ་རྣམས་ནི་དགྲའོ། །འདོད་པ་རྣམས་ནི་ཕྱིར་རྒོལ་བའོ། །འདོད་པ་རྣམས་ནི་རྩྭའི་སྒྲོན་མ་ལྟ་བུའོ། །འདོད་པ་རྣམས་ནི་ཀིམ་པ་ཀའི་འབྲས་བུ་ལྟ་བུའོ། །འདོད་པ་རྣམས་ནི་རལ་གྲིའི་སོ་ལྟ་བུའོ། །འདོད་པ་རྣམས་ནི་མེ་མདག་ཕུང་པོ་ལྟ་བུའོ། །འདོད་པ་རྣམས་ནི་དུག་གི་ལོ་མ་ལྟ་བུའོ། །འདོད་པ་རྣམས་ནི་མཆིལ་པ་ལྟ་བུའོ། །འདོད་པ་རྣམས་ནི་མི་གཙང་བའི་ཀླུབས་ལྟ་བུའོ་ཞེས་དེ་ལྟར་ཤཱ་ར་དྭ་ཏིའི་བུ་བྱང་ཆུབ་སེམས་དཔའ་སེམས་དཔའ་ཆེན་པོ་རྣམས་འདོད་པ་རྣམས[2]ཡོངས་སུ་ཤེས[3]ཀྱང་སེམས་ཅན་ཐབས་མཁས་པ་མ་ཡིན་པ་རྣམས་ཡོངས་སུ་སྨིན་པར་བྱ་བའི་དོན་དུ་འདོད་པའི་ཡོན་ཏན་ལྔ་ལས་སྐྱེ་བར་བྱ་བ་དང་། འདོད་པའི་ཡོན་ཏན་ལྔ་དང་བྲལ་བའི་ཕྱིར་འདོད་པའི་ཡོན་ཏན་ལྔ་ཉེ་བར་སྟོན་ཏེ། དེ་དག་གིས་སྨྲོས་པར་འགྱུར་བ་ཡང་མེད། བག[4]མེད་པར་འགྱུར་བ་ཡང་མེད། འདོད་པའི་རྒྱུ་དང་འདོད་པའི་གཞིས་སྡིག་ཏོའི་ལས་བྱེད་པར་འགྱུར་བ་ཡང་མེད་དོ། །དེ་སྐད་ཅེས་བཀའ་སྩལ་པ་དང་། ཚེ་དང་ལྡན་པ་ཤཱ་ར་དྭ་ཏིའི་བུས། བཅོམ་ལྡན་འདས་ལ་འདི་སྐད་ཅེས་གསོལ་ཏོ། །བཅོམ་ལྡན་འདས་ཇི་ལྟར་ན་བྱང་ཆུབ་སེམས་དཔའ་སེམས་དཔའ་ཆེན་པོས་ཤེས་རབ་ཀྱི་ཕ་རོལ་ཏུ་ཕྱིན་པ[5]ལ་སྤྱད་པར་བགྱི།

བཅོམ་ལྡན་འདས་ཀྱིས་བཀའ་སྩལ་པ། ཤ་ར་དྭ་ཏིའི་བུ་འདི་ལ་བྱང་ཆུབ་སེམས་དཔའ་སེམས་དཔའ་ཆེན་པོ་ཤེས་རབ་ཀྱི་ཕ་རོལ་ཏུ་ཕྱིན་པ་ལ་སྤྱོད་པའི་ཚེ། བྱང་ཆུབ་སེམས་དཔའ་(༧)ཡང་དག་པར་རྗེས་སུ་མི་མཐོང་ངོ་། །བྱང་ཆུབ་སེམས་དཔའི་མིང་ཡང་ཡང་དག་པར་རྗེས་སུ་མི་མཐོང་ངོ་། །བྱང་ཆུབ་སེམས་དཔའི་སྤྱོད་པ་ཡང་ཡང་དག་པར་རྗེས་སུ་མི་མཐོང་ངོ་། །ཤེས་རབ་ཀྱི་ཕ་རོལ་ཏུ་ཕྱིན་པ་ཡང་ཡང་དག་པར་རྗེས་སུ་མི་མཐོང་ངོ་། །ཤེས་རབ་ཀྱི་ཕ་རོལ་ཏུ་ཕྱིན་པའི་མིང་ཡང་ཡང་དག་པར་རྗེས་སུ་མི་མཐོང་ངོ་། །སྤྱོད་ཅེས་བྱ་བར་ཡང་ཡང་དག་པར་རྗེས་སུ་མི་མཐོང་ངོ་། །མི་སྤྱོད་ཅེས་བྱ་བར་ཡང་ཡང་དག་པར་རྗེས་སུ་མི་མཐོང་ངོ་། །སྤྱོད་པ་དང་མི་སྤྱོད་པ་ཞེས་བྱ་བར་ཡང་ཡང་དག་པར་རྗེས་སུ་མི་མཐོང་ངོ་།། སྤྱོད་པ་ཡང་མ་ཡིན་མི་སྤྱོད་པ་ཡང་མ་ཡིན་ཞེས་བྱ་བར་ཡང་ཡང་དག་པར་རྗེས་སུ་མི་མཐོང་ངོ་། །གཟུགས་ཀྱང་ཡང་དག་པར་རྗེས་སུ་མི་མཐོང་ངོ་། །ཚོར་བ་ཡང་ཡང་དག་པར་རྗེས་སུ་མི་མཐོང་ངོ་། །འདུ་ཤེས་ཀྱང་(༢)ཡང་དག་པར་རྗེས་སུ་མི་མཐོང་ངོ་། །འདུ་བྱེད་ཀྱང་ཡང་དག་པར་རྗེས་སུ་མི་མཐོང་ངོ་། །རྣམ་པར་ཤེས་པ་ཡང་ཡང་དག་པར་རྗེས་སུ་མི་མཐོང་ངོ་། །དེ་ཅིའི་ཕྱིར་ཞེ་ན། ཤ་ར་དྭ་ཏིའི་བུ་དེ་ནི་འདི་ལྟར་བྱང་ཆུབ་(༣)སེམས་དཔའ་ཡང་བྱང་ཆུབ་སེམས་དཔའི་རང་བཞིན་གྱིས་སྟོང་ངོ་། །བྱང་ཆུབ་སེམས་དཔའི་མིང་ཡང་བྱང་ཆུབ་སེམས་དཔའི་མིང་གིས་སྟོང་ངོ་། །དེ་ཅིའི་ཕྱིར་ཞེ་ན། དེའི་རང་བཞིན་ནི་དེ་ཡིན་ཏེ། དེ་ནི་འདི་(༤)ལྟར་སྟོང་པ་ཉིད་ཀྱིས་གཟུགས་སྟོང་པ་མ་ཡིན། གཟུགས་ལས་གུད་ན་ཡང་སྟོང་པ་ཉིད་མེད་དེ། གཟུགས་ཉིད་ཀྱང་སྟོང་པ་ཉིད་དོ། །སྟོང་པ་ཉིད་ཀྱང་གཟུགས་སོ། །སྟོང་པ་ཉིད་ཀྱིས་ཚོར་བ་སྟོང་པ་མ་ཡིན། ཚོར་བ་ལས་གུད་ན་ཡང་སྟོང་པ་ཉིད་མེད་དེ། ཚོར་བ་ཉིད་ཀྱང་སྟོང་པ་ཉིད་དོ། །

སྟོང་པ་ཉིད་ཀྱང་ཚོར་བའོ། །སྟོང་པ་ཉིད་ཀྱིས་འདུ་ཤེས་སྟོང་པ་མ་ཡིན། འདུ་ཤེས་ལས་གུད་ན་ཡང་སྟོང་པ་ཉིད་མེད་དེ། འདུ་ཤེས་ཉིད་ཀྱང་སྟོང་པ་ཉིད་དོ། །སྟོང་པ་ཉིད་ཀྱང་འདུ་ཤེས་སོ། །སྟོང་པ་ཉིད་ཀྱིས་འདུ་བྱེད་སྟོང་པ་མ་ཡིན། འདུ་བྱེད་ལས་གུད་ན་ཡང་སྟོང་པ་ཉིད་མེད་དེ། འདུ་བྱེད་ཉིད་ཀྱང་སྟོང་པ་ཉིད་དོ། །སྟོང་པ་ཉིད་ཀྱང་འདུ་བྱེད་དོ། །སྟོང་པ་ཉིད་ཀྱིས་རྣམ་པར་ཤེས་པ་སྟོང་པ་མ་ཡིན། རྣམ་པར་ཤེས་པ་ལས་གུད་ན་ཡང་སྟོང་པ་ཉིད་མེད་དེ། རྣམ་པར་ཤེས་པ་ཉིད་ཀྱང་སྟོང་པ་ཉིད་དོ། །སྟོང་པ་ཉིད་ཀྱང་རྣམ་པར་ཤེས་པའོ། །དེ་ཅིའི་ཕྱིར་ཞེ་ན། དེ་ནི་འདི་ལྟ་སྟེ། བྱང་ཆུབ་ཅེས་བྱ་བ་འདི་ཡང་མིང་ཙམ་སོ། །འདི་ལྟ་སྟེ། བྱང་ཆུབ་སེམས་དཔའ་ཞེས་བྱ་བ་འདི་ཡང་མིང་ཙམ་སོ། །འདི་ལྟ་སྟེ། སྟོང་པ་ཉིད་ཅེས་བྱ་བ་འདི་ཡང་མིང་ཙམ་སོ། །འདི་ལྟ་སྟེ། གཟུགས་དང་། ཚོར་བ་དང་། འདུ་ཤེས་དང་། འདུ་བྱེད་དང་། རྣམ་པར་ཤེས་པ་ཞེས་བྱ་བ་འདི་ཡང་མིང་ཙམ་སོ། །དེ་ཡང་འདི་ལྟར་གཟུགས་ནི་སྒྱུ་མ་ལྟ་བུའོ། །ཚོར་བ་དང་འདུ་ཤེས་དང་འདུ་བྱེད་དང་རྣམ་པར་ཤེས་པ་ནི་སྒྱུ་མ་ལྟ་བུའོ། །སྒྱུ་མ་ནི་མིང་ཙམ་སྟེ། ཕྱོགས་ན་གནས་པ་ཡང་མ་ཡིན། ཡུལ་ན་གནས་པ་ཡང་མ་ཡིན་པས། སྒྱུ་མ་མཐོང་བ་ནི་ཡོད་པ་མ་ཡིན་ཏེ། བྱུང་བ་མ་ཡིན། ལོག་པར་གྱུར་པ། རང་བཞིན་མེད་པ། ངོ་བོ་ཉིད་མེད་པ། མ་སྐྱེས་པ། མ་འགགས་པ། གནས་མེད་པ། འཕེལ་བ་མེད་པ། འགྲིབ་པ་མེད་པ། ཀུན་ནས་ཉོན་མོངས་པ་མེད་པ། རྣམ་པར་བྱང་བ་མེད་པ་སྟེ། དེ་ལྟར་སྤྱོད་པའི་བྱང་ཆུབ་སེམས་དཔའ་སེམས་དཔའ་ཆེན་པོ་ནི་ཆོས་གང་ཡང་སྐྱེ་བ་ཡང་དག་པར་རྗེས་སུ་མི་མཐོང་ངོ་། །འགག་པ་ཡང་དག་པར་རྗེས་སུ་མི་མཐོང་ངོ་། །གནས་པ་ཡང་དག་པར་རྗེས་སུ་མི་མཐོང་ངོ་། །འཕེལ་བ་ཡང་དག་པར་

རྗེས་སུ་མི་མཐོང་ངོ་། །འགྲིབ་པ་ཡང་དག་པར་རྗེས་སུ་མི་མཐོང་ངོ་། །ཀུན་ནས་ཉོན་མོངས་པ་ཡང་དག་པར་རྗེས་སུ་མི་མཐོང་ངོ་། །རྣམ་པར་བྱང་བ་ཡང་དག་པར་རྗེས་སུ་མི་མཐོང་ངོ་། །གཟུགས་ཡང་དག་པར་རྗེས་སུ་མི་མཐོང་ངོ་། །ཚོར་བ་དང་འདུ་ཤེས་དང་འདུ་བྱེད་དང་རྣམ་པར་ཤེས་པ་ཡང་དག་པར་རྗེས་སུ་མི་མཐོང་ངོ་། །གང་ལ་བྱང་ཆུབ་ཅེས་བྱ་བའམ་བྱང་ཆུབ་སེམས་དཔའ་ཞེས་བྱ་བ་དེ་ཡང་ཡང་དག་པར་རྗེས་སུ་མི་མཐོང་ངོ་། །དེ་ཅིའི་ཕྱིར་ཞེ་ན། དེ་ནི་འདི་ལྟར་ཆོས་རྣམས་སོ་སོའི་མིང་སྒྱུ་མ་སྟེ། རྣམ་པར་བརྟགས་པ་དེ་དག་འཕྲལ་དུ་བྱུང་བའི་མིང་ཡང་ཡང་དག་པ་མ་ཡིན་པ་ལས་ཡོངས་སུ་བརྟགས་པ་ཐ་སྙད་དུ་བརྗོད་དོ། །ཐ་སྙད་ཀྱི་རྒྱུས་མངོན་པར་ཞེན་པར་གྱུར་པས། དེའི་ཕྱིར་བྱང་ཆུབ་སེམས་དཔའ་སེམས་དཔའ་ཆེན་པོ་ཤེས་རབ་ཀྱི་ཕ་རོལ་ཏུ་ཕྱིན་པ་ལ་སྤྱོད་པའི་ཚེ། ཆོས་ཐམས་ཅད་ཡང་དག་པར་རྗེས་སུ་མི་མཐོང་སྟེ་དམིགས་པ་མེད་དོ། །ཡང་དག་པར་རྗེས་སུ་མ་མཐོང་ལ་དམིགས་པ་མེད་པས་རློམ་སེམས་མེད་དོ། །མངོན་པར་ཞེན་པ་མེད་དོ། །ཤཱ་ར་དྭ་ཏིའི་བུ་གཞན་ཡང་བྱང་ཆུབ་སེམས་དཔའ་སེམས་དཔའ་ཆེན་པོ་ཤེས་རབ་ཀྱི་ཕ་རོལ་ཏུ་ཕྱིན་པ་ལ་སྤྱོད་པའི་ཚེ། འདི་ལྟར་ཡོངས་སུ་རྟོག་སྟེ། འདི་ལྟར་བྱང་ཆུབ་སེམས་དཔའ་ཞེས་བྱ་བ་འདི་ནི་མིང་ཙམ་མོ། །འདི་ལྟ་སྟེ། བྱང་ཆུབ་ཅེས་བྱ་བ་འདི་ནི་མིང་ཙམ་མོ། །འདི་ལྟ་སྟེ། སངས་རྒྱས་ཤེས་[7]བྱ་བ་འདི་ནི་མིང་ཙམ་མོ། །འདི་ལྟ་སྟེ། ཤེས་རབ་ཀྱི་ཕ་རོལ་ཏུ་ཕྱིན་པ་ཞེས་བྱ་བ་འདི་ནི་མིང་ཙམ་མོ། །འདི་ལྟ་སྟེ། ཤེས་རབ་ཀྱི་ཕ་རོལ་ཏུ་ཕྱིན་པ་ལ་སྤྱོད་དོ་ཞེས་བྱ་བ་འདི་ནི་མིང་ཙམ་མོ། །འདི་ལྟ་སྟེ། གཟུགས་ཤེས་བྱ་བ་འདི་ནི་མིང་ཙམ་མོ། །འདི་ལྟ་སྟེ། ཚོར་བ་དང་འདུ་ཤེས་དང་འདུ་བྱེད་དང་རྣམ་པར་ཤེས་པ་ཞེས་བྱ་བ་འདི་ནི་མིང་ཙམ་མོ། །ཤཱ་ར་དྭ་

ཉིའི་བུ་འདི་ལྟ་སྟེ། དཔེར་ན་བདག་བདག་ཅེས་བྱ་བ་ནི་ཐ་སྙད་དུ་བརྗོད་མོད་ཀྱི། དེ་ལ་ཡང་དག་པ་ཇི་ལྟ་བ་བཞིན་དུ་ཡོངས་སུ་བརྟགས་ན་དམིགས་སུ་མེད་དོ། །སེམས་ཅན་སེམས་ཅན་ཞེས་བྱ་བ་ནི་ཐ་སྙད་དུ་བརྗོད་མོད་ཀྱི། དེ་ལ་ཡང་དག་པ་ཇི་ལྟ་བ་བཞིན་དུ་ཡོངས་སུ་བརྟགས་ན་དམིགས་སུ་མེད་དོ། །སྲོག་སྲོག་ཅེས་བྱ་བ་ནི་ཐ་སྙད་དུ་བརྗོད་མོད་ཀྱི། དེ་ལ་ཡང་དག་པ་ཇི་ལྟ་བ་བཞིན་དུ་ཡོངས་སུ་བརྟགས་ན་མི་དམིགས་པ་སྟོང་པ་ཉིད་ཀྱི་ཕྱིར་དམིགས་སུ་མེད་དོ། །དེ་བཞིན་དུ་འདི་ལྟ་སྟེ་དཔེར་ན། གསོ་བ་དང་སྐྱེས་བུ་དང་གང་ཟག་དང་ཤེད་ཅན་དང་ཤེད་བདག་དང་བྱེད་པ་པོ་དང་བྱེད་དུ་འཇུག་པ་པོ་དང་ཚོར་བ་པོ་དང་ཚོར་བར་བྱེད་པ་པོ་དང་སློང་བ་པོ་དང་ཀུན་དུ་སློང་བ་པོ་དང་ཤེས་པ་པོ་དང་མཐོང་བ་པོ་དང་རིག་པ་པོ་དང་། རྣམ་པར་ཤེས་པ་པོ་ཞེས་བྱ་བ་ནི་ཐ་སྙད་དུ་བརྗོད་མོད་ཀྱི། དེ་ལ་ཡང་དག་པ་ཇི་ལྟ་བ་བཞིན་དུ་ཡོངས་སུ་བརྟགས་ན། མི་དམིགས་པ་སྟོང་པ་ཉིད་ཀྱི་ཕྱིར་དམིགས་སུ་མེད་དེ། མིང་དང་བརྡ་ཙམ་དུ་ཐ་སྙད་དུ་བརྗོད་དོ། །དེ་བཞིན་དུ་བྱང་ཆུབ་སེམས་དཔའ་སེམས་དཔའ་ཆེན་པོས་ཀྱང་ཤེས་རབ་ཀྱི་ཕ་རོལ་ཏུ་ཕྱིན་པ་ལ་སྤྱོད་པའི་ཚེ། བྱང་ཆུབ་སེམས་དཔའ་[7]ཡང་དག་པར་རྗེས་སུ་མི་མཐོང་ངོ་། །བྱང་ཆུབ་ཡང་དག་པར་རྗེས་སུ་མི་མཐོང་ངོ་། །སངས་རྒྱས་ཡང་དག་པར་རྗེས་སུ་མི་མཐོང་ངོ་། །ཤེས་རབ་ཀྱི་ཕ་རོལ་ཏུ་ཕྱིན་པ་ཡང་དག་པར་རྗེས་སུ་མི་མཐོང་ངོ་། །ཤེས་རབ་ཀྱི་ཕ་རོལ་ཏུ་ཕྱིན་པ་ལ་སྤྱོད་དོ་ཞེས་བྱ་བར་ཡང་དག་པར་རྗེས་སུ་མི་མཐོང་ངོ་། །གཟུགས་ཡང་དག་པར་རྗེས་སུ་མི་མཐོང་ངོ་། །ཚོར་བ་དང་འདུ་ཤེས་དང་འདུ་བྱེད་དང་རྣམ་པར་ཤེས་པ་ཡང་དག་པར་རྗེས་སུ་མི་མཐོང་ངོ་། །མིང་གང་གིས་ཐ་སྙད་དུ་བརྗོད་པའི་མིང་དེ་ཡང་ཡང་དག་པར་རྗེས་སུ་མི་མཐོང་སྟེ། དེ་ལྟར་ན་ཤེས་རབ་ཀྱི་ཕ་རོལ་ཏུ་ཕྱིན་

པ་ལ་སྤྱོད་པའི་བྱང་ཆུབ་སེམས་དཔའ་སེམས་དཔའ་ཆེན་པོ་ནི། དེ་བཞིན་གཤེགས་པའི་ཤེས་རབ་མ་གཏོགས་པར་དེ་མ་ཡིན་པའི་ཤེས་རབ་ཉན་ཐོས་དང་རང་སངས་རྒྱས་ཐམས་ཅད་ཀྱི་ཤེས་རབ་ཀྱི་བར་དུ་དམིགས་སུ་མེད་པའི་སྟོང་པ་ཉིད་ཉེ་བར་བཟུང་བས་ཟིལ་གྱིས་གནོན་ཏོ། །དེ་ཅིའི་ཕྱིར་ཞེ་ན། འདི་ལྟར་དེས་གང་གིས་མངོན་པར་ཆགས་པར་འགྱུར་བ་དེ་ཡང་ཉེ་བར་མི་དམིགས་ཏེ། ཤཱ་ར་དྭ་ཏིའི་བུ་དེ་ལྟར་སྤྱོད་པའི་བྱང་ཆུབ་སེམས་དཔའ་སེམས་དཔའ་ཆེན་པོ་ནི་ཤེས་རབ་ཀྱི་ཕ་རོལ་ཏུ་ཕྱིན་པ་ལ་སྤྱོད་པ་ཡིན་ནོ། །ཤཱ་ར་དྭ་ཏིའི་བུ་གལ་ཏེ་འཛམ་བུའི་གླིང་འདི་དགེ་སློང་ཤཱ་ར་དྭ་ཏིའི་བུ་དང་། ༑མོད་གལ་[1]གྱི་བུ་ལྟ་བུ་ཤ་སྟག་གིས་འདི་ལྟ་སྟེ་དཔེར་ན། འདམ་[2]བུའི་ཚལ་ལམ། སྨྱུའི་ཚལ་ལམ། བུ་རམ་ཤིང་གི་ཚལ་ལམ། སྨྱིག་མའི་ཚལ་ལམ། འབྲས་ཀྱི་ཞིང་ངམ། ཏིལ་གྱི་ཞིང་ལྟར་ཡོངས་སུ་གང་བར་གྱུར་ཀྱང་། དེ་དག་གི་ཤེས་རབ་ཀྱིས་[3]བྱང་ཆུབ་སེམས་དཔའ་སེམས་དཔའ་ཆེན་པོ་ཤེས་རབ་ཀྱི་ཕ་རོལ་ཏུ་ཕྱིན་པ་ལ་སྤྱོད་པའི་ཤེས་རབ་ཀྱི་བརྒྱའི་ཆར་ཡང་ཉེ་བར་མི་འགྲོ། སྟོང་གི་ཆ་དང་བརྒྱ་སྟོང་ནས་བྱེ་བ་བརྒྱ་སྟོང་གི་ཆ་དང་གྲངས་དང་ཆ་དང་བགྲང་བ་དང་དཔེ་དང་རྒྱུར་ཡང་མི་ཕོད་དོ། །དེ་ཅིའི་ཕྱིར་ཞེ་ན། ཤཱ་ར་དྭ་ཏིའི་བུ་དེ་ནི་འདི་ལྟར་བྱང་ཆུབ་སེམས་དཔའ་སེམས་དཔའ་ཆེན་པོའི་ཤེས་རབ་ནི། སེམས་ཅན་ཐམས་ཅད་ཡོངས་སུ་མྱ་ངན་ལས་བཟླ་བའི་དོན་དུ་ཉེ་བར་གནས་པ་ཡིན་ཏེ། ཉན་ཐོས་དང་རང་སངས་རྒྱས་ཀྱི་ཤེས་རབ་ནི་དེ་ལྟ་མ་ཡིན་ནོ། །ཤཱ་ར་དྭ་ཏིའི་བུ་གཞན་ཡང་བྱང་ཆུབ་སེམས་དཔའ་སེམས་དཔའ་ཆེན་པོ་ཤེས་རབ་ཀྱི་ཕ་རོལ་ཏུ་ཕྱིན་པ་ལ་སྤྱོད་པས། ཉིན་གཅིག་ཏུ་ཡོངས་སུ་བསྒོམས་པའི་ཤེས་རབ་ཇི་ཙམ་པ་དེས་ཀྱང་ཉན་ཐོས་དང་རང་སངས་རྒྱས་ཐམས་ཅད་ཀྱི་ཤེས་རབ་ཟིལ་གྱིས་མནན་[4]ཅིང་གནས་ཏེ། ཤཱ་ར་དྭ

ཏི་འི་བུ་འཛམ་བུའི་གླིང་འདི་དགེ་སློང་ཤ་ར་དྭ་ཏི་འི་བུ་དང་། ༔མཽད་གལ་[1]གྱི་བུ་ལྟ་བུ་ཤ་སྟག་གིས་ཡོངས་སུ་གང་བ་ལྟ་ཞོག་གི། ཤ་ར་དྭ་ཏི་འི་བུ་གལ་ཏེ་སྟོང་གསུམ་གྱི་སྟོང་ཆེན་པོའི་འཇིག་རྟེན་གྱི་ཁམས་དགེ་སློང་ཁྱིད་འདྲ་བ་ཤ་[2]སྟག་གིས་ཡོངས་སུ་གང་བར་གྱུར་ཀྱང་། དེ་དག་གིས་[3]ཤེས་རབ་ཀྱིས་ནི་བྱང་ཆུབ་སེམས་དཔའ་སེམས་དཔའ་ཆེན་པོ་ཤེས་རབ་ཀྱི་ཕ་རོལ་དུ་ཕྱིན་པ་ལ་སྤྱོད་པའི་ཤེས་རབ་ཀྱི་བརྒྱའི་ཆར་ཡང་ཉེ་བར་མི་འགྲོ། སྟོང་གི་ཆ་དང་། བརྒྱ་ཕྲག་སྟོང་གི་ཆ་དང་བྱེ་བ་བརྒྱའི་ཆ་དང་བྱེ་བ་སྟོང་གི་ཆ་དང་བྱེ་བ་བརྒྱ་ཕྲག་སྟོང་གི་ཆ་དང་བྱེ་བ་ཁྲག་ཁྲིག་བརྒྱའི་ཆ་དང་བྱེ་བ་ཁྲག་ཁྲིག་སྟོང་གི་ཆ་དང་བྱེ་བ་ཁྲག་ཁྲིག་བརྒྱ་ཕྲག་སྟོང་གི་ཆ་དང་། གྲངས་དང་། ཆ་དང་བགྲང་བ་དང་དཔེར་ཡང་ཉེ་བར་མི་འགྲོ་སྟེ། རྒྱུར་ཡང་མི་ཕོད་དོ། །ཤ་ར་དྭ་ཏི་འི་བུ་སྟོང་གསུམ་གྱི་སྟོང་ཆེན་པོའི་འཇིག་རྟེན་གྱི་ཁམས་ལྟ་ཞོག་གི། ཤ་ར་དྭ་ཏི་འི་བུ་ཤར་ཕྱོགས་ཀྱི་འཇིག་རྟེན་གྱི་ཁམས་གངྒཱའི་ཀླུང་གི་བྱེ་མ་སྙེད་ཅིག་དགེ་སློང་ཤ་ར་དྭ་ཏི་འི་བུ་དང་། ༔མཽད་གལ་[4]གྱི་བུ་ལྟ་བུ་ཤ་སྟག་གིས་ཡོངས་སུ་གང་བར་གྱུར་པ་དང་། ལྷོ་དང་ནུབ་དང་བྱང་དང་བྱང་ཤར་དང་ཤར་ལྷོ་དང་ལྷོ་ནུབ་དང་ནུབ་བྱང་དང་། འོག་དང་སྟེང་གི་ཕྱོགས་ཀྱི་ཕྱོགས་རེ་རེ་ཞིང་འཇིག་རྟེན་གྱི་ཁམས་གངྒཱའི་ཀླུང་གི་བྱེ་མ་སྙེད་ཅིག །དགེ་སློང་ཤ་ར་དྭ་ཏི་འི་བུ་དང་། ༔མཽད་གལ་[5]གྱི་བུ་ལྟ་བུ་ཤ་སྟག་གིས་ཡོངས་སུ་གང་བར་གྱུར་ཀྱང་། དེ་དག་གི་[6]ཤེས་རབ་ཀྱིས་ནི་བྱང་ཆུབ་སེམས་དཔའ་སེམས་དཔའ་ཆེན་པོ་ཤེས་རབ་ཀྱི་ཕ་རོལ་དུ་ཕྱིན་པ་ལ་སྤྱོད་པའི་ཤེས་རབ་ཉིན་གཅིག་ཏུ་བསྒོམས་པའི་བརྒྱའི་ཆར་ཡང་ཉེ་བར་མི་འགྲོའོ། །སྟོང་གི་ཆ་དང་བརྒྱ་སྟོང་གི་ཆ་དང་བྱེ་བ་བརྒྱ་སྟོང་གི་ཆ་དང་། བྱེ་བ་བརྒྱ་ཕྲག་སྟོང་གི་ཆ་དང་བྱེ་བ་ཁྲག་ཁྲིག་བརྒྱའི་ཆ་དང༔བྱེ་བ་ཁྲག་ཁྲིག་སྟོང་གི་ཆ་དང་[7]། བྱེ་བ་ཁྲག་ཁྲིག་བརྒྱ་

ཕྲག་སྟོང་གི་ཆ་དང་། གྲངས་དང་ཆ་དང་བགྲང་བ་དང་དཔེར་ཡང་ཉེ་བར་མི་འགྲོ་སྟེ་རྒྱུར་ཡང་མི་ཕོད་དོ། །ཤ་ར་དྭ་ཏིའི་བུས་གསོལ་པ། བཅོམ་ལྡན་འདས་གང་འདི་ཉན་ཐོས་རྒྱུན་དུ་ཞུགས་པ་དང་། ལན་ཅིག་ཕྱིར་འོང་བ་དང་། ཕྱིར་མི་འོང་བ་དང་། དགྲ་བཅོམ་པའི་ཤེས་རབ་དང་། གང་ཡང་རང་སངས་རྒྱས་དང་། བྱང་ཆུབ་སེམས་དཔའ་དང་། དེ་བཞིན་གཤེགས་པ་དགྲ་བཅོམ་པ་ཡང་དག་པར་རྫོགས་པའི་སངས་རྒྱས་ཀྱི་ཤེས་རབ་དང་། ཤེས་རབ་དེ་དག་ཐམས་ཅད་ཐ་མི་དད་པ་སྟེ། དབྱེར་མ་མཆིས། སྟོང་པ་དབེན་པ་རང་བཞིན་གྱིས་མ་བྱུང་བ་ངོ་བོ་ཉིད་ཀྱིས་སྟོང་པ་སྟེ། བཅོམ་ལྡན་འདས་དབྱེར་མ་མཆིས་ཤིང་། དབེན་ལ་མ་སྐྱེས་པ་དང་། རང་བཞིན་གྱིས་སྟོང་པ་ལ་ནི་ཁྱད་པར་རམ་བྱེ་བྲག་ཏུ་བགྱི་བ་མི་དམིགས་ན། བཅོམ་ལྡན་འདས་དེ་ལ་ཇི་ལྟར་བྱང་ཆུབ་སེམས་དཔའ་སེམས་དཔའ་ཆེན་པོ་ཤེས་རབ་ཀྱི་ཕ་རོལ་ཏུ་ཕྱིན་པ་ལ་སྤྱོད་པས། གདུགས་གཅིག་ཏུ་བསྒོམས་པའི་ཤེས་རབ་ཀྱིས[༡] ཉན་ཐོས་དང་། རང་སངས་རྒྱས་ཐམས་ཅད་ཀྱི་ཤེས་རབ་ཟིལ་གྱིས་གནོན་པར་འགྱུར་བ་ལགས། བཅོམ་ལྡན་འདས་ཀྱིས་བཀའ་སྩལ་པ། ཤ་ར་དྭ་ཏིའི་བུ་དེ[༢] ཇི་སྙམ་དུ་སེམས། བྱང་ཆུབ་སེམས་དཔའ་སེམས་དཔའ་ཆེན་པོ་ཤེས་རབ་ཀྱི་ཕ་རོལ་ཏུ་ཕྱིན་པ་ལ་སྤྱོད་པའི་ཤེས་རབ་ཉིན་གཅིག་ཏུ་བསྒོམས་པས[༣]། བདག་གིས[༤] ལམ་གྱི་རྣམ་པ་ཤེས་པ་ཉིད་ལ་སྤྱད[༥] དེ། སེམས་ཅན་ཐམས་ཅད་ཀྱི་དོན་བྱས་ལ་ཆོས་ཐམས་ཅད་རྣམ་པ་ཐམས་ཅད་དུ་མངོན་པར་སངས་རྒྱས་པར་བྱས་ཏེ། སེམས་ཅན་ཐམས་ཅད་ཡོངས་སུ་མྱ་ངན་ལས་བཟླའོ[༦] ཞེས་དོན་གང་གི་ཕྱིར་སྙ་གོན་དུ་གནས་པ་དེ་ལྟ་བུའི་དོན་དུ། ཉན་ཐོས་དང་རང་སངས་རྒྱས་ཐམས་ཅད་ཀྱི་ཤེས་རབ་སྙ་གོན་དུ་གནས་སམ། གསོལ་པ། བཅོམ་ལྡན་འདས་དེ་ལྟ་མ་ལགས་སོ། །བཅོམ་

ལྡན་འདས་ཀྱིས་བཀའ་སྩལ་པ། ཤ་ར་དྭ་ཏིའི་བུ་དེ་[1]ཇི་སྙམ་དུ་སེམས། ཇི་ག་[2]ཉན་ཐོས་དང་རང་སངས་རྒྱས་རྣམས་འདི་སྙམ་དུ་བདག་ཅག་གིས། བླ་ན་མེད་པ་ཡང་དག་པར་རྫོགས་པའི་བྱང་ཆུབ་ཏུ་མངོན་པར་རྫོགས་པར་སངས་རྒྱས་པར་བྱས་ཏེ། སེམས་ཅན་ཐམས་ཅད་ཕུང་པོ་མ་ལུས་པར་མྱ་ངན་ལས་འདས་པའི་དབྱིངས་སུ་ཡོངས་སུ་མྱ་ངན་ལས་བཟློའོ་[3]སྙམ་དུ་སེམས་སམ། གསོལ་པ། བཅོམ་ལྡན་འདས་དེ་ལྟར་སེམས་པ་[4]མ་མཆིས་སོ། །བཅོམ་ལྡན་འདས་ཀྱིས་བཀའ་སྩལ་པ། དེ་ལྟར་ཤ་ར་དྭ་ཏིའི་བུ་རྣམ་གྲངས་འདིས་ཀྱང་དེ་ལྟར་ཁོང་དུ་ཆུད་པར་བྱ་སྟེ། གང་འདི་ཉན་ཐོས་དང་རང་སངས་རྒྱས་ཐམས་ཅད་ཀྱི་[5]ཤེས་རབ་དང་། གང་ཡང་བྱང་ཆུབ་སེམས་དཔའ་སེམས་དཔའ་ཆེན་པོའི་ཤེས་རབ་ལས་ཤེས་རབ་འདི་ཉེ་བར་བཟུང་ན། གང་འདི་ཉན་ཐོས་དང་རང་སངས་རྒྱས་ཐམས་ཅད་ཀྱི་ཤེས་རབ་ཀྱིས་བརྒྱའི་ཆར་ཡང་ཉེ་བར་མི་འགྲོའོ། །སྟོང་གི་ཆ་དང་བརྒྱ་སྟོང་གི་ཆ་དང་བྱེ་བ་ཁྲག་ཁྲིག་བརྒྱའི་ཆ་དང་བྱེ་བ་ཁྲག་ཁྲིག་སྟོང་གི་ཆ་དང་བྱེ་བ་ཁྲག་ཁྲིག་བརྒྱ་སྟོང་གི་ཆ་དང་གྲངས་དང་ཆ་དང་བགྲང་བ་དང་དཔེར་ཡང་ཉེ་བར་མི་འགྲོ་སྟེ་རྒྱུར་ཡང་མི་ཕོད་དོ། །ཤ་ར་དྭ་ཏིའི་བུ་འདི་ཇི་སྙམ་དུ་སེམས། ཇིཿ་ག་ཉན་[6]ཐོས་དང་རང་སངས་རྒྱས་ཐམས་ཅད་འདི་སྙམ་དུ་བདག་[7]ཅག་གིས་[8]ཕ་རོལ་ཏུ་ཕྱིན་པ་དྲུག་ལ་སྤྱད་དེ། སེམས་ཅན་ཡོངས་སུ་སྨིན་པར་བྱས་ལ། སངས་རྒྱས་ཀྱི་ཞིང་ཡོངས་སུ་དག་པར་བྱས་ཏེ། དེ་བཞིན་གཤེགས་པའི་སྟོབས་བཅུ་ཡོངས་སུ་རྫོགས་པར་བྱས་ལ། མི་འཇིགས་པ་བཞི་དང་། སོ་སོ་ཡང་དག་པར་རིག་པ་བཞི་དང་། བྱམས་པ་ཆེན་པོ་དང་། སྙིང་རྗེ་ཆེན་པོ་དང་། སངས་རྒྱས་ཀྱི་ཆོས་མ་འདྲེས་པ་བཅོ་བརྒྱད་ཡོངས་སུ་རྫོགས་པར་བྱས་ཏེ། བླ་ན་མེད་པ་ཡང་དག་པར་རྫོགས་པའི་བྱང་ཆུབ་ཏུ་མངོན་པར་རྫོགས་

པར་སངས་རྒྱས་ནས། སེམས་ཅན་ཚད་མེད་གྲངས་མེད་པ་ཡོངས་སུ་མྱ་ངན་
ལས་བཟླའོ་[1]སྙམ་དུ་སེམས་སམ། གསོལ་པ། བཅོམ་ལྡན་འདས་དེ་ལྟར་སེམས་པ་[2]
མ་མཆིས་སོ། །བཅོམ་ལྡན་འདས་ཀྱིས་བཀའ་སྩལ་པ། ཤ་ར་དྭ་ཏིའི་བུ་བྱང་ཆུབ་
སེམས་དཔའ་སེམས་དཔའ་ཆེན་པོ་ནི་འདི་སྙམ་དུ་སེམས་ཏེ། བདག་གིས་ཕ་རོལ་
དུ་ཕྱིན་པ་དྲུག་ལ་སྤྱད་དེ། སེམས་ཅན་ཡོངས་སུ་སྨིན་པར་བྱས་ལ། སངས་རྒྱས་ཀྱི་
ཞིང་ཡོངས་སུ་དག་པར་བྱས་ཏེ། དེ་བཞིན་གཤེགས་པའི་སྟོབས་བཅུ་ཡོངས་སུ་
རྫོགས་པར་བྱས་ལ། མི་འཇིགས་པ་བཞི་དང་། སོ་སོ་ཡང་དག་པར་རིག་པ་བཞི་
དང་། བྱམས་པ་ཆེན་པོ་དང་། སྙིང་རྗེ་ཆེན་པོ་དང་། སངས་རྒྱས་ཀྱི་ཆོས་
མ་འདྲེས་པ་བཅོ་བརྒྱད་ཡོངས་སུ་རྫོགས་པར་བྱས་ཏེ། བླ་ན་མེད་པ་ཡང་དག་
པར་རྫོགས་པའི་བྱང་ཆུབ་ཏུ་མངོན་པར་རྫོགས་པར་སངས་རྒྱས་ནས། སེམས་
ཅན་ཚད་མེད་གྲངས་མེད་པ་ཡོངས་སུ་མྱ་ངན་ལས་བཟླའོ་[3]སྙམ་དུ་སེམས་སོ། །
ཤ་ར་དྭ་ཏིའི་བུ་འདི་ལྟ་སྟེ་དཔེར་ན། སྲོག་ཆགས་ཀྱི་རིགས་མེ་ཁྱེར་ནི་འདི་ལྟར་
བདག་གི་སྣང་བས་འཛམ་བུའི་གླིང་ཀུན་དུ་སྣང་བར་བྱའོ། །བདག་གི་[4]འོད་
ཀྱིས་འཛམ་བུའི་གླིང་རྒྱས་པར་དགང་བར་བྱའོ་སྙམ་དུ་མི་སེམས་སོ། །ཤ་ར་དྭ་
ཏིའི་བུ་དེ་བཞིན་དུ་ཉན་ཐོས་དང་རང་སངས་རྒྱས་ཐམས་ཅད་ཀྱང་། འདི་ལྟར་
བདག་ཅག་གིས་ཕ་རོལ་ཏུ་ཕྱིན་པ་དྲུག་ལ་སྤྱད་དེ། སེམས་ཅན་ཡོངས་སུ་སྨིན་
པར་བྱས་ལ། སངས་རྒྱས་ཀྱི་ཞིང་ཡོངས་སུ་དག་པར་བྱས་ཏེ། དེ་བཞིན་
གཤེགས་པའི་སྟོབས་བཅུ་ཡོངས་སུ་རྫོགས་པར་བྱས་ལ། མི་འཇིགས་པ་བཞི་དང་།
སོ་སོ་ཡང་དག་པར་རིག་པ་བཞི་དང་། བྱམས་པ་ཆེན་པོ་དང་། སྙིང་རྗེ་ཆེན་
པོ་དང་། སངས་རྒྱས་ཀྱི་ཆོས་[5]མ་འདྲེས་པ་བཅོ་བརྒྱད་ཡོངས་སུ་རྫོགས་པར་
བྱས་ཏེ། བླ་ན་མེད་པ་ཡང་དག་པར་རྫོགས་པའི་བྱང་ཆུབ་ཏུ་མངོན་པར་རྫོགས་

པར་སངས་རྒྱས་ནས། སེམས་ཅན་ཚད་མེད་གྲངས་མེད་པ་ཡོངས་སུ་མྱ་ངན་ལས་བཟླ[1]བར་བྱའོ་སྙམ་དུ་མི་སེམས་སོ།། །།

ཤེས་རབ་ཀྱི་ཕ་རོལ་ཏུ་ཕྱིན་པ་སྟོང་ཕྲག་ཉི་ཤུ་ལྔ་པ། བམ་པོ་བཞི་པ། ཤ་ར་དྭ་ཏིའི་བུ་འདི་ལྟ་སྟེ་དཔེར་ན། ཉི་མའི་དཀྱིལ་འཁོར་འཆར་བ་ནིཿའཛམ་བུའི་[2]གླིང་ཐམས་ཅད་སྣང་བས་ཁྱབ་པར་བྱེད་དོ། །ཿའཛམ་བུའི་[3]གླིང་ཐམས་ཅད་སྣང་བས་གསལ་བར་བྱེད་དོ། །ཤ་ར་དྭ་ཏིའི་བུ་དེ་བཞིན་དུ་བྱང་ཆུབ་སེམས་དཔའ་སེམས་དཔའ་ཆེན་པོ་ཕ་རོལ་ཏུ་ཕྱིན་པ་དྲུག་ལ་སྤྱོད་པ་ཡང་། སེམས་ཅན་ཡོངས་སུ་སྨིན་པར་བྱས་ཤིང་། སངས་རྒྱས་ཀྱི་ཞིང་ཡོངས་སུ་དག་པར་བྱས་ནས། དེ་བཞིན་གཤེགས་པའི་སྟོབས་བཅུ་ཡོངས་སུ་རྫོགས་པར་བྱས་ཏེ། མི་འཇིགས་པ་བཞི་དང་། སོ་སོ་ཡང་དག་པར་རིག་པ་བཞི་དང་། བྱམས་པ་ཆེན་པོ་དང་། སྙིང་རྗེ་ཆེན་པོ་དང་། སངས་རྒྱས་ཀྱི་ཆོས་མ་འདྲེས་པ་བཅོ་བརྒྱད་ཡོངས་སུ་རྫོགས་པར་བྱས་ཏེ། བླ་ན་མེད་པ་ཡང་དག་པར་རྫོགས་པའི་བྱང་ཆུབ་ཏུ་མངོན་པར་རྫོགས་པར་སངས་རྒྱས་ནས། སེམས་ཅན་ཚད་མེད་གྲངས་མེད་པ་ཡོངས་སུ་མྱ་ངན་ལས་བཟླའོ[4]། །དེ་སྐད་ཅེས་བཀའ་སྩལ་པ་དང་། ཚེ་དང་ལྡན་པ་ཤ་ར་དྭ་ཏིའི་བུས། བཅོམ་ལྡན་འདས་ལ་འདི་སྐད་ཅེས་གསོལ་ཏོ། །བཅོམ་ལྡན་འདས་ཇི་ལྟར་བྱང་ཆུབ་སེམས་དཔའ་སེམས་དཔའ་ཆེན་པོ་ཉན་ཐོས་དང་རང་སངས་རྒྱས་ཀྱི་ས་ལས་འདས་ཤིང་། ཕྱིར་མི་ལྡོག་པའི་བྱང་ཆུབ་སེམས་དཔའི་ས་འཐོབ་[5]པ་དང་། བྱང་ཆུབ་ཀྱི་ལམ་ཡོངས་སུ་སྦྱོང་བ་ལགས། དེ་སྐད་ཅེས་གསོལ་པ་དང་། བཅོམ་ལྡན་འདས་ཀྱིས་ཚེ་དང་ལྡན་པ་ཤ་ར་དྭ་ཏིའི་བུ་ལ་འདི་སྐད་ཅེས་བཀའ་སྩལ་ཏོ། །ཤ་ར་དྭ་ཏིའི་བུ་འདི་ལ་བྱང་ཆུབ་སེམས་དཔའ་སེམས་དཔའ་ཆེན་པོ་ནི་སེམས་དང་པོ་བསྐྱེད་པ་ཉེ་བར་བཟུང་ནས་ཕ་རོལ་ཏུ་ཕྱིན་པ་

དྲུག་ལ་སྤྱོད་པའི་ཚེ། སྟོང་པ་ཉིད་དང་། མཚན་མ་མེད་པ་དང་། སྨོན་པ་མེད་པའི་ཆོས་ལ་གནས་ཏེ། ཐབས་མཁས་པས། ཉན་ཐོས་དང་། རང་སངས་རྒྱས་ཀྱི་ས་ལས་འདས་ནས། ཕྱིར་མི་ལྡོག་པའི་བྱང་ཆུབ་སེམས་དཔའི་ས་འཐོབ་སྟེ། བྱང་ཆུབ་ཀྱི་ལམ་ཡང༔སྤྱོད་དོ[1]། །ཤ་ར་དྭ་ཏིའི་བུས་གསོལ་པ། བཅོམ་ལྡན་འདས་ས་གང་ལ་གནས་པའི་བྱང་ཆུབ་སེམས་དཔའ་སེམས་དཔའ་ཆེན་པོ་ཉན་ཐོས་དང་། རང་སངས་རྒྱས་ཐམས་ཅད་ཀྱི་སྦྱིན་པའི་གནས་སུ་འགྱུར་བ་ལགས༑ བཅོམ་ལྡན་འདས་ཀྱིས་བཀའ་སྩལ་པ། ཤ་ར་དྭ་ཏིའི་བུ་ཐོག་མ་སེམས་བསྐྱེད་ཕྱིན་ཆད[2]། བྱང་ཆུབ་སེམས་དཔའ་སེམས་དཔའ་ཆེན་པོ་ཕ་རོལ་ཏུ་ཕྱིན་པ་དྲུག་ལ་སྤྱོད་པ་ནི། སྙིང་པོ་བྱང་ཆུབ་ལ་འདུག[3]གི་བར་དུ་ཉན་ཐོས་དང་རང་སངས་རྒྱས་ཐམས་ཅད་ཀྱི་སྦྱིན་པའི་གནས་སུ་གྱུར་པ་ཡིན་ནོ། །དེ་ཅིའི་ཕྱིར་ཞེ་ན། དེ་ནི་ཤ་ར་དྭ་ཏིའི་བུ་བྱང་ཆུབ་སེམས་དཔའ་སེམས་དཔའ་ཆེན་པོ་ཡོད་པས། དགེ་བའི་ཆོས་ཐམས་ཅད་འཇིག་རྟེན་དུ་འབྱུང་བར་འགྱུར་ཏེ། འདི་ལྟར་དགེ་བ་བཅུའི་ལས་ཀྱི་ལམ་རྣམས་དང་། བསླབ་པའི་གནས་ལྔ་དང་། ཡན་ལག་བརྒྱད་དང་ལྡན་པའི་གསོ་སྦྱིན་དང་། བསམ་གཏན་བཞི་དང་། ཚད་མེད་པ་བཞི་དང་། གཟུགས་མེད་པའི་སྙོམས་པར་འཇུག་པ་བཞི་དང་། མངོན་པར་ཤེས་པ་ལྔ་དང་། རྗེས་སུ་དྲན་པ་དྲུག་དང་། ཕ་རོལ་ཏུ་ཕྱིན་པ་རྣམས་དང་། སྟོང་པ་ཉིད་ཐམས་ཅད་དང་། དྲན་པ་ཉེ་བར་གཞག་པ་བཞི་དང་། ཡང་དག་པར་སྤོང་བ་བཞི་དང་། རྫུ་འཕྲུལ་གྱི་རྐང་པ་བཞི་དང་། དབང་པོ་ལྔ་དང་། སྟོབས་ལྔ་དང་། བྱང་ཆུབ་ཀྱི་ཡན་ལག་བདུན་དང་། འཕགས་པའི་ལམ་ཡན་ལག་བརྒྱད་པ་འཇིག་རྟེན་དུ་འབྱུང་བར་འགྱུར་རོ། །འཕགས་པའི་བདེན་པ་བཞི་དང་། རྣམ་པར་ཐར་པ་བརྒྱད་དང་། མཐར་

ཀྱིས་གནས་པའི་སྙོམས་པར་འཇུག་པ་དགུ་དང་། སྟོང་པ་ཉིད་དང་། མཚན་མ་མེད་པ་དང་། སྨོན་པ་མེད་པ་དང་། ཏིང་ངེ་འཛིན་ཐམས་ཅད་དང་། གཟུངས་ཀྱི་སྒོ་ཐམས་ཅད་འཇིག་རྟེན་དུ་འབྱུང་བར་འགྱུར་རོ། །དེ་བཞིན་གཤེགས་པའི་སྟོབས་བཅུ་དང་། མི་འཇིགས་པ་བཞི་དང་། སོ་སོ་ཡང་དག་པར་རིག་པ་བཞི་དང་། བྱམས་པ་ཆེན་པོ་དང་། སྙིང་རྗེ་ཆེན་པོ་དང་། སངས་རྒྱས་ཀྱི་ཆོས་མ་འདྲེས་པ་བཅོ་བརྒྱད་[༧]འཇིག་རྟེན་དུ་འབྱུང་བར་འགྱུར་རོ། །ཤ་ར་དྭ་ཏིའི་བུ་དགེ་བའི་ཆོས་དེ་དག་ལ་སོགས་པ་མང་པོ་འཇིག་རྟེན་དུ་འབྱུང་བར་འགྱུར་ཏེ། དགེ་བའི་ཆོས་དེ་དག་འཇིག་རྟེན་དུ་བྱུང་བས། རྒྱལ་རིགས་ཆེ་ཤིང་མཐོ་བ་དག་ཡོད་པ་ཡིན། བྲམ་ཟེའི་རིགས་ཆེ་ཤིང་མཐོ་བ་དག་ཡོད་པ་ཡིན། ཁྱིམ་བདག་གི་རིགས་ཆེ་ཤིང་མཐོ་བ་དག་ཡོད་པ་ཡིན། རྒྱལ་པོ་ཆེན་པོ་བཞིའི་རིས་ཀྱི་ལྷ་རྣམས་ཡོད་པ་ཡིན། སུམ་ཅུ་རྩ་གསུམ་དང་། མཆོ་མ་དང་། དགའ་ལྡན་དང་། འཕྲུལ་དགའ་དང་། གཞན་འཕྲུལ་དབང་བྱེད་ཀྱི་ལྷ་རྣམས་ཡོད་པ་ཡིན། ཚངས་རིས་ཀྱི་ལྷ་རྣམས་ཡོད་པ་ཡིན། ཚངས་ལྷ་ཉེ་ཕན་གྱི་ལྷ་རྣམས་དང་། ཚངས་པ་ཀུན་འཁོར་གྱི་ལྷ་རྣམས་དང་། ཚངས་ཆེན་གྱི་ལྷ་རྣམས་དང་། སྣང་བའི་ལྷ་རྣམས་དང་། ཆུང་སྣང་གི་ལྷ་རྣམས་དང་། ཚད་མེད་སྣང་བའི་ལྷ་རྣམས་དང་། ཀུན་སྣང་དང་བའི་ལྷ་རྣམས་དང་། དགེ་བའི་ལྷ་རྣམས་དང་། ཆུང་དགེའི་ལྷ་རྣམས་དང་། ཚད་མེད་དགེ་བའི་ལྷ་རྣམས་དང་། དགེ་རྒྱས་ཀྱི་ལྷ་རྣམས་དང་། ཆེ་བའི་ལྷ་རྣམས་དང་། ཆུང་ཆེའི་ལྷ་རྣམས་དང་། ཚད་མེད་ཆེ་བའི་ལྷ་རྣམས་དང་། འབྲས་བུ་ཆེ་བའི་ལྷ་རྣམས་དང་། མི་ཆེ་བའི་ལྷ་རྣམས་དང་། མི་གདུང་བའི་ལྷ་རྣམས་དང་། ཤིན་ཏུ་མཐོང་བའི་ལྷ་རྣམས་དང་། གྱ་ནོམ་སྣང་བའི་ལྷ་རྣམས་དང་། འོག

མིན་གྱི་ལྷ་རྣམས་ཡོད་པ་ཡིན། ནམ་མཁའ་མཐའ་ཡས་སྐྱེ་མཆེད་ཀྱི་ལྷ་རྣམས་དང་། རྣམ་ཤེས་མཐའ་ཡས་སྐྱེ་མཆེད་ཀྱི་ལྷ་རྣམས་དང་། ཅུང་ཟད་མེད་པའི་སྐྱེ་མཆེད་ཀྱི་ལྷ་རྣམས་དང་། འདུ་ཤེས་མེད་འདུ་ཤེས་མེད་མིན་སྐྱེ་མཆེད་ཀྱི་ལྷ་རྣམས་ཡོད་པ་ཡིན། རྒྱུན་དུ་ཞུགས་པ་དང་། ལན་ཅིག་ཕྱིར་འོང་བ་དང་། ཕྱིར་མི་འོང་བ་དང་། དགྲ་བཅོམ་པ་དང་། རང་སངས་རྒྱས་དང་། བྱང་ཆུབ་སེམས་དཔའ་སེམས་དཔའ་ཆེན་པོ་དང་། དེ་བཞིན་གཤེགས་པ་དགྲ་བཅོམ་པ་ཡང་དག་པར་རྫོགས་པའི་སངས་རྒྱས་རྣམས་འཇིག་རྟེན་ན་ཡོད་པ་ཡིན་ནོ། །གསོལ་པ་བཅོམ་ལྡན་འདས་དེ་ལྟ་ལགས་ན། བྱང་ཆུབ་སེམས་དཔའ་སེམས་དཔའ་ཆེན་པོ་རྣམས་སྦྱིན་པ་ཡོངས་སུ་སྦྱོང་བ་ལགས་སམ། བཅོམ་ལྡན་འདས་ཀྱིས་བཀའ་སྩལ་པ། ཤ་ར་དྭ་ཏིའི་བུ་བྱང་ཆུབ་སེམས་དཔའ་སེམས་དཔའ་ཆེན་པོ་རྣམས་ནི་སྦྱིན་པ་རྣམ་གྲངས་ཀྱིས་ཡོངས་སུ་སྦྱོང་སྟེ། དེ་ཅིའི་ཕྱིར་ཞེ་ན། བྱང་ཆུབ་སེམས་དཔའ་སེམས་དཔའ་ཆེན་པོ་ལ་ནི་སྦྱིན་པ་ཀུན་ཀྱང་ཤིན་ཏུ་དག་པ་སྟེ། དེ་ཡང་འདི་ལྟར་ཤ་ར་དྭ་ཏིའི་བུ་བྱང་ཆུབ་སེམས་དཔའ་སེམས་དཔའ་ཆེན་པོ་ནི་སྦྱིན་པ་ཡོངས་སུ་གཏོང་སྟེ། ཅིའི་སྦྱིན་པ་ཡོངས་སུ་གཏོང་ཞེ་ན། དགེ་བའི་ཆོས་དུ་མའི་སྦྱིན་པ་ཡོངས་སུ་གཏོང་སྟེ། [༡]འདི་ལྟར་དགེ་བ་བཅུའི་ལས་ཀྱི་ལམ་རྣམས་དང་། བསམ་གཏན་བཞི་དང་། ཚད་མེད་པ་བཞི་དང་། གཟུགས་མེད་པའི་སྙོམས་པར་འཇུག་པ་བཞི་དང་། མངོན་པར་ཤེས་པ་ལྔ་དང་། རྗེས་སུ་དྲན་པ་དྲུག་དང་། ཕ་རོལ་ཏུ་ཕྱིན་པ་རྣམས་དང་། སྟོང་པ་ཉིད་ཐམས་ཅད་[༣]དང་། དྲན་པ་ཉེ་བར་གཞག་པ་བཞི་དང་། ཡང་དག་པར་སྤོང་བ་བཞི་དང་། རྫུ་འཕྲུལ་གྱི་རྐང་པ་བཞི་དང་། དབང་པོ་ལྔ་དང་།

སྟོབས་ལྔ་དང་། བྱང་ཆུབ་ཀྱི་ཡན་ལག་བདུན་དང་། འཕགས་པའི་ལམ་ཡན་ལག་བརྒྱད་པ་དང་། འཕགས་པའི་བདེན་པ་བཞི་དང་། རྣམ་པར་ཐར་པ་བརྒྱད་དང་། མཐར་གྱིས་གནས་པའི་སྙོམས་པར་འཇུག་པ་དགུ་དང་། སྟོང་པ་ཉིད་དང་། མཚན་མ་མེད་པ་དང་། སྨོན་པ་མེད་པ་དང་། ཏིང་ངེ་འཛིན་ཐམས་ཅད་དང་། གཟུངས་ཀྱི་སྒོ་ཐམས་ཅད་དང་། དེ་བཞིན་གཤེགས་པའི་སྟོབས་བཅུ་དང་། མི་འཇིགས་པ་བཞི་དང་། སོ་སོ་ཡང་དག་པར་རིག་པ་བཞི་དང་། བྱམས་པ་ཆེན་པོ་དང་། སྙིང་རྗེ་ཆེན་པོ་དང་། སངས་རྒྱས་ཀྱི་ཆོས་མ་འདྲེས་པ་བཅོ་བརྒྱད་ཀྱི་སྦྱིན་པ་ཡོངས་སུ་གཏོང་ངོ། །

གསོལ་པ། བཅོམ་ལྡན་འདས་བྱང་ཆུབ་སེམས་དཔའ་སེམས་དཔའ་ཆེན་པོས་ཇི་ལྟར་ཤེས་རབ་ཀྱི་ཕ་རོལ་ཏུ་ཕྱིན་པ་ལ་བསྟན་པར་བགྱིས་ན་བསྟན་ཞེས་བགྱི་བ་ལགས། བཅོམ་ལྡན་འདས་ཀྱིས་བཀའ་སྩལ་པ། ཤ་ར་དྭ་ཏིའི་བུ་འདི་ལ་བྱང་ཆུབ་སེམས་དཔའ་སེམས་དཔའ་ཆེན་པོ་གཟུགས་སྟོང་པ་ཉིད་ལ་བསྟན་ན་བསྟན་ཞེས་བྱའོ། །ཚོར་བ་སྟོང་པ་ཉིད་དང་། འདུ་ཤེས་སྟོང་པ་ཉིད་དང་། འདུ་བྱེད་སྟོང་པ་ཉིད་དང་། རྣམ་པར་ཤེས་པ་སྟོང་པ་ཉིད་ལ་བསྟན་ན་བསྟན་ཞེས་བྱའོ། །མིག་སྟོང་པ་ཉིད་ལ་བསྟན་ན་བསྟན་ཞེས་བྱའོ། །རྣ་བ་སྟོང་པ་ཉིད་དང་། སྣ་སྟོང་པ་ཉིད་དང་། ལྕེ་སྟོང་པ་ཉིད་དང་། ལུས་སྟོང་པ་ཉིད་དང་། ཡིད་སྟོང་པ་ཉིད་ལ་བསྟན་ན་བསྟན་ཞེས་བྱའོ། །གཟུགས་སྟོང་པ་ཉིད་ལ་བསྟན་ན་བསྟན་ཞེས་བྱའོ། །སྒྲ་སྟོང་པ་ཉིད་དང་། དྲི་སྟོང་པ་ཉིད་དང་། རོ་སྟོང་པ་ཉིད་དང་[1]། རེག་སྟོང་པ་ཉིད་དང་། ཆོས་སྟོང་པ་ཉིད་ལ་བསྟན་ན་བསྟན་ཞེས་བྱའོ། །མིག་གི་ཁམས་སྟོང་པ་ཉིད་དང་། གཟུགས་ཀྱི་ཁམས་སྟོང་པ་ཉིད་དང་། མིག་གི་རྣམ་པར་ཤེས་པའི་ཁམས་སྟོང་པ་ཉིད་ལ་བསྟན་ན

བརྗོད་ཞེས་བྱའོ། །རྣ་བའི་ཁམས་སྟོང་པ་ཉིད་དང་། སྒྲའི་ཁམས་སྟོང་པ་ཉིད་དང་། རྣ་བའི་རྣམ་པར་ཤེས་པའི་ཁམས་སྟོང་པ་ཉིད་དང་། སྣའི་ཁམས་སྟོང་པ་ཉིད་དང་། དྲིའི་ཁམས་སྟོང་པ་ཉིད་དང་། སྣའི་རྣམ་པར་ཤེས་པའི་ཁམས་སྟོང་པ་ཉིད་དང་། ལྗེའི་ཁམས་སྟོང་པ་ཉིད་དང་། རོའི་ཁམས་སྟོང་པ་ཉིད་དང་། ལྗེའི་རྣམ་པར་ཤེས་པའི་ཁམས་སྟོང་པ་ཉིད་དང་། ལུས་ཀྱི་ཁམས་སྟོང་པ་ཉིད་དང་། རེག་བྱའི་ཁམས་སྟོང་པ་ཉིད་དང་། ལུས་ཀྱི་རྣམ་པར་ཤེས་པའི་ཁམས་སྟོང་པ་ཉིད་དང་། ཡིད་ཀྱི་ཁམས་སྟོང་པ་ཉིད་དང་། ཆོས་ཀྱི་ཁམས་སྟོང་པ་ཉིད་དང་། ཡིད་ཀྱི་རྣམ་པར་ཤེས་པའི་ཁམས་སྟོང་པ་ཉིད་ལ་བརྗོད་ན་བརྗོད་ཞེས་བྱའོ། །སྡུག་བསྔལ་སྟོང་པ་ཉིད་དང་། ཀུན་འབྱུང་བ་སྟོང་པ་ཉིད་དང་། འགོག་པ་སྟོང་པ་ཉིད་དང་། ལམ་སྟོང་པ་ཉིད་ལ་བརྗོད་ན་བརྗོད་ཞེས་བྱའོ། །མ་རིག་པ་སྟོང་པ་ཉིད་ལ་བརྗོད་ན་བརྗོད་ཞེས་བྱའོ། །འདུ་བྱེད་སྟོང་པ་ཉིད་དང་། རྣམ་པར་ཤེས་པ་སྟོང་པ་ཉིད་དང་། མིང་དང་གཟུགས་སྟོང་པ་ཉིད་དང་། སྐྱེ་མཆེད་དྲུག་སྟོང་པ་ཉིད་དང་། རེག་པ་སྟོང་པ་ཉིད་དང་། ཚོར་བ་སྟོང་པ་ཉིད་དང་། སྲེད་པ་སྟོང་པ་ཉིད་དང་། ལེན་པ་སྟོང་པ་ཉིད་དང་། སྲིད་པ་སྟོང་པ་ཉིད་དང་། སྐྱེ་བ་སྟོང་པ་ཉིད་དང་། རྒ་ཤི་སྟོང་པ་ཉིད་ལ་བརྗོད་ན་བརྗོད་ཞེས་བྱའོ། །ཆོས་ཐམས་ཅད་སྟོང་པ་ཉིད་ལ་བརྗོད་ན་བརྗོད་ཞེས་བྱའོ། །འདུས་བྱས་དང་། འདུས་མ་བྱས་ཀྱི་ཆོས་གང་ཇི་སྙེད་མིང་གདགས་སུ་ཡོད་པ་དེ་དག་ཐམས་ཅད་སྟོང་པ་ཉིད་ལ་བརྗོད་ན་བརྗོད་ཞེས་བྱའོ། །ཤ་ར་དྭ་ཏིའི་བུ་གཞན་ཡང་བྱང་ཆུབ་སེམས་དཔའ་སེམས་དཔའ་ཆེན་པོ་ཤེས་རབ་ཀྱི་ཕ་རོལ་ཏུ་ཕྱིན་པ་ལ་སྤྱོད་པའི་ཚེ། རང་བཞིན་སྟོང་པ་ཉིད་ལ་བརྗོད་ན་བརྗོད་ཞེས་བྱ་སྟེ། ཤ་ར་དྭ་ཏིའི་བུ་དེ་ལྟར་བྱང་ཆུབ་སེམས་དཔའ་སེམས་དཔའ་

ཆེན་པོ་ཤེས་རབ་ཀྱི་ཕ་རོལ་ཏུ་ཕྱིན་པ་ལ་སྤྱོད་པའི་ཚེ། སྟོང་པ་ཉིད་བདུན་པོ་འདི་དག་ལ་བརྩོན་ན་བརྩོན་ཞེས་བྱའོ། །དེ་སྟོང་པ་ཉིད་བདུན་པོ་འདི་དག་གིས་ཤེས་རབ་ཀྱི་ཕ་རོལ་ཏུ་ཕྱིན་པ་ལ་བརྩོན་པར་བྱེད་ཀྱང་བརྩོན་ཞེའམ་མི་བརྩོན་ཞེས་མི་བརྗོད་དེ[7]། དེ་ཅིའི་ཕྱིར་ཞེ་ན། འདི་ལྟར་དེས་གཟུགས་བརྩོན་ཞེས་བྱ་བའམ་མི་བརྩོན་ཞེས་བྱ་བར་ཡང་དག་པར་རྗེས་སུ་མི་མཐོང་ངོ་། །ཚོར་བ་དང་འདུ་ཤེས་དང་འདུ་བྱེད་དང་རྣམ་པར་ཤེས་པ་བརྩོན་ཞེའམ་མི་བརྩོན་ཞེས་བྱ་བར་ཡང་དག་པར་རྗེས་སུ་མི་མཐོང་ངོ་། །གཟུགས་སྐྱེ་བའི་ཆོས་ཅན་ནམ་འགག་པའི་ཆོས་ཅན་དུ་ཡང་དག་པར་རྗེས་སུ་མི་མཐོང་ངོ་། །ཚོར་བ་དང་འདུ་ཤེས་དང་འདུ་བྱེད་དང་རྣམ་པར་ཤེས་པ་སྐྱེ་བའི་ཆོས་ཅན་ནམ་འགག་པའི་ཆོས་ཅན་དུ་ཡང་དག་པར་རྗེས་སུ་མི་མཐོང་ངོ་། །གཟུགས་ཀུན་ནས་ཉོན་མོངས་པའི་ཆོས་ཅན་ནམ། རྣམ་པར་བྱང་བའི་ཆོས་ཅན་དུ་ཡང་དག་པར་རྗེས་སུ་མི་མཐོང་ངོ་། །ཚོར་བ་དང་འདུ་ཤེས་དང་འདུ་བྱེད་དང་རྣམ་པར་ཤེས་པ་ཀུན་ནས་ཉོན་མོངས་པའི་ཆོས་ཅན་ནམ་རྣམ་པར་བྱང་བའི་ཆོས་ཅན་དུ་ཡང་དག་པར་རྗེས་སུ་མི་མཐོང་ངོ་། །གཟུགས་ནི་ཚོར་བ་དང་ལྷན་ཅིག་ཀུན་དུ་རྒྱུ་ཞེས་བྱ་བར་ཡང་དག་པར་རྗེས་སུ་མི་མཐོང་ངོ་། །ཚོར་བ་དང་འདུ་ཤེས་དང་འདུ་བྱེད་ནི། རྣམ་པར་ཤེས་པ་དང་ལྷན་ཅིག་ཀུན་དུ་རྒྱུ་ཞེས་བྱ་བར་ཡང་དག་པར་རྗེས་སུ་མི་མཐོང་ངོ་། །རྣམ་པར་ཤེས་པ་ནི་འདུ་བྱེད་དང་ལྷན་ཅིག་ཀུན་དུ་རྒྱུ་ཞེས་བྱ་བར་ཡང་དག་པར་རྗེས་སུ་མི་མཐོང་ངོ་། །དེ་ཅིའི་ཕྱིར་ཞེ་ན། དེ་ནི་འདི་ལྟར་ཆོས་གང་ཡང་ཆོས་གང་དང་ཡང་ལྷན་ཅིག་ཀུན་དུ་རྒྱུ་བ་མེད་དེ། རང་བཞིན་གྱིས་སྟོང་པའི་ཕྱིར་འགྲོ་བ་མེད་དོ། །རྣམ་པར་འགྲོ་བ་མེད་དོ། །འདུ་བ་མེད་དོ། །རྣམ་པར་འདུ་བ་མེད་དོ། །ཤཱ་ར་དྭ་ཏིའི་བུ་གཟུགས་ཀྱི་སྟོང་པ་ཉིད་གང་ཡིན་པ་དེ་ནི་

གཟུགས་མ་ཡིན། ཚོར་བའི་སྟོང་པ་ཉིད་གང་ཡིན་པ་དེ་ནི་ཚོར་བ་མ་ཡིན། འདུ་ཤེས་ཀྱི་སྟོང་པ་ཉིད་གང་ཡིན་པ་དེ་ནི་འདུ་ཤེས་མ་ཡིན། འདུ་བྱེད་ཀྱི་སྟོང་པ་ཉིད་གང་ཡིན་པ་དེ་ནི་འདུ་བྱེད་མ་ཡིན། རྣམ་པར་ཤེས་པའི་སྟོང་པ་ཉིད་གང་ཡིན་པ་དེ་ནི་རྣམ་པར་ཤེས་པ་མ་ཡིན་ཏེ། འདི་ལྟར་གཟུགས་ཀྱི་སྟོང་པ་ཉིད་གང་ཡིན་པ་དེ་ཐོགས་པར་བྱེད་པ་མེད་དོ། །ཚོར་བའི་སྟོང་པ་ཉིད་གང་ཡིན་པ་དེ་༧ཚོར་བར་མི་བྱེད་དོ། །འདུ་ཤེས་ཀྱི་སྟོང་པ་ཉིད་གང་ཡིན་པ་དེ་འདུ་ཤེས་སུ་མི་བྱེད་དོ། །འདུ་བྱེད་ཀྱི་སྟོང་པ་ཉིད་གང་ཡིན་པ་དེ་མངོན་པར་འདུ་མི་བྱེད་དོ། །རྣམ་པར་ཤེས་པའི་སྟོང་པ་ཉིད་གང་ཡིན་པ་དེ་རྣམ་པར་ཤེས་པར་མི་བྱེད་དོ། །དེ་ཅིའི་ཕྱིར་ཞེ་ན། ཤ་ར་དྭ་ཏིའི་བུ་གཟུགས་ཀྱང་གཞན་མ་ཡིན་ལ། སྟོང་པ་ཉིད་ཀྱང་གཞན་མ་ཡིན། སྟོང་པ་ཉིད་ཀྱང་གཞན་མ་ཡིན་ལ། གཟུགས་ཀྱང་གཞན་མ་ཡིན་ཏེ། གཟུགས་ཉིད་ཀྱང་སྟོང་པ་ཉིད་ལ། སྟོང་པ་ཉིད་ཀྱང་གཟུགས་སོ། །ཚོར་བ་ཡང་གཞན་མ་ཡིན་ལ་སྟོང་པ་ཉིད་ཀྱང་གཞན་མ་ཡིན༑ སྟོང་པ་ཉིད་ཀྱང་གཞན་མ་ཡིན་ལ་ཚོར་བ་ཡང་གཞན་མ་ཡིན་ཏེ། ཚོར་བ་ཉིད་ཀྱང་སྟོང་པ་ཉིད་ལ། སྟོང་པ་ཉིད་ཀྱང་ཚོར་བའོ། །འདུ་ཤེས་ཀྱང་གཞན་མ་ཡིན་ལ། སྟོང་པ་ཉིད་ཀྱང་གཞན་མ་ཡིན། སྟོང་པ་ཉིད་ཀྱང་གཞན་མ་ཡིན་ལ། འདུ་ཤེས་ཀྱང་གཞན་མ་ཡིན་ཏེ། འདུ་ཤེས་ཉིད་ཀྱང་སྟོང་པ་ཉིད་ལ། སྟོང་པ་ཉིད་ཀྱང་འདུ་ཤེས་སོ། །འདུ་བྱེད་རྣམས་ཀྱང་གཞན་མ་ཡིན་ལ། སྟོང་པ་ཉིད་ཀྱང་གཞན་མ་ཡིན། སྟོང་པ་ཉིད་ཀྱང་གཞན་མ་ཡིན་ལ། འདུ་བྱེད་རྣམས་ཀྱང་གཞན་མ་ཡིན་ཏེ། འདུ་བྱེད་རྣམས་ཀྱང་སྟོང་པ་ཉིད་ལ། སྟོང་པ་ཉིད་ཀྱང་འདུ་བྱེད་རྣམས་སོ། །རྣམ་པར་ཤེས་པ་ཡང་གཞན་མ་ཡིན་ལ། སྟོང་པ་ཉིད་ཀྱང་གཞན་མ་ཡིན། སྟོང་པ་ཉིད་ཀྱང་གཞན་མ་ཡིན་ལ། རྣམ་

པར་ཤེས་པ་ཡང་གཞན་མ་ཡིན་ཏེ། རྣམ་པར་ཤེས་པ་ཉིད་ཀྱང་སྟོང་པ་ཉིད་ལ།
སྟོང་པ་ཉིད་ཀྱང་རྣམ་པར་ཤེས་པའོ། །ཤཱ་ར་དྭ་ཏིའི་བུ་སྟོང་པ་ཉིད་གང་ཡིན་པ་
དེ་ནི་མི་སྐྱེ་མི་འགག་ཅིང་། ཀུན་ནས་ཉོན་མོངས་པར་འགྱུར་བ་མེད། རྣམ···
པར་བྱང་བ་མེད་ལ། འགྲིབ་པ་མེད་ཅིང་འཕེལ་བ་མེད་པ་སྟེ། དེ་ནི་འདས···
པ་ཡང་མ་ཡིན། མ་འོངས་པ་ཡང་མ་ཡིན། ད་ལྟར་བྱུང་བ་ཡང་མ་ཡིན་ནོ། །
གང་མི་སྐྱེ་མི་འགག་ཅིང་ཀུན་ནས་ཉོན་མོངས་པར་འགྱུར་བ་མེད། རྣམ་པར····
བྱང་བ་མེད༔པ་ལ[1]། མི་འགྲིབ་མི་འཕེལ་ཏེ། འདས་པ་ཡང་མ་ཡིན། མ···
འོངས་པ་ཡང་མ་ཡིན། ད་ལྟར་བྱུང་བ་ཡང་མ་ཡིན་པ་དེ་ལ་ནི་གཟུགས་མེད་དོ། །
ཚོར་བ་མེད་དོ། །འདུ་ཤེས་མེད་དོ། །འདུ་བྱེད་མེད་དོ། །རྣམ་པར་ཤེས་པ་
མེད་དོ། །དེ་ལ་ནི་མིག་མེད་དོ། །རྣ་བ་མེད་དོ། །སྣ་མེད་དོ། །ལྕེ་མེད་དོ།།
ལུས་མེད་དོ། །ཡིད་མེད་དོ། །དེ་ལ་ནི་གཟུགས་མེད་དོ། །སྒྲ་མེད་དོ། །དྲི་
མེད་དོ། །རོ་མེད་དོ། །རེག་བྱ་མེད་དོ། །ཆོས་མེད་དོ། །དེ་ལ་ནི་སའི·····
ཁམས་མེད་དོ། །ཆུའི་ཁམས་མེད་དོ། །མེའི་ཁམས་མེད་དོ། །རླུང་གི་ཁམས་
མེད་དོ། །ནམ་མཁའི་ཁམས་མེད་དོ། །རྣམ་པར་ཤེས་པའི་ཁམས་མེད་དོ། །
དེ་ལ་ནི་མིག་གི་ཁམས་མེད་དོ། །གཟུགས་ཀྱི་ཁམས་མེད་དོ། །མིག་གི་རྣམ····
པར་ཤེས་པའི་ཁམས་མེད་དོ། །རྣ་བའི་ཁམས་མེད་དོ། །སྒྲའི་ཁམས་མེད་དོ། །
རྣ་བའི་རྣམ་པར་ཤེས་པའི་ཁམས་མེད་དོ། །སྣའི་ཁམས་མེད་དོ། །དྲིའི་ཁམས་
མེད་དོ། །སྣའི་རྣམ་པར་ཤེས་པའི་ཁམས་མེད་དོ། །ལྕེའི་ཁམས་མེད་དོ། །
རོའི་ཁམས་མེད་དོ། །ལྕེའི་རྣམ་པར་ཤེས་པའི་ཁམས་མེད་དོ། །ལུས་ཀྱི་ཁམས་
མེད་དོ། །རེག་བྱའི་ཁམས་མེད་དོ། །ལུས་ཀྱི་རྣམ་པར་ཤེས་པའི་ཁམས་མེད་དོ།།
ཡིད་ཀྱི་ཁམས་མེད་དོ། །ཆོས་ཀྱི་ཁམས་མེད་དོ། །ཡིད་ཀྱི་རྣམ་པར་ཤེས་པའི་

ཁམས་མེད་དོ། །དེ་ལ་ནི་མ་རིག་པ་མེད་དོ། །མ་རིག་པ་འགག་པ་མེད་དོ། །འདུ་བྱེད་མེད་དོ། །འདུ་བྱེད་འགག་པ་མེད་དོ། །རྣམ་པར་ཤེས་པ་མེད་དོ། །རྣམ་པར་ཤེས་པ་འགག་པ་མེད་དོ། །མིང་དང་གཟུགས་མེད་དོ། །མིང་དང་གཟུགས་འགག་པ་མེད་དོ། །སྐྱེ་མཆེད་དྲུག་མེད་དོ། །སྐྱེ་མཆེད་དྲུག་འགག་པ་མེད་དོ། །རེག་པ་མེད་དོ། །རེག་པ་འགག་པ་མེད་དོ། །ཚོར་བ་མེད་དོ། །ཚོར་བ་འགག་པ་མེད་དོ། །སྲེད་པ་མེད་དོ། །སྲེད་པ་འགག་པ་མེད་དོ། །ལེན་པ་མེད་དོ། །ལེན་པ་འགག་པ་མེད་དོ། །སྲིད་པ་མེད་དོ། །སྲིད་པ་འགག་པ་མེད་དོ། །སྐྱེ་བ་མེད་དོ། །སྐྱེ་བ་འགག་པ་མེད་དོ། །རྒ་ཤི་མེད་དོ། །རྒ་ཤི་འགག་པ་མེད་དོ། །དེ་ལ་ནི་སྡུག་བསྔལ་མེད་དོ། །སྡུག་བསྔལ་ཡོངས་སུ་ཤེས་པ་མེད་དོ། །ཀུན་འབྱུང་བ་མེད་དོ། །ཀུན་འབྱུང་བ་སྤང་བ་མེད་དོ། །འགོག་པ་མེད་དོ། །འགོག་པ་མངོན་དུ་བྱ་བ་མེད་དོ། །ལམ་མེད་དོ། །ལམ་བསྒོམ་པ་མེད་དོ། །དེ་ལ་ནི་ཐོབ་པར་བྱ་བ་མེད་དོ། །མངོན་དུ་ཤེས་པར་བྱ་བ་མེད་དོ། །རྒྱུན་དུ་ཞུགས་པ་མེད་དོ། །རྒྱུན་དུ་ཞུགས་པའི་འབྲས་བུ་མེད་དོ། །ལན་ཅིག་ཕྱིར་འོང་བ་མེད་དོ། །ལན་ཅིག་ཕྱིར་འོང་བའི་འབྲས་བུ་མེད་དོ། །ཕྱིར་མི་འོང་བ་མེད་དོ། །ཕྱིར་མི་འོང་བའི་འབྲས་བུ་མེད་དོ། །དགྲ་བཅོམ་པ་[1]མེད་དོ། །དགྲ་བཅོམ་པའི་འབྲས་བུ་མེད་དོ། །རང་སངས་རྒྱས་མེད་དོ། །རང་བྱང་ཆུབ་མེད་དོ། །དེ་ལ་ནི་བྱང་ཆུབ་སེམས་དཔའ་མེད་དོ། །ལམ་གྱི་རྣམ་པ་ཤེས་པ་ཉིད་མེད་དོ། །དེ་ལ་ནི་སངས་རྒྱས་མེད་དོ། །བྱང་ཆུབ་མེད་དོ། །ཤ་ར་དྭ་ཏིའི་བུ་བྱང་ཆུབ་སེམས་དཔའ་སེམས་དཔའ་ཆེན་པོ་དེ་ལྟར་སྤྱོད་པ་ནི། ཤེས་རབ་ཀྱི་ཕ་རོལ་ཏུ་ཕྱིན་པ་ལ་བརྟེན་ཞེས་བྱ་སྟེ། དེ་དེ་ལྟར་ཤེས་རབ་ཀྱི་ཕ་རོལ་ཏུ་ཕྱིན་པ་ལ་སྤྱོད་ཀྱང་། གཟུགས་ལ་བརྟེན་ཞེས་བྱ་བའམ་མི་བརྟེན་ཞེས་བྱ་

བར་ཡང་དག་པར་རྗེས་སུ་མི་མཐོང་ངོ་། །ཚོར་བ་དང་འདུ་ཤེས་དང་འདུ་བྱེད་དང་། རྣམ་པར་ཤེས་པ་ལ་བསྟོན་ཞེས་བྱ་བའམ་མི་བསྟོན་ཞེས་བྱ་བར་ཡང་དག་པར་རྗེས་སུ་མི་མཐོང་ངོ་། །མིག་ལ་བསྟོན་ཞེས་བྱ་བའམ་མི་བསྟོན་ཞེས་བྱ་བར་ཡང་དག་པར་རྗེས་སུ་མི་མཐོང་ངོ་། །རྣ་བ་དང་སྣ་དང་ལྗེ་དང་ལུས་དང་ཡིད་ལ་བསྟོན་ཞེས་བྱ་བའམ་མི་བསྟོན་ཞེས་བྱ་བར་ཡང་དག་པར་རྗེས་སུ་མི་མཐོང་ངོ་། །གཟུགས་ལ་བསྟོན་ཞེས་བྱ་བའམ་མི་བསྟོན་ཞེས་བྱ་བར་ཡང་དག་པར་རྗེས་སུ་མི་མཐོང་ངོ་། །སྒྲ་དང་དྲི་དང་རོ་དང་རེག་བྱ་དང་ཆོས་ལ་བསྟོན་ཞེས་བྱ་བ་༡འམ་མི་བསྟོན་ཞེས་བྱ་བར་ཡང་དག་པར་རྗེས་སུ་མི་མཐོང་ངོ་། །མིག་གི་ཁམས་ལ་བསྟོན་ཞེས་བྱ་བའམ་མི་བསྟོན་ཞེས་བྱ་བར་ཡང་དག་པར་རྗེས་སུ་མི་མཐོང་ངོ་། །གཟུགས་ཀྱི་ཁམས་དང་། མིག་གི་རྣམ་པར་ཤེས་པའི་ཁམས་ལ་བསྟོན་ཞེས་བྱ་བའམ་མི་བསྟོན་ཞེས་བྱ་བར་ཡང་དག་པར་རྗེས་སུ་མི་མཐོང་ངོ་། །ཡིད་ཀྱི་ཁམས་ཀྱི་བར་ལ་བསྟོན་ཞེས་བྱ་བའམ་མི་བསྟོན་ཞེས་བྱ་བར་ཡང་དག་པར་རྗེས་སུ་མི་མཐོང་ངོ་། །ཆོས་ཀྱི་ཁམས་དང་ཡིད་ཀྱི་རྣམ་པར་ཤེས་པའི་ཁམས་ལ་བསྟོན་ཞེས་བྱ་བའམ་མི་བསྟོན་ཞེས་བྱ་བར་ཡང་༢དག་པར་རྗེས་སུ་མི་མཐོང་ངོ་། །སའི་ཁམས་ལ་བསྟོན་ཞེས་བྱ་བའམ་མི་བསྟོན་ཞེས་བྱ་བར་ཡང་དག་པར་རྗེས་སུ་མི་མཐོང་ངོ་། །ཆུའི་ཁམས་དང་མེའི་ཁམས་དང་རླུང་གི་ཁམས་དང་ནམ་མཁའི་ཁམས་དང་རྣམ་པར་ཤེས་པའི་ཁམས་ལ་བསྟོན་ཞེས་བྱ་བའམ་མི་བསྟོན་ཞེས་བྱ་བར་ཡང་དག་པར་རྗེས་སུ་མི་མཐོང་ངོ་། །མ་རིག་པ་ལ་བསྟོན་ཞེས་བྱ་བའམ་མི་བསྟོན་ཞེས་བྱ་བར་ཡང་དག་པར་རྗེས་སུ་མི་མཐོང་ངོ་། །འདུ་བྱེད་དང་རྣམ་པར་ཤེས་པ་དང་མིང་དང་གཟུགས་དང་སྐྱེ་མཆེད་དྲུག་དང་རེག་པ་དང་ཚོར་བ་དང་སྲེད་པ་དང་ལེན་པ་དང་སྲིད་༣པ་དང་སྐྱེ་བ་དང་རྒ་ཤི་ལ་བསྟོན་ཞེས་བྱ་

བའམ་མི་བསྟོན་ཞེས་བྱ་བར་ཡང་དག་པར་རྗེས་སུ་མི་མཐོང་ངོ་། །སྦྱིན་པའི་ཕ་རོལ་ཏུ་ཕྱིན་པ་ལ་བསྟོན་ཞེས་བྱ་བའམ་མི་བསྟོན་ཞེས་བྱ་བར་ཡང་དག་པར་རྗེས་སུ་མི་མཐོང་ངོ་། །ཚུལ་ཁྲིམས་ཀྱི་ཕ་རོལ་ཏུ་ཕྱིན་པ་དང་། བཟོད་པའི་ཕ་རོལ་ཏུ་ཕྱིན་པ་དང་། བརྩོན་འགྲུས་ཀྱི་ཕ་རོལ་ཏུ་ཕྱིན་པ་དང་། བསམ་གཏན་གྱི་ཕ་རོལ་ཏུ་ཕྱིན་པ་དང་། ཤེས་རབ་ཀྱི་ཕ་རོལ་ཏུ་ཕྱིན་པ་ལ་བསྟོན་ཞེས་བྱ་བའམ་མི་བསྟོན་ཞེས་བྱ་བར་ཡང་དག་པར་རྗེས་སུ་མི་མཐོང་ངོ་། །ནང་སྟོང་པ་ཉིད་ལ་བསྟོན་ཞེས་བྱ་བའམ་མི་བསྟོན་ཞེས་བྱ་བར་ཡང་དག་པར་རྗེས་སུ་མི་མཐོང་ངོ་། །ཕྱི་སྟོང་པ་ཉིད་དང་། ཕྱི་ནང་སྟོང་པ་ཉིད་དང་། སྟོང་པ་ཉིད་སྟོང་པ་ཉིད་དང་། ཆེན་པོ་སྟོང་པ་ཉིད་དང་། དོན་དམ་པ་སྟོང་པ་ཉིད་དང་། འདུས་བྱས་སྟོང་པ་ཉིད་དང་། འདུས་མ་བྱས་སྟོང་པ་ཉིད་དང་། མཐའ་ལས་འདས་པ་སྟོང་པ་ཉིད་དང་། ཐོག་མ་དང་ཐ་མ་མེད་པ་སྟོང་པ་ཉིད་དང་། དོར་བ་མེད་པ་སྟོང་པ་ཉིད་དང་། རང་བཞིན་སྟོང་པ་ཉིད་དང་། ཆོས་ཐམས་ཅད་སྟོང་པ་ཉིད་དང་། རང་གི་མཚན་ཉིད་སྟོང་པ་ཉིད་དང་། མི་དམིགས་པ་སྟོང་པ་ཉིད་དང་། དངོས་པོ་མེད་པ་སྟོང་པ་ཉིད་དང་། ངོ་བོ་ཉིད་སྟོང་པ་ཉིད་དང་། དངོས་པོ་མེད་པའི་ངོ་བོ་ཉིད་སྟོང་པ་ཉིད་ལ་བསྟོན་ཞེས་བྱ་བའམ་མི་བསྟོན་ཞེས་བྱ་བར་ཡང་དག་པར་རྗེས་སུ་མི་མཐོང་ངོ་། །དྲན་པ་ཉེ་བར་གཞག་པ་རྣམས་ལ་བསྟོན་ཞེས་བྱ་བའམ། མི་བསྟོན་ཞེས་བྱ་བར་ཡང་དག་པར་རྗེས་སུ་མི་མཐོང་ངོ་། །ཡང་དག་པར་སྤོང་བ་རྣམས་དང་། རྫུ་འཕྲུལ་གྱི་རྐང་པ་རྣམས་དང་། དབང་པོ་རྣམས་དང་། སྟོབས་རྣམས་དང་། བྱང་ཆུབ་ཀྱི་ཡན་ལག་རྣམས་དང་། ལམ་རྣམས་དང་། འཕགས་པའི་བདེན་པ་རྣམས་དང་། བསམ་གཏན་རྣམས་དང་། ཚད་མེད་པ་རྣམས་དང་། གཟུགས་

མེད་པའི་སྙོམས་པར་འཇུག་པ་རྣམས་དང་། རྣམ་པར་ཐར་པ་བརྒྱད་དང་། མཐར་གྱིས་གནས་པའི་སྙོམས་པར་འཇུག་པ་དགུ་དང་། སྟོང་པ་ཉིད་དང་། མཚན་མ་མེད་པ་དང་། སྨོན་པ་མེད་པ་དང་། མངོན་པར་ཤེས་པ་རྣམས་ལ་བསྟན་ཞེས་བྱ་བའམ་མི་བསྟན་ཞེས་བྱ་བར་ཡང་དག་པར་རྗེས་སུ་མི་མཐོང་ངོ་། །ཏིང་ངེ་འཛིན་ཐམས་ཅད་དང་། གཟུངས་ཀྱི་སྒོ་ཐམས་ཅད་ལ་བསྟན་ཞེས་བྱ་བའམ་མི་བསྟན་ཞེས་བྱ་བར་ཡང་དག་པར་རྗེས་སུ་མི་མཐོང་ངོ་། །དེ་བཞིན་གཤེགས་པའི་སྟོབས་བཅུ་དང་། མི་འཇིགས་པ་བཞི་དང་། སོ་སོ་ཡང་དག་པར་རིག་པ་བཞི་དང་། བྱམས་པ་ཆེན་པོ་དང་། སྙིང་རྗེ་ཆེན་པོ་དང་། སངས་རྒྱས་ཀྱི་ཆོས་མ་འདྲེས་པ་བཅོ་བརྒྱད་ལ་བསྟན་ཞེས་བྱ་བའམ་མི་བསྟན་ཞེས་བྱ་བར་ཡང་དག་པར་རྗེས་སུ་མི་མཐོང་ངོ་། །རྣམ་པ་ཐམས་ཅད་མཁྱེན་པ་ཉིད་ཀྱི་བར་ལ་བསྟན་ཞེས་བྱ་བའམ་མི་བསྟན་ཞེས་བྱ་བར་ཡང་དག་པར་རྗེས་སུ་མི་མཐོང་ངོ་། །ཤཱ་ར་དྭ་ཏིའི་བུ་རྣམ་གྲངས་དེ་ལྟ་བུས་ན། ཆོས་ཐམས་ཅད་:འདུ་བ་དང་འབྲལ་བ་[1]མེད་པའི་ཕྱིར། བྱང་ཆུབ་སེམས་དཔའ་སེམས་དཔའ་ཆེན་པོ་ཤེས་རབ་ཀྱི་ཕ་རོལ་ཏུ་ཕྱིན་པ་ལ་བསྟན་ཞེས་བྱའོ། །ཤཱ་ར་དྭ་ཏིའི་[2]བུ་གཞན་ཡང་བྱང་ཆུབ་སེམས་དཔའ་སེམས་དཔའ་ཆེན་པོ་ཤེས་རབ་ཀྱི་ཕ་རོལ་ཏུ་ཕྱིན་པ་ལ་སྤྱོད་པའི་ཚེ། སྟོང་པ་ཉིད་དང་སྟོང་པ་ཉིད་དུ་མི་བསྡུད་[3]མི་འབྱེད་དེ། སྟོང་པ་ཉིད་ཀྱི་རྣལ་འབྱོར་དང་ཡང་མ་ཡིན་ནོ། །མཚན་མ་མེད་[4]པ་དང་། མཚན་མ་མེད་པར་མི་བསྡུད་[5]མི་འབྱེད་དེ། མཚན་མ་མེད་པའི་རྣལ་འབྱོར་དང་ཡང་མ་ཡིན་ནོ། །སྨོན་པ་མེད་པ་དང་སྨོན་པ་མེད་པར་མི་བསྡུད་[6]མི་འབྱེད་དེ། སྨོན་པ་མེད་པའི་རྣལ་འབྱོར་དང་ཡང་མ་ཡིན་ནོ། །དེ་ཅིའི་ཕྱིར་ཞེ་ན། དེ་ནི་འདི་ལྟར་སྟོང་པ་ཉིད་ལ་འདུ་བའམ་འབྲལ་བ་མེད་དོ། །མཚན་

མ་མེད་པ་དང་། སྨོན་པ་མེད་པ་ལ་འདུ་བའམ་འབྲལ་བ་མེད་དོ། །ཤཱ་ར་དྭ་ཏིའི་བུ་དེ་ལྟར་བསྟན་པའི་བྱང་ཆུབ་སེམས་དཔའ་སེམས་དཔའ་ཆེན་པོ་ནི་ཤེས་རབ་ཀྱི་ཕ་རོལ་ཏུ་ཕྱིན་པ་ལ་བསྟན་ཞེས་བྱའོ། །ཤཱ་ར་དྭ་ཏིའི་བུ་གཞན་ཡང་བྱང་ཆུབ་སེམས་དཔའ་སེམས་དཔའ་ཆེན་པོ་ཤེས་རབ་ཀྱི་ཕ་རོལ་ཏུ་ཕྱིན་པ་ལ་སྤྱོད་པའི་ཚེ། ཆོས་རྣམས་ཀྱི་རང་གི་མཚན་ཉིད་སྟོང་པ་ཉིད་ལ་འཇུག་སྟེ། དེ་དེ་ལྟར་ཡོང་དུ་ཚུད་པར་བྱེད་པས་གཟུགས་མི་སྦྱོར་མི་འབྱེད་དོ། །ཚོར་བ་དང་འདུ་ཤེས་དང་འདུ་བྱེད་དང་རྣམ་པར་ཤེས་པ་མི་སྦྱོར་མི་འབྱེད་དོ། །རྣམ་པ་ཐམས་ཅད་[1]མཁྱེན་པ་ཉིད་ཀྱི་བར་དུ་མི་སྦྱོར་མི་འབྱེད་དོ[3]། །དེ་ལྟར་སྤྱོད་པའི་བྱང་ཆུབ་སེམས་དཔའ་སེམས་དཔའ་ཆེན་པོ་ནི་ཤེས་རབ་ཀྱི་ཕ་རོལ་ཏུ་ཕྱིན་པ་ལ་བསྟན་ཞེས་བྱའོ། །ཤཱ་ར་དྭ་ཏིའི་བུ་གཞན་ཡང་བྱང་ཆུབ་སེམས་དཔའ་སེམས་དཔའ་ཆེན་པོ་ཤེས་རབ་ཀྱི་ཕ་རོལ་ཏུ་ཕྱིན་པ་ལ་སྤྱོད་པའི་ཚེ། གཟུགས་དང་སྔོན་གྱི་མཐར་མི་སྦྱོར་མི་འབྱེད་དེ། དེ་ནི་འདི་ལྟར་སྔོན་གྱི་མཐའ་ཉིད་ཀྱང་ཡང་དག་པར་རྗེས་སུ་མི་མཐོང་ངོ་། །གཟུགས་དང་ཕྱི་མའི་མཐར་མི་སྦྱོར་མི་འབྱེད་དེ། དེ་ནི་འདི་ལྟར་ཕྱི་མའི་མཐའ་ཉིད་ཀྱང་ཡང་དག་པར་རྗེས་སུ་མི་མཐོང་ངོ་། །གཟུགས་དང་ད་ལྟར་བྱུང་བར་མི་སྦྱོར་མི་འབྱེད་དེ། དེ་ནི་འདི་ལྟར་ད་ལྟར་བྱུང་བ་ཉིད་ཀྱང་ཡང་དག་པར་རྗེས་སུ་མི་མཐོང་ངོ་། །ཚོར་བ་དང་འདུ་ཤེས་དང་འདུ་བྱེད་དང་རྣམ་པར་ཤེས་པ་དང་སྔོན་གྱི་མཐར་མི་སྦྱོར་མི་འབྱེད་དེ། དེ་ནི་འདི་ལྟར་སྔོན་གྱི་མཐའ་ཉིད་ཀྱང་ཡང་དག་པར་རྗེས་སུ་མི་མཐོང་ངོ་། །རྣམ་པར་ཤེས་པ་དང་ཕྱི་མའི་མཐར་མི་སྦྱོར་མི་འབྱེད་དེ། དེ་ནི་འདི་ལྟར་ཕྱི་མའི་མཐའ་ཉིད་ཀྱང་ཡང་དག་པར་རྗེས་སུ་མི་མཐོང་ངོ་། །རྣམ་པར་ཤེས་པ་དང་ད་ལྟར་བྱུང་བར་མི་སྦྱོར་མི་འབྱེད་དེ། དེ་ནི་འདི་ལྟར་ད་ལྟར་བྱུང་བ་ཉིད་ཀྱང་ཡང་དག་པར་རྗེས་སུ་མི

མཐོང་ངོ་། །རྣམ་པ་ཐམས་ཅད་མཁྱེན་པ་ཉིད་ཀྱི་བར་དང་སྔོན་གྱི་མཐར་མི་སྦྱོར་མི་འབྱེད་དེ། དེ་ནི་འདི་ལྟར་སྔོན་གྱི་མཐའ་ཉིད་ཀྱང་ཡང་དག་པར་རྗེས་སུ་མི་མཐོང་ངོ་། །རྣམ་པ་ཐམས་ཅད་མཁྱེན་པ་ཉིད་དང་ཕྱི་མའི་མཐར་མི་སྦྱོར་མི་འབྱེད་དེ། དེ་ནི་འདི་ལྟར་ཕྱི་མའི་མཐའ་ཉིད་ཀྱང་ཡང་དག་པར་རྗེས་སུ་མི་མཐོང་ངོ་། །རྣམ་པ་ཐམས་ཅད་མཁྱེན་པ་ཉིད་དང་ད་ལྟར་བྱུང་བར་མི་སྦྱོར་མི་འབྱེད་དེ། དེ་ནི་འདི་ལྟར་ད་ལྟར་བྱུང་བ་ཉིད་ཀྱང་ཡང་དག་པར་རྗེས་སུ་མི་མཐོང་ངོ་། །ཤཱ་ར་དྭ་ཏིའི་བུ་བྱང་ཆུབ་སེམས་དཔའ་སེམས་དཔའ་ཆེན་པོ་དེ་ལྟར་སྤྱོད་པ་ནི། ཤེས་རབ་ཀྱི་ཕ་རོལ་ཏུ་ཕྱིན་པ་ལ་བརྩོན་ཞེས་བྱའོ། །ཤཱ་ར་དྭ་ཏིའི་བུ་གཞན་ཡང་བྱང་ཆུབ་སེམས་དཔའ་སེམས་དཔའ་ཆེན་པོ་ཤེས་རབ་ཀྱི་ཕ་རོལ་ཏུ་ཕྱིན་པ་ལ་སྤྱོད་པའི་ཚེ། དུས་གསུམ་མཉམ་པ་ཉིད་དུ་སྟོང་པ་ཉིད་ཀྱི་ཕྱིར། སྔོན་གྱི་མཐའ་དང་ཕྱི་མའི་མཐར་མི་སྦྱོར་མི་འབྱེད་དོ། །ཕྱི་མའི་མཐའ་དང་སྔོན་གྱི་མཐར་མི་སྦྱོར་མི་འབྱེད་དོ། །ད་ལྟར་བྱུང་བ་དང་སྔོན་གྱི་མཐའ་འམ་ཕྱི་མའི་མཐར་མི་སྦྱོར་མི་འབྱེད་དོ། །སྔོན་གྱི་མཐའ་འམ་ཕྱི་མའི་མཐའ་དང་ད་ལྟར་བྱུང་བར་མི་སྦྱོར་མི་འབྱེད་དོ། །ཤཱ་ར་དྭ་ཏིའི་བུ་བྱང་ཆུབ་སེམས་དཔའ་སེམས་དཔའ་ཆེན་པོ་དེ་ལྟར་སྤྱོད་པ་ནི། ཤེས་རབ་ཀྱི་ཕ་རོལ་ཏུ་ཕྱིན་པ་ལ་བརྩོན་ཞེས་བྱའོ། །ཤཱ་ར་དྭ་ཏིའི་བུ་གཞན་ཡང་བྱང་ཆུབ་སེམས་དཔའ་སེམས་དཔའ་ཆེན་པོ་ཤེས་རབ་ཀྱི་ཕ་རོལ་ཏུ་ཕྱིན་པ་ལ་སྤྱོད་པའི་ཚེ། རྣམ་པ་འདི་ལྟར་བརྩོན་པར་བྱེད་དེ། བརྩོན་པ་དེས་རྣམ་པ་ཐམས་ཅད་མཁྱེན་པ་ཉིད་འདས་པ་དང་། མི་སྦྱོར་མི་འབྱེད་དོ༑ །དེ་ནི་འདི་ལྟར་འདས་པ་ཉིད་ཀྱང་ཡང་དག་པར་རྗེས་སུ་མི་མཐོང་སྟེ། ཡང་དག་པར་རྗེས་སུ་མ་[༡]མཐོང་ན་ཐམས་ཅད་མཁྱེན་པ་ཉིད་འདས་པ་དང་[༢]སྦྱོར་བའམ་འབྱེད་པ་ལྟ་ག་ལ་ཡོད། ཐམས་ཅད་མཁྱེན་པ་ཉིད་མ་འོངས་པ་དང་

མི་སྦྱོར་མི་འབྱེད་དོ། །དེ་ནི་འདི་ལྟར་མ་འོངས་པ་ཉིད་ཀྱང་ཡང་དག་པར་རྗེས་སུ་མི་མཐོང་སྟེ། ཡང་དག་པར་རྗེས་སུ་མ་མཐོང་ན། ཐམས་ཅད་མཁྱེན་པ་ཉིད་མ་འོངས་པ་དང་སྦྱོར་བའམ་འབྱེད་པ་ལྟ་ག་ལ་ཡོད། ཐམས་ཅད་མཁྱེན་པ་ཉིད་ད་ལྟར་བྱུང་བ་དང་མི་སྦྱོར་མི་འབྱེད་དོ། །དེ་ནི་འདི་ལྟར་ད་ལྟར་བྱུང་བ་ཉིད་ཀྱང་ཡང་དག་པར་རྗེས་སུ་མི་མཐོང་སྟེ་ཡང་དག་པར་རྗེས་སུ་མ་མཐོང་ན། ཐམས་ཅད་མཁྱེན་པ་ཉིད་ད་ལྟར་བྱུང་བ་དང་སྦྱོར་བའམ་འབྱེད་པ་ལྟ་ག་ལ་ཡོད། ཤ་ར་དྭ་ཏིའི་བུ་བྱང་ཆུབ་སེམས་དཔའ་སེམས་དཔའ་ཆེན་པོ་དེ་ལྟར་སྦྱོད་པ་ནི། ཤེས་རབ་ཀྱི་ཕ་རོལ་ཏུ་ཕྱིན་པ་ལ་བརྩོན་ཞེས་བྱའོ། །ཤ་ར་དྭ་ཏིའི་བུ་གཞན་ཡང་བྱང་ཆུབ་སེམས་དཔའ་སེམས་དཔའ་ཆེན་པོ་ཤེས་རབ་ཀྱི་ཕ་རོལ་ཏུ་ཕྱིན་པ་ལ་སྦྱོད་པའི་ཚེ། གཟུགས་དང་ཐམས་ཅད་མཁྱེན་པ་ཉིད་དུ་མི་སྦྱོར་མི་འབྱེད་དོ། །དེ་ནི་འདི་ལྟར་གཟུགས་ཉིད་ཀྱང་ཡང་དག་པར་རྗེས་སུ་མི་མཐོང་སྟེ། ཡང་དག་པར་རྗེས་སུ་མ་མཐོང་ན། གཟུགས་དང་ཐམས་ཅད་མཁྱེན་པ་ཉིད་དུ་སྦྱོར་བའམ་འབྱེད་པ་ལྟ་ག་ལ་ཡོད། ཚོར་བ་དང་འདུ་ཤེས་དང་འདུ་བྱེད་དང་རྣམ་པར་ཤེས་པ་དང་ཐམས་ཅད་མཁྱེན་པ་ཉིད་དུ་མྱི་སྦྱོར་མྱི་འབྱེད་དོ། །དེ་ནི་འདི་ལྟར། རྣམ་པར་ཤེས་པ་ཉིད་ཀྱང་ཡང་དག་པར་རྗེས་སུ་མི་མཐོང་སྟེ། ཡང་དག་པར་རྗེས་སུ་མ་མཐོང་ན། རྣམ་པར་ཤེས་པ་དང་ཐམས་ཅད་མཁྱེན་པ་ཉིད་དུ་[1]སྦྱོར་བའམ་འབྱེད་པ་ལྟ་ག་ལ་ཡོད། མིག་དང་ཐམས་ཅད་མཁྱེན་པ་ཉིད་དུ་མི་སྦྱོར་མི་འབྱེད་དོ། །མིག་ཉིད་ཀྱང་ཡང་དག་པར་རྗེས་སུ་མི་མཐོང་ངོ་། །རྣ་བ་དང་སྣ་དང་ལྗེ་དང་ལུས་དང་ཡིད་དང་ཐམས་ཅད་མཁྱེན་པ་ཉིད་དུ་མི་སྦྱོར་མི་འབྱེད་དོ། །ཡིད་ཉིད་ཀྱང་ཡང་དག་པར་རྗེས་སུ་མི་མཐོང་ངོ་། །གཟུགས་དང་ཐམས་ཅད་མཁྱེན་པ་ཉིད་དུ་མི་སྦྱོར་མིཿའབྱེད་དོ[2]། །གཟུགས་ཉིད་ཀྱང་

ཡང་དག་པར་རྗེས་སུ་མི་མཐོང་ངོ་། །སྒྲ་དང་དྲི་དང་རོ་དང་རེག་བྱ་དང་ཆོས་དང་ཐམས་ཅད་མཁྱེན་པ་ཉིད་དུ་མི་སྦྱོར་མི་འབྱེད་དོ། །ཆོས་ཉིད་ཀྱང་ཡང་དག་པར་རྗེས་སུ་མི་མཐོང་ངོ་། །མིག་གི་ཁམས་དང་ཐམས་ཅད་མཁྱེན་པ་ཉིད་དུ་མི་སྦྱོར་མི་འབྱེད་དོ། །མིག་གི་ཁམས་ཉིད་ཀྱང་ཡང་དག་པར་རྗེས་སུ་མི་མཐོང་ངོ་།། གཟུགས་ཀྱི་ཁམས་དང་ཐམས་ཅད་མཁྱེན་པ་ཉིད་དུ་མི་སྦྱོར་མི་འབྱེད་དོ། །གཟུགས་ཀྱི་ཁམས་ཉིད་ཀྱང་ཡང་དག་པར་རྗེས་སུ་མི་མཐོང་ངོ་། །མིག་གི་རྣམ་པར་ཤེས་པའི་ཁམས་དང་ཐམས་ཅད་མཁྱེན་པ་ཉིད་དུ་མི་སྦྱོར་མི་འབྱེད་དོ། །མིག་གི་རྣམ་པར་ཤེས་པའི་ཁམས་ཉིད་ཀྱང་ཡང་དག་པར་རྗེས་སུ་མི་མཐོང་ངོ་། །ཡིད་ཀྱི་ཁམས་ཀྱི་བར་དང་ཐམས་ཅད་མཁྱེན་པ་ཉིད་དུ་མི་སྦྱོར་མི་འབྱེད་དོ། །ཡིད་ཀྱི་ཁམས་ཉིད་ཀྱང་ཡང་དག་པར་རྗེས་སུ་མི་མཐོང་ངོ་། །ཆོས་ཀྱི་ཁམས་དང་ཐམས་ཅད་མཁྱེན་པ་ཉིད་དུ་མི་སྦྱོར་མི་འབྱེད་དོ། །ཆོས་ཀྱི་ཁམས་ཉིད་ཀྱང་ཡང་དག་པར་རྗེས་སུ་མི་མཐོང་ངོ་། །ཡིད་ཀྱི་རྣམ་པར་ཤེས་པའི་ཁམས་དང་ཐམས་ཅད་མཁྱེན་པ་ཉིད་དུ་མི་སྦྱོར་མི་འབྱེད་དོ། །དེ་ནི་འདི་ལྟར་ཡིད་ཀྱི་རྣམ་པར་ཤེས་པའི་ཁམས་ཉིད་ཀྱང་ཡང་དག་པར་རྗེས་སུ་མི་མཐོང་སྟེ། ཡང་དག་པར་རྗེས་སུ་མ་མཐོང་ན། ཡིད་ཀྱི་རྣམ་པར་ཤེས་པའི་ཁམས་དང་ཐམས་ཅད་མཁྱེན་པ་ཉིད་དུ་སྦྱོར་བའམ་འབྱེད་པ་ལྟ་ག་ལ་ཡོད། སའི་ཁམས་དང་། ཆུའི་ཁམས་དང་མེའི་ཁམས་དང་། རླུང་གི་ཁམས་དང་ནམ་མཁའི་ཁམས་དང་། རྣམ་པར་ཤེས་པའི་ཁམས་དང་ཐམས་ཅད་མཁྱེན་པ་ཉིད་དུ་མི་སྦྱོར་མི་འབྱེད་དོ། །དེ་ནི་འདི་ལྟར་རྣམ་པར་ཤེས་པའི་ཁམས་ཉིད་ཀྱང་ཡང་དག་པར་རྗེས་སུ་མི་མཐོང་སྟེ། ཡང་དག་པར་རྗེས་སུ་མ་མཐོང་ན། རྣམ་པར་ཤེས་པའི་ཁམས་དང་ཐམས་ཅད་མཁྱེན་པ་ཉིད་དུ་སྦྱོར་བའམ་འབྱེད་པ་ལྟ་ག་ལ་ཡོད། མ་རིག་པ་དང་

ཐམས་ཅད་མཁྱེན་པ་ཉིད་དུ་མི་སྨྲོར་མི་འབྱེད་དོ། །དེ་ནི་འདི་ལྟར་མ་རིག་པ
ཉིད་ཀྱང་ཡང་དག་པར་རྗེས་སུ་མི་མཐོང་སྟེ། ཡང་དག་པར་རྗེས་སུ་མ་མཐོང་ན།
མ་རིག་པ་དང་ཐམས་ཅད་མཁྱེན་པ་ཉིད་དུ་སྨྲོར་བའམ་འབྱེད་པ་ལྟ་ག་ལ་ཡོད།
འདུ་བྱེད་དང་རྣམ་པར་ཤེས་པ་དང་མིང་དང་གཟུགས་དང་སྐྱེ་མཆེད་དྲུག་དང
རེག་པ་དང་ཚོར་བ་དང་སྲེད་པ་དང་ལེན་པ་དང་སྲིད་པ་དང་སྐྱེ་བ་དང་རྒ་ཤི་དང་།
ཐམས་ཅད་མཁྱེན་པ་ཉིད་དུ་མི་སྨྲོར་མི་འབྱེད་དོ། །དེ་ནི་འདི་ལྟར་རྒ་ཤི་ཉིད
ཀྱང་ཡང་དག་པར་རྗེས་སུ་མི་མཐོང་སྟེ། ཡང་དག་པར་རྗེས་སུ་མ་མཐོང་ན།
རྒ་ཤི་དང་ཐམས་ཅད་མཁྱེན་པ་ཉིད་དུ་སྨྲོར་བའམ་འབྱེད་པ་ལྟ་ག་ལ་ཡོད། ཤ
ར་དྭ་ཏིའི་བུ་གཞན་ཡང་བྱང་ཆུབ་སེམས་དཔའ་སེམས་དཔའ་ཆེན་པོ་ཤེས་རབ་ཀྱི་
ཕ་རོལ་དུ་ཕྱིན་པ་ལ་སྤྱོད་པའི་ཚེ། སྦྱིན་པའི་ཕ་རོལ་དུ་ཕྱིན་པ་དང་། ཐམས་
ཅད་མཁྱེན་པ་ཉིད་དུ་མི་སྨྲོར་མི་འབྱེད་དོ། །སྦྱིན་པའི་ཕ་རོལ་དུ་ཕྱིན་པ་ཉིད
ཀྱང་ཡང་དག་པར་རྗེས་སུ་མི་མཐོང་ངོ་། །ཚུལ་ཁྲིམས་ཀྱི་ཕ་རོལ་དུ་ཕྱིན་པ་དང་།
བཟོད་པའི་ཕ་རོལ་དུ་ཕྱིན་པ་དང་། བརྩོན་འགྲུས་ཀྱི་ཕ་རོལ་དུ་ཕྱིན་པ་དང་།
བསམ་གཏན་གྱི་ཕ་རོལ་དུ་ཕྱིན་པ་དང་། ཤེས་རབ་ཀྱི་ཕ་རོལ་དུ་ཕྱིན་པ་དང་།
ཐམས་ཅད་མཁྱེན་པ་ཉིད་དུ་མི་སྨྲོར་མི་འབྱེད་དོ། །ཤེས་རབ་ཀྱི་ཕ་རོལ་དུ་ཕྱིན་
པ་ཉིད་ཀྱང་ཡང་དག་པར་རྗེས་སུ་མི་མཐོང་ངོ་། །ནང་སྟོང་པ་ཉིད་དང་།
དངོས་པོ་མེད་པའི་ངོ་བོ་ཉིད་སྟོང་པ་ཉིད་ཀྱི་བར་དང་། ཐམས་ཅད་མཁྱེན་པ
ཉིད་དུ་མི་སྨྲོར་མི་འབྱེད་དོ། །དངོས་པོ་མེད་པའི་ངོ་བོ་ཉིད་སྟོང་པ་ཉིད་ཀྱང
ཡང་དག་པར་རྗེས་སུ་མི་མཐོང་ངོ་། །དྲན་པ་ཉེ་བར་གཞག་པ་རྣམས་དང་།
ཡང་དག་པར་སྤོང་བ་རྣམས་དང་། རྫུ་འཕྲུལ་གྱི་རྐང་པ་རྣམས་དང་། དབང་
པོ་རྣམས་དང་། སྟོབས་རྣམས་དང་། བྱང་ཆུབ་ཀྱི་ཡན་ལག་རྣམས་དང་།

ལམ་རྣམས་དང་། ཐམས་ཅད་མཁྱེན་པ་ཉིད་དུ་མི་སྦྱོར་མི་འབྱེད་དོ། །[1]ལམ་[2]ཉིད་ཀྱང་ཡང་དག་པར་རྗེས་སུ་མི་མཐོང་ངོ་། །འཕགས་པའི་བདེན་པ་རྣམས་དང་། བསམ་གཏན་རྣམས་དང་། ཚད་མེད་པ་རྣམས་དང་། གཟུགས་མེད་པའི་སྙོམས་པར་འཇུག་པ་རྣམས་དང་། རྣམ་པར་ཐར་པ་རྣམས་དང་། མཐར་གྱིས་གནས་པའི་སྙོམས་པར་འཇུག་པ་རྣམས་དང་། སྟོང་པ་ཉིད་དང་། མཚན་མ་མེད་པ་དང་། སྨོན་པ་མེད་པ་དང་། མངོན་པར་ཤེས་པ་རྣམས་དང་། ཐམས་ཅད་མཁྱེན་པ་ཉིད་དུ་མི་སྦྱོར་མི་འབྱེད་དོ། །མངོན་པར་ཤེས་པ་ཉིད་ཀྱང་ཡང་དག་པར་རྗེས་སུ་མི་མཐོང་ངོ་། །ཏིང་ངེ་འཛིན་རྣམས་དང་། གཟུངས་ཀྱི་སྒོ་རྣམས་དང་། དེ་བཞིན་གཤེགས་པའི་སྟོབས་བཅུ་དང་། མི་འཇིགས་པ་བཞི་དང་། སོ་སོ་ཡང་དག་པར་རིག་པ་བཞི་དང་། བྱམས་པ་ཆེན་པོ་དང་། སྙིང་རྗེ་ཆེན་པོ་དང་། སངས་རྒྱས་ཀྱི་ཆོས་མ་འདྲེས་པ་བཅོ་བརྒྱད་དང་ཐམས་ཅད་མཁྱེན་པ་ཉིད་དུ་མི་སྦྱོར་མི་འབྱེད་དོ། །དེ་ནི་འདི་ལྟར་སངས་རྒྱས་ཀྱི་ཆོས་མ་འདྲེས་པ་ཉིད་ཀྱང་ཡང་དག་པར་རྗེས་སུ་མི་མཐོང་སྟེ། ཡང་དག་པར་རྗེས་སུ་མ་མཐོང་ན། སངས་རྒྱས་ཀྱི་ཆོས་མ་འདྲེས་པ་དང་། ཐམས་ཅད་མཁྱེན་པ་ཉིད་དུ་སྦྱོར་བའམ་འབྱེད་པ་ལྟ་ག་ལ་ཡོད། ཤཱ་ར་དྭ་ཏིའི་བུ་བྱང་ཆུབ་སེམས་དཔའ་སེམས་དཔའ་ཆེན་པོ་དེ་ལྟར་སྦྱོད་པ་ནི། ཤེས་རབ་ཀྱི་ཕ་རོལ་ཏུ་ཕྱིན་པ་ལ་བརྩོན་ཞེས་བྱའོ། །ཤཱ་ར་དྭ་ཏིའི་བུ་གཞན་ཡང་བྱང་ཆུབ་སེམས་དཔའ་སེམས་དཔའ་ཆེན་པོ་ཤེས་རབ་ཀྱི་ཕ་རོལ་ཏུ་ཕྱིན་པ་ལ་སྦྱོད་པའི་ཚེ། སངས་རྒྱས་དང་ཐམས་ཅད་མཁྱེན་པ་ཉིད་དུ་མི་སྦྱོར་མི་འབྱེད་དོ། །ཐམས་ཅད་མཁྱེན་པ་ཉིད་དང་། སངས་རྒྱས་སུ་མི་སྦྱོར་མི་འབྱེད་དོ། །དེ་ནི་འདི་ལྟར་སངས་རྒྱས་ཉིད་ཀྱང་ཡང་དག་པར་རྗེས་སུ་མི་མཐོང་ངོ་། །ཐམས་ཅད་མཁྱེན་པ་

ཉིད་ཀྱང་ཡང་དག་པར་རྗེས་སུ་མི་མཐོང་སྟེ། ཡང་དག་པར་རྗེས་སུ་མ་མཐོང་ན།
སྤྱོར་བའམ་འབྱེད་པ་ལྟ་ག་ལ་ཡོད། བྱང་ཆུབ་དང་ཐམས་ཅད་མཁྱེན་པ་ཉིད་དུ་
མི་སྦྱོར་མི་འབྱེད་དོ། །ཐམས་ཅད་མཁྱེན་པ་ཉིད་དང་བྱང་ཆུབ་ཏུ་མི་སྦྱོར་མི་
འབྱེད་དོ། །དེ་ནི་འདི་ལྟར་བྱང་ཆུབ་ཉིད་ཀྱང་ཡང་དག་པར་རྗེས་སུ་མི་མཐོང་
ངོ་། །རྣམ་པ་ཐམས་ཅད་མཁྱེན་པ་ཉིད་ཀྱང་ཡང་དག་པར་རྗེས་སུ་མི་མཐོང་སྟེ།
ཡང་དག་པར་རྗེས་སུ་མ་མཐོང་ན། སྦྱོར་བའམ་འབྱེད་པ་ལྟ་ག་ལ་ཡོད། ཤ་
ར་དྭ་ཏིའི་བུ་བྱང་ཆུབ་སེམས་དཔའ་སེམས་དཔའ་ཆེན་པོ་དེ་ལྟར་སྤྱོད་པ[7]ནི་ཤེས་
རབ་ཀྱི་ཕ་རོལ་ཏུ་ཕྱིན་པ་ལ་བརྩོན་ཞེས་བྱའོ། །ཤ་ར་དྭ་ཏིའི་བུ་གཞན་ཡང་བྱང་
ཆུབ་སེམས་དཔའ་སེམས་དཔའ་ཆེན་པོ་ཤེས་རབ་ཀྱི་ཕ་རོལ་ཏུ་ཕྱིན་པ་ལ་སྤྱོད་པའི་
ཚེ། གཟུགས་དངོས་པོ་ཡོད་ཅེས་བྱ་བར་མི་སྦྱོར་རོ། །གཟུགས་དངོས་པོ་
མེད་ཅེས་བྱ་བར་མི་སྦྱོར་རོ། །ཚོར་བ་དང་འདུ་ཤེས་དང་འདུ་བྱེད་དང་རྣམ་
པར་ཤེས་པ་དངོས་པོ་ཡོད་ཅེས་བྱ་བར་མི་སྦྱོར་རོ། །རྣམ་པར་ཤེས་པ་དངོས་པོ་
མེད་ཅེས་བྱ་བར་མི་སྦྱོར་རོ། །བྱང་ཆུབ་སེམས་དཔའ་སེམས་དཔའ་ཆེན་པོ་དེ་
ལྟར་སྤྱོད་པ་ནི་ཤེས་རབ་ཀྱི་ཕ་རོལ་ཏུ་ཕྱིན་པ་ལ་བརྩོན་ཞེས་བྱའོ། །ཤ་ར་དྭ་ཏིའི་
བུ་གཞན་ཡང་བྱང་ཆུབ་སེམས་དཔའ་སེམས་དཔའ་ཆེན་པོ་ཤེས་རབ་ཀྱི་ཕ་རོལ་ཏུ་
ཕྱིན་པ་ལ་སྤྱོད་པའི་ཚེ། གཟུགས་རྟག་ཅེས་བྱ་བར་མི་སྦྱོར་རོ། །གཟུགས་མི་
རྟག་ཅེས་བྱ་བར་མི་སྦྱོར་རོ། །ཚོར་བ་དང་འདུ་ཤེས་དང་འདུ་བྱེད་དང་རྣམ་
པར་ཤེས་པ་རྟག་ཅེས་བྱ་བར་མི་སྦྱོར་རོ། །རྣམ་པར་ཤེས་པ་མི་རྟག་ཅེས་བྱ་བར་
མི་སྦྱོར་རོ། །གཟུགས་བདེ་ཞེས་བྱ་བར་མི་སྦྱོར་རོ། །གཟུགས་སྡུག་བསྔལ་ཞེས་
བྱ་བར་མི་སྦྱོར་རོ། །ཚོར་བ་དང་འདུ་ཤེས་དང་འདུ་བྱེད་དང་རྣམ་པར་ཤེས་པ་
བདེ་ཞེས་བྱ་བར་མི་སྦྱོར་རོ། །རྣམ་པར་ཤེས་པ་སྡུག་བསྔལ་ཞེས་བྱ་བར་མི་སྦྱོར་

རོ༑ །གཟུགས་བདག་ཅེས་བྱ་བར་མི་སྦྱོར་རོ། །གཟུགས་བདག་མེད་ཅེས་བྱ་བར་མི་སྦྱོར་རོ། །ཚོར་བ་དང་འདུ་ཤེས་དང་འདུ་བྱེད་དང་རྣམ་པར་ཤེས་པ་བདག་ཅེས་བྱ་བར་མི་སྦྱོར་རོ། །རྣམ་པར་ཤེས་པ་བདག་མེད་ཅེས་བྱ་བར་མི་སྦྱོར་རོ། །གཟུགས་ཞི་ཞེས་བྱ་བར་མི་སྦྱོར་རོ། །གཟུགས་མ་ཞི་ཞེས་བྱ་བར་མི་སྦྱོར་རོ། །ཚོར་བ་དང་འདུ་ཤེས་དང་འདུ་བྱེད་དང་རྣམ་པར་ཤེས་པ་ཞི་ཞེས་བྱ་བར་མི་སྦྱོར་རོ། །རྣམ་པར་ཤེས་པ་མ་ཞི་ཞེས་བྱ་བར་མི་སྦྱོར་རོ། །གཟུགས་སྟོང་ཞེས་བྱ་བའམ་མི་སྟོང་ཞེས་བྱ་བར་མི་སྦྱོར་རོ། །ཚོར་བ་དང་འདུ་ཤེས་དང་འདུ་བྱེད་དང་རྣམ་པར་ཤེས་པ་སྟོང་ཞེས་བྱ་བའམ་མི་སྟོང་ཞེས་བྱ་བར་མི་སྦྱོར་རོ། །གཟུགས་མཚན་མ་ཡོད་ཅེས་བྱ་བའམ་མཚན་མ་མེད་ཅེས་བྱ་བར་མི་སྦྱོར་རོ། །ཚོར་བ་དང་འདུ་ཤེས་དང་འདུ་བྱེད་དང་རྣམ་པར་ཤེས་པ་མཚན་མ་ཡོད་ཅེས་བྱ་བའམ་མཚན་མ་མེད་ཅེས་བྱ་བར་མི་སྦྱོར་རོ། །གཟུགས་སྨོན་པ་ཡོད་ཅེས་བྱ་བའམ་སྨོན་པ་མེད་ཅེས་བྱ་བར་མི་སྦྱོར་རོ། །ཚོར་བ་དང་འདུ་ཤེས་དང་འདུ་བྱེད་དང་རྣམ་པར་ཤེས་པ་སྨོན་པ་ཡོད་ཅེས་བྱ་བའམ་སྨོན་པ་མེད་ཅེས་བྱ་བར་མི་སྦྱོར་རོ། །གཟུགས་སྐྱེ་ཞེས་བྱ་བའམ་འགག་ཅེས་བྱ་བར་མི་སྦྱོར་རོ། །ཚོར་བ་དང་འདུ་ཤེས་དང་འདུ་བྱེད་དང་རྣམ་པར་ཤེས་པ་སྐྱེ་ཞེས་བྱ་བའམ་འགག་ཅེས་བྱ་བར་མི་སྦྱོར་རོ། །གཟུགས་འདས་པ་ཞེས་བྱ་བར་མི་སྦྱོར་རོ། །གཟུགས་མ་འོངས་པ་ཞེས་བྱ་བར་མི་སྦྱོར་རོ། །གཟུགས་ད་ལྟར་བྱུང་བ་ཞེས་བྱ་བར་མི་སྦྱོར་རོ༑ །ཚོར་བ་དང་འདུ་ཤེས་དང་འདུ་བྱེད་དང་རྣམ་པར་ཤེས་པ་འདས་པ་ཞེས་བྱ་བར་མི་སྦྱོར་རོ། །རྣམ་པར་ཤེས་པ་མ་འོངས་པ་ཞེས་བྱ་བར་མི་སྦྱོར་རོ། །རྣམ་པར་ཤེས་པ་ད་ལྟར་བྱུང་བ་ཞེས་[༡]བྱ་བར་མི་སྦྱོར་རོ། །གཟུགས་བརྟན་ཞེས་བྱ་བའམ་མི་བརྟན་ཞེས་བྱ་བར་མི་སྦྱོར་རོ། །ཚོར་བ་དང་འདུ་ཤེས་དང་[༢]འདུ་

བྱེད་དང་རྣམ་པར་ཤེས་པ་བརྟན་ཞེས་བྱ་བའམ་མི་བརྟན་ཞེས་བྱ་བར་མི་སྤྱོར་རོ། །དེ་ནི་གཟུགས་ཡོད་ཅེས་བྱ་བའམ་མེད་ཅེས་བྱ་བར་མི་སྦྱོར་མི་འབྱེད་དོ། །ཚོར་བ་དང་འདུ་ཤེས་དང་འདུ་བྱེད་དང་རྣམ་པར་ཤེས་པ་ཡོད་ཅེས་བྱ་བའམ་མེད་ཅེས་བྱ་བར་མི་སྦྱོར་མི་འབྱེད་དོ། །རྣམ་པ་ཐམས་ཅད་མཁྱེན་པ་ཉིད་ཀྱི་བར་དུ་ཡོད་ཅེས་བྱ་བའམ་མེད་ཅེས་བྱ་བར་མི་སྦྱོར་མི་འབྱེད་དོ། །ཤེས་རབ་ཀྱི་ཕ་རོལ་ཏུ་ཕྱིན་པ་ལ་སྤྱོད་པའི་ཚེ། སྤྱོད་ཅེས་བྱ་བར་མི་དམིགས་སོ། །མི་སྤྱོད་ཅེས་བྱ་བར་མི་དམིགས་སོ། །སྤྱོད་ཀྱང་སྤྱོད་ལ་མི་སྤྱོད་ཀྱང་མི་སྤྱོད་ཅེས་བྱ་བར་མི་དམིགས་སོ། །སྤྱོད་པ་ཡང་མ་ཡིན། མི་སྤྱོད་པ་ཡང་མ་ཡིན་ཞེས་བྱ་བར་མི་དམིགས་སོ། །ཤ་ར་དྭ་ཏིའི་བུ་བྱང་ཆུབ་སེམས་དཔའ་སེམས་དཔའ་ཆེན་པོ་དེ་ལྟར་སྤྱོད་པ་ནི་ཤེས་རབ་ཀྱི་ཕ་རོལ་ཏུ་ཕྱིན་པ་ལ་བརྩོན་ཞེས་བྱའོ། །ཤ་ར་དྭ་ཏིའི་བུ་གཞན་ཡང་བྱང་ཆུབ་སེམས་དཔའ་སེམས་དཔའ་ཆེན་པོ་ཤེས་རབ་ཀྱི་ཕ་རོལ་ཏུ་ཕྱིན་པ་ལ་སྤྱོད་པའི་ཚེ། སྦྱིན་པའི་ཕ་རོལ་ཏུ་ཕྱིན་པའི་དོན་དུ་ཤེས་རབ་ཀྱི་ཕ་རོལ་ཏུ་ཕྱིན་པ་ལ་མི་སྤྱོད་དོ། །ཚུལ་ཁྲིམས་ཀྱི་ཕ་རོལ་ཏུ་ཕྱིན་པ་དང་། བཟོད་པའི་ཕ་རོལ་ཏུ་ཕྱིན་པ་དང་། བརྩོན་འགྲུས་ཀྱི་ཕ་རོལ་ཏུ་ཕྱིན་པ་དང་། བསམ་གཏན་གྱི་ཕ་རོལ་ཏུ་ཕྱིན་པ་དང་། ཤེས་རབ་ཀྱི་ཕ་རོལ་ཏུ་ཕྱིན་པའི་དོན་དུ། ཤེས་རབ་ཀྱི་ཕ་རོལ་ཏུ་ཕྱིན་པ་ལ་མི་སྤྱོད་དོ། །ནང་སྟོང་པ་ཉིད་ནས། དངོས་པོ་མེད་པའི་ངོ་བོ་ཉིད་སྟོང་པ་ཉིད་ཀྱི་བར་གྱི་དོན་དུ་ཤེས་རབ་ཀྱི་ཕ་རོལ་ཏུ་ཕྱིན་པ་ལ་མི་སྤྱོད་དོ། །སྐྱེ་བ་མེད་པ་སྟོང་པ་ཉིད་དང་འགག་པ་མེད་པ་སྟོང་པ་ཉིད་ཀྱི་དོན་དུ་ཤེས་རབ་ཀྱི་ཕ་རོལ་ཏུ་ཕྱིན་པ་ལ་མི་སྤྱོད་དོ། །ཕྱིར་མི་ལྡོག་པའི་སའི་དོན་དུ་ཤེས་རབ་ཀྱི་ཕ་རོལ་ཏུ་ཕྱིན་པ་ལ་མི་སྤྱོད་དོ། །སེམས་ཅན་ཡོངས་སུ་སྨིན་པར་བྱ་བ་དང་། སངས་རྒྱས་ཀྱི་ཞིང་ཡོངས་སུ་དག་པར་བྱ་བའི་དོན་དུ····

ཤེས་རབ་ཀྱི་ཕ་རོལ་ཏུ་ཕྱིན་པ་ལ་མི་སྤྱོད་དོ། །དྲན་པ་ཉེ་བར་གཞག་པ་རྣམས་དང་། ཡང་དག་པར་སྤོང་བ་རྣམས་དང་། རྫུ་འཕྲུལ་གྱི་རྐང་པ་རྣམས་དང་། དབང་པོ་རྣམས་དང་། སྟོབས་རྣམས་དང་། བྱང་ཆུབ་ཀྱི་ཡན་ལག་རྣམས་དང་། འཕགས་པའི་ལམ་ཡན་ལག་བརྒྱད་པའི་དོན་དུ་ཤེས་རབ་ཀྱི་ཕ་རོལ་ཏུ་ཕྱིན་པ་ལ་མི་སྤྱོད་དོ། །འཕགས་པའི་བདེན་པ་རྣམས་དང་། བསམ་གཏན་རྣམས་དང་། ཚད་མེད་པ་རྣམས་དང་། གཟུགས་མེད་པའི་སྙོམས་པར་འཇུག་པ་རྣམས་དང་། རྣམ་པར་ཐར་པ་བརྒྱད་དང་། མཐར་གྱིས་གནས་པའི་སྙོམས་པར་འཇུག་པ་དགུ་དང་། སྟོང་པ་ཉིད་དང་། མཚན་མ་མེད་པ་དང་། སྨོན་པ་མེད་པ་དང་། མངོན་པར་ཤེས་པ་རྣམས་ཀྱི་དོན་དུ་ཤེས་རབ་ཀྱི་ཕ་རོལ་ཏུ་ཕྱིན་པ་ལ་མི་སྤྱོད་དོ། །ཏིང་ངེ་འཛིན་རྣམས་དང་། གཟུངས་ཀྱི་སྒོ་རྣམས་ཀྱི་དོན་དུ་ཤེས་རབ་ཀྱི་ཕ་རོལ་ཏུ་ཕྱིན་པ་ལ་མི་སྤྱོད་དོ། །དེ་བཞིན་གཤེགས་པའི་སྟོབས་བཅུ་དང་། མི་འཇིགས་པ་བཞི་དང་། སོ་སོ་ཡང་དག་པར་རིག་པ་བཞི་དང་། བྱམས་པ་ཆེན་པོ་དང་། སྙིང་རྗེ་ཆེན་པོ་དང་། སངས་རྒྱས་ཀྱི་ཆོས་མ་འདྲེས་པ་བཅོ་བརྒྱད་ཀྱི་དོན་དུ་ཤེས་རབ་ཀྱི་ཕ་རོལ་ཏུ་ཕྱིན་པ་ལ་མི་སྤྱོད་དོ། །དེ་བཞིན་ཉིད་དང་ཆོས་ཀྱི་དབྱིངས་དང་ཡང་དག་པའི་མཐའི་དོན་དུ་ཤེས་རབ་ཀྱི་ཕ་རོལ་ཏུ་ཕྱིན་པ་ལ་མི་སྤྱོད་དོ། །དེ་ཅིའི་ཕྱིར་ཞེ་ན། བྱང་ཆུབ་སེམས་དཔའ་[1]སེམས་དཔའ་ཆེན་པོ་ཤེས་རབ་ཀྱི་ཕ་རོལ་ཏུ་ཕྱིན་པ་ལ་སྤྱོད་པ་ནི། ཆོས་གང་ལ་ཡང་ཐ་དད་པའམ། ཐེ་བྲག་གམ། ཁྱད་པར་དུ་ལྟ་བ་མེད་དེ[2]། ཤ་ར་དྭ་ཏིའི་བུ་བྱང་ཆུབ་སེམས་དཔའ་སེམས་དཔའ་ཆེན་པོ་དེ་ལྟར་སྤྱོད་པ་ནི། ཤེས་རབ་ཀྱི་ཕ་རོལ་ཏུ་ཕྱིན་པ་ལ་བརྩོན་ཞེས་བྱའོ། །དེ་ལྷའི་མིག་གི་དོན་དུ་ཤེས་རབ་ཀྱི་ཕ་རོལ་ཏུ་ཕྱིན་པ་ལ་མི་སྤྱོད་དོ། །ལྷའི་རྣ་བ་དང་།

གཞན་གྱི་སེམས་ཤེས་པ་དང་། སྔོན་གྱི་གནས་དྲན་པ་དང་། རྫུ་འཕྲུལ་གྱི་རྣམ་པ་དང་། ཟག་པ་ཟད་པའི་ཡེ་ཤེས་ཀྱི་དོན་དུ་ཤེས་རབ་ཀྱི་ཕ་རོལ་ཏུ་ཕྱིན་པ་ལ་མི་སྤྱོད་དོ། །དེ་ཅིའི་ཕྱིར་ཞེ་ན། འདི་ལྟར་དེ་ཤེས་རབ་ཀྱི་ཕ་རོལ་ཏུ་ཕྱིན་པ་ལ་སྤྱོད་པའི་ཚེ། ཤེས་རབ་ཀྱི་ཕ་རོལ་ཏུ་ཕྱིན་པ་ཉིད་ཀྱང་ཡང་དག་པར་རྗེས་སུ་མི་མཐོང་ན། བྱང་ཆུབ་སེམས་དཔའ་ལྟ་ཅི་སྨོས་ཏེ། རྣམ་པ་ཐམས་ཅད་དུ་ཐམས་ཅད་མངོན་པར་ཤེས་པ་དམིགས་པ་ལྟ་ག་ལས་འོང་། ཤཱ་ར་དྭ་ཏིའི་བུ་བྱང་ཆུབ་སེམས་དཔའ་སེམས་དཔའ་ཆེན་པོ་དེ་ལྟར་སྤྱོད་པ་ནི་ཤེས་རབ་ཀྱི་ཕ་རོལ་ཏུ་ཕྱིན་པ་ལ་བརྩོན་ཞེས་བྱའོ། །ཤཱ་ར་དྭ་ཏིའི་བུ་གཞན་ཡང་བྱང་ཆུབ་སེམས་དཔའ་སེམས་དཔའ་ཆེན་པོ་ཤེས་རབ་ཀྱི་ཕ་རོལ་ཏུ་ཕྱིན་པ་ལ་སྤྱོད་པའི་ཚེ། འདི་སྙམ་དུ་བདག་གིས་རྫུ་འཕྲུལ་གྱི་རྐང་པ་རྣམས་ལ་གནས་ཏེ། ཤར་ཕྱོགས་ཀྱི་འཇིག་རྟེན་གྱི་ཁམས་གངྒཱའི་[1]ཀླུང་གི་བྱེ་མ་སྙེད་དག་ན། སངས་རྒྱས་བཅོམ་ལྡན་འདས་གང་ཇི་སྙེད་བཞུགས་པ་དེ་དག་ཐམས་ཅད་ལ་རིམ་གྲོར[2]བྱའོ། །བཀུར་སྟིར་བྱའོ། །བསྙི་སྣང་དུ་བྱའོ། །མཆོད་པར་བྱའོ་སྙམ་དུ་མི་སེམས་སོ། །ལྷོ་དང་ནུབ་དང་བྱང་དང་བྱང་ཤར་དང་ཤར་ལྷོ་དང་ལྷོ་ནུབ་དང་ནུབ་བྱང་དང་འོག་དང་སྟེང་གི་ཕྱོགས་ཀྱི་ཕྱོགས་རེ་རེ་ཞིང་འཇིག་རྟེན་གྱི་ཁམས་གངྒཱའི་[3]ཀླུང་གི་བྱེ་མ་སྙེད་དག་ན། སངས་རྒྱས་བཅོམ་ལྡན་འདས་གང་ཇི་སྙེད་བཞུགས་པ་དེ་དག་ཐམས་ཅད་ལ་རིམ་གྲོར་བྱའོ། །བཀུར་སྟིར་བྱའོ། །བསྙི་སྣང་དུ་བྱའོ། །མཆོད་པར་བྱའོ་སྙམ་དུ་མི་སེམས་སོ། །དེ་འདི་ལྟར་སངས་རྒྱས་བཅོམ་ལྡན་འདས་གང་ཅི་སྟོན་པ་དེ་དག་ཐམས་ཅད་ལྷའི་རྣ་བས་མཉན་པར་བྱའོ། །འཇིག་རྟེན་གྱི་ཁམས་དེ་དག་གི་སེམས་ཅན་རྣམས་ཀྱི་སེམས་སེམས་ཀྱིས་ཤེས་པར་བྱའོ། །དེ་དག་གི་སྔོན་གྱི་གནས་བདག་གིས་རྗེས་སུ་དྲན་པར་བྱའོ། །ལྷའི་མིག་གིས

སེམས་ཅན་དེ་དག་འཆི་འཕོ་བ་དང་སྐྱེ་བ་དང་། སྐྱེས་པརཿཕྱུར་པ་[༡]རྣམས་བདག་གིས་མཐོང་བར་བྱའོ། །སེམས་ཅན་གྲངས་མེད་ཚད་མེད་པ་དག་བདག་གིས་ཡོངས་སུ་མྱ་ངན་ལས་བཟླ་བར་བྱའོ་སྙམ་དུ་མི་སེམས་ཏེ། ཤཱ་ར་དྭ་ཏིའི་བུ་བྱང་ཆུབ་སེམས་དཔའ་སེམས་དཔའ་ཆེན་པོ་དེ་ལྟར་སྤྱོད་པ་ནི་ཤེས་རབ་ཀྱི་ཕ་རོལ་ཏུ་ཕྱིན་པ་ལ་བརྩོན་ཞེས་བྱའོ། །ཤཱ་ར་དྭ་ཏིའི་བུ་གཞན་ཡང་བྱང་ཆུབ་སེམས་དཔའ་སེམས་དཔའ་ཆེན་པོ་ཤེས་རབ་ཀྱི་ཕ་རོལ་ཏུ་ཕྱིན་པ་ལ་སྤྱོད་པའི་ཚེ། བདུད་སྡིགས་ཅན་ཞིང་ཉམས་བརྐྱོད་[༢]པ་རྣམས་ཀྱིས་ཀྱང་སྡིགས་མི་ནྲིད་དེ། འཇིག་རྟེན་པ་དང་། འཇིག་རྟེན་ལས་འདས་པའི་བྱ་བ་གང་ཇི་སྙེད་ཅིག་ཡོད་པ་དེ་དག་ཐམས་ཅད་ཀྱང་ལྷུན་གྱིས་གྲུབ་པ་དང་། ཡོངས་སུ་བརྟག་པ་མེད་པར་འཐུན་[༣]པར་འགྲུབ་པོ། །འཇིག་རྟེན་པའི་ཧྲོན་མོངས་པ་གང་ཇི་སྙེད་ཡོད་པ་དེ་དག་ཐམས་ཅད་ཀྱང་རབ་ཏུ་བསལ་[༤]བར་འགྱུར་རོ། །ཤར་ཕྱོགས་ཀྱི་འཇིག་རྟེན་གྱི་ཁམས་གཉའི་[༥]ཀླུང་གི་བྱེ་མ་སྙེད་དག་ན། སངས་རྒྱས་བཅོམ་ལྡན་འདས་གང་ཇི་སྙེད་བཞུགས་པ་དེ་དག་ཀྱང་། བྱང་ཆུབ་སེམས་དཔའ་སེམས་དཔའ་ཆེན་པོ་དེ་ལ། ཉན་ཐོས་ཀྱི་སའམ་རང་སངས་རྒྱས་ཀྱི་སར་ལྷུང་དུ་འོང་ངོ་ཞེས་བསྔུང་[༦]བ་མཛད་དོ། །རྒྱལ་པོ་ཆེན་པོ་བཞི་དང་། སུམ་ཅུ་རྩ་གསུམ་གྱི་ལྷ་རྣམས་དང་། མཚེ་མ་དང་། དགའ་ལྡན་དང་། འཕྲུལ་དགའ་དང་། གཞན་འཕྲུལ་དབང་བྱེད་ཀྱི་ལྷ་རྣམས་དང་། ཚངས་རིས་ཀྱི་ལྷ་རྣམས་དང་། ཚངས་ལྷ་ཉེ་ཕན་དང་། ཚངས་པ་ཀུན་འཁོར་དང་། ཚངས་ཆེན་དང་། སྣང་བ་དང་། ཆུང་སྣང་དང་། ཚད་མེད་སྣང་བ་དང་། ཀུན་སྣང་དང་བ་དང་། དགེ་བ་དང་། ཆུང་དགེ་དང་། ཚད་མེད་དགེ་བ་དང་། དགེ་རྒྱས་དང་། ཆེ་བ་དང་། ཆུང་ཆེ་དང་། ཚད་མེད་ཆེ་བ་དང་། འབྲས་བུ་

ཆེ་བ་དང་། མི་ཆེ་བ་དང་། མི་གདུང་བ་དང་། ཤིན་ཏུ་མཐོང་བ་དང་། གྱ་ནོམ་སྣང་བ་དང་། འོག་མིན་གྱི་ལྷ་རྣམས་ཀྱང་བྱང་ཆུབ་སེམས་དཔའ་སེམས་དཔའ་ཆེན་པོ་དེ་ལ། ལ་ལ་ཞིག་བར་ཆད་བྱེད་པར་འགྱུར་དུ་འོང་ངོ་ཞེས་ཡོངས་སུ་བསྒྲུང་[1]བ་བྱེད་དོ། །དེ་ལ་ལུས་ཀྱི་སྐྱོན་དུ་བྱ་བ་གང་ཇི་སྙེད་ཅིག་ཡོད་པ་དེ་དག་ཀྱང་ཚེ་འདི་ཉིད་ལ་ཐམས་ཅད་དུ་ཐམས་ཅད་མེད་པར་འགྱུར་རོ། །དེ་ཅིའི་ཕྱིར་ཞེ་ན། དེ་ནི་འདི་ལྟར་བྱང་ཆུབ་སེམས་དཔའ་སེམས་དཔའ་ཆེན༔ པོ་དེ་[2]སེམས་ཅན་ཐམས་ཅད་ལ་བྱམས་པས་ཁྱབ་པར་བྱེད་པའི་ཕྱིར་རོ། །ལྷོ་དང་ནུབ་དང་བྱང་དང་བྱང་ཤར་དང་ཤར་ལྷོ་དང་ལྷོ་ནུབ་དང་ནུབ་བྱང་དང་འོག་དང་སྟེང་གི་ཕྱོགས་ཀྱི་ཕྱོགས་རེ་རེ་ཞིང་འཇིག་རྟེན་གྱི་ཁམས་གང་གཱའི་ཀླུང་གི་བྱེ་མ་སྙེད་དག་ན། སངས་རྒྱས་བཅོམ་ལྡན་འདས་གང་ཇི་སྙེད་བཞུགས་པ་དེ་དག་ཀྱང་། བྱང་ཆུབ་སེམས་དཔའ་སེམས་དཔའ་ཆེན་པོ་དེ་ལ་ཉན་ཐོས་ཀྱི་སའམ་རང་སངས་རྒྱས་ཀྱི་སར་ལྟུང་དུ་འོང་ངོ་ཞེས་ཡོངས་སུ་བསྒྲུང་[3]བ་མཛད་དོ། །རྒྱལ་པོ་ཆེན་པོ་བཞི་དང་། སུམ་ཅུ་རྩ་གསུམ་གྱི་ལྷ་རྣམས་དང་། མཚེ་མ་དང་། དགའ་ལྡན་དང་། འཕྲུལ་དགའ་དང་། གཞན་འཕྲུལ་དབང་བྱེད་ཀྱི་ལྷ་རྣམས་དང་། ཚངས་རིས་ཀྱི་ལྷ་རྣམས་དང་། ཚངས་ལྷ་ཉེ་ཕན་དང་། ཚངས་པ་ཀུན་འཁོར་དང་། ཚངས་ཆེན་དང་། སྣང་བ་དང་། ཆུང་སྣང་དང་། ཚད་མེད་སྣང་བ་དང་། ཀུན་སྣང་དང་བ་དང་། དགེ་བ་དང་། ཆུང་དགེ་དང་། ཚད་མེད་དགེ་བ་དང་། དགེ་རྒྱས་དང་། ཆེ་བ་དང་། ཆུང་ཆེ་དང་། ཚད་མེད་ཆེ་བ་དང་། འབྲས་བུ་ཆེ་བ་དང་། མི་ཆེ་བ་དང་། མི་གདུང་བ་དང་། ཤིན་ཏུ་མཐོང་བ་དང་། གྱ་ནོམ་སྣང་བ་དང་། འོག་མིན་གྱི་ལྷ་རྣམས་ཀྱང་བྱང་ཆུབ་སེམས་དཔའ་སེམས་དཔའ་ཆེན་པོ་དེ་ལ། ལ་ལ་ཞིག་བར་ཆད་བྱེད་

པར་འགྱུར་དུ་འོང་ངོ་ཞེས་ཡོངས་སུ་བསྔུང་[1]བ་བྱེད་དོ། །དེ་ལ་ལུས་ཀྱི་སྐྱོན་དུ་བྱ་བ་གང་ཇི་སྙེད་ཅིག་ཡོད་པ་དེ་དག་ཐམས་ཅད་ཀྱང་། ཚེ་འདི་ཉིད་ལ་ཐམས་ཅད་དུ་ཐམས་ཅད་མེད་པར་འགྱུར་རོ། །དེ་ཅིའི་ཕྱིར་ཞེ་ན། དེ་ནི་འདི་ལྟར་བྱང་ཆུབ་སེམས་དཔའ་སེམས་དཔའ་ཆེན་པོ་དེ་སེམས་ཅན་ཐམས་ཅད་ལ་བྱམས་པས་ཁྱབ་པར་བྱེད་པའི་ཕྱིར་རོ། །ཤཱ་ར་དྭ་ཏིའི་བུ་བྱང་ཆུབ་སེམས་དཔའ་སེམས་དཔའ་ཆེན་པོ་དེ་ལྟར་སྤྱོད་པ་ནི་ཤེས་རབ་ཀྱི་ཕ་རོལ་དུ་ཕྱིན་པ་ལ་བརྩོན་ཞེས་བྱའོ།། ཤཱ་ར་དྭ་ཏིའི་བུ་གཞན་ཡང་བྱང་ཆུབ་སེམས་དཔའ་སེམས་དཔའ་ཆེན་པོ་ཤེས་རབ་ཀྱི་ཕ་རོལ་དུ་ཕྱིན་པ་ལ་སྤྱོད་པའི་ཚེ། གཟུངས་ཀྱི་སྒོ་དང་། ཏིང་ངེ་འཛིན་གྱི་སྒོ་དང་། སྤོབས་པ་དང་། སོ་སོ་ཡང་དག་པར་རིག་པའི་སྒོ་དག་ཀྱང་ཚེགས་མི་ཆེ་བར་མངོན་དུ་འགྱུར་རོ། །སྐྱེ་བའི་སྐྱེ་མཆེད་ཐམས་ཅད་དུ་ཡང་དེ་བཞིན་གཤེགས་པ་དགྲ་བཅོམ་པ་ཡང་དག་པར་རྫོགས་པའི་སངས་རྒྱས་རྣམས་མཉེས་པར་བྱེད་པར་འགྱུར་ཏེ། བླ་ན་མེད་པ་ཡང་དག་པར་རྫོགས་པའི་བྱང་ཆུབ་ཏུ་མངོན་པར་རྫོགས་པར་སངས་རྒྱས་ཀྱི་བར་དུ། སངས་རྒྱས་བཅོམ་ལྡན་འདས་དེ་དག་དང་ནམ་ཡང་འབྲལ་བར་མི་འགྱུར་རོ། །ཤཱ་ར་དྭ་ཏིའི་བུ་གཞན་ཡང་བྱང་ཆུབ་སེམས་དཔའ་སེམས་དཔའ་ཆེན་པོས[3]ཤེས་རབ་ཀྱི་ཕ་རོལ་ཏུ་ཕྱིན་པ་ལ་སྤྱོད་པ་ནི། འདི་སྙམ་དུ་ཆོས་གང་ལ་ལ་ཆོས་རྣམས་ལ་འདུ་བའམ་འབྲལ་བར་འགྱུར་བའམ། འཕྲད་པའམ་མི་འཕྲད་པར་འགྱུར་བ་དེ་ལྟ་བུ་ཡོད་དམ་ཞེས་བྱ་བར་མི་སེམས་སོ། །དེ་ཅིའི་ཕྱིར་ཞེ་ན། འདི་ལྟར་དེས་ཆོས་གང་ཡང་འདུ་བའམ་འབྲལ་བར་འགྱུར་བའམ། འཕྲད་པའམ་མི་འཕྲད་པར་འགྱུར་བ་དེ་ལྟ་བུ་ཡང་དག་པར་རྗེས་སུ་མི་མཐོང་ངོ་། །ཤཱ་ར་དྭ་ཏིའི་བུ་བྱང་ཆུབ་སེམས་དཔའ་སེམས་དཔའ་ཆེན་པོ་དེ་ལྟར་སྤྱོད་པ་ནི་ཤེས་རབ་ཀྱི་ཕ་རོལ་ཏུ་ཕྱིན་པ་ལ་བརྩོན་ཞེས་བྱའོ། །ཤཱ་ར་དྭ་ཏིའི་

བུ་གཞན་ཡང་བྱང་ཆུབ་སེམས་དཔའ་སེམས་དཔའ་ཆེན་པོ་ཤེས་རབ་ཀྱི་ཕ་རོལ་ཏུ་ཕྱིན་པ་ལ་སྤྱོད་པ་ནི་འདི་སྙམ་དུ་བདག་གིས་ཆོས་ཀྱི་དབྱིངས་མངོན་པར་སངས་རྒྱས་པར་འགྱུར་རམ། འོན་ཏམ་མི་འགྱུར་ཞེས་བྱ་བར་མི་སེམས་ཏེ། དེ་ཅིའི་ཕྱིར་ཞེ་ན། ཆོས་ཀྱི་དབྱིངས་ཀྱི་[༡]ཆོས་ཀྱི་དབྱིངས་མངོན་པར་སངས་རྒྱས་པ་མེད་དོ། །མངོན་པར་འཚང་རྒྱ་བ་མེད་དོ། །མངོན་པར་འཚང་རྒྱ་བར་འགྱུར་བ་མེད་དོ། །ཤ་ར་དྭ་ཏིའི་བུ་བྱང་ཆུབ་སེམས་དཔའ་སེམས་དཔའ་ཆེན་པོ་དེ་ལྟར་སྤྱོད་པ་ནི་ཤེས་རབ་ཀྱི་ཕ་རོལ་ཏུ་ཕྱིན་པ་ལ་བརྩོན་ཞེས་བྱའོ། །ཤ་ར་དྭ་ཏིའི་བུ་གཞན་ཡང་བྱང་ཆུབ་སེམས་དཔའ་སེམས་དཔའ་ཆེན་པོ་ཤེས་རབ་ཀྱི་ཕ་རོལ་ཏུ་ཕྱིན་པ་ལ་སྤྱོད་པའི་ཚེ། ཆོས་གང་ཡང་ཆོས་ཀྱི་དབྱིངས་དང་། ཐ་དད་པར་ཡང་དག་པར་རྗེས་སུ་མི་མཐོང་སྟེ། ཤ་ར་དྭ་ཏིའི་བུ་བྱང་ཆུབ་སེམས་དཔའ་སེམས་དཔའ་ཆེན་པོ་དེ་ལྟར་སྤྱོད་པ་ནི་ཤེས་རབ་ཀྱི་ཕ་རོལ་ཏུ་ཕྱིན་པ་ལ་བརྩོན་ཞེས་བྱའོ། །ཤ་ར་དྭ་ཏིའི་བུ་གཞན་ཡང་བྱང་ཆུབ་སེམས་དཔའ་སེམས་དཔའ་ཆེན་པོ་ཤེས་རབ་ཀྱི་ཕ་རོལ་ཏུ་ཕྱིན་པ་ལ་སྤྱོད་པའི་ཚེ། ཆོས་ཀྱི་དབྱིངས་དང་། ཆོས་རྣམས་སུ་བྱེ་བྲག་ཏུ་བྱ་བ་མི་བྱེད་དེ། ཤ་ར་དྭ་ཏིའི་བུ་བྱང་ཆུབ་སེམས་དཔའ་སེམས་དཔའ་ཆེན་པོ་དེ་ལྟར་སྤྱོད་པ་ནི་ཤེས་རབ་ཀྱི་ཕ་རོལ་ཏུ་ཕྱིན་པ་ལ་བརྩོན་ཞེས་བྱའོ། །ཤ་ར་དྭ་ཏིའི་བུ་གཞན་[༣]ཡང་བྱང་ཆུབ་སེམས་དཔའ་སེམས་དཔའ་ཆེན་པོ་ཤེས་རབ་ཀྱི་ཕ་རོལ་ཏུ་ཕྱིན་པ་ལ་སྤྱོད་པ་ནི། འདི་སྙམ་དུ་ཆོས་ཀྱི་དབྱིངས་ཕོང་དུ་ཆུད་པར་འགྱུར་རམ་འོན་ཏམ་ཕོང་དུ་ཆུད་པར་མི་འགྱུར་ཞེས་བྱ་བར་མི་སེམས་ཏེ། དེ་ནི་འདི་ལྟར་དེས་ཆོས་གང་གིས་ཆོས་གང་ཕོང་དུ་ཆུད་པར་བྱ་བ་དེ་ལྟ་བུའི་ཆོས་གང་ཡང་ཡང་དག་པར་རྗེས་སུ་མཐོང་བ་མེད་དོ། །དེ་ཡང་འདི་ལྟར་དེ་ནི་ཆོས་ཀྱི་དབྱིངས་སྟོང་ཞེས་བྱ་བར་མི་སྦྱོར། མི་སྟོང་ཞེས་བྱ་བར་

མི་སྦྱོར་རོ། །ཤཱ་ར་དྭ་ཏིའི་བུ་བྱང་ཆུབ་སེམས་དཔའ་སེམས་དཔའ་ཆེན་པོ་དེ····
ལྟར་སྤྱོད་པ་ནི། ཤེས་རབ་ཀྱི་ཕ་རོལ་ཏུ་ཕྱིན་པ་ལ་བརྩོན་ཞེས་བྱའོ། །ཤཱ་ར་དྭ་
ཏིའི་བུ་གཞན་ཡང་བྱང་ཆུབ་སེམས་དཔའ་སེམས་དཔའ་ཆེན་པོ་ཤེས་རབ་ཀྱི་ཕ····
རོལ་ཏུ་ཕྱིན་པ་ལ་སྤྱོད་པའི་ཚེ། གཟུགས་དང་སྟོང་པ་ཉིད་དུ་མི་སྦྱོར། སྟོང་··
པ་ཉིད་དང་གཟུགས་སུ་མི་སྦྱོར་རོ། །ཚོར་བ་དང་འདུ་ཤེས་དང་འདུ་བྱེད་དང་།
རྣམ་པར་ཤེས་པ་དང་སྟོང་པ་ཉིད་དུ་མི་སྦྱོར། སྟོང་པ་ཉིད་དང་རྣམ་པར་ཤེས··
པར་མི་སྦྱོར་རོ། །མིག་དང་སྟོང་པ་ཉིད་དུ་མི་སྦྱོར། སྟོང་པ་ཉིད་དང་མིག་ཏུ་
མི་སྦྱོར་རོ། །རྣ་བ་དང་སྣ་དང་ལྗེ་དང་ལུས་དང་ཡིད་དང་སྟོང་པ་ཉིད་དུ་མི་སྦྱོར།
སྟོང་པ་ཉིད་དང་ཡིད་དུ་མི་སྦྱོར་རོ། །གཟུགས་དང་སྟོང་པ་ཉིད་དུ་མི་སྦྱོར།
སྟོང་པ་ཉིད་དང་གཟུགས་སུ་མི་སྦྱོར་རོ། །སྒྲ་དང་། དྲི་དང་རོ་དང་རེག་བྱ··
དང་ཆོས་དང་སྟོང་པ་ཉིད་དུ་མི་སྦྱོར། སྟོང་པ་ཉིད་དང་ཆོས་སུ་མི་སྦྱོར་རོ། །
མིག་གི་ཁམས་དང་སྟོང་པ་ཉིད་དུ་མི་སྦྱོར། སྟོང་པ་ཉིད་དང་མིག་གི་ཁམས་སུ··
མི་སྦྱོར་རོ། །གཟུགས་ཀྱི་ཁམས་དང་སྟོང་པ་ཉིད་དུ་མི་སྦྱོར། སྟོང་པ་ཉིད···
དང་གཟུགས་ཀྱི་ཁམས་སུ་མི་སྦྱོར་རོ། །མིག་གི་རྣམ་པར་ཤེས་པའི་ཁམས་དང···
སྟོང་པ་ཉིད་དུ་མི་སྦྱོར། སྟོང་པ་ཉིད་དང་མིག་གི་རྣམ་པར་ཤེས་པའི་ཁམས་སུ··
མི་སྦྱོར་རོ[1]། །རྣ་བའི་ཁམས་དང་། སྒྲའི་ཁམས་དང་། རྣ་བའི་རྣམ་པར···
ཤེས་པའི་ཁམས་དང་། སྣའི་ཁམས་དང་། དྲིའི་ཁམས་དང་། སྣའི་རྣམ····
པར་ཤེས་པའི་ཁམས་དང་། ལྗེའི་ཁམས་དང་། རོའི་ཁམས་དང་། ལྗེའི····
རྣམ་པར་ཤེས་པའི་ཁམས་དང་། ལུས་ཀྱི་ཁམས་དང་། རེག་བྱའི་ཁམས་དང་།
ལུས་ཀྱི་རྣམ་པར་ཤེས་པའི་ཁམས་དང་། ཡིད་ཀྱི་ཁམས་དང་། སྟོང་པ་ཉིད··
དུ་མི་སྦྱོར། སྟོང་པ་ཉིད་དང་ཡིད་ཀྱི་ཁམས་སུ་མི་སྦྱོར་རོ། །ཆོས་ཀྱི་ཁམས····

དང་སྟོང་པ་ཉིད་དུ་མི་སྦྱོར། སྟོང་པ་ཉིད་དང་ཆོས་ཀྱི་ཁམས་སུ་མི་སྦྱོར་རོ། །
ཡིད་ཀྱི་རྣམ་པར་ཤེས་པའི་ཁམས་དང་སྟོང་པ་ཉིད་དུ་མི་སྦྱོར། སྟོང་པ་ཉིད་དང་
ཡིད་ཀྱི་རྣམ་པར་ཤེས་པའི་ཁམས་སུ་མི་སྦྱོར་རོ། །རྣམ་པ་ཐམས་ཅད་མཁྱེན་པ་
ཉིད་ཀྱི་བར་དང་། སྟོང་པ་ཉིད་དུ་མི་སྦྱོར། སྟོང་པ་ཉིད་དང་རྣམ་པ་ཐམས་
ཅད་མཁྱེན་པ་ཉིད་[1]དུ་མི་སྦྱོར་རོ། །དེ་ཅིའི་ཕྱིར་ཞེ་ན། ཤཱ་ར་དྭ་ཏིའི་བུ་འདི་
ལྟ་སྟེ། སྟོང་པ་ཉིད་ཀྱི་རྣལ་འབྱོར་འདི་ནི་རྣལ་འབྱོར་དམ་པ་སྟེ། ཤཱ་ར་དྭ་
ཏིའི་བུ་བྱང་ཆུབ་སེམས་དཔའ་སེམས་དཔའ་ཆེན་པོ་སྟོང་པ་ཉིད་ལ་སྤྱོད་པ་ནི་ཉན་
ཐོས་ཀྱི་སའམ། རང་སངས་རྒྱས་ཀྱི་སར་མི་ལྟུང་ངོ་། །སངས་རྒྱས་ཀྱི་ཞིང་
ཡང་ཡོངས་སུ་དག་པར་བྱེད་དོ། །སེམས་ཅན་རྣམས་ཀྱང་ཡོངས་སུ་སྨིན་པར་
བྱེད་དོ། །བླ་ན་མེད་པ་ཡང་དག་པར་རྫོགས་པའི་བྱང་ཆུབ་ཏུའང་མྱུར་དུ་མངོན་
པར་འཚང་རྒྱའོ། །ཤཱ་ར་དྭ་ཏིའི་བུ་རྣལ་འབྱོར་དུ་བྱ་བ་གང་ཅི་ཡང་རུང་སྟེ།
དེ་དག་གི་ནང་ན་ཤེས་རབ་ཀྱི་ཕ་རོལ་དུ་ཕྱིན་པའི་རྣལ་འབྱོར་དེ་ནི་རབ་ཅེས་བྱའོ[2]། །
མཆོག་དང་། དམ་པ་དང་། ཕུལ་དང་། ༔གཙོ་བོ་[3]དང་། གྱ་ནོམ་པ་
ཞེས་བྱའོ། །དེ་ཅིའི་ཕྱིར་ཞེ་ན། འདི་ལྟ་སྟེ། ཤེས་རབ་ཀྱི་ཕ་རོལ་ཏུ་ཕྱིན་
པའི་རྣལ་འབྱོར་འདི་ནི། སྟོང་པ་ཉིད་དང་མཚན་མ་མེད་པ་དང་སྨོན་པ་མེད་
པའི་རྣལ་འབྱོར་ཏེ། བླ་ན་མེད་པའི་རྣལ་འབྱོར་ཏོ། །ཤཱ་ར་དྭ་ཏིའི་བུ་དེ་ལྟར་
བརྩོན་པའི་བྱང་ཆུབ་སེམས་དཔའ་སེམས་དཔའ་ཆེན་པོ་ནི་ལུང་བསྟན་པ་ཞེས་བྱ་
སྟེ། བླ་ན་མེད་པ་ཡང་དག་པར་རྫོགས་པའི་བྱང་ཆུབ་ཏུ་ཉེ་བར་གྱུར་པའོ། །
ཤཱ་ར་དྭ་ཏིའི་བུ་དེ་ལྟར་བརྩོན་པའི་བྱང་ཆུབ་སེམས་དཔའ་སེམས་དཔའ་ཆེན་པོ་ནི་
སེམས་ཅན་ཚད་མེད་གྲངས་མེད་པའི་དོན་བྱེད་ཀྱང་། དེ་འདི་སྙམ་དུ་བདག་ནི་
ཤེས་རབ་ཀྱི་ཕ་རོལ་དུ་ཕྱིན་པ་ལ་བརྩོན་པ་ཡིན་ནོ་ཞེ་[4]འམ་བརྩོན་པ་མ་ཡིན་ནོ་

ཞེས་བྱ་བར་མི་སེམས་སོ། །བདག་ལ་ནི་སངས་རྒྱས་བཅོམ་ལྡན་འདས་རྣམས···
ལུང་སྟོན་པ་མཛད་དོ། །བདག་ནི་ལུང་བསྟན་པ་ལ་ཉེ་བར་གྱུར་ཏོ། །བདག་
གིས་ནི་སངས་རྒྱས་ཀྱི་ཞིང་ཡོངས་སུ་སྦྱང་བར་བྱའོ། །བདག་གིས་ནི་སེམས་ཅན་
རྣམས་ཡོངས་སུ་སྨིན་པར་བྱའོ། །བདག་གིས་ནི་བླ་ན་མེད་པ་ཡང་དག་པར་
རྫོགས་པའི་བྱང་ཆུབ་ཏུ་མངོན་པར་སངས་རྒྱས་ཏེ། ཆོས་ཀྱི་འཁོར་ལོ་བསྐོར་
བར་བྱའོ་སྙམ་དུ་མི་སེམས་སོ། །དེ་ཅིའི་ཕྱིར་ཞེ་ན། དེ་ནི་འདི་ལྟར་དེ་ཆོས་ཀྱི་
དབྱིངས་ལ་དབྱེ་བྲག་ཏུ་བྱེད་པ་མེད་དོ[1]། །དེ་ནི་ཆོས་ཀྱི་དབྱིངས་ལས་ཆོས་གང···
ཤེས་རབ་ཀྱི་ཕ་རོལ་དུ་ཕྱིན་པ་ལ་སྤྱོད་པའམ། གང་ལ་སངས་རྒྱས་བཅོམ་ལྡན···
འདས་རྣམས་ཀྱིས་ལུང་བསྟན་པར་བྱ་བའམ། གང་བླ་ན་མེད་པ་ཡང་དག་པར་
རྫོགས་པའི་བྱང་ཆུབ་ཏུ་མངོན་པར་འཚང་རྒྱ་བ་དེ་ལྟ་བུའི་ཆོས་གཞན་གང་ཡང···
ཡང་དག་པར་རྗེས་སུ་མི་མཐོང་ངོ་། །དེ་ཅིའི་ཕྱིར་ཞེ་ན། བྱང་ཆུབ་སེམས་
དཔའ་སེམས་དཔའ་ཆེན་པོ་དེ་ཤེས་རབ་ཀྱི་ཕ་རོལ་དུ་ཕྱིན་པ་ལ་སྤྱོད་པའི་ཚེ།
སེམས་ཅན་གྱི་འདུ་ཤེས་མི་སྐྱེའོ། །བདག་དང་སྲོག་དང་འགྲོ་བ་དང་གསོ་བ་དང་
སྐྱེས་བུ་དང་གང་ཟག་དང་ཤེད་ཅན་དང་ཤེད་བདག་དང་བྱེད་པ་པོ་དང་ཚོར་བ···
པོ་དང་ཤེས་པ་པོ་དང་མཐོང་བ་པོའི་འདུ་ཤེས་མི་སྐྱེའོ། །དེ་ཅིའི་ཕྱིར་ཞེ་ན།
དེ་ནི་འདི་ལྟར་སེམས་ཅན་ཤིན་ཏུ་སྐྱེ་བ་མེད་ཅིང་འགག་པ་མེད་པའི་ཕྱིར་ཏེ།
སེམས་ཅན་ལ་ནི་སྐྱེ་བ་དང་འགག་པ་མེད་དོ། །གང་ལ་སྐྱེ་བ་དང་འགག་པ་མེད་པ་
དེ༑ ཤེས་རབ་ཀྱི་ཕ་རོལ་དུ་ཕྱིན་པ་ལ་སྤྱོད་པར་ཡང་ཇི་ལྟར་འགྱུར་ཏེ། ཤཱ་ར་དྭ་
ཏིའི་བུ་དེ་ལྟར་སྤྱོད་པའི་བྱང་ཆུབ་སེམས་དཔའ་སེམས་དཔའ་ཆེན་པོ་ནི་སེམས···
ཅན་སྐྱེ་བ་མེད་པས་ཤེས་རབ་ཀྱི་ཕ་རོལ་ཏུ་ཕྱིན་པ་ལ་སྤྱོད་པ་ཡིན། སེམས་ཅན་
སྟོང་པ་ཉིད་ཀྱིས་ཤེས་རབ་ཀྱི་ཕ་རོལ་དུ་ཕྱིན་པ་ལ་སྤྱོད་པ་ཡིན། སེམས་ཅན་མི་

དམིགས་པ་དང་། སེམས་ཅན་དབེན་[1]པ་དང་། སེམས་ཅན་རང་བཞིན་[2]མེད་པ་དང་། སེམས་ཅན་ངོ་བོ་ཉིད་མེད་པས་ཤེས་རབ་ཀྱི་ཕ་རོལ་ཏུ་ཕྱིན་པ་ལ་སྤྱོད་པ་ཡིན་ཏེ། ཤ་ར་དྭ་ཏིའི་བུ་འདི་ནི་བྱང་ཆུབ་སེམས་དཔའ་སེམས་དཔའ་ཆེན་པོ་རྣམས་ཀྱི་རྣལ་འབྱོར་དམ་པ་སྟེ། འདི་ལྟར་སྟོང་པ་ཉིད་ཀྱི་རྣལ་འབྱོར་ཏོ།། ཤ་ར་དྭ་ཏིའི་བུ་འདི་ནི་བྱང་ཆུབ་སེམས་དཔའ་སེམས་དཔའ་ཆེན་པོ་ཤེས་རབ་ཀྱི་ཕ་རོལ་ཏུ་ཕྱིན་པ་ལ་སྤྱོད་པའི་རྣལ་འབྱོར་ཏེ། དེས་དེ་མ་ཡིན་པའི་རྣལ་འབྱོར་རྣམས་ཟིལ་གྱིས་མནན་ཏེ་གནས་སོ། །ཤ་ར་དྭ་ཏིའི་བུ་རྣལ་འབྱོར་འདི་ལ་སྤྱོད་པའི་བྱང་ཆུབ་སེམས་དཔའ་སེམས་དཔའ་ཆེན་པོ་ནི། དེ་བཞིན་གཤེགས་པའི་སྟོབས་བཅུ་མངོན་པར་བསྒྲུབ་བོ། །མི་འཇིགས་པ་བཞི་དང་། སོ་སོ་ཡང་དག་པར་རིག་པ་བཞི་དང་། བྱམས་པ་ཆེན་པོ་དང་སྙིང་རྗེ་ཆེན་པོ་དང་། སངས་རྒྱས་ཀྱི་ཆོས་མ་[3]འདྲེས་པ་བཅོ་བརྒྱད་མངོན་པར་བསྒྲུབ་བོ། །ཤ་ར་དྭ་ཏིའི་བུ་བྱང་ཆུབ་སེམས་དཔའ་སེམས་དཔའ་ཆེན་པོ་རྣལ་འབྱོར་འདི་ལ་སྤྱོད་པ་ནི་སེར་སྣའི་སེམས་མི་བསྐྱེད་དོ། །ཚུལ་ཁྲིམས་ངན་པའི་སེམས་དང་། གནོད་པར་སེམས་པའི་[4]སེམས་དང་། ལེ་ལོའི་སེམས་དང་། འཁྲུག་པའི་སེམས་དང་། ཤེས་རབ་འཆལ་པའི་སེམས་མི་བསྐྱེད་[5]དོ། །དེ་སྐད་ཅེས་བཀའ་སྩལ་པ་དང་། ཤ་ར་དྭ་ཏིའི་བུས་བཅོམ་ལྡན་འདས་ལ་འདི་[6]སྐད་ཅེས་གསོལ་ཏོ། །བཅོམ་ལྡན་འདས་བྱང་ཆུབ་སེམས་དཔའ་སེམས་དཔའ་ཆེན་པོ་གང་ཤེས་རབ་ཀྱི་ཕ་རོལ་ཏུ་ཕྱིན་པའི་རྣལ་འབྱོར་འདིས་སྤྱོད་པ་དེ་གང་ནས་ཤི་འཕོས་ཏེ་འདིར་སྐྱེས་པ་ལགས། འདི་ནས་ཤི་འཕོས་ནས་ནི་གང་དུ་སྐྱེ་བར་འགྱུར། བཅོམ་ལྡན་འདས་ཀྱིས་བཀའ་སྩལ་པ། ཤ་ར་དྭ་ཏིའི་བུ་བྱང་ཆུབ་སེམས་དཔའ་སེམས་དཔའ་ཆེན་པོ་གང་ཤེས་རབ་ཀྱི་ཕ་རོལ་ཏུ་ཕྱིན་པའི་རྣལ་འབྱོར་འདིས་རྣམ་པར་སྤྱོད་པ་དེ་ནི་

སངས་རྒྱས་ཀྱི་ཞིང་གཞན་ནས་ཤི་འཕོས་ཏེ་འདིར་སྐྱེས་པའམ། དགའ་ལྡན་གྱི་ལྷའི་རིས་དང་མིའི་ནང་ནས་ཤི་འཕོས་ཏེ་འདིར་སྐྱེས་པར་ཤེས་པར་བྱའོ། །ཤཱ་ར་དྭ་ཏིའི་བུ་དེ་ལ་བྱང་ཆུབ་སེམས་དཔའ་སེམས་དཔའ་ཆེན་པོ་གང་སངས་རྒྱས་ཀྱི་ཞིང་གཞན་ནས་ཤི་འཕོས་ཏེ་འདིར་སྐྱེས་པ་དེ་ནི། འདི་ལྟར་ཤེས་རབ་ཀྱི་ཕ་རོལ་ཏུ་ཕྱིན་པའི་རྣལ་འབྱོར་ལ། རྣལ་འབྱོར་མྱུར་དུ་འགྲུབ་པ་སྟེ། ཚེ་རབས་[2]འདི་འདས་ནས་ཀྱང་ཆོས་ཟབ་མོ་འདི་དག་དེ་ལ་མངོན་དུ་འགྱུར་རོ། །དེ་ནས་ཀྱང་ཤེས་རབ་ཀྱི་ཕ་རོལ་ཏུ་ཕྱིན་པའི་རྣལ་འབྱོར་ལ་མཉམ་པར་གཞག་[3]གོ། །སངས་རྒྱས་ཀྱི་ཞིང་གང་དང་གང་ན། དེ་བཞིན་གཤེགས་པ་དགྲ་བཅོམ་པ་ཡང་དག་པར་རྫོགས་པའི་སངས་རྒྱས་རྣམས་བཞུགས་ཤིང་འཚོ་སྐྱོང་བ་དེ་དང་དེ་དག་ཏུ་ཡང་སྐྱེ་བར་འགྱུར་ཏེ། དེ་དེ་བཞིན་གཤེགས་པ་དགྲ་བཅོམ་པ་ཡང་དག་པར་རྫོགས་པའི་སངས་རྒྱས་དེ་དག་ལ་ཡང་བསྙེན་བཀུར་བྱེད་པར་འགྱུར་རོ། །ཤཱ་ར་དྭ་ཏིའི་བུ་དེ་ལ་བྱང་ཆུབ་སེམས་དཔའ་སེམས་དཔའ་ཆེན་པོ་གང་དགའ་ལྡན་གྱི་ལྷའི་རིས་ནས་ཤི་འཕོས་ནས་འདིར་སྐྱེས་པ་དེ་ནི་ཚེ་གཅིག་གིས་ཐོགས་པ་སྟེ། དེ་ནི་ཕ་རོལ་ཏུ་ཕྱིན་པ་དྲུག་ལ་ཉམས་པ་མེད་པའོ། །གཟུངས་ཀྱི་སྒོ་དང་ཏིང་ངེ་འཛིན་གྱི་སྒོ་ཐམས་ཅད་ཀྱང་དེར་མ་འདུས་པ་མེད་དོ། །ཤཱ་ར་དྭ་ཏིའི་བུ་བྱང་ཆུབ་སེམས་དཔའ་སེམས་དཔའ་ཆེན་པོ་གང་མིའི་ནང་ནས་ཤི་འཕོས་ནས། མི་དང་སྐལ་བ་མཉམ་པ་ཉིད་དུ་སྐྱེས་པ་དེ་ནི། ཕྱིར་མི་ལྡོག་པའི་བྱང་ཆུབ་སེམས་དཔའ་སེམས་དཔའ་ཆེན་པོ་མ་གཏོགས་པར་དབང་པོ་རྟུལ་བ་ཡིན་ཏེ། ཤེས་རབ་ཀྱི་ཕ་རོལ་ཏུ་ཕྱིན་པའི་རྣལ་འབྱོར་ལ་ཡང་མྱུར་དུ་མཉམ་པར་གཞོག་པ་མ་ཡིན་ནོ། །དེ་ལ་གཟུངས་ཀྱི་སྒོ་དང་། ཏིང་ངེ་འཛིན་གྱི་སྒོ་རྣམས་ཀྱང་མྱུར་དུ་མངོན་དུ་མི་འགྱུར་རོ། །ཤཱ་ར་དྭ་ཏིའི་བུ་གང་ཁྱོད་ཀྱིས་དེ་སྐད་དུ། བྱང་ཆུབ་

སེམས་དཔའ་སེམས་དཔའ་ཆེན་པོ་གང་ཤེས་རབ་ཀྱི་ཕ་རོལ་ཏུ་ཕྱིན་པའི་ཚུལ་འབྱོར་འདི་ལ་སྙོམས་པར་འཇུག་པ་དེ། འདི་ནས་ཤི་འཕོས་ནས་གང་དུ་སྐྱེ་བར་འགྱུར་ཞེས་སྨྲས་པ་ནི། ཤ་ར་དྭ་ཏིའི་བུ་བྱང་ཆུབ་སེམས་དཔའ་སེམས་དཔའ་ཆེན་པོ་དེ་སངས་རྒྱས་ཀྱི་ཞིང་འདི་ནས་ཤི་འཕོས་ནས། གང་ན་སངས་རྒྱས་བཅོམ་ལྡན་འདས་རྣམས་བཞུགས་ཤིང་འཚོ་སྐྱོང་བའི་སངས་རྒྱས་ཀྱི་ཞིང་དེ་ནས་དེར་འགྲོ་སྟེ། ནམ་བླ་ན་མེད་པ་ཡང་དག་པར་རྫོགས་པའི་བྱང་ཆུབ་ཏུ་མངོན་པར་སངས་རྒྱས་ཀྱི་བར་དུ། ནམ་ཡང་སངས་རྒྱས་བཅོམ་ལྡན་འདས་རྣམས་དང་འབྲལ་[1]བར་མི་འགྱུར་རོ༎ ༎

ཤེས་རབ་ཀྱི་ཕ་རོལ་ཏུ་ཕྱིན་པ་སྟོང་ཕྲག་ཉི་ཤུ་ལྔ་པ། བམ་པོ་ལྔ་པ། ཤ་ར་དྭ་ཏིའི་བུ་བྱང་ཆུབ་སེམས་དཔའ་སེམས་དཔའ་ཆེན་པོ་ཐབས་ལ་མི་མཁས་པ་དག་བསམ་གཏན་བཞི་པོ་ལ་མཉམ་པར་གཞོག་ཅིང་། ཕ་རོལ་ཏུ་ཕྱིན་པ་དྲུག་ལ་ཡང་སྤྱོད་དེ། དེ་དག་བསམ་གཏན་ཐོབ་པས་ལྷ་ཚེ་རིངས་[2]པོའི་ནང་དུ་སྐྱེས་ཤིང་། གལ་ཏེ་མིའི་ནང་དུ་སྐྱེ་བ་ཐོབ་ནས། སངས་རྒྱས་བཅོམ་ལྡན་འདས་དེ་དག་ལ་བསྙེན་བཀུར་བྱེད་ན་ཡང་། དེ་དག་དབང་པོ་རྟུལ་[3]ཞིང་དབང་པོ་མི་རྣོ་བ་ཡང་ཡོད་དོ། །ཤ་ར་དྭ་ཏིའི་བུ་གཞན་ཡང་བྱང་ཆུབ་སེམས་དཔའ་སེམས་དཔའ་ཆེན་པོ་བསམ་གཏན་ལ་ཡང་མཉམ་པར་གཞོག་ལ། ཤེས་རབ་ཀྱི་ཕ་རོལ་ཏུ་ཕྱིན་པ་ལ་ཡང་སྤྱོད་དེ། དེ་དག་ཐབས་ལ་མི་མཁས་པས་བསམ་གཏན་རྣམས་སྤངས་ནས་ཕྱིར་འདོད་[4]པའི་ཁམས་སུ་སྐྱེ་བ་ཡང་ཡོད་དེ། ཤ་ར་དྭ་ཏིའི་བུ་བྱང་ཆུབ་སེམས་དཔའ་སེམས་དཔའ་ཆེན་པོ་དེ་དག་ཀྱང་དབང་པོ་རྟུལ་བ་ཡིན་ཏེ། དབང་པོ་རྣོ་བ་མ་ཡིན་ནོ། །ཤ་ར་དྭ་ཏིའི་བུ་འདི་ལྟར་ཡང་བྱང་ཆུབ་སེམས་དཔའ་སེམས་དཔའ་ཆེན་པོ་བསམ་གཏན་དང་པོ་ནས། བཞི་པ་ལ་ཡང་སྙོམས་

པར་འཇུག །བྱམས་པ་ལ་ཡང་སྙོམས་པར་འཇུག་སྙིང་རྗེ་དང་དགའ་བ་དང་བཏང་①སྙོམས་ལ་ཡང་སྙོམས་པར་འཇུག །ནམ་མཁའ་མཐའ་ཡས་སྐྱེ་མཆེད་ལ་ཡང་སྙོམས་པར་འཇུག །རྣམ་ཤེས་མཐའ་ཡས་སྐྱེ་མཆེད་དང་། ཅུང་ཟད་མེད་པའི་སྐྱེ་མཆེད་དང་། འདུ་ཤེས་མེད་འདུ་ཤེས་མེད་མིན་སྐྱེ་མཆེད་ལ་ཡང་སྙོམས་པར་འཇུག །དྲན་པ་ཉེ་བར་གཞག་པ་བཞི་ལ་ཡང་སྙོམས་པར་འཇུག །ཡང་དག་པར་སྤོང་བ་བཞི་དང་། རྫུ་འཕྲུལ་གྱི་རྐང་པ་བཞི་དང་། དབང་པོ་ལྔ་དང་། སྟོབས་ལྔ་དང་། བྱང་ཆུབ་ཀྱི་ཡན་ལག་བདུན་དང་། འཕགས་པའི་ལམ་ཡན་ལག་བརྒྱད་པ་ལ་ཡང་སྙོམས་པར་འཇུག །སྙིང་རྗེ་ཆེན་པོ་ལ་ཡང་སྙོམས་པར་འཇུག་སྟེ། སྙིང་རྗེ་ཆེན་པོ་དང་ལྡན་པ་དེ་དག་ཐབས་མཁས་པས། བསམ་གཏན་གྱི་དབང་གིས་མི་སྐྱེ། ཚངས་པའི་རྣམ་པར་སྤྱོད་པའི་དབང་གིས་མི་སྐྱེ། གཟུགས་མེད་པའི་སྙོམས་པར་འཇུག་པའི་དབང་གིས་མི་སྐྱེ་སྟེ། སངས་རྒྱས་བཅོམ་ལྡན་འདས་རྣམས་གང་ན་བཞུགས་ཤིང་འཚོ་སྐྱོང་བ་དེ་དང་དེ་དག་ཏུ་སྐྱེ་བར་འགྱུར་བ་ཡོད་དོ། །དེ་དག་ནི་ཤེས་རབ་ཀྱི་ཕ་རོལ་ཏུ་ཕྱིན་པའི་རྣལ་འབྱོར་དང་ཡང་མ་བྲལ་བས། བསྐལ་པ་བཟང་པོ་འདི་ཉིད་ལ་བླ་ན་མེད་པ་ཡང་དག་པར་རྫོགས་པའི་བྱང་ཆུབ་ཏུ་མངོན་པར་འཚང་རྒྱའོ། །ཤ་ར་དྭ་ཏིའི་བུ་གཞན་ཡང་བྱང་ཆུབ་སེམས་དཔའ་སེམས་དཔའ་ཆེན་པོ་བསམ་གཏན་བཞི་པོ་ལ་ཡང་སྙོམས་པར་འཇུག །བྱམས་པ་དང་། སྙིང་རྗེ་དང་། དགའ་བ་དང་། བཏང་②སྙོམས་ལ་ཡང་སྙོམས་པར་འཇུག །ནམ་མཁའ་མཐའ་ཡས་སྐྱེ་མཆེད་དང་། རྣམ་ཤེས་མཐའ་ཡས་སྐྱེ་མཆེད་དང་། ཅུང་ཟད་མེད་པའི་སྐྱེ་མཆེད་དང་། འདུ་ཤེས་མེད་འདུ་ཤེས་མེད་མིན་སྐྱེ་མཆེད་ལ་ཡང་སྙོམས་པར་འཇུག་ཅིང་དེ་དག་ཐབས་མཁས་པས། བསམ་གཏན་དང་། ཏིང་

ངེ་འཛིན་དང་། སྙོམས་པར་འཇུག་པའི་དབང་གིས་མི་སྐྱེ་བ་ཡང་ཡོད་དེ། དེ་དག་ནི་ཕྱིར་འདོད་པའི་ཁམས་འདིར་སྐྱེས་ཀྱང་། རྒྱལ་རིགས་ཆེ་ཞིང་མཐོ་བའམ། བྲམ་ཟེའི་རིགས་ཆེ་ཞིང་མཐོ་བའམ། ཁྱིམ་བདག་གི་རིགས་ཆེ་ཞིང་མཐོ་བའི་ རིགས་སུ་སྐྱེ་སྟེ། དེ་ཡང་སྲིད་པ་ལ་བརྐམ་པའི་ཕྱིར་མ་ཡིན་གྱི། སེམས་ཅན་ ཡོངས་སུ་སྨིན་པར་བྱ་བའི་ཕྱིར་རོ། །ཤ་ར་དྭ་ཏིའི་བུ་འདི་ལྟར་ཡང་བྱང་ཆུབ་ སེམས་དཔའ་སེམས་དཔའ་ཆེན་པོ་བསམ་གཏན་བཞི་པོ་ལ་ཡང་སྙོམས་པར་འཇུག། བྱམས་པ་དང་སྙིང་རྗེ་དང་དགའ་བ་དང་བཏང་སྙོམས་ལ་ཡང་སྙོམས་པར་འཇུག ། ནམ་མཁའ་མཐའ་ཡས་སྐྱེ་མཆེད་ལ་ཡང་སྙོམས་པར་འཇུག །རྣམ་ཤེས་མཐའ་ ཡས་སྐྱེ་མཆེད་དང་། ཅུང་ཟད་མེད་པའི་སྐྱེ་མཆེད་དང་། འདུ་ཤེས་མེད་འདུ་ ཤེས་མེད་མིན་སྐྱེ་མཆེད་ལ་ཡང་སྙོམས་པར་འཇུག་ཅིང་། དེ་དག་ཐབས་མཁས་ པས་བསམ་གཏན་དང་ཏིང་ངེ་འཛིན་དང་། སྙོམས་པར་འཇུག་པའི་དབང་གིས་ མི་སྐྱེ་བ་ཡང་ཡོད་དེ། དེ་དག་ནི་རྒྱལ་པོ་ཆེན་པོ་བཞིའི་རིས་ཀྱི་ལྷ་རྣམས་དང་། སྐལ་བ་མཉམ་པར་བྱའོ[1]། །སུམ་ཅུ་རྩ་གསུམ་དང་། མཚོ་མ་དང་། དགའ་ལྡན་དང་། འཕྲུལ་དགའ་དང་། གཞན་འཕྲུལ་དབང་བྱེད་ཀྱི་ལྷ་ རྣམས་དང་། སྐལ་[3]བ་མཉམ་པར་སྐྱེས་ཏེ། དེ་དག་ན་གནས་ཤིང་སེམས་ ཅན་རྣམས་ཡོངས་སུ་སྨིན་པར་བྱེད་དོ། །སངས་རྒྱས་ཀྱི་ཞིང་ཡོངས་སུ་དག་པར་ བྱེད་དོ། །སངས་རྒྱས་བཅོམ་ལྡན་འདས་རྣམས་ཀྱང་མཉེས་པར་བྱེད་དོ། །ཤ་ ར་དྭ་ཏིའི་བུ་འདི་ལྟར་ཡང་བྱང་ཆུབ་སེམས་དཔའ་སེམས་དཔའ་ཆེན་པོ་ཤེས་རབ་ ཀྱི་ཕ་རོལ་ཏུ་ཕྱིན་པ་ལ་སྤྱོད་པ་དག་ཐབས་མཁས་པས། བསམ་གཏན་བཞི་པོ་ལ་ ཡང་སྙོམས་པར་འཇུག །བྱམས་པ་དང་སྙིང་རྗེ་དང་དགའ་བ་དང་བཏང་སྙོམས་ ལ་ཡང་སྙོམས་པར་འཇུག །ནམ་མཁའ་མཐའ་ཡས་སྐྱེ་མཆེད་ལ་ཡང་སྙོམས་

པར་འཇུག །རྣམ་ཤེས་མཐའ་ཡས་སྐྱེ་མཆེད་དང་། ཅུང་ཟད་མེད་པའི་སྐྱེ་མཆེད་དང་། འདུ་ཤེས་མེད་འདུ་ཤེས་མེད་མིན་སྐྱེ་མཆེད་ལ་ཡང་སྙོམས་པར་འཇུག་པ་ཡོད་དེ། དེ་དག་ནི་འདི་ནས་ཤི་འཕོས་ནས་ཚངས་པའི་འཇིག་རྟེན་དུ་སྐྱེའོ། །དེ་དག་དེ་ན་ཡང་ཚངས་པ་ཚངས་ཆེན་དབང་ཆེན་པོ་དང་ལྡན་པ་བརྒྱ་ཕྲག་བཅུ་ལ་དབང་བསྒྱུར་བ་དེ་ལྟ་བུའི་སེམས་ཅན་གྱི་ནང་ན་ཡང་མཆོག་དམ་པ······ཕུལ་དུ་བྱུང་བར་འགྱུར་ཏེ། དེ་དག་དེ་ན་འཁོད་ཅིང་གང་ན་དེ་བཞིན་གཤེགས་པ་དགྲ་བཅོམ་པ་ཡང་དག་པར་རྫོགས་པའི་སངས་རྒྱས་རྣམས་མངོན་པར་སངས་རྒྱས་ཤིང་ཆོས་ཀྱི་འཁོར་ལོ་བསྐོར་[༡]བ་བཞུགས་པ་དེ་ལྟ་བུའི་སངས་རྒྱས་ཀྱི་ཞིང་ནས་སངས་རྒྱས་ཀྱི་ཞིང་དུ་རྒྱུ་ཞིང་དོང་ངོ་། །དེ་བཞིན་གཤེགས་པ་དགྲ་བཅོམ་པ་ཡང་དག་པར་རྫོགས་པའི་སངས་རྒྱས་དེ་དག་ལ་ཡང་ཆོས་ཀྱི་འཁོར་ལོ་བསྐོར་བའི་དོན་དུ་གསོལ་བ་གདབ་པ་བྱེད་དོ། །ཤ་ར་དྭ་ཏིའི་བུ་འདི་ལྟར་ཡང་བྱང་ཆུབ···སེམས་དཔའ་སེམས་དཔའ་ཆེན་པོ་ཚེ་གཅིག་གིས་ཐོགས་པ། ཤེས་རབ་ཀྱི་ཕ་རོལ་ཏུ་ཕྱིན་པ་ལ་སྤྱོད་པ་དག་ཐབས་མཁས་པས། བསམ་གཏན་བཞི་པོ་ལ་ཡང་སྙོམས་པར་འཇུག །བྱམས་པ་དང་སྙིང་རྗེ་དང་དགའ་བ་དང་བཏང་[༢]སྙོམས་ལ་ཡང་སྙོམས་པར་འཇུག །ནམ་མཁའ་མཐའ་[༣]ཡས་སྐྱེ་མཆེད་ལ་ཡང་སྙོམས་པར་འཇུག །རྣམ་ཤེས་མཐའ་ཡས་སྐྱེ་མཆེད་དང་། ཅུང་ཟད་མེད་པའི་སྐྱེ་མཆེད་དང་། འདུ་ཤེས་མེད་འདུ་ཤེས་མེད་མིན་སྐྱེ་མཆེད་ལ་ཡང་སྙོམས་པར་འཇུག །དྲན་པ་ཉེ་བར་གཞག་པ་བཞི་དང་། ཡང་དག་པར་སྤོང་བ་བཞི་དང་། རྫུ་འཕྲུལ་གྱི་རྐང་པ་བཞི་དང་། དབང་པོ་ལྔ་དང་། སྟོབས་ལྔ་དང་། བྱང་ཆུབ་ཀྱི་ཡན་ལག་བདུན་དང་། འཕགས་པའི་ལམ་ཡན་ལག་བརྒྱད་པ་ལ་ཡང་བསྒོམ། སྟོང་པ་ཉིད་དང་། མཚན་མ་མེད་པ་དང་། སྨོན་པ་མེད་པའི་

ཧྲིང་ངེ་འཛིན་ལ་ཡང་སློམས་པར་འཇུག་ཅིང་། དེ་དག་གི་དབང་གིས་མི་སྐྱེ་བ་
ཡང་ཡོད་དེ། དེ་དག་སངས་རྒྱས་བཅོམ་ལྡན་འདས་མངོན་དུ་གྱུར་པ་རྣམས་
བསྙེན་བཀུར་ཅིང་། དེ་དག་ཏུ་ཚངས་པའི༑ སྤྱོད་པ་སྤྱད་[1]དེ། དགའ་ལྡན་
གྱི་ལྷ་དང་སྐལ་བ་མཉམ་པར་སྐྱེ་སྟེ། དེ་དག་དེར་ཚེའི་ཚུལ་བཞིན་དུ་གནས་
ནས༑ དབང་པོ་མ་ཉམས་པ་དང་ དྲན་ཞིང་ཤེས་བཞིན་དུ་ལྷ་བྱེ་བ་ཁྲག་ཁྲིག་
བརྒྱ་སྟོང་དུ་མས་བསྐོར་ཏེ་མདུན་དུ་བྱས་ནས་འདིར་སྐྱེ་བ༑ བསྟན་སྟེ[3]། བླ་ན་
མེད་པ་ཡང་དག་པར་རྫོགས་པའི་བྱང་ཆུབ་ཏུ་མངོན་པར་སངས་རྒྱས་ནས་སངས་
རྒྱས་ཀྱི་ཞིང་སྣ་ཚོགས་དག་ཏུ་ཆོས་ཀྱི་འཁོར་ལོ་བསྐོར་བ་དག་ཀྱང་ཡོད་དོ། །ཤ་
ར་དྭ་ཏིའི་བུ་འདི་ལྟར་ཡང་བྱང་ཆུབ་སེམས་དཔའ་སེམས་དཔའ་ཆེན་པོ་མངོན་
པར་ཤེས་པ་དྲུག་ཐོབ་པ་དག་འདོད་པའི་ཁམས་སུ་ཡང་མི་སྐྱེ། གཟུགས་ཀྱི་
ཁམས་དང་གཟུགས་མེད་པའི་ཁམས་སུ་ཡང་མི་སྐྱེ་བར། དེ་དག་དེ་བཞིན་
གཤེགས་པ་དགྲ་བཅོམ་པ་ཡང་དག་པར་རྫོགས་པའི་སངས་རྒྱས་རྣམས་ལ་རིམ་གྲོ[3]
དང་བཀུར་སྟི་དང་བསྟི་སྟང་དང་མཆོད་པ་བྱེད་ཅིང་སངས་རྒྱས་ཀྱི་ཞིང་ནས་
སངས་རྒྱས་ཀྱི་ཞིང་དུ་འདོང་བ་དག་ཀྱང་ཡོད་དོ། །ཤ་ར་དྭ་ཏིའི་བུ་འདི་ལྟར་
ཡང་བྱང་ཆུབ་སེམས་དཔའ་སེམས་དཔའ་ཆེན་པོ་མངོན་པར་ཤེས་པ་དྲུག་ཐོབ་པ་
དག །མངོན་པར་ཤེས་པ་དྲུག་པོ་དེ་དག་གིས་རྣམ་པར་རྩེ་ཞིང་སངས་རྒྱས་ཀྱི་
ཞིང་གང་ན། ཐེག་པ་ཆེན་པོ་མ་གཏོགས་པར་ཉན་ཐོས་ཀྱི་ཐེག་པ་དང་རང་
སངས་རྒྱས་ཀྱི་ཐེག་པའི་སྒྲ་ཡང་མི་གྲག་པ་དེ་ལྟ་བུའི་སངས་རྒྱས་ཀྱི་ཞིང་ནས་
སངས་རྒྱས་ཀྱི་ཞིང་དུ་འདོང་བ་དག་ཀྱང་ཡོད་དོ། །ཤ་ར་དྭ་ཏིའི་བུ་འདི་ལྟར་
ཡང་བྱང་ཆུབ་སེམས་དཔའ་སེམས་དཔའ་ཆེན་པོ་མངོན་པར་ཤེས་པ་དྲུག་ཐོབ་པ་
དག །མངོན་པར་ཤེས་པ་དེ་དག་གིས་རྣམ་པར་རྩེ་ཞིང་སངས་རྒྱས་ཀྱི་ཞིང་

གང་ན། སེམས་ཅན་རྣམས་ཀྱི་ཚེ་དཔག་ཏུ་མེད་པ་དེ་ལྟ་བུའི་སངས་རྒྱས་ཀྱི་ཞིང་ནས༔ སངས་རྒྱས་ཀྱི་ཞིང་དུ་འདོང་བ་དག་ཀྱང་ཡོད་དོ། །ཤ་ར་དྭ་ཏིའི་བུ་འདི་ལྟར་ཡང་བྱང་ཆུབ་སེམས་དཔའ་སེམས་དཔའ་ཆེན་པོ་མངོན་པར་ཤེས་པ་དྲུག་ཐོབ་པ་དག །འཇིག་རྟེན་གྱི་ཁམས་གང་ན་སངས་རྒྱས་ཀྱི་སྒྲ་མི་གྲག[༡]པ་དང་། ཆོས་ཀྱི་སྒྲ་མི་གྲག་པ་དང་། དགེ་འདུན་གྱི་སྒྲ་མི་གྲག་པ་དེ་ལྟ་བུའི་འཇིག་རྟེན་གྱི་ཁམས་ནས། འཇིག་རྟེན་གྱི་ཁམས་སུ་འདོང་ཞིང་སངས་རྒྱས་ཀྱི་ལེགས་པ་བརྗོད། ཆོས་ཀྱི་ལེགས་པ་བརྗོད། དགེ་འདུན་གྱི་ལེགས[༢]པ་བརྗོད[༣]ཅིང་། སེམས་ཅན་དེ་དག་ཀྱང་། སངས་རྒྱས་ཀྱི་སྒྲ་དང་། ཆོས་ཀྱི་སྒྲ་དང་། དགེ་འདུན་གྱི་སྒྲ་དེས་སེམས་དང་བར་གྱུར་ཏེ། གང་ན་སངས་རྒྱས་བཅོམ་ལྡན་འདས་རྣམས་བཞུགས་པ[༤]དེ་དག་ཏུ་སྐྱེ་བར་འགྱུར་བར་བྱེད་པ་དག་ཀྱང་ཡོད་དོ། །ཤ་ར་དྭ་ཏིའི་བུ་འདི་ལྟར་ཡང་བྱང་ཆུབ་སེམས་དཔའ་སེམས་དཔའ་ཆེན་པོ་དང་པོ་སེམས་བསྐྱེད་ཕྱིན་ཆད། བསམ་གཏན་བཞི་དང་། ཚད་མེད་པ་བཞི་དང་། གཟུགས་མེད་པའི་སྙོམས་པར་འཇུག་པ་བཞི་དང་། མངོན་པར་ཤེས་པ་ལྔ་དང་། དྲན་པ་ཉེ་བར་གཞག་པ་བཞི་དང་། ཡང་དག་པར་སྤོང་བ་བཞི་དང་། རྫུ་འཕྲུལ་གྱི་རྐང་པ་བཞི་དང་། དབང་པོ་ལྔ་དང་། སྟོབས་ལྔ་དང་། བྱང་ཆུབ་ཀྱི་ཡན་ལག་བདུན་དང་། འཕགས་པའི་ལམ་ཡན་ལག་བརྒྱད་པ་དང་། དེ་བཞིན[༥]གཤེགས་པའི་སྟོབས་བཅུ་དང་། མི་འཇིགས་པ་བཞི་དང་། སོ་སོ་ཡང་དག་པར་རིག་པ་བཞི་དང་། བྱམས་པ་ཆེན་པོ་དང་། སྙིང་རྗེ་ཆེན་པོ་དང་། སངས་རྒྱས་ཀྱི་ཆོས་མ་འདྲེས་པ་བཅོ་བརྒྱད་དག་ཀྱང་ཐོབ་ནས། དེ་དག་ནམ་ཡང་འདོད་པའི་ཁམས་སུ་ཡང་མི་སྐྱེ། གཟུགས་ཀྱི་ཁམས་དང་། གཟུགས་མེད་པའི་ཁམས་སུ་ཡང་མི་སྐྱེ་ཞིང་། དེ་དག་ཏུ་ཡང་སེམས་ཅན་རྣམས་

ཀྱི་དོན་བྱེད་པ་ཡོད་དོ། །ཤཱ་ར་དྭ་ཏིའི་བུ་འདི་ལྟར་ཡང་བྱང་ཆུབ་སེམས་དཔའ་སེམས་དཔའ་ཆེན་པོ་ཕ་རོལ་ཏུ་ཕྱིན་པ་དྲུག་ལ་སྤྱོད་པ་དག །དང་པོ་སེམས་བསྐྱེད་པ་ཉིད་ཀྱིས་བྱང་ཆུབ་སེམས་དཔའི་སྐྱོན་མེད་པར་ཞུགས་①ནས། ཕྱིར་མི་ལྡོག་པའི་ས་འཐོབ②པ་ཡང་ཡོད་དོ། །ཤཱ་ར་དྭ་ཏིའི་བུ་འདི་ལྟར་ཡང་བྱང་ཆུབ་སེམས་དཔའ་སེམས་དཔའ་ཆེན་པོ་དང་པོ་སེམས་བསྐྱེད་པ་ཉིད་ཀྱིས། བླ་ན་མེད་པ་ཡང་དག་པར་རྫོགས་པའི་བྱང་ཆུབ་ཏུ་མངོན་པར་འཚང་རྒྱ་ཞིང་། མངོན་པར་སངས་རྒྱས་ནས་ཆོས་ཀྱི་འཁོར་ལོ་བསྐོར་ཏེ། སེམས་ཅན་ཚད་མེད་གྲངས་མེད་པའི་དོན་བྱས་ནས། ཕུང་པོ་མ་ལུས་པའི་མྱ་ངན་ལས་འདས་པའི་དབྱིངས་སུ་ཡོངས་སུ་མྱ་ངན་ལས་འདའ་ཞིང་། དེ་དག་ཡོངས་སུ་མྱ་ངན་ལས་འདས་ནས་ཀྱང་དམ་པའི་ཆོས་བསྐལ་པའམ། བསྐལ་པ་བས་ལྷག་པར་གནས་པ་དག་ཀྱང་ཡོད་དོ། །ཤཱ་ར་དྭ་ཏིའི་བུ་འདི་ལྟར་ཡང་བྱང་ཆུབ་སེམས་དཔའ་སེམས་དཔའ་ཆེན་པོ་དང་པོ་སེམས་བསྐྱེད་པ་ཉིད་ཀྱིས། ཤེས་རབ་ཀྱི་ཕ་རོལ་ཏུ་ཕྱིན་པའི་རྣལ་འབྱོར་ལ་སྙོམས་པར་འཇུག་ཅིང་། དེ་དག་བྱང་ཆུབ་སེམས་དཔའ་བྱེ་བ་ཁྲག་ཁྲིག་བརྒྱ་སྟོང་དུ་མ་དང་ལྷན་ཅིག །སངས་རྒྱས་ཀྱི་ཞིང་ནས་སངས་རྒྱས་ཀྱི་ཞིང་དུ། སངས་རྒྱས་བཅོམ་ལྡན་འདས་རྣམས་བལྟ་བ་དང་། སེམས་ཅན་ཡོངས་སུ་སྨིན་པར་བྱ་བ་དང་། སངས་རྒྱས་ཀྱི་ཞིང་ཡོངས་སུ་དག་པར་བྱ་བའི་དོན་དུ་འདོང་བ་དག་ཀྱང་ཡོད་དོ། །ཤཱ་ར་དྭ་ཏིའི་བུ་བྱང་ཆུབ་སེམས་དཔའ་སེམས་དཔའ་ཆེན་པོ་ཤེས་རབ་ཀྱི་ཕ་རོལ་ཏུ་ཕྱིན་པ་ལ་སྤྱོད་པ། བསམ་གཏན་བཞི་ཐོབ་པ་ཚད་མེད་པ་བཞི་དང་གཟུགས་མེད་པའི་སྙོམས་པར་འཇུག་པ་བཞི་ཐོབ་པ་དག །བསམ་གཏན་དང་ཚད་མེད་པ་དང་། གཟུགས་མེད་པའི་སྙོམས་པར་འཇུག་པ་དེ་དག་གིས་ཚུལ་དུ་མར་རྣམ་པར་རྩེ་ཞིང་། འདི་ལྟ་སྟེ།

བསམ་གཏན་དང་པོ་ལ་སྙོམས་པར་འཇུག་གོ། །དེ་དག་བསམ་གཏན་དང་པོ་དེ་ལས་ལངས་ནས། འགོག་པའི་སྙོམས་པར་འཇུག་པ་ལ་མཉམ་པར་གཞོག་གོ། །འགོག་པའི་སྙོམས་པར་འཇུག་པ་ལས་ལངས་ནས། བསམ་གཏན་གཉིས་པ་ལ་སྙོམས་པར་འཇུག་གོ། །བསམ་གཏན་གཉིས་པ་ལས་ལངས་ནས། འགོག་པའི་སྙོམས་པར་འཇུག་པ་ལ་མཉམ་པར་གཞོག་གོ། །དེ་ལས་ལངས་ནས་བསམ་གཏན་གསུམ་པ་ལ་སྙོམས་པར་འཇུག་གོ། །དེ་ལས་ལངས་ནས་འགོག་པའི་སྙོམས་པར་འཇུག་པ་ལ་མཉམ་པར་གཞོག་གོ། །དེ་ལས་ལངས་ནས་བསམ་གཏན་བཞི་པ་ལ་སྙོམས་པར་འཇུག་གོ། །དེ་ལས་ལངས་ནས་འགོག་པའི་སྙོམས་པར་འཇུག་པ་ལ་མཉམ་པར་གཞོག་གོ། །དེ་ལས་ལངས་ནས་ནམ་མཁའ་མཐའ་ཡས་སྐྱེ་མཆེད་ལ་ཡང་[༡]སྙོམས་པར་འཇུག་གོ། །དེ་ལས་ལངས་ནས་འགོག་པའི་སྙོམས་པར་འཇུག་པ་ལ་མཉམ་པར་གཞོག་གོ། །དེ་ལས་ལངས་ནས་རྣམ་ཤེས་མཐའ་ཡས་སྐྱེ་མཆེད་ལ་སྙོམས་པར་འཇུག་གོ། །དེ་ལས་ལངས་ནས་འགོག་པའི་སྙོམས་པར་འཇུག་པ་ལ་མཉམ་པར་གཞོག་གོ། །དེ་ལས་ལངས་ནས་ཅུང་ཟད་མེད་པའི་སྐྱེ་མཆེད་ལ་སྙོམས་པར་འཇུག་གོ། །དེ་ལས་ལངས་ནས་འགོག་པའི་སྙོམས་པར་འཇུག་པ་ལ་མཉམ་པར་གཞོག་གོ། །དེ་ལས་ལངས་ནས་འདུ་ཤེས་མེད་འདུ་ཤེས་མེད་མིན་སྐྱེ་མཆེད་ལ་སྙོམས་པར་འཇུག་གོ། །དེ་ལས་ལངས་ནས་འགོག་པའི་སྙོམས་པར་འཇུག་པ་ལ་མཉམ་པར་གཞོག་གོ། །ཤཱ་ར་དྭ་ཏིའི་བུ་དེ་ལྟར་བྱང་ཆུབ་སེམས་དཔའ་སེམས་དཔའ་ཆེན་པོ་ཤེས་རབ་ཀྱི་ཕ་རོལ་དུ་ཕྱིན་པ་ལ་སྤྱོད་པ་ཐབས་མཁས་པ་དང་ལྡན་པ་རྣམས་བསམ་གཏན་དང་། ཚད་མེད་པ་དང་ཏིང་ངེ་འཛིན་དང་སྙོམས་པར་འཇུག་པ་འདི་[༢]དག་ཡང་དང་ཡང་དུ་རྣམ་པར་མནན་ཅིང་སྙོམས་པར་འཇུག་པ་དག་ཀྱང་ཡོད་དོ། །ཤཱ་ར་དྭ་ཏིའི་བུ་འདི་

ལྷར་ཡང་བྱང་ཆུབ་སེམས་དཔའ་སེམས་དཔའ་ཆེན་པོ་དྲན་པ་ཉེ་བར་གཞག་པ་དང༌། ཡང་དག་པར་སྤོང་བ་དང༌། རྫུ་འཕྲུལ་གྱི་རྐང་པ་དང༌། དབང་པོ་དང༌། སྟོབས་དང༌། བྱང་ཆུབ་ཀྱི་ཡན་ལག་དང༌། འཕགས་པའི་ལམ་ཡན་ལག་བརྒྱད་པ་ཐོབ་པ། འཕགས་པའི་བདེན་པ་རྣམས་དང༌། ༔བསམ་གཏན་རྣམས་དང་[༡]། ཚད་མེད་པ་རྣམས་དང༌། གཟུགས་མེད་པའི་སྙོམས་པར་འཇུག་པ་རྣམས་དང༌། རྣམ་པར་ཐར་པ་བརྒྱད་དང༌། མཐར་གྱིས་གནས་པའི་སྙོམས་པར་འཇུག་པ་དགུ་དང༌། སྟོང་པ་ཉིད་དང༌། མཚན་མ་མེད་པ་དང༌། སྨོན་པ་མེད་པ་དང༌། མངོན་པར་ཤེས་པ་རྣམས་ཐོབ་པ། ཏིང་ངེ་འཛིན་རྣམས་དང༌། གཟུངས་ཀྱི་སྒོ་རྣམས་ཐོབ་པ། དེ་བཞིན་གཤེགས་པའི་སྟོབས་བཅུ་དང༌། མི་འཇིགས་པ་བཞི་དང༌། སོ་སོ་ཡང་དག་པར་རིག་པ་བཞི་དང༌། སངས་རྒྱས་ཀྱི་ཆོས་མ་འདྲེས་པ་བཅོ་བརྒྱད་ཐོབ་པ་དག་[༢]རྣམ་པར་ཐར་པའི་སྒོ་གསུམ་པོ་ཐོབ་ཀྱང་རྒྱུན་དུ་ཞུགས་པའི་འབྲས་བུ་དང༌། ལན་ཅིག་ཕྱིར་འོང་བའི་འབྲས་བུ་དང༌། ཕྱིར་མི་འོང་བའི་འབྲས་བུ་དང༌། དགྲ་བཅོམ་པ་ཉིད་དང༌། རང་བྱང་ཆུབ་ཐོབ་པར་མི་བྱེད་ཀྱི། ཤེས་རབ་ཀྱི་ཕ་རོལ་ཏུ་ཕྱིན་པ་ལ་སྤྱོད་ཅིང༌། ཐབས་མཁས་པས་ཡོངས་སུ་བཟུང་[༣]བས་འཕགས་པའི་ལམ་ཡན་ལག་བརྒྱད་པ་སེམས་ཅན་རྣམས་ལ་སྟོན་པར་བྱེད་དེ། སེམས་ཅན་དེ་དག་དེས་རྒྱུན་དུ་ཞུགས་པའི་འབྲས་བུ་ཐོབ་པར་འགྱུར་བ་དང༌། ལན་ཅིག་ཕྱིར་འོང་བའི་འབྲས་བུ་དང༌། ཕྱིར་མི་འོང་བའི་འབྲས་བུ་དང༌། དགྲ་བཅོམ་པ་ཉིད་དང༌། རང་བྱང་ཆུབ་ཐོབ་པར་འགྱུར་བར་བྱེད་པ་དག་ཀྱང་ཡོད་དེ། ཤཱ་ར་དྭ་ཏིའི་བུ་ཉན་ཐོས་དང་རང་སངས་རྒྱས་རྣམས་[༤]ཀྱི་འབྲས་བུ་ཐོབ་པར་བྱ་བའི་ཡེ་ཤེས་གང་ཡིན་པ་དེ་ནི་བྱང་ཆུབ་སེམས་དཔའ་སེམས་དཔའ་ཆེན་པོའི་བཟོད་པ་

ཡིན་ཏེ། ཤཱ་ར་དྭ་ཏིའི་བུ་བྱང་ཆུབ་སེམས་དཔའ་སེམས་དཔའ་ཆེན་པོ་གང་ཤེས་རབ་ཀྱི་ཕ་རོལ་དུ་ཕྱིན་པ་དེ་ལྟ་བུས་དེ་ལྟར་རྣམ་པར་སྤྱོད་པ་དེ་དག་ནི་ཕྱིར་མི་ལྡོག་པ་ཡིན་པར་ཤེས་པར་བྱའོ། །ཤཱ་ར་དྭ་ཏིའི་བུ་འདི་ལྟར་ཡང་བྱང་ཆུབ་སེམས་དཔའ་སེམས་དཔའ་ཆེན་པོ་ཕ་རོལ་དུ་ཕྱིན་པ་དྲུག་ལ་གནས་ཤིང་། དགའ་ལྡན་གྱི་གནས་ཡོངས་སུ་སྦྱོང་བ་དག་ཀྱང་ཡོད་དེ། ཤཱ་ར་དྭ་ཏིའི་བུ་བྱང་ཆུབ་སེམས་དཔའ་སེམས་དཔའ་ཆེན་པོ་དེ་དག་ནི་བསྐལ་པ་བཟང་པོ་པར་ཤེས་པར་བྱའོ། །ཤཱ་ར་དྭ་ཏིའི་བུ་འདི་ལྟར་ཡང་བྱང་ཆུབ་སེམས་དཔའ་སེམས་དཔའ་ཆེན་པོ་ཤེས་རབ་ཀྱི་ཕ་རོལ་དུ་ཕྱིན་པ་ལ་སྤྱོད་པ། བསམ་གཏན་བཞི་ཐོབ་པ། ཚད་མེད་པ་བཞི་དང་། གཟུགས་མེད་པའི་སྙོམས་པར་འཇུག་པ་བཞི་དང་། བྱང་ཆུབ་ཀྱི་ཕྱོགས་ཀྱི་ཆོས་སུམ་ཅུ་རྩ་བདུན་ཐོབ་པ། མངོན་པར་ཤེས་པ་དྲུག་ཐོབ་པ། དེ་བཞིན་གཤེགས་པའི་སྟོབས་བཅུ་དང་། མི་འཇིགས་པ་བཞི་དང་། སོ་སོ་ཡང་དག་པར་རིག་པ་བཞི་དང་། སངས་རྒྱས་ཀྱི་ཆོས་མ་འདྲེས་པ་བཅོ་བརྒྱད་ཐོབ་པ་དག་འཕགས་པའི་བདེན་པ་བཞི་ཁོང་དུ་ཆུད་པར་[1]བྱ་བའི་དོན་དུ་སྤྱོད་ཀྱང་། བདེན་པ་བཞི་རྟོགས་པར་མི་བྱེད་པ་དག་ཀྱང་ཡོད་དེ། ཤཱ་ར་དྭ་ཏིའི་བུ་བྱང་ཆུབ་སེམས་དཔའ་སེམས་དཔའ་ཆེན་པོ་དེ་དག་ནི་ཚེ་གཅིག་གིས་ཐོགས་པར་ཤེས་པར་བྱའོ། །ཤཱ་ར་དྭ་ཏིའི་བུ་འདི་ལྟར་ཡང་བྱང་ཆུབ་སེམས་དཔའ་སེམས་དཔའ་ཆེན་པོ་ཕ་རོལ་ཏུ་ཕྱིན་པ་དྲུག་ལ་སྤྱོད་པ་དག་འཇིག་རྟེན་གྱི་ཁམས་ནས་འཇིག་རྟེན་གྱི་ཁམས་སུ་འདོང་ཞིང་། དེ་དག་གི་སེམས་ཅན་རྣམས་བྱང་ཆུབ་ཏུ་ཡང་དག་པར་བསྐུལ[2]བ་བྱེད་ཅིང་། སངས་རྒྱས་ཀྱི་ཞིང་ཡོངས་སུ་དག་པར་བྱེད་པ་དག་ཀྱང་ཡོད་དེ། ཤཱ་ར་དྭ་ཏིའི་བུ་བྱང་ཆུབ་སེམས་དཔའ་སེམས་དཔའ་ཆེན་པོ་དེ་དག་ནི་བསྐལ་པ་གྲངས་མེད་ཚད་མེད་པས་བླ་ན་མེད་པ་

ཡང་དག་པར་རྫོགས་པའི་བྱང་ཆུབ་ཏུ་མངོན་པར་འཚང་རྒྱའོ། །ཤ་ར་དྭ་ཏིའི་བུ་འདི་ལྟར་ཡང་བྱང་ཆུབ་སེམས་དཔའ་སེམས་དཔའ་ཆེན་པོ་ཕ་རོལ་ཏུ་ཕྱིན་པ་དྲུག་ལ་གནས་ཤིང་སེམས་ཅན་རྣམས་ཀྱི་དོན་དུ་རྟག①པར་བསྟན་ཏེ། ནམ་ཡང་གནོད་པར་འགྱུར་བའི་ཚིག་མི་སྨྲ། གནོད་པ་དང་ལྡན་པའི་ལུས་ཀྱི་ལས་དང་། ཡིད་ཀྱི་ལས་མི་བྱེད་པ་དག་ཀྱང་ཡོད་དོ། །ཤ་ར་དྭ་ཏིའི་བུ་འདི་ལྟར་ཡང་བྱང་ཆུབ་སེམས་དཔའ་སེམས་དཔའ་ཆེན་པོ་ཕ་རོལ་ཏུ་ཕྱིན་པ་དྲུག་ལ་གནས་ཤིང་སེམས་ཅན་གྱི་དོན་དུ་རྟག་ཏུ་བསྟན་པས། སངས་རྒྱས་ཀྱི་ཞིང་ནས་སངས་རྒྱས་ཀྱི་ཞིང་དུ་འདོང་ཞིང་། སེམས་ཅན་རྣམས་ཀྱི་ངན་སོང་གི་ལམ་གསུམ་པོ་རྒྱུན་གཅོད་པ་དག་ཀྱང་ཡོད་དོ། །ཤ་ར་དྭ་ཏིའི་བུ་འདི་ལྟར་ཡང་བྱང་ཆུབ་སེམས་དཔའ་སེམས་དཔའ་ཆེན་པོ་ཕ་རོལ་ཏུ་ཕྱིན་པ་དྲུག་ལ་གནས་ཤིང་སྦྱིན་པའི་ཕ་རོལ་ཏུ་ཕྱིན་པ་ལྷུར་བྱས་ཏེ། སེམས་ཅན་རྣམས་ཀྱི་བདེ་བའི་ཡོ་བྱད་ཐམས་ཅད་ཉེ་བར་བསྐྱབ②ཅིང་། ཟས་འདོད་པ་རྣམས་ལ་ཟས་དང་སྐོམ་འདོད་པ་རྣམས་ལ་སྐོམ་དང་། བཞོན་པ་འདོད་པ་རྣམས་ལ་བཞོན③པ་དང་། མེ་ཏོག་དང་། སྤོས་དང་། ཕྲེང་བ་དང་། བྱུག་པ་དང་མལ་སྟན་དང་གོས་དང་རྒྱན་དང་འཚོ་བ་དང་ཁྱིམ་འདོད་པ་རྣམས་ལ་ཁྱིམ་གྱིས་ཡོངས་སུ་སྤྱད་ཅིང་འཚོ་བའི་ཡོ་བྱད་སྐྱོན་མེད་པ་ཡོངས་སུ་སྐྱབ④པ་དག་ཀྱང་ཡོད་དོ། །ཚུལ་ཁྲིམས་ཀྱི་ཕ་རོལ་ཏུ་ཕྱིན་པ་ལྷུར་བྱས་ཏེ། སེམས་ཅན་རྣམས་ལུས་དང་ངག་དང་ཡིད་ཀྱི་སྡོམ་པ་ལ་རབ་ཏུ་འགོད⑤པ་དག་ཀྱང་ཡོད་དོ། །བཟོད་པའི་ཕ་རོལ་ཏུ་ཕྱིན་པ་ལྷུར་བྱས་ཏེ། སེམས་ཅན་རྣམས་ཁྲོ་བ་མེད་པ་དང་། གནོད་སེམས་མེད་པ་ལ་རབ་ཏུ་འགོད་པ་དག་ཀྱང་ཡོད་དོ། །བརྩོན་འགྲུས་ཀྱི་ཕ་རོལ་ཏུ་ཕྱིན་པ་ལྷུར་བྱས་ཏེ། སེམས་ཅན་རྣམས་དགེ་བའི་ཆོས་ཐམས་ཅད་ལ་མངོན་པར་བརྩོན་པ་ལ་རབ་ཏུ་འགོད་པ་

དག་ཀྱང་ཡོད་དོ། །བསམ་གཏན་གྱི་ཕ་རོལ་དུ་ཕྱིན་པ་ལྷུར་བྱས་ཏེ། སེམས་ཅན་རྣམས་ཞི་གནས་རྩེ་གཅིག་ཏུ་བྱ་བ་དང་། འདོད་པ་ལས་དབེན་པ་ལ་རབ་ཏུ་འགོད་པ་དག་ཀྱང་ཡོད་དོ། །ཤེས་རབ་ཀྱི་ཕ་རོལ་ཏུ་ཕྱིན་པ་ལྷུར་བྱས་ཏེ། སེམས་ཅན་རྣམས་ཆོས་ཐམས་ཅད་ལ་མངོན་པར་ཞེན་པ་མེད་པར་འགོད་པ་དག་ཀྱང་ཡོད་དོ། །ཤ་ར་དྭ་ཏིའི་བུ་འདི་ལྟར་ཡང་བྱང་ཆུབ་སེམས་དཔའ་སེམས་དཔའ་ཆེན་པོ་ཕ་རོལ་དུ་ཕྱིན་པ་དྲུག་ལ་གནས་ཤིང་། ཤེས་རབ་ཀྱི་ཕ་རོལ་དུ་ཕྱིན་པ་ལྷུར་བྱས་ཏེ། དེ་བཞིན་གཤེགས་པའི་སྐུ་ཅི་འདྲ་བ་དེ་འདྲ་བའི་ལུས་སུ་མངོན་པར་སྤྲུལ་ཏེ། སེམས་ཅན་དམྱལ་བ[1]པའི་སེམས་ཅན་རྣམས་དང་། བྱོལ་སོང་གི་སྐྱེ་གནས་པའི་སེམས་ཅན་རྣམས་དང་། གཤིན་རྗེའི་འཇིག་རྟེན་པའི་སེམས་ཅན་རྣམས་ལ་ངན་སོང་ཐམས་ཅད་ལས་ཡང་དག་པར་བཟླ[2]བའི་ཕྱིར་ཆོས་སྟོན་པ་དག་ཀྱང་ཡོད་དོ། །ཤ་ར་དྭ་ཏིའི་བུ་འདི་ལྟར་ཡང་བྱང་ཆུབ་སེམས་དཔའ་སེམས་དཔའ་ཆེན་པོ་ཕ་རོལ་དུ་ཕྱིན་པ་དྲུག་ལ་གནས་ཤིང་། སངས་རྒྱས་ཀྱི་སྐུ་ཅི་འདྲ་བ་དེ་འདྲ་བའི་ལུས་སུ་མངོན་པར་སྤྲུལ་ནས། ཤར་ཕྱོགས་ཀྱི་སངས་རྒྱས་ཀྱི་ཞིང་གངྒཱའི་ཀླུང་གི་བྱེ་མ་སྙེད་དག་ཏུ་དོང[3]ཞིང་སེམས་ཅན་རྣམས་ལ་ཆོས་སྟོན་པ་དང་། དེ་བཞིན་གཤེགས་པ་རྣམས་ལ་བསྙེན་བཀུར་བྱེད་པ་དང་། ཆོས་ཉན་ཅིང་བྱང་ཆུབ་སེམས་དཔའི་དགེ་འདུན་དང་། སངས་རྒྱས་ཀྱི་ཞིང་གི་ཡོན་ཏན་རྣམ་པར་ཕྱེ་བ་དག་ཀྱང་མཐོང་བར་བྱེད་ཅིང་དེ་དག་སངས་རྒྱས་ཀྱི་ཞིང་དེ་དག་གི་མཚན་མ་ཡོངས་སུ་བཟུང་སྟེ། དེ་བས་ཀྱང་རྒྱ་ཆེ་བ་ཁྱད་པར་དུ་འཕགས་པའི་སངས་རྒྱས་ཀྱི་ཞིང་མང་པོ་ཡོངས་སུ་སྒྲུབ[4]ཅིང་། སངས་རྒྱས་ཀྱི་ཞིང་དེ་དག་ཏུ་བྱང་ཆུབ་སེམས་དཔའ་སེམས་དཔའ་ཆེན་པོ་ཚེ་གཅིག་གིས་ཐོགས་པ་ཤ་སྟག་སྐྱེ་བར་བྱེད་པ་དག་ཀྱང་ཡོད་དོ། །དེ་བཞིན་དུ་ལྷོ་དང་ནུབ་དང་བྱང་

དང་བྱང་ཤར་དང་ཤར་ལྷོ་དང་ལྷོ་ནུབ་དང་ནུབ་བྱང་དང་། འོག་དང་སྟེང་གི་ཕྱོགས་ཀྱི་ཕྱོགས་རེ་རེ་ཞིང་། སངས་རྒྱས་ཀྱི་ཞིང་གངྒཱའི་ཀླུང་གི་བྱེ་མ་སྙེད་དག་ཏུ་དོང་[1]ཞིང་། སེམས་ཅན་རྣམས་ལ་ཆོས་སྟོན་པ་དང་། དེ་བཞིན་གཤེགས་པ་རྣམས་ལ་བསྙེན་བཀུར་བྱེད་པ་དང་། ཆོས་ཉན་ཅིང་བྱང་ཆུབ་སེམས་དཔའི་དགེ་འདུན་དང་། སངས་རྒྱས་ཀྱི་ཞིང་གི་ཡོན་ཏན་རྣམ་པར་བྱེ[2]བ་དག་ཀྱང་མཐོང་བར་བྱེད་ཅིང་། དེ་དག་སངས་རྒྱས་ཀྱི་ཞིང་དེ་དག་གི་མཚན་མ་ཡོངས་སུ་བཟུང་སྟེ། དེ་བས་ཀྱང་རྒྱ་ཆེ་བ་ཁྱད་པར་དུ་འཕགས་པའི་སངས་རྒྱས་ཀྱི་ཞིང་མང་པོ་ཡོངས་སུ་སྐྱབ[3]ཅིང་། སངས་རྒྱས་ཀྱི་ཞིང་དེ་དག་ཏུ་བྱང་ཆུབ་སེམས་དཔའ་སེམས་དཔའ་ཆེན་པོ་ཚེ་གཅིག་གིས་ཐོགས་པ་ཤ་སྟག་སྐྱེ་བར་བྱེད་པ་དག་ཀྱང་ཡོད་དོ། །ཤཱ་ར་དྭ་ཏིའི་བུ་འདི་ལྟར་ཡང་བྱང་ཆུབ་སེམས་དཔའ་སེམས་དཔའ་ཆེན་པོ་ཕ་རོལ་ཏུ་ཕྱིན་པ་དྲུག་ལ་སྤྱོད་པའི་ཚེ། མི་ཆེན་པོའི་མཚན་སུམ་ཅུ་རྩ་གཉིས་དང་ལྡན་པར་བྱས་ཏེ། དབང་པོ་གསལ་ཞིང་ཡོངས་སུ་དག་པ་དང་ལྡན་པར་གྱུར་ནས། དེ་དག་ལུས་ཡོངས་སུ་དག་པ་དེ་དག་གིས་སྐྱེ་བོ་མང་པོ་དགའ་བ་དང་མོས་པ་སྐྱེད[4]དེ། དེ་དག་འགྲོ་བ་མང་པོའི་སྙིང་དུ་སྡུག་ཅིང་ཡིད་དུ་འོང་བ་དང་། སེམས་ཅན་དེ་དག་ཀྱང་སེམས་མོས་པར་གྱུར་པའི་དགེ་བའི་རྩ་བ་དེ་ཉིད་ཀྱིས་མཐར་གྱིས༔ ཐེག་པ[5]གསུམ་གྱིས་ཡོངས་སུ་མྱ་ངན་ལས་འདའ་བར་བྱེད་པ་དག་ཀྱང་ཡོད་དོ། །ཤཱ་ར་དྭ་ཏིའི་བུ་བྱང་ཆུབ་སེམས་དཔའ་སེམས་དཔའ་ཆེན་པོ་འདི་ལྟར་ཤེས་རབ་ཀྱི་ཕ་རོལ་ཏུ་ཕྱིན་པ་ལ་སྤྱོད་པའི་ཚེ། ལུས་ཡོངས་སུ་དག་པ་དང་ངག་ཡོངས་སུ་དག་པ་དང་ཡིད་ཡོངས་སུ་དག་པ་ལ་བསླབ་པར་བྱའོ། །ཤཱ་ར་དྭ་ཏིའི་བུ་འདི་ལྟར་ཡང་བྱང་ཆུབ་སེམས་དཔའ་སེམས་དཔའ་ཆེན་པོ་ཕ་རོལ་ཏུ་ཕྱིན་པ་དྲུག་ལ་སྤྱོད་པ་དག་དབང་པོ་ཤིན་ཏུ་གསལ་བ

ཐོབ་ནས། དེ་དག་དབང་པོ་ཤིན་ཏུ་གསལ་བ་དེ་དག་གིས་བདག་མི་བསྟོད་ཅིང་གཞན་མི་སྨོད་པ་དག་ཀྱང་ཡོད་དོ། །ཤ་ར་དྭ་ཏིའི་བུ་འདི་ལྟར་ཡང་བྱང་ཆུབ་སེམས་དཔའ་སེམས་དཔའ་ཆེན་པོ་དང་པོ་སེམས་བསྐྱེད་ཕྱིན་ཆད། སྦྱིན་པའི་ཕ་རོལ་ཏུ་ཕྱིན་པ་དང་། ཚུལ་ཁྲིམས་ཀྱི་ཕ་རོལ་ཏུ་ཕྱིན་པ་ལ་གནས་ཤིང་། ཕྱིར་མི་ལྡོག་པའི་ས་མ་ཐོབ་ཀྱི་བར་དུ་ནམ་ཡང་དབུལ་བར་མི་འགྱུར་ཞིང་། ལོག་པར་འགྲོ་བ་དང་ངན་སོང་དུ་མི་ལྟུང་བ་དག་ཀྱང་ཡོད་དོ། །ཤ་ར་དྭ་ཏིའི་བུ་འདི་ལྟར་ཡང་བྱང་ཆུབ་སེམས་དཔའ་སེམས་དཔའ་ཆེན་པོ་དང་པོ་སེམས་བསྐྱེད་ཕྱིན་ཆད། ཕྱིར་མི་ལྡོག་པའི་ས་མ་ཐོབ་ཀྱི་བར་དུ། ནམ་ཡང་དགེ་བ་བཅུའི་ལས་ཀྱི་ལམ་མི་གཏོང་བ་དག་ཀྱང་ཡོད་དོ། །ཤ་ར་དྭ་ཏིའི་བུ་འདི་ལྟར་ཡང་བྱང་ཆུབ་སེམས་དཔའ་སེམས་དཔའ་ཆེན་པོ་སྦྱིན་པའི་ཕ་རོལ་ཏུ་ཕྱིན་པ་དང་། ཚུལ་ཁྲིམས་ཀྱི་ཕ་རོལ་ཏུ་ཕྱིན་པ་ལ་གནས་ཤིང་། འཁོར་ལོས་སྒྱུར་བའི་རྒྱལ་པོར་གྱུར་ནས་དེ་དག་དགེ་བ་བཅུའི་ལས་ཀྱི་ལམ་རྣམས་ལ་སེམས་ཅན་རབ་ཏུ་འགོད་པ་དང་། སྦྱིན་པ་དང་ངག་སྙན་པས་སེམས་ཅན་ཡོངས་སུ་སྡུད་པ་དག་ཀྱང་ཡོད་དོ། །ཤ་ར་དྭ་ཏིའི་བུ་འདི་ལྟར་ཡང་བྱང་ཆུབ་སེམས་དཔའ་སེམས་དཔའ་ཆེན་པོ་སྦྱིན་པའི་ཕ་རོལ་ཏུ་ཕྱིན་པ་དང་། ཚུལ་ཁྲིམས་ཀྱི་ཕ་རོལ་ཏུ་ཕྱིན་པ་ལ་གནས་ཤིང་། འཁོར་ལོས་སྒྱུར་བའི་རྒྱལ་སྲིད་ཡོངས་སུ་བཟུང་སྟེ། འཁོར་ལོས་སྒྱུར་བའི་རྒྱལ་སྲིད་བརྒྱ་སྟོང་དུ་མ་ལ་གནས་ཤིང་དེ་དག[༡]ལ་གནས་ནས་སངས་རྒྱས་བྱེ་བ་ཁྲག་ཁྲིག་བརྒྱ་སྟོང་དུ་མ་མཉེས་པར་བྱེད་དེ། སངས་རྒྱས་བཅོམ་ལྡན་འདས་དེ་དག་ལ་ཡོ་བྱད་ཐམས་ཅད་དང་། མཆོད་པ[༢]སྣ་ཚོགས་ཀྱིས། རིམ་གྲོ[༣]དང་བཀུར་སྟི་དང་བསྟི་སྟང་དང་མཆོད་པ་བྱེད་པ་དག་ཀྱང་ཡོད་དོ། །ཤ་ར་དྭ་ཏིའི་བུ་འདི་ལྟར་ཡང་བྱང་ཆུབ་སེམས་དཔའ་སེམས་དཔའ་ཆེན་པོ་ཕ་རོལ་ཏུ་ཕྱིན་པ་དྲུག་ལ

གནས་ཤིང་། སེམས་ཅན་ལོག་པར་ལྟ་བའི་མུན་པ་ཅན་རྣམས་ལ། སངས་རྒྱས་ཀྱི་ཆོས་ཀྱིས་སྣང་བར་བྱེད་ཅིང་བདག་ཉིད་ཀྱང་ནམ་བླ་ན་མེད་པ་ཡང་དག་པར་རྫོགས་པའི་བྱང་ཆུབ་ཏུ་མངོན་པར་སངས་མ་རྒྱས་ཀྱི་བར་དུ། སངས་རྒྱས་ཀྱི་ཆོས་སྣང་བ꞉དེ་དང་[༡]ནམ་ཡང་འབྲལ་བར་མི་བྱེད་པ་དག་ཀྱང་ཡོད་དེ[༢]། ཤཱ་ར་དྭ་ཏིའི་བུ་འདི་ནི་བྱང་ཆུབ་སེམས་དཔའ་སེམས་དཔའ་ཆེན་པོ་སངས་རྒྱས་ཀྱི་ཆོས་ལ་ཡང་དག་པར་བྱུང་བ་ཡིན་ནོ། །ཤཱ་ར་དྭ་ཏིའི་བུ་དེ་[༣]ལྟ་བས་ན་བྱང་ཆུབ་སེམས་དཔའ་སེམས་དཔའ་ཆེན་པོས་ཤེས་རབ་ཀྱི་ཕ་རོལ་ཏུ་ཕྱིན་པ་ལ་སྤྱོད་པའི་ཚེ། ཁ་ན་མ་ཐོ་བ་དང་བཅས་པའི་ལུས་དང་ངག་དང་ཡིད་ཀྱི་ལས་རྣམས་ཀྱི་གོ་མི་དབྱེའོ། །དེ་སྐད་ཅེས་བཀའ་སྩལ་པ་དང་། ཚེ་དང་ལྡན་པ་ཤཱ་ར་དྭ་ཏིའི་བུས། བཅོམ་ལྡན་འདས་ལ་འདི་སྐད་ཅེས་གསོལ་ཏོ། །བཅོམ་ལྡན་འདས་བྱང་ཆུབ་སེམས་དཔའ་སེམས་དཔའ་ཆེན་པོའི་ལུས་ཀྱི་ལས་ཁ་ན་མ་ཐོ་བ་དང་བཅས་པ་དང་། ངག་གི་ལས་ཁ་ན་མ་ཐོ་བ་དང་བཅས་པ་དང་། ཡིད་ཀྱི་ལས་ཁ་ན་མ་ཐོ་བ་དང་བཅས་པ་གང་ལགས། བཅོམ་ལྡན་འདས་ཀྱིས་བཀའ་སྩལ་པ། ཤཱ་ར་དྭ་ཏིའི་བུ་བྱང་ཆུབ་སེམས་དཔའ་སེམས་དཔའ་ཆེན་པོ་འདི་སྙམ་དུ་སེམས་ཤིང་། འདི་ནི་ལུས་ཡིན་གྱིས་[༤]དེས་ནི་ལུས་ཀྱི་ལས་ཤིག་བརྩམ། འདི་ནི་ངག་ཡིན་གྱིས་[༥]དེས་ནི་ངག་གི་ལས་ཤིག་བརྩམ། འདི་ནི་ཡིད་ཡིན་གྱིས་[༦]དེས་ནི་ཡིད་ཀྱི་ལས་ཤིག་བརྩམ་སྙམ་ན། དེ་ནི་ཤཱ་ར་དྭ་ཏིའི་བུ་བྱང་ཆུབ་སེམས་དཔའ་སེམས་དཔའ་ཆེན་པོའི་ལུས་དང་ངག་དང་ཡིད་ཀྱི་ལས་རྩོམ་པ་ཁ་ན་མ་ཐོ་བ་དང་བཅས་པའོ། །ཤཱ་ར་དྭ་ཏིའི་བུ་བྱང་ཆུབ་སེམས་དཔའ་སེམས་དཔའ་ཆེན་པོ་ཤེས་རབ་ཀྱི་ཕ་རོལ་ཏུ་ཕྱིན་པ་ལ་སྤྱོད་པས་ནི་ལུས་གང་དང་ངག་གང་དང་ཡིད་གང་གིས་འཇུངས་པའི་སེམས་བསྐྱེད་པའམ། ཚུལ་ཁྲིམས་ངན་པའི་སེམས་བསྐྱེད་པའམ། གནོད

སེམས་ཀྱི་སེམས་བསྐྱེད་པའམ། ལོ་ཡོའི་སེམས་བསྐྱེད་པའམ། འཁྲུག་པའི་སེམས་བསྐྱེད་པའམ། ཤེས་རབ་འཆལ་པའི་སེམས་བསྐྱེད་པར་བྱ་བ་དེ་ལྟ་བུའི་ལུས་མི་དམིགས་སོ། །ངག་མི་དམིགས་སོ། །སེམས་མི་དམིགས་སོ། །ཤཱ་ར་དྭ་ཏིའི་བུ་བྱང་ཆུབ་སེམས་དཔའ་སེམས་དཔའ་ཆེན་པོ་ཤེས་རབ་ཀྱི་ཕ་རོལ་ཏུ་ཕྱིན་པ་ལ་སྤྱོད་པའི་ཚེ། ལུས་དང་ངག་དང་ཡིད་ཀྱི་གནས་ངན་ལེན་སྐྱེད་པ་ཙམ་དུ་ཡང་ཤེས་པར་མི་བྱ་སྟེ། དེ་ནི་གནས་མེད་དོ། །དེ་ཅིའི་ཕྱིར་ཞེ་ན། ཤཱ་ར་དྭ་ཏིའི་བུ་དེ་ནི་འདི་ལྟར་བྱང་ཆུབ་སེམས་དཔའ་སེམས་དཔའ་ཆེན་པོ་ཤེས་རབ་ཀྱི་ཕ་རོལ་ཏུ་ཕྱིན་པ་ལ་སྤྱོད་པའི་ཚེ། ལུས་དང་ངག་དང་ཡིད་ཀྱི་གནས་ངན་ལེན་ཡོངས་སུ་སྦྱོང་སྟེ། ཤཱ་ར་དྭ་ཏིའི་བུ་འདི་ནི། བྱང་ཆུབ་སེམས་དཔའ་སེམས་དཔའ་ཆེན་པོ་རྣམས་ཀྱི་ལུས་དང་ངག་དང་ཡིད་ཀྱི་ལས་ཁ་ན་མ་ཐོ་བ་མེད་པའོ། །གསོལ་པ། བཅོམ་ལྡན་འདས་ཇི་ལྟར་ན་བྱང་ཆུབ་སེམས་དཔའ་སེམས་དཔའ་ཆེན་པོ་ལུས་ཀྱི་གནས་ངན་ལེན་སྦྱོང་བ་དང་། ངག་གི་གནས་ངན་ལེན་སྦྱོང་བ་དང་། ཡིད་ཀྱི་གནས་ངན་ལེན་[1]སྦྱོང་བ་ལགས། བཅོམ་ལྡན་འདས་ཀྱིས་བཀའ་སྩལ་པ། ཤཱ་ར་དྭ་ཏིའི་བུ་གང་གི་ཚེ་བྱང་ཆུབ་སེམས་དཔའ་སེམས་དཔའ་ཆེན་པོ་ལུས་མི་དམིགས་པ་དང་། ངག་དང་སེམས་མི་དམིགས་པ་དེའི་ཚེ་ན། བྱང་ཆུབ་སེམས་དཔའ་སེམས་དཔའ་ཆེན་པོ་ལུས་དང་ངག་དང་ཡིད་ཀྱི་གནས་ངན་ལེན་ཡོངས་སུ་སྦྱོང་བ་ཡིན་ནོ། །ཤཱ་ར་དྭ་ཏིའི་བུ་གཞན་ཡང་བྱང་ཆུབ་སེམས་དཔའ་སེམས་དཔའ་ཆེན་པོ་སེམས་དང་པོ་བསྐྱེད་ཕྱིན་ཆད། དགེ་བ་བཅུའི་ལས་ཀྱི་ལམ་རྣམས་ཡང་དག་པར་བླངས་ཏེ་གནས་ཤིང་། ཉན་ཐོས་ཀྱི་སེམས་སམ་རང་སངས་རྒྱས་ཀྱི་སེམས་བསྐྱེད་པ་མེད་པར་དེ་རྟག་ཏུ་རྒྱུན་མི་ཆད་[3]པར་སེམས་ཅན་ཐམས་ཅད་ལ་སྙིང་རྗེ་ཆེན་པོའི་སེམས་ཉེ་བར་གཞག་ན། དེ་ནི་

བྱང་ཆུབ་སེམས་དཔའ་སེམས་དཔའ་ཆེན་པོའི་ལུས་དང་ངག་དང་ཡིད་ཀྱི་གནས་ངན་ལེན་ཡོངས་སུ་དག་པ་ཞེས་ངས་བཤད་དོ། །ཤ་ར་དྭ་ཏིའི་བུ་བྱང་ཆུབ་སེམས་དཔའ་སེམས་དཔའ་ཆེན་པོ་ཤེས་རབ་ཀྱི་ཕ་རོལ་ཏུ་ཕྱིན་པ་ལ་སྤྱོད་པ་བྱང་ཆུབ་ཀྱི་ལམ་ཡོངས་སུ་སྤྱོད་ཞིང་། སྦྱིན་པའི་ཕ་རོལ་ཏུ་ཕྱིན་པ་ལ་སྤྱོད་པ་དང་། ཚུལ་ཁྲིམས་ཀྱི་ཕ་རོལ་ཏུ་ཕྱིན་པ་དང་། བཟོད་པའི་ཕ་རོལ་ཏུ་ཕྱིན་པ་དང་། བརྩོན་འགྲུས་ཀྱི་ཕ་རོལ་ཏུ་ཕྱིན་པ་དང་། བསམ་གཏན་གྱི་ཕ་རོལ་ཏུ་ཕྱིན་པ་དང་། ཤེས་རབ་ཀྱི་ཕ་རོལ་ཏུ་ཕྱིན་པ་ལ་སྤྱོད་པ་དག་ཀྱང་ཡོད་དོ། །གསོལ་པ། བཅོམ་ལྡན་འདས་བྱང་ཆུབ་སེམས་དཔའ་སེམས་དཔའ་ཆེན་པོའི་བྱང་ཆུབ་ཀྱི་ལམ་གང་ལགས། བཅོམ་ལྡན་འདས་ཀྱིས་བཀའ་སྩལ་པ། བྱང་ཆུབ་སེམས་དཔའ་སེམས་དཔའ་ཆེན་པོ་ཤེས་རབ་ཀྱི་ཕ་རོལ་ཏུ་ཕྱིན་པ་ལ་སྤྱོད་པའི་ཚེ། ནམ་ལུས་ལ་དམིགས་པ་མེད་པ་དང་། ངག་དང་ཡིད་ལ་དམིགས་པ་མེད་པ་དང་། སྦྱིན་པའི་ཕ་རོལ་ཏུ་ཕྱིན་པ་ལ་དམིགས་པ་མེད་པ་དང་། ཚུལ་ཁྲིམས་ཀྱི་ཕ་རོལ་ཏུ་ཕྱིན་པ་དང་། བཟོད་པའི་ཕ་རོལ་ཏུ་ཕྱིན་པ་དང་། བརྩོན་འགྲུས་ཀྱི་ཕ་རོལ་ཏུ་ཕྱིན་པ་དང་། བསམ་གཏན་གྱི་ཕ་རོལ་ཏུ་ཕྱིན་པ་དང་། ཤེས་རབ་ཀྱི་ཕ་རོལ་ཏུ་ཕྱིན་པ་ལ་དམིགས་པ་མེད་པ་དང་། ཉན་ཐོས་ཀྱི་ཐེག་པ་ལ་དམིགས་པ་མེད་པ་དང་། རང་སངས་རྒྱས་ཀྱི་ཐེག་པ་ལ་དམིགས་པ་མེད་པ་དང་། བྱང་ཆུབ་སེམས་དཔའི་ཐེག་པ་དང་། ཡང་དག་པར་རྫོགས་པའི་སངས་རྒྱས་ཀྱི་ཐེག་པ་ལ་དམིགས་པ་མེད་པར་གྱུར་པ་དེ་ནི། ཤ་ར་དྭ་ཏིའི་བུ་བྱང་ཆུབ་སེམས་དཔའ་སེམས་དཔའ་ཆེན་པོའི་བྱང་ཆུབ་ཀྱི་ལམ་ཡིན་ཏེ། དེ་ལྟར་ཆོས་ཐམས་ཅད་ལ་དམིགས་པ་མེད་ཅིང་བླང་བ་མེད་པ་དང་དོར་བ་མེད་པའོ། །ཤ་ར་དྭ་ཏིའི་བུ་བྱང་ཆུབ་སེམས་དཔའ་སེམས་དཔའ་ཆེན་པོ་ལམ་དེ་ལྟ་བུས་ཕ་རོལ་ཏུ་ཕྱིན་

པ་དྲུག་ལ་སྤྱོད་ཅིང་ནན་ཏན་དུ་བྱེད་པ་དེ་དག་ནི་སུས་ཀྱང་ཐུབ་[1]པ་མེད་དོ། །གསོལ་པ། བཅོམ་ལྡན་འདས་བྱང་ཆུབ་སེམས་དཔའ་སེམས་དཔའ་ཆེན་པོ་ཚུལ་ཇི་ལྟ་བུར་སྤྱོད་པ་[2]རྣམས་ཐུབ་པ་མ་མཆིས་པ་ལགས། བཅོམ་ལྡན་འདས་ཀྱིས་བཀའ་སྩལ་པ། ནམ་བྱང་ཆུབ་སེམས་དཔའ་སེམས་དཔའ་ཆེན་པོ་ཤེས་རབ་ཀྱི་ཕ་རོལ་དུ་ཕྱིན་པ་ལ་སྤྱོད་པའི་ཚེ། གཟུགས་ལ་རློམ་སེམས་མེད་པ་དང་། ཚོར་བ་དང་འདུ་ཤེས་དང་འདུ་བྱེད་དང་རྣམ་པར་ཤེས་པ་ལ་རློམ་སེམས་མེད་པ་དང་། མིག་དང་གཟུགས་ལ་རློམ་སེམས་མེད་པ་དང་། རྣ་བ་དང་སྒྲ་དང་སྣ་དང་དྲི་དང་ལྕེ་དང་རོ་དང་ལུས་དང་རེག་བྱ་དང་། ཡིད་དང་ཆོས་ལ་རློམ་སེམས་མེད་པ་དང་། སའི་ཁམས་ལ་རློམ་སེམས་མེད་པ་དང་། ཆུའི་ཁམས་དང་། མེའི་ཁམས་དང་། རླུང་གི་ཁམས་དང་། ནམ་མཁའི་ཁམས་དང་། རྣམ་པར་ཤེས་པའི་ཁམས་ལ་རློམ་སེམས་མེད་པ་དང་། མིག་གི་ཁམས་ལ་རློམ་སེམས་མེད་པ་དང་། གཟུགས་ཀྱི་ཁམས་དང་། མིག་གི་རྣམ་པར་ཤེས་པའི་ཁམས་ལ་རློམ་སེམས་མེད་པ་དང་། རྣ་བའི་ཁམས་དང་། སྒྲའི་ཁམས་དང་། རྣ་བའི་རྣམ་པར་ཤེས་པའི་ཁམས་དང་། སྣའི་ཁམས་དང་། དྲིའི་ཁམས་དང་། སྣའི་རྣམ་པར་ཤེས་པའི་ཁམས་དང་། ལྕེའི་ཁམས་དང་། རོའི་ཁམས་དང་། ལྕེའི་རྣམ་པར་ཤེས་པའི་ཁམས་དང་། ལུས་ཀྱི་ཁམས་དང་། རེག་བྱའི་ཁམས་དང་། ལུས་ཀྱི་རྣམ་པར་ཤེས་པའི་ཁམས་དང་། ཡིད་ཀྱི་ཁམས་ལ་རློམ་སེམས་མེད་པ་དང་། ཆོས་ཀྱི་ཁམས་ལ་རློམ་སེམས་མེད་པ་དང་། ཡིད་ཀྱི་རྣམ་པར་ཤེས་པའི་ཁམས་ལ་རློམ་སེམས་མེད་པ་དང་། རྟེན་ཅིང་འབྲེལ་པར་འབྱུང་བ་ལ་རློམ་སེམས་མེད་པ་དང་། སྦྱིན་པའི་ཕ་རོལ་ཏུ་ཕྱིན་པ་ལ་རློམ་སེམས་མེད་པ་དང་། ཚུལ་ཁྲིམས་ཀྱི་ཕ་རོལ་དུ་ཕྱིན་པ་དང་། བཟོད་པའི་ཕ་རོལ་དུ་ཕྱིན་པ་

དང་། བརྩོན་འགྲུས་ཀྱི་ཕ་རོལ་ཏུ་ཕྱིན་པ་དང་། བསམ་གཏན་གྱི་ཕ་རོལ་ཏུ་ཕྱིན་པ་དང་། ཤེས་རབ་ཀྱི་ཕ་རོལ་ཏུ་ཕྱིན་པ་ལ་རློམ་སེམས་མེད་པ་དང་། ནང་སྟོང་པ་ཉིད་ལ་རློམ་སེམས་མེད་པ་དང་། དངོས་པོ་མེད་པའི་ངོ་བོ་ཉིད་སྟོང་པ་ཉིད་ཀྱི་བར་ལ་རློམ་སེམས་མེད་པ་དང་། དྲན་པ་ཉེ་བར་གཞག་པ་བཞི་དང་། ཡང་དག་པར་སྤོང་བ་བཞི་དང་། རྫུ་འཕྲུལ་གྱི་རྐང་པ་བཞི་དང་། དབང་པོ་ལྔ་དང་། སྟོབས་ལྔ་དང་། བྱང་ཆུབ་ཀྱི་ཡན་ལག་བདུན་དང་། འཕགས་པའི་ལམ་ཡན་ལག་བརྒྱད་པ་ལ་རློམ་སེམས་མེད་པ་དང་། འཕགས་པའི་བདེན་པ་བཞི་ལ་རློམ་སེམས་མེད་པ་དང་། བསམ་གཏན་བཞི་ལ་རློམ་སེམས་མེད་པ་དང་། ཚད་མེད་པ་བཞི་དང་། གཟུགས་མེད་པའི་སྙོམས་པར་འཇུག་པ་བཞི་ལ་རློམ་སེམས་མེད་པ་དང་། རྣམ་པར་ཐར་པ་བརྒྱད་དང་། མཐར་གྱིས་གནས་པའི་སྙོམས་པར་འཇུག་པ་དགུ་ལ་རློམ་སེམས་མེད་པ་དང་། སྟོང་པ་ཉིད་དང་། མཚན་མ་མེད་པ་དང་། སྨོན་པ་མེད་པ་ལ་རློམ་སེམས་མེད་པ་དང་། མངོན་པར་ཤེས་པ་རྣམས་ལ་རློམ་སེམས་མེད་པ་དང་། ཏིང་ངེ་འཛིན་རྣམས་དང་། གཟུངས་ཀྱི་སྒོ་རྣམས་ལ་རློམ་སེམས་མེད་པ་དང་། དེ་བཞིན་གཤེགས་པའི་སྟོབས་བཅུ་ལ་རློམ་སེམས་མེད་པ་དང་། མི་འཇིགས་པ་བཞི་དང་། སོ་སོ་ཡང་དག་པར་རིག་པ་བཞི་དང་། བྱམས་པ་ཆེན་པོ་དང་། སྙིང་རྗེ་ཆེན་པོ་དང་། སངས་རྒྱས་ཀྱི་ཆོས་མ་འདྲེས་པ་བཅོ་བརྒྱད་ལ་རློམ་སེམས་མེད་པ་དང་། རྒྱུན་ཏུ་ཞུགས་པའི་འབྲས་བུ་ལ་རློམ་སེམས་མེད་པ་དང་། ལན་ཅིག་ཕྱིར་འོང་བའི་འབྲས་བུ་དང་། ཕྱིར་མི་འོང་བའི་འབྲས་བུ་དང་། དགྲ་བཅོམ་པ་ཉིད་ལ་རློམ་སེམས་མེད་པ་དང་། རང་བྱང་ཆུབ་ལ་རློམ་སེམས་མེད་པ་དང་། ལམ་གྱི་རྣམ་པ་ཤེས་པ་ཉིད་ལ་རློམ་སེམས་མེད་པ་དང་། བླ་ན་

མེད་པ་ཡང་དག་པར་རྫོགས་པའི་བྱང་ཆུབ་ལ་སྙོམ་སེམས་མེད་པ་དང་། འཁོར་བ་དང་མྱ་ངན་ལས་འདས་པ་ལ་སྙོམ་སེམས་མེད་པར་གྱུར་པ་དེའི་ཚེ། བྱང་ཆུབ་སེམས་དཔའ་སེམས་དཔའ་ཆེན་པོ་དེ་ནི་ཕ་རོལ་ཏུ་ཕྱིན་པ་དྲུག་གིས་རྣམ་པར་འཕེལ་བ་ཡིན་ཏེ་སུས་ཀྱང་ཐུབ་པ་མེད་དོ། །ཤ་ར་དྭ་ཏིའི་བུ་འདི་ལྟར་ཡང་བྱང་ཆུབ་སེམས་དཔའ་སེམས་དཔའ་ཆེན་པོ་ཕ་རོལ་ཏུ་ཕྱིན་པ་དྲུག་ལ་གནས་ཏེ། ཐམས་ཅད་མཁྱེན་པ་ཉིད་ཀྱི་ཡེ་ཤེས་ཡོངས་[1]སུ་རྫོགས་པར་བྱེད་ཅིང་། ཡེ་ཤེས་དེ་དང་ལྡན་པས་ནམ་ཡང་ངན་སོང་རྣམས་སུ་མི་སྐྱེ། མི་དབུལ་ཞིང་ཕོངས་པ་ཉམས་སུ་མྱོང་བར་མི་འགྱུར་ཏེ། ལུས་གང་དང་ལྡན་པས། ལྷ་དང་མི་དང་ལྷ་མ་ཡིན་དུ་བཅས་པའི་འཇིག་རྟེན་གྱི་ནང་ན་སྨད་པར་འགྱུར་བ་དེ་ལྟ་བུའི་ལུས་ཡོངས་སུ་འཛིན་པར་མི་འགྱུར་བ་དག་ཀྱང་ཡོད་དོ། །དེ་ནས་ཚེ་དང་ལྡན་པ་ཤ་ར་དྭ་ཏིའི་བུས་བཅོམ་ལྡན་འདས་ལ་འདི་སྐད་ཅེས་གསོལ་ཏོ། །བཅོམ་ལྡན་འདས་དེ་ལྟ་བུའི་ཡེ་ཤེས་དང་ལྡན་པས། བྱང་ཆུབ་སེམས་དཔའ་སེམས་དཔའ་ཆེན་པོ་ནམ[2]ཡང་ངན་སོང་རྣམས་སུ་སྐྱེ་བར་མི་འགྱུར་བ་དང་། མི་དབུལ་ཞིང་ཕོངས་པ་ཉམས་སུ་མྱོང་བར་མི་འགྱུར་བ་དང་། ལུས་གང་དང་ལྡན་པས་ལྷ་དང་མི་དང་ལྷ་མ་ཡིན་གྱི་ནང་ན། སྨད་པར་འགྱུར་བ་དེ་ལྟ་བུའི་ལུས་ཡོངས་སུ་འཛིན་པར་མི་འགྱུར་བའི་ཐམས་ཅད་མཁྱེན་པའི་ཡེ་ཤེས་དེ་གང་ལགས། བཅོམ་ལྡན་འདས་ཀྱིས་བཀའ་སྩལ་པ། ཤ་ར་དྭ་ཏིའི་བུ་བྱང་ཆུབ་སེམས་དཔའ་སེམས་དཔའ་ཆེན་པོ་ཡེ་ཤེས་དེ་ལྟ་བུ་དང་ལྡན་པས་ནི། ཤར་ཕྱོགས་ཀྱི་འཇིག་རྟེན་གྱི་ཁམས་གངྒཱའི་ཀླུང་གི་བྱེ་མ་སྙེད་ཀྱི་དེ་བཞིན་གཤེགས་པ་དགྲ་བཅོམ་པ་ཡང་དག་པར་རྫོགས་པའི་སངས་རྒྱས་གངྒཱའི་ཀླུང་གི་བྱེ་མ་སྙེད་ཀྱང་མཐོང་ངོ་། །ཆོས་ཀྱང་ཉན་ཏོ། །བྱང་ཆུབ་སེམས་དཔའི་དགེ་འདུན་དང་། སངས་རྒྱས་ཀྱི་ཞིང་གི་

ཡོན་ཏན་རྣམ་པར་ཕྱེ་བ་དག་ཀྱང་མཐོང་ངོ་། །སྟོ་དང་ནུབ་དང་བྱང་དང་བྱང་ཤར་དང་ཤར་ལྷོ་དང་ལྷོ་ནུབ་དང་ནུབ་བྱང་དང་། འོག་དང་སྟེང་གི་ཕྱོགས་ཀྱི་ཕྱོགས་རེ་རེ་ཞིང་འཇིག་རྟེན་གྱི་ཁམས་གངྒཱའི་ཀླུང་གི་བྱེ་མ་སྙེད་ཀྱི་དེ་བཞིན་གཤེགས་པ་དགྲ་བཅོམ་པ་ཡང་དག་པར་རྫོགས་པའི་སངས་རྒྱས་གངྒཱའི་ཀླུང་གི་བྱེ་མ་སྙེད་[༡]ཀྱང་མཐོང་ངོ་། །ཆོས་ཀྱང་ཉན་ཏོ། །བྱང་ཆུབ་སེམས་དཔའི་དགེ་འདུན་དང་། སངས་རྒྱས་ཀྱི་ཞིང་གི་ཡོན་ཏན་རྣམ་པར་ཕྱེ་བ་དག་ཀྱང་མཐོང་ངོ་།། ཡེ་ཤེས་དེ་ལྟ་བུ་དང་ལྡན་པའི་བྱང་ཆུབ་སེམས་དཔའ་སེམས་དཔའ་ཆེན་པོ་ནི་སངས་རྒྱས་ཀྱི་འདུ་ཤེས་མི་སྐྱེད་དོ། །ཆོས་ཀྱི་འདུ་ཤེས་དང་དགེ་འདུན་གྱི་འདུ་ཤེས་མི་སྐྱེད་དོ། །ཉན་ཐོས་ཀྱི་འདུ་ཤེས་དང་རང་སངས་རྒྱས་ཀྱི་འདུ་ཤེས་དང་། བྱང་ཆུབ་སེམས་དཔའི་འདུ་ཤེས་དང་། སངས་རྒྱས་ཀྱི་འདུ་ཤེས་མི་སྐྱེད་དོ། །བདག་གི་འདུ་ཤེས་མི་སྐྱེད་དོ། །གཞན་གྱི་འདུ་ཤེས་མི་སྐྱེད་དོ། །སངས་རྒྱས་ཀྱི་ཞིང་གི་འདུ་ཤེས་མི་སྐྱེད་དོ། །ཡེ་ཤེས་དེ་ལྟ་བུ་དང་ལྡན་པའི་བྱང་ཆུབ་སེམས་དཔའ་སེམས་དཔའ་ཆེན་པོ་ནི་སྦྱིན་པའི་ཕ་རོལ་ཏུ་ཕྱིན་པ་ལ་སྤྱོད་དེ། སྦྱིན་པའི་ཕ་རོལ་ཏུ་ཕྱིན་པ་མི་དམིགས་སོ། །ཚུལ་ཁྲིམས་ཀྱི་ཕ་རོལ་ཏུ་ཕྱིན་པ་ལ་སྤྱོད་དེ། ཚུལ་ཁྲིམས་ཀྱི་ཕ་རོལ་ཏུ་ཕྱིན་པ་མི་དམིགས་སོ། །བཟོད་པའི་ཕ་རོལ་ཏུ་ཕྱིན་པ་ལ་སྤྱོད་དེ། བཟོད་པའི་ཕ་རོལ་ཏུ་ཕྱིན་པ་མི་དམིགས་སོ། །བརྩོན་འགྲུས་ཀྱི་ཕ་རོལ་ཏུ་ཕྱིན་པ་ལ་སྤྱོད་དེ། བརྩོན་འགྲུས་ཀྱི་ཕ་རོལ་ཏུ་ཕྱིན་པ་མི་དམིགས་སོ།། བསམ་གཏན་གྱི་ཕ་རོལ་ཏུ་ཕྱིན་པ་ལ་སྤྱོད་དེ། བསམ་གཏན་གྱི་ཕ་རོལ་ཏུ་ཕྱིན་པ་མི་དམིགས་སོ། །ཤེས་རབ་ཀྱི་ཕ་རོལ་ཏུ་ཕྱིན་པ་ལ་སྤྱོད་དེ། ཤེས་རབ་ཀྱི་ཕ་རོལ་ཏུ་ཕྱིན་པ་མི་དམིགས་སོ། །ནང་སྟོང་པ་ཉིད་སྒོམ་[༢]སྐྱེ། ནང་སྟོང་པ་ཉིད་མི་དམིགས་སོ། །དངོས་པོ་མེད་པའི་ངོ་བོ་ཉིད་སྟོང་པ་ཉིད་ཀྱི་བར་དུ་སྒོམ་[༣]སྐྱེ།

དངོས་པོ་མེད་པའི་ངོ་བོ་ཉིད་སྟོང་པ་ཉིད་མི་དམིགས་སོ། །དྲན་པ་ཉེ་བར་གཞག་པ་བཞི་དང་། ཡང་དག་པར་སྤོང་བ་བཞི་དང་། རྫུ་འཕྲུལ་གྱི་རྐང་པ་བཞི་དང་། དབང་པོ་ལྔ་དང་། སྟོབས་ལྔ་དང་། བྱང་ཆུབ་ཀྱི་ཡན་ལག་བདུན[༡]དང་། འཕགས་པའི་ལམ་ཡན་ལག་བརྒྱད་པ་སྒོམ[༣]སྟེ། འཕགས་པའི་ལམ་ཡན་ལག་བརྒྱད་པ་མི་དམིགས་སོ། །འཕགས་པའི་བདེན་པ་རྣམས་དང་། བསམ་གཏན་རྣམས་དང་། ཚད་མེད་པ་རྣམས་དང་། གཟུགས་མེད་པའི་སྙོམས་པར་འཇུག་པ་རྣམས་དང་། རྣམ་པར་ཐར་པ་བརྒྱད་དང་། མཐར་གྱིས་གནས་པའི་སྙོམས་པར་འཇུག་པ་དགུ་དང་། སྟོང་པ་ཉིད་དང་མཚན་མ་མེད་པ་དང་། སྨོན་པ་མེད་པ་དང་། མངོན་པར་ཤེས་པ་རྣམས་སྒོམ[༣]སྟེ། མངོན་པར་ཤེས་པ་རྣམས་མི་དམིགས་སོ། །ཏིང་ངེ་འཛིན་རྣམས་དང་། གཟུངས་ཀྱི་སྒོ་རྣམས་སྒོམ[༢]སྟེ། གཟུངས་ཀྱི་སྒོ་རྣམས་མི་དམིགས་སོ། །དེ་བཞིན་གཤེགས་པའི་སྟོབས་བཅུ་དང་། མི་འཇིགས་པ་བཞི་དང་། སོ་སོ་ཡང་དག་པར་རིག་པ་བཞི་དང་། བྱམས་པ་ཆེན་པོ་དང་། སྙིང་རྗེ་ཆེན་པོ་དང་། སངས་རྒྱས་ཀྱི་ཆོས་མ་འདྲེས་པ་བཅོ་བརྒྱད་སྒོམ[༥]སྟེ། སངས་རྒྱས་ཀྱི་ཆོས་མ་འདྲེས་པ་བཅོ་བརྒྱད་མི་དམིགས་སོ། །རྒྱུན་དུ་ཞུགས་པ་དང་། ལན་ཅིག་ཕྱིར་འོང་བ་དང་། ཕྱིར་མི་འོང་བ་དང་། དགྲ་བཅོམ་པ་ཉིད་དང་། རང་བྱང་ཆུབ་དང་རྣམ་པ་ཐམས་ཅད་མཁྱེན་པ་ཉིད་ཀྱི་བར་ལ་སྒོམ[༤]སྟེ། རྣམ་པ་ཐམས་ཅད་མཁྱེན་པ་ཉིད་མི་དམིགས་སོ། །ཤ་ར་དྭ་ཏིའི་བུ་འདི་ནི་བྱང་ཆུབ་སེམས་དཔའ་སེམས་དཔའ་ཆེན་པོའི་ཡེ་ཤེས་ཏེ། ཡེ་ཤེས་དེ་དང་ལྡན་པའི་བྱང་ཆུབ་སེམས་དཔའ་སེམས་དཔའ་ཆེན་པོ་ནི་སངས་རྒྱས་ཀྱི་ཆོས་ཐམས་ཅད་ཀྱང་ཡོངས་སུ་རྫོགས་པར་བྱེད་དེ། སངས་རྒྱས་ཀྱི་ཆོས་ཐམས་ཅད་ཀྱང་ཡང་དག

པར་རྗེས་སུ་མི་མཐོང་ངོ་། །ཤཱ་ར་དྭ་ཏིའི་བུ་འདི་ལྟར་ཡང་བྱང་ཆུབ་སེམས་དཔའ་སེམས་དཔའ་ཆེན་པོ་ཤེས་རབ་ཀྱི་ཕ་རོལ་ཏུ་ཕྱིན་པ་ལ་སྤྱོད་པའི་ཚེ། མིག་ལྔ་རབ་ཏུ་འཐོབ་པ་དང་། ཡོངས་སུ་སྦྱོང་བ་ཡོད་དོ[༡]། །ལྔ་གང་ཞེ་ན། འདི་ལྟ་སྟེ། ཤའི་མིག་དང་། ལྷའི་མིག་དང་། ཤེས་རབ་ཀྱི་མིག་དང་། ཆོས་ཀྱི་མིག་དང་། སངས་རྒྱས་ཀྱི་མིག་གོ། །གསོལ་པ། བཅོམ་ལྡན་འདས་བྱང་ཆུབ་སེམས་དཔའ༔སེམས་དཔའ་[༢]ཆེན་པོའི་ཤའི་མིག་ཡོངས་སུ་དག་པ་གང་ལགས། བཅོམ་ལྡན་འདས་ཀྱིས་བཀའ་སྩལ་པ། ཤཱ་ར་དྭ་ཏིའི་བུ་བྱང་ཆུབ་སེམས་དཔའ་སེམས་དཔའ་ཆེན་པོ་[༣]ཤའི་མིག་གིས་དཔག་ཚད་བརྒྱ་མཐོང་བ་ཡོད་དོ། །ཤཱ་ར་དྭ་ཏིའི་བུ་བྱང་ཆུབ་སེམས་དཔའ་སེམས་དཔའ་ཆེན་པོའི་ཤའི་མིག་གིས་དཔག་ཚད་ཉིས་བརྒྱ་དང་། སུམ་བརྒྱ་དང་། བཞི་བརྒྱ་དང་། ལྔ་བརྒྱ་དང་། སྟོང་གི་བར་དུ་མཐོང་བ་ཡོད་དོ། །ཤཱ་ར་དྭ་ཏིའི་བུ་བྱང་ཆུབ་སེམས་དཔའ་སེམས་དཔའ་ཆེན་པོའི་ཤའི་མིག་གིས་འཛམ་བུའི་གླིང་མཐོང་བ་ཡོད་དོ། །ཤའི་མིག་གིས་གླིང་གཉིས་དང་། གླིང་གསུམ་དང་། གླིང་ཆེན་པོ་བཞི་པའི་འཇིག་རྟེན་གྱི་ཁམས་མཐོང་བ་ཡོད་དོ། །ཤའི་མིག་གིས་སྟོང་གི་འཇིག་རྟེན་གྱི་ཁམས་མཐོང་བ་ཡོད་དོ། །ཤའི་མིག་གིས་སྟོང་གཉིས་ཀྱི་འཇིག་རྟེན་གྱི་ཁམས་མཐོང་བ་ཡོད་དོ། །ཤཱ་ར་དྭ་ཏིའི་བུ་བྱང་ཆུབ་སེམས་དཔའ་སེམས་དཔའ་ཆེན་པོའི་ཤའི་མིག་གིས་སྟོང་གསུམ་གྱི་སྟོང་ཆེན་པོའི་འཇིག་རྟེན་གྱི་ཁམས་མཐོང་བ་ཡོད་དོ། །ཤཱ་ར་དྭ་ཏིའི་བུ་འདི་ནི་བྱང་ཆུབ་སེམས་དཔའ་སེམས་དཔའ་ཆེན་པོའི་ཤའི་མིག་ཡོངས་སུ་དག་པའོ། །གསོལ་པ། བཅོམ་ལྡན་འདས་བྱང་ཆུབ་སེམས་དཔའ་སེམས་དཔའ་ཆེན་པོའི་ལྷའི་མིག་ཡོངས་སུ་དག་པ་གང་ལགས། བཅོམ་ལྡན་འདས་ཀྱིས་བཀའ་སྩལ་པ། ཤཱ་ར་དྭ་ཏིའི་བུ་རྒྱལ་པོ་ཆེན་པོ་བཞིའི་རིས་ཀྱི་ལྷ་

རྣམས་ཀྱི་ལྷའི་མིག་གང་ཡིན་པ་དེ་ནི་བྱང་ཆུབ་སེམས་དཔས་རབ་ཏུ་ཤེས་སོ། །སུམ་ཅུ་རྩ་གསུམ་དང་། མཚེ་མ་དང་། དགའ་ལྡན་དང་། འཕྲུལ་དགའ་དང་། གཞན་འཕྲུལ་དབང་བྱེད་དང་། ཚངས་རིས་དང་། ཚངས་ལྷ་ཉེ་ཕན་དང་། ཚངས་པ་ཀུན་འཁོར་དང་། ཚངས་ཆེན་དང་། སྣང་བ་དང་། ཆུང་སྣང་དང་། ཚད་མེད་སྣང་བ་དང་། ཀུན་སྣང་དང་བ་དང་། དགེ་བ་དང་། ཆུང་དགེ་[༡]དང་། ཚད་མེད་དགེ་བ་དང་། དགེ་རྒྱས་དང་། ཆེ་བ་དང་། ཆུང་ཆེ་དང་། ཚད་མེད་ཆེ་བ་དང་། འབྲས་བུ་ཆེ་བ་དང་། མི་ཆེ་བ་དང་། མི་གདུང་བ་དང་། ཤིན་ཏུ་མཐོང་བ་དང་། གྱ་ནོམ་སྣང་བ་དང་། འོག་མིན་གྱི་ལྷ་རྣམས་ཀྱི་ལྷའི་མིག་གང་ཡིན་པ་དེ་ནི་བྱང་ཆུབ་སེམས་དཔས་[༢]རབ་ཏུ་ཤེས་སོ། །ཤ་ར་དྭ་ཏིའི་བུ་བྱང་ཆུབ་སེམས་དཔའ་སེམས་དཔའ་ཆེན་པོའི་ལྷའི་མིག་གང་ཡིན་པ་དེ་ནི་རྒྱལ་པོ་ཆེན་པོ་བཞིའི་རིས་ཀྱི་ལྷ་རྣམས་ཀྱིས་མི་ཤེས་སོ། །སུམ་ཅུ་རྩ་གསུམ་གྱི་ལྷ་རྣམས་དང་། མཚེ་མ་དང་། དགའ་ལྡན་དང་། འཕྲུལ་དགའ་དང་། གཞན་འཕྲུལ་དབང་བྱེད་དང་། ཚངས་རིས་དང་། ཚངས་ལྷ་ཉེ་ཕན་དང་། ཚངས་པ་ཀུན་འཁོར་དང་། ཚངས་ཆེན་དང་། སྣང་བ་དང་། ཆུང་སྣང་དང་། ཚད་མེད་སྣང་བ་དང་། ཀུན་སྣང་དང་བ་དང་། དགེ་བ་དང་། ཆུང་དགེ་དང་། ཚད་མེད་དགེ་བ་དང་། དགེ་རྒྱས་དང་། ཆེ་བ་དང་། ཆུང་ཆེ་དང་། ཚད་མེད་ཆེ་བ་དང་། འབྲས་བུ་ཆེ་བ་དང་། མི་ཆེ་བ་དང་། མི་གདུང་བ་དང་། ཤིན་ཏུ་མཐོང་བ་དང་། གྱ་ནོམ་སྣང་བ་དང་། འོག་མིན་གྱི་ལྷ་རྣམས་ཀྱིས་མི་ཤེས་ཏེ། ལྷའི་མིག་དེ་ལྟ་བུ་དང་ལྡན་པའི་བྱང་ཆུབ་སེམས་དཔའ་སེམས་དཔའ་ཆེན་པོ་[༣]ནི། ཤར་ཕྱོགས་ཀྱི་འཇིག་རྟེན་གྱི་ཁམས་གངྒཱའི་ཀླུང་གི་བྱེ་མ་སྙེད་ཀྱི་སེམས་ཅན་རྣམས་

ཀྱི་འཆི་འཕོ་དང་སྐྱེ་བ་རབ་ཏུ་ཤེས་སོ། །སྔོ་དང་ནུབ་དང་བྱང་དང་། བྱང་··· ཤར་དང་ཤར་ལྷོ་དང་ལྷོ་ནུབ་དང་ནུབ་བྱང་དང་འོག་དང་སྟེང་གི་ཕྱོགས་ཀྱི་ཕྱོགས་རེ་རེ་ཞིང་། འཇིག་རྟེན་གྱི་ཁམས་གངྒཱའི་ཀླུང་གི་བྱེ་མ་སྙེད་ཀྱི་སེམས་ཅན་རྣམས་ཀྱི་འཆི་འཕོ་དང་སྐྱེ་བ་རབ་ཏུ་ཤེས་སོ། །ཤཱ་ར་དྭ་ཏིའི་བུ་འདི་ནི་བྱང་ཆུབ་སེམས་དཔའ་སེམས་དཔའ་ཆེན་པོའི་ལྷའི་མིག་ཡོངས་སུ་དག་པའོ། །གསོལ་པ། བཅོམ་ལྡན་འདས་བྱང་ཆུབ་སེམས་དཔའ་སེམས་དཔའ་ཆེན་པོའི་ཤེས་རབ་ཀྱི་མིག་ཡོངས་སུ་དག་པ་གང་ལགས། བཅོམ་ལྡན་འདས་ཀྱིས་བཀའ་སྩལ་པ། ཤཱ་ར་དྭ་ཏིའི་བུ་བྱང་ཆུབ་སེམས་དཔའ་སེམས་དཔའ་ཆེན་པོའི་ཤེས་རབ་ཀྱི་མིག་གང··· དང་ལྡན་པས། འདུས་བྱས་སམ། འདུས་མ་བྱས་སམ། དགེ་བའམ་མི་དགེ་བའམ། ཁ་ན་མ་ཐོ་བ་དང་བཅས་པའམ། ཁ་ན་མ་ཐོ་བ་མེད་པའམ། ཀུན་ནས་ཉོན་མོངས་པའམ། ཀུན་ནས་ཉོན་མོངས་པ་མེད་པའམ། འཇིག··· རྟེན་པའམ་འཇིག་རྟེན་ལས་འདས་པའམ། ཟག་པ་དང་བཅས་པའམ། ཟག་པ་མེད་པའི་ཆོས་གང་ཡང་མི་ཤེས་པ་མེད་པ་དང་། ཤེས་རབ་ཀྱི་མིག་གང་དང་ལྡན་པས། ཆོས་གང་ཡང་མ་མཐོང་བའམ། མ་ཐོས་པའམ། མ་བསམས··· པའམ། ཁོང་དུ་མ་ཆུད་པ་མེད་པ་འདི་ནི། ཤཱ་ར་དྭ་ཏིའི་བུ་བྱང་ཆུབ་སེམས་དཔའ་སེམས་དཔའ་ཆེན་པོའི་ཤེས་རབ་ཀྱི་མིག་ཡོངས་སུ་དག་པའོ། །གསོལ་པ། བཅོམ་ལྡན་འདས་བྱང་ཆུབ་སེམས་དཔའ་སེམས་དཔའ་ཆེན་པོའི་ཆོས་ཀྱི་མིག་ཡོངས་སུ་དག་པ་གང་ལགས། བཅོམ་ལྡན་འདས་ཀྱིས་བཀའ་སྩལ་པ། ཤཱ་ར་དྭ་ཏིའི་བུ་འདི་ལ་བྱང་ཆུབ་སེམས་དཔའ་སེམས་དཔའ་ཆེན་པོའི་ཆོས་ཀྱི་མིག་གིས། གང་ཟག་འདི་ནི་དད་པའི་[༡]རྗེས་སུ་འབྲོ་བ། གང་ཟག་འདི་ནི་ཆོས་ཀྱི་རྗེས་སུ་འབྲོ་བ། གང་ཟག་འདི་ནི་སྟོང་པ་ཉིད་ལ་གནས་པ་སྟེ། གང་ཟག་འདིའི་[༣]

དབང་པོ་ལྔ་ནི་རྣམ་པར་ཐར་པའི་སྒོ་སྟོང་པ་ཉིད་ཀྱིས་སྐྱེ་བར་འགྱུར་རོ། །དབང་པོ་ལྔས་དེ་མ་ཐག་པའི་ཏིང་ངེ་འཛིན་ཐོབ་པར་འགྱུར་རོ། །དེ་མ་ཐག་པའི་ཏིང་ངེ་འཛིན་གྱིས་རྣམ་པར་གྲོལ་བའི་ཡེ་ཤེས་མཐོང་བ་སྐྱེ་བར་འགྱུར་རོ། །རྣམ་པར་གྲོལ་བའི་ཡེ་ཤེས་མཐོང་བས། འཇིག་ཚོགས་ལ་ལྟ་བ་དང་། ཐེ་ཚོམ་དང་ཚུལ་ཁྲིམས་དང་། བརྟུལ་ཞུགས་སྙེམས[1]པའི་ཀུན་དུ་སྦྱོར་བ་གསུམ་རབ་ཏུ་སྤོང་བར་འགྱུར་ཏེ། གང་ཟག་འདི་ནི་རྒྱུན་དུ་ཞུགས་པ་ཞེས་བྱའོ། །དེས་བསྒོམ་པའི་ལམ་རབ་ཏུ་ཐོབ་ནས། འདོད་པའི་འདོད་ཆགས་དང་། གནོད་སེམས་རབ་ཏུ་སྲབས་པར་བྱེད་དེ། གང་ཟག་འདི་ནི་ལན་ཅིག་ཕྱིར་འོང་བའོ། །དེ་ལམ་དེ་ཉིད་དེ་བས་ཀྱང་ཤིན་ཏུ་བསྒོམས་ནས། འདོད་པའི་འདོད་ཆགས……དང་། གནོད་སེམས་རབ་ཏུ་སྤོང་བ་ཐོབ་པར་བྱེད་དེ། གང་ཟག་འདི་ནི་ཕྱིར་མི་འོང་བའོ། །དེ་ལམ་དེ་ཉིད་དེ་བས་ཀྱང་ཤིན་ཏུ་བསྒོམས་པས། གཟུགས་ཀྱི་འདོད་ཆགས་དང་། གཟུགས་མེད་པའི་འདོད་ཆགས་དང་། མ་རིག་པ་དང་། ང་རྒྱལ་དང་རྒོད་པ་རབ་ཏུ་སྤོང་སྟེ། གང་ཟག་འདི་ནི་དགྲ་བཅོམ་པའོ། །གང་ཟག་འདི་ནི་མཚན་མ་མེད་པ་ལ་གནས་པ་སྟེ། གང་ཟག་འདིའི་དབང་པོ་ལྔ་ནི་རྣམ་པར་ཐར་པའི་སྒོ་མཚན་མ་མེད་པས་སྐྱེ་བར་འགྱུར་རོ། །དབང་པོ་ལྔས་དེ་མ་ཐག་པའི་ཏིང་ངེ་འཛིན་ཐོབ་པར་འགྱུར་རོ། །དེ་མ་ཐག་པའི་ཏིང་ངེ་འཛིན་གྱིས། རྣམ་པར་གྲོལ་བའི་ཡེ་ཤེས་མཐོང་བ་སྐྱེ་བར་འགྱུར་བ་ནས། གང་ཟག་འདི་ནི་དགྲ་བཅོམ་པའི་བར་ཞེས་བྱའོ། །གང་ཟག་འདི་ནི་སྨོན་པ་མེད་པ་ལ་གནས་པས། འདིའི་དབང་པོ་ལྔ་ནི་རྣམ་པར་ཐར་པའི་སྒོ་སྨོན་པ་མེད་པས་སྐྱེ་བར་འགྱུར་རོ། །དབང་པོ་ལྔས་དེ་མ་ཐག་པའི་ཏིང་ངེ་འཛིན་ཐོབ་པར་འགྱུར་རོ། །དེ་མ་ཐག་པའི་ཏིང་ངེ་འཛིན་གྱིས་རྣམ་པར་གྲོལ་བའི་ཡེ་ཤེས་མཐོང་བ་སྐྱེ་

བར་འགྱུར་བ་ནས། གང་ཟག་འདི་ནི་དགྲ་བཅོམ་པའོ་ཞེས་བྱ་བའི་བར་དུ་རབ་
ཏུ་ཤེས་ཏེ། ཤ་ར་དྭ་ཏིའི་བུ་འདི་ནི་བྱང་ཆུབ་སེམས་དཔའ་སེམས་དཔའ་ཆེན་
པོའི་ཆོས་ཀྱི་མིག་ཡོངས་སུ་དག་པའོ། །ཤ་ར་དྭ་ཏིའི་བུ་གཞན་ཡང་བྱང་ཆུབ་
སེམས་དཔའ་སེམས་དཔའ་ཆེན་པོས་གང་ཅི་ཡང་རུང་སྟེ། ཀུན་འབྱུང་བའི་ཆོས་
ཅན་དེ་ཐམས་ཅད་ནི་འགག་པའི་ཆོས་ཅན་ནོ་ཞེས་བྱ་བར་ཤེས་པས། དབང་པོ་
ལྔ་ཐོབ་པར་འགྱུར་ཏེ། འདི་ནི་ཤ་ར་དྭ་ཏིའི་བུ་བྱང་ཆུབ་སེམས་དཔའ་སེམས་
དཔའ་ཆེན་པོའི་ཆོས་ཀྱི་མིག་ཡོངས་སུ་དག་པའོ། །ཤ་ར་དྭ་ཏིའི་བུ་གཞན་ཡང་
བྱང་ཆུབ་སེམས་དཔའ་སེམས་དཔའ་ཆེན་པོའི་ཆོས་ཀྱི་མིག་གིས་བྱང་ཆུབ་སེམས་
དཔའ་སེམས་དཔའ་ཆེན་པོ་འདི་ནི་སེམས་དང་པོ་བསྐྱེད་པ་སྟེ། སྦྱིན་པའི་ཕ་
རོལ་ཏུ་ཕྱིན་པ་དང་། ཚུལ་ཁྲིམས་ཀྱི་ཕ་རོལ་ཏུ་ཕྱིན་པ་དང་། བཟོད་པའི་ཕ་
རོལ་ཏུ་ཕྱིན་པ་དང་། བརྩོན་འགྲུས་ཀྱི་ཕ་རོལ་ཏུ་ཕྱིན་པ་དང་། བསམ་
གཏན་གྱི་ཕ་རོལ་ཏུ་ཕྱིན་པ་དང་། ཤེས་རབ་ཀྱི་ཕ་རོལ་ཏུ་ཕྱིན་པ་ལ་སྤྱོད་དོ། །
དེའི་རྒྱུས[1]དད་པའི་དབང་པོ་དང་། བརྩོན་འགྲུས་ཀྱི་དབང་པོ་དང་ལྡན་ཏེ།
ཐབས་མཁས་པས་ཆེད་དུ་བསམས་ཏེ་ལུས་ཡོངས་སུ་འཛིན་ཏོ། །དགེ་བའི་རྩ་
བས་བརྟན[3]པས་བྱང་ཆུབ་སེམས་དཔའ་སེམས་དཔའ་ཆེན་པོ་འདི་ནི་རྒྱལ་རིགས་
ཆེ་ཞིང་མཐོ་བའི་རིགས་སུ་སྐྱེའོ། །བྲམ་ཟེ་ཆེ་ཞིང་མཐོ་བའི་རིགས་དང་།
ཁྱིམ་བདག་ཆེ་ཞིང་མཐོ་བའི་རིགས་སུ་སྐྱེའོ། །རྒྱལ་ཆེན་བཞིའི་རིགས[3]ཀྱི་ལྷའི་
ནང་དུ་སྐྱེའོ། །སུམ་ཅུ་རྩ་གསུམ་གྱི་ལྷའི་ནང་དུ་སྐྱེའོ། །མཚེ་མའི་ལྷའི་ནང་དུ་
སྐྱེའོ༑ །དགའ་ལྡན་གྱི་ལྷའི་ནང་དུ་སྐྱེའོ། །འཕྲུལ་དགའི་ལྷའི་ནང་དུ་སྐྱེའོ། །
གཞན་འཕྲུལ་དབང་བྱེད་ཀྱི་ལྷའི་ནང་དུ་སྐྱེའོ། །དེ་དག་ན་གནས་ཤིང་སེམས་
ཅན་རྣམས་ཡོངས་སུ་སྨིན་པར་བྱེད་པར་འགྱུར་ཏེ། བདེ་བའི་ཡོ་བྱད་ཐམས་

ཅད་ཀྱིས་དེ་དག་ལ་རིམ་གྲོ་བྱེད་པར་འགྱུར་རོ། །སངས་རྒྱས་ཀྱི་ཞིང་ཡོངས་སུ་
དག་པར་བྱེད་དོ། །དེ་བཞིན་གཤེགས་པ་དགྲ་བཅོམ་པ་ཡང་དག་པར་རྫོགས་
པའི་སངས་རྒྱས་རྣམས་ལ་ཡང་བསྙེན་བཀུར་བྱེད་པར་འགྱུར་རོ། །རིམ་གྲོ་[1]
དང་བཀུར་སྟི་དང་བསྟི་སྟང་དང་མཆོད་པ་བྱེད་པར་འགྱུར་རོ། །ཉན་ཐོས་ཀྱི་
སའམ་རང་སངས་རྒྱས་ཀྱི་སར་ཡང་མི་ལྟུང་ངོ་། །བྱང་ཆུབ་སེམས་དཔའ་སེམས་
དཔའ་ཆེན་པོ་འདི་ནི་བླ་ན་མེད་པ་ཡང་དག་པར་རྫོགས་པའི་བྱང་ཆུབ་ཏུ་མངོན་
པར་[3]སངས་རྒྱས་ཀྱི་བར་དུ་ཕྱིར༔ ལྡོག་པར་མི་[3]འགྱུར་རོ། །ཞེས་བྱ་བར་རབ་ཏུ་
ཤེས་ཏེ། ཤ་ར་དྭ་ཏིའི་བུ་འདི་ཡང་བྱང་ཆུབ་སེམས་དཔའ་སེམས་དཔའ་ཆེན་
པོའི་ཆོས་ཀྱི་མིག་ཡོངས་སུ་དག་པའོ། །ཤ་ར་དྭ་ཏིའི་བུ་གཞན་ཡང་བྱང་ཆུབ་
སེམས་དཔའ་སེམས་དཔའ་ཆེན་པོས། བྱང་ཆུབ་སེམས་དཔའ་སེམས་དཔའ་
ཆེན་པོ་འདི་ནི། བླ་ན་མེད་པ་ཡང་དག་པར་རྫོགས་པའི་བྱང་ཆུབ་ཏུ་ལུང་བསྟན་
པའོ༑ །འདི་ནི་ལུང་མ་བསྟན་པའོ། །འདི་ནི་ངེས་པའོ། །འདི་ནི་མ་ངེས་
པའོ༑ །འདི་ནི་ལུང་བསྟན་པར་འགྱུར་བའོ། །འདི་ནི་ལུང་བསྟན་པར་མི་
འགྱུར་བའོ། །འདི་དག་ནི་ཕྱིར་མི་ལྡོག་པ་སྟེ་དབང་ཐོབ་པའོ། །འདི་དག་ནི་
ཕྱིར་མི་ལྡོག་པ་མ་ཡིན་པ་སྟེ་[4]དབང་མ་ཐོབ་པའོ། །འདི་ནི་མངོན་པར་ཤེས་པ་
ཡོངས་སུ་རྫོགས་པའོ། །འདི་ནི་མངོན་པར་ཤེས་པ་ཡོངས་སུ་མ་རྫོགས་པའོ། །
བྱང་ཆུབ་སེམས་དཔའ་སེམས་དཔའ་ཆེན་པོ་འདི་ནི་མངོན་པར་ཤེས་པ་ཡོངས་སུ་
རྫོགས་པས་ཤར་ཕྱོགས་ཀྱི་འཇིག་རྟེན་གྱི་ཁམས་གངྒཱའི་ཀླུང་གི་བྱེ་མ་སྙེད་དག་ཏུ་
སོང་ཞིང་། དེ་བཞིན་གཤེགས་པ་དགྲ་བཅོམ་པ་ཡང་དག་པར་རྫོགས་པའི་
སངས་རྒྱས་རྣམས་མཉེས་པར་བྱེད་དོ། །རིམ་གྲོ་དང་བཀུར་སྟི་དང་བསྟི་སྟང་
དང་མཆོད་པ་བྱེད་དོ། །སྒྲ་དང་ཉུང་དང་བྱང་དང་བྱང་ཤར་དང་ཤར་ལྷོ་དང་

ལྕི་ནུབ་དང་ནུབ་བྱང་དང་འོག་དང་སྟེང་གི་ཕྱོགས་ཀྱི་ཕྱོགས་རེ་རེ་ཞིང་འཇིག་རྟེན་གྱི་ཁམས་གངྒཱའི་ཀླུང་གི་བྱེ་མ་སྙེད་དག་ཏུ་སོང་ཞིང་། དེ་བཞིན་གཤེགས་པ་དགྲ་བཅོམ་པ་ཡང་དག་པར་རྫོགས་པའི་སངས་རྒྱས་རྣམས་མཉེས་པར་བྱེད་དོ། །རིམ་གྲོ་དང་བཀུར་སྟི་དང་། བསྟི་སྟང་དང་མཆོད་པ་བྱེད་དེ། འདིས་ནི་མངོན་པར་ཤེས་པ་ཐོབ་པར་འགྱུར་རོ། །འདིས་ནི་མངོན་པར་ཤེས་པ་འཐོབ་པར་མི་འགྱུར་རོ། །འདི་ནི་བཟོད་པ་ཐོབ་པའོ། །འདི་ནི་བཟོད་པ་ཐོབ་པ་མ་ཡིན་ནོ། །འདི་ནི་དབང་ཐོབ་པའོ། །འདི་ནི་དབང་ཐོབ་པ་མ་ཡིན་ནོ། །བྱང་ཆུབ་སེམས་དཔའ་སེམས་དཔའ་ཆེན་པོ་འདིའི་སངས་རྒྱས་ཀྱི་ཞིང་ནི་ཡོངས་སུ་དག་པར་འགྱུར་རོ། །འདིའི་སངས་རྒྱས་ཀྱི་ཞིང་ནི་ཡོངས་སུ་དག་པར་མི་འགྱུར་རོ། །བྱང་ཆུབ་སེམས་དཔའ་སེམས་དཔའ་ཆེན་པོ་འདི་ནི་སྨོན་ལམ་ཆེན་པོ་དང་ལྡན་པའོ། །འདི་ནི་སྨོན་ལམ་ཆེན་པོ་དང་མི་ལྡན་པའོ། །འདིས་ནི་སེམས་ཅན་ཡོངས་སུ་སྨིན་པར་བྱས་སོ། །འདིས་ནི་སེམས་ཅན་ཡོངས་སུ་སྨིན་པར་མ་བྱས་སོ། །བྱང་ཆུབ་སེམས་དཔའ་སེམས་དཔའ་ཆེན་པོ་འདི་ལ་ནི་ཕྱོགས་བཅུའི་འཇིག་རྟེན་གྱི་ཁམས་གངྒཱའི་(༡)ཀླུང་གི་བྱེ་མ་སྙེད་དག་ན་སངས་རྒྱས་བཅོམ་ལྡན་འདས་རྣམས་ལེགས་པར་བརྗོད་(༢)པ་མཛད་དོ། །འདི་ལ་ནི་ལེགས་པར་བརྗོད་(༣)པ་མི་མཛད་དོ། །བྱང་ཆུབ་སེམས་དཔའ་སེམས་དཔའ་ཆེན་པོ་འདི་དག་ནི་སངས་རྒྱས་བཅོམ་ལྡན་འདས་རྣམས་དང་ཉེ་བར་གནས་པར་འགྱུར་རོ། །འདི་དག་ནི་ཉེ་བར་གནས་པར་མི་འགྱུར་རོ། །བྱང་ཆུབ་སེམས་དཔའ་སེམས་དཔའ་ཆེན་པོ་འདི་ནི་བྱང་ཆུབ་ཐོབ་ནས་ཚེ་དཔག་ཏུ་མེད་པར་འགྱུར་རོ། །འདི་ནི་ཚེ་(༤)དཔག་ཏུ་ཡོད་པར་འགྱུར་རོ། །འདིའི་འོད་དང་དབྱངས་དང་དགེ་སློང་གི་དགེ་འདུན་ནི་ཚད་མེད་པར་འགྱུར་རོ། །འདི་ནི་ཚད་ཡོད་པར་འགྱུར་རོ།

བྱང་ཆུབ་སེམས་དཔའ་སེམས་དཔའ་ཆེན་པོ་འདི་ནི་བླ་ན་མེད་པ་ཡང་དག་པར་རྫོགས་པའི་བྱང་ཆུབ་ཏུ་མངོན་པར་རྫོགས་པར་སངས་རྒྱས་ནས། བྱང་ཆུབ་སེམས་དཔའི་དགེ་འདུན་དང་ལྡན་པར་འགྱུར་རོ། །འདི་ནི་ལྡན་པར་མི་འགྱུར་རོ༏ །འདི་ནི་དགའ་བ་སྤྱོད་པར་འགྱུར་རོ། །འདི་ནི་སྤྱོད་པར་མི་འགྱུར་རོ། །འདི་ནི་སྲིད་པ་ཐ་མ་པའོ། །འདི་ནི་སྲིད་པ་ཐ་མ་པ་མ་ཡིན་ནོ། །འདི་ནི་སྙིང་པོ་བྱང་ཆུབ་ལ་འདུག་པར་འགྱུར་རོ། །འདི་ནི་འདུག་པར་མི་འགྱུར་རོ། །བྱང་ཆུབ་སེམས་དཔའ་སེམས་དཔའ་ཆེན་པོ་འདི་དག་ལ་ནི་བདུད་ཡོད་པར་འགྱུར་རོ། །འདི་དག་ལ་ནི་བདུད་ཡོད་པར་མི་འགྱུར་རོ་ཞེས་བྱ་བར་རབ་ཏུ་ཤེས་ཏེ། དེ་ལྟར་ན་ཤ་ར་དྭ་ཏིའི་བུ་བྱང་ཆུབ་སེམས་དཔའ་སེམས་དཔའ་ཆེན་པོའི་ཆོས་ཀྱི་མིག་ཡོངས་སུ་དག་པ་ཡིན་ནོ། །གསོལ་པ། བཅོམ་ལྡན་འདས་བྱང་ཆུབ་སེམས་དཔའ་སེམས་དཔའ་ཆེན་པོའི་སངས་རྒྱས་ཀྱི་མིག་ཡོངས་སུ་དག་པ་གང་ལགས། བཅོམ་ལྡན་འདས་ཀྱིས་བཀའ་སྩལ་པ། ཤ་ར་དྭ་ཏིའི་བུ་བྱང་ཆུབ་སེམས་དཔའ་སེམས་དཔའ་ཆེན་པོ་བྱང་ཆུབ་ཀྱི་སེམས་ཀྱི་རྗེས་ལ། རྡོ་རྗེ་ལྟ་བུའི་ཏིང་ངེ་འཛིན་ལ་མཉམ་པར་བཞག་ནས། རྣམ་པ་ཐམས་ཅད་མཁྱེན་པ་ཉིད་ཐོབ་པར་བྱེད་དེ་དེ་ནི་དེ་བཞིན་གཤེགས་པའི་སྟོབས་བཅུ་དང་ལྡན་པ་ཡིན། མི་འཇིགས་པ་བཞི་དང་། སོ་སོ་ཡང་དག་པར་རིག་པ་བཞི་དང་། སངས་རྒྱས་ཀྱི་ཆོས་མ་འདྲེས་པ་བཅོ་བརྒྱད་དང་། བྱམས་པ་ཆེན་པོ་དང་། སྙིང་རྗེ་ཆེན་པོ་དང་། དགའ་བ་ཆེན་པོ་དང་། བཏང་[1]སྙོམས་ཆེན་པོ་དང་། སངས་རྒྱས་ཀྱི་[2]རྣམ་པར་ཐར་པ་བསྒྲིབས་པ་མེད་པ་དང་ལྡན་པ་ཡིན། དེ་ནི་དེའི་[3]མིག་སྟེ། བྱང་ཆུབ་སེམས་དཔའ་སེམས་དཔའ་ཆེན་པོའི་མིག་དེ་དང་ལྡན་པས༏ རྣམ་པ་ཐམས་ཅད་དུ་མ་མཐོང་བའམ། མ་ཐོས་པའམ། མ་ཤེས་

པའམ། ཕོང་དུ་མ་ཆུད་པ་གང་ཡང་མེད་དེ། ཤ་ར་དྭ་ཏིའི་བུ་འདི་ནི་བྱང་ཆུབ་སེམས་དཔའ་སེམས་དཔའ་ཆེན་པོ་བླ་ན་མེད་པ་ཡང་དག་པར་རྫོགས་པའི་བྱང་ཆུབ་ཏུ་མངོན་པར་སངས་རྒྱས་པའི་སངས་རྒྱས་ཀྱི་མིག་ཡོངས་སུ་དག་པའོ། ། ཤ་ར་དྭ་ཏིའི་བུ་དེ་ལྟར་བྱང་ཆུབ་སེམས་དཔའ་སེམས་དཔའ་ཆེན་པོ་མིག་ལྔ་ཡོངས་སུ་སྦྱང་བར་འདོད་པ་དང་། ཐོབ་པར་འདོད་པས། ཕ་རོལ་ཏུ་ཕྱིན་པ་དྲུག་ལ་བརྩོན་པར་བྱའོ། །ཤ་ར་དྭ་ཏིའི་བུ་དེ་ཅིའི་ཕྱིར་ཞེ་ན། འདི་ལྟར་ཕ་རོལ་ཏུ་ཕྱིན་པ་དྲུག་ཏུ་དགེ་བའི་ཆོས་ཐམས་ཅད་མ་འདུས་པ་མེད་དེ། ཉན་ཐོས་ཀྱི་ཆོས་དང་རང་སངས་རྒྱས་ཀྱི་ཆོས་དང་། བྱང་ཆུབ་སེམས་དཔའི་ཆོས་དང་། སངས་རྒྱས་ཀྱི་ཆོས་ཐམས་ཅད་མ་འདུས་པ་མེད་དོ། །ཤ་ར་དྭ་ཏིའི་བུ་ལ་ལ་ཞིག་ཡང་དག་པར་སྨྲ་བས་དགེ་བའི་ཆོས་ཐམས་ཅད་འདུས་པར་བརྗོད་པ་ཞིག་དུ་དགོས་ན། ཤེས་རབ་ཀྱི་ཕ་རོལ་དུ་ཕྱིན་པ་ཡང་དག་པར་སྨྲ་བས་བརྗོད་[1]དོ། ། དེ་ཅིའི་ཕྱིར་ཞེ་ན། ཤ་ར་དྭ་ཏིའི་བུ་ཤེས་རབ་ཀྱི་ཕ་རོལ་ཏུ་ཕྱིན་པ་ནི་[2]མིག་ལྔ་[3]བསྐྱེད་[4]པའོ། །མིག་ལྔ་པོ་དེ་དག་ལ་བསླབས་པའི་བྱང་ཆུབ་སེམས་དཔའ་སེམས་དཔའ་ཆེན་པོ་རྣམས་ནི་བླ་ན་མེད་པ་ཡང་དག་པར་རྫོགས་པའི་བྱང་ཆུབ་ཏུ་མངོན་པར་འཚང་རྒྱའོ། །ཤ་ར་དྭ་ཏིའི་བུ་ཤེས་རབ་ཀྱི་ཕ་རོལ་དུ་ཕྱིན་པ་འདི་ལ་སྤྱོད་པའི་བྱང་ཆུབ་སེམས་དཔའ་སེམས་དཔའ་ཆེན་པོ་ནི་མངོན་པར་ཤེས་པའི་ཕ་རོལ་དུ་ཕྱིན་པ་རབ་ཏུ་འཐོབ་སྟེ། རྫུ་འཕྲུལ་གྱི་རྣམ་པ་དུ་མ་ཉམས་སུ་མྱོང་བར་བྱེད་དོ། །དེ་ནི་ས་ཆེན་པོ་འདི་ཡང་རབ་ཏུ་གཡོ་བར་བྱེད་དོ། །གཅིག་ཏུ་གྱུར་ཅིང་མང་པོར་འགྱུར་རོ། །མང་པོར་གྱུར་ཅིང་གཅིག་ཏུ་འགྱུར་རོ། །སྣང་བ་དང་མི་སྣང་བ་ཡང་ཉམས་སུ་མྱོང་བར་བྱེད་དོ། །རྩིག་[5]པ་ལས་ཐལ་བ་དང་ར་བ་ལས་ཐལ་བ་དང་། རི་ལས་ཐལ་བར་ཐོགས་པ་མེད་པའི་ལུས་ཀྱིས་འགྲོ་སྟེ།

དཔེར་ན་ནམ་མཁའ་ལ་བྱ་བ་བཞིན་ནོ། །ནམ་མཁའ་ལ་ཡང༔ སྐྱིལ་མོ་ཀྲུང་[1]གིས་འགྲོ་སྟེ། དཔེར་ན་འདབ་ཆགས་བྱ་བཞིན་ནོ། །ས་ལ་ཡང་གྱེན་དུ་འབྱུང་བ་དང་། འོག་ཏུ་འཛུལ་བ་[2]བྱེད་དེ། [3]དཔེར་ན་ཆུ་ལ་བྱ་བ་བཞིན་ནོ། །ཆུ་ལ་ཡང་འབྱིང་བ་མེད་པར་འགྲོ་སྟེ། དཔེར་ན་ས་ལ་བྱ་བ་བཞིན་ནོ། །དུ་བར་འཐུལ་ཞིང་མེར་འབར་ཏེ། དཔེར་ན་མེའི་ཕུང་པོ་ཆེན་པོ་བཞིན་ནོ། །ཉི་མ་དང་ཟླ་བ་འདི་དག་འདི་ལྟར་རྫུ་འཕྲུལ་ཆེ་ལ། འདི་ལྟར་མཐུ་ཆེ་ཞིང་། འདི་ལྟར་དབང་ཆེ་བ་དག་ཀྱང་ལག་[4]པས་ཕྱུགས་ཤིང་། ཚངས་པའི་འཇིག་རྟེན་གྱི་བར་དུ་ལུས་ཀྱིས་[5]དབང་སྒྱུར་ཏེ། རྫུ་འཕྲུལ་དེས་རློམ་སེམས་སུ་འགྱུར་བ་མེད་དོ། །དེ་ཅིའི་ཕྱིར་ཞེ་ན། རང་བཞིན་གྱིས་སྟོང་པ་[6]དང་རང་བཞིན་གྱིས་དབེན་པ་དང་། རང་བཞིན་གྱིས་མ་སྐྱེས་པའི་ཕྱིར། དེས་རྫུ་འཕྲུལ་གང་གིས་རློམ་སེམས་སུ་འགྱུར་བའི་རྫུ་འཕྲུལ་དེ་ལྟ་བུ་མི་དམིགས་ཏེ། དེ་ཐམས་ཅད་མཁྱེན་པ་ཉིད་ཡིད་ལ་བྱ་བ་མ་གཏོགས་པར་རྫུ་འཕྲུལ་ལམ། རྫུ་འཕྲུལ་མངོན་པར་བསྒྲུབ་པའི་བསམ་པ་ཙམ་ཡང་མི་སྐྱེད་དོ། །ཤ་ར་དྭ་ཏིའི་བུ་དེ་[7]ལྟར་ན་བྱང་ཆུབ་སེམས་དཔའ་སེམས་དཔའ་ཆེན་པོ་ཤེས་རབ་ཀྱི་ཕ་རོལ་ཏུ་ཕྱིན་པ་ལ་སྤྱོད་པའི་ཚེ། རྫུ་འཕྲུལ་གྱི་རྣམ་པ་[8]མངོན་དུ་བྱ་བའི་མངོན་པར་ཤེས་པའི་ཡེ་ཤེས་མངོན་པར་སྒྲུབ་[9]པ་ཡིན་ནོ། །དེ་ལྷའི་རྣ་བའི་ཁམས་རྣམ་པར་དག་པ་མི་ལས་འདས་པས། ལྷ་དང་མི་གཉིས་ཀའི་སྒྲ་ཐོས་ཏེ། ལྷའི་རྣ་བའི་ཁམས་དེས་བདག་ནི་སྒྲ་ཉན་[10]ཅེས་བྱ་བར་རློམ་སེམས་སུ་འགྱུར་བ་མེད་དོ། །དེ་ནི་འདི་ལྟར་དེས་རང་བཞིན་སྟོང་པ་དང་། རང་བཞིན་དབེན་པ་དང་། རང་བཞིན་མ་སྐྱེས་པའི་ཕྱིར། རྣ་བ་དང་སྒྲ་དམིགས་པ་མེད་དེ། དེ་ཐམས་ཅད་མཁྱེན་པ་ཉིད་ཡིད་ལ་བྱ་བ་མ་གཏོགས་པར་ལྷའི་རྣ་བའི་ཁམས་ལ་བསམ་པ་ཡང་མི་སྐྱེད་དོ། །

ཤཱ་ར་དྭ་ཏིའི་བུ་དེ་ལྟར་ན་བྱང་ཆུབ་སེམས་དཔའ་སེམས་དཔའ་ཆེན་པོ་ཤེས་རབ་ཀྱི་ཕ་རོལ་ཏུ་ཕྱིན་པ་ལ་སྤྱོད་པའི་ཚེ། ལྷའི་རྣ་བའི་ཁམས་མངོན་དུ་བྱ་བའི་མངོན་པར་ཤེས་པའི་ཡེ་ཤེས་མངོན་པར་སྒྲུབ[1]པ་ཡིན་ནོ།། ||

ཤེས་རབ་ཀྱི་ཕ་རོལ་ཏུ་ཕྱིན་པ་སྟོང་ཕྲག་ཉི་ཤུ་ལྔ་པ། བམ་པོ་དྲུག་པ། དེས་སེམས་ཅན་ཕ་རོལ་དང་། གང་ཟག་ཕ་རོལ་གྱི་སེམས་སེམས་ཀྱིས་ཡང་དག་པ་ཇི་ལྟ་བ་བཞིན་དུ་རབ་ཏུ་ཤེས་སོ། །འདོད་ཆགས་དང་ལྡན་པའི་སེམས་ལ། འདོད་ཆགས་དང་ལྡན་པའི་སེམས་ཤེས་བྱ་བར་ཡང་དག་པ་ཇི་ལྟ་བ་བཞིན་དུ་རབ་ཏུ་ཤེས་སོ། །འདོད་ཆགས་དང་བྲལ་བའི་སེམས་ལ། འདོད་ཆགས་དང་བྲལ་བའི་སེམས་ཤེས་བྱ་བར་ཡང་དག་པ་ཇི་ལྟ་བ་བཞིན་དུ་རབ་ཏུ་ཤེས་སོ། །ཞེ་སྡང་དང་ལྡན་པའི་སེམས་ལ་ཞེ་སྡང་དང་ལྡན་པའི་སེམས་ཤེས་བྱ་བར་ཡང་དག་པ་ཇི་ལྟ་བ་བཞིན་དུ་རབ་ཏུ་ཤེས་སོ། །ཞེ་སྡང་[3]མེད་པའི་སེམས་ལ་ཞེ་སྡང་མེད་པའི་སེམས་ཞེས་བྱ་བར་ཡང་དག་པ་ཇི་ལྟ་བ་བཞིན་དུ་རབ་ཏུ་ཤེས་སོ། །གཏི་མུག་དང་ལྡན་པའི་སེམས་ལ་གཏི་མུག་དང་ལྡན་པའི་སེམས་ཤེས་བྱ་བར་ཡང་དག་པ་ཇི་ལྟ་བ་བཞིན་དུ་རབ་ཏུ་ཤེས་སོ། །གཏི་མུག་དང་བྲལ་བའི་སེམས་ལ་གཏི་མུག་དང་བྲལ་བའི་སེམས་ཤེས་བྱ་བར་ཡང་དག་པ་ཇི་ལྟ་བ་བཞིན་དུ་རབ་ཏུ་ཤེས་སོ། །སྲིད་པ་དང་ལྡན་པའི་སེམས་ལ་སྲིད་པ་དང་ལྡན་པའི་སེམས་ཞེས་བྱ་བར་ཡང་དག་པ་ཇི་ལྟ་བ་བཞིན་དུ་རབ་ཏུ་ཤེས་སོ། །སྲིད་པ་དང་བྲལ་བའི་སེམས་ལ་སྲིད་པ་དང་བྲལ་བའི་སེམས་ཞེས་བྱ་བར་ཡང་དག་པ་ཇི་ལྟ་བ་བཞིན་དུ་རབ་ཏུ་ཤེས་སོ། །ཉེ་བར་ལེན་པ་དང་བཅས་པའི་སེམས་ལ་ཉེ་བར་ལེན་པ་དང་བཅས་པའི་སེམས་ཞེས་བྱ་བར་ཡང་དག་པ་ཇི་ལྟ་བ་བཞིན་དུ་རབ་ཏུ་ཤེས་སོ། །ཉེ་བར་ལེན་པ་མེད་པའི་སེམས་ལ་ཉེ་བར་ལེན་པ་མེད་པའི་སེམས་ཞེས་བྱ་བར་ཡང་

དག་པ་ཇི་ལྟ་བ་བཞིན་དུ་རབ་ཏུ་ཤེས་སོ། །ཀུན་ནས་འདུས་པའི་སེམས་ལ་ཀུན་ནས་འདུས་པའི་སེམས་ཞེས་བྱ་བར་ཡང་དག་པ་ཇི་ལྟ་བ་བཞིན་དུ་རབ་ཏུ་ཤེས་སོ། །རྣམ་པར་འཕྲོས་པའི་སེམས་ལ་རྣམ་པར་འཕྲོས་པའི་སེམས་ཞེས་བྱ་བར་ཡང་དག་པ་ཇི་ལྟ་བ་བཞིན་དུ་རབ་ཏུ་ཤེས་སོ། །རྒྱ་ཆུང་[1]ངུའི་སེམས་ལ་རྒྱ་ཆུང་[3]ངུའི་སེམས་ཞེས་བྱ་བར་ཡང་དག་པ་ཇི་ལྟ་བ་བཞིན་དུ་རབ་ཏུ་ཤེས་སོ། །རྒྱ་ཆེ་བའི་སེམས་ལ་རྒྱ་ཆེ་བའི་སེམས་ཞེས་བྱ་བར་ཡང་དག་པ་ཇི་ལྟ་བ་བཞིན་དུ་རབ་ཏུ་ཤེས་སོ༔ །ཡངས་པའི་སེམས་ལ་ཡངས་པའི་སེམས་ཞེས་བྱ་བར་ཡང་དག་པ་ཇི་ལྟ་བ་བཞིན་དུ་རབ་ཏུ་ཤེས་སོ། །ཿདོག་པའི་སེམས་ལ་དོག་པའི་སེམས་ཞེས་བྱ་བར་ཡང་དག་པ་ཇི་ལྟ་བ་བཞིན་དུ་རབ་ཏུ་ཤེས་སོ། །[3]ཆེ་བར་གྱུར་པའི་སེམས་ལ་ཆེ་བར་གྱུར་པའི་སེམས་ཞེས་བྱ་བར་ཡང་དག་པ་ཇི་ལྟ་བ་བཞིན་དུ་རབ་ཏུ་ཤེས་སོ། །ཚད་མེད་པའི་སེམས་ལ་ཚད་མེད་པའི་སེམས་ཞེས་བྱ་བར་ཡང་དག་པ་ཇི་ལྟ་བ་བཞིན་དུ་རབ་ཏུ་ཤེས་སོ། །མཉམ་པར་བཞག་པའི་སེམས་ལ་མཉམ་པར་བཞག་པའི་སེམས་ཞེས་བྱ་བར་ཡང་དག་པ་ཇི་ལྟ་བ་བཞིན་དུ་རབ་ཏུ་ཤེས་སོ། །མཉམ་པར་མ་བཞག་པའི་སེམས་ལ་མཉམ་པར་མ་བཞག་པའི་སེམས་ཞེས་བྱ་བར་ཡང་དག་པ་ཇི་ལྟ་བ་བཞིན་དུ་རབ་ཏུ་ཤེས་སོ། །རྣམ་པར་གྲོལ་བའི་སེམས་ལ་རྣམ་པར་གྲོལ་བའི་སེམས་ཞེས་བྱ་བར་ཡང་དག་པ་ཇི་ལྟ་བ་བཞིན་དུ་རབ་ཏུ་ཤེས་སོ༔ །རྣམ་པར་མ་གྲོལ་བའི་སེམས་ལ་རྣམ་པར་མ་གྲོལ་བའི་སེམས་ཞེས་བྱ་བར་ཡང་དག་པ་ཇི་ལྟ་བ་བཞིན་དུ་རབ་ཏུ་ཤེས་སོ། །ཟག་པ་དང་བཅས་པའི་སེམས་ལ་ཟག་པ་དང་བཅས་པའི་སེམས་ཞེས་བྱ་བར་ཡང་དག་པ་ཇི་ལྟ་བ་བཞིན་དུ་རབ་ཏུ་ཤེས་སོ། །ཟག་པ་མེད་པའི་སེམས་ལ་ཟག་པ་མེད་པའི་སེམས་ཞེས་བྱ་བར་ཡང་དག་པ་ཇི་ལྟ་བ་བཞིན་དུ་རབ་ཏུ་ཤེས་སོ། །ཉོན་མོངས་པ་དང་བཅས་པའི་

སེམས་ལ་ཉོན་མོངས་པ་དང་བཅས་པའི་སེམས་ཞེས་བྱ་བར་ཡང་དག་པ་ཇི་ལྟ་བ་
བཞིན་དུ་རབ་ཏུ་ཤེས་སོ། །ཉོན་མོངས་པ་མེད་པའི་སེམས་ལ་ཉོན་མོངས་པ་མེད་
པའི་སེམས་ཞེས་བྱ་བར་ཡང་དག་པ་ཇི་ལྟ་བ་བཞིན་དུ་རབ་ཏུ་ཤེས་སོ། །བླ་ན་
ཡོད་པའི་སེམས་ལ་བླ་ན་ཡོད་པའི་སེམས་ཞེས་བྱ་བར་ཡང་དག་པ་ཇི་ལྟ་བ་བཞིན་
དུ་རབ་ཏུ་ཤེས་སོ། །བླ་ན་མེད་པའི་སེམས་ལ་བླ་ན་མེད་པའི་སེམས་ཞེས་བྱ་བར་
ཡང་དག་པ་ཇི་ལྟ་བ་བཞིན་དུ་རབ་ཏུ་ཤེས་ཏེ། གཞན་གྱི་སེམས་ཤེས་པ་དེས་
རློམ་སེམས་སུ་འགྱུར་བ་ཡང་མེད་དོ། །དེ་ནི་འདི་ལྟར་སེམས་དེ་ཉིད་བསམ་གྱིས་
མི་ཁྱབ་པའི་ཕྱིར་ཏེ། དེ་ནི་བདག་གིས་ཤེས་སོ་ཞེས་བྱ་བར་རློམ་སེམས་མེད་དོ། །
འདི་ལྟར་རང་བཞིན་སྟོང་པ་དང་། རང་བཞིན་དབེན་པ་དང་། རང་བཞིན་
མ་སྐྱེས་པའི་ཕྱིར། གང་གིས་རློམ་སེམས་སུ་འགྱུར་བ་དེ་ལྟ་བུའི་སེམས་མི་
དམིགས་ཏེ། ཐམས་ཅད་མཁྱེན་པ་ཉིད་ཡིད་ལ་བྱ་བ་མ་གཏོགས་པར་སེམས་
ཤེས་པར་བྱ་བའི་བསམ་པའམ། སེམས་ཤེས་པ་མངོན་པར་བསྒྲུབ་པའི་བསམ་པ་
ཙམ་ཡང་མི་སྐྱེད་དོ། །ཤ་ར་དྭ་ཏིའི་བུ་དེ་ལྟར་ན་བྱང་ཆུབ་སེམས་དཔའ་སེམས་
དཔའ་ཆེན་པོ་ཤེས་རབ་ཀྱི་ཕ་རོལ་ཏུ་ཕྱིན་པ་ལ་སྤྱོད་ཅིང་། སེམས་ཅན་ཐམས་
ཅད་ཀྱི་སེམས་དང་སྤྱོད་པ་མངོན་དུ་བྱ་བའི་མངོན་པར་ཤེས་པའི་ཡེ་ཤེས་མངོན་
པར་སྒྲུབ[1]པ་ཡིན་ནོ། །དེ་ནི་སྔོན་གྱི་གནས་རྗེས་སུ་དྲན་པ་མངོན་དུ་བྱ་བའི་
མངོན་པར་ཤེས་པའི་ཡེ་ཤེས་རྣམ་པ་དུ་མ་མངོན་པར་སྒྲུབ[2]སྟེ། སེམས་གཅིག་
ཀྱང་རྗེས་སུ་དྲན་པ་ནས། སེམས་བརྒྱའི་བར་དུ་ཡང་རྗེས་སུ་དྲན་ནོ། །ཉི་མ་
གཅིག་ནས་ཉི་མ་བརྒྱ་དང་། ཟླ་བ་གཅིག་ནས་ཟླ་བ་བརྒྱ་དང་། ལོ་གཅིག་ནས་ལོ་
བརྒྱ་དང་། བསྐལ་པ་གཅིག་ནས་བསྐལ་པ་བརྒྱ་དང་། བསྐལ་པ་བརྒྱ་ཕྲག་དུ་
མ་ནས་བསྐལ་པ་སྟོང་ཕྲག་དུ་མ་དང་། བསྐལ་པ་བྱེ་བ་ཁྲག་ཁྲིག་བརྒྱ་སྟོང་དུ་མ་

རྗེས་སུ་དྲན་ཏེ། བདག་ནི་དེ་ལྟ་བུ་ཞིག་ན་འདུག་འདུག་སྟེ། མིང་ནི་འདི་ཞེས་བྱ། རུས་ནི་འདི་ཞེས་བྱ། རིགས་ནི་འདི་ཞེས་བྱ། ཁ་ཟས་ནི་འདི་②ལྟ་བུ་ཞིག་ཟ་ཟ། ཡུན་ནི་འདི་སྲིད་ཅིག་ཏུ་འདུག་འདུག །ཚེའི་མཐའ་ནི་འདི་ཙམ་ཞིག་ཏུ་གྱུར་ཏེ། དེ་ལྟར་བདག་དེ་ནས་ཤི་འཕོས་ནས། ཆེ་གེ་མོ་ཞིག་ཏུ་སྐྱེས་སོ་ཞེས་བྱ་བ་ནས། དེ་ནས་ཤི་འཕོས་ནས་ནི་འདིར་སྐྱེས་སོ་ཞེས་བྱ་བའི་བར་དུ་རྣམ་པ་དང་བཅས། གཏན་ཚིགས་དང་བཅས། ངན་③རྟགས་དང་བཅས་པར་བདག་དང་གཞན་གྱི་སྔོན་གྱི་གནས་རྣམ་པ་དུ་མར་རྗེས་སུ་དྲན་ཏེ། སྔོན་གྱི་གནས་རྗེས་སུ་དྲན་པ་མངོན་དུ་བྱ་བའི་མངོན་པར་ཤེས་པའི་ཡེ་ཤེས་དེས་ཀྱང་རློམ་སེམས་སུ་འགྱུར་བ་མེད་དོ། །དེ་ནི་འདི་ལྟར་ཡེ་ཤེས་དེ་ཡེ་ཤེས་མ་ཡིན་ཏེ་བསམ་གྱིས་མི་ཁྱབ་པའི་ཕྱིར། དེ་ནི་བདག་གིས་རབ་ཏུ་ཤེས་སོ་ཞེས་བྱ་བར་རློམ་སེམས་མེད་དེ། འདི་ལྟར་དེས་ཡེ་ཤེས་དེ་ཉིད་ཀྱང་རང་བཞིན་སྟོང་པ་དང་། རང་བཞིན་དབེན་པ་དང་། རང་བཞིན་མ་སྐྱེས་པའི་ཕྱིར། གང་གིས་རློམ་སེམས་སུ་འགྱུར་བ་དེ་ལྟ་བུའི་ཡེ་ཤེསཿམི་དམིགས་④སོ། །དེ་ནི་ཐམས་ཅད་མཁྱེན་པ་ཉིད་ཡིད་ལ་བྱ་བ་མ་གཏོགས་པར་རྗེས་སུ་དྲན་པའི་ཡེ་ཤེས་ཀྱི་དོན་དུ་བསམ་པ་ཙམ་ཡང་མི་སྐྱེད་དོ། །ཤཱ་ར་དྭ་ཏིའི་བུ་དེ་ལྟར་ན་བྱང་ཆུབ་སེམས་དཔའ་སེམས་དཔའ་ཆེན་པོ་ཤེས་རབ་ཀྱི་ཕ་རོལ་ཏུ་ཕྱིན་པ་ལ་སྤྱོད་པའི་ཚེ། སྔོན་གྱི་གནས་རྗེས་སུ་དྲན་པ་མངོན་དུ་བྱ་བའི་མངོན་པར་ཤེས་པའི་ཡེ་ཤེས་མངོན་པར་སྒྲུབ་⑤པ་ཡིན་ནོ། །དེ་ནི་ལྷའི་མིག་རྣམ་པར་དག་པ་མི་⑥ལས་འདས་པས། སེམས་ཅན་འཆི་འཕོ་བ་དང་། སྐྱེ་བ་དང་། ཁ་དོག་སྡུག་པ་དང་། ཁ་དོག་མི་སྡུག་པ་དང་། བཟང་བ་དང་། ངན་པ་དང་། ངན་སོང་ན་གནས་པ་དང་། བདེ་འགྲོ་ན་གནས་པ་དག་ཀྱང་རབ་ཏུ་ཤེས་ཏེ⑦། སེམས་ཅན་འདི་དག་ནི་ལུས་

ཀྱིས་ངན་དུ་སྤྱོད་པ་དང་ལྡན། ངག་གིས་ངན་དུ་སྤྱོད་པ་དང་ལྡན། ཡིད་ཀྱིས་ངན་དུ་སྤྱོད་པ་དང་ལྡན་པ། འཕགས་པ་རྣམས་ལ་སྐུར་པ་འདེབས་པ་ལོག་པར་ལྟ་བ་རྣམས་ཏེ། དེའི་རྒྱུ་དེའི་རྐྱེན་གྱིས་ལུས་ཞིག་ནས་ངན་སོང་དང་ངན་འགྲོ་ལོག་པར་ལྟུང་བ་སེམས་ཅན་དམྱལ་བ་དག་ཏུ་སྐྱེའོ། །སེམས་ཅན་འདི་དག་ནི་ལུས་ཀྱིས་ལེགས་པར་སྤྱོད་པ་དང་ལྡན། ངག་གིས་ལེགས་པར་སྤྱོད་པ་དང་ལྡན། ཡིད་ཀྱིས་ལེགས་པར་སྤྱོད་པ་དང་ལྡན་པ། འཕགས་པ་ལ་སྐུར་པ་མི[༡]འདེབས་པ་ཡང་དག་པར་ལྟ་བ་རྣམས་ཏེ། དེའི་རྒྱུ་དེའི་རྐྱེན་གྱིས་ལུས་ཞིག་ནས། བདེ་འགྲོ་མཐོ་རིས་ཀྱི་འཇིག་རྟེན་དུ[༢]སྐྱེ་བར་འགྱུར་རོ། །ཞེས་བྱ་བར་རབ་ཏུ་ཤེས་ཏེ[༣]། དེ་ལྟར་ཕྱོགས་བཅུ་ཀུན་གྱི་འཇིག་རྟེན་གྱི་ཁམས་ཆོས་ཀྱི་དབྱིངས་ཀྱིས་ཀླས་པ། ནམ་མཁའི་མཐས་གཏུགས་པ་དག་གི[༤]འགྲོ་བ་དྲུག་ཏུ་གཏོགས་པ་རྣམས་ཀྱི་སྐྱེ་བ་དང་འཆི་འཕོ་ཡང་དག་པ་ཇི་ལྟ་བ་བཞིན་དུ་རབ་ཏུ་ཤེས་ཏེ། དེས་ཀྱང་རློམ་སེམས་སུ་འགྱུར་བ་མེད་དོ། །དེ་ནི་འདི་ལྟར་མིག་དེ་མིག་མ་ཡིན་ཞིང་བསམ་གྱིས་མི་ཁྱབ་པའི་ཕྱིར་ཏེ། དེ་བདག་གིས་མཐོང་ངོ་ཞེས་བྱ་བར་རློམ་སེམས་མེད་དོ༑ །དེ་ཡང་འདི་ལྟར་རང་བཞིན་སྟོང་པ་དང་། རང་བཞིན་དབེན་པ་དང་། རང་བཞིན་མ་སྐྱེས་པའི་ཕྱིར། གང་གིས་རློམ་སེམས་སུ་འགྱུར་བའི་མིག་དེ་ལྟ་བུ་དེས་མི་དམིགས་ཏེ། དེ་ནི་ཐམས་ཅད་མཁྱེན་པ་ཉིད་ཡིད་ལ་བྱེད་པ་མ་གཏོགས་པར་ལྷའི་མིག་བསམ་པའམ། ལྷའི་མིག་མངོན་པར་བསྒྲུབ་པའི་བསམ་པ་ཙམ་ཡང་མི་སྐྱེད་དོ། །ཤ་ར་དྭ་ཏིའི་བུ་དེ་ལྟར་ན་བྱང་ཆུབ་སེམས་དཔའ་སེམས་དཔའ་ཆེན་པོ་ཤེས་རབ་ཀྱི་ཕ་རོལ་ཏུ་ཕྱིན་པ་ལ་སྤྱོད་ཅིང་། ལྷའི་མིག་མངོན་དུ་བྱ་བའི་མངོན་པར་ཤེས་པའི་ཡེ་ཤེས་མངོན་པར་སྒྲུབ[༥]པ་ཡིན་ནོ། །དེ་ནི་ཟག་པ་ཟད་པ་མངོན་དུ་བྱ་བའི་མངོན་པར་ཤེས་པའི་ཡེ་ཤེས་མངོན་པར་སྒྲུབ[༦]ཀྱང་།

ཉན་ཐོས་ཀྱི་ས་འམ་རང་སངས་རྒྱས་ཀྱི་ས་ཐོབ་པར་མི་བྱེད་དོ། །གང་བླ་ན་མེད་པ་ཡང་དག་པར་རྫོགས་པའི་བྱང་ཆུབ་ཏུ་འགྱུར་བ་དེ་ལྟ་བུའི་ཆོས་ཀྱང་གང་ཡང་མི་མཐོང་ངོ་། །དེ་མངོན་པར་ཤེས་པ་དེས[7]རྡོ་རྗེ་ལྟ་བུའི་ཏིང་ངེ་འཛིན་ཐོབ་པར་བྱས་ནས། བག་ཆགས་ཀྱི་མཚམས་སྦྱོར་བའི་ཉོན་མོངས་པ་ཐམས་ཅད་རབ་ཏུ་སྤོང་བར་བྱེད་དེ། ཟག་པ་ཟད་པ་མངོན་དུ་བྱ་བའི་མངོན་པར་ཤེས་པ་དེས་ཉོམ་སེམས་སུ་འགྱུར་བ་མེད་དོ། །དེ་ནི་འདི་ལྟར་ཡེ་ཤེས་དེ་ཉིད་ཡེ་ཤེས་མ་ཡིན་ཞིང་བསམ་གྱིས་མི་ཁྱབ་པའི་ཕྱིར་ཏེ། དེ་བདག་གིས་རབ་ཏུ་ཤེས་སོ་ཞེས་བྱ་བར་ཉོམ་སེམས་མེད་དོ། །དེ་ཡང་འདི་ལྟར་རང་བཞིན་སྟོང་པ་དང་། རང་བཞིན་དབེན་པ་དང་། རང་བཞིན་མ་སྐྱེས་པའི་ཕྱིར་གང་གིས་ཉོམ་སེམས་སུ་འགྱུར་བའི་ཟག་པ་ཟད་པའི་ཡེ་ཤེས་མངོན་དུ་བྱ་བའི་མངོན་པར་ཤེས་པ་དེ་ལྟ་བུ་མི་དམིགས་སོ། །དེ་ནི་ཐམས་ཅད་མཁྱེན་པ་ཉིད་ཡིད་ལ་བྱ་བ་མ་གཏོགས་པར་ཟག་པ་ཟད་པའི་ཡེ་ཤེས་ཀྱི་བསམ་པའམ། ཟག་པ་ཟད་པ་མངོན་དུ་བྱ་བའི་ཡེ་ཤེས་མངོན་པར་བསྒྲུབ་པའི་བསམ་པ་ཙམ་ཡང་མི་སྐྱེད་དོ། །དེ་ལྟར་ཤཱ་ར་དྭ་ཏིའི་བུ་བྱང་ཆུབ་སེམས་དཔའ་སེམས་དཔའ་ཆེན་པོ་ཤེས་རབ་ཀྱི་ཕ་རོལ་ཏུ་ཕྱིན་པ་ལ་སྤྱོད་པའི་ཚེ། ཟག་པ་ཟད་པ་མངོན་དུ་བྱ་བ་མངོན་པར་ཤེས་པའི་ཡེ་ཤེས་མངོན་པར་བསྒྲུབ་པ་ཡིན་ནོ། །ཤཱ་ར་དྭ་ཏིའི་བུ་བྱང་ཆུབ་སེམས་དཔའ་སེམས་དཔའ་ཆེན་པོ་ཤེས་རབ་ཀྱི་ཕ་རོལ་ཏུ་ཕྱིན་པ་ལ་དེ་ལྟར་སྤྱོད་ཅིང་། མངོན་པར་ཤེས་པ་དྲུག་ཡོངས་སུ་རྫོགས་པར་བྱེད་པ་ནི། བླ་ན་མེད་པ་ཡང་དག་པར་རྫོགས་པའི་བྱང་ཆུབ་ཀྱིས་རྣམ་པར་འཕེལ་ལོ། །ཤཱ་ར་དྭ་ཏིའི་བུ་འདི་ལྟར་ཡང་བྱང་ཆུབ་སེམས་དཔའ་སེམས་དཔའ་ཆེན་པོ་ཤེས་རབ་ཀྱི་ཕ་རོལ་ཏུ་ཕྱིན་པ་ལ་སྤྱོད་པའི་ཚེ། སྦྱིན་པའི་ཕ་རོལ་ཏུ་ཕྱིན་པ་ལ་གནས་ཤིང་། མཐའ་ལས་འདས་པ་སྟོང་པ་ཉིད་ཀྱི་

ཕྱིར་ཆགས་པ་མེད་པའི་སེམས་ཉེ་བར་བཟུང་བས་①རྣམ་པ་ཐམས་ཅད་མཁྱེན་པ···
ཉིད་ཀྱི་ལམ༔སྦྱོང་བ་③དག་ཀྱང་ཡོད་དོ། །ཤཱ་ར་དྭ་ཏིའི་བུ་འདི་ལྟར་ཡང་བྱང···
ཆུབ་སེམས་དཔའ་སེམས་དཔའ་ཆེན་པོ་ཤེས་རབ་ཀྱི་ཕ་རོལ་ཏུ་ཕྱིན་པ་ལ་སྤྱོད་པའི་
ཚེ། ཚུལ་ཁྲིམས་ཀྱི་ཕ་རོལ་ཏུ་ཕྱིན་པ་ལ་གནས་ཤིང་། མཐའ་ལས་འདས་པ་
སྟོང་པ་ཉིད་ཀྱི་ཕྱིར། ལྟུང་བ་བྱ་བ་མེད་པར་ཉེ་བར་བཟུང་བས་རྣམ་པ་ཐམས···
ཅད་མཁྱེན་པ་ཉིད་ཀྱི་ལམ་སྦྱོང་བ་དག་ཀྱང་ཡོད་དོ། །ཤཱ་ར་དྭ་ཏིའི་བུ་འདི་ལྟར་
ཡང་བྱང་ཆུབ་སེམས་དཔའ་སེམས་དཔའ་ཆེན་པོ་ཤེས་རབ་ཀྱི་ཕ་རོལ་ཏུ་ཕྱིན་པ་ལ་
སྤྱོད་པའི་ཚེ། བཟོད་པའི་ཕ་རོལ་ཏུ་ཕྱིན་པ་ལ་གནས་ཤིང་། མཐའ་ལས་
འདས་པ་སྟོང་པ་ཉིད་ཀྱི་ཕྱིར། མི་འཁྲུག་པ་ཉེ་བར་བཟུང་བས་རྣམ་པ་ཐམས···
ཅད་མཁྱེན་པ་ཉིད་ཀྱི་ལམ་སྦྱོང་བ་དག་ཀྱང་ཡོད་དོ། །ཤཱ་ར་དྭ་ཏིའི་བུ་འདི་ལྟར་
ཡང་བྱང་ཆུབ་སེམས་དཔའ་སེམས་དཔའ་ཆེན་པོ་ཤེས་རབ་ཀྱི་ཕ་རོལ་ཏུ་ཕྱིན་པ་ལ་
སྤྱོད་པའི་ཚེ། བརྩོན་འགྲུས་ཀྱི་ཕ་རོལ་ཏུ་ཕྱིན་པ་ལ་གནས་ཤིང་། མཐའ་ལས་
འདས་པ་སྟོང་པ་ཉིད་ཀྱི་ཕྱིར། ལུས་དང་སེམས་ཀྱི་བརྩོན་འགྲུས་མི་གཞིག་པ་ཉེ་
བར་བཟུང་བས། རྣམ་པ་ཐམས་ཅད་མཁྱེན་པ་ཉིད་ཀྱི་ལམ་སྦྱོང་བ་དག་ཀྱང་
ཡོད་དོ། །ཤཱ་ར་དྭ་ཏིའི་བུ་འདི་ལྟར་ཡང་བྱང་ཆུབ་སེམས་དཔའ་སེམས་དཔའ···
ཆེན་པོ་ཤེས་རབ་ཀྱི་ཕ་རོལ་ཏུ་ཕྱིན་པ་ལ་སྤྱོད་པའི་ཚེ། བསམ་གཏན་གྱི་ཕ་རོལ་
ཏུ་ཕྱིན་པ་ལ་གནས་ཤིང་། མཐའ་ལས་འདས་པ་སྟོང་པ་ཉིད་ཀྱི་ཕྱིར། འཁྲུག་
པ་མེད་པའི་སེམས་ཉེ་བར་བཟུང་བས་རྣམ་པ་ཐམས་ཅད་མཁྱེན་པ་ཉིད་ཀྱི་ལམ···
སྦྱོང་བ་དག་ཀྱང་③ཡོད་དོ། །ཤཱ་ར་དྭ་ཏིའི་བུ་འདི་ལྟར་ཡང་བྱང་ཆུབ་སེམས·····
དཔའ་སེམས་དཔའ་ཆེན་པོ་ཤེས་རབ་ཀྱི་ཕ་རོལ་ཏུ་ཕྱིན་པ་ལ་སྤྱོད་པའི་ཚེ། ཤེས་
རབ་ཀྱི་ཕ་རོལ་ཏུ་ཕྱིན་པ་ལ་གནས་ཤིང་། མཐའ་ལས་འདས་པ་སྟོང་པ་ཉིད་ཀྱི་

ཕྱིར། ཤེས་རབ་འཆལ་པའི་སེམས་མི་དམིགས་པ་ཉེ་བར་བཟུང་བས་རྣམ་པ་ཐམས་ཅད་མཁྱེན་པ་ཉིད་ཀྱི་ལམ་སྦྱོང་བ་དག་ཀྱང་ཡོད་དོ། །ཤ་ར་དྭ་ཏིའི་བུ་དེ་ལྟར་ན་བྱང་ཆུབ་སེམས་དཔའ་སེམས་དཔའ་ཆེན་པོ་ཤེས་རབ་ཀྱི་ཕ་རོལ་ཏུ་ཕྱིན་པ་ལ་སྤྱོད་པའི་ཚེ། ཕ་རོལ་ཏུ་ཕྱིན་པ་དྲུག་ལ་གནས་ཤིང་། མཐའ་ལས་འདས་པ་སྟོང་པ་ཉིད་ཀྱི་ཕྱིར། འོང་བ་མེད་པ་དང་འགྲོ་བ་མེད་པ་ཉེ་བར་བཟུང་བ་དང་། ཡོངས་སུ་འཛིན་པ་མེད་པ་ཉེ་བར་བཟུང་བས་རྣམ་པ་ཐམས་ཅད་མཁྱེན་པ་ཉིད་ཀྱི་ལམ་ཡོངས་སུ་སྦྱོང་བ་ཡིན་ནོ། །དེ་ལ་སྦྱིན་པ་ནི་ཡོངས་སུ་འཛིན་པ་ཉེ་བར་བཟུང་བ་ལས་གདགས་སོ། །ཚུལ་ཁྲིམས་ནི་ཚུལ་ཁྲིམས་ངན་པ་ཉེ་བར་བཟུང་བ་ལས་གདགས་སོ། །བཟོད་པ་ནི་འཁྲུག་པ་ཉེ་བར་བཟུང་བ་ལས་གདགས་སོ། །བརྩོན་འགྲུས་ནི་ལེ་ལོ་ཉེ་བར་བཟུང་བ་ལས་གདགས་སོ། །ཏིང་ངེ་འཛིན་ནི་མཉམ་པར་མ་བཞག་པ་ཉེ་བར་བཟུང་བ་ལས་གདགས་སོ། །ཤེས་རབ་ནི་ཤེས་རབ་འཆལ་བ་ཉེ་བར་བཟུང་བ་ལས་གདགས་སོ[1]། །དེ་ནི་རྒལ་ཏོ་ཞེས་བྱ་བར་རློམ་སེམས་མེད་དོ། །མ་རྒལ་ཏོ་ཞེས་བྱ་བར་རློམ་སེམས་མེད་དོ། །སྦྱིན་པ་བྱེད་དོ་ཞེས་བྱ་བར་རློམ་སེམས་མེད་དོ། །སྦྱིན་པ་མི་བྱེད་དོ་ཞེས་བྱ་བར་རློམ་སེམས་མེད་དོ། །ཚུལ་ཁྲིམས་དང་ལྡན་ནོ་ཞེས་བྱ་བར་རློམ་སེམས་མེད་དོ། །ཚུལ་ཁྲིམས་ངན་པ་ཅན་ནོ་ཞེས་བྱ་བར་རློམ་སེམས་མེད་དོ། །བཟོད་པ་ཕུན་སུམ་ཚོགས་སོ་ཞེས་བྱ་བར་རློམ་སེམས་མེད་དོ། །ཁྲོ་བ་ཅན་ནོ་ཞེས་བྱ་བར་རློམ་སེམས་མེད་དོ། །བརྩོན་འགྲུས་བརྩམས་པའོ་ཞེས་བྱ་བར་རློམ་སེམས་མེད་དོ། །ལེ་ལོ་ཅན་ནོ་ཞེས་བྱ་བར་རློམ་སེམས་མེད་དོ། །མཉམ་པར་བཞག་པའོ་ཞེས་བྱ་བར་རློམ་སེམས་མེད་དོ། །མཉམ་པར་མ་བཞག་པའོ་ཞེས་བྱ་བར་རློམ་སེམས་མེད་དོ། །ཤེས་རབ་དང་ལྡན་ནོ་ཞེས་བྱ་བར་རློམ་སེམས་མེད་དོ། །ཤེས་རབ་

འཆལ་བ་ཅན་ནོ་ཞེས་བྱ་བར་རློམ་སེམས་མེད་དོ། །སྨྱོས་སོ་ཞེས་བྱ་བར་རློམ་སེམས་མེད་དོ། །ཕྱག་བྱས་སོ་ཞེས་བྱ་བར་རློམ་སེམས་མེད་དོ། །རིམ་གྲོ་བྱས་སོ་ཞེས་བྱ་བར་རློམ་སེམས་མེད་དོ། །རིམ་གྲོ་མ་བྱས་སོ་ཞེས་བྱ་བར་རློམ་སེམས་མེད་དོ། །དེ་ཅིའི་ཕྱིར་ཞེ་ན། ཤ་ར་དྭ་ཏིའི་བུ་མ་སྐྱེས་པ་ནི་སྨྱོས་སོ་ཞེས་བྱ་བར་རློམ་སེམས་མེད་དོ། །ཕྱག་བྱས་སོ་ཞེས་བྱ་བར་རློམ་སེམས་མེད་དོ། །རིམ་གྲོ་བྱས་སོ་ཞེས་བྱ་བར་རློམ་སེམས་མེད་དོ། །རིམ་གྲོ་མ་བྱས་སོ་ཞེས་བྱ་བར་རློམ་སེམས་མེད་དོ། །དེ་ཅིའི་ཕྱིར་ཞེ་ན། འདི་ལྟར་ཤེས་རབ་ཀྱི་ཕ་རོལ་ཏུ་ཕྱིན་པ་ནི་རློམ་སེམས་ཐམས་ཅད་ཡང་དག་པར་གཅོད་པའི་ཕྱིར་ཏེ། འདི་ལ་ཤ་ར་དྭ་ཏིའི་བུ་བྱང་ཆུབ་སེམས་དཔའ་སེམས་དཔའ་ཆེན་པོ་ཤེས་རབ་ཀྱི་ཕ་རོལ་ཏུ་ཕྱིན་པ་ལ་སྤྱོད་པའི་ཚེ། ཡོན་ཏན་ཇི་སྙེད་ཅིག་ཡོད་པ་དེ་དག་ནི་ཉན་ཐོས་དང་རང་སངས་རྒྱས་ཐམས་ཅད་ལ་མེད་དེ། དེ་ཡོན་ཏན་འདི་དག་ཡོངས་སུ་རྫོགས་པར་བྱེད་པའི་ཚེ། སེམས་ཅན་རྣམས་ཀྱང་ཡོངས་སུ་སྨིན་པར་བྱེད། སངས་རྒྱས་ཀྱི་ཞིང་ཡང་ཡོངས་སུ་དག་པར་བྱེད། རྣམ་པ་ཐམས་ཅད་མཁྱེན་པ་ཉིད་ཀྱང་ཐོབ་པར་བྱེད་དོ། །ཤ་ར་དྭ་ཏིའི་བུ་གཞན་ཡང་བྱང་ཆུབ་སེམས་དཔའ་སེམས་དཔའ་ཆེན་པོ་ཤེས་རབ་ཀྱི་ཕ་རོལ་ཏུ་ཕྱིན་པ་ལ་སྤྱོད་པའི་ཚེ། སེམས་ཅན་ཐམས་ཅད་ལ་སྙོམས་པའི་སེམས་བསྐྱེད་དེ། སེམས་ཅན་ཐམས་ཅད་ལ་མཉམ་པའི་སེམས་བསྐྱེད་ནས་ཆོས་ཐམས་ཅད་མཉམ་པ་ཉིད་རབ་ཏུ་འཐོབ་པོ། །ཆོས་ཐམས་ཅད་མཉམ་པ་ཉིད་རབ་ཏུ་ཐོབ་ནས། ཆོས་ཐམས་ཅད་མཉམ་པ་ཉིད་ལ་སེམས་ཅན་ཐམས་ཅད་རབ་ཏུ་འགོད་དོ། །དེ་ནི་ཚེ་འདི་ཉིད་ལ་ཡང་སངས་རྒྱས་བཅོམ་ལྡན་འདས་རྣམས་ཀྱི་ཐུགས་སུ་མྱོན་ཅིང་དབེན་པར་བྱ་བ་ཡིན་ཏེ། བྱང་ཆུབ་སེམས་དཔའ་ཐམས་ཅད་དང་། ཉན་ཐོས་ཐམས་ཅད་དང་རང་སངས་རྒྱས་

ཐམས་ཅད་ཀྱིས་ཀྱང་[1]ཡིད་དུ་འོང་ཞིང་དབེན་པར་བྱ་བ་ཡིན་ཏེ[2]། དེ་ནི་སྐྱེ་བ་གང་དང་གང་དུ་སྐྱེས་ཀྱང་། དེ་དང་དེ་དག་ཏུ་ནམ་ཡང་མིག་གིས་ཡིད་དུ་མི་འོང་བའི་གཟུགས་མི་མཐོང་ངོ་། །རྣ་བས་ཡིད་དུ་མི་འོང་བའི་སྒྲ་མི་ཐོས་སོ། །སྣས་ཡིད་དུ་མི་འོང་བའི་དྲི་མི་ཚོར་རོ། །ལྕེས་ཡིད་དུ་མི་འོང་བའི་རོ་མི་མྱོང་ངོ་།། ལུས་ཀྱིས་ཡིད་དུ་མི་འོང་བའི་རེག་བྱ་མི་རེག་གོ། །ཡིད་ཀྱིས་ཡིད་དུ་མི་འོང་བའི་ཆོས་རྣམ་པར་རིག་པ་མེད་དོ། །ཤ་ར་དྭ་ཏིའི་བུ་བྱང་ཆུབ་སེམས་དཔའ་སེམས་དཔའ་ཆེན་པོ་ཤེས་རབ་ཀྱི་ཕ་རོལ་ཏུ་ཕྱིན་པ་ལ་དེ་ལྟར་སྤྱོད་པ་ནི། བླ་ན་མེད་པ་ཡང་དག་པར་རྫོགས་པའི་བྱང་ཆུབ་ལས་ཡོངས་སུ་ཉམས་པར་མི་འགྱུར་རོ། །ཤེས་རབ་ཀྱི་ཕ་རོལ་ཏུ་ཕྱིན་པ་བསྟན་པ་འདི་བསྟན་པའི་ཚེ། དགེ་སློང་སུམ་བརྒྱས་གོས་གྱོན་གྱོན་པ། བཅོམ་ལྡན་འདས་ལ་ཡོན་དུ་གསོལ་ཏེ[3]། བླ་ན་མེད་པ་ཡང་དག་པར་རྫོགས་པའི་བྱང་ཆུབ་ཏུ་སེམས་བསྐྱེད་དོ། །དེ་ནས་བཅོམ་ལྡན་འདས་ཀྱིས་དེའི་ཚེ། དགེ་སློང་རྣམས་ཀྱི་བསམ་པ་མཁྱེན་ནས་ཞལ་འཛུམ་པ་མཛད་དོ། །དེ་ནས་ཚེ་དང་ལྡན་པ་ཀུན་དགའ་བོ་སྟན་དེ་ལས་ལངས་ཏེ། བླ་གོས་ཕྲག་པ་གཅིག་ཏུ[4]གཟར་ནས། པུས་མོ་གཡས་པའི་ལྷ་ང་ས་ལ་བཙུགས[5]ཏེ། བཅོམ་ལྡན་འདས་གང་ན་བ་དེ་ལོགས་སུ་ཐལ་མོ་སྦྱར་བ་བཏུད་དེ། བཅོམ་ལྡན་འདས་ལ་འདི་སྐད་ཅེས་གསོལ་ཏོ། །བཅོམ་ལྡན་འདས་དེ་བཞིན་གཤེགས་པ་དགྲ་བཅོམ་པ་ཡང་དག་པར་རྫོགས་པའི་སངས་རྒྱས་རྣམས་ནི་རྒྱུ་དང་རྐྱེན་མ་མཆིས་པར་བཞད་པ་མི་མཛད་ན། ཅིའི་རྒྱུ་ཅིའི་རྐྱེན་གྱིས་ཞལ་འཛུམ་པ་མཛད། དེ་སྐད་ཅེས་གསོལ་པ་དང་། བཅོམ་ལྡན་འདས་ཀྱིས་ཚེ་དང་ལྡན་པ་ཀུན་དགའ་བོ་ལ་འདི་སྐད་ཅེས་བཀའ་སྩལ་ཏོ། །ཀུན་དགའ་བོ་དགེ་སློང་སུམ་བརྒྱ་པོ་འདི་དག་ནི་བསྐལ་པ་དྲུག་ཅུ་རྩ་གཅིག་འདས་ནས། བསྐལ་པ་དཔེ་སྐར་

མ་ལྷ་བུ་ལ་དེ་བཞིན་གཤེགས་པ་དགྲ་བཅོམ་པ་ཡང་དག་པར་རྫོགས་པའི་སངས་རྒྱས་དཔལ་ཆེན་པོ་ཞེས་བྱ་བ་ཤ་སྟག་འཇིག་རྟེན་དུ་འབྱུང་ངོ་། །འདི་དག་ནི་འདི་ནས་ཤི་འཕོས་ནས། དེ་བཞིན་གཤེགས་པ་དགྲ་བཅོམ་པ་ཡང་དག་པར་རྫོགས་པའི་སངས་རྒྱས་མི་སྐྱུལ་བའི་སངས་རྒྱས་ཀྱི་ཞིང་དུ་སྐྱེའོ། །འདོད་པ་ན་སྤྱོད་པའི་ལྷའི་བུ་སྟོང་ཕྲག་དྲུག་ཅུས་ཀྱང་། བླ་ན་མེད་པ་ཡང་དག་པར་རྫོགས་པའི་བྱང་ཆུབ་ཏུ་སེམས་བསྐྱེད་དེ[1]། དེ་དག་ཀྱང་དེ་བཞིན་གཤེགས་པ་དགྲ་བཅོམ་པ་ཡང་དག་པར་རྫོགས་པའི་སངས་རྒྱས་བྱམས་པ་མཉེས་པར་བྱེད་པར་འགྱུར་རོ། །དེ་ཉིད་དུ་རབ་ཏུ་བྱུང་ནས་ཚངས་པར་སྤྱད་པ་སྤྱོད་པར་འགྱུར་ཏེ། དེ་བཞིན་གཤེགས་པ་བྱམས་པ་དེས་ཀྱང་། དེ་དག་བླ་ན་མེད་པ་ཡང་དག་པར་རྫོགས་པའི་བྱང་ཆུབ་ཏུ་ལུང་བསྟན་པར་འགྱུར་རོ། །དེ་ནས༔ སངས་རྒྱས་ཀྱི་[2] མཐུས༑ དེའི་ཚེ་འཁོར་བཞི་པོ་དེ་དག་འདི་ན་འཁོད་བཞིན་དུ། ཤར་ཕྱོགས་ཀྱི་སངས་རྒྱས་ཀྱི་ཞིང་སྟོང་མཐོང་བར་གྱུར་ཏོ། །ལྷོ་དང་ནུབ་དང་བྱང་དང་བྱང་ཤར་དང་ཤར་ལྷོ་དང་ལྷོ་ནུབ་དང་ནུབ་བྱང་དང་འོག་དང་སྟེང་གི་ཕྱོགས་ཀྱི་སངས་རྒྱས་ཀྱི་ཞིང་སྟོང་མཐོང་བར་གྱུར་ཏོ། །འཇིག་རྟེན་གྱི་ཁམས་དེ་དག་ན་སངས་རྒྱས་བཅོམ་ལྡན་འདས་དེ་དག་གི་སངས་རྒྱས་ཀྱི་ཞིང་གི་ཡོན་ཏན་རྣམ་པར་ཕྱེ་བ་གང་ཇི་ལྟ་བུར་མཐོང་བའི་སངས་རྒྱས་ཀྱི་ཞིང་གི་ཡོན་ཏན་རྣམ་པར་ཕྱེ་བ་དེ་དག་ཀྱང་། མི་མཇེད་[3]ཀྱི་འཇིག་རྟེན་གྱི་ཁམས་འདི་ན་ཡོད་པར་མ་མཐོང་ངོ་། །དེ་ནས་འཁོར་དེའི་ནང་ནས་སྲོག་ཆགས་སྟོང་ཕྲག་བཅུས་བདག་ཅག་གིས་ལས་གང་བྱས་པས་སངས་རྒྱས་ཀྱི་ཞིང་དེ་དག་ཏུ་སྐྱེ་བར་འགྱུར་བ་དེ་ལྟ་བུའི་ལས་སྤྱད་པར་བྱའོ་ཞེས་སྨོན་ལམ་བཏབ་པོ། །དེ་ནས་བཅོམ་ལྡན་འདས་ཀྱིས་རིགས་ཀྱི་བུ་དེ་དག་གི་བསམ་པ་ཐུགས་སུ་ཆུད་ནས་ཞལ་འཛུམ་པ་མཛད་དོ། །དེ་ནས་ཚེ་

དང་ལྡན་པ་ཀུན་དགའ་བོ་སྟན་ལས་ལངས་ཏེ། བླ་གོས་ཕྲག་པ་གཅིག་ལ་གཟར་[1]ནས། པུས་མོ་གཡས་པའི་ལྷ་ང་ས་ལ་བཙུགས་ཏེ། བཅོམ་ལྡན་འདས་གང་ན་བ་དེ་ལོགས་སུ་ཐལ་མོ་སྦྱར་བས་བཏུད་དེ། བཅོམ་ལྡན་འདས་ལ་འདི་སྐད་ཅེས་གསོལ་ཏོ། །བཅོམ་ལྡན་འདས་སངས་རྒྱས་བཅོམ་ལྡན་འདས་རྣམས་ནི་རྒྱུ་དང་རྐྱེན་མ་མཆིས་པར་བཞད་པ་མི་མཛད་ན། ཅིའི་རྒྱུ་ཅིའི་རྐྱེན་གྱིས་ཞལ་འཛུམ་པ་མཛད། བཅོམ་ལྡན་འདས་ཀྱིས་བཀའ་སྩལ་པ། ཀུན་དགའ་བོ་ཕྱོགས་ཆགས་སྟོང་ཕྲག་བཅུ་པོ་འདི་དག་མཐོང་ངམ། གསོལ་པ། བཅོམ་ལྡན་འདས་མཐོང་ངོ་། །བཅོམ་ལྡན་འདས་ཀྱིས་བཀའ་སྩལ་པ། ཀུན་དགའ་བོ་ཕྱོགས་ཆགས་སྟོང་ཕྲག་བཅུ་པོ་འདི་དག་ནི་འདི་ནས་ཤི་འཕོས་ནས། སངས་རྒྱས་ཀྱི་ཞིང་དེ་དག་ཏུ་སྐྱེ་བར་འགྱུར་རོ། །དེ་བཞིན་གཤེགས་པ་དགྲ་བཅོམ་པ་ཡང་དག་པར་རྫོགས་པའི་སངས་རྒྱས་རྣམས་དང་ཡང་ནམ་དུ་ཡང་མི་འབྲལ་ཏེ། ཕྱི་མའི་དུས་ན་དེ་བཞིན་གཤེགས་པ་དགྲ་བཅོམ་པ་ཡང་དག་པར་རྫོགས་པའི་སངས་རྒྱས་རྒྱན་གྱི་རྒྱལ་པོ་ཞེས་བྱ་བ་ཤ་སྟག་འཇིག་རྟེན་དུ་འབྱུང་བར་འགྱུར་རོ། །དེ་ནས་ཚེ་དང་ལྡན་པ་ཤ་ར་དྭ་ཏིའི་བུ་དང་། ཚེ་དང་ལྡན་པ་མོ་དགལ་[2]ཆེན་པོའི་བུ་དང་། ཚེ་དང་ལྡན་པ་རབ་འབྱོར་དང་། ཚེ་དང་ལྡན་པ་ཤེས་[3]པའི་བུ་གང་པོ་དང་། ཚེ་དང་ལྡན་པ་འོད་སྲུངས་[4]ཆེན་པོ་དང་། དགེ་སློང་གཞན་དག་ཀྱང་ཀུན་གྱིས་མངོན་པར་ཤེས་པ་ཤིན་ཏུ་མང་བ་དག་དང་། བྱང་ཆུབ་སེམས་དཔའ་སེམས་དཔའ་ཆེན་པོ་ཤིན་ཏུ་མང་བ་དག་དང་། དགེ་སློང་དང་། དགེ་སློང་མ་དང་། དགེ་བསྙེན་དང་། དགེ་བསྙེན་མ་ཤིན་ཏུ་མང་བ་དག་གིས། བཅོམ་ལྡན་འདས་ལ་འདི་སྐད་ཅེས་གསོལ་ཏོ། །བཅོམ་ལྡན་འདས་འདི་ལྟ་སྟེ། ཤེས་རབ་ཀྱི་ཕ་རོལ་ཏུ་ཕྱིན་པ་[5]འདི་ནི་བྱང་ཆུབ་སེམས་དཔའ་སེམས་དཔའ་ཆེན་

པོ་རྣམས་ཀྱི་ཕ་རོལ་ཏུ་ཕྱིན་པ་ཆེན་པོའོ། །བཅོམ་ལྡན་འདས་འདི་ལྟ་སྟེ།
ཤེས་རབ་ཀྱི་ཕ་རོལ་ཏུ་ཕྱིན་པ་འདི་ནི་བྱང་ཆུབ་སེམས་དཔའ་སེམས་དཔའ་ཆེན་པོ་
རྣམས་ཀྱི་ཕ་རོལ་ཏུ་ཕྱིན་པ་ཡངས་པའོ། །ཕ་རོལ་ཏུ་ཕྱིན་པ་འདི་ནི་དམ་པའོ། །
ཕ་རོལ་ཏུ་ཕྱིན་པ་འདི་ནི་རབ་པོ། །ཕ་རོལ་ཏུ་ཕྱིན་པ་འདི་ནི་ཕུལ་ལོ། །ཕ···
རོལ་ཏུ་ཕྱིན་པ་འདི་ནི་མཆོག་གོ། །ཕ་རོལ་ཏུ་ཕྱིན་པ་འདི་ནི་གྱ་ནོམ་པའོ། །
ཕ་རོལ་ཏུ་ཕྱིན་པ་འདི་ནི་བཟང་པོའོ། །ཕ་རོལ་ཏུ་ཕྱིན་པ་འདི་ནི་བླ་ན་མ་མཆིས་
པའོ། །ཕ་རོལ་ཏུ་ཕྱིན་པ་འདི་ནི་ལྷག་ན་མ་མཆིས་པའོ། །ཕ་རོལ་ཏུ་ཕྱིན་པ་
འདི་ནི་མཉམ་པ[1]མ་མཆིས་པའོ། །ཕ་རོལ་ཏུ་ཕྱིན་པ་འདི་ནི་མི་མཉམ་པ་དང་
མཉམ་པའོ། །ཕ་རོལ་ཏུ་ཕྱིན་པ་འདི་ནི་འདྲ་བ་མ་མཆིས་པའོ། །ཕ་རོལ་ཏུ···
ཕྱིན་པ་འདི་ནི་མཚུངས་པ་མ་མཆིས་པའོ། །ཕ་རོལ་ཏུ་ཕྱིན་པ་འདི་ནི་ནམ་
ཿམཁའ་འོ[2]། །བཅོམ་ལྡན་འདས་བྱང་ཆུབ་སེམས་དཔའ་སེམས་དཔའ་ཆེན་པོ··
རྣམས་ཀྱི་ཕ་རོལ་ཏུ་ཕྱིན་པ་འདི་ནི་རང་གི་མཚན་ཉིད་སྟོང་པ་ཉིད་དོ། །བཅོམ་
ལྡན་འདས་བྱང་ཆུབ་སེམས་དཔའ་སེམས་དཔའ་ཆེན་པོ་རྣམས་ཀྱི་ཕ་རོལ་ཏུ་ཕྱིན་
པ་འདི་ནི་ཆོས་ཐམས་ཅད་སྟོང་པ་ཉིད་དོ། །བཅོམ་ལྡན་འདས་བྱང་ཆུབ་སེམས་
དཔའ་སེམས་དཔའ་ཆེན་པོ་རྣམས་ཀྱི་ཕ་རོལ་ཏུ་ཕྱིན་པ་འདི་ནི་དངོས་པོ་མ་མཆིས་
པའི་ངོ་བོ་ཉིད་སྟོང་པ་ཉིད་དོ། །བཅོམ་ལྡན་འདས་བྱང་ཆུབ་སེམས་དཔའ་
སེམས་དཔའ་ཆེན་པོ་རྣམས་ཀྱི་ཕ་རོལ་ཏུ་ཕྱིན་པ་འདི་ནི་ཡོན་ཏན་ཐམས་ཅད་
ཡོངས་སུ་རྫོགས་པའོ། །བཅོམ་ལྡན་འདས་བྱང་ཆུབ་སེམས་དཔའ་སེམས་དཔའ་
ཆེན་པོ་རྣམས་ཀྱི་ཕ་རོལ་ཏུ་ཕྱིན་པ་འདི་ནི་ཡོན་ཏན་ཐམས་ཅད་དང་ལྡན་པའོ། །
བཅོམ་ལྡན་འདས་འདི་ལྟ་སྟེ། ཤེས་རབ་ཀྱི་ཕ་རོལ་ཏུ་ཕྱིན་པ་འདི་ནི་བྱང་ཆུབ··
སེམས་དཔའ་སེམས་དཔའ་ཆེན་པོ་རྣམས་ཀྱི་ཕ་རོལ་ཏུ་ཕྱིན་པ་ཐུབ་པ་མ་མཆིས···

པའོ། །བཅོམ་ལྡན་འདས་ཤེས་རབ་ཀྱི་ཕ་རོལ་ཏུ་ཕྱིན་པ་འདི་ལ་སྤྱོད་པའི་བྱང་ཆུབ་སེམས་དཔའ་སེམས་དཔའ་ཆེན་པོ་རྣམས་ཀྱིས་ནི། མི་མཉམ་པ་དང་མཉམ་པའི་སྦྱིན་པ་ཡོངས་སུ་བཏང་ངོ་། །ཡོངས་སུ་གཏོང་[1]ངོ་། །ཡོངས་སུ་གཏོང་[2]བར་འགྱུར་རོ། །དེའི་སླད་དུ་མི་མཉམ་པ་དང་མཉམ་པའི་སྦྱིན་པའི་ཕ་རོལ་ཏུ་ཕྱིན་པ་ཡོངས་སུ་རྫོགས་པར་གྱུར་ཏོ། །ཡོངས་སུ་རྫོགས་སོ། །ཡོངས་སུ་རྫོགས་པར་འགྱུར་རོ། །དེའི་སླད་དུ་མི་མཉམ་པ་དང་མཉམ་པའི་ལུས་ཐོབ་པར་གྱུར་ཏོ། །ཐོབ་པོ། །འཐོབ་པར་འགྱུར་རོ། །དེའི་སླད་དུ་མི་མཉམ་པ་དང་མཉམ་པའི་ཆོས་འདི་ལྟ་སྟེ། བླ་ན་མེད་པ་ཡང་དག་པར་རྫོགས་པའི་བྱང་ཆུབ་ཐོབ་པར་གྱུར་ཏོ། །ཐོབ་པོ། །འཐོབ་པར་འགྱུར་རོ། །བཅོམ་ལྡན་འདས་ཤེས་རབ་ཀྱི་ཕ་རོལ་ཏུ་ཕྱིན་པ་འདི་ལ་སྤྱོད་པའི་བྱང་ཆུབ་སེམས་དཔའ་སེམས་དཔའ་ཆེན་པོ་རྣམས་ཀྱིས་ནི། མི་མཉམ་པ་དང་མཉམ་པའི་ཚུལ་ཁྲིམས་བསྲུངས་སོ། །སྲུང་[3]ངོ་། །སྲུང་བར་འགྱུར་རོ། །དེའི་སླད་དུ་མི་མཉམ་པ་དང་མཉམ་པའི་ཚུལ་ཁྲིམས་ཀྱི་ཕ་རོལ་ཏུ་ཕྱིན་པ་ཡོངས་སུ་རྫོགས་པར་གྱུར་ཏོ། །ཡོངས་སུ་རྫོགས་སོ། །ཡོངས་སུ་རྫོགས་པར་འགྱུར་རོ། །དེའི་སླད་དུ་མི་མཉམ་པ་དང་མཉམ་པའི་ལུས་ཐོབ་པར་གྱུར་ཏོ། །ཐོབ་པོ། །འཐོབ་པར་འགྱུར་རོ། །དེའི་སླད་དུ་མི་མཉམ་པ་དང་མཉམ་པའི་ཆོས་འདི་ལྟ་སྟེ། བླ་ན་མེད་པ་ཡང་དག་པར་རྫོགས་པའི་བྱང་ཆུབ་ཐོབ་པར་གྱུར་ཏོ། །ཐོབ་པོ། །འཐོབ་པར་འགྱུར་རོ། །བཅོམ་ལྡན་འདས་ཤེས་རབ་ཀྱི་ཕ་རོལ་ཏུ་ཕྱིན་པ་འདི་ལ་སྤྱོད་པའི་བྱང་ཆུབ་སེམས་དཔའ་སེམས་དཔའ་ཆེན་པོ་རྣམས་ཀྱིས་ནི། མི་མཉམ་པ་དང་མཉམ་པའི་བཟོད་པ་བསྒོམས་སོ། །སྒོམ་[4]མོ། །སྒོམ་པར་འགྱུར་རོ། །དེའི་སླད་དུ་མི་མཉམ་པ་དང་མཉམ་པའི་བཟོད་པའི་ཕ་རོལ་ཏུ་ཕྱིན་པ་ཡོངས་སུ་རྫོགས་པར་གྱུར་ཏོ། །

ཡོངས་སུ་རྫོགས་སོ། །ཡོངས་སུ་རྫོགས་པར་འགྱུར་རོ། །དེའི་སླད་དུ་མི་མཉམ་པ་དང་མཉམ་པའི་ལུས་ཐོབ་པར་གྱུར་ཏོ། །ཐོབ་པོ། །འཐོབ་པར་འགྱུར་རོ། །དེའི་སླད་དུ་མི་མཉམ་པ་དང་མཉམ་པའི་ཆོས་འདི་ལྟ་སྟེ། བླ་ན་མེད་པ་ཡང་དག་པར་རྫོགས་པའི་བྱང་ཆུབ་ཐོབ་པར་གྱུར་ཏོ། །ཐོབ་པོ། །འཐོབ་པར་འགྱུར་རོ། །བཅོམ་ལྡན་འདས་ཤེས་རབ་ཀྱི་ཕ་རོལ་དུ་ཕྱིན་པ་འདི་ལ་སྤྱོད་པའི་བྱང་ཆུབ་སེམས་དཔའ་སེམས་དཔའ་ཆེན་པོ་རྣམས་ཀྱིས་ནི་མི་མཉམ་པ་དང་མཉམ་པའི་བརྩོན་འགྲུས་བརྩམས་སོ། །རྩོམ་[1]མོ། །རྩོམ་[2]པར་འགྱུར་རོ། །དེའི་སླད་དུ་མི་མཉམ་པ་དང་མཉམ་པའི་བརྩོན་འགྲུས་ཀྱི་ཕ་རོལ་དུ་ཕྱིན་པ་ཡོངས་སུ་རྫོགས་པར་གྱུར་ཏོ། །ཡོངས་སུ་རྫོགས་སོ། །ཡོངས་སུ་རྫོགས་པར་འགྱུར་རོ། །དེའི་སླད་དུ་མི་མཉམ་པ་དང་མཉམ་པའི་ལུས་ཐོབ་པར་གྱུར་ཏོ། །ཐོབ་པོ། །འཐོབ་པར་འགྱུར་རོ། །དེའི་སླད་དུ་མི་མཉམ་པ་དང་མཉམ་པའི་ཆོས་འདི་ལྟ་སྟེ། བླ་ན་མེད་པ་ཡང་དག་པར་རྫོགས་པའི་བྱང་ཆུབ་ཐོབ་པར་གྱུར་ཏོ། །ཐོབ་པོ། །འཐོབ་པར་འགྱུར་རོ། །བཅོམ་ལྡན་འདས་ཤེས་རབ་ཀྱི་ཕ་རོལ་དུ་ཕྱིན་པ་འདི་ལ་སྤྱོད་པའི་བྱང་ཆུབ་སེམས་དཔའ་སེམས་དཔའ་ཆེན་པོ་རྣམས་ཀྱིས་ནི་མི་མཉམ་པ་དང་མཉམ་པའི་བསམ་གཏན་བསྐྱེད་དོ། །སྐྱེད་[3]དོ། །སྐྱེད་[4]པར་འགྱུར་རོ། །དེའི་སླད་དུ་མི་མཉམ་པ་དང་མཉམ་པའི་བསམ་གཏན་གྱི་ཕ་རོལ་དུ་ཕྱིན་པ་ཡོངས་སུ་རྫོགས་པར་གྱུར་ཏོ། །ཡོངས་སུ་རྫོགས་སོ། །ཡོངས་སུ་རྫོགས་པར་འགྱུར་རོ། །དེའི་སླད་དུ་མི་མཉམ་པ་དང་མཉམ་པའི་ལུས་ཐོབ་པར་གྱུར་ཏོ། །ཐོབ་པོ། །འཐོབ་པར་འགྱུར་རོ། །དེའི་སླད་དུ་མི་མཉམ་པ་དང་མཉམ་པའི་ཆོས་འདི་ལྟ་སྟེ། བླ་ན་མེད་པ་ཡང་དག་པར་རྫོགས་པའི་བྱང་ཆུབ་ཐོབ་པར་གྱུར་ཏོ། །ཐོབ་པོ། །འཐོབ་པར་འགྱུར་རོ། །བཅོམ་ལྡན་འདས་ཤེས་རབ་ཀྱི་ཕ་རོལ་དུ་ཕྱིན་པ་འདི་ལ་

སྤྱོད་པའི་བྱང་ཆུབ་སེམས་དཔའ་སེམས་དཔའ་ཆེན་པོ་རྣམས་ཀྱིས་ནི། མི་མཉམ་པ་དང་མཉམ་པའི་ཤེས་རབ་ཀྱི་ཕ་རོལ་ཏུ་ཕྱིན་པ་བསྒོམས་སོ། །སྒོམ་①མོ། །སྒོམ་②པར་འགྱུར་རོ། །དེའི་སླད་དུ་མི་མཉམ་པ་དང་མཉམ་པའི་ཤེས་རབ་ཀྱི་ཕ་རོལ་དུ་ཕྱིན་པ་ཡོངས་སུ་རྫོགས་པར་གྱུར་③ཏོ། །ཡོངས་སུ་རྫོགས་སོ། །ཡོངས་སུ་རྫོགས་པར་འགྱུར་རོ། །དེའི་སླད་དུ་མི་མཉམ་པ་དང་མཉམ་པའི་ལུས་ཐོབ་པར་གྱུར་ཏོ། །ཐོབ་པོ། །འཐོབ་པར་འགྱུར་རོ། །དེའི་སླད་དུ་མི་མཉམ་པ་དང་མཉམ་པའི་ཆོས་འདི་ལྟ་སྟེ། བླ་ན་མེད་པ་ཡང་དག་པར་རྫོགས་པའི་བྱང་ཆུབ་ཐོབ་པར་གྱུར་ཏོ། །ཐོབ་པོ། །འཐོབ་པར་འགྱུར་རོ། །བཅོམ་ལྡན་འདས། བཅོམ་ལྡན་འདས་ཀྱིས་ཀྱང་ཤེས་རབ་ཀྱི་ཕ་རོལ་དུ་ཕྱིན་པ་འདི་ཉིད་ལ་སྤྱོད་④པས་མི་མཉམ་པ་དང་མཉམ་པའི་གཟུགས་བསྐྱེས་⑤པར་གྱུར་ཏོ། །མི་མཉམ་པ་དང་མཉམ་པའི་ཚོར་བ་དང་འདུ་ཤེས་དང་འདུ་བྱེད་དང་མི་མཉམ་པ་དང་མཉམ་པའི་རྣམ་པར་ཤེས་པ་བསྐྱེས་པར་གྱུར་ཏོ། །མི་མཉམ་པ་དང་མཉམ་པའི་བྱང་ཆུབ་ཏུ་མངོན་པར་བྱང་ཆུབ་ནས། མི་མཉམ་པ་དང་མཉམ་པའི་ཆོས་ཀྱི་འཁོར་ལོ་བསྐོར་བར་གྱུར་ཏོ། །འདས་པའི་སངས་རྒྱས་བཅོམ་ལྡན་འདས་རྣམས་དང་། མ་བྱོན་པའི་སངས་རྒྱས་བཅོམ་ལྡན་འདས་རྣམས་དང་། ད་ལྟར་བྱུང་བའི་སངས་རྒྱས་བཅོམ་ལྡན་འདས་རྣམས་ཀྱིས་ཀྱང་ཤེས་རབ་ཀྱི་ཕ་རོལ་ཏུ་ཕྱིན་པ་འདི་ཉིད་ལ་སྤྱད་པས། མི་མཉམ་པ་དང་མཉམ་པའི་གཟུགས་བསྐྱེས་པར་གྱུར་ཏོ། །བསྐྱེས་སོ། །བསྐྱེས་པར་འགྱུར་རོ། །མི་མཉམ་པ་དང་མཉམ་པའི་ཚོར་བ་དང་འདུ་ཤེས་དང་འདུ་བྱེད་དང་མི་མཉམ་པ་དང་མཉམ་པའི་རྣམ་པར་ཤེས་པ་བསྐྱེས་པར་གྱུར་⑥ཏོ། །བསྐྱེས་སོ། །བསྐྱེས་པར་འགྱུར་རོ། །མི་མཉམ་པ་དང་མཉམ་པའི་བྱང་ཆུབ་ཏུ་མངོན་པར་སངས་རྒྱས་ནས། མི་མཉམ་

པ་དང་མཉམ་པའི་ཆོས་ཀྱི་འཁོར་ལོ་བསྐོར་བར་གྱུར་ཏོ། །སྐོར་[1]རོ། །སྐོར་[2]བར་འགྱུར་རོ། །དེ་ལྟ་ལགས་པས། བཅོམ་ལྡན་འདས་བྱང་ཆུབ་སེམས་དཔའ་སེམས་དཔའ་ཆེན་པོ་ཆོས་ཐམས་ཅད་ཀྱི་ཕ་རོལ་ཏུ་ཕྱིན་པར་འཚལ་བས། ཤེས་རབ་ཀྱི་ཕ་རོལ་ཏུ་ཕྱིན་པ་ལ་བསྟན་པར་བགྱིའོ། །བཅོམ་ལྡན་འདས་བྱང་ཆུབ་སེམས་དཔའ་སེམས་དཔའ་ཆེན་པོ་གང་ཤེས་རབ་ཀྱི་ཕ་རོལ་ཏུ་ཕྱིན་པ་འདི་ལ་སྤྱོད་པ་དེ་དག་ནི་ལྷ་དང་མི་དང་ལྷ་མ་ཡིན་དུ་བཅས་པའི་འཇིག་རྟེན་གྱིས་ཕྱག་བགྱི་བ་ལགས་སོ། །དེ་སྐད་ཅེས་གསོལ་པ་དང་། བཅོམ་ལྡན་འདས་ཀྱིས་ཉན་ཐོས་ཆེན་པོ་དེ་དག་ཐམས་ཅད་དང་། བྱང་ཆུབ་སེམས་དཔའ་སེམས་དཔའ་ཆེན་པོ་དེ་དག་ཐམས་ཅད་ལ་འདི་སྐད་ཅེས་བཀའ་སྩལ་ཏོ། །རིགས་ཀྱི་བུ་དག་དེ་དེ་བཞིན་ནོ། །དེ་དེ་བཞིན་ཏེ[3]། ཇི་སྐད་དུ་སྨྲས་པ་བཞིན་ནོ། །བྱང་ཆུབ་སེམས་དཔའ་སེམས་དཔའ་ཆེན་པོ་ཤེས་རབ་ཀྱི་ཕ་རོལ་ཏུ་ཕྱིན་པ་འདི་ལ་སྤྱོད་པ་དེ་དག་ནི། ལྷ་དང་། མི་དང་། ལྷ་མ་ཡིན་དུ་བཅས་པའི་འཇིག་རྟེན་གྱིས་ཕྱག་བྱ་བར་འོས་པའོ། །དེ་ཅིའི་ཕྱིར་ཞེ་ན། བྱང་ཆུབ་སེམས་དཔའ་སེམས་དཔའ་ཆེན་པོ་ཡོད་ན། མིའི་འཇིག་རྟེན་འཇིག་རྟེན་དུ་འབྱུང་བར་འགྱུར་རོ༑ །ལྷའི་འཇིག་རྟེན་འཇིག་རྟེན་དུ་འབྱུང་བར་འགྱུར་རོ། །རྒྱལ་རིགས་ཆེ་ཤིང་མཐོ་བའི་རིགས་དང་། བྲམ་ཟེ་ཆེ་ཤིང་མཐོ་བའི་རིགས་དང་། ཁྱིམ་བདག་ཆེ་ཤིང་མཐོ་བའི་རིགས་དང་། འཁོར་ལོས་[4]སྒྱུར་བའི་རྒྱལ་པོ་དང་། རྒྱལ་ཆེན་བཞིའི་རིས་[5]ཀྱི་ལྷ་རྣམས་དང་། སུམ་ཅུ་རྩ་གསུམ་པ་[6]དང་། མཆོ་མ་དང་། དགའ་ལྡན་དང་། འཕྲུལ་དགའ་དང་། གཞན་འཕྲུལ་དབང་བྱེད་དང་། ཚངས་རིས་དང་། ཚངས་ལྷ་ཉེ་ཕན་དང་། ཚངས་པ་ཀུན་འཁོར་དང་། ཚངས་ཆེན་དང་། སྣང་བ་དང་། ཆུང་སྣང་དང་། ཚད་

མེད་སྣང་བ་དང་། ཀུན་སྣང་དང་བ་དང་། དགེ་བ་དང་། ཆུང་དགེ་དང་། ཚད་མེད་དགེ་བ་དང་། དགེ་རྒྱས་དང་། ཆེ་བ་དང་། ཆུང་ཆེ་དང་། ཚད་མེད་ཆེ་བ་དང་། འབྲས་བུ་ཆེ་བ་དང་། མི་ཆེ་བ་དང་། མི་གདུང་བ་དང་། ཤིན་ཏུ་མཐོང་བ་དང་། གྱ་ནོམ་སྣང་བ་དང་། འོག་མིན་གྱི་ལྷ་རྣམས་འཇིག་རྟེན་དུ་འབྱུང་བར་འགྱུར་རོ། །རྒྱུན་དུ་ཞུགས་པ་དང་། ལན་ཅིག་ཕྱིར་འོང་བ་དང་། ཕྱིར་མི་འོང་བ་དང་། དགྲ་བཅོམ་པ་དང་། རང་སངས་རྒྱས་རྣམས་འཇིག་རྟེན་དུ་འབྱུང་བར་འགྱུར་རོ། །བྱང་ཆུབ་སེམས་དཔའ་སེམས་དཔའ་ཆེན་པོ་རྣམས་དང་། དེ་བཞིན་གཤེགས་པ་དགྲ་བཅོམ་པ་ཡང་དག་པར་རྫོགས་པའི་སངས་རྒྱས་རྣམས་འཇིག་རྟེན་དུ་འབྱུང་བར་འགྱུར་རོ། །རིགས་ཀྱི་བུ་དག་བྱང་ཆུབ་སེམས་དཔའ་སེམས་དཔའ་ཆེན་པོ་ཡོད་ན། བཟའ་བ་དང་། བཏུང་བ་དང་། བཞོན་པ་དང་། གོས་དང་། མལ་ཆ་དང་། ཁྲིམ་དང་འཚོ་བ་དང་ནོར་བུ་དང་མུ་ཏིག་དང་དུང་དང་མན་ཤེལ་དང་། བྱི་①རུ་དང་གསེར་དང་། དངུལ་དག་ཀྱང་འཇིག་རྟེན་དུ་འབྱུང་བར་འགྱུར་རོ། །རིགས་ཀྱི་བུ་དག་སེམས་ཅན་རྣམས་ཀྱི་བདེ་བའི་ཡོ་བྱད་མིའི་རྐྱེན་དང་། ལྷ་རྫས་སུ་བྱ་བའམ་ཡང་དག་པར་བྲལ་བའི་བདེ་བའང་རུང་སྟེ། དེ་དག་ཐམས་ཅད་ཀྱང་བྱང་ཆུབ་སེམས་དཔའ་སེམས་དཔའ་ཆེན་པོ་ཡོད་ན་འཇིག་རྟེན་དུ་འབྱུང་བར་འགྱུར་རོ། །དེ་ཅིའི་ཕྱིར་ཞེ་ན། རིགས་ཀྱི་བུ་དག་བྱང་ཆུབ་སེམས་དཔའ་ནི་བྱང་ཆུབ་སེམས་དཔའི་སྤྱོད་པ་སྤྱོད་པའི་ཚེ་ཕ་རོལ་ཏུ་ཕྱིན་པ་དྲུག་ལ་གནས་ཏེ། བདག་སྦྱིན་པ་ཡོངས་སུ་གཏོང་ཞིང་གཞན་ཡང་སྦྱིན་པ་ལ་སྦྱོར་རོ། །བདག་ཚུལ་ཁྲིམས་སྲུང་②ཞིང་གཞན་ཡང་ཚུལ་ཁྲིམས་ལ་སྦྱོར་རོ། །བདག་བཟོད་པ་སྒོམ་③ཞིང་གཞན་ཡང་བཟོད་པ་ལ་སྦྱོར་རོ། །བདག་བརྩོན་འགྲུས་རྩོམ་④ཞིང་གཞན་

ཡང་བརྩོན་འགྲུས་ལ་སྦྱོར་རོ། །བདག་བསམ་གཏན་སྐྱེད་①ཅིང་གཞན་ཡང་
བསམ་གཏན་ལ་སྦྱོར་རོ། །བདག་ཤེས་རབ་སྒོམ་②ཞིང་གཞན་ཡང་ཤེས་རབ་
སྒོམ་③པ་ལ་སྦྱོར་རོ། །བྱང་ཆུབ་སེམས་དཔའ་སེམས་དཔའ་ཆེན་པོ་ལ་རྟེན་④
ཅིང་སེམས་ཅན་རྣམས་ཕ་རོལ་ཏུ་ཕྱིན་པ་དྲུག་ལ་སྦྱོད་དེ། དེ་དག་ཕ་རོལ་ཏུ་
ཕྱིན་པ་དྲུག་ལ་སྦྱོད་པས། འཇིག་རྟེན་དང་འཇིག་རྟེན་ལས་འདས་པའི་ཕུན་
སུམ་ཚོགས་པ་ཐམས་ཅད་འཐོབ་པོ། །རིགས་ཀྱི་བུ་དག་དེ་བས་ན་བྱང་ཆུབ་
སེམས་དཔའ་སེམས་དཔའ་ཆེན་པོ་ནི་སེམས་ཅན་ཐམས་ཅད་ལ་ཕན་པ་དང་བདེ་
བའི་དོན་དུ་ཞུགས་པ་ཡིན་ནོ། །དེ་ནས་བཅོམ་ལྡན་འདས་ཀྱིས་དེའི་ཚེ་ཞལ་གྱི་
སྒོ་ནས་ལྗགས་ཀྱི་དབང་པོ་བཀྲམ་སྟེ་སྟོང་གསུམ་གྱི་སྟོང་ཆེན་པོའི་འཇིག་རྟེན་གྱི་
ཁམས་འདི་ཁྱབ་པར་མཛད་དོ། །དེ་ནས་དེའི་ཚེ་ལྗགས་ཀྱི་དབང་པོ་དེ་ལས་འོད་
འཕྲོ་བ་ཁ་དོག་དུ་མ་དང་ཁ་དོག་སྣ་ཚོགས་སུ་ལྡན་པ་མང་པོ་བྱུང་བར་གྱུར་ཏོ། །
དེ་བྱུང་ནས་ཤར་ཕྱོགས་ཀྱི་འཇིག་རྟེན་གྱི་ཁམས་གངྒཱའི་ཀླུང་གི་བྱེ་མ་སྙེད་སྣང་བ་
ཆེན་པོས་ཁྱབ་པར་གྱུར་ཏོ། །ལྷོ་དང་ནུབ་དང་བྱང་དང་བྱང་ཤར་དང་ཤར་ལྷོ་
དང་ལྷོ་ནུབ་དང་ནུབ་བྱང་དང་འོག་དང་སྟེང་གི་ཕྱོགས་ཀྱི་ཕྱོགས་རེ་རེ་ཞིང་། །
འཇིག་རྟེན་གྱི་ཁམས་གངྒཱའི་ཀླུང་གི་བྱེ་མ་སྙེད་སྣང་བ་ཆེན་པོས་ཁྱབ་པར་གྱུར་ཏོ། །
དེ་ནས་ཤར་ཕྱོགས་ཀྱི་འཇིག་རྟེན་གྱི་ཁམས་གངྒཱའི་ཀླུང་གི་བྱེ་མ་སྙེད་པོ་དེ་དག་གི་
བྱང་ཆུབ་སེམས་དཔའ་སེམས་དཔའ་ཆེན་པོ་དག་གིས་འོད་རྣམ་པར་ཕྱེ་བ་དེ་
མཐོང་ནས། རང་རང་གི་སངས་རྒྱས་ཀྱི་ཞིང་གི། སངས་རྒྱས་བཅོམ་ལྡན་
འདས་ལ་ཞུས་ཏེ། བཅོམ་ལྡན་འདས་འདི་ལྟར་འཇིག་རྟེན་གྱི་ཁམས་འདི་དག་
སྣང་བ་ཆེན་པོས་བལྟམ་⑤པ་འདི་⑥སུའི་མཐུ་ལགས་ཞེས་ཡོངས་སུ་དྲིས་སོ། །
སངས་རྒྱས་བཅོམ་ལྡན་འདས་དེ་དག་གིས་བཀའ་སྩལ་པ། རིགས་ཀྱི་བུ་དག་

འདི་ནས་ནུབ་ཕྱོགས་ལོགས་ན་འཇིག་རྟེན་གྱི་ཁམས་མི་མཛེད་ཅེས་བྱ་བ་ཡོད་དེ། དེ་ན་དེ་བཞིན་གཤེགས་པ་དགྲ་བཅོམ་པ་ཡང་དག་པར་རྫོགས་པའི་སངས་རྒྱས་ཤཱཀྱ་ཐུབ་པ་ཞེས་བྱ་བ་བཞུགས་ཏེ། དེས་ཞལ་གྱི་སྒོ་ནས་ལྗགས་ཀྱི་དབང་པོ་བཀྲམ་སྟེ། བྱང་ཆུབ་སེམས་དཔའ་སེམས་དཔའ་ཆེན་པོ་རྣམས་ལ་ཤེས་རབ་ཀྱི་ཕ་རོལ་ཏུ་ཕྱིན་པ་བསྟན་པའི་ཕྱིར། འཇིག་རྟེན་གྱི་ཁམས་གསུམ་གྱི་སྟོང་གི་ཆེན་པོ་ཡང་ཁྱབ་པར་མཛད་དོ། །བྱང་ཆུབ་སེམས་དཔའ་སེམས་དཔའ་ཆེན་པོ་རྣམས་ལ་ཤེས་རབ་ཀྱི་ཕ་རོལ་ཏུ་ཕྱིན་པ་བསྟན་པའི་ཕྱིར། ཕྱོགས་བཅུའི་ཕྱོགས་རེ་རེའི་བར་དུ་འཇིག་རྟེན་གྱི་ཁམས་གསུམ་གྱི་སྟོང་གི་ཆེན་པོ་ཡང་ཁྱབ་པར་མཛད་དོ། །དེ་ནས་བྱང་ཆུབ་སེམས་དཔའ་སེམས་དཔའ་ཆེན་པོ་དེ་དག་གིས་སངས་རྒྱས་བཅོམ་ལྡན་འདས་དེ་དག་ལ་འདི་སྐད་ཅེས་གསོལ་ཏོ། །བཅོམ་ལྡན་འདས་དེ་ལྟ་ལགས་ན་བདག་ཅག་ཀྱང་། བཅོམ་ལྡན་འདས་དེ་བཞིན་གཤེགས་པ་དགྲ་བཅོམ་པ་ཡང་དག་པར་རྫོགས་པའི་སངས་རྒྱས་ཤཱཀྱ་ཐུབ་པ་དེ་བལྟ[1]བ་དང་དེ་ལ་ཕྱག་བགྱི་བ་དང་བསྙེན་བཀུར་བ་དང་། བྱང་ཆུབ་སེམས་དཔའ་སེམས་དཔའ་ཆེན་པོ་ཕྱོགས་བཅུ་ནས་འདུས་པ་དེ་དག་ཀྱང་བལྟ་བ་དང་། ཤེས་རབ་ཀྱི་ཕ་རོལ་ཏུ་ཕྱིན་པ་དེ་ཡང་མཉན་པའི་སླད་དུ་མཆིའོ། །སངས་རྒྱས་བཅོམ་ལྡན་འདས་དེ་དག་གིས་བཀའ་སྩལ་པ། རིགས་ཀྱི་བུ་དག་དེའི་དུས་ལ་བབ་པར་ཤེས་ན་དེང་[2]ཤིག །དེ་ནས་བྱང་ཆུབ་སེམས་དཔའ་སེམས་དཔའ་ཆེན་པོ་དེ་དག་གིས། དེ་བཞིན་གཤེགས་པ་དགྲ་བཅོམ་པ་ཡང་དག་པར་རྫོགས་པའི་སངས་རྒྱས་དེ་དག་གི་ཞབས་ལ་སྤྱི་བོས་ཕྱག་འཚལ་ནས། ལན་བདུན་དུ་གཡས་ཕྱོགས་ནས་བསྐོར་[3]བ་བྱས་ཏེ། ཕྱོགས་བཅུ་ནས་གདུགས་དང་རྒྱལ་མཚན་དང་ལྷའི་བ་དན་དང་། མེ་ཏོག་དང་ཕྲེང་བ་

དང་སྐྱོས་དང་བྱུག་པ་དང་བདུག་པ་དང་། ཕྱེ་མ་དང་ན་བཟའ་དང་གསེར་གྱི་མེ་ཏོག་དང་དངུལ་གྱི་མེ་ཏོག་ལ་སོགས་པ་རྣམ་པ་དུ་མ་ཕྱིར་ཏེ། སླུ་དང་རོལ་མོ་བརྡུང་བ་དང་དཀྲོལ་བ་མང་པོས། བཅོམ་ལྡན་འདས་དེ་བཞིན་གཤེགས་པ་དགྲ་བཅོམ་པ་ཡང་དག་པར་རྫོགས་པའི་སངས་རྒྱས་ཤཱཀྱ་ཐུབ་པ་དེ་གང་ན་བ་དེར་འདོང་ངོ་། །དེ་ནས་རྒྱལ་ཆེན་བཞིའི་རིས་ཀྱི་ལྷ་རྣམས་དང་། སུམ་ཅུ་རྩ་གསུམ་དང་། མཚེ་མ་དང་། དགའ་ལྡན་དང་། འཕྲུལ་དགའ་དང་། གཞན་འཕྲུལ་དབང་བྱེད་དང་། ཚངས་རིས①དང་། ཚངས་ལྷ་ཉེ་པན་དང་། ཚངས་པ་ཀུན་འཁོར་དང་། ཚངས་ཆེན་དང་། སྣང་བ་དང་། ཆུང་སྣང་དང་། ཚད་མེད་སྣང་བ་དང་། ཀུན་སྣང་དང་བ་དང་། དགེ་བ་དང་། ཆུང་དགེ་དང་། ཚད་མེད་དགེ་བ་དང་། དགེ་རྒྱས་དང་། ཆེ་བ་དང་། ཆུང་ཆེ་དང་། ཚད་མེད་ཆེ་བ་དང་། འབྲས་བུ་ཆེ་བ་དང་། གནས་གཙང་མ་པ་ཤིན་ཏུ་མཐོང་བ་དང་། གྱ་ནོམ་སྣང་བ་དང་། མི་ཆེ་བ་དང་། མི་གདུང་བ་དང་། འོག་མིན་གྱི་ལྷ་རྣམས་ཀྱང་ལྷ་རྫས་ཀྱི་མེ་ཏོག་དང་། ཕྲེང་བ་དང་། སྐྱོས་དང་། བྱུག་པ་དང་། བདུག་པ་དང་། ཕྱེ་མ་དང་། ལྷ་རྫས་ཀྱི་མེ་ཏོག་ཨུཏྤ་ལ་དང་། པད་མོ་དང་། ཀུཿསུ་ད་②དང་། ཿཔུན་ད་③རི་ཀ་དང་། ལྷ་རྫས་ཀྱི་མེ་ཏོག་མན་དཱ་ར་བ་དང་མན་དཱ་ར་བ་ཆེན་པོ་དང་། ཀེ་ས་ར་དང་ཏ་མ་ལའི་ལོ་མ་མང་པོ་ཕྱིར་ཏེ། བཅོམ་ལྡན་འདས་དེ་བཞིན་གཤེགས་པ་དགྲ་བཅོམ་པ་ཡང་དག་པར་རྫོགས་པའི་སངས་རྒྱས་ཤཱཀྱ་ཐུབ་པ་④གང་ན་བ་དེར་འོང་སྟེ། དེ་ནས་བྱང་ཆུབ་སེམས་དཔའ་སེམས་དཔའ་ཆེན་པོ་དེ་དག་དང་⑤། ལྷ་དེ་དག་གིས་མེ་ཏོག་དང་ཕྲེང་བ་དང་སྐྱོས་དང་བྱུག་པ་དང་བདུག་པ་དང་ཕྱེ་མ་དང་ན་བཟའ་དང་གདུགས་དང་རྒྱལ་མཚན་དང་ལྷའི་བ་དན་དེ་དག

གིས༔ བཅོམ་ལྡན་འདས་དེ་བཞིན་གཤེགས་པ་དགྲ་བཅོམ་པ་ཡང་དག་པར་རྫོགས་པའི་སངས་རྒྱས་ཤཱཀྱ་ཐུབ་པ་[1]ལ་གཏོར་ཏོ། །མངོན་པར་གཏོར་ཏོ། །དེ་ནས་མེ་ཏོག་ལ་སོགས་པ་དེ་དག་སྟོང་གསུམ་གྱི་སྟོང་ཆེན་པོའི་འཇིག་རྟེན་གྱི་ཁམས་འདིའི་སྟེང་གི་ནམ་མཁའ་ལ་མངོན་པར་འཕགས་ཏེ། མེ་ཏོག་གི་ཁང་པ་བརྩེགས་པ། གྲུ་བཞི་ཀ་བ་བཞི་དང་ལྡན་པ། ཆ་ཀུན་དུ་མཉམ་པ། ཤིན་ཏུ་རྣམ་པར་ཕྱེ་བ། མདངས་དགའ་ཞིང་ཡིད་དུ་འོང་བར་རེད་དེ་འདུག་གོ། །དེ་ནས་འཁོར་དེའི་ནང་ནས་སྲོག་ཆགས་བྱེ་བ་ཁྲག་ཁྲིག་བརྒྱ་སྟོང་དུ་མས་མི་སྐྱེ་བའི་ཆོས་ལ་བཟོད་པ་རབ་ཏུ་ཐོབ་པོ། །དེ་ནས་དེ་དག་སྟན་ལས་ལངས་ནས། བཅོམ་ལྡན་འདས་གང་ན་བ་དེར་ཐལ་མོ་སྦྱར་བས་བཏུད་དེ[2]། བཅོམ་ལྡན་འདས་ལ་འདི་སྐད་ཅེས་གསོལ་ཏོ། །བཅོམ་ལྡན་འདས་བདག་ཅག་ཀྱང་མ་འོངས་པའི་དུས་ན། དེ་བཞིན་གཤེགས་པ་དགྲ་བཅོམ་པ་ཡང་དག་པར་རྫོགས་པའི་སངས་རྒྱས་ཀྱིས་གང་བསྙེས་པར་གྱུར་པའི་ཆོས་ཀྱི་རྣམ་པ་དེ་ལྟ་བུ་ཐམས་ཅད་ཐོབ་པར་གྱུར་ཏེ། ཉན་ཐོས་ཀྱི་དགེ་འདུན་ནི་[3]འདི་ལྟ་བུ་[4]ཡོངས་སུ་བསྐྱུ་བར་བགྱིའོ༔ །ད་ལྟར་འདིར་དེ་བཞིན་གཤེགས་པས་ཆོས་ཇི་ལྟར་བསྟན་པ་དེ་བཞིན་དུ༔ འཁོར་འདི་དང་འདྲ་བར་ནི་[5]ཆོས་བསྟན་པར་བགྱིའོ། །ཞེས་སྨོན་ལམ་བཏབ་བོ། །དེ་ནས་བཅོམ་ལྡན་འདས་ཀྱིས་རིགས་ཀྱི་བུ་དེ་དག་གི་བསམ་པ་ཐུགས་སུ་ཆུད་དེ། ཆོས་ཐམས་ཅད་ལ་སྐྱེ་བ་མེད་པ་དང་། འགག་པ་མེད་པ་དང་། མངོན་པར་འདུ་བྱ་བ་མེད་པ་དང་། འབྱུང་བ་མེད་པ་ལ་བཟོད་པར་གྱུར་པ་མཁྱེན་ནས་ཞལ་འཛུམ་པ་མཛད་དོ། །དེ་ནས་ཚེ་དང་ལྡན་པ་ཀུན་དགའ་བོ་སྟན་ལས་ལངས་ཏེ། བླ་གོས་ཕྲག་པ་གཅིག་ལ་གཟར་ནས་པུས་མོ་གཡས་པའི་ལྷ་ང་ས་ལ་བཙུགས་[6]ཏེ། བཅོམ་ལྡན་འདས་གང་ན་བ་དེར་ཐལ་མོ་སྦྱར་བས

བཅུད་དེ། བཅོམ་ལྡན་འདས་ལ་འདི་སྐད་ཅེས་གསོལ་ཏོ། །བཅོམ་ལྡན་འདས་སངས་རྒྱས་བཅོམ་ལྡན་འདས་རྣམས་ནི་རྒྱུ་དང་རྐྱེན་མ་མཆིས་པར་བཞད་[1]པ་མི་མཛད་ན། ཅིའི་རྒྱུ་ཅིའི་རྐྱེན་གྱིས་ཞལ་འཛུམ་པ་མཛད། བཅོམ་ལྡན་འདས་ཀྱིས་བཀའ་སྩལ་པ། ཀུན་དགའ་བོ་འཁོར་འདིའི་ནང་ནས་སྲོག་ཆགས་བྱེ་བ་ཁྲག་ཁྲིག་བརྒྱ་ཕྲག་སྟོང་གིས་མི་སྐྱེ་བའི་ཆོས་ལ་བཟོད་པ་ཐོབ་པར་གྱུར་ཏོ། །དེ་དག་ནི་མ་འོངས་པའི་དུས་ན་བསྐལ་པ་བྱེ་བ་ཁྲག་ཁྲིག་ཕྲག་དྲུག་ཅུ་རྩ་བརྒྱད་ན་བསྐལ་པ་མེ་ཏོག་གི་འབྱུང་གནས་ཞེས་བྱ་བ་ལ། དེ་བཞིན་གཤེགས་པ་དགྲ་བཅོམ་པ་ཡང་དག་པར་རྫོགས་པའི་སངས་རྒྱས་བྱང་ཆུབ་ཀྱི་ཡན་ལག་མེ་ཏོག་ཅེས་བྱ་བ་ཤ་སྟག་འཛིག་རྟེན་དུ་འབྱུང་བར་འགྱུར་རོ། །ཤེས་རབ་ཀྱི་ཕ་རོལ་ཏུ་ཕྱིན་པ་སྟོང་ཕྲག་ཉི་ཤུ་ལྔ་པ་ལས། ཤཱ་རིའི་བུའི་ལེའུ་སྟེ་གཉིས་པའོ།། །།

དེ་ནས་བཅོམ་ལྡན་འདས་ཀྱིས་ཚེ་དང་ལྡན་པ་རབ་འབྱོར་ལ་བཀའ་སྩལ་པ། རབ་འབྱོར་ཁྱོད་བྱང་ཆུབ་སེམས་དཔའ་སེམས་དཔའ་ཆེན་པོ་རྣམས་ལ་ཤེས་རབ་ཀྱི་ཕ་རོལ་ཏུ་ཕྱིན་པ་ལས་རྩོམ་[2]སྟེ། ཅི་ནས་བྱང་ཆུབ་སེམས་དཔའ་སེམས་དཔའ་ཆེན་པོ་རྣམས་ཤེས་རབ་ཀྱི་ཕ་རོལ་ཏུ་ཕྱིན་པ་ལ་འབྱུང་བར་འགྱུར་བ་དེ་ལྟ་བུའི་ཆོས་ཀྱི་གཏམ་བྱ་བར་སྤོབས་པ་སྐྱེད་ཅིག །དེ་ནས་བྱང་ཆུབ་སེམས་དཔའ་སེམས་དཔའ་ཆེན་པོ་དེ་དག་དང་། ཉན་ཐོས་ཆེན་པོ་དེ་དག་དང་། ལྷའི་བུ་དེ་དག་འདི་སྙམ་དུ་སེམས་ཏེ། ཚེ་དང་ལྡན་པ་རབ་འབྱོར་འདི་རང་གི་ཤེས་རབ་དང་སྤོབས་པ་ཙམ་གྱི་སྟོབས་དང་ཤུགས་ཀྱི་གོ་ཅས[3]། བྱང་ཆུབ་སེམས་དཔའ་སེམས་དཔའ་ཆེན་པོ་རྣམས་ལ་ཤེས་རབ་ཀྱི་ཕ་རོལ་ཏུ་ཕྱིན་པ་སྟོན་ཏམ། འོན་ཏེ་སངས་རྒྱས་ཀྱི་མཐུས་སྟོན་པར་འགྱུར་སྙམ་པ་དང་། དེ་ནས་

ཚེ་དང་ལྡན་པ་རབ་འབྱོར་གྱིས། སངས་རྒྱས་ཀྱི་མཐུས་བྱང་ཆུབ་སེམས་དཔའ་སེམས་དཔའ་ཆེན་པོ་དེ་དག་དང་། ཉན་ཐོས་ཆེན་པོ་དེ་དག་དང་། ལྷའི་བུ་དེ་དག་གི་སེམས་ཀྱི་ཀུན་ཏུ་རྟོག་པ་སེམས་ཀྱིས་ཡོངས་སུ་ཤེས་ནས། ཚེ་དང་ལྡན་པ་ཤ་ར་དྭ་ཏིའི་བུ་ལ་སྨྲས་པ། ཚེ་དང་ལྡན་པ་ཤ་ར་དྭ་ཏིའི་བུ་བཅོམ་ལྡན་འདས་ཀྱི་ཉན་ཐོས་རྣམས་ནི་གང་ཅི་སྨྲ་ཡང་རུང་། གང་ཅི་སྟོན་ཀྱང་རུང་། གང་ཅི་རྗོད[༡]ཀྱང་རུང་སྟེ། དེ་ཐམས་ཅད་དེ་བཞིན་གཤེགས་པའི་མཐུའོ། །དེ་བཞིན་གཤེགས་པས་ཆོས་གང་བསྟན་པ་དེ་ཐམས་ཅད་ཀྱང་ཆོས་ཉིད་དང་མི་འགལ་ལོ། །དེ་ལྟར་རིགས་ཀྱི་བུ་དེ་དག་ནི་ཆོས་བསྟན་པ་དེ་ལ་སློབ་ཅིང་། ཆོས་ཉིད་དེ་ལྟ་བུ་མངོན་དུ་བྱེད་དོ། །ཤ་ར་དྭ་ཏིའི་བུ་འདི་ནི་དེ་བཞིན་གཤེགས་པ་ཉིད་བྱང་ཆུབ་སེམས་དཔའ་སེམས་དཔའ་ཆེན་པོ་རྣམས་ལ། ཤེས་རབ་ཀྱི་ཕ་རོལ་ཏུ་ཕྱིན་པ་ཐབས་ཀྱིས་སྟོན་པ་མཛད་ཀྱི། ཚེ་དང་ལྡན་པ་ཤ་ར་དྭ་ཏིའི་བུ་བྱང་ཆུབ་སེམས་དཔའ་སེམས་དཔའ་ཆེན་པོ་རྣམས་ལ། ཤེས་རབ་ཀྱི་ཕ་རོལ་ཏུ་ཕྱིན་པ་བསྟན་པ་ནི། ཉན་ཐོས་དང་རང་སངས་རྒྱས་ཐམས་ཅད་ཀྱི་ཡུལ་མ་ཡིན་ནོ། །དེ་ནས་ཚེ་དང་ལྡན་པ་རབ་འབྱོར་གྱིས་བཅོམ་ལྡན་འདས་ལ་འདི་སྐད་ཅེས་གསོལ་ཏོ། །བཅོམ་ལྡན་འདས་བྱང་ཆུབ་སེམས་དཔའ༔ བྱང་ཆུབ་[༢]སེམས་དཔའ་ཞེས་བགྱི་ན། འདི་ལྟ་སྟེ། བྱང་ཆུབ་སེམས་དཔའ་ཞེས་བགྱི་བའམ། ཤེས་རབ་ཀྱི་ཕ་རོལ་ཏུ་ཕྱིན་པ་ཞེས་བགྱི་བ་འདི་ཆོས་གང་གི་[༣]ཚིག་བླ་དགས་[༤]ལགས། བཅོམ་ལྡན་འདས་བྱང་ཆུབ་སེམས་དཔའ་ཞེས་བགྱི་བའམ། ཤེས་རབ་ཀྱི་ཕ་རོལ་ཏུ་ཕྱིན་པ་ཞེས་བགྱི་བ་དེ་ལྟ་བུ་བདག་གིས་ཡང་དག་པར་རྗེས་སུ་མ་མཐོང་ངོ་། །བཅོམ་ལྡན་འདས་དེ་ལྟར་བདག་གིས་བྱང་ཆུབ་སེམས་དཔའ་དེ་དང་། ཤེས་རབ་ཀྱི་ཕ་རོལ་ཏུ་ཕྱིན་པ་དེ་དང་། བྱང་ཆུབ་སེམས་དཔའི་མིང་དེ་ཡང་ཡང་དག་པར་རྗེས་

སུ་མ་མཐོང་ན། བྱང་ཆུབ་སེམས་དཔའ་སེམས་དཔའ་ཆེན་པོ་ནི་སུ་ཞིག ། ཤེས་རབ་ཀྱི་ཕ་རོལ་ཏུ་ཕྱིན་པ་ནི་གང་ཞིག་ལ་གདམས་ཤིང་རྗེས་སུ་བསྟན་པར་བགྱི། དེ་སྐད་ཅེས་གསོལ་པ་དང་། བཅོམ་ལྡན་འདས་ཀྱིས་ཚེ་དང་ལྡན་པ་རབ་འབྱོར་ལ་འདི་སྐད་ཅེས་བཀའ་སྩལ་ཏོ། །རབ་འབྱོར་འདི་ལྟ་སྟེ། ཤེས་རབ་ཀྱི་ཕ······རོལ་ཏུ་ཕྱིན་པ་དང་། བྱང་ཆུབ་སེམས་དཔའ་དང་། བྱང་ཆུབ་སེམས་དཔའི་མིང་དུ་བྱ་བ་དེ་དག་ནི་མིང་ཙམ་སྟེ། མིང་དེ་ནི་ནང་ན་ཡང་མེད། ཕྱི་རོལ་ན་ཡང་མེད། གཉིས་ཀ་མེད་པར་ཡང་མི་དམིགས་སོ། །རབ་འབྱོར་འདི་ལྟ་སྟེ···དཔེར་ན། སེམས་ཅན་སེམས་ཅན་ཞེས་བྱ་བར་མིང་དུ་གདགས་པའི་མིང་དེ་ནི་བཏགས་པ་ཙམ་སྟེ། བཏགས་པའི་ཆོས་གང་ཡིན་པ་དེ་ལ་ནི། མིང་དང་བརྗ་ཙམ་དུ་ཐ་སྙད་ཀྱིས་གདགས་པ་མ་གཏོགས་པར་སྐྱེ་བའམ་འགག་པ་མེད་དེ། མིང་དེ་ནི་ནང་ན་ཡང་མེད། ཕྱི་རོལ་ན་ཡང་མེད། གཉིས་ཀ་མེད་པར་ཡང་··མི་དམིགས་སོ། །བདག་དང་། སྲོག་དང་། འགྲོ་བ་དང་། གསོ་བ་དང་། སྐྱེས་བུ་དང་། གང་ཟག་དང་། ཤེད་ཅན་དང་། ཤེད་བདག་དང་། བྱེད་པ་པོ་དང་། བྱེད་དུ་འཇུག་པ་པོ་དང་། སློང་བ་པོ་དང་། ཡོངས་སུ་སློང་བ་པོ་དང་། ཚོར་བ་པོ་དང་། ཚོར་བར་བྱེད་པ་པོ་དང་། ཤེས་པ་པོ་དང་། མཐོང་བ་པོ་དེ་དག་ཐམས་ཅད་ཀྱང་བཏགས་པ་ཙམ་སྟེ། བཏགས་པའི་ཆོས་གང་ཡིན་པ་དེ་ལ་ནི་མིང་དང་བརྗ་ཙམ་དུ་ཐ་སྙད་ཀྱིས་གདགས་པ་མ་གཏོགས་པར་སྐྱེ་བའམ་འགག་པ་མེད་དེ། མིང་དེ་ནི་ནང་ན་ཡང་མེད། ཕྱི་རོལ་ན་ཡང་མེད། གཉིས་ཀ་མེད་པར་ཡང་མི་དམིགས་སོ། །རབ་འབྱོར་དེ་བཞིན་དུ་ཤེས་རབ་ཀྱི་ཕ་རོལ་ཏུ་ཕྱིན་པ་གང་ཡིན་པ་དང་། བྱང་ཆུབ་སེམས་དཔའ་གང་··ཡིན་པ་དང་། བྱང་ཆུབ་སེམས་དཔའི་མིང་གང་ཡིན་པ་དེ་དག་ཐམས་ཅད་ཀྱང་

བཏགས་པ་ཙམ་སྟེ། བཏགས་པའི་ཆོས་གང་ཡིན་པ་དེ་ལ་ནི། མིང་དང་བརྡ་ཙམ་དུ་ཐ་སྙད་ཀྱིས་གདགས་①པ་མ་གཏོགས་པར་སྐྱེ་བའམ་འགག་པ་མེད་དེ། མིང་དེ་ནི་ནང་ན་ཡང་མེད། ཕྱི་རོལ་ན་ཡང་མེད། གཉིས་ཀ་མེད་པར་ཡང་མི་དམིགས་སོ། །རབ་འབྱོར་འདི་ལྟ་སྟེ། དཔེར་ན་ནང་གི་གཟུགས་ཞེས་མིང་དུ་བྱ་བ་ནི་ཆོས་སུ་བཏགས་པ་ཙམ་དུ་ཟད་དེ། ཆོས་སུ་བཏགས་པ་དེ་ལ་ནི་མིང་དང་བརྡ་ཙམ་དུ་ཐ་སྙད་ཀྱིས་གདགས་པ་མ་གཏོགས་པར་སྐྱེ་བའམ་འགག་པ་མེད་དེ། མིང་དེ་ནི་ནང་ན་ཡང་མེད། ཕྱི་རོལ་ན་ཡང་མེད། གཉིས་ཀ་མེད་པར་ཡང་མི་དམིགས་སོ། །རབ་འབྱོར་ཚོར་བ་དང་། འདུ་ཤེས་དང་། འདུ་བྱེད་དང་། རྣམ་པར་ཤེས་པ་ཞེས་མིང་དུ་བྱ་བ་ནི་ཆོས་སུ་གདགས་པ་ཙམ་དུ་ཟད་དེ། ཆོས་སུ་བཏགས་པ་དེ་ལ་ནི་མིང་དང་བརྡ་ཙམ་དུ་②ཐ་སྙད་ཀྱིས་③གདགས་པ་མ་གཏོགས་པར་སྐྱེ་བའམ་འགག་པ་མེད་དེ། མིང་དེ་ནི་ནང་ན་ཡང་མེད། ཕྱི་རོལ་ན་ཡང་མེད། གཉིས་ཀ་མེད་པར་ཡང་མི་དམིགས་སོ། །རབ་འབྱོར་དེ་བཞིན་དུ་ཤེས་རབ་ཀྱི་ཕ་རོལ་ཏུ་ཕྱིན་པ་དང་། བྱང་ཆུབ་སེམས་དཔའ་དང་། བྱང་ཆུབ་སེམས་དཔའི་མིང་དང་ཆོས་དེ་དག་ཐམས་ཅད་ནི་ཆོས་སུ་གདགས་པ་ཙམ་དུ་ཟད་དེ། ཆོས་སུ་བཏགས་པ་དེ་ལ་ནི་④མིང་དང་བརྡ་ཙམ་དུ་⑤ཐ་སྙད་ཀྱིས་⑥གདགས་པ་མ་གཏོགས་པར། སྐྱེ་བའམ་འགག་པ་མེད་དེ། མིང་དེ་ནི་ནང་ན་ཡང་མེད། ཕྱི་རོལ་ན་ཡང་མེད། གཉིས་ཀ་མེད་པར་ཡང་མི་དམིགས་སོ། །རབ་འབྱོར་མིག་ཅེས་བྱ་བ་འདི་ནི་ཆོས་སུ་གདགས་པ་ཙམ་དུ་ཟད་དེ། ཆོས་སུ་བཏགས་པ་དེ་ལ་ནི་འདི་ལྟ་སྟེ་མིག་ཅེས་མིང་དང་བརྡ་ཙམ་དུ་ཐ་སྙད་ཀྱིས་གདགས་པ་མ་གཏོགས་⑦པར་སྐྱེ་བའམ་འགག་པ་མེད་དེ། མིང་དེ་ནི་ནང་ན་ཡང་མེད། ཕྱི་རོལ་ན་ཡང་མེད། གཉིས་ཀ་མེད་པར་ཡང་མི་

དམིགས་སོ། །རབ་འབྱོར་རྣ་བ་དང་། སྣ་དང་། ལྕེ་དང་། ལུས་དང་། ཡིད་ཅེས་བྱ་བ་འདི་ནི་ཆོས་སུ་གདགས་པ་ཙམ་དུ་ཟད་དེ། ཆོས་སུ་བཏགས[༡]པ་དེ་ལ་ནི་འདི་ལྟ་སྟེ། ཡིད་ཅེས་མིང་དང་བརྡ་ཙམ་དུ་ཐ་སྙད་ཀྱིས་གདགས་པ་མ་གཏོགས་པར་སྐྱེ་བའམ་འགག་པ་མེད་དེ། མིང་དེ་ནི་ནང་ན་ཡང་མེད། ཕྱི་རོལ་ན་ཡང་མེད། གཉིས་ཀ་མེད་པར་ཡང་མི་དམིགས་སོ། །རབ་འབྱོར་གཟུགས་ཞེས་བྱ་བ་འདི་ནི་ཆོས་སུ་གདགས་པ་ཙམ་དུ་ཟད་དེ། ཆོས་སུ་བཏགས་པ་དེ་ལ་ནི་འདི་ལྟ་སྟེ། གཟུགས་ཞེས་མིང་དང་བརྡ་ཙམ་དུ་ཐ་སྙད་ཀྱིས་གདགས་པ་མ་གཏོགས་པར་སྐྱེ་བའམ་འགག་པ་མེད་དེ། མིང་དེ་ནི་ནང་ན་ཡང་མེད། ཕྱི་རོལ་ན་ཡང་མེད། གཉིས་ཀ་མེད་པར་ཡང་མི་དམིགས་སོ། །རབ་འབྱོར་དེ་བཞིན་དུ་སྒྲ་དང་། དྲི་དང་། རོ་དང་། རེག་བྱ་དང་། ཆོས་ཞེས་བྱ་བ་འདི་ནི་ཆོས་སུ་གདགས་པ་ཙམ་དུ་ཟད་དེ། ཆོས་སུ་བཏགས་པ་དེ་ལ་ནི་འདི་ལྟ་སྟེ། ཆོས་ཞེས་མིང་དང་བརྡ་ཙམ་དུ་ཐ་སྙད་ཀྱིས་གདགས་པ་མ་གཏོགས་པར། སྐྱེ་བའམ་འགག་པ་མེད་དེ། མིང་དེ་ནི་ནང་ན་ཡང་མེད། ཕྱི་རོལ་ན་ཡང་མེད། གཉིས་ཀ་མེད་པར་ཡང་མི་དམིགས་སོ། །རབ་འབྱོར་མིག་གི་ཁམས་ཞེས་བྱ་བ་འདི་ནི་ཆོས་སུ་གདགས་པ་ཙམ་དུ་ཟད་དེ། ཆོས་སུ་བཏགས་པ་དེ་ལ་ནི། འདི་ལྟ་སྟེ། མིག་གི་ཁམས་ཞེས་མིང་དང་བརྡ་ཙམ་དུ་ཐ་སྙད་ཀྱིས་གདགས་པ་མ་གཏོགས་པར། སྐྱེ་བའམ་འགག་པ་མེད་དེ། མིང་དེ་ནི་ནང་ན་ཡང་མེད། ཕྱི་རོལ་ན་ཡང་མེད། གཉིས་ཀ་མེད་པར་ཡང་མི་དམིགས་སོ། །རབ་འབྱོར་གཟུགས་ཀྱི་ཁམས་ཞེས་བྱ་བ་འདི་ནི་ཆོས་སུ་གདགས་པ་ཙམ་དུ་ཟད་དེ། ཆོས་སུ་བཏགས་པ་དེ་ལ་ནི་འདི་ལྟ་སྟེ། གཟུགས་ཀྱི་ཁམས་ཞེས་མིང་དང་བརྡ་ཙམ་དུ་ཐ་སྙད་ཀྱིས་གདགས་པ་མ་གཏོགས[༣]པར་སྐྱེ་བའམ་འགག་པ་མེད་དེ། མིང་དེ་ནི་

ནང་ན་ཡང་མེད། ཕྱི་རོལ་ན་ཡང་མེད། གཉིས་ཀ་མེད་པར་ཡང་མི་དམིགས་སོ། །རབ་འབྱོར་མིག་གི་རྣམ་པར་ཤེས་པའི་ཁམས་ཞེས་བྱ་བ་འདི་ནི་ཆོས་སུ་གདགས་པ་ཙམ་དུ་ཟད་དེ། ཆོས་སུ་བཏགས་པ་དེ་ལ་ནི་འདི་ལྟ་སྟེ། མིག་གི་རྣམ་པར་ཤེས་པའི་ཁམས་ཞེས་མིང་དང་བརྡ་ཙམ་དུ་ཐ་སྙད་ཀྱིས་གདགས་པ་མ་གཏོགས་པར་སྐྱེ་བའམ། འགག་པ་མེད་དེ། མིང་དེ་ནི་ནང་ན་ཡང་མེད། ཕྱི་རོལ་ན་ཡང་མེད། གཉིས་ཀ་མེད་པར་ཡང་མི་དམིགས་སོ། །རབ་འབྱོར་རྣ་བའི་ཁམས་དང་། སྒྲའི་ཁམས་དང་། རྣ་བའི་རྣམ་པར་ཤེས་པའི་ཁམས་དང་། སྣའི་ཁམས་དང་། དྲིའི་ཁམས་དང་། སྣའི་རྣམ་པར་ཤེས་པའི་ཁམས་དང་། ལྗེའི་ཁམས་དང་། རོའི་ཁམས་དང་། ལྗེའི་རྣམ་པར་ཤེས་པའི་ཁམས་དང་། ལུས་ཀྱི་ཁམས་དང་། རེག་བྱའི་ཁམས་དང་། ལུས་ཀྱི་རྣམ་པར་ཤེས་པའི་ཁམས་དང་། ཡིད་ཀྱི་ཁམས་དང་། ཆོས་ཀྱི་ཁམས་དང་། ཡིད་ཀྱི་རྣམ་པར་ཤེས་པའི་ཁམས་ཞེས་བྱ་བ་འདི་ནི་ཆོས་སུ་གདགས་པ་ཙམ་དུ་ཟད་དེ། ཆོས་སུ་བཏགས་པ་དེ་ལ་ནི་འདི་ལྟ་སྟེ། ཡིད་ཀྱི་རྣམ་པར་ཤེས་པའི་ཁམས་ཞེས་མིང་དང་བརྡ་ཙམ་དུ་ཐ་སྙད་ཀྱིས་གདགས་པ་མ་གཏོགས་པར་སྐྱེ་བའམ་འགག་པ་མེད་དེ། མིང་དེ་ནི་ནང་ན་ཡང་མེད། ཕྱི་རོལ་ན་ཡང་མེད། གཉིས་ཀ་མེད་པར་ཡང་མི་དམིགས་སོ། །རབ་འབྱོར་དེ་བཞིན་དུ་གང་འདི་ཤེས་རབ་ཀྱི་ཕ་རོལ་ཏུ་ཕྱིན་པ་ཞེས་བྱ་བ་དང་། བྱང་ཆུབ་སེམས་དཔའ་ཞེས་བྱ་བ་དང་། བྱང་ཆུབ་སེམས་དཔའི་མིང་ཞེས་བྱ་བ་[1]དག་ཀྱང་ཆོས་སུ་གདགས་པ་ཙམ་དུ་ཟད་དེ། ཆོས་སུ་བཏགས་པ་དེ་ལ་ནི་འདི་ལྟ་སྟེ། ཤེས་རབ་ཀྱི་ཕ་རོལ་ཏུ་ཕྱིན་པ་ཞེས་བྱ་བ་དང་། བྱང་ཆུབ་སེམས་དཔའ་ཞེས་བྱ་བ་དང་། བྱང་ཆུབ་སེམས་དཔའི་མིང་ཞེས་བྱ་བར་མིང་དང་བརྡ་ཙམ་དུ་ཐ་སྙད་ཀྱིས་གདགས་པ་མ་གཏོགས་པར། སྐྱེ་

བའམ་འགག་པ་མེད་དེ། མིང་དེ་ནི་ནང་ན་ཡང་མེད། ཕྱི་རོལ་ན་ཡང་མེད། གཉིས་ཀ་མེད་པར་ཡང་མི་དམིགས་སོ། །རབ་འབྱོར་འདི་ལྟ་སྟེ་དཔེར་ན། ནང་གི་①ལུས་ཞེས་བྱ་བ་འདི་ནི་མིང་ཙམ་དུ། ཐ་སྙད་ཀྱིས་གདགས་པ་སྟེ། མགོའི་རུས་པ་ཞེས་མིང་དུ་ཐ་སྙད་ཀྱིས་གདགས་པ་དང་། མཇིང་②པའི་རུས་པ་ཞེས་མིང་དུ་ཐ་སྙད་ཀྱིས་གདགས་པ་དང་། ཕྲག་པའི་རུས་པ་དང་། དཔུང་པའི་རུས་པ་དང་། ཚིགས་པའི་རུས་པ་དང་། རྩིབ་མའི་རུས་པ་དང་། དཔྱིའི་རུས་པ་དང་། བརླའི་③རུས་པ་དང་། རྗེ་ངར་གྱི་རུས་པ་དང་། རྐང་པའི་རུས་པ་ཞེས་མིང་དུ་ཐ་སྙད་ཀྱིས་གདགས་པ་དེ་དག་ཀྱང་། ཆོས་སུ་གདགས་པ་ཙམ་དུ་ཟད་དེ། ཆོས་སུ་བཏགས་④པ་དེ་ལ་ནི་འདི་ལྟ་སྟེ། མགོའི་རུས་པ་ཞེས་བྱ་བ་དང་། རྐང་པའི་རུས་པ་ཞེས་བྱ་བའི་བར་དུ་མིང་དང་བརྗོད་ཙམ་དུ་ཐ་སྙད་ཀྱིས་གདགས་པ་མ་གཏོགས་པར་⑤སྐྱེ་བའམ་འགག་པ་མེད་དེ། མིང་དེ་ནི་ནང་ན་ཡང་མེད། ཕྱི་རོལ་ན་ཡང་མེད། གཉིས་ཀ་མེད་པར་ཡང་མི་དམིགས་སོ། །རབ་འབྱོར་དེ་བཞིན་དུ་གང་འདི་ཤེས་རབ་ཀྱི་ཕ་རོལ་ཏུ་ཕྱིན་པ་ཞེས་བྱ་བ་དང་། བྱང་ཆུབ་སེམས་དཔའ་ཞེས་བྱ་བ་དང་། བྱང་ཆུབ་སེམས་དཔའི་མིང་དུ་བྱ་བ་དག་ཀྱང་ཆོས་སུ་གདགས་པ་ཙམ་དུ་ཟད་དེ། ཆོས་སུ་བཏགས་པ་དེ་ལ་ནི་མིང་དང་བརྗོད་ཙམ་དུ་ཐ་སྙད་ཀྱིས་གདགས་པ་མ་གཏོགས་པར་སྐྱེ་བའམ་འགག་པ་མེད་དེ། མིང་དེ་ནི་ནང་ན་ཡང་མེད། ཕྱི་རོལ་ན་ཡང་མེད། གཉིས་ཀ་མེད་པར་ཡང་མི་དམིགས་སོ། །རབ་འབྱོར་འདི་ལྟ་སྟེ་དཔེར་ན། གང་འདི་ཕྱི་རོལ་གྱི་རྩྭ་དང་། ཤིང་དང་། ཡལ་ག་དང་། ལོ་མ་དང་། འདབ་མ་ཞེས་བྱ་བ་དེ་དག་ཐམས་ཅད་ཀྱང་མིང་སྣ་ཚོགས་ཀྱིས་ཐ་སྙད་དུ་བརྗོད་དེ། དེ་དག་ཀྱང་མིང་དང་བརྗོད་ཙམ་དུ་ཐ་སྙད་ཀྱིས་གདགས་པ་མ་གཏོགས་པར་སྐྱེ

བའམ་འགག་པ་མེད་དེ། མིང་དེ་ནི་ནང་ན་ཡང་མེད། ཕྱི་རོལ་ན་ཡང་མེད། གཉིས་ཀ་མེད་པར་ཡང་མི་དམིགས་སོ། །རབ་འབྱོར་དེ་བཞིན་དུ་གང་འདི་ཤེས་རབ་ཀྱི་ཕ་རོལ་ཏུ་ཕྱིན་པ་ཞེས་བྱ་བ་དང་། བྱང་ཆུབ་སེམས་དཔའ་ཞེས་བྱ་བ་དང་། བྱང་ཆུབ་སེམས་དཔའི་མིང་ཞེས་བྱ་བ་དེ་དག་ཀྱང་ཆོས་སུ་གདགས་པ་ཙམ་དུ་ཟད་དེ། ཆོས་སུ་བཏགས་པ་དེ་ལ་ནི་མིང་དང་བརྡ་ཙམ་དུ་ཐ་སྙད་ཀྱིས་གདགས་པ་མ་གཏོགས་པར་སྐྱེ་བའམ་འགག་པ་མེད་དེ། མིང་དེ་ནི་ནང་ན་ཡང་མེད། ཕྱི་རོལ་ན་ཡང་མེད། གཉིས་ཀ་མེད་པར་ཡང་མི་དམིགས་སོ། །རབ་འབྱོར་འདི་ལྟ་སྟེ་དཔེར་ན། འདས་པའི་སངས་རྒྱས་བཅོམ་ལྡན་འདས་རྣམས་ཀྱི་མཚན་ཙམ་ཞིག་ཡོད་པ་ཡང་། མཚན་དེ་ནི་ནང་ན་ཡང་མེད། ཕྱི་རོལ་ན་ཡང་མེད། གཉིས་ཀ་མེད་པར་ཡང་མི་དམིགས་སོ། །རབ་འབྱོར་འདི་ལྟ་སྟེ་དཔེར་ན། རྨི་ལམ་དང་། སྒྲ་བརྙན་དང་། གཟུགས་བརྙན་དང་། སྒྱུ་མ་དང་། སྨིག་རྒྱུ་དང་། ཆུ་ཟླ་དང་། དེ་བཞིན་གཤེགས་པའི་སྤྲུལ་པའི་ཆོས་དེ་དག་ཐམས་ཅད་ནི་ཆོས་སུ་གདགས་པ་ཙམ་དུ་ཟད་དེ། ཆོས་སུ་བཏགས་པ་དེ་ནི་མིང་དང་བརྡ་ཙམ་དུ་ཐ་སྙད་ཀྱིས་གདགས་པ་མ་གཏོགས་པར་སྐྱེ་བའམ། འགག་པ་མེད་དེ། མིང་དེ་ནི་ནང་ན་ཡང་མེད། ཕྱི་རོལ་ན་ཡང་མེད། གཉིས་ཀ་མེད་པར་ཡང་མི་དམིགས་སོ། །རབ་འབྱོར་དེ་བཞིན་དུ་གང་འདི་ཤེས་རབ་ཀྱི་ཕ་རོལ་ཏུ་ཕྱིན་པ་ཞེས་བྱ་བ་དང་། བྱང་ཆུབ་སེམས་དཔའ་ཞེས་བྱ་བ་དང་། བྱང་ཆུབ་སེམས་དཔའི་མིང་ཞེས་བྱ་བའི་ཆོས་དེ་དག་ཐམས་ཅད་ནི་ཆོས་སུ་གདགས་པ་ཙམ་དུ་ཟད་དེ། ཆོས་སུ་བཏགས་པ་དེ་ལ་ནི་མིང་དང་བརྡ་ཙམ་དུ་ཐ་སྙད་ཀྱིས་གདགས་པ་མ་གཏོགས་པར། སྐྱེ་བའམ་འགག་པ་མེད་དེ། མིང་དེ་ནི་ནང་ན་ཡང་མེད། ཕྱི་རོལ་ན་ཡང་མེད། གཉིས་ཀ་མེད་པར་ཡང་

མི་དམིགས་སོ། །རབ་འབྱོར་དེ་ལྟར་བྱང་ཆུབ་སེམས་དཔའ་སེམས་དཔའ་ཆེན་པོ་ཤེས་རབ་ཀྱི་ཕ་རོལ་ཏུ་ཕྱིན་པ་ལ་སྤྱོད་པའི་ཚེ། མིང་དང་བརྗར་[1]བཏགས་པ་དང་། གདམས་ངག་ཏུ་བཏགས་པ་དང་། ཆོས་སུ་བཏགས་པ་ལ་བསླབ་པར་བྱའོ། །རབ་འབྱོར་བྱང་ཆུབ་སེམས་དཔའ་སེམས་དཔའ་ཆེན་པོ་ཤེས་རབ་ཀྱི་ཕ་རོལ་ཏུ་ཕྱིན་པ་ལ་དེ་ལྟར་སྤྱོད་པ་ནི་གཟུགས་ཞེས་བྱ་བ་རྟག་པར་ཡང་དག་པར་རྗེས་སུ་མི་མཐོང་ངོ་། །གཟུགས་ཞེས་བྱ་བ་མི་རྟག་པར་ཡང་དག་པར་རྗེས་སུ་མི་མཐོང་ངོ་། །གཟུགས་ཞེས་བྱ་བ་བདེ་བར་ཡང་དག་པར་རྗེས་སུ་མི་མཐོང་ངོ་། །གཟུགས་ཞེས་བྱ་བ་སྡུག་བསྔལ་བར་ཡང་དག་པར་རྗེས་སུ་མི་མཐོང་ངོ་། །གཟུགས་ཞེས་བྱ་བ་བདག་ཏུ་ཡང་དག་པར་རྗེས་སུ་མི་མཐོང་ངོ་། །གཟུགས་ཞེས་བྱ་བ་བདག་མེད་པར་ཡང་དག་པར་རྗེས་སུ་མི་མཐོང་ངོ་། །གཟུགས་ཞེས་བྱ་བ་ཞི་བར་ཡང་དག་པར་རྗེས་སུ་མི་མཐོང་ངོ་། །གཟུགས་ཞེས་བྱ་བ་མ་ཞི་བར་ཡང་དག་པར་རྗེས་སུ་མི་མཐོང་ངོ་། །གཟུགས་ཞེས་བྱ་བ་སྟོང་བར་ཡང་དག་པར་རྗེས་སུ་མི་མཐོང་ངོ་། །གཟུགས་ཞེས་བྱ་བ་མི་སྟོང་བར་ཡང་དག་པར་རྗེས་སུ་མི་མཐོང་ངོ་། །གཟུགས་ཞེས་བྱ་བ་མཚན་མ་ཡོད་པར་ཡང་དག་པར་རྗེས་སུ་མི་མཐོང་ངོ་། །གཟུགས་ཞེས་བྱ་བ་མཚན་མ་མེད་པར་ཡང་དག་པར་རྗེས་སུ་མི་མཐོང་ངོ་། །གཟུགས་ཞེས་བྱ་བ་སྨོན་པ་ཡོད་པར་ཡང་དག་པར་རྗེས་སུ་མི་མཐོང་ངོ་། །གཟུགས་ཞེས་བྱ་བ་སྨོན་པ་མེད་པར་ཡང་དག་པར་རྗེས་སུ་མི་མཐོང་ངོ་། །གཟུགས་ཞེས་བྱ་བ་འདུས་བྱས་སུ་ཡང་དག་པར་རྗེས་སུ་མི་མཐོང་ངོ་། །གཟུགས་ཞེས་བྱ་བ་འདུས་མ་བྱས་སུ་ཡང་དག་པར་རྗེས་སུ་མི་མཐོང་ངོ་། །གཟུགས་ཞེས་བྱ་བ་ཀུན་ནས་ཉོན་མོངས་པར་ཡང་དག་པར་རྗེས་སུ་མི་མཐོང་ངོ་། །གཟུགས་ཞེས་བྱ་བ་རྣམ་པར་བྱང་བར་ཡང་དག་པར་རྗེས་སུ་མི་མཐོང་ངོ་། །

གཟུགས་ཞེས་བྱ་བ་སྐྱེ་བར་ཡང་དག་པར་རྗེས་སུ་མི་མཐོང་ངོ་། །གཟུགས་ཞེས་བྱ་བ་འགག་པར་ཡང་དག་པར་རྗེས་སུ་མི་མཐོང་ངོ་། །གཟུགས་ཞེས་བྱ་བ་དབེན་པར་ཡང་དག་པར་རྗེས་སུ་མི་མཐོང་ངོ་། །གཟུགས་ཞེས་བྱ་བ་མི་དབེན་པར་ཡང་དག་པར་རྗེས་སུ་མི་མཐོང་ངོ་། །གཟུགས་ཞེས་བྱ་བ་དགེ་བར་ཡང་དག་པར་རྗེས་སུ་མི་མཐོང་ངོ་། །གཟུགས་ཞེས་བྱ་བ་མི་དགེ་བར་ཡང་དག་པར་རྗེས་སུ་མི་མཐོང་ངོ་། །གཟུགས་ཞེས་བྱ་བ་ཁ་ན་མ་ཐོ་[༡]བ་དང་བཅས་པར་ཡང་དག་པར་རྗེས་སུ་མི་མཐོང་ངོ་། །གཟུགས་ཞེས་བྱ་བ་ཁ་ན་མ་ཐོ་བ་མེད་པར་ཡང་དག་པར་རྗེས་སུ་མི་མཐོང་ངོ་། །གཟུགས་ཞེས་བྱ་བ་ཟག་པ་དང་བཅས་པར་ཡང་དག་པར་རྗེས་སུ་མི་མཐོང་ངོ་། །གཟུགས་ཞེས་བྱ་བ་ཟག་པ་མེད་པར་ཡང་དག་པར་རྗེས་སུ་མི་མཐོང་ངོ་། །གཟུགས་ཞེས་བྱ་བ་ཉོན་མོངས་པ་དང་བཅས་པར་ཡང་དག་པར་རྗེས་སུ་མི་མཐོང་ངོ་། །གཟུགས་ཞེས་བྱ་བ་ཉོན་མོངས་པ་མེད་པར་ཡང་དག་པར་རྗེས་སུ་མི་མཐོང་ངོ་། །གཟུགས་ཞེས་བྱ་བ་འཇིག་རྟེན་པར་ཡང་དག་པར་རྗེས་སུ་མི་མཐོང་ངོ་། །གཟུགས་ཞེས་བྱ་བ་འཇིག་རྟེན་ལས་འདས་པར་ཡང་དག་པར་རྗེས་སུ་མི་མཐོང་ངོ་། །གཟུགས་ཞེས་བྱ་བ་འཁོར་བར་ཡང་དག་པར་རྗེས་སུ་མི་མཐོང་ངོ་། །གཟུགས་ཞེས་བྱ་བ་མྱ་ངན་ལས་འདས་པར་ཡང་དག་པར་རྗེས་སུ་མི་མཐོང་ངོ་། །ཚོར་བ་ཞེས་བྱ་བ་དང་། འདུ་ཤེས་ཞེས་བྱ་བ་དང་། འདུ་བྱེད་ཅེས་བྱ་བ་དང་། རྣམ་པར་ཤེས་པ་ཞེས་བྱ་བ་རྟག་པར་ཡང་དག་པར་རྗེས་སུ་མི་མཐོང་ངོ་། །རྣམ་པར་ཤེས་པ་ཞེས་བྱ་བ་མི་རྟག་པར་ཡང་དག་པར་རྗེས་སུ་མི་མཐོང་ངོ་། །རྣམ་པར་ཤེས་པ་ཞེས་བྱ་བ་བདེ་བར་ཡང་དག་པར་རྗེས་སུ་མི་མཐོང་ངོ་། །རྣམ་པར་ཤེས་པ་ཞེས་བྱ་བ་སྡུག་བསྔལ་བར་ཡང་དག་པར་རྗེས་སུ་མི་མཐོང་ངོ་། །རྣམ་པར་ཤེས་པ་ཞེས་བྱ་བ་བདག་ཏུ་

ཡང་དག་པར་རྗེས་སུ་མི་མཐོང་ངོ་། །རྣམ་པར་ཤེས་པ་ཞེས་བྱ་བ་བདག་མེད་པར་ཡང་དག་པར་རྗེས་སུ་མི་མཐོང་ངོ་། །རྣམ་པར་ཤེས་པ་ཞེས་བྱ་བ་ཞི་བར་ཡང་དག་པར་རྗེས་སུ་མི་མཐོང་ངོ་། །རྣམ་པར་ཤེས་པ་ཞེས་བྱ་བ་མ་ཞི་བར་ཡང་དག་པར་རྗེས་སུ་མི་མཐོང་ངོ་། །རྣམ་པར་ཤེས་པ་ཞེས་བྱ་བ་སྟོང་པར་ཡང་དག་པར་རྗེས་སུ་མི་མཐོང་ངོ་། །རྣམ་པར་ཤེས་པ་ཞེས་བྱ་བ་མི་སྟོང་པར་ཡང་དག་པར་རྗེས་སུ་མི་མཐོང་ངོ་། །རྣམ་པར་ཤེས་པ་ཞེས་བྱ་བ་མཚན་མ་ཡོད་པར་ཡང་དག་པར་རྗེས་སུ་མི་མཐོང་ངོ་། །རྣམ་པར་ཤེས་པ་ཞེས་བྱ་བ་མཚན་མ་མེད་པར་ཡང་དག་པར་རྗེས་སུ་མི་མཐོང་ངོ་། །རྣམ་པར་ཤེས་པ་ཞེས་བྱ་བ་སྨོན་པ་ཡོད་པར་ཡང་དག་པར་རྗེས་སུ་མི་མཐོང་ངོ་། །རྣམ་པར་ཤེས་པ་ཞེས་བྱ་བ་སྨོན་པ་མེད་པར་ཡང་དག་པར་རྗེས་སུ་མི་མཐོང་ངོ་། །རྣམ་པར་ཤེས་པ་ཞེས་བྱ་བ་འདུས་བྱས་སུ་ཡང་དག་པར་རྗེས་སུ་མི་མཐོང་ངོ་། །རྣམ་པར་ཤེས་པ་ཞེས་བྱ་བ་འདུས་མ་བྱས་སུ་ཡང་དག་པར་རྗེས་སུ་མི་མཐོང་ངོ་། །རྣམ་པར་ཤེས་པ་ཞེས་བྱ་བ་ཀུན་ནས་ཉོན་མོངས་པར་ཡང་དག་པར་རྗེས་སུ་མི་མཐོང་ངོ་། །རྣམ་པར་ཤེས་པ་ཞེས་བྱ་བ་རྣམ་པར་བྱང་བར་ཡང་དག་པར་རྗེས་སུ་མི་མཐོང་ངོ་། །རྣམ་པར་ཤེས་པ་ཞེས་བྱ་བ་སྐྱེ་བར་ཡང་དག་པར་རྗེས་སུ་མི་མཐོང་ངོ་། །རྣམ་པར་ཤེས་པ་ཞེས་བྱ་བ་འགག་པར་ཡང་དག་པར་རྗེས་སུ་མི་མཐོང་ངོ་། །རྣམ་པར་ཤེས་པ་ཞེས་བྱ་བ་དབེན་པར་ཡང་དག་པར་རྗེས་སུ་མི་མཐོང་ངོ་། །རྣམ་པར་ཤེས་པ་ཞེས་བྱ་བ་མི་དབེན་པར་ཡང་དག་པར་རྗེས་སུ་མི་མཐོང་ངོ་། །རྣམ་པར་ཤེས་པ་ཞེས་བྱ་བ་དགེ་བར་ཡང་དག་པར་རྗེས་སུ་མི་མཐོང་ངོ་། །རྣམ་པར་ཤེས་པ་ཞེས་བྱ་བ་མི་དགེ་བར་ཡང་དག་པར་རྗེས་སུ་མི་མཐོང་ངོ་། །རྣམ་པར་ཤེས་པ་ཞེས་བྱ་བ་ཁ་ན་མ་ཐོ་བ་དང་བཅས་པར་ཡང་དག་པར་རྗེས་སུ་མི་མཐོང་ངོ་། །

རྣམ་པར་ཤེས་པ་ཞེས་བྱ་བ་ཁ་ན་མ་ཐོ་བ་མེད་པར་ཡང་དག་པར་རྗེས་སུ་མི་མཐོང་ངོ་། །རྣམ་པར་ཤེས་པ་ཞེས་བྱ་བ་ཟག་པ་དང་བཅས་པར་ཡང་དག་པར་རྗེས་སུ་མི་མཐོང་ངོ་། །རྣམ་པར་ཤེས་པ་ཞེས་བྱ་བ་ཟག་པ་མེད་པར་ཡང་དག་པར་རྗེས་སུ་མི་མཐོང་ངོ་། །རྣམ་པར་ཤེས་པ་ཞེས་བྱ་བ་ཉོན་མོངས་པ་དང་བཅས་པར་···ཡང་དག་པར་རྗེས་སུ་མི་མཐོང་ངོ་། །རྣམ་པར་ཤེས་པ་ཞེས་བྱ་བ་ཉོན་མོངས་པ་མེད་པར་ཡང་དག་པར་རྗེས་སུ་མི་མཐོང་ངོ་། །རྣམ་པར་ཤེས་པ་ཞེས་བྱ་བ་འཇིག་རྟེན་པར་ཡང་དག་པར་རྗེས་སུ་མི་མཐོང་ངོ་། །རྣམ་པར་ཤེས་པ་ཞེས་བྱ་བ་འཇིག་རྟེན་ལས་འདས་པར་ཡང་དག་པར་རྗེས་སུ་མི་མཐོང་ངོ་། །རྣམ་པར་ཤེས་པ་ཞེས་བྱ་བ་འཁོར་བར་ཡང་དག་པར་རྗེས་སུ་མི་མཐོང་ངོ་། །རྣམ་པར་ཤེས་པ་ཞེས་བྱ་བ་མྱ་ངན་ལས་འདས་པར་ཡང་དག་པར་རྗེས་སུ་མི་མཐོང་ངོ།། །།

ཤེས་རབ་ཀྱི་ཕ་རོལ་ཏུ་ཕྱིན་པ་སྟོང་ཕྲག་ཉི་ཤུ་ལྔ་པ། བམ་པོ་བདུན་པ།

མིག་ཅེས་བྱ་བ་རྟག་པར་ཡང་དག་པར་རྗེས་སུ་མི་མཐོང་ངོ་། །མིག་ཅེས་བྱ་བ་[༡] མི་རྟག་པར་ཡང་དག་པར་རྗེས་སུ་མི་མཐོང་ངོ་། །མིག་ཅེས་བྱ་བ་བདེ་བ་དང་། སྡུག་བསྔལ་བ་དང་། བདག་དང་། བདག་མེད་པ་དང་། ཞི་བ་དང་། མ་ཞི་བ་དང་། སྟོང་པ་དང་། མི་སྟོང་པ་དང་། མཚན་མ་ཡོད་པ་དང་། མཚན་མ་མེད་པ་དང་། སྨོན་པ་ཡོད་པ་དང་། སྨོན་པ་མེད་པ་དང་། འདུས་བྱས་དང་། འདུས་མ་བྱས་དང་། ཀུན་ནས་ཉོན་མོངས་པ་དང་། རྣམ་པར་བྱང་བ་དང་། སྐྱེ་བ་དང་། འགག་པ་དང་། དབེན་པ་དང་། མི་དབེན་པ་དང་། དགེ་བ་དང་། མི་དགེ་བ་དང་། ཁ་ན་མ་ཐོ་བ་དང་བཅས་པ་དང་། ཁ་ན་མ་ཐོ་བ་མེད་པ་དང་། ཟག་པ་དང་བཅས་པ་དང་། ཟག་པ་མེད་པ་དང་། ཉོན་མོངས་པ་དང་བཅས་པ་དང་། ཉོན་མོངས་པ་

མེད་པ་དང་། འཇིག་རྟེན་པ་དང་། འཇིག་རྟེན་ལས་འདས་པ་དང་། འཁོར་བ་དང་། མྱ་ངན་ལས་འདས་པར་ཡང་དག་པར་རྗེས་སུ་མི་མཐོང་ངོ་། །གཟུགས་ཞེས་བྱ་བ་རྟག་པར་ཡང་དག་པར་རྗེས་སུ་མི་མཐོང་ངོ་། །གཟུགས་ཞེས་བྱ་བ་མི་རྟག་པར་ཡང་དག་པར་རྗེས་སུ་མི་མཐོང་ངོ་། །གཟུགས་ཞེས་བྱ་བ་བདེ་བ་དང་། སྡུག་བསྔལ་བ་དང་། བདག་དང་། བདག་མེད་པ་དང་། ཞི་བ་དང་། མ་ཞི་བ་དང་། སྟོང་པ་དང་། མི་སྟོང་པ་དང་། མཚན་མ་ཡོད་པ་དང་། མཚན་མ་མེད་པ་དང་། སྨོན་པ་ཡོད་པ་དང་། སྨོན་པ་མེད་པ་དང་། འདུས་བྱས་དང་། འདུས་མ་བྱས་དང་། ཀུན་ནས་ཉོན་མོངས་པ་དང་། རྣམ་པར་བྱང་བ་དང་། སྐྱེ་བ་དང་། འགག་པ་དང་། དབེན་པ་དང་། མི་དབེན་པ་དང་། དགེ་བ་དང་། མི་དགེ་བ་དང་། ཁ་ན་མ་ཐོ་བ་དང་བཅས་པ་དང་། ཁ་ན་མ་ཐོ་བ་མེད་པ་དང་། ཟག་པ་དང་བཅས་པ་དང་། ཟག་པ་མེད་པ་དང་། ཉོན་མོངས་པ་དང་བཅས་པ་དང་། ཉོན་མོངས་པ་མེད་པ་དང་། འཇིག་རྟེན་པ་དང་། འཇིག་རྟེན་ལས་འདས་པ་དང་། འཁོར་བ་དང་། མྱ་ངན་ལས་འདས་པར་ཡང་དག་པར་རྗེས་སུ་མི་མཐོང་ངོ་། །མིག་གི་རྣམ་པར་ཤེས་པ་ཞེས་བྱ་བ་རྟག་པར་ཡང་དག་པར་རྗེས་སུ་མི་མཐོང་ངོ་། །མིག་གི་རྣམ་པར་ཤེས་པ་ཞེས་བྱ་བ་མི་རྟག་པར་ཡང་དག་པར་རྗེས་སུ་མི་མཐོང་ངོ༎ མིག་གི་རྣམ་པར་ཤེས་པ་ཞེས་བྱ་བ་བདེ་བ་དང་། སྡུག་བསྔལ་བ་དང་། བདག་དང་། བདག་མེད་པ་དང་། ཞི་བ་དང་། མ་ཞི་བ་དང་། སྟོང་པ་དང་། མི་སྟོང་པ་དང་། མཚན་མ་ཡོད་པ་དང་། མཚན་མ་མེད་པ་དང་། སྨོན་པ་ཡོད་པ་དང་། སྨོན་པ་མེད་པ་དང་། འདུས་བྱས་དང་། འདུས་མ་བྱས་དང་། ཀུན་ནས་ཉོན་མོངས་པ་དང་། རྣམ་པར་བྱང་བ་དང་། སྐྱེ་བ་

དང་། འགག་པ་དང་། དབེན་པ་དང་། མི་དབེན་པ་དང་། དགེ་བ་དང་། མི་དགེ་བ་དང་། ཁ་ན་མ་ཐོ་བ་དང་བཅས་པ་དང་། ཁ་ན་མ་ཐོ་བ་མེད་པ་དང་། ཟག་པ་དང་བཅས་པ་དང་། ཟག་པ་མེད་པ་དང་། ཉོན་མོངས་པ་དང་བཅས་པ་དང་། ཉོན་མོངས་པ་མེད་པ་དང་། འཇིག་རྟེན་པ་དང་། འཇིག་རྟེན་ལས་འདས་པ་དང་། འཁོར་བ་དང་། མྱ་ངན་ལས་འདས་པར་ཡང་དག་པར་རྗེས་སུ་མི་མཐོང་ངོ་། །མིག་གི་འདུས་ཏེ་རེག་པ་ཞེས་བྱ་བ་རྟག་པར་ཡང་དག་པར་རྗེས་སུ་མི་མཐོང་ངོ་། །མིག་གི་འདུས་ཏེ་རེག་པ་ཞེས་བྱ་བ་མི་རྟག་པར་ཡང་དག་པར་རྗེས་སུ་མི་མཐོང་ངོ་། །མིག་གི་འདུས་ཏེ་རེག་པ་ཞེས་བྱ་བ་བདེ་བ་དང་། སྡུག་བསྔལ་བ་དང་། བདག་དང་བདག་མེད་པ་དང་། ཞི་བ་དང་། མ་ཞི་བ་དང་། སྟོང་པ་དང་། མི་སྟོང་པ་དང་། མཚན་མ་ཡོད་པ་དང་། མཚན་མ་མེད་པ་དང་། སྨོན་པ་ཡོད་པ་དང་། སྨོན་པ་མེད་པ་དང་། འདུས་བྱས་དང་། འདུས་མ་བྱས་དང་། ཀུན་ནས་ཉོན་མོངས་པ་དང་། རྣམ་པར་བྱང་བ་དང་། སྐྱེ་བ་དང་། འགག་པ་དང་། དབེན་པ་དང་། མི་དབེན་པ་དང་། དགེ་བ་དང་། མི་དགེ་བ་དང་། ཁ་ན་མ་ཐོ་བ་དང་བཅས་པ་དང་། ཁ་ན་མ་ཐོ་བ་མེད་པ་དང་། ཟག་པ་དང་བཅས་པ་དང་། ཟག་པ་མེད་པ་དང་། ཉོན་མོངས་པ་དང་བཅས་པ་དང་། ཉོན་མོངས་པ་མེད་པ་དང་། འཇིག་རྟེན་པ་དང་། འཇིག་རྟེན་ལས་འདས་པ་དང་། འཁོར་བ་དང་། མྱ་ངན་ལས་འདས་པར་ཡང་དག་པར་རྗེས་སུ་མི་མཐོང་ངོ་། །གང་ཡང་མིག་དང་། གཟུགས་དང་། མིག་གི་རྣམ་པར་ཤེས་པ་འདུས་ཏེ་རེག་པའི་རྐྱེན་གྱིས་བྱུང་བའི་ཚོར་བ་བདེ་བའམ་སྡུག་བསྔལ་[7]བའམ། བདེ་བ་ཡང་མ་ཡིན་སྡུག་བསྔལ་བ་ཡང་མ་ཡིན་པ་འབྱུང་ཞེས་

བྱ་བ་དེ་ཡང་རྟག་པ་དང་མི་རྟག་པར་ཡང་དག་པར་རྗེས་སུ་མི་མཐོང་ངོ་། །བདེ་བ་དང་། སྡུག་བསྔལ་བ་དང་། བདག་དང་། བདག་མེད་པ་དང་། ཞི་བ་དང་། མ་ཞི་བ་དང་། སྟོང་པ་དང་། མི་སྟོང་པ་དང་། མཚན་མ་ཡོད་པ་དང་། མཚན་མ་མེད་པ་དང་། སྨོན་པ་ཡོད་པ་དང་། སྨོན་པ་མེད་པ་དང་། འདུས་བྱས་དང་། འདུས་མ་བྱས་དང་། ཀུན་ནས་ཉོན་མོངས་པ་དང་། རྣམ་པར་བྱང་བ་དང་། སྐྱེ་བ་དང་འགག་པ་དང་། དབེན་པ་དང་། མི་དབེན་པ་དང་། དགེ་བ་དང་། མི་དགེ་བ་དང་། ཁ་ན་མ་ཐོ་བ་དང་བཅས་པ་དང་། ཁ་ན་མ་ཐོ་བ་མེད་པ་དང་། ཟག་པ་དང་བཅས་པ་དང་། ཟག་པ་མེད་པ་དང་། ཉོན་མོངས་པ་དང་བཅས་པ་དང་། ཉོན་མོངས་པ་མེད་པ་དང་། འཇིག་རྟེན་པ་དང་། འཇིག་རྟེན་ལས་འདས་པ་དང་། འཁོར་བ་དང་མྱ་ངན་ལས་འདས་པར་ཡང་དག་པར་རྗེས་སུ་མི་མཐོང་ངོ་། །རྣ་བ་ཞེས་བྱ་བ་རྟག་པར་ཡང་དག་པར་རྗེས་སུ་མི་མཐོང་ངོ་། །རྣ་བ་ཞེས་བྱ་བ་མི་རྟག་པར་ཡང་དག་པར་རྗེས་སུ་མི་མཐོང་ངོ་། །རྣ་བ་ཞེས་བྱ་བ་འཁོར་བའི་བར་དུ་ཡང་དག་པར་རྗེས་སུ་མི་མཐོང་ངོ་། །མྱ་ངན་ལས་འདས་པར་ཡང་དག་པར་རྗེས་སུ་མི་མཐོང་ངོ་། །སྣ་ཞེས་བྱ་བ་རྟག་པར་ཡང་དག་པར་རྗེས་སུ་མི་མཐོང་ངོ་། །སྣ་ཞེས་བྱ་བ་མི་རྟག་པར་ཡང་དག་པར་རྗེས་སུ་མི་མཐོང་ངོ་། །སྣ་ཞེས་བྱ་བ་འཁོར་བའི་བར་དུ་ཡང་དག་པར་རྗེས་སུ་མི་མཐོང་ངོ་། །མྱ་ངན་ལས་འདས་པར་ཡང་དག་པར་རྗེས་སུ་མི་མཐོང་ངོ་། །རྣ་བའི་རྣམ་པར་ཤེས་པ་ཞེས་བྱ་བ་རྟག་པར་ཡང་དག་པར་རྗེས་སུ་མི་མཐོང་ངོ་། །རྣ་བའི་རྣམ་པར་ཤེས་པ་ཞེས་བྱ་བ་མི་རྟག་པར་ཡང་དག་པར་རྗེས་སུ་མི་མཐོང་ངོ་། །རྣ་བའི་རྣམ་པར་ཤེས་པ་ཞེས་བྱ་བ་འཁོར་བའི་བར་དུ་ཡང་དག་པར་རྗེས་སུ་མི་མཐོང་ངོ་། །མྱ་ངན་ལས་

འདས་པར་ཡང་དག་པར་རྗེས་སུ་མི་མཐོང་ངོ་། །རྣ་བའི་འདུས་ཏེ་རེག་པ་ཞེས་བྱ་བ་རྟག་པར་ཡང་དག་པར་རྗེས་སུ་མི་མཐོང་ངོ་། །རྣ་བའི་འདུས་ཏེ་རེག་པ་ཞེས་བྱ་བ་མི་རྟག་པར་ཡང་དག་པར་རྗེས་སུ་མི་མཐོང་ངོ་། །རྣ་བའི་⑦འདུས་ཏེ་རེག་པ་ཞེས་བྱ་བ་འཁོར་བའི་བར་དུ་ཡང་དག་པར་རྗེས་སུ་མི་མཐོང་ངོ་། །མྱ་ངན་ལས་འདས་པར་ཡང་དག་པར་རྗེས་སུ་མི་མཐོང་ངོ་། །གང་ཡང་རྣ་བ་དང་། སྒྲ་དང་། རྣ་བའི་རྣམ་པར་ཤེས་པ་འདུས་ཏེ་རེག་པའི་རྐྱེན་གྱིས་བྱུང་བའི་ཚོར་བ་བདེ་བའམ། སྡུག་བསྔལ་བའམ། བདེ་བ་ཡང་མ་ཡིན། སྡུག་བསྔལ་བ་ཡང་མ་ཡིན་པ་འབྱུང་ཞེས་བྱ་བ་དེ་ཡང་རྟག་པ་དང་མི་རྟག་པར་ཡང་དག་པར་རྗེས་སུ་མི་མཐོང་ངོ་། །བདེ་བ་དང་སྡུག་བསྔལ་བ་དང་། བདག་དང་བདག་མེད་པ་དང་། ཞི་བ་དང་མ་ཞི་བ་དང་། སྟོང་པ་དང་། མི་སྟོང་པ་དང་། མཚན་མ་ཡོད་པ་དང་། མཚན་མ་མེད་པ་དང་། སྨོན་པ་ཡོད་པ་དང་། སྨོན་པ་མེད་པ་དང་། འདུས་བྱས་དང་། འདུས་མ་བྱས་དང་། ཀུན་ནས་ཉོན་མོངས་པ་དང་། རྣམ་པར་བྱང་བ་དང་། སྐྱེ་བ་དང་། འགག་པ་དང་། དབེན་པ་དང་། མི་དབེན་པ་དང་། དགེ་བ་དང་། མི་དགེ་བ་དང་། ཁ་ན་མ་ཐོ་བ་དང་བཅས་པ་དང་། ཁ་ན་མ་ཐོ་བ་མེད་པ་དང་། ཟག་པ་དང་བཅས་པ་དང་། ཟག་པ་མེད་པ་དང་། ཉོན་མོངས་པ་དང་བཅས་པ་དང་། ཉོན་མོངས་པ་མེད་པ་དང་། འཇིག་རྟེན་པ་དང་། འཇིག་རྟེན་ལས་འདས་པ་དང་། འཁོར་བ་དང་། མྱ་ངན་ལས་འདས་པར་ཡང་དག་པར་རྗེས་སུ་མི་མཐོང་ངོ་། །སྣ་ཞེས་བྱ་བ་རྟག་པར་ཡང་དག་པར་རྗེས་སུ་མི་མཐོང་ངོ་། །སྣ་ཞེས་བྱ་བ་མི་རྟག་པར་ཡང་དག་པར་རྗེས་སུ་མི་མཐོང་ངོ་། །སྣ་ཞེས་བྱ་བ་འཁོར་བའི་བར་དུ་ཡང་དག་པར་རྗེས་སུ་མི་མཐོང་ངོ་། །མྱ་ངན་ལས་འདས་པར་ཡང་

དག་པར་རྗེས་སུ་མི་མཐོང་ངོ་། །དྲི་ཞེས་བྱ་བ་རྟག་པར་ཡང་དག་པར་རྗེས་སུ་མི་མཐོང་ངོ་། །དྲི་ཞེས་བྱ་བ་མི་རྟག་པར་ཡང་དག་པར་རྗེས་སུ་མི་མཐོང་ངོ་། །དྲི་ཞེས་བྱ་བ་འཁོར་བའི་བར་དུ་ཡང་དག་པར་རྗེས་སུ་མི་མཐོང་ངོ་། །མྱ་ངན་ལས་འདས་པར་ཡང་དག་པར་རྗེས་སུ་མི་མཐོང་ངོ་། །སྣའི་རྣམ་པར་ཤེས་པ་ཞེས་བྱ་བ་རྟག་པར་ཡང་དག་པར་རྗེས་སུ་མི་མཐོང་ངོ་། །སྣའི་རྣམ་པར་ཤེས་པ་ཞེས་བྱ་བ་མི་རྟག་པར་ཡང་དག་པར་རྗེས་སུ་མི་མཐོང་ངོ་། །སྣའི་རྣམ་པར་ཤེས་པ་ཞེས་བྱ་བ་འཁོར་བའི་བར་དུ་ཡང་དག་པར་རྗེས་སུ་མི་མཐོང་ངོ་། །མྱ་ངན་ལས་འདས་པར་ཡང་དག་པར་རྗེས་སུ་མི་མཐོང་ངོ་། །སྣའི་འདུས་ཏེ་རེག་པ་ཞེས་བྱ་བ་རྟག་པར་ཡང་དག་པར་རྗེས་སུ་མི་མཐོང་ངོ་། །སྣའི་འདུས་ཏེ་རེག་པ་ཞེས་བྱ་བ་མི་རྟག་པར་ཡང་དག་པར་རྗེས་སུ་མི་མཐོང་ངོ་། །སྣའི་འདུས་ཏེ་རེག་པ་ཞེས་བྱ་བ་འཁོར་བའི་བར་དུ་ཡང་དག་པར་རྗེས་སུ་མི་མཐོང་ངོ་། །མྱ་ངན་ལས་འདས་པར་ཡང་དག་པར་རྗེས་སུ་མི[༡]མཐོང་ངོ་། །གང་ཡང་[༢]སྣ་དང་། དྲི་དང་། སྣའི་རྣམ་པར་ཤེས་པ་འདུས་ཏེ་རེག་པའི་རྐྱེན་གྱིས་བྱུང་བའི་ཚོར་བ་བདེ་བའམ། སྡུག་བསྔལ་བའམ[༣]། བདེ་བ་ཡང་མ་ཡིན། སྡུག་བསྔལ་བ་ཡང་མ་ཡིན་པ་འབྱུང་ཞེས་བྱ་བ་དེ་ཡང་རྟག་པ་དང་། མི་རྟག་པར་ཡང་དག་པར་རྗེས་སུ་མི་མཐོང་ངོ་། །བདེ་བ་དང་། སྡུག་བསྔལ་བ་དང་། བདག་དང་། བདག་མེད་པ་དང་། ཞི་བ་དང་། མ་ཞི་བ་དང་། སྟོང་པ་དང་། མི་སྟོང་པ་དང་། མཚན་མ་ཡོད་པ་དང་། མཚན་མ་མེད་པ་དང་། སྨོན་པ་ཡོད་པ་དང་། སྨོན་པ་མེད་པ་དང་། འདུས་བྱས་དང་། འདུས་མ་བྱས་དང་། ཀུན་ནས་ཉོན་མོངས་པ་དང་། རྣམ་པར་བྱང་བ་དང་། སྐྱེ་བ་དང་འགག་པ་དང་། དབེན་པ་དང་། མི་དབེན་པ་དང་། དགེ་བ་དང་། མི་དགེ་བ་

དང་། ཁ་ན་མ་ཐོ་བ་དང་བཅས་པ་དང་། ཁ་ན་མ་ཐོ་བ་མེད་པ་དང་། ཟག་པ་དང་བཅས་པ་དང་། ཟག་པ་མེད་པ་དང་། ཉོན་མོངས་པ་དང་བཅས་པ་དང་། ཉོན་མོངས་པ་མེད་པ་དང་། འཇིག་རྟེན་པ་དང་། འཇིག་རྟེན་ལས་འདས་པ་དང་། འཁོར་བ་དང་མྱ་ངན་ལས་འདས་པར་ཡང་དག་པར་རྗེས་སུ་མི་མཐོང་ངོ་། །ལྷ་ཞེས་བྱ་བ་རྟག་པར་ཡང་དག་པར་རྗེས་སུ་མི་མཐོང་ངོ་།། ལྷ་ཞེས་བྱ་བ་མི་རྟག་པར་ཡང་དག་པར་རྗེས་སུ་མི་མཐོང་ངོ་། །ལྷ་ཞེས་བྱ་བ་འཁོར་བའི་བར་དུ་ཡང་དག་པར་རྗེས་སུ་མི་མཐོང་ངོ་། །མྱ་ངན་ལས་འདས་པར་ཡང་དག་པར་རྗེས་སུ་མི་མཐོང་ངོ་། །ནོར་ཞེས་བྱ་བ་རྟག་པར་ཡང་དག་པར་རྗེས་སུ་མི་མཐོང་ངོ་། །ནོར་ཞེས་བྱ་བ་མི་རྟག་པར་ཡང་དག་པར་རྗེས་སུ་མི་མཐོང་ངོ་། །ནོར་ཞེས་བྱ་བ་འཁོར་བའི་བར་དུ་ཡང་དག་པར་རྗེས་སུ་མི་མཐོང་ངོ་། །མྱ་ངན་ལས་འདས་པར་ཡང་དག་པར་རྗེས་སུ་མི་མཐོང་ངོ་། །ལྷའི་རྣམ་པར་ཤེས་པ་ཞེས་བྱ་བ་རྟག་པར་ཡང་དག་པར་རྗེས་སུ་མི་མཐོང་ངོ་། །ལྷའི་རྣམ་པར་ཤེས་པ་ཞེས་བྱ་བ་མི་རྟག་པར་ཡང་དག་པར་རྗེས་སུ་མི་མཐོང་ངོ་། །ལྷའི་རྣམ་པར་ཤེས་པ་ཞེས་བྱ་བ་འཁོར་བའི་བར་དུ་ཡང་དག་པར་རྗེས་སུ་མི་མཐོང་ངོ་། །མྱ་ངན་ལས་འདས་པར་ཡང་དག་པར་རྗེས་སུ་མི་མཐོང་ངོ་། །ལྷའི་འདུས་ཏེ་རེག་པ་ཞེས་བྱ་བ་རྟག་པར་ཡང་དག་པར་རྗེས་སུ་མི་མཐོང་ངོ་། །ལྷའི་འདུས་ཏེ་རེག་པ་ཞེས་བྱ་བ་མི་རྟག་པར་ཡང་དག་པར་རྗེས་སུ་མི་མཐོང་ངོ་། །ལྷའི་འདུས་ཏེ་རེག་པ་ཞེས་བྱ་བ་འཁོར་བའི་བར་དུ་ཡང་དག་པར་རྗེས་སུ་མི་མཐོང་ངོ་། །མྱ་ངན་ལས་འདས་པར་ཡང་དག་པར་རྗེས་སུ་མི་མཐོང་ངོ་། །གང་ཡང་ལྷ་དང་། ནོ་དང་། ལྷའི་རྣམ་པར་ཤེས་པ་འདུས་ཏེ་རེག་པའི་རྐྱེན་གྱིས་བྱུང་བའི་ཚོར་བ་བདེ་བའམ། སྡུག་བསྔལ་བའམ། བདེ་བ་ཡང་མ་ཡིན་སྡུག་བསྔལ་བ་ཡང་མ་

ཡིན་པ་འབྱུང་ཞེས་བྱ་བ་དེ་ཡང་རྟག་པ་དང་། མི་རྟག་པར་ཡང་དག་པར་རྗེས་སུ་མི་མཐོང་ངོ་། །བདེ་བ་དང་། སྡུག་བསྔལ་བ་དང་། བདག་དང་། བདག་མེད་པ་དང་། ཞི་བ་དང་། མ་ཞི་བ་དང་། སྟོང་པ་དང་། མི་སྟོང་པ་དང་། མཚན་མ་ཡོད་པ་དང་། མཚན་མ་མེད་པ་དང་། སྨོན་པ་ཡོད་པ་དང་། སྨོན་པ་མེད་པ་དང་། འདུས་བྱས་དང་། འདུས་མ་བྱས་དང་། ཀུན་ནས་ཉོན་མོངས་པ་དང་། རྣམ་པར་བྱང་བ་དང་། སྐྱེ་བ་དང་། འགག་པ་དང་། དབེན་པ་དང་། མི་དབེན་པ་དང་། དགེ་བ་དང་། མི་དགེ་བ་དང་། ཁ་ན་མ་ཐོ་[1]བ་དང་བཅས་པ་དང་། ཁ་ན་མ་ཐོ་བ་མེད་པ་དང་། ཟག་པ་དང་བཅས་པ་དང་། ཟག་པ་མེད་པ་དང་། ཉོན་མོངས་པ་དང་བཅས་པ་དང་། ཉོན་མོངས་པ་མེད་པ་དང་། འཇིག་རྟེན་པ་དང་། འཇིག་རྟེན་ལས་འདས་པ་དང་། འཁོར་བ་དང་མྱ་ངན་ལས་འདས་པར་ཡང་དག་པར་རྗེས་སུ་མི་མཐོང་ངོ་། །ལུས་ཤེས་བྱ་བ་རྟག་པར་ཡང་དག་པར་རྗེས་སུ་མི་མཐོང་ངོ་། །ལུས་ཤེས་བྱ་བ་མི་རྟག་པར་ཡང་དག་པར་རྗེས་སུ་མི་མཐོང་ངོ་། །ལུས་ཞེས་བྱ་བ་འཁོར་བའི་བར་དུ་ཡང་དག་པར་རྗེས་སུ་མི་མཐོང་ངོ་། །མྱ་ངན་ལས་འདས་པར་ཡང་དག་པར་རྗེས་སུ་མི་མཐོང་ངོ་། །རེག་བྱ་ཞེས་བྱ་བ་རྟག་པར་ཡང་དག་པར་རྗེས་སུ་མི་མཐོང་ངོ་། །རེག་བྱ་ཞེས་བྱ་བ་མི་རྟག་པར་ཡང་དག་པར་རྗེས་སུ་མི་མཐོང་ངོ་། །རེག་བྱ་ཞེས་བྱ་བ་འཁོར་བའི་བར་དུ་ཡང་དག་པར་རྗེས་སུ་མི་མཐོང་ངོ་། །མྱ་ངན་ལས་འདས་པར་ཡང་དག་པར་རྗེས་སུ་མི་མཐོང་ངོ་། །ལུས་ཀྱི་རྣམ་པར་ཤེས་པ་ཞེས་བྱ་བ་རྟག་པར་ཡང་དག་པར་རྗེས་སུ་མི་མཐོང་ངོ་། །ལུས་ཀྱི་རྣམ་པར་ཤེས་པ་ཞེས་བྱ་བ་མི་རྟག་པར་ཡང་དག་པར་རྗེས་སུ་མི་མཐོང་ངོ་། །ལུས་ཀྱི་རྣམ་པར་ཤེས་པ་ཞེས་བྱ་བ་འཁོར་བའི་བར་དུ་

ཡང་དག་པར་རྗེས་སུ་མི་མཐོང་ངོ་། །མྱ་ངན་ལས་འདས་པར་ཡང་དག་པར་རྗེས་སུ་མི་མཐོང་ངོ་། །ལུས་ཀྱི་འདུས་ཏེ་རེག་པ་ཞེས་བྱ་བ་རྟག་པར་ཡང་དག་པར་རྗེས་སུ་མི་མཐོང་ངོ་། །ལུས་ཀྱི་འདུས་ཏེ་རེག་པ་ཞེས་བྱ་བ་མི་རྟག་པར་ཡང་དག་པར་རྗེས་སུ་མི་མཐོང་ངོ་། །ལུས་ཀྱི་འདུས་ཏེ་རེག་པ་ཞེས་བྱ་བ་འཁོར་བའི་བར་དུ་ཡང་དག་པར་རྗེས་སུ་མི་མཐོང་ངོ་། །མྱ་ངན་ལས་⑦འདས་པར་ཡང་དག་པར་རྗེས་སུ་མི་མཐོང་ངོ་། །གང་ཡང་ལུས་དང་། རེག་བྱ་དང་། ལུས་ཀྱི་རྣམ་པར་ཤེས་པ་འདུས་ཏེ་རེག་པའི་རྐྱེན་གྱིས་བྱུང་བའི་ཚོར་བ་བདེ་བའམ། སྡུག་བསྔལ་བའམ། བདེ་བ་ཡང་མ་ཡིན། སྡུག་བསྔལ་བ་ཡང་མ་ཡིན་པ་འབྱུང་ཞེས་བྱ་བ་དེ་ཡང་རྟག་པ་དང་། མི་རྟག་པར་ཡང་དག་པར་རྗེས་སུ་མི་མཐོང་ངོ་། །བདེ་བ་དང་། སྡུག་བསྔལ་བ་དང་། བདག་དང་། བདག་མེད་པ་དང་། ཞི་བ་དང་། མ་ཞི་བ་དང་། སྟོང་པ་དང་། མི་སྟོང་པ་དང་། མཚན་མ་ཡོད་པ་དང་། མཚན་མ་མེད་པ་དང་། སྨོན་པ་ཡོད་པ་དང་། སྨོན་པ་མེད་པ་དང་། འདུས་བྱས་དང་། འདུས་མ་བྱས་དང་། ཀུན་ནས་ཉོན་མོངས་པ་དང་། རྣམ་པར་བྱང་བ་དང་། སྐྱེ་བ་དང་། འགག་པ་དང་། དབེན་པ་དང་། མི་དབེན་པ་དང་། དགེ་བ་དང་། མི་དགེ་བ་དང་། ཁ་ན་མ་ཐོ་བ་དང་བཅས་པ་དང་། ཁ་ན་མ་ཐོ་བ་མེད་པ་དང་། ཟག་པ་དང་བཅས་པ་དང་། ཟག་པ་མེད་པ་དང་། ཉོན་མོངས་པ་དང་བཅས་པ་དང་། ཉོན་མོངས་པ་མེད་པ་དང་། འཇིག་རྟེན་པ་དང་། འཇིག་རྟེན་ལས་འདས་པ་དང་། འཁོར་བ་དང་། མྱ་ངན་ལས་འདས་པར་ཡང་དག་པར་རྗེས་སུ་མི་མཐོང་ངོ་། །ཡིད་ཅེས་བྱ་བ་རྟག་པར་ཡང་དག་པར་རྗེས་སུ་མི་མཐོང་ངོ་། །ཡིད་ཅེས་བྱ་བ་མི་རྟག་པར་ཡང་དག་པར་རྗེས་སུ་མི་མཐོང་ངོ་། །

ཡིད་ཅེས་བྱ་བ་འཁོར་བའི་བར་དུ་ཡང་དག་པར་རྗེས་སུ་མི་མཐོང་ངོ་། །མྱ་ངན་ལས་འདས་པར་ཡང་དག་པར་རྗེས་སུ་མི་མཐོང་ངོ་། །ཆོས་ཞེས་བྱ་བ་རྟག་པར་ཡང་དག་པར་རྗེས་སུ་མི་མཐོང་ངོ་། །ཆོས་ཞེས་བྱ་བ་མི་རྟག་པར་ཡང་དག་པར་རྗེས་སུ་མི་མཐོང་ངོ་། །ཆོས་ཞེས་བྱ་བ་འཁོར་བའི་བར་དུ་ཡང་དག་པར་རྗེས་སུ་མི་མཐོང་ངོ་། །མྱ་ངན་ལས་འདས་པར་ཡང་དག་པར་རྗེས་སུ་མི་མཐོང་ངོ་། །ཡིད་ཀྱི་རྣམ་པར་ཤེས་པ་ཞེས་བྱ་བ་རྟག་པར་ཡང་དག་པར་རྗེས་སུ་མི་མཐོང་ངོ་། །ཡིད་ཀྱི་རྣམ་པར་ཤེས་པ་ཞེས་བྱ་བ་མི་རྟག་པར་ཡང་དག་པར་རྗེས་སུ་མི་མཐོང་ངོ་། །ཡིད་ཀྱི་རྣམ་པར་ཤེས་པ་ཞེས་བྱ་བ་འཁོར་བའི་བར་དུ་ཡང་དག་པར་རྗེས་སུ་མི་མཐོང་ངོ་། །མྱ་ངན་ལས་འདས་པར་ཡང་དག་པར་རྗེས་སུ་མི་མཐོང་ངོ་། །ཡིད་ཀྱི་འདུས་ཏེ་རེག་པ་ཞེས་བྱ་བ་རྟག་པར་ཡང་དག་པར་རྗེས་སུ་མི་མཐོང་ངོ་། །ཡིད་ཀྱི་འདུས་ཏེ་རེག་པ་ཞེས་བྱ་བ་མི་རྟག་པར་ཡང་དག་པར་རྗེས་སུ་མི་མཐོང་ངོ་། །ཡིད་ཀྱི་འདུས་ཏེ་རེག་པ་ཞེས་བྱ་བ་འཁོར་བའི་བར་དུ་ཡང་དག་པར་རྗེས་སུ་མི་མཐོང་ངོ་། །མྱ་ངན་ལས་འདས་པར་ཡང་དག་པར་རྗེས་སུ་མི་མཐོང་ངོ་། །གང་ཡང་ཡིད་དང་ཆོས་དང་། ཡིད་ཀྱི་རྣམ་པར་ཤེས་པ་འདུས་ཏེ་རེག་པའི་རྐྱེན་གྱིས་བྱུང་བའི་ཚོར་བ་བདེ་བའམ། སྡུག་བསྔལ་བའམ། བདེ་བ་ཡང་མ་ཡིན། སྡུག་བསྔལ་བ་ཡང་མ་ཡིན་པ་འབྱུང་ཞེས་བྱ་བ་དེ་ཡང་རྟག་པ་དང་། མི་རྟག་པར་ཡང་དག་པར་རྗེས་སུ་མི་མཐོང་ངོ་། །བདེ་བ་དང་། སྡུག་བསྔལ་བ་དང་། བདག་དང་། བདག་མེད་པ་དང་། ཞི་བ་དང་། མ་ཞི་བ་དང་། སྟོང་པ་དང་། མི་སྟོང་པ་དང་། མཚན་མ་ཡོད་པ་དང་། མཚན་མ་མེད་པ་དང་། སྨོན་པ་ཡོད་པ་དང་། སྨོན་པ་མེད་པ་དང་། འདུས་བྱས་དང་། འདུས་མ་བྱས་དང་། ཀུན་ནས་ཉོན་མོངས་པ་དང་།

རྣམ་པར་བྱང་བ་དང་། སྐྱེ་བ་དང་། འགག་པ་དང་། དབེན་པ་དང་། མི་དབེན་པ་དང་། དགེ་བ་དང་། མི་དགེ་བ་དང་། ཁ་ན་མ་ཐོ་བ་དང་བཅས་པ་དང་། ཁ་ན་མ་ཐོ་བ་མེད་པ་དང་། ཟག་པ་དང་བཅས་པ་དང་། ཟག་པ་མེད་པ་དང་། ཉོན་མོངས་པ་དང་བཅས་པ་དང་། ཉོན་མོངས་པ་མེད་པ་དང་། འཇིག་རྟེན་པ་དང་། འཇིག་རྟེན་ལས་འདས་པ་དང་། འཁོར་བ་དང་མྱ་ངན་ལས་འདས་པར་ཡང་དག་པར་རྗེས་སུ་མི་མཐོང་ངོ་། །དེ་ཅིའི་ཕྱིར་ཞེ་ན། བྱང་ཆུབ་སེམས་དཔའ་སེམས་དཔའ་ཆེན་པོ་ཤེས་རབ་ཀྱི་ཕ་རོལ་ཏུ་ཕྱིན་པ་ལ་སྤྱོད་པའི་ཚེ། ཤེས་རབ་ཀྱི་ཕ་རོལ་ཏུ་ཕྱིན་པ་དེ་དང་། བྱང་ཆུབ་སེམས་དཔའ་དེ་དང་། བྱང་ཆུབ་སེམས་དཔའི་མིང་དེ་འདུས་བྱས་ཀྱི་ཁམས་ན་ཡོད་པར་ཡང་དག་པར་རྗེས་སུ་མི་མཐོང་ངོ་། །འདུས་མ་བྱས་ཀྱི་ཁམས་ན་ཡོད་པར་ཡང་དག་པར་རྗེས་སུ་མི་མཐོང་ངོ་། །དེ་ཅིའི་ཕྱིར་ཞེ་ན། དེ་ནི་འདི་ལྟར་བྱང་ཆུབ་སེམས་དཔའ་སེམས་དཔའ་ཆེན་པོ་ཤེས་རབ་ཀྱི་ཕ་རོལ་ཏུ་ཕྱིན་པ་ལ་སྤྱོད་པའི་ཚེ། ཆོས་དེ་དག་ཐམས་ཅད་ལ་མི་རྟོག་རྣམ་པར་མི་རྟོག་སྟེ། དེ་ཤེས་རབ་ཀྱི་ཕ་རོལ་ཏུ་ཕྱིན་པ་ལ་སྤྱོད་པའི་ཚེ། རྣམ་པར་མི་རྟོག་པའི་ཆོས་ལ་གནས་ཤིང་། དྲན་པ་ཉེ་བར་བཞག་པ་རྣམས་བསྒོམ་པའི་ཕྱིར། ཤེས་རབ་ཀྱི་ཕ་རོལ་ཏུ་ཕྱིན་པ་ལ་སྤྱོད་དེ། རྣམ་པ་ཐམས་ཅད་མཁྱེན་པ་ཉིད་ཡིད་ལ་བྱ་བ་མ་གཏོགས་པར། ཤེས་རབ་ཀྱི་ཕ་རོལ་ཏུ་ཕྱིན་པ་ཉིད་ཀྱང་ཡང་དག་པར་རྗེས་སུ་མི་མཐོང་ངོ་། །ཤེས་རབ་ཀྱི་ཕ་རོལ་ཏུ་ཕྱིན་པའི་མིང་ཡང་ཡང་དག་པར་རྗེས་སུ་མི་མཐོང་ངོ་། །བྱང་ཆུབ་སེམས་དཔའ་ཡང་ཡང་དག་པར་རྗེས་སུ་མི་མཐོང་ངོ་། །བྱང་ཆུབ་སེམས་དཔའི་མིང་ཡང་ཡང་དག་པར་རྗེས་སུ་མི་མཐོང་ངོ་། །སངས་···རྒྱས་ཀྱང་ཡང་དག་པར་རྗེས་སུ་མི་མཐོང་ངོ་། །སངས་རྒྱས་ཀྱི་མིང་ཡང་ཡང་····

དག་པར་རྗེས་སུ་མི་མཐོང་ངོ་། །ཡང་དག་པར་སྤོང་བ་དང་། རྫུ་འཕྲུལ་གྱི་རྐང་པ་དང་། དབང་པོ་དང་། སྟོབས་དང་། བྱང་ཆུབ་ཀྱི་ཡན་ལག་དང་། ལམ་དང་། ཕ་རོལ་ཏུ་ཕྱིན་པ་རྣམས་དང་། སྟོང་པ་ཉིད་ཐམས་ཅད་དང་། འཕགས་པའི་བདེན་པ་རྣམས་དང་། བསམ་གཏན་རྣམས་དང་། ཚད་མེད་པ་རྣམས་དང་། གཟུགས་མེད་པའི་སྙོམས་པར་འཇུག་པ་རྣམས་དང་། རྣམ་པར་ཐར་པ་བརྒྱད་དང་། མཐར་གྱི་[༡]གནས་པའི་སྙོམས་པར་འཇུག་པ་དགུ་དང་། སྟོང་པ་ཉིད་དང་། མཚན་མ་མེད་པ་དང་། སྨོན་པ་མེད་པ་དང་། མངོན་པར་ཤེས་པ་རྣམས་དང་། ཏིང་ངེ་འཛིན་རྣམས་དང་། གཟུངས་ཀྱི་སྒོ་རྣམས་དང་། དེ་བཞིན་གཤེགས་པའི་སྟོབས་རྣམས་དང་། མི་འཇིགས་པ་རྣམས་དང་། སོ་སོ་ཡང་དག་པར་རིག་པ་རྣམས་དང་། སངས་རྒྱས་ཀྱི་ཆོས་མ་འདྲེས་པ་བཅོ་བརྒྱད་བསྒོམ་པའི་ཕྱིར། ཤེས་རབ་ཀྱི་ཕ་རོལ་ཏུ་ཕྱིན་པ་ལ་སྤྱོད་དེ། ཤེས་རབ་ཀྱི་ཕ་རོལ་ཏུ་ཕྱིན་པ་ཉིད་ཀྱང་ཡང་དག་པར་རྗེས་སུ་མི་མཐོང་ངོ་།། ཤེས་རབ་ཀྱི་ཕ་རོལ་ཏུ་ཕྱིན་[༢]པའི་མིང་ཡང་ཡང་དག་པར་རྗེས་སུ་མི་མཐོང་ངོ་། །བྱང་ཆུབ་སེམས་དཔའ་ཡང་ཡང་དག་པར་རྗེས་སུ་མི་མཐོང་ངོ་། །བྱང་ཆུབ་སེམས་དཔའི་མིང་ཡང་ཡང་དག་པར་རྗེས་སུ་མི་མཐོང་ངོ་། །སངས་རྒྱས་ཀྱང་ཡང་དག་པར་རྗེས་སུ་མི་མཐོང་ངོ་། །སངས་རྒྱས་ཀྱི་མིང་ཡང་ཡང་དག་པར་རྗེས་སུ་མི་མཐོང་ངོ་། །དེ་ཅིའི་ཕྱིར་ཞེ་ན། བྱང་ཆུབ་སེམས་དཔའ་སེམས་དཔའ་ཆེན་པོ་དེས་ཤེས་རབ་ཀྱི་ཕ་རོལ་ཏུ་ཕྱིན་པ་ལ་སྤྱོད་པའི་ཚེ། ཆོས་རྣམས་ཀྱི་ཆོས་ཀྱི་མཚན་ཉིད་ཤིན་ཏུ་རྟོགས་པ་ཡིན་ཏེ། ཆོས་རྣམས་ཀྱིས་[༣]ཆོས་ཀྱི་མཚན་ཉིད་གང་ཡིན་པ་དེ་ནི། ཀུན་ནས་ཉོན་མོངས་པར་མི་འགྱུར་རོ། །རྣམ་པར་བྱང་བར་མི་འགྱུར་རོ། །རབ་འབྱོར་དེ་ལྟར་བྱང་ཆུབ་སེམས་དཔའ་སེམས་

དཔའ་ཆེན་པོས་ཤེས་རབ་ཀྱི་ཕ་རོལ་ཏུ་ཕྱིན་པ་ལ་སྤྱོད་པའི་ཚེ། མིང་དང་བརྡར་བྱ་བའི་ཆོས་སུ་གདགས་པ་ཁོང་དུ་ཆུད་པར་བྱས་ཏེ[༧]། དེ་ལྟར་དེས་མིང་དང་བརྡར་བྱ་བའི་ཆོས་སུ་གདགས་པ་ཁོང་དུ་ཆུད་ན། གཟུགས་ལ་ཆགས་པར་འགྱུར་བ་མེད་དོ། །ཚོར་བ་དང་། འདུ་ཤེས་དང་། འདུ་བྱེད་དང་། རྣམ་པར་ཤེས་པ་ལ་ཆགས་པར་འགྱུར་བ་མེད་དོ། །མིག་ལ་ཆགས་པར་འགྱུར་བ་མེད་དོ། །གཟུགས་ལ་ཆགས་པར་འགྱུར་བ་མེད་དོ། །མིག་གི་རྣམ་པར་ཤེས་པ་ལ་ཆགས་པར་འགྱུར་བ་མེད་དོ། །མིག་གི་འདུས་ཏེ་རེག་པ་ལ་ཆགས་པར་འགྱུར་བ་མེད་དོ། །གང་ཡང་མིག་དང་གཟུགས་དང་། མིག་གི་རྣམ་པར་ཤེས་པ་འདུས་ཏེ་རེག་པའི་རྐྱེན་གྱིས་ཚོར་བ། བདེ་བའམ། སྡུག་བསྔལ་བའམ། བདེ་བ་ཡང་མ་ཡིན། སྡུག་བསྔལ་བ་ཡང་མ་ཡིན་པ་སྐྱེ་བ་དེ་ལ་ཡང་ཆགས་པར་འགྱུར་བ་མེད་དོ། །རྣ་བ་ལ་ཆགས་པར་འགྱུར་བ་མེད་དོ། །སྒྲ་ལ་ཆགས་པར་འགྱུར་བ་མེད་དོ། །རྣ་བའི་རྣམ་པར་ཤེས་པ་ལ་ཆགས་པར་འགྱུར་བ་མེད་དོ། །རྣ་བའི་འདུས་ཏེ་རེག་པ་ལ་ཆགས་པར་འགྱུར་བ་མེད་དོ། །གང་ཡང་རྣ་བ་དང་། སྒྲ་དང་། རྣ་བའི་རྣམ་པར་ཤེས་པ་འདུས་ཏེ་རེག་པའི་རྐྱེན་གྱིས་ཚོར་བ་བདེ་བའམ། སྡུག་བསྔལ་བའམ། བདེ་བ་ཡང་མ་ཡིན། སྡུག་བསྔལ་བ་ཡང་མ་ཡིན་པ་སྐྱེ་བ་དེ་ལ་ཡང་[༣]ཆགས་པར་འགྱུར་བ་མེད་དོ། །སྣ་ལ་ཆགས་པར་འགྱུར་བ་མེད་དོ། །དྲི་ལ་ཆགས་པར་འགྱུར་བ་མེད་དོ། །སྣའི་རྣམ་པར་ཤེས་པ་ལ་ཆགས་པར་འགྱུར་བ་མེད་དོ། །སྣའི་འདུས་ཏེ་རེག་པ་ལ་ཆགས་པར་འགྱུར་བ་མེད་དོ། །གང་ཡང་སྣ་དང་། དྲི་དང་། སྣའི་རྣམ་པར་ཤེས་པ་འདུས་ཏེ་རེག་པའི་རྐྱེན་གྱིས་ཚོར་བ་བདེ་བའམ། སྡུག་བསྔལ་བའམ། བདེ་བ་ཡང་མ་ཡིན། སྡུག་བསྔལ་བ་ཡང་མ་ཡིན་པ་སྐྱེ་བ་དེ་ལ་ཡང་[༣]ཆགས་པར་འགྱུར་བ་

མེད་དོ། །ལྷེ་ལ་ཆགས་པར་འགྱུར་བ་མེད་དོ། །རོ་ལ་ཆགས་པར་འགྱུར་བ་མེད་དོ། །ལྷེའི་རྣམ་པར་ཤེས་པ་ལ་ཆགས་པར་འགྱུར་བ་མེད་དོ། །ལྷེའི་འདུས་ཏེ་རེག་པ་ལ་ཆགས་པར་འགྱུར་བ་མེད་དོ། །གང་ཡང་ལྷེ་དང་། རོ་དང་། ལྷེའི་རྣམ་པར་ཤེས་པ་འདུས་ཏེ་རེག་པའི་རྐྱེན་གྱིས་ཚོར་བ་བདེ་བའམ། སྡུག་བསྔལ་བའམ། བདེ་བ་ཡང་མ་ཡིན། སྡུག་བསྔལ་བ་ཡང་མ་ཡིན་པ་སྐྱེ་བ་དེ་ལ་ཡང་[1]ཆགས་པར་འགྱུར་བ་མེད་དོ། །ལུས་ལ་ཆགས་པར་འགྱུར་བ་མེད་དོ། །རེག་བྱ་ལ་ཆགས་པར་འགྱུར་བ་མེད་དོ། །ལུས་ཀྱི་རྣམ་པར་ཤེས་པ་ལ་ཆགས་པར་འགྱུར་བ་མེད་དོ། །ལུས་ཀྱི་འདུས་ཏེ་རེག་པ་ལ་ཆགས་པར་འགྱུར་བ་མེད་དོ། །གང་ཡང་ལུས་དང་། རེག་བྱ་དང་། ལུས་ཀྱི་རྣམ་པར་ཤེས་པ་འདུས་ཏེ་རེག་པའི་རྐྱེན་གྱིས་ཚོར་བ་བདེ་བའམ། སྡུག་བསྔལ་བའམ། བདེ་བ་ཡང་མ་ཡིན། སྡུག་བསྔལ་བ་ཡང་མ་ཡིན་པ་སྐྱེ་བ་དེ་ལ་ཡང་[3]ཆགས་པར་འགྱུར་བ་མེད་དོ། །ཡིད་ལ་ཆགས་པར་འགྱུར་བ་མེད་དོ། །ཆོས་ལ་ཆགས་པར་འགྱུར་བ་མེད་དོ། །ཡིད་ཀྱི་རྣམ་པར་ཤེས་པ་ལ་ཆགས་པར་འགྱུར་བ་མེད་དོ། །ཡིད་ཀྱི་འདུས་ཏེ་རེག་པ་ལ་ཆགས་པར་འགྱུར་བ་མེད་དོ། །གང་ཡང་ཡིད་དང་ཆོས་དང་། ཡིད་ཀྱི་རྣམ་པར་ཤེས་པ་འདུས་ཏེ་རེག་པའི་རྐྱེན་གྱིས་ཚོར་བ་བདེ་བའམ། སྡུག་བསྔལ་བའམ། བདེ་བ་ཡང་མ་ཡིན། སྡུག་བསྔལ་བ་ཡང་མ་ཡིན་པ་སྐྱེ་བ་དེ་ལ་ཡང་ཆགས་པར་འགྱུར་བ་མེད་དོ། །འདུས་བྱས་ཀྱི་ཁམས་ལ་ཆགས་པར་འགྱུར་བ་མེད་དོ། །འདུས་མ་བྱས་ཀྱི་ཁམས་ལ་ཆགས་པར་འགྱུར་བ་མེད་དོ། །སྦྱིན་པའི་ཕ་རོལ་ཏུ་ཕྱིན་པ་ལ་ཆགས་པར་འགྱུར་བ་མེད་དོ། །ཚུལ་ཁྲིམས་ཀྱི་ཕ་རོལ་ཏུ་ཕྱིན་པ་དང་། བཟོད་པའི་ཕ་རོལ་ཏུ་ཕྱིན་པ་དང་། བརྩོན་འགྲུས་ཀྱི་ཕ་རོལ་ཏུ་ཕྱིན་པ་དང་། བསམ་གཏན་གྱི་ཕ་རོལ་ཏུ་ཕྱིན་པ་དང་། ཤེས་རབ་

ཀྱི་ཕ་རོལ་ཏུ་ཕྱིན་པ་ལ་ཆགས་པར་འགྱུར་བ་མེད་དོ། །དེ་དག་གི་མིང་དང་མཚན་ཉིད་ལ་ཡང་ཆགས་པར་འགྱུར་བ་མེད་དོ། །བྱང་ཆུབ་སེམས་དཔའི་ལུས་ལ་ཡང་ཆགས་པར་འགྱུར་བ་མེད་དོ། །ཤའི་①མིག་ལ་②ཆགས་པར་འགྱུར་བ་མེད་དོ། །ལྷའི་མིག་དང་། ཤེས་རབ་ཀྱི་མིག་དང་། ཆོས་ཀྱི་མིག་དང་། སངས་རྒྱས་ཀྱི་མིག་ལ་ཆགས་པར་འགྱུར་བ་མེད་དོ། །མངོན་པར་ཤེས་པ་རྣམས་ལ་ཆགས་པར་འགྱུར་བ་མེད་དོ། །ནང་སྟོང་པ་ཉིད་ལ་ཆགས་པར་འགྱུར་བ་མེད་དོ། །ཕྱི་སྟོང་པ་ཉིད་ལ་ཆགས་པར་འགྱུར་བ་མེད་དོ། །ཕྱི་ནང་སྟོང་པ་ཉིད་ལ་ཆགས་པར་འགྱུར་བ་མེད་དོ། །དངོས་པོ་མེད་པའི་ངོ་བོ་ཉིད་སྟོང་པ་ཉིད་ཀྱི་བར་ལ་ཆགས་པར་འགྱུར་བ་མེད་དོ། །དྲན་པ་ཉེ་བར་གཞག་པ་རྣམས་ལ་ཆགས་པར་འགྱུར་བ་མེད་དོ། །ཡང་དག་③པར་སྤོང་བ་རྣམས་དང་། རྫུ་འཕྲུལ་གྱི་རྐང་པ་རྣམས་དང་། དབང་པོ་རྣམས་དང་། སྟོབས་རྣམས་དང་། བྱང་ཆུབ་ཀྱི་ཡན་ལག་རྣམས་དང་། འཕགས་པའི་ལམ་ཡན་ལག་བརྒྱད་པ་ལ་ཆགས་པར་འགྱུར་བ་④མེད་དོ། །འཕགས་པའི་བདེན་པ་རྣམས་དང་། བསམ་གཏན་རྣམས་དང་། ཚད་མེད་པ་རྣམས་དང་། གཟུགས་མེད་པའི་སྙོམས་པར་འཇུག་པ་རྣམས་དང་། རྣམ་པར་ཐར་པ་བརྒྱད་དང་། མཐར་གྱིས་གནས་པའི་སྙོམས་པར་འཇུག་པ་དགུ་དང་། སྟོང་པ་ཉིད་དང་། མཚན་མ་མེད་པ་དང་། སྨོན་པ་མེད་པ་དང་། མངོན་པར་ཤེས་པ་རྣམས་ལ་ཆགས་པར་འགྱུར་བ་མེད་དོ། །ཏིང་ངེ་འཛིན་རྣམས་དང་། གཟུངས་ཀྱི་སྒོ་རྣམས་ལ་ཆགས་པར་འགྱུར་བ་མེད་དོ། །དེ་བཞིན་གཤེགས་པའི་སྟོབས་བཅུ་དང་། མི་འཇིགས་པ་བཞི་དང་། སོ་སོ་ཡང་དག་པར་རིག་པ་བཞི་དང་། བྱམས་པ་ཆེན་པོ་དང་། སྙིང་རྗེ་ཆེན་པོ་དང་། སངས་རྒྱས་ཀྱི་ཆོས་མ་འདྲེས་པ་བཅོ་

བརྒྱད་ལ་ཆགས་པར་འགྱུར་བ་མེད་དོ། །དེ་བཞིན་ཉིད་ལ་ཆགས་པར་འགྱུར་བ་མེད་དོ། །ཡང་དག་པའི་མཐའ་ལ་ཆགས་པར་འགྱུར་བ་མེད་དོ། །ཆོས་ཀྱི་དབྱིངས་ལ་ཆགས་པར་འགྱུར་བ་མེད་དོ། །སེམས་ཅན་ཡོངས་སུ་སྨིན་པར་བྱ་བ་ལ་ཆགས་པར་འགྱུར་བ་མེད་དོ། །སངས་རྒྱས་ཀྱི་ཞིང་ཡོངས་སུ་དག་པར་བྱ་བ་ལ་ཆགས་པར་འགྱུར་བ་མེད་དོ། །ཐབས་མཁས་པ་ལ་ཆགས་པར་འགྱུར་བ་མེད་དོ། །དེ་ཅིའི་ཕྱིར་ཞེ་ན། དེ་ནི་འདི་ལྟར་གང་ཆགས་པར་བྱེད་པའམ། གང་གིས་ཆགས་པར་བྱེད་པའམ། གང་ལ་ཆགས་པར་བྱ་བ་དེ་ལྟ་བུའི་ཆོས་ཐམས་ཅད་མེད་པའི་ཕྱིར་རོ། །རབ་འབྱོར་དེ་ལྟར་བྱང་ཆུབ་སེམས་དཔའ་སེམས་དཔའ་ཆེན་པོ་ཤེས་རབ་ཀྱི་ཕ་རོལ་ཏུ་ཕྱིན་པ་ལ་སྤྱོད་པ་ནི། སྦྱིན་པའི་ཕ་རོལ་ཏུ་ཕྱིན་པས་རྣམ་པར་འཕེལ་ལོ། །ཚུལ་ཁྲིམས་ཀྱི་ཕ་རོལ་ཏུ་ཕྱིན་པ་དང་། བཟོད་པའི་ཕ་རོལ་ཏུ་ཕྱིན་པ་དང་། བརྩོན་འགྲུས་ཀྱི་ཕ་རོལ་ཏུ་ཕྱིན་པ་དང་། བསམ་གཏན་གྱི་ཕ་རོལ་ཏུ་ཕྱིན་པ་དང་། ཤེས་རབ་ཀྱི་ཕ་རོལ་ཏུ་ཕྱིན་པས་རྣམ་པར་འཕེལ་ལོ། །བྱང་ཆུབ་སེམས་དཔའི་སྐྱོན་མེད་པར་ཡང་དག་པར་འཇུག་པར་འགྱུར་རོ། །ཕྱིར་མི་ལྡོག་པའི་ས་ཡོངས་སུ་གནོན་པར་འགྱུར་རོ། །མངོན་པར་ཤེས་པ་རྣམས་ཡོངས་སུ་རྫོགས་པར་འགྱུར་རོ། །མངོན་པར་ཤེས་པ་རྣམས་ཡོངས་སུ་རྫོགས་པར་བྱས་ནས་ཀྱང་། སེམས་ཅན་ཡོངས་སུ་སྨིན་པར་བྱེད་ཅིང་། སངས་རྒྱས་བཅོམ་ལྡན་འདས་རྣམས་ལ་རིམ་གྲོར་བྱ་བ་དང་། བཀུར་སྟི་བྱ་བ་དང་། བསྟི་སྟང་དུ་བྱ་བ་དང་། མཆོད་པ་བྱེད་ཅིང་། སངས་རྒྱས་ཀྱི་ཞིང་ཡོངས་སུ་དག་པར་བྱ་བ་དང་། སངས་རྒྱས་བཅོམ་ལྡན་འདས་རྣམས་བལྟ་བའི་ཕྱིར། སངས་རྒྱས་ཀྱི་ཞིང་ནས་སངས་རྒྱས་ཀྱི་ཞིང་དུ་འགྲོ་བར་འགྱུར་རོ། །སངས་རྒྱས་བཅོམ་ལྡན་འདས་དེ་དག་མཐོང་ནས་ཀྱང་། དགེ་བའི་རྩ་བ་གང····

གིས་སངས་རྒྱས་བཅོམ་ལྡན་འདས་དེ་དག་ལ་རིམ་གྲོར་བྱ་བ་དང་། བཀུར་སྟིར་བྱ་བ་དང་། བསྟི་སྟང་དུ་བྱ་བ་དང་། མཆོད་པར་བྱ་བར་འདོད་པའི་དགེ་བའི་རྩ་བ་དེ་དག་ཀྱང་མངོན་པར་འགྲུབ་པར་འགྱུར་ཏེ[1]། དགེ་བའི་རྩ་བ་དེ་དག་གིས་ཀྱང་། སངས་རྒྱས་བཅོམ་ལྡན་འདས་དེ་དག་གི་དྲུང་དུ་སྐྱེ་བར་འགྱུར་རོ༑ །སངས་རྒྱས་བཅོམ་ལྡན་འདས་དེ་དག་ལས་ཆོས་ཀྱང་ཐོས་པར་འགྱུར་ཏེ། ཇི་སྐད་དུ་ཐོས་པའི་ཆོས་དེ་དག་ཀྱང་། ནམ་བླ་ན་མེད་པ་ཡང་དག་པར་རྫོགས་པའི་བྱང་ཆུབ་ཏུ་མངོན་པར་སངས་རྒྱས་ཀྱི་བར་དུ[2]རྒྱུན་མི་ཆད[3]པར་འགྱུར་རོ། །གཟུངས་ཀྱི་སྒོ་རྣམས་ཀྱང་ཐོབ་པར་འགྱུར་རོ། །ཏིང་ངེ་འཛིན་གྱི་སྒོ་རྣམས་ཀྱང་ཐོབ་པར་འགྱུར་རོ། །རབ་འབྱོར་བྱང་ཆུབ་སེམས་དཔའ་སེམས་དཔའ་ཆེན་པོ་ཤེས་རབ་ཀྱི་ཕ་རོལ་ཏུ་ཕྱིན་པ་ལ་སྤྱོད་པས། མིང་དང་བརྡར་བྱ་བའི་ཆོས་སུ་གདགས་པ་རྣམས་དེ་ལྟར་ཁོང་དུ་ཆུད་པར་བྱའོ། །རབ་འབྱོར་གང་ཡང་ཁྱོད་ཀྱིས་བཅོམ་ལྡན་འདས་བྱང་ཆུབ་སེམས་དཔའ་བྱང་ཆུབ་སེམས་དཔའ་ཞེས་བགྱི་ན། ཞེས་སྨྲས་པ་དེ་ལ། རབ་འབྱོར་དེ་ཇི་སྙམ་དུ་སེམས། གཟུགས་བྱང་ཆུབ་སེམས་དཔའ་ཡིན་སྙམ་འམ[4]། གསོལ་པ། བཅོམ་ལྡན་འདས་དེ་ལྟ་མ་ལགས་སོ། །བཅོམ་ལྡན་འདས་ཀྱིས་བཀའ་སྩལ་པ། རབ་འབྱོར་དེ་ཇི་སྙམ་དུ་སེམས༑ གཟུགས་མ་ཡིན་པ་གཞན་ཞིག་བྱང་ཆུབ་སེམས་དཔའ་ཡིན་སྙམ་འམ། གསོལ་པ། བཅོམ་ལྡན་འདས་དེ་ལྟ་མ་ལགས་སོ། །བཅོམ་ལྡན་འདས་ཀྱིས་བཀའ་སྩལ་པ། རབ་འབྱོར་དེ་ཇི་སྙམ་དུ་སེམས། ཚོར་བ་དང་། འདུ་ཤེས་དང་། འདུ་བྱེད་དང་། རྣམ་པར་ཤེས་པ་བྱང་ཆུབ་སེམས་དཔའ་ཡིན་སྙམ་འམ༑ གསོལ་པ། བཅོམ་ལྡན་འདས་དེ་ལྟ་མ་ལགས་སོ། །བཅོམ་ལྡན་འདས་ཀྱིས་བཀའ་སྩལ་པ། རབ་འབྱོར་དེ་ཇི་སྙམ་དུ་སེམས། ཚོར་བ་དང་།

འདུ་ཤེས་དང་། འདུ་བྱེད་དང་། རྣམ་པར་ཤེས་པ་མ་ཡིན་པ་གཞན་ཞིག་བྱང་ཆུབ་སེམས་དཔའ་ཡིན་སྙམ་འམ། གསོལ་པ། བཅོམ་ལྡན་འདས་དེ་ལྟ་མ་ལགས་སོ། །བཅོམ་ལྡན་འདས་ཀྱིས་བཀའ་སྩལ་པ། རབ་འབྱོར་དེ་ཇི་སྙམ་དུ་སེམས། གཟུགས་ལ་བྱང་ཆུབ་སེམས་དཔའ་ཡོད་སྙམ་འམ། ཚོར་བ་དང་།
འདུ་ཤེས་དང་། འདུ་བྱེད་དང་། རྣམ་པར་ཤེས་པ་ལ་བྱང་ཆུབ་སེམས་དཔའ་ ༧
ཡོད་སྙམ་འམ། གསོལ་པ། བཅོམ་ལྡན་འདས་དེ་ལྟ་མ་ལགས་སོ། །བཅོམ་ལྡན་འདས་ཀྱིས་བཀའ་སྩལ་པ། རབ་འབྱོར་དེ་ཇི་སྙམ་དུ་སེམས། བྱང་ཆུབ་སེམས་དཔའ་ལ་གཟུགས་ཡོད་སྙམ་འམ། བྱང་ཆུབ་སེམས་དཔའ་ལ་ཚོར་བ་དང་། འདུ་ཤེས་དང་། འདུ་བྱེད་དང་། རྣམ་པར་ཤེས་པ་ཡོད་སྙམ་འམ། གསོལ་པ། བཅོམ་ལྡན་འདས་དེ་ལྟ་མ་ལགས་སོ། །བཅོམ་ལྡན་འདས་ཀྱིས་བཀའ་སྩལ་པ། རབ་འབྱོར་དེ་ཇི་སྙམ་དུ་སེམས། གཟུགས་མེད་པ་ཞིག་བྱང་ཆུབ་སེམས་དཔའ་ཡིན་སྙམ་འམ། ཚོར་བ་དང་། འདུ་ཤེས་དང་། འདུ་བྱེད་དང་། རྣམ་པར་ཤེས་པ་མེད་པ་ཞིག་བྱང་ཆུབ་སེམས་དཔའ་ཡིན་སྙམ་འམ། གསོལ་པ། བཅོམ་ལྡན་འདས་དེ་ལྟ་མ་ལགས་སོ། །བཅོམ་ལྡན་འདས་ཀྱིས་བཀའ་སྩལ་པ། རབ་འབྱོར་དེ་ཇི་སྙམ་དུ་སེམས། མིག་བྱང་ཆུབ་སེམས་དཔའ་ཡིན་སྙམ་འམ། གསོལ་པ། བཅོམ་ལྡན་འདས་དེ་ལྟ་མ་ལགས་སོ། །བཅོམ་ལྡན་འདས་ཀྱིས་བཀའ་སྩལ་པ། རབ་འབྱོར་དེ་ཇི་སྙམ་དུ་སེམས། རྣ་བ་དང་། སྣ་དང་། ལྕེ་དང་། ལུས་དང་། ཡིད་བྱང་ཆུབ་སེམས་དཔའ་ཡིན་སྙམ་འམ། གསོལ་པ། བཅོམ་ལྡན་འདས་དེ་ལྟ་མ་ལགས་སོ། །བཅོམ་ལྡན་འདས་ཀྱིས་བཀའ་སྩལ་པ། རབ་འབྱོར་དེ་ཇི་སྙམ་དུ་སེམས། མིག་མ་ཡིན་པ་གཞན་ཞིག་བྱང་ཆུབ་སེམས་དཔའ་ཡིན་སྙམ་འམ། རྣ་བ་དང་། སྣ་

དང་། ཞེ་དང་། ལུས་དང་། ཡིད་མ་ཡིན་པ་གཞན་ཞིག་བྱང་ཆུབ་སེམས་དཔའ་ཡིན་(༡)སྙམ་འམ། གསོལ་པ། བཅོམ་ལྡན་འདས་དེ་ལྟ་མ་ལགས་སོ། །བཅོམ་ལྡན་འདས་ཀྱིས་བཀའ་སྩལ་པ། རབ་འབྱོར་དེ་ཇི་སྙམ་དུ་སེམས། མིག་ལ་བྱང་ཆུབ་སེམས་དཔའ་ཡོད་སྙམ་འམ། རྣ་བ་དང་། སྣ་དང་། ལྕེ་དང་། ལུས་དང་། ཡིད་ལ་བྱང་ཆུབ་སེམས་དཔའ་ཡོད་སྙམ་འམ། གསོལ་པ་བཅོམ་ལྡན་འདས་དེ་ལྟ་མ་ལགས་སོ། །བཅོམ་ལྡན་འདས་ཀྱིས་བཀའ་སྩལ་པ། རབ་འབྱོར་དེ་ཇི་སྙམ་(༢)དུ་སེམས། མིག་བྱང་ཆུབ་སེམས་དཔའ་ལ་ཡོད་སྙམ་འམ། རྣ་བ་དང་། སྣ་དང་། ལྕེ་དང་། ལུས་དང་། ཡིད་བྱང་ཆུབ་སེམས་དཔའཿལ་ཡོད་(༣)སྙམ་འམ། གསོལ་པ། བཅོམ་ལྡན་འདས་དེ་ལྟ་མ་ལགས་སོ། །བཅོམ་ལྡན་འདས་ཀྱིས་བཀའ་སྩལ་པ། རབ་འབྱོར་དེ་ཇི་སྙམ་དུ་སེམས། མིག་མེད་པ་ཞིག་བྱང་ཆུབ་སེམས་དཔའ་ཡིན་སྙམ་འམ། རྣ་བ་དང་། སྣ་དང་། ལྕེ་དང་། ལུས་དང་། ཡིད་མེད་པ་ཞིག་བྱང་ཆུབ་སེམས་དཔའ་ཡིན་སྙམ་འམ། གསོལ་པ། བཅོམ་ལྡན་འདས་དེ་ལྟ་མ་ལགས་སོ། །བཅོམ་ལྡན་འདས་ཀྱིས་བཀའ་སྩལ་པ། རབ་འབྱོར་དེ་ཇི་སྙམ་དུ་སེམས། གཟུགས་བྱང་ཆུབཿསེམས་དཔའ་(༤)ཡིན་སྙམ་འམ། སྒྲ་དང་། དྲི་དང་། རོ་དང་། རེག་བྱ་དང་། ཆོས་བྱང་ཆུབ་སེམས་དཔའ་ཡིན་སྙམ་འམ། གསོལ་པ། བཅོམ་ལྡན་འདས་དེ་ལྟ་མ་ལགས་སོ། །བཅོམ་ལྡན་འདས་ཀྱིས་བཀའ་སྩལ་པ། རབ་འབྱོར་དེ་ཇི་སྙམ་དུ་སེམས། གཟུགས་མ་ཡིན་པ་གཞན་ཞིག་བྱང་ཆུབ་སེམས་དཔའ་ཡིན་སྙམ་འམ། སྒྲ་དང་། དྲི་དང་། རོ་དང་། རེག་བྱ་དང་། ཆོས་མ་ཡིན་པ་གཞན་ཞིག་བྱང་ཆུབ་སེམས་དཔའ་ཡིན་སྙམ་འམ། གསོལ་པ། བཅོམ་ལྡན་འདས་དེ་ལྟ་མ་ལགས་སོ། །བཅོམ་ལྡན་འདས་ཀྱིས་བཀའ་སྩལ་པ། རབ་

འཁོར་དེ་ཇི་སྙམ་དུ་སེམས། གཟུགས་ལ་བྱང་ཆུབ་སེམས་དཔའ་ཡོད་སྙམའམ། སྒྲ་དང་། དྲི་དང་། རོ་དང་། རེག་བྱ་དང་། ཆོས་ལ་བྱང་ཆུབ་སེམས་དཔའ་ཡོད་སྙམའམ། གསོལ་པ། བཅོམ་ལྡན་འདས་དེ་ལྟ་མ་ལགས་སོ། །བཅོམ་ལྡན་འདས་ཀྱིས་བཀའ་སྩལ་པ། རབ་འབྱོར་དེ་ཇི་སྙམ་དུ་སེམས། བྱང་ཆུབ་སེམས་དཔའ་ལ་གཟུགས་ཡོད་སྙམའམ། བྱང་ཆུབ་སེམས་དཔའ་ལ་སྒྲ་དང་། དྲི་དང་། རོ་དང་། རེག་བྱ་དང་། ཆོས་ཡོད་སྙམའམ། གསོལ་པ། བཅོམ་ལྡན་འདས་དེ་ལྟ་མ་ལགས་སོ། །བཅོམ་ལྡན་འདས་ཀྱིས་བཀའ་སྩལ་པ། རབ་འབྱོར་དེ་ཇི་སྙམ་དུ་སེམས། གཟུགས་མེད་པ་ཞིག་བྱང་ཆུབ་སེམས་དཔའ་ཡིན་སྙམའམ། སྒྲ་དང་། དྲི་དང་། རོ་དང་། རེག་བྱ་དང་། ཆོས་མེད་པ་ཞིག་བྱང་ཆུབ་སེམས་དཔའ་ཡིན་སྙམའམ། གསོལ་པ། བཅོམ་ལྡན་འདས་དེ་ལྟ་མ་ལགས་སོ། །བཅོམ་ལྡན་འདས་ཀྱིས་བཀའ་སྩལ་པ། རབ་འབྱོར་དེ་ཇི་སྙམ་དུ་སེམས། མིག་གི་ཁམས་བྱང་ཆུབ་སེམས་དཔའ་ཡིན་སྙམའམ། གཟུགས་ཀྱི་ཁམས་བྱང་ཆུབ་སེམས་དཔའ་ཡིན་སྙམའམ། མིག་གི་རྣམ་པར་ཤེས་པའི་ཁམས་བྱང་ཆུབ་སེམས་དཔའ་ཡིན་སྙམའམ། གསོལ་པ། བཅོམ་ལྡན་འདས་དེ་ལྟ་མ་ལགས་སོ། །བཅོམ་ལྡན་འདས་ཀྱིས་བཀའ་སྩལ་པ། རབ་འབྱོར་དེ་ཇི་སྙམ་དུ་སེམས། རྣ་བའི་ཁམས་དང་། སྒྲའི་ཁམས་དང་། རྣ་བའི་རྣམ་པར་ཤེས་པའི་ཁམས་བྱང་ཆུབ་སེམས་དཔའ་ཡིན་སྙམའམ། སྣའི་ཁམས་དང་། དྲིའི་ཁམས་དང་། སྣའི་རྣམ་པར་ཤེས་པའི་ཁམས་བྱང་ཆུབ་སེམས་དཔའ་ཡིན་སྙམའམ། ལྗེའི་ཁམས་དང་། རོའི་ཁམས་དང་། ལྗེའི་རྣམ་པར་ཤེས་པའི་ཁམས་བྱང་ཆུབ་སེམས་དཔའ་ཡིན་སྙམའམ། ལུས་ཀྱི་ཁམས་དང་། རེག་བྱའི་ཁམས་དང་། ལུས་ཀྱི་རྣམ་པར་ཤེས་པའི་ཁམས་བྱང་ཆུབ་

སེམས་དཔའ་ཡིན་སྙམ་འམ། ཡིད་ཀྱི་ཁམས་དང་། ཆོས་ཀྱི་ཁམས་དང་། ཡིད་ཀྱི་རྣམ་པར་ཤེས་པའི་ཁམས་བྱང་ཆུབ་སེམས་དཔའ་ཡིན་སྙམ་འམ། གསོལ་པ། བཅོམ་ལྡན་འདས་དེ་ལྟ་མ་ལགས་སོ། །བཅོམ་ལྡན་འདས་ཀྱིས་བཀའ་སྩལ་པ། རབ་འབྱོར་དེ་ཇི་སྙམ་དུ་སེམས། མིག་གི་ཁམས་མ་ཡིན་པ་གཞན་ཞིག་བྱང་ཆུབ་སེམས་དཔའ་ཡིན་སྙམ་འམ། གཟུགས་ཀྱི་ཁམས་མ་ཡིན་པ་གཞན་ཞིག་བྱང་ཆུབ་སེམས་དཔའ་ཡིན་སྙམ་འམ། མིག་གི་རྣམ་པར་ཤེས་པའི་ཁམས་མ་ཡིན་པ་གཞན་ཞིག་བྱང་ཆུབ་སེམས་དཔའ་ཡིན་སྙམ་འམ། རྣ་བའི་ཁམས་དང་། སྒྲའི་ཁམས་དང་། རྣ་བའི་རྣམ་པར་ཤེས་པའི་ཁམས་དང་། སྣའི་ཁམས་དང་། དྲིའི་ཁམས་དང་། སྣའི་རྣམ་པར་ཤེས་པའི་ཁམས་དང་། ལྕེའི་ཁམས་དང་། རོའི་ཁམས་དང་། ལྕེའི་རྣམ་པར་ཤེས་པའི་ཁམས་དང་། ལུས་ཀྱི་ཁམས་དང་། རེག་བྱའི་ཁམས་དང་། ལུས་ཀྱི་རྣམ་པར་ཤེས་པའི་ཁམས་དང་། ཡིད་ཀྱི་ཁམས་མ་ཡིན་པ་གཞན་ཞིག་བྱང་ཆུབ་སེམས་དཔའ་ཡིན་སྙམ་འམ། ཆོས་ཀྱི་ཁམས་མ་ཡིན་པ་གཞན་ཞིག་བྱང་ཆུབ་སེམས་དཔའ་ཡིན་སྙམ་འམ། ཡིད་ཀྱི་རྣམ་པར་ཤེས་པའི་ཁམས་མ་ཡིན་པ་གཞན་ཞིག་བྱང་ཆུབ་སེམས་དཔའ་ཡིན་སྙམ་འམ། གསོལ་པ། བཅོམ་ལྡན་འདས་དེ་ལྟ་མ་ལགས་སོ། །བཅོམ་ལྡན་འདས་ཀྱིས་བཀའ་སྩལ་པ། རབ་འབྱོར་དེ་ཇི་སྙམ་དུ་སེམས། མིག་གི་ཁམས་ལ་བྱང་ཆུབ་སེམས་དཔའ་ཡོད་སྙམ་འམ། གཟུགས་ཀྱི་ཁམས་ལ་བྱང་ཆུབ་སེམས་དཔའ་ཡོད་སྙམ་འམ། མིག་གི་རྣམ་པར་ཤེས་པའི་ཁམས་ལ་བྱང་ཆུབ་སེམས་དཔའ་ཡོད་སྙམ་འམ། རྣ་བའི་ཁམས་དང་། སྒྲའི་ཁམས་དང་། རྣ་བའི་རྣམ་པར་ཤེས་པའི་ཁམས་དང་། སྣའི་ཁམས་དང་། དྲིའི་ཁམས་དང་། སྣའི་རྣམ་པར་ཤེས་པའི་ཁམས་དང་། ལྕེའི་ཁམས་དང་། རོའི་ཁམས་དང་། ལྕེའི་རྣམ་

པར་ཤེས་པའི་ཁམས་དང་། ལུས་ཀྱི་ཁམས་དང་། རེག་བྱའི་ཁམས་དང་། ལུས་ཀྱི་རྣམ་པར་ཤེས་པའི་ཁམས་དང་། ཡིད་ཀྱི་ཁམས་ལ་བྱང་ཆུབ་སེམས་དཔའ་ཡོད་སྙམ་འམ། ཆོས་ཀྱི་ཁམས་ལ་བྱང་ཆུབ་སེམས་དཔའ་ཡོད་སྙམ་འམ། ཡིད་ཀྱི་རྣམ་པར་ཤེས་པའི་ཁམས་ལ་བྱང་ཆུབ་སེམས་དཔའ་ཡོད་སྙམ་འམ། གསོལ་པ། བཅོམ་ལྡན་འདས་དེ་ལྟ་མ་ལགས་སོ། །བཅོམ་ལྡན་འདས་ཀྱིས་བཀའ་སྩལ་པ། རབ་འབྱོར་དེ་ཇི་སྙམ་དུ་སེམས། བྱང་ཆུབ་སེམས་དཔའ་ལ་མིག་གི་ཁམས་ཡོད་སྙམ་འམ། བྱང་ཆུབ་སེམས་དཔའ་ལ་གཟུགས་ཀྱི་ཁམས་ཡོད་སྙམ་འམ། བྱང་ཆུབ་སེམས་དཔའ་ལ་མིག་གི་རྣམ་པར་ཤེས་པའི་ཁམས་ཡོད་སྙམ་འམ། བྱང་ཆུབ་སེམས་དཔའ་ལ་རྣ་བའི་ཁམས་དང་། སྒྲའི་ཁམས་དང་། རྣ་བའི་རྣམ་པར་ཤེས་པའི་ཁམས་དང་། སྣའི་ཁམས་དང་། དྲིའི་ཁམས་དང་། སྣའི་རྣམ་པར་ཤེས་པའི་ཁམས་དང་། ལྕེའི་ཁམས་དང་། རོའི་ཁམས་དང་། ལྕེའི་རྣམ་པར་ཤེས་པའི་ཁམས་དང་། ལུས་ཀྱི་ཁམས་དང་། རེག་བྱའི་ཁམས་དང་། ལུས་ཀྱི་རྣམ་པར་ཤེས་པའི་ཁམས་དང་། བྱང་ཆུབ་སེམས་དཔའ་ལ་ཡིད་ཀྱི་ཁམས་ཡོད་སྙམ་འམ། བྱང་ཆུབ་སེམས་དཔའ་ལ་ཆོས་ཀྱི་ཁམས་ཡོད་སྙམ་འམ། བྱང་ཆུབ་སེམས་དཔའ་ལ་ཡིད་ཀྱི་རྣམ་པར་ཤེས་པའི་ཁམས་ཡོད་སྙམ་འམ། གསོལ་པ། བཅོམ་ལྡན་འདས་དེ་ལྟ་མ་ལགས་སོ། །བཅོམ་ལྡན་འདས་ཀྱིས་བཀའ་སྩལ་པ། རབ་འབྱོར་དེ་ཇི་སྙམ་དུ་སེམས། མིག་གི་ཁམས་མེད་པ་ཞིག་བྱང་ཆུབ་སེམས་དཔའ་ཡིན་སྙམ་འམ། གཟུགས་ཀྱི་ཁམས་མེད་པ་ཞིག་བྱང་ཆུབ་སེམས་དཔའ་ཡིན་སྙམ་འམ། མིག་གི་རྣམ་པར་ཤེས་པའི་ཁམས་མེད་པ་ཞིག་བྱང་ཆུབ་སེམས་དཔའ་ཡིན་སྙམ་འམ། རྣ་བའི་ཁམས་མེད་པ་དང་། སྒྲའི་ཁམས་མེད་པ་དང་། རྣ་བའི་རྣམ་པར་ཤེས་པའི་ཁམས་མེད་པ་དང་།

སྣའི་ཁམས་མེད་པ་དང་། དྲིའི་ཁམས་མེད་པ་དང་། སྣའི་རྣམ་པར་ཤེས་པའི་ཁམས་མེད་པ་དང་། ལྕེའི་ཁམས་མེད་པ་དང་། རོའི་ཁམས་མེད་པ་དང་། ལྕེའི་རྣམ་པར་ཤེས་པའི་ཁམས་མེད་པ་དང་། ལུས་ཀྱི་ཁམས་མེད་པ་དང་། རེག་བྱའི་ཁམས་མེད་པ་དང་། ལུས་ཀྱི་རྣམ་པར་ཤེས་པའི་ཁམས་མེད་པ་དང་། ཡིད་ཀྱི་ཁམས་མེད་པ་ཞིག་བྱང་ཆུབ་སེམས་དཔའ་ཡིན་སྙམའམ། ཆོས་ཀྱི་ཁམས་མེད་པ་ཞིག་བྱང་ཆུབ་སེམས་དཔའ་ཡིན་སྙམའམ། ཡིད་ཀྱི་རྣམ་པར་ཤེས་པའི་་ཁམས་མེད་པ་ཞིག་བྱང་ཆུབ་སེམས་དཔའ་ཡིན་སྙམའམ། གསོལ་པ། བཅོམ་ལྡན་འདས་དེ་ལྟ་མ་ལགས་སོ། །བཅོམ་ལྡན་འདས་ཀྱིས་བཀའ་སྩལ་པ། རབ་འབྱོར་དེ་ཇི་སྙམ་དུ་སེམས། སའི་ཁམས་བྱང་ཆུབ་སེམས་དཔའ་ཡིན་སྙམའམ། གསོལ་པ། བཅོམ་ལྡན་འདས་དེ་ལྟ་མ་ལགས་སོ། །བཅོམ་ལྡན་འདས་ཀྱིས་བཀའ་སྩལ་པ། རབ་འབྱོར་དེ་ཇི་སྙམ་དུ་སེམས། ཆུའི་ཁམས་བྱང་ཆུབ་སེམས་དཔའ་ཡིན་སྙམའམ། མེའི་ཁམས་དང་། རླུང་གི་ཁམས་དང་། ནམ་མཁའི་ཁམས་དང་། རྣམ་པར་ཤེས་པའི་ཁམས་བྱང་ཆུབ་སེམས་དཔའ་ཡིན་སྙམའམ། གསོལ་པ། བཅོམ་ལྡན་འདས་དེ་ལྟ་མ་ལགས་སོ། །བཅོམ་ལྡན་འདས་ཀྱིས་བཀའ་སྩལ་པ། རབ་འབྱོར་དེ་ཇི་སྙམ་དུ་སེམས། སའི་ཁམས་མ་ཡིན་པ་གཞན་ཞིག་བྱང་ཆུབ་སེམས་དཔའ་ཡིན་སྙམའམ། ཆུའི་ཁམས་དང་། མེའི་ཁམས་དང་། རླུང་གི་ཁམས་དང་། ནམ་མཁའི་ཁམས་དང་། རྣམ་པར་ཤེས་པའི་ཁམས་མ་ཡིན་པ་གཞན་ཞིག་བྱང་ཆུབ་སེམས་དཔའ་ཡིན་སྙམའམ། གསོལ་པ། བཅོམ་ལྡན་འདས་དེ་ལྟ་མ་ལགས་སོ། །བཅོམ་ལྡན་འདས་ཀྱིས་བཀའ་སྩལ་པ། རབ་འབྱོར་དེ་ཇི་སྙམ་དུ་སེམས། སའི་ཁམས་ལ་བྱང་ཆུབ་སེམས་དཔའ་ཡོད་སྙམའམ། ཆུའི་ཁམས་དང་། མེའི་ཁམས་དང་། རླུང་གི་

ཁམས་དང་། ནམ་མཁའི་ཁམས་དང་། རྣམ་པར་ཤེས་པའི་ཁམས་ལ་བྱང་ཆུབ་སེམས་དཔའ་ཡོད་སྙམའམ། གསོལ་པ། བཅོམ་ལྡན་འདས་དེ་ལྟ་མ་ལགས་སོ། །བཅོམ་ལྡན་འདས་ཀྱིས་བཀའ་སྩལ་པ། རབ་འབྱོར་དེ་ཇི་སྙམ་དུ་སེམས། བྱང་ཆུབ་སེམས་དཔའ་ལ་སའི་ཁམས་ཡོད་སྙམའམ། བྱང་ཆུབ་སེམས་དཔའ་ལ་ཆུའི་ཁམས་དང་། མེའི་ཁམས་དང་། རླུང་གི་ཁམས་དང་། ནམ་མཁའི་ཁམས་དང་། རྣམ་པར་ཤེས་པའི་ཁམས་ཡོད་སྙམའམ། གསོལ་པ། བཅོམ་ལྡན་འདས་དེ་ལྟ་མ་ལགས་སོ། །བཅོམ་ལྡན་འདས་ཀྱིས་བཀའ་སྩལ་པ། རབ་འབྱོར་དེ་ཇི་སྙམ་དུ་སེམས། སའི་ཁམས་མེད་པ་ཞིག་བྱང་ཆུབ་སེམས་དཔའ་ཡིན་སྙམའམ། ཆུའི་ཁམས་མེད་པ་དང་། མེའི་ཁམས་མེད་པ་དང་། རླུང་གི་ཁམས་མེད་པ་དང་། ནམ་མཁའི་ཁམས་མེད་པ་དང་། རྣམ་པར་ཤེས་པའི་ཁམས་མེད་པ་ཞིག་བྱང་ཆུབ་སེམས་དཔའ་ཡིན་སྙམའམ། གསོལ་པ་བཅོམ་ལྡན་འདས་དེ་ལྟ་མ་ལགས་སོ། །བཅོམ་ལྡན་འདས་ཀྱིས་བཀའ་སྩལ་པ། རབ་འབྱོར་དེ་ཇི་སྙམ་དུ་སེམས། མ་རིག་པ་བྱང་ཆུབ་སེམས་དཔའ་ཡིན་སྙམའམ། འདུ་བྱེད་དང་། རྣམ་པར་ཤེས་པ་དང་། མིང་དང་གཟུགས་དང་། སྐྱེ་མཆེད་དྲུག་དང་། རེག་པ་དང་། ཚོར་བ་དང་། སྲེད་པ་དང་། ལེན་པ་དང་། སྲིད་པ་དང་། སྐྱེ་བ་དང་། རྒ་ཤི་བྱང་ཆུབ་སེམས་དཔའ་ཡིན་སྙམའམ། གསོལ་པ། བཅོམ་ལྡན་འདས་དེ་ལྟ་མ་ལགས་སོ། །བཅོམ་ལྡན་འདས་ཀྱིས་བཀའ་སྩལ་པ། རབ་འབྱོར་དེ་ཇི་སྙམ་དུ་⑦སེམས། མ་རིག་པ་མ་ཡིན་པ་གཞན་ཞིག་བྱང་ཆུབ་སེམས་དཔའ་ཡིན་སྙམའམ། འདུ་བྱེད་དང་། རྣམ་པར་ཤེས་པ་དང་། མིང་དང་གཟུགས་དང་། སྐྱེ་མཆེད་དྲུག་དང་། རེག་པ་དང་། ཚོར་བ་དང་། སྲེད་པ་དང་། ལེན་པ་དང་། སྲིད་པ་དང་།

སྐྱེ་བ་དང་། རྒ་ཤི་མ་ཡིན་པ་གཞན་ཞིག་བྱང་ཆུབ་སེམས་དཔའ་ཡིན་སྙམའམ། གསོལ་པ། བཅོམ་ལྡན་འདས་དེ་ལྟ་མ་ལགས་སོ། །བཅོམ་ལྡན་འདས་ཀྱིས་བཀའ་སྩལ་པ། རབ་འབྱོར་དེ་ཇི་སྙམ་དུ་སེམས། མ་རིག་པ་ལ་བྱང་ཆུབ་སེམས་དཔའ་ཡོད་སྙམའམ། རྒ་ཤིའི་བར་ལ་བྱང་ཆུབ་སེམས་དཔའ་ཡོད་སྙམའམ། གསོལ་པ། བཅོམ་ལྡན་འདས་དེ་ལྟ་མ་ལགས་སོ། །བཅོམ་ལྡན་འདས་ཀྱིས་བཀའ་སྩལ་པ། རབ་འབྱོར་དེ་ཇི་སྙམ་དུ་སེམས། བྱང་ཆུབ་སེམས་དཔའ་ལ་མ་རིག་པ་ཡོད་སྙམའམ། བྱང་ཆུབ་སེམས་དཔའ་ལ་རྒ་ཤིའི་བར་དུ་ཡོད་སྙམའམ། གསོལ་པ། བཅོམ་ལྡན་འདས་དེ་ལྟ་མ་ལགས་སོ། །བཅོམ་ལྡན་འདས་ཀྱིས་བཀའ་སྩལ་པ། རབ་འབྱོར་དེ་ཇི་སྙམ་དུ་སེམས། མ་རིག་པ་མེད་པ་ཞིག་བྱང་ཆུབ་སེམས་དཔའ་ཡིན་སྙམའམ། རྒ་ཤིའི་བར་དུ་མེད་པ་ཞིག་བྱང་ཆུབ་སེམས་དཔའ་ཡིན་སྙམའམ། གསོལ་པ། བཅོམ་ལྡན་འདས་དེ་ལྟ་མ་ལགས་སོ། །བཅོམ་ལྡན་འདས་ཀྱིས་བཀའ་སྩལ་པ། རབ་འབྱོར་དེ་ཇི་སྙམ་དུ་སེམས། གཟུགས་ཀྱི་དེ་བཞིན་ཉིད་བྱང་ཆུབ་སེམས་དཔའ་ཡིན་སྙམའམ། ཚོར་བའི་དེ་བཞིན་ཉིད་དང་། འདུ་ཤེས་ཀྱི་དེ་བཞིན་ཉིད་དང་། འདུ་བྱེད་ཀྱི་དེ་བཞིན་ཉིད་དང་། རྣམ་པར་ཤེས་པའི་དེ་བཞིན་ཉིད་བྱང་ཆུབ་སེམས་དཔའ་ཡིན་སྙམའམ། གསོལ་པ། བཅོམ་ལྡན་འདས་དེ་ལྟ་མ་ལགས་སོ། །བཅོམ་ལྡན་འདས་ཀྱིས་བཀའ་སྩལ་པ། རབ་འབྱོར་དེ་ཇི་སྙམ་དུ་སེམས། གཟུགས་ཀྱི་དེ་བཞིན་ཉིད་མ་ཡིན་པ་གཞན་ཞིག་བྱང་ཆུབ་སེམས་དཔའ་ཡིན་སྙམའམ། ཚོར་བའི་དེ་བཞིན་ཉིད་དང་། འདུ་ཤེས་ཀྱི་དེ་བཞིན་ཉིད་དང་། འདུ་བྱེད་ཀྱི་དེ་བཞིན་ཉིད་དང་། རྣམ་པར་ཤེས་པའི་དེ་བཞིན་ཉིད་མ་ཡིན་པ་གཞན་ཞིག་བྱང་ཆུབ་སེམས་དཔའ་ཡིན་སྙམའམ། གསོལ་པ། བཅོམ་ལྡན་

འདས་དེ་ལྟ་མ་ལགས་སོ། །བཅོམ་ལྡན་འདས་ཀྱིས་བཀའ་སྩལ་པ། རབ་འབྱོར་དེ་ཇི་སྙམ་དུ་སེམས། གཟུགས་ཀྱི་དེ་བཞིན་ཉིད་ལ་བྱང་ཆུབ་སེམས་དཔའ་ཡོད་སྙམའམ། ཚོར་བའི་དེ་བཞིན་ཉིད་དང་། འདུ་ཤེས་ཀྱི་དེ་བཞིན་ཉིད་དང་། འདུ་བྱེད་ཀྱི་དེ་བཞིན་ཉིད་[༧]དང་། རྣམ་པར་ཤེས་པའི་དེ་བཞིན་ཉིད་ལ་བྱང་ཆུབ་སེམས་དཔའ་ཡོད་སྙམའམ། གསོལ་པ། བཅོམ་ལྡན་འདས་དེ་ལྟ་མ་ལགས་སོ། །བཅོམ་ལྡན་འདས་ཀྱིས་བཀའ་སྩལ་པ། རབ་འབྱོར་དེ་ཇི་སྙམ་དུ་སེམས། བྱང་ཆུབ་སེམས་དཔའ་ལ་གཟུགས་ཀྱི་དེ་བཞིན་ཉིད་དང་། ཚོར་བའི་དེ་བཞིན་ཉིད་དང་། འདུ་ཤེས་ཀྱི་དེ་བཞིན་ཉིད་དང་། འདུ་བྱེད་ཀྱི་དེ་བཞིན་ཉིད་ཡོད་སྙམའམ། བྱང་ཆུབ་སེམས་དཔའ་ལ་རྣམ་པར་ཤེས་པའི་དེ་བཞིན་ཉིད་ཡོད་སྙམའམ། གསོལ་པ། བཅོམ་ལྡན་འདས་དེ་ལྟ་མ་ལགས་སོ།། བཅོམ་ལྡན་འདས་ཀྱིས་བཀའ་སྩལ་པ། རབ་འབྱོར་དེ་ཇི་སྙམ་དུ་སེམས། གཟུགས་ཀྱི་དེ་བཞིན་ཉིད་མེད་པ་ཞིག་བྱང་ཆུབ་སེམས་དཔའ་ཡིན་སྙམའམ། ཚོར་བའི་དེ་བཞིན་ཉིད་མེད་པ་དང་། འདུ་ཤེས་ཀྱི་དེ་བཞིན་ཉིད་མེད་པ་དང་། འདུ་བྱེད་ཀྱི་དེ་བཞིན་ཉིད་མེད་པ་དང་། རྣམ་པར་ཤེས་པའི་དེ་བཞིན་ཉིད་མེད་པ་ཞིག་བྱང་ཆུབ་སེམས་དཔའ་ཡིན་སྙམའམ། གསོལ་པ། བཅོམ་ལྡན་འདས་དེ་ལྟ་མ་ལགས་སོ། །བཅོམ་ལྡན་འདས་ཀྱིས་བཀའ་སྩལ་པ། རབ་འབྱོར་དེ་ཇི་སྙམ་དུ་སེམས། མིག་གི་དེ་བཞིན་ཉིད་བྱང་ཆུབ་སེམས་དཔའ་ཡིན་སྙམའམ། རྣ་བའི་དེ་བཞིན་ཉིད་དང་། སྣའི་དེ་བཞིན་ཉིད་དང་། ལྕེའི་དེ་བཞིན་ཉིད་དང་། ལུས་ཀྱི་དེ་བཞིན་ཉིད་དང་། ཡིད་ཀྱི་དེ་བཞིན་ཉིད་བྱང་ཆུབ་སེམས་དཔའ་ཡིན་སྙམའམ། གསོལ་པ། བཅོམ་ལྡན་འདས་དེ་ལྟ་མ་ལགས་སོ། །བཅོམ་ལྡན་འདས་ཀྱིས་བཀའ་སྩལ་པ། རབ་འབྱོར་དེ་ཇི་སྙམ་དུ་སེམས།

མིག་གི་དེ་བཞིན་ཉིད་མ་ཡིན་པ་གཞན་ཞིག་བྱང་ཆུབ་སེམས་དཔའ་ཡིན་སྙམ་འམ། རྣ་བའི་དེ་བཞིན་ཉིད་དང་། སྣའི་དེ་བཞིན་ཉིད་དང་། ལྕེའི་དེ་བཞིན་ཉིད་དང་། ལུས་ཀྱི་དེ་བཞིན་ཉིད་དང་། ཡིད་ཀྱི་དེ་བཞིན་ཉིད་མ་ཡིན་པ་གཞན་ཞིག་བྱང་ཆུབ་སེམས་དཔའ་ཡིན་སྙམ་འམ། གསོལ་པ། བཅོམ་ལྡན་འདས་དེ་ལྟ་མ་ལགས་སོ། །བཅོམ་ལྡན་འདས་ཀྱིས་བཀའ་སྩལ་པ། རབ་འབྱོར་དེ་ཇི་སྙམ་དུ་སེམས། མིག་གི་དེ་བཞིན་ཉིད་ལ་བྱང་ཆུབ་སེམས་དཔའ་ཡོད་སྙམ་འམ། རྣ་བའི་དེ་བཞིན་ཉིད་དང་། སྣའི་དེ་བཞིན་ཉིད་དང་། ལྕེའི་དེ་བཞིན་ཉིད་དང་། ལུས་ཀྱི་དེ་བཞིན་ཉིད་དང་། ཡིད་ཀྱི་དེ་བཞིན་ཉིད་ལ་བྱང་ཆུབ་སེམས་དཔའ་ཡོད་སྙམ་འམ། གསོལ་པ། བཅོམ་ལྡན་འདས་དེ་ལྟ་མ་ལགས་སོ། །བཅོམ་ལྡན་འདས་ཀྱིས་བཀའ་སྩལ་པ། རབ་འབྱོར་དེ་ཇི་སྙམ་དུ་སེམས། བྱང་ཆུབ་སེམས་དཔའ་ལ་མིག་གི་དེ་བཞིན་ཉིད་ཡོད་སྙམ་འམ། བྱང་ཆུབ་སེམས་དཔའ་ལ་རྣ་བའི་དེ་བཞིན་ཉིད་དང་། སྣའི་དེ་བཞིན་ཉིད་དང་། ལྕེའི་དེ་བཞིན་ཉིད་དང་། ལུས་ཀྱི་དེ་བཞིན་ཉིད་དང་། ཡིད་ཀྱི་དེ་བཞིན་ཉིད་ཡོད་སྙམ་འམ། གསོལ་པ། བཅོམ་ལྡན་འདས་དེ་ལྟ་མ་ལགས་སོ། །བཅོམ་ལྡན་འདས་ཀྱིས་བཀའ་སྩལ་པ། རབ་འབྱོར་དེ་ཇི་སྙམ་དུ་སེམས། མིག་གི་དེ་བཞིན་ཉིད་མེད་པ་ཞིག་བྱང་ཆུབ་སེམས་དཔའ་ཡིན་སྙམ་འམ། རྣ་བའི་དེ་བཞིན་ཉིད་མེད་པ་དང་། སྣའི་དེ་བཞིན་ཉིད་མེད་པ་དང་། ལྕེའི་དེ་བཞིན་ཉིད་མེད་པ་དང་། ལུས་ཀྱི་དེ་བཞིན་ཉིད་མེད་པ་དང་། ཡིད་ཀྱི་དེ་བཞིན་ཉིད་མེད་པ་ཞིག་བྱང་ཆུབ་སེམས་དཔའ་ཡིན་སྙམ་འམ། གསོལ་པ། བཅོམ་ལྡན་འདས་དེ་ལྟ་མ་ལགས་སོ། །བཅོམ་ལྡན་འདས་ཀྱིས་བཀའ་སྩལ་པ། རབ་འབྱོར་དེ་ཇི་སྙམ་དུ་སེམས། གཟུགས་ཀྱི་དེ་བཞིན་ཉིད་བྱང་ཆུབ་སེམས་དཔའ་

ཡིན་སྙམ་འཚམ། སྒྲའི་དེ་བཞིན་ཉིད་དང་། དྲིའི་དེ་བཞིན་ཉིད་དང་། རོའི་དེ་བཞིན་ཉིད་དང་། རེག་གི་དེ་བཞིན་ཉིད་དང་། ཆོས་ཀྱི་དེ་བཞིན་ཉིད་བྱང་ཆུབ་སེམས་དཔའ་ཡིན་སྙམ་འཚམ། གསོལ་པ། བཅོམ་ལྡན་འདས་དེ་ལྟ་མ་ལགས་སོ། །བཅོམ་ལྡན་འདས་ཀྱིས་བཀའ་སྩལ་པ། རབ་འབྱོར་དེ་ཇི་སྙམ་དུ་སེམས། གཟུགས་ཀྱི་དེ་བཞིན་ཉིད་མ་ཡིན་པ་གཞན་ཞིག་བྱང་ཆུབ་སེམས་དཔའ་ཡིན་སྙམ་འཚམ། སྒྲའི་དེ་བཞིན་ཉིད་དང་། དྲིའི་དེ་བཞིན་ཉིད་དང་། རོའི་དེ་བཞིན་ཉིད་དང་། རེག་གི་དེ་བཞིན་ཉིད་དང་། ཆོས་ཀྱི་དེ་བཞིན་ཉིད་མ་ཡིན་པ་གཞན་ཞིག་བྱང་ཆུབ་སེམས་དཔའ་ཡིན་སྙམ་འཚམ། གསོལ་པ། བཅོམ་ལྡན་འདས་དེ་ལྟ་མ་ལགས་སོ། །བཅོམ་ལྡན་འདས་ཀྱིས་བཀའ་སྩལ་པ། རབ་འབྱོར་དེ་ཇི་སྙམ་དུ་སེམས། གཟུགས་ཀྱི་དེ་བཞིན་ཉིད་ལ་བྱང་ཆུབ་སེམས་དཔའ་ཡོད་སྙམ་འཚམ། སྒྲའི་དེ་བཞིན་ཉིད་དང་། དྲིའི་དེ་བཞིན་ཉིད་དང་། རོའི་དེ་བཞིན་ཉིད་དང་། རེག་གི་དེ་བཞིན་ཉིད་དང་། ཆོས་ཀྱི་དེ་བཞིན་ཉིད་ལ་བྱང་ཆུབ་སེམས་དཔའ་ཡོད་སྙམ་འཚམ། གསོལ་པ། བཅོམ་ལྡན་འདས་དེ་ལྟ་མ་ལགས་[7]སོ། །བཅོམ་ལྡན་འདས་ཀྱིས་བཀའ་སྩལ་པ། རབ་འབྱོར་དེ་ཇི་སྙམ་དུ་སེམས། བྱང་ཆུབ་སེམས་དཔའ་ལ་གཟུགས་ཀྱི་དེ་བཞིན་ཉིད་ཡོད་སྙམ་འཚམ། བྱང་ཆུབ་སེམས་དཔའ་ལ་སྒྲའི་དེ་བཞིན་ཉིད་དང་། དྲིའི་དེ་བཞིན་ཉིད་དང་། རོའི་དེ་བཞིན་ཉིད་དང་། རེག་གི་དེ་བཞིན་ཉིད་ཡོད་སྙམ་འཚམ། བྱང་ཆུབ་སེམས་དཔའ་ལ་ཆོས་ཀྱི་དེ་བཞིན་ཉིད་ཡོད་སྙམ་འཚམ། གསོལ་པ། བཅོམ་ལྡན་འདས་དེ་ལྟ་མ་ལགས་སོ། །བཅོམ་ལྡན་འདས་ཀྱིས་བཀའ་སྩལ་པ། རབ་འབྱོར་དེ་ཇི་སྙམ་དུ་སེམས། གཟུགས་ཀྱི་དེ་བཞིན་ཉིད་མེད་པ་ཞིག་བྱང་ཆུབ་སེམས་དཔའ་ཡིན་སྙམ་འཚམ། སྒྲའི་དེ་བཞིན་ཉིད་མེད་པ་

དང་། དྲིའི་དེ་བཞིན་ཉིད་མེད་པ་དང་། རོའི་དེ་བཞིན་ཉིད་མེད་པ་དང་། རེག་གི་དེ་བཞིན་ཉིད་མེད་པ་དང་། ཆོས་ཀྱི་དེ་བཞིན་ཉིད་མེད་པ་ཞིག་བྱང་ཆུབ་སེམས་དཔའ་ཡིན་སྙམ་འམ། གསོལ་པ། བཅོམ་ལྡན་འདས་དེ་ལྟ་མ་ལགས་སོ། །བཅོམ་ལྡན་འདས་ཀྱིས་བཀའ་སྩལ་པ། རབ་འབྱོར་དེ་ཇི་སྙམ་དུ་སེམས། མིག་གི་ཁམས་ཀྱི་དེ་བཞིན་ཉིད་བྱང་ཆུབ་སེམས་དཔའ་ཡིན་སྙམ་འམ། གཟུགས་ཀྱི་ཁམས་ཀྱི་དེ་བཞིན་ཉིད་བྱང་ཆུབ་སེམས་དཔའ་ཡིན་སྙམ་འམ། མིག་གི་རྣམ་པར་ཤེས་པའི་ཁམས་ཀྱི་དེ་བཞིན་ཉིད་བྱང་ཆུབ་སེམས་དཔའ་ཡིན་སྙམ་འམ། རྣ་བའི་ཁམས་ཀྱི་དེ་བཞིན་ཉིད་དང་། སྒྲའི་ཁམས་ཀྱི་དེ་བཞིན་ཉིད་དང་། རྣ་བའི་རྣམ་པར་ཤེས་པའི་ཁམས་ཀྱི་དེ་བཞིན་ཉིད་དང་། སྣའི་ཁམས་ཀྱི་དེ་བཞིན་ཉིད་དང་། དྲིའི་ཁམས་ཀྱི་དེ་བཞིན་ཉིད་དང་། སྣའི་རྣམ་པར་ཤེས་པའི་ཁམས་ཀྱི་དེ་བཞིན་ཉིད་དང་། ལྕེའི་ཁམས་ཀྱི་དེ་བཞིན་ཉིད་དང་། རོའི་ཁམས་ཀྱི་དེ་བཞིན་ཉིད་དང་། ལྕེའི་རྣམ་པར་ཤེས་པའི་ཁམས་ཀྱི་དེ་བཞིན་ཉིད་དང་། ལུས་ཀྱི་ཁམས་ཀྱི་དེ་བཞིན་ཉིད་དང་། རེག་བྱའི་ཁམས་ཀྱི་དེ་བཞིན་ཉིད་དང་། ལུས་ཀྱི་རྣམ་པར་ཤེས་པའི་ཁམས་ཀྱི་དེ་བཞིན་ཉིད་དང་། ཡིད་ཀྱི་ཁམས་ཀྱི་དེ་བཞིན་ཉིད་བྱང་ཆུབ་སེམས་དཔའ་ཡིན་སྙམ་འམ། ཆོས་ཀྱི་ཁམས་ཀྱི་དེ་བཞིན་ཉིད་བྱང་ཆུབ་སེམས་དཔའ་ཡིན་སྙམ་འམ། ཡིད་ཀྱི་རྣམ་པར་ཤེས་པའི་ཁམས་ཀྱི་དེ་བཞིན་ཉིད་བྱང་ཆུབ་སེམས་དཔའ་ཡིན་སྙམ་འམ། གསོལ་པ། བཅོམ་ལྡན་འདས་དེ་ལྟ་མ་ལགས་སོ། །བཅོམ་ལྡན་འདས་ཀྱིས་བཀའ་སྩལ་པ། རབ་འབྱོར་དེ་ཇི་སྙམ་དུ་སེམས། མིག་གི་ཁམས་ཀྱི་དེ་བཞིན་ཉིད་མ་ཡིན་པ་གཞན་ཞིག་བྱང་ཆུབ་སེམས་དཔའ་ཡིན་སྙམ་འམ། གཟུགས་ཀྱི་ཁམས་ཀྱི་དེ་བཞིན་ཉིད་དང་། མིག་གི་རྣམ་པར་ཤེས་པའི་ཁམས་ཀྱི་དེ་བཞིན་ཉིད་དང་།

རྣ་བའི་ཁམས་ཀྱི་དེ་བཞིན་ཉིད་དང་། སྒྲའི་ཁམས་ཀྱི་དེ་བཞིན་ཉིད་དང་།
རྣ་བའི་རྣམ་པར་ཤེས་པའི་ཁམས་ཀྱི་དེ་བཞིན་ཉིད་དང་། སྣའི་ཁམས་ཀྱི་དེ་
བཞིན་ཉིད་དང་། དྲིའི་ཁམས་ཀྱི་དེ་བཞིན་ཉིད་དང་། སྣའི་རྣམ་པར་ཤེས
པའི་ཁམས་ཀྱི་དེ་བཞིན་ཉིད་དང་། ལྕེའི་ཁམས་ཀྱི་དེ་བཞིན་ཉིད་དང་། རོའི་
ཁམས་ཀྱི་དེ་བཞིན་ཉིད་དང་། ལྕེའི་རྣམ་པར་ཤེས་པའི་ཁམས་ཀྱི་དེ་བཞིན་ཉིད་
དང་། ལུས་ཀྱི་ཁམས་ཀྱི་དེ་བཞིན་ཉིད་དང་། རེག་བྱའི་ཁམས་ཀྱི་དེ་བཞིན
ཉིད་དང་། ལུས་ཀྱི་རྣམ་པར་ཤེས་པའི་ཁམས་ཀྱི་དེ་བཞིན་ཉིད་དང་། ཡིད
ཀྱི་ཁམས་ཀྱི་དེ་བཞིན་ཉིད་མ་ཡིན་པ་གཞན་ཞིག་བྱང་ཆུབ་སེམས་དཔའ་ཡིན
སྙམ་འམ། ཆོས་ཀྱི་ཁམས་ཀྱི་དེ་བཞིན་ཉིད་མ་ཡིན་པ་གཞན་ཞིག་བྱང་ཆུབ་
སེམས་དཔའ་ཡིན་སྙམ་འམ། ཡིད་ཀྱི་རྣམ་པར་ཤེས་པའི་ཁམས་ཀྱི་དེ་བཞིན་ཉིད་
མ་ཡིན་པ་གཞན་ཞིག་བྱང་ཆུབ་སེམས་དཔའ་ཡིན་[7]སྙམ་འམ། གསོལ་པ།
བཅོམ་ལྡན་འདས་དེ་ལྟ་མ་ལགས་སོ། །བཅོམ་ལྡན་འདས་ཀྱིས་བཀའ་སྩལ་པ།
རབ་འབྱོར་དེ་ཇི་སྙམ་དུ་སེམས། མིག་གི་ཁམས་ཀྱི་དེ་བཞིན་ཉིད་ལ་བྱང་ཆུབ
སེམས་དཔའ་ཡོད་སྙམ་འམ། གཟུགས་ཀྱི་ཁམས་ཀྱི་དེ་བཞིན་ཉིད་ལ་བྱང་ཆུབ
སེམས་དཔའ་ཡོད་སྙམ་འམ། མིག་གི་རྣམ་པར་ཤེས་པའི་ཁམས་ཀྱི་དེ་བཞིན་ཉིད་
ལ་བྱང་ཆུབ་སེམས་དཔའ་ཡོད་སྙམ་འམ། རྣ་བའི་ཁམས་ཀྱི་དེ་བཞིན་ཉིད་དང་།
སྒྲའི་ཁམས་ཀྱི་དེ་བཞིན་ཉིད་དང་། རྣ་བའི་རྣམ་པར་ཤེས་པའི་ཁམས་ཀྱི་དེ་
བཞིན་ཉིད་དང་། སྣའི་ཁམས་ཀྱི་དེ་བཞིན་ཉིད་དང་། དྲིའི་ཁམས་ཀྱི་དེ་
བཞིན་ཉིད་དང་། སྣའི་རྣམ་པར་ཤེས་པའི་ཁམས་ཀྱི་དེ་བཞིན་ཉིད་དང་།
ལྕེའི་ཁམས་ཀྱི་དེ་བཞིན་ཉིད་དང་། རོའི་ཁམས་ཀྱི་དེ་བཞིན་ཉིད་དང་། ལྕེའི་
རྣམ་པར་ཤེས་པའི་ཁམས་ཀྱི་དེ་བཞིན་ཉིད་དང་། ལུས་ཀྱི་ཁམས་ཀྱི་དེ་བཞིན

ཉིད་དང་། རེག་བྱའི་ཁམས་ཀྱི་དེ་བཞིན་ཉིད་དང་། ལུས་ཀྱི་རྣམ་པར་ཤེས་པའི་ཁམས་ཀྱི་དེ་བཞིན་ཉིད་དང་། ཡིད་ཀྱི་ཁམས་ཀྱི་དེ་བཞིན་ཉིད་ལ་བྱང་ཆུབ་སེམས་དཔའ་ཡོད་སྙམའམ། ཆོས་ཀྱི་ཁམས་ཀྱི་དེ་བཞིན་ཉིད་ལ་བྱང་ཆུབ་སེམས་དཔའ་ཡོད་སྙམའམ། ཡིད་ཀྱི་རྣམ་པར་ཤེས་པའི་ཁམས་ཀྱི་དེ་བཞིན་ཉིད་ལ་བྱང་ཆུབ་སེམས་དཔའ་ཡོད་སྙམའམ། གསོལ་པ། བཅོམ་ལྡན་འདས་དེ་ལྟ་མ་ལགས་སོ། །བཅོམ་ལྡན་འདས་ཀྱིས་བཀའ་སྩལ་པ། རབ་འབྱོར་དེ་ཇི་སྙམ་དུ་སེམས། བྱང་ཆུབ་སེམས་དཔའ་ལ་མིག་གི་ཁམས་ཀྱི་དེ་བཞིན་ཉིད་ཡོད་སྙམའམ། བྱང་ཆུབ་སེམས་དཔའ་ལ་གཟུགས་ཀྱི་ཁམས་ཀྱི་དེ་བཞིན་ཉིད་ཡོད་སྙམའམ། བྱང་ཆུབ་སེམས་དཔའ་ལ་མིག་གི་རྣམ་པར་ཤེས་པའི་ཁམས་ཀྱི་དེ་བཞིན་ཉིད་ཡོད་སྙམའམ། བྱང་ཆུབ་སེམས་དཔའ་ལ་རྣ་བའི་ཁམས་ཀྱི་དེ་བཞིན་ཉིད་དང་། སྒྲའི་ཁམས་ཀྱི་དེ་བཞིན་ཉིད་དང་། རྣ་བའི་རྣམ་པར་ཤེས་པའི་ཁམས་ཀྱི་དེ་བཞིན་ཉིད་དང་། སྣའི་ཁམས་ཀྱི་དེ་བཞིན་ཉིད་དང་། དྲིའི་ཁམས་ཀྱི་དེ་བཞིན་ཉིད་དང་། སྣའི་རྣམ་པར་ཤེས་པའི་ཁམས་ཀྱི་དེ་བཞིན་ཉིད་དང་། ལྕེའི་ཁམས་ཀྱི་དེ་བཞིན་ཉིད་དང་། རོའི་ཁམས་ཀྱི་དེ་བཞིན་ཉིད་དང་། ལྕེའི་རྣམ་པར་ཤེས་པའི་ཁམས་ཀྱི་དེ་བཞིན་ཉིད་དང་། ལུས་ཀྱི་ཁམས་ཀྱི་དེ་བཞིན་ཉིད་དང་། རེག་བྱའི་ཁམས་ཀྱི་དེ་བཞིན་ཉིད་དང་། ལུས་ཀྱི་རྣམ་པར་ཤེས་པའི་ཁམས་ཀྱི་དེ་བཞིན་ཉིད་དང་། ཡིད་ཀྱི་ཁམས་ཀྱི་དེ་བཞིན་ཉིད་ཡོད་སྙམའམ། བྱང་ཆུབ་སེམས་དཔའ་ལ་ཆོས་ཀྱི་ཁམས་ཀྱི་དེ་བཞིན་ཉིད་ཡོད་སྙམའམ། བྱང་ཆུབ་སེམས་དཔའ་ལ་ཡིད་ཀྱི་རྣམ་པར་ཤེས་པའི་ཁམས་ཀྱི་དེ་བཞིན་ཉིད་ཡོད་སྙམའམ། གསོལ་པ། བཅོམ་ལྡན་འདས་དེ་ལྟ་མ་ལགས་སོ། །བཅོམ་ལྡན་འདས་ཀྱིས་བཀའ་སྩལ་པ། རབ་འབྱོར་དེ་ཇི་སྙམ་དུ་སེམས།

མིག་གི་ཁམས་ཀྱི་དེ་བཞིན་ཉིད་མེད་པ་ཞིག་བྱང་ཆུབ་སེམས་དཔའ་ཡིན་སྙམ་འམ། གཟུགས་ཀྱི་ཁམས་ཀྱི་དེ་བཞིན་ཉིད་མེད་པ་ཞིག་བྱང་ཆུབ་སེམས་དཔའ་ཡིན་སྙམ་འམ། མིག་གི་རྣམ་པར་ཤེས་པའི་ཁམས་ཀྱི་དེ་བཞིན་ཉིད་མེད་པ་ཞིག་བྱང་ཆུབ་སེམས་དཔའ་ཡིན་སྙམ་འམ། རྣ་བའི་ཁམས་ཀྱི་དེ་བཞིན་ཉིད་མེད་པ་དང་། སྒྲའི་ཁམས་ཀྱི་དེ་བཞིན་ཉིད་མེད་པ་དང་། རྣ་བའི་རྣམ་པར་ཤེས་པའི་ཁམས་ཀྱི་དེ་བཞིན་ཉིད་མེད་པ་དང་། སྣའི་ཁམས་ཀྱི་དེ་བཞིན་ཉིད་མེད་པ་དང་། དྲིའི་ཁམས་ཀྱི་དེ་བཞིན་ཉིད་མེད་པ་དང་། སྣའི་རྣམ་པར་ཤེས་པའི་ཁམས་ཀྱི་དེ་བཞིན་ཉིད་མེད་པ་དང་། ལྕེའི་ཁམས་ཀྱི་དེ་བཞིན་ཉིད་མེད་པ་དང་། རོའི་ཁམས་ཀྱི་དེ་བཞིན་ཉིད་མེད་པ་དང་། ལྕེའི་རྣམ་པར་ཤེས་པའི་ཁམས་ཀྱི་དེ་བཞིན་ཉིད་མེད་པ་དང་། ལུས་ཀྱི་ཁམས་ཀྱི་དེ་བཞིན་ཉིད་མེད་པ་དང་། རེག་བྱའི་ཁམས་ཀྱི་དེ་བཞིན་ཉིད་མེད་པ་དང་། ལུས་ཀྱི་རྣམ་པར་ཤེས་པའི་ཁམས་ཀྱི་དེ་བཞིན་ཉིད་མེད་པ་དང་། ཡིད་ཀྱི་ཁམས་ཀྱི་དེ་བཞིན་ཉིད་མེད་པ་ཞིག་བྱང་ཆུབ་སེམས་དཔའ་ཡིན་སྙམ་འམ། ཆོས་ཀྱི་ཁམས་ཀྱི་དེ་བཞིན་ཉིད་མེད་པ་ཞིག་བྱང་ཆུབ་སེམས་དཔའ་ཡིན་སྙམ་འམ། ཡིད་ཀྱི་རྣམ་པར་ཤེས་པའི་ཁམས་ཀྱི་དེ་བཞིན་ཉིད་མེད་པ་ཞིག་བྱང་ཆུབ་སེམས་དཔའ་ཡིན་སྙམ་འམ། གསོལ་པ། བཅོམ་ལྡན་འདས་དེ་ལྟ་མ་ལགས་སོ། །བཅོམ་ལྡན་འདས་ཀྱིས་བཀའ་སྩལ་པ། རབ་འབྱོར་དེ་ཇི་སྙམ་དུ་སེམས། སའི་ཁམས་ཀྱི་དེ་བཞིན་ཉིད་བྱང་ཆུབ་སེམས་དཔའ་ཡིན་སྙམ་འམ། ཆུའི་ཁམས་ཀྱི་དེ་བཞིན་ཉིད་དང་། མེའི་ཁམས་ཀྱི་དེ་བཞིན་ཉིད་དང་། རླུང་གི་ཁམས་ཀྱི་དེ་བཞིན་ཉིད་དང་། ནམ་མཁའི་ཁམས་ཀྱི་དེ་བཞིན་ཉིད་དང་། རྣམ་པར་ཤེས་པའི་ཁམས་ཀྱི་དེ་བཞིན་ཉིད་བྱང་ཆུབ་སེམས་དཔའ་ཡིན་སྙམ་འམ། གསོལ་པ། བཅོམ་ལྡན་འདས་དེ་ལྟ་མ་ལགས་སོ།

བཅོམ་ལྡན་འདས་ཀྱིས་བཀའ་སྩལ་པ། རབ་འབྱོར་དེ་ཇི་སྙམ་དུ་སེམས། སའི་ཁམས་ཀྱི་དེ་བཞིན་ཉིད་མ་ཡིན་པ་གཞན་ཞིག་བྱང་ཆུབ་སེམས་དཔའ་ཡིན་སྙམའམ། ཆུའི་ཁམས་ཀྱི་དེ་བཞིན་ཉིད་དང་། མེའི་ཁམས་ཀྱི་དེ་བཞིན་ཉིད་⑦དང་། རླུང་གི་ཁམས་ཀྱི་དེ་བཞིན་ཉིད་དང་། ནམ་མཁའི་ཁམས་ཀྱི་དེ་བཞིན་ཉིད་དང་། རྣམ་པར་ཤེས་པའི་ཁམས་ཀྱི་དེ་བཞིན་ཉིད་མ་ཡིན་པ་གཞན་ཞིག་བྱང་ཆུབ་སེམས་དཔའ་ཡིན་སྙམའམ། གསོལ་པ། བཅོམ་ལྡན་འདས་དེ་ལྟ་མ་ལགས་སོ། །བཅོམ་ལྡན་འདས་ཀྱིས་བཀའ་སྩལ་པ། རབ་འབྱོར་དེ་ཇི་སྙམ་དུ་སེམས། སའི་ཁམས་ཀྱི་དེ་བཞིན་ཉིད་ལ་བྱང་ཆུབ་སེམས་དཔའ་ཡོད་སྙམའམ། ཆུའི་ཁམས་ཀྱི་དེ་བཞིན་ཉིད་དང་། མེའི་ཁམས་ཀྱི་དེ་བཞིན་ཉིད་དང་། རླུང་གི་ཁམས་ཀྱི་དེ་བཞིན་ཉིད་དང་། ནམ་མཁའི་ཁམས་ཀྱི་དེ་བཞིན་ཉིད་དང་། རྣམ་པར་ཤེས་པའི་ཁམས་ཀྱི་དེ་བཞིན་ཉིད་ལ་བྱང་ཆུབ་སེམས་དཔའ་ཡོད་སྙམའམ། གསོལ་པ། བཅོམ་ལྡན་འདས་དེ་ལྟ་མ་ལགས་སོ། །བཅོམ་ལྡན་འདས་ཀྱིས་བཀའ་སྩལ་པ། རབ་འབྱོར་དེ་ཇི་སྙམ་དུ་སེམས། བྱང་ཆུབ་སེམས་དཔའ་ལ་སའི་ཁམས་ཀྱི་དེ་བཞིན་ཉིད་དང་། ཆུའི་ཁམས་ཀྱི་དེ་བཞིན་ཉིད་དང་། མེའི་ཁམས་ཀྱི་དེ་བཞིན་ཉིད་དང་། རླུང་གི་ཁམས་ཀྱི་དེ་བཞིན་ཉིད་དང་། ནམ་མཁའི་ཁམས་ཀྱི་དེ་བཞིན་ཉིད་ཡོད་སྙམའམ། བྱང་ཆུབ་སེམས་དཔའ་ལ་རྣམ་པར་ཤེས་པའི་ཁམས་ཀྱི་དེ་བཞིན་ཉིད་ཡོད་སྙམའམ། གསོལ་པ། བཅོམ་ལྡན་འདས་དེ་ལྟ་མ་ལགས་སོ། །བཅོམ་ལྡན་འདས་ཀྱིས་བཀའ་སྩལ་པ། རབ་འབྱོར་དེ་ཇི་སྙམ་དུ་སེམས། སའི་ཁམས་ཀྱི་དེ་བཞིན་ཉིད་མེད་པ་ཞིག་བྱང་ཆུབ་སེམས་དཔའ་ཡིན་སྙམའམ། ཆུའི་ཁམས་ཀྱི་དེ་བཞིན་ཉིད་མེད་པ་དང་། མེའི་ཁམས་ཀྱི་དེ་བཞིན་ཉིད་མེད་པ་དང་། རླུང་གི་ཁམས་ཀྱི་དེ་བཞིན་ཉིད་མེད་

པ་དང་། ནམ་མཁའི་ཁམས་ཀྱི་དེ་བཞིན་ཉིད་མེད་པ་དང་། རྣམ་པར་ཤེས་
པའི་ཁམས་ཀྱི་དེ་བཞིན་ཉིད་①མེད་པ་ཞིག་བྱང་ཆུབ་སེམས་དཔའ་ཡིན་སྙམ་འམ།
གསོལ་པ། བཅོམ་ལྡན་འདས་དེ་ལྟ་མ་ལགས་སོ། །བཅོམ་ལྡན་འདས་ཀྱིས་
བཀའ་སྩལ་པ། རབ་འབྱོར་དེ་ཇི་སྙམ་དུ་སེམས། མ་རིག་པའི་དེ་བཞིན་ཉིད་
བྱང་ཆུབ་སེམས་དཔའ་ཡིན་སྙམ་འམ། འདུ་བྱེད་ཀྱི་དེ་བཞིན་ཉིད་དང་།
རྣམ་པར་ཤེས་པའི་དེ་བཞིན་ཉིད་དང་། མིང་དང་གཟུགས་ཀྱི་དེ་བཞིན་ཉིད་
དང་། སྐྱེ་མཆེད་དྲུག་གི་དེ་བཞིན་ཉིད་དང་། རེག་པའི་དེ་བཞིན་ཉིད་དང་།
ཚོར་བའི་དེ་བཞིན་ཉིད་དང་། སྲེད་པའི་དེ་བཞིན་ཉིད་དང་། ལེན་པའི་དེ་
བཞིན་ཉིད་དང་། སྲིད་པའི་དེ་བཞིན་ཉིད་དང་། སྐྱེ་བའི་དེ་བཞིན་ཉིད་དང་།
ཀ་ཤིའི་དེ་བཞིན་ཉིད་བྱང་ཆུབ་སེམས་དཔའ་ཡིན་སྙམ་འམ། གསོལ་པ།
བཅོམ་ལྡན་འདས་དེ་ལྟ་མ་ལགས་སོ། །བཅོམ་ལྡན་འདས་ཀྱིས་བཀའ་སྩལ་པ།
རབ་འབྱོར་དེ་ཇི་སྙམ་དུ་སེམས། མ་རིག་པའི་དེ་བཞིན་ཉིད་མ་ཡིན་པ་གཞན་
ཞིག་བྱང་ཆུབ་སེམས་དཔའ་ཡིན་སྙམ་འམ། འདུ་བྱེད་ཀྱི་དེ་བཞིན་ཉིད་དང་།
རྣམ་པར་ཤེས་པའི་དེ་བཞིན་ཉིད་དང་། མིང་དང་གཟུགས་ཀྱི་དེ་བཞིན་ཉིད་
དང་། སྐྱེ་མཆེད་དྲུག་གི་དེ་བཞིན་ཉིད་དང་། རེག་པའི་དེ་བཞིན་ཉིད་དང་།
ཚོར་བའི་དེ་བཞིན་ཉིད་དང་། སྲེད་པའི་དེ་བཞིན་ཉིད་དང་། ལེན་པའི་དེ་
བཞིན་ཉིད་དང་། སྲིད་པའི་དེ་བཞིན་ཉིད་དང་། སྐྱེ་བའི་དེ་བཞིན་ཉིད་དང་།
ཀ་ཤིའི་དེ་བཞིན་ཉིད་མ་ཡིན་པ་གཞན་ཞིག་བྱང་ཆུབ་སེམས་དཔའ་③ཡིན་སྙམ་འམ།
གསོལ་པ། བཅོམ་ལྡན་འདས་དེ་ལྟ་མ་ལགས་སོ། །བཅོམ་ལྡན་འདས་ཀྱིས་
བཀའ་སྩལ་པ། རབ་འབྱོར་དེ་ཇི་སྙམ་དུ་སེམས། མ་རིག་པའི་དེ་བཞིན་ཉིད་
ལ་བྱང་ཆུབ་སེམས་དཔའ་ཡོད་སྙམ་འམ། འདུ་བྱེད་ཀྱི་དེ་བཞིན་ཉིད་དང་།

རྣམ་པར་ཤེས་པའི་དེ་བཞིན་ཉིད་དང་། མིང་དང་གཟུགས་ཀྱི་དེ་བཞིན་ཉིད་དང་། སྐྱེ་མཆེད་དྲུག་གི་དེ་བཞིན་ཉིད་དང་། རེག་པའི་དེ་བཞིན་ཉིད་དང་། ཚོར་བའི་དེ་བཞིན་ཉིད་དང་། སྲེད་པའི་དེ་བཞིན་ཉིད་དང་། ལེན་པའི་དེ་བཞིན་ཉིད་དང་། སྲིད་པའི་དེ་བཞིན་ཉིད་དང་། སྐྱེ་བའི་དེ་བཞིན་ཉིད་དང་། རྒ་ཤིའི་དེ་བཞིན་ཉིད་①ལ་བྱང་ཆུབ་སེམས་དཔའ་ཡོད་སྙམ་འམ། གསོལ་པ། བཅོམ་ལྡན་འདས་དེ་ལྟ་མ་ལགས་སོ། །བཅོམ་ལྡན་འདས་ཀྱིས་བཀའ་སྩལ་པ། རབ་འབྱོར་དེ་ཇི་སྙམ་དུ་སེམས། བྱང་ཆུབ་སེམས་དཔའ་ལ་མ་རིག་པའི་དེ་བཞིན་ཉིད་དང་། འདུ་བྱེད་ཀྱི་དེ་བཞིན་ཉིད་དང་། རྣམ་པར་ཤེས་པའི་དེ་བཞིན་ཉིད་དང་། མིང་དང་གཟུགས་ཀྱི་དེ་བཞིན་ཉིད་དང་། སྐྱེ་མཆེད་དྲུག་གི་དེ་བཞིན་ཉིད་དང་། རེག་པའི་དེ་བཞིན་ཉིད་དང་། ཚོར་བའི་དེ་བཞིན་ཉིད་དང་། སྲེད་པའི་དེ་བཞིན་ཉིད་དང་། ལེན་པའི་དེ་བཞིན་ཉིད་དང་། སྲིད་པའི་དེ་བཞིན་ཉིད་དང་། སྐྱེ་བའི་དེ་བཞིན་ཉིད་དང་། རྒ་ཤིའི་དེ་བཞིན་ཉིད་ཡོད་སྙམ་འམ། གསོལ་པ། བཅོམ་ལྡན་འདས་དེ་ལྟ་མ་ལགས་སོ། །བཅོམ་ལྡན་འདས་ཀྱིས་བཀའ་སྩལ་པ། རབ་འབྱོར་དེ་ཇི་སྙམ་དུ་སེམས། མ་རིག་པའི་དེ་བཞིན་ཉིད་མེད་པ་ཞིག་བྱང་ཆུབ་སེམས་དཔའ་ཡིན་སྙམ་འམ། འདུ་བྱེད་ཀྱི་དེ་བཞིན་ཉིད་མེད་པ་དང་། རྣམ་པར་ཤེས་པའི་དེ་བཞིན་ཉིད་མེད་པ་དང་། མིང་དང་གཟུགས་ཀྱི་དེ་བཞིན་ཉིད་མེད་པ་དང་། སྐྱེ་མཆེད་དྲུག་གི་དེ་བཞིན་ཉིད་མེད་པ་དང་། རེག་པའི་དེ་བཞིན་ཉིད་མེད་པ་དང་། ཚོར་བའི་དེ་བཞིན་ཉིད་མེད་པ་དང་། སྲེད་པའི་དེ་བཞིན་ཉིད་མེད་པ་དང་། ལེན་པའི་དེ་བཞིན་ཉིད་མེད་པ་དང་། སྲིད་པའི་དེ་བཞིན་ཉིད་མེད་པ་དང་། སྐྱེ་བའི་དེ་བཞིན་ཉིད་མེད་པ་དང་། རྒ་ཤིའི་དེ་བཞིན་ཉིད་མེད་པ་ཞིག་བྱང་

ཆུབ་སེམས་དཔའ་ཡིན་སྙམའམ། གསོལ་པ། བཅོམ་ལྡན་འདས་དེ་ལྟ་མ་ལགས་སོ། །བཅོམ་ལྡན་འདས་ཀྱིས་བཀའ་སྩལ་པ། རབ་འབྱོར་ཁྱོད་ཀྱིས་དོན་གྱི་དབང་གང་ཞིག་མཐོང་ན། དེ་སྐད་དུ་གཟུགས་ཀྱང་བྱང་ཆུབ་སེམས་དཔའ་མ་ཡིན། གཟུགས་མ་ཡིན་པ་གཞན་ཡང་བྱང་ཆུབ་སེམས་དཔའ་མ་ཡིན། གཟུགས་ལ་⑦བྱང་ཆུབ་སེམས་དཔའ་ཡོད་པ་མ་ཡིན། བྱང་ཆུབ་སེམས་དཔའ་ལ་ཡང་གཟུགས་ཡོད་པ་མ་ཡིན། གཟུགས་མེད་པ་ཡང་བྱང་ཆུབ་སེམས་དཔའ་མ་ཡིན། ཚོར་བ་དང་། འདུ་ཤེས་དང་། འདུ་བྱེད་དང་། རྣམ་པར་ཤེས་པ་ཡང་བྱང་ཆུབ་སེམས་དཔའ་མ་ཡིན། རྣམ་པར་ཤེས་པ་མ་ཡིན་པ་གཞན་ཡང་བྱང་ཆུབ་སེམས་དཔའ་མ་ཡིན། རྣམ་པར་ཤེས་པ་ལ་ཡང་བྱང་ཆུབ་སེམས་དཔའ་ཡོད་པ་མ་ཡིན། བྱང་ཆུབ་སེམས་དཔའ་ལ་ཡང་རྣམ་པར་ཤེས་པ་ཡོད་པ་མ་ཡིན། རྣམ་པར་ཤེས་པ་མེད་པ་ཡང་བྱང་ཆུབ་སེམས་དཔའ་མ་ཡིན། མིག་དང་། རྣ་བ་དང་། སྣ་དང་། ལྗེ་དང་། ལུས་དང་། ཡིད་དང་། གཟུགས་དང་། སྒྲ་དང་། དྲི་དང་། རོ་དང་། རེག་དང་། ཆོས་དང་། མིག་གི་ཁམས་དང་། གཟུགས་ཀྱི་ཁམས་དང་། མིག་གི་རྣམ་པར་ཤེས་པའི་ཁམས་དང་། རྣ་བའི་ཁམས་དང་། སྒྲའི་ཁམས་དང་། རྣ་བའི་རྣམ་པར་ཤེས་པའི་ཁམས་དང་། སྣའི་ཁམས་དང་། དྲིའི་ཁམས་དང་། སྣའི་རྣམ་པར་ཤེས་པའི་ཁམས་དང་། ལྗེའི་ཁམས་དང་། རོའི་ཁམས་དང་། ལྗེའི་རྣམ་པར་ཤེས་པའི་ཁམས་དང་། ལུས་ཀྱི་ཁམས་དང་། རེག་བྱའི་ཁམས་དང་། ལུས་ཀྱི་རྣམ་པར་ཤེས་པའི་ཁམས་དང་། ཡིད་ཀྱི་ཁམས་དང་། ཆོས་ཀྱི་ཁམས་དང་། ཡིད་ཀྱི་རྣམ་པར་ཤེས་པའི་ཁམས་དང་། སའི་ཁམས་དང་། ཆུའི་ཁམས་དང་། མེའི་ཁམས་དང་། རླུང་གི་ཁམས་དང་། ནམ་མཁའི་ཁམས་

དང་། རྣམ་པར་ཤེས་པའི་ཁམས་དང་། མ་རིག་པ་དང་། འདུ་བྱེད་དང་། རྣམ་པར་ཤེས་པ་དང་། མིང་དང་གཟུགས་དང་། སྐྱེ་མཆེད་དྲུག་དང་། རེག་པ་དང་། ཚོར་བ་དང་། སྲེད་པ་དང་། ལེན་པ་དང་། སྲིད་པ་དང་། སྐྱེ་བ་དང་། ཀ་ཤི་བྱང་ཆུབ་སེམས་དཔའ་མ་ཡིན། ཀ་ཤི་མ་ཡིན་པ་གཞན་ཡང་བྱང་ཆུབ་སེམས་དཔའ་མ་ཡིན། ཀ་ཤི་ལ་[1]བྱང་ཆུབ་སེམས་དཔའ་ཡོངས་[2]པ་མ་ཡིན། བྱང་ཆུབ་སེམས་དཔའ་ལ་ཡང་ཀ་ཤི་ཡོད་པ་མ་ཡིན། ཀ་ཤི་མེད་པ་ཡང་བྱང་ཆུབ་སེམས་དཔའ་མ་ཡིན། གཟུགས་ཀྱི་དེ་བཞིན་ཉིད་དང་། ཚོར་བའི་དེ་བཞིན་ཉིད་དང་། འདུ་ཤེས་ཀྱི་དེ་བཞིན་ཉིད་དང་། འདུ་བྱེད་ཀྱི་དེ་བཞིན་ཉིད་དང་། རྣམ་པར་ཤེས་པའི་དེ་བཞིན་ཉིད་དང་། མིག་གི་དེ་བཞིན་ཉིད་དང་། རྣ་བའི་དེ་བཞིན་ཉིད་དང་། སྣའི་དེ་བཞིན་ཉིད་དང་། ལྗེའི་དེ་བཞིན་ཉིད་དང་། ལུས་ཀྱི་དེ་བཞིན་ཉིད་དང་། ཡིད་ཀྱི་དེ་བཞིན་ཉིད་དང་། གཟུགས་ཀྱི་དེ་བཞིན་ཉིད་དང་། སྒྲའི་དེ་བཞིན་ཉིད་དང་། དྲིའི་དེ་བཞིན་ཉིད་དང་། རོའི་དེ་བཞིན་ཉིད་དང་། རེག་གི་དེ་བཞིན་ཉིད་དང་། ཆོས་ཀྱི་དེ་བཞིན་ཉིད་དང་། མིག་གི་ཁམས་ཀྱི་དེ་བཞིན་ཉིད་དང་། གཟུགས་ཀྱི་ཁམས་ཀྱི་དེ་བཞིན་ཉིད་དང་། མིག་གི་རྣམ་པར་ཤེས་པའི་ཁམས་ཀྱི་དེ་བཞིན་ཉིད་དང་། རྣ་བའི་ཁམས་ཀྱི་དེ་བཞིན་ཉིད་དང་། སྒྲའི་ཁམས་ཀྱི་དེ་བཞིན་ཉིད་དང་། རྣ་བའི་རྣམ་པར་ཤེས་པའི་ཁམས་ཀྱི་དེ་བཞིན་ཉིད་དང་། སྣའི་ཁམས་ཀྱི་དེ་བཞིན་ཉིད་དང་། དྲིའི་ཁམས་ཀྱི་དེ་བཞིན་ཉིད་དང་། སྣའི་རྣམ་པར་ཤེས་པའི་ཁམས་ཀྱི་དེ་བཞིན་ཉིད་དང་། ལྗེའི་ཁམས་ཀྱི་དེ་བཞིན་ཉིད་དང་། རོའི་ཁམས་ཀྱི་དེ་བཞིན་ཉིད་དང་། ལྗེའི་རྣམ་པར་ཤེས་པའི་ཁམས་ཀྱི་དེ་བཞིན་ཉིད་དང་། ལུས་ཀྱི་ཁམས་ཀྱི་དེ་བཞིན་ཉིད་དང་། རེག་བྱའི་ཁམས་

ཀྱི་དེ་བཞིན་ཉིད་དང་། ལུས་ཀྱི་རྣམ་པར་ཤེས་པའི་ཁམས་ཀྱི་དེ་བཞིན་ཉིད་དང་། ཡིད་ཀྱི་ཁམས་ཀྱི་དེ་བཞིན་ཉིད་དང་། ཆོས་ཀྱི་ཁམས་ཀྱི་དེ་བཞིན་ཉིད་དང་། ཡིད་ཀྱི་རྣམ་པར་ཤེས་པའི་ཁམས་ཀྱི་དེ་བཞིན་ཉིད་དང་། སའི་ཁམས་ཀྱི་དེ་བཞིན་ཉིད་དང་། ཆུའི་ཁམས་ཀྱི་དེ་བཞིན་ཉིད་དང་། མེའི་ཁམས་ཀྱི་དེ་བཞིན་ཉིད་དང་། རླུང་གི་ཁམས་ཀྱི་དེ་བཞིན་ཉིད་དང་། ནམ་མཁའི་ཁམས་ཀྱི་དེ་བཞིན་ཉིད་དང་། རྣམ་པར་ཤེས་པའི་ཁམས་ཀྱི་དེ་བཞིན་ཉིད་དང་། མ་རིག་པའི་དེ་བཞིན་ཉིད་དང་། འདུ་བྱེད་ཀྱི་དེ་བཞིན་ཉིད་དང་། རྣམ་པར་ཤེས་པའི་དེ་བཞིན་ཉིད་དང་། མིང་དང་གཟུགས་ཀྱི་དེ་བཞིན་ཉིད་དང་། སྐྱེ་མཆེད་དྲུག་གི་དེ་བཞིན་ཉིད་དང་། རེག་པའི་དེ་བཞིན་ཉིད་དང་། ཚོར་བའི་དེ་བཞིན་ཉིད་དང་། སྲེད་པའི་དེ་བཞིན་ཉིད་དང་། ལེན་པའི་དེ་བཞིན་ཉིད་དང་། སྲིད་པའི་དེ་བཞིན་ཉིད་དང་། སྐྱེ་བའི་དེ་བཞིན་ཉིད་དང་། རྒ་ཤིའི་དེ་བཞིན་ཉིད་ཀྱང་བྱང་ཆུབ་སེམས་དཔའ་མ་ཡིན། རྒ་ཤིའི་དེ་བཞིན་ཉིད་མ་ཡིན་པ་གཞན་ཡང་བྱང་ཆུབ་སེམས་དཔའ་མ་ཡིན། རྒ་ཤིའི་དེ་བཞིན་ཉིད་ལ་ཡང་བྱང་ཆུབ་སེམས་དཔའ་ཡོད་པ་མ་ཡིན། བྱང་ཆུབ་སེམས་དཔའ་ལ་ཡང་རྒ་ཤིའི་དེ་བཞིན་ཉིད་ཡོད་པ་མ་ཡིན། རྒ་ཤིའི་དེ་བཞིན་ཉིད་མེད་པ་ཡང་བྱང་ཆུབ་སེམས་དཔའ་མ་ཡིན་ནོ་ཞེས་ཟེར།། །།

ཤེས་རབ་ཀྱི་ཕ་རོལ་ཏུ་ཕྱིན་པ་སྟོང་ཕྲག་ཉི་ཤུ་ལྔ་པ། བམ་པོ་བརྒྱད་པ། རབ་འབྱོར་གྱིས་གསོལ་པ། བཅོམ་ལྡན་འདས་བྱང་ཆུབ་སེམས་དཔའ་ཤིན་ཏུ་མ་མཆིས་ཤིང་མི་དམིགས་ན། དེ་ལ་གཟུགས་ཀྱི་ཚིག[1]བླ་དགས་བྱང་ཆུབ་སེམས་དཔར་འགྱུར་བ་ལྟ་ག་ལ་མཆིས། གཟུགས་མ་ལགས་པ་གཞན་བྱང་ཆུབ་སེམས་དཔར་འགྱུར་བ་ལྟ་ཡང་ག་ལ་མཆིས། གཟུགས་ལ་བྱང་ཆུབ་སེམས་དཔའ་མཆིས་

པར་ཡང་ག་ལ་འགྱུར། བྱང་ཆུབ་སེམས་དཔའ་ལ་གཟུགས་མ་①མཆིས་པར་ཡང་ག་ལ་འགྱུར། གཟུགས་མ་མཆིས་པ་བྱང་ཆུབ་སེམས་དཔར་འགྱུར་བ་ལྟ་ཡང་ག་ལ་②མཆིས། ཚོར་བ་དང་། འདུ་ཤེས་དང་། འདུ་བྱེད་དང་། རྣམ་པར་ཤེས་པའི་ཚིག་③བླ་དགས་བྱང་ཆུབ་སེམས་དཔར་འགྱུར་བ་ལྟ་ག་ལ་④མཆིས། རྣམ་པར་ཤེས་པ་མ་ལགས་པ་གཞན་བྱང་ཆུབ་སེམས་དཔར་འགྱུར་བ་ལྟ་ཡང་ག་ལ་མཆིས། རྣམ་པར་ཤེས་པ་ལ་བྱང་ཆུབ་སེམས་དཔའ་མཆིས་པར་ཡང་ག་ལ་འགྱུར། བྱང་ཆུབ་སེམས་དཔའ་ལ་རྣམ་པར་ཤེས་པ་མཆིས་པར་ཡང་ག་ལ་འགྱུར། རྣམ་པར་ཤེས་པ་མ་མཆིས་པ་བྱང་ཆུབ་སེམས་དཔར་འགྱུར་བ་ལྟ་ཡང་ག་ལ་མཆིས། བཅོམ་ལྡན་འདས་བྱང་ཆུབ་སེམས་དཔའ་ཤིན་དུ་མ་མཆིས་ཤིང་མི་དམིགས་ན། དེ་ལ་མིག་དང་། རྣ་བ་དང་། སྣ་དང་། ལྕེ་དང་། ལུས་དང་། ཡིད་དང་། གཟུགས་དང་། སྒྲ་དང་། དྲི་དང་། རོ་དང་། རེག་དང་། ཆོས་དང་། མིག་གི་ཁམས་དང་། གཟུགས་ཀྱི་ཁམས་དང་། མིག་གི་རྣམ་པར་ཤེས་པའི་ཁམས་དང་། རྣ་བའི་ཁམས་དང་། སྒྲའི་ཁམས་དང་། རྣ་བའི་རྣམ་པར་ཤེས་པའི་ཁམས་དང་། སྣའི་ཁམས་དང་། དྲིའི་ཁམས་དང་། སྣའི་རྣམ་པར་ཤེས་པའི་ཁམས་དང་། ལྕེའི་ཁམས་དང་། རོའི་ཁམས་དང་། ལྕེའི་རྣམ་པར་ཤེས་པའི་ཁམས་དང་། ལུས་ཀྱི་ཁམས་དང་། རེག་བྱའི་ཁམས་དང་། ལུས་ཀྱི་རྣམ་པར་ཤེས་པའི་ཁམས་དང་། ཡིད་ཀྱི་ཁམས་དང་། ཆོས་ཀྱི་ཁམས་དང་། ཡིད་ཀྱི་རྣམ་པར་ཤེས་པའི་ཁམས་དང་། སའི་ཁམས་དང་། ཆུའི་ཁམས་དང་། མེའི་ཁམས་དང་། རླུང་གི་ཁམས་དང་། ནམ་མཁའི་ཁམས་དང་། རྣམ་པར་ཤེས་པའི་ཁམས་དང་། མ་རིག་པ་དང་། འདུ་བྱེད་དང་། རྣམ་པར་ཤེས་པ་⑤དང་། མིང་དང་།

གཟུགས་དང་། སྐྱེ་མཆེད་དྲུག་དང་། རེག་པ་དང་། ཚོར་བ་དང་། སྲིད་པ་དང་། ལེན་པ་དང་། སྲིད་པ་དང་། སྐྱེ་བ་དང་། རྒ་ཤིའི་ཚིག་①བླ་དགས་བྱང་ཆུབ་སེམས་དཔར་འགྱུར་བ་ལྟ་ག་ལ་མཆིས། རྒ་ཤི་མ་ལགས་པ་གཞན་བྱང་ཆུབ་སེམས་དཔར་འགྱུར་བ་ལྟ་ཡང་ག་ལ་མཆིས། རྒ་ཤི་ལ་བྱང་ཆུབ་སེམས་དཔའ་མཆིས་པར་ཡང་ག་ལ་འགྱུར། བྱང་ཆུབ་སེམས་དཔའ་ལ་རྒ་ཤི་མཆིས་པར་ཡང་ག་ལ་འགྱུར། རྒ་ཤི་མ་མཆིས་པ་བྱང་ཆུབ་སེམས་དཔར་②འགྱུར་བ་ལྟ་ཡང་③ག་ལ་མཆིས། བཅོམ་ལྡན་འདས་བྱང་ཆུབ་སེམས་དཔའ་ཤིན་ཏུ་མ་མཆིས་ཤིང་མི་དམིགས་ན། གཟུགས་ཀྱི་དེ་བཞིན་ཉིད་ཀྱི་ཚིག་བླ་དགས་བྱང་ཆུབ་སེམས་དཔར་འགྱུར་བ་ལྟ་ག་ལ་མཆིས། གཟུགས་ཀྱི་དེ་བཞིན་ཉིད་མ་ལགས་པ་གཞན་བྱང་ཆུབ་སེམས་དཔར་འགྱུར་བ་ལྟ་ཡང་ག་ལ་མཆིས། གཟུགས་ཀྱི་དེ་བཞིན་ཉིད་ལ་བྱང་ཆུབ་སེམས་དཔའ་མཆིས་པར་ཡང་ག་ལ་འགྱུར། བྱང་ཆུབ་སེམས་དཔའ་ལ་གཟུགས་ཀྱི་དེ་བཞིན་ཉིད་མཆིས་པར་ཡང་ག་ལ་འགྱུར། གཟུགས་ཀྱི་དེ་བཞིན་ཉིད་མ་མཆིས་པ་བྱང་ཆུབ་སེམས་དཔར་④འགྱུར་བ་ལྟ་ཡང་ག་ལ་མཆིས⑤། ཚོར་བའི་དེ་བཞིན་ཉིད་དང་། འདུ་ཤེས་ཀྱི་དེ་བཞིན་ཉིད་དང་། འདུ་བྱེད་ཀྱི་དེ་བཞིན་ཉིད་དང་། རྣམ་པར་ཤེས་པའི་དེ་བཞིན་ཉིད་དང་། མིག་གི་དེ་བཞིན་ཉིད་དང་། རྣ་བའི་དེ་བཞིན་ཉིད་དང་། སྣའི་དེ་བཞིན་ཉིད་དང་། ལྗེའི་དེ་བཞིན་ཉིད་དང་། ལུས་ཀྱི་དེ་བཞིན་ཉིད་དང་། ཡིད་ཀྱི་དེ་བཞིན་ཉིད་དང་། གཟུགས་ཀྱི་དེ་བཞིན་ཉིད་དང་། སྒྲའི་དེ་བཞིན་ཉིད་དང་། དྲིའི་དེ་བཞིན་ཉིད་དང་། རོའི་དེ་བཞིན་ཉིད་དང་། རེག་གི་དེ་བཞིན་ཉིད་དང་། ཆོས་ཀྱི་དེ་བཞིན་ཉིད་དང་། མིག་གི་ཁམས་ཀྱི་དེ་བཞིན་ཉིད་དང་། གཟུགས་ཀྱི་ཁམས་ཀྱི་དེ་བཞིན་ཉིད་དང་། མིག་⑥གི་རྣམ་

པར་ཤེས་པའི་ཁམས་ཀྱི་དེ་བཞིན་ཉིད་དང་། རྣ་བའི་ཁམས་ཀྱི་དེ་བཞིན་ཉིད་དང་། སྒྲའི་ཁམས་ཀྱི་དེ་བཞིན་ཉིད་དང་། རྣ་བའི་རྣམ་པར་ཤེས་པའི་ཁམས་ཀྱི་དེ་བཞིན་ཉིད་དང་། སྣའི་ཁམས་ཀྱི་དེ་བཞིན་ཉིད་དང་། དྲིའི་ཁམས་ཀྱི་དེ་བཞིན་ཉིད་དང་། སྣའི་རྣམ་པར་ཤེས་པའི་ཁམས་ཀྱི་དེ་བཞིན་ཉིད་དང་། ལྗེའི་ཁམས་ཀྱི་དེ་བཞིན་ཉིད་དང་། རོའི་ཁམས་ཀྱི་དེ་བཞིན་ཉིད་དང་། ལྗེའི་རྣམ་པར་ཤེས་པའི་ཁམས་ཀྱི་དེ་བཞིན་ཉིད་དང་། ལུས་ཀྱི་ཁམས་ཀྱི་དེ་བཞིན་ཉིད་དང་། རེག་བྱའི་ཁམས་ཀྱི་དེ་བཞིན་ཉིད་དང་། ལུས་ཀྱི་རྣམ་པར་ཤེས་པའི་ཁམས་ཀྱི་དེ་བཞིན་ཉིད་དང་། ཡིད་ཀྱི་ཁམས་ཀྱི་དེ་བཞིན་ཉིད་དང་། ཆོས་ཀྱི་ཁམས་ཀྱི་དེ་བཞིན་ཉིད་དང་། ཡིད་ཀྱི་རྣམ་པར་ཤེས་པའི་ཁམས་ཀྱི་དེ་བཞིན་ཉིད་དང་། སའི་ཁམས་ཀྱི་དེ་བཞིན་ཉིད་དང་། ཆུའི་ཁམས་ཀྱི་དེ་བཞིན་ཉིད་དང་། མེའི་ཁམས་ཀྱི་དེ་བཞིན་ཉིད་དང་། རླུང་གི་ཁམས་ཀྱི་དེ་བཞིན་ཉིད་དང་། ནམ་མཁའི་ཁམས་ཀྱི་དེ་བཞིན་ཉིད་དང་། རྣམ་པར་ཤེས་པའི་ཁམས་ཀྱི་དེ་བཞིན་ཉིད་དང་། མ་རིག་པའི་དེ་བཞིན་ཉིད་དང་། འདུ་བྱེད་ཀྱི་དེ་བཞིན་ཉིད་དང་། རྣམ་པར་ཤེས་པའི་དེ་བཞིན་ཉིད་དང་། མིང་དང་གཟུགས་ཀྱི་དེ་བཞིན་ཉིད་དང་། སྐྱེ་མཆེད་དྲུག་གི་དེ་བཞིན་ཉིད་དང་། རེག་པའི་དེ་བཞིན་ཉིད་དང་། ཚོར་བའི་དེ་བཞིན་ཉིད་དང་། སྲེད་པའི་དེ་བཞིན་ཉིད་དང་། ལེན་པའི་དེ་བཞིན་ཉིད་དང་། སྲིད་པའི་དེ་བཞིན་ཉིད་དང་། སྐྱེ་བའི་དེ་བཞིན་ཉིད་དང་། རྒ་ཤིའི་དེ་བཞིན་ཉིད་ཀྱི་ཚོག་བླ་དགས་བྱང་ཆུབ་སེམས་དཔར་འགྱུར་བ་ལྟ་ག་ལ་མཆིས། རྒ་ཤིའི་དེ་བཞིན་ཉིད་མ་ལགས་པ་གཞན་བྱང་ཆུབ་སེམས་དཔར་འགྱུར་བ་ལྟ་ཡང་ག་ལ་མཆིས། རྒ་ཤིའི་དེ་བཞིན་ཉིད་ལ་བྱང་ཆུབ་སེམས་དཔའ་མཆིས་པར་ཡང་ག་ལ་འགྱུར། བྱང་

ཆུབ་སེམས་དཔའ་ལ་རྒྱ་ཤིའི་དེ་བཞིན་ཉིད་མཆིས་པར་ཡང་གལ་འགྱུར། རྒྱ་ཤིའི་དེ་བཞིན་ཉིད་མ་མཆིས་པ་བྱང་ཆུབ་སེམས་དཔར་①འགྱུར་བ་ལྟ་ཡང་གལ་མཆིས་ཏེ། དེ་ནི་གནས་མ་མཆིས་སོ། །བཅོམ་ལྡན་འདས་ཀྱིས་བཀའ་སྩལ་པ། རབ་འབྱོར་ལེགས་སོ་ལེགས་སོ། །རབ་འབྱོར་བྱང་ཆུབ་སེམས་དཔའ་སེམས་དཔའ་ཆེན་པོས་སེམས་ཅན་མི་དམིགས་པས་ཤེས་རབ་ཀྱི་ཕ་རོལ་ཏུ་ཕྱིན་པ་མི་དམིགས་པ་ལ་དེ་ལྟར་བསླབ་②པར་བྱའོ། །རབ་འབྱོར་གང་ཡང་འདི་སྐད་དུ་འདི་ལྟ་སྟེ། བྱང་ཆུབ་སེམས་དཔའ་ཞེས་བྱ་བ་③དེ་ཆོས་གང་གི་ཚིག་བླ་དགས་ཡིན་ཞེས་ཟེར་བ་ནི། རབ་འབྱོར་དེ་ཇི་སྙམ་དུ་སེམས། བྱང་ཆུབ་སེམས་དཔའ་ཞེས་བྱ་བ་འདི་གཟུགས་ཀྱི་ཚིག་བླ་དགས་ཡིན་སྙམའམ། གསོལ་པ། བཅོམ་ལྡན་འདས་དེ་ལྟ་མ་ལགས་སོ། །བཅོམ་ལྡན་འདས་ཀྱིས་བཀའ་སྩལ་པ། རབ་འབྱོར་དེ་ཇི་སྙམ་དུ་སེམས། བྱང་ཆུབ་སེམས་དཔའ་ཞེས་བྱ་བ་འདི་ཚོར་བ་དང་། འདུ་ཤེས་དང་། འདུ་བྱེད་དང་། རྣམ་པར་ཤེས་པའི་ཚིག་བླ་དགས་ཡིན་སྙམའམ། གསོལ་པ། བཅོམ་ལྡན་འདས་དེ་ལྟ་མ་ལགས་སོ། །བཅོམ་ལྡན་འདས་ཀྱིས་བཀའ་སྩལ་པ། རབ་འབྱོར་དེ་ཇི་སྙམ་དུ་སེམས། བྱང་ཆུབ་སེམས་དཔའ་ཞེས་བྱ་བ་འདི་གཟུགས་རྟག་པའི་ཚིག་བླ་དགས་ཡིན་སྙམའམ། གསོལ་པ། བཅོམ་ལྡན་འདས་དེ་ལྟ་མ་ལགས་སོ། །བཅོམ་ལྡན་འདས་ཀྱིས་བཀའ་སྩལ་པ། རབ་འབྱོར་དེ་ཇི་སྙམ་དུ་སེམས། བྱང་ཆུབ་སེམས་དཔའ་ཞེས་བྱ་བ་འདི་གཟུགས་མི་རྟག་པའི་ཚིག་བླ་དགས་ཡིན་སྙམའམ། གསོལ་པ། བཅོམ་ལྡན་འདས་དེ་ལྟ་མ་ལགས་སོ། །བཅོམ་ལྡན་འདས་ཀྱིས་བཀའ་སྩལ་པ། རབ་འབྱོར་དེ་ཇི་སྙམ་དུ་སེམས། བྱང་ཆུབ་སེམས་དཔའ་ཞེས་བྱ་བ་འདི་ཚོར་བ་རྟག་པ་དང་། ཚོར་བ་མི་རྟག་པ་དང་། འདུ་ཤེས་རྟག་པ་དང་། འདུ་ཤེས་

མི་རྟག་པ་དང་། འདུ་བྱེད་རྟག་པ་དང་། འདུ་བྱེད་མི་རྟག་པ་དང་། རྣམ་པར་ཤེས་པ་རྟག་པ་དང་། རྣམ་པར་ཤེས་པ་མི་རྟག་པའི་ཚིག་བླ་དགས་ཡིན་སྙམའམ། གསོལ་པ། བཅོམ་ལྡན་འདས་དེ་ལྟ་མ་ལགས་སོ། །བཅོམ་ལྡན་འདས་ཀྱིས་བཀའ་སྩལ་པ། རབ་འབྱོར་དེ་ཇི་སྙམ་དུ་སེམས། བྱང་ཆུབ་སེམས་དཔའ་ཞེས་བྱ་བ་འདི་གཟུགས་བདེ་བའི་ཚིག་བླ་དགས་ཡིན་སྙམའམ། གསོལ་པ། བཅོམ་ལྡན་འདས་དེ་ལྟ་མ་ལགས་སོ། །བཅོམ་ལྡན་འདས་ཀྱིས་བཀའ་སྩལ་པ། རབ་འབྱོར་དེ་ཇི་སྙམ་དུ་སེམས། བྱང་ཆུབ་སེམས་དཔའ་ཞེས་བྱ་བ་འདི་གཟུགས་སྡུག་བསྔལ་བའི་ཚིག་བླ་དགས་ཡིན་སྙམའམ། གསོལ་པ། བཅོམ་ལྡན་འདས་དེ་ལྟ་མ་ལགས་སོ། །བཅོམ་ལྡན་འདས་ཀྱིས་བཀའ་སྩལ་པ། རབ་འབྱོར་དེ་ཇི་སྙམ་དུ་སེམས། བྱང་ཆུབ་སེམས་དཔའ་ཞེས་བྱ་བ་འདི་ཚོར་བ་བདེ་བ་དང་། ཚོར་བ་སྡུག་བསྔལ་བ་དང་། འདུ་ཤེས་བདེ་བ་དང་། འདུ་ཤེས་སྡུག་བསྔལ་བ་དང་། འདུ་བྱེད་བདེ་བ་དང་། འདུ་བྱེད་སྡུག་བསྔལ་བ་དང་། རྣམ་པར་ཤེས་པ་བདེ་བ་དང་། རྣམ་པར་ཤེས་པ་སྡུག་བསྔལ་བའི་ཚིག་བླ་དགས་ཡིན་སྙམའམ། གསོལ་པ། བཅོམ་ལྡན་འདས་དེ་ལྟ་མ་ལགས་སོ།། བཅོམ་ལྡན་འདས་ཀྱིས་བཀའ་སྩལ་པ། རབ་འབྱོར་དེ་ཇི་སྙམ་དུ་སེམས། བྱང་ཆུབ་སེམས་དཔའ་ཞེས་བྱ་བ་འདི་གཟུགས་བདག་ཡོད་པའི་ཚིག་བླ་དགས་ཡིན་སྙམའམ། གསོལ་པ། བཅོམ་ལྡན་འདས་དེ་ལྟ་མ་ལགས་སོ། །བཅོམ་ལྡན་འདས་ཀྱིས་བཀའ་སྩལ་པ། རབ་འབྱོར་དེ་ཇི་སྙམ་དུ་སེམས། བྱང་ཆུབ་སེམས་དཔའ་ཞེས་བྱ་བ་འདི་གཟུགས་བདག་མེད་པའི་ཚིག་བླ་དགས་ཡིན་སྙམའམ། གསོལ་པ། བཅོམ་ལྡན་འདས་དེ་ལྟ་མ་ལགས་སོ། །བཅོམ་ལྡན་འདས་ཀྱིས་བཀའ་སྩལ་པ། རབ་འབྱོར་དེ་ཇི་སྙམ་དུ་སེམས། བྱང་ཆུབ་སེམས་དཔའ་

ཞེས་བྱ་བ་འདི་ཚོར་བ་བདག་ཡོད་པ་དང་། ཚོར་བ་བདག་མེད་པ་དང་། འདུ་ཤེས་བདག་ཡོད་པ་དང་། འདུ་ཤེས་བདག་མེད་པ་དང་། འདུ་བྱེད་བདག་ཡོད་པ་དང་། འདུ་བྱེད་བདག་མེད་པ་དང་། རྣམ་པར་ཤེས་པ་བདག་ཡོད་པ་དང་། རྣམ་པར་ཤེས་པ་བདག་མེད་པའི་ཚིག་བླ་དགས་ཡིན་སྙམའམ། གསོལ་པ། བཅོམ་ལྡན་འདས་དེ་ལྟ་མ་ལགས་སོ། །བཅོམ་ལྡན་འདས་ཀྱིས་བཀའ་སྩལ་པ། རབ་འབྱོར་དེ་ཇི་སྙམ་དུ་སེམས། བྱང་ཆུབ་སེམས་དཔའ་ཞེས་བྱ་བ་འདི་གཟུགས་ཞི་བའི་ཚིག་བླ་དགས་ཡིན་སྙམའམ། གསོལ་པ། བཅོམ་ལྡན་འདས་དེ་ལྟ་མ་ལགས་སོ། །བཅོམ་ལྡན་འདས་ཀྱིས་བཀའ་སྩལ་པ། རབ་འབྱོར་དེ་ཇི་སྙམ་དུ་སེམས། བྱང་ཆུབ་སེམས་དཔའ་ཞེས་བྱ་བ་འདི་གཟུགས་མ་ཞི་བའི་ཚིག་བླ་དགས་ཡིན་སྙམའམ། གསོལ་པ། བཅོམ་ལྡན་འདས་དེ་ལྟ་མ་ལགས་[༧]སོ། །བཅོམ་ལྡན་འདས་ཀྱིས་བཀའ་སྩལ་པ། རབ་འབྱོར་དེ་ཇི་སྙམ་དུ་སེམས། བྱང་ཆུབ་སེམས་དཔའ་ཞེས་བྱ་བ་འདི་ཚོར་བ་ཞི་བ་དང་། ཚོར་བ་མ་ཞི་བ་དང་། འདུ་ཤེས་ཞི་བ་དང་། འདུ་ཤེས་མ་ཞི་བ་དང་། འདུ་བྱེད་ཞི་བ་དང་། འདུ་བྱེད་མ་ཞི་བ་དང་། རྣམ་པར་ཤེས་པ་ཞི་བ་དང་། རྣམ་པར་ཤེས་པ་མ་ཞི་བའི་ཚིག་བླ་དགས་ཡིན་སྙམའམ། གསོལ་པ། བཅོམ་ལྡན་འདས་དེ་ལྟ་མ་ལགས་སོ། །བཅོམ་ལྡན་འདས་ཀྱིས་བཀའ་སྩལ་པ། རབ་འབྱོར་དེ་ཇི་སྙམས་[༣]དུ་སེམས། བྱང་ཆུབ་སེམས་དཔའ་ཞེས་བྱ་བ་འདི་གཟུགས་སྟོང་པའི་ཚིག་བླ་དགས་ཡིན་སྙམའམ། གསོལ་པ། བཅོམ་ལྡན་འདས་དེ་ལྟ་མ་ལགས་སོ། །བཅོམ་ལྡན་འདས་ཀྱིས་བཀའ་སྩལ་པ། རབ་འབྱོར་དེ་ཇི་སྙམ་དུ་སེམས། བྱང་ཆུབ་སེམས་དཔའ་ཞེས་བྱ་བ་འདི་གཟུགས་མི་སྟོང་པའི་ཚིག་བླ་དགས་ཡིན་སྙམའམ། གསོལ་པ། བཅོམ་ལྡན་འདས་དེ་ལྟ་

མ་ལགས་སོ། །བཅོམ་ལྡན་འདས་ཀྱིས་བཀའ་སྩལ་པ། རབ་འབྱོར་དེ་ཇི་སྙམ་དུ་སེམས། བྱང་ཆུབ་སེམས་དཔའ་ཞེས་བྱ་བ་འདི་ཚོར་བ་སྟོང་པ་དང་། ཚོར་བ་མི་སྟོང་པ་དང་། འདུ་ཤེས་སྟོང་པ་དང་། འདུ་ཤེས་མི་སྟོང་པ་དང་། འདུ་བྱེད་སྟོང་པ་དང་། འདུ་བྱེད་མི་སྟོང་པ་དང་། རྣམ་པར་ཤེས་པ་སྟོང་པ་དང་། རྣམ་པར་ཤེས་པ་མི་སྟོང་པའི་ཚིག་བླ་དགས་ཡིན་སྙམའམ། གསོལ་པ། བཅོམ་ལྡན་འདས་དེ་ལྟ་མ་ལགས་སོ། །བཅོམ་ལྡན་འདས་ཀྱིས་བཀའ་སྩལ་པ། རབ་འབྱོར་དེ་ཇི་སྙམ་དུ་སེམས། བྱང་ཆུབ་སེམས་དཔའ་ཞེས་བྱ་བ་འདི་གཟུགས་མཚན་མ་ཡོད་པའི་ཚིག་བླ་དགས་ཡིན་སྙམའམ། གསོལ་པ། བཅོམ་ལྡན་འདས་དེ་ལྟ་མ་ལགས་སོ། །བཅོམ་ལྡན་འདས་ཀྱིས་བཀའ་སྩལ་པ། རབ་འབྱོར་དེ་ཇི་སྙམ་དུ་སེམས། བྱང་ཆུབ་སེམས་དཔའ་ཞེས་བྱ་བ་འདི་གཟུགས་མཚན་མ་མེད་པའི་ཚིག་བླ་དགས་ཡིན་སྙམའམ། གསོལ་པ། བཅོམ་ལྡན་འདས་དེ་ལྟ་མ་ལགས་སོ། །བཅོམ་ལྡན་འདས་ཀྱིས་བཀའ་སྩལ་པ། རབ་འབྱོར་དེ་ཇི་སྙམ་དུ་སེམས། བྱང་ཆུབ་སེམས་དཔའ་ཞེས་བྱ་བ་འདི་ཚོར་བ་མཚན་མ་ཡོད་པ་དང་། ཚོར་བ་མཚན་མ་མེད་པ་དང་། འདུ་ཤེས་མཚན་མ་ཡོད་པ་དང་། འདུ་ཤེས་མཚན་མ་མེད་པ་དང་། འདུ་བྱེད་མཚན་མ་ཡོད་པ་དང་། འདུ་བྱེད་མཚན་མ་མེད་པ་དང་། རྣམ་པར་ཤེས་པ་མཚན་མ་ཡོད་པ་དང་། རྣམ་པར་ཤེས་པ་མཚན་མ་མེད་པའི་ཚིག་བླ་དགས་ཡིན་སྙམའམ། གསོལ་པ། བཅོམ་ལྡན་འདས་དེ་ལྟ་མ་ལགས་སོ། །བཅོམ་ལྡན་འདས་ཀྱིས་བཀའ་སྩལ་པ། རབ་འབྱོར་དེ་ཇི་སྙམ་དུ་སེམས། བྱང་ཆུབ་སེམས་དཔའ་ཞེས་བྱ་བ་འདི་གཟུགས་སྨོན་པ་ཡོད་པའི་ཚིག་བླ་དགས་ཡིན་སྙམའམ། གསོལ་པ། བཅོམ་ལྡན་འདས་དེ་ལྟ་མ་ལགས་སོ། །བཅོམ་ལྡན་འདས་ཀྱིས་བཀའ་སྩལ་པ།

རབ་འབྱོར་དེ་ཇི་སྙམ་དུ་སེམས། བྱང་ཆུབ་སེམས་དཔའ་ཞེས་བྱ་བ་འདི་གཟུགས་སྨོན་པ་མེད་པའི་ཚིག་བླ་དགས་ཡིན་སྙམའམ། གསོལ་པ། བཅོམ་ལྡན་འདས་དེ་ལྟ་མ་ལགས་སོ། །བཅོམ་ལྡན་འདས་ཀྱིས་བཀའ་སྩལ་པ། རབ་འབྱོར་དེ་ཇི་སྙམ་དུ་སེམས། བྱང་ཆུབ་སེམས་དཔའ་ཞེས་བྱ་བ་འདི་ཚོར་བ་སྨོན་པ་ཡོད་པ་དང་། ཚོར་བ་སྨོན་པ་མེད་པ་དང་། འདུ་ཤེས་སྨོན་པ་ཡོད་པ་དང་། འདུ་ཤེས་སྨོན་པ་མེད་པ་དང་། འདུ་བྱེད་སྨོན་པ་ཡོད་པ་དང་། འདུ་བྱེད་སྨོན་པ་མེད་པ་དང་། རྣམ་པར་ཤེས་པ་སྨོན་པ་ཡོད་པ་དང་། རྣམ་པར་ཤེས་པ་སྨོན་པ་མེད་པའི་ཚིག་བླ་དགས་ཡིན་སྙམའམ། གསོལ་པ། བཅོམ་ལྡན་འདས་དེ་ལྟ་མ་ལགས་སོ། །བཅོམ་ལྡན་འདས་ཀྱིས་བཀའ་སྩལ་པ། རབ་འབྱོར་ཁྱོད་དོན་གྱི་དབང་ཅི་ཞིག་ལ་བརྟེན་ནས། འདི་སྐད་དུ་གཟུགས་ཀྱི་ཚིག་བླ་དགས་བྱང་ཆུབ་སེམས་དཔའ་མ་ཡིན་ཞེས་ཟེར། དེ་བཞིན་དུ་ཚོར་བ་དང་། འདུ་ཤེས་དང་། འདུ་བྱེད་དང་། རྣམ་པར་ཤེས་པའི་ཚིག་བླ་དགས་བྱང་ཆུབ་སེམས་དཔའ་མ་ཡིན་ཞེས་ཟེར། དེ་བཞིན་དུ་གཟུགས་རྟག་པའི་ཚིག་བླ་དགས་མ་ཡིན། གཟུགས་མི་རྟག་པའི་ཚིག་བླ་དགས་མ་ཡིན། གཟུགས་བདེ་བའི་ཚིག་བླ་དགས་མ་ཡིན། གཟུགས་སྡུག་བསྔལ་བའི་ཚིག་བླ་དགས་མ་ཡིན། གཟུགས་བདག་ཡོད་པའི་ཚིག་བླ་དགས་མ་ཡིན། གཟུགས་བདག་མེད་པའི་ཚིག་བླ་དགས་མ་ཡིན། གཟུགས་ཞི་བའི་ཚིག་བླ་དགས་མ་ཡིན། གཟུགས་མ་ཞི་བའི་ཚིག་བླ་དགས་མ་ཡིན། གཟུགས་སྟོང་པའི་ཚིག་བླ་དགས་མ་ཡིན། གཟུགས་མི་སྟོང་པའི་ཚིག་བླ་དགས་མ་ཡིན། གཟུགས་མཚན་མ་ཡོད་པའི་ཚིག་བླ་དགས་མ་ཡིན། གཟུགས་མཚན་མ་མེད་པའི་ཚིག་བླ་དགས་མ་ཡིན། གཟུགས་སྨོན་པ་ཡོད་པའི་ཚིག་བླ་དགས་མ་ཡིན། གཟུགས་སྨོན་པ་མེད་པའི་

ཚིག་བླ་དགས་[༧]མ་ཡིན། དེ་བཞིན་དུ། ཚོར་བ་དང་། འདུ་ཤེས་དང་། འདུ་བྱེད་དང་། རྣམ་པར་ཤེས་པ་རྟག་པའི་ཚིག་བླ་དགས་མ་ཡིན། རྣམ་པར་ཤེས་པ་མི་རྟག་པའི་ཚིག་བླ་དགས་མ་ཡིན། རྣམ་པར་ཤེས་པ་བདེ་བའི་ཚིག་བླ་དགས་མ་ཡིན། རྣམ་པར་ཤེས་པ་སྡུག་བསྔལ་བའི་ཚིག་བླ་དགས་མ་ཡིན། རྣམ་པར་ཤེས་པ་བདག་ཡོད་པའི་ཚིག་བླ་དགས་མ་ཡིན། རྣམ་པར་ཤེས་པ་བདག་མེད་པའི་ཚིག་བླ་དགས་མ་ཡིན། རྣམ་པར་ཤེས་པ་ཞི་བའི་ཚིག་བླ་དགས་མ་ཡིན། རྣམ་པར་ཤེས་པ་མ་ཞི་བའི་ཚིག་བླ་དགས་མ་ཡིན། རྣམ་པར་ཤེས་པ་སྟོང་པའི་ཚིག་བླ་དགས་མ་ཡིན། རྣམ་པར་ཤེས་པ་མི་སྟོང་བའི་ཚིག་བླ་དགས་མ་ཡིན། རྣམ་པར་ཤེས་པ་མཚན་མ་ཡོད་པའི་ཚིག་བླ་དགས་མ་ཡིན། རྣམ་པར་ཤེས་པ་མཚན་མ་མེད་པའི་ཚིག་བླ་དགས་མ་ཡིན། རྣམ་པར་ཤེས་པ་སྨོན་པ་ཡོད་པའི་ཚིག་བླ་དགས་མ་ཡིན། རྣམ་པར་ཤེས་པ་སྨོན་པ་མེད་པའི་ཚིག་བླ་དགས་བྱང་ཆུབ་སེམས་དཔའ་མ་ཡིན་ཞེས་བཟེར། རབ་འབྱོར་གྱིས་གསོལ་པ། བཅོམ་ལྡན་འདས་གཟུགས་ཤིན་ཏུ་མ་མཆིས་ཤིང་མི་དམིགས་ན། བྱང་ཆུབ་སེམས་དཔའ་གཟུགས་ཀྱི་ཚིག་བླ་དགས་སུ་འགྱུར་བ་ལྟ་ག་ལ་མཆིས། ཚོར་བ་ཤིན་ཏུ་མ་མཆིས་ཤིང་མི་དམིགས་ན། བྱང་ཆུབ་སེམས་དཔའ་ཚོར་བའི་ཚིག་བླ་དགས་སུ་འགྱུར་བ་ལྟ་ག་ལ་མཆིས། འདུ་ཤེས་ཤིན་ཏུ་མ་མཆིས་ཤིང་མི་དམིགས་ན། བྱང་ཆུབ་སེམས་དཔའ་འདུ་ཤེས་ཀྱི་ཚིག་བླ་དགས་སུ་འགྱུར་བ་ལྟ་ག་ལ་མཆིས། འདུ་བྱེད་ཤིན་ཏུ་མ་མཆིས་ཤིང་མི་དམིགས་ན། བྱང་ཆུབ་སེམས་དཔའ་འདུ་བྱེད་ཀྱི་ཚིག་བླ་དགས་སུ་འགྱུར་བ་ལྟ་ག་ལ་མཆིས། རྣམ་པར་ཤེས་པ་ཤིན་ཏུ་མ་མཆིས་ཤིང་མི་དམིགས་ན། བྱང་ཆུབ་སེམས་དཔའ་རྣམ་པར་ཤེས་པའི་ཚིག་བླ་དགས་སུ་འགྱུར་བ་ལྟ་ག་ལ་མཆིས། བཅོམ་ལྡན་འདས་རྟག་པ་ཤིན་

དུ་མ་མཆིས་ཤིང་མི་དམིགས། མི་རྟག་པ་ཤིན་དུ་མ་མཆིས་ཤིང་མི་དམིགས་ན། བྱང་ཆུབ་སེམས་དཔའ་གཟུགས་རྟག་པའི་ཚིག་བླ་དགས་སུ་འགྱུར་བ་ལྟ་ག་ལ་མཆིས། བྱང་ཆུབ་སེམས་དཔའ་གཟུགས་མི་རྟག་པའི་ཚིག་བླ་དགས་སུ་འགྱུར་བ་ལྟ་ག་ལ་མཆིས། བྱང་ཆུབ་སེམས་དཔའ་ཚོར་བ་རྟག་པའི་ཚིག་བླ་དགས་སུཿ་འགྱུར་བ་⑦ལྟ་ག་ལ་མཆིས། ཚོར་བ་མི་རྟག་པའི་ཚིག་བླ་དགས་སུ་འགྱུར་བ་ལྟ་ག་ལ་མཆིས། འདུ་ཤེས་རྟག་པའི་ཚིག་བླ་དགས་སུ་འགྱུར་བ་ལྟ་ག་ལ་མཆིས། འདུ་ཤེས་མི་རྟག་པའི་ཚིག་བླ་དགས་སུ་འགྱུར་བ་ལྟ་ག་ལ་མཆིས། འདུ་བྱེད་རྟག་པའི་ཚིག་བླ་དགས་སུ་འགྱུར་བ་ལྟ་ག་ལ་མཆིས། འདུ་བྱེད་མི་རྟག་པའི་ཚིག་བླ་དགས་སུ་འགྱུར་བ་ལྟ་ག་ལ་མཆིས། རྣམ་པར་ཤེས་པ་རྟག་པའི་ཚིག་བླ་དགས་སུ་འགྱུར་བ་ལྟ་ག་ལ་མཆིས། རྣམ་པར་ཤེས་པ་མི་རྟག་པའི་ཚིག་བླ་དགས་སུ་འགྱུར་བ་ལྟ་ག་ལ་མཆིས། བཅོམ་ལྡན་འདས་དེ་བཞིན་དུ་བདེ་བ་ཤིན་དུ་མ་མཆིས་ཤིང་མི་དམིགས། སྡུག་བསྔལ་ཤིན་དུ་མ་མཆིས་ཤིང་མི་དམིགས་ན། བྱང་ཆུབ་སེམས་དཔའ་གཟུགས་བདེ་བའི་ཚིག་བླ་དགས་སུ་འགྱུར་བ་ལྟ་ག་ལ་མཆིས། བྱང་ཆུབ་སེམས་དཔའ་གཟུགས་སྡུག་བསྔལ་བའི་ཚིག་བླ་དགས་སུ་འགྱུར་བ་ལྟ་ག་ལ་མཆིས། བྱང་ཆུབ་སེམས་དཔའ་ཚོར་བ་དང་། འདུ་ཤེས་དང་། འདུ་བྱེད་དང་། རྣམ་པར་ཤེས་པ་བདེ་བའི་ཚིག་བླ་དགས་སུ་འགྱུར་བ་ལྟ་ག་ལ་མཆིས། བྱང་ཆུབ་སེམས་དཔའ་རྣམ་པར་ཤེས་པ་སྡུག་བསྔལ་བའི་ཚིག་བླ་དགས་སུ་འགྱུར་བ་ལྟ་ག་ལ་མཆིས། བཅོམ་ལྡན་འདས་བདག་ཤིན་དུ་མ་མཆིས་ཤིང་མི་དམིགས། བདག་མེད་པ་ཤིན་ཏུ་མ་མཆིས་ཤིང་མི་དམིགས་ན། བྱང་ཆུབ་སེམས་དཔའ་གཟུགས་བདག་ཡོད་པའི་ཚིག་བླ་དགས་སུ་འགྱུར་བ་ལྟ་ག་ལ་མཆིས། བྱང་ཆུབ་སེམས་དཔའ་གཟུགས་བདག་མེད་པའི་ཚིག་བླ་དགས་སུ་འགྱུར་བ་ལྟ་ག་ལ་མཆིས།

བྱང་ཆུབ་སེམས་དཔའ་ཚོར་བ་དང་། འདུ་ཤེས་དང་། འདུ་བྱེད་དང་། རྣམ་པར་ཤེས་པ་བདག་ཡོད་པའི་ཚིག་བླ་དགས་སུ་འགྱུར་བ་ལྟ་ག་ལ་མཆིས། བྱང་ཆུབ་སེམས་དཔའ་རྣམ་པར་གཤེགས་①པ་བདག་མེད་པའི་ཚིག་བླ་དགས་སུ་འགྱུར་བ་ལྟ་ག་ལ་མཆིས། བཅོམ་ལྡན་འདས་ཞི་བ་ཤིན་ཏུ་མ་མཆིས་ཤིང་མི་དམིགས། མ་ཞི་བ་ཤིན་ཏུ་མ་མཆིས་ཤིང་མི་དམིགས་ན། བྱང་ཆུབ་སེམས་དཔའ་གཟུགས་ཞི་བའི་ཚིག་བླ་དགས་སུ་འགྱུར་བ་ལྟ་ག་ལ་མཆིས། བྱང་ཆུབ་སེམས་དཔའ་གཟུགས་མ་ཞི་བའི་ཚིག་བླ་དགས་སུ་འགྱུར་བ་ལྟ་ག་ལ་མཆིས། བྱང་ཆུབ་སེམས་དཔའ་ཚོར་བ་དང་། འདུ་ཤེས་དང་། འདུ་བྱེད་དང་། རྣམ་པར་ཤེས་པ་②ཞི་བའི་ཚིག་བླ་དགས་སུ་འགྱུར་བ་ལྟ་ག་ལ་མཆིས། བྱང་ཆུབ་སེམས་དཔའ་རྣམ་པར་ཤེས་པ་མ་ཞི་བའི་ཚིག་བླ་དགས་སུ་འགྱུར་བ་ལྟ་ག་ལ་མཆིས། བཅོམ་ལྡན་འདས་སྟོང་པ་ཤིན་ཏུ་མ་མཆིས་ཤིང་མི་དམིགས། མི་སྟོང་བ་ཤིན་ཏུ་མ་མཆིས་ཤིང་མི་དམིགས་ན། བྱང་ཆུབ་སེམས་དཔའ་གཟུགས་སྟོང་བའི་ཚིག་བླ་དགས་སུ་འགྱུར་བ་ལྟ་ག་ལ་མཆིས། བྱང་ཆུབ་སེམས་དཔའ་གཟུགས་མི་སྟོང་བའི་ཚིག་བླ་དགས་སུ་འགྱུར་བ་ལྟ་ག་ལ་མཆིས། བྱང་ཆུབ་སེམས་དཔའ་ཚོར་བ་དང་། འདུ་ཤེས་དང་། འདུ་བྱེད་དང་། རྣམ་པར་ཤེས་པ་སྟོང་བའི་ཚིག་བླ་དགས་སུ་འགྱུར་བ་ལྟ་ག་ལ་མཆིས། བྱང་ཆུབ་སེམས་དཔའ་རྣམ་པར་ཤེས་པ་མི་སྟོང་བའི་ཚིག་བླ་དགས་སུ་འགྱུར་བ་ལྟ་ག་ལ་མཆིས། བཅོམ་ལྡན་འདས་མཚན་མ་ཡོད་པ་ཤིན་ཏུ་མ་མཆིས་ཤིང་མི་དམིགས། མཚན་མ་མེད་པ་ཤིན་ཏུ་མ་མཆིས་ཤིང་མི་དམིགས་ན། བྱང་ཆུབ་སེམས་དཔའ་གཟུགས་མཚན་མ་ཡོད་པའི་ཚིག་བླ་དགས་སུ་འགྱུར་བ་ལྟ་ག་ལ་མཆིས། བྱང་ཆུབ་སེམས་དཔའ་གཟུགས་མཚན་མ་མེད་པའི་ཚིག་བླ་དགས་③སུ་འགྱུར་བ་ལྟ་ག་ལ་མཆིས། བྱང་ཆུབ་

སེམས་དཔའ་ཚོར་བ་དང་། འདུ་ཤེས་དང་། འདུ་བྱེད་དང་། རྣམ་པར་ཤེས་པ་མཚན་མ་ཡོད་པའི་ཚིག་བླ་དགས་སུ་འགྱུར་བ་ལྟ་ག་ལ་མཆིས། བྱང་ཆུབ་སེམས་དཔའ་རྣམ་པར་ཤེས་པ་མཚན་མ་མེད་པའི་ཚིག་བླ་དགས་སུ་འགྱུར་བ་ལྟ་ག་ལ་མཆིས། བཅོམ་ལྡན་འདས་སྐྱོན་པ་ཡོད་པ་ཤིན་ཏུ་མ་མཆིས་ཤིང་མི་དམིགས། སྐྱོན་པ་མེད་པ་ཤིན་ཏུ་མ་མཆིས་ཤིང་མི་དམིགས་ན། བྱང་ཆུབ་སེམས་དཔའ་གཟུགས་སྐྱོན་པ་ཡོད་པའི་ཚིག་བླ་དགས་སུ་འགྱུར་བ་ལྟ་ག་ལ་མཆིས། བྱང་ཆུབ་སེམས་དཔའ་གཟུགས་སྐྱོན་པ་མེད་པའི་ཚིག་བླ་དགས་སུ་འགྱུར་བ་ལྟ་ག་ལ་མཆིས། བྱང་ཆུབ་སེམས་དཔའ་ཚོར་བ་དང་། འདུ་ཤེས་དང་། འདུ་བྱེད་དང་། རྣམ་པར་ཤེས་པ་སྐྱོན་པ་ཡོད་པའི་ཚིག་བླ་དགས་སུ་འགྱུར་བ་ལྟ་ག་ལ་མཆིས། བྱང་ཆུབ་སེམས་དཔའ་རྣམ་པར་ཤེས་པ་སྐྱོན་པ་མེད་པའི་ཚིག་བླ་དགས་སུ་འགྱུར་བ་ལྟ་ག་ལ་མཆིས། བཅོམ་ལྡན་འདས་ཀྱིས་བཀའ་སྩལ་པ། རབ་འབྱོར་ལེགས་སོ་ལེགས་སོ། །རབ་འབྱོར་བྱང་ཆུབ་སེམས་དཔའ་སེམས་དཔའ་ཆེན་པོ་ཤེས་རབ་ཀྱི་ཕ་རོལ་ཏུ་ཕྱིན་པ་ལ་དེ་ལྟར་སྤྱོད་པའི་ཚེ། གཟུགས་ཀྱི་ཚིག་བླ་དགས་མི་དམིགས་པ་དང་། ཚོར་བ་དང་། འདུ་ཤེས་དང་། འདུ་བྱེད་དང་། རྣམ་པར་ཤེས་པའི་ཚིག་བླ་དགས་མི་དམིགས་པ་དང་། གཟུགས་རྟག་པའི་ཚིག་བླ་དགས་མི་དམིགས་པ་དང་། གཟུགས་མི་རྟག་པའི་ཚིག་བླ་དགས་མི་དམིགས་པ་དང་། ཚོར་བ་དང་། འདུ་ཤེས་དང་། འདུ་བྱེད་དང་། རྣམ་པར་ཤེས་པ་རྟག་པའི་ཚིག་བླ་དགས་མི་དམིགས་པ་དང་། རྣམ་པར་ཤེས་པ་མི་རྟག་པའི་ཚིག་བླ་དགས་མི་དམིགས་པ་དང་། གཟུགས་བདེ་བའི་ཚིག་བླ་དགས་མི་དམིགས་པ་དང་། གཟུགས་སྡུག་བསྔལ་བའི་ཚིག་བླ་དགས་མི་དམིགས་པ་དང་། ཚོར་བ་དང་། འདུ་ཤེས་དང་། འདུ་བྱེད་དང་[1]། རྣམ་པར་ཤེས་པ་བདེ་

བའི་ཚིག་བླ་དགས་མི་དམིགས་པ་དང་། རྣམ་པར་ཤེས་པ་སྡུག་བསྔལ་བའི་ཚིག་བླ་དགས་མི་དམིགས་པ་དང་། གཟུགས་བདག་ཡོད་པའི་ཚིག་བླ་དགས་མི་དམིགས་པ་དང་། གཟུགས་བདག་མེད་པའི་ཚིག་བླ་དགས་མི་དམིགས་པ་དང་། ཚོར་བ་དང་། འདུ་ཤེས་དང་། འདུ་བྱེད་དང་། རྣམ་པར་ཤེས་པ་བདག་ཡོད་པའི་ཚིག་བླ་དགས་མི་དམིགས་པ་དང་། རྣམ་པར་ཤེས་པ་བདག་མེད་པའི་ཚིག་བླ་དགས་མི་དམིགས་པ་དང་། གཟུགས་ཞི་བའི་ཚིག་བླ་དགས་མི་དམིགས་པ་དང་། གཟུགས་མ་ཞི་བའི་ཚིག་བླ་དགས་མི་དམིགས་པ་དང་། ཚོར་བ་དང་། འདུ་ཤེས་དང་། འདུ་བྱེད་དང་། རྣམ་པར་ཤེས་པ་ཞི་བའི་ཚིག་བླ་དགས་མི་དམིགས་པ་དང་། རྣམ་པར་ཤེས་པ་མ་ཞི་བའི་ཚིག་བླ་དགས་མི་དམིགས་པ་དང་། གཟུགས་སྟོང་པའི་ཚིག་བླ་དགས་མི་དམིགས་པ་དང་། གཟུགས་མི་སྟོང་པའི་ཚིག་བླ་དགས་མི་དམིགས་པ་དང་། ཚོར་བ་དང་། འདུ་ཤེས་དང་། འདུ་བྱེད་དང་། རྣམ་པར་ཤེས་པ་སྟོང་པའི་ཚིག་བླ་དགས་མི་དམིགས་པ་དང་། རྣམ་པར་ཤེས་པ་མི་སྟོང་པའི་ཚིག་བླ་དགས་མི་དམིགས་པ་དང་། གཟུགས་མཚན་མ་ཡོད་པའི་ཚིག་བླ་དགས་མི་དམིགས་པ་དང་། གཟུགས་མཚན་མ་མེད་པའི་ཚིག་བླ་དགས་མི་དམིགས་པ་དང་། ཚོར་བ་དང་། འདུ་ཤེས་དང་། འདུ་བྱེད་དང་། རྣམ་པར་ཤེས་པ་མཚན་མ་ཡོད་པའི་ཚིག་བླ་དགས་མི་དམིགས་པ་དང་། རྣམ་པར་ཤེས་པ་མཚན་མ་མེད་པའི་ཚིག་བླ་དགས་མི་དམིགས་པ་དང་། གཟུགས་སྨོན་པ་ཡོད་པའི་ཚིག་བླ་དགས་མི་དམིགས་པ་དང་། གཟུགས་སྨོན་པ་མེད་པའི་ཚིག་བླ་དགས་མི་དམིགས་པ་དང་། ཚོར་བ་དང་། འདུ་ཤེས་དང་། འདུ་བྱེད་དང་། རྣམ་པར་ཤེས་པ་སྨོན་པ་ཡོད་པའི་ཚིག་བླ་དགས་མི་དམིགས་པ་དང་། རྣམ་པར་ཤེས་པ་སྨོན་པ་མེད་པའི་

ཚིག་བླ་དགས་མི་དམིགས་པར་ཤེས་རབ་ཀྱི་ཕ་རོལ་ཏུ་ཕྱིན་པ་ལ་བསླབ་པར་བྱའོ། །རབ་འབྱོར་གང་ཡང་ཁྱོད་འདི་སྐད་དུ་བདག་གིས་འདི་ལྟ་སྟེ། བྱང་ཆུབ་སེམས་དཔའ་ཞེས་བྱ་བའི་ཆོས་དེ་ལྟ་བུ་ཡང་དག་པར་རྗེས་སུ་མི་མཐོང་ངོ་། །ཞེས་ཟེར་བ་ནི། རབ་འབྱོར་ཆོས་ཀྱིས་ཆོས་ཀྱི་དབྱིངས་ཡང་དག་པར་རྗེས་སུ་མི་མཐོང་ངོ་། །ཆོས་ཀྱི་དབྱིངས་ཀྱིས་ཆོས་ཡང་དག་པར་རྗེས་སུ་མི་མཐོང་སྟེ། རབ་འབྱོར······གཟུགས་ཀྱི་དབྱིངས་ཀྱིས་ཆོས་ཀྱི་དབྱིངས་ཡང་དག་པར་རྗེས་སུ་མི་མཐོང་ངོ་། །ཆོས་ཀྱི་དབྱིངས་ཀྱིས་གཟུགས་ཀྱི་དབྱིངས་ཡང་དག་པར་རྗེས་སུ་མི་མཐོང་ངོ་། །ཚོར་བའི་དབྱིངས་ཀྱིས་ཆོས་ཀྱི་དབྱིངས་ཡང་དག་པར་རྗེས་སུ་མི་མཐོང་ངོ་། །ཆོས་ཀྱི་དབྱིངས་ཀྱིས་ཚོར་བའི་དབྱིངས་ཡང་དག་པར་རྗེས་སུ་མི་མཐོང་ངོ་། །འདུ་ཤེས་ཀྱི་དབྱིངས་ཀྱིས་ཆོས་ཀྱི་དབྱིངས་ཡང་དག་པར་རྗེས་སུ་མི་མཐོང་ངོ་། །ཆོས་ཀྱི་དབྱིངས་ཀྱིས་འདུ་ཤེས་ཀྱི་དབྱིངས་ཡང་དག་པར་རྗེས་སུ་མི་མཐོང་ངོ་། །འདུ་བྱེད་ཀྱི་དབྱིངས་ཀྱིས་ཆོས་ཀྱི་དབྱིངས་ཡང་དག་པར་རྗེས་སུ་མི་མཐོང་ངོ་། །ཆོས་ཀྱི་དབྱིངས་ཀྱིས་འདུ་བྱེད་ཀྱི་དབྱིངས་ཡང་དག་པར་རྗེས་སུ་མི་མཐོང་ངོ་། །རྣམ་པར་ཤེས་པའི་དབྱིངས་ཀྱིས་ཆོས་ཀྱི་དབྱིངས་ཡང་དག་པར་རྗེས་སུ་མི་མཐོང་ངོ་། །ཆོས་ཀྱི་དབྱིངས་ཀྱིས་རྣམ་པར་ཤེས་པའི་དབྱིངས་ཡང་དག་པར་རྗེས་སུ་མི་མཐོང་ངོ་། །མིག་གི་དབྱིངས་ཀྱིས་ཆོས་ཀྱི་དབྱིངས་ཡང་དག་པར་རྗེས་སུ་མི་མཐོང་ངོ་། །ཆོས་ཀྱི་དབྱིངས་ཀྱིས་མིག་གི་དབྱིངས་ཡང་དག་པར་རྗེས་སུ་མི་མཐོང་ངོ་། །རྣ་བའི་དབྱིངས་དང་། སྣའི་དབྱིངས་དང་། ལྕེའི་དབྱིངས་དང་། ལུས་ཀྱི་དབྱིངས་དང་། ཡིད་ཀྱི་དབྱིངས་ཀྱིས་ཆོས་ཀྱི་དབྱིངས་ཡང་དག་པར་རྗེས་སུ་མི་མཐོང་ངོ་། །ཆོས་ཀྱི་དབྱིངས་ཀྱིས་ཡིད་ཀྱི་དབྱིངས་ཡང་དག་པར་རྗེས་སུ་མི་མཐོང་ངོ་། །རབ་འབྱོར་འདུས་བྱས་ཀྱི་དབྱིངས་ཀྱིས་འདུས་མ···

བྱས་ཀྱི་དབྱིངས་ཡང་དག་པར་རྗེས་སུ་མི་མཐོང་ངོ་། །འདུས་མ་བྱས་ཀྱི་དབྱིངས་ཀྱིས་འདུས་བྱས་ཀྱི་དབྱིངས་ཡང་དག་པར་རྗེས་སུ་མི་མཐོང་ངོ་། །དེ་ཅིའི་ཕྱིར་ཞེ་ན། འདུས་བྱས་ཀྱི་དབྱིངས་མ་ཡིན་པར་ཡང་། འདུས་མ་བྱས་ཀྱི་དབྱིངས་གདགས་པར་མི་ནུས་སོ། །འདུས་མ་བྱས་ཀྱི་དབྱིངས་མ་ཡིན་པར་ཡང་འདུས་བྱས་ཀྱི་དབྱིངས་གདགས་པར་མི་ནུས་ཏེ། རབ་འབྱོར་དེ་ལྟར་ན། ཡང་[1]བྱང་ཆུབ་སེམས་དཔའ་སེམས་དཔའ་ཆེན་པོ་ཤེས་རབ་ཀྱི་ཕ་རོལ་ཏུ་ཕྱིན་པ་ལ་སྤྱོད་པའི་ཚེ། ཆོས་གང་ཡང་ཡང་དག་པར་རྗེས་སུ་མི་མཐོང་སྟེ། ཡང་དག་པར་རྗེས་སུ་མ་མཐོང་བས། མི་འཇིགས་མི་སྔང་[2]སྐྲག་པར་མི་འགྱུར་ཞིང་། དེའི་སེམས་ཆོས་གང་ལ་ཡང་ཞུམ་པར་མི་འགྱུར། ༔ཀུན་ཏུ་ཞུམ་པར་མི་འགྱུར[3]། ཡིད་འགྱོད་པར་མི་འགྱུར་རོ། །རབ་འབྱོར་དེ་ཅིའི་ཕྱིར་ཞེ་ན། འདི་ལྟར་བྱང་ཆུབ་སེམས་དཔའ་སེམས་དཔའ་ཆེན་པོ་ཤེས་རབ་ཀྱི་ཕ་རོལ་ཏུ་ཕྱིན་པ་ལ་སྤྱོད་པའི་ཚེ། གཟུགས་ཡང་དག་པར་རྗེས་སུ་མི་མཐོང་ངོ་། །ཚོར་བ་དང་། འདུ་ཤེས་དང་། འདུ་བྱེད་དང་། རྣམ་པར་ཤེས་པ་ཡང་དག་པར་རྗེས་སུ་མི་མཐོང་ངོ་། །མིག་ཡང་དག་པར་རྗེས་སུ་མི་མཐོང་ངོ་། །རྣ་བ་དང་། སྣ་དང་། ལྕེ་དང་། ལུས་དང་། ཡིད་ཡང་དག་པར་རྗེས་སུ་མི་མཐོང་ངོ་། །གཟུགས་ཡང་དག་པར་རྗེས་སུ་མི་མཐོང་ངོ་། །སྒྲ་དང་། དྲི་དང་། རོ་དང་། རེག་དང་། ཆོས་ཡང་དག་པར་རྗེས་སུ་མི་མཐོང་ངོ་། །སའི་ཁམས་ཡང་དག་པར་རྗེས་སུ་མི་མཐོང་ངོ་། །ཆུའི་ཁམས་དང་། མེའི་ཁམས་དང་། རླུང་གི་ཁམས་དང་། ནམ་མཁའི་ཁམས་དང་། རྣམ་པར་ཤེས་པའི་ཁམས་ཡང་དག་པར་རྗེས་སུ་མི་མཐོང་ངོ་། །མ་རིག་པ་ཡང་དག་པར་རྗེས་སུ་མི་མཐོང་ངོ་། །འདུ་བྱེད་དང་། རྣམ་པར་ཤེས་པ་དང་། མིང་དང་གཟུགས་དང་། སྐྱེ་

མཆེད་དྲུག་དང་། རེག་པ་དང་། ཚོར་བ་དང་། སྲེད་པ་དང་། ལེན་པ་
དང་། སྲིད་པ་དང་། སྐྱེ་བ་དང་། རྒ་ཤི་ཡང་དག་པར་རྗེས་སུ་མི་མཐོང་ངོ་།།
འདོད་ཆགས་ཡང་དག་པར་རྗེས་སུ་མི་མཐོང་ངོ་། །ཞེ་སྡང་དང་། གཏི་མུག་
ཡང་དག་པར་རྗེས་སུ་མི་མཐོང་ངོ་། །བདག་ཡང་དག་པར་རྗེས་སུ་མི་མཐོང་ངོ་།།
སེམས་ཅན་དང་། སྲོག་དང་། གསོ་བ་དང་། སྐྱེས་བུ་དང་། གང་ཟག་
དང་། ཤེད་ཅན་དང་། ཤེད་བདག་དང་། བྱེད་པ་པོ་དང་། བྱེད་དུ་
འཇུག་པ་པོ་དང་[༧]། ཚོར་བ་པོ་དང་། ཚོར་བར་བྱེད་པ་པོ་དང་། ཤེས་པ་
པོ་དང་། མཐོང་བ་པོ་ཡང་དག་པར་རྗེས་སུ་མི་མཐོང་ངོ་། །འདོད་པའི་
ཁམས་ཡང་དག་པར་རྗེས་སུ་མི་མཐོང་ངོ་། །གཟུགས་ཀྱི་ཁམས་ཡང་དག་པར་
རྗེས་སུ་མི་མཐོང་ངོ་། །གཟུགས་མེད་པའི་ཁམས་ཡང་དག་པར་རྗེས་སུ་མི་མཐོང་
ངོ་། །ཉན་ཐོས་ཀྱི་སེམས་ཡང་དག་པར་རྗེས་སུ་མི་མཐོང་ངོ་། །རང་སངས་
རྒྱས་ཀྱི་སེམས་ཡང་དག་པར་རྗེས་སུ་མི་མཐོང་ངོ་། །བྱང་ཆུབ་སེམས་དཔའི་
སེམས་ཡང་དག་པར་རྗེས་སུ་མི་མཐོང་ངོ་། །ཉན་ཐོས་ཡང་དག་པར་རྗེས་སུ་མི་
མཐོང་ངོ་། །ཉན་ཐོས་ཀྱི་ཆོས་ཡང་དག་པར་རྗེས་སུ་མི་མཐོང་ངོ་། །རང་
སངས་རྒྱས་ཡང་དག་པར་རྗེས་སུ་མི་མཐོང་ངོ་། །རང་སངས་རྒྱས་ཀྱི་ཆོས་ཡང་
དག་པར་རྗེས་སུ་མི་མཐོང་ངོ་། །བྱང་ཆུབ་སེམས་དཔའ་ཡང་དག་པར་རྗེས་སུ་
མི་མཐོང་ངོ་། །བྱང་ཆུབ་སེམས་དཔའི་ཆོས་ཡང་དག་པར་རྗེས་སུ་མི་མཐོང་ངོ་།།
སངས་རྒྱས་ཡང་དག་པར་རྗེས་སུ་མི་མཐོང་ངོ་། །སངས་རྒྱས་ཀྱི་ཆོས་ཡང་དག་
པར་རྗེས་སུ་མི་མཐོང་ངོ་། །བྱང་ཆུབ་ཡང་དག་པར་རྗེས་སུ་མི་མཐོང་ངོ་། །
བྱང་ཆུབ་ཀྱི་ཆོས་ཡང་དག་པར་རྗེས་སུ་མི་མཐོང་སྟེ། འཇིག་རྟེན་པ་དང་།
འཇིག་རྟེན་ལས་འདས་པའི་ཆོས་ཐམས་ཅད་ཀྱི་བར་དུ་ཡང་དག་པར་རྗེས་སུ་མི་

མཐོང་ངོ་། །དེ་ཆོས་ཐམས་ཅད་ཡང་དག་པར་རྗེས་སུ་མ[7]མཐོང་བས། མི་འཇིགས་མི་སྡང་[3]སྐྲག་པར་མི་འགྱུར་རོ། །གསོལ་པ། བཅོམ་ལྡན་འདས་ཅིའི་སླད་དུ་བྱང་ཆུབ་སེམས་དཔའ་སེམས་དཔའ་ཆེན་པོ་ཤེས་རབ་ཀྱི་ཕ་རོལ་ཏུ་ཕྱིན་པ་ལ་སྤྱོད་པའི་ཚེ། ཆོས་ཐམས་ཅད་ལ་སེམས་ཞུམ་པར་མི་འགྱུར། ཡོངས་སུ་ཞུམ་པར་མི་འགྱུར་བ་ལགས། བཅོམ་ལྡན་འདས་ཀྱིས་བཀའ་སྩལ་པ། རབ་འབྱོར་དེ་ནི་འདི་ལྟར་བྱང་ཆུབ་སེམས་དཔའ་སེམས་དཔའ་ཆེན་པོས་སེམས་དང་སེམས་ལས་བྱུང་བའི་ཆོས་ཡང་དག་པར་རྗེས་སུ་མི་མཐོང་སྟེ། རབ་འབྱོར་དེའི་ཕྱིར་བྱང་ཆུབ་སེམས་དཔའ་སེམས་དཔའ་ཆེན་པོ་ཤེས་རབ་ཀྱི་ཕ་རོལ་ཏུ་ཕྱིན་པ་ལ་སྤྱོད་པའི་ཚེ། ཆོས་ཐམས་ཅད་ལ་སེམས་ཞུམ་པ་མེད་ཅིང་ཡོངས་སུ་ཞུམ་པ་མེད་དོ༑ །གསོལ་པ། བཅོམ་ལྡན་འདས་ཇི་ལྟར་བྱང་ཆུབ་སེམས་དཔའ་སེམས་དཔའ་ཆེན་པོ་ཡིད་ཡོངས་སུ་སྐྲག་པར་མི་འགྱུར་བ་ལགས། བཅོམ་ལྡན་འདས་ཀྱིས་བཀའ་སྩལ་པ། རབ་འབྱོར་དེ་ནི་འདི་ལྟར་བྱང་ཆུབ་སེམས་དཔའ་སེམས་དཔའ་ཆེན་པོས་ཡིད་དང་། ཡིད་ཀྱི་ཁམས་ཡང་དག་པར་རྗེས་སུ་མི་མཐོང་སྟེ། རབ་འབྱོར་དེ་ལྟར་ན་བྱང་ཆུབ་སེམས་དཔའ་སེམས་དཔའ་ཆེན་པོའི་ཡིད་ཡོངས་སུ་སྐྲག་པར་མི་འགྱུར་རོ། །རབ་འབྱོར་བྱང་ཆུབ་སེམས་དཔའ་སེམས་དཔའ་ཆེན[1]པོས་དེ་ལྟར་ཆོས་ཐམས་ཅད་མི་དམིགས་པས། ཤེས་རབ་ཀྱི་ཕ་རོལ་ཏུ་ཕྱིན་པ་ལ་བསླབ་པར་བྱ་སྟེ། རབ་འབྱོར་གལ་ཏེ་བྱང་ཆུབ་སེམས་དཔའ་སེམས་དཔའ་ཆེན་པོ་ཤེས་རབ་ཀྱི་ཕ་རོལ་ཏུ་ཕྱིན་པ་ལ་སྤྱོད་པའི་ཚེ། ཤེས་རབ་ཀྱི་ཕ་རོལ་ཏུ་ཕྱིན་པ་དེ་ཡང་མི་དམིགས། བྱང་ཆུབ་སེམས་དཔའ་དེ་ཡང་མི་དམིགས། བྱང་ཆུབ་སེམས་དཔའི་མིང་དེ་ཡང་མི་དམིགས། བྱང་ཆུབ་ཀྱི་སེམས་དེ་ཡང་མི་དམིགས་ན། དེ་ཉིད་བྱང་ཆུབ་སེམས་དཔའ་སེམས་དཔའ་ཆེན་པོའི་གདམས་

ངག་ཡིན་ཏེ། དེ་ཉིད་རྗེས་སུ་བསྟན་པ་ཡིན་ནོ། །ཤེས་རབ་ཀྱི་ཕ་རོལ་ཏུ་ཕྱིན་པ་སྟོང་ཕྲག་ཉི་ཤུ་ལྔ་པ་ལས་ལེའུ་གསུམ་པའོ།། ||

དེ་ནས་ཚེ་དང་ལྡན་པ་རབ་འབྱོར་གྱིས། བཅོམ་ལྡན་འདས་ལ་འདི་སྐད་ཅེས་གསོལ་ཏོ། །བཅོམ་ལྡན་འདས་གཟུགས་ཡོངས་སུ་རྟོགས་[༡]པར་འཚལ་བའི་བྱང་ཆུབ་སེམས་དཔའ་སེམས་དཔའ་ཆེན་པོས་ཤེས་རབ་ཀྱི་ཕ་རོལ་ཏུ་ཕྱིན་པ་ལ་བསླབ་པར་བགྱིའོ། །བཅོམ་ལྡན་འདས་ཚོར་བ་དང་། འདུ་ཤེས་དང་། འདུ་བྱེད་དང་། རྣམ་པར་ཤེས་པ་ཡོངས་སུ་རྟོགས་པར་འཚལ་བའི་བྱང་ཆུབ་སེམས་དཔའ་སེམས་དཔའ་ཆེན་པོས་ཤེས་རབ་ཀྱི་ཕ་རོལ་ཏུ་ཕྱིན་པ་ལ་བསླབ་པར་བགྱིའོ། །བཅོམ་ལྡན་འདས་མིག་ཡོངས་སུ་རྟོགས་པར་འཚལ་བའི་བྱང་ཆུབ་སེམས་དཔའ་སེམས་དཔའ་ཆེན་པོས་ཤེས་རབ་ཀྱི་ཕ་རོལ་ཏུ་ཕྱིན་པ་ལ་བསླབ་པར་བགྱིའོ། །རྣ་བ་དང་། སྣ་དང་། ལྗེ་དང་། ལུས་དང་། ཡིད་ཡོངས་སུ་རྟོགས་པར་འཚལ་བའི་བྱང་ཆུབ་སེམས་དཔའ་སེམས་དཔའ་ཆེན་པོས་ཤེས་རབ་ཀྱི་ཕ་རོལ་ཏུ་ཕྱིན་པ་ལ་བསླབ་པར་བགྱིའོ། །བཅོམ་ལྡན་འདས་གཟུགས་ཡོངས་སུ་རྟོགས་པར་འཚལ་བའི་བྱང་ཆུབ་སེམས་དཔའ་སེམས་དཔའ་ཆེན་པོས་ཤེས་རབ་ཀྱི་ཕ་རོལ་ཏུ་ཕྱིན་པ་ལ་བསླབ་པར་བགྱིའོ། །སྒྲ་དང་། དྲི་དང་། རོ་དང་། རེག་དང་། ཆོས་ཡོངས་སུ་རྟོགས་པར་འཚལ་བའི་བྱང་ཆུབ་སེམས་དཔའ་སེམས་དཔའ་ཆེན་པོས་ཤེས་རབ་ཀྱི་ཕ་རོལ་ཏུ་ཕྱིན་པ་ལ་བསླབ་པར་བགྱིའོ། །བཅོམ་ལྡན་འདས་མིག་གི་རྣམ་པར་ཤེས་པ་ཡོངས་སུ་རྟོགས་པར་འཚལ་བའི་བྱང་ཆུབ་སེམས་དཔའ་སེམས་དཔའ་ཆེན་པོས་ཤེས་རབ་ཀྱི་ཕ་རོལ་ཏུ་ཕྱིན་པ་ལ་བསླབ་པར་བགྱིའོ། །རྣ་བའི་རྣམ་པར་ཤེས་པ་དང་། སྣའི་རྣམ་པར་ཤེས་པ་དང་།

ལྗེའི་རྣམ་པར་ཤེས་པ་དང་། ལུས་ཀྱི་རྣམ་པར་ཤེས་པ་དང་། ཡིད་ཀྱི་རྣམ་པར་ཤེས་པ་ཡོངས་སུ་རྫོགས་པར་འཚལ་བའི་བྱང་ཆུབ་སེམས་དཔའ་སེམས་དཔའ་ཆེན་པོས་ཤེས་རབ་ཀྱི་ཕ་རོལ་ཏུ་ཕྱིན་པ་ལ་བསླབ་པར་བགྱིའོ། །བཅོམ་ལྡན་འདས་མིག་གི་འདུས་ཏེ་རེག་པ་ཡོངས་སུ་རྫོགས་པར་འཚལ་བའི་བྱང་ཆུབ་སེམས་དཔའ་སེམས་དཔའ་ཆེན་པོས་ཤེས་རབ་ཀྱི་ཕ་རོལ་ཏུ་ཕྱིན་པ་ལ་བསླབ་པར་བགྱིའོ།། རྣ་བའི་འདུས་ཏེ་རེག་པ་དང་། སྣའི་འདུས་ཏེ་རེག་པ་དང་། ལྗེའི་འདུས་ཏེ་རེག་པ་དང་། ལུས་ཀྱི་འདུས་ཏེ་རེག་པ་དང་། ཡིད་ཀྱི་འདུས་ཏེ་རེག་པ་ཡོངས་སུ་རྫོགས་པར་འཚལ་བའི་བྱང་ཆུབ་སེམས་དཔའ་སེམས་དཔའ་ཆེན་པོས་ཤེས་རབ་ཀྱི་ཕ་རོལ་ཏུ་ཕྱིན་པ་ལ་བསླབ་པར་བགྱིའོ། །བཅོམ་ལྡན་འདས་མིག་གི་འདུས་ཏེ་རེག་པའི་རྐྱེན་གྱིས་ཚོར་བ་ཡོངས་སུ་རྫོགས་པར་འཚལ་བའི་བྱང་ཆུབ་སེམས་དཔའ་སེམས་དཔའ་ཆེན་པོས་ཤེས་རབ་ཀྱི་ཕ་རོལ་ཏུ་ཕྱིན་པ་ལ་བསླབ་པར་བགྱིའོ། །རྣ་བའི་འདུས་ཏེ་རེག་པའི་རྐྱེན་གྱིས་ཚོར་བ་དང་། སྣའི་འདུས་ཏེ་རེག་པའི་རྐྱེན་གྱིས་ཚོར་བ་དང་། ལྗེའི་འདུས་ཏེ་རེག་པའི་རྐྱེན་གྱིས་ཚོར་བ་དང་། ལུས་ཀྱི་འདུས་ཏེ་རེག་པའི་རྐྱེན་གྱིས་ཚོར་བ་དང་། ཡིད་ཀྱི་འདུས་ཏེ་རེག་པའི་རྐྱེན་གྱིས་ཚོར་བ་ཡོངས་སུ་རྫོགས་པར་འཚལ་བའི་བྱང་ཆུབ་སེམས་དཔའ་སེམས་དཔའ་ཆེན་པོས་ཤེས་རབ་ཀྱི་ཕ་རོལ་ཏུ་ཕྱིན་པ་ལ་བསླབ་པར་བགྱིའོ། །བཅོམ་ལྡན་འདས་མ་རིག་པ་ཡོངས་སུ་རྫོགས་པར་འཚལ་བའི་བྱང་ཆུབ་སེམས་དཔའ་སེམས་དཔའ་ཆེན་པོས་ཤེས་རབ་ཀྱི་ཕ་རོལ་ཏུ་ཕྱིན་པ་ལ་བསླབ་པར་བགྱིའོ། །འདུ་བྱེད་[1]དང་། རྣམ་པར་ཤེས་པ་དང་། མིང་དང་གཟུགས་དང་། སྐྱེ་མཆེད་དྲུག་དང་། རེག་པ་དང་། ཚོར་བ་དང་། སྲེད་པ་དང་། ལེན་པ་དང་། སྲིད་པ་[2]དང་། སྐྱེ་བ་དང་། རྒ་བ་དང་། ན་བ་དང་། འཆི་བ་

དང་། སྨྱུ་ངན་དང་། སྨྲེ་སྔགས་[1]འདོན་པ་དང་། སྡུག་བསྔལ་བ་དང་། ཡིད་མི་བདེ་བ་དང་། འཁྲུག་པ་ཡོངས་སུ་རྟོགས་པར་འཚལ་བའི་བྱང་ཆུབ་སེམས་དཔའ་སེམས་དཔའ་ཆེན་པོས་ཤེས་རབ་ཀྱི་ཕ་རོལ་ཏུ་ཕྱིན་པ་ལ་བསླབ་པར་བགྱིའོ༔ །བཅོམ་ལྡན་འདས་འདོད་ཆགས་དང་། ཞེ་སྡང་དང་། གཏི་མུག་སྤང་བར་འཚལ་བའི་བྱང་ཆུབ་སེམས་དཔའ་སེམས་དཔའ་ཆེན་པོས་ཤེས་རབ་ཀྱི་ཕ་རོལ་ཏུ་ཕྱིན་པ་ལ་བསླབ་པར་བགྱིའོ། །འཇིག་ཚོགས་སུ་ལྟ་བ་སྤང་བར་འཚལ་བ་དང་། ཐེ་ཚོམ་[2]དང་། ཚུལ་ཁྲིམས་དང་། བརྟུལ་ཞུགས་སླེམས་པ་སྤང་བར་འཚལ་བའི་བྱང་ཆུབ་སེམས་དཔའ་སེམས་དཔའ་ཆེན་པོས་ཤེས་རབ་ཀྱི་ཕ་རོལ་ཏུ་ཕྱིན་པ་ལ་བསླབ་པར་བགྱིའོ། །འདོད་པའི་འདོད་ཆགས་དང་གནོད་སེམས་སྤང་བར་འཚལ་བའི་བྱང་ཆུབ་སེམས་དཔའ་སེམས་དཔའ་ཆེན་པོས་ཤེས་རབ་ཀྱི་ཕ་རོལ་ཏུ་ཕྱིན་པ་ལ་བསླབ་པར་བགྱིའོ། །གཟུགས་ཀྱི་འདོད་ཆགས་དང་། གཟུགས་མེད་པའི་འདོད་ཆགས་སྤང་བར་འཚལ་བའི་བྱང་ཆུབ་སེམས་དཔའ་སེམས་དཔའ་ཆེན་པོས་ཤེས་རབ་ཀྱི་ཕ་རོལ་ཏུ་ཕྱིན་པ་ལ་བསླབ་པར་བགྱིའོ༔ །ཀུན་དུ་སྦྱོར་བ་དང་། བག་ལ་ཉལ་བ་དང་། ཀུན་ནས་ལྡང་བ་སྤང་བར་འཚལ་བའི་བྱང་ཆུབ་སེམས་དཔའ་སེམས་དཔའ་ཆེན་པོས་ཤེས་རབ་ཀྱི་ཕ་རོལ་ཏུ་ཕྱིན་པ་ལ་བསླབ་པར་བགྱིའོ། །ཟས་བཞི་ཡོངས་སུ་རྟོགས་པར་འཚལ་བའི་བྱང་ཆུབ་སེམས་དཔའ་སེམས་དཔའ་ཆེན་པོས་ཤེས་རབ་ཀྱི་ཕ་རོལ་ཏུ་ཕྱིན་པ་ལ་བསླབ་པར་བགྱིའོ། །སྦྱོར་བ་བཞི་དང་། ཆུ་བོ་བཞི་དང་། མདུད་པ་བཞི་དང་། ཉེ་བར་ལེན་པ་བཞི་དང་། ཕྱིན་ཅི་ལོག་བཞི་སྤང་བར་འཚལ་བའི་བྱང་ཆུབ་སེམས་དཔའ་སེམས་དཔའ་ཆེན་པོས་ཤེས་རབ་ཀྱི་ཕ་རོལ་ཏུ་ཕྱིན་པ་ལ་བསླབ་པར་བགྱིའོ། །མི་དགེ་བ་བཅུའི་ལས་ཀྱི་ལམ་སྤང་བར་འཚལ་བའི་བྱང

ཆུབ་སེམས་དཔའ་སེམས་དཔའ་ཆེན་པོས་ཤེས་རབ་ཀྱི་ཕ་རོལ་ཏུ་ཕྱིན་པ་ལ་བསླབ་པར་བྱའོ། །དགེ་བ་བཅུའི་ལས་ཀྱི་ལམ་ཡོངས་སུ་རྫོགས་པར་བྱ་བར་འཚལ་བའི་བྱང་ཆུབ་སེམས་དཔའ་སེམས་དཔའ་ཆེན་པོས་ཤེས་རབ་ཀྱི་ཕ་རོལ་ཏུ་ཕྱིན་པ་ལ་བསླབ་པར་བྱའོ། །བསམ་གཏན་བཞི་ཡོངས་སུ་རྫོགས་པར་བྱ་བར་འཚལ་བའི་བྱང་ཆུབ་སེམས་དཔའ་སེམས་དཔའ་ཆེན་པོས་ཤེས་རབ་ཀྱི་ཕ་རོལ་ཏུ་ཕྱིན་པ་ལ་བསླབ་པར་བྱའོ། །ཚད་མེད་པ་བཞི་ཡོངས་སུ་རྫོགས་པར་བྱ་བར་འཚལ་བའི་བྱང་ཆུབ་སེམས་དཔའ་སེམས་དཔའ་ཆེན་པོས་ཤེས་རབ་ཀྱི་ཕ་རོལ་ཏུ་ཕྱིན་པ་ལ་བསླབ་པར་བྱའོ། །གཟུགས་མེད་པའི་སྙོམས་པར་འཇུག་པ་བཞི་ཡོངས་སུ་རྫོགས་པར་བྱ་བར་འཚལ་བའི་བྱང་ཆུབ་སེམས་དཔའ་སེམས་དཔའ་ཆེན་པོས་ཤེས་རབ་ཀྱི་ཕ་རོལ་ཏུ་ཕྱིན་པ་ལ་བསླབ་པར་བྱའོ། །མངོན་པར་ཤེས་པ་ལྔ་ཡོངས་སུ་རྫོགས་པར་བྱ་བར་འཚལ་བའི་བྱང་ཆུབ་སེམས་དཔའ་སེམས་དཔའ་ཆེན་པོས་ཤེས་རབ་ཀྱི་ཕ་རོལ་ཏུ་ཕྱིན་པ་ལ་བསླབ་པར་བྱའོ། །སྦྱིན་པའི་ཕ་རོལ་ཏུ་ཕྱིན་པ་ཡོངས་སུ་རྫོགས་པར་བྱ་བར་འཚལ་བའི་བྱང་ཆུབ་སེམས་དཔའ་སེམས་དཔའ་ཆེན་པོས་ཤེས་རབ་ཀྱི་ཕ་རོལ་ཏུ་ཕྱིན་པ་ལ་བསླབ་པར་བྱའོ། །ཚུལ་ཁྲིམས་ཀྱི་ཕ་རོལ་ཏུ་ཕྱིན་པ་དང་། བཟོད་པའི་ཕ་རོལ་ཏུ་ཕྱིན་པ་དང་། བརྩོན་འགྲུས་ཀྱི་ཕ་རོལ་ཏུ་ཕྱིན་པ་དང་། བསམ་གཏན་གྱི་ཕ་རོལ་ཏུ་ཕྱིན་པ་དང་། ཤེས་རབ་ཀྱི་ཕ་རོལ་ཏུ་ཕྱིན་པ་ཡོངས་སུ་རྫོགས་པར་བྱ་བར་འཚལ་བའི་བྱང་ཆུབ་སེམས་དཔའ་སེམས་དཔའ་ཆེན་པོས་ཤེས་རབ་ཀྱི་ཕ་རོལ་ཏུ་ཕྱིན་པ་ལ་བསླབ་པར་བྱའོ། །ནང་སྟོང་པ་ཉིད་ཡོངས་སུ་རྫོགས་པར་བྱ་བར་འཚལ་བའི་བྱང་ཆུབ་སེམས་དཔའ་སེམས་དཔའ་ཆེན་པོས་ཤེས་རབ་ཀྱི་ཕ་རོལ་ཏུ་ཕྱིན་པ་ལ་བསླབ་པར་བྱའོ། །ཕྱི་སྟོང་པ་ཉིད་དང་། ཕྱི་ནང་སྟོང་པ་ཉིད་དང་།

དངོས་པོ་མེད་པའི་ངོ་བོ་ཉིད་སྟོང་པ་ཉིད་ཀྱི་བར་དུ་ཡོངས་སུ་རྫོགས་པར་བགྱི་བར་འཚལ་བའི་བྱང་ཆུབ་སེམས་དཔའ་སེམས་དཔའ་ཆེན་པོས་ཤེས་རབ་ཀྱི་ཕ་རོལ་ཏུ་ཕྱིན་པ་ལ་བསླབ་པར་བགྱིའོ། །དྲན་པ་ཉེ་བར་གཞག་པ་བཞི་ཡོངས་སུ་རྫོགས་པར་བགྱི་བར་འཚལ་བའི་བྱང་ཆུབ་སེམས་དཔའ་སེམས་དཔའ་ཆེན་པོས་ཤེས་རབ་ཀྱི་ཕ་རོལ་ཏུ་ཕྱིན་པ་ལ་བསླབ་པར་བགྱིའོ། །ཡང་དག་པར་སྤོང་བ་བཞི་དང་། རྫུ་འཕྲུལ་གྱི་རྐང་པ་བཞི་དང་། དབང་པོ་ལྔ་དང་། སྟོབས་ལྔ་དང་། བྱང་ཆུབ་ཀྱི་ཡན་ལག་བདུན་དང་། འཕགས་པའི་ལམ་ཡན་ལག་བརྒྱད་པ་ཡོངས་སུ་རྫོགས་པར་བགྱི་བར་འཚལ་བའི་བྱང་ཆུབ་སེམས་དཔའ་སེམས་དཔའ་ཆེན་པོས་ཤེས་རབ་ཀྱི་ཕ་རོལ་ཏུ་ཕྱིན་པ་ལ་བསླབ་པར་བགྱིའོ། །སྟོང་པ་ཉིད་དང་། མཚན་མ་མེད་པ་དང་། སྨོན་པ་མེད་པ་ཡོངས་སུ་རྫོགས་པར་བགྱི་བར་འཚལ་བའི་བྱང་ཆུབ་སེམས་དཔའ་སེམས་དཔའ་ཆེན་པོས་ཤེས་རབ་ཀྱི་ཕ་རོལ་ཏུ་ཕྱིན་པ་ལ་བསླབ་པར་བགྱིའོ། །འཕགས་པའི་བདེན་པ་བཞི་དང་། རྣམ་པར་ཐར་པ་བརྒྱད་དང་། མཐར་གྱིས་གནས་པའི་སྙོམས་པར་འཇུག་པ[1] དགུ་ཡོངས་སུ་རྫོགས་པར་བགྱི་བར་འཚལ་བའི་བྱང་ཆུབ་སེམས་དཔའ་སེམས་དཔའ་ཆེན་པོས་ཤེས་རབ་ཀྱི་ཕ་རོལ་ཏུ་ཕྱིན་པ་ལ་བསླབ་པར་བགྱིའོ། །དེ་བཞིན་གཤེགས་པའི་སྟོབས་བཅུ་ཡོངས་སུ་རྫོགས་པར་བགྱི་བར་འཚལ་བའི་བྱང་ཆུབ་སེམས་དཔའ་སེམས་དཔའ་ཆེན་པོས་ཤེས་རབ་ཀྱི་ཕ་རོལ་ཏུ་ཕྱིན་པ་ལ་བསླབ་པར་བགྱིའོ། །མི་འཇིགས་[3]པ་བཞི་དང་། སོ་སོ་ཡང་དག་པར་རིག་པ་བཞི་དང་། བྱམས་པ་ཆེན་པོ་དང་། སྙིང་རྗེ་ཆེན་པོ་དང་། སངས་རྒྱས་ཀྱི་ཆོས་མ་འདྲེས་པ་བཅོ་བརྒྱད་ཡོངས་སུ་རྫོགས་པར་བགྱི་བར་འཚལ་བའི་བྱང་ཆུབ་སེམས་དཔའ་སེམས་དཔའ་ཆེན་པོས་ཤེས་རབ་ཀྱི་ཕ་རོལ་ཏུ་ཕྱིན་པ་ལ་བསླབ་པར་བགྱིའོ། །

བྱང་ཆུབ་ཀྱི་ཡན་ལག་དང་ལྡན་པའི་ཏིང་ངེ་འཛིན་ལ་གནས་ཏེ། བསམ་གཏན་དང་པོ་ལས་ལངས་ནས་འགོག་པ་ལ་མཉམ་པར་གཞག་པ་དང་། དེ་ལས་ལངས་ནས། བསམ་གཏན་གཉིས་པ་ལ་མཉམ་པར་གཞག་པ་དང་། དེ་ལས་ལངས་ནས་འགོག་པ་ལ་མཉམ་པར་གཞག་པ་དང་། དེ་ལས་ལངས་ནས་བསམ་གཏན་གསུམ་པ་ལ་མཉམ་པར་གཞག་པ་དང་། དེ་ལས་ལངས་ནས་འགོག་པ་ལ་མཉམ་པར་གཞག་པ་དང་། དེ་ལས་ལངས་ནས་བསམ་གཏན་བཞི་པ་ལ་མཉམ་པར་གཞག་པ་དང་། དེ་ལས་ལངས་ནས་འགོག་པ་ལ་མཉམ་པར་གཞག་པ་དང་། དེ་ལས་ལངས་ནས་བྱམས་པའི་ཏིང་ངེ་འཛིན་ལ་མཉམ་པར་གཞག་པ་དང་། དེ་ལས་ལངས་ནས་འགོག་པ་ལ་མཉམ་པར་གཞག་པ་དང་། དེ་ལས་ལངས་ནས་སྙིང་རྗེའི་ཏིང་ངེ་འཛིན་ལ་⑦མཉམ་པར་གཞག་པ་དང་། དེ་ལས་ལངས་ནས་འགོག་པ་ལ་མཉམ་པར་གཞག་པ་དང་། དེ་ལས་ལངས་ནས་དགའ་བའི་ཏིང་ངེ་འཛིན་ལ་མཉམ་པར་གཞག་པ་དང་། དེ་ལས་ལངས་ནས་འགོག་པ་ལ་མཉམ་པར་གཞག་པ་དང་། དེ་ལས་ལངས་ནས་བཏང་སྙོམས་ཀྱི་ཏིང་ངེ་འཛིན་ལ་མཉམ་པར་གཞག་པ་དང་། དེ་ལས་ལངས་ནས་འགོག་པ་ལ་མཉམ་པར་གཞག་པ་དང་། དེ་ལས་ལངས་ནས་ནམ་མཁའ་མཐའ་ཡས་སྐྱེ་མཆེད་ལ་མཉམ་པར་གཞག་པ་དང་། དེ་ལས་ལངས་ནས་འགོག་པ་ལ་མཉམ་པར་གཞག་པ་དང་། དེ་ལས་ལངས་ནས་ཅུང་ཟད་མེད་པའི་སྐྱེ་མཆེད་ལ་མཉམ་པར་གཞག་པ་དང་། དེ་ལས་ལངས་ནས་འགོག་པ་ལ་མཉམ་པར་གཞག་པ་དང་། དེ་ལས་ལངས་ནས་རྣམ་ཤེས་མཐའ་ཡས་སྐྱེ་མཆེད་ལ་མཉམ་པར་གཞག་པ་དང་། དེ་ལས་ལངས་ནས་འགོག་པ་ལ་མཉམ་པར་གཞག་པ་དང་། དེ་ལས་ལངས་ནས་འདུ་ཤེས་མེད་འདུ་ཤེས་མེད་མིན་སྐྱེ་མཆེད་ལ་

མཉམ་པར་གཞག་པར་འཚལ་བ་དང་། དེ་ལས་ལངས་ནས་འགོག་པ་ལ་མཉམ་པར་གཞག་པར་འཚལ་བའི་བྱང་ཆུབ་སེམས་དཔའ་སེམས་དཔའ་ཆེན་པོས་ཤེས་རབ་ཀྱི་ཕ་རོལ་ཏུ་ཕྱིན་པ་ལ་བསླབ་པར་བགྱིའོ། །སེང་གེ་རྣམ་པར་བསྒྲིངས་པའི་ཏིང་ངེ་འཛིན་ལ་མཉམ་པར་གཞག་པར་འཚལ་བའི་བྱང་ཆུབ་སེམས་དཔའ་སེམས་དཔའ་ཆེན་པོས་ཤེས་རབ་ཀྱི་ཕ་རོལ་ཏུ་ཕྱིན་པ་ལ་བསླབ་པར་བགྱིའོ། །སེང་གེ་རྣམ་པར་རྩེ་བའི་ཏིང་ངེ་འཛིན་ལ་མཉམ་པར་གཞག་པར་འཚལ་བའི་བྱང་ཆུབ་སེམས་དཔའ་སེམས་དཔའ་ཆེན་པོས་ཤེས་རབ་ཀྱི་ཕ་རོལ་ཏུ་ཕྱིན་པ་ལ་བསླབ་པར་བགྱིའོ། །གཟུངས་ཀྱི་སྒོ་དང་། ཏིང་ངེ་འཛིན་གྱི་སྒོ་ཐམས་ཅད་ཐོབ་པར་འཚལ་བའི་བྱང་ཆུབ་སེམས་དཔའ་སེམས་དཔའ་ཆེན་པོས་ཤེས་རབ་ཀྱི་ཕ་རོལ་ཏུ་ཕྱིན་པ་ལ་བསླབ་[1]པར་བགྱིའོ། །དཔའ་བར་འགྲོ་བའི་ཏིང་ངེ་འཛིན་ལ་མཉམ་པར་གཞག་པར་འཚལ་བའི་བྱང་ཆུབ་སེམས་དཔའ་སེམས་དཔའ་ཆེན་པོས་ཤེས་རབ་ཀྱི་ཕ་རོལ་ཏུ་ཕྱིན་པ་ལ་བསླབ་པར་བགྱིའོ། །རིན་ཆེན་ཕྱག་རྒྱའི་ཏིང་ངེ་འཛིན་དང་། ཟླ་བའི་འོད་ཀྱི་ཏིང་ངེ་འཛིན་དང་། ཟླ་བའི་རྒྱལ་མཚན་དཔལ་གྱི་ཏིང་ངེ་འཛིན་དང་། ཆོས་ཐམས་ཅད་ཀྱི་ཕྱག་རྒྱར་གྱུར་པའི་ཏིང་ངེ་འཛིན་དང་། སྤྱན་རས་གཟིགས་ཀྱི་ཕྱག་རྒྱའི་[2]ཏིང་ངེ་འཛིན་དང་། ཆོས་ཐམས་ཅད་ཀྱི་དབྱིངས་སུ་ངེས་པའི་ཏིང་ངེ་འཛིན་དང་། ངེས་པའི་རྒྱལ་མཚན་དཔལ་གྱི་ཏིང་ངེ་འཛིན་དང་། རྡོ་རྗེ་ལྟ་བུའི་ཏིང་ངེ་འཛིན་དང་། ཆོས་ཐམས་ཅད་ལ་འཇུག་པའི་སྒོའི་ཏིང་ངེ་འཛིན་དང་། ཏིང་ངེ་འཛིན་གྱི་རྒྱལ་པོའི་ཏིང་ངེ་འཛིན་དང་། རྒྱལ་པོའི་ཕྱག་རྒྱའི་ཏིང་ངེ་འཛིན་དང་། དཔུང་རྣམ་པར་བཀོད་པའི་ཏིང་ངེ་འཛིན་དང་། ཡང་དག་པར་འཕགས་པའི་ཏིང་ངེ་འཛིན་དང་། ཆོས་ཐམས་ཅད་ཀྱི་ངེས་པའི་ཚིག་[3]གདོན་མི་ཟ་བར་འཇུག་པའི་ཏིང་ངེ་

འཛིན་དང་། ཆོས་ཐམས་ཅད་ཤེས་པར་གནས་པ་ལ་འཇུག་པའི་ཏིང་ངེ་འཛིན་དང་། ཕྱོགས་བཅུར་རྣམ་པར་ལྟ་བའི་ཏིང་ངེ་འཛིན་དང་། གཟུངས་ཀྱི་སྒོ་ཐམས་ཅད་ཀྱི་ཕྱག་རྒྱའི་ཏིང་ངེ་འཛིན་དང་། ཆོས་ཐམས་ཅད་མཉམ་པ་མེད་པའི་ཏིང་ངེ་འཛིན་དང་། ཆོས་ཐམས་ཅད་ཡང་དག་པར་འདུ་བའི་རང་བཞིན་ཕྱག་རྒྱའི་ཏིང་ངེ་འཛིན་དང་། ནམ་མཁའི་གནས་ལ་གནས་པའི་ཏིང་ངེ་འཛིན་དང་། འཁོར་གསུམ་ཡོངས་སུ་དག་པའི་ཏིང་ངེ་འཛིན་དང་། མངོན་པར་ཤེས་པ་མི་ཉམས་①པའི་ཏིང་ངེ་འཛིན་དང་། སྣོད་དུ་གྱུར་པའི་ཏིང་ངེ་འཛིན་དང་། རྒྱལ་མཚན་རྩེ་མོའི་དཔུང་རྒྱན་གྱི་ཏིང་ངེ་འཛིན་དང་། ཉོན་མོངས་པ་ཐམས་ཅད་མ་ལུས་པར་སྲིག②པའི་ཏིང་ངེ་འཛིན་དང་། བདུད་བཞིའི་དཔུང་སེལ་བའི་ཏིང་ངེ་འཛིན་དང་། ཡེ་ཤེས་སྒྲོན་མའི་ཏིང་ངེ་འཛིན་དང་། སྟོབས་བཅུའི་སྟོབས་ཀྱིས་འཕགས་པའི་ཏིང་ངེ་འཛིན་དང་། ནམ་མཁའ་ལྟར་ཆགས་པ་མེད་པའི་རྣམ་པར་གྲོལ་བ་ཏོས་པ་མེད་པའི་ཏིང་ངེ་འཛིན་ལ་མཉམ་པར་གཞག་པར་འཚལ་བའི་བྱང་ཆུབ་སེམས་དཔའ་སེམས་དཔའ་ཆེན་པོས་ཤེས་རབ་ཀྱི་ཕ་རོལ་ཏུ་ཕྱིན་པ་ལ་བསླབ་པར་བགྱིའོ། །དེ་ལྟར་དེ་དག་དང་། ཏིང་ངེ་འཛིན་གྱི་སྒོ་གཞན་དག་ཐོབ་པར་འཚལ་བའི་བྱང་ཆུབ་སེམས་དཔའ་སེམས་དཔའ་ཆེན་པོས་ཀྱང་ཤེས་རབ་ཀྱི་ཕ་རོལ་ཏུ་ཕྱིན་པ་ལ་བསླབ་པར་བགྱིའོ། །བཅོམ་ལྡན་འདས་གཞན་ཡང་སེམས་ཅན་ཐམས་ཅད་ཀྱི་བསམ་པ་ཡོངས་སུ་རྫོགས་པར་བགྱི་བར་འཚལ་བའི་བྱང་ཆུབ་སེམས་དཔའ་སེམས་དཔའ་ཆེན་པོས་ཤེས་རབ་ཀྱི་ཕ་རོལ་ཏུ་ཕྱིན་པ་ལ་བསླབ་པར་བགྱིའོ། །བཅོམ་ལྡན་འདས་གཞན་ཡང་དགེ་བའི་རྩ་བ་གང་ཡོངས་སུ་རྫོགས་པས③ངན་སོང་རྣམས་སུ་མི་ལྟུང་ཞིང་། རིགས་དམའ་བར་མི་སྐྱེ་བ་དང་། ཉན་ཐོས་ཀྱི་ས་དང་། རང་སངས་རྒྱས་ཀྱི་ས་ལ་མི་

གནས་པ་དང་། བྱང་ཆུབ་སེམས་དཔའི་སྐྱོན་ཆེན་པོར་མི་ལྟུང་བ་དེ་ལྟ་བུའི་དགེ་བའི་རྩ་བ་ཡོངས་སུ་རྫོགས་པར་བགྱི་བར་འཚལ་བའི་བྱང་ཆུབ་སེམས་དཔའ་སེམས་དཔའ་ཆེན་པོས་ཤེས་རབ་ཀྱི་ཕ་རོལ་ཏུ་ཕྱིན་པ་ལ་བསླབ་པར་བགྱིའོ། །དེ་ནས་ཚེ་དང་ལྡན་པ་ཤཱ་ར་དྭ་ཏིའི་བུས། ཚེ་དང་ལྡན་པ་རབ་འབྱོར་ལ་འདི་སྐད་ཅེས་སྨྲས་སོ། །ཚེ་དང་ལྡན་པ་རབ་འབྱོར་ཇི་ལྟར་ན་བྱང་ཆུབ་སེམས་དཔའ་སེམས་དཔའ་ཆེན་པོ་སྐྱོན་ཆེན་པོར་ལྟུང་བ་ལགས། དེ་སྐད་ཅེས་སྨྲས་པ་དང་། ཚེ་དང་ལྡན་པ་རབ་འབྱོར་གྱིས། ཚེ་དང་ལྡན་པ་ཤཱ་ར་དྭ་ཏིའི་[༡]བུ་ལ་འདི་སྐད་ཅེས་སྨྲས་སོ། །ཚེ་དང་ལྡན་པ་ཤཱ་ར་དྭ་ཏིའི་བུ་ནམ་བྱང་ཆུབ་སེམས་དཔའ་སེམས་དཔའ་ཆེན་པོ་ཐབས་མི་མཁས་པས་ཕ་རོལ་ཏུ་ཕྱིན་པ་དྲུག་ལ་སྤྱོད་ཅིང་། ཐབས་མི་མཁས་པས། སྟོང་པ་ཉིད་དང་། མཚན་མ་མེད་པ་དང་། སྨོན་པ་མེད་པའི་ཏིང་ངེ་འཛིན་ལ་བརྟེན་[༢]ཏེ། ཉན་ཐོས་དང་། རང་སངས་རྒྱས་ཀྱི་སར་ཡང་མི་ལྟུང་ལ། བྱང་ཆུབ་སེམས་དཔའི་སྐྱོན་མེད་པར་ཡང་མི་འཇུག་པ་འདི་ནི། བྱང་ཆུབ་སེམས་དཔའ་སེམས་དཔའ་ཆེན་པོའི་སྐྱོན་ནོ། །སྨྲས་པ། ཚེ་དང་ལྡན་པ་རབ་འབྱོར་ཅིའི་ཕྱིར་[༣]ན་དེ་བྱང་ཆུབ་སེམས་དཔའ་སེམས་དཔའ་ཆེན་པོའི་སྐྱོན་དུ་འགྱུར། རབ་འབྱོར་གྱིས་སྨྲས་པ། ཚེ་དང་ལྡན་པ་ཤཱ་ར་དྭ་ཏིའི་བུ། བྱང་ཆུབ་སེམས་དཔའ་སེམས་དཔའ་ཆེན་པོའི་སྐྱོན་ཞེས་བྱ་བ་ནི། འདི་ལྟ་སྟེ། ཆོས་ལ་སྲེད་པའོ། །སྨྲས་པ། ཚེ་དང་ལྡན་པ་རབ་འབྱོར་ཆོས་ལ་སྲེད་པ་གང་ལགས། རབ་འབྱོར་གྱིས་སྨྲས་པ། ཚེ་དང་ལྡན་པ་ཤཱ་ར་དྭ་ཏིའི་བུ་འདི་ལ་བྱང་ཆུབ་སེམས་དཔའ་སེམས་དཔའ་ཆེན་པོ་ཤེས་རབ་ཀྱི་ཕ་རོལ་ཏུ་ཕྱིན་པ་ལ་སྤྱོད་པའི་ཚེ། གཟུགས་སྟོང་ཞེས་བྱ་བར་མངོན་པར་ཆགས་ཤིང་གནས་ཏེ་འདུ་ཤེས་པ་དང་། ཚོར་བ་དང་། འདུ་ཤེས་དང་། འདུ་བྱེད་དང་།

རྣམ་པར་ཤེས་པ་སྟོང་ཞེས་བྱ་བར་མངོན་པར་ཆགས་ཤིང་གནས་ཏེ་འདུ་ཤེས་པ་འདི་ནི། ཚེ་དང་ལྡན་པ་ཤ་ར་དྭ་ཏིའི་བུ་བྱང་ཆུབ་སེམས་དཔའ་སེམས་དཔའ་ཆེན་པོ་འཇུན[1]པའི་ཆོས་ལ་སྲིད་པ་སྟེ། སྐྱོན་དུ་འགྱུར་བའོ། །ཚེ་དང་ལྡན་པ་ཤ་ར་དྭ་ཏིའི་བུ་གཞན་ཡང་བྱང་ཆུབ་སེམས་དཔའ་སེམས་དཔའ་ཆེན་པོ་གཟུགས་མི་རྟག་ཅེས་བྱ་བར་མངོན་པར་ཆགས་ཤིང་གནས་ཏེ་འདུ་ཤེས་པ་དང་། ཚོར་བ་དང་། འདུ་ཤེས་དང་། འདུ་བྱེད་དང་། རྣམ་པར་ཤེས་པ་མི་རྟག་ཅེས་བྱ་བར་མངོན་པར་ཆགས་ཤིང་གནས་ཏེ་འདུ་ཤེས་པ་དང་། གཟུགས་སྡུག་བསྔལ་བའོ་ཞེས་བྱ་བ་དང་། ཚོར་བ་དང་། འདུ་ཤེས་དང་། འདུ་བྱེད་དང་། རྣམ་པར་ཤེས་པ་སྡུག་བསྔལ་བའོ་ཞེས་བྱ་བ་དང་། གཟུགས་བདག་མེད་ཅེས་བྱ་བ་དང་། ཚོར་བ་དང་། འདུ་ཤེས་དང་། འདུ་བྱེད་དང་། རྣམ་པར་ཤེས་པ་བདག་མེད་ཅེས་བྱ་བ་དང་། གཟུགས་ཞི་ཞེས་བྱ་བ་དང་། ཚོར་བ་དང་། འདུ་ཤེས་དང་། འདུ་བྱེད་དང་། རྣམ་པར་ཤེས་པ་ཞི་ཞེས་བྱ་བ་དང་། གཟུགས་སྟོང་ཞེས་བྱ་བ་དང་། ཚོར་བ་དང་། འདུ་ཤེས་དང་། འདུ་བྱེད་དང་། རྣམ་པར་ཤེས་པ་སྟོང་ཞེས་བྱ་བ་དང་། གཟུགས་མཚན་མ་མེད་ཅེས་བྱ་བ་དང་། ཚོར་བ་དང་། འདུ་ཤེས་དང་། འདུ་བྱེད་དང་། རྣམ་པར་ཤེས་པ་མཚན་མ་མེད་ཅེས་བྱ་བ་དང་། གཟུགས་སྨོན་པ་མེད་ཅེས་བྱ་བར་མངོན་པར་ཆགས་ཤིང་གནས་ཏེ་འདུ་ཤེས་པ་དང་། ཚོར་བ་དང་། འདུ་ཤེས་དང་། འདུ་བྱེད་དང་། རྣམ་པར་ཤེས་པ་སྨོན་པ་མེད་ཅེས་བྱ་བར་མངོན་པར་ཆགས་ཤིང་གནས་ཏེ་འདུ་ཤེས་པ་འདི་ནི། ཚེ་དང་ལྡན་པ་ཤ་ར་དྭ་ཏིའི་བུ་བྱང་ཆུབ་སེམས་དཔའ་སེམས་དཔའ་ཆེན་པོའི་འཇུན[2]པའི་ཆོས་ལ་སྲིད་པ་སྟེ། སྐྱོན་དུ་འགྱུར་བའོ། །གཟུགས་འདི་སྤང་བར་བྱའོ། །འདིས་གཟུགས་

སྤྱང་བར་བྱའོ། །ཚོར་བ་དང་། འདུ་ཤེས་དང་། འདུ་བྱེད་དང་། རྣམ་པར་ཤེས་པ་འདི་སྤྱང་བར་བྱའོ། །འདིས་རྣམ་པར་ཤེས་པ་སྤྱང་བར་བྱའོ། །སྡུག་བསྔལ་འདི་ཡོངས་སུ་ཤེས་པར་བྱའོ། །འདིས་སྡུག་བསྔལ་ཡོངས་སུ་ཤེས་པར་བྱའོ། །ཀུན་འབྱུང་བ་འདི་སྤྱང་བར་བྱའོ། །འདིས་ཀུན་འབྱུང་བ་སྤྱང་བར་བྱའོ། །འགོག་པ་འདི་མངོན་[༡]དུ་བྱའོ། །འདིས་འགོག་པ་མངོན་དུ་བྱའོ། །ལམ་འདི་བསྒོམ་པར་བྱའོ། །འདིས་ལམ་བསྒོམ་པར་བྱའོ། །འདི་ནི་ཀུན་ནས་ཉོན་མོངས་པའོ། །འདི་ནི་རྣམ་པར་བྱང་བའོ། །ཆོས་འདི་དག་ནི་བསྟེན་པར་བྱ་བའོ། །ཆོས་འདི་དག་ནི་བསྟེན་པར་མི་བྱ་བའོ[༢]། །འདི་ལ་ནི་བྱང་ཆུབ་སེམས་དཔའ་སེམས་དཔའ་ཆེན་པོས་སྤྱད་པར་བྱའོ། །འདི་ལ་ནི་སྤྱད་པར་མི་བྱའོ། །འདི་ནི་བྱང་ཆུབ་སེམས་དཔའི་ལམ་མོ། །འདི་ནི་ལམ་མ་ཡིན་no། །འདི་ནི་བྱང་ཆུབ་སེམས་དཔའི་བསླབ་པའོ། །འདི་ནི་བསླབ་པ་མ་ཡིན་ནོ། །འདི་ནི་བྱང་ཆུབ་སེམས་དཔའི་སྦྱིན་པའི་ཕ་རོལ་ཏུ་ཕྱིན་པའོ། །འདི་ནི་སྦྱིན་པའི་ཕ་རོལ་ཏུ་ཕྱིན་པ་མ་ཡིན་ནོ། །འདི་ནི་ཚུལ་ཁྲིམས་ཀྱི་ཕ་རོལ་ཏུ་ཕྱིན་པའོ། །འདི་ནི་ཚུལ་ཁྲིམས་ཀྱི་ཕ་རོལ་ཏུ་ཕྱིན་པ་མ་ཡིན་ནོ། །འདི་ནི་བཟོད་པའི་ཕ་རོལ་ཏུ་ཕྱིན་པའོ། །འདི་ནི་བཟོད་པའི་ཕ་རོལ་ཏུ་ཕྱིན་པ་མ་ཡིན་ནོ། །འདི་ནི་བརྩོན་འགྲུས་ཀྱི་ཕ་རོལ་ཏུ་ཕྱིན་པའོ། །འདི་ནི་བརྩོན་འགྲུས་ཀྱི་ཕ་རོལ་ཏུ་ཕྱིན་པ་མ་ཡིན་ནོ། །འདི་ནི་བསམ་གཏན་[༣]གྱི་ཕ་རོལ་ཏུ་ཕྱིན་པའོ། །འདི་ནི་བསམ་གཏན་གྱི་ཕ་རོལ་ཏུ་ཕྱིན་པ་མ་ཡིན་ནོ། །འདི་ནི་བྱང་ཆུབ་སེམས་དཔའི་ཤེས་རབ་ཀྱི་ཕ་རོལ་ཏུ་ཕྱིན་པའོ། །འདི་ནི་ཤེས་རབ་ཀྱི་ཕ་རོལ་ཏུ་ཕྱིན་པ་མ་ཡིན་ནོ། །འདི་ནི་བྱང་ཆུབ་སེམས་དཔའི་ཐབས་མཁས་པའོ། །འདི་ནི་ཐབས་མཁས་པ་མ་ཡིན་ནོ། །འདི་ནི་བྱང་ཆུབ་སེམས་དཔའི་སྐྱོན་མེད་པའོ། །འདི་

ནི་སྐྱོན་དུ་འགྱུར་བའོ། །ཞེས་བྱ་བར་ཆོས་དེ་དག་ལ་མངོན་པར་ཆགས་ཤིང་གནས་ཏེ་འདུ་ཤེས་པ་འདི་ནི། བྱང་ཆུབ་སེམས་དཔའ་སེམས་དཔའ་ཆེན་པོའི་འཐུན་[༧]པའི་ཆོས་ལ་སྲིད་པ་སྟེ། སྐྱོན་དུ་འགྱུར་བའོ། །སྨྲས་པ་ཚེ་དང་ལྡན་པ་རབ་འབྱོར་བྱང་ཆུབ་སེམས་དཔའ་སེམས་དཔའ་ཆེན་པོའི་སྐྱོན་མེད་པ་གང་ཡིན། རབ་འབྱོར་གྱིས་སྨྲས་པ། ཚེ་དང་ལྡན་པ་ཤ་ར་དྭ་ཏིའི་བུ་འདི་ལ་བྱང་ཆུབ་སེམས་དཔའ་སེམས་དཔའ་ཆེན་པོ་ཤེས་རབ་ཀྱི་ཕ་རོལ་ཏུ་ཕྱིན་པ་ལ་སྤྱོད་པའི་ཚེ། ནང་སྟོང་པ་ཉིད་ལ་ཕྱི་སྟོང་པ་ཉིད་ཡང་དག་པར་རྗེས་སུ་མི་མཐོང་། ཕྱི་སྟོང་པ་ཉིད་ལ་ནང་སྟོང་པ་ཉིད་ཡང་དག་པར་རྗེས་སུ་མི་མཐོང་། ཕྱི་སྟོང་པ་ཉིད་ལ་ཕྱི་ནང་སྟོང་པ་ཉིད་ཡང་དག་པར་རྗེས་སུ་མི་མཐོང་[༢]། ཕྱི་ནང་སྟོང་པ་ཉིད་ལ་ཕྱི་སྟོང་པ་ཉིད་ཡང་དག་པར་རྗེས་སུ་མི་མཐོང་[༣]། ཕྱི་ནང་སྟོང་པ་ཉིད་ལ་སྟོང་པ་ཉིད་སྟོང་པ་ཉིད་ཡང་དག་པར་རྗེས་སུ་མི་མཐོང་། སྟོང་པ་ཉིད་སྟོང་པ་ཉིད་ལ་ཕྱི་ནང་སྟོང་པ་ཉིད་ཡང་དག་པར་རྗེས་སུ་མི་མཐོང་། སྟོང་པ་ཉིད་སྟོང་པ་ཉིད་ལ་ཆེན་པོ་སྟོང་པ་ཉིད་ཡང་དག་པར་རྗེས་སུ་མི་མཐོང་། ཆེན་པོ་སྟོང་པ་ཉིད་ལ་སྟོང་པ་ཉིད་སྟོང་པ་ཉིད་ཡང་དག་པར་རྗེས་སུ་མི་མཐོང་། ཆེན་པོ་སྟོང་པ་ཉིད་ལ་དོན་དམ་པ་སྟོང་པ་ཉིད་ཡང་དག་པར་རྗེས་སུ་མི་མཐོང་། དོན་དམ་པ་སྟོང་པ་ཉིད་ལ་ཆེན་པོ་སྟོང་པ་ཉིད་ཡང་དག་པར་རྗེས་སུ་མི་མཐོང་། དོན་དམ་པ་སྟོང་པ་ཉིད་ལ་འདུས་བྱས་སྟོང་པ་ཉིད་ཡང་དག་པར་རྗེས་སུ་མི་མཐོང་། འདུས་བྱས་སྟོང་པ་ཉིད་ལ་དོན་དམ་པ་སྟོང་པ་ཉིད་ཡང་དག་པར་རྗེས་སུ་མི་མཐོང་། འདུས་བྱས་སྟོང་པ་ཉིད་ལ་འདུས་མ་བྱས་སྟོང་པ་ཉིད་ཡང་དག་པར་རྗེས་སུ་མི་མཐོང་། འདུས་མ་བྱས་སྟོང་པ་ཉིད་ལ་འདུས་བྱས་སྟོང་པ་ཉིད་ཡང་དག་པར་རྗེས་སུ་མི་མཐོང་། འདུས་མ་བྱས་སྟོང་པ་ཉིད་ལ་ཐོག་མ་དང་ཐ་མ་མེད་པ་སྟོང་

པ་ཉིད་ཡང་དག་པར་རྗེས་སུ་མི་མཐོང་། ཐོག་མ་དང་ཐ་མ་མེད་པ་སྟོང་པ་ཉིད་ལ་འདུས་མ་བྱས་སྟོང་པ་ཉིད་ཡང་དག་པར་རྗེས་སུ་མི་མཐོང་། ཐོག་མ་དང་ཐ་མ་མེད་པ་སྟོང་པ་ཉིད་ལ་དོར་བ་མེད་པ་སྟོང་པ་ཉིད་ཡང་དག་པར་རྗེས་སུ་མི་མཐོང་། དོར་བ་མེད་པ་སྟོང་པ་[1]ཉིད་ལ་ཐོག་མ་དང་ཐ་མ་མེད་པ་སྟོང་པ་ཉིད་ཡང་དག་པར་རྗེས་སུ་མི་མཐོང་། དོར་བ་མེད་པ་སྟོང་པ་ཉིད་ལ་མཐའ་ལས་འདས་པ་སྟོང་པ་ཉིད་ཡང་དག་པར་རྗེས་སུ་མི་མཐོང་། མཐའ་ལས་འདས་པ་སྟོང་པ་ཉིད་ལ་དོར་བ་མེད་པ་སྟོང་པ་ཉིད་ཡང་དག་པར་རྗེས་སུ་མི་མཐོང་། མཐའ་ལས་འདས་པ་སྟོང་པ་ཉིད་ལ་རང་བཞིན་སྟོང་པ་ཉིད་ཡང་དག་པར་རྗེས་སུ་མི་མཐོང་། རང་བཞིན་སྟོང་པ་ཉིད་ལ་མཐའ་ལས་འདས་པ་སྟོང་པ་ཉིད་ཡང་དག་པར་རྗེས་སུ་མི་མཐོང་། རང་བཞིན་སྟོང་པ་ཉིད་ལ་རང་གི་མཚན་ཉིད་སྟོང་པ་ཉིད་ཡང་དག་པར་རྗེས་སུ་མི་མཐོང་། རང་གི་མཚན་ཉིད་སྟོང་པ་ཉིད་ལ་རང་བཞིན་སྟོང་པ་ཉིད་ཡང་དག་པར་རྗེས་སུ་མི་མཐོང་། རང་གི་མཚན་ཉིད་སྟོང་པ་ཉིད་ལ་ཆོས་ཐམས་ཅད་སྟོང་པ་ཉིད་ཡང་དག་པར་རྗེས་སུ་མི་མཐོང་། ཆོས་ཐམས་ཅད་སྟོང་པ་ཉིད་ལ་རང་གི་མཚན་ཉིད་སྟོང་པ་ཉིད་ཡང་དག་པར་རྗེས་སུ་མི་མཐོང་། ཆོས་ཐམས་ཅད་སྟོང་པ་ཉིད་ལ་མི་དམིགས་པ་སྟོང་པ་ཉིད་ཡང་དག་པར་རྗེས་སུ་མི་མཐོང་། མི་དམིགས་པ་སྟོང་པ་ཉིད་ལ་ཆོས་ཐམས་ཅད་སྟོང་པ་ཉིད་ཡང་དག་པར་རྗེས་སུ་མི་མཐོང་། མི་དམིགས་པ་སྟོང་པ་ཉིད་ལ་དངོས་པོ་མེད་པ་སྟོང་པ་ཉིད་ཡང་དག་པར་རྗེས་སུ་མི་མཐོང་། དངོས་པོ་མེད་པ་སྟོང་པ་ཉིད་ལ་མི་དམིགས་པ་སྟོང་པ་ཉིད་ཡང་དག་པར་རྗེས་སུ་མི་མཐོང་། དངོས་པོ་མེད་པ་སྟོང་པ་ཉིད་ལ་ངོ་བོ་ཉིད་སྟོང་པ་ཉིད་ཡང་དག་པར་རྗེས་སུ་མི་མཐོང་། ངོ་བོ་ཉིད་སྟོང་པ་ཉིད་ལ་དངོས་པོ་མེད་པ་སྟོང་པ་ཉིད་ཡང་དག་པར་རྗེས་སུ་མི་

མཐོང་། ངོ་བོ་ཉིད་སྟོང་པ་ཉིད་ལ་དངོས་པོ་མེད་པའི་ངོ་བོ་ཉིད་སྟོང་པ་ཉིད་ཡང་དག་པར་རྗེས་སུ་མི་མཐོང་། དངོས་པོ་མེད་པའི་ངོ་བོ་ཉིད་སྟོང་པ་ཉིད་ལ། ངོ་བོ་ཉིད་སྟོང་པ་ཉིད་ཡང་དག་པར་རྗེས་སུ་མི་མཐོང་སྟེ། ཚེ་དང་ལྡན་པ་ཤཱ་ར་དྭ་ཏིའི་བུ་བྱང་ཆུབ་སེམས་དཔའ་སེམས་དཔའ་ཆེན་པོ་དེ་ལྟར་ཤེས་རབ་ཀྱི་ཕ་རོལ་ཏུ་ཕྱིན་པ་ལ་སྤྱོད་ན། བྱང་ཆུབ་སེམས་དཔའི་སྐྱོན་མེད་པར་འཇུག་གོ། །ཚེ་དང་ལྡན་པ་ཤཱ་ར་དྭ་ཏིའི་བུ་གཞན་ཡང་བྱང་ཆུབ་སེམས་དཔའ་སེམས་དཔའ་ཆེན་པོས་ཤེས་རབ་ཀྱི་ཕ་རོལ་ཏུ་ཕྱིན་པ་ལ་སྤྱོད་པའི་ཚེ། རྣམ་པ་འདི་ལྟར་བསླབ་པར་བྱ་སྟེ། སློབ་པའི་ཚེ་ཅི་ནས་ཀྱང་གཟུགས་ཤེས་པར་བྱས་ཏེ། གཟུགས་དེས་རློམ་སེམས་སུ་མི་བྱའོ། །ཚོར་བ་དང་། འདུ་ཤེས་དང་། འདུ་བྱེད་དང་། རྣམ་པར་ཤེས་པ་ཤེས་པར་བྱ་སྟེ། ཚོར་བ་དེ་དང་། འདུ་ཤེས་དེ་དང་། འདུ་བྱེད་དེ་དང་། རྣམ་པར་ཤེས་པ་དེས་རློམ་སེམས་སུ་མི་བྱའོ། །མིག་ཤེས་པར་བྱས་ཏེ་མིག་དེས་རློམ་སེམས་སུ་མི་བྱའོ། །རྣ་བ་དང་། སྣ་དང་། ལྕེ་དང་། ལུས་དང་། ཡིད་ཤེས་པར་བྱས་ཏེ། དེས་རློམ་སེམས་སུ་མི་བྱའོ། །གཟུགས་ཤེས་པར་བྱས་ཏེ། དེས་རློམ་སེམས་སུ་མི་བྱའོ། །སྒྲ་དང་། དྲི་དང་། རོ་དང་། རེག་དང་། ཆོས་ཤེས་པར་བྱས་ཏེ། དེས་རློམ་སེམས་སུ་མི་བྱའོ། །མིག་གི་རྣམ་པར་ཤེས་པ་ཤེས་པར་བྱས་ཏེ། དེས་རློམ་སེམས་སུ་མི་བྱའོ། །རྣ་བའི་རྣམ་པར་ཤེས་པ་དང་། སྣའི་རྣམ་པར་ཤེས་པ་དང་། ལྕེའི་རྣམ་པར་ཤེས་པ་དང་། ལུས་ཀྱི་རྣམ་པར་ཤེས་པ་དང་། ཡིད་ཀྱི་རྣམ་པར་ཤེས་པ་ཤེས་པར་བྱས་ཏེ། དེས་རློམ་སེམས་སུ་མི་བྱའོ། །མིག་གི་འདུས་ཏེ་རེག་པ་ཤེས་པར་བྱས་ཏེ། དེས་རློམ་སེམས་སུ་མི་བྱའོ། །རྣ་བའི་འདུས་ཏེ་རེག་པ་དང་། སྣའི་འདུས་ཏེ་རེག་པ་དང་། ལྕེའི་འདུས་ཏེ་

རེག་པ་དང་། ལུས་ཀྱི་འདུས་ཏེ་རེག་པ་དང་། ཡིད་ཀྱི་འདུས་ཏེ་རེག་པ་ཞེས་པར་བྱས་ཏེ། དེས་རློམ་སེམས་སུ་མི་བྱའོ། །མིག་གི་འདུས་ཏེ་རེག་པའི་རྐྱེན་གྱིས་ཚོར་བ་ཞེས་པར་བྱས་ཏེ། དེས་རློམ་སེམས་སུ་མི་བྱའོ། །རྣ་བའི་འདུས་ཏེ་རེག་པའི་རྐྱེན་གྱིས་ཚོར་བ་དང་། སྣའི་འདུས་ཏེ་རེག་པའི་རྐྱེན་གྱིས་ཚོར་བ་དང་། ལྗེའི་འདུས་ཏེ་རེག་པའི་རྐྱེན་གྱིས་ཚོར་བ་དང་། ལུས་ཀྱི་འདུས་ཏེ་རེག་པའི་རྐྱེན་གྱིས་ཚོར་བ་དང་། ཡིད་ཀྱི་འདུས་ཏེ་རེག་པའི་རྐྱེན་གྱིས་ཚོར་བ་ཞེས་པར་བྱས་ཏེ། དེས་རློམ་སེམས་སུ་མི་བྱའོ། །སའི་ཁམས་ཞེས་པར་བྱས་ཏེ། དེས་རློམ་སེམས་སུ་མི་བྱའོ། །ཆུའི་ཁམས་དང་། མེའི་ཁམས་དང་། རླུང་གི་ཁམས་དང་། ནམ་མཁའི་ཁམས་དང་། རྣམ་པར་ཤེས་པའི་ཁམས་ཞེས་པར་བྱས་ཏེ། དེས་རློམ་སེམས་སུ་མི་བྱའོ། །མ་རིག་པ་ཞེས་པར་བྱས་ཏེ། དེས་རློམ་སེམས་སུ་མི་བྱའོ། །འདུ་བྱེད་དང་། རྣམ་པར་ཤེས་པ་དང་། མིང་དང་གཟུགས་དང་། སྐྱེ་མཆེད་དྲུག་དང་། རེག་པ་དང་། ཚོར་བ་དང་། སྲིད་པ་དང་། ལེན་པ་དང་། སྲིད་པ་དང་། སྐྱེ་བ་དང་། རྒ་ཤི་ཞེས་པར་བྱས་ཏེ། དེས་རློམ་སེམས་སུ་མི་བྱའོ། །སྦྱིན་པའི་ཕ་རོལ་ཏུ་ཕྱིན་པ་ཞེས་པར་བྱས་ཏེ། དེས་རློམ་སེམས་སུ་མི་བྱའོ། །ཚུལ་ཁྲིམས་ཀྱི་ཕ་རོལ་ཏུ་ཕྱིན་པ་དང་། བཟོད་པའི་ཕ་རོལ་ཏུ་ཕྱིན་པ་དང་། བརྩོན་འགྲུས་ཀྱི་ཕ་རོལ་ཏུ་ཕྱིན་པ་དང་། བསམ་གཏན་གྱི་ཕ་རོལ་ཏུ་ཕྱིན་པ་དང་། ཤེས་རབ་ཀྱི་ཕ་རོལ་ཏུ་ཕྱིན་པ་ཞེས་པར་བྱས་ཏེ། ཤེས་རབ་ཀྱི་ཕ་རོལ་ཏུ་ཕྱིན་པ་དེས་རློམ་སེམས་སུ་མི་བྱའོ། །ནང་སྟོང་པ་ཉིད་ཞེས་པར་བྱ་སྟེ། ནང་སྟོང་པ་ཉིད་དེས་རློམ་སེམས་སུ་མི་བྱའོ། །དངོས་པོ་མེད་པའི་ངོ་བོ་ཉིད་སྟོང་པ་ཉིད་ཀྱི་བར་དུ་ཞེས་པར་བྱས་ཏེ། དངོས་པོ་མེད་པའི་ངོ་བོ་ཉིད་སྟོང་

པ་ཉིད་དེས་རློམ་སེམས་སུ་མི་བྱའོ། །བསམ་གཏན་དང་། ཚད་མེད་པ་དང་། གཟུགས་མེད་པའི་སྙོམས་པར་འཇུག་པ་ཤེས་པར་བྱས་ཏེ། དེ་དག་གིས་རློམ་སེམས་སུ་མི་བྱའོ། །མངོན་པར་ཤེས་པ་རྣམས་ཤེས་པར་བྱས་ཏེ། དེ་དག་གིས་རློམ་སེམས་སུ་མི་བྱའོ།། །།

ཤེས་རབ་ཀྱི་ཕ་རོལ་དུ་ཕྱིན་པ་སྟོང་ཕྲག་ཉི་ཤུ་ལྔ་པ། བམ་པོ་དགུ་པ། མིག་ལྔ་ཤེས་པར་བྱས་ཏེ། དེ་དག་གིས་རློམ་སེམས་སུ་མི་བྱའོ། །དྲན་པ་ཉེ་བར་གཞག་པ་རྣམས་ཤེས་པར་བྱས་ཏེ། དེ་དག་གིས་རློམ་སེམས་སུ་མི་བྱའོ། །ཡང་དག་པར་སྤོང་བ་དང་། རྫུ་འཕྲུལ་གྱི་རྐང་པ་དང་། དབང་པོ་དང་། སྟོབས་དང་། བྱང་ཆུབ་ཀྱི་ཡན་ལག་དང་། འཕགས་པའི་ལམ་ཡན་ལག་བརྒྱད་པ་ཤེས་པར་བྱས་ཏེ། དེ་དག་གིས་རློམ་སེམས་སུ་མི་བྱའོ། །འཕགས་པའི་བདེན་པ་རྣམས་དང་། རྣམ་པར་ཐར་པ་བརྒྱད་དང་། མཐར་གྱིས་གནས་པའི་སྙོམས་པར་འཇུག་པ་དགུ་དང་། སྟོང་པ་ཉིད་དང་། མཚན་མ་མེད་པ་དང་། སྨོན་པ་མེད་པ་དང་། ཏིང་ངེ་འཛིན་རྣམས་དང་། གཟུངས་ཀྱི་སྒོ་རྣམས་ཤེས་པར་བྱས་ཏེ། དེ་དག་གིས་རློམ་སེམས་སུ་མི་བྱའོ། །དེ་བཞིན་གཤེགས་པའི་སྟོབས་བཅུ་དང་། མི་འཇིགས་པ་བཞི་དང་། སོ་སོ་ཡང་དག་པར་རིག་པ་བཞི་དང་། བྱམས་པ་ཆེན་པོ་དང་། སྙིང་རྗེ་ཆེན་པོ་དང་། སངས་རྒྱས་ཀྱི་ཆོས་མ་འདྲེས་པ་བཅོ་བརྒྱད་ཤེས་པར་བྱས་ཏེ། དེ་དག་གིས་རློམ་སེམས་སུ་མི་བྱའོ། །ཚེ་དང་ལྡན་པ་ཤ་ར་དྭ་ཏིའི་བུ་བྱང་ཆུབ་སེམས་དཔའ་སེམས་དཔའ་ཆེན་པོ་དེ་ལྟར་ཤེས་རབ་ཀྱི་ཕ་རོལ་ཏུ་ཕྱིན་པ་ལ་སྤྱོད་པའི་ཚེ། བྱང་ཆུབ་ཀྱི་སེམས་དེས་ཀྱང་རློམ་སེམས་སུ་མི་བྱའོ། །མི་མཉམ་པ་དང་མཉམ་པའི་སེམས་ཀྱིས་རློམ་སེམས་སུ་མི་བྱའོ། ། རླབས་པོ་ཆེའི་སེམས་ཀྱིས་རློམ་སེམས་

སུ་མི་བྱའོ། །དེ་ཅིའི་ཕྱིར་ཞེ་ན། འདི་[༡]ལྟར་སེམས་དེ་སེམས་མ་ཡིན་ཏེ། སེམས་ཀྱི་རང་བཞིན་འོད་གསལ་བའི་ཕྱིར་རོ། །སྨྲས་པ། ཚེ་དང་ལྡན་པ་རབ་འབྱོར་སེམས་ཀྱི་རང་བཞིན་འོད་གསལ་བ་གང་ཡིན། རབ་འབྱོར་གྱིས་སྨྲས་པ། ཚེ་དང་ལྡན་པ་ཤཱ་ར་དྭ་ཏིའི་བུ་སེམས་གང་འདོད་ཆགས་དང་ཡང་མི་ལྡན་མ་བྲལ། ཞེ་སྡང་དང་། གཏི་མུག་དང་། ཀུན་ནས་ལྡང་བ་དང་། སྒྲིབ་པ་དང་། གཙོད་པ་དང་། བག་ལ་ཉལ་བ་དང་། ཀུན་དུ་སྦྱོར་བ་དང་། ལྟ་བའི་རྣམ་པ་དང་། ཉན་ཐོས་དང་། རང་སངས་རྒྱས་ཀྱི་སེམས་དང་ཡང་མི་ལྡན་མ་བྲལ་བ་འདི་ནི། ཚེ་དང་ལྡན་པ་ཤཱ་ར་དྭ་ཏིའི་བུ་བྱང་ཆུབ་སེམས་དཔའ་སེམས་དཔའ་ཆེན་པོའི་སེམས་ཀྱི་རང་བཞིན་[༢]འོད་གསལ་བའོ། །སྨྲས་པ། ཚེ་དང་ལྡན་པ་རབ་འབྱོར་སེམས་གང་ལ་སེམས་མ་ཡིན་ནོ་ཞེས་བྱ་བ་དེ་ཡོད་དམ། རབ་འབྱོར་གྱིས་སྨྲས་པ། ཚེ་དང་ལྡན་པ་ཤཱ་ར་དྭ་ཏིའི་བུ་དེ་ལྟར་སེམས་མ་ཡིན་པ་དེ་ལ་ཡོད་པའམ་མེད་པ་དམིགས་པ་[༣]ཡོད་པར་འགྱུར་རམ། སྨྲས་པ། ཚེ་དང་ལྡན་པ་རབ་འབྱོར་དེ་ལྟ་མ་ཡིན་ནོ། །རབ་འབྱོར་གྱིས་སྨྲས་པ། ཚེ་དང་ལྡན་པ་ཤཱ་ར་དྭ་ཏིའི་བུ་གལ་ཏེ་དེ་ལྟར་སེམས་མ་ཡིན་པ་དེ་ལ་ཡོད་པའམ་མེད་པ་ཞེས་བྱ་བ་མེད་ཅིང་མི་དམིགས་ན། ཚེ་དང་ལྡན་པ་ཤཱ་ར་དྭ་ཏིའི་བུ་ཁྱོད་ཀྱིས་དེ་སྐད་དུ་སེམས་གང་ལ་སེམས་མ་ཡིན་པ་ཞེས་བྱ་བ་དེ་ཡོད་དམ་ཞེས་ཕྱིར་དྲིས་པ་དེ་འཐད་པར་འགྱུར་རམ། སྨྲས་པ། ཚེ་དང་ལྡན་པ་རབ་འབྱོར་སེམས་མ་ཡིན་པ་གང་ཡིན། རབ་འབྱོར་གྱིས་སྨྲས་པ། ཚེ་དང་ལྡན་པ་ཤཱ་ར་དྭ་ཏིའི་བུ་སེམས་མ་ཡིན་པ་ནི་འགྱུར་བ་མེད་ཅིང་རྣམ་པར་རྟོག་པ་མེད་པ་སྟེ། དེ་ནི་ཆོས་ཐམས་ཅད་ཀྱི་དེ་བཞིན་ཉིད་དེ། དེ་ལ་ནི་སེམས་མེད་པ། བསམ་གྱིས་མི་ཁྱབ་པ་ཞེས་བྱའོ། །སྨྲས་པ། ཚེ་དང་ལྡན་པ་རབ་འབྱོར་ཅི། ཇི་ལྟར་སེམས་ལ་

འགྱུར་བ་མེད་ཅིང་རྣམ་པར་རྟོག་པ་མེད་པ་དེ་བཞིན་དུ་གཟུགས་ལ་ཡང་འགྱུར་བ་མེད་ཅིང་རྣམ་པར་རྟོག་པ་མེད་པ་ཡིན་ནམ། དེ་བཞིན་དུ་ཚོར་བ་དང་། འདུ་ཤེས་དང་། འདུ་བྱེད་དང་། རྣམ་པར་ཤེས་པ་ལ་ཡང་འགྱུར་བ་མེད་ཅིང་རྣམ་པར་རྟོག་པ་མེད་པ་ཡིན་ནམ། ཇི་ལྟར་སེམས་ལ་འགྱུར་བ་མེད་ཅིང་རྣམ་པར་རྟོག་པ་མེད་པ་དེ་བཞིན་དུ། མིག་གི་ཁམས་ལ་ཡང་འགྱུར་བ་མེད་ཅིང་རྣམ་པར་རྟོག་པ་མེད་པ་ཡིན་ནམ། གཟུགས་ཀྱི་ཁམས་དང་། མིག་གི་རྣམ་པར་ཤེས་པའི་ཁམས་ལ་ཡང་འགྱུར་བ་མེད་ཅིང་རྣམ་པར་རྟོག་པ་མེད་པ་ཡིན་ནམ། རྣ་བའི་ཁམས་དང་། སྒྲའི་ཁམས་དང་། རྣ་བའི་རྣམ་པར་ཤེས་པའི་ཁམས་དང་། སྣའི་ཁམས་དང་། དྲིའི་ཁམས་དང་། སྣའི་རྣམ་པར་ཤེས་པའི་ཁམས་དང་། ལྗེའི་ཁམས་དང་། རོའི་ཁམས་དང་། ལྗེའི་རྣམ་པར་ཤེས་པའི་ཁམས་དང་། ལུས་ཀྱི་ཁམས་དང་། རེག་བྱའི་ཁམས་དང་། ལུས་ཀྱི་རྣམ་པར་ཤེས་པའི་ཁམས་དང་། ཡིད་ཀྱི་ཁམས་དང་། ཆོས་ཀྱི་ཁམས་དང་། ཡིད་ཀྱི་རྣམ་པར་ཤེས་པའི་ཁམས་ལ་ཡང་འགྱུར་བ་མེད་ཅིང་རྣམ་པར་རྟོག་པ་མེད་པ་ཡིན་ནམ། སྐྱེ་མཆེད་དང་། ཕུང་པོ་དང་། ཁམས་དང་། རྟེན་ཅིང་འབྲེལ་བར་འབྱུང་བ་དང་། ཕ་རོལ་ཏུ་ཕྱིན་པ་རྣམས་དང་། སྟོང་པ་ཉིད་ཐམས་ཅད་དང་། དྲན་པ་ཉེ་བར་གཞག་པ་དང་། ཡང་དག་པར་སྤོང་བ་དང་། རྫུ་འཕྲུལ་གྱི་རྐང་པ་དང་། དབང་པོ་དང་། སྟོབས་དང་། བྱང་ཆུབ་ཀྱི་ཡན་ལག་དང་། འཕགས་པའི་ལམ་ཡན་ལག་བརྒྱད་པ་དང་། འཕགས་པའི་བདེན་པ་དང་། བསམ་གཏན་དང་། ཚད་མེད་པ་དང་། གཟུགས་མེད་པའི་སྙོམས་པར་འཇུག་པ་དང་། རྣམ་པར་ཐར་པ་བརྒྱད་དང་། མཐར་གྱིས་[2] གནས་པའི་སྙོམས་པར་འཇུག་པ་དགུ་དང་། སྟོང་པ་ཉིད་དང་།

མཚན་མ་མེད་པ་དང་། སྨོན་པ་མེད་པ་དང་། མངོན་པར་ཤེས་པ་རྣམས་
དང་། ཏིང་ངེ་འཛིན་རྣམས་དང་། གཟུངས་ཀྱི་སྒོ་རྣམས་ལ་ཡང་འགྱུར་བ་
མེད་ཅིང་རྣམ་པར་རྟོག་པ་མེད་པ་ཡིན་ནམ། བྱམས་པ་ཆེན་པོ་དང་། སྙིང་
རྗེ་ཆེན་པོ་དང་། དེ་བཞིན་གཤེགས་པའི་སྟོབས་བཅུ་དང་། མི་འཇིགས་[1]པ་
བཞི་དང་། སོ་སོ་ཡང་དག་པར་རིག་པ་བཞི་དང་། སངས་རྒྱས་ཀྱི་ཆོས་མ་
འདྲེས་པ་བཅོ་བརྒྱད་ལ་ཡང་འགྱུར་བ་མེད་ཅིང་རྣམ་པར་རྟོག་པ་མེད་པ་ཡིན་ནམ།
རྣམ་པ་ཐམས་ཅད་མཁྱེན་པ་ཉིད་ཀྱི་བར་ལ་ཡང་འགྱུར་བ་མེད་ཅིང་རྣམ་པར་རྟོག་
པ་མེད་པ་ཡིན་ནམ། རབ་འབྱོར་གྱིས་སྨྲས་པ། ཚེ་དང་ལྡན་པ་ཤཱ་རདྭ་ཏིའི་
བུ་དེ་དེ་བཞིན་ཏེ། ཇི་ལྟར་སེམས་ལ་འགྱུར་བ་མེད་ཅིང་རྣམ་པར་རྟོག་པ་མེད་
པ་དེ་བཞིན་དུ། ཕུང་པོ་དང་། ཁམས་དང་། སྐྱེ་མཆེད་དྲུག་དང་། རྟེན་
ཅིང་འབྲེལ་པར་འབྱུང་བ་དང་། ཕ་རོལ་ཏུ་ཕྱིན་པ་རྣམས་དང་། སྟོང་པ་
ཉིད་ཐམས་ཅད་དང་། བྱང་ཆུབ་ཀྱི་ཕྱོགས་ཀྱི་ཆོས་རྣམས་དང་། འཕགས་
པའི་བདེན་པ་བཞི་དང་། བསམ་གཏན་རྣམས་དང་། ཚད་མེད་པ་རྣམས་
དང་། གཟུགས་མེད་པའི་སྙོམས་པར་འཇུག་པ་རྣམས་དང་། རྣམ་པར་ཐར་
པ་བརྒྱད་དང་། མཐར་གྱིས་གནས་པའི་སྙོམས་པར་འཇུག་པ་དགུ་དང་།
སྟོང་པ་ཉིད་དང་། མཚན་མ་མེད་པ་དང་། སྨོན་པ་མེད་པ་དང་། མངོན་
པར་ཤེས་པ་རྣམས་དང་། ཏིང་ངེ་འཛིན་རྣམས་དང་། གཟུངས་ཀྱི་སྒོ་རྣམས་
དང་། བྱམས་པ་ཆེན་པོ་དང་། སྙིང་རྗེ་ཆེན་པོ་དང་། དེ་བཞིན་[2]གཤེགས་
པའི་སྟོབས་བཅུ་དང་། མི་འཇིགས་པ་བཞི་དང་། སོ་སོ་ཡང་དག་པར་རིག་
པ་བཞི་དང་། སངས་རྒྱས་ཀྱི་ཆོས་མ་འདྲེས་པ་བཅོ་བརྒྱད་དང་། རྣམ་པ་
ཐམས་ཅད་མཁྱེན་པ་ཉིད་ཀྱི་བར་ལ་ཡང་འགྱུར་བ་མེད་ཅིང་རྣམ་པར་རྟོག་པ་མེད་

དོ༔ །དེ་ནས་ཆོ་དང་ལྡན་པ་ཤ་ར་དྭ་ཏིའི་བུས། ཚེ་དང་ལྡན་པ་རབ་འབྱོར་ལ་ལེགས་སོ་ཞེས་བྱ་བ་བྱིན་ཏེ། ཚེ་དང་ལྡན་པ་རབ་འབྱོར་ལེགས་སོ་ལེགས་སོ། །ཁྱོད་ནི་བཅོམ་ལྡན་འདས་ཀྱི་སྲས་ཐུགས་ལས་སྐྱེས་པ། ཞལ་ནས་བྱུང་བ། ཆོས་ལས་སྐྱེས་པ། ཆོས་ཀྱིས[༡]སྤྲུལ་པ། ཆོས་ཀྱི་བགོ་སྐལ་བ། ཟང་ཟིང་གི་བགོ་སྐལ་པ་མ་ཡིན་པ། ཆོས་རྣམས་ལ་མངོན་སུམ་གྱི་མིག་དང་ལྡན་པ། ལུས་མངོན་དུ་གྱུར་པ་སྟེ། ཉན་ཐོས་ཉོན་མོངས་པ་མེད་པར་རྣམ་པར་སྤྱོད་པ་རྣམས་ཀྱི་མཆོག་ཏུ། བཅོམ་ལྡན་འདས་ཀྱིས་གསུངས་ཏེ། བསྟན་པ་འདི་ཡང་དེའི་ཚུལ་དང་འདྲའོ། །ཚེ་དང་ལྡན་པ་རབ་འབྱོར་བྱང་ཆུབ་སེམས་དཔའ་སེམས་དཔའ་ཆེན་པོས་ཀྱང་ཤེས་རབ་ཀྱི་ཕ་རོལ་ཏུ་ཕྱིན་པ་ལ་དེ་བཞིན་དུ་བསླབ་པར་བྱའོ། །བྱང་ཆུབ་སེམས་དཔའ་སེམས་དཔའ་ཆེན་པོ་ཕྱིར་མི་ལྡོག་པ་ཡང་འདི་ལས་ཡོངས་སུ་ཤེས་པར་བྱའོ། །དེ་ལྟར་ན་བྱང་ཆུབ་སེམས་དཔའ་སེམས་དཔའ་ཆེན་པོ་ཤེས་རབ་ཀྱི་ཕ་རོལ་དུ་ཕྱིན[༢]པ་དང་མ་བྲལ་བར་ཤེས་པར་བྱ་སྟེ། ཚེ་དང་ལྡན་པ་རབ་འབྱོར་ཉན་ཐོས་ཀྱི་ས་ལ་སློབ་པར་འདོད་པས་ཀྱང་། ཤེས་རབ་ཀྱི་ཕ་རོལ་དུ་ཕྱིན་པ་འདི་ཉིད[༣]ནན་ཏན་དུ་མཉན་པར་བྱའོ། །གཟུང་བར་བྱའོ། །བཅང་བར་བྱའོ། །ཀློག[༤]པར་བྱའོ། །ཡོངས་སུ་ཆུབ་པར་བྱའོ། །ཚུལ་བཞིན་དུ་ཡིད་ལ་བྱའོ། །རང་སངས་རྒྱས་ཀྱི་ས་ལ་སློབ་པར་འདོད་པས་ཀྱང་། ཤེས་རབ་ཀྱི་ཕ་རོལ་དུ་ཕྱིན་པ་འདི་ཉིད་ནན་ཏན་དུ་མཉན་པར་བྱའོ། །གཟུང་བར་བྱའོ། །བཅང་བར་བྱའོ། །ཀློག[༥]པར་བྱའོ། །ཡོངས་སུ་ཆུབ་པར་བྱའོ། །ཚུལ་བཞིན་དུ་ཡིད་ལ་བྱའོ། །བྱང་ཆུབ་སེམས་དཔའི་ས་དང་། སངས་རྒྱས་ཀྱི་ས་ལ་སློབ་པར་འདོད་པའི་བྱང་ཆུབ་སེམས་དཔའ་སེམས་དཔའ་ཆེན་པོས་ཀྱང་ཤེས་རབ་ཀྱི་ཕ་རོལ་དུ་ཕྱིན་པ་འདི་ཉིད་ནན་ཏན་དུ་མཉན[༦]པར་བྱའོ། །གཟུང་

བར་བྱའོ། །བཅང་བར་བྱའོ། །ཀློག①པར་བྱའོ། །ཡོངས་སུ་ཆུབ་པར་བྱའོ། །ཚུལ་བཞིན་དུ་ཡིད་ལ་བྱའོ། །དེ་ཅིའི་ཕྱིར་ཞེ་ན། ཤེས་རབ་ཀྱི་ཕ་རོལ་ཏུ་ཕྱིན་པ་འདི་ལས་གང་ལ་བྱང་ཆུབ་སེམས་དཔའ་སེམས་དཔའ་ཆེན་པོ་རྣམས་དང་། ཉན་ཐོས་དང་། རང་སངས་རྒྱས་རྣམས་ཀྱིས་རྟག་ཏུ་རྒྱུན་མི་ཆད③པར་བསླབ་པར་བྱ་བའི་ཐེག་པ་གསུམ་རྒྱ་ཆེར་བསྟན་ཏོ། །ཤེས་རབ་ཀྱི་ཕ་རོལ་ཏུ་ཕྱིན་པ་སྟོང་ཕྲག་ཉི་ཤུ་ལྔ་པ་ལས་ལེའུ་བཞི་པའོ།། །།

དེ་ནས་ཚེ་དང་ལྡན་པ་རབ་འབྱོར་གྱིས། བཅོམ་ལྡན་འདས་ལ་འདི་སྐད་ཅེས་གསོལ་ཏོ། །བཅོམ་ལྡན་འདས་དེ་ལྟར་བདག་གིས་བྱང་ཆུབ་སེམས་དཔའ་དང་། ཤེས་རབ་ཀྱི་ཕ་རོལ་ཏུ་ཕྱིན་པ་མ་དམིགས་མ་འཚལ་ཏེ། བཅོམ་ལྡན་འདས་དེ་ལྟར་བདག་གིས་བྱང་ཆུབ་སེམས་དཔའ་སེམས་དཔའ་ཆེན་པོ་དང་། ཤེས་རབ་ཀྱི་ཕ་རོལ་ཏུ་ཕྱིན་པ་མ་དམིགས། མ་འཚལ་ན། བྱང་ཆུབ་སེམས་དཔའ་སེམས་དཔའ་ཆེན་པོ་གང་ཞིག་ཤེས་རབ་ཀྱི་ཕ་རོལ་ཏུ་ཕྱིན་པ་གང་ལ་གདམས་ཤིང་རྗེས་སུ་བསྟན་པར་བགྱི། བཅོམ་ལྡན་འདས་དེ་ལྟར་བདག་གིས་ཆོས་ཐམས་ཅད་ལ་འཕེལ་བ་དང་འགྲིབ་པ་མ་དམིགས་མ་འཚལ་བར་འདི་ལྟ་སྟེ། མིང་ཙམ་དུ་བྱང་ཆུབ་སེམས་དཔའ་ཞེའམ། ཤེས་རབ་ཀྱི་ཕ་རོལ་ཏུ་ཕྱིན་པ་ཞེས་བགྱི་བར་འཕེལ་བ་དང་འགྲིབ་པར་བགྱིས་ན། དེ་ཉིད་བདག་གི་འགྱོད་པར་འགྱུར་རོ། །བཅོམ་ལྡན་འདས་མིང་དེ་ཡང་གནས་པ་མ་མཆིས། ཐུག་པ་མ་མཆིས། ཕྱིན་གྱིས་བརླབས་པ་མ་མཆིས་ཏེ། དེ་ཅིའི་སླད་དུ་ཞེ་ན། མིང་དེ་མ་མཆིས་པས། དེ་ལྟར་ན་མིང་དེ་གནས་པ་མ་མཆིས། ཐུག་པ་མ་མཆིས། ཕྱིན་གྱིས་བརླབས་པ་མ་མཆིས་ཏེ། བཅོམ་ལྡན་འདས་བདག་གིས་གཟུགས་ཀྱི་

འཕེལ་བ་དང་། འགྲིབ་པ་མ་དམིགས་ཡང་དག་པར་རྗེས་སུ་མ་མཐོང་། ཚོར་བ་དང་། འདུ་ཤེས་དང་། འདུ་བྱེད་དང་། རྣམ་པར་ཤེས་པའི་འཕེལ་བ་དང་འགྲིབ་པ་མ་དམིགས་ཡང་དག་པར་རྗེས་སུ་མ་མཐོང་ན། བྱང་ཆུབ་སེམས་དཔའ་ཞེས་གང་ལ་མིང་དུ་གདགས་པར་བགྱི། བཅོམ་ལྡན་འདས་རྣམ་པར་ཤེས་པའི་མིང་དེ་ཡང་གནས་པ་མ་མཆིས། ཐུག་པ་མ་མཆིས། བྱིན་གྱིས་བརླབས་པ་མ་མཆིས་ཏེ། དེ་ཅིའི་སླད་དུ་ཞེ་ན། མིང་དེ་མ་མཆིས་པས། དེ་ལྟར་ན་མིང་དེ་གནས་པ་མ་མཆིས། ཐུག་པ་མ་མཆིས། བྱིན་གྱིས་བརླབས་པ་མ་མཆིས་སོ། །བཅོམ་ལྡན་འདས་བདག་གིས་མིག་གི་འཕེལ་བ་དང་འགྲིབ་པ་མ་དམིགས། ཡང་དག་པར་རྗེས་སུ་མ་མཐོང་སྟེ། བཅོམ་ལྡན་འདས་དེ་ལྟར་བདག་གིས་མིག་གི་འཕེལ་བ་དང་། འགྲིབ་པ་མ་དམིགས་ཡང་དག་པར་རྗེས་སུ་མ་མཐོང་ན། བྱང་ཆུབ་སེམས་དཔའ་ཞེས་གང་ལ་མིང་དུ་གདགས་པར་བགྱི། བཅོམ་ལྡན་འདས་མིག་གི་མིང་དེ་ཡང་གནས་པ་མ་མཆིས་ཐུག་པ་མ་མཆིས། བྱིན་གྱིས་བརླབས་པ་མ་མཆིས་ཏེ། དེ་ཅིའི་སླད་དུ་ཞེ་ན། མིང་དེ་མ་མཆིས་པས། དེ་ལྟར་ན་མིང་དེ་གནས་པ་མ་མཆིས། ཐུག་པ་མ་མཆིས། བྱིན་གྱིས་བརླབས་པ་མ་མཆིས་སོ། །བཅོམ་ལྡན་འདས་བདག་གིས་རྣ་བ་དང་། སྣ་དང་། ལྗེ་དང་། ལུས་དང་། ཡིད་ཀྱི་འཕེལ་བ་དང་འགྲིབ་པ་མ་དམིགས། ཡང་དག་པར་རྗེས་སུ་མ་མཐོང་སྟེ། བཅོམ་ལྡན་འདས་དེ་ལྟར་བདག་གིས་ཡིད་ཀྱི་འཕེལ་བ་དང་འགྲིབ་པ་མ་དམིགས། ཡང་དག་པར་རྗེས་སུ་མ་མཐོང་ན། བྱང་ཆུབ་སེམས་དཔའ་ཞེས་གང་ལ་མིང་དུ་གདགས་པར་བགྱི། བཅོམ་ལྡན་འདས་ཡིད་ཀྱི་མིང་དེ་ཡང་གནས་པ་མ་མཆིས། ཐུག་པ་མ་མཆིས། བྱིན་གྱིས་བརླབས་པ་མ་མཆིས་ཏེ། དེ་ཅིའི་སླད་དུ་ཞེ་ན། མིང་དེ་མ་མཆིས་པས། དེ་

ལྟར་ན་མིང་དེ་གནས་པ་མ་མཆིས། ཐུག་པ་མ་མཆིས། བྱིན་གྱིས་བརླབས་པ་མ་མཆིས་སོ། །བཅོམ་ལྡན་འདས་བདག་གིས་གཟུགས་ཀྱི་འཕེལ་བ་དང་འགྲིབ་པ་མ་དམིགས། ཡང་དག་པར་རྗེས་སུ་མ་མཐོང་། སྒྲ་དང་། དྲི་དང་། རོ་དང་། རེག་དང་། ཆོས་ཀྱི་འཕེལ་བ་དང་། འགྲིབ་པ་མ་དམིགས་ཡང་དག་པར་རྗེས་སུ་མ་མཐོང་སྟེ། བཅོམ་ལྡན་འདས་དེ་ལྟར་བདག་གིས་གཟུགས་དང་། སྒྲ་དང་། དྲི་དང་། རོ་དང་། རེག་དང་། ཆོས་ཀྱི་འཕེལ་བ་དང་འགྲིབ་པ་མ་དམིགས། ཡང་དག་པར་རྗེས་སུ་མ་མཐོང་ན། བྱང་ཆུབ་སེམས་དཔའ་ཞེས་གང་ལ་མིང་དུ་གདགས་པར་བགྱི། བཅོམ་ལྡན་འདས་མིང་དེ་ཡང་གནས་པ་མ་མཆིས། ཐུག་པ་མ་མཆིས། བྱིན་གྱིས་བརླབས་པ་མ་མཆིས་ཏེ། དེ་ཅིའི་སླད་དུ་ཞེ་ན། མིང་དེ་མ་མཆིས་པས། དེ་ལྟར་ན་མིང་དེ་གནས་པ་མ་མཆིས། ཐུག་པ་མ་མཆིས། བྱིན་གྱིས་བརླབས་པ་མ་མཆིས་སོ། །བཅོམ་ལྡན་འདས་བདག་གིས་མིག་གི་རྣམ་པར་ཤེས་པའི་འཕེལ་བ་དང་འགྲིབ་པ་མ་དམིགས། ཡང་དག་པར་རྗེས་སུ་མ་མཐོང་། རྣ་བའི་རྣམ་པར་ཤེས་པ་དང་། སྣའི་རྣམ་པར་ཤེས་པ་དང་། ལྗེའི་རྣམ་པར་ཤེས་པ་དང་། ལུས་ཀྱི་རྣམ་པར་ཤེས་པ་དང་། ཡིད་ཀྱི་རྣམ་པར་ཤེས་པའི་འཕེལ་བ་དང་འགྲིབ་པ་མ་དམིགས། ཡང་དག་པར་རྗེས་སུ་མ་མཐོང་སྟེ། བཅོམ་ལྡན་འདས་དེ་ལྟར་བདག་གིས་མིག་གི་རྣམ་པར་ཤེས་པ་དང་། རྣ་བའི་རྣམ་པར་ཤེས་པ་དང་། སྣའི་རྣམ་པར་ཤེས་པ་དང་། ལྗེའི་རྣམ་པར་ཤེས་པ་དང་། ལུས་ཀྱི་རྣམ་པར་ཤེས་པ་དང་། ཡིད་ཀྱི་རྣམ་པར་ཤེས་པའི་འཕེལ་བ་དང་འགྲིབ་པ་མ་དམིགས་ཡང་དག་པར་རྗེས་སུ་མ་མཐོང་ན། བྱང་ཆུབ་སེམས་དཔའ་ཞེས་གང་ལ་མིང་དུ་གདགས་པར་བགྱི། བཅོམ་ལྡན་འདས་མིང་དེ་ཡང་གནས་པ་མ་མཆིས། ཐུག་པ་མ་

མཆིས། བྱིན་གྱིས་བརླབས་པ་མ་མཆིས་ཏེ། དེ་ཅིའི་སླད་དུ་ཞེ་ན། མིང་དེ་མ་མཆིས་པས། དེ་ལྟར་ན་མིང་དེ་གནས་པ་མ་མཆིས། ཐུག་པ་མ་མཆིས། བྱིན་གྱིས་བརླབས་པ་མ་མཆིས་སོ། །བཅོམ་ལྡན་འདས་བདག་གིས་མིག་གི་[༡]འདུས་ཏེ་རེག་པའི་འཕེལ་བ་དང་འགྲིབ་པ་མ་དམིགས། ཡང་དག་པར་རྗེས་སུ་མ་མཐོང་། རྣ་བའི་འདུས་ཏེ་རེག་པ་དང་། སྣའི་འདུས་ཏེ་རེག་པ་དང་། ལྕེའི་འདུས་ཏེ་རེག་པ་དང་། ལུས་ཀྱི་འདུས་ཏེ་རེག་པ་དང་། ཡིད་ཀྱི་འདུས་ཏེ་རེག་པའི་འཕེལ་བ་དང་། འགྲིབ་པ་མ་དམིགས་ཡང་དག་པར་རྗེས་སུ་མ་མཐོང་སྟེ། བཅོམ་ལྡན་འདས་དེ་ལྟར་བདག་གིས་མིག་གི་འདུས་ཏེ་རེག་པ་དང་། རྣ་བའི་འདུས་ཏེ་རེག་པ་དང་། སྣའི་འདུས་ཏེ་རེག་པ་དང་། ལྕེའི་འདུས་ཏེ་རེག་པ་དང་། ལུས་ཀྱི་འདུས་ཏེ་རེག་པ་དང་། ཡིད་ཀྱི་འདུས་ཏེ་རེག་པའི་འཕེལ་བ་དང་། འགྲིབ་པ་མ་དམིགས། ཡང་དག་པར་རྗེས་སུ་མ་མཐོང་ན། བྱང་ཆུབ་སེམས་དཔའ་ཞེས་གང་ལ་མིང་དུ་གདགས་པར་བགྱི། བཅོམ་ལྡན་འདས་མིང་དེ་ཡང་གནས་པ་མ་མཆིས། ཐུག་པ་མ་མཆིས། བྱིན་གྱིས་བརླབས་པ་མ་མཆིས་ཏེ། དེ་ཅིའི་སླད་དུ་ཞེ་ན། མིང་དེ་མ་མཆིས་པས། དེ་ལྟར་ན་མིང་དེ་གནས་པ་མ་མཆིས། ཐུག་པ་མ་མཆིས། བྱིན་གྱིས་བརླབས་པ་མ་མཆིས་སོ། །བཅོམ་ལྡན་འདས་བདག་གིས་མིག་གི་འདུས་ཏེ་རེག་པའི་རྐྱེན་གྱིས་ཚོར་བའི་འཕེལ་བ་དང་། འགྲིབ་པ་མ་དམིགས། ཡང་དག་པར་རྗེས་སུ་མ་མཐོང་[༢]། རྣ་བའི་འདུས་ཏེ་རེག་པའི་རྐྱེན་གྱིས་ཚོར་བ་དང་། སྣའི་འདུས་ཏེ་རེག་པའི་རྐྱེན་གྱིས་ཚོར་བ་དང་། ལྕེའི་འདུས་ཏེ་རེག་པའི་རྐྱེན་གྱིས་ཚོར་བ་དང་། ལུས་ཀྱི་འདུས་ཏེ་རེག་པའི་རྐྱེན་གྱིས་ཚོར་བ་དང་། ཡིད་ཀྱི་འདུས་ཏེ་རེག་པའི་རྐྱེན་གྱིས་ཚོར་བའི་འཕེལ་བ་དང་། འགྲིབ་པ་མ་དམིགས་ཡང་དག····

པར་རྗེས་སུ་མ་མཐོང་སྟེ། བཅོམ་ལྡན་འདས་བདག་གིས་དེ་ལྟར་མིག་གི་འདུས་ཏེ་རེག་པའི་རྐྱེན་གྱིས་ཚོར་བའི་འཕེལ་བ་དང་འགྲིབ་པ་མ་དམིགས་ཡང་དག་པར་རྗེས་སུ་མ་མཐོང་། རྣ་བའི་འདུས་ཏེ་རེག་པའི་རྐྱེན་གྱིས་ཚོར་བ་དང་། སྣའི་འདུས་ཏེ་རེག་པའི་རྐྱེན་གྱིས་ཚོར་བ་དང་། ལྕེའི་འདུས་ཏེ་རེག་པའི་རྐྱེན་གྱིས་ཚོར་བ་དང་། ལུས་ཀྱི་འདུས་ཏེ་རེག་པའི་རྐྱེན་གྱིས་ཚོར་བ་དང་། ཡིད་ཀྱི་འདུས་ཏེ་རེག་པའི་རྐྱེན་གྱིས་ཚོར་བའི་འཕེལ་བ་དང་། འགྲིབ་པ་མ་དམིགས་ཡང་དག་པར་རྗེས་སུ་མ་མཐོང་ན། བྱང་ཆུབ་སེམས་དཔའ་ཞེས་གང་ལ་མིང་དུ་གདགས་པར་བགྱི། བཅོམ་ལྡན་འདས་མིང་དེ་ཡང་གནས་པ་མ་མཆིས། ཐུག་པ་མ་མཆིས། བྱིན་གྱིས་བརླབས་པ་མ་མཆིས་ཏེ། དེ་ཅིའི་སླད་དུ་ཞེ་ན། མིང་དེ་མ་མཆིས་པས་[༡]དེ་ལྟར་ན་མིང་དེ་གནས་པ་མ་མཆིས་ཐུག་པ་མ་མཆིས་བྱིན་གྱིས་བརླབས་པ་མ་[༣]མཆིས་སོ། །བཅོམ་ལྡན་འདས་བདག་གིས་སའི་ཁམས་ཀྱི་འཕེལ་བ་དང་། འགྲིབ་པ་མ་དམིགས། ཡང་དག་པར་རྗེས་སུ་མ་མཐོང་། ཆུའི་ཁམས་དང་། མེའི་ཁམས་དང་། རླུང་གི་ཁམས་དང་། ནམ་མཁའི་ཁམས་དང་། རྣམ་པར་ཤེས་པའི་ཁམས་ཀྱི་འཕེལ་བ་དང་འགྲིབ་པ་མ་དམིགས། ཡང་དག་པར་རྗེས་སུ་མ་མཐོང་། བཅོམ་ལྡན་འདས་བདག་གིས་མ་རིག་པའི་འཕེལ་བ་དང་འགྲིབ་པ་མ་དམིགས་ཡང་དག་པར་རྗེས་སུ་མ་མཐོང་། འདུ་བྱེད་དང་། རྣམ་པར་ཤེས་པ་དང་། མིང་དང་གཟུགས་དང་། སྐྱེ་མཆེད་དྲུག་དང་། རེག་པ་དང་། ཚོར་བ་དང་། སྲེད་པ་དང་། ལེན་པ་དང་། སྲིད་པ་དང་། སྐྱེ་བ་དང་། རྒ་ཤིའི་འཕེལ་བ་དང་འགྲིབ་པ་མ་དམིགས་ཡང་དག་པར་རྗེས་སུ་མ་མཐོང་། མ་རིག་པ་འགག་པའི་འཕེལ་བ་དང་། འགྲིབ་པ་མ་དམིགས། ཡང་དག་པར་རྗེས་སུ་མ་མཐོང་། འདུ་བྱེད་དང་། རྣམ་

པར་ཤེས་པ་དང་། མིང་དང་གཟུགས་དང་། སྐྱེ་མཆེད་དྲུག་དང་། རེག་པ་དང་། ཚོར་བ་དང་། སྲིད་པ་དང་། ལེན་པ་དང་། སྲིད་པ་དང་། སྐྱེ་བ་དང་། རྒ་ཤི་འགག་པའི་འཕེལ་བ་དང་འགྲིབ་པ་མ་དམིགས། ཡང་དག་པར་རྗེས་སུ་མ་མཐོང་། བཅོམ་ལྡན་འདས་བདག་གིས་འདོད་ཆགས་དང་། ཞེ་སྡང་དང་། གཏི་མུག་གིས་[༡]འཕེལ་བ་དང་འགྲིབ་པ་མ་དམིགས། ཡང་དག་པར་རྗེས་སུ་མ་མཐོང་། བཅོམ་ལྡན་འདས་བདག་གིས་ལྟ་བའི་རྣམ་པ་དྲུག་ཅུ་རྩ་གཉིས་ཀྱི་འཕེལ་བ་དང་། འགྲིབ་པ་མ་དམིགས། ཡང་དག་པར་རྗེས་སུ་མ་མཐོང་། བཅོམ་ལྡན་འདས་དེ་ལྟར་ན་བདག་[༢]གིས་བདག་གི་འཕེལ་བ་དང་འགྲིབ་པ་མ་དམིགས། ཡང་དག་པར་རྗེས་སུ་མ་མཐོང་། སེམས་ཅན་དང་། སྲོག་དང་། འགྲོ་བ་དང་། གསོ་བ་དང་། སྐྱེས་བུ་དང་། གང་ཟག་དང་། ཤེད་ཅན་དང་། ཤེད་བདག་དང་། བྱེད་པ་པོ་དང་། ཚོར་བ་པོ་དང་། ཤེས་པ་པོ་དང་། མཐོང་བ་པོའི་འཕེལ་བ་དང་འགྲིབ་པ་མ་དམིགས། ཡང་དག་པར་རྗེས་སུ་མ་མཐོང་སྟེ། བཅོམ་ལྡན་འདས་དེ་ལྟར་ན་བདག་གིས་མཐོང་བ་པོའི་འཕེལ་བ་དང་། འགྲིབ་པ་མ་དམིགས། ཡང་དག་པར་རྗེས་སུ་མ་མཐོང་ན། བྱང་ཆུབ་སེམས་དཔའ་ཞེས་གང་ལ་མིང་དུ་གདགས་པར་བགྱི། བཅོམ་ལྡན་འདས་མིང་དེ་ཡང་གནས་པ་མ་མཆིས། ཐུག་པ་མ་མཆིས། བྱིན་གྱིས་བརླབས་པ་མ་མཆིས་ཏེ། དེ་ཅིའི་སླད་དུ་ཞེ་ན། མིང་དེ་མ་མཆིས་པས། དེ་ལྟར་ན་མིང་དེ་གནས་པ་མ་མཆིས། ཐུག་པ་མ་མཆིས། བྱིན་གྱིས་བརླབས་པ་མ་མཆིས་སོ། །བཅོམ་ལྡན་འདས་བདག་གིས་སྦྱིན་པའི་ཕ་རོལ་དུ་ཕྱིན་པའི་་་འཕེལ་བ་དང་། འགྲིབ་པ་མ་དམིགས། ཡང་དག་པར་རྗེས་སུ་མ་མཐོང་། ཚུལ་ཁྲིམས་ཀྱི་ཕ་རོལ་དུ་ཕྱིན་པ་དང་། བཟོད་པའི་ཕ་རོལ་དུ་ཕྱིན་པ་དང་།

བརྩོན་འགྲུས་ཀྱི་ཕ་རོལ་ཏུ་ཕྱིན་པ་དང་། བསམ་གཏན་གྱི་ཕ་རོལ་ཏུ་ཕྱིན་པ་དང་། ཤེས་རབ་ཀྱི་ཕ་རོལ་ཏུ་ཕྱིན་པའི་འཕེལ་བ་དང་འགྲིབ་པ་མ་དམིགས་ཡང་དག་པར་རྗེས་སུ་མ་མཐོང་། བཅོམ་ལྡན་འདས་བདག་གིས་ནང་སྟོང་པ་ཉིད་ཀྱི་འཕེལ་བ་དང་འགྲིབ་པ་མ་དམིགས། ཡང་དག་པར་རྗེས་སུ་མ་མཐོང་། དངོས་པོ་མེད་པའི་ངོ་བོ་ཉིད་སྟོང་པ་ཉིད་ཀྱི་བར་གྱི་འཕེལ་བ་དང་། འགྲིབ་པ་མ་དམིགས། ཡང་དག་པར་རྗེས་སུ་མ་མཐོང་། བཅོམ་ལྡན་འདས་བདག་གིས་དྲན་པ་ཉེ་བར་གཞག་པ་རྣམས་ཀྱི་འཕེལ་བ་དང་འགྲིབ་པ་མ་དམིགས། ཡང་དག་པར་རྗེས་སུ་མ་མཐོང་། ཡང་དག་པར་སྤོང་བ་དང་། རྫུ་འཕྲུལ་གྱི་རྐང་པ་དང་། དབང་པོ་དང་། སྟོབས་དང་། བྱང་ཆུབ་ཀྱི་ཡན་ལག་དང་། འཕགས་པའི་ལམ་ཡན་ལག་བརྒྱད་པའི་འཕེལ་བ་དང་འགྲིབ་པ་མ་དམིགས་ཡང་དག་པར་རྗེས་སུ་མ་མཐོང་། བཅོམ་ལྡན་འདས་བདག་གིས་སྟོང་པ་ཉིད་དང་། མཚན་མ་མེད་པ་དང་། སྨོན་པ་མེད་པའི་འཕེལ་བ་དང་འགྲིབ་པ་མ་དམིགས། ཡང་དག་པར་རྗེས་སུ་མ་མཐོང་། བཅོམ་ལྡན་འདས་བདག་གིས་བསམ་གཏན་བཞི་དང་། ཚད་མེད་པ་བཞི་དང་། གཟུགས་མེད་པའི་སྙོམས་པར་འཇུག་པ་བཞིའི་འཕེལ་བ་དང་འགྲིབ་པ་མ་དམིགས། ཡང་དག་པར་རྗེས་སུ་མ་མཐོང་། བཅོམ་ལྡན་འདས་བདག་གིས་སངས་རྒྱས་རྗེས་སུ་དྲན་པ་དང་། ཆོས་རྗེས་སུ་དྲན་པ་དང་། དགེ་འདུན་རྗེས་སུ་དྲན་པ་དང་། ཚུལ་ཁྲིམས་རྗེས་སུ་དྲན་པ་དང་། གཏོང་བ་རྗེས་སུ་དྲན་པ་དང་། ལྷ་རྗེས་སུ་དྲན་པ་དང་། ལུས་ཀྱི་རྣམ་པ་རྗེས་སུ་དྲན་པ་དང་། སྐྱེ་བ་རྗེས་སུ་དྲན་པའི་འཕེལ་བ་དང་འགྲིབ་པ་མ་དམིགས་ཡང་དག་པར་རྗེས་སུ་མ་མཐོང་། དབུགས་ཕྱི་ནང་དུ་རྒྱུ་བ་རྗེས་སུ་དྲན་པ་དང་། འཆི་བ་རྗེས་སུ་དྲན་པའི་འཕེལ་བ་དང་འགྲིབ་པ་མ་དམིགས་ཡང་དག་

པར་རྗེས་སུ་མ་མཐོང་། བཅོམ་ལྡན་འདས་བདག་གིས་མིག་ལྔ་དང་། མངོན་པར་ཤེས་པ་དྲུག་དང་། དེ་བཞིན་གཤེགས་པའི་སྟོབས་བཅུ་དང་། མི་འཇིགས་པ་བཞི་དང་། སོ་སོ་ཡང་དག་པར་རིག་པ་བཞི་དང་། སངས་རྒྱས་ཀྱི་ཆོས་མ་འདྲེས་པ་བཅོ་བརྒྱད་ཀྱི་འཕེལ་བ་དང་འགྲིབ་པ་མ་དམིགས། ཡང་དག་པར་རྗེས་སུ་མ་མཐོང་སྟེ། བཅོམ་ལྡན་འདས་དེ་ལྟར་བདག་གིས་སངས་རྒྱས་ཀྱི་ཆོས་མ་འདྲེས་པ་རྣམས་ཀྱི་འཕེལ་བ་དང་འགྲིབ་པ་མ་དམིགས། ཡང་དག་པར་རྗེས་སུ་མ་མཐོང་ན། བྱང་ཆུབ་སེམས་དཔའ་ཞེས་གང་ལ་མིང་དུ་གདགས་པར་བགྱི། བཅོམ་ལྡན་འདས་མིང་དེ་ཡང་གནས་པ་མ་མཆིས། ཐུག་པ་མ་མཆིས། བྱིན་གྱིས་བརླབས་པ་མ་མཆིས་ཏེ། དེ་ཅིའི་སླད་དུ་ཞེ་ན། མིང་དེ་མ་མཆིས་པས། དེ་ལྟར་ན་མིང་དེ་གནས་པ་མ་མཆིས་ཐུག་པ་མ་མཆིས་བྱིན་གྱིས་བརླབས་པ་མ་མཆིས་སོ། །བཅོམ་ལྡན་འདས་བདག་གིས་རྨི་ལམ་ལྟ་བུའི་ཉེ་བར་ལེན་པའི་ཕུང་པོ་ལྔའི་འཕེལ་བ་དང་འགྲིབ་པ་མ་དམིགས། ཡང་དག་པར་རྗེས་སུ་མ་མཐོང་། བཅོམ་ལྡན་འདས་བདག་གིས་དབེན་པའི་འཕེལ་བ་དང་འགྲིབ་པ་མ་དམིགས། ཡང་དག་པར་རྗེས་སུ་མ་མཐོང་། སྒྱུ་མ་ལྟ་བུ་དང་། སྒྲ་བརྙན་ལྟ་བུ་དང་། མིག་ཡོར་ལྟ་བུ་དང་། གཟུགས་བརྙན་ལྟ་བུ་དང་། སྨིག་རྒྱུ་ལྟ་བུ་དང་། ཆུ་ཟླ་ལྟ་བུ་དང་། སྤྲུལ་པ་ལྟ་བུའི་ཉེ་བར་ལེན་པའི་ཕུང་པོ་ལྔའི་འཕེལ་བ་དང་འགྲིབ་པ་མ་དམིགས་ཡང་དག་པར་རྗེས་སུ་མ་མཐོང་། ཞི་བ་དང་། སྐྱེ་བ་མ་མཆིས་པ་དང་། འགག་པ་མ་མཆིས་པ་དང་། འབྱུང་བ་མ་མཆིས་པ་དང་། མངོན་པར་འདུ་བགྱི་བ་མ་མཆིས་པ་དང་། ཀུན་ནས་ཉོན་མོངས་པ་མ་མཆིས་པ་དང་། རྣམ་པར་བྱང་བ་མ་མཆིས་པའི་འཕེལ་བ་དང་འགྲིབ་པ་མ་དམིགས། ཡང་དག་པར་རྗེས་སུ་མ་མཐོང་བཅོམ་

ལྡན་འདས་བདག་གིས་ཆོས་ཀྱི་དབྱིངས་ཀྱི་འཕེལ་བ་དང་། འགྲིབ་པ་མ་དམིགས། ཡང་དག་པར་རྗེས་སུ་མ་མཐོང་། དེ་བཞིན་ཉིད་དང་། མ་ནོར་བ་དེ་བཞིན་ཉིད་དང་། གཞན་མ་ཡིན་པ་དེ་བཞིན་ཉིད་དང་། ཆོས་ཉིད་དང་། ཆོས་ཀྱི་དབྱིངས་དང་། ཆོས་གནས་པ་ཉིད་དང་། ཆོས་སྐྱོན་མེད་པ་ཉིད་དང་། ཡང་དག་པའི་མཐའ་དང་། བསམ་གྱིས་མི་ཁྱབ་པའི་དབྱིངས་ཀྱི་འཕེལ་བ་དང་འགྲིབ་པ་མ་དམིགས་ཡང་དག་པར་རྗེས་སུ་མ་མཐོང་། བཅོམ་ལྡན་འདས་བདག་གིས་དགེ་བ་དང་མི་དགེ་བའི་ཆོས་ཀྱི་འཕེལ་བ་དང་འགྲིབ་པ་མ་དམིགས་ཡང་དག་པར་རྗེས་སུ་མ་མཐོང་། འཇིག་རྟེན་དང་འཇིག་རྟེན་ལས་འདས་པའི་ཆོས་རྣམས་ཀྱི་འཕེལ་བ་དང་འགྲིབ་པ་མ་དམིགས་ཡང་དག་པར་རྗེས་སུ་མ་མཐོང་། འདུས་བྱས་དང་འདུས་མ་བྱས་ཀྱི་ཆོས་རྣམས་ཀྱི་འཕེལ་བ་དང་འགྲིབ་པ་མ་དམིགས། ཡང་དག་པར་རྗེས་སུ་མ་མཐོང་། ཟག་པ་དང་བཅས་པ་དང་། ཟག་པ་མ་མཆིས་པའི་འཕེལ་བ་དང་འགྲིབ་པ་མ་དམིགས། ཡང་དག་པར་རྗེས་སུ་མ་མཐོང་། འདས་པ་དང་མ་འོངས་པ་དང་ད་ལྟར་བྱུང་བའི་ཆོས་རྣམས་ཀྱི་འཕེལ་བ་དང་འགྲིབ་པ་མ་དམིགས། ཡང་དག་པར་རྗེས་སུ་མ་མཐོང་། བཅོམ་ལྡན་འདས་བདག་གིས་འདས་པ་མ་མཆིས་པ་དང་། མ་འོངས་པ་མ་མཆིས་པ་དང་། ད་ལྟར་བྱུང་བ་མ་[༡]མཆིས་པའི་འཕེལ་བ་དང་། འགྲིབ་པ་མ་དམིགས། ཡང་དག་པར་རྗེས་སུ་མ་མཐོང་སྟེ། དེ་ལ་ཅི་ཞེས་བགྱི་ཞེ་ན། དེ་ནི་འདུས་མ་བགྱིས་ཏེ། འདུས་མ་བགྱིས་པ་[༣]ནི་འདས་པ་མ་ལགས། མ་འོངས་པ་མ་ལགས། ད་ལྟར་བྱུང་བ་མ་ལགས་སོ། །བཅོམ་ལྡན་འདས་བདག་གིས་འདུས་མ་བགྱིས་ཀྱི་འཕེལ་བ་དང་འགྲིབ་པ་མ་དམིགས། ཡང་དག་པར་རྗེས་སུ་མ་མཐོང་སྟེ། འདུས་མ་བགྱིས་དེ་ཡང་གང་ཞེ་ན། གང་ལ་སྐྱེ་བ་མ་

མཆིས། གནས་པ་མ་མཆིས། འཇིག་པ་མ་མཆིས་པ་སྟེ། བཅོམ་ལྡན་འདས་བདག་གིས་བཅོམ་ལྡན་འདས་ཀྱི་འཕེལ་བ་དང་འགྲིབ་པ་མ་དམིགས། ཡང་དག་པར་རྗེས་སུ་མ་མཐོང་ངོ་། །བཅོམ་ལྡན་འདས་བདག་གིས་ཤར་ཕྱོགས་ཀྱི་འཇིག་རྟེན་གྱི་ཁམས་གངྒཱའི་ཀླུང་གི་བྱེ་མ་སྙེད་ཀྱི་དེ་བཞིན་གཤེགས་པ་དགྲ་བཅོམ་པ་ཡང་དག་པར་རྫོགས་པའི་སངས་རྒྱས་ཉན་ཐོས་ཀྱི་དགེ་འདུན་དང་བཅས་པ་བྱང་ཆུབ་སེམས་དཔའ་དང་བཅས་པའི་འཕེལ་བ་དང་འགྲིབ་པ་མ་དམིགས་ཡང་དག་པར་རྗེས་སུ་མ་མཐོང་ངོ་། །བཅོམ་ལྡན་འདས་བདག་གིས་ལྷོ་དང་། ནུབ་དང་། བྱང་དང་། བྱང་ཤར་དང་། ཤར་ལྷོ་དང་། ལྷོ་ནུབ་དང་། ནུབ་བྱང་དང་། འོག་དང་སྟེང་གི་ཕྱོགས་ཀྱི་ཕྱོགས་རེ་རེ་ཞིང་འཇིག་རྟེན་གྱི་ཁམས་གངྒཱའི་ཀླུང་གི་བྱེ་མ་སྙེད་ཀྱི་དེ་བཞིན་གཤེགས་པ་དགྲ་བཅོམ་པ་ཡང་དག་པར་རྫོགས་པའི་སངས་རྒྱས་ཉན་ཐོས་ཀྱི་དགེ་འདུན་དང་བཅས་པ། བྱང་ཆུབ་སེམས་དཔའ་དང་བཅས་པའི་འཕེལ་བ་དང་འགྲིབ་པ་མ་དམིགས་ཡང་དག་པར་རྗེས་སུ་མ་མཐོང་ངོ་། །བཅོམ་ལྡན་འདས་དེ་ལྟར་བདག་གིས་དེ་བཞིན་གཤེགས་པ་དགྲ་བཅོམ་པ་ཡང་དག་པར་རྫོགས་པའི་སངས་རྒྱས་ཉན་ཐོས་ཀྱི་དགེ་འདུན་དང་བཅས་པ། བྱང་ཆུབ་སེམས་དཔའ་དང་བཅས་པ་རྣམས་ཀྱི་འཕེལ་བ་དང་འགྲིབ་པ་མ་དམིགས་ཡང་དག་པར་རྗེས་སུ་མ་མཐོང་ན། བྱང་ཆུབ་སེམས་དཔའ་གང་ཞིག་ཤེས་རབ་ཀྱི་ཕ་རོལ་ཏུ་ཕྱིན་པ་གང་ལ་གདམས་ཤིང་རྗེས་སུ་བསྟན་པར་བགྱི། ཤེས་རབ་ཀྱི་ཕ་རོལ་ཏུ་ཕྱིན་པ་ནི་གང་ཞིག་བཏགས་པར་བསྟན་པར་བགྱི། བཅོམ་ལྡན་འདས་དེ་བཞིན་གཤེགས་པའི་མཚན་དེ་ཡང་གནས་པ་མ་མཆིས། ཐུག་པ་མ་མཆིས། བྱིན་གྱིས་བརླབས་པ་མ་མཆིས། དགེ་འདུན་གྱི་མིང་དེ་དང་། བྱང་ཆུབ་སེམས་དཔའི་མིང་དེ་ཡང་གནས་པ་མ་

མཆིས༏ ཐུག་པ་མ་མཆིས། ཕྱིན་ཕྱིས་བརླབས་པ་མ་མཆིས་ཏེ། དེ་ཅིའི་སླད་དུ་ཞེ་ན། མིང་དེ་མ་མཆིས་པས་དེ་ལྟར་ན་མིང་དེ་གནས་པ་མ་མཆིས། ཐུག་པ་མ་མཆིས། ཕྱིན་ཕྱིས་བརླབས་པ་མ་མཆིས་སོ། །བཅོམ་ལྡན་འདས་བདག་གིས་ཆོས་ཐམས་ཅད་ཀྱི་དེ་བཞིན་ཉིད་ཀྱི་འཕེལ་བ་དང་འགྲིབ་པ་མི་[7]དམིགས་ཡང་དག་པར་རྗེས་སུ་མ་མཐོང་སྟེ། བཅོམ་ལྡན་འདས་དེ་ལྟར་བདག་གིས་ཆོས་ཐམས་ཅད་ཀྱི་དེ་བཞིན་ཉིད་ཀྱི་འཕེལ་བ་དང་འགྲིབ་པ་མ་དམིགས་ཡང་དག་པར་རྗེས་སུ་མ་མཐོང་ན། བྱང་ཆུབ་སེམས་དཔའ་ཞེས་གང་ལ་མིང་དུ་གདགས་པར་བགྱི། བཅོམ་ལྡན་འདས་ཆོས་ཐམས་ཅད་ཀྱི་དེ་བཞིན་ཉིད་ཀྱི་མིང་དེ་ཡང་གནས་པ་མ་མཆིས། ཐུག་པ་མ་མཆིས། ཕྱིན་ཕྱིས་བརླབས་པ་མ་མཆིས་ཏེ། དེ་ཅིའི་སླད་དུ་ཞེ་ན། མིང་དེ་མ་མཆིས་པས། དེ་ལྟར་ན་མིང་དེ་གནས་པ་མ་མཆིས། ཐུག་པ་མ་མཆིས། ཕྱིན་ཕྱིས་བརླབས་པ་མ་མཆིས་སོ།། བཅོམ་ལྡན་འདས་གང་ཡང་འདི་ལྟར་འདི་ལྟ་སྟེ། བྱང་ཆུབ་སེམས་དཔའ་ཞེས་ཆོས་ཀྱི་བརྡར་བགྱི་བ་དང་། ཆོས་སུ་གདགས་པ་དེ་ཡང་ཕྱུང་པོའམ། ཁམས་སམ༏ སྐྱེ་མཆེད་དམ། སངས་རྒྱས་ཀྱི་ཆོས་མ་འདྲེས་པ་བཅོ་བརྒྱད་ཀྱི་བར་དུ་གང་དུ་ཡང་བརྗོད་དུ་མ་མཆིས་ཏེ། ཆོས་སུ་གདགས་པ་ཙམ་དུ་བས་སོ། །བཅོམ་ལྡན་འདས་འདི་ལྟ་སྟེ་དཔེར་ན། རྨི་ལམ་ཞེས་བགྱི་བའི་མིང་ནི་གང་གིས་ཀྱང་བརྗོད་དུ་མ་མཆིས་སོ། །སྒྱུ་མ་དང་། སྨྲ་བརྙན་དང་། མིག་ཡོར་དང་། སྨིག་རྒྱུ་དང་། ཆུ་ཟླ་དང་། དེ་བཞིན་གཤེགས་པའི་སྤྲུལ་པ་ཞེས་བགྱི་བའི་མིང་ནི་གང་གིས་ཀྱང་བརྗོད་དུ་མ་མཆིས་སོ། །བཅོམ་ལྡན་འདས་འདི་ལྟ་སྟེ་དཔེར་ན། ནམ་མཁའ་ཞེས་བགྱི་བའི་མིང་ནི་གང་གིས་ཀྱང་བརྗོད་དུ་མ་མཆིས་སོ༏ །ས་ཞེས་བགྱི་བའི་མིང་ནི་གང་གིས་ཀྱང་བརྗོད་དུ་མ་མཆིས་སོ། །ཆུ་

དང་། མེ་དང་། རླུང་ཞེས་བགྱི་བའི་མིང་ནི་གང་གིས་ཀྱང་བརྗོད་དུ་མ་མཆིས་སོ། །དེ་བཞིན་ཉིད་ཅེས་[7]བགྱི་བའི་མིང་ནི་གང་གིས་ཀྱང་བརྗོད་དུ་མ་མཆིས་སོ། །མ་ནོར་བ་དེ་བཞིན་ཉིད་དང་། གཞན་[8]མ་ཡིན་པ་དེ་བཞིན་ཉིད་དང་། ཆོས་ཉིད་དང་། ཆོས་ཀྱི་དབྱིངས་དང་། ཆོས་ཀྱི་གནས་ཉིད་དང་། ཆོས་སྐྱོན་མེད་པ་ཉིད་དང་། ཡང་དག་པའི་མཐའ་ཞེས་བགྱི་བའི་མིང་ནི་གང་གིས་ཀྱང་བརྗོད་དུ་མ་མཆིས་སོ། །སྦྱིན་པའི་ཕ་རོལ་ཏུ་ཕྱིན་པ་ཞེས་བགྱི་བའི་མིང་ནི་གང་གིས་ཀྱང་བརྗོད་དུ་མ་མཆིས་སོ། །ཚུལ་ཁྲིམས་ཀྱི་ཕ་རོལ་ཏུ་ཕྱིན་པ་དང་། བཟོད་པའི་ཕ་རོལ་ཏུ་ཕྱིན་པ་དང་། བརྩོན་འགྲུས་ཀྱི་ཕ་རོལ་ཏུ་ཕྱིན་པ་དང་། བསམ་གཏན་གྱི་ཕ་རོལ་ཏུ་ཕྱིན་པ་དང་། ཤེས་རབ་ཀྱི་ཕ་རོལ་ཏུ་ཕྱིན་པ་ཞེས་བགྱི་བའི་མིང་ནི་གང་གིས་ཀྱང་བརྗོད་དུ་མ་མཆིས་སོ། །ཚུལ་ཁྲིམས་ཞེས་བགྱི་བའི་མིང་ནི་གང་གིས་ཀྱང་བརྗོད་དུ་མ་མཆིས་སོ། །ཏིང་ངེ་འཛིན་དང་། ཤེས་རབ་དང་། རྣམ་པར་གྲོལ་བ་དང་། རྣམ་པར་གྲོལ་བའི་ཡེ་ཤེས་མཐོང་བ་ཞེས་བགྱི་བའི་མིང་ནི་གང་གིས་ཀྱང་བརྗོད་དུ་མ་མཆིས་སོ། །རྒྱུན་དུ་ཞུགས་པ་ཞེས་བགྱི་བའི་མིང་ནི་གང་གིས་ཀྱང་བརྗོད་དུ་མ་མཆིས་སོ། །རྒྱུན་དུ་ཞུགས་པའི་ཆོས་ཞེས་བགྱི་བའི་མིང་ནི་གང་གིས་ཀྱང་བརྗོད་དུ་མ་མཆིས་སོ། །ལན་ཅིག་ཕྱིར་འོང་བ་དང་། ཕྱིར་མི་འོང་བ་དང་། དགྲ་བཅོམ་པ་ཞེས་བགྱི་བའི་མིང་ནི་གང་གིས་ཀྱང་བརྗོད་དུ་མ་མཆིས་སོ། །དགྲ་བཅོམ་པའི་ཆོས་ཞེས་བགྱི་བའི་མིང་ནི་གང་གིས་ཀྱང་བརྗོད་དུ་མ་མཆིས་སོ། །རང་སངས་རྒྱས་ཞེས་བགྱི་བའི་མིང་ནི་གང་གིས་ཀྱང་བརྗོད་དུ་མ་མཆིས་སོ། །རང་སངས་རྒྱས་ཀྱི་ཆོས་ཞེས་བགྱི་བའི་མིང་ནི་གང་གིས་ཀྱང་བརྗོད་དུ་མ་མཆིས་སོ། །བྱང་ཆུབ་སེམས་དཔའ་ཞེས་བགྱི་བའི་མིང་ནི་གང་གིས་ཀྱང་བརྗོད་དུ་མ་མཆིས་སོ། །བྱང་ཆུབ་སེམས་དཔའི་

ཆོས་ཞེས་བགྱི་བའི་མིང་ནི་གང་གིས་kྱང་བརྗོད་དུ་མ་མཆིས་སོ། །ཡང་དག་པར་རྫོགས་པའི་སངས་རྒྱས་ཞེས་བགྱི་བའི་མིང་ནི་གང་གིས་ཀྱང་བརྗོད་དུ་མ་མཆིས་ཏེ། ཡང་དག་པར་རྫོགས་པའི་སངས་རྒྱས་ཀྱི་ཆོས་ཞེས་བགྱི་བའི་མིང་དེ་ཡང་དགེ་བའམ་མི་དགེ་བའམ། ཁ་ན་མ་ཐོ་བ་དང་བཅས་པའམ། ཁ་ན་མ་ཐོ་བ་མ་མཆིས་པའམ[1]། རྟག་པའམ་མི་རྟག་པའམ། བདེ་བའམ་སྡུག་བསྔལ་བའམ། བདག་གིའམ[2]། བདག་མ་མཆིས་པའམ། ཞི་བའམ། མ་ཞི་བའམ། དབེན་པའམ། མི་དབེན་པའམ། དངོས་པོའམ། དངོས་པོ་མ་མཆིས་པ་གང་གིས་ཀྱང་བརྗོད་དུ་མ་མཆིས་པས[3]། བཅོམ་ལྡན་འདས་བདག་གིས་དོན་གྱི་དབང་དེ་ལྟ་བུ་མཐོང་བའི་སླད་དུ། དེ་སྐད[4]དུ་བདག་གིས་ཆོས་ཐམས་ཅད་ཀྱི་འཕེལ་བ་དང་འགྲིབ་པ་མ་དམིགས། ཡང་དག་པར་རྗེས་སུ་མ་མཐོང་བཞིན་དུ་འདི་ལྟ་སྟེ། བྱང་ཆུབ་སེམས་དཔའ་ཞེས་བགྱི་བའམ། ཤེས་རབ་ཀྱི་ཕ་རོལ་ཏུ་ཕྱིན་པ་ཞེས་བགྱི་བར་མིང་དུ་གདགས་པ་ནི༔ བདག་གི[5]འགྱོད་པར་འགྱུར་རོ་ཞེས་གསོལ་ཏོ། །བཅོམ་ལྡན་འདས་དེ་ལྟར་མིང་དེ་ནི་གནས་པ་མ་མཆིས། ཐུག་པ་མ་མཆིས། བྱིན་གྱིས་བརླབས་པ་མ་མཆིས་པ་སྟེ། དེ་ཅིའི་སླད་དུ་ཞེ་ན། མིང་དེ་མ་མཆིས་པས། དེ་ལྟར་ན་མིང་དེ་གནས་པ་མ་མཆིས། ཐུག་པ་མ་མཆིས། བྱིན་གྱིས་བརླབས་པ་མ་མཆིས་པའོ། །བཅོམ་ལྡན་འདས་དེ་ལྟར་ན་བྱང་ཆུབ་སེམས་དཔའ་སེམས་དཔའ་ཆེན་པོ་ལ་ཤེས་རབ་ཀྱི་ཕ་རོལ་ཏུ་ཕྱིན་པ་བརྗོད་དེ། རྣམ་པ་འདི་དག་དང་། ཚུལ་འདི་དག་དང་། མཚན་མ་འདི་དག་གིས་བསྟན་པའི་ཚེ། སེམས་ཞུམ་པར་མི་འགྱུར། ཡོངས་སུ་ཞུམ་པར་མི་འགྱུར་ཞིང་། འགྱོད་པ་མ་མཆིས་ལ། མི་འཇིགས། མི༔ སྐྲང་ཞིང[6]། སྐྲག་པར་མི་འགྱུར་ན། བྱང་ཆུབ་སེམས་དཔའ་སེམས་དཔའ་ཆེན་པོ་དེ་ནི་ངེས་

པར་ཕྱིར་མི་ལྡོག་པའི་བྱང་ཆུབ་སེམས་དཔའི་ས་ལ་གནས་པར་རྟོགས་པར་བགྱི་སྟེ། གནས་པ་ཞེས་བགྱི་བ་ནི། གནས་པ་མ་མཆིས་པའི་ཚུལ་ལོ། །བཅོམ་ལྡན་འདས་གཞན་ཡང་བྱང་ཆུབ་སེམས་དཔའ་སེམས་དཔའ་ཆེན་པོ་ཤེས་རབ་ཀྱི་ཕ་རོལ་ཏུ་ཕྱིན་པ་ལ་སྤྱོད་པའི་ཚེ། དེས་གཟུགས་ལ་གནས་པར་མི་བགྱིའོ། །ཚོར་བ་དང་། འདུ་ཤེས་དང་། འདུ་བྱེད་དང་། རྣམ་པར་ཤེས་པ་ལ་གནས་པར་མི་བགྱིའོ། །དེས་མིག་ལ་གནས་པར་མི་བགྱིའོ། །རྣ་བ་དང་། སྣ་དང་། ལྕེ་དང་། ལུས་དང་། ཡིད་ལ་གནས་པར་མི་བགྱིའོ། །དེས་གཟུགས་ལ་གནས་པར་མི་བགྱིའོ། །སྒྲ་དང་། དྲི་དང་། རོ་དང་། རེག་དང་། ཆོས་ལ་གནས་པར་མི་བགྱིའོ། །དེས་མིག་གི་རྣམ་པར་ཤེས་པ་ལ་གནས་པར་མི་བགྱིའོ། །རྣ་བའི་རྣམ་པར་ཤེས་པ་དང་། སྣའི་རྣམ་པར་ཤེས་པ་དང་། ལྕེའི་རྣམ་པར་ཤེས་པ་དང་། ལུས་ཀྱི་རྣམ་པར་ཤེས་པ་དང་། ཡིད་ཀྱི་རྣམ་པར་ཤེས་པ་ལ་གནས་པར་མི་བགྱིའོ། །དེས་མིག་གི་འདུས་ཏེ་རེག་པ་ལ་གནས་པར་མི་བགྱིའོ། །རྣ་བའི་འདུས་ཏེ་རེག་པ་དང་། སྣའི་འདུས་ཏེ་རེག་པ་དང་། ལྕེའི་འདུས་ཏེ་རེག་པ་དང་། ལུས་ཀྱི་འདུས་ཏེ་རེག་པ་དང་། ཡིད་ཀྱི་འདུས་ཏེ་རེག་པ་ལ་གནས་པར་མི་བགྱིའོ། །དེས་མིག་གི་འདུས་ཏེ་རེག་པའི་རྐྱེན་གྱིས་ཚོར་བ་ལ་གནས་པར་མི་བགྱིའོ། །དེས་རྣ་བའི་འདུས་ཏེ་རེག་པའི་རྐྱེན་གྱིས་ཚོར་བ་དང་། སྣའི་འདུས་ཏེ་རེག་པའི་རྐྱེན་གྱིས་ཚོར་བ་དང་། ལྕེའི་འདུས་ཏེ་རེག་པའི་རྐྱེན་གྱིས་ཚོར་བ་དང་། ལུས་ཀྱི་འདུས་ཏེ་རེག་པའི་རྐྱེན་གྱིས་ཚོར་བ་དང་། ཡིད་ཀྱི་འདུས་ཏེ་རེག་པའི་རྐྱེན་གྱིས་ཚོར་བ་ལ་གནས་པར་མི་བགྱིའོ། །དེས་སའི་ཁམས་ལ་གནས་པར་མི་བགྱིའོ། །དེས་ཆུའི་ཁམས་དང་། མེའི་ཁམས་དང་། རླུང་གི་ཁམས་དང་། ནམ་མཁའི་ཁམས་དང་། རྣམ་པར་

ཤེས་པའི་ཁམས་ལ་གནས་པར་མི་བགྱིའོ། །དེས་མ་རིག་པ་ལ་གནས་པར་མི་བགྱིའོ། །འདུ་བྱེད་དང་། རྣམ་པར་ཤེས་པ་དང་། མིང་དང་གཟུགས་དང་། སྐྱེ་མཆེད་དྲུག་དང་། རེག་པ་དང་། ཚོར་བ་དང་། སྲེད་པ་དང་། ལེན་པ་དང་། སྲིད་པ་དང་། སྐྱེ་བ་དང་། རྒ་ཤི་ལ་གནས་པར་མི་བགྱིའོ། །དེ་ཅིའི་སླད་དུ་ཞེ་ན། བཅོམ་ལྡན་འདས་དེ་ནི་འདི་ལྟར་གཟུགས་གཟུགས་ཀྱིས་སྟོང་སྟེ། གཟུགས་ཀྱི་སྟོང་པ་ཉིད་གང་ལགས་པ་དེ་ཡང་གཟུགས་མ་ལགས། གཟུགས་ལས་གུད་ན་ཡང་སྟོང་པ་ཉིད་མ་མཆིས་ཏེ། གཟུགས་ཉིད་ཀྱང་སྟོང་པ་ཉིད། སྟོང་པ་ཉིད་ཀྱང་གཟུགས་སོ། །ཚོར་བ་ཚོར་བས་སྟོང་སྟེ། ཚོར་བའི་སྟོང་པ་ཉིད་གང་ལགས་པ་དེ་ཡང་ཚོར་བ་མ་ལགས། ཚོར་བ་ལས་གུད་ན་ཡང་སྟོང་པ་ཉིད་མ་མཆིས་ཏེ། ཚོར་བ་ཉིད་ཀྱང་སྟོང་པ་ཉིད། སྟོང་པ་ཉིད་ཀྱང་ཚོར་བའོ། །འདུ་ཤེས་འདུ་ཤེས་ཀྱིས་(༧)སྟོང་སྟེ། འདུ་ཤེས་ཀྱི་སྟོང་པ་ཉིད་གང་ལགས་པ་དེ་ཡང་འདུ་ཤེས་མ་ལགས། འདུ་ཤེས་ལས་གུད་ན་ཡང་སྟོང་པ་ཉིད་མ་མཆིས་ཏེ། འདུ་ཤེས་ཉིད་ཀྱང་སྟོང་པ་ཉིད། སྟོང་པ་ཉིད་ཀྱང་འདུ་ཤེས་སོ། །འདུ་བྱེད་འདུ་བྱེད་ཀྱིས་སྟོང་སྟེ། འདུ་བྱེད་ཀྱི་སྟོང་པ་ཉིད་གང་ལགས་པ་དེ་ཡང་འདུ་བྱེད་མ་ལགས། འདུ་བྱེད་ལས་གུད་ན་ཡང་སྟོང་པ་ཉིད་མ་མཆིས་ཏེ། འདུ་བྱེད་ཉིད་ཀྱང་སྟོང་པ་ཉིད་སྟོང་པ་ཉིད་ཀྱང་འདུ་བྱེད་དོ། །རྣམ་པར་ཤེས་པ་རྣམ་པར་ཤེས་པས་སྟོང་སྟེ། རྣམ་པར་ཤེས་པའི་སྟོང་པ་ཉིད་གང་ལགས་པ་དེ་ཡང་རྣམ་པར་ཤེས་པ་མ་ལགས། རྣམ་པར་ཤེས་པ་ལས་གུད་ན་ཡང་སྟོང་པ་ཉིད་མ་མཆིས་ཏེ། རྣམ་པར་ཤེས་པ་ཉིད་ཀྱང་སྟོང་པ་ཉིད་སྟོང་པ་ཉིད་ཀྱང་རྣམ་པར་ཤེས་པའོ། །བཅོམ་ལྡན་འདས་རྣམ་གྲངས་དེས་ན། བྱང་ཆུབ་སེམས་དཔའ་སེམས་དཔའ་ཆེན་པོ་ཤེས་རབ་ཀྱི་ཕ་རོལ་ཏུ་ཕྱིན་པ་ལ་གནས་

པའི་ཚེ། དེས་གཟུགས་ལ་གནས་པར་མི་བགྱིའོ། །ཚོར་བ་དང་། འདུ་ཤེས་དང་། འདུ་བྱེད་དང་། རྣམ་པར་ཤེས་པ་ལ་གནས་པར་མི་བགྱིའོ། །བཅོམ་ལྡན་འདས་དེ་ཡང་འདི་ལྟར་མིག་མིག་གིས་སྟོང་སྟེ། མིག་གི་སྟོང་པ་ཉིད་གང་ལགས་པ་དེ་ཡང་མིག་མ་ལགས། མིག་ལས་གུད་ན་ཡང་སྟོང་པ་ཉིད་མ་མཆིས་ཏེ། མིག་ཉིད་ཀྱང་སྟོང་པ་ཉིད། སྟོང་པ་ཉིད་ཀྱང་མིག་གོ། །རྣ་བ་རྣ་བས་སྟོང་སྟེ། རྣ་བའི་སྟོང་པ་ཉིད་གང་ལགས་པ་དེ་ཡང་རྣ་བ་མ་ལགས། རྣ་བ་ལས་གུད་ན་ཡང་སྟོང་པ་ཉིད་མ་མཆིས་ཏེ[1]། རྣ་བ་ཉིད་ཀྱང་སྟོང་པ་ཉིད། སྟོང་པ་ཉིད་ཀྱང་རྣ་བའོ། །སྣ་སྣས་སྟོང་སྟེ། སྣའི་སྟོང་པ་ཉིད་གང་ལགས་པ་དེ་ཡང་སྣ་མ་ལགས། སྣ་ལས་གུད་ན་ཡང་སྟོང་པ་ཉིད་མ་མཆིས་ཏེ། སྣ་ཉིད་ཀྱང་སྟོང་པ་ཉིད། སྟོང་པ་ཉིད་ཀྱང་སྣའོ། །ལྕེ་ལྕེས་སྟོང་སྟེ། ལྕེའི་སྟོང་པ་ཉིད་གང་ལགས་པ་དེ་ཡང་ལྕེ་མ་ལགས། ལྕེ་ལས་གུད་ན་ཡང་སྟོང་པ་ཉིད་མ་མཆིས་ཏེ། ལྕེ་ཉིད་ཀྱང་སྟོང་པ་ཉིད། སྟོང་པ་ཉིད་ཀྱང་ལྕེའོ། །ལུས་ལུས་ཀྱིས་སྟོང་སྟེ། ལུས་ཀྱི་སྟོང་པ་ཉིད་གང་ལགས་པ་དེ་ཡང་ལུས་མ་ལགས། ལུས་ལས་གུད་ན་ཡང་སྟོང་པ་ཉིད་མ་མཆིས་ཏེ། ལུས་ཉིད་ཀྱང་སྟོང་པ་ཉིད། སྟོང་པ་ཉིད་ཀྱང་ལུས་སོ། །ཡིད་ཡིད་ཀྱིས་སྟོང་སྟེ། ཡིད་ཀྱི་སྟོང་པ་ཉིད་གང་ལགས་པ་དེ་ཡང་ཡིད་མ་ལགས། ཡིད་ལས་གུད་ན་ཡང་སྟོང་པ་ཉིད་མ་མཆིས་ཏེ། ཡིད་ཉིད་ཀྱང་སྟོང་པ་ཉིད། སྟོང་པ་ཉིད་ཀྱང་ཡིད་དོ། །གཟུགས་གཟུགས་ཀྱིས་སྟོང་སྟེ། གཟུགས་ཀྱི་སྟོང་པ་ཉིད་གང་ལགས་པ་དེ་ཡང་གཟུགས་མ་ལགས། གཟུགས་ལས་གུད་ན་ཡང་སྟོང་པ་ཉིད་མ་མཆིས་ཏེ། གཟུགས་ཉིད་ཀྱང་སྟོང་པ་ཉིད། སྟོང་པ་ཉིད་ཀྱང་གཟུགས་སོ། །སྒྲ་སྒྲས་སྟོང་སྟེ། སྒྲའི་སྟོང་པ་ཉིད་གང་ལགས་པ་དེ་ཡང་སྒྲ་མ་ལགས། སྒྲ་ལས་གུད་ན་ཡང་སྟོང་པ་ཉིད་མ་མཆིས་ཏེ། སྒྲ་ཉིད་

ཀུན་སྟོང་པ་ཉིད། སྟོང་པ་ཉིད་ཀུན་སྒྲའོ། །དྲི་དྲིས་སྟོང་སྟེ། དྲིའི་སྟོང་པ་ཉིད་གང་ལགས་པ་དེ་ཡང་དྲི་མ་ལགས། དྲི་ལས་གུད་ན་ཡང་སྟོང་པ་ཉིད་མ་མཆིས་ཏེ། དྲི་ཉིད་ཀུན་སྟོང་པ་ཉིད། སྟོང་པ་ཉིད་ཀུན་དྲིའོ། །རོ་རོས་སྟོང་སྟེ། རོའི་སྟོང་པ་ཉིད་གང་ལགས་པ་དེ་ཡང་རོ་མ་ལགས། རོ་ལས་གུད་ན་ཡང་སྟོང་པ་ཉིད་མ་མཆིས་ཏེ། རོ་ཉིད་ཀུན་སྟོང་པ་ཉིད་སྟོང་པ་ཉིད་ཀུན་རོའོ། །རེག་རེག་གིས་སྟོང་སྟེ། རེག་གི་སྟོང་པ་ཉིད་གང་ལགས་པ་དེ་ཡང་རེག་མ་ལགས། རེག་ལས་གུད་ན་ཡང་སྟོང་པ་ཉིད་མ་མཆིས་ཏེ། རེག་ཉིད་ཀུན་སྟོང་པ་ཉིད། སྟོང་པ་ཉིད་ཀུན་རེག་གོ། །ཆོས་ཆོས་ཀྱིས་སྟོང་སྟེ། ཆོས་ཀྱི་སྟོང་པ་ཉིད་གང་ལགས་པ་དེ་ཡང་ཆོས་མ་ལགས། ཆོས་ལས་གུད་ན་ཡང་སྟོང་པ་ཉིད་མ་མཆིས་ཏེ། ཆོས་ཉིད་ཀུན་སྟོང་པ་ཉིད་སྟོང་པ་ཉིད་ཀུན་ཆོས་སོ། །མིག་གི་རྣམ་པར་ཤེས་པ་མིག་གི་རྣམ་པར་ཤེས་པས་སྟོང་སྟེ། མིག་གི་རྣམ་པར་ཤེས་པའི་སྟོང་པ་ཉིད་གང་ལགས་པ་དེ་ཡང་མིག་གི་རྣམ་པར་ཤེས་པ་མ་ལགས། མིག་གི་རྣམ་པར་ཤེས་པ་ལས་གུད་ན་ཡང་སྟོང་པ་ཉིད་མ་མཆིས་ཏེ། མིག་གི་རྣམ་པར་ཤེས་པ་ཉིད་ཀུན་སྟོང་པ་ཉིད། སྟོང་པ་ཉིད་ཀུན་མིག་གི་རྣམ་པར་ཤེས་པའོ། །རྣ་བའི་རྣམ་པར་ཤེས་པ་དང་། སྣའི་རྣམ་པར་ཤེས་པ་དང་། ལྕེའི་རྣམ་པར་ཤེས་པ་དང་། ལུས་ཀྱི་རྣམ་པར་ཤེས་པ་དང་། ཡིད་ཀྱི་རྣམ་པར་ཤེས་པ་ཡིད་ཀྱི་རྣམ་པར་ཤེས་པས་སྟོང་སྟེ། ཡིད་ཀྱི་རྣམ་པར་ཤེས་པའི་སྟོང་པ་ཉིད་གང་ལགས་པ་དེ་ཡང་ཡིད་ཀྱི་རྣམ་པར་ཤེས་པ་མ་ལགས། ཡིད་ཀྱི་རྣམ་པར་ཤེས་པ་ལས་གུད་ན་ཡང་སྟོང་པ་ཉིད་མ་མཆིས་ཏེ། ཡིད་ཀྱི་རྣམ་པར་ཤེས་པ་ཉིད་ཀུན་སྟོང་པ་ཉིད། སྟོང་པ་ཉིད་ཀུན་ཡིད་ཀྱི་རྣམ་པར་ཤེས་པའོ། །མིག་གི་འདུས་ཏེ་རེག་པ་མིག་གི་འདུས་ཏེ་རེག་པས་སྟོང་སྟེ། མིག་གི་འདུས་ཏེ་རེག་པའི་སྟོང་པ་ཉིད་གང་ལགས་

པ་དེ་ཡང་མིག་གི་འདུས་ཏེ་རེག་པ་མ་ལགས། མིག་གི་འདུས་ཏེ་རེག་པ་(༡)ལས་གུད་ན་ཡང་སྟོང་པ་ཉིད་མ་མཆིས་ཏེ། མིག་གི་འདུས་ཏེ་རེག་པ་ཉིད་ཀྱང་སྟོང་པ་ཉིད། སྟོང་པ་ཉིད་ཀྱང་མིག་གི་འདུས་ཏེ་རེག་པའོ། །རྣ་བའི་འདུས་ཏེ་རེག་པ་དང་། སྣའི་འདུས་ཏེ་རེག་པ་དང་། ལྗེའི་འདུས་ཏེ་རེག་པ་དང་། ལུས་ཀྱི་འདུས་ཏེ་རེག་པ་དང་། ཡིད་ཀྱི་འདུས་ཏེ་རེག་པ་ཡིད་ཀྱི་འདུས་ཏེ་རེག་པས་སྟོང་སྟེ། ཡིད་ཀྱི་འདུས་ཏེ་(༢)རེག་པའི་སྟོང་པ་ཉིད་གང་ལགས་པ་དེ་ཡང་ཡིད་ཀྱི་འདུས་ཏེ་རེག་པ་མ་ལགས། ཡིད་ཀྱི་འདུས་ཏེ་རེག་པ་ལས་གུད་ན་ཡང་སྟོང་པ་ཉིད་མ་མཆིས་ཏེ། ཡིད་ཀྱི་འདུས་ཏེ་རེག་པཿསྟོང་པ་(༣)ཉིད་ཀྱང་སྟོང་པ་ཉིད། སྟོང་པ་ཉིད་ཀྱང་ཡིད་ཀྱི་འདུས་ཏེ་རེག་པའོ། །མིག་གི་འདུས་ཏེ་རེག་པའི་རྐྱེན་གྱིས་ཚོར་བ་མིག་གི་འདུས་ཏེ་རེག་པའི་རྐྱེན་གྱིས་ཚོར་བས་སྟོང་སྟེ། མིག་གི་འདུས་ཏེ་རེག་པའི་རྐྱེན་གྱིས་ཚོར་བའི་སྟོང་པ་ཉིད་གང་ལགས་པ་དེ་ཡང་མིག་གི་འདུས་ཏེ་རེག་པའི་རྐྱེན་གྱིས་ཚོར་བ་མ་ལགས། མིག་གི་འདུས་ཏེ་རེག་པའི་རྐྱེན་གྱིས་ཚོར་བ་ལས་གུད་ན་ཡང་སྟོང་པ་ཉིད་མ་མཆིས་ཏེ། མིག་གི་འདུས་ཏེ་རེག་པའི་རྐྱེན་གྱིས་ཚོར་བ་ཉིད་ཀྱང་སྟོང་པ་ཉིད། སྟོང་པ་ཉིད་ཀྱང་མིག་གི་འདུས་ཏེ་རེག་པའི་རྐྱེན་གྱིས་(༤)ཚོར་བའོ། །རྣ་བའི་འདུས་ཏེ་རེག་པའི་རྐྱེན་གྱིས་ཚོར་བ་དང་། སྣའི་འདུས་ཏེ་རེག་པའི་རྐྱེན་གྱིས་ཚོར་བ་དང་། ལྗེའི་འདུས་ཏེ་རེག་པའི་རྐྱེན་གྱིས་ཚོར་བ་དང་། ལུས་ཀྱི་འདུས་ཏེ་རེག་པའི་རྐྱེན་གྱིས་ཚོར་བ་དང་། ཡིད་ཀྱི་འདུས་ཏེ་རེག་པའི་རྐྱེན་གྱིས་ཚོར་བ་ཡིད་ཀྱི་འདུས་ཏེ་རེག་པའི་རྐྱེན་གྱིས་ཚོར་བས་སྟོང་སྟེ། ཡིད་ཀྱི་འདུས་ཏེ་རེག་པའི་རྐྱེན་གྱིས་ཚོར་བའི་སྟོང་པ་ཉིད་གང་ལགས་པ་དེ་ཡང་། ཡིད་ཀྱི་འདུས་ཏེ་རེག་པའི་རྐྱེན་གྱིས་ཚོར་བ་མ་ལགས། ཡིད་ཀྱི་འདུས་ཏེ་རེག་པའི་རྐྱེན་གྱིས་ཚོར་བ་ལས་གུད་ན་ཡང་སྟོང་

པ་ཉིད་མ་མཆིས་ཏེ། ཡིད་ཀྱི་འདུས་ཏེ་རེག་པའི་རྐྱེན་གྱིས་ཚོར་བ་ཉིད་ཀྱང་སྟོང་པ་ཉིད། སྟོང་པ་ཉིད་ཀྱང་ཡིད་ཀྱི་འདུས་ཏེ་རེག་པའི་རྐྱེན་གྱིས་ཚོར་བའོ། །སའི་ཁམས་སའི་ཁམས་ཀྱིས་སྟོང་སྟེ། སའི་ཁམས་ཀྱི་སྟོང་པ་ཉིད་གང་ལགས་པ་དེ་ཡང་སའི་ཁམས་མ་ལགས། སའི་ཁམས་ལས་གུད་ན་ཡང་སྟོང་པ་ཉིད་མ་མཆིས་ཏེ། སའི་ཁམས་ཉིད་ཀྱང་སྟོང་པ་ཉིད། སྟོང་པ་ཉིད་ཀྱང་སའི་ཁམས་སོ། །ཆུའི་ཁམས་དང་། མེའི་ཁམས་དང་། རླུང་གི་ཁམས་དང་། ནམ་མཁའི་ཁམས་དང་། རྣམ་པར་ཤེས་པའི་ཁམས་རྣམ་པར་ཤེས་པའི་ཁམས་ཀྱིས་སྟོང་སྟེ། རྣམ་པར་ཤེས་པའི་ཁམས་ཀྱི་སྟོང་པ་ཉིད་གང་ལགས་པ་དེ་ཡང་རྣམ་པར་ཤེས་པའི་ཁམས་མ་ལགས། རྣམ་པར་ཤེས་པའི་ཁམས་ལས་གུད་ན་ཡང་སྟོང་པ་ཉིད་མ་མཆིས་ཏེ། རྣམ་པར་ཤེས་པའི་ཁམས་ཉིད་ཀྱང་སྟོང་པ་ཉིད། སྟོང་པ་ཉིད་ཀྱང་རྣམ་པར་ཤེས་པའི་ཁམས་སོ། །བཅོམ་ལྡན་འདས་མ་རིག་པ་མ་རིག་པས་སྟོང་སྟེ། མ་རིག་པའི་སྟོང་པ་ཉིད་གང་ལགས་པ་དེ་ཡང་མ་རིག་པ་མ་ལགས། མ་རིག་པ་ལས་གུད་ན་ཡང་སྟོང་པ་ཉིད་མ་མཆིས་ཏེ། མ་རིག་པ་ཉིད་ཀྱང་སྟོང་པ་ཉིད། སྟོང་པ་ཉིད་ཀྱང་མ་རིག་པའོ། །འདུ་བྱེད་དང་། རྣམ་པར་ཤེས་པ་དང་། མིང་དང་གཟུགས་དང་། སྐྱེ་མཆེད་དྲུག་དང་། རེག་པ་དང་། ཚོར་བ་དང་། སྲེད་པ་དང་། ལེན་པ་དང་། སྲིད་པ་དང་། སྐྱེ་བ་དང་། རྒ་ཤི་རྒ་ཤིས་སྟོང་སྟེ། རྒ་ཤིའི་སྟོང་པ་ཉིད་གང་ལགས་པ་དེ་ཡང་རྒ་ཤི་མ་ལགས། རྒ་ཤི་ལས་གུད་ན་ཡང་སྟོང་པ་ཉིད་མ་མཆིས་ཏེ། རྒ་ཤི་ཉིད་ཀྱང་སྟོང་པ་ཉིད། སྟོང་པ་ཉིད་ཀྱང་རྒ་ཤིའོ། །བཅོམ་ལྡན་འདས་རྣམ་གྲངས་དེས་ན། བྱང་ཆུབ་སེམས་དཔའ་སེམས་དཔའ་ཆེན་པོ་ཤེས་རབ་ཀྱི་ཕ་རོལ་ཏུ་ཕྱིན་པ་ལ་སྤྱོད་པའི་ཚེ། མ་རིག་པ་ལ་གནས་པར་མི་བགྱིའོ། །འདུ་བྱེད་དང་།

རྣམ་པར་ཤེས་པ་དང་། མིང་དང་གཟུགས་དང་། སྐྱེ་མཆེད་དྲུག་དང་། རེག་པ་དང་། ཚོར་བ་དང་། སྲེད་པ་དང་། ལེན་པ་དང་། སྲིད་པ་དང་། སྐྱེ་བ་དང་། རྒ་ཤི་ལ་གནས་པར་མི་བགྱིའོ། །བཅོམ་ལྡན་འདས་གཞན་ཡང་བྱང་ཆུབ་སེམས་དཔའ་སེམས་དཔའ་ཆེན་པོ་ཤེས་རབ་ཀྱི་ཕ་རོལ་ཏུ་ཕྱིན་པ་ལ་སྤྱོད་པའི་ཚེ། སྦྱིན་པའི་ཕ་རོལ་ཏུ་ཕྱིན་པ་ལ་གནས་པར་མི་བགྱི་སྟེ། དེ་ཅིའི་སླད་དུ་ཞེ་ན། བཅོམ་ལྡན་འདས་དེ་ནི་འདི་ལྟར་སྦྱིན་པའི་ཕ་རོལ་ཏུ་ཕྱིན་པ། སྦྱིན་པའི་ཕ་རོལ་ཏུ་ཕྱིན་པས་སྟོང་སྟེ། སྦྱིན་པའི་ཕ་རོལ་ཏུ་ཕྱིན་པའི་སྟོང་པ་ཉིད་གང་ལགས་པ་དེ་ཡང་སྦྱིན་པའི་ཕ་རོལ་ཏུ་ཕྱིན་པ་མ་ལགས། སྦྱིན་པའི་ཕ་རོལ་ཏུ་ཕྱིན་པ་ལས་གུད་ན་ཡང་སྟོང་པ་ཉིད་མ་མཆིས་ཏེ། སྦྱིན་པའི་ཕ་རོལ་ཏུ་ཕྱིན་པ་ཉིད་ཀྱང་སྟོང་པ་ཉིད། སྟོང་པ་ཉིད་ཀྱང་སྦྱིན་པའི་ཕ་རོལ་ཏུ་ཕྱིན་པའོ། །ཚུལ་ཁྲིམས་ཀྱི་ཕ་རོལ་ཏུ་ཕྱིན་པ་དང་། བཟོད་པའི་ཕ་རོལ་ཏུ་ཕྱིན་པ་དང་། བརྩོན་འགྲུས་ཀྱི་ཕ་རོལ་ཏུ་ཕྱིན་པ་དང་། བསམ་གཏན་གྱི་ཕ་རོལ་ཏུ་ཕྱིན་པ་དང་། ཤེས་རབ་ཀྱི་ཕ་རོལ་ཏུ་ཕྱིན་པ་ལ་གནས་པར་མི་བགྱི་སྟེ། དེ་ཅིའི་སླད་དུ་ཞེ་ན། དེ་ནི་འདི་ལྟར་ཤེས་རབ་ཀྱི་ཕ་རོལ་ཏུ་ཕྱིན་པ་ཤེས་རབ་ཀྱི་ཕ་རོལ་ཏུ་ཕྱིན་པས་སྟོང་སྟེ། ཤེས་རབ་ཀྱི་ཕ་རོལ་ཏུ་ཕྱིན་པའི་སྟོང་པ་ཉིད་གང་ལགས་པ་དེ་ཡང་ཤེས་རབ་ཀྱི་ཕ་རོལ་ཏུ་ཕྱིན་པ་མ་ལགས། ཤེས་རབ་ཀྱི་ཕ་རོལ་ཏུ་ཕྱིན་པ་ལས་གུད་ན་ཡང་སྟོང་པ་ཉིད་མ་མཆིས་ཏེ། ཤེས་རབ་ཀྱི་ཕ་རོལ་ཏུ་ཕྱིན་པ་ཉིད་ཀྱང་སྟོང་པ་ཉིད། སྟོང་པ་ཉིད་ཀྱང་ཤེས་རབ་ཀྱི་ཕ་རོལ་ཏུ་ཕྱིན་པའོ། །བཅོམ་ལྡན་འདས་རྣམ་གྲངས་དེས་ན། བྱང་ཆུབ་སེམས་དཔའ་སེམས་དཔའ་ཆེན་པོས་ཤེས་རབ་ཀྱི་ཕ་རོལ་ཏུ་ཕྱིན་པ་ལ་སྤྱོད་པའི་ཚེ། ཕ་རོལ་ཏུ་ཕྱིན་པ་དྲུག་ལ་གནས་པར་མི་བགྱིའོ། །བཅོམ་ལྡན་འདས་གཞན་ཡང་བྱང་ཆུབ་སེམས་

དཔའ་སེམས་དཔའ་ཆེན་པོ་ཤེས་རབ་ཀྱི་ཕ་རོལ་ཏུ་ཕྱིན་པ་ལ་སྤྱོད་པའི་ཚེ། དྲན་པ་ཉེ་བར་གཞག་པ་བཞི་ལ་གནས་པར་མི་བགྱི་སྟེ། དེ་ཅིའི་སླད་དུ་ཞེ་ན། བཅོམ་ལྡན་འདས་དེ་ནི་འདི་ལྟར་དྲན་པ་ཉེ་བར་གཞག་པ་རྣམས། དྲན་པ་ཉེ་བར་གཞག་པ་རྣམས་ཀྱིས་སྟོང་སྟེ། དྲན་པ་ཉེ་བར་གཞག་པའི་སྟོང་པ་ཉིད་གང་ལགས་པ་དེ་ཡང་དྲན་པ་ཉེ་བར་གཞག་པ་རྣམས་མ་ལགས། དྲན་པ་ཉེ་བར་གཞག་པ་རྣམས་ལས་གུད་ན་ཡང་སྟོང་པ་ཉིད་མ་མཆིས་ཏེ། དྲན་པ་ཉེ་བར་གཞག་པ་རྣམས་ཀྱང་སྟོང་པ་ཉིད། སྟོང་པ་ཉིད་ཀྱང་དྲན་པ་ཉེ་བར་གཞག་པ་རྣམས་སོ། །ཡང་དག་པར་སྤོང་བ་རྣམས་དང་། རྫུ་འཕྲུལ་གྱི་རྐང་པ་རྣམས་དང་། དབང་པོ་རྣམས་དང་། སྟོབས་རྣམས་དང་། བྱང་ཆུབ་ཀྱི་ཡན་ལག་རྣམས་དང་། འཕགས་པའི་ལམ་ཡན་ལག་བརྒྱད་པ་དང་། འཕགས་པའི་བདེན་པ་རྣམས་དང་། བསམ་གཏན་རྣམས་དང་། ཚད་མེད་པ་རྣམས་དང་། གཟུགས་མེད་པའི་སྙོམས་པར་འཇུག་པ་རྣམས་དང་། རྣམ་པར་ཐར་པ་བརྒྱད་དང་། མཐར་གྱིས་གནས་པའི་སྙོམས་པར་འཇུག་པ་དགུ་དང་། སྟོང་པ་ཉིད་དང་། མཚན་མ་མེད་པ་དང་། སྨོན་པ་མེད་པ་དང་། ཏིང་ངེ་འཛིན་དང་། མངོན་པར་ཤེས་པ་དང་། དེ་བཞིན་གཤེགས་པའི་སྟོབས་བཅུ་དང་། མི་འཇིགས་པ་བཞི་དང་། སོ་སོ་ཡང་དག་པར་རིག་པ་བཞི་དང་། བྱམས་པ་ཆེན་པོ་དང་། སྙིང་རྗེ་ཆེན་པོ་དང་། སངས་རྒྱས་ཀྱི་ཆོས་མ་འདྲེས་པ་བཅོ་བརྒྱད་ལ་གནས་པར་མི་བགྱི་སྟེ། དེ་ཅིའི་སླད་དུ་ཞེ་ན། བཅོམ་ལྡན་འདས་དེ་ནི་འདི་ལྟར་སངས་རྒྱས་ཀྱི་ཆོས་མ་འདྲེས་པ་རྣམས་སངས་རྒྱས་ཀྱི་ཆོས་མ་འདྲེས་པ་རྣམས་ཀྱིས་སྟོང་སྟེ། སངས་རྒྱས་ཀྱི་ཆོས་མ་འདྲེས་པ་རྣམས་ཀྱི་སྟོང་པ་ཉིད་གང་ལགས་པ་དེ་ཡང་སངས་རྒྱས་ཀྱི་ཆོས་མ་འདྲེས་པ་རྣམས་མ་ལགས། སངས་

རྒྱས་ཀྱི་ཆོས་མ་འདྲེས་པ་རྣམས་ལས་གུད་ན་ཡང་སྟོང་པ་ཉིད་མ་མཆིས་ཏེ། སངས་རྒྱས་ཀྱི་ཆོས་མ་འདྲེས་པ་རྣམས་ཀྱང་སྟོང་པ་ཉིད། སྟོང་པ་ཉིད་ཀྱང་སངས་རྒྱས་ཀྱི་ཆོས་མ་འདྲེས་པ་རྣམས་སོ། །བཅོམ་ལྡན་འདས་རྣམ་གྲངས་དེས་ན། བྱང་ཆུབ་སེམས་དཔའ་སེམས་དཔའ་ཆེན་པོས་ཤེས་རབ་ཀྱི་ཕ་རོལ་ཏུ་ཕྱིན་པ་ལ་སྤྱོད་པའི་ཚེ། སངས་རྒྱས་ཀྱི་ཆོས་མ་འདྲེས་པ་རྣམས་ལ་གནས་པར་མི་བགྱིའོ། །བཅོམ་ལྡན་འདས་གཞན་ཡང་བྱང་ཆུབ་སེམས་དཔའ་སེམས་དཔའ་ཆེན་པོས་ཤེས་རབ་ཀྱི་ཕ་རོལ་ཏུ་ཕྱིན་པ་ལ་སྤྱོད་པའི་ཚེ། ཡི་གེ་རྣམས་ལ་གནས་པར་མི་བགྱི་སྟེ། ཡི་གེ་མངོན་པར་བསྡུས་པ་[1]ལ་གནས་པར་མི་བགྱིའོ[2]། །གཅིག་ཏུ་བརྗོད་པ་ལ་གནས་པར་མི་བགྱི། གཉིས་སུ་བརྗོད་པ་ལ་གནས་པར་མི་བགྱི། ཐ་དད་དུ་བརྗོད་པ་ལ་གནས་པར་མི་བགྱིའོ། །དེ་ཅིའི་སླད་དུ་ཞེ་ན། བཅོམ་ལྡན་འདས་དེ་ནི་འདི་ལྟར་ཡི་གེ་རྣམས་ཡི་གེ་རྣམས་ཀྱིས་སྟོང་སྟེ། ཡི་གེ་རྣམས་ཀྱི་སྟོང་པ་ཉིད་གང་ལགས་པ་དེ་ཡང་ཡི་གེ་རྣམས་མ་ལགས། ཡི་གེ་རྣམས་ལས་གུད་ན་ཡང་སྟོང་པ་ཉིད་མ་མཆིས་ཏེ། ཡི་གེ་རྣམས་ཀྱང་སྟོང་པ་ཉིད། སྟོང་པ་ཉིད་ཀྱང་ཡི་གེ་རྣམས་སོ། །བཅོམ་ལྡན་འདས་རྣམ་གྲངས་དེས་ན། བྱང་ཆུབ་སེམས་དཔའ་སེམས་དཔའ་ཆེན་པོས་ཤེས་རབ་ཀྱི་ཕ་རོལ་ཏུ་ཕྱིན་པ་ལ་སྤྱོད་པའི་ཚེ། ཡི་གེ་རྣམས་ལ་གནས་པར་མི་བགྱིའོ། །བཅོམ་ལྡན་འདས་གཞན་ཡང་བྱང་ཆུབ་སེམས་དཔའ་སེམས་དཔའ་ཆེན་པོས་ཤེས་རབ་ཀྱི་ཕ་རོལ་ཏུ་ཕྱིན་པ་ལ་སྤྱོད་པའི་ཚེ། མངོན་པར་ཤེས་པ་རྣམས་ལ་གནས་པར་མི་བགྱི་སྟེ། དེ་ཅིའི་སླད་དུ་ཞེ་ན། བཅོམ་ལྡན་འདས་དེ་ནི་འདི་ལྟར་མངོན་པར་ཤེས་པ་རྣམས་མངོན་པར་ཤེས་པ་རྣམས་ཀྱིས་སྟོང་སྟེ། མངོན་པར་ཤེས་པ་རྣམས་ཀྱི་སྟོང་པ་ཉིད་གང་ལགས་པ་དེ་ཡང་། མངོན་པར་ཤེས་པ་རྣམས་མ་ལགས།

མངོན་པར་ཤེས་པ་①རྣམས་ལས་གུད་ན་ཡང་སྟོང་པ་ཉིད་མ་མཆིས་ཏེ། མངོན་པར་ཤེས་པ་ཉིད་ཀྱང་སྟོང་པ་ཉིད། སྟོང་པ་ཉིད་ཀྱང་མངོན་པར་ཤེས་པ་རྣམས་སོ༎ །བཅོམ་ལྡན་འདས་རྣམ་གྲངས་དེས་ན། བྱང་ཆུབ་སེམས་དཔའ་སེམས་དཔའ་ཆེན་པོས་ཤེས་རབ་ཀྱི་ཕ་རོལ་ཏུ་ཕྱིན་པ་ལ་སྤྱོད་པའི་ཚེ། མངོན་པར་ཤེས་པ་རྣམས་ལ་གནས་པར་མི་བགྱིའོ། །ཏིང་ངེ་འཛིན་དང་། གཟུངས་ཀྱི་སྒོ་རྣམས་ལ་གནས་པར་མི་བགྱི་སྟེ། དེ་②ཅིའི་སླད་དུ་ཞེ་ན། བཅོམ་ལྡན་འདས་དེ་ནི་འདི་ལྟར་གཟུངས་ཀྱི་སྒོ་རྣམས་གཟུངས་ཀྱི་སྒོ་རྣམས་ཀྱིས་སྟོང་སྟེ། གཟུངས་ཀྱི་སྒོ་རྣམས་ཀྱི་སྟོང་པ་ཉིད་གང་ལགས་པ་དེ་ཡང་གཟུངས་ཀྱི་སྒོ་རྣམས་མ་ལགས༎ གཟུངས་ཀྱི་སྒོ་རྣམས་ལས་གུད་ན་ཡང་སྟོང་པ་ཉིད་མ་མཆིས་ཏེ། གཟུངས་ཀྱི་སྒོ་རྣམས་ཀྱང་སྟོང་པ་ཉིད། སྟོང་པ་ཉིད་ཀྱང་གཟུངས་ཀྱི་སྒོ་རྣམས་སོ། །བཅོམ་ལྡན་འདས་རྣམ་གྲངས་དེས་ན། བྱང་ཆུབ་སེམས་དཔའ་སེམས་དཔའ་ཆེན་པོས་ཤེས་རབ་ཀྱི་ཕ་རོལ་ཏུ་ཕྱིན་པ་ལ་སྤྱོད་པའི་ཚེ། གཟུངས་ཀྱི་སྒོ་རྣམས་ལ་གནས་པར་མི་བགྱིའོ། །བཅོམ་ལྡན་འདས་གཞན་ཡང་བྱང་ཆུབ་སེམས་དཔའ་སེམས་དཔའ་ཆེན་པོས་ཤེས་རབ་ཀྱི་ཕ་རོལ་ཏུ་ཕྱིན་པ་ལ་སྤྱོད་པའི་ཚེ། གཟུགས་མི་རྟག་གོ་ཞེས་བགྱི་བར་གནས་པར་མི་བགྱི་སྟེ། དེ་ཅིའི་སླད་དུ་ཞེ་ན། བཅོམ་ལྡན་འདས་དེ་ནི་འདི་ལྟར་གཟུགས་མི་རྟག་པ③། གཟུགས་མི་རྟག་པ་ཉིད་ཀྱིས་④སྟོང་སྟེ། གཟུགས་མི་རྟག་པ་ཉིད་ཀྱི་སྟོང་པ་ཉིད་གང་ལགས་པ་དེ་ཡང་གཟུགས་མི་རྟག་པ་ཉིད་མ་ལགས། གཟུགས་མི་རྟག་པ་ཉིད་ལས་གུད་ན་ཡང་སྟོང་པ་ཉིད་མ་མཆིས་ཏེ། གཟུགས་མི་རྟག་པ་ཉིད་ཀྱང་སྟོང་པ་ཉིད། སྟོང་པ་ཉིད་ཀྱང་གཟུགས་མི་རྟག་པ་ཉིད་དོ། །བཅོམ་ལྡན་འདས་རྣམ་གྲངས་དེས་ན། བྱང་ཆུབ་སེམས་དཔའ་སེམས་དཔའ་ཆེན་པོས་ཤེས་རབ་ཀྱི་ཕ་རོལ་ཏུ་

ཕྱིན་པ་ལ་སྤྱོད་པའི་ཚེ། གཟུགས་མི་རྟག་གོ་ཞེས་བགྱི་བར་གནས་པར་མི་བགྱིའོ། །ཚོར་བ་དང་། འདུ་ཤེས་དང་། འདུ་བྱེད་དང་། རྣམ་པར་ཤེས་པ་མི་རྟག་གོ་ཞེས་བགྱི་བར་གནས་པར་མི་བགྱི་སྟེ། དེ་ཅིའི་སླད་དུ་ཞེ་ན། བཅོམ་ལྡན་འདས་དེ་ནི་འདི་ལྟར་རྣམ་པར་ཤེས་པ་མི་རྟག་པ། རྣམ་པར་ཤེས་པ་མི་རྟག་པ་ཉིད་ཀྱིས་[2]སྟོང་སྟེ། རྣམ་པར་ཤེས་པ་མི་རྟག་པ་ཉིད་ཀྱི་སྟོང་པ་ཉིད་གང་ལགས་པ་དེ་ཡང་རྣམ་པར་ཤེས་པ་མི་རྟག་པ་ཉིད་མ་ལགས། རྣམ་པར་ཤེས་པ་མི་རྟག་པ་ཉིད་ལས་གུད་ན་ཡང་སྟོང་པ་ཉིད་མ་མཆིས་ཏེ། རྣམ་པར་ཤེས་པ་མི་རྟག་པ་ཉིད་ཀྱང་སྟོང་པ་ཉིད། སྟོང་པ་ཉིད་ཀྱང་རྣམ་པར་ཤེས་པ་མི་རྟག་པ་ཉིད་དོ། །བཅོམ་ལྡན་འདས་རྣམ་གྲངས་དེས་ན། བྱང་ཆུབ་སེམས་དཔའ་སེམས་དཔའ་ཆེན་པོས་ཤེས་རབ་ཀྱི་ཕ་རོལ་ཏུ་ཕྱིན་པ་ལ་སྤྱོད་པའི་ཚེ། རྣམ་པར་ཤེས་པ་མི་རྟག་གོ་ཞེས་བགྱི་བར་གནས་པར་མི་བགྱིའོ། །གཟུགས་སྡུག་བསྔལ་ལོ་ཞེས་བགྱི་བར་གནས་པར་མི་བགྱི་སྟེ། དེ་ཅིའི་སླད་དུ་ཞེ་ན། དེ་ནི་འདི་ལྟར་གཟུགས་སྡུག་བསྔལ་བ་ཉིད། གཟུགས་སྡུག་བསྔལ་བ་ཉིད་ཀྱིས་སྟོང་སྟེ། གཟུགས་[3]སྡུག་བསྔལ་བ་ཉིད་ཀྱི་སྟོང་པ་ཉིད་གང་ལགས་པ་དེ་ཡང་གཟུགས་སྡུག་བསྔལ་བ་ཉིད་མ་ལགས། གཟུགས་སྡུག་བསྔལ་བ་ཉིད་ལས་གུད་ན་ཡང་། སྟོང་པ་ཉིད་མ་མཆིས་ཏེ། གཟུགས་སྡུག་བསྔལ་བ་ཉིད་ཀྱང་སྟོང་པ་ཉིད། སྟོང་པ་ཉིད་ཀྱང་གཟུགས་སྡུག་བསྔལ་བ་ཉིད་དོ། །བཅོམ་ལྡན་འདས་རྣམ་གྲངས་དེས་ན། བྱང་ཆུབ་སེམས་དཔའ་སེམས་དཔའ་ཆེན་པོས་ཤེས་རབ་ཀྱི་ཕ་རོལ་ཏུ་ཕྱིན་པ་ལ་སྤྱོད་པའི་ཚེ། གཟུགས་སྡུག་བསྔལ་ལོ་ཞེས་བགྱི་བར་གནས་པར་མི་བགྱིའོ། །ཚོར་བ་དང་། འདུ་ཤེས་དང་། འདུ་བྱེད་དང་། རྣམ་པར་ཤེས་པ་སྡུག་བསྔལ་ལོ་ཞེས་བགྱི་བར་གནས་པར་མི་བགྱི་སྟེ། དེ་ཅིའི་སླད་དུ་ཞེ་ན། དེ་ནི་

འདི་ལྟར་རྣམ་པར་ཤེས་པ་སྡུག་བསྔལ་བ་ཉིད། རྣམ་པར་ཤེས་པ་སྡུག་བསྔལ་བ་ཉིད་ཀྱིས་སྟོང་སྟེ། རྣམ་པར་ཤེས་པ་སྡུག་བསྔལ་བ་ཉིད་ཀྱི་སྟོང་པ་ཉིད་གང་ལགས་པ་དེ་ཡང་། རྣམ་པར་ཤེས་པ་སྡུག་བསྔལ་བ་ཉིད་མ་ལགས། རྣམ་པར་ཤེས་པ་སྡུག་བསྔལ་བ་ཉིད་ལས་གུད་ན་ཡང་སྟོང་པ་ཉིད་མ་མཆིས་ཏེ། རྣམ་པར་ཤེས་པ་སྡུག་བསྔལ་བ་[1]ཉིད་ཀྱང་སྟོང་པ་ཉིད། སྟོང་པ་ཉིད་ཀྱང་རྣམ་པར་ཤེས་པ་སྡུག་བསྔལ་བ་ཉིད་དོ། །བཅོམ་ལྡན་འདས་རྣམ་གྲངས་དེས་ན། བྱང་ཆུབ་སེམས་དཔའ་སེམས་དཔའ་ཆེན་པོས་ཤེས་རབ་ཀྱི་ཕ་རོལ་ཏུ་ཕྱིན་པ་ལ་སྤྱོད་པའི་ཚེ། རྣམ་པར་ཤེས་པ་སྡུག་བསྔལ་ལོ་ཞེས་བགྱི་བར་གནས་པར་མི་བགྱིའོ། །གཟུགས་བདག་མེད་དོ་ཞེས་[3]བགྱི་བར་གནས་པར་མི་བགྱི་སྟེ། དེ་ཅིའི་སླད་དུ་ཞེ་ན། བཅོམ་ལྡན་འདས་དེ་ནི་འདི་ལྟར་གཟུགས་བདག་མེད་པ་ཉིད། གཟུགས་བདག་མེད་པ་ཉིད་ཀྱིས་སྟོང་སྟེ། གཟུགས་བདག་མེད་པ་ཉིད་ཀྱི་སྟོང་པ་ཉིད་གང་ལགས་པ་དེ་ཡང་། གཟུགས་བདག་མེད་པ་ཉིད་མ་ལགས། གཟུགས་བདག་མེད་པ་ཉིད་ལས་གུད་ན་ཡང་སྟོང་པ་ཉིད་མ་མཆིས་ཏེ། གཟུགས་བདག་མེད་པ་ཉིད་ཀྱང་སྟོང་པ་ཉིད། སྟོང་པ་ཉིད་ཀྱང་གཟུགས་བདག་མེད་པ་ཉིད་དོ། །བཅོམ་ལྡན་འདས་རྣམ་གྲངས་དེས་ན། བྱང་ཆུབ་སེམས་དཔའ་སེམས་དཔའ་ཆེན་པོས། ཤེས་རབ་ཀྱི་ཕ་རོལ་ཏུ་ཕྱིན་པ་ལ་སྤྱོད་པའི་ཚེ། གཟུགས་བདག་མེད་དོ་ཞེས་བགྱི་བར་གནས་པར་མི་བགྱིའོ། །ཚོར་བ་དང་། འདུ་ཤེས་དང་། འདུ་བྱེད་དང་། རྣམ་པར་ཤེས་པ་བདག་མེད་དོ་ཞེས་བགྱི་བར་གནས་པར་མི་བགྱི་སྟེ། དེ་ཅིའི་སླད་དུ་ཞེ་ན། དེ་ནི་འདི་ལྟར་རྣམ་པར་ཤེས་པ་བདག་མེད་པ་ཉིད། རྣམ་པར་ཤེས་པ་བདག་མེད་པ་ཉིད་ཀྱིས་སྟོང་སྟེ། རྣམ་པར་ཤེས་པ་བདག་མེད་པ་ཉིད་ཀྱི་སྟོང་པ་ཉིད་གང་ལགས་པ་དེ་ཡང་། རྣམ་པར་ཤེས་པ་

བདག་མེད་པ་ཉིད་མ་ལགས། རྣམ་པར་ཤེས་པ་བདག་མེད་པ་ཉིད་ལས་གུད་ནཡང་སྟོང་པ་ཉིད་མ་མཆིས་ཏེ། རྣམ་པར་ཤེས་པ་བདག་མེད་པ་ཉིད་ཀྱང་སྟོང་པ་ཉིད། སྟོང་པ་ཉིད་ཀྱང་རྣམ་པར་ཤེས་པ་བདག་མེད་པ་ཉིད་དོ། །བཅོམ་····ལྡན་འདས་རྣམ་གྲངས་དེས་ན། བྱང་ཆུབ་སེམས་དཔའ་སེམས་དཔའ་ཆེན་པོསཤེས་རབ་ཀྱི་ཕ་རོལ་ཏུ་ཕྱིན་པ་ལ་སྤྱོད་པའི་ཚེ། རྣམ་པར་ཤེས་པ་བདག་མེད་དོ། །ཞེས་བགྱི་བར་གནས་པར་མི་བགྱིའོ།། ||

ཤེས་རབ་ཀྱི་ཕ་རོལ་ཏུ་ཕྱིན་པ་སྟོང་ཕྲག་ཉི་ཤུ་ལྔ་པ། བམ་པོ་བཅུ་པ། གཟུགས་ཞིའོ་ཞེས་བགྱི་བར་གནས་པར་མི་བགྱི་སྟེ། དེ་ཅིའི་སླད་དུ་ཞེ་ན། བཅོམ་ལྡན་འདས་དེ་ནི་འདི་ལྟར་གཟུགས་ཞི་བ་ཉིད་གཟུགས་ཞི་བ་ཉིད་ཀྱིས་སྟོང་སྟེ། གཟུགས་ཞི་བ་ཉིད་ཀྱི་སྟོང་པ་ཉིད་གང་ལགས་པ་དེ་ཡང་། གཟུགས་ཞི་བ་ཉིད་མ་ལགས། གཟུགས་ཞི་བ་ཉིད་ལས་གུད་ན་ཡང་སྟོང་པ་ཉིད་མ་མཆིས་ཏེ། གཟུགས་ཞི་བ་ཉིད་ཀྱང་སྟོང་པ་ཉིད། སྟོང་པ་ཉིད་ཀྱང་གཟུགས་ཞི་བ་ཉིད་དོ། །བཅོམ་ལྡན་འདས་རྣམ་གྲངས་དེས་ན། བྱང་ཆུབ་སེམས་དཔའ་སེམས་དཔའ····ཆེན་པོས་ཤེས་རབ་ཀྱི་ཕ་རོལ་ཏུ་ཕྱིན་པ་ལ་སྤྱོད་པའི་ཚེ། གཟུགས་ཞིའོ་ཞེས་བགྱི་བར་གནས་པར་མི་བགྱིའོ། །ཚོར་བ་དང་། འདུ་ཤེས་དང་། འདུ་བྱེད་དང་། རྣམ་པར་ཤེས་པ་ཞིའོ་ཞེས་བགྱི་བར་གནས་པར་མི་བགྱི་སྟེ། དེ་ཅིའི་སླད་དུ་ཞེ་ན། བཅོམ་ལྡན་འདས་དེ་ནི་འདི་ལྟར་རྣམ་པར་ཤེས་པ་ཞི་བ་ཉིད། རྣམ་པར་ཤེས་པ་ཞི་བ་ཉིད་ཀྱིས་སྟོང་སྟེ། རྣམ་པར་ཤེས་པ་ཞི་བའི་སྟོང་པ་ཉིད་གང་ལགས་པ་དེ་ཡང་། རྣམ་པར་ཤེས་པ་ཞི་བ་ཉིད་མ་ལགས། རྣམ་པར་ཤེས་པ་ཞི་བ་ཉིད་ལས་གུད་ན་ཡང་སྟོང་པ་ཉིད་མ་མཆིས་ཏེ། རྣམ་པར་ཤེས་པ་ཞི་བ་ཉིད་ཀྱང་སྟོང་པ་ཉིད། སྟོང་པ་ཉིད་ཀྱང་རྣམ་པར་ཤེས་པ་ཞི་བ་ཉིད་དོ། །བཅོམ་ལྡན་

འདས་རྣམ་གྲངས་དེས་ན། བྱང་ཆུབ་སེམས་དཔའ་སེམས་དཔའ་ཆེན་པོས་ཤེས་རབ་ཀྱི་ཕ་རོལ་ཏུ་ཕྱིན་པ་ལ་སྤྱོད་པའི་ཚེ། རྣམ་པར་ཤེས་པ་ཞི་བའོ་ཞེས་བགྱི་བར་གནས་པར་མི་བགྱིའོ། །གཟུགས་སྟོང་ངོ་ཞེས་བགྱི་བར་གནས་པར་མི་བགྱི་སྟེ། དེ་ཅིའི་སླད་དུ་ཞེ་ན། བཅོམ་ལྡན་འདས་དེ་ནི་འདི་ལྟར་གཟུགས་སྟོང་པ་ཉིད། གཟུགས་སྟོང་པ་ཉིད་ཀྱིས་སྟོང་སྟེ། གཟུགས་སྟོང་པ་ཉིད་ཀྱི་སྟོང་པ་ཉིད་གང་ལགས་པ་དེ་ཡང་གཟུགས་སྟོང་པ་ཉིད་མ་ལགས། གཟུགས་སྟོང་པ་ཉིད་ལས་གུད་ན་ཡང་སྟོང་པ་ཉིད་མ་མཆིས་ཏེ། གཟུགས་སྟོང་པ་ཉིད་ཀྱང་སྟོང་པ་ཉིད། སྟོང་པ་ཉིད་ཀྱང་གཟུགས་སྟོང་པ་ཉིད་དོ། །བཅོམ་ལྡན་འདས་རྣམ་གྲངས་དེས་ན། བྱང་ཆུབ་སེམས་དཔའ་སེམས་དཔའ་ཆེན་པོས་ཤེས་རབ་ཀྱི་ཕ་རོལ་ཏུ་ཕྱིན་པ་ལ་སྤྱོད་པའི་ཚེ། གཟུགས་སྟོང་ངོ་ཞེས་བགྱི་བར་གནས་པར་མི་བགྱིའོ། །ཚོར་བ་དང་། འདུ་ཤེས་དང་། འདུ་བྱེད་དང་། རྣམ་པར་ཤེས་པ་སྟོང་ངོ་ཞེས་བགྱི་བར་གནས་པར་མི་བགྱི་སྟེ། དེ་ཅིའི་སླད་དུ་ཞེ་ན། བཅོམ་ལྡན་འདས་དེ་ནི་འདི་ལྟར་རྣམ་པར་ཤེས་པ་སྟོང་པ་ཉིད། རྣམ་པར་ཤེས་པ་སྟོང་པ་ཉིད་ཀྱིས་སྟོང་སྟེ། རྣམ་པར་ཤེས་པ་སྟོང་པ་ཉིད་ཀྱི་སྟོང་པ་ཉིད་གང་ལགས་པ་དེ་ཡང་། རྣམ་པར་ཤེས་པ་སྟོང་པ་ཉིད་མ་ལགས། རྣམ་པར་ཤེས་པ་སྟོང་པ་ཉིད་ལས་གུད་ན་ཡང་སྟོང་པ་ཉིད་མ་མཆིས་ཏེ། རྣམ་པར་ཤེས་པ་སྟོང་པ་ཉིད་ཀྱང་སྟོང་པ་ཉིད། སྟོང་པ་ཉིད་ཀྱང་རྣམ་པར་ཤེས་པ་སྟོང་པ་ཉིད་དོ། །བཅོམ་ལྡན་འདས་རྣམ་གྲངས་དེས་ན། བྱང་ཆུབ་སེམས་དཔའ་སེམས་དཔའ་ཆེན་པོས་ཤེས་རབ་ཀྱི་ཕ་རོལ་ཏུ་ཕྱིན་པ་ལ་སྤྱོད་པའི་ཚེ། རྣམ་པར་ཤེས་པ་སྟོང་ངོ་ཞེས་བགྱི་བར་གནས་པར་མི་བགྱིའོ། །གཟུགས་མཚན་མ་མེད་དོ་ཞེས་བགྱི་བར་གནས་པར་མི་བགྱི་སྟེ། དེ་ཅིའི་སླད་དུ་ཞེ་ན། བཅོམ་ལྡན་འདས་དེ་ནི་

འདི་ལྟར་གཟུགས་མཚན་མ་མེད་པ་ཉིད། གཟུགས་མཚན་མ་མེད་པ་ཉིད་ཀྱིས་སྟོང་སྟེ། གཟུགས་མཚན་མ་མེད་པ་ཉིད་ཀྱི་སྟོང་པ་ཉིད་གང་ལགས་པ་དེ་ཡང་གཟུགས་མཚན་མ་མེད་པ་ཉིད་མ་ལགས། གཟུགས་མཚན་མ་མེད་པ་ཉིད་ལས་གུད་ན་ཡང་སྟོང་པ་ཉིད་མ་མཆིས་ཏེ། གཟུགས་མཚན་མ་མེད་པ་ཉིད་ཀྱང་སྟོང་པ་ཉིད། སྟོང་པ་ཉིད་ཀྱང་གཟུགས་མཚན་མ་མེད་པ་ཉིད་དོ། །བཅོམ་ལྡན་འདས་རྣམ་གྲངས་དེས་ན། བྱང་ཆུབ་སེམས་དཔའ་སེམས་དཔའ་ཆེན་པོས་ཤེས་རབ་ཀྱི་ཕ་རོལ་ཏུ་ཕྱིན་པ་ལ་སྤྱོད་པའི་ཚེ། གཟུགས་མཚན་མ་མེད་དོ་ཞེས་བགྱི་བར་གནས་པར་མི་བགྱིའོ། །ཚོར་བ་དང་། འདུ་ཤེས་དང་། འདུ་བྱེད་དང་། རྣམ་པར་ཤེས་པ་མཚན་མ་མེད་དོ་ཞེས་བགྱི་བར་གནས་པར་མི་བགྱི་སྟེ། དེ་ཅིའི་སླད་དུ་ཞེ་ན། བཅོམ་ལྡན་འདས་དེ་ནི་འདི་ལྟར་རྣམ་པར་ཤེས་པ་མཚན་མ་མེད་པ་ཉིད། རྣམ་པར་ཤེས་པ་མཚན་མ་མེད་པ་ཉིད་ཀྱིས་སྟོང་སྟེ། རྣམ་པར་ཤེས་པ་མཚན་མ་མེད་པ་ཉིད་ཀྱི་སྟོང་པ་ཉིད་གང་ལགས་པ་དེ་ཡང་། རྣམ་པར་ཤེས་པ་མཚན་མ་མེད་པ་ཉིད་མ་ལགས། རྣམ་པར་ཤེས་པ་མཚན་མ་མེད་པ་ཉིད་ལས་གུད་ན་ཡང་། སྟོང་པ་ཉིད་མ་མཆིས་ཏེ། རྣམ་པར་ཤེས་པ་མཚན་མ་མེད་པ་ཉིད་ཀྱང་སྟོང་པ་ཉིད། སྟོང་པ་ཉིད་ཀྱང་རྣམ་པར་ཤེས་པ་མཚན་མ་མེད་པ་ཉིད་དོ། །བཅོམ་ལྡན་འདས་རྣམ་གྲངས་དེས་ན། བྱང་ཆུབ་སེམས་དཔའ་སེམས་དཔའ་ཆེན་པོས་ཤེས་རབ་ཀྱི་ཕ་རོལ་ཏུ་ཕྱིན་པ་ལ་སྤྱོད་པའི་ཚེ། རྣམ་པར་ཤེས་པ་མཚན་མ་མེད་དོ་ཞེས་བགྱི་བར་གནས་པར་མི་བགྱིའོ། །གཟུགས་སྨོན་པ་མེད་དོ་ཞེས་བགྱི་བར་གནས་པར་མི་བགྱི་སྟེ། དེ་ཅིའི་སླད་དུ་ཞེ་ན། བཅོམ་ལྡན་འདས་དེ་ནི་འདི་ལྟར་གཟུགས་སྨོན་པ་མེད་པ་ཉིད། གཟུགས་སྨོན་པ་མེད་པ་ཉིད་ཀྱིས་སྟོང་སྟེ། གཟུགས་སྨོན་པ་མེད་པ་ཉིད་ཀྱི་སྟོང་པ་ཉིད་གང་ལགས་པ་དེ་

ཡང་། གཟུགས་སྨོན་པ་མེད་པ་ཉིད་མ་ལགས། གཟུགས་སྨོན་པ་མེད་པ་ཉིད་ལས་གུད་ན་ཡང་སྟོང་པ་ཉིད་མ་མཆིས་ཏེ། གཟུགས་སྨོན་པ་མེད་པ་ཉིད་ཀྱང་སྟོང་པ་ཉིད། སྟོང་པ་ཉིད་ཀྱང་གཟུགས་སྨོན་པ་མེད་པ་ཉིད་དོ། །བཅོམ་ལྡན་འདས་རྣམ་གྲངས་དེས་ན། བྱང་ཆུབ་སེམས་དཔའ་སེམས་དཔའ་ཆེན་པོས་ཤེས་རབ་ཀྱི་ཕ་རོལ་ཏུ་ཕྱིན་པ་ལ་སྤྱོད་པའི་ཚེ། གཟུགས་སྨོན་པ་མེད་དོ་ཞེས་བགྱི་བར་གནས་པར་མི་བགྱིའོ། །ཚོར་བ་དང་། འདུ་ཤེས་དང་། འདུ་བྱེད་དང་། རྣམ་པར་ཤེས་པ་སྨོན་པ་མེད་དོ་ཞེས་བགྱི་བར་གནས་པར་མི་བགྱི་སྟེ། དེ་ཅིའི་སླད་དུ་ཞེ་ན། བཅོམ་ལྡན་འདས་དེ་ནི་འདི་ལྟར་རྣམ་པར་ཤེས་པ་སྨོན་པ་མེད་པ་ཉིད། རྣམ་པར་ཤེས་པ་སྨོན་པ་མེད་པ་ཉིད་ཀྱིས་སྟོང་སྟེ། རྣམ་པར་ཤེས་པ་སྨོན་པ་མེད་པ་ཉིད་ཀྱི་སྟོང་པ་ཉིད་གང་ལགས་པ་དེ་ཡང་། རྣམ་པར་ཤེས་པ་སྨོན་པ་མེད་པ་ཉིད་མ་ལགས། རྣམ་པར་ཤེས་པ་སྨོན་པ་མེད་པ་ཉིད་ལས་གུད་ན་ཡང་། སྟོང་པ་ཉིད་མ་མཆིས་ཏེ། རྣམ་པར་ཤེས་པ་སྨོན་པ་མེད་པ་ཉིད་ཀྱང་སྟོང་པ་ཉིད། སྟོང་པ་ཉིད་ཀྱང་རྣམ་པར་ཤེས་པ་སྨོན་པ་མེད་པ་ཉིད་དོ། །བཅོམ་ལྡན་འདས་རྣམ་⑦གྲངས་དེས་ན། བྱང་ཆུབ་སེམས་དཔའ་སེམས་དཔའ་ཆེན་པོས་ཤེས་རབ་ཀྱི་ཕ་རོལ་ཏུ་ཕྱིན་པ་ལ་སྤྱོད་པའི་ཚེ། རྣམ་པར་ཤེས་པ་སྨོན་པ་མེད་དོ་ཞེས་བགྱི་བར་གནས་པར་མི་བགྱིའོ། །གཟུགས་དབེན་ནོ་ཞེས་བགྱི་བར་གནས་པར་མི་བགྱི་སྟེ། དེ་ཅིའི་སླད་དུ་ཞེ་ན། བཅོམ་ལྡན་འདས་དེ་ནི་འདི་ལྟར་གཟུགས་དབེན་པ་ཉིད། གཟུགས་དབེན་པ་ཉིད་ཀྱིས་སྟོང་སྟེ། གཟུགས་དབེན་པ་ཉིད་ཀྱི་སྟོང་པ་ཉིད་གང་ལགས་པ་དེ་ཡང་། གཟུགས་དབེན་པ་ཉིད་མ་ལགས། གཟུགས་དབེན་པ་ཉིད་ལས་གུད་ན་ཡང་སྟོང་པ་ཉིད་མ་མཆིས་ཏེ། གཟུགས་དབེན་པ་ཉིད་ཀྱང་སྟོང་པ་ཉིད། སྟོང་པ་ཉིད་ཀྱང་

གཟུགས་དབེན་པ་ཉིད་དོ། །བཅོམ་ལྡན་འདས་རྣམ་གྲངས་དེས་ན། བྱང་ཆུབ་སེམས་དཔའ་སེམས་དཔའ་ཆེན་པོས་ཤེས་རབ་ཀྱི་ཕ་རོལ་ཏུ་ཕྱིན་པ་ལ་སྤྱོད་པའི་ཚེ། གཟུགས་དབེན་ནོ་ཞེས་བགྱི་བར་གནས་པར་མི་བགྱིའོ། །ཚོར་བ་དང་། འདུ་ཤེས་དང་། འདུ་བྱེད་དང་། རྣམ་པར་[༧]ཤེས་པ་དབེན་ནོ་ཞེས་བགྱི་བར་གནས་པར་མི་བགྱི་སྟེ། དེ་ཅིའི་སླད་དུ་ཞེ་ན། བཅོམ་ལྡན་འདས་དེ་ནི་འདི་ལྟར་རྣམ་པར་ཤེས་པ་དབེན་པ་ཉིད། རྣམ་པར་ཤེས་པ་དབེན་པ་ཉིད་ཀྱིས་སྟོང་སྟེ། རྣམ་པར་ཤེས་པ་དབེན་པ་ཉིད་ཀྱི་སྟོང་པ་ཉིད་གང་ལགས་པ་དེ་ཡང་། རྣམ་པར་ཤེས་པ་དབེན་པ་ཉིད་མ་ལགས། རྣམ་པར་ཤེས་པ་དབེན་པ་ཉིད་ལས་གུད་ན་ཡང་། སྟོང་པ་ཉིད་མ་མཆིས་ཏེ། རྣམ་པར་ཤེས་པ་དབེན་པ་ཉིད་ཀྱང་སྟོང་པ་ཉིད། སྟོང་པ་ཉིད་ཀྱང་རྣམ་པར་ཤེས་པ་དབེན་པ་ཉིད་དོ། །བཅོམ་ལྡན་འདས་རྣམ་གྲངས་དེས་ན། བྱང་ཆུབ་སེམས་དཔའ་སེམས་དཔའ་ཆེན་པོས། ཤེས་རབ་ཀྱི་ཕ་རོལ་ཏུ་ཕྱིན་པ་ལ་སྤྱོད་པའི་ཚེ། རྣམ་པར་ཤེས་པ་དབེན་ནོ་ཞེས་བགྱི་བར་གནས་པར་མི་བགྱིའོ། །བཅོམ་ལྡན་འདས་གཞན་ཡང་བྱང་ཆུབ་སེམས་དཔའ་སེམས་དཔའ་ཆེན་པོས་ཤེས་རབ་ཀྱི་ཕ་རོལ་ཏུ་ཕྱིན་པ་ལ་སྤྱོད་པའི་ཚེ། དེ་བཞིན་ཉིད་ལ་གནས་པར་མི་བགྱི་སྟེ། དེ་ཅིའི་སླད་དུ་ཞེ་ན། བཅོམ་ལྡན་འདས་དེ་ནི་འདི་ལྟར་དེ་བཞིན་ཉིད་དེ་བཞིན་ཉིད་ཀྱིས་སྟོང་སྟེ། དེ་བཞིན་ཉིད་ཀྱི་སྟོང་པ་ཉིད་གང་ལགས་པ་དེ་ཡང་དེ་བཞིན་ཉིད་མ་ལགས། དེ་བཞིན་ཉིད་ལས་གུད་ན་ཡང་སྟོང་པ་ཉིད་མ་མཆིས་ཏེ། དེ་བཞིན་ཉིད་ཀྱང་སྟོང་པ་ཉིད། སྟོང་པ་ཉིད་ཀྱང་དེ་བཞིན་ཉིད་དོ། །བཅོམ་ལྡན་འདས་རྣམ་གྲངས་དེས་ན། བྱང་ཆུབ་སེམས་དཔའ་སེམས་དཔའ་ཆེན་པོས་[༣]ཤེས་རབ་ཀྱི་ཕ་རོལ་ཏུ་ཕྱིན་པ་ལ་སྤྱོད་པའི་ཚེ། དེ་བཞིན་ཉིད་ལ་གནས་པར་མི་བགྱིའོ། །ཆོས་

ཉིད་ལ་གནས་པར་མི་བགྱི་སྟེ། དེ་ཅིའི་སླད་དུ་ཞེ་ན། བཅོམ་ལྡན་འདས་དེ་ནི་འདི་ལྟར་ཆོས་ཉིད་ཆོས་ཉིད་ཀྱིས་སྟོང་སྟེ། ཆོས་ཉིད་ཀྱི་སྟོང་པ་ཉིད་གང་ལགས་པ་དེ་ཡང་ཆོས་ཉིད་མ་ལགས། ཆོས་ཉིད་ལས་གུད་ན་ཡང་སྟོང་པ་ཉིད་མ་མཆིས་ཏེ། ཆོས་ཉིད་ཀྱང་སྟོང་པ་ཉིད། སྟོང་པ་ཉིད་ཀྱང་ཆོས་ཉིད་དོ། །བཅོམ་ལྡན་འདས་རྣམ་གྲངས་དེས་ན། བྱང་ཆུབ་སེམས་དཔའ་སེམས་དཔའ་ཆེན་པོས་ཤེས་རབ་ཀྱི་ཕ་རོལ་ཏུ་ཕྱིན་པ་ལ་སྤྱོད་པའི་ཚེ། ཆོས་ཉིད་ལ་གནས་པར་མི་བགྱིའོ། །ཆོས་ཀྱི་དབྱིངས་ལ་གནས་པར་མི་བགྱི་སྟེ། དེ་ཅིའི་སླད་དུ་ཞེ་ན། བཅོམ་ལྡན་འདས་དེ་ནི་འདི་ལྟར་ཆོས་ཀྱི་དབྱིངས། ཆོས་ཀྱི་དབྱིངས་ཀྱིས་སྟོང་སྟེ། ཆོས་ཀྱི་དབྱིངས་ཀྱི་སྟོང་པ་ཉིད་གང་ལགས་པ་དེ་[7]ཡང་ཆོས་ཀྱི་དབྱིངས་མ་ལགས། ཆོས་ཀྱི་དབྱིངས་ལས་གུད་ན་ཡང་སྟོང་པ་ཉིད་མ་མཆིས་ཏེ། ཆོས་ཀྱི་དབྱིངས་ཀྱང་སྟོང་པ་ཉིད། སྟོང་པ་ཉིད་ཀྱང་ཆོས་ཀྱི་དབྱིངས་སོ། །བཅོམ་ལྡན་འདས་རྣམ་གྲངས་དེས་ན། བྱང་ཆུབ་སེམས་དཔའ་སེམས་དཔའ་ཆེན་པོས་ཤེས་རབ་ཀྱི་ཕ་རོལ་ཏུ་ཕྱིན་པ་ལ་སྤྱོད་པའི་ཚེ། ཆོས་ཀྱི་དབྱིངས་ལ་གནས་པར་མི་བགྱིའོ། །ཆོས་སྐྱོན་མེད་པ་ཉིད་ལ་གནས་པར་མི་བགྱི་སྟེ། དེ་ཅིའི་སླད་དུ་ཞེ་ན། བཅོམ་ལྡན་འདས་དེ་ནི་འདི་ལྟར་ཆོས་སྐྱོན་མེད་པ་ཉིད་ཆོས་སྐྱོན་མེད་པ་ཉིད་ཀྱིས་སྟོང་སྟེ། ཆོས་སྐྱོན་མེད་པ་ཉིད་ཀྱི་སྟོང་པ་ཉིད་གང་ལགས་པ་དེ་ཡང་། ཆོས་སྐྱོན་མེད་པ་ཉིད་མ་ལགས། ཆོས་སྐྱོན་མེད་པ་ཉིད་ལས་གུད་ན་ཡང་སྟོང་པ་ཉིད་མ་མཆིས་ཏེ། ཆོས་སྐྱོན་མེད་པ་ཉིད་ཀྱང་སྟོང་པ་ཉིད། སྟོང་པ་ཉིད་ཀྱང་ཆོས་སྐྱོན་མེད་པ་ཉིད་དོ། །བཅོམ་ལྡན་འདས་རྣམ་གྲངས་དེས་ན༑ བྱང་ཆུབ་སེམས་དཔའ་སེམས་དཔའ་ཆེན་པོས་ཤེས་རབ་ཀྱི་ཕ་རོལ་ཏུ་ཕྱིན་པ་ལ་སྤྱོད་པའི་ཚེ། ཆོས་སྐྱོན་མེད་པ་ཉིད་ལ་གནས་པར་མི་བགྱིའོ། །ཡང་

དག་པའི་མཐའ་ལ་གནས་པར་མི་བགྱི་སྟེ། དེ་ཅིའི་སླད་དུ་ཞེ་ན། བཅོམ་ལྡན་འདས་དེ་ནི་འདི་ལྟར་ཡང་དག་པའི་མཐའ་ཡང་དག་པའི་མཐས་སྟོང་སྟེ། ཡང་དག་པའི་མཐའི་སྟོང་པ་ཉིད་གང་ལགས་པ་དེ་ཡང་། ཡང་དག་པའི་མཐའ་མ་ལགས། ཡང་དག་པའི་མཐའ་ལས་གུད་ན་ཡང་སྟོང་པ་ཉིད་མ་མཆིས་ཏེ། ཡང་དག་པའི་མཐའ་ཉིད་ཀྱང་སྟོང་པ་ཉིད། སྟོང་པ་ཉིད་ཀྱང་ཡང་དག་པའི་མཐའ་ཉིད་དོ། །བཅོམ་ལྡན་འདས་རྣམ་གྲངས་དེས་ན། བྱང་ཆུབ་སེམས་དཔའ་སེམས་དཔའ་ཆེན་པོས་ཤེས་རབ་ཀྱི་ཕ་རོལ་དུ་ཕྱིན་པ་ལ་སྤྱོད་པའི་ཚེ། ཡང་དག་པའི་མཐའ་ལ་གནས་པར་མི་བགྱིའོ། །བཅོམ་ལྡན་འདས་གལ་ཏེ་བྱང་ཆུབ་སེམས་དཔའ་སེམས་དཔའ་ཆེན་པོས་ཤེས་རབ་ཀྱི་ཕ་རོལ་དུ་ཕྱིན་པ་ལ་སྤྱོད་པའི་ཚེ། ཐབས་མི་མཁས་པས། བདག་ཏུ་བགྱི་བ་དང་། བདག་གིར་བགྱི་བ་ལ་གནས་པའི་ཡིད་ཀྱིས་གཟུགས་ལ་གནས་ན། དེ་གཟུགས་མངོན་པར་འདུ་བགྱི་བ་ལ་སྤྱོད་ཀྱི། ཤེས་རབ་ཀྱི་ཕ་རོལ་དུ་ཕྱིན་པ་ལ་མི་སྤྱོད་དོ། །གལ་ཏེ་ཚོར་བ་དང་། འདུ་ཤེས་དང་། འདུ་བྱེད་དང་། རྣམ་པར་ཤེས་པ་ལ་གནས་ན། དེ་རྣམ་པར་ཤེས་པ་མངོན་པར་འདུ་[1]བགྱི་བ་ལ་སྤྱོད་ཀྱི། ཤེས་རབ་ཀྱི་ཕ་རོལ་དུ་ཕྱིན་པ་ལ་མི་སྤྱོད་དོ། །དེ་ཅིའི་སླད་དུ་ཞེ་ན། མངོན་པར་འདུ་བགྱི་བ་ལ་སྤྱོད་པའི་བྱང་ཆུབ་སེམས་དཔའ་སེམས་དཔའ་ཆེན་པོས་ནི། ཤེས་རབ་ཀྱི་ཕ་རོལ་དུ་ཕྱིན་པ་ཡོངས་སུ་ཟིན་པར་མི་འགྱུར། ཤེས་རབ་ཀྱི་ཕ་རོལ་དུ་ཕྱིན་པའི་རྣལ་འབྱོར་ལ་སྨྲས་པར་འཇུག་པར་མི་འགྱུར་ཏེ། ཤེས་རབ་ཀྱི་ཕ་རོལ་དུ་ཕྱིན་པ་ཡོངས་སུ་རྫོགས་པར་མ་[2]གྱུར་པར། རྣམ་པ་ཐམས་ཅད་མཁྱེན་པ་ཉིད་དུ་འབྱུང་བར་མི་འགྱུར་རོ། །བཅོམ་ལྡན་འདས་གལ་ཏེ་བྱང་ཆུབ་སེམས་དཔའ་སེམས་དཔའ་ཆེན་པོ་ཤེས་རབ་ཀྱི་ཕ་རོལ་དུ་ཕྱིན་པ་ལ་སྤྱོད་པའི་ཚེ།

ཐབས་མི་མཁས་པས། བདག་ཏུ་བགྱི་བ་དང་། བདག་གིར་བགྱི་བ་ལ་གནས་པའི་ཡིད་ཀྱིས། ཡང་དག་པའི་མཐའི་བར་ལ་གནས་ན། དེ་ཡང་དག་པའི་མཐའི་①མངོན་པར་འདུ་བགྱི་བ་ལ་སྤྱོད་ཀྱི། ཤེས་རབ་ཀྱི་ཕ་རོལ་དུ་ཕྱིན་པ་ལ་མི་སྤྱོད་དོ། །དེ་ཅིའི་སླད་དུ་ཞེ་ན། མངོན་པར་འདུ་བགྱི་བ་ལ་སྤྱོད་པའི་བྱང་ཆུབ་སེམས་དཔའ་སེམས་དཔའ་ཆེན་པོས་ནི། ཤེས་རབ་ཀྱི་ཕ་རོལ་དུ་ཕྱིན་པ་ཡོངས་སུ་ཟིན་པར་མི་འགྱུར། ཤེས་རབ་ཀྱི་ཕ་རོལ་དུ་ཕྱིན་པའི་རྣལ་འབྱོར་ལ་སྙོམས་པར་འཇུག་པར་མི་འགྱུར་ཏེ། ཤེས་རབ་ཀྱི་ཕ་རོལ་དུ་ཕྱིན་པ་ཡོངས་སུ་རྫོགས་པར་མ་གྱུར་པས། རྣམ་པ་ཐམས་ཅད་མཁྱེན་པ་ཉིད་དུ་འབྱུང་བར་མི་འགྱུར་རོ། །དེ་ཅིའི་སླད་དུ་ཞེ་ན། བཅོམ་ལྡན་འདས་འདི་ལྟར་གཟུགས་ནི་ཡོངས་སུ་བཟུང་བ་མ་མཆིས་པ་སྟེ། གཟུགས་ཀྱི་ཡོངས་སུ་བཟུང་བ་མ་མཆིས་པ་གང་ལགས་པ་དེ་ཡང་རང་བཞིན་གྱིས་སྟོང་པའི་སླད་དུ་གཟུགས་མ་ལགས། ཚོར་བ་དང་། འདུ་ཤེས་དང་། འདུ་བྱེད་དང་། རྣམ་པར་ཤེས་པ་ནི་ཡོངས་སུ་བཟུང་བ་མ་མཆིས་པ་སྟེ། རྣམ་པར་ཤེས་པའི་ཡོངས་སུ་བཟུང་བ་མ་མཆིས་པ་གང་ལགས་པ་དེ་ཡང་རང་བཞིན་གྱིས་སྟོང་པའི་སླད་དུ། རྣམ་པར་ཤེས་པ་མ་ལགས། ཡང་དག་པའི་མཐའི་བར་དུ་ཡོངས་སུ་བཟུང་བ་མ་མཆིས་པ་སྟེ། ཡང་དག་པའི་མཐའི་ཡོངས་སུ་བཟུང་བ་མ་མཆིས་པ་གང་ལགས་པ་དེ་ཡང་རང་བཞིན་གྱིས་སྟོང་པའི་སླད་དུ་ཡང་དག་པའི་མཐའ་མ་ལགས་ཏེ། ཤེས་རབ་ཀྱི་ཕ་རོལ་ཏུ་ཕྱིན་པ་དེ་ཡང་རང་བཞིན་གྱིས་སྟོང་བའི་སླད་དུ་ཡོངས་སུ་བཟུང་བ་མ་མཆིས་སོ། །བཅོམ་ལྡན་འདས་བྱང་ཆུབ་སེམས་དཔའ་སེམས་དཔའ་ཆེན་པོ་ཤེས་རབ་ཀྱི་ཕ་རོལ་ཏུ་ཕྱིན་པ་ལ་སྤྱོད་པའི་ཚེ། དེ་ལྟར་ཆོས་ཐམས་ཅད་རང་བཞིན་གྱིས་སྟོང་པ་ཉིད་དུ་ཡོངས་སུ་བརྟག་པར་བགྱི་སྟེ། ཅི་ནས་ཀྱང་ཆོས་

གང་ལ་ཡང་ཡིད་རྣམ་པར་མི་རྒྱུ་བ་དེ་ལྟར་ཡོངས་སུ་བརྟག་པར་བགྱིའོ། །བཅོམ་ལྡན་འདས་འདི་ནི་བྱང་ཆུབ་སེམས་དཔའ་སེམས་དཔའ་ཆེན་པོའི་ཏིང་ངེ་འཛིན་གྱི་དཀྱིལ་འཁོར་ཆོས་ཐམས་ཅད་ཡོངས་སུ་མ་བཟུང་བ་ཞེས་བགྱི་བ་སྟེ། རྒྱ་ཆེ་བ། ཐུལ་དུ་བགྱི་བ། ཚད་མ་མཆིས་པ། ཚད་མ་མཆིས་པར་ངེས་པ། ཉན་ཐོས་དང་། རང་སངས་རྒྱས་ཐམས་ཅད་ཀྱིས་མི་འཕྲོགས་ཤིང་། དེ་དག་དང་ཐུན་མོང་མ་ལགས་པ་སྟེ། ཏིང་ངེ་འཛིན་གྱི་དཀྱིལ་འཁོར་དེ་ལ་སྤྱོད་པའི་བྱང་ཆུབ་སེམས་དཔའ་སེམས་དཔའ་ཆེན་པོ་ནི། རྣམ་པ་ཐམས་ཅད་མཁྱེན་པ་ཉིད་དུ་འབྱུང་བར་འགྱུར་ཏེ། རྣམ་པ་ཐམས་ཅད་མཁྱེན་པ་ཉིད་དེ་ཡང་ནང་སྟོང་པ་ཉིད་དང་། ཕྱི་སྟོང་པ་ཉིད་དང་། ཕྱི་ནང་སྟོང་པ་ཉིད་དང་། སྟོང་པ་ཉིད་སྟོང་པ་ཉིད་དང་། ཆེན་པོ་སྟོང་པ་ཉིད་དང་། དོན་དམ་པ་སྟོང་པ་ཉིད་དང་། འདུས་བྱས་སྟོང་པ་ཉིད་དང་། འདུས་མ་བྱས་སྟོང་པ་ཉིད་དང་། མཐའ་ལས་འདས་པ་སྟོང་པ་ཉིད་དང་། ཐོག་མ་དང་ཐ་མ་མེད་པ་སྟོང་པ་ཉིད་དང་། དོར་བ་མེད་པ་སྟོང་པ་ཉིད་དང་། རང་བཞིན་སྟོང་པ་ཉིད་དང་། ཆོས་ཐམས་ཅད་སྟོང་པ་ཉིད་དང་། རང་གི་མཚན་ཉིད་སྟོང་པ་ཉིད་དང་། མི་དམིགས་པ་སྟོང་པ་ཉིད་དང་། དངོས་པོ་མེད་པ་སྟོང་པ་ཉིད་དང་། ངོ་བོ་ཉིད་སྟོང་པ་ཉིད་དང་། དངོས་པོ་མེད་པའི་ངོ་བོ་ཉིད་སྟོང་པ་ཉིད་ཀྱི་སླད་དུ། ཡོངས་སུ་བཟུང་[7]བ་མ་མཆིས་པའོ། །དེ་ཅིའི་སླད་དུ་ཞེ་ན། དེ་ནི་མཚན་མས་བརྗོད་པ་མ་ལགས་པ་སྟེ། དེ་ནི་འདི་ལྟར་མཚན་མ་ལས་ཉོན་མོངས་པ་འབྱུང་སྟེ། མཚན་མ་དེ་དག་གང་ཞེ་ན། གཟུགས་ནི་མཚན་མའོ། །ཚོར་བ་ནི་མཚན་མའོ། །འདུ་ཤེས་ནི་མཚན་མའོ། །འདུ་བྱེད་ནི་མཚན་མའོ། །རྣམ་པར་ཤེས་པ་ནི་མཚན་མའོ། །མིག་ནི་མཚན་མའོ། །རྣ་བ་དང་། སྣ་དང་། ལྗེ་དང་།

ལུས་དང་། ཡིད་ནི་མཚན་མའོ། །ཿགཟུགས་ནི་མཚན་མའོ། །①སྒྲ་དང་། དྲི་དང་། རོ་དང་། རེག་དང་། ཆོས་ནི་མཚན་མའོ། །མིག་གི་རྣམ་པར་ཤེས་པ་ནི་མཚན་མའོ། །རྣ་བའི་རྣམ་པར་ཤེས་པ་དང་། སྣའི་རྣམ་པར་ཤེས་པ་དང་། ལྕེའི་རྣམ་པར་ཤེས་པ་དང་། ལུས་ཀྱི་རྣམ་པར་ཤེས་པ་དང་། ཡིད་ཀྱི་རྣམ་པར་ཤེས་པ་ནི་མཚན་མའོ། །མིག་གི་འདུས་ཏེ་རེག་པ་ནི་མཚན་མའོ། །རྣ་བའི་འདུས་ཏེ་རེག་པ་དང་། སྣའི་འདུས་ཏེ་རེག་པ་དང་། ལྕེའི་འདུས་ཏེ་རེག་པ་དང་། ལུས་ཀྱི་འདུས་ཏེ་རེག་པ་དང་། ཡིད་ཀྱི་འདུས་ཏེ་རེག་པ་ནི་མཚན་མའོ། །མིག་གི་འདུས་ཏེ་རེག་པ་ལས་བྱུང་བའི་ཚོར་བ་ནི་མཚན་མའོ། །རྣ་བའི་འདུས་ཏེ་རེག་པ་ལས་བྱུང་བའི་ཚོར་བ་དང་། སྣའི་འདུས་ཏེ་རེག་པ་ལས་བྱུང་བའི་ཚོར་བ་དང་། ལྕེའི་འདུས་ཏེ་རེག་པ་ལས་བྱུང་བའི་ཚོར་བ་དང་། ལུས་ཀྱི་འདུས་ཏེ་རེག་པ་ལས་བྱུང་བའི་ཚོར་བ་དང་། ཡིད་ཀྱི་འདུས་ཏེ་རེག་པ་ལས་བྱུང་བའི་ཚོར་བ་ནི་མཚན་མའོ། །སའི་ཁམས་ནི་མཚན་མའོ། །ཆུའི་ཁམས་དང་། མེའི་ཁམས་དང་། རླུང་གི་ཁམས་དང་། ནམ་མཁའི་ཁམས་དང་། རྣམ་པར་ཤེས་པའི་ཁམས་ནི་མཚན་མའོ། །མ་རིག་པ་ནི་མཚན་མའོ། །འདུ་བྱེད་དང་། རྣམ་པར་ཤེས་པ་དང་། མིང་དང་གཟུགས་དང་། སྐྱེ་མཆེད་དྲུག་དང་། རེག་པ་དང་། ཚོར་བ་དང་། སྲེད་པ་དང་། ལེན་པ་དང་། སྲིད་པ་དང་། སྐྱེ་བ་དང་། རྒ་ཤི་ནི་མཚན་མའོ། །སྦྱིན་པའི་ཕ་རོལ་ཏུ་ཕྱིན་པ་ནི་མཚན་མའོ། །ཚུལ་ཁྲིམས་ཀྱི་ཕ་རོལ་ཏུ་ཕྱིན་པ་དང་། བཟོད་པའི་ཕ་རོལ་ཏུ་ཕྱིན་པ་དང་། བརྩོན་འགྲུས་ཀྱི་ཕ་རོལ་ཏུ་ཕྱིན་པ་དང་། བསམ་གཏན་གྱི་ཕ་རོལ་ཏུ་ཕྱིན་པ་དང་། ཤེས་རབ་ཀྱི་ཕ་རོལ་ཏུ་ཕྱིན་པ་ནི་མཚན་མའོ། །ནང་སྟོང་པ་ཉིད་ནི་མཚན་མའོ། །ཕྱི་སྟོང་པ་ཉིད་དང་། ཕྱི་

ནང་སྟོང་པ་ཉིད་ནི་མཚན་མའོ། །དངོས་པོ་མེད་པའི་ངོ་བོ་ཉིད་སྟོང་པ་ཉིད་ཀྱི་བར་ནི་མཚན་མའོ། །དྲན་པ་ཉེ་བར་གཞག་པ་རྣམས་ནི་མཚན་མའོ། །ཡང་དག་པར་སྤོང་བ་རྣམས་དང་། རྫུ་འཕྲུལ་གྱི་རྐང་པ་རྣམས་དང་། དབང་པོ་རྣམས་དང་། སྟོབས་རྣམས་དང་། བྱང་ཆུབ་ཀྱི་ཡན་ལག་བདུན་དང་། འཕགས་པའི་ལམ་ཡན་ལག་བརྒྱད་པ་དང་། འཕགས་པའི་བདེན་པ་རྣམས་དང་། བསམ་གཏན་རྣམས་དང་། ཚད་མེད་པ་རྣམས་དང་། གཟུགས་མེད་པའི་སྙོམས་པར་འཇུག་པ་རྣམས་དང་། རྣམ་པར་ཐར་པ་བརྒྱད་དང་། མཐར་གྱིས་གནས་པའི་སྙོམས་པར་འཇུག་པ་དགུ་དང་། སྟོང་པ་ཉིད་དང་། མཚན་མ་མེད་པ་དང་། སྨོན་པ་མེད་པ་དང་། མངོན་པར་ཤེས་པ་རྣམས་དང་། ཏིང་ངེ་འཛིན་རྣམས་དང་། གཟུངས་ཀྱི་སྒོ་རྣམས་དང་། དེ་བཞིན་གཤེགས་[༡]པའི་སྟོབས་བཅུ་དང་། མི་འཇིགས་པ་བཞི་དང་། སོ་སོ་ཡང་དག་པར་རིག་པ་བཞི་དང་། སངས་རྒྱས་ཀྱི་ཆོས་མ་འདྲེས་པ་བཅོ་བརྒྱད་ནི་མཚན་མའོ། །ཡི་གེ་རྣམས་ནི་མཚན་མའོ། །གཅིག་ཏུ་བརྗོད་པ་ནི་མཚན་མའོ། །གཉིས་སུ་བརྗོད་པ་ནི་མཚན་མའོ། །ཐ་དད་དུ་བརྗོད་པ་ནི་མཚན་མ་སྟེ། དེ་ནི་ཉོན་མོངས་པ་ཞེས་བགྱིའོ། །གལ་ཏེ་དེ་ཤེས་རབ་ཀྱི་ཕ་རོལ་ཏུ་ཕྱིན་པ་དེ་མཚན་མར་བཟུང་བ་ཞིག་ལགས་ན་ནི། ཀུན་དུ་རྒྱུ་བ་ཕྲེང་བ་ཅན་ཡང་ཐམས་ཅད་མཁྱེན་པའི་ཡེ་ཤེས་འདི་ལ་དད་པ་ཐོབ་པར་མི་འགྱུར་རོ། །དད་པ་གང་ཞེ་ན། འདི་ལྟ་སྟེ། ཤེས་རབ་ཀྱི་ཕ་རོལ་ཏུ་ཕྱིན་པ་ལ་ཡིད་ཆེས་པ་དང་། རྟོག་པ་དང་། མོས་པ་དང་། རྟེན་[༢]པ་དང་། སེམས་པ་དང་། འཇལ་བ་དང་དཔྱོད་པ་སྟེ། དེ་ཡང་མཚན་མའི་ཚུལ་དུ་མ་ལགས། མཚན་མ་[༣]མ་མཆིས་པའི་ཚུལ་དུ་ཡང་མ་ལགས་སོ། །དེ་ལྟར་ན་དེ་ནི་མཚན་མ་དང་མཚན་མ་མ་[༤]མཆིས་པ་དང་།

ཡོངས་སུ་གཟུང་①བ་མ་མཆིས་པས་ཡོངས་སུ་བཟུང་བ་ལགས་ཏེ། ཀུན་ཏུ་རྒྱུ་བ་ཕྲེང་བ་ཅན་དེས་ཀུང་ཐམས་ཅད་མཁྱེན་པའི་ཡེ་ཤེས་འདི་ལ་མོས་པར་གྱུར་ནས། དད་པའི་རྗེས་སུ་འབྲང་བས་ཉེ་ཚེ་བའི་ཡེ་ཤེས་ཀྱིས་ཞུགས་ཏེ། དེ་ལྟར་ཞུགས་ནས་གཟུགས་ཡོངས་སུ་མ་བཟུང་། ཚོར་བ་དང་། འདུ་ཤེས་དང་། འདུ་བྱེད་དང་། རྣམ་པར་ཤེས་པ་ཡོངས་སུ་མ་བཟུང་ངོ་། །དེ་ནི་འདི་ལྟར་དེས་རང་གི་མཚན་ཉིད་ཀྱིས་སྟོང་པའི་ཆོས་ཐམས་ཅད་ལ་ཡོངས་སུ་འཛིན་པ་མ་②དམིགས་ཏེ། དེ་ཅིའི་སླད་དུ་ཞེ་ན། འདི་ལྟར་དེས་ཡེ་ཤེས་དེ་རྟོགས་པ་དང་། ཐོབ་པར་བགྱི་བའི་ཚུལ་གྱིས་ནང་དུ་ཡང་དག་པར་རྗེས་སུ་མ་མཐོང་། ཡེ་ཤེས་དེ་རྟོགས་པ་དང་། ཐོབ་པར་བགྱི་བའི་ཚུལ་གྱིས་ཕྱི་རོལ་དུ་ཡང་དག་པར་རྗེས་སུ་མ་མཐོང་། ཡེ་ཤེས་དེ་རྟོགས་པ་དང་། ཐོབ་པར་བགྱི་བའི་ཚུལ་གྱིས་ཕྱི་ནང་དུ་ཡང་དག་པར་རྗེས་སུ་མ་མཐོང་། ཡེ་ཤེས་དེ་རྟོགས་པ་དང་། ཐོབ་པར་བགྱི་བའི་ཚུལ་གྱིས་དེ་ལས་གཞན་དུ་ཡང་③ཡང་དག་པར་རྗེས་སུ་མ་མཐོང་ངོ་།། དེ་ཅིའི་སླད་དུ་ཞེ་ན། འདི་ལྟར་དེས་ཆོས་གང་གིས་རྟོགས་པར་བགྱི་བ་དང་། གང་རྟོགས་པར་བགྱིད་པ་དང་། གང་རྟོགས་པར་བགྱི་བ་དེ་ལྟ་བུའི་ཆོས་ཡང་དག་པར་རྗེས་སུ་མ་མཐོང་སྟེ། དེས་ཡེ་ཤེས་དེ་གཟུགས་ཀྱི་ནང་དུ་ཡང་དག་པར་རྗེས་སུ་མ་མཐོང་། ཡེ་ཤེས་དེ་ཚོར་བ་དང་། འདུ་ཤེས་དང་། འདུ་བྱེད་དང་། རྣམ་པར་ཤེས་པའི་ནང་དུ་ཡང་དག་པར་རྗེས་སུ་མ་མཐོང་། ཡེ་ཤེས་དེ་གཟུགས་ཀྱི་ཕྱི་རོལ་④དུ་ཡང་དག་པར་རྗེས་སུ་མ་མཐོང་། ཡེ་ཤེས་དེ་ཚོར་བ་དང་། འདུ་ཤེས་དང་། འདུ་བྱེད་དང་། རྣམ་པར་ཤེས་པའི་ཕྱི་རོལ་⑤དུ་ཡང་དག་པར་རྗེས་སུ་མ་མཐོང་། ཡེ་ཤེས་དེ་གཟུགས་ཀྱི་ཕྱི་ནང་དུ་ཡང་དག་པར་རྗེས་སུ་མ་མཐོང་། ཡེ་ཤེས་དེ་ཚོར་བ་དང་། འདུ་ཤེས་དང་། འདུ་

བྱེད་དང་། རྣམ་པར་ཤེས་པའི་ཕྱི་ནང་དུ་ཡང་དག་པར་རྗེས་སུ་མ་མཐོང་། ཡེ་ཤེས་དེ་གཟུགས་མ་ལགས་པ་གཞན་དུ་ཡང་ཡང་དག་པར་རྗེས་སུ་མ་མཐོང་། ཡེ་ཤེས་དེ་ཚོར་བ་དང་། འདུ་ཤེས་དང་། འདུ་བྱེད་དང་། རྣམ་པར་ཤེས་པ་མ་ལགས་པ་གཞན་དུ་ཡང་ཡང་དག་པར་རྗེས་སུ་མ་མཐོང་། ཡེ་ཤེས་དེ་ཡང་དག་པའི་མཐའི་བར་ཀྱི[1]ནང་དུ་ཡང་ཡང་དག་པར་རྗེས་སུ་མ་མཐོང་། ཡེ་ཤེས་དེ་ཡང་དག་པའི་མཐའི་ཕྱི་རོལ་དུ་ཡང་དག་པར་རྗེས་སུ་མ་མཐོང་། ཡེ་ཤེས་དེ་ཡང་དག་པའི་མཐའི་ཕྱི་ནང་དུ་ཡང་དག་པར་རྗེས་སུ་མ་མཐོང་། ཡེ་ཤེས་དེ་ཡང་དག་པའི་མཐའ་མ་ལགས་པ་གཞན་དུ་ཡང་ཡང་དག་པར་རྗེས་སུ་མ་མཐོང་ངོ་། །རྣམ་གྲངས་འདི་ལ་ཀུན་ཏུ་རྒྱུ་བ་ཕྲེང་བ་ཅན་མོས་པར་གྱུར་ཏེ། དེ་ལྟར་མོས་པར་གྱུར་ན[2]། དད་པའི་རྗེས་སུ་འབྲང་བས་ཆོས་ཉིད་ཚད་མར་བགྱིས་ཏེ། ཆོས་ཐམས་ཅད་མི་དམིགས་པའི་སླད་དུ་རྣམ་པ་ཐམས་ཅད་མཁྱེན་པ་ཉིད་ཀྱི་ཡེ་ཤེས་ལ་ཞུགས་པར་གྱུར་ཏེ། དེ་དེ་ལྟར་མོས་པར་གྱུར་ནས། དེས་ཆོས་གང་ཡང་མཚན་མ་མ་མཆིས་པ་དང་། ཡིད་ལ་བགྱི་བ་མ་མཆིས་པའི་སླད་དུ་ཡོངས་སུ་གཟུང[3]བ་མ་མཆིས་ཏེ། ཆོས་ཐམས་ཅད་གཟུང[4]དུ་མ་མཆིས། གཏང་དུ་མ་མཆིས་པའི་སླད་དུ། ཡོངས་སུ་གཟུང[5]བར་བགྱི་བའམ། གཏང་བར་བགྱི་བ་དེ་ལྟ་བུའི་ཆོས་གང་ཡང་དེས་མ[6]དམིགས་ཏེ། ཆོས་ཐམས་ཅད་ལ་རློམ་སེམས་མ་མཆིས་པའི་སླད་དུ། དེ་ནི་མྱ་ངན་ལས་འདས་པས་ཀྱང་རློམ་སེམས་སུ་འགྱུར་བ་མ་མཆིས་སོ། །བཅོམ་ལྡན་འདས་དེ་ལྟར་གང་ཆོས་ཐམས་ཅད་ཡོངས་སུ་གཟུང[7]བ་མ་མཆིས་པའི་སླད་དུ། གཟུགས་ཡོངས་སུ་མི་འཛིན་པ་དང་། ཚོར་བ་དང་། འདུ་ཤེས་དང་། འདུ་བྱེད་དང་། རྣམ་པར་ཤེས་པ་ཡོངས་སུ་མི་འཛིན་པ་དང་། ཆོས་ཐམས་ཅད་ཡོངས་སུ་གཟུང[8]བ་མ་མཆིས་པའི་སླད་

དུ། སྐྱེ་མཆེད་དང་། ཁམས་དང་། རྟེན་ཅིང་འབྲེལ་པར་འབྱུང་བ་དང་། ཕ་རོལ་ཏུ་ཕྱིན་པ་རྣམས་དང་། སྟོང་པ་ཉིད་ཐམས་ཅད་དང་། བྱང་ཆུབ་ཀྱི་ཕྱོགས་ཀྱི་ཆོས་རྣམས་དང་། འཕགས་པའི་བདེན་པ་རྣམས་དང་། བསམ་གཏན་རྣམས་དང་། ཚད་མེད་པ་རྣམས་དང་། གཟུགས་མེད་པའི་སྙོམས་པར་འཇུག་པ་རྣམས་དང་། རྣམ་པར་ཐར་པ་རྣམས་དང་། མཐར་གྱིས་⑦གནས་པའི་སྙོམས་པར་འཇུག་པ་དགུ་དང་། སྟོང་པ་ཉིད་དང་། མཚན་མ་མེད་པ་དང་། སྨོན་པ་མེད་པ་དང་། མངོན་པར་ཤེས་པ་རྣམས་དང་། ཏིང་ངེ་འཛིན་རྣམས་དང་། གཟུངས་ཀྱི་སྒོ་རྣམས་དང་། སྟོབས་བཅུ་དང་། མི་འཇིགས་པ་བཞི་དང་། སོ་སོ་ཡང་དག་པར་རིག་པ་བཞི་དང་། སངས་རྒྱས་ཀྱི་ཆོས་མ་འདྲེས་པ་བཅོ་བརྒྱད་དང་། མངོན་པར་འདུ་བགྱི་བ་མ་མཆིས་པ་དང་། དེ་བཞིན་ཉིད་དང་། ཆོས་ཉིད་དང་། ཆོས་ཀྱི་དབྱིངས་དང་། ཆོས་ཀྱི་གནས་ཉིད་དང་། ཆོས་སྐྱོན་མེད་པ་ཉིད་དང་། ཡང་དག་པའི་མཐའ་ཡོངས་སུ་མི་འཛིན་པ་འདི་ནི་ཕ་རོལ་མ་མཆིས་པའི་ཕ་རོལ་ཏུ་ཕྱིན་པས། བྱང་ཆུབ་སེམས་དཔའ་སེམས་དཔའ་ཆེན་པོ་རྣམས་ཀྱི་ཕ་རོལ་ཏུ་ཕྱིན་པའོ། །འོན་ཀྱང་སྨོན་ལམ་ཡོངས་སུ་མ་རྫོགས་ཀྱི་བར་དུ་བར་མ་དོར་ཡོངས་སུ་མྱ་ངན་ལས་མི་འདའ་སྟེ། དྲན་པ་ཉེ་བར་གཞག་པ་བཞི་ཡོངས་སུ་མ་རྫོགས། ཡང་དག་པར་སྤོང་བ་དང་། རྫུ་འཕྲུལ་གྱི་རྐང་པ་དང་། དབང་པོ་དང་། སྟོབས་དང་། བྱང་ཆུབ་ཀྱི་ཡན་ལག་བདུན་དང་། འཕགས་པའི་ལམ་ཡན་ལག་བརྒྱད་པ་ཡོངས་སུ་མ་རྫོགས། འཕགས་པའི་བདེན་པ་བཞི་དང་། བསམ་གཏན་བཞི་དང་། ཚད་མེད་པ་བཞི་དང་། གཟུགས་མེད་པའི་སྙོམས་པར་འཇུག་པ་བཞི་དང་། རྣམ་པར་ཐར་པ་བརྒྱད་དང་། མཐར་གྱིས་གནས་པའི་སྙོམས་པར་

འཇུག་པ་དགུ་དང་། སྟོང་པ་ཉིད་དང་། མཚན་མ་མེད་པ་དང་། སྨོན་པ་མེད་པ་དང་། མངོན་པར་ཤེས་པ་རྣམས་དང་། ཏིང་ངེ་འཛིན་རྣམས་དང་། གཟུངས་ཀྱི་སྒོ་རྣམས་དང་། དེ་བཞིན་གཤེགས་པའི་སྟོབས་བཅུ་དང་། མི་འཇིགས་པ་བཞི་དང་། སོ་སོ་ཡང་དག་པར་རིག་པ་བཞི་དང་། སངས་རྒྱས་ཀྱི་ཆོས་མ་འདྲེས་པ་བཅོ་བརྒྱད་ཡོངས་སུ་མ་རྫོགས་པར་བར་མ་དོར་ཡོངས་སུ་མྱ་ངན་ལས་མི་འདའོ། །དེ་ཅིའི་སླད་དུ་ཞེ་ན། འདི་ལྟར་སྨོན་ལམ་རྣམས་ནི་སྨོན་ལམ་མ་ལགས⑦། དྲན་པ་ཉེ་བར་གཞག་པ་རྣམས་ནི། དྲན་པ་ཉེ་བར་གཞག་པ་རྣམས་མ་ལགས། ཡང་དག་པར་སྤོང་བ་རྣམས་དང་། རྫུ་འཕྲུལ་གྱི་རྐང་པ་རྣམས་དང་། དབང་པོ་རྣམས་དང་། སྟོབས་རྣམས་དང་། བྱང་ཆུབ་ཀྱི་ཡན་ལག་③རྣམས་དང་། འཕགས་པའི་ལམ་ཡན་ལག་བརྒྱད་པ་དང་། འཕགས་པའི་བདེན་པ་རྣམས་དང་། བསམ་གཏན་རྣམས་དང་། ཚད་མེད་པ་རྣམས་དང་། གཟུགས་མེད་པའི་སྙོམས་པར་འཇུག་པ་རྣམས་དང་། རྣམ་པར་ཐར་པ་བརྒྱད་དང་། མཐར་གྱིས་གནས་པའི་སྙོམས་པར་འཇུག་པ་དགུ་དང་། སྟོང་པ་ཉིད་དང་། མཚན་མ་མེད་པ་དང་། སྨོན་པ་མེད་པ་དང་། མངོན་པར་ཤེས་པ་རྣམས་དང་། ཏིང་ངེ་འཛིན་རྣམས་དང་། གཟུངས་ཀྱི་སྒོ་རྣམས་དང་། དེ་བཞིན་གཤེགས་པའི་སྟོབས་བཅུ་དང་། མི་འཇིགས་པ་བཞི་དང་། སོ་སོ་ཡང་དག་པར་རིག་པ་བཞི་དང་། སངས་རྒྱས་ཀྱི་ཆོས་མ་འདྲེས་པ་བཅོ་བརྒྱད་ནི། སངས་རྒྱས་ཀྱི་ཆོས་མ་འདྲེས་པ་མ་ལགས་ཏེ། དེ་དག་ནི་ཆོས་ཀྱང་མ་ལགས། ཆོས་མ་ལགས་པ་ཡང་མ་ལགས་སོ། །བཅོམ་ལྡན་འདས་དེ་ལྟར་གང་ཆོས་ཐམས་ཅད་ཡོངས་སུ་མ་བཟུང་③བའི་སླད་དུ། གཟུགས་ཡོངས་སུ་མི་འཛིན་པ་དང་། ཚོར་བ་དང་། འདུ་ཤེས་དང་། འདུ་བྱེད་དང་།

རྣམ་པར་ཤེས་པ་ཡོངས་སུ་མི་འཛིན་པ་དང་། ཆོས་ཐམས་ཅད་ཡོངས་སུ་མ་གཟུང་①བའི་སླད་དུ། ཡང་དག་པའི་མཐའི་②བར་དུ་ཡོངས་སུ་མི་འཛིན་པ་འདི་ནི༑ བྱང་ཆུབ་སེམས་དཔའ་སེམས་དཔའ་ཆེན་པོའི་ཤེས་རབ་ཀྱི་ཕ་རོལ་དུ་ཕྱིན་པའོ༑ །བཅོམ་ལྡན་འདས་གཞན་ཡང་བྱང་ཆུབ་སེམས་དཔའ་སེམས་དཔའ་ཆེན་པོ། ཤེས་རབ་ཀྱི་ཕ་རོལ་དུ་ཕྱིན་པ་ལ་སྤྱོད་པའི་ཚེ། རྣམ་པ་འདི་ལྟར་ཤེས་རབ་ཀྱི་ཕ་རོལ་དུ་ཕྱིན་པ་ནི་གང་། ཤེས་རབ་ཀྱི་ཕ་རོལ་དུ་ཕྱིན་པ་འདི་ནི་གང་གི། ཤེས་རབ་ཀྱི་ཕ་རོལ་དུ་ཕྱིན་པ་འདི་ནི་ཅི་ཞིག །ཅིའི་ཕྱིར་ན་དེ་ལ་ཤེས་རབ༔ཀྱི་ཕ་③རོལ་དུ་ཕྱིན་པ་ཞེས་བྱ་ཞེས་ཡོངས་སུ་བརྟག་པར་བགྱི་སྟེ། བྱང་ཆུབ་སེམས་དཔའ་སེམས་དཔའ་ཆེན་པོ་ཤེས་རབ་ཀྱི་ཕ་རོལ་དུ་ཕྱིན་པ་ལ་སྤྱོད་པའི་ཚེ༑ དེ་དེ་ལྟར་ཡོངས་སུ་རྟོག་④ཅིང་ཉེ་བར་སེམས་པའི་⑤ཚེ། ཆོས་གང་མེད་ཅིང་མི་དམིགས་པ་དེ་⑥ནི་ཤེས་རབ་ཀྱི་ཕ་རོལ་དུ་ཕྱིན་པའོ་ཞེས་གལ་ཏེ། དེ་ལྟར་ཡང་དག་པར་རྗེས་སུ་མཐོང་ན། དེ་ཡང་དག་པར་རྗེས་སུ་མཐོང་བ་ཞེས་བགྱི་སྟེ༑ དེ་ཅིའི་ཕྱིར་ཞེ་ན། བཅོམ་ལྡན་འདས་འདི་ལྟར་ཆོས་ཐམས་ཅད་ནི་མ་མཆིས༑ མི་དམིགས་སོ། །གལ་ཏེ་འདི་ལྟར་ཆོས་གང་ཡོད་པ་མ་ཡིན་ཞིང་མི་དམིགས་པ་དེ། ཤེས་རབ་ཀྱི་ཕ་རོལ་དུ་ཕྱིན་པ་ཡིན་ནམ་ཞེས་སྤྱོད་ན། ཤེས་རབ་ཀྱི་ཕ་རོལ་དུ་ཕྱིན་པ་ལ་མི་སྤྱོད་དོ། །དེ་ནས་ཚེ་དང་ལྡན་པ་ཤ་ར་དྭ་ཏིའི་བུས༑ ཚེ་དང་ལྡན་པ་རབ་འབྱོར་ལ་འདི་སྐད་ཅེས་སྨྲས་སོ། །ཚེ་དང་ལྡན་པ་རབ་འབྱོར་ཆོས་གང་རྣམས་མེད་ཅིང་མི་དམིགས་པ་ཡིན། རབ་འབྱོར་གྱིས་སྨྲས་པ༑ ཚེ་དང་ལྡན་པ་ཤ་ར་དྭ་ཏིའི་བུ། ནང་སྟོང་པ་ཉིད་དང་། ཕྱི་སྟོང་པ་ཉིད་དང་། ཕྱི་ནང་སྟོང་པ་ཉིད་དང་། སྟོང་པ་ཉིད་སྟོང་པ་ཉིད་དང་། ཆེན་པོ་སྟོང་པ་ཉིད་དང་། དོན་དམ་པ་སྟོང་པ་ཉིད་དང་། འདུས་བྱས་སྟོང་

པ་ཉིད་དང་། འདུས་མ་བྱས་སྟོང་པ་ཉིད་དང་། མཐའ་ལས་འདས་པ་སྟོང་པ་ཉིད་དང་། ཐོག་མ་དང་ཐ་མ་མེད་པ་སྟོང་པ་ཉིད་དང་། དོར་བ་མེད་པ་སྟོང་པ་ཉིད་དང་། རང་བཞིན་སྟོང་པ་ཉིད་དང་། ཆོས་ཐམས་ཅད་སྟོང་པ་ཉིད་དང་། རང་གི་མཚན་ཉིད་སྟོང་པ་ཉིད་དང་། མི་དམིགས་པ་སྟོང་པ་ཉིད་དང་། དངོས་པོ་མེད་པ་སྟོང་པ་ཉིད་དང་། ངོ་བོ་ཉིད་སྟོང་པ་ཉིད་དང་། ཿདངོས་པོ་(༧)མེད་པའི་ངོ་བོ་ཉིད་སྟོང་པ་ཉིད་ཀྱི་ཕྱིར། ཤེས་རབ་ཀྱི་ཕ་རོལ་ཏུ་ཕྱིན་པ་མེད་ཅིང་མི་(༣)དམིགས་སོ། །བསམ་གཏན་གྱི་ཕ་རོལ་ཏུ་ཕྱིན་པ་དང་། བརྩོན་འགྲུས་ཀྱི་ཕ་རོལ་ཏུ་ཕྱིན་པ་དང་། བཟོད་པའི་ཕ་རོལ་ཏུ་ཕྱིན་པ་དང་། ཚུལ་ཁྲིམས་ཀྱི་ཕ་རོལ་ཏུ་ཕྱིན་པ་དང་། སྦྱིན་པའི་ཕ་རོལ་ཏུ་ཕྱིན་པ་ཡང་མེད་ཅིང་མི་དམིགས་སོ། །ཚེ་དང་ལྡན་པ་ཤཱ་ར་དྭ་ཏིའི་བུ། ནང་སྟོང་པ་ཉིད་དང་། ཕྱི་སྟོང་པ་ཉིད་དང་། ཕྱི་ནང་སྟོང་པ་ཉིད་དང་། སྟོང་པ་ཉིད་སྟོང་པ་ཉིད་དང་། ཆེན་པོ་སྟོང་པ་ཉིད་དང་། དོན་དམ་པ་སྟོང་པ་ཉིད་དང་། འདུས་བྱས་སྟོང་པ་ཉིད་དང་། འདུས་མ་བྱས་སྟོང་པ་ཉིད་དང་། མཐའ་ལས་འདས་པ་སྟོང་པ་ཉིད་དང་། ཐོག་མ་དང་ཐ་མ་མེད་པ་སྟོང་པ་ཉིད་དང་། དོར་བ་མེད་པ་སྟོང་པ་ཉིད་དང་། རང་བཞིན་སྟོང་པ་ཉིད་དང་། ཆོས་ཐམས་ཅད་སྟོང་པ་ཉིད་དང་། རང་གི་མཚན་ཉིད་སྟོང་པ་ཉིད་དང་། མི་དམིགས་པ་སྟོང་པ་ཉིད་དང་། དངོས་པོ་མེད་པ་སྟོང་པ་ཉིད་དང་། ངོ་བོ་ཉིད་སྟོང་པ་ཉིད་དང་། དངོས་པོ་མེད་(༣)པའི་ངོ་བོ་ཉིད་སྟོང་པ་ཉིད་ཀྱི་ཕྱིར། གཟུགས་མེད་ཅིང་མི་དམིགས་སོ། །ཚོར་བ་དང་འདུ་ཤེས་དང་འདུ་བྱེད་དང་རྣམ་པར་ཤེས་པ་མེད་ཅིང་མི་དམིགས་སོ། །ཚེ་དང་ལྡན་པ་ཤཱ་ར་དྭ་ཏིའི་བུ། ནང་སྟོང་པ་ཉིད་དང་། ཕྱི་སྟོང་པ་ཉིད་དང་། ཕྱི་ནང་སྟོང་པ་ཉིད་དང་། སྟོང་པ་

ཉིད་སྟོང་པ་ཉིད་དང་། ཆེན་པོ་སྟོང་པ་ཉིད་དང་། དོན་དམ་པ་སྟོང་པ་ཉིད་དང་། འདུས་བྱས་སྟོང་པ་ཉིད་དང་། འདུས་མ་བྱས་སྟོང་པ་ཉིད་དང་། མཐའ་ལས་འདས་པ་སྟོང་པ་ཉིད་དང་། ཐོག་མ་དང་ཐ་མ་མེད་པ་སྟོང་པ་ཉིད་དང་། དོར་བ་མེད་པ་སྟོང་པ་ཉིད་དང་། རང་བཞིན་སྟོང་པ་ཉིད་དང་། ཆོས་ཐམས་ཅད་སྟོང་པ་ཉིད་དང་། རང་གི་མཚན་ཉིད་སྟོང་པ་ཉིད་དང་། མི་དམིགས་པ་སྟོང་པ་ཉིད་དང་། དངོས་པོ་མེད་པ་སྟོང་པ་ཉིད་དང་། ངོ་བོ་ཉིད་སྟོང་པ་ཉིད་དང་། དངོས་པོ་མེད་པའི་ངོ་བོ་ཉིད་སྟོང་པ་ཉིད་ཀྱི་ཕྱིར། སྐྱེ་མཆེད་རྣམས་དང་། ཁམས་རྣམས་དང་། རྟེན་ཅིང་འབྲེལ་བར་འབྱུང་བ་མེད་ཅིང་མི་དམིགས་སོ། །ཚེ་དང་ལྡན་པ་ཤཱ་ར་དྭ་ཏིའི་བུ། ནང་སྟོང་པ་ཉིད་དང་། དངོས་པོ་མེད་པའི་ངོ་བོ་ཉིད་སྟོང་པ་ཉིད་ཀྱི་བར་གྱི་ཕྱིར། ཕ་རོལ་ཏུ་ཕྱིན་པ་རྣམས་མེད་ཅིང་མི་དམིགས་སོ། །བྱང་ཆུབ་ཀྱི་ཕྱོགས་ཀྱི་ཆོས་སུམ་ཅུ་རྩ་བདུན་མེད་ཅིང་མི་དམིགས་སོ། །འཕགས་པའི་བདེན་པ་རྣམས་དང་། བསམ་གཏན་རྣམས་དང་། ཚད་མེད་པ་རྣམས་དང་། གཟུགས་མེད་པའི་སྙོམས་པར་འཇུག་པ་རྣམས་དང་། རྣམ་པར་ཐར་པ་བརྒྱད་དང་། མཐར་གྱིས་གནས་པའི་སྙོམས་པར་འཇུག་པ་དགུ་དང་། སྟོང་པ་ཉིད་དང་། མཚན་མ་མེད་པ་དང་། སྨོན་པ་མེད་པ་དང་། མངོན་པར་ཤེས་པ་རྣམས་དང་། ཏིང་ངེ་འཛིན་རྣམས་དང་། གཟུངས་ཀྱི་སྒོ་རྣམས་དང་། དེ་བཞིན་གཤེགས་པའི་སྟོབས་བཅུ་དང་། མི་འཇིགས་པ་བཞི་དང་། སོ་སོ་ཡང་དག་པར་རིག་པ་བཞི་དང་། སངས་རྒྱས་ཀྱི་ཆོས་མ་འདྲེས་པ་བཅོ་བརྒྱད་མེད་ཅིང་མི་དམིགས་སོ། །ནང་སྟོང་པ་ཉིད་དང་། དངོས་པོ་མེད་པའི་ངོ་བོ་ཉིད་སྟོང་པ་ཉིད་ཀྱི་བར་གྱི་ཕྱིར་རྒྱུན་དུ་ཞུགས་པའི་འབྲས་བུ་མེད་ཅིང་མི་དམིགས་སོ། །ལན་ཅིག

ཕྱིར་འོང་བའི་འབྲས་བུ་དང་། ཕྱིར་མི་འོང་བའི་འབྲས་བུ་དང་། དགྲ་བཅོམ་པ་ཉིད་དང་། རང་བྱང་ཆུབ་དང་། ལམ་གྱི་རྣམ་པ་ཤེས་པ་ཉིད་དང་། རྣམ་པ་ཐམས་ཅད་མཁྱེན་པ་ཉིད་མེད་ཅིང་མི་དམིགས་སོ། །ནང་སྟོང་པ་ཉིད་དང་། དངོས་པོ་མེད་པའི་ངོ་བོ་ཉིད་སྟོང་པ་ཉིད་ཀྱི་བར་གྱི་ཕྱིར། དེ་བཞིན་ཉིད་མེད་ཅིང་མི་དམིགས་སོ། །ཆོས་ཉིད་དང་། ཆོས་ཀྱི་དབྱིངས་དང་། ཆོས་ཀྱི་གནས་ཉིད་དང་། ཆོས་སྐྱོན་མེད་པ་ཉིད་དང་། ཡང་དག་པའི་མཐའ་མེད་ཅིང་མི་དམིགས་སོ། །ནང་སྟོང་པ་ཉིད་དང་། དངོས་པོ་མེད་པའི་ངོ་བོ་ཉིད་སྟོང་པ་ཉིད་ཀྱི་བར་གྱི་ཕྱིར། རྒྱུན་དུ་ཞུགས་པ་ཡང་མེད་ཅིང་མི་དམིགས་སོ། །ལན་ཅིག་ཕྱིར་འོང་བ་དང་། ཕྱིར་མི་འོང་བ་དང་། དགྲ་བཅོམ་པ་དང་། རང་སངས་རྒྱས་དང་། བྱང་ཆུབ་སེམས་དཔའ་དང་། སངས་རྒྱས་ཀྱང་མེད་ཅིང་མི་དམིགས་སོ། །ཚེ་དང་ལྡན་པ་ཤ་ར་དྭ་ཏིའི་བུ་ནང་དམིགས་སུ་མེད་པའི་ཕྱིར༑ ནང་སྟོང་པ་ཉིད་མེད་ཅིང་མི་དམིགས་སོ། །ཕྱི་དམིགས་སུ་མེད་པའི་ཕྱིར༑ ཕྱི་སྟོང་པ་ཉིད་མེད་ཅིང་མི་དམིགས་སོ། །ཕྱི་ནང་དམིགས་སུ་མེད་པའི་ཕྱིར། ཕྱི་ནང་སྟོང་པ་ཉིད་མེད་ཅིང་མི་དམིགས་སོ། །དངོས་པོ་མེད་པའི་ངོ་བོ་ཉིད་སྟོང་པ་ཉིད་ཀྱི་བར་དུ་དམིགས་སུ་མེད་པའི་ཕྱིར། དངོས་པོ་མེད་པའི་ངོ་བོ་ཉིད་སྟོང་པ་ཉིད་མེད་ཅིང་མི་དམིགས་སོ། །ཚེ་དང་ལྡན་པ་ཤ་ར་དྭ་ཏིའི་བུ། བྱང་ཆུབ་སེམས་དཔའ་སེམས་དཔའ་ཆེན་པོ་ཤེས་རབ་ཀྱི་ཕ་རོལ་ཏུ་ཕྱིན་པ་ལ་སྤྱོད་པའི་ཚེ། གལ་ཏེ་དེ་ལྟར་རྟོག་ཅིང་སེམས་པ་དང་། དེ་ལྟར་རྟོག་ཅིང་སེམས་པའི་ཚེ། སེམས་ཞུམ་པ་མེད་ཅིང་ཡོངས་སུ་ཞུམ་པ་མེད་ལ། མི་འཇིགས་མི་སྔང་[1]སྐྲག་པར་མི་འགྱུར་ན། བྱང་ཆུབ་སེམས་དཔའ་སེམས་དཔའ་ཆེན་པོ། ཤེས་རབ་ཀྱི་ཕ་རོལ་དུ་ཕྱིན་པ་དང་མ་བྲལ་བར་ཤེས་པར་བྱའོ། །སྨྲས་པ། ཚེ་

དང་ལྡན་པ་རབ་འབྱོར་ཅིའི་ཕྱིར་ན། བྱང་ཆུབ་སེམས་དཔའ་སེམས་དཔའ་ཆེན་པོ། ཤེས་རབ་ཀྱི་ཕ་རོལ་ཏུ་ཕྱིན་པ་དང་མ་བྲལ་བར་ཤེས་པར་བྱ། རབ་འབྱོར་གྱིས་སྨྲས་པ། ཚེ་དང་ལྡན་པ་ཤཱ་རིའི་བུ། གཟུགས་ནི་གཟུགས་ཀྱི་རང་བཞིན་དང་བྲལ་བ་སྟེ། དེ་བྱང་ཆུབ་སེམས་དཔའ་སེམས་དཔའ་ཆེན་པོ། ཤེས་རབ་ཀྱི་ཕ་རོལ་ཏུ་ཕྱིན་པ་ལ་སྤྱོད་པའི་ཚེ། ཡང་དག་པ་ཇི་ལྟ་བ་བཞིན་དུ་རབ་ཏུ་ཤེས་སོ། །ཚོར་བ་ནི་ཚོར་བའི་རང་བཞིན་དང་བྲལ་བ། འདུ་ཤེས་ནི་འདུ་ཤེས་ཀྱི་རང་བཞིན་དང་བྲལ་བ། འདུ་བྱེད་ནི་འདུ་བྱེད་ཀྱི་རང་བཞིན་དང་བྲལ་བ། རྣམ་པར་ཤེས་པ་ནི་རྣམ་པར་ཤེས་པའི་རང་བཞིན་དང་བྲལ་བ་སྟེ། དེ་བྱང་ཆུབ་སེམས་དཔའ་སེམས་དཔའ་ཆེན་པོ་ཤེས་རབ་ཀྱི་ཕ་རོལ་ཏུ་ཕྱིན་པ་ལ་སྤྱོད་པའི་ཚེ། ཡང་དག་པ་ཇི་ལྟ་[1]བ་བཞིན་དུ་རབ་ཏུ་ཤེས་སོ། །ཚེ་དང་ལྡན་པ་ཤཱ་རིའི་བུ། སྐྱེ་མཆེད་དང་། ཁམས་དང་། རྟེན་ཅིང་འབྲེལ་བར་འབྱུང་བ་ནི། རྟེན་ཅིང་འབྲེལ་བར་འབྱུང་བའི་རང་བཞིན་དང་བྲལ་བ། སྦྱིན་པའི་ཕ་རོལ་ཏུ་ཕྱིན་པ་ནི། སྦྱིན་པའི་ཕ་རོལ་ཏུ་ཕྱིན་པའི་རང་བཞིན་དང་བྲལ་བ། ཚུལ་ཁྲིམས་ཀྱི་ཕ་རོལ་ཏུ་ཕྱིན་པ་དང་། བཟོད་པའི་ཕ་རོལ་ཏུ་ཕྱིན་པ་དང་། བརྩོན་འགྲུས་ཀྱི་ཕ་རོལ་ཏུ་ཕྱིན་པ་དང་། བསམ་གཏན་གྱི་ཕ་རོལ་ཏུ་ཕྱིན་པ་དང་། ཤེས་རབ་ཀྱི་ཕ་རོལ་ཏུ་ཕྱིན་པ་ནི། ཤེས་རབ་ཀྱི་ཕ་རོལ་ཏུ་ཕྱིན་པའི་རང་བཞིན་དང་བྲལ་བ། ནང་སྟོང་པ་ཉིད་ནི་ནང་སྟོང་པ་ཉིད་ཀྱི་རང་བཞིན་དང་བྲལ་བ། དངོས་པོ་མེད་པའི་ངོ་བོ་ཉིད་སྟོང་པ་ཉིད་ཀྱི་བར་དུ་དངོས་པོ་མེད་པའི་ངོ་བོ་ཉིད་སྟོང་པ་ཉིད་ཀྱི་རང་བཞིན་དང་བྲལ་བ། དྲན་པ་ཉེ་བར་གཞག་པ་བཞི་དང་། ཡང་དག་པར་སྤོང་བ་བཞི་དང་། རྫུ་འཕྲུལ་གྱི་རྐང་པ་བཞི་དང་། དབང་པོ་རྣམས་དང་། སྟོབས་རྣམས་དང་། བྱང་ཆུབ

ཀྱི་ཡན་ལག་རྣམས་དང་། འཕགས་པའི་ལམ་ཡན་ལག་བརྒྱད་པ་དང་། འཕགས་པའི་བདེན་པ་རྣམས་དང་། བསམ་གཏན་རྣམས་དང་། ཚད་མེད་པ་རྣམས་དང་[༧]། གཟུགས་མེད་པའི་སྙོམས་པར་འཇུག་པ་རྣམས་དང་། རྣམ་པར་ཐར་པ་བརྒྱད་དང་། མཐར་གྱིས་གནས་པའི་སྙོམས་པར་འཇུག་པ་དགུ་དང་། སྟོང་པ་ཉིད་དང་མཚན་མ་མེད་པ་དང་། སྨོན་པ་མེད་པ་དང་། མངོན་པར་ཤེས་པ་རྣམས་དང་། ཏིང་ངེ་འཛིན་རྣམས་དང་། གཟུངས་ཀྱི[༣]སྒོ་རྣམས་དང་། དེ་བཞིན་གཤེགས་པའི་སྟོབས་བཅུ་དང་། མི་འཇིགས་པ་བཞི་དང་། སོ་སོ་ཡང་དག་པར་རིག་པ་བཞི་དང་། སངས་རྒྱས་ཀྱི་ཆོས་མ་འདྲེས་པ་བཅོ་བརྒྱད་ནི། སངས་རྒྱས་ཀྱི་ཆོས་མ་འདྲེས་པ་བཅོ་བརྒྱད་ཀྱི་རང་བཞིན་དང་བྲལ་བ། རྒྱུན་དུ་ཞུགས་པ་ནི་རྒྱུན་དུ་ཞུགས་པའི་རང་བཞིན་དང་བྲལ་བ། ལན་ཅིག་ཕྱིར་འོང་བ་དང་། ཕྱིར་མི་འོང་བ་དང་། དགྲ་བཅོམ་པ་དང་། རང་བྱང་ཆུབ་དང་། རྣམ་པ་ཐམས་ཅད་མཁྱེན་པ་ཉིད་ཀྱི་བར་ནི། རྣམ་པ་ཐམས་ཅད་མཁྱེན་པ་ཉིད་ཀྱི་རང་བཞིན་དང་བྲལ་བ། དེ་བཞིན་ཉིད་ནི་དེ་བཞིན་ཉིད་ཀྱི་རང་བཞིན་དང་བྲལ་བ། མ་ནོར་བ་དེ་བཞིན་ཉིད་དང་གཞན་མ་ཡིན་པ་དེ་བཞིན་ཉིད་དང་། ཆོས་ཉིད་དང་། ཆོས་ཀྱི་དབྱིངས་དང་། ཆོས་ཀྱི་གནས་ཉིད་དང་། ཆོས་སྐྱོན་མེད་པ་ཉིད་དང་། ཡང་དག་པའི་མཐའ་ནི་ཡང་དག་པའི་མཐའི་རང་བཞིན་དང་བྲལ་བ་སྟེ། དེ་བྱང་ཆུབ་སེམས་དཔའ་སེམས་དཔའ་ཆེན་པོ་ཤེས་རབ་ཀྱི་ཕ་རོལ་ཏུ་ཕྱིན་པ་ལ་སྤྱོད་པའི་ཚེ། ཡང་དག་པ་ཇི་ལྟ་བ་བཞིན་དུ་རབ་ཏུ་ཤེས་སོ། །ཚེ་དང་ལྡན་པ་ཤཱ་ར་དྭ་ཏིའི་བུ་དེའི་ཕྱིར་བྱང་ཆུབ་སེམས་དཔའ་སེམས་དཔའ་ཆེན་པོ་ཤེས་རབ་ཀྱི་ཕ་རོལ་ཏུ་ཕྱིན་པ་དང་མ་བྲལ་བར་ཤེས་པར་བྱའོ། །སྨྲས་པ། ཚེ་དང་ལྡན་པ་རབ་འབྱོར་གཟུགས་ཀྱི་

རང་བཞིན་ནི་ཇི་ལྟ་བུ། ཚོར་བ་དང་འདུ་ཤེས་དང་འདུ་བྱེད་དང་རྣམ་པར་ཤེས་པའི་རང་བཞིན་ནི་ཇི་ལྟ་བུ། སྐྱེ་མཆེད་དང་། ཁམས་དང་། རྟེན་ཅིང་འབྲེལ་བར་འབྱུང་བའི་རང་བཞིན་ནི་ཇི་ལྟ་བུ། ཡང་དག་པའི་མཐའི་བར་གྱི་རང་བཞིན་ནི་ཇི་ལྟ་བུ། རབ་འབྱོར་གྱིས་སྨྲས་པ། ཚེ་དང་ལྡན་པ་ཤ་ར་དྭ་ཏིའི་བུ་གཟུགས་ཀྱི་རང་བཞིན་ནི་དངོས་པོ་མེད་པའོ། །ཚོར་བ་དང་། འདུ་ཤེས་དང་། འདུ་བྱེད་དང་། རྣམ་པར་ཤེས་པའི་རང་བཞིན་ནི་དངོས་པོ་མེད་པའོ། །སྐྱེ་མཆེད་དང་། ཁམས་དང་། རྟེན་ཅིང་འབྲེལ་པར་འབྱུང་བའི་རང་བཞིན་ནི་དངོས་པོ་མེད་པའོ། །ཡང་དག་པའི་མཐའི་བར་གྱི་རང་བཞིན་ནི་དངོས་པོ་མེད་པའོ། །ཚེ་དང་ལྡན་པ་ཤ་ར་དྭ་ཏིའི་བུ་རྣམ་གྲངས་དེས་ན་འདི་ལྟརཿ གཟུགས་ལ་① གཟུགས་ཀྱི་རང་བཞིན་མེད་པ་དང་། ཚོར་བ་དང་འདུ་ཤེས་དང་། འདུ་བྱེད་དང་། རྣམ་པར་ཤེས་པ་ལ་རྣམ་པར་ཤེས་པའི་རང་བཞིན་མེད་པ་དང་། སྐྱེ་མཆེད་རྣམས་ལ་སྐྱེ་མཆེད་ཀྱི། རང་བཞིན་མེད་པ་དང་། ཁམས་རྣམས་ལ་ཁམས་ཀྱི་རང་བཞིན་མེད་པ་དང་། རྟེན་②ཅིང་འབྲེལ་བར་འབྱུང་བ་ལ། རྟེན་ཅིང་འབྲེལ་བར་འབྱུང་བའི་རང་བཞིན་མེད་པ་དང་། ཡང་དག་པའི་མཐའི་བར་ལ་ཡང་དག་པའི་མཐའི་རང་བཞིན་མེད་པར་ཤེས་པར་བྱའོ། །ཚེ་དང་ལྡན་པ་ཤ་ར་དྭ་ཏིའི་བུ་གཞན་ཡང་གཟུགས་ལ་གཟུགས་ཀྱི་མཚན་ཉིད་མེད་དོ། །ཚོར་བ་དང་། འདུ་ཤེས་དང་། འདུ་བྱེད་དང་རྣམ་པར་ཤེས་པ་ལ་རྣམ་པར་ཤེས་པའི་མཚན་ཉིད་མེད་དོ། །སྐྱེ་མཆེད་རྣམས་ལ་སྐྱེ་མཆེད་ཀྱི་མཚན་ཉིད་མེད་དོ། །ཁམས་རྣམས་ལ་ཁམས་ཀྱི་མཚན་ཉིད་མེད་དོ་རྟེན་ཅིང་འབྲེལ་བར་འབྱུང་བ་ལ་རྟེན་ཅིང་འབྲེལ་བར་འབྱུང་བའི་མཚན་ཉིད་མེད་དོ། །ཡང་དག་པའི་མཐའི་བར་ལ་ཡང་དག་པའི་མཐའི་མཚན་ཉིད་མེད་དོ

མཚན་ཉིད་ལ་ཡང་མཚན་ཉིད་ཀྱི་རང་བཞིན་མེད་དོ། །མཚན་ཉིད་ཀྱི་རང་
བཞིན་ལ་ཡང་མཚན་ཉིད་ཀྱི་རང་བཞིན་མེད་དོ། །སྨྲས་པ། ཚེ་དང་ལྡན་པ་
རབ་འབྱོར་བྱང་ཆུབ་སེམས་དཔའ་སེམས་དཔའ་ཆེན་པོ་གང་བསླབ་པ་འདི་ལ་
སློབ་པ་དེ། རྣམ་པ་ཐམས་ཅད་མཁྱེན་པ་ཉིད་དུ་འབྱུང་བར་འགྱུར་རམ།
རབ་འབྱོར་གྱིས་སྨྲས་པ། ཚེ་དང་ལྡན་པ་ཤ་ར་དྭ་ཏིའི་བུ་དེ་དེ་བཞིན་ཏེ།
བྱང་ཆུབ་སེམས་དཔའ་སེམས་དཔའ་ཆེན་པོ་གང་བསླབ་པ་འདི་ལ་སློབ་པ་དེ་ནི་
རྣམ་པ་ཐམས་ཅད་མཁྱེན་པ་ཉིད་དུ་འབྱུང་བར་འགྱུར་རོ། །དེ་ཅིའི་ཕྱིར་ཞེ་ན།
ཚེ་དང་ལྡན་པ་ཤ་ར་དྭ་ཏིའི་བུ་དེ་ནི་འདི་ལྟར་ཆོས་ཐམས་ཅད་མ་སྐྱེས་མ་བྱུང་བའི་
ཕྱིར་རོ། །སྨྲས་པ། ཚེ་དང་ལྡན་པ་རབ་འབྱོར་ཇི་ལྟར་ན་ཆོས་ཐམས་ཅད་མ་
སྐྱེས་མ་བྱུང་བ་ཡིན། རབ་འབྱོར་གྱིས་སྨྲས་པ། ཚེ་དང་ལྡན་པ་ཤ་ར་དྭ་ཏིའི་
བུ་གཟུགས་གཟུགས་ཀྱིས་སྟོང་སྟེ། དེ་ལ་སྐྱེ་བ་ཡང་མི་དམིགས། འབྱུང་བ་
ཡང་མི་དམིགས་སོ། །ཚོར་བ་དང་། འདུ་ཤེས་དང་། འདུ་བྱེད་དང་།
རྣམ་པར་ཤེས་པ་རྣམ་པར་ཤེས་པས་སྟོང་སྟེ། དེ་ལ་སྐྱེ་བ་ཡང་མི་དམིགས།
འབྱུང་བ་ཡང་མི་དམིགས་སོ། །ཡང་དག་པའི་མཐའི་བར་དུ་ཡང་དག་པའི་
མཐས་སྟོང་སྟེ། དེ་ལ་སྐྱེ་བ་ཡང་མི་དམིགས། འབྱུང་བ་ཡང་མི་དམིགས་སོ། །
ཚེ་དང་ལྡན་པ་ཤ་ར་དྭ་ཏིའི་བུ་བྱང་ཆུབ་སེམས་དཔའ་སེམས་དཔའ་ཆེན་པོ་ཤེས་
རབ་ཀྱི་ཕ་རོལ་ཏུ་ཕྱིན་པ་ལ་དེ་ལྟར་སྤྱོད་པ་ནི། རྣམ་པ་ཐམས་ཅད་མཁྱེན་པ་
ཉིད་དང་ཉེ་བ་ཡིན་ཏེ། དེ་ཇི་ལྟ་ཇི་ལྟར་རྣམ་པ་ཐམས་ཅད་མཁྱེན་པ་ཉིད་དུ་ཉེ་
བར་གྱུར་པ་དེ་ལྟ་དེ་ལྟར། ལུས་ཡོངས་སུ་དག་པ་དང་། ངག་ཡོངས་སུ་དག་
པ་དང་། སེམས་ཡོངས་སུ་དག་པ་དང་། མཚན་ཡོངས་སུ་དག་པ་འཐོབ་པར་
འགྱུར་རོ། །དེ་ཇི་ལྟ་ཇི་ལྟར་ལུས་ཡོངས་སུ་དག་པ་དང་། ངག་ཡོངས་སུ་དག་

པ་དང་། སེམས་ཡོངས་སུ་དག་པ་དང་། མཚན་ཡོངས་སུ་དག་པ་ཐོབ་[1]པར་
འགྱུར་བ་དེ་ལྟ་དེ་ལྟར་བྱང་ཆུབ་སེམས་དཔའ་སེམས་དཔའ་ཆེན་པོ་དེ་ནི་འདོད་
ཆགས་དང་ལྡན་པའི་སེམས་མི་སྐྱེད་དོ། །ཞེ་སྡང་དང་ལྡན་པ་དང་། གཏི་
མུག་དང་ལྡན་པ་དང་། ང་རྒྱལ་དང་ལྡན་པ་དང་། གཡོ༔ དང་སྒྱུ་[2]དང་ལྡན་
པ་དང་། ཕྲག་དོག་དང་སེར་སྣ་དང་ལྡན་པ་དང་། སྲིད་པ་དང་ལྡན་པ་
དང་། ལྟ་བ་དང་ལྡན་པའི་སེམས་མི་སྐྱེད་དོ། །དེ་འདོད་ཆགས་ཀྱི་སེམས་མི་
སྐྱེད་ཅིང་། ཞེ་སྡང་དང་། གཏི་མུག་དང་། ང་རྒྱལ་དང་། གཡོ་དང་།
སྒྱུ་[3]དང་། ཕྲག་དོག་དང་སེར་སྣ་དང་། སྲིད་པ་དང་། ལྟ་བ་དང་ལྡན་
པའི་སེམས་མི་སྐྱེད་པས། ནམ་ཡང་མའི་[4]མངལ་དུ་སྐྱེ་བར་མི་འགྱུར་ཏེ།
ཁོར་ཟུག་རྟག་པར་རྫུས་[5]ཏེ་སྐྱེ་བར་འགྱུར་རོ། །སེམས་ཅན་ཡོངས་སུ་སྨིན་པར་
བྱ་བའི་དོན་མ་གཏོགས་པར་ནམ་ཡང་ངན་སོང་རྣམས་སུ་སྐྱེ་བར་མི་འགྱུར་རོ། །
དེ་སེམས་ཅན་ཡོངས་སུ་སྨིན་པར་བྱ་བ་དང་། སངས་རྒྱས་ཀྱི་ཞིང་ཡོངས་སུ་དག
པར་བྱེད་ཅིང་སངས་རྒྱས་ཀྱི་ཞིང་ནས་སངས་རྒྱས་ཀྱི་ཞིང་དུ་འགྲོ་སྟེ་ནམ་བླ་ན་
མེད་པ་ཡང་དག་པར་རྫོགས་པའི་བྱང་ཆུབ་ཏུ་མངོན་པར་རྫོགས་པར་སངས་རྒྱས་
པར་གྱུར་གྱི་བར་དུ་ནམ་ཡང་སངས་རྒྱས་བཅོམ་ལྡན་འདས་རྣམས་དང་བྲལ་བར་
མི་འགྱུར་རོ། །དེ་བས་ན་ཚེ་དང་ལྡན་པ་ཤཱ་ར་དྭ་ཏིའི་བུ། བྱང་ཆུབ་སེམས
དཔའ་སེམས་དཔའ་ཆེན་པོ་ཡོན་ཏན་དང་ལེགས་པ་འདི་དག་ཐོབ་པར་འདོད་པས།
ཤེས་རབ་ཀྱི་ཕ་རོལ་དུ་ཕྱིན་པ་འདི་ཉིད་ལ་བརྩོན་འགྲུས་མི་བཏང་[6]བར་སྤྱད་
པར༔ བྱས་ཏེ[7]། ཚེ་དང་ལྡན་པ་ཤཱ་ར་དྭ་ཏིའི་[8]བུ་བྱང་ཆུབ་སེམས་དཔའ་སེམས་
དཔའ་ཆེན་པོ་ཤེས་རབ་ཀྱི་ཕ་རོལ་དུ་ཕྱིན་པ་ལ་དེ་ལྟར་སྤྱོད་པ་ནི། རྣམ་པ་
ཐམས་ཅད་མཁྱེན་པ་ཉིད་དུ་ཉེ་བར་གྱུར་པ་ཡིན་ནོ། །ཤེས་རབ་ཀྱི་ཕ་རོལ་དུ་

ཕྱིན་པ་སྟོང་ཕྲག་ཉི་ཤུ་ལྔ་པ་ལས་ལེའུ་ལྔ་པའོ།། །།

དེ་ནས་ཚེ་དང་ལྡན་པ་རབ་འབྱོར་གྱིས། བཅོམ་ལྡན་འདས་ལ་འདི་སྐད་ཅེས་གསོལ་ཏོ། །བཅོམ་ལྡན་འདས་གལ་ཏེ་བྱང་ཆུབ་སེམས་དཔའ་སེམས་དཔའ་ཆེན་པོ་ཤེས་རབ་ཀྱི་ཕ་[1]རོལ་ཏུ་ཕྱིན་པ་ལ་སྤྱོད་པའི་ཚེ། ཐབས་མི་མཁས་པས། གཟུགས་ལ་སྤྱོད་ན་མཚན་མ་ལ་སྤྱོད་དེ[2]། ཤེས་རབ་ཀྱི་ཕ་རོལ་ཏུ་ཕྱིན་པ་ལ་སྤྱོད་པ་མ་ཡིན་ནོ། །དེ་བཞིན་དུ་གལ་ཏེ་ཚོར་བ་དང་། འདུ་ཤེས་དང་། འདུ་བྱེད་དང་། རྣམ་པར་ཤེས་པ་ལ་སྤྱོད་ན་མཚན་མ་ལ་སྤྱོད་དོ། །གལ་ཏེ་གཟུགས་རྟག་ཅེས་བགྱི་བར་སྤྱོད་ན་མཚན་མ་ལ་སྤྱོད་དོ། །གལ་ཏེ་ཚོར་བ་དང་། འདུ་ཤེས་དང་། འདུ་བྱེད་དང་། རྣམ་པར་ཤེས་པ་རྟག་ཅེས་བགྱི་བར་སྤྱོད་ན། མཚན་མ་ལ་སྤྱོད་དོ། །གལ་ཏེ་གཟུགས་མི་རྟག་ཅེས་བགྱི་བར་སྤྱོད་ན་མཚན་མ་ལ་སྤྱོད་དོ། །གལ་ཏེ་ཚོར་བ་དང་། འདུ་ཤེས་དང་། འདུ་བྱེད་དང་། རྣམ་པར་ཤེས་པ་མི་རྟག་ཅེས་བགྱི་བར་སྤྱོད་ན་མཚན་མ་ལ་སྤྱོད་དོ། །གལ་ཏེ་གཟུགས་བདེ་ཞེས་བགྱི་བར་སྤྱོད་ན་མཚན་མ་ལ་སྤྱོད་དོ། །ཚོར་བ་དང་། འདུ་ཤེས་དང་། འདུ་བྱེད་དང་། རྣམ་པར་ཤེས་པ་བདེ་ཞེས་བགྱི་བར་སྤྱོད་ན་མཚན་མ་ལ་སྤྱོད་དོ། །གལ་ཏེ་གཟུགས་སྡུག་བསྔལ་ཞེས་བགྱི་བར་སྤྱོད་ན་མཚན་མ་ལ་སྤྱོད་དོ། །ཚོར་བ་དང་། འདུ་ཤེས་དང་། འདུ་བྱེད་དང་། རྣམ་པར་ཤེས་པ་སྡུག་བསྔལ་ཞེས་བགྱི་བར་སྤྱོད་ན་མཚན་མ་ལ་སྤྱོད་དོ། །གལ་ཏེ་གཟུགས་བདག་ཅེས་བགྱི་བར་སྤྱོད་ན་མཚན་[3]མ་ལ་སྤྱོད་དོ། །ཚོར་བ་དང་། འདུ་ཤེས་དང་། འདུ་བྱེད་དང་། རྣམ་པར་ཤེས་པ་བདག་ཅེས་བགྱི་[4]བར་སྤྱོད་ན་མཚན་མ་ལ་སྤྱོད་དོ། །གལ་ཏེ་གཟུགས་བདག་མེད་ཅེས་བགྱི་བར་སྤྱོད་ན་

མཚན་མ་ལ་སྤྱོད་དོ། །ཚོར་བ་དང་། འདུ་ཤེས་དང་། འདུ་བྱེད་དང་། རྣམ་པར་ཤེས་པ་བདག་མེད་ཅེས་བགྱི་བར་སྤྱོད་ན་མཚན་མ་ལ་སྤྱོད་དོ། །གལ་ཏེ་གཟུགས་ཞི་ཞེས་བགྱི་བར་སྤྱོད་ན་མཚན་མ་ལ་སྤྱོད་དོ། །ཚོར་བ་དང་། འདུ་ཤེས་དང་། འདུ་བྱེད་དང་། རྣམ་པར་ཤེས་པ་ཞི་ཞེས་བགྱི་བར་སྤྱོད་ན་མཚན་མ་ལ་སྤྱོད་དོ། །གལ་ཏེ་གཟུགས་མ་ཞི་ཞེས་བགྱི་བར་སྤྱོད་ན་མཚན་མ་ལ་སྤྱོད་དོ། །ཚོར་བ་དང་། འདུ་ཤེས་དང་། འདུ་བྱེད་དང་། རྣམ་པར་ཤེས་པ་མ་ཞི་ཞེས་བགྱི་བར་སྤྱོད་ན་མཚན་མ་ལ་སྤྱོད་དོ། །གལ་ཏེ་གཟུགས་དབེན་ཞེས་བགྱི་བར་སྤྱོད་ན་མཚན་མ་ལ་སྤྱོད་དོ། །ཚོར་བ་དང་། འདུ་ཤེས་དང་། འདུ་བྱེད་དང་། རྣམ་པར་ཤེས་པ་དབེན་ཞེས་བགྱི་བར་སྤྱོད་ན་མཚན་མ་ལ་སྤྱོད་དོ། །གལ་ཏེ་གཟུགས་མི་དབེན་ཞེས་བགྱི་བར་སྤྱོད་ན་མཚན་མ་ལ་སྤྱོད་དོ། །ཚོར་བ་དང་འདུ་ཤེས་དང་། འདུ་བྱེད་དང་། རྣམ་པར་ཤེས་པ་མི་དབེན་ཞེས་བགྱི་བར་སྤྱོད་ན་མཚན་མ་ལ་སྤྱོད་དོ། །བཅོམ་ལྡན་འདས་གལ་ཏེ་བྱང་ཆུབ་སེམས་དཔའ་སེམས་དཔའ་ཆེན་པོ་ཤེས་རབ་ཀྱི་ཕ་རོལ་ཏུ་ཕྱིན་པ་ལ་སྤྱོད་པའི་ཚེ། ཐབས་མི་མཁས་པས། སྐྱེ་མཆེད་དང་། ཁམས་དང་། རྟེན་ཅིང་འབྲེལ་པར་འབྱུང་བ་དང་། ཕ་རོལ་ཏུ་ཕྱིན་པ་རྣམས་དང་། སྟོང་པ་ཉིད་ཐམས་ཅད་དང་། བྱང་ཆུབ་ཀྱི་ཕྱོགས་ཀྱི་ཆོས་སུམ་ཅུ་རྩ་བདུན་དང་། འཕགས་པའི་བདེན་པ་རྣམས་དང་[7]། བསམ་གཏན་རྣམས་དང་། ཚད་མེད་པ་རྣམས་དང་། གཟུགས་མེད་པའི་སྙོམས་པར་འཇུག་པ་རྣམས་དང་། རྣམ་པར་ཐར་པ་རྣམས་དང་། མཐར་གྱིས་གནས་པའི་སྙོམས་པར་འཇུག་པ་དགུ་དང་། སྟོང་པ་ཉིད་དང་། མཚན་མ་མེད་པ་དང་། སྨོན་པ་མེད་པ་དང་། མངོན་པར་ཤེས་པ་རྣམས་དང་། ཏིང་ངེ་འཛིན་རྣམས་དང་། གཟུངས་ཀྱི་སྒོ་

རྣམས་དང་། དེ་བཞིན་གཤེགས་པའི་སྟོབས་བཅུ་དང་། མི་འཇིགས་པ་བཞི་དང་། སོ་སོ་ཡང་དག་པར་རིག་པ་བཞི་དང་། སངས་རྒྱས་ཀྱི་ཆོས་མ་འདྲེས་པ་བཅོ་བརྒྱད་རྟག་པ་དང་། མི་རྟག་པ་དང་། བདེ་བ་དང་། སྡུག་བསྔལ་བ་དང་། བདག་དང་། བདག་མེད་པ་དང་། ཞི་བ་དང་། མ་ཞི་བ་དང་། དབེན་པ་དང་། མི་དབེན་པ་ཞེས་བགྱི་བར་སྤྱོད་ན་མཚན་མ་ལ་སྤྱོད་དོ[7]། །ཤེས་རབ་ཀྱི་ཕ་རོལ་ཏུ་ཕྱིན་པ་ལ་སྤྱོད་པ་མ་ལགས་སོ། །བཅོམ་ལྡན་འདས་གལ་ཏེ་བྱང་ཆུབ་སེམས་དཔའ་སེམས་དཔའ་ཆེན་པོ་ཤེས་རབ་ཀྱི་ཕ་རོལ་ཏུ་ཕྱིན་པ་ལ་སྤྱོད་པའི་ཚེ། འདི་སྙམ་དུ་བདག་ནི་ཤེས་རབ་ཀྱི་ཕ་རོལ་ཏུ་ཕྱིན་པ་ལ་སྤྱོད་དོ་ཞེས་བགྱི་བར་སྤྱོད་ན་དམིགས་པ་ལ་སྤྱོད་པ་སྟེ། བྱང་ཆུབ་སེམས་དཔའ་སེམས་དཔའ་ཆེན་པོ་དེ་ནི་མཚན་མ་ལ་སྤྱོད་དོ། །བཅོམ་ལྡན་འདས་གལ་ཏེ་བྱང་ཆུབ་སེམས་དཔའ་སེམས་དཔའ་ཆེན་པོ་འདི་སྙམ་དུ་གང་དེ་ལྟར་སྤྱོད་པ་ནི། ཤེས་རབ་ཀྱི་ཕ་རོལ་ཏུ་ཕྱིན་པ་ལ་སྤྱོད་དོ། །དེ་ནི་ཤེས་རབ་ཀྱི་ཕ་རོལ་ཏུ་ཕྱིན་པ་བསྒོམ་མོ་ཞེས་བགྱི་བར་སྤྱོད་ན་ཡང་མཚན་མ་ཉིད་ལ་སྤྱོད་པ་སྟེ། དེ་ནི་བྱང་ཆུབ་སེམས་དཔའ་སེམས་དཔའ་ཆེན་པོའི་ཐབས་མི་མཁས་པར་རིག་པར་བགྱིའོ། །དེ་ནས་ཚེ་དང་ལྡན་པ་ཤ་ར་དྭ་ཏིའི་བུས་ཚེ་དང་ལྡན་པ་རབ་འབྱོར་ལ་འདི་སྐད་ཅེས་སྨྲས་སོ། །ཚེ་དང་ལྡན་པ་རབ་འབྱོར་བྱང་ཆུབ་སེམས་དཔའ་སེམས་དཔའ་ཆེན་པོའི་ཐབས་མི་མཁས་པ་ཇི་ལྟར་རིག་པར་བྱ་བ་ཡིན། རབ་འབྱོར་གྱིས་སྨྲས་པ། ཚེ་དང་ལྡན་པ་ཤ་ར་དྭ་ཏིའི་བུ་འདི་ལྟར་བྱང་ཆུབ་སེམས་དཔའ་སེམས་དཔའ་ཆེན་པོ་ཤེས་རབ་ཀྱི་ཕ་རོལ་ཏུ་ཕྱིན་པ་ལ་སྤྱོད་པའི་ཚེ། གཟུགས་ལ་སོམས་ཤིང་འདུ་ཤེས་ཏེ་བྱིན་གྱིས་རློབ་ན། དེ་གཟུགས་ལ་སོམས་ཤིང་འདུ་ཤེས་ཏེ་བྱིན་གྱིས་རློབ་པས། གཟུགས་མངོན་པར་འདུ་བྱ་བ་ལ་སྤྱོད་དེ། དེ་ནི་སྐྱེ་བ་དང་།

ཀ་བ་དང་། ན་བ་དང་། འཆི་བ་དང་། མྱ་ངན་དང་། སྨྲེ་སྔགས་འདོན་པ་དང་། སྡུག་བསྔལ་བ་དང་། ཡིད་མི་བདེ་བ་དང་། འཁྲུག་པ་ལས་ཡོངས་སུ་མི་འགྲོལ། སྡུག་བསྔལ་ཆེན་པོ་ལས་ཡོངས་སུ་མི་འགྲོལ་བར་བརྗོད་དོ། །ཚོར་བ་དང་། འདུ་ཤེས་དང་། འདུ་བྱེད་དང་། རྣམ་པར་ཤེས་པ་ལ་མོས་ཤིང་འདུ་ཤེས་ཏེ་བྱིན་གྱིས་རློབ་ན། དེ་རྣམ་པར་ཤེས་པ་ལ་མོས་[1]ཤིང་འདུ་ཤེས་ཏེ་བྱིན་གྱིས་རློབ་པས། རྣམ་པར་ཤེས་པ་མངོན་པར་འདུ་བྱ་བ་ལ་སྤྱོད་དེ[2]། དེ་ནི་སྐྱེ་བ་དང་། ཀ་བ་དང་། ན་བ་དང་། འཆི་བ་དང་། མྱ་ངན་དང་། སྨྲེ་སྔགས་འདོན་པ་དང་སྡུག་བསྔལ་བ་དང་། ཡིད་མི་བདེ་བ་དང་། འཁྲུག་པ་ལས་ཡོངས་སུ་མི་འགྲོལ། སྡུག་བསྔལ་ཆེན་པོ་ལས་ཡོངས་སུ་མི་འགྲོལ་བར་བརྗོད་དོ། །གལ་ཏེ་བྱང་ཆུབ་སེམས་དཔའ་སེམས་དཔའ་ཆེན་པོ་ཤེས་རབ་ཀྱི་ཕ་རོལ་ཏུ་ཕྱིན་པ་ལ་སྤྱོད་པའི་ཚེ། མིག་ལ་མོས་ཤིང་འདུ་ཤེས་ཏེ་བྱིན་གྱིས་རློབ། རྣ་བ་དང་། སྣ་དང་། ལྕེ་དང་། ལུས་དང་། ཡིད་ལ་མོས་ཤིང་འདུ་ཤེས་ཏེ་བྱིན་གྱིས་རློབ། གཟུགས་ལ་མོས་ཤིང་འདུ་ཤེས་ཏེ་བྱིན་གྱིས་རློབ། སྒྲ་དང་། དྲི་དང་། རོ་དང་། རེག་དང་། ཆོས་ལ་མོས་ཤིང་འདུ་ཤེས་ཏེ་བྱིན་གྱིས་རློབ། མིག་གི་རྣམ་པར་ཤེས་པ་ལ་མོས་ཤིང་འདུ་ཤེས་ཏེ་བྱིན་གྱིས་རློབ། རྣ་བའི་རྣམ་པར་ཤེས་པ་དང་། སྣའི་རྣམ་པར་ཤེས་པ་དང་། ལྕེའི་རྣམ་པར་ཤེས་པ་དང་། ལུས་ཀྱི་རྣམ་པར་ཤེས་པ་དང་། ཡིད་ཀྱི་རྣམ་པར་ཤེས་པ་ལ་མོས་ཤིང་འདུ་ཤེས་ཏེ་བྱིན་གྱིས་རློབ། མིག་གི་འདུས་ཏེ་རེག་པ[3]ལ་མོས་ཤིང་འདུ་ཤེས་ཏེ་བྱིན་གྱིས་རློབ། རྣ་བའི་འདུས་ཏེ་རེག་པ་དང་། སྣའི་འདུས་ཏེ་རེག་པ་དང་། ལྕེའི་འདུས་ཏེ་རེག་པ་དང་། ལུས་ཀྱི་འདུས་ཏེ་རེག་པ་དང་། ཡིད་ཀྱི་འདུས་ཏེ་རེག་པ་ལ་མོས་ཤིང་འདུ་ཤེས་ཏེ་བྱིན་གྱིས་རློབ། མིག་གི་འདུས་

ཏེ་རེག་པའི་རྐྱེན་གྱིས་ཚོར་བ་ལ་མོས་ཤིང་འདུ་ཤེས་ཏེ་ཕྱིན་གྱིས་སྐྱོབ། རྣ་བའི་འདུས་ཏེ་རེག་པའི་རྐྱེན་གྱིས་ཚོར་བ་དང་། སྣའི་འདུས་ཏེ་རེག་པའི་རྐྱེན་གྱིས་ཚོར་བ་དང་། ལྕེའི་འདུས་ཏེ་རེག་པའི་རྐྱེན་གྱིས་ཚོར་བ་[1]དང་། ལུས་ཀྱི་འདུས་ཏེ་རེག་པའི་རྐྱེན་གྱིས་ཚོར་བ་དང་། ཡིད་ཀྱི་འདུས་ཏེ་རེག་པའི་རྐྱེན་གྱིས་ཚོར་བ་ལ་མོས་ཤིང་འདུ་ཤེས་ཏེ་ཕྱིན་གྱིས་སྐྱོབ། མ་རིག་པ་ལ་མོས་ཤིང་འདུ་ཤེས་ཏེ་ཕྱིན་གྱིས་སྐྱོབ། འདུ་བྱེད་དང་། རྣམ་པར་ཤེས་པ་དང་། མིང་དང་གཟུགས་དང་། སྐྱེ་མཆེད་དྲུག་དང་། རེག་པ་དང་། ཚོར་བ་དང་། སྲེད་པ་དང་ལེན་པ་དང་། སྲིད་པ་དང་སྐྱེ་བ་དང་། རྒ་ཤི་ལ་མོས་ཤིང་འདུ་[2]ཤེས་ཏེ་ཕྱིན་གྱིས་སྐྱོབ། ཕ་རོལ་ཏུ་ཕྱིན་པ་རྣམས་དང་། སྟོང་པ་ཉིད་ཐམས་ཅད་དང་། བྱང་ཆུབ་ཀྱི་ཕྱོགས་ཀྱི་ཆོས་རྣམས་དང་། འཕགས་པའི་བདེན་པ་རྣམས་དང་། བསམ་གཏན་རྣམས་དང་། ཚད་མེད་པ་རྣམས་དང་། གཟུགས་མེད་པའི་སྙོམས་པར་འཇུག་པ་རྣམས་དང་། རྣམ་པར་ཐར་པ་བརྒྱད་དང་། མཐར་གྱིས་གནས་པའི་སྙོམས་པར་འཇུག་པ་དགུ་དང་། སྟོང་པ་ཉིད་དང་མཚན་མ་མེད་པ་དང་། སྨོན་པ་མེད་པ་དང་། མངོན་པར་ཤེས་པ་རྣམས་དང་། མིག་ལྔ་དང་། ཏིང་ངེ་འཛིན་རྣམས་དང་། གཟུངས་ཀྱི་སྒོ་རྣམས་དང་། དེ་བཞིན་གཤེགས་པའི་སྟོབས་བཅུ་དང་། མི་འཇིགས་པ་བཞི་དང་། སོ་སོ་ཡང་དག་པར་རིག་པ་བཞི་དང་། སངས་རྒྱས་ཀྱི་ཆོས་མ་འདྲེས་པ་བཅོ་བརྒྱད་ལ་མོས་ཤིང་འདུ་ཤེས་ཏེ་ཕྱིན་གྱིས་སྐྱོབ་ན། དེ་སངས་རྒྱས་ཀྱི་ཆོས་མ་འདྲེས་པ་བཅོ་བརྒྱད་ལ་མོས་ཤིང་འདུ་ཤེས་ཏེ་ཕྱིན་གྱིས་སྐྱོབས་[3]པས་སངས་རྒྱས་ཀྱི་ཆོས་མ་འདྲེས་པ་བཅོ་བརྒྱད་མངོན་པར་འདུ་བྱ་བ་ལ་སྤྱོད་དེ། དེ་ནི་སྐྱེ་བ་དང་། རྒ་བ་དང་། ན་བ་དང་། འཆི་བ་དང་། མྱ་ངན་དང་། སྨྲེ

སྡིགས་འདོན་པ་དང་། སྡུག་བསྔལ་བ་དང་། ཡིད་མི་བདེ་བ་དང་། འཁྲུག་པ་ལས་ཡོངས་སུ་མི་འགྲོལ། སྡུག་བསྔལ་ཆེན་པོ་ལས་ཡོངས་སུ་མི་འགྲོལ་བར་བརྗོད་དོ། །ཚེ་དང་ལྡན་པ་ཤཱ་ར་དྭ་ཏིའི་བུ་བྱང་ཆུབ་སེམས་དཔའ་སེམས་དཔའ་ཆེན་པོ་དེ་ནི་ཉན་ཐོས་ཀྱི་སའམ། རང་སངས་རྒྱས་ཀྱི་ས་ཡང་མངོན་དུ་བྱ་བའི་སྐལ་པ་མེད་ན། བླ་ན་མེད་པ་ཡང་དག་པར་རྫོགས་པའི་བྱང་ཆུབ་ཏུ་མངོན་པར་འཚང་རྒྱ་བ་ལྟ་ཅི་སྨོས་ཏེ་དེ་ནི་གནས་མེད་དོ། །ཚེ་དང་ལྡན་པ་ཤཱ་ར་དྭ་ཏིའི་བུ་བྱང་ཆུབ་སེམས་དཔའ་སེམས་དཔའ་ཆེན་པོ་ཤེས་རབ་ཀྱི་ཕ་རོལ་ཏུ་ཕྱིན་པ་ལ་དེ་ལྟར་སྤྱོད་ན། ཐབས་མི་མཁས་པར་ཤེས་པར་བྱའོ། །སྨྲས་པ། ཚེ་དང་ལྡན་པ་རབ་འབྱོར་བྱང་ཆུབ་སེམས་དཔའ་སེམས་དཔའ་ཆེན་པོ་ཤེས་རབ་ཀྱི་ཕ་རོལ་ཏུ་ཕྱིན་པ་ལ་ཇི་ལྟར་སྤྱོད་ན་ཐབས་མཁས་པར་ཤེས་པར་བྱ། རབ་འབྱོར་གྱིས་སྨྲས་པ༔ ཚེ་དང་ལྡན་པ་ཤཱ་ར་དྭ་ཏིའི་བུ་ནམ་བྱང་ཆུབ་སེམས་དཔའ་སེམས་དཔའ་ཆེན་པོ་ཤེས་རབ་ཀྱི་ཕ་རོལ་ཏུ་ཕྱིན་པ་ལ་སྤྱོད་ཅིང་། གཟུགས་ལ་མི་སྤྱོད། ཚོར་བ་དང་། འདུ་ཤེས་དང་། འདུ་བྱེད་དང་། རྣམ་པར་ཤེས་པ་ལ་ཡང་མི་སྤྱོད། གཟུགས་ཀྱི་མཚན་མ་ལ་མི་སྤྱོད། ཚོར་བ་དང་། འདུ་ཤེས་དང་། འདུ་བྱེད་དང་། རྣམ་པར་ཤེས་པའི་མཚན་མ་ལ་མི་སྤྱོད། གཟུགས་རྟག་ཅེས་བྱ་བར་མི་སྤྱོད། གཟུགས་མི་རྟག་ཅེས་བྱ་བ་དང་། གཟུགས་བདེ་ཞེས་བྱ་བ་དང་། གཟུགས་སྡུག་བསྔལ་ཞེས་བྱ་བ་དང་། གཟུགས་བདག་ཅེས་བྱ་བ་དང་། གཟུགས་བདག་མེད་ཅེས་བྱ་བ་དང་། གཟུགས་ཞི་ཞེས་བྱ་བ་དང་། གཟུགས་མ་ཞི་ཞེས་བྱ་བ་དང་། གཟུགས་སྟོང་ཞེས་བྱ་བ་དང་། གཟུགས་མི་སྟོང་ཞེས་བྱ་བ་དང་། གཟུགས་མཚན་མ་ཡོད་ཅེས་བྱ་བ་དང་། གཟུགས་མཚན་མ་མེད་ཅེས་བྱ་བ་དང་། གཟུགས་སྨོན་པ་ཡོད་ཅེས་བྱ་བ་དང་། གཟུགས་སྨོན་པ་

མེད་ཅེས་བྱ་བ་དང་། གཟུགས་དབེན་ཞེས་བྱ་བ་དང་། གཟུགས་མི་དབེན་ཞེས་བྱ་བར་མི་སྤྱོད་པ་དང་། ཚོར་བ་དང་། འདུ་ཤེས་དང་། འདུ་བྱེད་དང་། རྣམ་པར་ཤེས་པ་རྟག་ཅེས་བྱ་བར་མི་སྤྱོད། མི་རྟག་ཅེས་བྱ་བ་དང་། བདེ་ཞེས་བྱ་བ་དང་། སྡུག་བསྔལ་ཞེས་བྱ་བ་དང་། བདག་ཅེས་[༡]བྱ་བ་[༢]དང་། བདག་མེད་ཅེས་[༣]བྱ་བ་དང་། ཞི་ཞེས་བྱ་བ་དང་། མ་ཞི་ཞེས་བྱ་བ་དང་། སྟོང་ཞེས་བྱ་བ་དང་། མི་སྟོང་ཞེས་བྱ་བ་དང་། མཚན་མ་ཡོད་ཅེས་བྱ་བ་དང་། མཚན་མ་མེད་ཅེས་བྱ་བ་དང་། སྨོན་པ་ཡོད་ཅེས་བྱ་བ་དང་། སྨོན་པ་མེད་ཅེས་[༤]བྱ་བ་དང་། དབེན་ཞེས་བྱ་བ་དང་། མི་དབེན་ཞེས་བྱ་བར་མི་སྤྱོད་པ་དེའི་ཚེ། བྱང་ཆུབ་སེམས་དཔའ་སེམས་དཔའ་ཆེན་པོ་ཐབས་མཁས་པར་ཤེས་པར་བྱའོ། །དེ་ཅིའི་ཕྱིར་ཞེ་ན། ཚེ་དང་ལྡན་པ་ཤཱ་ར་དྭ་ཏིའི་བུ་གཟུགས་ཀྱི་སྟོང་པ་ཉིད་གང་ཡིན་པ་དེ་ཡང་གཟུགས་མ་ཡིན། སྟོང་པ་ཉིད་ལས་གུད་ན་ཡང་གཟུགས་མེད། གཟུགས་ལས་གུད་ན་ཡང་སྟོང་པ་ཉིད་མེད་དེ། སྟོང་པ་ཉིད་ཀྱང་གཟུགས། གཟུགས་ཉིད་ཀྱང་[༥]སྟོང་པ་ཉིད་དོ། །ཚོར་བ་དང་། འདུ་ཤེས་དང་། འདུ་བྱེད་དང་། རྣམ་པར་[༦]ཤེས་པའི་སྟོང་པ་ཉིད་གང་ཡིན་པ་དེ་ཡང་རྣམ་པར་ཤེས་པ་མ་ཡིན། སྟོང་པ་ཉིད་ལས་གུད་ན་ཡང་རྣམ་པར་ཤེས་པ་མེད། རྣམ་པར་ཤེས་པ་ལས་གུད་ན་ཡང་སྟོང་པ་ཉིད་མེད་དེ། སྟོང་པ་ཉིད་ཀྱང་རྣམ་པར་ཤེས་པ། རྣམ་པར་ཤེས་པ་ཉིད་ཀྱང་སྟོང་པ་ཉིད་དོ[༧]། །སྐྱེ་མཆེད་དང་། ཁམས་དང་། རྟེན་ཅིང་འབྲེལ་བར་འབྱུང་བ་དང་། ཕ་རོལ་ཏུ་ཕྱིན་པ་རྣམས་དང་། སྟོང་པ་ཉིད་ཐམས་ཅད་དང་། བྱང་ཆུབ་ཀྱི་ཕྱོགས་ཀྱི་[༨]ཆོས་རྣམས་དང་། འཕགས་པའི་བདེན་པ་རྣམས་དང་། བསམ་གཏན་རྣམས་དང་། ཚད་མེད་པ་རྣམས་དང་། གཟུགས་མེད་པའི་སྙོམས་པར་

འཇུག་པ་རྣམས་དང་། རྣམ་པར་ཐར་པ་རྣམས་དང་། མཐར་གྱིས་གནས་པའི་སྙོམས་པར་འཇུག་པ་དགུ་དང་། སྟོང་པ་ཉིད་དང་། མཚན་མ་མེད་པ་དང་། སྨོན་པ་མེད་པ་དང་། མངོན་པར་ཤེས་པ་རྣམས་དང་། ཏིང་ངེ་འཛིན་རྣམས་དང་། གཟུངས་ཀྱི་སྒོ་རྣམས་དང་། དེ་བཞིན་གཤེགས་པའི་སྟོབས་བཅུ་དང་། མི་འཇིགས་པ་བཞི་དང་། སོ་སོ་ཡང་དག་པར་རིག་པ་བཞི་དང་། བྱམས་པ་ཆེན་པོ་དང་། སྙིང་རྗེ་ཆེན་པོ་དང་། སངས་རྒྱས་ཀྱི་ཆོས་མ་འདྲེས་པ་བཅོ་བརྒྱད་ཀྱི་སྟོང་པ་ཉིད་གང་ཡིན་པ་དེ་ཡང་། སངས་རྒྱས་ཀྱི་ཆོས་རྣམས་མ་ཡིན། སྟོང་པ་ཉིད་ལས་གུད་ན་ཡང་སངས་རྒྱས་ཀྱི་ཆོས་རྣམས་མེད། སངས་རྒྱས་ཀྱི་ཆོས་རྣམས་ལས་གུད་ན་ཡང་སྟོང་པ་ཉིད་མེད་དེ། སྟོང་པ་ཉིད་ཀྱང་སངས་རྒྱས་ཀྱི་ཆོས་རྣམས། སངས་རྒྱས་ཀྱི་ཆོས་རྣམས་ཀྱང་སྟོང་པ་ཉིད་དོ། །ཚེ་དང་ལྡན་པ་ཤ་ར་དྭ་ཏིའི་བུ་བྱང་ཆུབ་སེམས་དཔའ་སེམས་དཔའ་ཆེན་པོ་ཤེས་རབ་ཀྱི་ཕ་རོལ་ཏུ་ཕྱིན་པ་ལ་དེ་ལྟར་སྤྱོད་པ་ནི། ཐབས་མཁས་པར་ཤེས་པར་བྱའོ།། །།

ཤེས་རབ་ཀྱི་ཕ་རོལ་ཏུ་ཕྱིན་པ་སྟོང་ཕྲག་ཉི་ཤུ་ལྔ་པ། བམ་པོ་བཅུ་གཅིག་པ། ཚེ་དང་ལྡན་པ་ཤ་ར་དྭ་ཏིའི་བུ་བྱང་ཆུབ་སེམས་དཔའ་སེམས་དཔའ་ཆེན་པོ་ཤེས་རབ་ཀྱི་ཕ་རོལ་ཏུ་ཕྱིན་པ་ལ་དེ་ལྟར་སྤྱོད་པ་ནི། བླ་ན་མེད་པ་ཡང་དག་པར་རྫོགས་པའི་བྱང་ཆུབ་ཏུ་མངོན་པར་འཚང་རྒྱ་བའི་[༧]སྐལ་བ་ཡོད་དོ། །དེ་ནི་ཤེས་རབ་ཀྱི་ཕ་རོལ་ཏུ་ཕྱིན་པ་ལ་སྤྱོད་[༡]ཀྱང་སྤྱོད་དོ་ཞེས་བྱ་བར་མི་དམིགས་སོ། །ཿམི་སྤྱོད་ཀྱང་[༡]མི་སྤྱོད་དོ་ཞེས་བྱ་བར་མི་དམིགས་སོ། །སྤྱོད་ཀྱང་སྤྱོད་ལ་མི་སྤྱོད་ཀྱང་མི་སྤྱོད་ཅེས་བྱ་བར་མི་དམིགས་སོ། །སྤྱོད་པའང་མ་ཡིན་མི་སྤྱོད་པའང་མ་ཡིན་ཞེས་བྱ་བར་མི་དམིགས་སོ། །སླས་པ་ཚེ་དང་ལྡན་པ་རབ་འབྱོར་

ཅིའི་ཕྱིར་ན། བྱང་ཆུབ་སེམས་དཔའ་སེམས་དཔའ་ཆེན་པོ་ཤེས་རབ་ཀྱི་ཕ་རོལ་ཏུ་ཕྱིན་པ་ལ་སྤྱོད་པའི་ཚེ། སྤྱོད་ཅེས་བྱ་བར་ཡང་མི་དམིགས་མི་སྤྱོད་ཅེས་བྱ་བར་ཡང་མི་དམིགས། སྤྱོད་ཀྱང་སྤྱོད་ལ་མི་སྤྱོད་ཀྱང་མི་སྤྱོད་ཅེས་བྱ་བར་ཡང་མི་དམིགས། སྤྱོད་པ་ཡང་མ་ཡིན། མི་སྤྱོད་པ་ཡང་མ་ཡིན་ཞེས་བྱ་བར་ཡང་མི་དམིགས་པ་ཡིན། རབ་འབྱོར་གྱིས་སྨྲས་པ། ཚེ་དང་ལྡན་པ་ཤ་ར་དྭ་ཏིའི་བུ་དེ་ནི་འདི་ལྟར་ཤེས་རབ་ཀྱི་ཕ་རོལ་ཏུ་ཕྱིན་པའི་རང་བཞིན་མི་དམིགས་པའི་ཕྱིར་ཏེ། དེ་ཅིའི་ཕྱིར་ཞེ་ན། འདི་ལྟར་ཤེས་རབ་ཀྱི་ཕ་རོལ་ཏུ་ཕྱིན་པ་ནི་དངོས་པོ་མེད་པའི་རང་བཞིན་ཏེ། ཚེ་དང་ལྡན་པ་ཤ་ར་དྭ[1]ཏིའི་བུ་རྣམ་གྲངས་དེས་ན[2]། བྱང་ཆུབ་སེམས་དཔའ་སེམས་དཔའ་ཆེན་པོ་ཤེས་རབ་ཀྱི་ཕ་རོལ་ཏུ་ཕྱིན་པ་ལ་སྤྱོད་པའི་ཚེ། སྤྱོད་དོ་ཞེས་བྱ་བར་ཡང་མི་དམིགས་སོ། །མི་སྤྱོད་དོ་ཞེས་བྱ་བར་ཡང་མི་དམིགས་སོ། །སྤྱོད་ཀྱང་སྤྱོད་ལ་མི་སྤྱོད་ཀྱང་མི་སྤྱོད་དོ་ཞེས་བྱ་བར་ཡང་མི་དམིགས་སོ། །སྤྱོད་པའང་མ་ཡིན། མི་སྤྱོད་པའང་མ་ཡིན་ནོ་ཞེས་བྱ་བར་ཡང་མི་དམིགས་སོ། །དེ་ཅིའི་ཕྱིར་ཞེ་ན། འདི་ལྟར་དེས་ཆོས་ཐམས་ཅད་དངོས་པོ་མེད་པའི་རང་བཞིན་དུ་ཁོང་དུ་ཆུད་ཅིང་མ་བླངས་པའི་ཕྱིར་ཏེ། དེ་ལྟར་བྱང་ཆུབ་སེམས་དཔའ་སེམས་དཔའ་ཆེན་པོ་ཤེས་རབ་ཀྱི་ཕ་རོལ་ཏུ་ཕྱིན་པ་ལ་སྤྱོད་པ་ན། གལ་ཏེ་སེམས་མ་ཞུམ། ཀུན་ཏུ་མ་ཞུམ། མི་སྐྲག །ཀུན་ཏུ་མི་སྐྲག །ཀུན་ཏུ་སྐྲག་པར་མི་འགྱུར་ན། ཚེ་དང་ལྡན་པ་ཤ་ར་དྭ་ཏིའི་བུ་བྱང་ཆུབ་སེམས་དཔའ་སེམས་དཔའ་ཆེན་པོ་དེ་ནི་རྣམ་པ་ཐམས་ཅད་མཁྱེན་པ་ཉིད་དང་ཉེ་བར་གྱུར་པར་རིག་པར་བྱའོ། །རྣམ་པ་ཐམས་ཅད་མཁྱེན་པ་ཉིད་[3]དེ་ཡང་ཆོས་ཐམས་ཅད་ངོ་བོ་ཉིད་མེད་པའི་ཕྱིར། གཉིས་སུ་མེད་[4]གཉིས་སུ་བྱར་མེད་དོ། །དེ་ནི་བྱང་ཆུབ་སེམས་དཔའ་སེམས་དཔའ་ཆེན་པོ་རྣམས་ཀྱི་ཏིང་ངེ

འཛིན་ཆོས་ཐམས་ཅད་སྐྱེ་བ་མེད་པ་ཞེས་བྱ་བ་སྟེ། རྒྱ་ཆེ་བ་མཆོག་ཏུ་བྱ་བ་ཚད་
མེད་པར་ངེས་པ། ཉན་ཐོས་དང་རང་སངས་རྒྱས་ཐམས་ཅད་ཀྱིས་མི་འཕྲོགས་
པ་སྟེ། ཏིང་ངེ་འཛིན་དེས་རྣམ་པར་སྤྱོད་པའི་བྱང་ཆུབ་སེམས་དཔའ་སེམས་
དཔའ་ཆེན་པོ་ནི་མྱུར་དུ་བླ་ན་མེད་པ་ཡང་དག་པར་རྫོགས་པའི་བྱང་ཆུབ་ཏུ་
མངོན་པར་རྫོགས་པར་འཚང་རྒྱའོ། །སྨྲས་པ། ཚེ་དང་ལྡན་པ་རབ་འབྱོར་
ཏིང་ངེ་འཛིན་འདི་འབའ[༧]ཞིག་གིས་རྣམ་པར་སྤྱོད་པའི་བྱང་ཆུབ་སེམས་དཔའ་
སེམས་དཔའ་ཆེན་པོ་ནི་མྱུར་དུ་བླ་ན་མེད་པ་ཡང་དག་པར་རྫོགས་པའི་བྱང་ཆུབ་
ཏུ་མངོན་པར་འཚང་རྒྱའམ། འོན་ཏེ་དེ་ལྟ་བུའི་ཏིང་ངེ་འཛིན་གཞན་དག་ཀྱང་
ཡོད[༣]། རབ་འབྱོར་གྱིས་སྨྲས་པ། ཚེ་དང་ལྡན་པ་ཤཱ་ར་དྭ་ཏིའི་བུ་ཏིང་ངེ་
འཛིན་གཞན་དག་ལ་རྣམ་པར་སྤྱོད་པས་ཀྱང་བྱང་ཆུབ་སེམས་དཔའ་སེམས་དཔའ་
ཆེན་པོ་མྱུར་དུ་བླ་ན་མེད་པ་ཡང་དག་པར་རྫོགས་པའི་བྱང་ཆུབ་ཏུ་མངོན་པར་
རྫོགས་པར་འཚང་རྒྱ་བར་འགྱུར་བ་ཡོད་དོ། །སྨྲས་པ། ཚེ་དང་ལྡན་པ་རབ་
འབྱོར་ཏིང་ངེ་འཛིན་གཞན་གང་དག་གིས་རྣམ་པར་སྤྱོད་པའི་བྱང་ཆུབ་སེམས་
དཔའ་སེམས་དཔའ་ཆེན་པོ་མྱུར་དུ་བླ་ན་མེད་པ་ཡང་དག་པར་རྫོགས་པའི་བྱང་
ཆུབ་ཏུ་མངོན་པར་རྫོགས་པར་འཚང་རྒྱ་བ་ཡིན་རབ་འབྱོར་གྱིས་སྨྲས་པ། ཚེ་
དང་ལྡན་པ་ཤཱ་ར་དྭ་ཏིའི་བུ་བྱང་ཆུབ་སེམས་དཔའ་སེམས་དཔའ་ཆེན་པོ་རྣམས་ཀྱི་
ཏིང་ངེ་འཛིན་དཔའ་བར་འགྲོ་བ་ཞེས་བྱ་བ་ཡོད་དེ། ཏིང་ངེ་འཛིན་དེས་རྣམ་
པར་སྤྱོད་པའི་བྱང་ཆུབ་སེམས་དཔའ་སེམས་དཔའ་ཆེན་པོ་ནི་མྱུར་དུ་བླ་ན་མེད་པ་
ཡང་དག་པར་རྫོགས་པའི་བྱང་ཆུབ་ཏུ་མངོན་པར་རྫོགས་པར་འཚང་རྒྱའོ། །དེ་
བཞིན་དུ་རིན་ཆེན་ཕྱག་རྒྱ་ཞེས་བྱ་བའི་ཏིང་ངེ་འཛིན་ཡོད་དོ། །སེང་གེ་རྣམ་
པར་རྩེ[༣]བ་ཞེས་བྱ་བའི་ཏིང་ངེ་འཛིན་ཡོད་དོ། །ཟླ་བ་བཟང་པོ་ཞེས་བྱ་བའི་

ཏིང་ངེ་འཛིན་ཡོད་དོ། །ཟླ་བའི་རྒྱལ་མཚན་དཔལ་ཞེས་བྱ་བའི་ཏིང་ངེ་འཛིན་ཡོད་དོ། །ཆོས་ཐམས་ཅད་ལས་ཤིན་དུ་འཕགས་པ་ཞེས་བྱ་བའི་ཏིང་ངེ་འཛིན་ཡོད་དོ། །ཆོས་ཐམས་ཅད་ཀྱི་ཕྱག་རྒྱ་ཞེས་བྱ་བའི་ཏིང་ངེ་འཛིན་ཡོད་དོ། །སྤྱི་གཙུག་རྣམ་པར་ལྟ་བ་ཞེས་བྱ་བའི་ཏིང་ངེ་འཛིན་ཡོད་དོ། །ཆོས་ཀྱི་དབྱིངས་སུ་ངེས་པ་ཞེས་བྱ་བའི་ཏིང་ངེ་འཛིན་ཡོད་དོ། །ངེས་པའི་རྒྱལ་མཚན་དཔལ་ཞེས་བྱ་བའི་ཏིང་ངེ་འཛིན་ཡོད་དོ། །རྡོ་རྗེ་ཞེས་བྱ་བའི་ཏིང་ངེ་འཛིན་ཡོད་དོ། །ཆོས་ཐམས་ཅད་ལ་འཇུག་པའི་ཕྱག་རྒྱ་ཞེས་བྱ་བའི་ཏིང་ངེ་འཛིན་ཡོད་དོ། །ཏིང་ངེ་འཛིན་ལ་རྒྱལ་པོ་ལྟར་རབ་ཏུ་གནས་པ་ཞེས་བྱ་བའི་ཏིང་ངེ་འཛིན་ཡོད་དོ། །འོད་ཟེར་རབ་ཏུ་འགྱེད་པ་ཞེས་བྱ་བའི་ཏིང་ངེ་འཛིན་ཡོད་དོ། །དཔུང་རྣམ་པར་བཀོད་པ་ཞེས་བྱ་བའི་ཏིང་ངེ་འཛིན་ཡོད་དོ། །ཡང་དག་པར་འཕགས་པ་ཞེས་བྱ་བའི་ཏིང་ངེ་འཛིན་ཡོད་དོ། །ངེས་པའི་ཚིག་ལ་གདོན་མི་ཟ་བར་འཇུག་པ་ཞེས་བྱ་བའི་ཏིང་ངེ་འཛིན་ཡོད་དོ། །ཚིག་བླ་དགས་ལ་ཡང་དག་པར་འཇུག་པ་ཞེས་བྱ་བའི་ཏིང་ངེ་འཛིན་ཡོད་དོ། །ཕྱོགས་རྣམ་པར་ལྟ་བ་ཞེས་བྱ་བའི་ཏིང་ངེ་འཛིན་ཡོད་དོ། །ཕྱག་རྒྱ་ཡོངས་སུ་འཛིན་པ་ཞེས་བྱ་བའི་ཏིང་ངེ་འཛིན་ཡོད་དོ། །ཉམས[༧]པ་མེད་པ་ཞེས་བྱ་བའི་ཏིང་ངེ་འཛིན་ཡོད་དོ། །ཆོས་ཐམས་ཅད་ཡང་དག་པར་འདུ་བ་རྒྱ་མཚོའི་ཕྱག་རྒྱ་ཞེས་བྱ་བའི་ཏིང་ངེ་འཛིན་ཡོད་དོ། །ནམ་མཁའ་རྒྱས་པར་འགེངས་པ་ཞེས་བྱ་བའི་ཏིང་ངེ་འཛིན་ཡོད་དོ། །རྡོ་རྗེའི་དཀྱིལ་འཁོར་ཞེས་བྱ་བའི་ཏིང་ངེ་འཛིན་ཡོད་དོ། །རྒྱལ་མཚན་རྩེ་མོའི་དཔུང་རྒྱན་ཞེས་བྱ་བའི་ཏིང་ངེ་འཛིན་ཡོད་དོ། །དབང་པོའི་དཔལ་ཞེས་བྱ་བའི་ཏིང་ངེ་འཛིན་ཡོད་དོ། །རྒྱུན་གྱི་རྗེས་སུ་སོང་བ་ཞེས་བྱ་བའི་ཏིང་ངེ་འཛིན་ཡོད་དོ། །སེང་གེ་རྣམ་པར་བསྒྲིངས་པ་ཞེས་བྱ་བའི་ཏིང་ངེ་འཛིན་ཡོད་དོ། །སྤྲུལ[༣]ཞི་ཞེས་བྱ་བའི་ཏིང་ངེ་

འཛིན་ཡོད་དོ། །ཉོན་མོངས་པ་སྤྱོང་བ་ཞེས་བྱ་བའི་ཏིང་ངེ་འཛིན་ཡོད་དོ། །
རྣམ་པར་སྣང་བ་ཞེས་བྱ་བའི་ཏིང་ངེ་འཛིན་ཡོད་དོ། །ཚོལ་བ་མེད་པ་ཞེས་བྱ་
བའི་ཏིང་ངེ་འཛིན་ཡོད་དོ། །གནས་ལ་རྟེན་[1]པ་མེད་པ་ཞེས་བྱ་བའི་ཏིང་ངེ་
འཛིན་ཡོད་དོ། །སེམས་མེད་པ་ཞེས་བྱ་བའི་ཏིང་ངེ་འཛིན་ཡོད་དོ། །དྲི་མ་
མེད་པའི་སྒྲོན་མ་ཞེས་བྱ་བའི་ཏིང་ངེ་འཛིན་ཡོད་དོ། །འོད་མཐའ་ཡས་[2]ཞེས་བྱ་
བའི་ཏིང་ངེ་འཛིན་ཡོད་དོ། །འོད་བྱེད་པ་ཞེས་བྱ་བའི་ཏིང་ངེ་འཛིན་ཡོད་དོ། །
ཀུན་ཏུ་སྣང་བ་ཞེས་བྱ་བའི་ཏིང་ངེ་འཛིན་ཡོད་དོ། །དག་པ་དམ་པ་ཞེས་བྱ་བའི་
ཏིང་ངེ་འཛིན་ཡོད་དོ། །འོད་དྲི་མ་མེད་པ་ཞེས་བྱ་བའི་ཏིང་ངེ་འཛིན་ཡོད་དོ། །
དགའ་བ་བྱེད་པ་ཞེས་བྱ་བའི་ཏིང་ངེ་འཛིན་ཡོད་དོ། །གློག་གི་སྒྲོན་མ་ཞེས་བྱ་
བའི་ཏིང་ངེ་འཛིན་ཡོད་དོ། །ཟད་མི་ཤེས་པ་ཞེས་བྱ་བའི་ཏིང་ངེ་འཛིན་ཡོད་དོ། །
མི་ཕམ་པ་ཞེས་བྱ་བའི་ཏིང་ངེ་འཛིན་ཡོད་དོ། །གཟི་བརྗིད་ཡོད་པ་ཞེས་བྱ་བའི་
ཏིང་ངེ་འཛིན་ཡོད་དོ། །ཟད་པ་དང་བྲལ་བ་ཞེས་བྱ་བའི་ཏིང་ངེ་འཛིན་ཡོད་དོ། །
མི་གཡོ་བ་ཞེས་བྱ་བའི་ཏིང་ངེ་འཛིན་ཡོད་དོ། །འཇིགས་པ་མེད་པ་ཞེས་བྱ་བའི་
ཏིང་ངེ་འཛིན་ཡོད་དོ། །ཉི་མའི་སྒྲོན་མ་ཞེས་བྱ་བའི་ཏིང་ངེ་འཛིན་ཡོད་དོ། །
ཟླ་བ་དྲི་མ་མེད་པ་ཞེས་བྱ་བའི་ཏིང་ངེ་འཛིན་ཡོད་དོ། །ཤེས་རབ་སྒྲོན་མ་ཞེས་བྱ་
བའི་ཏིང་ངེ་འཛིན་ཡོད་དོ། །སྣང་བ་གསལ་བ་ཞེས་བྱ་བའི་ཏིང་ངེ་འཛིན་ཡོད་དོ། །
སྣང་བ་བྱེད་པ་ཞེས་བྱ་བའི་ཏིང་ངེ་འཛིན་ཡོད་དོ། །བྱ་བ་བྱེད་པ་ཞེས་བྱ་བའི་
ཏིང་ངེ་འཛིན་ཡོད་དོ། །ཡེ་ཤེས་དཔལ་ཞེས་བྱ་བའི་ཏིང་ངེ་འཛིན་ཡོད་དོ། །
རྡོ་རྗེ་ལྟ་བུ་ཞེས་བྱ་བའི་ཏིང་ངེ་འཛིན་ཡོད་དོ། །སེམས་གནས་པ་ཞེས་བྱ་བའི་
ཏིང་ངེ་འཛིན་ཡོད་དོ། །ཀུན་ཏུ་སྣང་བ་ཞེས་བྱ་བའི་ཏིང་ངེ་འཛིན་ཡོད་དོ། །
རབ་ཏུ་གནས་པ་ཞེས་བྱ་བའི་ཏིང་ངེ་འཛིན་ཡོད་དོ། །རིན་ཆེན་མཐའ་ཞེས་བྱ་

བའི་ཏིང་ངེ་འཛིན་ཡོད་དོ། །ཆོས་དམ་པའི་ཕྱག་རྒྱ་ཞེས་བྱ་བའི་ཏིང་ངེ་འཛིན་
ཡོད་དོ། །ཆོས་ཐམས་ཅད་མཉམ་པ་ཉིད་ཅེས་བྱ་བའི་ཏིང་ངེ་འཛིན་ཡོད་དོ། །
དགའ་བ་སྤོང་བ་ཞེས་བྱ་བའི་ཏིང་ངེ་འཛིན་ཡོད་དོ། །ཆོས་ཀྱི་འཕགས་པ་ཞེས་
བྱ་བའི་ཏིང་ངེ་འཛིན་ཡོད་དོ། །རྣམ་པར་འཐོར་བ་ཞེས་བྱ་བའི་ཏིང་ངེ་འཛིན་
ཡོད་དོ། །ཆོས་ཐམས་ཅད་ཀྱི་ཚིག་རབ་ཏུ་འབྱེད་པ་ཞེས་བྱ་བའི་ཏིང་ངེ་འཛིན་
ཡོད་དོ། །ཡི་གེ་མཉམ་པར་འགོད་པ་ཞེས་བྱ་བའི་ཏིང་ངེ་འཛིན་ཡོད་དོ། །ཡི་
གེ་དང་བྲལ་བ་ཞེས་བྱ་བའི་ཏིང་ངེ་འཛིན་ཡོད་དོ། །དམིགས་པ་གཅོད་[༡]པ་ཞེས་
བྱ་བའི་ཏིང་ངེ་འཛིན་ཡོད་དོ། །འགྱུར་བ་མེད་པ་ཞེས་བྱ་བའི་ཏིང་ངེ་འཛིན་
ཡོད་དོ། །རྣམ་པ་མེད་པ་ཞེས་བྱ་བའི་ཏིང་ངེ་འཛིན་ཡོད་དོ། །མིང་ངེས་པར་
འཇུག་པ་ཞེས་བྱ་བའི་ཏིང་ངེ་འཛིན་ཡོད་དོ། །གནས་མེད་པར་སྤྱོད་པ་ཞེས་བྱ་
བའི་ཏིང་ངེ་འཛིན་ཡོད་དོ། །རབ་རིབ་མེད་པ་ཞེས་བྱ་བའི་ཏིང་ངེ་འཛིན་ཡོད་དོ། །
སྤྱོད་པ་དང་ལྡན་པ་ཞེས་བྱ་བའི་ཏིང་ངེ་འཛིན་ཡོད་དོ། །གཡོ་བ་མེད་པ་ཞེས་བྱ་
བའི་ཏིང་ངེ་འཛིན་ཡོད་དོ། །ཡུལ་ལས་རྒྱལ་[༢]བ་ཞེས་བྱ་བའི་ཏིང་ངེ་འཛིན་ཡོད་
དོ༔ །ཡོན་ཏན་ཐམས་ཅད་ཀྱི་ཚོགས་སུ༔ གྱུར་པ་[༣]ཞེས་བྱ་བའི་ཏིང་ངེ་འཛིན་
ཡོད་དོ། །སེམས་མེད་པར་གནས་པ་ཞེས་བྱ་བའི་ཏིང་ངེ་འཛིན་ཡོད་དོ། །
དགེ་བའི་མེ་ཏོག་རྒྱས་ཤིང་གསལ་བ་ཞེས་བྱ་བའི་ཏིང་ངེ་འཛིན་ཡོད་དོ། །བྱང་
ཆུབ་ཀྱི་ཡན་ལག་ཡོད་པ་ཞེས་བྱ་བའི་ཏིང་ངེ་འཛིན་ཡོད་དོ། །སྤོབས་པ་མཐའ་
ཡས་པ་ཞེས་བྱ་བའི་ཏིང་ངེ་འཛིན་ཡོད་དོ། །མི་མཉམ་པ་དང་མཉམ་པ་ཞེས་བྱ་
བའི་ཏིང་ངེ་འཛིན་ཡོད་དོ། །ཆོས་ཐམས་ཅད་ལས༔ འདའ་བ་[༤]ཞེས་བྱ་བའི་ཏིང་
ངེ་འཛིན་ཡོད་དོ། །ཡོངས་སུ་གཅོད་པ་ཞེས་བྱ་བའི་ཏིང་ངེ་འཛིན་ཡོད་དོ། །
ནེམ་ནུར་རྣམ་པར་སེལ་བ་ཞེས་བྱ་བའི་ཏིང་ངེ་འཛིན་ཡོད་དོ། །གནས་སུ་བྱ་བ་

མེད་པ་ཞེས་བྱ་བའི་ཏིང་ངེ་འཛིན་ཡོད་དོ། །གཅིག་ཏུ་རྣམ་པར་བཀོད་པ་ཞེས་བྱ་བའི་ཏིང་ངེ་འཛིན་ཡོད་དོ། །རྣམ་པ་མངོན་པར་བསྒྲུབ་པ་ཞེས་བྱ་བའི་ཏིང་ངེ་འཛིན་ཡོད་དོ། །རྣམ་པ་གཅིག་ཏུཿའགྱུར་བ་①ཞེས་བྱ་བའི་ཏིང་ངེ་འཛིན་ཡོད་དོ༑ །རྣམ་པར་འདོར་བ་མེད་པ་ཞེས་བྱ་བའི་ཏིང་ངེ་འཛིན་ཡོད་དོ། །སྲིད་པའི་གཞི་ཐམས་ཅད་རྟོགས་པར་ཁོང་དུ་ཆུད་པ་ཞེས་བྱ་བའི་ཏིང་ངེ་འཛིན་ཡོད་དོ།། བརྡ་དང་སྒྲ་ལ་འཇུག་པ་ཞེས་བྱ་བའི་ཏིང་ངེ་འཛིན་ཡོད་དོ། །སྒྲ་དབྱངས་ཀྱི་ཡི་གེ་དང་བྲལ་བ་ཞེས་བྱ་བའི་ཏིང་ངེ་འཛིན་ཡོད་དོ། །སྒྲོན་མ་འབར་བ་ཞེས་བྱ་བའི་ཏིང་ངེ་འཛིན་ཡོད་དོ། །མཚན་ཉིད་ཡོངས་སུ་སྦྱོང་བ་ཞེས་བྱ་བའི་ཏིང་ངེ་འཛིན་ཡོད་དོ། །མངོན་པར་དམིགས་པ་མེད་པ་ཞེས་བྱ་བའི་ཏིང་ངེ་འཛིན་ཡོད་དོ༑ །རྣམ་པའི་མཆོག་ཐམས་ཅད་དང་ལྡན་པ་ཞེས་བྱ་བའི་ཏིང་ངེ་འཛིན་ཡོད་དོ༑ །བདེ་བ་དང་སྡུག་བསྔལ་ཐམས་ཅད་ལ་མངོན་པར་དགའ་བ་མེད་པ་ཞེས་བྱ་བའི་ཏིང་ངེ་འཛིན་ཡོད་དོ། །ཟད་མི་ཤེས་པའི་ཟ་མ་ཏོག་ཅེས་བྱ་བའི་ཏིང་ངེ་འཛིན་ཡོད་དོ། །གཟུངས་ཀྱི་བློ་གྲོས་ཞེས་བྱ་བའི་ཏིང་ངེ་འཛིན་ཡོད་དོ། །ཡང་དག་པ་དང་ལོག་པ་ཐམས་ཅད་ཡང་དག་པར་སེལ་བ་ཞེས་བྱ་བའི་ཏིང་ངེ་འཛིན་ཡོད་དོ། །འགལ་བ་དང་འགོག་པ་ཐམས་ཅད་ཡང་དག་པར་ཞི་བར་བྱེད་པ་ཞེས་བྱ་བའི་ཏིང་ངེ་འཛིན་ཡོད་དོ། །འཁྲུན་②པ་དང་འགལ་བ་མེད་པ་ཞེས་བྱ་བའི་ཏིང་ངེ་འཛིན་ཡོད་དོ། །འོད་དྲི་མ་མེད་པ་ཞེས་བྱ་བའི་ཏིང་ངེ་འཛིན་ཡོད་དོ། །སྙིང་པོ་དང་ལྡན་པ་ཞེས་བྱ་བའི་ཏིང་ངེ་འཛིན་ཡོད་དོ། །ཟླ་བ་དྲི་མ་མེད་པར་རྒྱས་པའི་འོད་ཅེས་བྱ་བའི་ཏིང་ངེ་འཛིན་ཡོད་དོ། །གློག་གི་འོད་ཅེས་བྱ་བའི་ཏིང་ངེ་འཛིན་ཡོད་དོ། །རྒྱན་ཆེན་པོ་ཞེས་བྱ་བའི་ཏིང་ངེ་འཛིན་ཡོད་དོ། །རྣམ་པ་ཐམས་ཅད་དུ་འོད་བྱེད་པ་ཞེས་བྱ་བའི་ཏིང་ངེ་འཛིན་ཡོད་དོ།

ཏིང་ངེ་འཛིན་མཉམ་པ་ཉིད་ཅེས་བྱ་བའི་ཏིང་ངེ་འཛིན་ཡོད་དོ། །རྟུལ་མེད་ཅིང་རྟུལ་དང་བྲལ་བའི་ཚུལ་དང་ལྡན་པ་ཞེས་བྱ་བའི་ཏིང་ངེ་འཛིན་ཡོད་དོ། །ཉོན་མོངས་པ་མེད་པར་ཡང་དག་པར་གཙོལ་བ་ཞེས་བྱ་བའི་ཏིང་ངེ་འཛིན་ཡོད་དོ། །ཉོན་མོངས་པ་དང་བཅས་པ་ཐམས་ཅད་ཉོན་མོངས་པ་མེད་པར་ཡང་དག་པར་གཙོལ་བ་ཞེས་བྱ་བའི་ཏིང་ངེ་འཛིན་ཡོད་དོ། །གནས་དམིགས་སུ་མེད་པ་ལ་བརྟེན་པ་ཞེས་བྱ་བའི་ཏིང་ངེ་འཛིན་ཡོད་དོ། །དེ་བཞིན་ཉིད་ལ་གནས་ཤིང་སེམས་མེད་པ་ཞེས་བྱ་བའི་ཏིང་ངེ་འཛིན་ཡོད་དོ། །ལུས་ཀྱི་སྐྱོན་ཡང་དག་པར་སེལ་བས་རབ་ཏུ་འདུལ་བ་ཞེས་བྱ་བའི་ཏིང་ངེ་འཛིན་ཡོད་དོ། །ངག་གི་སྐྱོན་རྣམ་པར་འཇིག་པས་ནམ་མཁའ་ལྟར་གྱུར་པ་མེད་པ་ཞེས་བྱ་བའི་ཏིང་ངེ་འཛིན་ཡོད་དོ། །ཤཱ་ར་དྭ་ཏིའི་བུ་ནམ་མཁའ་ལྟར་ཆགས་པ་མེད་པས་རྣམ་པར་གྲོལ་ཞེང་གོས་པ་མེད་པ་ཞེས་བྱ་བའི་ཏིང་ངེ་འཛིན་ཡོད་དེ[1]། ཏིང་ངེ་འཛིན་དེས་རྣམ་པར་སྤྱོད་པའི་བྱང་ཆུབ་སེམས་དཔའ་སེམས་དཔའ་ཆེན་པོ་ནི་མྱུར་དུ་བླ་ན་མེད་པ་ཡང་དག་པར་རྫོགས་པའི་བྱང་ཆུབ་ཏུ་མངོན་པར་རྫོགས་པར་འཚང་རྒྱའོ། །ཚེ་དང་ལྡན་པ་ཤཱ་ར་དྭ་ཏིའི་བུ་དེ་དག་ནི་བྱང་ཆུབ་སེམས་དཔའ་སེམས་དཔའ་ཆེན་པོ་རྣམས་ཀྱི་ཏིང་ངེ་འཛིན་ཏེ། ཏིང་ངེ་འཛིན་དེ་དག་གིས་རྣམ་པར་སྤྱོད་པའི་བྱང་ཆུབ་སེམས་དཔའ་སེམས་དཔའ་ཆེན་པོ་རྣམས་ནི་མྱུར་དུ་བླ་ན་མེད་པ་ཡང་དག་པར་རྫོགས་པའི་བྱང་ཆུབ་ཏུ་མངོན་པར་རྫོགས་པར་འཚང་རྒྱ་སྟེ། དེ་ལྟར་ཏིང་ངེ་འཛིན་དང་། གཟུངས་ཀྱི་སྒོ་གང་ལ་བསླབས་པས། བྱང་ཆུབ་སེམས་དཔའ་སེམས་དཔའ་ཆེན་པོ་རྣམས་མྱུར་དུ་བླ་ན་མེད་པ་ཡང་དག་པར་རྫོགས་པའི་བྱང་ཆུབ་ཏུ་མངོན་པར་རྫོགས་པར་འཚང་རྒྱ་བར་འགྱུར་བ་དེ་ལྟ་བུ་ཚད་མེད་གྲངས་མེད་པ་གཞན་དག་ཀྱང་ཡོད་དེ[2]། དེ་ནས་སངས་རྒྱས་ཀྱི་

མཐུས་ཚེ་དང་ལྡན་པ་རབ་འབྱོར་གྱིས་ཡང་འདི་སྐད་ཅེས་སྨྲས་སོ། །ཚེ་དང་ལྡན་པ་ཤཱ་ར་དྭ་ཏིའི་བུ་བྱང་ཆུབ་སེམས་དཔའ་སེམས་དཔའ་ཆེན་པོ་གང་ཏིང་ངེ་འཛིན་དེ་དག་གིས་རྣམ་པར་སྤྱོད་པ་དེ་[1]ནི་སྔོན་གྱི་དེ་བཞིན་གཤེགས་པ་དགྲ་བཅོམ་པ་ཡང་དག་པར་རྫོགས་པའི་སངས་རྒྱས་རྣམས་ཀྱིས་ཀྱང་། བླ་ན་མེད་པ་ཡང་དག་པར་རྫོགས་པའི་བྱང་ཆུབ་ཏུ་ལུང་བསྟན་ཏོ། །ད་ལྟར་ཕྱོགས་བཅུའི་འཇིག་རྟེན་གྱི་ཁམས་གང་གཱའི་ཀླུང་གི་བྱེ་མ་སྙེད་དག་ན། དེ་བཞིན་གཤེགས་པ་དགྲ་བཅོམ་པ་ཡང་དག་པར་རྫོགས་པའི་སངས་རྒྱས་བཞུགས་ཤིང་འཚོ་སྐྱོང་བ་ཇི་སྙེད་ཅིག་བཞུགས་པ་དེ་དག་གིས་ཀྱང་། བྱང་ཆུབ་སེམས་དཔའ་སེམས་དཔའ་ཆེན་པོ་དེ་བླ་ན་མེད་པ་ཡང་དག་པར་རྫོགས་པའི་བྱང་ཆུབ་ཏུ་ལུང་བསྟན་ཏེ[3]། བྱང་ཆུབ་སེམས་དཔའ་སེམས་དཔའ་ཆེན་པོ་དེས་ནི་ཏིང་ངེ་འཛིན་ཀྱང་ཡང་དག་པར་རྗེས་སུ་མི་མཐོང་ངོ་། །བདག་ནི་སྙོམས་པར་ཞུགས་སོ་ཞེས་བྱ་བར་ཏིང་ངེ་འཛིན་དེས་རློམ་སེམས་སུ་འགྱུར་བ་ཡང་མེད་དོ། །བདག་ནི་སྙོམས་པར་འཇུག་གོ། བདག་གིས་མཉམ་པར་གཞག་པར་བྱའོ། །བདག་ནི་མཉམ་པར་གཞག་པར་གྱུར་ཏོ་ཞེས་རློམ་སེམས་སུ་འགྱུར་བ་མེད་དེ། དེ་ལ་རྣམ་པར་རྟོག་པ་དེ་དག་ཐམས་ཅད་མེད་ཅིང་མི་རྒྱུའོ། །སྨྲས་པ། ཚེ་དང་ལྡན་པ་རབ་འབྱོར་ཏིང་ངེ་འཛིན་འདི་དག་ལ་གནས་པའི་བྱང་ཆུབ་སེམས་དཔའ་སེམས་དཔའ་ཆེན་པོ་ལ་དེ་བཞིན་གཤེགས་པ་དགྲ་བཅོམ་པ་ཡང་དག་པར་རྫོགས་པའི་སངས་རྒྱས་རྣམས་ཀྱིས་ལུང་བསྟན་པ་ཡོད་དམ། རབ་འབྱོར་གྱིས་སྨྲས་པ། ཚེ་དང་ལྡན་པ་ཤཱ་ར་དྭ་ཏིའི་བུ་དེ་ནི་མེད་དོ། །དེ་ཅིའི་ཕྱིར་ཞེ་ན། ཚེ་དང་ལྡན་པ་ཤཱ་ར་དྭ་ཏིའི་བུ་ཤེས་རབ་ཀྱི་ཕ་རོལ་ཏུ་ཕྱིན་པ་ཡང་གཞན་ལ། ཏིང་ངེ་འཛིན་ཀྱང་གཞན་བྱང་ཆུབ་སེམས་དཔའ་ཡང་གཞན་ཞེས་བྱ་བ་མེད་ཀྱི། ཤེས་རབ་ཀྱི་ཕ་རོལ་ཏུ་ཕྱིན་པ་ཉིད

ཀྱང་ཏིང་ངེ་འཛིན་ཏོ། །ཏིང་ངེ་འཛིན་ཉིད་ཀྱང་བྱང་ཆུབ་སེམས་དཔའོ[༧]། །
བྱང་ཆུབ་སེམས་དཔའ་ཉིད་ཀྱང་ཏིང་ངེ་འཛིན་ཏོ། །སྨྲས་པ། ཚེ་དང་ལྡན་པ་
རབ་འབྱོར་གལ་ཏེ་དེ་ལྟར་ཏིང་ངེ་འཛིན་ཀྱང་གཞན་ལ[༣]། བྱང་ཆུབ་སེམས་
དཔའ་ཡང་གཞན་ཞེས་བྱ་བ་མེད། བྱང་ཆུབ་སེམས་དཔའ་ཡང་གཞན་ལ་ཏིང་
ངེ་འཛིན་ཀྱང་གཞན་ཞེས་བྱ་བ་མེད་དེ། ཆོས་ཐམས་ཅད་མཉམ་པ་ཉིད་ཀྱི་ཕྱིར་
ཏིང་ངེ་འཛིན་ཉིད་ཀྱང་བྱང་ཆུབ་སེམས་དཔའ། བྱང་ཆུབ་སེམས་དཔའ་ཉིད་
ཀྱང་ཏིང་ངེ་འཛིན་ཡིན་ན། དེ་ལ་ཏིང་ངེ་འཛིན་བསྟན་པར་ནུས་སམ། རབ་
འབྱོར་གྱིས་སྨྲས་པ། ཚེ་དང་ལྡན་པ་ཤ་ར་དྭ་ཏིའི་བུ་དེ་ནི་མ་ཡིན་ནོ། །སྨྲས་པ།
ཚེ་དང་ལྡན་པ་རབ་འབྱོར་རིགས་ཀྱི་བུ་དེ་ཏིང་ངེ་འཛིན་དེ་ལ་འདུ་ཤེས་སུ་བྱེད་
དམ། རབ་འབྱོར་གྱིས་སྨྲས་པ། ཚེ་དང་ལྡན་པ་ཤ་ར་དྭ་ཏིའི་བུ་འདུ་ཤེས་སུ་
བྱེད་པ་མེད་དོ། །སྨྲས་པ། ཇི་ལྟར་དེ་ལ་འདུ་ཤེས་སུ་བྱེད་པར་མི་འགྱུར།
རབ་འབྱོར་གྱིས་སྨྲས་པ། རྟོག་པ་མེད་པའི་ཕྱིར་རོ། །སྨྲས་པ། དེ་ལ་ཇི་
ལྟར་རྟོག་པ་མེད་པ་ཡིན། རབ་འབྱོར་གྱིས་སྨྲས་པ། ཆོས་ཐམས་ཅད་མེད་
པའི་ཕྱིར་རྟོག་པ[༣]མེད་དེ། དེ་ལྟར་ན་རིགས་ཀྱི་བུ་དེ་ཏིང་ངེ་འཛིན་དེ་ལ་རྟོག་
པ་མེད་དོ། །ཚེ་དང་ལྡན་པ་ཤ་ར་དྭ་ཏིའི་བུ་རྣམ་གྲངས་དེས་ན། རིགས་ཀྱི་བུ་
དེ་ཏིང་ངེ་འཛིན་དེ་ལ་རྣམ་པར་ཤེས་པར་བྱེད་པ་མེད་དོ། །འདུ་ཤེས་སུ་བྱེད་པ་
མེད་དོ། །སྨྲས་པ། ཅིའི་ཕྱིར་རྣམ་པར་ཤེས་པར་བྱེད་པ་མེད་ཅིང་། འདུ་
ཤེས་སུ་འགྱུར་བ་མེད། རབ་འབྱོར་གྱིས་སྨྲས་པ། ཏིང་ངེ་འཛིན་དེ་ཡང་མེད་
པ། བྱང་ཆུབ་སེམས་དཔའ་སེམས་དཔའ་ཆེན་པོ་དེ་ཡང་མེད་པའི་ཕྱིར་རྣམ་
པར་ཤེས་པར་བྱེད་པ་མེད་དོ། །འདུ་ཤེས་སུ་འགྱུར་བ་མེད་དོ། །དེ་ནས་
བཅོམ་ལྡན་འདས་ཀྱིས་ཚེ་དང་ལྡན་པ་རབ་འབྱོར་ལ་ལེགས་སོ་ཞེས་བྱ་བ་གནང་སྟེ་

རབ་འབྱོར་ལེགས་སོ་ལེགས་སོ། །ཚིག་འདི་ནི་ལེགས་པར་བཤད་དོ། །ཇི་ལྟར་ངས་(༧)ཉོན་མོངས་པ་མེད་པ་ལ་རྣམ་པར་སྤྱོད་པའི་ཉན་ཐོས་ཀྱི་ནང་ན་མཆོག་ཏུ་བཤད་པ་དེས་བཤད་པ་ནི་(༢)འདི་ཡིན་ནོ། །བྱང་ཆུབ་སེམས་དཔའ་སེམས་དཔའ་ཆེན་པོས་ཀྱང་དེ་ལྟར་ཤེས་རབ་ཀྱི་ཕ་རོལ་ཏུ་ཕྱིན་པ་ལ་བསླབ་(༣)པར་བྱའོ། །བསམ་གཏན་གྱི་ཕ་རོལ་ཏུ་ཕྱིན་པ་དང་། བརྩོན་འགྲུས་ཀྱི་ཕ་རོལ་ཏུ་ཕྱིན་པ་དང་། བཟོད་པའི་ཕ་རོལ་ཏུ་ཕྱིན་པ་དང་། ཚུལ་ཁྲིམས་ཀྱི་ཕ་རོལ་ཏུ་ཕྱིན་པ་དང་། སྦྱིན་པའི་ཕ་རོལ་ཏུ་ཕྱིན་པ་ལ་བསླབ་པར་བྱའོ། །བྱང་ཆུབ་ཀྱི་ཕྱོགས་ཀྱི་ཆོས་རྣམས་དང་། སངས་རྒྱས་ཀྱི་ཆོས་མ་འདྲེས་པ་བཅོ་བརྒྱད་ཀྱི་བར་ལ་བསླབ་པར་བྱའོ། །དེ་ནས་ཚེ་དང་ལྡན་པ་ཤ་ར་དྭ་ཏིའི་བུས་བཅོམ་ལྡན་འདས་ལ་འདི་སྐད་ཅེས་གསོལ་ཏོ། །བཅོམ་ལྡན་འདས་དེ་ལྟར་སློབ་པའི་བྱང་ཆུབ་སེམས་དཔའ་སེམས་དཔའ་ཆེན་པོ་ནི་ཤེས་རབ་ཀྱི་ཕ་རོལ་ཏུ་ཕྱིན་པ་ལ་མི་དམིགས་པའི་ཚུལ་གྱིས་སློབ་བོ། །བསམ་གཏན་གྱི་ཕ་རོལ་ཏུ་ཕྱིན་པ་དང་། བརྩོན་འགྲུས་ཀྱི་ཕ་རོལ་ཏུ་ཕྱིན་པ་དང་། བཟོད་པའི་ཕ་རོལ་ཏུ་ཕྱིན་པ་དང་། ཚུལ་ཁྲིམས་ཀྱི་ཕ་རོལ་ཏུ་ཕྱིན་པ་དང་། སྦྱིན་པའི་ཕ་རོལ་ཏུ་ཕྱིན་པ་ལ་མི་དམིགས་པའི་ཚུལ་གྱིས་སློབ་བོ། །བྱང་ཆུབ་ཀྱི་ཕྱོགས་ཀྱི་ཆོས་རྣམས་དང་། སངས་རྒྱས་ཀྱི་ཆོས་(༨)མ་འདྲེས་པ་རྣམས་ཀྱི་བར་ལ་མི་དམིགས་པའི་ཚུལ་གྱིས་སློབ་བོ།

བཅོམ་ལྡན་འདས་ཀྱིས་བཀའ་སྩལ་པ། ཤ་ར་དྭ་ཏིའི་བུ་བྱང་ཆུབ་སེམས་དཔའ་སེམས་དཔའ་ཆེན་པོ་དེ་ལྟར་སློབ་པ་ནི་ཤེས་རབ་ཀྱི་ཕ་རོལ་ཏུ་ཕྱིན་པ་ལ་མི་དམིགས་པའི་ཚུལ་གྱིས་སློབ་པ་ཡིན། བསམ་གཏན་གྱི་ཕ་རོལ་ཏུ་ཕྱིན་པ་དང་བརྩོན་འགྲུས་ཀྱི་ཕ་རོལ་ཏུ་ཕྱིན་པ་དང་། བཟོད་པའི་ཕ་རོལ་ཏུ་ཕྱིན་པ་དང་ཚུལ་ཁྲིམས་ཀྱི་ཕ་རོལ་ཏུ་ཕྱིན་པ་དང་། སྦྱིན་པའི་ཕ་རོལ་ཏུ་ཕྱིན་པ་ལ་མི

དམིགས་པའི་ཚུལ་གྱིས་སློབ་པ་ཡིན། བྱང་ཆུབ་ཀྱི་ཕྱོགས་ཀྱི་ཆོས་རྣམས་དང་། སངས་རྒྱས་ཀྱི་ཆོས་མ་འདྲེས་པ་རྣམས་ཀྱི་བར་ལ་མི་དམིགས་པའི་ཚུལ་གྱིས[1]སློབ་པ་ཡིན་ནོ། །ཤཱ་ར་དྭ་ཏིའི་བུས་གསོལ་པ། བཅོམ་ལྡན་འདས་ཅིའི་སླད་དུ་མི་དམིགས་པ་ལགས། བཅོམ་ལྡན་འདས་ཀྱིས་བཀའ་སྩལ་པ། ཤཱ་ར་དྭ་ཏིའི་བུ་ཤིན་ཏུ་རྣམ་པར་དག་པའི་ཕྱིར་བདག་མི་དམིགས་སོ། །སེམས་ཅན་དང་། སྲོག་དང་[2]། འགྲོ་བ་དང་། གསོ་བ་དང་། སྐྱེས་བུ་དང་། གང་ཟག་དང་། ཤེད་[3]ཅན་དང་། ཤེད་བདག་དང་། བྱེད་པ་པོ་དང་། ཚོར་བ་པོ་དང་། ཤེས་[4]པ་པོ་མི་དམིགས་སོ། །ཤིན་ཏུ་རྣམ་པར་དག་པའི་ཕྱིར[5]། ཕུང་པོ་དང་། སྐྱེ་མཆེད་དང་། ཁམས་དང་། རྟེན་ཅིང་འབྲེལ་པར་འབྱུང་བ་མི་དམིགས་སོ། །ཤིན་ཏུ་རྣམ་པར་དག་པའི་ཕྱིར་སྡུག་བསྔལ་མི་དམིགས་སོ། །ཤིན་ཏུ་རྣམ་པར་དག་པའི་ཕྱིར་ཀུན་འབྱུང་བ་དང་། འགོག་པ་དང་། ལམ་མི་དམིགས་སོ། །ཤིན་ཏུ་རྣམ་པར་དག་པའི་ཕྱིར་འདོད་པའི་ཁམས་མི་དམིགས་སོ། །ཤིན་ཏུ་རྣམ་པར་དག་པའི་ཕྱིར་གཟུགས་ཀྱི་ཁམས་མི་དམིགས་སོ། །ཤིན་ཏུ་རྣམ་པར་དག་པའི་ཕྱིར་གཟུགས་མེད་པའི་ཁམས་མི་དམིགས་སོ། །ཤིན་ཏུ་རྣམ་པར་དག་པའི་ཕྱིར་ཕ་རོལ་ཏུ་ཕྱིན་པ་རྣམས་མི་དམིགས་སོ། །ཤིན་ཏུ་རྣམ་པར་དག་པའི་ཕྱིར་བྱང་ཆུབ་ཀྱི་ཕྱོགས་ཀྱི་ཆོས་རྣམས་དང་། འཕགས་པའི་བདེན་པ་རྣམས་དང་། བསམ་གཏན་རྣམས་དང་། ཚད་མེད་པ་རྣམས་དང་། གཟུགས་མེད་པའི་སྙོམས་པར་འཇུག་པ་རྣམས་དང་། རྣམ་པར་ཐར་པ་རྣམས་དང་། མཐར་གྱིས་གནས་པའི་སྙོམས་པར་འཇུག་པ་དགུ་དང་། སྟོང་པ་ཉིད་དང་། མཚན་མ་མེད་པ་དང་། སྨོན་པ་མེད་པ་དང་། མངོན་པར་ཤེས་པ་རྣམས་དང་། ཏིང་ངེ་འཛིན་རྣམས་དང་། གཟུངས་ཀྱི་སྒོ་རྣམས་དང་། དེ་

བཞིན་གཤེགས་པའི་སྟོབས་བཅུ་དང་། མི་འཇིགས་པ་བཞི་དང་། སོ་སོ་ཡང་དག་པར་རིག་པ་བཞི་དང་། བྱམས་པ་ཆེན་པོ་དང་། སྙིང་རྗེ་ཆེན་པོ་དང་། སངས་རྒྱས་ཀྱི་ཆོས་མ་འདྲེས་པ་རྣམས་མི་དམིགས་སོ། །ཤིན་ཏུ་རྣམ་པར་དག་པའི་ཕྱིར་རྒྱུན་དུ་ཞུགས་པ་མི་དམིགས་སོ། །ཤིན་ཏུ་རྣམ་པར་དག་པའི་ཕྱིར་ལན་ཅིག་ཕྱིར་འོང་བ་དང་། ཕྱིར་མི་འོང་བ་དང་། དགྲ་བཅོམ་པ་དང་། རང་སངས་རྒྱས་མི་དམིགས་སོ། །ཤིན་ཏུ་རྣམ་པར་དག་པའི་ཕྱིར་བྱང་ཆུབ་སེམས་དཔའ་མི་དམིགས་སོ། །ཤིན་ཏུ་རྣམ་པར་དག་པའི་ཕྱིར་བྱང་ཆུབ་མི་དམིགས་སོ།། ཤིན་ཏུ་རྣམ་པར་དག་པའི་ཕྱིར་སངས་རྒྱས་མི་དམིགས་སོ། །གསོལ་པ། བཅོམ་ལྡན་འདས་རྣམ་པར་དག་པ་གང་ལགས། བཅོམ་ལྡན་འདས་ཀྱིས་བཀའ་སྩལ་པ། ཆོས་ཐམས་ཅད་མ་སྐྱེས་པ་དང་། མི་འགག་པ་དང་། ཀུན་ནས་ཉོན་མོངས་པ་མེད་པ་དང་། རྣམ་པར་བྱང་བ་མེད་པ་དང་། འབྱུང་བ་མེད་པ་དང་། དམིགས་པ་མེད་པ་དང་། མངོན་པར་འདུ་བྱ་བ་མེད་པ་འདི་ནི་རྣམ་པར་དག་པ་ཞེས་བྱ་སྟེ། ཤཱ་རདྭ་ཏིའི་བུ་དེ་ལྟར་ན་བྱང་ཆུབ་སེམས་དཔའ་སེམས་དཔའ་ཆེན་པོ་ཆོས་ཐམས་ཅད་མི་དམིགས་པའི་ཚུལ་གྱིས་སློབ་པ་ཡིན་ནོ། །གསོལ་པ། བཅོམ་ལྡན་འདས་དེ་ལྟར་སློབ་པའི་བྱང་ཆུབ་སེམས་དཔའ་སེམས་དཔའ་ཆེན་པོ་ཆོས་གང་དང་གང་ལ་སློབ་པ་ལགས། བཅོམ་ལྡན་འདས་ཀྱིས་བཀའ་སྩལ་པ། ཤཱ་རདྭ་ཏིའི་བུ་དེ་ལྟར་སློབ་པའི་བྱང་ཆུབ་སེམས་དཔའ་སེམས་དཔའ་ཆེན་པོ་ནི་ཆོས་གང་ལ་ཡང་སློབ་པ་མེད་དོ། །དེ་ཅིའི་ཕྱིར་ཞེ་ན། ཤཱ་རདྭ་ཏིའི་བུ་ཆོས་འདི་དག་ནི་བྱིས་པ་[7]སོ་སོའི་སྐྱེ་བོས་ཇི་ལྟར་མངོན་པར་ཆགས་པར་བྱ་བ་དེ་ལྟ་བུའི་རྣམ་པར་ཡོད་པ་མ་ཡིན་ནོ། །གསོལ་པ། བཅོམ་ལྡན་འདས་འོ་ན་ཆོས་འདི་དག་རྣམ་པ་གང་གིས་མཆིས་པ་ལགས། བཅོམ་ལྡན་འདས་ཀྱིས་

བཀའ་སྩལ་པ། ཇི་ལྟར་མེད་པ་དེ་ལྟར་ཡོད་དེ། དེ་ལྟར་ཡོད་པ་མ་ཡིན་པས། དེའི་ཕྱིར་མེད་ཅེས་བྱའོ། །གསོལ་པ། བཅོམ་ལྡན་འདས་དེ་ཅིའི་སླད་དུ་མཆིས་པ་མ་ལགས་པ་དེ་ལ་མཆིས་པ་ཞེས་བགྱི། བཅོམ་ལྡན་འདས་ཀྱིས་བཀའ་སྩལ་པ། ཤཱ་ར་དྭ་ཏིའི་བུ་གཟུགས་ནང་སྟོང་པ་ཉིད་དང་། དངོས་པོ་མེད་པའི་ངོ་བོ་ཉིད་སྟོང་པ་ཉིད་ཀྱི་བར་གྱི་ཕྱིར་ཡོད་པ་མ་ཡིན་ནོ། །ཚོར་བ་དང་། འདུ་ཤེས་དང་། འདུ་བྱེད་དང་། རྣམ་པར་ཤེས་པ་ནང་སྟོང་པ་ཉིད་དང་། དངོས་པོ་མེད་པའི་ངོ་བོ་ཉིད་སྟོང་པ་ཉིད་ཀྱི་བར་གྱི་ཕྱིར་ཡོད་པ་མ་ཡིན་ནོ། །བྱང་ཆུབ་ཀྱི་ཕྱོགས་ཀྱི་ཆོས་རྣམས་ཀྱི་བར་དུ་ནང་སྟོང་པ་ཉིད་དང་། དངོས་པོ་མེད་པའི་ངོ་བོ་ཉིད་སྟོང་པ་ཉིད་ཀྱི་བར་གྱི་ཕྱིར་[༡]ཡོད་པ་མ་ཡིན་ནོ། །སངས་རྒྱས་ཀྱི་ཆོས་མ་འདྲེས་པ་བཅོ་བརྒྱད་ཀྱི་བར་དུ་ནང་སྟོང་པ་ཉིད་དང་། དངོས་པོ་མེད་པའི་ངོ་བོ་ཉིད་སྟོང་པ་ཉིད་ཀྱི་བར་གྱི་ཕྱིར་ཡོད་པ་མ་ཡིན་ནོ། །དེ་ལ་བྱིས་པ་སོ་སོའི་སྐྱེ་བོ་རྣམས་མེད་པ་ལ་མངོན་པར་ཞེན་པས། སྲིད་[༢]པ་ལ་མངོན་པར་ཞེན་ཏེ། དེ་དག་གིས་མེད་པ་ཡོངས་སུ་བརྟགས་པས། མེད་པ་ལ་མངོན་པར་ཞེན་ཅིང་འདི་ལྟ་སྟེ། ཆད་པ་དང་། རྟག་པའི་མཐའ་གཉིས་ལ་ཆགས་པས། དེ་དག་མི་ཤེས་མི་མཐོང་སྟེ། གང་མེད་པའི་ཆོས་དེ་དག་ཡོངས་སུ་བརྟགས་ནས། མིང་དང་གཟུགས་ལ་མངོན་པར་ཞེན་པ་དེ་དག་དྲན་པ་ཉེ་བར་གཞག་པ་རྣམས་ལ་མངོན་པར་ཞེན་ཅིང་། སངས་རྒྱས་ཀྱི་ཆོས་མ་འདྲེས་པ་རྣམས་ཀྱི་བར་ལ་མངོན་པར་ཞེན་ཏོ། །དེ་དག་དེ་ལྟར་མངོན་པར་ཞེན་པས་ཡོད་པ་མ་ཡིན་པའི་ཆོས་རྣམས་ལ་ཡོངས་སུ་རྟོག་སྟེ། དེ་དག་མི་ཤེས་མི་མཐོང་ངོ་། །ཅི་མི་ཤེས་མི་མཐོང་ཞེ་ན། གཟུགས་མི་ཤེས་མི་མཐོང་ངོ་། །ཚོར་བ་དང་། འདུ་ཤེས་དང་། འདུ་བྱེད་དང་། རྣམ་པར་ཤེས་པ་མི་ཤེས་མི་མཐོང་ངོ་། །

སྐྱེ་མཆེད་དང་། ཁམས་དང་། རྟེན་ཅིང་འབྲེལ་པར་འབྱུང་བ་མི་ཤེས་མི་མཐོང་ངོ་། །བྱང་ཆུབ་ཀྱི་ཕྱོགས་ཀྱི་ཆོས་སུམ་ཅུ་རྩ་བདུན་མི་ཤེས་མི་མཐོང་ངོ་། །སངས་རྒྱས་ཀྱི་ཆོས་མ་འདྲེས་པ་རྣམས་ཀྱི་བར་དུ་མི་ཤེས་མི་མཐོང་ངོ་། །དེ་ལྟར་དེ་དག་ནི་བྱིས་པ་ཞེས་བྱ་བའི་གྲངས་སུ་འདོང་བ་སྟེ། དེ་དག་འབྱུང་བ་མ་ཡིན་ནོ༑ །གང་ནས་འབྱུང་བ་མ་ཡིན་ཞེ་ན། འདོད་པའི་ཁམས་ནས་འབྱུང་བ་མ་ཡིན་ནོ། །གཟུགས་ཀྱི་ཁམས་ནས་འབྱུང་བ་མ་ཡིན་ནོ། །གཟུགས་མེད་པའི་ཁམས་ནས་འབྱུང་བ་མ་ཡིན་ནོ། །ཉན་ཐོས་དང་རང་སངས་རྒྱས་ཀྱི་ས་ནས་འབྱུང་བ་མ་ཡིན་ནོ། །དེ་དག་ནི་ཡིད་མི་ཆེས་པ་སྟེ། ཇི་ལྟར་ཡིད་མི་ཆེས་ཞེ་ན། གཟུགས་གཟུགས་ཀྱིས་སྟོང་ཞེས་བྱ་བར་ཡིད་མི་ཆེས་སོ། །བྱང་ཆུབ་ཀྱི་བར་དུ་བྱང་ཆུབ་ཀྱིས་སྟོང་ཞེས་བྱ་བར་ཡིད་མི་ཆེས་[1]སོ། །དེ་དག་ནི་[2]གནས་པ་མ་ཡིན་པ་སྟེ། ཇི་ལྟར་གནས་པ་མ་ཡིན་ཞེ་ན། སྦྱིན་པའི་ཕ་རོལ་ཏུ་ཕྱིན་པ་ལ་གནས་པ་མ་ཡིན། ཚུལ་ཁྲིམས་ཀྱི་ཕ་རོལ་ཏུ་ཕྱིན་པ་དང་། བཟོད་པའི་ཕ་རོལ་ཏུ་ཕྱིན་པ་དང་། བརྩོན་འགྲུས་ཀྱི་ཕ་རོལ་ཏུ་ཕྱིན་པ་དང་། བསམ་གཏན་གྱི་ཕ་རོལ་ཏུ་ཕྱིན་[3]པ་དང་། ཤེས་རབ་ཀྱི་ཕ་རོལ་ཏུ་ཕྱིན་པ་ལ་གནས་པ་མ་ཡིན། ཕྱིར་མི་ལྡོག་པའི་ས་ལ་གནས་པ་མ་ཡིན། སངས་རྒྱས་ཀྱི་ཆོས་མ་འདྲེས་པ་རྣམས་ཀྱི་བར་ལ་གནས་པ་མ་ཡིན་ནོ། །དེ་དག་ནི་མངོན་པར་ཞེན་པ་མ་[4]ཡིན་ཏེ། ཇི་ལྟར་མངོན་པར་ཞེན་པ་ཡིན༔ ཞེ་ན[5]། གཟུགས་ལ་མངོན་པར་ཞེན་པ་ཡིན། ཚོར་བ་དང་། འདུ་ཤེས་དང་། འདུ་བྱེད་དང་། རྣམ་པར་ཤེས་པ་ལ་མངོན་པར་ཞེན་པ་ཡིན། མིག་ལ་མངོན་པར་ཞེན་པ་ཡིན། རྣ་བ་དང་། སྣ་དང་། ལྕེ་དང་། ལུས་དང་། ཡིད་ལ་མངོན་པར་ཞེན་པ་ཡིན༑ སྐྱེ་མཆེད་དང་། ཁམས་དང་། རྟེན་ཅིང་འབྲེལ་པར་འབྱུང་བ་ལ་

མངོན་པར་ཞེན་པ་ཡིན། འདོད་ཆགས་དང་། ཞེ་སྡང་དང་། གཏི་མུག་ལ་མངོན་པར་ཞེན་པ་ཡིན། ལྷ་བར་གྱུར་པ་རྣམས་ལ་མངོན་པར་ཞེན་པ་ཡིན། བྱང་ཆུབ་ཀྱི་བར་ལ་མངོན་པར་ཞེན་པ་ཡིན་ཏེ། དེའི་ཕྱིར་ན་བྱིས་པ་ཞེས་བྱའོ། ། གསོལ་པ། བཅོམ་ལྡན་འདས་དེ་ལྟར་སློབ་པའི་བྱང་ཆུབ་སེམས་དཔའ་སེམས་དཔའ་ཆེན་པོ་ཤེས་རབ་ཀྱི་ཕ་རོལ་ཏུ་ཕྱིན་པ་ལ་མི་སློབ་ཅིང་། རྣམ་པ་ཐམས་ཅད་མཁྱེན་པ་ཉིད་དུ་མི་འབྱུང་བ་ལགས་སམ། བཅོམ་ལྡན་འདས་ཀྱིས་བཀའ་སྩལ་པ། ཤ་ར་དྭ་ཏིའི་བུ་དེ་ལྟར་སློབ་པའི་བྱང་ཆུབ་སེམས་དཔའ་སེམས་དཔའ་ཆེན་པོ་ཤེས་རབ་ཀྱི་ཕ་རོལ་ཏུ་ཕྱིན་པ་ལ་མི་སློབ་པ་ཡིན། རྣམ་པ་ཐམས་ཅད་མཁྱེན་པ་ཉིད་དུ་མི་འབྱུང་བ་ཡིན་ནོ། །གསོལ་པ། བཅོམ་ལྡན་འདས་ཅིའི་སླད་དུ་བྱང་ཆུབ་སེམས་དཔའ་དེ་ཤེས་རབ་ཀྱི་ཕ་རོལ་ཏུ་ཕྱིན་པ་ལ་མི་སློབ་པ་ལགས། རྣམ་པ་ཐམས་ཅད་མཁྱེན་པ་ཉིད་དུ་མི་འབྱུང་བ་ལགས། བཅོམ་ལྡན་འདས་ཀྱིས་བཀའ་སྩལ་པ། ཤ་ར་དྭ་ཏིའི་བུ་འདི་ལ་བྱང་ཆུབ་སེམས་དཔའ་སེམས་དཔའ་ཆེན་པོ་ཐབས་མི་མཁས་པས་ཤེས་རབ་ཀྱི་ཕ་རོལ་ཏུ་ཕྱིན་པ་ལ་བརྟགས་ཤིང་མངོན་པར་ཞེ་ན། བསམ་གཏན་གྱི་ཕ་རོལ་ཏུ་ཕྱིན་པ་དང་། བརྩོན་འགྲུས་ཀྱི་ཕ་རོལ་ཏུ་ཕྱིན་པ་དང་། བཟོད་པའི་ཕ་རོལ་ཏུ་ཕྱིན་པ་དང་། ཚུལ་ཁྲིམས་ཀྱི་ཕ་རོལ་ཏུ་ཕྱིན་པ་དང་། སྦྱིན་པའི་ཕ་རོལ་ཏུ་ཕྱིན་པ་ལ་བརྟགས་ཤིང་མངོན་པར་ཞེ་ན། སྟོང་པ་ཉིད་ཐམས་ཅད་དང་། དྲན་པ་ཉེ་བར་གཞག་པ་རྣམས་དང་། ཡང་དག་པར་སྤོང་བ་རྣམས་དང་། རྫུ་འཕྲུལ་གྱི་རྐང་པ་རྣམས་དང་། དབང་པོ་རྣམས་དང་། སྟོབས་རྣམས་དང་། བྱང་ཆུབ་ཀྱི་ཡན་ལག་རྣམས་དང་། འཕགས་པའི་ལམ་ཡན་ལག་བརྒྱད་པ་ལ་བརྟགས་ཤིང་མངོན་པར་ཞེ་ན། འཕགས་པའི་བདེན་པ་རྣམས་དང་། བསམ་གཏན་རྣམས་

དང་། ཚད་མེད་པ་རྣམས་དང་། གཟུགས་མེད་པའི་སྙོམས་པར་འཇུག་པ་རྣམས་དང་། རྣམ་པར་ཐར་པ་བརྒྱད་དང་། མཐར་གྱིས་[1]གནས་པའི་སྙོམས་པར་འཇུག་པ་དགུ་དང་། སྟོང་པ་ཉིད་དང་། མཚན་མ་མེད་པ་དང་། སྨོན་པ་མེད་པ་དང་། མངོན་པར་ཤེས་པ་རྣམས་དང་། ཏིང་ངེ་འཛིན་རྣམས་དང་། གཟུངས་ཀྱི་སྒོ་རྣམས་དང་། དེ་བཞིན་གཤེགས་པའི་སྟོབས་བཅུ་དང་། མི་འཇིགས་པ་བཞི་དང་། སོ་སོ་ཡང་དག་པར་རིག་པ་བཞི་དང་། སངས་རྒྱས་ཀྱི་ཆོས་མ་འདྲེས་པ་བཅོ་བརྒྱད་ལ་བརྟགས་ཤིང་མངོན་པར་ཞེན། རྣམ་པ་ཐམས་ཅད་མཁྱེན་པ་ཉིད་ཀྱི་བར་ལ་བརྟགས་[2]ཤིང་མངོན་པར་ཞེན་པས། ཤཱ་རིའི་བུ་རྣམ་གྲངས་དེས་ན། བྱང་ཆུབ་སེམས་དཔའ་སེམས་དཔའ་ཆེན་པོ་དེ་ནི་ཤེས་རབ་ཀྱི་ཕ་རོལ་ཏུ་ཕྱིན་པ་ལ་མི་སློབ་པ་ཡིན། རྣམ་པ་ཐམས་ཅད་མཁྱེན་པ་ཉིད་དུ་མི་འབྱུང་བ་ཡིན་ནོ། །གསོལ་པ། བཅོམ་ལྡན་འདས་དེ་ལྟ་ལགས་ན། བྱང་ཆུབ་སེམས་དཔའ་སེམས་དཔའ་ཆེན་པོ་ཤེས་རབ་ཀྱི་ཕ་རོལ་ཏུ་ཕྱིན་པ་ལ་རྣམ་པ་གང་གིས་སློབ་པར་འགྱུར་བ་ལགས། ཇི་ལྟར་བསླབས་ན་རྣམ་པ་ཐམས་ཅད་མཁྱེན་པ་ཉིད་དུ་འབྱུང་བ་ལགས། བཅོམ་ལྡན་འདས་ཀྱིས་བཀའ་སྩལ་པ། ཤཱ་རིའི་བུ་ནམ་བྱང་ཆུབ་སེམས་དཔའ་སེམས་དཔའ་ཆེན་པོ་ཤེས་རབ་ཀྱི་ཕ་རོལ་ཏུ་ཕྱིན་པ་ལ་སྤྱོད་པའི་ཚེ། ཤེས་རབ་ཀྱི་ཕ་རོལ་ཏུ་ཕྱིན་པ་དེ་མི་དམིགས། ཡང་དག་པར་རྗེས་སུ་མི་མཐོང་ཞིང་། ཤཱ་རིའི་བུ་[3]བྱང་ཆུབ་སེམས་དཔའ་སེམས་དཔའ་ཆེན་པོ་ཤེས་རབ་ཀྱི་ཕ་རོལ་ཏུ་ཕྱིན་པ་ལ་དེ་ལྟར་སྤྱོད་ན། རྣམ་པ་ཐམས་ཅད་མཁྱེན་པ་ཉིད་དུ་མི་དམིགས་པའི་ཚུལ་གྱིས་འབྱུང་བ་ཡིན་ནོ། །བསམ་གཏན་གྱི་ཕ་རོལ་ཏུ་ཕྱིན་པ་དང་། བརྩོན་འགྲུས་ཀྱི་ཕ་རོལ་ཏུ་ཕྱིན་པ་དང་། བཟོད་པའི་ཕ་རོལ་ཏུ་ཕྱིན་པ་དང་། ཚུལ་ཁྲིམས་ཀྱི་ཕ་

རོལ་ཏུ་ཕྱིན་པ་དང་། སྦྱིན་པའི་ཕ་རོལ་ཏུ་ཕྱིན་པ་ལ་སྤྱོད་པའི་ཚེ། སྦྱིན་པའི་ཕ་རོལ་ཏུ་ཕྱིན་པ་དེ་མི་དམིགས་ཤིང་ཡང་དག་པར་རྗེས་སུ་མི་མཐོང་། རྣམ་པ་ཐམས་ཅད་མཁྱེན་པ་ཉིད་ཀྱི་བར་ལ་སྤྱོད་པའི་ཚེ། རྣམ་པ་ཐམས་ཅད་མཁྱེན་པ་ཉིད་དེ་མི་དམིགས། ཡང་དག་པར་རྗེས་སུ་མི་མཐོང་ཞིང་། ཤ་ར་དྭ་ཏིའི་བུ་བྱང་ཆུབ་སེམས་དཔའ་སེམས་དཔའ་ཆེན་པོ་ཤེས་རབ་ཀྱི་ཕ་རོལ་ཏུ་ཕྱིན་པ་ལ་དེ་ལྟར་སློབ་པ་ནི། མི་དམིགས་པའི་ཚུལ་གྱིས་རྣམ་པ་ཐམས་ཅད་མཁྱེན་པ་ཉིད་དུ་འབྱུང་ངོ་། །ཤ་ར་དྭ་ཏིའི་བུ་བྱང་ཆུབ་སེམས་དཔའ་སེམས་དཔའ་ཆེན་པོ་དེ····ལྟར་ཤེས་རབ་ཀྱི་ཕ་རོལ་ཏུ་ཕྱིན་པ་ལ་སྤྱོད་པ་དང་། དེ་ལྟར་ཤེས་རབ་ཀྱི་ཕ་རོལ་ཏུ་ཕྱིན་པ་ལ་སློབ་པ་ནི། མི་དམིགས་པའི་ཚུལ་གྱིས་རྣམ་པ་ཐམས་ཅད་མཁྱེན་པ་ཉིད་དུ་འབྱུང་ངོ་། །གསོལ་པ། བཅོམ་ལྡན་འདས་གང་མི་དམིགས་པའི་ཚུལ་གྱིས་རྣམ་པ་ཐམས་ཅད་མཁྱེན་པ་ཉིད་དུ་འབྱུང་བ་ལགས། བཅོམ་ལྡན་འདས་ཀྱིས་བཀའ་སྩལ་པ། ནང་སྟོང་པ་ཉིད་མི་དམིགས་པའི་ཚུལ་དང་། དངོས་པོ་མེད་པའི་ངོ་བོ་ཉིད་སྟོང་པ་ཉིད་ཀྱི་བར་དུ་མི་དམིགས་པའི་⑦ཚུལ་གྱིས་རྣམ་པ་ཐམས་ཅད་མཁྱེན་པ་ཉིད་དུ་འབྱུང་བར་ཤེས་པར་བྱའོ། །ཤེས་རབ་ཀྱི་ཕ་རོལ་ཏུ་ཕྱིན་པ་སྟོང་ཕྲག་ཉི་ཤུ་ལྔ་པ་ལས་ལེའུ་དྲུག་པའོ།། །།

དེ་ནས་ཚེ་དང་ལྡན་པ་རབ་འབྱོར་གྱིས། བཅོམ་ལྡན་འདས་ལ་འདི་སྐད་ཅེས་གསོལ་ཏོ། །བཅོམ་ལྡན་འདས་ལ་ལ་ཞིག་འདི་སྐད་དུ་འདྲི་ཞིང་། ཅི་སྒྱུ་མའི་སྐྱེས་བུ་འདི་ཤེས་རབ་ཀྱི་ཕ་རོལ་ཏུ་ཕྱིན་པ་ལ་བསླབས་ཤིང་རྣམ་པ་ཐམས་ཅད་མཁྱེན་པ་ཉིད་དུ་འབྱུང་བར་འགྱུར་རམ། རྣམ་པ་ཐམས་ཅད་མཁྱེན་པ་ཉིད་ཐོབ་པར་འགྱུར་རམ་ཞེས་མཆི་ན། བཅོམ་ལྡན་འདས་དེ་སྐད་དུ་འདྲི་བ་དེ་

ལ་ཇི་སྐད་དུ་བསྟན་པར་བགྱི། ཅི་སྒྱུ་མའི་སྐྱེས་བུ་འདི་བསམ་གཏན་གྱི་ཕ་རོལ་ཏུ་ཕྱིན་པ་དང་། བརྩོན་འགྲུས་ཀྱི་ཕ་རོལ་ཏུ་ཕྱིན་པ་དང་། བཟོད་པའི་ཕ་རོལ་ཏུ་ཕྱིན་པ་དང་། ཚུལ་ཁྲིམས་ཀྱི་ཕ་རོལ་ཏུ་ཕྱིན་པ་དང་། སྦྱིན་པའི་ཕ་རོལ་ཏུ་ཕྱིན་པ་ལ་བསླབས་ཤིང་། རྣམ་པ་ཐམས་ཅད་མཁྱེན་པ་ཉིད་དུ་འབྱུང་བར་འགྱུར་རམ། ཅི་[1]སྒྱུ་མའི་སྐྱེས་བུ་འདི་བྱང་ཆུབ་ཀྱི་ཕྱོགས་ཀྱི་ཆོས་རྣམས་ཀྱི་བར་ལ་བསླབས་ཤིང་། རྣམ་པ་ཐམས་ཅད་མཁྱེན་པ་ཉིད་དུ་འབྱུང་བར་འགྱུར་རམ། སྒྱུ་མའི་སྐྱེས་བུ་འདི་སངས་རྒྱས་ཀྱི་ཆོས་མ་འདྲེས་པ་རྣམས་ཀྱི་བར་ལ་བསླབས་ཤིང་། རྣམ་པ་ཐམས་ཅད་མཁྱེན་པ་ཉིད་དུ་འབྱུང་བར་འགྱུར་རམ། རྣམ་པ་ཐམས་ཅད་མཁྱེན་པ་ཉིད་ཐོབ་པར་འགྱུར་རམ་ཞེས་མཆི་ན། བཅོམ་ལྡན་འདས་དེ་སྐད་དུ་འདྲི་བ་དེ་ལ་ཇི་སྐད་དུ་བསྟན་པར་བགྱི། བཅོམ་ལྡན་འདས་ཀྱིས་བཀའ་སྩལ་པ། རབ་འབྱོར་དེ་ལྟ་བས་ན། དེ་ཁྱོད་ཉིད་ལ་དྲིས་[2]ཁྱོད་ཀྱིས་ཇི་ལྟར་བཟོད་པ་དེ་ལྟར་ལུང་སྟོན་ཅིག[3] །རབ་འབྱོར་དེ་ཇི་སྙམ་དུ་སེམས། གཟུགས་ཀྱང་གཞན་ལ། སྒྱུ་མ་ཡང་གཞན་ཞིག་ཡིན་སྙམ་འམ། ཚོར་བའམ[4]། འདུ་ཤེས་དང་། འདུ་བྱེད་དང་། རྣམ་པར་ཤེས་པ་ཡང་གཞན་ལ། སྒྱུ་མ་ཡང་གཞན་ཞིག་ཡིན་སྙམ་འམ། གསོལ་པ། བཅོམ་ལྡན་འདས་དེ་ལྟ་མ་ལགས་སོ། །བཅོམ་ལྡན་འདས་ཀྱིས་བཀའ་སྩལ་པ། རབ་འབྱོར་དེ་ཇི་སྙམ་དུ་སེམས། མིག་ཀྱང་གཞན་ལ། སྒྱུ་མ་ཡང་གཞན་ཞིག་ཡིན་སྙམ་འམ། རྣ་བ་དང་། སྣ་དང་། ལྗེ་དང་། ལུས་དང་། ཡིད་ཀྱང་ གཞན་ལ། སྒྱུ་མ་ཡང་གཞན་ཞིག་ཡིན་སྙམ་འམ། གཟུགས་ཀྱང་གཞན་ལ[5]། སྒྱུ་མ་ཡང་གཞན་ཞིག་ཡིན་སྙམ་འམ། སྒྲ་དང་། དྲི་དང་། རོ་དང་། རེག་དང་། ཆོས་ཀྱང་གཞན་ལ། སྒྱུ་མ་ཡང་གཞན་ཞིག་ཡིན་སྙམ་འམ།

མིག་གི་རྣམ་པར་ཤེས་པ་ཡང་གཞན་ལ། སྒྱུ་མ་ཡང་གཞན་ཞིག་ཡིན་སྙམ་འམ། རྣ་བའི་རྣམ་པར་ཤེས་པ་དང་། སྣའི་རྣམ་པར་ཤེས་པ་དང་། ལྗེའི་རྣམ་པར་ཤེས་པ་དང་། ལུས་ཀྱི་རྣམ་པར་ཤེས་པ་དང་། ཡིད་ཀྱི་རྣམ་པར་ཤེས་པ་ཡང་གཞན་ལ། སྒྱུ་མ་ཡང་གཞན་ཞིག་ཡིན་སྙམ་འམ། མིག་གི་འདུས་ཏེ་རེག་པ་ཡང་གཞན་ལ། སྒྱུ་མ་ཡང་གཞན་ཞིག་ཡིན་སྙམ་འམ། རྣ་བའི་འདུས་ཏེ་རེག་པ་དང་། སྣའི་འདུས་ཏེ་རེག་པ་དང་། ལྗེའི꞉འདུས་ཏེ་[1]རེག་པ་དང་། ལུས་ཀྱི་འདུས་ཏེ་རེག་པ་དང་། ཡིད་ཀྱི་འདུས་ཏེ་རེག་པ་ཡང་གཞན་ལ། སྒྱུ་མ་ཡང་གཞན་ཞིག་ཡིན་སྙམ་འམ། མིག་གི་འདུས་ཏེ་རེག་པའི་རྐྱེན་གྱིས་[2]ཚོར་བ་ཡང་གཞན་ལ། སྒྱུ་མ་ཡང་གཞན་ཞིག་ཡིན་སྙམ་འམ། རྣ་བའི་འདུས་ཏེ་རེག་པའི་རྐྱེན་གྱིས་ཚོར་བ་དང་། སྣའི་འདུས་ཏེ་རེག་པའི་རྐྱེན་གྱིས་ཚོར་བ་དང་། ལྗེའི་འདུས་ཏེ་རེག་པའི་རྐྱེན་གྱིས་ཚོར་བ་དང་། ལུས་ཀྱི་འདུས་ཏེ་རེག་པའི་རྐྱེན་གྱིས་ཚོར་བ་དང་། ཡིད་ཀྱི་འདུས་ཏེ་རེག་པའི་རྐྱེན་གྱིས་ཚོར་བ་ཡང་གཞན་ལ། སྒྱུ་མ་ཡང་གཞན་ཞིག་ཡིན་སྙམ་འམ། གསོལ་པ། བཅོམ་ལྡན་འདས་དེ་ལྟ་མ་ལགས་སོ། །བཅོམ་ལྡན་འདས་ཀྱིས་བཀའ་སྩལ་པ། རབ་འབྱོར་དེ་ཇི་སྙམ་དུ་སེམས། བྱང་ཆུབ་ཀྱི་ཕྱོགས་ཀྱི་ཆོས་རྣམས་ཀྱི་བར་ཡང་གཞན་ལ། སྒྱུ་མ་ཡང་གཞན་ཞིག་ཡིན་སྙམ་འམ། གསོལ་པ། བཅོམ་ལྡན་འདས་དེ་ལྟ་མ་ལགས་སོ། །བཅོམ་ལྡན་འདས་ཀྱིས་བཀའ་སྩལ་པ། རབ་འབྱོར་དེ་ཇི་སྙམ་དུ་སེམས། སངས་རྒྱས་ཀྱི་ཆོས་མ་འདྲེས་པ་བཅོ་བརྒྱད་ཀྱི་བར་ཡང་གཞན་ལ། སྒྱུ་མ་ཡང་གཞན་ཞིག་ཡིན་སྙམ་འམ། གསོལ་པ། བཅོམ་ལྡན་འདས་དེ་ལྟ་མ་ལགས་སོ། །བཅོམ་ལྡན་འདས་ཀྱིས་བཀའ་སྩལ་པ། རབ་འབྱོར་དེ་ཇི་སྙམ་དུ་སེམས། བྱང་ཆུབ་ཀྱང་གཞན་ལ། སྒྱུ་མ་ཡང་གཞན་ཞིག་ཡིན་སྙམ་འམ།

གསོལ་པ། བཅོམ་ལྡན་འདས་དེ་ལྟ་མ་ལགས་སོ། །བཅོམ་ལྡན་འདས་གཟུགས་ཀྱང་གཞན་མ་ལགས། སྒྱུ་མ་ཡང་གཞན་མ་ལགས་ཏེ། གཟུགས་ཉིད་ཀྱང་སྒྱུ་མ། སྒྱུ་མ་ཉིད་ཀྱང་གཟུགས་སོ། །བཅོམ་ལྡན་འདས་ཚོར་བ་དང་། འདུ་ཤེས་དང་། འདུ་བྱེད་དང་། རྣམ་པར་ཤེས་པ་ཡང་གཞན་མ་ལགས། སྒྱུ་མ་ཡང་གཞན་མ་ལགས་ཏེ། རྣམ་པར་ཤེས་པ་ཉིད་ཀྱང་སྒྱུ་མ། སྒྱུ་མ་ཉིད་ཀྱང་རྣམ་པར་ཤེས་པའོ། །བཅོམ་ལྡན་འདས་མིག་ཀྱང་གཞན་མ་ལགས། སྒྱུ་མ་ཡང་གཞན་མ་ལགས་ཏེ། མིག་ཉིད་ཀྱང་སྒྱུ་མ། སྒྱུ་མ་ཉིད་ཀྱང་མིག་གོ། །བཅོམ་ལྡན་འདས་རྣ་བ་དང་། སྣ་དང་། ལྕེ་དང་། ལུས་དང་། ཡིད་ཀྱང་གཞན་མ་ལགས། སྒྱུ་མ་ཡང་གཞན་མ་ལགས་ཏེ། ཡིད་ཉིད་ཀྱང་སྒྱུ་མ། སྒྱུ་མ་ཉིད་ཀྱང་ཡིད་དོ། །བཅོམ་ལྡན་འདས་གཟུགས་ཀྱང་གཞན་མ་ལགས། སྒྱུ་མ་ཡང་གཞན་[༡]མ་ལགས་ཏེ། གཟུགས་ཉིད་ཀྱང་སྒྱུ་མ། སྒྱུ་མ་ཉིད་ཀྱང་གཟུགས་སོ། །བཅོམ་ལྡན་འདས་སྒྲ་དང་། དྲི་དང་། རོ་དང་། རེག་དང་། ཆོས་ཀྱང་གཞན་མ་ལགས། སྒྱུ་མ་ཡང་གཞན་མ་ལགས་ཏེ། ཆོས་ཉིད་ཀྱང་སྒྱུ་མ། སྒྱུ་མ་ཉིད་ཀྱང་ཆོས་སོ། །བཅོམ་ལྡན་འདས་མིག་གི་རྣམ་པར་ཤེས་པ་ཡང་གཞན་མ་ལགས། སྒྱུ་མ་ཡང་གཞན་མ་ལགས་ཏེ། མིག་གི་རྣམ་པར་ཤེས་པ་ཉིད་ཀྱང་སྒྱུ་མ། སྒྱུ་མ་ཉིད་ཀྱང་མིག་གི་རྣམ་པར་ཤེས་པའོ། །བཅོམ་ལྡན་འདས་རྣ་བའི་རྣམ་པར་ཤེས་པ་དང་། སྣའི་རྣམ་པར་ཤེས་པ་དང་། ལྕེའི་རྣམ་པར་ཤེས་པ་དང་། ལུས་ཀྱི་རྣམ་པར་ཤེས་པ་དང་། ཡིད་ཀྱི་རྣམ་པར་ཤེས་པ་ཡང་གཞན་མ་ལགས། སྒྱུ་མ་ཡང་གཞན་མ་ལགས་ཏེ། ཡིད་ཀྱི་རྣམ་པར་ཤེས་པ་ཉིད་ཀྱང་སྒྱུ་མ། སྒྱུ་མ་ཉིད་ཀྱང་ཡིད་ཀྱི་རྣམ་པར་ཤེས་པའོ། བཅོམ་ལྡན་འདས་མིག་གི་འདུས་ཏེ་རེག་པ་ཡང་གཞན་མ་ལགས། སྒྱུ་མ་ཡང་

གཞན་མ་ལགས་ཏེ། མིག་གི་འདུས་ཏེ་རེག་པ་ཉིད་ཀྱང་སྒྱུ་མ། སྒྱུ་མ་ཉིད་ཀྱང་མིག་གི་འདུས་ཏེ་རེག་པའོ། །བཅོམ་ལྡན་འདས་རྣ་བའི་འདུས་ཏེ་རེག་པ་དང་། སྣའི་འདུས་ཏེ་རེག་པ་དང་། ལྕེའི་འདུས་ཏེ་རེག་པ་དང་། ལུས་ཀྱི་འདུས་ཏེ་རེག་པ་དང་། ཡིད་ཀྱི་འདུས་ཏེ་རེག་པ་ཡང་གཞན་མ་ལགས། སྒྱུ་མ་ཡང་གཞན་མ་ལགས་ཏེ། ཡིད་ཀྱི་འདུས་ཏེ་རེག་པ་ཉིད་ཀྱང་སྒྱུ་མ། སྒྱུ་མ་ཉིད་ཀྱང་ཡིད་ཀྱི་འདུས་ཏེ་རེག་པའོ། །བཅོམ་ལྡན་འདས་མིག་གི་འདུས་ཏེ་རེག་པའི་རྐྱེན་གྱིས་ཚོར་བ་ཡང་གཞན་མ་ལགས། སྒྱུ་མ་ཡང་གཞན་མ་ལགས་ཏེ། མིག་གི་འདུས་ཏེ་རེག་པའི་རྐྱེན་གྱིས་ཚོར་བ་ཉིད་ཀྱང་སྒྱུ་མ། སྒྱུ་མ་ཉིད་ཀྱང་མིག་གི་འདུས་ཏེ་རེག་པའི་རྐྱེན་གྱིས་ཚོར་བའོ། །བཅོམ་ལྡན་འདས་རྣ་བའི་འདུས་ཏེ་རེག་པའི་རྐྱེན་གྱིས་ཚོར་བ་དང་། སྣའི་འདུས་ཏེ་རེག་པའི་རྐྱེན་གྱིས་ཚོར་བ་དང་། ལྕེའི་འདུས་ཏེ་རེག་པའི་རྐྱེན་གྱིས་ཚོར་བ་དང་། ལུས་ཀྱི་འདུས་ཏེ་རེག་པའི་རྐྱེན་གྱིས་ཚོར་བ་དང་། ཡིད་ཀྱི་འདུས་ཏེ་རེག་པའི་རྐྱེན་གྱིས་ཚོར་བ་ཡང་གཞན་མ་ལགས། སྒྱུ་མ་ཡང་གཞན་མ་ལགས་ཏེ། ཡིད་ཀྱི་འདུས་ཏེ་རེག་པའི་རྐྱེན་གྱིས་ཚོར་བ་ཉིད་ཀྱང་སྒྱུ་མ། སྒྱུ་མ་ཉིད་ཀྱང་ཡིད་ཀྱི་འདུས་ཏེ་རེག་པའི་རྐྱེན་གྱིས་ཚོར་བའོ། །བཅོམ་ལྡན་འདས་བྱང་ཆུབ་ཀྱི་ཕྱོགས་ཀྱི་ཆོས་རྣམས་ཀྱི་བར་ཡང་གཞན་མ་ལགས། སྒྱུ་མ་ཡང་གཞན་མ་ལགས་ཏེ། བྱང་ཆུབ་ཀྱི་ཕྱོགས་ཀྱི་ཆོས་ཉིད་ཀྱང་སྒྱུ་མ། སྒྱུ་མ་ཉིད་ཀྱང་བྱང་ཆུབ་ཀྱི་ཕྱོགས་ཀྱི་ཆོས་རྣམས་སོ། །བཅོམ་ལྡན་འདས་སངས་རྒྱས་ཀྱི་ཆོས་མ་འདྲེས་པ་བཅོ་བརྒྱད་ཀྱི་བར་ཡང་གཞན་མ་ལགས། སྒྱུ་མ་ཡང་གཞན་མ་ལགས་ཏེ། སངས་རྒྱས་ཀྱི་ཆོས་མ་འདྲེས་པ་ཉིད་ཀྱང་སྒྱུ་མ། སྒྱུ་མ་ཉིད་ཀྱང་སངས་རྒྱས་ཀྱི་ཆོས་མ་འདྲེས་པ་རྣམས་སོ། །བཅོམ་ལྡན་འདས་བྱང་ཆུབ་ཀྱི་བར་ཡང་གཞན་མ་ལགས། སྒྱུ་

མ་ཡང་གཞན་མ་ལགས་ཏེ། བྱང་ཆུབ་ཉིད་ཀྱང་སྒྱུ་མ། སྒྱུ་མ་ཉིད་ཀྱང་བྱང་ཆུབ་བོ། །བཅོམ་ལྡན་འདས་ཀྱིས་བཀའ་སྩལ་པ། རབ་འབྱོར་དེ་ཇི་སྙམ་དུ་སེམས། སྒྱུ་མ་ལ་སྐྱེ་བའམ། འགག་པ་ཡོད་དམ། གསོལ་པ། བཅོམ་ལྡན་འདས་དེ་ནི་མ་མཆིས་སོ། །བཅོམ་ལྡན་འདས་ཀྱིས་བཀའ་སྩལ་པ། རབ་འབྱོར་དེ་ཇི་སྙམ་དུ་སེམས། སྒྱུ་མ་ལ་ཀུན་ནས་ཉོན་མོངས་པའམ། རྣམ་པར་བྱང་བ་ཡོད་དམ། གསོལ་པ། བཅོམ་ལྡན་འདས་དེ་ནི་མ་མཆིས་སོ་བཅོམ་ལྡན་འདས་ཀྱིས་བཀའ་སྩལ་པ། རབ་འབྱོར་དེ་ཇི་སྙམ་དུ་སེམས། གང་ལ་སྐྱེ་བ་མེད་ཅིང་འགག་པ་མེད་པ་དང་། ཀུན་ནས་ཉོན་མོངས་པ་མེད་ཅིང་རྣམ་པར་བྱང་བ་མེད་པ་དེ། ཤེས་རབ་ཀྱི་ཕ་རོལ་ཏུ་ཕྱིན་པ་ལ་སློབ་པར་འགྱུར་རམ་རྣམ་པ་ཐམས་ཅད་མཁྱེན་པ་ཉིད་དུ་འབྱུང་བར་འགྱུར་རམ། རྣམ་པ་ཐམས་ཅད་མཁྱེན་པ་ཉིད་ཐོབ་པར་འགྱུར་རམ། དེ་བཞིན་དུ་བསམ་གཏན་དང་བརྩོན་འགྲུས་དང་། བཟོད་པ་དང་། ཚུལ་ཁྲིམས་དང་། སྦྱིན་པའི་ཕ་རོལ་ཏུ་ཕྱིན་པ་དང་། ནང་སྟོང་པ་ཉིད་དང་། དངོས་པོ་མེད་པའི་ངོ་བོ་ཉིད་སྟོང་པ་ཉིད་ཀྱི་བར་དང་། བྱང་ཆུབ་ཀྱི་ཕྱོགས་ཀྱི་ཆོས་སུམ་ཅུ་རྩ་བདུན་ནས་སངས་རྒྱས་ཀྱི་ཆོས་མ་འདྲེས་པ་བཅོ་བརྒྱད་ཀྱི་བར་དུ་བསླབས་ནས། རྣམ་པ་ཐམས་ཅད་མཁྱེན་པ་ཉིད་དུ་འབྱུང་བར་འགྱུར་[1]རམ། རྣམ་པ་ཐམས་ཅད་མཁྱེན་པ་ཉིད་ཐོབ་པར་འགྱུར་རམ། གསོལ་པ། བཅོམ་ལྡན་འདས་དེ་ནི་མི་འགྱུར་རོ། །བཅོམ་ལྡན་འདས་ཀྱིས་བཀའ་སྩལ་པ། རབ་འབྱོར་དེ་ཇི་སྙམ་དུ་སེམས། ཉེ་བར་ལེན་པའི་ཕུང་པོ་ལྔ་པོ་འདི་དག་དང་། སངས་རྒྱས་ཀྱི་ཆོས་མ་འདྲེས་པ་བཅོ་བརྒྱད་ཀྱི་བར་ལ། འདི་ལྟ་སྟེ། བྱང་ཆུབ་སེམས་དཔའ་ཞེས་བྱ་བར་འདུ་ཤེས་པ[2]དང་། བརྡ་དང་། གདགས་པ་དང་། ཐ་སྙད་དུ་བྱ་

བ་ཡིན་ནམ། གསོལ་པ། བཅོམ་ལྡན་འདས་དེ་ལྟ་མ་ལགས་སོ། །བཅོམ་ལྡན་འདས་ཀྱིས་བཀའ་སྩལ་པ། རབ་འབྱོར་དེ་ཇི་སྙམ་དུ་སེམས། འདུ་ཤེས་དང་། བརྗོ་དང་། གདགས་པ་དང་། ཐ་སྙད་ཙམ་གྱིས་ཉེ་བར་ལེན་པའི་ཕུང་པོ་ལྔ་པོ་དང་། སངས་རྒྱས་ཀྱི་ཆོས་མ་འདྲེས་པ་བཅོ་བརྒྱད་ཀྱི་བར་ལ་སྐྱེ་བའམ། འགག་པའམ། ཀུན་ནས་ཉོན་མོངས་པའམ། རྣམ་པར་བྱང་བར་དམིགས་པར་འགྱུར་རམ། གསོལ་པ། བཅོམ་ལྡན་འདས་དེ་ནི་མི་འགྱུར་རོ། །བཅོམ་ལྡན་འདས་ཀྱིས་བཀའ་སྩལ་པ། རབ་འབྱོར་དེ་ཇི་སྙམ་དུ་སེམས། གང་ལ་འདུ་ཤེས་མེད་ཅིང་བརྗོ་མེད་པ་དང་། གདགས་པ་མེད་པ་དང་། ཐ་སྙད་མེད་པ་དང་། མིང་མེད་པ་དང་། མིང་དུ་གདགས་པ་མེད་པ་དང་། ལུས་མེད་པ་དང་། ལུས་ཀྱི་ལས་མེད་པ་དང་། ངག་མེད་པ་དང་། ངག་གི་ལས་མེད་པ་དང་། ཡིད་མེད་པ་དང་། ཡིད་ཀྱི་ལས་མེད་པ་དང་། སྐྱེ་བ་མེད་པ་དང་། འགག་པ་མེད་པ་དང་། ཀུན་ནས་ཉོན་མོངས་པ་མེད་པ་དང་། རྣམ་པར་བྱང་བ་མེད་པ་ཤེས་རབ་ཀྱི་ཕ་རོལ་ཏུ་ཕྱིན་པ་ལ་བསླབས་ཤིང་། རྣམ་པ་ཐམས་ཅད་མཁྱེན་པ་ཉིད་དུ་འབྱུང་བར་འགྱུར་རམ། རྣམ་པ་ཐམས་ཅད་མཁྱེན་པ་ཉིད་ཐོབ་པར་འགྱུར་རམ། དེ་བཞིན་དུ་བསམ་གཏན་དང་། བརྩོན་འགྲུས་དང་། བཟོད་པ་དང་། ཚུལ་ཁྲིམས་དང་། སྦྱིན་པའི་ཕ་རོལ་ཏུ་ཕྱིན་པ་དང་ནང་སྟོང་པ་ཉིད་ནས①། དངོས་པོ་མེད་པའི་ངོ་བོ་ཉིད་སྟོང་པ་ཉིད་ཀྱི་བར་དང་། བྱང་ཆུབ་ཀྱི་ཕྱོགས་ཀྱི་ཆོས་སུམ་ཅུ་རྩ་བདུན་ནས། སངས་རྒྱས་ཀྱི་ཆོས་མ་འདྲེས་པ་བཅོ་བརྒྱད་ཀྱི་བར་དུ་བསླབས་ནས། རྣམ་པ་ཐམས་ཅད་མཁྱེན་པ་ཉིད་དུ་འབྱུང་བར་འགྱུར་རམ། རྣམ་པ་ཐམས་ཅད་མཁྱེན་པ་ཉིད་ཐོབ་པར་འགྱུར་རམ། གསོལ་པ། བཅོམ་ལྡན་འདས་དེ་ནི་མི་འགྱུར་

ར༔ །བཅོམ་ལྡན་འདས་ཀྱིས་བཀའ་སྩལ་པ། རབ་འབྱོར་དེ་ལྟར་བྱང་ཆུབ་སེམས་དཔའ་སེམས་དཔའ་ཆེན་པོ་ཤེས་རབ་ཀྱི་ཕ་རོལ་ཏུ་ཕྱིན་པ་ལ་བསླབས་ཤིང་། མི་དམིགས་པའི་ཚུལ་གྱིས་རྣམ་པ་ཐམས་ཅད་མཁྱེན་པ་ཉིད་དུ་འབྱུང་ངོ་། །རྣམ་པ་ཐམས་ཅད་མཁྱེན་པ་ཉིད་ཐོབ་པར་འགྱུར་རོ། །གསོལ་པ། བཅོམ་ལྡན་འདས་དེ་ལྟར་ཤེས་རབ་ཀྱི་ཕ་རོལ་ཏུ་ཕྱིན་པ་ལ་སློབ་པའི་བྱང་ཆུབ་སེམས་དཔའ་སེམས་དཔའ་ཆེན༑པོས་ནི[༡]། སྒྱུ་མའི་སྐྱེས་བུས་བསླབ་པ[༢]ལྟར་བླ་ན་མེད་པ་ཡང་དག་པར་རྫོགས་པའི་བྱང་ཆུབ་ཏུ་བསླབ་པར་བགྱིའོ། །དེ་ཅིའི་སླད་དུ་ཞེ་ན། བཅོམ་ལྡན་འདས་དེ་ནི་འདི་ལྟ་སྟེ། ཕུང་པོ་ལྔ་པོ་དེ་ཉིད་སྒྱུ་མའི་སྐྱེས་བུར་རིག་པར་བགྱི་བ་ཤ་སྟག་གོ། །བཅོམ་ལྡན་འདས་ཀྱིས་བཀའ་སྩལ་པ། རབ་འབྱོར་དེ་ཇི་སྙམ་དུ་སེམས། ཕུང་པོ་ལྔ་པོ་འདི་དག་ཤེས་རབ་ཀྱི་ཕ་རོལ་ཏུ་ཕྱིན་པ་ལ་བསླབས་ཤིང་། རྣམ་པ་ཐམས་ཅད་མཁྱེན་པ་ཉིད་དུ་འབྱུང་བར་འགྱུར་རམ། གསོལ་པ། བཅོམ་ལྡན་འདས་དེ་ནི་མི་འགྱུར་རོ། །དེ་ཅིའི་སླད་དུ་ཞེ་ན། བཅོམ་ལྡན་འདས་དེ་ནི་འདི་ལྟར་ཕུང་པོ་ལྔ[༣]རྣམས་ནི་དངོས་པོ་མ་མཆིས་པའི་རང་བཞིན་ཏེ། དངོས་པོ་མ་མཆིས་པའི་རང་བཞིན་དེ་ནི་དམིགས་སུ་མ་མཆིས་སོ༔ །བཅོམ་ལྡན་འདས་ཀྱིས་བཀའ་སྩལ་པ། རབ་འབྱོར་དེ་ཇི་སྙམ་དུ་སེམས། རྨི་ལམ་ལྟ་བུའི་ཕུང་པོ་ལྔ་པོ་དེ་དག་ཤེས་རབ་ཀྱི་ཕ་རོལ་ཏུ་ཕྱིན་པ་ལ་བསླབས[༤]ཤིང་། རྣམ་པ་ཐམས་ཅད་མཁྱེན་པ་ཉིད་དུ་འབྱུང་བར་འགྱུར་རམ། གསོལ་པ༔ བཅོམ་ལྡན་འདས་དེ་ནི་མི་འགྱུར་རོ། །དེ་ཅིའི་སླད་དུ་ཞེ་ན། བཅོམ་ལྡན་འདས་དེ་ནི་འདི་ལྟར་རྨི་ལམ་ནི་དངོས་པོ་མ་མཆིས་པའི་རང་བཞིན་ཏེ་དངོས་པོ་མ་མཆིས་པའི་རང་བཞིན་དེ་ནི་དམིགས་སུ་མ་མཆིས་སོ། །བཅོམ་ལྡན་འདས་ཀྱིས་བཀའ་སྩལ་པ། རབ་འབྱོར་དེ་ཇི་སྙམ་དུ་སེམས། སྒྱུ་མ་ལྟ་བུ་དང་

སྒྲ་བརྙན་[༧]ལྟ་བུ་དང་། མིག་ཡོར་ལྟ་བུ་དང་། ཆུ་ཟླ་ལྟ་བུ་དང་། སྨིག་རྒྱུ་ལྟ་བུ་དང་། སྤྲུལ་པ་ལྟ་བུའི་ཕུང་པོ་ལྔ་པོ་དེ་དག་ཤེས་རབ་ཀྱི་ཕ་རོལ་ཏུ་ཕྱིན་པ་ལ་བསླབས་ཤིང་། རྣམ་པ་ཐམས་ཅད་མཁྱེན་[༣]པ་ཉིད་དུ་འབྱུང་བར་འགྱུར་རམ། གསོལ་པ། བཅོམ་ལྡན་འདས་དེ་ནི་མི་འགྱུར་རོ། །དེ་ཅིའི་སླད་དུ་ཞེ་ན། བཅོམ་ལྡན་འདས་དེ་ནི་འདི་ལྟར་སྒྱུ་མ་ནི་དངོས་པོ་མ་མཆིས་པའི་རང་བཞིན། སྒྲ་བརྙན་ནི་དངོས་པོ་མ་མཆིས་པའི་རང་བཞིན། མིག་ཡོར་ནི་དངོས་པོ་མ་མཆིས་པའི་རང་བཞིན། ཆུ་ཟླ་ནི་དངོས་པོ་མ་མཆིས་པའི་རང་བཞིན། སྨིག་རྒྱུ་ནི་དངོས་པོ་མ་མཆིས་པའི་རང་བཞིན། སྤྲུལ་པ་ནི་དངོས་པོ་མ་མཆིས་པའི་རང་བཞིན་ཏེ། དངོས་པོ་མ་མཆིས་པའི་རང་བཞིན་དེ་ནི་དམིགས་སུ་མ་མཆིས་སོ། །བཅོམ་ལྡན་འདས་ཀྱིས་བཀའ་སྩལ་པ། རབ་འབྱོར་དེ་ནི་འདི་ལྟར་གཟུགས་ནི་རྨི་ལམ་ལྟ་བུ། ཚོར་བ་ནི་རྨི་ལམ་ལྟ་བུ། འདུ་ཤེས་ནི་རྨི་ལམ་ལྟ་བུ། འདུ་བྱེད་ནི་རྨི་ལམ་ལྟ་བུ། རྣམ་པར་ཤེས་པ་ནི་རྨི་ལམ་ལྟ་བུ་སྟེ། རྣམ་པར་ཤེས་པ་གང་ཡིན་པ་དེ་ནི་དབང་པོ་དྲུག་གོ། །དེ་ནི་ཕུང་པོ་ལྔའོ། །རབ་འབྱོར་གཟུགས་ནི་སྒྱུ་མ་ལྟ་བུའོ། །ཚོར་བ་དང་། འདུ་ཤེས་དང་། འདུ་བྱེད་དང་། རྣམ་པར་ཤེས་པ་ནི་སྒྱུ་མ་ལྟ་བུ་སྟེ། རྣམ་པར་ཤེས་པ་གང་ཡིན་པ་དེ་ནི་དབང་པོ་དྲུག་གོ། །དེ་ནི་ཕུང་པོ་ལྔའོ། །རབ་འབྱོར་གཟུགས་ནི་སྒྲ་བརྙན་[༣]ལྟ་བུའོ། །ཚོར་བ་དང་། འདུ་ཤེས་དང་། འདུ་བྱེད་དང་། རྣམ་པར་ཤེས་པ་ནི་སྒྲ་བརྙན་ལྟ་བུ་སྟེ། རྣམ་པར་ཤེས་པ་གང་ཡིན་པ་དེ་ནི་དབང་པོ་དྲུག་གོ། །དེ་ནི་ཕུང་པོ་ལྔའོ། །རབ་འབྱོར་གཟུགས་ནི་མིག་ཡོར་ལྟ་བུའོ། །ཚོར་བ་དང་། རདུ་ཤེས་དང་། འདུ་བྱེད་དང་། རྣམ་པར་ཤེས་པ་ནི་མིག་ཡོར་ལྟ་བུ་སྟེ། རྣམ་པར་ཤེས་པ་གང་ཡིན་པ་དེ་ནི་དབང་པོ་དྲུག་གོ། །དེ་ནི་ཕུང་པོ་ལྔའོ། །

རབ་འབྱོར་གཟུགས་ནི་ཚུ་ཀླ་ལྟ་བུའོ། །ཚོར་བ་དང་། འདུ་ཤེས་དང་། འདུ་བྱེད་དང་། རྣམ་པར་ཤེས་པ་ནི་ཚུ་ཀླ་ལྟ་བུ་སྟེ། རྣམ་པར་ཤེས་པ་གང་ཡིན་པ་དེ་ནི་དབང་པོ་དྲུག་གོ། །དེ་ནི་ཕུང་པོ་ལྔའོ། །རབ་འབྱོར་གཟུགས་ནི་སྨིག་རྒྱུ་ལྟ་བུའོ། །ཚོར་བ་དང་། འདུ་ཤེས་དང་། འདུ་བྱེད་དང་། རྣམ་པར་ཤེས་པ་ནི་སྨིག་རྒྱུ་ལྟ་བུ་སྟེ། རྣམ་པར་ཤེས་པ་གང་ཡིན་པ་དེ་ནི་དབང་པོ་དྲུག་གོ། །དེ་ནི་ཕུང་པོ་ལྔའོ། །རབ་འབྱོར་གཟུགས་ནི་སྒྱུ་མ་ལྟ་བུའོ། །ཚོར་བ་དང་། འདུ་ཤེས་དང་། འདུ་བྱེད་དང་། རྣམ་པར་ཤེས་པ་ནི་སྒྱུ་མ་ལྟ་བུ་སྟེ། རྣམ་པར་ཤེས་པ་གང་ཡིན་པ་དེ་ནི་དབང་པོ་དྲུག་གོ། །དེ་ནི་ཕུང་པོ་ལྔའོ། །དེ་དག་ནི་ནང་སྟོང་པ་ཉིད་ཀྱི་ཕྱིར་མི་དམིགས་སོ། །དངོས་པོ་མེད་པའི་ངོ་བོ་ཉིད་སྟོང་པ་ཉིད་ཀྱི་བར་གྱི་ཕྱིར་མི་དམིགས་སོ། །གསོལ་པ། བཅོམ་ལྡན་འདས་དེ་ལྟ་ལགས་ན། བྱང་ཆུབ་སེམས་དཔའ་སེམས་དཔའ་ཆེན་པོ་ཐེག་པ་ལ་གསར་དུ་ཞུགས་པས་བསྟན་པ་འདི་ཐོས་ན། འཇིགས་ཤིང་སྐྲང་བ[༡] དང་། སྐྲག་པར་མི་འགྱུར་ལགས་གྲང་། བཅོམ་ལྡན་འདས་ཀྱིས་བཀའ་སྩལ་པ། རབ་འབྱོར་གལ་ཏེ་བྱང་ཆུབ་སེམས་དཔའ་སེམས་དཔའ་ཆེན་པོ་ཐེག་པ་ལ་གསར་དུ་ཞུགས་པ་ཡང་ཡིན་ལ། ཤེས་རབ་ཀྱི་ཕ་རོལ་དུ་ཕྱིན་པ་ལ་ཐབས་ཀྱང་མི་མཁས་པ་ཞིག་སྟེ། དགེ་བའི་བཤེས་གཉེན་གྱི་ལག་ཏུ་ཡང་མ[༢] འོངས་ན། འཇིགས་ཤིང་དངང་བ[༣] དང་། སྐྲག་པར་ཡང་འགྱུར་རོ། །གསོལ་པ། བཅོམ་ལྡན་འདས་བྱང་ཆུབ་སེམས་དཔའ་སེམས་དཔའ་ཆེན་པོས་བསྟན་པ་འདི་ཐོས་ན་མི་འཇིགས། མི་དངང་[༤] མི་སྐྲག་པའི་ཤེས་རབ་ཀྱི་ཕ་རོལ་དུ་ཕྱིན་པ་ལ་སྤྱོད་པའི་ཐབས་མཁས་པ་དེ་གང་ལགས། བཅོམ་ལྡན་འདས་ཀྱིས་བཀའ་སྩལ་པ། རབ་འབྱོར་འདི་ལ་བྱང་ཆུབ་སེམས་དཔའ་སེམས་དཔའ་ཆེན་པོ་ཤེས་རབ་ཀྱི་ཕ

རོལ་དུ་ཕྱིན་པ་ལ་སྤྱོད་པའི་ཚེ། རྣམ་པ་ཐམས་ཅད་མཁྱེན་པ་ཉིད་དང་ལྡན་པའི་སེམས་ཀྱིས་གཟུགས་མི་རྟག་ཅེས་བྱ་བར་རྟོག་སྟེ། དེ་མི་དམིགས་སོ། །ཚོར་བ་དང་། འདུ་ཤེས་དང་། འདུ་བྱེད་དང་། རྣམ་པར་ཤེས་པ་མི་རྟག་ཅེས་བྱ་བར་རྟོག་སྟེ། དེ་མི་དམིགས་སོ། །རབ་འབྱོར་དེ་ནི་བྱང་ཆུབ་སེམས་དཔའ་སེམས་དཔའ་ཆེན་པོ་ཤེས་རབ་ཀྱི་ཕ་རོལ་ཏུ་ཕྱིན་པ་ལ་སྤྱོད་པའི་ཐབས་མཁས་པའོ། །

རབ་འབྱོར་གཞན་ཡང་བྱང་ཆུབ་སེམས་དཔའ་སེམས་དཔའ་ཆེན་པོ་ཤེས་རབ་ཀྱི་ཕ་རོལ་ཏུ་ཕྱིན་པ་ལ་སྤྱོད་པའི་ཚེ། རྣམ་པ་ཐམས་ཅད་མཁྱེན་པ་ཉིད་དང་ལྡན་པའི་སེམས་ཀྱིས། གཟུགས་སྡུག་བསྔལ་ཞེས་བྱ་བར་རྟོག་སྟེ། དེ་མི་དམིགས་སོ། །ཚོར་བ་དང་། འདུ་ཤེས་དང་། འདུ་བྱེད་དང་། རྣམ་པར་ཤེས་པ་སྡུག་བསྔལ་ཞེས་བྱ་བར་རྟོག[༧]སྟེ། དེ་མི་དམིགས་སོ། །རྣམ་པ་ཐམས་ཅད་མཁྱེན་པ་ཉིད་དང་ལྡན་པའི་སེམས་ཀྱི[༣]གཟུགས་བདག་མེད་ཅེས་བྱ་བར་རྟོག་སྟེ། དེ་མི་དམིགས་སོ། །ཚོར་བ་དང་། འདུ་ཤེས་དང་། འདུ་བྱེད་དང་། རྣམ་པར་ཤེས་པ་བདག་མེད་ཅེས་བྱ་བར་རྟོག་སྟེ། དེ་མི་དམིགས་སོ། །རྣམ་པ་ཐམས་ཅད་མཁྱེན་པ་ཉིད་དང་ལྡན་པའི་སེམས་ཀྱིས། གཟུགས་ཞི་ཞེས་བྱ་བར་རྟོག་སྟེ། དེ་མི་དམིགས་སོ། །ཚོར་བ་དང་། འདུ་ཤེས་དང་། འདུ་བྱེད་དང་། རྣམ་པར་ཤེས་པ་ཞི་ཞེས་བྱ་བར་རྟོག་སྟེ། དེ་མི་དམིགས་སོ། །རྣམ་པ་ཐམས་ཅད་མཁྱེན་པ་ཉིད་དང་ལྡན་པའི་སེམས་ཀྱིས། གཟུགས་སྟོང་ཞེས་བྱ་བར་རྟོག་སྟེ། དེ་མི་དམིགས་སོ། །ཚོར་བ་དང་། འདུ་ཤེས་དང་། འདུ་བྱེད་དང་། རྣམ་པར་ཤེས་པ་སྟོང་ཞེས་བྱ་བར་རྟོག་སྟེ། དེ་མི་དམིགས་སོ། །རྣམ་པ་ཐམས་ཅད་མཁྱེན་པ་ཉིད་དང་ལྡན་པའི་སེམས་ཀྱིས། གཟུགས་མཚན་མ་མེད་ཅེས་བྱ་བར་རྟོག་སྟེ། དེ་མི་དམིགས་སོ། །ཚོར་བ་དང་། འདུ་ཤེས

དང་། འདུ་བྱེད་དང་། རྣམ་པར་ཤེས་པ་མཚན་མ་མེད་ཅེས་བྱ་བར་རྟོག་སྟེ།
དེ་མི་དམིགས་སོ། །རྣམ་པ་ཐམས་ཅད་མཁྱེན་པ་ཉིད་དང་ལྡན་པའི་སེམས་ཀྱིས།
གཟུགས་སྨོན་པ་མེད་ཅེས་བྱ་བར་རྟོག་སྟེ། དེ་མི་དམིགས་སོ། །ཚོར་བ་དང་།
འདུ་ཤེས་དང་། འདུ་བྱེད་དང་། རྣམ་པར་ཤེས་པ་སྨོན་པ་མེད་ཅེས་བྱ་བར་
རྟོག་སྟེ། དེ་མི་དམིགས་སོ། །རྣམ་པ་ཐམས་ཅད་མཁྱེན་པ་ཉིད་དང་ལྡན་པའི་
སེམས་ཀྱིས། གཟུགས་མངོན་པར་འདུ་བྱ་བ་མེད་ཅེས་བྱ་བར་རྟོག་སྟེ། དེ་མི་
དམིགས་སོ། །ཚོར་བ་དང་། འདུ་ཤེས་དང་། འདུ་བྱེད་དང་། རྣམ་པར་
ཤེས་པ་མངོན་པར་འདུ་བྱ་བ་མེད་ཅེས་བྱ་བར་རྟོག་སྟེ། དེ་མི་དམིགས་སོ། །
རྣམ་པ་ཐམས་ཅད་མཁྱེན་པ་ཉིད་དང་ལྡན་པའི་སེམས་ཀྱིས། གཟུགས་དབེན་···
ཞེས་བྱ་བར་རྟོག་སྟེ། དེ་མི་དམིགས་སོ། །ཚོར་བ་དང་། འདུ་ཤེས་དང་།
འདུ་བྱེད་དང་། རྣམ་པར་ཤེས་པ་དབེན་ཞེས་བྱ་བར་རྟོག་སྟེ། དེ་མི་དམིགས་
སོ། །རབ་འབྱོར་འདི་ནི་བྱང་ཆུབ་སེམས་དཔའ་སེམས་དཔའ་ཆེན་པོ་ཤེས་རབ་
ཀྱི་ཕ་རོལ་ཏུ་ཕྱིན་པ་ལ་སྤྱོད་པའི་ཐབས་མཁས་པའོ། །རབ་འབྱོར་གཞན་ཡང་···
བྱང་ཆུབ་སེམས་དཔའ་སེམས་དཔའ་ཆེན་པོ་ཤེས་རབ་ཀྱི་ཕ་རོལ་ཏུ་ཕྱིན་པ་ལ་སྤྱོད་
པའི་ཚེ། རྣམ་པ་ཐམས་ཅད་མཁྱེན་པ་ཉིད་དང་ལྡན་པའི་ཡིད་ལ་བྱ་བས་
གཟུགས་མི་རྟག་པའི་རྣམ་པར་རྟོག་པར་བྱེད་དེ། དེ་མི་དམིགས་སོ། །རྣམ་པ་
ཐམས་ཅད་མཁྱེན་པ་ཉིད་དང་ལྡན་པའི་ཡིད་ལ་བྱ་བས། ཚོར་བ་དང་། འདུ་
ཤེས་དང་། འདུ་བྱེད་དང་། རྣམ་པར་ཤེས་པ་མི་རྟག་པའི་རྣམ་པར་རྟོག་
པར་བྱེད་དེ། དེ་མི་དམིགས་སོ། །རྣམ་པ་ཐམས་ཅད་མཁྱེན་པ་ཉིད་དང་ལྡན་
པའི་ཡིད་ལ་བྱ་བས། གཟུགས་སྡུག་བསྔལ་བའི་རྣམ་པར་རྟོག་པར་བྱེད་དེ།
དེ་མི་དམིགས་སོ། །ཚོར་བ་དང་། འདུ་ཤེས་དང་། འདུ་བྱེད་དང་།

རྣམ་པར་ཤེས་པ་སྡུག་བསྔལ་བའི་རྣམ་པར་རྟོག་པར་བྱེད་དེ། དེ་མི་དམིགས་སོ།། རྣམ་པ་ཐམས་ཅད་མཁྱེན་པ་ཉིད་དང་ལྡན་པའི་ཡིད་ལ་བྱ་བས། གཟུགས་བདག་མེད་པའི་རྣམ་པར་རྟོག་པར་བྱེད་དེ། དེ་མི་དམིགས་སོ། །ཚོར་བ་དང་། འདུ་ཤེས་དང་། འདུ་བྱེད་དང་། རྣམ་པར་ཤེས་པ་བདག་མེད་པའི་རྣམ་པར་རྟོག་པར་བྱེད་དེ། དེ་མི་དམིགས་སོ། །རྣམ་པ་ཐམས་ཅད་མཁྱེན་པ་ཉིད་དང་ལྡན་པའི་ཡིད་ལ་བྱ་བས། གཟུགས་ཞི་བའི་རྣམ་པར་རྟོག་པར་བྱེད་དེ། དེ་མི་དམིགས་སོ། །ཚོར་བ་དང་། འདུ་ཤེས་དང་། འདུ་བྱེད་དང་། རྣམ་པར་ཤེས་པ་ཞི་[7]བའི་རྣམ་པར་རྟོག་པར་བྱེད་དེ། དེ་མི་དམིགས་སོ། །རྣམ་པ་ཐམས་ཅད་མཁྱེན་པ་ཉིད་དང་ལྡན་པའི་ཡིད་ལ་བྱ་བས། གཟུགས་སྟོང་པའི་རྣམ་པར་རྟོག་པར་བྱེད་དེ། དེ་མི་དམིགས་སོ། །ཚོར་བ་དང་། འདུ་ཤེས་དང་། འདུ་བྱེད་དང་། རྣམ་པར་ཤེས་པ་སྟོང་པའི་རྣམ་པར་རྟོག་པར་བྱེད་དེ། དེ་མི་དམིགས་སོ། །རྣམ་པ་ཐམས་ཅད་མཁྱེན་པ་ཉིད་དང་ལྡན་པའི་ཡིད་ལ་བྱ་བས། གཟུགས་མཚན་མ་མེད་པའི་རྣམ་པར་རྟོག་པར་བྱེད་དེ། དེ་མི་དམིགས་སོ། །ཚོར་བ་དང་། འདུ་ཤེས་དང་། འདུ་བྱེད་དང་། རྣམ་པར་ཤེས་པ་མཚན་མ་མེད་པའི་རྣམ་པར་རྟོག་པར་བྱེད་དེ། དེ་མི་དམིགས་སོ། །རྣམ་པ་ཐམས་ཅད་མཁྱེན་པ་ཉིད་དང་ལྡན་པའི་ཡིད་ལ་བྱ་བས། གཟུགས་སྨོན་པ་མེད་པའི་རྣམ་པར་རྟོག་པར་བྱེད་དེ། དེ་མི་དམིགས་སོ། །ཚོར་བ་དང་། འདུ་ཤེས་དང་། འདུ་བྱེད་དང་། རྣམ་པར་ཤེས་པ་སྨོན་པ་མེད་པའི་རྣམ་པར་རྟོག་པར་བྱེད་དེ། དེ་མི་དམིགས་སོ། །རྣམ་པ་ཐམས་ཅད་མཁྱེན་པ་ཉིད་དང་། ལྡན་པའི་ཡིད་ལ་བྱ་བས། གཟུགས་མངོན་པར་འདུ་བྱ་བ་མེད་པའི་རྣམ་པར། རྟོག་པར་བྱེད་དེ། དེ་མི་དམིགས་སོ། །ཚོར་བ་དང་། འདུ་

ཤེས་དང་། འདུ་བྱེད་དང་། རྣམ་པར་ཤེས་པ། མངོན་པར་འདུ་བྱ་བ་མེད་པའི་རྣམ་པར་རྟོག་པར་བྱེད་དེ། དེ་མི་དམིགས་སོ། །རྣམ་པ་ཐམས་ཅད་མཁྱེན་པ་ཉིད་དང་ལྡན་པའི་ཡིད་ལ་བྱ་བས། གཟུགས་དབེན་པའི་རྣམ་པར་རྟོག་པར་བྱེད་དེ། དེ་མི་དམིགས་སོ། །ཚོར་བ་དང་། འདུ་ཤེས་དང་། འདུ་བྱེད་དང་། རྣམ་པར་ཤེས་པ་དབེན་པའི་རྣམ་པར་རྟོག་པར་བྱེད་དེ། དེ་མི་དམིགས་སོ། །རབ་འབྱོར་འདི་ནི་བྱང་ཆུབ་སེམས་དཔའ་སེམས་དཔའ་ཆེན་པོ་ཤེས་རབ་ཀྱི་ཕ་རོལ་ཏུ་ཕྱིན་པ་ལ་སྤྱོད་པའི་ཐབས་མཁས་པའོ། །རབ་འབྱོར་བྱང་ཆུབ་སེམས་དཔའ་སེམས་དཔའ་ཆེན་པོ་དེ་ལྟར་རྟོག་པ་དེ་འདི་སྙམ་དུ་སེམས་ཏེ། སེམས་ཅན་ཐམས་ཅད་ལ་གཟུགས་མི་རྟག་ཅེས་བྱ་བར་དེ་མི་དམིགས་པའི་ཚུལ་གྱིས་ཆོས་བསྟན་ཏོ། །ཚོར་བ་དང་། འདུ་ཤེས་དང་། འདུ་བྱེད་དང་། རྣམ་པར་ཤེས་པ་མི་རྟག་ཅེས་བྱ་བར་དེ་མི་དམིགས་པའི་ཚུལ་གྱིས་ཆོས་བསྟན་ཏོ། །གཟུགས་སྡུག་བསྔལ་བ་དང་། བདག་མེད་པ་དང་། ཞི་བ་དང་། སྟོང་བ་དང་། མཚན་མ་མེད་པ་དང་། སྨོན་པ་མེད་པ་དང་། མངོན་པར་འདུ་བྱ་བ་མེད་པ་དང་། དབེན་ཞེས་བྱ་བར་དེ་མི་དམིགས་པའི་ཚུལ་གྱིས་ཆོས་བསྟན་ཏོ།། ཚོར་བ་དང་། འདུ་ཤེས་དང་། འདུ་བྱེད་དང་། རྣམ་པར་ཤེས་པ་སྡུག་བསྔལ་བ་དང་། བདག་མེད་པ་དང་། ཞི་བ་དང་། སྟོང་པ་དང་། མཚན་མ་མེད་པ་དང་། སྨོན་པ་མེད་པ་དང་། མངོན་པར་འདུ་བྱ་བ་མེད་པ་དང་། དབེན་ཞེས་བྱ་བར་དེ་མི་དམིགས་པའི་ཚུལ་གྱིས་ཆོས་བསྟན་ཏོ་སྙམ་མོ། །རབ་འབྱོར་འདི་ནི་བྱང་ཆུབ་སེམས་དཔའ་སེམས་དཔའ་ཆེན་པོའི་སྦྱིན་པའི་ཕ་རོལ་ཏུ་ཕྱིན་པ་ཉམས་པ་མེད་པ་སྟེ། དེ་ཡོད་པས་བྱང་ཆུབ་སེམས་དཔའ་སེམས་དཔའ་ཆེན་པོ་མི་འཇིགས། མི་སྡང་[1]སྐྲག་པར་མི་འགྱུར་རོ། །རབ་འབྱོར་

གཞན་ཡང་བྱང་ཆུབ་སེམས་དཔའ་སེམས་དཔའ་ཆེན་པོ་ཤེས་རབ་ཀྱི་ཕ་རོལ་ཏུ་ཕྱིན་པ་ལ་སྤྱོད་པའི་ཚེ། ཉན་ཐོས་དང་། རང་སངས་རྒྱས་ཀྱི་ཡིད་ལ་བྱ་བ་དང་མི་ལྡན་པས། གཟུགས་གང་མི་རྟག་པའི་རྣམ་པར་ཡིད་ལ་བྱེད་པ་དེ་མི་དམིགས་པའི་ཚུལ་གྱིས་ཡིད་ལ་བྱེད་དོ། །ཉན་ཐོས་དང་རང་སངས་རྒྱས་ཀྱི་ཡིད་ལ་བྱ་བ་དང་མི་ལྡན་པས། ཚོར་བ་དང་། འདུ་ཤེས་དང་། འདུ་བྱེད་དང་། རྣམ་པར་ཤེས་པ་མི་རྟག་པའི་རྣམ་པར་ཡིད་ལ་བྱེད་པ་དེ་མི་དམིགས་པའི་ཚུལ······གྱིས་ཡིད་ལ་བྱེད་དོ། །ཉན་ཐོས་དང་། རང་སངས་རྒྱས་ཀྱི་ཡིད་ལ་བྱ་བ་དང་མི་ལྡན་པས། གཟུགས་གང་སྡུག་བསྔལ་བ་དང་། བདག་མེད་པ་དང་། ཞི་བ་དང་། སྟོང་པ་དང་། མཚན་མ་མེད་པ་དང་། སྨོན་པ་མེད་པ་དང་། མངོན་པར་འདུ་བྱ་བ་མེད་པ་དང་། དབེན་པའི་རྣམ་པར་ཡིད་ལ་བྱེད་པ་དེ་མི་དམིགས་པའི་ཚུལ་གྱིས་ཡིད་ལ་བྱེད་དོ། །ཚོར་བ་དང་། འདུ་ཤེས་དང་། འདུ་བྱེད་དང་། རྣམ་པར་ཤེས་པ་སྡུག་བསྔལ་བ་དང་། བདག་མེད་པ་དང་། ཞི་བ་དང་། སྟོང་པ་(༡)དང་། མཚན་མ་མེད་པ་དང་། སྨོན་པ་མེད་པ་དང་། མངོན་པར་འདུ་བྱ་བ་མེད་པ་དང་། དབེན་པའི་རྣམ་པར་ཡིད་ལ་བྱེད་པ་དེ་མི་དམིགས་པའི་ཚུལ་གྱིས་ཡིད་ལ་བྱེད་དོ། །རབ་འབྱོར་འདི་ནི་བྱང་ཆུབ་སེམས······དཔའ་སེམས་དཔའ་ཆེན་པོའི་(༢)ཚུལ་ཁྲིམས་ཀྱི་ཕ་རོལ་ཏུ་ཕྱིན་པ་ཉམས་པ་མེད་པ་སྟེ༔ དེ་ཡོད་པས། བྱང་ཆུབ་སེམས་དཔའ་སེམས་དཔའ་ཆེན་པོ་མི་འཇིགས་མི་དངང་(༣)སྐྲག་པར་མི་འགྱུར་རོ། །རབ་འབྱོར་གཞན་ཡང་བྱང་ཆུབ་སེམས······དཔའ་སེམས་དཔའ་ཆེན་པོ་ཤེས་རབ་ཀྱི་ཕ་རོལ་ཏུ་ཕྱིན་པ་ལ་སྤྱོད་པའི་ཚེ། ཆོས་དེ་དག་ལ་མི་རྟག་པའི་རྣམ་པ་དང་། སྡུག་བསྔལ་བའི་རྣམ་པ་དང་། བདག་མེད་པའི་རྣམ་པ་དང་། ཞི་བའི་རྣམ་པ་དང་། སྟོང་པ་ཉིད་ཀྱི་རྣམ་པ་དང་།

མཚན་མ་མེད་པའི་རྣམ་པ་དང་། སྨོན་པ་མེད་པའི་རྣམ་པ་དང་[1]། མངོན་པར་འདུ་བྱ་བ་མེད་པའི་རྣམ་པ་དང་། དབེན་པའི་རྣམ་པར་རྟོག་པར་བྱེད་[2]པ་དང་། བཟོད་པ་དང་། མོས་པ་འདི་ནི་བྱང་ཆུབ་སེམས་དཔའ་སེམས་དཔའ་ཆེན་པོའི་བཟོད་པའི་ཕ་རོལ་ཏུ་ཕྱིན་པ་སྟེ། དེ་ཡོད་པས་བྱང་ཆུབ་སེམས་དཔའ་སེམས་དཔའ་ཆེན་པོ་མི་འཇིགས་མི་དངང་[3]། སྐྲག་པར་མི་འགྱུར་རོ། །རབ་འབྱོར་གཞན་ཡང་བྱང་ཆུབ་སེམས་དཔའ་སེམས་དཔའ་ཆེན་པོ་ཤེས་རབ་ཀྱི་ཕ······རོལ་ཏུ་ཕྱིན་པ་ལ་སྤྱོད་པའི་ཚེ། རྣམ་པ་ཐམས་ཅད་མཁྱེན་པ་ཉིད་དང་ལྡན་པའི་ཡིད་ལ་བྱ་བས། གཟུགས་མི་རྟག་ཅེས་བྱ་བར་དེ་མི་དམིགས་པའི་ཚུལ་གྱིས་རབ་ཏུ་རྟོག་གོ། །ཚོར་བ་དང་། འདུ་ཤེས་དང་། འདུ་བྱེད་དང་། རྣམ་པར་ཤེས་པ་མི་རྟག་ཅེས་བྱ་བར་དེ་མི་དམིགས་པའི་ཚུལ་གྱིས་རབ་ཏུ་རྟོག་གོ[4]། །གཟུགས་སྡུག་བསྔལ་ཞེས་བྱ་བ་དང་། བདག་མེད་ཅེས་བྱ་བ་དང་། ཞི་ཞེས་བྱ་བ་དང་། སྟོང་ཞེས་བྱ་བ་དང་། མཚན་མ་མེད་ཅེས་བྱ་བ་དང་། སྨོན་པ་མེད་ཅེས་བྱ་བ་དང་། མངོན་པར་འདུ་བྱ་བ་མེད་ཅེས་བྱ་བ་དང་། དབེན་ཞེས་བྱ་བར་དེ་མི་དམིགས་པའི་ཚུལ་གྱིས་རབ་ཏུ་རྟོག་གོ། །ཚོར་བ་དང་། འདུ་ཤེས་དང་། འདུ་བྱེད་དང་། རྣམ་པར་ཤེས་པ་མི་རྟག་ཅེས་བྱ་བ་དང་། སྡུག་བསྔལ་ཞེས་བྱ་བ་དང་། བདག་མེད་ཅེས་བྱ་བ་དང་། ཞི་ཞེས་བྱ་བ་དང་། སྟོང་ཞེས་བྱ་བ་དང་། མཚན་མ་མེད་ཅེས་བྱ་བ་དང་། སྨོན་པ་མེད་ཅེས་བྱ་བ་དང་། མངོན་པར་འདུ་བྱ་བ་མེད་ཅེས་བྱ་བ་དང་། དབེན་ཞེས་བྱ་བར་དེ་མི་དམིགས་པའི་ཚུལ་གྱིས་རབ་ཏུ་རྟོག་གོ། །དེ་ལྟར་དེ་དག་ལ་རྣམ་པ་ཐམས་ཅད་མཁྱེན་པ་ཉིད་དང་ལྡན་པའི་ཡིད་ལ་བྱ་བས་མི་གཏོང་ཞིང་། བརྩོན་འགྲུས་མི་འདོར་བ་འདི་ནི་བྱང་ཆུབ་སེམས་དཔའ་སེམས་དཔའ་ཆེན་པོ་དེའི་བརྩོན་འགྲུས་

ཀྱི་ཕ་རོལ་ཏུ་ཕྱིན་པ་སྟེ། དེ་ཡོད་པས་བྱང་ཆུབ་སེམས་དཔའ་སེམས་དཔའ་ཆེན་
པོ་དེ་མི་འཇིགས། མི་དངང་[༡]སྐྲག་པར་མི་འགྱུར་རོ། །རབ་འབྱོར་གཞན་
ཡང་བྱང་ཆུབ་སེམས་དཔའ་སེམས་དཔའ་ཆེན་པོ་ཤེས་རབ་ཀྱི་ཕ་རོལ་ཏུ་ཕྱིན་པ་ལ་
སྤྱོད་པའི་ཚེ། ནམ་རྣམ་པ་ཐམས་ཅད་མཁྱེན་པ་ཉིད་དང་ལྡན་པའི་ཡིད་ལ་བྱ་
བས། གཟུགས་མི་རྟག་ཅེས་བྱ་བར་དེ་མི་དམིགས་པའི་ཚུལ་གྱིས་རྟོག་[༢]ཅིང་།
ཉན་ཐོས་དང་རང་སངས་རྒྱས་དང་ལྡན་པའི་ཡིད་ལ་བྱ་བ་དང་། མི་དགེ་བའི་
ཆོས་དེ་མ་ཡིན་པ་བྱང་ཆུབ་ཀྱི་གེགས་སུ་འགྱུར་བ་གཞན་གྱི་སྐབས་མི་འབྱེད་པ་
དང་། གཟུགས་སྡུག་བསྔལ་ཞེས་བྱ་བ་དང་། བདག་མེད་ཅེས་བྱ་བ་དང་།
ཞི་ཞེས་བྱ་བ་དང་། སྟོང་ཞེས་བྱ་བ་དང་། མཚན་མ་མེད་ཅེས་བྱ་བ་དང་།
སྨོན་པ་མེད་ཅེས་བྱ་བ་དང་། མངོན་པར་འདུ་བྱ་བ་མེད་ཅེས་བྱ་བ་དང་།
དབེན་ཞེས་བྱ་བར་དེ་མི་དམིགས་པའི་ཚུལ་གྱིས་རྟོག་ཅིང་། ཉན་ཐོས་དང་རང་
སངས་རྒྱས་དང་ལྡན་པའི་ཡིད་ལ་བྱ་བ་དང་། མི་དགེ་བ་དེ་མ་ཡིན་པ་བྱང་ཆུབ་
ཀྱི་གེགས་སུ་འགྱུར་བ་གཞན་གྱི་གོ་མི་འབྱེད་པ་དང་། ཚོར་བ་དང་། འདུ་ཤེས་
དང་། འདུ་བྱེད་དང་། རྣམ་པར་ཤེས་པ་མི་རྟག་ཅེས་བྱ་བ་དང་། སྡུག་
བསྔལ་ཞེས་བྱ་བ་དང་། བདག་མེད་ཅེས་བྱ་བ་དང་། ཞི་ཞེས་བྱ་བ་དང་། སྟོང་
ཞེས་བྱ་བ་དང་། མཚན་མ་མེད་ཅེས་བྱ་བ་དང་། སྨོན་པ་མེད་ཅེས་བྱ་བ་དང་།
མངོན་པར་འདུ་བྱ་བ་མེད་ཅེས་བྱ་བ་དང་། དབེན་ཞེས་བྱ་བར་དེ་མི་དམིགས་
པའི་ཚུལ་གྱིས་རྟོག་ཅིང་། ཉན་ཐོས་དང་། རང་སངས་རྒྱས་དང་ལྡན་པའི་
ཡིད་ལ་བྱ་བ་དང་། མི་དགེ་བ་དེ་མ་ཡིན་པ་བྱང་ཆུབ་ཀྱི་གེགས་སུ་འགྱུར་བ་
གཞན༔གྱི་གོ་[༣]མི་འབྱེད་པ་འདི་ནི། བྱང་ཆུབ་སེམས་དཔའ་སེམས་དཔའ་ཆེན་
པོའི་བསམ་[༤]གཏན་གྱི་ཕ་རོལ་ཏུ་ཕྱིན་པ་སྟེ། དེ་ཡོད་པས་བྱང་ཆུབ་སེམས་དཔའ་

སེམས་དཔའ་ཆེན་པོ་དེ་མི་འཇིགས་མི་དངང་[1]སྐྲག་པར་མི་འགྱུར་རོ།། །།

ཤེས་རབ་ཀྱི་ཕ་རོལ་ཏུ་ཕྱིན་པ་སྟོང་ཕྲག་ཉི་ཤུ་ལྔ་པ། བམ་པོ་བཅུ་གཉིས་པ། རབ་འབྱོར་གཞན་ཡང་བྱང་ཆུབ་སེམས་དཔའ་སེམས་དཔའ་ཆེན་པོ་ཤེས་རབ་ཀྱི་ཕ་རོལ་ཏུ་ཕྱིན་པ་ལ་སྤྱོད་པའི་ཚེ། ནམ་རྣམ་པ་ཐམས་ཅད་མཁྱེན་པ་ཉིད་དང་ལྡན་པའི་ཡིད་ལ་བྱ་བས་རྣམ་པ་འདི་ལྟར་རབ་ཏུ་རྟོག་སྟེ། གཟུགས་ཀྱི་སྟོང་པ་ཉིད་ཀྱིས་གཟུགས་སྟོང་པ་མ་ཡིན་གྱི། གཟུགས་ཉིད་ཀྱང་སྟོང་པ་ཉིད་དོ། །སྟོང་པ་ཉིད་ཀྱང་གཟུགས་སོ། །ཚོར་བ་དང་། འདུ་ཤེས་དང་། འདུ་བྱེད་དང་། རྣམ་པར་ཤེས་པའི་སྟོང་པ་ཉིད་ཀྱིས། རྣམ་པར་ཤེས་པ་སྟོང་པ་མ་ཡིན་གྱི། རྣམ་པར་ཤེས་པ་ཉིད་ཀྱང་སྟོང་པ་ཉིད་དོ། །སྟོང་པ་ཉིད་ཀྱང་རྣམ་པར་ཤེས་པའོ། །མིག་གི་སྟོང་པ་ཉིད་ཀྱིས་མིག་སྟོང་པ་མ་ཡིན་གྱི[2]། མིག་ཉིད་ཀྱང་སྟོང་པ་ཉིད་དོ། །སྟོང་པ་ཉིད་ཀྱང་མིག་གོ། །རྣ་བ་དང་། སྣ་དང་། ལྗེ་དང་། ལུས་དང་། ཡིད་ཀྱི་སྟོང་པ་ཉིད་ཀྱིས། ཡིད་སྟོང་པ་[3]མ་ཡིན་གྱི། ཡིད་ཉིད་ཀྱང་སྟོང་པ་ཉིད་དོ། །སྟོང་པ་ཉིད་ཀྱང་ཡིད་དོ། །གཟུགས་ཀྱི་སྟོང་པ་ཉིད་ཀྱིས་གཟུགས་སྟོང་པ་མ་ཡིན་གྱི། གཟུགས་ཉིད་ཀྱང་སྟོང་པ་ཉིད་དོ། །སྟོང་པ་ཉིད་ཀྱང་གཟུགས་སོ། །སྒྲ་དང་། དྲི་དང་། རོ་དང་། རེག་དང་། ཆོས་ཀྱི་སྟོང་པ་ཉིད་ཀྱིས། ཆོས་སྟོང་པ་མ་ཡིན་གྱི། ཆོས་ཉིད་ཀྱང་སྟོང་པ་ཉིད་དོ། །སྟོང་པ་ཉིད་ཀྱང་ཆོས་སོ། །མིག་གི་རྣམ་པར་ཤེས་པའི་སྟོང་པ་ཉིད་ཀྱིས། མིག་གི་རྣམ་པར་ཤེས་པ་སྟོང་པ་མ་ཡིན་གྱི། མིག་གི་རྣམ་པར་ཤེས་པ་ཉིད་ཀྱང་སྟོང་པ་ཉིད་དོ། །སྟོང་པ་ཉིད་ཀྱང་མིག་གི་རྣམ་པར་ཤེས་པའོ། །རྣ་བའི་རྣམ་པར་ཤེས་པ་དང་། སྣའི་རྣམ་པར་ཤེས་པ་དང་། ལྗེའི་རྣམ་པར་ཤེས་པ་དང་། ལུས་ཀྱི་རྣམ་པར་ཤེས་པ་དང་། ཡིད་ཀྱི་རྣམ་པར་ཤེས་པའི་

སྟོང་པ་ཉིད་ཀྱིས། ཡིད་ཀྱི་རྣམ་པར་ཤེས་པ་སྟོང་པ་མ་ཡིན་གྱི། ཡིད་ཀྱི་རྣམ་པར་ཤེས་པ་ཉིད་ཀྱང་སྟོང་པ་ཉིད་དོ། །སྟོང་པ་ཉིད་ཀྱང་ཡིད་ཀྱི་རྣམ་པར་ཤེས་པའོ། །མིག་གི་འདུས་ཏེ་རེག་པའི་སྟོང་པ་ཉིད་ཀྱིས། མིག་གི་འདུས་ཏེ་རེག་པ་སྟོང་པ་མ་ཡིན་གྱི། མིག་གི་འདུས་ཏེ་རེག་པ་ཉིད་ཀྱང་སྟོང་པ་ཉིད་དོ། །སྟོང་པ་ཉིད་ཀྱང་མིག་གི་འདུས་ཏེ་རེག་པའོ། །རྣ་བའི་འདུས་ཏེ་རེག་པ་དང་། སྣའི་འདུས་ཏེ་རེག་པ་དང་། ལྗེའི་འདུས་ཏེ་རེག་པ་དང་། ལུས་ཀྱི་འདུས་ཏེ་རེག་པ་དང་། ཡིད་ཀྱི་འདུས་ཏེ་རེག་པའི་སྟོང་པ་ཉིད་ཀྱིས། ཡིད་ཀྱི་འདུས་ཏེ་རེག་པ་སྟོང་པ་མ་ཡིན་གྱི། ཡིད་ཀྱི་འདུས་ཏེ་རེག་པ་ཉིད་ཀྱང་སྟོང་པ་ཉིད་དོ།། སྟོང་པ་ཉིད་ཀྱང་ཡིད་ཀྱི་འདུས་ཏེ་རེག་པའོ། །མིག་གི་འདུས་ཏེ་རེག་པའི་རྐྱེན་གྱིས་ཚོར་བའི་སྟོང་པ་ཉིད་ཀྱིས། མིག་གི་འདུས་ཏེ་རེག་པའི་རྐྱེན་གྱིས་ཚོར་བ་སྟོང་པ་མ་ཡིན་གྱི། མིག་གི་འདུས་ཏེ་རེག་པའི་རྐྱེན་གྱིས་ཚོར་བ་ཉིད་ཀྱང་སྟོང་པ་ཉིད་དོ། །སྟོང་པ་ཉིད་ཀྱང་མིག་གི་འདུས་ཏེ་རེག་པའི་རྐྱེན་གྱིས་ཚོར་བའོ། །རྣ་བའི་འདུས་ཏེ་རེག་པའི་རྐྱེན་གྱིས་ཚོར་བ་དང་། སྣའི་འདུས་ཏེ་རེག་པའི་རྐྱེན་གྱིས་ཚོར་བ་དང་། ལྗེའི་འདུས་ཏེ་རེག་པའི་རྐྱེན་གྱིས་ཚོར་བ་དང་། ལུས་ཀྱི་འདུས་ཏེ་རེག་པའི་རྐྱེན་གྱིས་ཚོར་བ་དང་། ཡིད་ཀྱི་འདུས་ཏེ་རེག་པའི་རྐྱེན་གྱིས་ཚོར་བའི་སྟོང་པ་ཉིད་ཀྱིས། ཡིད་ཀྱི་འདུས་ཏེ་རེག་པའི་རྐྱེན་གྱིས་ཚོར་བ་སྟོང་པ་མ་ཡིན་གྱི། ཡིད་ཀྱི་འདུས་ཏེ་རེག་པའི་རྐྱེན་གྱིས་ཚོར་བ་ཉིད་ཀྱང་སྟོང་པ་ཉིད་དོ། །སྟོང་པ་ཉིད་ཀྱང་ཡིད་ཀྱི་འདུས་ཏེ་རེག་པའི་རྐྱེན་གྱིས་ཚོར་བའོ། །དྲན་པ་ཉེ་བར་གཞག་པའི་བར་གྱི་སྟོང་པ་ཉིད་ཀྱིས། དྲན་པ་ཉེ་བར་གཞག་པ་སྟོང་པ་[༧]མ་ཡིན་གྱི། དྲན་པ་ཉེ་བར་གཞག་པ་ཉིད་ཀྱང་སྟོང་པ་ཉིད་དོ། །སྟོང་པ་ཉིད་ཀྱང་དྲན་པ་ཉེ་བར་གཞག་པའོ། །སངས་རྒྱས་ཀྱི་ཆོས་མ་འདྲེས་པའི་

བར་གྱི་སྟོང་པ་ཉིད་ཀྱིས། སངས་རྒྱས་ཀྱི་ཆོས་མ་འདྲེས་པ་སྟོང་པ་མ་ཡིན་གྱི། སངས་རྒྱས་ཀྱི་ཆོས་མ་འདྲེས་པ་ཉིད་ཀྱང་སྟོང་པ་ཉིད་དོ། །སྟོང་པ་ཉིད་ཀྱང་[1] སངས་རྒྱས་ཀྱི་ཆོས་མ་འདྲེས་པའོ། །རབ་འབྱོར་འདི་ནི་བྱང་ཆུབ་སེམས་དཔའ་སེམས་དཔའ་ཆེན་པོའི་ཤེས་རབ་ཀྱི་ཕ་རོལ་ཏུ་ཕྱིན་པ་སྟེ། རབ་འབྱོར་འདི་ནི་བྱང་ཆུབ་སེམས་དཔའ་སེམས་དཔའ་ཆེན་པོ་ཤེས་རབ་ཀྱི་ཕ་རོལ་ཏུ་ཕྱིན་པ་ལ་སྤྱོད་[2] པའི་ཐབས་མཁས་པའོ། །ཐབས་མཁས་པ་དེ་དང་ལྡན་པའི་བྱང་ཆུབ་སེམས་དཔའ་སེམས་དཔའ་ཆེན་པོ་ནི་བསྟན་པ་འདི་ཐོས་ན། མི་འཇིགས་མི་དངང་[3] སྐྲག་པར་མི་འགྱུར་རོ། །རབ་འབྱོར་གྱིས་གསོལ་པ། བཅོམ་ལྡན་འདས་དགེ་བའི་བཤེས་གཉེན་གྱིས་ཡོངས་སུ་ཟིན་པའི་བྱང་ཆུབ་སེམས་དཔའ་སེམས་དཔའ་ཆེན་པོས། ཤེས་རབ་ཀྱི་ཕ་རོལ་ཏུ་ཕྱིན་པ་བསྟན་པ་འདི་ཐོས་ན། མི་འཇིགས་མི་དངང་[4]། སྐྲག་པར་མི་འགྱུར་བའི་དགེ་བའི་བཤེས་གཉེན་དེ་གང་[5] ལགས། བཅོམ་ལྡན་འདས་ཀྱིས་བཀའ་སྩལ་པ། རབ་འབྱོར་བྱང་ཆུབ་སེམས་དཔའ་སེམས་དཔའ་ཆེན་པོའི་དགེ་བའི་བཤེས་གཉེན་ནི་གང་། དེ་ལ་གཟུགས་མི་རྟག་[6] ཅེས་བྱ་བར་དེ་མི་དམིགས་པའི་ཚུལ་གྱིས་ཆོས་སྟོན་ཅིང་། དགེ་བའི་རྩ་བ་ཐམས་ཅད་ཀྱང་། རྣམ་པ་ཐམས་ཅད་མཁྱེན་པ་ཉིད་མ་གཏོགས་པར། ཉན་ཐོས་ཀྱི་སའམ། རང་སངས་རྒྱས་ཀྱི་སར་ཡོངས་སུ་བསྔོར་མི་འཇུག་པའོ། །ཚོར་བ་དང་། འདུ་ཤེས་དང་། འདུ་བྱེད་དང་། རྣམ་པར་ཤེས་པ་མི་རྟག་ཅེས་བྱ་བར་དེ་མི་དམིགས་པའི་ཚུལ་གྱིས་ཆོས་སྟོན་ཅིང་། དགེ་བའི་རྩ་བ་ཐམས་ཅད་ཀྱང་། རྣམ་པ་ཐམས་ཅད་མཁྱེན་པ་ཉིད་མ་གཏོགས་པར། ཉན་ཐོས་ཀྱི་སའམ། རང་སངས་རྒྱས་ཀྱི་སར་ཡོངས་སུ་བསྔོར་མི་འཇུག་པ་སྟེ། རབ་འབྱོར་འདི་ནི་བྱང་ཆུབ་སེམས་དཔའ་སེམས་དཔའ་ཆེན་པོའི་དགེ་བའི་བཤེས་

གཉེན་དུ་རིག་པར་བྱའོ། །རབ་འབྱོར་གཞན་ཡང་བྱང་ཆུབ་སེམས་དཔའ་སེམས་དཔའ་ཆེན་པོའི་དགེ་བའི་བཤེས་གཉེན་ནི་གང་དེ་ལ། གཟུགས་སྡུག་བསྔལ་ཞེས་བྱ་བར་དེ་མི་དམིགས་པའི་ཚུལ་གྱིས་ཆོས་སྟོན་པ་དང་། ཚོར་བ་དང་། འདུ་ཤེས་དང་། འདུ་བྱེད་དང་། རྣམ་པར་ཤེས་པ་སྡུག་བསྔལ་ཞེས་བྱ་བར། དེ་མི་དམིགས་པའི་ཚུལ་གྱིས་ཆོས་སྟོན་པ་དང་། གཟུགས་བདག་མེད་ཅེས་བྱ་བར་དེ་མི་དམིགས་པའི་ཚུལ་གྱིས་ཆོས་སྟོན་པ་དང་། ཚོར་བ་དང་། འདུ་ཤེས་དང་། འདུ་བྱེད་དང་། རྣམ་པར་ཤེས་པ་བདག་མེད་ཅེས་བྱ་བར་དེ་མི་དམིགས་པའི་ཚུལ་གྱིས་ཆོས་སྟོན་པ་དང་། གཟུགས་ཞི་ཞེས་བྱ་བར་དེ་མི་དམིགས་པའི་ཚུལ་གྱིས་ཆོས་སྟོན་པ་དང་། ཚོར་བ་དང་། འདུ་ཤེས་དང་། འདུ་བྱེད་དང་། རྣམ་པར་ཤེས་པ་ཞི་ཞེས་བྱ་བར་དེ་མི་དམིགས་པའི་ཚུལ་གྱིས་ཆོས་སྟོན་པ་དང་། གཟུགས་སྟོང་ཞེས་བྱ་བར་དེ་མི་དམིགས་པའི་ཚུལ་གྱིས་ཆོས་སྟོན་པ་དང་། ཚོར་བ་དང་། འདུ་ཤེས་དང་། འདུ་བྱེད་དང་། རྣམ་པར་ཤེས་པ་སྟོང་ཞེས་བྱ་བར་དེ་མི་དམིགས་པའི་ཚུལ་གྱིས་ཆོས་སྟོན་པ་དང་། གཟུགས་མཚན་མ་མེད་ཅེས་བྱ་བར་དེ་མི་དམིགས་པའི་ཚུལ་གྱིས་ཆོས་སྟོན་པ་དང་། ཚོར་བ་དང་། འདུ་ཤེས་དང་། འདུ་བྱེད་དང་། རྣམ་པར་ཤེས་པ་མཚན་མ་མེད་ཅེས་བྱ་བར་དེ་མི་དམིགས་པའི་ཚུལ་གྱིས་ཆོས་སྟོན་པ་དང་། གཟུགས་སྨོན་པ་མེད་ཅེས་བྱ་བར་དེ་མི་དམིགས་པའི་ཚུལ་གྱིས་ཆོས་སྟོན་པ་དང་། ཚོར་བ་དང་། འདུ་ཤེས་དང་། འདུ་བྱེད་དང་། རྣམ་པར་ཤེས་པ་སྨོན་པ་མེད་ཅེས་བྱ་བར། དེ་མི་དམིགས་པའི་ཚུལ་གྱིས་ཆོས་སྟོན་པ་དང་། གཟུགས་མངོན་པར་འདུ་བྱ་བ་མེད་ཅེས་བྱ་བར་དེ་མི་དམིགས་པའི་ཚུལ་གྱིས་ཆོས་སྟོན་པ་དང་། ཚོར་བ་དང་། འདུ་ཤེས་དང་། འདུ་བྱེད་དང་། རྣམ་པར་ཤེས་

པ་མངོན་པར་འདུ་བྱ་བ་མེད་ཅེས་བྱ་བར་དེ་མི་དམིགས་པའི་ཚུལ་གྱིས་ཆོས་སྟོན་པ་དང་། གཟུགས་དབེན་ཞེས་བྱ་བར་དེ་མི་དམིགས་པའི་ཚུལ་གྱིས་ཆོས་སྟོན་པ་དང་། ཚོར་བ་དང་། འདུ་ཤེས་དང་། འདུ་བྱེད་དང་། རྣམ་པར་ཤེས་པ་དབེན་ཞེས་བྱ་བར་དེ་མི་དམིགས་པའི་ཚུལ་གྱིས་ཆོས་སྟོན་ཅིང་། དགེ་བའི་རྩ་བ་ཐམས་ཅད་ཀྱང་། རྣམ་པ་ཐམས་ཅད་མཁྱེན་པ་ཉིད་ལ་གཏོགས་པར། ཉན་ཐོས་ཀྱི་སའམ། རང་སངས་རྒྱས་ཀྱི་སར་ཡོངས་སུ་བསྔོར་མི་འཇུག་པ་སྟེ། རབ་འབྱོར་འདི་ནི་བྱང་ཆུབ་སེམས་དཔའ་སེམས་དཔའ་ཆེན་པོའི་དགེ་བའི་བཤེས་གཉེན་དུ་རིག་པར་བྱའོ། །རབ་འབྱོར་གཞན་ཡང་བྱང་ཆུབ་སེམས་དཔའ་སེམས་དཔའ་ཆེན་པོའི་[1]དགེ་བའི་བཤེས་གཉེན་ནི་གང་དེ་ལ། མིག་མི་རྟག་ཅེས་བྱ་བར་དེ་མི་དམིགས་པའི་ཚུལ་གྱིས་ཆོས་སྟོན་པ་དང་། རྣ་བ་དང་། སྣ་དང་། ལྕེ་དང་། ལུས་དང་། ཡིད་མི་རྟག་ཅེས་བྱ་བར་དེ་མི་དམིགས་པའི་ཚུལ་གྱིས་ཆོས་སྟོན་པ་དང་། མིག་སྡུག་བསྔལ་ཞེས་བྱ་བར་དེ་མི་དམིགས་པའི་ཚུལ་གྱིས་ཆོས་སྟོན་པ་དང་། རྣ་བ་དང་། སྣ་དང་། ལྕེ་དང་། ལུས་དང་། ཡིད་སྡུག་བསྔལ་ཞེས་བྱ་བར་དེ་མི་དམིགས་པའི་ཚུལ་གྱིས་ཆོས་སྟོན་པ་དང་། མིག་བདག་མེད་ཅེས་བྱ་བར་དེ་མི་དམིགས་པའི་ཚུལ་གྱིས་ཆོས་སྟོན་པ་དང་། རྣ་བ་དང་། སྣ་དང་། ལྕེ་དང་། ལུས་དང་། ཡིད་བདག་མེད་ཅེས་བྱ་བར་དེ་མི་དམིགས་པའི་ཚུལ་གྱིས་ཆོས་སྟོན་པ་དང་། མིག་ཞི་ཞེས་བྱ་བར་དེ་མི་དམིགས་པའི་ཚུལ་གྱིས་ཆོས་སྟོན་པ་དང་། རྣ་བ་དང་། སྣ་དང་། ལྕེ་དང་། ལུས་དང་། ཡིད་ཞི་ཞེས་བྱ་བར་དེ་མི་དམིགས་པའི་ཚུལ་གྱིས་ཆོས་སྟོན་པ་དང་། མིག་སྟོང་ཞེས་བྱ་བར་དེ་མི་དམིགས་པའི་ཚུལ་གྱིས་ཆོས་སྟོན་པ་དང་། རྣ་བ་དང་། སྣ་དང་། ལྕེ་དང་། ལུས་དང་། ཡིད་སྟོང་ཞེས་བྱ་བར་དེ་མི་

དམིགས་པའི་ཚུལ་གྱིས་ཆོས་སྟོན་པ་དང་། མིག་མཚན་མ་མེད་ཅེས་བྱ་བར་དེ་མི་དམིགས་པའི་ཚུལ་གྱིས་ཆོས་སྟོན་པ་དང་། རྣ་བ་དང་། སྣ་དང་། ལྕེ་དང་། ལུས་དང་། ཡིད་མཚན་མ་མེད་ཅེས་བྱ་བར་[༧]དེ་མི་དམིགས་པའི་ཚུལ་གྱིས་ཆོས་སྟོན་པ་དང་། མིག་སྨོན་པ་མེད་ཅེས་བྱ་བར་དེ་མི་དམིགས་པའི་ཚུལ་གྱིས་ཆོས་སྟོན་པ་དང་། རྣ་བ་དང་། སྣ་དང་། ལྕེ་དང་། ལུས་དང་། ཡིད་སྨོན་པ་མེད་ཅེས་བྱ་བར་དེ་མི་དམིགས་པའི་ཚུལ་གྱིས་ཆོས་སྟོན་པ་དང་། མིག་མངོན་པར་འདུ་བྱ་བ་མེད་ཅེས་བྱ་བར་དེ་མི་དམིགས་པའི་ཚུལ་གྱིས་ཆོས་སྟོན་པ་དང་། རྣ་བ་དང་། སྣ་དང་། ལྕེ་དང་། ལུས་དང་། ཡིད་མངོན་པར་འདུ་བྱ་བ་མེད་ཅེས་བྱ་བར་དེ་མི་དམིགས་པའི་ཚུལ་གྱིས་ཆོས་སྟོན་པ་དང་། མིག་དབེན་ཞེས་བྱ་བར་དེ་མི་དམིགས་པའི་ཚུལ་གྱིས་ཆོས་སྟོན་པ་དང་། རྣ་བ་དང་། སྣ་དང་། ལྕེ་དང་། ལུས་དང་། ཡིད་དབེན་ཞེས་བྱ་བར་དེ་མི་དམིགས་པའི་ཚུལ་གྱིས་ཆོས་སྟོན་ཅིང་དགེ་བའི་རྩ་བ་དེ་དག་ཀྱང་། རྣམ་པ་ཐམས་ཅད་མཁྱེན་པ་ཉིད་ལ་བསྔོས་པར། ཉན་ཐོས་ཀྱི་ས་འམ། རང་སངས་རྒྱས་ཀྱི་སར་ཡོངས་སུ་བསྔོར་མི་འཇུག་པའོ། །རབ་འབྱོར་གཞན་ཡང་བྱང་ཆུབ་སེམས་དཔའ་སེམས་དཔའ་ཆེན་པོ་[༣]དགེ་བའི་བཤེས་གཉེན་ནི་གང་དེ་ལ། གཟུགས་མི་རྟག་ཅེས་བྱ་བར་དེ༔མི་དམིགས་[༣]པའི་ཚུལ་གྱིས་ཆོས་སྟོན་ཅིང་། དགེ་བའི་རྩ་བ་ཐམས་ཅད་ཀྱང་རྣམ་པ་ཐམས་ཅད་མཁྱེན་པ་ཉིད་ལ་བསྔོས་པར། ཉན་ཐོས་ཀྱི་སའམ། རང་སངས་རྒྱས་ཀྱི་སར་ཡོངས་སུ་བསྔོར་མི་འཇུག་པ་དང་། སྒྲ་དང་། དྲི་དང་། རོ་དང་། རེག་དང་། ཆོས་མི་རྟག་ཅེས་བྱ་བར་དེ་མི་དམིགས་པའི་ཚུལ་གྱིས་ཆོས་སྟོན་ཅིང་། དགེ་བའི་རྩ་བ་དེ་དག་ཀྱང་རྣམ་པ་ཐམས་ཅད་མཁྱེན་པ་ཉིད་ལ་བསྔོས་པར། ཉན་ཐོས་ཀྱི་སའམ། རང་སངས་

རྒྱས་ཀྱི་མར་ཡོངས་སུ་བསྔོར་མི་འཇུག་པ་དང་། གཟུགས་སྡུག་བསྔལ་ཞེས་བྱ་བར་དེ་མི་དམིགས་པའི་ཚུལ་གྱིས་ཆོས་སྟོན་པ་དང་། སྒྲ་དང་། དྲི་དང་། རོ་དང་། རེག་དང་། ཆོས་སྡུག་བསྔལ་ཞེས་བྱ་བར་དེ་མི་དམིགས་པའི་ཚུལ་གྱིས་ཆོས་སྟོན་པ་དང་། གཟུགས་བདག་མེད་ཅེས་བྱ་བར་དེ་མི་དམིགས་པའི་ཚུལ་གྱིས་ཆོས་སྟོན་པ་དང་། སྒྲ་དང་། དྲི་དང་། རོ་དང་། རེག་དང་། ཆོས་བདག་མེད་ཅེས་བྱ་བར་དེ་མི་དམིགས་པའི་ཚུལ་གྱིས་ཆོས་སྟོན་པ་དང་། གཟུགས་ཞི་ཞེས་བྱ་བར་དེ་མི་དམིགས་པའི་ཚུལ་གྱིས་ཆོས་སྟོན་པ་དང་། སྒྲ་དང་། དྲི་དང་། རོ་དང་། རེག་དང་། ཆོས་ཞི་ཞེས་བྱ་བར་དེ་མི་དམིགས་[1]པའི་ཚུལ་གྱིས་ཆོས་སྟོན་པ་དང་། གཟུགས་སྟོང་ཞེས་བྱ་བར་དེ་མི་དམིགས་པའི་ཚུལ་གྱིས་ཆོས་སྟོན་པ་དང་། སྒྲ་དང་། དྲི་དང་། རོ་དང་། རེག་དང་། ཆོས་སྟོང་ཞེས་བྱ་བར་དེ་མི་དམིགས་པའི་ཚུལ་གྱིས་ཆོས་སྟོན་པ་དང་། གཟུགས་མཚན་མ་མེད་ཅེས་བྱ་བར་དེ་མི་དམིགས་པའི་ཚུལ་གྱིས་ཆོས་སྟོན་པ་དང་། སྒྲ་དང་། དྲི་དང་། རོ་དང་། རེག་དང་། ཆོས་མཚན་མ་མེད་ཅེས་བྱ་བར་དེ་མི་དམིགས་པའི་ཚུལ་གྱིས་ཆོས་སྟོན་པ་དང་། གཟུགས་སྨོན་པ་མེད་ཅེས་བྱ་བར་དེ་མི་དམིགས་པའི་ཚུལ་གྱིས་ཆོས་སྟོན་པ་[3]དང་། སྒྲ་དང་། དྲི་དང་། རོ་དང་། རེག་དང་། ཆོས་སྨོན་པ་མེད་ཅེས་བྱ་བར་དེ་མི་དམིགས་པའི་ཚུལ་གྱིས་ཆོས་སྟོན་པ་དང་། གཟུགས་མངོན་པར་འདུ་བྱ་བ་མེད་ཅེས་བྱ་བར་དེ་མི་དམིགས་པའི་ཚུལ་གྱིས་ཆོས་སྟོན་པ་དང་། སྒྲ་དང་། དྲི་དང་། རོ་དང་། རེག་དང་། ཆོས་མངོན་པར་འདུ་བྱ་བ་མེད་ཅེས་བྱ་བར་དེ་མི་དམིགས་པའི་ཚུལ་གྱིས་ཆོས་སྟོན་པ་དང་། གཟུགས་དབེན་ཞེས་བྱ་བར་དེ་མི་དམིགས་པའི་ཚུལ་གྱིས་ཆོས་སྟོན་པ་དང་། སྒྲ་དང་། དྲི་དང་། རོ་དང་། རེག་དང

ཆོས་དབེན་ཞེས་བྱ་བར་དེ་མི་དམིགས་པའི་ཚུལ་གྱིས་ཆོས་སྟོན་ཅིང་། དགེ་བའི་རྩ་བ་དེ་དག་ཀྱང་རྣམ་པ་ཐམས་ཅད་མཁྱེན་པ་ཉིད་མ་གཏོགས་པར[༡]། ཉན་ཐོས་ཀྱི་སའམ། རང་སངས་རྒྱས་ཀྱི་སར་ཡོངས་སུ་བསྔོར་མི་འཇུག་པའོ། །རབ་འབྱོར་གཞན་ཡང་བྱང་ཆུབ་སེམས་དཔའ་སེམས་དཔའ་ཆེན་པོའི་དགེ་བའི་བཤེས་གཉེན་ནི་གང་དེ་ལ། མིག་གི་རྣམ་པར་ཤེས་པ་མི་རྟག་ཅེས་བྱ་བར་དེ་མི་དམིགས་པའི་ཚུལ་གྱིས་ཆོས་སྟོན་ཅིང་། དགེ་བའི་རྩ་བ་ཐམས་ཅད་ཀྱང་རྣམ་པ་ཐམས་ཅད་མཁྱེན་པ་ཉིད་མ་གཏོགས་པར། ཉན་ཐོས་ཀྱི་སའམ། རང་སངས་རྒྱས་ཀྱི་སར་ཡོངས་སུ་བསྔོར་མི་འཇུག་པ་དང་། རྣ་བའི་རྣམ་པར་ཤེས་པ་དང་། སྣའི་རྣམ་པར་ཤེས་པ་དང་། ལྕེའི་རྣམ་པར་ཤེས་པ་དང་། ལུས་ཀྱི་རྣམ་པར་ཤེས་པ་དང་། ཡིད་ཀྱི་རྣམ་པར་ཤེས་པ་མི་རྟག[༢]ཅེས་བྱ་བར་དེ་མི་དམིགས་པའི་ཚུལ་གྱིས་ཆོས་སྟོན་ཅིང་། དགེ་བའི་རྩ་བ་ཐམས་ཅད་ཀྱང་རྣམ་པ་ཐམས་ཅད་མཁྱེན་པ་ཉིད་མ་གཏོགས་པར། ཉན་ཐོས་ཀྱི་སའམ། རང་སངས་རྒྱས་ཀྱི་སར་ཡོངས་སུ་བསྔོར་མི་འཇུག་པ་དང་། མིག་གི་རྣམ་པར་ཤེས་པ་སྡུག་བསྔལ་ཞེས་བྱ་བར་དེ་མི་དམིགས་པའི་ཚུལ་གྱིས་ཆོས་སྟོན་པ་དང་། རྣ་བའི་རྣམ་པར་ཤེས་པ་དང་། སྣའི་རྣམ་པར་ཤེས་པ་དང་། ལྕེའི་རྣམ་པར་ཤེས་པ་དང་། ལུས་ཀྱི་རྣམ་པར་ཤེས་པ་དང་། ཡིད་ཀྱི་རྣམ་པར་ཤེས་པ་སྡུག་བསྔལ་ཞེས་བྱ་བར་དེ་མི་དམིགས་པའི་ཚུལ་གྱིས་ཆོས་སྟོན་པ་དང་། མིག་གི་རྣམ་པར་ཤེས་པ་བདག་མེད་ཅེས་བྱ་བར་དེ་མི་དམིགས་པའི་ཚུལ་གྱིས་ཆོས་སྟོན་པ་དང་། རྣ་བའི་རྣམ་པར་ཤེས་པ་དང་། སྣའི་རྣམ་པར་ཤེས་པ་དང་། ལྕེའི་རྣམ་པར་ཤེས་པ་དང་། ལུས་ཀྱི་རྣམ་པར་ཤེས་པ་དང་། ཡིད་ཀྱི་རྣམ་པར་ཤེས་པ་བདག་མེད་ཅེས་བྱ་བར་དེ་མི་དམིགས་པའི་ཚུལ་གྱིས་ཆོས་སྟོན་པ་དང་། མིག་གི་རྣམ་པར་

ཤེས་པ་ཞི་ཞེས་བྱ་བར་དེ་མི་དམིགས་པའི་ཚུལ་གྱིས་ཆོས་སྟོན་པ་དང་། རྣ་བའི་རྣམ་པར་ཤེས་པ་དང་། སྣའི་རྣམ་པར་ཤེས་པ་དང་། ལྕེའི་རྣམ་པར་ཤེས་པ་དང་། ལུས་ཀྱི་རྣམ་པར་ཤེས་པ་དང་། ཡིད་ཀྱི་རྣམ་པར་ཤེས་པ་ཞི་ཞེས་བྱ་བར་དེ་མི་དམིགས་པའི་ཚུལ་གྱིས་ཆོས་སྟོན་པ་དང་། མིག་གི་རྣམ་པར་ཤེས་པ་སྟོང་ཞེས་བྱ་བར་དེ་མི་དམིགས་པའི་ཚུལ་གྱིས་ཆོས་སྟོན་པ་དང་། རྣ་བའི་རྣམ་པར་ཤེས་པ་དང་། སྣའི་རྣམ་པར་ཤེས་པ་དང་། ལྕེའི་རྣམ་པར་ཤེས་པ་དང་། ལུས་ཀྱི་རྣམ་པར་ཤེས་པ་དང་། ཡིད་ཀྱི་རྣམ་པར་ཤེས་པ་སྟོང་ཞེས་བྱ་བར་དེ་མི་དམིགས་པའི་ཚུལ་གྱིས་ཆོས་སྟོན་པ་དང་། མིག་གི་རྣམ་པར་ཤེས་པ་མཚན་མ་མེད་ཅེས་བྱ་བར་དེ་མི་དམིགས་པའི་ཚུལ་གྱིས་ཆོས་སྟོན་པ་དང་། རྣ་བའི་རྣམ་པར་ཤེས་པ་དང་། སྣའི་རྣམ་པར་ཤེས་པ་དང་། ལྕེའི་རྣམ་པར་ཤེས་པ་དང་། ལུས་ཀྱི་རྣམ་པར་ཤེས་པ་དང་། ཡིད་ཀྱི་རྣམ་པར་ཤེས་པ་མཚན་མ་མེད་ཅེས་བྱ་བར་དེ་མི་དམིགས་པའི་ཚུལ་གྱིས་ཆོས་སྟོན་པ་དང་། མིག་གི་རྣམ་པར་ཤེས་པ༔ སྨོན་པ་[༧]མེད་ཅེས་བྱ་བར་དེ་མི་དམིགས་པའི་ཚུལ་གྱིས་ཆོས་སྟོན་པ་དང་། རྣ་བའི་རྣམ་པར་ཤེས་པ་དང་། སྣའི་རྣམ་པར་ཤེས་པ་དང་། ལྕེའི་རྣམ་པར་ཤེས་པ་དང་། ལུས་ཀྱི་རྣམ་པར་ཤེས་པ་དང་། ཡིད་ཀྱི་རྣམ་པར་ཤེས་པ་སྨོན་པ་མེད་ཅེས་བྱ་བར་དེ་མི་དམིགས་པའི་ཚུལ་གྱིས་ཆོས་སྟོན་པ་དང་། མིག་གི་རྣམ་པར་ཤེས་པ་མངོན་པར་འདུ་བྱ་བ་མེད་ཅེས་བྱ་བར་དེ་མི་དམིགས་པའི་ཚུལ་གྱིས་ཆོས་སྟོན་པ་དང་། རྣ་བའི་རྣམ་པར་ཤེས་པ་དང་། སྣའི་རྣམ་པར་ཤེས་པ་དང་། ལྕེའི་རྣམ་པར་ཤེས་པ་དང་། ལུས་ཀྱི་རྣམ་པར་ཤེས་པ་དང་། ཡིད་ཀྱི་རྣམ་པར་ཤེས་པ་མངོན་པར་འདུ་བྱ་བ་མེད་ཅེས་བྱ་བར་དེ་མི་དམིགས་པའི་ཚུལ་གྱིས་ཆོས་སྟོན་པ་དང་། མིག་གི་རྣམ་པར་ཤེས་པ་དབེན་ཞེས་བྱ་བར་

དེ་མི་དམིགས་པའི་ཚུལ་གྱིས་ཆོས་སྟོན་པ་དང་། ན་བའི་རྣམ་པར་ཤེས་པ་དང་།
སྣའི་རྣམ་པར་ཤེས་པ་དང་། ལྗེའི་རྣམ་པར་ཤེས་པ་དང་། ལུས་ཀྱི་རྣམ་པར་
ཤེས་པ་དང་། ཡིད་ཀྱི་རྣམ་པར་ཤེས་པ་དབེན་ཞེས་བྱ་བར་དེ་མི་དམིགས་པའི་
ཚུལ་གྱིས་ཆོས་སྟོན་ཅིང་། དགེ་བའི་རྩ་བ་ཐམས་ཅད་ཀྱང་རྣམ་པ་ཐམས་ཅད་
མཁྱེན་པ་ཉིད་མ་གཏོགས་པར་ཉན་ཐོས་ཀྱི་སའམ། རང་སངས་རྒྱས་ཀྱི་སར་
ཡོངས་སུ་བསྔོར་མི་འཇུག་པ་སྟེ། རབ་འབྱོར་འདི་ནི་བྱང་ཆུབ་སེམས་དཔའ་
སེམས་དཔའ་ཆེན་པོའི་དགེ་བའི་བཤེས་གཉེན་དུ་རིག་པར་བྱའོ། །རབ་འབྱོར་
གཞན་ཡང་བྱང་ཆུབ་སེམས་དཔའ་སེམས་དཔའ་ཆེན་པོའི་དགེ་བའི་བཤེས་གཉེན་
ནི་གང་དེ་ལ། མིག་གི་འདུས་ཏེ་རེག་པ་མི་རྟག་ཅེས་བྱ་བར་དེ་མི་དམིགས་པའི་
ཚུལ་གྱིས་ཆོས་སྟོན་ཅིང་། དགེ་བའི་རྩ་བ་དེ་དག་ཀྱང་རྣམ་པ་ཐམས་ཅད་མཁྱེན་
པ་ཉིད་མ་གཏོགས་པར། ཉན་ཐོས་ཀྱི་སའམ། རང་སངས་རྒྱས་ཀྱི་སར་
ཡོངས་སུ་བསྔོར་མི་འཇུག་པ་དང་། ན་བའི་འདུས་ཏེ་རེག་པ་དང་། སྣའི་
འདུས་ཏེ་རེག་པ་དང་། ལྗེའི་འདུས་ཏེ་རེག་པ་དང་། ལུས་ཀྱི་འདུས་ཏེ་རེག
པ་དང་། ཡིད་ཀྱི་འདུས་ཏེ་རེག་པ་མི་རྟག་ཅེས་བྱ་བར་དེ་མི་དམིགས་པའི་ཚུལ་
གྱིས་ཆོས་སྟོན་ཅིང་། དགེ་བའི་རྩ་བ་ཐམས་ཅད་ཀྱང་རྣམ་པ་ཐམས་ཅད་མཁྱེན་
པ་ཉིད་མ་གཏོགས་པར། ཉན་ཐོས་ཀྱི་སའམ། རང་སངས་རྒྱས་ཀྱི་སར་
ཡོངས་སུ་བསྔོར་མི་འཇུག་པ་དང་། མིག་གི་འདུས་ཏེ་རེག་པ་སྡུག་བསྔལ་ཞེས་བྱ་
བར་དེ་མི་དམིགས་པའི་ཚུལ་གྱིས་ཆོས་སྟོན་པ་དང་། ན་བའི་འདུས་ཏེ་རེག་པ་
དང་། སྣའི་འདུས་ཏེ་རེག་པ་དང་། ལྗེའི་འདུས་ཏེ་རེག་པ་དང་། ལུས་ཀྱི་
འདུས་ཏེ་རེག་པ་དང་། ཡིད་ཀྱི་འདུས་ཏེ་རེག་པ་སྡུག་བསྔལ་ཞེས་བྱ་བར་དེ་མི་
དམིགས་པའི་ཚུལ་གྱིས་ཆོས་སྟོན་པ་དང་། མིག་གི་འདུས་ཏེ་རེག་པ་བདག་མེད་

ཅེས་བྱ་བར་དེ་མི་དམིགས་པའི་ཚུལ་གྱིས་ཆོས་སྟོན་པ་དང་། རྣ་བའི་འདུས་ཏེ་རེག་པ་དང་། སྣའི་འདུས་ཏེ་རེག་པ་དང་། ལྕེའི་འདུས་ཏེ་རེག་པ་དང་། ལུས་ཀྱི་འདུས་ཏེ་རེག་པ་དང་། ཡིད་ཀྱི་འདུས་ཏེ་རེག་པ་བདག་མེད་ཅེས་བྱ་བར་དེ་མི་དམིགས་པའི་ཚུལ་གྱིས་ཆོས་སྟོན་པ་དང་། མིག་གི་འདུས་ཏེ་རེག་པ་ཞི་ཞེས་བྱ་བར་དེ་མི་དམིགས་པའི་ཚུལ་གྱིས་ཆོས་སྟོན་པ་དང་། རྣ་བའི་འདུས་ཏེ་རེག་པ་དང་། སྣའི་འདུས་ཏེ་རེག་པ་དང་། ལྕེའི་འདུས་ཏེ་རེག་པ་དང་། ལུས་ཀྱི་འདུས་ཏེ་རེག་པ་དང་། ཡིད་ཀྱི་འདུས་ཏེ་རེག་པ་ཞི་ཞེས་བྱ་བར་དེ་མི་དམིགས་པའི་ཚུལ་གྱིས་ཆོས་སྟོན་པ་དང་། མིག་གི་འདུས་ཏེ་རེག་པ་སྟོང་ཞེས་བྱ་བར་དེ་མི་དམིགས་པའི་ཚུལ་གྱིས་ཆོས་སྟོན་པ་དང་། རྣ་བའི་འདུས་ཏེ་རེག་པ་དང་། སྣའི་འདུས་ཏེ་རེག་པ་དང་། ལྕེའི་འདུས་ཏེ་རེག་པ་དང་། ལུས་ཀྱི་འདུས་ཏེ་རེག་པ་དང་། ཡིད་ཀྱི་འདུས་ཏེ་རེག་པ་སྟོང་ཞེས་བྱ་བར་དེ་མི་དམིགས་པའི་ཚུལ་གྱིས་ཆོས་སྟོན་པ་དང་། མིག་གི་འདུས་ཏེ་རེག་པ་མཚན་མ་མེད་ཅེས་བྱ་བར་དེ་མི་དམིགས་པའི་ཚུལ་གྱིས་ཆོས་སྟོན་པ་དང་། རྣ་བའི་འདུས་ཏེ་རེག་པ་དང་། སྣའི་འདུས་ཏེ་རེག་པ་དང་། ལྕེའི་འདུས་ཏེ་རེག་པ་དང་། ལུས་ཀྱི་འདུས་ཏེ་རེག་པ་དང་། ཡིད་ཀྱི་འདུས་ཏེ་རེག་པ་མཚན་མ་མེད་ཅེས་བྱ་བར་དེ་མི་དམིགས་པའི་ཚུལ་གྱིས་ཆོས་སྟོན་པ་དང་། མིག་གི་འདུས་ཏེ་རེག་པ་སྨོན་པ་མེད་ཅེས་བྱ་བར་དེ་མི་དམིགས་པའི་ཚུལ་གྱིས་ཆོས་སྟོན་པ་དང་། རྣ་བའི་འདུས་ཏེ་རེག་པ་དང་། སྣའི་འདུས་ཏེ་རེག་པ་དང་། ལྕེའི་འདུས་ཏེ་རེག་པ་དང་། ལུས་ཀྱི་འདུས་ཏེ་རེག་པ་དང་། ཡིད་ཀྱི་འདུས་ཏེ་རེག་པ་སྨོན་པ་མེད་ཅེས་བྱ་བར་དེ་མི་དམིགས་པའི་ཚུལ་གྱིས་ཆོས་སྟོན་པ་དང་། མིག་གི་འདུས་ཏེ་རེག་པ་མངོན་པར་འདུ་བྱ་བ་མེད་ཅེས་བྱ་བར་དེ་མི་དམིགས་པའི་ཚུལ་

གྱིས་ཆོས་སྟོན་པ་དང་། རྣ་བའི་འདུས་ཏེ་རེག་པ་དང་། སྣའི་འདུས་ཏེ་རེག་པ་དང་། ལྕེའི་འདུས་ཏེ་རེག་པ་དང་། ལུས་ཀྱི་འདུས་ཏེ་རེག་པ་དང་། ཡིད་ཀྱི་འདུས་ཏེ་རེག་པ་མངོན་པར་འདུ་བྱ་བ་མེད་ཅེས་བྱ་བར་དེ་མི་དམིགས་པའི་ཚུལ་གྱིས་ཆོས་སྟོན་པ་དང་། མིག་གི་འདུས་ཏེ་རེག་པ་དབེན་ཞེས་བྱ་བར་དེ་མི་དམིགས་པའི་ཚུལ་གྱིས་ཆོས་སྟོན་པ་དང་། རྣ་བའི་འདུས་ཏེ་རེག་པ་དང་། སྣའི་འདུས་ཏེ་རེག་པ་དང་། ལྕེའི་འདུས་ཏེ་རེག་པ་དང་། ལུས་ཀྱི་འདུས་ཏེ་རེག་པ་དང་། ཡིད་ཀྱི་འདུས་ཏེ་རེག་པ་དབེན་ཞེས་བྱ་བར་དེ་མི་དམིགས་པའི་ཚུལ་གྱིས་ཆོས་སྟོན་ཅིང་། དགེ་བའི་རྩ་བ་ཐམས་ཅད་ཀྱང་རྣམ་པ་ཐམས་ཅད་མཁྱེན་པ་ཉིད་མ་གཏོགས་པར། ཉན་ཐོས་ཀྱི་སའམ། རང་སངས་རྒྱས་ཀྱི་སར་ཡོངས་སུ་བསྔོར་མི་འཇུག་པའོ། །རབ་འབྱོར་གཞན་ཡང་བྱང་ཆུབ་སེམས་དཔའ་སེམས་དཔའ་ཆེན་པོའི་དགེ་བའི་བཤེས་གཉེན་ནི་གང་དེ་ལ། མིག་གི་འདུས་ཏེ་རེག་པ་ལས་བྱུང་བའི་ཚོར་བ་མི་རྟག་ཅེས་བྱ་བར་དེ་མི་དམིགས་པའི་ཚུལ་གྱིས་ཆོས་སྟོན་ཅིང་། དགེ་བའི་རྩ་བ་དེ་དག་ཀྱང་རྣམ་པ་ཐམས་ཅད་མཁྱེན་པ་ཉིད་མ་གཏོགས་པར་ཉན་ཐོས་ཀྱི་སའམ། རང་སངས་རྒྱས་ཀྱི་སར་ཡོངས་སུ་བསྔོར་མི་འཇུག་པ་དང་། རྣ་བའི་འདུས་ཏེ་རེག་པ་ལས་བྱུང་བའི་ཚོར་བ་དང་། སྣའི་འདུས་ཏེ་རེག་པ་ལས་བྱུང་བའི་ཚོར་བ་དང་། ལྕེའི་འདུས་ཏེ་རེག་པ་ལས་བྱུང་བའི་ཚོར་བ་དང་། ལུས་ཀྱི་འདུས་ཏེ་རེག་པ་ལས་བྱུང་བའི་ཚོར་བ་དང་། ཡིད་ཀྱི་འདུས་ཏེ་རེག་པ་ལས་བྱུང་བའི་ཚོར་བ་མི་རྟག་ཅེས་བྱ་བར་དེ་མི་དམིགས་པའི་ཚུལ་གྱིས་ཆོས་སྟོན་ཅིང་། དགེ་བའི་རྩ་བ་ཐམས་ཅད་ཀྱང་། རྣམ་པ་ཐམས་ཅད་མཁྱེན་པ་ཉིད་མ་གཏོགས་པར། ཉན་ཐོས་ཀྱི་སའམ། རང་སངས་རྒྱས་ཀྱི་སར་ཡོངས་སུ་བསྔོར་མི་འཇུག་པ་དང་། མིག་གི་འདུས་ཏེ་རེག་པ་ལས་

བྱུང་བའི་ཚོར་བ་སྡུག་བསྔལ་ཞེས་བྱ་བར་དེ་མི་དམིགས་པའི་ཚུལ་གྱིས་ཆོས་སྟོན་པ་དང་། རྣ་བའི་འདུས་ཏེ་རེག་པ་ལས་བྱུང་བའི་ཚོར་བ་དང་། སྣའི་འདུས་ཏེ་རེག་པ་ལས་བྱུང་བའི་ཚོར་བ་དང་། ལྕེའི་འདུས་ཏེ་རེག་པ་ལས་བྱུང་བའི་ཚོར་བ་དང་། ལུས་ཀྱི་འདུས་ཏེ་རེག་པ་ལས་བྱུང་བའི་ཚོར་བ་དང་། ཡིད་ཀྱི་འདུས་ཏེ་རེག་པ་ལས་བྱུང་བའི་ཚོར་བ་སྡུག་བསྔལ་ཞེས་བྱ་བར་དེ་མི་དམིགས་པའི་ཚུལ་གྱིས་ཆོས་སྟོན་པ་དང་། མིག་གི་འདུས་ཏེ་རེག་པ་ལས་བྱུང་བའི་ཚོར་བ་བདག་མེད་ཅེས་བྱ་བར་དེ་མི་དམིགས་པའི་ཚུལ་གྱིས་ཆོས་སྟོན་པ་དང་། རྣ་བའི་འདུས་ཏེ་རེག་པ་ལས་བྱུང་བའི་ཚོར་བ་དང་། སྣའི་འདུས་ཏེ་རེག་པ་ལས་བྱུང་བའི་ཚོར་བ་དང་། ལྕེའི་འདུས་ཏེ་རེག་པ་ལས་②བྱུང་བའི་ཚོར་བ་དང་། ལུས་ཀྱི་འདུས་ཏེ་རེག་པ་ལས་བྱུང་བའི་ཚོར་བ་དང་། ཡིད་ཀྱི་འདུས་ཏེ་རེག་པ་ལས་བྱུང་བའི་ཚོར་བ་བདག་མེད་ཅེས་བྱ་བར་དེ་མི་དམིགས་པའི་ཚུལ་གྱིས་ཆོས་སྟོན་པ་དང་། མིག་གི་འདུས་ཏེ་རེག་པ་ལས་བྱུང་བའི་ཚོར་བ་ཞི་ཞེས་བྱ་བར་དེ་མི་དམིགས་པའི་ཚུལ་གྱིས་ཆོས་སྟོན་པ་དང་། རྣ་བའི་འདུས་ཏེ་རེག་པ་ལས་བྱུང་བའི་ཚོར་བ་དང་། སྣའི་འདུས་ཏེ་རེག་པ་ལས་བྱུང་བའི་ཚོར་བ་དང་། ལྕེའི་འདུས་ཏེ་རེག་པ་ལས་བྱུང་བའི་ཚོར་བ་དང་། ལུས་ཀྱི་འདུས་ཏེ་རེག་པ་ལས་བྱུང་བའི་ཚོར་བ་དང་། ཡིད་ཀྱི་འདུས་ཏེ་རེག་པ་ལས་བྱུང་བའི་ཚོར་བ་ཞི་ཞེས་བྱ་བར་དེ་མི་③དམིགས་པའི་ཚུལ་གྱིས་ཆོས་སྟོན་པ་དང་། མིག་གི་འདུས་ཏེ་རེག་པ་ལས་བྱུང་བའི་ཚོར་བ་སྟོང་ཞེས་བྱ་བར་དེ་མི་དམིགས་པའི་ཚུལ་གྱིས་ཆོས་སྟོན་པ་དང་། རྣ་བའི་འདུས་ཏེ་རེག་པ་ལས་བྱུང་བའི་ཚོར་བ་དང་། སྣའི་འདུས་ཏེ་རེག་པ་ལས་བྱུང་བའི་ཚོར་བ་དང་། ལྕེའི་འདུས་ཏེ་རེག་པ་ལས་བྱུང་བའི་ཚོར་བ་དང་། ལུས་ཀྱི་འདུས་ཏེ་རེག་པ་ལས་བྱུང་བའི་ཚོར་བ་དང་། ཡིད་ཀྱི་

འདུས་ཏེ་རེག་པ་ལས་བྱུང་བའི་ཚོར་བ་སྟོང་ཞེས་བྱ་བར་དེ་མི་དམིགས་པའི་ཚུལ་གྱིས་ཆོས་སྟོན་པ་དང་། མིག་གི་འདུས་ཏེ་རེག་པ་ལས་བྱུང་བའི་ཚོར་བ་མཚན་མ་མེད་ཅེས་བྱ་བར་དེ་མི་དམིགས་པའི་ཚུལ་གྱིས་ཆོས་སྟོན་པ་དང་། རྣ་བའི་འདུས་ཏེ་རེག་པ་ལས་བྱུང་བའི་ཚོར་བ་དང་། སྣའི་འདུས་ཏེ་རེག་པ་ལས་བྱུང་[1]བའི་ཚོར་བ་དང་། ལྕེའི་འདུས་ཏེ་རེག་པ་ལས་བྱུང་བའི་ཚོར་བ་དང་། ལུས་ཀྱི་འདུས་ཏེ་རེག་པ་ལས་བྱུང་བའི་ཚོར་བ་དང་། ཡིད་ཀྱི་འདུས་ཏེ་རེག་པ་ལས་བྱུང་བའི་ཚོར་བ་མཚན་མ་མེད་ཅེས་བྱ་བར་དེ་མི་དམིགས་པའི་ཚུལ་གྱིས་ཆོས་སྟོན་པ་དང་། མིག་གི་འདུས་ཏེ་རེག་པ་ལས་བྱུང་བའི་ཚོར་བ་སྨོན་པ་མེད་ཅེས་བྱ་བར་དེ་མི་དམིགས་པའི་ཚུལ་གྱིས་ཆོས་སྟོན་པ་དང་། རྣ་བའི་འདུས་ཏེ་རེག་པ་ལས་བྱུང་བའི་ཚོར་བ་དང་། སྣའི་འདུས་ཏེ་རེག་པ་ལས་བྱུང་བའི་ཚོར་བ་དང་། ལྕེའི་འདུས་ཏེ་རེག་པ་ལས་བྱུང་བའི་ཚོར་བ་དང་། ལུས་ཀྱི་འདུས་ཏེ་རེག་པ་ལས་བྱུང་བའི་ཚོར་བ་དང་། ཡིད་ཀྱི་འདུས་ཏེ་རེག་པ་ལས་བྱུང་བའི་ཚོར་བ་སྨོན་པ་མེད་ཅེས་བྱ་བར་དེ་མི་དམིགས་པའི་ཚུལ་གྱིས་ཆོས་སྟོན་པ་དང་། མིག་གི་འདུས་ཏེ་རེག་པ་ལས་བྱུང་བའི་ཚོར་བ་མངོན་པར་འདུ་བྱ་བ་མེད་ཅེས་བྱ་བར་དེ་མི་དམིགས་པའི་ཚུལ་གྱིས་ཆོས་སྟོན་པ་དང་། རྣ་བའི་འདུས་ཏེ་རེག་པ་ལས་བྱུང་བའི་ཚོར་བ་དང་། སྣའི་འདུས་ཏེ་རེག་པ་ལས་བྱུང་བའི་ཚོར་བ་དང་། ལྕེའི་འདུས་ཏེ་རེག་པ་ལས་བྱུང་བའི་ཚོར་བ་དང་། ལུས་ཀྱི་འདུས་ཏེ་རེག་པ་ལས་བྱུང་བའི་ཚོར་བ་དང་། ཡིད་ཀྱི་འདུས་ཏེ་རེག་པ་ལས་བྱུང་བའི་ཚོར་བ་མངོན་པར་འདུ་བྱ་བ་མེད་ཅེས་བྱ་བར་དེ་མི་དམིགས་པའི་ཚུལ་གྱིས་ཆོས་སྟོན་པ་དང་། མིག་གི་འདུས་ཏེ་རེག་པ་ལས་བྱུང་བའི་ཚོར་བ་དབེན་ཞེས་བྱ་བར་དེ་མི་དམིགས་པའི་ཚུལ་གྱིས་ཆོས་སྟོན་པ་དང་། རྣ་བའི་འདུས་ཏེ་རེག་པ་ལས་བྱུང་

བའི་ཚོར་བ་དང་། སྣའི་འདུས་ཏེ་རེག་པ་ལས་བྱུང་བའི་ཚོར་བ་དང་། ལྗེའི་
འདུས་ཏེ་རེག་པ་ལས་བྱུང་བའི་ཚོར་བ་དང་། ལུས་ཀྱི་འདུས་ཏེ་རེག་པ་ལས་
བྱུང་བའི་ཚོར་བ་དང་། ཡིད་ཀྱི་འདུས་ཏེ་རེག་པ་ལས་བྱུང་བའི་ཚོར་བ་དབེན་
ཞེས་བྱ་བར་དེ་མི་དམིགས་པའི་ཚུལ་གྱིས་ཆོས་སྟོན་ཅིང་། དགེ་བའི་རྩ་བ་ཐམས་
ཅད་ཀྱང་རྣམ་པ་ཐམས་ཅད་མཁྱེན་པ་ཉིད་མ་གཏོགས་པར། ཉན་ཐོས་ཀྱི་སའམ།
རང་སངས་རྒྱས་ཀྱི་སར་ཡོངས་སུ་བསྔོར་མི་འཇུག་པའོ། །རབ་འབྱོར་གཞན་
ཡང་བྱང་ཆུབ་སེམས་དཔའ་སེམས་དཔའ་ཆེན་པོའི་དགེ་བའི་བཤེས་གཉེན་ནི་གང་
དེ་ལ། བྱང་ཆུབ་ཀྱི་ཕྱོགས་ཀྱི་ཆོས་རྣམས་ཀྱི་བར་དུ་མི་རྟག་ཅེས་བྱ་བར་དེ་མི་
དམིགས་པའི་ཚུལ་གྱིས་ཆོས་སྟོན་པ་དང་། སྡུག་བསྔལ་ཞེས་བྱ་བ་དང་།
བདག་མེད་ཅེས་བྱ་བ་དང་། ཞི་ཞེས་བྱ་བ་དང་། སྟོང་ཞེས་བྱ་བ་དང་།
མཚན་མ་མེད་ཅེས་བྱ་བ་དང་། སྨོན་པ་མེད་ཅེས་བྱ་བ་དང་། མངོན་པར་
འདུ་བྱ་བ་མེད་ཅེས་བྱ་བ་དང་། དབེན་ཞེས་བྱ་བར་དེ་མི་དམིགས་པའི་ཚུལ་
གྱིས་ཆོས་སྟོན་པ་དང་། བྱང་ཆུབ་ཀྱི་ཕྱོགས་ཀྱི་ཆོས་རྣམས་བསྒོམ་པའི་ཕྱིར་དེ་མི་
དམིགས་པའི་ཚུལ་གྱིས་[༧]ཆོས་སྟོན་ཅིང་། དགེ་བའི་རྩ་བ་ཐམས་ཅད་ཀྱང་རྣམ་
པ་ཐམས་ཅད་མཁྱེན་པ་ཉིད་མ་གཏོགས་པར། ཉན་ཐོས་ཀྱི་སའམ། རང་
སངས་རྒྱས་ཀྱི་སར་ཡོངས་སུ་བསྔོར་མི་འཇུག་པ་དང་། སངས་རྒྱས་ཀྱི་ཆོས་མ་
འདྲེས་པ་རྣམས་ཀྱི་བར་དུ་མི་རྟག་ཅེས་བྱ་བར་དེ་མི་དམིགས་པའི་ཚུལ་གྱིས་ཆོས་
སྟོན་པ་དང་། སྡུག་བསྔལ་ཞེས་བྱ་བ་དང་། བདག་མེད་ཅེས་བྱ་བ་དང་།
ཞི་ཞེས་བྱ་བ་དང་། སྟོང་ཞེས་བྱ་བ་དང་། མཚན་མ་མེད་ཅེས་བྱ་བ་དང་།
སྨོན་པ་མེད་ཅེས་བྱ་བ་[༩]དང་། མངོན་པར་འདུ་བྱ་བ་མེད་ཅེས་བྱ་བ་དང་།
དབེན་ཞེས་བྱ་བར་དེ་མི་དམིགས་པའི་ཚུལ་གྱིས་ཆོས་སྟོན་པ་དང་། སངས་རྒྱས་

ཀྱི་ཆོས་མ་འདྲེས་པ་བསྒོམ་པའི་ཕྱིར། དེ་མི་དམིགས་པའི་ཚུལ་གྱིས་ཆོས་སྟོན་པ་དང་། རྣམ་པ་ཐམས་ཅད་མཁྱེན་པ་ཉིད་ཀྱི་བར་དུ་བསྒོམ་པའི་ཕྱིར། དེ་མི་དམིགས་པའི་ཚུལ་གྱིས་ཆོས་སྟོན་པ་དང་། བྱང་ཆུབ་ཀྱི་བར་དུ་བསྒོམ་པའི་ཕྱིར། དེ་མི་དམིགས་པའི་ཚུལ་གྱིས་ཆོས་སྟོན་ཅིང་། དགེ་བའི་རྩ་བ་ཐམས་ཅད་ཀྱང་རྣམ་པ་ཐམས་ཅད་མཁྱེན་པ་ཉིད་མ་གཏོགས་པར། ཉན་ཐོས་ཀྱི་ས་འམ། རང་སངས་རྒྱས་ཀྱི་སར་ཡོངས་སུ་བསྔོར[1]མི་འཇུག་པའོ། །རབ་འབྱོར་འདི་ནི་བྱང་ཆུབ་སེམས་དཔའ་སེམས་དཔའ་ཆེན་པོའི་དགེ་བའི་བཤེས་གཉེན་དུ་ཤེས་པར་བྱ་སྟེ། དགེ་བའི་བཤེས་གཉེན[2]དེས་ཡོངས་སུ་ཟིན་པའི་བྱང་ཆུབ་སེམས་དཔའ་སེམས་དཔའ་ཆེན་པོ་དེ་ནི་ཤེས་རབ་ཀྱི་ཕ་རོལ་ཏུ་ཕྱིན་པ་འདི་ཐོས་ན། མི་འཇིགས་མི་སྣང[3]། སྐྲག་པར་མི་འགྱུར་རོ། །རབ་འབྱོར་གྱིས་གསོལ་པ། བཅོམ་ལྡན་འདས་ཇི་ལྟར་ན། བྱང་ཆུབ་སེམས་དཔའ་སེམས་དཔའ་ཆེན་པོ་ཤེས་རབ་ཀྱི་ཕ་རོལ་ཏུ་ཕྱིན་པ་ལ་སྤྱོད་པའི་ཚེ། ཤེས་རབ་ཀྱི་ཕ་རོལ་ཏུ་ཕྱིན་པ་བསྟན་པ་འདི་ཐོས་ན། འཇིགས་ཤིང་དངང[4]ལ་སྐྲག་པར་འགྱུར་ཞིང་། ཐབས་མི་མཁས་ཏེ[5]། སྡིག་པའི་གྲོགས་པོའི་སྲུག་པར་ལྡང[6]ཞིང་། དགེ་བའི་བཤེས་གཉེན་གྱིས་ཡོངས་སུ་སྤངས་པ་ལགས། བཅོམ་ལྡན་འདས་ཀྱིས་བཀའ་སྩལ་པ། རབ་འབྱོར་འདི་ལ་བྱང་ཆུབ་སེམས་དཔའ་སེམས་དཔའ་ཆེན་པོ་ཤེས་རབ་ཀྱི་ཕ་རོལ་ཏུ་ཕྱིན་པ་ལ་སྤྱོད་པའི་ཚེ། རྣམ་པ་ཐམས་ཅད་མཁྱེན་པ་ཉིད་དང་ལྡན་པའི་ཡིད་ལ་བྱ་བ་མེད་པར། ཤེས་རབ་ཀྱི་ཕ་རོལ་ཏུ་ཕྱིན་པ་བསྒོམ་ཞིང་དམིགས་ཏེ། ཤེས་རབ་ཀྱི་ཕ་རོལ་ཏུ་ཕྱིན་པ་དེས་རློམ་སེམས་སུ་བྱེད་པ་དང་། བསམ་གཏན་གྱི་ཕ་རོལ་ཏུ་ཕྱིན་པ་བསྒོམ་ཞིང་དམིགས་ཏེ། བསམ་གཏན་གྱི་ཕ་རོལ་ཏུ་ཕྱིན་པ་དེས་རློམ་སེམས་སུ་བྱེད་པ་དང་། བརྩོན་འགྲུས་ཀྱི་ཕ་རོལ་ཏུ་

ཕྱིན་པ་བསྒོམ་ཞིང་དམིགས་ཏེ། བརྩོན་འགྲུས་ཀྱི་ཕ་རོལ་ཏུ་ཕྱིན་པ་དེས་རློམ་སེམས་སུ་བྱེད་པ་དང་། བཟོད་པའི་ཕ་རོལ་ཏུ་ཕྱིན་པ་བསྒོམ་ཞིང་དམིགས་ཏེ། བཟོད་པའི་ཕ་རོལ་ཏུ་ཕྱིན་པ་དེས་རློམ་སེམས་སུ་བྱེད་པ་དང་། ཚུལ་ཁྲིམས་ཀྱི་ཕ་རོལ་ཏུ་ཕྱིན་པ་བསྒོམ་ཞིང་དམིགས་ཏེ། ཚུལ་ཁྲིམས་ཀྱི་ཕ་རོལ་ཏུ་ཕྱིན་པ་དེས་རློམ་སེམས་སུ་བྱེད་པ་དང་། སྦྱིན་པའི་ཕ་རོལ་ཏུ་ཕྱིན་པ་བསྒོམ་ཞིང་དམིགས་ཏེ། སྦྱིན་པའི་ཕ་རོལ་ཏུ་ཕྱིན་པ་དེས་རློམ་སེམས་སུ་བྱེད་པ་དེ་ལྟ་བུ་ནི། རབ་འབྱོར་བྱང་ཆུབ་སེམས་དཔའ་སེམས་དཔའ་ཆེན་པོ་ཤེས་རབ་ཀྱི་ཕ་རོལ་ཏུ་ཕྱིན་པ་ལ་སྤྱོད་པའི་ཐབས་མི་མཁས་པར་རིག་པར་བྱའོ། །རབ་འབྱོར་གཞན་ཡང་བྱང་ཆུབ་སེམས་དཔའ་སེམས་དཔའ་ཆེན་པོ་ཤེས་རབ་ཀྱི་ཕ་རོལ་ཏུ་ཕྱིན་པ་ལ་སྤྱོད་པའི་ཚེ། རྣམ་པ་ཐམས་ཅད་མཁྱེན་པ་ཉིད་དང་ལྡན་པའི་ཡིད་ལ་བྱ་བ་མེད་པར། གཟུགས་ནང་སྟོང་པ་ཞེས་བྱ་བར་ཡིད་ལ་བྱེད། གཟུགས་ཕྱི་སྟོང་པ་ཞེས་བྱ་བར་ཡིད་ལ་བྱེད། གཟུགས་ཕྱི་ནང་སྟོང་པ་ཞེས་བྱ་བར་ཡིད་ལ་བྱེད། གཟུགས་དངོས་པོ་མེད་པའི་ངོ་བོ་ཉིད་སྟོང་པ་ཉིད་ཀྱི་བར་ཞེས་བྱ་བར་ཡིད་ལ་བྱེད། ཚོར་བ་དང་། འདུ་ཤེས་དང་། འདུ་བྱེད་དང་། རྣམ་པར་ཤེས་པ་ནང་སྟོང་པ་ཞེས་བྱ་བར་ཡིད་ལ་བྱེད། རྣམ་པར་ཤེས་པ་ཕྱི་སྟོང་པ་ཞེས་བྱ་བར་ཡིད་ལ་བྱེད། རྣམ་པར་ཤེས་པ་ཕྱི་ནང་སྟོང་པ་ཞེས་བྱ་བར་ཡིད་ལ་བྱེད། རྣམ་པར་ཤེས་པ་དངོས་པོ་མེད་པའི་ངོ་བོ་ཉིད་སྟོང་པ་ཉིད་ཀྱི་བར་ཞེས་བྱ་བར་ཡིད་ལ་བྱེད་ཅིང་། དམིགས་པའི་ཚུལ་གྱིས་ནང་སྟོང་པ་ཉིད་དེ་ཡང་དམིགས། ཕྱི་སྟོང་པ་ཉིད་དེ་ཡང་དམིགས། ཕྱི་ནང་སྟོང་པ་ཉིད་དེ་ཡང་དམིགས། དངོས་པོ་མེད་པའི་ངོ་བོ་ཉིད་སྟོང་པ་ཉིད་ཀྱི་བར་དུ་ཡང་དམིགས་ལ། སྟོང་པ་ཉིད་དེ་དག་གིས་ཀྱང་རློམ་སེམས་སུ་བྱེད་དོ། །མིག་ནང་སྟོང་པ་ཞེས་བྱ་བར་ཡིད་ལ་བྱེད།

མིག་ཕྱི་སྟོང་པ་ཞེས་བྱ་བར་ཡིད་ལ་བྱེད། མིག་ཕྱི་ནང་སྟོང་པ་ཞེས་བྱ་བར་ཡིད་ལ་བྱེད། མིག་དངོས་པོ་མེད་པའི་ངོ་བོ་ཉིད་སྟོང་པ་ཉིད་ཀྱི་བར་ཞེས་བྱ་བར····ཡིད་ལ་བྱེད། རྣ་བ་དང་སྣ་དང་། ལྕེ་དང་། ལུས་དང་། ཡིད་ནང་སྟོང་པ་ཞེས་བྱ་བར་ཡིད་ལ་བྱེད། ཡིད་ཕྱི་སྟོང་པ་ཞེས་བྱ་བར་ཡིད་ལ་བྱེད། ཡིད་ཕྱི་ནང་སྟོང་པ་ཞེས་བྱ་བར་ཡིད་ལ་བྱེད། ཡིད་དངོས་པོ་མེད་པའི་ངོ་བོ་ཉིད····སྟོང་པ་ཉིད་ཀྱི་བར་ཞེས་བྱ་བར་ཡིད་ལ་བྱེད་ཅིང་། དམིགས་པའི་ཚུལ་གྱིས་ནང་སྟོང་པ་ཉིད་དེ་ཡང་དམིགས། ཕྱི་སྟོང་པ་ཉིད་དེ་ཡང་དམིགས། ཕྱི་ནང་སྟོང་པ་ཉིད་དེ་ཡང་དམིགས། དངོས་པོ་མེད་པའི་ངོ་བོ་ཉིད་སྟོང་པ་ཉིད་ཀྱི་བར་དེ་ཡང་དམིགས་ལ། སྟོང་པ་ཉིད་དེ་དག་གིས་ཀྱང་རློམ་སེམས་སུ་བྱེད་དོ། །གཟུགས་ནང་སྟོང་པ་ཞེས་བྱ་བར་ཡིད་ལ་བྱེད། གཟུགས་ཕྱི་སྟོང་པ་ཞེས་བྱ་བར་ཡིད་ལ་[1]བྱེད། གཟུགས་ཕྱི་ནང་སྟོང་པ་ཞེས་བྱ་བར་ཡིད་ལ་བྱེད། གཟུགས་དངོས་པོ་མེད་པའི་ངོ་བོ་ཉིད་སྟོང་པ་ཉིད་ཀྱི་བར་ཞེས་བྱ་བར་ཡིད་ལ་བྱེད། སྒྲ་དང་དྲི་དང་། རོ་དང་རེག་དང་། ཆོས་ནང་སྟོང་པ་ཞེས་བྱ་བར་ཡིད་ལ···བྱེད། ཆོས་ཕྱི་སྟོང་པ་ཞེས་བྱ་བར་ཡིད་ལ་བྱེད། ཆོས་ཕྱི་ནང་སྟོང་པ་ཞེས་བྱ་བར་ཡིད་ལ་བྱེད། ཆོས་དངོས་པོ་མེད་པའི་ངོ་བོ་ཉིད་སྟོང་པ་ཉིད་ཀྱི་བར་ཞེས་བྱ་བར་ཡང་[3]ཡིད་ལ་བྱེད་དེ། དམིགས་པའི་ཚུལ་གྱིས་ནང་སྟོང་པ་ཉིད་དེ་ཡང་དམིགས། ཕྱི་སྟོང་པ་ཉིད་དེ་ཡང་དམིགས། ཕྱི་ནང་སྟོང་པ་ཉིད་དེ་ཡང་·····དམིགས། དངོས་པོ་མེད་པའི་ངོ་བོ་ཉིད་སྟོང་པ་ཉིད་ཀྱི་བར་དེ་ཡང་དམིགས་ལ། སྟོང་པ་ཉིད་དེ་དག་གིས་ཀྱང་རློམ་སེམས་སུ་བྱེད་དོ། །མིག་གི་རྣམ་པར་ཤེས་པ་ནང་སྟོང་པ་ཞེས་བྱ་བར་ཡིད་ལ་བྱེད། མིག་གི་རྣམ་པར་ཤེས་པ་ཕྱི་སྟོང་པ་ཞེས་བྱ་བར་ཡིད་ལ་བྱེད། མིག་གི་རྣམ་པར་ཤེས་པ་ཕྱི་ནང་སྟོང་པ་ཞེས་བྱ་བར་ཡིད་

ལ་བྱེད། མིག་གི་རྣམ་པར་ཤེས་པ་དངོས་པོ་མེད་པའི་ངོ་བོ་ཉིད་སྟོང་པ་ཉིད་ཀྱི་བར་ཞེས་བྱ་བར་ཡིད་ལ་བྱེད། རྣ་བའི་རྣམ་པར་ཤེས་པ་དང་། སྣའི་རྣམ་པར་ཤེས་པ་དང་། ལྕེའི་རྣམ་པར་ཤེས་པ་དང་། ལུས་ཀྱི་རྣམ་པར་ཤེས་པ་དང་། ཡིད་ཀྱི་རྣམ་པར་ཤེས་པ་ནང་སྟོང་པ་ཞེས་བྱ་བར་ཡིད་ལ་བྱེད། ཡིད་ཀྱི་རྣམ་པར་ཤེས་པ་ཕྱི་སྟོང་པ་ཞེས་བྱ་བར་ཡིད་ལ་བྱེད། ཡིད་ཀྱི་རྣམ་པར་ཤེས་པ་ཕྱི་ནང་སྟོང་པ་ཞེས་བྱ་བར་ཡིད་ལ་བྱེད། ཡིད་ཀྱི་རྣམ་པར་ཤེས་པ་དངོས་པོ་མེད་པའི་ངོ་བོ་ཉིད་སྟོང་པ་ཉིད་ཀྱི་བར་ཞེས་བྱ་བར་ཡིད་ལ་བྱེད་ཅིང་། དམིགས་པའི་ཚུལ་གྱིས་ནང་སྟོང་པ་ཉིད་དེ་ཡང་དམིགས། ཕྱི་སྟོང་པ་ཉིད་དེ་ཡང་དམིགས། ཕྱི་ནང་སྟོང་པ་ཉིད་དེ་ཡང་དམིགས། དངོས་པོ་མེད་པའི་ངོ་བོ་ཉིད་སྟོང་པ་ཉིད་ཀྱི་བར་དེ་ཡང་དམིགས་ལ། སྟོང་པ་ཉིད་དེ་དག་གིས་ཀྱང་རློམ་སེམས་སུ་བྱེད་དོ། །མིག་གི་འདུས་ཏེ་རེག་པ་ནང་སྟོང་པ་ཞེས་བྱ་བར་ཡིད་ལ་བྱེད། མིག་གི་འདུས་ཏེ་རེག་པ་ཕྱི་སྟོང་པ་ཞེས་བྱ་བར་ཡིད་ལ་བྱེད། མིག་གི་འདུས་ཏེ་རེག་པ་ཕྱི་ནང་སྟོང་པ་ཞེས་བྱ་བར་ཡིད་ལ་བྱེད། མིག་གི་འདུས་ཏེ་རེག་པ་དངོས་པོ་མེད་པའི་ངོ་བོ་ཉིད་སྟོང་པ་ཉིད་ཀྱི་བར་ཞེས་བྱ་བར་ཡིད་ལ་བྱེད། རྣ་བའི་འདུས་ཏེ་རེག་པ་དང་། སྣའི་འདུས་ཏེ་རེག་པ་དང་། ལྕེའི་འདུས་ཏེ་རེག་པ་དང་། ལུས་ཀྱི་འདུས་ཏེ་རེག་པ་དང་། ཡིད་ཀྱི་འདུས་ཏེ་རེག་པ་ནང་སྟོང་པ་ཞེས་བྱ་བར་ཡིད་ལ་བྱེད། ཡིད་ཀྱི་འདུས་ཏེ་རེག་པ་ཕྱི་སྟོང་པ་ཞེས་བྱ་བར་ཡིད་ལ་བྱེད། ཡིད་ཀྱི་འདུས་ཏེ་རེག་པ་ཕྱི་ནང་སྟོང་པ་ཞེས་བྱ་བར་ཡིད་ལ་བྱེད། ཡིད་ཀྱི་འདུས་ཏེ་རེག་པ་དངོས་པོ་མེད་པའི་ངོ་བོ་ཉིད་སྟོང་པ་ཉིད་ཀྱི་བར་ཞེས་བྱ་བར་ཡིད་ལ་བྱེད་ཅིང་། དམིགས་པའི་ཚུལ་གྱིས་ནང་སྟོང་པ་ཉིད་དེ་ཡང་དམིགས། ཕྱི་སྟོང་པ་ཉིད་དེ་ཡང་དམིགས། ཕྱི་ནང་སྟོང་པ་ཉིད་

དེ་ཡང་དམིགས། དངོས་པོ་མེད་པའི་ངོ་བོ་ཉིད་སྟོང་པ་ཉིད་ཀྱི་བར་དེ་ཡང་དམིགས་ལ། སྟོང་པ་ཉིད་དེ་དག་གིས་ཀྱང་རློམ་སེམས་སུ་བྱེད་དོ། །མིག་གི་འདུས་ཏེ་རེག་པའི་རྐྱེན་གྱིས་ཚོར་བ་ནང་སྟོང་པ་ཞེས་བྱ་བར་ཡིད་ལ་བྱེད། མིག་གི་འདུས་ཏེ་རེག་པའི་རྐྱེན་གྱིས་ཚོར་བ་ཕྱི་སྟོང་པ་ཞེས་བྱ་བར་ཡིད་ལ་བྱེད། མིག་གི་འདུས་ཏེ་རེག་པའི་རྐྱེན་གྱིས་ཚོར་བ་ཕྱི་ནང་སྟོང་པ་ཞེས་བྱ་བར་ཡིད་ལ་བྱེད། མིག་གི་འདུས་ཏེ་རེག་པའི་རྐྱེན་གྱིས་ཚོར་བ་དངོས་པོ་མེད་པའི་ངོ་བོ་ཉིད་སྟོང་པ་ཉིད་ཀྱི་བར་ཞེས་བྱ་བར་ཡིད་ལ་བྱེད། རྣ་བའི་འདུས་ཏེ་རེག[1]པའི་རྐྱེན་གྱིས་ཚོར་བ་དང་། སྣའི་འདུས་ཏེ་རེག་པའི་རྐྱེན་གྱིས་ཚོར་བ་དང་། ལྕེའི་འདུས་ཏེ་རེག་པའི་རྐྱེན་གྱིས་ཚོར་བ་དང་། ལུས་ཀྱི་འདུས་ཏེ་རེག་པའི་རྐྱེན་གྱིས་ཚོར་བ་དང་། ཡིད་ཀྱི་འདུས་ཏེ་རེག་པའི་རྐྱེན་གྱིས་ཚོར་བ་ནང་སྟོང་པ་ཞེས་བྱ་བར་ཡིད་ལ་བྱེད། ཡིད་ཀྱི་འདུས་ཏེ་རེག་པའི་རྐྱེན་གྱིས་ཚོར་བ་ཕྱི་སྟོང་པ་ཞེས་བྱ་བར་ཡིད་ལ་བྱེད། ཡིད་ཀྱི་འདུས་ཏེ་རེག་པའི་རྐྱེན་གྱིས་ཚོར་བ་ཕྱི་ནང་སྟོང་པ་ཞེས་བྱ་བར་ཡིད་ལ་བྱེད། ཡིད་ཀྱི་འདུས་ཏེ་རེག་པའི་རྐྱེན་གྱིས་ཚོར་བ་དངོས་པོ་མེད་པའི་ངོ་བོ་ཉིད་སྟོང་པ་ཉིད་ཀྱི་བར་ཞེས་བྱ་བར་ཡིད་ལ་བྱེད་ཅིང་། དམིགས་པའི་ཚུལ་གྱིས་ནང་སྟོང་པ་ཉིད་དེ་ཡང་དམིགས། ཕྱི་སྟོང་པ་ཉིད་དེ་ཡང་དམིགས། ཕྱི་ནང་སྟོང་པ་ཉིད་དེ་ཡང་དམིགས། དངོས་པོ་མེད་པའི་ངོ་བོ་ཉིད་སྟོང་པ་ཉིད་ཀྱི་བར་དེ་ཡང་དམིགས་ལ། སྟོང་པ་ཉིད་དེ་དག་གིས་ཀྱང་རློམ་སེམས་སུ་བྱེད་དོ། །སའི་ཁམས་ནང་སྟོང་པ་ཉིད་ཅེས་བྱ་བར་ཡིད་ལ་བྱེད། སའི་ཁམས་ཕྱི་སྟོང་པ་ཉིད་ཅེས་བྱ་བར་ཡིད་ལ་བྱེད། སའི་ཁམས་ཕྱི་ནང་སྟོང་པ་ཉིད་ཅེས་བྱ་བར་ཡིད་ལ་བྱེད། སའི་ཁམས་དངོས་པོ་མེད་པའི་ངོ་བོ་ཉིད་སྟོང་པ་ཉིད་ཀྱི་བར་ཞེས་བྱ་བར་ཡིད་ལ་བྱེད། ཆུའི་ཁམས་དང་། མེའི་ཁམས་དང་།

ལྗུང་གི་ཁམས་དང་། ནམ་མཁའི་ཁམས་དང་། རྣམ་པར་ཤེས་པའི་ཁམས་ནང་སྟོང་པ་ཉིད་ཅེས་བྱ་བར་ཡིད་ལ་བྱེད། རྣམ་པར་ཤེས་པའི་ཁམས་ཕྱི་སྟོང་པ་ཉིད་ཅེས་བྱ་བར་ཡིད་ལ་བྱེད། རྣམ་པར་ཤེས་པའི་ཁམས་ཕྱི་ནང་སྟོང་པ་ཉིད་ཅེས་བྱ་བར་ཡིད་ལ་བྱེད། རྣམ་པར་ཤེས་པའི་ཁམས་དངོས་པོ་མེད་པའི་ངོ་བོ་ཉིད་སྟོང་པ་ཉིད་ཀྱི་བར་ཞེས་བྱ་བར་ཡིད་ལ་བྱེད། མ་རིག་པ་ནང་སྟོང་པ་ཉིད་ཅེས་བྱ་བར་ཡིད་ལ་བྱེད། མ་རིག་པ་ཕྱི་སྟོང་པ་ཉིད་ཅེས་བྱ་བར་ཡིད་ལ་བྱེད། མ་རིག་པ་ཕྱི་ནང་སྟོང་པ་ཉིད་ཅེས་བྱ་བར་ཡིད་ལ་བྱེད། མ་རིག་པ་དངོས་པོ་མེད་[1]པའི་ངོ་བོ་ཉིད་སྟོང་པ་ཉིད་ཀྱི་བར་ཞེས་བྱ་བར་ཡིད་ལ་བྱེད། འདུ་བྱེད་དང་། རྣམ་པར་ཤེས་པ་དང་། མིང་དང་[2]གཟུགས་དང་། སྐྱེ་མཆེད་དྲུག་དང་། རེག་པ་དང་། ཚོར་བ་དང་། སྲེད་པ་དང་། ལེན་པ་དང་། སྲིད་པ་དང་། སྐྱེ་བ་དང་། རྒ་ཤི་ནང་སྟོང་པ་ཉིད་ཅེས་བྱ་བར་ཡིད་ལ་བྱེད། རྒ་ཤི་ཕྱི་སྟོང་པ་ཉིད་ཅེས་བྱ་བར་ཡིད་ལ་བྱེད། རྒ་ཤི་ཕྱི་ནང་སྟོང་པ་ཉིད་ཅེས་བྱ་བར་ཡིད་ལ་བྱེད། རྒ་ཤི་དངོས་པོ་མེད་པའི་ངོ་བོ་ཉིད་སྟོང་པ་ཉིད་ཀྱི་བར་ཞེས་བྱ་བར་ཡིད་ལ་བྱེད་ཅིང་། དམིགས་པའི་ཚུལ་གྱིས་ནང་སྟོང་པ་ཉིད་དེ་ཡང་དམིགས། ཕྱི་སྟོང་པ་ཉིད་དེ་ཡང་དམིགས། ཕྱི་ནང་སྟོང་པ་ཉིད་དེ་ཡང་དམིགས། དངོས་པོ་མེད་པའི་ངོ་བོ་ཉིད་སྟོང་པ་ཉིད་ཀྱི་བར་དེ་ཡང་དམིགས་ལ། སྟོང་པ་ཉིད་དེ་དག་གིས་ཀྱང་རློམ་སེམས་སུ་བྱེད་དོ། །རབ་འབྱོར་གཞན་ཡང་བྱང་ཆུབ་སེམས་དཔའ་སེམས་དཔའ་ཆེན་པོ་དེ་ཤེས་རབ་ཀྱི་ཕ་རོལ་ཏུ་ཕྱིན་པ་ལ་སྤྱོད་པའི་ཚེ། རྣམ་པ་ཐམས་ཅད་མཁྱེན་པ་ཉིད་དང་ལྡན་པའི་ཡིད་ལ་བྱ་བ་མེད་པར། དྲན་པ་ཉེ་བར་གཞག་པ་རྣམས་བསྒོམ་སྟེ། དམིགས་པའི་ཚུལ་གྱིས་དྲན་པ་ཉེ་བར་གཞག་པ་དེ་དག་ཀྱང་དམིགས་ལ། དྲན་པ་ཉེ་བར་གཞག་པ་དེ་

དག་གིས་ཀྱང་རློམ་སེམས་སུ་བྱེད་དོ། །ཡང་དག་པར་སྤོང་བ་རྣམས་དང་། རྫུ་འཕྲུལ་གྱི་རྐང་པ་རྣམས་དང་། དབང་པོ་རྣམས་དང་། སྟོབས་རྣམས་དང་། བྱང་ཆུབ་ཀྱི་ཡན་ལག་རྣམས་དང་། འཕགས་པའི་ལམ་ཡན་ལག་བརྒྱད་པ་དང་། འཕགས་པའི་བདེན་པ་རྣམས་དང་བསམ་གཏན་①རྣམས་དང་། ཚད་མེད་པ་རྣམས་དང་། གཟུགས་མེད་པའི་སྙོམས་པར་འཇུག་པ་རྣམས་དང་། རྣམ་པར་ཐར་པ་བརྒྱད་དང་། མཐར་གྱིས་གནས་པའི་སྙོམས་པར་འཇུག་པ་དགུ་དང་། སྟོང་པ་ཉིད་དང་། མཚན་མ་མེད་པ་དང་། སྨོན་པ་མེད་པ་དང་། མངོན་པར་ཤེས་པ་རྣམས་དང་། ཏིང་ངེ་འཛིན་རྣམས་དང་། གཟུངས་ཀྱི་སྒོ་རྣམས་དང་། དེ་བཞིན་གཤེགས་པའི་སྟོབས་བཅུ་དང་། མི་འཇིགས་པ་བཞི་དང་། སོ་སོ་ཡང་དག་པར་རིག་པ་བཞི་དང་། སངས་རྒྱས་ཀྱི་ཆོས་མ་འདྲེས་པ་བཅོ་བརྒྱད་བསྒོམ་སྟེ②། དམིགས་པའི་ཚུལ་གྱིས་སངས་རྒྱས་ཀྱི་ཆོས་མ་འདྲེས་པ་དེ་དག་ཀྱང་དམིགས་ལ། སངས་རྒྱས་ཀྱི་ཆོས་མ་འདྲེས་པ་དེ་དག་གིས་ཀྱང་རློམ་སེམས་སུ་བྱེད་དོ། །རབ་འབྱོར་གཞན་ཡང་བྱང་ཆུབ་སེམས་དཔའ་སེམས་དཔའ་ཆེན་པོ་ཤེས་རབ་ཀྱི་ཕ་རོལ་ཏུ་ཕྱིན་པ་ལ་སྤྱོད་པའི་ཚེ། དེ་ལྟར་ཐབས་མི་མཁས་པས་ནི། ཤེས་རབ་ཀྱི་ཕ་རོལ་ཏུ་ཕྱིན་པ་བསྟན་པ་འདི་ཐོས་ན། འཇིགས་ཤིང་དངང་③ལ་སྐྲག་པར་འགྱུར་རོ། །གསོལ་པ། བཅོམ་ལྡན་འདས་ཇི་ལྟར་ན་བྱང་ཆུབ་སེམས་དཔའ་སེམས་དཔའ་ཆེན་པོ་སྡིག་པའི་གྲོགས་པོས་ཡོངས་སུ་ཟིན་ཅིང་། ཤེས་རབ་ཀྱི་ཕ་རོལ་ཏུ་ཕྱིན་པ་བསྟན་པ་འདི་ཐོས་ན་འཇིགས་ཤིང་དངང་④ལ་སྐྲག་པར་འགྱུར་ཞིང་། སྡིག་པའི་གྲོགས་པོའི་སུག་པར་བྱུང་⑤བ་ལགས། བཅོམ་ལྡན་འདས་ཀྱིས་བཀའ་སྩལ་པ། རབ་འབྱོར་འདི་ལ་བྱང་ཆུབ་སེམས་དཔའ་སེམས་དཔའ་ཆེན་པོའི་སྡིག་པའི་གྲོགས་པོ་ནི། ཤེས་རབ་

ཀྱི་ཕ་རོལ་ཏུ་ཕྱིན་པ་ལ་སྤྱོད་པ་མོས་པ་མེད་པར་བྱེད་ཅིང་ཟློག་པར་བྱེད་པའོ། །བསམ་གཏན་གྱི་ཕ་རོལ་ཏུ་ཕྱིན་པ་དང་། བརྩོན་འགྲུས་ཀྱི་ཕ་རོལ་ཏུ་ཕྱིན་པ་དང་། བཟོད་པའི་ཕ་རོལ་ཏུ་ཕྱིན་པ་དང་། ཚུལ་ཁྲིམས་ཀྱི་ཕ་རོལ་ཏུ་ཕྱིན་པ་དང་། སྦྱིན་པའི་ཕ་རོལ་ཏུ་ཕྱིན་པ་ལ་སྤྱོད་པ་མོས་པ་མེད་པར་བྱེད་ཅིང་ཟློག་པར་བྱེད་པ་སྟེ། འདི་ནི་དེ་བཞིན་གཤེགས་པས་གསུངས་པ་མ་ཡིན། འདི་ནི་ཆོས་མ་ཡིན། འདི་ནི་འདུལ་བ་མ་ཡིན་གྱིས[1]། འདི་ནི་བསླབ་པར་བྱ་བའི་མི་ཆའོ། །མདོ་སྡེ་འདི་དག་ནི་རང་བཟོར་བྱས་པ་སྟེ། འདི་དག་ནི་མཉན་པར་མི་བྱའོ། །གཟུང་བར་མི་བྱའོ། །བཅང་བར་མི་བྱའོ། །ཕྲག[2]པར་མི་བྱའོ། །ཀུན་ཆུབ་པར་མི་བྱའོ། །ཚུལ་བཞིན་དུ་ཡིད་ལ་མི་བྱའོ། །འདི་དག་ནི་གཞན་ལ་བསྟན་པར་མི་བྱའོ། །ཞེས་ཟེར་བ་འདི་ནི། རབ་འབྱོར་བྱང་ཆུབ་སེམས་དཔའ་སེམས་དཔའ་ཆེན་པོའི་སྡིག་པའི་གྲོགས་པོར་རིག་པར་བྱའོ། །རབ་འབྱོར་གཞན་ཡང་བྱང་ཆུབ་སེམས་དཔའ་སེམས་དཔའ་ཆེན་པོའི་སྡིག་པའི་གྲོགས་པོ་ནི་འདི་ལྟར་བདུད་སྡིག་ཏོ་ཅན་སངས་རྒྱས་ཀྱི་[3]ཆ་བྱད་དུ་བྱས་པ་དག[4] །བྱང་ཆུབ་སེམས་དཔའ་སེམས་དཔའ་ཆེན་པོའི་དྲུང་དུ་འོངས་ནས། ཕ་རོལ་ཏུ་ཕྱིན་པ་དྲུག་ལས་ཟློག[5]ཅིང་། མོས་པ་མེད་པར[6]བྱེད་དེ་རིགས་ཀྱི་བུ་ཤེས་རབ་ཀྱི་ཕ་རོལ་ཏུ་ཕྱིན་པ་བསྒོམས་པས་ཁྱོད་ལ་ཅི་ཞིག་བྱ། བསམ་གཏན་གྱི་ཕ་རོལ་ཏུ་ཕྱིན་པ་བསྒོམས་པས་ཁྱོད་ལ་ཅི་ཞིག་བྱ། བརྩོན་འགྲུས་ཀྱི་ཕ་རོལ་ཏུ་ཕྱིན་པ་བསྒོམས་པས་ཁྱོད་ལ་ཅི་ཞིག་བྱ། བཟོད་པའི་ཕ་རོལ་ཏུ་ཕྱིན་པ་བསྒོམས་པས་ཁྱོད་ལ་ཅི་ཞིག་བྱ། ཚུལ་ཁྲིམས་ཀྱི་ཕ་རོལ་ཏུ་ཕྱིན་པ་བསྒོམས་པས་ཁྱོད་ལ་ཅི་ཞིག་བྱ། སྦྱིན་པའི་ཕ་རོལ་ཏུ་ཕྱིན་པ་བསྒོམས་པས་ཁྱོད་ལ་ཅི་ཞིག་བྱ་ཞེས་ཟེར་བ་འོང་ངོ་། ཞེས་བདུད་ཀྱི་ལས་མི་སྟོན་བདུད་ཀྱི་ཉེས་པ་མི་སྟོན་པ་འདི་དག་ནི། རབ་འབྱོར

བྱང་ཆུབ་སེམས་དཔའ་སེམས་དཔའ་ཆེན་པོའི་ སྡིག་པའི་གྲོགས་པོར་རིག་པར་བྱའོ།། རབ་འབྱོར་གཞན་ཡང་བདུད་སྡིག་ཏོ་ཅན་དག་སངས་རྒྱས་ཀྱི་ཆ་བྱད་དུ་བྱས་ཤིང་། བྱང་ཆུབ་སེམས་དཔའ་སེམས་དཔའ་ཆེན་པོའི་དྲུང་དུ་ཕྱིན་ཏེ། ཉན་ཐོས་དང་ལྡན་པའི་མདོ་དང་། དབྱངས་ཀྱིས་བསྙད་པ་དང་། ལུང་བསྟན་[༧]པ་དང་། ཚིགས་སུ་བཅད་པ་དང་། ཆེད་དུ་བརྗོད་པ་དང་། གླིང་[༣]གཞི་དང་། འདི་ལྟར་འདས་པ་དང་། སྐྱེས་པའི་རབས་དང་། ཤིན་དུ་རྒྱས་པ་དང་། ཆོས་རྨད་དུ་བྱུང་བ་དང་། རྟོགས་པ་བརྗོད་པ་དང་། གཏན་ལ་བབ་པར་བསྟན་པ་དག་སྟོན་ཏོ། །འགྲེལ་ཏོ། །རྣམ་པར་འབྱེད་དོ། །གསལ་བར་བྱེད་དོ། །ཡོངས་སུ་སྟོན་ཏོ། །ཞེས་བདུད་ཀྱི་ལས༔ རྣམ་པ་[༣]འདི་ལྟ་བུ་དག་མི་སྨྲ་མི་སྟོན་པ་ནི། བྱང་ཆུབ་སེམས་དཔའ་སེམས་དཔའ་ཆེན་པོའི་སྡིག་པའི་གྲོགས་པོར་རིག་པར་བྱའོ། །རབ་འབྱོར་གཞན་ཡང་བདུད་སྡིག་ཏོ་ཅན་དག་སངས་རྒྱས་ཀྱི་ཆ་བྱད་དུ་བྱས་ཤིང་། བྱང་ཆུབ་སེམས་དཔའ་སེམས་དཔའ་ཆེན་པོའི་དྲུང་དུ་ཕྱིན་ཏེ། འདི་སྐད་དུ་རིགས་ཀྱི་བུ་ཁྱོད་ལ་ནི་བྱང་ཆུབ་ཀྱི་སེམས་ཀྱང་ཙུང་ཟད་ཀྱང་མེད། ཁྱོད་ནི་ཕྱིར་མི་ལྡོག་པ་ཡང་མ་ཡིན་ཁྱོད་ཀྱིས་ནི་བླ་ན་མེད་པ་ཡང་དག་པར་རྫོགས་པའི་བྱང་ཆུབ་ཏུ་མངོན་པར་རྫོགས་པར་འཚང་རྒྱ་བར་ཡང་མི་ནུས་སོ། །ཞེས་ཟེར་བ་འདི་ལྟ་བུའི་བདུད་ཀྱི་ལས་དག་མི་སྨྲ་མི་སྟོན་པ་ནི། རབ་འབྱོར་བྱང་ཆུབ་སེམས་དཔའ་སེམས་དཔའ་ཆེན་པོའི་སྡིག་པའི་གྲོགས་པོར་རིག་པར་བྱའོ། །རབ་འབྱོར་གཞན་ཡང་བདུད་སྡིག་ཏོ་ཅན་དག་སངས་རྒྱས་ཀྱི་ཆ་བྱད་དུ་བྱས་ཤིང་། བྱང་ཆུབ་སེམས་དཔའ་སེམས་དཔའ་ཆེན་པོའི་དྲུང་དུ་ཕྱིན་ཏེ། འདི་སྐད་དུ་རིགས་ཀྱི་བུ་མིག་[༢]ནི་བདག་གམ་བདག་གིས་སྟོང་ངོ་། །རྣ་བ་དང་། སྣ་དང་། ལྕེ་དང་། ལུས་དང་། ཡིད་ནི་

བདག་གམ་བདག་གིས་སྟོང་ངོ་། །གཟུགས་ནི་བདག་གམ་བདག་གིས་སྟོང་ངོ་། །སྒྲ་དང་། དྲི་དང་། རོ་དང་། རེག་དང་། ཆོས་ནི་བདག་གམ་བདག་གིས་སྟོང་ངོ་། །མིག་[༧]གི་རྣམ་པར་ཤེས་པ་ནི་བདག་གམ་བདག་གིས་སྟོང་ངོ་། །རྣ་བའི་རྣམ་པར་ཤེས་པ་དང་། སྣའི་རྣམ་པར་ཤེས་པ་དང་། ལྕེའི་རྣམ་པར་ཤེས་པ་དང་། ལུས་ཀྱི་རྣམ་པར་ཤེས་པ་དང་། ཡིད་ཀྱི་རྣམ་པར་ཤེས་པ་ནི་བདག་གམ་བདག་གིས་སྟོང་ངོ་། །མིག་གི་འདུས་ཏེ་རེག་པ་ནི་བདག་གམ་བདག་གིས་སྟོང་ངོ་། །རྣ་བའི་འདུས་ཏེ་རེག་པ་དང་། སྣའི་འདུས་ཏེ་རེག་པ་དང་། ལྕེའི་འདུས་ཏེ་རེག་པ་དང་། ལུས་ཀྱི་འདུས་ཏེ་རེག་པ་དང་། ཡིད་ཀྱི་འདུས་ཏེ་རེག་པ་ནི་བདག་གམ་བདག་གིས་སྟོང་ངོ་། །མིག་གི་འདུས་ཏེ་རེག་པའི་རྐྱེན་གྱིས་ཚོར་བ་ནི་བདག་གམ་བདག་གིས་སྟོང་ངོ་། །རྣ་བའི་འདུས་ཏེ་རེག་པའི་རྐྱེན་གྱིས་ཚོར་བ་དང་། སྣའི་འདུས་ཏེ་རེག་པའི་རྐྱེན་གྱིས་ཚོར་བ་དང་། ལྕེའི་འདུས་ཏེ་རེག་པའི་རྐྱེན་གྱིས་ཚོར་བ་དང་། ལུས་ཀྱི་འདུས་ཏེ་རེག་པའི་རྐྱེན་གྱིས་ཚོར་བ་དང་། ཡིད་ཀྱི་འདུས་ཏེ་རེག་པའི་རྐྱེན་གྱིས་ཚོར་བ་ནི་བདག་གམ་བདག་གིས་སྟོང་ངོ་། །སྦྱིན་པའི་ཕ་རོལ་ཏུ་ཕྱིན་པ་ནི་བདག་གམ་བདག་གིས་སྟོང་ངོ་། །ཚུལ་ཁྲིམས་ཀྱི་ཕ་རོལ་ཏུ་ཕྱིན་པ་དང་། བཟོད་པའི་ཕ་རོལ་ཏུ་ཕྱིན་པ་དང་། བརྩོན་འགྲུས་ཀྱི་ཕ་རོལ་ཏུ་ཕྱིན་པ་དང་། བསམ་གཏན་གྱི་ཕ་རོལ་ཏུ་ཕྱིན་པ་དང་། ཤེས་རབ་ཀྱི་ཕ་རོལ་ཏུ་ཕྱིན་པ་ནི་བདག་གམ་བདག་གིས་སྟོང་ངོ་། །བྱང་ཆུབ་ཀྱི་ཕྱོགས་ཀྱི་ཆོས་རྣམས་ཀྱི་བར་དུ་ནི་བདག་གམ་བདག་གིས་སྟོང་ངོ་། །སངས་རྒྱས་ཀྱི་ཆོས་མ་འདྲེས་པ་རྣམས་ཀྱི་བར་དུ་ནི་བདག་གམ་བདག་གིས་སྟོང་ན། བླ་ན་མེད་པ་ཡང་དག་པར་རྫོགས་པའི་བྱང་ཆུབ་ཏུ་མངོན་པར་རྫོགས་པར་སངས་རྒྱས་ཏེ་ཡང་ཅི་ཞིག་བྱ་ཞེས་ཟེར་བ་དེ་ལྟ་བུའི་བདུད་ཀྱི

ལས་དག་མི་སླུ་མི་སྟོན་པ་འདི་ནི། བྱང་ཆུབ་སེམས་དཔའ་སེམས་དཔའ་ཆེན་པོའི་སྡིག་པའི་གྲོགས་པོར་རིག་པར་བྱའོ། །རབ་འབྱོར་གཞན་ཡང་བདུད་སྡིག་ཅན་དག་སངས་རྒྱས་ཀྱི་ཆ་བྱད་དུ་བྱས་ཤིང་། བྱང་ཆུབ་སེམས་དཔའ་སེམས་དཔའ་ཆེན་པོའི་དྲུང་དུ་ཕྱིན་ཏེ། འདི་སྐད་དུ་རིགས་ཀྱི་བུ་ཤར་ཕྱོགས་ནི་སངས་རྒྱས་བཅོམ་ལྡན་འདས་དང་། བྱང་ཆུབ་སེམས་དཔའ་དང་། ཉན་ཐོས་རྣམས་ཀྱིས་སྟོང་སྟེ། འདི་ལ་སངས་རྒྱས་ཞེས་བྱ་བ་ཡང་མེད་དོ། །བྱང་ཆུབ་སེམས་དཔའ་ཞེས་བྱ་བ་ཡང་མེད་དོ། །ཉན་ཐོས་ཞེས་བྱ་བ་ཡང་མེད་དོ། །ལྷོ་དང་། ནུབ་དང་། བྱང་དང་། བྱང་ཤར་དང་། ཤར་ལྷོ་དང་། ལྷོ་ནུབ་དང་། ནུབ་བྱང་དང་། འོག་དང་། སྟེང་གི་ཕྱོགས་བཅུ་ཀུན་ཀྱང་སངས་རྒྱས་བཅོམ་ལྡན་འདས་དང་། བྱང་ཆུབ་སེམས་དཔའ་དང་། ཉན་ཐོས་རྣམས་ཀྱིས་སྟོང་སྟེ། འདི་ལ་སངས་རྒྱས་ཞེས་བྱ་བ་ཡང་མེད་དོ། །བྱང་ཆུབ་སེམས་དཔའ་ཞེས་བྱ་བ་ཡང་མེད་དོ། །ཉན་ཐོས་ཞེས་བྱ་བ་ཡང་མེད་དོ་ཞེས་ཟེར་བ་དེ་ལྟ་བུའི་བདུད་ཀྱི་ལས་དག་མི་སླུ་མི་སྟོན་པ་འདི་ནི། བྱང་ཆུབ་སེམས་དཔའ་སེམས་དཔའ་ཆེན་པོའི་སྡིག་པའི་གྲོགས་པོར་རིག་པར་བྱའོ། །རབ་འབྱོར་གཞན་ཡང་བདུད་སྡིག་ཅན་དག་ཉན་ཐོས་ཀྱི་ཆ་བྱད་དུ་བྱས་ཤིང་། བྱང་ཆུབ་སེམས་དཔའ་སེམས་དཔའ་ཆེན་པོའི་དྲུང་དུ་ཕྱིན་ཏེ། རྣམ་པ་ཐམས་ཅད་མཁྱེན་པ་ཉིད་དང་ལྡན་པའི་ཡིད་ལ་བྱ་བ་ལས་ཟློག[༡]ཅིང་། ཉན་ཐོས་དང་། རང་སངས་རྒྱས་དང་ལྡན་པའི་ཡིད་ལ་བྱ་བས་འདེམས[༢]པ་དང་། རྗེས་སུ་སྟོན་པ་དེ་ལྟ་བུའི་བདུད་ཀྱི་ལས༔དག་མི[༣]སླུ་མི་སྟོན་པ་འདི་ནི། བྱང་ཆུབ་སེམས་དཔའ་སེམས་དཔའ་ཆེན་པོའི་སྡིག་པའི་གྲོགས་པོར་རིག་པར་བྱའོ། །རབ་འབྱོར་གཞན་ཡང་བདུད་སྡིག་ཅན་དག །མཁན་པོ་དང་སློབ་དཔོན་གྱི་ཆ་བྱད་དུ་

བྱས་ཤིང་། བྱང་ཆུབ་སེམས་དཔའ་སེམས་དཔའ་ཆེན་པོའི་དྲུང་དུ་ཕྱིན་ཏེ། བྱང་ཆུབ་སེམས་དཔའི་སྤྱོད་པ་ལས་ལྡོག[༡]ཅིང་། རྣམ་པ་ཐམས་ཅད་མཁྱེན་པ་ཉིད་དང་ལྡན་པའི་ཡིད་ལ་བྱ་བ་ལས་ལྡོག[༢]སྟེ། དྲན་པ་ཉེ་བར་གཞག་པ་རྣམས་ལ་སྦྱོར་བ་དང་། ཡང་དག་པར་སྤོང་བ་རྣམས་དང་། རྫུ་འཕྲུལ་གྱི་རྐང་པ་རྣམས་དང་། དབང་པོ་རྣམས་དང་། སྟོབས་རྣམས་དང་། བྱང་ཆུབ་ཀྱི་ཡན་ལག་རྣམས་དང་། འཕགས་པའི་ལམ་ཡན་ལག་བརྒྱད་པ་ལ་སྦྱོར་བ་དང་། སྟོང་པ་ཉིད་དང་། མཚན་མ་མེད་པ་དང་། སྨོན་པ་མེད་པའི་བར་གྱི་ཆོས་རྣམས་ལ་སྦྱོར་ཞིང་། དེ་ལྟར་རིགས་ཀྱི་བུ་ཁྱོད་ཀྱིས་ཆོས་དེ་དག་ཡོངས་སུ་བསྒོམས་ལ། ཉན་ཐོས་ཀྱི་ས་མངོན་དུ་གྱིས་ཤིག །བླ་ན་མེད་པ་ཡང་དག་པར་རྫོགས་པའི་བྱང་ཆུབ་ཀྱིས་ཁྱོད་ལ་ཅི་ཞིག་བྱ་ཞེས་ཟེར་བ་དེ་ལྟ་བུའི་བདུད་ཀྱི་ལས་དག་མི་སླུ་མི་སྟོན་པ་འདི་ནི། བྱང་ཆུབ་སེམས་དཔའ་སེམས་དཔའ་ཆེན་པོའི་སྡིག་པའི་གྲོགས་པོར་རིག་པར་བྱའོ། །རབ་འབྱོར་གཞན་ཡང་བདུད་སྡིག་ཏོ་ཅན་དགེ་ཕ་དང་མའི་ཆ་བྱད་དུ་བྱས་ཤིང་། བྱང་ཆུབ་སེམས་དཔའ་སེམས་དཔའ་ཆེན་པོའི་དྲུང་དུ་ཕྱིན་ཏེ། འདི་སྐད་དུ་བླ་ན་མེད་པ་ཡང་དག་པར་རྫོགས་པའི་བྱང་ཆུབ་ཏུ་མངོན་པར་སངས་རྒྱས་པས་ཁྱོད་ལ་ཅི་ཞིག་བྱ། དེའི་དོན་དུ་ནི་བསྐལ་པ་ཚད་མེད་གྲངས་མེད་པར་འཁོར་བ་ན་འཁོར་ཞིང་། རྐང་ལག་དང་མགོ་བཅད[༣]པ་ཚད་མེད་པས་ཉོན་མོངས་པར་འགྱུར་གྱིས[༤]། གང་ལ་རྒྱུན་དུ་ཞུགས་པའི་འབྲས་བུ་མངོན་དུ་བྱར[༥]ཡོད་པ་དང་། ལན་ཅིག་ཕྱིར་འོང་བའི་འབྲས་བུ་མངོན་དུ་བྱར་ཡོད་པ་དང་། ཕྱིར་མི་འོང་བའི་འབྲས་བུ་མངོན་དུ་བྱར་ཡོད་པ་དང་། དགྲ་བཅོམ་པའི་འབྲས་བུ་མངོན་དུ་བྱར་ཡོད་པ་དེ་ལ་བརྩོན[༦]པར་གྱིས་ཤིག་ཅེས་ཟེར་བ་དེ་ལྟ་བུའི་བདུད་ཀྱི་ལས་དག་མི་སླུ་མི་སྟོན་པ་འདི་ནི་

བྱང་ཆུབ་སེམས་དཔའ་སེམས་དཔའ་ཆེན་པོའི་སྡིག་པའི་གྲོགས་པོར་རིག་པར་བྱའོ།། རབ་འབྱོར་གཞན་ཡང་བདུད་སྡིག་ཏོ་ཅན་དག་དགེ་སློང་གི་ཆ་བྱད་དུ་བྱས་ཤིང་། བྱང་ཆུབ་སེམས་དཔའ་སེམས་དཔའ་ཆེན་པོའི་དྲུང་དུ་ཕྱིན་ཏེ། གཟུགས་མི་རྟག་ཅེས་བྱ་བར་དམིགས་པའི་ཚུལ་གྱིས་སྟོན་པ་དང་། གཟུགས་སྡུག་བསྔལ་བ་དང་། བདག་མེད་པ་དང་། ཞི་བ་དང་། སྟོང་པ་དང་། མཚན་མ་མེད་པ་དང་། སྨོན་པ་མེད་པ་དང་། མངོན་པར་འདུ་བྱ་བ་མེད་པ་དང་། དབེན་ཞེས་བྱ་བར་དམིགས་པའི་ཚུལ་གྱིས་སྟོན་པ་དང་། ཚོར་བ་དང་། འདུ་ཤེས་དང་། འདུ་བྱེད་དང་། རྣམ་པར་ཤེས་པ་མི་རྟག་ཅེས་བྱ་བར་དམིགས་པའི་ཚུལ་གྱིས་···སྟོན་པ་དང་། རྣམ་པར་ཤེས་པ་སྡུག་བསྔལ་བ་དང་། བདག་མེད་པ་དང་[༧]། ཞི་བ་དང་། སྟོང་པ་དང་། མཚན་མ་མེད་པ་དང་། སྨོན་པ་མེད་པ་དང་། མངོན་པར་འདུ་བྱ་བ་མེད་པ་དང་། དབེན་ཞེས་བྱ་བར་དམིགས་པའི་ཚུལ་གྱིས་སྟོན་པ་དང་། མིག་མི་རྟག་ཅེས་བྱ་བ་དང་། སྡུག་བསྔལ་བ་དང་། བདག་མེད་པ་དང་། ཞི་བ་དང་། སྟོང་པ་དང་། མཚན་མ་མེད་པ་དང་། སྨོན་པ་མེད་པ་དང་། མངོན་པར་འདུ་བྱ་བ་མེད་པ་དང་། དབེན་ཞེས་བྱ་བར་དམིགས་པའི་ཚུལ་གྱིས་སྟོན་པ་དང་། རྣ[༣]བ་དང་། སྣ་དང་། ལྕེ་དང་། ལུས་དང་། ཡིད་མི་རྟག་ཅེས་བྱ་བ་དང་། སྡུག་བསྔལ་བ་དང་། བདག་མེད་པ་དང་། ཞི་བ་དང་། སྟོང་པ་དང་། མཚན་མ་མེད་པ་དང་། སྨོན་པ་མེད་པ་དང་། མངོན་པར་འདུ་བྱ་བ་མེད་པ་དང་། དབེན་ཞེས་བྱ་བར་དམིགས་པའི་ཚུལ་གྱིས་སྟོན་པ་དང་། གཟུགས་མི་རྟག་ཅེས་བྱ་བ་དང་། གཟུགས་སྡུག་བསྔལ་བ་དང་། བདག་མེད་པ་དང་། ཞི་བ་དང་། སྟོང་པ་··དང་། མཚན་མ་མེད་པ་དང་། སྨོན་པ་མེད་པ་དང་། མངོན་པར་འདུ་བྱ་བ་

མེད་པ་དང་། དབེན་ཞེས་བྱ་བར་དམིགས་པའི་ཚུལ་གྱིས་སྟོན་པ་དང་། སྒྲ་དང་། དྲི་དང་། རོ་དང་། རེག་དང་། ཆོས་མི་རྟག་ཅེས་བྱ་བ་དང་། སྡུག་བསྔལ་བ་དང་། བདག་མེད་པ་དང་། ཞི་བ་དང་། སྟོང་པ་དང་། མཚན་མ་མེད་པ་དང་། སྨོན་པ་མེད་པ་དང་། མངོན་པར་འདུ་བྱ་བ་མེད་པ་དང་། དབེན་ཞེས་བྱ་བར་དམིགས་པའི་ཚུལ་གྱིས་སྟོན་པ་དང་། མིག་གི་རྣམ་པར་ཤེས་པ་མི་རྟག་ཅེས་བྱ་བ་དང་། སྡུག་བསྔལ་བ་དང་། བདག་མེད་པ་དང་། ཞི་བ་དང་། སྟོང་པ་དང་། མཚན་མ་མེད་པ་དང་། སྨོན་པ་མེད་པ་དང་། མངོན་པར་འདུ་བྱ་བ་མེད་པ་དང་། དབེན་ཞེས་བྱ་བར་དམིགས་པའི་ཚུལ་གྱིས་སྟོན་པ་དང་། རྣ་བའི་རྣམ་པར་ཤེས་པ་དང་། སྣའི་རྣམ་པར་ཤེས་པ་དང་། ལྕེའི་རྣམ་པར་ཤེས་པ་དང་། ལུས་ཀྱི་རྣམ་པར་ཤེས་པ་དང་། ཡིད་ཀྱི་རྣམ་པར་ཤེས་པ་མི་རྟག་ཅེས་བྱ་བ་དང་། ཿསྡུག་བསྔལ་བ་དང་[7]། བདག་མེད་པ་དང་། ཞི་བ་དང་། སྟོང་པ་དང་། མཚན་མ་མེད་པ་དང་། སྨོན་པ་མེད་པ་དང་། མངོན་པར་འདུ་བྱ་བ་མེད་པ་དང་། དབེན་ཞེས་བྱ་བར་དམིགས་པའི་ཚུལ་གྱིས་སྟོན་པ་དང་། མིག་གི་འདུས་ཏེ་རེག་པ་མི་རྟག་ཅེས་བྱ་བ་དང་། སྡུག་བསྔལ་བ་དང་། བདག་མེད་པ་དང་། ཞི་བ་དང་། སྟོང་པ་དང་། མཚན་མ་མེད་པ་དང་། སྨོན་པ་མེད་པ་དང་། མངོན་པར་འདུ་བྱ་བ་མེད་པ་དང་། དབེན་ཞེས་བྱ་བར་དམིགས་པའི་ཚུལ་གྱིས་སྟོན་པ་དང་། རྣ་བའི་འདུས་ཏེ་རེག་པ་དང་། སྣའི་འདུས་ཏེ་རེག་པ་དང་། ལྕེའི་འདུས་ཏེ་རེག་པ་དང་། ལུས་ཀྱི་འདུས་ཏེ་རེག་པ་དང་། ཡིད་ཀྱི་འདུས་ཏེ་རེག་པ་མི་རྟག་ཅེས་བྱ་བ་དང་། སྡུག་བསྔལ་བ་དང་། བདག་མེད་པ་དང་། ཞི་བ་དང་། སྟོང་པ་དང་། མཚན་མ་མེད་པ་དང་། སྨོན་པ་མེད་པ་དང་།

མངོན་པར་འདུ་བྱ་བ་མེད་པ་དང་། དབེན་ཞེས་བྱ་བར་དམིགས་པའི་ཚུལ་གྱིས་སྟོན་པ༑ དང་། མིག་གི་[༡]འདུས་ཏེ་རེག་པའི་རྐྱེན་གྱིས་ཚོར་བ་མི་རྟག་ཅེས་བྱ་བ་དང་། སྡུག་བསྔལ་བ་དང་། བདག་མེད་པ་དང་། ཞི་བ་དང་། སྟོང་པ་དང་། མཚན་མ་མེད་པ་དང་། སྨོན་པ་མེད་པ་དང་། མངོན་པར་འདུ་བྱ་བ་མེད་པ་དང་། དབེན་ཞེས་བྱ་བར་དམིགས་པའི་ཚུལ་གྱིས་སྟོན་པ་དང་། རྣ་བའི་འདུས་ཏེ་རེག་པའི་རྐྱེན་གྱིས་ཚོར་བ་དང་། སྣའི་འདུས་ཏེ་རེག་པའི་རྐྱེན་གྱིས་ཚོར་བ་དང་། ལྕེའི་འདུས་ཏེ་རེག་པའི་རྐྱེན་གྱིས་ཚོར་བ་དང་། ལུས་ཀྱི་འདུས་ཏེ་རེག་པའི་རྐྱེན་གྱིས་ཚོར་བ་དང་། ཡིད་ཀྱི་འདུས་ཏེ་རེག་པའི་རྐྱེན་གྱིས་ཚོར་བ་མི་རྟག་ཅེས་བྱ་བ་དང་། སྡུག་བསྔལ་བ་དང་། བདག་མེད་པ་དང་། ཞི་བ་དང་། སྟོང་པ་དང་། མཚན་མ་མེད་པ་དང་། སྨོན་པ་མེད་པ་དང་། མངོན་པར་འདུ་བྱ་བ་མེད་པ་དང་། དབེན་ཞེས་བྱ་བར་དམིགས་པའི་ཚུལ་གྱིས་སྟོན་པ་དང་། དྲན་པ་ཉེ་བར་གཞག་[༢]པ་རྣམས་ཀྱི་བར་དུ་མི་རྟག་ཅེས་བྱ་བ་དང་། སྡུག་བསྔལ་བ་དང་། བདག་མེད་པ་དང་། ཞི་བ་དང་། སྟོང་པ་དང་། མཚན་མ་མེད་པ་[༣]དང་། སྨོན་པ་མེད་པ་དང་། མངོན་པར་འདུ་བྱ་བ་མེད་པ་དང་། དབེན་ཞེས་བྱ་བར་དམིགས་པའི་ཚུལ་གྱིས་སྟོན་པ་དང་། སངས་རྒྱས་ཀྱི་ཆོས་མ་འདྲེས་པ་རྣམས་ཀྱི་བར་དུ་མི་རྟག་ཅེས་བྱ་བ་དང་། སྡུག་བསྔལ་བ་དང་། བདག་མེད་པ་དང་། ཞི་བ་དང་། སྟོང་པ་དང་། མཚན་མ་མེད་པ་དང་། སྨོན་པ་མེད་པ་དང་། མངོན་པར་འདུ་བྱ་བ་མེད་པ་དང་། དབེན་ཞེས་བྱ་བར་དམིགས་པའི་ཚུལ་གྱིས་སྟོན་པ་དེ་ལྟ་བུའི་འདུད་ཀྱི་ལས་ཀྱི་རྣམ་པ་དག་མི་སྨྲ་མི་སྟོན་པ་འདི་ནི་བྱང་ཆུབ་སེམས་དཔའ་སེམས་དཔའ་ཆེན་པོའི་སྡིག་པའི་གྲོགས་[༤]པོར་རིག་པར་བྱའོ། །དེ་ལྟར་བྱང་ཆུབ་སེམས་

དཔའ་སེམས་དཔའ་ཆེན་པོས་སྲིག་པའི་གྲོགས་པོ་དག་རིག་པར་བྱ་སྟེ། དེ་ལྟར་ཤེས་ནས་ཀྱང་ཡོངས་སུ་སྤོང[1]བར་བྱའོ། །ཤེས་རབ་ཀྱི་ཕ་རོལ་ཏུ་ཕྱིན་པ་སྟོང་ཕྲག་ཉི་ཤུ་ལྔ་པ་ལས་ལེའུ་བདུན་པའོ།། །།

དེ་ནས་ཚེ་དང་ལྡན་པ་རབ་འབྱོར་གྱིས། བཅོམ་ལྡན་འདས་ལ་འདི་སྐད་ཅེས་གསོལ་ཏོ། །བཅོམ་ལྡན་འདས་བྱང་ཆུབ་སེམས་དཔའ་བྱང་ཆུབ་སེམས་དཔའ་ཞེས་བགྱི་བའི་ཚིག་འདིའི་དོན་གང་ལགས། དེ་སྐད་ཅེས་གསོལ་པ་དང་། བཅོམ་ལྡན་འདས་ཀྱིས་ཚེ་དང་ལྡན་པ་རབ་འབྱོར་ལ་འདི་སྐད་ཅེས་བཀའ་སྩལ་ཏོ།། རབ་འབྱོར་བྱང་ཆུབ་སེམས་དཔའི་ཚིག་གི་དོན་ནི། ཚིག་གི་དོན་མེད་པ་སྟེ། དེ་ཅིའི་ཕྱིར་ཞེ་ན། བྱང་ཆུབ་ཀྱང་མ་སྐྱེས་ལ། སེམས་ཅན་ཡང་མ་སྐྱེས་པའི་ཕྱིར་ཏེ། རབ་འབྱོར་བྱང་ཆུབ་ལ་ཡང་ཚིག་མེད། སེམས་ཅན་ལ་ཡང་ཚིག་མེད་པས་དེའི་ཕྱིར་བྱང་ཆུབ་སེམས་དཔའི་ཚིག་གི་དོན་ནི་ཚིག་གི་དོན་མེད་པའོ། །རབ་འབྱོར་འདི་ལྟ་སྟེ་དཔེར་ན་ནམ་མཁའ་ལ་བྱའི་རྗེས་མེད་དོ། །རབ་འབྱོར་དེ་བཞིན་དུ་བྱང་ཆུབ་སེམས་དཔའི་ཚིག་གི་དོན་མེད་དོ། །རབ་འབྱོར་འདི་ལྟ་སྟེ་དཔེར་ན་རྨི་ལམ་ལ་གནས་མེད་དོ། །རབ་འབྱོར་དེ་བཞིན་དུ་བྱང་ཆུབ་སེམས་དཔའི་ཚིག་གི་དོན་མེད་དོ། །རབ་འབྱོར་འདི་ལྟ་སྟེ་དཔེར་ན་སྒྱུ་མ་ལ་གནས་མེད་དོ། །རབ་འབྱོར་དེ་བཞིན་དུ་བྱང་ཆུབ་སེམས་དཔའི་ཚིག་གི་དོན་མེད་དོ། །རབ་འབྱོར་འདི་ལྟ་སྟེ་དཔེར་ན་སྨིག་རྒྱུ་ལ་གནས་མེད་དོ། །རབ་འབྱོར་དེ་བཞིན་དུ་བྱང་ཆུབ་སེམས་དཔའི་ཚིག་གི་དོན་མེད་དོ། །རབ་འབྱོར་འདི་ལྟ་སྟེ་དཔེར་ན་ཆུ་ཟླ་དང་སྒྲ་བརྙན[2]དང་མིག་ཡོར་དང་། གཟུགས་བརྙན་དང་། དེ་བཞིན་གཤེགས་པའི་སྤྲུལ་པ་ལ་གནས་མེད་དོ། །རབ་འབྱོར་དེ་བཞིན་དུ་བྱང་ཆུབ་

སེམས་དཔའི་ཚིག་གི་དོན་མེད་དོ། །རབ་འབྱོར་འདི་ལྟ་སྟེ་དཔེར་ན། ཡང་དག་པའི་མཐའ་ལ་གནས་མེད་དོ། །རབ་འབྱོར་དེ་བཞིན་དུ་བྱང་ཆུབ་སེམས་དཔའི་ཚིག་གི་དོན་མེད་དོ། །རབ་འབྱོར་འདི་ལྟ་སྟེ་དཔེར་ན་[7]མ་ནོར་བ་དེ་བཞིན་ཉིད་དང་། གཞན་མ་ཡིན་པ་དེ་བཞིན་ཉིད་དང་། ཆོས་ཉིད་དང་། ཆོས་ཀྱི་དབྱིངས་ཉིད་དང་། ཆོས་ཀྱི་གནས་ཉིད་དང་། ཆོས་སྐྱོན་མེད་པ་ཉིད་ལ་གནས་མེད་དོ། །རབ་འབྱོར་དེ་བཞིན་དུ་བྱང་ཆུབ་སེམས་དཔའི་ཚིག་གི་དོན་མེད་དོ། །རབ་འབྱོར་འདི་ལྟ་སྟེ་དཔེར་ན། སྒྱུ་མའི་སྐྱེས་བུའི་གཟུགས་ལ་གནས་མེད་དོ། །ཚོར་བ་དང་། འདུ་ཤེས་དང་། འདུ་བྱེད་དང་། རྣམ་པར་ཤེས་པ་ལ་གནས་མེད་དོ། །རབ་འབྱོར་དེ་བཞིན་དུ་བྱང་ཆུབ་སེམས་དཔའ་སེམས་དཔའ་ཆེན་པོ་ཤེས་རབ་ཀྱི་ཕ་རོལ་ཏུ་ཕྱིན་པ་ལ་སྤྱོད་པའི་བྱང་ཆུབ་སེམས་དཔའི་ཚིག་གི་དོན་མེད་དོ། །རབ་འབྱོར་འདི་ལྟ་སྟེ་དཔེར་ན། སྒྱུ་མའི་སྐྱེས་བུའི་མིག་ལ་གནས་མེད་དོ། །རྣ་བ་དང་། སྣ་དང་། ལྕེ་དང་། ལུས་དང་། ཡིད་ལ་གནས་མེད་དོ། །རབ་འབྱོར་དེ་བཞིན་དུ་བྱང་ཆུབ་སེམས་དཔའ་སེམས་དཔའ་ཆེན་པོ་ཤེས་རབ་ཀྱི་ཕ་རོལ་ཏུ་ཕྱིན་པ་ལ་སྤྱོད་པའི་བྱང་ཆུབ་སེམས་དཔའི་ཚིག་གི་དོན་མེད་དོ། །རབ་འབྱོར་འདི་ལྟ་སྟེ་དཔེར་ན་སྒྱུ་མའི་སྐྱེས་བུའི་གཟུགས་ལ་གནས་མེད་དོ། །སྒྲ་དང་། དྲི་དང་། རོ་དང་། རེག་དང་། ཆོས་ལ་གནས་མེད་དོ། །རབ་འབྱོར་དེ་བཞིན་དུ་བྱང་ཆུབ་སེམས་དཔའ་སེམས་དཔའ་ཆེན་པོ་ཤེས་རབ་ཀྱི་ཕ་རོལ་ཏུ་ཕྱིན་པ་ལ་སྤྱོད་པའི་བྱང་ཆུབ་སེམས་དཔའི་ཚིག་གི་དོན་མེད་དོ། །རབ་འབྱོར་འདི་ལྟ་སྟེ་དཔེར་ན་སྒྱུ་མའི་སྐྱེས་བུའི་མིག་གི་རྣམ་པར་ཤེས་པ་ལ་གནས་མེད་དོ། །རྣ་བའི་རྣམ་པར་ཤེས་པ་དང་། སྣའི་རྣམ་པར་ཤེས་པ་དང་། ལྕེའི་རྣམ་པར་ཤེས་པ་དང་། ལུས་ཀྱི་རྣམ་པར་ཤེས་པ་

དང་། ཡིད་ཀྱི་རྣམ་པར་ཤེས་པ་ལ་གནས་མེད་དོ། །རབ་འབྱོར་དེ་བཞིན་དུ་བྱང་ཆུབ་སེམས་དཔའ་སེམས་དཔའ་ཆེན་པོ་ཤེས་རབ་ཀྱི་ཕ་རོལ་ཏུ་ཕྱིན་པ་ལ་སྤྱོད་པའི་བྱང་ཆུབ་སེམས་དཔའི་ཚིག་གི་དོན་མེད་དོ། །རབ་འབྱོར་འདི་ལྟ་སྟེ་དཔེར་ན་སྒྱུ་མའི་སྐྱེས་བུའི་མིག་གི་འདུས་ཏེ་[1]རེག་པ་ལ་གནས་མེད་དོ། །རྣ་བའི་འདུས་ཏེ་རེག་པ་དང་། སྣའི་འདུས་ཏེ་རེག་པ་དང་། ལྕེའི་འདུས་ཏེ་རེག་པ་དང་། ལུས་ཀྱི་འདུས་ཏེ་རེག་པ་དང་། ཡིད་ཀྱི་འདུས་ཏེ་རེག་པ་ལ་གནས་མེད་དོ། །རབ་འབྱོར་དེ་བཞིན་དུ་བྱང་ཆུབ་སེམས་དཔའ་སེམས་དཔའ་ཆེན་པོ་ཤེས་རབ་ཀྱི་ཕ་རོལ་ཏུ་ཕྱིན་པ་ལ་སྤྱོད་པའི་བྱང་ཆུབ་སེམས་དཔའི་ཚིག་གི་དོན་མེད་དོ། །རབ་འབྱོར་འདི་ལྟ་སྟེ་དཔེར་ན། སྒྱུ་མའི་སྐྱེས་བུའི་མིག་གི་འདུས་ཏེ་རེག་པའི་རྐྱེན་གྱིས་ཚོར་བ་ལ་གནས་མེད་དོ། །རྣ་བའི་འདུས་ཏེ་རེག་པའི་རྐྱེན་གྱིས་ཚོར་བ་དང་། སྣའི་འདུས་ཏེ་རེག་པའི་རྐྱེན་གྱིས་ཚོར་བ་དང་། ལྕེའི་འདུས་ཏེ་རེག་པའི་རྐྱེན་གྱིས་ཚོར་བ་དང་། ལུས་ཀྱི་འདུས་ཏེ་རེག་པའི་རྐྱེན་གྱིས་ཚོར་བ་དང་། ཡིད་ཀྱི་འདུས་ཏེ་རེག་པའི་རྐྱེན་གྱིས་ཚོར་བ་ལ་གནས་མེད་དོ། །རབ་འབྱོར་དེ་བཞིན་དུ་བྱང་ཆུབ་སེམས་དཔའ་སེམས་དཔའ་ཆེན་པོ་ཤེས་རབ་ཀྱི་ཕ་རོལ་ཏུ་ཕྱིན་པ་ལ་སྤྱོད་པའི་བྱང་ཆུབ་སེམས་དཔའི་ཚིག་གི་དོན་མེད་དོ། །རབ་འབྱོར་འདི་ལྟ་སྟེ༔ དཔེར་ན[2]། སྒྱུ་མའི་སྐྱེས་བུའི་མ་རིག་པ་ལ་གནས་མེད་དོ།། འདུ་བྱེད་དང་། རྣམ་པར་ཤེས་པ་དང་། མིང་དང་གཟུགས་དང་། སྐྱེ་མཆེད་དྲུག་དང་། རེག་པ་དང་། ཚོར་བ་དང་། སྲེད་པ་དང་། ལེན་པ་དང་། སྲིད་པ་དང་། སྐྱེ་བ་དང་། རྒ་ཤི་ལ་གནས་མེད་དོ། །རབ་འབྱོར་དེ་བཞིན་དུ་བྱང་ཆུབ་སེམས་དཔའ་སེམས་དཔའ་ཆེན་པོ་ཤེས་རབ་ཀྱི་ཕ་རོལ་ཏུ་ཕྱིན་པ་ལ་སྤྱོད་པའི་བྱང་ཆུབ་སེམས་དཔའི་ཚིག་གི་དོན་མེད་དོ། །རབ་འབྱོར་…

འདི་ལྟ་སྟེ་དཔེར་ན། སྒྱུ་མའི་སྐྱེས་བུའི་སྦྱིན་པའི་ཕ་རོལ་ཏུ་ཕྱིན་པ་ལ་སྤྱོད་པའི་ཚིག་གི་དོན་མེད་དོ། །ཚུལ་ཁྲིམས་ཀྱི་ཕ་རོལ་ཏུ་ཕྱིན་པ་དང་། བཟོད་པའི་ཕ་རོལ་ཏུ་ཕྱིན་པ་དང་། བརྩོན་འགྲུས་ཀྱི་ཕ་རོལ་ཏུ་ཕྱིན་པ་དང་། བསམ་གཏན་གྱི་ཕ་[༢]རོལ་ཏུ་ཕྱིན་པ་དང་། ཤེས་རབ་ཀྱི་ཕ་རོལ་ཏུ་ཕྱིན་པ་ལ་[༣]སྤྱོད་པའི་ཚིག་གི་དོན་མེད་དོ། །རབ་འབྱོར་དེ་བཞིན་དུ་བྱང་ཆུབ་སེམས་དཔའ་སེམས་དཔའ་ཆེན་པོ་ཤེས་རབ་ཀྱི་ཕ་རོལ་ཏུ་ཕྱིན་པ་ལ་སྤྱོད་པའི་བྱང་ཆུབ་སེམས་དཔའི་ཚིག་གི་དོན་མེད་དོ།། ||

ཤེས་རབ་ཀྱི་ཕ་རོལ་ཏུ་ཕྱིན་པ་སྟོང་ཕྲག་ཉི་ཤུ་ལྔ་པ། བམ་པོ་བཅུ་གསུམ་པ། རབ་འབྱོར་འདི་ལྟ་སྟེ་དཔེར་ན། སྒྱུ་མའི་སྐྱེས་བུའི་ནང་སྟོང་པ་ཉིད་ལ་སྤྱོད་པའི་ཚིག་གི་དོན་མེད་དོ། །ཕྱི་སྟོང་པ་ཉིད་དང་། ཕྱི་ནང་སྟོང་པ་ཉིད་ལ་སྤྱོད་པའི་ཚིག་གི་དོན་མེད་དོ། །དངོས་པོ་མེད་པའི་ངོ་བོ་ཉིད་སྟོང་པ་ཉིད་ཀྱི་བར་ལ་སྤྱོད་པའི་ཚིག་གི་དོན་མེད་དོ། །རབ་འབྱོར་དེ་བཞིན་དུ་བྱང་ཆུབ་སེམས་དཔའ་སེམས་དཔའ་ཆེན་པོ་ཤེས་རབ་ཀྱི་ཕ་རོལ་ཏུ་ཕྱིན་པ་ལ་སྤྱོད་པའི་བྱང་ཆུབ་སེམས་དཔའི་ཚིག་གི་དོན་མེད་དོ། །རབ་འབྱོར་འདི་ལྟ་སྟེ་དཔེར་ན་སྒྱུ་མའི་སྐྱེས་བུའི་དྲན་པ་ཉེ་བར་གཞག་པ་རྣམས་དང་། ཡང་དག་པར་སྤོང་བ་རྣམས་དང་། རྫུ་འཕྲུལ་གྱི་རྐང་པ་རྣམས་དང་། དབང་པོ་རྣམས་དང་། སྟོབས་རྣམས་དང་། བྱང་ཆུབ་ཀྱི་ཡན་ལག་རྣམས་དང་། འཕགས་པའི་ལམ་ཡན་ལག་བརྒྱད་པ་དང་། འཕགས་པའི་བདེན་པ་རྣམས་དང་། བསམ་གཏན་རྣམས་དང་། ཚད་མེད་པ་རྣམས་དང་། གཟུགས་མེད་པའི་སྙོམས་པར་འཇུག་པ་རྣམས་དང་། རྣམ་པར་ཐར་པ་བརྒྱད་དང་། མཐར་གྱིས་གནས་པའི་སྙོམས་པར་འཇུག་པ་དགུ་དང་། མངོན་པར་ཤེས་པ་རྣམས་དང་། ཏིང་ངེ་འཛིན་རྣམས་དང་།

གཟུངས་ཀྱི་སྒོ་རྣམས་དང་། དེ་བཞིན་གཤེགས་པའི་སྟོབས་བཅུ་དང་། མི་འཇིགས་པ་བཞི་དང་། སོ་སོ་ཡང་དག་པར་རིག་པ་བཞི་དང་། སངས་རྒྱས་ཀྱི་ཆོས་མ་འདྲེས་པ་བཅོ་བརྒྱད་ལ་སྤྱོད་པའི་ཚིག་གི་དོན་མེད་དོ། །རབ་འབྱོར་དེ་བཞིན་དུ་བྱང་ཆུབ་སེམས་དཔའ་སེམས་དཔའ་ཆེན་པོ་ཤེས་རབ་ཀྱི་ཕ་རོལ་ཏུ་ཕྱིན་པ་ལ་སྤྱོད་པའི་བྱང་ཆུབ་སེམས་དཔའི་ཚིག་གི་དོན་མེད་དོ། །རབ་འབྱོར་འདི་ལྟ་སྟེ་དཔེར་ན། དེ་བཞིན་གཤེགས་པ་དགྲ་བཅོམ་པ་ཡང་དག་པར་རྫོགས་པའི་སངས་རྒྱས་ཀྱི་གཟུགས་ལ་གནས་མེད་དོ། །དེ་ཅིའི་ཕྱིར་ཞེ་ན། གཟུགས་དེ་མེད་པའི་ཕྱིར་ཏེ། རབ་འབྱོར་དེ་བཞིན་དུ་བྱང་ཆུབ་སེམས་དཔའ་སེམས་དཔའ་ཆེན་པོ་ཤེས་རབ་ཀྱི་ཕ་རོལ་ཏུ་ཕྱིན་པ་ལ་སྤྱོད་པའི་བྱང་ཆུབ་སེམས་དཔའི་ཚིག་གི་དོན་མེད་དོ། །རབ་འབྱོར་འདི་ལྟ་སྟེ་དཔེར་ན། དེ་བཞིན་གཤེགས་པ་དགྲ་བཅོམ་པ་ཡང་དག་པར་རྫོགས་པའི་སངས་རྒྱས་ཀྱི་ཚོར་བ་དང་། འདུ་ཤེས་དང་། འདུ་བྱེད་དང་། རྣམ་པར་ཤེས་པ་ལ་གནས་མེད་དོ། །དེ་ཅིའི་ཕྱིར་ཞེ་ན། རྣམ་པར་ཤེས་པ་དེ་མེད་པའི་ཕྱིར་ཏེ། རབ་འབྱོར་དེ་བཞིན་དུ་བྱང་ཆུབ་སེམས་དཔའ་སེམས་དཔའ་ཆེན་པོ་ཤེས་རབ་ཀྱི་ཕ་རོལ་ཏུ་ཕྱིན་པ་ལ་སྤྱོད་པའི་བྱང་ཆུབ་སེམས་དཔའི་ཚིག་གི་དོན་མེད་དོ། །རབ་འབྱོར་འདི་ལྟ་སྟེ་དཔེར་ན༑ དེ་བཞིན་གཤེགས་པ་དགྲ་བཅོམ་པ་ཡང་དག་པར་རྫོགས་པའི་སངས་རྒྱས་ཀྱི་མིག་ལ་གནས་མེད་དོ། །དེ་ཅིའི་ཕྱིར་ཞེ་ན། མིག་དེ་མེད་པའི་ཕྱིར་ཏེ། རབ་འབྱོར་དེ་བཞིན་དུ་བྱང་ཆུབ་སེམས་དཔའ་སེམས་དཔའ་ཆེན་པོ་ཤེས་རབ་ཀྱི་ཕ་རོལ་ཏུ་ཕྱིན་པ་ལ་སྤྱོད་པའི་བྱང་ཆུབ་སེམས་དཔའི་ཚིག་གི་དོན་མེད་དོ། །རབ་འབྱོར་འདི་ལྟ་སྟེ་དཔེར་ན། དེ་བཞིན་གཤེགས་པ་དགྲ་བཅོམ་པ་ཡང་དག་པར་རྫོགས་པའི་སངས་རྒྱས་ཀྱི་རྣ་བ་དང་། སྣ་དང་། ལྗེ་དང་། ལུས་དང་། ཡིད་

ལ་གནས་མེད་དོ། །དེ་ཅིའི་ཕྱིར་ཞེ་ན་ཡིད་དེ་མེད་པའི་ཕྱིར་ཏེ། རབ་འབྱོར་དེ་བཞིན་དུ་བྱང་ཆུབ་སེམས་དཔའ་སེམས་དཔའ་ཆེན་པོ་ཤེས་རབ་ཀྱི་ཕ་རོལ་ཏུ་ཕྱིན་པ་ལ་སྤྱོད་པའི་བྱང་ཆུབ་སེམས་དཔའི་ཚིག་གི་དོན་མེད་དོ། །རབ་འབྱོར་འདི་ལྟ་སྟེ་དཔེར་ན་དེ་བཞིན་གཤེགས་པ་དགྲ་བཅོམ་པ་ཡང་དག་པར་རྫོགས་པའི་སངས་རྒྱས་ཀྱི་གཟུགས་ལ་གནས་མེད་དོ། །དེ་ཅིའི་ཕྱིར་ཞེ་ན་གཟུགས་དེ་མེད་པའི་ཕྱིར་ཏེ། རབ་འབྱོར་དེ་བཞིན་དུ་བྱང་ཆུབ་སེམས་དཔའ་སེམས་དཔའ་ཆེན་པོ་ཤེས་རབ་ཀྱི་ཕ་རོལ་ཏུ་ཕྱིན་པ་ལ་སྤྱོད་པའི་བྱང་ཆུབ་སེམས་དཔའི་ཚིག་གི་དོན་མེད་དོ། །རབ་འབྱོར་འདི་ལྟ་སྟེ་དཔེར་ན། དེ་བཞིན་གཤེགས་པ་དགྲ་བཅོམ་པ་ཡང་དག་པར་རྫོགས་པའི་སངས་རྒྱས་ཀྱི་སྒྲ་དང་། དྲི་དང་། རོ་དང་། རེག་དང་། ཆོས་ལ་གནས་མེད་དོ། །དེ་ཅིའི་ཕྱིར་ཞེ་ན། ཆོས་དེ་མེད་པའི་ཕྱིར་ཏེ། རབ་འབྱོར་དེ་བཞིན་དུ་བྱང་ཆུབ་སེམས་དཔའ་སེམས་དཔའ་ཆེན་པོ་ཤེས་རབ་ཀྱི་ཕ་རོལ་ཏུ་ཕྱིན་པ་ལ་སྤྱོད་པའི་བྱང་ཆུབ་སེམས་དཔའི་ཚིག་གི་དོན་མེད་དོ། །རབ་འབྱོར་འདི་ལྟ་སྟེ་དཔེར་ན། དེ་བཞིན་གཤེགས་པ་དགྲ་བཅོམ་པ་ཡང་དག་པར་རྫོགས་པའི་སངས་རྒྱས་ཀྱི་མིག་གི་རྣམ་པར་ཤེས་པ་ལ་གནས་མེད་དོ། །དེ་ཅིའི་ཕྱིར་ཞེ་ན། མིག་གི་རྣམ་པར་ཤེས་པ་དེ་མེད་པའི་ཕྱིར་ཏེ། རབ་འབྱོར་དེ་བཞིན་དུ་བྱང་ཆུབ་སེམས་དཔའ་སེམས་དཔའ་ཆེན་པོ་ཤེས་རབ་ཀྱི་ཕ་རོལ་ཏུ་ཕྱིན་པ་ལ་སྤྱོད་པའི་བྱང་ཆུབ་སེམས་དཔའི་ཚིག་གི་དོན་མེད་དོ། །རབ་འབྱོར་འདི་ལྟ་སྟེ་དཔེར་ན། དེ་བཞིན་གཤེགས་པ་དགྲ་བཅོམ་པ་ཡང་དག་པར་རྫོགས་པའི་སངས་རྒྱས་ཀྱི། རྣ་བའི་རྣམ་པར་ཤེས་པ་དང་། སྣའི་རྣམ་པར་ཤེས་པ་དང་། ལྕེའི་རྣམ་པར་ཤེས་པ་དང་། ལུས་ཀྱི་རྣམ་པར་ཤེས་པ་དང་། ཡིད་ཀྱི་རྣམ་པར་ཤེས་པ་ལ་གནས་མེད་དོ། །དེ་ཅིའི་ཕྱིར་ཞེ་ན།

ཡིད་ཀྱི་རྣམ་པར་ཤེས་པ་དེ་མེད་པའི་ཕྱིར་ཏེ། རབ་འབྱོར་དེ་བཞིན་དུ་བྱང་ཆུབ་སེམས་དཔའ་སེམས་དཔའ་ཆེན་པོ་ཤེས་རབ་ཀྱི་ཕ་རོལ་ཏུ་ཕྱིན་པ་ལ་སྤྱོད་པའི་བྱང་ཆུབ་སེམས་དཔའི་ཚིག་གི་དོན་མེད་དོ། །རབ་འབྱོར་འདི་ལྟ་སྟེ་དཔེར་ན། དེ་བཞིན་གཤེགས་པ་དགྲ་བཅོམ་པ་ཡང་དག་པར་རྫོགས་པའི་སངས་རྒྱས་ཀྱི། མིག་གི་འདུས་ཏེ་རེག་པ་ལ་གནས་མེད་དོ། །དེ་ཅིའི་ཕྱིར་ཞེ་ན། མིག་གི་འདུས་ཏེ་རེག་པ་དེ་མེད་པའི་ཕྱིར་ཏེ། རབ་འབྱོར་དེ་བཞིན་དུ་བྱང་ཆུབ་སེམས་དཔའ་སེམས་དཔའ་ཆེན་པོ་ཤེས་རབ་ཀྱི་ཕ་རོལ་ཏུ་ཕྱིན་པ་ལ་སྤྱོད་པའི། བྱང་ཆུབ་སེམས་དཔའི་ཚིག་གི་དོན་མེད་དོ། །རབ་འབྱོར་འདི་ལྟ་སྟེ་དཔེར་ན། དེ་བཞིན་གཤེགས་པ་དགྲ་བཅོམ་པ་ཡང་དག་པར་རྫོགས་པའི་སངས་རྒྱས་ཀྱི། རྣ་བའི་འདུས་ཏེ་རེག་པ་དང་། སྣའི་འདུས་ཏེ་རེག་པ་དང་། ལྕེའི་འདུས་ཏེ་རེག་པ་དང་། ལུས་ཀྱི་འདུས་ཏེ་རེག་པ་དང་། ཡིད་ཀྱི་འདུས་ཏེ་རེག་པ་ལ་གནས་མེད་དོ། །དེ་ཅིའི་ཕྱིར་ཞེ་ན། ཡིད་ཀྱི་འདུས་ཏེ་རེག་པ་དེ་མེད་པའི་ཕྱིར་ཏེ། རབ་འབྱོར་དེ་བཞིན་དུ་བྱང་ཆུབ་སེམས་དཔའ་སེམས་དཔའ་ཆེན་པོ་ཤེས་རབ་ཀྱི་ཕ་རོལ་ཏུ་ཕྱིན་པ་ལ་སྤྱོད་པའི་བྱང་ཆུབ་སེམས་དཔའི་ཚིག་གི་དོན་མེད་དོ། །རབ་འབྱོར་འདི་ལྟ་སྟེ་དཔེར་ན། དེ་བཞིན་གཤེགས་པ་དགྲ་བཅོམ་པ་ཡང་དག་པར་རྫོགས་པའི་སངས་རྒྱས་ཀྱི། མིག་གི་འདུས་ཏེ་རེག་པའི་རྐྱེན་གྱིས་ཚོར་བ་ལ་གནས་མེད་དོ། །དེ་ཅིའི་ཕྱིར་ཞེ་ན། མིག་གི་འདུས་ཏེ་རེག་པའི་རྐྱེན་གྱིས་ཚོར་བ་དེ་མེད་པའི་ཕྱིར་ཏེ། རབ་འབྱོར་དེ་བཞིན་དུ་བྱང་ཆུབ་སེམས་དཔའ་སེམས་དཔའ་ཆེན་པོ་ཤེས་རབ་ཀྱི་ཕ་རོལ་ཏུ་ཕྱིན་པ་ལ་སྤྱོད་པའི་བྱང་ཆུབ་སེམས་དཔའི་ཚིག་གི་དོན་མེད་དོ། །རབ་འབྱོར་འདི་ལྟ་སྟེ་དཔེར་ན་དེ་བཞིན་གཤེགས་པ་དགྲ་བཅོམ་པ་ཡང་དག་པར་རྫོགས་པའི་སངས་རྒྱས་ཀྱི།

རྣ་བའི་འདུས་ཏེ་རེག་པའི་རྐྱེན་གྱིས་ཚོར་བ་དང་། སྣའི་འདུས་ཏེ་རེག་པའི་རྐྱེན་གྱིས་ཚོར་བ་དང་། ལྗེའི་འདུས་ཏེ་རེག་པའི་རྐྱེན་གྱིས་ཚོར་བ་དང་། ལུས་ཀྱི་འདུས་ཏེ་རེག་པའི་རྐྱེན་གྱིས་ཚོར་བ་དང་། ཡིད་ཀྱི་འདུས་ཏེ་རེག་པའི་རྐྱེན་གྱིས་ཚོར་བ་ལ་གནས་མེད་དོ། །དེ་ཅིའི་ཕྱིར་ཞེ་ན། ཡིད་ཀྱི་འདུས་ཏེ་རེག་པའི་རྐྱེན་གྱིས་ཚོར་བ་དེ་མེད་པའི་ཕྱིར་ཏེ། རབ་འབྱོར་དེ་བཞིན་དུ་བྱང་ཆུབ་སེམས་དཔའ་སེམས་དཔའ་ཆེན་པོ་ཤེས་རབ་ཀྱི་ཕ་རོལ་ཏུ་ཕྱིན་པ་ལ་སྤྱོད་པའི་བྱང་ཆུབ་སེམས་དཔའི་ཚིག་གི་དོན་མེད་དོ། །རབ་འབྱོར་འདི་ལྟ་སྟེ་དཔེར་ན། དེ་བཞིན་གཤེགས་པ་དགྲ་བཅོམ་པ་ཡང་དག་པར་རྫོགས་པའི་སངས་རྒྱས་ཀྱི། མ་རིག་པ་ལ་གནས་མེད་དོ་དེ་ཅིའི་ཕྱིར་ཞེ་ན༔ མ་རིག་པ་དེ་མེད་པའི་ཕྱིར་ཏེ་[1] རབ་འབྱོར་དེ་བཞིན་དུ་བྱང་ཆུབ་སེམས་དཔའ་སེམས་དཔའ་ཆེན་པོ་ཤེས་རབ་ཀྱི་ཕ་རོལ་ཏུ་ཕྱིན་པ་ལ་སྤྱོད་པའི་བྱང་ཆུབ་སེམས་དཔའི་ཚིག་གི་དོན་མེད་དོ། །རབ་འབྱོར་འདི་ལྟ་སྟེ་དཔེར་ན། དེ་བཞིན་གཤེགས་པ་དགྲ་བཅོམ་པ་ཡང་དག་པར་རྫོགས་པའི་སངས་རྒྱས་ཀྱི་འདུ་བྱེད་དང་། རྣམ་པར་ཤེས་པ་དང་། མིང་དང་གཟུགས་དང་། སྐྱེ་མཆེད་དྲུག་དང་། རེག་པ་དང་། ཚོར་བ་དང་། སྲེད་པ་དང་། ལེན་པ་དང་། སྲིད་པ་དང་། སྐྱེ་བ་དང་། རྒ་ཤི་ལ་གནས་མེད་དོ། །དེ་ཅིའི་ཕྱིར་ཞེ་ན་རྒ་ཤི་དེ་མེད་པའི་ཕྱིར་ཏེ། རབ་འབྱོར་དེ་བཞིན་དུ་བྱང་ཆུབ་སེམས་དཔའ་སེམས་དཔའ་ཆེན་པོ་ཤེས་རབ་ཀྱི་ཕ་རོལ་ཏུ་ཕྱིན་པ་ལ་སྤྱོད་པའི་བྱང་ཆུབ་སེམས་དཔའི་ཚིག་གི་དོན་མེད་དོ། །རབ་འབྱོར་འདི་ལྟ་སྟེ་དཔེར་ན། དེ་བཞིན་གཤེགས་པ་དགྲ་བཅོམ་པ་ཡང་དག་པར་རྫོགས་པའི་སངས་རྒྱས་ཀྱི། སྦྱིན་པའི་ཕ་རོལ་ཏུ་ཕྱིན་པ་ལ་གནས་མེད་དོ། །དེ་ཅིའི་ཕྱིར་ཞེ་ན། སྦྱིན་པའི་ཕ་རོལ་ཏུ་ཕྱིན་པ་དེ་མེད་པའི་ཕྱིར་ཏེ། རབ་འབྱོར་དེ་བཞིན་དུ་བྱང་

ཆུབ་སེམས་དཔའ་སེམས་དཔའ་ཆེན་པོ་ཤེས་རབ་ཀྱི་ཕ་རོལ་ཏུ་ཕྱིན་པ་ལ་སྤྱོད་པའི་བྱང་ཆུབ་སེམས་དཔའི་ཚིག་གི་དོན་མེད་དོ། །རབ་འབྱོར་འདི་ལྟ་སྟེ་དཔེར་ན་དེ་བཞིན་གཤེགས་པ་དགྲ་བཅོམ་པ་ཡང་དག་པར་རྫོགས་①པའི་སངས་རྒྱས་ཀྱི། ཚུལ་ཁྲིམས་ཀྱི་ཕ་རོལ་ཏུ་ཕྱིན་པ་དང་། བཟོད་པའི་ཕ་རོལ་ཏུ་ཕྱིན་པ་དང་། བརྩོན་འགྲུས་ཀྱི་ཕ་རོལ་ཏུ་ཕྱིན་པ་དང་། བསམ་གཏན་གྱི་ཕ་རོལ་ཏུ་ཕྱིན་པ་དང་། ཤེས་རབ་ཀྱི་ཕ་རོལ་ཏུ་ཕྱིན་པ་ལ་གནས་མེད་དོ། །དེ་ཅིའི་ཕྱིར་ཞེ་ན། ཤེས་རབ་ཀྱི་ཕ་རོལ་ཏུ་ཕྱིན་པ་དེ་མེད་པའི་ཕྱིར་ཏེ། རབ་འབྱོར་དེ་བཞིན་དུ་བྱང་ཆུབ་སེམས་དཔའ་སེམས་དཔའ་ཆེན་པོ་ཤེས་རབ་ཀྱི་ཕ་རོལ་ཏུ་ཕྱིན་པ་ལ་སྤྱོད་པའི་བྱང་ཆུབ་སེམས་②དཔའི་ཚིག་གི་དོན་མེད་དོ། །རབ་འབྱོར་འདི་ལྟ་སྟེ་དཔེར་ན། དེ་བཞིན་གཤེགས་པ་དགྲ་བཅོམ་པ་ཡང་དག་པར་རྫོགས་པའི་སངས་རྒྱས་ཀྱི། ནང་སྟོང་པ་ཉིད་ལ་གནས་མེད་དོ། །དེ་ཅིའི་ཕྱིར་ཞེ་ན། ནང་སྟོང་པ་ཉིད་དེ་མེད་པའི་ཕྱིར་ཏེ། རབ་འབྱོར་དེ་བཞིན་དུ་བྱང་ཆུབ་སེམས་དཔའ་སེམས་དཔའ་ཆེན་པོ་ཤེས་རབ་ཀྱི་ཕ་རོལ་ཏུ་ཕྱིན་པ་ལ་སྤྱོད་པའི་བྱང་ཆུབ་སེམས་དཔའི་ཚིག་གི་དོན་མེད་དོ། །རབ་འབྱོར་འདི་ལྟ་སྟེ་དཔེར་ན། དེ་བཞིན་གཤེགས་པ་དགྲ་བཅོམ་པ་ཡང་དག་པར་རྫོགས་པའི་སངས་རྒྱས་ཀྱི་དངོས་པོ་མེད་པའི་ངོ་བོ་ཉིད་སྟོང་པ་ཉིད་ཀྱི་བར་ལ་གནས་མེད་དོ། །དེ་ཅིའི་ཕྱིར་ཞེ་ན། དངོས་པོ་མེད་པའི་ངོ་བོ་ཉིད་སྟོང་པ་ཉིད་དེ་མེད་པའི་ཕྱིར་ཏེ། རབ་འབྱོར་དེ་བཞིན་དུ་བྱང་ཆུབ་སེམས་དཔའ་སེམས་དཔའ་ཆེན་པོ་ཤེས་རབ་ཀྱི་ཕ་རོལ་ཏུ་ཕྱིན་པ་ལ་སྤྱོད་པའི་བྱང་ཆུབ་སེམས་དཔའི་ཚིག་གི་དོན་མེད་དོ། རབ་འབྱོར་འདི་ལྟ་སྟེ་དཔེར་ན། དེ་བཞིན་གཤེགས་པ་དགྲ་བཅོམ་པ་ཡང་དག་པར་རྫོགས་པའི་སངས་རྒྱས་ཀྱི་བྱང་ཆུབ་ཀྱི་ཕྱོགས་ཀྱི་ཆོས་སུམ་ཅུ་རྩ་བདུན་③དང་

འཕགས་པའི་བདེན་པ་རྣམས་དང་། བསམ་གཏན་རྣམས་དང་། ཚད་མེད་པ་རྣམས་དང་། གཟུགས་མེད་པའི་སྙོམས་པར་②འཇུག་པ་རྣམས་དང་། རྣམ་པར་ཐར་པ་བརྒྱད་དང་། མཐར་གྱིས་གནས་པའི་སྙོམས་པར་འཇུག་པ་དགུ་དང་། སྟོང་པ་ཉིད་དང་། མཚན་མ་མེད་པ་དང་། སྨོན་པ་མེད་པ་དང་། མངོན་པར་ཤེས་པ་རྣམས་དང་། ཏིང་ངེ་འཛིན་རྣམས་དང་། གཟུངས་ཀྱི་སྒོ་རྣམས་དང་། དེ་བཞིན་གཤེགས་པའི་སྟོབས་བཅུ་དང་། མི་འཇིགས་པ་བཞི་དང་། སོ་སོ་ཡང་དག་པར་རིག་པ་བཞི་དང་། སངས་རྒྱས་ཀྱི་ཆོས་མ་འདྲེས་པ་བཅོ་བརྒྱད་ལ་གནས་མེད་དོ། །དེ་ཅིའི་ཕྱིར་ཞེ་ན། སངས་རྒྱས་ཀྱི་ཆོས་མ་འདྲེས་པ་དེ་དག་མེད་པའི་ཕྱིར་ཏེ། རབ་འབྱོར་དེ་བཞིན་དུ་བྱང་ཆུབ་སེམས་དཔའ་སེམས་དཔའ་ཆེན་པོ་ཤེས་རབ་ཀྱི་ཕ་རོལ་དུ་ཕྱིན་པ་ལ་སྤྱོད་པའི་བྱང་ཆུབ་སེམས་དཔའི་ཚིག་གི་དོན་མེད་དོ། །རབ་འབྱོར་འདི་ལྟ་སྟེ་དཔེར་ན། འདུས་མ་བྱས་ཀྱི་དབྱིངས་ལ་འདུས་བྱས་ཀྱི་ཁམས་ཀྱི་གནས་མེད་དོ། །འདུས་བྱས་ཀྱི་ཁམས་ལ་འདུས་མ་བྱས་ཀྱི་དབྱིངས་ཀྱི་གནས་མེད་དོ། །རབ་འབྱོར་དེ་བཞིན་དུ་བྱང་ཆུབ་སེམས་དཔའ་སེམས་དཔའ་ཆེན་པོ་ཤེས་རབ་ཀྱི་ཕ་རོལ་ཏུ་ཕྱིན་པ་ལ་སྤྱོད་པའི་བྱང་ཆུབ་སེམས་དཔའི་ཚིག་གི་དོན་མེད་དོ། །རབ་འབྱོར་འདི་ལྟ་སྟེ་དཔེར་ན། སྐྱེ་བ་མེད་པ་ལ་གནས་མེད་དོ། །འགག་པ་མེད་པ་དང་། ཀུན་ནས་ཉོན་མོངས་པ་མེད་པ་དང་། རྣམ་པར་བྱང་བ་མེད་པ་དང་། མངོན་པར་འདུ་བྱ་བ་མེད་པ་དང་③འབྱུང་བ་མེད་པ་དང་། དམིགས་པ་མེད་པ་ལ་གནས་མེད་དོ། །རབ་འབྱོར་དེ་བཞིན་དུ་བྱང་ཆུབ་སེམས་དཔའ་སེམས་དཔའ་ཆེན་པོ་ཤེས་རབ་ཀྱི་ཕ་རོལ་དུ་ཕྱིན་པ་ལ་སྤྱོད་པའི་བྱང་ཆུབ་སེམས་དཔའི་ཚིག་གི་དོན་མེད་དོ། །གསོལ་པ། བཅོམ་ལྡན་འདས་གང་གི་སྐྱེ་བ་མ་མཆིས་པ་ལ་གནས་

མ་མཆིས། འགག་པ་མ་མཆིས་པ་དང་། ཀུན་ནས་ཉོན་མོངས་པ་མ་མཆིས་པ་
དང་། རྣམ་པར་བྱང་བ་མ་མཆིས་པ་དང་། མངོན་པར་འདུ་བགྱི་བ་མ་
མཆིས་པ་དང་། འབྱུང་བ་མ་མཆིས་པ་དང་། གང་གི་མི་དམིགས་པ་ལ་
གནས་མ་མཆིས་[7]པ་ལགས། བཅོམ་ལྡན་འདས་ཀྱིས་བཀའ་སྩལ་པ། རབ་
འབྱོར་གཟུགས་སྐྱེ་བ་མེད་པ་ལ་གནས་མེད་དོ། །གཟུགས་འགག་པ་མེད་པ་དང་།
གཟུགས་ཀུན་ནས་ཉོན་མོངས་པ་མེད་པ་དང་། གཟུགས་རྣམ་པར་བྱང་བ་མེད་
པ་དང་། གཟུགས་མངོན་པར་འདུ་བྱ་བ་མེད་པ་དང་། གཟུགས་འབྱུང་བ་
མེད་པ་དང་། གཟུགས་མི་དམིགས་པ་ལ་གནས་མེད་དོ། །ཚོར་བ་དང་།
འདུ་ཤེས་དང་། འདུ་བྱེད་དང་། རྣམ་པར་ཤེས་པ་སྐྱེ་བ་མེད་པ་ལ་གནས་
མེད་དོ། །རྣམ་པར་ཤེས་པ་འགག་པ་མེད་པ་དང་། རྣམ་པར་ཤེས་པ་ཀུན་
ནས་ཉོན་མོངས་པ་མེད་པ་དང་། རྣམ་པར་ཤེས་པ་རྣམ་པར་བྱང་བ་མེད་པ
དང་། རྣམ་པར་ཤེས་པ་མངོན་པར་འདུ་བྱ་བ་མེད་པ་དང་། རྣམ་པར་ཤེས
པ་འབྱུང་བ་མེད་པ་དང་། རྣམ་པར་ཤེས་པ་མི་དམིགས་པ་ལ་གནས་མེད་དོ།
སྐྱེ་མཆེད་དང་། ཁམས་དང་། རྟེན་ཅིང་འབྲེལ་པར་འབྱུང་བ་སྐྱེ་བ་མེད་པ་
ལ་གནས་མེད་དོ། །སྐྱེ་མཆེད་དང་། ཁམས་དང་། རྟེན་ཅིང་འབྲེལ་པར
འབྱུང་བ་འགག་པ་མེད་པ་དང་། ཀུན་ནས་ཉོན་མོངས་པ་མེད་པ་དང་
རྣམ་པར་བྱང་བ་མེད་པ་དང་། མངོན་པར་འདུ་བྱ་བ་མེད་པ་དང་། འབྱུང
བ་མེད་པ་དང་། མི་དམིགས་པ་ལ། གནས་མེད་དོ། །བྱང་ཆུབ་ཀྱི་ཕྱོགས་
ཀྱི་ཆོས་རྣམས་ཀྱི་བར་དང་། འཕགས་པའི་བདེན་པ་རྣམས་དང་། བསམ
གཏན་རྣམས་དང་། ཚད་མེད་པ་རྣམས་དང་། གཟུགས་མེད་པའི་སྙོམས
པར་འཇུག་པ་རྣམས་དང་། རྣམ་པར་ཐར་པ་བརྒྱད་དང་། མཐར་གྱིས

གནས་པའི་སྙོམས་པར་འཇུག་པ་དགུ་དང་། སྟོང་པ་ཉིད་དང་། མཚན་མ་མེད་པ་དང་། སྨོན་པ་མེད་པ་དང་། མངོན་པར་ཤེས་པ་རྣམས་དང་། ཏིང་ངེ་འཛིན་རྣམས་དང་། གཟུངས་ཀྱི་སྒོ[1]དང་། དེ་བཞིན་གཤེགས་པའི་སྟོབས་བཅུ་དང་། མི་འཇིགས་པ་བཞི་དང་། སོ་སོ་ཡང་དག་པར་རིག་པ་བཞི་དང་། སངས་རྒྱས་ཀྱི་ཆོས་མ་འདྲེས་པ་རྣམས་སྐྱེ་བ་མེད་པ་ལ་གནས་མེད་དོ། །སངས་རྒྱས་ཀྱི་ཆོས་མ་འདྲེས་པ་རྣམས་འགག་པ་མེད་པ་དང་། ཀུན་ནས་ཉོན་མོངས་པ་མེད་པ་དང་། རྣམ་པར་བྱང་བ་མེད་པ་དང་། མངོན་པར་འདུ་བྱ་བ་མེད་པ་དང་འབྱུང་བ་མེད་པ་དང་། མི་དམིགས་པ་ལ་གནས་མེད་དོ། །རབ་འབྱོར་དེ་བཞིན་དུ་བྱང་ཆུབ་སེམས་དཔའ་སེམས་དཔའ་ཆེན་པོ་ཤེས་རབ་ཀྱི་ཕ་རོལ་ཏུ་ཕྱིན་པ་ལ་སྤྱོད་པའི་བྱང་ཆུབ་སེམས་དཔའི་ཚིག་གི་དོན་མེད་དོ། །རབ་འབྱོར་འདི་ལྟ་སྟེ་དཔེར་ན། གཟུགས་ཤིན་ཏུ་རྣམ་པར་དག་པ་ལ་མཚན་མའི་གནས་མེད་དོ། །ཚོར་བ་དང་། འདུ་ཤེས་དང་[3]། འདུ་བྱེད་དང་། རྣམ་པར་ཤེས་པ་ཤིན་ཏུ་རྣམ་པར་དག་པ་ལ་མཚན་མའི་གནས་མེད་དོ། །རབ་འབྱོར་དེ་བཞིན་དུ་བྱང་ཆུབ་སེམས་དཔའ་སེམས་དཔའ་ཆེན་པོ་ཤེས་རབ་ཀྱི་ཕ་རོལ་ཏུ་ཕྱིན་པ་ལ་སྤྱོད་པའི་བྱང་ཆུབ་སེམས་དཔའི་ཚིག་གི་དོན་མེད་དོ། །རབ་འབྱོར་འདི་ལྟ་སྟེ་དཔེར་ན། སྐྱེ་མཆེད་དང་། ཁམས་དང་། རྟེན་ཅིང་འབྲེལ་པར་འབྱུང་བ་ཤིན་ཏུ་རྣམ་པར་དག་པ་ལ་མཚན་མའི་གནས་མེད་དོ། །རབ་འབྱོར་དེ་བཞིན་དུ་བྱང་ཆུབ་སེམས་དཔའ་སེམས་དཔའ་ཆེན་པོ་ཤེས་རབ་ཀྱི་ཕ་རོལ་ཏུ་ཕྱིན་པ་ལ་སྤྱོད་པའི་བྱང་ཆུབ་སེམས་དཔའི་ཚིག་གི་དོན་མེད་དོ། །དྲན་པ་ཉེ་བར་གཞག་པའི་བར་དུ་ཤིན་ཏུ་རྣམ་པར་དག་པ་ལ་མཚན་མའི་གནས་མེད་དོ། །ཡང་དག་པར་སྤོང་བ་དང་། རྫུ་འཕྲུལ་གྱི་རྐང་པ་དང་། དབང་

པོ་དང་། སྟོབས་དང་། བྱང་ཆུབ་ཀྱི་ཡན་ལག་རྣམས་དང་། འཕགས་པའི་ལམ་ཡན་ལག་བརྒྱད་པ་དང་། འཕགས་པའི་བདེན་པ་རྣམས་དང་། བསམ་གཏན་རྣམས་དང་། ཚད་མེད་པ་རྣམས་དང་། གཟུགས་མེད་པའི་སྙོམས་པར་འཇུག་པ་རྣམས་དང་། རྣམ་པར་ཐར་པ་བརྒྱད་དང་། མཐར་གྱིས་གནས་པའི་སྙོམས་པར་འཇུག་པ་དགུ་དང་། མངོན་པར་ཤེས་པ་རྣམས་དང་། ཏིང་ངེ་འཛིན་རྣམས་དང་། གཟུངས་ཀྱི་སྒོ་རྣམས་དང་། དེ་བཞིན་གཤེགས་པའི་སྟོབས་བཅུ་དང་། མི་འཇིགས་པ་བཞི་དང་། སོ་སོ་ཡང་དག་པར་རིག་པ་བཞི་དང་། སངས་རྒྱས་ཀྱི་ཆོས་[2]མ་འདྲེས་པ་ཤིན་ཏུ་རྣམ་པར་དག་པ་ལ་མཚན་མའི་གནས་མེད་དོ[3]། །རབ་འབྱོར་དེ་བཞིན་དུ་བྱང་ཆུབ་སེམས་དཔའ་སེམས་དཔའ་ཆེན་པོ་ཤེས་རབ་ཀྱི་ཕ་རོལ་ཏུ་ཕྱིན་པ་ལ་སྤྱོད་པའི་བྱང་ཆུབ་སེམས་དཔའི་ཚིག་གི་དོན་མེད་དོ། །རབ་འབྱོར་འདི་ལྟ་སྟེ་དཔེར་ན། བདག་མེད་པའི་ཕྱིར་བདག་ཤིན་ཏུ་རྣམ་པར་དག་པ་ལ་མཚན་མའི་གནས་མེད་དོ། །སེམས་ཅན་དང་། སྲོག་དང་། འགྲོ་བ་དང་། གསོ་བ་དང་། སྐྱེས་བུ་དང་། གང་ཟག་དང་། ཤེད་ཅན་དང་། ཤེད་བདག་དང་། བྱེད་པ་པོ་དང་། ཚོར་བ་པོ་དང་། ཤེས་པ་པོ་དང་། མཐོང་བ་པོ་མེད་པའི་ཕྱིར། སེམས་ཅན་དང་། སྲོག་དང་། འགྲོ་བ་དང་། གསོ་བ་དང་། སྐྱེས་བུ་དང་། གང་ཟག་དང་། ཤེད་ཅན་དང་། ཤེད་བདག་དང་། བྱེད་པ་པོ་དང་། ཚོར་བ་པོ་དང་། ཤེས་པ་པོ་དང་། མཐོང་བ་པོ་ཤིན་ཏུ་རྣམ་པར་དག་པ་ལ་མཚན་མའི་གནས་མེད་དོ། །རབ་འབྱོར་དེ་བཞིན་དུ། བྱང་ཆུབ་སེམས་དཔའ་སེམས་དཔའ་ཆེན་པོ་ཤེས་རབ་ཀྱི་ཕ་རོལ་ཏུ་ཕྱིན་པ་ལ་སྤྱོད་པའི་བྱང་ཆུབ་སེམས་དཔའི་ཚིག་གི་དོན་མེད་དོ། །རབ་འབྱོར་འདི་ལྟ་སྟེ་དཔེར་ན། ཉི་མའི

དཀྱིལ་འཁོར་མངོན་པར་འཆར་བའི་ཚེ། མུན་པའི་གནས་མེད་དོ། །རབ་འབྱོར་དེ་བཞིན་དུ། བྱང་ཆུབ་སེམས་དཔའ་སེམས་དཔའ་ཆེན་པོ་ཤེས་རབ་ཀྱི་ཕ་རོལ་ཏུ་ཕྱིན་པ་ལ་སྤྱོད་པའི་བྱང་ཆུབ་སེམས་དཔའི་ཚིག་གི་དོན་མེད་དོ། །རབ་འབྱོར་འདི་ལྟ་སྟེ་དཔེར་ན། བསྐལ་པའི་མེ་འབར་བའི་ཚེ། འདུ་བྱེད་ཀྱི་རྣམ་པ་ཐམས་ཅད་ཀྱི་གནས་མེད་དོ། །རབ་འབྱོར་དེ་བཞིན་དུ་བྱང་ཆུབ་སེམས་དཔའ་སེམས་དཔའ་ཆེན་པོ་ཤེས་རབ་ཀྱི་ཕ་རོལ་ཏུ་ཕྱིན་པ་ལ་སྤྱོད་པའི་བྱང་ཆུབ་སེམས་དཔའི་ཚིག་གི་དོན་མེད་དོ། །རབ་འབྱོར་འདི་ལྟ་སྟེ་དཔེར་ན། དེ་བཞིན་གཤེགས་པ་དགྲ་བཅོམ་པ་ཡང་དག་པར་རྫོགས་པའི་སངས་རྒྱས་ཀྱི་ཚུལ་ཁྲིམས་ལ[༧]། ཚུལ་ཁྲིམས་ངན་པའི་གནས་མེད་དོ། །རབ་འབྱོར་དེ་བཞིན་དུ་བྱང་ཆུབ་སེམས་དཔའ་སེམས་དཔའ་ཆེན་པོ་ཤེས་རབ་ཀྱི་ཕ་རོལ་ཏུ་ཕྱིན་པ་ལ་སྤྱོད་པའི་བྱང་ཆུབ་སེམས་དཔའི་ཚིག་གི་དོན་མེད་དོ། །རབ་འབྱོར་འདི་ལྟ་སྟེ་དཔེར་ན། དེ་བཞིན་གཤེགས་པ་དགྲ་བཅོམ་པ་ཡང་དག་པར་རྫོགས་པའི་སངས་རྒྱས་ཀྱི་ཏིང་ངེ་འཛིན་ལ་འཁྲུག་པའི་གནས་མེད་དོ། །རབ་འབྱོར་དེ་བཞིན་དུ་བྱང་ཆུབ་སེམས་དཔའ་སེམས་དཔའ་ཆེན་པོ་ཤེས་རབ་ཀྱི་ཕ་རོལ་ཏུ་ཕྱིན་པ་ལ་སྤྱོད་པའི་བྱང་ཆུབ་སེམས་དཔའི་ཚིག་གི་དོན་མེད་[༢]དོ། །རབ་འབྱོར་འདི་ལྟ་སྟེ་དཔེར་ན། དེ་བཞིན་གཤེགས་པ་དགྲ་བཅོམ་པ་ཡང་དག་པར་རྫོགས་པའི་སངས་རྒྱས་ཀྱི་ཤེས་རབ་ལ། ཤེས་རབ་འཆལ་པའི་གནས་མེད་དོ། །རབ་འབྱོར་དེ་བཞིན་དུ་བྱང་ཆུབ་སེམས་དཔའ་སེམས་དཔའ་ཆེན་པོ་ཤེས་རབ་ཀྱི་ཕ་རོལ་ཏུ་ཕྱིན་པ་ལ་སྤྱོད་པའི་བྱང་ཆུབ་སེམས་དཔའི་[༣]ཚིག་གི་དོན་མེད་དོ། །རབ་འབྱོར་འདི་ལྟ་སྟེ་དཔེར་ན། དེ་བཞིན་གཤེགས་པ་དགྲ་བཅོམ་པ་ཡང་དག་པར་རྫོགས་པའི་སངས་རྒྱས་ཀྱི་རྣམ་པར་གྲོལ་བ་ལ། རྣམ་པར་མ་[༤]གྲོལ་བའི་གནས་མེད་དོ། །རབ་འབྱོར་དེ་

བཞིན་དུ་བྱང་ཆུབ་སེམས་དཔའ་སེམས་དཔའ་ཆེན་པོ་ཤེས་རབ་ཀྱི་ཕ་རོལ་ཏུ་ཕྱིན་པ་ལ་སྤྱོད་པའི་བྱང་ཆུབ་སེམས་དཔའི་ཚིག་གི་དོན་མེད་དོ། །རབ་འབྱོར་འདི་ལྟ་སྟེ་དཔེར་ན། དེ་བཞིན་གཤེགས་པ་དགྲ་བཅོམ་པ་ཡང་དག་པར་རྫོགས་པའི་སངས་རྒྱས་ཀྱི་རྣམ་པར་གྲོལ་བའི་ཡེ་ཤེས་གཟིགས་པ་ལ། རྣམ་པར་གྲོལ་བའི་ཡེ་ཤེས་མ་གཟིགས་པའི་གནས་མེད་དོ། །རབ་འབྱོར་དེ་བཞིན་དུ་བྱང་ཆུབ་སེམས་དཔའ་སེམས་དཔའ་ཆེན་པོ་ཤེས་རབ་ཀྱི་ཕ་རོལ་ཏུ་ཕྱིན་པ་ལ་སྤྱོད་པའི་བྱང་ཆུབ་སེམས་དཔའི་ཚིག་གི་དོན་མེད་དོ། །རབ་འབྱོར་འདི་ལྟ་སྟེ་དཔེར་ན། ཉི་མ་དང་ཟླ་བའི་འོད་ལ་གནས་མེད་དོ། །རབ་འབྱོར་དེ་བཞིན་དུ་བྱང་ཆུབ་སེམས་དཔའ་སེམས་དཔའ་ཆེན་པོ་ཤེས་རབ་ཀྱི་ཕ་རོལ་ཏུ་ཕྱིན་པ་ལ་སྤྱོད་པའི་བྱང་ཆུབ་སེམས་དཔའི་ཚིག་གི་དོན་མེད་དོ། །རབ་འབྱོར་འདི་ལྟ་སྟེ་དཔེར་ན། གཟའ་དང་། སྐར་མ་དང་། ནོར་བུ་རིན་པོ་ཆེ་དང་། གློག་གི་འོད་ལ་གནས་མེད་དོ། །རབ་འབྱོར་དེ་བཞིན་དུ་བྱང་ཆུབ་སེམས་དཔའ་སེམས་དཔའ་ཆེན་པོ་ཤེས་རབ་ཀྱི་ཕ་རོལ་ཏུ་ཕྱིན་པ་ལ་སྤྱོད་པའི་བྱང་ཆུབ་སེམས་དཔའི་ཚིག་གི་དོན་མེད་དོ། །རབ་འབྱོར་འདི་ལྟ་སྟེ་དཔེར་ན། རྒྱལ་ཆེན་བཞིའི་རིས་ཀྱི་ལྷ་རྣམས་ཀྱི་འོད་ལ་གནས་མེད་དོ། །སུམ་ཅུ་རྩ་གསུམ་གྱི་ལྷ་རྣམས་དང་། མཚེ་མ་དང་། དགའ་ལྡན་དང་། འཕྲུལ་དགའ་དང་། གཞན་འཕྲུལ་དབང་བྱེད་དང་། ཚངས་རིས་དང་། ཚངས་ལྷ་ཉེ་ཕན་དང་། ཚངས་པ་ཀུན་འཁོར་དང་། ཚངས་ཆེན་དང་། འོག་མིན་གྱི་བར་གྱི་ལྷ་རྣམས་ཀྱི་འོད་ལ་གནས་མེད་དོ། །རབ་འབྱོར་དེ་བཞིན་དུ་བྱང་ཆུབ་སེམས་དཔའ་སེམས་དཔའ་ཆེན་པོ་ཤེས་རབ་ཀྱི་ཕ་རོལ་ཏུ་ཕྱིན་པ་ལ་སྤྱོད་པའི་བྱང་ཆུབ་སེམས་དཔའི་ཚིག་གི་དོན་མེད་དོ། །རབ་འབྱོར་འདི་ལྟ་སྟེ་དཔེར་ན། བྱང་ཆུབ་སེམས་དཔའ་སེམས་དཔའ་ཆེན་པོ་

རྣམས་ཀྱི་འོད་ལ་གནས་མེད་དོ། །དེ་བཞིན་གཤེགས་པ་དགྲ་བཅོམ་པ་ཡང་དག་པར་རྫོགས་པའི་སངས་རྒྱས་རྣམས་ཀྱི་འོད་ལ་གནས་མེད་དོ། །རབ་འབྱོར་དེ་བཞིན་དུ་བྱང་ཆུབ་སེམས་དཔའ་སེམས་དཔའ་ཆེན་པོ་ཤེས་རབ་ཀྱི་ཕ་རོལ་དུ་ཕྱིན་པ་ལ་སྤྱོད་པའི་བྱང་ཆུབ་སེམས་དཔའི་ཚིག་གི་དོན་མེད་དོ། །དེ་ཅིའི་ཕྱིར་ཞེ་ན། རབ་འབྱོར་འདི་ལྟར་བྱང་ཆུབ་གང་ཡིན་པ་དང་། བྱང་ཆུབ་སེམས་དཔའ་དང་། བྱང་ཆུབ་སེམས་དཔའི་ཚིག་གི་དོན་གང་ཡིན་པའི་ཆོས་དེ་དག་ཐམས་ཅད་ཀྱང་ལྡན་པ་ཡང་མ་ཡིན། མི་ལྡན་པ་ཡང་མ་ཡིན་ཏེ། གཟུགས་མེད་པ། བསྟན་དུ་མེད་པ། ཐོགས་(༡)པ་མེད་པ། འདི་ལྟར་མཚན་ཉིད་མེད་པར་མཚན་ཉིད་གཅིག་པ་ཤ་སྟག་སྟེ། རབ་འབྱོར་བྱང་ཆུབ་(༢)སེམས་དཔའ་སེམས་དཔའ་ཆེན་པོ་ཆོས་ཐམས་ཅད་ལ་མ་ཆགས་པ་དང་། མེད་པ་ཡང་དག་པ་ཉིད་ལ་བསླབ་པར་བྱའོ། །རབ་འབྱོར་བྱང་ཆུབ་སེམས་དཔའ་སེམས་དཔའ་ཆེན་པོས་ཆོས་ཐམས་ཅད་ལ་རྟོག་པ་མེད་ཅིང་། རྣམ་པར་རྟོག་པ་མེད་པར་ཡང་རིག་པར་བྱའོ། །གསོལ་པ། བཅོམ་ལྡན་འདས་ཆོས་ཐམས་ཅད་ནི་གང་ལགས། བཅོམ་ལྡན་འདས་བྱང་ཆུབ་སེམས་དཔའ་སེམས་དཔའ་ཆེན་པོས་ཆོས་གང་རྣམས་ཀྱི་མ་ཆགས་པ་དང་མཆིས་པ་མ་ལགས་པ་ཡང་དག་པ་ཉིད་ལཿཇི་ལྟར་(༣)བསླབ་པར་བགྱི། བྱང་ཆུབ་སེམས་དཔའ་སེམས་དཔའ་ཆེན་པོས་ཆོས་(༤)ཐམས་ཅད་ནི་གང་རྣམས་རིག་པར་བགྱི། བཅོམ་ལྡན་འདས་ཀྱིས་བཀའ་སྩལ་པ། རབ་འབྱོར་ཆོས་ཐམས་ཅད་ཅེས་བྱ་བ་ནི་དགེ་བ་དང་མི་དགེ་བ་དངཿལུང་དུ་བསྟན་པ་དང་(༥)། ལུང་དུ་མ་བསྟན་པ་དང་། འཇིག་རྟེན་པ་དང་འཇིག་རྟེན་ལས་འདས་པ་དང་། ཟག་པ་དང་བཅས་པ་དང་། ཟག་པ་མེད་པ་དང་། འདུས་(༦)བྱས་དང་། འདུས་མ་བྱས་དང་། ཁ་ན་མ་ཐོ་བ་དང་བཅས་པ་དང་། ཁ་ན་མ་ཐོ་བ་མེད་

པ་དང་། ཐུན་མོང་དང་། ཐུན་མོང་མ་ཡིན་པ་དག་སྟེ། རབ་འབྱོར་དེ་དག་ནི་ཆོས་ཐམས་ཅད་ཅེས་བྱ་སྟེ། བྱང་ཆུབ་སེམས་དཔའ་སེམས་དཔའ་ཆེན་པོས་ཀྱང་ཆོས་དེ་དག་ཐམས་ཅད་ལ་མ་ཆགས་པ་དང་། མེད་པ་ཉིད་ལ་བསླབ་པར་བྱའོ། །བྱང་ཆུབ་སེམས་དཔའ་སེམས་དཔའ་ཆེན་པོས་ཤེས་པར་བྱ་བ་ཡང་ཆོས་ཐམས་ཅད་[༡]པོ་དེ་དག་ཉིད་དོ། །གསོལ་པ། བཅོམ་ལྡན་འདས་འཇིག་རྟེན་པའི་དགེ་བའི་ཆོས་གང་ལགས། བཅོམ་ལྡན་འདས་ཀྱིས་བཀའ་སྩལ་པ། རབ་འབྱོར་འཇིག་རྟེན་པའི་ཆོས་དགེ་བ་ཞེས་བྱ་བ་ནི། ཕར་ཤེས་པ། མར་ཤེས་པ། དགེ་སྦྱོང་དུ་ཤེས་པ། བྲམ་ཟེར་ཤེས་པ། རིགས་ཀྱི་ནང་ན་རྒན་པ་ལ་རིམ་གྲོ་བྱེད་པ་དང་། སྦྱིན་པ་ལས་བྱུང་བའི་བསོད་[༣]ནམས་ཀྱི་ལས་ཀྱི་དངོས་པོ་དང་། ཚུལ་ཁྲིམས་ལས་བྱུང་བ་དང་། བསྒོམ་པ་ལས་བྱུང་བའི་བསོད་ནམས་ཀྱི་ལས་ཀྱི་དངོས་པོ་དང་། ཉམས་སུ་བླང་བ་དང་ལྡན་པའི་དངོས་པོ་དང་། དགེ་བ་བཅུའི་ལས་ཀྱི་ལམ་རྣམས་དང་། འཇིག་རྟེན་པའི་འདུ་ཤེས་དགུ་སྟེ། འདི་ལྟར་རྣམ་པར་བམ་པའི་འདུ་ཤེས་དང་། འབུ་ཅན་གྱི་འདུ་ཤེས་དང་། རྣམ་པར་རྣགས་པའི་འདུ་ཤེས་དང་། རྣམ་པར་དམར་བའི་འདུ་ཤེས་དང་། རྣམ་པར་སྔོས་པའི་འདུ་ཤེས་དང་། རྣམ་པར་ཟོས་པའི་འདུ་ཤེས་དང་། རྣམ་པར་འཐོར་བའི་འདུ་ཤེས་དང་། རུས་པའི་འདུ་ཤེས་དང་། རྣམ་པར་ཚིག་པའི་འདུ་ཤེས་དང་། འཇིག་རྟེན་པའི་བསམ་གཏན་བཞི་དང་། ཚད་མེད་པ་བཞི་དང་། གཟུགས་མེད་པའི་སྙོམས་པར་འཇུག་པ་བཞི་དང་། མངོན་པར་ཤེས་པ་ལྔ་དང་། འཇིག་རྟེན་པའི་རྗེས་སུ་དྲན་པ་བཅུ་སྟེ། འདི་ལྟར་སངས་རྒྱས་རྗེས་སུ་དྲན་པ་དང་། ཆོས་རྗེས་སུ་དྲན་པ་དང་། དགེ་འདུན་རྗེས་སུ་དྲན་པ་དང་། ཚུལ་ཁྲིམས་རྗེས་སུ་དྲན་པ་དང་། གཏོང་བ་

རྗེས་སུ་དྲན་པ་དང་། ལྷ་རྗེས་སུ་དྲན་པ་དང་། དབུགས་ཕྱི་ནང་དུ་རྒྱུ་བ་རྗེས་སུ་དྲན་པ་དང་། ལུས་ཀྱི་རྣམ་པ་རྗེས་སུ་དྲན་པ་དང་། སྐྱེ་བ་རྗེས་སུ་དྲན་པ་དང་། འཆི་བ་རྗེས་སུ་དྲན་པ་དག་སྟེ། དེ་དག་ནི་འཇིག་རྟེན་པའི་ཆོས་དགེ་བ་ཞེས་བྱའོ། །གསོལ་པ། བཅོམ་ལྡན་འདས་འཇིག་རྟེན་པའི་ཆོས་མི་དགེ་བ་གང་ལགས། བཅོམ་ལྡན་འདས་ཀྱིས་བཀའ་སྩལ་པ། མི་དགེ་བ་བཅུའི་ལས་ཀྱི་ལམ་དག་སྟེ། འདི་ལྟར་རབ་འབྱོར་སྲོག་གཅོད་པ་ནི་འཇིག་རྟེན་པའི་ཆོས་མི་དགེ་བའོ། །མ་བྱིན་པར་ལེན་པ་དང་། འདོད་པས་ལོག་པར་གཡེམ་པ་དང་། བརྫུན་དུ་སྨྲ་བ་དང་། ཕྲ་མ་དང་། ཚིག་གཅོད་པ་དང་། ཚིག་ཀྱལ་པ་དང་། ཆགས་སེམས་དང་། གནོད་སེམས་དང་། ལོག་པར་ལྟ་བ་དང་། ཁྲོ་བ་དང་། མདུད་པར་འཛིན་པ་དང་། འཆབ་པ་དང་། འཚིག་པ་དང་། འཚེ་བ་དང་། ཕྲག་དོག་དང་། སེར་སྣ་དང་། ང་རྒྱལ་དང་། ལོག་པའི་ང་རྒྱལ་སྟེ[༡]། རབ་འབྱོར་དེ་དག་ནི་འཇིག་རྟེན་པའི་ཆོས་མི་དགེ་བའོ། །གསོལ་པ། བཅོམ་ལྡན་འདས་ལུང་དུ་མ་བསྟན་པའི་ཆོས་གང་ལགས། བཅོམ་ལྡན་འདས་ཀྱིས་བཀའ་སྩལ་པ། ལུས་ཀྱི་ལས་ནི་ལུང་[༢]མ་བསྟན་པའོ། །ངག་གི་ལས་ནི་ལུང་[༣]མ་བསྟན་པའོ། །ཡིད་ཀྱི་ལས་ནི་ལུང་[༤]མ་བསྟན་པའོ། །འབྱུང་བ་ཆེན་པོ་བཞི་ནི་ལུང་[༥]མ་བསྟན་པའོ། །དབང་པོ་ལྔ་ནི་ལུང་[༦]མ་བསྟན་པའོ། །སྐྱེ་མཆེད་དྲུག་ནི་ལུང་[༧]མ་བསྟན་པའོ། །གཟུགས་མེད་པ་བཞིར་སྐྱེས་པ་ནི་ལུང་[༨]མ་བསྟན་པའོ། །ཕུང་པོ་དང་། ཁམས་དང་། སྐྱེ་མཆེད་ནི་ལུང་མ་བསྟན་པའོ།། རྣམ་པར་སྨིན་པ་ཐམས་ཅད་ནི་ལུང་མ་བསྟན་པ་སྟེ། རབ་འབྱོར་དེ་དག་ནི་ལུང་མ་བསྟན་པའི་ཆོས་སུ་ཤེས་པར་བྱའོ། །གསོལ་པ། བཅོམ་ལྡན་འདས་འཇིག་རྟེན་པའི་ཆོས་གང་ལགས། བཅོམ་ལྡན་འདས་ཀྱིས་བཀའ་སྩལ་པ། རབ་

འཇིག་རྟེན་པའི་ཆོས་ཞེས་བྱ་བ་ནི། ཕུང་པོ་དང་། སྐྱེ་མཆེད་དང་། ཁམས་དང་། དགེ་བ་བཅུའི་ལས་ཀྱི་ལམ་དང་། བསམ་གཏན་བཞི་དང་། ཚད་མེད་པ་བཞི་དང་། གཟུགས་མེད་པའི་སྙོམས་པར་འཇུག་པ་བཞི་དང་། མངོན་པར་ཤེས་པ་ལྔ་དང་། འཇིག་རྟེན་ལས་འདས་པའི་ཆོས་མ་གཏོགས་པར། དེ་མ་ཡིན་པར་འཇིག་རྟེན་པའི་ཆོས་གང་ཇི་སྙེད་པ་དེ་དག་ནི་འཇིག་རྟེན་པའི་ཆོས་ཞེས་བྱའོ། །གསོལ་པ། བཅོམ་ལྡན་འདས་འཇིག་རྟེན་ལས་འདས་པའི་ཆོས་གང་ལགས། བཅོམ་ལྡན་འདས་ཀྱིས་བཀའ་སྩལ་པ། རབ་འབྱོར་འཇིག་རྟེན་ལས་འདས་པའི་ཆོས་ཞེས་བྱ་བ་ནི། དྲན་པ་ཉེ་བར་གཞག་པ་བཞི་དང་། ཡང་དག་པར་སྤོང་བ་བཞི་དང་། རྫུ་འཕྲུལ་གྱི་རྐང་པ་བཞི་དང་། དབང་པོ་ལྔ་དང་། སྟོབས་ལྔ་དང་། བྱང་ཆུབ་ཀྱི་ཡན་ལག་བདུན་དང་། འཕགས་པའི་ལམ་ཡན་ལག་བརྒྱད་པ་དང་། རྣམ་པར་ཐར་པའི་སྒོ་སྟོང་པ་ཉིད་དང་། མཚན་མ་མེད་པ་དང་། སྨོན་པ་མེད་པ་དང་། མ་ཤེས་པ་ཡོངས་སུ་ཤེས་པར་བྱ་བའི་དབང་པོ་དང་། ཡོངས་སུ་ཤེས་པའི་དབང་པོ་དང་། ཡོངས་སུ་ཤེས་པར་རྟོགས་པའི་དབང་པོ་དང་། རྟོག་པ་དང་བཅས་དཔྱོད་པ་དང་བཅས་པའི་ཏིང་ངེ་འཛིན་དང་། རྟོག་པ་མེད་པ་ལ་དཔྱོད་པ་ཙམ་གྱི་ཏིང་ངེ་འཛིན་དང་། རྟོག་པ་མེད་ཅིང་དཔྱོད་པ་མེད་པའི་ཏིང་ངེ་འཛིན་དང་། རིག་པ་དང་། རྣམ་པར་གྲོལ་བ་དང་། དྲན་པ་དང་། ཤེས་བཞིན་དང་། ཚུལ་བཞིན་དུ་ཡིད་ལ་བྱ་བ་དང་། རྣམ་པར་ཐར་པ་བརྒྱད་དེ། བརྒྱད་གང་ཞེ་ན། གཟུགས་དང་ལྡན་པ[1]གཟུགས་མཐོང་བ་འདི་ནི། རྣམ་པར་ཐར་པ་དང་པོའོ། །ནང་གཟུགས་མེད་པའི་འདུ་ཤེས་དང་ལྡན་པས། ཕྱི་རོལ་གྱི་གཟུགས་མཐོང་བ་འདི་ནི་རྣམ་པར་ཐར་པ་གཉིས་པའོ། །སྡུག་པར་མོས[2]པར་གྱུར་པ་འདི་ནི[3]རྣམ་

པར་ཐར་པ་གསུམ་པའོ། །གཟུགས་ཀྱི་འདུ་ཤེས་ལས་ཡང་དག་པར་འདས་ཏེ། ཐོགས་པའི་འདུ་ཤེས་རྣམས་ནུབ་པར་གྱུར་ཅིང་། སྣ་ཚོགས་ཀྱི་འདུ་ཤེས་ཡིད་ལ་མི་བྱེད་པས། ནམ་མཁའ་མཐའ་ཡས་སོ་ཞེས་ཏེ། ནམ་མཁའ་མཐའ་ཡས་སྐྱེ་མཆེད་ལ་ཉེ་བར་བསྒྲུབས་ཏེ་གནས་པ་འདི་ནི་རྣམ་པར་ཐར་པ་བཞི་པའོ། །དེ་རྣམ་པ་ཐམས་ཅད་དུ་ནམ་མཁའ་མཐའ་ཡས་སྐྱེ་མཆེད་ལས་ཡང་དག་པར་འདས་ཏེ། རྣམ་པར་ཤེས་པ་མཐའ་ཡས་སོ་ཞེས། རྣམ་ཤེས་མཐའ་ཡས་སྐྱེ་མཆེད་ལ་ཉེ་བར་བསྒྲུབས་ཏེ་གནས་པ་འདི་ནི་རྣམ་པར་ཐར་པ་ལྔ་པའོ། །དེ་རྣམ་པ་ཐམས་ཅད་དུ་རྣམ་ཤེས་མཐའ་ཡས་སྐྱེ་མཆེད་ལས་[1]ཡང་དག་པར་[2]འདས་ཏེ། ཅུང་ཟད་མ་ཡོད་དོ་ཞེས། ཅུང་ཟད་མེད་པའི་སྐྱེ་མཆེད་ལ་ཉེ་བར་བསྒྲུབས་ཏེ་གནས་པ་འདི་ནི་རྣམ་པར་ཐར་པ་དྲུག་པའོ། །དེ་རྣམ་པ་ཐམས་ཅད་དུ་ཅུང་ཟད་མེད་པའི་སྐྱེ་མཆེད་ལས་ཡང་དག་པར་འདས་ཏེ། འདུ་ཤེས་མེད་འདུ་ཤེས་[3]མེད་མིན་སྐྱེ་མཆེད་ལ་ཉེ་བར་བསྒྲུབས་ཏེ་གནས་པ་འདི་ནི་རྣམ་པར་ཐར་པ་བདུན་པའོ། །དེ་རྣམ་པ་ཐམས་ཅད་དུ་འདུ་ཤེས་མེད་འདུ་ཤེས་མེད་མིན་སྐྱེ་མཆེད་ལས་ཡང་དག་པར་འདས་ཏེ་འདུ་ཤེས་དང་ཚོར་བ་འགོག་པ་ལ་ཉེ་བར་བསྒྲུབས་ཏེ་གནས་པ་འདི་ནི་རྣམ་པར་ཐར་པ་བརྒྱད་པའོ། །རྣམ་པར་ཐར་པ་བརྒྱད་པོ་དེ་དག་དང་། མཐར་གྱིས་གནས་པའི་སྙོམས་པར་འཇུག་པ་དགུ་སྟེ། དགུ་གང་ཞེ་ན། འདི་ལྟ་སྟེ། དེ་འདོད་པས་དབེན། སྡིག་ཏོ་མི་དགེ་བའི་ཆོས་ཀྱིས་དབེན། རྟོག་པ་དང་བཅས་པ། དཔྱོད་པ་དང་བཅས་པ། དབེན་པ་ལས་སྐྱེས་པའི་དགའ་བ་དང་བདེ་བ་ཅན་བསམ་གཏན་དང་པོ་ལ་ཉེ་བར་བསྒྲུབས་ཏེ་གནས་སོ། །དེ་རྣམ་པར་རྟོག་པ་དང་། རྣམ་པར་དཔྱོད་པ་ཉེ་བར་ཞི་ནས། ནང་ཡོངས་སུ་དང་སྟེ། སེམས་ཀྱི་རྒྱུད་གཅིག་ཏུ་གྱུར་པས། རྣམ་པར་རྟོག་པ་

མེད་པ། རྣམ་པར་དཔྱོད་པ་མེད་པ། ཏིང་ངེ་འཛིན་ལས་སྐྱེས་པའི་དགའ་བ་
དང་། བདེ་བ་ཅན་བསམ་གཏན་གཉིས་པ་ལ་ཉེ་བར་བསྒྲུབས་ཏེ་གནས་སོ། །
དེ་དགའ་བ་ལས་འདོད་ཆགས་དང་བྲལ་བས། དྲན་པ་དང་ལྡན་ཞིང་། ཤེས་
བཞིན་དུ་བཏང་སྙོམས་སུ་གནས་ཏེ། བདེ་བ་ལུས་ཀྱིས་མྱོང་ལ། འཕགས་པ་
རྣམས་ཀྱིས་དེ་ལ་དྲན་པ་དང་ལྡན་པ། བདེ་བ་ལ་རྣམ་པར་སྤྱོད་པ་བཏང་སྙོམས་
པའོ་ཞེས་བརྗོད་པ་སྟེ། དགའ་བ་མེད་པའི་བསམ་གཏན་གསུམ་པ་ལ་ཉེ་བར་
བསྒྲུབས་ཏེ་གནས་སོ། །དེ་བདེ་བ་ཡང་སྤངས། སྡུག་བསྔལ་བ་ཡང་སྤངས་
ཤིང་། ཡིད་བདེ་བ་དང་། ཡིད་མི་བདེ་བ་སྔ་ནས་ཀྱང་ནུབ་པས། བདེ་བ་
ཡང་མེད། སྡུག་བསྔལ་བ་ཡང་མེད་པ། བཏང་སྙོམས་དང་དྲན་པས་ཡོངས་
སུ་དག་པའི་བསམ་གཏན་བཞི་པ་ལ་ཉེ་བར་བསྒྲུབས་ཏེ་གནས་སོ། །དེ་རྣམ་པ་
ཐམས་ཅད་དུ་གཟུགས་ཀྱི་འདུ་ཤེས་ལས་ཡང་དག་པར་འདས་ཏེ། ཐོགས་པའི་
འདུ་ཤེས་རྣམས་ནུབ་པར་གྱུར་ཅིང་། སྣ་ཚོགས་ཀྱི་འདུ་ཤེས་ཡིད་ལ་མི་བྱེད་པས།
ནམ་མཁའ་མཐའ་ཡས་སོ་ཞེས་ཏེ། ནམ་མཁའ་མཐའ་ཡས་སྐྱེ་མཆེད་ལ་ཉེ་བར་
བསྒྲུབས་ཏེ་གནས་སོ། །དེ་རྣམ་པ་ཐམས་ཅད་དུ་ནམ་མཁའ་མཐའ་ཡས་སྐྱེ་
མཆེད་ལས་ཡང་དག་པར་འདས་ཏེ། རྣམ་པར་ཤེས་པ་མཐའ་ཡས་སོ་ཞེས།
རྣམ་ཤེས་མཐའ་ཡས་སྐྱེ་མཆེད་ལ་ཉེ་བར་བསྒྲུབས་ཏེ་གནས་སོ། །དེ་རྣམ་པ་
ཐམས་ཅད་དུ་རྣམ་ཤེས་མཐའ་ཡས་སྐྱེ་མཆེད་ལས་ཡང་དག་པར་འདས་ཏེ།
ཅུང་ཟད་མ་ཡོད་དོ་ཞེས། ཅུང་ཟད་མེད་པའི་སྐྱེ་མཆེད་ལ་ཉེ་བར་བསྒྲུབས་ཏེ་
གནས་སོ། །དེ་རྣམ་པ་ཐམས་ཅད་དུ་ཅུང་ཟད་མེད་པའི་སྐྱེ་མཆེད་ལས་ཡང་དག་
པར་འདས་ཏེ། འདུ་ཤེས་མེད་འདུ་ཤེས་མེད་མིན་སྐྱེ་མཆེད་ལ་ཉེ་བར་བསྒྲུབས་
ཏེ་གནས་སོ། །དེ་རྣམ་པ་ཐམས་ཅད་དུ་འདུ་ཤེས་མེད་འདུ་ཤེས་མེད་མིན་སྐྱེ་····

མཆེད་ལས་ཡང་དག་པར་འདས་ཏེ། འདུ་ཤེས་དང་། ཚོར་བ་འགོག་པ་ལ་ཉེ་
བར་བསྒྲུབས་ཏེ་གནས་སོ། །དེ་ལྟར་མཐར་གྱིས་གནས་པའི་སྙོམས་པར་འཇུག་
པ་དགུ་པོ་དེ་དག་དང་། ནང་སྟོང་པ་ཉིད་དང་། ཕྱི་སྟོང་པ་ཉིད་དང་། ཕྱི་
ནང་སྟོང་པ་ཉིད་དང་། དངོས་པོ་མེད་པའི་ངོ་བོ་ཉིད་སྟོང་པ་ཉིད་ཀྱི་བར་དང་།
དེ་བཞིན་གཤེགས་པའི་སྟོབས་བཅུ་དང་། མི་འཇིགས་པ་བཞི་དང་། སོ་སོ
ཡང་དག་པར་རིག་པ་བཞི་དང་། སངས་རྒྱས་ཀྱི་ཆོས་མ་འདྲེས་པ་བཅོ་བརྒྱད་
དག་སྟེ། དེ་དག་ནི་འཇིག་རྟེན་ལས་འདས་པའི་ཆོས་ཤེས་བྱའོ། །གསོལ་པ།
བཅོམ་ལྡན་འདས་ཟག་པ་དང་བཅས་པའི་ཆོས་གང་ལགས། བཅོམ་ལྡན་འདས་
ཀྱིས་བཀའ་སྩལ་པ། རབ་འབྱོར་ཟག་པ་དང་བཅས་པའི་ཆོས་ཞེས་བྱ་བ་ནི།
འདི་ལྟ་སྟེ། ཕུང་པོ་དང་། སྐྱེ་མཆེད་དང་། ཁམས་དང་། བསམ་གཏན་
བཞི་དང་། ཚད་མེད་པ་བཞི་དང་། གཟུགས་མེད་པའི་སྙོམས་པར་འཇུག་པ་
བཞི་དང་། མངོན་པར་ཤེས་པ་ལྔ་དག་སྟེ། དེ་དག་ནི་ཟག་པ་དང་བཅས་
པའི་ཆོས་ཞེས་བྱའོ། །གསོལ་པ། བཅོམ་ལྡན་འདས་ཟག་པ་མ་མཆིས་པའི་
ཆོས་གང་ལགས། བཅོམ་ལྡན་འདས་ཀྱིས་བཀའ་སྩལ་པ། རབ་འབྱོར་ཟག་པ་
མེད་པའི་ཆོས་ནི། དྲན་པ་ཉེ་བར་གཞག་པ་བཞི་དང་། ཡང་དག་པར་སྤོང
བ་བཞི་དང་། རྫུ་འཕྲུལ་གྱི་རྐང་པ་བཞི་དང་། དབང་པོ་ལྔ་དང་། སྟོབས་[1]
ལྔ་དང་། བྱང་ཆུབ་ཀྱི་ཡན་ལག་བདུན་[2]དང་། འཕགས་པའི་ལམ་ཡན་ལག
བརྒྱད་པ་དང་། འཕགས་པའི་བདེན་པ་བཞི་དང་། རྣམ་པར་ཐར་པ་བརྒྱད་
དང་། མཐར་གྱིས་གནས་པའི་སྙོམས་པར་འཇུག་པ་དགུ་དང་། སྟོང་པ་ཉིད་
དང་། མཚན་མ་མེད་པ་དང་། སྨོན་པ་[3]དང་། ཏིང་ངེ་འཛིན་ཐམས་ཅད་
དང་། གཟུངས་ཀྱི་སྒོ་ཐམས་ཅད་དང་། དེ་བཞིན་གཤེགས་པའི་སྟོབས་བཅུ་

དང་། མི་འཇིགས་པ་བཞི་དང་། སོ་སོ་ཡང་དག་པར་རིག་པ་བཞི་དང་། བྱམས་པ་ཆེན་པོ་དང་། སྙིང་རྗེ་ཆེན་པོ་དང་། སངས་རྒྱས་ཀྱི་ཆོས་མ་འདྲེས་པ་①བཅོ་བརྒྱད་དག་སྟེ། དེ་དག་ནི་ཟག་པ་མེད་པའི་ཆོས་ཞེས་བྱའོ། །གསོལ་པ། བཅོམ་ལྡན་འདས་འདུས་བྱས་ཀྱི་ཆོས་གང་ལགས། བཅོམ་ལྡན་འདས་ཀྱིས་བཀའ་སྩལ་པ། རབ་འབྱོར་འདུས་②བྱས་ཀྱི་ཆོས་ཞེས་བྱ་བ་ནི། འདོད་པའི་ཁམས་དང་། གཟུགས་ཀྱི་ཁམས་དང་། གཟུགས་མེད་པའི་ཁམས་དང་གཞན་ཡང་དེ་མ་ཡིན་པ་འདུས་བྱས་སུ་གཏོགས་པའི་ཆོས་རྣམས། བྱང་ཆུབ་ཀྱི་ཕྱོགས་ཀྱི་ཆོས་སུམ་ཅུ་རྩ་བདུན་དང་། སངས་རྒྱས་ཀྱི་ཆོས་མ་འདྲེས་པ་③བཅོ་བརྒྱད་ཀྱི་བར་དག་སྟེ། དེ་དག་ནི་འདུས་བྱས་ཀྱི་ཆོས་ཞེས་བྱའོ། །གསོལ་པ། བཅོམ་ལྡན་འདས་འདུས་མ་བྱས་ཀྱི་ཆོས་གང་ལགས། བཅོམ་ལྡན་འདས་ཀྱིས་བཀའ་སྩལ་པ། རབ་འབྱོར་འདུས་མ་བྱས་ཀྱི་ཆོས་ཞེས་བྱ་བ་ནི། གང་ལ་སྐྱེ་བ་མེད་ཅིང་འཇིག་པ་མེད་པ་དང་། གནས་པ་ལས་གཞན་དུ་འགྱུར་བ་མེད་པ་སྟེ་འདོད་ཆགས་ཟད་པ། ཞེ་སྡང་ཟད་པ། གཏི་མུག་ཟད་པ། དེ་བཞིན་ཉིད་མ་ནོར་བ་དེ་བཞིན་ཉིད། གཞན་མ་ཡིན་པ་དེ་བཞིན་ཉིད། ཆོས་ཉིད་ཆོས་ཀྱི་དབྱིངས་ཉིད། ཆོས་སྐྱོན་མེད་པ་ཉིད། བསམ་གྱིས་མི་ཁྱབ་④པའི་དབྱིངས་ཡང་དག་པའི་མཐའ་སྟེ། རབ་འབྱོར་དེ་དག་ནི་འདུས་མ་བྱས་ཀྱི་ཆོས་ཞེས་བྱའོ། །གསོལ་པ། བཅོམ་ལྡན་འདས་ཐུན་མོང་⑤གི་ཆོས་གང་ལགས། བཅོམ་ལྡན་འདས་ཀྱིས་བཀའ་སྩལ་པ། རབ་འབྱོར་ཐུན་མོང་གི་ཆོས་ཞེས་བྱ་བ་ནི། བསམ་གཏན་བཞི་དང་། ཚད་མེད་པ་བཞི་དང་། གཟུགས་མེད་པའི་སྙོམས་པར་འཇུག་པ་བཞི་དང་། མངོན་པར་ཤེས་པ་ལྔ་དག་སྟེ། དེ་དག་ནི་ཕྱིས་པ་སོ་སོའི་སྐྱེ་བོ་རྣམས་དང་། ཐུན་མོང་གི་ཆོས་ཞེས་བྱའོ། །གསོལ་པ། བཅོམ

ལྡན་འདས་ཐུན་མོང་མ་ལགས་པའི་ཆོས་གང་ལགས། བཅོམ་ལྡན་འདས་ཀྱིས་བཀའ་སྩལ་པ། རབ་འབྱོར་ཐུན་མོང་མ་ཡིན་པའི་ཆོས་ཞེས་བྱ་བ་ནི། བྱང་ཆུབ་ཀྱི་ཕྱོགས་ཀྱི་ཆོས་སུམ་ཅུ་རྩ་བདུན་དང་། སངས་རྒྱས་ཀྱི་ཆོས་མ་འདྲེས་པ་བཅོ་བརྒྱད་ཀྱི་བར་དག་སྟེ། དེ་དག་ནི་ཐུན་མོང་མ་ཡིན་པའི་ཆོས་ཞེས་བྱའོ། །དེ་ལ་བྱང་ཆུབ་སེམས་དཔའ་སེམས་དཔའ་ཆེན་པོ་ཤེས་རབ་ཀྱི་ཕ་རོལ་ཏུ་ཕྱིན་པ་ལ་སྤྱོད་པས། རང་གི་མཚན་ཉིད་ཀྱིས་སྟོང་བའི་ཆོས་ཐམས་ཅད་ལ་རྟོག་པ་མེད་པས། ཆགས་པར་མི་བྱའོ། །ཆོས་ཐམས་ཅད་གཉིས་སུ་མེད་པའི་ཚུལ་གྱིས་རྟོག་པ་མེད་ཅིང་། རྣམ་པར་རྟོག་པ་མེད་པའི་ཕྱིར། ཆོས་ཐམས་ཅད་ཡོངས་སུ་ཆུད་པར་བྱའོ། །དེ་ནས་ཚེ་དང་ལྡན་པ་རབ་འབྱོར་གྱིས། བཅོམ་ལྡན་འདས་ལ་འདི་སྐད་ཅེས་གསོལ་ཏོ། །བཅོམ་ལྡན་འདས་གང་འདི་བྱང་ཆུབ་སེམས་དཔའ་①སེམས་དཔའ་ཆེན་པོ་ཞེས་བགྱི་བ་དེ་ཅིའི་སླད་དུ། བྱང་ཆུབ་སེམས་དཔའ་ལ་②སེམས་དཔའ་ཆེན་པོ་ཞེས་བགྱི། བཅོམ་ལྡན་འདས་ཀྱིས་བཀའ་སྩལ་པ། རབ་འབྱོར་སེམས་ཅན་གྱི་ཕུང་པོ་ཆེན་པོ་ངེས་པའི་ཕུལ་བྱེད་པར་འགྱུར་བས། དེའི་ཕྱིར་བྱང་ཆུབ་སེམས་དཔའ་ལ་③སེམས་དཔའ་ཆེན་པོ་ཞེས་བྱའོ། །གསོལ་པ། བཅོམ་ལྡན་འདས་སེམས་ཅན་གྱི་ཕུང་པོ་ཆེན་པོ་ངེས་པ་དེ་ལྟ་བུའི་ཕུལ། བྱང་ཆུབ་སེམས་དཔའ་སེམས་དཔའ་ཆེན་པོ་བགྱིད་པར་འགྱུར་བ། དེ་ལྟ་བུའི་སེམས་ཅན་གྱི་ཕུང་པོ་ཆེན་པོ་ངེས་པ་གང་ལགས། བཅོམ་ལྡན་འདས་ཀྱིས་བཀའ་སྩལ་པ། རབ་འབྱོར་སེམས་ཅན་གྱི་ཕུང་པོ་ཆེན་པོ་ཞེས་བྱ་བ་ནི། འདི་ལྟ་སྟེ། རིགས་ཀྱི་ས་དང་། བརྒྱད་པ་དང་། རྒྱུན་དུ་ཞུགས་པ་དང་། ལན་ཅིག་ཕྱིར་འོང་བ་དང་། ཕྱིར་མི་འོང་བ་དང་། དགྲ་བཅོམ་པ་དང་། རང་སངས་རྒྱས་དང་། སེམས་དང་པོ་བསྐྱེད་པའི་བྱང་

ཆུབ་སེམས་དཔའ་དང་། ཕྱིར་མི་ལྡོག་པའི་ས་ལ་གནས་པའི་བྱང་ཆུབ་སེམས་དཔའ་སེམས་དཔའ་ཆེན་པོའི་བར་དག་སྟེ། རབ་འབྱོར་དེ་ནི་སེམས་ཅན་གྱི་ཕུང་པོ་①ངེས་པ་ཞེས་བྱ་སྟེ། བྱང་ཆུབ་སེམས་དཔའ་སེམས་དཔའ་ཆེན་པོ་②ནི་དེ་ལྟ་བུའི་ཕུལ་བྱེད་པར་འགྱུར་རོ། །དེ་ལ་བྱང་ཆུབ་སེམས་དཔའ་སེམས་དཔའ་ཆེན་པོས་རྡོ་རྗེ་ལྟ་བུའི་སེམས་བསྐྱེད་དེ། སེམས་ཅན་གྱི་ཕུང་པོ་ཆེན་པོ་ངེས་པའི་ཕུལ་ཞེས་བྱའོ། །གསོལ་པ། བཅོམ་ལྡན་འདས་རྡོ་རྗེ་ལྟ་བུའི་སེམས་བསྐྱེད་པ་གང་ལགས། བཅོམ་ལྡན་འདས་ཀྱིས་བཀའ་སྩལ་པ། རབ་འབྱོར་འདི་ལ་བྱང་ཆུབ་སེམས་དཔའ་སེམས་དཔའ་ཆེན་པོ་འདི་ལྟར་སེམས་བསྐྱེད་དེ། འཁོར་བ་དཔག་ཏུ་མེད་པར་སེམས་ཅན་ཐམས་ཅད་ཀྱི་དོན་དུ་བདག་གིས་གོ་ཆ་བགོ་བར་བྱའོ། །བདག་གིས་བདོག་པ་ཐམས་ཅད་ཡོངས་སུ་གཏོང་③བར་བྱའོ། །བདག་གིས་སེམས་ཅན་ཐམས་ཅད་ལ་སེམས་མཉམ་པ་ཉིད་བསྐྱེད་པར་བྱའོ། །བདག་གིས་སེམས་ཅན་ཐམས་ཅད་ཐེག་པ་གསུམ་གྱིས་ཡོངས་སུ་མྱ་ངན་ལས་བཟླ་④བར་བྱའོ། །དེ་ལྟར་སེམས་ཅན་ཐམས་ཅད་ཡོངས་སུ་མྱ་ངན་ལས་བཟླས་⑤ཀྱང་། སེམས་ཅན་གང་ཡང་ཡོངས་སུ་མྱ་ངན་ལས་འདས་⑥པ་མེད་པས། ཆོས་ཐམས་ཅད་སྐྱེ་བ་མེད་པ་དང་། འགག་པ་མེད་པ་བདག་གིས་ཤེས་པར་བྱའོ། །བདག་གིས་མ་འདྲེས་པའི་རྣམ་པ་ཐམས་ཅད་མཁྱེན་པ་ཉིད་ཀྱི་སེམས་ཀྱིས་ཕ་རོལ་ཏུ་ཕྱིན་པ་དྲུག་ལ་སྤྱོད་⑦པར་བྱའོ། །བདག་གིས་ཆོས་རྟོགས་པ་ཐམས་ཅད་ཀྱི་རྗེས་སུ་འགྲོ་བ་ཕུན་སུམ་ཚོགས་པ་ལ་བསླབ་པར་བྱའོ། །བདག་གིས་ཆོས་ཀྱི་ཚུལ་གཅིག་ཏུ་བསྟུབ་པ་ཁོང་དུ་ཆུད་པར་བྱའོ། །བདག་གིས་ཕུང་པོ་ནས་བརྩམས་⑧ཏེ་ཕ་རོལ་ཏུ་ཕྱིན་པ་རྣམས་དང་། བྱང་ཆུབ་ཀྱི་ཕྱོགས་ཀྱི་ཆོས་རྣམས་དང་། བསམ་གཏན་དང་། ཚད་མེད་པ་དང་། གཟུགས་མེད་པའི་སྙོམས་པར་

འཇུག་པ་དང་། མངོན་པར་ཤེས་པ་དང་། སྟོབས་བཅུ་དང་། མི་འཇིགས་པ་བཞི་དང་། སོ་སོ་①ཡང་དག་པར་རིག་པ་དང་། སངས་རྒྱས་ཀྱི་ཆོས་མ་འདྲེས་པའི་བར་བསྒྲུབ་པ་ཕོང་དུ་ཆུད་པ་ལ་བསླབ་པར་བྱའོ། །བདག་གིས་ཆོས་དཔག་ཏུ་མེད་པ་ཐམས་ཅད་ཡོངས་སུ་བསྒྲུབ་པར་བསླབ་པར་②བྱའོ། །སྙམ་དུ་སེམས་བསྐྱེད་དེ། རབ་འབྱོར་འདི་ནི་བྱང་ཆུབ་སེམས་དཔའ་སེམས་དཔའ་ཆེན་པོའི་སེམས་བསྐྱེད་པ་རྡོ་རྗེ་ལྟ་བུ་སྟེ། དེ་དེ་ལ་གནས་ཤིང་བྱང་ཆུབ་སེམས་དཔའ་སེམས་དཔའ་ཆེན་པོ་སེམས་ཅན་གྱི་ཕུང་པོ་ཆེན་པོ་ངེས་པའི་ཕྱུལ་མི་དམིགས་པའི་ཚུལ་གྱིས་བྱེད་དོ། །རབ་འབྱོར་གཞན་ཡང་བྱང་ཆུབ་སེམས་དཔའ་སེམས་དཔའ་ཆེན་པོ་འདི་ལྟར་སེམས་བསྐྱེད་དེ། སེམས་ཅན་དམྱལ་བ་པ་③དང་། བྱོལ་སོང་གི་སྐྱེ་གནས་པ་དང་། གཤིན་རྗེའི་འཇིག་རྟེན་པའི་སེམས་ཅན་ཇི་སྙེད་ཅིག་སྡུག་བསྔལ་གྱི་ཚོར་བ་ཉམས་སུ་མྱོང་བར་གྱུར་པའི་སྡུག་བསྔལ་གྱི་ཚོར་བ་དེ་དག་ཐམས་ཅད་སེམས་ཅན་དེ་དག་གི་དོན་དུ་བདག་གིས་ཉམས་སུ་མྱོང་བར་བྱའོ་སྙམ་དུ་སེམས་བསྐྱེད་དོ། །དེ་ལ་བྱང་ཆུབ་སེམས་དཔའ་སེམས་དཔའ་ཆེན་པོས་གང་④དུ་འདི་ལྟར་སེམས་བསྐྱེད་པར་བྱ་སྟེ། བདག་གིས་སེམས་ཅན་རེ་རེའི་དོན་དུ་ཡང་བསྐལ་པ་བྱེ་བ་ཁྲག་ཁྲིག་བརྒྱ་སྟོང་མང་པོར་སེམས་ཅན་གང་ཡང་ཕུང་པོ་མ་ལུས་པའི་མྱ་ངན་ལས་འདས་པའི་དབྱིངས་སུ་ཡོངས་སུ་མྱ་ངན་ལས་མ་བཟླས་⑤ཀྱི་བར་དུ། སེམས་ཅན་དམྱལ་བའི་སྡུག་བསྔལ་དེ་དག་ཀྱང་། བདག་གིས་ཉམས་སུ་མྱོང་བར་བྱའོ་ཞེས་ཐབས་དེ་ལྟ་བུས་སེམས་ཅན་ཐམས་ཅད་ཀྱི་དོན་ཏུ། སེམས་ཅན་ཐམས་ཅད་ཕུང་པོ་མ་ལུས་པའི་མྱ་ངན་ལས་འདས་པའི་དབྱིངས་སུ་ཡོངས་སུ་མྱ་ངན་ལས་མ་བཟླས་⑥ཀྱི་བར་དུ། སེམས་ཅན་དམྱལ་བའི་སྡུག་བསྔལ་དེ་དག་ཐམས་ཅད་ཀྱང་བདག་གིས་ཉམས་སུ་མྱོང་བར་བྱའོ། །དེ་ནས་

གདོད་བདག་གི་དོན་དུ་དགེ་བའི་རྩ་བ་བསྐྱེད་དེ། བསྐལ་པ་བྱེ་བ་ཁྲག་ཁྲིག་བརྒྱ་སྟོང་དུ་མས་བྱང་ཆུབ་ཀྱི་ཚོགས་མང་པོ་བསགས་ཏེ། བླ་ན་མེད་པ་ཡང་དག་པར་རྫོགས་པའི་བྱང་ཆུབ་ཏུ་མངོན་པར་རྫོགས་པར་འཚང་རྒྱ་བར་བྱའོ་སྙམ་དུ་སེམས་བསྐྱེད་པར་བྱ་སྟེ། རབ་འབྱོར་འདི་ནི་བྱང་ཆུབ་སེམས་དཔའ་སེམས་དཔའ་ཆེན་པོའི་སེམས་བསྐྱེད་པ་རྡོ་རྗེ་ལྟ་བུ་སྟེ། དེ་ལ་གནས་ཤིང་བྱང་ཆུབ་སེམས་དཔའ་སེམས་དཔའ་ཆེན་པོ་སེམས་ཅན་གྱི་ཕུང་པོ་ཆེན་པོ་ངེས་པའི་ཕུལ་མི་དམིགས་པའི་ཚུལ་གྱིས་བྱེད་དོ། །རབ་འབྱོར་གཞན་ཡང་བྱང་ཆུབ་སེམས་དཔའ་སེམས་དཔའ་ཆེན་པོས་རྒྱུན་མི་འཆད་པར་རླབས་པོ་ཆེའི་སེམས་གང་གིས་སེམས་ཅན་ཐམས་ཅད་ཀྱི་ཕུལ་དུ་འགྱུར་བ་དེ་ལྟ་བུའི་སེམས་རླབས་པོ་ཆེ་བསྐྱེད་པར་བྱའོ། །དེ་ལ་བྱང་ཆུབ་སེམས་དཔའ་སེམས་དཔའ་ཆེན་པོའི་སེམས་རླབས་པོ་ཆེ་ནི་སེམས་དང་པོ་བསྐྱེད་ཕྱིན་ཆད། འདོད་ཆགས་ཀྱི་སེམས་མི་བསྐྱེད[༡]། ཞེ་སྡང་གི་སེམས་མི་བསྐྱེད[༢]། གཏི་མུག་གི་སེམས་མི་བསྐྱེད[༣]། གཙེ་བའི་སེམས་མི་བསྐྱེད[༤]། ཉན་ཐོས་ཀྱི་སེམས་དང་། རང་སངས་རྒྱས་ཀྱི་སེམས་ཀྱང་མི་བསྐྱེད་[༥]པ་སྟེ། འདི་ནི་བྱང་ཆུབ་སེམས་དཔའ་སེམས་དཔའ་ཆེན་པོའི་སེམས་རླབས་པོ་ཆེའོ། །དེས་སེམས་ཅན་ཐམས་ཅད་ཀྱི་ཕུལ་བྱེད་ཀྱང་། སེམས་རླབས་པོ་ཆེ་དེས་རློམ་སེམས་སུ་མི་བྱའོ། །རབ་འབྱོར་གཞན་ཡང་བྱང་ཆུབ་སེམས་དཔའ་སེམས་དཔའ་ཆེན་པོས་མི་སྒྱུལ་[༦]བའི་སེམས་དང་ལྡན་པར་བྱ་སྟེ། དེ་ལ་བྱང་ཆུབ་སེམས་དཔའ་སེམས་དཔའ་ཆེན་པོའི་སེམས་མི་སྒྱུལ་[༧]བ་ནི། རྣམ་པ་ཐམས་ཅད་མཁྱེན་པ་ཉིད་དང་ལྡན་པར་ཡིད་ལ་བྱེད་ཅིང་། དེས་རློམ་སེམས་སུ་མི་བྱེད་པ་སྟེ། འདི་ནི་བྱང་ཆུབ་སེམས་དཔའ་སེམས་དཔའ་ཆེན་པོའི་སེམས་མི་སྒྱུལ་[༨]བའོ། སེམས་དེས་སེམས་ཅན་ཐམས་ཅད་ཀྱི་ཕུལ་དུ་མི་དམིགས་པའི་ཚུལ་གྱིས་འགྱུར་རོ།

རབ་འབྱོར་གཞན་ཡང་བྱང་ཆུབ་སེམས་དཔའ་སེམས་དཔའ་ཆེན་པོས་སེམས་ཅན་
ཐམས་ཅད་ལ་ཕན་པ་དང་། བདེ་བའི་སེམས་བསྐྱེད་པར་བྱའོ། །དེ་ལ་བྱང་
ཆུབ་སེམས་དཔའ་སེམས་དཔའ་ཆེན་པོའི་ཕན་པ་དང་བདེ་བའི་སེམས་ནི།
སེམས་ཅན་ཐམས་ཅད་སྐྱོབ་ཅིང་། སེམས་ཅན་ཐམས་ཅད་ཡོངས་སུ་མི་གཏོང་ལ།
དེས་རློམ་སེམས་སུ་འགྱུར་བ་མེད་པ་སྟེ། རབ་འབྱོར་འདི་ནི་བྱང་ཆུབ་སེམས་
དཔའ་སེམས་དཔའ་ཆེན་པོའི་ཕན་པ་དང་བདེ་བའི་སེམས་ཏེ། དེ་ལ་གནས་
ཤིང་སེམས་ཅན་གྱི་ཕུང་པོ་ཆེན་པོ་ངེས་པའི་ཕྱུལ་མི་དམིགས་པའི་ཚུལ་གྱིས་བྱེད་དོ། །
རབ་འབྱོར་གཞན་ཡང་བྱང་ཆུབ་སེམས་དཔའ་སེམས་དཔའ་ཆེན་[༧]པོས་རྟག་ཏུ་
རྒྱུན་མི་ཆད་པར་ཆོས་འདོད་པར་བྱའོ། །ཆོས་ལ་དགའ་བར་བྱའོ། །ཆོས་ལ་
མོས་པར་བྱའོ། །ཆོས་ལ་མོས་པའི་རྣལ་འབྱོར་ལ་བརྩོན་པར་བྱའོ། །དེ་ལ་
ཆོས་གང་ཞེ་ན། ཆོས་ཐམས་ཅད་དབྱེར་མེད་པ་སྟེ། འདི་ནི་ཆོས་ཞེས་བྱའོ། །
དེ་ལ་ཆོས་འདོད་པ་གང་ཞེ་ན། གང་ཆོས་དེ་ལ་འདོད་ཅིང་མོས་པ་སྟེ། འདི་
ནི་ཆོས་འདོད་པ་ཞེས་བྱའོ། །དེ་ལ་ཆོས་ལ་དགའ་བ་གང་ཞེ་ན། ཆོས་དེ་ལ་
དགའ་ཞིང་མངོན་པར་དགའ་བ་སྟེ། འདི་ནི་ཆོས་ལ་དགའ་བ་ཞེས་བྱའོ། །དེ་
ལ་ཆོས་ལ་མོས་པ་གང་ཞེ་ན། གང་ཆོས་དེ་ལ་ཡོན་ཏན་དུ་ལྟ་བ་སྟེ། འདི་ནི་
ཆོས་ལ་མོས་པ་ཞེས་བྱའོ། །དེ་ལ་ཆོས་ལ་མོས་པའི་རྣལ་འབྱོར་ལ་བརྩོན་པ་གང་
ཞེ་ན། ཆོས་དེ་ཉིད་ལ་བསྒོམ་ཞིང་མང་དུ་བྱེད་པ་སྟེ། འདི་ནི་ཆོས་ལ་མོས་
པའི་རྣལ་འབྱོར་ལ་བརྩོན་པ་ཞེས་བྱའོ། །རབ་འབྱོར་དེ་ལྟར་བྱང་ཆུབ་སེམས་
དཔའ་སེམས་དཔའ་ཆེན་པོ་ཤེས་རབ་ཀྱི་ཕ་རོལ་ཏུ་ཕྱིན་པ་ལ་སྤྱོད་པས། སེམས་
ཅན་གྱི་ཕུང་པོ་ཆེན་པོ་ངེས་པའི་ཕྱུལ་དུ་མི་དམིགས་པའི་ཚུལ་གྱིས་བྱའོ། །རབ་
འབྱོར་གཞན་ཡང་བྱང་ཆུབ་སེམས་དཔའ་སེམས་དཔའ་ཆེན་པོ་ཤེས་རབ་ཀྱི་ཕ་

རོལ་དུ་ཕྱིན་པ་ལ་སྤྱོད་པས། ནང་སྟོང་པ་ཉིད་ལ་གནས། ཕྱི་སྟོང་པ་ཉིད་ལ་གནས། ཕྱི་ནང་སྟོང་པ་ཉིད་ལ་གནས། དངོས་པོ་མེད་པའི་ངོ་བོ་ཉིད་སྟོང་པ་ཉིད་ཀྱི་བར་ལ་གནས་ཏེ། སེམས་ཅན་གྱི་ཕུང་པོ་ཆེན་པོ་ངེས་པའི་ཕྱུལ་དུ་འགྱུར་བར་བྱའོ། །རབ་འབྱོར་གཞན་ཡང་བྱང་ཆུབ་སེམས་དཔའ་སེམས་དཔའ་ཆེན་པོ་ཤེས་རབ་ཀྱི་ཕ་རོལ་དུ་ཕྱིན་པ་ལ་སྤྱོད་པས། བྱང་ཆུབ་ཀྱི་ཕྱོགས་ཀྱི་ཆོས་རྣམས་ལ་གནས། འཕགས་པའི་བདེན་པ་རྣམས་དང་། བསམ་གཏན་རྣམས་དང་། ཚད་མེད་པ་རྣམས་དང་། གཟུགས་མེད་པའི་སྙོམས་པར་འཇུག་པ་རྣམས་དང་། རྣམ་པར་ཐར་པ་བརྒྱད་དང་། མཐར་གྱིས་གནས་པའི་སྙོམས་པར་འཇུག་པ་དགུ་དང་། སྟོང་པ་ཉིད་དང་། མཚན་མ་མེད་པ་དང་། སྨོན་པ་མེད་པ་དང་། མངོན་པར་ཤེས་པ་རྣམས་དང་། ཏིང་ངེ་འཛིན་རྣམས་དང་། གཟུངས་ཀྱི་སྒོ་རྣམས་དང་། དེ་བཞིན་གཤེགས་པའི་སྟོབས་བཅུ་དང་། མི་འཇིགས་པ་རྣམས་དང་། སོ་སོ་ཡང་དག་པར་རིག་པ་རྣམས་དང་། བྱམས་པ་ཆེན་པོ་དང་། སྙིང་རྗེ་ཆེན་པོ་དང་། སངས་རྒྱས་ཀྱི་ཆོས་མ་འདྲེས་པ་བཅོ་བརྒྱད་ཀྱི་བར་ལ་གནས་ཏེ། སེམས་ཅན་གྱི་ཕུང་པོ་ཆེན་པོ་ངེས་པའི་ཕྱུལ་དུ་མི་དམིགས་པའི་ཚུལ་གྱིས་འགྱུར་བར་བྱའོ། །རབ་འབྱོར་གཞན་ཡང་བྱང་ཆུབ་སེམས་དཔའ་སེམས་དཔའ་ཆེན་པོ་ཤེས་རབ་ཀྱི་ཕ་རོལ་དུ་ཕྱིན་པ་ལ་སྤྱོད་པས་དཔའ་བར་འགྲོ་བའི་ཏིང་ངེ་འཛིན་ལ་གནས། ནམ་མཁའ་ལྟར་ཆགས་པ་མེད་པས་རྣམ་པར་གྲོལ་ཞིང་གོས་པ་མེད་པའི་ཏིང་ངེ་འཛིན་གྱི་⑦བར་ལ་གནས་ཏེ་སེམས་ཅན་གྱི་ཕུང་པོ་ཆེན་པོ་ངེས་པའི་ཕྱུལ་དུ་མི་དམིགས་པའི་ཚུལ་གྱིས་འགྱུར་བར་བྱའོ། །རབ་འབྱོར་ཆོས་དེ་དག་ལ་གནས་ཤིང་། བྱང་ཆུབ་སེམས་དཔའ་སེམས་དཔའ་ཆེན་པོ་ཤེས་རབ་ཀྱི་ཕ་རོལ་དུ་ཕྱིན་པ་ལ་སྤྱོད་པ་དེ། སེམས་ཅན

ཀྱི་ཕུང་པོ་ཆེན་པོ་ངེས་པའི་ཕྱུལ་དུ་བྱེད་པས། དེའི་ཕྱིར་བྱང་ཆུབ་སེམས་དཔའ་སེམས་དཔའ་ཆེན་པོ་ཞེས་བྱའོ། །དེ་ནས་ཚེ་དང་ལྡན་པ་ཤ་ར་དྭ་ཏིའི་བུས། བཅོམ་ལྡན་འདས་ལ་འདི་སྐད་ཅེས་གསོལ་ཏོ། །བཅོམ་ལྡན་འདས་དོན་གང་གི་སླད་དུ། བྱང་ཆུབ་སེམས་དཔའ་སེམས་དཔའ་ཆེན་པོ་ཞེས་བགྱི་བ་འདི་ལ་བདག་ཀྱང་སྤོབས་པ་སྐྱེའོ། །བཅོམ་ལྡན་འདས་ཀྱིས་བཀའ་སྩལ་པ། ཤ་ར་དྭ་ཏིའི་བུ་དེ་ལ་སྤོབས་པ་སྐྱེད་ཅིག །ཤ་ར་དྭ་ཏིའི་བུས་གསོལ་པ། བཅོམ་ལྡན་འདས་བདག་ཏུ་ལྟ་བ་དང་། སེམས་ཅན་དུ་ལྟ་བ་དང་། སྲོག་ཏུ་ལྟ་བ་དང་། གང་ཟག་ཏུ་ལྟ་བ་⑦དང་། གསོ་བ་དང་། སྐྱེས་བུ་དང་། ཤེད་ཅན་དང་། ཤེད་བདག་དང་། བྱེད་པ་པོ་དང་། ཚོར་བ་པོ་དང་། ཤེས་པ་པོ་དང་། མཐོང་བ་པོར་ལྟ་བ་དང་། ཆད་པར་ལྟ་བ་དང་། རྟག་པར་ལྟ་བ་དང་། ཡོད་པར་ལྟ་བ་དང་། མེད་པར་ལྟ་བ་དང་། ཕུང་པོར་ལྟ་བ་དང་། ཁམས་སུ་ལྟ་བ་དང་། སྐྱེ་མཆེད་དུ་ལྟ་བ་དང་། རྟེན་ཅིང་འབྲེལ་བར་འབྱུང་བར་ལྟ་བ་དང་། ཕ་རོལ་དུ་ཕྱིན་པ་དང་། བྱང་ཆུབ་ཀྱི་ཕྱོགས་ཀྱི་ཆོས་སུ་ལྟ་བ་དང་། སངས་རྒྱས་ཀྱི་ཆོས་མ་འདྲེས་པའི་བར་དུ་ལྟ་བ་དང་། སེམས་ཅན་ཡོངས་སུ་སྨིན་པར་བྱ་བར་ལྟ་བ་དང་། སངས་རྒྱས་ཀྱི་ཞིང་ཡོངས་སུ་དག་པར་བྱ་བར་ལྟ་བ་དང་། བྱང་ཆུབ་ཏུ་ལྟ་བ་དང་། སངས་རྒྱས་སུ་ལྟ་བ་དང་། ཆོས་སུ་ལྟ་བ་དང་། དགེ་འདུན་དུ་ལྟ་བ་དང་། ཆོས་ཀྱི་འཁོར་ལོ་བསྐོར་བར་ལྟ་བ་དང་། ཡོངས་སུ་མྱ་ངན་ལས་འདའ་བར་ལྟ་བ་རབ་ཏུ་སྤང་བའི་སླད་དུ་སེམས་ཅན་རྣམས་ལ་ཆོས་སྟོན་པ་བགྱིད་ཀྱང་། དེ་མི་དམིགས་པའི་ཚུལ་གྱིས་བགྱིད་དེ། དེའི་སླད་དུ་བྱང་ཆུབ་སེམས་དཔའ་སེམས་དཔའ་ཆེན་པོ་ཞེས་བགྱིའོ། །དེ་ནས་ཚེ་དང་ལྡན་པ་རབ་འབྱོར་གྱིས། ཚེ་དང་ལྡན་པ་ཤ་ར་དྭ་ཏིའི་བུ་ལ་འདི་སྐད་ཅེས་

སྨྲས་སོ། །ཚེ་དང་ལྡན་པ་ཤ་ར་དྭ་ཏིའི་བུ་ཅིའི་ཕྱིར་ན། བྱང་ཆུབ་སེམས་དཔའ་སེམས་དཔའ་ཆེན་པོ་གཟུགས་སུ་ལྟ་བར་འགྱུར་བ་ཡིན། ཚོར་བ་དང་། འདུ་ཤེས་དང་། འདུ་བྱེད་དང་། རྣམ་པར་ཤེས་པར་ལྟ་བར་འགྱུར་བ་ཡིན། མྱ་ངན་ལས་འདའ་བའི་བར་དུ་ལྟ་བར་འགྱུར་བ་ཡིན། སྨྲས་པ། ཚེ་དང་ལྡན་པ་རབ་འབྱོར་འདི་ལ་བྱང་ཆུབ་སེམས་དཔའ་སེམས་དཔའ་ཆེན་པོ་ཤེས་རབ་ཀྱི་ཕ་རོལ་དུ་ཕྱིན་པ་ལ་སྤྱོད་ཅིང་། ཐབས་མི་མཁས་པས། གཟུགས་ལ་དམིགས་ཤིང་། དམིགས་པའི་ཚུལ་གྱིས་ལྟ་བ་སྐྱེད་[1]དོ། །ཚོར་བ་དང་། འདུ་ཤེས་དང་། འདུ་བྱེད་དང་། རྣམ་པར་ཤེས་པར་དམིགས་ཤིང་། དམིགས་པའི་ཚུལ་གྱིས་ལྟ་བ་སྐྱེད་[2]དོ། །སྐྱེ་མཆེད་དང་། ཁམས་དང་། རྟེན་ཅིང་འབྲེལ་བར་འབྱུང་བར་དམིགས་ཤིང་། དམིགས་པའི་ཚུལ་གྱིས་ལྟ་བ་སྐྱེད་[3]དོ། །ཕ་རོལ་དུ་ཕྱིན་པ་རྣམས་དང་། སྟོང་པ་ཉིད་ཐམས་ཅད་དང་། དྲན་པ་ཉེ་བར་གཞག་པ་རྣམས་དང་། ཡང་དག་པར་སྤོང་བ་རྣམས་དང་། རྫུ་འཕྲུལ་གྱི་རྐང་པ་རྣམས་དང་། དབང་པོ་རྣམས་དང་། སྟོབས་རྣམས་དང་། བྱང་ཆུབ་ཀྱི་ཡན་ལག་རྣམས་དང་། འཕགས་པའི་ལམ་ཡན་ལག་བརྒྱད་པ་དང་། འཕགས་པའི་བདེན་པ་རྣམས་དང་། བསམ་གཏན་རྣམས་དང་། ཚད་མེད་པ་རྣམས་དང་། གཟུགས་མེད་པའི་སྙོམས་པར་འཇུག་པར་དམིགས་ཤིང་། དམིགས་པའི་ཚུལ་གྱིས་ལྟ་བ་སྐྱེད་[4]དོ། །རྣམ་པར་ཐར་པ་དང་། མཐར་གྱིས་གནས་པའི་སྙོམས་པར་འཇུག་པ་དགུ་དང་། སྟོང་པ་ཉིད་དང་། མཚན་མ་མེད་པ་དང་། སྨོན་པ་མེད་པ་དང་། མངོན་པར་ཤེས་པ་དང་། ཏིང་ངེ་འཛིན་དང་། གཟུངས་ཀྱི་སྒོ་དང་། དེ་བཞིན་གཤེགས་པའི་སྟོབས་དང་། མི་འཇིགས་པ་དང་། སོ་སོ་ཡང་དག་པར་རིག་པ་དང་། བྱམས་པ་ཆེན་པོ་

དང་། སྙིང་རྗེ་ཆེན་པོ་དང་། སངས་རྒྱས་ཀྱི་ཆོས་མ་འདྲེས་པར་དམིགས་ཤིང་། དམིགས་པའི་ཚུལ་གྱིས་ལྟ་བ་སྐྱེད①དོ། །ཡོངས་སུ་མྱ་ངན་ལས་འདའ་བའི་བར་དུ་དམིགས་ཤིང་། དམིགས་པའི་ཚུལ་གྱིས་ལྟ་བ་སྐྱེད②དོ། །ཚེ་དང་ལྡན་པ་རབ་འབྱོར་དེའི་ཕྱིར་བྱང་ཆུབ་སེམས་དཔའ་སེམས་དཔའ་ཆེན་པོ་གཟུགས་སུ་ལྟ་བར་འགྱུར་བ་ཡིན། ཚོར་བ་དང་། འདུ་ཤེས་དང་། འདུ་བྱེད་དང་། རྣམ་པར་ཤེས་པར་ལྟ་བར་འགྱུར་བ་ཡིན། ཡོངས་སུ་མྱ་ངན་ལས་འདའ་བའི་བར་དུ་ལྟ་བར་འགྱུར་བ་ཡིན་ཏེ། དེ་ལ་③བྱང་ཆུབ་སེམས་དཔའ་སེམས་དཔའ་ཆེན་པོ་ཤེས་རབ་ཀྱི་ཕ་རོལ་ཏུ་ཕྱིན་པ་ལ་སྤྱོད་པའི་ཚེ། ཐབས་མཁས་པས། ལྟ་བའི་རྣམ་པ་དེ་དག་སྤང་བའི་ཕྱིར། མི་དམིགས་པའི་ཚུལ་གྱིས་ཆོས་སྟོན་ཏོ། །དེ་ནས་ཚེ་དང་ལྡན་པ་རབ་འབྱོར་གྱིས། བཅོམ་ལྡན་འདས་ལ་འདི་སྐད་ཅེས་གསོལ་ཏོ། །བཅོམ་ལྡན་འདས་དོན་གང་གི་སླད་དུ། བྱང་ཆུབ་སེམས་དཔའ་སེམས་དཔའ་ཆེན་པོ་ཞེས་བགྱི་བ་དེ་ལ་བདག་ཀྱང་སྤོབས་པ་སྐྱེའོ། །བཅོམ་ལྡན་འདས་ཀྱིས་བཀའ་སྩལ་པ། རབ་འབྱོར་ཁྱོད་ཀྱིས་སྤོབས་པ་སྐྱེད④ཅིག །རབ་འབྱོར་གྱིས་གསོལ་པ། བཅོམ་ལྡན་འདས་བྱང་ཆུབ་ཀྱི་སེམས་མི་མཉམ་པ་དང་མཉམ་པའི་སེམས། ཉན་ཐོས་དང་། རང་སངས་རྒྱས་ཐམས་ཅད་དང་ཐུན⑤མོང་མ་ལགས་པའི་སེམས་དེ་ལྟ་བུ་ལ་ཡང་ཆགས་པ་མ་མཆིས་པས། དེའི་སླད་དུ་བྱང་ཆུབ་སེམས་དཔའ་སེམས་དཔའ་ཆེན་པོ་ཞེས་བགྱིའོ། །དེ་ཅིའི་སླད་དུ་ཞེ་ན། འདི་ལྟར་ཐམས་ཅད་མཁྱེན་པ་ཉིད་ཀྱི་སེམས་དེ་ནི། ཟག་པ་མ་མཆིས་ཤིང་ཁམས་གསུམ་གྱི་ཁོངས་སུ་ཆུད་པ་མ་མཆིས་པ་སྟེ། དེ་ལྟར་ཐམས་ཅད་མཁྱེན་པ་ཉིད་ཀྱི་སེམས་ཟག་པ་མ་མཆིས་ཤིང་། ཁམས་གསུམ་གྱི་ཁོངས་སུ་ཆུད་པ་མ་མཆིས་པའི་སེམས་དེ་ལ་ཡང་། རང་བཞིན་སྟོང་པ་ཉིད་ཀྱི་སླད་དུ་ཆགས་པ་མ་

མཆིས་པས། དེའི་སླད་དུ་བྱང་ཆུབ་སེམས་དཔའ་ནི་སེམས་དཔའ་ཆེན་པོའི་གྲངས་སུ་མཆིའོ། །དེ་ཅིའི་སླད་དུ་ཞེ་ན། འདི་ལྟར་སེམས་ནི་སེམས་མ་མཆིས་པ་སྟེ། སེམས་མ་མཆིས་པ་དེ་ལ་ཡང་ཆགས་པ་མ་མཆིས་སོ། །དེ་ནས་ཚེ་དང་ལྡན་པ་ཤཱ་ར་དྭ་ཏིའི་བུས། ཚེ་དང་ལྡན་པ་①རབ་འབྱོར་ལ་འདི་སྐད་ཅེས་སྨྲས་སོ།། ཚེ་དང་ལྡན་པ་རབ་འབྱོར་བྱང་ཆུབ་སེམས་དཔའ་སེམས་དཔའ་ཆེན་པོའི་སེམས་མི་མཉམ་པ་དང་མཉམ་པའི་སེམས། ཉན་ཐོས་དང་། རང་སངས་རྒྱས་ཐམས་ཅད་དང་②ཐུན་མོང་མ་ཡིན་པའི་སེམས་གང་ཡིན། རབ་འབྱོར་གྱིས་སྨྲས་པ། ཚེ་དང་ལྡན་པ་ཤཱ་ར་དྭ་ཏིའི་བུ་འདི་ལ་བྱང་ཆུབ་སེམས་དཔའ་སེམས་དཔའ་ཆེན་པོ་སེམས་དང་པོ་བསྐྱེད་ཕྱིན་ཆད་ཆོས་གང་ཡང་སྐྱེ་བར་ཡང་དག་པར་རྗེས་སུ་མི་མཐོང་། འགག་པ་དང་། འཕེལ་བ་དང་། འགྲིབ་པ་དང་། འོང་བ་དང་། འགྲོ་བ་དང་། ཀུན་ནས་ཉོན་མོངས་པ་དང་། རྣམ་པར་བྱང་བར་ཡང་དག་པར་རྗེས་སུ་མི་མཐོང་སྟེ། ཚེ་དང་ལྡན་པ་ཤཱ་ར་དྭ་ཏིའི་བུ་གང་ལ་སྐྱེ་བ་མེད་ཅིང་། འགག་པ་མེད་པ་དང་། འཕེལ་བ་མེད་ཅིང་འགྲིབ་པ་མེད་པ་དང་། འོང་བ་མེད་ཅིང་འགྲོ་བ་མེད་པ་དང་། ཀུན་ནས་ཉོན་མོངས་པ་མེད་ཅིང་རྣམ་པར་བྱང་བ་མེད་པ་དེ་ལ། ཉན་ཐོས་ཀྱི་སེམས་མེད་དོ། རང་སངས་རྒྱས་ཀྱི་སེམས་མེད་དོ། །བྱང་ཆུབ་སེམས་དཔའི་སེམས་མེད་དོ། ཡང་དག་པར་རྫོགས་པའི་སངས་རྒྱས་ཀྱི་སེམས་མེད་དོ། །ཚེ་དང་ལྡན་པ་ཤཱ་ར་དྭ་ཏིའི་བུ་འདི་ནི་བྱང་ཆུབ་སེམས་དཔའ་སེམས་དཔའ་ཆེན་པོའི་③སེམས་མི་མཉམ་པ་དང་མཉམ་པ་སྟེ། ཉན་ཐོས་དང་། རང་སངས་རྒྱས་ཐམས་ཅད་དང་ཐུན་མོང་མ་ཡིན་པའི་སེམས་སོ། །སྨྲས་པ། ཚེ་དང་ལྡན་པ་རབ་འབྱོར་གང་ཁྱོད་ཀྱིས་འདི་སྐད་དུ་ཐམས་ཅད་མཁྱེན་པ་ཉིད་ཀྱི་སེམས་ཟག་པ་མེད་པ། ཡོངས་སུ

ཆུད་པ་མེད་པ། དེ་ལྟ་བུའི་སེམས་ལ་ཡང་ཆགས་པ་མེད་དོ་ཞེས་སྨྲས་པ་ནི་དེ་ལྟ་ཡིན་ཏེ། ཚེ་དང་ལྡན་པ་རབ་འབྱོར་དེ་བས་གཟུགས་ཀྱང་ཆགས་པ་མེད་དོ། །ཚོར་བ་དང་། འདུ་ཤེས་དང་། འདུ་བྱེད་དང་། རྣམ་པར་ཤེས་པ་ཡང་ཆགས་པ་མེད་དོ། །རྣམ་པ་ཐམས་ཅད་མཁྱེན་པ་ཉིད་ཀྱི་བར་ཡང་ཆགས་པ་མེད་དོ། །སྨྲས་པ། ཚེ་དང་ལྡན་པ་ཤ་ར་དྭ་ཏིའི་བུ་དེ་དེ་བཞིན་ཏེ། གཟུགས་ཀྱང་ཆགས་པ་མེད་དོ། །ཚོར་བ་དང་། འདུ་ཤེས་དང་། འདུ་བྱེད་དང་། རྣམ་པར་ཤེས་པ་ཡང་ཆགས་པ་མེད་དོ། །སྐྱེ་མཆེད་དང་། ཁམས་དང་། རྟེན་ཅིང་འབྲེལ་བར་འབྱུང་བ་ཡང་ཆགས་པ་མེད་དོ། །བྱང་ཆུབ་ཀྱི་ཕྱོགས་ཀྱི་ཆོས་རྣམས་ཀྱི་བར་ཡང་ཆགས་པ་མེད་དོ། །སངས་རྒྱས་ཀྱི་ཆོས་མ་འདྲེས་པ་བཅོ་བརྒྱད་ཀྱི་བར་ཡང་ཆགས་པ་མེད་དོ། །རྣམ་པ་ཐམས་ཅད་མཁྱེན་པ་ཉིད་ཀྱི་བར་ཡང་ཆགས་པ་མེད་དོ། །སྨྲས་པ། ཚེ་དང་ལྡན་པ་རབ་འབྱོར་ཁྱོད་ཀྱིས་འདི་སྐད་དུ། ཐམས་ཅད་མཁྱེན་པ་ཉིད་ཀྱི་སེམས་དེ་ཡང་ཟག་[༧]པ་མེད་ཅིང་། ཡོངས་སུ་ཆུད་པ་མེད་དེ་[༢]ཞེས་སྨྲས་པ་ནི་དེ་ལྟ་ཡིན་ཏེ། ཚེ་དང་ལྡན་པ་རབ་འབྱོར་དེར་ཡང་མི་[༣]ཟད་དེ། བྱིས་པ་སོ་སོའི་སྐྱེ་བོ་རྣམས་ཀྱི་སེམས་ཀྱང་། རང་བཞིན་སྟོང་པ་ཉིད་ཀྱི་ཕྱིར་ཟག་པ་མེད་ཅིང་ཡོངས་སུ་ཆུད་པ་མེད་དོ། །ཉན་ཐོས་དང་། རང་སངས་རྒྱས་རྣམས་ཀྱི་སེམས་དང་། སངས་རྒྱས་བཅོམ་ལྡན་འདས་རྣམས་ཀྱི་ཐུགས་ཀྱང་། རང་བཞིན་སྟོང་པ་ཉིད་ཀྱི་ཕྱིར་ཟག་པ་མེད་ཅིང་ཡོངས་སུ་ཆུད་པ་མེད་དོ། །རབ་འབྱོར་གྱིས་སྨྲས་པ། དེ་ཡིན་ཏེ་ཚེ་དང་ལྡན་པ་ཤ་ར་དྭ་ཏིའི་བུ་བྱིས་པ་སོ་སོའི་སྐྱེ་བོ་རྣམས་ཀྱི་སེམས་ཀྱང་། རང་བཞིན་སྟོང་པ་ཉིད་ཀྱི་ཕྱིར། ཟག་པ་མེད་ཅིང་ཡོངས་སུ་ཆུད་པ་མེད་དོ། །ཉན་ཐོས་དང་། རང་སངས་རྒྱས་རྣམས་ཀྱི་སེམས་ཀྱང་རང་བཞིན་སྟོང་པ་ཉིད་ཀྱི་ཕྱིར་

ཟག་པ་མེད་ཅིང་ཕོངས་སུ་ཆུད་པ་མེད་དོ། །སངས་རྒྱས་བཅོམ་ལྡན་འདས་རྣམས་ཀྱི་ཐུགས་ཀྱང་། རང་བཞིན་སྟོང་པ་ཉིད་ཀྱི་ཕྱིར་ཟག་པ་མེད་ཅིང་ཕོངས་སུ་ཆུད་པ་མེད་དོ། །སྨྲས་པ། ཚེ་དང་ལྡན་པ་རབ་འབྱོར་དེ་ལྟ་ཡིན་ན། གཟུགས་ཀྱང་རང་བཞིན་སྟོང་པ་ཉིད་ཀྱི་ཕྱིར། ཟག་པ་མེད་ཅིང་ཕོངས་སུ་ཆུད་པ་མེད་དོ། །ཚོར་བ་དང་། འདུ་ཤེས་དང་། འདུ་བྱེད་དང་། རྣམ་པར་ཤེས་པ་ཡང་རང་བཞིན་སྟོང་པ་ཉིད་ཀྱི་ཕྱིར་ཟག་པ་མེད་ཅིང་ཕོངས་སུ་ཆུད་པ་མེད་དོ། །སངས་རྒྱས་ཀྱི་ཆོས་མ་འདྲེས་པ་བཅོ་བརྒྱད་ཀྱི་བར་ཡང་རང་བཞིན་སྟོང་པ་ཉིད་ཀྱི་ཕྱིར་ཟག་པ་མེད་ཅིང་ཕོངས་སུ་ཆུད་པ་མེད་དོ། །རྣམ་པ་ཐམས་ཅད་མཁྱེན་པ་ཉིད་ཀྱི་བར་ཡང་རང་བཞིན་སྟོང་པ་ཉིད་ཀྱི་ཕྱིར་ཟག་པ་མེད་ཅིང་ཕོངས་སུ་ཆུད་པ་མེད་དོ། །རབ་འབྱོར་གྱིས་སྨྲས་པ། ཚེ་དང་ལྡན་པ་ཤཱ་ར་དྭ་ཏིའི་བུ་ཇི་སྐད་དུ་སྨྲས་པ་དེ་བཞིན་ཏེ། གཟུགས་ཀྱང་རང་བཞིན་སྟོང་པ་ཉིད་ཀྱི་ཕྱིར་ཟག་པ་མེད་ཅིང་ཕོངས་སུ་ཆུད་པ་མེད་དོ། །ཚོར་བ་དང་། འདུ་ཤེས་དང་། འདུ་བྱེད་དང་། རྣམ་པར་ཤེས་པ་ཡང་རང་བཞིན་སྟོང་པ་ཉིད་ཀྱི་ཕྱིར་ཟག་པ་མེད་ཅིང་ཕོངས་སུ་ཆུད་པ་མེད་དོ། །སངས་རྒྱས་ཀྱི་ཆོས་མ་འདྲེས་པ་རྣམས་ཀྱི་བར་ཡང་རང་བཞིན་སྟོང་པ་ཉིད་ཀྱི་ཕྱིར་ཟག་པ་མེད་ཅིང་ཕོངས་སུ་ཆུད་པ་མེད་དོ། །རྣམ་པ་ཐམས་ཅད་མཁྱེན་པ་ཉིད་ཀྱི་བར་ཡང་རང་བཞིན་སྟོང་པ་ཉིད་ཀྱི་ཕྱིར་ཟག་པ་མེད་ཅིང་ཕོངས་སུ་ཆུད་པ་མེད་དོ། །སྨྲས་པ། ཚེ་དང་ལྡན་པ་རབ་འབྱོར་གང་ཡང་ཁྱོད་ཀྱིས་འདི་སྐད་དུ། སེམས་མེད་པའི་ཕྱིར་སེམས་དེ་ལ་ཡང་ཆགས་པ་མེད་དོ་ཞེས་སྨྲས་པ་ནི་དེ་ལྟ་ཡིན་ཏེ། ཚེ་དང་ལྡན་པ་རབ་འབྱོར་དེར་ཡང་མ་[1]ཟད་དེ། གཟུགས་མེད་པ་ཡང་གཟུགས་ལ་ཆགས་པ་མེད་དོ། །ཚོར་བ་མེད་པ་དང་། འདུ་ཤེས་མེད་པ་དང་། འདུ་བྱེད་མེད་པ

དང་། རྣམ་པར་ཤེས་པ་མེད་པ་ཡང་རྣམ་པར་ཤེས་པ་ལ་ཆགས་པ་མེད་དོ། །བྱང་ཆུབ་ཀྱི་ཕྱོགས་ཀྱི་ཆོས་རྣམས་ཀྱི་བར་དུ་མེད་པ་ཡང་བྱང་ཆུབ་ཀྱི་ཕྱོགས་ཀྱི་ཆོས་རྣམས་ལ་ཆགས་པ་མེད་དོ། །སངས་རྒྱས་ཀྱི་ཆོས་མ་འདྲེས་པ་རྣམས་ཀྱི་བར་དུ་མེད་པ་ཡང་། སངས་རྒྱས་ཀྱི་ཆོས་མ་འདྲེས་པ་རྣམས་ལ་ཆགས་པ་མེད་དོ། །རྣམ་པ་ཐམས་ཅད་མཁྱེན་པ་ཉིད་ཀྱི་བར་དུ་མེད་པ་ཡང་། རྣམ་པ་ཐམས་ཅད་མཁྱེན་པ་ཉིད་ལ་ཆགས་པ་མེད་དོ། །སྨྲས་པ། ཚེ་དང་ལྡན་པ་ཤཱ་ར་དྭ་ཏིའི་བུ་དེ་དེ་བཞིན་ཏེ། གཟུགས་མེད་པ་ཡང་གཟུགས་ལ་ཆགས་པ་མེད་དོ། །ཚོར་བ་མེད་པ་དང་། འདུ་ཤེས་མེད་པ་དང་། འདུ་བྱེད་མེད་པ་དང་། རྣམ་པར་ཤེས་པ་མེད་པ་ཡང་རྣམ་པར་ཤེས་པ་ལ་ཆགས་པ་མེད་དོ། །བྱང་ཆུབ་ཀྱི་ཕྱོགས་ཀྱི་ཆོས་རྣམས་ཀྱི་བར་དུ་མེད་པ་ཡང་། བྱང་ཆུབ་ཀྱི་ཕྱོགས་ཀྱི་ཆོས་རྣམས་ལ་ཆགས་པ་མེད་དོ། །སངས་རྒྱས་ཀྱི་ཆོས་མ་འདྲེས་པ་རྣམས་ཀྱི་བར་དུ་མེད་པ་ཡང་། སངས་རྒྱས་ཀྱི་ཆོས་མ་འདྲེས་པ་རྣམས་ལ་ཆགས་པ་མེད་དོ། །རྣམ་པ་ཐམས་ཅད་མཁྱེན་པ་ཉིད་ཀྱི་བར་དུ་མེད་པ་ཡང་། རྣམ་པ་ཐམས་ཅད་མཁྱེན་པ་ཉིད་ལ་ཆགས་པ་མེད་དོ། །ཚེ་དང་ལྡན་པ་ཤཱ་ར་དྭ་ཏིའི་བུ་བྱང་ཆུབ་སེམས་དཔའ་སེམས་དཔའ་ཆེན་པོ་ཤེས་རབ་ཀྱི་ཕ་རོལ་ཏུ་ཕྱིན་པ་ལ་དེ་ལྟར་སྤྱོད་པ་ནི། བྱང་ཆུབ་ཀྱི་སེམས་མི་མཉམ་པ་དང་མཉམ་པའི་སེམས། ཉན་ཐོས་དང་། རང་སངས་རྒྱས་ཐམས་ཅད་དང་ཐུན་མོང་མ་ཡིན་པའི་སེམས་དེས་ཀྱང་། ཆོས་ཐམས་ཅད་ལ་ཆགས་པ་མེད་པའི་ཚུལ་གྱིས་ཀློམ་སེམས་སུ་འགྱུར་བ་མེད་དོ[7]། །མངོན་པར་ཆགས་པར་འགྱུར་བ་མེད་པས། དེའི་ཕྱིར་བྱང་ཆུབ་སེམས་དཔའ་སེམས་དཔའ་ཆེན་པོ་ཞེས་བྱའོ། །དེ་ནས་ཚེ་དང་ལྡན་པ་བྱམས་པ་གང་གི་བུས། བཅོམ་ལྡན་འདས་ལ་འདི་སྐད་ཅེས་གསོལ་ཏོ། །བཅོམ་ལྡན་འདས་དོན་གང་གི་

སྐད་དུ། བྱང་ཆུབ་སེམས་དཔའ་སེམས་དཔའ་ཆེན་པོ་ཞེས་བགྱི་བ་དེ་ལ། བདག་ཀྱང་སྤོབས་པ་སྐྱེའོ། །བཅོམ་ལྡན་འདས་ཀྱིས་བཀའ་སྩལ་པ། གང་པོ་ཁྱོད་ཀྱིས་སྤོབས་པ་སྐྱེད་[༡]ཅིག །གང་པོས་གསོལ་པ། བཅོམ་ལྡན་འདས་དེ་ནི་གོ་ཆ་ཆེན་པོ་བགོས་པའི་སེམས་ཅན་ལགས་ཏེ། བཅོམ་ལྡན་འདས་དེ་ནི་ཐེག་པ་ཆེན་པོ་ལ་ཡང་དག་པར་ཞུགས་པའི་སེམས་ཅན་ལགས་ལ། དེ་ནི་ཐེག་པ་ཆེན་པོ་ལ་ཡང་དག་པར་གནས་པའི་སེམས་ཅན་ལགས་པས། དེའི་སྐད་དུ་བྱང་ཆུབ་སེམས་དཔའ་སེམས་དཔའ་ཆེན་པོ་ཞེས་བགྱིའོ། །དེ་ནས་ཚེ་དང་ལྡན་པ་ཤཱ་ར་དྭ་ཏིའི་བུས། ཚེ་དང་ལྡན་པ་བྱམས་གང་གི་བུ་ལ་འདི་སྐད་ཅེས་སྨྲས་སོ། །ཚེ་དང་ལྡན་པ་གང་པོ་ཇི་ཙམ་གྱིས་ན་བྱང་ཆུབ་སེམས་དཔའ་སེམས་དཔའ་ཆེན་པོས་གོ་ཆ་ཆེན་པོ་བགོས་ཤེས་བྱ། གང་པོས་སྨྲས་པ། ཚེ་དང་ལྡན་པ་ཤཱ་ར་དྭ་ཏིའི་བུ་འདི་ལ་བྱང་ཆུབ་སེམས་དཔའ་སེམས་དཔའ་ཆེན་པོ་ནི་སེམས་ཅན་ཉུང་ཟད་ཉི་ཚེ་ཞིག་གི་དོན་དུ་སྦྱིན་པའི་ཕ་རོལ་ཏུ་ཕྱིན་པ་ལ་གནས་ཤིང་། སྦྱིན་པ་ཡོངས་སུ་གཏོང་བ་མ་ཡིན་གྱི། སེམས་ཅན་ཐམས་ཅད་ཀྱི་དོན་དུ་སྦྱིན་པའི་ཕ་རོལ་ཏུ་ཕྱིན་པ་ལ་སྤྱོད་ཅིང་། སྦྱིན་པ་ཡོངས་སུ་གཏོང་ངོ་། །སེམས་ཅན་ཉུང་ཟད་ཉི་ཚེའི་ཕྱིར། ཚུལ་ཁྲིམས་ཀྱི་ཕ་རོལ་ཏུ་ཕྱིན་པ་ལ་གནས་ཤིང་། ཚུལ་ཁྲིམས་སྲུང་[༢]བ་མ་ཡིན་གྱི། སེམས་ཅན་ཐམས་ཅད་ཀྱི་དོན་དུ་ཚུལ་ཁྲིམས་ཀྱི་ཕ་རོལ་ཏུ་ཕྱིན་པ་ལ་སྤྱོད་ཅིང་། ཚུལ་ཁྲིམས་སྲུང་[༣]ངོ་། །སེམས་ཅན་ཉུང་ཟད་ཉི་ཚེའི་ཕྱིར། བཟོད་པའི་ཕ་རོལ་ཏུ་ཕྱིན་པ་ལ་གནས་ཤིང་། བཟོད་པ་སྒོམ་[༤]པ་མ་ཡིན་གྱི། སེམས་ཅན་ཐམས་ཅད་ཀྱི་དོན་ཏུ་བཟོད་པའི་ཕ་རོལ་ཏུ་ཕྱིན་པ་ལ་སྤྱོད་ཅིང་། བཟོད་པ་སྒོམ་[༥]མོ། །སེམས་ཅན་ཉུང་ཟད་ཉི་ཚེའི་ཕྱིར། བརྩོན་འགྲུས་ཀྱི་ཕ་རོལ་ཏུ་ཕྱིན་པ་ལ་གནས་ཤིང་། བརྩོན་འགྲུས་རྩོམ་[༦]པ་མ་

ཡིན་གྱི། སེམས་ཅན་ཐམས་ཅད་ཀྱི་དོན་དུ། བརྩོན་འགྲུས་ཀྱི་ཕ་རོལ་དུ་ཕྱིན་པ་ལ་སྤྱོད་ཅིང་། བརྩོན་འགྲུས་རྩོམ་①མོ། །སེམས་ཅན་ཉུང་ཟད་ཉི་ཚེའི་ཕྱིར། བསམ་གཏན་གྱི་ཕ་རོལ་དུ་ཕྱིན་པ་ལ་གནས་ཤིང་། བསམ་གཏན་སྐྱེད་②པ་མ་ཡིན་གྱི། སེམས་ཅན་ཐམས་ཅད་ཀྱི་དོན་དུ་བསམ་གཏན་གྱི་ཕ་རོལ་དུ་ཕྱིན་པ་ལ་སྤྱོད་ཅིང་། བསམ་གཏན་སྐྱེད་③དོ། །སེམས་ཅན་ཉུང་ཟད་ཉི་ཚེའི་④ཕྱིར། ཤེས་རབ་ཀྱི་ཕ་རོལ་དུ་ཕྱིན་པ་ལ་གནས་ཤིང་། ཤེས་རབ་སྒོམ་⑤པ་མ་ཡིན་གྱི། སེམས་ཅན་ཐམས་ཅད་ཀྱི་དོན་དུ། ཤེས་རབ་ཀྱི་ཕ་རོལ་དུ་ཕྱིན་པ་ལ་སྤྱོད་ཅིང་། ཤེས་རབ་སྒོམ་⑥མོ། །བྱང་ཆུབ་སེམས་དཔའ་སེམས་དཔའ་ཆེན་པོ་ནི་སེམས་ཅན་འདི་སྙེད་ཅིག་ཕུང་པོ་མ་ལུས་པའི་མྱ་ངན་ལས་འདས་པའི་དབྱིངས་སུ་ཡོངས་སུ་མྱ་ངན་ལས་བཟླ་⑦བར་བྱའོ། །སེམས་ཅན་འདི་སྙེད་ཅིག་ནི་ཡོངས་སུ་མྱ་ངན་ལས་བཟླ་⑧བར་མི་བྱའོ་ཞེའམ། སེམས་ཅན་འདི་སྙེད་ཅིག་ནི་བྱང་ཆུབ་ཏུ་དགོད་པར་བྱའོ། །སེམས་ཅན་འདི་སྙེད་ནི་བྱང་ཆུབ་ཏུ་⑨དགོད་པར་མི་བྱའོ་ཞེས་སེམས་ཅན་ཡོངས་སུ་དཔག་པས་གོ་ཆ་མི་གྱོན་གྱི། བྱང་ཆུབ་སེམས་དཔའ་སེམས་དཔའ་ཆེན་པོ་ནི་སེམས་ཅན་ཐམས་ཅད་ཀྱི་དོན་དུ་གོ་ཆ་ཆེན་པོ་གྱོན་ཏོ། །དེ་འདི་སྙམ་དུ་སེམས་ཏེ། བདག་གིས་ཀྱང་སྦྱིན་པའི་ཕ་རོལ་དུ་ཕྱིན་པ་ཡོངས་སུ་རྫོགས་པར་བྱའོ། །སེམས་ཅན་ཐམས་ཅད་ཀྱང་སྦྱིན་པའི་ཕ་རོལ་དུ་ཕྱིན་པ་ལ་སྦྱར་⑩བར་བྱའོ། །བདག་གིས་ཀྱང་ཚུལ་ཁྲིམས་ཀྱི་ཕ་རོལ་དུ་ཕྱིན་པ་དང་། བཟོད་པའི་ཕ་རོལ་དུ་ཕྱིན་པ་དང་། བརྩོན་འགྲུས་ཀྱི་ཕ་རོལ་དུ་ཕྱིན་པ་དང་། བསམ་གཏན་གྱི་ཕ་རོལ་དུ་ཕྱིན་པ་དང་། ཤེས་རབ་ཀྱི་ཕ་རོལ་དུ་ཕྱིན་པ་ཡོངས་སུ་རྫོགས་པར་བྱའོ། །སེམས་ཅན་ཐམས་ཅད་ཀྱང་ཤེས་རབ་ཀྱི་ཕ་རོལ་དུ་ཕྱིན་པ་ལ་སྦྱོར་བར་བྱའོ། །བདག་ཀྱང་སྟོང་པ་ཉིད་ཐམས་ཅད་དང་། བྱང་ཆུབ་ཀྱི་

ཕྱོགས་ཀྱི་ཆོས་རྣམས་དང་། འཕགས་པའི་བདེན་པ་རྣམས་དང་། བསམ་གཏན་རྣམས་དང་། ཚད་མེད་པ་རྣམས་དང་། གཟུགས་མེད་པའི་སྙོམས་པར་འཇུག་པ་རྣམས་ལ་གནས་པར་བྱའོ། །སེམས་ཅན་ཐམས་ཅད་ཀྱང་གཟུགས་མེད་པའི་སྙོམས་པར་འཇུག་པ་ལ་སྦྱོར་[1]བར་བྱའོ། །བདག་ཀྱང་རྣམ་པར་ཐར་པ་བརྒྱད་དང་། མཐར་གྱིས་གནས་པའི་སྙོམས་པར་འཇུག་པ་དགུ་དང་། སྟོང་པ་ཉིད་དང་། མཚན་མ་མེད་པ་དང་། སྨོན་པ་མེད་པ་དང་། མངོན་པར་ཤེས་པ་རྣམས་དང་། ཏིང་ངེ་འཛིན་རྣམས་དང་། གཟུངས་ཀྱི་སྒོ་རྣམས་དང་། དེ་བཞིན་གཤེགས་པའི་སྟོབས་བཅུ་དང་། མི་འཇིགས་པ་བཞི་དང་། སོ་སོ་ཡང་དག་པར་རིག་པ་བཞི་དང་། སངས་རྒྱས་ཀྱི་ཆོས་མ་འདྲེས་པ་བཅོ་བརྒྱད་ལ་གནས་པར་བྱའོ། །སེམས་ཅན་ཐམས་ཅད་ཀྱང་སངས་རྒྱས་ཀྱི་ཆོས་མ་འདྲེས་པ་བཅོ་བརྒྱད་ལ་སྦྱོར་[2]བར་བྱའོ་ཞེས་བྱ་བར་སེམས་སྐྱེད་[3]དེ། ཚེ་དང་ལྡན་པ་ཤཱ་ར་དྭ་ཏིའི་བུ་དེ་ཙམ་གྱིས་ན། བྱང་ཆུབ་སེམས་དཔའ་སེམས་དཔའ་ཆེན་པོ་གོ་ཆ་ཆེན་པོ་བགོས་པ་ཞེས་བྱའོ།། ||

ཤེས་རབ་ཀྱི་ཕ་རོལ་ཏུ་ཕྱིན་པ་སྟོང་ཕྲག་ཉི་ཤུ་ལྔ་པ། བམ་པོ་བཅུ་བཞི་པ། ཚེ་དང་ལྡན་པ་ཤཱ་ར་དྭ་ཏིའི་བུ་གཞན་ཡང་བྱང་ཆུབ་སེམས་དཔའ་སེམས་དཔའ་ཆེན་པོ་ཤེས་རབ་ཀྱི་ཕ་རོལ་ཏུ་ཕྱིན་པ་[4]སྤྱོད་པའི་ཚེ། སྦྱིན་པ་གང་ཡོངས་སུ་གཏོང་བ་དེ་དག་ཉན་ཐོས་དང་། རང་སངས་རྒྱས་དང་ལྡན་པའི་ཡིད་ལ་བྱ་བས་མ་ཡིན་གྱི། རྣམ་པ་ཐམས་ཅད་མཁྱེན་པ་ཉིད་དང་ལྡན་པའི་ཡིད་ལ་བྱ་བས་ཡོངས་སུ་གཏོང་སྟེ། དགེ་བའི་རྩ་བ་དེ་ཡང་སེམས་ཅན་ཐམས་ཅད་དང་ཐུན་མོང་[5]དུ་བྱས་ཤིང་། བླ་ན་མེད་པ་ཡང་དག་པར་རྫོགས་པའི་བྱང་ཆུབ་ཏུ་ཡོངས་སུ་བསྔོ་སྟེ། འདི་ནི་བྱང་ཆུབ་སེམས་དཔའ་སེམས་དཔའ་ཆེན་པོ་ཤེས་རབ་ཀྱི་ཕ་

རོལ་ཏུ་ཕྱིན་པ་ལ་སྤྱོད་ཅིང་། སྦྱིན་པ་ཡོངས་སུ་[1]གཏོང་བའི། སྦྱིན་པའི་ཕ་རོལ་ཏུ་ཕྱིན་པའི་གོ་ཆའོ། །ཚེ་དང་ལྡན་པ་ཤཱ་ར་དྭ་ཏིའི་བུ་གཞན་ཡང་བྱང་ཆུབ་སེམས་དཔའ་སེམས་དཔའ་ཆེན་པོ་རྣམ་པ་ཐམས་ཅད་མཁྱེན་པ་ཉིད་དང་ལྡན་པའི་ཡིད་ལ་བྱ་བས། སྦྱིན་པ་ཡོངས་སུ་གཏོང་ཞིང་ཉན་ཐོས་དང་། རང་སངས་རྒྱས་ཀྱི་སའི་དོན་དུ་ཡོངས་སུ་མི་བསྔོ་བ་འདི་ནི། བྱང་ཆུབ་སེམས་དཔའ་སེམས་དཔའ་ཆེན་པོ་ཤེས་རབ་ཀྱི་ཕ་རོལ་ཏུ་ཕྱིན་པ་ལ་སྤྱོད་ཅིང་། སྦྱིན་པ་ཡོངས་སུ་གཏོང་བའི་ཚུལ་ཁྲིམས་ཀྱི་ཕ་རོལ་ཏུ་ཕྱིན་པའི་གོ་ཆའོ། །ཚེ་དང་ལྡན་པ་ཤཱ་ར་དྭ་ཏིའི་བུ་གཞན་ཡང་བྱང་ཆུབ་སེམས་དཔའ་སེམས་དཔའ་ཆེན་པོ་རྣམ་པ་ཐམས་ཅད་མཁྱེན་པ་ཉིད་དང་ལྡན་པའི་ཡིད་ལ་བྱ་བས། ཆོས་དེ་དག་ལ་བཟོད་པ་དང་། མོས་པ་དང་། རྟེན་པ་འདི་ནི་བྱང་ཆུབ་སེམས་དཔའ་སེམས་དཔའ་ཆེན་པོ་ཤེས་རབ་ཀྱི་ཕ་རོལ་ཏུ་ཕྱིན་པ་ལ་སྤྱོད་ཅིང་། སྦྱིན་པ་ཡོངས་སུ་གཏོང་བའི་བཟོད་པའི་ཕ་རོལ་ཏུ་ཕྱིན་པའི་གོ་ཆའོ། །ཚེ་དང་ལྡན་པ་ཤཱ་ར་དྭ་ཏིའི་བུ་གཞན་ཡང་བྱང་ཆུབ་སེམས་དཔའ་སེམས་དཔའ་ཆེན་པོ་སྦྱིན་པ་ཡོངས་སུ་གཏོང་བའི་ཚེ། རྣམ་པ་ཐམས་ཅད་མཁྱེན་པ་ཉིད་དང་ལྡན་པའི་ཡིད་ལ་བྱ་བས། བརྩོན་འགྲུས་ཉམས་[3]པར་མི་བྱེད་པ་འདི་ནི། བྱང་ཆུབ་སེམས་དཔའ་སེམས་དཔའ་ཆེན་པོ་ཤེས་རབ་ཀྱི་ཕ་རོལ་ཏུ་ཕྱིན་པ་ལ་སྤྱོད་ཅིང་། སྦྱིན་པ་ཡོངས་སུ་གཏོང་བའི་བརྩོན་འགྲུས་ཀྱི་ཕ་རོལ་ཏུ་ཕྱིན་པའི་གོ་ཆའོ། །ཚེ་དང་ལྡན་པ་ཤཱ་ར་དྭ་ཏིའི་བུ་གཞན་ཡང་བྱང་ཆུབ་སེམས་དཔའ་སེམས་དཔའ་ཆེན་པོ་སྦྱིན་པ་ཡོངས་སུ་གཏོང་བའི་ཚེ། འདི་ལྟར་རྣམ་པ་ཐམས་ཅད་མཁྱེན་པ་ཉིད་དང་ལྡན་པའི་ཡིད་ལ་བྱ་བས། སེམས་རྩེ་གཅིག་ཏུ་བྱེད་ཅིང་། དེ་ལ་དམིགས་པ་གཅིག་པས་ཉན་ཐོས་དང་། རང་སངས་རྒྱས་དང་ལྡན་པའི་སེམས་བསྐྱེད་པ་རྣམས་ཀྱི་གོ་མི་

འབྱེད་པ་འདི་ནི། བྱང་ཆུབ་སེམས་དཔའ་སེམས་དཔའ་ཆེན་པོ་ཤེས་རབ་ཀྱི་ཕ་རོལ་ཏུ་ཕྱིན་པ་ལ་སྤྱོད་ཅིང་། སྦྱིན་པ་ཡོངས་སུ་གཏོང་བའི། བསམ་གཏན་གྱི་ཕ་རོལ་ཏུ་ཕྱིན་པའི་གོ་ཆའོ། །ཚེ་དང་ལྡན་པ་ཤ་ར་དྭ་ཏིའི་བུ་གཞན་ཡང་བྱང་ཆུབ་སེམས་དཔའ་སེམས་དཔའ་ཆེན་པོ་ཤེས་རབ་ཀྱི་ཕ་རོལ་ཏུ་ཕྱིན་པ་ལ་སྤྱོད་ཅིང་། སྦྱིན་པ་ཡོངས་སུ་གཏོང་བའི་ཚེ། རྣམ་པ་ཐམས་ཅད་མཁྱེན་པ་ཉིད་དང་ལྡན་པའི་ཡིད་ལ་བྱ་བས། ཆོས་ཐམས་ཅད་སྒྱུ་མར་བྱས་པའི་འདུ་ཤེས་ཉེ་བར་གནས་ཏེ། སྦྱིན་པ་ཡང་མི་དམིགས། གཏོང་བ་ཡང་མི་དམིགས། ལེན་པ་ཡང་མི་(༡)དམིགས་པར། དགེ་བའི་རྩ་བ་དེ་ཡང་སེམས་ཅན་ཐམས་ཅད་དང་ཐུན་མོང་(༢)དུ་བྱས་ཤིང་། བླ་ན་མེད་པ་ཡང་དག་པར་རྫོགས་པའི་བྱང་ཆུབ་ཏུ་མི་དམིགས་པའི་ཚུལ་གྱིས་ཡོངས་སུ་སྔོ་(༣)བ་འདི་ནི། བྱང་ཆུབ་སེམས་དཔའ་སེམས་དཔའ་ཆེན་པོ་ཤེས་རབ་ཀྱི་ཕ་རོལ་ཏུ་ཕྱིན་པ་ལ་སྤྱོད་ཅིང་། སྦྱིན་པ་ཡོངས་སུ་གཏོང་བའི། ཤེས་རབ་ཀྱི་ཕ་རོལ་ཏུ་ཕྱིན་པའི་གོ་ཆ་སྟེ། ཚེ་དང་ལྡན་པ་(༤)ཤ་ར་དྭ་ཏིའི་བུ་ནམ་བྱང་ཆུབ་སེམས་དཔའ་སེམས་དཔའ་ཆེན་པོ་རྣམ་པ་ཐམས་ཅད་མཁྱེན་པ་ཉིད་དང་ལྡན་པའི་ཡིད་ལ་བྱ་བས། ཕ་རོལ་ཏུ་ཕྱིན་པ་དེ་དག་དང་སེམས་ཅན་དང་། བྱང་ཆུབ་ལ་མཚན་མར་མི་བྱེད་ཅིང་མི་དམིགས་པ་དེ་ནི་བྱང་ཆུབ་སེམས་དཔའ་སེམས་དཔའ་ཆེན་པོ་ཤེས་རབ་ཀྱི་ཕ་རོལ་ཏུ་ཕྱིན་པ་ལ་སྤྱོད་ཅིང་། སྦྱིན་པའི་ཕ་རོལ་ཏུ་ཕྱིན་པ་ལ་སྤྱོད་པའི་ཕ་རོལ་ཏུ་ཕྱིན་པ་དྲུག་གི་གོ་ཆ་ཆེན་པོ་བགོས་པར་ཤེས་པར་བྱའོ། །ཚེ་དང་ལྡན་པ་ཤ་ར་དྭ་ཏིའི་བུ་གཞན་ཡང་བྱང་ཆུབ་སེམས་དཔའ་སེམས་དཔའ་ཆེན་པོ་ཚུལ་ཁྲིམས་ཀྱི་ཕ་རོལ་ཏུ་ཕྱིན་པ་ལ་སྤྱོད་ཅིང་། རྣམ་པ་ཐམས་ཅད་མཁྱེན་པ་ཉིད་དང་ལྡན་པའི་ཡིད་ལ་བྱ་བས་སྦྱིན་པ་གང་ཡོངས་སུ་གཏོང་བ་དེ་དག་ཐམས་ཅད་སེམས་ཅན་ཐམས་ཅད་དང

ཐུན་མོང་(༧)དུ་བྱས་ཤིང་། བླ་ན་མེད་པ་ཡང་དག་པར་རྫོགས་པའི་བྱང་ཆུབ་ཏུ་
མི་དམིགས་པའི་ཚུལ་གྱིས་ཡོངས་སུ་སྔོ(༣)བ་འདི་ནི། བྱང་ཆུབ་སེམས་དཔའ་
སེམས་དཔའ་ཆེན་པོ་ཚུལ་ཁྲིམས་ཀྱི་ཕ་རོལ་ཏུ་ཕྱིན་པ་ལ་སྤྱོད་པའི། སྦྱིན་པའི་ཕ་
རོལ་ཏུ་ཕྱིན་པའི་གོ་ཆའོ། །ཚེ་དང་ལྡན་པ་ཤཱ་ར་དྭ་ཏིའི་བུ་གཞན་ཡང་བྱང་ཆུབ་
སེམས་དཔའ་སེམས་དཔའ་ཆེན་པོ། རྣམ་པ་ཐམས་ཅད་མཁྱེན་པ་ཉིད་དང་ལྡན་
པའི་ཡིད་ལ་བྱ་བས། ཚུལ་ཁྲིམས་ཀྱི་ཕ་རོལ་ཏུ་ཕྱིན་པ་ལ་སྤྱོད་ཅིང་། ཉན་
ཐོས་དང་། རང་སངས་རྒྱས་ཀྱི་ས་ལ་ཡང་མོས་པ་མི་སྐྱེད(༡)ན་སོ་སོའི་སྐྱེ་བོའི་ས་
ལྟ་སྨོས་ཀྱང་ཅི་དགོས་པ་འདི་ནི། བྱང་ཆུབ་སེམས་དཔའ་སེམས་དཔའ་ཆེན་པོ་
ཚུལ་ཁྲིམས་ཀྱི་ཕ་རོལ་ཏུ་ཕྱིན་པ་ལ་སྤྱོད་པའི། ཚུལ་ཁྲིམས་ཀྱི་ཕ་རོལ་ཏུ་ཕྱིན་
པའི་གོ་ཆའོ། །ཚེ་དང་ལྡན་པ་ཤཱ་ར་དྭ་ཏིའི་བུ་གཞན་ཡང་བྱང་ཆུབ་སེམས་
དཔའ་སེམས་དཔའ་ཆེན་པོ་རྣམ་པ་ཐམས་ཅད་མཁྱེན་པ་ཉིད་དང་ལྡན་པའི་ཡིད་
ལ་བྱ་བས། ཚུལ་ཁྲིམས་ཀྱི་ཕ་རོལ་ཏུ་ཕྱིན་པ་ལ་སྤྱོད་ཅིང་། ཆོས་དེ་དག་ལ་
བཟོད་པ་དང་། མོས་པ་དང་། རྗེས་པ་འདི་ནི་བྱང་ཆུབ་སེམས་དཔའ་སེམས་
དཔའ་ཆེན་པོ་ཚུལ་ཁྲིམས་ཀྱི་ཕ་རོལ་ཏུ་ཕྱིན་པ་ལ་སྤྱོད་པའི་བཟོད་པའི་ཕ་རོལ་ཏུ་
ཕྱིན་པའི་གོ་ཆའོ། །ཚེ་དང་ལྡན་པ་ཤཱ་ར་དྭ་ཏིའི་བུ་གཞན་ཡང་བྱང་ཆུབ་སེམས་
པའ་སེམས་དཔའ་ཆེན་པོ་རྣམ་པ་ཐམས་ཅད་མཁྱེན་པ་ཉིད་དང་ལྡན་པའི་ཡིད་
ལ་བྱ་བས། ཚུལ་ཁྲིམས་ཀྱི་ཕ་རོལ་ཏུ་ཕྱིན་པ་ལ་སྤྱོད་ཅིང་། བརྩོན་འགྲུས་
ཐམ(༦)པར་མི་བྱེད་པ་འདི་ནི། བྱང་ཆུབ་སེམས་དཔའ་སེམས་དཔའ་ཆེན་པོ་
ཚུལ་ཁྲིམས་ཀྱི་ཕ་རོལ་ཏུ་ཕྱིན་པ་ལ་སྤྱོད་པའི། བརྩོན་འགྲུས་ཀྱི་ཕ་རོལ་ཏུ་ཕྱིན་
པའི་གོ་ཆའོ། །ཚེ་དང་ལྡན་པ་ཤཱ་ར་དྭ་ཏིའི་བུ་གཞན་ཡང་བྱང་ཆུབ་སེམས་
དཔའ་སེམས་དཔའ་ཆེན་པོ་རྣམ་པ་ཐམས་ཅད་མཁྱེན་པ་ཉིད་དང་ལྡན་པའི་ཡིད་

ལ་བྱ་བས། ཚུལ་ཁྲིམས་ཀྱི་ཕ་རོལ་ཏུ་ཕྱིན་པ་ལ་སྤྱོད་ཅིང་གནས་པའི་ཚེ་ཉན་ཐོས་དང་། རང་སངས་རྒྱས་ཀྱི་སེམས་ཀྱི་གོ་མི་འབྱེད་ཅིང་། དགེ་བའི་རྩ་བ་དེ་ཡང་སེམས་ཅན་ཐམས་ཅད་དང་ཐུན་མོང་དུ་བྱས་ཏེ། བླ་ན་མེད་པ་ཡང་དག་པར་རྫོགས་པའི་བྱང་ཆུབ་ཏུ་ཡོངས་སུ་སྔོ[1]བ་འདི་ནི། བྱང་ཆུབ་སེམས་དཔའ་སེམས་དཔའ་ཆེན་པོ་ཚུལ་ཁྲིམས་ཀྱི་ཕ་རོལ་ཏུ་ཕྱིན་པ་ལ་སྤྱོད་པའི་བསམ་གཏན་གྱི་ཕ་རོལ་ཏུ་ཕྱིན་པའི་གོ་ཆའོ། །ཚེ་དང་ལྡན་པ་ཤཱ་ར་དྭ་ཏིའི་བུ་གཞན་ཡང་བྱང་ཆུབ་སེམས་དཔའ་སེམས་དཔའ་ཆེན་པོ་ཉན་ཐོས་དང་། རང་སངས་རྒྱས་དང་ལྡན་པའི་ཡིད་ལ་བྱ་བས་མ་ཡིན་གྱི། རྣམ་པ་ཐམས་ཅད་མཁྱེན་པ་ཉིད་དང་ལྡན་པའི་ཡིད་ལ་བྱ་བས། ཚུལ་ཁྲིམས་ཀྱི་ཕ་རོལ་ཏུ་ཕྱིན་པ་ལ་སྤྱོད་པའི་ཚེ། ཆོས་ཐམས་ཅད[2]སྒྱུ་མར་བྱས་པའི་འདུ་ཤེས་ཉེ་བར་གནས་ཤིང་ཚུལ་ཁྲིམས[3]དེས་རློམ་སེམས་སུ་མི་བྱེད་དེ། རང་བཞིན་སྟོང་པ་ཉིད་ཀྱི་ཕྱིར་ཚུལ་ཁྲིམས་དེ་ཡང་མི་དམིགས་ཤིང་། དགེ་བའི་རྩ་བ་དེ་ཡང་སེམས་ཅན་ཐམས་ཅད་དང་ཐུན་མོང[4]དུ་བྱས་ཏེ། བླ་ན་མེད་པ་ཡང་དག་པར་རྫོགས་པའི་བྱང་ཆུབ་ཏུ་ཡོངས་སུ་སྔོ[5]བ་འདི་ནི། བྱང་ཆུབ་སེམས་དཔའ་སེམས་དཔའ་ཆེན་པོ་ཚུལ་ཁྲིམས་ཀྱི་ཕ་རོལ་ཏུ་ཕྱིན་པ་ལ་སྤྱོད་པའི། ཤེས་རབ་ཀྱི་ཕ་རོལ་ཏུ་ཕྱིན་པའི་གོ་ཆའོ། །ཚེ་དང་ལྡན་པ་ཤཱ་ར་དྭ་ཏིའི་བུ་གང་བྱང་ཆུབ་སེམས་དཔའ་སེམས་དཔའ་ཆེན་པོ་ཚུལ་ཁྲིམས་ཀྱི་ཕ་རོལ་ཏུ་ཕྱིན་པ་ལ་དེ་ལྟར་སྤྱོད་པ་ནི། ཕ་རོལ་ཏུ་ཕྱིན་པ་དྲུག་པོ་ཐམས་ཅད་ཡོངས་སུ་འཛིན་ཏེ། དེའི་ཕྱིར་གོ་ཆ་ཆེན་པོ་བགོས་ཞེས་བྱའོ། །ཚེ་དང་ལྡན་པ་ཤཱ་ར་དྭ་ཏིའི་བུ་གཞན་ཡང་བྱང་ཆུབ་སེམས་དཔའ་སེམས་དཔའ་ཆེན་པོ་བཟོད་པའི་ཕ་རོལ་ཏུ་ཕྱིན་པ་ལ་སྤྱོད་ཅིང་། ཉན་ཐོས་དང་རང་སངས་རྒྱས་དང་ལྡན་པའི་ཡིད་ལ་བྱ་བས་མ་ཡིན་གྱི། རྣམ་པ་ཐམས་ཅད

མཁྱེན་པ་ཉིད་དང་ལྡན་པའི་ཡིད་ལ་བྱ་བས། སྦྱིན་པ་ཡོངས་སུ་གཏོང་ཞིང་དགེ་བའི་རྩ་བ་དེ་ཡང་། སེམས་ཅན་ཐམས་ཅད་དང་ཐུན་མོང་[1]དུ་བྱས་ཤིང་། བླ་ན་མེད་པ་ཡང་དག་པར་རྫོགས་པའི་བྱང་ཆུབ་ཏུ་ཡོངས་སུ་སྔོ[2]བ་འདི་ནི། བྱང་ཆུབ་སེམས་དཔའ་སེམས་དཔའ་ཆེན་པོ་བཟོད་པའི་ཕ་རོལ་ཏུ་ཕྱིན་པ་ལ་སྤྱོད་པའི། སྦྱིན་པའི་ཕ་རོལ་ཏུ་ཕྱིན་པའི་གོ་ཆའོ། །ཚེ་དང་ལྡན་པ་ཤཱ་རའི་བུ་གཞན་ཡང་བྱང་ཆུབ་སེམས་དཔའ་སེམས་དཔའ་ཆེན་པོ་བཟོད་པའི་ཕ་རོལ་ཏུ་ཕྱིན་པ་ལ་སྤྱོད་ཅིང་། ཉན་ཐོས་དང་། རང་སངས་རྒྱས་དང་ལྡན་པའི་ཡིད་ལ་བྱ་བས་མ་ཡིན་གྱི། རྣམ་པ་ཐམས་ཅད་མཁྱེན་པ་ཉིད་དང་ལྡན་པའི་ཡིད་ལ་བྱ་བས། ཚུལ་ཁྲིམས་ཡོངས་སུ་སྲུང་[3]ཞིང་། དགེ་བའི་རྩ་བ་དེ་ཡང་། སེམས་ཅན་ཐམས་ཅད་དང་ཐུན་མོང་དུ་བྱས་ཤིང་། བླ་ན་མེད་པ་ཡང་དག་པར་རྫོགས་པའི་བྱང་ཆུབ་ཏུ་ཡོངས་སུ་སྔོ[4]བ་འདི་ནི། བྱང་ཆུབ་སེམས་དཔའ་སེམས་དཔའ་ཆེན་པོ་བཟོད་པའི་ཕ་རོལ་ཏུ་ཕྱིན་པ་ལ་སྤྱོད་པའི། ཚུལ་ཁྲིམས་ཀྱི་ཕ་རོལ་ཏུ་ཕྱིན་པའི་གོ་ཆའོ། །ཚེ་དང་ལྡན་པ་ཤཱ་རའི་བུ་གཞན་ཡང་བྱང་ཆུབ་སེམས་དཔའ་སེམས་དཔའ་ཆེན་པོ་བཟོད་པའི་ཕ་རོལ་ཏུ་ཕྱིན་པ་ལ་སྤྱོད་ཅིང་། རྣམ་པ་ཐམས་ཅད་མཁྱེན་པ་ཉིད་དང་ལྡན་པའི་ཡིད་ལ་བྱ་བས། ཆོས་དེ་དག་ལ་བཟོད་པ་དང་། མོས་པ་དང་། རྟེན་པ་འདི་ནི་བྱང་ཆུབ་སེམས་དཔའ་སེམས་དཔའ་ཆེན་པོ་བཟོད་པའི་ཕ་རོལ་ཏུ་ཕྱིན་པ་ལ་སྤྱོད་པའི། བཟོད་པའི་ཕ་རོལ་ཏུ་ཕྱིན་པའི་གོ་ཆའོ། །ཚེ་དང་ལྡན་པ་ཤཱ་རའི་བུ་གཞན་ཡང་བྱང་ཆུབ་སེམས་དཔའ་སེམས་དཔའ་ཆེན་པོ་ཉན་ཐོས་དང་། རང་སངས་རྒྱས་དང་ལྡན་པའི་ཡིད་ལ་བྱ་བས་མ་ཡིན་གྱི། རྣམ་པ་ཐམས་ཅད་མཁྱེན་པ་ཉིད་དང་ལྡན་པའི་ཡིད་ལ་བྱ་བས། བཟོད་པའི་ཕ་རོལ་ཏུ་ཕྱིན་པ་ལ་སྤྱོད་ཅིང་། བརྩོན་འགྲུས་ཉམས[5]

པར་མི་བྱེད་པ་འདི་ནི། བྱང་ཆུབ་སེམས་དཔའ་སེམས་དཔའ་ཆེན་པོ་བཟོད་པའི་ཕ་རོལ་ཏུ་ཕྱིན་པ་ལ་སྤྱོད་པའི། བརྩོན་འགྲུས་ཀྱི་ཕ་རོལ་ཏུ་ཕྱིན་པའི་གོ་ཆའོ།། ཚེ་དང་ལྡན་པ་ཤཱ་ར་དྭ་ཏིའི་བུ་གཞན་ཡང་བྱང་ཆུབ་སེམས་དཔའ་སེམས་དཔའ་ཆེན་པོ། ཉན་ཐོས་དང་རང་སངས་རྒྱས་དང་ལྡན་པའི་ཡིད་ལ་བྱ་བས་མ་ཡིན་གྱི། རྣམ་པ་ཐམས་ཅད་མཁྱེན་པ་ཉིད་དང་ལྡན་པའི་ཡིད་ལ་བྱ་བས། བཟོད་པའི་ཕ་རོལ་ཏུ་ཕྱིན་པ་ལ་སྤྱོད་ཅིང་། སེམས་རྩེ་གཅིག་ཏུ་བྱེད་པ་འདི་ནི། བྱང་ཆུབ་སེམས་དཔའ་སེམས་དཔའ་ཆེན་པོ་བཟོད་པའི་ཕ་རོལ་ཏུ་ཕྱིན་པ་ལ་སྤྱོད་པའི། བསམ་གཏན་གྱི་ཕ་རོལ་ཏུ་ཕྱིན་པའི་གོ་ཆའོ། །ཚེ་དང་ལྡན་པ་ཤཱ་ར་དྭ་ཏིའི་བུ་གཞན་ཡང་བྱང་ཆུབ་སེམས་དཔའ་སེམས་དཔའ་ཆེན་པོ་ཉན་ཐོས་དང་། རང་སངས་རྒྱས་དང་ལྡན་པའི་ཡིད་ལ་བྱ་བས་མ་ཡིན་གྱི། རྣམ་པ་ཐམས་ཅད་མཁྱེན་པ་ཉིད་དང་ལྡན་པའི་ཡིད་ལ་བྱ་བས། བཟོད་པའི་ཕ་རོལ་ཏུ་ཕྱིན་པ་ལ་སྤྱོད་ཅིང་། ཆོས་ཐམས་ཅད་སྒྱུ་མར་བྱས་པའི་འདུ་ཤེས་ཉེ་བར་གནས་ཏེ། བཟོད་པ་དེས་རློམ་སེམས་སུ་མི་བྱེད་ཅིང་བཟོད་པ་ལ་མི་དམིགས་པ་འདི་ནི། བྱང་ཆུབ་སེམས་དཔའ་སེམས་དཔའ་ཆེན་པོ་བཟོད་པའི་ཕ་རོལ་ཏུ་ཕྱིན་པ་ལ་སྤྱོད་པའི། ཤེས་རབ་ཀྱི་ཕ་རོལ་ཏུ་ཕྱིན་པའི་གོ་ཆའོ། །ཚེ་དང་ལྡན་པ་ཤཱ་ར་དྭ་ཏིའི་བུ་གང་བྱང་ཆུབ་སེམས་དཔའ་སེམས་དཔའ་ཆེན་པོ་རྣམ་པ་ཐམས་ཅད་མཁྱེན་པ་ཉིད་དང་ལྡན་པའི་ཡིད་ལ་བྱ་བས། ཕ་རོལ་ཏུ་ཕྱིན་པ་དེ་དག་དང་། སེམས་ཅན་དང་། བྱང་ཆུབ་ལ་མཚན་མར་མི་བྱེད་ཅིང་། མི་དམིགས་པ་འདི་ནི། བྱང་ཆུབ་སེམས་དཔའ་སེམས་དཔའ་ཆེན་པོ་བཟོད་པའི་ཕ་རོལ་ཏུ་ཕྱིན་པ་ལ་སྤྱོད་པའི་ཕ་རོལ་ཏུ་ཕྱིན་པ་དྲུག་གི་གོ་ཆའོ། །ཚེ་དང་ལྡན་པ་ཤཱ་ར་དྭ་ཏིའི་བུ་གཞན་ཡང་བྱང་ཆུབ་སེམས་དཔའ་སེམས་དཔའ་ཆེན་པོ་བརྩོན་འགྲུས་ཀྱི་ཕ་རོལ་ཏུ་ཕྱིན་པ་ལ

སྤྱོད་ཅིང་། ཉན་ཐོས་དང་། རང་སངས་རྒྱས་དང་ལྡན་པའི་ཡིད་ལ་བྱ་བས་མ་ཡིན་གྱི། རྣམ་པ་ཐམས་ཅད་མཁྱེན་པ་ཉིད་དང་ལྡན་པའི་ཡིད་ལ་བྱ་བས། སྦྱིན་པ་ཡོངས་སུ་གཏོང་ཞིང་། དགེ་བའི་རྩ་བ་དེ་ཡང་སེམས་ཅན་ཐམས་ཅད་དང་ཐུན་མོང་དུ་བྱས་ཏེ། བླ་ན་མེད་པ་ཡང་དག་པར་རྫོགས་པའི་བྱང་ཆུབ་ཏུ་ཡོངས་སུ་སྔོ[༡]བ་འདི་ནི། བྱང་ཆུབ་སེམས་དཔའ་སེམས་དཔའ་ཆེན་པོ་བརྩོན་འགྲུས་ཀྱི་ཕ་རོལ་དུ་ཕྱིན་པ་ལ་སྤྱོད་པའི། སྦྱིན་པའི་ཕ་རོལ་དུ་ཕྱིན་པའི་གོ་ཆའོ།། ཚེ་དང་ལྡན་པ་ཤཱ་ར་དྭ་ཏིའི་བུ་གཞན་ཡང་བྱང་ཆུབ་སེམས་དཔའ་སེམས་དཔའ་ཆེན་པོ་བརྩོན་འགྲུས་ཀྱི་ཕ་རོལ་དུ་ཕྱིན་པ་ལ་སྤྱོད་ཅིང་། ཉན་ཐོས་དང་། རང་སངས་རྒྱས་དང་ལྡན་པའི་ཡིད་ལ་བྱ་བས་མ་ཡིན་གྱི། རྣམ་པ་ཐམས་ཅད་མཁྱེན་པ་ཉིད་དང་ལྡན་པའི་ཡིད་ལ་བྱ་བས། ཚུལ་ཁྲིམས་སྲུང་[༢]ཞིང་། དགེ་བའི་རྩ་བ་དེ་ཡང་སེམས་ཅན་ཐམས་ཅད་དང་ཐུན་མོང་དུ་བྱས་ཏེ། བླ་ན་མེད་པ་ཡང་དག་པར་རྫོགས་པའི་བྱང་ཆུབ་ཏུ་ཡོངས་སུ་སྔོ[༣]བ་འདི་ནི། བྱང་ཆུབ་སེམས་དཔའ་སེམས་དཔའ་ཆེན་པོ་བརྩོན་འགྲུས་ཀྱི་ཕ་རོལ་ཏུ་ཕྱིན་པ་ལ་སྤྱོད་པའི། ཚུལ་ཁྲིམས་ཀྱི་ཕ་རོལ་དུ་ཕྱིན་པའི་གོ་ཆའོ། །ཚེ་དང་ལྡན་པ་ཤཱ་ར་དྭ་ཏིའི་བུ་གཞན་ཡང་བྱང་ཆུབ་སེམས་དཔའ་སེམས་དཔའ་ཆེན་པོ། ཉན་ཐོས་དང་། རང་སངས་རྒྱས་དང་ལྡན་པའི་ཡིད་ལ་བྱ་བས་མ་ཡིན་གྱི། རྣམ་པ་ཐམས་ཅད་མཁྱེན་པ་ཉིད་དང་ལྡན་པའི་ཡིད་ལ་བྱ་བས་བརྩོན་འགྲུས་ཀྱི་ཕ་རོལ་ཏུ་ཕྱིན་པ་ལ་སྤྱོད་ཅིང་། ཆོས་དེ་དག་ལ་དེ་ལྟར་བཟོད་པ་དང་། མོས་པ་དང་། རྟེན་པ་འདི་ནི་བྱང་ཆུབ་སེམས་དཔའ་སེམས་དཔའ་ཆེན་པོ་བརྩོན་འགྲུས་ཀྱི་ཕ་རོལ་དུ་ཕྱིན་པ་ལ་སྤྱོད་པའི། བཟོད་པའི་ཕ་རོལ་དུ་ཕྱིན་པའི་གོ་ཆའོ། །ཚེ་དང་ལྡན་པ་ཤཱ་ར་དྭ་ཏིའི་བུ་གཞན་ཡང་བྱང་ཆུབ་སེམས་དཔའ་སེམས་དཔའ་ཆེན་པོ་ཉན་

ཐོས་དང་། རང་སངས་རྒྱས་དང་ལྡན་པའི་ཡིད་ལ་བྱ་བས་མ་ཡིན་གྱི། རྣམ་པ་ཐམས་ཅད་མཁྱེན་པ་ཉིད་དང་ལྡན་པའི་ཡིད་ལ་བྱ་བས། བརྩོན་འགྲུས་ཀྱི་ཕ་རོལ་ཏུ་ཕྱིན་པ་ལ་སྤྱོད་ཅིང་། སེམས་ཅན་ཐམས་ཅད་ཀྱི་དོན་དུ། བརྩོན་འགྲུས་ཉམས[༡]པར་མི་བྱེད་ཅིང་བརྟུན་མི་ངས[༣]པ་འདི་ནི། བྱང་ཆུབ་སེམས་དཔའ་སེམས་དཔའ་ཆེན་པོ་བརྩོན་འགྲུས་ཀྱི་ཕ་རོལ་ཏུ་ཕྱིན་པ་ལ་སྤྱོད་པའི། བརྩོན་འགྲུས་ཀྱི་ཕ་རོལ་ཏུ་ཕྱིན་པའི་གོ་ཆའོ། །ཚེ་དང་ལྡན་པ་ཤཱ་ར་དྭ་ཏིའི་བུ་གཞན་ཡང་བྱང་ཆུབ་སེམས་དཔའ་སེམས་དཔའ་ཆེན་པོ། ཉན་ཐོས་དང་། རང་སངས་རྒྱས་དང་ལྡན་པའི་ཡིད་ལ་བྱ་བས་མ་ཡིན་གྱི། རྣམ་པ་ཐམས་ཅད་མཁྱེན་པ་ཉིད་དང་ལྡན་པའི་ཡིད་ལ་བྱ་བས། སེམས་རྩེ་གཅིག་ཏུ་བྱེད་པ་འདི་ནི། བྱང་ཆུབ་སེམས་དཔའ་སེམས་དཔའ་ཆེན་པོ་བརྩོན་འགྲུས་ཀྱི་ཕ་རོལ་ཏུ་ཕྱིན་པ་ལ་སྤྱོད་པའི། བསམ་གཏན་གྱི་ཕ་རོལ་ཏུ་ཕྱིན་པའི་གོ་ཆའོ། །ཚེ་དང་ལྡན་པ་ཤཱ་ར་དྭ་ཏིའི་བུ་གཞན་ཡང་བྱང་ཆུབ་སེམས་དཔའ་སེམས་དཔའ་ཆེན་པོ། ཉན་ཐོས་དང་། རང་སངས་རྒྱས་དང་ལྡན་པའི་ཡིད་ལ་བྱ་བས་མ་ཡིན་གྱི། རྣམ་པ་ཐམས་ཅད་མཁྱེན་པ་ཉིད་དང་ལྡན་པའི་ཡིད་ལ་བྱ་བས། ཆོས་ཐམས་ཅད་ལ་སྒྱུ་མར་བྱས་པའི་འདུ་ཤེས་ཉེ་བར་གནས་ཏེ། བརྩོན་འགྲུས་དེས་ཀློམ་སེམས་སུ་མི་བྱེད་ཅིང་། བརྩོན་འགྲུས་དེ་ཡང་མི་དམིགས་ཏེ། དགེ་བའི་རྩ་བ་དེ་ཡང་སེམས་ཅན་ཐམས་ཅད་དང་ཐུན་མོང་དུ་བྱས་ཤིང་། བླ་ན་མེད་པ་ཡང་དག་པར་རྫོགས་པའི་བྱང་ཆུབ་ཏུ་ཡོངས་སུ་སྔོ[༣]བ་འདི་ནི། བྱང་ཆུབ་སེམས་དཔའ་སེམས་དཔའ་ཆེན་པོ་བརྩོན་འགྲུས་ཀྱི་ཕ་རོལ་ཏུ་ཕྱིན་པ་ལ་སྤྱོད་པའི། ཤེས་རབ་ཀྱི་ཕ་རོལ་ཏུ་ཕྱིན་པའི་གོ་ཆའོ། །ཚེ་དང་ལྡན་པ་ཤཱ་ར་དྭ་ཏིའི་བུ་གང་བྱང་ཆུབ་སེམས་དཔའ་སེམས་དཔའ་ཆེན་པོ་རྣམ་པ་ཐམས་ཅད་མཁྱེན་པ་ཉིད་དང་ལྡན་

པའི་ཡིད་ལ་བྱ་བས། ཕ་རོལ་ཏུ་ཕྱིན་པ་དེ་དག་དང་། སེམས་ཅན་དང་། བྱང་ཆུབ་ལ་མཚན་མར་མི་བྱེད་ཅིང་། མི་དམིགས་པ་འདི་ནི། བྱང་ཆུབ་སེམས་དཔའ་སེམས་དཔའ་ཆེན་པོ་བརྩོན་འགྲུས་ཀྱི་ཕ་རོལ་ཏུ་ཕྱིན་པ་ལ་སྤྱོད་པའི། ཕ་རོལ་ཏུ་ཕྱིན་པ་དྲུག་གི་གོ་ཆའོ། །ཚེ་དང་ལྡན་པ་ཤཱ་ར་དྭ་ཏིའི་བུ་གཞན་ཡང་བྱང་ཆུབ་སེམས་དཔའ་སེམས་དཔའ་ཆེན་པོ་བསམ་གཏན་གྱི་ཕ་རོལ་ཏུ་ཕྱིན་པ་ལ་སྤྱོད་ཅིང་། ཉན་ཐོས་དང་། རང་སངས་རྒྱས་དང་ལྡན་པའི་ཡིད་ལ་བྱ་བས་མ་ཡིན་གྱི། རྣམ་པ་ཐམས་ཅད་མཁྱེན་པ་ཉིད་དང་ལྡན་པའི་ཡིད་ལ་བྱ་བས། སྦྱིན་པ་ཡོངས་སུ་གཏོང་ཞིང་། དགེ་བའི་རྩ་བ་དེ་ཡང་སེམས་ཅན་ཐམས་ཅད་དང་ཐུན་མོང་དུ་བྱས་ཏེ། བླ་ན་མེད་པ་ཡང་དག་པར་རྫོགས་པའི་བྱང་ཆུབ་ཏུ་ཡོངས་སུ་སྔོ[༡]བ་འདི་ནི། བྱང་ཆུབ་སེམས་དཔའ་སེམས་དཔའ་ཆེན་པོ། བསམ་གཏན་གྱི་ཕ་རོལ་ཏུ་ཕྱིན་པ་ལ་སྤྱོད་པའི། སྦྱིན་པའི་ཕ་རོལ་ཏུ་ཕྱིན་པའི་གོ་ཆའོ། །ཚེ་དང་ལྡན་པ་ཤཱ་ར་དྭ་ཏིའི་བུ་གཞན་ཡང་བྱང་ཆུབ་སེམས་དཔའ་སེམས་དཔའ་ཆེན་པོ། བསམ་གཏན་གྱི་ཕ་རོལ་ཏུ་ཕྱིན་པ་ལ་སྤྱོད་ཅིང་། ཉན་ཐོས་དང་། རང་སངས་རྒྱས་དང་ལྡན་པའི་ཡིད་ལ་བྱ་བས་མ་ཡིན་གྱི། རྣམ་པ་ཐམས་ཅད་མཁྱེན་པ་ཉིད་དང་ལྡན་པའི་ཡིད་ལཿབྱ་བས[༢]། ཚུལ་ཁྲིམས་སྲུང་[༣]ཞིང་། དགེ་བའི་རྩ་བ་དེ་ཡང་སེམས་ཅན་ཐམས་ཅད་དང་ཐུན་མོང་དུ་བྱས་ཏེ། བླ་ན་མེད་པ་ཡང་དག་པར་རྫོགས་པའི་བྱང་ཆུབ་ཏུ་ཡོངས་སུ་སྔོ་[༤]བ་འདི་ནི། བྱང་ཆུབ་སེམས་དཔའ་སེམས་དཔའ་ཆེན་པོ་བསམ་གཏན་གྱི་ཕ་རོལ་ཏུ་ཕྱིན་པ་ལ་སྤྱོད་པའི། ཚུལ་ཁྲིམས་ཀྱི་ཕ་རོལ་ཏུ་ཕྱིན་པའི་གོ་ཆའོ། །ཚེ་དང་ལྡན་པ་ཤཱ་ར་དྭ་ཏིའི་བུ་གཞན་ཡང་བྱང་ཆུབ་སེམས་དཔའ་སེམས་དཔའ་ཆེན་པོ་བསམ་གཏན་གྱི་ཕ་རོལ་ཏུ་ཕྱིན་པ་ལ་སྤྱོད་ཅིང་། ཉན་ཐོས་དང་། རང་སངས་རྒྱས་དང་……

ལྡན་པའི་ཡིད་ལ་བྱ་བས་མ་ཡིན་གྱི། རྣམ་པ་ཐམས་ཅད་མཁྱེན་པ་ཉིད་དང་ལྡན་པའི་ཡིད་ལ་བྱ་བས། བཟོད་པ་ཡོངས་སུ་སྔོམ[༡]སྟེ། དགེ་བའི་རྩ་བ་དེ་ཡང་་་སེམས་ཅན་ཐམས་ཅད་དང་ཐུན་མོང་དུ་བྱས་ཤིང་། བླ་ན་མེད་པ་ཡང་དག་པར་རྫོགས་པའི་བྱང་ཆུབ་ཏུ་ཡོངས་སུ་སྔོ་[༢]བ་འདི་ནི། བྱང་ཆུབ་སེམས་དཔའ་སེམས་དཔའ་ཆེན་པོ། བསམ་གཏན་གྱི་ཕ་རོལ་ཏུ་ཕྱིན་པ་ལ་སྤྱོད་པའི། བཟོད་པའི་ཕ་རོལ་ཏུ་ཕྱིན་པའི་གོ་ཆའོ། །ཚེ་དང་ལྡན་པ་ཤཱ་རིའི་བུ་གཞན་ཡང་བྱང་ཆུབ་སེམས་དཔའ་སེམས་དཔའ་ཆེན་པོ། ཉན་ཐོས་དང་། རང་སངས་རྒྱས་དང་ལྡན་པའི་ཡིད་ལ་བྱ་བས་མ་ཡིན་གྱི། རྣམ་པ་ཐམས་ཅད་མཁྱེན་པ་ཉིད་དང་ལྡན་པའི་ཡིད་ལ་བྱ་བས། བསམ་གཏན་གྱི་ཕ་རོལ་ཏུ་ཕྱིན་པ་ལ་སྤྱོད་ཅིང་། བརྩོན་འགྲུས་ཉམ[༣]པར་མི་བྱེད་དེ་དེའི་དགེ་བའི་རྩ་བ་དེ་ཡང་སེམས་ཅན་ཐམས་ཅད་དང་ཐུན་མོང་དུ་བྱས་ཤིང་། བླ་ན་མེད་པ་ཡང་དག་པར་རྫོགས་པའི་བྱང་ཆུབ་ཏུ་ཡོངས་སུ་སྔོ་[༤]བ་འདི་ནི། བྱང་ཆུབ་སེམས་དཔའ་སེམས་དཔའ་ཆེན་པོའི་བསམ་གཏན་གྱི་ཕ་རོལ་ཏུ་ཕྱིན་པ་ལ་སྤྱོད་པའི། བརྩོན་[༥]འགྲུས་ཀྱི་ཕ་རོལ་ཏུ་ཕྱིན་པའི་གོ་ཆའོ། །ཚེ་དང་ལྡན་པ་ཤཱ་རིའི་བུ་གཞན་་་ཡང་བྱང་ཆུབ་སེམས་དཔའ་[༦]སེམས་དཔའ་ཆེན་པོ་བསམ་གཏན་གྱི་ཕ་རོལ་ཏུ་ཕྱིན་པ་ལ་སྤྱོད་ཅིང་། རྣམ་པ་ཐམས་ཅད་མཁྱེན་པ་ཉིད་དང་ལྡན་པའི་ཡིད་ལ་བྱ་བ་ལ[༧]། སེམས་རྩེ་གཅིག་ཏུ་བྱེད་དེ། དེ་ལ་དམིགས་པ་གཅིག་པའི་ཕྱིར། ཉན་ཐོས་དང་། རང་སངས་རྒྱས་དང་ལྡན་པའི་ཡིད་ལ་བྱ་བ་རྣམས་ཀྱི་གོ་མི་འབྱེད་ཅིང་དགེ་བའི་རྩ་བ་དེ་ཡང་སེམས་ཅན་ཐམས་ཅད་དང་ཐུན་མོང་དུ་བྱས་ཏེ། བླ་ན་མེད་པ་ཡང་དག་པར་[༨]རྫོགས་པའི་བྱང་ཆུབ་ཏུ་ཡོངས་སུ་སྔོ་[༩]བ་འདི་ནི། བྱང་ཆུབ་སེམས་དཔའ་སེམས་དཔའ་ཆེན་པོ་བསམ་གཏན་གྱི་ཕ་རོལ་ཏུ་ཕྱིན་པ་ལ་

སྤྱོད་པའི། བསམ་གཏན་གྱི་ཕ་རོལ་ཏུ་ཕྱིན་པའི་གོ་ཆའོ། །ཚེ་དང་ལྡན་པ་ཤ་ར་དྭ་ཏིའི་བུ་གཞན་ཡང་བྱང་ཆུབ་སེམས་དཔའ་སེམས་དཔའ་ཆེན་པོ་བསམ་གཏན་གྱི་ཕ་རོལ་ཏུ་ཕྱིན་པ་ལ་སྤྱོད་ཅིང་། ཆོས་ཐམས་ཅད་ལ་སྒྱུ་མར་བྱས་པའི་འདུ་ཤེས་ཉེ་བར་གནས་ཏེ། བསམ་གཏན་དེས་ཀྱང་སྙོམ་སེམས་སུ་མི་བྱེད་ཅིང་། བསམ་གཏན་དེ་ཡང་མི་དམིགས་ཏེ། དགེ་བའི་རྩ་བ་དེ་ཡང་སེམས་ཅན་ཐམས་ཅད་དང་ཐུན་མོང་[༡]དུ་བྱས་ཤིང་། བླ་ན་མེད་པ་ཡང་དག་པར་རྫོགས་པའི་བྱང་ཆུབ་ཏུ་ཡོངས་སུ་སྔོ[༢]བ་འདི་ནི། བྱང་ཆུབ་སེམས་དཔའ་སེམས་དཔའ[༣]ཆེན་པོ་བསམ་གཏན་གྱི་ཕ་རོལ་ཏུ་ཕྱིན་པ་ལ་སྤྱོད་པའི། ཤེས་རབ་ཀྱི་ཕ་རོལ་ཏུ་ཕྱིན་པའི་གོ་ཆའོ། །ཚེ་དང་ལྡན་པ་ཤ་ར་དྭ་ཏིའི་བུ་གང་བྱང་ཆུབ་སེམས་དཔའ་སེམས་དཔའ་ཆེན་པོ། རྣམ་པ་ཐམས་ཅད་མཁྱེན་པ་ཉིད་དང་ལྡན་པའི་ཡིད་ལ་བྱ་བས། ཕ་རོལ་ཏུ་ཕྱིན་པ་དེ་དག་དང་། སེམས་ཅན་དང་། བྱང་ཆུབ་ལ་མཚན་མར་མི་བྱེད་ཅིང་། མི་དམིགས་པ་འདི་ནི། བྱང་ཆུབ་སེམས་དཔའ····སེམས་དཔའ་ཆེན་པོ་བསམ་གཏན་གྱི་ཕ་རོལ་ཏུ་ཕྱིན་པ་ལ་སྤྱོད་པའི། ཕ་རོལ་ཏུ་ཕྱིན་པ་དྲུག་གི་གོ་ཆའོ། །ཚེ་དང་ལྡན་པ་ཤ་ར་དྭ་ཏིའི་བུ་གཞན་ཡང་བྱང་ཆུབ་སེམས་དཔའ་སེམས་དཔའ་ཆེན་པོ་ཤེས་རབ་ཀྱི་ཕ་རོལ་ཏུ་ཕྱིན་པ་ལ་སྤྱོད་ཅིང་། ཉན་ཐོས་དང་། རང་སངས་རྒྱས་དང་ལྡན་པའི་ཡིད་ལ་བྱ་བས་མ་ཡིན་གྱི། རྣམ་པ་ཐམས་ཅད་མཁྱེན་པ་ཉིད་དང་ལྡན་པའི་ཡིད་ལ་བྱ་བས། འཁོར་གསུམ་ཡོངས་སུ་དག་པའི་[༤]སྦྱིན་པ་ཡོངས་སུ་[༥]གཏོང་ཞིང་། དགེ་བའི་རྩ་བ་དེ་ཡང་སེམས་ཅན་ཐམས་ཅད་དང་ཐུན་མོང་དུ་བྱས་ཏེ། བླ་ན་མེད་པ་ཡང་དག་པར་རྫོགས་པའི་བྱང་ཆུབ་ཏུ་ཡོངས་སུ་སྔོ[༦]བ་འདི་ནི། བྱང་ཆུབ་སེམས་དཔའ་སེམས་དཔའ་ཆེན་པོ། ཤེས་རབ་ཀྱི་ཕ་རོལ་ཏུ་ཕྱིན་པ་ལ་སྤྱོད་པའི། སྦྱིན་པའི་

ཕ་རོལ་དུ་ཕྱིན་པའི་གོ་ཆའོ། །ཚེ་དང་ལྡན་པ་ཤཱ་ར་དྭ་ཏིའི་བུ་གཞན་ཡང་བྱང་ཆུབ་སེམས་དཔའ་སེམས་དཔའ་ཆེན་པོ་ཤེས་རབ་ཀྱི་ཕ་རོལ་དུ་ཕྱིན་པ་ལ་སྤྱོད་ཅིང་། ཉན་ཐོས་དང་། རང་སངས་རྒྱས་དང་ལྡན་པའི་ཡིད་ལ་བྱ་བས་མ་ཡིན་གྱི། རྣམ་པ་ཐམས་ཅད་མཁྱེན་པ་ཉིད་དང་ལྡན་པའི་ཡིད་ལ་བྱ་བས། ཚུལ་ཁྲིམས་ཡོངས་སུ་སྲུང་①ཞིང་། དགེ་བའི་རྩ་བ་དེ་ཡང་སེམས་ཅན་ཐམས་ཅད་དང་ཐུན་མོང་དུ་བྱས་ཏེ། བླ་ན་མེད་པ་ཡང་དག་པར་རྫོགས་པའི་བྱང་ཆུབ་ཏུ་ཡོངས་སུ་སྔོ②བ་འདི་ནི། བྱང་ཆུབ་སེམས་དཔའ་སེམས་དཔའ་ཆེན་པོ་ཤེས་རབ་ཀྱི་ཕ་རོལ་དུ་ཕྱིན་པ་ལ་སྤྱོད་པའི། ཚུལ་ཁྲིམས་ཀྱི་ཕ་རོལ་དུ་ཕྱིན་པའི་གོ་ཆའོ། །ཚེ་དང་ལྡན་པ་ཤཱ་ར་དྭ་ཏིའི་བུ་གཞན་ཡང་བྱང་ཆུབ་སེམས་དཔའ་སེམས་དཔའ་ཆེན་པོ། ཤེས་རབ་ཀྱི་ཕ་རོལ་དུ་ཕྱིན་པ་ལ་སྤྱོད་ཅིང་། ཉན་ཐོས་དང་། རང་སངས་རྒྱས་དང་ལྡན་པའི་ཡིད་ལ་བྱ་བས་མ་ཡིན་གྱི། རྣམ་པ་ཐམས་ཅད་མཁྱེན་པ་ཉིད་དང་ལྡན་པའི་ཡིད་ལ་བྱ་བས། ཆོས་དེ་དག་ལ་དེ་ལྟར་བཟོད་ཿཔ་ལ་གནས་③ཤིང་ཧེན་④ཏེ། དགེ་བའི་རྩ་བ་དེ་ཡང་སེམས་ཅན་ཐམས་ཅད་དང་ཐུན་མོང་དུ་བྱས་ཤིང་། བླ་ན་མེད་པ་ཡང་དག་པར་རྫོགས་པའི་བྱང་ཆུབ་ཏུ་ཡོངས་སུ་སྔོ⑤བ་འདི་ནི། བྱང་ཆུབ་སེམས་དཔའ་སེམས་དཔའ་ཆེན་པོ་ཤེས་རབ་ཀྱི་ཕ་རོལ་དུ་ཕྱིན་པ་ལ་སྤྱོད་པའི། བཟོད་པའི་ཕ་རོལ་དུ་ཕྱིན་པའི་གོ་ཆའོ། །ཚེ་དང་ལྡན་པ་ཤཱ་ར་དྭ་ཏིའི་བུ་གཞན་ཡང་བྱང་ཆུབ་སེམས་དཔའ་སེམས་དཔའ་ཆེན་པོ། ཉན་ཐོས་དང་། རང་སངས་རྒྱས་དང་ལྡན་པའི་ཡིད་ལ་བྱ་བས་མ་ཡིན་གྱི། རྣམ་པ་ཐམས་ཅད་མཁྱེན་པ་ཉིད་དང་ལྡན་པའི་ཡིད་ལ་བྱ་བས། བརྩོན་འགྲུས་ཉམ་⑥པར་མི་བྱེད་ཅིང་། དགེ་བའི་རྩ་བ་དེ་ཡང་སེམས་ཅན་ཐམས་ཅད་དང་ཐུན་མོང་⑦དུ་བྱས་ཏེ། བླ་ན་མེད་པ་ཡང་དག་པར་རྫོགས་པའི་

བྱང་ཆུབ་ཏུ་ཡོངས་སུ་སྔོ[༧]བ་འདི་ནི། བྱང་ཆུབ་སེམས་དཔའ་སེམས་དཔའ·····
ཆེན་པོ་ཤེས་རབ་ཀྱི་ཕ་རོལ་ཏུ་ཕྱིན་པ་ལ་སྤྱོད་པའི། བརྩོན་འགྲུས་ཀྱི་ཕ་རོལ་ཏུ་
ཕྱིན་པའི་གོ་ཆའོ། །ཚེ་དང་ལྡན་པ་ཤཱ་ར་དྭ་ཏིའི་བུ་གཞན་ཡང་བྱང་ཆུབ་སེམས
དཔའ་སེམས་དཔའ་ཆེན་པོ་ཤེས་རབ་ཀྱི་ཕ་རོལ་ཏུ་ཕྱིན་པ་ལ་སྤྱོད་ཅིང་། ཉན་··
ཐོས་དང་། རང་སངས་རྒྱས་དང་ལྡན་པའི་ཡིད་ལ་བྱ་བས་མ་ཡིན་གྱི། རྣམ་··
པ་ཐམས་ཅད་མཁྱེན་པ་ཉིད་དང་ལྡན་པའི་ཡིད་ལ་བྱ་བས། སེམས་རྩེ་གཅིག་ཏུ་
བྱེད་ཅིང་། དགེ་བའི་རྩ་བ་དེ་ཡང་སེམས་ཅན་ཐམས་ཅད་དང་ཐུན་མོང་དུ་བྱས་
ཏེ། བླ་ན་མེད་པ་ཡང་དག་པར་རྫོགས་པའི་བྱང་ཆུབ་ཏུ་ཡོངས་སུ་སྔོ[༣]བ་འདི་
ནི། བྱང་ཆུབ་སེམས་དཔའ་སེམས་དཔའ་ཆེན་པོ་ཤེས་རབ་ཀྱི་ཕ་རོལ་ཏུ་ཕྱིན་··
པ་ལ་སྤྱོད་པའི། བསམ་གཏན་གྱི་ཕ་རོལ་ཏུ་ཕྱིན་པའི་གོ་ཆའོ། །ཚེ་དང་ལྡན་
པ་ཤཱ་ར་དྭ་ཏིའི་བུ་གཞན་ཡང་བྱང་ཆུབ་སེམས་དཔའ་སེམས་དཔའ་ཆེན་པོ་ཤེས···
རབ་ཀྱི་ཕ་རོལ་ཏུ་ཕྱིན་པ་ལ་སྤྱོད་ཅིང་། ཆོས་ཐམས་ཅད་ལ་སྒྱུ་མར་བྱས་པའི···
འདུ་ཤེས་ཉེ་བར་གནས་ཏེ། ཉན་ཐོས་དང་། རང་སངས་རྒྱས་དང་ལྡན་པའི་
ཡིད་ལ་བྱ་བས་མ་ཡིན་གྱི། རྣམ་པ་ཐམས་ཅད་མཁྱེན་པ་ཉིད་དང་ལྡན་པའི་ཡིད་
ལ་བྱ་བས། ཤེས་རབ་ཀྱི་ཕ་རོལ་ཏུ་ཕྱིན་པ་ལ་རློམ་སེམས་སུ་མི་བྱེད་དེ། དགེ་
བའི་རྩ་བ་དེ་ཡང་སེམས་ཅན་ཐམས་ཅད་དང་ཐུན་མོང་དུ་བྱས་ཤིང་། བླ་ན་
མེད་པ་ཡང་དག་པར་རྫོགས་པའི་བྱང་ཆུབ་ཏུ་ཡོངས་སུ་སྔོ[༣]བ་འདི་ནི། བྱང་··
ཆུབ་སེམས་དཔའ་སེམས་དཔའ་ཆེན་པོ་ཤེས་རབ་ཀྱི་ཕ་རོལ་ཏུ་ཕྱིན་པ་ལ་སྤྱོད་པའི།
ཤེས་རབ་ཀྱི་ཕ་རོལ་ཏུ་ཕྱིན་པའི་གོ་ཆ་སྟེ། ཚེ་དང་ལྡན་པ་ཤཱ་ར་དྭ་ཏིའི་བུ་གང་
བྱང་ཆུབ་སེམས་དཔའ་སེམས་དཔའ་ཆེན་པོ་རྣམ་པ་ཐམས་ཅད་མཁྱེན་པ་ཉིད་
དང་ལྡན་པའི་སེམས་ཀྱིས། ཕ་རོལ་ཏུ་ཕྱིན་པ་འདི་དག་དང་། སེམས་ཅན···

དང་། བྱང་ཆུབ་ལ་མཆོན་མར་མི་བྱེད་ཅིང་། མི་དམིགས་པ་འདི་ནི། བྱང་ཆུབ་སེམས་དཔའ་སེམས་དཔའ་ཆེན་པོ་ཤེས་རབ་ཀྱི་ཕ་རོལ་ཏུ་ཕྱིན་པ་ལ་སྤྱོད་པའི། ཕ་རོལ་ཏུ་ཕྱིན་པ་དྲུག་གི་གོ་ཆ་ཆེན་པོའོ། །ཚེ་དང་ལྡན་པ་ཤཱ་རདྭ་ཏིའི་བུ་དེ་ལྟར་བྱང་ཆུབ་སེམས་དཔའ་སེམས་དཔའ་ཆེན་པོ། ཕ་རོལ་ཏུ་ཕྱིན་པ་རེ་རེ་ལ་གནས་ཤིང་། ཕ་རོལ་ཏུ་ཕྱིན་པ་དྲུག་པོ་ཐམས་ཅད་ཡོངས་སུ་རྫོགས་པར་བྱེད་དོ། ཚེ་དང་ལྡན་པ་ཤཱ་རདྭ་ཏིའི་བུ་གཞན་ཡང་བྱང་ཆུབ་སེམས་དཔའ་སེམས་དཔའ་ཆེན་པོ་བསམ་གཏན་དང་། ཚད་མེད་པ་དང་། གཟུགས་མེད་པའི་སྙོམས་པར་འཇུག་པ་རྣམས་ལ་ཡང་མཉམ་པར་གཞོག་སྟེ། བསམ་གཏན་དང་ཚད་མེད་པ་དང་། གཟུགས་མེད་པའི་སྙོམས་པར་འཇུག་པ་རྣམས་ཀྱི་རོ་ཡང་མྱོང་བར་མི་བྱེད་དོ། །བསམ་གཏན་དང་། ཚད་མེད་པ་དང་། གཟུགས་མེད་པ་དེ་དག་གིས་ཀྱང་མི་འཕྲོགས་ཏེ། བསམ་གཏན་དང་། ཚད་མེད་པ་དང་། གཟུགས་མེད་པའི་སྙོམས་པར་འཇུག་པའི་དབང་གིས་ཀྱང་མི་སྐྱེའོ།

ཚེ་དང་ལྡན་པ་ཤཱ་རདྭ་ཏིའི་བུ་འདི་ནི་བྱང་ཆུབ་སེམས་དཔའ་སེམས་དཔའ་ཆེན་པོའི་ཤེས་རབ་ཀྱི་ཕ་རོལ་ཏུ་ཕྱིན་པ། ཐབས་མཁས་པ་དང་འགྲོགས་པའོ། །ཚེ་དང་ལྡན་པ་ཤཱ་རདྭ་ཏིའི་བུ་གཞན་ཡང་བྱང་ཆུབ་སེམས་དཔའ་སེམས་དཔའ་ཆེན་པོ། བསམ་གཏན་དང་། ཚད་མེད་པ་དང་། གཟུགས་མེད་པའི་སྙོམས་པར་འཇུག་[7]པ་དག་ལ་དབེན་པ་མཐོང་བ་དང་། སྟོང་པ་ཉིད་དང་། མཚན་མ་མེད་པ་དང་། སྨོན་པ་མེད་པ་མཐོང་བས་མཉམ་པར་གཞོག་སྟེ། དེ་དག་གི་དབང་གིས་ཀྱང་མི་སྐྱེ། ཡང་དག་པའི་མཐའ་མངོན་དུ་ཡང་མི་བྱེད་དེ། ཉན་ཐོས་དང་། རང་སངས་རྒྱས་ཐམས་ཅད་ཀྱང་ཟིལ་གྱིས་གནོན་ཏོ། །ཚེ་དང་ལྡན་པ་ཤཱ་རདྭ་ཏིའི་བུ་འདི་ནི་བྱང་ཆུབ་སེམས་དཔའ་སེམས་དཔའ་ཆེན་པོ

ཤེས་རབ་ཀྱི་ཕ་རོལ་ཏུ་ཕྱིན་པ་ལ་སྤྱོད་པའི་ཐབས་མཁས་པའི་གོ་ཆ་ཆེན་པོ་སྟེ། ཚེ་དང་ལྡན་པ་ཤཱ་ར་དྭ་ཏིའི་བུ་དེ་ལྟར་ན། བྱང་ཆུབ་སེམས་དཔའ་སེམས་དཔའ་ཆེན་པོ་གོ་ཆ་ཆེན་པོ་བགོས་པ་ཞེས་བྱའོ། །ཚེ་དང་ལྡན་པ་ཤཱ་ར་དྭ་ཏིའི་བུ་བྱང་ཆུབ་སེམས་དཔའ་སེམས་དཔའ་ཆེན་པོ་དེ་ལྟར་གོ་ཆ་ཆེན་པོ་བགོས་པ་ལ། ཤར་ཕྱོགས་དང་། ལྷོ་དང་། ནུབ་དང་། བྱང་དང་། བྱང་ཤར་དང་། ཤར་ལྷོ་དང་། ལྷོ་ནུབ་དང་། ནུབ་བྱང་དང་། འོག་དང་། སྟེང་གི་ཕྱོགས་ཀྱི་ཕྱོགས་རེ་རེའི་འཇིག་རྟེན་གྱི་ཁམས་གང་གཱའི་[1]ཀླུང་གི་བྱེ་མ་སྙེད་དག་ན། སངས་རྒྱས་བཅོམ་ལྡན་འདས་བཞུགས་པ་རྣམས་ཀྱང་[2]ཆེད་དུ་བརྗོད་པ་ཆེད་དུ་བརྗོད་ཅིང་། མིང་ཡོངས་སུ་སྒྲོག་[3]པ་མཛད་དེ། འཇིག་རྟེན་གྱི་ཁམས་ཆེ་གེ་མོ་ཞིག་ན། བྱང་ཆུབ་སེམས་དཔའ་སེམས་དཔའ་ཆེན་པོ་གོ་ཆ་ཆེན་པོ་བགོས་པ་འདི་ལྟ་བུ་ཞིག་སེམས་ཅན་ཡོངས་སུ་སྨིན་པར་བྱེད་དོ། །སངས་རྒྱས་ཀྱི་ཞིང་ཡོངས་སུ་དག་པར་བྱེད་དོ། །རྫུ་འཕྲུལ་གྱིས་རྣམ་པར་རྩེའོ་ཞེས་སྒྲ་བརྗོད་[4]པ་མཛད་དེ། དབྱངས་རྗེས་སུ་སྒྲོག་གོ། །སྨྲས་པ། ཚེ་དང་ལྡན་པ་གང་པོ་རྫི་ཙམ་གྱིས་ན། བྱང་ཆུབ་སེམས་དཔའ་སེམས་དཔའ་ཆེན་པོ་ཐེག་པ་ཆེན་པོ་ལ་ཡང་དག་པར་ཞུགས་ཞེས་བྱ། བྱང་ཆུབ་སེམས་དཔའ་སེམས་དཔའ་ཆེན་པོའི་ཐེག་པ་ཆེན་པོ་ནི་གང་ཡིན། གང་པོས་སྨྲས་པ། ཚེ་དང་ལྡན་པ་ཤཱ་ར་དྭ་ཏིའི་བུ་འདི་ལ་བྱང་ཆུབ་སེམས་དཔའ་སེམས་དཔའ་ཆེན་པོ། ཕ་རོལ་ཏུ་ཕྱིན་པ་དྲུག་པ་སྤྱོད་དེ། དེ་སྦྱིན་པའི་ཕ་རོལ་ཏུ་ཕྱིན་པ་ལ་སྤྱོད་ཅིང་། འདོད་པས་དབེན། སྡིག་ཏོ་མི་དགེ་བའི་ཆོས་ཀྱིས་དབེན་པ། རྟོག་པ་དང་བཅས་པ[5]། དཔྱོད་པ་དང་བཅས་པ། དབེན་པ་ལས་སྐྱེས་པའི་དགའ་བ་དང་བདེ་བ་ཅན། བསམ་གཏན་དང་པོ་ལ་ཉེ་བར་བསྒྲུབས་ཏེ་གནས་སོ། །དེ་བཞིན་དུ་བསམ་གཏན་

གཉིས་པ་དང་། གསུམ་པ་དང་། བཞི་པ་ལ་ཉེ་བར་བསྒྲུབས་ཏེ་གནས་སོ། །དེ་བྱམས་པ་དང་ལྡན་པའི་སེམས་རྒྱ་ཆེན་པོ། ཤིན་ཏུ་ཡངས་པ། མི་གཉིས་པ། ཚད་མེད་པ། གཙུགས་①མེད་པ། གནོད་པ་མེད་པ། སྤྱོད་②པ་མེད་པ། ཡོངས་སུ་རྫོགས་པ་ཤིན་ཏུ་བསྒོམས་པས། འཇིག་རྟེན་ཆོས་ཀྱི་དབྱིངས་ཀྱིས་ཀླས་པ༑ ནམ་མཁའི་མཐས་གཏུགས་པའི་ཕྱོགས་བཅུར་རྒྱས་པར་བཀང་སྟེ། མོས་པར་བྱས་ཤིང་། རྣམ་པར་སྤྱོད་དོ། །དེ་སྙིང་རྗེ་དང་ལྡན་པ་དང་། དགའ་བ་དང་ལྡན་པ་དང་། བཏང་སྙོམས་དང་ལྡན་པའི་སེམས་རྒྱ་ཆེན་པོ་ཤིན་ཏུ་ཡངས་པ། མི་གཉིས་པ། ཚད་མེད་པ། གཙུགས་③མེད་པ། གནོད་པ་མེད་པ། སྤྱོད་④པ་མེད་པ། ཡོངས་སུ་རྫོགས་པ། ཤིན་ཏུ་བསྒོམས་པས། འཇིག་རྟེན་ཆོས་ཀྱི་དབྱིངས་ཀྱིས་ཀླས་པ། ནམ་མཁའི་མཐས་⑤གཏུགས་པའི་ཕྱོགས་བཅུ་རྒྱས་པར་བཀང་སྟེ། མོས་པར་བྱས་ཤིང་རྣམ་པར་སྤྱོད་དོ། །དེ་ཚད་མེད་པ་འདི་དག་དང་། གཟུགས་མེད་པ་ན་ཡོད་པ་འདི་དག་ལ། ནམ་མཁའི་རྣམ་པ་དང་། ཚུལ་དང་། མཚན་མས་མཉམ་པར་གཞག་ཅིང་⑥རྣམ་པ་ཐམས་ཅད་མཁྱེན་པ་ཉིད་དུ་ཡོངས་སུ་སྔོ་⑦བ་འདི་ནི། བྱང་ཆུབ་སེམས་དཔའ་སེམས་དཔའ་ཆེན་པོའི་སྦྱིན་པའི་ཕ་རོལ་ཏུ་ཕྱིན་པའོ། །དེ་བཞིན་དུ་ཚུལ་ཁྲིམས་ཀྱི་ཕ་རོལ་ཏུ་ཕྱིན་པ་དང་། བཟོད་པའི་ཕ་རོལ་ཏུ་ཕྱིན་པ་དང་། བརྩོན་འགྲུས་ཀྱི་ཕ་རོལ་ཏུ་ཕྱིན་པ་དང་། བསམ་གཏན་གྱི་ཕ་རོལ་ཏུ་ཕྱིན་པ་དང་། ཤེས་རབ་ཀྱི་ཕ་རོལ་ཏུ་ཕྱིན་པ་སྟེ། ཚེ་དང་ལྡན་པ་ཤཱ་ར་དྭ་ཏིའི་བུ་དེ་ལྟར་ན། བྱང་ཆུབ་སེམས་དཔའ་སེམས་དཔའ་ཆེན་པོ་ཐེག་པ་ཆེན་པོ་ལ་ཡང་དག་པར་ཞུགས་པ་ཞེས་བྱའོ། །ཚེ་དང་ལྡན་པ་ཤཱ་ར་དྭ་ཏིའི་⑧བུ་གཞན་ཡང་བྱང་ཆུབ་སེམས་དཔའ་སེམས་དཔའ་ཆེན་པོ་བྱམས་པ་དང་ལྡན་པའི་སེམས་རྒྱ

ཆེན་པོ། ཤིན་ཏུ་ཡངས་པ། མི་གཉིས་པ། ཚད་མེད་པ། གཙུགས་[༡]མེད་པ། གནོད་པ་མེད་པ། ལྟོད་[༢]པ་མེད་པ། ཡོངས་སུ་རྫོགས་པ། ཤིན་ཏུ་བསྒོམས་པས༔ འཇིག་རྟེན་ཆོས་ཀྱི་དབྱིངས་ཀྱིས་ཀླས་པ། ནམ་མཁའི་མཐས་གཏུགས་པའི་ཕྱོགས་བཅུ་རྒྱས་པར་བཀང་སྟེ། མོས་པར་བྱས་ཤིང་རྣམ་པར་སྤྱོད་དོ། །[༣]སྙིང་རྗེ་དང་ལྡན་པ་དང་། དགའ་བ་དང་ལྡན་པ་དང་། བཏང་སྙོམས་དང་ལྡན་པའི་སེམས་རྒྱ་ཆེན་པོ། ཤིན་ཏུ་ཡངས་པ། མི་གཉིས་པ། ཚད་མེད་པ། གཙུགས་[༤]མེད་པ། གནོད་པ་མེད་པ། ལྟོད་པ་མེད་པ། ཡོངས་སུ་རྫོགས་པ། ཤིན་ཏུ་བསྒོམས་པས། འཇིག་རྟེན་ཆོས་ཀྱི་དབྱིངས་ཀྱིས་ཀླས་པ། ནམ་མཁའི་མཐས་གཏུགས་པའི་ཕྱོགས་བཅུ་རྒྱས་པར་བཀང་སྟེ། མོས་པར་བྱས་ཤིང་རྣམ་པར་སྤྱོད་དོ། །དེ་འདོད་པས་དབེན། སྡིག་ཏོ་མི་དགེ་བའི་ཆོས་ཀྱིས་དབེན་པ། རྟོག་པ་དང་བཅས། དཔྱོད་པ་དང་བཅས་པ། དབེན་པ་ལས་སྐྱེས་པའི་དགའ་བ་དང་བདེ་བ་ཅན་བསམ་གཏན་དང་པོ་ལ་ཉེ་བར་བསྒྲུབས་ཏེ་གནས་སོ། །དེ་བཞིན་དུ་བསམ་གཏན་གཉིས་པ་དང་། གསུམ་པ་དང་། བཞི་པ་ལ་ཉེ་བར་བསྒྲུབས་ཏེ་གནས་སོ། །ནམ་མཁའ་མཐའ་ཡས་སྐྱེ་མཆེད་དང་། རྣམ་ཤེས་མཐའ་ཡས་སྐྱེ་མཆེད་དང་། ཅུང་ཟད་མེད་པའི་སྐྱེ་མཆེད་དང་། འདུ་ཤེས་མེད་འདུ་ཤེས་མེད་མིན་སྐྱེ་མཆེད་ལ་ཉེ་བར་བསྒྲུབས་ཏེ་གནས་སོ། །འདི་ནི་བྱང་ཆུབ་སེམས་དཔའ་སེམས་དཔའ་ཆེན་པོའི་ཏིང་ངེ་འཛིན་ཏོ[༥]། །བྱང་ཆུབ་སེམས་དཔའ་སེམས་དཔའ་ཆེན་པོ་དེ་རྣམ་པ་ཐམས་ཅད་མཁྱེན་པ་ཉིད་དང་ལྡན་པའི་སེམས་སྙིང་རྗེ་ཆེན་པོ་སྔོན་དུ་འགྲོ་བས། ཉོན་མོངས་པ་རབ་ཏུ་སྤང་བའི་ཕྱིར༔ བསམ་གཏན་དང་། ཚད་མེད་པ་[༦]དང་། གཟུགས་མེད་པའི་སྙོམས་པར་འཇུག་པ་དེ་དག་གཞན་ལ་རྫོང་[༧]ཅིང་། འཆད་པ་དང་། སྟོན་

ཅིང་འགྲེལ་ལ། རྣམ་པར་འབྱེད་ཅིང་གསལ་བར་བྱེད་དེ། དེ་དག་གི་རོ་དང་། དེ་དག་གི་སྐྱོན་དང་། འབྱུང་བ་ཡང་ཚུལ་བཞིན་དུ་སྟོན་པ་འདི་ནི། བྱང་ཆུབ་སེམས་དཔའ་སེམས་དཔའ་ཆེན་པོའི་སྦྱིན་པའི་ཕ་རོལ་དུ་ཕྱིན་པའོ། །ནམ་བྱང་ཆུབ་སེམས་དཔའ་སེམས་དཔའ་ཆེན་པོ་རྣམ་པ་ཐམས་ཅད་མཁྱེན་པ་ཉིད་དང་ལྡན་པའི་ཡིད་ལ་བྱ་བ་དེ་དག་གིས། བསམ་གཏན་དང་། ཚད་མེད་པ་དང་། གཟུགས་མེད་པའི་སྙོམས་པར་འཇུག་པ་དེ་དག་ལ་མཉམ་པར་གཞག་ཅིང་། རྣམ་པར་ལྡང་ཡང་། འདི་ལྟ་སྟེ། ཉན་ཐོས་སམ། རང་སངས་རྒྱས་ཀྱི་སེམས་སམ། སེམས་བསྐྱེད་པ་གཞན་གྱི་གོ་མི་འབྱེད་པ་འདི་ནི། བྱང་ཆུབ་སེམས་དཔའ་སེམས་དཔའ་ཆེན་པོའི་ཚུལ་ཁྲིམས་ཀྱི་ཕ་རོལ་དུ་ཕྱིན་པ་མ་ཉམས་པའོ། །དེ་ལྟར་བྱང་ཆུབ་སེམས་དཔའ་སེམས་དཔའ་ཆེན་པོ་རྣམ་པ་ཐམས་ཅད་མཁྱེན་པ་ཉིད་དང་ལྡན་པའི་ཡིད་ལ་བྱ་བས། བསམ་གཏན་དང་། ཚད་མེད་པ་དང་། གཟུགས་མེད་པའི་སྙོམས་པར་འཇུག་པ་དེ་དག་གིས་རྣམ་པར་སྤྱོད་པའི་ཚེ་འདི་ལྟ་སྟེ། སེམས་ཅན་ཐམས་ཅད་ཀྱི་ཉོན་མོངས་པ་ཟད་པར་བྱ་བའི་ཕྱིར། ཆོས་བསྟན་ཏོ་སྙམ་དུ་སེམས་ཤིང་། ཡིད་ལ་བྱ་བ་དེ་དག་ལ་བཟོད་པ་དང་། མོས་པ་དང་། རྟོག་པ་དང་། སེམས་ཤིང་ཕོང་དུ་ཆུད་པར་བྱེད་པ་འདི་ནི། བྱང་ཆུབ་སེམས་དཔའ་སེམས་དཔའ་ཆེན་པོའི་བཟོད་པའི་ཕ་རོལ་དུ་ཕྱིན་པའོ། །ནམ་བྱང་ཆུབ་སེམས་དཔའ་སེམས་དཔའ་ཆེན་པོ་རྣམ་པ་ཐམས་ཅད་མཁྱེན་པ་ཉིད་དང་ལྡན་པའི་ཡིད་ལ་བྱ་བས། བསམ་གཏན་དང་། ཚད་མེད་པ་དང་། གཟུགས་མེད་པའི་སྙོམས་པར་[༡]འཇུག་པ་དེ་དག་གིས་རྣམ་པར་སྤྱོད་པའི་ཚེ། སེམས་ཅན་ཐམས་ཅད་ཀྱི་དོན་དང་། རྣམ་པ་ཐམས་ཅད་མཁྱེན་པ་ཉིད་ཀྱི་ཕྱིར། བརྩོན་འགྲུས་ཉམས་[༢]པར་མི་བྱེད་པ་འདི་ནི། བྱང

ཆུབ་སེམས་དཔའ་སེམས་དཔའ་ཆེན་པོའི་བརྩོན་འགྲུས་ཀྱི་ཕ་རོལ་ཏུ་ཕྱིན་པའོ། །ནམ་བྱང་ཆུབ་སེམས་དཔའ་སེམས་དཔའ་ཆེན་པོ་རྣམ་པ་ཐམས་ཅད་མཁྱེན་པ་ཉིད་དང་ལྡན་པའི་ཡིད་ལ་བྱ་བས། བསམ་གཏན་དང་། རྣམ་པར་ཐར་པ་དང་། ཏིང་ངེ་འཛིན་དང་། སྙོམས་པར་འཇུག་པ་རྣམས་ལ་མཉམ་པར་གཞག་ཅིང་། རྣམ་པར་ལྷང་ཡང་། ཉན་ཐོས་ཀྱི་སའམ། རང་སངས་རྒྱས་ཀྱི་སར་མི་ལྟུང་བ་འདི་ནི། བྱང་ཆུབ་སེམས་དཔའ་སེམས་དཔའ་ཆེན་པོའི་བསམ་གཏན་གྱི་ཕ་རོལ་ཏུ་ཕྱིན་པའོ། །ནམ་བྱང་ཆུབ་སེམས་དཔའ་སེམས་དཔའ་⑦ཆེན་པོ་རྣམ་པ་ཐམས་ཅད་མཁྱེན་པ་ཉིད་དང་ལྡན་པའི་ཡིད་ལ་བྱ་བས། བསམ་གཏན་དང་པོའི་ཡན་ལག་དང་། བསམ་གཏན་གཉིས་པ་དང་། གསུམ་པ་དང་། བཞི་པའི་ཡན་ལག་དང་། བསམ་གཏན་གྱི་ཡན་ལག་མི་རྟག་པའི་རྣམ་པ་དང་། སྡུག་བསྔལ་བའི་རྣམ་པ་དང་། བདག་མེད་པའི་རྣམ་པ་དང་། ཞི་བའི་རྣམ་པ་དང་། སྟོང་པའི་རྣམ་པ་དང་། མཚན་མ་མེད་པའི་རྣམ་པ་དང་། སྨོན་པ་མེད་པའི་རྣམ་པ་རབ་ཏུ་རྟོག་ཀྱང་། བསམ་གཏན་དང་། ཚད་མེད་པ་དང་། གཟུགས་མེད་པའི་སྙོམས་པར་འཇུག་པ་དེ་དག་མི་དམིགས་ཤིང་། དེ་དག་གིས་རློམ་སེམས་མེད་པ་འདི་ནི། བྱང་ཆུབ་སེམས་པའ་སེམས་དཔའ་ཆེན་པོའི་ཤེས་རབ་ཀྱི་ཕ་རོལ་ཏུ་ཕྱིན་པ་སྟེ། ཚེ་དང་ལྡན་པ་ཤ་ར་དྭ་ཏིའི་བུ་འདི་ནི་བྱང་ཆུབ་སེམས་དཔའ་སེམས་དཔའ་ཆེན་པོ། ཤེས་རབ་ཀྱི་ཕ་རོལ་ཏུ་ཕྱིན་པ་ལ་སྤྱོད་པའི་ཐེག་པ་ཆེན་པོའོ། །དེ་ལྟར་ན་བྱང་ཆུབ་སེམས་དཔའ་སེམས་དཔའ་③ཆེན་པོ་ཐེག་པ་ཆེན་པོ་ལ་ཡང་དག་པར་ཞུགས་པ་ཡིན་ནོ། །ཚེ་དང་ལྡན་པ་ཤ་ར་དྭ་ཏིའི་བུ་གཞན་ཡང་བྱང་ཆུབ་སེམས་དཔའ་སེམས་དཔའ་ཆེན་པོའི་ཐེག་པ་ཆེན་པོ་ནི། རྣམ་པ་ཐམས་ཅད་དུ་བྱང་ཆུབ་ཀྱི་ཕྱོགས་ཀྱི་ཆོས་

སྲུམ་ཅུ་རྩ་བདུན་སྒོམ་[༧]པ་དང་། རྣམ་པ་ཐམས་ཅད་དུ་འཕགས་པའི་བདེན་པ་དང་། བསམ་གཏན་དང་། ཚད་མེད་པ་དང་། གཟུགས་མེད་པའི་སྙོམས་པར་འཇུག་པ་དང་། རྣམ་པར་ཐར་པ་རྣམས་དང་། མཐར་གྱིས་གནས་པའི་སྙོམས་པར་འཇུག་པ་དགུ་དང་། སྟོང་པ་ཉིད་དང་། མཚན་མ་མེད་པ་དང་། སྨོན་པ་མེད་པ་དང་། མངོན་པར་ཤེས་པ་རྣམས་དང་། ཏིང་ངེ་འཛིན་རྣམས་དང་། གཟུངས་ཀྱི་སྒོ་རྣམས་དང་། དེ་བཞིན་གཤེགས་པའི་སྟོབས་བཅུ་དང་། མི་འཇིགས་པ་བཞི་དང་། སོ་སོ་ཡང་དག་པར་རིག་པ་བཞི་དང་། བྱམས་པ་ཆེན་པོ་དང་། སྙིང་རྗེ་ཆེན་པོ་དང་། སངས་རྒྱས་ཀྱི་ཆོས་མ་འདྲེས་པ་རྣམས་སྒོམ་[༨]པ་དང་། རྣམ་པ་ཐམས་ཅད་དུ། རྣམ་པ་ཐམས་ཅད་མཁྱེན་པ་ཉིད་ཀྱི་བར་དུ་སྒོམ་[༩]པ་སྟེ། ཚེ་དང་ལྡན་པ་ཤ་ར་དྭ་ཏི་[༡༠]བུ་འདི་ནི། བྱང་ཆུབ་སེམས་དཔའ་སེམས་དཔའ་ཆེན་པོའི་ཐེག་པ་ཆེན་པོའོ། །ཚེ་དང་ལྡན་པ་ཤ་ར་དྭ་ཏིའི་བུ་གཞན་ཡང་བྱང་ཆུབ་སེམས་དཔའ་སེམས་དཔའ་ཆེན་པོ་བྱམས་པའི་ཏིང་ངེ་འཛིན་ལ་མཉམ་པར་གཞག་ཅིང་། བདག་གིས་སེམས་ཅན་ཐམས་ཅད་ཡོངས་སུ་བསྐྱབ་པར་བྱའོ་ཞེས། དེ་ལ་གཞོལ་བར་བྱེད་དོ། །སྙིང་རྗེའི་ཏིང་ངེ་འཛིན་ལ་མཉམ་པར་གཞག་ཅིང་། སེམས་ཅན་རྣམས་ལ་སྙིང་རྗེ་བ་དང་། སྙིང་བརྩེ་བའི་ཉམས་སུ་བྱེད་དོ། །དགའ་བའི་ཏིང་ངེ་འཛིན་ལ་མཉམ་པར་གཞག་ཅིང་བདག་ཉིད་ཀྱིས་སེམས་ཅན་ཐམས་ཅད་དགྲོལ་བར་བྱའོ་ཞེས་སེམས་ཅན་རྣམས་འ སེམས་སོ། །བཏང་སྙོམས་ཀྱི་ཏིང་ངེ་འཛིན་ལ་མཉམ་པར་གཞག་ཅིང་སེམས་ཅན་རྣམས་ཀྱི་ཟག་པ་ཟད་པར་བྱ་བ་ལ་རབ་ཏུ་གཞོལ་བར་བྱེད་དེ། འདི་ནི་བྱང་ཆུབ་སེམས་དཔའ་སེམས་དཔའ་ཆེན་པོ་ཚད་མེད་པ་རྣམས་ལ་སྤྱོད་པའི་སྦྱིན་པའི་ཕ་རོལ་ཏུ་ཕྱིན་པའོ། །ནམ་བྱང་ཆུབ་སེམས་དཔའ་སེམས་དཔའ་ཆེན

པོ༔ བསམ་གཏན་དང་། ཚད་མེད་པ་རྣམས་ཀྱི་རྣམ་པ་དང་། ཚུལ་དང་། མཚན་མ་ལ་མཉམ་པར་གཞོག་ཅིང་། རྣམ་པར་ལྡང་ཡང་། རྣམ་པ་ཐམས་ཅད་མཁྱེན་པ་ཉིད་དུ་བསྔོ་བ་མ་གཏོགས་པར་ཉན་ཐོས་ཀྱི་ས་དང་། རང་སངས་རྒྱས་ཀྱི་སར་ཡོངས་སུ་མི་སྔོ་[༡]བ་འདི་ནི། བྱང་ཆུབ་སེམས་དཔའ་སེམས་དཔའ་ཆེན་པོ་ཚད་མེད་པ་རྣམས་ལ་སྤྱོད་པའི། ཚུལ་ཁྲིམས་ཀྱི་ཕ་རོལ་ཏུ་ཕྱིན་པ་ཡོངས་སུ་མ་ཉམས་པའོ། །ནམ་བྱང་ཆུབ་སེམས་དཔའ་སེམས་དཔའ་ཆེན་པོ་བསམ་གཏན་དང་། ཚད་མེད་པ་དང་། གཟུགས་མེད་པའི་སྙོམས་པར་འཇུག་པ་དེ་དག་གིས་མ་འདྲེས་པར་[༢]རྣམ་པར་སྤྱོད་ཅིང་། ས་གཉིས་པོ། ཉན་ཐོས་ཀྱི་སའམ༔ རང་སངས་རྒྱས་ཀྱི་སར་འདོད་པ་མི་སྐྱེད་[༣]ཀྱི། རྣམ་པ་ཐམས་ཅད་མཁྱེན་པ་ཉིད་དུ་མོས་ཤིང་དགའ་བ་འདི་ནི། བྱང་ཆུབ་སེམས་དཔའ་སེམས་དཔའ་ཆེན་པོ་ཚད་མེད་པ་རྣམས་ལ་སྤྱོད་པའི། བཟོད་པའི་ཕ་རོལ་ཏུ་ཕྱིན་པའོ།། ནམ་བྱང་ཆུབ་སེམས་དཔའ་སེམས་དཔའ་ཆེན་པོ་རྣམ་པ་ཐམས་ཅད་མཁྱེན་པ་ཉིད་དང་ལྡན་པའི་སེམས་བསྐྱེད་པས། མི་དགེ་བའི་ཆོས་རྣམས་རབ་ཏུ་སྤང་བ་དང་། དགེ་བའི་ཆོས་ཕུན་སུམ་ཚོགས་པར་བྱ་བའི་དོན་དུ། བརྩོན་འགྲུས་མི་གཏོང་བས་རྣམ་པར་སྤྱོད་པ་འདི་ནི། བྱང་ཆུབ་སེམས་དཔའ་སེམས་དཔའ་ཆེན་པོ་ཚད་མེད་པ་རྣམས་ལ་སྤྱོད་པའི་བརྩོན་འགྲུས་ཀྱི་ཕ་རོལ་ཏུ་ཕྱིན་པའོ། །ནམ་བྱང་ཆུབ་སེམས་དཔའ་སེམས་དཔའ་ཆེན་པོ་བསམ་གཏན་དང་། ཚད་མེད་པ་དང་། གཟུགས་མེད་པའི་སྙོམས་པར་འཇུག་པ་འདི་དག་ལ་ཡང་མཉམ་པར་གཞོག་ལ། བསམ་གཏན་དང་། ཚད་མེད་པ་དང་། གཟུགས་མེད་པའི་སྙོམས་པར་འཇུག་པའི་དབང་གིས་ཀྱང་མི་སྐྱེ་ཞིང་། དེ་དག་གི་[༤]རོ་མྱོང་བར་བྱེད་པ་ཡང་[༥]མེད་ལ། དེ་དག་གིས་[༦]འཕྲོགས་པར་ཡང་མི་འགྱུར་བ་འདི་ནི།

བྱང་ཆུབ་སེམས་དཔའ་སེམས་དཔའ་ཆེན་པོ་ཚད་མེད་པ་རྣམས་ལ་སྤྱོད་པའི། བསམ་གཏན་གྱི་ཕ་རོལ་ཏུ་ཕྱིན་པའོ། །ནམ་བྱང་ཆུབ་སེམས་དཔའ་སེམས་དཔའ་ཆེན་པོ་རྣམ་པ་ཐམས་ཅད་མཁྱེན་པ་ཉིད་དང་ལྡན་པའི་ཡིད་ལ་བྱ་བས། བསམ་གཏན་དང་། ཚད་མེད་པ་དང་། གཟུགས་མེད་པའི་སྙོམས་པར་འཇུག་པ་དེ་དག་ལ་ཡང་མཉམ་པར་གཞག་ཅིང་། རྣམ་པར་ལྡང་ལ[༡]། དེ་དག་ལ་མི་རྟག་པའི་རྣམ་པ་དང་། སྡུག་བསྔལ་བའི་རྣམ་པ་དང་། བདག་མེད་པའི་རྣམ་པ་དང་། ཞི་བའི་རྣམ་པ་དང་། སྟོང་པའི་རྣམ་པ་དང་། མཚན་མ་མེད་པའི་རྣམ་པ་དང་། སྨོན་པ་མེད་པའི་རྣམ་པར་རབ་ཏུ་རྟོག་ཀྱང་། ཉན་ཐོས་དང་། རང་སངས་རྒྱས་ཀྱི་སྐྱོན་མེད་པར་ཡང་འཇུག་པར་མི་བྱེད་པ་འདི་ནི། བྱང་ཆུབ་སེམས་དཔའ་སེམས་དཔའ་ཆེན༔པོ་ཚད་མེད་པ་རྣམས་ལ་སྤྱོད་པའི་[༢]ཤེས་རབ་ཀྱི་ཕ་རོལ་ཏུ་ཕྱིན་པ་སྟེ། ཚེ་དང་ལྡན་པ་ཤཱ་ར་དྭ་ཏིའི་བུ་འདི་ནི་བྱང་ཆུབ་སེམས་དཔའ་སེམས་དཔའ་ཆེན་པོའི་ཐེག་པ་ཆེན་པོའོ། །ཚེ་དང་ལྡན་པ་ཤཱ་ར་དྭ་ཏིའི་བུ་གཞན་ཡང་བྱང་ཆུབ་སེམས་དཔའ་སེམས་དཔའ་ཆེན་པོའི་ཐེག་[༣]པ་ཆེན་པོ་ནི། ནང་སྟོང་པ་ཉིད་ཤེས་ཀྱང་། དམིགས་པའི་ཚུལ་གྱིས་མ་ཡིན། ཕྱི་སྟོང་པ་ཉིད་དང་། ཕྱི་ནང་སྟོང་པ་ཉིད་དང་། དངོས་པོ་མེད་པའི་ངོ་བོ་ཉིད་སྟོང་པ་ཉིད་ཀྱི་བར་དུ་ཤེས་ཀྱང་། དམིགས་པའི་ཚུལ་གྱིས་མ་ཡིན་པ་སྟེ། ཚེ་དང་ལྡན་པ་ཤཱ་ར་དྭ་ཏིའི་བུ་འདི་ནི་བྱང་ཆུབ་སེམས་དཔའ་སེམས་དཔའ་ཆེན་པོའི་ཐེག་པ་ཆེན་པོའོ། །ཚེ་དང་ལྡན་པ་ཤཱ་ར་དྭ་ཏིའི་བུ་གཞན་ཡང་བྱང་ཆུབ་སེམས་དཔའ་སེམས་དཔའ་ཆེན་པོའི་ཐེག་པ་ཆེན་པོ་ནི་ཆོས་ཐམས་ཅད་ལ་སེམས་རྣམ་པར་མི་འཕྲུག་ཅིང་། མཉམ་པར་གཞག་པར་ཤེས་པ་སྟེ། ཚེ་དང་ལྡན་པ་ཤཱ་ར་དྭ་ཏིའི་བུ་འདི་ནི་བྱང་ཆུབ་སེམས་དཔའ

སེམས་དཔའ་ཆེན་པོའི་ཐེག་པ་ཆེན་པོའོ། །ཚེ་དང་ལྡན་པ་ཤཱ་ར་དྭ་ཏིའི་བུ་གཞན་ཡང་བྱང་ཆུབ་སེམས་དཔའ་སེམས་དཔའ་ཆེན་པོའི་ཐེག་པ་ཆེན་པོ་ནི། རྟག་ཅེས་བྱ་བས་(༧)ཤེས་པ་མི་འཇུག །མི་རྟག་པ་དང་། བདེ་བ་དང་། སྡུག་བསྔལ་བ་དང་། བདག་དང་། བདག་མེད་པ་དང་། སྡུག་པ་དང་། མི་སྡུག་ཅེས་བྱ་བར་ཤེས་པ་མི་འཇུག་པ་སྟེ། ཚེ་དང་ལྡན་པ་ཤཱ་ར་དྭ་ཏིའི་བུ་འདི་ནི། དེ་མི་དམིགས་པའི་ཚུལ་དུ། བྱང་ཆུབ་སེམས་དཔའ་སེམས་དཔའ་ཆེན་པོའི་ཐེག་པ་ཆེན་པོའོ། །ཚེ་དང་ལྡན་པ་ཤཱ་ར་དྭ་ཏིའི་བུ་གཞན་ཡང་བྱང་ཆུབ་སེམས་དཔའ་སེམས་དཔའ་ཆེན་པོའི་ཐེག་པ་ཆེན་པོ་ནི། གང་འདས་པའི་དུས་ལ་ཡེ་ཤེས་མི་འཇུག་པ་དང་། མ་འོངས་པའི་དུས་ལ་ཡེ་ཤེས་མི་འཇུག་པ་དང་། ད་ལྟར་བྱུང་བའི་དུས་ལ་ཡེ་ཤེས་མི་འཇུག་པ་སྟེ། དེ་ཡང་མི་དམིགས་པའི་ཚུལ་གྱིས། དུས་གསུམ་ལ་ཡེ་ཤེས་མི་འཇུག་པ་འདི་ནི། ཚེ་དང་ལྡན་པ་ཤཱ་ར་དྭ་ཏིའི་བུ་འདི་ཡང་བྱང་ཆུབ་སེམས་དཔའ་སེམས་དཔའ་ཆེན་པོའི་ཐེག་པ་ཆེན་པོའོ། །ཚེ་དང་ལྡན་པ་ཤཱ་ར་དྭ་ཏིའི་བུ་གཞན་ཡང་བྱང་ཆུབ་སེམས་དཔའ་སེམས་དཔའ་ཆེན་པོའི་ཐེག་པ་ཆེན་པོ་ནི། འདོད་པའི་ཁམས་སུ་ཤེས་པ་འཇུག་པར་མི་བྱེད། གཟུགས་དང་། གཟུགས་མེད་པའི་ཁམས་སུ་ཤེས་པ་འཇུག་པར་མི་བྱེད་ལ། འདོད་པ་དང་། གཟུགས་དང་། གཟུགས་མེད་པའི་ཁམས་མི་ཤེས་པ་ཡང་མེད་པ་སྟེ། ཚེ་དང་ལྡན་པ་ཤཱ་ར་དྭ་ཏིའི་བུ་འདི་ཡང་། དེ་མི་དམིགས་པའི་ཚུལ་གྱིས། བྱང་ཆུབ་སེམས་དཔའ་སེམས་དཔའ་ཆེན་པོའི་ཐེག་པ་ཆེན་པོའོ། །ཚེ་དང་ལྡན་པ་ཤཱ་ར་དྭ་(༣)ཏིའི་བུ་གཞན་ཡང་བྱང་ཆུབ་སེམས་དཔའ་སེམས་དཔའ་ཆེན་པོའི་ཐེག་པ་ཆེན་པོ་ནི། འཇིག་རྟེན་པ་དང་། འཇིག་རྟེན་ལས་འདས་པའི་ཆོས་ལ་ཡང་ཤེས་པ་འཇུག་པར་མི་བྱེད། ཟག་པ་དང་བཅས་པ་དང་།

ཟག་པ་མེད་པ་དང་། འདུས་བྱས་དང་། འདུས་མ་བྱས་ཀྱི་ཆོས་ལ་ཡང་ཞེན་པ་འཇུག་པར་མི་བྱེད་ཀྱང་། འཇིག་རྟེན་པ་དང་། འཇིག་རྟེན་ལས་འདས་པའི་ཆོས་མི་ཞེན་པ་ཡང་མེད། ཟག་པ་དང་བཅས་པ་དང་། ཟག་པ་མེད་པ་དང་། འདུས་བྱས་དང་། འདུས་མ་བྱས་ཀྱི་ཆོས་རྣམས་ཀྱང་མི་ཞེན་པ་མེད་པ་སྟེ། ཚེ་དང་ལྡན་པ་ཤཱ་ར་དྭ་ཏིའི་བུ་འདི་ཡང་དེ་མི་དམིགས་པའི་ཚུལ་དུ། བྱང་ཆུབ་སེམས་དཔའ་སེམས་དཔའ་ཆེན་པོའི་ཐེག་པ་ཆེན་པོའོ། །སྨྲས་པ། ཚེ་དང་ལྡན་པ་གང་པོ་ཇི་ཙམ་གྱིས་ན། བྱང་ཆུབ་སེམས་དཔའ་སེམས་དཔའ་ཆེན་པོ་ཐེག་པ་ཆེན་པོ་ལ་གནས་ཞེས་བྱ། གང་པོས་སྨྲས་པ། ཚེ་དང་ལྡན་པ་ཤཱ་ར་དྭ་ཏིའི་བུ་འདི་ལ་བྱང་ཆུབ་སེམས་དཔའ་སེམས་དཔའ་ཆེན་པོ་ཤེས་རབ་ཀྱི་ཕ་རོལ་ཏུ་ཕྱིན་པ་ལ་སྤྱོད་པའི་ཚེ། སྦྱིན་པའི་ཕ་རོལ་ཏུ་ཕྱིན་པ་ལ་ཡང་དག་པར་གནས་ཀྱང་། དེས་སྦྱིན་པ་ཡང་མི་དམིགས། སྦྱིན་པའི་ཕ་རོལ་ཏུ་ཕྱིན་པ་ལ་⑦ཡང་མི་དམིགས། བྱང་ཆུབ་སེམས་དཔའ་ཡང་མི་དམིགས། ལེན་པ་ཡང་མི་དམིགས། ཡིད་ལ་བྱེད་པ་དེ་དག་ཀྱང་མི་དམིགས་ཏེ། དེ་ལྟར་ན་བྱང་ཆུབ་སེམས་དཔའ་སེམས་དཔའ་ཆེན་པོ་མི་དམིགས་པའི་ཚུལ་གྱིས། སྦྱིན་པའི་ཕ་རོལ་ཏུ་ཕྱིན་པ་ལ་ཡང་དག་པར་གནས་ཞེས་བྱའོ། །ཚུལ་ཁྲིམས་ཀྱི་ཕ་རོལ་ཏུ་ཕྱིན་པ་དང་། བཟོད་པའི་ཕ་རོལ་ཏུ་ཕྱིན་པ་དང་། བརྩོན་འགྲུས་ཀྱི་ཕ་རོལ་ཏུ་ཕྱིན་པ་དང་། བསམ་གཏན་གྱི་ཕ་རོལ་ཏུ་ཕྱིན་པ་དང་། ཤེས་རབ་ཀྱི་ཕ་རོལ་ཏུ་ཕྱིན་པ་ལ་སྤྱོད་པའི་ཚེ། ཤེས་རབ་ཀྱི་ཕ་རོལ་ཏུ་ཕྱིན་པ་ལ་ཡང་དག་པར་གནས་ཀྱང་། དེས་དགེ་བའི་ཆོས་ཀྱང་མི་དམིགས། མི་དགེ་བ་དང་། འཇིག་རྟེན་པ་དང་། འཇིག་རྟེན་ལས་འདས་པ་དང་། འདུས་བྱས་དང་། འདུས་མ་བྱས་དང་། ཟག་པ་དང་བཅས་པ་དང་། ཟག་པ་མེད་པའི་ཆོས་ཀྱང་མི་

དམིགས་ཤིང་། ཤེས་རབ་ཀྱང་མི་དམིགས། ཤེས་རབ་ཀྱི་ཕ་རོལ་ཏུ་ཕྱིན་པ་ཡང་མི་དམིགས། བྱང་ཆུབ་སེམས་དཔའ་ཡང་མི་དམིགས། ཡིད་ལ་བྱ་བ་དེ་དག་ཀྱང་མི་དམིགས་ཏེ། དེ་ལྟར་ན་བྱང་ཆུབ་སེམས་དཔའ་སེམས་དཔའ་ཆེན་པོ་མི་དམིགས་པའི་ཚུལ་གྱིས། ཤེས་རབ་ཀྱི་ཕ་རོལ་ཏུ་ཕྱིན་པ་ལ་ཡང་དག་པར་གནས་ཞེས་བྱའོ། །ཚེ་དང་ལྡན་པ་ཤཱ་ར་དྭ་ཏིའི་བུ་གཞན་ཡང་བྱང་ཆུབ་སེམས་དཔའ་སེམས་དཔའ་ཆེན་པོ་རྣམ་པ་ཐམས་ཅད་མཁྱེན་པ་ཉིད་དང་ལྡན་པའི་ཡིད་ལ་བྱ་བ་མ་འདྲེས་པས། བསྒོམ་པ་རྣམ་པར་བསྒོམ་པའི་དོན་དུ་དེ་མི་དམིགས་པའི་ཚུལ་གྱིས། ནང་སྟོང་པ་ཉིད་སྒོམ(༡)མོ། །རྣམ་པ་ཐམས་ཅད་མཁྱེན་པ་ཉིད་དང་ལྡན་པའི་ཡིད་ལ་བྱ་བ་མ་འདྲེས་པས། བསྒོམ་པ་རྣམ་པར་བསྒོམ་པའི་དོན་དུ། དེ་མི་དམིགས་པའི་ཚུལ་གྱིས་ཕྱི་སྟོང་པ་ཉིད་སྒོམ(༢)མོ། །རྣམ་པ་ཐམས་ཅད་མཁྱེན་པ་ཉིད་དང་ལྡན་པའི་ཡིད་ལ་བྱ་བ་མ་འདྲེས་པས། བསྒོམ་པ་རྣམ་པར་བསྒོམ་པའི་དོན་དུ། དེ་མི་དམིགས་པའི་ཚུལ་གྱིས་ཕྱི་ནང་སྟོང་པ་ཉིད་སྒོམ(༣)མོ། །རྣམ་པ་ཐམས་ཅད་མཁྱེན་པ་ཉིད་དང་ལྡན་པའི་ཡིད་ལ་བྱ་བ་མ་འདྲེས་པས། བསྒོམ་པ་རྣམ་པར་བསྒོམ་པའི་དོན་དུ་དེ་མི་དམིགས་པའི་ཚུལ་གྱིས་དངོས་པོ་མེད་པའི་ངོ་བོ་ཉིད་སྟོང་པ་ཉིད་ཀྱི་བར་དུ་སྒོམ(༤)མོ། །ཚེ་དང་ལྡན་པ་ཤཱ་ར་དྭ་ཏིའི་བུ་གཞན་ཡང་བྱང་ཆུབ་སེམས་དཔའ་སེམས་དཔའ་ཆེན་པོ་རྣམ་པ་ཐམས་ཅད་མཁྱེན་པ་ཉིད་དང་ལྡན་པའི་ཡིད་ལ་བྱ་བ་མ་འདྲེས(༥)པས། བསྒོམ་པ་རྣམ་པར་བསྒོམ་པའི་དོན་དུ། དེ་མི་དམིགས་པའི་ཚུལ་གྱིས། བྱང་ཆུབ་ཀྱི་ཕྱོགས་ཀྱི་ཆོས་རྣམས་སྒོམ(༦)མོ། །རྣམ་པ་ཐམས་ཅད་མཁྱེན་པ་ཉིད་དང་ལྡན་པའི་ཡིད་ལ་བྱ་བ་མ་འདྲེས་པས། བསྒོམ་པ་རྣམ་པར་བསྒོམ་པའི་དོན་དུ། དེ་མི་དམིགས་པའི་ཚུལ་གྱིས། འཕགས་པའི་བདེན་པ་རྣམས་དང་། བསམ་

གཏན་རྣམས་དང་། ཚད་མེད་པ་རྣམས་དང་། གཟུགས་མེད་པའི་སྙོམས་པར་འཇུག་པ་རྣམས་དང་། རྣམ་པར་ཐར་པ་བརྒྱད་དང་། མཐར་གྱིས་གནས་པའི་སྙོམས་པར་འཇུག་པ་དགུ་དང་། སྟོང་པ་ཉིད་དང་། མཚན་མ་མེད་པ་དང་། སྨོན་པ་མེད་པའི་ཏིང་ངེ་འཛིན་སྒོམ[1]མོ། །རྣམ་པ་ཐམས་ཅད་མཁྱེན་པ་ཉིད་དང་ལྡན་པའི་ཡིད་ལ་བྱ་བ་མ་འདྲེས་པས། བསྒོམ་པ་རྣམ་པར་བསྒོམ་པའི་དོན་དུ། དེ་མི་དམིགས་པའི་ཚུལ་གྱིས། མངོན་པར་ཤེས་པ་རྣམས་དང་། ཏིང་ངེ་འཛིན་རྣམས་དང་། གཟུངས་ཀྱི་སྒོ་རྣམས་སྒོམ[2]མོ། །རྣམ་པ་ཐམས་ཅད་མཁྱེན་པ་ཉིད་དང་ལྡན་པའི་ཡིད་ལ་བྱ་བ་མ་འདྲེས་པས། བསྒོམ་པ་རྣམ་པར་བསྒོམ་པའི་དོན་དུ། དེ་མི་དམིགས་པའི་ཚུལ་གྱིས། དེ་བཞིན་གཤེགས་པའི་སྟོབས་བཅུ་དང་། མི་འཇིགས་པ་བཞི་དང་། སོ་སོ་ཡང་དག་པར་རིག་པ་བཞི་དང་། སངས་རྒྱས་ཀྱི་ཆོས་མ་འདྲེས་པ་བཅོ་བརྒྱད་སྒོམ[3]མོ། །ཚེ་དང་ལྡན་པ་ཤ་ར་དྭ་ཏིའི་བུ་དེ་ལྟར་ན་བྱང་ཆུབ་སེམས་དཔའ་སེམས་དཔའ་ཆེན་པོ་ཐེག་པ་ཆེན་པོ་ལ་ཡང་དག་པར་གནས་ཞེས་བྱའོ། །ཚེ་དང་ལྡན་པ་ཤ་ར་དྭ་ཏིའི་བུ་གཞན་ཡང་བྱང་ཆུབ་སེམས་དཔའ་སེམས་དཔའ་ཆེན་པོས་འདི་ལྟར་བྱང་ཆུབ་སེམས་དཔའ་དམིགས་སུ་མེད་པའི་ཕྱིར། འདི་ལྟ་སྟེ། བྱང་ཆུབ་སེམས་དཔའ་ཞེས་བྱ་བ་འདི་ནི་ཐ་སྙད་ཙམ་དུ་ཟད་དོ་ཞེས་བྱ་བར་ཤེས་སོ། །གཟུགས་དམིགས་སུ་མེད་པའི་ཕྱིར་གཟུགས་ཞེས་བྱ་བ་འདི་ནི་མིང་ཙམ་དུ་ཟད་དོ།། ཚོར་བ་དང་། འདུ་ཤེས་དང་། འདུ་བྱེད་དང་། རྣམ་པར་ཤེས་པ་དམིགས་སུ་མེད་པའི་ཕྱིར། རྣམ་པར་ཤེས་པ་ཞེས་བྱ་བ་འདི་ནི་མིང་ཙམ་དུ་ཟད་དོ། །མིག་མི་དམིགས་པའི་ཕྱིར། མིག་ཅེས་བྱ་བ་འདི་ནི་མིང་ཙམ་དུ་ཟད་དོ། །དེ་བཞིན་དུ་རྣ་བ་དང་། སྣ་དང་། ལྕེ་དང་། ལུས་དང་། ཡིད་མི་དམིགས་པ་

པའི་ཕྱིར། ཡིད་ཅེས་བྱ་བ་འདི་ནི་མིང་ཙམ་དུ་ཟད་དོ། །སྐྱེ་མཆེད་དང་། ཁམས་དང་། རྟེན་ཅིང་འབྲེལ་པར་འབྱུང་བ་དམིགས་སུ་མེད་པའི་ཕྱིར། རྟེན་ཅིང་འབྲེལ་པར་འབྱུང་བ་ཞེས་བྱ་བ་འདི་ནི་མིང་ཙམ་དུ་ཟད་དོ། །སྦྱིན་པའི་ཕ་རོལ་ཏུ་ཕྱིན་པ་དམིགས་སུ་མེད་པའི་ཕྱིར། སྦྱིན་པའི་ཕ་རོལ་ཏུ་ཕྱིན་པ་ཞེས་བྱ་བ་འདི་ནི་མིང་ཙམ་དུ་ཟད་དོ། །ཚུལ་ཁྲིམས་ཀྱི་ཕ་རོལ་ཏུ་ཕྱིན་པ་དང་། བཟོད་པའི་ཕ་རོལ་ཏུ་ཕྱིན་པ་དང་། བརྩོན་འགྲུས་ཀྱི་ཕ་རོལ་ཏུ་ཕྱིན་པ་དང་། བསམ་གཏན་གྱི་ཕ་རོལ་ཏུ་ཕྱིན་པ་དང་། ཤེས་རབ་ཀྱི་ཕ་རོལ་ཏུ་ཕྱིན་པ་དམིགས་སུ་མེད་པའི་ཕྱིར། ཤེས་རབ་ཀྱི་ཕ་རོལ་ཏུ་ཕྱིན་པ་ཞེས་བྱ་བ་འདི་ནི་མིང་ཙམ་དུ་ཟད་དོ། །ནང་སྟོང་པ་ཉིད་དམིགས་སུ་མེད་པའི་ཕྱིར། ནང་སྟོང་པ་ཉིད་ཅེས་བྱ་བ་འདི་ནི་མིང་ཙམ་དུ་ཟད་དོ། །ཕྱི་སྟོང་པ་ཉིད་དམིགས་སུ་མེད་པའི་ཕྱིར། ཕྱི་སྟོང་པ་ཉིད་ཅེས་བྱ་བ་འདི་ནི་མིང་ཙམ་དུ་ཟད་དོ། །ཕྱི་ནང་སྟོང་པ་ཉིད་དམིགས་སུ་མེད་པའི་ཕྱིར། ཕྱི་ནང་སྟོང་པ་ཉིད་ཅེས་བྱ་བ་འདི་ནི་མིང་ཙམ་དུ་ཟད་དོ། །དངོས་པོ་མེད་པའི་ངོ་བོ་ཉིད་སྟོང་པ་ཉིད་ཀྱི་བར་དུ་དམིགས་སུ་མེད་པའི་ཕྱིར། དངོས་པོ་མེད་པའི་ངོ་བོ་ཉིད་སྟོང་པ་ཉིད་ཅེས་བྱ་བ་འདི་ནི་མིང་ཙམ་དུ་ཟད་དོ། །བྱང་ཆུབ་ཀྱི་ཕྱོགས་ཀྱི་ཆོས་རྣམས་དམིགས་སུ་མེད་པའི་ཕྱིར། བྱང་ཆུབ་ཀྱི་ཕྱོགས་ཀྱི་ཆོས་རྣམས་ཞེས་བྱ་བ་འདི་ནི་མིང་ཙམ་དུ་ཟད་དོ༔ །འཕགས་པའི་བདེན་པ་རྣམས་དང་། བསམ་གཏན་རྣམས་དང་། ཚད་མེད་པ་རྣམས་དང་། གཟུགས་མེད་པའི་སྙོམས་པར་འཇུག་པ་རྣམས་དང་། རྣམ་པར་ཐར་པ་རྣམས་དང་། མཐར་གྱིས་གནས་པའི་སྙོམས་པར་འཇུག་པ་དགུ་དང་། སྟོང་པ་ཉིད་དང་། མཚན་[༧]མ་མེད་པ་དང་། སྨོན་པ་མེད་པ་དང་། མངོན་པར་ཤེས་པ་[༢]རྣམས་དང་། ཏིང་ངེ་འཛིན་རྣམས་དང་། གཟུངས་ཀྱི་

སྒོ་རྣམས་དང་། དེ་བཞིན་གཤེགས་པའི་སྟོབས་རྣམས་དང་། མི་འཇིགས་པ་རྣམས་དང་། སོ་སོ་ཡང་དག་པར་རིག་པ་རྣམས་དང་། སངས་རྒྱས་ཀྱི་ཆོས་མ་འདྲེས་པ་རྣམས་དམིགས་སུ་མེད་པའི་ཕྱིར། སངས་རྒྱས་ཀྱི་ཆོས་མ་འདྲེས་པ་བཅོ་བརྒྱད་ཅེས་བྱ་བ་འདི་ནི་མིང་ཙམ་དུ་ཟད་དོ། །དེ་བཞིན་ཉིད་དམིགས་སུ་མེད་པའི་ཕྱིར། དེ་བཞིན་ཉིད་ཅེས་བྱ་བ་འདི་ནི་མིང་ཙམ་①དུ་ཟད་དོ། །མ་ནོར་བ་དེ་བཞིན་ཉིད་དང་། གཞན་མ་ཡིན་པ་དེ་བཞིན་ཉིད་དང་། ཆོས་ཉིད་དང་། ཆོས་ཀྱི་དབྱིངས་ཉིད་དང་། ཆོས་ཀྱི་གནས་ཉིད་དང་། ཆོས་སྐྱོན་མེད་པ་ཉིད་དང་། ཡང་དག་པའི་མཐའ་དམིགས་སུ་མེད་པའི་ཕྱིར། ཡང་དག་པའི་མཐའ་ཞེས་བྱ་བ་འདི་ནི་མིང་ཙམ་དུ་ཟད་དོ། །བྱང་ཆུབ་དམིགས་སུ་མེད་པའི་ཕྱིར། བྱང་ཆུབ་ཅེས་བྱ་བ་འདི་ནི་མིང་ཙམ་དུ་ཟད་དོ། །སངས་རྒྱས་དམིགས་སུ་མེད་པའི་ཕྱིར། སངས་རྒྱས་ཞེས་བྱ་བ་འདི་ནི་མིང་ཙམ་དུ་ཟད་དོ༑ །ཞེས་བྱ་བར་ཡང་དག་པར་ཤེས་ཏེ། ཚེ་དང་ལྡན་པ་ཤཱ་ར་དྭ་ཏིའི་བུ་དེ་ལྟར་ན། བྱང་ཆུབ་སེམས་དཔའ་སེམས་དཔའ་ཆེན་པོ་ཐེག་པ་ཆེན་པོ་ལ་ཡང་དག་པར་གནས་ཞེས་བྱའོ། །ཚེ་དང་ལྡན་པ་ཤཱ་ར་དྭ་ཏིའི་བུ། གཞན་ཡང་བྱང་ཆུབ་སེམས་དཔའ་སེམས་དཔའ་ཆེན་པོ་སེམས་དང་③པོ་བསྐྱེད་པ་ནས། སྙིང་པོ་བྱང་ཆུབ་ལ་འདུག་གི་བར་དུ། མངོན་པར་ཤེས་པ་ཐམས་ཅད་ཡོངས་སུ་རྫོགས་པར་བྱས་ཤིང་། སེམས་ཅན་ཡོངས་སུ་སྨིན་པར་བྱེད་དོ། །སངས་རྒྱས་བཅོམ་ལྡན་འདས་རྣམས་ལ་མཆོད་པ་དང་། རིམ་གྲོ་བྱ་བའི་ཕྱིར། ཚུལ་གང་ལ་གང་འོས་པ་དེ་དག་གིས། སངས་རྒྱས་བཅོམ་ལྡན་འདས་རྣམས་ལ་རིམ་གྲོར་བྱ་བ་དང་། བཀུར་སྟིར་བྱ་བ་དང་། བསྙི་སྟང་དུ་བྱ་བ་དང་། མཆོད་པའི་ཕྱིར། སངས་རྒྱས་ཀྱི་ཞིང་ནས་སངས་རྒྱས་ཀྱི་ཞིང་དུ་འགྲོའོ། །སངས་

རྒྱས་བཅོམ་ལྡན་འདས་དེ་དག་ལས་ཀྱང་། འདི་ལྟ་སྟེ། བྱང་ཆུབ་སེམས་དཔའི་ཐེག་པ་འདི་ཉིད་ཀྱི་ཆོས་ཉན་ཏོ། །དེ་བྱང་ཆུབ་སེམས་དཔའི་ཐེག་པ་ལ་གནས་ཏེ། སངས་རྒྱས་ཀྱི་ཞིང་ནས་སངས་རྒྱས་ཀྱི་ཞིང་དུ་འགྲོ་ཞིང་། སངས་རྒྱས་ཀྱི་ཞིང་ཡོངས་སུ་དག་པར་བྱེད་སེམས་ཅན་རྣམས་ཡོངས་སུ་སྨིན་པར་བྱེད་ཀྱང་དེ་ལ་སངས་རྒྱས་ཀྱི་ཞིང་གི་འདུ་ཤེས་ཀྱང་མི་འབྱུང་། སེམས་ཅན་གྱི་འདུ་ཤེས་ཀྱང་མི་འབྱུང་། སངས་རྒྱས་ཀྱི་འདུ་ཤེས་ཀྱང་མི་འབྱུང་ངོ་། །དེ་གཉིས་སུ་མེད་པའི་ས་ལ་གནས་ཤིང་། ལུས་ཇི་ལྟ་བུས་སེམས་ཅན་རྣམས་ཀྱི་དོན་བྱ་བའི་མཐུ་ཡོད་པ་དེ་ལྟ་བུའི་ལུས་ཆེད་དུ་བསམས་ཤིང་ཡོངས་སུ་འཛིན་ཏོ། །དེ་ནམ་རྣམ་པ་ཐམས་ཅད་མཁྱེན་པ་ཉིད་ཀྱི་ཡེ་ཤེས་ཐོབ་པར་མ་གྱུར་གྱི་བར་དུ། ཐེག་པ་དེ་དང་ནམ་དུ་ཡང་མི་འབྲལ་ཏེ། དེས་རྣམ་པ་ཐམས་ཅད་མཁྱེན་པ་ཉིད་ཀྱི་ཡེ་ཤེས་ཐོབ་ནས་ཀྱང་། ཉན་ཐོས་དང་། རང་སངས་རྒྱས་ཐམས་ཅད་དང་། ལྷ་དང་། ཀླུ་དང་། གནོད་སྦྱིན་དང་། དྲི་ཟ་དང་། ལྷ་མ་ཡིན་དང་། ནམ་མཁའ་ལྡིང་དང་། མིའམ་ཅི་དང་། ལྟོ་འཕྱེ་ཆེན་པོ་དང་། མི་དང་། མི་མ་ཡིན་པ་དང་བཅས་པའི་འཇིག་རྟེན་གྱིས་བསྐོར་བར་མི་ནུས་པའི་ཆོས་ཀྱི་འཁོར་ལོ་རབ་ཏུ་སྐོར[1]རོ། །དེ་བླ་ན་མེད་པ་ཡང་དག་པར་རྫོགས་པའི་བྱང་ཆུབ་ཏུ་མངོན་པར་རྫོགས་པར་སངས་རྒྱས་ནས། ཤར་ཕྱོགས་ཀྱི་འཇིག་རྟེན་གྱི་ཁམས་གང་གཱའི[2]ཀླུང་གི་བྱེ་མ་སྙེད་དག་ན། སངས་རྒྱས་བཅོམ་ལྡན་འདས་……བཞུགས་པ་རྣམས་ཡོན་ཏན་བརྗོད་པ་མཛད་ཅིང་། འཇིག་རྟེན་གྱི་ཁམས་ཆེ་གེ་མོ་ཞིག་ཏུ། བྱང་ཆུབ་སེམས་དཔའ་སེམས་དཔའ་ཆེན་པོ། ཐེག་པ་ཆེན་པོ་བླ་ན་མེད་པའི་ཐེག་པ། ཐེག་པའི་མཆོག་ལ་གནས་པ་འདི་ཞེས་བྱ་བ་ཞིག །རྣམ་པ་ཐམས་ཅད་མཁྱེན་པ་ཉིད་ཐོབ་སྟེ། རྣམ་པ་ཐམས་ཅད་མཁྱེན་པ་ཉིད་ཐོབ་

ནས་ཀྱང་། ཆོས་ཀྱི་འཁོར་ལོ་བསྐོར་བར་①བྱེད་དོ། །ཞེས་གྲགས་པ་སྒྲོག་ཅིང་། དབྱངས་②སུ་བརྗོད་པ་མཛད་དོ། །ཤར་དང་། ནུབ་དང་། བྱང་དང་། བྱང་ཤར་དང་། ཤར་ལྷོ་དང་། ལྷོ་ནུབ་དང་། ནུབ་བྱང་དང་། འོག་དང་། སྟེང་གི་ཕྱོགས་ཀྱི་ཕྱོགས་རེ་རེ་ཞིང་། འཇིག་རྟེན་གྱི་ཁམས་གང་གཱའི་ཀླུང་གི་བྱེ་མ་སྙེད་དག་ན། སངས་རྒྱས་བཅོམ་ལྡན་འདས་བཞུགས་པ་རྣམས་ཡོན་ཏན་བརྗོད་པ་མཛད་ཅིང་། འཇིག་རྟེན་གྱི་ཁམས་ཆེ་གེ་མོ་ཞིག་ཏུ། བྱང་ཆུབ་སེམས་དཔའ་སེམས་དཔའ་ཆེན་པོ་ཐེག་པ་ཆེན་པོ། བླ་ན་མེད་པའི་ཐེག་པ། ཐེག་པའི་མཆོག་ལ་གནས་པ་འདི་ཞེས་བྱ་བ་ཞིག །རྣམ་པ་ཐམས་ཅད་མཁྱེན་པ་ཉིད་ཐོབ་སྟེ། རྣམ་པ་ཐམས་ཅད་མཁྱེན་པ་ཉིད་ཐོབ་ནས་ཀྱང་། ཆོས་ཀྱི་འཁོར་ལོ་བསྐོར་བར་③བྱེད་དོ་ཞེས་གྲགས་པ་སྒྲོག་ཅིང་། དབྱངས་④སུ་བརྗོད་⑤པ་མཛད་དོ། །དེ་ལྟར་ན་ཚེ་དང་ལྡན་པ་ཤ་ར་དྭ་ཏིའི་བུ་བྱང་ཆུབ་སེམས་དཔའ་སེམས་དཔའ་ཆེན་པོ་ཐེག་པ་ཆེན་པོ་ལ་ཡང་དག་པར་གནས་ཞེས་བྱའོ། །དེ་ནས་ཚེ་དང་ལྡན་པ་རབ་འབྱོར་གྱིས། བཅོམ་ལྡན་འདས་ལ་འདི་སྐད་ཅེས་གསོལ་ཏོ། །བཅོམ་ལྡན་འདས་གོ་ཆ་ཆེན་པོ་བགོས་སོ། །གོ་ཆ་ཆེན་པོ་བགོས་སོ་ཞེས་བགྱི་ན། བཅོམ་ལྡན་འདས་ཅི་ཙམ་གྱིས་ན། བྱང་ཆུབ་སེམས་དཔའ་སེམས་དཔའ་ཆེན་པོ་གོ་ཆ་ཆེན་པོ་བགོས་ཞེས་བགྱི་བ་ལགས། དེ་སྐད་ཅེས་གསོལ་པ་དང་། བཅོམ་ལྡན་འདས་ཀྱིས་ཚེ་དང་ལྡན་པ་རབ་འབྱོར་ལ་འདི་སྐད་ཅེས་བཀའ་སྩལ་ཏོ། །རབ་འབྱོར་འདི་ལ་བྱང་ཆུབ་སེམས་དཔའ་སེམས་དཔའ་ཆེན་པོ་ཐེག་པ་ཆེན་པོའི་གོ་ཆ་ཆེན་པོ་གྱོན་ཅིང་། འདི་ལྟ་སྟེ། སྦྱིན་པའི་ཕ་རོལ་ཏུ་ཕྱིན་པའི་གོ་ཆ་བགོས། ཚུལ་ཁྲིམས་ཀྱི་ཕ་རོལ་ཏུ་ཕྱིན་པ་དང་། བཟོད་པའི་ཕ་རོལ་ཏུ་ཕྱིན་པ་དང་། བརྩོན་འགྲུས་ཀྱི་ཕ་རོལ་ཏུ་ཕྱིན་པ་དང་། བསམ་གཏན་གྱི་ཕ་རོལ་

ཏུ་ཕྱིན་པ་དང་། ཤེས་རབ་ཀྱི་ཕ་རོལ་ཏུ་ཕྱིན་པའི་གོ་ཆ་བགོས། ནང་སྟོང་པ་ཉིད་ཀྱི་གོ་ཆ་བགོས། ཕྱི་སྟོང་པ་ཉིད་ཀྱི་གོ་ཆ་བགོས། ཕྱི་ནང་སྟོང་པ་ཉིད་ཀྱི་གོ་ཆ་བགོས། དངོས་པོ་མེད་པའི་ངོ་བོ་ཉིད་སྟོང་པ་ཉིད་ཀྱི་བར་གྱི་གོ་ཆ་བགོས། དྲན་པ་ཉེ་བར་གཞག་པའི་གོ་ཆ་བགོས། ཡང་དག་པར་སྤོང་བ་དང་། རྫུ་འཕྲུལ་གྱི་རྐང་པ་དང་། དབང་པོ་དང་། སྟོབས་དང་། བྱང་ཆུབ་ཀྱི་ཡན་ལག་དང་། ལམ་གྱི་གོ་ཆ་བགོས། འཕགས་པའི་བདེན་པ་དང་། བསམ་གཏན་དང་། ཚད་མེད་པ་དང་། གཟུགས་མེད་པའི་སྙོམས་པར་འཇུག་པ་དང་། རྣམ་པར་ཐར་པ་དང་། མཐར་གྱིས་གནས་པའི་སྙོམས་པར་འཇུག་པ་དང་། སྟོང་པ་ཉིད་དང་། མཚན་མ་མེད་པ་དང་། སྨོན་པ་མེད་པ་དང་། མངོན་པར་ཤེས་པ་དང་། ཏིང་ངེ་འཛིན་དང་། གཟུངས་ཀྱི་སྒོ་དང་། དེ་བཞིན་གཤེགས་པའི་སྟོབས་དང་། མི་འཇིགས་པ་དང་། སོ་སོ་ཡང་དག་པར་རིག་པ་དང་། སངས་རྒྱས་ཀྱི་ཆོས་མ་འདྲེས་པ་བཅོ་བརྒྱད་ཀྱི་གོ་ཆ་བགོས། རྣམ་པ་ཐམས་ཅད་མཁྱེན་པ་ཉིད་ཀྱི་གོ་ཆ་བགོས། སངས་རྒྱས་ཀྱི་སྐུའི་གོ་ཆ་བགོས་ནས། སྟོང་གསུམ་གྱི་སྟོང་ཆེན་པོའི་འཇིག་རྟེན་གྱི་ཁམས་འདི་སྣང་བས་རྒྱས་པར་བཀང་སྟེ། ཤར་ཕྱོགས་ཀྱི་འཇིག་རྟེན་གྱི་ཁམས་གངྒཱའི་ཀླུང་གི་བྱེ་མ་སྙེད་སྣང་བས་རྒྱས་པར་འགེངས་སོ། །ལྷོ་ཕྱོགས་དང་། ནུབ་ཕྱོགས་དང་། བྱང་ཕྱོགས་དང་། བྱང་ཤར་དང་། ཤར་ལྷོ་དང་། ལྷོ་ནུབ་དང་། ནུབ་བྱང་དང་། འོག་དང་། སྟེང་གི་ཕྱོགས་ཀྱི་ཕྱོགས་རེ་རེ་ཞིང་། འཇིག་རྟེན་གྱི་ཁམས་གངྒཱའི་ཀླུང་གི་བྱེ་མ་སྙེད་སྣང་བས་རྒྱས་པར་འགེངས་སོ། །སྟོང་གསུམ་གྱི་སྟོང་ཆེན་པོའི་འཇིག་རྟེན་གྱི་ཁམས་འདི་རྣམ་པ་དྲུག་ཏུ་རབ་ཏུ༔ སྒྱོད་དེ[2]། ཤར་ཕྱོགས་ཀྱི་འཇིག་རྟེན་གྱི་ཁམས་གང་གཱའི་ཀླུང་གི་བྱེ་མ་སྙེད་རྣམ་པ་དྲུག་ཏུ་

རབ་ཏུ་སྤྱོད་[༡]དོ། །ལྷོ་ཕྱོགས་དང་། ནུབ་ཕྱོགས་དང་། བྱང་ཕྱོགས་དང་། བྱང་ཤར་དང་། ཤར་ལྷོ་དང་། ལྷོ་ནུབ་དང་། ནུབ་བྱང་དང་། འོག་དང་། སྟེང་གི་ཕྱོགས་ཀྱི་ཕྱོགས་རེ་རེ་ཞིང་། འཇིག་རྟེན་གྱི་ཁམས་གང་གཱའི་ཀླུང་གི་བྱེ་མ་སྙེད་རྣམ་པ་དྲུག་ཏུ་རབ་ཏུ་སྤྱོད་[༢]དོ། །དེས་སྟོང་གསུམ་གྱི་སྟོང་ཆེན་པོའི་འཇིག་རྟེན་གྱི་ཁམས་འདི་ན། སེམས་ཅན་དམྱལ་བའི་མེའི་ཕུང་པོ་ཇི་སྙེད་ཅིག་ཡོད་པ་དེ་དག་ཐམས་ཅད་མེད་པར་བྱས་ཏེ། དེ་བཞིན་གཤེགས་པ་དགྲ་བཅོམ་པ་ཡང་དག་པར་རྫོགས་པའི་སངས་རྒྱས་དེ་ལ་ཕྱག་འཚལ་ལོ་ཞེས་བྱ་བའི་སྒྲ་རྗོད་[༣]དོ། །དབྱངས་སྒྲོག་གོ། །དེའི་ཚེ་སེམས་ཅན་དམྱལ་བ་པའི་སེམས་ཅན་དེ་དག་ཀྱང་། སངས་རྒྱས་ཀྱི་སྒྲ་དེ་ཐོས་ནས། དགའ་བ་དང་བདེ་བ་ཐོབ་སྟེ། དེ་དག་དགའ་བ་དང་། བདེ་བ་དེས་སེམས་ཅན་དམྱལ་བ་དེ་དག་ནས་རྣམ་པར་ལྷུང་ངོ་། །དེ་དག་སེམས་ཅན་དམྱལ་བ་དེ་དག་ནས་རྣམ་པར་ལངས་ནས། སངས་རྒྱས་ཀྱི་ཞིང་གང་དང་གང་ན། སངས་རྒྱས་བཅོམ་ལྡན་འདས་རྣམས་བཞུགས་[༤]ཤིང་འཚོ་སྐྱོང་བ་དེ་དང་དེ་དག་ཏུ་སྐྱེའོ། །དེ་བཞིན་དུ་ཕྱུལ་སོང་གི་སྐྱེ་[༥]གནས་པའི་སེམས་ཅན་རྣམས་དང་། གཤིན་རྗེའི་འཇིག་རྟེན་པའི་སེམས་ཅན་དེ་དག་ནས་རྣམ་པར་ལྷུང་ངོ་། །དེ་དག་ཕྱུལ་སོང་གི་སྐྱེ་གནས་དང་། གཤིན་རྗེའི་འཇིག་རྟེན་དེ་དག་ནས་རྣམ་པར་ལངས་ནས་སངས་རྒྱས་ཀྱི་ཞིང་གང་དང་གང་ན་སངས་རྒྱས་བཅོམ་ལྡན་འདས་རྣམས་བཞུགས་ཤིང་འཚོ་སྐྱོང་བ་དེ་དང་དེ་དག་ཏུ་སྐྱེའོ། །རབ་འབྱོར་འདི་ལྟ་སྟེ་དཔེར་ན་སྒྱུ་མའི་མཁན་པོའམ། སྒྱུ་མའི་མཁན་པོའི་མཆན་[༦]བུ་མཁས་པ་ཞིག་གིས་ལམ་པོ་ཆེའི་བཞི་མདོར་འདུག་སྟེ། སྐྱེ་བོ་མང་པོའི་ཚོགས་ཀྱི་མདུན་དུ་སེམས་ཅན་དམྱལ་བ་དང་། ཕྱུལ་སོང་གི་སྐྱེ་གནས་དང་། གཤིན་རྗེའི་འཇིག

རྟེན་དག་ཅིག་མངོན་པར་སྤྲུལ་ལ། དེ་ལྟར་མངོན་པར་སྤྲུལ་ནས། ངན་སོང་གི་སེམས་ཅན་དེ་དག་ལ་སངས་རྒྱས་ཀྱི་སྒྲ་དང་། ཆོས་ཀྱི་སྒྲ་དང་། དགེ་འདུན་གྱི་སྒྲ་སྒྲོག་པར་འགྱུར་ཏེ། དེ་ནས་སྤྲུལ་པ་དེ་དག་སངས་རྒྱས་ཀྱི་སྒྲ་དང་། ཆོས་ཀྱི་སྒྲ་དང་། དགེ་འདུན་གྱི་སྒྲ་དེས་སེམས་ཅན་དམྱལ་བ་དང་། ཕྱུགས་སོང་གི་སྐྱེ་གནས་དང་། གཤིན་རྗེའི་འཇིག་རྟེན་དེ་དག་ནས་རྣམ་པར་ལངས་པར་གྱུར་ན། རབ་འབྱོར་དེ་ལ་ཇི་སྙམ་དུ་སེམས། སྒྱུ་མའི་མཁན་པོ་དང་། སྒྱུ་མའི་མཁན་པོའི་མཆན་[1]བུ་དེས། སེམས་ཅན་གང་ཡང་སེམས་ཅན་དམྱལ་བ་དང་། ཕྱུགས་སོང་གི་སྐྱེ་གནས་དང་། གཤིན་རྗེའི་འཇིག་རྟེན་དེ་དག་ནས་རྣམ་པར་བསླང་བ་ཡོད་དམ། གསོལ་པ། བཅོམ་ལྡན་འདས་དེ་ནི་མ་ལགས་སོ། ། བཅོམ་ལྡན་འདས་ཀྱིས་བཀའ་སྩལ་པ། རབ་འབྱོར་དེ་བཞིན་དུ་བྱང་ཆུབ་སེམས་དཔའ་སེམས་དཔའ་ཆེན་པོས་ཕྱོགས་བཅུའི་འཇིག་རྟེན་གྱི་ཁམས་ཚད་མེད་གྲངས་མེད་པའི་སེམས་ཅན་རྣམས། ངན་སོང་གསུམ་ལས་ཡོངས་སུ་བཀྲོལ་[2]ཡང་། སེམས་ཅན་གང་ཡང་ཡོངས་སུ་གྲོལ་བར་བྱས་པ་མེད་དོ། །དེ་ཅིའི་ཕྱིར་ཞེ་ན། རབ་འབྱོར་སྒྱུ་མའི་ཆོས་ཉིད་ཉེ་བར་བཟུང་ན། ཆོས་རྣམས་ཀྱི་ཆོས་ཉིད་ཀྱིས། དེ་བཞིན་པའི་ཕྱིར་ཏེ། རབ་འབྱོར་དེ་ལྟར་ན་བྱང་ཆུབ་སེམས་དཔའ་སེམས་དཔའ་ཆེན་པོ་གོ་ཆ་ཆེན་པོ་བགོས་ཞེས་བྱའོ། །རབ་འབྱོར་གཞན་ཡང་བྱང་ཆུབ་སེམས་དཔའ་སེམས་དཔའ་ཆེན་པོ་གོ་ཆ་ཆེན་པོ་བགོས་པ་ནི། སྦྱིན་པའི་ཕ་རོལ་ཏུ་ཕྱིན་པ་ལ་[3]གནས་ཤིང་། སྟོང་གསུམ་གྱི་སྟོང་ཆེན་པོའི་འཇིག་རྟེན་གྱི་ཁམས་བཻ་ཌཱུརྱའི་[4]རྒྱུ་ལས་བྱུང་བ། མངོན་པར་སྤྲུལ་པར་བྱེད་དོ། །དེ་ལྟར་བཻ་ཌཱུརྱའི་[5]རྒྱུ་ལས་བྱུང་བ་མངོན་པར་སྤྲུལ་ནས། འཁོར་ལོས་སྒྱུར་བའི་སྲིད་མངོན་པར་སྤྲུལ་པར་བྱེད་དོ། །དེ་ལྟར་འཁོར་ལོས་སྒྱུར་བའི་སྲིད་མངོན་པར་སྤྲུལ···

ནས། ཟས་འདོད་པ་རྣམས་ལ་ཟས་ཀྱི་སྦྱིན་པ་བྱེད་དོ། །སྐོམ་འདོད་པ་རྣམས་ལ་སྐོམ། བཞོན་པ་འདོད་པ་རྣམས་ལ་བཞོན[1]པ། གོས་འདོད་པ་རྣམས་ལ་གོས། མེ་ཏོག་འདོད་པ་རྣམས་ལ་མེ་ཏོག །ཕྲེང་བ་འདོད་པ་རྣམས་ལ་ཕྲེང་བ། སྤོས་འདོད་པ་རྣམས་ལ་སྤོས། བྱུགཿ་པ་འདོད[2]པ་རྣམས་ལ་བྱུག་པ། མལ་ཆ་འདོད་པ་རྣམས་ལ་མལ་ཆ། ཁྱིམ་འདོད་པ་རྣམས་ལ་ཁྱིམ། འཚོ་བ་འདོད་པ་རྣམས[3]ལ་འཚོ་བ། ཡོ་བྱད་འདོད་པ་རྣམས་ལ་ཡོ་བྱད། ནད་ཀྱི་རྐྱེན་སྨན་དང་ཡོ་བྱད་འདོད་པ་རྣམས་ལ། སྨན་དང་ཡོ་བྱད་ཀྱི་སྦྱིན་པ་བྱེད་དོ། །ནོར་བུ་དང་། མུ་ཏིག་དང་། བཻ་ཌཱུརྻ[4]དང་། དུང་དང་། མན་ཤེལ་དང་། བྱི་[5]རུ་དང་། གསེར་དང་། དངུལ་འདོད་པ་རྣམས་ལ། ནོར་བུ་དང་། མུ་ཏིག་དང་། ཿབཻ་ཌཱུརྻ[6]དང་། དུང་དང་། མན་ཤེལ་དང་། བྱི་[7]རུ་དང་། གསེར་དང་། དངུལ་གྱི་སྦྱིན་པ་བྱེད་ཅིང་། མིའི་ཡོ་བྱད་གང་ཅི་ཡང་རུང་བའི་བར་དུ་སྦྱིན་པ[8]བྱེད་དེ། དེས་དེ་ལྟར་ཟས་འདོད་པ་རྣམས་ལ་ནི་ཟས་བྱིན། མིའི[9]ཡོ་བྱད་གང་ཅི་ཡང་རུང་བའི་བར་དུ་བྱིན་ནས་སེམས་ཅན་དེ་དག་ལ་འདི་ལྟ་སྟེ། ཕ་རོལ་ཏུ་ཕྱིན་པ་དྲུག་དང་ལྡན་པའི་ཆོས་བསྟན་པ་འདི་ཉིད་ཀྱི་ཆོས་སྟོན་ཏོ། །སེམས་ཅན་དེ་དག་གིས་ཀྱང་ཆོས་བསྟན་པ་དེ་ཐོས་ནས། བླ་ན་མེད་པ་ཡང་དག་པར་རྫོགས་པའི་བྱང་ཆུབ་ཏུ་སངས་མ་རྒྱས་ཀྱི་བར་དུ། ཕ་རོལ་ཏུ་ཕྱིན་པ་དྲུག་དང་ནམ་ཡང་འབྲལ་བར་མི་འགྱུར་རོ། རབ་འབྱོར་འདི་ལྟ་སྟེ་དཔེར་ན། སྒྱུ་མའི་མཁན་པོའམ། སྒྱུ་མའི་མཁན་པོའི་མཆན[10]བུ་མཁས་པ་ཞིག་གིས། ལམ་པོ་ཆེའི་བཞི་མདོར་འདུག་སྟེ། སྐྱེ་བོ་མང་པོའི་ཚོགས་ཀྱི་མདུན་དུ། སྐྱེ་བོ་མང་པོའི་ཚོགས་ཞིག[11]མངོན་པར་སྤྲུལ་ཏེ་ཟས་འདོད་པ་རྣམས་ལ་ཟས་བྱིན། མིའི་ཡོ་བྱད་གང་ཅི་ཡང་རུང་བའི་བར་དུ

བྱིན་ན། རབ་འབྱོར་དེ་ལ་ཇི་སྙམ་དུ་སེམས། སྨྱུ་མའི་མཁན་པོའམ། སྨྱུ···
མའི་མཁན་པོའི་མཚན་(༧)བུ་དེས་སེམས་ཅན་གང་ལ་ཡང་ཅི་ཡང་བྱིན་པ་ཡོད་དམ།
གསོལ་པ། བཅོམ་ལྡན་འདས་དེ་ནི་མ་མཆིས་སོ། །བཅོམ་ལྡན་འདས་ཀྱིས་
བཀའ་སྩལ་པ། རབ་འབྱོར་དེ་བཞིན་དུ་བྱང་ཆུབ་སེམས་དཔའ་སེམས་དཔའ···
ཆེན་པོས། འཁོར་ལོས་སྒྱུར་བའི་རྒྱལ་སྲིད་མངོན་པར་སྤྲུལ་ཏེ། ཟས་འདོད··
པ་རྣམས་ལ་ནི་ཟས་བྱིན། མིའི་ཡོ་བྱད་གང་ཅི་ཡང་ཉུང་བའི་བར་དུ་བྱིན་ཡང་།
སེམས་ཅན་གང་ལ་(༣)ཡང་ཅི་ཡང་བྱིན་པ་མེད་དོ། །དེ་ཅིའི་ཕྱིར་ཞེ་ན། རབ··
འབྱོར་དེ་ནི་སྨྱུ་མའི་ཆོས་ཉིད་ཉེ་བར་བཟུང་ན། ཆོས་རྣམས་ཀྱི་ཆོས་ཉིད་ཀྱིས་དེ་
བཞིན་པའི་ཕྱིར་ཏེ། རབ་འབྱོར་དེ་ལྟ་བུའི་བྱང་ཆུབ་སེམས་དཔའ་སེམས་དཔའ་
ཆེན་པོ་ནི་གོ་ཆ་ཆེན་པོ་བགོས་པ་ཞེས་བྱའོ། །རབ་འབྱོར་གཞན་ཡང་བྱང་ཆུབ··
སེམས་དཔའ་སེམས་དཔའ་ཆེན་པོ་ཚུལ་ཁྲིམས་ཀྱི་ཕ་རོལ་ཏུ་ཕྱིན་པ་ལ་གནས་ཤིང་།
ཆེད་དུ་བསམས་ཏེ། སྐྱེ་བོ་(༣)ཡོངས་སུ་བཟུང་བས། འཁོར་ལོས་སྒྱུར་བའི་
རིགས་སུ་སྐྱེ་ཞིང་། དེ་འཁོར་ལོས་སྒྱུར་བའི་དབང་ཕྱུག་དེ་ལ་གནས་ནས།
སེམས་ཅན་རྣམས་དགེ་བ་བཅུའི་ལས་ཀྱི་ལམ་ལ་རབ་ཏུ་འགོད་དོ། །བསམ་
གཏན་བཞི་དང་། ཚད་མེད་པ་བཞི་དང་། གཟུགས་མེད་པའི་སྙོམས་པར་
འཇུག་པ་བཞི་དང་། མངོན་པར་ཤེས་པ་ལྔ་དང་། བྱང་ཆུབ་ཀྱི་ཕྱོགས་ཀྱི་
ཆོས་རྣམས་དང་། སྟོང་པ་ཉིད་དང་། མཚན་མ་མེད་པ་དང་། སྨོན་པ་མེད་
པ་དང་། རྣམ་པར་ཐར་པ་བརྒྱད་དང་། མཐར་གྱིས་གནས་པའི་སྙོམས་པར་
འཇུག་པ་དགུ་དང་། འཕགས་པའི་བདེན་པ་བཞི་དང་། ཏིང་ངེ་འཛིན་དང་།
གཟུངས་ཀྱི་སྒོ་ཐམས་ཅད་དང་། དེ་བཞིན་གཤེགས་པའི་སྟོབས་བཅུ་དང་།
མི་འཇིགས་(༨)པ་བཞི་དང་། སོ་སོ་ཡང་དག་པར་རིག་པ་བཞི་དང་། སངས···

རྒྱས་ཀྱི་ཆོས་མ་འདྲེས་པ་བཅོ་བརྒྱད་ལ་སེམས་ཅན་རྣམས་རབ་ཏུ་འགོད་དེ། སེམས་ཅན་དེ་དག་ཀུང་བླ་ན་མེད་པ་ཡང་དག་པར་རྫོགས་པའི་བྱང་ཆུབ་ཏུ་མངོན་པར་སངས་རྒྱས་པར་མ་གྱུར་གྱི་བར་དུ། ཆོས་བསྟན་པ་དེ་དང་ནམ་ཡང་འབྲལ་བར་མི་འགྱུར་རོ། །རབ་[1]འབྱོར་འདི་ལྟ་སྟེ་དཔེར་ན། སྒྱུ་མའི་མཁན་པོའམ། སྒྱུ་མའི་མཁན་པོའི་མཆན་[2]བུ་མཁས་པ་ཞིག་གིས། ལམ་པོ་ཆེའི་བཞི་མདོར་འདུག་སྟེ། སྐྱེ་བོ་མང་པོའི་ཚོགས་ཀྱི་མདུན་དུ། སྐྱེ་བོ་མང་པོའི་ཚོགས་ཞིག་[3]མངོན་པར་སྤྲུལ་ཏེ། སེམས་ཅན་དེ་དག་དགེ་བ་བཅུའི་ལས་ཀྱི་ལམ་ལ་བཀོད་དམ། སངས་རྒྱས་ཀྱི་ཆོས་མ་འདྲེས་པ་བཅོ་བརྒྱད་ཀྱི་བར་ལ་བཀོད་ན། རབ་འབྱོར་དེ་ལ་ཇི་སྙམ་དུ་སེམས། སྒྱུ་མའི་མཁན་པོའམ། སྒྱུ་མའི་མཁན་པོའི་མཆན་[4]བུ་མཁས་པ་དེས། སེམས་ཅན་གང་ཡང་དགེ་བ་བཅུའི་ལས་ཀྱི་ལམ་ལ་བཀོད་པ་ཡོད་དམ། སངས་རྒྱས་ཀྱི་ཆོས་མ་འདྲེས་པ་བཅོ་བརྒྱད་ཀྱི་བར་ལ་བཀོད་པ་ཡོད་དམ། གསོལ་པ། བཅོམ་ལྡན་འདས་དེ་ནི་མ་མཆིས་སོ། །བཅོམ་ལྡན་འདས་ཀྱིས་བཀའ་སྩལ་པ། རབ་[5]འབྱོར་དེ་བཞིན་དུ་བྱང་ཆུབ་སེམས་དཔའ་སེམས་དཔའ་ཆེན་པོས་སེམས་ཅན་ཚད་མེད་གྲངས་མེད་པ་དགེ་བ་བཅུའི་ལས་ཀྱི་ལམ་ལ་རབ་ཏུ་བཀོད་དེ། སངས་རྒྱས་ཀྱི་ཆོས་མ་འདྲེས་པ་བཅོ་བརྒྱད་ཀྱི་བར་ལ་བཀོད་ཀྱང་། སེམས་ཅན་གང་ཡང་དེ་དག་ལ་བཀོད་པ་མེད་དོ།། རབ་འབྱོར་དེ་ཅིའི་ཕྱིར་ཞེ་ན། དེ་ནི་སྒྱུ་མའི་ཆོས་ཉིད་ཉེ་བར་བཟུང་ན། ཆོས་རྣམས་ཀྱི་ཆོས་ཉིད་ཀྱིས་དེ་བཞིན་པའི་ཕྱིར་ཏེ། རབ་འབྱོར་དེ་ལྟ་བུའི་བྱང་ཆུབ་སེམས་དཔའ་སེམས་དཔའ་ཆེན་པོ་གོ་ཆ་ཆེན་པོ་བགོས་པ་ཞེས་བྱའོ།། ||

ཤེས་རབ་ཀྱི་ཕ་རོལ་ཏུ་ཕྱིན་པ་སྟོང་ཕྲག་ཉི་ཤུ་ལྔ་པ། བམ་པོ་བཅོ་ལྔ་པ། རབ་འབྱོར་གཞན་ཡང་བྱང་ཆུབ་སེམས་དཔའ་སེམས་དཔའ་ཆེན་པོ་བཟོད་པའི་ཕ་

རོལ་ཏུ་ཕྱིན་པ་ལ་གནས་ཏེ། སེམས་ཅན་ཐམས་ཅད་བཟོད་པའི་ཕ་རོལ་ཏུ་ཕྱིན་པ་ལ་སྦྱོར་ཞིང་རབ་ཏུ་འགོད་དོ། །རབ་འབྱོར་ཇི་ལྟར་ན་བྱང་ཆུབ་སེམས་དཔའ་སེམས་དཔའ་ཆེན་པོ་བཟོད་པའི་ཕ་རོལ་ཏུ་ཕྱིན་པ་ལ་གནས་ཤིང་། སེམས་ཅན་ཐམས་ཅད་བཟོད་པའི་ཕ་རོལ་ཏུ་ཕྱིན་པ་ལ་སྦྱོར་ཞིང་རབ་ཏུ་འགོད་པ་ཡིན་ཞེ་ན། རབ་འབྱོར་འདི་ལ་བྱང་ཆུབ་སེམས་དཔའ་སེམས་དཔའ་ཆེན་པོ་སེམས་དང་པོ་བསྐྱེད་པ་ནས་ཉེ་བར་བཟུང་སྟེ། བརྒྱ་ལ་སེམས་ཅན་ཐམས་ཅད་བདག་ལ་རྗེ་དང་། དཔྱིག[1]པས་རྗེག[2]ཅིང་། མཚོན་གྱིས་འདེབས་ཀྱང་། དེ་ལ་བདག་གིས་འཁྲུག་པའི་སེམས་འགའ་ཙམ་ཡང་བསྐྱེད་པར་མི་བྱའོ། །ཞེས་གོ་ཆ་གྱོན་ཅིང་། སེམས་ཅན་ཐམས་ཅད་ཀྱང་བཟོད་པ་དེ་འདྲ་བ་ལ་རབ་ཏུ་འགོད་དོ། །རབ་འབྱོར་འདི་ལྟ་སྟེ་དཔེར་ན། སྒྱུ་མའི་མཁན་པོའམ། སྒྱུ་མའི་མཁན་པོའི་མཆན[3]བུ་མཁས་པ་ཞིག་གིས། ལམ་པོ་ཆེའི་བཞི་མདོར་འདུག་སྟེ། སྐྱེ་བོ་མང་པོའི་ཚོགས་ཀྱི་མདུན་དུ། སྐྱེ་བོ་མང་པོའི་ཚོགས་ཞིག[4]མངོན་པར་སྤྲུལ་ཏེ། བཟོད་པའི་ཕ་རོལ་ཏུ་ཕྱིན་པ་ལ་སྦྱར[5]བ་དང་། རབ་ཏུ་དགོད[6]པར་བྱས་ན། རབ་འབྱོར་དེ་ལ་ཇི་སྙམ་དུ་སེམས། སྒྱུ་མའི་མཁན་པོའམ། སྒྱུ་མའི་མཁན་པོའི་མཆན[7]བུ་མཁས་པ་དེས། སེམས་ཅན་གང་ཡང་བཟོད་པའི་ཕ་རོལ་ཏུ་ཕྱིན་པ་ལ་བཀོད་པ་ཡོད་དམ། གསོལ་པ། བཅོམ་ལྡན་འདས་དེ་ནི་མ་མཆིས་སོ། །བཅོམ་ལྡན་འདས་ཀྱིས་བཀའ་སྩལ་པ། རབ་འབྱོར་དེ་བཞིན་དུ་བྱང་ཆུབ་སེམས་དཔའ་སེམས་དཔའ་ཆེན་པོས་སེམས་ཅན་ཚད་མེད། གྲངས་མེད་པ་བཟོད་པའི་ཕ་རོལ་ཏུ་ཕྱིན་པ་ལ་བཀོད་ཀྱང་། སེམས་ཅན་གང་ཡང་བཟོད་པའི་ཕ་རོལ་ཏུ་ཕྱིན་པ་ལ་བཀོད་པ་མེད་དོ། །དེ་ཅིའི་ཕྱིར་ཞེ་ན། རབ་འབྱོར་དེ་ནི་སྒྱུ་མའི་ཆོས་ཉིད་ཉེ་བར་བཟུང་ན། ཆོས་རྣམས་ཀྱི་ཆོས་ཉིད་ཀྱིས་དེ་བཞིན་[8]

པའི་ཕྱིར་ཏེ། རབ་འབྱོར་དེ་ལྟ་བུའི་བྱང་ཆུབ་སེམས་དཔའ་སེམས་དཔའ་ཆེན་པོ་ནི་གོ་ཆ་ཆེན་པོ་བགོས་པ་ཞེས་བྱའོ། །རབ་འབྱོར་གཞན་ཡང་བྱང་ཆུབ་སེམས་དཔའ་སེམས་དཔའ་ཆེན་པོ་བརྩོན་འགྲུས་ཀྱི་ཕ་རོལ་ཏུ་ཕྱིན་པ་ལ་གནས་ཤིང་། སེམས་ཅན་ཐམས་ཅད་བརྩོན་འགྲུས་ཀྱི་ཕ་རོལ་ཏུ་ཕྱིན་པ་ལ་ཡང་དག་པར་སྐུལ་[༡]ཞིང་གཞོག་གོ། །འགོད་དོ། །རབ་འབྱོར་ཇི་ལྟར་ན་བྱང་ཆུབ་སེམས་དཔའ་སེམས་དཔའ་ཆེན་པོ་བརྩོན་འགྲུས་ཀྱི་ཕ་རོལ་ཏུ་ཕྱིན་པ་ལ་གནས་ཤིང་། སེམས་ཅན་ཐམས་ཅད་བརྩོན་འགྲུས་ཀྱི་ཕ་རོལ་ཏུ་ཕྱིན་པ་ལ་ཡང་དག་པར་བསྐུལ་བ་དང་། གཞོག་ཅིང་འགོད་པ་ཡིན་ཞེ་ན། རབ་འབྱོར་འདི་ལ་བྱང་ཆུབ་སེམས་དཔའ་སེམས་དཔའ་ཆེན་པོ་རྣམ་པ་ཐམས་ཅད་མཁྱེན་པ་ཉིད་དང་ལྡན་པའི་སེམས་བསྐྱེད་པས། སེམས་ཅན་ཐམས་ཅད་ལུས་དང་། སེམས་ཀྱི་བརྩོན་འགྲུས་ལ་ཡང་དག་པར་བསྐུལ་ཞིང་གཞོག་གོ། །འགོད་དོ། །རབ་འབྱོར་འདི་ལྟ་སྟེ་དཔེར་ན། སྒྱུ་མའི་མཁན་པོའམ། སྒྱུ་མའི་མཁན་པོའི་མཆན་[༢]བུ་མཁས་པ་ཞིག་གིས། ལམ་པོ་ཆེའི་བཞི་མདོར་འདུག་སྟེ། སྐྱེ་བོ་མང་པོའི་ཚོགས་ཀྱི་མདུན་དུ། སྐྱེ་བོ་མང་པོའི་ཚོགས་ཞིག་[༣]མངོན་པར་སྤྲུལ་ཏེ། ལུས་དང་སེམས་ཀྱི་བརྩོན་འགྲུས་ལ་བཀོད་ན། རབ་འབྱོར་དེ་ལ་ཇི་སྙམ་དུ་སེམས། སྒྱུ་མའི་མཁན་པོའམ། སྒྱུ་མའི་མཁན་པོའི་མཆན་[༤]བུ་མཁས་པ་དེས། སེམས་ཅན་གང་ཡང་ལུས་དང་སེམས་ཀྱི་བརྩོན་འགྲུས་ལ་བཀོད་པ་ཡོད་དམ། གསོལ་པ་བཅོམ་ལྡན་འདས་དེ་ནི་མ་མཆིས་སོ། །བཅོམ་ལྡན་འདས་ཀྱིས་བཀའ་སྩལ་པ་རབ་འབྱོར་དེ་བཞིན་དུ་བྱང་ཆུབ་སེམས་དཔའ་སེམས་དཔའ་ཆེན་པོས་སེམས་ཅན་ཚད་མེད་གྲངས་མེད་པ། ལུས་དང་སེམས་ཀྱི་བརྩོན་འགྲུས་ལ་བཀོད་ཀྱང་སེམས་ཅན་གང་ཡང་ལུས་དང་། སེམས་ཀྱི་བརྩོན་འགྲུས་ལ་བཀོད་པ་མེད་དོ།

དེ་ཅིའི་ཕྱིར་ཞེ་ན། རབ་འབྱོར་དེ་ནི་སྒྱུ་མའི་ཆོས་ཉིད་ཉེ་བར་བཟུང་ན། ཆོས་རྣམས་ཀྱི་ཆོས་ཉིད་ཀྱིས་དེ་བཞིན་པའི་ཕྱིར་ཏེ། རབ་འབྱོར་དེ་ལྟ་བུའི་བྱང་ཆུབ་སེམས་དཔའ་སེམས་དཔའ་ཆེན་པོ་ནི་གོ་ཆ་ཆེན་པོ་བགོས་པ་ཞེས་བྱའོ། ། རབ་འབྱོར་གཞན་ཡང་བྱང་ཆུབ་སེམས་དཔའ་སེམས་དཔའ་ཆེན་པོ་བསམ་གཏན་གྱི་ཕ་རོལ་ཏུ་ཕྱིན་པ་ལ་གནས་ཤིང་། སེམས་ཅན་ཐམས་ཅད་བསམ་གཏན་གྱི་ཕ་རོལ་ཏུ་ཕྱིན་པ་ལ་ཡང་དག་པར་སྐྱུལ་[1]ཞིང་གཞོག་གོ། །འགོད་དོ། །རབ་འབྱོར་ཇི་ལྟར་ན་བྱང་ཆུབ་སེམས་དཔའ་སེམས་དཔའ་ཆེན་པོ་བསམ་གཏན་གྱི་ཕ་རོལ་ཏུ་ཕྱིན་པ་ལ་གནས་ཏེ། སེམས་ཅན་ཐམས་ཅད་བསམ་གཏན་གྱི་ཕ་རོལ་ཏུ་ཕྱིན་པ་ལ་ཡང་དག་པར་བསྐྱུལ་[2]བ་དང་། གཞོག་ཅིང་འགོད་པ་ཡིན་ཞེ་ན། རབ་འབྱོར་འདི་ལ་བྱང་ཆུབ་སེམས་དཔའ་སེམས་དཔའ་ཆེན་པོ་ཆོས་ཐམས་ཅད་ཀྱི་ཆོས་ཉིད་ལ་གནས་ཤིང་། ཆོས་གང་ལ་ཡང་འཁྲུག་པའམ། འཁྲུག་པ་མེད་པར་ཡང་དག་པར་རྗེས་སུ་མི་མཐོང་ན། བསམ་གཏན་གྱི་ཕ་རོལ་ཏུ་ཕྱིན་པ་ལ་གནས་པ་ཡིན་ཏེ། དེ་བཞིན་དུ་སེམས་ཅན་ཐམས་ཅད་ཀྱང་བསམ་གཏན་གྱི་ཕ་རོལ་ཏུ་ཕྱིན་པ་ལ་ཡང་དག་པར་སྐྱུལ་[3]ཞིང་གཞོག་པ་དང་། འགོད་པ་བྱེད་དེ། དེ་ལྟར་ཡང་དག་པར་བསྐྱུལ་[4]བ་རྣམས་ཀྱང་། ནམ་བླ་ན་མེད་པ་ཡང་དག་པར་རྫོགས་པའི་བྱང་ཆུབ་ཏུ་མངོན་པར་རྫོགས་པར་སངས་རྒྱས་པར་མ་གྱུར་གྱི་བར་དུ། ནམ་ཡང་བསམ་གཏན་གྱི་ཕ་རོལ་ཏུ་ཕྱིན་པ་དང་བྲལ་བར་མི་འགྱུར་རོ། །རབ་འབྱོར་འདི་ལྟ་སྟེ་དཔེར་ན། སྒྱུ་མའི་མཁན་པོའམ། སྒྱུ་མའི་མཁན་པོའི་མཆན་[5]བུ་མཁས་པ་ཞིག་གིས་ལམ་པོ་ཆེའི་བཞི་མདོར་འདུག་སྟེ། སྐྱེ་བོ་མང་པོའི་ཚོགས་ཀྱི་མདུན་དུ། སྐྱེ་བོ་མང་པོའི་ཚོགས་ཤིག་[6]མངོན་པར་སྤྲུལ་ཏེ། བསམ་གཏན་གྱི་ཕ་རོལ་ཏུ་ཕྱིན་པ་ལ་བཀོད་ན། རབ་འབྱོར་འདི་ལ་ཇི་སྙམ་དུ་

སེམས། སྐྱུ་མའི་མཁན་པོའམ། སྐྱུ་མའི་མཁན་པོའི་མཆན་[1]བུ་མཁས་པ་དེས། སེམས་ཅན་གང་ཡང་བསམ་གཏན་གྱི་ཕ་རོལ་ཏུ་ཕྱིན་པ་ལ་བཀོད་པ་ཡོད་དམ། གསོལ་པ། བཅོམ་ལྡན་འདས་དེ་ནི་མ་མཆིས་སོ། །བཅོམ་ལྡན་འདས་ཀྱིས་བཀའ་སྩལ་པ། རབ་འབྱོར་དེ་བཞིན་དུ་བྱང་ཆུབ་སེམས་དཔའ་སེམས་དཔའ་ཆེན་པོ[2]། སེམས་ཅན་ཐམས་ཅད་བསམ་གཏན་གྱི་ཕ་རོལ་ཏུ་ཕྱིན་པ་ལ་བཀོད་ཀྱང་། སེམས་ཅན་གང་ཡང་བསམ་གཏན་གྱི་ཕ་རོལ་ཏུ་ཕྱིན་པ་ལ་བཀོད་པ་མེད་དོ། །དེ་ཅིའི་ཕྱིར་ཞེ་ན། རབ་འབྱོར་དེ་ནི་སྐྱུ་མའི་ཆོས་ཉིད་ཉེ་བར་བཟུང་ན། ཆོས་རྣམས་ཀྱི་ཆོས་ཉིད་ཀྱིས་དེ་བཞིན་པའི་ཕྱིར་ཏེ། རབ་འབྱོར་དེ་ལྟ་བུའི་བྱང་ཆུབ་སེམས་དཔའ་སེམས་དཔའ་ཆེན་པོ་ནི་གོ་ཆ་ཆེན་པོ་བགོས་པ་ཞེས་བྱའོ[3]། །རབ་འབྱོར་གཞན་ཡང་བྱང་ཆུབ་སེམས་དཔའ་སེམས་དཔའ་ཆེན་པོ་ཤེས་རབ་ཀྱི་ཕ་རོལ་ཏུ་ཕྱིན་པ་ལ་གནས་ཤིང་། སེམས་ཅན་ཐམས་ཅད་ཤེས་རབ་ཀྱི་ཕ་རོལ་ཏུ་ཕྱིན་པ་ལ་ཡང་དག་པར༔ སྐྱུལ་ཤིང་[4]གཞོག་གོ། །འགོད་དོ། །རབ་འབྱོར་ཇི་ལྟར་ན་བྱང་ཆུབ་སེམས་དཔའ་སེམས་དཔའ་ཆེན་པོ་ཤེས་རབ་ཀྱི་ཕ་རོལ་ཏུ་ཕྱིན་པ་ལ་གནས་ཤིང་། སེམས་ཅན་ཐམས་ཅད་ཤེས་རབ་ཀྱི་ཕ་རོལ་ཏུ་ཕྱིན་པ་ལ་ཡང་དག་པར་སྐྱུལ་[5]བ་དང་། གཞོག་ཅིང་འགོད་པ་ཡིན་ཞེ་ན། རབ་འབྱོར་འདི་ལ་བྱང་ཆུབ་སེམས་དཔའ་སེམས་དཔའ་ཆེན་པོ་ཤེས་རབ་ཀྱི་ཕ་རོལ་ཏུ་ཕྱིན་པ་ལ་སྤྱོད་པའི་ཚེ། ཆོས་གང་ཡང་སྐྱེ་བའམ། འགག་པའམ། ཀུན་ནས་ཉོན་མོངས་པའམ། རྣམ་པར་བྱང་བའམ། ཚུ་རོལ་ཏམ། ཕ་རོལ་མི་དམིགས་ཏེ། རབ་འབྱོར་དེ་ལྟར་ན་བྱང་ཆུབ་སེམས་དཔའ་སེམས་དཔའ་ཆེན་པོ། ཤེས་རབ་ཀྱི་ཕ་རོལ་ཏུ་ཕྱིན་པ་ལ་གནས་པ་ཡིན་ཏེ། དེ་དེ་བཞིན་དུ་སེམས་ཅན་ཐམས་ཅད་ཀྱང་ཤེས་རབ་ཀྱི་ཕ་རོལ་ཏུ་ཕྱིན་པ་ལ་ཡང་དག་པར་སྐྱུལ་[6]

ཞིང་གཙོག་གོ། །འགོད་དོ། །རབ་འབྱོར་འདི་ལྟ་སྟེ་དཔེར་ན། སྒྱུ་མའི་མཁན་པོའམ། སྒྱུ་མའི་མཁན་པོའི་མཆན་[1]བུ་མཁས་པ་ཞིག་གིས། ལམ་པོ་ཆེའི་བཞི་མདོར་འདུག་སྟེ། སྐྱེ་བོ་མང་པོའི་ཚོགས་ཀྱི་མདུན་དུ། སྐྱེ་བོ་མང་པོའི་ཚོགས་ཞིག་[2]མངོན་པར་སྤྲུལ་ཏེ[3]། ཤེས་རབ་ཀྱི་ཕ་རོལ་དུ་ཕྱིན་པ་ལ་ཡང་དག་པར་བསྐུལ་ཏེ། བཞག་ཅིང་བཀོད་ན། རབ་འབྱོར་དེ་ལ་ཇི་སྙམ་དུ་སེམས། སྒྱུ་མའི་མཁན་པོའམ། སྒྱུ་མའི་མཁན་པོའི་མཆན་བུ་དེས། སེམས་ཅན་གང་ཡང་ཤེས་རབ་ཀྱི་ཕ་རོལ་དུ་ཕྱིན་པ་ལ་བཀོད་པ་ཡོད་དམ། གསོལ་པ། བཅོམ་ལྡན་འདས་དེ་ནི་མ་མཆིས་སོ། །བཅོམ་ལྡན་འདས་ཀྱིས་བཀའ་སྩལ་པ། རབ་འབྱོར་དེ་བཞིན་དུ་བྱང་ཆུབ་སེམས་དཔའ་སེམས་དཔའ་ཆེན་པོས་སེམས་ཅན་ཐམས་ཅད་ཤེས་རབ་ཀྱི་ཕ་རོལ་དུ་ཕྱིན་པ་ལ་བཀོད་ཀྱང་། སེམས་ཅན་གང་ཡང་ཤེས་རབ་ཀྱི་ཕ་རོལ་ཏུ་ཕྱིན་པ་ལ་བཀོད་པ་མེད་དོ། །དེ་ཅིའི་ཕྱིར་ཞེ་ན། རབ་འབྱོར་དེ་ནི་སྒྱུ་མའི་ཆོས་ཉིད་ཉེ་བར་བཟུང་ན། ཆོས་རྣམས་ཀྱི་ཆོས་ཉིད་ཀྱིས་དེ་བཞིན་པའི་ཕྱིར་ཏེ། རབ་འབྱོར་དེ་ལྟ་བུའི་བྱང་ཆུབ་སེམས་དཔའ་སེམས་དཔའ་ཆེན་པོ་ནི་གོ་ཆ་ཆེན་པོ་བགོས་པ་ཞེས་བྱའོ། །རབ་འབྱོར་གཞན་ཡང་བྱང་ཆུབ་སེམས་དཔའ་སེམས་དཔའ་ཆེན་པོ་གོ་ཆ་ཆེན་པོ་བགོས་ཤིང་། ཤར་ཕྱོགས་ཀྱི་འཇིག་རྟེན་གྱི་ཁམས་གངྒཱའི་ཀླུང་གི་བྱེ་མ་སྙེད་དག་ཏུ་སོང་ཞིང་། ཇི་ལྟར་བདག་སྦྱིན་པའི་ཕ་རོལ་དུ་ཕྱིན་པ་ལ་གནས་པ་དེ་བཞིན་དུ། འཇིག་རྟེན་གྱི་ཁམས་དེ་དག་ན། སེམས་ཅན་ཇི་སྙེད་ཅིག་འཕོད་པ་དེ་དག་ཐམས་ཅད་ཀྱང་། སྦྱིན་པའི་ཕ་རོལ་དུ་ཕྱིན་པ་ལ་ཡང་དག་པར་སྐུལ་[4]ཞིང་གཙོག་གོ། །འགོད་དོ། །ཇི་ལྟར་བདག་ཚུལ་ཁྲིམས་ཀྱི་ཕ་རོལ་དུ་ཕྱིན་པ་དང་། བཟོད་པའི་ཕ་རོལ་དུ་ཕྱིན་པ་དང་། བརྩོན་འགྲུས་ཀྱི་ཕ་རོལ་དུ་ཕྱིན་པ་དང་།

བསམ་གཏན་གྱི་ཕ་རོལ་ཏུ་ཕྱིན་པ་དང་། ཤེས་རབ་ཀྱི་ཕ་རོལ་ཏུ་ཕྱིན་པ་ལ་
གནས་པ་དེ་བཞིན་དུ། འཇིག་རྟེན་གྱི་ཁམས་དེ་དག་ན། སེམས་ཅན་ཇི་སྙེད་
ཅིག་འཁོད་པ་དེ་དག་ཐམས་ཅད་ཀྱང་། ཤེས་རབ་ཀྱི་ཕ་རོལ་ཏུ་ཕྱིན་པ་ལ་ཡང་
དག་པར་སྐུལ་ཞིང་གཞོག་གོ། །འགོད་དོ། །འདི་ལྟ་སྟེ། ཕ་རོལ་ཏུ་ཕྱིན་པ་
དྲུག་པོ་འདི་ཉིད་ཀྱིས་①ཆོས་ཀྱང་སྟོན་ཏེ། སེམས་ཅན་དེ་དག་ཀྱང་ཆོས་དེ་ཐོས་
ནས༑ བླ་ན་མེད་པ་ཡང་དག་པར་རྫོགས་པའི་བྱང་ཆུབ་ཏུ་མངོན་པར་སངས་
མ་རྒྱས་ཀྱི་བར་དུ། ཕ་རོལ་ཏུ་ཕྱིན་པ་དྲུག་དང་ནམ་ཡང་འབྲལ་བར་མི་འགྱུར་རོ། །
ཤྲཱ་དང་། ནུབ་དང་། བྱང་དང་། བྱང་ཤར་དང་། ཤར་ལྷོ་དང་། ལྷོ་
ནུབ་དང་། ནུབ་བྱང་དང་། འོག་དང་། སྟེང་གི་ཕྱོགས་ཀྱི་ཕྱོགས་རེ་རེ་
ཞིང་། འཇིག་རྟེན་གྱི་ཁམས་གཏྒའི་ཀླུང་གི་བྱེ་མ་སྙེད་དག་ཏུ་སོང་ཞིང་། ཇི་
ལྟར་བདག་སྦྱིན་པའི་ཕ་རོལ་ཏུ་ཕྱིན་པ་ལ་གནས་པ་དང་། ཤེས་རབ་ཀྱི་ཕ་རོལ་
ཏུ་ཕྱིན་པའི་བར་ལ་གནས་པ་དེ་བཞིན་དུ། འཇིག་རྟེན་གྱི་ཁམས་དེ་དག་ན་
སེམས་ཅན་ཇི་སྙེད་ཅིག་ཡོད་པ་དེ་དག་ཐམས་ཅད་ཀྱང་། སྦྱིན་པའི་ཕ་རོལ་ཏུ་
ཕྱིན་པ་ལ་ཡང་དག་པར་སྐུལ་ཞིང་གཞོག་གོ། །འགོད་དོ། །དེ་བཞིན་དུ་ཚུལ་
ཁྲིམས་ཀྱི་ཕ་རོལ་ཏུ་ཕྱིན་པ་དང་། བཟོད་པའི་ཕ་རོལ་ཏུ་ཕྱིན་པ་དང་།
བརྩོན་འགྲུས་ཀྱི་ཕ་རོལ་ཏུ་ཕྱིན་པ་དང་། བསམ་གཏན་གྱི་ཕ་རོལ་ཏུ་ཕྱིན་པ་
དང་། ཤེས་རབ་ཀྱི་ཕ་རོལ་ཏུ་ཕྱིན་པ་ལ་ཡང་དག་པར་སྐུལ་③ཞིང་གཞོག་གོ། །
འགོད་དོ། །འདི་ལྟ་སྟེ། ཕ་རོལ་ཏུ་ཕྱིན་པ་དྲུག་པོ་འདི་ཉིད་ཀྱི་ཆོས་ཀྱང་སྟོན་
ཏོ༑ །སེམས་ཅན་དེ་དག་ཀྱང་ཆོས་དེ་ཐོས་ནས། བླ་ན་མེད་པ་ཡང་དག་པར་
རྫོགས་པའི་བྱང་ཆུབ་ཏུ་མངོན་པར་སངས་མ་རྒྱས་ཀྱི་བར་དུ། ཕ་རོལ་ཏུ་ཕྱིན་པ་
དྲུག་དང་། ནམ་ཡང་འབྲལ་བར་མི་འགྱུར་རོ། །རབ་འབྱོར་འདི་ལྟ་སྟེ་དཔེར་

ན༑ སྒྱུ་མའི་མཁན་པོའམ། སྒྱུ་མའི་མཁན་པོའི་མཚན་[༡]བུ་མཁས་པ་ཞིག་གིས༑ ལམ་པོ་ཆེའི་བཞི་མདོར་འདུག་སྟེ། སྐྱེ་བོ་མང་པོའི་ཚོགས་ཀྱི་མདུན་དུ། སྐྱེ་བོ་མང་པོའི་ཚོགས་ཞིག་[༢]མངོན་པར་སྤྲུལ་ཏེ། ཕ་རོལ་ཏུ་ཕྱིན་པ་དྲུག་ལ་ཡང་དག་པར་བསྐུལ་ཞིང་[༣]བཞག་སྟེ། བཀོད་པར་གྱུར་ན། རབ་འབྱོར་དེ་ལ་ཇི་སྙམ་དུ་སེམས། སྒྱུ་མའི་མཁན་པོའམ། སྒྱུ་མའི་མཁན་པོའི་མཚན་[༤]བུ་དེས། སེམས་ཅན་གང་ཡང་ཕ་རོལ་ཏུ་ཕྱིན་པ་དྲུག་[༥]ལ་ཡང་དག་པར་བསྐུལ་ཞིང་[༦]བཞག་སྟེ། བཀོད་པ་ཡོད་དམ། གསོལ་པ། བཅོམ་ལྡན་འདས་དེ་ནི་མ་མཆིས་སོ། །བཅོམ་ལྡན་འདས་ཀྱིས་བཀའ་སྩལ་པ། རབ་འབྱོར་དེ་བཞིན་དུ་བྱང་ཆུབ་སེམས་དཔའ་སེམས་དཔའ་ཆེན་པོས། ཤར་ཕྱོགས་ཀྱི་འཇིག་རྟེན་གྱི་ཁམས་གང་གཱའི་ཀླུང་གི་བྱེ་མ་སྙེད་དང་། ལྷོ་དང་། ནུབ་དང་། བྱང་དང་། བྱང་ཤར་དང་། ཤར་ལྷོ་དང་། ལྷོ་ནུབ་དང་། ནུབ་བྱང་དང་། འོག་དང་། སྟེང་གི་ཕྱོགས་ཀྱི་ཕྱོགས་རེ་རེ་ཞིང་། འཇིག་རྟེན་གྱི་ཁམས་གང་གཱའི་ཀླུང་གི་བྱེ་མ་སྙེད་ཀྱི་སེམས་ཅན་གང་[༧]ཇི་སྙེད་ཡོད་པ་དེ་དག་ཐམས་ཅད་ཕ་རོལ་ཏུ་ཕྱིན་པ་དྲུག་ལ་བཀོད་ཀྱང་། སེམས་ཅན་གང་ཡང་ཕ་རོལ་ཏུ་ཕྱིན་པ་དྲུག་ལ་བཀོད་པ་མེད་དོ། །དེ་ཅིའི་ཕྱིར་ཞེ་ན། རབ་འབྱོར་སྒྱུ་མའི་ཆོས་ཉིད་ཉེ་བར་བཟུང་ན། ཆོས་རྣམས་ཀྱི་[༨]ཆོས་ཉིད་ཀྱིས་དེ་བཞིན་པའི་ཕྱིར་ཏེ། རབ་འབྱོར་དེ་ལྟར་ན། བྱང་ཆུབ་སེམས་དཔའ་སེམས་དཔའ་ཆེན་པོ་གོ་ཆ་ཆེན་པོ་བགོས་པ་ཞེས་བྱའོ། །རབ་འབྱོར་གཞན་ཡང་བྱང་ཆུབ་སེམས་དཔའ་[༩]ཆེན་པོ་གོ་ཆ་ཆེན་པོ་བགོས་པ་[༡༠]ནི། རྣམ་པ་ཐམས་ཅད་མཁྱེན་པ་ཉིད་དང་ལྡན་པའི་སེམས་ཀྱིས་[༡༡]རྣམ་པར་སྤྱོད་ཅིང་། སེམས་བསྐྱེད་པ་གཞན་གྱི་གོ་མི་འབྱེད་དེ། བདག་གིས་སེམས་ཅན་འདི་སྙེད་ཅིག་ནི་སྦྱིན་པའི་ཕ་རོལ་ཏུ་ཕྱིན་པ་ལ་དགོད་པར་བྱའོ། །

འདི་སྙེད་ཅིག་ནི་དགོད་པར་མི་བྱའོ། །བདག་གིས་སེམས་ཅན་འདི་སྙེད་ཅིག་ནི་ཚུལ་ཁྲིམས་ཀྱི་ཕ་རོལ་ཏུ་ཕྱིན་པ་དང་། བཟོད་པའི་ཕ་རོལ་ཏུ་ཕྱིན་པ་དང་། བརྩོན་འགྲུས་ཀྱི་ཕ་རོལ་ཏུ་ཕྱིན་པ་དང་། བསམ་གཏན་གྱི་ཕ་རོལ་ཏུ་ཕྱིན་པ་དང་། ཤེས་རབ་ཀྱི་ཕ་རོལ་ཏུ་ཕྱིན་པ་ལ་དགོད་པར་བྱའོ། །འདི་སྙེད་ཅིག་ནི་དགོད་པར་མི་བྱའོ། །བདག་གིས་སེམས་ཅན་འདི་སྙེད་ཅིག་[1]ནི་བྱང་ཆུབ་ཀྱི་ཕྱོགས་ཀྱི་ཆོས་སུམ་ཅུ་རྩ་བདུན་ལ་དགོད་པར་བྱའོ། །འདི་སྙེད་ཅིག་ནི་དགོད་པར་མི་བྱའོ། །བདག་གིས་སེམས་ཅན་འདི་སྙེད་ཅིག་ནི་སངས་རྒྱས་ཀྱི་ཆོས་མ་འདྲེས་པ་བཅོ་བརྒྱད་ཀྱི་བར་ལ་དགོད་པར་བྱའོ། །འདི་སྙེད་ཅིག་ནི་དགོད་པར་མི་བྱའོ། །བདག་གིས་སེམས་ཅན་འདི་སྙེད་ཅིག་ནི་རྒྱུན་དུ་ཞུགས་པའི་འབྲས་བུ་ལ་དགོད་པར་བྱའོ། །འདི་སྙེད་ཅིག་ནི་དགོད་པར་མི་བྱའོ། །བདག་གིས་སེམས་ཅན་འདི་སྙེད་ཅིག་ནི་ལན་ཅིག་ཕྱིར་འོང་བའི་འབྲས་བུ་དང་། ཕྱིར་མི་འོང་བའི་འབྲས་བུ་དང་། དགྲ་བཅོམ་པ་ཉིད་ལ་དགོད་པར་བྱའོ། །འདི་སྙེད་ཅིག་ནི་དགོད་པར་མི་བྱའོ། །བདག་གིས་སེམས་ཅན་འདི་སྙེད་ཅིག་ནི་རང་བྱང་ཆུབ་ལ་དགོད་པར་བྱའོ། །འདི་སྙེད་ཅིག་ནི་དགོད་པར་མི་བྱའོ། །བདག་གིས་སེམས་ཅན་འདི་སྙེད་ཅིག་ནི་རྣམ་པ་ཐམས་ཅད་མཁྱེན་པ་ཉིད་ལ་དགོད་པར་བྱའོ།། འདི་སྙེད་ཅིག་ནི་དགོད་པར་མི་བྱའོ་ཞེས་བྱ་བར་སེམས་བསྐྱེད་པའི་གོ་མི་འབྱེད་ཀྱི་དེ་འདི་སྙམ་དུ་སེམས་ཏེ། བདག་གིས་སེམས་ཅན་ཚད་མེད་གྲངས་མེད་པ། སྦྱིན་པའི་ཕ་རོལ་ཏུ་ཕྱིན་པ་ལ་དགོད་པར་བྱའོ། །བདག་གིས་སེམས་ཅན་ཚད་མེད་གྲངས་མེད་པ། ཚུལ་ཁྲིམས་ཀྱི་ཕ་རོལ་ཏུ་ཕྱིན་པ་དང་། བཟོད་པའི་ཕ་རོལ་ཏུ་ཕྱིན་པ་དང་། བརྩོན་འགྲུས་ཀྱི་ཕ་རོལ་ཏུ་ཕྱིན་པ་དང་། བསམ་གཏན་གྱི་ཕ་རོལ་ཏུ་ཕྱིན་པ་དང་། ཤེས་རབ་ཀྱི་ཕ་རོལ་ཏུ་ཕྱིན་པ་ལ་དགོད་པར་

བྱའོ༔ །ནང་སྟོང་པ་ཉིད་ལ་དགོད་པར་བྱའོ། །ཕྱི་སྟོང་པ་ཉིད་ལ་དགོད་པར་
བྱའོ༔ །དངོས་པོ་མེད་པའི་ངོ་བོ་ཉིད་སྟོང་པ་ཉིད་ཀྱི་བར་ལ་དགོད་པར་བྱའོ། །
བྱང་ཆུབ་ཀྱི་ཕྱོགས་ཀྱི་ཆོས་སུམ་ཅུ་རྩ་བདུན་ལ་དགོད་པར་བྱའོ། །འཕགས···
པའི་བདེན་པ་བཞི་དང་། བསམ་གཏན་བཞི་དང་། ཚད་མེད་པ་བཞི་དང་།
གཟུགས་མེད་པའི་སྙོམས་པར་འཇུག་པ་བཞི་དང་། རྣམ་པར་ཐར་པ་བརྒྱད་
དང་། མཐར་གྱིས་གནས་པའི་སྙོམས་པར་འཇུག་པ་དགུ་དང་། རྣམ་པར་
ཐར་པའི་སྒོ་སྟོང་པ་ཉིད་དང་། མཚན་མ་མེད་པ་དང་། སྨོན་པ་མེད་པ་དང་།
མངོན་པར་ཤེས་པ་ལྔ་དང་། ཏིང་ངེ་འཛིན་ཐམས་ཅད་དང་། གཟུངས་ཀྱི་སྒོ་
ཐམས་ཅད་ལ་དགོད་པར་བྱའོ། །དེ་བཞིན་གཤེགས་པའི་སྟོབས་བཅུ་དང་།
མི་འཇིགས་པ་བཞི་དང་། སོ་སོ་ཡང་དག་པར་རིག་པ་བཞི་དང་། སངས་
རྒྱས་ཀྱི་ཆོས་མ་འདྲེས་པ་བཅོ་བརྒྱད་ལ་དགོད་པར་བྱའོ། །རྒྱུན་དུ་ཞུགས་པའི···
འབྲས་བུ་ལ་དགོད་པར་བྱའོ། །ལན་ཅིག་ཕྱིར་འོང་བའི་འབྲས་བུ་དང་།
ཕྱིར་མི་འོང་བའི་འབྲས་བུ་དང་། དགྲ་བཅོམ་པ་ཉིད་ལ་དགོད་པར་བྱའོ། །
རང་བྱང་ཆུབ་ལ་དགོད་པར་བྱའོ། །རྣམ་པ་ཐམས་ཅད་མཁྱེན་པ་ཉིད་ལ་དགོད་
པར་བྱའོ་ཞེས་བྱ་བར་སེམས་བསྐྱེད་དོ། །རབ་འབྱོར་འདི་ལྟ་སྟེ་དཔེར་ན།
སྒྱུ་མའི་མཁན་པོའམ[1]། སྒྱུ་མའི་མཁན་པོའི་མཆན་བུ་མཁས་པ་ཞིག་གིས།
ལམ་པོ་ཆེའི་བཞི་མདོར་འདུག་སྟེ། སྐྱེ་བོ་མང་པོའི་ཚོགས་ཀྱི་མདུན་དུ། སྐྱེ་བོ་
མང་པོའི་ཚོགས་ཞིག[2]མངོན་པར་སྤྲུལ་ཏེ། འདི་ལྟར་དུ་བདག་གིས་སེམས་ཅན་
ཚད་མེད་གྲངས་མེད་པ་འདི་དག་ཕ་རོལ་ཏུ་ཕྱིན་པ་དྲུག་ལ་དགོད་པར་བྱའོ། །
རྣམ་པ་ཐམས་ཅད་མཁྱེན་པ་ཉིད་ཀྱི་བར་ལ་དགོད་པར་བྱའོ་སྙམ་དུ་སེམས་བསྐྱེད་
པར་གྱུར་ན། རབ་འབྱོར་དེ་ལ་ཇི་སྙམ་དུ་སེམས། སྒྱུ[3]མའི་མཁན་པོའམ།

སྐྱུ་མའི་མཁན་པོའི་མཆན་བུ་དེས། སེམས་ཅན་གང་ཡང་ཕ་རོལ་དུ་ཕྱིན་པ་དྲུག་ལ་དགོད་པར་བྱས་པ་ཡོད་དམ། རྣམ་པ་ཐམས་ཅད་[7]མཁྱེན་པ་ཉིད་ཀྱི་བར་ལ་དགོད་པར་བྱས་པ་ཡོད་དམ། གསོལ་པ། བཅོམ་ལྡན་འདས་དེ་ནི་མ་མཆིས་སོ། །བཅོམ་ལྡན་འདས་ཀྱིས་བཀའ་སྩལ་པ། རབ་འབྱོར་དེ་བཞིན་དུ་བྱང་ཆུབ་སེམས་དཔའ་སེམས་དཔའ་ཆེན་པོས། སེམས་ཅན་ཚད་མེད་གྲངས་མེད་པ། ཕ་རོལ་དུ་ཕྱིན་པ་དྲུག་དང་། རྣམ་པ་ཐམས་ཅད་མཁྱེན་པ་ཉིད་ཀྱི་བར་ལ་དགོད་པར་སེམས་བསྐྱེད་ཀྱང་། སེམས་ཅན་གང་གི་དོན་དུ་ཡང་སེམས་བསྐྱེད་པ་མེད་དེ། དེ་ཅིའི་ཕྱིར་ཞེ་ན། རབ་འབྱོར་སྐྱུ་མའི་ཆོས་ཉིད་ཉེ་བར་བཟུང་ན། ཆོས་རྣམས་ཀྱི་ཆོས་ཉིད་ཀྱིས་དེ་བཞིན་པའི་ཕྱིར་ཏེ། རབ་འབྱོར་དེ་ལྟར་ན་བྱང་ཆུབ་སེམས་དཔའ་སེམས་དཔའ་ཆེན་པོ་གོ་ཆ་ཆེན་པོ་བགོས་པ་ཞེས་བྱའོ། །རབ་འབྱོར་གྱིས་གསོལ་པ། བཅོམ་ལྡན་འདས་བདག་གིས་བཅོམ་ལྡན་འདས་ཀྱིས་གསུངས་པའི་དོན་འཚལ་ཏེ། བྱང་ཆུབ་སེམས་དཔའ་སེམས་དཔའ་ཆེན་པོས་ནི། རང་གི་མཚན་ཉིད་སྟོང་པ་ཉིད་ཀྱི་སླད་དུ། གོ་ཆ་མ་མཆིས་པའི་གོ་ཆ་བགོས་པར་རིག་པར་བགྱིའོ། །དེ་ཅིའི་སླད་དུ་ཞེ་ན། བཅོམ་ལྡན་འདས་དེ་ནི་འདི་ལྟར་གཟུགས་གཟུགས་ཀྱིས་སྟོང་ངོ་། །ཚོར་བ་དང་། འདུ་ཤེས་དང་། འདུ་བྱེད་དང་། རྣམ་པར་ཤེས་པ་རྣམ་པར་ཤེས་པས་སྟོང་ངོ་། །མིག་མིག་གིས་སྟོང་ངོ་། །དེ་བཞིན་དུ་རྣ་བ་དང་། སྣ་དང་། ལྕེ་དང་། ལུས་དང་། ཡིད་ཡིད་ཀྱིས་སྟོང་ངོ་། །གཟུགས་གཟུགས་ཀྱིས་སྟོང་ངོ་། །སྒྲ་དང་། དྲི་དང་། རོ་དང་། རེག་དང་། ཆོས་ཆོས་ཀྱིས་སྟོང་ངོ་། །མིག་གི་རྣམ་པར་ཤེས་པ་མིག་གི་རྣམ་པར་ཤེས་པས་སྟོང་ངོ་། །རྣ་བའི་རྣམ་པར་ཤེས་པ་དང་། སྣའི་རྣམ་པར་ཤེས་པ་དང་། ལྕེའི་རྣམ་པར་ཤེས་པ་དང་། ལུས་ཀྱི་རྣམ་པར

ཤེས་པ་དང་། ཡིད་ཀྱི་རྣམ་པར་ཤེས་པ་ཡིད་ཀྱི་རྣམ་པར་ཤེས་པས་སྟོང་ངོ་། །མིག་གི་འདུས་ཏེ་རེག་པ་མིག་གི་འདུས་ཏེ་རེག་པས་སྟོང་ངོ་། །རྣ་བའི་འདུས་ཏེ་རེག་པ་དང་། སྣའི་འདུས་ཏེ་རེག་པ་དང་། ལྕེའི་འདུས་ཏེ་རེག་པ་དང་། ལུས་ཀྱི་འདུས་ཏེ་རེག་པ་དང་། ཡིད་ཀྱི་འདུས་ཏེ་རེག་པ་ཡིད་ཀྱི་འདུས་ཏེ་རེག་པས་སྟོང་ངོ་། །མིག་གི་འདུས་ཏེ་རེག་པའི་རྐྱེན་གྱིས་ཚོར་བ། མིག་གི་འདུས་ཏེ་རེག་པའི་རྐྱེན་གྱིས་ཚོར་བས་སྟོང་ངོ་། །རྣ་བའི་འདུས་ཏེ་རེག་པའི་རྐྱེན་གྱིས་ཚོར་བ་དང་། སྣའི་འདུས་ཏེ་རེག་པའི་རྐྱེན་གྱིས་ཚོར་བ་དང་། ལྕེའི་འདུས་ཏེ་རེག་པའི་རྐྱེན་གྱིས་ཚོར་བ་དང་། ལུས་ཀྱི་འདུས་ཏེ་རེག་པའི་རྐྱེན་གྱིས་ཚོར་བ་དང་། ཡིད་ཀྱི་འདུས་ཏེ་རེག་པའི་རྐྱེན་གྱིས་ཚོར་བ[༡]། ཡིད་ཀྱི་འདུས་ཏེ་རེག་པའི་རྐྱེན་གྱིས་ཚོར་བས་སྟོང་ངོ་། །སྦྱིན་པའི་ཕ་རོལ་ཏུ་ཕྱིན་པ་ནི[༢]། སྦྱིན་པའི་ཕ་རོལ་ཏུ་ཕྱིན་པས་སྟོང་ངོ་། །ཚུལ་ཁྲིམས་ཀྱི་ཕ་རོལ་ཏུ་ཕྱིན་པ་དང་། བཟོད་པའི་ཕ་རོལ་ཏུ་ཕྱིན་པ་དང་། བརྩོན་འགྲུས་ཀྱི་ཕ་རོལ་ཏུ་ཕྱིན་པ་དང་། བསམ་གཏན་གྱི་[༣]ཕ་རོལ་ཏུ་ཕྱིན་པ་དང་། ཤེས་རབ་ཀྱི་ཕ་རོལ་ཏུ་ཕྱིན་པ། ཤེས་རབ་ཀྱི་ཕ་རོལ་ཏུ་ཕྱིན་པས་སྟོང་ངོ་། །ནང་སྟོང་པ་ཉིད་ནང་སྟོང་པ་ཉིད་ཀྱིས་སྟོང་ངོ་། །དངོས་པོ་མེད་པའི་ངོ་བོ་ཉིད་སྟོང་པ་ཉིད་ཀྱི་བར། དངོས་པོ་མེད་པའི་ངོ་བོ་ཉིད་སྟོང་པ་ཉིད་ཀྱིས་སྟོང་ངོ་། །བྱང་ཆུབ་ཀྱི་ཕྱོགས་ཀྱི་ཆོས་སུམ་ཅུ་རྩ་བདུན། བྱང་ཆུབ་ཀྱི་ཕྱོགས་ཀྱི་ཆོས་སུམ་ཅུ་རྩ་བདུན་གྱིས་སྟོང་ངོ་། །འཕགས་པའི་བདེན་པ་དང་། བསམ་གཏན་དང་། ཚད་མེད་པ་དང་། གཟུགས་མེད་པའི་སྙོམས་པར་འཇུག་པ་དང་། རྣམ་པར་ཐར་པ་བརྒྱད་དང་། མཐར་གྱིས་གནས་པའི་སྙོམས་པར་འཇུག་པ་དགུ་དང་། རྣམ་པར་ཐར་པའི་སྒོ་སྟོང་པ་ཉིད་དང་། མཚན་མ་མེད་པ་དང་། སྨོན་པ་མེད་པ་དང་། མངོན་

པར་ཤེས་པ་དང་། ཉིང་ངེ་འཛིན་དང་། གཟུངས་ཀྱི་སྒོ་དང་། དེ་བཞིན་གཤེགས་པའི་སྟོབས་བཅུ་དང་། མི་འཇིགས་པ་བཞི་དང་། སོ་སོ་ཡང་དག་པར་རིག་པ་བཞི་དང་། སངས་རྒྱས་ཀྱི་ཆོས་མ་འདྲེས་པ་རྣམས། སངས་རྒྱས་ཀྱི་ཆོས་མ་འདྲེས་པ་རྣམས་ཀྱིས་སྟོང་ངོ་། །བཅོམ་ལྡན་འདས་བྱང་ཆུབ་སེམས་དཔའ་ཡང་བྱང་ཆུབ་སེམས་དཔས་[༡]སྟོང་ངོ་། །གོ་ཆ་ཆེན་པོ་ཡང་གོ་ཆ་ཆེན་པོས་སྟོང་སྟེ། བཅོམ་ལྡན་འདས་རྣམ་གྲངས་དེས་ན། བྱང་ཆུབ་སེམས་དཔའ་སེམས་དཔའ་ཆེན་པོས། གོ་ཆ་མ་མཆིས་པའི་གོ་ཆ་བགོས་པར་རིག་པར་བགྱིའོ། །བཅོམ་ལྡན་འདས་ཀྱིས་བཀའ་སྩལ་པ། རབ་འབྱོར་ཇི་སྐད་དུ་སྨྲས་པ་[༢]དེ་བཞིན་ཏེ། དེ་དེ་བཞིན་ནོ། །དེ་ཅིའི་ཕྱིར་ཞེ་ན། རབ་འབྱོར་དེ་ནི་རྣམ་པ་ཐམས་ཅད་མཁྱེན་པ་ཉིད་ཀྱང་མ་བྱས། རྣམ་པར་མ་བྱས། མངོན་པར་མ་བྱས༏ བྱང་ཆུབ་སེམས་དཔའ་སེམས་དཔའ་ཆེན་པོས་གང་གི་དོན་དུ་གོ་ཆ་ཆེན་པོ་བགོས་པའི་སེམས་ཅན་དེ་དག་ཀྱང་མ་བྱས། རྣམ་པར་མ་བྱས། མངོན་པར་མ་བྱས་སོ། །གསོལ་པ། བཅོམ་ལྡན་འདས་ཅིའི་སླད་དུ་རྣམ་པ་ཐམས་ཅད་མཁྱེན་པ་ཉིད་མ་བགྱིས། རྣམ་པར་མ་བགྱིས། མངོན་པར་མ་བགྱིས་པ་ལགས༏ བྱང་ཆུབ་སེམས་དཔའ་སེམས་དཔའ་ཆེན་པོས་གང་གི་དོན་དུ་གོ་ཆ་བགོས་པའི་སེམས་ཅན་དེ་དག་ཀྱང་ཅིའི་སླད་དུ་མ་བགྱིས། རྣམ་པར་མ་བགྱིས། མངོན་པར་མ་བགྱིས་པ་ལགས། བཅོམ་ལྡན་འདས་ཀྱིས་བཀའ་སྩལ་པ། རབ་འབྱོར་བྱེད་པ་པོ་དམིགས་སུ་མེད་པའི་ཕྱིར། རྣམ་པ་ཐམས་ཅད་མཁྱེན་པ་ཉིད་མ་བྱས། རྣམ་པར་མ་བྱས། མངོན་པར་མ་བྱས་སོ། །བྱང་ཆུབ་སེམས་དཔའ་སེམས་དཔའ་ཆེན་པོས་གང་གི་[༣]དོན་དུ་གོ་ཆ་ཆེན་པོ་བགོས་པའི་སེམས་ཅན་དེ་དག་ཀྱང་མ་བྱས། རྣམ་པར་མ་བྱས། མངོན་པར་མ་བྱས་སོ། །དེ་

ཅིའི་ཕྱིར་ཞེ་ན། རབ་འབྱོར་འདི་ལྟར་གཟུགས་མི་བྱེད། རྣམ་པར་མི་བྱེད། མངོན་པར་མི་བྱེད་དོ། །ཚོར་བ་དང་། འདུ་ཤེས་དང་། འདུ་བྱེད་དང་། རྣམ་པར་ཤེས་པ་མི་བྱེད། རྣམ་པར་མི་བྱེད། མངོན་པར་མི་བྱེད་དོ། །རབ་འབྱོར་མིག་མི་བྱེད། རྣམ་པར་མི་བྱེད། མངོན་པར་མི་བྱེད་དོ། །རྣ་བ་དང་། སྣ་དང་། ལྕེ་དང་། ལུས་དང་། ཡིད་མི་བྱེད། རྣམ་པར་མི་བྱེད། མངོན་པར་མི་བྱེད་དོ། །རབ་འབྱོར་གཟུགས་མི་བྱེད། རྣམ་པར་མི་བྱེད། མངོན་པར་མི་བྱེད་དོ། །སྒྲ་དང་། དྲི་དང་། རོ་དང་། རེག་དང་། ཆོས་མི་བྱེད་རྣམ་པར་མི་བྱེད་མངོན་པར་མི་བྱེད་དོ། །རབ་འབྱོར་མིག་གི་རྣམ་པར་ཤེས་པ་མི་བྱེད་རྣམ་པར་མི་བྱེད་མངོན་པར་མི་བྱེད་དོ། །རྣ་བའི་རྣམ་པར་ཤེས་པ་དང་། སྣའི་རྣམ་པར་ཤེས་པ་དང་། ལྕེའི་རྣམ་པར་ཤེས་པ་དང་། ལུས་ཀྱི་རྣམ་པར་ཤེས་པ་དང་། ཡིད་ཀྱི་རྣམ་པར་ཤེས་པ་མི་བྱེད། རྣམ་པར་མི་བྱེད། མངོན་པར་མི་བྱེད་དོ། །རབ་འབྱོར་མིག་གི་འདུས་ཏེ་རེག་པ་མི་བྱེད། རྣམ་པར་མི་བྱེད། མངོན་པར་མི་བྱེད་དོ། །རྣ་བའི་འདུས་ཏེ་རེག་པ་དང་། སྣའི་འདུས་ཏེ་རེག་པ་དང་། ལྕེའི་འདུས་ཏེ་རེག་པ་དང་། ལུས་ཀྱི་འདུས་ཏེ་རེག་པ་དང་། ཡིད་ཀྱི་འདུས་ཏེ་རེག་པ་མི་བྱེད། རྣམ་པར་མི་བྱེད། མངོན་པར་མི་བྱེད་དོ། །རབ་འབྱོར་མིག་གི་འདུས་ཏེ་རེག་པའི་རྐྱེན་གྱིས་ཚོར་བ་མི་བྱེད[1]། རྣམ་པར་མི་བྱེད། མངོན་པར་མི་བྱེད་དོ། །རྣ་བའི་འདུས་ཏེ་རེག་པའི་རྐྱེན་གྱིས་ཚོར་བ་དང་། སྣའི་འདུས་ཏེ་རེག་པའི་རྐྱེན་གྱིས་ཚོར་བ་དང་། ལྕེའི་འདུས་ཏེ་རེག་པའི་རྐྱེན་གྱིས་ཚོར་བ་དང་། ལུས་ཀྱི་འདུས་ཏེ་རེག་པའི་རྐྱེན་གྱིས་ཚོར་བ་དང་། ཡིད་ཀྱི་འདུས་ཏེ་རེག་པའི་རྐྱེན་གྱིས་ཚོར་བ་མི་བྱེད། རྣམ་པར་མི་བྱེད། མངོན་པར་མི་བྱེད་དོ། །རབ་འབྱོར་བདག་ནི་མི་བྱེད། རྣམ་

པར་མི་བྱེད། མངོན་པར་མི་བྱེད་དེ། དེ་ཅིའི་ཕྱིར་ཞེ་ན། དེ་ཉིད་དུ་མི་དམིགས་པའི་ཕྱིར་རོ། །རབ་འབྱོར་སེམས་ཅན་ནི་མི་བྱེད་རྣམ་པར་མི་བྱེད། མངོན་པར་མི་བྱེད་དེ། དེ་ཅིའི་ཕྱིར་ཞེ་ན། དེ་ཉིད་དུ་མི་དམིགས་པའི་ཕྱིར་རོ། གསོ་བ་དང་། སྐྱེས་བུ་དང་། གང་ཟག་དང་། ཤེད་ཅན་དང་། ཤེད་བདག་དང་། བྱེད་པ་པོ་དང་། ཚོར་བ་པོ་དང་། ཤེས་པ་པོ་དང་། མཐོང་བ་པོ་ནི་མི་བྱེད། རྣམ་པར་མི་བྱེད། མངོན་པར་མི་བྱེད་དེ། དེ་ཅིའི་ཕྱིར་ཞེ་ན། དེ་ཉིད་དུ་མི་དམིགས་པའི་ཕྱིར་རོ། །རབ་འབྱོར་རྨི་ལམ་ནི་མི་བྱེད། རྣམ་པར་མི་བྱེད། མངོན་པར་མི་བྱེད་དེ། དེ་ཅིའི་ཕྱིར་ཞེ་ན། དེ་ཉིད་དུ་མི་དམིགས་པའི་ཕྱིར་རོ། །སྒྱུ་མ་དང་། སྒྲ་བརྙན་དང་། མིག་ཡོར་དང་། གཟུགས་བརྙན་དང་། སྨིག་རྒྱུ་དང་། སྤྲུལ་པ་ནི་མི་བྱེད། རྣམ་པར་མི་བྱེད། མངོན་པར་མི་བྱེད་དེ། དེ་ཅིའི་ཕྱིར་ཞེ་ན། དེ་ཉིད་དུ་མི་དམིགས་པའི་ཕྱིར་རོ། །རབ་འབྱོར་སྦྱིན་པའི་ཕ་རོལ་ཏུ་ཕྱིན་པ་ནི་མི་བྱེད། རྣམ་པར་མི་བྱེད། མངོན་པར་མི་བྱེད་དེ། དེ་ཅིའི་ཕྱིར་ཞེ་ན། དེ་ཉིད་དུ་མི་དམིགས་པའི་ཕྱིར་རོ། །རབ་འབྱོར་ཚུལ་ཁྲིམས་ཀྱི་ཕ་རོལ་ཏུ་ཕྱིན་པ་དང་། བཟོད་པའི་ཕ་རོལ་ཏུ་ཕྱིན་པ་དང་། བརྩོན་འགྲུས་ཀྱི་ཕ་རོལ་ཏུ་ཕྱིན་པ་དང་། བསམ་གཏན་གྱི་ཕ་རོལ་ཏུ་ཕྱིན་པ་དང་། ཤེས་རབ་ཀྱི་ཕ་རོལ་ཏུ་ཕྱིན་པ་ནི་མི་བྱེད། རྣམ་པར་མི་བྱེད། མངོན་པར་མི་བྱེད་དེ། དེ་ཅིའི་ཕྱིར་ཞེ་ན། དེ་ཉིད་ཏུ་མི་དམིགས་པའི་ཕྱིར་རོ། །རབ་འབྱོར་ནང་སྟོང་པ་ཉིད་ནི་མི་བྱེད་རྣམ་པར་མི་བྱེད་མངོན་པར་མི་བྱེད་དེ①། :དེ་ཅིའི་ཕྱིར་ཞེ་ན། དེ་ཉིད་ཏུ་མི་དམིགས་པའི་ཕྱིར་རོ། །③རབ་འབྱོར་དངོས་པོ་མེད་པའི་ངོ་བོ་ཉིད་སྟོང་པ་ཉིད་ཀྱི་བར་དུ་མི་བྱེད། རྣམ་པར་མི་བྱེད། མངོན་པར་མི་བྱེད་དེ། དེ་ཅིའི་ཕྱིར

ཞེ་ན། དེ་ཤིན་ཏུ་མི་དམིགས་པའི་ཕྱིར་རོ། །རབ་འབྱོར་བྱང་ཆུབ་ཀྱི་ཕྱོགས་ཀྱི་ཆོས་སུམ་ཅུ་རྩ་བདུན་ནི་མི་བྱེད། རྣམ་པར་མི་བྱེད་མངོན་པར་མི་བྱེད་དེ། དེ་ཅིའི་ཕྱིར་ཞེ་ན། དེ་ཤིན་ཏུ་མི་དམིགས་པའི་ཕྱིར་རོ། །འཕགས་པའི་བདེན་པ་རྣམས་དང་། བསམ་གཏན་རྣམས་དང་། ཚད་མེད་པ་རྣམས་དང་། གཟུགས་མེད་པའི་སྙོམས་པར་འཇུག་པ་རྣམས་དང་། རྣམ་པར་ཐར་པ་བརྒྱད་དང་། མཐར་གྱིས་གནས་པའི་སྙོམས་པར་འཇུག་པ་དགུ་དང་། རྣམ་པར་ཐར་པའི་སྒོ་སྟོང་པ་ཉིད་དང་། མཚན་མ་མེད་པ་དང་། སྨོན་པ་མེད་པ་དང་། མངོན་པར་ཤེས་པ་རྣམས་དང་། ཏིང་ངེ་འཛིན་རྣམས་དང་། གཟུངས་ཀྱི་སྒོ་རྣམས་དང་། དེ་བཞིན་གཤེགས་པའི་སྟོབས་བཅུ་དང་། མི་འཇིགས་པ་བཞི་དང་། སོ་སོ་ཡང་དག་པར་རིག་པ་བཞི་དང་། སངས་རྒྱས་ཀྱི་ཆོས་མ་འདྲེས་པ་བཅོ་བརྒྱད་ནི་མི་བྱེད། རྣམ་པར་མི་བྱེད། མངོན་པར་མི་བྱེད་དེ། དེ་ཅིའི་ཕྱིར་ཞེ་ན། དེ་ཤིན་ཏུ་མི་དམིགས་པའི་ཕྱིར་རོ། །རབ་འབྱོར་དེ་བཞིན་ཉིད་ནི་མི་བྱེད། རྣམ་པར་མི་བྱེད། མངོན་པར་མི་བྱེད་དེ། དེ་ཅིའི་ཕྱིར་ཞེ་ན། དེ་ཤིན་ཏུ་མི་དམིགས་པའི་ཕྱིར་རོ། །མ་ནོར་བ་དེ་བཞིན་ཉིད་དང་། གཞན་མ་ཡིན་པ་དེ་བཞིན་ཉིད་དང་། ཆོས་ཉིད་དང་། ཆོས་ཀྱི་དབྱིངས་དང་། ཆོས་ཀྱི་གནས་ཉིད་དང་། ཆོས་སྐྱོན་མེད་པ་ཉིད་དང་། ཡང་དག་པའི་མཐའ་དང་། བསམ་གྱིས་མི་ཁྱབ་པའི་དབྱིངས་ནི་མི་བྱེད། རྣམ་པར་མི་བྱེད། མངོན་པར་མི་བྱེད་དེ། དེ་ཅིའི་ཕྱིར་ཞེ་ན། དེ་ཤིན་[1]ཏུ་མི་དམིགས་པའི་ཕྱིར་རོ། །རབ་འབྱོར་བྱང་ཆུབ་ནི་མི་བྱེད། རྣམ་པར་མི་བྱེད། མངོན་པར་མི་བྱེད་དེ། དེ་ཅིའི་ཕྱིར་ཞེ་ན། དེ་ཤིན་ཏུ་མི་དམིགས་པའི་ཕྱིར་རོ། །རབ་འབྱོར་རྣམ་པ་ཐམས་ཅད་མཁྱེན་པ་ཉིད་ནི་མི་བྱེད། རྣམ་པར་མི་བྱེད།

མངོན་པར་མི་བྱེད་དེ། དེ་ཅིའི་ཕྱིར་ཞེ་ན། དེ་ཤིན་ཏུ་མི་དམིགས་པའི་ཕྱིར་རོ།། རབ་འབྱོར་རྣམ་གྲངས་དེས་ན། འདི་ལྟར་རྣམ་པ་ཐམས་ཅད་མཁྱེན་པ་ཉིད་དེ་མ་བྱས། རྣམ་པར་མ་བྱས། མངོན་པར་མ་བྱས་པར་རིག་པར་བྱའོ། །བྱང་ཆུབ་སེམས་དཔའ་སེམས་དཔའ་ཆེན་པོས་གང་གི་དོན་དུ་གོ་ཆ་ཆེན་པོ་བགོས་པའི་སེམས་ཅན་དེ་དག་ཀྱང་མ་བྱས། རྣམ་པར་མ་བྱས། མངོན་པར་མ་བྱས་པར་རིག་པར་བྱའོ། །རབ་འབྱོར་དེ་ལྟར་ན་བྱང་ཆུབ་སེམས་དཔའ་སེམས་དཔའ······ཆེན་པོ་གོ་ཆ་ཆེན་པོ་བགོས་པ་ནི། གོ་ཆ་མེད་པའི་གོ་ཆ་[༧]ཆེན་པོ་བགོས་པ་ཞེས་བྱའོ༑ །གསོལ་པ། བཅོམ་ལྡན་འདས་བདག་གིས་བཅོམ་ལྡན་འདས་ཀྱིས་གསུངས་པའི་དོན་འཚལ་ཏེ། བཅོམ་ལྡན་འདས་གཟུགས་ནི་མ་བཅིངས་མ་གྲོལ་བའོ༑ །ཚོར་བ་དང་། འདུ་ཤེས་དང་། འདུ་བྱེད་དང་། རྣམ་པར་ཤེས་པ་ནི་མ་བཅིངས་མ་གྲོལ་བའོ། །དེ་ནས་ཚེ་དང་ལྡན་པ་བྱམས་གང་གི་བུས། ཚེ་དང་ལྡན་པ་རབ་འབྱོར་ལ་འདི་སྐད་ཅེས་སྨྲས་སོ། །ཚེ་དང་ལྡན་པ་རབ་འབྱོར་གཟུགས་མ་བཅིངས་མ་གྲོལ་བ་ཡིན་ནམ། ཚོར་བ་དང་། འདུ་ཤེས་དང་། འདུ་བྱེད་དང་། རྣམ་པར་ཤེས་པ་མ་བཅིངས་མ་གྲོལ་བ་ཡིན་ནམ། སྨྲས་པ་ཚེ་དང་ལྡན་པ་གང་པོ་དེ་དེ་བཞིན་ཏེ། ཚེ་དང་ལྡན་པ་གང་པོ་གཟུགས་ནི་མ་བཅིངས་མ་གྲོལ་བའོ། །ཚོར་བ་དང་། འདུ་ཤེས་དང་། འདུ་བྱེད་དང་། རྣམ་པར་ཤེས་པ་ནི་མ་བཅིངས་མ་གྲོལ་བའོ། །གང་པོས་སྨྲས་པ། ཚེ་དང་ལྡན་པ་རབ་འབྱོར་དེ་ལྟར་མ་བཅིངས་མ་གྲོལ་བའི་གཟུགས་གང་ཡིན། དེ་ལྟར་མ་བཅིངས་མ་གྲོལ་བའི་ཚོར་བ་དང་། འདུ་ཤེས་དང་། འདུ་བྱེད་དང་། རྣམ་པར་ཤེས་པ་གང་ཡིན། སྨྲས་པ། ཚེ་དང་ལྡན་པ་གང་པོ། གང་འདི་རྨི་ལམ་ལྟ་བུའི་གཟུགས་དེ་ནི་མ་བཅིངས་མ་གྲོལ་བའོ། །གང་འདི་རྨི་ལམ་ལྟ་བུའི

ཚོར་བ་དང་། འདུ་ཤེས་དང་། འདུ་བྱེད་དང་། རྣམ་པར་ཤེས་པ་དེ་ཉིད་མ་བཅིངས་མ་གྲོལ་བའོ། །གང་འདི་སྒྱུ་མ་ལྟ་བུ་དང་། སྒྲ་བརྙན་ལྟ་བུ་དང་། མིག་ཡོར་ལྟ་བུ་དང་། གཟུགས་བརྙན་ལྟ་བུ་དང་། སྨིག་རྒྱུ་ལྟ་བུ་དང་། སྤྲུལ་པ་ལྟ་བུའི་གཟུགས་དེ་ཉིད་མ་བཅིངས་མ་གྲོལ་བའོ། །གང་འདི་སྤྲུལ་པ་ལྟ་བུའི་ཚོར་བ་དང་། འདུ་ཤེས་དང་། འདུ་བྱེད་དང་། སྤྲུལ་པ་ལྟ་བུའི་རྣམ་པར་ཤེས་པ་དེ་ཉིད་མ་བཅིངས་མ་གྲོལ་བའོ། །ཚེ་དང་ལྡན་པ་གང་པོ་འདས་པའི་གཟུགས་ཉིད་མ་བཅིངས་མ་གྲོལ་བའོ། །འདས་པའི་ཚོར་བ་དང་། འདུ་ཤེས་དང་། འདུ་བྱེད་དང་། རྣམ་པར་ཤེས་པ་ཉིད་མ་བཅིངས་མ་གྲོལ་བའོ། །ཚེ་དང་ལྡན་པ་གང་པོ་མ་འོངས་པའི་གཟུགས་ཉིད་མ་བཅིངས་མ་གྲོལ་བའོ། །མ་འོངས་པའི་ཚོར་བ་དང་། འདུ་ཤེས་དང་། འདུ་བྱེད་དང་། རྣམ་པར་ཤེས་པ་ཉིད་མ་བཅིངས་མ་གྲོལ་བའོ། །ཚེ་དང་ལྡན་པ་གང་པོ་ད་ལྟར་བྱུང་བའི་གཟུགས་ཉིད་མ་བཅིངས་མ་གྲོལ་བའོ། །ད་ལྟར་བྱུང་བའི་ཚོར་བ་དང་། འདུ་ཤེས་དང་། འདུ་བྱེད་དང་། རྣམ་པར་ཤེས་པ་ཉིད་མ་བཅིངས་མ་གྲོལ་བའོ། །དེ་ཅིའི་ཕྱིར་ཞེ་ན། ཚེ་དང་ལྡན་པ་གང་པོ་གཟུགས་མེད་པའི་ཕྱིར། གཟུགས་མ་བཅིངས་མ་གྲོལ་བའོ། །ཚོར་བ་དང་། འདུ་ཤེས་དང་། འདུ་བྱེད་དང་། རྣམ་པར་ཤེས་པ་མེད་པའི་ཕྱིར། རྣམ་པར་ཤེས་པ་མ་བཅིངས་མ་གྲོལ་བའོ། །ཚེ་དང་ལྡན་པ་གང་པོ་གཟུགས་དབེན་པའི་ཕྱིར། གཟུགས་མ་བཅིངས་མ་གྲོལ་བའོ། །ཚོར་བ་དང་། འདུ་ཤེས་དང་། འདུ་བྱེད་དང་། རྣམ་པར་ཤེས་པ་དབེན་པའི་ཕྱིར། རྣམ་པར་ཤེས་པ་མ་བཅིངས་མ་གྲོལ་བའོ། །ཚེ་དང་ལྡན་པ་གང་པོ་གཟུགས་མ་སྐྱེས་པའི་ཕྱིར། གཟུགས་མ་བཅིངས་མ་གྲོལ་བའོ། །ཚོར་བ་དང་། འདུ་ཤེས་དང་། འདུ་བྱེད་དང་། རྣམ་པར་ཤེས་པ་མ་སྐྱེས་

པའི་ཕྱིར། རྣམ་པར་ཤེས་པ་མ་བཅིངས་མ་གྲོལ་བའོ། །ཚོ་དང་ལྡན་པ་གང་པོ་དགེ་བའི་གཟུགས་ནི་མ་བཅིངས་མ་གྲོལ་བའོ། །དགེ་བའི་ཚོར་བ་དང་། འདུ་ཤེས་དང་། འདུ་བྱེད་དང་། རྣམ་པར་ཤེས་པ་ནི་མ་བཅིངས་མ་གྲོལ་བའོ།། ཚོ་དང་ལྡན་པ་གང་པོ་མི་དགེ་བའི་གཟུགས་ནི་མ་བཅིངས་མ་གྲོལ་བའོ། །མི་དགེ་བའི་ཚོར་བ་དང་། འདུ་ཤེས་དང་། འདུ་བྱེད་དང་། རྣམ་པར་ཤེས་པ་ནི་མ་བཅིངས་མ་གྲོལ་བའོ། །ཚོ་དང་ལྡན་པ་གང་པོ་ལུང་དུ་མ་བསྟན་པའི་གཟུགས་ནི་མ་བཅིངས་མ་གྲོལ་བའོ། །ལུང་དུ་མ་བསྟན་པའི་ཚོར་བ་དང་། འདུ་ཤེས་དང་། འདུ་བྱེད་དང་། རྣམ་པར་ཤེས་པ་ནི་མ་བཅིངས་མ་གྲོལ་བའོ།། ཚོ་དང་ལྡན་པ་གང་པོ་འཇིག་རྟེན་པའི་གཟུགས་ནི་མ་བཅིངས་མ་གྲོལ་བའོ། །འཇིག་རྟེན་པའི་ཚོར་བ་དང་། འདུ་ཤེས་དང་། འདུ་བྱེད་དང་། རྣམ་པར་ཤེས་པ་ནི་མ་བཅིངས་མ་གྲོལ་བའོ། །ཚོ་དང་ལྡན་པ་གང་པོ་འཇིག་རྟེན་ལས་འདས་པའི་གཟུགས་ནི་མ་བཅིངས་མ་གྲོལ་བའོ། །འཇིག་རྟེན་ལས་འདས་པའི་ཚོར་བ་དང་། འདུ་ཤེས་དང་། འདུ་བྱེད་དང་། རྣམ་པར་ཤེས་པ་ནི་མ་བཅིངས་མ་གྲོལ་བའོ། །ཚོ་དང་ལྡན་པ་གང་པོ་ཟག་པ་དང་བཅས་པའི་གཟུགས་ནི་མ་བཅིངས་མ་གྲོལ་བའོ། །ཟག་པ་དང་བཅས་པའི་ཚོར་བ་དང་། འདུ་ཤེས་དང་། འདུ་བྱེད་དང་། རྣམ་པར་ཤེས་པ་ནི་མ་བཅིངས་མ་གྲོལ་བའོ། ཚོ་དང་ལྡན་པ་གང་པོ་ཟག་པ་མེད་པའི་གཟུགས་ནི་མ་བཅིངས་མ་གྲོལ་བའོ། ཟག་པ་མེད་པའི་ཚོར་བ་དང་། འདུ་ཤེས་དང་། འདུ་བྱེད་དང་། རྣམ་པར་ཤེས་པ་ནི་མ་བཅིངས་མ་གྲོལ་བ་སྟེ། ཚོ་དང་ལྡན་པ་གང་པོ། དེ་ཅིའི་ཕྱིར་ཞེ་ན། གཟུགས་མེད་པའི་ཕྱིར། གཟུགས་མ་བཅིངས་མ་གྲོལ་བའོ། ཚོར་བ་དང་། འདུ་ཤེས་དང་། འདུ་བྱེད་དང་། རྣམ་པར་ཤེས་པ་མེད་

པའི་ཕྱིར། རྣམ་པར་ཤེས་པ་མ་བཅིངས་མ་གྲོལ་བའོ། །གཟུགས་དབེན་པའི་ཕྱིར། གཟུགས་མ་བཅིངས་མ་གྲོལ་བའོ། །ཚོར་བ་དང་། འདུ་ཤེས་དང་། འདུ་བྱེད་དང་། རྣམ་པར་ཤེས་པ་དབེན་པའི་ཕྱིར། རྣམ་པར་ཤེས་པ་མ་བཅིངས་མ་གྲོལ་བའོ། །གཟུགས་མ་སྐྱེས་པའི་ཕྱིར། གཟུགས་མ་བཅིངས་མ་གྲོལ་བའོ། །ཚོར་བ་དང་། འདུ་ཤེས་དང་། འདུ་བྱེད་དང་། རྣམ་པར་ཤེས་པ་མ་སྐྱེས་པའི་ཕྱིར། རྣམ་པར་ཤེས་པ་མ་བཅིངས་མ་གྲོལ་བའོ། །ཚེ་དང་ལྡན་པ་གང་པོ་ཆོས་ཐམས་ཅད་ཀྱང་མ་བཅིངས་མ་གྲོལ་བ་སྟེ། མེད་པའི་ཕྱིར་མ་བཅིངས་མ་གྲོལ་བའོ། །དབེན་པའི་ཕྱིར་མ་བཅིངས་མ་གྲོལ་བའོ། །མ་སྐྱེས་པའི་ཕྱིར་མ་བཅིངས་མ་གྲོལ་བ་སྟེ། ཚེ་དང་ལྡན་པ་གང་པོ་སྦྱིན་པའི་ཕ་རོལ་ཏུ་ཕྱིན་པ་ནི་མ་བཅིངས་མ་གྲོལ་བའོ། །ཚུལ་ཁྲིམས་ཀྱི་ཕ་རོལ་ཏུ་ཕྱིན་པ་དང་། བཟོད་པའི་ཕ་རོལ་ཏུ་ཕྱིན་པ་དང་། བརྩོན་འགྲུས་ཀྱི་ཕ་རོལ་ཏུ་ཕྱིན་པ་དང་། བསམ་གཏན་གྱི་ཕ་རོལ་ཏུ་ཕྱིན་པ་དང་། ཤེས་རབ་ཀྱི་ཕ་རོལ་ཏུ་ཕྱིན་པ་ནི་མ་བཅིངས་མ་གྲོལ་བ་སྟེ། ཚེ་དང་ལྡན་པ་གང་པོ་མེད་པའི་ཕྱིར། སྦྱིན་པའི་ཕ་རོལ་ཏུ་ཕྱིན་པ་ནི་མ་བཅིངས་མ་གྲོལ་བའོ། །དབེན་པའི་ཕྱིར་མ་བཅིངས་མ་གྲོལ་བའོ། །མ་སྐྱེས་པའི་ཕྱིར་མ་བཅིངས་མ་གྲོལ་བའོ། །མེད་པའི་ཕྱིར་ཚུལ་ཁྲིམས་ཀྱི་ཕ་རོལ་ཏུ་ཕྱིན་པ་དང་། བཟོད་པའི་ཕ་རོལ་ཏུ་ཕྱིན་པ་དང་། བརྩོན་འགྲུས་ཀྱི་ཕ་རོལ་ཏུ་ཕྱིན་པ་དང་། བསམ་གཏན་གྱི་ཕ་རོལ་ཏུ་ཕྱིན་པ་དང་། ཤེས་རབ་ཀྱི་ཕ་རོལ་ཏུ་ཕྱིན་པ་ནི་མ་བཅིངས་མ་གྲོལ་བ་སྟེ། དབེན་པའི་ཕྱིར་མ་བཅིངས་མ་གྲོལ་བའོ། །མ་སྐྱེས་པའི་ཕྱིར་མ་བཅིངས་མ་གྲོལ་བའོ། །ཚེ་དང་ལྡན་པ་གང་པོ་ནང་སྟོང་པ་ཉིད་ཀྱང་མ་བཅིངས་མ་གྲོལ་བའོ། །ཕྱི་སྟོང་པ་ཉིད་ཀྱང་མ་བཅིངས་མ་གྲོལ་བའོ། །ཕྱི་ནང་སྟོང་པ་ཉིད་ཀྱང་མ་བཅིངས་མ་

གྲོལ་བའོ། །དངོས་པོ་མེད་པའི་ངོ་བོ་ཉིད་སྟོང་པ་ཉིད་ཀྱི་བར་ཡང་མ་བཅིངས་
མ་གྲོལ་བའོ། །ཚེ་དང་ལྡན་པ་གང་པོ་མེད་པའི་ཕྱིར་①ནང་སྟོང་པ་ཉིད་མ་
བཅིངས་མ་གྲོལ་བའོ། །དབེན་པའི་ཕྱིར་མ་བཅིངས་མ་གྲོལ་བའོ། །མ་སྐྱེས་
པའི་ཕྱིར་མ་བཅིངས་མ་གྲོལ་བའོ། །མེད་པའི་ཕྱིར་ཕྱི་སྟོང་པ་ཉིད་མ་བཅིངས་མ་
གྲོལ་བའོ། །དབེན་པའི་ཕྱིར་མ་བཅིངས་མ་གྲོལ་བའོ། །མ་སྐྱེས་པའི་ཕྱིར་མ་
བཅིངས་མ་གྲོལ་བའོ། །མེད་པའི་ཕྱིར་ཕྱི་ནང་སྟོང་པ་ཉིད་མ་བཅིངས་མ་གྲོལ་
བའོ། །དབེན་པའི་ཕྱིར་མ་བཅིངས་མ་གྲོལ་བའོ། །མ་སྐྱེས་པའི་ཕྱིར་མ་
བཅིངས་མ་གྲོལ་བའོ། །མེད་པའི་ཕྱིར་དངོས་པོ་མེད་པའི་ངོ་བོ་ཉིད་②སྟོང་པ་
ཉིད་ཀྱི་བར་དུ་མ་བཅིངས་མ་གྲོལ་བའོ། །དབེན་པའི་ཕྱིར་མ་བཅིངས་མ་གྲོལ་
བའོ། །མ་སྐྱེས་པའི་ཕྱིར་མ་བཅིངས་མ་གྲོལ་བའོ། །ཚེ་དང་ལྡན་པ་གང་པོ་
བྱང་ཆུབ་ཀྱི་ཕྱོགས་ཀྱི་ཆོས་སུམ་ཅུ་རྩ་བདུན་ཡང་མ་བཅིངས་མ་གྲོལ་བ་སྟེ། ཚེ་
དང་ལྡན་པ་གང་པོ་མེད་པའི་ཕྱིར་བྱང་ཆུབ་ཀྱི་ཕྱོགས་ཀྱི་ཆོས་སུམ་ཅུ་རྩ་བདུན་མ་
བཅིངས་མ་གྲོལ་བའོ། །དབེན་པའི་ཕྱིར་མ་བཅིངས་མ་གྲོལ་བའོ། །མ་སྐྱེས་
པའི་ཕྱིར་མ་བཅིངས་མ་གྲོལ་བའོ། །ཚེ་དང་ལྡན་པ་གང་པོ་དེ་བཞིན་གཤེགས་
པའི་སྟོབས་བཅུའི་བར་དང་། མི་འཇིགས་པ་བཞི་དང་། སོ་སོ་ཡང་དག་པར་
རིག་པ་བཞི་དང་། སངས་རྒྱས་ཀྱི་ཆོས་མ་འདྲེས་པ་རྣམས་མ་བཅིངས་མ་གྲོལ་བ་
སྟེ③། ཚེ་དང་ལྡན་པ་གང་པོ་མེད་པའི་ཕྱིར། སངས་རྒྱས་ཀྱི་ཆོས་མ་འདྲེས་
པ་མ་བཅིངས་མ་གྲོལ་བའོ། །དབེན་པའི་ཕྱིར་མ་བཅིངས་མ་གྲོལ་བའོ། །མ་
སྐྱེས་པའི་ཕྱིར་མ་བཅིངས་མ་གྲོལ་བའོ། །ཚེ་དང་ལྡན་པ་གང་པོ་རྣམ་པ་ཐམས་
ཅད་མཁྱེན་པ་ཉིད་ཀྱི་བར་དུ་མ་བཅིངས་མ་གྲོལ་བ་སྟེ། ཚེ་དང་ལྡན་པ་གང་པོ་
མེད་པའི་ཕྱིར་རྣམ་པ་ཐམས་ཅད་མཁྱེན་པ་ཉིད་མ་བཅིངས་མ་གྲོལ་བའོ། །

དབེན་པའི་ཕྱིར་མ་བཅིངས་མ་གྲོལ་བའོ། །མ་སྐྱེས་པའི་ཕྱིར་མ་བཅིངས་མ་གྲོལ་བའོ། །ཚེ་དང་ལྡན་པ་གང་པོ་བྱང་ཆུབ་སེམས་དཔའ་ཡང་མ་བཅིངས་མ་གྲོལ་བ་སྟེ། ཚེ་དང་ལྡན་པ་གང་པོ་མེད་པའི་ཕྱིར་མ་བཅིངས་མ་གྲོལ་བའོ། །དབེན་པའི་ཕྱིར་མ་བཅིངས་མ་གྲོལ་བའོ། །མ་སྐྱེས་པའི་ཕྱིར་མ་བཅིངས་མ་གྲོལ་བའོ། །ཚེ་དང་ལྡན་པ་གང་པོ་དེ་བཞིན་ཉིད་ཀྱང་མ་བཅིངས་མ་གྲོལ་བའོ། །མ་ནོར་བ་དེ་བཞིན་ཉིད་དང་། གཞན་མ་ཡིན་པ་དེ་བཞིན་ཉིད་དང་། ཆོས་ཉིད་དང་། ཆོས་ཀྱི་དབྱིངས་དང་། ཆོས་ཀྱི་གནས་ཉིད་དང་། ཆོས་སྐྱོན་མེད་པ་ཉིད་དང་། ཡང་དག་པའི་མཐའ་ཡང་མ་བཅིངས་མ་གྲོལ་བ་སྟེ། ཚེ་དང་ལྡན་པ་གང་པོ་མེད་པའི་ཕྱིར། དེ་བཞིན་ཉིད་མ་བཅིངས་མ་གྲོལ་བའོ། །དབེན་པའི་ཕྱིར་མ་བཅིངས་མ་གྲོལ་བའོ། །མ་སྐྱེས་པའི་ཕྱིར་མ་བཅིངས་མ་གྲོལ་བའོ། །མེད་པའི་ཕྱིར་ཡང་དག་པའི་མཐའི་བར་དུ་མ་བཅིངས་མ་གྲོལ་བའོ། །དབེན་པའི་ཕྱིར་མ་བཅིངས་མ་གྲོལ་བའོ། །མ་སྐྱེས་པའི་ཕྱིར་མ་བཅིངས་མ་གྲོལ་བའོ། །ཚེ་དང་ལྡན་པ་གང་པོ་འདུས་མ་བྱས་ཀྱང་མ་བཅིངས་མ་གྲོལ་བ་སྟེ། ཚེ་དང་ལྡན་པ་གང་པོ་མེད་པའི་ཕྱིར་འདུས་མ་བྱས་མ་བཅིངས་མ་གྲོལ་བའོ། །དབེན་པའི་ཕྱིར་མ་བཅིངས་མ་གྲོལ་བའོ། །མ་སྐྱེས་པའི་ཕྱིར་མ་བཅིངས་མ་གྲོལ་བའོ། །ཚེ་དང་ལྡན་པ་གང་པོ་འདི་ནི་བྱང་ཆུབ་སེམས་དཔའ་སེམས་དཔའ་ཆེན་པོ་རྣམས་ཀྱི་མ་བཅིངས་མ་གྲོལ་བ་ཞེས་བྱ་བའི་ཆོས་ཀྱི་སྒོ་སྟེ། དེ་ནི་སྦྱིན་པའི་ཕ་རོལ་ཏུ་ཕྱིན་པ་མ་བཅིངས་མ་གྲོལ་བའོ། །ཚུལ་ཁྲིམས་ཀྱི་ཕ་རོལ་ཏུ་ཕྱིན་པ་དང་། བཟོད་པའི་ཕ་རོལ་ཏུ་ཕྱིན་པ་དང་། བརྩོན་འགྲུས་ཀྱི་ཕ་རོལ་ཏུ་ཕྱིན་པ་དང་། བསམ་གཏན་གྱི་ཕ་རོལ་ཏུ་ཕྱིན་པ་དང་། ཤེས་རབ་ཀྱི་ཕ་རོལ་ཏུ་ཕྱིན་པ་མ་བཅིངས་མ་གྲོལ་བའོ། །རྣམ་པ་ཐམས་ཅད་མཁྱེན་པ་ཉིད་ཀྱི་བར་

དུ་མ་བཅིངས་མ་གྲོལ་བའོ། །བྱང་ཆུབ་སེམས་དཔའ་མ་བཅིངས་མ་གྲོལ་བའོ། །སངས་རྒྱས་མ་བཅིངས་མ་གྲོལ་བའོ། །དེ་བཞིན་ཉིད་མ་བཅིངས་མ་གྲོལ་བའོ། །མ་ནོར་བ་དེ་བཞིན་ཉིད་དང་། གཞན་མ་ཡིན་པ་དེ་བཞིན་ཉིད་དང་། ཆོས་ཉིད་དང་། ཆོས་ཀྱི་དབྱིངས་དང་། ཆོས་ཀྱི་གནས་ཉིད་དང་། ཆོས་སྐྱོན་མེད་པ་ཉིད་དང་། ཡང་དག་པའི་མཐའ་མ་བཅིངས་མ་གྲོལ་བའོ། །འདུས་མ་བྱས་མ་བཅིངས་མ་གྲོལ་བའོ། །དེ་མ་བཅིངས་མ་གྲོལ་བའི་སྦྱིན་པའི་ཕ་རོལ་དུ་ཕྱིན་པ་ལ་གནས། ཚུལ་ཁྲིམས་ཀྱི་ཕ་རོལ་དུ་ཕྱིན་པ་དང་། བཟོད་པའི་ཕ་རོལ་དུ་ཕྱིན་པ་དང་། བརྩོན་འགྲུས་ཀྱི་ཕ་རོལ་དུ་ཕྱིན་པ་དང་། བསམ་གཏན་གྱི་ཕ་རོལ་དུ་ཕྱིན་པ་དང་། ཤེས་རབ་ཀྱི་ཕ་རོལ་དུ་ཕྱིན་པ་ལ་གནས་ནས། མ་བཅིངས་མ་གྲོལ་བའི་རྣམ་པ་ཐམས་ཅད་མཁྱེན་པ་ཉིད་ཀྱི་བར་ལ་གནས། མ་བཅིངས་མ་གྲོལ་བའི་དེ་བཞིན་ཉིད་ལ་གནས། མ་བཅིངས་མ་གྲོལ་བའི་མ་ནོར་བ་དེ་བཞིན་ཉིད་དང་། མ་བཅིངས་མ་གྲོལ་བའི་གཞན་མ་ཡིན་པ་དེ་བཞིན་ཉིད་དང་། མ་བཅིངས་མ་གྲོལ་བའི་ཆོས་ཉིད་དང་། མ་བཅིངས་མ་གྲོལ་བའི་ཆོས་ཀྱི་དབྱིངས་དང་། མ་བཅིངས་མ་གྲོལ་བའི་ཆོས་སྐྱོན་མེད་པ་ཉིད་དང་། མ་བཅིངས་མ་གྲོལ་བའི་ཡང་དག་པའི་མཐའ་ལ་གནས། མ་བཅིངས་མ་གྲོལ་བའི་འདུས་མ་བྱས་པ་ལ་གནས་ཏེ། མ་བཅིངས་མ་གྲོལ་བ་དེ། མ་བཅིངས་[7]མ་གྲོལ་བའི་སེམས་ཅན་རྣམས་ཡོངས་སུ་སྨིན་པར་བྱེད་དོ། །མ་བཅིངས་མ་གྲོལ་བ་དེ[3]། [3]སངས་རྒྱས་ཀྱི་ཞིང་ཡོངས་སུ་དག་པར་བྱེད་དོ། །མ་བཅིངས་མ་གྲོལ་བ་དེ། མ་བཅིངས་མ་གྲོལ་བའི་སངས་རྒྱས་བཅོམ་ལྡན་འདས་རྣམས་ལ་བསྙེན་བཀུར་བྱེད་དོ། །མ་བཅིངས་མ་གྲོལ་བ་དེ། མ་བཅིངས་མ་གྲོལ་བའི་ཆོས་ཉན་ཏོ། །མ་བཅིངས་མ་གྲོལ་བ་དེ་མ་བཅིངས་མ་གྲོལ་བའི་སངས་རྒྱས་བཅོམ་་་

ལྡན་འདས་རྣམས་དང་ནམ་ཡང་འབྲལ་བར་མི་འགྱུར་རོ། །མ་བཅིངས་མ་གྲོལ་བ་དེ། མ་བཅིངས་མ་གྲོལ་བའི་མངོན་པར་ཤེས་པ་རྣམས་དང་ནམ་ཡང་འབྲལ་བར་མི་འགྱུར་རོ། །མ་བཅིངས་མ་གྲོལ་བ་དེ། མ་བཅིངས་མ་གྲོལ་བའི་མིག་ལྷ་དང་ནམ་ཡང་འབྲལ་བར་མི་འགྱུར་རོ། །མ་བཅིངས་མ་གྲོལ་བ་དེ(༡)། མ་བཅིངས་མ་གྲོལ་བའི་གཟུངས་རྣམས་དང་ནམ་ཡང་འབྲལ་བར་མི་འགྱུར་རོ། །མ་བཅིངས་མ་གྲོལ༔ བ་དེ། མ་བཅིངས་མ་གྲོལ་(༢)བའི་ཏིང་ངེ་འཛིན་རྣམས་དང་ནམ་ཡང་འབྲལ་བར་མི་འགྱུར་རོ། །མ་བཅིངས་མ་གྲོལ་བ་དེ། མ་བཅིངས་མ་གྲོལ་བའི་ལམ་གྱི་རྣམ་པ་ཤེས་པ་ཉིད༔ གྲོལ་བར་མི་(༣)འགྱུར་རོ། །མ་བཅིངས་མ་གྲོལ་བ་དེ། མ་བཅིངས་མ་གྲོལ་བའི་རྣམ་པ་ཐམས་ཅད་མཁྱེན་པ་ཉིད་དུ་མངོན་པར་རྫོགས་པར་འཚང་རྒྱ་བར་འགྱུར་རོ། །མ་བཅིངས་མ་གྲོལ་བ་དེ། མ་བཅིངས་མ་གྲོལ་བའི་ཆོས་ཀྱི་འཁོར་ལོ་སྐོར་(༤)བར་འགྱུར་རོ། །མ་བཅིངས་མ་གྲོལ་བ་དེ། མ་བཅིངས་མ་གྲོལ་བའི་སེམས་ཅན་རྣམས་ཐེག་པ་གསུམ་ལ་རབ་ཏུ་འགོད་པར་འགྱུར་ཏེ། ཚེ་དང་ལྡན་པ་གང་པོ་དེ་ལྟར་ན། བྱང་ཆུབ་སེམས་དཔའ་སེམས་དཔའ་ཆེན་པོ་མ་བཅིངས་མ་གྲོལ་བ་དེ་ཕ་རོལ་ཏུ་ཕྱིན་པ་དྲུག་པོ་མ་བཅིངས་མ་གྲོལ་བས། མེད་པ་དང་། དབེན་པ་དང་། སྐྱེ་བ་མེད་པ་ཉེ་བར་བཟུང་ཞིང་། ཆོས་ཐམས་ཅད་ཡོངས་སུ་ཆུད་པར་བྱེད་དོ། །ཚེ་དང་ལྡན་པ་གང་པོ་དེ་ལྟར་ན་བྱང་ཆུབ་སེམས་དཔའ་སེམས་དཔའ་ཆེན་པོ་མ་བཅིངས་མ་གྲོལ་བ་ཐེག་པ་ཆེན་པོའི་གོ་ཆ་ཆེན་པོ་བགོས་པར་རིག་པར་བྱའོ། །དེ་ནས་ཚེ་དང་ལྡན་པ་རབ་འབྱོར་གྱིས། བཅོམ་ལྡན་འདས་ལ་འདི་སྐད་ཅེས་གསོལ་ཏོ། །བཅོམ་ལྡན་འདས་བྱང་ཆུབ་སེམས་དཔའ་སེམས་དཔའ་ཆེན་པོའི་ཐེག་པ་ཆེན་པོ་གང་ལགས། བཅོམ་ལྡན་འདས་ཇི་ཙམ་གྱིས་ན། བྱང་ཆུབ་སེམས་དཔའ་

སེམས་དཔའ་ཆེན་པོ་ཐེག་པ་ཆེན་པོ་ལ་ཡང་དག་པར་ཞུགས་པར་རིག་པར་བགྱི་བ་ལགས། ཐེག་པ་ཆེན་པོ་དེ་ནི་གང་ནས་བྱུང་བ་ལགས། ཐེག་པ་དེ་ནི་གང་དུ་གནས་པར་འགྱུར་བ་ལགས། ཐེག་པ་དེས་①ནི་སུ་ཞིག་འབྱུང་བར་འགྱུར། དེ་སྐད་ཅེས་གསོལ་པ་དང་། བཅོམ་ལྡན་འདས་ཀྱིས་ཚེ་དང་ལྡན་པ་རབ་འབྱོར་ལ་འདི་སྐད་ཅེས་བཀའ་སྩལ་ཏོ། །རབ་འབྱོར་གང་ཁྱོད་དེ་སྐད་དུ། བྱང་ཆུབ་སེམས་དཔའ་སེམས་དཔའ་ཆེན་པོའི་ཐེག་པ་ཆེན་པོ་གང་ཞེས་ཟེར་བ་ནི། རབ་འབྱོར་ཕ་རོལ་ཏུ་ཕྱིན་པ་དྲུག་ནི། བྱང་ཆུབ་སེམས་དཔའ་སེམས་དཔའ་ཆེན་པོའི་ཐེག་པ་ཆེན་པོ་སྟེ། དྲུག་གང་ཞེ་ན། སྦྱིན་པའི་ཕ་རོལ་ཏུ་ཕྱིན་པ་དང་། ཚུལ་ཁྲིམས་ཀྱི་ཕ་རོལ་ཏུ་ཕྱིན་པ་དང་། བཟོད་པའི་ཕ་རོལ་ཏུ་ཕྱིན་པ་དང་། བརྩོན་འགྲུས་ཀྱི་ཕ་རོལ་ཏུ་ཕྱིན་པ་དང་། བསམ་གཏན་གྱི་ཕ་རོལ་ཏུ་ཕྱིན་པ་དང་། ཤེས་རབ་ཀྱི་ཕ་རོལ་ཏུ་ཕྱིན་པའོ། །གསོལ་པ། བཅོམ་ལྡན་འདས་བྱང་ཆུབ་སེམས་དཔའ་སེམས་དཔའ་ཆེན་པོའི་སྦྱིན་པའི་ཕ་རོལ་ཏུ་ཕྱིན་པ་གང་ལགས། བཅོམ་ལྡན་འདས་ཀྱིས་བཀའ་སྩལ་པ། རབ་འབྱོར་འདི་ལ་བྱང་ཆུབ་སེམས་དཔའ་སེམས་དཔའ་ཆེན་པོ་རྣམ་པ་ཐམས་ཅད་མཁྱེན་པ་ཉིད་དང་ལྡན་པའི་ཡིད་ལ་བྱ་བས་དོན་དུ་གཉེར②བ་རྣམས་ལ། ཕྱི་ནང་གི་དངོས་པོའི་སྦྱིན་པ་ཡོངས་སུ་གཏོང་སྟེ། སྦྱིན་པ་དེ་ཡང་སེམས་ཅན་ཐམས་ཅད་དང་ཐུན་མོང་དུ་བྱས་ཤིང་། བླ་ན་མེད་པ་ཡང་དག་པར་རྫོགས་པའི་བྱང་ཆུབ་ཏུ་མི་དམིགས་པའི་ཚུལ་གྱིས་ཡོངས་སུ་བསྔོ③བ་འདི་ནི། བྱང་ཆུབ་སེམས་དཔའ་སེམས་དཔའ་ཆེན་པོའི་སྦྱིན་པའི་ཕ་རོལ་ཏུ་ཕྱིན་པའོ། །གསོལ་པ། བཅོམ་ལྡན་འདས་བྱང་ཆུབ་སེམས་དཔའ་སེམས་དཔའ་ཆེན་པོའི་ཚུལ་ཁྲིམས་ཀྱི་ཕ་རོལ་ཏུ་ཕྱིན་པ་གང་ལགས། བཅོམ་ལྡན་འདས་ཀྱིས་④བཀའ་སྩལ་པ། རབ་འབྱོར་

འདི་ལ་བྱང་ཆུབ་སེམས་དཔའ་སེམས་དཔའ་ཆེན་པོ་རྣམ་པ་ཐམས་ཅད་མཁྱེན་པ་ཉིད་དང་ལྡན་པའི་སེམས་བསྐྱེད་པས། བདག་ཀྱང་དགེ་བ་བཅུའི་ལས་ཀྱི་ལམ་ཡང་དག་པར་བླངས་ཤིང་གནས་ལ། སེམས་ཅན་ཕ་རོལ་ཀྱང་དགེ་བ་བཅུའི་ལས་ཀྱི་ལམ་ལ་མི་དམིགས་པའི་ཚུལ་གྱིས་ཡང་དག་པར་སྐུལ①བ་དང་། གཞག་པ་དང་། རབ་ཏུ་འགོད་པ་འདི་ནི་བྱང་ཆུབ་སེམས་དཔའ་སེམས་དཔའ་ཆེན་པོའི་ཚུལ་ཁྲིམས་ཀྱི་ཕ་རོལ་ཏུ་ཕྱིན་པ་ཡོངས་སུ་མ་ཉམས་པའོ། །གསོལ་པ། བཅོམ་ལྡན་འདས་བྱང་ཆུབ་སེམས་དཔའ་སེམས་དཔའ་ཆེན་པོའི་བཟོད་པའི་ཕ་རོལ་ཏུ་ཕྱིན་པ་གང་ལགས། བཅོམ་ལྡན་འདས་ཀྱིས་བཀའ་སྩལ་པ། རབ་འབྱོར་འདི་ལ་བྱང་ཆུབ་སེམས་དཔའ་སེམས་དཔའ་ཆེན་པོ། རྣམ་པ་ཐམས་ཅད་མཁྱེན་པ་ཉིད་དང་ལྡན་པའི་སེམས་བསྐྱེད་པས། བདག་ཀྱང་བཟོད་པ་ཕུན་སུམ་ཚོགས་པ་ཡིན་ལ། གཞན་ཡང་མི་དམིགས་པའི་ཚུལ་གྱིས་བཟོད་པ་ལ་ཡང་དག་པར་སྐུལ②བ་འདི་ནི། བྱང་ཆུབ་སེམས་དཔའ་སེམས་དཔའ་ཆེན་པོའི་བཟོད་པའི་ཕ་རོལ་ཏུ་ཕྱིན་པའོ། །གསོལ་པ། བཅོམ་ལྡན་འདས་བྱང་ཆུབ་སེམས་དཔའ་སེམས་དཔའ་ཆེན་པོའི་བརྩོན་འགྲུས་ཀྱི་ཕ་རོལ་ཏུ་ཕྱིན་པ་གང་ལགས། བཅོམ་ལྡན་འདས་ཀྱིས་བཀའ་སྩལ་པ། རབ་འབྱོར་འདི་ལ་བྱང་ཆུབ་སེམས་དཔའ་སེམས་དཔའ་ཆེན་པོ་རྣམ་པ་ཐམས་ཅད་མཁྱེན་པ་ཉིད་དང་ལྡན་པའི་སེམས་བསྐྱེད་པས། བདག་ཀྱང་ཕ་རོལ་ཏུ་ཕྱིན་པ་དྲུག་ལ་བརྩོན་པ་མི་འདོར་ཞིང་། གཞན་ཡང་ཕ་རོལ་ཏུ་ཕྱིན་པ་དྲུག་ལ་མི་དམིགས་པའི་ཚུལ་གྱིས་སྦྱོར་བ་འདི་ནི། བྱང་ཆུབ་སེམས་དཔའ་སེམས་དཔའ་ཆེན་པོའི་བརྩོན་འགྲུས་ཀྱི་③ཕ་རོལ་ཏུ་ཕྱིན་པའོ། །གསོལ་པ། བཅོམ་ལྡན་འདས་བྱང་ཆུབ་སེམས་དཔའ་སེམས་དཔའ་ཆེན་པོའི་བསམ་གཏན་གྱི་ཕ་རོལ་ཏུ་ཕྱིན་པ་གང་ལགས། བཅོམ་

ལྡན་འདས་ཀྱིས་བཀའ་སྩལ་པ། རབ་འབྱོར་འདི་ལ་བྱང་ཆུབ་སེམས་དཔའ་སེམས་དཔའ་ཆེན་པོ་བདག་ཀྱང་རྣམ་པ་ཐམས་ཅད་མཁྱེན་པ་ཉིད་དང་ལྡན་པའི་སེམས་བསྐྱེད་པས། བསམ་གཏན་རྣམས་ལ་ཐབས་མཁས་པར་མཉམ་པར་གཞོག་ཀྱང་། དེ་དག་གི་དབང་གིས་མི་སྐྱེ་ཞིང་། གཞན་ཡང་བསམ་གཏན་རྣམས་ལ་མི་དམིགས་པའི་ཚུལ་གྱིས་ཡང་དག་པར་སྐུལ[1]བ་འདི་ནི། བྱང་ཆུབ་སེམས་དཔའ་སེམས་དཔའ་ཆེན་པོའི་བསམ་གཏན་གྱི་ཕ་རོལ་ཏུ་ཕྱིན་པའོ། །གསོལ་པ། བཅོམ་ལྡན་འདས་བྱང་ཆུབ་སེམས་དཔའ་སེམས་དཔའ་ཆེན་པོའི་ཤེས་རབ་ཀྱི་ཕ་རོལ་ཏུ་ཕྱིན་པ་གང་ལགས། བཅོམ་ལྡན་འདས་ཀྱིས་བཀའ་སྩལ་པ། རབ་འབྱོར་འདི་ལ་བྱང་ཆུབ་སེམས་དཔའ་སེམས་དཔའ་ཆེན་པོ་རྣམ་པ་ཐམས་ཅད་མཁྱེན་པ་ཉིད་དང་ལྡན་པའི་སེམས་བསྐྱེད་པས། བདག་ཀྱང་ཆོས་ཐམས་ཅད་ལ་མངོན་པར་ཆགས་པ་མེད་པར། ཆོས་ཐམས་ཅད་ཀྱི་རང་བཞིན་ཡང་དམིགས་པ་མེད་པའི་ཚུལ་གྱིས་རྟོགས་པར་བྱེད་ཅིང་། སེམས་ཅན་རྣམས་ཀྱང་ཆོས་ཐམས་ཅད་ལ་མངོན་པར་ཆགས་པ་མེད་པ་དང་། ཆོས་ཐམས་ཅད་ཀྱི་རང་བཞིན་རྟོགས་པར་བྱ་བ་ལ། མི་དམིགས་པའི་ཚུལ་གྱིས་ཡང་དག་པར་སྐུལ[3]ཞིང་གཞོག་པ་དང་། རབ་ཏུ་འགོད་པ་འདི་ནི་བྱང་ཆུབ་སེམས་དཔའ་སེམས་དཔའ་ཆེན་པོའི་ཤེས་རབ་ཀྱི་ཕ་རོལ་ཏུ་ཕྱིན་པ་སྟེ། དེ་ནི་རབ་འབྱོར་བྱང་ཆུབ་སེམས་དཔའ་སེམས་དཔའ་ཆེན་པོའི་ཐེག་པ་ཆེན་པོའོ། །རབ་འབྱོར་གཞན་ཡང་བྱང་ཆུབ་སེམས་དཔའ་སེམས་དཔའ་ཆེན་པོའི་ཐེག་པ་ཆེན་པོ་ནི། འདི་ལྟ་སྟེ་ནང་སྟོང་པ་ཉིད་དང་། ཕྱི་སྟོང་པ་ཉིད་དང་། ཕྱི་ནང་སྟོང་པ་ཉིད་དང་སྟོང་པ་ཉིད་སྟོང་པ་ཉིད་དང་། ཆེན་པོ་སྟོང་པ་ཉིད་དང་། དོན་དམ་པ་སྟོང་པ་ཉིད་དང་། འདུས་བྱས་སྟོང་པ་ཉིད་དང་། འདུས་མ་བྱས་སྟོང་པ་ཉིད

དང་། མཐའ་ལས་འདས་པ་སྟོང་པ་ཉིད་དང་། ཐོག་མ་དང་ཐ་མ་མེད་པ་སྟོང་པ་ཉིད་དང་། དོར་བ་མེད་པ་སྟོང་པ་ཉིད་དང་། རང་བཞིན་སྟོང་པ་ཉིད་དང་། ཆོས་ཐམས་ཅད་སྟོང་པ་ཉིད་དང་། རང་གི་མཚན་ཉིད་སྟོང་པ་ཉིད་དང་། མི་དམིགས་པ་སྟོང་པ་ཉིད་དང་། དངོས་པོ་མེད་པ་སྟོང་པ་ཉིད་དང་ངོ་བོ་ཉིད་སྟོང་པ་ཉིད་དང་། དངོས་པོ་མེད་པའི་ངོ་བོ་ཉིད་སྟོང་པ་ཉིད་དེ། དེ་ལ་ནང་སྟོང་པ་ཉིད་གང་ཞེ་ན། ནང་གི་ཆོས་ཞེས་བྱ་བ་ནི། མིག་དང་། རྣ་བ་དང་། སྣ་དང་། ལྕེ་དང་། ལུས་དང་། ཡིད་དེ། དེ་ལ་མི་རྟག་མི་འཇིག་པའི་ཕྱིར་ཏེ[7]། མིག་མིག་གིས་སྟོང་ངོ་། །དེ་ཅིའི་ཕྱིར་ཞེ་ན། དེའི་རང་བཞིན་དེ་ཡིན་པའི་ཕྱིར་རོ། །མི་རྟག་མི་འཇིག་པའི་ཕྱིར། རྣ་བ་དང་། སྣ་དང་། ལྕེ་དང་། ལུས་དང་། ཡིད་ཡིད་ཀྱིས་སྟོང་ངོ་། །དེ་ཅིའི་ཕྱིར་ཞེ་ན། དེའི་རང་བཞིན་དེ་ཡིན་པའི་ཕྱིར་ཏེ། འདི་ནི་ནང་སྟོང་པ་ཉིད་དོ། །དེ་ལ་ཕྱི་སྟོང་པ་ཉིད་གང་ཞེ་ན། ཕྱིའི་ཆོས་ཞེས་བྱ་བ་ནི། གཟུགས་དང་། སྒྲ་དང་། དྲི་དང་། རོ་དང་། རེག་དང་། ཆོས་རྣམས་ཏེ། དེ་ལ་མི་རྟག་མི་འཇིག་པའི་ཕྱིར། གཟུགས་གཟུགས་ཀྱིས་སྟོང་ངོ་། །དེ་ཅིའི་ཕྱིར་ཞེ་ན། དེའི་རང་བཞིན་དེ་ཡིན་པའི་ཕྱིར་རོ། །དེ་བཞིན་དུ་མི་རྟག་མི་འཇིག་པའི་ཕྱིར། སྒྲ་དང་། དྲི་དང་། རོ་དང་། རེག་དང་། ཆོས་ཆོས་ཀྱིས་སྟོང་ངོ་། །དེ་ཅིའི་ཕྱིར་ཞེ་ན། དེའི་རང་བཞིན་དེ་ཡིན་པའི་ཕྱིར་ཏེ། འདི་ནི་ཕྱི་སྟོང་པ་ཉིད་ཅེས་བྱའོ། །དེ་ལ་ཕྱི་ནང་སྟོང་པ་ཉིད་གང་ཞེ་ན། ནང་གི་སྐྱེ་མཆེད་དྲུག་དང་། ཕྱིའི་སྐྱེ་མཆེད་དྲུག་དང་། འདི་དག་ནི་ཕྱི་ནང་གི་ཆོས་ཞེས་བྱ་སྟེ། དེ་ལ་མི་རྟག་མི་འཇིག་པའི་ཕྱིར། ནང་གི་ཆོས་རྣམས་ཕྱིའི་ཆོས་རྣམས་ཀྱིས་སྟོང་ངོ་། །དེ་ཅིའི་ཕྱིར་ཞེ་ན། དེའི་རང་བཞིན་དེ་ཡིན་པའི་ཕྱིར་

རོ། །ཕྱིའི་ཆོས་རྣམས་ནང་གི་ཆོས་རྣམས་ཀྱིས་སྟོང་ངོ་། །དེ་ཅིའི་ཕྱིར་ཞེ་ན། དེའི་རང་བཞིན་དེ་ཡིན་པའི་ཕྱིར་ཏེ། འདི་ནི་ཕྱི་ནང་སྟོང་པ་ཉིད་[1]ཅེས་བྱའོ། །དེ་ལ་སྟོང་པ་ཉིད༔ སྟོང་པ་ཉིད་[2]གང་ཞེ་ན། མི་རྟག་མི་འཇིག་པའི་ཕྱིར[3]། ཆོས་རྣམས་ཀྱི་སྟོང་པ་ཉིད་གང་ཡིན་པའི་སྟོང་པ་ཉིད་དེས་སྟོང་པ་ཉིད་སྟོང་ངོ་། །དེ་ཅིའི་ཕྱིར་ཞེ་ན། དེའི་རང་བཞིན་དེ་ཡིན་པའི་ཕྱིར་ཏེ། འདི་ནི་སྟོང་པ་ཉིད་སྟོང་པ་ཉིད་ཅེས་བྱའོ། །དེ་ལ་ཆེན་པོ་སྟོང་པ་ཉིད་གང་ཞེ་ན། མི་རྟག་མི་འཇིག་པའི་ཕྱིར། ཤར་ཕྱོགས་ཤར་ཕྱོགས་ཀྱིས་སྟོང་། ལྷོ་ཕྱོགས་ལྷོ་ཕྱོགས་ཀྱིས་སྟོང་། ནུབ་ཕྱོགས་ནུབ་ཕྱོགས་ཀྱིས་སྟོང་། བྱང་ཕྱོགས་བྱང་ཕྱོགས་ཀྱིས་སྟོང་། འོག་གི་ཕྱོགས་འོག་གི་ཕྱོགས་ཀྱིས་སྟོང་། སྟེང་གི་ཕྱོགས་སྟེང་གི་ཕྱོགས་ཀྱིས་སྟོང་། ཕྱོགས་མཚམས་རྣམས་ཕྱོགས་མཚམས་རྣམས་ཀྱིས་སྟོང་ངོ་། །དེ་ཅིའི་ཕྱིར་ཞེ་ན། དེའི་རང་བཞིན་དེ་ཡིན་པའི་ཕྱིར་ཏེ། འདི་ནི་ཆེན་པོ་སྟོང་པ་ཉིད་ཅེས་བྱའོ། །དེ་ལ༔ དོན་དམ་པ་སྟོང་པ་ཉིད་གང་ཞེ་ན[4]། དོན་དམ་པ་ནི་མྱ་ངན་ལས་འདས་པ་སྟེ། མི་རྟག་མི་འཇིག་པའི་ཕྱིར། མྱ་ངན་ལས་འདས་པ་དེ་ཡང་མྱ་ངན་ལས་འདས་པས་སྟོང་ངོ་། །དེ་ཅིའི་ཕྱིར་ཞེ་ན། དེའི་རང་བཞིན་དེ་ཡིན་པའི་ཕྱིར་ཏེ། འདི་ནི་དོན་དམ་པ་སྟོང་པ་ཉིད་ཅེས་བྱའོ། །དེ་ལ་འདུས་བྱས་སྟོང་པ་ཉིད་གང་ཞེ་ན། འདུས་བྱས་ཞེས་བྱ་བ་ནི་འདོད་པའི་ཁམས་དང་། གཟུགས་ཀྱི་ཁམས་དང་། གཟུགས་མེད་པའི་ཁམས་ཏེ། དེ་ལ་མི་རྟག་མི་འཇིག་པའི་ཕྱིར། འདོད་པའི་ཁམས་འདོད་པའི་ཁམས་ཀྱིས་སྟོང་ངོ་། །གཟུགས་ཀྱི་ཁམས་གཟུགས་ཀྱི་ཁམས་ཀྱིས་སྟོང་ངོ་། །གཟུགས་མེད་པའི་ཁམས་གཟུགས་མེད་པའི་ཁམས་ཀྱིས་སྟོང་ངོ་། །དེ་ཅིའི་ཕྱིར་ཞེ་ན། དེའི་རང་བཞིན་དེ་ཡིན་པའི་ཕྱིར་ཏེ། འདི་ནི་འདུས་བྱས་སྟོང་པ་ཉིད་ཅེས་བྱའོ། །དེ་

ལ་འདུས་མ་བྱས་སྟོང་པ་ཉིད་གང་ཞེ་ན། འདུས་མ་བྱས་ཞེས་བྱ་བ་ནི་གང་ལ་སྐྱེ་
བ་མེད་པ་དང་། འགག་པ་མེད་པ་དང་། གནས་པ་ལས་གཞན་དུ་འགྱུར་བ་
མེད་པ་འདི་ནི་འདུས་མ་བྱས་ཞེས་བྱ་སྟེ། མི་རྟག་མི་འཇིག་པའི་ཕྱིར། འདུས་
མ་བྱས་དེ་ནི་འདུས་མ་བྱས་ཀྱིས་སྟོང་ངོ་། །དེ་ཅིའི་ཕྱིར་ཞེ་ན། དེའི་རང་
བཞིན་དེ་ཡིན་པའི་ཕྱིར་ཏེ[༧]། འདི་ནི་འདུས་མ་བྱས་སྟོང་པ་ཉིད་ཅེས་བྱའོ། །
དེ་ལ་མཐའ་ལས་འདས་པ་སྟོང་པ་ཉིད་གང་ཞེ་ན། གང་ལ་མཐའ་མི་དམིགས་པ་
དེ་ནི་མཐའ་ལས་འདས་པ་སྟེ། མི་རྟག་མི་འཇིག་[༢]པའི་ཕྱིར། མཐའ་ལས་
འདས་པ་[༣]མཐའ་ལས་འདས་པས་སྟོང་ངོ་། །དེ་ཅིའི་ཕྱིར་ཞེ་ན། དེའི་རང་
བཞིན་དེ་ཡིན་པའི་ཕྱིར་ཏེ། འདི་ནི་མཐའ་ལས་འདས་པ་སྟོང་པ་ཉིད་ཅེས་བྱའོ།།
དེ་ལ་ཐོག་མ་དང་ཐ་མ་མེད་པ་སྟོང་པ་ཉིད་གང་ཞེ་ན། གང་ལ་ཐོག་མ་མི་
དམིགས་ཤིང་། ཐ་མ་ཡང་མི་དམིགས་པ་དེ་ལ་འགྲོ་བ་མི་དམིགས། འོང་བ་
ཡང་མི་དམིགས་ཏེ། མི་རྟག་མི་འཇིག་པའི་ཕྱིར། ཐོག་མ་དང་ཐ་མ་མེད་པ་
ཐོག་མ་དང་ཐ་མ་མེད་པས་སྟོང་ངོ་། །དེ་ཅིའི་ཕྱིར་ཞེ་ན། དེའི་རང་བཞིན་དེ་
ཡིན་པའི་ཕྱིར་ཏེ། འདི་ནི་ཐོག་མ་དང་ཐ་མ་མེད་པ་སྟོང་པ་ཉིད་ཅེས་བྱའོ། །
དེ་ལ་དོར་བ་མེད་པ་སྟོང་པ་ཉིད་གང་ཞེ་ན། གང་ལ་གང་ཡང་དོར་བ་མེད་པ་སྟེ།
མི་རྟག་མི་འཇིག་པའི་ཕྱིར། དོར་བ་མེད་པ་དོར་བ་མེད་པས་སྟོང་ངོ་། །དེ་
ཅིའི་ཕྱིར་ཞེ་ན། དེའི་རང་བཞིན་དེ་ཡིན་པའི་ཕྱིར་ཏེ། འདི་ནི་དོར་བ་མེད་
པ་སྟོང་པ་ཉིད་ཅེས་བྱའོ། །དེ་ལ་རང་བཞིན་སྟོང་པ་ཉིད་གང་ཞེ་ན། འདུས་
བྱས་སམ། འདུས་མ་བྱས་ཀྱང་རུང་སྟེ། ཆོས་ཐམས་ཅད་ཀྱི་རང་བཞིན་གང་
ཡིན་པ་དེ་ནི། ཉན་ཐོས་རྣམས་ཀྱིས་མ་བྱས། རང་སངས་རྒྱས་རྣམས་ཀྱིས་མ་
བྱས། བྱང་ཆུབ་སེམས་དཔའ་སེམས་དཔའ་ཆེན་པོ་རྣམས་ཀྱིས་མ་བྱས། དེ་

བཞིན་གཤེགས་པ་དགྲ་བཅོམ་པ་ཡང་དག་པར་རྫོགས་པའི་སངས་རྒྱས་རྣམས་ཀྱིས་མ་བྱས་ཏེ། མི་རྟག་མི་འཇིག་པའི་ཕྱིར་རང་བཞིན་རང་བཞིན་གྱིས་སྟོང་ངོ་། དེ་ཅིའི་ཕྱིར་ཞེ་ན། དེའི་རང་བཞིན་དེ་ཡིན་པའི་ཕྱིར་ཏེ། འདི་ནི་རང་བཞིན་སྟོང་པ་ཉིད་ཅེས་བྱའོ། །དེ་ལ་ཆོས་ཐམས་ཅད་སྟོང་པ་ཉིད་གང་ཞེ་ན། ཆོས་ཐམས་ཅད་ཅེས་བྱ་བ་ནི། གཟུགས་དང་། ཚོར་བ་དང་། འདུ་ཤེས་དང་། འདུ་བྱེད་དང་། རྣམ་པར་ཤེས་པ་དང་། མིག་དང་། རྣ་བ་དང་། སྣ་དང་། ལྕེ་དང་། ལུས་དང་། ཡིད་དང་། གཟུགས་དང་། སྒྲ་དང་། དྲི་དང་། རོ་དང་། རེག་དང་། ཆོས་དང་། མིག་གི་རྣམ་པར་ཤེས་པ་དང་། རྣ་བའི་རྣམ་པར་ཤེས་པ་དང་། སྣའི་རྣམ་པར་ཤེས་པ་དང་། ལྕེའི་རྣམ་པར་ཤེས་པ་དང་། ལུས་ཀྱི་རྣམ་པར་ཤེས་པ་དང་། ཡིད་ཀྱི་རྣམ་པར་ཤེས་པ་དང་། མིག་གི་འདུས་ཏེ་རེག་པ་དང་། རྣ་བའི་འདུས་ཏེ་རེག་པ་དང་། སྣའི་འདུས་ཏེ་རེག་པ་དང་། ལྕེའི་འདུས་ཏེ་རེག་པ་དང་། ལུས་ཀྱི་འདུས་ཏེ་རེག་པ་དང་། ཡིད་ཀྱི་འདུས་ཏེ་རེག་པ་དང་། མིག་གི་འདུས་ཏེ་རེག་པའི་རྐྱེན་གྱིས་ཚོར་བ་དང་། རྣ་བའི་འདུས་ཏེ་རེག་པའི་རྐྱེན་གྱིས་ཚོར་བ་དང་། སྣའི་འདུས་ཏེ་རེག་པའི་རྐྱེན་གྱིས་ཚོར་བ་དང་། ལྕེའི་འདུས་ཏེ་རེག་པའི་རྐྱེན་གྱིས་ཚོར་བ་དང་། ལུས་ཀྱི་འདུས་ཏེ་རེག་པའི་རྐྱེན་གྱིས་ཚོར་བ་དང་། ཡིད་ཀྱི་འདུས་ཏེ་རེག་པའི་རྐྱེན་གྱིས་ཚོར་བ་དང་། གཟུགས་ཡོད་པའི་ཆོས་དང་། གཟུགས་མེད་པའི་ཆོས་དང་། འདུས་བྱས་ཀྱི་ཆོས་དང་། འདུས་མ་བྱས་ཀྱི་ཆོས་ཏེ། འདི་དག་ནི་ཆོས་ཐམས་ཅད་ཅེས་བྱའོ། །དེ་ལ་མི་རྟག་མི་འཇིག་པའི་ཕྱིར། ཆོས་ཐམས་ཅད་ཆོས་ཐམས་ཅད་ཀྱིས་སྟོང་ངོ་། །དེ་ཅིའི་ཕྱིར་ཞེ་ན། དེའི་རང་བཞིན་དེ་ཡིན་པའི་ཕྱིར་ཏེ། འདི་ནི་ཆོས་ཐམས་ཅད་སྟོང་པ་ཉིད་ཅེས་བྱའོ།

དེ་ལ་རང་གི་མཚན་ཉིད་སྟོང་པ་ཉིད་གང་ཞེ་ན། གཟུགས་ནི་འཇིག་པའི་མཚན་ཉིད། ཚོར་བ་ནི་མྱོང་བའི་མཚན་ཉིད། འདུ་ཤེས་ནི་འཛིན་པའི་མཚན་ཉིད། འདུ་བྱེད་ནི་མངོན་པར་འདུ་བྱེད་པའི་མཚན་ཉིད། རྣམ་པར་ཤེས་པ་ནི་རྣམ་པར་རིག⑦པའི་མཚན་ཉིད་དེ། མི་རྟག་མི་འཇིག་པའི་ཕྱིར། འདུས་བྱས་ཀྱི་ཆོས་རྣམས་ཀྱི་མཚན་ཉིད་གང་ཡིན་པ་དང་། འདུས་མ་བྱས་ཀྱི་ཆོས་རྣམས་ཀྱི་མཚན་ཉིད་གང་ཡིན་པའི་རང་རང་གི་མཚན་ཉིད་དེ་དག་གིས། ཆོས་དེ་དག་ཐམས་ཅད་སྟོང་ངོ་། །དེ་ཅིའི་ཕྱིར་ཞེ་ན། དེ་དག་གི་རང་བཞིན་ནི་དེ་ཡིན་པའི་ཕྱིར་ཏེ། འདི་ནི་རང་གི་མཚན་ཉིད་སྟོང་པ་ཉིད་ཅེས་བྱའོ། །དེ་ལ་མི་དམིགས་པ་སྟོང་པ་ཉིད་གང་ཞེ་ན། གང་ལ་འདས་པ་མི་དམིགས་པ་དང་། མ་འོངས་པ་མི་དམིགས་པ་དང་། ད་ལྟར་བྱུང་བའི་གནས་མི་དམིགས་པ་སྟེ། མི་རྟག་མི་འཇིག③པའི་ཕྱིར། མི་དམིགས་པ་མི་དམིགས་པས་སྟོང་ངོ་། །དེ་ཅིའི་ཕྱིར་ཞེ་ན། དེའི་རང་བཞིན་དེ་ཡིན་པའི་ཕྱིར་ཏེ། འདི་ནི་མི་དམིགས་པ་སྟོང་པ་ཉིད་ཅེས་བྱའོ། །དེ་ལ་དངོས་པོ་མེད་པའི་ངོ་བོ་ཉིད་སྟོང་པ་ཉིད་གང་ཞེ་ན། ཆོས་ཐམས་ཅད་རྟེན་ཅིང་འབྲེལ་པར་འབྱུང་བའི་ཕྱིར། འདུས་པའི་ངོ་བོ་ཉིད་མེད་དེ། མི་རྟག་མི་འཇིག་པའི་ཕྱིར། འདུས་པ་འདུས་པས་སྟོང་ངོ་། །དེ་ཅིའི་ཕྱིར་ཞེ་ན། དེའི་རང་བཞིན་དེ་ཡིན་པའི་ཕྱིར་ཏེ། འདི་ནི་དངོས་པོ་མེད་པའི་ངོ་བོ་ཉིད་སྟོང་པ་ཉིད་ཅེས་བྱའོ།། །།

ཤེས་རབ་ཀྱི་ཕ་རོལ་ཏུ་ཕྱིན་པ་སྟོང་ཕྲག་ཉི་ཤུ་ལྔ་པ། བམ་པོ་བཅུ་དྲུག་པ། རབ་འབྱོར་གཞན་ཡང་དངོས་པོ་ནི་དངོས་པོས་སྟོང་ངོ་། །དངོས་པོ་མེད་པ་ནི་དངོས་པོ་མེད་པས་སྟོང་ངོ་། །རང་བཞིན་ནི་རང་བཞིན་གྱིས་སྟོང་ངོ་། །གཞན་གྱི་དངོས་པོ་ནི་གཞན་གྱི་དངོས་པོས་སྟོང་ངོ་། །དེ་ལ་དངོས་པོ་དངོས་པོ་

ཞེས་བྱ་བ་གང་ཞེ་ན། ཕུང་པོ་ལྔ་སྟེ། ཕུང་པོ་དེ་དག་ཀྱང་ཕུང་པོ་རྣམས་ཀྱིས་སྟོང་པས། དེ་ལྟར་ན་དངོས་པོ་དངོས་པོས་[༡]སྟོང་ངོ་། །ཇི་ལྟར་ན་དངོས་པོ་མེད་པ་དངོས་པོ་མེད་པས་སྟོང་ཞེ་ན། དངོས་པོ་མེད་པ་ཞེས་བྱ་བ་ནི་འདུས་མ་བྱས་སྟེ། འདུས་མ་བྱས་དེ་ཡང་འདུས་མ་བྱས་ཀྱིས་སྟོང་པས། དེ་ལྟར་ན་དངོས་པོ་མེད་པ་དངོས་པོ་[༢]མེད་པས་སྟོང་ངོ་། །ཇི་ལྟར་ན་རང་བཞིན་རང་བཞིན་གྱིས་སྟོང་ཞེ་ན། རང་བཞིན་ཞེས་བྱ་བ་ནི། ངོ་བོ་ཉིད་མ་ནོར་བ་སྟེ། དེ་ལ་སྟོང་པ་ཉིད་གང་ཡིན་པ་དེ་ནི་ཤེས་པས་མ་བྱས། མཐོང་བས་མ་བྱས་ཏེ། འདི་ནི་རང་བཞིན་སྟོང་པ་ཉིད་དོ། །དེ་ལ་གཞན་གྱི་དངོས་པོ་སྟོང་པ་ཉིད་གང་ཞེ་ན། དེ་བཞིན་གཤེགས་པ་རྣམས་བྱུང་ཡང་རུང་། དེ་བཞིན་གཤེགས་པ་རྣམས་མ་བྱུང་ཡང་རུང་སྟེ། ཆོས་ཀྱི་གནས་ཉིད་དང་། ཆོས་ཉིད་དང་། ཆོས་ཀྱི་དབྱིངས་དང་། ཆོས་སྐྱོན་མེད་པ་ཉིད་དང་། དེ་བཞིན་ཉིད་དང་། མ་ནོར་བ་དེ་བཞིན་ཉིད་དང་། གཞན་མ་ཡིན་པ་དེ་བཞིན་ཉིད་དང་ཡང་དག་པའི་མཐའ་ནི་དེ་བཞིན་དུ་གནས་པ་སྟེ། དེ་ལྟར་ཆོས་དེ་དག་གཞན་གྱིས་སྟོང་པ་གང་ཡིན་པ་དེ་ནི་གཞན་གྱི་དངོས་པོ་སྟོང་པ་ཉིད་ཅེས་བྱ་སྟེ། རབ་འབྱོར་འདི་ནི་བྱང་ཆུབ་སེམས་དཔའ་སེམས་དཔའ་ཆེན་པོའི་ཐེག་པ་ཆེན་པོའོ།

རབ་འབྱོར་གཞན་ཡང་བྱང་ཆུབ་སེམས་དཔའ་སེམས་དཔའ་ཆེན་པོ་ནི། འདི་ལྟ་སྟེ། དཔའ་བར་འགྲོ་བ་ཞེས་བྱ་བའི་ཏིང་ངེ་འཛིན་དང་། རིན་ཆེན་ཕྱག་རྒྱ་ཞེས་བྱ་བའི་ཏིང་ངེ་འཛིན་དང་། སེང་གེ་རྣམ་པར་རྩེ་[༣]བ་ཞེས་བྱ་བའི་ཏིང་ངེ་འཛིན་དང་། ཟླ་བ་བཟང་པོ་ཞེས་བྱ་བའི་ཏིང་ངེ་འཛིན་དང་། ཟླ་བའི་རྒྱལ་མཚན་དཔལ་ཞེས་བྱ་བའི་ཏིང་ངེ་འཛིན་དང་། ཆོས་ཐམས་ཅད་ལས་ཤིན་ཏུ་འཕགས་པ་ཞེས་བྱ་བའི་ཏིང་ངེ་འཛིན་དང་། ཆོས་ཐམས་ཅད་ཀྱི་ཕྱག་རྒྱ་ཞེས་བྱ

བའི་ཏིང་ངེ་འཛིན་དང་། སྒྲི་གཙུག་རྣམ་པར་ལྟ་བ་ཞེས་བྱ་བའི་ཏིང་ངེ་འཛིན་དང་། ཆོས་ཀྱི་དབྱིངས་སུ་ངེས་པ་ཞེས་བྱ་བའི་ཏིང་ངེ་འཛིན་དང་། ངེས་པའི་རྒྱལ་མཚན་དཔལ་ཞེས་བྱ་བའི་ཏིང་ངེ་འཛིན་དང་། རྡོ་རྗེ་ཞེས་བྱ་བའི་ཏིང་ངེ་འཛིན་དང་། ཆོས་ཐམས་ཅད་ལ་འཇུག་པའི་ཕྱག་རྒྱ་ཞེས་བྱ་བའི་ཏིང་ངེ་འཛིན་དང་། ཏིང་ངེ་འཛིན་གྱི་རྒྱལ་པོ་ལྟར་རབ་ཏུ་གནས་པ་ཞེས་བྱ་བའི་ཏིང་ངེ་འཛིན་དང་། འོད་ཟེར་རབ་ཏུ་འགྱེད་པ་ཞེས་བྱ་བའི་ཏིང་ངེ་འཛིན་དང་། དཔུང་རྣམ་པར་བཀོད་པ་ཞེས་བྱ་བའི་ཏིང་ངེ་འཛིན་དང་། ཡང་དག་པར་འཕགས་པ་ཞེས་བྱ་བའི་ཏིང་ངེ་འཛིན་དང་། ངེས་པའི་ཚིག་ལ་གདོན་མི་ཟ་བར་འཇུག་པ་ཞེས་བྱ་བའི་ཏིང་ངེ་འཛིན་དང་། ཚིག་བླ་དགས་ལ་ཡང་དག་པར་འཇུག་པ་ཞེས་བྱ་བའི་ཏིང་ངེ་འཛིན་དང་། ཕྱོགས་ལ་[༡]རྣམ་པར་ལྟ་བ་ཞེས་བྱ་བའི་ཏིང་ངེ་འཛིན་དང་། ཕྱག་རྒྱ་ཡོངས་སུ་འཛིན་པ་ཞེས་བྱ་བའི་ཏིང་ངེ་འཛིན་དང་། ཉམས་[༢]པ་མེད་པ་ཞེས་བྱ་བའི་ཏིང་ངེ་འཛིན་དང་། ཆོས་ཐམས་ཅད་ཡང་དག་པར་འདུ་བ་རྒྱ་མཚོའི་ཕྱག་རྒྱ་ཞེས་བྱ་བའི་ཏིང་ངེ་འཛིན་དང་། ནམ་མཁའ་རྒྱས་པར་འགེངས་པ་ཞེས་བྱ་བའི་ཏིང་ངེ་འཛིན་དང་། རྡོ་རྗེའི་དཀྱིལ་འཁོར་ཅེས་[༣]བྱ་བའི་ཏིང་ངེ་འཛིན་དང་། རྒྱལ་མཚན་རྩེ་མོའི་དཔུང་རྒྱན་ཅེས་[༤]བྱ་བའི་ཏིང་ངེ་འཛིན་དང་། དབང་པོའི་དཔལ་ཞེས་བྱ་བའི་ཏིང་ངེ་འཛིན་དང་། རྒྱུན་གྱི་རྗེས་སུ་སོང་བ་ཞེས་བྱ་བའི་ཏིང་ངེ་འཛིན་དང་། སེང་གེ་རྣམ་པར་བསྒྲིངས་པ་ཞེས་བྱ་བའི་ཏིང་ངེ་འཛིན་དང་། སྒྲིལ་ཞི་ཞེས་བྱ་བའི་ཏིང་ངེ་འཛིན་དང་། ཉོན་མོངས་པ་སྤོང་བ་ཞེས་བྱ་བའི་ཏིང་ངེ་འཛིན་དང་། རྣམ་པར་སྣང་བ་ཞེས་བྱ་བའི་ཏིང་ངེ་འཛིན་དང་། ཆོལ་བ་མེད་པ་ཞེས་བྱ་བའི་ཏིང་ངེ་འཛིན་དང་། གནས་ལ་རྟེན་[༥]པ་མེད་པ་ཞེས་བྱ་བའི་ཏིང་ངེ་འཛིན་དང་།

སེམས་མེད་པ་ཞེས་བྱ་བའི་ཏིང་ངེ་འཛིན་དང་། དྲི་མ་མེད་པའི་སྒྲོན་མ་ཞེས་བྱ་བའི་ཏིང་ངེ་འཛིན་དང་། འོད་མཐའ་ཡས་པ་ཞེས་བྱ་བའི་ཏིང་ངེ་འཛིན་དང་། ༔འོད་བྱེད་པ་ཞེས་པའི་ཏིང་ངེ་འཛིན་དང་།[①] ཀུན་ཏུ་སྣང་བ་ཞེས་བྱ་བའི་ཏིང་ངེ་འཛིན་དང་། དག་པ་དམ་པ་ཞེས་བྱ་བའི་ཏིང་ངེ་འཛིན་དང་། འོད་དྲི་མ་མེད་པ་ཞེས་བྱ་བའི་ཏིང་ངེ་འཛིན་དང་། དགའ་བ་བྱེད་པ་ཞེས་བྱ་བའི་ཏིང་ངེ་འཛིན་དང་། གློག་གི་སྒྲོན་མ་ཞེས་བྱ་བའི་ཏིང་ངེ་འཛིན་དང་། ཟད་མི་ཤེས་པ་ཞེས་བྱ་བའི་ཏིང་ངེ་འཛིན་དང་། མི་འཕམ་པ་ཞེས་བྱ་བའི་ཏིང་ངེ་འཛིན་དང་། གཟི་བརྗིད་ཡོད་པ་ཞེས་བྱ་བའི་ཏིང་ངེ་འཛིན་དང་། ཟད་པ་དང་བྲལ་བ་ཞེས་བྱ་བའི་ཏིང་ངེ་འཛིན་དང་། མི་གཡོ་བ་ཞེས་བྱ་བའི་ཏིང་ངེ་འཛིན་དང་། འཇིག་པ་མེད་པ་ཞེས་བྱ་བའི་ཏིང་ངེ་འཛིན་དང་། ཉི་མའི་སྒྲོན་མ་ཞེས་བྱ་བའི་ཏིང་ངེ་འཛིན་དང་། ཟླ་བ་དྲི་མ་མེད་པ་ཞེས་བྱ་བའི་ཏིང་ངེ་འཛིན་དང་། ཤེས་རབ་སྒྲོན་མ་ཞེས་བྱ་བའི་ཏིང་ངེ་འཛིན་དང་། སྣང་བ་གསལ་བ་ཞེས་བྱ་བའི་ཏིང་ངེ་འཛིན་དང་། སྣང་བ་བྱེད་པ་ཞེས་བྱ་བའི་ཏིང་ངེ་འཛིན་དང་། བྱ་བ་བྱེད་པ་ཞེས་བྱ་བའི་ཏིང་ངེ་འཛིན་དང་། ཡེ་ཤེས་དཔལ་ཞེས་བྱ་བའི་ཏིང་ངེ་འཛིན་དང་། རྡོ་རྗེ་ལྟ་བུ་ཞེས་བྱ་བའི་ཏིང་ངེ་འཛིན་དང་། སེམས་གནས་པ་ཞེས་བྱ་བའི་ཏིང་ངེ་འཛིན་དང་། ཀུན་དུ་སྣང་བ་ཞེས་བྱ་བའི་ཏིང་ངེ་འཛིན་དང་། རབ་ཏུ་གནས་པ་ཞེས་བྱ་བའི་ཏིང་ངེ་འཛིན་དང་། རིན་ཆེན་མཐའ་ཞེས་བྱ་བའི་ཏིང་ངེ་འཛིན་དང་། ཆོས་དམ་པའི་ཕྱག་རྒྱ་ཞེས་བྱ་བའི་ཏིང་ངེ་འཛིན་དང་། ཆོས་ཐམས་ཅད་མཉམ་པ་ཉིད་ཅེས་བྱ་བའི་ཏིང་ངེ་འཛིན་དང་། དགའ་བ་སྤོང་བ་ཞེས་བྱ་བའི་ཏིང་ངེ་འཛིན་དང་། ཆོས་ཀྱིས་[③] འཕགས་པ་ཞེས་བྱ་བའི་ཏིང་ངེ་འཛིན་དང་། རྣམ་པར་འཐོར་བ་ཞེས་བྱ་བའི་…

ཏིང་ངེ་འཛིན་དང་། ཆོས་ཐམས་ཅད་ཀྱི་ཚིག་རབ་ཏུ་འབྱེད་པ་ཞེས་བྱ་བའི་ཏིང་ངེ་འཛིན་དང་། ཡི་གེ་མཉམ་པར་འགོད་པ་ཞེས་བྱ་བའི་ཏིང་ངེ་འཛིན་དང་། ཡི་གེ་དང་བྲལ་བ་ཞེས་བྱ་བའི་ཏིང་ངེ་འཛིན་དང་། དམིགས་པ་གཅོད་པ་ཞེས་བྱ་བའི་ཏིང་ངེ་འཛིན་དང་། འགྱུར་བ་མེད་པ་ཞེས་བྱ་བའི་ཏིང་ངེ་འཛིན་དང་། རྣམ་པ་མེད་པ་ཞེས་བྱ་བའི་ཏིང་ངེ་འཛིན་དང་། མིང་ངེས་པར་འཇུག་པ་ཞེས་བྱ་བའི་ཏིང་ངེ་འཛིན་དང་། གནས་མེད་པར་སྤྱོད་པ་ཞེས་བྱ་བའི་ཏིང་ངེ་འཛིན་དང་། རབ་རིབ་མེད་པ་ཞེས་བྱ་བའི་ཏིང་ངེ་འཛིན་དང་། སྤྱོད་[༡]པ་དང་ལྡན་པ་ཞེས་བྱ་བའི་ཏིང་ངེ་འཛིན་དང་། གཡོ་བ་མེད་པ་ཞེས་བྱ་བའི་ཏིང་ངེ་འཛིན་དང་། ཡུལ་ལས་རྒྱལ་[༢]བ་ཞེས་བྱ་བའི་ཏིང་ངེ་འཛིན་དང་། ཡོན་ཏན་ཐམས་ཅད་ཀྱི་ཚོགས་སུ་གྱུར་པ་ཞེས་བྱ་བའི་ཏིང་ངེ་འཛིན་དང་། སེམས་མེད་པར་གནས་པ་ཞེས་བྱ་བའི་ཏིང་ངེ་འཛིན་དང་། དགེ་བའི་མེ་ཏོག་རྒྱས་ཤིང་གསལ་བ་ཞེས་བྱ་བའི་ཏིང་ངེ་འཛིན་དང་། བྱང་ཆུབ་ཀྱི་ཡན་ལག་ཡོད་པ་ཞེས་བྱ་བའི་ཏིང་ངེ་འཛིན་དང་། སྤོབས་པ་མཐའ་ཡས་པ་ཞེས་བྱ་བའི་ཏིང་ངེ་འཛིན་དང་། མི་མཉམ་པ་དང་མཉམ་པ་ཞེས་བྱ་བའི་ཏིང་ངེ་འཛིན་དང་། ཆོས་ཐམས་ཅད་ལས་འདའ་བ་ཞེས་བྱ་བའི་ཏིང་ངེ་འཛིན་དང་། ཡོངས་སུ་གཅོད་པ་ཞེས་བྱ་བའི་ཏིང་ངེ་འཛིན་དང་། ཉམ་ཉུར་རྣམ་པར་སེལ་བ་ཞེས་བྱ་བའི་ཏིང་ངེ་འཛིན་དང་། གནས་སུ་བྱ་བ་མེད་པ་ཞེས་བྱ་བའི་ཏིང་ངེ་འཛིན་དང་། གཅིག་ཏུ་རྣམ་པར་བཀོད་པ་ཞེས་བྱ་བའི་ཏིང་ངེ་འཛིན་དང་། རྣམ་པ་མངོན་པར་སྒྲུབ་པ་ཞེས་བྱ་བའི་ཏིང་ངེ་འཛིན་དང་། རྣམ་པ་གཅིག་ཏུ་གྱུར་པ་ཞེས་བྱ་བའི་ཏིང་ངེ་འཛིན་དང་། རྣམ་པ་འདོར་བ་མེད་པ་ཞེས་བྱ་བའི་ཏིང་ངེ་འཛིན་དང་། རྟོགས་པས་སྲིད་པའི་གཞི་ཐམས་ཅད་ཤོང་དུ་ཆུད་པ་ཞེས་བྱ་བའི་ཏིང་ངེ་འཛིན་དང་།

བཛྲ་དང་སྒྲ་ལ་འཇུག་པ་ཞེས་བྱ་བའི་ཏིང་ངེ་འཛིན་དང་། སྒྲ་དབྱངས་ཀྱི་ཡི་གེ་དང་བྲལ་བ་ཞེས་བྱ་བའི་ཏིང་ངེ་འཛིན་དང་། སྒྲོན་མ་འབར་བ་ཞེས་བྱ་བའི་ཏིང་ངེ་འཛིན་དང་། མཚན་ཉིད་ཡོངས་སུ་སྦྱོང་བ་ཞེས་བྱ་བའི་ཏིང་ངེ་འཛིན་དང་། མངོན་པར་དམིགས་པ་མེད་པ་ཞེས་བྱ་བའི་ཏིང་ངེ་འཛིན་དང་། རྣམ་པའི་མཆོག་ཐམས་ཅད་དང་ལྡན་པ་ཞེས་བྱ་བའི་ཏིང་ངེ་འཛིན་དང་། བདེ་བ་དང་སྡུག་བསྔལ་ཐམས་ཅད་ལ་མངོན་པར་དགའ་བ་མེད་པ་ཞེས་བྱ་བའི་ཏིང་ངེ་འཛིན་དང་། ཟད་མི་ཤེས་པའི་ཟ་མ་ཏོག་ཅེས་བྱ་བའི་ཏིང་ངེ་འཛིན་དང་། གཟུངས་ཀྱི་བློ་གྲོས་ཞེས་བྱ་བའི་ཏིང་ངེ་འཛིན་དང་། ཡང་དག་པ་དང་ལོག་པ་ཐམས་ཅད་ཡང་དག་པར་སེལ་བ་ཞེས་བྱ་བའི་ཏིང་ངེ་འཛིན་དང་། འགལ་བ་དང་འགོག་པ་ཐམས་ཅད་ཡང་དག་པར་ཞི་བར་བྱེད་པ་ཞེས་བྱ་བའི་ཏིང་ངེ་འཛིན་དང་། འཐུན[1]པ་དང་འགལ་བ་མེད་པ་ཞེས་བྱ་བའི་ཏིང་ངེ་འཛིན་དང་། འོད་དྲི་མ་མེད་པ་ཞེས་བྱ་བའི་ཏིང་ངེ་འཛིན་དང་། སྙིང་པོ་དང་ལྡན་པ་ཞེས་བྱ་བའི་ཏིང་ངེ་འཛིན་དང་། ཟླ་བ་དྲི་མ[2]མེད་པར་རྒྱས་པའི་འོད་ཅེས་བྱ་བའི་ཏིང་ངེ་འཛིན་དང་། གློག་གི་འོད་ཅེས་བྱ་བའི་ཏིང་ངེ་འཛིན་དང་། རྒྱན་ཆེན་པོ་ཞེས་བྱ་བའི་ཏིང་ངེ་འཛིན་དང་། རྣམ་པ་ཐམས་ཅད་དུ་འོད་བྱེད་པ་ཞེས་བྱ་བའི་ཏིང་ངེ་འཛིན་དང་། ཏིང་ངེ་འཛིན་མཉམ་པ་ཉིད་ཅེས་བྱ་བའི་ཏིང་ངེ་འཛིན་དང་། རྡུལ་མེད་ཅིང་རྡུལ་དང་བྲལ་བའི་ཚུལ་དང་ལྡན་པ་ཞེས་བྱ་བའི་ཏིང་ངེ་འཛིན་དང་། ཉོན་མོངས་པ་མེད་པར་ཡང་དག་པར་གཞོལ་བ་ཞེས་བྱ་བའི་ཏིང་ངེ་འཛིན་དང་། ཉོན་མོངས་པ་དང་བཅས་པ་ཐམས་ཅད་ཉོན་མོངས་པ་མེད་པར་ཡང་དག་པར་གཞོལ་བ་ཞེས་བྱ་བའི་ཏིང་ངེ་འཛིན་དང་། གནས་དམིགས་སུ་མེད་པ་ལ་བརྟེན་པ་ཞེས་བྱ་བའི་ཏིང་ངེ་འཛིན་དང་། དེ་བཞིན་ཉིད

ལ་གནས་ཤིང་སེམས་མེད་པ་ཞེས་བྱ་བའི་ཏིང་ངེ་འཛིན་དང་། ལུས་ཀྱི་སྐྱོན་ཡང་དག་པར་སེལ་བ་ཞེས་བྱ་བའི་ཏིང་ངེ་འཛིན་དང་། ངག་གི་སྐྱོན་རྣམ་པར་འཇིག་པས་ནམ་མཁའ་ལྟར་གྱུར་པ་ཞེས་བྱ་བའི་ཏིང་ངེ་འཛིན་དང་། ⑦ནམ་མཁའ་ལྟར་ཆགས་པ་མེད་པས་རྣམ་པར་གྲོལ་ཞིང་གོས་པ་མེད་པ་ཞེས་བྱ་བའི་ཏིང་ངེ་འཛིན་ནོ། །དེ་ལ་དཔའ་བར་འགྲོ་བ་ཞེས་བྱ་བའི་ཏིང་ངེ་འཛིན་གང་ཞེ་ན། ཏིང་ངེ་འཛིན་དེ་ནི་ཏིང་ངེ་འཛིན་ཐམས་ཅད་ཀྱི་སྤྱོད་ཡུལ་ལ་སྤྱོད་པ་སྟེ། འདི་ནི་དཔའ་བར་འགྲོ་བ་ཞེས་བྱ་བའི་ཏིང་ངེ་འཛིན་ནོ། །དེ་ལ་རིན་ཆེན་ཕྱག་རྒྱ་ཞེས་བྱ་བའི་ཏིང་ངེ་འཛིན་གང་ཞེ་ན། ཏིང་ངེ་འཛིན་དེས་ཏིང་ངེ་འཛིན་ཐམས་ཅད་རྒྱས་བཏབ་པ་ལྟ་བུར་འགྱུར་བ་སྟེ། འདི་ནི་རིན་ཆེན་ཕྱག་རྒྱ་ཞེས་བྱ་བའི་ཏིང་ངེ་འཛིན་ནོ། །དེ་ལས་③སེང་གེ་རྣམ་པར་རྩེ་བ་ཞེས་བྱ་བའི་ཏིང་ངེ་འཛིན་གང་ཞེ་ན། ཏིང་ངེ་འཛིན་དེ་ལ་གནས་ཤིང་ཏིང་ངེ་འཛིན་ཐམས་ཅད་ཀྱིས་རྣམ་པར་རྩེ་བ་སྟེ། འདི་ནི་སེང་གེ་རྣམ་པར་རྩེ་བ་ཞེས་བྱ་བའི་ཏིང་ངེ་འཛིན་ནོ། །དེ་ལ་ཟླ་བ་བཟང་པོ་ཞེས་བྱ་བའི་ཏིང་ངེ་འཛིན་གང་ཞེ་ན། ཏིང་ངེ་འཛིན་དེ་ལ་གནས་ཤིང་། ཏིང་ངེ་③འཛིན་ཐམས་ཅད་སྣང་བར་བྱེད་པ་སྟེ། འདི་ནི་ཟླ་བ་བཟང་པོ་ཞེས་བྱ་བའི་ཏིང་ངེ་འཛིན་ནོ། །དེ་ལ་ཟླ་བའི་རྒྱལ་མཚན་དཔལ་ཞེས་བྱ་བའི་ཏིང་ངེ་འཛིན་གང་ཞེ་ན། ཏིང་ངེ་འཛིན་དེ་ནི་ཏིང་ངེ་འཛིན་ཐམས་ཅད་ཀྱི་རྒྱལ་མཚན་འཛིན་པ་སྟེ། འདི་ནི་ཟླ་བའི་རྒྱལ་མཚན་དཔལ་ཞེས་བྱ་བའི་ཏིང་ངེ་འཛིན་ནོ། །དེ་ལ་ཆོས་ཐམས་ཅད་ལས་ཤིན་ཏུ་འཕགས་པ་ཞེས་བྱ་བའི་ཏིང་ངེ་འཛིན་གང་ཞེ་ན། ཏིང་ངེ་འཛིན་དེ་ལ་གནས་ཤིང་། ཏིང་ངེ་འཛིན་ཐམས་ཅད་ཀྱིས་མངོན་པར་འཕགས་པ་སྟེ། འདི་ནི་ཆོས་ཐམས་ཅད་ལས་ཤིན་ཏུ་འཕགས་པ་ཞེས་བྱ་བའི་ཏིང་ངེ་འཛིན་ནོ། །༔ཕདེ་ལ་ཆོས་ཐམས་ཅད་ཀྱི་ཕྱག་རྒྱ

ཞེས་བྱ་བའི་ཏིང་ངེ་འཛིན་གང་ཞེ་ན། ཏིང་ངེ་འཛིན་དེ་ལ་གནས་ཤིང་། ཆོས་ཐམས་ཅད་མི་འགྱུར་བའི་①ཕྱག་རྒྱས་②བཏབ་པ་སྟེ། འདི་ནི་ཆོས་ཐམས་ཅད་ཀྱི་ཕྱག་རྒྱ་ཞེས་བྱ་བའི་ཏིང་ངེ་འཛིན་ཏོ། །③ཟདེ་ལ་སྤྱི་གཙུག་རྣམ་པར་ལྟ་བ་ཞེས་བྱ་བའི་ཏིང་ངེ་འཛིན་གང་ཞེ་ན། ཏིང་ངེ་འཛིན་དེ་ལ་གནས་ཤིང་། ཏིང་ངེ་འཛིན་ཐམས་ཅད་ཀྱི་སྤྱི་གཙུག་རྣམ་པར་ལྟ་བ་སྟེ། འདི་ནི་སྤྱི་གཙུག་རྣམ་པར་ལྟ་བ་ཞེས་བྱ་བའི་ཏིང་ངེ་འཛིན་ཏོ། །དེ་ལ་ཆོས་ཀྱི་དབྱིངས་སུ་ངེས་པ་ཞེས་བྱ་བའི་ཏིང་ངེ་འཛིན་གང་ཞེ་ན། ཏིང་ངེ་འཛིན་དེ་ལ་གནས་ཤིང་། ཆོས་ཀྱི་དབྱིངས་སུ་རྟོགས་པར་འགྲོ་བ་སྟེ། འདི་ནི་ཆོས་ཀྱི་དབྱིངས་སུ་ངེས་པ་ཞེས་བྱ་བའི་ཏིང་ངེ་འཛིན་ཏོ། །དེ་ལ་ངེས་པའི་རྒྱལ་མཚན་དཔལ་ཞེས་བྱ་བའི་ཏིང་ངེ་འཛིན་གང་ཞེ་ན། ཏིང་ངེ་འཛིན་དེ་ལ་གནས་ཤིང་། ཏིང་ངེ་འཛིན་ཐམས་ཅད་ཀྱི་རྒྱལ་མཚན་ངེས་པ་འཛིན་པ་སྟེ། འདི་ནི་ངེས་པའི་རྒྱལ་མཚན་དཔལ་ཞེས་བྱ་བའི་ཏིང་ངེ་འཛིན་ཏོ། །དེ་ལ་རྡོ་རྗེ་ཞེས་བྱ་བའི་ཏིང་ངེ་འཛིན་གང་ཞེ་ན། ཏིང་ངེ་འཛིན་དེ་ལ་གནས་ཤིང་། ཏིང་ངེ་འཛིན་ཐམས་ཅད་འཇིག་པར་མི་འགྱུར་བ་སྟེ། འདི་ནི་རྡོ་རྗེ་ཞེས་བྱ་བའི་ཏིང་ངེ་འཛིན་ཏོ། །དེ་ལ་ཆོས་ཐམས་ཅད་ལ་འཇུག་པའི་ཕྱག་རྒྱ་ཞེས་བྱ་བའི་ཏིང་ངེ་འཛིན་གང་ཞེ་ན། ཏིང་ངེ་འཛིན་དེ་ལ་གནས་ཤིང་། ཆོས་ཐམས་ཅད་ཀྱི་ཕྱག་རྒྱ་ལ་འཇུག་པ་སྟེ། འདི་ནི་ཆོས་ཐམས་ཅད་ལ་འཇུག་པའི་ཕྱག་རྒྱ་ཞེས་བྱ་བའི་ཏིང་ངེ་འཛིན་ཏོ། །དེ་ལ་ཏིང་ངེ་འཛིན་ལ་རྒྱལ་པོ་ལྟར་རབ་ཏུ་གནས་པ་ཞེས་བྱ་བའི་ཏིང་ངེ་འཛིན་གང་ཞེ་ན། ཏིང་ངེ་འཛིན་དེ་ལ་གནས་ཤིང་། ཏིང་ངེ་འཛིན་ཐམས་ཅད་ལ་རྒྱལ་པོ་ལྟར་རབ་ཏུ་གནས་པ་སྟེ། འདི་ནི་ཏིང་ངེ་འཛིན་ལ་རྒྱལ་པོ་ལྟར་④རབ་ཏུ་གནས་པ་ཞེས་བྱ་བའི་ཏིང་ངེ་འཛིན་ཏོ། །དེ་ལ་འོད་ཟེར་རབ་ཏུ་འགྱེད་པ་ཞེས་བྱ་བའི་ཏིང་ངེ་

འཛིན་གང་ཞེ་ན། ཏིང་ངེ་འཛིན་དེ་ལ་གནས་ཤིང་། ཏིང་ངེ་འཛིན་ཐམས་ཅད་ཀྱི་འོད་ཟེར་རབ་ཏུ་འགྱེད་པ་སྟེ། འདི་ནི་འོད་ཟེར་རབ་ཏུ་འགྱེད་པ་ཞེས་བྱ་བའི་ཏིང་ངེ་འཛིན་ཏོ། །དེ་ལ་དཔུང་རྣམ་པར་བཀོད་པ་ཞེས་བྱ་བའི་ཏིང་ངེ་འཛིན་གང་ཞེ་ན། ཏིང་ངེ་འཛིན་དེ་ལ་གནས་ཤིང་། ཏིང་ངེ་འཛིན་ཐམས་ཅད་ཀྱི་སྟོབས་རྣམ་པར་འགོད་པ་སྟེ། འདི་ནི་དཔུང་རྣམ་པར་བཀོད་པ་ཞེས་བྱ་བའི་ཏིང་ངེ་འཛིན་ཏོ། །དེ་ལ་ཡང་དག་པར་འཕགས་པ་ཞེས་བྱ་བའི་ཏིང་ངེ་འཛིན་གང་ཞེ་ན། ཏིང་ངེ་འཛིན་དེ་ལ་གནས་ཤིང་། ཏིང་ངེ་འཛིན་ཐམས་ཅད་ཡང་དག་པར་འཕགས་པར་འགྱུར་བ་སྟེ། འདི་ནི་ཡང་དག་པར་འཕགས་པ་ཞེས་བྱ་བའི་ཏིང་ངེ་འཛིན་ཏོ། །དེ་ལ་ངེས་པའི་ཚིག་ལ་གདོན་མི་ཟ་བར་འཇུག་པ་ཞེས་བྱ་བའི་ཏིང་ངེ་འཛིན་གང་ཞེ་ན། ཏིང་ངེ་འཛིན་དེ་ལ་གནས་ཤིང་། ཏིང་ངེ་འཛིན་ཐམས་ཅད་ཀྱི་ངེས་པའི་ཚིག་བསྟན་པ་ལ་འཇུག་པ་སྟེ། འདི་ནི་ངེས་པའི་ཚིག་ལ་གདོན་མི་ཟ་བར་འཇུག་པ་ཞེས་བྱ་བའི་ཏིང་ངེ་འཛིན་ཏོ། །དེ་ལ་ཚིག་བླ་དགས་ལ་ཡང་དག་པར་འཇུག་པ་ཞེས་བྱ་བའི་ཏིང་ངེ་འཛིན་གང་ཞེ་ན། ཏིང་ངེ་འཛིན་དེ་ལ་གནས་ཤིང་། ཏིང་ངེ་འཛིན་ཐམས་ཅད་ཀྱི་[7]ཚིག་བླ་དགས་ལ་འཇུག་པ་སྟེ། འདི་ནི་ཚིག་བླ་དགས་ལ་ཡང་དག་པར་འཇུག་པ་ཞེས་བྱ་བའི་ཏིང་ངེ་འཛིན་ཏོ། །དེ་ལ་ཕྱོགས་རྣམ་པར་ལྟ་བ་ཞེས་བྱ་བའི་ཏིང་ངེ་འཛིན་གང་ཞེ་ན། ཏིང་ངེ་འཛིན་དེ་ལ་གནས་ཤིང་། ཏིང་ངེ་འཛིན་ཐམས་ཅད་ཀྱི་ཕྱོགས་རྣམ་པར་ལྟ་བ་སྟེ། འདི་ནི་ཕྱོགས་རྣམ་པར་ལྟ་བ་ཞེས་བྱ་བའི་ཏིང་ངེ་འཛིན་ཏོ། །དེ་ལ་ཕྱག་རྒྱ་ཡོངས་སུ་འཛིན་པ་ཞེས་བྱ་བའི་ཏིང་ངེ་འཛིན་གང་ཞེ་ན། ཏིང་ངེ་འཛིན་དེ་ལ་གནས་ཤིང་། ཏིང་ངེ་འཛིན་ཐམས་ཅད་ཀྱི་ཕྱག་རྒྱ་ཡོངས་སུ་འཛིན་པ་སྟེ། འདི་ནི་ཕྱག་རྒྱ་ཡོངས་སུ་འཛིན་པ་ཞེས་བྱ་བའི་ཏིང་ངེ་འཛིན་ཏོ། །དེ་

ལ་ཉམས་[༡]པ་མེད་པ་ཞེས་བྱ་བའི་ཏིང་ངེ་འཛིན་གང་ཞེ་ན། ཏིང་ངེ་འཛིན་དེ་ལ་གནས་ཤིང་། ཏིང་ངེ་འཛིན་ཐམས་ཅད་ཉམས་[༢]པར་མི་འགྱུར་བ་སྟེ། འདི་ནི་ཉམས་[༣]པ་མེད་པ་ཞེས་བྱ་བའི་ཏིང་ངེ་འཛིན་ཏོ། །དེ་ལ་ཆོས་ཐམས་ཅད་ཡང་དག་པར་འདུ་བ་རྒྱ་མཚོའི་ཕྱག་རྒྱ་ཞེས་བྱ་བའི་ཏིང་ངེ་འཛིན་གང་ཞེ་ན། ཏིང་ངེ་འཛིན་དེ་ལ་གནས་ཤིང་། ཏིང་ངེ་འཛིན་ཐམས་ཅད་འདུ་ཞིང་ཕོངས་སུ་ཆུད་པར་འདོད་པ་སྟེ། འདི་ནི་ཆོས་ཐམས་ཅད་ཡང་དག་པར་འདུ་བ་རྒྱ་མཚོའི་ཕྱག་རྒྱ་ཞེས་བྱ་བའི་ཏིང་ངེ་འཛིན་ཏོ། །དེ་ལ་ནམ་མཁའ་ཁྱབ་པར་འགེངས་པ་ཞེས་བྱ་བའི་ཏིང་ངེ་འཛིན་གང་ཞེ་ན། ཏིང་ངེ་འཛིན་དེ་ལ་གནས་ཤིང་། ཏིང་ངེ་འཛིན་ཐམས་ཅད་ཀྱི་[༤]ནམ་མཁའ་ཁྱབ་པར་འགེངས་པ་སྟེ། འདི་ནི་ནམ་མཁའ་ཁྱབ་པར་འགེངས་པ་ཞེས་བྱ་བའི་ཏིང་ངེ་འཛིན་ཏོ། །དེ་ལ་རྡོ་རྗེའི་དཀྱིལ་འཁོར་ཞེས་བྱ་བའི་ཏིང་ངེ་འཛིན་གང་ཞེ་ན། ཏིང་ངེ་འཛིན་དེ་ལ་གནས་ཤིང་། ཏིང་ངེ་འཛིན་ཐམས་ཅད་ཀྱི་དཀྱིལ་འཁོར་ཡོངས་སུ་འཛིན་པ་སྟེ། འདི་ནི་རྡོ་རྗེའི་དཀྱིལ་འཁོར་ཅེས་བྱ་བའི་ཏིང་ངེ་འཛིན་ཏོ། །དེ་ལ་རྒྱལ་མཚན་གྱི་རྩེ་མོའི་དཔུང་རྒྱན་ཅེས་བྱ་བའི་ཏིང་ངེ་འཛིན་གང་ཞེ་ན། ཏིང་ངེ་འཛིན་དེ་ལ་གནས་ཤིང་། ཇི་ལྟར་རྒྱལ་མཚན་དམ་པ་བཞིན། ཏིང་ངེ་འཛིན་ཐམས་ཅད་ལས་འཕགས་པ་སྟེ། འདི་ནི་རྒྱལ་མཚན་གྱི་རྩེ་མོའི་དཔུང་རྒྱན་ཅེས་བྱ་བའི་ཏིང་ངེ་འཛིན་ཏོ། །དེ་ལ་དབང་པོའི་དཔལ་ཞེས་བྱ་བའི་ཏིང་ངེ་འཛིན་གང་ཞེ་ན། ཏིང་ངེ་འཛིན་དེ་ལ་གནས་ཤིང་། ཏིང་ངེ་འཛིན་ཐམས་ཅད་ཀྱི་དབང་དམ་པ་ཐོབ་པ་སྟེ། འདི་ནི་དབང་པོའི་དཔལ་ཞེས་བྱ་བའི་ཏིང་ངེ་འཛིན་ཏོ། །དེ་ལ་རྒྱུན་གྱི་རྗེས་སུ་སོང་བ་ཞེས་བྱ་བའི་ཏིང་ངེ་འཛིན་གང་ཞེ་ན། ཏིང་ངེ་འཛིན་དེ་ལ་གནས་ཤིང་། རྒྱུན་གྱི་རྗེས་སུ་མ་ལོག་པར་ཡང་དག་པར་ཞུགས་པ་སྟེ།

འདི་ནི་རྒྱུན་གྱི་རྗེས་སུ་སོང་བ་ཞེས་བྱ་བའི་ཏིང་ངེ་འཛིན་ཏོ། །དེ་ལ་སེང་གེ་རྣམ་པར་བསྒྲིངས་པ་ཞེས་བྱ་བའི་ཏིང་ངེ་འཛིན་གང་ཞེ་ན། ཏིང་ངེ་འཛིན་དེ་ལ་གནས་ཤིང་། རྟུལ་དང་དྲི་མ་ཐམས་ཅད་རབ་ཏུ་སྤྱང་བའི་དབང་དུ་གྱུར་ཅིང་། ཇི་ལྟར་སེང་གེའི་རྒྱལ་པོ་བཞིན་དབང་ཐོབ་པས[༡]བསྒྲིངས་པ་ལྟ་བུ་སྟེ། འདི་ནི་སེང་གེ་རྣམ་པར་བསྒྲིངས་པ་ཞེས་བྱ་བའི་ཏིང་ངེ་འཛིན་ཏོ། །དེ་ལ་སྡིལ་ཞི་ཞེས་བྱ་བའི་ཏིང་ངེ་འཛིན་གང་ཞེ་ན། ཏིང་ངེ་འཛིན་དེ་ལ་གནས་ཤིང་། འཁོར་བའི་ཆོས་རྣམས་རྒྱུན་གཅོད་པར་བྱེད་པ་སྟེ། འདི་ནི་སྡིལ་ཞི་ཞེས་བྱ་བའི་ཏིང་ངེ་འཛིན་ཏོ། །དེ་ལ་ཉོན་མོངས་པ་སྤོང་བ་ཞེས་བྱ་བའི་ཏིང་ངེ་འཛིན་གང་ཞེ་ན། ཏིང་ངེ་འཛིན་དེ་ལ་གནས་ཤིང་། ཉོན་མོངས་པ་ཐམས་ཅད་ཀྱི་དྲི་མ་རབ་ཏུ་སེལ་བ་སྟེ། འདི་ནི་ཉོན་མོངས་པ་སྤོང་བ་ཞེས་བྱ་བའི་ཏིང་ངེ་འཛིན་ཏོ། །དེ་ལ་རྣམ་པར་སྣང་བ་ཞེས་བྱ་བའི་ཏིང་ངེ་འཛིན་གང་ཞེ་ན། ཏིང་ངེ་འཛིན་དེ་ལ་གནས་ཤིང་། ཏིང་ངེ་འཛིན་ཐམས་ཅད་ལྷམ་མེ། ལྷན་ནེ། ལྷང་ངེར་བྱེད་པ་སྟེ། འདི་ནི་རྣམ་པར་སྣང་བ་ཞེས་བྱ་བའི་ཏིང་ངེ་འཛིན་ཏོ། །དེ་ལ་ཚོལ་བ་མེད་པ་ཞེས་བྱ་བའི་ཏིང་ངེ་འཛིན་གང་ཞེ་ན། ཏིང་ངེ་འཛིན་དེ་ལ་གནས་ཤིང་། ཆོས་གང་ཡང་ཚོལ་བ་མེད་པ་སྟེ། འདི་ནི་ཚོལ་བ་མེད་པ་ཞེས་བྱ་བའི་ཏིང་ངེ་འཛིན་ཏོ། །དེ་ལ་གནས་ལ་ཧེན[༢]པ་མེད་པ་ཞེས་བྱ་བའི་ཏིང་ངེ་འཛིན་གང་ཞེ་ན། ཏིང་ངེ་འཛིན་དེ་ལ་གནས་ཤིང་། ཆོས་གང་ཡང་གནས་ལ་ཧེན[༣]པར་ཡང་དག་པར་རྗེས་སུ་མི་མཐོང་བ་སྟེ། འདི་ནི་གནས་ལ་ཧེན[༤]པ་མེད་པ་ཞེས་བྱ་བའི་ཏིང་ངེ་འཛིན་ཏོ། །དེ་ལ་སེམས་མེད་པ་ཞེས་བྱ་བའི་ཏིང་ངེ་འཛིན་གང་ཞེ་ན། ཏིང་ངེ་འཛིན་དེ་ལ་གནས་ཤིང་། སེམས་ཀྱང་མི་འབྱུང་། སེམས་ལས་བྱུང་བ་རྣམས་ཀྱང་མི་རྒྱུ་བ་སྟེ། འདི་ནི་སེམས་མེད་པ་ཞེས་བྱ་བའི་ཏིང་ངེ་

འཛིན་ཏོ། །དེ་ལ་དྲི་མ་མེད་པའི་སྒྲོན་མ་ཞེས་བྱ་བའི་ཏིང་ངེ་འཛིན་གང་ཞེ་ན། ཏིང་ངེ་འཛིན་དེ་ལ་གནས་ཤིང་། ཏིང་ངེ་འཛིན་ཐམས་ཅད་ཀྱི་སྒྲོན་མ་དྲི་མ་མེད་པར་བྱེད་པ་སྟེ། འདི་ནི་དྲི་མ་མེད་པའི་སྒྲོན་མ་ཞེས་བྱ་བའི་ཏིང་ངེ་འཛིན་ཏོ། །དེ་ལ་འོད་མཐའ་ཡས་པ་ཞེས་བྱ་བའི་ཏིང་ངེ་འཛིན་གང་ཞེ་ན། ཏིང་ངེ་འཛིན་དེ་ལ་གནས་ཤིང་། འོད་མཐའ་ཡས་པར་བྱེད་པ་སྟེ། འདི་ནི་འོད་མཐའ་ཡས་པ་ཞེས་བྱ་བའི་ཏིང་ངེ་འཛིན་ཏོ། །དེ་ལ་འོད་བྱེད་པ་ཞེས་བྱ་བའི་ཏིང་ངེ་འཛིན་གང་ཞེ་ན། ཏིང་ངེ་འཛིན་དེ་ལ་གནས་① ཤིང་། ཏིང་ངེ་འཛིན་འདི་ཐོབ་མ་ཐག་ཏུ། ཏིང་ངེ་འཛིན་ཐམས་ཅད་ཀྱི་འོད་བྱེད་པ་སྟེ། འདི་ནི་འོད་བྱེད་པ་ཞེས་བྱ་བའི་ཏིང་ངེ་འཛིན་ཏོ། །དེ་ལ་ཀུན་དུ་སྣང་བ་ཞེས་བྱ་བའི་ཏིང་ངེ་འཛིན་གང་ཞེ་ན། ཏིང་ངེ་འཛིན་དེ་ལ་གནས་ཤིང་། ཏིང་ངེ་འཛིན་དེ་ཐོབ་མ་ཐག་ཏུ་ཏིང་ངེ་འཛིན་ཐམས་ཅད་ཀྱི་སྒོ་སྣང་བར་བྱེད་པ་སྟེ། འདི་ནི་ཀུན་དུ་སྣང་བ་ཞེས་བྱ་བའི་ཏིང་ངེ་འཛིན་ཏོ། །དེ་ལ་དག་པ་དམ་པ་ཞེས་བྱ་བའི་ཏིང་ངེ་འཛིན་གང་ཞེ་ན། ཏིང་ངེ་འཛིན་དེ་ལ་གནས་ཤིང་། ཏིང་ངེ་འཛིན་ཐམས་ཅད་ཀྱི་དག་པ་མཉམ་པ་ཉིད་འཐོབ་པ་སྟེ། འདི་ནི་དག་པ་དམ་པ་ཞེས་བྱ་བའི་ཏིང་ངེ་འཛིན་ཏོ། །དེ་ལ་འོད་དྲི་མ་མེད་པ་ཞེས་བྱ་བའི་ཏིང་ངེ་འཛིན་གང་ཞེ་ན། ཏིང་ངེ་འཛིན་དེ་ལ་གནས་ཤིང་། ཏིང་ངེ་འཛིན་ཐམས་ཅད་ཀྱི་དྲི་མ༔སེལ་བ་② སྟེ། འདི་ནི་འོད་དྲི་མ་མེད་པ་ཞེས་བྱ་བའི་ཏིང་ངེ་འཛིན་ཏོ། །དེ་ལ་དགའ་བ་བྱེད་པ་③ ཞེས་བྱ་བའི་ཏིང་ངེ་འཛིན་གང་ཞེ་ན། ཏིང་ངེ་འཛིན་དེ་ལ་གནས་ཤིང་། ཏིང་ངེ་འཛིན་ཐམས་ཅད་ཀྱི་དགའ་བ་ཉམས་སུ་མྱོང་བར་འགྱུར་བ་སྟེ། འདི་ནི་དགའ་བ་བྱེད་པ་ཞེས་བྱ་བའི་ཏིང་ངེ་འཛིན་ཏོ། །དེ་ལ་གློག་གི་སྒྲོན་མ་ཞེས་བྱ་བའི་ཏིང་ངེ་འཛིན་གང་ཞེ་ན། ཏིང་ངེ་འཛིན་དེ་ལ

གནས་ཤིང་། ཏིང་ངེ་འཛིན་ཐམས་ཅད་ཀྱི་སྒྲོན་མ་བྱེད་པ་སྟེ། འདི་ནི་སྒྲོག··
གེ་སྒྲོན་མ་ཞེས་བྱ་བའི་ཏིང་ངེ་འཛིན་ཏོ། །དེ་ལ་ཟད་མི་ཤེས་པ་ཞེས་བྱ་བའི་ཏིང་
ངེ་འཛིན་གང་ཞེ་ན། ཏིང་ངེ་འཛིན་དེ་ལ་གནས་ཤིང་། ཏིང་ངེ་འཛིན་ཐམས་
ཅད་ཟད་ཤེས་པ་དང་། (༡)ཟད་མི་ཤེས་པ་ཡང་དག་པར་རྗེས་སུ་མི་མཐོང་བ་སྟེ།
འདི་ནི་ཟད་མི་ཤེས་པ་ཞེས་བྱ་བའི་ཏིང་ངེ་འཛིན་ཏོ། །ཿཕདེ་ལ་མི་འཕམ་(༣)པ···
ཞེས་བྱ་བའི་ཏིང་ངེ་འཛིན་གང་ཞེ་ན། ཏིང་ངེ་འཛིན་དེ་ལ་གནས་ཤིང་།
ཏིང་ངེ་འཛིན་ཐམས་ཅད་ཀྱི་སྤོབས་རབ་ཏུ་ཐོབ་པ་སྟེ། འདི་ནི་མི་འཕམ་(༣)པ་
ཞེས་བྱ་བའི་ཏིང་ངེ་འཛིན་ཏོ། །ཆ(༤)དེ་ལ་གཟི་བརྗིད་ཡོད་པ་ཞེས་བྱ་བའི་ཏིང་ངེ་
འཛིན་གང་ཞེ་ན། ཏིང་ངེ་འཛིན་དེ་ལ་གནས་ཤིང་། ཏིང་ངེ་འཛིན་ཐམས་
ཅད་ཀྱི་གཟི་བརྗིད་དང་། དཔལཿགྱིས་འབར་(༥)བར་འགྱུར་བ་སྟེ། འདི་ནི་
གཟི་བརྗིད་ཡོད་པ་ཞེས་བྱ་བའི་ཏིང་ངེ་འཛིན་ཏོ། །དེ་ལ་ཟད་པ་དང་བྲལ་བ་
ཞེས་བྱ་བའི་ཏིང་ངེ་འཛིན་གང་ཞེ་ན། ཏིང་ངེ་འཛིན་དེ་ལ་གནས་ཤིང་།
ཏིང་ངེ་འཛིན་ཐམས་ཅད་ཟད་(༦)མི་ཤེས་པར་རྗེས་སུ་མཐོང་ནས། རྡུལ་ཙམ་ཡང་
ཡང་དག་པར་རྗེས་སུ་མི་མཐོང་བ་དེ་ལྟར་མཐོང་བ་སྟེ། འདི་ནི་ཟད་པ་དང་
བྲལ་བ་ཞེས་བྱ་བའི་ཏིང་ངེ་འཛིན་ཏོ། །དེ་ལ་མི་གཡོ་བ་ཞེས་བྱ་བའི་ཏིང་ངེ་
འཛིན་གང་ཞེ་ན། ཏིང་ངེ་འཛིན་དེ་ལ་གནས་ཤིང་། ཏིང་ངེ་འཛིན་ཐམས་
ཅད་མི་གཡོ། མི་འགུལ། རབ་ཏུ་མི་འབྱེད། རློམ་སེམས་སུ་མི་བྱེད་པ་སྟེ།
འདི་ནི་མི་གཡོ་བ་ཞེས་བྱ་བའི་ཏིང་ངེ་འཛིན་ཏོ། །དེ་ལ་འཇིག་པ་མེད་པ་ཞེས་བྱ་
བའི་ཏིང་ངེ་འཛིན་གང་ཞེ་ན། ཏིང་ངེ་འཛིན་དེ་ལ་གནས་ཤིང་། ཏིང་ངེ་
འཛིན་ཐམས་ཅད་འཇིག་པར་ཡང་དག་པར་རྗེས་སུ་མི་མཐོང་བ་སྟེ། འདི་ནི་
འཇིག་པ་མེད་པ་ཞེས་བྱ་བའི་ཏིང་ངེ་འཛིན་ཏོ། །དེ་ལ་ཉི་མའི་སྒྲོན་མ་ཞེས་བྱ··

བའི་ཏིང་ངེ་འཛིན་གང་ཞེ་ན། ཏིང་ངེ་འཛིན་དེ་ལ་གནས་ཤིང་། ཏིང་ངེ
འཛིན་ཐམས་ཅད་ཀྱི་སྒོ་སྣང་བར་བྱེད་པ་སྟེ། འདི་ནི་ཉི་མའི་སྒྲོན་མ་ཞེས་བྱ
བའི་ཏིང་ངེ་འཛིན་ཏོ། །དེ་ལ་ཟླ་བ་དྲི་མ་མེད་པ་ཞེས་བྱ་བའི་ཏིང་ངེ་འཛིན་གང
ཞེ་ན། ཏིང་ངེ་འཛིན་དེ་ལ་གནས་ཤིང་། ཏིང་ངེ་འཛིན་ཐམས་ཅད་ཀྱི་(༧)མུན
པ་མེད་པར་བྱེད་པ་སྟེ། འདི་ནི་ཟླ་བ་དྲི་མ་མེད་པ་ཞེས་བྱ་བའི་ཏིང་ངེ་འཛིན་ཏོ
ཿ࿕དེ་ལ་ཤེས་རབ་སྒྲོན་མ་ཞེས་བྱ་བའི་ཏིང་ངེ་འཛིན་གང་ཞེ་ན། ཏིང་ངེ་འཛིན
དེ་ལ་གནས་ཤིང་། ཏིང་ངེ་འཛིན་ཐམས་ཅད་ཀྱིཿ ཤེས་རབ་ཀྱི་(༣)འོད་ཀྱིས་མ་རིག
པའི་མུན་པ་ཐམས་ཅད་བསལ་(༣)བར་བྱེད་པ་སྟེ། འདི་ནི་ཤེས་རབ་སྒྲོན་མ་ཞེས་བྱ
བའི་ཏིང་ངེ་འཛིན་ཏོ། །(༨)࿖དེ་ལ་སྣང་བ་གསལ་བ་ཞེས་བྱ་བའི་ཏིང་ངེ་འཛིན་གང
ཞེ་ན། ཏིང་ངེ་འཛིན་དེ་ལ་གནས་ཤིང་། ཏིང་ངེ་འཛིན་ཐམས་ཅད་ཀྱི་སོ་སོ
ཡང་དག་པར་རིག་པ་བཞི་རབ་ཏུ་འཐོབ་པ་སྟེ། འདི་ནི་སྣང་བ་གསལ་བ་ཞེས
བྱ་བའི་ཏིང་ངེ་འཛིན་ཏོ། །དེ་ལ་སྣང་བ་བྱེད་པ་(༥)ཞེས་བྱ་བའི་ཏིང་ངེ་འཛིན
གང་ཞེ་ན། ཏིང་ངེ་འཛིན་དེ་ལ་གནས་ཤིང་། ཏིང་ངེ་འཛིན་ཐམས་ཅད་ཀྱི
སྒོ་སྣང་བར་བྱེད་པ་སྟེ། འདི་ནི་སྣང་བ་བྱེད་པ་ཞེས་བྱ་བའི་ཏིང་ངེ་འཛིན་ཏོ།
དེ་ལ་བྱ་བ་བྱེད་པ་ཞེས་བྱ་བའི་ཏིང་ངེ་འཛིན་གང་ཞེ་ན། ཏིང་ངེ་འཛིན་དེ་ལ
གནས་ཤིང་། ཏིང་ངེ་འཛིན་ཐམས་ཅད་ཀྱི་བྱ་བ་རྣམས་བྱེད་པ་སྟེ། འདི་ནི
བྱ་བ་བྱེད་པ་ཞེས་བྱ་བའི་ཏིང་ངེ་འཛིན་ཏོ། །དེ་ལ་ཡེ་ཤེས་དཔལ་ཞེས་བྱ་བའི
ཏིང་ངེ་འཛིན་གང་ཞེ་ན། ཏིང་ངེ་འཛིན་དེ་ལ་གནས་ཤིང་། ཏིང་ངེ་འཛིན
ཐམས་ཅད་ཀྱི་ཡེ་ཤེས་དཔལ་ཡང་དག་པར་རྗེས་སུ་མཐོང་བ་སྟེ། འདི་ནི་ཡེ་ཤེ
དཔལ་ཞེས་བྱ་བའི་ཏིང་ངེ་འཛིན་ཏོ། །དེ་ལ་རྡོ་རྗེ་ལྟ་བུ་(༦)ཞེས་བྱ་བའི་ཏིང་ངེ
འཛིན་གང་ཞེ་ན། ཏིང་ངེ་འཛིན་དེ་ལ་གནས་ཤིང་། ཏིང་ངེ་འཛིན་ཐམས

ཅན་ལ་ཏིང་ངེ་འཛིན་ཉིད་ཀྱང་། ཡང་དག་པར་རྗེས་སུ་མི་མཐོང་བར་ཡོང་དུ་ཆུད་པར་བྱེད་པ་སྟེ། འདི་ནི་རྡོ་རྗེ་ལྟ་བུ་ཞེས་བྱ་བའི་ཏིང་ངེ་འཛིན་ཏོ། །དེ་ལ་སེམས་གནས་པ་ཞེས་བྱ་བའི་ཏིང་ངེ་འཛིན་གང་ཞེ་ན། ཏིང་ངེ་འཛིན་དེ་ལ་གནས་ཤིང་། སེམས་མི་གཡོ། རྣམ་པར་མི་གཡོ། རྣམ་པར་མི་ལྡོག་ཡོངས་སུ་ཡིད་[༡]འཆད་པར་མི་འགྱུར། ཉམས་སུ་མི་བདེ་བ་མེད་ལ། དེ་ལ་སེམས་ཞེས་བྱ་བ་ནི་འདི་ཡིན་ཞེས་བྱ་བར་སེམས་མི་འབྱུང་བ་སྟེ། འདི་ནི་སེམས་གནས་པ་ཞེས་བྱ་བའི་ཏིང་ངེ་འཛིན་ཏོ། །དེ་ལ་ཀུན་ཏུ་སྣང་བ་ཞེས་བྱ་བའི་ཏིང་ངེ་འཛིན་གང་ཞེ་ན། ཏིང་ངེ་འཛིན་དེ་ལ་གནས་ཤིང་། ཏིང་ངེ་འཛིན་ཐམས་ཅད་སྣང་བར་ཡང་དག་པར་རྗེས་སུ་མཐོང་བ་སྟེ། འདི་ནི་ཀུན་ཏུ་སྣང་བ་ཞེས་བྱ་བའི་ཏིང་ངེ་འཛིན་ཏོ། །དེ་ལ་རབ་ཏུ་གནས་པ་ཞེས་བྱ་བའི་ཏིང་ངེ་འཛིན་གང་ཞེ་ན། ཏིང་ངེ་འཛིན་དེ་ལ་གནས་ཤིང་། ཏིང་ངེ་འཛིན་ཐམས་ཅད་ལ་རབ་ཏུ་གནས་པར་འགྱུར་བ་སྟེ། འདི་ནི་རབ་ཏུ་གནས་པ་ཞེས་བྱ་བའི་ཏིང་ངེ་འཛིན་ཏོ། །དེ་ལ་རིན་ཆེན་མཐའ་ཞེས་བྱ་བའི་ཏིང་ངེ་འཛིན་གང་ཞེ་ན། ཏིང་ངེ་འཛིན་དེ་ལ་གནས་ཤིང་། ཏིང་ངེ་འཛིན་ཐམས་ཅད་རིན་ཆེན་མཐའ་ལྟར་ཀུན་ནས་སྣང་བ་སྟེ། འདི་ནི་རིན་ཆེན་མཐའ་ཞེས་བྱ་བའི་ཏིང་ངེ་འཛིན་ཏོ།། དེ་ལ་ཆོས་དམ་པའི་ཕྱག་རྒྱ་[༢]ཞེས་བྱ་བའི་ཏིང་ངེ་འཛིན་གང་ཞེ་ན། ཏིང་ངེ་འཛིན་དེ་ལ་གནས་ཤིང་། ཏིང་ངེ་འཛིན་ཐམས་ཅད་ཕྱག་རྒྱ་མེད་པའི་མཐས་[༣]ཕྱག་རྒྱས་བཏབ་པར་ཉེ་བར་བཟུང་བས་ཕྱག་རྒྱས་བཏབ་པར་འགྱུར་བ་སྟེ། འདི་ནི་ཆོས་དམ་པའི་ཕྱག་རྒྱ་ཞེས་བྱ་བའི་ཏིང་ངེ་འཛིན་ཏོ། །དེ་ལ་ཆོས་ཐམས་ཅད་མཉམ་པ་ཉིད་ཅེས་བྱ་བའི་ཏིང་ངེ་འཛིན་གང་ཞེ་ན། ཏིང་ངེ་འཛིན་དེ་ལ་གནས་ཤིང་། ཆོས་གང་ཡང་མཉམ་པ་ཉིད་དུ་མ་ཆུད་པ་མེད་པར་ཡང་

དག་པར་རྗེས་སུ་མཐོང་བ་སྟེ། འདི་ནི་ཆོས་ཐམས་ཅད་མཉམ་པ་ཉིད་ཅེས་བྱ་བའི་ཏིང་ངེ་འཛིན་ཏོ། །དེ་ལ་དགའ་བ་སྤྱོད་པ་ཞེས་བྱ་བའི་ཏིང་ངེ་འཛིན་གང་ཞེ་ན། ཏིང་ངེ་འཛིན་དེ་ལ་གནས་ཤིང་། ཏིང་ངེ་འཛིན་ཐམས་ཅད་དང་ཆོས་ཐམས་ཅད་ཀྱི་དགའ་བ་སྤྱོད་པ་སྟེ། འདི་ནི་དགའ་བ་སྤྱོད་པ་ཞེས་བྱ་བའི་ཏིང་ངེ་འཛིན་ཏོ། །དེ་ལ་ཆོས་ཀྱིས་འཕགས་པ་ཞེས་བྱ་བའི་ཏིང་ངེ་འཛིན་གང་ཞེ་ན། ཏིང་ངེ་འཛིན་དེ་ལ་གནས་ཤིང་། ཆོས་ཐམས་ཅད་ཀྱི་མུན་པ་སེལ་བ་དང་། ཏིང་ངེ་འཛིན་ཐམས་ཅད་ཀྱིས་མངོན་པར་འཕགས་པར་འགྱུར་བ་སྟེ། འདི་ནི་ཆོས་ཀྱིས་འཕགས་པ་ཞེས་བྱ་བའི་ཏིང་ངེ་འཛིན་ཏོ། །དེ་ལ་རྣམ་པར་འཐོར་བ་ཞེས་བྱ་བའི་ཏིང་ངེ་འཛིན་གང་ཞེ་ན། ཏིང་ངེ་འཛིན་དེ་ལ་གནས་ཤིང་། ཆོས་ཐམས་ཅད་རྣམ་པར་འཐོར་བ་སྟེ། འདི་ནི་རྣམ་པར་འཐོར་བ་ཞེས་བྱ་བའི་ཏིང་ངེ་འཛིན་ཏོ། །དེ་ལ་ཆོས་ཐམས་ཅད་ཀྱི་ཚིག་རབ་ཏུ་འབྱེད་པ་ཞེས་བྱ་བའི་ཏིང་ངེ་འཛིན་གང་ཞེ་ན། ཏིང་ངེ་འཛིན་དེ་ལ་གནས་ཤིང་། ཏིང་ངེ་འཛིན་ཐམས་ཅད་དང་། ཆོས་ཐམས་ཅད་ཀྱི་ཚིག་རབ་ཏུ་འབྱེད་པ་སྟེ། འདི་ནི་ཆོས་ཐམས་ཅད་ཀྱི་ཚིག་རབ་ཏུ་འབྱེད་པ་ཞེས་བྱ་བའི་ཏིང་ངེ་འཛིན་ཏོ། །དེ་ལ་ཡི་གེ་མཉམ་པར་འགོད་པ་ཞེས་བྱ་བའི་ཏིང་ངེ་འཛིན་གང་ཞེ་ན། ཏིང་ངེ་འཛིན་དེ་ལ་གནས་ཤིང་། ཏིང་ངེ་འཛིན་ཐམས་ཅད་ཀྱི་ཡི་གེ་མཉམ་པ་ཉིད་རབ་ཏུ་འཐོབ་པ་སྟེ༑ འདི་ནི་ཡི་གེ་མཉམ་པར་འགོད་པ་ཞེས་བྱ་བའི་ཏིང་ངེ་འཛིན་ཏོ། །དེ་ལ་ཡི་གེ་དང་བྲལ་བ་ཞེས་བྱ་བའི་ཏིང་ངེ་འཛིན་གང་ཞེ་ན། ཏིང་ངེ་འཛིན་དེ་ལ་གནས་ཤིང་། ཏིང་ངེ་འཛིན་ཐམས་ཅད་ཀྱི་ཡི་གེ་གཅིག་ཀྱང་དམིགས་སུ་མེད་པ་སྟེ༑ འདི་ནི་ཡི་གེ་དང་བྲལ་བ་ཞེས་བྱ་བའི་ཏིང་ངེ་འཛིན་ཏོ། །དེ་ལ་དམིགས་པ་གཅོད་པ་ཞེས་བྱ་བའི་ཏིང་ངེ་འཛིན་གང་ཞེ་ན། ཏིང་ངེ་འཛིན་དེ་ལ་

གནས་ཤིང་། ཏིང་ངེ་འཛིན་ཐམས་ཅད་ཀྱི་དམིགས་པ་འཆད་པར་འགྱུར་བ་སྟེ། འདི་ནི་དམིགས་པ་གཙོད་པ་ཞེས་བྱ་བའི་ཏིང་ངེ་འཛིན་ཏོ། །དེ་ལ་འགྱུར་བ་མེད་པ་ཞེས་བྱ་བའི་ཏིང་ངེ་འཛིན་གང་ཞེ་ན། ཏིང་ངེ་འཛིན་དེ་ལ་གནས་ཤིང་། ཆོས་ཐམས་ཅད་འགྱུར་བར་མི་དམིགས་པ་སྟེ། འདི་ནི་འགྱུར་བ་མེད་པ་ཞེས་བྱ་བའི་ཏིང་ངེ་འཛིན་ཏོ། །དེ་ལ་རྣམ་པ་མེད་པ་ཞེས་བྱ་བའི་ཏིང་ངེ་འཛིན་གང་ཞེ་ན༑ ཏིང་ངེ་འཛིན་དེ་ལ་གནས་ཤིང་། ཆོས་ཐམས་ཅད་ཀྱི་རྣམ་པ་ཙམ་ཡང་དམིགས་པ་མེད་པ་སྟེ། འདི་ནི་རྣམ་པ་མེད་པ་ཞེས་བྱ་བའི་ཏིང་ངེ་འཛིན་ཏོ། །དེ་ལ་མིང་ངེས་པར་འཇུག་པ་ཞེས་བྱ་བའི་ཏིང་ངེ་འཛིན་གང་ཞེ་ན། ཏིང་ངེ་འཛིན་དེ་ལ་གནས་ཤིང་། ངེས་པའི་ཚིག་ཐམས་ཅད་ནི་ཡང་དག་པར་དམིགས་སུ་མེད་ཅིང་། ཐ་སྙད་ལ་ལྟོས་[7]པ་ཙམ་མོ། །ཞེས་རྟོགས་པར་འཇུག་པ་སྟེ། འདི་ནི་མིང་ངེས་པར་འཇུག་པ་ཞེས་བྱ་བའི་ཏིང་ངེ་འཛིན་ཏོ། །དེ་ལ་གནས་མེད་པར་སྤྱོད་པ་ཞེས་བྱ་བའི་ཏིང་ངེ་འཛིན་གང་ཞེ་ན། ཏིང་ངེ་འཛིན་དེ་ལ་གནས་ཤིང་། ཏིང་ངེ་འཛིན་དེ་ཐམས་ཅད་ཀྱི་གནས་དམིགས་པ་མེད་པ་སྟེ། འདི་ནི་གནས་མེད་པར་སྤྱོད་པ་ཞེས་བྱ་བའི་ཏིང་ངེ་འཛིན་ཏོ། །དེ་ལ་རབ་རིབ་མེད་པ་ཞེས་བྱ་བའི་ཏིང་ངེ་འཛིན་གང་ཞེ་ན། ཏིང་ངེ་འཛིན་དེ་ལ་གནས་ཤིང་། ཆོས་ཐམས་ཅད་ཀྱི་རབ་རིབ་རྣམ་པར་སེལ་བ་སྟེ། འདི་ནི་རབ་རིབ་མེད་པ་ཞེས་བྱ་བའི་ཏིང་ངེ་འཛིན་ཏོ། །དེ་ལ་སྤྱོད་པ་དང་ལྡན་པ་ཞེས་བྱ་བའི་ཏིང་ངེ་འཛིན་གང་ཞེ་ན། ཏིང་ངེ་འཛིན་དེ་ལ་གནས་ཤིང་། ཏིང་ངེ་འཛིན་ཐམས་ཅད་ཀྱི་སྤྱོད་པ་ཡང་དག་པར་རྗེས་སུ་མི་མཐོང་བ་སྟེ། འདི་ནི་སྤྱོད་པ་དང་ལྡན་པ་ཞེས་བྱ་བའི་ཏིང་ངེ་འཛིན་ཏོ། །དེ་ལ་གཡོ་བ་མེད་པ་ཞེས་བྱ་བའི་ཏིང་ངེ་འཛིན་གང་ཞེ་ན། ཏིང་ངེ་འཛིན་དེ་ལ་གནས་ཤིང་། ཏིང་ངེ་འཛིན་ཐམས་ཅད་གཡོ་བ

མེད་པར་ཡང་དག་པར་རྗེས་སུ་མཐོང་བ་སྟེ། འདི་ནི་གཡོ་བ་མེད་པ་ཞེས་བྱ་བའི་ཏིང་ངེ་འཛིན་ཏོ། །དེ་ལ་ཡུལ་ལས་རྒྱལ་[1]བ་ཞེས་བྱ་བའི་ཏིང་ངེ་འཛིན་གང་ཞེ་ན། ཏིང་ངེ་འཛིན་དེ་ལ་གནས་ཤིང་། ཏིང་ངེ་འཛིན་ཐམས་ཅད་ཀྱི་སྤྱོད་ཡུལ་ལས་ཡང་དག་པར་འདའ་བ་སྟེ། འདི་ནི་ཡུལ་ལས་རྒྱལ་[2]བ་ཞེས་བྱ་བའི་ཏིང་ངེ་འཛིན་ཏོ། །དེ་ལ་ཡོན་ཏན་ཐམས་ཅད་ཀྱི་[3]ཚོགས་སུ་གྱུར་པ་ཞེས་བྱ་བའི་ཏིང་ངེ་འཛིན་གང་ཞེ་ན། ཏིང་ངེ་འཛིན་དེ་ལ་གནས་ཤིང་། ཆོས་ཐམས་ཅད་དང་། ཏིང་ངེ་འཛིན་ཐམས་ཅད་ཀྱི་ཡོན་ཏན་གྱི་ཚོགས་རྗེས་སུ་འཐོབ་པ་སྟེ། འདི་ནི་ཡོན་ཏན་ཐམས་ཅད་ཀྱི་ཚོགས་སུ་གྱུར་པ་ཞེས་བྱ་བའི་ཏིང་ངེ་འཛིན་ཏོ། །དེ་ལ་སེམས་མེད་པར་གནས་པ་ཞེས་བྱ་བའི་ཏིང་ངེ་འཛིན་གང་ཞེ་ན། ཏིང་ངེ་འཛིན་དེ་ལ་གནས་ཤིང་། ཏིང་ངེ་འཛིན་ཐམས་ཅད་ལ་སེམས་མི་འཇུག་པ་སྟེ། འདི་ནི་སེམས་མེད་པར་གནས་པ་ཞེས་བྱ་བའི་ཏིང་ངེ་འཛིན་ཏོ།། དེ་ལ་དགེ་བའི་མེ་ཏོག་རྒྱས་ཤིང་གསལ་བ་ཞེས་བྱ་བའི་ཏིང་ངེ་འཛིན་གང་ཞེ་ན། ཏིང་ངེ་འཛིན་དེ་ལ་གནས་ཤིང་། ཏིང་ངེ་འཛིན་ཐམས་ཅད་ཀྱི་དགེ་བའི་མེ་ཏོག་རྒྱས་ཤིང་གསལ་བ་རབ་ཏུ་འཐོབ་པ་སྟེ། འདི་ནི་དགེ་བའི་མེ་ཏོག་རྒྱས་ཤིང་གསལ་བ་ཞེས་བྱ་བའི་ཏིང་ངེ་འཛིན་ཏོ། །དེ་ལ་བྱང་ཆུབ་ཀྱི་ཡན་ལག་ཡོད་པ་ཞེས་བྱ་བའི་ཏིང་ངེ་འཛིན་གང་ཞེ་ན། ཏིང་ངེ་འཛིན་དེ་ལ་གནས་ཤིང་། ཏིང་ངེ་འཛིན་ཐམས་ཅད་ཀྱི་བྱང་ཆུབ་ཀྱི་ཡན་ལག་རབ་ཏུ་འཐོབ་པ་སྟེ། འདི་ནི་བྱང་ཆུབ་ཀྱི་ཡན་ལག་ཡོད་པ་ཞེས་བྱ་བའི་ཏིང་ངེ་འཛིན་ཏོ། །དེ་ལ་སྤོབས་པ་མཐའ་ཡས་པ་ཞེས་བྱ་བའི་ཏིང་ངེ་འཛིན་གང་ཞེ་ན། ཏིང་ངེ་འཛིན་དེ་ལ་གནས་ཤིང་། ཏིང་ངེ་འཛིན་ཐམས་ཅད་ལ་སྤོབས་པ་མཐའ་ཡས་པ་རབ་ཏུ་འཐོབ་པ་སྟེ། འདི་ནི་སྤོབས་པ་མཐའ་ཡས་པ་ཞེས་བྱ་བའི་ཏིང་ངེ་འཛིན་ཏོ། །དེ་ལ་མི་མཉམ་

པ་དང་མཉམ་པ་ཞེས་བྱ་བའི་ཏིང་ངེ་འཛིན་གང་ཞེ་ན། ཏིང་ངེ་འཛིན་དེ་ལ་གནས་ཤིང་། ཏིང་ངེ་འཛིན་ཐམས་ཅད་ལ་མི་མཉམ་(༡)པ་དང་མཉམ་པ་རབ་ཏུ་འཐོབ་པ་སྟེ། འདི་ནི་མི་མཉམ་པ་དང་མཉམ་པ་ཞེས་བྱ་བའི་ཏིང་ངེ་འཛིན་ཏོ། །དེ་ལ་ཆོས་ཐམས་ཅད་ལས་འདའ་བ་ཞེས་བྱ་བའི་ཏིང་ངེ་འཛིན་གང་ཞེ་ན། ཏིང་ངེ་འཛིན་དེ་ལ་གནས་ཤིང་ཁམས་གསུམ་པ་ཐམས་ཅད་ལས་ཡང་དག་པར་འདའ་སྟེ། འདི་ནི་ཆོས་ཐམས་ཅད་ལས་འདའ་བ་ཞེས་བྱ་བའི་ཏིང་ངེ་འཛིན་ཏོ། །དེ་ལ་ཡོངས་སུ་གཅོད་པ་ཞེས་བྱ་བའི་ཏིང་ངེ་འཛིན་གང་ཞེ་ན། ཏིང་ངེ་འཛིན་དེ་ལ་གནས་ཤིང་། ཆོས་ཐམས་ཅད་དང་། ཏིང་ངེ་འཛིན་ཐམས་ཅད་ཀྱི་(༢)རྒྱུད་མཐོང་བ་སྟེ། འདི་ནི་ཡོངས་སུ་གཅོད་པ་ཞེས་བྱ་བའི་ཏིང་ངེ་འཛིན་ཏོ། །དེ་ལ་ཉེམ་ཉུར་རྣམ་པར་སེལ་བ་ཞེས་བྱ་བའི་ཏིང་ངེ་འཛིན་གང་ཞེ་ན། ཏིང་ངེ་འཛིན་དེ་ལ་གནས་ཤིང་། ཏིང་ངེ་འཛིན་ཐམས་ཅད་དང་། ཆོས་ཐམས་ཅད་ཀྱི་ཉེམ་ཉུར་རྣམ་པར་སེལ་བ་རབ་ཏུ་འཐོབ་པ་སྟེ། འདི་ནི་ཉེམ་ཉུར་རྣམ་པར་སེལ་བ་ཞེས་བྱ་བའི་ཏིང་ངེ་འཛིན་ཏོ། །དེ་ལ་གནས་སུ་བྱ་བ་མེད་པ་ཞེས་བྱ་བའི་ཏིང་ངེ་འཛིན་གང་ཞེ་ན། ཏིང་ངེ་འཛིན་དེ་ལ་གནས་ཤིང་། ཆོས་ཐམས་ཅད་ཀྱི་གནས་ཡང་དག་པར་རྗེས་སུ་མི་མཐོང་བ་སྟེ། འདི་ནི་གནས་སུ་བྱ་བ་མེད་པ་ཞེས་བྱ་བའི་ཏིང་ངེ་འཛིན་ཏོ། །དེ་ལ་གཅིག་ཏུ་རྣམ་པར་བཀོད་པ་ཞེས་བྱ་བའི་ཏིང་ངེ་འཛིན་གང་ཞེ་ན། ཏིང་ངེ་འཛིན་དེ་ལ་གནས་ཤིང་། ཆོས་གང་ཡང་གཉིས་སུ་ཡང་དག་པར་རྗེས་སུ་མི་མཐོང་བ་སྟེ། འདི་ནི་གཅིག་ཏུ་རྣམ་པར་བཀོད་པ་ཞེས་བྱ་བའི་ཏིང་ངེ་འཛིན་ཏོ། །དེ་ལ་རྣམ་པ་མངོན་པར་སྒྲུབ་པ་ཞེས་བྱ་བའི་ཏིང་ངེ་འཛིན་གང་ཞེ་ན། ཏིང་ངེ་འཛིན་དེ་ལ་གནས་ཤིང་། ཆོས་ཐམས་ཅད་དང་། ཏིང་ངེ་འཛིན་ཐམས་ཅད་ཀྱི་རྣམ་པ་མངོན་པར་སྒྲུབ་པ་ཡང་

དག་པར་རྗེས་སུ་མི་མཐོང་བ་སྟེ། འདི་ནི་རྣམ་པ་མངོན་པར་སྒྲུབ་པ་ཞེས་བྱ་བའི་ཏིང་ངེ་འཛིན་ནོ། །དེ་ལ་རྣམ་པ་གཅིག་ཏུ་གྱུར་པ་ཞེས་བྱ་བའི་ཏིང་ངེ་འཛིན་གང་ཞེ་ན། ཏིང་ངེ་འཛིན་དེ་ལ་གནས་ཤིང་། ཏིང་ངེ་འཛིན་ཐམས་ཅད་ཀྱི་རྣམ་པ་ཡང་དག་པར་རྗེས་སུ་མི་མཐོང་བ་སྟེ། འདི་ནི་རྣམ་པ་གཅིག་ཏུ་གྱུར་པ་ཞེས་བྱ་བའི་ཏིང་ངེ་འཛིན་ནོ། །དེ་ལ་རྣམ་པ་འདོར་བ་མེད་པ་ཞེས་བྱ་བའི་ཏིང་ངེ་འཛིན་གང་ཞེ་ན། ཏིང་ངེ་འཛིན་དེ་ལ་གནས་ཤིང་། ཏིང་ངེ་འཛིན་ཐམས་ཅད་གཉིས་སུ་མེད་པར་ཡང་དག་པར་རྗེས་སུ་[2]མཐོང་བ་སྟེ། འདི་ནི་རྣམ་པ་འདོར་བ་མེད་པ་ཞེས་བྱ་བའི་ཏིང་ངེ་འཛིན་ནོ། །དེ་ལ་རྟོགས་པས་སྲིད་པའི་གཞི་ཐམས་ཅད་ཁོང་དུ་ཆུད་པ་ཞེས་བྱ་བའི་ཏིང་ངེ་འཛིན་གང་ཞེ་ན། ཏིང་ངེ་འཛིན་དེ་ལ་གནས་ཤིང་། ཏིང་ངེ་འཛིན་ཐམས་ཅད་རྟོགས་པར་བྱེད་པའི་ཡེ་ཤེས་ལ་ཞུགས་ནས། དེ་ལ་ཞུགས་པའི་ཕྱིར་ཁོང་དུ་མི་ཆུད་པ་གང་ཡང་མེད་པ་སྟེ། འདི་ནི་རྟོགས་པས་[3]སྲིད་པའི་གཞི་ཐམས་ཅད་ཁོང་དུ་ཆུད་པ་ཞེས་བྱ་བའི་ཏིང་ངེ་འཛིན་ནོ། །དེ་ལ་བརྡ་དང་སྒྲ་ལ་འཇུག་པ་ཞེས་བྱ་བའི་ཏིང་ངེ་འཛིན་གང་ཞེ་ན། ཏིང་ངེ་འཛིན་དེ་ལ་གནས་ཤིང་། ཏིང་ངེ་འཛིན་ཐམས་ཅད་ཀྱི་བརྡ་དང་སྒྲ་ལ་འཇུག་པ་སྟེ། འདི་ནི་བརྡ་དང་སྒྲ་ལ་འཇུག་པ་ཞེས་བྱ་བའི་ཏིང་ངེ་འཛིན་ནོ། །དེ་ལ་སྒྲ་དབྱངས་ཀྱི་ཡི་གེ་དང་བྲལ་བ་ཞེས་བྱ་བའི་ཏིང་ངེ་འཛིན་གང་ཞེ་ན། ཏིང་ངེ་འཛིན་དེ་ལ་གནས་ཤིང་། ཏིང་ངེ་འཛིན་ཐམས་ཅད་ཀྱི་ཡི་གེ་དང་བྲལ་བར་རྗེས་སུ་མཐོང་བ་སྟེ། འདི་ནི་སྒྲ་དབྱངས་ཀྱི་ཡི་གེ་དང་བྲལ་བ་ཞེས་བྱ་བའི་ཏིང་ངེ་འཛིན་ནོ། །དེ་ལ་སྒྲོན་མ་འབར་བ་ཞེས་བྱ་བའི་ཏིང་ངེ་འཛིན་གང་ཞེ་ན། ཏིང་ངེ་འཛིན་དེ་ལ་གནས་ཤིང་། ཏིང་ངེ་འཛིན་ཐམས་ཅད་ཀྱི་གཟི་བརྗིད་ཀྱིས་ལྷམ་མེ། ལྷན་ནེ། ལྷང་ངེར་བྱེད་པ་

འདི་ནི་སྒྲོན་མ་འབར་བ་ཞེས་བྱ་བའི་ཏིང་ངེ་འཛིན་ཏོ། །དེ་ལ་མཚན་ཉིད་ཡོངས་སུ་སྦྱོང་བ་①ཞེས་བྱ་བའི་ཏིང་ངེ་འཛིན་གང་ཞེ་ན། ཏིང་ངེ་འཛིན་དེ་ལ་གནས་ཤིང་། ཏིང་ངེ་འཛིན་ཐམས་ཅད་ཀྱི་མཚན་ཉིད་ཡོངས་སུ་དག་པར་འགྱུར་བར་བྱེད་པ་སྟེ། འདི་ནི་མཚན་ཉིད་ཡོངས་སུ་སྦྱོང་བ་②ཞེས་བྱ་བའི་ཏིང་ངེ་འཛིན་ཏོ། །དེ་ལ་མངོན་པར་དམིགས་པ་མེད་པ་ཞེས་བྱ་བའི་ཏིང་ངེ་འཛིན་གང་ཞེ་ན། ཏིང་ངེ་འཛིན་དེ་ལ་གནས་ཤིང་། ཏིང་ངེ་འཛིན་ཐམས་ཅད་མངོན་པར་དམིགས་པ་མེད་པར་ཡང་དག་པར་རྗེས་སུ་མཐོང་བ་སྟེ། འདི་ནི་མངོན་པར་དམིགས་པ་མེད་པ་ཞེས་བྱ་བའི་ཏིང་ངེ་འཛིན་ཏོ། །དེ་ལ་རྣམ་པའི་མཆོག་ཐམས་ཅད་དང་ལྡན་པ་ཞེས་བྱ་བའི་ཏིང་ངེ་འཛིན་གང་ཞེ་ན། ཏིང་ངེ་འཛིན་དེ་ལ་གནས་ཤིང་། ཏིང་ངེ་འཛིན་ཐམས་ཅད་རྣམ་པའི་མཆོག་ཐམས་ཅད་དང་ལྡན་པར་འགྱུར་བ་སྟེ། འདི་ནི་རྣམ་པའི་མཆོག་ཐམས་ཅད་དང་ལྡན་པ་ཞེས་བྱ་བའི་ཏིང་ངེ་འཛིན་ཏོ། །དེ་ལ་བདེ་བ་དང་སྡུག་བསྔལ་ཐམས་ཅད་ལ་མངོན་པར་དགའ་བ་མེད་པ་ཞེས་བྱ་བའི་ཏིང་ངེ་འཛིན་གང་ཞེ་ན། ཏིང་ངེ་འཛིན་དེ་ལ་གནས་ཤིང་། ཏིང་ངེ་འཛིན་ཐམས་ཅད་ལ་བདེ་བ་དང་། སྡུག་བསྔལ་ཡང་དག་པར་རྗེས་སུ་མི་མཐོང་བ་སྟེ། འདི་ནི་བདེ་བ་དང་སྡུག་བསྔལ་ཐམས་ཅད་ལ་མངོན་པར་དགའ་བ་མེད་པ་ཞེས་བྱ་བའི་ཏིང་ངེ་འཛིན་ཏོ། །དེ་ལ་ཟད་མི་ཤེས་པའི་ཟ་མ་ཏོག་ཅེས་བྱ་བའི་ཏིང་ངེ་འཛིན་གང་ཞེ་ན། ཏིང་ངེ་འཛིན་དེ་ལ་གནས་ཤིང་། ཏིང་ངེ་འཛིན་ཐམས་ཅད་ཟད་ཏུ་ཙུང་བར་ཡང་དག་པར་རྗེས་སུ་མ་③མཐོང་བ་སྟེ། འདི་ནི་ཟད་མི་ཤེས་པའི་ཟ་མ་ཏོག་ཅེས་བྱ་བའི་ཏིང་ངེ་འཛིན་ཏོ། །དེ་ལ་གཟུངས་ཀྱི་བློ་གྲོས་ཞེས་བྱ་བའི་ཏིང་ངེ་འཛིན་གང་ཞེ་ན། ཏིང་ངེ་འཛིན་དེ་ལ་གནས་ཤིང་། གཟུངས་ཐམས་ཅད་ཡོངས་སུ་འཛིན་པ་སྟེ།

འདི་ནི་གཟུངས་ཀྱི་སྒོ་གྲོས་ཞེས་བྱ་བའི་ཏིང་ངེ་འཛིན་ཏོ། །དེ་ལ་ཡང་དག་པ་དང་ལོག་པ་ཐམས་ཅད་ཡང་དག་པར་སེལ་བ་ཞེས་བྱ་བའི་ཏིང་ངེ་འཛིན་གང་ཞེ་ན། ཏིང་ངེ་འཛིན་དེ་ལ་གནས་ཤིང་། ཏིང་ངེ་འཛིན་ཐམས་ཅད་ཡང་དག་པ་དང་ལོག་པར་ཡང་དག་པར་རྗེས་སུ་མི་མཐོང་བ་སྟེ། འདི་ནི་ཡང་དག་པ་དང་ལོག་པ་ཐམས་ཅད་ཡང་དག་པར་སེལ་བ་ཞེས་བྱ་བའི་ཏིང་ངེ་འཛིན་ཏོ། །དེ་ལ་འགལ་བ་དང་འགོག་པ་ཐམས་ཅད་ཡང་དག་པར་ཞི་བར་བྱེད་པ་ཞེས་བྱ་བའི་ཏིང་ངེ་འཛིན་གང་ཞེ་ན། ཏིང་ངེ་འཛིན་དེ་ལ་གནས་ཤིང་། ཏིང་ངེ་འཛིན་ཐམས་ཅད་འགལ་བ་དང་འགོག་པ་ཡང་དག་པར་རྗེས་སུ་མི་མཐོང་བ་སྟེ། འདི་ནི་འགལ་བ་དང་འགོག་པ་ཐམས་ཅད་ཡང་དག་པར་ཞི་བར་བྱེད་པ་ཞེས་བྱ་བའི་ཏིང་ངེ་འཛིན་ཏོ། །དེ་ལ་འཐུན་①པ་དང་འགལ་བ་མེད་པ་ཞེས་བྱ་བའི་ཏིང་ངེ་འཛིན་གང་ཞེ་ན། ཏིང་ངེ་འཛིན་དེ་ལ་གནས་ཤིང་། ཏིང་ངེ་འཛིན་ཐམས་ཅད་ལ་འཐུན་②པ་དང་འགལ་བ་ཡང་དག་པར་རྗེས་སུ་མི་མཐོང་བ་སྟེ། འདི་ནི་འཐུན་③པ་དང་འགལ་བ་མེད་པ་ཞེས་བྱ་བའི་ཏིང་ངེ་འཛིན་ཏོ། །དེ་ལ་འོད་དྲི་མ་མེད་པ་ཞེས་བྱ་བའི་ཏིང་ངེ་འཛིན་གང་ཞེ་ན། ཏིང་ངེ་འཛིན་དེ་ལ་གནས་ཤིང་། ཏིང་ངེ་འཛིན་ཐམས་ཅད་ཀྱི་འོད་ཀྱི་དཀྱིལ་འཁོར་མི་དམིགས་པ་སྟེ། འདི་ནི་འོད་④དྲི་མ་མེད་པ་ཞེས་བྱ་བའི་ཏིང་ངེ་འཛིན་ཏོ། །དེ་ལ་སྙིང་པོ་དང་ལྡན་པ་ཞེས་བྱ་བའི་ཏིང་ངེ་འཛིན་གང་ཞེ་ན། ཏིང་ངེ་འཛིན་དེ་ལ་གནས་ཤིང་། ཏིང་ངེ་འཛིན་ཐམས་ཅད་ཀྱི་སྙིང་པོ་ཡང་དག་པར་རྗེས་སུ་མི་མཐོང་བ་སྟེ། འདི་ནི་སྙིང་པོ་དང་ལྡན་པ་ཞེས་བྱ་བའི་ཏིང་ངེ་འཛིན་ཏོ། །དེ་ལ་ཟླ་བ་དྲི་མ་མེད་པར་རྒྱས་པའི་འོད་ཅེས་བྱ་བའི་ཏིང་ངེ་འཛིན་གང་ཞེ་ན། ཏིང་ངེ་འཛིན་དེ་ལ་གནས་ཤིང་། ཏིང་ངེ་འཛིན་ཐམས་ཅད་འདི་ལྟ་སྟེ། དཔེར་ན་ཟླ་བ་ཉ་བའི་⑤

དཀྱིལ་འཁོར་ལྷར་ཡོངས་སུ་རྒྱས་པར་འགྱུར་བ་སྟེ། འདི་ནི་ཟླ་བ་དྲི་མ་མེད་པར་རྒྱས་པའི་འོད་ཅེས་བྱ་བའི་ཏིང་ངེ་འཛིན་ཏོ། །དེ་ལ་སྒློག་གི་འོད་ཅེས་བྱ་བའི་ཏིང་ངེ་འཛིན་གང་ཞེ་ན། ཏིང་ངེ་འཛིན་དེ་ལ་གནས་ཤིང་། དག་ཅིང་གསལ་བའི་འོད་ཀྱིས་སེམས་ཅན་གྱི་རིས་སྣང་བར་བྱས་ཤིང་། མུན་པ་མུན་ནགཿ གི་ཚ་[1] བ་གདུག་པ་སེལ་བར་བྱེད་པ་སྟེ། འདི་ནི་སྒློག་གི་འོད་ཅེས་བྱ་བའི་ཏིང་ངེ་འཛིན་ཏོ། །དེ་ལ་རྒྱན་ཆེན་པོ་ཞེས་བྱ་བའི་ཏིང་ངེ་འཛིན་གང་ཞེ་ན། ཏིང་ངེ་འཛིན་དེ་ལ་གནས་ཤིང་། ཏིང་ངེ་འཛིན་ཐམས་ཅད་རྒྱན་ཆེན་པོ་དང་ལྡན་པར་འགྱུར་བ་སྟེ། འདི་ནི་རྒྱན་ཆེན་པོ་ཞེས་བྱ་བའི་ཏིང་ངེ་འཛིན་ཏོ། །དེ་ལ་རྣམ་པ་ཐམས་ཅད་དུ་འོད་བྱེད་པ་ཞེས་བྱ་བའི་ཏིང་ངེ་འཛིན་གང་ཞེ་ན། ཏིང་ངེ་འཛིན་དེ་ལ་གནས་ཤིང་། ཏིང་ངེ་འཛིན་ཐམས་ཅད་སྣང་བར་བྱེད་པ་སྟེ། འདི་ནི་རྣམ་པ་ཐམས་ཅད་དུ་འོད་བྱེད་པ་ཞེས་བྱ་བའི་ཏིང་ངེ་འཛིན་ཏོ། །དེ་ལ་ཏིང་ངེ་འཛིན་མཉམ་པ་ཉིད་ཅེས་བྱ་བའི་ཏིང་ངེ་འཛིན་གང་ཞེ་ན། ཏིང་ངེ་འཛིན་དེ་ལ་གནས་ཤིང་། ཏིང་ངེ་འཛིན་ཐམས་ཅད་ལ་འབྲུག་པ་ཡང་མི་མིགས། རྩེ་གཅིག་ཀྱང་མི་དམིགས་པ་སྟེ། འདི་ནི་ཏིང་ངེ་འཛིན་མཉམ་པ་ཉིད་ཅེས་བྱ་བའི་ཏིང་ངེ་འཛིན་ཏོ། །དེ་ལ་རྡུལ་མེད་ཅིང་རྡུལ་དང་བྲལ་བའི་ཚུལ་དང་ལྡན་པ་ཞེས་བྱ་བའི་ཏིང་ངེ་འཛིན་གང་ཞེ་ན། ཏིང་ངེ་འཛིན་དེ་ལ་གནས་ཤིང་། ཏིང་ངེ་འཛིན་དང་ཆོས་ཐམས་ཅད་རྡུལ་ཅན་དང་། རྡུལ་དང་བྲལ་བར་[3] མཉམ་པ་ཉིད་དུ་རྟོགས་པ་སྟེ། འདི་ནི་རྡུལ་མེད་ཅིང་རྡུལ་དང་བྲལ་བའི་ཚུལ་དང་ལྡན་པ་ཞེས་བྱ་བའི་ཏིང་ངེ་འཛིན་ཏོ། །དེ་ལ་ཉོན་མོངས་པ་མེད་པར་ཡང་དག་པར་གཞོལ་བ་ཞེས་བྱ་བའི་ཏིང་ངེ་འཛིན་གང་ཞེ་ན། ཏིང་ངེ་འཛིན་དེ་ལ་གནས་ཤིང་། ཏིང་ངེ་འཛིན་ཐམས་ཅད་ཉོན་མོངས་པ་མེད་པར་

འགྱུར་བ་སྟེ། འདི་ནི་ཉོན་མོངས་པ་མེད་པར་ཡང་དག་པར་གཞོལ་བ་ཞེས་བྱ་བའི་ཏིང་ངེ་འཛིན་ཏོ། །དེ་ལ་ཉོན་མོངས་པ་དང་བཅས་པ་ཐམས་ཅད་ཉོན་མོངས་པ་མེད་པར་ཡང་དག་པར་གཞོལ་བ་ཞེས་བྱ་བའི་ཏིང་ངེ་འཛིན་གང་ཞེ་ན། ཏིང་ངེ་འཛིན་དེ་ལ་གནས་ཤིང་། ཉོན་མོངས་པ་དང་བཅས་པ་ཐམས་ཅད་ཉོན་མོངས་པ་མེད་པར་ཡང་དག་པར་གཞོལ་བ་འཐོབ་པར་འགྱུར་བ་སྟེ། འདི་ནི་ཉོན་མོངས་པ་དང་བཅས་པ་ཐམས་ཅད་ཉོན་མོངས་པ་མེད་པར་ཡང་དག་པར་གཞོལ་བ་ཞེས་བྱ་བའི་ཏིང་ངེ་འཛིན་ཏོ། །དེ་ལ་གནས་དམིགས་སུ་མེད་པ་ལ་བསྟེན་པ་ཞེས་བྱ་བའི་ཏིང་ངེ་འཛིན་གང་ཞེ་ན། ཏིང་ངེ་འཛིན་དེ་ལ་གནས་ཤིང་། ཏིང་ངེ་འཛིན་ཐམས་ཅད་ཀྱི་ཀུན་གཞི་ཉེ་བར་མི་དམིགས་པ་སྟེ། འདི་ནི་གནས་དམིགས་སུ་མེད་པ་ལ་བསྟེན་པ་ཞེས་བྱ་བའི་ཏིང་ངེ་འཛིན་ཏོ། །དེ་ལ་དེ་བཞིན་ཉིད་ལ་གནས་ཤིང་། སེམས་མེད་པ་ཞེས་བྱ་བའི་ཏིང་ངེ་འཛིན་གང་ཞེ་ན། ཏིང་ངེ་འཛིན་དེ་ལ་གནས་ཤིང་། ཏིང་ངེ་འཛིན་ཐམས་ཅད་ཀྱི་དེ་བཞིན་ཉིད་ལས་ཕྱིར་མི་ལྡོག་པ་སྟེ། འདི་ནི་དེ་བཞིན་ཉིད་ལ་གནས་ཤིང་། སེམས་མེད་པ་ཞེས་བྱ་བའི་ཏིང་ངེ་འཛིན་ཏོ། །དེ་ལ་ལུས་ཀྱི་སྐྱོན་ཡང་དག་པར་སེལ་བ་ཞེས་བྱ་བའི་ཏིང་ངེ་འཛིན་གང་ཞེ་ན། ཏིང་ངེ་འཛིན་དེ་ལ་གནས་ཤིང་། ཏིང་ངེ་འཛིན་ཐམས་ཅད་ཀྱི་ལུས་མི་དམིགས་པ་སྟེ། འདི་ནི་ལུས་ཀྱི་སྐྱོན་ཡང་དག་པར་སེལ་བ་ཞེས་བྱ་བའི་ཏིང་ངེ་འཛིན་ཏོ། །དེ་ལ་ངག་གི་སྐྱོན་རྣམ་པར་འཇིག་པས་ནམ་མཁའ་ལྟར་གྱུར་པ་ཞེས་བྱ་བའི་ཏིང་ངེ་འཛིན་གང་ཞེ་ན། ཏིང་ངེ་འཛིན་དེ་ལ་གནས་ཤིང་། ཏིང་ངེ་འཛིན་ཐམས་ཅད་ཀྱི་ངག་གི་ལས་མི་དམིགས་པ་སྟེ། འདི་ནི་ངག་གི་སྐྱོན་རྣམ་པར་འཇིག་པས་ནམ་མཁའ་ལྟར་གྱུར་པ་ཞེས་བྱ་བའི་ཏིང་ངེ་འཛིན་ཏོ། །[7]དེ་ལ་ནམ་མཁའ་ལྟར་ཆགས་པ་མེད་པས། རྣམ་པར་གྲོལ

ཞིང་གོས་པ་མེད་པ་ཞེས་བྱ་བའི་ཏིང་ངེ་འཛིན་གང་ཞེ་ན། ཏིང་ངེ་འཛིན་དེ་ལ་གནས་[༡]ཤིང་། ཆོས་ཐམས་ཅད་ནམ་མཁའ་ལྟར་ཆགས་པ་མེད་པས། རྣམ་པར་གྲོལ་ཞིང་གོས་པ་མེད་པ་འཐོབ་པ་སྟེ། འདི་ནི་ནམ་མཁའ་ལྟར་ཆགས་པ་མེད་པས[༢]། རྣམ་པར་གྲོལ་ཞིང་གོས་པ་མེད་པ་ཞེས་བྱ་བའི་ཏིང་ངེ་འཛིན་ཏེ[༣]། རབ་འབྱོར་འདི་ནི་བྱང་ཆུབ་སེམས་དཔའ་སེམས་དཔའ་ཆེན་པོ་[༤]ཤེས་རབ་ཀྱི་ཕ་རོལ་ཏུ་ཕྱིན་པ་ལ་སྤྱོད་པའི་ཐེག་པ་ཆེན་པོའོ། །ཤེས་རབ་ཀྱི་ཕ་རོལ་ཏུ་ཕྱིན་པ་སྟོང་ཕྲག་ཉི་ཤུ་ལྔ་པ་ལས། ལེའུ་བརྒྱད་པའོ།། །།

རབ་འབྱོར་གཞན་ཡང་བྱང་ཆུབ་སེམས་དཔའ་སེམས་དཔའ་ཆེན་པོའི་ཐེག་པ་ཆེན་པོ་འདི་ལྟ་སྟེ། དྲན་པ་ཉེ་བར་གཞག་པ་བཞི་སྟེ། བཞི་གང་ཞེ་ན། ལུས་དྲན་པ་ཉེ་བར་གཞག་པ་དང་། ཚོར་བ་དྲན་པ་ཉེ་བར་གཞག་པ་དང་། སེམས་དྲན་པ་ཉེ་བར་གཞག་པ་དང་། ཆོས་དྲན་པ་ཉེ་བར་གཞག་པའོ། །དེ་པ་ལུས་དྲན་པ་ཉེ་བར་གཞག་པ་གང་ཞེ་ན། རབ་འབྱོར་འདི་ལ་བྱང་ཆུབ་སེམས་དཔའ་སེམས་དཔའ་ཆེན་པོ་ནང་གི་ལུས་ལ་དེ་མི་དམིགས་པའི་ཚུལ་གྱིས་ལུས་ཀྱི་རྗེས་སུ་ལྟ་ཞིང་། བརྩོན་འགྲུས་ཅན་ཤེས་བཞིན་དང་ལྡན་པ། དྲན་པ་དང་ལྡན་པས། འཇིག་རྟེན་གྱི་ཆགས་སེམས་དང་། ཡིད་མི་བདེ་བ་རྣམ་པར་བསལ་ཅིང་[༥]རྣམ་པར་སྤྱོད་ཀྱང་། ལུས་དང་ལྡན་པའི་རྣམ་པར་རྟོག་པ་རྣམས་པ་རྣམ་པར་མི་རྟོག་གོ། །ཕྱིའི་ལུས་ལ་དེ་མི་དམིགས་པའི་ཚུལ་གྱིས། ལུས་ཀྱི་རྗེས་སུ་ལྟ་ཞིང་། བརྩོན་འགྲུས་ཅན་ཤེས་བཞིན་དང་ལྡན་པ། དྲན་པ་དང་ལྡན་པས། འཇིག་རྟེན་གྱི་ཆགས་སེམས་དང་། ཡིད་མི་བདེ་བ་རྣམ་པར་བསལ་ཅིང་། རྣམ་པར་སྤྱོད་ཀྱང་། ལུས་དང་ལྡན་པའི་རྣམ་པར་རྟོག་པ་

རྣམས་ལ་རྣམ་པར་མི་རྟོག་གོ། །ཕྱི་ནང་གི་ལུས་ལ་དེ་[༡]མི་དམིགས་པའི་[༢]ཚུལ
གྱིས་ལུས་ཀྱི་རྗེས་སུ་ལྟ་ཞིང་། བརྩོན་འགྲུས་ཅན་ཤེས་བཞིན་དང་ལྡན་པ
དྲན་པ་དང་ལྡན་པས། འཇིག་རྟེན་གྱི་ཆགས་སེམས་དང་། ཡིད་མི་བདེ་བ
རྣམ་པར་བསལ་ཅིང་[༣]རྣམ་པར་སྤྱོད་ཀྱང་། ལུས་དང་ལྡན་པའི་རྣམ་པར་རྟོག
པ་རྣམས་ལ་རྣམ་པར་མི་རྟོག་གོ། །ནང་གི་ཚོར་བ་དང་། སེམས་དང་
ཆོས་ལ་དེ་མི་དམིགས་པའི་ཚུལ་གྱིས་ཆོས་ཀྱི་རྗེས་སུ་ལྟ་ཞིང་། བརྩོན་འགྲུས་ཅན
ཤེས་བཞིན་དང་ལྡན་པ། དྲན་པ་དང་ལྡན་པས[༤]། འཇིག་རྟེན་གྱི་ཆགས
སེམས་དང་། ཡིད་མི་བདེ་བ་རྣམ་པར་བསལ་ཅིང་རྣམ་པར་སྤྱོད་ཀྱང་། ཆོས
དང་ལྡན་པའི་རྣམ་པར་རྟོག་པ་རྣམས་ལ་རྣམ་པར་མི་རྟོག་གོ། །ཕྱིའི་ཚོར་བ
དང་། སེམས་དང་། ཆོས་ལ་དེ་མི་དམིགས་པའི་ཚུལ་གྱིས་ཆོས་ཀྱི་རྗེས་སུ་ལྟ
ཞིང་། བརྩོན་འགྲུས་ཅན་ཤེས་བཞིན་དང་ལྡན་པ། དྲན་པ་དང་ལྡན་པས
འཇིག་རྟེན་གྱི་ཆགས་སེམས་དང་། ཡིད་མི་བདེ་བ་རྣམ་པར་བསལ་ཅིང་རྣམ
པར་སྤྱོད་ཀྱང་། ཆོས་དང་ལྡན་པའི་རྣམ་པར་རྟོག་[༥]པ་རྣམས་ལ་རྣམ་པར་མི
རྟོག་གོ། །ཕྱི་[༦]ནང་གི་ཚོར་བ་དང་། སེམས་དང་། ཆོས་ལ་དེ་མི་དམིགས
པའི་ཚུལ་གྱིས་ཆོས་ཀྱི་[༧]རྗེས་སུ་ལྟ་ཞིང་། བརྩོན་འགྲུས་ཅན་ཤེས་བཞིན་དང
ལྡན་པ། དྲན་པ་དང་ལྡན་པས། འཇིག་རྟེན་གྱི་ཆགས་སེམས་དང་། ཡིད
མི་བདེ་བ་རྣམ་པར་བསལ་ཅིང་རྣམ་པར་སྤྱོད་ཀྱང་། ཆོས་དང་ལྡན་པའི་རྣམ
པར་རྟོག་པ་རྣམས་ལ་རྣམ་པར་མི་རྟོག་གོ། །རབ་འབྱོར་ཇི་ལྟར་ན་བྱང་ཆུབ
སེམས་དཔའ་སེམས་དཔའ་ཆེན་པོ་ནང་གི་ལུས་ལ་ལུས་ཀྱི་རྗེས་སུ་ལྟ་ཞིང་རྣམ་པར
སྤྱོད་པ་ཡིན་ཞེ་ན། རབ་འབྱོར་འདི་ལ་བྱང་ཆུབ་སེམས་དཔའ་སེམས་དཔའ
ཆེན་པོ་འགྲོ་ན་འགྲོའོ་ཞེས་བྱ་བར་རབ་ཏུ་ཤེས་སོ། །འགྲེང་ན་འགྲེང་ངོ་ཞེས་བྱ

བར་རབ་ཏུ་ཤེས་སོ། །འདུག་ན་འདུག་གོ་ཞེས་བྱ་བར་རབ་ཏུ་ཤེས་སོ། །ཉལ་ན་ཉལ་ལོ་ཞེས་བྱ་བར་རབ་ཏུ་ཤེས་ཏེ[1]། དེའི་ལུས་ཉམས་བདེ་བའམ། མི་བདེ་ཡང་རུང་། ལུས་ཇི་ལྟ་ཇི་ལྟར་གནས་པ། དེ་ལྟ་དེ་ལྟར་དེས་རབ་ཏུ་ཤེས་སོ༔ །རབ་འབྱོར་དེ་ལྟར་ན་བྱང་ཆུབ་སེམས་དཔའ༔ སེམས་དཔའ་[2]ཆེན་པོ་ནང་གི་ལུས་ལ་དེ་མི་དམིགས་པའི་ཚུལ་གྱིས། ལུས་ཀྱི་རྗེས་སུ་ལྟ་ཞིང་བརྩོན་འགྲུས་ཅན༔ ཤེས་བཞིན་དང་ལྡན་པ། དྲན་པ་དང་ལྡན་པས། འཇིག་རྟེན་གྱི་ཆགས་སེམས་དང་། ཡིད་མི་བདེ་བ་རྣམ་པར་བསྐུལ་[3]ཅིང་རྣམ་པར་སྤྱོད་དོ། །རབ་འབྱོར་གཞན་ཡང་བྱང་ཆུབ་སེམས་དཔའ་སེམས་དཔའ་ཆེན་པོ་ནང་གི་ལུས་ལ་དེ་མི་དམིགས་པའི་ཚུལ་གྱིས། ལུས་ཀྱི་རྗེས་སུ་ལྟ་ཞིང་རྣམ་པར་སྤྱོད་དོ། །དེ་འགྲོའམ་འོང་ཡང་ཤེས་བཞིན་དུ་སྤྱོད་པ་ཡིན། ལྟའམ། རྣམ་པར་ལྟ་ཡང་། ཤེས་བཞིན་དུ་སྤྱོད་པ་ཡིན། བསྐུམའམ། བརྐྱང་ཡང་ཤེས་བཞིན་དུ་སྤྱོད་པ་ཡིན༔ སྣྲར་མ་དང་། ལྷུང་བཟེད་འཆང་ཞིང་སྤྱོད་ཀྱང་ཤེས་བཞིན་དུ་སྤྱོད་པ་ཡིན། ཟོས་པ་དང་། འཐོས་པ་དང་། འཐུངས་པ་དང་། མྱངས་པ་ལ་ཡང་ཤེས་བཞིན་དུ་སྤྱོད་པ་ཡིན། ཉལ་བ་དང་། གཉིད་ཀྱི་མྱ་མྱོ་བསལ་[4]བ་ཡང་ཤེས་བཞིན་དུ་སྤྱོད་པ་ཡིན། འགྲོ་བ་དང་། འོང་བ་དང་། འགྲེང་བ་དང་། འདུག་པ་དང་། གཉིད་ཀྱིས་ལོག་པ་དང་། མ་ལོག་པ་དང་། སྨྲ་བ་དང་། མི་སྨྲ་བ་དང་། ནང་དུ་ཡང་དག་འཇོག་ལ་ཡང་ཤེས་བཞིན་དུ་སྤྱོད་པ་ཡིན་ཏེ། རབ་འབྱོར་དེ་ལྟར་ན་བྱང་ཆུབ་སེམས་དཔའ་སེམས་དཔའ་ཆེན་པོ་ཤེས་རབ་ཀྱི་ཕ་རོལ་དུ་ཕྱིན་པ་ལ་སྤྱོད་པའི་ཚེ། ནང་གི་ལུས་ལ་དེ་མི་དམིགས་པའི་ཚུལ་གྱིས་ལུས་ཀྱི་རྗེས་སུ་ལྟ་ཞིང་། བརྩོན་འགྲུས་ཅན་ཤེས་བཞིན་དང་ལྡན་པ༔ དྲན་པ་དང་ལྡན་པས། འཇིག་རྟེན་གྱི་ཆགས་སེམས་དང་། ཡིད་མི་

བདེ་བ་རྣམ་པར་བསྐུལ་[1]ཅིང་རྣམ་པར་སྤྱོད་དོ། །རབ་འབྱོར་གཞན་ཡང་བྱང་ཆུབ་སེམས་དཔའ་སེམས་དཔའ་ཆེན་པོ་ཤེས་རབ་ཀྱི་ཕ་རོལ་ཏུ་ཕྱིན་པ་ལ་སྤྱོད་པའི་ཚེ། དྲན་ཞིང་དབུགས་ནང་དུ་རྒྱུ་ན་ཡང་། དྲན་ཞིང་དབུགས་ནང་དུ་རྒྱུའོ། །ཞེས་བྱ་བར་རབ་ཏུ་ཤེས་སོ། །དྲན་ཞིང་དབུགས་ཕྱིར་རྒྱུ་ན་ཡང་། དྲན་ཞིང་དབུགས་ཕྱིར་རྒྱུའོ་ཞེས་བྱ་བར་རབ་ཏུ་ཤེས་སོ། །དབུགས་ནང་དུ་རིང་དུ་རྒྱུ་ན་ཡང་། དབུགས་ནང་དུ་རིང་དུ་རྒྱུའོ་ཞེས་བྱ་བར་རབ་ཏུ་ཤེས་སོ། །དབུགས་ཕྱིར་རིང་དུ་རྒྱུ་ན་ཡང་། དབུགས་ཕྱིར་རིང་དུ་རྒྱུའོ་ཞེས་བྱ་བར་རབ་ཏུ་ཤེས་སོ། །དབུགས་ནང་དུ་ཐུང་དུ་རྒྱུ་ན་ཡང་། དབུགས་ནང་དུ་ཐུང་དུ་རྒྱུའོ་ཞེས་བྱ་བར་རབ་ཏུ་ཤེས་སོ། །དབུགས་ཕྱིར་ཐུང་དུ་རྒྱུ་ན་ཡང་། དབུགས་ཕྱིར་ཐུང་དུ་རྒྱུའོ་ཞེས་བྱ་བར་རབ་ཏུ་ཤེས་སྟེ[2]། རབ་འབྱོར་འདི་ལྟ་སྟེ། དཔེར་ན། རྫ་མཁན་འཁོར་ལོ་བསྐོར་བའམ། རྫ་མཁན་འཁོར་ལོ་བསྐོར་[3]བའི་མཚན་[4]བུ་མཁས་པ་ནི་རིང་དུ་བསྐོར་[5]ན་རིང་དུ་བསྐོར་[6]རོ་ཞེས་བྱ་བར་རབ་ཏུ་[7]ཤེས་སོ། །ཐུང་དུ་བསྐོར་[8]ན་ཐུང་དུ་བསྐོར་[9]རོ་ཞེས་བྱ་བར་རབ་ཏུ་ཤེས་སོ། །རབ་འབྱོར་དེ་བཞིན་དུ་བྱང་ཆུབ་སེམས་དཔའ་སེམས་དཔའ་ཆེན་པོ་ཡང་ཤེས་རབ་ཀྱི་ཕ་རོལ་ཏུ་ཕྱིན་པ་ལ་སྤྱོད་པའི་ཚེ། དྲན་པར་དབུགས་ནང་དུ་རྒྱུས་ན་ཡང་། དྲན་པར་དབུགས་ནང་དུ་རྒྱུས་སོ་ཞེས་བྱ་བར་རབ་ཏུ་ཤེས་སོ། །དྲན་པར་དབུགས་ཕྱིར་རྒྱུས་ན་ཡང་། དྲན་པར་དབུགས་ཕྱིར་རྒྱུས་སོ་ཞེས་བྱ་བར་རབ་ཏུ་ཤེས་སོ། །དབུགས་རིང་དུ་ནང་དུ་རྒྱུས་ན་ཡང་། དབུགས་རིང་དུ་ནང་དུ་རྒྱུས་སོ་ཞེས་བྱ་བར་རབ་ཏུ་ཤེས་སོ། །དབུགས་རིང་དུ་ཕྱིར་རྒྱུས་ན་ཡང་། དབུགས་རིང་དུ་ཕྱིར་རྒྱུས་སོ་ཞེས་བྱ་བར་རབ་ཏུ་ཤེས་སོ། །དབུགས་ཐུང་དུ་ནང་དུ་རྒྱུས་ན་ཡང་། དབུགས་ཐུང་དུ་ནང་དུ་རྒྱུས་སོ་ཞེས་བྱ་བར་རབ་ཏུ་ཤེས་སོ། །དབུགས་ཐུང་དུ་

ཕྱིར་རྒྱུས་ན་ཡང་། དབུགས་ཐུང་ངུ་ཕྱིར་རྒྱུས་སོ་ཞེས་བྱ་བར་རབ་ཏུ་ཤེས་ཏེ[1]། རབ་འབྱོར་དེ་ལྟར་ན་བྱང་ཆུབ་སེམས་དཔའ་སེམས་དཔའ་ཆེན་པོ་ཤེས་རབ་ཀྱི་ཕ་རོལ་ཏུ་ཕྱིན་པ་ལ་སྤྱོད་པའི་ཚེ། ནང་གི་ལུས་ལ་དེ་མི་དམིགས་པའི་ཚུལ་གྱིས་ལུས་ཀྱི་རྗེས་སུ་ལྟ་ཞིང་། བརྩོན་འགྲུས་ཅན་ཤེས་བཞིན་དང་ལྡན་པ། དྲན་པ་དང་ལྡན་པས། འཇིག་རྟེན་གྱི་ཆགས་སེམས་དང་། ཡིད་མི་བདེ་བ་རྣམ་པར་བསལ་ཞིང་[2]རྣམ་པར་སྤྱོད་དོ། །རབ་འབྱོར་གཞན་ཡང་བྱང་ཆུབ་སེམས་དཔའ་སེམས་དཔའ་ཆེན་པོ་ཤེས་རབ་ཀྱི་ཕ་རོལ་ཏུ་ཕྱིན་པ་ལ་སྤྱོད་པའི་ཚེ། ལུས་འདི་ལ་སའི་ཁམས་དང་། ཆུའི་ཁམས་དང་། མེའི་ཁམས་དང་། རླུང་གི་ཁམས་ཀྱང་ཡོད་དོ། །ཞེས་བྱ་བར་ཁམས་ཀྱི་རྣམ་པ་ཡང་དག་པ་ཇི་ལྟ་བ་བཞིན་དུ་རབ་དུ་རྟོག་སྟེ། རབ་འབྱོར་འདི་ལྟ་སྟེ། དཔེར་ན། བ་ལང་གི་ཤེན[3]པའམ། བ་ལང་གི་ཤེན[4]པའི་མཆན[5]བུ་མཁས་པས། མཚོན་རྣོན་པོ་ཐོགས་ཏེ། བ་ལང་བསད་ཅིང་བག་བཞིར་གཤེགས་ཏེ། སོ་སོར་ཕྱེ[6]ནས་འགྲེང་ངམ[7]འདུག་སྟེ། དེ་ལ་རབ་ཏུ་རྟོག་པ་དེ་བཞིན་དུ། བྱང་ཆུབ་སེམས་དཔའ་སེམས་དཔའ་ཆེན་པོ་ཤེས་རབ་ཀྱི་ཕ་རོལ་ཏུ་ཕྱིན་པ་ལ་སྤྱོད་པ་ཡང་། ལུས་འདི་ལ་སའི་ཁམས་དང་། ཆུའི་ཁམས་དང་། མེའི་ཁམས་དང་། རླུང་གི་ཁམས་ཀྱང་ཡོད་དོ་ཞེས་བྱ་བར་ཁམས་ཀྱི་རྣམ་པ་ཡང་དག་པ་ཇི་ལྟ་བ་བཞིན་དུ་རྟོག་སྟེ། རབ་འབྱོར་དེ་ལྟར་ན་བྱང་ཆུབ་སེམས་དཔའ་སེམས་དཔའ་ཆེན་པོ་ཤེས་རབ་ཀྱི་ཕ་རོལ་ཏུ་ཕྱིན་པ་ལ་སྤྱོད་ཅིང་། འགྲེང་ངམ་འདུག་སྟེ། ནང་གི་ལུས་ལ་དེ་མི་དམིགས་པའི་ཚུལ་གྱིས་ལུས་ཀྱི་རྗེས་སུ་ལྟ་ཞིང་། བརྩོན་འགྲུས་ཅན་ཤེས་བཞིན་དང་ལྡན་པ། དྲན་པ་དང་ལྡན་པས། འཇིག་རྟེན་གྱི་ཆགས་སེམས་དང་། ཡིད་མི་བདེ་བ་རྣམ་པར་བསལ་ཅིང་རྣམ་པར་སྤྱོད་དོ། །རབ་འབྱོར་གཞན་ཡང་

བྱང་ཆུབ་སེམས་དཔའ་སེམས་དཔའ་ཆེན་པོ་ཤེས་རབ་ཀྱི་ཕ་རོལ་ཏུ་ཕྱིན་པ་ལ་སྤྱོད་པའི་ཚེ། ལུས་འདི་ཉིད་ལ་རྐང་པའི་མཐིལ་ཡན༔ཅད། སྐྲ་དང་། ལྤགས་པ་མན་ཅད[1]། སེན་མོ་དང་། སྤུ་དང་། པགས་[2]པ་ཡན་ཅད[3]། མི་གཙང་བ་སྣ་ཚོགས་ཀྱིས་གང་བར་[4]ཡང་དག་པ་ཇི་ལྟ་བ་བཞིན་དུ་རྟོག་སྟེ། ལུས་འདི་ལ་སྐྲ་དང་། སྤུ་དང་། སེན་མོ་དང་། པགས་[5]པ་དང་། ལྤག་པ་དང་། ཤ་དང་། ཆུ་བ་དང་། ཁྲག་དང་། རུས་པ་དང་། རྐང་དང་། སྙིང་དང་། མཁལ་མ་དང་། མཆིན་པ་དང་། གློ་བ་དང་། མཚེར་པ་དང་། ལོང་ཀ་[6]དང་། རྒྱུ་མ་དང་། གཉེ་མ་དང་། ནང་གྲོལ་དང་། གཅིན་དང་། ཕྱི་ས་དང་། མཆི་མ་དང་། རྔུལ་དང་། ཚིལ་དང་། སྣབས་དང་། ངར་སྣབས་དང་། རྣག་དང་། མཁྲིས་པ་དང་། བད་ཀན་དང་། ཆུ་སེར་དང་། ཁ་ཆུ་དང་། དྲི་མ་དང་། ལྐད་[7]པ་དང་། ལྐད་[8]རྒྱས་དང་། རྟ་མ་དང་། རྣ་སྤབས་དག་ཀྱང་ཡོད་དོ་ཞེས་བྱ་བར་ཡང་དག་པ་ཇི་ལྟ་བ་བཞིན་ཏུ་རབ་ཏུ་རྟོག་སྟེ། རབ་འབྱོར་འདི་ལྟ་སྟེ་དཔེར་ན། ཆུན་པའི་སྒྲོ་སྣོད་ཏིལ་དང་། ཡུངས་ཀར་[9]དང་། སྲན་ཆུང་དང་། བལ་སྲན་དང་། ནས་དང་། གྲོ་དང་། འབྲས་དང་། འབྲུ་སྣ་ཚོགས་ཀྱིས་གང་བ། མིག་དང་ལྡན་པའི་མི་ཞིག་གིས་ཕྱེ་སྟེ་བལྟས་ན། འདི་ནི་ཏིལ་ལོ། །འདི་ནི་ཡུངས་ཀར་[10]རོ། །འདི་ནི་སྲན་ཆུང་ངོ་། །འདི་ནི་བལ་སྲན་ནོ། །འདི་ནི་ནས་སོ། །འདི་ནི་གྲོའོ། །འདི་ནི་འབྲས་སོ། །འདི་དག་ནི་དེ་མ་ཡིན་པའི་འབྲུ་གཞན་ནོ་ཞེས་བྱ་བར་རབ་ཏུ་ཤེས་སོ། །རབ་འབྱོར་དེ་བཞིན་དུ་བྱང་ཆུབ་སེམས་དཔའ་སེམས་དཔའ་ཆེན་པོ་ཡང་ལུས་འདི་ཉིད་ལ་རྐང་པའི་མཐིལ་ཡན་ཅད[11]། སྐྲ་དང་། སྤྱི་བོ་མན་ཅད[12]། སེན་མོ་དང་། སྤུ་དང་། པགས་[13]པ་ཡན་ཆད[14]། མི་གཙང་བ་

སྣ་ཚོགས་ཀྱིས་གང་བར་ཡང་དག་པ་①ཇི་ལྟ་བ་བཞིན་དུ་རབ་ཏུ་རྟོག་སྟེ། ལུས་འདི་ལ་སྐྲ་དང་། སྤུ་དང་། སེན་མོ་དང་པགས་②པ་དང་། སྐོག་པ་དང་། ཤ་དང་། ཆུ་བ་དང་། ཁྲག་དང་། རུས་པ་དང་། རྐང་དང་། སྙིང་དང་། མཁལ་མ་དང་། མཆིན་པ་དང་། གློ་བ་དང་། མཆེར་པ་དང་། ཕང་ཀ་③དང་། རྒྱུ་མ་དང་། གཉེ་མ་དང་། ནང་གྲོལ་དང་། གཅིན་དང་། ཕྱི་ས་དང་། མཆི་མ་དང་། རྔུལ་དང་། ཚིལ་དང་། སྣབས་དང་། ངར་སྣབས་དང་། རྣག་དང་། མཁྲིས་པ་དང་། བད་ཀན་དང་། ཆུ་སེར་དང་། ཁ་ཆུ་དང་། དྲི་མ་དང་། ཀླད་པ་དང་། ཀླད་རྒྱུས་དང་། ཏུ་མ་དང་། རྣ་སྤབས་དག་ཀྱང་ཡོད་དོ་ཞེས་བྱ་བར་ཡང་དག་པ་ཇི་ལྟ་བ་བཞིན་དུ་རབ་ཏུ་རྟོག་གོ། །རབ་འབྱོར་དེ་ལྟར་ན་བྱང་ཆུབ་སེམས་དཔའ་སེམས་དཔའ་ཆེན་པོ་ཤེས་རབ་ཀྱི་ཕ་རོལ་ཏུ་ཕྱིན་པ་ལ་སྤྱོད་པའི་ཚེ། ནང་གི་ལུས་ལ་དེ་མི་དམིགས་པའི་ཚུལ་གྱིས་ལུས་ཀྱི་རྗེས་སུ་ལྟ་ཞིང་། བརྩོན་འགྲུས་ཅན་ཤེས་བཞིན་དང་ལྡན་པ། དྲན་པ་དང་ལྡན་པས། འཇིག་རྟེན་གྱི་ཆགས་སེམས་དང་། ཡིད་མི་བདེ་བ་རྣམ་པར་བསལ་ཅིང་④རྣམ་པར་སྤྱོད་དོ། །རབ་འབྱོར་གཞན་ཡང་བྱང་ཆུབ་སེམས་དཔའ་སེམས་དཔའ་ཆེན་པོ་ཤེས་རབ་ཀྱི་ཕ་རོལ་ཏུ་ཕྱིན་པ་ལ་སྤྱོད་པའི་ཚེ། ནམ་དུར་⑤ཁྲོད་ན་ཡོད་པའི་གཟུགས་སྣ་ཚོགས་དུར་ཁྲོད་⑥དུ་བོར་། རོའི་མལ་དུ་བསྐྱལ་བ། ཤི་ནས་ཞག་གཅིག་ལོན་པའམ། ཤི་ནས་ཞག་གཉིས་ལོན་པའམ། ཤི་ནས་ཞག་གསུམ་ལོན་པའམ། ཤི་ནས་ཞག་བཞི་ལོན་པའམ། ཤི་ནས་ཞག་ལྔ་ལོན་པའམ། རྣམ་པར་བམ་པའམ། རྣམ་པར་སྔོས་པའམ⑦། རྣམ་པར་རྣགས་⑧པའམ། ༑རྣམ་པར་གཞིགས་པའམ།⑨ རྣམ་པར་ཟོས་པའམ། རྣམ་པར་འཐོར་བ་མཐོང་ན། དེ་ལུས་འདི་ཉིད་ཀྱི་

ཚུལ་ཡང་དེ་དང་སྦྱོར་ཏེ། ལུས་འདི་ཡང་འདི་ལྟ་བུའི་ཆོས་ཅན། འདི་ལྟ་བུའི་རང་བཞིན་ཅན་ཏེ། ཆོས་ཉིད་འདི་ལས་མ་འདས་པའོ་ཞེས་བྱ་བར་ཉེ་བར་སྦྱོར་རོ། །རབ་འབྱོར་དེ་ལྟར་ན་བྱང་ཆུབ་སེམས་དཔའ་སེམས་དཔའ་ཆེན་པོ་ཤེས་རབ་ཀྱི་ཕ་རོལ་ཏུ་ཕྱིན་པ་ལ་སྤྱོད་པའི་ཚེ། ཕྱིའི་ལུས་ལ་དེ་མི་དམིགས་པའི་ཚུལ་གྱིས་ལུས་ཀྱི་རྗེས་སུ་ལྟ་ཞིང་། བརྩོན་འགྲུས་ཅན་ཤེས་བཞིན་དང་ལྡན་པ་དྲན་པ་དང་ལྡན་པས། འཇིག་རྟེན་གྱི་ཆགས་སེམས་དང་། ཡིད་མི་བདེ་བ་རྣམ་པར་བསལ་[1]ཅིང་རྣམ་པར་སྤྱོད་དོ། །རབ་འབྱོར་གཞན་ཡང་བྱང་ཆུབ་སེམས་དཔའ་སེམས་དཔའ་ཆེན་པོ་ཤེས་རབ་ཀྱི་ཕ་རོལ་ཏུ་ཕྱིན་པ་ལ་སྤྱོད་པའི་ཚེ་ནམ་དུར་ཁྲོད་དུ་བོར་བའི་རོ་ཤི་ནས་ཞག་དྲུག་ལོན་པའམ། ཤི་ནས་ཞག་བདུན་ལོན་པ་བྱ་རོག་གམ། ཁྭའམ། འོལ་བའམ། བྱ་རྒོད་དམ། སྤྱང་ཀིའམ[2] ཝའམ། ཁྱིའམ། དེ་མ་ཡིན་པའི་སྲོག་ཆགས་ཀྱི་རིགས་སྣ་ཚོགས་ཀྱིས་བཟའ་བ་མཐོང་བ་དེའི་ཚེ་དེ་ལུས་འདི་ཉིད་ཀྱི་ཚུལ་ཡང་དེ་དང་སྦྱོར་ཏེ། ལུས་འདི་ཉིད་ཀྱང་འདི་ལྟ་བུའི་ཆོས་ཅན། འདི་ལྟ་བུའི་རང་བཞིན་ཅན་ཏེ། ཆོས་ཉིད་འདི་ལྟ་བུ་ལས་མ་འདས་སོ། །ཞེས་བྱ་བར་ཉེ་བར་རྟོག་གོ། །རབ་འབྱོར་དེ་ལྟར་ན་བྱང་ཆུབ་སེམས་དཔའ་སེམས་དཔའ་ཆེན་པོ་ཤེས་རབ་ཀྱི་ཕ་རོལ་ཏུ་ཕྱིན་པ་ལ་སྤྱོད་པའི་ཚེ། ཕྱིའི་ལུས་ལ་དེ་མི་དམིགས་པའི་ཚུལ་གྱིས་ལུས་ཀྱི་རྗེས་སུ་ལྟ་ཞིང་། བརྩོན་འགྲུས་ཅན་ཤེས་བཞིན་དང་ལྡན་པ། དྲན་པ་དང་ལྡན་པས་འཇིག་རྟེན་གྱི་ཆགས་སེམས་དང་། ཡིད་མི་བདེ་བ་རྣམ་པར་བསལ་ཅིང་རྣམ་པར་སྤྱོད་དོ། །རབ་འབྱོར་གཞན་ཡང་བྱང་ཆུབ་སེམས་དཔའ་སེམས་དཔའ་ཆེན་པོ་ཤེས་རབ་ཀྱི་ཕ་རོལ་ཏུ་ཕྱིན་པ་ལ་སྤྱོད་[3]པའི་ཚེ། ནམ་དུར་ཁྲོད་དུ་བོར་བའི་རོ་རྣམ་པར་བྲོས་པ། མི་གཙང་བ། རྣགས་[4]པ། རྣམ་པར་སྦྲུངས་[5]ང

མཐོང་བ་དེའི་ཚེ། ལུས་འདི་ཉིད་ཀྱི་ཚུལ་ཡང་དེ་དང་སྦྱར་ཏེ། ལུས་འདི་ཡང་འདི་ལྟ་བུའི་ཆོས་ཅན། འདི་ལྟ་བུའི་རང་བཞིན་ཅན་ཏེ། འདི་ལྟ་བུའི་ཆོས་ཉིད་ལས་མ་འདས་པའོ། །ཞེས་བྱ་བར་ཉེ་བར་རྟོག་གོ། །རབ་འབྱོར་དེ་ལྟར་ན་བྱང་ཆུབ་སེམས་དཔའ་སེམས་དཔའ་ཆེན་པོ་ཤེས་རབ་ཀྱི་ཕ་རོལ་ཏུ་ཕྱིན་པ་ལ་སྤྱོད་པའི་ཚེ། ཕྱིའི་ལུས་ལ་དེ་མི་དམིགས་པའི་ཚུལ་གྱིས༔ལུས་ཀྱི་(༡)རྗེས་སུ་ལྟ་ཞིང་། བརྩོན་འགྲུས་ཅན་ཤེས་བཞིན་དང་ལྡན་པ། དྲན་པ་དང་ལྡན་པས། འཇིག་རྟེན་གྱི་ཆགས་སེམས་དང་། ཡིད་མི་བདེ་བ་རྣམ་པར་བསལ་ཅིང་རྣམ་པར་སྤྱོད་དོ། །རབ་འབྱོར་གཞན་ཡང་བྱང་ཆུབ་སེམས་དཔའ་སེམས་དཔའ་ཆེན་པོ་ཤེས་རབ་ཀྱི་ཕ་རོལ་ཏུ་ཕྱིན་པ་ལ་སྤྱོད་པའི་ཚེ། ནམ་དུར་ཁྲོད་ཀྱི་རུས་པ། གང་རུས་ཤ་ར་རི་དང་། ཁྲག་ར་རི་ཆགས་པ། རྒྱུས་པས་བྲང་བྲེང་དུ་འབྲེལ་པ་མཐོང་བ་དེའི་ཚེ། དེ་ལུས་འདི་ཉིད་ཀྱི་ཚུལ་ཡང་དེ་དང་སྦྱར་ཏེ། ལུས་འདི་ཡང་འདི་ལྟ་བུའི་ཆོས་ཅན། འདི་ལྟ་བུའི་རང་བཞིན་ཅན་ཏེ། འདི་ལྟ་བུའི་ཆོས་ཉིད་ལས་མ་འདས་པའོ་ཞེས་བྱ་བར་ཉེ་བར་རྟོག་གོ། །རབ་འབྱོར་དེ་ལྟར་ན་བྱང་ཆུབ་སེམས་དཔའ་སེམས་དཔའ་ཆེན་པོ་ཤེས་རབ་ཀྱི་ཕ་རོལ་ཏུ་ཕྱིན་པ་ལ་སྤྱོད་པའི་ཚེ། ཕྱིའི་ལུས་ལ་དེ་མི་དམིགས་པའི་ཚུལ༔གྱིས་ལུས་ཀྱི་རྗེས་(༢)སུ་ལྟ་ཞིང་། བརྩོན་འགྲུས་ཅན་ཤེས་བཞིན་དང་ལྡན་པ། དྲན་པ་དང་ལྡན་པས(༣)། འཇིག་རྟེན་གྱི་ཆགས་སེམས་དང་། ཡིད་མི་བདེ་བ་རྣམ་པར་བསལ་ཅིང་(༤)རྣམ་པར་སྤྱོད་དོ། །རབ་འབྱོར་གཞན་ཡང་བྱང་ཆུབ་སེམས་དཔའ་སེམས་དཔའ་ཆེན་པོ་ཤེས་རབ་ཀྱི་ཕ་རོལ་ཏུ་ཕྱིན་པ་ལ་སྤྱོད་པའི་ཚེ། ནམ་དུར་ཁྲོད་ཀྱི་རུས་པ་གང་རུས་ཤ་དང་། ཁྲག་མེད་པ། རྒྱུས་པའི་གཟུངས་མེད་པ། དུང་གི་མདོག་ལྟར་གྱུར་པ་མཐོང་བ་དེའི་ཚེ། (༥)དེ་ལུས་འདི་ཉིད་ཀྱི་ཚུལ་ཡང་དེ་དང་ཉེ་བར་

སྒྱུར་ཏེ། ལུས་འདི་ཉིད་ཀྱང༌འདི་ལྟ་བུའི་ཆོས་ཅན་[༡]འདི་ལྟ་བུའི་རང་བཞིན་ཅན་ཏེ། འདི་ལྟ་བུའི་ཆོས་ཉིད་ལས་མ་འདས་པའོ། །ཞེས་བྱ་བར་ཉེ་བར་རྟོག་གོ། །རབ་འབྱོར་དེ་ལྟར་ན་བྱང་ཆུབ་སེམས་དཔའ་སེམས་དཔའ་ཆེན་པོ་ཤེས་རབ་ཀྱི་ཕ་རོལ་ཏུ་ཕྱིན་པ་ལ་སྤྱོད་པའི་ཚེ། ཕྱིའི་ལུས་ལ་དེ་མི་དམིགས་པའི་ཚུལ་གྱིས༌ལུས་ཀྱི་[༢]རྗེས་སུ་ལྟ་ཞིང་། བརྩོན་འགྲུས་ཅན་ཤེས་བཞིན་དང་ལྡན་པ་དྲན་པ་དང་ལྡན་པས། འཇིག་རྟེན་གྱི་ཆགས་སེམས་དང་། ཡིད་མི་བདེ་བ་རྣམ་པར་བསལ་ཅིང་རྣམ་པར་སྤྱོད་དོ།། །།

ཤེས་རབ་ཀྱི་ཕ་རོལ་ཏུ་ཕྱིན་པ་སྟོང་ཕྲག་ཉི་ཤུ་ལྔ་པ། བམ་པོ་བཅུ་བདུན་པ[༣]། རབ་འབྱོར་གཞན་ཡང་བྱང་ཆུབ་སེམས་དཔའ་སེམས་དཔའ་ཆེན་པོ་ཤེས་རབ་ཀྱི་ཕ་རོལ་ཏུ་ཕྱིན་པ་ལ་སྤྱོད་པའི་ཚེ། ནམ་དུར་ཁྲོད་ཀྱི་རུས་པ་གོང་རུས་གཟུངས་མེད་པ། ཀྱེས་པ། དུང་གི་མདོག་ལྟར་གྱུར་པ། ས་ལ་རྣམ་པར་འཐོར་བ་མཐོང་བ་དེའི་ཚེ། དེ་ལུས་འདི་ཉིད་ཀྱི་ཚུལ་ཡང་དེ་དང༌ཉེ་བར་སྒྱུར་ཏེ[༤]། ལུས་འདི་ཡང་འདི་ལྟ་བུའི་ཆོས་ཅན། འདི་ལྟ་བུའི་རང་བཞིན་ཅན་ཏེ། འདི་ལྟ་བུའི་ཆོས་ཉིད་ལས་མ་འདས་པའོ་ཞེས་བྱ་བར་ཉེ་བར་རྟོག་གོ། །རབ་འབྱོར་དེ་ལྟར་ན་བྱང་ཆུབ་སེམས་དཔའ་སེམས་དཔའ་ཆེན་པོ་ཤེས་རབ་ཀྱི་ཕ་རོལ་ཏུ་ཕྱིན་པ་ལ་སྤྱོད་པའི་ཚེ། ཕྱིའི་ལུས་ལ་དེ་མི་དམིགས་པའི་ཚུལ་གྱིས་ལུས་ཀྱི་རྗེས་སུ་ལྟ་ཞིང་། བརྩོན་འགྲུས་ཅན་ཤེས་བཞིན་དང་ལྡན་པ་དྲན་པ་དང་ལྡན་པས། འཇིག་རྟེན་གྱི་ཆགས་སེམས་དང་། ཡིད་མི་བདེ་བ་རྣམ་པར་བསལ་ཅིང་རྣམ་པར་སྤྱོད་དོ། །རབ་འབྱོར་གཞན་ཡང་བྱང་ཆུབ་སེམས་དཔའ་སེམས་དཔའ་ཆེན་པོ་ཤེས་རབ་ཀྱི་ཕ་རོལ་ཏུ་ཕྱིན་པ་ལ་སྤྱོད་པའི་ཚེ་ནམ་དུར་ཁྲོད་ཀྱི་རུས་པ་ས་ལ། ཕྱོགས་དང་ཕྱོགས་མཚམས་སུ་རྣམ་པར་འཐོར

བ། རྐང་པའི་རུས་པ་རྣམས་ཀྱང་གཞན་དུ་འཐོར། བྱིན་པའི་རུས་པ་རྣམས་ཀྱང་གཞན་དུ་འཐོར། བརླའི་རུས་པ་རྣམས་ཀྱང་གཞན་དུ་འཐོར། དཔྱིའི་རུས་པ་རྣམས་ཀྱང་གཞན་དུ་འཐོར། ཚིགས་པའི་རུས་པ་རྣམས་ཀྱང་གཞན་དུ་འཐོར། རྩིབ་མའི་རུས་པ་རྣམས་ཀྱང་གཞན་དུ་འཐོར། མཐིང་①པའི་རུས་པ་རྣམས་ཀྱང་གཞན་དུ་འཐོར། མགོའི་རུས་པ་རྣམས་ཀྱང་གཞན་དུ་འཐོར་བ་མཐོང་ན། དེ་ལུས་འདི་ཉིད་ཀྱི་ཚུལ་ཡང་དེ་དང་སྦྱོར་ཏེ། ལུས་འདི་ཡང་འདི་ལྟ་བུའི་ཆོས་ཅན། འདི་ལྟ་བུའི་རང་བཞིན་ཅན་ཏེ། ཆོས་ཉིད་འདི་ལྟ་བུ་②ལས་མ་འདས་③པའོ། །ཞེས་བྱ་བར་ཉེ་བར་རྟོག་གོ། །རབ་འབྱོར་དེ་ལྟར་ན་བྱང་ཆུབ་སེམས་དཔའ་སེམས་དཔའ་ཆེན་པོ་ཤེས་རབ་ཀྱི་ཕ་རོལ་ཏུ་ཕྱིན་པ་ལ་སྤྱོད་པའི་ཚེ། ཕྱིའི་ལུས་ལ་དེ་མི་དམིགས་པའི་ཚུལ་གྱིས༔ ལུས་ཀྱི་④རྗེས་སུ་ལྟ་ཞིང་། བརྩོན་འགྲུས་ཅན་ཤེས་བཞིན་དང་ལྡན་པ། དྲན་པ་དང་ལྡན་པས། འཇིག་རྟེན་གྱི་ཆགས་སེམས་དང་། ཡིད་མི་བདེ་བ་རྣམ་པར་བསལ་ཅིང་རྣམ་པར་སྤྱོད་དོ། །རབ་འབྱོར་གཞན་ཡང་བྱང་ཆུབ་སེམས་དཔའ་སེམས་དཔའ་ཆེན་པོ་ཤེས་རབ་ཀྱི་ཕ་རོལ་ཏུ་ཕྱིན་པ་ལ་སྤྱོད་པའི་ཚེ། ནམ་དུར་ཁྲོད་ཀྱི་རུས་པ་ལོ་དུ་མ་ལོན་པ། རླུང་དང་ཉི་མས་གདུངས་པ། དུང་གི་མདོག་ལྟར་གྱུར་པ་མཐོང་བ་དེའི་ཚེ། དེ་ལུས་འདི་ཉིད་ཀྱང་དེ་དང་ཉེ་བར་སྦྱོར་ཏེ། ལུས་འདི་ཡང་འདི་ལྟ་བུའི་ཆོས་ཅན་ཏེ། འདི་ལྟ་བུའི་ཆོས་ཉིད་ལས་མ་⑤འདས་པའོ་ཞེས་བྱ་བར་ཉེ་བར་རྟོག་གོ། །རབ་འབྱོར་དེ་ལྟར་ན་བྱང་ཆུབ་སེམས་དཔའ་སེམས་དཔའ་ཆེན་པོ་ཤེས་རབ་ཀྱི་ཕ་རོལ་ཏུ་ཕྱིན་པ་ལ་སྤྱོད་པའི་ཚེ། ཕྱིའི་ལུས་ལ་དེ་མི་དམིགས་པའི་ཚུལ་གྱིས་ལུས་ཀྱི་རྗེས་སུ་ལྟ་ཞིང་། བརྩོན་འགྲུས་ཅན་ཤེས་བཞིན་དང་ལྡན་པ། དྲན་པ་དང་ལྡན་པས། འཇིག་རྟེན་གྱི་ཆགས་སེམས་དང་། ཡིད་མི་

བདེ་བ་རྣམ་པར་བསལ་ཅིང་རྣམ་པར་སྤྱོད་དོ། །རབ་འབྱོར་གཞན་ཡང་བྱང་ཆུབ་སེམས་དཔའ་སེམས་དཔའ་[༡]ཆེན་པོ་ཤེས་རབ་ཀྱི་ཕ་རོལ་ཏུ་ཕྱིན་པ་ལ་སྤྱོད་པའི་ཚེ། ནམ་དུར་ཁྲོད་ཀྱི་རུས་པ་ཡོ་དུ་མ་ཡོན་པ། རབ་རིབ་སྣང་བ། སྔོན་པོར་གྱུར་པ། ཐི་བའི་[༢]མདོག་ལྟར་གྱུར་པ། ཟེགས་པ། བྲུལ་[༣]བ། སའི་རྡུལ་དང་འདྲ་འདྲེན་དུ་གྱུར་པ་མཐོང་བ་དེའི་ཚེ། དེ་ལུས་འདི་ཉིད་ཀྱི་ཚུལ་ཡང་དེ་དང་སྦྱོར་ཏེ། ལུས་འདི་ཉིད་ཀྱང་འདི་ལྟ་བུའི་ཆོས་ཅན། འདི་ལྟ་བུའི་རང་བཞིན་ཅན་ཏེ། འདི་ལྟ་བུའི་ཆོས་ཉིད་ལས་མ་འདས་པའོ་ཞེས་བྱ་བར་ཉེ་བར་རྟོག་གོ། །རབ་འབྱོར་དེ་ལྟར་ན་བྱང་ཆུབ་སེམས་དཔའ་སེམས་དཔའ་ཆེན་པོ་ཤེས་རབ་ཀྱི་ཕ་རོལ་ཏུ་ཕྱིན་པ་ལ་སྤྱོད་པའི་ཚེ། ནང་གི་ལུས་ལ་དེ་མི་དམིགས་པའི་ཚུལ་གྱིས་ལུས་ཀྱི་རྗེས་སུ་ལྟ[༤]། ཕྱིའི་ལུས་དང་། ཕྱི་ནང་གི་ལུས་འདི་ལ་དེ་མི་དམིགས་པའི་ཚུལ་གྱིས་[༥]ལུས་ཀྱི་རྗེས་སུ་ལྟ་ཞིང་། བརྩོན་འགྲུས་ཅན་ཤེས་བཞིན་[༦]དང་ལྡན་པ། དྲན་པ་དང་ལྡན་པས། འཇིག་རྟེན་གྱི་ཆགས་སེམས་དང་། ཡིད་མི་བདེ་བ་རྣམ་པར་བསལ་ཅིང་རྣམ་པར་སྤྱོད་དོ། །ནང་གི་ཚོར་བ་དང་། ཕྱིའི་ཚོར་བ་དང་། ཕྱི་ནང་གི་ཚོར་བ་ལ་དེ་མི་དམིགས་པའི་ཚུལ་གྱིས་ཚོར་བའི་རྗེས་སུ་ལྟ། ནང་གི་སེམས་དང་། ཕྱིའི་སེམས་དང་། ཕྱི་ནང་གི་[༧]སེམས་ལ་དེ་མི་དམིགས་པའི་ཚུལ་གྱིས་སེམས་ཀྱི་རྗེས་སུ་ལྟ། ནང་གི་ཆོས་དང་། ཕྱིའི་ཆོས་དང་། ཕྱི་ནང་གི་ཆོས་ལ་དེ་མི་དམིགས་པའི་ཚུལ་གྱིས་ཆོས་ཀྱི་རྗེས་སུ་ལྟ་ཞིང་། བརྩོན་འགྲུས་ཅན། ཤེས་བཞིན་དང་ལྡན་པ། དྲན་པ་དང་ལྡན་པས། འཇིག་རྟེན་གྱི་ཆགས་སེམས་དང་། ཡིད་མི་བདེ་བ་རྣམ་པར་བསྩལ་[༨]ཅིང་རྣམ་པར་སྤྱོད་དོ། །རབ་འབྱོར་འདི་ཡང་བྱང་ཆུབ་སེམས་དཔའ་སེམས་དཔའ་ཆེན་པོའི་ཐེག་པ་ཆེན་པོའོ། །རབ་འབྱོར་གཞན་ཡང་

བྱང་ཆུབ་སེམས་དཔའ་སེམས་དཔའ་ཆེན་པོའི་ཐེག་པ་ཆེན་པོ་ནི་འདི་ལྟར་ཡང་དག་པར་སྦྱོང་བ་བཞི་སྟེ། བཞི་གང་ཞེ་ན། རབ་འབྱོར་འདི་ལ་བྱང་ཆུབ་སེམས་དཔའ་སེམས་དཔའ་ཆེན་པོ་ཤེས་རབ་ཀྱི་ཕ་རོལ་ཏུ་ཕྱིན་པ་ལ་སྤྱོད་པའི་ཚེ། སྡིག་ཏོ་མི་དགེ་བའི་ཆོས་མ་སྐྱེས་པ[1]རྣམས་མི་བསྐྱེད་པའི་ཕྱིར། དེ་མི་དམིགས་པའི་ཚུལ་གྱིས་སོས་པར་སྐྱེད[2]ཅིང་རྩོལ་ལོ། །བརྩོན་འགྲུས་རྩོམ་མོ། །སེམས་ཀྱི་མཐུ་སྐྱེད[3]དོ། །ཡང་དག་པར་སྨོན་ལམ་འདེབས་སོ། །སྡིག་ཏོ་མི་དགེ་བའི་ཆོས་སྐྱེས་པ[4]རྣམས་སྤང[5]བའི་ཕྱིར། དེ་མི་དམིགས་པའི་ཚུལ་གྱིས་སོས་པ་སྐྱེད[6]ཅིང་རྩོལ་ལོ། །བརྩོན་འགྲུས་རྩོམ[7]མོ། །སེམས་ཀྱི་མཐུ་སྐྱེད[8]དོ། །ཡང་དག་པར་སྨོན་ལམ་འདེབས་སོ། །དགེ་བའི་ཆོས་མ་སྐྱེས་པ་རྣམས་བསྐྱེད་པའི་ཕྱིར། དེ་མི་དམིགས་པའི་ཚུལ་གྱིས་སོས་པ་སྐྱེད[9]ཅིང་རྩོལ་ལོ། །བརྩོན་འགྲུས་རྩོམ་མོ། །སེམས་ཀྱི་མཐུ་སྐྱེད[10]དོ། །ཡང་དག་པར་སྨོན་ལམ་འདེབས་སོ། །དགེ་བའི་ཆོས་སྐྱེས་པའི[11]རྣམས་གནས་པ་དང་། ཕྱིར་ཞིང་བསྒོམ་པ་དང་། ཉམས་པར་མི་འགྱུར་བ་དང་། ཡོངས་སུ་རྫོགས་པར་བྱ་བའི་ཕྱིར། དེ་མི་དམིགས་པའི་ཚུལ་གྱིས་སོས་པ་སྐྱེད[12]ཅིང་རྩོལ་ལོ། །བརྩོན་འགྲུས་རྩོམ[13]མོ། །སེམས་ཀྱི་མཐུ་སྐྱེད[14]དོ། །ཡང་དག་པར་སྨོན་ལམ་འདེབས་ཏེ[15]། རབ་འབྱོར་འདི་ཡང[16]བྱང་ཆུབ་སེམས་དཔའ་སེམས་དཔའ་ཆེན་པོའི་ཐེག་པ་ཆེན་པོའོ། །

རབ་འབྱོར་གཞན་ཡང་བྱང་ཆུབ་སེམས་དཔའ་སེམས་དཔའ་ཆེན་པོའི་ཐེག་པ་ཆེན་པོ་ནི། འདི་ལྟར་རྫུ་འཕྲུལ་གྱི་རྐང་པ་བཞི་སྟེ། བཞི་གང་ཞེ་ན། རབ་འབྱོར་འདི་ལ་བྱང་ཆུབ་སེམས་དཔའ་སེམས་དཔའ་ཆེན་པོ་ཤེས་རབ་ཀྱི་ཕ་རོལ་ཏུ་ཕྱིན་པ་ལ་སྤྱོད་པའི་ཚེ། སོས་པའི་ཏིང་ངེ་འཛིན་སྤོང་བའི་འདུ་བྱེད་དང་། ལྡན་པའི་རྫུ་འཕྲུལ་གྱི་རྐང་པ་དབེན་པ་ལ་གནས་པ། འདོད་ཆགས་དང་བྲལ་བ་ལ་གནས་

པ༔ འགོག་པ་ལ་གནས་པ། རྣམ་པར་སྤྱོད་བས་①ཡོངས་སུ་གྲུབ་པ་སྙོམ་②སོ།། བརྩོན་འགྲུས་ཀྱི་ཏིང་ངེ་འཛིན་སྤྱོད་བའི་འདུ་བྱེད་དང་ལྡན་པའི་རྫུ་འཕྲུལ་གྱི་རྐང་པ་དབེན་པ་ལ་གནས་པ། འདོད་ཆགས་དང་བྲལ་བ་ལ་གནས་པ། འགོག་པ་ལ་གནས་③པ། རྣམ་པར་སྤྱོད་བས་ཡོངས་སུ་གྲུབ་པ་སྙོམ་④སོ། །སེམས་ཀྱི་ཏིང་ངེ་འཛིན་སྤྱོད་བའི་འདུ་བྱེད་དང་ལྡན་པའི་རྫུ་འཕྲུལ་གྱི་རྐང་པ་དབེན་པ་ལ་གནས་པ། འདོད་ཆགས་དང་བྲལ་བ་ལ་གནས་པ། འགོག་པ་ལ་གནས་པ་རྣམ་པར་སྤྱོད་བས་ཡོངས་སུ་གྲུབ་པ་སྙོམ་⑤སོ། །དཔྱོད་པའི་ཏིང་ངེ་འཛིན་སྤྱོད་བའི་འདུ་བྱེད་དང་ལྡན་པའི་རྫུ་འཕྲུལ་གྱི་རྐང་པ་དབེན་པ་ལ་གནས་པ། འདོད་ཆགས་དང་བྲལ་བ་ལ་གནས་པ། འགོག་པ་ལ་གནས་པ་རྣམ་པར་སྤྱོད་བས་ཡོངས་སུ་གྲུབ་པ་སྙོམ་⑥སྟེ། རབ་འབྱོར་འདི་ཡང་དེ་མི་དམིགས་པའི་ཚུལ་གྱིས་བྱང་ཆུབ་སེམས་དཔའ་སེམས་དཔའ་ཆེན་པོའི་ཐེག་པ་ཆེན་པོའོ། །རབ་འབྱོར་གཞན་ཡང་བྱང་ཆུབ་སེམས་དཔའ་སེམས་དཔའ་ཆེན་པོའི་ཐེག་པ་ཆེན་པོ་ནི། འདི་ལྟར་དབང་པོ་ལྔ་སྟེ། ལྔ་གང་ཞེ་ན། དད་པའི་དབང་པོ་དང་། བརྩོན་འགྲུས་ཀྱི་དབང་པོ་དང་། དྲན་པའི་དབང་པོ་དང་། ཏིང་ངེ་འཛིན་གྱི་དབང་པོ་དང་། ཤེས་རབ་ཀྱི་དབང་པོ་སྟེ། རབ་འབྱོར་འདི་ཡང་དེ་མི་དམིགས་པའི་ཚུལ་གྱིས་བྱང་ཆུབ་སེམས་དཔའ་སེམས་དཔའ་ཆེན་པོའི་ཐེག་པ་ཆེན་པོའོ། །རབ་འབྱོར་གཞན་ཡང་བྱང་ཆུབ་སེམས་དཔའ་སེམས་དཔའ་ཆེན་པོའི་ཐེག་པ་ཆེན་པོ་ནི། འདི་ལྟར་སྟོབས་ལྔ་སྟེ། ལྔ་གང་ཞེ་ན། དད་པའི་སྟོབས་དང་། བརྩོན་འགྲུས་ཀྱི་སྟོབས་དང་། དྲན་པའི་སྟོབས་དང་། ཏིང་ངེ་འཛིན་གྱི་སྟོབས་དང་། ཤེས་རབ་ཀྱི་སྟོབས་ཏེ། རབ་འབྱོར་འདི་ཡང་དེ་མི་དམིགས་པའི་ཚུལ་གྱིས་བྱང་ཆུབ་སེམས་དཔའ་སེམས་དཔའ་ཆེན་པོའི་ཐེག་པ་ཆེན་པོའོ། །

རབ་འབྱོར་གཞན་ཡང་བྱང་ཆུབ་སེམས་དཔའ་སེམས་དཔའ་ཆེན་པོའི་ཐེག་པ་ཆེན་
པོ་ནི། འདི་ལྟར་བྱང་ཆུབ་ཀྱི་ཡན་ལག་བདུན་ཏེ[1]། བདུན་གང་ཞེ་ན།
དྲན་པ་ཡང་དག་བྱང་ཆུབ་ཀྱི་ཡན་ལག་དབེན་པ་ལ་གནས་པ། འདོད་ཆགས་
དང་བྲལ་བ་ལ་གནས་པ། འགོག་པ་ལ་གནས་པ་[2]རྣམ་པར་སྦྱོང་བས།
ཡོངས་སུ་གྱུབ་པ་དེ་མི་དམིགས་པའི་ཚུལ་གྱིས་སྒོམ་[3]སོ། །ཆོས་རྣམ་པར་འབྱེད་
པ་ཡང་དག་བྱང་ཆུབ་ཀྱི་ཡན་ལག་དང་། བརྩོན་འགྲུས་ཡང་དག་བྱང་ཆུབ་ཀྱི་
ཡན་ལག་དང་། དགའ་བ་ཡང་དག་བྱང་ཆུབ་ཀྱི་ཡན་ལག་དང་། ཤིན་ཏུ་
སྦྱངས་པ་[4]ཡང་དག་བྱང་ཆུབ་ཀྱི་ཡན་ལག་དང་། ཏིང་ངེ་འཛིན་ཡང་དག་བྱང་
ཆུབ་ཀྱི་ཡན་ལག་དང་། བཏང་སྙོམས་ཡང་དག་བྱང་ཆུབ་ཀྱི་ཡན་ལག་དབེན་པ་
ལ་གནས་པ། འདོད་ཆགས་དང་བྲལ་བ་ལ་གནས་པ། འགོག་པ་ལ་གནས་པ་
རྣམ་པར་སྦྱོང་བས། ཡོངས་སུ་གྱུབ་པ་དེ་མི་དམིགས་པའི་ཚུལ་གྱིས་སྒོམ་[5]སྟེ།
རབ་འབྱོར་འདི་ཡང་བྱང་ཆུབ་སེམས་དཔའ་སེམས་དཔའ་ཆེན་པོའི་ཐེག་པ་ཆེན་
པོའོ། །རབ་འབྱོར་གཞན་ཡང་བྱང་ཆུབ་སེམས་དཔའ་སེམས་དཔའ་ཆེན་པོའི་
ཐེག་པ་ཆེན་པོ་ནི། འདི་ལྟར་འཕགས་པའི་ལམ་ཡན་ལག་བརྒྱད་པ་སྟེ། དེ་
ཡང་[6]གང་ཞེ་ན། ཡང་དག་པའི་ལྟ་བ་དབེན་པ་ལ་གནས་པ། འདོད་ཆགས་
དང་བྲལ་བ་ལ་གནས་པ། འགོག་པ་ལ་གནས་པ་རྣམ་པར་སྦྱོང་བས། ཡོངས་
སུ་གྱུབ་པ་དེ་མི་དམིགས་པའི་ཚུལ་གྱིས་སྒོམ་[7]སོ། །ཡང་དག་པའི་རྟོག་པ་དང་།
ཡང་དག་པའི་ངག་དང་། ཡང་དག་པའི་ལས་ཀྱི་མཐའ་དང་། ཡང་དག་པའི་
འཚོ་བ་དང་། ཡང་དག་པའི་རྩོལ་བ་དང་། ཡང་དག་པའི་དྲན་པ་དང་།
ཡང་དག་པའི་ཏིང་ངེ་འཛིན་དབེན་པ་ལ་གནས་པ། འདོད་ཆགས་དང་བྲལ་བ་
ལ་གནས་པ། འགོག་པ་ལ་གནས་པ་རྣམ་པར་སྦྱོང་བས། ཡོངས་སུ་གྱུབ་པ་དེ་

མི་དམིགས་པའི་ཚུལ་གྱིས་སྒོམ་(༡)སྟེ། རབ་འབྱོར་འདི་ཡང་བྱང་ཆུབ་སེམས་དཔའ་སེམས་དཔའ་ཆེན་པོའི་ཐེག་པ་ཆེན་པོའོ། །རབ་འབྱོར་གཞན་ཡང་བྱང་ཆུབ་སེམས་དཔའ་(༢)ཆེན་པོའི་ཐེག་པ་ཆེན་པོ་ནི་འདི་ལྟར། ཏིང་ངེ་འཛིན་གསུམ་སྟེ། གསུམ་གང་ཞེ་ན། སྟོང་པ་ཉིད་ཀྱི་ཏིང་ངེ་འཛིན་དང་། མཚན་མ་མེད་པའི་ཏིང་ངེ་འཛིན་དང་། སྨོན་པ་མེད་པའི་ཏིང་ངེ་འཛིན་ཏོ། །དེ་ལ་སྟོང་པ་ཉིད་ཀྱི་ཏིང་ངེ་འཛིན་གང་ཞེ་ན། ཆོས་ཐམས་ཅད་རང་གི་མཚན་ཉིད་ཀྱིས་སྟོང་པ་ཉིད་དུ་རྟོག་པའི་ཚེ། སེམས་གནས་པ་སྟོང་པ་ཉིད་རྣམ་པར་ཐར་པའི་སྒོ་སྟེ། འདི་ནི་སྟོང་པ་ཉིད་ཀྱི་ཏིང་ངེ་འཛིན་ཅེས་བྱའོ། །དེ་ལ་མཚན་མ་མེད་པའི་ཏིང་ངེ་འཛིན་གང་ཞེ་ན། ཆོས་ཐམས་ཅད་མཚན་མ་མེད་པར་རྟོག་པའི་ཚེ། སེམས་གནས་པ་མཚན་མ་མེད་པ་རྣམ་པར་ཐར་པའི་སྒོ་སྟེ། འདི་ནི་མཚན་མ་མེད་པའི་ཏིང་ངེ་འཛིན་ཅེས་བྱའོ། །དེ་ལ་སྨོན་པ་མེད་པའི་ཏིང་ངེ་འཛིན་གང་ཞེ་ན། ཆོས་ཐམས་ཅད་མངོན་པར་འདུ་བྱ་བ་(༣)མེད་དོ། །ཞེས་མངོན་པར་འདུ་མི་བྱེད་པའི་ཚེ། སེམས་གནས་པ་སྨོན་པ་མེད་པ་རྣམ་པར་ཐར་པའི་སྒོ་སྟེ། འདི་ནི་སྨོན་པ་མེད་པའི་ཏིང་ངེ་འཛིན་ཅེས་བྱའོ། །རྣམ་པར་ཐར་པའི་སྒོ་གསུམ་པོ་དེ་དག་ལ་ཞུམ་པ་མེད་པར་དྲན་པར་བྱ་སྟེ། རབ་འབྱོར་འདི་ཡང་དེ་མི་དམིགས་པའི་ཚུལ་གྱིས་བྱང་ཆུབ་སེམས་དཔའ་སེམས་དཔའ་ཆེན་པོའི་ཐེག་པ་ཆེན་པོའོ། །རབ་འབྱོར་གཞན་ཡང་བྱང་ཆུབ་སེམས་དཔའ་སེམས་དཔའ་ཆེན་པོའི་ཐེག་པ་ཆེན་པོ་ནི། འདི་ལྟར་ཤེས་པ་བཅུ་གཅིག་སྟེ། བཅུ་གཅིག་གང་ཞེ་ན། སྡུག་བསྔལ་ཤེས་པ་དང་། ཀུན་འབྱུང་བ་(༤)ཤེས་པ་དང་། འགོག་པ་ཤེས་པ་དང་། ལམ་ཤེས་པ་དང་། ཟད་པ་ཤེས་པ་དང་། མི་སྐྱེ་བ་ཤེས་པ་དང་། ཆོས་ཤེས་པ་དང་། རྗེས་སུ་རྟོགས་པ་ཤེས་པ་དང་། ཀུན་

རྫོབ་ཤེས་པ་དང་། འདྲིས་པ་ཤེས་པ་དང་། སྒྲ་ཇི་བཞིན་ཤེས་①པའོ། །དེ་ལ་སྡུག་བསྔལ་ཤེས་པ་གང་ཞེ་ན། སྡུག་བསྔལ་མི་སྐྱེ་བར་ཤེས་པའོ། །དེ་ལ་ཀུན་འབྱུང་བ་ཤེས་པ་གང་ཞེ་ན། ཀུན་འབྱུང་བ་སྤྱོང་②བར་ཤེས་པའོ། །དེ་ལ་འགོག་པ་ཤེས་པ་གང་ཞེ་ན། སྡུག་བསྔལ་འགོག་པར་ཤེས་པའོ། །དེ་ལ་ལམ་ཤེས་པ་གང་ཞེ་ན། འཕགས་པའི་ལམ་ཡན་ལག་བརྒྱད་པ་ཤེས་པའོ། །དེ་ལ་ཟད་པ་ཤེས་པ་གང་ཞེ་ན། འདོད་ཆགས་དང་། ཞེ་སྡང་དང་། གཏི་མུག་ཟད་པར་ཤེས་པའོ། །དེ་ལ་མི་སྐྱེ་བ་ཤེས་པ་གང་ཞེ་ན། སྲིད་པའི་རྒྱུད་སྐྱེ་བ་མེད་པར་ཤེས་པའོ། །དེ་ལ་ཆོས་ཤེས་པ་གང་ཞེ་ན། ཕུང་པོ་ལྔ་སྒྱུ་མར་ཡོངས་སུ་རྟོགས་ཤིང་ཤེས་པའོ། །དེ་ལ་རྗེས་སུ་རྟོགས་པ་ཤེས་པ་གང་ཞེ་ན། སྐྱེ་མཆེད་དང་། ཁམས་དང་། རྟེན་ཅིང་འབྲེལ་པར་འབྱུང་བ་མི་རྟག་ཅེས་བྱ་བར་ཤེས་པའོ། །དེ་ལ་ཀུན་རྫོབ་ཤེས་པ་གང་ཞེ་ན། སེམས་ཅན་གཞན་དང་གང་ཟག་གཞན་གྱི་སེམས་སེམས་ཀྱིས་ཤེས་པའོ། །དེ་ལ་འདྲིས་པ་ཤེས་པ་གང་ཞེ་ན། གང་གིས་ལམ་ཤེས་པ་དང་། ཡོངས་སུ་བྱང་བ་ཤེས་པའོ། །དེ་ལ་སྒྲ་ཇི་བཞིན་ཤེས་པ་གང་ཞེ་ན། དེ་བཞིན་གཤེགས་པའི་རྣམ་པ་ཐམས་ཅད་མཁྱེན་པ་ཉིད་ཀྱི་ཡེ་ཤེས་ཏེ། རབ་འབྱོར་འདི་ཡང་དེ་མི་དམིགས་པའི་ཚུལ་གྱིས། བྱང་ཆུབ་སེམས་དཔའ་སེམས་དཔའ་ཆེན་པོའི་ཐེག་པ་ཆེན་པོའོ། །རབ་འབྱོར་གཞན་ཡང་བྱང་ཆུབ་སེམས་དཔའ་སེམས་དཔའ་ཆེན་པོའི་ཐེག་པ་ཆེན་པོ་ནི། འདི་ལྟར་དབང་པོ་གསུམ་སྟེ། གསུམ་གང་ཞེ་ན། ཡོངས་སུ་མ་ཤེས་པ་ཡོངས་སུ་ཤེས་པར་བྱའོ། །ཞེས་བྱ་བའི་དབང་པོ་དང་། ཡོངས་སུ་ཤེས་པའི་དབང་པོ་དང་། ཡོངས་སུ་ཤེས་པས་རྟོགས་པའི་དབང་པོའོ། །དེ་ལ་ཡོངས་སུ་མ་ཤེས་པར་③ཡོངས་སུ་ཤེས་པར་བྱའོ། །ཞེས་བྱ་བའི་དབང་པོ་གང་ཞེ་ན། སློབ་

པའི་གང་ཟག་མངོན་པར་རྟོགས་པར་མ་གྱུར་པ་རྣམས་ཀྱི་དད་པའི་དབང་པོ་དང་། བརྩོན་འགྲུས་ཀྱི་དབང་པོ་དང་། དྲན་པའི་དབང་པོ་དང་། ཏིང་ངེ་འཛིན་གྱི་དབང་པོ་དང་། ཤེས་རབ་ཀྱི་དབང་པོ་ཡོངས་སུ་སྣང་བར་མ་གྱུར་པ་འདི་ནི། ཡོངས་སུ་མ་ཤེས་པ་ཡོངས་སུ་ཤེས་པར་བྱའོ་①ཞེས་བྱ་བའི་དབང་པོའོ། །དེ་ལ་ཡོངས་སུ་ཤེས་པའི་དབང་པོ་གང་ཞེ་ན། གང་ཟག་སློབ་པ་ཡོངས་སུ་ཤེས་པར་གྱུར་པ་རྣམས་ཀྱི་དད་པའི་དབང་པོ་དང་། བརྩོན་འགྲུས་ཀྱི་དབང་པོ་དང་། དྲན་པའི་དབང་པོ་དང་། ཏིང་ངེ་འཛིན་གྱི་དབང་པོ་དང་། ཤེས་རབ་ཀྱི་དབང་པོ་སྟེ། འདི་ནི་ཡོངས་སུ་ཤེས་པའི་དབང་པོ་ཞེས་②བྱའོ། །དེ་ལ་ཡོངས་སུ་ཤེས་པས་རྟོགས་པའི་དབང་པོ་གང་ཞེ་ན། གང་ཟག་མི་སློབ་པ་དགྲ་བཅོམ་པ་དང་། རང་སངས་རྒྱས་དང་། བྱང་ཆུབ་སེམས་དཔའ་དང་། དེ་བཞིན་······གཤེགས་པ་རྣམས་ཀྱི་དད་པའི་དབང་པོ་དང་། བརྩོན་འགྲུས་ཀྱི་དབང་པོ་དང་། དྲན་པའི་དབང་པོ་དང་། ཏིང་ངེ་འཛིན་གྱི་དབང་པོ་དང་། ཤེས་རབ་ཀྱི་དབང་པོ་སྟེ། རབ་འབྱོར་འདི་ནི་ཡོངས་སུ་ཤེས་པས་རྟོགས་པའི་དབང་པོ་ཞེས་བྱ་སྟེ། རབ་འབྱོར་འདི་ཡང་མི་དམིགས་པའི་ཚུལ་གྱིས་བྱང་ཆུབ་སེམས་དཔའ་སེམས་དཔའ་ཆེན་པོའི་ཐེག་པ་ཆེན་པོའོ། །རབ་འབྱོར་གཞན་ཡང་བྱང་ཆུབ་སེམས་དཔའ་སེམས་དཔའ་ཆེན་པོའི་ཐེག་པ་ཆེན་པོ་ནི། འདི་ལྟར་ཏིང་ངེ་འཛིན་གསུམ་སྟེ། གསུམ་གང་ཞེ་ན། རྟོག་པ་དང་བཅས་ཤིང་དཔྱོད་པ་དང་བཅས་པའི་ཏིང་ངེ་འཛིན་དང་། རྟོག་པ་མེད་ལ་དཔྱོད་པ་ཙམ་གྱི་ཏིང་ངེ་འཛིན་དང་། རྟོག་③པ་མེད་ཅིང་དཔྱོད་པ་མེད་པའི་ཏིང་ངེ་འཛིན་ཏོ། །དེ་ལ་རྟོག་④པ་དང་བཅས་ཤིང་དཔྱོད་པ་དང་བཅས་པའི་ཏིང་ངེ་འཛིན་གང་ཞེ་ན། རབ་འབྱོར་འདི་ལ་བྱང་ཆུབ་སེམས་དཔའ་སེམས་དཔའ་ཆེན་པོ་འདོད་པས་དབེན⑤།

སྡིག་ཏོ་མི་དགེ་བའི༔ ཆོས་ཀྱིས་[༡]དབེན་པ། རྟོག་པ་དང་བཅས་པ[༢]། དཔྱོད་པ་དང་བཅས་པ། དབེན་པ་ལས་སྐྱེས་པའི་དགའ་བ་དང་བདེ་བ་ཅན། བསམ་གཏན་དང་པོ་ལ་ཉེ་བར་བསྒྲུབས་ཤིང་གནས་པ་འདི་ནི། རྟོག་པ་དང་བཅས་ཤིང་དཔྱོད་པ་དང་བཅས་པའི་ཏིང་ངེ་འཛིན་ཏོ། །དེ་ལ་རྟོག་པ་མེད་པ་[༣]ལ་དཔྱོད་པ་ཙམ་གྱི་ཏིང་ངེ་འཛིན་གང་ཞེ་ན། བསམ་གཏན་དང་པོ་དང་། བསམ་གཏན་གཉིས་པའི་བར་ཏེ[༤]། འདི་ནི་རྟོག་པ་མྱེད་པ་[༥]ལ་དཔྱོད་པ་ཙམ་གྱི་ཏིང་ངེ་འཛིན་ཅེས་བྱའོ། །དེ་ལ་རྟོག་པ་མྱེད་[༦]ཅིང་དཔྱོད་པ་མེད་པའི་ཏིང་ངེ་འཛིན་གང་ཞེ་ན། བསམ་གཏན་གཉིས་པ་དང་། གསུམ་པ་དང་། བཞི་པ་དང་། ནམ་མཁའ་མཐའ་ཡས་སྐྱེ་མཆེད་དང་། རྣམ་ཤེས་མཐའ་ཡས་སྐྱེ་མཆེད་དང་། ཅུང་ཟད་མེད་པའི་སྐྱེ་མཆེད་དང་། འདུ་ཤེས་མེད་འདུ་ཤེས་མེད་མིན་སྐྱེ་མཆེད་དང་། འདུ་ཤེས་དང་ཚོར་བ་འགོག་པའི་སྙོམས་པར་འཇུག་པ་སྟེ། འདི་ནི་མི་རྟོག་མི་དཔྱོད་པའི་ཏིང་ངེ་འཛིན་ཅེས་བྱའོ[༧]། །རབ་འབྱོར་འདི་ཡང་མི་དམིགས་པའི་ཚུལ་གྱིས་བྱང་ཆུབ་སེམས་དཔའ་སེམས་དཔའ་ཆེན་པོའི་ཐེག་པ་ཆེན་པོའོ། །རབ་འབྱོར་གཞན་[༨]ཡང་བྱང་ཆུབ་སེམས་དཔའ་སེམས་དཔའ་ཆེན་པོའི་ཐེག་པ་ཆེན་པོ་ནི། འདི་ལྟར་རྗེས་སུ་དྲན་པ་བཅུ་སྟེ། བཅུ་གང་ཞེ་ན། འདི་ལྟ་སྟེ། སངས་རྒྱས་རྗེས་སུ་དྲན་པ་དང་། ཆོས་རྗེས་སུ་དྲན་པ་དང་། དགེ་འདུན་རྗེས་སུ་དྲན་པ་དང་། ཚུལ་ཁྲིམས་རྗེས་སུ་དྲན་པ་དང་། གཏོང་བ་རྗེས་སུ་དྲན་པ་དང་། ལྷ་རྗེས་སུ་དྲན་པ་དང་། དབུགས་ཕྱི་ནང་དུ་རྒྱུ་བ་རྗེས་སུ་དྲན་པ་དང་། སྐྱོ་[༩]བ་རྗེས་སུ་དྲན་པ་དང་། འཆི་བ་རྗེས་སུ་དྲན་པ་དང་། ལུས་ཀྱི་རྣམ་པ་རྗེས་སུ་དྲན་པ་སྟེ། རབ་འབྱོར་འདི་ཡང་དེ་མི་དམིགས་པའི་ཚུལ་གྱིས་བྱང་ཆུབ་སེམས་དཔའ་སེམས་དཔའ་ཆེན་

པོའི་ཐེག་པ་ཆེན་པོའོ། །རབ་འབྱོར་གཞན་ཡང་བྱང་ཆུབ་སེམས་དཔའ་སེམས་དཔའ་ཆེན་པོའི་ཐེག་པ་ཆེན་པོ་ནི། འདི་ལྟ་སྟེ། བསམ་གཏན་བཞི་དང་། ཚད་མེད་པ་བཞི་དང་། གཟུགས་མེད་པའི་སྙོམས་པར་འཇུག་པ་བཞི་དང་། རྣམ་པར་ཐར་པ་བརྒྱད་དང་། མཐར་གྱིས་གནས་པའི་སྙོམས་པར་འཇུག་པ་དགུ་སྟེ། དེ་ལ་བསམ་གཏན་བཞི་གང་ཞེ་ན། འདི་ལ་བྱང་ཆུབ་སེམས་དཔའ་སེམས་དཔའ་ཆེན་པོ་ཤེས་རབ་ཀྱི་ཕ་རོལ་ཏུ་ཕྱིན་པ་ལ་སྤྱོད་པའི་ཚེ། འདོད་པས་དབེན། སྡིག་ཏོ་མི་དགེ་བའི་ཆོས་ཀྱིས[1]དབེན་པ། རྟོག་པ་དང་བཅས་དཔྱོད་པ་དང་བཅས་པ། དབེན་པ་ལས༔སྐྱེས་པའི[2]དགའ་བ་དང་བདེ་བ་ཅན་བསམ་གཏན་དང་པོ་ལ་ཉེ་བར་བསྒྲུབས་ཏེ་གནས་སོ། །དེ་རྣམ་པར་རྟོག་པ་དང་རྣམ་པར་དཔྱོད་པ་ཉེ་བར་ཞི་ནས། ནང་ཡོངས་སུ་དང་སྟེ། སེམས་ཀྱི་རྒྱུད་གཅིག་ཏུ་གྱུར་པས། རྟོག་པ་མེད་པ། དཔྱོད་པ་མེད་པའི་ཏིང་ངེ་འཛིན་ལས་སྐྱེས་པའི་དགའ་བ་དང་བདེ་བ་ཅན། བསམ་གཏན་གཉིས་པ་ལ་ཉེ་བར་བསྒྲུབས་ཏེ་གནས་སོ། །དེ་དགའ་བ་ལས་འདོད་ཆགས་དང་བྲལ་བས་དྲན་པ་དང་ལྡན་ཞིང་། ཤེས་བཞིན་དུ་བཏང་སྙོམས་ལ་གནས་ཏེ། བདེ་བ་ལུས་ཀྱིས་མྱོང་ལ། འཕགས་པ་རྣམས་ཀྱིས་དེ་ལ་དྲན་པ་དང་ལྡན་པ། བདེ་བ་ལ་རྣམ་པར་སྤྱོད་པ། བཏང་སྙོམས་པའོ་ཞེས་བརྗོད་པ་སྟེ། དགའ་བ་མེད་པའི་བསམ་གཏན་གསུམ་པ་ལ་ཉེ་བར་བསྒྲུབས་ཏེ་གནས་སོ། །དེ་བདེ་བ་ཡང་སྤངས་སྡུག་བསྔལ་བ་ཡང་སྤངས་ཤིང་། ཡིད་བདེ་བ་དང་ཡིད་མི་བདེ་བ་སྔ་ནས་ཀྱང་ནུབ་པས། བདེ་བ་ཡང་མེད་སྡུག་བསྔལ་བ་ཡང་མེད་པ། བཏང་སྙོམས་དང་དྲན་པས་ཡོངས་སུ་དག་པའི་བསམ་གཏན་བཞི་པ་ལ་མི་དམིགས་པའི་ཚུལ་གྱིས་ཉེ་བར་བསྒྲུབས་ཤིང་གནས་ཏེ། དེ་དག་ནི་བསམ་གཏན༔བཞི་པའོ[3]། །དེ་ལ

ཚད་མེད་པ་བཞི་གང་ཞེ་ན། རབ་འབྱོར་འདི་ལ་བྱང་ཆུབ་སེམས་དཔའ་སེམས་
དཔའ་ཆེན་པོ་ཤེས་རབ་ཀྱི་ཕ་རོལ་ཏུ་ཕྱིན་པ་ལ་སྤྱོད་པའི་ཚེ། བྱམས་པ་དང་
ལྡན་པའི་སེམས་རྒྱ་ཆེན་པོ་ཤིན་ཏུ་ཡངས་པ། མི་གཉིས་པ། ཚད་མེད་པ།
གཅུགས་[༡]མེད་པ། གནོད་པ་མེད་པ། ལྟོད་པ་མེད་པ། ཡོངས་སུ་རྫོགས་པ།
ཤིན་ཏུ་བསྒོམས་པས། འཇིག་རྟེན་ཆོས་ཀྱི་དབྱིངས་ཀྱིས་ཀླས་པ། ནམ་མཁའི་
མཐས་[༢]གཏུགས་པའི་ཕྱོགས་བཅུ་རྒྱས་པར་བཀང་སྟེ་མོས་པར་བྱས་ཤིང་། མི་
དམིགས་[༣]པའི་ཚུལ་གྱིས་རྣམ་པར་སྤྱོད་དོ། །སྙིང་རྗེ་དང་ལྡན་པ་དང་།
དགའ་བ་དང་ལྡན་པ་དང་། བཏང་སྙོམས་དང་ལྡན་པའི་སེམས་རྒྱ་ཆེན་པོ་ཤིན་
ཏུ་ཡངས་པ། མི་གཉིས་པ། ཚད་མེད་པ། གཅུགས་[༤]མེད་པ། གནོད་པ་
མེད་པ། ལྟོད་པ་མེད་པ་ཡོངས་སུ་རྫོགས་པ། ཤིན་ཏུ་བསྒོམས་པས།
འཇིག་རྟེན་ཆོས་ཀྱི་དབྱིངས་ཀྱིས་ཀླས་པ། ནམ་མཁའི་མཐས་[༥]གཏུགས་པའི་
ཕྱོགས་བཅུ་རྒྱས་པར་བཀང་སྟེ། མོས་པར་བྱས་ཤིང་། མི་དམིགས་པའི་ཚུལ་
གྱིས་རྣམ་པར་སྤྱོད་དེ། དེ་དག་ནི་ཚད་མེད་པ་བཞིའོ། །དེ་ལ་གཟུགས་མེད་
པའི་སྙོམས་པར་འཇུག་པ་བཞི་གང་ཞེ་ན། རབ་འབྱོར་འདི་ལ་བྱང་ཆུབ་སེམས་
དཔའ་སེམས་དཔའ་ཆེན་པོ་ཤེས་རབ་ཀྱི་ཕ་རོལ་ཏུ་ཕྱིན་པ་ལ་སྤྱོད་པའི་ཚེ། རྣམ་
པ་ཐམས་ཅད་དུ་གཟུགས་ཀྱི་འདུ་ཤེས་ལས་ཡང་དག་པར་འདས་ཏེ། ཐོགས་
པའི་འདུ་ཤེས་རྣམས་ནུབ་པར་གྱུར་ཅིང་། སྣ་ཚོགས་ཀྱི་འདུ་ཤེས་ཡིད་ལ་མི་བྱེད་
པས། ནམ་མཁའ་མཐའ་ཡས་སོ་ཞེས་ཏེ། ནམ་མཁའ་མཐའ་[༦]ཡས་སྐྱེ་
མཆེད་ལ་ཉེ་བར་བསྒྲུབས་ཏེ་གནས་སོ། །དེ་རྣམ་པ་ཐམས་ཅད་དུ་ནམ་མཁའ་
མཐའ་ཡས་སྐྱེ་མཆེད་ལས་ཡང་དག་པར་འདས་ཏེ། རྣམ་པར་ཤེས་པ་མཐའ་
ཡས་སོ་ཞེས། རྣམ་ཤེས་མཐའ་ཡས་སྐྱེ་མཆེད་ལ་ཉེ་བར་བསྒྲུབས་ཏེ་གནས་སོ། །

དེ་རྣམ་པ་ཐམས་ཅད་དུ་རྣམ་ཤེས་མཐའ་ཡས་སྐྱེ་མཆེད་ལས་ཡང་དག་པར་འདས་ཏེ། ཅུང་ཟད་མ་ཡོད་དོ་ཞེས་ཅུང་ཟད་མེད་པའི་སྐྱེ་མཆེད་ལ་ཉེ་བར་བསྒྲུབས་ཏེ་གནས་སོ། །དེ་རྣམ་པ་ཐམས་ཅད་དུ་ཅུང་ཟད་མེད་པའི་སྐྱེ་མཆེད་ལས་ཡང་དག་པར་འདས་ཏེ། འདུ་ཤེས་མེད་འདུ་ཤེས་མེད་མིན་སྐྱེ་མཆེད་ལ་ཉེ་བར་བསྒྲུབས་ཏེ་གནས་སོ། །དེ་དག་ནི་གཟུགས་མེད་པའི་སྙོམས་པར་འཇུག་པ་བཞིའོ། དེ་ལ་རྣམ་པར་ཐར་པ་བརྒྱད་གང་ཞེ་ན། གཟུགས་ཅན་གྱིས་གཟུགས་རྣམས་མཐོང་བ་འདི་ནི་རྣམ་པར་ཐར་པ་དང་པོའོ། །ནང་གཟུགས་མེད་པའི་འདུ་ཤེས་དང་ལྡན་པས། ཕྱི་རོལ་གྱི་[1]གཟུགས་རྣམས་མཐོང་བ་འདི་ནི། རྣམ་པར་ཐར་པ་གཉིས་པའོ། །བཟང་པོར་མོས་པ་འདི་ནི་རྣམ་པར་ཐར་པ་གསུམ་པའོ། །དེ་རྣམ་པ་ཐམས་ཅད་དུ་གཟུགས་ཀྱི་འདུ་ཤེས་ལས་ཡང་དག་པར་འདས་ཏེ། ཐོགས་པའི་འདུ་ཤེས་རྣམས་ནུབ་པར་གྱུར་ཅིང་། སྣ་ཚོགས་ཀྱི་འདུ་ཤེས་ཡིད་ལ་མི་བྱེད་པས། ནམ་མཁའ་མཐའ་ཡས་སོ་ཞེས་ཏེ། ནམ་མཁའ་མཐའ་ཡས་སྐྱེ་མཆེད་ལ་ཉེ་བར་བསྒྲུབས་ཏེ་གནས་སོ། །དེ་རྣམ་པ་ཐམས་ཅད་དུ་ནམ་མཁའ་མཐའ་ཡས་སྐྱེ་མཆེད་ལས་[2]ཡང་དག་པར་འདས་ཏེ། རྣམ་པར་ཤེས་པ་མཐའ་ཡས་སོ་ཞེས་རྣམ་ཤེས་མཐའ་ཡས་སྐྱེ་མཆེད་ལ་ཉེ་བར་བསྒྲུབས་ཏེ་གནས་སོ། །དེ་རྣམ་པ་ཐམས་ཅད་དུ་རྣམ་ཤེས་མཐའ་ཡས་སྐྱེ་མཆེད་ལས་ཡང་དག་པར་འདས་ཏེ། ཅུང་ཟད་མ་ཡོད་དོ་ཞེས་ཅུང་ཟད་མེད་པའི་སྐྱེ་མཆེད་ལ་ཉེ་བར་བསྒྲུབས་[3]ཏེ་གནས་སོ། །དེ་རྣམ་པ་ཐམས་ཅད་དུ་ཅུང་ཟད་མེད་པའི་སྐྱེ་མཆེད་ལས་ཡང་དག་པར་འདས་ཏེ། འདུ་ཤེས་མེད་འདུ་ཤེས་མེད་མིན་སྐྱེ་མཆེད་ལ་ཉེ་བར་བསྒྲུབས་ཏེ་གནས་སོ། །དེ་རྣམ་པ་ཐམས་ཅད་དུ་འདུ་ཤེས་མེད་འདུ་ཤེས་མེད་མིན་སྐྱེ་མཆེད་ལས་ཡང་དག་པར་འདས་ཏེ། འདུ་ཤེས་དང་ཚོར་བ་འགོག་པའི་བར་

དེ་མི་དམིགས་པའི་ཚུལ་གྱིས་ཉེ་བར་བསྒྲུབས་ཏེ་[༡]གནས་སོ[༢]། །དེ་དག་ནི་རྣམ་པར་ཐར་པ་བརྒྱད་དོ། །དེ་ལ་མཐར་གྱིས་གནས་པའི་སྙོམས་པར་འཇུག་པ་དགུ་གང་ཞེ་ན། རབ་འབྱོར་འདི་ལ་བྱང་ཆུབ་སེམས་དཔའ་སེམས་དཔའ་ཆེན་པོ་ཤེས་རབ་ཀྱི་ཕ་རོལ་ཏུ་ཕྱིན་པ་ལ་སྤྱོད་པའི་ཚེ། འདོད་པས་དབེན། སྡིག་ཏོ་མི་དགེ་བའི་ཆོས་ཀྱིས་དབེན་པ། རྟོག་པ་དང་བཅས་པ། དཔྱོད་པ་དང་བཅས་པ། དབེན་པ་ལས་སྐྱེས་པའི་དགའ་བ་དང་བདེ་བ་ཅན་བསམ་གཏན་དང་པོ་ལ་ཉེ་བར་བསྒྲུབས་ཏེ་གནས་སོ། །དེ་རྣམ་པར་རྟོག་པ་དང་། རྣམ་པར་སྤྱོད་[༣]པ་ཉེ་བར་ཞི་ནས། ནང་ཡོངས་སུ་དང་སྟེ། སེམས་ཀྱི་རྒྱུད་གཅིག་ཏུ་གྱུར་པས། རྟོག་པ་མེད་པ། དཔྱོད་པ་མེད་པ། ཏིང་ངེ་འཛིན་ལས་སྐྱེས་པའི་དགའ་བ་དང་བདེ་བ་ཅན། བསམ་གཏན་གཉིས་པ་ལ་ཉེ་བར་བསྒྲུབས་ཏེ་གནས་སོ། །དེ་དགའ་བ་ལས་འདོད་ཆགས་དང་བྲལ་ཿབ་དང་[༤]། དྲན་པ་དང་ལྡན་ཞིང་ཤེས་བཞིན་དུ་བཏང་སྙོམས་སུ་གནས་ཏེ། བདེ་བ་ལུས་ཀྱིས་མྱོང་ལ། འཕགས་པ་རྣམས་ཀྱིས་དེ་ལ་དྲན་པ་དང་ལྡན་པ་བདེ་བ་ལ་རྣམ་པར་སྤྱོད་པ། བཏང་སྙོམས་པའོ་ཞེས་བརྗོད་པ་སྟེ། དགའ་བ་མེད་པའི་བསམ་གཏན་གསུམ་པ་ལ་ཉེ་བར་བསྒྲུབས་ཏེ་གནས་སོ། །དེ་བདེ་བ་ཡང་སྤངས། སྡུག་བསྔལ་བ་ཡང་[༥]སྤངས་ཤིང་ཡིད་བདེ་བ་དང་། ཡིད་མི་བདེ་བ་སྔ་ནས་ཀྱང་ནུབ་པས། བདེ་བ་ཡང་མེད། སྡུག་བསྔལ་བ་ཡང་མེད་པ། བཏང་སྙོམས་དང་དྲན་པས་ཡོངས་སུ་དག་པ། བསམ་གཏན་བཞི་པ་ལ་ཉེ་བར་བསྒྲུབས་ཏེ་གནས་སོ། །དེ་རྣམ་པ་ཐམས་ཅད་དུ་[༦]གཟུགས་ཀྱི་འདུ་ཤེས་ལས་ཡང་དག་པར་འདས་ཏེ། ཐོགས་པའི་འདུ་ཤེས་རྣམས་ནུབ་པར་གྱུར་ཅིང་། སྣ་ཚོགས་ཀྱི་འདུ་ཤེས་ཡིད་ལ་མི་བྱེད་པས། ནམ་མཁའ་མཐའ་ཡས་སོ་ཞེས་ཏེ། ནམ་མཁའ་མཐའ་ཡས་སྐྱེ་

མཆེད་ལ་ཉེ་བར་བསྒྲུབས་①ཏེ་གནས་སོ། །དེ་རྣམ་པ་ཐམས་ཅད་དུ་ནམ་མཁའ་མཐའ་ཡས་སྐྱེ་མཆེད་ལས་ཡང་དག་པར་འདས་ཏེ། རྣམ་པར་ཤེས་པ་མཐའ་ཡས་སོ་ཞེས་རྣམ་ཤེས་མཐའ་ཡས་སྐྱེ་མཆེད་ལ་ཉེ་བར་བསྒྲུབས་②ཏེ་གནས་སོ། །དེ་རྣམ་པ་ཐམས་ཅད་དུ་རྣམ་ཤེས་མཐའ་ཡས་སྐྱེ་མཆེད་ལས་ཡང་དག་པར་འདས་ཏེ། ཅུང་ཟད་མ་ཡོད་དོ་ཞེས་ཅུང་ཟད་མེད་པའི་སྐྱེ་མཆེད་ལ་ཉེ་བར་བསྒྲུབས་③ཏེ་གནས་སོ། །དེ་རྣམ་པ་ཐམས་ཅད་དུ་ཅུང་ཟད་མེད་པའི་སྐྱེ་མཆེད་ལས་ཡང་དག་པར་འདས་ཏེ། འདུ་ཤེས་མེད་འདུ་ཤེས་མེད་མིན་སྐྱེ་མཆེད་ལ་ཉེ་བར་བསྒྲུབས་④ཏེ་གནས་སོ་དེ་རྣམ་པ་ཐམས་ཅད་དུ་འདུ་ཤེས་མེད་འདུ་ཤེས་མེད་མིན་སྐྱེ་མཆེད་ལས་ཡང་དག་པར་འདས་ཏེ། འདུ་ཤེས་དང་། ཚོར་བ་འགོག་པའི་བར་ལ་དེ་མི་དམིགས་པའི་ཚུལ་གྱིས་ཉེ་བར་བསྒྲུབས་⑤ཤིང་གནས་ཏེ། དེ་དག་ནི་མཐར་གྱིས་གནས་པའི་སྙོམས་པར་འཇུག་པ་དགུའོ། །རབ་འབྱོར་གཞན་ཡང་བྱང་ཆུབ་སེམས་དཔའ་སེམས་དཔའ་ཆེན་པོའི་ཐེག་པ་ཆེན་པོ་ནི་འདི་ལྟར་དེ་བཞིན་གཤེགས་པའི་སྟོབས་བཅུ་སྟེ། བཅུ་གང་ཞེ་ན། རབ་འབྱོར་འདི་ལ་བྱང་ཆུབ་སེམས་དཔའ་སེམས་དཔའ་ཆེན་པོ་ཤེས་རབ་ཀྱི་ཕ་རོལ་དུ་ཕྱིན་པ་ལ་སྤྱོད་པའི་ཚེ། གནས་ལ་ཡང་གནས་སུ་ཡང་དག་པ་ཇི་ལྟ་བ་བཞིན་དུ་རབ་ཏུ་ཤེས་སོ། །གནས་མ་ཡིན་པ་ལ་ཡང་གནས་མ་ཡིན་པར་ཡང་དག་པ་ཇི་ལྟ་བ་བཞིན་དུ་རབ་ཏུ་ཤེས་སོ། །འདས་པ་དང་། མ་འོངས་པ་དང་། ད་ལྟར་བྱུང་བའི་ལས་དང་། ལས་ཡོངས་སུ་ལེན་པའི་རྣམ་པར་སྨིན་པ་གནས་ཀྱི་རྣམ་པ་དང་། རྒྱུའི་རྣམ་པ་⑥ཡང་དག་པ་ཇི་ལྟ་བ་བཞིན་དུ་རབ་ཏུ་ཤེས་སོ། །འཇིག་རྟེན་གྱི་ཁམས་ནི་སྣ་ཚོགས་ཅན་ཏེ། འཇིག་རྟེན་གྱི་ཁམས་ནི་དུ་མ་པའོ་ཞེས་བྱ་བར་ཡང་དག་པ་ཇི་ལྟ་བ་བཞིན་དུ་རབ་ཏུ་ཤེས་སོ། །སེམས་ཅན་གཞན་དང་། གང་ཟག་གཞན་

ཀྱི་[༡]མོས་པ་སྣ་ཚོགས་དང་། མོས་པ་དུ་མ་ཡང་དག་པ་ཇི་ལྟ་བ་བཞིན་དུ་རབ་ཏུ་
ཤེས་སོ། །སེམས་ཅན་གཞན་ཡང་[༢]། གང་ཟག་གཞན་གྱི་དབང་པོ་རབ་དང་།
ཐ་མ་ཤེས་པར་བྱ་བ་ཡང་དག་པ་ཇི་ལྟ་བ་བཞིན་དུ་རབ་ཏུ་ཤེས་སོ། །ཀུན་དུ་
འགྲོ་བའི་ལམ་ཡང་དག་པ་ཇི་ལྟ་བ་བཞིན་དུ་རབ་ཏུ་ཤེས་སོ། །དབང་པོ་དང་།
སྟོབས་དང་། བྱང་ཆུབ་ཀྱི་ཡན་ལག་དང་། བསམ་གཏན་དང་། རྣམ་པར་
ཐར་པ་དང་། ཏིང་ངེ་འཛིན་དང་། སྙོམས་པར་འཇུག་པ་དང་། ཀུན་ནས་
ཉོན་མོངས་པ་དང་། རྣམ་པར་བྱང་བ་རྣམ་པར་དགོད་པ་ཡང་དག་པ་ཇི་ལྟ་བ་
བཞིན་དུ་རབ་ཏུ་ཤེས་སོ། །དེ་རྣམ་པ་དུ་མར་སྔོན་གྱི་གནས་རྗེས་སུ་དྲན་ཏེ[༣]།
ཚེ་རབས་གཅིག་ཀྱང་རྗེས་སུ་དྲན་པ་ནས། རྣམ་པ་དང་བཅས། ས་[༤]མལ་
དང་བཅས། གཏན་ཚིགས་དང་བཅས་པའི་བར་དུ། རྣམ་པ་དུ་མར་སྔོན་གྱི་
གནས་རྗེས་སུ་དྲན་ནོ། །དེ་ལྷའི་མིག་རྣམ་པར་དག་པ་མི་ལས་འདས་པས་སེམས་
ཅན་འཆི་[༥]འཕོ་དང་། སྐྱེ་བ་དག་ཀྱང་ཡང་དག་པ་ཇི་ལྟ་བ་བཞིན་དུ་རབ་ཏུ་
ཤེས་སོ། །ཟག་པ་ཟད་པའི་ཕྱིར་སེམས་རྣམ་པར་གྲོལ་བ་དང་། ཤེས་རབ་
རྣམ་པར་གྲོལ་བ། ཟག་པ་མེད་པ། རང་གི་མངོན་པར་ཤེས་པས་མངོན་
པར་བྱས་ཏེ། ཉེ་བར་བསྒྲུབས་ཤིང་རྣམ་པར་སྤྱོད་དོ། །བདག་གི་སྐྱེ་བ་ནི་
ཟད་དོ། །བདག་གིས་ཚངས་པར་སྤྱོད་པ་ནི་སྤྱད་དོ། །བྱ་བ་ནི་བྱས་སོ། །
རྣམ་པ་འདི་ལྟ་བུ་[༦]གཞན་ནི་མེད་དོ་ཞེས་བྱ་བར་རབ་ཏུ་ཤེས་ཏེ། རབ་འབྱོར་
འདི་ཡང་དེ་མི་དམིགས་པའི་ཚུལ་གྱིས་བྱང་ཆུབ་སེམས་དཔའ་སེམས་དཔའ་ཆེན་
པོའི་ཐེག་པ་ཆེན་པོའོ། །རབ་འབྱོར་གཞན་ཡང་བྱང་ཆུབ་སེམས་དཔའ་སེམས་
དཔའ་[༧]ཆེན་པོའི་ཐེག་པ་ཆེན་པོ་ནི་འདི་ལྟར་མི་འཇིགས་པ་བཞི་སྟེ། བཞི་གང་
ཞེ་ན། བདག་གིས་ཡང་དག་པར་རྫོགས་པར་སངས་རྒྱས་སོ་ཞེས་དམ་བཅས་ན།

དེ་ལ་ཆོས་འདི་རྣམས་མངོན་པར་སངས་མ་རྒྱས་སོ་ཞེས་བྱ་བར་བདག་ལ་དགེ་སློང་
ངམ། བྲམ་ཟེའམ། ལྷའམ། བདུད་དམ། ཚངས་པའམ། གཞན་སུ་
ཡང་རུང་སྟེ། འཇིག་རྟེན་ན་ཆོས་དང་ལྡན་པར་རྒོལ་བར་འགྱུར་རོ་ཞེས་བྱ་བའི་
རྒྱུ་ཡང་ཡང་དག་པར་རྗེས་སུ་མི་མཐོང་སྟེ། རྒྱུ་ཡང་ཡང་(༡)དག་པར་རྗེས་སུ་མ་
མཐོང་བས། དེ་ལ་བདག་བདེ་བ་ཐོབ་པ་དང་། བག་ཚ་བ་མེད་པ་ཐོབ་པ་
དང་། མི་འཇིགས་པ་ཐོབ་པར་རྣམ་པར་སྤྱོད་དེ། ཁྱུ་མཆོག་རླབས་པོ་ཆེའི་
གནས་སུ་དམ་བཅའོ། །འཁོར་གྱི་ནང་དུ་སེང་གེའི་སྒྲ་བསྒྲག་(༣)གོ། །ཚངས་
པའི་འཁོར་ལོ་འཇིག་རྟེན་ན། དགེ་སློང་ངམ། བྲམ་ཟེའམ། ལྷའམ།
བདུད་དམ། ཚངས་པའམ། གཞན་སུས་ཀྱང་རུང་སྟེ། ཆོས་དང་ལྡན་པར་
བསྐོར་བར་མི་ནུས་པ། བདག་གིས་རབ་ཏུ་བསྐོར་བར་བྱའོ། །བདག་ཟག་པ་
ཟད་དོ་ཞེས་དམ་བཅས་ན། དེ་ལ་ཟག་པ་འདི་རྣམས་ཡོངས་སུ་ཟད་པར་མ་གྱུར་
ཏོ། །ཞེས་བྱ་བར་བདག་ལ་དགེ་སློང་ངམ། བྲམ་ཟེའམ། ལྷའམ།
བདུད་དམ། ཚངས་པའམ་གཞན་སུ་ཡང་རུང་སྟེ་འཇིག་རྟེན་ན་ཆོས་དང་ལྡན་
པར་རྒོལ་བར་འགྱུར་རོ། །ཞེས་བྱ་བའི་རྒྱུ་ཡང་ཡང་དག་པར་རྗེས་སུ་མི་མཐོང་སྟེ།
རྒྱུ་ཡང་དག་པར་རྗེས་སུ་མ་མཐོང་བས། དེ་ལ་བདག་བདེ་བ་ཐོབ་པ་དང་།
བག་ཚ་བ་མེད་པ་ཐོབ་པ་དང་། མི་འཇིགས་པ་ཐོབ་པར་རྣམ་པར་སྤྱོད་དེ།
ཁྱུ་མཆོག་རླབས་པོ་ཆེའི་གནས་སུ་དམ་བཅའོ། །འཁོར་གྱི་ནང་དུ་སེང་གེའི་སྒྲ་
བསྒྲག་(༣)གོ། །ཚངས་པའི་འཁོར་ལོ་འཇིག་རྟེན་ན་དགེ་སློང་ངམ། བྲམ་ཟེའམ།
ལྷའམ། བདུད་དམ། ཚངས་པའམ། གཞན་སུས་ཀྱང་རུང་སྟེ། ཆོས་
དང་ལྡན་པར་བསྐོར་(༤)བར་མི་ནུས་པ། བདག་གིས་རབ་ཏུ་བསྐོར་བར་བྱའོ། །
གང་ཡང་བདག་གིས་བར་ཆད་ཀྱི་ཆོས་སུ༔ བསྟན་པ་(༥)དེ་དག་ལ༔ བསྟན་ནས(༦)།

བར་ཆད་ཀྱི་ཆོས་སུ་མི་འགྱུར་བ་དེ་ལྟ་བུའི་གནས་མེད་དེ། དེའི་ཕྱིར་བདག་ལ་དགེ་སློང་ངམ། བྲམ་ཟེའམ། ལྷའམ། བདུད་དམ། ཚངས་པའམ། གཞན་སུ་ཡང་རུང་སྟེ། འཇིག་རྟེན་ན་ཆོས་དང་ལྡན་པར་རྒོལ་བར་འགྱུར་རོ་ཞེས་བྱ་བའི་རྒྱུ་ཡང་ཡང་དག་པར་རྗེས་སུ་མི་མཐོང་སྟེ། རྒྱུ་ཡང་དག་པར་རྗེས་སུ་མ་མཐོང་བས། དེ་ལ་བདག་བདེ་བ་ཐོབ་པ་དང་། བག་ཚ་བ་མེད་པ་ཐོབ་པ་དང་། མི་འཇིགས་པ་ཐོབ་པར་རྣམ་པར་སྤྱོད་དེ། ཁྱུ་མཆོག་རླབས་པོ་ཆེའི་གནས་སུ་དམ་བཅའོ། །འཁོར་གྱི་ནང་དུ་སེང་གེའི་སྒྲ་བསྒྲག[1]གོ། །ཚངས་པའི་འཁོར་ལོ་འཇིག་རྟེན་ན་དགེ་སློང་ངམ། བྲམ་ཟེའམ། ལྷའམ། བདུད་དམ། ཚངས་པའམ། གཞན་སུས་ཀྱང་རུང་སྟེ། ཆོས་དང་ལྡན་པར་བསྐོར་བར་མི་ནུས་པ། བདག་གིས་རབ་ཏུ་བསྐོར་བར་བྱའོ། །གང་ཡང་བདག་གིས་ལམ་འཕགས་པའི་འབྱུང་བ་རྟོགས་པར་འགྱུར་བ། དེ་བྱེད་པའི་སྡུག་བསྔལ་ཡང་དག་པར་ཟད་པར་འགྱུར་བར་བསྟན་པ་དེ་དག་ལ་ནན་ཏན་བྱས་ན། སྡུག་བསྔལ་ཡང་དག་པར་ཟད་པར་འགྱུར་བར་མི་འབྱུང་ངོ་ཞེས་བྱ་བ[2]དེ་ལྟ་བུའི་གནས་མེད་དོ[3]། །དེའི་ཕྱིར་བདག་ལ་དགེ་སློང་ངམ། བྲམ་ཟེའམ། ལྷའམ། བདུད་དམ། ཚངས་པའམ། གཞན་སུ་ཡང་རུང་སྟེ། འཇིག་རྟེན་ན་ཆོས་དང་ལྡན་པར་རྒོལ་བར་འགྱུར་རོ་ཞེས་བྱ་བའི་རྒྱུ་ཡང་ཡང་དག་པར་རྗེས་སུ་མི་མཐོང་སྟེ། རྒྱུ་ཡང་དག་པར་རྗེས་སུ་མ་མཐོང་བས། དེ་ལ་བདག་བདེ་བ་ཐོབ་པ་དང་། བག་ཚ་བ་མེད་པ་ཐོབ་པ་དང་། མི་འཇིགས་པ་ཐོབ་པར་རྣམ་པར་སྤྱོད་དེ། ཁྱུ་མཆོག་རླབས[4]པོ་ཆེའི་གནས་སུ་དམ་བཅའོ། །འཁོར་གྱི་ནང་དུ་སེང་གེའི་སྒྲ་བསྒྲག་གོ། །ཚངས་པའི་འཁོར་ལོ་འཇིག་རྟེན་ན་དགེ་སློང་ངམ། བྲམ་ཟེའམ། ལྷའམ། བདུད་དམ། ཚངས་པའམ། གཞན་སུས་ཀྱང་རུང་

སྟེ། ཆོས་དང་ལྡན་པར་བསྐོར་བར་མི་ནུས་པ་བདག་གིས་རབ་ཏུ་བསྐོར་བར་
བྱའོ་ཞེས་བྱ་བ་སྟེ། རབ་འབྱོར་འདི་ཡང་དེ་མི་དམིགས་པའི་ཚུལ་གྱིས། བྱང་
ཆུབ་སེམས་དཔའ་སེམས་དཔའ་ཆེན་པོའི་ཐེག་པ་ཆེན་པོའོ། །རབ་འབྱོར་གཞན་
ཡང་བྱང་ཆུབ་སེམས་དཔའ་སེམས་དཔའ་ཆེན་པོའི་ཐེག་པ་ཆེན་པོ་ནི། འདི
ལྟར་སོ་སོ་ཡང་དག་པར་རིག་པ་བཞི་སྟེ། བཞི་གང་ཞེ་ན། དོན་སོ་སོ་ཡང
དག་པར་རིག་པ་དང་། ཆོས་སོ་སོ་ཡང་དག་པར་རིག་པ་དང་། ངེས་པའི
ཚིག་[༧]སོ་སོ་ཡང་དག་པར་རིག་པ་དང་། སྤོབས་པ་སོ་སོ་ཡང་དག་པར་རིག་པ
སྟེ། རབ་འབྱོར་འདི་ཡང་དེ་མི་དམིགས་པའི་ཚུལ་གྱིས་བྱང་ཆུབ་སེམས
དཔའ༌སེམས་དཔའ་[༣]ཆེན་པོའི་ཐེག་པ་ཆེན་པོའོ། །རབ་འབྱོར་གཞན་ཡང་བྱང
ཆུབ་སེམས་དཔའ་སེམས་དཔའ་ཆེན་པོའི་ཐེག་པ་ཆེན་པོ་ནི། འདི་ལྟར་སངས་
རྒྱས་ཀྱི་ཆོས་མ་འདྲེས་པ་བཅོ་བརྒྱད་དེ། བཅོ་བརྒྱད་གང་ཞེ་ན། གང་གི་ནམ
ལ་དེ་བཞིན་གཤེགས་པ་བླ་ན་མེད་པ་ཡང་དག་པར་རྫོགས་པའི་བྱང་ཆུབ་ཏུ་མངོན
པར་རྫོགས་པར་སངས་རྒྱས་པ་དང་། གང་གི་ནམ་ལ་ལྷ་དང་བཅས་པའི་འཇིག
རྟེན་བདུད་དང་བཅས་པ། ཚངས་པ་དང་བཅས་པ། དགེ་སྦྱོང་དང་བྲམ
ཟེར་བཅས་པའི་སྐྱེ་དགུ་དང་། ལྷ་དང་མི་དང་། ལྷ་མ་ཡིན་དུ་བཅས་པ
སྡུག་བསྔལ་ཟད་པར་འགྱུར་བའི་ལམ་གྱིས་ཐེས་སུ་བསྟན་ཏེ། ཕུང་པོ་མ་ལུས
པའི་མྱ་ངན་ལས་[༣]འདས་པའི་དབྱིངས་སུ་ཡོངས་སུ་མྱ་ངན་ལས་འདས་པར་གྱུར
པ་དེའི་བར་དུ། དེ་བཞིན་གཤེགས་པ་ལ་འཁྲུལ་པ་མི་མངའོ། །ཅ་ཅོ་མི་མངའོ
དགོངས་པ་ཉམས་པ་མི་མངའོ། །འདུ་ཤེས་སྣ་ཚོགས་མི་མངའོ། །ཐུགས
མཉམ་པར་མ་བཞག་[༨]པ་མི་མངའོ། །མ་བརྟགས་པའི་བཏང་སྙོམས་མི་མངའོ།
ཚོས་པ་ཡོངས་སུ་ཉམས་པ་མི་མངའོ། །བརྩོན་འགྲུས་ཡོངས་སུ་ཉམས་པ་མི

མངའོ༔ །དགོངས་པ་ཡོངས་སུ་ཉམས་པ་མི་མངའོ། །ཏིང་ངེ་འཛིན་ཡོངས་སུ་ཉམས་པ་མི་མངའོ། །ཤེས་རབ་ཡོངས་སུ་ཉམས་པ་མི་མངའོ། །རྣམ་པར་གྲོལ་བ་ཡོངས་སུ་ཉམས་པ་མི་མངའོ། །རྣམ་པར་གྲོལ་བའི་ཡེ་ཤེས་གཟིགས་པ་ཡོངས་སུ་ཉམས་པ་མི་མངའོ། །སྐུའི་ཕྲིན་①ལས་ཐམས་ཅད་ཡེ་ཤེས་སྔོན་དུ་འགྲོ་བ་སྟེ། ཡེ་ཤེས་ཀྱི་རྗེས་སུ་འབྲང་ངོ་། །གསུང་②གི་ཕྲིན་③ལས་ཐམས་ཅད་ཡེ་ཤེས་སྔོན་དུ་འགྲོ་བ་སྟེ། ཡེ་ཤེས་ཀྱི་རྗེས་སུ་འབྲང་ངོ་། །ཐུགས་ཀྱི་ཕྲིན་ལས་ཐམས་ཅད་ཡེ་ཤེས་སྔོན་དུ་འགྲོ་བ་སྟེ། ཡེ་ཤེས་ཀྱི་རྗེས་སུ་འབྲང་ངོ་། །འདས་པའི་དུས་ལ་མ་ཐོགས་མ་ཆགས་པའི་ཡེ་ཤེས་གཟིགས་པ་འཇུག་གོ། །མ་འོངས་པའི་དུས་ལ་མ་ཐོགས་མ་ཆགས་པའི་ཡེ་ཤེས་གཟིགས་པ་འཇུག་གོ། །ད་ལྟར་བྱུང་བའི་དུས་ལ་མ་ཐོགས་མ་ཆགས་པའི་ཡེ་ཤེས་གཟིགས་པ་འཇུག་པ་④སྟེ། རབ་འབྱོར་འདི་ཡང་དེ་མི་དམིགས་པའི་ཚུལ་གྱིས་བྱང་ཆུབ་སེམས་དཔའ་སེམས་དཔའ་ཆེན་པོའི་ཐེག་པ་ཆེན་པོའོ། །རབ་འབྱོར་གཞན་ཡང་བྱང་ཆུབ་སེམས་དཔའ་སེམས་དཔའ་ཆེན་པོའི་ཐེག་པ་ཆེན་པོ་ནི། འདི་ལྟར་གཟུངས་⑤ཀྱི་སྒོ་རྣམས་ཏེ། དེ་ཡང་ཡི་གེ་མཉམ་པ་ཉིད་དང་། བརྗོད་པ་མཉམ་པ་ཉིད་དང་། ཡི་གེའི་སྒོ་དང་། ཡི་གེ་ལ་འཇུག་པ་སྟེ། དེ་ལ་ཡི་གེའི་སྒོ་དང་། ཡི་གེ་ལ་འཇུག་པ་གང་ཞེ་ན། ཨ་ཞེས་བྱ་བ་ནི་མ་སྐྱེས་པའི་ཕྱིར་ཆོས་ཐམས་ཅད་ཀྱི་སྒོའོ། །ར་ཞེས་བྱ་བ་ནི་རྡུལ་དང་བྲལ་བའི་ཕྱིར་ཆོས་ཐམས་ཅད་ཀྱི་སྒོའོ། །པ་⑥ཞེས་བྱ་བ་ནི་དོན་དམ་པ་སྟོང་པའི་ཕྱིར་ཆོས་ཐམས་ཅད་ཀྱི་སྒོའོ། །ཙ་⑦ཞེས་བྱ་བ་ནི་འཆི་འཕོ་དང་སྐྱེ་བ་མི་དམིགས་པའི་ཕྱིར། ཆོས་ཐམས་ཅད་འཆི་འཕོ་དང་སྐྱེ་བ་མེད་པས༔ ཆོས་ཐམས་ཅད་ཀྱི་སྒོའོ། །ན་⑧ཞེས་བྱ་བ་ནི་མིང་དང་བྲལ་ཞིང་། མིང་གི་རང་བཞིན་མ་ཐོབ་མ་སྟོར་བས། ཆོས་ཐམས་ཅད་ཀྱི་སྒོའོ། །ལྡ་ཞེས

བྱ་བ་ནི་འཇིག་རྟེན་ལས་འདས་ཤིང་། སྲིད་པའི་འཁྲི་ཤིང་དང་རྒྱུ་དང་། རྐྱེན་ཡང་དག་པར་བཅོམ་པའི་ཕྱིར་ཆོས་ཐམས་ཅད་ཀྱི་སྒོའོ། །དཱ་ཞེས་བྱ་བ་ནི་དུལ་བ་དང་དུལ་བའི་གནས་སུ་ཡོངས་སུ་ངེས་པའི་ཕྱིར་ཆོས་ཐམས་ཅད་ཀྱི་སྒོའོ། །བཱ་①ཞེས་བྱ་བ་ནི༔ བཅིངས་པ་②དང་བྲལ་བའི་ཕྱིར་ཆོས་ཐམས་ཅད་ཀྱི་སྒོའོ། །ཌ་③ཞེས་བྱ་བ་ནི་དགུགས་མ་དང་བྲལ་བའི་ཕྱིར་ཆོས་ཐམས་ཅད་ཀྱི་སྒོའོ། །ས་ཞེས···བྱ་བ་ནི་ཆགས་པ་མི་དམིགས་པས་ཆགས་པར་མི་འགྱུར་རོ④། །འཆིང་བར་མི···འགྱུར་བའི་ཕྱིར་ཆོས་ཐམས་ཅད་ཀྱི་སྒོའོ། །བ་ཞེས་བྱ་བ་ནི་ངག་གི་ལམ་དང་སྒྲ་ཡང་དག་པར་ཆད་⑤པའི་ཕྱིར་ཆོས་ཐམས་ཅད་ཀྱི་སྒོའོ། །ཏ་ཞེས་བྱ་བ་ནི་དེ་བཞིན་ཉིད་ལས་མ་གཡོས་པའི་ཕྱིར། ཆོས་ཐམས་ཅད་ཀྱི་སྒོའོ། །ཡ་ཞེས་བྱ་བ་ནི་ཡང་དག་པ་ཇི་ལྟ་བ་བཞིན་དུ་དམིགས་སུ་མེད་པའི་ཕྱིར་ཆོས་ཐམས་ཅད་ཀྱི་སྒོའོ། །ཥྚ་ཞེས་བྱ་བ་ནི་ཁེངས་པ་དམིགས་སུ་མེད་པའི་ཕྱིར་ཆོས་ཐམས་ཅད་ཀྱི་སྒོའོ། །ཀ་ཞེས་བྱ་བ་ནི་བྱེད་པ་པོ་མི་དམིགས་པའི་ཕྱིར། ཆོས་ཐམས་ཅད་ཀྱི་སྒོའོ། །ས་ཞེས་བྱ་བ་ནི་མཉམ་པ་ཉིད་མི་དམིགས་པས། མཉམ་པ་ཉིད་ལས་མི་འདའ་བའི་ཕྱིར་ཆོས་ཐམས་ཅད་ཀྱི་སྒོའོ། །མ་ཞེས་བྱ་བ་ནི་བདག་གིར་⑥བྱ་བ་མི་དམིགས་པའི་ཕྱིར་ཆོས་ཐམས་ཅད་ཀྱི་སྒོའོ། །ག་ཞེས་བྱ་བ་ནི་འགྲོ་བ་མི་དམིགས་པའི་ཕྱིར་ཆོས་ཐམས་ཅད་ཀྱི་སྒོའོ། །ཐ་ཞེས་བྱ་བ་ནི་གནས་མི་དམིགས་པའི་ཕྱིར་ཆོས་ཐམས་ཅད་ཀྱི་སྒོའོ། །ཛ་ཞེས་བྱ་བ་ནི་སྐྱེ་བ་མི་དམིགས་པའི་ཕྱིར་ཆོས་ཐམས་ཅད་ཀྱི་སྒོའོ། །ཤྭ་ཞེས་བྱ་བ་ནི་དབུགས་དམིགས་སུ་མེད་པའི་ཕྱིར···ཆོས་ཐམས་ཅད་ཀྱི་སྒོའོ། །དྷ་ཞེས་བྱ་བ་ནི་ཆོས་ཀྱི་དབྱིངས་དམིགས་སུ་མེད་པའི་ཕྱིར་ཆོས་ཐམས་ཅད་ཀྱི་སྒོའོ། །ཤ་ཞེས་བྱ་བ་ནི་ཞི་གནས་དམིགས་སུ་མེད་པའི···ཕྱིར་ཆོས་ཐམས་ཅད་ཀྱི་སྒོའོ། །ཁ་ཞེས་བྱ་བ་ནི་ནམ་མཁའ་དང་མཉམ་པས·····

དམིགས་སུ་མེད་པའི་ཕྱིར་ཆོས་ཐམས་ཅད་ཀྱི་སྒོའོ། །ཀྵ་[1]ཞེས་བྱ་བ་ནི་ཟད་པ་མི་དམིགས་པའི་ཕྱིར་ཆོས་ཐམས་ཅད་ཀྱི་སྒོའོ། །སྟ་ཞེས་བྱ་བ་ནི་བསྟོད་པ་མི་དམིགས་པའི་ཕྱིར་ཆོས་ཐམས་ཅད་ཀྱི་སྒོའོ། །ཛྙ་[2]ཞེས་བྱ་བ་ནི་ཡེ་ཤེས་མི་དམིགས་པའི་ཕྱིར་ཆོས་ཐམས་ཅད་ཀྱི་སྒོའོ། །རྟ་ཞེས་བྱ་བ་ནི་ཉོན་མོངས་པ་མི་དམིགས་པའི་ཕྱིར། ཆོས་ཐམས་ཅད་ཀྱི་སྒོའོ། །ཧ་ཞེས་བྱ་བ་ནི་རྒྱུ་མི་དམིགས་པའི་ཕྱིར་ཆོས་ཐམས་ཅད་ཀྱི་སྒོའོ། །བྷ་ཞེས་བྱ་བ་ནི་འཇིགས་པ་མེད་པའི་ཕྱིར་ཆོས་ཐམས་ཅད་ཀྱི་སྒོའོ། །ཚ་ཞེས་བྱ་བ་ནི་མདོག་མི་དམིགས་པའི་ཕྱིར་ཆོས་ཐམས་ཅད་ཀྱི་སྒོའོ། །སྨ་ཞེས་བྱ་བ་ནི་དྲན་པ་མི་དམིགས་པའི་ཕྱིར་ཆོས་ཐམས་ཅད་ཀྱི་སྒོའོ། །ཧྭ་[3]ཞེས་བྱ་བ་ནི་བོད་པ་[4]མི་དམིགས་པའི་ཕྱིར་ཆོས་ཐམས་ཅད་ཀྱི་སྒོའོ། །ཙ་[5]ཞེས་བྱ་བ་ནི་སོས་པ་མི་དམིགས་པའི་ཕྱིར་ཆོས་ཐམས་ཅད་ཀྱི་སྒོའོ། །གྷ་ཞེས་བྱ་བ་ནི་སྟུག་པོ་མི་དམིགས་པའི་ཕྱིར་ཆོས་ཐམས་ཅད་ཀྱི་སྒོའོ། །ཋ་[6]ཞེས་བྱ་བ་ནི་བསྐྱབ་[7]པ་མི་དམིགས་པའི་ཕྱིར་ཆོས་ཐམས་ཅད་ཀྱི་སྒོའོ། །ཎ་ཞེས་བྱ་བ་ནི་ཉོན་མོངས་པ་མེད་པས་གང་ཡང་འགྲོ་བ་མེད་ཅིང་འོང་བ་མེད་དེ། གནས་པ་མེད་ཅིང་འདུག་པ་མེད་ལ། ཉལ་བར་འགྱུར་བ་མེད་པས། རྣམ་པར་མི་རྟོག་[8]པའི་ཕྱིར་ཆོས་ཐམས་ཅད་ཀྱི་སྒོའོ། །ཕ་ཞེས་བྱ་བ་ནི་འབྲས་བུ་དམིགས་སུ་མེད་པའི་ཕྱིར་ཆོས་ཐམས་ཅད་ཀྱི་སྒོའོ། །སྐ་ཞེས་བྱ་བ་ནི་ཕུང་པོ་དམིགས་སུ་མེད་པའི་ཕྱིར། ཆོས་ཐམས་ཅད་ཀྱི་སྒོའོ། །ཡས་[9]ཞེས་བྱ་བ་ནི་མི་བདེ་བ་མི་དམིགས་པའི་ཕྱིར་ཆོས་ཐམས་ཅད་ཀྱི་སྒོའོ། །ཙ་ཞེས་བྱ་བ་ནི་སྤྱོད་པ་མི་དམིགས་པའི་ཕྱིར་ཆོས་ཐམས་ཅད་ཀྱི་སྒོའོ། །ཊ་ཞེས་བྱ་བ་ནི་སྡུག་བསྔལ་མི་དམིགས་པ་དང་། མཐར་ཐུག་པར་གནས་པར་འཆི་འཕོ་མེད་ཅིང་། སྐྱེ་བ་མེད་པའི་ཕྱིར་ཆོས་ཐམས་ཅད་ཀྱི་སྒོའོ། །ཌྷ་ཞེས་བྱ་བ་ནི་གཡོག་པ་མི་དམིགས་

པའི་ཕྱིར་ཆོས་ཐམས་ཅད་ཀྱི༔ སྒོ་སྟེ[༡]། དེ་ཡན་ཅད་[༢]ནི་ཡི་གེའི་[༣]ཐ་སྙད་མེད་དོ།
༔དེ་ཅིའི་ཕྱིར་ཞེ་ན[༤]། དེ་ནི་འདི་ལྟར་གང་ལ་ཡང་གང་གིས་ཐ་སྙད་དུ་བྱ་བ་དང་།
གང་གིས་བརྗོད་པ་དང་། གང་གིས་བསྟན་པ་དང་། གང་བྲི་བ་དང་།
གང་སྣང་[༥]བ་དང་། གང་ལྷག་[༦]པར་བྱ་བ་དེ་ལྟ་བུའི་མིང་གང་ཡང་མེད་དོ།
རབ་འབྱོར་འདི་ལྟ་སྟེ། ཆོས་ཐམས་ཅད་ནི་[༧]དཔེར་ན། ནམ་མཁའ་བཞིན༔
དུ༔ ཁོང་དུ་[༨]ཆུད་པར་བྱ་སྟེ། རབ་འབྱོར་འདི་ནི་གཟུངས་ཀྱི་སྒོ་ལ་འཇུག་པ
ཨ་ལ་སོགས་པའི་ཡི་གེ་བསྟན་པ་ལ་འཇུག་པའོ། །རབ་འབྱོར་[༩]བྱང་ཆུབ་སེམས
དཔའ་སེམས་དཔའ་ཆེན་པོ་གང་གིས། ཨ་ལ་སྒོགས་[༡༠]པའི་ཡི་གེ་ལ་མཁས་པར
བྱ་བ་འདི་ཡོངས་སུ་ཤེས་ན། དེ་ནི་སྒྲ་གང་ལ་ཡང་ཆགས་པར་མི་འགྱུར་ཞིང་
ཐམས་ཅད་ཆོས་ཉིད་ཀྱིས་ཡང་དག་པར་སྒྲུབ་[༡༡]པར་འགྱུར་ཏེ། སྒྲ་ཤེས་པར་བྱ
བ་ལ་མཁས་པ་ཐོབ་པར་འགྱུར་རོ། །རབ་འབྱོར་བྱང་ཆུབ་སེམས་དཔའ་གང
གིས༔ ཨ་ལ་སོགས་པའི་ཡི་གེ་ལ་འཇུག་པའི་ཕྱག་རྒྱ་འདི་དང་། ཨ་ལ་སོགས
པའི་ཡི་གེ་ལ་འཇུག་པའི་ཕྱག་རྒྱའི་[༡༢]ཚིག་འདི་དག་ཐོས་ཏེ། ཐོས་ནས་ཀྱང
འཛིན་པ་དང་། འཆང་བ་དང་། ཀློག་པ་དང་། ཀུན་ཆུབ་པར་བྱེད་ཅིང་
གཞན་ལ་ཡང་ཚུལ་དང་ལྡན་པའི་ཀློས་སྟོན་ན། དེ་ལ་ལེགས་པ་ཉི་ཤུ་ཡོད་པར
ཤེས་པར་བྱའོ། །ཉི་ཤུ་གང་ཞེ་ན། འདི་ལྟ་སྟེ། དྲན་པ་དང་ལྡན། ཀློ
གྲོས་དང་ལྡན། རྟོགས་པ་དང་ལྡན། བློ་དང་ལྡན། དགའ་བ་དང་ལྡན
ངོ་ཚ་ཤེས་པ་དང་ལྡན། སྤོབས་པ་དང་ལྡན་པར་འགྱུར་བ་དང་། གཟུངས་ཀྱི
སྒོ་འདི་ཡང་ཉོན་མོངས་པ་མེད་པར་འཐོབ་ཅིང་། ཐེ་ཚོམ་[༡༣]མེད་པར་འགྱུར་ལ
གཞན་ལས་སྒྲའི་ངག་སྙན་པ་ཐོས་ཀྱང་ཆགས་པར་འགྱུར་བ་མེད་ཅིང་། ཞེ
གཅོད་པའི་ཚིག་ཐོས་ཀྱང་ཁོང་ཁྲོ་བར་མི་འགྱུར་བས། མཐོ་བ་མེད་ཅིང་དམའ

བ་མེད་དེ། ཚུལ་བཞིན་དུ་གནས་པར་འགྱུར་བ་དང་། སྒྲ་ལ་མཁས་པར་འགྱུར་བ་དང་། ཕུང་པོ་ལ་མཁས་པར་འགྱུར་བ་དང་། ཁམས་ལ་མཁས་པར་འགྱུར་བ་དང་། སྐྱེ་མཆེད་ལ་མཁས་པར་འགྱུར་བ་དང་། བདེན་པ་ལ་མཁས་པར་འགྱུར་བ་དང་། རྟེན་ཅིང་འབྲེལ་པར་འབྱུང་བ་ལ་མཁས་ཏེ⑦། རྒྱུ་ལ་མཁས་ཤིང་རྐྱེན་ལ་མཁས་པར་འགྱུར་བ་དང་། ཆོས་ཉིད་ལ་མཁས་པར་འགྱུར་བ་དང་། དབང་པོ་རབ་དང་ཐ་མ་ཤེས་པར་བྱ་བ་ལ་མཁས་པར་འགྱུར་བ་དང་། འཆི་འཕོ་བ་②དང་། སྐྱེ་བ་ཤེས་པར་བྱ་བ་ལ་མཁས་པར་འགྱུར་བ་དང་། ལྷའི་རྣ་བའི་ཤེས་པ་ལ་མཁས་པར་འགྱུར་བ་དང་། ཕ་རོལ་གྱི་སེམས་ཤེས་པར་བྱ་བ་ལ་མཁས་པར་འགྱུར་བ་དང་། སྔོན་གྱི་གནས་རྗེས་སུ་དྲན་པ་ཤེས་པར་བྱ་བ་ལ་མཁས་པར་འགྱུར་བ་དང་། རྫུ་འཕྲུལ་གྱི་རྣམ་པ་③ཤེས་པར་བྱ་བ་ལ་མཁས་པར་འགྱུར་བ་དང་། ཟག་པ་ཟད་པ་ཤེས་པར་བྱ་བ་ལ་མཁས་པར་འགྱུར་བ་དང་། གནས་དང་གནས་མ་ཡིན་པ་བསྟན་པ་ཤེས་པར་བྱ་བ་⑥མཁས་པར་འགྱུར་བ་དང་། འགྲོ་བ་ལ་མཁས་ཤིང་ལྡོག་པ་ལ་མཁས་པར་འགྱུར་བ་དང་། སྒྱུད་ལམ་ལ་མཁས་པར་འགྱུར་བ་དང་། ཁྲེལ་ཡོད་པ་དང་། ངོ་ཚ་ཤེས་པ་ལ་མཁས་པ་ཡང་འཐོབ་པར་འགྱུར་ཏེ། རབ་འབྱོར་གཟུངས་ཀྱི་སྒོ་ཨ་ལ་སོགས་པའི་ཡི་གེ་ལ་འཇུག་པ་འདི་ཡང་དེ་མི་དམིགས་པའི་ཚུལ་གྱིས་བྱང་ཆུབ་སེམས་དཔའ་སེམས་དཔའ་ཆེན་པོའི་ཐེག་པ་ཆེན་པོའོ། །ཤེས་རབ་ཀྱི་ཕ་རོལ་ཏུ་ཕྱིན་པ་སྟོང་ཕྲག་ཉི་ཤུ་ལྔ་པ་ལས། ལེའུ་དགུ་པའོ།། །།

རབ་འབྱོར་གང་ཡང་ཁྱོད་འདི་སྐད་དུ་ཇི་ལྟར་ན། བྱང་ཆུབ་སེམས་དཔའ་སེམས་དཔའ་ཆེན་པོ་⑤ཐེག་པ་ཆེན་པོ་ལ་ཡང་དག་པར་ཞུགས་པ་ཡིན་ཞེས་

ཟེར་བ་ནི། རབ་འབྱོར་འདི་ལ་བྱང་ཆུབ་སེམས་དཔའ་སེམས་དཔའ་ཆེན་པོ་ཕ་རོལ་ཏུ་ཕྱིན་པ་དྲུག་ལ་སྤྱོད་ཅིང་། ས་ནས་སར་འཕར་ཏེ། རབ་འབྱོར་ཇི་ལྟར་ན་བྱང་ཆུབ་སེམས་དཔའ་སེམས་དཔའ་ཆེན་པོ་ཕ་རོལ་ཏུ་ཕྱིན་པ་དྲུག་ལ་སྤྱོད་ཅིང་། ས་ནས་སར་འཕར་བ་ཡིན་ཞེ་ན། འདི་ལྟ་སྟེ། ཆོས་ཐམས་ཅད་འཕོ་བ་མེད་པས། ཆོས་གང་ཡང་ངོང་①བ་མེད་ཅིང་། འགྲོ་བ་མེད་དེ། འཕོ་བའམ་ཉེ་བར་འཕོ་བ་མེད་དོ། །འོན་ཀྱང་ཆོས་ཐམས་ཅད་ཀྱི་ས་གང་ཡིན་པ་དེ་ལ་སྨོམ②སེམས་སུ་བྱེད་པའམ། སེམས་པ་མེད་པར་ས་ཡོངས་སུ་སྦྱོང་བ་ཡང་མི་བྱེད་པ་མ་ཡིན་ཿལས་③དེ་ཡང་ཡང་དག་པར་རྗེས་སུ་མི་མཐོང་ངོ་། །དེ་ལ་བྱང་ཆུབ་སེམས་དཔའ་སེམས་དཔའ་ཆེན་པོའི་ས་ཡོངས་སུ་སྦྱོང་བ་གང་ཞེ་ན། རབ་འབྱོར་ས་དང་པོ་ལ་གནས་པའི་བྱང་ཆུབ་སེམས་དཔའ་སེམས་དཔའ་ཆེན་པོས་ས་ཡོངས་སུ་སྦྱང་བ་བཅུ་པོ་འདི་དག་བྱ་སྟེ། བཅུ་གང་ཞེ་ན། དེ་མི་དམིགས་པའི་ཚུལ་གྱིས་ལྷག་པའི་བསམ་པ་ལ་སོགས་པ་ཡོངས་སུ་སྦྱང་བ་དང་། མཚན་མ་མི་དམིགས་པའི་ཕྱིར། ཕན་པའི་དངོས་པོ་ཡོངས་སུ་སྦྱང་ཞིང་། སེམས་ཅན་མི་དམིགས་པའི་ཕྱིར། སེམས་ཅན་ཐམས་ཅད་ལ་སེམས་མཉམ་པ་ཉིད་ཡོངས་སུ་སྦྱང་བ་དང་། སྦྱིན་པ་དང་། གཏོང་བ་དང་། ལེན་པ་མི་དམིགས་པའི་ཕྱིར་གཏོང་བ་ཡོངས་སུ་སྦྱང་བ་དང་། དེས་སྨོམ④སེམས་སུ་མི་བྱ་བའི་ཕྱིར། དགེ་བའི་བཤེས⑤གཉེན་བསྟེན་པ་ཡོངས་སུ་སྦྱང་བ་དང་། ཆོས་ཐམས་ཅད་མི་དམིགས་པའི་ཕྱིར། ཆོས་བཙལ་བ་ཡོངས་སུ་སྦྱང་བ་དང་། ཁྱིམ་མི་དམིགས་པའི་ཕྱིར་ཡང་དང་ཡང་འབྱུང་བ་ཡོངས་སུ་སྦྱང་བ་དང་། མཚན་དང་། དཔེ་བྱད་བཟང་པོའི་མཚན་མ་མི་དམིགས་པའི་ཕྱིར། སངས་རྒྱས་ཀྱི་སྐུ་ལ་མོས་པ་ཡོངས་སུ་སྦྱང་བ་དང་། ཆོས་ཀྱི་རྣམ་པ་མི་དམིགས་པའི་ཕྱིར། ཆོས་རྣམ་པར

དབྱེ་བ་ཡོངས་སུ་སྦྱོང་བ་དང་། ཆོས་ཀྱི་ཡང་དག་པ་ཉིད་མི་དམིགས་པའི་ཕྱིར། ང་རྒྱལ་དང་ཁེངས་པ་བསལ་བ་ཡོངས་སུ་སྦྱོང་བ་དང་། ཚིག་མི་དམིགས་པའི་ཕྱིར་བདེན་པའི་ཚིག་ཡོངས་སུ་སྦྱོང་བ་སྟེ། རབ་འབྱོར་ཡོངས་སུ་སྦྱོང་བ་བཅུ་པོ་དེ་དག་ནི། བྱང་ཆུབ་སེམས་དཔའ་སེམས་དཔའ་ཆེན་པོ། ས་དང་པོ་ལ་གནས་པས་བྱ་བ་དག་གོ། །རབ་འབྱོར་གཞན་ཡང་བྱང་ཆུབ་སེམས་དཔའ་སེམས་དཔའ་ཆེན་པོའི་(༡)ས་གཉིས་པ་ལ་གནས་པས། ཆོས་བརྒྱད་པོ་འདི་དག་ཡང་དང་ཡང་ཡིད་ལ་བྱ་ཞིང་། དེ་དག་ལ་ནན་ཏན་དུ་བྱའོ། །བརྒྱད་གང་ཞེ་ན། འདི་ལྟ་སྟེ། ཚུལ་ཁྲིམས་ཡོངས་སུ་དག་པ་དང་། བྱས་པ་ཤེས་ཤིང་དྲིན་དུ་གཟོ་བ་དང་། བཟོད་པའི་མཐུ་ལ་གནས་པ་དང་། རབ་ཏུ་དགའ་ཞིང་སྤྲོ་བ་སྐྱོང་བར་བྱ་བ་དང་། སེམས་ཅན་ཐམས་ཅད་ཡོངས་སུ་མི་གཏོང་(༢)བ་དང་། སྙིང་རྗེ་ཆེན་པོ་མངོན་དུ་བྱ་བ་དང་། བླ་མ་ལ་བསྙེན་བཀུར་ཞིང་དད་པས་གུས་པར་བྱ་བ་དང་། ཕ་རོལ་ཏུ་ཕྱིན་པ་རྣམས་ལ་བརྩོན་ཞིང་ཚོལ་བ་སྟེ། རབ་འབྱོར་ཆོས་བརྒྱད་པོ་དེ་དག་ནི། བྱང་ཆུབ་སེམས་དཔའ་སེམས་དཔའ་ཆེན་པོ་ས་གཉིས་པ་ལ་གནས་པས། ཡང་དང་ཡང་ཡིད་ལ་བྱ་ཞིང་། དེ་དག་ལ་ནན་ཏན་དུ་(༣)བྱ་བ་དག་གོ། །རབ་འབྱོར་གཞན་ཡང་བྱང་ཆུབ་སེམས་དཔའ་སེམས་དཔའ་ཆེན་པོ། ས་གསུམ་པ་ལ་གནས་པས། ཆོས་ལྔ་ལ་གནས་པར་བྱ་སྟེ། ལྔ་གང་ཞེ་ན། འདི་ལྟ་སྟེ། མང་དུ་ཐོས་པས་མི་ངོམས་ཤིང་། དེ་ལ་ཡང་ཡི་གེ་ལ་མངོན་པར་མ་ཞེན་པ་དང་། ཟང་ཟིང་མེད་པར་ཆོས་ཀྱི་སྦྱིན་པ་རྣམ་པར་འབྱེད་ཅིང་། དེས་ཀྱང་ཀློམ་(༤)སེམས་སུ་མི་འགྱུར་བ་དང་། སངས་རྒྱས་ཀྱི་ཞིང་ཡོངས་སུ་དག་པར་བྱ་བའི་དགེ་བའི་རྩ་བ་བསྐྱེད་ཅིང་ཡོངས་སུ་བསྔོ་ཡང་། དེས་ཀློམ་སེམས་(༥)སུ་མི་འགྱུར་བ་དང་། དཔག་ཏུ་མེད་པའི་འཁོར་

བས་ཡོངས་སུ་སྐྱོ་བ་མེད་ཅིང་། དེས་ཀྱང་རློམ་སེམས་སུ་མི་འགྱུར་བ་དང་། ང་ཚ་ཤེས་ཤིང་ཁྲེལ་ཡོད་པ་ལ་གནས་ཀྱང་། དེས་རློམ་སེམས་སུ་མི་འགྱུར་བ་སྟེ། རབ་འབྱོར་ཆོས་ལྔ་པོ་དེ་དག་ནི། བྱང་ཆུབ་སེམས་དཔའ་སེམས་དཔའ་ཆེན་པོ་ས་གསུམ་པ་ལ་[1]གནས་པར་བྱ་བ་དག་གོ། །རབ་འབྱོར་གཞན་ཡང་བྱང་ཆུབ་སེམས་དཔའ་སེམས་དཔའ་ཆེན་པོ་ས་བཞི་པ་ལ་གནས་པས། ཆོས་བཅུ་པོ་འདི་དག་ཡོངས་སུ་བླངས་ཤིང་གནས་པར་བྱ་སྟེ། དེ་དག་ཡོངས་སུ་བཏང་[2]བར་མི་བྱའོ། །བཅུ་གང་ཞེ་ན། འདི་ལྟ་སྟེ། དགོན་པ་ལ་གནས་པ་དང་། འདོད་པ་ཆུང་བ་དང་། ཆོག་ཤེས་པ་དང་། སྦྱངས་པའི་ཡོན་ཏན་གྱི་སྡོམ་པ་མི་བཏང་[3]བ་དང་། བསླབ་པ་ཡོངས་སུ་མི་བཏང་[4]བ་དང་། འདོད་པའི་ཡོན་ཏན་ལ་སྨད་པ་དང་། མྱ་ངན་ལས་འདའ་བ་[5]དང་ལྡན་པའི་སེམས་བསྐྱེད་པ་དང་། རྫས་ཐམས་ཅད་ཡོངས་སུ་བཏང་[6]བ་དང་། སེམས་ཞུམ་པ་མེད་པ་དང་། དངོས་པོ་ཐམས་ཅད་ལ་ལྟོས་[7]པ་མེད་པ་སྟེ། རབ་འབྱོར་ཆོས་བཅུ་པོ་དེ་དག་ནི། བྱང་ཆུབ་སེམས་དཔའ་སེམས་དཔའ་ཆེན་པོ་ས་བཞི་པ་ལ་གནས་པས། ཡོངས་སུ་གཏང་[8]བར་མི་བྱ་ཞིང་། ཡང་དག་པར་བླངས་ཏེ་གནས་པར་བྱ་བ་དག་གོ། །རབ་འབྱོར་གཞན་ཡང་བྱང་ཆུབ་སེམས་དཔའ་སེམས་དཔའ་ཆེན་པོ་ས་ལྔ་པ་ལ་གནས་པས། ཆོས་དྲུག་པོ་འདི་དག་ཡོངས་སུ་སྤང་བར་བྱ་སྟེ། དྲུག་གང་ཞེ་ན། འདི་ལྟར་ཁྱིམ་པ་དང་བསྙེན་པ་ཡོངས་སུ་སྤང་[9]བར་བྱ་བ་དང་། དགེ་སློང་མ་དང་བསྙེན་པ་དང་། རིགས་ལ་སེར་སྣ་བྱེད་པ་དང་། འདུ་འཛིའི་གནས་དང་། གནོད་སེམས་དང་། བདག་བསྟོད་[10]ཅིང་གཞན་སྨོད་པ་སྟེ། ཆོས་དྲུག་པོ་དེ་དག་ནི་ཡོངས་སུ་སྤང་བར་བྱའོ། །ཡང་ཆོས་བརྒྱད་ཡོངས་སུ་སྤང་བར་བྱ་སྟེ། འདི་ལྟར་མི་དགེ་བ་བཅུའི་ལས་ཀྱི་ལམ་རྣམས་

ཡོངས་སུ་སྤྱང་བར་བྱའོ། །ལྐུག་པའི་ང་རྒྱལ་དང་ཁེངས་པ་དང་། ཕྱིན་ཅི་ལོག་རྣམས་དང་། ༔ཐེ་ཙོམ(༡)དང་འདོད་ཆགས་དང་། ཞེ་སྡང་དང་། གཏི་མུག་ཉམ༔ རང་སུ་གཞག(༢)པ་ཡོངས་སུ་སྤྱང་བར་བྱའོ། །ཆོས་བརྒྱད་པོ་དེ་དག་ནི་བྱང་ཆུབ་སེམས་དཔའ་སེམས་དཔའ་ཆེན་པོ་ས་ལྔ་པ་ལ་གནས་པས་ཡོངས་སུ་སྤྱང་བར་བྱའོ། །རབ་འབྱོར་གཞན་ཡང་བྱང་ཆུབ་སེམས་དཔའ་སེམས་དཔའ་ཆེན་པོ་ས་དྲུག་པ་ལ་གནས་པས། ཆོས་དྲུག་ཡོངས་སུ་རྫོགས་པར་བྱ་སྟེ། འདི་ལྟར་ཕ་རོལ་ཏུ་ཕྱིན་པ་དྲུག་གོ། །གཞན་ཡང་ཆོས་དྲུག་ཡོངས་སུ་སྤྱང་བར་བྱ་སྟེ། དྲུག་གང་ཞེ་ན། ཉན་ཐོས་ཀྱི་སེམས་ཡོངས་སུ་སྤྱང་བར་བྱའོ། །རང་སངས་རྒྱས་ཀྱི་སེམས་ཡོངས་སུ་སྤྱང་བར་བྱའོ། །སྲིད་པའི་སེམས་ཡོངས་སུ་སྤྱང་བར་བྱའོ། །སློང(༣)མོ་པ་མཐོང་ན་ཞུམ(༤)པ་མེད་པར་བྱ་སྟེ། ཞུམ(༥)པའི་སེམས་ཡོངས་སུ་སྤྱང་བར་བྱའོ། །དངོས་པོ་ཐམས་ཅད་ཡོངས་སུ་བཏང་བས་ཡིད་མི་བདེ་བར་མི་བྱ་སྟེ། ཡིད་མི་བདེ་བ་ཡོངས་སུ་སྤྱང་བར་བྱའོ། །སློངས(༦)མོ་པ་མཐོང་ན་སློངས(༧)མོ་པས་འཁྲུག་པར་མི་བྱ་སྟེ། འཁྲུག་པའི་སེམས་ཡོངས་སུ་སྤྱང་བར་བྱའོ། །རབ་འབྱོར་ཆོས་དྲུག་པོ་དེ་དག་ནི་བྱང་ཆུབ་སེམས་དཔའ་སེམས་དཔའ་ཆེན་པོ་ས་དྲུག་པ་ལ་གནས་པས་ཡོངས་སུ་སྤྱང་བར་བྱའོ། །རབ་འབྱོར་གཞན་ཡང་བྱང་ཆུབ་སེམས་དཔའ་སེམས་དཔའ་ཆེན་པོ་ས་བདུན་པ་ལ་གནས་པས་ཆོས་ཉི་ཤུ་མི་བྱ་སྟེ། ཉི་ཤུ་གང་ཞེ་ན། འདི་ལྟ་སྟེ། བདག་ཏུ་འཛིན་པར་མི་བྱའོ། །སེམས་ཅན་དུ་འཛིན་པ་དང་། སྲོག་ཏུ་འཛིན་པ་དང་། གང་ཟག་ཏུ་འཛིན་པ་དང་། ཆད་པར་འཛིན་པ་དང་། རྟག་པར་འཛིན་པ་དང་། མཚན་མའི་འདུ་ཤེས་དང་། རྒྱུར་ལྟ་བ་དང་། མིང་དང་གཟུགས་ལ་མངོན་པར་ཆགས་པ་དང་། ཕུང་པོ་ལ་མངོན་པར་ཆགས་པ་དང་། ཁམས་ལ་

མངོན་པར་ཆགས་པ་དང་། སྐྱེ་མཆེད་ལ་མངོན་པར་ཆགས་པ་དང་། ཁམས་གསུམ་ལ་མངོན་པར་ཆགས་པ་དང་། ཁམས་གསུམ་ལ་མངོན་པར་ཞེན་པ་དང་། ཁམས་གསུམ་ལ་རྟེན་①པ་དང་། ཁམས་གསུམ་ལ་གནས་པ་དང་། སངས་རྒྱས་ལ་རྟེན་②པའི་ལྟ་བ་ལ་མངོན་པར་ཆགས་པ་དང་། ཆོས་ལ་རྟེན་③པའི་ལྟ་བ་ལ་མངོན་པར་ཆགས་པ་དང་། དགེ་འདུན་ལ་རྟེན་④པའི་ལྟ་བ་ལ་མངོན་པར་ཆགས་པ་དང་། ཚུལ་ཁྲིམས་ལ་རྟེན་⑤པའི་ལྟ་བ་ལ་མངོན་པར་ཆགས་པ་དང་། ཆོས་རྣམས་སྟོང་ངོ་ཞེས་ཞུམ་པར་འགྱུར་བ་དང་། སྟོང་པ་ཉིད་དང་འགལ་བ་སྟེ། རབ་འབྱོར་ཆོས་ཉི་ཤུ་པོ་དེ་དག་ནི་བྱང་ཆུབ་སེམས་དཔའ་སེམས་དཔའ་ཆེན་པོ་ས་བདུན་པ་ལ་གནས་པས་མི་བྱའོ་དེས་ཆོས་ཉི་ཤུ་པོ་འདི་དག་ཡོངས་སུ་རྫོགས་པར་བྱ་སྟེ། ཉི་ཤུ་གང་ཞེ་ན། འདི་ལྟ་སྟེ་སྟོང་པ་ཉིད་རྫོགས་⑥པར་བྱ་བ་དང་། མཚན་མ་མེད་པ་མངོན་དུ་⑦བྱ་བ་དང་། སྨོན་པ་མེད་པ་ཤེས་པར་བྱ་བ་དང་། འཁོར་གསུམ་ཡོངས་སུ་དག་པ་དང་། སེམས་ཅན་ཐམས་ཅད་ལ་སྙིང་རྗེ་ཞིང་སྙིང་བརྩེ་བ་དང་། ⑧སེམས་ཅན་དེ་དག་ལ་བརྙས་པར་མི་བྱ་བ་དང་། ཆོས་ཐམས་ཅད་མཉམ་པ་ཉིད་དུ་ལྟ་བ་ཡང་དག་པའི་ཚུལ་རབ་ཏུ་རྟོགས་ཤིང་། དེས་རློམ་སེམས་སུ་མི་བྱ་བ་དང་། མི་སྐྱེ་བ་ལ་བཟོད་པ་དང་། མི་སྐྱེ་བ་ཤེས་པ་དང་། ཆོས་ཐམས་ཅད་ཚུལ་གཅིག་ཏུ་བསྟན་པ་དང་། རྟོག་པ་ཡང་དག་པར་⑨བསལ་བ་དང་། ལྟ་བ་རྣམ་པར་ཟློག་⑩པ་དང་། ཉོན་མོངས་པ་རྣམ་པར་ཟློག་⑪པ་དང་། ཞི་གནས་དང་ལྷག་མཐོང་གི་ས་དང་། དུལ་བའི་སེམས་དང་། ཞི་བའི་སེམས་དང་། ཐོགས་པ་མེད་པ་དང་། བྱམས་པའི་སྐབས་ཤེས་པ་དང་། གང་དུ་འདོད་པའི་ཞིང་དུ་འགྲོ་བ་སྟེ། རབ་འབྱོར་ཆོས་ཉི་ཤུ་པོ་དེ་དག་ནི་བྱང་ཆུབ་སེམས་དཔའ་སེམས་དཔའ་ཆེན་པོ་ས་བདུན་པ་ལ་གནས་པས་ཡོངས་སུ་

རྫོགས་པར་བྱའོ། །རབ་འབྱོར་གཞན་ཡང་བྱང་ཆུབ་སེམས་དཔའ་(༡)ཆེན་པོ་ས་
བརྒྱད་པ་ལ་གནས་པས། ཆོས་བཞི་པོ་འདི་དག་ཡོངས་སུ་རྫོགས་པར་བྱ་སྟེ།
བཞི་གང་ཞེ་ན། འདི་ལྟར་སེམས་ཅན་ཐམས་ཅད་ཀྱི་སེམས་ཕྱིན་ཏུ་ཆུད་(༢)པར་
བྱ་བ་དང་། མངོན་པར་ཤེས་པས་རྣམ་པར་རྩེ་བ་དང་། སངས་རྒྱས་ཀྱི་ཞིང་
བལྟ་(༣)ཞིང་། སངས་རྒྱས་ཀྱི་ཞིང་ཇི་ལྟར་མཐོང་བ་དེ་དག་ཡོངས་སུ་བསྒྲུབ་པ་
དང་། སངས་རྒྱས་བསྙེན་བཀུར་ཞིང་། སངས་རྒྱས་ཀྱི་སྐུ་ཡང་དག་པ་ཇི་ལྟ་
བ་བཞིན་དུ་རྟག་(༤)པ་སྟེ། རབ་འབྱོར་ཆོས་བཞི་པོ་དེ་དག་ནི་བྱང་ཆུབ་སེམས་
དཔའ་སེམས་དཔའ་ཆེན་པོ་ས་བརྒྱད་པ་ལ་གནས་པས་ཡོངས་སུ་རྫོགས་པར་བྱའོ། །
རབ་འབྱོར་གཞན་ཡང་བྱང་ཆུབ་སེམས་དཔའ་སེམས་དཔའ་ཆེན་པོ་ས་བརྒྱད་པ་(༥)
ལ་གནས་པས་ཆོས་བཞི་ཡོངས་སུ་རྫོགས་པར་བྱ་སྟེ། བཞི་གང་ཞེ་ན། འདི་ལྟ་
སྟེ། དབང་པོ་རབ་དང་། ཐ་མ་ཤེས་པ་དང་། སངས་རྒྱས་ཀྱི་ཞིང་ཡོངས་
སུ་སྦྱོང་བ་དང་། སྒྱུ་མ་ལྟ་བུའི་ཏིང་ངེ་འཛིན་ལ་ཡང་དང་ཡང་མཉམ་པར་
གཞག་པ་དང་། སེམས་ཅན་རྣམས་ཀྱི་དགེ་བའི་རྩ་བ་ཇི་ལྟ་ཇི་ལྟར་འགྲུབ་(༦)པར་
འགྱུར་བ་དེ་ལྟ་དེ་ལྟར་ལུས་ཡོངས་སུ་བསྒྲུབ་(༧)པའི་ཕྱིར། ཆེད་དུ་བསམས་ཤིང་(༨)
སྲིད་པ་ཉེ་བར་ལེན་པ་སྟེ། རབ་འབྱོར་ཆོས་བཞི་པོ་དེ་དག་ནི་བྱང་ཆུབ་སེམས་
དཔའ་སེམས་དཔའ་ཆེན་པོ་ས་བརྒྱད་པ་ལ་གནས་པས་ཡོངས་སུ་རྫོགས་པར་བྱའོ(༩)། །
རབ་འབྱོར་གཞན་ཡང་བྱང་ཆུབ་སེམས་དཔའ་སེམས་དཔའ་ཆེན་པོ་ས་དགུ་པ་ལ་
གནས་པས། ཆོས་བཅུ་གཉིས་ཡོངས་སུ་རྫོགས་པར་བྱ་སྟེ། བཅུ་གཉིས་གང་
ཞེ་ན། འདི་ལྟར་སྨོན་ལམ་མཐའ་ཡས་པ་ཡོངས་སུ་བཟུང་སྟེ། ཇི་ལྟ་ཇི་ལྟར་
སྨོན་པ་དེ་ལྟ་དེ་ལྟར་ཕུན་སུམ་ཚོགས་པར་འགྱུར་བ་དང་། ལྷ་དང་། ཀླུ་དང་།
གནོད་སྦྱིན་དང་། དྲི་ཟ་དང་། ལྷ་མ་ཡིན་དང་། ནམ་མཁའ་ལྡིང་དང་།

མིའམ་ཅི་དང་། ལྟོ་འཕྱེ་ཆེན་པོའི་སྐད་ཤེས་པ་དང་། ཡོངས་སུ་རྫོགས་པའི་
སྦྱོབས་པས་ངེས་པར་བསྟན་པ་ཤེས་པ་དང་། མའི་མངལ་དུ་འགྲོ་[1]བ་ཕུན་སུམ་
ཚོགས་པ་དང་། རིགས་ཕུན་སུམ་ཚོགས་པ་དང་། རྒྱུད་ཕུན་སུམ་ཚོགས་པ་
དང་། རུས་ཕུན་སུམ་ཚོགས་པ་དང་། འཁོར་ཕུན་སུམ་ཚོགས་པ་དང་། ཚེ་
ཕུན་སུམ་ཚོགས་པ་དང་། མངོན་པར་འབྱུང་བ་ཕུན་སུམ་ཚོགས་པ་དང་
བྱང་ཆུབ་ཀྱི་ཤིང་གི་རྒྱན་ཕུན་སུམ་ཚོགས་པ་དང་། ཡོན་ཏན་ཐམས་ཅད་ཡོངས
སུ་རྫོགས་པ་ཕུན་སུམ་ཚོགས་པ་སྟེ། རབ་འབྱོར་ཆོས་བཅུ་གཉིས་པོ་དེ་དག་ནི
བྱང་ཆུབ་སེམས་དཔའ་སེམས་དཔའ་ཆེན་པོ་ས་དགུ་པ་ལ་གནས་པས་ཡོངས་སུ
རྫོགས་པར་བྱའོ། །རབ་འབྱོར་ས་བཅུ་པ་[2]ལ་གནས་པའི་བྱང་ཆུབ་སེམས
དཔའ་སེམས་དཔའ་ཆེན་པོ་ནི་དེ་བཞིན་གཤེགས་པ་ཉིད་དུ་བརྗོད་དོ། །དེ་སྐད
ཅེས་བཀའ་སྩལ་པ་དང་། ཚེ་དང་ལྡན་པ་རབ་འབྱོར་གྱིས་བཅོམ་ལྡན་འདས་ལ
འདི་སྐད་ཅེས་གསོལ་ཏོ། །བཅོམ་ལྡན་འདས་བྱང་ཆུབ་སེམས་དཔའ་སེམས
དཔའ་ཆེན་པོ་ས་དང་པོ་ལ་གནས་པའི་ལྷག་པའི་བསམ་པ་ལ་སྟོགས་[3]པ་ཡོངས་སུ
སྦྱོང་བ་གང་ལགས། བཅོམ་ལྡན་འདས་ཀྱིས་བཀའ་སྩལ་པ། རབ་འབྱོར་བྱང
ཆུབ་སེམས་དཔའ་སེམས་དཔའ་ཆེན་པོ་རྣམ་པ་ཐམས་ཅད་མཁྱེན་པ་ཉིད་དང
ལྡན་པའི་སེམས་བསྐྱེད་པས། དགེ་བའི་རྩ་བ་མང་པོ་ཡོངས་སུ་དག་པར་སྤྱོད་པ
འདི་ནི། བྱང་ཆུབ་སེམས་དཔའ་སེམས་དཔའ་ཆེན་པོའི་ལྷག་པའི་བསམ་པ
ཡོངས་སུ་སྦྱོང་བའོ། །དེ་ལ་བྱང་ཆུབ་སེམས་དཔའ་སེམས་དཔའ་ཆེན་པོའི
སེམས་ཅན་ཐམས་ཅད་ལ་སེམས་མཉམ་པ་ཉིད་ཡོངས་སུ་སྦྱོང་བ་གང་ཞེ་ན
རྣམ་པ་ཐམས་ཅད་མཁྱེན་པ་ཉིད་དང་ལྡན་པའི་སེམས་བསྐྱེད་པས། ཚད་མེད
པ་བཞི་པོ་བྱམས་པ་དང་། སྙིང་རྗེ་དང་། དགའ་བ་དང་། བཏང་སྙོམས

མངོན་པར་བསྒྲུབ་པ་འདི་ནི། བྱང་ཆུབ་སེམས་དཔའ་སེམས་དཔའ་ཆེན་པོའི་···
སེམས་ཅན་ཐམས་ཅད་ལ་སེམས་མཉམ་པ་ཉིད་ཡོངས་སུ་སྦྱང་བའོ། །དེ་ལ་བྱང་
ཆུབ་སེམས་དཔའ་སེམས་དཔའ་ཆེན་པོའི་གཏོང་བ་ཡོངས་སུ་སྦྱང་བ་གང་ཞེ་ན།
སེམས་ཅན་ཐམས་ཅད་ལ་རྣམ་པར་རྟོག་པ་མེད་པར་སྦྱིན་པ་ཡོངས་སུ་གཏོང་བ་སྟེ།
འདི་ནི་བྱང་ཆུབ་སེམས་དཔའ་སེམས་དཔའ་ཆེན་པོའི་གཏོང་བ་ཡོངས་སུ་སྦྱང་བའོ། །
དེ་ལ་བྱང་ཆུབ་སེམས་དཔའ་སེམས་དཔའ་ཆེན་པོའི་དགེ་བའི་བཤེས་(༧)གཉེན་
བསྟེན་པ་ཡོངས་སུ་སྦྱང་བ་གང་ཞེ་ན། འདི་ལྟ་སྟེ། གང་དེ་ལ་རྣམ་པ་ཐམས་
ཅད་མཁྱེན་པ་ཉིད་དུ་ཡང་དག་པར་བསྐུལ་བ་དང་། གཞོག་པ་དང་། རབ་···
ཏུ་གཞོག་པར་བྱེད་པ་དེ་དག་ནི། བྱང་ཆུབ་སེམས་དཔའ་སེམས་དཔའ་ཆེན་
པོའི་དགེ་བའི་བཤེས་(༣)གཉེན་ཏེ། དགེ་བའི་བཤེས་(༣)གཉེན་དེ་དག་ལ་(༨)བསྟེན···
པ་དང་། རིམ་གྲོར་བྱ་བ་དང་། བཀུར་སྟིར་བྱ་བ་དང་བསྟི་སྟང་དུ་བྱ་བ་སྟེ།
འདི་ནི་བྱང་ཆུབ་སེམས་དཔའ་སེམས་དཔའ་ཆེན་པོའི་དགེ་བའི་བཤེས་(༥)གཉེན་
བསྟེན་པ་ཡོངས་སུ་སྦྱང་བའོ། །དེ་ལ་བྱང་ཆུབ་སེམས་དཔའ་སེམས་དཔའ་ཆེན་
པོའི་ཆོས་བཙལ་བ་ཡོངས་སུ་སྦྱང་བ་གང་ཞེ་ན། རྣམ་པ་ཐམས་ཅད་མཁྱེན་པ···
ཉིད་དང་ལྡན་པའི་སེམས་བསྐྱེད་པས་ཆོས་ཚོལ་(༦)ཞིང་། ཉན་ཐོས་ཀྱི་ས་དང་།
རང་སངས་རྒྱས་ཀྱི་སར་མི་ལྟུང་བ་འདི་ནི། བྱང་ཆུབ་སེམས་དཔའ་སེམས་
དཔའ་ཆེན་པོའི་ཆོས་བཙལ་བ་ཡོངས་སུ་སྦྱང་བའོ། །དེ་ལ་བྱང་ཆུབ་སེམས་
དཔའ་སེམས་དཔའ་ཆེན་པོའི་ཡང་དང་ཡང་འབྱུང་བ་ཡོངས་སུ་སྦྱང་བ་གང་ཞེ་ན།
ཚེ་རབས་(༧)ཐམས་ཅད་དུ་འདུ་འཛི་མེད་པར་འབྱུང་ཞིང་། དེ་བཞིན་གཤེགས···
པའི་བསྟན་པ་ལ་རབ་ཏུ་འབྱུང་ཡང་། དེ་ལ་བར་ཆད་བྱེད་པ་གང་ཡང་མེད་པ་
དེ་ནི། བྱང་ཆུབ་སེམས་དཔའ་སེམས་དཔའ་ཆེན་པོའི་ཡང་དང་ཡང་འབྱུང་བ་

ཡོངས་སུ་སྨྲང་བའོ། །དེ་ལ་བྱང་ཆུབ་སེམས་དཔའ་སེམས་དཔའ་ཆེན་པོའི་སངས་རྒྱས་ཀྱི་སྐུ་ལ་སོགས་པ་ཡོངས་སུ་སྨྲང་བ་གང་ཞེ་ན། སངས་རྒྱས་ཀྱི་སྐུ་མཐོང་ནས། ནམ་རྣམ་པ་ཐམས་ཅད་མཁྱེན་པ་ཉིད་ཐོབ་པར་མ་གྱུར་གྱི་བར་དུ་སངས་རྒྱས་ཡིད་ལ་བྱ་བ་དང་ནམ་ཡང་འབྲལ་བར་མི་འགྱུར་བ་སྟེ། འདི་ནི་བྱང་ཆུབ་སེམས་དཔའ་སེམས་དཔའ་ཆེན་པོའི་སངས་རྒྱས་ཀྱི་སྐུ་ལ་སོགས་པ་ཡོངས་སུ་སྨྲང་བའོ། །དེ་ལ་བྱང་ཆུབ་སེམས་དཔའ་སེམས་དཔའ་ཆེན་པོའི་ཆོས་རྣམ་པར་དབྱེ་བ་ཡོངས་སུ་སྨྲང་བ་གང་ཞེ་ན། བྱང་ཆུབ་སེམས་དཔའ་སེམས་དཔའ་ཆེན་པོ་དེ་དེ་བཞིན་གཤེགས་པ་མངོན་དུ་གྱུར་པ་ཡོངས་སུ་མྱ་ངན་ལས་འདས་པའི་ཚེ་སེམས་ཅན་རྣམས་ལ་ཆོས་སྟོན་ཅིང་། ཐོག་མར་ཡང་དགེ་བར་དུ་ཡང་དགེ་ཐ་མར་ཡང་དགེ་ཡི་གེ་བཟང་པོ། དོན་བཟང་པོ། མ་འདྲེས་པ། ཡོངས་སུ་རྫོགས་པ། ཡོངས་སུ་དག་པ། ཡོངས་སུ་བྱང་བ། ཚངས་པའི་སྤྱོད་པ་འདི་ལྟ་སྟེ། མདོ་དང་དབྱངས་ཀྱིས་བསྙད་པ་དང་། ལུང་བསྟན་པ་དང་། ཚིགས་སུ་བཅད་པ་དང་། ཆེད་དུ་བརྗོད་པ་དང་། གླེང་གཞི་དང་འདི་ལྟར་འདས་པ་དང་། སྐྱེས་པའི་རབས་དང་། ཤིན་ཏུ་རྒྱས་པ་དང་རྨད་དུ་བྱུང་བ་དང་། རྟོགས་པ་བརྗོད་པ་དང་། གཏན་ལ་ཕབ་པར་[༡]བསྟན་པ་དག་ཡང་དག་པར་སྟོན་པ་སྟེ། འདི་ནི་བྱང་ཆུབ་སེམས་དཔའ་སེམས་དཔའ་ཆེན་པོའི་ཆོས་རྣམ་པར་དབྱེ་བ་ཡོངས་སུཿསྨྲང་བའོ[༢]། །དེ་ལ་བྱང་ཆུབ་སེམས་དཔའ་སེམས་དཔའ་ཆེན་པོའི་ང་རྒྱལ་དང་། ཁེངས་པ་བསལ་[༣]བ་ཡོངས་སུ་སྨྲང་བ་གང་ཞེ་ན། ང་རྒྱལ་དང་ཁེངས་པ་ཇི་ལྟར་བསལ་བ་དེས། ནམ་ཡང་རིགས་དམའ་བར་མི་སྐྱེ་བ་འདི་ནི། བྱང་ཆུབ་སེམས་དཔའཿསེམས་དཔའ་[༤]ཆེན་པོའི་ང་རྒྱལ་དང་ཁེངས་པ་བསལ་བ་ཡོངས་སུ་སྨྲང་བའོ།། ||

ཤེས་རབ་ཀྱི་ཕ་རོལ་ཏུ་ཕྱིན་པ་སྟོང་ཕྲག་ཉི་ཤུ་ལྔ་པ། བམ་པོ་བཅོ་བརྒྱད་པ༑ དེ་ལ་བྱང་ཆུབ་སེམས་དཔའ་སེམས་དཔའ་ཆེན་པོའི་①བདེན་པའི་ཚིག་ཡོངས་སུ་སྦྱོང་བ་གང་ཞེ་ན། འདི་ལྟ་སྟེ། ཇི་སྐད་དུ་སྨྲས་པ་དེ་ལྟར་བྱེད་པ་སྟེ། འདི་ནི་བྱང་ཆུབ་སེམས་དཔའ་སེམས་དཔའ་ཆེན་པོའི་བདེན་པའི་ཚིག་ཡོངས་སུ་སྦྱོང་བའོ། །རབ་འབྱོར་དེ་དག་ནི་བྱང་ཆུབ་སེམས་དཔའ་སེམས་དཔའ་ཆེན་པོ་ས་དང་པོ་ལ་གནས་པའི་ཡོངས་སུ་སྦྱོང་བ་བཅུའོ། །རབ་འབྱོར་དེ་ལ་བྱང་ཆུབ་སེམས་དཔའ་སེམས་དཔའ་ཆེན་པོའི②། ཚུལ་ཁྲིམས་ཡོངས་སུ་དག་པ་གང་ཞེ་ན། འདི་ལྟ་སྟེ། ཉན་ཐོས་དང་། རང་སངས་རྒྱས་ཀྱི་སེམས་ཡིད་ལ་མི་བྱེད་ཅིང་། དེ་མ་ཡིན་པའི་③ཚུལ་ཁྲིམས་ངན་པར་བྱེད་པ་དང་། བྱང་ཆུབ་ཀྱི་གེགས་སུ་འགྱུར་བའི་④ཆོས་གཞན་དག་ཀྱང་ཡིད་ལ་མི་བྱེད་པ་སྟེ། འདི་ནི་བྱང་ཆུབ་སེམས་དཔའ་སེམས་དཔའ་ཆེན་པོའི་ཚུལ་ཁྲིམས་ཡོངས་སུ་དག་པའོ། །དེ་ལ་བྱང་ཆུབ་སེམས་དཔའ་སེམས་དཔའ་ཆེན་པོའི་བྱས་པ་ཤེས་ཤིང་དྲིན་དུ་གཟོ་བ་གང་ཞེ་ན། བྱང་ཆུབ་སེམས་དཔའ་སེམས་དཔའ་ཆེན་པོ་བྱང་ཆུབ་སེམས་དཔའི་སྤྱོད་པ་སྤྱོད་པའི་ཚེ། ཕན་པ་ཆུང་དུ་ཞིག་བྱས་ཀྱང་འཁོར་བ་ཟད་ཀྱི་བར་དུ་ཆུད་མི་གཟོན་ན་མང་པོ་ལྟ་ཅི་སྨོས་ཏེ། འདི་ནི་བྱང་ཆུབ་སེམས་དཔའ་སེམས་དཔའ་ཆེན་པོའི་བྱས་པ་ཤེས་ཤིང་དྲིན་དུ་གཟོ་⑤བའོ། །དེ་ལ་བྱང་ཆུབ་སེམས་དཔའ་སེམས་དཔའ་ཆེན་པོའི་བཟོད་པའི་མཐུ་ལ་གནས་པ་གང་ཞེ་ན། སེམས་ཅན་ཐམས་ཅད་ལ་གནོད་སེམས་མེད་ཅིང་། འཚེ་བ་མེད་པའི་སེམས་ཏེ། འདི་ནི་བྱང་ཆུབ་སེམས་དཔའ་སེམས་དཔའ་ཆེན་པོའི་བཟོད་པའི་མཐུ་ལ་གནས་པའོ༑ །དེ་ལ་བྱང་ཆུབ་སེམས་དཔའ་སེམས་དཔའ་ཆེན་པོའི་རབ་ཏུ་དགའ་ཞིང་སྤྲོ་བ་སྐྱོང་བར་བྱ་བ་གང་ཞེ་ན། འདི་ལྟ་སྟེ། སེམས་ཅན་ཐམས་ཅད་ཐེག་པ་

གསུམ་ལ་ཡོངས་སུ་སྨིན་པར་བྱེད་པ་སྟེ། འདི་ནི་བྱང་ཆུབ་སེམས་དཔའ་སེམས་དཔའ་ཆེན་པོའི་རབ་ཏུ་དགའ་ཞིང་སྤྲོ་བ་སྤྱོད་པར་བྱའོ(༡)། །དེ་ལ་བྱང་ཆུབ་སེམས་དཔའ་སེམས་དཔའ་ཆེན་པོའི་སེམས་ཅན་ཐམས་ཅད་ཡོངས་སུ་མི་གཏོང་(༢)བ་གང་ཞེ་ན། འདི་ལྟར་སེམས་ཅན་ཐམས་ཅད་ཡོངས་སུ་སྐྱོབ་པ་སྟེ། འདི་ནི་བྱང་ཆུབ་སེམས་དཔའ་སེམས་དཔའ་ཆེན་པོའི་སེམས་ཅན་ཐམས་ཅད་ཡོངས་སུ་མི་གཏོང་(༢)བའོ། །དེ་ལ་བྱང་ཆུབ་སེམས་དཔའ་(༤)སེམས་དཔའ་ཆེན་པོའི་སྙིང་རྗེ་ཆེན་པོ་མངོན་དུ་བྱ་བ་གང་ཞེ་ན། བྱང་ཆུབ་སེམས་དཔའ་སེམས་དཔའ་ཆེན་པོ་བྱང་ཆུབ་སེམས་དཔའི་སྤྱད་པ་སྤྱོད་པའི་ཚེ། འདི་སྙམ་དུ་སེམས་ཤིང་བདག་གིས་སེམས་ཅན་རེ་རེའི་དོན་དུ་ཡང་བསྐལ་པ་གངྒཱའི་ཀླུང་གི་བྱེ་མ་སྙེད་དུ་སེམས་ཅན་དམྱལ་བར་གནས་པར་བྱ་སྟེ། སེམས་ཅན་ཐམས་ཅད་སངས་རྒྱས་ཀྱི་ཡེ་ཤེས་ལ་མ་བཀོད་ཀྱི་བར་དུ་དེ་དག་ཏུ་གཏུབ་ཅིང་གཤེགས་(༥)པ་དང་། བརྟུང་ཞིང་(༦)བཙོ་བ་དང་། བསྲེག་པ་ལ་སོགས་པ་ཉམས་སུ་མྱོང་བར་བྱའོ་སྙམ་ནས། དེ་བཞིན་དུ་སེམས་ཅན་ཐམས་ཅད་ཀྱི་དོན་དུ་སྤྲོ་ཞིང་སྐྱོ་བ་མེད་པ་སྟེ། འདི་ནི་བྱང་ཆུབ་སེམས་དཔའ་སེམས་དཔའ་ཆེན་པོའི་སྙིང་རྗེ་ཆེན་པོ་མངོན་དུ་བྱ་བའོ། །དེ་ལ་བྱང་ཆུབ་སེམས་དཔའ་སེམས་དཔའ་ཆེན་པོའི་བླ་མ་(༧)བསྙེན་བཀུར་ཞིང་། དད་པས་གུས་པར་བྱ་བ་གང་ཞེ་ན། འདི་ལྟར་བླ་མ་རྣམས་ལ་སྟོན་པའི་འདུ་ཤེས་སུ་བྱེད་པ་སྟེ། འདི་ནི་བྱང་ཆུབ་སེམས་དཔའ་སེམས་དཔའ་ཆེན་པོའི་བླ་མ་ལ་(༧)བསྙེན་བཀུར་ཞིང་དད་པས་གུས་པར་བྱ་བའོ། །དེ་ལ་བྱང་ཆུབ་སེམས་དཔའ་སེམས་དཔའ་ཆེན་པོའི་(༨)ཕ་རོལ་ཏུ་ཕྱིན་པ་རྣམས་ལ་བརྩོན་ཞིང་ཚོལ་(༡༠)བ་གང་ཞེ་ན། འདི་ལྟ་སྟེ། ལས་གཞན་མེད་པར་སེམས་ཅན་ཐམས་ཅད་ཡོངས་སུ་སྨིན་པར་བྱ་བའི་ཕྱིར། ལས་གཞན་མེད་པར་ཕ་རོལ་ཏུ་ཕྱིན་པ་རྣམས་ཡོངས་

སུ་ཚོལ་①བ་སྟེ། འདི་ནི་བྱང་ཆུབ་སེམས་དཔའ་སེམས་དཔའ་ཆེན་པོའི་②ཕ་རོལ་ཏུ་ཕྱིན་པ་རྣམས་ལ་བརྟེན་ཞིང་ཚོལ་③བའོ། །དེ་ལ་བྱང་ཆུབ་སེམས་དཔའ་སེམས་དཔའ་ཆེན་པོའི་④མང་དུ་ཐོས་པས་མི་ངོམས་པ་གང་ཞེ་ན། འདི་ལྟ་སྟེ། སངས་རྒྱས་བཅོམ་ལྡན་འདས་རྣམས་ཀྱིས་འཇིག་རྟེན་གྱི་ཁམས་འདིའམ། ཕྱོགས་བཅུ་ཀུན་གྱི་འཇིག་རྟེན་གྱི་ཁམས་སུ་གང་ཅི་བསྟན་པ་དེ་དག་ཐམས་ཅད་ཡོངས་སུ་གཟུང་⑤བར་བྱའོ། །ཞེས་མི་ངོམས་པ་སྟེ། འདི་ནི་བྱང་ཆུབ་སེམས་དཔའ་སེམས་དཔའ་ཆེན་པོའི་མང་དུ་ཐོས་པས་མི་ངོམས་པའོ། །དེ་ལ་བྱང་ཆུབ་སེམས་དཔའ་སེམས་དཔའ་ཆེན་པོའི་ཟང་ཟིང་མེད་པར་ཆོས་ཀྱི་སྦྱིན་པ་རྣམ་པར་འབྱེད་པ་གང་ཞེ་ན། བྱང་ཆུབ་སེམས་དཔའ་སེམས་དཔའ་ཆེན་པོ་ཆོས་སྟོན་པའི་ཚེ། ཆོས་ཀྱི་སྦྱིན་པ་དེས་ཆུང་ངུ་ན་བྱང་ཆུབ་ཏུ་ཡང་རེ་བ་མེད་པ་སྟེ། འདི་ནི་བྱང་ཆུབ་སེམས་དཔའ་སེམས་དཔའ་ཆེན་པོའི་ཟང་ཟིང་མེད་པར་ཆོས་ཀྱི་སྦྱིན་པ་རྣམ་པར་འབྱེད་པའོ། །དེ་ལ་བྱང་ཆུབ་སེམས་དཔའ་སེམས་དཔའ་ཆེན་པོའི་སངས་རྒྱས་ཀྱི་ཞིང་ཡོངས་སུ་དག་པར་བྱ་བའི་དགེ་བའི་རྩ་བ་བསྐྱེད་⑥ཅིང་ཡོངས་སུ་བསྔོ་བ་གང་ཞེ་ན། དགེ་བའི་རྩ་བ་གང་དང་གང་གིས། སངས་རྒྱས་ཀྱི་ཞིང་ཡོངས་སུ་དག་པར་བྱེད་ཅིང་། བདག་དང་གཞན་གྱི་སེམས་ཀྱི་ཞིང་ཡོངས་སུ་སྦྱོད་པའི་⑦ཚེ། དགེ་བའི་རྩ་བ་དེ་དག་ཡོངས་སུ་བསྔོ་བ་སྟེ། འདི་ནི་བྱང་ཆུབ་སེམས་དཔའ་སེམས་དཔའ་ཆེན་པོའི་སངས་རྒྱས་ཀྱི་ཞིང་ཡོངས་སུ་དག་པར་བྱ་བའི་དགེ་བའི་རྩ་བ་བསྐྱེད་⑧ཅིང་ཡོངས་སུ་བསྔོ་བའོ། །དེ་ལ་བྱང་ཆུབ་སེམས་དཔའ་སེམས་དཔའ་ཆེན་པོའི་དཔག་ཏུ་མེད་པའི་འཁོར་བས་ཡོངས་སུ་སྐྱོ་བ་མེད་པ་གང་ཞེ་ན། དགེ་བའི་རྩ་བ་གང་གིས་ཉེ་བར་བརྟེན་⑨ན། སེམས་ཅན་ཡོངས་སུ་སྨིན་པར་འགྱུར་བ་དང་། སངས་རྒྱས་ཀྱི་ཞིང་ཡོངས་སུ་དག་པར་འགྱུར་བ་དེ་ལྟ་

བུའི་དགེ་བའི་རྩ་བ་ཉེ་བར་རྟོན་①ཅིང་། རྣམ་པ་ཐམས་ཅད་མཁྱེན་པ་ཉིད་ཡོངས་སུ་མ་རྫོགས་ཀྱི་བར་དུ། ནམ་ཡང་སྐྱེ་བར་མི་འགྱུར་བ་འདི་ནི། བྱང་ཆུབ་སེམས་དཔའ་སེམས་དཔའ་ཆེན་པོའི་དཔག་ཏུ་མེད་པའི་འཁོར་བས་ཡོངས་སུ་སྐྱོ་བ་མེད་པའོ། །དེ་ལ་བྱང་ཆུབ་སེམས་དཔའ་སེམས་དཔའ་ཆེན་པོའི་ངོ་ཚ་ཤེས་ཤིང་ཁྲེལ་ཡོད་པ་ལ་གནས་པ་གང་ཞེ་ན། འདི་ལྟ་སྟེ། ཉན་ཐོས་དང་། རང་སངས་རྒྱས་ཀྱི་སེམས་ལ་སྨོད་པ་སྟེ། འདི་ནི་བྱང་ཆུབ་སེམས་དཔའ་སེམས་དཔའ་ཆེན་པོའི་ངོ་ཚ་ཤེས་ཤིང་②ཁྲེལ་ཡོད་པ་ལ་གནས་པའོ། །དེ་ལ་བྱང་ཆུབ་སེམས་དཔའ་སེམས་དཔའ་ཆེན་པོའི་དགོན་པ་ལ་གནས་པ་ཡོངས་སུ་མི་གཏོང་③བ་གང་ཞེ་ན། ཉན་ཐོས་དང་། རང་སངས་རྒྱས་ཀྱི་ས་ལས་འདའ་བ་སྟེ། འདི་ནི་བྱང་ཆུབ་སེམས་དཔའ་སེམས་དཔའ་ཆེན་པོའི་དགོན་པ་ལ་གནས་པ་ཡོངས་སུ་མི་གཏང་བའོ། །དེ་ལ་བྱང་ཆུབ་སེམས་དཔའ་སེམས་དཔའ་ཆེན་པོའི་འདོད་པ་ཆུང་བ་གང་ཞེ་ན། བྱང་ཆུབ་སེམས་དཔའ་སེམས་དཔའ་ཆེན་པོའི་④བྱང་ཆུབ་ལ་ཡང་འདོད་པ་མི་སྐྱེད་⑤པ་སྟེ། འདི་ནི་བྱང་ཆུབ་སེམས་དཔའ་སེམས་དཔའ་ཆེན་པོའི་འདོད་པ་ཆུང་བའོ། །དེ་ལ་བྱང་ཆུབ་སེམས་དཔའ་སེམས་དཔའ་ཆེན་པོའི་ཆོག་ཤེས་པ་གང་ཞེ་ན། རྣམ་པ་ཐམས་ཅད་མཁྱེན་པ་ཉིད་ཐོབ་ཀྱང་རློམ་⑥སེམས་སུ་མི་བྱེད་པ་སྟེ། འདི་ནི་བྱང་ཆུབ་སེམས་དཔའ་སེམས་དཔའ་ཆེན་པོའི་ཆོག་ཤེས་པའོ། །དེ་ལ་བྱང་ཆུབ་སེམས་དཔའ་སེམས་དཔའ་ཆེན་པོའི་སྦྱངས་པའི་ཡོན་ཏན་གྱི་སྡོམ་པ་མི་གཏང་བ་གང་ཞེ་ན། འདི་ལྟར་ཆོས་ཟབ་མོ་རྣམས་ལ་རྟོགས་པར་གཞོལ་བའི་བཟོད་པ་སྟེ། འདི་ནི་བྱང་ཆུབ་སེམས་དཔའ་སེམས་དཔའ་ཆེན་པོའི༔ སྦྱངས་པའི་⑦ཡོན་ཏན་གྱི་སྡོམ་པ་མི་གཏང་བའོ། །དེ་ལ་བྱང་ཆུབ་སེམས་དཔའ་སེམས་དཔའ་ཆེན་པོའི་བསླབ་པ་ཡོངས་སུ་མི་གཏོང་⑧བ་གང་ཞེ

ན།   བསྐལ་པ་ཐམས་ཅད་རྒྱུ་བ་མེད་པ་སྟེ།   འདི་ནི་བྱང་ཆུབ་སེམས་དཔའ་སེམས་དཔའ་ཆེན་པོའི་བསྐལ་པ་ཡོངས་སུ་མི་གཏང་བའོ། །དེ་ལ་བྱང་ཆུབ་སེམས་དཔའ་སེམས་དཔའ་ཆེན་པོའི་འདོད་པའི་ཡོན་ཏན་ལ་སྨད་པ་གང་ཞེ་ན། འདོད་པའི་སེམས་མི་སྐྱེད་པ་སྟེ། འདི་ནི་བྱང་ཆུབ་སེམས་དཔའ་སེམས་དཔའ་ཆེན་པོའི་འདོད་པའི་ཡོན་ཏན་ལ་སྨད་པའོ། །དེ་ལ་བྱང་ཆུབ་སེམས་དཔའ་སེམས་དཔའ་ཆེན་པོའི་མྱ་ངན་ལས་འདའ་བ་དང་ལྡན་པའི་སེམས་བསྐྱེད་པ་གང་ཞེ་ན། འདི་ལྟར་ཆོས་ཐམས་ཅད་མངོན་པར་འདུ་བྱེད་པ་མེད་པ་སྟེ། འདི་ནི་བྱང་ཆུབ་སེམས་དཔའ་སེམས་དཔའ་ཆེན་པོའི་མྱ་ངན་ལས༔འདའ་བ་[༡]དང་ལྡན་པའི་སེམས་བསྐྱེད་པའོ། །དེ་ལ་བྱང་ཆུབ་སེམས་དཔའ་སེམས་དཔའ་ཆེན་པོའི་རྫས་ཐམས་ཅད་ཡོངས་སུ་གཏང་བ་གང་ཞེ་ན། ཕྱི་ནང་གི་ཆོས་ཐམས་ཅད་ལ་འཛིན་པ་མེད་པ་སྟེ། འདི་ནི་བྱང་ཆུབ་སེམས་དཔའ་སེམས་དཔའ་ཆེན་པོའི་རྫས་ཐམས་ཅད་ཡོངས་སུ་གཏང་བའོ། །དེ་ལ་བྱང་ཆུབ་སེམས་དཔའ་སེམས་དཔའ་ཆེན་པོའི་སེམས་ཞུམ་པ་མེད་པ་གང་ཞེ་ན། རྣམ་པར་ཤེས་པ་གནས་པ་ལ། དེའི་སེམས་མི་གནས་པ་སྟེ། འདི་ནི་བྱང་ཆུབ་སེམས་དཔའ་སེམས་དཔའ་ཆེན་པོའི་སེམས་ཞུམ་པ་མེད་པའོ། །དེ་ལ་བྱང་ཆུབ་སེམས་དཔའ་སེམས་དཔའ་ཆེན་པོའི་དངོས་པོ་ཐམས་ཅད་ལ་ལྟོས་[༢]པ་མེད་པ་གང་ཞེ་ན། དངོས་པོ་ཐམས་ཅད་ཡིད་ལ་མི་བྱེད་པ་སྟེ། འདི་ནི་བྱང་ཆུབ་སེམས་དཔའ་སེམས་དཔའ་ཆེན་པོའི་དངོས་པོ་ཐམས་ཅད་ལ་ལྟོས་[༣]པ་མེད་པའོ། །དེ་ལ་བྱང་ཆུབ་སེམས་དཔའ་སེམས་དཔའ་ཆེན་པོའི་ཁྱིམ་པ་དང་བསྟེན་པ་ཡོངས་སུ་སྤང་བར་བྱ་བ་གང་ཞེ་ན། འདི་ལྟ་སྟེ། སངས་རྒྱས་ཀྱི་ཞིང་ནས་སངས་རྒྱས་ཀྱི་ཞིང་དུ་འགྲོ་ཞིང་རྫུས་[༤]ཏེ་སྐྱེ་བ་དང་། མགོ་བྲེགས་ཤིང་། ངུར་སྨྲིག་གི་གོས་བགོ་བ་སྟེ། འདི་ནི་བྱང་

ཆུབ་སེམས་དཔའ་སེམས་དཔའ་ཆེན་པོའི་ཁྲིམ་པ་དང་བསྟེན་པ་ཡོངས་སུ་སྤང་
བར༔ བྱ་བའོ[1]། །དེ་ལ་བྱང་ཆུབ་སེམས་དཔའ་སེམས་དཔའ་ཆེན་པོའི་དགེ་སློང་[2]
མ་དང་བསྟེན་པ་ཡོངས་སུ་སྤང་བ་གང་ཞེ་ན། དགེ་སློང་མ་དང་སེ་གོལ་གཏོགས་
པ་ཙམ་དུ་ཡང་ལྷན་ཅིག་མི་གནས་ཤིང་། དེའི་རྒྱུས་ཡོངས་སུ་སྐྱོམ་པའི་སེམས་མི་
སྐྱེད་དེ། དེའི་རྒྱུས་གོས་འཐོབ་པར་མི་བྱེད་པ་འདི་ནི། བྱང་ཆུབ་སེམས་
དཔའ་སེམས་དཔའ་ཆེན་པོའི་དགེ་སློང་མ་དང་བསྟེན་པ་ཡོངས་སུ་སྤང་བར་བྱ་
བའོ། །དེ་ལ་བྱང་ཆུབ་སེམས་དཔའ་སེམས་དཔའ་ཆེན་པོའི་རིགས་ལ་སེར་སྣ་
བྱེད་པ་ཡོངས་སུ་སྤང་བ་གང་ཞེ་ན། རབ་འབྱོར་འདི་ལ་བྱང་ཆུབ་སེམས་དཔའ་
སེམས་དཔའ་ཆེན་པོའི་[3]འདི་ལྟར་སེམས་བསྐྱེད་པར་བྱ་སྟེ། གང་བདག་གིས་[4]
སེམས་ཅན་ཐམས་ཅད་ལ་བདེ་བའི་རྣམ་པ་བསྒྲུབ་[5]པར་བྱ་བ་དེ་དང་། སེམས་
ཅན་འདི་དག་རང་རང་[6]གི་བསོད་ནམས་ཀྱིས་བདེ་བར་གྱུར་ན། དེ་ལ་བདག་
གིས་སེར་སྣའི་སེམས་བསྐྱེད་པར་མི་བྱའོ་ཞེས་བྱ་བ་འདི་ནི། བྱང་ཆུབ་སེམས་
དཔའ་སེམས་དཔའ་ཆེན་པོའི་རིགས་ལ་སེར་སྣ་བྱེད་པ་ཡོངས་སུ་སྤང་བར་བྱའོ[7]། །
དེ་ལ་ཇི་ལྟར་ན་བྱང་ཆུབ་སེམས་དཔའ་སེམས་དཔའ་ཆེན་པོས་[8]འདུ་འཛིའི་གནས་
ཡོངས་སུ་སྤང་བར་བྱ་བ་ཡིན་ཞེ་ན། བྱང་ཆུབ་སེམས་དཔའ་སེམས་དཔའ་ཆེན་
པོའི་[9]འདུ་འཛིའི་གནས་གང་དུ་གནས་པས། ཉན་ཐོས་སམ། རང་སངས་
རྒྱས་ཡོད་པའམ། དེ་དང་ལྡན་པའི་གཏམ་འབྱུང་བར་འགྱུར་བའམ། དེ་དང་
ལྡན་པའི་སེམས་བསྐྱེད་པ་སྐྱེ་བར་འགྱུར་བ་དེ་ལྟ་བུར། བྱང་ཆུབ་སེམས་དཔའ་
སེམས་དཔའ་ཆེན་པོས་གནས་པར་མི་བྱ་སྟེ། འདི་ནི་བྱང་ཆུབ་སེམས་དཔའ་
སེམས་དཔའ་ཆེན་པོའི་འདུ་འཛིའི་གནས་ཡོངས་སུ་སྤང་བའོ། །དེ་ལ་ཇི་ལྟར་ན་
བྱང་ཆུབ་སེམས་དཔའ་སེམས་དཔའ་ཆེན་པོས་[10]གནོད་སེམས་ཡོངས་སུ་སྤང་བར་

བྱ་བ་ཡིན་ཞེ་ན། གནོད་སེམས་དང་། འཚེ་བའི་སེམས་ཀྱི་སྐབས་མི་འབྱེད་ཅིང་། ཐབ[1]མོའི་སེམས་སམ། རྩོད་པའི་སེམས་ཀྱི་གོ་མི་འབྱེད་པ་སྟེ། འདི་ནི་བྱང་ཆུབ་སེམས་དཔའ་སེམས་དཔའ་ཆེན་པོའི་གནོད་སེམས་ཡོངས་སུ་སྤང་བའོ། །དེ་ལ་བྱང་ཆུབ་སེམས་དཔའ་སེམས་དཔའ་ཆེན་པོའི་བདག་བསྟོད་པ་ཡོངས་སུ་སྤང་བ་གང་ཞེ་ན། ནང་གི་ཆོས་རྣམས་ཡང་དག་པར་རྗེས་སུ་མི་མཐོང་བ་སྟེ། འདི་ནི་བྱང་ཆུབ་སེམས་དཔའ་སེམས་དཔའ་ཆེན་པོའི་བདག་བསྟོད་པ་ཡོངས་སུ་སྤང་བའོ། །དེ་ལ་བྱང་ཆུབ་སེམས་དཔའ་སེམས་དཔའ་ཆེན་པོའི་གཞན་སྨོད་པ་ཡོངས་སུ་སྤོང་བ་གང་ཞེ་ན། འདི་ལྟ་སྟེ། ཕྱི་རོལ་གྱི་ཆོས་རྣམས་ཡང་དག་པར་རྗེས་སུ་མི་མཐོང་བ་སྟེ། འདི་ནི་བྱང་ཆུབ་སེམས་དཔའ་སེམས་དཔའ་ཆེན་པོའི་གཞན་སྨོད་པ་ཡོངས་སུ་སྤང་བའོ། །དེ་ལ་ཇི་ལྟར་ན་བྱང་ཆུབ་སེམས་དཔའ་སེམས་དཔའ་ཆེན་པོས[2]མི་དགེ་བ་བཅུའི་ལས་ཀྱི་ལམ་ཡོངས་སུ་སྤང་བར་བྱ་བ་ཡིན་ཞེ་ན། དེ་དག་ནི་འདི་ལྟར་བདེ་འགྲོ་ལ་ཡང་བར་དུ་གཅོད[3]ན། འཕགས་པའི་ལམ་ལ་ལྟ་ཅི་སྨོས་ཏེ། བླ་ན་མེད་པ་ཡང་དག་པར་རྫོགས་པའི་བྱང་ཆུབ་ལ་ལྟ་སྨོས་ཀྱང་ཅི་དགོས་ཀྱིས[4]། སྤང་བར་བྱའོ་ཞེས་སྤོང[5]བ་སྟེ། འདི་ནི་བྱང་ཆུབ་སེམས་དཔའ་སེམས་དཔའ་ཆེན་པོའི[6]མི་དགེ་བ་བཅུའི་ལས་ཀྱི་ལམ་ཡོངས་སུ་སྤང་བར་བྱ་བའོ། །དེ་ལ་ཇི་ལྟར་ན་བྱང་ཆུབ་སེམས་དཔའ་སེམས་དཔའ་ཆེན་པོས་ལྷག་པའི་ང་རྒྱལ་ཡོངས་སུ་སྤང་བར་བྱ་བ་ཡིན་ཞེ་ན[7]། དེ་ནི་འདི་ལྟར་དེས[8]ཆོས་གང[9]ཡང་ཡང་དག་པར་རྗེས་སུ་མཐོང་བ་མེད་ན། གང་གིས་ང་རྒྱལ་དུ་འགྱུར་བའི་ལྷག་པ་ལྟ་ཅི་སྨོས་ཤེས་ང་རྒྱལ་དུ་མི་བྱེད་པ་སྟེ། འདི་ནི་བྱང་ཆུབ་སེམས་དཔའ་སེམས་དཔའ་ཆེན་པོའི་ལྷག་པའི་ང་རྒྱལ་ཡོངས་སུ་སྤང་བར་བྱ་བའོ། །དེ་ལ་ཇི་ལྟར་ན་བྱང་ཆུབ་སེམས་དཔའ་སེམས་

དཔའ་ཆེན་པོས་ཁེངས་པ་ཡོངས་སུ་སྤྱང་བར་བྱ་བ་ཡིན་ཞེ་ན། དེ་ནི་འདི་ལྟར་དེས་གང་ལ་ཁེངས་པ་སྐྱེ་བར་འགྱུར་བ་དེ་ལྟ་བུའི་དངོས་པོ་ཡང་ཡང་དག་པར་རྗེས་སུ་མི་མཐོང་སྟེ། འདི་ནི་བྱང་ཆུབ་སེམས་དཔའ་སེམས་དཔའ་ཆེན་པོའི་ཁེངས་པ་ཡོངས་སུ་སྤྱང་བར་བྱ་བའོ། །དེ་ལ་ཇི་ལྟར་ན་བྱང་ཆུབ་སེམས་དཔའ་སེམས་དཔའ་ཆེན་པོས་ཕྱིན་ཅི་ལོག་རྣམས་ཡོངས་སུ་སྤྱང་བར་བྱ་བ་ཡིན་ཞེ་ན། དངོས་པོར་མི་དམིགས་པ་སྟེ། འདི་ནི་བྱང་ཆུབ་སེམས་དཔའ་སེམས་དཔའ་[1]ཆེན་པོའི་ཕྱིན་ཅི་ལོག་རྣམས་ཡོངས་སུ་སྤྱང་བར་བྱ་བའོ། །དེ་ལ་ཇི་ལྟར་ན་བྱང་ཆུབ་སེམས་དཔའ་སེམས་དཔའ་ཆེན་པོའི་འདོད་ཆགས་དང་། ཞེ་སྡང་དང་། གཏི་[2]མུག་ཉམ་རངས་སུ་མི་འདོར་བ་ཡིན་ཞེ་ན། དེ་ནི་འདི་ལྟར་དེས་འདོད་ཆགས་དང་། ཞེ་སྡང་དང་གཏི་མུག་ཡང་དག་པར་རྗེས་སུ་མི་མཐོང་བ་སྟེ། འདི་ནི་བྱང་ཆུབ་སེམས་དཔའ་སེམས་དཔའ་ཆེན་པོའི་འདོད་ཆགས་དང་ཞེ་སྡང་དང་། གཏི་མུག་ཉམ་རངས་སུ་མི་འདོར་བའོ། །དེ་ལས་དྲུག་ལ་ཆོས་དྲུག་ཡོངས་སུ་རྫོགས་པར་བྱ་བ་གང་ཞེ་ན། འདི་ལྟར་ཕ་རོལ་ཏུ་ཕྱིན་པ་དྲུག་སྟེ། སྦྱིན་པའི་ཕ་རོལ་ཏུ་ཕྱིན་པ་དང་། ཚུལ་ཁྲིམས་ཀྱི་ཕ་རོལ་ཏུ་ཕྱིན་པ་དང་། བཟོད་པའི་ཕ་རོལ་ཏུ་ཕྱིན་པ་དང་། བརྩོན་འགྲུས་ཀྱི་ཕ་རོལ་ཏུ་ཕྱིན་པ་དང་། བསམ་གཏན་གྱི་ཕ་རོལ་ཏུ་ཕྱིན་པ་དང་། ཤེས་རབ་ཀྱི་ཕ་རོལ་ཏུ་ཕྱིན་པ་ཡོངས་སུ་རྫོགས་པར་བྱ་སྟེ། དེ་ཅིའི་ཕྱིར་ཞེ་ན། དེ་ནི་འདི་ལྟར་ཕ་རོལ་ཏུ་ཕྱིན་པ་དྲུག་པོ་འདི་དག་ལ་གནས་ཏེ། སངས་རྒྱས་བཅོམ་ལྡན་འདས་རྣམས་དང་། ཉན་ཐོས་དང་། རང་སངས་རྒྱས་རྣམས་ཤེས་པར་བྱ་བའི་རྒྱ་མཚོ་ལྔའི་ཕ་རོལ་ཏུ་ཕྱིན་པར་གྱུར་ཏོ། །ཕྱིན་ཏོ། །ཕྱིན་པར་འགྱུར་རོ། །ལྔ་གང་ཞེ་ན། འདི་ལྟ་སྟེ། འདས་པ་དང་། མ་འོངས་པ་དང་། ད་ལྟར་བྱུང་བ་དང་།

བརྗོད་དུ་མེད་པ་དང་། འདུས་མ་བྱས་ཏེ། དེ་ལྟར་བྱང་ཆུབ་སེམས་དཔའ་སེམས་དཔའ་ཆེན་པོ་(༡)ཕ་རོལ་ཏུ་ཕྱིན་པ་དྲུག་ཡོངས་སུ་རྫོགས་པར་བྱའོ། །དེ་ལ་ཇི་ལྟར་ན་བྱང་ཆུབ་སེམས་དཔའ་སེམས་དཔའ་ཆེན་པོས་ཆོས་དྲུག་ཡོངས་སུ་སྤང་བར་བྱ་བ་ཡིན་ཞེ་ན། འདི་ལྟར་དེ་ནི་བྱང་ཆུབ་ཀྱི་ལམ་མ་ཡིན་པས། ཉན་ཐོས་ཀྱི་སེམས་ཡོངས་སུ་སྤང་བར་བྱའོ། །འདི་ལྟར་དེ་ནི་བྱང་ཆུབ་ཀྱི་ལམ་མ་ཡིན་པས་རང་སངས་རྒྱས་ཀྱི་སེམས་ཡོངས་སུ་སྤང་བར་བྱའོ། །འདི་ལྟར་དེ་ནི་བྱང་ཆུབ་ཀྱི་ལམ་མ་ཡིན་པས་སྲིད་(༢)པའི་སེམས་ཡོངས་སུ་སྤང་བར་བྱའོ། །འདི་ལྟར་དེ་ནི་བྱང་ཆུབ་ཀྱི་ལམ་མ་ཡིན་པས་སློང་(༣)མོ་བ་མཐོང་ན་སེམས་ཞུམ་པ་མི་བསྐྱེད་དོ། །འདི་ལྟར་དེ་ནི་བྱང་ཆུབ་ཀྱི་ལམ་མ་ཡིན་པས་དངོས་པོ་ཐམས་ཅད་ཡོངས་སུ་བཏང་བས་ཡིད་མི་བདེ་བར་མི་བྱའོ། །འདི་ལྟར་དེ་ནི་བྱང་ཆུབ་ཀྱི་ལམ་མ་ཡིན་པས་ཐོག་མ་སེམས་བསྐྱེད་ནས་ཁཿཟ་ཡག་(༤)གི་སེམས་སུ་མི་བྱའི(༥)། སྦྱིན་པ་(༦)ཡོངས་སུ་གཏང་(༧)བར་བྱའོ་ཞེས་བྱ་བ་སྟེ། དེ་ལྟར་བྱང་ཆུབ་སེམས་དཔའ་སེམས་དཔའ་ཆེན་པོས་ཆོས་དྲུག་ཡོངས་སུཿསྤང་བར་(༨)བྱའོ། །དེ་ལ་ཇི་ལྟར་ན་བྱང་ཆུབ་སེམས་དཔའ་སེམས་དཔའ་ཆེན་པོས་བདག་ཏུ་འཛིན་པར་མི་བྱ་ཞེ་ན། དེ་ནི་འདི་ལྟར་བདག་ཤིན་ཏུ་མེད་པའི་ཕྱིར་ཏེ། དེ་ལྟར་བྱང་ཆུབ་སེམས་དཔའ་སེམས་དཔའ་ཆེན་པོས་བདག་ཏུ་འཛིན་པར་མི་བྱའོ། །དེ་ལ་ཇི་ལྟར་ན་སེམས་ཅན་དང་སྲོག་དང་། གང་ཟག་ཏུ་འཛིན་པར་མི་བྱ་ཞེ་ན། དེ་ནི་འདི་ལྟར་དེ་དག་ཤིན་ཏུ་མེད་པའི་ཕྱིར་ཏེ། དེ་ལྟར་བྱང་ཆུབ་སེམས་དཔའ་སེམས་དཔའ་ཆེན་པོས་སེམས་ཅན་དང་སྲོག་དང་། གང་ཟག་ཏུ་འཛིན་པར་མི་བྱའོ། །དེ་ལ་ཇི་ལྟར་ན་བྱང་ཆུབ་སེམས་དཔའ་སེམས་དཔའ་ཆེན་པོས་ཆད་པར་འཛིན་པར་མི་བྱ་ཞེ་ན། དེ་ནི་འདི་ལྟར་ཆོས་ཐམས་ཅད་ཤིན་ཏུ་མ་སྐྱེས་

པའི་ཕྱིར། ཆོས་གང་ཡང་ཆད་པ་མེད་པའི་ཕྱིར་ཏེ། དེ་ལྟར་བྱང་ཆུབ་སེམས་དཔའ་སེམས་དཔའ་ཆེན་པོས་①ཆད་པར་འཛིན་པར་མི་བྱའོ། །དེ་ལ་ཇི་ལྟར་ན་བྱང་ཆུབ་སེམས་དཔའ་སེམས་དཔའ་ཆེན་པོས་རྟག་པར་འཛིན་པར་མི་བྱ་ཞེ་ན། དེ་ནི་འདི་ལྟར་ཆོས་གང་ལ་སྐྱེ་བ་མེད་པ་དེ་ལ། རྟག་པ་དང་ཆད་པ་མེད་པའི་ཕྱིར་ཏེ། དེ་ལྟར་བྱང་ཆུབ་སེམས་དཔའ་སེམས་དཔའ་ཆེན་པོས་རྟག་པར་འཛིན་པར་མི་བྱའོ། །དེ་ལ་ཇི་ལྟར་ན་བྱང་ཆུབ་སེམས་དཔའ་སེམས་དཔའ་ཆེན་པོས་②མཚན་མའི་འདུ་ཤེས་སུ་མི་བྱ་ཞེ་ན། དེ་ནི་འདི་ལྟར་ཀུན་ནས་ཉོན་མོངས་པ་ཤིན་ཏུ་མེད་པའི་ཕྱིར་ཏེ། དེ་ལྟར་བྱང་ཆུབ་སེམས་དཔའ་སེམས་དཔའ་ཆེན་པོས་མཚན་མའི་འདུ་ཤེས་སུ་མི་བྱའོ། །དེ་ལ་ཇི་ལྟར་ན་བྱང་ཆུབ་སེམས་དཔའ་སེམས་དཔའ་ཆེན་པོས་རྒྱུར་བལྟ་བར་མི་བྱ་ཞེ་ན། དེ་ནི་འདི་ལྟར་ལྟ་བ་དེ་ཡང་དག་པར་རྗེས་སུ་མི་མཐོང་བའི་ཕྱིར་ཏེ། དེ་ལྟར་བྱང་ཆུབ་སེམས་དཔའ་སེམས་དཔའ་ཆེན་པོས་རྒྱུར་③བལྟ་བར་མི་བྱའོ། །དེ་ལ་ཇི་ལྟར་ན་བྱང་ཆུབ་སེམས་དཔའ་སེམས་དཔའ་ཆེན་པོས་④མིང་དང་གཟུགས་ལ་མངོན་པར་ཆགས་པར་མི་བྱ་ཞེ་ན། དེ་ནི་འདི་ལྟར་དེས་དེའི་དངོས་པོ་ཡང་དག་པར་རྗེས་སུ་མི་མཐོང་བའི་ཕྱིར་ཏེ། དེ་ལྟར་བྱང་ཆུབ་སེམས་དཔའ་སེམས་དཔའ་ཆེན་པོས་མིང་དང་གཟུགས་ལ་མངོན་པར་ཆགས་པར་མི་བྱའོ། །དེ་ལ་ཇི་ལྟར་ན་བྱང་ཆུབ་སེམས་དཔའ་སེམས་དཔའ་ཆེན་པོས། ཕུང་པོ་དང་། སྐྱེ་མཆེད་དང་། ཁམས་ལ་མངོན་པར་ཆགས་པར་མི་བྱ་ཞེ་ན། དེ་ནི་འདི་ལྟར་ཆོས་དེ་དག་ཤིན་ཏུ་མེད་པའི་ཕྱིར་ཏེ། དེ་ལྟར་བྱང་ཆུབ་སེམས་དཔའ་སེམས་དཔའ་ཆེན་པོས། ཕུང་པོ་དང་། སྐྱེ་མཆེད་དང་། ཁམས་ལ་མངོན་པར་ཆགས་པར་མི་བྱའོ། །དེ་ལ་ཇི་ལྟར་ན་བྱང་ཆུབ་སེམས་དཔའ་སེམས་དཔའ་ཆེན་པོས་ཁམས་གསུམ་ལ

མངོན་པར་ཆགས་པར་མི་བྱ་ཞེ་ན། དེ་ནི་འདི་ལྟར་དེའི་རང་བཞིན་མེད་པའི་ཕྱིར་ཏེ། དེ་ལྟར་བྱང་ཆུབ་སེམས་དཔའ་སེམས་དཔའ་ཆེན་པོས། ཁམས་གསུམ་ལ་མངོན་པར་ཆགས་པར་མི་བྱའོ། །དེ་ལ་ཇི་ལྟར་ན་བྱང་ཆུབ་སེམས་དཔའ་སེམས་དཔའ་ཆེན་པོས་ཁམས་གསུམ་ལ་མངོན་པར་ཞེན་པར་མི་བྱ་ཞེ་ན། དེ་ནི་འདི་ལྟར་དེའི་དངོས་པོ་མེད་ཅིང་མི་དམིགས་པའི་ཕྱིར་ཏེ། དེ་ལྟར་བྱང་ཆུབ་སེམས་དཔའ་སེམས་དཔའ་ཆེན་པོས་ཁམས་གསུམ་ལ་མངོན་པར་ཞེན་པར་མི་བྱའོ། །དེ་ལ་ཇི་ལྟར་ན་བྱང་ཆུབ་སེམས་དཔའ་སེམས་དཔའ་ཆེན་པོས་ཁམས་གསུམ་ལ་བརྟེན་པ་དང་གནས་པར་མི་བྱ་ཞེ་ན། དེ་ནི་འདི་ལྟར་དེའི་དངོས་པོ་མེད་པའི་ཕྱིར་ཏེ། དེ་ལྟར་བྱང་ཆུབ་སེམས་དཔའ་སེམས་དཔའ་ཆེན་པོས་ཁམས་གསུམ་ལ་བརྟེན་པ་དང་གནས་པར་མི་བྱའོ། །དེ་ལ་ཇི་ལྟར་ན་བྱང་ཆུབ་སེམས་དཔའ་སེམས་དཔའ་ཆེན་པོས་སངས་རྒྱས་ལ་བརྟེན་[1]པའི་ལྟ་བ་ལ་མངོན་པར་ཆགས་པར་མི་བྱ་ཞེ་ན། དེ་ནི་འདི་ལྟར་སངས་རྒྱས་སུ་ལྟ་བ་ལ་བརྟེན་པས། སངས་རྒྱས་མཐོང་བར་མི་འགྱུར་བའི་ཕྱིར་ཏེ། དེ་ལྟར་བྱང་ཆུབ་སེམས་དཔའ་སེམས་དཔའ་ཆེན་པོས་སངས་རྒྱས་ལ་བརྟེན་པའི་ལྟ་བ་ལ་མངོན་པར་ཆགས་པར་མི་བྱའོ། །དེ་ལ་ཇི་ལྟར་ན་བྱང་ཆུབ་སེམས་དཔའ་སེམས་དཔའ་ཆེན་པོས་ཆོས་ལ་རྟེན་[2]པའི་ལྟ་བ་ལ་མངོན་པར་ཆགས་པར་མི་བྱ་ཞེ་ན། དེ་ནི་འདི་ལྟར་ཆོས་སུ་ལྟ་བ་ལ་བརྟེན་པས། ཆོས་མཐོང་བར་མི་འགྱུར་བའི་ཕྱིར་ཏེ། དེ་ལྟར་བྱང་ཆུབ་སེམས་དཔའ་སེམས་དཔའ་ཆེན་པོས་ཆོས་ལ་བརྟེན་པའི་ལྟ་བ་ལ་མངོན་པར་ཆགས་པར་མི་བྱའོ། །དེ་ལ་ཇི་ལྟར་ན་བྱང་ཆུབ་སེམས་དཔའ་སེམས་དཔའ་ཆེན་པོས་དགེ་འདུན་ལ་བརྟེན་པའི་ལྟ་བ་ལ་མངོན་པར་ཆགས་པར་མི་བྱ་ཞེ་ན། དེ་ནི་འདི་ལྟར་དགེ་འདུན་དུ་ལྟ་བ་ལ་བརྟེན་པས། དགེ་འདུན་མཐོང་བར་མི་

འགྱུར་བའི་ཕྱིར་ཏེ། དེ་ལྟར་ན་①བྱང་ཆུབ་སེམས་དཔའ་སེམས་དཔའ་ཆེན་པོས་
དགེ་འདུན་ལ་བརྟེན་པའི་ལྟ་བ་ལ་མངོན་པར་ཆགས་པར་མི་བྱའོ། །དེ་ལ་ཇི་
ལྟར་ན་བྱང་ཆུབ་སེམས་དཔའ་སེམས་དཔའ་ཆེན་པོས་ཚུལ་ཁྲིམས་ལ་བརྟེན་པའི་
ལྟ་བ་ལ་མངོན་པར་ཆགས་པར་མི་བྱ་ཞེ་ན། དེ་ནི་འདི་ལྟར་ཚུལ་ཁྲིམས་སུ་ལྟ་བ་
ལ་བརྟེན་པས། ཚུལ་ཁྲིམས་རྣམ་པར་དག་པར་མི་འགྱུར་བའི་ཕྱིར་ཏེ། དེ་
ལྟར་བྱང་②ཆུབ་སེམས་དཔའ་སེམས་དཔའ་ཆེན་པོས་ཚུལ་ཁྲིམས་ལ་བརྟེན་པའི་ལྟ་
བ་ལ་མངོན་པར་ཆགས་པར་མི་བྱའོ། །དེ་ལ་ཇི་ལྟར་ན་བྱང་ཆུབ་སེམས་དཔའ་
སེམས་དཔའ་ཆེན་པོས་ཆོས་རྣམས་སྟོང་ངོ་ཞེས་ཞུམ་པར་མི་བྱ་ཞེ་ན། དེ་ནི་འདི་
ལྟར་ཆོས་ཐམས་ཅད་སྟོང་པ་ཉིད་ཀྱིས་སྟོང་པ་མ་ཡིན་གྱིས③། རང་གི་མཚན་
ཉིད་ཀྱིས་སྟོང་པའི་ཕྱིར་ཏེ། དེ་ལྟར་བྱང་ཆུབ་སེམས་དཔའ་སེམས་དཔའ་ཆེན་
པོས་ཆོས་རྣམས་སྟོང་ངོ་ཞེས་ཞུམ་པར་མི་བྱའོ། །དེ་ལ་ཇི་ལྟར་ན་བྱང་ཆུབ་
སེམས་དཔའ་སེམས་དཔའ་ཆེན་པོས་སྟོང་པ་ཉིད་དང་འགལ་བར་མི་བྱ་ཞེ་ན།
དེ་ནི་འདི་ལྟར་ཆོས་ཐམས་ཅད་སྟོང་པ་བས། སྟོང་པ་ཉིད་ནི་སྟོང་པ་ཉིད་དང་
འགལ་བར་མི་བྱེད་པའི་ཕྱིར་ཏེ། དེ་ལྟར་བྱང་ཆུབ་སེམས་དཔའ་སེམས་དཔའ་
ཆེན་པོས་སྟོང་པ་ཉིད་དང་འགལ་བར་མི་བྱའོ། །དེ་ལ་④ཇི་ལྟར་ན་བྱང་ཆུབ་
སེམས་དཔའ་སེམས་དཔའ་ཆེན་པོས་སྟོང་པ་ཉིད་ཡོངས་སུ་རྫོགས་པར་བྱ་བ་ཡིན་
ཞེ་ན། རང་གི་མཚན་ཉིད་སྟོང་པ་ཉིད་ཡོངས་སུ་རྫོགས་པ་ནི། བྱང་ཆུབ་
སེམས་དཔའ་སེམས་དཔའ་ཆེན་པོའི་སྟོང་པ་ཉིད་ཡོངས་སུ་རྫོགས་པའོ། །དེ་ལ་
ཇི་ལྟར་ན་བྱང་ཆུབ་སེམས་དཔའ་སེམས་དཔའ་ཆེན་པོས་མཚན་མ་མེད་པ་མངོན་
དུ་བྱ་བ་ཡིན་ཞེ་ན། འདི་ལྟ་སྟེ། མཚན་མ་ཐམས་ཅད་ཡིད་ལ་མི་བྱེད་པའི་
ཕྱིར་ཏེ། དེ་ནི་བྱང་ཆུབ་སེམས་དཔའ་སེམས་དཔའ་ཆེན་པོའི་མཚན་མ་མེད་པ

མངོན་དུ་བྱ་བའོ། །དེ་ལ་ཇི་ལྟར་ན་བྱང་ཆུབ་སེམས་དཔའ་སེམས་དཔའ་ཆེན་
པོའི་སྨོན་པ་མེད་པ་ཤེས་པ་ཡིན་ཞེ་ན། དེ་ནི་ཁམས་གསུམ་ཐམས་ཅད་དུ་སེམས་
མི་འཇུག་པ་སྟེ། དེ་ནི་བྱང་ཆུབ་སེམས་དཔའ་སེམས་དཔའ་ཆེན་པོའི་སྨོན་པ་
མེད་པ་ཤེས་པའོ། །དེ་ལ་ཇི་ལྟར་ན་བྱང་ཆུབ་སེམས་དཔའ་སེམས་དཔའ་ཆེན་
པོའི་འཁོར་གསུམ་ཡོངས་སུ་དག་པ་ཡིན་ཞེ་ན། དགེ་བ་བཅུའི་ལས་ཀྱི་ལམ་
ཡོངས་སུ་རྫོགས་པ་སྟེ། དེ་ནི་བྱང་ཆུབ་སེམས་དཔའ་སེམས་དཔའ་ཆེན་པོའི་
འཁོར་གསུམ་ཡོངས་སུ་དག་པའོ། །དེ་ལ་ཇི་ལྟར་ན་བྱང་ཆུབ་སེམས་དཔའ་
སེམས་དཔའ་ཆེན་པོའི་སེམས་ཅན་ཐམས་ཅད་ལ་སྙིང་རྗེ་ཞིང་སྙིང་བརྩེ་བ་ཡོངས་
སུ་རྫོགས་པ་ཡིན་ཞེ་ན། སྙིང་རྗེ་ཆེན་པོ་རབ་ཏུ་འཐོབ་པ་སྟེ། དེ་ལྟར་[༡]བྱང་
ཆུབ་སེམས་དཔའ་སེམས་དཔའ་ཆེན་པོས། སེམས་ཅན་ཐམས་ཅད་ལ་སྙིང་རྗེ་
ཞིང་སྙིང་བརྩེ་བ་ཡོངས་སུ་རྫོགས་པར་བྱའོ། །དེ་ལ་ཇི་ལྟར་ན་བྱང་ཆུབ་སེམས་
དཔའ་སེམས་དཔའ་ཆེན་པོས་སེམས་ཅན་ཐམས་ཅད་ལ་བརྙས་པར་མི་བྱ་ཞེ་ན།
བྱམས་པ་ཡོངས་སུ་རྫོགས་པའི་ཕྱིར་ཏེ། དེ་ལྟར་བྱང་ཆུབ་སེམས་དཔའ་སེམས་
དཔའ་ཆེན་པོས་སེམས་ཅན་ཐམས་ཅད་ལ་བརྙས་པར་མི་བྱའོ། །དེ་ལ་ཇི་ལྟར་[༢]
བྱང་ཆུབ་སེམས་དཔའ་སེམས་དཔའ་ཆེན་པོས་[༣]ཆོས་ཐམས་ཅད་ལ་མཉམ་པ་ཉིད་
དུ་ལྟ་བ་གང་ཞེ་ན། ཆོས་ཐམས་ཅད་ལ་བསྣན་པ་དང་། དབྲི་བ་མེད་པ་སྟེ།
དེ་ནི་བྱང་ཆུབ་སེམས་དཔའ་སེམས་དཔའ་ཆེན་པོའི་[༤]ཆོས་ཐམས་ཅད་ལ་མཉམ་པ་
ཉིད་དུ་ལྟ་བས་སོ། །དེ་ལ་བྱང་ཆུབ་སེམས་དཔའ་སེམས་དཔའ་ཆེན་པོའི་ཡང་
དག་པའི་ཚུལ་རབ་ཏུ་རྟོགས་པ་གང་ཞེ་ན། ཆོས་ཐམས་ཅད་ཚུལ་གཅིག་ཏུ་
རྟོགས་ཀྱང་། རྟོགས་པ་མེད་པ་དེ་ནི། བྱང་ཆུབ་སེམས་དཔའ་སེམས་དཔའ་
ཆེན་པོའི་ཡང་དག་པའི་ཚུལ་རབ་ཏུ་རྟོགས་པའོ། །དེ་ལ་བྱང་ཆུབ་སེམས་དཔའ་

སེམས་དཔའ་ཆེན་པོའི་མི་སྐྱེ་བ་ལ་བཟོད་པ་གང་ཞེ་ན། ཆོས་ཐམས་ཅད་སྐྱེ་བ་མེད་པ་དང་། འགག་པ་མེད་པ་དང་། མངོན་པར་འདུ་བྱ་བ་མེད་པ་ལ་བཟོད་པ་སྟེ། དེ་ནི་བྱང་ཆུབ་སེམས་དཔའ་སེམས་དཔའ་ཆེན་པོའི་མི་སྐྱེ་བ་ལ་བཟོད་པའོ། །དེ་ལ་བྱང་ཆུབ་སེམས་དཔའ་སེམས་དཔའ་ཆེན་པོའི་མི་སྐྱེ་བ་ཤེས་པ་གང་ཞེ་ན། མིང་དང་གཟུགས་མི་སྐྱེ་བ་ཤེས་པ་སྟེ། དེ་ནི་བྱང་ཆུབ་སེམས་དཔའ་སེམས་དཔའ་ཆེན་པོའི་མི་སྐྱེ་བ་ཤེས་པའོ། །དེ་ལ་བྱང་ཆུབ་སེམས་དཔའ་སེམས་[1]དཔའ་ཆེན་པོའི་ཆོས་ཐམས་ཅད་ཚུལ་གཅིག་ཏུ་བསྟན་པ་གང་ཞེ་ན། གཉིས་ལ་ཡོངས་སུ་རྒྱུ་བ་མེད་པ་སྟེ། དེ་ནི་བྱང་ཆུབ་སེམས་དཔའ་སེམས་དཔའ་ཆེན་པོའི་ཆོས་ཐམས་ཅད་ཚུལ་གཅིག་ཏུ་བསྟན་པའོ། །དེ་ལ་བྱང་ཆུབ་སེམས་དཔའ་སེམས་དཔའ་ཆེན་པོའི་རྟོགས་[2]པ་ཡང་དག་པར་བསལ་བ་གང་ཞེ་ན། ཆོས་ཐམས་ཅད་ལ་རྣམ་པར་རྟོག་[3]པ་མེད་པ་སྟེ། དེ་ནི་བྱང་ཆུབ་སེམས་དཔའ་སེམས་དཔའ་ཆེན་པོའི་རྟོག་པ་ཡང་དག་པར་བསལ་བའོ། །དེ་ལ་བྱང་ཆུབ་སེམས་དཔའ་སེམས་དཔའ་ཆེན་པོའི་ལྟ་བ་རྣམ་པར་བཟློག་པ་གང་ཞེ་ན། ཉན་ཐོས་ཀྱི་ས་དང་། རང་སངས་རྒྱས་ཀྱི་ས་རྣམ་པར་སྤོང་བ་སྟེ། དེ་ནི་བྱང་ཆུབ་སེམས་དཔའ་སེམས་དཔའ་ཆེན་པོའི་ལྟ་བ་རྣམ་པར་བཟློག་པའོ། །དེ་ལ་བྱང་ཆུབ་སེམས་དཔའ་སེམས་དཔའ་ཆེན་པོའི་ཉོན་མོངས་པ་རྣམ་པར་བཟློག་པ་གང་ཞེ་ན། བག་ཆགས་ཀྱི་མཚམས་སྦྱོར་བའི། ཉོན་མོངས་པ་ཐམས་ཅད་ཟད་པ་སྟེ༑ དེ་ནི་བྱང་ཆུབ་སེམས་དཔའ་སེམས་དཔའ་ཆེན་པོའི། ཉོན་མོངས་པ་རྣམ་པར་བཟློག་པའོ། །དེ་ལ་བྱང་ཆུབ་སེམས་དཔའ་སེམས་དཔའ་ཆེན་པོའི། ཞི་གནས་དང་ལྷག་མཐོང་གིས་གང་ཞེ་ན། འདི་ལྟ་སྟེ། རྣམ་པ་ཐམས་ཅད་མཁྱེན་པ་ཉིད་ཀྱི་ཡེ་ཤེས་ཏེ། དེ་ནི་བྱང་ཆུབ་སེམས་དཔའ་སེམས་དཔའ་ཆེན་

པོའི་ཞི་གནས་དང་ལྷག་མཐོང་གི་སའོ། །དེ་ལ་བྱང་ཆུབ་སེམས་དཔའ་སེམས་དཔའ་ཆེན་པོའི་དུལ་བའི་སེམས་གང་ཞེ་ན། ཁམས་གསུམ་ལ་དགའ་བར་སེམས་པ་མེད་པ་སྟེ། དེ་ནི་བྱང་ཆུབ་སེམས་དཔའ་སེམས་དཔའ་ཆེན་པོའི་དུལ་བའི་སེམས་སོ། །དེ་ལ་བྱང་ཆུབ་སེམས་དཔའ་སེམས་དཔའ་ཆེན་པོའི་ཞི་བའི་སེམས་གང་ཞེ་ན། དབང་པོ་དྲུག་ཡང་དག་པར་འདུས་པ་སྟེ། དེ་ནི་བྱང་ཆུབ་སེམས་དཔའ་སེམས་དཔའ་ཆེན་པོའི། ཞི་བའི་སེམས་སོ། །དེ་ལ་བྱང་ཆུབ་སེམས་དཔའ་སེམས་དཔའ་ཆེན་པོའི་ཐོགས་པ་མེད་པའི་ཡེ་ཤེས་གང་ཞེ་ན། འདི་ལྟ་སྟེ། སངས་རྒྱས་ཀྱི་སྤྱན་ཐོབ་པ་སྟེ། དེ་ནི་བྱང་ཆུབ་སེམས་དཔའ་སེམས་དཔའ་ཆེན་པོའི་ཐོགས་པ་མེད་པའི་ཡེ་ཤེས་སོ། །དེ་ལ་བྱང་ཆུབ་སེམས་དཔའ་སེམས་དཔའ་ཆེན་པོའི་བྱམས་པའི་སྐབས་ཤེས་པ་གང་ཞེ་ན། སྐྱེ་མཆེད་དྲུག་གི་བཏང་སྙོམས་ཏེ། དེ་ནི་བྱང་ཆུབ་སེམས་དཔའ་སེམས་དཔའ་ཆེན་པོའི་བྱམས་པའི་སྐབས་ཤེས་པའོ། །དེ་ལ་བྱང་ཆུབ་སེམས་དཔའ་སེམས་དཔའ་ཆེན་པོའི་གང་དུ་འདོད་པའི་ཞིང་དུ་འགྲོ་བ་གང་ཞེ་ན། འཁོར་གྱི་དཀྱིལ་འཁོར་དེ་དང་དེ་དག་ཏུ་ལུས་སྟོན་པ་སྟེ། དེ་ནི་བྱང་ཆུབ་སེམས་དཔའ་སེམས་དཔའ་ཆེན་པོའི་གང་དུ་འདོད་པའི་ཞིང་དུ་འགྲོ་བའོ། །དེ་ལ་བྱང་ཆུབ་སེམས་དཔའ་སེམས་དཔའ་ཆེན་པོའི། སེམས་ཅན་ཐམས་ཅད་ཀྱི་སེམས་ཕྱིར་དུ་ཆུད་པ་གང་ཞེ་ན། སེམས་གཅིག་གིས་སེམས་ཅན་ཐམས་ཅད་ཀྱི་སེམས་དང་སེམས་ལས་བྱུང་བ་རབ་ཏུ་ཤེས་པའོ། །དེ་ལ་བྱང་ཆུབ་སེམས་དཔའ་སེམས་དཔའ་ཆེན་པོའི་མངོན་པར་ཤེས་པས་རྣམ་པར་རྩེ་①བ་གང་ཞེ་ན། མངོན་པར་ཤེས་པ་རྣམས་ཀྱིས་རྣམ་པར་རྩེ་②ཞིང་། སངས་རྒྱས་ཀྱི་ཞིང་ནས་③སངས་རྒྱས་ཀྱི་ཞིང་དུ། སངས་རྒྱས་བལྟ་བའི་དོན་དུ་འགྲོ་ཡང་། དེ་ལ་སངས་རྒྱས་ཀྱི་འདུ་ཤེས་སུ་མི་འགྱུར་བ་སྟེ། འདི་ནི་བྱང་

ཆུབ་སེམས་དཔའ་སེམས་དཔའ་ཆེན་པོའི་མངོན་པར་ཤེས་པས་(༡)རྩེ་(༢)བའོ། །དེ་ལ་བྱང་ཆུབ་སེམས་དཔའ་སེམས་དཔའ་ཆེན་པོའི་སངས་རྒྱས་ཀྱི་ཞིང་བལྟ་བ་གང་ཞེ་ན། སངས་རྒྱས་ཀྱི་ཞིང་གཅིག་ན་འདུག་(༣)ཅིང་དཔག་ཏུ་མེད་པའི་སངས་རྒྱས་ཀྱི་ཞིང་མཐོང་ཡང་། དེ་ལ་སངས་རྒྱས་ཀྱི་ཞིང་གི་འདུ་ཤེས་སུ་མི་འགྱུར་བ་སྟེ། དེ་ནི་བྱང་ཆུབ་སེམས་དཔའ་སེམས་དཔའ་ཆེན་པོའི་སངས་རྒྱས་ཀྱི་ཞིང་བལྟ་བའོ། །དེ་ལ་བྱང་ཆུབ་སེམས་དཔའ་སེམས་དཔའ་ཆེན་པོའི། སངས་རྒྱས་ཀྱི་ཞིང་དེ་དག་ཇི་ལྟར་མཐོང་བ་བཞིན་དུ་ཡོངས་སུ་བསྒྲུབ་པ་གང་ཞེ་ན། སྟོང་གསུམ་གྱི་སྟོང་ཆེན་པོའི་འཇིག་རྟེན་གྱི་ཁམས་ཀྱི་དབང་ཕྱུག་འཁོར་ལོས་སྒྱུར་བའི་ས་ལ་གནས་ཏེ(༤)། སྟོང་གསུམ་གྱི་སྟོང་ཆེན་པོའི་འཇིག་རྟེན་གྱི་ཁམས་ཡོངས་སུ་གཏོང་ཞིང་། དེས་ཚོམ་སེམས་སུ་མི་བྱེད་པ་སྟེ། དེ་ནི་བྱང་ཆུབ་སེམས་དཔའ་སེམས་དཔའ་ཆེན་པོའི། སངས་རྒྱས་ཀྱི་ཞིང་ཇི་ལྟར་མཐོང་བ་བཞིན་དུ་བསྒྲུབ་པའོ། །དེ་ལ་བྱང་ཆུབ་སེམས་དཔའ་སེམས་དཔའ་ཆེན་པོའི་སངས་རྒྱས་བསྙེན་བཀུར་བ་གང་ཞེ་ན། སེམས་ཅན་ཐམས་ཅད་ལ་ཕན་གདགས་པའི་དོན་དུ་ཆོས་ལ་བསྙེན་བཀུར་བ་སྟེ། དེ་ནི་བྱང་ཆུབ་སེམས་དཔའ་སེམས་དཔའ་ཆེན་པོའི་སངས་རྒྱས་བསྙེན་བཀུར་བའོ། །དེ་ལ་བྱང་ཆུབ་སེམས་དཔའ་སེམས་དཔའ་ཆེན་པོའི། སངས་རྒྱས་ཀྱི་སྐུ་ཡང་དག་པ་ཇི་ལྟ་བ་བཞིན་དུ་བརྟག་པ་གང་ཞེ་ན། ཆོས་ཀྱི་སྐུ་ཡང་དག་པ་ཇི་ལྟ་བ་བཞིན་དུ་རྟོགས་པར་བྱེད་པ་སྟེ། དེ་ནི་བྱང་ཆུབ་སེམས་དཔའ་སེམས་དཔའ་ཆེན་པོའི། སངས་རྒྱས་ཀྱི་སྐུ་ཡང་དག་པ་ཇི་ལྟ་བ་བཞིན་དུ་བརྟག་པའོ། །དེ་ལ་བྱང་ཆུབ་སེམས་དཔའ་སེམས་དཔའ་ཆེན་པོའི། དབང་པོ་རབ་དང་ཐ་མ་ཤེས་པ་གང་ཞེ་ན། སྟོབས་བཅུ་ལ་གནས་ཤིང་། སེམས་ཅན་ཐམས་ཅད་ཀྱི་(༥)དབང་པོ་ཡོངས་སུ་རྫོགས་པར་ཤེས་

པ་སྟེ། དེ་ནི་བྱང་ཆུབ་སེམས་དཔའ་སེམས་དཔའ་ཆེན་པོའི། དབང་པོ་རབ་དང་ཐ་མ་ཤེས་པའོ། །དེ་ལ་བྱང་ཆུབ་སེམས་དཔའ་སེམས་དཔའ་ཆེན་པོའི། སངས་རྒྱས་ཀྱི་ཞིང་ཡོངས་སུ་སྦྱང་བ་གང་ཞེ་ན། མི་དམིགས་པའི་ཚུལ་གྱིས། སེམས་ཅན་ཐམས་ཅད་ཀྱི་སེམས་ཡོངས་སུ་སྦྱོང་བ་སྟེ། དེ་ནི་བྱང་ཆུབ་སེམས་དཔའ་སེམས་དཔའ་ཆེན་པོའི། སངས་རྒྱས་ཀྱི་ཞིང་ཡོངས་སུ་སྦྱང་བའོ། །དེ་ལ་བྱང་ཆུབ་སེམས་དཔའ་སེམས་དཔའ་ཆེན་པོའི། སྒྱུ་མ་ལྟ་བུའི་ཏིང་ངེ་འཛིན་གང་ཞེ་ན། ཏིང་ངེ་འཛིན་གང་ལ་གནས་པས། བྱང་ཆུབ་སེམས་དཔའ་སེམས་དཔའ་ཆེན་པོའི་བྱ་བ་ཐམས་ཅད་བྱེད་ཀྱང་། དེའི་སེམས་ཆོས་གང་ལ་ཡང་མི་འཇུག་པ་སྟེ། དེ་ནི་བྱང་ཆུབ་སེམས་དཔའ་སེམས་དཔའ་ཆེན་པོའི། སྒྱུ་མ་ལྟ་བུའི་ཏིང་ངེ་འཛིན་ཏོ། །དེ་ལ་བྱང་ཆུབ་སེམས་དཔའ་སེམས་དཔའ་ཆེན་པོའི། ཡང་དང་ཡང་མཉམ་པར་གཞག་པ་གང་ཞེ་ན། བྱང་ཆུབ་སེམས་དཔའ་སེམས་དཔའ་ཆེན་པོའི་རྣམ་པར་སྨིན་པ་ལས་སྐྱེས་པའི་ཏིང་ངེ་འཛིན་ཏེ①། དེ་ནི་བྱང་ཆུབ་སེམས་དཔའ་སེམས་དཔའ་ཆེན་པོའི། ཡང་དང་ཡང་མཉམ་པར་གཞག②པའོ། །དེ་ལ་ཇི་ལྟར་ན་བྱང་ཆུབ་སེམས་དཔའ་སེམས་དཔའ་ཆེན་པོའི། སེམས་ཅན་རྣམས་ཀྱི་དགེ་བའི་རྩ་བ། ཇི་ལྟ་ཇི་ལྟར་འགྲུབ③པ་དེ་ལྟ་དེ་ལྟར་ལུས་ཡོངས་སུ་གྲུབ་པ་ཡིན་ཞེ་ན། འདི་ལ་བྱང་ཆུབ་སེམས་དཔའ་སེམས་དཔའ་ཆེན་པོ་སེམས་ཅན་རྣམས། ཇི་ལྟ་ཇི་ལྟར་ཡོངས་སུ་སྨིན་པར་འགྱུར་བ། དེ་ལྟ་དེ་ལྟར་ཆེད་དུ་བསམས④ཤིང་། ལུས་ཡོངས་སུ་འཛིན་པ་སྟེ། དེ་ནི་བྱང་ཆུབ་སེམས་དཔའ་སེམས་དཔའ་ཆེན་པོའི་སེམས་ཅན་རྣམས་ཀྱི་དགེ་བའི་རྩ་བ། ཇི་ལྟ⑤ཇི་ལྟར་འགྲུབ་པ། དེ་ལྟ⑥དེ་ལྟར་ལུས་ཡོངས་སུ་གྲུབ་པའོ། །དེ་ལ་ཇི་ལྟར་ན་བྱང་ཆུབ་སེམས་དཔའ་སེམས་དཔའ་ཆེན་པོའི། ཆེད་དུ་བསམས་ཤིང་སྲིད་པ་

ཉེ་བར་ལེན་པ་ཡིན་ཞེ་ན། འདི་ལྟ་སྟེ། སེམས་ཅན་ཡོངས་སུ་སྨིན་པར་བྱ་བའི་ཕྱིར་ཏེ། དེ་ནི་བྱང་ཆུབ་སེམས་དཔའ་སེམས་དཔའ་ཆེན་པོའི་ཆེད་དུ་བསམས་ཤིང་སྲིད་པ་ཉེ་བར་ལེན་པའོ། །དེ་ལ་ཇི་ལྟར་ན་བྱང་ཆུབ་སེམས་དཔའ་སེམས་དཔའ་ཆེན་པོ[༡]། ཇི་ལྟ་ཇི་ལྟར་སྨོན་པ། དེ་ལྟ་དེ་ལྟར་ཕུན་སུམ་ཚོགས་པར་འགྱུར་བ་ཡིན་ཞེ་ན། དེ་ལ་བྱང་ཆུབ་སེམས་དཔའ་སེམས་དཔའ་ཆེན་པོ། ཕ་རོལ་ཏུ་ཕྱིན་པ་དྲུག་ཡོངས་སུ་རྫོགས་པའི་ཕྱིར་ཏེ། དེ་ནི་བྱང་ཆུབ་སེམས་དཔའ་སེམས་དཔའ་ཆེན་པོའི། ཇི་ལྟ་ཇི་ལྟར་སྨོན་པ། དེ་ལྟ་དེ་ལྟར་ཕུན་སུམ་ཚོགས་པར་འགྱུར་བའོ། །དེ་ལ་ཇི་ལྟར་ན་བྱང་ཆུབ་སེམས་དཔའ་སེམས་དཔའ་ཆེན་པོ། ལྷ་དང་། ཀླུ་དང་། གནོད་སྦྱིན་དང་། དྲི་ཟ་དང་། ལྷ་མ་ཡིན་དང་། ནམ་མཁའ་ལྡིང་དང་། མིའམ་ཅི་དང་། ལྟོ་འཕྱེ་ཆེན་པོའི་སྐད་ཤེས་པར་བྱ་བ་ཁོང་[༢]དུ་ཆུད་པར་བྱ་བ་ཡིན་ཞེ་ན། འདི་ལྟ་སྟེ། ངེས་པའི་ཚིག་སོ་སོ[༣]ཡང་དག་པར་རིག་པས་ཁོང་དུ་ཆུད་པ་སྟེ། དེ་ནི་བྱང་ཆུབ་སེམས་དཔའ་སེམས་དཔའ་ཆེན་པོའི། སེམས་ཅན་ཐམས་ཅད་ཀྱི་སྐད་ཤེས་པར་བྱ་བ་ཁོང་དུ་ཆུད་པའོ། །དེ་ལ་ཇི་ལྟར་ན་བྱང་ཆུབ་སེམས་དཔའ་སེམས་དཔའ་ཆེན་པོས། ཡོངས་སུ་རྫོགས་པའི་སྤོབས་པས་ངེས་པར་བསྟན་པ་ཤེས་པར་བྱ་བ་རྟོགས་པ་ཡིན་ཞེ་ན། འདི་ལྟ་སྟེ། སྤོབས་པ་སོ་སོ[༤]ཡང་དག་པར་རིག་པས་ཁོང་དུ་ཆུད་པ་སྟེ། དེ་ནི་བྱང་ཆུབ་སེམས་དཔའ་སེམས་དཔའ་ཆེན་པོའི་ཡོངས་སུ་རྫོགས་པའི་སྤོབས་པས་ངེས་པར་བསྟན་པ་[༥]ཤེས་པར་བྱ་བ་རྟོགས་པའོ། དེ་ལ་བྱང་ཆུབ་སེམས་དཔའ་སེམས་དཔའ་ཆེན་པོའི། མའི་མངལ་[༦]དུ་འགྲོ་བ་ཕུན་སུམ་ཚོགས་པ་གང་ཞེ་ན། འདི་ལ་བྱང་ཆུབ་སེམས་དཔའ་སེམས་དཔའ་ཆེན་པོ་ཚེ་རབས་ཐམས་ཅད་དུ་རྫུས་[༧]ཤིང་སྐྱེ་བ་སྟེ། དེ་ནི་བྱང་ཆུབ་སེམས

དཔའ་སེམས་དཔའ་ཆེན་པོའི། མའི་མངལ་དུ་འགྲོ་བ་ཕུན་སུམ་ཚོགས་པའོ། །དེ་ལ་བྱང་ཆུབ་སེམས་དཔའ་སེམས་དཔའ་ཆེན་པོའི། རིགས་ཕུན་སུམ་ཚོགས་པ་གང་ཞེ་ན། བྱང་ཆུབ་སེམས་དཔའ་སེམས་དཔའ་ཆེན་པོའི་རིགས་ཆེན་པོར་སྐྱེ་བ་སྟེ། དེ་ནི་བྱང་ཆུབ་སེམས་དཔའ་སེམས་དཔའ་ཆེན་པོའི་རིགས་ཕུན་སུམ་ཚོགས་པའོ། །དེ་ལ་བྱང་ཆུབ་སེམས་དཔའ་སེམས་དཔའ་ཆེན་པོའི། རྒྱུད་ཕུན་སུམ་ཚོགས་པ་གང་ཞེ་ན། བྱང་ཆུབ་སེམས་དཔའ་སེམས་དཔའ་ཆེན་པོ་རྒྱལ་རིགས་ཆེ་ཞིང་མཐོ་བའམ། བྲམ་ཟེའི་རིགས་ཆེ་ཞིང་མཐོ་བར་སྐྱེ་བ་སྟེ། དེ་ནི་བྱང་ཆུབ་སེམས་དཔའ་སེམས་དཔའ་ཆེན་པོའི། རྒྱུད་ཕུན་སུམ་ཚོགས་པའོ། །དེ་ལ་བྱང་ཆུབ་སེམས་དཔའ་སེམས་དཔའ་ཆེན་པོའི། རུས་ཕུན་སུམ་ཚོགས་པ་གང་ཞེ་ན། བྱང་ཆུབ་སེམས་དཔའ་སེམས་དཔའ་ཆེན་པོ་གང་གི་རིགས་[1]སྔོན་གྱི། བྱང་ཆུབ་སེམས་དཔའ་རྣམས་བྱུང་བར་གྱུར་པ་དེའི་རིགས་སུ་སྐྱེ་བ་སྟེ། དེ་ནི་བྱང་ཆུབ་སེམས་དཔའ་སེམས་དཔའ་ཆེན་པོའི། རུས་ཕུན་སུམ་ཚོགས་པའོ། །དེ་ལ་བྱང་ཆུབ་སེམས་དཔའ་སེམས་དཔའ་ཆེན་པོའི་འཁོར་ཕུན་སུམ་ཚོགས་པ་གང་ཞེ་ན། བྱང་ཆུབ་སེམས་དཔའ་སེམས་དཔའ་ཆེན་པོ་[3]བྱང་ཆུབ་ལ་སེམས་ཅན་རྣམས་བཀོད་ཅིང་བྱང་ཆུབ་སེམས་དཔའི་འཁོར་དང་ལྡན་པ་ཉིད་དུ་འགྱུར་བ་དེ་ནི་བྱང་ཆུབ་སེམས་དཔའ་སེམས་དཔའ་ཆེན་པོའི་འཁོར་ཕུན་སུམ་ཚོགས་པའོ། །དེ་ལ་བྱང་ཆུབ་སེམས་དཔའ་སེམས་དཔའ་ཆེན་པོའི་ཚེ་ཕུན་སུམ་ཚོགས་པ་གང་ཞེ་ན། བྱང་ཆུབ་སེམས་དཔའ་སེམས་དཔའ་ཆེན་པོ་སྐྱེས་མ་ཐག་ཏུ། འཇིག་རྟེན་གྱི་ཁམས་སྣང་བས་རྒྱས་པར་བཀང་སྟེ། དེ་དག་རྣམ་པ་དྲུག་ཏུ་གཡོ་བར་བྱེད་པ་སྟེ། དེ་ནི་བྱང་ཆུབ་སེམས་དཔའ་སེམས་དཔའ་ཆེན་པོའི། ཚེ་ཕུན་སུམ་ཚོགས་པའོ། །དེ་ལ་བྱང་ཆུབ་སེམས་དཔའ་སེམས་དཔའ་ཆེན་པོའི།

མངོན་པར་འབྱུང་བ་ཕུན་སུམ་ཚོགས་པ་གང་ཞེ་ན། བྱང་ཆུབ་སེམས་དཔའ་སེམས་དཔའ་ཆེན་པོ་རབ་ཏུ་འབྱུང་བའི་ཕྱིར། སེམས་ཅན་བྱེ་བ་ཁྲག་ཁྲིག་བརྒྱ་སྟོང་དུ་མ་དང་། ལྷན་ཅིག་ཏུ་མངོན་པར་འབྱུང་ཞིང་། སེམས་ཅན་དེ་དག་ཀྱང་ཐེག་པ་གསུམ་ལ་ངེས་པར་འབྱུང་བ་སྟེ། དེ་ནི་བྱང་ཆུབ་སེམས་དཔའ་སེམས་དཔའ་ཆེན་པོའི། མངོན་པར་འབྱུང་བ་ཕུན་སུམ་ཚོགས་པའོ། །དེ་ལ་བྱང་ཆུབ་སེམས་དཔའ་སེམས་དཔའ་ཆེན་པོའི། བྱང་ཆུབ་ཀྱི་ཤིང་གི་རྒྱན་ཕུན་སུམ་ཚོགས་པ་གང་ཞེ་ན། བྱང་ཆུབ་སེམས་དཔའ་སེམས་དཔའ་ཆེན་པོའི། བྱང་ཆུབ་ཀྱི་ཤིང་གི་རྩ་བ། གསེར་གྱི་རྒྱུ་ལས་བྱུང་བ་ཡིན། ལྡུན༔བཻ་ཌཱུརྻར་[1]འདུག་པ་ཡིན། ཡལ་ག་རིན་པོ་ཆེ་[2]བདུན་གྱི་རང་བཞིན་ལས་གྲུབ་པ་ཡིན། མེ་ཏོག་དང་། ལོ་མ་རིན་པོ་ཆེ་ཐམས་ཅད་ལས་གྱུར་པ་ཡིན། ཤིང་དེའི་དྲི་ཞིམ་པོ་དང་། འོད་བཟང་པོས་འཇིག་རྟེན་གྱི་ཁམས་མཐའ་ཡས་པ། རྒྱས་པར་འགེང་[3]བ་ཡིན་ཏེ། དེ་ནི་བྱང་ཆུབ་སེམས་དཔའ་སེམས་དཔའ་ཆེན་པོའི། བྱང་ཆུབ་ཀྱི་ཤིང་གི་རྒྱན་ཕུན་སུམ་ཚོགས་པའོ། །དེ་ལ་བྱང་ཆུབ་སེམས་དཔའ་སེམས་དཔའ་ཆེན་པོའི། ཡོན་ཏན་ཐམས་ཅད་ཡོངས་སུ་རྫོགས་པ་ཕུན་སུམ་ཚོགས་པ་གང་ཞེ་ན། བྱང་ཆུབ་སེམས་དཔའ་སེམས་དཔའ་ཆེན་པོའི། སེམས་ཅན་ཡོངས་སུ་སྨིན་པར་བྱ་བ་རྣམ་པར་དག་པ་དང་། སངས་རྒྱས་ཀྱི་ཞིང་རྣམ་པར་དག་པ་སྟེ། དེ་ནི་བྱང་ཆུབ་སེམས་དཔའ་སེམས་དཔའ་ཆེན་པོའི། ཡོན་ཏན་ཐམས་ཅད་ཡོངས་སུ་རྫོགས་པ་ཕུན་སུམ་ཚོགས་པའོ། །དེ་ལ་བྱང་ཆུབ་སེམས་དཔའ་སེམས་དཔའ་ཆེན་པོའི[4]། ས་བཅུ་ལ་གནས་པ་དེ་བཞིན་གཤེགས་པ་ཉིད་ཅེས་བྱ་བ་གང་ཞེ་ན། བྱང་ཆུབ་སེམས་དཔའ་སེམས་དཔའ་ཆེན་པོ། གང་གིས་ཕ་རོལ་ཏུ་ཕྱིན་པ་ཐམས་ཅད་ཡོངས་སུ་རྫོགས་པར་གྱུར་པ་དང་། དེ་

བཞིན་གཤེགས་པའི་སྟོབས་བཅུ་དང་། མི་འཇིགས་པ་བཞི་དང་། སོ་སོ་ཡང་དག་པར་རིག་པ་བཞི་དང་། སངས་རྒྱས་ཀྱི་ཆོས་མ་འདྲེས་པ་བཅོ་བརྒྱད་དང་། རྣམ་པ་ཐམས་ཅད་མཁྱེན་པ་ཉིད་ཀྱི་ཡེ་ཤེས་དང་། བག་ཆགས་ཀྱི་མཚམས་སྦྱོར་བའི་ཉོན་མོངས་པ་ཐམས་ཅད་སྤངས་པ་དང་། སྙིང་རྗེ་ཆེན་པོ་དང་། སངས་རྒྱས་ཀྱི་ཆོས་ཐམས་ཅད་ཀྱང་ཡོངས་སུ་རྫོགས་པར་གྱུར་པ་དག་སྟེ། རབ་འབྱོར་དེ་ལྟར་ན། བྱང་ཆུབ་སེམས་དཔའ་སེམས་དཔའ་ཆེན་པོ། ས་བཅུ་ལ་གནས་པ་ནི་དེ་བཞིན་གཤེགས་པ་ཉིད་ཅེས་བྱའོ། །རབ་འབྱོར་དེ་ལ་བྱང་ཆུབ་སེམས་དཔའ་སེམས་དཔའ་ཆེན་པོའི་ས་བཅུ་གང་ཞེ་ན། རབ་འབྱོར་དེ་ནི་བྱང་ཆུབ་སེམས་དཔའ་སེམས་དཔའ་ཆེན་པོ⑦། ཐབས་མཁས་པས། ཕ་རོལ་ཏུ་ཕྱིན་པ་རྣམས་ལ་སྤྱོད་པ་དང་། སྟོང་པ་ཉིད་ཐམས་ཅད་དང་། བྱང་ཆུབ་ཀྱི་ཕྱོགས་ཀྱི་ཆོས་སུམ་ཅུ་རྩ་བདུན་དང་། འཕགས་པའི་བདེན་པ་རྣམས་དང་། བསམ་གཏན་རྣམས་དང་། ཚད་མེད་པ་རྣམས་དང་། གཟུགས་མེད་པའི་སྙོམས་པར་འཇུག་པ་རྣམས་དང་། རྣམ་པར་ཐར་པ་བརྒྱད་དང་། མཐར་གྱིས་གནས་པའི་སྙོམས་པར་འཇུག་པ་དགུ་དང་། སྟོང་པ་ཉིད་དང་། མཚན་མ་མེད་པ་དང་། སྨོན་པ་མེད་པ་དང་། མངོན་པར་ཤེས་པ་རྣམས་དང་། ཏིང་ངེ་འཛིན་རྣམས་དང་། གཟུངས་ཀྱི་སྒོ་རྣམས་དང་། དེ་བཞིན་གཤེགས་པའི་སྟོབས་བཅུ་དང་། མི་འཇིགས་པ་བཞི་དང་། སོ་སོ་ཡང་དག་པར་རིག་པ་བཞི་དང་། སངས་རྒྱས་ཀྱི་ཆོས་མ་འདྲེས་པ་བཅོ་བརྒྱད་ལ་སྤྱོད་པའི་ཚེ། དཀར་པོ་རྣམ་པར་མཐོང་བའི་ས་ལས་ཡང་དག་པར་འདའ། རིགས་ཀྱི་ས་དང་། བརྒྱད་པའི་ས་དང་། མཐོང་བའི་ས་དང་། བསྲབས་པའི་ས་དང་། འདོད་ཆགས་དང་བྲལ་བའི་ས་དང་། བྱས་པ་རྟོགས་པའི་ས་དང་། ཉན་ཐོས་ཀྱི་ས་

དང་། རང་སངས་རྒྱས་ཀྱི་ས་དང་། བྱང་ཆུབ་སེམས་དཔའི་ས་ལས་ཡང་དག་པར་འདས་ཏེ། རབ་འབྱོར་དེ་ལྟར་ན། བྱང་ཆུབ་སེམས་དཔའ་སེམས་དཔའ་ཆེན་པོས། ས་དགུ་ལས་ཡོངས་སུ་འདས་པ་[7]ནས། སངས་རྒྱས་ཀྱི་ས་ལ་གནས་པ་སྟེ། རབ་འབྱོར་དེ་ནི་བྱང་ཆུབ་སེམས་དཔའ་སེམས་དཔའ་ཆེན་པོའི་ས་བཅུ་པའོ། །རབ་འབྱོར་དེ་ལྟར་ན། བྱང་ཆུབ་སེམས་དཔའ་སེམས་དཔའ་ཆེན་པོ། ཐེག་པ་ཆེན་པོ་ལ་ཡང་དག་པར་ཞུགས་པར་རིག་པར་བྱའོ། །རབ་འབྱོར་ཁྱོད་ཀྱིས་གང་ཡང་འདི་སྐད་དུ། ཐེག་པ་དེ་གང་ནས་འབྱུང་བར་འགྱུར་ཞེས་སྨྲས་པ་དེ་ནི། དེ་མི་དམིགས་པའི་ཚུལ་གྱིས། ཁམས་གསུམ་ནས་འབྱུང་བར་འགྱུར་རོ། །རྣམ་པ་ཐམས་ཅད་མཁྱེན་པ་ཉིད་དུ་གནས་པར་འགྱུར་རོ། །དེ་ཅིའི་ཕྱིར་ཞེ་ན། རབ་འབྱོར་དེ་ནི་འདི་ལྟར། ཐེག་པ་ཆེན་པོ་གང་ཡིན་པ་དང་། རྣམ་པ་ཐམས་ཅད་མཁྱེན་པ་ཉིད་གང་ཡིན་པའི་ཆོས་དེ་གཉིས་ཀ་ཡང་། ལྡན་པ་ཡང་མ་ཡིན། མི་ལྡན་པ་ཡང་མ་ཡིན། གཟུགས་མེད་པ། བསྟན་དུ་མེད་པ། ཐོགས་པ་མེད་པ་སྟེ། འདི་ལྟར་མཚན་ཉིད་མེད་པར། མཚན་ཉིད་གཅིག་པའོ། །དེ་ཅིའི་ཕྱིར་ཞེ་ན། རབ་འབྱོར་མཚན་ཉིད་མེད་པའི་ཆོས་ནི་འབྱུང་བའམ། འབྱུང་བར་འགྱུར་བའམ། བྱུང་[9]བར་གྱུར་པ་མེད་དེ། རབ་འབྱོར་གང་མཚན་ཉིད་མེད་པའི་ཆོས་རྣམས་འབྱུང་བར་འདོད་པ་དེ་ནི། ཆོས་ཀྱི་དབྱིངས་འབྱུང་བར་འདོད་དུ་ཟད་དོ། །རབ་འབྱོར་གང་མཚན་ཉིད་མེད་པའི་ཆོས་རྣམས་འབྱུང་བར་འདོད་པ་དེ་ནི། དེ་བཞིན་ཉིད་འབྱུང་བར་འདོད་དུ་ཟད་དོ། །རབ་འབྱོར་གང་མཚན་ཉིད་མེད་པའི་ཆོས་རྣམས་འབྱུང་བར་འདོད་པ་དེ་ནི། ཡང་དག་པའི་མཐའ་འབྱུང་བར་འདོད་དུ་ཟད་དོ། །རབ་འབྱོར་གང་། མཚན་ཉིད་མེད་པའི་ཆོས་རྣམས་འབྱུང་བར་འདོད་པ་དེ་ནི།

བསམ་གྱིས་མི་ཁྱབ་པའི་དབྱིངས་འབྱུང་བར་འདོད་དུ་ཟད་དོ། །རབ་འབྱོར་གང་མཚན་ཉིད་མེད་པའི་ཆོས་རྣམས་འབྱུང་བར་འདོད་པ་དེ་ནི། ནམ་མཁའི་དབྱིངས་འབྱུང་བར་འདོད་དུ་ཟད་དོ། །རབ་འབྱོར་གང་མཚན་ཉིད་མེད་པའི་ཆོས་རྣམས། འབྱུང་བར་འདོད་པ་དེ་ནི། འདོད་ཆགས་ཟད་པའི་དབྱིངས་འབྱུང་བར་འདོད་དུ་ཟད་དོ། །རབ་འབྱོར་གང་མཚན་ཉིད་མེད་པའི་ཆོས་རྣམས[2]། འབྱུང་བར་འདོད་པ་དེ་ནི། རབ་ཏུ་བྱུང་[3]བའི་དབྱིངས་འབྱུང་བར་འདོད་དུ་ཟད་དོ། །རབ་འབྱོར་གང་མཚན་ཉིད་མེད་པའི། ཆོས་རྣམས་འབྱུང་བར་འདོད་པ་དེ་ནི། འདོད་ཆགས་དང་བྲལ་བའི་དབྱིངས་འབྱུང་བར་འདོད་དུ་ཟད་དོ། །རབ་འབྱོར་གང་། མཚན་ཉིད་མེད་པའི་ཆོས་རྣམས་འབྱུང་བར་འདོད་པ་དེ་ནི། འགོག་པའི་དབྱིངས་འབྱུང་བར་འདོད་དུ་ཟད་དོ། །རབ་འབྱོར་གང་མཚན་ཉིད་མེད་པའི་ཆོས་རྣམས་འབྱུང་བར་འདོད་པ་དེ་ནི། གཟུགས་སྟོང་པ་ཉིད་འབྱུང་བར་འདོད་དུ་ཟད་དོ། །རབ་འབྱོར་གང་། མཚན་ཉིད་མེད་པའི་ཆོས་རྣམས་འབྱུང་བར་འདོད་པ་དེ་ནི། ཚོར་བ་སྟོང་པ་ཉིད་དང་། འདུ་ཤེས་སྟོང་པ་ཉིད་དང་། འདུ་བྱེད་སྟོང་པ་ཉིད་དང་། རྣམ་པར་ཤེས་པ་སྟོང་པ་ཉིད་འབྱུང་བར་འདོད་དུ་ཟད་དོ། །དེ་ཅིའི་ཕྱིར་ཞེ་ན། རབ་འབྱོར་གཟུགས་སྟོང་པ་ཉིད་ནི། ཁམས་གསུམ་ནས་འབྱུང་བ་མེད་དོ། །རྣམ་པ་ཐམས་ཅད་མཁྱེན་པ་ཉིད་དུ་གནས་པ་མེད་དོ། །ཚོར་བ་སྟོང་པ་ཉིད་དང་། འདུ་ཤེས་སྟོང་པ་[1]ཉིད་དང་། འདུ་བྱེད་སྟོང་པ་ཉིད་དང་། རྣམ་པར་ཤེས་པ་སྟོང་པ་ཉིད་ནི་ཁམས་གསུམ་ནས་འབྱུང་བ་མེད་དོ། །རྣམ་པ་ཐམས་ཅད་མཁྱེན་པ་ཉིད་དུ་གནས་པ་མེད་དོ། །དེ་ཅིའི་ཕྱིར་ཞེ་ན། འདི་ལྟར་གཟུགས་གཟུགས་ཀྱིས་སྟོང་བའི་ཕྱིར་རོ། །ཚོར་བ་དང་། འདུ་ཤེས་དང་འདུ་བྱེད་དང་རྣམ་

པར་ཤེས་པ་རྣམ་པར་ཤེས་པས་སྟོང་བའི་ཕྱིར་རོ། །རབ་འབྱོར་གང་མཚན་ཉིད་མེད་པའི་ཆོས་རྣམས་འབྱུང་བར་འདོད་པ་དེ་ནི། མིག་སྟོང་པ་ཉིད་འབྱུང་བར་འདོད་དུ་ཟད་དོ། །རབ་འབྱོར་གང་མཚན་ཉིད་མེད་པའི་ཆོས་རྣམས་འབྱུང་བར་འདོད་པ་དེ་ནི། རྣ་བ་སྟོང་པ་ཉིད་དང་། སྣ་སྟོང་པ་ཉིད་དང་། ལྕེ་སྟོང་པ་ཉིད་དང་། ལུས་སྟོང་པ་ཉིད་དང་། ཡིད་སྟོང་པ་ཉིད་འབྱུང་བར་འདོད་དུ་ཟད་དོ། །དེ་ཅིའི་ཕྱིར་ཞེ་ན། རབ་འབྱོར་མིག་སྟོང་པ་ཉིད་ནི་ཁམས་གསུམ་ནས་འབྱུང་བ་མེད་དོ། །རྣམ་པ་ཐམས་ཅད་མཁྱེན་པ་ཉིད་དུ་གནས་པ་མེད་དོ། །རྣ་བ་སྟོང་པ་ཉིད་དང་། སྣ་སྟོང་པ་ཉིད་དང་། ལྕེ་སྟོང་པ་ཉིད་དང་། ལུས་སྟོང་པ་ཉིད་དང་། ཡིད་སྟོང་པ་ཉིད་ནི་ཁམས་གསུམ་ནས་འབྱུང་བ་མེད་དོ། །རྣམ་པ་ཐམས་ཅད་མཁྱེན་པ་ཉིད་དུ་གནས་པ་མེད་དོ། །རབ་འབྱོར་དེ་ཅིའི་ཕྱིར་ཞེ་ན། འདི་ལྟར་མིག་མིག་གིས་སྟོང་པའི་ཕྱིར་རོ། །རྣ་བ་དང་། སྣ་དང་། ལྕེ་དང་། ལུས་དང་། ཡིད་ཡིད་ཀྱིས་སྟོང་པའི་ཕྱིར་རོ། །རབ་འབྱོར་གང་མཚན་ཉིད་མེད་པའི་ཆོས་རྣམས་འབྱུང་བར་འདོད་པ་དེ་ནི་གཟུགས་སྟོང་པ་ཉིད་འབྱུང་བར་འདོད་དུ་ཟད་དོ། །རབ་འབྱོར་གང་མཚན་ཉིད་མེད་པའི་ཆོས་རྣམས་འབྱུང་བར་འདོད་པ་དེ་ནི། སྒྲ་སྟོང་པ་ཉིད་དང་། དྲི་སྟོང་པ་ཉིད་དང་། རོ་སྟོང་པ་ཉིད་དང་། རེག་སྟོང་པ་ཉིད་དང་། ཆོས་སྟོང་པ་ཉིད་འབྱུང་བར་འདོད་དུ་ཟད་དོ། །དེ་ཅིའི་ཕྱིར་ཞེ་ན། རབ་འབྱོར་གཟུགས་སྟོང་པ་ཉིད་ནི་ཁམས་གསུམ་ནས་འབྱུང་བ་མེད་དོ། །རྣམ་པ་ཐམས་ཅད་མཁྱེན་པ་ཉིད་དུ་གནས་པ་མེད་དོ། །སྒྲ་དང་། དྲི་དང་། རོ་དང་རེག་དང་། ཆོས་སྟོང་པ་ཉིད་ནི་ཁམས་གསུམ་ནས་འབྱུང་བ་མེད་དོ། །རྣམ་པ་ཐམས་ཅད་མཁྱེན་པ་ཉིད་དུ་གནས་པ་མེད་དོ། །རབ་འབྱོར་དེ་ཅིའི་ཕྱིར་

ཞེ་ན། འདི་ལྟར་གཟུགས་གཟུགས་ཀྱིས་སྟོང་བའི་ཕྱིར་རོ། །སྒྲ་དང་དྲི་དང་རོ་དང་རེག་དང་། ཆོས་ཆོས་ཀྱིས་སྟོང་བའི་ཕྱིར་རོ། །རབ་འབྱོར་གང་མཚན་ཉིད་མེད་པའི་ཆོས་རྣམས་འབྱུང་བར་འདོད་པ་དེ་ནི་མིག་གི་རྣམ་པར་ཤེས་པ་སྟོང་པ་ཉིད་འབྱུང་བར་འདོད་དུ་ཟད་དོ། །རབ་འབྱོར་གང་མཚན་ཉིད་མེད་པའི་ཆོས་རྣམས་འབྱུང་བར་འདོད་པ་དེ་ནི་རྣ་བའི་རྣམ་པར་ཤེས་པ་སྟོང་པ་ཉིད་དང་། སྣའི་རྣམ་པར་ཤེས་པ་སྟོང་པ་ཉིད་དང་། ལྕེའི་རྣམ་པར་ཤེས་པ་སྟོང་པ་ཉིད་དང་། ལུས་ཀྱི་རྣམ་པར་ཤེས་པ་སྟོང་པ་ཉིད་དང་། ཡིད་ཀྱི་རྣམ་པར་ཤེས་པ་སྟོང་པ་ཉིད་འབྱུང་བར་འདོད་དུ་ཟད་དོ། །དེ་ཅིའི་ཕྱིར་ཞེ་ན་རབ་འབྱོར་མིག་གི་རྣམ་པར་ཤེས་པ་སྟོང་པ་ཉིད་ནི་ཁམས་གསུམ་ནས་འབྱུང་བ་མེད་དོ། །རྣམ་པ་ཐམས་ཅད་མཁྱེན་པ་ཉིད་དུ་གནས་པ་མེད་དོ། །རྣ་བའི་རྣམ་པར་ཤེས་པ་སྟོང་པ་ཉིད་དང་། སྣའི་རྣམ་པར་ཤེས་པ་སྟོང་པ་ཉིད་དང་། ལྕེའི་རྣམ་པར་ཤེས་པ་སྟོང་པ་ཉིད་དང་། ལུས་ཀྱི་རྣམ་པར་ཤེས་པ་སྟོང་པ་ཉིད་དང་ཡིད་ཀྱི་རྣམ་པར་ཤེས་པ་སྟོང་པ་ཉིད་ནི་ཁམས་གསུམ་ནས་འབྱུང་བ་མེད་དོ། །རྣམ་པ་ཐམས་ཅད་མཁྱེན་པ་ཉིད་དུ་གནས་པ་མེད་དོ། །རབ་འབྱོར་དེ་ཅིའི་ཕྱིར་ཞེ་ན། འདི་ལྟར་མིག་གི་རྣམ་པར་ཤེས་པ་མིག་གི་རྣམ་པར་ཤེས་པས་སྟོང་པའི་ཕྱིར་རོ། །རྣ་བའི་རྣམ་པར་ཤེས་པ་དང་། སྣའི་རྣམ་པར་ཤེས་པ་དང་། ལྕེའི་རྣམ་པར་ཤེས་པ་དང་། ལུས་ཀྱི་རྣམ་པར་ཤེས་པ་དང་། ཡིད་ཀྱི་རྣམ་པར་ཤེས་པ་ཡིད་ཀྱི་རྣམ་པར་ཤེས་པས་སྟོང་བའི་ཕྱིར་རོ། །རབ་འབྱོར་གང་མཚན་ཉིད་མེད་པའི་ཆོས་རྣམས་འབྱུང་བར་འདོད་པ་དེ་ནི་མིག་གི་འདུས་ཏེ་རེག་པ་སྟོང་པ་ཉིད་འབྱུང་བར་འདོད་དུ་ཟད་དོ། །རབ་འབྱོར་གང་མཚན་ཉིད་མེད་པའི་ཆོས་རྣམས་འབྱུང་བར་འདོད་པ་དེ་ནི་རྣ་བའི་འདུས་ཏེ་རེག་པ་སྟོང་པ་ཉིད་དང་། སྣའི་

འདུས་ཏེ་རེག་པ་སྟོང་པ་ཉིད་དང་། ལྗེའི་འདུས་ཏེ་རེག་པ་སྟོང་པ་ཉིད་དང་།
ལུས་ཀྱི་འདུས་ཏེ་རེག་པ་སྟོང་པ་ཉིད་དང་། ཡིད་ཀྱི་འདུས་ཏེ་རེག་པ་སྟོང་པ་
ཉིད་འབྱུང་བར་འདོད་དུ་ཟད་དོ། །དེ་ཅིའི་ཕྱིར་ཞེ་ན། རབ་འབྱོར་མིག་གི་
འདུས་ཏེ་རེག་པ་སྟོང་པ་ཉིད་ནི་ཁམས་གསུམ་ནས་འབྱུང་བ་མེད་དོ། །རྣམ་པ་
ཐམས་ཅད་མཁྱེན་པ་ཉིད་དུ་གནས་པ་མེད་དོ། །རྣ་བའི་འདུས་ཏེ་རེག་པ་སྟོང་
པ་ཉིད་དང་། སྣའི་འདུས་ཏེ་རེག་པ་སྟོང་པ་ཉིད་དང་། ལྗེའི་འདུས་ཏེ་རེག་
པ་སྟོང་པ་ཉིད་དང་། ལུས་ཀྱི་འདུས་ཏེ་རེག་པ་སྟོང་པ་ཉིད་དང་། ཡིད་ཀྱི་
འདུས་ཏེ་རེག་པ་སྟོང་པ་ཉིད་ནི་[༡]ཁམས་གསུམ་ནས་འབྱུང་བ་མེད་དོ། །རྣམ་པ་
ཐམས་ཅད་མཁྱེན་པ་ཉིད་དུ་གནས་པ་མེད་དོ། །རབ་འབྱོར་དེ་ཅིའི་ཕྱིར་ཞེ་ན།
འདི་ལྟར་མིག་གི་འདུས་ཏེ་རེག་པ་མིག་གི་འདུས་ཏེ་རེག་པས་སྟོང་པའི་ཕྱིར་རོ། །
རྣ་བའི་འདུས་ཏེ་རེག་པ་དང་། སྣའི་འདུས་ཏེ་རེག་པ་དང་། ལྗེའི་འདུས་ཏེ་
རེག་པ་དང་། ལུས་ཀྱི་འདུས་ཏེ་རེག་པ་དང་། ཡིད་ཀྱི་འདུས་ཏེ་རེག་པ་ཡིད་
ཀྱི་འདུས་ཏེ་རེག་པས་སྟོང་བའི་ཕྱིར་རོ། །རབ་འབྱོར་གང་མཚན་ཉིད་མེད་པའི་
ཆོས་རྣམས་འབྱུང་བར་འདོད་པ་དེ་ནི། མིག་གི་[༢]འདུས་ཏེ་རེག་པའི་རྐྱེན་གྱིས་
ཚོར་བ་སྟོང་པ་ཉིད། འབྱུང་བར་འདོད་དུ་ཟད་དོ། །རབ་འབྱོར་གང་མཚན་
ཉིད་མེད་པའི་ཆོས་རྣམས། འབྱུང་བར་འདོད་པ་དེ་ནི། རྣ་བའི་འདུས་ཏེ་
རེག་པའི་རྐྱེན་གྱིས་ཚོར་བ་སྟོང་པ་ཉིད་དང་། སྣའི་འདུས་ཏེ་རེག་པའི་རྐྱེན་གྱིས་
ཚོར་བ་སྟོང་པ་ཉིད་དང་། ལྗེའི་འདུས་ཏེ་རེག་པའི་རྐྱེན་གྱིས་ཚོར་བ་སྟོང་པ་
ཉིད་དང་། ལུས་ཀྱི་འདུས་ཏེ་རེག་པའི་རྐྱེན་གྱིས་ཚོར་བ་སྟོང་པ་ཉིད་དང་།
ཡིད་ཀྱི་[༣]འདུས་ཏེ་རེག་པའི་རྐྱེན་གྱིས་ཚོར་བ་སྟོང་པ་ཉིད་འབྱུང་བར་འདོད་དུ་
ཟད་དོ། །དེ་ཅིའི་ཕྱིར་ཞེ་ན། རབ་འབྱོར་ཿདེ་ནི་[༤]མིག་གི་[༥]འདུས་ཏེ་རེག་པའི་

རྐྱེན་གྱིས་ཚོར་བ་སྟོང་པ་ཉིད་ནི་ཁམས་གསུམ་ནས་འབྱུང་བ་མེད་དོ། །རྣམ་པ་ཐམས་ཅད་མཁྱེན་པ་ཉིད་དུ་གནས་པ་མེད་དོ། །རྣ་བའི་འདུས་ཏེ་རེག་པའི་རྐྱེན་གྱིས་ཚོར་བ་སྟོང་པ་ཉིད་དང་། སྣའི་འདུས་ཏེ་རེག་པའི་རྐྱེན་གྱིས་ཚོར་བ་སྟོང་པ་ཉིད་དང་། ལྕེའི་འདུས་ཏེ་རེག་པའི་རྐྱེན་གྱིས་ཚོར་བ་སྟོང་པ་ཉིད་དང་། ལུས་ཀྱི་འདུས་ཏེ་རེག་པའི་རྐྱེན་གྱིས་ཚོར་བ་སྟོང་པ་ཉིད་དང་། ཡིད་ཀྱི་(༡)འདུས་ཏེ་རེག་པའི་རྐྱེན་གྱིས་ཚོར་བ་སྟོང་པ་ཉིད་ནི་(༢)ཁམས་གསུམ་ནས་འབྱུང་བ་མེད་དོ།། རྣམ་པ་ཐམས་ཅད་མཁྱེན་པ་ཉིད་དུ་གནས་པ་མེད་དོ། །རབ་འབྱོར་དེ་ཅིའི་ཕྱིར་ཞེ་ན། འདི་ལྟར་མིག་གི་འདུས་ཏེ་རེག་པའི་རྐྱེན་གྱིས་ཚོར་བ་མིག་གི་འདུས་ཏེ་རེག་པའི་རྐྱེན་གྱིས་ཚོར་བས་(༣)སྟོང་པའི་ཕྱིར་རོ། །རྣ་བའི་འདུས་ཏེ་རེག་པའི་རྐྱེན་གྱིས་ཚོར་བ་དང་། སྣའི་འདུས་ཏེ་རེག་པའི་རྐྱེན་གྱིས་ཚོར་བ་དང་། ལྕེའི་འདུས་ཏེ་རེག་པའི་རྐྱེན་གྱིས་ཚོར་བ་དང་། ལུས་ཀྱི་འདུས་ཏེ་རེག་པའི་རྐྱེན་གྱིས་ཚོར་བ་དང་། ཡིད་ཀྱི་འདུས་ཏེ་རེག་པའི་རྐྱེན་གྱིས་ཚོར་བ་ཡིད་ཀྱི་(༤)འདུས་ཏེ་རེག་པའི་རྐྱེན་གྱིས་ཚོར་བས་སྟོང་པའི་ཕྱིར་རོ། །རབ་འབྱོར་གང་མཚན་ཉིད་མེད་པའི་ཆོས་རྣམས་འབྱུང་བར་འདོད་པ་དེ་ནི། རྨི་ལམ་འབྱུང་བར་འདོད་དུ་ཟད་དོ། །རབ་འབྱོར་གང་མཚན་ཉིད་མེད་པའི་ཆོས་རྣམས་འབྱུང་བར་འདོད་པ་དེ་ནི། སྒྱུ་མ་དང་། སྨིག་རྒྱུ་(༥)དང་། སྒྲ་བརྙན་དང་། མིག་ཡོར་དང་། དེ་བཞིན་གཤེགས་པའི་སྤྲུལ་པ་འབྱུང་བར་འདོད་དུ་ཟད་དོ། །དེ་ཅིའི་ཕྱིར་ཞེ་ན། རབ་འབྱོར་རྨི་ལམ་ནི་ཁམས་གསུམ་ནས་འབྱུང་བ་མེད་དོ། །རྣམ་པ་ཐམས་ཅད་མཁྱེན་པ་ཉིད་དུ་གནས་པ་མེད་དོ། །སྒྱུ་མ་དང་སྨིག་རྒྱུ་དང་། སྒྲ་བརྙན་དང་། མིག་ཡོར་དང་། དེ་བཞིན་གཤེགས་པའི་སྤྲུལ་པ་ནི་ཁམས་གསུམ་ནས་འབྱུང་བ་མེད་དོ། །རྣམ་པ་ཐམས་ཅད་མཁྱེན་པ་ཉིད་དུ་གནས་པ་མེད་དོ། །རབ་

འབྱོར་དེ་ཅིའི་ཕྱིར་ཞེ་ན། འདི་ལྟར་རྨི་ལམ་ནི་རྨི་ལམ་གྱིས་སྟོང་པའི་ཕྱིར་རོ། །སྒྱུ་མ་དང་། སྨིག་རྒྱུ་དང་། སྒྲ་བརྙན་དང་། མིག་ཡོར་དང་། དེ་བཞིན་གཤེགས་པའི་སྤྲུལ་པ་ནི་དེ་བཞིན་གཤེགས་པའི་སྤྲུལ་པས་སྟོང་པའི་ཕྱིར་རོ། །རབ་འབྱོར་གང་མཚན་ཉིད་མེད་པའི་ཆོས་རྣམས་འབྱུང་བར་འདོད་པ་དེ་ནི་སྦྱིན་པའི་ཕ་རོལ་ཏུ་ཕྱིན་པ་འབྱུང་བར་འདོད་དུ་ཟད་དོ། །རབ་འབྱོར་གང་མཚན་ཉིད་མེད་པའི་ཆོས་རྣམས་འབྱུང་བར་འདོད་པ་དེ་ནི། ཚུལ་ཁྲིམས་ཀྱི་ཕ་རོལ་ཏུ་ཕྱིན་པ་དང་། བཟོད་པའི་ཕ་རོལ་ཏུ་ཕྱིན་པ་དང་། བརྩོན་འགྲུས་ཀྱི་ཕ་རོལ་ཏུ་ཕྱིན་པ་དང་། བསམ་གཏན་གྱི་[1]ཕ་རོལ་ཏུ་ཕྱིན་པ་དང་། ཤེས་རབ་ཀྱི་ཕ་རོལ་ཏུ་ཕྱིན་པ་འབྱུང་བར་འདོད་དུ་ཟད་དོ། །དེ་ཅིའི་ཕྱིར་ཞེ་ན། རབ་འབྱོར་སྦྱིན་པའི་ཕ་རོལ་ཏུ་ཕྱིན་པའི་ངོ་བོ་ཉིད་ནི་ཁམས་གསུམ་ནས་འབྱུང་བ་མེད་དོ། །རྣམ་པ་ཐམས་ཅད་མཁྱེན་པ་ཉིད་དུ་གནས་པ་མེད་དོ། །ཚུལ་ཁྲིམས་ཀྱི་ཕ་རོལ་ཏུ་ཕྱིན་པ་དང་། བཟོད་པའི་ཕ་རོལ་ཏུ་ཕྱིན་པ་དང་། བརྩོན་འགྲུས་ཀྱི་ཕ་རོལ་ཏུ་ཕྱིན་པ་དང་། བསམ་གཏན་གྱི་ཕ་རོལ་ཏུ་ཕྱིན་པ་དང་། ཤེས་རབ་ཀྱི་ཕ་རོལ་ཏུ་ཕྱིན་པའི་ངོ་བོ་ཉིད་ནི་ཁམས་གསུམ་ནས་འབྱུང་བ་མེད་དོ། །རྣམ་པ་ཐམས་ཅད་མཁྱེན་པ་ཉིད་དུ་གནས་པ་མེད་དོ། །རབ་འབྱོར་དེ་ཅིའི་ཕྱིར་ཞེ་ན། འདི་ལྟར་སྦྱིན་པའི་ཕ་རོལ་ཏུ་ཕྱིན་པའི་ངོ་བོ་ཉིད་ནི། སྦྱིན་པའི་ཕ་རོལ་ཏུ་ཕྱིན་པའི་ངོ་བོ་ཉིད་ཀྱིས་སྟོང་པའི་ཕྱིར་རོ། །ཚུལ་ཁྲིམས་ཀྱི་ཕ་རོལ་ཏུ་ཕྱིན་པ་དང་། བཟོད་པའི་ཕ་རོལ་ཏུ་ཕྱིན་པ་དང་། བརྩོན་འགྲུས་ཀྱི་ཕ་རོལ་ཏུ་ཕྱིན་པ་དང་། བསམ་གཏན་གྱི་ཕ་རོལ་ཏུ་ཕྱིན་པ་དང་། ཤེས་རབ་ཀྱི་ཕ་རོལ་ཏུ་ཕྱིན་པའི་ངོ་བོ་ཉིད་ནི། ཤེས་རབ་ཀྱི་ཕ་རོལ་ཏུ་ཕྱིན་པའི་ངོ་བོ་ཉིད་ཀྱིས་[2]སྟོང་པའི་ཕྱིར་རོ། །རབ་འབྱོར་གང་མཚན་ཉིད་མེད་པའི་ཆོས་རྣམས་འབྱུང་

བར་འདོད་པ་དེ་ནི་ནང་སྟོང་པ་ཉིད་འབྱུང་བར་འདོད་དུ་ཟད་དོ། །རབ་འབྱོར་གང་མཚན་ཉིད་མེད་པའི་ཆོས་རྣམས་འབྱུང་བར་འདོད་པ་དེ་ནི། ཕྱི་སྟོང་པ་ཉིད་འབྱུང་བར་འདོད་དུ་ཟད་དོ། །རབ་འབྱོར་གང་མཚན་ཉིད་མེད་པའི་ཆོས་རྣམས་འབྱུང་བར་འདོད་པ་དེ་ནི། ཕྱི་ནང་སྟོང་པ་ཉིད་འབྱུང་བར་འདོད་དུ་ཟད་དོ། །རབ་འབྱོར་གང་མཚན་ཉིད་མེད་པའི་ཆོས་རྣམས་འབྱུང་བར་འདོད་པ་དེ་ནི། དངོས་པོ་མེད་པའི་ངོ་བོ་ཉིད་སྟོང་པ་ཉིད་ཀྱི་བར་དུ་འབྱུང་བར་འདོད་དུ་ཟད་དོ། །དེ་ཅིའི་ཕྱིར་ཞེ་ན། རབ་འབྱོར་①ནང་སྟོང་པ་ཉིད་ནི་ཁམས་གསུམ་ནས་འབྱུང་བ་མེད་དོ། །རྣམ་པ་ཐམས་ཅད་མཁྱེན་པ་ཉིད་དུ་གནས་པ་མེད་དོ། །ཕྱི་སྟོང་པ་ཉིད་ནི་ཁམས་གསུམ་ནས་འབྱུང་བ་མེད་དོ། །རྣམ་པ་ཐམས་ཅད་མཁྱེན་པ་ཉིད་དུ་གནས་པ་མེད་དོ། །ཕྱི་ནང་སྟོང་པ་ཉིད་ནི་ཁམས་གསུམ་ནས་འབྱུང་བ་མེད་དོ། །རྣམ་པ་ཐམས་ཅད་མཁྱེན་པ་ཉིད་དུ་གནས་པ་མེད་དོ། །དངོས་པོ་མེད་པའི་ངོ་བོ་ཉིད་སྟོང་པ་ཉིད་ཀྱི་②བར་ནི་ཁམས་གསུམ་ནས་འབྱུང་བ་མེད་དོ། །རྣམ་པ་ཐམས་ཅད་མཁྱེན་པ་ཉིད་དུ་གནས་པ་མེད་དོ། །རབ་འབྱོར་དེ་ཅིའི་ཕྱིར་ཞེ་ན། འདི་ལྟར་ནང་སྟོང་པ་ཉིད་ནང་སྟོང་པ་ཉིད་ཀྱིས་སྟོང་པའི་ཕྱིར་རོ། །ཕྱི་སྟོང་པ་ཉིད་ཕྱི་སྟོང་པ་ཉིད་ཀྱིས་སྟོང་པའི་ཕྱིར་རོ། །ཕྱི་ནང་སྟོང་པ་ཉིད་ཕྱི་ནང་སྟོང་པ་ཉིད་ཀྱིས་སྟོང་པའི་ཕྱིར་རོ། །དངོས་པོ་མེད་པའི་ངོ་བོ་ཉིད་སྟོང་པ་ཉིད་ཀྱི་བར་དུ། དངོས་པོ་མེད་པའི་ངོ་བོ་ཉིད་སྟོང་པ་ཉིད་ཀྱིས་སྟོང་པའི་ཕྱིར་རོ། །རབ་འབྱོར་གང་མཚན་ཉིད་མེད་པའི་ཆོས་རྣམས་འབྱུང་བར་འདོད་པ་དེ་ནི། དྲན་པ་ཉེ་བར་གཞག་པ་རྣམས་འབྱུང་བར་འདོད་དུ་ཟད་དོ། །རབ་འབྱོར་གང་མཚན་ཉིད་མེད་པའི་ཆོས་རྣམས་འབྱུང་བར་འདོད་པ་དེ་ནི། ཡང་དག་པར་སྤོང་བ་རྣམས་དང་། རྫུ་འཕྲུལ་གྱི་རྐང་པ་

རྣམས་དང་། དབང་པོ་རྣམས་དང་། སྟོབས་རྣམས་དང་། བྱང་ཆུབ་ཀྱི་ཡན་ལག་རྣམས་དང་། འཕགས་པའི་ལམ་ཡན་ལག་བརྒྱད་པ་འབྱུང་བར་འདོད་དུ་ཟད་དོ། །དེ་ཅིའི་ཕྱིར་ཞེ་ན། རབ་འབྱོར་དྲན་པ་ཉེ་བར་གཞག་པ་རྣམས་ཀྱི་ངོ་བོ་ཉིད་ནི་ཁམས་གསུམ་ནས་འབྱུང་བ་མེད་དོ། །རྣམ་པ་ཐམས་ཅད་མཁྱེན་པ་ཉིད་དུ་གནས་པ་མེད་དོ། །ཡང་དག་པར་སྤོང་བ་རྣམས་①དང་། རྫུ་འཕྲུལ་གྱི་རྐང་པ་རྣམས་དང་། དབང་པོ་རྣམས་དང་། སྟོབས་རྣམས་དང་། བྱང་ཆུབ་ཀྱི་ཡན་ལག་རྣམས་དང་། འཕགས་པའི་ལམ་ཡན་ལག་བརྒྱད་པའི་ངོ་བོ་ཉིད་ནི་ཁམས་གསུམ་ནས་འབྱུང་བ་མེད་དོ། །རྣམ་པ་ཐམས་ཅད་མཁྱེན་པ་ཉིད་དུ་གནས་པ་མེད་དོ། །རབ་འབྱོར་དེ་ཅིའི་ཕྱིར་ཞེ་ན། འདི་ལྟར་དྲན་པ་ཉེ་བར་གཞག་པ་རྣམས་ཀྱི་ངོ་བོ་ཉིད་ནི། དྲན་པ་ཉེ་བར་གཞག་པ་རྣམས་②ཀྱིས་③སྟོང་པའི་ཕྱིར་རོ། །ཡང་དག་པར་སྤོང་བ་རྣམས་དང་། རྫུ་འཕྲུལ་གྱི་རྐང་པ་རྣམས་དང་། དབང་པོ་རྣམས་དང་། སྟོབས་རྣམས་དང་། བྱང་ཆུབ་ཀྱི་ཡན་ལག་རྣམས་དང་། འཕགས་པའི་ལམ་ཡན་ལག་བརྒྱད་པའི་ངོ་བོ་ཉིད་ནི་འཕགས་པའི་ལམ་ཡན་ལག་བརྒྱད་པའི་ངོ་བོ་ཉིད་ཀྱིས་སྟོང་པའི་ཕྱིར་རོ། །རབ་འབྱོར་གང་མཚན་ཉིད་མེད་པའི་ཆོས་རྣམས་འབྱུང་བར་འདོད་པ་དེ་ནི་འཕགས་པའི་བདེན་པ་རྣམས་དང་། བསམ་གཏན་རྣམས་དང་། ཚད་མེད་པ་རྣམས་དང་། གཟུགས་མེད་པའི་སྙོམས་པར་འཇུག་པ་རྣམས་དང་། རྣམ་པར་ཐར་པ་བརྒྱད་དང་། མཐར་གྱིས་④གནས་པའི་སྙོམས་པར་འཇུག་⑤པ་དགུ་དང་། སྟོང་པ་ཉིད་དང་། མཚན་མ་མེད་པ་དང་། སྨོན་པ་མེད་པ་འབྱུང་བར་འདོད་དུ་ཟད་དོ། །དེ་ཅིའི་ཕྱིར་ཞེ་ན། རབ་འབྱོར་འཕགས་པའི་བདེན་པ་རྣམས་ཀྱི་⑥ངོ་བོ་ཉིད་ནི་ཁམས་གསུམ་ནས་འབྱུང་བ་མེད་དོ། །རྣམ་པ་ཐམས

ཅན་མཁྱེན་པ་ཉིད་དུ་གནས་པ་མེད་དོ། །བསམ་གཏན་རྣམས་ཀྱི་ངོ་བོ་ཉིད་དང་། ཚད་མེད་པ་རྣམས་ཀྱི་ངོ་བོ་ཉིད་དང་། གཟུགས་མེད་པའི་སྙོམས་པར་འཇུག་པ་རྣམས་ཀྱི་ངོ་བོ་ཉིད་དང་། རྣམ་པར་ཐར་པ་བརྒྱད་ཀྱི་ངོ་བོ་ཉིད་དང་། མཐར་གྱིས་གནས་པའི་སྙོམས་པར་འཇུག་པ་དགུའི་ངོ་བོ་ཉིད་དང་། སྟོང་པ་ཉིད་དང་། མཚན་མ་མེད་པ་དང་། སྨོན་པ་མེད་པའི་ངོ་བོ་ཉིད་ནི་ཁམས་གསུམ་ནས་འབྱུང་བ་མེད་དོ། །རྣམ་པ་ཐམས་ཅད་མཁྱེན་པ་ཉིད་དུ་གནས་པ་མེད་དོ། །དེ་ཅིའི་ཕྱིར་ཞེ་ན། འདི་ལྟར་འཕགས་པའི་བདེན་པ་རྣམས་ཀྱི་ངོ་བོ་ཉིད་ནི། འཕགས་པའི་བདེན་པ་རྣམས་ཀྱི་ངོ་བོ་ཉིད་ཀྱིས་སྟོང་པའི་ཕྱིར་རོ། །བསམ་གཏན་[1]ཀྱི་ངོ་བོ་ཉིད་དང་། ཚད་མེད་པ་རྣམས་ཀྱི་ངོ་བོ་ཉིད་དང་། གཟུགས་མེད་པའི་སྙོམས་པར་འཇུག་པ་རྣམས་ཀྱི་ངོ་བོ་ཉིད་དང་[2]། རྣམ་པར་ཐར་པ་བརྒྱད་ཀྱི་ངོ་བོ་ཉིད་དང་། མཐར་གྱིས་[3]གནས་པའི་སྙོམས་པར་འཇུག་པ་དགུའི་ངོ་བོ་ཉིད་དང་། སྟོང་པ་ཉིད་དང་། མཚན་མ་མེད་པ་དང་། སྨོན་པ་མེད་པའི་ངོ་བོ་ཉིད་ནི། སྨོན་པ་མེད་པའི་ངོ་བོ་ཉིད་ཀྱིས་སྟོང་པའི་ཕྱིར་རོ། །རབ་འབྱོར་གང་མཚན་ཉིད་མེད་པའི་ཆོས་རྣམས་འབྱུང་བར་འདོད་པ་དེ་ནི། མངོན་པར་ཤེས་པ་རྣམས་དང་། ཏིང་ངེ་འཛིན་རྣམས་དང་། གཟུངས་ཀྱི་སྒོ་རྣམས་འབྱུང་བར་འདོད་དུ་ཟད་[4]དོ། །དེ་ཅིའི་ཕྱིར་ཞེ་ན། རབ་འབྱོར་མངོན་པར་ཤེས་པ་རྣམས་ཀྱི་[5]ངོ་བོ་ཉིད་ནི་ཁམས་གསུམ་ནས་འབྱུང་བ་མེད་དོ། །རྣམ་པ་ཐམས་ཅད་མཁྱེན་པ་ཉིད་དུ་གནས་པ་མེད་དོ། །ཏིང་ངེ་འཛིན་རྣམས་དང་། གཟུངས་ཀྱི་སྒོ་རྣམས་ཀྱི་ངོ་བོ་ཉིད་ནི་ཁམས་གསུམ་ནས་འབྱུང་བ་མེད་དོ།། རྣམ་པ་ཐམས་ཅད་མཁྱེན་པ་ཉིད་དུ་གནས་པ་མེད་དོ། །རབ་འབྱོར་དེ་ཅིའི་ཕྱིར་ཞེ་ན། འདི་ལྟར་མངོན་པར་ཤེས་པ་རྣམས་ཀྱི་ངོ་བོ་ཉིད་ནི། མངོན་པར་ཤེས་

པ་རྣམས་ཀྱི་[1]ངོ་བོ་ཉིད་ཀྱིས་སྟོང་པའི་ཕྱིར་རོ། །ཏིང་ངེ་འཛིན་རྣམས་ཀྱི་ངོ་བོ་ཉིད་དང་། གཟུངས་ཀྱི་སྒོ་རྣམས་ཀྱི་ངོ་བོ་ཉིད་ནི། གཟུངས་ཀྱི་སྒོ་རྣམས་ཀྱི་ངོ་བོ་ཉིད་ཀྱིས་སྟོང་པའི་ཕྱིར་རོ། །རབ་འབྱོར་གང་མཚན་ཉིད་མེད་པའི་ཆོས་རྣམས་འབྱུང་བར་འདོད་པ་དེ་ནི། དེ་བཞིན་གཤེགས་པའི་སྟོབས་བཅུ་འབྱུང་བར་འདོད་དུ་ཟད་དོ། །མི་འཇིགས་པ་བཞི་དང་། སོ་སོ་ཡང་དག་པར་རིག་པ་བཞི་དང་། སངས་རྒྱས་ཀྱི་[2]ཆོས་མ་འདྲེས་པ་བཅོ་བརྒྱད་འབྱུང་བར་འདོད་དུ་ཟད་དོ། །དེ་ཅིའི་ཕྱིར་ཞེ་ན། རབ་འབྱོར་དེ་བཞིན་གཤེགས་པའི་སྟོབས་བཅུའི་ངོ་བོ་ཉིད་ནི་ཁམས་གསུམ་ནས་འབྱུང་བ་མེད་དོ། །རྣམ་པ་ཐམས་ཅད་མཁྱེན་པ་ཉིད་དུ་གནས་པ་མེད་དོ། །མི་འཇིགས་པ་བཞིའི་ངོ་བོ་ཉིད་དང་སོ་སོ་ཡང་དག་པར་རིག་པ་བཞིའི་ངོ་བོ་ཉིད་དང་། སངས་རྒྱས་ཀྱི་ཆོས་མ་འདྲེས་པ་བཅོ་བརྒྱད་ཀྱི་ངོ་བོ་ཉིད་ནི་ཁམས་གསུམ་ནས་འབྱུང་བ་མེད་དོ། །རྣམ་པ་ཐམས་ཅད་མཁྱེན་པ་ཉིད་དུ་གནས་པ་མེད་དོ། །རབ་འབྱོར་དེ་ཅིའི་ཕྱིར་ཞེ་ན། དེ་ནི་འདི་ལྟར་དེ་བཞིན་གཤེགས་པའི་སྟོབས་རྣམས་ཀྱི་ངོ་བོ་ཉིད་ནི། དེ་བཞིན་གཤེགས་པའི་སྟོབས་རྣམས་ཀྱི་ངོ་བོ་ཉིད་ཀྱིས་སྟོང་པའི་ཕྱིར་རོ། །མི་འཇིགས་པ་བཞིའི་ངོ་བོ་ཉིད་དང་། སོ་སོ་ཡང་དག་པར་རིག་པ་བཞིའི་ངོ་བོ་ཉིད་དང་། སངས་རྒྱས་ཀྱི་[3]ཆོས་མ་འདྲེས་པ་བཅོ་བརྒྱད་ཀྱི་ངོ་བོ་ཉིད་ནི། སངས་རྒྱས་ཀྱི་ཆོས་མ་འདྲེས་པ་བཅོ་བརྒྱད་ཀྱི་ངོ་བོ་ཉིད་ཀྱིས་སྟོང་པའི་ཕྱིར་རོ། །རབ་འབྱོར་གང་མཚན་ཉིད་མེད་པའི་ཆོས་རྣམས་འབྱུང་བར་འདོད་པ་དེ་ནི། དགྲ་བཅོམ་པ་ཟག་པ་ཟད་པ་སྐྱེ་བར་འདོད་དུ་ཟད་དོ། །རབ་འབྱོར་གང་མཚན་ཉིད་མེད་པའི་ཆོས་རྣམས་འབྱུང་བར་འདོད་པ་དེ་ནི། རང་སངས་རྒྱས་སྐྱེ་བར་འདོད་དུ་ཟད་དོ། །རབ་འབྱོར་གང་མཚན་ཉིད་མེད་པའི་ཆོས་རྣམས་འབྱུང་བར་འདོད

པ་དེ་ནི། བྱང་ཆུབ་སེམས་དཔའ་སྐྱེ་བར་འདོད་དུ་ཟད་དོ། །རབ་འབྱོར་གང་མཚན་ཉིད་མེད་པའི་ཆོས་རྣམས་འབྱུང་བར་འདོད་པ་དེ་ནི། དེ་བཞིན་གཤེགས་པ་དགྲ་བཅོམ་པ་ཡང་དག་པར་རྫོགས་པའི་སངས་རྒྱས་འབྱུང་བར་འདོད་དུ་ཟད་དོ། །དེ་ཅིའི་ཕྱིར་ཞེ་ན། རབ་འབྱོར་དགྲ་བཅོམ་པ་ཟག་པ་ཟད་པ་ནི་ཁམས་གསུམ་ནས་འབྱུང་བ་མེད་དོ། །རྣམ་པ་ཐམས་ཅད་མཁྱེན་པ་ཉིད་དུ་གནས་པ་མེད་དོ། །རང་སངས་རྒྱས་དང་། བྱང་ཆུབ་སེམས་དཔའ་དང་། དེ་བཞིན་གཤེགས་པ་དགྲ་བཅོམ་པ་ཡང་དག་པར་རྫོགས་པའི་སངས་རྒྱས་ནི་ཁམས་གསུམ་ནས་འབྱུང་བ་མེད་དོ། །རྣམ་པ་ཐམས་ཅད་མཁྱེན་པ་ཉིད་དུ་གནས་པ་མེད་དོ། །རབ་འབྱོར་དེ་ཅིའི་ཕྱིར་ཞེ་ན། འདི་ལྟར་དགྲ་བཅོམ་པའི་ངོ་བོ་ཉིད་ནི་དགྲ་བཅོམ་པའི་ངོ་བོ་ཉིད་ཀྱིས་སྟོང་བའི་ཕྱིར་རོ། །རང་སངས་རྒྱས་དང་། བྱང་ཆུབ་སེམས་དཔའ་དང་། དེ་བཞིན་གཤེགས་པའི་ངོ་བོ་ཉིད་ནི། དེ་བཞིན་གཤེགས་པའི་ངོ་བོ་ཉིད་ཀྱིས་སྟོང་པའི་ཕྱིར་རོ། །རབ་འབྱོར་གང་མཚན་ཉིད་མེད་པའི་ཆོས་རྣམས་འབྱུང་བར་འདོད་པ་དེ་ནི། རྒྱུན་དུ་ཞུགས་པའི་འབྲས་བུ་འབྱུང་བར་འདོད་དུ་ཟད་དོ། །རབ་འབྱོར་གང་མཚན་ཉིད་མེད་པའི་ཆོས་རྣམས་འབྱུང་བར་འདོད་པ་དེ་ནི། ལན་ཅིག་ཕྱིར་འོང་བའི་འབྲས་བུ་དང་། ཕྱིར་མི་འོང་བའི་འབྲས་བུ་དང་། དགྲ་བཅོམ་པ་ཉིད་དང་། རང་བྱང་ཆུབ་དང་། ལམ་གྱི་རྣམ་པ་ཤེས་པ་ཉིད་དང་། རྣམ་པ་ཐམས་ཅད་མཁྱེན་པ་ཉིད་འབྱུང་བར་འདོད་དུ་ཟད་དོ། །དེ་ཅིའི་ཕྱིར་ཞེ་ན། རབ་འབྱོར་རྒྱུན་དུ་ཞུགས་[1]པའི་འབྲས་བུ་ནི་ཁམས་གསུམ་ནས་འབྱུང་བ་མེད་དོ། །རྣམ་པ་ཐམས་ཅད་མཁྱེན་པ་ཉིད་དུ་གནས་པ་མེད་དོ། །ལན་ཅིག་ཕྱིར་འོང་བའི་འབྲས་བུ་དང་། ཕྱིར་མི་འོང་བའི་འབྲས་བུ་དང་། དགྲ་བཅོམ་པ་ཉིད་དང་། རང་བྱང་ཆུབ་

དང་། ལམ་གྱི་རྣམ་པ་ཤེས་པ་ཉིད་དང་། རྣམ་པ་ཐམས་ཅད་མཁྱེན་པ་ཉིད་ནི་ཁམས་གསུམ་ནས་འབྱུང་བ་མེད་དོ། །རྣམ་པ་ཐམས་ཅད་མཁྱེན་པ་ཉིད་དུ་གནས་པ་མེད་དོ། །རབ་འབྱོར་དེ་ཅིའི་ཕྱིར་ཞེ་ན། འདི་ལྟར་རྒྱུན་དུ་ཞུགས་པའི་འབྲས་བུའི་ངོ་བོ་ཉིད་ནི། རྒྱུན་དུ་ཞུགས་པའི་འབྲས་བུའི་ངོ་བོ་ཉིད་ཀྱིས་[༡]སྟོང་པའི་ཕྱིར་རོ། །ལན་ཅིག་ཕྱིར་འོང་བའི་འབྲས་བུ་དང་། ཕྱིར་མི་འོང་བའི་འབྲས་བུ་དང་། དགྲ་བཅོམ་པ་ཉིད་དང་། རང་བྱང་ཆུབ་དང་། ལམ་གྱི་རྣམ་པ་ཤེས་པ་ཉིད་དང་། རྣམ་པ་ཐམས་ཅད་མཁྱེན་པ་ཉིད་ཀྱི་ངོ་བོ་ཉིད་ནི། རྣམ་པ་ཐམས་ཅད་མཁྱེན་པ་ཉིད་ཀྱི་ངོ་བོ་ཉིད་ཀྱིས་སྟོང་པའི་ཕྱིར་རོ། །རབ་འབྱོར་གང་མཚན་ཉིད་མེད་པའི་ཆོས་རྣམས་འབྱུང་བར་འདོད་པ་དེ་ནི། མིང་འབྱུང་བར་འདོད་དུ་ཟད་དོ། །རབ་འབྱོར་གང་མཚན་ཉིད་མེད་པའི་ཆོས་རྣམས་[༢]འབྱུང་བར་འདོད་པ་དེ་ནི། མཚན་མ་འབྱུང་བར་འདོད་དུ་ཟད་དོ། །རབ་འབྱོར་གང་མཚན་ཉིད་མེད་པའི་ཆོས་རྣམས་འབྱུང་བར་འདོད་པ་དེ་ནི། བརྡ་འབྱུང་བར་འདོད་དུ་ཟད་དོ། །རབ་འབྱོར་གང་མཚན་ཉིད་མེད་པའི་ཆོས་རྣམས་འབྱུང་བར་འདོད་པ་དེ་ནི། ཐ་སྙད་འབྱུང་བར་འདོད་དུ་ཟད་དོ། །རབ་འབྱོར་གང་མཚན་ཉིད་མེད་པའི་ཆོས་རྣམས་འབྱུང་བར་འདོད་པ་དེ་ནི། གདགས་པ་འབྱུང་བར་འདོད་དུ་ཟད་དོ། །དེ་ཅིའི་ཕྱིར་ཞེ་ན། རབ་འབྱོར་མིང་སྟོང་པ་ཉིད་ནི་ཁམས་གསུམ་ནས་འབྱུང་བ་མེད་དོ། །རྣམ་པ་ཐམས་ཅད་མཁྱེན་པ་ཉིད་དུ་གནས་པ་མེད་དོ། །མཚན་མ་སྟོང་པ་ཉིད་ནི་ཁམས་གསུམ་ནས་འབྱུང་བ་མེད་དོ། །རྣམ་པ་ཐམས་ཅད་མཁྱེན་པ་ཉིད་དུ་གནས་པ་མེད་དོ། །བརྡ་སྟོང་པ་ཉིད་ནི་ཁམས་གསུམ་ནས་འབྱུང་བ་མེད་དོ། །རྣམ་པ་ཐམས་ཅད་མཁྱེན་པ་ཉིད་དུ་གནས་པ་མེད་དོ། །ཐ་སྙད་སྟོང་པ་ཉིད་ནི་ཁམས་གསུམ་ནས་

འབྱུང་བ་མེད་དོ། །རྣམ་པ་ཐམས་ཅད་མཁྱེན་པ་ཉིད་དུ་གནས་པ་མེད་དོ། །གདགས་པ་སྟོང་པ་ཉིད་ནི་ཁམས་གསུམ་ནས་འབྱུང་བ་མེད་དོ། །རྣམ་པ་ཐམས་ཅད་མཁྱེན་པ་ཉིད་དུ་གནས་པ་མེད་དོ། །རབ་འབྱོར་དེ་ཅིའི་ཕྱིར་ཞེ་ན། འདི་ལྟར་མིང་སྟོང་པ་ཉིད་ནི་མིང་སྟོང་པ་ཉིད་ཀྱི་ངོ་བོ་ཉིད་ཀྱིས་སྟོང་པའི་ཕྱིར་རོ།། མཚན་མ་སྟོང་པ་ཉིད་(༡)མཚན་མ་སྟོང་པ་ཉིད་ཀྱི་ངོ་བོ་ཉིད་ཀྱིས་སྟོང་པའི་ཕྱིར་རོ། །བརྗ་སྟོང་པ་ཉིད་(༢)བརྗ་སྟོང་པ་ཉིད་ཀྱི་(༣)ངོ་བོ་ཉིད་ཀྱིས་སྟོང་པའི་ཕྱིར་རོ། །ཐ་སྙད་སྟོང་པ་ཉིད་(༤)ཐ་སྙད་སྟོང་པ་ཉིད་ཀྱི་ངོ་བོ་ཉིད་ཀྱིས་སྟོང་པའི་ཕྱིར་རོ། །གདགས་པ་སྟོང་པ་ཉིད་(༥)གདགས་པ་སྟོང་པ་ཉིད་ཀྱི་ངོ་བོ་ཉིད་ཀྱིས་སྟོང་པའི་ཕྱིར་རོ༏ །རབ་འབྱོར་གང་མཚན་ཉིད་མེད་པའི་ཆོས་རྣམས་འབྱུང་བར་འདོད་པ་དེ་ནི༏ སྐྱེ་བ་མེད་པ་འབྱུང་བར་འདོད་དུ་ཟད་དོ། །རབ་འབྱོར་གང་མཚན་ཉིད་མེད་པའི་ཆོས་རྣམས་འབྱུང་བར་འདོད་པ་དེ་ནི། འགག་པ་མེད་པ་དང་། ཀུན་ནས་ཉོན་མོངས་པ་མེད་པ་དང་། རྣམ་པར་བྱང་བ་མེད་པ་དང་། མངོན་པར་འདུ་བྱ་བ་མེད་པ་འབྱུང་བར་འདོད་དུ་ཟད་དོ། །དེ་ཅིའི་ཕྱིར་ཞེ་ན། རབ་འབྱོར་སྐྱེ་བ་མེད་པའི་ངོ་བོ་ཉིད་ནི་ཁམས་གསུམ་ནས་འབྱུང་བ་མེད་དོ། །རྣམ་པ་ཐམས་ཅད་མཁྱེན་པ་ཉིད་དུ་གནས་པ་མེད་དོ། །འགག་པ་མེད་པ་དང་། ཀུན་ནས་ཉོན་མོངས་པ་མེད་པ་དང་། རྣམ་པར་བྱང་བ་མེད་པ་དང་། མངོན་པར་འདུ་བྱ་བ་མེད་པའི་ངོ་བོ་ཉིད་ནི་ཁམས་གསུམ་ནས་འབྱུང་བ་མེད་དོ། །རྣམ་པ་ཐམས་ཅད་མཁྱེན་པ་ཉིད་དུ་གནས་པ་མེད་དོ། །རབ་འབྱོར་དེ་ཅིའི་ཕྱིར་ཞེ་ན། འདི་ལྟར་སྐྱེ་བ་མེད་པ་ནི་སྐྱེ་བ་མེད་པའི་ངོ་བོ་ཉིད་ཀྱིས་སྟོང་པའི་ཕྱིར་རོ།། འགག་པ་མེད་པ་དང་། ཀུན་ནས་ཉོན་མོངས་པ་མེད་པ་དང་། རྣམ་པར་བྱང་བ་མེད་པ་དང་། མངོན་པར་འདུ་བྱ་བ་མེད་པ་ནི། མངོན་པར་འདུ་བྱ་

བ་མེད་པའི་ངོ་བོ་ཉིད་ཀྱིས་སྟོང་པའི་ཕྱིར་རོ། །རབ་འབྱོར་དེ་ལྟར་རྣམ་གྲངས་དེས་ན། འདི་ལྟར་ཐེག་པ་ཆེན་པོ་ནི་ཁམས་གསུམ་ནས་འབྱུང་ནས[༡]། རྣམ་པ་ཐམས་ཅད་མཁྱེན་པ་ཉིད་དུ་གནས་པ་མེད་པར་ཤེས་པར་བྱ་སྟེ། གནས[༢]དེ་ནི་བསྐྱོད་དུ་མེད་པའོ།། །།

ཤེས་རབ་ཀྱི་ཕ་རོལ་ཏུ་ཕྱིན་པ་སྟོང་ཕྲག་ཉི་ཤུ་ལྔ་པ། བམ་པོ་བཅུ་དགུ་པ། རབ་འབྱོར་གཞན་ཡང་ཁྱོད་ཀྱིས་གང་འདི་སྐད་དུ། ཐེག་པ་ཆེན་པོ་དེ་གང་དུ་གནས་པར་འགྱུར་ཞེས་སྨྲས་པ་དེ། ཐེག་པ་ཆེན་པོ་དེ་གང་དུ་ཡང་གནས་པར་འགྱུར་བ་མེད་དེ། དེ་ཅིའི་ཕྱིར་ཞེ་ན། འདི་ལྟར་ཆོས་ཐམས་ཅད་ནི་གནས་མི་དམིགས་པའི་ཕྱིར་མི་གནས་པ་སྟེ། རབ་འབྱོར་དེ་ལྟར་ཐེག་པ་ཆེན་པོ་དེ་ནི་མི་གནས་པའི་ཚུལ་གྱིས་གནས་སོ། །རབ་འབྱོར་འདི་ལྟ་སྟེ། དཔེར་ན། ཆོས་ཀྱི་དབྱིངས་ནི་གནས་པ་ཡང་མ་ཡིན། མི་གནས་པ་ཡང་མ་ཡིན་ནོ། །རབ་འབྱོར་དེ་བཞིན་དུ་ཐེག་པ་ཆེན་པོ་དེ་ཡང་གནས་པ་ཡང་མ་ཡིན། མི་གནས་པ་ཡང་མ་ཡིན་ནོ། །རབ་འབྱོར་འདི་ལྟ་སྟེ། དཔེར་ན། དེ་བཞིན་ཉིད་དང་། ཡང་དག་པའི་མཐའ་དང་། བསམ་གྱིས་མི་ཁྱབ་པའི་དབྱིངས་ནི་གནས་པ་ཡང་མ་ཡིན། མི་གནས་པ་ཡང་མ་ཡིན་ནོ། །རབ་འབྱོར་དེ་བཞིན་དུ་ཐེག་པ་ཆེན་པོ་དེ་ཡང་གནས་པ་ཡང་མ་ཡིན། མི་གནས་པ་ཡང་མ་ཡིན་ནོ། །དེ་ཅིའི་ཕྱིར་ཞེ་ན། རབ་འབྱོར་ཆོས་ཀྱི་དབྱིངས་ཀྱི་ངོ་བོ་ཉིད་ལ[༣]གནས་པའམ། མི་གནས་པ་མེད་དོ། །དེ་བཞིན་ཉིད་དང་། ཡང་དག་པའི་མཐའ་དང་། བསམ་གྱིས་མི་ཁྱབ་པའི་དབྱིངས་ཀྱི་ངོ་བོ་ཉིད་ལ་ནི་གནས་པའམ། མི་གནས་པ་མེད་དོ། །དེ་ཅིའི་ཕྱིར་ཞེ་ན། རབ་འབྱོར་དེ་ནི་འདི་ལྟར་ཆོས་ཀྱི་དབྱིངས་ཆོས་ཀྱི་དབྱིངས་ཀྱི་ངོ་བོ་ཉིད་ཀྱིས་སྟོང་བའི་ཕྱིར་རོ། །དེ་བཞིན་ཉིད་དེ་བཞིན་

ཉིད་ཀྱི་ངོ་བོ་ཉིད་ཀྱིས་སྟོང་པའི་ཕྱིར་རོ། །ཡང་དག་པའི་མཐའ་ཡང་དག་པའི་མཐའི་ངོ་བོ་ཉིད་ཀྱིས་སྟོང་བའི་ཕྱིར་རོ། །བསམ་གྱིས་མི་ཁྱབ་པའི་དབྱིངས་བསམ་གྱིས་མི་ཁྱབ་པའི་དབྱིངས་ཀྱི་ངོ་བོ་ཉིད་ཀྱིས་སྟོང་བའི་ཕྱིར་རོ། །རབ་འབྱོར་འདི་ལྟ་སྟེ། དཔེར་ན། ནམ་མཁའི་[1]དབྱིངས་ནི་གནས་པ་ཡང་མ་ཡིན། མི་གནས་པ་ཡང་མ་ཡིན་ནོ། །རབ་འབྱོར་དེ་བཞིན་དུ་ཐེག་པ་ཆེན་པོ་དེ་ཡང་གནས་པ་ཡང་མ་ཡིན། མི་གནས་པ་ཡང་མ་ཡིན་ནོ། །རབ་འབྱོར་འདི་ལྟ་སྟེ། དཔེར་ན། འདོད་ཆགས་ཟད་པའི་དབྱིངས་ནི་གནས་པ་ཡང་མ་ཡིན། མི་གནས་པ་ཡང་མ་ཡིན་ནོ། །དེ་བཞིན་དུ་ཐེག་པ་ཆེན་པོ་དེ་ཡང་གནས་པ་ཡང་མ་ཡིན་མི་གནས་པ་ཡང་མ་ཡིན་ནོ། །རབ་འབྱོར་འདི་ལྟ་སྟེ། དཔེར་ན། རབ་ཏུ་བྱུང་བའི་དབྱིངས་དང་། འདོད་ཆགས་དང་བྲལ་བའི་དབྱིངས་དང་། འགོག་པའི་དབྱིངས་ལ་ནི་གནས་པའམ། མི་གནས་པ་མེད་དོ། །རབ་འབྱོར་དེ་བཞིན་དུ་ཐེག་པ་ཆེན་པོ་དེ་ཡང་གནས་པ་ཡང་[2]མ་ཡིན། མི་གནས་པ་ཡང་མ་ཡིན་ནོ། །དེ་ཅིའི་ཕྱིར་ཞེ་ན། ནམ་མཁའི་དབྱིངས་ཀྱི་ངོ་བོ་ཉིད་ལ་ནི་གནས་པའམ། མི་གནས་པ་མེད་དོ། །འདོད་ཆགས་ཟད་པའི་དབྱིངས་དང་། རབ་ཏུ་བྱུང་བའི་དབྱིངས་དང་། འདོད་ཆགས་དང་བྲལ་བའི་དབྱིངས་དང་། འགོག་པའི་དབྱིངས་[3]ཀྱི་ངོ་བོ་ཉིད་ལ་ནི་གནས་པའམ། མི་གནས་པ་མེད་དོ། །དེ་ཅིའི་ཕྱིར་ཞེ་ན། རབ་འབྱོར་དེ་ནི་འདི་ལྟར་ནམ་མཁའི་དབྱིངས་ནམ་མཁའི་དབྱིངས་ཀྱི་རང་བཞིན་གྱིས་སྟོང་བའི་ཕྱིར་རོ། །འདོད་ཆགས་ཟད་པའི་དབྱིངས་འདོད་ཆགས་ཟད་པའི་དབྱིངས་ཀྱི་རང་བཞིན་གྱིས་སྟོང་བའི་ཕྱིར་རོ། །རབ་ཏུ་བྱུང་བའི་དབྱིངས་རབ་ཏུ་བྱུང་བའི་དབྱིངས་ཀྱི་[4]རང་བཞིན་གྱིས་སྟོང་བའི་ཕྱིར་རོ། །འདོད་ཆགས་དང་བྲལ་བའི་དབྱིངས་འདོད་ཆགས་དང་བྲལ་བའི་དབྱིངས་ཀྱི་རང་

བཞིན་གྱིས་སྟོང་བའི་ཕྱིར་རོ། །འགོག་པའི་དབྱིངས་འགོག་པའི་དབྱིངས་ཀྱི་རང་བཞིན་གྱིས་སྟོང་བའི་ཕྱིར་རོ། །རབ་འབྱོར་འདི་ལྟ་སྟེ། དཔེར་ན། གཟུགས་སྟོང་པ་ཉིད་ནི་གནས་པ་ཡང་མ་ཡིན། མི་གནས་པ་ཡང་[1]མ་ཡིན་ནོ། །རབ་འབྱོར་དེ་བཞིན་དུ་ཐེག་པ་ཆེན་པོ་དེ་ཡང་གནས་པ་ཡང་མ་ཡིན། མི་གནས་པ་ཡང་མ་ཡིན་ནོ། །རབ་འབྱོར་འདི་ལྟ་སྟེ། དཔེར་ན། ཚོར་བ་སྟོང་པ་ཉིད་དང་། འདུ་ཤེས་སྟོང་པ་ཉིད་དང་། འདུ་བྱེད་སྟོང་པ་ཉིད་དང་། རྣམ་པར་ཤེས་པ་སྟོང་པ་ཉིད་ནི་གནས་པ་ཡང་མ་ཡིན། མི་གནས་པ་ཡང་མ་ཡིན་ནོ། །རབ་འབྱོར་དེ་བཞིན་དུ་ཐེག་པ་ཆེན་པོ་དེ་ཡང་གནས་པ་ཡང་མ་ཡིན། མི་གནས་པ་ཡང་མ་ཡིན་ནོ། །དེ་ཅིའི་ཕྱིར་ཞེ་ན། རབ་འབྱོར་གཟུགས་ཀྱི་ངོ་བོ་ཉིད་ལ་[2]ནི་གནས་པའམ། མི་གནས་པ་མེད་དོ། །ཚོར་བ་དང་། འདུ་ཤེས་དང་། འདུ་བྱེད་དང་། རྣམ་པར་ཤེས་པའི་ངོ་བོ་ཉིད་ལ་ནི་གནས་པའམ། མི་གནས་པ་མེད་དོ། །དེ་ཅིའི་ཕྱིར་ཞེ་ན། རབ་འབྱོར་དེ་ནི་འདི་ལྟར་གཟུགས་གཟུགས་ཀྱིས་སྟོང་པའི་ཕྱིར་རོ། །ཚོར་བ་དང་། འདུ་ཤེས་དང་། འདུ་བྱེད་དང་། རྣམ་པར་ཤེས་པ་རྣམ་པར་ཤེས་པས་སྟོང་པའི་ཕྱིར་རོ། །རབ་འབྱོར་འདི་ལྟ་སྟེ། དཔེར་ན། མིག་སྟོང་པ་ཉིད་ནི་གནས་པ་ཡང་མ་ཡིན། མི་གནས་པ་ཡང་མ་ཡིན་ནོ། །རབ་འབྱོར་དེ་བཞིན་དུ་ཐེག་པ་ཆེན་པོ་དེ་ཡང་གནས་པ་ཡང་མ་ཡིན་མི་གནས་པ་ཡང་མ་ཡིན་ནོ། །རབ་འབྱོར་འདི་ལྟ་སྟེ། དཔེར་ན། རྣ་བ་སྟོང་པ་ཉིད་དང་། སྣ་སྟོང་པ་ཉིད་དང་། ལྕེ་སྟོང་པ་ཉིད་དང་། ལུས་སྟོང་པ་ཉིད་དང་། ཡིད་སྟོང་པ་ཉིད་ནི་གནས་པ་ཡང་མ་ཡིན། མི་གནས་པ་ཡང་མ་ཡིན་ནོ། །རབ་འབྱོར་དེ་བཞིན་དུ་ཐེག་པ་ཆེན་པོ་དེ་ཡང་…གནས་པ་ཡང་[3]མ་ཡིན། མི་གནས་པ་ཡང་མ་ཡིན་ནོ། །དེ་ཅིའི་ཕྱིར་ཞེ་ན།

༔རབ་འབྱོར་(༧)མིག་གི་ངོ་བོ་ཉིད་ལ་ནི་གནས་པའམ། མི་གནས་པ་མེད་དོ། །རྣ་བ་དང་། སྣ་དང་། ལྕེ་དང་། ལུས་དང་། ཡིད་ཀྱི་ངོ་བོ་ཉིད་ལ་ནི་གནས་པའམ་མི་གནས་པ་མེད་དོ། །དེ་ཅིའི་ཕྱིར་ཞེ་ན། རབ་འབྱོར་དེ་ནི་འདི་ལྟར་མིག་མིག་གིས་སྟོང་པའི་ཕྱིར་རོ། །རྣ་བ་དང་། སྣ་དང་། ལྕེ་དང་། ལུས་དང་། ཡིད་ནི་(༢)ཡིད་ཀྱིས་སྟོང་པའི་ཕྱིར་རོ། །རབ་འབྱོར་འདི་ལྟ་སྟེ། དཔེར་ན། གཟུགས་སྟོང་པ་ཉིད་ནི་གནས་པ་ཡང་མ་ཡིན། མི་གནས་པ་ཡང་མ་ཡིན་ནོ། །རབ་འབྱོར་དེ་བཞིན་དུ་ཐེག་པ་ཆེན་པོ་དེ་ཡང་གནས་པ་ཡང་མ་ཡིན་མི་གནས་པ་ཡང་མ་ཡིན་ནོ། །རབ་འབྱོར་འདི་ལྟ་སྟེ་དཔེར་ན། སྒྲ་སྟོང་པ་ཉིད་དང་། དྲི་སྟོང་པ་ཉིད་དང་། རོ་སྟོང་པ་ཉིད་དང་། རེག་སྟོང་པ་ཉིད་དང་། ཆོས་སྟོང་པ་ཉིད་ནི་གནས་པ་ཡང་མ་ཡིན་མི་གནས་པ་ཡང་མ་ཡིན་ནོ། །རབ་འབྱོར་དེ་བཞིན་དུ་ཐེག་པ་ཆེན་པོ་དེ་ཡང་གནས་པ་ཡང་མ་ཡིན་མི་གནས་པ་ཡང་མ་ཡིན་ནོ། །དེ་ཅིའི་ཕྱིར་ཞེ་ན། རབ་འབྱོར་གཟུགས་ཀྱི་ངོ་བོ་ཉིད་ལ་ནི་གནས་པའམ་མི་གནས་པ་མེད་དོ། །སྒྲ་དང་། དྲི་དང་། རོ་དང་། རེག་དང་། ཆོས་ཀྱི་ངོ་བོ་ཉིད་ལ་ནི་གནས་པའམ་མི་གནས་པ་མེད་དོ། །དེ་ཅིའི་ཕྱིར་ཞེ་ན། རབ་འབྱོར་དེ་ནི་འདི་ལྟར་གཟུགས་གཟུགས་ཀྱིས་སྟོང་པའི་ཕྱིར་རོ། །སྒྲ་དང་། དྲི་དང་། རོ་(༢)དང་། རེག་དང་། ཆོས་ཆོས་ཀྱིས་སྟོང་པའི་ཕྱིར་རོ། །རབ་འབྱོར་འདི་ལྟ་སྟེ་དཔེར་ན། མིག་གི་རྣམ་པར་ཤེས་པ་སྟོང་པ་ཉིད་ནི་གནས་པ་ཡང་མ་ཡིན། མི་གནས་པ་ཡང་མ་ཡིན་ནོ། །རབ་འབྱོར་དེ་བཞིན་དུ་ཐེག་པ་ཆེན་པོ་དེ་ཡང་གནས་པ་ཡང་མ་ཡིན། མི་གནས་པ་ཡང་མ་ཡིན་ནོ། །རབ་འབྱོར་འདི་ལྟ་སྟེ་དཔེར་ན། རྣ་བའི་རྣམ་པར་ཤེས་པ་དང་། སྣའི་རྣམ་པར་ཤེས་པ་དང་། ལྕེའི་རྣམ་པར་ཤེས་པ་དང་། ལུས་ཀྱི་

རྣམ་པར་ཤེས་པ་དང་། ཡིད་ཀྱི་རྣམ་པར་ཤེས་པ་སྟོང་པ་ཉིད་ནི་གནས་པ་ཡང་མ་ཡིན། མི་གནས་པ་ཡང་མ་ཡིན་ནོ། །རབ་འབྱོར་དེ་བཞིན་དུ་ཐེག་པ་ཆེན་པོ་དེ་ཡང་གནས་པ་ཡང་མ་ཡིན། མི་གནས་པ་ཡང་མ་ཡིན་ནོ། །དེ་ཅིའི་ཕྱིར་ཞེ་ན། རབ་འབྱོར་མིག་གི་རྣམ་པར་ཤེས་པའི་ངོ་བོ་ཉིད་ལ་ནི་གནས་པའམ་མི་གནས་པ་མེད་དོ། །རྣ་བའི་རྣམ་པར་ཤེས་པ་དང་། སྣའི་རྣམ་པར་ཤེས་པ་དང་། ལྕེའི་རྣམ་པར་ཤེས་པ་དང་། ལུས་ཀྱི་རྣམ་པར་ཤེས་པ་དང་། ཡིད་ཀྱི་རྣམ་པར་ཤེས༔པའི་ངོ་(༡)བོ་ཉིད་ལ་ནི་གནས་པའམ་མི་གནས་པ་མེད་དོ། །དེ་ཅིའི་ཕྱིར་ཞེ་ན། རབ་འབྱོར་དེ་ནི་འདི་ལྟར་མིག་གི་རྣམ་པར་ཤེས་པ་མིག་གི་རྣམ་པར་ཤེས་པས་སྟོང་པའི་ཕྱིར་རོ། །རྣ་བའི་རྣམ་པར་ཤེས་པ་དང་། སྣའི་རྣམ་པར་ཤེས་པ་དང་། ལྕེའི་རྣམ་པར་ཤེས་པ་དང་། ལུས་ཀྱི་རྣམ་པར་ཤེས་པ་དང་། ཡིད་ཀྱི་(༢)རྣམ་པར་ཤེས་པ་ཡིད་ཀྱི་རྣམ་པར་ཤེས་པས་སྟོང་པའི་ཕྱིར་རོ།།

རབ་འབྱོར་འདི་ལྟ་སྟེ། དཔེར་ན། མིག་གི་འདུས་ཏེ་རེག་པ་སྟོང་པ་ཉིད་ནི་གནས་པ་ཡང་མ་ཡིན་མི་གནས་པ་ཡང་མ་ཡིན་ནོ། །རབ་འབྱོར་དེ་བཞིན་དུ་ཐེག་པ་ཆེན་པོ་དེ་ཡང་གནས་པ་ཡང་མ་ཡིན་མི་གནས་པ་ཡང་མ་ཡིན་ནོ། །རབ་འབྱོར་འདི་ལྟ་སྟེ། དཔེར་ན། རྣ་བའི་འདུས་ཏེ་རེག་པ་སྟོང་པ་ཉིད་དང་། སྣའི་འདུས་ཏེ་རེག་པ་སྟོང་པ་ཉིད་དང་། ལྕེའི་འདུས་ཏེ་རེག་པ་སྟོང་པ་ཉིད་དང་། ལུས་ཀྱི་འདུས་ཏེ་རེག་པ་སྟོང་པ་ཉིད་དང་། ཡིད་ཀྱི་འདུས་ཏེ་རེག་པ་སྟོང་པ་ཉིད་ནི་གནས་པ་ཡང་མ་ཡིན་མི་གནས་པ་ཡང་མ་ཡིན་ནོ། །རབ་འབྱོར་དེ་བཞིན་དུ་ཐེག་པ་ཆེན་པོ་དེ་ཡང་གནས་པ་ཡང་མ་ཡིན། མི་གནས་པ་ཡང་མ་ཡིན་ནོ། །དེ་ཅིའི་ཕྱིར་ཞེ་ན། རབ་འབྱོར་མིག་གི་འདུས་ཏེ་རེག་པའི་ངོ་བོ་ཉིད་ལ་ནི་གནས་པའམ་མི་གནས་པ་མེད་དོ། །རྣ་བའི་འདུས་ཏེ་རེག་པ་དང་།

སྣའི་འདུས་ཏེ་རེག་པ་དང་། ལྕེའི་འདུས་ཏེ་རེག་པ་དང་། ལུས་ཀྱི་འདུས་ཏེ་རེག་པ་དང་། ཡིད་ཀྱི་འདུས་ཏེ་རེག་པའི་ངོ་བོ་ཉིད་ལ་ནི་གནས་པའམ་མི་གནས་པ་མེད་དོ། །རབ་འབྱོར་དེ་ཅིའི་ཕྱིར་ཞེ་ན། དེ་ནི་འདི་ལྟར་མིག་གི་འདུས་ཏེ་རེག་པ་མིག་གི་འདུས་ཏེ་རེག་པས་སྟོང་པའི་ཕྱིར་རོ། །རྣ་བའི་འདུས་ཏེ་རེག་པ་དང་། སྣའི་འདུས་ཏེ་རེག་པ་དང་། ལྕེའི་འདུས་ཏེ་རེག་པ་དང་། ལུས་ཀྱི་འདུས་ཏེ་རེག་པ་དང་། ཡིད་ཀྱི་འདུས་ཏེ་རེག་པ་ཡིད་ཀྱི་འདུས་ཏེ་རེག་པས་སྟོང་པའི་ཕྱིར་རོ། །རབ་འབྱོར་འདི་ལྟ་སྟེ། དཔེར་ན། མིག་གི་འདུས་ཏེ་རེག་པའི་རྐྱེན་གྱིས་ཚོར་བ་སྟོང་པ་ཉིད་ནི་གནས་པ་ཡང་མ་ཡིན། མི་གནས་པ་ཡང་མ་ཡིན་ནོ། །རབ་འབྱོར་དེ་བཞིན་དུ་ཐེག་པ་ཆེན་པོ་དེ་ཡང་གནས་པ་ཡང་མ་ཡིན། མི་གནས་པ་ཡང་མ་ཡིན་ནོ། །རབ་འབྱོར་འདི་ལྟ་སྟེ་དཔེར་ན། རྣ་བའི་འདུས་ཏེ་རེག་པའི་རྐྱེན་གྱིས་ཚོར་བ་སྟོང་པ་ཉིད་དང་། སྣའི་འདུས་ཏེ་རེག་པའི་རྐྱེན་གྱིས་ཚོར་བ་སྟོང་པ་ཉིད་དང་། ལྕེའི་འདུས་ཏེ་རེག་པའི་རྐྱེན་གྱིས་ཚོར་བ་སྟོང་པ་ཉིད་དང་། ལུས་ཀྱི་འདུས་ཏེ་རེག་པའི་རྐྱེན་གྱིས་ཚོར་བ་སྟོང་པ་ཉིད་དང་། ཡིད་ཀྱི་[1]འདུས་ཏེ་རེག་པའི་རྐྱེན་གྱིས་ཚོར་བ་སྟོང་པ་ཉིད་ནི་གནས་[2]པ་ཡང་མ་ཡིན། མི་གནས་པ་ཡང་མ་ཡིན་ནོ། །རབ་འབྱོར་དེ་བཞིན་དུ་ཐེག་པ་ཆེན་པོ་དེ་ཡང་གནས་པ་ཡང་མ་ཡིན། མི་གནས་པ་ཡང་མ་ཡིན་ནོ། །དེ་ཅིའི་ཕྱིར་ཞེ་ན། རབ་འབྱོར་མིག་གི་འདུས་ཏེ་རེག་པའི་རྐྱེན་གྱིས་ཚོར་བའི་ངོ་བོ་ཉིད་ལ་ནི་གནས་པའམ་མི་གནས་པ་མེད་དོ། །རྣ་བའི་འདུས་ཏེ་རེག་པའི་རྐྱེན་གྱིས་ཚོར་བའི་ངོ་བོ་ཉིད་དང་། སྣའི་འདུས་ཏེ་རེག་པའི་རྐྱེན་གྱིས་ཚོར་བའི་ངོ་བོ་ཉིད་དང་། ལྕེའི་འདུས་ཏེ་རེག་པའི་རྐྱེན་གྱིས་ཚོར་བའི་ངོ་བོ་ཉིད་དང་། ལུས་ཀྱི་འདུས་ཏེ་རེག་པའི་རྐྱེན་གྱིས་ཚོར་བའི་ངོ་བོ་ཉིད་དང་། ཡིད་ཀྱི་འདུས་

ཧྲེ་རེག་པའི་རྐྱེན་གྱིས་ཚོར་བའི་ངོ་བོ་ཉིད་ལ་ནི་གནས་པའམ་མི་གནས་པ་མེད་དོ། །
དེ་ཅིའི་ཕྱིར་ཞེ་ན། རབ་འབྱོར་དེ་ནི་འདི་ལྟར་མིག་གི་འདུས་ཏེ་རེག་པའི་རྐྱེན་
གྱིས་ཚོར་བ། མིག་གི་འདུས་ཏེ་རེག་པའི་རྐྱེན་གྱིས་ཚོར་བས་སྟོང་པའི་ཕྱིར་རོ། །
རྣ་བའི་འདུས་ཏེ་རེག་པའི་རྐྱེན་གྱིས་ཚོར་བ་དང་། སྣའི་འདུས་ཏེ་རེག་པའི་
རྐྱེན་གྱིས་ཚོར་བ་དང་། ལྗེའི་འདུས་ཏེ་རེག་པའི་རྐྱེན་གྱིས་ཚོར་བ་དང་།
ལུས་ཀྱི་འདུས་ཏེ་རེག་པའི་རྐྱེན་གྱིས་ཚོར་བ་དང་། ཡིད་ཀྱི་འདུས་ཏེ་རེག་པའི་
རྐྱེན་གྱིས་ཚོར་བ་①ཡིད་ཀྱི་འདུས་ཏེ་རེག་པའི་རྐྱེན་གྱིས་ཚོར་བས་སྟོང་པའི་ཕྱིར་རོ།།
རབ་འབྱོར་འདི་ལྟ་སྟེ་དཔེར་ན། རྨི་ལམ་ནི་གནས་པ་ཡང་མ་ཡིན་མི་གནས་པ་
ཡང་མ་ཡིན་ནོ། །རབ་འབྱོར་དེ་བཞིན་དུ་ཐེག་པ་ཆེན་པོ་དེ་ཡང་གནས་པ་ཡང་
མ་ཡིན། མི་གནས་པ་ཡང་མ་ཡིན་ནོ། །རབ་འབྱོར་འདི་ལྟ་སྟེ། དཔེར་ན།
སྒྱུ་མ་དང་། སྨིག་རྒྱུ་དང་། སྒྲ་བརྙན་དང་། མིག་ཡོར་དང་། གཟུགས་
བརྙན་དང་། སྤྲུལ་པ་ནི་གནས་པ་ཡང་མ་ཡིན། མི་གནས་པ་ཡང་མ②ཡིན་ནོ། །
རབ་འབྱོར་དེ་བཞིན་དུ་ཐེག་པ་ཆེན་པོ་དེ་ཡང་གནས་པ་ཡང་མ་ཡིན་མི་གནས་པ་
ཡང་མ་ཡིན་ནོ། །དེ་ཅིའི་ཕྱིར་ཞེ་ན། རབ་འབྱོར་རྨི་ལམ་གྱི་ངོ་བོ་ཉིད་ལ་ནི་
གནས་པའམ་མི་གནས་པ་མེད་དོ། །སྒྱུ་མའི་ངོ་བོ་ཉིད་དང་། སྨིག་རྒྱུའི་ངོ་བོ་
ཉིད་དང་། སྒྲ་བརྙན་གྱི་ངོ་བོ་ཉིད་དང་། མིག་ཡོར་གྱི་ངོ་བོ་ཉིད་དང་།
གཟུགས་བརྙན་གྱི་ངོ་བོ་ཉིད་དང་། དེ་བཞིན་གཤེགས་པའི་སྤྲུལ་པའི་ངོ་བོ་ཉིད་
ལ་ནི་གནས་པའམ། མི་གནས་པ་མེད་དོ། །དེ་ཅིའི་ཕྱིར་ཞེ་ན། རབ་འབྱོར་
དེ་ནི་འདི་ལྟར་རྨི་ལམ་རྨི་ལམ་གྱིས་སྟོང་པའི་ཕྱིར་རོ། །སྒྱུ་མ་སྒྱུ་མས་སྟོང་པའི་
ཕྱིར་རོ། །སྨིག་རྒྱུ་སྨིག་③རྒྱུས་སྟོང་པའི་ཕྱིར་རོ། །སྒྲ་བརྙན་སྒྲ་བརྙན་གྱིས་སྟོང་
པའི་ཕྱིར་རོ། །མིག་ཡོར་མིག་ཡོར་གྱིས་སྟོང་པའི་ཕྱིར་རོ། །གཟུགས་བརྙན་

གཟུགས་བརྙན་གྱིས་སྟོང་པའི་ཕྱིར་རོ། །དེ་བཞིན་གཤེགས་པའི་སྤྲུལ་པ་དེ་བཞིན་གཤེགས་པའི་སྤྲུལ་པས་སྟོང་པའི་ཕྱིར་རོ། །རབ་འབྱོར་འདི་ལྟ་སྟེ། དཔེར་ན། སྦྱིན་པའི་ཕ་རོལ་ཏུ་ཕྱིན་པ་ནི་གནས་པ་ཡང་མ་ཡིན། མི་གནས་པ་ཡང་མ་ཡིན་ནོ། །རབ་འབྱོར་དེ་བཞིན་དུ་ཐེག་པ་ཆེན་པོ་དེ་ཡང་གནས་པ་ཡང་མ་ཡིན། མི་གནས་པ་ཡང་མ་ཡིན་ནོ། །རབ་འབྱོར་འདི་ལྟ་སྟེ། དཔེར་ན། ཚུལ་ཁྲིམས་ཀྱི་ཕ་རོལ་ཏུ་ཕྱིན་པ་དང་། བཟོད་པའི་ཕ་རོལ་ཏུ་ཕྱིན་པ་དང་། བརྩོན་འགྲུས་ཀྱི་ཕ་རོལ་ཏུ་ཕྱིན་པ་དང་། བསམ་གཏན་གྱི་ཕ་རོལ་ཏུ་ཕྱིན་པ་དང་། ཤེས་རབ་ཀྱི་ཕ་རོལ་ཏུ་ཕྱིན་པ་ནི་གནས་པ་ཡང་མ་ཡིན། མི་གནས་པ་ཡང་མ་ཡིན་ནོ། །རབ་འབྱོར་དེ་བཞིན་དུ་ཐེག་པ་ཆེན་པོ་དེ་ཡང་གནས་པ་ཡང་མ་ཡིན། མི་གནས་པ་ཡང་མ་ཡིན་ནོ། །རབ་འབྱོར་དེ་ཅིའི་ཕྱིར་ཞེ་ན། སྦྱིན་པའི་ཕ་རོལ་ཏུ་ཕྱིན་པའི་ངོ་བོ་ཉིད་ལ་ནི་གནས་པའམ། མི་གནས་པ་མེད་དོ། །ཚུལ་ཁྲིམས་ཀྱི་ཕ་རོལ་ཏུ་ཕྱིན་པ་དང་། བཟོད་པའི་ཕ་རོལ་ཏུ་ཕྱིན་པ་དང་། བརྩོན་འགྲུས་ཀྱི་ཕ་རོལ་ཏུ་ཕྱིན་པ་དང་། བསམ་གཏན་གྱི་ཕ་རོལ་ཏུ་ཕྱིན་པ་དང་། ཤེས་རབ་ཀྱི་ཕ་རོལ་ཏུ་ཕྱིན་པའི་ངོ་བོ་ཉིད་ལ་ནི་གནས་པའམ་མི་གནས་པ་མེད་དོ། །རབ་འབྱོར་དེ་ཅིའི་ཕྱིར་ཞེ་ན། དེ་ནི་འདི་ལྟར་སྦྱིན་པའི་ཕ་རོལ་ཏུ་ཕྱིན་པ། སྦྱིན་པའི་ཕ་རོལ་ཏུ་ཕྱིན་པས་སྟོང་པའི་ཕྱིར་རོ། །ཚུལ་ཁྲིམས་ཀྱི་ཕ་རོལ་ཏུ་ཕྱིན་པ་དང་། བཟོད་པའི་ཕ་རོལ་ཏུ་ཕྱིན་པ་དང་། བརྩོན་འགྲུས་ཀྱི་ཕ་རོལ་ཏུ་ཕྱིན་པ་དང་། བསམ་གཏན་གྱི་ཕ་རོལ་ཏུ་ཕྱིན་པ་དང་། ཤེས་རབ་ཀྱི་ཕ་རོལ་ཏུ་ཕྱིན་པ། ཤེས་རབ་ཀྱི་ཕ་རོལ་ཏུ་ཕྱིན་པས་སྟོང་པའི་ཕྱིར་རོ། །རབ་འབྱོར་འདི་ལྟ་སྟེ་དཔེར་ན། ནང་སྟོང་པ་ཉིད་ནི་གནས་པ་ཡང་མ་ཡིན་མི་གནས་པ་ཡང་མ་ཡིན་ནོ། །རབ་འབྱོར་དེ་བཞིན་དུ་

ཐེག་པ་ཆེན་པོ་དེ་ཡང་གནས་པ་ཡང་མ་ཡིན། མི་གནས་པ་ཡང་མ་ཡིན་ནོ། །རབ་འབྱོར་འདི་ལྟ་སྟེ་དཔེར་ན། དངོས་པོ་མེད་པའི་ངོ་བོ་ཉིད་སྟོང་པ་ཉིད་ཀྱི་བར་ནི་གནས་པ་ཡང་མ་ཡིན། མི་གནས་པ་ཡང་མ་ཡིན་ནོ། །རབ་འབྱོར་དེ་བཞིན་དུ་ཐེག་པ་ཆེན་པོ་དེ་ཡང་གནས་པ་ཡང་མ་ཡིན། མི་གནས་པ་ཡང་མ་ཡིན་ནོ། །དེ་ཅིའི་ཕྱིར་ཞེ་ན། རབ་འབྱོར་ནང་སྟོང་པ་ཉིད་ཀྱི་ངོ་བོ་ཉིད་ལ་ནི་གནས་པའམ་མི་གནས་པ་མེད་དོ། །དངོས་པོ་མེད་པའི་ངོ་བོ་ཉིད་སྟོང་པ་ཉིད་ཀྱི་བར་གྱི་ངོ་བོ་ཉིད་ལ་ནི་གནས་པའམ་མི་གནས་པ་མེད་དོ། །དེ་ཅིའི་ཕྱིར་ཞེ་ན། རབ་འབྱོར་དེ་ནི་འདི་ལྟར་ནང་སྟོང་པ་ཉིད་ནང་སྟོང་པ་ཉིད་ཀྱིས་སྟོང་པའི་ཕྱིར་རོ། །དངོས་པོ་མེད་པའི་ངོ་བོ་ཉིད་སྟོང་པ་ཉིད་ཀྱི་བར་དུ། དངོས་པོ་མེད་པའི་ངོ་བོ་ཉིད་སྟོང་པ་ཉིད་ཀྱིས་སྟོང་པའི་ཕྱིར་རོ། །རབ་འབྱོར་འདི་ལྟ་སྟེ་དཔེར་ན། དྲན་པ་ཉེ་བར་གཞག་པ་རྣམས་ནི་གནས་པ་ཡང་མ་ཡིན། མི་གནས་པ་ཡང་མ་ཡིན་ནོ། །རབ་འབྱོར་དེ་བཞིན་དུ་ཐེག་པ་ཆེན་པོ་དེ་ཡང་གནས་པ་ཡང་མ་ཡིན་མི་གནས་པ་ཡང་མ་ཡིན་ནོ། །རབ་འབྱོར་འདི་ལྟ་སྟེ་དཔེར་ན། ཡང་དག་པར་སྤོང་བ་རྣམས་དང་། རྫུ་འཕྲུལ་གྱི་རྐང་པ་རྣམས་དང་། དབང་པོ་རྣམས་དང་། སྟོབས་རྣམས་དང་། བྱང་ཆུབ་ཀྱི་ཡན་ལག་རྣམས་དང་། འཕགས་པའི་ལམ་ཡན་ལག་བརྒྱད་པ་ནི་གནས་པ་ཡང་མ་ཡིན། མི་གནས་པ་ཡང་མ་ཡིན་ནོ། །རབ་འབྱོར་དེ་བཞིན་དུ་ཐེག་པ་ཆེན་པོ་དེ་ཡང་གནས་པ་ཡང་མ་ཡིན་མི་གནས་པ་ཡང་མ་ཡིན་ནོ། །དེ་ཅིའི་ཕྱིར་ཞེ་ན། རབ་འབྱོར་དྲན་པ་ཉེ་བར་གཞག་པ་རྣམས་ཀྱི་ངོ་བོ་ཉིད་ལ་ནི་གནས་པའམ་མི་གནས་པ་མེད་དོ། །ཡང་དག་པར་སྤོང་བ་རྣམས་དང་། རྫུ་འཕྲུལ་གྱི་རྐང་པ་རྣམས་དང་། དབང་པོ་རྣམས་དང་། སྟོབས་རྣམས་དང་། བྱང་ཆུབ་ཀྱི་ཡན་ལག

རྣམས་དང་། འཕགས་པའི་ལམ་ཡན་ལག་བརྒྱད་པའི་ངོ་བོ་ཉིད་ལ་ནི་གནས་པའམ་མི་གནས་པ་མེད་དོ། །དེ་ཅིའི་ཕྱིར་ཞེ་ན། རབ་འབྱོར་དེ་ནི་འདི་ལྟར་དྲན་པ་ཉེ་བར་གཞག་པ་རྣམས[༡]། དྲན་པ་ཉེ་བར་གཞག་པ་རྣམས་ཀྱིས་སྟོང་པའི་ཕྱིར་རོ། །ཡང་དག་པར་སྤོང་བ་རྣམས་དང་། རྫུ་འཕྲུལ་གྱི་རྐང་པ་རྣམས་དང་། དབང་པོ་རྣམས་དང་། སྟོབས་རྣམས་དང་། བྱང་ཆུབ་ཀྱི་ཡན་ལག་རྣམས་དང་། འཕགས་པའི་ལམ་ཡན་ལག་བརྒྱད་པ་ནི། འཕགས་པའི་ལམ་ཡན་ལག་བརྒྱད་པས་སྟོང་པའི་ཕྱིར་རོ། །རབ་འབྱོར་འདི་ལྟ་སྟེ། དཔེར་ན། འཕགས་པའི་བདེན་པ་རྣམས་ནི་གནས་པ་ཡང་མ་ཡིན་མི་གནས་པ་ཡང་མ་ཡིན་ནོ། །རབ་འབྱོར་དེ་བཞིན་དུ་ཐེག་པ་ཆེན་པོ་དེ་ཡང་གནས་པ་ཡང་མ་ཡིན། མི་གནས་པ་ཡང་མ་ཡིན་ནོ། །རབ་འབྱོར་འདི་ལྟ་སྟེ། དཔེར་ན། བསམ་གཏན་རྣམས་དང་། ཚད་མེད་པ་རྣམས་དང་། གཟུགས་མེད་པའི་སྙོམས་པར་འཇུག་པ་རྣམས་དང་། རྣམ་པར་ཐར་པ་བརྒྱད་དང་། མཐར་གྱིས་གནས་པའི་སྙོམས་པར་འཇུག་པ་དགུ་དང་། སྟོང་པ་ཉིད་དང་། མཚན་མ་མེད་པ་དང་། སྨོན་པ་མེད་པ་དང་། མངོན་པར་ཤེས་པ་རྣམས་དང་། ཏིང་ངེ་འཛིན་རྣམས་དང་། གཟུངས་ཀྱི་སྒོ་རྣམས་ནི་གནས་པ་ཡང་མ་ཡིན། མི་གནས་པ་ཡང་མ་ཡིན་ནོ། །རབ་འབྱོར་དེ་བཞིན་དུ་ཐེག་པ་ཆེན་པོ་དེ་ཡང་གནས་པ་ཡང་མ་ཡིན། མི་གནས་པ་ཡང་མ་ཡིན་ནོ། །དེ་ཅིའི་ཕྱིར་ཞེ་ན། རབ་འབྱོར་འཕགས་པའི་བདེན་པའི་ངོ་བོ་ཉིད་ལ་ནི་གནས་པའམ་མི་གནས་པ་མེད་དོ། །བསམ་གཏན་དང་། ཚད་མེད་པ་དང་། གཟུགས་མེད་པའི་སྙོམས་པར་འཇུག་པ་དང་། རྣམ་པར་ཐར་པ་བརྒྱད་དང་། མཐར་གྱིས་གནས་པའི་སྙོམས་པར་འཇུག་པ་དགུ་དང་། སྟོང་པ་ཉིད་དང་། མཚན་མ་

མེད་པ་དང་། སྨོན་པ་མེད་པ་དང་། མངོན་པར་ཤེས་པ་རྣམས་དང་། ཏིང་ངེ་འཛིན་རྣམས་དང་། གཟུངས་ཀྱི་སྒོ་རྣམས་ཀྱི་ངོ་བོ་ཉིད་ལ་ནི་གནས་པའམ་མི་གནས་པ་མེད་དོ། །དེ་ཅིའི་ཕྱིར་ཞེ་ན། རབ་འབྱོར་དེ་ནི་འདི་ལྟར་འཕགས་པའི་བདེན་པ་རྣམས། འཕགས་པའི་བདེན་པ་རྣམས་ཀྱིས་སྟོང་པའི་ཕྱིར་རོ། །བསམ་གཏན་རྣམས་དང་། ཚད་མེད་པ་རྣམས་དང་། གཟུགས་མེད་པའི་སྙོམས་པར་འཇུག་པ་རྣམས་དང་། རྣམ་པར་ཐར་པ་རྣམས་དང་། མཐར་གྱིས[1]གནས་པའི་སྙོམས་པར་འཇུག[2]པ་རྣམས་དང་། སྟོང་པ་ཉིད་དང་། མཚན་མ་མེད་པ་དང་། སྨོན་པ་མེད་པ་དང་། མངོན་པར་ཤེས་པ་རྣམས་དང་། ཏིང་ངེ་འཛིན་རྣམས་དང་། གཟུངས་ཀྱི་སྒོ་རྣམས། གཟུངས་ཀྱི་སྒོ་རྣམས་ཀྱིས[3]སྟོང་པའི་ཕྱིར་རོ། །རབ་འབྱོར་འདི་ལྟ་སྟེ་དཔེར་ན། དེ་བཞིན་གཤེགས་པའི་སྟོབས་བཅུ་ནི་གནས་པ་ཡང་མ་ཡིན། མི་གནས་པ་ཡང་མ་ཡིན་ནོ༎ རབ་འབྱོར་དེ་བཞིན་དུ་ཐེག་པ་ཆེན་པོ་དེ་ཡང་གནས་པ་ཡང་མ་ཡིན། མི་གནས་པ་ཡང་མ་ཡིན་ནོ། །རབ་འབྱོར་འདི་ལྟ་སྟེ། དཔེར་ན། མི་འཇིགས་པ་བཞི་དང་། སོ་སོ་ཡང་དག་པར་རིག་པ་བཞི་དང་། སངས་རྒྱས་ཀྱི་ཆོས་མ་འདྲེས་པ་བཅོ་བརྒྱད་ནི་གནས་པ་ཡང་མ་ཡིན་མི་གནས་པ་ཡང་མ་ཡིན་ནོ། །རབ་འབྱོར་དེ་བཞིན་དུ་ཐེག༔པ་ཆེན[4]པོ་དེ་ཡང་གནས་པ་ཡང[5]མ་ཡིན་མི་གནས་པ་ཡང་མ་ཡིན་ནོ། །དེ་ཅིའི་ཕྱིར་ཞེ་ན། རབ་འབྱོར་དེ་བཞིན་གཤེགས་པའི་སྟོབས་བཅུའི་ངོ་བོ་ཉིད་ལ་ནི་གནས་པའམ་མི་གནས་པ་མེད་དོ། །མི་འཇིགས་པ་རྣམས་དང་། སོ་སོ་ཡང་དག་པར་རིག་པ་རྣམས་དང་། སངས་རྒྱས་ཀྱི་ཆོས་མ་འདྲེས་པ་བཅོ་བརྒྱད་ཀྱི་ངོ་བོ་ཉིད་ལ་ནི[6]གནས་པའམ་མི་གནས་པ་མེད་དོ། །དེ་ཅིའི་ཕྱིར་ཞེ་ན། རབ་འབྱོར་དེ་ནི་འདི་ལྟར་དེ་བཞིན་གཤེགས་པའི་སྟོབས་

བཅུ་དེ་བཞིན་གཤེགས་པའི་སྟོབས་རྣམས་ཀྱིས་སྟོང་པའི་ཕྱིར་རོ། །མི་འཇིགས་པ་བཞི་དང་། སོ་སོ་ཡང་དག་པར་རིག་པ་བཞི་དང་། སངས་རྒྱས་ཀྱི་ཆོས་མ་འདྲེས་པ་བཅོ་བརྒྱད། སངས་རྒྱས་ཀྱི་ཆོས་མ་འདྲེས་པ་རྣམས་ཀྱིས་སྟོང་པའི་ཕྱིར་རོ། །རབ་འབྱོར་འདི་ལྟ་སྟེ། དཔེར་ན། དགྲ་བཅོམ་པ་ཟག་པ་ཟད་པ་ནི་གནས་པ་ཡང་མ་ཡིན། མི་གནས་པ་ཡང་མ་ཡིན་ནོ། །རང་སངས་རྒྱས་ནི་གནས་པ་ཡང་མ་ཡིན། མི་གནས་པ་ཡང་མ་ཡིན་ནོ། །རབ་འབྱོར་དེ་བཞིན་དུ་ཐེག་པ་ཆེན་པོ་དེ་ཡང་གནས་པ་ཡང་མ་ཡིན་མི་གནས་པ་ཡང་མ་ཡིན་ནོ། །དེ་ཅིའི་ཕྱིར་ཞེ་ན། རབ་འབྱོར་དགྲ་བཅོམ་པའི་ངོ་བོ་ཉིད་ལ་ནི་གནས་པའམ་མི་གནས་པ་མེད་དོ། །རང་སངས་རྒྱས་ཀྱི་ངོ་བོ་ཉིད་ལ་ནི་གནས་པའམ་མི་གནས་པ་མེད་དོ། །དེ་ཅིའི་ཕྱིར་ཞེ་ན། རབ་འབྱོར་དེ་ནི་འདི་ལྟར་དགྲ་བཅོམ་པའི་ངོ་བོ་ཉིད། དགྲ་བཅོམ་པའི་ངོ་བོ་ཉིད་ཀྱིས་སྟོང་པའི་ཕྱིར་རོ། །རང་སངས་རྒྱས་ཀྱི་ངོ་བོ་ཉིད། རང་སངས་རྒྱས་ཀྱི་ངོ་བོ་ཉིད་ཀྱིས་སྟོང་པའི་ཕྱིར་རོ། །རབ་འབྱོར་འདི་ལྟ་སྟེ། དཔེར་ན། བྱང་ཆུབ་སེམས་དཔའ་ནི་གནས་པ་ཡང་མ་ཡིན། མི་གནས་པ་ཡང་མ་ཡིན་ནོ། །དེ་བཞིན་གཤེགས་པ་དགྲ་བཅོམ་པ་ཡང་དག་པར་རྫོགས་པའི་སངས་རྒྱས་ནི་གནས་པ་ཡང་མ་ཡིན་མི་གནས་པ་ཡང་མ་ཡིན་ནོ། །རབ་འབྱོར་དེ་བཞིན་དུ་ཐེག་པ་ཆེན་པོ་དེ་ཡང་གནས་པ་ཡང་མ་ཡིན་མི་གནས་པ་ཡང་མ་ཡིན་ནོ། །དེ་ཅིའི་ཕྱིར་ཞེ་ན། རབ་འབྱོར་བྱང་ཆུབ་སེམས་དཔའི་ངོ་བོ་ཉིད་ལ་ནི་གནས་པའམ་མི་གནས་པ་མེད་དོ། །དེ་བཞིན་གཤེགས་པའི་ངོ་བོ་ཉིད་ལ་ནི་གནས་པའམ་མི་གནས་པ་མེད་དོ། །དེ་ཅིའི་ཕྱིར་ཞེ་ན། རབ་འབྱོར་དེ་⑦ནི་འདི་ལྟར་བྱང་ཆུབ་སེམས་དཔའི་ངོ་བོ་ཉིད། བྱང་ཆུབ་སེམས་དཔའི་ངོ་བོ་ཉིད་ཀྱིས་སྟོང་པའི་ཕྱིར་རོ། །དེ་བཞིན་གཤེགས་པའི་ངོ་

བོ་ཉིད་དེ་བཞིན་གཤེགས་པའི་ངོ་བོ་ཉིད་ཀྱིས་སྟོང་པའི་ཕྱིར་རོ། །རབ་འབྱོར་འདི་ལྟ་སྟེ་དཔེར་ན། རྒྱུན་[1]དུ་ཞུགས་པའི་འབྲས་བུ་ནི་གནས་པ་ཡང་མ་ཡིན། མི་གནས་པ་ཡང་མ་ཡིན་ནོ། །ལན་ཅིག་ཕྱིར་འོང་བ་དང་། ཕྱིར་མི་འོང་བ་དང་། དགྲ་བཅོམ་པ་ཉིད་ནི་གནས་པ་ཡང་མ་ཡིན། མི་གནས་པ་ཡང་མ་ཡིན་ནོ། །རང་བྱང་ཆུབ་ནི་གནས་པ་ཡང་མ་ཡིན། མི་གནས་པ་ཡང་མ་ཡིན་ནོ། །རབ་འབྱོར་དེ་བཞིན་དུ་ཐེག་པ་ཆེན་པོ་དེ་ཡང་གནས་པ་ཡང་མ་ཡིན། མི་གནས་པ་ཡང་མ་ཡིན་ནོ། །དེ་ཅིའི་ཕྱིར་ཞེ་ན། རབ་འབྱོར་རྒྱུན་དུ་ཞུགས་པའི་འབྲས་བུའི་ངོ་བོ་ཉིད་ལ་ནི་གནས་པའམ་མི་གནས་པ་མེད་དོ། །ལན་ཅིག་ཕྱིར་འོང་བ་དང་། ཕྱིར་མི་འོང་བ་དང་། དགྲ་བཅོམ་པ་ཉིད་ཀྱི་ངོ་བོ་ཉིད་ལ་ནི་གནས་པའམ་མི་གནས་པ་མེད་དོ། །རང་བྱང་ཆུབ་ཀྱི་ངོ་བོ་ཉིད་ལ་ནི་གནས་པའམ་མི་གནས་པ་མེད་དོ། །དེ་ཅིའི་ཕྱིར་ཞེ་ན། རབ་འབྱོར་དེ་ནི་འདི་ལྟར་རྒྱུན་དུ་ཞུགས་པའི་འབྲས་བུའི་ངོ་བོ་ཉིད། རྒྱུན་དུ་ཞུགས་པའི་འབྲས་བུའི་ངོ་བོ་ཉིད་ཀྱིས་སྟོང་པའི་ཕྱིར་རོ། །ལན་ཅིག་ཕྱིར་འོང་བ་དང་། ཕྱིར་མི་འོང་བ་དང་། དགྲ་བཅོམ་པ་ཉིད་ཀྱི་ངོ་བོ་ཉིད། དགྲ་བཅོམ་པ་ཉིད་ཀྱི་ངོ་བོ་ཉིད་ཀྱིས་སྟོང་པའི་ཕྱིར་རོ། །རང་བྱང་ཆུབ་ཀྱི་ངོ་བོ་ཉིད་རང་བྱང་ཆུབ་ཀྱི་ངོ་བོ་ཉིད་ཀྱིས་སྟོང་པའི་ཕྱིར་རོ། །རབ་འབྱོར་འདི་ལྟ་སྟེ། དཔེར་ན། ལམ་གྱི་རྣམ་པ་ཤེས་པ་ཉིད་ནི་གནས་པ་ཡང་མ་ཡིན་མི་གནས་པ་ཡང་མ་ཡིན་ནོ། །རྣམ་པ་ཐམས་ཅད་མཁྱེན་པ་ཉིད་ནི་གནས་པ་ཡང་མ་ཡིན། མི་གནས་པ་ཡང་མ་ཡིན་ནོ། །རབ་འབྱོར་དེ་བཞིན་དུ་ཐེག་པ་ཆེན་པོ་དེ་ཡང་གནས་པ་ཡང་མ་ཡིན། མི་གནས་པ་ཡང་མ་ཡིན་ནོ། །དེ་ཅིའི་ཕྱིར་ཞེ་ན། རབ་འབྱོར་ལམ་གྱི་རྣམ་པ་ཤེས་པ་ཉིད་ཀྱི་ངོ་བོ་ཉིད་ལ་ནི་གནས་པའམ་མི་གནས་པ་[2]མེད་དོ། །རྣམ་པ་ཐམས་

ཅད་མཁྱེན་པ་ཉིད་ཀྱི་ངོ་བོ་ཉིད་ལ་ནི་གནས་པའམ་མི་གནས་པ་མེད་དོ། །དེ་ཅིའི་ཕྱིར་ཞེ་ན། རབ་འབྱོར་དེ་ནི་འདི་ལྟར་ལམ་གྱི་རྣམ་པ་ཤེས་པ་ཉིད་ཀྱི་ངོ་བོ་ཉིད། ལམ་གྱི་རྣམ་པ་ཤེས་པའི་[༡]ངོ་བོ་ཉིད་ཀྱིས་སྟོང་པའི་ཕྱིར་རོ། །རྣམ་པ་ཐམས་ཅད་མཁྱེན་པ་ཉིད་ཀྱི་ངོ་བོ་ཉིད། རྣམ་པ་ཐམས་ཅད་མཁྱེན་པ་ཉིད་ཀྱི་ངོ་བོ་ཉིད་ཀྱིས་སྟོང་པའི་ཕྱིར་རོ། །རབ་འབྱོར་འདི་ལྟ་སྟེ་དཔེར་ན། མིང་ནི་གནས་པ་ཡང་མ་ཡིན། མི་གནས་པ་ཡང་མ་ཡིན་ནོ། །རབ་འབྱོར་དེ་བཞིན་དུ་ཐེག་པ་ཆེན་པོ་དེ་ཡང་གནས་པ་ཡང་མ་ཡིན་མི་གནས་པ་ཡང་མ་ཡིན་ནོ། །རབ་འབྱོར་འདི་ལྟ་སྟེ་དཔེར་ན། མཚན་མ་དང་། བརྡ་དང་། ཐ་སྙད་དང་། གདགས་པ་ནི་གནས་པ་ཡང་མ་ཡིན། མི་གནས་པ་ཡང་མ་ཡིན་ནོ། །རབ་འབྱོར་དེ་བཞིན་དུ་ཐེག་པ་ཆེན་པོ་དེ་ཡང་གནས་པ་ཡང་མ་ཡིན་མི་གནས་པ་ཡང་མ་ཡིན་ནོ། །དེ་ཅིའི་ཕྱིར་ཞེ་ན། རབ་འབྱོར་མིང་གི་ངོ་བོ་ཉིད་ལ་ནི་གནས་པའམ་མི་གནས་པ་མེད་དོ། །མཚན་མ་དང་། བརྡ་[༢]དང་། ཐ་སྙད་དང་། གདགས་པའི་ངོ་བོ་ཉིད་ལ་ནི་གནས་པའམ་མི་གནས་པ་མེད་དོ། །དེ་ཅིའི་ཕྱིར་ཞེ་ན། རབ་འབྱོར་མིང་གི་ངོ་བོ་ཉིད་མིང་གི་ངོ་བོ་ཉིད་ཀྱིས་སྟོང་པའི་ཕྱིར་རོ། །མཚན་མའི་ངོ་བོ་ཉིད་མཚན་མའི་ངོ་བོ་ཉིད་ཀྱིས་སྟོང་པའི་ཕྱིར་རོ། །བརྡའི་ངོ་བོ་ཉིད། བརྡའི་ངོ་བོ་ཉིད་ཀྱིས་སྟོང་པའི་ཕྱིར་རོ། །ཐ་སྙད་ཀྱི་ངོ་བོ་ཉིད། ཐ་སྙད་ཀྱི་ངོ་བོ་ཉིད་ཀྱིས་སྟོང་པའི་ཕྱིར་རོ། །གདགས་པའི་ངོ་བོ་ཉིད། གདགས་པའི་ངོ་བོ་ཉིད་ཀྱིས་སྟོང་པའི་ཕྱིར་རོ། །རབ་འབྱོར་འདི་ལྟ་སྟེ་དཔེར་ན། སྐྱེ་བ་མེད་པ་ནི་གནས་པ་ཡང་མ་ཡིན། མི་གནས་པ་ཡང་མ་ཡིན་ནོ། །རབ་འབྱོར་དེ་བཞིན་དུ་ཐེག་པ་ཆེན་པོ་དེ་ཡང་གནས་པ་ཡང་མ་ཡིན། མི་གནས་པ་ཡང་མ་ཡིན་ནོ། །རབ་འབྱོར་འདི་ལྟ་སྟེ་དཔེར་ན། འགག་[༣]པ་མེད་པ་དང་།

ཀུན་ནས་ཉོན་མོངས་པ་མེད་པ་དང་། རྣམ་པར་བྱང་བ་མེད་པ་ནི་གནས་པ་ཡང་མ་ཡིན། མི་གནས་པ་ཡང་མ་ཡིན་ནོ། །རབ་འབྱོར་དེ་བཞིན་དུ་ཐེག་པ་ཆེན་པོ་དེ་ཡང་གནས་པ་ཡང་མ་ཡིན། མི་གནས་པ་ཡང་མ་ཡིན་ནོ། །དེ་ཅིའི་ཕྱིར་ཞེ་ན། རབ་འབྱོར་སྐྱེ་བ་མེད་པའི་ངོ་བོ་ཉིད་ལ་ནི་གནས་པའམ་མི་གནས་པ་མེད་དོ། །འགག་པ་མེད་པ་དང་། ཀུན་ནས་ཉོན་མོངས་པ་མེད་པ་དང་། རྣམ་པར་བྱང་བ་མེད་པའི་ངོ་བོ་ཉིད་ལ་⑦གནས་པའམ་མི་གནས་པ་མེད་དོ། །དེ་ཅིའི་ཕྱིར་ཞེ་ན། རབ་འབྱོར་དེ་ནི་འདི་ལྟར་སྐྱེ་བ་མེད་པའི་ངོ་བོ་ཉིད་སྐྱེ་བ་མེད་པའི་ངོ་བོ་ཉིད་ཀྱིས་⑧སྟོང་པའི་ཕྱིར་རོ། །འགག་པ་མེད་པའི་ངོ་བོ་ཉིད་འགག་པ་མེད་པའི་ངོ་བོ་ཉིད་ཀྱིས་སྟོང་པའི་ཕྱིར་རོ། །ཀུན་ནས་ཉོན་མོངས་པ་མེད་པའི་ངོ་བོ་ཉིད་ཀུན་ནས་ཉོན་མོངས་པ་མེད་པའི་ངོ་བོ་ཉིད་ཀྱིས་སྟོང་པའི་ཕྱིར་རོ། །རྣམ་པར་བྱང་བ་མེད་པའི་ངོ་བོ་ཉིད་རྣམ་པར་བྱང་བ་མེད་པའི་ངོ་བོ་ཉིད་ཀྱིས་སྟོང་པའི་ཕྱིར་རོ། །རབ་འབྱོར་འདི་ལྟ་སྟེ་དཔེར་ན། མངོན་པར་འདུ་བྱ་བ་མེད་པ་ནི་གནས་པ་ཡང་མ་ཡིན། མི་གནས་པ་ཡང་མ་ཡིན་ནོ། །རབ་འབྱོར་དེ་བཞིན་དུ་ཐེག་པ་ཆེན་པོ་དེ་ཡང་གནས་པ་ཡང་མ་ཡིན་མི་གནས་པ་ཡང་མ་ཡིན་ནོ། །དེ་ཅིའི་ཕྱིར་ཞེ་ན། རབ་འབྱོར་མངོན་པར་འདུ་བྱ་བ་མེད་པའི་ངོ་བོ་ཉིད་ལ་ནི་གནས་པའམ་མི་གནས་པ་མེད་དོ། །དེ་ཅིའི་ཕྱིར་ཞེ་ན། རབ་འབྱོར་དེ་⑨ནི་འདི་ལྟར་མངོན་པར་འདུ་བྱ་བ་མེད་པའི་ངོ་བོ་ཉིད་མངོན་པར་འདུ་བྱ་བ་མེད་པའི་ངོ་བོ་ཉིད་ཀྱིས་སྟོང་པའི་ཕྱིར་རོ། །རབ་འབྱོར་རྣམ་གྲངས་དེས་ན། ཐེག་པ་ཆེན་པོ་དེ་ནི་མི་གནས་པར་གནས་པའི་ཚུལ་དང་། བསྐྱོད་དུ་མེད་པའི་ཚུལ་གྱིས་གང་དུ་ཡང་གནས་པར་འགྱུར་བ་མེད་དོ། །རབ་འབྱོར་གང་ཡང་ཁྱོད་ཀྱིས་འདི་སྐད་དུ་ཐེག་པ་དེས་སུ་ཞིག་འབྱུང་བར་འགྱུར་ཞེས་སྨྲས་པ་

ནི། ཐེག་པ་དེས་སུ་ཡང་འབྱུང་བར་འགྱུར་བ་མེད་དོ། །དེ་ཅིའི་ཕྱིར་ཞེ་ན། རབ་འབྱོར་དེ་ནི་འདི་ལྟར་ཐེག་པ་དེ་གང་ཡིན་པ་དང་། གང་འབྱུང་བར་འགྱུར་བ་དང་། གང་གིས་འབྱུང་བར་འགྱུར་བ་དང་། གང་ནས་འབྱུང་བར་འགྱུར་བའི་ཆོས་དེ་དག་ཐམས་ཅད་མེད་ཅིང་མི་དམིགས་པའི་ཕྱིར་ཏེ། དེ་ལྟར་ཆོས་ཐམས་ཅད་མེད་ཅིང་མི་དམིགས་ན། ཆོས་གང་ཞིག་ཆོས་གང་གིས་འབྱུང་བར་འགྱུར། དེ་ཅིའི་ཕྱིར་ཞེ་ན། རབ་འབྱོར་དེ་ནི་འདི་ལྟར་བདག་ཤིན་ཏུ་རྣམ་པར་དག་པ་དང་། སེམས་ཅན་དང་། སྲོག་དང་། འགྲོ་བ་དང་། གསོ་བ་དང་། སྐྱེས་བུ་དང་། གང་ཟག་དང་། ཤེད་ཅན་དང་། ཤེད་བདག་དང་། བྱེད་པ་པོ་དང་། ཚོར་བ་པོ་དང་། ཤེས་པ་པོ་དང་། མཐོང་བ་པོ་ཤིན་ཏུ་རྣམ་པར་དག་པའི་ཕྱིར་རོ[1]། །མཐའ་ལས་འདས་པས་བདག་དམིགས་སུ་མེད་དོ། །མཐའ་ལས་འདས་པས་སེམས་ཅན་དང་། སྲོག་དང་། འགྲོ་བ་དང་། གསོ་བ་དང་། སྐྱེས་བུ་དང་། གང་ཟག་དང་། ཤེད་ཅན་དང་། ཤེད་བདག་དང་། བྱེད་པ་པོ་དང་། ཚོར་བ་པོ་དང་། ཤེས་པ་པོ་དང་། མཐོང་བ་པོ་དམིགས་སུ་མེད་དོ། །ཤིན་ཏུ་རྣམ་པར་དག་པའི་ཕྱིར། ཆོས་ཀྱི་དབྱིངས་དམིགས་སུ་མེད་དོ། །ཤིན་ཏུ་རྣམ་པར་དག་པའི་ཕྱིར། དེ་བཞིན་ཉིད་དང་། ཡང་དག་པའི་མཐའ་དང་། བསམ་གྱིས་མི་ཁྱབ་པའི་དབྱིངས་དམིགས་སུ་མེད་དོ། །ཤིན་ཏུ་རྣམ་པར་དག་པའི་ཕྱིར། ཕུང་པོ་རྣམས་དམིགས་སུ་མེད་དོ། །ཤིན་ཏུ་རྣམ་པར་དག་པའི་ཕྱིར། སྐྱེ་མཆེད་དང་། ཁམས་རྣམས་དམིགས་སུ་མེད་དོ། །ཤིན་ཏུ་རྣམ་པར་དག་པའི་ཕྱིར། རྟེན་ཅིང་འབྲེལ་བར་འབྱུང་བ་དམིགས་སུ་མེད་དོ། །ཤིན་ཏུ་རྣམ་པར་དག་པའི་ཕྱིར། སྦྱིན་པའི་ཕ་རོལ་ཏུ་ཕྱིན་པ་དམིགས་སུ་མེད་དོ། །ཤིན་ཏུ་རྣམ་པར་དག་པའི་ཕྱིར།

ཚུལ་ཁྲིམས་ཀྱི་ཕ་རོལ་དུ་ཕྱིན་པ་དང་། བཟོད་པའི་ཕ་རོལ་དུ་ཕྱིན་པ་དང་། བརྩོན་འགྲུས་ཀྱི་ཕ་རོལ་དུ་ཕྱིན་པ་དང་། བསམ་གཏན་གྱི་ཕ་རོལ་དུ་ཕྱིན་པ་དང་། ཤེས་རབ་ཀྱི་ཕ་རོལ་ཏུ་ཕྱིན་པ་དམིགས་སུ་མེད་དོ། །ཤིན་དུ་རྣམ་པར་དག་པའི་ཕྱིར། ནང་སྟོང་པ་ཉིད་དམིགས་སུ་མེད་དོ། །ཤིན་དུ་རྣམ་པར་དག་པའི་ཕྱིར། དངོས་པོ་མེད་པའི་ངོ་བོ་ཉིད་སྟོང་པ་ཉིད་ཀྱི་བར་དུ་དམིགས་སུ་མེད་དོ①། །ཤིན་དུ་རྣམ་པར་དག་པའི་ཕྱིར། དྲན་པ་ཉེ་བར་གཞག་པ་རྣམས་དམིགས་སུ་མེད་དོ། །ཤིན་དུ་རྣམ་པར་དག་པའི་ཕྱིར། ཡང་དག་པར་སྤོང་བ་དང་། རྫུ་འཕྲུལ་གྱི་རྐང་པ་དང་། དབང་པོ་དང་། སྟོབས་དང་། བྱང་ཆུབ་ཀྱི་ཡན་ལག་དང་། འཕགས་པའི་ལམ་ཡན་ལག་བརྒྱད་པ་དམིགས་སུ་མེད་དོ། །ཤིན་དུ་རྣམ་པར་དག་པའི་ཕྱིར། འཕགས་པའི་བདེན་པ་དང་། བསམ་གཏན་དང་། ཚད་མེད་པ་དང་། གཟུགས་མེད་པའི་སྙོམས་པར་འཇུག②པ་རྣམས་དང་། རྣམ་པར་ཐར་པ་རྣམས་དང་། མཐར་གྱིས་གནས་པའི་སྙོམས་པར་འཇུག་པ་དགུ་དང་། སྟོང་པ་ཉིད་དང་། མཚན་མ་མེད་པ་དང་། སྨོན་པ་མེད་པ་དང་། མངོན་པར་ཤེས་པ་རྣམས་དང་། ཏིང་ངེ་འཛིན་རྣམས③དང་། གཟུངས་ཀྱི་སྒོ་རྣམས་དམིགས་སུ་མེད་དོ། །ཤིན་དུ་རྣམ་པར་དག་པའི་ཕྱིར། དེ་བཞིན་གཤེགས་པའི་སྟོབས་བཅུ་དང་། མི་འཇིགས་པ་བཞི་དང་། སོ་སོ་ཡང་དག་པར་རིག་པ་བཞི་དང་། སངས་རྒྱས་ཀྱི་ཆོས་མ་འདྲེས་པ་བཅོ་བརྒྱད་དམིགས་སུ་མེད་དོ། །ཤིན་དུ་རྣམ་པར་དག་པའི་ཕྱིར། རྒྱུན་དུ་ཞུགས་པ་དམིགས་སུ་མེད་དོ། །ཤིན་དུ་རྣམ་པར་དག་པའི་ཕྱིར། ལན་ཅིག་ཕྱིར་འོང་བ་དང་། ཕྱིར་མི་འོང་བ་དང་། དགྲ་བཅོམ་པ་དང་། རང་སངས་རྒྱས་དམིགས་སུ་མེད་དོ། །ཤིན་དུ་རྣམ་པར་དག་པའི་

ཕྱིར། བྱང་ཆུབ་སེམས་དཔའ་དམིགས་སུ་མེད་དོ། །ཤིན་ཏུ་རྣམ་པར་དག་པའི་ཕྱིར། དེ་བཞིན་གཤེགས་པ་དགྲ་བཅོམ་པ་ཡང་དག་པར་རྫོགས་པའི་སངས་རྒྱས་དམིགས་སུ་མེད་དོ། །ཤིན་ཏུ་རྣམ་པར་དག་པའི་ཕྱིར། རྒྱུན་དུ་ཞུགས་པའི་འབྲས་བུ་དམིགས་སུ་མེད་དོ། །ཤིན་ཏུ་རྣམ་པར་དག་པའི་ཕྱིར། ལན་ཅིག་ཕྱིར་འོང་བའི་འབྲས་བུ་དང་། ཕྱིར་མི་འོང་བའི་འབྲས་བུ་དང་། དགྲ་བཅོམ་པ་ཉིད་དང་། རང་བྱང་ཆུབ་དམིགས་སུ་མེད་དོ། །ཤིན་ཏུ་རྣམ་པར་དག་པའི་ཕྱིར། ལམ་གྱི་རྣམ་པ་ཤེས་པ་ཉིད་དང་། རྣམ་པ་ཐམས་ཅད་མཁྱེན་པ་ཉིད་དམིགས་སུ་མེད་དོ། །ཤིན་ཏུ་རྣམ་པར་དག་པའི་ཕྱིར། སྐྱེ་བ་མེད་པ་དམིགས་སུ་མེད་དོ། །ཤིན་ཏུ་རྣམཿཔར་དག་①པའི་ཕྱིར། འགག་པ་མེད་པ་དང་། ཀུན་ནས་ཉོན་མོངས་པ་མེད་པ་དང་། རྣམ་པར་བྱང་བ་མེད་པ་དང་། མངོན་པར་འདུ་བྱ་བ་མེད་པ་དམིགས་སུ་མེད་དོ། །ཤིན་ཏུ་རྣམ་པར་དག་པའི་ཕྱིར། སྔོན་གྱི་མཐའ་དམིགས་སུ་མེད་དོ། །ཤིན་ཏུ་རྣམ་པར་དག་པའི་ཕྱིར། ཕྱི་མའི་མཐའ་དམིགས་སུ་མེད་དོ། །ཤིན་ཏུ་རྣམ་པར་དག་པའི་ཕྱིར། ད་ལྟར་བྱུང་བ་དམིགས་སུ་མེད་དོ། །ཤིན་ཏུ་རྣམ་པར་དག་པའི་ཕྱིར། འོང་བ་དང་། འགྲོ་བ་དང་། གནས་པ་དང་། འཆི་འཕོ་དང་། སྐྱེ་བ་དང་། འགྲིབ་པ་དང་། འཕེལ་བ་དམིགས་སུ་མེད་དོ། །གང་མི་དམིགས་པས་ཐམས་ཅད་དམིགས་སུ་མེད་པ་ཡིན་ཞེ་ན། ཆོས་ཀྱི་དབྱིངས་མི་དམིགས་པས་ཆོས་ཀྱི་དབྱིངས་དམིགས་སུ་མེད་དོ། །དེ་ཅིའི་ཕྱིར་ཞེ་ན། རབ་འབྱོར་ཆོས་ཀྱི་དབྱིངས་དམིགས་སུ་མེད་པ་ནི། དམིགས་པ་ཡང་མ་ཡིན། མི་དམིགས་པ་ཡང་མ་ཡིན་ནོ། །དེ་བཞིན་ཉིད་མི་དམིགས་པས། དེ་བཞིན་ཉིད་དམིགས་སུ་མེད་དོ། །དེ་ཅིའི་ཕྱིར་ཞེ་ན། རབ་འབྱོར་དེ་བཞིན་ཉིད་དམིགས་སུ་མེད་པ་ནི།

དམིགས་པ་ཡང་མ་ཡིན། མི་དམིགས་པ་ཡང་མ་ཡིན་ནོ། །ཡང་དག་པའི་མཐའ་མི་དམིགས་པས། ཡང་དག་པའི་མཐའ་དམིགས་སུ་མེད་དོ། །དེ་ཅིའི་ཕྱིར་ཞེ་ན། རབ་འབྱོར་ཡང་དག་པའི་མཐའ་དམིགས་སུ་མེད་པ་ནི། དམིགས་པ་ཡང་མ་ཡིན། མི་དམིགས་པ་ཡང་མ་ཡིན་ནོ། །བསམ་གྱིས་མི་ཁྱབ་པའི་དབྱིངས་མི་དམིགས་པས། བསམ་གྱིས་མི་ཁྱབ་པའི་དབྱིངས་དམིགས་སུ་མེད་དོ། །དེ་ཅིའི་ཕྱིར་ཞེ་ན། རབ་འབྱོར་བསམ་གྱིས་མི་ཁྱབ་པའི་དབྱིངས་དམིགས་སུ་མེད་པ་ནི། དམིགས་པ་ཡང་མ་ཡིན། མི་དམིགས་པ་ཡང་མ་ཡིན་ནོ། །ཕུང་པོ་དང་། སྐྱེ་མཆེད་དང་། ཁམས་མི་དམིགས་པས། ཕུང་པོ་དང་། སྐྱེ་མཆེད་དང་། ཁམས་དམིགས་སུ་མེད་དོ། །དེ་ཅིའི་ཕྱིར་ཞེ་ན། རབ་འབྱོར་ཕུང་པོ་དང་། སྐྱེ་མཆེད་དང་། ཁམས་དམིགས་སུ་མེད་པ་ནི། དམིགས་པ་ཡང་མ་ཡིན། མི་དམིགས་པ་ཡང་མ་ཡིན་ནོ། །རྟེན་ཅིང་འབྲེལ་བར་འབྱུང་བ་མི་དམིགས་པས། རྟེན་ཅིང་འབྲེལ་བར་འབྱུང་བ་དམིགས་སུ་མེད་དོ། །དེ་ཅིའི་ཕྱིར་ཞེ་ན། རབ་འབྱོར་རྟེན་ཅིང་འབྲེལ་བར་འབྱུང་བ་དམིགས་སུ་མེད་པ་ནི། དམིགས་པ་ཡང་མ་ཡིན། མི་དམིགས་པ་ཡང་མ་ཡིན་ནོ། །སྦྱིན་པའི་ཕ་རོལ་ཏུ་ཕྱིན་པ་མི་དམིགས་པས། སྦྱིན་པའི་ཕ་རོལ་ཏུ་ཕྱིན་པ་དམིགས་སུ་མེད་དོ། །དེ་ཅིའི་ཕྱིར་ཞེ་ན། རབ་འབྱོར་སྦྱིན་པའི་ཕ་རོལ་ཏུ་ཕྱིན་པ་དམིགས་སུ་མེད་པ་ནི། དམིགས་པ་ཡང་མ་ཡིན[1]། མི་དམིགས་པ་ཡང་མ་ཡིན་ནོ། །ཚུལ་ཁྲིམས་ཀྱི་ཕ་རོལ་ཏུ་ཕྱིན་པ་དང་། བཟོད་པའི་ཕ་རོལ་ཏུ་ཕྱིན་པ་དང་། བརྩོན་འགྲུས་ཀྱི་ཕ་རོལ་ཏུ་ཕྱིན་པ་དང་། བསམ་གཏན་གྱི་ཕ་རོལ་ཏུ་ཕྱིན་པ་དང་། ཤེས་རབ་ཀྱི་ཕ་རོལ་ཏུ་ཕྱིན་པ་མི་དམིགས་པས། ཤེས་རབ་ཀྱི་ཕ་རོལ་ཏུ་ཕྱིན་པ་དམིགས་སུ་མེད་དོ། །དེ་ཅིའི་ཕྱིར་ཞེ་ན། རབ་

འགྱུར་ཤེས་རབ་ཀྱི་ཕ་རོལ་ཏུ་ཕྱིན་པ་དམིགས་སུ་མེད་པ་ནི། དམིགས་པ་ཡང་མ་ཡིན། མི་དམིགས་པ་ཡང་མ་ཡིན་ནོ། །ནང་སྟོང་པ་ཉིད་མི་དམིགས་པས། ནང་སྟོང་པ་ཉིད་དམིགས་སུ་མེད་དོ། །དེ་ཅིའི་ཕྱིར་ཞེ་ན། རབ་འབྱོར་ནང་སྟོང་པ་ཉིད་དམིགས་སུ་མེད་པ་ནི། དམིགས་པ་ཡང་མ་ཡིན། མི་དམིགས་པ་ཡང་མ་ཡིན་ནོ། །དངོས་པོ་མེད་པའི་ངོ་བོ་ཉིད་སྟོང་པ་ཉིད་ཀྱི་བར་དུ་མི་དམིགས་པས་དངོས་པོ་མེད་པའི་ངོ་བོ་ཉིད་སྟོང་པ་ཉིད་དམིགས་སུ་མེད་དོ། །དེ་ཅིའི་ཕྱིར་ཞེ་ན། རབ་འབྱོར་དངོས་པོ་མེད་པའི་ངོ་བོ་ཉིད་སྟོང་པ་ཉིད་དམིགས་སུ་མེད་པ་ནི། དམིགས་པ་ཡང་མ་ཡིན། མི་དམིགས་པ་ཡང་མ་ཡིན་ནོ། །དྲན་པ་ཉེ་བར་གཞག་པ་རྣམས་མི་དམིགས་པས། དྲན་པ་ཉེ་བར་གཞག་པ་རྣམས་དམིགས་སུ་མེད་དོ། །དེ་ཅིའི་ཕྱིར་ཞེ་ན། རབ་འབྱོར་དྲན་པ་ཉེ་བར་གཞག་པ་རྣམས་དམིགས་སུ་མེད་པ་ནི། དམིགས་པ་ཡང་མ་ཡིན། མི་དམིགས་པ་ཡང་མ་ཡིན་ནོ། །ཡང་དག་པར་སྤོང་བ་རྣམས་དང་། རྫུ་འཕྲུལ་གྱི་རྐང་པ་རྣམས་དང་། དབང་པོ་རྣམས་དང་། སྟོབས་རྣམས་དང་། བྱང་ཆུབ་ཀྱི་ཡན་ལག་རྣམས་དང་། འཕགས་པའི་ལམ་ཡན་ལག་བརྒྱད་པ་མི་དམིགས་པས། འཕགས་པའི་ལམ་ཡན་ལག་བརྒྱད་པ་དམིགས་སུ་མེད་དོ། །དེ་ཅིའི་ཕྱིར་ཞེ་ན། རབ་འབྱོར་འཕགས་པའི་ལམ་ཡན་ལག་བརྒྱད་པ་དམིགས་སུ་མེད་པ་ནི། དམིགས་པ་ཡང་མ་ཡིན། མི་དམིགས་པ་ཡང་མ་ཡིན་ནོ། །འཕགས་པའི་བདེན་པ་རྣམས་དང་། བསམ་གཏན་རྣམས་དང་། ཚད་མེད་པ་རྣམས་དང་། གཟུགས་མེད་པའི་སྙོམས་པར་འཇུག་པ་རྣམས་དང་། རྣམ་པར་ཐར་པ་རྣམས་དང་། མཐར་གྱིས་གནས་པའི་སྙོམས་པར་འཇུག་པ་དགུ་དང་། སྟོང་པ་ཉིད་དང་། མཚན་མ་མེད་པ་དང་། སྨོན་པ་མེད་པ་དང་།

མངོན་པར་ཤེས་པ་རྣམས་དང་། ཏིང་ངེ་འཛིན་རྣམས་དང་། གཟུངས་ཀྱི་སྒོ་རྣམས་མི་དམིགས་པས། གཟུངས་ཀྱི་སྒོ་རྣམས་དམིགས་སུ་མེད་དོ། །དེ་ཅིའི་ཕྱིར་ཞེ་ན། རབ་འབྱོར་གཟུངས་ཀྱི་སྒོ་རྣམས་དམིགས་སུ་མེད་པ་ནི། དམིགས་པ་ཡང་མ་ཡིན། མི་དམིགས་པ་ཡང་མ་ཡིན་ནོ། །དེ་བཞིན་གཤེགས་པའི་སྟོབས་བཅུ་དང་། མི་འཇིགས་པ་བཞི་དང་། སོ་སོ་ཡང་དག་པར་[༡]རིག་པ་བཞི་དང་། སངས་རྒྱས་ཀྱི་ཆོས་མ་འདྲེས་པ་བཅོ་བརྒྱད་མི་དམིགས་པས། སངས་རྒྱས་ཀྱི་ཆོས་མ་འདྲེས་པ་རྣམས་དམིགས་སུ་མེད་དོ། །དེ་ཅིའི་ཕྱིར་ཞེ་ན། རབ་འབྱོར་སངས་རྒྱས་ཀྱི་ཆོས་མ་འདྲེས་པ་རྣམས་དམིགས་སུ་མེད་པ་ནི། དམིགས་པ་ཡང་མ་ཡིན། མི་དམིགས་པ་ཡང་མ་ཡིན་ནོ། །རྒྱུན་དུ་ཞུགས་པ་མི་དམིགས་པས། རྒྱུན་དུ་ཞུགས་པ་དམིགས་སུ་མེད་དོ། །དེ་ཅིའི་ཕྱིར་ཞེ་ན། རབ་འབྱོར་རྒྱུན་དུ་ཞུགས་པ་དམིགས་སུ་མེད་པ་ནི། དམིགས་པ་ཡང་མ་ཡིན། མི་དམིགས་པ་ཡང་མ་ཡིན་ནོ། །ལན་ཅིག་ཕྱིར་འོང་བ་དང་། ཕྱིར་མི་འོང་བ་དང་། དགྲ་བཅོམ་པ་མི་དམིགས་པས། དགྲ་བཅོམ་པ་དམིགས་[༢]སུ་མེད་དོ། །དེ་ཅིའི་ཕྱིར་ཞེ་ན། རབ་འབྱོར་དགྲ་བཅོམ་པ་དམིགས་སུ་མེད་པ་ནི། དམིགས་པ་ཡང་མ་ཡིན། མི་དམིགས་པ་ཡང་མ་ཡིན་ནོ། །རང་སངས་རྒྱས་མི་དམིགས་པས། རང་སངས་རྒྱས་དམིགས་སུ་མེད་དོ། །དེ་ཅིའི་ཕྱིར་ཞེ་ན། རབ་འབྱོར་རང་སངས་རྒྱས་དམིགས་སུ་མེད་པ་ནི། དམིགས་པ་ཡང་མ་ཡིན། མི་དམིགས་པ་ཡང་མ་ཡིན་ནོ། །བྱང་ཆུབ་སེམས་དཔའ་མི་དམིགས་པས། བྱང་ཆུབ་སེམས་དཔའ་དམིགས་སུ་མེད་དོ། །དེ་ཅིའི་ཕྱིར་ཞེ་ན། རབ་འབྱོར་བྱང་ཆུབ་སེམས་དཔའ་དམིགས་སུ་མེད་པ་ནི། དམིགས་པ་ཡང་མ་ཡིན། མི་དམིགས་པ་ཡང་མ་ཡིན་ནོ། །དེ་བཞིན་གཤེགས་པ་མི་དམིགས་པས། དེ་

བཞིན་གཤེགས་པ་དམིགས་སུ་མེད་དོ། །དེ་ཅིའི་ཕྱིར་ཞེ་ན། རབ་འབྱོར་དེ་བཞིན་གཤེགས་པ་དམིགས་སུ་མེད་པ་ནི། དམིགས་པ་ཡང་མ་ཡིན། མི་དམིགས་པ་ཡང་མ་ཡིན་ནོ། །རྒྱུན་དུ་ཞུགས་པའི་འབྲས་བུ་མི་དམིགས་པས། རྒྱུན་དུ་ཞུགས་པའི་འབྲས་བུ་དམིགས་སུ་མེད་དོ། །དེ་ཅིའི་ཕྱིར་ཞེ་ན། རབ་འབྱོར་རྒྱུན་དུ་ཞུགས་པའི་འབྲས་བུ་དམིགས་སུ་མེད་པ་ནི། དམིགས་པ་ཡང་མ་ཡིན། མི་དམིགས་པ་ཡང་མ་ཡིན་ནོ། །ལན་ཅིག་ཕྱིར་འོང་བའི་འབྲས་བུ་དང་། ཕྱིར་མི་འོང་བའི་འབྲས་བུ་དང་། དགྲ་བཅོམ་པ་ཉིད་མི་དམིགས་པས། དགྲ་བཅོམ་པ་ཉིད་དམིགས་སུ་མེད་དོ། །དེ་ཅིའི་ཕྱིར་ཞེ་ན། རབ་འབྱོར་དགྲ་བཅོམ་པ་ཉིད་དམིགས་སུ་མེད་པ་ནི། དམིགས་པ་ཡང་མ་ཡིན། མི་དམིགས་པ་ཡང་མ་ཡིན་ནོ། །རང་བྱང་ཆུབ་མི་དམིགས་པས། རང་བྱང་ཆུབ་དམིགས་སུ་མེད་དོ། །དེ་ཅིའི་ཕྱིར་ཞེ་ན། རབ་འབྱོར་རང་བྱང་ཆུབ་དམིགས་སུ་མེད་པ་ནི། དམིགས་པ་ཡང་མ་ཡིན། མི་དམིགས་པ་ཡང་མ་ཡིན་ནོ། །ལམ་གྱི་རྣམ་པ་ཤེས་པ་ཉིད་མི་དམིགས་པས། ལམ་གྱི་རྣམ་པ་ཤེས་པ་ཉིད་དམིགས་སུ་མེད་དོ། །དེ་ཅིའི་ཕྱིར་ཞེ་[༡]ན། རབ་འབྱོར་ལམ་གྱི་རྣམ་པ་ཤེས་པ་ཉིད་དམིགས་སུ་མེད་པ་ནི། དམིགས་པ་ཡང་མ་ཡིན། མི་དམིགས་པ་ཡང་མ་ཡིན་ནོ། །རྣམ་པ་ཐམས་ཅད་མཁྱེན་པ་ཉིད་མི་དམིགས་པས། རྣམ་པ་ཐམས་ཅད་མཁྱེན་པ་ཉིད་[༢]དམིགས་སུ་མེད་དོ། །དེ་ཅིའི་ཕྱིར་ཞེ་ན། རབ་འབྱོར་རྣམ་པ་ཐམས་ཅད་མཁྱེན་པ་ཉིད་དམིགས་སུ་མེད་པ་ནི། དམིགས་པ་ཡང་མ་ཡིན། མི་དམིགས་པ་ཡང་མ་ཡིན་ནོ། །སྐྱེ་བ་མེད་པ་མི་དམིགས་པས། སྐྱེ་བ་མེད་པ་དམིགས་སུ་མེད་དོ། །དེ་ཅིའི་ཕྱིར་ཞེ་ན། རབ་འབྱོར་སྐྱེ་བ་མེད་པ་དམིགས་སུ་མེད་པ་ནི། དམིགས་པ་ཡང་མ་ཡིན། མི་དམིགས་པ་ཡང་མ་ཡིན་

ནོ༑ །འགག་པ་མེད་པ་མི་དམིགས་པས། འགག་པ་མེད་པ་①དམིགས་སུ་མེད་དོ༑ །དེ་ཅིའི་ཕྱིར་ཞེ་ན། རབ་འབྱོར་འགག་པ་མེད་པ་དམིགས་སུ་མེད་པ་ནི། དམིགས་པ་ཡང་མ་ཡིན། མི་དམིགས་པ་ཡང་མ་ཡིན་ནོ། །ཀུན་ནས་ཉོན་མོངས་པ་མེད་པ་མི་དམིགས་པས། ཀུན་ནས་ཉོན་མོངས་པ་མེད་པ་དམིགས་སུ་མེད་དོ། །དེ་ཅིའི་ཕྱིར་ཞེ་ན། རབ་འབྱོར་ཀུན་ནས་ཉོན་མོངས་པ་མེད་པ་དམིགས་སུ་མེད་པ་ནི། དམིགས་པ་ཡང་མ་ཡིན། མི་དམིགས་པ་ཡང་མ་ཡིན་ནོ༑ །རྣམ་པར་བྱང་བ་མེད་པ་མི་དམིགས་པས། རྣམ་པར་བྱང་བ་②མེད་པ་དམིགས་སུ་མེད་དོ། །དེ་ཅིའི་ཕྱིར་ཞེ་ན། རབ་འབྱོར་རྣམ་པར་བྱང་བ་མེད་པ་དམིགས་སུ་མེད་པ་ནི། དམིགས་③པ་ཡང་མ་ཡིན། མི་དམིགས་པ་ཡང་མ་ཡིན་ནོ། །མངོན་པར་འདུ་བྱ་བ་④མི་དམིགས་པས། མངོན་པར་འདུ་བྱ་བ་མེད་པ་དམིགས་སུ་མེད་དོ། །དེ་ཅིའི་ཕྱིར་ཞེ་ན། རབ་འབྱོར་མངོན་པར་འདུ་བྱ་བ་མེད་པ་དམིགས་སུ་མེད་པ་ནི། དམིགས་པ་ཡང་མ་ཡིན། མི་དམིགས་པ་ཡང་མ་ཡིན་ནོ། །དེ་བཞིན་དུ་སྔོན་གྱི་མཐའ་དང་། ཕྱི་མའི་མཐའ་དང་། ད་ལྟར་བྱུང་བ་དང་། འོང་བ་དང་། འགྲོ་བ་དང་། གནས་པ་དང་། འཆི་འཕོ་དང་། སྐྱེ་བ་དང་འགྲིབ་པ་དང་། འཕེལ་བ་མི་དམིགས་པས། འཕེལ་བ་དམིགས་སུ་མེད་དོ། །དེ་ཅིའི་ཕྱིར་ཞེ་ན། རབ་འབྱོར་འཕེལ་བ་དམིགས་སུ་མེད་པ་ནི། དམིགས་པ་ཡང་མ་ཡིན། མི་དམིགས་པ་ཡང་མ་ཡིན་ནོ༑ །ས་དང་པོ་མི་དམིགས་པས། ས་དང་པོ་དམིགས་སུ་མེད་དོ། །དེ་ཅིའི་ཕྱིར་ཞེ་ན། རབ་འབྱོར་ས་དང་པོ་དམིགས་སུ་མེད་པ་ནི། དམིགས་པ་ཡང་མ་ཡིན༑ མི་དམིགས་པ་ཡང་མ་ཡིན་ནོ། །ས་གཉིས་པ་དང་། ས་གསུམ་པ་དང་། ས་བཞི་པ་དང་། ས་ལྔ་པ་དང་། ས་དྲུག་པ་དང་། ས་བདུན་པ་

དང་། ས་བརྒྱད་པ་དང་། ས་དགུ་པ་དང་། ས་བཅུ་པ་མི་དམིགས་པས། ས་བཅུ་པ་དམིགས་སུ་མེད་དོ། །དེ་ཅིའི་ཕྱིར་ཞེ་ན། རབ་འབྱོར་ས་བཅུ་པ་དམིགས་སུ་མེད་པ་ནི། དམིགས་པ་ཡང་མ་ཡིན། མི་དམིགས་པ་ཡང་མ་ཡིན་ནོ༏ །དེ་ལ་ས་དང་པོ་ནི་གང་། ས་གཉིས་པ་དང་། ས་གསུམ་པ་དང་། ས་བཞི་པ་དང་། ས་ལྔ་པ་དང་། ས་དྲུག་པ་དང་། ས་བདུན་པ་དང་། ས་བརྒྱད་པ་དང་། ས་དགུ་པ་དང་། ས་བཅུ་པ་ནི་གང་ཞེ་ན། འདི་ལྟ་སྟེ། དཀར་པོ་རྣམ་པར་མཐོང་བའི་ས་དང་། རིགས་ཀྱི་ས་དང་། བརྒྱད་པའི་ས་དང་། མཐོང་བའི་ས་དང་། བསྲབས་པའི་ས་དང་། འདོད་ཆགས་དང་བྲལ་བའི་ས་དང་། བྱས་པ་རྟོགས་པའི་ས་དང་། རང་སངས་རྒྱས་ཀྱི་ས་དང་། བྱང་ཆུབ་སེམས་དཔའི་ས་དང་། སངས་རྒྱས་ཀྱི་ས་སྟེ། ནང་སྟོང་པ་ཉིད་ཀྱི་ཕྱིར༏ ས་དང་པོ་དམིགས་སུ་མེད་དོ། །དངོས་པོ་མེད་པའི་ངོ་བོ་ཉིད་སྟོང་པ་ཉིད་ཀྱི་བར་གྱི་ཕྱིར། ས་དང་པོ་དམིགས་སུ་མེད་དོ། །ནང་སྟོང་པ་ཉིད་ཀྱི་ཕྱིར་ས་བཅུའི་བར་དུ་དམིགས་སུ་མེད་དོ། །དངོས་པོ་མེད་པའི་ངོ་བོ་ཉིད་སྟོང་པ་ཉིད་ཀྱི་བར་གྱི་ཕྱིར། ས་བཅུའི་བར་དུ་དམིགས་སུ་མེད་དོ། །དེ་ཅིའི་ཕྱིར་ཞེ་ན། རབ་འབྱོར་ཤིན་ཏུ་རྣམ་པར་དག་པའི་ཕྱིར། ས་དང་པོ་དམིགས་སུ་མེད་པ་ནི། དམིགས་པ་ཡང་མ་ཡིན། མི་དམིགས་པ་ཡང་མ་ཡིན་ནོ། །ས་བཅུ་པའི་བར་དུ་དམིགས་སུ་མེད་པ་ནི། དམིགས་པ་ཡང་མ་ཡིན། མི་དམིགས་པ་ཡང་མ་ཡིན་ནོ། །ཤིན་ཏུ་རྣམ་པར་དག་པ་ཉེ་བར་བཟུང་ན། ནང་སྟོང་པ་ཉིད་ཀྱི་ཕྱིར། སེམས་ཅན་ཡོངས་སུ་སྨིན་པར་བྱ་བ་དམིགས་སུ་མེད་དོ༏ །ཤིན་ཏུ་རྣམ་པར་དག་པ་ཉེ་བར་བཟུང་ན། དངོས་པོ་མེད་པའི་ངོ་བོ་ཉིད་སྟོང་པ་ཉིད་ཀྱི་བར་གྱི་ཕྱིར། སེམས་ཅན་ཡོངས་སུ་སྨིན་པར་བྱ་བ་དམིགས་

སུ་མེད་དོ། །ཤིན་ཏུ་རྣམ་པར་དག་པ་ཉེ་བར་བཟུང་ན། ནང་སྟོང་པ་ཉིད་ཀྱི་ཕྱིར། སངས་རྒྱས་ཀྱི་ཞིང་ཡོངས་སུ་དག་པར་བྱ་བ་དམིགས་སུ་མེད་དོ། །ཤིན་ཏུ་རྣམ་པར་དག་པ་ཉེ་བར་བཟུང་ན། དངོས་པོ་མེད་པའི་ངོ་བོ་ཉིད་སྟོང་པ་ཉིད་ཀྱི་བར་གྱི་ཕྱིར། སངས་རྒྱས་ཀྱི་ཞིང་ཡོངས་སུ་དག་པར་བྱ་བ་དམིགས་སུ་མེད་དོ། །ཤིན་ཏུ་རྣམ་པར་དག་པ་ཉེ་བར་བཟུང་ན། ནང་སྟོང་པ་ཉིད་ཀྱི་ཕྱིར། མིག་ལྷ་དམིགས་སུ་མེད་དོ། །ཤིན་ཏུ་རྣམ་པར་དག་པ་ཉེ་བར་བཟུང་ན། དངོས་པོ་མེད་པའི་ངོ་བོ་ཉིད་སྟོང་པ་ཉིད་ཀྱི་བར་གྱི་ཕྱིར། མིག་ལྷ་དམིགས་སུ་མེད་དོ། །རབ་འབྱོར་དེ་ལྟར་ན་བྱང་ཆུབ་སེམས་དཔའ་སེམས་དཔའ་ཆེན་པོ་ཤེས་རབ་ཀྱི་ཕ་རོལ་ཏུ་ཕྱིན་པ་ལ་སྤྱོད་ཅིང་། ཆོས་ཐམས་ཅད་མི་དམིགས་པའི་ཚུལ་གྱིས། ཐེག་པ་ཆེན་པོས་རྣམ་པ་ཐམས་ཅད་མཁྱེན་པ་ཉིད་དུ་འབྱུང་བར་འགྱུར་རོ། །ཤེས་རབ་ཀྱི་ཕ་རོལ་ཏུ་ཕྱིན་པ་སྟོང་ཕྲག་ཉི་ཤུ་ལྔ་པ་ལས་ལེའུ་བཅུ་པའོ།། །།

དེ་ནས་ཚེ་དང་ལྡན་པ་རབ་འབྱོར་གྱིས། བཅོམ་ལྡན་འདས་ལ་འདི་སྐད་ཅེས་གསོལ་ཏོ། །བཅོམ་ལྡན་འདས་ཐེག་པ་ཆེན་པོ་ཐེག་པ་ཆེན་པོ་ཞེས་བགྱི་བ་ནི། ལྷ་དང་མི་དང་ལྷ་མ་ཡིན་དུ་བཅས་པའི་འཇིག་རྟེན་ཟིལ་གྱིས་མནན་[1]ཏེ་འབྱུང་བར་འགྱུར་བས། དེའི་སླད་དུ་ཐེག་པ་ཆེན་པོ་ཞེས་བགྱིའོ། །བཅོམ་ལྡན་འདས་ཐེག་པ་དེ་ནི་ནམ་མཁའ་དང་མཉམ་པ་སྟེ། ཇི་ལྟར་ནམ་མཁའ་སེམས་ཅན་གྲངས་དང་ཚད་མ་མཆིས་པའི་གོ་འབྱེད་པ་དེ་བཞིན་དུ་ཐེག་པ་ཆེན་པོ་འདི་ཡང་སེམས་ཅན་གྲངས་དང་ཚད་མ་མཆིས་པའི་གོ་འབྱེད་པས། བཅོམ་ལྡན་འདས༔ རྣམ་གྲངས་[3]དེས་ན། བྱང་ཆུབ་སེམས་དཔའ་སེམས་དཔའ་ཆེན་པོ་

རྣམས་ཀྱི་ཐེག་པ་ཆེན་པོ་སྟེ། ཐེག་པ་ཆེན་པོ་དེ་ལ་འགྲོ་བ་དང་། འོང་བ་ཞེས་བགྱི་བའམ། གནས་པ་ཡང་མ་མཆིས། སྔོན་གྱི་མཐའ་དང་། ཕྱི་མའི་མཐའ་དང་། དབུས་ཞེས་བགྱི་བ་ཡང་མ་མཆིས་སོ། །བཅོམ་ལྡན་འདས་འདི་ལྟ་སྟེ། དཔེར་ན། ནམ་མཁའ་ལ་འགྲོ་བའམ་འོང་བ་ཞེས་བགྱི་བ་ཡང་མ་མཆིས་ལ། གནས་པ་ཡང་མ་མཆིས་པ་དེ་བཞིན་དུ། ཐེག་པ་ཆེན་པོ་འདི་ལ་ཡང་འགྲོ་བ་མི་དམིགས། འོང་བ་མི་དམིགས། གནས་པ་མི་དམིགས་སོ། །བཅོམ་ལྡན་འདས་འདི་ལྟ་སྟེ་དཔེར་ན། ནམ་མཁའ་ནི་དུས་གསུམ་མཉམ་པ་ཉིད་ཀྱི་སླད་དུ། སྔོན་གྱི་མཐའ་མི་དམིགས། ཕྱི་མའི་མཐའ་མི་དམིགས། དབུས་མི་དམིགས་སོ། །དེ་བཞིན་དུ་ཐེག་པ་ཆེན་པོ་འདི་ཡང་དུས་གསུམ་མཉམ་པ་ཉིད་ཀྱི་སླད་དུ། སྔོན་གྱི་མཐའ་མི་དམིགས། ཕྱི་མའི་མཐའ་མི་དམིགས། དབུས་མི་དམིགས་སོ། །བཅོམ་ལྡན་འདས་འདི་ལྟ་སྟེ། ཐེག་པ་ཆེན་པོ་འདི་ནི་དུས་གསུམ་མཉམ་པ་ཉིད་ཀྱི་ཐེག་པ་པས། དེའི་སླད་དུ་ཐེག་པ་ཆེན་པོ་ཐེག་པ་ཆེན་པོ་ཞེས[༧]བགྱིའོ། །བཅོམ་ལྡན་འདས་ཀྱིས་བཀའ་སྩལ་པ། རབ་འབྱོར་དེ་དེ་བཞིན་ནོ། །དེ་དེ་བཞིན་ཏེ། འདི་ལྟ་སྟེ། ཕ་རོལ་ཏུ་ཕྱིན་པ་དྲུག་པོ་འདི་དག་ནི། བྱང་ཆུབ་སེམས་དཔའ་སེམས་དཔའ་ཆེན་པོའི་ཐེག་པ་ཆེན་པོ་སྟེ། སྦྱིན་པའི་ཕ་རོལ་ཏུ་ཕྱིན་པ་དང་། ཚུལ་ཁྲིམས་ཀྱི་ཕ་རོལ་ཏུ་ཕྱིན་པ་དང་། བཟོད་པའི་ཕ་རོལ་ཏུ་ཕྱིན་པ་དང་། བརྩོན་འགྲུས་ཀྱི་ཕ་རོལ་ཏུ་ཕྱིན་པ་དང་། བསམ་གཏན་གྱི་ཕ་རོལ་ཏུ་ཕྱིན་པ་དང་། ཤེས་རབ་ཀྱི་ཕ་རོལ་ཏུ་ཕྱིན་པ་སྟེ[༣]། འདི་ནི་བྱང་ཆུབ་སེམས་དཔའ་སེམས་དཔའ་ཆེན་པོའི་ཐེག་པ་ཆེན་པོ་ཞེས་བྱའོ། །རབ་འབྱོར་གཞན་ཡང་བྱང་ཆུབ་སེམས་དཔའ་སེམས་དཔའ་ཆེན་པོའི་ཐེག་པ་ཆེན་པོ་ནི་འདི་ལྟ་སྟེ། གཟུངས་ཀྱི་སྒོ་རྣམས་དང་། ཏིང་ངེ་འཛིན་གྱི་སྒོ་ཐམས་

ཅན་དེ། དཔའ་བར་འགྲོ་བའི་ཏིང་ངེ་འཛིན་དང་། ནམ་མཁའ་ལྟར་ཆགས་པ་མེད་པས། རྣམ་པར་གྲོལ་ཞིང་གོས་པ་མེད་པའི་ཏིང་ངེ་འཛིན་གྱི་བར་དུ་སྟེ། འདི་ནི་བྱང་ཆུབ་སེམས་དཔའ་སེམས་དཔའ་ཆེན་པོའི་ཐེག་པ་ཆེན་པོ་ཞེས་བྱའོ། །རབ་[1]འབྱོར་གཞན་ཡང་བྱང་ཆུབ་སེམས་དཔའ་སེམས་དཔའ་ཆེན་པོའི་ཐེག་པ་ཆེན་པོ་ནི། འདི་ལྟ་སྟེ། ནང་སྟོང་པ་ཉིད་དང་། དངོས་པོ་མེད་པའི་ངོ་བོ་ཉིད་སྟོང་པ་ཉིད་ཀྱི་བར་དུ་སྟེ། འདི་ནི་བྱང་ཆུབ་སེམས་དཔའ་སེམས་དཔའ་ཆེན་པོའི་ཐེག་པ་ཆེན་པོའོ། །རབ་འབྱོར་གཞན་ཡང་བྱང་ཆུབ་སེམས་དཔའ་སེམས་དཔའ་ཆེན་པོའི་ཐེག་པ་ཆེན་པོ་ནི། འདི་ལྟ་སྟེ། དྲན་པ་ཉེ་བར་གཞག་པ་བཞི་དང་། ཡང་དག་པར་སྤོང་བ་བཞི་དང་། རྫུ་འཕྲུལ་གྱི་རྐང་པ་བཞི་དང་། དབང་པོ་ལྔ་དང་། སྟོབས་ལྔ་དང་། བྱང་ཆུབ་ཀྱི་ཡན་ལག་བདུན་དང་། འཕགས་པའི་ལམ་ཡན་ལག་བརྒྱད་པ་དང་། འཕགས་པའི་བདེན་པ་བཞི་དང་། བསམ་གཏན་བཞི་[3]དང་། ཚད་མེད་པ་བཞི་དང་། གཟུགས་མེད་པའི་སྙོམས་པར་འཇུག་པ་བཞི་དང་། རྣམ་པར་ཐར་པ་བརྒྱད་དང་། མཐར་གྱིས་གནས་པའི་སྙོམས་པར་འཇུག་པ་དགུ་དང་། སྟོང་པ་ཉིད་དང་། མཚན་མ་མེད་པ་དང་། སྨོན་པ་མེད་པ་དང་། མངོན་པར་ཤེས་པ་རྣམས་དང་། ཏིང་ངེ་འཛིན་རྣམས་དང་། གཟུངས་ཀྱི་སྒོ་རྣམས་དང་། དེ་བཞིན་གཤེགས་པའི་སྟོབས་བཅུ་དང་། མི་འཇིགས་པ་བཞི་དང་། སོ་སོ་ཡང་དག་པར་རིག་པ་བཞི་དང་། སྙིང་རྗེ་ཆེན་པོ་དང་། སངས་རྒྱས་ཀྱི་ཆོས་མ་འདྲེས་པ་བཅོ་བརྒྱད་དག་སྟེ། འདི་ནི་བྱང་ཆུབ་སེམས་དཔའ་སེམས་དཔའ་ཆེན་པོའི་ཐེག་པ་ཆེན་པོའོ། །རབ་འབྱོར་གང་ཡང་ཁྱོད་ཀྱིས་འདི་སྐད་དུ་ཐེག་པ་དེ་ནི་ལྷ་དང་། མི་དང་ལྷ་མ་ཡིན་དུ་བཅས་པའི་འཇིག་རྟེན་ཟིལ་གྱིས་མནན་ཏེ།

འབྱུང་བར་འགྱུར་རོ། །ཞེས་སྨྲས་པ་ནི། ལྷ་དང་མི་དང་ལྷ་མ་ཡིན་དུ་བཅས་པའི་འཇིག་རྟེན་གང་ཞེ་ན། འདི་ལྟ་སྟེ། འདོད་པའི་ཁམས་དང་། གཟུགས་ཡོད་པའི་ཁམས་དང་། གཟུགས་མེད་པའི་ཁམས་ཏེ། རབ་འབྱོར་གལ་ཏེ་འདོད་པའི་ཁམས་དེ་བཞིན། མ་ནོར་བ་དེ་བཞིན་གཞན་མ་ཡིན་པ་དེ་བཞིན་ཏེ། ཕྱིན་ཅི་ལོག་མ་ཡིན་ལ་བདེན་པ་ཡང་དག་པ་(༡)སྟེ། ཇི་ལྟ་བ་བཞིན་དུ་རྟག་ཅིང་(༢)བརྟན་ལ། ཐེར་ཟུག་མི་འགྱུར་བའི་ཆོས་ཅན་གྱི་དངོས་པོ་ཞིག་ཡིན་ན་ནི། ཐེག་པ་ཆེན་པོ་འདིས་ཀྱང་། ལྷ་དང་། མི་དང་། ལྷ་མ་ཡིན་དུ་བཅས་པའི་འཇིག་རྟེན་ཟིལ་གྱིས་མནན་ཅིང་འབྱུང་བར་མི་འགྱུར་ཏེ། རབ་འབྱོར་འདོད་པའི་ཁམས་དེ་རྣམ་པར་བརྟགས་པ། རྣམ་པར་བསྐྱེད་པ། ཡོངས་སུ་བསྒྲུབས་(༣)པ་སྟེ། མི་རྟག་ཅིང་མི་བརྟན་ལ། ཐེར་ཟུག་མ་ཡིན་འགྱུར་བའི་ཆོས་ཅན་ཏེ། དངོས་པོ་མེད་པས་དེའི་ཕྱིར་ཐེག་པ་ཆེན་པོ་འདིས། ལྷ་དང་། མི་དང་། ལྷ་མ་ཡིན་དུ་བཅས་པའི་འཇིག་རྟེན་ཟིལ་གྱིས་མནན་ཏེ་འབྱུང་བ་ཡིན་ནོ། །རབ་འབྱོར་གལ་ཏེ་གཟུགས་ཀྱི་ཁམས་དེ་བཞིན། མ་ནོར་བ་དེ་བཞིན་གཞན་མ་ཡིན་པ་དེ་བཞིན་ཏེ། ཕྱིན་ཅི་ལོག་མ་ཡིན་ལ་བདེན་པ་ཡང་དག་པ་སྟེ། ཇི་ལྟ་བ་བཞིན་དུ་རྟག་ཅིང་བརྟན་ལ། ཐེར་ཟུག་མི་འགྱུར་བའི་ཆོས་ཅན་གྱི་དངོས་པོ་ཞིག་ཡིན་ན་ནི། ཐེག་པ་ཆེན་པོ་འདིས་ཀྱང་། ལྷ་དང་མི་དང་ལྷ་མ་ཡིན་དུ་བཅས་པའི་འཇིག་རྟེན་ཟིལ་གྱིས་མནན་ཅིང་འབྱུང་བར་མི་འགྱུར་ཏེ། རབ་འབྱོར་གཟུགས་ཀྱི་ཁམས་དེ་རྣམ་པར་བརྟགས་པ། རྣམ་པར་བསྐྱེད་པ། ཡོངས་སུ་བསྒྲུབས་(༤)པ་སྟེ། མི་རྟག་ཅིང་མི་བརྟན་ལ། ཐེར་ཟུག་མ་ཡིན་འགྱུར་བའི་ཆོས་ཅན་ཏེ། དངོས་པོ་མེད་པས་དེའི་ཕྱིར་ཐེག་པ་ཆེན་པོ་འདིས། ལྷ་དང་མི་དང་། ལྷ་མ་ཡིན་དུ་བཅས་པའི་འཇིག་རྟེན་ཟིལ་གྱིས་

མནན་ཏེ་འབྱུང་བ་ཡིན་ནོ། །རབ་འབྱོར་གཞན་ཡང་གཟུགས་མེད་པའི་ཁམས་དེ་བཞིན་མ་ནོར་བ་དེ་བཞིན། གཞན་མ་ཡིན་པ་དེ་བཞིན་ཏེ། ཕྱིན་ཅི་ལོག་མ་ཡིན་ལ། བདེན་པ་ཡང་དག་པ་སྟེ། ཇི་ལྟ་བ་བཞིན་དུ་རྟག་ཅིང་བརྟན་ལ། ཐེར་ཟུག་མི་འགྱུར་བའི་ཆོས་ཅན་གྱི་དངོས་པོ་ཞིག་ཡིན་ན་ནི། ཐེག་པ་ཆེན་པོ་འདིས་ཀྱང་། ལྷ་དང་། མི་དང་། ལྷ་མ་ཡིན་དུ་བཅས་པའི་འཇིག་རྟེན་ཟིལ་གྱིས་མནན་ཅིང་འབྱུང་བར་མི་འགྱུར་ཏེ། རབ་འབྱོར་གཟུགས་མེད་པའི་ཁམས་དེ་རྣམ་པར་བརྟགས་པ་རྣམ་པར་བསྐྱེད་པ། ཡོངས་སུ་བསྒྲུབས[1]པ་སྟེ། མི་རྟག་ཅིང་མི་བརྟན་ལ། ཐེར་ཟུག་མ་ཡིན་འགྱུར་བའི་ཆོས་ཅན་ཏེ། དངོས་པོ་མེད་པས་དེའི་ཕྱིར་ཐེག་པ་ཆེན་པོ་འདིས། ལྷ་དང་མི་དང་ལྷ་མ་ཡིན་དུ་བཅས་པའི་འཇིག་རྟེན་ཟིལ་གྱིས་མནན་ཏེ་འབྱུང་བ་ཡིན་ནོ། །རབ་འབྱོར་གཞན་ཡང་གཟུགས་དེ་བཞིན། མ་ནོར་བ་དེ་བཞིན། གཞན་མ་ཡིན་པ་དེ་བཞིན་ཏེ། ཕྱིན་ཅི་ལོག་མ་ཡིན་ལ། བདེན་པ་ཡང་དག་པ་སྟེ། ཇི་ལྟ་བ་བཞིན་དུ་རྟག་ཅིང་བརྟན་ལ། ཐེར་ཟུག་མི་འགྱུར་བའི་ཆོས་ཅན་གྱི་དངོས་པོ་ཞིག་ཡིན་ན་ནི། ཐེག་པ་ཆེན་པོ་འདིས་ཀྱང་། ལྷ་དང་མི་དང་། ལྷ་མ་ཡིན་དུ་བཅས་པའི་འཇིག་རྟེན་ཟིལ་གྱིས་མནན་ཅིང་འབྱུང་བར་མི་འགྱུར་ཏེ། རབ་འབྱོར་གཟུགས་དེ་རྣམ་པར་བརྟགས་པ། རྣམ་པར་བསྐྱེད་པ། ཡོངས་སུ་བསྒྲུབས་པ་སྟེ། མི་རྟག་ཅིང་མི་བརྟན་ལ། ཐེར་ཟུག་མ་ཡིན[2]འགྱུར་བའི་ཆོས་ཅན་ཏེ་དངོས་པོ་མེད་པས་དེའི་ཕྱིར་ཐེག་པ་ཆེན་པོ་འདིས། ལྷ་དང་མི་དང་ལྷ་མ་ཡིན་དུ་བཅས་པའི་འཇིག་རྟེན་ཟིལ་གྱིས་མནན་ཏེ་འབྱུང་བ་ཡིན་ནོ། །ཚོར་བ་དང་། འདུ་ཤེས་དང་། འདུ་བྱེད་དང་། རྣམ་པར་ཤེས་པ་དེ་བཞིན། མ་ནོར་བ་དེ་བཞིན། གཞན་མ་ཡིན་པ་དེ་བཞིན་ཏེ། ཕྱིན་ཅི་ལོག་མ་ཡིན་ལ། བདེན་

པ་ཡང་དག་པ་སྟེ། ཇི་ལྟ་བ་བཞིན་དུ་རྟག་ཅིང་བརྟན་ལ། ཐེར་ཟུག་མི་འགྱུར་བའི་ཆོས་ཅན་གྱི་དངོས་པོ་ཞིག་ཡིན་ན་ནི། ཐེག་པ་ཆེན་པོ་འདིས་ཀྱང་། ལྷ་དང་། མི་དང་ལྷ་མ་ཡིན་དུ་བཅས་པའི་འཇིག་རྟེན་ཟིལ་གྱིས་མནན་ཅིང་འབྱུང་བར་མི་འགྱུར་ཏེ། རབ་འབྱོར་རྣམ་པར་ཤེས་པ་དེ་རྣམ་པར་བརྟགས་པ། རྣམ་པར་བསྐྱེད་པ། ཡོངས་སུ་བསྒྲུབས་[༧]པ་སྟེ། མི་རྟག་ཅིང་མི་བརྟན་ལ། ཐེར་ཟུག་མ་ཡིན་འགྱུར་བའི་ཆོས་ཅན་ཏེ། དངོས་པོ་མེད་པས། དེའི་ཕྱིར་ཐེག་པ་ཆེན་པོ་འདིས། ལྷ་དང་མི་དང་ལྷ་མ་ཡིན་དུ་བཅས་པའི་འཇིག་རྟེན་ཟིལ་གྱིས་མནན་ཏེ་འབྱུང་བ་ཡིན་ནོ། །རབ་འབྱོར་གལ་ཏེ་མིག་དེ་བཞིན། མ་ནོར་བ་དེ་བཞིན། གཞན་མ་ཡིན་པ་དེ་བཞིན་ཏེ། ཕྱིན་ཅི་ལོག་མ་ཡིན་ལ། བདེན་པ་ཡང་དག་པ་སྟེ། ཇི་ལྟ་བ་བཞིན་དུ་རྟག་ཅིང་བརྟན་ལ། ཐེར་ཟུག་མི་འགྱུར་བའི་ཆོས་ཅན་གྱི་དངོས་པོ་ཞིག་ཡིན་ན་ནི། ཐེག་པ་ཆེན་པོ་[༢]འདིས་ཀྱང་། ལྷ་དང་མི་དང་། ལྷ་མ་ཡིན་དུ་བཅས་པའི་འཇིག་རྟེན་ཟིལ་གྱིས་མནན་ཅིང་འབྱུང་བར་མི་འགྱུར་ཏེ། རབ་འབྱོར་མིག་དེ་རྣམ་པར་བརྟགས་པ། རྣམ་པར་བསྐྱེད་པ། ཡོངས་སུ་བསྒྲུབས་པ་སྟེ། མི་རྟག་ཅིང་མི་བརྟན་ལ། ཐེར་ཟུག་མ་ཡིན་འགྱུར་བའི་ཆོས་ཅན་ཏེ། དངོས་པོ་མེད་པས་དེའི་ཕྱིར་ཐེག་པ་ཆེན་པོ་འདིས། ལྷ་དང་མི་དང་ལྷ་མ་ཡིན་དུ་བཅས་པའི་འཇིག་རྟེན་ཟིལ་གྱིས་མནན་ཏེ་འབྱུང་བ་ཡིན་ནོ། །རབ་འབྱོར་གལ་ཏེ་རྣ་བ་དང་། སྣ་དང་ལྗེ་དང་ལུས་དང་། ཡིད་དེ་བཞིན། མ་ནོར་བ་དེ་བཞིན། གཞན་མ་ཡིན་པ་དེ་བཞིན་ཏེ། ཕྱིན་ཅི་ལོག་མ་ཡིན་ལ། བདེན་པ་ཡང་དག་པ་སྟེ། ཇི་ལྟ་བ་བཞིན་དུ་རྟག་ཅིང་བརྟན་ལ། ཐེར་ཟུག་མི་འགྱུར་བའི་ཆོས་ཅན་གྱི་དངོས་པོ་ཞིག་ཡིན་ན་ནི། ཐེག་པ་ཆེན་པོ་འདིས་ཀྱང་། ལྷ་དང་མི་དང་ལྷ་མ་ཡིན་དུ་

བཅས་པའི་འཇིག་རྟེན་ཟིལ་གྱིས་མནན་ཅིང་འབྱུང་བར་མི་འགྱུར་ཏེ། རབ་འབྱོར་ཡིད་དེ་རྣམ་པར་བརྟགས་པ། རྣམ་པར་བསྐྱེད་པ། ཡོངས་སུ་བསྒྲུབས་པ་སྟེ། མི་རྟག་ཅིང་མི་བརྟན་ལ། ཐེར་ཟུག་མ་ཡིན་འགྱུར་བའི་ཆོས་ཅན་ཏེ། དངོས་པོ་མེད་པས་དེའི་ཕྱིར་ཐེག་པ་ཆེན་པོ་འདིས། ལྷ་དང་མི་དང་ལྷ་མ་ཡིན་དུ་བཅས་པའི་འཇིག་རྟེན་ཟིལ་གྱིས་མནན་ཏེ་འབྱུང་བ་ཡིན་ནོ། །རབ་འབྱོར་གལ་ཏེ་གཟུགས་དེ་བཞིན། མ་ནོར་བ་དེ་བཞིན། གཞན་མ་ཡིན་པ་དེ་བཞིན་ཏེ༏ ཕྱིན་ཅི་ལོག་མ་ཡིན་ལ། བདེན་པ་ཡང་དག་པ་སྟེ། ཇི་ལྟ་བ་བཞིན་དུ་རྟག་ཅིང་བརྟན་ལ། ཐེར་ཟུག་མི་འགྱུར་བའི་ཆོས་ཅན་གྱི་དངོས་པོ་ཞིག་ཡིན་ན་ནི༏ ཐེག་པ་ཆེན་པོ་འདིས་ཀྱང་། ལྷ་དང་མི་དང་ལྷ་མ་ཡིན་དུ་བཅས་པའི་འཇིག་རྟེན་ཟིལ་གྱིས་མནན་ཅིང་འབྱུང་བར་མི་འགྱུར་ཏེ། རབ་འབྱོར་གཟུགས་དེ་རྣམ་པར་བརྟགས་པ། རྣམ་པར་བསྐྱེད་པ། ཡོངས་སུ་བསྒྲུབས་པ་སྟེ། མི་རྟག་ཅིང་མི་བརྟན་ལ། ཐེར་ཟུག་མ་ཡིན་འགྱུར་བའི་ཆོས་ཅན་ཏེ། དངོས་པོ་མེད་པས་དེའི་ཕྱིར་ཐེག་པ་ཆེན་པོ་འདིས། ལྷ་དང་མི་དང་། ལྷ་མ་ཡིན་དུ་བཅས་པའི་འཇིག་རྟེན་ཟིལ་གྱིས་མནན་ཏེ་འབྱུང་བ་ཡིན་ནོ། །རབ་འབྱོར་གལ་ཏེ་སྒྲ་དང་། དྲི་དང་། རོ་དང་རེག་དང་ཆོས་དེ་བཞིན། མ་ནོར་བ་དེ་བཞིན༏ གཞན་མ་ཡིན་པ་དེ་བཞིན་ཏེ། ཕྱིན་ཅི་ལོག་མ་ཡིན་ལ། བདེན་པ་ཡང་དག་པ་སྟེ། ཇི་ལྟ་བ་བཞིན་དུ་རྟག་ཅིང་བརྟན་ལ། ཐེར་ཟུག་མི་འགྱུར་བའི་ཆོས་ཅན་གྱི་དངོས་པོ་ཞིག་ཡིན་ན་ནི། ཐེག་པ་ཆེན་པོ་འདིས་ཀྱང་། ལྷ་དང་མི་དང་ལྷ་མ་ཡིན་དུ་བཅས་པའི་འཇིག་རྟེན་ཟིལ་གྱིས་མནན་ཅིང་འབྱུང་བར་མི་འགྱུར་ཏེ། རབ་འབྱོར་ཆོས་དེ་རྣམ་པར་བརྟགས་པ། རྣམ་པར་བསྐྱེད་པ། ཡོངས་སུ་བསྒྲུབས་པ་སྟེ། མི་རྟག་ཅིང་མི་བརྟན་ལ། ཐེར་ཟུག

མ་ཡིན་འགྱུར་བའི་ཆོས་ཅན་ཏེ། དངོས་པོ་མེད་པས་དེའི་ཕྱིར་ཐེག་པ་ཆེན་པོ་འདིས། ལྷ་དང་མི་དང་ལྷ་མ་ཡིན་དུ་བཅས་པའི་འཇིག་རྟེན་ཟིལ་གྱིས་མནན་(༡)ཏེ་འབྱུང་བ་ཡིན་ནོ། །རབ་འབྱོར་གལ་ཏེ་མིག་གི་རྣམ་པར་ཤེས་པ་དེ་བཞིན། མ་ནོར་བ་དེ་བཞིན། གཞན་མ་ཡིན་པ་དེ་བཞིན་ཏེ། ཕྱིན་ཅི་ལོག་མ་ཡིན་ལ་བདེན་པ་ཡང་དག་པ་སྟེ། ཇི་ལྟ་བ་བཞིན་དུ་རྟག་ཅིང་བརྟན་ལ། ཐེར་ཟུག་མི་འགྱུར་བའི་ཆོས་ཅན་གྱི་དངོས་པོ་ཞིག་ཡིན་ན་ནི། ཐེག་པ་ཆེན་པོ་འདིས་ཀྱང་། ལྷ་དང་མི་དང་། ལྷ་མ་ཡིན་དུ་བཅས་པའི་འཇིག་རྟེན་ཟིལ་གྱིས་མནན་ཅིང་འབྱུང་བར་མི་འགྱུར་ཏེ། རབ་འབྱོར་མིག་གི་རྣམ་པར་ཤེས་པ་དེ་རྣམ་པར་བརྟགས་པ། རྣམ་པར་བསྐྱེད་པ། ཡོངས་སུ་བསྒྲུབས་པ་སྟེ། མི་རྟག་ཅིང་མི་བརྟན་ལ། ཐེར་ཟུག་མ་ཡིན་འགྱུར་བའི་ཆོས་ཅན་ཏེ། དངོས་པོ་མེད་པས་དེའི་ཕྱིར་ཐེག་པ་ཆེན་པོ་འདིས། ལྷ་དང་མི་དང་ལྷ་མ་ཡིན་དུ་བཅས་པའི་འཇིག་རྟེན་ཟིལ་གྱིས་མནན་ཏེ་འབྱུང་བ་ཡིན་ནོ། །རབ་འབྱོར་གལ་ཏེ་རྣ་བའི་རྣམ་པར་ཤེས་པ་དང་། སྣའི་རྣམ་པར་ཤེས་པ་དང་། ལྕེའི་རྣམ་པར་ཤེས་པ་དང་། ལུས་ཀྱི་རྣམ་པར་ཤེས་པ་དང་། ཡིད་ཀྱི་རྣམ་(༢)པར་ཤེས་པ་དེ་བཞིན། མ་ནོར་བ་དེ་བཞིན་གཞན་མ་ཡིན་པ་དེ་བཞིན་ཏེ། ཕྱིན་ཅི་ལོག་མ་ཡིན་ལ་བདེན་པ་ཡང་དག་པ་སྟེ། ཇི་ལྟ་བ་བཞིན་དུ་རྟག་ཅིང་བརྟན་ལ། ཐེར་ཟུག་མི་འགྱུར་བའི་ཆོས་ཅན་གྱི་དངོས་པོ་ཞིག་ཡིན་ན་ནི། ཐེག་པ་ཆེན་པོ་འདིས་ཀྱང་། ལྷ་དང་། མི་དང་ལྷ་མ་ཡིན་དུ་བཅས་པའི་འཇིག་རྟེན་ཟིལ་གྱིས་མནན་ཅིང་འབྱུང་བར་མི་འགྱུར་ཏེ། རབ་འབྱོར་ཡིད་ཀྱི་རྣམ་པར་ཤེས་པ་དེ་རྣམ་པར་བརྟགས་པ། རྣམ་པར་བསྐྱེད་(༣)པ། ཡོངས་སུ་བསྒྲུབས་པ་སྟེ་མི་རྟག་ཅིང་མི་བརྟན་ལ། ཐེར་ཟུག་མ་ཡིན་འགྱུར་བའི་ཆོས་ཅན་ཏེ། དངོས་པོ་མེད་པས་དེའི་ཕྱིར་ཐེག་པ་

ཆེན་པོ་འདིས། ལྷ་དང་མི་དང་ལྷ་མ་ཡིན་དུ་བཅས་པའི་འཇིག་རྟེན་ཟིལ་གྱིས་མནན་ཏེ་འབྱུང་བ་ཡིན་ནོ།། །།

ཞེས་རབ་ཀྱི་ཕ་རོལ་ཏུ་ཕྱིན་པ་སྟོང་ཕྲག་ཉི་ཤུ་ལྔ་པ། བམ་པོ་ཉི་ཤུ་པ། རབ་འབྱོར་གལ་ཏེ་མིག་གི་འདུས་ཏེ་རེག་པ་དེ་བཞིན་མ་ནོར་བ་དེ་བཞིན། གཞན་མ་ཡིན་པ་དེ་བཞིན་ཏེ། ཕྱིན་ཅི་ལོག་མ་ཡིན་ལ་བདེན་པ་ཡང་དག་པ་སྟེ། ཇི་ལྟ་བ་བཞིན་དུ་རྟག་ཅིང་བརྟན་ལ། ཐེར་ཟུག་མི་འགྱུར་བའི་ཆོས་ཅན་གྱི་དངོས་པོ་ཞིག་ཡིན་ན་ནི། ཐེག་པ་ཆེན་པོ་འདིས་ཀྱང་། ལྷ་དང་མི་དང་ལྷ་མ་ཡིན་དུ་བཅས་པའི་འཇིག་རྟེན་ཟིལ་གྱིས་མནན་ཅིང་འབྱུང་བར་མི་འགྱུར་ཏེ། རབ་འབྱོར་མིག་གི་འདུས་ཏེ་རེག་པ་དེ་རྣམ་པར་བརྟགས་པ། རྣམ་པར་བསྐྱེད་པ༔ ཡོངས་སུ་བསྒྲུབས་པ་སྟེ། མི་རྟག་ཅིང་མི་བརྟན་ལ་ཐེར་ཟུག་མ་ཡིན་འགྱུར་བའི་ཆོས་ཅན་ཏེ་དངོས་པོ་མེད་པས་དེའི་ཕྱིར་ཐེག་པ་ཆེན་པོ་འདིས། ལྷ་དང་མི་དང་ལྷ་མ་ཡིན་དུ་བཅས་པའི་འཇིག་རྟེན་ཟིལ་གྱིས་མནན་ཏེ་འབྱུང་བ་ཡིན་ནོ༔ །རབ་འབྱོར་གལ་ཏེ་རྣ་བའི་འདུས་ཏེ་རེག་པ་དང་སྣའི་འདུས་ཏེ་རེག་པ་དང་། ལྕེའི་འདུས་ཏེ་རེག་པ་དང་། ལུས་ཀྱི་འདུས་ཏེ་རེག་པ་དང་། ཡིད་ཀྱི་འདུས་ཏེ་རེག་པ་དེ་བཞིན་མ་ནོར་བ་དེ་བཞིན་གཞན་མ་ཡིན་པ་དེ་བཞིན་ཏེ། ཕྱིན་ཅི་ལོག་མ་ཡིན་ལ་བདེན་པ་ཡང་དག་པ་སྟེ། ཇི་ལྟ་བ་བཞིན་དུ་རྟག་ཅིང་བརྟན་ལ། ཐེར་ཟུག་མི་འགྱུར་བའི་ཆོས་ཅན་གྱི་དངོས་པོ་ཞིག་ཡིན་ན་ནི། ཐེག་པ་ཆེན་པོ་འདིས་ཀྱང་། ལྷ་དང་མི་དང་ལྷ་མ་ཡིན་དུ་བཅས་པའི་འཇིག་རྟེན་ཟིལ་གྱིས་མནན་ཅིང་འབྱུང་བར་མི་འགྱུར་ཏེ། རབ་འབྱོར་ཡིད་ཀྱི་འདུས་ཏེ་རེག་པ་དེ་རྣམ་པར་བརྟགས་པ། རྣམ་པར་བསྐྱེད་པ། ཡོངས་སུ་བསྒྲུབས་པ་སྟེ། མི་རྟག་ཅིང་མི་བརྟན[1]ལ། ཐེར་ཟུག་མ་ཡིན་འགྱུར་བའི་ཆོས་ཅན་ཏེ།

དངོས་པོ་མེད་པས་(༧)དེའི་ཕྱིར་ཐེག་པ་ཆེན་པོ་འདིས། ལྷ་དང་མི་དང་ལྷ་མ་ཡིན་དུ་བཅས་པའི་འཇིག་(༢)རྟེན་ཟིལ་གྱིས་མནན་ཏེ་འབྱུང་བ་ཡིན་ནོ། །རབ་འབྱོར་གལ་ཏེ་མིག་གི་འདུས་ཏེ་རེག་པའི་རྐྱེན་གྱིས་ཚོར་བ་དེ་བཞིན། མ་ནོར་བ་དེ་བཞིན། གཞན་མ་ཡིན་པ་དེ་བཞིན་ཏེ། ཕྱིན་ཅི་ལོག་མ་ཡིན་ལ། བདེན་པ་ཡང་དག་པ་སྟེ། ཇི་ལྟ་བ་བཞིན་དུ་རྟག་ཅིང་བརྟན་ལ་ཐེར་ཟུག་མི་འགྱུར་བའི་ཆོས་ཅན་གྱི་དངོས་པོ་ཞིག་ཡིན་ན་ནི། ཐེག་པ་ཆེན་པོ་འདིས་ཀྱང་། ལྷ་དང་མི་དང་ལྷ་མ་ཡིན་དུ་བཅས་པའི་འཇིག་རྟེན་ཟིལ་གྱིས་མནན་ཅིང་འབྱུང་བར་མི་འགྱུར་ཏེ། རབ་འབྱོར་མིག་གི་འདུས་ཏེ་རེག་པའི་རྐྱེན་གྱིས་ཚོར་བ་དེ་རྣམ་པར་བརྟགས་པ། རྣམ་པར་བསྐྱེད་པ། ཡོངས་སུ་བསྒྲུབས་པ་སྟེ། མི་རྟག་ཅིང་མི་བརྟན་ལ། ཐེར་ཟུག་མ་ཡིན་འགྱུར་བའི་ཆོས་ཅན་ཏེ། དངོས་པོ་མེད་པས་དེའི་ཕྱིར་ཐེག་པ་ཆེན་པོ་འདིས། ལྷ་དང་མི་དང་ལྷ་མ་ཡིན་དུ་བཅས་པའི་འཇིག་རྟེན་ཟིལ་གྱིས་མནན་ཏེ་འབྱུང་བ་ཡིན་ནོ། །རབ་འབྱོར་གལ་ཏེ་རྣ་བའི་འདུས་ཏེ་རེག་པའི་རྐྱེན་གྱིས་ཚོར་བ་དང་། སྣའི་འདུས་ཏེ་རེག་པའི་རྐྱེན་གྱིས་ཚོར་བ་དང་། ལྕེའི་འདུས་ཏེ་རེག་པའི་རྐྱེན་གྱིས་ཚོར་བ་དང་། ལུས་ཀྱི་འདུས་ཏེ་རེག་པའི་རྐྱེན་གྱིས་ཚོར་བ་དང་། ཡིད་ཀྱི་འདུས་ཏེ་རེག་པའི་རྐྱེན་གྱིས་ཚོར་བ་དེ་བཞིན། མ་ནོར་བ་དེ་བཞིན། གཞན་མ་ཡིན་པ་དེ་བཞིན་ཏེ། ཕྱིན་ཅི་ལོག་མ་ཡིན་ལ། བདེན་པ་ཡང་དག་པ་སྟེ། ཇི་ལྟ་བ་བཞིན་དུ་རྟག་ཅིང་བརྟན་ལ། ཐེར་ཟུག་མི་འགྱུར་བའི་ཆོས་ཅན་གྱི་དངོས་པོ་ཞིག་ཡིན་ན་ནི། ཐེག་པ་ཆེན་པོ་འདིས་ཀྱང་། ལྷ་དང་མི་དང་ལྷ་མ་ཡིན་དུ་བཅས་པའི་འཇིག་རྟེན་ཟིལ་གྱིས་མནན་ཅིང་འབྱུང་བར་མི་འགྱུར་ཏེ། རབ་འབྱོར་ཡིད་ཀྱི་(༡)འདུས་ཏེ་རེག་པའི་རྐྱེན་གྱིས་ཚོར་བ་དེ་རྣམ་པར་བརྟགས་པ། རྣམ་པར་བསྐྱེད་པ།

ཡོངས་སུ་བསྒྲུབས་པ་སྟེ། མི་རྟག་ཅིང་མི་བརྟན་ལ། ཐེར་ཟུག་མ་ཡིན་འགྱུར་བའི་ཆོས་ཅན་ཏེ། དངོས་པོ་མེད་པས་དེའི་ཕྱིར་ཐེག་པ་ཆེན་པོ་འདིས་ཀྱང་། ལྷ་དང་། མི་དང་ལྷ་མ་ཡིན་དུ་བཅས་པའི་འཇིག་རྟེན་ཟིལ་གྱིས་མནན་ཏེ་འབྱུང་བ་ཡིན་ནོ། །རབ་འབྱོར་གལ་ཏེ་སའི་ཁམས་དེ་བཞིན། མ་ནོར་བ་དེ་བཞིན། གཞན་མ་ཡིན་པ་དེ་བཞིན་ཏེ། ཕྱིན་ཅི་ལོག་མ་ཡིན་ལ། བདེན་པ་ཡང་དག་པ་སྟེ། ཇི་ལྟ་བ་བཞིན་དུ་རྟག་ཅིང་བརྟན་ལ། ཐེར་ཟུག་མི་འགྱུར་བའི་ཆོས་ཅན་གྱི་དངོས་པོ་ཞིག་ཡིན་ན་ནི། ཐེག་པ་ཆེན་པོ་འདིས་ཀྱང་། ལྷ་དང་མི་དང་ལྷ་མ་ཡིན་དུ་བཅས་པའི་འཇིག་རྟེན་ཟིལ་གྱིས་མནན་ཅིང་འབྱུང་བར་མི་འགྱུར་ཏེ། རབ་འབྱོར་སའི་ཁམས་དེ་རྣམ་པར་བརྟགས་པ། རྣམ་པར་བསྐྱེད་པ། ཡོངས་སུ་བསྒྲུབས་པ་སྟེ། མི་རྟག་ཅིང་མི་བརྟན་[1]ལ། ཐེར་ཟུག་མ་ཡིན་འགྱུར་བའི་ཆོས་ཅན་ཏེ། དངོས་པོ་མེད་པས་དེའི་ཕྱིར་ཐེག་པ་ཆེན་པོ་འདིས་ལྷ་དང་མི་དང་ལྷ་མ་ཡིན་དུ་བཅས་པའི་འཇིག་རྟེན་ཟིལ་གྱིས་མནན་ཏེ། འབྱུང་བ་ཡིན་ནོ། །རབ་འབྱོར་གལ་ཏེ་ཆུའི་ཁམས་དང་། མེའི་ཁམས་དང་། རླུང་གི་ཁམས་དང་། ནམ་མཁའི་ཁམས་དང་། རྣམ་པར་ཤེས་པའི་ཁམས་དེ་བཞིན། མ་ནོར་བ་དེ་བཞིན། གཞན་མ་ཡིན་པ་དེ་བཞིན་ཏེ། ཕྱིན་ཅི་ལོག་མ་ཡིན་ལ། བདེན་པ་ཡང་དག་པ་སྟེ། ཇི་ལྟ་བ་བཞིན་དུ་རྟག་ཅིང་བརྟན་ལ། ཐེར་ཟུག་མི་འགྱུར་བའི་ཆོས་ཅན་གྱི་དངོས་པོ་ཞིག་ཡིན་ན་ནི། ཐེག་པ་[2]ཆེན་པོ་འདིས་ཀྱང་། ལྷ་དང་མི་དང་ལྷ་མ་ཡིན་དུ་བཅས་པའི་འཇིག་རྟེན་ཟིལ་གྱིས་མནན་ཅིང་འབྱུང་བར་མི་འགྱུར་ཏེ། རབ་འབྱོར་རྣམ་པར་ཤེས་པའི་ཁམས་དེ་རྣམ་པར་བརྟགས་པ། རྣམ་པར་བསྐྱེད་པ། ཡོངས་སུ་བསྒྲུབས་པ་སྟེ། མི་རྟག་ཅིང་མིཿབརྟན་ལ[3]། ཐེར་ཟུག་མ་ཡིན་འགྱུར་བའི་ཆོས་ཅན་ཏེ།

དངོས་པོ་མེད་པས་དེའི་ཕྱིར་ཐེག་པ་ཆེན་པོ་འདིས། ལྷ་དང་མི་དང་ལྷ་མ་ཡིན་དུ་བཅས་པའི་འཇིག་རྟེན་ཟིལ་གྱིས་མནན་ཏེ། འབྱུང་བ་ཡིན་ནོ། །རབ་འབྱོར་གལ་ཏེ་མ་རིག་པ་དང་། འདུ་བྱེད་དང་། རྣམ་པར་ཤེས་པ་དང་། མིང་དང་གཟུགས་དང་། སྐྱེ་མཆེད་དྲུག་དང་། རེག་པ་དང་། ཚོར་བ་དང་། སྲེད་པ་དང་། ལེན་པ་དང་། སྲིད་པ་དང་། སྐྱེ་བ་དང་། རྒ་ཤི་དེ་བཞིན། མ་ནོར་བ་དེ་བཞིན། གཞན་མ་ཡིན་པ་དེ་བཞིན་ཏེ། ཕྱིན་ཅི་ལོག་མ་ཡིན་ལ། བདེན་པ་ཡང་དག་པ་སྟེ། ཇི་ལྟ་བ་བཞིན་དུ་རྟག་ཅིང་བརྟན་ལ་ཐེར་ཟུག་མི་འགྱུར་བའི་ཆོས་ཅན་གྱི་དངོས་པོ་ཞིག་ཡིན་ན་ནི། ཐེག་པ་ཆེན་པོ་འདིས་ཀྱང་། ལྷ་དང་མི་དང་ལྷ་མ་ཡིན་དུ་བཅས་པའི་འཇིག་རྟེན་ཟིལ་གྱིས་མནན་ཅིང་འབྱུང་བར་མི་འགྱུར་ཏེ། རབ་འབྱོར་རྒ་ཤི་དེ་རྣམ་པར་བརྟགས་པ། རྣམ་པར་བསྐྱེད་པ། ཡོངས་སུ་བསྒྲུབས་པ་སྟེ། མི་རྟག་ཅིང་མི་བརྟན་ལ། ཐེར་ཟུག་མ་ཡིན་འགྱུར་བའི་ཆོས་ཅན་ཏེ། དངོས་པོ་མེད་པས་དེའི་ཕྱིར་ཐེག་པ་ཆེན་པོ་འདིས། ལྷ་དང་མི་དང་ལྷ་མ་ཡིན་དུ་བཅས་པའི་འཇིག་རྟེན་ཟིལ་གྱིས་མནན་[7] ཏེ་འབྱུང་བ་ཡིན་ནོ། །རབ་འབྱོར་གལ་ཏེ་སྦྱིན་པའི་ཕ་རོལ་ཏུ་ཕྱིན་པ་དངོས་པོ་ཡོད་པ་ཞིག་ཡིན་ཏེ། དངོས་པོ་མེད་པ་མ་ཡིན་ན་ནི། ཐེག་པ་ཆེན་པོ་འདིས་ཀྱང་། ལྷ་དང་། མི་དང་། ལྷ་མ་ཡིན་དུ་བཅས་པའི་འཇིག་རྟེན་ཟིལ་གྱིས་མནན་ཅིང་འབྱུང་བར་མི་འགྱུར་ཏེ། རབ་འབྱོར་སྦྱིན་པའི་ཕ་རོལ་ཏུ་ཕྱིན་པ་དངོས་པོ་མེད་ལ། དངོས་པོ་མ་ཡིན་པས། དེའི་ཕྱིར་ཐེག་པ་ཆེན་པོ་འདིས། ལྷ་དང་། མི་དང་། ལྷ་མ་ཡིན་དུ་བཅས་པའི་འཇིག་རྟེན་ཟིལ་གྱིས་མནན་ཅིང་འབྱུང་བ་ཡིན་ནོ། །རབ་འབྱོར་གལ་ཏེ་ཚུལ་ཁྲིམས་ཀྱི་ཕ་རོལ་ཏུ་ཕྱིན་པ་དང་། བཟོད་པའི་ཕ་རོལ་ཏུ་ཕྱིན་པ་དང་། བརྩོན་འགྲུས་ཀྱི་ཕ་རོལ་ཏུ་ཕྱིན་

པ་དང་། བསམ་གཏན་གྱི་ཕ་རོལ་ཏུ་ཕྱིན་པ་དང་། ཤེས་རབ་ཀྱི་ཕ་རོལ་ཏུ་ཕྱིན་པ་དངོས་པོ་ཡོད་པ་ཞིག་ཡིན་ཏེ། དངོས་པོ་མེད་པ་མ་ཡིན་ན་ནི། ཐེག་པ་ཆེན་པོ་འདིས་ཀྱང་། ལྷ་དང་། མི་དང་། ལྷ་མ་ཡིན་དུ་བཅས་པའི་འཇིག་རྟེན་ཟིལ་གྱིས་མནན་ཅིང་འབྱུང་བར་མི་འགྱུར་ཏེ། རབ་འབྱོར་ཤེས་རབ་ཀྱི་ཕ་རོལ་ཏུ་ཕྱིན་པ་དངོས་པོ་མེད་ལ། དངོས་པོ་མ་ཡིན་པས་དེའི་ཕྱིར་ཐེག་པ་ཆེན་པོ་འདིས། ལྷ་དང་མི་དང་། ལྷ་མ་ཡིན་དུ་བཅས་པའི་འཇིག་རྟེན་ཟིལ་གྱིས་མནན་ཅིང་འབྱུང་བ་ཡིན་ནོ། །རབ་འབྱོར་གལ་ཏེ་ནང་སྟོང་པ་ཉིད་དངོས་པོ་ཡོད་པ་ཞིག་ཡིན་ཏེ། དངོས་པོ་མེད་པ་མ་ཡིན་ན་ནི། ཐེག་པ་ཆེན་པོ་[༡]འདིས་ཀྱང་། ལྷ་དང་མི་དང་། ལྷ་མ་ཡིན་དུ་བཅས་པའི་འཇིག་རྟེན་ཟིལ་གྱིས་མནན་ཅིང་འབྱུང་བར་མི་འགྱུར་ཏེ། རབ་འབྱོར་ནང་སྟོང་པ་ཉིད་དངོས་པོ་མེད་ལ། དངོས་པོ་མ་ཡིན་པས། དེའི་ཕྱིར་ཐེག་པ་ཆེན་པོ་འདིས། ལྷ་དང་། མི་དང་། ལྷ་མ་ཡིན་དུ་བཅས་པའི་འཇིག་རྟེན་ཟིལ་གྱིས་མནན་ཅིང་འབྱུང་བ་ཡིན་ནོ། །རབ་འབྱོར་གལ་ཏེ་ཕྱི་སྟོང་པ་ཉིད་དངོས་པོ་ཡོད་པ་ཞིག་ཡིན་ཏེ། དངོས་པོ་མེད་པ་མ་ཡིན་ན་ནི། ཐེག་པ་ཆེན་པོ་འདིས་ཀྱང་། ལྷ་དང་། མི་དང་། ལྷ་མ་ཡིན་དུ་བཅས་པའི་འཇིག་རྟེན་ཟིལ་གྱིས་མནན་ཅིང་འབྱུང་བར་མི་འགྱུར་ཏེ། རབ་འབྱོར་ཕྱི་སྟོང་པ་ཉིད་དངོས་པོ་མེད་ལ། དངོས་པོ་མ་ཡིན་པས། དེའི་ཕྱིར་ཐེག་པ་ཆེན་པོ་འདིས། ལྷ་དང་། མི་དང་། ལྷ་མ་ཡིན་དུ་བཅས་པའི་འཇིག་རྟེན་ཟིལ་གྱིས་མནན་ཅིང་འབྱུང་བ་ཡིན་ནོ། །རབ་འབྱོར་གལ་ཏེ་ཕྱི་ནང་སྟོང་པ་ཉིད་དངོས་པོ་ཡོད་པ་ཞིག་ཡིན་ཏེ[༢]། དངོས་པོ་མེད་པ་མ་ཡིན་ན་ནི། ཐེག་པ་ཆེན་པོ་འདིས་ཀྱང་། ལྷ་དང་། མི་དང་། ལྷ་མ་ཡིན་དུ་བཅས་པའི་འཇིག་རྟེན་ཟིལ་གྱིས་མནན་ཅིང་འབྱུང་བར་མི་འགྱུར་ཏེ།

རབ་འབྱོར་ཕྱི་ནང་སྟོང་པ་ཉིད་དངོས་པོ་མེད་ལ། དངོས་པོ་མ་ཡིན་པས། དེའི་ཕྱིར་ཐེག་པ་ཆེན་པོ་འདིས། ལྷ་དང་། མི་དང་། ལྷ་མ་ཡིན་དུ་བཅས་པའི་འཇིག་རྟེན་ཟིལ་གྱིས་མནན་ཅིང་འབྱུང་བ་ཡིན་ནོ། །རབ་འབྱོར་གལ་ཏེ་དངོས་པོ་མེད་པའི་ངོ་བོ་ཉིད་སྟོང་པ་ཉིད་ཀྱི་བར་དུ། དངོས་པོ་ཡོད་པ་ཞིག་ཡིན་ཏེ། དངོས་པོ་མེད་པ་མ་ཡིན་ན་ནི། ཐེག་པ་ཆེན་པོ་འདིས་ཀྱང་། ལྷ་དང་། མི་དང་། ལྷ་མ་ཡིན་དུ་བཅས་པའི་འཇིག་རྟེན་ཟིལ་གྱིས་མནན་ཅིང་འབྱུང་བར་མི་འགྱུར་ཏེ། རབ་འབྱོར་དངོས་པོ་མེད་པའི་ངོ་བོ་ཉིད་སྟོང་པ་ཉིད་དངོས་པོ་མེད་ལ། དངོས་པོ་མ་ཡིན་པས། དེའི་ཕྱིར་ཐེག་པ་ཆེན་པོ་འདིས། ལྷ་དང་། མི་དང་། ལྷ་མ་ཡིན་དུ་བཅས་པའི་འཇིག་རྟེན་ཟིལ་གྱིས་མནན་ཏེ་འབྱུང་བ་ཡིན་ནོ། །རབ་འབྱོར་གལ་ཏེ་དྲན་པ་ཉེ་བར་གཞག་པ་རྣམས་དངོས་པོ་ཡོད་པ་ཞིག་ཡིན་ཏེ། དངོས་པོ་མེད་པ་མ་ཡིན་ན་ནི། ཐེག་པ་ཆེན་པོ་འདིས་ཀྱང་། ལྷ་དང་། མི་དང་། ལྷ་མ་ཡིན་དུ་བཅས་པའི་འཇིག་རྟེན་ཟིལ་གྱིས་མནན་ཅིང་འབྱུང་བར་མི་འགྱུར་ཏེ། རབ་འབྱོར་དྲན་པ་ཉེ་བར་གཞག་པ་རྣམས་དངོས་པོ་མེད་ལ། དངོས་པོ་མ་ཡིན་པས། དེའི་ཕྱིར་ཐེག་པ་ཆེན་པོ་འདིས། ལྷ་དང་། མི་དང་། ལྷ་མ་ཡིན་དུ་བཅས་པའི་འཇིག་རྟེན་ཟིལ་གྱིས་མནན་ཅིང་འབྱུང་བ་ཡིན་ནོ། །རབ་འབྱོར་གལ་ཏེ་ཡང་དག་པར་སྤོང་བ་རྣམས་དང་། རྫུ་འཕྲུལ་གྱི་རྐང་པ་རྣམས་དང་། དབང་པོ་རྣམས་དང་། སྟོབས་རྣམས་དང་། བྱང་ཆུབ་ཀྱི་ཡན་ལག་རྣམས་དང་། འཕགས་པའི་ལམ་ཡན་ལག་བརྒྱད་པ་དངོས་པོ་ཡོད་པ་ཞིག་ཡིན་ཏེ། དངོས་པོ་མེད་པ་མ་ཡིན་ན་ནི། ཐེག་པ་ཆེན་པོ་འདིས་ཀྱང་། ལྷ་དང་། མི་དང་། ལྷ་མ་ཡིན་དུ་བཅས་པའི་འཇིག་རྟེན་ཟིལ་གྱིས་མནན་ཅིང་འབྱུང་བར་མི་འགྱུར་ཏེ། རབ་འབྱོར་འཕགས་

པའི་ལམ་ཡན་ལག་བརྒྱད་པ་དངོས་པོ་མེད་ལ། དངོས་པོ་མ་ཡིན་པས། དེའི་
ཕྱིར་ཐེག་པ་ཆེན་པོ་འདིས། ལྷ་དང་། མི་དང་། ལྷ་མ་ཡིན་དུ་བཅས་པའི་
འཇིག་རྟེན་ཟིལ་གྱིས་མནན་ཅིང་འབྱུང་བ་ཡིན་ནོ། །རབ་འབྱོར་གལ་ཏེ་
འཕགས་པའི་བདེན་པ་རྣམས་དང་། བསམ་གཏན་རྣམས་དང་། ཚད་མེད་
པ་རྣམས་དང་། གཟུགས་མེད་པའི་སྙོམས་པར་འཇུག་པ་རྣམས་དང་། རྣམ་
པར་ཐར་པ་བརྒྱད་དང་། མཐར་གྱིས་གནས་པའི་སྙོམས་པར་འཇུག་པ་དགུ་
དང་། སྟོང་པ་ཉིད་དང་། མཚན་མ་མེད་པ་དང་། སྨོན་པ་མེད་པ་དང་།
མངོན་པར་ཤེས་པ་རྣམས་དང་། ཏིང་ངེ་འཛིན་རྣམས་དང་། གཟུངས་ཀྱི་སྒོ་
རྣམས་དངོས་པོ་ཡོད་པ་ཞིག་ཡིན་ཏེ། དངོས་པོ་མེད་པ་མ་ཡིན་ན་ནི། ཐེག་
པ་ཆེན་པོ་འདིས་ཀྱང་། ལྷ་དང་། མི་དང་། ལྷ་མ་ཡིན་དུ་བཅས་པའི་
འཇིག་རྟེན་ཟིལ་གྱིས་མནན་ཅིང་འབྱུང་བར་མི་འགྱུར་ཏེ། རབ་འབྱོར་②
གཟུངས་ཀྱི་སྒོ་རྣམས་དངོས་པོ་མེད་ལ། དངོས་པོ་མ་ཡིན་པས། དེའི་ཕྱིར་
ཐེག་པ་ཆེན་པོ་འདིས། ལྷ་དང་། མི་དང་། ལྷ་མ་ཡིན་དུ་བཅས་པའི་འཇིག་
རྟེན་ཟིལ་གྱིས་མནན་ཅིང་འབྱུང་བ་ཡིན་ནོ། །རབ་འབྱོར་གལ་ཏེ་དེ་བཞིན་
གཤེགས་པའི་སྟོབས་བཅུ་དང་། མི་འཇིགས་པ་བཞི་དང་། སོ་སོ་ཡང་དག་
པར་རིག་པ་བཞི་དང་། སངས་རྒྱས་ཀྱི་③ཆོས་མ་འདྲེས་པ་བཅོ་བརྒྱད་དངོས་པོ་
ཡོད་པ་ཞིག་ཡིན་ཏེ། དངོས་པོ་མེད་པ་མ་ཡིན་ན་ནི། ཐེག་པ་ཆེན་པོ་འདིས་
ཀྱང་། ལྷ་དང་། མི་དང་། ལྷ་མ་ཡིན་དུ་བཅས་པའི་འཇིག་རྟེན་ཟིལ་གྱིས་
མནན་ཅིང་འབྱུང་བར་མི་འགྱུར་ཏེ། རབ་འབྱོར་སངས་རྒྱས་ཀྱི་ཆོས་མ་འདྲེས་
པ་བཅོ་བརྒྱད་དངོས་པོ་མེད་ལ། དངོས་པོ་མ་ཡིན་པས། དེའི་ཕྱིར་ཐེག་པ་
ཆེན་པོ་འདིས། ལྷ་དང་། མི་དང་། ལྷ་མ་ཡིན་དུ་བཅས་པའི་འཇིག་རྟེན་

ཐལ་གྱིས་མནན་ཅིང་འབྱུང་བ་ཡིན་ནོ། །རབ་འབྱོར་གལ་ཏེ་རིགས་ཀྱི་སའི་ཆོས་དངོས་པོ་ཡོད་པ་ཞིག་ཡིན་ཏེ། དངོས་པོ་མེད་པ་མ་ཡིན་ན་ནི། ཐེག་པ་ཆེན་པོ་འདིས་ཀྱང་། ལྷ་དང་། མི་དང་། ལྷ་མ་ཡིན་དུ་བཅས་པའི་འཇིག་རྟེན་ཟིལ་གྱིས་མནན་ཅིང་འབྱུང་བར་མི་འགྱུར་ཏེ། རབ་འབྱོར་རིགས་ཀྱི་སའི་ཆོས་དངོས་པོ་མེད་ལ་དངོས་པོ་མ་ཡིན་པས། དེའི་ཕྱིར་ཐེག་པ་ཆེན་པོ་འདིས། ལྷ་དང་། མི་དང་། ལྷ་མ་ཡིན་དུ་བཅས་པའི་འཇིག་རྟེན་ཟིལ་གྱིས་མནན་ཅིང་འབྱུང་བ་ཡིན་ནོ། །རབ་འབྱོར་གལ་ཏེ་བརྒྱད་པའི་སའི་ཆོས་དང་། རྒྱུན་དུ་ཞུགས་པའི་ཆོས་དང་། ལན་ཅིག་ཕྱིར་འོང་བའི་ཆོས་དང་། ཕྱིར་མི་འོང་བའི་ཆོས་དང་། དགྲ་བཅོམ་པའི་ཆོས་དང་། རང་སངས་རྒྱས་ཀྱི་ཆོས་དང་། བྱང་ཆུབ་སེམས་དཔའི་ཆོས་དང་། སངས་རྒྱས་ཀྱི་ཆོས་དངོས་པོ་ཡོད་པ་ཞིག་ཡིན་ཏེ། དངོས་པོ་མེད་པ་མ་ཡིན་ན་ནི། ཐེག་པ་ཆེན་པོ་འདིས་ཀྱང་། ལྷ་དང་། མི་དང་། ལྷ་མ་ཡིན་དུ་བཅས་པའི་འཇིག་རྟེན་ཟིལ་གྱིས་མནན་ཅིང་འབྱུང་བར་མི་འགྱུར་ཏེ། རབ་འབྱོར་སངས་རྒྱས་ཀྱི་[༡]ཆོས་དངོས་པོ་མེད་ལ། དངོས་པོ་ཡོད་པ་མ་ཡིན་པས། དེའི་ཕྱིར་ཐེག་པ་ཆེན་པོ་འདིས། ལྷ་དང་། མི་དང་། ལྷ་མ་ཡིན་དུ་བཅས་པའི་འཇིག་རྟེན་ཟིལ་གྱིས་མནན་ཅིང་འབྱུང་བ་ཡིན་ནོ། །རབ་འབྱོར་གལ་ཏེ་རིགས་ཀྱི་ས་དངོས་པོ་ཡོད་པ་ཞིག་ཡིན་ཏེ། དངོས་པོ་མེད་པ་མ་ཡིན་ན་ནི། ཐེག་པ་ཆེན་པོ་འདིས་ཀྱང་། ལྷ་དང་། མི་དང་། ལྷ་མ་ཡིན་དུ་བཅས་པའི་འཇིག་རྟེན་ཟིལ་གྱིས་མནན་ཅིང་འབྱུང་བར་མི་འགྱུར་ཏེ། རབ་འབྱོར་རིགས་ཀྱི་ས་[༢]དངོས་པོ་མེད་ལ། དངོས་པོ་མ་ཡིན་པས། དེའི་ཕྱིར་ཐེག་པ་ཆེན་པོ་འདིས། ལྷ་དང་། མི་དང་། ལྷ་མ་ཡིན་དུ་བཅས་པའི་འཇིག་རྟེན་ཟིལ་གྱིས་མནན་ཅིང་འབྱུང་བ་ཡིན་ནོ། །རབ་འབྱོར་གལ་ཏེ·····

བརྒྱད་པ་དང་། རྒྱུན་དུ་ཞུགས་པ་དང་། ལན་ཅིག་ཕྱིར་འོང་བ་དང་། ཕྱིར་མི་འོང་བ་དང་། དགྲ་བཅོམ་པ་དང་། རང་སངས་རྒྱས་དང་། བྱང་ཆུབ་སེམས་དཔའ་དང་། དེ་བཞིན་གཤེགས་པ་དགྲ་བཅོམ་པ་ཡང་དག་པར་རྫོགས་པའི་སངས་རྒྱས་དངོས་པོ་ཡོད་པ་ཞིག་ཡིན་ཏེ། དངོས་པོ་མེད་པ་མ་ཡིན་ན་ནི་ཐེག་པ་ཆེན་པོ་འདིས་ཀྱང་། ལྷ་དང་མི་དང་། ལྷ་མ་ཡིན་དུ་བཅས་པའི་འཇིག་རྟེན་ཟིལ་གྱིས་མནན་ཅིང་འབྱུང་བར་མི་འགྱུར་ཏེ། རབ་འབྱོར་དེ་བཞིན་གཤེགས་པ་དགྲ་བཅོམ་པ་ཡང་དག་པར་རྫོགས་པའི་སངས་རྒྱས་དངོས་པོ་མེད་ལ། དངོས་པོ་མ་ཡིན་པས། དེའི་ཕྱིར་ཐེག་པ་ཆེན་པོ་འདིས། ལྷ་དང་། མི་དང་ལྷ་མ་ཡིན་དུ་བཅས་པའི་འཇིག་རྟེན་ཟིལ་གྱིས་མནན་ཅིང་འབྱུང་བ་ཡིན་ནོ།། རབ་འབྱོར་གལ་ཏེ་ཆོས་ཀྱི་དབྱིངས་དངོས་པོ་ཡོད་པ་ཞིག་ཡིན་ཏེ། དངོས་པོ་མེད་པ་མ་ཡིན་ན་ནི། ཐེག་པ་ཆེན་པོ་འདིས་ཀྱང་། ལྷ་དང་། མི་དང་། ལྷ་མ་ཡིན་དུ་བཅས་པའི་འཇིག་རྟེན་ཟིལ་གྱིས་མནན་ཅིང་འབྱུང་བར་མི་འགྱུར་ཏེ། རབ་འབྱོར་ཆོས་ཀྱི་དབྱིངས་དངོས་པོ་མེད་ལ། དངོས་པོ་མ་ཡིན་པས། དེའི་ཕྱིར་ཐེག་པ་ཆེན་པོ་འདིས། ལྷ་དང་། མི་དང་། ལྷ་མ་ཡིན་དུ་བཅས་པའི་འཇིག་རྟེན་ཟིལ་གྱིས་མནན་ཅིང་འབྱུང་བ་ཡིན་ནོ། །རབ་འབྱོར་གལ་ཏེ་དེ་བཞིན་ཉིད་དང་། ཡང་དག་པའི་མཐའ་དང་། བསམ་གྱིས་མི་ཁྱབ་པའི་དབྱིངས་དངོས་པོ་ཡོད་པ་ཞིག་ཡིན་ཏེ། དངོས་པོ་མེད་པ་མ་ཡིན་ན་[7]ནི། ཐེག་པ་ཆེན་པོ་འདིས་ཀྱང་། ལྷ་དང་། མི་དང་། ལྷ་མ་ཡིན་དུ་བཅས་པའི་འཇིག་རྟེན་ཟིལ་གྱིས་མནན་ཅིང་འབྱུང་བར་མི་འགྱུར་ཏེ། རབ་འབྱོར་བསམ་གྱིས་མི་ཁྱབ་པའི་དབྱིངས་དངོས་པོ་མེད་ལ། དངོས་པོ་མ་ཡིན་པས། དེའི་ཕྱིར་ཐེག་པ་ཆེན་པོ་འདིས། ལྷ་དང་། མི་དང་། ལྷ་མ་ཡིན་དུ་བཅས་པའི་འཇིག་རྟེན་

ཟིལ་གྱིས་མནན་ཅིང་འབྱུང་བ་ཡིན་ནོ། །རབ་འབྱོར་གལ་ཏེ་ལྷ་དང་། མི་དང་ལྷ་མ་ཡིན་དུ་བཅས་པའི་འཇིག་རྟེན་དངོས་པོ་ཡོད་པ་ཞིག་ཡིན་ཏེ། དངོས་པོ་མེད་པ་མ་ཡིན་ན་ནི། ཐེག་པ་ཆེན་པོ་འདིས་ཀྱང་། ལྷ་དང་མི་དང་ལྷ་མ་ཡིན་དུ་བཅས་པའི་འཇིག་རྟེན་ཟིལ་གྱིས་མནན་ཅིང་འབྱུང་བར་མི་འགྱུར་ཏེ། རབ་འབྱོར་ལྷ་དང་མི་དང་ལྷ་མ་ཡིན་དུ་བཅས་པའི་འཇིག་རྟེན་དངོས་པོ་མེད་ལ། དངོས་པོ་མ་ཡིན་པས། དེའི་ཕྱིར་ཐེག་པ་ཆེན་པོ་འདིས། ལྷ་དང་མི་དང་ལྷ་མ་ཡིན་དུ་བཅས་པའི་འཇིག་རྟེན་ཟིལ་གྱིས་མནན་ཅིང་འབྱུང་བ་ཡིན་ནོ། །རབ་འབྱོར་གལ་ཏེ་བྱང་ཆུབ་སེམས་དཔའ་སེམས་དཔའ་ཆེན་པོས་སེམས་དང་པོ་བསྐྱེད་ཕྱིན་ཆད་སྙིང་པོ་བྱང་ཆུབ་ལ་[1]འདུག་གི་བར་དུ། སེམས་བསྐྱེད་པ་ཇི་སྙེད་ཅིག་བྱུང་བ་དེ་དག་དངོས་པོ་ཡོད་པ་ཞིག་ཡིན་ཏེ། དངོས་པོ་མེད་པ་མ་ཡིན་ན་ནི། ཐེག་པ་ཆེན་པོ་འདིས་ཀྱང་། ལྷ་དང་མི་དང་ལྷ་མ་ཡིན་དུ་བཅས་པའི་འཇིག་རྟེན་ཟིལ་གྱིས་མནན་ཅིང་འབྱུང་བར་མི་འགྱུར་ཏེ། རབ་འབྱོར་བྱང་ཆུབ་སེམས་དཔའ་སེམས་དཔའ་ཆེན་པོས། སེམས་དང་པོ་བསྐྱེད་ཕྱིན་ཅད་[2]སྙིང་པོ་བྱང་ཆུབ་ལ་[3]འདུག་གི་བར་དུ། སེམས་བསྐྱེད་པ་ཇི་སྙེད་ཅིག་བྱུང་བ་དེ་དག་དངོས་པོ་མེད་ལ། དངོས་པོ་མ་ཡིན་པས། དེའི་ཕྱིར་ཐེག་པ་ཆེན་པོ་འདིས[4]། ལྷ་དང་། མི་དང་ལྷ་མ་ཡིན་དུ་བཅས་པའི་འཇིག་རྟེན་ཟིལ་གྱིས་མནན་ཅིང་འབྱུང་བ་ཡིན་ནོ། །རབ་འབྱོར་གལ་ཏེ་བྱང་ཆུབ་སེམས་དཔའ་སེམས་དཔའ་ཆེན་པོའི། ཡེ་ཤེས་རྡོ་རྗེ་ལྟ་བུ[5]དངོས་པོ་ཡོད་པ་ཞིག་ཡིན་ཏེ། དངོས་པོ་མེད་པ་མ་ཡིན་ན་ནི། ཐེག་པ་ཆེན་པོ་འདིས་ཀྱང་། ལྷ་དང་མི་དང་ལྷ་མ་ཡིན་དུ་བཅས་པའི་འཇིག་རྟེན་ཟིལ་གྱིས་མནན་ཅིང་འབྱུང་བར་མི་འགྱུར་ཏེ། རབ་འབྱོར་བྱང་ཆུབ་སེམས་དཔའ་སེམས་དཔའ་ཆེན་པོའི་ཡེ་ཤེས་རྡོ་རྗེ་ལྟ་བུ་དངོས་པོ་མེད་ལ།

དངོས་པོ་མ་ཡིན་པས། དེའི་ཕྱིར་ཐེག་པ་ཆེན་པོ་འདིས། ལྷ་དང་མི་དང་ལྷ་མ་ཡིན་དུ་བཅས་པའི་འཇིག་རྟེན་ཟིལ་གྱིས་མནན་ཅིང་འབྱུང་བ་ཡིན་ནོ། །རབ་འབྱོར་གལ་ཏེ་བྱང་ཆུབ་སེམས་དཔའ་སེམས་དཔའ་ཆེན་པོའི་ཡེ་ཤེས་རྡོ་རྗེ་ལྟ་བུ་དངོས་པོ་ཡོད་པ་ཞིག་ཡིན་ཏེ། དངོས་པོ་མེད་པ་མ་ཡིན་ན་ནི། བྱང་ཆུབ་སེམས་དཔའ་སེམས་དཔའ་ཆེན་པོས་ཀྱང་བག་ཆགས་ཀྱི་མཚམས་སྦྱོར་བའི་ཉོན་མོངས་པ་ཐམས་ཅད་དངོས་པོ་མེད་པར་ཁོང་དུ་ཆུད་ཅིང་། རྣམ་པ་ཐམས་ཅད་མཁྱེན་པ་ཉིད་ཐོབ་པར་ཡང་མི་འགྱུར། ལྷ་དང་མི་དང་ལྷ་མ་ཡིན་དུ་བཅས་པའི་འཇིག་རྟེན་ཟིལ་གྱིས་མནན་ཅིང་འབྱུང་བར་མི་འགྱུར་ཏེ། རབ་འབྱོར་བྱང་ཆུབ་སེམས་དཔའ་སེམས་དཔའ་ཆེན་པོའི་ཡེ་ཤེས་རྡོ་རྗེ་ལྟ་བུ་དངོས་པོ་མེད་ལ། དངོས་པོ་མ་ཡིན་པས། དེའི་ཕྱིར་བྱང་ཆུབ་སེམས་དཔའ་སེམས་དཔའ་ཆེན་པོས་བག་ཆགས་ཀྱི་མཚམས་སྦྱོར་བའི་ཉོན་མོངས་པ་ཐམས་ཅད་དངོས་པོ་མེད་པར་ཁོང་དུ་ཆུད་དེ། རྣམ་པ་ཐམས་ཅད་མཁྱེན་པ་ཉིད་ཀྱང་འཐོབ། ལྷ་དང་མི་དང་ལྷ་མ་ཡིན་དུ་བཅས་པའི་འཇིག་རྟེན་ཟིལ་གྱིས་མནན་ཅིང་འབྱུང་བ་ཡིན་ནོ། །རབ་འབྱོར་གལ་ཏེ་དེ་བཞིན་གཤེགས་པ་དགྲ་བཅོམ་པ་ཡང་དག་པར་རྫོགས་པའི་སངས་རྒྱས་ཀྱི་མི་ཆེན་པོའི་མཚན་སུམ་ཅུ་རྩ་གཉིས་དངོས་པོ་མེད་པ་མ་ཡིན་ཏེ། དངོས་པོ་ཡོད་པ་ཞིག་ཡིན་ན་ནི། དེ་བཞིན་གཤེགས་པ་དགྲ་བཅོམ་པ་ཡང་དག་པར་རྫོགས་པའི་སངས་རྒྱས་ཀྱིས་ཀྱང་། ལྷ་དང་མི་དང་ལྷ་མ་ཡིན་དུ་བཅས་པའི་འཇིག་རྟེན་ཟིལ་གྱིས་མནན་ཅིང་གཟི་བརྗིད་དང་། དཔལ་གྱིས་ལྷམ་མེར་མི་འགྱུར༑ ལྷན་ནེར་མི་འགྱུར། ལྷང་ངེར་མི་འགྱུར་ཏེ། རབ་འབྱོར་དེ་བཞིན་གཤེགས་པ་དགྲ་བཅོམ་པ་ཡང་དག་པར་རྫོགས་པའི་སངས་རྒྱས་ཀྱི་མི་ཆེན་པོའི་མཚན་སུམ་ཅུ་རྩ་གཉིས་དངོས་པོ་མེད་ལ་དངོས་པོ་མ་ཡིན་པས། དེ་བཞིན་

གཤེགས་པ་དགྲ་བཅོམ་པ་ཡང་དག་པར་རྫོགས་པའི་སངས་རྒྱས་ཀྱིས། ལྷ་དང་མི་དང་ལྷ་མ་ཡིན་དུ་བཅས་པའི་འཇིག་རྟེན་ཟིལ་གྱིས་མནན་ཏེ། གཟི་བརྗིད་དང་། དཔལ་གྱིས[༡]། ལྷམ་མེ། ལྷན་ནེ། ལྷང་ངེར་གྱུར་པ་ཡིན་ནོ། །རབ་འབྱོར་གལ་ཏེ་དེ་བཞིན་གཤེགས་པ་དགྲ་བཅོམ་པ་ཡང་དག་པར་རྫོགས་པའི་སངས་རྒྱས་ཀྱི་འོད་དངོས་པོ་ཡོད་པ་ཞིག་ཡིན་ཏེ། དངོས་པོ་མེད་པ་མ་ཡིན་ན་ནི། དེ་བཞིན་གཤེགས་པ་དགྲ་བཅོམ་པ་ཡང་དག་པར་རྫོགས་པའི་སངས་རྒྱས་ཀྱིས་འཇིག་རྟེན་གྱི་ཁམས་གང་གཱའི་ཀླུང་གི་བྱེ་མ་སྙེད་སྣང་བས་རྒྱས་པར་མི་མཛད་དེ། རབ་འབྱོར་དེ་བཞིན་གཤེགས་པ་དགྲ་བཅོམ་པ་ཡང་དག་པར་རྫོགས་པའི་སངས་རྒྱས་ཀྱི་འོད་དངོས་པོ་མེད་དེ། དངོས་པོ་མ་ཡིན་པས། དེའི་ཕྱིར་དེ་བཞིན་གཤེགས་པ་དགྲ་བཅོམ་པ་ཡང་དག་པར་རྫོགས་པའི་སངས་རྒྱས་འཇིག་རྟེན་གྱི་[༢]ཁམས་གང་གཱའི་ཀླུང་གི་བྱེ་མ་སྙེད་དག་འོད་ཀྱིས་རྒྱས་པར་[༣]འགེངས་པ་མཛད་དོ། །རབ་འབྱོར་གལ་ཏེ་དེ་བཞིན་གཤེགས་པ་དགྲ་བཅོམ་པ་ཡང་དག་པར་རྫོགས་པའི་སངས་རྒྱས་ཀྱི་གསུང་ཡན་ལག་དྲུག་ཅུ་དང་ལྡན་པ་དངོས་པོ་ཡོད་པ་ཞིག་ཡིན་ཏེ། དངོས་པོ་མེད་པ་མ་ཡིན་ན་ནི། དེ་བཞིན་གཤེགས་པ་དགྲ་བཅོམ་པ་ཡང་དག་པར་རྫོགས་པའི་སངས་རྒྱས། ཕྱོགས་བཅུའི་འཇིག་རྟེན་གྱི་ཁམས་གང་གཱའི་ཀླུང་གི་བྱེ་མ་སྙེད་གསུང་གིས་[༤]མངོན་པར་གོ་བར་ཡང་མི་མཛད་དེ། རབ་འབྱོར་དེ་བཞིན་གཤེགས་པ་དགྲ་བཅོམ་པ་ཡང་དག་པར་རྫོགས་པའི་སངས་རྒྱས་ཀྱི་གསུང་ཡན་ལག་དྲུག་ཅུ་དང་ལྡན་པ་དངོས་པོ་མེད་ལ། དངོས་པོ་མ་ཡིན་པས། དེའི་ཕྱིར་དེ་བཞིན་གཤེགས་པ་དགྲ་བཅོམ་པ་ཡང་དག་པར་རྫོགས་པའི་སངས་རྒྱས་ཕྱོགས་བཅུའི་འཇིག་རྟེན་གྱི་ཁམས་གང་གཱའི་ཀླུང་གི་བྱེ་མ་སྙེད་གསུང་གིས་མངོན་པར་གོ་བར་མཛད་དོ། །རབ་འབྱོར་གལ་ཏེ་དེ་བཞིན་གཤེགས་པ་དགྲ་

བཅོམ་པ་ཡང་དག་པར་རྫོགས་པའི་སངས་རྒྱས་ཀྱི་(༡)ཆོས་ཀྱི་འཁོར་ལོ་དངོས་པོ་ཡོད་པ་ཞིག་ཡིན་ཏེ། དངོས་པོ་མེད་པ་མ་ཡིན་ན་ནི། དེ་བཞིན་གཤེགས་པ་(༢)དགྲ་བཅོམ་པ་ཡང་དག་པར་རྫོགས་པའི་སངས་རྒྱས་ཀྱི་(༣)ཆོས་ཀྱི་འཁོར་ལོ་དགེ་སྦྱོང་ངམ། བྲམ་ཟེའམ། ལྷའམ། བདུད་དམ། ཚངས་པའམ་གྱུས་ཀྱང་རུང་སྟེ། འཇིག་རྟེན་དུ་ཆོས་དང་ལྡན་པར་བསྐོར་བར་མི་ནུས་པ་བསྐོར་(༤)བར་ཡང༌མི་འགྱུར་(༥)ཏེ། རབ་འབྱོར་དེ་བཞིན་གཤེགས་པ་དགྲ་བཅོམ་པ་ཡང་དག་པར་རྫོགས་པའི་སངས་རྒྱས་ཀྱི་ཆོས་ཀྱི་འཁོར་ལོ་དངོས་པོ་མེད་དེ་དངོས་པོ་མ་ཡིན་པས། དེའི་ཕྱིར་དེ་བཞིན་གཤེགས་པ་དགྲ་བཅོམ་པ་ཡང་དག་པར་རྫོགས་པའི་སངས་རྒྱས་ཀྱིས་(༦)ཆོས་ཀྱི་འཁོར་ལོ་དགེ་སྦྱོང་ངམ། བྲམ་ཟེའམ། ལྷའམ། བདུད་དམ། ཚངས་པའམ། གྱུས་ཀྱང་རུང་སྟེ། འཇིག་རྟེན་དུ་ཆོས་དང་ལྡན་པར་བསྐོར་བར་མི་ནུས་པ་རབ་ཏུ་བསྐོར་(༧)རོ། །རབ་འབྱོར་གལ་ཏེ་དེ་བཞིན་གཤེགས་པ་དགྲ་བཅོམ་པ་ཡང་དག་པར་རྫོགས་པའི་སངས་རྒྱས་ཀྱིས་གང་གི་དོན་དུ་ཆོས་ཀྱི་འཁོར་ལོ་བསྐོར་བའི་སེམས་ཅན་དེ་དག་དངོས་པོ་ཡོད་པ་ཞིག་ཡིན་ཏེ། དངོས་པོ་མེད་པ་མ་ཡིན་ན་ནི། སེམས་ཅན་དེ་དག་ཕུང་པོ་མ་ལུས་པའི་མྱ་ངན་ལས་འདས་པའི་དབྱིངས་སུ་ཡོངས་སུ་མྱ་ངན་(༨)འདའ་བར་ཡང་མི་འགྱུར་ཏེ། རབ་འབྱོར་དེ་བཞིན་གཤེགས་པ་དགྲ་བཅོམ་པ་ཡང་དག་པར་རྫོགས་པའི་སངས་རྒྱས་ཀྱིས་གང་གི་(༩)དོན་དུ་ཆོས་ཀྱི་འཁོར་ལོ་བསྐོར་བའི་སེམས་ཅན་དེ་དག་དངོས་པོ་མེད་དེ། དངོས་པོ་མ་ཡིན་པས། དེའི་ཕྱིར་སེམས་ཅན་རྣམས་ཕུང་པོ་མ་ལུས་པའི་མྱ་ངན་ལས་འདས་པའི་དབྱིངས་སུ་ཡོངས་སུ་མྱ་ངན་ལས་འདས་སོ། །ཡོངས་སུ་མྱ་ངན་ལས་འདའོ། །ཡོངས་སུ་མྱ་ངན་ལས་འདའ་(༡༠)བར་འགྱུར་རོ། །རབ་འབྱོར་གང་ཡང་ཁྱོད་ཀྱིས་འདི་སྐད་དུ་ཐེག་པ་དེ་ནི་ནམ་མཁའ་

དང་མཉམ་པའོ་ཞེས་སྨྲས་པ་ནི། དེ་དེ་བཞིན་ནོ། །རབ་འབྱོར་དེ་དེ་བཞིན་ཏེ། ཐེག་པ་དེ་ནི་ནམ་མཁའ་དང་མཉམ་པའོ། །རབ་འབྱོར་འདི་ལྟ་སྟེ། དཔེར་ན། ནམ་མཁའ་ལ་ནི་ཤར་ཕྱོགས་དམིགས་སུ་མེད་དོ། །ལྷོ་དང་ནུབ་དང་བྱང་དང་སྟེང་དང་འོག་དང་། ཕྱོགས་མཚམས་དམིགས་སུ་མེད་དོ། །རབ་འབྱོར་དེ་བཞིན་དུ་ཐེག་པ་ཆེན་པོ་དེ་ནི་ཤར་ཕྱོགས་དམིགས་སུ་མེད་དོ། །ལྷོ་དང་ནུབ་དང་བྱང་དང་སྟེང་[༡]དང་འོག་དང་ཕྱོགས་མཚམས་དམིགས་སུ་མེད་དེ[༣]། དེའི་ཕྱིར་ཐེག་པ་དེ་ནི་ནམ་མཁའ་དང་མཉམ་པ་ཞེས་བྱའོ། །རབ་འབྱོར་འདི་ལྟ་སྟེ་དཔེར་ན། ནམ་མཁའ་ནི་རིང་པོ་མ་ཡིན། ཐུང་ངུ་མ་ཡིན། ཟླུམ་པོ་མ་ཡིན། གྲུ་བཞི་མ་ཡིན། མཉམ་པ་མ་ཡིན། མི་མཉམ་པ་མ་ཡིན་ནོ། །རབ་འབྱོར་དེ་བཞིན་དུ་ཐེག་པ་ཆེན་པོ་དེ་ཡང་རིང་པོ་མ་ཡིན། ཐུང་ངུ་མ་ཡིན། ཟླུམ་པོ་མ་ཡིན། གྲུ་བཞི་མ་ཡིན། མཉམ་པ་མ་ཡིན། མི་མཉམ་པ་མ་ཡིན་ཏེ། དེའི་ཕྱིར་ཐེག་པ་དེ་ནི་ནམ་མཁའ་དང་མཉམ་པ་ཞེས་བྱའོ། །རབ་འབྱོར་འདི་ལྟ་སྟེ་དཔེར་ན། ནམ་མཁའ་ནི་སྔོན་པོ་མ་ཡིན། སེར་པོ་མ་ཡིན། དམར་པོ་མ་ཡིན། དཀར་པོ་མ་ཡིན། ལི་བཀྲ་མ་ཡིན། ཤེལ་དང་དངུལ་གྱི་མདོག་མ་ཡིན་ནོ། །རབ་འབྱོར་དེ་བཞིན་དུ་ཐེག་པ་ཆེན་པོ་དེ་ཡང་སྔོན་པོ་མ་ཡིན། སེར་པོ་མ་ཡིན། དམར་པོ་མ་ཡིན། དཀར་པོ་མ་ཡིན། ལི་བཀྲ་མ་ཡིན། ཤེལ་དང་དངུལ་གྱི་མདོག་མ་ཡིན་ཏེ། དེའི་ཕྱིར་ཐེག་པ་ཆེན་པོ་དེ་ནི་ནམ་མཁའ་དང་མཉམ་པ་ཞེས་བྱའོ། །རབ་འབྱོར་འདི་ལྟ་སྟེ་དཔེར་ན། ནམ་མཁའ་ནི་འདས་པ་མ་ཡིན། མ་འོངས་པ་མ་ཡིན། ད་ལྟར་བྱུང་བ་མ་ཡིན་ནོ། །རབ་འབྱོར་དེ་བཞིན་དུ་ཐེག་པ་ཆེན་པོ་དེ་ཡང་འདས་པ་མ་ཡིན། མ་འོངས་པ་མ་ཡིན། ད་ལྟར་བྱུང་བ་མ་ཡིན་ཏེ། དེའི་ཕྱིར་ཐེག་པ་དེ་ནི་ནམ་མཁའ་དང་མཉམ་པ་ཞེས་བྱའོ། །

རབ་འབྱོར་འདི་ལྟ་སྟེ་དཔེར་ན། ནམ་མཁའ་ལ་ནི་འགྲིབ་པ་མེད་དོ། །འཕེལ་བ་མེད་དོ། །འབྲི་བ་མེད་དོ། །ཿགང་བ་མེད་དོ། །[༡]རབ་འབྱོར་དེ་བཞིན་དུ་ཐེག་པ་ཆེན་པོ་དེ་ཡང་འགྲིབ་པ་མེད་འཕེལ་བ་མེད་འབྲི་བ་མེདཿགང་བ་མེད་[༢]དེ། དེའི་ཕྱིར་ཐེག་པཿཆེན་པོ་[༣]དེ་ནི་ནམ་མཁའ་དང་མཉམ་པ་ཞེས་བྱའོ། །རབ་འབྱོར་འདི་ལྟ་སྟེ་དཔེར་ན། ནམ་མཁའ་ལ་ཀུན་ནས་ཉོན་མོངས་པ་མེད་དོ། །རྣམ་པར་བྱང་བ་མེད་དོ། །རབ་འབྱོར་དེ་བཞིན་དུ་ཐེག་པ་ཆེན་པོ་དེ་ལ་ཡང་ཀུན་ནས་ཉོན་མོངས་པ་མེད། རྣམ་པར་བྱང་བ་མེད་དེ། དེའི་ཕྱིར་ཐེག་པ་དེ་ནི་ནམ་མཁའ་དང་མཉམ་པ་ཞེས་བྱའོ། །རབ་འབྱོར་འདི་ལྟ་སྟེ་དཔེར་ན། ནམ་མཁའ་ལ་སྐྱེ་བ་མེད་དོ། །འགག་པ་མེད་དོ། །གནས་པ་མེད་དོ། །མཐར་ཐུག་པ་མེད་དོ། །གནས་པ་ལས་གཞན་དུ་འགྱུར་བ་མི་དམིགས་སོ། །རབ་འབྱོར་དེ་བཞིན་དུ་ཐེག་པ་ཆེན་པོ་དེ་ལ་ཡང་སྐྱེ་བ་མེད་དོ། །འགག་པ་མེད་དོ༎ །གནས་པ་མེད་དོ། །མཐའ་[༤]ཐུག་པ་མེད་དོ། །གནས་པ་ལས་གཞན་དུ་འགྱུར་བ་[༥]མི་དམིགས་ཏེ། དེའི་ཕྱིར་ཐེག་པ་དེ་ནི་ནམ་མཁའ་དང་མཉམ་པ་[༦]ཞེས་བྱའོ། །རབ་འབྱོར་འདི་ལྟ་སྟེ་དཔེར་ན། ནམ་མཁའ་ནི་དགེ་བ་མ་ཡིན། མི་དགེ་བ་མ་ཡིན། ཿལུང་དུ་བསྟན་པ་མ་ཡིན།[༧] ལུང་དུ་མ་བསྟན་པ་མ་ཡིན་ནོ༎ །རབ་འབྱོར་དེ་བཞིན་དུ་ཐེག་པ་ཆེན་པོ་དེ་ཡང་དགེ་བ་མ་ཡིན་མི་དགེ་བ་མ་ཡིནཿལུང་དུ་བསྟན་པ་མ་ཡིན་[༨]ལུང་དུ་མ་བསྟན་པ་མ་ཡིན་ཏེ། དེའི་ཕྱིར་ཐེག་པ་དེ་ནི་ནམ་མཁའ་དང་མཉམ་པ་[༩]ཞེས་བྱའོ། །རབ་འབྱོར་འདི་ལྟ་སྟེ་དཔེར་ན། ནམ་མཁའ་ནི་མཐོང་བ་མ་ཡིན། ཐོས་པ་མ་ཡིན། རིག་པ་མ་ཡིན༎ རྣམ་པར་ཤེས་པ་མ་ཡིན་ནོ། །རབ་འབྱོར་དེ་བཞིན་དུ་ཐེག་པ་ཆེན་པོ་དེ་ཡང་མཐོང་བ་མ་ཡིན། ཐོས་པ་མ་ཡིན། རིག་པ་མ་ཡིན། རྣམ་པར་ཤེས་

པ་མ་ཡིན་ཏེ། དེའི་ཕྱིར་ཐེག་པ་དེ་ནི་ནམ་མཁའ་དང་མཉམ་པ་(༡)ཞེས་བྱའོ། །རབ་འབྱོར་འདི་ལྟ་སྟེ། དཔེར་ན། ནམ་མཁའ་ནི་ཤེས་པར་བྱ་བ་ཡང་མ་ཡིན། ཤེས་པར་མི་བྱ་བ་ཡང་མ་ཡིན། རྣམ་པར་ཤེས་པར་བྱ་བ་ཡང་མ་ཡིན། ཡོངས་སུ་ཤེས་པར་བྱ་བ་ཡང་མ་ཡིན། མངོན་དུ་བྱ་བ་ཡང་མ་ཡིན། སྤང་བ་ཡང་མ་ཡིན། སྒོམ་(༢)པ་ཡང་མ་ཡིན་ནོ། །རབ་འབྱོར་དེ་བཞིན་དུ་ཐེག་པ་ཆེན་པོ་དེ་ཡང་ཤེས་པར་བྱ་བ་ཡང་མ་ཡིན། ཤེས་པར་མི་བྱ་བ་ཡང་མ་ཡིན། རྣམ་པར་ཤེས་པར་བྱ་བ་ཡང་མ་ཡིན། ཡོངས་སུ་ཤེས་པར་བྱ་བ་ཡང་མ་ཡིན། མངོན་དུ་བྱ་བ་ཡང་མ་ཡིན། སྤང་བ་ཡང་མ་ཡིན། སྒོམ་(༢)པ་ཡང་མ་ཡིན་ཏེ། དེའི་ཕྱིར་ཐེག་པ་དེ་ནི། ནམ་མཁའ་དང་མཉམ་པ་(༣)ཞེས་བྱའོ། །རབ་འབྱོར་འདི་ལྟ་སྟེ་དཔེར་ན། ནམ་མཁའ་ནི་རྣམ་པར་སྨིན་པ་ཡང་མ་ཡིན་ནོ། །རྣམ་པར་སྨིན་པའི་ཆོས་ཅན་ཡང་མ་ཡིན་ནོ། །རབ་འབྱོར་དེ་བཞིན་དུ་ཐེག་པ་ཆེན་པོ་དེ་ཡང་རྣམ་པར་སྨིན་པ་ཡང་མ་ཡིན། རྣམ་པར་སྨིན་པའི་ཆོས་ཅན་ཡང་མ་ཡིན་ཏེ། དེའི་ཕྱིར་ཐེག་པ་དེ་ནི་ནམ་མཁའ་དང་མཉམ་པ་(༤)ཞེས་བྱའོ། །རབ་འབྱོར་འདི་ལྟ་སྟེ་དཔེར་ན། ནམ་མཁའ་ནི་འདོད་པའི་ཁམས་ཀྱི་ཁོངས་སུ་ཆུད་པ་མ་ཡིན། གཟུགས་ཀྱི་ཁམས་ཀྱི་ཁོངས་སུ་ཆུད་པ་མ་ཡིན། གཟུགས་མེད་པའི་ཁམས་ཀྱི་ཁོངས་སུ་ཆུད་པ་མ་ཡིན་ནོ། །རབ་འབྱོར་དེ་བཞིན་དུ་ཐེག་པ་ཆེན་པོ་དེ་ཡང་འདོད་པའི་ཁམས་ཀྱི་ཁོངས་སུ་ཆུད་པ་མ་ཡིན། གཟུགས་ཀྱི་ཁམས་ཀྱི་ཁོངས་སུ་ཆུད་པ་མ་ཡིན། གཟུགས་མེད་པའི་ཁམས་ཀྱི་ཁོངས་སུ་ཆུད་པ་མ་ཡིན་ཏེ། དེའི་ཕྱིར་ཐེག་པ་དེ་ནི་ནམ་མཁའ་དང་མཉམ་པ་(༥)ཞེས་བྱའོ། །རབ་འབྱོར་འདི་ལྟ་སྟེ་དཔེར་ན། ནམ་མཁའ་ནི་འདོད་ཆགས་དང་ལྡན་པ་མ་ཡིན། འདོད་ཆགས་དང་བྲལ་བ་མ་ཡིན། ཞེ་སྡང་དང་ལྡན་པ་མ་ཡིན།

ཞེ་སྡང་དང་བྲལ་བ་མ་ཡིན། གཏི་མུག་དང་ལྡན་པ་མ་ཡིན། གཏི་མུག་དང་བྲལ་བ་མ་ཡིན་ནོ། །རབ་འབྱོར་དེ་བཞིན་དུ་ཐེག་པ་ཆེན་པོ་དེ་ཡང་འདོད་ཆགས་དང་ལྡན་པ་མ་ཡིན། འདོད་ཆགས་དང་བྲལ་བ་མ་ཡིན། ཞེ་སྡང་དང་ལྡན་པ་མ་ཡིན། ཞེ་སྡང་དང་བྲལ་བ་མ་ཡིན། གཏི་མུག་དང་ལྡན་པ་མ་ཡིན། གཏི་མུག་དང་བྲལ་བ་མ་ཡིན་ཏེ། དེའི་ཕྱིར་ཐེག་པ་དེ་ནི་ནམ་མཁའ་དང་མཉམ་པ་[༡]ཞེས་བྱའོ། །རབ་འབྱོར་འདི་ལྟ་སྟེ་དཔེར་ན། ནམ་མཁའ་ལ་ནི་སེམས་དང་པོ་བསྐྱེད་པ་མེད་དོ། །གཉིས་པ་མེད་དོ། །གསུམ་པ་མེད་དོ། །བཞི་པ་མེད་དོ། །ལྔ་པ་མེད་དོ། །དྲུག་པ་མེད་དོ། །བདུན་པ་མེད་དོ། །བརྒྱད་པ་མེད་དོ། །དགུ་པ་མེད་དོ། །སེམས་བཅུ་པ་བསྐྱེད་པ་མེད་དོ། །རབ་འབྱོར་དེ་བཞིན་དུ་ཐེག་པ་ཆེན་པོ་དེ་ཡང་སེམས་དང་པོ་བསྐྱེད་པ་མེད་དོ། །གཉིས་པ་མེད་དོ། །གསུམ་པ་མེད་དོ། །བཞི་པ་མེད་དོ། །ལྔ་པ་མེད་དོ། །དྲུག་པ་མེད་དོ། །བདུན་པ་མེད་དོ། །བརྒྱད་པ་མེད་དོ། །དགུ་པ་མེད་དོ། །སེམས་བཅུ་པ་བསྐྱེད་པ་མེད་དེ[༢]། དེའི་ཕྱིར་ཐེག་པ་དེ་ནི་ནམ་མཁའ་དང་མཉམ་པ་[༣]ཞེས་བྱའོ། །རབ་འབྱོར་འདི་ལྟ་སྟེ་དཔེར་ན། ནམ་མཁའ་ལ་ནི་དཀར་པོ་རྣམ་པར་མཐོང་བའི་ས་མེད་དོ། །རིགས་ཀྱི་ས་མེད་དོ། །བརྒྱད་པའི་ས་མེད་དོ། །མཐོང་བའི་ས་མེད་དོ། །བསྲབས་པའི་ས་མེད་དོ། །འདོད་ཆགས་དང་བྲལ་བའི་ས་མེད་དོ། །བྱས་པ་རྗོགས་པའི་ས་མེད་དོ། །རབ་འབྱོར་དེ་བཞིན་དུ་ཐེག་པ་ཆེན་པོ་དེ་ལ་ཡང་དཀར་པོ་རྣམ་པར་མཐོང་བའི་ས་མེད་དོ། །རིགས་ཀྱི་ས་མེད་དོ། །བརྒྱད་པའི་ས་མེད་དོ། །མཐོང་བའི་ས་མེད་དོ། །བསྲབས་པའི་ས་མེད་དོ། །འདོད་ཆགས་དང་བྲལ་བའི་ས་མེད་དོ། །བྱས་པ་རྗོགས་[༥]པའི་ས་མེད་དེ[༤]། དེའི་ཕྱིར་ཐེག་པ་དེ་ནི་ནམ་མཁའ་དང་

མཉམ་པ་(༡)ཞེས་བྱའོ། །རབ་འབྱོར་འདི་ལྟ་སྟེ་དཔེར་ན། ནམ་མཁའ་ལ་ནི་རྒྱུན་དུ་ཞུགས་པའི་འབྲས་བུ་མེད་དོ། །ལན་ཅིག་ཕྱིར་འོང་བའི་འབྲས་བུ་མེད་དོ།། ཕྱིར་མི་འོང་བའི་འབྲས་བུ་མེད་དོ། །དགྲ་བཅོམ་པ་ཉིད་མེད་དོ། །ཿརང་སངས་རྒྱས་མེད་དོ། །སངས་རྒྱས་མེད་དོ། །(༢)རབ་འབྱོར་དེ་བཞིན་དུ་ཐེག་པ་ཆེན་པོ་དེ་ལ་ཡང་རྒྱུན་དུ་ཞུགས་པའི་འབྲས་བུ་མེད་དོ། །ལན་ཅིག་ཕྱིར་འོང་བའི་འབྲས་བུ་མེད་དོ། །ཕྱིར་མི་འོང་བའི་འབྲས་བུ་མེད་དོ། །དགྲ་བཅོམ་པ་ཉིད་མེད་ཿདོ། །རང་སངས་རྒྱས་མེད་དོ། །སངས་རྒྱས་མེད་(༣)དེ། དེའི་ཕྱིར་ཐེག་པ་དེ་ནི་ནམ་མཁའ་དང་མཉམ་པ་(༤)ཞེས་བྱའོ། །རབ་འབྱོར་འདི་ལྟ་སྟེ། དཔེར་ན། ནམ་མཁའ་ལ་ནི་ཉན་ཐོས་ཀྱི་ས་མེད་དོ། །རང་སངས་རྒྱས་ཀྱི་ས་མེད་དོ། །བྱང་ཆུབ་སེམས་དཔའི་ས་མེད་དོ། །ཡང་དག་པར་རྫོགས་པའི་སངས་རྒྱས་ཀྱི་ས་མེད་དོ། །རབ་འབྱོར་དེ་བཞིན་དུ་ཐེག་པ་ཆེན་པོ་དེ་ལ་ཡང་ཉན་ཐོས་ཀྱི་ས་མེད་དོ། །རང་སངས་རྒྱས་ཀྱི་ས་མེད་དོ། །བྱང་ཆུབ་སེམས་དཔའི་ས་མེད་དོ། །ཡང་དག་པར་རྫོགས་པའི་སངས་རྒྱས་ཀྱི་ས་མེད་དེ། དེའི་ཕྱིར་ཐེག་པ་དེ་ནི་ནམ་མཁའ་དང་མཉམ་པ་(༥)ཞེས་བྱའོ། །རབ་འབྱོར་འདི་ལྟ་སྟེ་དཔེར་ན། ནམ་མཁའ་ནི་གཟུགས་དང་ལྡན་པ་མ་ཡིན། གཟུགས་མེད་པ་མ་ཡིན། བསྟན་དུ་ཡོད་པ་མ་ཡིན། བསྟན་དུ་མེད་པ་མ་ཡིན། ཐོགས་པ་ཡོད་པ་མ་ཡིན། ཐོགས་པ་མེད་པ་མ་ཡིན། ལྡན་པ་མ་ཡིན། མི་ལྡན་པ་མ་ཡིན་ནོ། །རབ་འབྱོར་དེ་བཞིན་དུ་ཐེག་པ་ཆེན་པོ་དེ་ཡང་གཟུགས་དང་ལྡན་པ་མ་ཡིན། གཟུགས་མེད་པ་མ་ཡིན། བསྟན་དུ་ཡོད་པ་མ་ཡིན། བསྟན་དུ་མེད་པ་མ་ཡིན། ཐོགས་པ་ཡོད་པ་མ་ཡིན། ཐོགས་པ་མེད་པ་མ་ཡིན། ལྡན་པ་མ་ཡིན། མི་ལྡན་པ་མ་ཡིན་ཏེ། དེའི་ཕྱིར་ཐེག་པ་དེ་ནི་ནམ་མཁའ་དང་

མཉམ་པ་(༡)ཞེས་བྱའོ། །རབ་འབྱོར་འདི་ལྟ་སྟེ་དཔེར་ན། ནམ་མཁའ་ནི་རྟག་པ་མ་ཡིན། མི་རྟག་པ་མ་ཡིན། བདེ་བ་མ་ཡིན། སྡུག་བསྔལ་བ་མ་ཡིན། བདག་ཡོད་པ་མ་ཡིན། བདག་མེད་པ་མ་ཡིན། སྡུག་པ་མ་ཡིན། མི་སྡུག་པ་མ་ཡིན་ནོ། །རབ་འབྱོར་དེ་བཞིན་དུ་ཐེག་པ་ཆེན་པོ་དེ་ཡང་རྟག་པ་མ་ཡིན། མི་རྟག་པ་མ་ཡིན། བདེ་བ་མ་ཡིན། སྡུག་བསྔལ་བ་མ་ཡིན། བདག་ཡོད་པ་མ་ཡིན། བདག་མེད་པ་མ་ཡིན། སྡུག་པ་མ་ཡིན། མི་སྡུག་པ་མ་ཡིན་ཏེ། དེའི་ཕྱིར་ཐེག་པ་དེ་ནི་ནམ་མཁའ་དང་མཉམ་པ་(༢)ཞེས་བྱའོ། །རབ་འབྱོར་འདི་ལྟ་སྟེ་དཔེར་ན། ནམ་མཁའ་ནི་སྟོང་པ་མ་ཡིན། མི་སྟོང་པ་མ་ཡིན། མཚན་མ་ཡོད་པ་མ་ཡིན། མཚན་མ་མེད་པ་མ་ཡིན། སྨོན་པ་ཡོད་པ་མ་ཡིན། སྨོན་པ་མེད་པ་མ་ཡིན་ནོ། །རབ་འབྱོར་དེ་བཞིན་དུ་ཐེག་པ་ཆེན་པོ་དེ་ཡང་སྟོང་པ་མ་ཡིན། མི་སྟོང་པ་མ་ཡིན། མཚན་མ་ཡོད་པ་མ་ཡིན། མཚན་མ་མེད་པ་མ་ཡིན། སྨོན་པ་ཡོད་པ་མ་ཡིན། སྨོན་པ་མེད་པ་མ་ཡིན(༣)། དེའི་ཕྱིར་ཐེག་པ་དེ་ནི་ནམ་མཁའ་དང་མཉམ་པ་(༤)ཞེས་བྱའོ། །རབ་འབྱོར་འདི་ལྟ་སྟེ་དཔེར་ན། ནམ་མཁའ་ནི་ཞི་བ་མ་ཡིན། མ་ཞི་བ་མ་ཡིན། དབེན་པ་མ་ཡིན། མི་དབེན་པ་མ་ཡིན་ནོ། །རབ་འབྱོར་དེ་བཞིན་དུ་ཐེག་པ་ཆེན་པོ་དེ་ཡང་ཞི་བ་མ་ཡིན། མ་ཞི་བ་མ་ཡིན། དབེན་པ་མ་ཡིན། མི་དབེན་པ་མ་ཡིན་ཏེ། དེའི་ཕྱིར་ཐེག་པ་དེ་ནི་ནམ་མཁའ་དང་མཉམ་པ་(༥)ཞེས་བྱའོ། །རབ་འབྱོར་འདི་ལྟ་སྟེ་དཔེར་ན། ནམ་མཁའ་ནི་སྣང་བ་མ་ཡིན། མུན་པ་མ་ཡིན་ནོ། །རབ་འབྱོར་དེ་བཞིན་དུ་ཐེག་པ་ཆེན་པོ་དེ་ཡང་(༦)སྣང་བ་མ་ཡིན། མུན་པ་མ་ཡིན་ཏེ། དེའི་ཕྱིར་ཐེག་པ་དེ་ནི་ནམ་མཁའ་དང་མཉམ་པ་(༧)ཞེས་བྱའོ། །རབ་འབྱོར་འདི་ལྟ་སྟེ་དཔེར་ན། ནམ་མཁའ་ནི་དམིགས་སུ་ཡོད་པ་མ་ཡིན། དམིགས་སུ་མེད་

པ་མ་ཡིན་ནོ། །རབ་འབྱོར་དེ་བཞིན་དུ་ཐེག་པ་ཆེན་པོ་དེ་ཡང་དམིགས་སུ་ཡོད་པ་མ་ཡིན། དམིགས་སུ་མེད་པ་མ་ཡིན་ཏེ། དེའི་ཕྱིར་ཐེག་པ་དེ་ནི་ནམ་མཁའ་དང་མཉམ་པ་[༡]ཞེས་བྱའོ། །རབ་འབྱོར་འདི་ལྟ་སྟེ་དཔེར་ན། ནམ་མཁའ་ནི་བརྗོད་དུ་ཡོད་པ་མ་ཡིན། བརྗོད་དུ་མེད་པ་མ་ཡིན་ནོ། །རབ་འབྱོར་དེ་བཞིན་དུ་ཐེག་པ་ཆེན་པོ་དེ་ཡང་བརྗོད་དུ་ཡོད་པ་ཡང་མ་ཡིན། བརྗོད་དུ་མེད་པ་ཡང་མ་ཡིན་ཏེ། དེའི་ཕྱིར་ཐེག་པ་ཆེན་པོ་དེ་ནི་ནམ་མཁའ་དང་མཉམ་པ་[༢]ཞེས་བྱའོ། །རབ་འབྱོར་རྣམ་[༣]གྲངས་དེས་ཀྱང་ཐེག་པ་དེ་ནི་ནམ་མཁའ་དང་མཉམ་པ་སྟེ། འདི་ལྟར་ཐེག་པ་ཆེན་པོའོ། །རབ་འབྱོར་གང་ཡང་ཁྱོད་ཀྱིས་འདི་སྐད་དུ། ཇི་ལྟར་ན་ནམ་མཁའ་སེམས་ཅན་ཚད་མེད་གྲངས་མེད་པའི་གོ་འབྱེད་པ་དེ་བཞིན་དུ་ཐེག་པ་ཆེན་པོ་དེ་ཡང་སེམས་ཅན་ཚད་མེད་གྲངས་མེད་པའི་གོ་འབྱེད་དོ་ཞེས་[༤]སྨྲས་པ་ནི། དེ་དེ་བཞིན་ནོ། །རབ་འབྱོར་དེ་དེ་བཞིན་ཏེ། ཇི་ལྟར་ནམ་མཁའ་སེམས་ཅན་ཚད་མེད་གྲངས་མེད་པའི་གོ་འབྱེད་པ་དེ་བཞིན་དུ། ཐེག་པ་ཆེན་པོ་འདི་ཡང་སེམས་ཅན་ཚད་མེད་གྲངས་མེད་པའི་གོ་འབྱེད་དོ། །དེ་ཅིའི་ཕྱིར་ཞེ་ན། རབ་འབྱོར་སེམས་ཅན་མེད་པའི་ཕྱིར། ནམ་མཁའ་མེད་པར་རིག་པར་བྱའོ། །ནམ་མཁའ་མེད་པའི་ཕྱིར། ཐེག་པ་ཆེན་པོ་མེད་པར་རིག་པར་བྱ་སྟེ། རབ་འབྱོར་རྣམ་གྲངས་འདིས་ཀྱང་ཐེག་པ་ཆེན་པོ་དེ། སེམས་ཅན་ཚད་མེད་གྲངས་མེད་པའི་གོ་འབྱེད་དོ། །དེ་ཅིའི་ཕྱིར་ཞེ་ན༑ རབ་འབྱོར་དེ་ནི་འདི་ལྟར་སེམས་ཅན་གང་ཡིན་པ་དང་། ༔ནམ་མཁའ་གང་ཡིན་པ་དང་།[༥] ཐེག་པ་ཆེན་པོ་གང་ཡིན་པ་དེ་དག་ཐམས་ཅད་ཀྱང་དམིགས་སུ་མེད་པའི་ཕྱིར་རོ། །དེ་ཅིའི་ཕྱིར་ཞེ་ན། རབ་འབྱོར་སེམས་ཅན་ཚད་མེད་པའི་ཕྱིར། ནམ་མཁའ་ཚད་མེད་པར་རིག་པར་བྱའོ། །ནམ་མཁའ་

ཚད་མེད་པའི་ཕྱིར། ཐེག་པ་ཆེན་པོ་ཚད་མེད་པར་རིག་པར་བྱ་སྟེ། རབ་འབྱོར་རྣམ་གྲངས་འདིས་ཀྱང་ཐེག་པ་ཆེན་པོ་དེ། སེམས་ཅན་ཚད་མེད་གྲངས་མེད་པའི་གོ་འབྱེད་དོ། །དེ་ཅིའི་ཕྱིར་ཞེ་ན། རབ་འབྱོར་དེ་ནི་འདི་ལྟར་སེམས་ཅན་གང་ཡིན་པ་དང་། ནམ་མཁའ་གང་ཡིན་པ་དང་། ཐེག་པ་ཆེན་པོ་གང་ཡིན་པ་དེ་དག་ཐམས་ཅད་ཀྱང་དམིགས་སུ་མེད་པའི་ཕྱིར་རོ། །དེ་ཅིའི་ཕྱིར་ཞེ་ན། རབ་འབྱོར་སེམས་ཅན་དཔག་ཏུ་མེད་པའི་ཕྱིར། ནམ་མཁའ་དཔག་ཏུ་མེད་པར་རིག་པར་བྱའོ། །ནམ་མཁའ་དཔག་ཏུ་མེད་པའི་ཕྱིར། ཐེག་པ་ཆེན་པོ་དཔག་ཏུ་མེད་པར་རིག་པར་བྱ་སྟེ། རབ་འབྱོར་རྣམ་གྲངས་འདིས་ཀྱང་ཐེག་པ་ཆེན་པོ་དེ། སེམས་ཅན་ཚད་མེད་གྲངས་མེད་པའི་གོ་འབྱེད་དོ། །དེ་ཅིའི་ཕྱིར་ཞེ་ན། རབ་འབྱོར་དེ་ནི་འདི་ལྟར་སེམས་ཅན་གང་ཡིན་པ་དང་། ནམ་མཁའ་གང་ཡིན་པ་དང་ཐེག་པ་ཆེན་པོ་གང་ཡིན་པ་དེ་དག་ཐམས་ཅད་ཀྱང་དམིགས་སུ་མེད་པའི་ཕྱིར་རོ། །རབ་འབྱོར་གཞན་ཡང་སེམས་ཅན་མེད་པའི་ཕྱིར། ཆོས་ཀྱི་དབྱིངས་མེད་པར་རིག་པར་བྱའོ། །ཆོས་ཀྱི་དབྱིངས་མེད་པའི་ཕྱིར། ནམ་མཁའ་མེད་པར་རིག་པར་བྱའོ། །ནམ་མཁའ་མེད་པའི་ཕྱིར། ཐེག་པ་ཆེན་པོ་མེད་པར་རིག་པར་བྱའོ། །ཐེག་པ་ཆེན་པོ་མེད་པའི་ཕྱིར། མི་འཇལ་བ་མེད་པར་རིག་པར་བྱའོ། །མི་འཇལ་བ་མེད་པའི་ཕྱིར། མི་འགྲངས་པ་མེད་པར་རིག་པར་བྱའོ། །མི་འགྲངས་པ་མེད་པའི་ཕྱིར། མི་དཔོགས་པ་མེད་པར་རིག་པར་བྱའོ། །མི་དཔོགས་པ་མེད་པའི་ཕྱིར། ཆོས་ཐམས་ཅད་མེད་པར་རིག་པར་བྱའོ། །རབ་འབྱོར་རྣམ་གྲངས་དེས་ཀྱང་། ཐེག་པ་ཆེན་པོ་དེ་སེམས་ཅན་ཚད་མེད་གྲངས་མེད་པའི་གོ་འབྱེད་དོ། །དེ་ཅིའི་ཕྱིར་ཞེ་ན། རབ་འབྱོར་དེ་ནི་འདི་ལྟར་སེམས་ཅན་གང་ཡིན་པ་དང་། ཆོས་

ཀྱི་དབྱིངས་གང་ཡིན་པ་དང་། ནམ་མཁའ་གང་ཡིན་པ་དང་། ཐེག་པ་ཆེན་པོ་གང་ཡིན་པ་དང་། མི་འཇལ་བ་གང་ཡིན་པ་དང་། མི་འགྲངས་པ་གང་ཡིན་པ་དང་། མི་དཔོགས་པ་གང་ཡིན་པ་དང་། ཆོས་ཐམས་ཅད་གང་ཡིན་པ་དེ་དག་ཐམས་ཅད་ཀྱང་དམིགས་སུ་མེད་པའི་ཕྱིར་རོ། །རབ་འབྱོར་གཞན་ཡང་སེམས་ཅན་མེད་པའི་ཕྱིར། དེ་བཞིན་ཉིད་མེད་པར་རིག་པར་བྱའོ། །དེ་བཞིན་ཉིད་མེད་པའི་ཕྱིར། ནམ་མཁའ་མེད་པར་རིག་(༡)པར་བྱའོ། །ནམ་མཁའ་མེད་པའི་ཕྱིར། ཐེག་པ་ཆེན་པོ་(༢)མེད་པར་རིག་པར་བྱའོ། །ཐེག་པ་ཆེན་པོ་མེད་པའི་ཕྱིར། མི་འཇལ་བ་མེད་པར་རིག་པར་བྱའོ། །མི་འཇལ་བ་མེད་པའི་ཕྱིར། མི་འགྲངས་པ་མེད་པར་རིག་(༣)པར་བྱའོ། །མི་འགྲངས་པ་མེད་པའི་ཕྱིར། མི་དཔོགས་པ་མེད་པར་རིག་པར་བྱའོ། །མི་དཔོགས་པ་མེད་པའི་ཕྱིར། ཆོས་ཐམས་ཅད་མེད་པར་རིག་པར་བྱ་སྟེ། རྣམ་གྲངས་དེས་ཀྱང་ཐེག་པ་ཆེན་པོ་དེ། སེམས་ཅན་ཚད་མེད་གྲངས་མེད་པའི་གོ་འབྱེད་དོ། །དེ་ཅིའི་ཕྱིར་ཞེ་ན། རབ་འབྱོར་དེ་ནི་འདི་ལྟར་སེམས་ཅན་གང་ཡིན་པ་དང་། དེ་བཞིན་ཉིད་གང་ཡིན་པ་དང་། ནམ་མཁའ་གང་ཡིན་པ་དང་། ཐེག་པ་ཆེན་པོ་གང་ཡིན་པ་དང་། མི་འཇལ་བ་གང་ཡིན་པ་དང་། མི་འགྲངས་པ་གང་ཡིན་པ་དང་། མི་དཔོགས་པ་གང་ཡིན་པ་དང་། ཆོས་ཐམས་ཅད་གང་ཡིན་པ་དེ་དག་ཐམས་ཅད་ཀྱང་(༤)དམིགས་སུ་མེད་པའི་ཕྱིར་རོ། །རབ་འབྱོར་གཞན་ཡང་བདག་མེད་པའི་ཕྱིར། སེམས་ཅན་དང་། སྲོག་དང་། འགྲོ་བ་དང་། གསོ་བ་དང་། སྐྱེས་བུ་དང་། གང་ཟག་དང་། ཤེད་ཅན་དང་། ཤེད་བདག་དང་། བྱེད་པ་པོ་དང་། ཚོར་བ་པོ་དང་། ཤེས་པ་པོ་དང་། མཐོང་བ་པོ་མེད་པར་རིག་པར་བྱའོ། །མཐོང་བ་པོ་མེད་པའི་ཕྱིར། ཡང་དག་

པའི་མཐའ་མེད་པར་རིག་པར་བྱའོ། །ཡང་དག་པའི་མཐའ་མེད་པའི་ཕྱིར། ནམ་མཁའ་མེད་པར་རིག་པར་བྱའོ། །ནམ་མཁའ་མེད་པའི་ཕྱིར། ཐེག་པ་ཆེན་པོ་མེད་པར་རིག་པར་བྱའོ། །ཐེག་པ་ཆེན་པོ་མེད་པའི་ཕྱིར། མི་འཇལ་བ་མེད་པར་རིག་པར་བྱའོ། །མི་འཇལ་བ་མེད་པའི་ཕྱིར། མི་འགྲངས་པ་མེད་པར་རིག་པར་བྱའོ། །མི་འགྲངས་པ་མེད་པའི་ཕྱིར། མི་དཔོགས་པ་མེད་པར་རིག་པར་བྱའོ། །མི་དཔོགས་པ་མེད་པའི་ཕྱིར། ཆོས་ཐམས་ཅད་མེད་པར་རིག་པར་བྱའོ། །རབ་འབྱོར་རྣམ་གྲངས་དེས་ཀྱང་ཐེག་པ་ཆེན་པོ་དེ་ནི། སེམས་ཅན་ཚད་མེད་གྲངས་མེད་པའི་གོ་འབྱེད་དོ། །དེ་ཅིའི་ཕྱིར་ཞེ་ན། རབ་འབྱོར་དེ་ནི་འདི་ལྟར་བདག་གང་ཡིན་པ་དང་། སེམས་ཅན་གང་ཡིན་པ་དང་། ཤེས་པ་པོ་དང་། མཐོང་བ་པོའི་བར་དུ་གང་ཡིན་པ་དང་། ཡང་དག་པའི་མཐའ་གང་ཡིན་པ་དང་། ནམ་མཁའ་གང་ཡིན་པ་དང་། ཐེག་པ་ཆེན་པོ་གང་ཡིན་པ་དང་། མི་འཇལ་བ་གང་ཡིན་པ་དང་། མི་འགྲངས་པ་གང་ཡིན་པ་དང་། མི་དཔོགས་པ་གང་ཡིན་པ་དང་། ཆོས་ཐམས་ཅད་གང་ཡིན་པ་དེ་དག་ཐམས་ཅད་ཀྱང་དམིགས་སུ་མེད་པའི་ཕྱིར་རོ། །རབ་འབྱོར་གཞན་ཡང་བདག་མེད་པའི་ཕྱིར། སེམས་ཅན་མེད་པར་རིག་པར་བྱའོ། །སེམས་ཅན་མེད་པའི་ཕྱིར། ཤེས་པ་པོའི་བར་དུ་མེད་པར་རིག་པར་བྱའོ། །ཤེས་པ་པོ་མེད་པའི་ཕྱིར། མཐོང་བ་པོ་མེད་པར་རིག་པར་བྱའོ། །མཐོང་བ་པོ་མེད་པའི་ཕྱིར། བསམ་གྱིས་མི་ཁྱབ་པའི་དབྱིངས་མེད་པར་རིག་པར་བྱའོ། །བསམ་གྱིས་མི་ཁྱབ་པའི་དབྱིངས་མེད་པའི་ཕྱིར། གཟུགས་མེད་པར་རིག་པར་བྱའོ། །གཟུགས་མེད་པའི་ཕྱིར། ཚོར་བ་དང་། འདུ་ཤེས་དང་། འདུ་བྱེད་དང་། རྣམ་པར་ཤེས་པ་མེད་པར་རིག་པར་བྱའོ། །རྣམ་པར་ཤེས་པ་མེད་པའི་ཕྱིར། ནམ་

མཁའ་མེད་པར་རིག་པར་བྱའོ། །ནམ་མཁའ་མེད་པའི་ཕྱིར། ཐེག་པ་ཆེན་པོ་མེད་པར་རིག་པར་བྱའོ། །ཐེག་པ་ཆེན་པོ་མེད་པའི་ཕྱིར། མི་འཇལ་བ་མེད་པར་རིག་པར་བྱའོ། །མི་འཇལ་བ་མེད་པའི་ཕྱིར། མི་འགྲངས་པ་མེད་པར་རིག་པར་བྱའོ། །མི་འགྲངས་པ་མེད་པའི་ཕྱིར། མི་དཔོགས་པ་མེད་པར་རིག་པར་བྱའོ། །མི་དཔོགས་པ་མེད་པའི་ཕྱིར། ཆོས་ཐམས་ཅད་མེད་པར་རིག་པར་བྱའོ། །རབ་འབྱོར་རྣམ་གྲངས་དེས་ཀྱང་། ཐེག་པ་ཆེན་པོ་དེ་ནི་སེམས་ཅན་ཚད་མེད་གྲངས་མེད་པའི་གོ་འབྱེད་དོ། །དེ་ཅིའི་ཕྱིར་ཞེ་ན། རབ་འབྱོར་དེ་ནི་འདི་ལྟར་བདག་གང་ཡིན་པ་དང་། སེམས་ཅན་གང་ཡིན་པ་དང་། ཤེས་པ་པོ་དང་། མཐོང་བ་པོའི་བར་དུ་གང་ཡིན་པ་དང་། བསམ་གྱིས་མི་ཁྱབ་པའི་དབྱིངས། གང་ཡིན་པ་དང་། གཟུགས་གང་ཡིན་པ་དང་། ཚོར་བ་དང་། འདུ་ཤེས་དང་། འདུ་བྱེད་དང་། རྣམ་པར་ཤེས་པ། གང་ཡིན་པ་དང་། ནམ་མཁའ་གང་ཡིན་པ་དང་། ཐེག་པ་ཆེན་པོ་གང་ཡིན་པ་དང་། མི་འཇལ་བ་གང་ཡིན་པ་དང་། མི་འགྲངས་པ་གང་ཡིན་པ་དང་། མི་དཔོགས་པ་གང་ཡིན་པ་དང་། ཆོས་ཐམས་ཅད་གང་ཡིན་པ་དེ་དག་ཐམས་ཅད་ཀྱང་དམིགས་སུ་མེད་པའི་ཕྱིར་རོ། །རབ་འབྱོར་གཞན་ཡང་བདག་མེད་པའི་ཕྱིར་སེམས་ཅན་མེད་པར་རིག་པར་བྱའོ། །སེམས་ཅན་མེད་པའི་ཕྱིར། ཤེས་པ་པོའི་བར་དུ་མེད་པར་རིག་པར་བྱའོ། །ཤེས་པ་པོ་མེད་པའི་ཕྱིར། མཐོང་བ་པོ་མེད་པར་རིག་པར་བྱའོ། །མཐོང་བ་པོ་མེད་པའི་ཕྱིར། བསམ་གྱིས་མི་ཁྱབ་པའི་དབྱིངས་མེད་པར་རིག་པར་བྱའོ། །བསམ་གྱིས་མི་ཁྱབ་པའི་དབྱིངས་མེད་པའི་ཕྱིར། མིག་མེད་པར་རིག་པར་བྱའོ། །མིག་མེད་པའི་ཕྱིར། རྣ་བ་དང་། སྣ་དང་། ལྕེ་དང་། ལུས་དང་། ཡིད་མེད་པར་རིག་པར་བྱའོ། །ཡིད་

མེད་པའི་ཕྱིར། ནམ་མཁའ་མེད་པར་རིག་པར་བྱའོ། །ནམ་མཁའ་མེད་པའི་ཕྱིར། ཐེག་པ་ཆེན་པོ་མེད་པར་རིག་པར་བྱའོ། །ཐེག་པ་ཆེན་པོ་མེད་པའི་ཕྱིར། མི་འཇལ་བ་མེད་པར་རིག་པར་བྱའོ། །མི་འཇལ་བ་①མེད་པའི་ཕྱིར། མི་འགྲངས་པ་མེད་པར་རིག་པར་བྱའོ། །མི་འགྲངས་པ་མེད་པའི་ཕྱིར། མི་དཔོགས་པ་མེད་པར་རིག་པར་བྱའོ། །མི་དཔོགས་པ་མེད་པའི་ཕྱིར། ཆོས་ཐམས་ཅད་མེད་པར་རིག་པར་བྱའོ། །རབ་འབྱོར་རྣམ་གྲངས་དེས་ཀྱང་། ཐེག་པ་ཆེན་པོ་དེ་སེམས་ཅན་ཚད་མེད་གྲངས་མེད་པའི་གོ་འབྱེད་དོ། །དེ་ཅིའི་ཕྱིར་ཞེ་ན། རབ་འབྱོར་དེ་ནི་འདི་ལྟར་བདག་གང་ཡིན་པ་དང་། སེམས་ཅན་གང་ཡིན་པ་དང་། སྲོག་གང་ཡིན་པ་དང་། ཤེས་པ་པོ་དང་། མཐོང་བ་པོའི་བར་དུ་གང་ཡིན་པ་དང་། བསམ་གྱིས་མི་ཁྱབ་པའི་དབྱིངས་གང་ཡིན་པ་དང་། མིག་གང་ཡིན་པ་དང་། རྣ་བ་དང་། སྣ་དང་། ལྕེ་དང་། ལུས་དང་། ཡིད་གང་ཡིན་པ་དང་། ནམ་མཁའ་གང་ཡིན་པ་དང་། ཐེག་པ་ཆེན་པོ་གང་ཡིན་པ་དང་། མི་འཇལ་བ་གང་ཡིན་པ་དང་། མི་འགྲངས་པ་གང་ཡིན་པ་དང་། མི་དཔོགས་པ་གང་ཡིན་པ་དང་། ཆོས་ཐམས་ཅད་གང་ཡིན་པ་དེ་དག་ཐམས་ཅད་ཀྱང་དམིགས་སུ་མེད་པའི་ཕྱིར་རོ། །རབ་འབྱོར་གཞན་ཡང་བདག་མེད་པའི་ཕྱིར། སེམས་ཅན་མེད་པར་རིག་པར་བྱའོ། །སེམས་ཅན་མེད་པའི་ཕྱིར། ཤེས་པ་པོའི་བར་དུ་མེད་པར་རིག་པར་བྱའོ། །ཤེས་པ་པོ་མེད་པའི་ཕྱིར། མཐོང་བ་པོ་མེད་པར་རིག་པར་བྱའོ། །མཐོང་བ་པོ་མེད་པའི་ཕྱིར། བསམ་གྱིས་མི་ཁྱབ་པའི་དབྱིངས་མེད་པར་རིག་པར་བྱའོ། །བསམ་②གྱིས་མི་ཁྱབ་པའི་དབྱིངས་མེད་པའི་ཕྱིར། གཟུགས་མེད་པར་རིག་པར་བྱའོ། །གཟུགས་མེད་པའི་ཕྱིར། སྒྲ་དང་། དྲི་དང་། རོ་དང་། རེག་

དང་། ཆོས་མེད་པར་རིག་པར་བྱའོ། །ཆོས་མེད་པའི་ཕྱིར། ནམ་མཁའ་མེད་པར་རིག་པར་བྱའོ། །ནམ་མཁའ་མེད་པའི་ཕྱིར། ཐེག་པ་ཆེན་པོ་མེད་པར་རིག་པར་བྱའོ། །ཐེག་པ་ཆེན་པོ་མེད་པའི་ཕྱིར། མི་འཇལ་བ་མེད་པར་རིག་པར་བྱའོ། །མི་འཇལ་བ་མེད་པའི་ཕྱིར། མི་འགྲངས་པ་མེད་པར་རིག་པར་བྱའོ། །མི་འགྲངས་པ་མེད་པའི་ཕྱིར། མི་དཔོགས་པ་མེད་པར་རིག་པར་བྱའོ། །མི་དཔོགས་པ་མེད་པའི་ཕྱིར། ཆོས་ཐམས་ཅད་མེད་པར་རིག་པར་བྱའོ། །རབ་འབྱོར་རྣམ་གྲངས་དེས་ཀྱང་། ཐེག་པ་ཆེན་པོ་དེ་སེམས་ཅན་ཚད་མེད་གྲངས་མེད་པའི་གོ་འབྱེད་དོ། །དེ་ཅིའི་ཕྱིར་ཞེ་ན། རབ་འབྱོར་དེ་ནི་འདི་ལྟར་བདག་གང་ཡིན་པ་དང་། སེམས་ཅན་གང་ཡིན་པ་དང་། སྲོག་གང་ཡིན་པ་དང་། ཤེས་པ་པོ་དང་། མཐོང་བ་པོའི་བར་དུ་གང་ཡིན་པ་དང་། བསམ་གྱིས་མི་ཁྱབ་པའི་དབྱིངས་གང་ཡིན་པ་དང་། གཟུགས་གང་ཡིན་པ་དང་། སྒྲ་དང་། དྲི་དང་། རོ་དང་། རེག་དང་། ཆོས་གང་ཡིན་པ་དང་། ནམ་མཁའ་གང་ཡིན་པ་དང་། ཐེག་པ་ཆེན་པོ་གང་ཡིན་པ་དང་། མི་འཇལ་བ་གང་ཡིན་པ་དང་། མི་འགྲངས་པ་གང་ཡིན་པ་དང་། མི་དཔོགས་པ་གང་ཡིན་པ་དང་། ཆོས་ཐམས་ཅད་གང་ཡིན་པ་དེ་དག་ཐམས་ཅད་ཀྱང་དམིགས་སུ་མེད་པའི་ཕྱིར་རོ། །རབ་འབྱོར་གཞན་ཡང་བདག་མེད་པའི་ཕྱིར། སེམས་ཅན་མེད་པར་རིག་པར་བྱའོ། །སེམས་ཅན་མེད་པའི་ཕྱིར། ཤེས་པ་པོའི་བར་དུ་མེད་པར་རིག་པར་བྱའོ། །ཤེས་པ་པོ་མེད་པའི་ཕྱིར། མཐོང་བ་པོ་མེད་པར་རིག་པར་བྱའོ། །མཐོང་བ་པོ་མེད་པའི་ཕྱིར། བསམ་གྱིས་མི་ཁྱབ་པའི་དབྱིངས་མེད་པར་རིག་པར་བྱའོ། །བསམ་གྱིས་མི་ཁྱབ་པའི་དབྱིངས་མེད་པའི་ཕྱིར། མིག་གི་རྣམ་པར་ཤེས་པ་མེད་པར་རིག་པར་བྱའོ། །མིག་གི་རྣམ་པར་

ཤེས་པ་མེད་པའི་ཕྱིར། རྣ་བའི་རྣམ་པར་ཤེས་པ་དང་། སྣའི་རྣམ་པར་ཤེས་པ་དང་། ལྕེའི་རྣམ་པར་ཤེས་པ་དང་། ལུས་ཀྱི་རྣམ་པར་ཤེས་པ་དང་། ཡིད་ཀྱི་རྣམ་པར་ཤེས་པ་མེད་པར་རིག་པར་བྱའོ། །ཡིད་ཀྱི་རྣམ་པར་ཤེས་པ་མེད་པའི་ཕྱིར། ནམ་མཁའ་མེད་པར་རིག་པར་བྱའོ། །ནམ་མཁའ་མེད་པའི་ཕྱིར། ཐེག་པ་ཆེན་པོ་མེད་པར་རིག་པར་བྱའོ། །ཐེག་པ་ཆེན་པོ་མེད་པའི་ཕྱིར། མི་འཛལ་བ་མེད་པར་རིག་པར་བྱའོ། །མི་འཛལ་བ་མེད་པའི་ཕྱིར། མི་འགྲངས་པ་མེད་པར་རིག་པར་བྱའོ། །མི་འགྲངས་པ་མེད་པའི་ཕྱིར། མི་དཔོགས་པ་མེད་པར་རིག་པར་བྱའོ། །མི་དཔོགས་པ་མེད་པའི་ཕྱིར། ཆོས་ཐམས་ཅད་མེད་པར་རིག་པར་བྱའོ། །རབ་འབྱོར་རྣམ་གྲངས་དེས་ཀྱང་། ཐེག་པ་ཆེན་པོ་དེ་སེམས་ཅན་ཚད་མེད་གྲངས[1]མེད་པའི་གོ་འབྱེད་དོ། །དེ་ཅིའི་ཕྱིར་ཞེ་ན། རབ་འབྱོར་དེ་ནི་འདི་ལྟར་བདག་གང་ཡིན་པ་དང་། སེམས་ཅན་གང་ཡིན་པ་དང་། སྲོག་གང་ཡིན་པ་དང་། ཤེས་པ་པོ་དང་། མཐོང་བ་པོའི་བར་དུ་གང་ཡིན་པ་དང་། བསམ་གྱིས་མི་ཁྱབ་པའི་དབྱིངས་གང་ཡིན་པ་དང་། མིག་གི་རྣམ་པར་ཤེས་པ་གང་ཡིན་པ་དང་། རྣ་བའི་རྣམ་པར་ཤེས་པ་དང་། སྣའི་རྣམ་པར་ཤེས་པ་དང་། ལྕེའི་རྣམ་པར་ཤེས་པ་དང་། ལུས་ཀྱི་རྣམ་པར་ཤེས་པ་དང་། ཡིད་ཀྱི་རྣམ་པར་ཤེས་པ་གང་ཡིན་པ་དང་། ནམ[2]མཁའ་གང་ཡིན་པ་དང་། ཐེག་པ་ཆེན་པོ་གང་ཡིན་པ་དང་། མི་འཛལ་བ་གང་ཡིན་པ་དང་། མི་འགྲངས་པ་གང་ཡིན་པ་དང་། མི་དཔོགས་པ་གང་ཡིན་པ་དང་། ཆོས་ཐམས་ཅད་གང་ཡིན་པ་དེ་དག་ཐམས་ཅད་ཀྱང་དམིགས་སུ་མེད་པའི་ཕྱིར་རོ[3]། །རབ་འབྱོར་གཞན་ཡང་བདག་མེད་པའི་ཕྱིར་སེམས་ཅན་མེད་པར་རིག་པར་བྱའོ། །སེམས་ཅན་མེད་པའི་ཕྱིར། ཤེས་པ

པོའི་བར་དུ་མེད་པར་རིག་པར་བྱའོ། །ཤེས་པ་པོ་མེད་པའི་ཕྱིར། མཐོང་བ་པོ་མེད་པར་རིག་པར་བྱའོ། །མཐོང་བ་པོ་མེད་པའི་ཕྱིར། བསམ་གྱིས་མི་ཁྱབ་པའི་དབྱིངས་མེད་པར་རིག་པར་བྱའོ། །བསམ་གྱིས་མི་ཁྱབ་པའི་དབྱིངས་མེད་པའི་ཕྱིར། མིག་གི་འདུས་ཏེ་རིག་པ་མེད་པར་རིག་པར་བྱའོ། །མིག་གི་འདུས་ཏེ་རིག(༡)པ་མེད་པའི་ཕྱིར། རྣ་བའི་འདུས་ཏེ་རིག་པ་དང་། སྣའི་འདུས་ཏེ་རིག་པ་དང་། ལྕེའི་འདུས་ཏེ་རིག་པ་དང་། ལུས་ཀྱི་འདུས་ཏེ་རིག་པ་དང་། ཡིད་ཀྱི་འདུས་ཏེ་རིག་པ་མེད་པར་རིག་པར་བྱའོ། །ཡིད་ཀྱི་འདུས་ཏེ་རིག་པ་མེད་པའི་ཕྱིར། ནམ་མཁའ་མེད་པར་རིག་པར་བྱའོ། །ནམ་མཁའ་མེད་པའི་ཕྱིར། ཐེག་པ་ཆེན་པོ་མེད་པར་རིག་པར་བྱའོ། །ཐེག་པ་ཆེན་པོ་མེད་པའི་ཕྱིར། མི་འཇལ་བ་མེད་པར་རིག་པར་བྱའོ། །མི་འཇལ་བ་མེད་པའི་ཕྱིར། མི་འགྲངས་པ་མེད་པར་རིག་པར་བྱའོ། །མི་འགྲངས་པ་མེད་པའི་ཕྱིར། མི་དཔོགས(༢)པ་མེད་པར་རིག་པར་བྱའོ། །མི་དཔོགས་པ་མེད་པའི་ཕྱིར། ཆོས་ཐམས་ཅད་མེད་པར་རིག(༣)པར་བྱའོ། །རབ་འབྱོར་རྣམ་གྲངས་དེས་ཀྱང་ཐེག་པ་ཆེན་པོ་དེ་སེམས་ཅན་ཚད་མེད་གྲངས་མེད་པའི་གོ་འབྱེད་དོ། །དེ་ཅིའི་ཕྱིར་ཞེ་ན། རབ་འབྱོར་དེ་ནི་འདི་ལྟར་བདག་གང་ཡིན་པ་དང་། སེམས་ཅན་གང་ཡིན་པ་དང་། སྲོག་གང་ཡིན་པ་དང་། ཤེས་པ་པོ་དང་། མཐོང་བ་པོའི་བར་དུ་གང་ཡིན་པ་དང་། བསམ་གྱིས་མི་ཁྱབ་པའི་དབྱིངས་གང་ཡིན་པ་དང་། མིག་གི་འདུས་ཏེ་རིག་པ་གང་ཡིན་པ་དང་། རྣ་བའི་འདུས་ཏེ་རིག་པ་དང་། སྣའི་འདུས་ཏེ་རིག་པ་དང་། ལྕེའི་འདུས་ཏེ་རིག་པ་དང་། ལུས་ཀྱི་འདུས་ཏེ་རིག་པ་དང་། ཡིད་ཀྱི་འདུས་ཏེ་རིག་པ་གང་ཡིན་པ་དང་། ནམ་མཁའ་གང་ཡིན་པ་དང་། ཐེག་པ་ཆེན་པོ་གང་ཡིན་པ་དང་། མི་འཇལ་བ་གང་ཡིན་པ

དང་། མི་འགྲངས་པ་གང་ཡིན་པ་དང་། མི་དཔོགས་པ་གང་ཡིན་པ་དང་། ཆོས་ཐམས་ཅད་གང་ཡིན་པ་དེ་དག་ཐམས་ཅད་ཀྱང་དམིགས་སུ་མེད་པའི་ཕྱིར་རོ།། རབ་འབྱོར་གཞན་ཡང་བདག་མེད་པའི་ཕྱིར། སེམས་ཅན་མེད་པར་རིག་པར་བྱའོ། །སེམས་ཅན་མེད་པའི་ཕྱིར། ཤེས་པ་པོའི་བར་དུ་མེད་པར་རིག་པར་བྱའོ། །ཤེས་པ་པོ་མེད་པའི་ཕྱིར་། མཐོང་བ་པོ་མེད་པར་རིག་པར་བྱའོ། །མཐོང་བ་པོ་མེད་པའི་ཕྱིར། བསམ་གྱིས་མི་ཁྱབ་པའི་དབྱིངས་མེད་པར་རིག་པར་བྱའོ། །བསམ་གྱིས་མི་ཁྱབ་པའི་དབྱིངས་མེད་པའི་ཕྱིར། མིག་གི་འདུས་ཏེ་རེག་པའི་རྐྱེན་གྱིས་ཚོར་བ་མེད་པར་རིག་པར་བྱའོ། །མིག་གི་འདུས་ཏེ་རེག་པའི་རྐྱེན་གྱིས་ཚོར་བ་མེད་པའི་ཕྱིར། རྣ་བའི་འདུས་ཏེ་རེག་པའི་རྐྱེན་གྱིས་ཚོར་བ་དང་། སྣའི་འདུས་ཏེ་རེག་པའི་རྐྱེན་གྱིས་ཚོར་བ་དང་། ལྗེའི་འདུས་ཏེ་རེག་པའི་རྐྱེན་གྱིས་ཚོར་བ་དང་། ལུས་ཀྱི་འདུས་ཏེ་རེག་པའི་རྐྱེན་གྱིས་ཚོར་བ་དང་། ཡིད་ཀྱི་འདུས་ཏེ་རེག་པའི་རྐྱེན་གྱིས་ཚོར་བ་མེད་པར་རིག་པར་བྱའོ། །ཡིད་ཀྱི་འདུས་ཏེ་རེག་པའི་རྐྱེན་གྱིས་ཚོར་བ་མེད་པའི་ཕྱིར། ནམ་མཁའ་མེད་པར་རིག་པར་བྱའོ། །ནམ་མཁའ་མེད་པའི་ཕྱིར། ཐེག་པ་ཆེན་པོ་མེད་པར་རིག་པར་བྱའོ། །ཐེག་པ་ཆེན་པོ་མེད་པའི་ཕྱིར། མི་འཇལ་བ་མེད་པར་རིག་པར་བྱའོ། །མི་འཇལ་བ་མེད་པའི་ཕྱིར། མི་འགྲངས་པ་མེད་པར་རིག་པར་བྱའོ།། མི་འགྲངས་པ་མེད་པའི་ཕྱིར། མི་དཔོགས་པ་མེད་པར་རིག་པར་བྱའོ། །མི་དཔོགས་པ་མེད་པའི་ཕྱིར། ཆོས་ཐམས་ཅད་མེད་པར་རིག་པར་བྱའོ། །རབ་འབྱོར་རྣམ་གྲངས་དེས་ཀྱང་ཐེག་པ་ཆེན་པོ་དེ་སེམས་ཅན་ཚད་མེད་གྲངས་མེད་པའི་གོ་འབྱེད་དོ། །དེ་ཅིའི་ཕྱིར་ཞེ་ན། རབ་འབྱོར་དེ་ནི་འདི་ལྟར་བདག་གང་ཡིན་པ་དང་། སེམས་ཅན་གང་ཡིན་པ་དང་། སྲོག་གང་ཡིན་པ་དང་།

ཤེས་པ་པོ་དང་། མཐོང་བ་པོའི་བར་དུ་གང་ཡིན་པ་དང་། བསམ་གྱིས་མི་ཁྱབ་པའི་དབྱིངས་གང་ཡིན་པ་དང་། མིག་གི་འདུས་ཏེ་རེག་པའི་རྐྱེན་གྱིས་ཚོར་བ་གང་ཡིན་པ་དང་། རྣ་བའི་འདུས་ཏེ་རེག་པའི་རྐྱེན་གྱིས་ཚོར་བ་དང་། སྣའི་འདུས་ཏེ་རེག་པའི་རྐྱེན་གྱིས་ཚོར་བ་དང་། ལྕེའི་འདུས་ཏེ་རེག་པའི་རྐྱེན་གྱིས་ཚོར་བ་དང་། ལུས་ཀྱི་འདུས་ཏེ་རེག་པའི་རྐྱེན་གྱིས་ཚོར་བ་དང་། ཡིད་ཀྱི་འདུས་ཏེ་རེག་པའི་རྐྱེན་གྱིས་ཚོར་བ་གང་ཡིན་པ་དང་། ནམ་མཁའ་གང་ཡིན་པ་དང་། ཐེག་པ་ཆེན་པོ་གང་ཡིན་པ་དང་། མི་འཇལ་བ་གང་ཡིན་པ་དང་། མི་འགྲངས་པ་གང་ཡིན་པ་དང་། མི་དཔོགས་པ་གང་ཡིན་པ་དང་། ཆོས་ཐམས་ཅད་གང་ཡིན་པ་དེ་དག་ཐམས་ཅད་ཀྱང་དམིགས་སུ་མེད་པའི་ཕྱིར་རོ། །རབ་འབྱོར་གཞན་ཡང་བདག་མེད་པའི་ཕྱིར། སེམས་ཅན་མེད་པར་རིག་པར་བྱའོ། །སེམས་ཅན་མེད་པའི་ཕྱིར། ཤེས་པ་པོའི་བར་དུ་མེད་པར་རིག་པར་བྱའོ། །ཤེས་པ་པོ་མེད་པའི་ཕྱིར། མཐོང་བ་པོ་མེད་པར་རིག་པར་བྱའོ། །མཐོང་བ་པོ་མེད་པའི་ཕྱིར། བསམ་གྱིས་མི་ཁྱབ་པའི་དབྱིངས་མེད་པར་རིག་པར་བྱའོ། །བསམ་གྱིས་མི་ཁྱབ་པའི་དབྱིངས་མེད་པའི་ཕྱིར། སའི་ཁམས་མེད་པར་རིག་པར་བྱའོ། །སའི་ཁམས་མེད་པའི་ཕྱིར། ཆུའི་ཁམས་དང་། མེའི་ཁམས་དང་། རླུང་གི་ཁམས་དང་། ནམ་མཁའི་ཁམས་དང་། རྣམ་པར་ཤེས་པའི་ཁམས་མེད་པར་རིག་པར་བྱའོ། །རྣམ་པར་ཤེས་པའི་ཁམས་མེད་པའི་ཕྱིར། ནམ་མཁའ་མེད་པར་རིག་པར་བྱའོ། །ནམ་མཁའ་མེད་པའི་ཕྱིར། ཐེག་པ་ཆེན་པོ་མེད་པར་རིག་པར་བྱའོ། །ཐེག་པ་ཆེན་པོ་མེད་པའི་ཕྱིར། མི་འཇལ་བ་མེད་པར་རིག་པར་བྱའོ། །མི་འཇལ་བ་མེད་པའི་ཕྱིར། མི་འགྲངས་པ་མེད་པར་རིག་པར་བྱའོ། །མི་འགྲངས་པ་མེད་པའི་ཕྱིར། མི་དཔོགས་པ་མེད་

པར་རིག་པར་བྱའོ། །མི་དམིགས་པ་མེད་པའི་ཕྱིར། ཆོས་ཐམས་ཅད་མེད་པར་རིག་པར་བྱའོ། །རབ་འབྱོར་རྣམ་གྲངས་དེས་ཀྱང་། ཐེག་པ་ཆེན་པོ་དེ་སེམས་ཅན་ཚད་མེད་གྲངས་མེད་པའི་གོ་འབྱེད་དོ། །དེ་ཅིའི་ཕྱིར་ཞེ་ན། རབ་འབྱོར་དེ་ནི་འདི་ལྟར་བདག་གང་ཡིན་པ་དང་། སེམས་ཅན་གང་ཡིན་པ་དང་། སྲོག་གང་ཡིན་པ་དང་། ཤེས་པ་པོ་དང་། མཐོང་བ་པོའི་བར་དུ་གང་ཡིན་པ་དང་། བསམ་གྱིས་མི་ཁྱབ་པའི་དབྱིངས་གང་ཡིན་པ་དང་། སའི་ཁམས་གང་ཡིན་པ་དང་། ཆུའི་ཁམས་དང་། མེའི་ཁམས་དང་། རླུང་གི་ཁམས་དང་། ནམ་མཁའི་ཁམས་དང་། རྣམ་པར་ཤེས་པའི་ཁམས་གང་ཡིན་པ་དང་། ནམ་མཁའ་གང་ཡིན་པ་དང་། ཐེག་པ་ཆེན་པོ་གང་ཡིན་པ་དང་། མི་འཛལ་བ་གང་ཡིན་པ་དང་། མི་འགྲངས་པ་གང་ཡིན་པ་དང་། མི་དམིགས་པ་གང་ཡིན་པ་དང་། ཆོས་ཐམས་ཅད་གང་ཡིན་པ་དེ་དག་ཐམས་ཅད་ཀྱང་། དམིགས་སུ་མེད་པའི་ཕྱིར་རོ། །རབ་འབྱོར་གཞན་ཡང་བདག་མེད་པའི་ཕྱིར། སེམས་ཅན་མེད་པར་རིག་པར་བྱའོ། །སེམས་ཅན་མེད་པའི་ཕྱིར། ཤེས་པ་པོའི་བར་དུ་མེད་པར་རིག་པར་བྱའོ། །ཤེས་པ་པོ་མེད་པའི་ཕྱིར། མཐོང་བ་པོ་མེད་པར་རིག་པར་བྱའོ། །མཐོང་བ་པོ་མེད་པའི་ཕྱིར། བསམ་གྱིས་མི་ཁྱབ་པའི་དབྱིངས་མེད་པར་རིག་པར་བྱའོ། །བསམ་གྱིས་མི་ཁྱབ་པའི་དབྱིངས་མེད་པའི་ཕྱིར། མ་རིག་པ་མེད་པར་རིག་པར་བྱའོ། །མ་རིག་པ་མེད་པའི་ཕྱིར། འདུ་བྱེད་དང་། རྣམ་པར་ཤེས་པ་དང། མིང་དང་གཟུགས་དང་། སྐྱེ་མཆེད་དྲུག་དང་། རེག་པ་དང་། ཚོར་བ་དང་། སྲེད་པ་དང་། ལེན་པ་དང་། སྲིད་པ་དང་། སྐྱེ་བ་དང་། རྒ་ཤི་མེད་པར་རིག་པར་བྱའོ། །རྒ་ཤི་མེད་པའི་ཕྱིར། ནམ་མཁའ་མེད་པར་རིག་པར་བྱའོ། །ནམ་མཁའ་མེད་པའི་

ཕྱིར། ཐེག་པ་ཆེན་པོ་མེད་པར་རིག་པར་བྱའོ། །ཐེག་པ་ཆེན་པོ་མེད་པའི་ཕྱིར། མི་འཇལ་བ་མེད་པར་རིག་པར་བྱའོ། །མི་འཇལ་བ་མེད་པའི་ཕྱིར། མི་འགྲུངས་པ་མེད་པར་རིག་པར་བྱའོ། །མི་འགྲུངས་པ་མེད་པའི་ཕྱིར། མི་དཔོགས་པ་མེད་པར་རིག་པར་བྱའོ། །མི་དཔོགས་པ་མེད་པའི་ཕྱིར། ཆོས་ཐམས་ཅད་མེད་པར་རིག་པར་བྱའོ། །རབ་འབྱོར་རྣམ་གྲངས་དེས་ཀྱང་། ཐེག་པ་ཆེན་པོ་དེ་སེམས་ཅན་ཚད་མེད་གྲངས་མེད་པའི་གོ་འཕྱེད་དོ། །དེ་ཅིའི་ཕྱིར་ཞེ་ན། རབ་འབྱོར་དེ་ནི་འདི་ལྟར་བདག་གང་ཡིན་པ་དང་། སེམས་ཅན་གང་ཡིན་པ་དང་། སྲོག་གང་ཡིན་པ་དང་། ཤེས་པ་པོ་དང་། མཐོང་བ་པོའི་བར་དུ་གང་ཡིན་པ་དང་། བསམ་གྱིས་མི་ཁྱབ་པའི་དབྱིངས་གང་ཡིན་པ་དང་། མ་རིག་པ་གང་ཡིན་པ་དང་། འདུ་བྱེད་དང་། རྣམ་པར་ཤེས་པ་དང་། མིང་དང་གཟུགས་དང་། སྐྱེ་མཆེད་དྲུག་དང་། རེག་པ་དང་། ཚོར་བ་དང་། སྲེད་པ་དང་། ལེན་པ་དང་། སྲིད་པ་དང་། སྐྱེ་བ་དང་། རྒ་ཤི་གང་ཡིན་པ་དང་། ནམ་①མཁའ་གང་ཡིན་པ་དང་། ཐེག་པ་ཆེན་པོ་གང་ཡིན་པ་དང་། མི་འཇལ་བ་②གང་ཡིན་པ་དང་། མི་འགྲུངས་པ་གང་ཡིན་པ་དང་། མི་དཔོགས་པ་གང་ཡིན་པ་དང་། ཆོས་ཐམས་ཅད་གང་ཡིན་པ་དེ་དག་ཐམས་ཅད་ཀྱང་དམིགས་སུ་མེད་པའི་ཕྱིར་རོ།། །།③

ཤེས་རབ་ཀྱི་ཕ་རོལ་ཏུ་ཕྱིན་པ་སྟོང་ཕྲག་ཉི་ཤུ་ལྔ་པ། ④བམ་པོ་ཉི་ཤུ་གཅིག་པ། རབ་འབྱོར་གཞན་ཡང་བདག་མེད་པའི་ཕྱིར། སེམས་ཅན་མེད་པར་རིག་པར་བྱའོ། །སེམས་ཅན་མེད་པའི་ཕྱིར། ཤེས་པ་པོའི་བར་དུ་མེད་པར་རིག་པར་བྱའོ། །ཤེས་པ་པོ་མེད་པའི་ཕྱིར། མཐོང་བ་པོ་⑤མེད་པར་རིག་པར་བྱའོ། །མཐོང་བ་པོ་མེད་པའི་ཕྱིར། བསམ་གྱིས་མི་ཁྱབ་པའི་དབྱིངས་

མེད་པར་རིག་པར་བྱའོ། །བསམ་གྱིས་མི་ཁྱབ་པའི་དབྱིངས་མེད་པའི་ཕྱིར། སྦྱིན་པའི་ཕ་རོལ་ཏུ་ཕྱིན་པ་མེད་པར་རིག་པར་བྱའོ། །སྦྱིན་པའི་ཕ་རོལ་ཏུ་ཕྱིན་པ་མེད་པའི་ཕྱིར། ཚུལ་ཁྲིམས་ཀྱི་ཕ་རོལ་ཏུ་ཕྱིན་པ་དང་། བཟོད་པའི་ཕ་རོལ་ཏུ་ཕྱིན་པ་དང་། བརྩོན་འགྲུས་ཀྱི་ཕ་རོལ་ཏུ་ཕྱིན་པ་དང་། བསམ་གཏན་གྱི་ཕ་རོལ་ཏུ་ཕྱིན་པ་དང་། ཤེས་རབ་ཀྱི་ཕ་རོལ་ཏུ་ཕྱིན་པ་མེད་པར་རིག་པར་བྱའོ། །ཤེས་རབ་ཀྱི་ཕ་རོལ་ཏུ་ཕྱིན་པ་མེད་པའི་ཕྱིར། ནམ་མཁའ་མེད་པར་རིག་པར་བྱའོ། །ནམ་མཁའ་མེད་པའི་ཕྱིར། ཐེག་པ་ཆེན་པོ་མེད་པར་རིག་པར་བྱའོ། །ཐེག་པ་ཆེན་པོ་མེད་པའི་ཕྱིར། མི་འཛིལ་བ་མེད་པར་རིག་པར་བྱའོ། །མི་འཛིལ་བ་མེད་པའི་ཕྱིར། མི་འགྲངས་པ་མེད་པར་རིག་པར་བྱའོ། །མི་འགྲངས་པ་མེད་པའི་ཕྱིར། མི་དམིགས་པ་མེད་པར་རིག་པར་བྱའོ།། མི་དམིགས་པ་མེད་པའི་ཕྱིར། ཆོས་ཐམས་ཅད་མེད་པར་རིག་པར་བྱའོ། །རབ་འབྱོར་རྣམ་གྲངས་དེས་ཀྱང་ཐེག་པ་ཆེན་པོ་[1]དེ་[2]སེམས་ཅན་ཚད་མེད་གྲངས་མེད་པའི་གོ་འབྱེད་དོ། །དེ་ཅིའི་ཕྱིར་ཞེ་ན། རབ་འབྱོར་དེ་ནི་འདི་ལྟར་བདག་གང་ཡིན་པ་དང་། སེམས་ཅན་གང་ཡིན་པ་དང་། སྲོག་གང་ཡིན་པ་དང་། ཤེས་པ་པོ་དང་མཐོང་བ་པོའི་བར་དུ་གང་ཡིན་པ་དང་། བསམ་གྱིས་མི་ཁྱབ་པའི་དབྱིངས་གང་ཡིན་པ་དང་། སྦྱིན་པའི་ཕ་རོལ་ཏུ་ཕྱིན་པ་གང་ཡིན་པ་དང་། ཚུལ་ཁྲིམས་ཀྱི་ཕ་རོལ་ཏུ་ཕྱིན་པ་གང་ཡིན་པ་དང་། བཟོད་པའི་ཕ་རོལ་ཏུ་ཕྱིན་པ་གང་ཡིན་པ་དང་། བརྩོན་འགྲུས་ཀྱི་ཕ་རོལ་ཏུ་ཕྱིན་པ་གང་ཡིན་པ་དང་། བསམ་གཏན་གྱི་ཕ་རོལ་ཏུ་ཕྱིན་པ་གང་ཡིན་པ་དང་། ཤེས་རབ་ཀྱི་ཕ་རོལ་ཏུ་ཕྱིན་པ་གང་ཡིན་པ་དང་། ནམ་མཁའ་གང་ཡིན་པ་དང་། ཐེག་པ་ཆེན་པོ་གང་ཡིན་པ་དང་། མི་འཛིལ་བ་གང་ཡིན་པ་དང་། མི་འགྲངས་པ་

གང་ཡིན་པ་དང་། མི་དམིགས་པ་གང་ཡིན་པ་དང་། ཆོས་ཐམས་ཅད་གང་ཡིན་པ་དེ་དག་ཐམས་ཅད་ཀྱང་དམིགས་སུ་མེད་པའི་ཕྱིར་རོ། །རབ་འབྱོར་གཞན་ཡང་བདག་མེད་པའི་ཕྱིར། སེམས་ཅན་མེད་པར་རིག་པར་བྱའོ། །སེམས་ཅན་མེད་པའི་ཕྱིར། ཤེས་པ་པོའི་བར་དུ་མེད་པར་རིག་པར་བྱའོ། །ཤེས་པ་པོ་མེད་པའི་ཕྱིར། མཐོང་བ་པོ་མེད་པར་རིག་པར་བྱའོ། །མཐོང་བ་པོ་མེད་པའི་ཕྱིར། བསམ་གྱིས་མི་ཁྱབ་པའི་དབྱིངས་མེད་པར་རིག་པར་བྱའོ། །བསམ་གྱིས་མི་ཁྱབ་པའི་དབྱིངས་མེད་པའི་ཕྱིར། ནང་སྟོང་པ་ཉིད་མེད་པར་རིག་པར་བྱའོ། །ནང་སྟོང་པ་ཉིད་མེད་པའི་ཕྱིར། ཕྱི་སྟོང་པ་ཉིད་མེད་པར་རིག་པར་བྱའོ། །ཕྱི་སྟོང་པ་ཉིད་མེད་པའི་ཕྱིར། ཕྱི་ནང་སྟོང་པ་ཉིད་མེད་པར་རིག་པར་བྱའོ། །ཕྱི་ནང་སྟོང་པ་ཉིད་མེད་པའི་ཕྱིར། དངོས་པོ་མེད་པའི་ངོ་བོ་ཉིད་སྟོང་པ་ཉིད་ཀྱི་བར་དུ་མེད་པར་རིག་པར་བྱའོ། །དངོས་པོ་མེད་པའི་ངོ་བོ་ཉིད་སྟོང་པ་ཉིད་མེད་པའི་ཕྱིར། ནམ་མཁའ་མེད་པར་རིག་པར་བྱའོ། །ནམ་མཁའ་མེད་པའི་ཕྱིར། ཐེག་པ་ཆེན་པོ་མེད་པར་རིག་པར་བྱའོ། །ཐེག་པ་ཆེན་པོ་མེད་པའི་ཕྱིར། མི་འཇལ་བ་མེད་པར་རིག་པར་བྱའོ། །མི་འཇལ་བ་མེད་པའི་ཕྱིར། མི་འགྲངས་པ་མེད་པར་རིག་པར་བྱའོ། །མི་འགྲངས་པ་མེད་པའི་ཕྱིར། མི་དམིགས་པ་མེད་པར་རིག་པར་བྱའོ། །མི་དམིགས་པ་མེད་པའི་ཕྱིར། ཆོས་ཐམས་ཅད་མེད་པར་རིག་པར་བྱའོ། །རབ་འབྱོར་རྣམ་གྲངས་དེས་ཀྱང་ཐེག་པ་ཆེན་པོ་དེ་⑦སེམས་ཅན་ཚད་མེད་གྲངས་མེད་པའི་གོ་འབྱེད་དོ། །དེ་ཅིའི་ཕྱིར་ཞེ་ན། རབ་འབྱོར་དེ་ནི་འདི་ལྟར་བདག་གང་ཡིན་པ་དང་། སེམས་ཅན་གང་ཡིན་པ་དང་། སྲོག་གང་ཡིན་པ་དང་། ཤེས་པ་པོ་དང་། མཐོང་བ་པོའི་བར་དུ་གང་ཡིན་པ་དང་། བསམ་གྱིས་མི་ཁྱབ་པའི་དབྱིངས་གང་

ཡིན་པ་དང་། ནང་སྟོང་པ་ཉིད་གང་ཡིན་པ་དང་། ཕྱི་སྟོང་པ་ཉིད་གང་ཡིན་
པ་དང་། ཕྱི་ནང་སྟོང་པ་ཉིད་གང་ཡིན་པ་དང་། དངོས་པོ་མེད་པའི་ངོ་བོ་
ཉིད་སྟོང་པ་ཉིད་ཀྱི་བར་དུ་གང་ཡིན་པ་དང་། ནམ་མཁའ་གང་ཡིན་པ་དང་།
ཐེག་པ་ཆེན་པོ་གང་ཡིན་པ་དང་། མི་འཇལ་བ་གང་ཡིན་པ་དང་། མི་
འགྲངས་པ་གང་ཡིན་པ་དང་། མི་དཔོགས་པ་གང་ཡིན་པ་དང་། ཆོས་ཐམས་
ཅད་གང་ཡིན་པ་དེ་དག་ཐམས་ཅད་ཀྱང་དམིགས་སུ་མེད་པའི་ཕྱིར་རོ། །རབ་
འབྱོར་གཞན་ཡང་བདག་མེད་པའི་ཕྱིར། སེམས་ཅན་མེད་པར་རིག་པར་བྱའོ། །
སེམས་ཅན་མེད་པའི་ཕྱིར། ཤེས་པ་པོའི་བར་དུ་མེད་པར་རིག་པར་བྱའོ། །
ཤེས་པ་པོ་མེད་པའི་ཕྱིར། མཐོང་བ་པོ་མེད་པར་རིག་པར་བྱའོ། །མཐོང་བ་
པོ་མེད་པའི་ཕྱིར། བསམ་གྱིས་མི་ཁྱབ་པའི་དབྱིངས་མེད་པར་རིག་པར་བྱའོ། །
བསམ་གྱིས་མི་ཁྱབ་པའི་དབྱིངས་མེད་པའི་ཕྱིར། དྲན་པ་ཉེ་བར་གཞག་པ་མེད་
པར་རིག་པར་བྱའོ། །དྲན་པ་ཉེ་བར་གཞག་པ་མེད་པའི་ཕྱིར། ཡང་དག་པར་
སྤོང་བ་མེད་པར་རིག་པར་བྱའོ། །ཡང་དག་པར་སྤོང་བ་མེད་པའི་ཕྱིར། རྫུ་
འཕྲུལ་གྱི་རྐང་པ་མེད་པར་རིག་པར་བྱའོ། །རྫུ་འཕྲུལ་གྱི་རྐང་པ་མེད་པའི་ཕྱིར།
དབང་པོ་མེད་པར་རིག་པར་བྱའོ། །དབང་པོ་མེད་པའི་ཕྱིར། སྟོབས་མེད་
པར་རིག་པར་བྱའོ། །སྟོབས་མེད་པའི་ཕྱིར། བྱང་ཆུབ་ཀྱི་ཡན་ལག་མེད་པར་
རིག་པར་བྱའོ། །བྱང་ཆུབ་ཀྱི་ཡན་ལག་མེད་པའི་ཕྱིར། ལམ་མེད་པར་རིག་
པར་བྱའོ། །ལམ་མེད་པའི་ཕྱིར། ནམ་མཁའ་མེད་པར་རིག་པར་བྱའོ། །
ནམ་མཁའ་མེད་པའི་ཕྱིར། ཐེག་པ་ཆེན་པོ་མེད་པར་རིག་པར་བྱའོ། །ཐེག་པ་
ཆེན་པོ་མེད་པའི་ཕྱིར། མི་འཇལ་བ་མེད་པར་རིག་པར་བྱའོ། །མི་འཇལ་བ་
མེད་པའི་ཕྱིར། མི་འགྲངས་པ་མེད་པར་རིག་པར་བྱའོ། །མི་འགྲངས་པ་མེད་

པའི་ཕྱིར། མི་དཔོགས་(༡)པ་མེད་པར་རིག་པར་བྱའོ། །མི་དཔོགས་(༢)པ་མེད་པའི་ཕྱིར། ཆོས་ཐམས་ཅད་མེད་པར་རིག་པར་བྱའོ། །རབ་འབྱོར་རྣམ་གྲངས་དེས་ཀྱང་ཐེག་པ་ཆེན་པོ་དེ་(༣)སེམས་ཅན་ཚད་མེད་གྲངས་མེད་པའི་གོ་འབྱེད་དོ། །དེ་ཅིའི་ཕྱིར་ཞེ་ན། རབ་འབྱོར་དེ་ནི་འདི་ལྟར་བདག་གང་ཡིན་པ་དང་། སེམས་ཅན་གང་ཡིན་པ་དང་། སྲོག་གང་ཡིན་པ་དང་། ཤེས་པ་པོ་དང་། མཐོང་བ་པོའི་བར་དུ་གང་ཡིན་པ་དང་། བསམ་གྱིས་མི་ཁྱབ་པའི་དབྱིངས་གང་ཡིན་པ་དང་། དྲན་པ་ཉེ་བར་གཞག་པ་གང་ཡིན་པ་དང་། ཡང་དག་པར་སྤོང་བ་དང་། རྫུ་འཕྲུལ་གྱི་རྐང་པ་དང་། དབང་པོ་དང་། སྟོབས་དང་། བྱང་ཆུབ་ཀྱི་ཡན་ལག་དང་། འཕགས་པའི་ལམ་ཡན་ལག་བརྒྱད་པ་གང་ཡིན་པ་དང་། ནམ་མཁའ་གང་ཡིན་པ་དང་། ཐེག་པ་ཆེན་པོ་གང་ཡིན་པ་དང་། མི་འཇལ་བ་གང་ཡིན་པ་དང་། མི་འགྲངས་པ་གང་ཡིན་པ་དང་། མི་དཔོགས་(༤)པ་གང་ཡིན་པ་དང་། ཆོས་ཐམས་ཅད་གང་ཡིན་པ་དེ་དག་ཐམས་ཅད་ཀྱང་དམིགས་སུ་མེད་པའི་ཕྱིར་རོ། །རབ་འབྱོར་གཞན་ཡང་བདག་མེད་པའི་ཕྱིར། སེམས་ཅན་མེད་པར་རིག་པར་བྱའོ། །སེམས་ཅན་མེད་པའི་ཕྱིར། ཤེས་པ་པོའི་བར་དུ་མེད་པར་རིག་པར་བྱའོ། །ཤེས་པ་པོ་མེད་པའི་ཕྱིར། མཐོང་བ་པོ་མེད་པར་རིག་པར་བྱའོ། །མཐོང་བ་པོ་མེད་པའི་ཕྱིར། བསམ་གྱིས་མི་ཁྱབ་པའི་དབྱིངས་མེད་པར་རིག་པར་བྱའོ། །བསམ་གྱིས་མི་ཁྱབ་པའི་དབྱིངས་མེད་པའི་ཕྱིར། འཕགས་པའི་བདེན་པ་མེད་པར་རིག་པར་བྱའོ། །འཕགས་པའི་བདེན་པ་མེད་པའི་ཕྱིར། བསམ་གཏན་མེད་པར་རིག་པར་བྱའོ། །བསམ་གཏན་མེད་པའི་ཕྱིར། ཚད་མེད་པ་མེད་པར་རིག་པར་བྱའོ། །ཚད་མེད་པ་མེད་པའི་ཕྱིར། གཟུགས་མེད་པའི་སྙོམས་པར་འཇུག་པ་མེད་པར་རིག

པར་བྱའོ། །གཟུགས་མེད་པའི་སྙོམས་པར་འཇུག་པ་མེད་པའི་ཕྱིར། རྣམ་པར་ཐར་པ་མེད་པར་རིག་པར་བྱའོ། །རྣམ་པར་ཐར་པ་མེད་པའི་ཕྱིར། མཐར་གྱིས་གནས་པའི་སྙོམས་པར་འཇུག་པ་མེད་པར་རིག་པར་བྱའོ། །མཐར་གྱིས་གནས་པའི་སྙོམས་པར་འཇུག་པ་མེད་པའི་ཕྱིར། རྣམ་པར་ཐར་པའི་སྒོ་སྟོང་པ་ཉིད་དང་། མཚན་མ་མེད་པ་དང་། སྨོན་པ་མེད་པ་མེད་པར་རིག་པར་བྱའོ། །རྣམ་པར་ཐར་པའི་སྒོ་སྟོང་པ་ཉིད་དང་། མཚན་མ་མེད་པ་དང་། སྨོན་པ་མེད་པ་མེད་པའི་ཕྱིར། མངོན་པར་ཤེས་པ་མེད་པར་རིག་པར་བྱའོ། །མངོན་པར་ཤེས་པ་མེད་པའི་ཕྱིར། ཏིང་ངེ་འཛིན་མེད་པར་རིག་པར་བྱའོ། །ཏིང་ངེ་འཛིན་མེད་པའི་ཕྱིར། གཟུངས་ཀྱི་སྒོ་མེད་པར་རིག་པར་བྱའོ། །གཟུངས་ཀྱི་སྒོ་མེད་པའི་ཕྱིར། དེ་བཞིན་གཤེགས་པའི་སྟོབས་མེད་པར་རིག་པར་བྱའོ། །དེ་བཞིན་གཤེགས་པའི་སྟོབས་མེད་པའི་ཕྱིར། མི་འཇིགས་པ་མེད་པར་རིག་པར་བྱའོ། །མི་འཇིགས་པ་མེད་པའི་ཕྱིར། སོ་སོ་ཡང་དག་པར་རིག་པ་མེད་པར་རིག་པར་བྱའོ། །སོ་སོ་⑦ཡང་དག་པར་རིག་པ་མེད་པའི་ཕྱིར། སྙིང་རྗེ་ཆེན་པོ་མེད་པར་རིག་པར་བྱའོ། །སྙིང་རྗེ་ཆེན་པོ་མེད་པའི་ཕྱིར། སངས་རྒྱས་ཀྱི་ཆོས་མ་འདྲེས་པ་མེད་པར་རིག་པར་བྱའོ། །སངས་རྒྱས་ཀྱི་ཆོས་མ་འདྲེས་པ་མེད་པའི་ཕྱིར། རྣམ་མཁའ་མེད་པར་རིག་པར་བྱའོ། །རྣམ་མཁའ་མེད་པའི་ཕྱིར། ཐེག་པ་ཆེན་པོ་མེད་པར་རིག་པར་བྱའོ། །ཐེག་པ་ཆེན་པོ་མེད་པའི་ཕྱིར། མི་འཇལ་བ་མེད་པར་རིག་པར་བྱའོ། །མི་འཇལ་བ་མེད་པའི་ཕྱིར། མི་འགྲངས་པ་མེད་པར་རིག་པར་བྱའོ། །མི་འགྲངས་པ་མེད་པའི་ཕྱིར། མི་དཔོགས་པ་མེད་པར་རིག་པར་བྱའོ། །མི་དཔོགས་པ་མེད་པའི་ཕྱིར། ཆོས་ཐམས་ཅད་མེད་པར་རིག་པར་བྱའོ། །རབ་འབྱོར་རྣམ་གྲངས་དེས་ཀྱང་ཐེག་པ་

ཆེན་པོ་དེ་(༡)སེམས་ཅན་ཚད་མེད་གྲངས་མེད་པའི་གོ་འབྱེད་དོ། །དེ་ཅིའི་ཕྱིར་ཞེ་ན། རབ་འབྱོར་དེ་ནི་འདི་ལྟར་བདག་གང་ཡིན་པ་དང་། སེམས་ཅན་གང་ཡིན་པ་དང་། སྲོག་གང་ཡིན་པ་དང་། ཤེས་པ་པོ་གང་ཡིན་པ་(༢)དང་། མཐོང་བ་པོའི་བར་དུ་གང་ཡིན་པ་དང་། བསམ་གྱིས་མི་ཁྱབ་པའི་དབྱིངས་གང་ཡིན་པ་དང་། འཕགས་པའི་བདེན་པ་གང་ཡིན་པ་དང་། བསམ་གཏན་དང་། ཚད་མེད་པ་དང་། གཟུགས་མེད་པའི་སྙོམས་པར་འཇུག་པ་དང་། རྣམ་པར་ཐར་པ་དང་། མཐར་གྱིས་གནས་པའི་སྙོམས་པར་འཇུག་པ་དང་། རྣམ་པར་ཐར་པའི་སྒོ་སྟོང་པ་ཉིད་དང་། མཚན་མ་མེད་པ་དང་། སྨོན་པ་མེད་པ་དང་། མངོན་པར་ཤེས་པ་དང་། ཏིང་ངེ་འཛིན་དང་། གཟུངས་ཀྱི་སྒོ་དང་། དེ་བཞིན་གཤེགས་པའི་སྟོབས་དང་། མི་འཇིགས་པ་དང་། སོ་སོ་ཡང་དག་པར་རིག་པ་དང་། སྙིང་རྗེ་ཆེན་པོ་དང་། སངས་རྒྱས་ཀྱི་ཆོས་མ་འདྲེས་པ་གང་ཡིན་པ་དང་། ནམ་མཁའ་གང་ཡིན་པ་དང་། ཐེག་པ་ཆེན་པོ་གང་ཡིན་པ་དང་། མི་འཇལ་བ་གང་ཡིན་པ་དང་། མི་འགྲངས་པ་གང་ཡིན་པ་དང་། མི་དཔོགས་པ་གང་ཡིན་པ་དང་། ཆོས་ཐམས་ཅད་གང་ཡིན་པ་དེ་དག་ཐམས་ཅད་ཀྱང་། དམིགས་སུ་མེད་པའི་ཕྱིར་རོ། །རབ་འབྱོར་གཞན་ཡང་བདག་མེད་པའི་ཕྱིར། སེམས་ཅན་མེད་པར་རིག་པར་བྱའོ། །སེམས་ཅན་མེད་པའི་ཕྱིར། ཤེས་པ་པོའི་བར་དུ་མེད་པར་རིག་པར་བྱའོ། །ཤེས་པ་པོ་མེད་པའི་ཕྱིར། མཐོང་བ་པོ་མེད་པར་རིག་པར་བྱའོ། །མཐོང་བ་པོ་མེད་པའི་ཕྱིར། བསམ་གྱིས་མི་ཁྱབ་པའི་དབྱིངས་མེད་པར་རིག་པར་བྱའོ། །བསམ་གྱིས་མི་ཁྱབ་པའི་དབྱིངས་མེད་པའི་ཕྱིར། རིགས་ཀྱི་ས་མེད་པར་རིག་པར་བྱའོ། །རིགས་ཀྱི་ས་མེད་པའི་ཕྱིར། བརྒྱད་པའི་ས་མེད་པར་རིག་པར་བྱའོ། །བརྒྱད་པའི་ས་

མེད་པའི་ཕྱིར། མཐོང་བའི་ས་མེད་པར་རིག་པར་བྱའོ། །མཐོང་བའི་ས་མེད་པའི་ཕྱིར། བསྲབས་པའི་ས་མེད་པར་རིག་པར་བྱའོ། །བསྲབས་པའི་ས་མེད་པའི་ཕྱིར། འདོད་ཆགས་དང་བྲལ་བའི་ས་མེད་པར་རིག་པར་བྱའོ། །འདོད་ཆགས་དང་བྲལ་བའི་ས་མེད་པའི་ཕྱིར། བྱས་པ་རྟོགས་པའི་ས་མེད་པར་རིག་པར་བྱའོ། །བྱས་པ་རྟོགས་པའི་ས་མེད་པའི་ཕྱིར། ནམ་མཁའ་མེད་པར་རིག་པར་བྱའོ། །ནམ་མཁའ་མེད་པའི་ཕྱིར། ཐེག་པ་ཆེན་པོ་མེད་པར་རིག་པར་བྱའོ། །ཐེག་པ་ཆེན་པོ་མེད་པའི་ཕྱིར། མི་འཇལ་བ་མེད་པར་རིག་པར་བྱའོ། །མི་འཇལ་བ་མེད་པའི་ཕྱིར། མི་འགྲངས་པ་མེད་པར་རིག་པར་བྱའོ། །མི་འགྲངས་པ་མེད་པའི་ཕྱིར། མི་དཔོགས་པ་མེད་པར་རིག་པར་བྱའོ། །མི་དཔོགས་པ་མེད་པའི་ཕྱིར། ཆོས་ཐམས་ཅད་མེད་པར་རིག་པར་བྱའོ། །རབ་འབྱོར་རྣམ་གྲངས་དེས་ཀྱང་ཐེག་པ་ཆེན་པོ་དེ་①སེམས་ཅན་ཚད་མེད་གྲངས་མེད་པའི་གོ་འབྱེད་དོ། །དེ་ཅིའི་ཕྱིར་ཞེ་ན། རབ་འབྱོར་དེ་ནི་འདི་ལྟར་བདག་གང་ཡིན་པ་དང་། སེམས་ཅན་གང་ཡིན་པ་དང་། སྲོག་གང་ཡིན་པ་དང་ཤེས་པ་པོ་དང་མཐོང་བ་པོའི་བར་དུ་གང་ཡིན་པ་དང་། བསམ་གྱིས་མི་ཁྱབ་པའི་དབྱིངས་གང་ཡིན་པ་དང་། རིགས་ཀྱི་ས་གང་ཡིན་པ་དང་། བརྒྱད་པའི་ས་གང་ཡིན་པ་དང་། མཐོང་བའི་ས་གང་ཡིན་པ་དང་། བསྲབས་པའི་ས་གང་ཡིན་པ་དང་། འདོད་ཆགས་དང་བྲལ་བའི་ས་གང་ཡིན་པ་དང་། ༔བྱས་པ་③རྟོགས་པའི་ས་གང་ཡིན་པ་དང་། ནམ་མཁའ་གང་ཡིན་པ་དང་། ཐེག་པ་ཆེན་པོ་གང་ཡིན་པ་དང་། མི་འཇལ་བ་གང་ཡིན་པ་དང་། མི་འགྲངས་པ་གང་ཡིན་པ་དང་། མི་དཔོགས་པ་གང་ཡིན་པ་དང་། ཆོས་ཐམས་ཅད་གང་ཡིན་པ་དེ་དག་ཐམས་ཅད་ཀྱང་དམིགས་སུ་མེད་པའི་ཕྱིར་རོ། །རབ་འབྱོར

གཞན་ཡང་བདག་མེད་པའི་ཕྱིར། སེམས་ཅན་མེད་པར་རིག་པར་བྱའོ། །སེམས་ཅན་མེད་པའི་ཕྱིར། ཤེས་པ་པོའི་བར་དུ་མེད་པར་རིག་པར་བྱའོ། །ཤེས་པ་པོ་མེད་པའི་ཕྱིར། མཐོང་བ་པོ་མེད་པར་རིག་པར་བྱའོ། །མཐོང་བ་པོ་མེད་པའི་ཕྱིར། བསམ་གྱིས་མི་ཁྱབ་པའི་དབྱིངས་མེད་པར་རིག་པར་བྱའོ། །བསམ་གྱིས་མི་ཁྱབ་པའི་དབྱིངས་མེད་པའི་ཕྱིར། རྒྱུན་དུ་ཞུགས་པ་མེད་པར་རིག་པར་བྱའོ། །རྒྱུན་དུ་ཞུགས་པ་མེད་པའི་ཕྱིར། ལན་ཅིག་ཕྱིར་འོང་བ་མེད་པར་རིག་པར་བྱའོ། །ལན་ཅིག་ཕྱིར་འོང་བ་མེད་པའི་ཕྱིར། ཕྱིར་མི་འོང་བ་མེད་པར་རིག་པར་བྱའོ། །ཕྱིར་མི་འོང་བ་མེད་པའི་ཕྱིར། དགྲ་བཅོམ་པ་མེད་པར་རིག་པར་བྱའོ། །དགྲ་བཅོམ་པ་མེད་པའི་ཕྱིར། ནམ་མཁའ་མེད་པར་རིག་པར་བྱའོ། །ནམ་མཁའ་མེད་པའི་ཕྱིར། ཐེག་པ་ཆེན་པོ་མེད་པར་རིག་པར་བྱའོ། །ཐེག་པ་ཆེན་པོ་མེད་པའི་ཕྱིར། མི་འཇལ་བ་མེད་པར་རིག་པར་བྱའོ། །མི་འཇལ་བ་མེད་པའི་ཕྱིར། མི་འགྲངས་པ་མེད་པར་རིག་པར་བྱའོ། །མི་འགྲངས་པ་མེད་པའི་ཕྱིར། མི་དཔོགས་པ་མེད་པར་རིག་པར་བྱའོ།། མི་དཔོགས་པ་མེད་པའི་ཕྱིར། ཆོས་ཐམས་ཅད་མེད་པར་རིག་པར་བྱའོ། །རབ་འབྱོར་རྣམ་གྲངས་དེས་ཀྱང་ཐེག་པ་ཆེན་པོ་དེ་[1]སེམས་ཅན་ཚད་མེད་གྲངས་མེད་པའི་གོ་འབྱེད་དོ། །དེ་ཅིའི་ཕྱིར་ཞེ་ན། རབ་འབྱོར་དེ་ནི་འདི་ལྟར་བདག་གང་ཡིན་པ་དང་། སེམས་ཅན་གང་ཡིན་པ་དང་། སྲོག་གང་ཡིན་པ་དང་། ཤེས་པ་པོ་དང་། མཐོང་བ་པོའི་བར་དུ་གང་ཡིན་པ་དང་། བསམ་གྱིས་མི་ཁྱབ་པའི་དབྱིངས་གང་ཡིན་པ་དང་། རྒྱུན་དུ་ཞུགས་པ་གང་ཡིན་པ་དང་། ལན་ཅིག་ཕྱིར་འོང་བ་གང་ཡིན་པ་དང་། ཕྱིར་མི་འོང་བ་གང་ཡིན་པ་དང་། དགྲ་བཅོམ་པ་གང་ཡིན་པ་དང་། ནམ་མཁའ་གང་ཡིན་པ་དང་། ཐེག་པ་ཆེན་

པོ་གང་ཡིན་པ་དང་། མི་འཇིག་པ་གང་ཡིན་པ་དང་། མི་འགྲངས་པ་གང་ཡིན་པ་དང་། མི་དཔོགས་པ་གང་ཡིན་པ་དང་། ཆོས་ཐམས་ཅད་གང་ཡིན་པ་དེ་དག་ཐམས་ཅད་ཀྱང་དམིགས་སུ་མེད་པའི་ཕྱིར་རོ། །རབ་འབྱོར་གཞན་ཡང་བདག་མེད་པའི་ཕྱིར། སེམས་ཅན་མེད་པར་རིག་པར་བྱའོ། །སེམས་ཅན་མེད་པའི་ཕྱིར། ཞིང་པ་པོའི་བར་དུ་མེད་པར་རིག་པར་བྱའོ། །ཞིང་པ་(༡)པོ་མེད་པའི་ཕྱིར། མཐོང་བ་པོ་མེད་པར་རིག་པར་བྱའོ། །མཐོང་བ་པོ་མེད་པའི་ཕྱིར། བསམ་གྱིས་མི་ཁྱབ་པའི་དབྱིངས་མེད་པར་རིག་པར་བྱའོ། །བསམ་གྱིས་མི་ཁྱབ་པའི་དབྱིངས་མེད་པའི་ཕྱིར། རང་སངས་རྒྱས་མེད་པར་རིག་པར་བྱའོ། །རང་སངས་རྒྱས་མེད་པའི་ཕྱིར། ཡང་དག་པར་རྫོགས་པའི་སངས་རྒྱས་མེད་པར་རིག་པར་བྱའོ། །ཡང་དག་པར་རྫོགས་པའི་སངས་རྒྱས་མེད་པའི་ཕྱིར། ནམ་མཁའ་མེད་པར་རིག་པར་བྱའོ། །ནམ་མཁའ་མེད་པའི་ཕྱིར། ཐེག་པ་ཆེན་པོ་མེད་པར་རིག་པར་བྱའོ། །ཐེག་པ་ཆེན་པོ་མེད་པའི་ཕྱིར། མི་འཇིག་པ་མེད་པར་རིག་པར་བྱའོ། །མི་འཇིག་པ་མེད་པའི་ཕྱིར། མི་འགྲངས་པ་མེད་པར་རིག་པར་བྱའོ། །མི་འགྲངས་པ་མེད་པའི་ཕྱིར། མི་དཔོགས་པ་མེད་པར་རིག་པར་བྱའོ། །མི་དཔོགས་པ་མེད་པའི་ཕྱིར། ཆོས་ཐམས་ཅད་མེད་པར་རིག་པར་བྱའོ། །རབ་འབྱོར་རྣམ་གྲངས་དེས་ཀྱང་ཐེག་པ་ཆེན་པོ་དེ་(༢)སེམས་ཅན་ཚད་མེད་གྲངས་མེད་པའི་གོ་འབྱེད་དོ། །དེ་ཅིའི་ཕྱིར་ཞེ་ན། རབ་འབྱོར་དེ་ནི་འདི་ལྟར་བདག་གང་ཡིན་པ་དང་། སེམས་ཅན་གང་ཡིན་པ་དང་། སྲོག་གང་ཡིན་པ་དང་། ཞིང་པ་པོ་དང་མཐོང་བ་པོའི་བར་དུ་གང་ཡིན་པ་དང་། བསམ་གྱིས་མི་ཁྱབ་པའི་དབྱིངས་གང་ཡིན་པ་དང་། རང་སངས་རྒྱས་གང་ཡིན་པ་དང་། ཡང་དག་པར་རྫོགས་པའི་སངས་རྒྱས་གང་ཡིན་

པ་དང་། ནམ་མཁའ་གང་ཡིན་པ་དང་། ཐེག་པ་ཆེན་པོ་གང་ཡིན་པ་དང་། མི་འཛལ་བ་གང་ཡིན་པ་དང་། མི་འགྲངས་པ་གང་ཡིན་པ་དང་། མི་དཔོགས་པ་གང་ཡིན་པ་དང་། ཆོས་ཐམས་ཅད་གང་ཡིན་པ་དེ་དག་ཐམས་ཅད་ཀྱང་དམིགས་སུ་མེད་པའི་ཕྱིར་རོ། །རབ་འབྱོར་གཞན་ཡང་བདག་མེད་པའི་ཕྱིར། སེམས་ཅན་མེད་པར་རིག་པར་བྱའོ། །སེམས་ཅན་མེད་པའི་ཕྱིར། ཤེས་པ་པོའི་བར་དུ་མེད་པར་རིག་པར་བྱའོ། །ཤེས་པ་པོ་མེད་པའི་ཕྱིར། མཐོང་བ་པོ་མེད་པར་རིག་པར་བྱའོ། །མཐོང་བ་པོ་མེད་པའི་ཕྱིར། བསམ་གྱིས་མི་ཁྱབ་པའི་དབྱིངས་མེད་པར་②རིག་པར་བྱའོ། །བསམ་གྱིས་མི་ཁྱབ་པའི་དབྱིངས་མེད་པའི་ཕྱིར། ཉན་ཐོས་ཀྱི་ཐེག་པ་མེད་པར་རིག་པར་བྱའོ། །ཉན་ཐོས་ཀྱི་ཐེག་པ་མེད་པའི་ཕྱིར། རང་སངས་རྒྱས་ཀྱི་ཐེག་པ་མེད་པར་རིག་པར་བྱའོ། །རང་སངས་རྒྱས་ཀྱི་ཐེག་པ་མེད་པའི་ཕྱིར། རྣམ་པ་ཐམས་ཅད་མཁྱེན་པ་ཉིད་མེད་པར་རིག་པར་བྱའོ། །རྣམ་པ་ཐམས་ཅད་མཁྱེན་པ་ཉིད་མེད་པའི་ཕྱིར། ནམ་མཁའ་མེད་པར་རིག་པར་བྱའོ། །ནམ་མཁའ་མེད་པའི་ཕྱིར། ཐེག་པ་ཆེན་པོ་མེད་པར་རིག་པར་བྱའོ། །ཐེག་པ་ཆེན་པོ་མེད་པའི་ཕྱིར། མི་འཛལ་བ་མེད་པར་རིག་པར་བྱའོ། །མི་འཛལ་བ་མེད་པའི་ཕྱིར། མི་འགྲངས་པ་མེད་པར་རིག་པར་བྱའོ། །མི་འགྲངས་པ་མེད་པའི་ཕྱིར། མི་དཔོགས་པ་མེད་པར་རིག་པར་བྱའོ། །མི་དཔོགས་པ་མེད་པའི་ཕྱིར། ཆོས་ཐམས་ཅད་མེད་པར་རིག་པར་བྱའོ། །རབ་འབྱོར་རྣམ་གྲངས་དེས་ཀྱང་ཐེག་པ་ཆེན་པོ་དེ་③སེམས་ཅན་ཚད་མེད་གྲངས་མེད་པའི་གོ་འབྱེད་དོ། །དེ་ཅིའི་ཕྱིར་ཞེ་ན། རབ་འབྱོར་དེ་ནི་འདི་ལྟར་བདག་གང་ཡིན་པ་དང་། སེམས་ཅན་གང་ཡིན་པ་དང་། སྲོག་གང་ཡིན་པ་དང་། ཤེས་པ་པོ་དང་མཐོང་བ་པོའི་བར་དུ་གང་ཡིན་པ་དང་།

བསམ་གྱིས་མི་ཁྱབ་པའི་དབྱིངས་གང་ཡིན་པ་དང་། ཉན་ཐོས་ཀྱི་ཐེག་པ་གང་ཡིན་པ་དང་། རང་སངས་རྒྱས་ཀྱི་ཐེག་པ་①གང་ཡིན་པ་དང་། རྣམ་པ་ཐམས་ཅད་མཁྱེན་པ་ཉིད་གང་ཡིན་པ་དང་། ནམ་མཁའ་གང་ཡིན་པ་དང་། ཐེག་པ་ཆེན་པོ་གང་ཡིན་པ་དང་། མི་འཇིལ་བ་གང་ཡིན་པ་དང་། མི་འགྲངས་པ་གང་ཡིན་པ་དང་། མི་དཔོགས་པ་གང་ཡིན་པ་དང་། ཆོས་ཐམས་ཅད་གང་ཡིན་པ་དེ་དག་②ཐམས་ཅད་ཀྱང་དམིགས་སུ་མེད་པའི་ཕྱིར་རོ། །རབ་འབྱོར་འདི་ལྟ་སྟེ་དཔེར་ན། མྱ་ངན་ལས་འདས་པའི་དབྱིངས་ནི། སེམས་ཅན་གྲངས་མེད་ཚད་མེད་དཔག་ཏུ་མེད་པའི་གོ་འབྱེད་དོ། །དེ་བཞིན་དུ་ཐེག་པ་ཆེན་པོ་དེ་ཡང་སེམས་ཅན་གྲངས་མེད་ཚད་མེད་དཔག་ཏུ་མེད་པའི་གོ་འབྱེད་དོ། །རབ་འབྱོར་ནམ་མཁའ་ནི་སེམས་ཅན་གྲངས་མེད་ཚད་མེད་དཔག་ཏུ་མེད་པའི་གོ་འབྱེད་དོ། །དེ་བཞིན་དུ་ཐེག་པ་ཆེན་པོ་དེ་ཡང་སེམས་ཅན་གྲངས་མེད་ཚད་མེད་དཔག་ཏུ་མེད་པའི་གོ་འབྱེད་དོ། །རབ་འབྱོར་གང་ཡང་ཁྱོད་ཀྱིས་འདི་སྐད་དུ་ཐེག་པ་ཆེན་པོ་དེ་ལ་འོང་བའམ། འགྲོ་བ་ཞེས་བྱ་བ་ཡང་མེད། ③གནས་པ་ཞེས་བྱ་བ་ཡང་མེད་དོ། །ཞེས་སྨྲས་པ་ནི། རབ་འབྱོར་དེ་དེ་བཞིན་ནོ་དེ་དེ་བཞིན་ཏེ། ཐེག་པ་ཆེན་པོ་དེ་ལ་འགྲོ་བའམ་འོང་བ་ཡང་མེད་དེ་གནས་པ་ཡང་མེད་དོ། །དེ་ཅིའི་ཕྱིར་ཞེ་ན། རབ་འབྱོར་ཆོས་ཐམས་ཅད་ནི་གཡོ་བ་མེད་པ་སྟེ། དེ་དག་གང་ནས་ཀྱང་འོང་བ་མེད་དོ། །གང་དུ་ཡང་འདོང་④བ་མེད་དོ།། གར་ཡང་གནས་པར་འགྱུར་བ་མེད་དོ། །དེ་ཅིའི་ཕྱིར་ཞེ་ན། རབ་འབྱོར་དེ་ནི་འདི་ལྟར་གཟུགས་ནི་གང་ནས་ཀྱང་འོང་བ་མེད། གང་དུ་ཡང་འགྲོ་བ་མེད། གར་ཡང་གནས་པར་འགྱུར་བ་མེད་དོ། །ཚོར་བ་དང་། འདུ་ཤེས་དང་། འདུ་བྱེད་དང་། རྣམ་པར་ཤེས་པ་ནི་གང་ནས་ཀྱང་འོང་བ་མེད། གང་དུ་

ཡང་འགྲོ་བ་མེད། གར་ཡང་གནས་པར་འགྱུར་བ་མེད་དོ། །དེ་ཅིའི་ཕྱིར་ཞེ་ན། རབ་འབྱོར་གཟུགས་ཀྱི་རང་བཞིན་ནི་གང་ནས་ཀྱང་འོང་བ་མེད། གང་དུ་ཡང་འགྲོ་བ་མེད། གར་ཡང་གནས་པར་འགྱུར་བ་མེད་དོ། །ཚོར་བ་དང་འདུ་ཤེས་དང་། འདུ་བྱེད་དང་རྣམ་པར་ཤེས་པའི་རང་བཞིན་ནི་གང་ནས་ཀྱང་འོང་བ་མེད། གང་དུ་ཡང་འགྲོ་བ་མེད། གར་ཡང་གནས་པར་འགྱུར་བ་མེད་དོ། །རབ་འབྱོར་གཟུགས་ཀྱི་དེ་བཞིན་ཉིད་ནི་གང་ནས་ཀྱང་འོང་བ་མེད། གང་དུ་ཡང་འགྲོ་བ་མེད། གར་ཡང་གནས་པར་འགྱུར་བ་མེད་དོ། །ཚོར་བ་དང་འདུ་ཤེས་དང་། འདུ་བྱེད་དང་། རྣམ་པར་ཤེས་པའི་དེ་བཞིན་ཉིད་ནི་གང་ནས་ཀྱང་འོང་བ་མེད། གང་དུ་ཡང་འགྲོ་བ་མེད། གར་ཡང་གནས་པར་འགྱུར་བ་མེད་དོ། །གཟུགས་ཀྱི་ངོ་བོ་ཉིད་ནི་གང་ནས་ཀྱང་འོང་བ་མེད། གང་དུ་ཡང་འགྲོ་བ་མེད། གར་ཡང་གནས་པར་འགྱུར་བ་མེད་དོ། །ཚོར་བ་དང་། འདུ་ཤེས་དང་། འདུ་བྱེད་དང་། རྣམ་པར་ཤེས་པའི་ངོ་བོ་ཉིད་ནི་གང་ནས་ཀྱང་འོང་བ་མེད། གང་དུ་ཡང་འགྲོ་བ་མེད་གར་ཡང་གནས་པར་འགྱུར་བ་མེད་དོ། །གཟུགས་ཀྱི་མཚན་ཉིད་ནི་གང་ནས་ཀྱང་འོང་བ་མེད་གང་དུ་ཡང་འགྲོ་བ་མེད་གར་ཡང་གནས་པར་འགྱུར་བ་མེད་དོ། །ཚོར་བ་དང་འདུ་ཤེས་དང་འདུ་བྱེད་དང་། རྣམ་པར་ཤེས་པའི་མཚན་ཉིད་ནི་གང་ནས་ཀྱང་འོང་བ་མེད། གང་དུ་ཡང་འགྲོ་བ་མེད། གར་ཡང་གནས་པར་འགྱུར་བ་མེད་དོ། །མིག་ནི་གང་ནས་ཀྱང་འོང་བ་མེད། གང་དུ་ཡང་འགྲོ་བ་མེད། གར་ཡང་གནས་པར་འགྱུར་བ་མེད་དོ། །རྣ་བ་དང་། སྣ་དང་། ལྕེ་དང་། ལུས་དང་། ཡིད་ནི་གང་ནས་ཀྱང་འོང་བ་མེད། གང་དུ་ཡང་འགྲོ་བ་མེད། གར་ཡང་གནས་པར་འགྱུར་བ་མེད་དོ། །དེ་ཅིའི་ཕྱིར་ཞེ་ན། རབ་འབྱོར་མིག་གི་རང་བཞིན་ནི། གང་ནས་ཀྱང་འོང་བ་

མེད༑ གང་དུ་ཡང་འགྲོ་བ་མེད། གར་ཡང་གནས་པར་འགྱུར་བ་མེད་དོ། །རྣ་བ་དང་སྣ་དང་ལྕེ་དང་ལུས་དང་ཡིད་ཀྱི་རང་བཞིན་ནི་གང་ནས་ཀྱང་འོང་བ་མེད༑ གང་དུ་ཡང་འགྲོ་བ་མེད། གར་ཡང་གནས་པར་འགྱུར་བ་མེད་དོ། །མིག་གི་དེ་བཞིན་ཉིད་ནི་གང་ནས་ཀྱང་འོང་བ་མེད། གང་དུ་ཡང་འགྲོ་བ་མེད། གར་ཡང་གནས་པར་འགྱུར་བ་མེད་དོ། །རྣ་བ་དང་སྣ་དང་ལྕེ་དང་ལུས་དང་། ཡིད་ཀྱི་དེ་བཞིན་ཉིད་ནི་[1]གང་ནས་ཀྱང་འོང་བ་མེད། གང་དུ་ཡང་འགྲོ་བ་མེད། གར་ཡང་གནས་པར་འགྱུར་བ་མེད་དོ། །མིག་གི་ངོ་བོ་ཉིད་ནི་གང་ནས་ཀྱང་འོང་བ་མེད། གང་དུ་ཡང་འགྲོ་བ་མེད། གར་ཡང་གནས་པར་འགྱུར་བ་མེད་དོ༑ །རྣ་བ་དང་སྣ་དང་ལྕེ་དང་ལུས་དང་ཡིད་ཀྱི་ངོ་བོ་ཉིད་ནི་གང་ནས་ཀྱང་[2]འོང་བ་མེད། གང་དུ་ཡང་འགྲོ་བ་མེད། གར་ཡང་གནས་པར་འགྱུར་བ་མེད་དོ༑ །མིག་གི་མཚན་ཉིད་ནི་གང་ནས་ཀྱང་འོང་བ་མེད། གང་དུ་ཡང་འགྲོ་བ་མེད༑ གར་ཡང་གནས་པར་འགྱུར་བ་མེད་དོ། །རྣ་བ་དང་སྣ་དང་ལྕེ་དང་ལུས་དང་ཡིད་ཀྱི་མཚན་ཉིད་ནི་[3]གང་ནས་ཀྱང་འོང་བ་མེད། གང་དུ་ཡང་འགྲོ་བ་མེད། གར་ཡང་གནས་པར་འགྱུར་བ་མེད་དོ། །གཟུགས་ནི་གང་ནས་ཀྱང་འོང་བ་མེད། གང་དུ་ཡང་འགྲོ་བ་མེད། གར་ཡང་གནས་པར་འགྱུར་བ་མེད་དོ༑ །སྒྲ་དང་དྲི་དང་རོ་དང་རེག་དང་ཆོས་ནི་གང་ནས་ཀྱང་འོང་བ་མེད། གང་དུ་ཡང་འགྲོ་བ་མེད། གར་ཡང་གནས་པར་འགྱུར་བ་མེད་དོ[4]། །དེ་ཅིའི་ཕྱིར་ཞེ་ན། རབ་འབྱོར་གཟུགས་ཀྱི་རང་བཞིན་ནི་གང་ནས་ཀྱང་འོང་བ་མེད། གང་དུ་ཡང་འགྲོ་བ་མེད། གར་ཡང་གནས་པར་འགྱུར་བ་མེད་དོ། །སྒྲ་དང་དྲི་དང་རོ་དང་རེག་དང་ཆོས་ཀྱི་རང་བཞིན་ནི་གང་ནས་ཀྱང་འོང་བ་མེད། གང་དུ་ཡང་འགྲོ་བ་མེད། གར་ཡང་གནས་པར་འགྱུར་བ་མེད་དོ། །གཟུགས་ཀྱི་དེ་

བཞིན་ཉིད་ནི་གང་ནས་ཀྱང་འོང་བ་མེད། གང་དུ་ཡང་འགྲོ་བ་མེད། གར་ཡང་གནས་པར་འགྱུར་བ་མེད་དོ། །སྒྲ་དང་དྲི་དང་རོ་དང་རེག་དང་ཆོས་ཀྱི་དེ་བཞིན་ཉིད་ནི་གང་ནས་ཀྱང་འོང་བ་མེད། གང་དུ་ཡང་འགྲོ་བ་མེད། གར་ཡང་གནས་པར་འགྱུར་བ་མེད་དོ། །གཟུགས་ཀྱི་ངོ་བོ་ཉིད་ནི་གང་ནས་ཀྱང་འོང་བ་མེད། གང་དུ་ཡང་འགྲོ་བ་མེད། གར་ཡང་གནས་པར་འགྱུར་བ་མེད་དོ། །སྒྲ་དང་དྲི་དང་རོ་དང་རེག་དང་ཆོས་ཀྱི་ངོ་བོ་ཉིད་ནི་གང་ནས་ཀྱང་འོང་བ་མེད། གང་དུ་ཡང་འགྲོ་བ་མེད། གར་ཡང་གནས་པར་འགྱུར་བ་མེད་དོ། །གཟུགས་ཀྱི་མཚན་ཉིད་ནི་གང་ནས་ཀྱང་འོང་བ་མེད། གང་དུ་ཡང་འགྲོ་བ་མེད། གར་ཡང་གནས་པར་འགྱུར་བ་མེད་དོ། །སྒྲ་དང་དྲི་དང་རོ་དང་རེག་དང་ཆོས་ཀྱི་མཚན་ཉིད་ནི་གང་ནས་ཀྱང་འོང་བ་མེད། གང་དུ་ཡང་འགྲོ་བ་མེད། གར་ཡང་གནས་པར་འགྱུར་བ་མེད་དོ། །མིག་གི་རྣམ་པར་ཤེས་པ་ནི་གང་ནས་ཀྱང་འོང་བ་མེད། གང་དུ་ཡང་འགྲོ་བ་མེད། གར་ཡང་གནས་པར་འགྱུར་བ་མེད་དོ། །རྣ་བའི་རྣམ་པར་ཤེས་པ་དང་། སྣའི་རྣམ་པར་ཤེས་པ་དང་། ལྕེའི་རྣམ་པར་ཤེས་པ་དང་། ལུས་ཀྱི་རྣམ་པར་ཤེས་པ་དང་། ཡིད་ཀྱི་རྣམ་པར་ཤེས་པ་ནི་གང་ནས་ཀྱང་འོང་བ་མེད། གང་དུ་ཡང་འགྲོ་བ་མེད། གར་ཡང་གནས་པར་འགྱུར་བ་མེད་དོ། །དེ་ཅིའི་ཕྱིར་ཞེ་ན། རབ་འབྱོར་མིག་གི་རྣམ་པར་ཤེས་པའི་རང་བཞིན་ནི་གང་ནས་ཀྱང་འོང་བ་མེད། གང་དུ་ཡང་འགྲོ་བ་མེད། གར་ཡང་གནས་པར་འགྱུར་བ་མེད་དོ། །རྣ་བའི་རྣམ་པར་ཤེས་པ་དང་། སྣའི་རྣམ་པར་ཤེས་པ་དང་། ལྕེའི་རྣམ་པར་ཤེས་པ་དང་། ལུས་ཀྱི་རྣམ་པར་ཤེས་པ་དང་། ཡིད་ཀྱི་རྣམ་པར་ཤེས་པའི་རང་བཞིན་ནི་གང་ནས་ཀྱང་འོང་བ་མེད། གང་དུ་ཡང་འགྲོ་བ་མེད། གར་ཡང་གནས་པར་འགྱུར་བ་མེད་

ངོ། །མིག་གི་རྣམ་པར་ཤེས་པའི་དེ་བཞིན་ཉིད་ནི་གང་① ནས་ཀྱང་འོང་བ་མེད།
གང་དུ་ཡང་འགྲོ་བ་མེད། གར་ཡང་གནས་པར་འགྱུར་བ་མེད་དོ། །རྣ་བའི་
རྣམ་པར་ཤེས་པ་དང་། སྣའི་རྣམ་པར་ཤེས་པ་དང་། ལྕེའི་རྣམ་པར་ཤེས་པ་
དང་། ལུས་ཀྱི་རྣམ་པར་ཤེས་པ་དང་། ཡིད་ཀྱི་རྣམ་པར་ཤེས་པའི་དེ་བཞིན་
ཉིད་ནི་གང་ནས་ཀྱང་འོང་བ་མེད། གང་དུ་ཡང་འགྲོ་བ་མེད། གར་ཡང་
གནས་པར་འགྱུར་② བ་མེད་དོ། །མིག་གི་རྣམ་པར་ཤེས་པའི་ངོ་བོ་ཉིད་ནི་གང་
ནས་ཀྱང་འོང་བ་མེད། གང་དུ་ཡང་འགྲོ་བ་མེད། གར་ཡང་གནས་པར་
འགྱུར་བ་མེད་དོ། །རྣ་བའི་རྣམ་པར་ཤེས་པ་དང་། སྣའི་རྣམ་པར་ཤེས་པ་
དང་། ལྕེའི་རྣམ་པར་ཤེས་པ་དང་། ལུས་ཀྱི་རྣམ་པར་ཤེས་པ་དང་། ཡིད་
ཀྱི་རྣམ་པར་ཤེས་པའི་ངོ་བོ་ཉིད་ནི་གང་ནས་ཀྱང་འོང་བ་མེད། གང་དུ་ཡང་
འགྲོ་བ་མེད། གར་ཡང་གནས་པར་འགྱུར་བ་མེད་དོ། །མིག་གི་རྣམ་པར་ཤེས་
པའི་མཚན་ཉིད་ནི་གང་ནས་ཀྱང་③ འོང་བ་མེད། གང་དུ་ཡང་འགྲོ་བ་མེད།
གར་ཡང་གནས་པར་འགྱུར་བ་མེད་དོ། །རྣ་བའི་རྣམ་པར་ཤེས་པ་དང་།
སྣའི་རྣམ་པར་ཤེས་པ་དང་། ལྕེའི་རྣམ་པར་ཤེས་པ་དང་། ལུས་ཀྱི་རྣམ་པར་
ཤེས་པ་དང་། ཡིད་ཀྱི་རྣམ་པར་ཤེས་པའི་མཚན་ཉིད་ནི་གང་ནས་ཀྱང་འོང་བ་
མེད། གང་དུ་ཡང་འགྲོ་བ་མེད། གར་ཡང་གནས་པར་འགྱུར་བ་མེད་དོ། །
མིག་གི་འདུས་ཏེ་རེག་པ་ནི་གང་ནས་ཀྱང་འོང་བ་མེད། གང་དུ་ཡང་འགྲོ་བ་མེད།
གར་ཡང་གནས་པར་འགྱུར་བ་མེད་དོ། །རྣ་བའི་འདུས་ཏེ་རེག་པ་དང་།
སྣའི་འདུས་ཏེ་རེག་པ་དང་། ལྕེའི་འདུས་ཏེ་རེག་པ་དང་། ལུས་ཀྱི་འདུས་ཏེ་
རེག་པ་དང་། ཡིད་ཀྱི་འདུས་ཏེ་རེག་པ་ནི་གང་ནས་ཀྱང་འོང་བ་མེད། གང་
དུ་ཡང་འགྲོ་བ་མེད། གར་ཡང་གནས་པར་འགྱུར་བ་མེད་དོ། །དེ་ཅིའི་ཕྱིར་

ཞེ་ན། རབ་འབྱོར་མིག་གི་འདུས་ཏེ་རེག་པའི་རང་བཞིན་ནི་གང་ནས་ཀྱང་འོང་བ་མེད། གང་དུ་ཡང་འགྲོ་བ་མེད། གར་ཡང་གནས་པར་འགྱུར་བ་མེད་དོ། །རྣ་བའི་འདུས་ཏེ་རེག་པ་དང་། སྣའི་འདུས་ཏེ་རེག་པ་དང་། ལྕེའི་འདུས་ཏེ་རེག་པ་དང་། ལུས་ཀྱི་འདུས་ཏེ་རེག་པ་དང་། ཡིད་ཀྱི་འདུས་ཏེ་[༧]རེག་པའི་རང་བཞིན་ནི་གང་ནས་[༨]ཀྱང་འོང་བ་[༩]མེད། གང་དུ་ཡང་འགྲོ་བ་མེད། གར་ཡང་གནས་པར་འགྱུར་བ་མེད་དོ། །མིག་གི་འདུས་ཏེ་རེག་པའི་དེ་བཞིན་ཉིད་ནི་གང་ནས་ཀྱང་འོང་བ་མེད། གང་དུ་ཡང་འགྲོ་བ་མེད། གར་ཡང་གནས་པར་འགྱུར་བ་མེད་དོ། །རྣ་བའི་འདུས་ཏེ་རེག་པ་དང་། སྣའི་འདུས་ཏེ་རེག་པ་དང་། ལྕེའི་འདུས་ཏེ་རེག་པ་དང་། ལུས་ཀྱི་འདུས་ཏེ་རེག་པ་དང་། ཡིད་ཀྱི་འདུས་ཏེ་རེག་པའི་དེ་བཞིན་ཉིད་ནི་གང་ནས་ཀྱང་འོང་བ་མེད། གང་དུ་ཡང་འགྲོ་བ་མེད། གར་ཡང་གནས་པར་འགྱུར་བ་མེད་དོ། །མིག་གི་འདུས་ཏེ་རེག་པའི་ངོ་བོ་ཉིད་ནི་[༡༠]གང་ནས་ཀྱང་འོང་བ་མེད། གང་དུ་ཡང་འགྲོ་བ་མེད། གར་ཡང་གནས་པར་འགྱུར་བ་མེད་དོ། །རྣ་བའི་འདུས་ཏེ་རེག་པ་དང་། སྣའི་འདུས་ཏེ་རེག་པ་དང་། ལྕེའི་འདུས་ཏེ་རེག་པ་དང་། ལུས་ཀྱི་འདུས་ཏེ་རེག་པ་དང་། ཡིད་ཀྱི་འདུས་ཏེ་རེག་པའི་ངོ་བོ་ཉིད་ནི་གང་ནས་ཀྱང་འོང་བ་མེད། གང་དུ་ཡང་འགྲོ་བ་མེད། གར་ཡང་གནས་པར་འགྱུར་བ་མེད་དོ། །མིག་གི་འདུས་ཏེ་རེག་པའི་མཚན་ཉིད་ནི་གང་ནས་ཀྱང་འོང་བ་མེད། གང་དུ་ཡང་འགྲོ་བ་མེད། གར་ཡང་གནས་པར་འགྱུར་བ་མེད་དོ། །རྣ་བའི་འདུས་ཏེ་རེག་པ་དང་། སྣའི་འདུས་ཏེ་རེག་པ་དང་། ལྕེའི་འདུས་ཏེ་རེག་པ་དང་། ལུས་ཀྱི་འདུས་ཏེ་རེག་པ་དང་། ཡིད་ཀྱི་འདུས་ཏེ་རེག་པའི་མཚན་ཉིད་ནི་གང་ནས་ཀྱང་འོང་བ་མེད། གང་དུ་ཡང་འགྲོ་བ་མེད། གར་ཡང་གནས་པར་

འགྱུར་བ་མེད་དོ། །མིག་གི་འདུས་ཏེ་རེག་པའི་རྐྱེན་གྱིས་ཚོར་བ་ནི་གང་ནས་ཀྱང་འོང་བ་མེད། གང་དུ་ཡང་འགྲོ་བ་མེད། གར་ཡང་གནས་པར་འགྱུར་བ་མེད་དོ། །རྣ་བའི་འདུས་ཏེ་རེག་པའི་རྐྱེན་གྱིས་ཚོར་བ་དང་། སྣའི་འདུས་ཏེ་རེག་པའི་རྐྱེན་གྱིས་ཚོར་བ་དང་། ལྗེའི་འདུས་ཏེ་རེག་པའི་རྐྱེན་གྱིས་ཚོར་བ་དང་། ལུས་ཀྱི་འདུས་ཏེ་རེག་པའི་རྐྱེན་གྱིས་ཚོར་བ་དང་། ཡིད་ཀྱི་འདུས་ཏེ་རེག་པའི་རྐྱེན་གྱིས་ཚོར་བ་ནི་གང་ནས་ཀྱང་འོང་བ་མེད། གང་དུ་ཡང་འགྲོ་བ་མེད། གར་ཡང་གནས་པར་འགྱུར་བ་མེད་དོ། །དེ་ཅིའི་ཕྱིར་ཞེ་ན། རབ་འབྱོར་མིག་གི་འདུས་ཏེ་རེག་པའི་རྐྱེན་གྱིས་ཚོར་བའི་རང་བཞིན་ནི་གང་ནས་ཀྱང་འོང་བ་མེད། གང་དུ་ཡང་འགྲོ་བ་མེད། གར་ཡང་གནས་པར་འགྱུར་བ་མེད་དོ། །རྣ་བའི་འདུས་ཏེ་རེག་པའི་རྐྱེན་གྱིས་ཚོར་བ་དང་། སྣའི་འདུས་ཏེ་རེག་པའི་རྐྱེན་གྱིས་ཚོར་བ་དང་། ལྗེའི་འདུས་ཏེ་རེག་པའི་རྐྱེན་གྱིས་ཚོར་བ་དང་། ལུས་ཀྱི་འདུས་ཏེ་རེག་པའི་རྐྱེན་གྱིས་ཚོར་བ་དང་། ཡིད་ཀྱི་འདུས་ཏེ་རེག་པའི་རྐྱེན་གྱིས་ཚོར་བའི་རང་བཞིན་ནི་གང་ནས་ཀྱང་འོང་བ་མེད། གང་དུ་ཡང་འགྲོ་བ་མེད། གར་ཡང་གནས་པར་འགྱུར་བ་མེད་དོ། །མིག་གི་འདུས་ཏེ་རེག་པའི་རྐྱེན་གྱིས་ཚོར་བའི་དེ་བཞིན་ཉིད་ནི་གང་ནས་ཀྱང་འོང་བ་མེད། གང་དུ་ཡང་འགྲོ་བ་མེད། གར་ཡང་གནས་པར་འགྱུར་བ་མེད་དོ། །རྣ་བའི་འདུས་ཏེ་རེག་པའི་རྐྱེན་གྱིས་ཚོར་བ་དང་། སྣའི་འདུས་ཏེ་རེག་པའི་རྐྱེན་གྱིས་ཚོར་བ་དང་། ལྗེའི་འདུས་ཏེ་རེག་པའི་རྐྱེན་གྱིས་ཚོར་བ་དང་། ལུས་ཀྱི་འདུས་ཏེ་རེག་པའི་རྐྱེན་གྱིས་ཚོར་བ་དང་། ཡིད་ཀྱི་འདུས་ཏེ་རེག་པའི་རྐྱེན་གྱིས་ཚོར་བའི་དེ་བཞིན་ཉིད་ནི་གང་ནས་ཀྱང་འོང་བ་མེད། གང་དུ་ཡང་འགྲོ་བ་མེད། གར་ཡང་གནས་པར་འགྱུར་བ་མེད་དོ། །མིག་གི་འདུས་ཏེ་རེག་པའི་རྐྱེན་གྱིས་ཚོར་བའི་ངོ་བོ་ཉིད་ནི་

གང་ནས་ཀྱང་འོང་བ་མེད། གང་དུ་ཡང་འགྲོ་བ་མེད། གར་ཡང་གནས་པར་འགྱུར་བ་མེད་དོ། །རྣ་བའི་འདུས་ཏེ་རེག་པའི་རྐྱེན་གྱིས་ཚོར་བ་དང་། སྣའི་འདུས་ཏེ་རེག་པའི་རྐྱེན་གྱིས་ཚོར་བ་དང་། ལྕེའི་འདུས་ཏེ་རེག་པའི་རྐྱེན་གྱིས་ཚོར་བ་དང་། ལུས་ཀྱི་འདུས་ཏེ་རེག་པའི་རྐྱེན་གྱིས་ཚོར་བ་དང་། ཡིད་ཀྱི་འདུས་ཏེ་རེག་པའི་རྐྱེན་གྱིས་ཚོར་བའི་ངོ་བོ་ཉིད་ནི་གང་ནས་ཀྱང་འོང་བ་མེད། གང་དུ་ཡང་འགྲོ་བ་མེད། གར་ཡང་གནས་པར་འགྱུར་བ་མེད་དོ། །མིག་གི་འདུས་ཏེ་རེག་པའི་རྐྱེན་གྱིས་ཚོར་བའི་མཚན་ཉིད་ནི་གང་ནས་ཀྱང་འོང་བ་མེད། གང་དུ་ཡང་འགྲོ་བ་མེད། གར་ཡང་གནས་པར་འགྱུར་བ་མེད་དོ། །རྣ་བའི་འདུས་ཏེ་རེག་པའི་རྐྱེན་གྱིས་ཚོར་བ་དང་། སྣའི་འདུས་ཏེ་རེག་པའི་རྐྱེན་གྱིས་ཚོར་བ་དང་①། ལྕེའི་འདུས་ཏེ་རེག་པའི་རྐྱེན་གྱིས་ཚོར་བ་དང་། ལུས་ཀྱི་འདུས་ཏེ་རེག་པའི་རྐྱེན་གྱིས་ཚོར་བ་དང་། ཡིད་ཀྱི་འདུས་ཏེ་རེག་པའི་རྐྱེན་གྱིས་ཚོར་བའི་མཚན་ཉིད་ནི་གང་ནས་ཀྱང་འོང་བ་མེད། གང་དུ་ཡང་འགྲོ་བ་མེད། གར་ཡང་གནས་པར་འགྱུར་བ་མེད་དོ། །སའི་ཁམས་ནི་གང་ནས་ཀྱང་འོང་བ་མེད། གང་དུ་ཡང་འགྲོ་བ་མེད། གར་ཡང་གནས་པར་འགྱུར་བ་མེད་དོ། །ཆུའི་ཁམས་དང་། མེའི་ཁམས་དང་། རླུང་གི་ཁམས་དང་། ནམ་མཁའི་ཁམས་དང་། རྣམ་པར་ཤེས་པའི་ཁམས་ནི་གང་ནས་ཀྱང་འོང་བ་མེད། གང་དུ་ཡང་འགྲོ་བ་མེད། གར་ཡང་གནས་པར་འགྱུར་བ་མེད་དོ། །དེ་ཅིའི་ཕྱིར་ཞེ་ན། རབ་འབྱོར་སའི་ཁམས་ཀྱི་རང་བཞིན་ནི་གང་ནས་ཀྱང་འོང་བ་མེད་གང་དུ་ཡང་འགྲོ་བ་མེད། གར་ཡང་གནས་པར་འགྱུར་བ་མེད་དོ། །ཆུའི་ཁམས་དང་། མེའི་ཁམས་དང་། རླུང་གི་ཁམས་དང་། ནམ་མཁའི་ཁམས་དང་རྣམ་པར་ཤེས་པའི་ཁམས་ཀྱི་རང་བཞིན་ནི་གང་ནས་ཀྱང་འོང་བ་མེད། གང་དུ་

ཡང་འགྲོ་བ་མེད། གར་ཡང་གནས་པར་འགྱུར་བ་མེད་དོ། །སའི་ཁམས་ཀྱི་དེ་བཞིན་ཉིད་ནི་གང་ནས་ཀྱང་འོང་བ་མེད། གང་དུ་ཡང་འགྲོ་བ་མེད། གར་ཡང་གནས་པར་འགྱུར་བ་མེད་དོ། །ཆུའི་ཁམས་དང་མེའི་ཁམས་དང་རླུང་གི་ཁམས་དང་། ནམ་མཁའི་ཁམས་དང་རྣམ་པར་ཤེས་པའི་ཁམས་ཀྱི་དེ་བཞིན་ཉིད་ནི་གང་ནས་ཀྱང་འོང་བ་མེད། གང་དུ་ཡང་འགྲོ་བ་མེད། གར་ཡང་གནས་པར་འགྱུར་བ་མེད་དོ། །སའི་ཁམས་ཀྱི་ངོ་བོ་ཉིད་ནི་གང་ནས་ཀྱང་འོང་བ་མེད། གང་དུ་ཡང་འགྲོ་བ་མེད། གར་ཡང་གནས་པར་འགྱུར་བ་མེད་དོ། །ཆུའི་ཁམས་དང་མེའི་ཁམས་དང་རླུང་གི་ཁམས་དང་ནམ་མཁའི་ཁམས་དང་། རྣམ་པར་ཤེས་པའི་ཁམས་ཀྱི་ངོ་བོ་ཉིད་ནི་གང་ནས་ཀྱང་འོང་བ་མེད། གང་དུ་ཡང་འགྲོ་བ་མེད། གར་ཡང་གནས་པར་འགྱུར་བ་མེད་དོ། །སའི་ཁམས་ཀྱི་མཚན་ཉིད་ནི་གང་ནས་ཀྱང་འོང་བ་མེད། གང་དུ་ཡང་འགྲོ་བ་མེད། གར་ཡང་གནས་པར་འགྱུར་བ་མེད་དོ། །ཆུའི་ཁམས་དང་མེའི་ཁམས་དང་རླུང་གི་ཁམས་དང་ནམ་མཁའི་ཁམས་དང་རྣམ་པར་ཤེས་པའི་ཁམས་ཀྱི་མཚན་ཉིད་ནི་གང་ནས་ཀྱང་འོང་བ་མེད། གང་དུ་ཡང་འགྲོ་བ་མེད། གར་ཡང་གནས་པར་འགྱུར་བ་མེད་དོ། །མ་རིག་པ་ནི་གང་ནས་ཀྱང་འོང་བ་མེད། གང་དུ་ཡང་འགྲོ་བ་མེད། གར་ཡང་གནས་པར་འགྱུར་བ་མེད་དོ། །འདུ་བྱེད་དང་རྣམ་པར་ཤེས་པ་དང་། མིང་དང་གཟུགས་དང་སྐྱེ་མཆེད་དྲུག་དང་། རེག་པ་དང་ཚོར་བ་དང་སྲེད་པ་དང་། ལེན་པ་[7]དང་སྲིད་པ་དང་སྐྱེ་བ་དང་། རྒ་ཤི་ནི་གང་ནས་ཀྱང་འོང་བ་མེད། གང་དུ་ཡང་འགྲོ་བ་མེད། གར་ཡང་གནས་པར་འགྱུར་བ་མེད་དོ། །དེ་ཅིའི་ཕྱིར་ཞེ་ན། རབ་འབྱོར་མ་རིག་པའི་རང་བཞིན་ནི་གང་ནས་ཀྱང་འོང་བ་མེད། གང་དུ་ཡང་འགྲོ་བ་མེད། གར་ཡང་གནས

པར་འགྱུར་བ་མེད་དོ། །འདུ་བྱེད་དང་རྣམ་པར་ཤེས་པ་དང་། མིག་དང་གཟུགས་དང་སྐྱེ་མཆེད་དྲུག་དང་། རེག་པ་དང་ཚོར་བ་དང་། སྲེད་པ་དང་ལེན་པ་དང་། སྲིད་པ་དང་སྐྱེ་བ་དང་། རྒ་ཤིའི་རང་བཞིན་ནི་གང་ནས་[༡] ཀྱང་འོང་བ་མེད། གང་དུ་ཡང་འགྲོ་བ་མེད། གར་ཡང་གནས་པར་འགྱུར་བ་མེད་དོ། །མ་རིག་པའི་དེ་བཞིན་ཉིད་ནི་གང་ནས་ཀྱང་འོང་བ་མེད། གང་དུ་ཡང་འགྲོ་བ་མེད། གར་ཡང་གནས་པར་འགྱུར་བ་མེད་དོ། །འདུ་བྱེད་དང་རྣམ་པར་ཤེས་པ་དང་མིག་དང་གཟུགས་དང་སྐྱེ་མཆེད་དྲུག་དང་རེག་པ་དང་། ཚོར་བ་དང་སྲེད་པ་དང་ལེན་པ་དང་སྲིད་པ་དང་སྐྱེ་བ་དང་རྒ་ཤིའི་དེ་བཞིན་ཉིད་ནི་གང་ནས་ཀྱང་འོང་བ་མེད། གང་དུ་ཡང་འགྲོ་བ་མེད། གར་ཡང་གནས་པར་འགྱུར་བ་མེད་དོ། །མ་རིག་པའི་ངོ་བོ་ཉིད་ནི་གང་ནས་ཀྱང་འོང་བ་མེད། གང་དུ་ཡང་འགྲོ་བ་མེད། གར་ཡང་གནས་པར་འགྱུར་བ་མེད་དོ། །འདུ་བྱེད་དང་རྣམ་པར་ཤེས་པ་དང་མིག་དང་གཟུགས་དང་། སྐྱེ་མཆེད་དྲུག་དང་རེག་པ་དང་ཚོར་བ་དང་སྲེད་པ་དང་ལེན་པ་དང་སྲིད་པ་དང་སྐྱེ་བ་དང་། རྒ་ཤིའི་ངོ་བོ་ཉིད་ནི་གང་ནས་ཀྱང་འོང་བ་མེད། གང་དུ་ཡང་འགྲོ་བ་མེད། གར་ཡང་གནས་པར་འགྱུར་བ་མེད་དོ། །མ་རིག་པའི་མཚན་ཉིད་ནི་གང་ནས་ཀྱང་འོང་བ་མེད། གང་དུ་ཡང་འགྲོ་བ་མེད། གར་ཡང་གནས་པར་འགྱུར་བ་མེད་དོ། །འདུ་བྱེད་དང་རྣམ་པར་ཤེས་པ་དང་། མིག་དང་གཟུགས་དང་སྐྱེ་མཆེད་དྲུག་དང་རེག་པ་དང་ཚོར་བ་དང་སྲེད་པ་དང་ལེན་པ་དང་སྲིད་པ་དང་སྐྱེ་བ་དང་། རྒ་ཤིའི་མཚན་ཉིད་ནི་གང་ནས་ཀྱང་འོང་བ་མེད། གང་དུ་ཡང་འགྲོ་བ་མེད། གར་ཡང་གནས་པར་འགྱུར་བ་མེད་དོ། །སྦྱིན་པའི་ཕ་རོལ་ཏུ་ཕྱིན་པ་ནི་གང་ནས་ཀྱང་འོང་བ་མེད། གང་དུ་ཡང་འགྲོ་བ་མེད། གར་ཡང་གནས་པར་

འགྱུར་བ་[1]མེད་དོ། །ཚུལ་ཁྲིམས་ཀྱི་ཕ་རོལ་ཏུ་ཕྱིན་པ་དང་། བཟོད་པའི་ཕ་རོལ་ཏུ་ཕྱིན་པ་དང་། བརྩོན་འགྲུས་ཀྱི་ཕ་རོལ་[3]ཏུ་ཕྱིན་པ་དང་། བསམ་གཏན་གྱི་ཕ་རོལ་ཏུ་ཕྱིན་པ་དང་། ཤེས་རབ་ཀྱི་ཕ་རོལ་ཏུ་ཕྱིན་པ་ནི་གང་ནས་ཀྱང་འོང་བ་མེད། གང་དུ་ཡང་འགྲོ་བ་མེད། གར་ཡང་གནས་པར་འགྱུར་བ་མེད་དོ། །དེ་ཅིའི་ཕྱིར་ཞེ་ན། རབ་འབྱོར་སྦྱིན་པའི་ཕ་རོལ་ཏུ་ཕྱིན་པའི་རང་བཞིན་ནི་གང་ནས་ཀྱང་འོང་བ་མེད། གང་དུ་ཡང་འགྲོ་བ་མེད། གར་ཡང་གནས་པར་འགྱུར་བ་མེད་དོ། །ཚུལ་ཁྲིམས་ཀྱི་ཕ་རོལ་ཏུ་ཕྱིན་པ་དང་། བཟོད་པའི་ཕ་རོལ་ཏུ་ཕྱིན་པ་དང་། བརྩོན་འགྲུས་ཀྱི་ཕ་རོལ་ཏུ་ཕྱིན་པ་དང་། བསམ་གཏན་གྱི་ཕ་རོལ་ཏུ་ཕྱིན་པ་དང་། ཤེས་རབ་ཀྱི་ཕ་རོལ་ཏུ་ཕྱིན་པའི་རང་བཞིན་ནི་གང་ནས་ཀྱང་འོང་བ་མེད་གང་དུ་ཡང་འགྲོ་བ་མེད། གར་ཡང་གནས་པར་འགྱུར་བ་མེད་དོ། །སྦྱིན་པའི་ཕ་རོལ་ཏུ་ཕྱིན་པའི་དེ་བཞིན་ཉིད་ནི་གང་ནས་ཀྱང་འོང་བ་མེད། གང་དུ་ཡང་འགྲོ་བ་མེད། གར་ཡང་གནས་པར་འགྱུར་བ་མེད་དོ། །ཚུལ་ཁྲིམས་ཀྱི་ཕ་རོལ་ཏུ་ཕྱིན་པ་དང་། བཟོད་པའི་ཕ་རོལ་ཏུ་ཕྱིན་པ་དང་། བརྩོན་འགྲུས་ཀྱི་ཕ་རོལ་ཏུ་ཕྱིན་པ་དང་། བསམ་གཏན་གྱི་ཕ་རོལ་ཏུ་ཕྱིན་པ་དང་། ཤེས་རབ་ཀྱི་ཕ་རོལ་ཏུ་ཕྱིན་པའི་དེ་བཞིན་ཉིད་ནི་གང་ནས་ཀྱང་འོང་བ་མེད། གང་དུ་ཡང་འགྲོ་བ་མེད། གར་ཡང་གནས་པར་འགྱུར་བ་མེད་དོ། །སྦྱིན་པའི་ཕ་རོལ་ཏུ་ཕྱིན་པའི་ངོ་བོ་ཉིད་ནི་གང་ནས་ཀྱང་འོང་བ་མེད། གང་དུ་ཡང་འགྲོ་བ་མེད། གར་ཡང་གནས་པར་འགྱུར་བ་མེད་དོ། །ཚུལ་ཁྲིམས་ཀྱི་ཕ་རོལ་ཏུ་ཕྱིན་པ་དང་། བཟོད་པའི་ཕ་རོལ་ཏུ་ཕྱིན་པ་དང་། བརྩོན་འགྲུས་ཀྱི་ཕ་རོལ་ཏུ་ཕྱིན་པ་དང་། བསམ་གཏན་གྱི་ཕ་རོལ་ཏུ་ཕྱིན་པ་དང་། ཤེས་རབ་ཀྱི་ཕ་རོལ་ཏུ་ཕྱིན་པའི་ངོ་བོ་ཉིད་ནི་གང་ནས་ཀྱང་འོང་

བ་མེད། གང་དུ་ཡང་འགྲོ་བ་མེད། གར་ཡང་གནས་པར་འགྱུར་བ་མེད་དོ། །སྦྱིན་པའི་ཕ་རོལ་ཏུ་ཕྱིན་པའི་མཚན་ཉིད་ནི་གང་ནས་ཀྱང་འོང་བ་མེད། གང་དུ་ཡང་འགྲོ་བ་མེད། གར་ཡང་གནས་པར་འགྱུར་བ་མེད་དོ། །ཚུལ་ཁྲིམས་ཀྱི་ཕ་རོལ་ཏུ་ཕྱིན་པ་དང་། བཟོད་པའི་ཕ་རོལ་ཏུ་ཕྱིན་པ་དང་། བརྩོན་འགྲུས་ཀྱི་ཕ་རོལ་ཏུ་ཕྱིན་པ་དང་། བསམ་གཏན་གྱི་ཕ་རོལ་ཏུ་ཕྱིན་པ་དང་། ཤེས་རབ་ཀྱི་ཕ་རོལ་ཏུ་ཕྱིན་པའི་མཚན་ཉིད་ནི་གང་ནས་ཀྱང་འོང་བ་མེད། གང་དུ་ཡང་འགྲོ་བ་མེད། གར་ཡང་གནས་པར་འགྱུར་བ་མེད་དོ། །ནང་སྟོང་པ་ཉིད་ནི་གང་ནས་ཀྱང་འོང་བ་མེད། གང་དུ་ཡང་འགྲོ་བ་མེད། གར་ཡང་གནས་པར་འགྱུར་བ་མེད་དོ། །ཕྱི་སྟོང་པ་ཉིད་ནི་གང་ནས་ཀྱང་འོང་བ་མེད། གང་དུ་ཡང་འགྲོ་བ་མེད། གར་ཡང་གནས་པར་འགྱུར་བ་མེད་དོ། །ཕྱི་ནང་སྟོང་པ་ཉིད་ནི་གང་ནས་ཀྱང་འོང་བ་མེད། གང་དུ་ཡང་འགྲོ་བ་མེད། གར་ཡང་གནས་པར་འགྱུར་བ་མེད་དོ། །དངོས་པོ་མེད་པའི་ངོ་བོ་ཉིད་སྟོང་པ་ཉིད་ཀྱི་བར་དུ་ནི་གང་ནས་ཀྱང་འོང་བ་མེད། གང་དུ་ཡང་འགྲོ་བ་མེད། གར་ཡང་གནས་པར་འགྱུར་བ་མེད་དོ། །དེ་ཅིའི་ཕྱིར་ཞེ་ན། རབ་འབྱོར་ནང་སྟོང་པ་ཉིད་ཀྱི་རང་བཞིན་ནི་གང་ནས་ཀྱང་འོང་བ་མེད། གང་དུ་ཡང་འགྲོ་བ་མེད། གར་ཡང་གནས་པར་འགྱུར་བ་མེད་དོ། །ཕྱི་སྟོང་པ་ཉིད་ཀྱི་རང་བཞིན་ནི་གང་ནས་ཀྱང་འོང་བ་མེད། གང་དུ་ཡང་འགྲོ་བ་མེད། གར་ཡང་གནས་པར་འགྱུར་བ་མེད་དོ། །ཕྱི་ནང་སྟོང་པ་ཉིད་ཀྱི་རང་བཞིན་ནི་གང་ནས་ཀྱང་འོང་བ་མེད། གང་དུ་ཡང་འགྲོ་བ་མེད། གར་ཡང་གནས་པར་འགྱུར་བ་མེད་དོ། །དངོས་པོ་མེད་པའི་ངོ་བོ་ཉིད་སྟོང་པ་ཉིད་ཀྱི་བར་གྱི་རང་བཞིན་ནི་གང་ནས་ཀྱང་འོང་བ་མེད། གང་དུ་ཡང་འགྲོ་བ་མེད། གར་ཡང་གནས་པར་འགྱུར་བ་མེད་

དོ། །ནང་སྟོང་པ་ཉིད་ཀྱི་དེ་བཞིན་ཉིད་ནི་གང་ནས་ཀྱང་འོང་བ་མེད། གང་
དུ་ཡང་འགྲོ་བ་མེད། གར་ཡང་གནས་པར་འགྱུར་བ་མེད་དོ། །ཕྱི་སྟོང་པ་
ཉིད་ཀྱི་དེ་བཞིན་ཉིད་ནི། གང་ནས་ཀྱང་འོང་བ་མེད། གང་དུ་ཡང་འགྲོ་བ་
མེད། གར་ཡང་གནས་པར་འགྱུར་བ་མེད་དོ། །ཕྱི་ནང་སྟོང་པ་ཉིད་ཀྱི་དེ་
བཞིན་ཉིད་ནི། གང་ནས་ཀྱང་འོང་བ་མེད། གང་དུ་ཡང་འགྲོ་བ་མེད།
གར་ཡང་གནས་པར་འགྱུར་བ་མེད་དོ། །དངོས་པོ་མེད་པའི་ངོ་བོ་ཉིད་སྟོང་པ་
ཉིད་ཀྱི་བར་གྱི་དེ་བཞིན་ཉིད་ནི། གང་ནས་ཀྱང་འོང་བ་མེད། གང་དུ་ཡང་
འགྲོ་བ་མེད། གར་ཡང་གནས་པར་འགྱུར་བ་མེད་དོ། །ནང་སྟོང་པ་ཉིད་ཀྱི་
ངོ་བོ་ཉིད་ནི། གང་ནས་ཀྱང་འོང་བ་མེད། གང་དུ་ཡང་འགྲོ་བ་མེད། གར་
ཡང་གནས་པར་འགྱུར་བ་མེད་དོ། །ཕྱི་སྟོང་པ་ཉིད་ཀྱི་ངོ་བོ་ཉིད་ནི། གང་
ནས་ཀྱང་འོང་བ་མེད། གང་དུ་ཡང་འགྲོ་བ་མེད། གར་ཡང་གནས་པར་
འགྱུར་བ་མེད་དོ། །ཕྱི་ནང་སྟོང་པ་ཉིད་ཀྱི་ངོ་བོ་ཉིད་ནི་གང་ནས་ཀྱང་འོང་བ་
མེད། གང་དུ་ཡང་འགྲོ་བ་མེད། གར་ཡང་གནས་པར་འགྱུར་བ་མེད་དོ། །
དངོས་པོ་མེད་པའི་ངོ་བོ་ཉིད་སྟོང་པ་ཉིད་ཀྱི་བར་གྱི་ངོ་བོ་ཉིད་ནི་གང་ནས་ཀྱང་
འོང་བ་མེད། གང་དུ་ཡང་འགྲོ་བ་མེད། གར་ཡང་གནས་པར་འགྱུར་བ་མེད་
དོ། །ནང་སྟོང་པ་ཉིད་ཀྱི་མཚན་ཉིད་ནི་གང་ནས་ཀྱང་འོང་བ་མེད། གང་དུ་
ཡང་འགྲོ་བ་མེད། གར་ཡང་གནས་པར་འགྱུར་བ་མེད་དོ། །ཕྱི་[༡]སྟོང་པ་ཉིད་
ཀྱི་མཚན་ཉིད་ནི་གང་ནས་ཀྱང་འོང་བ་མེད། གང་དུ་ཡང་འགྲོ་བ་མེད། གར་
ཡང་གནས་པར་འགྱུར་བ་མེད་དོ། །ཕྱི་ནང་སྟོང་པ་ཉིད་ཀྱི་མཚན་ཉིད་ནི་གང་
ནས་ཀྱང་འོང་བ་མེད། གང་དུ་ཡང་འགྲོ་བ་མེད། གར་ཡང་གནས་པར······
འགྱུར་བ་མེད་དོ། །དངོས་པོ་མེད་པའི་ངོ་བོ་ཉིད་སྟོང་པ་ཉིད་ཀྱིཿབར་གྱི་[༢]

མཚན་ཉིད་ནི་གང་ནས་ཀྱང་འོང་བ་མེད། གང་དུ་ཡང་འགྲོ་བ་མེད་གར་ཡང་གནས་པར་འགྱུར་བ་མེད་དོ། །དྲན་པ་ཉེ་བར་གཞག་པ་རྣམས་ནི་གང་ནས་ཀྱང་འོང་བ་མེད། གང་དུ་ཡང་འགྲོ་བ་མེད། གར་ཡང་གནས་པར་འགྱུར་བ་མེད་དོ། །ཡང་དག་པར་སྤོང་བ་རྣམས་དང་། རྫུ་འཕྲུལ་གྱི་རྐང་པ་རྣམས་དང་། དབང་པོ་རྣམས་དང་། སྟོབས་རྣམས་དང་། བྱང་ཆུབ་ཀྱི་ཡན་ལག་རྣམས་དང་། འཕགས་པའི་ལམ་ཡན་ལག་བརྒྱད་པ་ནི་གང་ནས་ཀྱང་འོང་བ་མེད། གང་དུ་ཡང་འགྲོ་བ་མེད་གར་ཡང་གནས་པར་འགྱུར་བ་མེད་དོ། །དེ་ཅིའི་ཕྱིར་ཞེ་ན། རབ་འབྱོར་དྲན་པ་ཉེ་བར་གཞག་པ་རྣམས་ཀྱི་རང་བཞིན་ནི་གང་ནས་ཀྱང་འོང་བ་མེད། གང་དུ་ཡང་འགྲོ་བ་མེད། གར་ཡང་གནས་པར་འགྱུར་བ་མེད་དོ། །འཕགས་པའི་ལམ་ཡན་ལག་བརྒྱད་པའི་བར་གྱི་རང་བཞིན་ནི་གང་ནས་ཀྱང་འོང་བ་མེད། གང་དུ་ཡང་འགྲོ་བ་མེད། གར་ཡང་གནས་པར་འགྱུར་བ་མེད་དོ། །དྲན་པ་ཉེ་བར་གཞག་པ་རྣམས་ཀྱི་དེ་བཞིན་ཉིད་ནི་གང་ནས་ཀྱང་འོང་བ་མེད། གང་དུ་ཡང་འགྲོ་བ་མེད། གར་ཡང་གནས་པར་འགྱུར་བ་མེད་དོ། །འཕགས་པའི་ལམ་ཡན་ལག་བརྒྱད་པའི་བར་གྱི་དེ་བཞིན་ཉིད་ནི་གང་ནས་ཀྱང་འོང་བ་མེད། གང་དུ་ཡང་འགྲོ་བ་མེད། གར་ཡང་གནས་པར་འགྱུར་བ་མེད་དོ། །དྲན་པ་ཉེ་བར་གཞག་པ་རྣམས་ཀྱི་ངོ་བོ་ཉིད་ནི་གང་ནས་ཀྱང་འོང་བ་མེད། གང་དུ་ཡང་འགྲོ་བ་མེད། གར་ཡང་གནས་པར་འགྱུར་བ་མེད་དོ། །འཕགས་པའི་ལམ་ཡན་ལག་བརྒྱད་པའི་བར་གྱི་ངོ་བོ་ཉིད་ནི་གང་ནས་ཀྱང་འོང་བ་མེད། གང་དུ་ཡང་འགྲོ་བ་མེད། གར་ཡང་གནས་པར་འགྱུར་བ་མེད་དོ། །དྲན་པ་ཉེ་བར་གཞག་པ་རྣམས་ཀྱི་མཚན་ཉིད་ནི་གང་ནས་ཀྱང་འོང་བ་མེད། གང་དུ་ཡང་འགྲོ་བ་མེད། གར་ཡང་གནས་པར་འགྱུར་བ་

མེད་དོ། །འཕགས་པའི་ལམ་ཡན་ལག་བརྒྱད་པའི་བར་གྱི་མཚན་ཉིད་ནི་གང་ནས་ཀྱང་འོང་བ་མེད། གང་དུ་ཡང་འགྲོ་བ་མེད། གར་ཡང་གནས་པར་འགྱུར་བ་མེད་དོ། །འཕགས་པའི་བདེན་པ་དང་། བསམ་གཏན་དང་ཚད་མེད་པ་དང་། གཟུགས་མེད་པའི་སྙོམས་པར་འཇུག་པ་དང་། རྣམ་པར་ཐར་པ་དང་མཐར་གྱིས་གནས་པའི་སྙོམས་པར་འཇུག་པ་དང་། སྟོང་པ་ཉིད་དང་མཚན་མ་མེད་པ་དང་། སྨོན་པ་མེད་པ་དང་མངོན་པར་ཤེས་པ་དང་། ཏིང་ངེ་འཛིན་རྣམས་ནི་གང་ནས་ཀྱང་འོང་བ་མེད། གང་དུ་ཡང་འགྲོ་བ་མེད། གར་ཡང་གནས་པར་འགྱུར་བ་མེད་དོ། །དེ་ཅིའི་ཕྱིར་ཞེ་ན། རབ་འབྱོར་ཏིང་ངེ་འཛིན་རྣམས་ཀྱི་རང་བཞིན་དང་། ཏིང་ངེ་འཛིན་རྣམས་ཀྱི་དེ་བཞིན་ཉིད་དང་། ཏིང་ངེ་འཛིན་རྣམས་ཀྱི་ངོ་བོ་ཉིད་དང་། ཏིང་ངེ་འཛིན་རྣམས་ཀྱི་མཚན་ཉིད་ནི་གང་ནས་ཀྱང་འོང་བ་མེད། གང་དུ་ཡང་འགྲོ་བ་མེད། གར་ཡང་གནས་པར་འགྱུར་བ་མེད་དོ། །གཟུངས་ཀྱི་སྒོ་རྣམས་དང་། དེ་བཞིན་གཤེགས་པའི་སྟོབས་བཅུ་དང་། མི་འཇིགས་པ་རྣམས་དང་། སོ་སོ་ཡང་དག་པར་རིག་པ་རྣམས་དང་། སངས་རྒྱས་ཀྱི་ཆོས་མ་འདྲེས་པ་བཅོ་བརྒྱད་ནི་གང་ནས་ཀྱང་འོང་བ་མེད། གང་དུ་ཡང་འགྲོ་བ་མེད། གར་ཡང་གནས་པར་འགྱུར་བ་མེད་དོ། །དེ་ཅིའི་ཕྱིར་ཞེ་ན། རབ་འབྱོར་སངས་རྒྱས་ཀྱི་ཆོས་མ་འདྲེས་པ་རྣམས་ཀྱི་རང་བཞིན་དང་། སངས་རྒྱས་ཀྱི་ཆོས་མ་འདྲེས་པ་རྣམས་ཀྱི་དེ་བཞིན་ཉིད་དང་། སངས་རྒྱས་ཀྱི་ཆོས་མ་འདྲེས་པ་རྣམས་ཀྱི་ངོ་བོ་ཉིད་དང་། སངས་རྒྱས་ཀྱི་ཆོས་མ་འདྲེས་པ་རྣམས་ཀྱི་མཚན་ཉིད་ནི་གང་ནས་ཀྱང་འོང་བ་མེད། གང་དུ་ཡང་འགྲོ་བ་མེད། གར་ཡང་གནས་པར་འགྱུར་བ་མེད་དོ། །རབ་འབྱོར་ཆོས་ཀྱི་དབྱིངས་ནི་གང་ནས་ཀྱང་འོང་བ་མེད། གང་དུ་ཡང་འགྲོ་བ་མེད།

གར་ཡང་གནས་པར་འགྱུར་བ་མེད་དོ། །དེ་ཅིའི་ཕྱིར་ཞེ་ན། རབ་འབྱོར་ཆོས་ཀྱི་དབྱིངས་ཀྱི་རང་བཞིན་ནི་གང་ནས་ཀྱང་འོང་བ་མེད། གང་དུ་ཡང་འགྲོ་བ་མེད། གར་ཡང་གནས་པར་འགྱུར་བ་མེད་དོ། །ཆོས་ཀྱི་དབྱིངས་ཀྱི་དེ་བཞིན་ཉིད་དང་། ཆོས་ཀྱི་དབྱིངས་ཀྱི་ངོ་བོ་ཉིད་དང་། ཆོས་ཀྱི་དབྱིངས་ཀྱི་མཚན་ཉིད་ནི་གང་ནས་ཀྱང་འོང་བ་མེད། གང་དུ་ཡང་འགྲོ་བ་མེད། གར་ཡང་གནས་པར་འགྱུར་བ་མེད་དོ། །རབ་འབྱོར་དེ་བཞིན་ཉིད་ནི་གང་ནས་ཀྱང་འོང་བ་མེད། གང་དུ་ཡང་འགྲོ་བ་མེད། གར་ཡང་གནས་པར་འགྱུར་བ་མེད་དོ། །དེ་ཅིའི་ཕྱིར་ཞེ་ན། རབ་འབྱོར་དེ་བཞིན་ཉིད་ཀྱི་རང་བཞིན་ནི་གང་ནས་ཀྱང་འོང་བ་མེད། གང་དུ་ཡང་འགྲོ་བ་མེད། གར་ཡང་གནས་པར་འགྱུར་བ་མེད་དོ། །དེ་བཞིན་ཉིད་ཀྱི་དེ་བཞིན་ཉིད་དང་། དེ་བཞིན་ཉིད་ཀྱི་ངོ་བོ་ཉིད་དང་། དེ་བཞིན་ཉིད་ཀྱི་མཚན་ཉིད་ནི་གང་ནས་ཀྱང་འོང་བ་མེད། གང་དུ་ཡང་འགྲོ་བ་མེད། གར་ཡང་གནས་པར་འགྱུར་བ་མེད་དོ། །རབ་འབྱོར་ཡང་དག་པའི་མཐའ་ནི་གང་ནས་ཀྱང་འོང་བ་མེད། གང་དུ་ཡང་འགྲོ་བ་མེད། གར་ཡང་གནས་པར་འགྱུར་བ་མེད་དོ། །དེ་ཅིའི་ཕྱིར་ཞེ་ན། རབ་འབྱོར་ཡང་དག་པའི་མཐའི་རང་བཞིན་ནི་གང་ནས་ཀྱང་འོང་བ་མེད། གང་དུ་ཡང་འགྲོ་བ་མེད། གར་ཡང་གནས་པར་འགྱུར་བ་མེད་དོ། །ཡང་དག་པའི་མཐའི་དེ་བཞིན་ཉིད་དང་། ཡང་དག་པའི་མཐའི་ངོ་བོ་ཉིད་དང་། ཡང་དག་པའི་མཐའི་མཚན་ཉིད་ནི་གང་ནས་ཀྱང་འོང་བ་མེད། གང་དུ་ཡང་འགྲོ་བ་མེད། གར་ཡང་གནས་པར་འགྱུར་བ་མེད་དོ། །རབ་འབྱོར་བསམ་གྱིས་མི་①ཁྱབ་པའི་དབྱིངས་ནི་གང་ནས་ཀྱང་འོང་བ་མེད། གང་དུ་ཡང་འགྲོ་བ་མེད། གར་ཡང་གནས་པར་འགྱུར་བ་མེད་དོ། །དེ་ཅིའི་ཕྱིར་ཞེ་ན། རབ་འབྱོར་བསམ་གྱིས་མི་

ཁྱབ་པའི་དབྱིངས་ཀྱི་རང་བཞིན་ནི་གང་ནས་ཀྱང་འོང་བ་མེད། གང་དུ་ཡང་འགྲོ་བ་མེད། གར་ཡང་གནས་པར་འགྱུར་བ་མེད་དོ། །བསམ་གྱིས་མི་ཁྱབ་པའི་དབྱིངས་ཀྱི་དེ་བཞིན་ཉིད་དང་བསམ་གྱིས་མི་ཁྱབ་པའི་དབྱིངས་ཀྱི་ངོ་བོ་ཉིད་དང་། བསམ་གྱིས་མི་ཁྱབ་པའི་དབྱིངས་ཀྱི་མཚན་ཉིད་ནི་གང་ནས་ཀྱང་འོང་བ་མེད༑ གང་དུ་ཡང་འགྲོ་བ་མེད། གར་ཡང་གནས་པར་འགྱུར་བ་མེད་དོ། །རབ་འབྱོར་བྱང་ཆུབ་ནི་གང་ནས་ཀྱང་འོང་བ་མེད། གང་དུ་ཡང་འགྲོ་བ་མེད། གར་ཡང་གནས་པར་འགྱུར་བ་མེད་དོ། །དེ་ཅིའི་ཕྱིར་ཞེ་ན། རབ་འབྱོར་བྱང་ཆུབ་ཀྱི་རང་བཞིན་ནི་གང་ནས་ཀྱང་འོང་བ་མེད། གང་དུ་ཡང་འགྲོ་བ་མེད། གར་ཡང་གནས་པར་འགྱུར་བ་མེད་དོ། །བྱང་ཆུབ་ཀྱི་དེ་བཞིན་ཉིད་དང་། བྱང་ཆུབ་ཀྱི་ངོ་བོ་ཉིད་དང་། བྱང་ཆུབ་ཀྱི་མཚན་ཉིད་ནི་གང་ནས་ཀྱང་འོང་བ་མེད༑ གང་དུ་ཡང་འགྲོ་བ་མེད། གར་ཡང་གནས་པར་འགྱུར་བ་མེད་དོ། །རབ་འབྱོར་སངས་རྒྱས་ནི་གང་ནས་ཀྱང་འོང་བ་མེད། གང་དུ་ཡང་འགྲོ་བ་མེད། གར་ཡང་གནས་པར་འགྱུར་བ་མེད་དོ། །དེ་ཅིའི་ཕྱིར་ཞེ་ན། རབ་འབྱོར་སངས་རྒྱས་ཀྱི་རང་བཞིན་ནི་གང་ནས་ཀྱང་འོང་བ་མེད། གང་དུ་ཡང་འགྲོ་བ་མེད༑ གར་ཡང་གནས་པར་འགྱུར་བ་མེད་དོ། །སངས་རྒྱས་ཀྱི་དེ་བཞིན་ཉིད་དང་། སངས་རྒྱས་ཀྱི་ངོ་བོ་ཉིད་དང་། སངས་རྒྱས་ཀྱི་མཚན་ཉིད་ནི་གང་ནས་ཀྱང་འོང་བ་མེད། གང་དུ་ཡང་འགྲོ་བ་མེད། གར་ཡང་གནས་པར་འགྱུར་བ་མེད་དོ། །རབ་འབྱོར་འདུས་བྱས་ནི་གང་ནས་ཀྱང་འོང་བ་མེད། གང་དུ་ཡང་འགྲོ་བ་མེད། གར་ཡང་གནས་པར་འགྱུར་བ་མེད་དོ། །དེ་ཅིའི་ཕྱིར་ཞེ་ན། རབ་འབྱོར་འདུས་བྱས་ཀྱི་རང་བཞིན་ནི་གང་ནས་ཀྱང་འོང་བ་མེད། གང་དུ་ཡང་འགྲོ་བ་མེད། གར་ཡང་གནས་པར་འགྱུར་བ་མེད་དོ། །འདུས་

བྱས་ཀྱི་དེ་བཞིན་ཉིད་དང་། འདུས་བྱས་ཀྱི་ངོ་བོ་ཉིད་དང་། འདུས་བྱས་ཀྱི་མཚན་ཉིད་ནི་གང་ནས་ཀྱང་འོང་བ་མེད། གང་དུ་ཡང་འགྲོ་བ་མེད། གར་ཡང་གནས་པར་འགྱུར་བ་མེད་དོ། །རབ་འབྱོར་འདུས་མ་བྱས་ནི་གང་ནས་ཀྱང་འོང་བ་མེད། གང་དུ་ཡང་འགྲོ་བ་མེད། གར་ཡང་གནས་པར་འགྱུར་བ་མེད་དོ། །དེ་ཅིའི་ཕྱིར་ཞེ་ན། རབ་འབྱོར་འདུས་མ་བྱས་ཀྱི་རང་བཞིན་ནི་གང་ནས་ཀྱང་①འོང་བ་མེད། གང་དུ་ཡང་འགྲོ་བ་མེད། གར་ཡང་གནས་པར་འགྱུར་བ་མེད་དོ། །འདུས་མ་བྱས་ཀྱི་དེ་བཞིན་ཉིད་དང་། འདུས་མ་བྱས་ཀྱི་ངོ་བོ་ཉིད་དང་། འདུས་མ་བྱས་ཀྱི་མཚན་ཉིད་ནི་གང་ནས་ཀྱང་འོང་བ་མེད། གང་དུ་ཡང་འགྲོ་བ་མེད། གར་ཡང་གནས་པར་འགྱུར་བ་མེད་དོ། །རབ་འབྱོར་དེ་ལྟར་②ཐེག་པ་ཆེན་པོ་དེ་ནི། འོང་བ་③མེད། འགྲོ་བ་ཡང་མེད། གནས་པ་ཡང་མེད་དོ། །རབ་འབྱོར་གང་ཡང་ཁྱོད་ཀྱིས་འདི་སྐད་དུ་ཐེག་པ་དེ་ལ་སྔོན་གྱི་མཐའ་ཡང་མི་དམིགས་སོ④། །ཕྱི་མའི་མཐའ་ཡང་མི་དམིགས། དབུས་ཀྱང་མི་དམིགས་ཏེ། འདི་ནི་དུས་གསུམ་མཉམ་པ་ཉིད་ཅེས་བྱ་བའི་ཐེག་པ་སྟེ། ཐེག་པ་ཆེན་པོ་ཞེས་བྱའོ། །ཞེས་སྨྲས་པ་ནི་དེ་དེ་བཞིན་ནོ། །དེ་དེ་བཞིན་ཏེ། ཐེག་པ་འདི་ལ་སྔོན་གྱི་མཐའ་ཡང་མི་དམིགས། ཕྱི་མའི་མཐའ་ཡང་མི་དམིགས⑤། དབུས་ཀྱང་མི་དམིགས་ཏེ། དུས་གསུམ་མཉམ་པ་ཉིད་ཅེས་བྱ་བའི་ཐེག་པ་སྟེ། དེའི་ཕྱིར་ན་ཐེག་པ་ཆེན་པོ་ཞེས་བྱའོ། །དེ་ཅིའི་ཕྱིར་ཞེ་ན། རབ་འབྱོར་དེ་ནི་འདི་ལྟར་འདས་པའི་དུས་ཀྱང་འདས་པའི་དུས་ཀྱིས་སྟོང་ངོ་། །མ་འོངས་པའི་དུས་ཀྱང་མ་འོངས་པའི་དུས་ཀྱིས་སྟོང་ངོ་། །ད་ལྟར་བྱུང་བའི་དུས་ཀྱང་ད་ལྟར་བྱུང་བའི་དུས་ཀྱིས་སྟོང་ངོ་། །དུས་གསུམ་མཉམ་པ་ཉིད་ཀྱང་དུས་གསུམ་མཉམ་པ་ཉིད་ཀྱིས་སྟོང་ངོ་། །ཐེག་པ་ཆེན་པོ་དེ་⑥ཡང་

ཐེག་པ་ཆེན་པོས་སྟོང་ངོ་། །བྱང་ཆུབ་སེམས་དཔའ་ཡང་བྱང་ཆུབ་སེམས་དཔས་སྟོང་ངོ་⑦། །རབ་འབྱོར་སྟོང་པ་③ཉིད་ལ་གཅིག་ཅེས་བྱ་བ་མེད་དོ། །གཉིས་སམ་གསུམའམ་བཞིའམ་ལྔའམ་དྲུག་གམ་བདུན་ནམ་བརྒྱད་དམ་དགུའམ་བཅུ་ཞེས་བྱ་བ་མེད་དོ། །ཐ་དད་ཅེས་བྱ་བ་མེད་དོ། །དེ་ལྟ་བས་ན་འདི་ནི་བྱང་ཆུབ་སེམས་དཔའ་སེམས་དཔའ་ཆེན་པོ་རྣམས་ཀྱི་མཉམ་③པ་ཉིད་ཀྱི་ཐེག་པ་སྟེ། དེ་ལ་མཉམ་པ་དང་མི་མཉམ་པ་མི་དམིགས་སོ། །དེ་ལ་འདོད་ཆགས་དང་། འདོད་ཆགས་དང་བྲལ་བ་ཡང་མི་དམིགས་སོ། །ཞེ་སྡང་དང་ཞེ་སྡང་མེད་པ་ཡང་མི་དམིགས་སོ། །གཏི་མུག་དང་གཏི་མུག་མེད་པ་ཡང་མི་དམིགས་སོ། །མིང་དང་མིང་མེད་པ་ཡང་མི་དམིགས་སོ། །འདུས་བྱས་དང་འདུས་མ་བྱས་ཀྱང་མི་དམིགས་སོ། །དགེ་བ་དང་མི་དགེ་བ་ཡང་མི་དམིགས་སོ། །ཁ་ན་མ་ཐོ་བ་ཡོད་པ་དང་ཁ་ན་མ་ཐོ་བ་མེད་པ་ཡང་མི་དམིགས་སོ། །ཟག་པ་དང་བཅས་པ་དང་། ཟག་པ་མེད་པ་ཡང་མི་དམིགས་སོ། །ཀུན་ནས་ཉོན་མོངས་པ་དང་། ཀུན་ནས་ཉོན་མོངས་པ་མེད་པ་ཡང་མི་དམིགས་སོ། །འཇིག་⑧རྟེན་པ་དང་། འཇིག་⑤རྟེན་ལས་འདས་པ་ཡང་མི་དམིགས་སོ། །སྐྱེ་བ་དང་། འགག་པ་ཡང་མི་དམིགས་སོ། །ཀུན་ནས་ཉོན་མོངས་པ་དང་། རྣམ་པར་བྱང་བ་ཡང་མི་དམིགས་སོ། །དེ་ལ་རྟག་པ་དང་། མི་རྟག་པ་ཡང་མི་དམིགས་སོ། །བདེ་བ་དང་། སྡུག་བསྔལ་བ་ཡང་མི་དམིགས་སོ། །བདག་དང་། བདག་མེད་པ་ཡང་མི་དམིགས་སོ། །ཞི་བ་དང་། མ་ཞི་བ་ཡང་མི་དམིགས་སོ། །འདོད་པའི་ཁམས་དང་། འདོད་པའི་ཁམས་ལས་ཡང་དག་པར་འདའ་བ་ཡང་མི་དམིགས་སོ། །གཟུགས་ཀྱི་ཁམས་དང་། གཟུགས་ཀྱི་ཁམས་ལས་ཡང་དག་པར་འདའ་བ་ཡང་མི་དམིགས་སོ། །གཟུགས་མེད་པའི་ཁམས་དང་།

གཟུགས་མེད་[1]པའི་ཁམས་ལས་ཡང་དག་པར་འདའ་བ་ཡང་མི་དམིགས་སོ། །འཁོར་བ་དང་། མྱ་ངན་ལས་འདས་པ་ཡང་མི་དམིགས་སོ། །དེ་ཅིའི་ཕྱིར་ཞེ་ན། འདི་ལྟར་དེའི་རང་བཞིན་མི་དམིགས་པའི་ཕྱིར་ཏེ། རབ་འབྱོར་འདས་པའི་གཟུགས་ནི་འདས་པའི་གཟུགས་ཀྱིས་སྟོང་ངོ་། །རབ་འབྱོར་འདས་པའི་ཚོར་བ་དང་། འདུ་ཤེས་དང་འདུ་བྱེད་དང་འདས་པའི་རྣམ་པར་ཤེས་པ་ནི་འདས་པའི་རྣམ་པར་ཤེས་པས་སྟོང་ངོ་། །རབ་འབྱོར་མ་འོངས་པའི་གཟུགས་ནི་མ་འོངས་པའི་གཟུགས་ཀྱིས་སྟོང་ངོ་། །རབ་འབྱོར་མ་འོངས་པའི་ཚོར་བ་དང་། འདུ་ཤེས་དང་འདུ་བྱེད་དང་མ་འོངས་པའི་རྣམ་པར་ཤེས་པ་ནི་མ་འོངས་པའི་རྣམ་པར་ཤེས་པས་སྟོང་ངོ་། །རབ་འབྱོར་ད་ལྟར་བྱུང་བའི་གཟུགས་ནི་ད་ལྟར་བྱུང་བའི་གཟུགས་ཀྱིས་སྟོང་ངོ་། །རབ་འབྱོར་ད་ལྟར་བྱུང་བའི་ཚོར་བ་དང་འདུ་ཤེས་དང་འདུ་བྱེད་དང་ད་ལྟར་བྱུང་བའི་རྣམ་པར་ཤེས་པ་ནི་ད་ལྟར་བྱུང་བའི་རྣམ་པར་ཤེས་པས་སྟོང་ངོ་། །དེ་ཅིའི་ཕྱིར་ཞེ་ན། སྟོང་པ་ཉིད་ལ་འདས་པའི་གཟུགས་དམིགས་སུ་མེད་དེ[3]། སྟོང་པ་ཉིད་ཀྱང་སྟོང་པ་ཉིད་ཀྱིས་སྟོང་པས་དམིགས་སུ་མེད་ན། སྟོང་པ་ཉིད་ལ་འདས་པའི་གཟུགས་དམིགས་པར་འགྱུར་བ་ལྟ་ཅི་ཞིག་སྨོས། སྟོང་པ་ཉིད་ལ་འདས་པའི་ཚོར་བ་དང་། འདུ་ཤེས་དང་འདུ་བྱེད་དང་སྟོང་པ་ཉིད་ལ་འདས་པའི་རྣམ་པར་ཤེས་པ་དམིགས་སུ་མེད་དེ། སྟོང་པ་ཉིད་ཀྱང་སྟོང་པ་ཉིད་ཀྱིས་སྟོང་པས་དམིགས་སུ་མེད་ན། སྟོང་པ་ཉིད་ལ་འདས་པའི་ཚོར་བ་དང་འདུ་ཤེས་དང་འདུ་བྱེད་དང་རྣམ་པར་ཤེས་པ་དམིགས་པར་འགྱུར་བ་ལྟ་ཅི་ཞིག་སྨོས། སྟོང་པ་ཉིད་ལ་མ་འོངས་པའི་གཟུགས་དམིགས་སུ་མེད་དེ། སྟོང་པ་ཉིད་ཀྱང་སྟོང་པ་ཉིད་ཀྱིས་སྟོང་པས་དམིགས་སུ་མེད་ན། སྟོང་པ་ཉིད་ལ་མ་འོངས་པའི་གཟུགས་དམིགས་པར་འགྱུར་བ་ལྟ་ཅི་ཞིག་སྨོས།

སྟོང་པ་ཉིད་ལ་མ་འོངས་པའི་ཚོར་བ་དང་འདུ་ཤེས་དང་འདུ་བྱེད་དང་སྟོང་པ་ཉིད་ལ་མ་འོངས་པའི་རྣམ་པར་ཤེས་པ་དམིགས་སུ་མེད་དེ[1]། སྟོང་པ་ཉིད་ཀྱང་སྟོང་པ་ཉིད་ཀྱིས་སྟོང་པས་དམིགས་སུ་མེད་ན། སྟོང་པ་ཉིད་ལ་མ་འོངས་པའི་ཚོར་བ་དང་འདུ་ཤེས་དང་འདུ་བྱེད་དང་རྣམ་པར་ཤེས་པ་དམིགས་པར་འགྱུར་བ་ལྟ་ཅི་ཞིག་སྨོས། སྟོང་པ་ཉིད་ལ་ད་ལྟར་བྱུང་བའི་གཟུགས་དམིགས་སུ་མེད་དོ[2]།། སྟོང་པ་ཉིད་ཀྱང་སྟོང་པ་ཉིད་ཀྱིས་སྟོང་པས་དམིགས་སུ་མེད་ན། སྟོང་པ་ཉིད་ལ་ད་ལྟར་བྱུང་བའི་གཟུགས་དམིགས་པར༔འགྱུར་བ་[3]ལྟ་ཅི་ཞིག་སྨོས། སྟོང་པ་ཉིད་ལ་ད་ལྟར་བྱུང་བའི་ཚོར་བ་དང་འདུ་ཤེས་དང་འདུ་བྱེད་དང་རྣམ་པར་ཤེས་པ་དམིགས་སུ་མེད་དོ[4]། །སྟོང་པ་ཉིད་ཀྱང་སྟོང་པ་ཉིད་ཀྱིས་སྟོང་པས་དམིགས་སུ་[5]མེད་ན། སྟོང་པ་ཉིད་ལ་ད་ལྟར་བྱུང་བའི་ཚོར་བ་དང་འདུ་ཤེས་དང་འདུ་བྱེད་དང་། རྣམ་པར་ཤེས་པ་དམིགས་པར་འགྱུར་བ་ལྟ་ཅི་ཞིག་སྨོས། རབ་འབྱོར་སྦྱིན་པའི་ཕ་རོལ་ཏུ་ཕྱིན་པ་ནི་སྔོན་གྱི་མཐར་མི་དམིགས། སྦྱིན་པའི་ཕ་རོལ་ཏུ་ཕྱིན་པ་ནི་[6]ཕྱི་མའི་མཐར་མི་དམིགས། སྦྱིན་པའི་ཕ་རོལ་ཏུ་ཕྱིན་པ་ནི་ད་ལྟར་བྱུང་བར་མི་དམིགས། སྦྱིན་པའི་ཕ་རོལ་ཏུ་ཕྱིན༔པ་ནི་[7]དུས་གསུམ་མཉམ་པ་ཉིད་ལ་མི་དམིགས་ཏེ། དེ་ཅིའི་ཕྱིར་ཞེ་ན། རབ་འབྱོར་མཉམ་[8]པ་ཉིད་ལ་འདས་པའི་དུས་མི་དམིགས། མཉམ་པ་ཉིད་ལ་མ་འོངས་པའི་དུས་མི་དམིགས། མཉམ་པ་ཉིད་ལ་ད་ལྟར་བྱུང་བའི་དུས་མི་དམིགས་ཏེ། མཉམ་པ་ཉིད་ཀྱང་མཉམ་པ་ཉིད་ལ་མི་དམིགས་ན། མཉམ་པ་ཉིད་ལ་འདས་པའི་དུས་དམིགས་པ་ལྟ་ཅི་ཞིག་སྨོས། མ་འོངས་པའི་དུས་དང་། ད་ལྟར་བྱུང་བའི་དུས་དམིགས་པ་ལྟ་ཅི་ཞིག་སྨོས། རབ་འབྱོར་ཚུལ་ཁྲིམས་ཀྱི་ཕ་རོལ་ཏུ་ཕྱིན་པ་དང་། བཟོད་པའི་ཕ་རོལ་ཏུ་ཕྱིན་པ་དང་། བརྩོན་འགྲུས་ཀྱི་ཕ་རོལ་ཏུ་ཕྱིན་པ་དང་།

བསམ་གཏན་གྱི་ཕ་རོལ་ཏུ་ཕྱིན་པ་དང་། ཤེས་རབ་ཀྱི་ཕ་རོལ་ཏུ་ཕྱིན་[༡]པ་ནི་སྔོན་གྱི་མཐར་མི་དམིགས། ཤེས་རབ་ཀྱི་ཕ་རོལ་ཏུ་ཕྱིན་པ་ནི་ཕྱི་མའི་མཐར་མི་དམིགས༑ ཤེས་རབ་ཀྱི་ཕ་རོལ་ཏུ་ཕྱིན་པ་ནི་ད་ལྟར་བྱུང་བར་མི་དམིགས། ཤེས་རབ་ཀྱི་ཕ་རོལ་ཏུ་ཕྱིན་པ་ནི་དུས་གསུམ་མཉམ་པ་ཉིད་ལ་མི་དམིགས་ཏེ། དེ་ཅིའི་ཕྱིར་ཞེ་ན། རབ་འབྱོར་མཉམ་པ་ཉིད་ལ་འདས་པའི་དུས་མི་དམིགས། མཉམ་པ་ཉིད་ལ་མ་འོངས་པའི་དུས་མི་དམིགས། མཉམ་པ་ཉིད་ལ་ད་ལྟར་བྱུང་བའི་དུས་མི་དམིགས་ཏེ། མཉམ་པ་ཉིད་ཀྱང་མཉམ་པ་ཉིད་ལ་མི་དམིགས་ན། མཉམ་པ་ཉིད་ལ་འདས་པའི་དུས་[༢]དམིགས་པ་ལྟ་ཅི་ཞིག་སྨོས། མ་འོངས་པའི་དུས་དང་། ད་ལྟར་བྱུང་བའི་དུས་དམིགས་པ་ལྟ་ཅི་ཞིག་སྨོས། རབ་འབྱོར་ནང་སྟོང་པ་ཉིད་ནི་སྔོན་གྱི་མཐར་མི་དམིགས། ནང་སྟོང་པ་ཉིད་ནི་ཕྱི་མའི་མཐར་མི་དམིགས། ནང་སྟོང་པ་ཉིད་ནི་ད་ལྟར་བྱུང་བར་མི་དམིགས། ནང་སྟོང་པ་ཉིད་ནི་དུས་གསུམ་མཉམ་པ་ཉིད་ལ་མི་དམིགས་ཏེ། དེ་ཅིའི་ཕྱིར་ཞེ་ན། རབ་འབྱོར་མཉམ་པ་ཉིད་ལ་འདས་པའི་དུས་མི་དམིགས། མཉམ་པ་ཉིད་ལ་མ་འོངས་པའི་དུས་མི་དམིགས། མཉམ་པ་ཉིད་ལ་ད་ལྟར་བྱུང་བའི་དུས་མི་དམིགས་ཏེ། མཉམ་པ་ཉིད་ཀྱང་མཉམ་པ་ཉིད་ལ་མི་དམིགས་ན། མཉམ་པ་ཉིད་ལ་འདས་པའི་དུས་[༢]དམིགས་པ་ལྟ་ཅི་ཞིག་སྨོས། མ་འོངས་པའི་དུས་དང་། ད་ལྟར་བྱུང་བའི་དུས་དམིགས་པ་ལྟ་ཅི་ཞིག་སྨོས། རབ་འབྱོར་དངོས་པོ་མེད་པའི་ངོ་བོ་ཉིད་སྟོང་པ་ཉིད་ཀྱི་བར་ནི་སྔོན་གྱི་མཐར་མི་དམིགས། དངོས་པོ་མེད་པའི་ངོ་བོ་ཉིད་སྟོང་པ་ཉིད་ནི་ཕྱི་མའི་མཐར་མི་དམིགས། དངོས་པོ་མེད་པའི་ངོ་བོ་ཉིད་སྟོང་པ་ཉིད་ནི་ད་ལྟར་བྱུང་བར་མི་དམིགས། དངོས་པོ་མེད་པའི་ངོ་བོ་ཉིད་སྟོང་པ་ཉིད་ནི་དུས་གསུམ་མཉམ་པ་ཉིད་ལ་མི་དམིགས་ཏེ། དེ་ཅིའི་ཕྱིར་ཞེ་

ན༑ རབ་འབྱོར་མཉམ་པ་ཉིད་ལ་འདས་པའི་དུས་མི་དམིགས། མཉམ་པ་ཉིད་ལ་མ་འོངས་པའི་དུས་མི་དམིགས། མཉམ་པ་ཉིད་ལ་ད་ལྟར་བྱུང་བའི་དུས་མི་དམིགས་ཏེ། མཉམ་པ་ཉིད་ཀྱང་མཉམ་པ་ཉིད་ལ་མི་དམིགས་ན། མཉམ་པ་ཉིད་ལ་འདས་པའི་དུས་དམིགས་པ་ལྟ་ཅི་ཞིག་སྨོས། མ་འོངས་པའི་དུས་དང་། ད་ལྟར་བྱུང་བའི་དུས་དམིགས་པ་ལྟ་ཅི་ཞིག་སྨོས། རབ་འབྱོར་དྲན་པ་ཉེ་བར་གཞག་པ་རྣམས་ནི་སྔོན་གྱི་མཐར་མི་དམིགས། དྲན་པ་ཉེ་བར་གཞག་པ་རྣམས་ནི་ཕྱི་མའི་མཐར་མི་དམིགས། དྲན་པ་ཉེ་བར་གཞག་པ་རྣམས་ནི་ད་ལྟར་བྱུང་བར་མི་དམིགས། དྲན་པ་ཉེ་བར་གཞག་པ་རྣམས་ནི་དུས་གསུམ་མཉམ་པ་ཉིད་ལ་མི་དམིགས་ཏེ། དེ་ཅིའི་ཕྱིར་ཞེ་ན། རབ་འབྱོར་མཉམ་པ་ཉིད་ལ་འདས་པའི་དུས་མི་དམིགས། མཉམ་པ་ཉིད་ལ་མ་འོངས་པའི་དུས་མི་དམིགས༑ མཉམ་པ་ཉིད་ལ་ད་ལྟར་བྱུང་བའི་དུས་མི་དམིགས་ཏེ། མཉམ་པ་ཉིད་ཀྱང་མཉམ་པ་ཉིད་ལ་མི་དམིགས་ན། མཉམ་པ་ཉིད་ལ་འདས་པའི་དུས་དམིགས་པ་ལྟ་ཅི་ཞིག་སྨོས། མ་འོངས་པའི་དུས་དང་། ད་ལྟར་བྱུང་བའི་དུས་དམིགས་པ་ལྟ་ཅི་ཞིག་སྨོས། རབ་འབྱོར་ཡང་དག་པར་སྤོང་བ་རྣམས་དང་། རྫུ་འཕྲུལ་གྱི་རྐང་པ་རྣམས་དང་། དབང་པོ་རྣམས་དང་། སྟོབས་རྣམས་དང་། བྱང་ཆུབ་ཀྱི་ཡན་ལག་རྣམས་དང་། འཕགས་པའི་ལམ༔ཡན་ལག་[7]བརྒྱད་པ་ནི་སྔོན་གྱི་མཐར་མི་དམིགས། འཕགས་པའི་ལམ་ཡན་ལག་བརྒྱད་པ་ནི་ཕྱི་མའི་མཐར་མི་དམིགས། འཕགས་པའི་ལམ་ཡན་ལག་བརྒྱད་པ་ནི་ད་ལྟར་བྱུང་བར་མི་དམིགས། འཕགས་པའི་ལམ་ཡན་ལག་བརྒྱད་པ་ནི་དུས་གསུམ་མཉམ་པ་ཉིད་ལ་མི་དམིགས་ཏེ། དེ་ཅིའི་ཕྱིར་ཞེ་ན། རབ་འབྱོར་མཉམ་པ་ཉིད་ལ་འདས་པའི་དུས་མི་དམིགས། མཉམ་པ་ཉིད་ལ་མ་འོངས་པའི་དུས་མི་དམིགས།

མཉམ་པ་ཉིད་ལ་ད་ལྟར་བྱུང་བའི་དུས་མི་དམིགས་ཏེ། མཉམ་པ་ཉིད་ཀྱང་མཉམ་པ་ཉིད་ལ་མི་དམིགས་ན། མཉམ་པ་ཉིད་ལ་འདས་པའི་དུས་[༡]དམིགས་པ་ལྟ་ཅི་ཞིག་སྨོས། མ་འོངས་པའི་དུས་དང་། ད་ལྟར་བྱུང་བའི་དུས་དམིགས་པ་ལྟ་ཅི་ཞིག་སྨོས། རབ་འབྱོར་འཕགས་པའི་བདེན་པ་རྣམས་དང་། བསམ་གཏན་རྣམས་དང་། ཚད་མེད་པ་རྣམས་དང་། གཟུགས་མེད་པའི་སྙོམས་པར་འཇུག་པ་རྣམས་དང་། རྣམ་པར་ཐར་པ་བརྒྱད་དང་། མཐར་གྱིས་གནས་པའི་སྙོམས་པར་འཇུག་པ་དགུ་དང་། རྣམ་པར་ཐར་པའི་སྒོ་སྟོང་པ་ཉིད་དང་། མཚན་མ་མེད་པ་དང་། སྨོན་པ་མེད་པ་དང་། མངོན་པར་ཤེས་པ་རྣམས་དང་། ཏིང་ངེ་འཛིན་རྣམས་དང་། གཟུངས་ཀྱི་སྒོ་རྣམས་དང་། དེ་བཞིན་གཤེགས་པའི་སྟོབས་བཅུ་དང་། མི་འཇིགས་པ་བཞི་དང་། སོ་སོ་ཡང་དག་པར་རིག་པ་བཞི་དང་། སངས་རྒྱས་ཀྱི་ཆོས་མ་འདྲེས་[༢]པ་བཅོ་བརྒྱད་ནི་སྔོན་གྱི་མཐར་མི་དམིགས། སངས་རྒྱས་ཀྱི་ཆོས་མ་འདྲེས་པ་བཅོ་བརྒྱད་ནི་ཕྱི་མའི་མཐར་མི་དམིགས། སངས་རྒྱས་ཀྱི་ཆོས་མ་འདྲེས་པ་བཅོ་བརྒྱད་ནི་ད་ལྟར་བྱུང་བར་མི་དམིགས། སངས་རྒྱས་ཀྱི་ཆོས་མ་འདྲེས་པ་བཅོ་བརྒྱད་ནི་དུས་གསུམ་མཉམ་པ་ཉིད་ལ་མི་དམིགས་ཏེ། དེ་ཅིའི་ཕྱིར་ཞེ་ན། རབ་འབྱོར་མཉམ་པ་ཉིད་ལ་འདས་པའི་དུས་མི་དམིགས། མཉམ་པ་ཉིད་ལ་མ་འོངས་པའི་དུས་མི་དམིགས། མཉམ་པ་ཉིད་ལ་ད་ལྟར་བྱུང་བའི་དུས་མི་དམིགས་ཏེ། མཉམ་པ་ཉིད་ཀྱང་མཉམ་པ་ཉིད་ལ་མི་དམིགས་ན། མཉམ་པ་ཉིད་ལ་འདས་པའི་དུས་[༣]དམིགས་པ་ལྟ་ཅི་ཞིག་སྨོས། མ་འོངས་པའི་དུས་དང་། ད་ལྟར་བྱུང་བའི་དུས་དམིགས་པ་ལྟ་ཅི་ཞིག་སྨོས། རབ་འབྱོར་གཞན་ཡང་སོ་སོའི་སྐྱེ་བོ་ནི་སྔོན་གྱི་མཐར་མི་དམིགས། སོ་སོའི་སྐྱེ་བོ་ནི་ཕྱི་མའི་མཐར་མི་དམིགས། སོ་

སོའི་སྐྱེ་བོ་ནི་ད་ལྟར་བྱུང་[1]བར་མི་དམིགས། སོ་སོའི་སྐྱེ་བོ་ནི། དུས་གསུམ་མཉམ་པ་ཉིད་ལ་མི་དམིགས་ཏེ། དེ་ཅིའི་ཕྱིར་ཞེ་ན། སེམས་ཅན་དམིགས་སུ་མེད་པའི་ཕྱིར་རོ། །རབ་འབྱོར་གཞན་ཡང་ཉན་ཐོས་ནི་སྔོན་གྱི་མཐར་མི་དམིགས། ཉན་ཐོས་ནི་ཕྱི་མའི་མཐར་མི་དམིགས། ཉན་ཐོས་ནི་ད་ལྟར་བྱུང་བར་མི་དམིགས། ཉན་ཐོས་ནི་དུས་གསུམ་མཉམ་པ་ཉིད་ལ་མི་དམིགས་ཏེ། དེ་ཅིའི་ཕྱིར་ཞེ་ན། སེམས་ཅན་དམིགས་སུ་མེད་པའི་ཕྱིར་རོ། །རབ་འབྱོར་གཞན་ཡང་རང་སངས་རྒྱས་ནི་སྔོན་གྱི་མཐར་མི་དམིགས། རང་སངས་རྒྱས་ནི་ཕྱི་མའི་མཐར་མི་དམིགས། རང་སངས་རྒྱས་ནི་ད་ལྟར་བྱུང་བར་མི་དམིགས། རང་སངས་རྒྱས་ནི་དུས་གསུམ་མཉམ་པ་ཉིད་ལ་མི་དམིགས་ཏེ། དེ་ཅིའི་ཕྱིར་ཞེ་ན། སེམས་ཅན་དམིགས་སུ་མེད་པའི་ཕྱིར་རོ། །རབ་འབྱོར་གཞན་ཡང་བྱང་ཆུབ་སེམས་དཔའ་ནི་སྔོན་གྱི་མཐར་མི་དམིགས། བྱང་ཆུབ་སེམས་དཔའ་ནི་ཕྱི་མའི་མཐར་མི་དམིགས། བྱང་ཆུབ་སེམས་དཔའ་ནི་ད་ལྟར་བྱུང་བར་མི་དམིགས། བྱང་ཆུབ་སེམས་དཔའ་ནི་དུས་གསུམ་མཉམ་པ་ཉིད་ལ་མི་དམིགས་ཏེ། དེ་ཅིའི་ཕྱིར་ཞེ་ན། སེམས་ཅན་དམིགས་སུ་མེད་པའི་ཕྱིར་རོ།། །།

ཤེས་རབ་ཀྱི་ཕ་རོལ་ཏུ་ཕྱིན་པ་སྟོང་ཕྲག་ཉི་ཤུ་ལྔ་པ། བམ་པོ་ཉི་ཤུ་གཉིས་པ། རབ་འབྱོར་གཞན་ཡང་དེ་བཞིན་གཤེགས་པ་ནི་སྔོན་གྱི་མཐར་མི་དམིགས། དེ་བཞིན་གཤེགས་པ་ནི་ཕྱི་མའི་མཐར་མི་དམིགས། དེ་བཞིན་གཤེགས་པ་ནི་ད་ལྟར་བྱུང་བར་མི་དམིགས། དེ་བཞིན་གཤེགས་པ་ནི་དུས་གསུམ་མཉམ་པ་ཉིད་ལ་མི་དམིགས་ཏེ། དེ་ཅིའི་ཕྱིར་ཞེ་ན། སེམས་ཅན་དམིགས་སུ་མེད་པའི་ཕྱིར་རོ། །རབ་འབྱོར་དེ་ལྟར་ན་བྱང་ཆུབ་སེམས་དཔའ་སེམས་དཔའ་ཆེན་པོས་ཤེས་རབ་ཀྱི་ཕ་རོལ་ཏུ་ཕྱིན་པ་ལ་གནས་ཏེ། དུས་གསུམ་མཉམ་པ་ཉིད་ལ་བསླབས

ཞིང་། རྣམ་པ་ཐམས་ཅད་མཁྱེན་པ་ཉིད་ཡོངས་སུ་རྫོགས་པར་བྱ[༡]སྟེ། རབ་འབྱོར་འདི་ནི་བྱང་ཆུབ་སེམས་དཔའ་སེམས་དཔའ་ཆེན་པོའི་ཐེག་པ་ཆེན་པོ་[༢]དུས་གསུམ་མཉམ་པ་ཉིད་ཅེས་བྱ་བ་སྟེ། དེ་ལ་གནས་ཤིང་བྱང་ཆུབ་སེམས་དཔའ་སེམས་དཔའ་ཆེན་པོ་ལྷ་དང་མི་དང་ལྷ་མ་ཡིན་དུ་བཅས་པའི་འཇིག་རྟེན་ཟིལ་གྱིས་མནན་ཏེ། རྣམ་པ་ཐམས་ཅད་མཁྱེན་པ་ཉིད་དུ་འབྱུང་ངོ་། །དེ་ནས་ཚེ་དང་ལྡན་པ་རབ་འབྱོར་གྱིས་བཅོམ་ལྡན་འདས་ལ་འདི་སྐད་ཅེས་གསོལ་ཏོ། །བཅོམ་ལྡན་འདས་བཅོམ་ལྡན་འདས་ཀྱིས་དེ་ལྟར་བྱང་ཆུབ་སེམས་དཔའ་སེམས་དཔའ་ཆེན་པོ་རྣམས་ཀྱི་ཐེག་པ་ཆེན་པོ་དུས་གསུམ་མཉམ་པ་ཉིད་ཅེས་བགྱི་[༣]བ་འདི་ལེགས་པར་གསུངས་པ་ནི་ལེགས་ཤིང་དགེ་བ་སྟེ། བཅོམ་ལྡན་འདས་ཐེག་པ་ཆེན་པོ་འདི་ལ་བསླབས་ཤིང་། འདས་པའི་བྱང་ཆུབ་སེམས་དཔའ་སེམས་དཔའ་ཆེན་པོ་རྣམས་ཀྱིས་ཀྱང་། རྣམ་པ་ཐམས་ཅད་མཁྱེན་པ་ཉིད་ཐོབ་བོ། །བཅོམ་ལྡན་འདས་མ་འོངས་པའི་བྱང་ཆུབ་སེམས་དཔའ་སེམས་དཔའ་ཆེན་པོ་རྣམས་ཀྱིས་ཀྱང་། ཤེས་རབ་ཀྱི་ཕ་རོལ་ཏུ་ཕྱིན་པ་འདི་ཉིད་ལ་[༤]བསླབས་ཤིང་། རྣམ་པ་ཐམས་ཅད་མཁྱེན་པ་ཉིད་ཐོབ་པར་འགྱུར་རོ། །བཅོམ་ལྡན་འདས་ཕྱོགས་བཅུའི་འཇིག་རྟེན་གྱི་ཁམས་ཚད་དང་གྲངས་[༥]མ་མཆིས་པ་དག་ན། དཔག་ཏུ་མ་མཆིས་པའི་བྱང་ཆུབ་སེམས་དཔའ་སེམས་དཔའ་ཆེན་པོ་མཆིས་པ་རྣམས་ཀྱང་། ཐེག་པ་ཆེན་པོ་འདི་ཉིད་ལ་བསླབས་ཤིང་། རྣམ་པ་ཐམས་ཅད་མཁྱེན་པ་ཉིད་ཐོབ་པར་འགྱུར་རོ། །བཅོམ་ལྡན་འདས་དེའི་སླད་དུ་དུས་གསུམ་མཉམ་པ་ཉིད་ཅེས་བགྱི་བ་འདི་ནི། བྱང་ཆུབ་སེམས་དཔའ་སེམས་དཔའ་ཆེན་པོ་རྣམས་ཀྱི་ཐེག་པ་ཆེན་པོའོ། །དེ་སྐད་ཅེས་གསོལ་པ་དང་། བཅོམ་ལྡན་འདས་ཀྱིས་ཚེ་དང་ལྡན་པ་རབ་འབྱོར་ལ་འདི་སྐད་ཅེས་བཀའ་སྩལ་ཏོ། །

རབ་འབྱོར་དེ་དེ་བཞིན་ནོ། །དེ་དེ་བཞིན་ཏེ། ཐེག་པ་ཆེན་པོ་འདི་ཉིད་ལ་བསླབས་ཤིང་། འདས་པ་དང་མ་བྱོན་པ་དང་ད་ལྟར་བྱུང་བའི་དེ་བཞིན་གཤེགས་པ་དགྲ་བཅོམ་པ་ཡང་དག་པར་རྫོགས་པའི་སངས་རྒྱས་རྣམས་ཀྱིས་རྣམ་པ་ཐམས་ཅད་མཁྱེན་པ་ཉིད་བརྙེས་པར་གྱུར་ཏོ། །བརྙེས་སོ། །བརྙེས་པར་འགྱུར་རོ། །ཤེས་རབ་ཀྱི་ཕ་རོལ་ཏུ་ཕྱིན་པ་སྟོང་ཕྲག་ཉི་ཤུ་ལྔ་པ་ལས་ལེའུ་བཅུ་གཅིག་པའོ།། ||

དེ་ནས་ཚེ་དང་ལྡན་པ་བྱམས་གང་གི་བུས། བཅོམ་ལྡན་འདས་ལ་འདི་སྐད་ཅེས་གསོལ་ཏོ། །བཅོམ་ལྡན་འདས་གནས་བརྟན་རབ་འབྱོར་འདི་ནི། དེ་བཞིན་གཤེགས་པ་དགྲ་བཅོམ་པ་ཡང་དག་པར་རྫོགས་པའི་སངས་རྒྱས་ཀྱིས་ཤེས་རབ་ཀྱི་ཕ་རོལ་ཏུ་ཕྱིན་པའི་སྐད་དུ་བསྐོ[1]བ་མཛད་པས། འདི་ནི་ཐེག་པ་ཆེན་པོ་བསྟན་པ་ཙམ་དུ་སེམས་སོ། །དེ་ནས་ཚེ་དང་ལྡན་པ་རབ་འབྱོར་གྱིས། བཅོམ་ལྡན་འདས་ལ་འདི་སྐད་ཅེས་གསོལ་ཏོ། །བཅོམ་ལྡན་འདས་བདག་ཅག་གིས་ཤེས་རབ་ཀྱི་ཕ་རོལ་ཏུ་ཕྱིན་པ་དང་འགལ་བར་ཐེག་པ་ཆེན་པོ་བསྟན་པར་མ་གྱུར་ལགས་སྲང་། བཅོམ་ལྡན་འདས་ཀྱིས་བཀའ་སྩལ་པ། རབ་འབྱོར་དེ་ལྟར་གྱུར་པ་མེད་དེ། རབ་འབྱོར་ཁྱོད་ནི་ཤེས་རབ་ཀྱི་ཕ་རོལ་ཏུ་ཕྱིན་པ་དང་རྗེས་སུ་འཐུན་[2]པར་ཐེག་པ་ཆེན་པོ་སྟོན་ཏོ། །དེ་ཅིའི་ཕྱིར་ཞེ་ན། རབ་འབྱོར་དེ་ནི་འདི་ལྟར་དགེ་བའི་ཆོས་གང་ཡང་རུང་སྟེ། ཉན་ཐོས་ཀྱི་ཆོས་སམ། རང་སངས་རྒྱས་ཀྱི་ཆོས་སམ། བྱང་ཆུབ་སེམས་དཔའི་ཆོས་སམ། སངས་རྒྱས་ཀྱི་ཆོས་དེ་དག་ཐམས་ཅད་ཀྱང་ཤེས་རབ་ཀྱི་ཕ་རོལ་ཏུ་ཕྱིན་པའི་ནང་དུ་འདུས་ཤིང་ཡོངས་སུ་ཆུད་དོ། །རབ་འབྱོར་གྱིས་གསོལ་པ། བཅོམ་ལྡན་འདས་དགེ་བའི་

ཆོས་བྱང་ཆུབ་ཀྱི་ཕྱོགས་གང་ཤེས་རབ་ཀྱི་ཕ་རོལ་ཏུ་ཕྱིན་པའི་ནང་དུ་འདུས་ཤིང་ཁོངས་སུ་ཆུད་པ་དེ་ལྟ་བུའི་ཉན་ཐོས་ཀྱི་ཆོས་དང་། རང་སངས་རྒྱས་ཀྱི་ཆོས་དང་བྱང་ཆུབ་སེམས་དཔའི་①ཆོས་དང་། སངས་རྒྱས་ཀྱི་ཆོས་དེ་དག་གང་ལགས། བཅོམ་ལྡན་འདས་ཀྱིས་བཀའ་སྩལ་པ། འདི་ལྟ་སྟེ། དྲན་པ་ཉེ་བར་གཞག་པ་བཞི་དང་། ཡང་དག་པར་སྤོང་བ་བཞི་དང་། རྫུ་འཕྲུལ་གྱི་རྐང་པ་བཞི་དང་། དབང་པོ་ལྔ་དང་། སྟོབས་ལྔ་དང་། བྱང་ཆུབ་ཀྱི་ཡན་ལག་བདུན་དང་། འཕགས་པའི་ལམ་ཡན་ལག་བརྒྱད་པ་དང་། འཕགས་པའི་བདེན་པ་བཞི་དང་། རྣམ་པར་ཐར་པའི་སྒོ་སྟོང་པ་ཉིད་དང་། མཚན་མ་མེད་པ་དང་། སྨོན་པ་མེད་པ་དང་། བསམ་གཏན་བཞི་དང་། ཚད་མེད་པ་བཞི་དང་། གཟུགས་མེད་པའི་སྙོམས་པར་འཇུག་པ་བཞི་དང་། མངོན་པར་ཤེས་པ་དྲུག་དང་། སྦྱིན་པའི་ཕ་རོལ་ཏུ་ཕྱིན་པ་དང་། ཚུལ་ཁྲིམས་ཀྱི་ཕ་རོལ་ཏུ་ཕྱིན་པ་དང་། བཟོད་པའི་ཕ་རོལ་ཏུ་ཕྱིན་པ་དང་། བརྩོན་འགྲུས་ཀྱི་ཕ་རོལ་ཏུ་ཕྱིན་པ་དང་། བསམ་གཏན་གྱི་②ཕ་རོལ་ཏུ་ཕྱིན་པ་དང་། ཤེས་རབ་ཀྱི་ཕ་རོལ་ཏུ་ཕྱིན་པ་དང་། ནང་སྟོང་པ་ཉིད་དང་། ཕྱི་སྟོང་པ་ཉིད་དང་། ཕྱི་ནང་སྟོང་པ་ཉིད་དང་། དངོས་པོ་མེད་པའི་③ངོ་བོ་ཉིད་སྟོང་པ་ཉིད་ཀྱི་བར་དང་། ཏིང་ངེ་འཛིན་ཐམས་ཅད་དང་། གཟུངས་ཀྱི་སྒོ་ཐམས་ཅད་དང་། དེ་བཞིན་གཤེགས་པའི་སྟོབས་བཅུ་དང་། མི་འཇིགས་པ་བཞི་དང་། སོ་སོ་ཡང་དག་པར་རིག་པ་བཞི་དང་། བྱམས་པ་ཆེན་པོ་དང་། སྙིང་རྗེ་ཆེན་པོ་དང་། དགའ་བ་ཆེན་པོ་དང་། བཏང་སྙོམས་ཆེན་པོ་དང་། སངས་རྒྱས་ཀྱི་ཆོས་མ་འདྲེས་པ་བཅོ་བརྒྱད་དང་། མི་མཉམ་པའི་ཆོས་ཉིད་དང་། རྟག་ཏུ་བཏང་སྙོམས་ཀྱི་རྣམ་པར་སྤྱོད་པ་སྟེ། རབ་འབྱོར་དེ་དག་ནི་དགེ་བའི་ཆོས་བྱང་

ཆུབ་ཀྱི་ཕྱོགས་གང་ཤེས་རབ་ཀྱི་ཕ་རོལ་ཏུ་ཕྱིན་པའི་ནང་དུ་འདུ་ཞིང་ཁོངས་སུ་ཆུད་པར་འདོད་པ་སྟེ། ཉན་ཐོས་ཀྱི་ཆོས་དང་། རང་སངས་རྒྱས་ཀྱི་ཆོས་དང་། བྱང་ཆུབ་སེམས་དཔའི་ཆོས་དང་། སངས་རྒྱས་ཀྱི་ཆོས་སོ། །དེ་ཅིའི་ཕྱིར་ཞེ་ན། རབ་འབྱོར་འདི་①ལྟར་ཐེག་པ་ཆེན་པོ་གང་ཡིན་པ་དང་། ཤེས་རབ་ཀྱི་ཕ་རོལ་ཏུ་ཕྱིན་པ་གང་ཡིན་པ་དང་། བསམ་གཏན་གྱི་ཕ་རོལ་ཏུ་ཕྱིན་པ་གང་ཡིན་པ་དང་། བརྩོན་འགྲུས་ཀྱི་ཕ་རོལ་ཏུ་ཕྱིན་པ་གང་ཡིན་པ་དང་། བཟོད་པའི་ཕ་རོལ་ཏུ་ཕྱིན་པ་གང་ཡིན་པ་དང་། ཚུལ་ཁྲིམས་ཀྱི་ཕ་རོལ་ཏུ་ཕྱིན་པ་གང་ཡིན་པ་དང་། སྦྱིན་པའི་ཕ་རོལ་ཏུ་ཕྱིན་པ་གང་ཡིན་པ་དང་། གཟུགས་གང་ཡིན་པ་དང་། ཚོར་བ་གང་ཡིན་པ་དང་། འདུ་ཤེས་གང་ཡིན་པ་དང་། འདུ་བྱེད་གང་ཡིན་པ་དང་། རྣམ་པར་ཤེས་པ་གང་ཡིན་པ་དང་། མིག་གང་ཡིན་པ་དང་། གཟུགས་གང་ཡིན་པ་དང་། མིག་གི་རྣམ་པར་ཤེས་པ་གང་ཡིན་པ་དང་། མིག་གི་འདུས་ཏེ་རེག་པ་གང་ཡིན་པ་དང་། མིག་གི་འདུས་ཏེ་རེག་པའི་རྐྱེན་གྱིས་ཚོར་བ་གང་ཡིན་པ་དང་། རྣ་བ་གང་ཡིན་པ་དང་། སྒྲ་གང་ཡིན་པ་དང་། རྣ་བའི་རྣམ་པར་ཤེས་པ་གང་ཡིན་པ་དང་། རྣ་བའི་འདུས་ཏེ་རེག་པ་གང་ཡིན་པ་དང་།② རྣ་བའི་འདུས་ཏེ་རེག་པའི་རྐྱེན་གྱིས་ཚོར་བ་གང་ཡིན་པ་དང་། སྣ་གང་ཡིན་པ་དང་། དྲི་གང་ཡིན་པ་དང་། སྣའི་རྣམ་པར་ཤེས་པ་གང་ཡིན་པ་དང་། སྣའི་འདུས་ཏེ་རེག་པ་གང་ཡིན་པ་དང་། སྣའི་འདུས་ཏེ་རེག་པའི་རྐྱེན་གྱིས་ཚོར་བ་གང་ཡིན་པ་དང་། ལྕེ་གང་ཡིན་པ་དང་། རོ་གང་ཡིན་པ་དང་། ལྕེའི་རྣམ་པར་ཤེས་པ་གང་ཡིན་པ་དང་། ལྕེའི་འདུས་ཏེ་རེག་པ་གང་ཡིན་པ་དང་། ལྕེའི་འདུས་ཏེ་རེག་པའི་རྐྱེན་གྱིས་ཚོར་བ་གང་ཡིན་པ་དང་། ལུས་གང་ཡིན་པ་དང་། རེག་གང་ཡིན་པ་དང་། ལུས་ཀྱི་

རྣམ་པར་ཤེས་པ་གང་ཡིན་པ་དང་། ལུས་ཀྱི་འདུས་ཏེ་རེག་པ་གང་ཡིན་པ་དང་། ལུས་ཀྱི་འདུས་ཏེ་རེག་པའི་རྐྱེན་གྱིས་ཚོར་བ་གང་ཡིན་པ་དང་། ཡིད་གང་ཡིན་པ་དང་། ཆོས་གང་ཡིན་པ་དང་། ཡིད་ཀྱི་རྣམ་པར་ཤེས་པ་གང་ཡིན་པ་དང་། ཡིད་ཀྱི་འདུས་ཏེ་རེག་པ་གང་ཡིན་པ་དང་། ཡིད་ཀྱི་འདུས་ཏེ་རེག་པའི་རྐྱེན་གྱིས་ཚོར་བ་གང་ཡིན་པ་དང་། མ་རིག་པ་གང་ཡིན་པ་དང་། འདུ་བྱེད་དང་། རྣམ་པར་ཤེས་པ་དང་། མིང་དང་གཟུགས་དང་། སྐྱེ་མཆེད་དྲུག་དང་། རེག་པ་དང་། ཚོར་བ་དང་། སྲེད་པ་དང་། ལེན་པ་དང་། སྲིད་པ་དང་། སྐྱེ་བ་དང་། རྒ་ཤི་གང་ཡིན་པ་དང་། སྦྱིན་པའི་ཕ་རོལ་ཏུ་ཕྱིན་པ་གང་ཡིན་པ་དང་། ཚུལ་ཁྲིམས་ཀྱི་ཕ་རོལ་ཏུ་ཕྱིན་པ་དང་། བཟོད་པའི་ཕ་རོལ་ཏུ་ཕྱིན་པ་དང་། བརྩོན་འགྲུས་ཀྱི་ཕ་རོལ་ཏུ་ཕྱིན་པ་དང་། བསམ་གཏན་གྱི་ཕ་རོལ་ཏུ་ཕྱིན་པ་དང་། ཤེས་རབ་ཀྱི་ཕ་རོལ་ཏུ་ཕྱིན་པ་གང་ཡིན་པ་དང་། ནང་སྟོང་པ་ཉིད་གང་ཡིན་པ་དང་། ཕྱི་སྟོང་པ་ཉིད་གང་ཡིན་པ་དང་། ཕྱི་ནང་སྟོང་པ་ཉིད་གང་ཡིན་པ་དང་། དངོས་པོ་མེད་པའི་ངོ་བོ་ཉིད་སྟོང་པ་ཉིད་ཀྱི་བར་དུ་གང་ཡིན་པ་དང་། དྲན་པ་ཉེ་བར་གཞག་པ་རྣམས་གང་ཡིན་པ་དང་། ཡང་དག་པར་སྤོང་བ་རྣམས་གང་ཡིན་པ་དང་། རྫུ་འཕྲུལ་གྱི་རྐང་པ་རྣམས་གང་ཡིན་པ་དང་། དབང་པོ་རྣམས་གང་ཡིན་པ་དང་། སྟོབས་རྣམས་གང་ཡིན་པ་དང་། བྱང་ཆུབ་ཀྱི་ཡན་ལག་རྣམས་གང་ཡིན་པ་དང་། འཕགས་པའི་ལམ་ཡན་ལག་བརྒྱད་པ་གང་ཡིན་པ་དང་། འཕགས་པའི་བདེན་པ་རྣམས་གང་ཡིན་པ་དང་། བསམ་གཏན་རྣམས་གང་ཡིན་པ་དང་། ཚད་མེད་པ་རྣམས་གང་ཡིན་པ་དང་། གཟུགས་མེད་པའི་སྙོམས་པར་འཇུག་པ་རྣམས་གང་ཡིན་པ་དང་། མངོན་པར་ཤེས་པ་དྲུག་གང་ཡིན་པ་དང་། ཟིལ་གྱིས་གནོན་པའི་སྐྱེ་མཆེད་བརྒྱད་གང་ཡིན་

པ་དང་། རྒྱས་པའི་སྐྱེ་མཆེད་བཅུ་གང་ཡིན་པ་དང་། རྣམ་པར་ཐར་པ་བརྒྱད་གང་ཡིན་པ་དང་། མཐར་གྱིས་གནས་པའི་སྙོམས་པར་འཇུག་པ་དགུ་གང་ཡིན་པ་དང་། སྡུག་བསྔལ་གང་ཡིན་པ་དང་། ཀུན་འབྱུང་བ་གང་ཡིན་པ་དང་། འགོག་པ་གང་ཡིན་པ་དང་། ལམ་གང་ཡིན་པ་དང་། རྣམ་པར་ཐར་པའི་སྒོ་སྟོང་པ་ཉིད་དང་། མཚན་མ་མེད་པ་དང་། སྨོན་པ་མེད་པ་གང་ཡིན་པ་དང་། ཏིང་ངེ་འཛིན་གང་ཡིན་པ་དང་། གཟུངས་ཀྱི་སྒོ་གང་ཡིན་པ་དང་། དེ་བཞིན་གཤེགས་པའི་སྟོབས་བཅུ་གང་ཡིན་པ་དང་། མི་འཇིགས་པ་བཞི་གང་ཡིན་པ་དང་། སོ་སོ་ཡང་དག་པར་རིག་པ་བཞི་གང་ཡིན་པ་དང་། སྙིང་རྗེ་ཆེན་པོ་གང་ཡིན་པ་དང་། སངས་རྒྱས་ཀྱི་ཆོས་མ་འདྲེས་པ་བཅོ་བརྒྱད་གང་ཡིན་པ་དང་། འདོད་པའི་ཁམས་གང་ཡིན་པ་དང་། གཟུགས་ཀྱི་ཁམས་གང་ཡིན་པ་དང་། གཟུགས་མེད་པའི་ཁམས་གང་ཡིན་པ་དང་། དགེ་བའི་ཆོས་གང་ཡིན་པ་དང་། མི་དགེ་བའི་ཆོས་གང་ཡིན་པ་དང་། ཟག་པ་དང་བཅས་པའི་ཆོས་གང་ཡིན་པ་དང་། ཟག་པ་མེད་པའི་ཆོས་གང་ཡིན་པ་དང་། འཇིག་རྟེན་པའི་ཆོས་གང་ཡིན་པ་དང་། འཇིག་རྟེན་ལས་འདས་པའི་ཆོས་གང་ཡིན་པ་དང་། འདུས་བྱས་ཀྱི་ཆོས་གང་ཡིན་པ་དང་། འདུས་མ་བྱས་ཀྱི་ཆོས་གང་ཡིན་པ་དང་། དེ་བཞིན་གཤེགས་པ་གང་ཡིན་པ་དང་། དེ་བཞིན་གཤེགས་པས་བསྟན་པའི་ཆོས་གང་ཡིན་པ་དང་། འདུལ་བ་གང་ཡིན་པ་དང་། ཆོས་ཀྱི་དབྱིངས་གང་ཡིན་པ་དང་། དེ་བཞིན་ཉིད་གང་ཡིན་པ་དང་། ཡང་དག་པའི་མཐའ་གང་ཡིན་པ་དང་། བསམ་གྱིས་མི་ཁྱབ་པའི་དབྱིངས་གང་ཡིན་པ་དང་། མྱ་ངན་ལས་འདས་པའི་དབྱིངས་གང་ཡིན་པའི་ཆོས་དེ་དག་ཐམས་ཅད་ནི་ལྡན་པ་ཡང་མ་ཡིན། མི་ལྡན་པ་ཡང་མ་ཡིན་ཏེ། གཟུགས་མེད་པ

བསྟན་ཏུ་མེད་པ། ཐོགས་པ་མེད་པ། འདི་ལྟར་མཚན་ཉིད་མེད་པར་མཚན་ཉིད་གཅིག་པ་ཤ་སྟག་སྟེ། རབ་འབྱོར་རྣམ་གྲངས་འདིས་ན[1]། ཁྱོད་ཤེས་རབ་ཀྱི་ཕ་རོལ་ཏུ་ཕྱིན་པ་དང་འཐུན[2]པར་ཐེག་པ་ཆེན་པོ་སྟོན་ཏོ། །དེ་ཅིའི་ཕྱིར་ཞེ་ན། ཐེག་པ་ཆེན་པོ་ཡང་གཞན་ལ། ཤེས་རབ་ཀྱི་ཕ་རོལ་ཏུ་ཕྱིན་པ་ཡང་གཞན་ཞེས་བྱ་བ་མེད་དེ། དེ་ལྟར་ན་ཐེག་པ་ཆེན་པོ་དང་། ཤེས་རབ་ཀྱི་ཕ་རོལ་ཏུ་ཕྱིན་པ་ཡང་གཉིས་སུ་མེད་དེ་གཉིས་སུ་བྱར་མེད་དོ། །ཐེག་པ་ཆེན་པོ་ཡང་གཞན་ལ། བསམ་གཏན་གྱི་ཕ་རོལ་ཏུ་ཕྱིན་པ་དང་། བརྩོན་འགྲུས་ཀྱི་ཕ་རོལ་ཏུ་ཕྱིན་པ་དང་། བཟོད་པའི་ཕ་རོལ་ཏུ་ཕྱིན་པ་དང་། ཚུལ་ཁྲིམས་ཀྱི་ཕ་རོལ་ཏུ་ཕྱིན་པ་དང་། སྦྱིན་པའི་ཕ་རོལ་ཏུ་ཕྱིན་པ་ཡང་གཞན་ཞེས་བྱ་བ་མེད་དེ། དེ་ལྟར་ན་ཐེག་པ་ཆེན་པོ་དང་། སྦྱིན་པའི་ཕ་རོལ་ཏུ་ཕྱིན་པ་ཡང་གཉིས་སུ་མེད་དེ་གཉིས་སུ་བྱར་མེད་དོ། །ཐེག་པ་ཆེན་པོ་ཡང་གཞན་ལ། ནང་སྟོང་པ་ཉིད་ཀྱང་གཞན་ཞེས་བྱ་བ་མེད། དངོས་པོ་མེད་པའི་ངོ་བོ་ཉིད་སྟོང་པ་ཉིད་ཀྱི་བར་དུ་ཡང་གཞན་ཞེས་བྱ་བ་མེད་དེ། དེ་ལྟར་ན་ཐེག་པ་ཆེན་པོ་དང་། ནང་སྟོང་པ་ཉིད་དང་། དངོས་པོ་མེད་པའི་ངོ་བོ་ཉིད་སྟོང་པ་ཉིད་ཀྱི་བར་ཡང་གཉིས་སུ་མེད་དེ་གཉིས་སུ་བྱར་མེད་དོ། །ཐེག་པ་ཆེན་པོ་ཡང་གཞན་ལ། དྲན་པ་ཉེ་བར་གཞག་པ་རྣམས་ཀྱང་གཞན་ཞེས་བྱ་བ་མེད་དེ། དེ་ལྟར་ན་ཐེག་པ་ཆེན་པོ་དང་། དྲན་པ་ཉེ་བར་གཞག་པ་རྣམས་ཀྱང་གཉིས་སུ་མེད་དེ་གཉིས་སུ་བྱར་མེད་དོ༔ །ཐེག་པ་ཆེན་པོ་ཡང་གཞན་ལ། ཡང་དག་པར་སྤོང་བ་རྣམས་དང་། རྫུ་འཕྲུལ་གྱི་[3]ཁང་པ་རྣམས་དང་། དབང་པོ་རྣམས་དང་། སྟོབས་རྣམས་དང་། བྱང་ཆུབ་ཀྱི་ཡན་ལག་རྣམས་དང་། འཕགས་པའི་ལམ་ཡན་ལག་བརྒྱད་པ་ཡང་གཞན་ཞེས་བྱ་བ་མེད་དེ། དེ་ལྟར་ན་ཐེག་པ་ཆེན་པོ་དང་།

ཡང་དག་པར་སྤོང་བ་རྣམས་དང་། རྫུ་འཕྲུལ་གྱི་རྐང་པ་རྣམས་དང་། དབང་པོ་རྣམས་དང་། སྟོབས་རྣམས་དང་། བྱང་ཆུབ་ཀྱི་ཡན་ལག་རྣམས་དང་། འཕགས་པའི་ལམ་ཡན་ལག་བརྒྱད་པ་ཡང་གཉིས་སུ་མེད་དེ་གཉིས་སུ་བྱར་མེད་དོ།། ཐེག་པ་ཆེན་པོ་ཡང་གཞན་ལ། འཕགས་པའི་བདེན་པ་རྣམས་དང་། བསམ་གཏན་རྣམས་དང་། ཚད་མེད་པ་རྣམས་དང་། གཟུགས་མེད་པའི་སྙོམས་པར་འཇུག་པ་རྣམས་དང་། རྣམ་པར་ཐར་པ་དང་། མཐར་གྱིས་གནས་པའི་སྙོམས་པར་འཇུག་པ་དང་། རྣམ་པར་ཐར་པའི་སྒོ་སྟོང་པ་ཉིད་དང་། མཚན་མ་མེད་པ་དང་། སྨོན་པ་མེད་པ་དང་། མངོན་པར་ཤེས་པ་རྣམས་དང་། ཏིང་ངེ་འཛིན་རྣམས་དང་། གཟུངས་ཀྱི་སྒོ་རྣམས་ཀྱང་གཞན་ཞེས་བྱ་བ་མེད་དེ། དེ་ལྟར་ན་ཐེག་པ་ཆེན་པོ་དང་། གཟུངས་ཀྱི་སྒོ་རྣམས་ཀྱང་གཉིས་སུ་མེད་དེ་གཉིས་སུ་བྱར་མེད་དོ། །ཐེག་པ་ཆེན་པོ་ཡང་གཞན་ལ། དེ་བཞིན་གཤེགས་པའི་སྟོབས་བཅུ་ཡང་གཞན། མི་འཇིགས་པ་དང་། སོ་སོ་ཡང་དག་པར་རིག་པ་དང་། སངས་རྒྱས་ཀྱི་ཆོས་མ་འདྲེས་པ་བཅོ་བརྒྱད་ཀྱང་གཞན་ཞེས་བྱ་བ་མེད་དེ། དེ་ལྟར་ན་ཐེག་པ་ཆེན་པོ་དང་། སངས་རྒྱས་ཀྱི་ཆོས་མ་འདྲེས་པ་ཡང་གཉིས་སུ་མེད་དེ་གཉིས་སུ་བྱར་མེད་དོ། །རབ་འབྱོར་རྣམ་གྲངས་དེས་ན་ཐེག་པ་ཆེན་པོ་བསྟན་པས་ཤེས་རབ་ཀྱི་ཕ་རོལ་ཏུ་ཕྱིན་པ་བསྟན་པར་འགྱུར་རོ། །ཤེས་རབ་ཀྱི་ཕ་རོལ་ཏུ་ཕྱིན་པ་བསྟན་པས་ཐེག་པ་ཆེན་པོ་བསྟན་པར་འགྱུར་རོ། །དེ་ནས་ཚེ་དང་ལྡན་པ་རབ་འབྱོར་གྱིས། བཅོམ་ལྡན་འདས་ལ་འདི་སྐད་ཅེས་གསོལ་ཏོ། །བཅོམ་ལྡན་འདས་འདི་ལྟར་ཡང་བྱང་ཆུབ་སེམས་དཔའ་ནི་སྔོན་གྱི་མཐར་མི་དམིགས་སོ། །བྱང་ཆུབ་སེམས་དཔའ་ནི་ཕྱི་མའི་མཐར་མི་དམིགས་སོ། །བྱང་ཆུབ་སེམས་དཔའ་ནི་དབུས་སུ་མི་དམིགས་ཏེ། གཟུགས་ཀུན་ཏུ་མཐའ་ཡས་

པའི་སྐད་དུ། བྱང་ཆུབ་སེམས་དཔའ་ཀུན་ཏུ་མཐའ་ཡས་པར་རིག་པར་བགྱིའོ། །ཚོར་བ་དང་འདུ་ཤེས་དང་འདུ་བྱེད་དང་རྣམ་པར་ཤེས་པ་ཀུན་ཏུ་མཐའ་ཡས་པའི་སྐད་དུ་བྱང་ཆུབ་སེམས་དཔའ་ཀུན་ཏུ་མཐའ་ཡས་པར་རིག་པར་བགྱི་སྟེ། གཟུགས་བྱང་ཆུབ་སེམས་དཔའ་ཞེས་བགྱི་བ་དེ་ལྟ་བུ་ཡང་མ་མཆིས་མི་དམིགས་སོ།། ཚོར་བ་དང་འདུ་ཤེས་དང་འདུ་བྱེད་དང་རྣམ་པར་ཤེས་པ་[1]ཞེས་བགྱི་[2]བ་དེ་ལྟ་བུ་ཡང་མ་མཆིས་མི་དམིགས་ཏེ། བཅོམ་ལྡན་འདས་དེ་ལྟར་བདག་གིས་བྱང་ཆུབ་སེམས་དཔའ་ཐམས་ཅད་དུ་ཐམས་ཅད། རྣམ་པ་ཐམས་ཅད་དུ་ཐམས་ཅད་ཡང་དག་པར་རྗེས་སུ་མ་མཐོང་སྟེ་མ་དམིགས་ན། བྱང་ཆུབ་སེམས་དཔའ་གང་ཞིག་ཤེས་རབ་ཀྱི་ཕ་རོལ་ཏུ་ཕྱིན་པ་ལ་གདམས་ཤིང་རྗེས་སུ་བསྟན་པར་བགྱི། བྱང་ཆུབ་སེམས་དཔའ་ཉིད་ཀྱང་རིལ་[3]གྱིས་ཡང་དག་པར་རྗེས་སུ་[4]མ་མཐོང་མ་དམིགས་ན། བྱང་ཆུབ་སེམས་དཔའ་གང་ཞིག་ཤེས་རབ་ཀྱི་ཕ་རོལ་ཏུ་ཕྱིན་པ་ལ་གདམས་ཤིང་རྗེས་སུ་བསྟན་པར་བགྱི། བཅོམ་ལྡན་འདས་བྱང་ཆུབ་སེམས་དཔའ་ཞེས་བགྱི་བ་འདི་ནི་མིང་ཙམ་དུ་བས་ཏེ། བཅོམ་ལྡན་འདས་ཇི་ལྟར་བདག་བདག་ཅེས་བགྱི་ཡང་བདག་ལ་མངོན་པར་འགྲུབ་[5]པ་མ་མཆིས་སོ། །བཅོམ་ལྡན་འདས་དེ་བཞིན་དུ་བྱང་ཆུབ་སེམས་དཔའ་བྱང་ཆུབ་སེམས་དཔའ་ཞེས་བགྱི་ཡང་། བྱང་ཆུབ་སེམས་དཔའ་ལ་མངོན་པར་འགྲུབ་[6]པ་མ་མཆིས་སོ། །དེ་ལྟར་རང་བཞིན་མ་མཆིས་པའི་ཆོས་རྣམས་ལ་གང་མངོན་པར་འགྲུབ་[7]པའི་གཟུགས་ལྟ་ཡང་ག་ལ་ཞིག་མཆིས། གང་མངོན་པར་འགྲུབ་[8]པའི་ཚོར་བ་དང་འདུ་ཤེས་དང་འདུ་བྱེད་དང་རྣམ་པར་ཤེས་པ་ལྟ་ཡང་ག་ལ་ཞིག་མཆིས། བཅོམ་ལྡན་འདས་གང་མངོན་པར་མ་གྲུབ་པ་དེ་ནི། གཟུགས་མ་ལགས། གང་མངོན་པར་མ་གྲུབ་པ་དེ་ནི་ཚོར་བ་དང་འདུ་ཤེས་དང་འདུ་བྱེད་དང་རྣམ་པར་

ཤེས་པ་མ་ལགས་ཏེ། བཅོམ་ལྡན་འདས་དེ་ལྟ་ལགས་ལ། མངོན་པར་མ་གྲུབ་པ་ལས་གྲུད་ན་ཡང་གང་བྱང་ཆུབ་ཏུ་སྤྱོད་པར་འགྱུར་བའི་བྱང་ཆུབ་སེམས་དཔའ་སེམས་དཔའ་ཆེན་པོ་དམིགས་སུ་མ་མཆིས་ན་མངོན་པར་མ་གྲུབ་པ་མངོན་པར་མ་གྲུབ་པའི་ཤེས་རབ་ཀྱི་ཕ་རོལ་དུ་ཕྱིན་པ་ལ་གནས་སུ་[༡]མཆིས་སམ། གལ་ཏེ་དེ་ལྟར་བསྟན་པའི་ཚེ་བྱང་ཆུབ་སེམས་དཔའ་སེམས་དཔའ་ཆེན་པོའི་སེམས་མི་འཛུམ། ཡོངས་སུ་མི་འཛུམ། འགྱོད་པར་མི་འགྱུར་ཞིང་། ཡིད་མི་འཛིགས། མི་སྣང་[༢]སྐྲག་པར་མི་འགྱུར་ན། བྱང་ཆུབ་སེམས་དཔའ་སེམས་དཔའ་ཆེན་པོ་དེ་ནི་ཤེས་རབ་ཀྱི་ཕ་རོལ་དུ་ཕྱིན་པ་ལ་སྤྱོད་དོ། །དེ་ནས་ཚེ་དང་ལྡན་པ་ཤཱ་རིའི་བུས། ཚེ་དང་ལྡན་པ་རབ་འབྱོར་ལ་འདི་སྐད་ཅེས་སྨྲས་སོ། །ཚེ་དང་ལྡན་པ་རབ་འབྱོར་ཅིའི་ཕྱིར་ན། བྱང་ཆུབ་སེམས་དཔའ་སེམས་དཔའ་ཆེན་པོ་སྔོན་གྱི་མཐར་དམིགས་སུ་མེད་པ་ཡིན། ཕྱི་མའི་མཐར་དམིགས་སུ་མེད་པ་ཡིན། དབུས་སུ་དམིགས་སུ་མེད་པ་ཡིན། ཚེ་དང་ལྡན་པ་རབ་འབྱོར་ཅིའི་ཕྱིར་ན། གཟུགས་ཀུན་ཏུ་མཐའ་ཡས་པའི་ཕྱིར། བྱང་ཆུབ་སེམས་དཔའ་ཀུན་ཏུ་མཐའ་ཡས་པར་རིག་པར་བྱ་བ་ཡིན། ཚོར་བ་དང་འདུ་ཤེས་དང་འདུ་བྱེད་དང་། རྣམ་པར་ཤེས་པ་ཀུན་ཏུ་མཐའ་ཡས་པའི་ཕྱིར་བྱང་ཆུབ་སེམས་དཔའ་ཀུན་ཏུ་མཐའ་ཡས་པར་རིག་པར་བྱ་བ་ཡིན། ཚེ་དང་ལྡན་པ་རབ་འབྱོར་ཅིའི་ཕྱིར་ན་གཟུགས་བྱང་ཆུབ་སེམས་དཔའ་ཞེས་བྱ་བ་དེ་ལྟ་བུ་ཡང་མེད་ཅིང་མི་དམིགས་པ་ཡིན། ཚོར་བ་དང་འདུ་ཤེས་དང་འདུ་བྱེད་དང་། རྣམ་པར་ཤེས་པ་བྱང་ཆུབ་སེམས་དཔའ་ཞེས་བྱ་བ་དེ་ལྟ་བུ་ཡང་མེད་ཅིང་མི་དམིགས་པ་ཡིན། ཚེ་དང་ལྡན་པ་རབ་འབྱོར་ཅིའི་ཕྱིར་ན། དེ་སྐད་དུ་དེ་ལྟར་བྱང་ཆུབ་སེམས་དཔའ་སེམས་དཔའ་ཆེན་པོ་ཐམས་ཅད་དུ་ཐམས་ཅད་རྣམ་པ་ཐམས་ཅད་དུ་

ཐམས་ཅད་ཡང་དག་པར་རྗེས་སུ་མ་མཐོང་མ་⑦དམིགས་ན། བྱང་ཆུབ་སེམས་དཔའ་གང་ཞིག་ཤེས་རབ་ཀྱི་ཕ་རོལ་དུ་ཕྱིན་པ་ལ་གདམས་ཤིང་རྗེས་སུ་བསྟན་པར་བགྱི་ཞེས་སྨྲ③། ཚེ་དང་ལྡན་པ་རབ་འབྱོར་ཅིའི་ཕྱིར་ན། དེ་སྐད་དུ་བྱང་ཆུབ་སེམས་དཔའ་ཉིད་ཀྱང་རིལ་གྱིས་ཡང་དག་པར་རྗེས་སུ་མ་མཐོང་མ་དམིགས་ན། བྱང་ཆུབ་སེམས་དཔའ་སེམས་དཔའ་ཆེན་པོ་གང་ཞིག་ཤེས་རབ་ཀྱི་ཕ་རོལ་དུ་ཕྱིན་པ་གང་ལ་གདམས་ཤིང་རྗེས་སུ་བསྟན་པར་བགྱི་ཞེས་སྨྲ། ཚེ་དང་ལྡན་པ་རབ་འབྱོར་ཅིའི་ཕྱིར་ན། དེ་སྐད་དུ་བཅོམ་ལྡན་འདས་བྱང་ཆུབ་སེམས་དཔའ་སེམས་དཔའ་ཆེན་པོ་ཞེས་བགྱི་བ་འདི་ནི་མིང་ཙམ་དུ་བས་སོ་ཞེས་སྨྲ། ཚེ་དང་ལྡན་པ་རབ་འབྱོར་ཅིའི་ཕྱིར་ན། དེ་སྐད་དུ་ཇི་ལྟར་བདག་བདག་ཅེས་བགྱི་བ་ཡང་། བདག་ནི་མངོན་པར་གྲུབ་པ་མ་མཆིས་སོ། །བཅོམ་ལྡན་འདས་དེ་བཞིན་དུ་བྱང་ཆུབ་སེམས་དཔའ་བྱང་ཆུབ་སེམས་དཔའ་ཞེས་བགྱི་བ་ཡང་། བྱང་ཆུབ་སེམས་དཔའ་ནི་མངོན་པར་གྲུབ་པ་མ་མཆིས་སོ། །དེ་ལྟར་ཆོས་ཐམས་ཅད་དངོས་པོ་མ་མཆིས་པའི་རང་བཞིན་ལ། གཟུགས་མངོན་པར་གྲུབ་པ་ལྟ་ཡང་གང་ཞིག་མཆིས། ཚོར་བ་དང་འདུ་ཤེས་དང་འདུ་བྱེད་དང་རྣམ་པར་ཤེས་པ་མངོན་པར་གྲུབ་པ་ལྟ་ཡང་གང་ཞིག་མཆིས། གང་མངོན་པར་མ་གྲུབ་པ་དེ་ནི་གཟུགས་མ་ལགས་སོ། །གང་མངོན་པར་མ་གྲུབ་པ་དེ་ནི་ཚོར་བ་དང་འདུ་ཤེས་དང་འདུ་བྱེད་དང་རྣམ་པར་ཤེས་པ་མ་ལགས་སོ། །ཞེས་སྨྲ། ཚེ་དང་ལྡན་པ་རབ་འབྱོར་ཅིའི་ཕྱིར་ན། དེ་སྐད་དུ་མངོན་པར་མ་གྲུབ་པ་ཞིག་མངོན་པར་མ་གྲུབ་པའི་ཤེས་རབ་ཀྱི་ཕ་རོལ་དུ་ཕྱིན་པ་ལ་གདམས་ཤིང་རྗེས་སུ་བསྟན་པར་བགྱིའམ་ཞེས་སྨྲ། ཚེ་དང་ལྡན་པ་རབ་འབྱོར་ཅིའི་ཕྱིར་ན། དེ་སྐད་དུ་མངོན་པར་མ་གྲུབ་པ་ལས་གུད་ན་ཡང་བྱང་ཆུབ་སེམས་དཔའ་སེམས་དཔའ་ཆེན་པོ་ཞེས་བགྱི་བ་དམིགས་སུ་མ་མཆིས་སོ་ཞེས་

སྨྲ། ཚེ་དང་ལྡན་པ་རབ་འབྱོར་ཅིའི་ཕྱིར་ན། དེ་སྐད་དུ་གལ་ཏེ་དེ་ལྟར་བསྟན་པའི་ཚེ། བྱང་ཆུབ་སེམས་དཔའ་སེམས་དཔའ་ཆེན་པོའི་སེམས་མི་འདྲུམ། ཡོངས་སུ་མི་འདྲུམ། འགྱོད་པར་མི་འགྱུར་ཞིང་། ཡིད་མི་འཛིགས་མི་སྣང་[༧] སྐྲག་པར་མི་འགྱུར་ན། བྱང་ཆུབ་སེམས་དཔའ་སེམས་དཔའ་ཆེན་པོ་དེ་ནི་ཤེས་རབ་ཀྱི་ཕ་རོལ་ཏུ་ཕྱིན་པ་དེ་ལ་སྤྱོད་དོ་ཞེས་སྨྲ། དེ་སྐད་ཅེས་སྨྲས་པ་དང་། ཚེ་དང་ལྡན་པ་རབ་འབྱོར་གྱིས། ཚེ་དང་ལྡན་པ་ཤ་ར་དྭ་ཏིའི་བུ་ལ་འདི་སྐད་ཅེས་སྨྲས་སོ། །ཚེ་དང་ལྡན་པ་ཤ་ར་དྭ་ཏིའི་བུ་སེམས་ཅན་མེད་པའི་ཕྱིར། བྱང་ཆུབ་སེམས་དཔའ་སྔོན་གྱི་མཐར་མི་དམིགས་སོ། །སེམས་ཅན་སྟོང་པ་དང་། སེམས་ཅན་དབེན་པ་དང་། སེམས་ཅན་རང་བཞིན་མེད་པའི་ཕྱིར། བྱང་ཆུབ་སེམས་དཔའ་སྔོན་གྱི་མཐར་མི་དམིགས་སོ། །ཚེ་དང་ལྡན་པ་ཤ་ར་དྭ་ཏིའི་བུ་སེམས་ཅན་མེད་པའི་ཕྱིར། བྱང་ཆུབ་སེམས་དཔའ་ཕྱི་མའི་མཐར་མི་དམིགས་སོ། །སེམས་ཅན་སྟོང་པ་དང་། སེམས་ཅན་དབེན་པ་དང་། སེམས་ཅན་རང་བཞིན་མེད་པའི་ཕྱིར། བྱང་ཆུབ་སེམས་དཔའ་ཕྱི་མའི་མཐར་མི་དམིགས་སོ།། ཚེ་དང་ལྡན་པ་ཤ་ར་དྭ་ཏིའི་བུ་སེམས་ཅན་མེད་པའི་ཕྱིར། བྱང་ཆུབ་སེམས་དཔའ་དབུས་སུ་མི་དམིགས་སོ། །སེམས་ཅན་སྟོང་པ་དང་། སེམས་ཅན་དབེན་པ་དང་། སེམས་ཅན་རང་བཞིན་མེད་པའི་ཕྱིར། བྱང་ཆུབ་སེམས་དཔའ་དབུས་སུ་མི་དམིགས་སོ། །ཚེ་དང་ལྡན་པ་ཤ་ར་དྭ་ཏིའི་བུ། དེ་ཅིའི་ཕྱིར་ཞེ་ན། སེམས་ཅན་མེད་པ་དང་། སེམས་ཅན་སྟོང་པ་དང་། སེམས་ཅན་དབེན་པ་དང་། སེམས་ཅན་རང་བཞིན་མེད་པ་ལ་སྔོན་གྱི་མཐའ་མི་དམིགས་སོ་ཕྱི་མའི་མཐའ་མི་དམིགས་སོ། །དབུས་སུ་[༨]མི་དམིགས་སོ། །སེམས་ཅན་མེད་པ་ཡང་གཞན། སེམས་ཅན་སྟོང་བ་ཡང་གཞན། སེམས་ཅན་

དབེན་པ་ཡང་གཞན། སེམས་ཅན་རང་བཞིན་མེད་པ་ཡང་གཞན་ཞིག་ཡིན་ལ། བྱང་ཆུབ་སེམས་དཔའ་ཡང་གཞན་ཞིག་སྟེ། སྔོན་གྱི་མཐའ་ཡང་གཞན། ཕྱི་མའི་མཐའ་ཡང་གཞན། དབུས་ཀྱང་གཞན་ཞེས་བྱ་བ་མེད་དེ[༡]། ཚེ་དང་ལྡན་པ་ཤཱ་ར་དྭ་ཏིའི་བུ་དེ་ལྟར་ན་སེམས་ཅན་མེད་པ་གང་ཡིན་པ་དང་། སེམས་ཅན་སྟོང་བ་གང་ཡིན་པ་དང་། སེམས་ཅན་དབེན་པ་གང་ཡིན་པ་དང་། སེམས་ཅན་རང་བཞིན་མེད་པ་གང་ཡིན་པ་དང་། བྱང་ཆུབ་སེམས་དཔའ་གང་ཡིན་པ་དང་། སྔོན་གྱི་མཐའ་གང་ཡིན་པ་དང་། ཕྱི་མའི་མཐའ་[༢]གང་ཡིན་པ་དང་། དབུས་གང་ཡིན་པ་དེ་དག་ཐམས་ཅད་ཀྱང་གཉིས་སུ་མེད་དེ་གཉིས་སུ་བྱར་མེད་དོ།། ཚེ་དང་ལྡན་པ་ཤཱ་ར་དྭ་ཏིའི་བུ་གཟུགས་མེད་པའི་ཕྱིར། བྱང་ཆུབ་སེམས་དཔའ་སྔོན་གྱི་མཐར་མི་དམིགས་སོ། །ཚོར་བ་དང་འདུ་ཤེས་དང་འདུ་བྱེད་དང་། རྣམ་པར་ཤེས་པ་མེད་པའི་ཕྱིར། བྱང་ཆུབ་སེམས་དཔའ་སྔོན་གྱི་མཐར་མི་དམིགས་སོ། །གཟུགས་སྟོང་པ་ཉིད་ཀྱི་ཕྱིར། བྱང་ཆུབ་སེམས་དཔའ་སྔོན་གྱི་མཐར་མི་དམིགས་སོ། །ཚོར་བ་དང་འདུ་ཤེས་དང་འདུ་བྱེད་དང་། རྣམ་པར་ཤེས་པ་སྟོང་པ་ཉིད་ཀྱི་ཕྱིར་བྱང་ཆུབ་སེམས་དཔའ་སྔོན་གྱི་མཐར་མི་དམིགས་སོ། །གཟུགས་དབེན་པའི་ཕྱིར། བྱང་ཆུབ་སེམས་དཔའ་སྔོན་གྱི་མཐར་མི་དམིགས་སོ།། ཚོར་བ་དང་འདུ་ཤེས་དང་འདུ་བྱེད་དང་[༣]རྣམ་པར་ཤེས་པ་དབེན་པའི་ཕྱིར། བྱང་ཆུབ་སེམས་དཔའ་སྔོན་གྱི་མཐར་མི་དམིགས་སོ། །གཟུགས་ངོ་བོ་ཉིད་མེད་པའི་ཕྱིར། བྱང་ཆུབ་སེམས་དཔའ་སྔོན་གྱི་མཐར་མི་དམིགས་སོ། །ཚོར་བ་དང་འདུ་ཤེས་དང་འདུ་བྱེད་དང་རྣམ་པར་ཤེས་པ་ངོ་བོ་ཉིད་མེད་པའི་ཕྱིར། བྱང་ཆུབ་སེམས་དཔའ་སྔོན་གྱི་མཐར་མི་དམིགས་སོ། །གཟུགས་མེད་པའི་ཕྱིར། བྱང་ཆུབ་སེམས་དཔའ་ཕྱི་མའི་མཐར་མི་དམིགས་སོ། །ཚོར་བ་དང་འདུ་ཤེས་

དང་འདུ་བྱེད་དང་རྣམ་པར་ཤེས་པ་མེད་པའི་ཕྱིར། བྱང་ཆུབ་སེམས་དཔའ་ཕྱི་མའི་མཐར་མི་དམིགས་སོ། །གཟུགས་སྟོང་པ་ཉིད་ཀྱི་ཕྱིར། བྱང་ཆུབ་སེམས་དཔའ་ཕྱི་མའི་མཐར་མི་དམིགས་སོ། །ཚོར་བ་དང་འདུ་ཤེས་དང་འདུ་བྱེད་དང་རྣམ་པར་ཤེས་པ་སྟོང་པ་ཉིད་ཀྱི་ཕྱིར། བྱང་ཆུབ་སེམས་དཔའ་ཕྱི་མའི་མཐར་མི་དམིགས་སོ། །གཟུགས་དབེན་པའི་ཕྱིར། བྱང་ཆུབ་སེམས་དཔའ་ཕྱི་མའི་མཐར་མི་དམིགས་སོ། །ཚོར་བ་དང་འདུ་ཤེས་དང་འདུ་བྱེད་དང་རྣམ་པར་ཤེས་པ་དབེན་པའི་ཕྱིར། བྱང་ཆུབ་སེམས་དཔའ་ཕྱི་མའི་མཐར་མི་དམིགས་སོ། །གཟུགས་ངོ་བོ་ཉིད་མེད་པའི་ཕྱིར། བྱང་ཆུབ་སེམས་དཔའ་ཕྱི་མའི་མཐར་མི་དམིགས་སོ། །ཚོར་བ་དང་འདུ་ཤེས་དང་འདུ་བྱེད་དང་། རྣམ་པར་ཤེས་པ་ངོ་བོ་ཉིད་མེད་པའི་ཕྱིར། བྱང་ཆུབ་སེམས་དཔའ་ཕྱི་མའི་མཐར་མི་དམིགས་སོ། །གཟུགས་མེད་པའི་ཕྱིར[1]། བྱང་ཆུབ་སེམས་དཔའ་དབུས་སུ་མི་དམིགས་སོ། །ཚོར་བ་དང་འདུ་ཤེས་དང་འདུ་བྱེད་དང་རྣམ་པར་ཤེས་པ་མེད་པའི་ཕྱིར། བྱང་ཆུབ་སེམས་དཔའ་དབུས་སུ་མི་དམིགས་སོ། །གཟུགས་སྟོང་པ་ཉིད་ཀྱི་ཕྱིར། བྱང་ཆུབ་སེམས་དཔའ་དབུས་སུ་མི་དམིགས་སོ། །ཚོར་བ་དང་འདུ་ཤེས་དང་འདུ་བྱེད་དང་རྣམ་པར་ཤེས་པ་སྟོང་པ་ཉིད་ཀྱི་ཕྱིར། བྱང་ཆུབ་སེམས་དཔའ་དབུས་སུ་མི་དམིགས་སོ། །གཟུགས་དབེན་པའི་ཕྱིར། བྱང་ཆུབ་སེམས་དཔའ་དབུས་སུ་མི་དམིགས་སོ། །ཚོར་བ་དང་འདུ་ཤེས་དང་འདུ་བྱེད་དང་རྣམ་པར་ཤེས་པ་དབེན་པའི་ཕྱིར། བྱང་ཆུབ་སེམས་དཔའ་དབུས་སུ་མི་དམིགས་སོ། །གཟུགས་ངོ་བོ་ཉིད་མེད་པའི་ཕྱིར། བྱང་ཆུབ་སེམས་དཔའ་དབུས་སུ་མི་དམིགས་སོ། །ཚོར་བ་དང་འདུ་ཤེས་དང་འདུ་བྱེད་དང་རྣམ་པར་ཤེས་པ་ངོ་བོ་ཉིད་མེད་པའི་ཕྱིར། བྱང་ཆུབ་སེམས་དཔའ་དབུས་སུ་མི་དམིགས་སོ། །དེ་ཅིའི་ཕྱིར་ཞེ་

ན། ཚེ་དང་ལྡན་པ་ཤཱ་ར་དྭ་ཏིའི་བུ་གཟུགས་དང་། ཚོར་བ་དང་འདུ་ཤེས་དང་འདུ་བྱེད་དང་རྣམ་པར་ཤེས་པ་མེད་པ་དང་། གཟུགས་དང་ཚོར་བ་དང་འདུ་ཤེས་དང་འདུ་བྱེད་དང་། རྣམ་པར་ཤེས་པ་སྟོང་པ་ཉིད་དང་། གཟུགས་དང་ཚོར་བ་དང་འདུ་ཤེས་དང་འདུ་བྱེད་དང་རྣམ་པར་ཤེས་པ་དབེན་པ་དང་། གཟུགས་དང་ཚོར་བ་དང་འདུ་ཤེས་དང་འདུ་བྱེད་དང་། རྣམ་པར་ཤེས་པ་ངོ་བོ་ཉིད་མེད་པ་ལ་སྔོན་གྱི་མཐའ་མི་དམིགས། ཕྱི་མའི་མཐའ་མི་དམིགས། དབུས་མི་དམིགས་ཏེ། གཟུགས་དང་ཚོར་བ་དང་འདུ་ཤེས་དང་འདུ་བྱེད་དང་རྣམ་པར་ཤེས་པ་མེད་པ་དང་། སྟོང་པ་ཉིད་དང་དབེན་པ་དང་ངོ་བོ་ཉིད་མེད་པ་ཡང་གཞན་མ་ཡིན། བྱང་ཆུབ་སེམས་དཔའ་ཡང་གཞན་མ་ཡིན། སྔོན་གྱི་མཐའ་ཡང་གཞན་མ་ཡིན། ཕྱི་མའི་མཐའ་ཡང་གཞན་མ་ཡིན། དབུས་ཀྱང་གཞན་མ་ཡིན་ནོ། །ཚེ་དང་ལྡན་པ་ཤཱ་ར་དྭ་ཏིའི་བུ་དེ་ལྟར་ན་གཟུགས་དང་། ཚོར་བ་དང་འདུ་ཤེས་དང་འདུ་བྱེད་དང་རྣམ་པར་ཤེས་པ་མེད་པ་དང་། སྟོང་པ་ཉིད་དང་དབེན་པ་དང་ངོ་བོ་ཉིད་མེད་པ་གང་ཡིན་པ་དང་། བྱང་ཆུབ་སེམས་དཔའ་གང་ཡིན་པ་དང་། སྔོན་གྱི་མཐའ་གང་ཡིན་པ་དང་། ཕྱི་མའི་མཐའ་གང་ཡིན་པ་དང་། དབུས་གང་ཡིན་པ་དེ་དག་ཐམས་ཅད་ཀྱང་གཉིས་སུ་མེད་དེ་གཉིས་སུ་བྱར་མེད་དོ། །ཚེ་དང་ལྡན་པ་ཤཱ་ར་དྭ་ཏིའི་བུ་སྐྱེ་མཆེད་དང་། ཁམས་དང་རྟེན་ཅིང་འབྲེལ་བར་འབྱུང་བ་མེད་པའི་ཕྱིར། བྱང་ཆུབ་སེམས་དཔའ་སྔོན་གྱི་མཐར་མི་དམིགས་སོ། །སྐྱེ་མཆེད་དང་། ཁམས་དང་། རྟེན་ཅིང་འབྲེལ་བར་འབྱུང་བ་སྟོང་པ་ཉིད་ཀྱི་ཕྱིར། བྱང་ཆུབ་སེམས་དཔའ་སྔོན་གྱི་མཐར་མི་དམིགས་སོ། །སྐྱེ་མཆེད་དང་། ཁམས་དང་། རྟེན་ཅིང་འབྲེལ་བར་འབྱུང་བ་དབེན་པའི་ཕྱིར། བྱང་ཆུབ་སེམས་དཔའ་སྔོན་གྱི་མཐར་མི་

དམིགས་སོ། །སྐྱེ་མཆེད་དང་། ཁམས་དང་། རྟེན་ཅིང་འབྲེལ་བར་འབྱུང་བ་ངོ་བོ་ཉིད་མེད་པའི་ཕྱིར། བྱང་ཆུབ་སེམས་དཔའ་སྔོན་གྱི་མཐར་མི་དམིགས་སོ། །སྐྱེ་མཆེད་དང་། ཁམས་དང་། རྟེན་ཅིང་འབྲེལ་བར་འབྱུང་བ་མེད་པའི་ཕྱིར། བྱང་ཆུབ་སེམས་དཔའ་ཕྱི་མའི་མཐར་མི་དམིགས་སོ། །སྐྱེ་མཆེད་དང་། ཁམས་དང་། རྟེན་ཅིང་འབྲེལ་བར་[༡]འབྱུང་བ་སྟོང་པ་ཉིད་ཀྱི་ཕྱིར། བྱང་ཆུབ་སེམས་དཔའ་ཕྱི་མའི་མཐར་མི་དམིགས་སོ[༢]། །སྐྱེ་མཆེད་དང་ཁམས་དང་། རྟེན་ཅིང་འབྲེལ་བར་འབྱུང་བ་དབེན་པའི་ཕྱིར། བྱང་ཆུབ་སེམས་དཔའ་ཕྱི་མའི་མཐར་མི་དམིགས་སོ། །སྐྱེ་མཆེད་[༣]དང་ཁམས་དང་། རྟེན་ཅིང་འབྲེལ་བར་འབྱུང་བ་ངོ་བོ་ཉིད་མེད་པའི་ཕྱིར། བྱང་ཆུབ་སེམས་དཔའ་ཕྱི་མའི་མཐར་མི་དམིགས་སོ། །སྐྱེ་མཆེད་དང་ཁམས་དང་། རྟེན་ཅིང་འབྲེལ་བར་འབྱུང་བ་མེད་པའི་ཕྱིར། བྱང་ཆུབ་སེམས་དཔའ་དབུས་སུ་མི་དམིགས་སོ། །སྐྱེ་མཆེད་དང་ཁམས་དང་། རྟེན་ཅིང་འབྲེལ་བར་འབྱུང་བ་སྟོང་པ་ཉིད་ཀྱི་ཕྱིར། བྱང་ཆུབ་སེམས་དཔའ་དབུས་སུ་མི་དམིགས་སོ། །སྐྱེ་མཆེད་དང་ཁམས་དང་། རྟེན་ཅིང་འབྲེལ་བར་འབྱུང་བ་དབེན་པའི་ཕྱིར། བྱང་ཆུབ་སེམས་དཔའ་དབུས་སུ་མི་དམིགས་སོ། །སྐྱེ་མཆེད་དང་ཁམས་དང་། རྟེན་ཅིང་འབྲེལ་བར་འབྱུང་བ་ངོ་བོ་ཉིད་མེད་པའི་ཕྱིར། བྱང་ཆུབ་སེམས་དཔའ་དབུས་སུ་མི་དམིགས་སོ། །དེ་ཅིའི་ཕྱིར་ཞེ་ན། ཚེ་དང་ལྡན་པ་ཤཱ་ར་དྭ་[༤]ཏིའི་བུ་སྐྱེ་མཆེད་དང་ཁམས་དང་། རྟེན་ཅིང་འབྲེལ་བར་འབྱུང་བ་མེད་པ་དང་། སྟོང་པ་ཉིད་[༥]དབེན་པ་[༦]དང་ངོ་བོ་ཉིད་མེད་པ་ལ་སྔོན་གྱི་མཐའ་མི་དམིགས། ཕྱི་མའི་མཐའ་མི་དམིགས། དབུས་མི་དམིགས་ཏེ། སྐྱེ་མཆེད་དང་ཁམས་དང་། རྟེན་ཅིང་འབྲེལ་བར་འབྱུང་བ་མེད་པ་དང་། སྟོང་པ་ཉིད་དང་། དབེན་པ་དང་། ངོ་བོ་ཉིད་

མེད་པ་ཡང་གཞན་མ་ཡིན། བྱང་ཆུབ་སེམས་དཔའ་ཡང་གཞན་མ་ཡིན། སྔོན་གྱི་མཐའ་ཡང་གཞན་མ་ཡིན། ཕྱི་མའི་མཐའ་ཡང་གཞན་མ་ཡིན། དབུས་ཀྱང་གཞན་མ་ཡིན་ནོ། །ཚེ་དང་ལྡན་པ་ཤཱ་རིའི་བུ་དེ་ལྟར་ན། སྐྱེ་མཆེད་དང་ཁམས་དང་། རྟེན་ཅིང་འབྲེལ་བར་འབྱུང་བ་མེད་པ་དང་། སྟོང་པ་ཉིད་དང་དབེན་པ་དང་། ངོ་བོ་ཉིད་མེད་པ་གང་ཡིན་པ་དང་། བྱང་ཆུབ་སེམས་དཔའ་གང་ཡིན་པ་དང་། སྔོན་གྱི་མཐའ་གང་ཡིན་པ་དང་། ཕྱི་མའི་མཐའ་གང་ཡིན་པ་དང་། དབུས་གང་ཡིན་པ་དེ་དག་ཐམས་ཅད་ཀྱང་གཉིས་སུ་མེད་དེ་གཉིས་སུ་བྱར་མེད་དོ། །ཚེ་དང་ལྡན་པ་ཤཱ་རིའི་བུ་སྦྱིན་པའི་ཕ་རོལ་ཏུ་ཕྱིན་པ་མེད་པའི་ཕྱིར། བྱང་ཆུབ་སེམས་དཔའ་སྔོན་གྱི་མཐར་མི་དམིགས་སོ། །ཚུལ་ཁྲིམས་ཀྱི་ཕ་རོལ་ཏུ་ཕྱིན་པ་དང་། བཟོད་པའི་ཕ་རོལ་ཏུ་ཕྱིན་པ་དང་། བརྩོན་འགྲུས་ཀྱི་ཕ་རོལ་ཏུ་ཕྱིན་པ་དང་། བསམ་གཏན་གྱི་ཕ་རོལ་ཏུ་ཕྱིན་པ་དང་། ཤེས་རབ་ཀྱི་ཕ་རོལ་ཏུ་ཕྱིན་པ་མེད་པའི་ཕྱིར། བྱང་ཆུབ་སེམས་དཔའ་སྔོན་གྱི་མཐར་མི་དམིགས་སོ། །སྦྱིན་པའི་ཕ་རོལ་ཏུ་ཕྱིན་པ་སྟོང་པ་ཉིད་ཀྱི་ཕྱིར། བྱང་ཆུབ་སེམས་དཔའ་སྔོན་གྱི་མཐར་མི་དམིགས་སོ། །ཚུལ་ཁྲིམས་ཀྱི་ཕ་རོལ་ཏུ་ཕྱིན་པ་དང་། བཟོད་པའི་ཕ་རོལ་ཏུ་ཕྱིན་པ་དང་། བརྩོན་འགྲུས་ཀྱི་ཕ་རོལ་ཏུ་ཕྱིན་པ་དང་། བསམ་གཏན་གྱི་ཕ་རོལ་ཏུ་ཕྱིན་པ་དང་། ཤེས་རབ་ཀྱི་ཕ་རོལ་ཏུ་ཕྱིན་པ་སྟོང་པ་ཉིད་ཀྱི་ཕྱིར། བྱང་ཆུབ་སེམས་དཔའ་སྔོན་གྱི་མཐར་མི་དམིགས་སོ། །སྦྱིན་པའི་ཕ་རོལ་ཏུ་ཕྱིན་པ་དབེན་པའི་ཕྱིར། བྱང་ཆུབ་སེམས་དཔའ་སྔོན་གྱི་མཐར་མི་དམིགས་སོ། །ཚུལ་ཁྲིམས་ཀྱི་ཕ་རོལ་ཏུ་ཕྱིན་པ་དང་། བཟོད་པའི་ཕ་རོལ་ཏུ་ཕྱིན་པ་དང། བརྩོན་འགྲུས་ཀྱི་ཕ་རོལ་ཏུ་ཕྱིན་པ་དང་། བསམ་གཏན་གྱི་ཕ་རོལ་ཏུ་ཕྱིན་པ་དང་། ཤེས་རབ་ཀྱི་ཕ་རོལ་ཏུ་ཕྱིན་པ་དབེན་

པའི་ཕྱིར། བྱང་ཆུབ་སེམས་དཔའ་སྔོན་གྱི་མཐར་མི་དམིགས་སོ། །སྦྱིན་པའི་ཕ་རོལ་ཏུ་ཕྱིན་པ་ངོ་བོ་ཉིད་མེད་པའི་ཕྱིར། བྱང་ཆུབ་སེམས་དཔའ་སྔོན་གྱི་མཐར་མི་དམིགས་སོ། །ཚུལ་ཁྲིམས་ཀྱི་ཕ་རོལ་ཏུ་ཕྱིན་པ་དང་། བཟོད་པའི་ཕ་རོལ་ཏུ་ཕྱིན་པ་དང་། བརྩོན་འགྲུས་ཀྱི་ཕ་རོལ་ཏུ་ཕྱིན་པ་དང་། བསམ་གཏན་གྱི་ཕ་རོལ་ཏུ་ཕྱིན་པ་དང་། ཤེས་རབ་ཀྱི་ཕ་རོལ་ཏུ་ཕྱིན་པ་ངོ་བོ་ཉིད་མེད་པའི་ཕྱིར། བྱང་ཆུབ་སེམས་དཔའ་སྔོན་གྱི་མཐར་མི་དམིགས་སོ། །སྦྱིན་པའི་ཕ་རོལ་ཏུ་ཕྱིན་པ་མེད་པའི་ཕྱིར། བྱང་ཆུབ་སེམས་དཔའ་ཕྱི་མའི་མཐར་མི་དམིགས་སོ། །ཚུལ་ཁྲིམས་ཀྱི་ཕ་རོལ་ཏུ་ཕྱིན་པ་དང་། བཟོད་པའི་ཕ་རོལ་ཏུ་ཕྱིན་པ་དང་། བརྩོན་འགྲུས་ཀྱི་ཕ་རོལ་ཏུ་ཕྱིན་པ་དང་། བསམ་གཏན་གྱི་ཕ་རོལ་ཏུ་ཕྱིན་པ་དང་། ཤེས་རབ་ཀྱི་ཕ་རོལ་ཏུ་ཕྱིན་པ་མེད་པའི་ཕྱིར། བྱང་ཆུབ་སེམས་དཔའ་ཕྱི་མའི་མཐར་མི་དམིགས་སོ། །སྦྱིན་པའི་ཕ་རོལ་ཏུ་ཕྱིན་པ་སྟོང་པ་ཉིད་ཀྱི་ཕྱིར། བྱང་ཆུབ་སེམས་དཔའ་ཕྱི་མའི་མཐར་མི་དམིགས་སོ། །ཚུལ་ཁྲིམས་ཀྱི་ཕ་རོལ་ཏུ་ཕྱིན་པ་དང་། བཟོད་པའི་ཕ་རོལ་ཏུ་ཕྱིན་པ་དང་། བརྩོན་འགྲུས་ཀྱི་ཕ་རོལ་ཏུ་ཕྱིན་པ་དང་། བསམཿགཏན་གྱི་[1]ཕ་རོལ་ཏུ་ཕྱིན་པ་དང་། ཤེས་རབ་ཀྱི་ཕ་རོལ་ཏུ་ཕྱིན་པ་སྟོང་པ་ཉིད་ཀྱི་ཕྱིར། བྱང་ཆུབ་སེམས་དཔའ་ཕྱི་མའི་མཐར་མི་དམིགས་སོ། །སྦྱིན་པའི་ཕ་རོལ་ཏུ་ཕྱིན་པ་དབེན་པའི་ཕྱིར། བྱང་ཆུབ་སེམས་དཔའ་ཕྱི་མའི་མཐར་མི་དམིགས་སོ། །ཚུལ་ཁྲིམས་ཀྱི་ཕ་རོལ་ཏུ་ཕྱིན་པ་དང་། བཟོད་པའི་ཕ་རོལ་ཏུ་ཕྱིན་པ་དང་། བརྩོན་འགྲུས་ཀྱི་ཕ་རོལ་ཏུ་ཕྱིན་པ་དང་། བསམ་གཏན་གྱི་ཕ་རོལ་ཏུ་ཕྱིན་པ་དང་། ཤེས་རབ་ཀྱི་ཕ་རོལ་ཏུ་ཕྱིན་པ་དབེན་པའི་ཕྱིར། བྱང་ཆུབ་སེམས་དཔའ་ཕྱི་མའི་མཐར་མི་དམིགས་སོ། །སྦྱིན་པའི་ཕ་རོལ་ཏུ་ཕྱིན་པ་ངོ་བོ་ཉིད་མེད་པའི་ཕྱིར།

བྱང་ཆུབ་སེམས་དཔའ་ཕྱི་མའི་མཐར་མི་དམིགས་སོ། །ཚུལ་ཁྲིམས་ཀྱི་ཕ་རོལ་ཏུ་ཕྱིན་པ་དང་། བཟོད་པའི་ཕ་རོལ་ཏུ་ཕྱིན་པ་དང་། བརྩོན་འགྲུས་ཀྱི་ཕ་རོལ་ཏུ་ཕྱིན་པ་དང་། བསམ་གཏན་གྱི་ཕ་རོལ་ཏུ་ཕྱིན་པ་དང་། ཤེས་རབ་ཀྱི་ཕ་རོལ་ཏུ་ཕྱིན་པ་ངོ་བོ་ཉིད་མེད་པའི་ཕྱིར། བྱང་ཆུབ་སེམས་དཔའ་ཕྱི་མའི་མཐར་མི་དམིགས་སོ། །སྦྱིན་པའི་ཕ་རོལ་ཏུ་ཕྱིན་པ་མེད་པའི་ཕྱིར། བྱང་ཆུབ་སེམས་དཔའ་དབུས་སུ་མི་དམིགས་སོ། །ཚུལ་ཁྲིམས་ཀྱི་ཕ་རོལ་ཏུ་ཕྱིན་པ་དང་། བཟོད་པའི་ཕ་རོལ་ཏུ་(༡)ཕྱིན་པ་དང་། བརྩོན་འགྲུས་ཀྱི་ཕ་རོལ་ཏུ་ཕྱིན་པ་དང་། བསམ་གཏན་གྱི་ཕ་རོལ་ཏུ་ཕྱིན་པ་དང་། ཤེས་རབ་ཀྱི་ཕ་རོལ་ཏུ་ཕྱིན་པ་(༢)མེད་པའི་ཕྱིར། བྱང་ཆུབ་སེམས་དཔའ་(༣)དབུས་སུ་མི་དམིགས་སོ། །སྦྱིན་པའི་ཕ་རོལ་ཏུ་ཕྱིན་པ་སྟོང་པ་ཉིད་ཀྱི་ཕྱིར། བྱང་ཆུབ་སེམས་དཔའ་དབུས་སུ་མི་དམིགས་སོ། །ཚུལ་ཁྲིམས་ཀྱི་ཕ་རོལ་ཏུ་ཕྱིན་པ་དང་། བཟོད་པའི་ཕ་རོལ་ཏུ་ཕྱིན་པ་དང་། བརྩོན་འགྲུས་ཀྱི་ཕ་རོལ་ཏུ་(༤)ཕྱིན་པ་དང་། བསམ་གཏན་གྱི་ཕ་རོལ་ཏུ་ཕྱིན་པ་དང་། ཤེས་རབ་ཀྱི་ཕ་རོལ་ཏུ་ཕྱིན་པ་སྟོང་པ་ཉིད་ཀྱི་ཕྱིར། བྱང་ཆུབ་སེམས་དཔའ་དབུས་སུ་མི་དམིགས་སོ། །སྦྱིན་པའི་ཕ་རོལ་ཏུ་ཕྱིན་པ་དབེན་པའི་ཕྱིར། བྱང་ཆུབ་སེམས་དཔའ་དབུས་སུ་མི་དམིགས་སོ། །ཚུལ་ཁྲིམས་ཀྱི་ཕ་རོལ་ཏུ་ཕྱིན་པ་དང་། བཟོད་པའི་ཕ་རོལ་ཏུ་ཕྱིན་པ་དང་། བརྩོན་འགྲུས་ཀྱི་ཕ་རོལ་ཏུ་ཕྱིན་པ་དང་། བསམ་གཏན་གྱི་ཕ་རོལ་ཏུ་ཕྱིན་པ་དང་། ཤེས་རབ་ཀྱི་ཕ་རོལ་ཏུ་ཕྱིན་པ་དབེན་པའི་ཕྱིར། བྱང་ཆུབ་སེམས་དཔའ་དབུས་སུ་མི་དམིགས་སོ། །སྦྱིན་པའི་ཕ་རོལ་ཏུ་ཕྱིན་པ་ངོ་བོ་ཉིད་མེད་པའི་ཕྱིར། བྱང་ཆུབ་སེམས་དཔའ་དབུས་སུ་མི་དམིགས་སོ། །ཚུལ་ཁྲིམས་ཀྱི་ཕ་རོལ་ཏུ་ཕྱིན་པ་དང་། བཟོད་པའི་ཕ་རོལ་ཏུ་ཕྱིན་པ་དང་། བརྩོན་འགྲུས་

ཀྱི་ཕ་རོལ་ཏུ་ཕྱིན་པ་དང་། བསམ་གཏན་གྱི་ཕ་རོལ་ཏུ་ཕྱིན་པ་དང་། ཤེས་རབ་ཀྱི་ཕ་རོལ་ཏུ་ཕྱིན་པ་ངོ་བོ་ཉིད་མེད་པའི་ཕྱིར། བྱང་ཆུབ་སེམས་དཔའ་དབུས་སུ་མི་དམིགས་སོ། །དེ་ཅིའི་ཕྱིར་ཞེ་ན། ཚེ་དང་ལྡན་པ་ཤཱ་ར་དྭ་ཏིའི་བུ་སྦྱིན་པའི་ཕ་རོལ་ཏུ་ཕྱིན་པ་དང་། ཚུལ་ཁྲིམས་ཀྱི་ཕ་རོལ་ཏུ་ཕྱིན་པ་དང་། བཟོད་པའི་ཕ་རོལ་ཏུ་ཕྱིན་པ་དང་། བརྩོན་འགྲུས་ཀྱི་ཕ་རོལ་ཏུ་ཕྱིན་པ་དང་། བསམ་གཏན་གྱི་ཕ་རོལ་ཏུ་ཕྱིན་པ་དང་། ཤེས་རབ་ཀྱི་ཕ་རོལ་ཏུ་ཕྱིན་པ་མེད་པ་དང་། སྟོང་པ་ཉིད་དང་། དབེན་པ་དང་། ངོ་བོ་ཉིད་མེད་པ་ལ་སྔོན་གྱི་མཐའ་མི་དམིགས། ཕྱི་མའི་མཐའ་མི་དམིགས། དབུས་མི་དམིགས་ཏེ། སྦྱིན་པའི་ཕ་རོལ་ཏུ་ཕྱིན་པ་དང་། ཚུལ་ཁྲིམས་ཀྱི་ཕ་རོལ་ཏུ་ཕྱིན་པ་དང་། བཟོད་པའི་ཕ་རོལ་ཏུ་ཕྱིན་པ་དང་། བརྩོན་འགྲུས་ཀྱི་ཕ་རོལ་ཏུ་ཕྱིན་པ་དང་། བསམ་གཏན་གྱི་ཕ་རོལ་ཏུ་ཕྱིན་པ་དང་། ཤེས་རབ་ཀྱི་ཕ་རོལ་ཏུ་ཕྱིན་པ་མེད་པ་དང་སྟོང་པ་ཉིད་དང་། དབེན་པ་དང་། ངོ་བོ་ཉིད་མེད་པ་ཡང་གཞན་མ་ཡིན། བྱང་ཆུབ་སེམས་དཔའ་ཡང་གཞན་མ་ཡིན། སྔོན་གྱི་མཐའ་ཡང་གཞན་མ་ཡིན། ཕྱི་མའི་མཐའ་ཡང་གཞན་མ་ཡིན། དབུས་ཀྱང་གཞན་མ་ཡིན་ནོ། །ཚེ་དང་ལྡན་པ་ཤཱ་ར་དྭ་ཏིའི་བུ་དེ་ལྟར་ན། སྦྱིན་པའི་ཕ་རོལ་ཏུ་ཕྱིན་པ་དང་། ཚུལ་ཁྲིམས་ཀྱི་ཕ་རོལ་ཏུ་ཕྱིན་པ་དང་། བཟོད་པའི་ཕ་རོལ་ཏུ་ཕྱིན་པ་དང་། བརྩོན་འགྲུས་ཀྱི་ཕ་རོལ་ཏུ་ཕྱིན་པ་དང། བསམ་གཏན་གྱི་ཕ་རོལ་ཏུ་ཕྱིན་པ་དང་། ཤེས་རབ་ཀྱི་ཕ་རོལ་ཏུ་ཕྱིན་པ་མེད་པ་དང་། སྟོང་པ་ཉིད་དང་། དབེན་པ་དང་། ངོ་བོ་ཉིད་མེད་པ་གང་ཡིན་པ་དང་། བྱང་ཆུབ་སེམས་དཔའ་གང་ཡིན་པ་དང་། སྔོན་གྱི་མཐའ་གང་ཡིན་པ་དང་། ཕྱི་མའི་མཐའ་གང་ཡིན་པ་དང་། དབུས་གང་ཡིན་པ་དེ་དག་ཐམས་ཅད་ཀྱང་གཉིས་སུ་

མེད་དེ་གཉིས་སུ་བྱར་མེད་དོ། །ཚེ་དང་ལྡན་པ་ཤཱ་ར་དྭ་ཏིའི་བུ་ནང་སྟོང་པ་ཉིད་མེད་པའི་ཕྱིར། བྱང་ཆུབ་སེམས་དཔའ་སྔོན་གྱི་མཐར་མི་དམིགས་སོ། །དངོས་པོ་མེད་པའི་ངོ་བོ་ཉིད་སྟོང་པ་ཉིད་ཀྱི་བར་དུ་མེད་པའི་ཕྱིར། བྱང་ཆུབ་སེམས་དཔའ་སྔོན་གྱི་མཐར་མི་དམིགས་སོ། །ནང་སྟོང་པ་ཉིད་སྟོང་པ་ཉིད་ཀྱི་ཕྱིར། བྱང་ཆུབ་སེམས་དཔའ་སྔོན་གྱི་མཐར་མི་དམིགས་སོ། །དངོས་པོ་མེད་པའི་ངོ་བོ་ཉིད་[7]སྟོང་པ་ཉིད་ཀྱི་བར་དུ་སྟོང་པ་ཉིད་ཀྱི་ཕྱིར། བྱང་ཆུབ་སེམས་དཔའ་སྔོན་གྱི་མཐར་མི་དམིགས་སོ། །ནང་སྟོང་པ་ཉིད་དབེན་པའི་ཕྱིར། བྱང་ཆུབ་སེམས་དཔའ་སྔོན་གྱི་མཐར་མི་དམིགས་སོ། །དངོས་པོ་མེད་པའི་ངོ་བོ་ཉིད་སྟོང་པ་ཉིད་ཀྱི་བར་དུ་དབེན་པའི་ཕྱིར། བྱང་ཆུབ་སེམས་དཔའ་སྔོན་གྱི་མཐར་མི་དམིགས་སོ། །ནང་སྟོང་པ་ཉིད་ངོ་བོ་ཉིད་མེད་པའི་ཕྱིར་བྱང་ཆུབ་སེམས་དཔའ་སྔོན་གྱི་མཐར་མི་དམིགས་སོ། །དངོས་པོ་མེད་པའི་ངོ་བོ་ཉིད་སྟོང་པ་ཉིད་ཀྱི་བར་དུ་ངོ་བོ་ཉིད་མེད་པའི་ཕྱིར། བྱང་ཆུབ་སེམས་དཔའ་སྔོན་གྱི་མཐར་མི་དམིགས་སོ། །ནང་སྟོང་པ་ཉིད་མེད་པའི་ཕྱིར། བྱང་ཆུབ་སེམས་དཔའ་ཕྱི་མའི་མཐར་མི་དམིགས་སོ། །དངོས་པོ་མེད་པའི་ངོ་བོ་ཉིད་སྟོང་པ་ཉིད་ཀྱི་བར་དུ་མེད་པའི་ཕྱིར། བྱང་ཆུབ་སེམས་དཔའ་ཕྱི་མའི་མཐར་མི་དམིགས་སོ། །ནང་སྟོང་པ་ཉིད་སྟོང་པ་ཉིད་ཀྱི་ཕྱིར། བྱང་ཆུབ་སེམས་དཔའ་ཕྱི་མའི་མཐར་མི་དམིགས་སོ། །དངོས་པོ་མེད་པའི་ངོ་བོ་ཉིད་སྟོང་པ་ཉིད་ཀྱི་བར་དུ་སྟོང་པ་ཉིད་ཀྱི་ཕྱིར། བྱང་ཆུབ་སེམས་དཔའ་ཕྱི་མའི་མཐར་མི་དམིགས་སོ། །ནང་སྟོང་པ་ཉིད་དབེན་པའི་ཕྱིར། བྱང་ཆུབ་སེམས་དཔའ་ཕྱི་མའི་མཐར་མི་དམིགས་སོ། །དངོས་པོ་མེད་པའི་ངོ་བོ་ཉིད་སྟོང་པ་ཉིད་ཀྱི་བར་དུ་དབེན་པའི་ཕྱིར། བྱང་ཆུབ་སེམས་དཔའ་ཕྱི་མའི་མཐར་མི་དམིགས་སོ། །ནང་སྟོང་པ་ཉིད་ངོ་བོ་ཉིད་མེད་

པའི་ཕྱིར། བྱང་ཆུབ་སེམས་དཔའ་ཕྱི་མའི་མཐར་མི་དམིགས་སོ། །དངོས་པོ་མེད་པའི་ངོ་བོ་ཉིད་སྟོང་པ་ཉིད་ཀྱི་བར་དུ་ངོ་བོ་ཉིད་མེད་པའི་ཕྱིར། བྱང་ཆུབ་སེམས་དཔའ་ཕྱི་མའི་མཐར་མི་དམིགས་སོ། །ནང་སྟོང་པ་ཉིད་མེད་པའི་ཕྱིར། བྱང་ཆུབ་སེམས་དཔའ་དབུས་སུ་མི་དམིགས་སོ། །དངོས་པོ་མེད་པའི་ངོ་བོ་ཉིད་སྟོང་པ་ཉིད་ཀྱི་བར་དུ་མེད་པའི་ཕྱིར། བྱང་ཆུབ་སེམས་དཔའ་དབུས་སུ་མི་དམིགས་སོ། །ནང་སྟོང་པ་ཉིད་སྟོང་པ་ཉིད་ཀྱི་ཕྱིར། བྱང་ཆུབ་སེམས་དཔའ་དབུས་སུ་མི་དམིགས་སོ། །དངོས་པོ་མེད་པའི་ངོ་བོ་ཉིད་སྟོང་པ་ཉིད་ཀྱི་བར་དུ་སྟོང་པ་ཉིད་ཀྱི་ཕྱིར། བྱང་ཆུབ་སེམས་དཔའ་དབུས་སུ་མི་དམིགས་སོ། །ནང་སྟོང་པ་ཉིད་དབེན་པའི་ཕྱིར། བྱང་ཆུབ་སེམས་དཔའ་དབུས་སུ་མི་དམིགས་སོ། །དངོས་པོ་མེད་པའི་ངོ་བོ་ཉིད་[༡]སྟོང་པ་ཉིད་ཀྱི་བར་དུ་དབེན་པའི་ཕྱིར། བྱང་ཆུབ་སེམས་དཔའ་དབུས་སུ་མི་དམིགས་སོ། །ནང་སྟོང་པ་ཉིད་ངོ་བོ་ཉིད་མེད་པའི་ཕྱིར། བྱང་ཆུབ་སེམས་དཔའ་དབུས་སུ་མི་དམིགས་སོ། །དངོས་པོ་མེད་པའི་ངོ་བོ་ཉིད་སྟོང་པ་ཉིད་ཀྱི་བར་དུ་ངོ་བོ་ཉིད་མེད་པའི་ཕྱིར། བྱང་ཆུབ་སེམས་དཔའ་དབུས་སུ་མི་དམིགས་སོ། །དེ་ཅིའི་ཕྱིར་ཞེ་ན། ཚེ་དང་ལྡན་པ་ཤཱ་ར་དྭ་ཏིའི་བུ། ནང་སྟོང་པ་ཉིད་དང་། དངོས་པོ་མེད་པའི་ངོ་བོ་ཉིད་སྟོང་པ་ཉིད་ཀྱི་བར་དུ་མེད་པ་དང་། སྟོང་པ་ཉིད་དང་། དབེན་པ་དང་། ངོ་བོ་ཉིད་མེད་པ་ལ་སྔོན་གྱི་མཐའ་མི་དམིགས། ཕྱི་མའི་མཐའ་མི་དམིགས། དབུས་མི་དམིགས་ཏེ། ནང་སྟོང་པ་ཉིད་དང་། དངོས་པོ་མེད་པའི་ངོ་བོ་ཉིད་སྟོང་པ་ཉིད་ཀྱི་བར་དུ་མེད་པ་དང་། སྟོང་པ་ཉིད་དང་། དབེན་པ་དང་། ངོ་བོ་ཉིད་མེད་པ་ཡང་གཞན་མ་ཡིན། བྱང་ཆུབ་སེམས་དཔའ་ཡང་གཞན་མ་ཡིན། སྔོན་གྱི་མཐའ་ཡང་གཞན་མ་ཡིན། ཕྱི་མའི་མཐའ་ཡང་གཞན་མ་ཡིན།

དབུས་ཀྱང་གཞན་མ་ཡིན་ནོ། །ཚེ་དང་ལྡན་པ་ཤཱ་ར་(༧)དྭ་ཏིའི་བུ་དེ་ལྟར་ན། ནང་སྟོང་པ་ཉིད་དང་། དངོས་པོ་མེད་པའི་ངོ་བོ་ཉིད་སྟོང་པ་ཉིད་ཀྱི་བར་དུ་མེད་པ་དང་། སྟོང་པ་ཉིད་དང་། དབེན་པ་དང་། ངོ་བོ་ཉིད་མེད་པ་གང་ཡིན་པ་དང་། བྱང་ཆུབ་སེམས་དཔའ་གང་ཡིན་པ་དང་། སྔོན་གྱི་མཐའ་གང་ཡིན་པ་དང་། ཕྱི་མའི་མཐའ་གང་ཡིན་པ་དང་། དབུས་གང་ཡིན་པ་དེ་དག་ཐམས་ཅད་ཀྱང་གཉིས་སུ་མེད་དེ་གཉིས་སུ་བྱར་མེད་དོ། །ཚེ་དང་ལྡན་པ་ཤཱ་ར་དྭ་ཏིའི་བུ། དྲན་པ་ཉེ་བར་གཞག་པ་མེད་པའི་ཕྱིར། བྱང་ཆུབ་སེམས་དཔའ་སྔོན་གྱི་མཐར་མི་དམིགས་སོ། །ཡང་དག་པར་སྤོང་བ་དང་། རྫུ་འཕྲུལ་གྱི་རྐང་པ་དང་། དབང་པོ་དང་། སྟོབས་དང་། བྱང་ཆུབ་ཀྱི་ཡན་ལག་དང་། ལམ་དང་། འཕགས་པའི་བདེན་པ་དང་། བསམ་གཏན་དང་། ཚད་མེད་པ་དང་། གཟུགས་མེད་པའི་སྙོམས་པར་འཇུག་པ་དང་། རྣམ་པར་ཐར་པ་དང་། མཐར་གྱིས་གནས་པའི་སྙོམས་པར་འཇུག་པ་དང་། སྟོང་པ་ཉིད་དང་། མཚན་མ་མེད་པ་དང་། སྨོན་པ་མེད་པ་དང་། མངོན་པར་ཤེས་པ་དང་། ཏིང་ངེ་འཛིན་དང་། གཟུངས་ཀྱི་སྒོ་དང་། སྟོབས་བཅུ་དང་། མི་འཇིགས་པ་དང་། སོ་སོ་ཡང་དག་པར་རིག་པ་དང་། སངས་རྒྱས་ཀྱི་ཆོས་མ་འདྲེས་པ་མེད་པའི་ཕྱིར། བྱང་ཆུབ་སེམས་དཔའ་སྔོན་གྱི་མཐར་མི་དམིགས་སོ། །དྲན་པ་ཉེ་བར་གཞག་པ་སྟོང་པ་ཉིད་ཀྱི་ཕྱིར། བྱང་ཆུབ་སེམས་དཔའ་སྔོན་གྱི་མཐར་མི་དམིགས་སོ། །ཡང་དག་པར་སྤོང་བ་དང་། རྫུ་འཕྲུལ་གྱི་རྐང་པ་དང་། དབང་པོ་དང་། སྟོབས་དང་། བྱང་ཆུབ་ཀྱི་ཡན་ལག་དང་། ལམ་དང་། འཕགས་པའི་བདེན་པ་དང་། (༣)བསམ་གཏན་དང་། ཚད་མེད་པ་དང་། གཟུགས་མེད་པའི་སྙོམས་པར་འཇུག་པ་དང་། རྣམ་པར་

ཐར་པ་དང་། མཐར་གྱིས་གནས་པའི་སྙོམས་པར་འཇུག་པ་དང་། སྟོང་པ་ཉིད་དང་། མཚན་མ་མེད་པ་དང་། སྨོན་པ་མེད་པ་དང་། མངོན་པར་ཤེས་པ་དང་། ཏིང་ངེ་འཛིན་དང་། གཟུངས་ཀྱི་སྒོ་དང་། སྟོབས་བཅུ་དང་། མི་འཇིགས་པ་དང་། སོ་སོ་ཡང་དག་པར་རིག་པ་དང་། སངས་རྒྱས་ཀྱི་ཆོས་མ་འདྲེས་པ་སྟོང་པ་ཉིད་ཀྱི་ཕྱིར། བྱང་ཆུབ་སེམས་དཔའ་སྟོན་ཀྱི་མཐར་མི་དམིགས་སོ། །དྲན་པ་ཉེ་བར་གཞག་པ་དབེན་པའི་ཕྱིར། བྱང་ཆུབ་སེམས་དཔའ་སྟོན་ཀྱི་མཐར་མི་དམིགས་སོ། །ཡང་དག་པར་སྤོང་བ་དང་། རྫུ་འཕྲུལ་གྱི་རྐང་པ་དང་། དབང་པོ་དང་། སྟོབས་དང་། བྱང་ཆུབ་ཀྱི་ཡན་ལག་དང་། ལམ་དང་། འཕགས་པའི་བདེན་པ་དང་། བསམ་གཏན་དང་། ཚད་མེད་པ་དང་། གཟུགས་མེད་པའི་སྙོམས་པར་འཇུག་པ་དང་། རྣམ་པར་ཐར་པ་དང་། མཐར་གྱིས་གནས་པའི་སྙོམས་པར་འཇུག་པ་དང་། སྟོང་པ་ཉིད་དང་། མཚན་མ་མེད་པ་དང་། སྨོན་པ་མེད་པ་དང་། མངོན་པར་ཤེས་པ་དང་། ཏིང་ངེ་འཛིན་དང་། གཟུངས་ཀྱི་སྒོ་དང་། སྟོབས་བཅུ་དང་། མི་འཇིགས་པ་དང་། སོ་སོ་ཡང་དག་པར་རིག་པ་དང་། སངས་རྒྱས་[7]ཀྱི་ཆོས་མ་འདྲེས་པ་དབེན་པའི་ཕྱིར། བྱང་ཆུབ་སེམས་དཔའ་སྟོན་ཀྱི་མཐར་མི་དམིགས་སོ། །དྲན་པ་ཉེ་བར་གཞག་པ་ངོ་བོ་ཉིད་མེད་པའི་ཕྱིར། བྱང་ཆུབ་སེམས་དཔའ་སྟོན་ཀྱི་མཐར་མི་དམིགས་སོ། །ཡང་དག་པར་སྤོང་བ་དང་། རྫུ་འཕྲུལ་གྱི་རྐང་པ་དང་། དབང་པོ་དང་། སྟོབས་དང་། བྱང་ཆུབ་ཀྱི་ཡན་ལག་དང་། ལམ་དང་། འཕགས་པའི་བདེན་པ་དང་། བསམ་གཏན་དང་། ཚད་མེད་པ་དང་། གཟུགས་མེད་པའི་སྙོམས་པར་འཇུག་པ་དང་། རྣམ་པར་ཐར་པ་དང་། མཐར་གྱིས་གནས་པའི་སྙོམས་པར་འཇུག་པ་དང་། སྟོང་པ་

ཉིད་དང་། མཚན་མ་མེད་པ་དང་། སྨོན་པ་མེད་པ་དང་། མངོན་པར་ཤེས་པ་དང་། ཏིང་ངེ་འཛིན་དང་། གཟུངས་ཀྱི་སྒོ་དང་། སྟོབས་བཅུ་དང་། མི་འཇིགས་པ་དང་། སོ་སོ་ཡང་དག་པར་རིག་པ་དང་། སངས་རྒྱས་ཀྱི་ཆོས་མ་འདྲེས་པ་ངོ་བོ་ཉིད་མེད་པའི་ཕྱིར། བྱང་ཆུབ་སེམས་དཔའ་སྔོན་གྱི་མཐར་མི་དམིགས་སོ། །དྲན་པ་ཉེ་བར་གཞག་པ་མེད་པའི་ཕྱིར། བྱང་ཆུབ་སེམས་དཔའ་ཕྱི་མའི་མཐར་མི་དམིགས་སོ། །ཡང་དག་པར་སྤོང་བ་དང་། རྫུ་འཕྲུལ་གྱི་རྐང་པ་དང་། དབང་པོ་དང་། སྟོབས་དང་། བྱང་ཆུབ་ཀྱི་ཡན་ལག་དང་། ལམ་དང་། འཕགས་པའི་བདེན་པ་དང་། བསམ་གཏན་དང་། ཚད་མེད་པ་དང་། གཟུགས་མེད་པའི་སྙོམས་པར་འཇུག་པ་དང་། རྣམ་པར་ཐར་པ་དང་། མཐར་གྱིས་གནས་པའི་སྙོམས་པར་འཇུག་པ་དང་། སྟོང་པ་ཉིད་དང་། མཚན་མ་མེད་པ་དང་། སྨོན་པ་མེད་པ་དང་། མངོན་པར་ཤེས་པ་དང་། ཏིང་ངེ་འཛིན་དང་། གཟུངས་ཀྱི་སྒོ་དང་། སྟོབས་བཅུ་དང་། མི་འཇིགས་པ་དང་། སོ་སོ་ཡང་དག་པར་རིག་པ་དང་། སངས་རྒྱས་ཀྱི་ཆོས་མ་འདྲེས་པ་མེད་པའི་ཕྱིར། བྱང་ཆུབ་སེམས་དཔའ་ཕྱི་མའི་མཐར་མི་དམིགས་སོ། །དྲན་པ་ཉེ་བར་གཞག་པ་སྟོང་པ་ཉིད་ཀྱི་ཕྱིར། བྱང་ཆུབ་སེམས་དཔའ་ཕྱི་མའི་མཐར་མི་དམིགས་སོ། །ཡང་དག་པར་སྤོང་བ་དང་། རྫུ་འཕྲུལ་གྱི་རྐང་པ་དང་། དབང་པོ་དང་། སྟོབས་དང་། བྱང་ཆུབ་ཀྱི་ཡན་ལག་དང་། ལམ་དང་། འཕགས་པའི་བདེན་པ་དང་། བསམ་གཏན་དང་། ཚད་མེད་པ་དང་། གཟུགས་མེད་པའི་སྙོམས་པར་འཇུག་པ་དང་། རྣམ་པར་ཐར་པ་དང་། མཐར་གྱིས་གནས་པའི་སྙོམས་པར་འཇུག་པ་དང་། སྟོང་པ་ཉིད་དང་། མཚན་མ་མེད་པ་དང་། སྨོན་པ་མེད་པ་དང་། མངོན་པར་ཤེས་པ་དང་།

ཏིང་ངེ་འཛིན་དང་། གཟུངས་ཀྱི་སྒོ་དང་། སྟོབས་བཅུ་དང་། མི་འཇིགས་པ་དང་། སོ་སོ་ཡང་དག་པར་རིག་པ་དང་། སངས་རྒྱས་ཀྱི་ཆོས་མ་འདྲེས་པ་སྟོང་པ་ཉིད་ཀྱི་ཕྱིར། བྱང་ཆུབ་སེམས་དཔའ་ཕྱི་མའི་མཐར་མི་དམིགས་སོ། །དྲན་པ་ཉེ་བར་གཞག་པ་དབེན་པའི་ཕྱིར། བྱང་ཆུབ་སེམས་དཔའ་ཕྱི་མའི་མཐར་མི་དམིགས་སོ། །ཡང་དག་པར་སྤོང་བ་དང་། རྫུ་འཕྲུལ་གྱི་རྐང་པ་དང་། དབང་པོ་དང་སྟོབས་དང་། བྱང་ཆུབ་ཀྱི་ཡན་ལག་དང་། ལམ་དང་། འཕགས་པའི་བདེན་པ་དང་། བསམ་གཏན་དང་། ཚད་མེད་པ་དང་། གཟུགས་མེད་པའི་སྙོམས་པར་འཇུག་པ་དང་། རྣམ་པར་ཐར་པ་དང་། མཐར་གྱིས་གནས་པའི་སྙོམས་པར་འཇུག་པ་དང་། སྟོང་པ་ཉིད་དང་། མཚན་མ་མེད་པ་དང་། སྨོན་པ་མེད་པ་དང་། མངོན་པར་ཤེས་པ་དང་། ཏིང་ངེ་འཛིན་དང། གཟུངས་ཀྱི་སྒོ་དང་། སྟོབས་བཅུ་དང་། མི་འཇིགས་པ་དང་། སོ་སོ་ཡང་དག་པར་རིག་པ་དང་། སངས་རྒྱས་ཀྱི་ཆོས་མ་འདྲེས་པ་དབེན་པའི་ཕྱིར། བྱང་ཆུབ་སེམས་དཔའ་ཕྱི་མའི་མཐར་མི་དམིགས་སོ། །དྲན་པ་ཉེ་བར་གཞག་པ་ངོ་བོ་ཉིད་མེད་པའི་ཕྱིར། བྱང་ཆུབ་སེམས་དཔའ་ཕྱི་མའི་མཐར་མི་དམིགས་སོ། །ཡང་དག་པར་སྤོང་བ་དང་། རྫུ་འཕྲུལ་གྱི་རྐང་པ་དང་། དབང་པོ་དང་། སྟོབས་དང་། བྱང་ཆུབ་ཀྱི་ཡན་ལག་དང་། ལམ་དང་། འཕགས་པའི་བདེན་པ་དང་། བསམ་གཏན་དང་། ཚད་མེད་པ་དང་། གཟུགས་མེད་པའི་སྙོམས་པར་འཇུག་པ་དང་། རྣམ་པར་ཐར་པ་དང་། མཐར་གྱིས་གནས་པའི་སྙོམས་པར་འཇུག་པ་དང་། སྟོང་པ་ཉིད་དང་། མཚན་མ་མེད་པ་དང་། སྨོན་པ་མེད་པ་དང་། མངོན་པར་ཤེས་པ་དང་། ཏིང་ངེ་འཛིན་དང་། གཟུངས་ཀྱི་སྒོ་དང་། སྟོབས་བཅུ་དང་། མི་

འཛིགས་པ་དང་། སོ་སོ་ཡང་དག་པར་རིག་པ་དང་། སངས་རྒྱས་ཀྱི་ཆོས་མ་འདྲེས་པ་ངོ་བོ་ཉིད་མེད་པའི་ཕྱིར། བྱང་ཆུབ་སེམས་དཔའ་ཕྱི་མའི་མཐར་མི་དམིགས་སོ། །དྲན་པ་ཉེ་བར་གཞག་པ་མེད་པའི་ཕྱིར། བྱང་ཆུབ་སེམས་དཔའ་དབུས་སུ་མི་དམིགས་སོ། །ཡང་དག་པར་སྤོང་བ་དང་། རྫུ་འཕྲུལ་གྱི་རྐང་[2]པ་དང་། དབང་པོ་དང་། སྟོབས་དང་། བྱང་ཆུབ་ཀྱི་ཡན་ལག་དང་། ལམ་དང་། འཕགས་པའི་བདེན་པ་དང་། བསམ་གཏན་དང་། ཚད་མེད་པ་དང་། གཟུགས་མེད་པའི་སྙོམས་པར་འཇུག་པ་དང་། རྣམ་པར་ཐར་པ་དང་། མཐར་གྱིས་གནས་པའི་སྙོམས་པར་འཇུག་པ་དང་། སྟོང་པ་ཉིད་དང་། མཚན་མ་མེད་པ་དང་། སྨོན་པ་མེད་པ་དང་། མངོན་པར་ཤེས་པ་དང་། ཏིང་ངེ་འཛིན་དང་། གཟུངས་ཀྱི་སྒོ་དང་། སྟོབས་བཅུ་དང་། མི་འཛིགས་པ་དང་། སོ་སོ་ཡང་དག་པར་རིག་པ་དང་། སངས་རྒྱས་ཀྱི་ཆོས་མ་འདྲེས་པ་མེད་པའི་ཕྱིར། བྱང་ཆུབ་སེམས་དཔའ་དབུས་སུ་མི་དམིགས་སོ། །དྲན་པ་ཉེ་བར་གཞག་པ་སྟོང་པ་ཉིད་ཀྱི་ཕྱིར། བྱང་ཆུབ་སེམས་དཔའ་དབུས་སུ་མི་དམིགས་སོ། །ཡང་དག་པར་སྤོང་བ་དང་། རྫུ་འཕྲུལ་གྱི་རྐང་པ་དང་། དབང་པོ་དང་། སྟོབས་དང་། བྱང་ཆུབ་ཀྱི་ཡན་ལག་དང་། ལམ་དང་། འཕགས་པའི་བདེན་པ་དང་། བསམ་གཏན་དང་། ཚད་མེད་པ་དང་། གཟུགས་མེད་པའི་སྙོམས་པར་འཇུག་པ་དང་། རྣམ་པར་ཐར་པ་དང་། མཐར་གྱིས་གནས་པའི་སྙོམས་པར་འཇུག་པ་དང་། སྟོང་པ་ཉིད་དང་། མཚན་མ་མེད་པ་དང་། སྨོན་པ་མེད་པ་དང་། མངོན་པར་ཤེས་པ་དང་། ཏིང་ངེ་འཛིན་དང་། གཟུངས་ཀྱི་སྒོ་དང་། སྟོབས་བཅུ་དང་། མི་འཛིགས་པ་དང་། སོ་སོ་ཡང་དག་པར་རིག་པ་དང་། སངས་རྒྱས་ཀྱི་ཆོས་མ་འདྲེས་པ་

སྟོང་པ་ཉིད་ཀྱི་ཕྱིར། བྱང་ཆུབ་སེམས་དཔའ་དབུས་སུ་མི་དམིགས་སོ། །དྲན་པ་ཉེ་བར་གཞག་པ་དབེན་པའི་ཕྱིར། བྱང་ཆུབ་སེམས་དཔའ་དབུས་སུ་མི་དམིགས་སོ། །ཡང་དག་པར་སྤོང་བ་དང་། རྫུ་འཕྲུལ་གྱི་རྐང་པ་དང་། དབང་པོ་དང་། སྟོབས་དང་། བྱང་ཆུབ་ཀྱི་ཡན་ལག་དང་། ལམ་དང་། འཕགས་པའི་བདེན་པ་དང་། བསམ་གཏན་དང་། ཚད་མེད་པ་དང་། གཟུགས་མེད་པའི་སྙོམས་པར་འཇུག་པ་དང་། རྣམ་པར་ཐར་པ་དང་། མཐར་གྱིས་གནས་པའི་སྙོམས་པར་འཇུག་པ་དང་། སྟོང་པ་ཉིད་དང་། མཚན་མ་མེད་པ་དང་། སྨོན་པ་མེད་པ་དང་། མངོན་པར་ཤེས་པ་དང་། ཏིང་ངེ་འཛིན་དང་། གཟུངས་ཀྱི་སྒོ་དང་། སྟོབས་བཅུ་དང་། མི་འཇིགས་པ་དང་། སོ་སོ་ཡང་དག་པར་རིག་པ་དང་། སངས་རྒྱས་ཀྱི་ཆོས་མ་འདྲེས་པ་དབེན་པའི་ཕྱིར། བྱང་ཆུབ་སེམས་དཔའ་དབུས་སུ་མི་དམིགས་སོ། །དྲན་པ་ཉེ་བར་གཞག་པ་ངོ་བོ་ཉིད་མེད་པའི་ཕྱིར། བྱང་ཆུབ་སེམས་དཔའ་དབུས་སུ་མི་དམིགས་སོ། །ཡང་དག་པར་སྤོང་བ་དང་། རྫུ་འཕྲུལ་གྱི་རྐང་པ་དང་། དབང་པོ་དང་། སྟོབས་དང་། བྱང་ཆུབ་ཀྱི་ཡན་ལག་དང་། འཕགས་པའི་ལམ་ཡན་ལག་བརྒྱད་པ་དང་། འཕགས་པའི་བདེན་པ་དང་། བསམ་གཏན་དང་། ཚད་མེད་པ་དང་། གཟུགས་མེད་པའི་སྙོམས་པར་འཇུག་པ་དང་། རྣམ་པར་ཐར་པ་དང་། མཐར་གྱིས་གནས་པའི་སྙོམས་པར་འཇུག་པ་དང་། སྟོང་པ་ཉིད་དང་། མཚན་མ་མེད་པ་དང་། སྨོན་པ་མེད་པ་དང་། མངོན་པར་ཤེས་པ་དང་། ཏིང་ངེ་འཛིན་དང་། གཟུངས་ཀྱི་སྒོ་དང་། སྟོབས་བཅུ་དང་། མི་འཇིགས་པ་དང་། སོ་སོ་ཡང་དག་པར་རིག་པ་དང་། སངས་རྒྱས་ཀྱི་ཆོས་མ་འདྲེས་པ་ངོ་བོ་ཉིད་མེད་པའི་ཕྱིར། བྱང་ཆུབ་སེམས་དཔའ་

དབུས་སུ་མི་དམིགས་སོ། །དེ་ཅིའི་ཕྱིར་ཞེ་ན། ཚེ་དང་ལྡན་པ་ཤཱ་ར་དྭ་ཏིའི་བུ་དྲན་པ་ཉེ་བར་གཞག་པ་དང་། ཡང་དག་པར་སྤོང་བ་དང་། རྫུ་འཕྲུལ་གྱི་རྐང་པ་དང་། དབང་པོ་དང་། སྟོབས་དང་། བྱང་ཆུབ་ཀྱི་ཡན་ལག་དང་། འཕགས་པའི་ལམ་ཡན་ལག་བརྒྱད་པ་དང་། འཕགས་པའི་བདེན་པ་དང་། བསམ་གཏན་དང་། ཚད་མེད་པ་དང་། གཟུགས་མེད་པའི་སྙོམས་པར་འཇུག་པ་དང་། རྣམ་པར་ཐར་པ་དང་། མཐར་གྱིས་གནས་པའི་སྙོམས་པར་འཇུག་པ་དང་། སྟོང་པ་ཉིད་དང་། མཚན་མ་མེད་པ་དང་། སྨོན་པ་མེད་པ་དང་། མངོན་པར་ཤེས་པ་དང་། ཏིང་ངེ་འཛིན་དང་། གཟུངས་ཀྱི་སྒོ་དང་། སྟོབས་བཅུ་དང་། མི་འཇིགས་པ་དང་། སོ་སོ་ཡང་དག་པར་རིག་པ་དང་། སངས་རྒྱས་ཀྱི་ཆོས་མ་འདྲེས་པ་[༡]དང་། སྟོང་པ་ཉིད་དང་། དབེན་པ་དང་། ངོ་བོ་ཉིད་མེད་པ་ལ་སྟོན་གྱི་མཐའ་མི་དམིགས། ཕྱི་མའི་མཐའ་མི་དམིགས། དབུས་མི་དམིགས་ཏེ། དྲན་པ་ཉེ་བར་གཞག་པ་དང་། ཡང་དག་པར་སྤོང་བ་དང་། རྫུ་འཕྲུལ་གྱི་རྐང་པ་དང་། དབང་པོ་དང་། སྟོབས་དང་། བྱང་ཆུབ་ཀྱི་ཡན་ལག་དང་། འཕགས་པའི་ལམ་ཡན་ལག་བརྒྱད་པ་དང་། འཕགས་པའི་བདེན་པ་དང་། བསམ་གཏན་དང་། ཚད་མེད་པ་དང་། གཟུགས་མེད་པའི་སྙོམས་པར་འཇུག་པ་དང་། རྣམ་པར་ཐར་པ་དང་། མཐར་གྱིས་གནས་པའི་སྙོམས་པར་འཇུག་པ་དང་། སྟོང་པ་ཉིད་་་དང་། མཚན་མ་མེད་པ་དང་། སྨོན་པ་མེད་པ་དང་། མངོན་པར་ཤེས་པ་དང་། ཏིང་ངེ་འཛིན་དང་། གཟུངས་ཀྱི་སྒོ་དང་། སྟོབས་བཅུ་དང་། མི་འཇིགས་པ་དང་། སོ་སོ་ཡང་དག་པར་རིག་པ་དང་། སངས་རྒྱས་ཀྱི་ཆོས་མ་འདྲེས་པ་མེད་པ་དང་། སྟོང་པ་ཉིད་དང་དབེན་པ་དང་། ངོ་བོ་ཉིད་མེད་པ་

ཡང་གཞན་མ་ཡིན། བྱང་ཆུབ་སེམས་དཔའ་ཡང་གཞན་མ་ཡིན། སྔོན་གྱི་མཐའ་ཡང་གཞན[7]མ་ཡིན། ཕྱི་མའི་མཐའ་ཡང་གཞན་མ་ཡིན། དབུས་ཀྱང་གཞན་མ་ཡིན་ནོ། །ཚེ་དང་ལྡན་པ་ཤ་ར་དྭ་ཏིའི་བུ་དེ་ལྟར་ན། སངས་རྒྱས་ཀྱི་ཆོས་མ་འདྲེས་པའི་བར་དུ་མེད་པ་དང་། སྟོང་པ་ཉིད་དང་། དབེན་པ་དང་། ངོ་བོ་ཉིད་མེད་པ་གང་ཡིན་པ་དང་། བྱང་ཆུབ་སེམས་དཔའ་གང་ཡིན་པ་དང་། སྔོན་གྱི་མཐའ་གང་ཡིན་པ་དང་། ཕྱི་མའི་མཐའ་གང་ཡིན་པ་དང་། དབུས་གང་ཡིན་པ་དེ་དག་ཐམས་ཅད་ཀྱང་གཉིས་སུ་མེད་དེ་གཉིས་སུ་བྱར་མེད་དོ། །ཚེ་དང་ལྡན་པ་ཤ་ར་དྭ་ཏིའི་བུ་གཞན་ཡང་ཆོས་ཀྱི་དབྱིངས་མེད་པའི་ཕྱིར། བྱང་ཆུབ་སེམས་དཔའ་སྔོན་གྱི་མཐར་མི་དམིགས་སོ། །དེ་བཞིན་ཉིད་དང་། ཡང་དག་པའི་མཐའ་དང་། བསམ་གྱིས་མི་ཁྱབ་པའི་དབྱིངས་མེད་པའི་ཕྱིར། བྱང་ཆུབ་སེམས་དཔའ་སྔོན་གྱི་མཐར་མི་དམིགས་སོ། །ཆོས་ཀྱི་དབྱིངས་སྟོང་པ་ཉིད་ཀྱི་ཕྱིར། བྱང་ཆུབ་སེམས་དཔའ་སྔོན་གྱི་མཐར་མི་དམིགས་སོ། །དེ་བཞིན་ཉིད་དང་། ཡང་དག་པའི་མཐའ་དང་། བསམ་གྱིས་མི་ཁྱབ་པའི་དབྱིངས་སྟོང་པ་ཉིད་ཀྱི་ཕྱིར། བྱང་ཆུབ་སེམས་དཔའ་སྔོན་གྱི་མཐར་མི་དམིགས་སོ། །ཆོས་ཀྱི་དབྱིངས་དབེན་པའི་ཕྱིར། བྱང་ཆུབ་སེམས་དཔའ་སྔོན་གྱི་མཐར་མི་དམིགས་སོ། །དེ་བཞིན་ཉིད་དང་། ཡང་དག་པའི་མཐའ་དང་། བསམ་གྱིས་མི་ཁྱབ་པའི་དབྱིངས་དབེན་པའི་ཕྱིར། བྱང་ཆུབ་སེམས་དཔའ་སྔོན་གྱི་མཐར་མི་དམིགས་སོ། །ཆོས་ཀྱི་དབྱིངས་ངོ་བོ་ཉིད་མེད་པའི་ཕྱིར། བྱང་ཆུབ་སེམས་དཔའ་སྔོན་གྱི་མཐར་མི་དམིགས་སོ། །དེ་བཞིན་ཉིད་དང་། ཡང་དག་པའི་མཐའ་དང་། བསམ་གྱིས་མི་ཁྱབ་པའི་དབྱིངས་ངོ་བོ་ཉིད་མེད་པའི་ཕྱིར། བྱང་ཆུབ་སེམས་དཔའ་སྔོན་གྱི་མཐར་མི་དམིགས་སོ། །ཆོས་ཀྱི་

དབྱིངས་མེད་པའི་ཕྱིར། བྱང་ཆུབ་སེམས་དཔའ་ཕྱི་མའི་མཐར་མི་དམིགས་སོ། །
དེ་བཞིན་ཉིད་དང་། ཡང་དག་པའི་མཐའ་དང་། བསམ་གྱིས་མི་ཁྱབ་པའི་
དབྱིངས་མེད་པའི་ཕྱིར། བྱང་ཆུབ་སེམས་དཔའ་ཕྱི་མའི་མཐར་མི་དམིགས་སོ། །
ཆོས་ཀྱི་དབྱིངས་སྟོང་པ་ཉིད་ཀྱི་ཕྱིར། བྱང་ཆུབ་སེམས་དཔའ་ཕྱི་མའི་མཐར་མི་
དམིགས་སོ། །དེ་བཞིན་ཉིད་དང་། ཡང་དག་པའི་མཐའ་དང་། བསམ་
གྱིས་མི་ཁྱབ་པའི་དབྱིངས་སྟོང་པ་ཉིད་ཀྱི་ཕྱིར། བྱང་ཆུབ་སེམས་དཔའ་ཕྱི་མའི་
མཐར་མི་དམིགས་སོ། །ཆོས་ཀྱི་དབྱིངས་དབེན་པའི་ཕྱིར། བྱང་ཆུབ་སེམས་
དཔའ་ཕྱི་མའི་མཐར་[༧]མི་དམིགས་སོ། །དེ་བཞིན་ཉིད་དང་། ཡང་དག་པའི་
མཐའ་དང་། [༡]བསམ་གྱིས་མི་ཁྱབ་པའི་དབྱིངས་དབེན་པའི་ཕྱིར། བྱང་ཆུབ་
སེམས་དཔའ་ཕྱི་མའི་མཐར་མི་དམིགས་སོ། །ཆོས་ཀྱི་དབྱིངས་ངོ་བོ་ཉིད་མེད་
པའི་ཕྱིར། བྱང་ཆུབ་སེམས་དཔའ་ཕྱི་མའི་མཐར་མི་དམིགས་སོ། །དེ་བཞིན་
ཉིད་དང་། ཡང་དག་པའི་མཐའ་དང་། བསམ་གྱིས་མི་ཁྱབ་པའི་དབྱིངས་ངོ་
བོ་ཉིད་མེད་པའི་ཕྱིར། བྱང་ཆུབ་སེམས་དཔའ་ཕྱི་མའི་མཐར་མི་དམིགས་སོ། །
ཆོས་ཀྱི་དབྱིངས་མེད་པའི་ཕྱིར། བྱང་ཆུབ་སེམས་དཔའ་[༡]དབུས་སུ་མི་དམིགས་
སོ༔ །དེ་བཞིན་ཉིད་དང་། ཡང་དག་པའི་མཐའ་དང་། བསམ་གྱིས་མི་
ཁྱབ་པའི་དབྱིངས་མེད་པའི་ཕྱིར། བྱང་ཆུབ་སེམས་དཔའ་དབུས་སུ་མི་དམིགས་
སོ༔ །ཆོས་ཀྱི་དབྱིངས་སྟོང་པ་ཉིད་ཀྱི་ཕྱིར། བྱང་ཆུབ་སེམས་དཔའ་དབུས་
སུ་མི་དམིགས་སོ། །དེ་བཞིན་ཉིད་དང་། ཡང་དག་པའི་མཐའ་དང་།
བསམ་གྱིས་མི་ཁྱབ་པའི་དབྱིངས་སྟོང་པ་ཉིད་ཀྱི་ཕྱིར། བྱང་ཆུབ་སེམས་དཔའ་
དབུས་སུ་མི་དམིགས་སོ། །ཆོས་ཀྱི་དབྱིངས་དབེན་པའི་ཕྱིར། བྱང་ཆུབ་
སེམས་དཔའ་དབུས་སུ་མི་དམིགས་སོ། །དེ་བཞིན་ཉིད་དང་། ཡང་དག་པའི་

མཐའ་དང་། བསམ་གྱིས་མི་ཁྱབ་པའི་དབྱིངས་དབེན་པའི་ཕྱིར། བྱང་ཆུབ་སེམས་དཔའ་དབུས་སུ་མི་དམིགས་སོ། །ཆོས་ཀྱི་དབྱིངས་ངོ་བོ་ཉིད་མེད་པའི་ཕྱིར། བྱང་ཆུབ་སེམས་དཔའ་དབུས་སུ་མི་དམིགས་སོ། །དེ་བཞིན་ཉིད་དང་། ཡང་དག་པའི་མཐའ་དང་། བསམ་གྱིས་མི་ཁྱབ་པའི་དབྱིངས་ངོ་བོ་ཉིད་མེད་པའི་ཕྱིར། བྱང་ཆུབ་སེམས་དཔའ་དབུས་སུ་མི་དམིགས་སོ། །དེ་ཅིའི་ཕྱིར་ཞེ་ན། ཚེ་དང་ལྡན་པ་ཤ་ར་དྭ་ཏིའི་བུ། ཆོས་ཀྱི་དབྱིངས་མེད་པ་དང་། དེ་བཞིན་ཉིད་དང་། ཡང་དག་པའི་མཐའ་དང་། བསམ་གྱིས་མི་ཁྱབ་པའི་དབྱིངས་མེད་པ་དང་། ཆོས་ཀྱི་དབྱིངས་དང་། དེ་བཞིན་ཉིད་དང་། ཡང་དག་པའི་མཐའ་དང་། བསམ་གྱིས་མི་ཁྱབ་པའི་དབྱིངས་སྟོང་པ་ཉིད་དང་། དབེན་པ་དང་། ངོ་བོ་ཉིད་མེད་པ་ལ་སྔོན་གྱི་མཐའ་མི་དམིགས། ཕྱི་མའི་མཐའ་མི་དམིགས། དབུས་མི་དམིགས་ཏེ། ཆོས་ཀྱི་དབྱིངས་མེད་པ་ཡང་གཞན་མ་ཡིན། དེ་བཞིན་ཉིད་དང་། ཡང་དག་པའི་མཐའ་དང་། བསམ་གྱིས་མི་ཁྱབ་པའི་དབྱིངས་མེད་པ་ཡང་གཞན་མ་ཡིན། ཆོས་ཀྱི་དབྱིངས་དང་། དེ་བཞིན་ཉིད་དང་། ཡང་དག་པའི་མཐའ་དང་། བསམ་གྱིས་མི་ཁྱབ་པའི་དབྱིངས་སྟོང་པ་ཉིད་དང་། དབེན་པ་དང་། ངོ་བོ་ཉིད་མེད་པ་ཡང་གཞན་མ་ཡིན། བྱང་ཆུབ་སེམས་དཔའ་ཡང་གཞན་མ་ཡིན། སྔོན་གྱི་མཐའ་ཡང་གཞན་[1] མ་ཡིན། ཕྱི་མའི་མཐའ་ཡང་གཞན་མ་ཡིན། དབུས་ཀྱང་གཞན་མ་ཡིན་ནོ། །ཚེ་དང་ལྡན་པ་ཤ་ར་དྭ་ཏིའི་བུ་དེ་ལྟར་ན། ཆོས་ཀྱི་དབྱིངས་མེད་པ་གང་ཡིན་པ་དང་། དེ་བཞིན་ཉིད་དང་། ཡང་དག་པའི་མཐའ་དང་། བསམ་གྱིས་མི་ཁྱབ་པའི་དབྱིངས་མེད་པ་གང་ཡིན་པ་དང་། ཆོས་ཀྱི་དབྱིངས་དང་། དེ་བཞིན་ཉིད་དང་། ཡང་དག་པའི་མཐའ་དང་། བསམ་གྱིས་མི་

ཁྱབ་པའི་དབྱིངས་སྟོང་པ་ཉིད་དང་། དབེན་པ་དང་། ངོ་བོ་ཉིད་མེད་པ་གང་ཡིན་པ་དང་། བྱང་ཆུབ་སེམས་དཔའ་གང་ཡིན་པ་དང་། སྔོན་གྱི་མཐའ་གང་ཡིན་པ་དང་། ཕྱི་མའི་མཐའ་གང་ཡིན་པ་དང་། དབུས་གང་ཡིན་པ་དེ་དག་ཐམས་ཅད་ཀྱང་གཉིས་སུ་མེད་དེ་གཉིས་སུ་བྱར་མེད་དོ། །ཚེ་དང་ལྡན་[1]པ་ཤཱ་ར་དྭ་ཏིའི་བུ་གཞན་ཡང་ཉན་ཐོས་མེད་པའི་ཕྱིར། བྱང་ཆུབ་སེམས་དཔའ་སྔོན་གྱི་མཐར་མི་དམིགས་སོ། །ཉན་ཐོས་སྟོང་པ་ཉིད་དང་། དབེན་པ་དང་། ངོ་བོ་ཉིད་མེད་པའི་ཕྱིར། བྱང་ཆུབ་སེམས་དཔའ་སྔོན་གྱི་མཐར་མི་དམིགས་སོ། །ཉན་ཐོས་མེད་པའི་ཕྱིར་བྱང་ཆུབ་སེམས་དཔའ་ཕྱི་མའི་མཐར་མི་དམིགས་སོ། །ཉན་ཐོས་སྟོང་པ་ཉིད་དང་། དབེན་པ་དང་། ངོ་བོ་ཉིད་མེད་པའི་ཕྱིར། བྱང་ཆུབ་སེམས་དཔའ་ཕྱི་མའི་མཐར་མི་དམིགས་སོ། །ཉན་ཐོས་མེད་པའི་ཕྱིར། བྱང་ཆུབ་སེམས་དཔའ་དབུས་སུ་མི་དམིགས་སོ། །ཉན་ཐོས་སྟོང་པ་ཉིད་དང་། དབེན་པ་དང་། ངོ་བོ་ཉིད་མེད་པའི་ཕྱིར། བྱང་ཆུབ་སེམས་དཔའ་དབུས་སུ་མི་དམིགས་སོ། །དེ་ཅིའི་ཕྱིར་ཞེ་ན། ཚེ་དང་ལྡན་པ་ཤཱ་ར་དྭ་ཏིའི་བུ་ཉན་ཐོས་མེད་པ་དང་། ཉན་ཐོས་སྟོང་པ་ཉིད་དང་། ཉན་ཐོས་དབེན་པ་དང་། ཉན་ཐོས་ངོ་བོ་ཉིད་མེད་པ་ལ་སྔོན་གྱི་མཐའ་མི་དམིགས། ཕྱི་མའི་མཐའ་མི་དམིགས། དབུས་མི་དམིགས་ཏེ། ཉན་ཐོས་མེད་པ་ཡང་གཞན་མ་ཡིན། ཉན་ཐོས་སྟོང་པ་ཉིད་དང་། དབེན་པ་དང་། ངོ་བོ་ཉིད་མེད་པ་ཡང་གཞན་མ་ཡིན། བྱང་ཆུབ་སེམས་དཔའ་ཡང་གཞན་མ་ཡིན། སྔོན་གྱི་མཐའ་ཡང་གཞན་མ་ཡིན། ཕྱི་མའི་མཐའ་ཡང་གཞན་མ་ཡིན། དབུས་ཀྱང་གཞན་མ་ཡིན་ནོ། །ཚེ་དང་ལྡན་པ་ཤཱ་ར་དྭ་ཏིའི་བུ་དེ་ལྟར་ན། ཉན་ཐོས་[2]མེད་པ་གང་ཡིན་པ་དང་། སྟོང་པ་ཉིད་དང་། དབེན་པ་དང་། ངོ་བོ་ཉིད་མེད་པ་གང་

ཡིན་པ་དང་། བྱང་ཆུབ་སེམས་དཔའ་གང་ཡིན་པ་དང་། སྔོན་གྱི་མཐའ༔གང་ཡིན་པ་དང་[1]། ཕྱི་མའི་མཐའ་གང་ཡིན་[2]པ་དང་། དབུས་གང་ཡིན་པ་དེ་དག་[3]ཐམས་ཅད་ཀྱང་གཉིས་སུ་མེད་དེ་གཉིས་སུ་བྱར་མེད་དོ། །ཚེ་དང་ལྡན་པ་ཤ་ར་དྭ་ཏིའི་བུ་གཞན་ཡང་རང་སངས་རྒྱས་མེད་པའི་ཕྱིར། བྱང་ཆུབ་སེམས་དཔའ་སྔོན་གྱི་མཐར་མི་དམིགས་སོ། །རང་སངས་རྒྱས་སྟོང་པ་ཉིད་དང་། དབེན་པ་དང་། ངོ་བོ་ཉིད་མེད་པའི་ཕྱིར། བྱང་ཆུབ་སེམས་དཔའ་སྔོན་གྱི་མཐར་མི་དམིགས་སོ། །རང་སངས་རྒྱས་མེད་པའི་ཕྱིར། བྱང་ཆུབ་སེམས་དཔའ་ཕྱི་མའི་མཐར་མི་དམིགས་སོ། །རང་སངས་རྒྱས་སྟོང་པ་ཉིད་དང་། དབེན་པ་དང་། ངོ་བོ་ཉིད་མེད་པའི་ཕྱིར། བྱང་ཆུབ་སེམས་དཔའ་ཕྱི་མའི་མཐར་མི་དམིགས་སོ། །རང་སངས་རྒྱས་མེད་པའི་ཕྱིར། བྱང་ཆུབ་སེམས་དཔའ་དབུས་སུ་མི་དམིགས་སོ། །རང་སངས་རྒྱས་སྟོང་པ་ཉིད་དང་། དབེན་པ་དང་། ངོ་བོ་ཉིད་མེད་པའི་ཕྱིར། བྱང་ཆུབ་སེམས་དཔའ་དབུས་སུ་མི་དམིགས་སོ། །དེ་ཅིའི་ཕྱིར་ཞེ་ན། ཚེ་དང་ལྡན་པ་ཤ་ར་དྭ་ཏིའི་བུ་རང་སངས་རྒྱས་མེད་པ་དང་། རང་སངས་རྒྱས་སྟོང་པ་ཉིད་དང་། རང་སངས་རྒྱས་དབེན་པ་དང་། རང་སངས་རྒྱས་ངོ་བོ་ཉིད་མེད་པ་ལ་སྔོན་གྱི་མཐའ་མི་དམིགས། ཕྱི་མའི་མཐའ་མི་དམིགས། དབུས་མི་དམིགས་ཏེ། རང་སངས་རྒྱས་མེད་པ་ཡང་གཞན་མ་ཡིན། རང་སངས་རྒྱས་སྟོང་པ་ཉིད་དང་། དབེན་པ་དང་། ངོ་བོ་ཉིད་མེད་པ་ཡང་གཞན་མ་ཡིན། བྱང་ཆུབ་སེམས་དཔའ་ཡང་གཞན་མ་ཡིན། སྔོན་གྱི་མཐའ་ཡང་གཞན་མ་ཡིན། ཕྱི་མའི་མཐའ་ཡང་གཞན་མ་ཡིན། དབུས་ཀྱང་གཞན་མ་ཡིན་ནོ། །ཚེ་དང་ལྡན་པ་ཤ་ར་དྭ་ཏིའི་བུ་དེ་ལྟར་ན། རང་སངས་རྒྱས་མེད་པ་གང་ཡིན་པ་དང་། རང་སངས་རྒྱས་སྟོང་པ་ཉིད་དང་། དབེན་པ་དང་།

ངོ་བོ་ཉིད་མེད་པ་གང་ཡིན་པ་དང་། བྱང་ཆུབ་སེམས་དཔའ་གང་ཡིན་པ་དང་། སྔོན་གྱི་མཐའ་གང་ཡིན་པ་དང་། ཕྱི་མའི་མཐའ་གང་ཡིན་པ་དང་། དབུས་གང་ཡིན་པ་དེ་དག①ཐམས་ཅད་ཀྱང་གཉིས་སུ་མེད་དེ་གཉིས་སུ་བྱར་མེད་དོ།། ||

ཤེས་རབ་ཀྱི་ཕ་རོལ་ཏུ་ཕྱིན་པ་སྟོང་ཕྲག་ཉི་ཤུ་ལྔ་པ། བམ་པོ་ཉི་ཤུ་གསུམ་པ། ཚེ་དང་ལྡན་པ་ཤཱ་ར་དྭ་ཏིའི་བུ། གཞན་ཡང་བྱང་ཆུབ་སེམས་དཔའ་མེད་པའི་ཕྱིར། བྱང་ཆུབ་སེམས་དཔའ་སྔོན་གྱི་མཐར་མི་དམིགས་སོ། །བྱང་ཆུབ་སེམས་དཔའ་སྟོང་པ་ཉིད་དང་། དབེན་པ་དང་། ངོ་བོ་ཉིད་མེད་པའི་ཕྱིར། བྱང་ཆུབ་སེམས་དཔའ་སྔོན་གྱི་མཐར་མི་དམིགས་སོ། །བྱང་ཆུབ་སེམས་དཔའ་མེད་པའི་ཕྱིར། བྱང་ཆུབ་སེམས་དཔའ་ཕྱི་མའི་མཐར་མི་དམིགས་སོ། །བྱང་ཆུབ་སེམས་དཔའ་སྟོང་པ་ཉིད་དང་། དབེན་པ་དང་། ངོ་བོ་ཉིད་མེད་པའི་ཕྱིར། བྱང་ཆུབ་སེམས་དཔའ་ཕྱི་མའི་མཐར་མི་དམིགས་སོ། །བྱང་ཆུབ་སེམས་དཔའ་མེད་པའི་ཕྱིར། བྱང་ཆུབ་སེམས་དཔའ་དབུས་སུ་མི་དམིགས་སོ། །བྱང་ཆུབ་སེམས་དཔའ་སྟོང་པ་ཉིད་དང་། དབེན་པ་དང་། ངོ་བོ་ཉིད་མེད་པའི་ཕྱིར། བྱང་ཆུབ་སེམས་དཔའ་དབུས་སུ་མི་དམིགས་སོ། །དེ་ཅིའི་ཕྱིར་ཞེ་ན། ཚེ་དང་ལྡན་པ་ཤཱ་ར་དྭ་ཏིའི་བུ་བྱང་ཆུབ་སེམས་དཔའ་མེད་པ་དང་། བྱང་ཆུབ་སེམས་དཔའ་སྟོང་པ་ཉིད་དང་། དབེན་པ་དང་། ངོ་བོ་ཉིད་མེད་པ་ལ་སྔོན་གྱི་མཐའ་མི་དམིགས། ཕྱི་མའི་མཐའ་མི་དམིགས། དབུས་མི་དམིགས་ཏེ། བྱང་ཆུབ་སེམས་དཔའ་མེད་པ་ཡང་གཞན་མ་ཡིན། བྱང་ཆུབ་སེམས་དཔའ་སྟོང་པ་ཉིད་དང་། དབེན་པ་དང་། ངོ་བོ་ཉིད་མེད་པ་ཡང་གཞན་མ་ཡིན། བྱང་ཆུབ་སེམས་དཔའ་ཡང་གཞན་མ་ཡིན། སྔོན་གྱི་མཐའ་ཡང་གཞན་མ་ཡིན། ཕྱི་མའི་མཐའ་ཡང་གཞན་མ་ཡིན། དབུས་ཀྱང་

གཞན་མ་ཡིན་ནོ། །ཚེ་དང་ལྡན་པ་ཤཱ་ར་དྭ་ཏིའི་བུ་དེ་ལྟར་ན། བྱང་ཆུབ་སེམས་དཔའ་མེད་པ་གང་ཡིན་པ་དང་། བྱང་ཆུབ་སེམས་དཔའ་སྟོང་པ་ཉིད་དང་། དབེན་པ་དང་། ངོ་བོ་ཉིད་མེད་པ་གང་ཡིན་པ་དང་། བྱང་ཆུབ་སེམས་དཔའ་གང་ཡིན་པ་དང་། སྔོན་གྱི་མཐའ་གང་ཡིན་པ་དང་། ཕྱི་མའི་མཐའ་གང་ཡིན་པ་དང་། དབུས་གང་ཡིན་པ་དེ་དག①ཐམས་ཅད་ཀྱང་གཉིས་སུ་མེད་དེ་གཉིས་སུ་བྱར་མེད་དོ། །ཚེ་དང་ལྡན་པ་ཤཱ་ར་དྭ་ཏིའི་བུ་གཞན་ཡང་ཐམས་ཅད་མཁྱེན་པ་མེད་པའི་ཕྱིར། བྱང་ཆུབ་སེམས་དཔའ་སྔོན་གྱི་མཐར་མི་དམིགས་སོ། །ཐམས་ཅད་མཁྱེན་པ་སྟོང་པ་ཉིད་དང་། དབེན་པ་དང་། ངོ་བོ་ཉིད་མེད་པའི་ཕྱིར། བྱང་ཆུབ་སེམས་དཔའ་སྔོན་གྱི་མཐར་མི་དམིགས་སོ། །ཐམས་ཅད་མཁྱེན་པ་མེད་པའི་ཕྱིར། བྱང་ཆུབ་སེམས་དཔའ་ཕྱི་མའི་མཐར་མི་དམིགས་སོ། །ཐམས་ཅད་མཁྱེན་པ་སྟོང་པ་ཉིད་དང་། དབེན་པ་དང་། ངོ་བོ་ཉིད་མེད་པའི་ཕྱིར། བྱང་ཆུབ་སེམས་དཔའ་ཕྱི་མའི་མཐར་མི་དམིགས་སོ། །ཐམས་ཅད་མཁྱེན་པ་མེད་པའི་ཕྱིར། བྱང་ཆུབ་སེམས་དཔའ་དབུས་སུ་མི་དམིགས་སོ། །ཐམས་ཅད་མཁྱེན་པ་སྟོང་པ་ཉིད་དང་། དབེན་པ་དང་། ངོ་བོ་ཉིད་མེད་པའི་ཕྱིར། བྱང་ཆུབ་སེམས་དཔའ་དབུས་སུ་མི་དམིགས་སོ། །དེ་ཅིའི་ཕྱིར་ཞེ་ན། ཚེ་དང་ལྡན་པ་ཤཱ་ར་དྭ་ཏིའི་བུ། ཐམས་ཅད་མཁྱེན་པ་མེད་པ་དང་། ཐམས་ཅད་མཁྱེན་པ་སྟོང་པ་ཉིད་དང་། དབེན་པ་དང་། ངོ་བོ་ཉིད་མེད་པ་ལ་སྔོན་གྱི་མཐའ་མི་དམིགས། ཕྱི་མའི་མཐའ་མི་དམིགས། དབུས②མི་དམིགས་ཏེ། ཐམས་ཅད་མཁྱེན་པ་ཉིད་མེད་པ་ཡང་གཞན་མ་ཡིན། ཐམས་ཅད་མཁྱེན་པ་ཉིད་སྟོང་པ་ཉིད་དང་། དབེན་པ་དང་། ངོ་བོ་ཉིད་མེད་པ་ཡང་གཞན་མ་ཡིན། བྱང་ཆུབ་སེམས་དཔའ་ཡང་གཞན་མ་ཡིན།

སྟོན་གྱི་མཐའ་ཡང་གཞན་མ་ཡིན། ཕྱི་མའི་མཐའ་ཡང་གཞན་མ་ཡིན། དབུས་ཀྱང་གཞན་མ་ཡིན་ནོ། །ཚེ་དང་ལྡན་པ་ཤ་ར་དྭ་ཏིའི་བུ་དེ་ལྟར་ན། ཐམས་ཅད་མཁྱེན་པ་མེད་པ་གང་ཡིན་པ་དང་། ཐམས་ཅད་མཁྱེན་པ་སྟོང་པ་ཉིད་དང་། དངོས་པ་དང་། ངོ་བོ་ཉིད་མེད་པ་གང་ཡིན་པ་དང་། བྱང་ཆུབ་སེམས་དཔའ་གང་ཡིན་པ་དང་། སྔོན་གྱི་མཐའ་གང་ཡིན་པ་དང་། ཕྱི་མའི་མཐའ་གང་ཡིན་པ་དང་། དབུས་གང་ཡིན་པ་དེ་དག①ཐམས་ཅད་ཀྱང་གཉིས་སུ་མེད་དེ་གཉིས་སུ་བྱར་མེད་དོ། །ཚེ་དང་ལྡན་པ་ཤ་ར་དྭ་ཏིའི་བུ་རྣམ་གྲངས་དེས་ན། བྱང་ཆུབ་སེམས་དཔའ་སྔོན་གྱི་མཐར་མི་དམིགས་སོ། །བྱང་ཆུབ་སེམས་དཔའ་ཕྱི་མའི་མཐའ་དང་། དབུས་སུ་མི་དམིགས་སོ། །ཚེ་དང་ལྡན་པ་ཤ་ར་དྭ་ཏིའི་བུ་གང་ཡང་འདི་སྐད་དུ་ཅིའི་ཕྱིར་ན། གཟུགས་ཀུན་ཏུ་མཐའ་ཡས་པའི་ཕྱིར། བྱང་ཆུབ་སེམས་དཔའ་ཀུན་ཏུ་མཐའ་ཡས་པར་རིག་པར་བྱའོ②། །ཚོར་བ་དང་འདུ་ཤེས་དང་འདུ་བྱེད་དང་རྣམ་པར་ཤེས་པ་ཀུན་ཏུ་མཐའ་ཡས་པའི་ཕྱིར། བྱང་ཆུབ་སེམས་དཔའ་ཀུན་ཏུ་མཐའ་ཡས་པར་③རིག་པར་བྱ་ཞེས་ཟེར་བ་ནི། ཚེ་དང་ལྡན་པ་ཤ་ར་དྭ་ཏིའི་བུ་གཟུགས་ནི་ནམ་མཁའ་དང་མཉམ། ཚོར་བ་དང་འདུ་ཤེས་དང་འདུ་བྱེད་དང་རྣམ་པར་ཤེས་པ་ནི་ནམ་མཁའ་དང་མཉམ་པ་སྟེ། དེ་ཅིའི་ཕྱིར་ཞེ་ན། ཚེ་དང་ལྡན་པ་ཤ་ར་དྭ་ཏིའི་བུ་འདི་ལྟ་སྟེ་དཔེར་ན། ནམ་མཁའ་ལ་ནི་སྔོན་གྱི་མཐའ་མི་དམིགས། ཕྱི་མའི་མཐའ་དང་དབུས་མི་དམིགས་ཏེ། མཐའ་ཡས་ཀུན་ཏུ་མཐའ་ཡས་པའི་ཕྱིར། ནམ་མཁའ་ཞེས་མིང་དུ་བརྗོད་དོ། །ཚེ་དང་ལྡན་པ་ཤ་ར་དྭ་ཏིའི་བུ་དེ་བཞིན་དུ་གཟུགས་སྟོང་པ་ཉིད་ཀྱི་ཕྱིར། གཟུགས་ཀྱི་སྔོན་གྱི་མཐའ་མི་དམིགས། ཕྱི་མའི་མཐའ་དང་དབུས་མི་དམིགས། ཚོར་བ་དང་འདུ་ཤེས་དང་འདུ་བྱེད་དང་།

རྣམ་པར་ཤེས་པ་སྟོང་པ་ཉིད་ཀྱི་ཕྱིར། རྣམ་པར་ཤེས་པའི་སྔོན་གྱི་མཐའ་མི་དམིགས། ཕྱི་མའི་མཐའ་དང་། དབུས་མི་དམིགས་ཏེ། སྟོང་པ་ཉིད་ལ་མཐའ་འམ། དབུས་མི་དམིགས་སོ། །ཚེ་དང་ལྡན་པ་ཤཱ་ར་དྭ་ཏིའི་བུ་རྣམ་གྲངས་དེས་ན། གཟུགས་ཀུན་ཏུ་མཐའ་ཡས[1]། ཚོར་བ་དང་འདུ་ཤེས་དང་… འདུ་བྱེད་དང་རྣམ་པར་ཤེས་པ་ཀུན་ཏུ་མཐའ་ཡས་པའི་ཕྱིར། བྱང་ཆུབ་སེམས་དཔའ་ཀུན་ཏུ་མཐའ་ཡས་པར་རིག་པར་བྱའོ། །ཚེ་དང་ལྡན་པ་ཤཱ་ར་དྭ་ཏིའི་བུ་སྐྱེ་མཆེད་རྣམས་དང་། ཁམས་རྣམས་དང་། རྟེན་ཅིང་འབྲེལ་བར་འབྱུང་བ་དང་། ཕ་རོལ་ཏུ་ཕྱིན་པ་རྣམས་དང་། སྟོང་པ་ཉིད་ཐམས་ཅད་དང་། བྱང་ཆུབ་ཀྱི་ཕྱོགས་ཀྱི་ཆོས་དང་། འཕགས་པའི་བདེན་པ་དང་། བསམ་གཏན་དང་། ཚད་མེད་པ་དང་། གཟུགས་མེད་པའི་སྙོམས་པར་འཇུག་པ་དང་། རྣམ་པར་ཐར་པ་བརྒྱད་དང་། མཐར་གྱིས་གནས་པའི་སྙོམས་པར་འཇུག་པ་དགུ་དང་། སྟོང་པ་ཉིད་དང་། མཚན་མ་མེད་པ་དང་། སྨོན་པ་མེད་པ་དང་། མངོན་པར་ཤེས་པ་དང་། ཏིང་ངེ་འཛིན་དང་། གཟུངས་ཀྱི་སྒོ་དང་། སྟོབས་བཅུ་དང་། མི་འཇིགས་པ་དང་། སོ་སོ་ཡང་དག་པར་རིག་པ་དང་། སངས་རྒྱས་ཀྱི་ཆོས་མ་འདྲེས་པ་རྣམས་ནི་ནམ་མཁའ་དང་མཉམ་པ་སྟེ། དེ་ཅིའི་ཕྱིར་ཞེ་ན། ཚེ་དང་ལྡན་པ་ཤཱ་ར་དྭ་ཏིའི་བུ་འདི་ལྟར་དཔེར[3]་ན། ནམ་མཁའ་ལ་ནི་སྔོན་གྱི་མཐའ་མི་དམིགས། ཕྱི་མའི་མཐའ་མི་དམིགས། དབུས་མི་དམིགས་ཏེ། མཐའ་ཡས་ཀུན་ཏུ་མཐའ་ཡས་པའི་ཕྱིར། ནམ་མཁའ་ཞེས་མིང་དུ་བརྗོད་དོ། །ཚེ་དང་ལྡན་པ་ཤཱ་ར་དྭ་ཏིའི་བུ་དེ་བཞིན་དུ་སངས་རྒྱས་ཀྱི་ཆོས་མ་འདྲེས་པ་སྟོང་པ་ཉིད་ཀྱི་ཕྱིར། སངས་རྒྱས་ཀྱི་ཆོས་མ་འདྲེས་པ་རྣམས་སྔོན་གྱི… མཐའ་མི་དམིགས། ཕྱི་མའི་མཐའ་མི་དམིགས། དབུས་མི་དམིགས་ཏེ།

སྟོང་པ་ཉིད་ལ་མཐའ་འམ་དབུས་མི་དམིགས་སོ། །ཚེ་དང་ལྡན་པ་ཤཱ་ར་དྭ་ཏིའི་བུ་རྣམ་གྲངས་དེས་ན། སངས་རྒྱས་ཀྱི་ཆོས་མ་འདྲེས་པ་ཀུན་ཏུ་མཐའ་ཡས་པའི་ཕྱིར། བྱང་ཆུབ་སེམས་དཔའ་ཀུན་ཏུ་མཐའ་ཡས་པར་རིག་པར་བྱའོ། །ཚེ་དང་ལྡན་པ་ཤཱ་ར་དྭ་ཏིའི་བུ་གང་ཡང་འདི་སྐད་དུ་ཅིའི་ཕྱིར་ན། གཟུགས་བྱང་ཆུབ་སེམས་དཔའ་ཞེས་བྱ་བ་དེ་ལྟ་བུ་ཡང་མེད་ཅིང་མི་དམིགས། ཚོར་བ་དང་འདུ་ཤེས་དང་འདུ་བྱེད་དང་རྣམ་པར་ཤེས་པ་བྱང་ཆུབ་སེམས་དཔའ་ཞེས་བྱ་བ་དེ་ལྟ་བུ་ཡང་མེད་ཅིང་མི་དམིགས་ཤེས་ཟེར་བ་ནི། ཚེ་དང་ལྡན་པ་ཤཱ་ར་དྭ་ཏིའི་བུ་གཟུགས་ནི་གཟུགས་ཀྱིས་སྟོང་། ཚོར་བ་དང་འདུ་ཤེས་དང་འདུ་བྱེད་དང་རྣམ་པར་ཤེས་པ་ནི་རྣམ་པར་ཤེས་པས་སྟོང་སྟེ། དེ་ཅིའི་ཕྱིར་ཞེ་ན། སྟོང་པ་ཉིད་ལ་གཟུགས་མེད། སྟོང་པ་ཉིད་ལ་བྱང་ཆུབ་སེམས་དཔའ་མེད། སྟོང་པ་ཉིད་ལ་ཚོར་བ་དང་འདུ་ཤེས་དང་འདུ་བྱེད་དང་རྣམ་པར་ཤེས་པ་མེད། སྟོང་པ་ཉིད་ལ་བྱང་ཆུབ་སེམས་དཔའ་མེད་དོ། །ཚེ་དང་ལྡན་པ་ཤཱ་ར་དྭ་ཏིའི་བུ་རྣམ་གྲངས་དེས་ན། གཟུགས་བྱང་ཆུབ་སེམས་དཔའ་ཞེས་བྱ་བ་དེ་ལྟ་བུ་ཡང་མེད་ཅིང་མི་དམིགས་སོ། །ཚོར་བ་དང་འདུ་ཤེས་དང་འདུ་བྱེད་དང་རྣམ་པར་ཤེས་པ་བྱང་ཆུབ་སེམས་དཔའ་ཞེས་བྱ་བ་དེ་ལྟ་བུ་ཡང་མེད་ཅིང་མི་དམིགས་སོ། །ཚེ་དང་ལྡན་པ་ཤཱ་ར་དྭ་ཏིའི་བུ་གཞན་ཡང་སྦྱིན་པའི་ཕ་རོལ་ཏུ་ཕྱིན་པ་ནི། སྦྱིན་པའི་ཕ་རོལ་ཏུ་ཕྱིན་པས་སྟོང་སྟེ། དེ་ཅིའི་ཕྱིར་ཞེ་ན། སྟོང་པ་ཉིད་ལ་སྦྱིན་པའི་ཕ་རོལ་ཏུ་ཕྱིན་པ་མེད། བྱང་ཆུབ་སེམས་དཔའ་མེད་དོ། །ཚུལ་ཁྲིམས་ཀྱི་ཕ་རོལ་ཏུ་ཕྱིན་པ་དང་། བཟོད་པའི་ཕ་རོལ་ཏུ་ཕྱིན་པ་དང་། བརྩོན་འགྲུས་ཀྱི་ཕ་རོལ་ཏུ་ཕྱིན་པ་དང་། བསམ་གཏན་གྱི་ཕ་རོལ་ཏུ་ཕྱིན་པ་དང་། ཤེས་རབ་ཀྱི་ཕ་རོལ་ཏུ་ཕྱིན་པ་ནི་ཤེས་རབ་ཀྱི་ཕ་རོལ་ཏུ་ཕྱིན་པས་སྟོང་སྟེ། དེ་ཅིའི་ཕྱིར་ཞེ་ན།

སྟོང་པ་ཉིད་ལ་ཤེས་རབ་ཀྱི་ཕ་རོལ་ཏུ་ཕྱིན་པ་མེད། བྱང་ཆུབ་སེམས་དཔའ་མེད་
དོ། །ཚེ་དང་ལྡན་པ་ཤ་ར་དྭ་ཏིའི་བུ་གཞན་ཡང་ནང་སྟོང་པ་ཉིད་ནི་ནང་སྟོང་
པ་ཉིད་ཀྱིས་སྟོང་སྟེ། དེ་ཅིའི་ཕྱིར་ཞེ་ན། སྟོང་པ་ཉིད་ལ་ནང་སྟོང་པ་ཉིད····
མེད། བྱང་ཆུབ་སེམས་དཔའ་མེད་དོ། །ཕྱི་སྟོང་པ་ཉིད་དང་ཕྱི་ནང་སྟོང་པ་
ཉིད་དང་། དངོས་པོ་མེད་པའི་ངོ་བོ་ཉིད་སྟོང་པ་ཉིད་ཀྱི་བར་དུ། དངོས་པོ་
མེད་པའི་ངོ་བོ་ཉིད་སྟོང་པ་ཉིད་ཀྱིས་སྟོང་སྟེ། དེ་ཅིའི་ཕྱིར་ཞེ་ན། སྟོང་པ····
ཉིད་ལ་དངོས་པོ་མེད་པའི་ངོ་བོ་ཉིད་སྟོང་པ་ཉིད་མེད། བྱང་ཆུབ་སེམས་དཔའ་
མེད་དོ། །ཚེ་དང་ལྡན་པ་ཤ་ར་དྭ་ཏིའི་བུ་གཞན་ཡང་དྲན་པ་ཉེ་བར་གཞག་པ··
རྣམས་ནི། དྲན་པ་ཉེ་བར་གཞག་པ་རྣམས་ཀྱིས་སྟོང་། ཡང་དག་པར་སྤོང་བ་
རྣམས་དང་། རྫུ་འཕྲུལ་གྱི་རྐང་པ་རྣམས་དང་། དབང་པོ་རྣམས་དང་།
སྟོབས་རྣམས་དང་། བྱང་ཆུབ་ཀྱི་ཡན་ལག་རྣམས་དང་། འཕགས་པའི་ལམ་
ཡན་ལག་བརྒྱད་པ་ནི། འཕགས་པའི་ལམ་ཡན་ལག་བརྒྱད་པས་སྟོང་སྟེ། དེ་
ཅིའི་ཕྱིར་ཞེ་ན། སྟོང་པ་ཉིད་ལ་དྲན་པ་ཉེ་བར་གཞག་པ་མེད། ཡང་དག་
པར་སྤོང་བ་དང་། རྫུ་འཕྲུལ་གྱི་རྐང་པ་དང་། དབང་པོ་དང་། སྟོབས་
དང་། བྱང་ཆུབ་ཀྱི་ཡན་ལག་དང་། འཕགས་པའི་ལམ༔ཡན་ལག་[༡]བརྒྱད་པ་
མེད། བྱང་ཆུབ་སེམས་དཔའ་མེད་དོ། །འཕགས་པའི་བདེན་པ་རྣམས་དང་[༣]།
བསམ་གཏན་རྣམས་དང་། ཚད་མེད་པ་རྣམས་དང་། གཟུགས་མེད་པའི་
སྙོམས་པར་འཇུག་པ་རྣམས་དང་། རྣམ་པར་ཐར་པ་བརྒྱད་དང་། མཐར་
གྱིས་གནས་པའི་སྙོམས་པར་འཇུག་པ་དགུ་དང་། རྣམ་པར་ཐར་པའི་སྒོ་སྟོང་པ་
ཉིད་དང་། མཚན་མ་མེད་པ་དང་། སྨོན་པ་མེད་པ་དང་། མངོན་པར་
ཤེས་པ་རྣམས་དང་། ཏིང་ངེ་འཛིན་རྣམས་དང་། གཟུངས་ཀྱི་སྒོ་རྣམས་དང་།

དེ་བཞིན་གཤེགས་པའི་སྟོབས་རྣམས་དང་། མི་འཇིགས་པ་རྣམས་དང་། སོ་སོ་ཡང་དག་པར་རིག་པ་རྣམས་དང་། སངས་རྒྱས་ཀྱི་ཆོས་མ་འདྲེས་པ་རྣམས་ནི་སངས་རྒྱས་ཀྱི་ཆོས་མ་འདྲེས་པ་རྣམས་ཀྱིས་སྟོང་སྟེ། དེ་ཅིའི་ཕྱིར་ཞེ་ན། སྟོང་པ་ཉིད་ལ་འཕགས་པའི་བདེན་པ་དང་། སངས་རྒྱས་ཀྱི་ཆོས་མ་འདྲེས་པ་རྣམས་ཀྱི་བར་དུ་མེད། བྱང་ཆུབ་སེམས་དཔའ་མེད་དོ། །ཆོས་ཀྱི་དབྱིངས་ནི་ཆོས་ཀྱི་དབྱིངས་ཀྱིས་སྟོང་། དེ་བཞིན་ཉིད་ནི་དེ་བཞིན་ཉིད་ཀྱིས་སྟོང་། ཡང་དག་པའི་མཐའ་ནི་ཡང་དག་པའི་མཐས་སྟོང་། བསམ་གྱིས་མི་ཁྱབ་པའི་དབྱིངས་ནི་བསམ་གྱིས་མི་ཁྱབ་པའི་དབྱིངས་ཀྱིས་སྟོང་། ཐམས་ཅད་ཤེས་པ་ཉིད་ནི་ཐམས་ཅད་ཤེས་པ་ཉིད་ཀྱིས་སྟོང་། ལམ་གྱི་རྣམ་པ་[༡]ཤེས་པ་ཉིད་ནི་ལམ་གྱི་རྣམ་པ་[༢]ཤེས་པ་ཉིད་ཀྱིས་སྟོང་རྣམ་པ་ཐམས་ཅད་མཁྱེན་པ་ཉིད་ནི་རྣམ་པ་ཐམས་ཅད་མཁྱེན་[༣]པ་ཉིད་ཀྱིས་སྟོང་སྟེ། དེ་ཅིའི་ཕྱིར་ཞེ་ན། སྟོང་པ་ཉིད་ལ་ཆོས་ཀྱི་དབྱིངས་དང་། རྣམ་པ་ཐམས་ཅད་མཁྱེན་པ་ཉིད་ཀྱི་བར་དུ་མེད། བྱང་ཆུབ་སེམས་དཔའ་མེད་དོ། །ཉན་ཐོས་ཀྱི་ཐེག་པ་ནི་ཉན་ཐོས་ཀྱི་ཐེག་པས་སྟོང་། རང་སངས་རྒྱས་ཀྱི་ཐེག་པ་ནི་རང་སངས་རྒྱས་ཀྱི་ཐེག་པས་སྟོང་། སངས་རྒྱས་ཀྱི་ཐེག་པ་ནི་སངས་རྒྱས་ཀྱི་ཐེག་པས་སྟོང་། ཉན་ཐོས་ནི་ཉན་ཐོས་ཀྱིས་སྟོང་། རང་སངས་རྒྱས་ནི་རང་སངས་རྒྱས་ཀྱིས་སྟོང་། དེ་བཞིན་གཤེགས་པ་ནི་དེ་བཞིན་གཤེགས་པས་སྟོང་སྟེ། དེ་ཅིའི་ཕྱིར་ཞེ་ན། སྟོང་པ་ཉིད་ལ་ཉན་ཐོས་ཀྱི་ཐེག་པ་མེད། སངས་རྒྱས་ཀྱི་ཐེག་པའི་བར་དུ་མེད། ཉན་ཐོས་མེད། དེ་བཞིན་གཤེགས་པའི་བར་དུ་མེད། བྱང་ཆུབ་སེམས་དཔའ་མེད་དོ། །ཚེ་དང་ལྡན་པ་ཤཱ་རདྭ་ཏིའི་བུ་རྣམ་གྲངས་དེས་ན། གཟུགས་བྱང་ཆུབ་སེམས་དཔའ་ཞེས་བྱ་བ་དེ་ལྟ་བུ་ཡང་མེད་ཅིང་མི་དམིགས་སོ། །ཚོར་བ་དང་འདུ་ཤེས་དང་

འདུ་བྱེད་དང་རྣམ་པར་ཤེས་པ་བྱང་ཆུབ་སེམས་དཔའ་ཞེས་བྱ་བ་དེ་ལྟ་བུ་ཡང་མེད་ཅིང་མི་དམིགས་སོ། །ཚེ་དང་ལྡན་པ་ཤཱ་ར་དྭ་ཏིའི་བུ་གང་ཡང་འདི་སྐད་དུ་བདག་གིས་བྱང་ཆུབ་སེམས་དཔའ་ཐམས་ཅད་དུ་ཐམས་ཅད་རྣམ་པ་ཐམས་ཅད་དུ་ཐམས་ཅད་མི་①དམིགས་ན། བྱང་ཆུབ་སེམས་དཔའ་ནི་གང་ཞིག །ཤེས་རབ་ཀྱི་ཕ་རོལ་ཏུ་ཕྱིན་པ་ནི་གང་ཞིག་ལ་གདམས་ཤིང་རྗེས་སུ་བསྟན་པར་བྱ་ཞེས་ཟེར་བ། ཅིའི་②ཕྱིར་དེ་སྐད་དུ་སྨྲ་ཞེས་ཟེར་བ་ནི། ཚེ་དང་ལྡན་པ་ཤཱ་ར་དྭ་ཏིའི་བུ་གཟུགས་ནི་གཟུགས་ལ་མེད་ཅིང་མི་དམིགས་སོ། །གཟུགས་ནི་ཚོར་བ་ལ་མེད་ཅིང་མི་དམིགས་སོ། །ཚོར་བ་ནི་ཚོར་བ་ལ་མེད་ཅིང་མི་དམིགས་སོ། །ཚོར་བ་ནི་གཟུགས་ལ་མེད་ཅིང་མི་དམིགས་སོ། །གཟུགས་དང་། ཚོར་བ་ནི་འདུ་ཤེས་ལ་མེད་ཅིང་། མི་དམིགས་སོ། །འདུ་ཤེས་ནི་འདུ་ཤེས་ལ་མེད་ཅིང་མི་དམིགས་སོ། །འདུ་ཤེས་ནི་གཟུགས་དང་། ཚོར་བ་ལ་མེད་ཅིང་མི་དམིགས་སོ། །གཟུགས་དང་། ཚོར་བ་དང་། འདུ་ཤེས་ནི་འདུ་བྱེད་རྣམས་ལ་མེད་ཅིང་མི་དམིགས་སོ། །འདུ་བྱེད་རྣམས་ནི་འདུ་བྱེད་རྣམས་ལ་མེད་ཅིང་མི་③དམིགས་སོ། །འདུ་བྱེད་རྣམས་ནི་གཟུགས་དང་ཚོར་བ་དང་འདུ་ཤེས་ལ་མེད་ཅིང་མི་དམིགས་སོ། །གཟུགས་དང་ཚོར་བ་དང་འདུ་ཤེས་དང་འདུ་བྱེད་རྣམས་ནི་རྣམ་པར་ཤེས་པ་ལ་མེད་ཅིང་མི་དམིགས་སོ། །རྣམ་པར་ཤེས་པ་ནི་རྣམ་པར་ཤེས་པ་ལ་མེད་ཅིང་མི་དམིགས་སོ། །རྣམ་པར་ཤེས་པ་ནི་གཟུགས་དང་ཚོར་བ་དང་འདུ་ཤེས་དང་འདུ་བྱེད་རྣམས་ལ་མེད་ཅིང་མི་དམིགས་སོ། །ཚེ་དང་ལྡན་པ་ཤཱ་ར་དྭ་ཏིའི་བུ་མིག་ནི་མིག་ལ་མེད་ཅིང་མི་དམིགས་སོ། །མིག་ནི་རྣ་བ་ལ་མེད་ཅིང་མི་དམིགས་སོ། །རྣ་བ་ནི་རྣ་བ་ལ་མེད་ཅིང་མི་དམིགས་སོ། །རྣ་བ་ནི་མིག་ལ་མེད་ཅིང་མི་དམིགས་སོ། །མིག་དང་རྣ་བ་ནི་སྣ་ལ་མེད་ཅིང་མི་དམིགས་

སོ།། །སྣ་ནི་སྣ་ལ་མེད་ཅིང་མི་དམིགས་སོ། །སྣ་ནི་མིག་དང་རྣ་བ་ལ་མེད་ཅིང་མི་དམིགས་སོ། །མིག་དང་རྣ་བ་དང་སྣ་ནི་ལྕེ་ལ་མེད་ཅིང་མི་དམིགས་སོ། །ལྕེ་ནི་ལྕེ་ལ་མེད་ཅིང་མི་དམིགས་སོ། །ལྕེ་ནི་མིག་དང་རྣ་བ་དང་། སྣ་ལ་མེད་ཅིང་མི་དམིགས་སོ། །མིག་དང་རྣ་བ་དང་སྣ་དང་ལྕེ་ནི་ལུས་ལ་མེད་ཅིང་མི་དམིགས་སོ། །ལུས་ནི་ལུས་ལ་མེད་ཅིང་མི་དམིགས་སོ། །ལུས་ནི་མིག་དང་རྣ་བ་དང་སྣ་དང་ལྕེ་ལ་མེད་ཅིང་མི་དམིགས་སོ། །མིག་དང་རྣ་བ་དང་སྣ་དང་། ལྕེ་དང་ལུས་ནི་ཡིད་ལ་མེད་ཅིང་མི་དམིགས་སོ། །ཡིད་ནི་ཡིད་ལ་མེད་ཅིང་མི་དམིགས་སོ། །ཡིད་ནི་མིག་དང་རྣ་བ་དང་སྣ་དང་ལྕེ་དང་ལུས་ལ་མེད་ཅིང་མི་དམིགས་སོ། །གཟུགས་ནི་གཟུགས་ལ་མེད་ཅིང་མི་དམིགས་སོ། །གཟུགས་ནི་སྒྲ་ལ་མེད་ཅིང་མི་དམིགས་སོ། །སྒྲ་ནི་སྒྲ་ལ་མེད་ཅིང་མི་དམིགས་སོ། །སྒྲ་ནི་གཟུགས་ལ་མེད་ཅིང་མི་དམིགས་སོ། །གཟུགས་དང་སྒྲ་ནི་དྲི་ལ་མེད་ཅིང་མི་དམིགས་སོ། །དྲི་ནི་དྲི་ལ་མེད་ཅིང་མི་དམིགས་སོ། །དྲི་ནི་གཟུགས་དང་སྒྲ་ལ་མེད་ཅིང་མི་དམིགས་སོ། གཟུགས་དང་སྒྲ་དང་དྲི་ནི་རོ་ལ་མེད་ཅིང་མི་དམིགས་[༡]སོ།། །རོ་ནི་རོ་ལ་མེད་ཅིང་མི་དམིགས་སོ། །རོ་ནི་གཟུགས་དང་སྒྲ་དང་དྲི་ལ་མེད་ཅིང་མི་དམིགས་སོ། །གཟུགས་དང་སྒྲ་དང་དྲི་དང་རོ་ནི་རེག་ལ་མེད་ཅིང་མི་དམིགས་སོ། །རེག་ནི་རེག་ལ་མེད་ཅིང་མི་དམིགས་སོ། །རེག་ནི་གཟུགས་དང་། སྒྲ་དང་དྲི་དང་རོ་ལ་མེད་ཅིང་མི་དམིགས་སོ། །གཟུགས་དང་སྒྲ་དང་དྲི་དང་རོ་དང་རེག་ནི་ཆོས་ལ་མེད་ཅིང་མི་དམིགས་སོ། །ཆོས་ནི་ཆོས་ལ་མེད་ཅིང་མི་དམིགས་སོ། །ཆོས་ནི་གཟུགས་དང་། སྒྲ་དང་དྲི་དང་རོ་དང་རེག་ལ་མེད་ཅིང་མི་དམིགས་སོ། །མིག་གི་རྣམ་པར་ཤེས་པ་ནི་མིག་གི་རྣམ་པར་ཤེས་པ་ལ་མེད་ཅིང་མི་དམིགས་སོ། །མིག་གི་རྣམ་པར་ཤེས་པ་ནི་རྣ་བའི་རྣམ་པར་ཤེས་

པ་ལ་མེད་ཅིང་མི་དམིགས་སོ། །ཟ་བའི་རྣམ་པར་ཤེས་པ་ནི་ཟ་བའི་རྣམ་པར་ཤེས་པ་ལ་མེད་ཅིང་མི་དམིགས་སོ། །ཟ་བའི་རྣམ་པར་ཤེས་པ་ནི་མིག་གི་རྣམ་པར་ཤེས་པ་ལ་མེད་ཅིང་མི་དམིགས་སོ། །མིག་གི་རྣམ་པར་ཤེས་པ་དང་། ཟ་བའི་རྣམ་པར་ཤེས་པ་ནི་སྣའི་རྣམ་པར་ཤེས་པ་ལ་མེད་ཅིང་མི་དམིགས་སོ། །སྣའི་རྣམ་པར་ཤེས་པ་ནི་སྣའི་རྣམ་པར་ཤེས་པ་ལ་མེད་ཅིང་མི་དམིགས་སོ། །སྣའི་[7]རྣམ་པར་ཤེས་པ་ནི་མིག་གི་རྣམ་པར་ཤེས་པ་དང་། ཟ་བའི་རྣམ་པར་ཤེས་པ་ལ་མེད་ཅིང་མི་དམིགས་སོ། །མིག་གི་རྣམ་པར་ཤེས་པ་དང་། ཟ་བའི་རྣམ་པར་ཤེས་པ་དང་། སྣའི་རྣམ་པར་ཤེས་པ་ནི་ལྕེའི་རྣམ་པར་ཤེས་པ་ལ་མེད་ཅིང་མི་དམིགས་སོ། །ལྕེའི་རྣམ་པར་ཤེས་པ་ནི་ལྕེའི་རྣམ་པར་ཤེས་པ་ལ་མེད་ཅིང་མི་དམིགས་སོ། །ལྕེའི་རྣམ་པར་ཤེས་པ་ནི་མིག་གི་རྣམ་པར་ཤེས་པ་དང་། ཟ་བའི་རྣམ་པར་ཤེས་པ་དང་། སྣའི་རྣམ་པར་ཤེས་པ་ལ་མེད་ཅིང་མི་དམིགས་སོ། །མིག་གི་རྣམ་པར་ཤེས་པ་དང་། ཟ་བའི་རྣམ་པར་ཤེས་པ་དང་། སྣའི་རྣམ་པར་ཤེས་པ་དང་། ལྕེའི་རྣམ་པར་ཤེས་པ་ནི་ལུས་ཀྱི་རྣམ་པར་ཤེས་པ་ལ་མེད་ཅིང་མི་དམིགས་སོ། །ལུས་ཀྱི་རྣམ་པར་ཤེས་པ་ནི་ལུས་ཀྱི་རྣམ་པར་ཤེས་པ་ལ་མེད་ཅིང་མི་དམིགས་སོ། །ལུས་ཀྱི་རྣམ་པར་ཤེས་པ་ནི་མིག་གི་རྣམ་པར་ཤེས་པ་དང་། ཟ་བའི་རྣམ་པར་ཤེས་པ་དང་། སྣའི་རྣམ་པར་ཤེས་པ་དང་། ལྕེའི་རྣམ་པར་ཤེས་པ་ལ་མེད་ཅིང་མི་དམིགས་སོ། །མིག་གི་རྣམ་པར་ཤེས་པ་དང་། ཟ་བའི་རྣམ་པར་ཤེས་པ་དང་། སྣའི་རྣམ་པར་ཤེས་པ་དང་། ལྕེའི་རྣམ་པར་ཤེས་པ་དང་། ལུས་ཀྱི་རྣམ་པར་ཤེས་པ་ནི་ཡིད་ཀྱི་རྣམ་པར་ཤེས་པ་ལ་མེད་ཅིང་མི་དམིགས་སོ། །ཡིད་ཀྱི་རྣམ་པར་ཤེས་པ་ནི་ཡིད་ཀྱི་རྣམ་པར་ཤེས་པ་ལ་མེད་ཅིང་མི་དམིགས་སོ། །ཡིད་ཀྱི་རྣམ་པར་ཤེས་པ་ནི་མིག་གི་རྣམ་པར་ཤེས་

པ་དང་། རྣ་བའི་རྣམ་པར་ཤེས་པ་དང་། སྣའི་རྣམ་པར་ཤེས་པ་དང་།
ལྕེའི་རྣམ་པར་ཤེས་པ་དང་། ལུས་ཀྱི་རྣམ་པར་ཤེས་པ་ལ་མེད་ཅིང་མི་དམིགས་སོ། །
མིག་གི་འདུས་ཏེ་རེག་པ་ནི། མིག་གི་འདུས་ཏེ་རེག་པ་ལ་མེད་ཅིང་མི་དམིགས་སོ། །
མིག་གི་འདུས་ཏེ་རེག་པ་ནི་རྣ་བའི་འདུས་ཏེ་རེག་པ་ལ་མེད་ཅིང་མི་དམིགས་སོ། །
རྣ་བའི་འདུས་ཏེ་རེག་པ་ནི་རྣ་[7]བའི་འདུས་ཏེ་རེག་པ་ལ་མེད་ཅིང་མི་དམིགས་སོ། །
རྣ་བའི་འདུས་ཏེ་རེག་པ་ནི། མིག་གི་འདུས་ཏེ་རེག་པ་ལ་མེད་ཅིང་མི་དམིགས་སོ། །
མིག་གི་འདུས་ཏེ་རེག་པ་དང་། རྣ་བའི་འདུས་ཏེ་རེག་པ་ནི། སྣའི་འདུས་ཏེ་
རེག་པ་ལ་མེད་ཅིང་མི་དམིགས་སོ། །སྣའི་འདུས་ཏེ་རེག་པ་ནི། སྣའི་འདུས་
ཏེ་རེག་པ་ལ་མེད་ཅིང་མི་དམིགས་སོ། །སྣའི་འདུས་ཏེ་རེག་པ་ནི། མིག་གི་
འདུས་ཏེ་རེག་པ་དང་། རྣ་བའི་འདུས་ཏེ་རེག་པ་ལ་མེད་ཅིང་མི་དམིགས་སོ། །
མིག་གི་འདུས་ཏེ་རེག་པ་དང་། རྣ་བའི་འདུས་ཏེ་རེག་པ་དང་། སྣའི་འདུས་
ཏེ་རེག་པ་ནི། ལྕེའི་འདུས་ཏེ་རེག་པ་ལ་མེད་ཅིང་མི་དམིགས་སོ། །ལྕེའི་
འདུས་ཏེ་རེག་པ་ནི། ལྕེའི་འདུས་ཏེ་རེག་པ་ལ་མེད་ཅིང་མི་དམིགས་སོ། །
ལྕེའི་འདུས་ཏེ་རེག་པ་ནི། མིག་གི་འདུས་ཏེ་རེག་པ་དང་། རྣ་བའི་འདུས་ཏེ་
རེག་པ་དང་། སྣའི་འདུས་ཏེ་རེག་པ་ལ་མེད་ཅིང་མི་དམིགས་སོ། །མིག་གི་
འདུས་ཏེ་རེག་པ་དང་། རྣ་བའི་འདུས་ཏེ་རེག་པ་དང་། སྣའི་འདུས་ཏེ་རེག་
པ་དང་། ལྕེའི་འདུས་ཏེ་རེག་པ་ནི། ལུས་ཀྱི་འདུས་ཏེ་རེག་པ་ལ་མེད་ཅིང་མི་
དམིགས་སོ། །ལུས་ཀྱི་འདུས་ཏེ་རེག་པ་ནི། ལུས་ཀྱི་འདུས་ཏེ་རེག་པ་ལ་
མེད་ཅིང་མི་དམིགས་སོ། །ལུས་ཀྱི་འདུས་ཏེ་རེག་པ་ནི། མིག་གི་འདུས་ཏེ་
རེག་པ་དང་། རྣ་བའི་འདུས་ཏེ་རེག་པ་དང་། སྣའི་འདུས་ཏེ་རེག་པ་དང་།
ལྕེའི་འདུས་ཏེ་རེག་པ་ལ་མེད་ཅིང་མི་དམིགས་སོ། །མིག་གི་འདུས་ཏེ་རེག་པ་

དང་། རྣ་བའི་འདུས་ཏེ་རེག་པ་དང་། སྣའི་འདུས་ཏེ་རེག་པ་དང་། ལྕེའི་འདུས་ཏེ་རེག་པ་དང་། ལུས་ཀྱི་འདུས་ཏེ་རེག་པ་ནི། ཡིད་ཀྱི་འདུས་ཏེ་རེག་པ་ལ་མེད་ཅིང་མི་དམིགས་སོ། །ཡིད་ཀྱི་འདུས་ཏེ་རེག་པ་ནི། ཡིད་ཀྱི་འདུས་ཏེ་རེག་པ་ལ་མེད་ཅིང་མི་དམིགས་སོ། །ཡིད་ཀྱི་འདུས་ཏེ་རེག་པ་ནི། མིག་གི་འདུས་ཏེ་རེག་པ་དང་། རྣ་བའི་འདུས་ཏེ་རེག་པ་དང་། སྣའི་འདུས་ཏེ་རེག་པ་དང་། ལྕེའི་འདུས་ཏེ་རེག་པ་དང་། ལུས་ཀྱི་འདུས་ཏེ་རེག་པ་ལ་མེད་ཅིང་མི་དམིགས་སོ། །མིག་གི་འདུས་ཏེ་རེག་པ་ལས་བྱུང་བའི་ཚོར་བ་ནི། མིག་གི་འདུས་ཏེ་རེག་པ་ལས་བྱུང་བའི་ཚོར་བ་ལ་མེད་ཅིང་མི་དམིགས་སོ། །མིག་གི་འདུས་ཏེ་རེག་པ་ལས་བྱུང་བའི་ཚོར་བ་ནི། རྣ་བའི་འདུས་ཏེ་རེག་པ་ལས་བྱུང་བའི་ཚོར་བ་ལ་མེད་ཅིང་མི་དམིགས་སོ། །རྣ་བའི་འདུས་ཏེ་རེག་པ་ལས་བྱུང་བའི་ཚོར་བ་ནི། རྣ་བའི་འདུས་ཏེ་རེག་པ་ལས་བྱུང་བའི་ཚོར་བ་ལ་མེད་ཅིང་མི་དམིགས་སོ། །རྣ་བའི་འདུས་ཏེ་རེག་པ་ལས་བྱུང་བའི་ཚོར་བ་ནི། མིག་གི་འདུས་ཏེ་རེག་པ་ལས་བྱུང་བའི་ཚོར་བ་ལ་མེད་ཅིང་མི་དམིགས་སོ། །མིག་གི་འདུས་ཏེ་རེག་པ་ལས་བྱུང་བའི་ཚོར་བ་དང་། རྣ་བའི་འདུས་ཏེ་རེག་པ་ལས་བྱུང་བའི་ཚོར་བ་ནི། སྣའི་འདུས་ཏེ་རེག་པ་ལས་བྱུང་བའི་ཚོར་བ་ལ་མེད་ཅིང་མི་དམིགས་སོ། །སྣའི་འདུས་ཏེ་རེག་པ་ལས་བྱུང་བའི་ཚོར་བ་ནི། སྣའི་འདུས་ཏེ་རེག་པ་ལས་བྱུང་བའི་ཚོར་བ་ལ་མེད་ཅིང་མི་དམིགས་སོ། །སྣའི་འདུས་ཏེ་རེག་པ་ལས་བྱུང་བའི་ཚོར་བ་ནི། མིག་གི་འདུས་ཏེ་རེག་པ་ལས་བྱུང་བའི་ཚོར་བ་དང་། རྣ་བའི་འདུས་ཏེ་རེག་པ་ལས་བྱུང་བའི་ཚོར་བ་ལ་མེད་ཅིང་མི་དམིགས་སོ། །མིག་གི་འདུས་ཏེ་རེག་པ་ལས་བྱུང་བའི་ཚོར་བ་དང་། རྣ་བའི་འདུས་ཏེ་རེག་པ་ལས་བྱུང་བའི་ཚོར་བ་དང་། སྣའི་འདུས་ཏེ་རེག་པ་ལས་བྱུང་

བའི་ཚོར་བ་ནི། ལྗེའི་འདུས་ཏེ་རེག་པ་ལས་བྱུང་བའི་ཚོར་བ་ལ་མེད་ཅིང་མི་དམིགས་སོ། །ལྗེའི་འདུས་ཏེ་རེག་པ་ལས་བྱུང་བའི་ཚོར་བ་ནི། ལྗེའི་འདུས་ཏེ་རེག་པ་ལས་བྱུང་བའི་ཚོར་བ་ལ་མེད་ཅིང་མི་དམིགས་སོ། །ལྗེའི་འདུས་ཏེ་རེག་པ་ལས་བྱུང་བའི་ཚོར་བ་ནི། མིག་གི་འདུས་ཏེ་རེག་པ་ལས་བྱུང་བའི་ཚོར་བ་དང་། རྣ་བའི་འདུས་ཏེ་རེག་པ་ལས་བྱུང་བའི་ཚོར་བ་དང་། སྣའི་འདུས་ཏེ་རེག་པ་ལས་བྱུང་བའི་ཚོར་བ་ལ་མེད་ཅིང་མི་དམིགས་སོ། །མིག་གི་འདུས་ཏེ་རེག་པ་ལས་བྱུང་བའི་ཚོར་བ་དང་། རྣ་བའི་འདུས་ཏེ་རེག་པ་ལས་བྱུང་བའི་ཚོར་བ་དང་། སྣའི་འདུས་ཏེ་རེག་པ་ལས་བྱུང་བའི་ཚོར་བ་དང་། ལྗེའི་འདུས་ཏེ་རེག་པ་ལས་བྱུང་བའི་ཚོར་བ་ནི། ལུས་ཀྱི་འདུས་ཏེ་རེག་པ་ལས་བྱུང་བའི་ཚོར་བ་ལ་མེད་ཅིང་མི་དམིགས་སོ། །ལུས་ཀྱི་འདུས་ཏེ་རེག་པ་ལས་བྱུང་བའི་ཚོར་བ་ནི། ལུས་ཀྱི་འདུས་ཏེ་རེག་པ་ལས་བྱུང་བའི་ཚོར་བ་ལ་མེད་ཅིང་མི་དམིགས་སོ། །ལུས་ཀྱི་འདུས་ཏེ་རེག་པ་ལས་བྱུང་བའི་ཚོར་བ་ནི། [༡]མིག་གི་འདུས་ཏེ་རེག་པ་ལས་བྱུང་བའི་ཚོར་[༢]བ་དང་། རྣ་བའི་འདུས་ཏེ་རེག་པ་ལས་བྱུང་བའི་ཚོར་བ་དང་། སྣའི་འདུས་ཏེ་རེག་པ་ལས་བྱུང་བའི་ཚོར་བ་དང་། ལྗེའི་འདུས་ཏེ་རེག་པ་ལས་བྱུང་བའི་ཚོར་བ་ལ་མེད་ཅིང་མི་དམིགས་སོ། །མིག་གི་འདུས་ཏེ་རེག་པ་ལས་བྱུང་བའི་ཚོར་བ་དང་། རྣ་བའི་འདུས་ཏེ་རེག་པ་ལས་བྱུང་བའི་ཚོར་བ་དང་། སྣའི་འདུས་ཏེ་རེག་པ་ལས་བྱུང་བའི་ཚོར་བ་དང་། ལྗེའི་འདུས་ཏེ་རེག་པ་ལས་བྱུང་བའི་ཚོར་བ་དང་། ལུས་ཀྱི་འདུས་ཏེ་རེག་པ་ལས་བྱུང་བའི་ཚོར་བ་ནི་ཡིད་ཀྱི་འདུས་ཏེ་རེག་པ་ལས་བྱུང་བའི་ཚོར་བ་ལ་མེད་ཅིང་མི་དམིགས་སོ། །ཡིད་ཀྱི་འདུས་ཏེ་རེག་པ་ལས་བྱུང་བའི་ཚོར་བ་ནི། ཡིད་ཀྱི་འདུས་ཏེ་རེག་པ་ལས་བྱུང་བའི་ཚོར་བ་ལ་མེད་ཅིང་མི་དམིགས་སོ། །

ཡིད་ཀྱི་འདུས་ཏེ་རེག་པ་ལས་བྱུང་བའི་ཚོར་བ་ནི། མིག་གི་འདུས་ཏེ་རེག་པ་ལས་བྱུང་བའི་ཚོར་བ་དང་། རྣ་བའི་འདུས་ཏེ་རེག་པ་ལས་བྱུང་བའི་ཚོར་བ་དང་། སྣའི་འདུས་ཏེ་རེག་པ་ལས་བྱུང་བའི་ཚོར་བ་དང་། ལྗེའི་འདུས་ཏེ་རེག་པ་ལས་བྱུང་བའི་ཚོར་བ་དང་། ལུས་ཀྱི་འདུས་ཏེ་རེག་པ་ལས་བྱུང་བའི་ཚོར་བ་ལ་མེད་ཅིང་མི་དམིགས་སོ། །སྦྱིན་པའི་ཕ་རོལ་ཏུ་ཕྱིན་པ་ནི། སྦྱིན་པའི་ཕ་རོལ་ཏུ་ཕྱིན་པ་ལ་མེད་ཅིང་མི་དམིགས་སོ། །དེ་བཞིན་[༡]དུ་ཚུལ་ཁྲིམས་ཀྱི་ཕ་རོལ་ཏུ་ཕྱིན་པ་དང་། བཟོད་པའི་ཕ་རོལ་ཏུ་ཕྱིན་པ་དང་། བརྩོན་འགྲུས་ཀྱི་ཕ་རོལ་ཏུ་ཕྱིན་པ་དང་། བསམ་གཏན་གྱི་ཕ་རོལ་ཏུ་ཕྱིན་པ་དང་། ཤེས་རབ་ཀྱི་ཕ་རོལ་ཏུ་ཕྱིན་པ་ནི[༢]། ཤེས་རབ་ཀྱི་ཕ་རོལ་ཏུ་ཕྱིན་པ་ལ་མེད་ཅིང་མི་དམིགས་སོ། །སྦྱིན་པའི་ཕ་རོལ་ཏུ་ཕྱིན་པ་ལ་ཡང་། ཤེས་རབ་ཀྱི་ཕ་རོལ་ཏུ་ཕྱིན་པའི་བར་[༣]མེད་ཅིང་མི་དམིགས་སོ། །ཤེས་རབ་ཀྱི་ཕ་རོལ་ཏུ་ཕྱིན་པ་ལ་ཡང་། སྦྱིན་པའི་ཕ་རོལ་ཏུ་ཕྱིན་པའི་བར་དུ་མེད་ཅིང་མི་དམིགས་སོ། །ནང་སྟོང་པ་ཉིད་ནི་ནང་སྟོང་པ་ཉིད་ལ་མེད་ཅིང་མི་དམིགས་སོ། །ནང་སྟོང་པ་ཉིད་ནི་དངོས་པོ་མེད་པའི་ངོ་བོ་ཉིད་སྟོང་པ་ཉིད་ཀྱི་བར་ལ་མེད་ཅིང་མི་དམིགས་སོ། །དངོས་པོ་མེད་པའི་ངོ་བོ་ཉིད་སྟོང་པ་ཉིད་ནི། དངོས་པོ་མེད་པའི་ངོ་བོ་ཉིད་སྟོང་པ་ཉིད་ལ་མེད་ཅིང་མི་དམིགས་སོ། །དངོས་པོ་མེད་པའི་ངོ་བོ་ཉིད་༔སྟོང་པ་ཉིད་[༤]སྟོང་པ་ཉིད་ནི་ནང་སྟོང་པ་ཉིད་ཀྱི་བར་ལ་མེད་ཅིང་མི་དམིགས་སོ། །དྲན་པ་ཉེ་བར་གཞག་པ་རྣམས་ནི། དྲན་པ་ཉེ་བར་གཞག་པ་རྣམས་ལ་མེད་ཅིང་མི་དམིགས་སོ། །དྲན་པ་ཉེ་བར་གཞག་པ་ནི། ཡང་དག་པར་སྤོང་བ་ལ་མེད་ཅིང་མི་དམིགས་སོ། །ལམ་གྱི་བར་ནི་ལམ་[༥]ལ་མེད་ཅིང་མི་དམིགས་སོ། །ལམ་ནི་དྲན་པ་ཉེ་བར་གཞག་པ་དང་། ཡང་དག་པར་སྤོང་བ་དང་། རྫུ་འཕྲུལ་གྱི་

རྐང་པ་དང་། དབང་པོ་དང་། སྟོབས་དང་། བྱང་ཆུབ་ཀྱི་ཡན་ལག་ལ་མེད་ཅིང་མི་དམིགས་སོ། །འཕགས་པའི་བདེན་པ་རྣམས་ནི་འཕགས་པའི་བདེན་པ་རྣམས་ལ་མེད་ཅིང་མི་དམིགས་སོ། །འཕགས་པའི་བདེན་པ་རྣམས་ནི། བསམ་གཏན་རྣམས་ལ་མེད་ཅིང་མི་དམིགས་སོ། །གཟུངས་ཀྱི་སྒོ་རྣམས་ཀྱི་བར་ནི། གཟུངས་ཀྱི་སྒོ་རྣམས་ལ་མེད་ཅིང་མི་དམིགས་སོ། །གཟུངས་ཀྱི་སྒོ་རྣམས་ནི་འཕགས་པའི་བདེན་པ་དང་། བསམ་གཏན་དང་། ཚད་མེད་པ་དང་། གཟུགས་མེད་པའི་སྙོམས་པར་འཇུག་པ་དང་། རྣམ་པར་ཐར་པ་དང་། མཐར་གྱིས་གནས་པའི་[1]སྙོམས་པར་འཇུག་པ་དང་། རྣམ་པར་ཐར་པའི་སྒོ་སྟོང་པ་ཉིད་དང་། མཚན་མ་མེད་པ་དང་། སྨོན་པ་མེད་པ་དང་། མངོན་པར་ཤེས་པ་དང་། ཏིང་ངེ་འཛིན་རྣམས་ལ་མེད་ཅིང་མི་དམིགས་སོ། །དེ་བཞིན་གཤེགས་པའི་སྟོབས་བཅུ་ནི། དེ་བཞིན་གཤེགས་པའི་སྟོབས་བཅུ་ལ་མེད་ཅིང་མི་དམིགས་སོ། །དེ་བཞིན་གཤེགས་པའི་སྟོབས་བཅུ་ནི། མི་འཇིགས་པ་བཞི་ལ་མེད་ཅིང་མི་དམིགས་སོ། །སངས་རྒྱས་ཀྱི་ཆོས་མ་འདྲེས་པ་བཅོ་བརྒྱད་ཀྱི་བར་ནི། སངས་རྒྱས་ཀྱི་ཆོས་མ་འདྲེས་པ་བཅོ་བརྒྱད་ལ་མེད་ཅིང་མི་དམིགས་སོ།། སངས་རྒྱས་ཀྱི་ཆོས་མ་འདྲེས་པ་བཅོ་བརྒྱད་ནི། དེ་བཞིན་གཤེགས་པའི་སྟོབས་བཅུ་དང་། མི་འཇིགས་པ་བཞི་དང་། སོ་སོ་ཡང་དག་པར་རིག་པ་བཞི་ལ་མེད་ཅིང་མི་དམིགས་སོ། །རིགས་ཀྱི་སའི་ཆོས་ནི། རིགས་ཀྱི་སའི་ཆོས་ལ་མེད་ཅིང་མི་དམིགས་སོ། །རིགས་ཀྱི་སའི་ཆོས་དང་[2]། བརྒྱད་པའི་ཆོས་ལ་མེད་ཅིང་མི་དམིགས་སོ། །དགྲ་བཅོམ་པའི་བར་གྱི་ཆོས་ནི། དགྲ་བཅོམ་པའི་བར་གྱི་ཆོས་ལ་མེད་ཅིང་མི་དམིགས་སོ། །དགྲ་བཅོམ་པའི་ཆོས་ནི། རིགས་ཀྱི་སའི་ཆོས་དང་། བརྒྱད་པའི་ཆོས་དང་། རྒྱུན་དུ་ཞུགས་པའི་ཆོས་དང་། ལན་

ཅིག་ཕྱིར་འོང་བའི་ཆོས་དང་། ཕྱིར་མི་འོང་བའི་ཆོས་ལ་མེད་ཅིང་མི་དམིགས་སོ།། སོ་སོའི་སྐྱེ་བོའི་ས་ནི། སོ་སོའི་སྐྱེ་བོའི་ས་ལ་མེད་ཅིང་མི་དམིགས་སོ། །སོ་སོའི་[༡] སྐྱེ་བོའི་ས་ནི། རིགས་ཀྱི་ས་ལ་མེད་ཅིང་མི་དམིགས་སོ། །ཡང་དག་པར་རྫོགས་པའི་སངས་རྒྱས་ཀྱི་སའི་བར་ནི་ཡང་དག་པར་རྫོགས་པའི་སངས་རྒྱས་ཀྱི་ས་ལ་མེད་ཅིང་མི་དམིགས་སོ། །ཡང་དག་པར་རྫོགས་པའི་སངས་རྒྱས་ཀྱི་ས་ནི། སོ་སོའི་[༢] སྐྱེ་བོའི་ས་དང་། རིགས་ཀྱི་ས་དང་། བརྒྱད་པའི་ས་དང་། མཐོང་བའི་ས་དང་། བསྲབས་པའི་ས་དང་། འདོད་ཆགས་དང་བྲལ་བའི་ས་དང་། བྱས་པ་རྟོགས་པའི་ས་དང་། རང་སངས་རྒྱས་ཀྱི་ས་དང་། བྱང་ཆུབ་སེམས་དཔའི་ས་ལ་མེད་ཅིང་མི་དམིགས་སོ། །ཐམས་ཅད་ཤེས་པ་ཉིད་ནི་ཐམས་ཅད་ཤེས་པ་ཉིད་ལ་མེད་ཅིང་མི་དམིགས་སོ། །ཐམས་ཅད་ཤེས་པ་ཉིད་ནི། ལམ་གྱི་རྣམ་པ་ཤེས་པ་ཉིད་ལ་[༣] མེད་ཅིང་མི་དམིགས་སོ། །རྣམ་པ་ཐམས་ཅད་མཁྱེན་པ་ཉིད་ཀྱི་བར་ནི། རྣམ་པ་ཐམས་ཅད་མཁྱེན་པ་ཉིད་ལ་མེད་ཅིང་མི་དམིགས་སོ།། རྣམ་པ་ཐམས་ཅད་མཁྱེན་པ་ཉིད་ནི། ཐམས་ཅད་ཤེས་པ་ཉིད་དང་། ལམ་གྱི་རྣམ་པ་[༤] ཤེས་པ་ཉིད་ལ་མེད་ཅིང་མི་དམིགས་སོ། །རྒྱུན་དུ་ཞུགས་པ་ནི་རྒྱུན་དུ་ཞུགས་པ་ལ་མེད་ཅིང་མི་དམིགས་སོ། །རྒྱུན་དུ་ཞུགས་པ་ནི་ལན་ཅིག་ཕྱིར་འོང་བ་ལ་མེད་ཅིང་མི་དམིགས་སོ། །དེ་བཞིན་གཤེགས་པའི་བར་ནི་དེ་བཞིན་གཤེགས་པ་ལ་མེད་ཅིང་མི་དམིགས་སོ། །དེ་བཞིན་གཤེགས་པ་ནི་རྒྱུན་དུ་ཞུགས་པ་དང་། ལན་ཅིག་ཕྱིར་འོང་བ་དང་། ཕྱིར་མི་འོང་བ་དང་། དགྲ་བཅོམ་པ་དང་། རང་སངས་རྒྱས་དང་། བྱང་ཆུབ་སེམས་དཔའ་ལ་མེད་ཅིང་མི་དམིགས་སོ། །བྱང་ཆུབ་སེམས་དཔའ་ནི་བྱང་ཆུབ་སེམས་དཔའ་ལ་མེད་ཅིང་མི་དམིགས་སོ། །བྱང་ཆུབ་སེམས་དཔའ་ནི་ཤེས་རབ་ཀྱི་ཕ་རོལ་ཏུ་ཕྱིན་པ་ལ་མེད་

ཅིང་མི་དམིགས་སོ། །ཤེས་རབ་ཀྱི་ཕ་རོལ་ཏུ་ཕྱིན་པ་ནི། ཤེས་རབ་ཀྱི་ཕ་རོལ་ཏུ་ཕྱིན་པ་ལ་མེད་ཅིང་མི་དམིགས་སོ། །ཤེས་རབ་ཀྱི་ཕ་རོལ་ཏུ་ཕྱིན་པ་ནི། བྱང་ཆུབ་སེམས་དཔའ་ལ་མེད་ཅིང་མི་དམིགས་སོ། །བྱང་ཆུབ་སེམས་དཔའ་དང་། ཤེས་རབ་ཀྱི་ཕ་རོལ་ཏུ་ཕྱིན་པ་ནི། གདམས་ཤིང་རྗེས་སུ་བསྟན་པ་ལ་མེད་ཅིང་མི་དམིགས་སོ། །གདམས་ཤིང་རྗེས་སུ་བསྟན་པ་ནི། གདམས་ཤིང་རྗེས་སུ་བསྟན་པ་ལ་མེད་ཅིང་མི་དམིགས་སོ། །གདམས་ཤིང་རྗེས་སུ་བསྟན་པ་ནི། བྱང་ཆུབ་སེམས་དཔའ་དང་། ཤེས་རབ་ཀྱི་ཕ་རོལ་ཏུ་ཕྱིན་པ་ལ་མེད་ཅིང་མི་དམིགས་སོ། །ཚེ་དང་ལྡན་པ་ཤཱ་ར་དྭ་ཏིའི་བུ་དེ་ལྟར་ན་ཆོས་ཐམས་ཅད་མེད་ཅིང་དམིགས་སུ་མེད་པས། བྱང་ཆུབ་སེམས་དཔའ་མེད་ཅིང་དམིགས་སུ་མེད་དོ། །ཚེ་དང་ལྡན་པ་ཤཱ་ར་དྭ་ཏིའི་བུ་གང་ཡང་འདི་སྐད་དུ་ཅིའི་ཕྱིར་ན། འདི་ལྟ་སྟེ། བྱང་ཆུབ་སེམས་དཔའ་ཞེས་བྱ་བ་འདི་ནི་མིང་ཙམ་ཡིན་ཞེས་ཟེར་བ་ནི། ཚེ་དང་ལྡན་པ་ཤཱ་ར་དྭ་ཏིའི་བུ་འདི་ལྟ་སྟེ། བྱང་ཆུབ་སེམས་དཔའ་ཞེས་བྱ་བ་འདི་ནི་བློ་བུར་དུ་མིང་དུ་བཏགས་པ་སྟེ། དེའི་ཕྱིར་ན་འདི་ལྟ་སྟེ། བྱང་ཆུབ་སེམས་དཔའ་ཞེས་བྱ་བ་འདི་ནི་མིང་ཙམ་ཞེས་བྱའོ། །ཚེ་དང་ལྡན་པ་ཤཱ་ར་དྭ་ཏིའི་བུ་འདི་ལྟ་སྟེ། གཟུགས་ཤེས་བྱ་བ་དང་། ཚོར་བ་ཞེས་བྱ་བ་དང་། འདུ་ཤེས་ཤེས་བྱ་བ་དང་། འདུ་བྱེད་ཅེས་བྱ་བ་དང་། རྣམ་པར་ཤེས་པ་ཞེས་བྱ་བ་འདི་ནི་བློ་བུར་དུ་མིང་དུ་བཏགས་པ་སྟེ། འདི་ལྟར་མིང་ནི་གང་ནས་ཀྱང་མི་འོང་། གང་དུ་ཡང་མི་འགྲོ། གང་ན་ཡང་མི་གནས་སོ། །མིང་ཙམ་ཞེས་བྱ་བ་གང་ཡིན་པ་དེ་ནི་གཟུགས་མ་ཡིན། ཚོར་བ་མ་ཡིན། འདུ་ཤེས་མ་ཡིན། འདུ་བྱེད་མ་ཡིན། རྣམ་པར་ཤེས་པ་མ་ཡིན་ནོ། །དེ་ཅིའི་ཕྱིར་ཞེ་ན། འདི་ལྟར་མིང་ནི་མིང་གི་རང་བཞིན་གྱིས་སྟོང་ངོ་། །སྟོང་པ་གང་ཡིན་པ་དེ་ནི་མིང་མ་ཡིན་

ཏེ། དེའི་ཕྱིར་འདི་ལྟ་སྟེ། བྱང་ཆུབ་སེམས་དཔའ་ཞེས་བྱ་བ་འདི་ནི་མིང་ཙམ་ཞེས་བྱའོ། །ཚེ་དང་ལྡན་པ་ཤ་ར་དྭ་ཏིའི་བུ་འདི་ལྟ་སྟེ། སྐྱེ་མཆེད་ཅེས་བྱ་བ་དང་། ཁམས་ཤེས་བྱ་བ་དང་། རྟེན་ཅིང་འབྲེལ་བར་འབྱུང་བ་ཞེས་བྱ་བ་འདི་ནི། གློ་བུར་དུ་མིང་དུ་བཏགས་པ་སྟེ། འདི་ལྟར་མིང་ནི་གང་ནས་ཀྱང་མི་འོང་། གང་དུ་ཡང་མི་འགྲོ། གང་ན་[༡]ཡང་མི་གནས་སོ། །མིང་ཙམ་ཞེས་བྱ་བ་གང་ཡིན་པ་དེ་ནི་སྐྱེ་མཆེད་མ་ཡིན། ཁམས་མ་ཡིན། རྟེན་ཅིང་འབྲེལ་བར་འབྱུང་བ་མ་ཡིན་ནོ། །དེ་ཅིའི་ཕྱིར་ཞེ་ན། འདི་ལྟར་མིང་ནི་མིང་གི་རང་བཞིན་གྱིས་སྟོང་ངོ་། །སྟོང་པ་གང་ཡིན་པ་དེ་ནི་མིང་མ་ཡིན་ཏེ། དེའི་ཕྱིར་འདི་ལྟ་སྟེ། བྱང་ཆུབ་སེམས་དཔའ་ཞེས་བྱ་བ་འདི་ནི་མིང་ཙམ་ཞེས་བྱ་བའོ། །ཚེ་དང་ལྡན་པ་ཤ་ར་དྭ་ཏིའི་བུ་གཞན་ཡང་འདི་ལྟ་སྟེ། སྦྱིན་པའི་ཕ་རོལ་ཏུ་ཕྱིན་པ་འདི་ནི་མིང་ཙམ་སྟེ། མིང་ལ་ཡང་སྦྱིན་པའི་ཕ་རོལ་ཏུ་ཕྱིན་པ་མེད། སྦྱིན་པའི་ཕ་རོལ་ཏུ་ཕྱིན་པ་ལ་ཡང་མིང་མེད་དོ། །དེ་ཅིའི་ཕྱིར་ཞེ་ན། འདི་ལྟར་མིང་གང་ཡིན་པ་དང་། སྦྱིན་པའི་ཕ་རོལ་ཏུ་ཕྱིན་པ་གང་ཡིན་པ་དེ་གཉིས་ཀ་ཡང་མེད་ཅིང་མི་དམིགས་ཏེ། དེའི་ཕྱིར་འདི་ལྟ་སྟེ། བྱང་ཆུབ་སེམས་དཔའ་ཞེས་བྱ་བ་འདི་ནི་མིང་ཙམ་མོ། །ཚུལ་ཁྲིམས་ཀྱི་ཕ་རོལ་ཏུ་ཕྱིན་པ་དང་། བཟོད་པའི་ཕ་རོལ་ཏུ་ཕྱིན་པ་དང་། བརྩོན་འགྲུས་ཀྱི་ཕ་རོལ་ཏུ་ཕྱིན་པ་དང་། བསམ་གཏན་གྱི་ཕ་རོལ་ཏུ་ཕྱིན་པ་དང་། ཤེས་རབ་ཀྱི་ཕ་རོལ་ཏུ་ཕྱིན་པ་འདི་ནི་མིང་ཙམ་སྟེ། མིང་ལ་ཡང་ཤེས་རབ་ཀྱི་ཕ་རོལ་ཏུ་ཕྱིན་པ་མེད། ཤེས་རབ་ཀྱི་ཕ་རོལ་ཏུ་ཕྱིན་པ་ལ་ཡང་མིང་མེད་དོ། །དེ་ཅིའི་ཕྱིར་ཞེ་ན། འདི་ལྟར་མིང་གང་ཡིན་པ་དང་། ཤེས་རབ་ཀྱི་ཕ་རོལ་ཏུ་ཕྱིན་པ་གང་ཡིན་པ་དེ་གཉིས་ཀ་ཡང་མེད་ཅིང་མི་དམིགས་ཏེ། དེའི་ཕྱིར་འདི་ལྟ་སྟེ། བྱང་ཆུབ་སེམས་དཔའ་ཞེས་

བྱ་བ་འདི་ནི་མིང་ཙམ་མོ། །འདི་ལྟ་སྟེ། ནང་སྟོང་པ་ཉིད་འདི་ནི་མིང་ཙམ་སྟེ། མིང་ལ་ཡང་ནང་སྟོང་པ་ཉིད་མེད། ནང་སྟོང་པ་ཉིད་ལ་ཡང་མིང་མེད་དོ། །དེ་ཅིའི་ཕྱིར་ཞེ་ན། འདི་ལྟར་མིང་གང་ཡིན་པ་དང་། ནང་སྟོང་པ་ཉིད་གང་ཡིན་པ་དེ་གཉིས་ཀ་ཡང་མེད་ཅིང་མི་དམིགས་ཏེ། དེའི་ཕྱིར་འདི་ལྟ་སྟེ། བྱང་ཆུབ་སེམས་དཔའ་ཞེས་བྱ་བ་འདི་ནི་མིང་ཙམ་མོ། །དངོས་པོ་མེད་པའི་ངོ་བོ་ཉིད་སྟོང་པ་ཉིད་ཀྱི་བར་འདི་ནི་མིང་ཙམ་སྟེ། མིང་ལ་ཡང་དངོས་པོ་མེད་པའི་ངོ་བོ་ཉིད་སྟོང་པ་ཉིད་མེད། དངོས་པོ་མེད་པའི་ངོ་བོ་ཉིད་སྟོང་པ་ཉིད་ལ་ཡང་མིང་མེད་དོ། །དེ་ཅིའི་ཕྱིར་ཞེ་ན། འདི་ལྟར་མིང་གང་ཡིན་པ་དང་། དངོས་པོ་མེད་པའི་ངོ་བོ་ཉིད་སྟོང་པ་ཉིད་གང་ཡིན་པ་དེ་གཉིས་ཀ་ཡང་མེད་ཅིང་མི་དམིགས་ཏེ། དེའི་ཕྱིར་འདི་ལྟ་སྟེ། བྱང་ཆུབ་སེམས་དཔའ་ཞེས་བྱ་བ་འདི་ནི་མིང་ཙམ་མོ། །ཚེ་དང་ལྡན་པ་ཤཱ་ར་དྭ་ཏིའི་བུ། རྣམ་གྲངས་དེས་ན། འདི་ལྟ་སྟེ། བྱང་ཆུབ་སེམས་དཔའ་ཞེས་བྱ་བ་འདི་ནི་མིང་ཙམ་ཞེས་བྱའོ། །ཚེ་དང་ལྡན་པ་ཤཱ་ར་དྭ་ཏིའི་བུ་འདི་ལྟ་སྟེ། དྲན་པ་ཉེ་བར་གཞག་པ་རྣམས་ཞེས་བྱ་བ་འདི་ནི་གློ་བུར་དུ་མིང་དུ་བཏགས་པ་སྟེ། མིང་ལ་ཡང་དྲན་པ་ཉེ་བར་གཞག་པ་རྣམས་མེད[1]། དྲན་པ་ཉེ་བར་གཞག་པ་རྣམས་ལ་ཡང་མིང་མེད་དོ། །དེ་ཅིའི་ཕྱིར་ཞེ་ན། འདི་ལྟར་མིང་གང་ཡིན་པ་དང་། དྲན་པ་ཉེ་བར་གཞག་པ་རྣམས་གང་ཡིན་པ་དེ་གཉིས་ཀ་ཡང་མེད་ཅིང་མི་དམིགས་ཏེ། དེའི་ཕྱིར་འདི་ལྟ་སྟེ། བྱང་ཆུབ་སེམས་དཔའ་ཞེས་བྱ་བ་འདི་ནི་མིང་ཙམ་མོ། །ཚེ་དང་ལྡན་པ་ཤཱ་ར་དྭ་ཏིའི་བུ་འདི་ལྟ་སྟེ། ཡང་དག་པར་སྤོང་བ་རྣམས་དང་། རྫུ་འཕྲུལ་གྱི་རྐང་པ་རྣམས་དང་། དབང་པོ་རྣམས་དང་། སྟོབས་རྣམས་དང་། བྱང་ཆུབ་ཀྱི་ཡན་ལག་རྣམས་དང་། འཕགས་པའི་ལམ་ཡན་ལག་བརྒྱད་པ་ཞེས་བྱ་བ་

འདི་ནི་སྒོ་བུར་དུ་མིང་དུ་བཏགས་པ་སྟེ། མིང་ལ་ཡང་འཕགས་པའི་ལམ་ཡན་ལག་བརྒྱད་པ་མེད། འཕགས་པའི་ལམ་ཡན་ལག་བརྒྱད་པ་ལ་ཡང་མིང་མེད་དོ། །དེ་ཅིའི་ཕྱིར་ཞེ་ན། འདི་ལྟར་མིང་གང་ཡིན་པ་དང་། འཕགས་པའི་ལམ་ཡན་ལག་བརྒྱད་པ་གང་ཡིན་པ་དེ་གཉིས་ཀ་ཡང་མེད་ཅིང་མི་དམིགས་ཏེ། དེའི་ཕྱིར་འདི་ལྟ་སྟེ། བྱང་ཆུབ་སེམས་དཔའ་ཞེས་བྱ་བ་འདི་ནི་མིང་ཙམ་སོ། །ཚེ་དང་ལྡན་པ་ཤཱ་ར་དྭ་ཏིའི་བུ་འདི་ལྟ་སྟེ། འཕགས་པའི་བདེན་པ་རྣམས་དང་། བསམ་གཏན་རྣམས་དང་། ཚད་མེད་པ་རྣམས་དང་། གཟུགས་མེད་པའི་སྙོམས་པར་འཇུག་པ[༡]དང་། རྣམ་པར་ཐར་པ[༢]དང་། མཐར་གྱིས་གནས་པའི་སྙོམས་པར་འཇུག་པ་དགུ་དང་། རྣམ་པར་ཐར་པའི་སྒོ་སྟོང་པ་ཉིད་དང་། མཚན་མ་མེད་པ་དང་། སྨོན་པ་མེད་པ་དང་། མངོན་པར་ཤེས་པ་རྣམས་དང་། ཏིང་ངེ་འཛིན་རྣམས་དང་། གཟུངས་ཀྱི་སྒོ་རྣམས་དང་། དེ་བཞིན་གཤེགས་པའི་སྟོབས་བཅུ་དང་། མི་འཇིགས་པ་བཞི་དང་། སོ་སོ་ཡང་དག་པར་རིག་པ་བཞི་དང་། སངས་རྒྱས་ཀྱི་ཆོས་མ་འདྲེས་པ་བཅོ་བརྒྱད་ཅེས་བྱ་བ་འདི་ནི་སྒོ་བུར་དུ་མིང་དུ་བཏགས་པ་སྟེ། མིང་ལ་ཡང་སངས་རྒྱས་ཀྱི་ཆོས་མ་འདྲེས་པ་རྣམས་མེད། སངས་རྒྱས་ཀྱི་ཆོས་མ་འདྲེས་པ་རྣམས་ལ་ཡང་མིང་མེད་དོ། །དེ་ཅིའི་ཕྱིར་ཞེ་ན། འདི་ལྟར་མིང་གང་ཡིན་པ་དང་། སངས་རྒྱས་ཀྱི་ཆོས་མ་འདྲེས་པ་རྣམས་གང་ཡིན་པ་དེ་གཉིས་ཀ་ཡང་མེད་ཅིང་མི་དམིགས་ཏེ། དེའི་ཕྱིར་འདི་ལྟ་སྟེ། བྱང་ཆུབ་སེམས་དཔའ་ཞེས་བྱ་བ་འདི་ནི་མིང་ཙམ་སོ། །ཚེ་དང་ལྡན་པ་ཤཱ་ར་དྭ་ཏིའི་བུ་འདི་ལྟ་སྟེ། རྣམ་པ་ཐམས་ཅད་མཁྱེན་པ་ཉིད་ཅེས་བྱ་བ་འདི་ནི་སྒོ་བུར་དུ་མིང་དུ་བཏགས་པ་སྟེ། མིང་ལ་ཡང་རྣམ་པ་ཐམས་ཅད་མཁྱེན་པ་ཉིད་མེད། རྣམ་པ་ཐམས་ཅད་མཁྱེན་པ་ཉིད་ལ་ཡང་མིང་མེད་དོ།།

དེ་ཅིའི་ཕྱིར་ཞེ་ན། འདི་ལྟར་མིང་གང་ཡིན་པ་དང་། རྣམ་པ་ཐམས་ཅད་མཁྱེན་པ་ཉིད་གང་ཡིན་པ་དེ་གཉིས་ཀ་ཡང་མེད་ཅིང་མི་དམིགས་ཏེ། དེའི་ཕྱིར་འདི་ལྟ་སྟེ། བྱང་ཆུབ་སེམས་དཔའ་ཞེས་བྱ་བ་འདི་ནི་མིང་ཙམ་མོ། །ཚེ་དང་ལྡན་པ་ཤཱ་ར་དྭ་ཏིའི་བུ་གང་ཡང་འདི་སྐད་དུ། འདི་ལྟར་བདག་བདག་ཅེས་བྱ་སྟེ། བདག་ཤིན་ཏུ་མངོན་པར་མ་གྲུབ་པོ། །འདི་ལྟ་སྟེ། སེམས་ཅན་དང་། སྲོག་དང་། འགྲོ་བ་དང་། གསོ་བ་དང་། སྐྱེས་བུ་དང་། གང་ཟག་དང་། ཤེད་ཅན་དང་། ཤེད་བདག་དང་། བྱེད་པ་པོ་དང་། ཚོར་བ་པོ་དང་། ཤེས་པ་པོ་དང་། མཐོང་བ་པོ་མཐོང་བ་པོ་ཞེས་བྱ་སྟེ། མཐོང་བ་པོ་ཤིན་ཏུ་མངོན་པར་མ་གྲུབ་པོ་ཞེས། ཅིའི་ཕྱིར་དེ་སྐད་ཅེས་སྨྲས་ཤེས་ཟེར་བ་ནི། ཚེ་དང་ལྡན་པ་ཤཱ་ར་དྭ་ཏིའི་བུ་བདག་ཤིན་ཏུ་མེད་ཅིང་མི་དམིགས་ན། དེ་མངོན་པར་འགྲུབ་པར་འགྱུར་བ་ལྟ་ག་ལ་ཡོད། མཐོང་བ་པོའི་བར་དུ་ཤིན་ཏུ་མེད་ཅིང་མི་དམིགས་ན། དེ་མངོན་པར་འགྲུབ་པར་འགྱུར་བ་ལྟ་ག་ལ་ཡོད། གཟུགས་ཤིན་ཏུ་མེད་ཅིང་མི་དམིགས་ན། དེ་མངོན་པར་འགྲུབ་པར་འགྱུར་བ་ལྟ་ག་ལ་ཡོད༏ ཚོར་བ་དང་འདུ་ཤེས་དང་འདུ་བྱེད་དང་རྣམ་པར་ཤེས་པ་ཤིན་ཏུ་མེད་ཅིང་མི་དམིགས་ན། དེ་མངོན་པར་འགྲུབ་པར་འགྱུར་བ་ལྟ་ག་ལ་ཡོད། མིག་ཤིན་ཏུ་མེད་ཅིང་མི་དམིགས་ན། དེ་མངོན་པར་འགྲུབ་པར་འགྱུར་བ་ལྟ་ག་ལ་ཡོད༏ རྣ་བ་དང་སྣ་དང་ལྕེ་དང་ལུས་དང་ཡིད་ཤིན་ཏུ་མེད་ཅིང་མི་དམིགས་ན། དེ་མངོན་པར་འགྲུབ་པར་འགྱུར་བ་ལྟ་ག་ལ་ཡོད། གཟུགས་ཤིན་ཏུ་མེད་ཅིང་མི་དམིགས་ན། དེ་མངོན་པར་འགྲུབ་པར་འགྱུར་བ་ལྟ་ག་ལ་ཡོད། སྒྲ་དང་དྲི་དང་རོ་དང་རེག་དང་། ཆོས་ཤིན་ཏུ་མེད་ཅིང་མི་དམིགས་ན། དེ་མངོན་པར་འགྲུབ་པར་འགྱུར་བ་ལྟ་ག་ལ་ཡོད། མིག་གི་རྣམ་པར་ཤེས་པ་ཤིན་ཏུ་མེད་ཅིང་

མི་དམིགས་ན། དེ་མངོན་པར་འགྲུབ་པར་འགྱུར་བ་ལྟ་ག་ལ་ཡོད། རྣ་བའི་རྣམ་པར་ཤེས་པ་དང་། སྣའི་རྣམ་པར་ཤེས་པ་དང་། ལྕེའི་རྣམ་པར་ཤེས་པ་དང་། ལུས་ཀྱི་རྣམ་པར་ཤེས་པ་[༡]དང་། ཡིད་ཀྱི་རྣམ་པར་ཤེས་པ་ཤིན་ཏུ་མེད་ཅིང་མི་དམིགས་ན། དེ་མངོན་པར་འགྲུབ་པར་འགྱུར་བ་ལྟ་ག་ལ་ཡོད། མིག་གི་འདུས་ཏེ་རེག་པ་ཤིན་ཏུ་མེད་ཅིང་མི་དམིགས་ན། དེ་མངོན་པར་འགྲུབ་པར་འགྱུར་བ་ལྟ་ག་ལ་ཡོད། རྣ་བའི་འདུས་ཏེ་རེག་པ་དང་། སྣའི་འདུས་ཏེ་རེག་པ་དང་། ལྕེའི་འདུས་ཏེ་རེག་པ་དང་། ལུས་ཀྱི་འདུས་ཏེ་རེག་པ་དང་། ཡིད་ཀྱི་འདུས་ཏེ་རེག་པ་ཤིན་ཏུ་མེད་ཅིང་མི་དམིགས་ན། དེ་མངོན་པར་འགྲུབ་པར་འགྱུར་བ་ལྟ་ག་ལ་ཡོད། མིག་གི་འདུས་ཏེ་རེག་པ་ལས་བྱུང་[༢]བའི་ཚོར་བ་ཤིན་ཏུ་མེད་ཅིང་མི་དམིགས་ན། དེ་མངོན་པར་འགྲུབ་པར་འགྱུར་བ་ལྟ་ག་ལ་ཡོད༑ རྣ་བའི་འདུས་ཏེ་རེག་པ་ལས་བྱུང་བའི་ཚོར་བ་དང་། སྣའི་འདུས་ཏེ་རེག་པ་ལས་བྱུང་བའི་ཚོར་བ་དང་། ལྕེའི་འདུས་ཏེ་རེག་པ་ལས་བྱུང་བའི་ཚོར་བ་དང་། ལུས་ཀྱི་འདུས་ཏེ་རེག་པ་ལས་བྱུང་བའི་ཚོར་བ་དང་། ཡིད་ཀྱི་འདུས་ཏེ་རེག་པ་ལས་བྱུང་བའི་ཚོར་བ་ཤིན་ཏུ་མེད་ཅིང་མི་དམིགས་ན། དེ་མངོན་པར་འགྲུབ་པར་འགྱུར་བ་ལྟ་ག་ལ་ཡོད། སའི་ཁམས་ཤིན་ཏུ་མེད་ཅིང་མི་དམིགས་ན། དེ་མངོན་པར་འགྲུབ་པར་འགྱུར་བ་ལྟ་ག་ལ་ཡོད། ཆུའི་ཁམས་དང་། མེའི་ཁམས་དང་། རླུང་གི་ཁམས་དང་། ནམ་མཁའི་ཁམས་དང་། རྣམ་པར་ཤེས་པའི་ཁམས་ཤིན་ཏུ་མེད་ཅིང་མི་དམིགས་ན། དེ་མངོན་པར་འགྲུབ་པར་འགྱུར་བ་ལྟ་ག་ལ་ཡོད། མ་རིག་པ་ཤིན་ཏུ་མེད་ཅིང་མི་དམིགས་ན། དེ་མངོན་པར་འགྲུབ་པར་འགྱུར་བ་ལྟ་ག་ལ་ཡོད། འདུ་བྱེད་དང་། རྣམ་པར་ཤེས་པ་དང་། མིང་དང་གཟུགས་དང་། སྐྱེ་མཆེད་དྲུག་དང་རེག་པ་དང་ཚོར་

བ་དང་། སྲེད་པ་དང་། ལེན་པ་དང་། སྲིད་པ་དང་། སྐྱེ་བ་དང་། རྒ་ཤི་ཤིན་ཏུ་མེད་ཅིང་མི་དམིགས་ན། དེ་མངོན་པར་འགྲུབ་པར་འགྱུར་བ་ལྟ་ག་ལ་ཡོད། སྦྱིན་པའི་ཕ་རོལ་ཏུ་ཕྱིན་པ་ཤིན་ཏུ་མེད་ཅིང་མི་དམིགས་ན། དེ་མངོན་པར་འགྲུབ་པར་འགྱུར་བ་ལྟ་ག་ལ་ཡོད། ཚུལ་ཁྲིམས་ཀྱི་ཕ་རོལ་ཏུ་ཕྱིན་པ་དང་། བཟོད་པའི་ཕ་རོལ་ཏུ་ཕྱིན་པ་དང་། བརྩོན་འགྲུས་ཀྱི་ཕ་རོལ་ཏུ་ཕྱིན་པ་དང་། བསམ་གཏན་གྱི་ཕ་རོལ་ཏུ་ཕྱིན་པ་དང་། ཤེས་རབ་ཀྱི་ཕ་རོལ་ཏུ་ཕྱིན་པ་ཤིན་ཏུ་མེད་ཅིང་མི་དམིགས་ན། དེ་མངོན་པར་འགྲུབ་པར་འགྱུར་བ་ལྟ་ག་ལ་ཡོད། ནང་སྟོང་པ་ཉིད་ཤིན་ཏུ་མེད་ཅིང་མི་དམིགས་ན། དེ་མངོན་པར་འགྲུབ་པར་འགྱུར་བ་ལྟ་ག་ལ་ཡོད། དངོས་པོ་མེད་པའི་ངོ་བོ་ཉིད་སྟོང་པ་ཉིད་ཀྱི་བར་དུ་ཤིན་ཏུ་མེད་ཅིང་མི་དམིགས་ན། དེ་མངོན་པར་འགྲུབ་པར་འགྱུར་བ་ལྟ་ག་ལ་ཡོད། དྲན་པ་ཉེ་བར་གཞག་པ་རྣམས་ཤིན་ཏུ་མེད་ཅིང་མི་དམིགས་ན། དེ་མངོན་པར་འགྲུབ་པར་འགྱུར་བ་ལྟ་ག་ལ་ཡོད། ཡང་དག་པར་སྤོང་བ་རྣམས་དང་། རྫུ་འཕྲུལ་གྱི་རྐང་པ་རྣམས་དང་། དབང་པོ་རྣམས་དང་། སྟོབས་རྣམས་དང་། བྱང་ཆུབ་ཀྱི་ཡན་ལག་རྣམས་དང་། འཕགས་པའི་ལམ་ཡན་ལག་བརྒྱད་པ་ཤིན་ཏུ་མེད་ཅིང་མི་དམིགས་ན། དེ་མངོན་པར་འགྲུབ་པར་འགྱུར་བ་ལྟ་ག་ལ་ཡོད། འཕགས་པའི་བདེན་པ་རྣམས་དང་། བསམ་གཏན་རྣམས་དང་། ཚད་མེད་པ་རྣམས་དང་། གཟུགས་མེད་པའི་སྙོམས་པར་འཇུག་པ་རྣམས་དང་། རྣམ་པར་ཐར་པ་བརྒྱད་དང་། མཐར་གྱིས་གནས་པའི་སྙོམས་པར་འཇུག་པ་དགུ་དང་། རྣམ་པར་ཐར་པའི་སྒོ་སྟོང་པ་ཉིད་དང་། མཚན་མ་མེད་པ་དང་། སྨོན་པ་མེད་པ་དང་། མངོན་པར་ཤེས་པ་རྣམས་དང་། ཏིང་ངེ་འཛིན་རྣམས་དང་། གཟུངས་ཀྱི་སྒོ་རྣམས་དང་། དེ་བཞིན་

གཤེགས་པའི་སྟོབས་བཅུ་དང་། མི་འཇིགས་པ་བཞི་དང་། སོ་སོ་ཡང་དག་པར་རིག་པ་བཞི་དང་། སངས་རྒྱས་ཀྱི་ཆོས་མ་འདྲེས་པ་བཅོ་བརྒྱད་ཤིན་ཏུ་མེད་ཅིང་མི་དམིགས་ན། དེ་མངོན་པར་འགྲུབ་པར་འགྱུར་བ་ལྟ་ག་ལ་ཡོད། ཉན་ཐོས་ཤིན་ཏུ་མེད་ཅིང་མི་དམིགས་ན། དེ་མངོན་པར་འགྲུབ་པར་འགྱུར་བ་ལྟ་ག་ལ་ཡོད། རང་སངས་རྒྱས་ཤིན་ཏུ་མེད་ཅིང་མི་དམིགས་ན། དེ་མངོན་པར་འགྲུབ་པར་འགྱུར་བ་ལྟ་ག་ལ་ཡོད། བྱང་ཆུབ་སེམས་དཔའ་ཤིན་ཏུ་མེད་ཅིང་མི་དམིགས་ན། དེ་མངོན་པར་འགྲུབ་པར་འགྱུར་བ་ལྟ་ག་ལ་ཡོད། དེ་བཞིན་གཤེགས་པ་དགྲ་བཅོམ་པ་ཡང་དག་པར་རྫོགས་པའི་སངས་རྒྱས་ཤིན་ཏུ་མེད་ཅིང་མི་དམིགས་ན། དེ་མངོན་པར་འགྲུབ་པར་འགྱུར་བ་ལྟ་ག་ལ་ཡོད། ཚེ་དང་ལྡན་པ་ཤ་ར་དྭ་ཏིའི་བུ་རྣམ་གྲངས་དེས་ན། བདག་བདག་ཅེས་ཀྱང་བྱ་སྟེ། བདག་ཤིན་ཏུ་མངོན་པར་གྲུབ་[1]པ་མེད་དོ། །ཚེ་དང་ལྡན་པ་ཤ་ར་དྭ་ཏིའི་བུ་གཞན་ཡང་གང་ཆོས་ཐམས་ཅད་ཀྱང་དེ་བཞིན་དུ་དངོས་པོ་མེད་པའི་ངོ་བོ་ཉིད་ཡིན་ནམ་ཞེས་ཟེར་བ་དེ་ནི། ཚེ་དང་ལྡན་པ་ཤ་ར་དྭ་ཏིའི་བུ་དེ་དེ་བཞིན་ཏེ། དེ་ཅིའི་ཕྱིར་ཞེ་ན། འདི་ལྟ་སྟེ། ཚེ་དང་ལྡན་པ་ཤ་ར་དྭ་ཏིའི་བུ་འདུ་བ་ལས་བྱུང་བའི་ངོ་བོ་ཉིད་མེད་དོ། །ཤ་ར་དྭ་ཏིའི་བུས་སྨྲས་པ། ཚེ་དང་ལྡན་པ་རབ་འབྱོར་གང་ལ་འདུ་བ་ལས་བྱུང་བའི་ངོ་བོ་ཉིད་མེད་པ་ཡིན། སྨྲས་པ། གཟུགས་ལ་འདུ་བ་ལས་བྱུང་བའི་ངོ་བོ་ཉིད་མེད་དོ། །ཚོར་བ་དང་འདུ་ཤེས་དང་འདུ་བྱེད་དང་། རྣམ་པར་ཤེས་པ་ལ་འདུ་བ་ལས་བྱུང་བའི་ངོ་བོ་ཉིད་མེད་དོ། །ཚེ་དང་ལྡན་པ་ཤ་ར་དྭ་ཏིའི་བུ་མིག་ལ་འདུ་བ་ལས་བྱུང་བའི་ངོ་བོ་ཉིད་མེད་དོ། །རྣ་བ་དང་སྣ་དང་ལྕེ་དང་ལུས་དང་། ཡིད་ལ་འདུ་བ་ལས་བྱུང་བའི་ངོ་བོ་ཉིད་མེད་དོ། །གཟུགས་ལ་འདུ་བ་ལས་[3]བྱུང་བའི་ངོ་བོ་ཉིད་མེད་དོ། །

སྒྲ་དང་ དྲི་དང་ རོ་དང་ རེག་དང་། ཆོས་ལ་འདུ་བ་ལས་བྱུང་བའི་ངོ་བོ་ཉིད་མེད་དོ། །མིག་གི་རྣམ་པར་ཤེས་པ་ལ་འདུ་བ་ལས་བྱུང་བའི་ངོ་བོ་ཉིད་མེད་དོ། །རྣ་བའི་རྣམ་པར་ཤེས་པ་དང་། སྣའི་རྣམ་པར་ཤེས་པ་དང་། ལྕེའི་རྣམ་པར་ཤེས་པ་དང་། ལུས་ཀྱི་རྣམ་པར་ཤེས་པ་དང་། ཡིད་ཀྱི་རྣམ་པར་ཤེས་པ་ལ་འདུ་བ་ལས་བྱུང་བའི་ངོ་བོ་ཉིད་མེད་དོ། །མིག་གི་འདུས་ཏེ་རེག་པ་ལ་འདུ་བ་ལས་བྱུང་བའི་ངོ་བོ་ཉིད་མེད་དོ། །རྣ་བའི་འདུས་ཏེ་རེག་པ་དང་། སྣའི་འདུས་ཏེ་རེག་པ་དང་། ལྕེའི་འདུས་ཏེ་རེག་པ་དང་། ལུས་ཀྱི་འདུས་ཏེ་རེག་པ་དང་། ཡིད་ཀྱི་འདུས་ཏེ་རེག་པ་ལ་འདུ་བ་ལས་བྱུང་བའི་ངོ་བོ་ཉིད་མེད་དོ། །མིག་གི་འདུས་ཏེ་རེག་པ་ལས་བྱུང་བའི་ཚོར་བ་ལ་འདུ་བ་ལས་བྱུང་བའི་ངོ་བོ་ཉིད་མེད་དོ། །རྣ་བའི་འདུས་ཏེ་རེག་པ་ལས་བྱུང་བའི་ཚོར་བ་དང་། སྣའི་འདུས་ཏེ་རེག་པ་ལས་བྱུང་བའི་ཚོར་བ་དང་། ལྕེའི་འདུས་ཏེ་རེག་པ་ལས་བྱུང་བའི་ཚོར་བ་དང་། ལུས་ཀྱི་འདུས་ཏེ་རེག་པ་ལས་བྱུང་བའི་ཚོར་བ་དང་། ཡིད་ཀྱི་འདུས་ཏེ་རེག་པ་ལས་བྱུང་བའི་ཚོར་བ་ལ་འདུ་བ་ལས་བྱུང་བའི་ངོ་བོ་ཉིད་མེད་དོ།། སའི་ཁམས་ལ་འདུ་བ་ལས་བྱུང་བའི་ངོ་བོ་ཉིད་མེད་དོ། །ཆུའི་ཁམས་དང་། མེའི་ཁམས་དང་། རླུང་གི་ཁམས་དང་། ནམ་མཁའི་ཁམས་དང་། རྣམ་པར་ཤེས་པའི་ཁམས་ལ་འདུ་བ་ལས་བྱུང་བའི་ངོ་བོ་ཉིད་མེད་དོ། །མ་རིག་པ་ལ་འདུ་བ་ལས་བྱུང་བའི་ངོ་བོ་ཉིད་མེད་དོ། །འདུ་བྱེད་དང་རྣམ་པར་ཤེས་པ་དང་། མིང་དང་གཟུགས་དང་སྐྱེ་མཆེད་དྲུག་དང་། རེག་པ་དང་ཚོར་བ་དང་སྲེད་པ་དང་ལེན་པ་དང་སྲིད་པ་དང་། སྐྱེ་བ་དང་རྒ་ཤི་ལ་འདུ་བ་ལས༔བྱུང་བའི་①ངོ་བོ་ཉིད་མེད་དོ། །སྦྱིན་པའི་ཕ་རོལ་ཏུ་ཕྱིན་པ་ལ་འདུ་བ་ལས་བྱུང་བའི་ངོ་བོ་ཉིད་མེད་དོ། །ཚུལ་ཁྲིམས་ཀྱི་ཕ་རོལ་ཏུ་ཕྱིན་པ་དང་། བཟོད་པའི་ཕ་རོལ་ཏུ་ཕྱིན་

པ་དང་། བརྩོན་འགྲུས་ཀྱི་ཕ་རོལ་དུ་ཕྱིན་པ་དང་། བསམ་གཏན་གྱི་ཕ་རོལ་དུ་ཕྱིན་པ་དང་། ཤེས་རབ་ཀྱི་ཕ་རོལ་དུ་ཕྱིན་པ་ལ་འདུ་བ་ལས་བྱུང་བའི་ངོ་བོ་ཉིད་མེད་དོ། །ནང་སྟོང་པ་ཉིད་ལ་འདུ་བ་ལས་བྱུང་བའི་ངོ་བོ་ཉིད་མེད་དོ། །ཕྱི་སྟོང་པ་ཉིད་ལ་འདུ་བ་ལས་བྱུང་བའི་ངོ་བོ་ཉིད་མེད་དོ། །ཕྱི་ནང་སྟོང་པ་ཉིད་ལ་འདུ་བ་ལས་བྱུང་བའི་ངོ་བོ་ཉིད་མེད་དོ། །དངོས་པོ་མེད་པའི་ངོ་བོ་ཉིད་སྟོང་པ་ཉིད་ཀྱི་བར་ལ་འདུ་བ་ལས་བྱུང་བའི་ངོ་བོ་ཉིད་མེད་དོ། །དྲན་པ་ཉེ་བར་གཞག་པ་རྣམས་ལ་འདུ་བ་ལས་བྱུང་བའི་ངོ་བོ་ཉིད་མེད་དོ། །ཡང་དག་པར་སྤོང་བ་རྣམས་དང་། རྫུ་འཕྲུལ་གྱི་རྐང་པ་རྣམས་དང་། དབང་པོ་རྣམས་དང་། སྟོབས་རྣམས་དང་། བྱང་ཆུབ་ཀྱི་ཡན་ལག་རྣམས་དང་། འཕགས་པའི་ལམ་ཡན་ལག་བརྒྱད་པ་ལ་འདུ་བ་ལས་བྱུང་བའི་ངོ་བོ་ཉིད་མེད་དོ། །འཕགས་པའི་བདེན་པ་རྣམས་དང་། བསམ་གཏན་རྣམས་དང་། ཚད་མེད་པ་རྣམས་དང་། གཟུགས་མེད་པའི་སྙོམས་པར་འཇུག་པ་རྣམས་དང་། རྣམ་པར་ཐར་པ་བརྒྱད་དང་། མཐར་གྱིས་གནས་པའི་སྙོམས་པར་འཇུག་པ་དགུ་དང་། རྣམ་པར་ཐར་པའི་སྒོ་སྟོང་པ་ཉིད་དང་། མཚན་མ་མེད་པ་དང་། སྨོན་པ་མེད་པ་དང་། མངོན་པར་ཤེས་པ་རྣམས་དང་། ཏིང་ངེ་འཛིན་རྣམས་དང་། གཟུངས་ཀྱི་སྒོ་རྣམས་དང་། དེ་བཞིན་གཤེགས་པའི་སྟོབས་བཅུ་དང་། མི་འཇིགས་པ་བཞི་དང་། སོ་སོ་ཡང་དག་པར་[1]རིག་པ་བཞི་དང་། སངས་རྒྱས་ཀྱི་ཆོས་མ་འདྲེས་པ་རྣམས་ལ་འདུ་བ་ལས་བྱུང་བའི་ངོ་བོ་ཉིད་མེད་དོ། །དེ་ཅིའི་ཕྱིར་ཞེ་ན། ཚེ་དང་ལྡན་པ་ཤཱ་ར་དྭ་ཏིའི་བུ་རྣམ་གྲངས་དེས་ན། ཆོས་ཐམས་ཅད་ནི་དངོས་པོ་མེད་པའི་ངོ་བོ་ཉིད་དོ། །ཚེ་དང་ལྡན་པ་ཤཱ་ར་དྭ་ཏིའི་བུ་གཞན་ཡང་ཆོས་ཐམས་ཅད་ནི་མི་རྟག་པ་སྟེ། གང་དང་ཡང་བྲལ་བས་མ་ཡིན་ནོ། །སྨྲས་པ།

ཚེ་དང་ལྡན་པ་རབ་འབྱོར་ཆོས་ཐམས་ཅད་མི་རྟག་པ་སྟེ། གང་དང་ཡང་བྲལ་བས་མ་ཡིན་པ་དེ་དག་གང་ཡིན། སྨྲས་པ། ཚེ་དང་ལྡན་པ་ཤཱ་ར་དྭ་ཏིའི་བུ་གཟུགས་མི་རྟག་པ་སྟེ། གང་དང་ཡང་བྲལ་བས་མ་ཡིན་ནོ། །ཚོར་བ་དང་འདུ་ཤེས་དང་འདུ་བྱེད་དང་རྣམ་པར་ཤེས་པ་མི་རྟག་པ་སྟེ། གང་དང་ཡང་བྲལ་བས་མ་ཡིན་ནོ། །མིག་མི་རྟག་པ་སྟེ། གང་དང་ཡང་བྲལ་བས་མ་ཡིན་ནོ། །རྣ་བ་དང་སྣ་དང་ལྕེ་དང་ལུས་དང་ཡིད་མི་རྟག་པ་སྟེ། གང་དང་ཡང་བྲལ་བས་མ་ཡིན་ནོ། །གཟུགས་མི་རྟག་པ་སྟེ། གང་དང་ཡང་བྲལ་བས་མ་ཡིན་ནོ། །སྒྲ་དང་དྲི་དང་རོ་དང་རེག་དང་ཆོས་མི་རྟག་པ་སྟེ། གང་དང་ཡང་བྲལ་བས་མ་ཡིན་ནོ། །མིག་གི་རྣམ་པར་ཤེས་པ་མི་རྟག་པ་སྟེ། གང་དང་ཡང་བྲལ་བས་མ་ཡིན་ནོ། །རྣ་བའི་རྣམ་པར་ཤེས་པ་དང་། སྣའི་རྣམ་པར་ཤེས་པ་དང་། ལྕེའི་རྣམ་པར་ཤེས་པ་དང་། ལུས་ཀྱི་རྣམ་པར་ཤེས་པ་དང་། ཡིད་ཀྱི་རྣམ་པར་ཤེས་པ་མི་རྟག་པ་སྟེ། གང་དང་ཡང་བྲལ་བས་མ་ཡིན་ནོ། །མིག་གི་འདུས་ཏེ་རེག་པ་མི་རྟག་པ་སྟེ། གང་དང་ཡང་བྲལ་བས་མ་ཡིན་ནོ། །རྣ་བའི་འདུས་ཏེ་རེག་པ་དང་། སྣའི་འདུས་ཏེ་རེག་པ་དང་། ལྕེའི་འདུས་ཏེ་རེག་པ་དང་། ལུས་ཀྱི་འདུས་ཏེ་རེག་པ་དང་། ཡིད་ཀྱི་འདུས་ཏེ་རེག་པ་མི་རྟག་པ་སྟེ། གང་དང་ཡང་བྲལ་བས་མ་ཡིན་ནོ། །མིག་གི་འདུས་ཏེ་རེག་པའི་རྐྱེན་གྱིས་ཚོར་བ་མི་རྟག་པ་སྟེ། གང་དང་ཡང་བྲལ་བས་མ་ཡིན་ནོ། །རྣ་བའི་འདུས་ཏེ་རེག་པའི་རྐྱེན་གྱིས་ཚོར་བ་དང་། སྣའི་འདུས་ཏེ་རེག་པའི་རྐྱེན་གྱིས་ཚོར་བ་དང་། ལྕེའི་འདུས་ཏེ་རེག་པའི་རྐྱེན་གྱིས་ཚོར་བ་དང་། ལུས་ཀྱི་འདུས་ཏེ་རེག་པའི་རྐྱེན་གྱིས་ཚོར་བ་དང་། ཡིད་ཀྱི་འདུས་ཏེ་རེག་པའི་རྐྱེན་གྱིས་ཚོར་བ་མི་རྟག་པ་སྟེ། གང་དང་ཡང་བྲལ་བས་མ་ཡིན་ནོ། །སའི་ཁམས་མི་རྟག་པ་སྟེ། གང་དང་

ཡང་བྲལ་བས་མ་ཡིན་ནོ། །ཆུའི་ཁམས་དང་། མེའི་ཁམས་དང་། རླུང་གི་ཁམས་དང་། ནམ་མཁའི་ཁམས་དང་། རྣམ་པར་ཤེས་པའི་ཁམས་མི་རྟག་པ་སྟེ། གང་དང་ཡང་བྲལ་བས་མ་ཡིན་ནོ། །མ་རིག་པ་མི་རྟག་པ་སྟེ། གང་དང་ཡང་བྲལ་བས་མ་ཡིན་ནོ། །འདུ་བྱེད་དང་རྣམ་པར་ཤེས་པ་དང་མིང་དང་གཟུགས་དང་སྐྱེ་མཆེད་དྲུག་དང་རེག་པ་དང་ཚོར་བ་དང་སྲེད་པ་དང་ལེན་པ་དང་སྲིད་པ་དང་སྐྱེ་བ་དང་རྒ་ཤི་མི་རྟག་པ་སྟེ། གང་དང་ཡང་བྲལ་བས་མ་ཡིན་ནོ། །སྦྱིན་པའི་ཕ་རོལ་ཏུ་ཕྱིན་པ་མི་རྟག་པ་སྟེ། གང་དང་ཡང་བྲལ་བས་མ་ཡིན་ནོ། །ཚུལ་ཁྲིམས་ཀྱི་ཕ་རོལ་ཏུ་ཕྱིན་པ་དང་། བཟོད་པའི་ཕ་རོལ་ཏུ་ཕྱིན་པ་དང་། བརྩོན་འགྲུས་ཀྱི་ཕ་རོལ་ཏུ་ཕྱིན་པ་དང་། བསམ་གཏན་གྱི་ཕ་རོལ་ཏུ་ཕྱིན་པ་དང་། ཤེས་རབ་ཀྱི་ཕ་རོལ་ཏུ་ཕྱིན་པ་མི་རྟག་པ་སྟེ། གང་དང་ཡང་བྲལ་བས་མ་ཡིན་ནོ། །ནང་སྟོང་པ་ཉིད་མི་རྟག་པ་སྟེ། གང་དང་ཡང་བྲལ་བས་མ་ཡིན་ནོ། །ཕྱི་སྟོང་པ་ཉིད་མི་རྟག་པ་སྟེ། གང་དང་ཡང་བྲལ་བས་མ་ཡིན་ནོ། །ཕྱི་ནང་སྟོང་པ་ཉིད་མི་རྟག་པ་སྟེ། གང་དང་ཡང་བྲལ་བས་མ་ཡིན་ནོ། །དངོས་པོ་མེད་པའི་ངོ་བོ་ཉིད་སྟོང་པ་ཉིད་ཀྱི་བར་དུ་མི་རྟག་པ་སྟེ། གང་དང་ཡང་བྲལ་བས་མ་ཡིན་ནོ། །དྲན་པ་ཉེ་བར་གཞག་པ་རྣམས་མི་རྟག་པ་སྟེ། གང་དང་ཡང་བྲལ་བས་མ་ཡིན་ནོ། །ཡང་དག་པར་སྤོང་བ་རྣམས་དང་། རྫུ་འཕྲུལ་གྱི་རྐང་པ་རྣམས་དང་། དབང་པོ་རྣམས་དང་། སྟོབས་རྣམས་དང་། བྱང་ཆུབ་ཀྱི་ཡན་ལག་རྣམས་དང་། འཕགས་པའི་ལམ་ཡན་ལག་བརྒྱད་པ་མི་རྟག་པ་སྟེ། གང་དང་ཡང་བྲལ་བས་མ་ཡིན་ནོ། །འཕགས་པའི་བདེན་པ་རྣམས་དང་། བསམ་གཏན་རྣམས་དང་། ཚད་མེད་པ་རྣམས་དང་། གཟུགས་མེད་པའི་སྙོམས་པར་འཇུག་པ་རྣམས་དང་། རྣམ་པར་ཐར་པ་བརྒྱད་

དང་། མཐར་གྱིས་གནས་པའི་སྙོམས་པར་འཇུག་པ་རྣམས་དང་། རྣམ་པར་ཐར་པའི་སྒོ་སྟོང་པ་ཉིད་དང་། མཚན་མ་མེད་པ་དང་། སྨོན་པ་མེད་པ་དང་། མངོན་པར་ཤེས་པ་རྣམས་དང་། ཏིང་ངེ་འཛིན་རྣམས་དང་། གཟུངས་ཀྱི་སྒོ་རྣམས་དང་། དེ་བཞིན་གཤེགས་པའི་སྟོབས་བཅུ་དང་། མི་འཇིགས་པ་བཞི་དང་། སོ་སོ་ཡང་དག་པར་རིག་པ་བཞི་དང་། སངས་རྒྱས་ཀྱི་ཆོས་མ་འདྲེས་པ་བཅོ་བརྒྱད་མི་རྟག་པ་སྟེ། གང་དང་ཡང་བྲལ་བས་མ་ཡིན་ནོ། །དེ་ཅིའི་ཕྱིར་ཞེ་ན། ཚེ་དང་ལྡན་པ་ཤཱ་ར་དྭ་ཏིའི་བུ་འདི་ལྟར་མི་རྟག་པ་གང་ཡིན་པ་དེ་ནི་དངོས་པོ་མེད་པ་དང་ཟད་པ་སྟེ། ཚེ་དང་ལྡན་པ་ཤཱ་ར་དྭ་ཏིའི་བུ་རྣམ་གྲངས་དེས་ན། ཆོས་ཐམས་ཅད་ནི་མི་རྟག་པ་སྟེ། གང་དང་ཡང་བྲལ་བས་མ་ཡིན་ནོ།། ཚེ་དང་ལྡན་པ་ཤཱ་ར་དྭ་ཏིའི་བུ་གཞན་ཡང་ཆོས་ཐམས་ཅད་ནི་སྡུག་བསྔལ་བ། ཆོས་ཐམས་ཅད་ནི་བདག་མེད་པ། ཆོས་ཐམས་ཅད་ནི་ཞི་བ། ཆོས་ཐམས་ཅད་ནི་སྟོང་པ། ཆོས་ཐམས་ཅད་ནི་མཚན་མ་མེད་པ། ཆོས་ཐམས་ཅད་ནི་སྨོན་པ་མེད་པ་སྟེ། གང་དང་ཡང་བྲལ་བས་མ་ཡིན་ནོ། །དེ་ཅིའི་ཕྱིར་ཞེ་ན། ཚེ་དང་ལྡན་པ་ཤཱ་ར་དྭ་ཏིའི་བུ་འདི་ལྟར་སྨོན་པ་མེད་པ་གང་ཡིན་པ་དེ་ནི་དངོས་པོ་མེད་པ་དང་ཟད་པ་སྟེ། ཚེ་དང་ལྡན་པ་ཤཱ་ར་དྭ་ཏིའི་བུ་རྣམ་གྲངས་དེས་ན། ཆོས་ཐམས་ཅད་ནི་སྨོན་པ་མེད་པ་སྟེ། གང་དང་ཡང་བྲལ་བས་མ་ཡིན་ནོ། ། ཚེ་དང་ལྡན་པ་ཤཱ་ར་དྭ་ཏིའི་བུ་གཞན་ཡང་ཆོས་ཐམས་ཅད་ནི་དགེ་བ། ཆོས་ཐམས་ཅད་ནི་ཁ་ན་མ་ཐོ་བ་མེད་པ། ཆོས་ཐམས་ཅད་ནི་ཟག་པ་མེད་པ། ཆོས་ཐམས་ཅད་ནི་ཉོན་མོངས་པ་མེད་པ། ཆོས་ཐམས་ཅད་ནི་རྣམ་པར་བྱང་བ། ཆོས་ཐམས་ཅད་ནི་འཇིག་རྟེན་ལས་འདས་པ། ཆོས་ཐམས་ཅད་ནི་འདུས་མ་བྱས་པ་སྟེ། གང་དང་ཡང་བྲལ་བས་མ་ཡིན་ནོ། །དེ་ཅིའི་ཕྱིར་ཞེ་ན། ཚེ་

དང་ལྡན་པ་ཤཱ་ར་དྭ་ཏིའི་བུ་འདི་ལྟར་གང་འདུས་མ་བྱས་པ་དེ་ནི་དངོས་པོ་མེད་པ་དང་ཟད་པ་སྟེ། ཚེ་དང་ལྡན་པ་ཤཱ་ར་དྭ་ཏིའི་བུ་རྣམ་གྲངས་དེས་ན། ཆོས་ཐམས་ཅད་ནི་འདུས་མ་བྱས་པ་སྟེ། གང་དང་ཡང་བྲལ་བས་མ་ཡིན་ནོ། །ཚེ་དང་ལྡན་པ་ཤཱ་ར་དྭ་ཏིའི་བུ་གཞན་ཡང་ཆོས་ཐམས་ཅད་ནི་①རྟག་པ་མ་ཡིན་འཇིག་པ་མ་ཡིན་ནོ། །སྨྲས་པ། ཚེ་དང་ལྡན་པ་རབ་འབྱོར་ཅིའི་ཕྱིར། ཆོས་ཐམས་ཅད་རྟག་པ་མ་ཡིན་འཇིག་པ་མ་②ཡིན། རབ་འབྱོར་གྱིས་སྨྲས་པ། ཚེ་དང་ལྡན་པ་ཤཱ་ར་དྭ་ཏིའི་བུ་གཟུགས་རྟག་པ་མ་ཡིན་འཇིག་པ་མ་ཡིན་ཏེ། དེ་ཅིའི་ཕྱིར་ཞེ་ན། དེའི་རང་བཞིན་ནི་དེ་ཡིན་ནོ། །ཚོར་བ་དང་འདུ་ཤེས་དང་འདུ་བྱེད་དང་རྣམ་པར་ཤེས་པ་རྟག་པ་མ་ཡིན་འཇིག་པ་མ་ཡིན་ཏེ། དེ་ཅིའི་ཕྱིར་ཞེ་ན༑ དེའི་རང་བཞིན་ནི་དེ་ཡིན་ནོ། །ཚེ་དང་ལྡན་པ་ཤཱ་ར་དྭ་ཏིའི་བུ་མིག་རྟག་པ་མ་ཡིན་འཇིག་པ་མ་ཡིན་ཏེ། དེ་ཅིའི་ཕྱིར་ཞེ་ན། དེའི་རང་བཞིན་ནི་དེ་ཡིན་ནོ། །རྣ་བ་དང་སྣ་དང་ལྕེ་དང་ལུས་དང་ཡིད་རྟག་པ་མ་ཡིན། འཇིག་པ་མ་ཡིན་ཏེ། དེ་ཅིའི་ཕྱིར་ཞེ་ན། དེའི་རང་བཞིན་ནི་དེ་ཡིན་ནོ། །ཚེ་དང་ལྡན་པ་ཤཱ་ར་དྭ་ཏིའི་བུ་གཟུགས་རྟག་པ་མ་ཡིན་འཇིག་པ་མ་ཡིན་ཏེ། དེ་ཅིའི་ཕྱིར་ཞེ་ན༑ དེའི་རང་བཞིན་ནི་དེ་ཡིན་ནོ། །སྒྲ་དང་དྲི་དང་རོ་དང་རེག་དང་ཆོས་རྟག་པ་མ་ཡིན་འཇིག་པ་མ་ཡིན་ཏེ། དེ་ཅིའི་ཕྱིར་ཞེ་ན། དེའི་རང་བཞིན་ནི་དེ་ཡིན་ནོ། །ཚེ་དང་ལྡན་པ་ཤཱ་ར་དྭ་ཏིའི་བུ་མིག་གི་རྣམ་པར་ཤེས་པ་རྟག་པ་མ་ཡིན་འཇིག་པ་མ་ཡིན་ཏེ། དེ་ཅིའི་ཕྱིར་ཞེ་ན། དེའི་རང་བཞིན་ནི་དེ་ཡིན་ནོ། །རྣ་བའི་རྣམ་པར་ཤེས་པ་དང་། སྣའི་རྣམ་པར་ཤེས་པ་དང་། ལྕེའི་རྣམ་པར་ཤེས་པ་དང་། ལུས་ཀྱི་རྣམ་པར་ཤེས་པ་དང་། ཡིད་ཀྱི་རྣམ་པར་ཤེས་པ་རྟག་པ་མ་ཡིན། འཇིག་པ་མ་ཡིན་ཏེ། དེ་ཅིའི་ཕྱིར་ཞེ་ན། དེའི་རང་བཞིན་ནི་

དེ་ཡིན་ནོ། །ཚེ་དང་ལྡན་པ་ཤཱ་ར་དྭ་ཏིའི་བུ་མིག་གི་འདུས་ཏེ་རེག་པ་རྟག་པ་མ་ཡིན། འཇིག་པ་མ་ཡིན་ཏེ། དེ་ཅིའི་ཕྱིར་ཞེ་ན། དེའི་རང་བཞིན་ནི་དེ་ཡིན་ནོ། །རྣ་བའི་འདུས་ཏེ་རེག་པ་དང་། སྣའི་འདུས་ཏེ་རེག་པ་དང་། ལྕེའི་འདུས་ཏེ་རེག་པ་དང་། ལུས་ཀྱི་འདུས་ཏེ་རེག་པ་དང་། ཡིད་ཀྱི་འདུས་ཏེ་རེག་པ་རྟག་པ་མ་ཡིན། འཇིག་པ་མ་ཡིན་ཏེ། དེ་ཅིའི་ཕྱིར་ཞེ་ན། དེའི་རང་བཞིན་ནི་དེ་ཡིན་ནོ། །ཚེ་དང་ལྡན་པ་ཤཱ་ར་དྭ་ཏིའི་བུ་མིག་གི་འདུས་ཏེ་རེག་པའི་རྐྱེན་གྱིས་ཚོར་བ་རྟག་པ་མ་ཡིན། འཇིག་པ་མ་ཡིན་ཏེ། དེ་ཅིའི་ཕྱིར་ཞེ་ན། དེའི་རང་བཞིན་ནི་དེ་ཡིན་ནོ། །རྣ་བའི་འདུས་ཏེ་རེག་པའི་རྐྱེན་གྱིས་ཚོར་བ་དང་། སྣའི་འདུས་ཏེ་རེག་པའི་རྐྱེན་གྱིས་ཚོར་བ་དང་། ལྕེའི་འདུས་ཏེ་རེག་པའི་རྐྱེན་གྱིས་ཚོར་བ་དང་། ལུས་ཀྱི་འདུས་ཏེ་རེག་པའི་རྐྱེན་གྱིས་ཚོར་བ་དང་། ཡིད་ཀྱི་འདུས་ཏེ་རེག་པའི་རྐྱེན་གྱིས་ཚོར་བ་རྟག་པ་མ་ཡིན། འཇིག་པ་མ་ཡིན་ཏེ། དེ་ཅིའི་ཕྱིར་ཞེ་ན། དེའི་རང་བཞིན་ནི་དེ་ཡིན་ནོ། །ཚེ་དང་ལྡན་པ་ཤཱ་ར་དྭ་ཏིའི་བུ་སའི་ཁམས་རྟག་པ་མ་ཡིན། འཇིག་པ་མ་ཡིན་ཏེ། དེ་ཅིའི་ཕྱིར་ཞེ་ན། དེའི་རང་བཞིན་ནི་དེ་ཡིན་ནོ། །ཆུའི་ཁམས་དང་། མེའི་ཁམས་དང་། རླུང་གི་ཁམས་དང་། ནམ་མཁའི་ཁམས་དང་། རྣམ་པར་ཤེས་པའི་ཁམས་རྟག་པ་མ་①ཡིན། འཇིག་པ་མ་ཡིན་ཏེ། དེ་ཅིའི་ཕྱིར་ཞེ་ན། དེའི་རང་བཞིན་ནི་དེ་ཡིན་ནོ། །ཚེ་དང་ལྡན་པ་ཤཱ་ར་དྭ་ཏིའི་བུ་མ་རིག་པ་རྟག་པ་མ་ཡིན།' འཇིག་པ་མ་ཡིན་ཏེ། དེ་ཅིའི་ཕྱིར་ཞེ་ན། དེའི་རང་བཞིན་ནི་དེ་ཡིན་ནོ། །འདུ་བྱེད་དང་རྣམ་པར་ཤེས་པ་དང་། མིང་དང་གཟུགས་དང་སྐྱེ་མཆེད་དྲུག་དང་རེག་པ་དང་ཚོར་བ་དང་སྲེད་②པ་དང་ལེན་པ་དང་སྲིད་པ་དང་སྐྱེ་བ་དང་རྒ་ཤི་རྟག་པ་མ་ཡིན། འཇིག་པ་མ་ཡིན་ཏེ། དེ་ཅིའི་ཕྱིར་ཞེ་ན།

དེའི་རང་བཞིན་ནི་དེ་ཡིན་ནོ། །ཚེ་དང་ལྡན་པ་ཤ་ར་དྭ་ཏིའི་བུ་སྦྱིན་པའི་ཕ་རོལ་ཏུ་ཕྱིན་པ་རྟག་པ་མ་ཡིན། འཇིག་པ་མ་ཡིན་ཏེ། དེ་ཅིའི་ཕྱིར་ཞེ་ན། དེའི་རང་བཞིན་ནི་དེ་ཡིན་ནོ། །ཚུལ་ཁྲིམས་ཀྱི་ཕ་རོལ་ཏུ་ཕྱིན་པ་དང་། བཟོད་པའི་ཕ་རོལ་ཏུ་ཕྱིན་པ་དང་། བརྩོན་འགྲུས་ཀྱི་ཕ་རོལ་ཏུ་ཕྱིན་པ་དང་། བསམ་གཏན་གྱི་ཕ་རོལ་ཏུ་ཕྱིན་པ་དང་། ཤེས་རབ་ཀྱི་ཕ་རོལ་ཏུ་ཕྱིན་པ་རྟག་པ་མ་ཡིན། འཇིག་པ་མ་ཡིན་ཏེ། དེ་ཅིའི་ཕྱིར་ཞེ་ན། དེའི་རང་བཞིན་ནི་དེ་ཡིན་ནོ། །ཚེ་དང་ལྡན་པ་ཤ་ར་དྭ་ཏིའི་བུ་ནང་སྟོང་པ་ཉིད་རྟག་པ་མ་[1]ཡིན། འཇིག་པ་མ་ཡིན་ཏེ། དེ་ཅིའི་ཕྱིར་ཞེ་ན། དེའི་རང་བཞིན་ནི་དེ་ཡིན་ནོ། །ཕྱི་སྟོང་པ་ཉིད་རྟག་པ་མ་ཡིན། འཇིག་པ་མ་ཡིན་ཏེ། དེ་ཅིའི་ཕྱིར་ཞེ་ན། དེའི་རང་བཞིན་ནི་དེ་ཡིན་ནོ། །ཕྱི་ནང་སྟོང་པ་ཉིད་རྟག་པ་མ་ཡིན། འཇིག་པ་མ་ཡིན་ཏེ། དེ་ཅིའི་ཕྱིར་ཞེ་ན། དེའི་རང་བཞིན་ནི་དེ་ཡིན་ནོ། །དངོས་པོ་མེད་པའི་ངོ་བོ་ཉིད་སྟོང་པ་ཉིད་ཀྱི་བར་དུ་རྟག་པ་མ་ཡིན། འཇིག་པ་མ་ཡིན་ཏེ། དེ་ཅིའི་[3]ཕྱིར་ཞེ་ན། དེའི་རང་བཞིན་ནི་དེ་ཡིན་ནོ། །ཚེ་དང་ལྡན་པ་ཤ་ར་དྭ་ཏིའི་བུ་བྱང་ཆུབ་ཀྱི་ཕྱོགས་ཀྱི་ཆོས་སུམ་ཅུ་རྩ་བདུན་རྟག་པ་མ་ཡིན་འཇིག་པ་མ་ཡིན་ཏེ། དེ་ཅིའི་ཕྱིར་ཞེ་ན། དེའི་རང་བཞིན་ནི་དེ་ཡིན་ནོ། །སངས་རྒྱས་ཀྱི་ཆོས་མ་འདྲེས་པ་བཅོ་བརྒྱད་ཀྱི་བར་དུ་རྟག་པ་མ་ཡིན། འཇིག་པ་མ་ཡིན་ཏེ། དེ་ཅིའི་ཕྱིར་ཞེ་ན། དེའི་རང་བཞིན་ནི་དེ་ཡིན་ནོ། །ཚེ་དང་ལྡན་པ་ཤ་ར་དྭ་ཏིའི་བུ་དགེ་བའི་ཆོས་དང་། མི་དགེ་བའི་ཆོས་དང་། འདུས་བྱས་ཀྱི་ཆོས་དང་། འདུས་མ་བྱས་ཀྱི་ཆོས་དང་། ཟག་པ་དང་བཅས་པའི་ཆོས་དང་། ཟག་པ་མེད་པའི་ཆོས་རྟག་པ་མ་ཡིན། འཇིག་པ་མ་ཡིན་ཏེ། དེ་ཅིའི་ཕྱིར་ཞེ་ན། དེའི་རང་བཞིན་ནི་དེ་ཡིན་ནོ། །ཚེ་དང་ལྡན་པ་ཤ་ར་དྭ་ཏིའི་བུ་རྣམ་གྲངས་དེས་ན་

ཆོས་ཐམས་ཅད་ནི་དངོས་པོ་མེད་པའི་ངོ་བོ་ཉིད་དོ།། ||

ཤེས་རབ་ཀྱི་ཕ་རོལ་ཏུ་ཕྱིན་པ་སྟོང་ཕྲག་ཉི་ཤུ་ལྔ་པ། བམ་པོ་ཉི་ཤུ་བཞི་པ། ཚེ་དང་ལྡན་⑦པ་ཤཱ་ར་དྭ་ཏིའི་བུ་གང་ཡང་འདི་སྐད་དུ། ཅིའི་ཕྱིར་གཟུགས་མངོན་པར་མ་གྲུབ། ཅིའི་ཕྱིར་ཚོར་བ་དང་། འདུ་ཤེས་དང་། འདུ་བྱེད་དང་། རྣམ་པར་ཤེས་པ་མངོན་པར་མ་གྲུབ་ཅེས་སྨྲས་ཤེས་ཟེར་བ་ནི། ཚེ་དང་ལྡན་པ་ཤཱ་ར་དྭ་ཏིའི་བུ་དེ་ནི་དེ་བཞིན་ཏེ། དེ་ཅིའི་ཕྱིར་ཞེ་ན། ཚེ་དང་ལྡན་པ་ཤཱ་ར་དྭ་ཏིའི་བུ་འདི་ལྟར་གཟུགས་ནི་མངོན་པར་འདུ་མ་བྱས་པའོ། །ཚོར་བ་དང་འདུ་ཤེས་དང་འདུ་བྱེད་དང་། རྣམ་པར་ཤེས་པ་ནི་མངོན་པར་འདུ་མ་བྱས་པ་སྟེ། དེ་ཅིའི་ཕྱིར་ཞེ་ན། འདི་ལྟར་དེ་དག་ལ་མངོན་པར་འདུ་བྱེད་པ་མེད་དོ། །ཚེ་དང་ལྡན་པ་ཤཱ་ར་དྭ་ཏིའི་བུ་མིག་ནི་མངོན་པར་འདུ་མ་བྱས་པ་སྟེ། དེ་ཅིའི་ཕྱིར་ཞེ་ན། འདི་ལྟར་དེ་ལ་མངོན་པར་འདུ་བྱེད་པ་མེད་དོ། །རྣ་བ་དང་སྣ་དང་ལྕེ་དང་ལུས་དང་ཡིད་ནི་མངོན་པར་འདུ་མ་བྱས་པ་སྟེ། དེ་ཅིའི་ཕྱིར་ཞེ་ན། འདི་ལྟར་དེ་དག་ལ་མངོན་པར་འདུ་བྱེད་པ་མེད་དོ། །གཟུགས་ནི་མངོན་པར་འདུ་མ་བྱས་པ་སྟེ། དེ་ཅིའི་ཕྱིར་ཞེ་ན། འདི་ལྟར་དེ་ལ་མངོན་པར་འདུ་བྱེད་པ་མེད་དོ། །སྒྲ་དང་དྲི་དང་རོ་དང་རེག་དང་ཆོས་ནི་མངོན་པར་འདུ་མ་བྱས་པ་སྟེ། དེ་ཅིའི་ཕྱིར་ཞེ་ན། འདི་ལྟར་དེ་དག་ལ་མངོན་པར་འདུ་བྱེད་པ་མེད་དོ། །ཚེ་དང་ལྡན་པ་ཤཱ་ར་དྭ་ཏིའི་བུ་མིག་གི་རྣམ་པར་ཤེས་པ་ནི་མངོན་པར་འདུ་མ་བྱས་པ་སྟེ། དེ་ཅིའི་ཕྱིར་ཞེ་ན། འདི་ལྟར་དེ་ལ་མངོན་པར་འདུ་བྱེད་པ་མེད་དོ། །རྣ་བའི་རྣམ་པར་ཤེས་པ་དང་། སྣའི་རྣམ་པར་ཤེས་པ་དང་། ལྕེའི་རྣམ་པར་ཤེས་པ་དང་། ལུས་ཀྱི་རྣམ་པར་ཤེས་པ་དང་། ཡིད་ཀྱི་རྣམ་པར་ཤེས་པ་ནི་མངོན་པར་འདུ་མ་བྱས་པ་སྟེ། དེ་ཅིའི་

ཕྱིར་ཞེ་ན། འདི་ལྟར་དེ་དག[༡]ལ་མངོན་པར་འདུ་བྱེད་པ་མེད་དོ། །མིག་གི་འདུས་ཏེ་རེག་པ་ནི་མངོན་པར་འདུ་མ་བྱས་པ་སྟེ། དེ་ཅིའི་ཕྱིར་ཞེ་ན། དེ་ནི་འདི་ལྟར་དེ་ལ་མངོན་པར་འདུ་བྱེད་པ་མེད་དོ། །རྣ་བའི་འདུས་ཏེ་རེག་པ་དང་། སྣའི་འདུས་ཏེ་རེག་པ་དང་། ལྕེའི་འདུས་ཏེ་རེག་པ་དང་། ལུས་ཀྱི་འདུས་ཏེ་རེག་པ་དང་། ཡིད་ཀྱི་འདུས་ཏེ་རེག་པ་ནི་མངོན་པར་འདུ[༣]མ་བྱས་པ་སྟེ། དེ་ཅིའི་ཕྱིར་ཞེ་ན། འདི་ལྟར་དེ་དག་ལ་མངོན་པར་འདུ་བྱེད་པ་མེད་དོ། །ཚེ་དང་ལྡན་པ་ཤཱ་ར་དྭ་ཏིའི་བུ་མིག་གི་འདུས་ཏེ་རེག་པའི་རྐྱེན་གྱིས་ཚོར་བ་ནི་མངོན་པར་འདུ་མ་བྱས་པ་སྟེ། དེ་ཅིའི་ཕྱིར་ཞེ་ན། འདི་ལྟར་དེ་ལ་མངོན་པར་འདུ་བྱེད་པ་མེད་དོ། །རྣ་བའི་འདུས་ཏེ་རེག་པའི་རྐྱེན་གྱིས་ཚོར་བ་དང་། སྣའི་འདུས་ཏེ་རེག་པའི་རྐྱེན་གྱིས་ཚོར་བ་དང་། ལྕེའི་འདུས་ཏེ་རེག་པའི་རྐྱེན་གྱིས་ཚོར་བ་དང་། ལུས་ཀྱི་འདུས་ཏེ་རེག་པའི་རྐྱེན་གྱིས་ཚོར་བ་དང་། ཡིད་ཀྱི་འདུས་ཏེ་རེག་པའི་རྐྱེན་གྱིས་ཚོར་བ་ནི་མངོན་པར་འདུ་མ་བྱས་པ་སྟེ། དེ་ཅིའི་ཕྱིར་ཞེ་ན། འདི་ལྟར་དེ་དག་ལ་མངོན་པར་འདུ་བྱེད་པ་མེད་དོ། །ཚེ་དང་ལྡན་པ་ཤཱ་ར་དྭ་ཏིའི་བུ་སའི་ཁམས་ནི་མངོན་པར་འདུ་མ་བྱས་པ་སྟེ། དེ་ཅིའི་ཕྱིར་ཞེ་ན། འདི་ལྟར་དེ་ལ་མངོན་པར་འདུ་བྱེད་པ་མེད་དོ། །ཆུའི་ཁམས་དང་། མེའི་ཁམས་དང་། རླུང་གི་ཁམས་དང་། ནམ་མཁའི་ཁམས་དང་། རྣམ་པར་ཤེས་པའི་ཁམས་ནི་མངོན་པར་འདུ་མ་བྱས་པ་སྟེ། དེ་ཅིའི་ཕྱིར་ཞེ་ན། འདི་ལྟར་དེ་དག་ལ་མངོན་པར་འདུ་བྱེད་པ་མེད་དོ། །ཚེ་དང་ལྡན་པ་ཤཱ་ར་དྭ་ཏིའི་བུ་མ་རིག་པ་ནི་མངོན་པར་འདུ་མ་བྱས་པ་སྟེ། དེ་ཅིའི་ཕྱིར་ཞེ་ན། འདི་ལྟར་དེ་ལ་མངོན་པར་འདུ་བྱེད་པ་མེད་དོ། །འདུ་བྱེད་དང་རྣམ་པར་ཤེས་པ་དང་མིང་དང་གཟུགས་དང་སྐྱེ་མཆེད་དྲུག་དང་རེག་པ་དང་ཚོར་བ་

དང་སྲིད་པ་དང་ལེན་པ་དང་། སྲིད་པ་དང་སྐྱེ་བ་དང་རྒ་ཤི་ནི་མངོན་པར་འདུ་མ་བྱས་པ་སྟེ། དེ་ཅིའི་ཕྱིར་ཞེ་ན། དེ་ནི་འདི་ལྟར་དེ་དག་ལ་མངོན་པར་འདུ་བྱེད་པ་མེད་དོ། །ཚེ་དང་ལྡན་པ་ཤཱ་ར་དྭ་ཏིའི་བུ་སྦྱིན་པའི་ཕ་རོལ་ཏུ་ཕྱིན་པ་ནི་མངོན་པར་འདུ་མ་བྱས་པ་སྟེ། དེ་ཅིའི་ཕྱིར་ཞེ་ན། འདི་ལྟར་དེ་ལ་མངོན་པར་འདུ་བྱེད་པ་མེད་དོ། །ཚུལ་ཁྲིམས་ཀྱི་ཕ་རོལ་ཏུ་ཕྱིན་པ་དང་། བཟོད་པའི་ཕ་རོལ་ཏུ་ཕྱིན་པ་དང་། བརྩོན་འགྲུས་ཀྱི་ཕ་རོལ་ཏུ་ཕྱིན་པ་དང་། བསམ་གཏན་གྱི་ཕ་རོལ་ཏུ་ཕྱིན་པ་དང་། ཤེས་རབ་ཀྱི་ཕ་རོལ་ཏུ་ཕྱིན་པ་ནི་མངོན་པར་འདུ་མ་བྱས་པ་སྟེ། དེ་ཅིའི་ཕྱིར་ཞེ་ན། འདི་ལྟར་དེ་དག་ལ་མངོན་པར་འདུ་བྱེད་པ་མེད་དོ། །ཚེ་དང་ལྡན་པ་ཤཱ་ར་དྭ་ཏིའི་བུ་ནང་སྟོང་པ་ཉིད་ནི་མངོན་པར་འདུ་མ་བྱས་པ་སྟེ། དེ་ཅིའི་ཕྱིར་ཞེ་ན། འདི་ལྟར་དེ་ལ་མངོན་པར་འདུ་བྱེད་པ་མེད་དོ། །དངོས་པོ་མེད་པའི་ངོ་བོ་ཉིད་སྟོང་པ་ཉིད་ཀྱི་བར་ནི་མངོན་པར་འདུ་མ་བྱས་པ་སྟེ། དེ་ཅིའི་ཕྱིར་ཞེ་ན། འདི་ལྟར་དེ་དག་[༡] མངོན་པར་འདུ་བྱེད་པ་མེད་དོ། །ཚེ་དང་ལྡན་པ་ཤཱ་ར་དྭ་ཏིའི་བུ་བྱང་ཆུབ་ཀྱི་ཕྱོགས་ཀྱི་ཆོས་སུམ་ཅུ་རྩ་བདུན་ནི་མངོན་པར་འདུ་མ་བྱས་པ་སྟེ། དེ་ཅིའི་ཕྱིར་ཞེ་ན། འདི་ལྟར་དེ་དག་ལ་མངོན་པར་འདུ་བྱེད་པ་མེད་དོ། །སངས་རྒྱས་ཀྱི་ཆོས་མ་འདྲེས་པ་བཅོ་བརྒྱད་ཀྱི་བར་ནི་མངོན་པར་འདུ་མ་བྱས་པ་སྟེ། དེ་ཅིའི་ཕྱིར་ཞེ་ན། འདི་ལྟར་དེ་དག་ལ་མངོན་པར་འདུ་བྱེད་པ་མེད་དོ། །ཚེ་དང་ལྡན་པ་ཤཱ་ར་དྭ་ཏིའི་བུ་རྣམ་གྲངས་དེས་ན། གཟུགས་མངོན་པར་མ་གྲུབ་པོ། །ཚོར་བ་དང་འདུ་ཤེས་དང་འདུ་བྱེད་དང་རྣམ་པར་ཤེས་པ་མངོན་པར་མ་གྲུབ་པོ། །ཚེ་དང་ལྡན་པ་ཤཱ་ར་དྭ་ཏིའི་བུ་གང་ཡང་འདི་སྐད་དུ་ཅིའི་ཕྱིར་ན། ཚེ་དང་ལྡན་པ་རབ་འབྱོར་མངོན་པར་མ་གྲུབ་པ་དེ་གཟུགས་མ་ཡིན་ཚོར་བ་དང་འདུ་ཤེས་དང་

འདུ་བྱེད་དང་རྣམ་པར་ཤེས་པ་མ་ཡིན་ཞེས་སྨྲས་ཤེས་ཟེར་བ་ནི། ཚེ་དང་ལྡན་པ་ཤཱ་ར་དྭ་ཏིའི་བུ་དེ་ནི་དེ་བཞིན་ཏེ། དེ་ཅིའི་ཕྱིར་ཞེ་ན། འདི་ལྟར་ཚེ་དང་ལྡན་པ་ཤཱ་ར་དྭ་ཏིའི་བུ་གཟུགས་རང་བཞིན་གྱིས་སྟོང་པ་སྟེ། རང་བཞིན་གྱིས་སྟོང་པ་གང་ཡིན་པ་དེ་ལ་སྐྱེ་བ་མེད་ཅིང་འཇིག་པ་མེད་དོ། །གང་ལ་སྐྱེ་བ་མེད་ཅིང་འཇིག་པ་མེད་པ་དེ་ལ་གནས་པ་ལས་གཞན་དུ་འགྱུར་བ་མེད་དོ། །ཚོར་བ་དང་འདུ་ཤེས་དང་འདུ་བྱེད་དང་རྣམ་པར་ཤེས་པ་རང་བཞིན་གྱིས་སྟོང་པ་སྟེ། རང་བཞིན་གྱིས་སྟོང་པ་གང་ཡིན་པ་དེ་ལ་སྐྱེ་བ་མེད་ཅིང་འཇིག་པ་མེད་དོ། །གང་ལ་སྐྱེ་བ་མེད་ཅིང་འཇིག་པ་མེད་པ་དེ་ལ་གནས་པ་ལས་གཞན་དུ་འགྱུར་བ་མེད་དོ། །མིག་རང་བཞིན་གྱིས་སྟོང་པ་སྟེ། རང་བཞིན་གྱིས་སྟོང་པ་གང་ཡིན་པ་དེ་ལ་སྐྱེ་བ་མེད་ཅིང་འཇིག་པ་མེད་དོ། །གང་ལ་སྐྱེ་བ་མེད་ཅིང་འཇིག་པ་མེད་པ་དེ་ལ་གནས་པ་ལས་གཞན་དུ་འགྱུར་བ་མེད་དོ། །རྣ་བ་དང་སྣ་དང་ལྗེ་དང་ལུས་དང་ཡིད་རང་བཞིན་གྱིས་སྟོང་པ་སྟེ། རང་བཞིན་གྱིས་སྟོང་པ་གང་ཡིན་པ་དེ་ལ་སྐྱེ་བ་མེད་ཅིང་འཇིག་པ་མེད་དོ། །གང་ལ་སྐྱེ་བ་མེད་ཅིང་འཇིག་པ་མེད་པ་དེ་ལ་གནས་པ་ལས་གཞན་དུ་འགྱུར་བ་མེད་དོ། །གཟུགས་རང་བཞིན་གྱིས་སྟོང་པ་སྟེ། རང་བཞིན་གྱིས་སྟོང་པ་གང་ཡིན་པ་དེ་ལ་སྐྱེ་བ་མེད་ཅིང་འཇིག་པ་མེད་དོ། །གང་ལ་སྐྱེ་བ་མེད་ཅིང་འཇིག་པ་མེད་པ་དེ་ལ་[7]གནས་པ་ལས་གཞན་དུ་འགྱུར་བ་མེད་དོ། །སྒྲ་དང་དྲི་དང་རོ་དང་རེག་དང་ཆོས་རང་བཞིན་གྱིས་སྟོང་པ་སྟེ། རང་བཞིན་གྱིས་སྟོང་པ་གང་ཡིན་པ་དེ་ལ་སྐྱེ་བ་མེད་ཅིང་འཇིག་པ་མེད་དོ། །གང་ལ་སྐྱེ་བ་མེད་ཅིང་འཇིག་པ་མེད་པ་དེ་ལ་གནས་པ་ལས་གཞན་དུ་འགྱུར་བ་མེད་དོ། །མིག་གི་རྣམ་པར་ཤེས་པ་རང་བཞིན་གྱིས་སྟོང་པ་སྟེ། རང་བཞིན་གྱིས་སྟོང་པ་གང་ཡིན་པ་དེ་ལ་སྐྱེ་བ་མེད་ཅིང་འཇིག་པ་མེད་དོ། །

གང་ལ་སྐྱེ་བ་མེད་ཅིང་འཇིག་པ་མེད་པ་དེ་ལ་གནས་པ་ལས་གཞན་དུ་འགྱུར་བ་མེད་དོ། །རྣ་བའི་རྣམ་པར་ཤེས་པ་དང་། སྣའི་རྣམ་པར་ཤེས་པ་དང་། ལྗེའི་རྣམ་པར་ཤེས་པ་དང་། ལུས་ཀྱི་རྣམ་པར་ཤེས་པ་དང་། ཡིད་ཀྱི་རྣམ་པར་ཤེས་པ་རང་བཞིན་གྱིས་སྟོང་པ་སྟེ། རང་བཞིན་གྱིས་སྟོང་པ་གང་ཡིན་པ་དེ་ལ་སྐྱེ་བ་མེད་ཅིང་འཇིག་པ་མེད་དོ། །གང་ལ་སྐྱེ་བ་མེད་ཅིང་འཇིག་པ་མེད་པ་དེ་ལ་གནས་པ་ལས་གཞན་དུ་འགྱུར་བ་མེད་དོ། །མིག་གི་འདུས་ཏེ་རེག་པ་རང་བཞིན་གྱིས་སྟོང་པ་སྟེ། རང་བཞིན་གྱིས་སྟོང་པ་གང་ཡིན་པ་དེ་ལ་སྐྱེ་བ་མེད་ཅིང་འཇིག་པ་མེད་དོ། །གང་ལ་སྐྱེ་བ་མེད་ཅིང་འཇིག་པ་མེད་པ་དེ་ལ་གནས་པ་ལས་གཞན་དུ་འགྱུར་བ་མེད་དོ། །རྣ་བའི་འདུས་ཏེ་རེག་པ་དང་། སྣའི་འདུས་ཏེ་རེག་པ་དང་། ལྗེའི་འདུས་ཏེ་རེག་པ་དང་། ལུས་ཀྱི་འདུས་ཏེ་རེག་པ་དང་། ཡིད་ཀྱི་འདུས་ཏེ་རེག་པ་རང་བཞིན་གྱིས་སྟོང་པ་སྟེ། རང་བཞིན་གྱིས་སྟོང་པ་གང་ཡིན་པ་དེ་ལ་སྐྱེ་བ་མེད་ཅིང་འཇིག་པ་མེད་དོ། །གང་ལ་སྐྱེ་བ་མེད་ཅིང་འཇིག་པ་མེད་པ་དེ་ལ་གནས་པ་ལས་གཞན་དུ་འགྱུར་བ་མེད་དོ། །མིག་གི་འདུས་ཏེ་རེག་པའི་རྐྱེན་གྱིས་ཚོར་བ་རང་བཞིན་གྱིས་སྟོང་པ་[7]སྟེ། རང་བཞིན་གྱིས་སྟོང་པ་གང་ཡིན་པ་དེ་ལ། སྐྱེ་བ་མེད་ཅིང་འཇིག་པ་མེད་དོ། །གང་ལ་སྐྱེ་བ་མེད་ཅིང་འཇིག་པ་མེད་པ་དེ་ལ་གནས་པ་ལས་གཞན་དུ་འགྱུར་བ་མེད་དོ། །རྣ་བའི་འདུས་ཏེ་རེག་པའི་རྐྱེན་གྱིས་ཚོར་བ་དང་། སྣའི་འདུས་ཏེ་རེག་པའི་རྐྱེན་གྱིས་ཚོར་བ་དང་། ལྗེའི་འདུས་ཏེ་རེག་པའི་རྐྱེན་གྱིས་ཚོར་བ་དང་། ལུས་ཀྱི་འདུས་ཏེ་རེག་པའི་རྐྱེན་གྱིས་ཚོར་བ་དང་། ཡིད་ཀྱི་འདུས་ཏེ་རེག་པའི་རྐྱེན་གྱིས་ཚོར་བ་རང་བཞིན་གྱིས་སྟོང་པ་སྟེ། རང་བཞིན་གྱིས་སྟོང་པ་གང་ཡིན་པ་དེ་ལ་སྐྱེ་བ་མེད་ཅིང་འཇིག་པ་མེད་དོ། །གང་ལ་སྐྱེ་བ་མེད་ཅིང་

འཇིག་པ་མེད་པ་དེ་ལ་གནས་པ་ལས་གཞན་དུ་འགྱུར་བ་མེད་དོ། །སའི་ཁམས་
རང་བཞིན་གྱིས་སྟོང་པ་སྟེ། རང་བཞིན་གྱིས་སྟོང་པ་གང་ཡིན་པ་དེ་ལ་སྐྱེ་བ་
མེད་ཅིང་འཇིག་པ་མེད་དོ། །གང་ལ་[7]སྐྱེ་བ་མེད་ཅིང་འཇིག་པ་མེད་པ་དེ་ལ་
གནས་པ་ལས་གཞན་དུ་འགྱུར་བ་མེད་དོ། །ཆུའི་ཁམས་དང་། མེའི་ཁམས་
དང་། རླུང་གི་ཁམས་དང་། ནམ་མཁའི་ཁམས་དང་། རྣམ་པར་ཤེས་པའི་
ཁམས་རང་བཞིན་གྱིས་སྟོང་པ་སྟེ། རང་བཞིན་གྱིས་སྟོང་པ་གང་ཡིན་པ་དེ་ལ་སྐྱེ་
བ་མེད་ཅིང་འཇིག་པ་མེད་དོ། །གང་ལ་སྐྱེ་བ་མེད་ཅིང་འཇིག་པ་མེད་པ་དེ་ལ་
གནས་པ་ལས་གཞན་དུ་འགྱུར་བ་མེད་དོ། །མ་རིག་པ་རང་བཞིན་གྱིས་སྟོང་པ་སྟེ།
རང་བཞིན་གྱིས་སྟོང་པ་གང་ཡིན་པ་དེ་ལ་སྐྱེ་བ་མེད་ཅིང་འཇིག་པ་མེད་དོ། །
གང་ལ་སྐྱེ་བ་མེད་ཅིང་འཇིག་པ་མེད་པ་དེ་ལ་གནས་པ་ལས་གཞན་དུ་འགྱུར་བ་
མེད་དོ། །འདུ་བྱེད་དང་རྣམ་པར་ཤེས་པ་དང་མིང་དང་གཟུགས་དང་སྐྱེ་མཆེད་
དྲུག་དང་། རེག་པ་དང་ཚོར་བ་དང་སྲེད་པ་དང་ལེན་པ་དང་སྲིད་པ་དང་སྐྱེ་བ་
དང་རྒ་ཤི་རང་བཞིན་གྱིས་སྟོང་པ་སྟེ། རང་བཞིན་གྱིས་སྟོང་པ་གང་ཡིན་པ་དེ་
ལ་སྐྱེ་བ་མེད་ཅིང་འཇིག་པ་མེད་དོ། །གང་ལ་སྐྱེ་བ་མེད་ཅིང་འཇིག་པ་མེད་པ་དེ་
ལ་གནས་པ་ལས་གཞན་དུ་འགྱུར་བ་མེད་དོ། །སྦྱིན་པའི་ཕ་རོལ་ཏུ་ཕྱིན་པ་རང་
བཞིན་གྱིས་སྟོང་པ་སྟེ། རང་བཞིན་གྱིས་སྟོང་པ་གང་ཡིན་པ་དེ་ལ་སྐྱེ་བ་མེད་
ཅིང་འཇིག་པ་མེད་དོ། །གང་ལ་སྐྱེ་བ་མེད་ཅིང་འཇིག་པ་མེད་པ་དེ་ལ་གནས་པ་
ལས་གཞན་དུ་འགྱུར་བ་མེད་དོ། །ཚུལ་ཁྲིམས་ཀྱི་ཕ་རོལ་ཏུ་ཕྱིན་པ་དང་།
བཟོད་པའི་ཕ་རོལ་ཏུ་ཕྱིན་པ་དང་། བརྩོན་འགྲུས་ཀྱི་ཕ་རོལ་ཏུ་ཕྱིན་པ་དང་།
བསམ་གཏན་གྱི་ཕ་རོལ་ཏུ་ཕྱིན་པ་དང་། ཤེས་རབ་ཀྱི་ཕ་རོལ་ཏུ་ཕྱིན་པ་རང་
བཞིན་གྱིས་སྟོང་པ་སྟེ། རང་བཞིན་གྱིས་སྟོང་པ་གང་ཡིན་པ་དེ་ལ་སྐྱེ་བ་མེད་

ཅིང་འཇིག་པ་མེད་དོ། །གང་ལ་སྐྱེ་བ་མེད་ཅིང་འཇིག་པ་མེད་པ་དེ་ལ་གནས་པ་ལས་གཞན་དུ་འགྱུར་བ་མེད་དོ། །ནང་སྟོང་པ་ཉིད་རང་བཞིན་གྱིས་སྟོང་པ་སྟེ། རང་བཞིན་གྱིས་སྟོང་པ་གང་ཡིན་པ་དེ་ལ་སྐྱེ་བ་མེད་ཅིང་འཇིག་པ་མེད་དོ། །གང་ལ་སྐྱེ་བ་མེད་ཅིང་འཇིག་པ་མེད་པ་དེ་ལ་གནས་པ་ལས་གཞན་དུ་འགྱུར་བ་མེད་དོ། །དངོས་པོ་མེད་པའི་ངོ་བོ་ཉིད་སྟོང་པ་ཉིད་ཀྱི་བར་དུ་རང་བཞིན་གྱིས་སྟོང་པ་སྟེ། རང་བཞིན་གྱིས་སྟོང་པ་གང་ཡིན་པ་དེ་ལ་སྐྱེ་བ་མེད་ཅིང་འཇིག་པ་མེད་དོ། །གང་ལ་སྐྱེ་བ་མེད་ཅིང་འཇིག་པ་མེད་པ་དེ་ལ་གནས་པ་ལས་གཞན་དུ་འགྱུར་བ་མེད་དོ། །བྱང་ཆུབ་ཀྱི་ཕྱོགས་ཀྱི་ཆོས་སུམ་ཅུ་རྩ་བདུན་རང་བཞིན་གྱིས་སྟོང་པ་སྟེ། རང་བཞིན་གྱིས་སྟོང་པ་གང་ཡིན་པ་དེ་ལ་སྐྱེ་བ་མེད་ཅིང་འཇིག་པ་མེད་དོ། །གང་ལ་སྐྱེ་བ་མེད་ཅིང་འཇིག་པ་མེད་པ་དེ་ལ་གནས་པ་ལས་གཞན་དུ་འགྱུར་བ་མེད་དོ། །སངས་རྒྱས་ཀྱི་ཆོས་མ་འདྲེས་པ་བཅོ་བརྒྱད་ཀྱི་བར་དུ་རང་བཞིན་གྱིས་སྟོང་པ་སྟེ། རང་བཞིན་གྱིས་སྟོང་པ་གང་ཡིན་པ་དེ་ལ་སྐྱེ་བ་མེད་ཅིང་འཇིག་པ་མེད་དོ། །གང་ལ་སྐྱེ་བ་མེད་ཅིང་འཇིག་པ་མེད་པ་དེ་ལ་གནས་པ་ལས་གཞན་དུ་འགྱུར་བ་མེད་དོ། །ཚེ་དང་ལྡན་པ་ཤཱ་ར་དྭ་ཏིའི་བུ་རྣམ་གྲངས་དེས་ན། གང་མངོན་པར་འདུ་མ་བྱས་པ་དེ་གཟུགས་མ་ཡིན་ནོ། །གང་མངོན་པར་འདུ་མ་བྱས་པ་དེ་ཚོར་བ་དང་འདུ་ཤེས་དང་འདུ་བྱེད་དང་རྣམ་པར་ཤེས་པ་མ་ཡིན་ནོ། །གང་མངོན་པར་འདུ་མ་བྱས་པ་དེ་མིག་མ་ཡིན་ནོ། །གང་མངོན་པར་འདུ་མ་བྱས་པ་དེ་རྣ་བ་དང་སྣ་དང་ལྕེ་དང་ལུས་དང་ཡིད་མ་ཡིན་ནོ། །གང་མངོན་པར་འདུ་མ་བྱས་པ་དེ་གཟུགས་མ་ཡིན་ནོ། །གང་མངོན་པར་འདུ་མ་བྱས་པ་དེ་སྒྲ་དང་དྲི་དང་རོ་དང་རེག་དང་ཆོས་མ་ཡིན་ནོ། །གང་མངོན་པར་འདུ་མ་བྱས་པ་དེ་མིག་གི་རྣམ་པར་ཤེས་པ་མ་ཡིན་ནོ། །གང་མངོན་པར་འདུ་མ་

བྱས་པ་དེ་རྣ་བའི་རྣམ་པར་ཤེས་པ་དང་། སྣའི་རྣམ་པར་ཤེས་པ་དང་། ལྕེའི་རྣམ་པར་ཤེས་པ་དང་། ལུས་ཀྱི་རྣམ་པར་ཤེས་པ་དང་། ཡིད་ཀྱི་རྣམ་པར་ཤེས་པ་མ་ཡིན་ནོ། །གང་མངོན་པར་འདུ་མ་བྱས་པ་དེ་མིག་གི་འདུས་ཏེ་རེག་པ་མ་ཡིན་ནོ། །གང་མངོན་པར་འདུ་མ་བྱས་པ་དེ་རྣ་བའི་འདུས་ཏེ་རེག་པ་དང་། སྣའི་འདུས་ཏེ་རེག་པ་དང་། ལྕེའི་འདུས་ཏེ་རེག་པ་དང་། ལུས་ཀྱི་འདུས་ཏེ་རེག་པ་དང་། ཡིད་ཀྱི་འདུས་ཏེ་རེག་པ་མ་ཡིན་ནོ། །གང་མངོན་པར་འདུ་མ་བྱས་པ་དེ་མིག་གི་འདུས་ཏེ་རེག་པའི་རྐྱེན་གྱིས་ཚོར་བ་མ་ཡིན་ནོ། །གང་མངོན་པར་འདུ་མ་བྱས་པ་དེ་རྣ་བའི་འདུས་ཏེ་རེག་པའི་རྐྱེན་གྱིས་ཚོར་བ་དང་། སྣའི་འདུས་ཏེ་རེག་པའི་རྐྱེན་གྱིས་ཚོར་བ་དང་། ལྕེའི་འདུས་ཏེ་རེག་པའི་རྐྱེན་གྱིས་ཚོར་བ་དང་། ལུས་ཀྱི་འདུས་ཏེ་རེག་པའི་རྐྱེན་གྱིས་ཚོར་བ་དང་། ཡིད་ཀྱི་འདུས་ཏེ་རེག་པའི་རྐྱེན་གྱིས་ཚོར་བ་མ་ཡིན་ནོ། །གང་མངོན་པར་འདུ་མ་བྱས་པ་དེ་སའི་ཁམས་མ་ཡིན་ནོ། །གང་མངོན་པར་འདུ་མ་བྱས་པ་དེ་ཆུའི་ཁམས་དང་། མེའི་ཁམས་དང་། རླུང་གི་ཁམས་དང་། ནམ་མཁའི་ཁམས་དང་། རྣམ་པར་ཤེས་པའི་ཁམས་མ་ཡིན་ནོ། །གང་མངོན་པར་འདུ་མ་བྱས་པ་དེ་མ་རིག་པ་མ་ཡིན་ནོ། །གང་མངོན་པར་འདུ་མ་བྱས་པ་དེ་འདུ་བྱེད་དང་རྣམ་པར་ཤེས་པ་དང་། མིང་དང་གཟུགས་དང་སྐྱེ་མཆེད་དྲུག་དང་རེག་པ་དང་ཚོར་བ་དང་སྲེད་པ་དང་ལེན་པ་དང་སྲིད་པ་དང་སྐྱེ་བ་དང་རྒ་ཤི་མ་ཡིན་ནོ། །གང་མངོན་པར་འདུ་མ་བྱས་པ་དེ་སྦྱིན་པའི་ཕ་རོལ་ཏུ་ཕྱིན་པ་མ་ཡིན་ནོ། །གང་མངོན་པར་འདུ་མ་བྱས་པ་དེ་ཚུལ་ཁྲིམས་ཀྱི་ཕ་རོལ་ཏུ་ཕྱིན་པ་དང་། བཟོད་པའི་ཕ་རོལ་ཏུ་ཕྱིན་པ་དང་། བརྩོན་འགྲུས་ཀྱི་ཕ་རོལ་ཏུ་ཕྱིན་པ་དང་། བསམ་གཏན་གྱི་ཕ་རོལ་ཏུ་ཕྱིན་པ་དང་། ཤེས་རབ་ཀྱི་ཕ་རོལ་ཏུ་ཕྱིན་པ་མ་ཡིན་

ནོ༑ །གང་མངོན་པར་འདུ་མ་བྱས་པ་དེ་ནང་སྟོང་པ་ཉིད་མ་ཡིན་ནོ། །གང་མངོན་པར་འདུ་མ་བྱས་པ་དེ་དངོས་པོ་མེད་པའི་ངོ་བོ་ཉིད་སྟོང་པ་ཉིད་ཀྱི་བར་དུ་མ་ཡིན་ནོ། །གང་མངོན་པར་འདུ་མ་བྱས་པ་དེ་བྱང་ཆུབ་ཀྱི་ཕྱོགས་ཀྱི་ཆོས་སུམ་ཅུ་རྩ་བདུན་མ་ཡིན་ནོ། །གང་མངོན་པར་འདུ་མ་བྱས་པ་དེ་སངས་རྒྱས་ཀྱི་ཆོས་མ་འདྲེས་པ་རྣམས་ཀྱི་བར་དུ་མ་ཡིན་ནོ། །གང་མངོན་པར་འདུ་མ་བྱས་པ་དེ་རྣམ་པ་ཐམས་ཅད་མཁྱེན་པ་ཉིད་མ་ཡིན་ནོ། །ཚེ་དང་ལྡན་པ་ཤ་ར་དྭ་ཏིའི་བུ་གང་ཡང་འདི་སྐད་དུ་ཅིའི་ཕྱིར་ན་མངོན་པར་མ་གྲུབ་པ། ཤེས་རབ་ཀྱི་ཕ་རོལ་ཏུ་ཕྱིན་པ་མངོན་པར་མ་གྲུབ་པ་ལ་ཇི་ལྟར་གདམས་ཤིང་རྗེས་སུ་བསྟན་པར་བྱ་ཞེས་སྨྲས་ཞེས་ཟེར་བ་ནི། ཚེ་དང་ལྡན་པ་ཤ་ར་དྭ་ཏིའི་བུ་འདི་ལྟར་མངོན་པར་མ་གྲུབ་པ་གང་ཡིན་པ་དེ་ཤེས་རབ་ཀྱི་ཕ་རོལ་ཏུ་ཕྱིན་པའོ། །ཤེས་རབ་ཀྱི་ཕ་རོལ་ཏུ་ཕྱིན་པ་གང་ཡིན་པ་དེ་མངོན་པར་མ་གྲུབ་པ་སྟེ། དེ་ལྟར་ན་མངོན་པར་མ་གྲུབ་པ་དང་། ཤེས་རབ་ཀྱི་ཕ་རོལ་ཏུ་ཕྱིན་པ་ཞེས་བྱ་བའི་ཆོས་དེ༔ གཉིས་ནི་[༡] གཉིས་སུ་མེད་དེ་གཉིས་སུ་བྱར་མེད་[༣]དོ། །ཚེ་དང་ལྡན་པ་ཤ་ར་དྭ་ཏིའི་བུ་རྣམ་གྲངས་དེས་ན། འདི་སྐད་དུ་མངོན་པར་མ་གྲུབ་པ། ཤེས་རབ་ཀྱི་ཕ་རོལ་དུ་ཕྱིན་པ་མངོན་པར་མ་གྲུབ་པ་ལ་ཇི་ལྟར་གདམས་ཤིང་རྗེས་སུ་བསྟན་པར་བྱ་ཞེས་སྨྲས་སོ། །ཚེ་དང་ལྡན་པ་ཤ་ར་དྭ་ཏིའི་བུ་གང་ཡང་འདི་སྐད་དུ་ཅིའི་ཕྱིར་ན། མངོན་པར་མ་གྲུབ་པ་མ་གཏོགས་པར་གང་བྱང་ཆུབ་ཏུ་སྤྱོད་པའི་བྱང་ཆུབ་སེམས་དཔའ་དེ་ལྟ་བུ་མི་དམིགས་སོ། །ཞེས་སྨྲས། ཤེས་ཟེར་བ་ནི། ཚེ་དང་ལྡན་པ་ཤ་ར་དྭ་ཏིའི་བུ་འདི་ལྟར་བྱང་ཆུབ་སེམས་དཔའ་སེམས་དཔའ་ཆེན་པོ་ཤེས་རབ་ཀྱི་ཕ་རོལ་ཏུ་ཕྱིན་པ་ལ་སྤྱོད་པའི་ཚེ། མངོན་པར་མ་གྲུབ་པ་ཡང་གཞན་ལ། བྱང་ཆུབ་སེམས་དཔའ་ཡང་གཞན་དུ་ཡང་དག་པར་རྗེས་སུ་མི་མཐོང་སྟེ། དེ་

ལྟར་ན་མངོན་པར་མ་གྲུབ་པ་དང་། བྱང་ཆུབ་སེམས་དཔའ་ཞེས་བྱ་བའི་ཆོས་དེ་གཉིས་ནི་གཉིས་སུ་མེད་དེ་གཉིས་སུ་བྱར་མེད་དོ། །མངོན་པར་མ་གྲུབ་པ་མ་གཏོགས་པར་གཟུགས་ཡང་དག་པར་རྗེས་སུ་མི་མཐོང་སྟེ། དེ་ལྟར་ན་མངོན་པར་མ་གྲུབ་པ་དང་། གཟུགས་ཞེས་བྱ་བའི་ཆོས་དེ་གཉིས་ནི་གཉིས་སུ་མེད་དེ་གཉིས་སུ་བྱར་མེད་དོ། །མངོན་པར་༡མ་གྲུབ་པ་མ་གཏོགས་པར་ཚོར་བ་དང་འདུ་ཤེས་དང་འདུ་བྱེད་དང་། རྣམ་པར་ཤེས་པ་ཡང་དག་པར་རྗེས་སུ་མི་མཐོང་སྟེ། དེ་ལྟར་ན་མངོན་པར་མ་གྲུབ་པ་དང་། རྣམ་པར་ཤེས་པ་ཞེས་བྱ་བའི་ཆོས་དེ་གཉིས་ནི་གཉིས་སུ་མེད་དེ་གཉིས་སུ་བྱར་མེད་དོ། །མངོན་པར་མ་གྲུབ་པ་མ་གཏོགས་པ་༢མིག་ཡང་དག་པར་རྗེས་སུ་མི་མཐོང་སྟེ། དེ་ལྟར་ན་མངོན་པར་མ་གྲུབ་པ་དང་། མིག་ཅེས་བྱ་བའི་ཆོས་དེ་གཉིས་ནི་གཉིས་སུ་མེད་དེ་གཉིས་སུ་བྱར་མེད་དོ། །མངོན་པར་མ་གྲུབ་པ་མ་གཏོགས་པར་རྣ་བ་དང་སྣ་དང་ལྕེ་དང་ལུས་དང་ཡིད་ཡང་དག་པར་རྗེས་སུ་མི་མཐོང་སྟེ། དེ་ལྟར་ན་མངོན་པར་མ་གྲུབ་པ་དང་། ཡིད་ཅེས་བྱ་བའི་ཆོས་དེ་གཉིས་ནི་གཉིས་སུ་མེད་དེ་༣གཉིས་སུ་བྱར་མེད་དོ། །མངོན་པར་མ་གྲུབ་པ་མ་གཏོགས་པར་གཟུགས་ཡང་དག་པར་རྗེས་སུ་མི་མཐོང་སྟེ། དེ་ལྟར་ན་མངོན་པར་མ་གྲུབ་པ་དང་། གཟུགས་ཞེས་བྱ་བའི་ཆོས་དེ་གཉིས་ནི་གཉིས་སུ་མེད་དེ་གཉིས་སུ་བྱར་མེད་དོ། །མངོན་པར་མ་གྲུབ་པ་མ་གཏོགས་པར། སྒྲ་དང་དྲི་དང་རོ་དང་རེག་དང་ཆོས་ཡང་དག་པར་རྗེས་སུ་མི་མཐོང་སྟེ། དེ་ལྟར་ན་མངོན་པར་མ་གྲུབ་པ་དང་། ཆོས་ཞེས་བྱ་བའི་ཆོས་དེ་གཉིས་ནི་གཉིས་སུ་མེད་དེ་གཉིས་སུ་བྱར་མེད་དོ། །མངོན་པར་མ་གྲུབ་པ་མ་གཏོགས་པར། མིག་གི་རྣམ་པར་ཤེས་པ་ཡང་དག་པར་རྗེས་སུ་མི་མཐོང་སྟེ། དེ་ལྟར་ན་མངོན་པར་མ་གྲུབ་པ་དང་། མིག་གི་རྣམ་

པར་ཤེས་པ་ཞེས་བྱ་བའི་ཆོས་དེ་གཉིས་ནི་གཉིས་སུ་མེད་དེ་གཉིས་སུ་བྱར་མེད་དོ། །མངོན་པར་མ་གྲུབ་པ་མ་གཏོགས་པར། རྣ་བའི་རྣམ་པར་ཤེས་པ་དང་། སྣའི་རྣམ་པར་ཤེས་པ་དང་། ལྗེའི་རྣམ་པར་ཤེས་པ་དང་། ལུས་ཀྱི་རྣམ་པར་ཤེས་པ་དང་། ཡིད་ཀྱི་རྣམ་པར་ཤེས་པ་ཡང་དག་པར་རྗེས་སུ་མི་མཐོང་སྟེ། དེ་ལྟར་ན་མངོན་པར་མ་གྲུབ་པ་དང་། ཡིད་ཀྱི་རྣམ་པར་ཤེས་པ་ཞེས་བྱ་བའི་ཆོས་དེ་གཉིས་ནི་གཉིས་སུ་མེད་དེ་གཉིས་སུ་བྱར་མེད་དོ། །མངོན་པར་མ་གྲུབ་པ་མ་གཏོགས་པར། མིག་གི་འདུས་ཏེ་རེག་པ་ཡང་དག་པར་རྗེས་སུ་མི་མཐོང་སྟེ། དེ་ལྟར་ན་མངོན་པར་མ་གྲུབ་པ་དང་། མིག་གི་འདུས་ཏེ་རེག་པ་ཞེས་བྱ་བའི་ཆོས་དེ་གཉིས་ནི་གཉིས་སུ་མེད་དེ་གཉིས་སུ་བྱར་མེད་དོ། །མངོན་པར་མ་གྲུབ་པ་མ་གཏོགས་པར། རྣ་བའི་འདུས་ཏེ་རེག་པ་དང་། སྣའི་འདུས་ཏེ་རེག་པ་དང་། ལྗེའི་འདུས་ཏེ་རེག་པ་དང་། ལུས་ཀྱི་འདུས་ཏེ་རེག་པ་དང་། ཡིད་ཀྱི་འདུས་ཏེ་རེག་པ་ཡང་དག་པར་རྗེས་སུ་མི་མཐོང་སྟེ། དེ་ལྟར་ན་མངོན་པར་མ་གྲུབ་པ་དང་། ཡིད་ཀྱི་འདུས་ཏེ་རེག་པ་ཞེས་བྱ་བའི་ཆོས་དེ་གཉིས་ནི་གཉིས་སུ་མེད་དེ་གཉིས་སུ་བྱར་མེད་དོ། །མངོན་པར་མ་གྲུབ་པ་མ་གཏོགས་པར། མིག་གི་འདུས་ཏེ་རེག་པའི་རྐྱེན་གྱིས་ཚོར་བ་ཡང་དག་པར་རྗེས་སུ་མི་མཐོང་སྟེ། དེ་ལྟར་ན་མངོན་པར་⑦མ་གྲུབ་པ་དང་། མིག་གི་འདུས་ཏེ་རེག་པའི་རྐྱེན་གྱིས་ཚོར་བ་ཞེས་བྱ་བའི་ཆོས་དེ་གཉིས་ནི་གཉིས་སུ་མེད་དེ་གཉིས་སུ་བྱར་མེད་དོ། །མངོན་པར་མ་གྲུབ་པ་མ་གཏོགས་པར། རྣ་བའི་འདུས་ཏེ་རེག་པའི་རྐྱེན་གྱིས་ཚོར་བ་དང་། སྣའི་འདུས་ཏེ་རེག་པའི་རྐྱེན་གྱིས་ཚོར་བ་དང་། ལྗེའི་⑨འདུས་ཏེ་①རེག་པའི་རྐྱེན་གྱིས་ཚོར་བ་དང་། ལུས་ཀྱི་འདུས་ཏེ་རེག་པའི་རྐྱེན་གྱིས་ཚོར་བ་དང་། ཡིད་ཀྱི་འདུས་ཏེ་རེག་པའི་རྐྱེན་གྱིས་ཚོར་བ་ཡང་དག་པར་

རྗེས་སུ་མི་མཐོང་སྟེ། དེ་ལྟར་ན་མངོན་པར་མ་གྲུབ་པ་དང་། ཡིད་ཀྱི་འདུས་ཏེ་རེག་པའི་རྐྱེན་གྱིས་ཚོར་བ་ཞེས་བྱ་བའི་ཆོས་དེ་གཉིས་ནི་གཉིས་སུ་མེད་དེ་གཉིས་སུ་བྱར་མེད་དོ། །མངོན་པར་མ་གྲུབ་པ་མ་གཏོགས་པར། སའི་ཁམས་ཡང་དག་པར་རྗེས་སུ་མི་མཐོང་སྟེ། དེ་ལྟར་ན་མངོན་པར་མ་གྲུབ་པ་དང་། སའི་ཁམས་ཞེས་བྱ་བའི་ཆོས་དེ་གཉིས་ནི་གཉིས་སུ་མེད་དེ་གཉིས་སུ་བྱར་མེད་དོ། །མངོན་པར་མ་གྲུབ་པ་མ་གཏོགས་པར། ཆུའི་ཁམས་དང་། མེའི་ཁམས་དང་། རླུང་གི་ཁམས་དང་། ནམ་མཁའི་ཁམས་དང་། རྣམ་པར་ཤེས་པའི་ཁམས་ཡང་དག་པར་རྗེས་སུ་མི་མཐོང་སྟེ། དེ་ལྟར་ན་མངོན་པར་མ་གྲུབ་པ་དང་། རྣམ་པར་ཤེས་པའི་ཁམས་ཞེས་བྱ་བའི་ཆོས་དེ་གཉིས་ནི་གཉིས་སུ་མེད་དེ་གཉིས་སུ་བྱར་མེད་དོ། །མངོན་པར་མ་གྲུབཿ་པ་མ་[1]གཏོགས་པར། མ་རིག་པ་ཡང་དག་པར་རྗེས་སུ་མི་མཐོང་སྟེ། དེ་ལྟར་ན་མངོན་པར་མ་གྲུབ་པ་དང་། མ་རིག་པ་ཞེས་བྱ་བའི་ཆོས་དེ་གཉིས་ནི་གཉིས་སུ་མེད་དེ་གཉིས་སུ་བྱར་མེད་དོ། །མངོན་པར་མ་གྲུབ་པ་མ་གཏོགས་པར། འདུ་བྱེད་དང་རྣམ་པར་ཤེས་པ་དང་མིང་དང་གཟུགས་དང་སྐྱེ་མཆེད་དྲུག་དང་། རེག་པ་དང་ཚོར་བ་དང་། སྲེད་པ་དང་ལེན་པ་དང་སྲིད་པ་དང་སྐྱེ་བ་དང་། རྒ་ཤི་ཡང་དག་པར་རྗེས་སུ་མི་མཐོང་སྟེ། དེ་ལྟར་ན་མངོན་པར་མ་གྲུབ་པ་དང་། རྒ་ཤི་ཞེས་བྱ་བའི་ཆོས་དེ་གཉིས་ནི་གཉིས་སུ་མེད་དེ་གཉིས་སུ་བྱར་མེད་དོ། །མངོན་པར་མ་གྲུབ་པ་མ་གཏོགས་པར། སྦྱིན་པའི་ཕ་རོལ་ཏུ་ཕྱིན་པ་ཡང་དག་པར་རྗེས་སུ་མི་མཐོང་སྟེ། དེ་ལྟར་ན་མངོན་པར་མ་གྲུབ་པ་དང་། སྦྱིན་པའི་ཕ་རོལ་ཏུ་ཕྱིན་པ་ཞེས་བྱ་བའི་ཆོས་དེ་གཉིས་ནི་གཉིས་སུ་མེད་དེ་གཉིས་སུ་བྱར་མེད་དོ། །མངོན་པར་མ་གྲུབ་པ་མ་གཏོགས་པར། ཚུལ་ཁྲིམས་ཀྱི་ཕ་རོལ་ཏུ་ཕྱིན་པ་དང་། བཟོད་པའི་ཕ་[3]རོལ་

དུ་ཕྱིན་པ་[༡]དང་། བརྩོན་འགྲུས་ཀྱི་ཕ་རོལ་ཏུ་ཕྱིན་པ་དང་། བསམ་གཏན་གྱི་ཕ་རོལ་ཏུ་ཕྱིན་པ་དང་། ཤེས་རབ་ཀྱི་ཕ་རོལ་ཏུ་ཕྱིན་པ་ཡང་དག་པར་རྗེས་སུ་མི་མཐོང་སྟེ། དེ་ལྟར་ན་མངོན་པར་མ་གྲུབ་པ་དང་། ཤེས་རབ་ཀྱི་ཕ་རོལ་ཏུ་ཕྱིན་པ་ཞེས་བྱ་བའི་ཆོས་དེ་གཉིས་ནི་གཉིས་སུ་མེད་དེ་གཉིས་སུ་བྱར་མེད་དོ། །མངོན་པར་མ་གྲུབ་པ་མ་གཏོགས་པར། ནང་སྟོང་པ་ཉིད་ཡང་དག་པར་རྗེས་སུ་མི་མཐོང་སྟེ། དེ་ལྟར་ན་མངོན་པར་མ་གྲུབ་པ་དང་། ནང་སྟོང་པ་ཉིད་ཅེས་བྱ་བའི་ཆོས་དེ་གཉིས་ནི་གཉིས་སུ་མེད་དེ་གཉིས་སུ་བྱར་མེད་དོ། །མངོན་པར་མ་གྲུབ་པ་མ་གཏོགས་པར། དངོས་པོ་མེད་པའི་ངོ་བོ་ཉིད་སྟོང་པ་ཉིད་ཀྱི་བར་དུ་ཡང་དག་པར་རྗེས་སུ་མི་མཐོང་སྟེ། དེ་ལྟར་ན་མངོན་པར་མ་གྲུབ་པ་དང་། དངོས་པོ་མེད་པའི་ངོ་བོ་ཉིད་སྟོང་པ་ཉིད་ཅེས་བྱ་བའི་ཆོས་དེ་གཉིས་ནི་གཉིས་སུ་མེད་དེ་གཉིས་སུ་བྱར་མེད་དོ། །མངོན་པར་མ་གྲུབ་པ་མ་གཏོགས་པར། དྲན་པ་ཉེ་བར་གཞག་པ་རྣམས་ཡང་དག་པར་རྗེས་སུ་མི་མཐོང་སྟེ། དེ་ལྟར་ན་མངོན་པར་མ་གྲུབ་པ་དང་། དྲན་པ་ཉེ་བར་གཞག་པ་རྣམས་ཞེས་བྱ་བའི་ཆོས་དེ་གཉིས་ནི་གཉིས་སུ་མེད་དེ་གཉིས་སུ་བྱར་མེད་དོ། །མངོན་པར་མ་གྲུབ་པ་མ་གཏོགས་པར། ཡང་དག་པར་སྤོང་བ་དང་། རྫུ་འཕྲུལ་གྱི་རྐང་པ་དང་། དབང་པོ་དང་། སྟོབས་དང་། བྱང་ཆུབ་ཀྱི་ཡན་ལག་དང་། འཕགས་པའི་ལམ་ཡན་ལག་བརྒྱད་པ་ཡང་དག་པར་རྗེས་སུ་མི་མཐོང་སྟེ། དེ་ལྟར་ན་མངོན་པར་མ་གྲུབ་པ་དང་། འཕགས་པའི་ལམ་ཡན་ལག་བརྒྱད་པ་ཞེས་བྱ་བའི་ཆོས་དེ་གཉིས་ནི་གཉིས་སུ་མེད་དེ་གཉིས་སུ་བྱར་མེད་དོ། །མངོན་པར་མ་གྲུབ་པ་མ་གཏོགས་པར། འཕགས་པའི་བདེན་པ་དང་། བསམ་གཏན་དང་། ཚད་མེད་པ་དང་། གཟུགས་མེད་པའི་སྙོམས་པར་འཇུག་པ་དང་། རྣམ་པར་ཐར་པ་

དང་། མཐར་གྱིས་གནས་པའི་སྙོམས་པར་འཇུག་པ་དང་། སྟོང་པ་ཉིད་དང་། མཚན་མ་མེད་པ་དང་། སྨོན་པ་མེད་པ་དང་། མངོན་པར་ཤེས་པ་དང་། ཏིང་ངེ་འཛིན་དང་། གཟུངས་ཀྱི་སྒོ་དང་། དེ་བཞིན་གཤེགས་པའི་སྟོབས་དང་། མི་འཇིགས་པ་དང་། སོ་སོ་ཡང་དག་པར་རིག་པ་དང་། སངས་རྒྱས་ཀྱི་ཆོས་མ་འདྲེས་པ་རྣམས་ཡང་དག་པར་རྗེས་སུ་མི་མཐོང་སྟེ། དེ་ལྟར་ན་མངོན་པར་མ་གྲུབ་པ་དང་། སངས་རྒྱས་ཀྱི་ཆོས་མ་འདྲེས་པ་རྣམས་ཞེས་བྱ་བའི་ཆོས་དེ་གཉིས་ནི་གཉིས་སུ་མེད་དེ་གཉིས་སུ་བྱར་མེད་དོ། །མངོན་པར་མ་གྲུབ་པ་མ་གཏོགས་པར། རྣམ་པ་ཐམས་ཅད་མཁྱེན་པ་ཉིད་ཀྱི་བར་དུ་ཡང་དག་པར་རྗེས་སུ་མི་མཐོང་སྟེ། དེ་ལྟར་ན་མངོན་པར་མ་གྲུབ་པ་དང་། རྣམ་པ་ཐམས་ཅད་མཁྱེན་པ་ཉིད་ཅེས་བྱ་བའི་ཆོས་དེ་གཉིས་ནི་གཉིས་སུ་མེད་དེ་གཉིས་སུ་བྱར་མེད་དོ། །ཚེ་དང་ལྡན་པ་ཤ་ར་དྭ་ཏིའི་བུ་རྣམ་གྲངས་དེས་ན། མངོན་པར་མ་གྲུབ་པ་མ་གཏོགས་པར། གང་བྱང་ཆུབ་ཏུ་སྤྱོད་པའི་བྱང་ཆུབ་སེམས་དཔའ་དེ་ལྟ་བུ་མི་དམིགས་སོ། །ཚེ་དང་ལྡན་པ་ཤ་ར་དྭ་ཏིའི་བུ་གང་ཡང་འདི་སྐད་དུ་ཅིའི་ཕྱིར་ན། དེ་ལྟར་བསྟན་པའི་ཚེ། བྱང་ཆུབ་སེམས་དཔའ་སེམས་དཔའ་ཆེན་པོ་གལ་ཏེ་མི་འཇིགས་མི་སྔང་[༧]སྐྲག་པར་མི་འགྱུར་ན། བྱང་ཆུབ་སེམས་དཔའ་སེམས་དཔའ་ཆེན་པོ་ཤེས་རབ་ཀྱི་ཕ་རོལ་ཏུ་ཕྱིན་པ་ལ་སྤྱོད་དོ། །ཞེས་སྨྲས་ཤེས་ཟེར་བ་ནི། ཚེ་དང་ལྡན་པ་ཤ་ར་དྭ་ཏིའི་བུ་དེ་ལྟར་བྱང་ཆུབ་སེམས་དཔའ་སེམས་དཔའ་ཆེན་པོས། ཆོས་ཐམས་ཅད་བྱེད་པ་མེད་པར་ཡང་དག་པར་རྗེས་སུ་མཐོང་ལ། ཆོས་ཐམས་ཅད་རྨི་ལམ་དང་འདྲ་བར་ཡང་དག་པར་རྗེས་སུ་མཐོང་ངོ་། །ཆོས་ཐམས་ཅད་སྒྱུ་མ་དང་འདྲ་བ། མིག་རྒྱུ་དང་འདྲ་བ་སྒྲ་བརྙན་[༣]དང་འདྲ་བ་མིག་ཡོར་དང་འདྲ་བ། སྤྲུལ་པ་དང་འདྲ་བར་

ཡང་དག་པར་རྗེས་སུ་མཐོང་བས་ཆེ་དང་ལྡན་པ་ཤ་ར་དྭ་ཏིའི་བུ་ནམ་གྲངས་དེས་ན༔ བྱང་ཆུབ་སེམས་དཔའ་སེམས་དཔའ་ཆེན་པོ་ཤེས་རབ་ཀྱི་ཕ་རོལ་ཏུ་ཕྱིན་པ་ལ་སྤྱོད་པའི་ཚེ། བསྟན་པ་འདི་ཐོས་ན་མི་འཇིགས་མི་སྐྲང་[༢]སྐྲག་པར་མི་འགྱུར་རོ། །དེ་ནས་ཚེ་དང་ལྡན་པ་རབ་འབྱོར་གྱིས་བཅོམ་ལྡན་འདས་ལ་འདི་སྐད་ཅེས་གསོལ་ཏོ། །བཅོམ་ལྡན་འདས་གང་གི་ཚེ། བྱང་ཆུབ་སེམས་དཔའ་སེམས་དཔའ་ཆེན་པོ་ཤེས་རབ་ཀྱི་ཕ་རོལ་ཏུ་ཕྱིན་པ་ལ་སྤྱོད་ཅིང་། ཆོས་དེ་དག་ལ་འདི་ལྟར་ཡོངས་སུ་རྟོག་པ་དེའི་ཚེ་འདི་ནི་གཟུགས་ཤེས་བགྱི་བར་གཟུགས་ལ་མི་དམིགས་ཤིང་མི་ལེན་མི་གནས་ཏེ། མངོན་པར་ཞེན་པར་མི་བགྱིད་ལ་འདོགས་པར་མི་བགྱིད་དོ། །དེའི་ཚེ་འདི་ནི་ཚོར་བ་དང་འདུ་ཤེས་དང་འདུ་བྱེད་དང་རྣམ་པར་ཤེས་པ་ཞེས་བགྱི་བར་རྣམ་པར་ཤེས་པ་ལ་མི་དམིགས་ཤིང་། མི་ལེན་མི་གནས་ཏེ། མངོན་པར་ཞེན་པར་མི་བགྱིད་ལ་འདོགས་པར་མི་བགྱིད་དོ། །དེའི་ཚེ་འདི་ནི་མིག་ཅེས་བགྱི་བར་མིག་ལ་མི་དམིགས་ཤིང་མི་ལེན་མི་གནས་ཏེ། མངོན་པར་ཞེན་པར་མི་བགྱིད་[༣]ལ་འདོགས་པར་མི་བགྱིད་དོ། །དེའི་ཚེ་འདི་ནི་རྣ་བ་དང་སྣ་དང་ལྗེ་དང་ལུས་དང་ཡིད་ཅེས་བགྱི་བར་ཡིད་ལ་མི་དམིགས་ཤིང་མི་ལེན་མི་གནས་ཏེ། མངོན་པར་ཞེན་པར་མི་བགྱིད་ལ་འདོགས་པར་མི་བགྱིད་དོ། །དེའི་ཚེ་འདི་ནི་གཟུགས་ཤེས་བགྱི་བར་གཟུགས་ལ་མི་དམིགས་ཤིང་མི་ལེན་མི་གནས་ཏེ། མངོན་པར་ཞེན་པར་མི་བགྱིད་ལ་འདོགས་པར་མི་བགྱིད་དོ། །དེའི་ཚེ་འདི་ནི་སྒྲ་དང་དྲི་དང་རོ་དང་རེག་དང་ཆོས་ཤེས་བགྱི་བར་ཆོས་ལ་མི་དམིགས་ཤིང་མི་ལེན་མི་གནས་ཏེ། མངོན་པར་ཞེན་པར་མི་བགྱིད་ལ་འདོགས་པར་མི་བགྱིད་དོ། །དེའི་ཚེ་འདི་ནི་མིག་གི་རྣམ་པར་ཤེས་པ་ཞེས་བགྱི་བར་མིག་གི་རྣམ་པར་ཤེས་པ་ལཿམི་དམིགས་ཤིང་[༤]མི་ལེན་མི་གནས་ཏེ། མངོན་པར་ཞེན་

པར་མི་བགྱིད་ལ་འདོགས་པར་མི་བགྱིད་དོ། །དེའི་ཚེ་འདི་ནི་རྣ་བའི་རྣམ་པར་
ཤེས་པ་དང་། སྣའི་རྣམ་པར་ཤེས་པ་དང་། ལྕེའི་རྣམ་པར་ཤེས་པ་དང་།
ལུས་ཀྱི་རྣམ་པར་ཤེས་པ་དང་། ཡིད་ཀྱི་རྣམ་པར་ཤེས་པ་ཞེས་བགྱི་བར།
ཡིད་ཀྱི་རྣམ་པར་ཤེས་པ་ལ་མི་དམིགས་ཤིང་མི་ལེན་མི་གནས་ཏེ། མངོན་པར་①
ཞེན་པར་མི་བགྱིད་ལ་②འདོགས་པར་མི་བགྱིད་དོ། །དེའི་ཚེ་འདི་ནི་མིག་གི་
འདུས་ཏེ་རེག་པ་ཞེས་བགྱི་བར་མིག་གི་འདུས་ཏེ་རེག་པ་ལ་མི་དམིགས་ཤིང་མི་
ལེན་མི་གནས་ཏེ། མངོན་པར་ཞེན་པར་མི་བགྱིད་ལ་འདོགས་པར་མི་བགྱིད་དོ། །
དེའི་ཚེ་འདི་ནི་རྣ་བའི་འདུས་ཏེ་རེག་པ་དང་། སྣའི་འདུས་ཏེ་རེག་པ་དང་།
ལྕེའི་འདུས་ཏེ་རེག་པ་དང་། ལུས་ཀྱི་འདུས་ཏེ་རེག་པ་དང་། ཡིད་ཀྱི་འདུས་
ཏེ་རེག་པ་ཞེས་བགྱི་བར་ཡིད་ཀྱི་འདུས་ཏེ་རེག་པ་ལ་མི་དམིགས་ཤིང་མི་ལེན་མི་
གནས་ཏེ། མངོན་པར་ཞེན་པར་མི་བགྱིད་ལ་འདོགས་པར་མི་བགྱིད་③དོ། །
དེའི་ཚེ་འདི་ནི་མིག་གི་འདུས་ཏེ་རེག་པའི་རྐྱེན་གྱིས་ཚོར་བ་ཞེས་བགྱི་བར། མིག་
གི་འདུས་ཏེ་རེག་པའི་རྐྱེན་གྱིས་ཚོར་བ་ལ་མི་དམིགས་ཤིང་མི་ལེན་མི་གནས་ཏེ།
མངོན་པར་ཞེན་པར་མི་བགྱིད་ལ་འདོགས་པར་མི་བགྱིད་དོ། །དེའི་ཚེ་འདི་ནི་རྣ་
བའི་འདུས་ཏེ་རེག་པའི་རྐྱེན་གྱིས་ཚོར་བ་དང་། སྣའི་འདུས་ཏེ་རེག་པའི་རྐྱེན་
གྱིས་ཚོར་བ་དང་། ལྕེའི་འདུས་ཏེ་རེག་པའི་རྐྱེན་གྱིས་ཚོར་བ་དང་། ལུས་ཀྱི་
འདུས་ཏེ་རེག་པའི་རྐྱེན་གྱིས་ཚོར་བ་དང་། ཡིད་ཀྱི་འདུས་ཏེ་རེག་པའི་རྐྱེན་གྱིས་
ཚོར་བ་ཞེས་བགྱི་བར། ཡིད་ཀྱི་འདུས་ཏེ་རེག་པའི་རྐྱེན་གྱིས་ཚོར་བ་ལ་མི་
དམིགས་ཤིང་མི་ལེན་མི་གནས་ཏེ། མངོན་པར་ཞེན་པར་མི་བགྱིད་ལ་འདོགས་
པར་མི་བགྱིད་དོ། །བཅོམ་ལྡན་འདས་གང་གི་ཚེ་བྱང་ཆུབ་སེམས་དཔའ་སེམས་
དཔའ་ཆེན་པོ་ཤེས་རབ་ཀྱི་ཕ་རོལ་ཏུ་ཕྱིན་པ་ལ་སྤྱོད་ཅིང་། ཆོས་དེ་དག་ལ་འདི་

ལྷར་ཡོངས་སུ་རྫོགས་པ་དེའི་ཚེ་འདི་ནི་སྦྱིན་པའི་ཕ་རོལ་ཏུ་ཕྱིན་པ་ཞེས་བགྱི་བ་[༡]སྦྱིན་པའི་ཕ་རོལ་ཏུ་ཕྱིན་པ་ལ་མི་དམིགས་ཤིང་མི་ལེན་མི་གནས་ཏེ། མངོན་པར་ཞེན་པར་མི་བགྱིད་ལ་འདོགས་པར་མི་བགྱིད་དོ། །དེའི་ཚེ་འདི་ནི་ཚུལ་ཁྲིམས་ཀྱི་ཕ་རོལ་ཏུ་ཕྱིན་པ་དང་། བཟོད་པའི་ཕ་རོལ་ཏུ་ཕྱིན་པ་དང་། བརྩོན་འགྲུས་ཀྱི་ཕ་རོལ་ཏུ་ཕྱིན་པ་[༣]དང་། བསམ་གཏན་གྱི་ཕ་རོལ་ཏུ་ཕྱིན་པ་དང་། ཤེས་རབ་ཀྱི་ཕ་རོལ་ཏུ་ཕྱིན་པ་ཞེས་བགྱི་བར་ཤེས་རབ་ཀྱི་ཕ་རོལ་ཏུ་ཕྱིན་པ་ལ་མི་དམིགས་ཤིང་མི་ལེན་མི་གནས་ཏེ། མངོན་པར་ཞེན་པར་མི་བགྱིད་ལ་འདོགས་པར་མི་བགྱིད་དོ། །དེའི་ཚེ་འདི་ནི་ནང་སྟོང་པ་ཉིད་ཅེས་བགྱི་བར་ནང་སྟོང་པ་ཉིད་ལ་མི་དམིགས་ཤིང་མི་ལེན་མི་གནས་ཏེ། མངོན་པར་ཞེན་པར་མི་བགྱིད་ལ་འདོགས་པར་མི་བགྱིད་དོ། །དེའི་ཚེ་འདི་ནི་དངོས་པོ་མེད་པའི་ངོ་བོ་ཉིད་སྟོང་པ་ཉིད་ཀྱི་བར་ཞེས་བགྱི་བར་དངོས་པོ་མེད་པའི་ངོ་བོ་ཉིད་སྟོང་པ་ཉིད་ལ་མི་དམིགས་ཤིང་མི་ལེན་མི་གནས་ཏེ། མངོན་པར་ཞེན་པར་མི་བགྱིད་ལ་འདོགས་པར་མི་བགྱིད་དོ། །བཅོམ་ལྡན་འདས་བྱང་ཆུབ་སེམས་དཔའ་སེམས་དཔའ་ཆེན་པོ་ཤེས་རབ་ཀྱི་ཕ་རོལ་ཏུ་ཕྱིན་པ་ལ་སྤྱོད་ཅིང་། ཆོས་དེ་དག་ལ་འདི་ལྟར་ཡོངས་སུ་རྫོགས་པ་དེའི་ཚེ། འདི་ནི་དྲན་པ་ཉེ་བར་གཞག་པ་རྣམས་ཤེས་བགྱི་བར། དྲན་པ་ཉེ་བར་གཞག་པ་རྣམས་ལ་མི་དམིགས་ཤིང་མི་ལེན་མི་གནས་ཏེ། མངོན་པར་ཞེན་པར་མི་བགྱིད་ལ་འདོགས་པར་མི་བགྱིད་དོ། །ཡང་དག་པར་སྤོང་བ་རྣམས་དང་། རྫུ་འཕྲུལ་གྱི་རྐང་པ་རྣམས་དང་། དབང་པོ་རྣམས་དང་། སྟོབས་རྣམས་དང་། བྱང་ཆུབ་ཀྱི་ཡན་ལག་རྣམས་དང་། འཕགས་པའི་ལམ་ཡན་ལག་བརྒྱད་པ་ཞེས་བགྱི་བར། འཕགས་པའི་ལམ་ཡན་ལག་བརྒྱད་པ་ལ་མི་དམིགས་ཤིང་མི་ལེན་མི་གནས་ཏེ། མངོན་པར་ཞེན་པར་མི་བགྱིད་ལ་འདོགས་

པར་མི་བགྱིད་དོ། །དེའི་ཚེ་འདི་ནི་འཕགས་པའི་བདེན་པ་དང་། བསམ་གཏན་དང་། ཚད་མེད་པ་དང་། གཟུགས་མེད་པའི་སྙོམས་པར་འཇུག་པ་དང་། རྣམ་པར་ཐར་པ་དང་། མཐར་གྱིས་གནས་པའི་སྙོམས་པར་འཇུག་པ་དང་། སྟོང་པ་ཉིད་དང་མཚན་མ་མེད་པ་དང་། སྨོན་པ་མེད་པ་དང་མངོན་པར་ཤེས་པ་རྣམས་ཤེས་བགྱི་བར་མངོན་པར་ཤེས་པ་རྣམས་ལ་མི་དམིགས་ཤིང་མི་ལེན་མི་གནས་ཏེ། མངོན་པར་ཞེན་པར་མི་བགྱིད་ལ་འདོགས་པར་མི་བགྱིད་དོ། །དེའི་ཚེ་འདི་ནི་དེ་བཞིན་གཤེགས་པའི་སྟོབས་བཅུ་དང་། མི་འཇིགས་པ་བཞི་དང་། སོ་སོ་ཡང་དག་པར་རིག་པ་བཞི་དང་། སངས་རྒྱས་ཀྱི་ཆོས་མ་འདྲེས་པ་བཅོ་བརྒྱད་ཅེས་བགྱི་བར་སངས་རྒྱས་ཀྱི་ཆོས་མ་འདྲེས་པ་རྣམས་ལ་མི་དམིགས་ཤིང་མི་ལེན་མི་གནས་ཏེ། མངོན་པར་ཞེན་པར་མི་བགྱིད་ལ་འདོགས་པར་མི་བགྱིད་དོ། །བཅོམ་ལྡན་འདས་གཞན་ཡང་བྱང་ཆུབ་སེམས་དཔའ་སེམས་དཔའ་ཆེན་པོ་ཤེས་རབ་ཀྱི་ཕ་རོལ་ཏུ་ཕྱིན་པ་ལ་སྤྱོད་པའི་ཚེ། འདི་དག་ནི་ཏིང་ངེ་འཛིན་དང་། གཟུངས་ཀྱི་སྒོ་ཞེས་བགྱི་བར་ཏིང་ངེ་འཛིན་དང་། གཟུངས་ཀྱི་སྒོ་ཐམས་ཅད་ལ་མི་དམིགས་ཤིང་མི་ལེན་མི་གནས་ཏེ། མངོན་པར་ཞེན་པར་མི་བགྱིད་ལ་འདོགས་པར་མི་བགྱིད་དོ། །དེ་ཅིའི་སླད་དུ་ཞེ་ན། འདི་ལྟར་བྱང་ཆུབ་སེམས་དཔའ་སེམས་དཔའ་ཆེན་པོ་ཤེས་རབ་ཀྱི་ཕ་རོལ་ཏུ་ཕྱིན་པ་ལ་སྤྱོད་པའི་ཚེ། གཟུགས་ཡང་དག་པར་རྗེས་སུ་མི་མཐོང་། ཚོར་བ་དང་འདུ་ཤེས་དང་འདུ་བྱེད་དང་རྣམ་པར་ཤེས་པ་ཡང་དག་པར་རྗེས་སུ་མི་མཐོང་ངོ་། །མིག་ཡང་དག་པར་རྗེས་སུ་མི་མཐོང་། །སྐྱེ་མཆེད་དང་ཁམས་དང་རྟེན་ཅིང་འབྲེལ་བར་འབྱུང་བ་ཡང་དག་པར་རྗེས་སུ་མི་མཐོང་། ཕ་རོལ་ཏུ་ཕྱིན་པ་རྣམས་ཡང་དག་པར་རྗེས་སུ་མི་མཐོང་། སྟོང་པ་ཉིད་ཐམས་ཅད་ཡང་དག་པར་རྗེས་སུ་མི་མཐོང་།

བྱང་ཆུབ་ཀྱི་ཕྱོགས་ཀྱི་ཆོས་ཐམས་ཅད་ཡང་དག་པར་རྗེས་སུ་མི་མཐོང་། འཕགས་པའི་བདེན་པ་དང་། བསམ་གཏན་དང་ཚད་མེད་པ་དང་གཟུགས་མེད་པའི་སྙོམས་པར་འཇུག་པ་དང་། རྣམ་པར་ཐར་པ་དང་མཐར་གྱིས་གནས་པའི་སྙོམས་པར་འཇུག་པ་དང་། སྟོང་པ་ཉིད་དང་མཚན་མ་མེད་པ་དང་། སྨོན་པ་མེད་པ་དང་། མངོན་པར་ཤེས་པ་དང་། ཏིང་ངེ་འཛིན་དང་གཟུངས་ཀྱི་སྒོ་དང་། དེ་བཞིན་གཤེགས་པའི་སྟོབས་བཅུ་དང་། མི་འཇིགས་པ་བཞི་དང་། སོ་སོ་ཡང་དག་པར་རིག་པ་བཞི་དང་། སངས་རྒྱས་ཀྱི་ཆོས་མ་འདྲེས་པ་བཅོ་བརྒྱད་ཡང་དག་པར་རྗེས་སུ་མི་མཐོང་། རྣམ་པ་ཐམས་ཅད་མཁྱེན་པ་ཉིད་ཀྱི་བར་དུ་ཡང་དག་པར་རྗེས་སུ་མི་མཐོང་ངོ་[7]། །བཅོམ་ལྡན་འདས་དེ་ཅིའི་སླད་དུ་ཞེ་ན། དེ་ནི་འདི་ལྟར་གཟུགས་ཀྱི་མ་སྐྱེས་པ་གང་ལགས་པ་དེ་གཟུགས་མ་ལགས་ཏེ། དེ་ལྟར་ན་གཟུགས་དང་མ་སྐྱེས་པ་དེ་གཉིས་སུ་མ་མཆིས་ཏེ། གཉིས་སུ་བགྱིར་མ་མཆིས་སོ། །དེ་ཅིའི་སླད་དུ་ཞེ་ན། བཅོམ་ལྡན་འདས་དེ་ནི་འདི་ལྟར་མ་སྐྱེས་པ་ནི་གཅིག་མ་ལགས་གཉིས་མ་ལགས། མང་བ་མ་ལགས་ཐ་དད་པ་མ་ལགས་ཏེ། དེའི་སླད་དུ་གཟུགས་ཀྱི་མ་སྐྱེས་པ་གང་ལགས་པ་དེ་གཟུགས་མ་ལགས་སོ། །བཅོམ་ལྡན་འདས་ཚོར་བ་དང་འདུ་ཤེས་དང་འདུ་བྱེད་དང་རྣམ་པར་ཤེས་པའི་མ་སྐྱེས་པ་གང་ལགས་པ་དེ། རྣམ་པར་ཤེས་པ་མ་ལགས་ཏེ་དེ་ལྟར་ན་རྣམ་པར་ཤེས་པ་དང་མ་སྐྱེས་པ་དེ་གཉིས་སུ་མ་མཆིས་ཏེ་གཉིས་སུ་བགྱིར་མ་མཆིས་སོ། །དེ་ཅིའི་སླད་དུ་ཞེ་ན། བཅོམ་ལྡན་འདས་དེ་ནི་འདི་ལྟར་མ་སྐྱེས་པ་ནི་གཅིག་མ་ལགས་གཉིས་མ་ལགས་མང་བ་མ་ལགས་ཐ་དད་པ་མ་ལགས་ཏེ། དེའི་སླད་དུ་རྣམ་པར་ཤེས་པའི་མ་སྐྱེས་པ་གང་ལགས་པ་དེ་རྣམ་པར་ཤེས་པ་མ་ལགས་སོ། །བཅོམ་ལྡན་འདས་མིག་གི་མ་སྐྱེས་པ་གང་ལགས་པ་དེ་

མིག་མ་ལགས་ཏེ། དེ་ལྟར་ན་མིག་དང་མ་སྐྱེས་པ་དེ་གཉིས་སུ་མ་མཆིས་ཏེ་གཉིས་སུ་བགྱིར་མ་མཆིས་སོ། །དེ་ཅིའི་སླད་དུ་ཞེ་ན། བཅོམ་ལྡན་འདས་དེ་ནི་འདི་ལྟར་མ་སྐྱེས་པ་ནི་གཅིག་མ་ལགས་གཉིས་མ་ལགས་མང་པ་མ་ལགས་ཐ་དད་པ་མ་ལགས་ཏེ། དེའི་སླད་དུ་མིག་གི་མ་སྐྱེས་པ་གང་ལགས་པ་དེ་མིག་མ་ལགས་སོ། །བཅོམ་ལྡན་འདས་རྣ་བ་དང་སྣ་དང་ལྕེ་དང་ལུས་དང་ཡིད་ཀྱི་མ་སྐྱེས་པ་གང་ལགས་པ་དེ་ཡིད་མ་ལགས་ཏེ། དེ་ལྟར་ན་ཡིད་དང་མ་སྐྱེས་པ་དེ་གཉིས་སུ་མ་མཆིས་ཏེ། གཉིས་སུ་བགྱིར་མ་མཆིས་སོ། །དེ་ཅིའི་སླད་དུ་ཞེ་ན། བཅོམ་ལྡན་འདས་དེ་ནི་འདི་ལྟར་མ་སྐྱེས་པ་ནི་གཅིག་མ་ལགས་གཉིས་མ་ལགས་མང་པ་མ་ལགས་ཐ་དད་པ་མ་ལགས་ཏེ། དེའི་སླད་དུ་ཡིད་ཀྱི་མ་སྐྱེས་པ་གང་ལགས་པ་དེ་ཡིད་མ་ལགས་སོ། །བཅོམ་ལྡན་འདས་གཟུགས་ཀྱི་མ་སྐྱེས་པ་གང་ལགས་པ་དེ་གཟུགས་མ་ལགས་ཏེ། དེ་ལྟར་ན་གཟུགས་དང་མ་སྐྱེས་པ་དེ་གཉིས་སུ་མ་མཆིས་ཏེ་གཉིས་སུ་བགྱིར་མ་མཆིས་སོ། །དེ་ཅིའི་སླད་དུ་ཞེ་ན། བཅོམ་ལྡན་འདས་དེ་ནི་འདི་ལྟར་མ་སྐྱེས་པ་ནི་གཅིག་མ་ལགས་གཉིས་མ་ལགས་མང་པ་མ་ལགས་ཐ་དད་པ་མ་ལགས་ཏེ། དེའི་སླད་དུ་གཟུགས་ཀྱི་མ་སྐྱེས་པ་གང་ལགས་པ་དེ་གཟུགས་མ་ལགས་སོ། །བཅོམ་ལྡན་འདས་སྒྲ་དང་དྲི་དང་རོ་དང་རེག་དང་ཆོས་ཀྱི་མ་སྐྱེས་པ་གང་ལགས་པ་དེ། ཆོས་མ་ལགས་ཏེ་དེ་ལྟར་ན་ཆོས་དང་མ་སྐྱེས་པ་དེ་གཉིས་སུ་མ་མཆིས་ཏེ་གཉིས་སུ་བགྱིར་མ་མཆིས་སོ། །དེ་ཅིའི་སླད་དུ་ཞེ་ན། བཅོམ་ལྡན་འདས་དེ་ནི་འདི་ལྟར་མ་སྐྱེས་པ་ནི་གཅིག་མ་ལགས་གཉིས་མ་ལགས་མང་པ་མ་ལགས་ཐ་དད་པ་མ་ལགས་ཏེ། དེའི་སླད་དུ་ཆོས་ཀྱི་མ་སྐྱེས་པ་གང་ལགས་པ་དེ་ཆོས་མ་ལགས་སོ། །བཅོམ་ལྡན་འདས་མིག་གི་རྣམ་པར་ཤེས་པའི་མ་སྐྱེས་པ་གང་ལགས་པ་དེ་མིག་གི་རྣམ་པར་ཤེས་པ་མ་ལགས་ཏེ་དེ་ལྟར་ན

མིག་གི་རྣམ་པར་ཤེས་པ་དང་། མ་སྐྱེས་པ་དེ་གཉིས་སུ་མ་མཆིས་ཏེ། གཉིས་སུ་བགྱིར་མ་མཆིས་སོ། །དེ་ཅིའི་སླད་དུ་ཞེ་ན། བཅོམ་ལྡན་འདས་དེ་ནི་འདི་ལྟར་མ་སྐྱེས་པ་ནི་གཅིག་མ་ལགས་གཉིས་མ་ལགས་མང་བ་མ་ལགས་ཐ་དད་པ་མ་ལགས་ཏེ། དེའི་སླད་དུ་མིག་གི་རྣམ་པར་ཤེས་པའི་མ་སྐྱེས་པ་གང་ལགས་པ་དེ་མིག་གི་རྣམ་པར་ཤེས་པ་མ་ལགས་སོ། །བཅོམ་ལྡན་འདས་རྣ་བའི་རྣམ་(༡)པར་ཤེས་པ་དང་། སྣའི་རྣམ་(༢)པར་ཤེས་པ་དང་། ལྕེའི་རྣམ་པར་ཤེས་པ་དང་། ལུས་ཀྱི་རྣམ་པར་ཤེས་པ་དང་། ཡིད་ཀྱི་རྣམ་པར་ཤེས་པའི་མ་སྐྱེས་པ་གང་ལགས་པ་དེ་ཡིད་ཀྱི་རྣམ་པར་ཤེས་པ་མ་ལགས་ཏེ། དེ་ལྟར་ན་ཡིད་ཀྱི་རྣམ་པར་ཤེས་པ་དང་། མ་སྐྱེས་པ་དེ་གཉིས་སུ་མ་མཆིས་ཏེ། གཉིས་སུ་བགྱིར་མ་མཆིས་སོ། །དེ་ཅིའི་སླད་དུ་ཞེ་ན། བཅོམ་ལྡན་འདས་དེ་ནི་འདི་ལྟར་མ་སྐྱེས་པ་ནི་གཅིག་མ་ལགས་གཉིས་མ་ལགས་མང་བ་མ་(༣)ལགས་ཐ་དད་པ་མ་ལགས་ཏེ། དེའི་སླད་དུ་ཡིད་ཀྱི་རྣམ་པར་ཤེས་པའི་མ་སྐྱེས་པ་གང་ལགས་པ་དེ་ཡིད་ཀྱི་རྣམ་པར་ཤེས་པ་མ་ལགས་སོ། །བཅོམ་ལྡན་འདས་མིག་གི་འདུས་ཏེ་རེག་པའི་མ་སྐྱེས་པ་གང་ལགས་པ་དེ་མིག་གི་འདུས་ཏེ་རེག་པ་མ་ལགས་ཏེ། དེ་ལྟར་ན་མིག་གི་འདུས་ཏེ་རེག་པ་དང་། མ་སྐྱེས་པ་དེ་གཉིས་སུ་མ་མཆིས་ཏེ་གཉིས་སུ་བགྱིར་མ་མཆིས་སོ། །དེ་ཅིའི་སླད་དུ་ཞེ་ན། བཅོམ་ལྡན་འདས་དེ་ནི་འདི་ལྟར་མ་སྐྱེས་པ་ནི་གཅིག་མ་ལགས་གཉིས་མ་ལགས་མང་བ་མ་ལགས་ཐ་དད་པ་མ་ལགས་ཏེ། དེའི་སླད་དུ་མིག་གི་འདུས་ཏེ་རེག་པའི་མ་སྐྱེས་པ་གང་ལགས་པ་དེ་མིག་གི་འདུས་ཏེ་རེག་པ་མ་ལགས་སོ། །བཅོམ་ལྡན་འདས་རྣ་(༤)བའི་འདུས་ཏེ་རེག་པ་དང་། སྣའི་འདུས་ཏེ་རེག་པ་དང་། ལྕེའི་འདུས་ཏེ་རེག་པ་དང་། ལུས་ཀྱི་འདུས་ཏེ་རེག་པ་དང་། ཡིད་ཀྱི་འདུས་ཏེ་རེག་པའི་མ་སྐྱེས་པ་གང་ལགས་པ་དེ། ཡིད་

ཀྱི་འདུས་ཏེ་རེག་པ་མ་ལགས་ཏེ། དེ་ལྟར་ན་ཡིད་ཀྱི་འདུས་ཏེ་རེག་པ་དང་། མ་སྐྱེས་པ་དེ་གཉིས་སུ་མ་མཆིས་ཏེ། གཉིས་སུ་བགྱིར་མ་མཆིས་སོ། །དེ་ཅིའི་སླད་དུ་ཞེ་ན། བཅོམ་ལྡན་འདས་དེ་ནི་འདི་ལྟར་མ་སྐྱེས་པ་ནི་གཅིག་མ་ལགས་གཉིས་མ་ལགས་མང་བ་མ་ལགས་ཐ་དད་པ་མ་ལགས་ཏེ། དེའི་སླད་དུ་ཡིད་ཀྱི་འདུས་ཏེ་རེག་པའི་མ་སྐྱེས་པ་གང་ལགས་པ་དེ། ཡིད་ཀྱི་འདུས་ཏེ་རེག་པ་མ་ལགས་སོ། །བཅོམ་ལྡན་འདས་མིག་གི་འདུས་ཏེ་རེག་པའི་རྐྱེན་གྱིས་ཚོར་བའི་མ་སྐྱེས་པ་གང་ལགས་པ་དེ། མིག་གི་འདུས་ཏེ་རེག་པའི་རྐྱེན་གྱིས་ཚོར་བ་མ་ལགས་ཏེ། དེ་ལྟར་ན་མིག་གི་འདུས་ཏེ་རེག་པའི་རྐྱེན་གྱིས་ཚོར་བ་དང་། མ་སྐྱེས་པ་དེ་གཉིས་སུ་མ་མཆིས་ཏེ་གཉིས་སུ་བགྱིར་མ་མཆིས་སོ། །དེ་ཅིའི་སླད་དུ་ཞེ་ན། བཅོམ་ལྡན་འདས་དེ་ནི་འདི་ལྟར་མ་སྐྱེས་པ་ནི་གཅིག་མ་ལགས་གཉིས་མ་ལགས་མང་བ་མ་ལགས་ཐ་དད་པ་མ་ལགས་ཏེ། དེའི་སླད་དུ་མིག་གི་འདུས་ཏེ་རེག་པའི་རྐྱེན་གྱིས་ཚོར་བའི་མ་སྐྱེས་པ་གང་ལགས་པ་དེ་མིག་གི་འདུས་ཏེ་རེག་པའི་རྐྱེན་གྱིས་ཚོར་བ་མ་ལགས་སོ། །བཅོམ་ལྡན་འདས་རྣ་བའི་འདུས་ཏེ་རེག་པའི་རྐྱེན་གྱིས་ཚོར་བ་དང་། སྣའི་འདུས་ཏེ་རེག་པའི་རྐྱེན་གྱིས་ཚོར་བ་དང་། ལྕེའི་འདུས་ཏེ་རེག་པའི་རྐྱེན་གྱིས་ཚོར་བ་དང་། ལུས་ཀྱི་འདུས་ཏེ་རེག་པའི་རྐྱེན་གྱིས་ཚོར་བ་དང་། ཡིད་ཀྱི་འདུས་ཏེ་རེག་པའི་རྐྱེན་གྱིས་ཚོར་བའི་མ་སྐྱེས་པ་གང་ལགས་པ་དེ། ཡིད་ཀྱི་འདུས་ཏེ་རེག་པའི་རྐྱེན་གྱིས་ཚོར་བ་མ་ལགས་ཏེ། དེ་ལྟར་ན་ཡིད་ཀྱི་འདུས་ཏེ་རེག་པའི་རྐྱེན་གྱིས་ཚོར་བ་དང་། མ་སྐྱེས་པ་དེ་གཉིས་སུ་མ་མཆིས་ཏེ་གཉིས་སུ་བགྱིར་མ་མཆིས་སོ། །དེ་ཅིའི་སླད་དུ་ཞེ་ན། བཅོམ་ལྡན་འདས་དེ་ནི་འདི་ལྟར་མ་སྐྱེས་པ་ནི་གཅིག་མ་ལགས་གཉིས་མ་ལགས་མང་བ་མ་ལགས་ཐ་དད་པ་མ་ལགས་ཏེ། དེའི་སླད་དུ་ཡིད་ཀྱི་འདུས་ཏེ་རེག

པའི་རྐྱེན་གྱིས་ཚོར་བའི་མ་སྐྱེས་པ་གང་ལགས་པ་དེ་ཡིད་ཀྱི་འདུས་ཏེ་རེག་པའི་རྐྱེན་གྱིས་ཚོར་བ་མ་ལགས་སོ། །བཅོམ་ལྡན་འདས་སའི་ཁམས་ཀྱི་མ་སྐྱེས་པ་གང་ལགས་པ་དེ་སའི་ཁམས་མ་ལགས་ཏེ། དེ་ལྟར་ན་སའི་ཁམས་དང་མ་སྐྱེས་པ་དེ་གཉིས་སུ་མ་མཆིས་ཏེ་གཉིས་སུ་བགྱིར་མ་མཆིས་སོ། །དེ་ཅིའི་སླད་དུ་ཞེ་ན། བཅོམ་ལྡན་འདས་དེ་ནི་འདི་ལྟར་མ་སྐྱེས་པ་ནི་གཅིག་མ་ལགས་གཉིས་མ་ལགས་མང་བ་མ་ལགས་ཐ་དད་པ་མ་ལགས་ཏེ། དེའི་སླད་དུ་སའི་ཁམས་ཀྱི་མ་སྐྱེས་པ་གང་ལགས་[7]པ་དེ་སའི་ཁམས་མ་ལགས་སོ། །བཅོམ་ལྡན་འདས་ཆུའི་ཁམས་དང་མེའི་ཁམས་དང་རླུང་གི་ཁམས་དང་། ནམ་མཁའི་ཁམས་དང་། རྣམ་པར་ཤེས་པའི་ཁམས་ཀྱི་མ་སྐྱེས་པ་གང་ལགས་པ་དེ་རྣམ་པར་ཤེས་པའི་ཁམས་མ་ལགས་ཏེ། དེ་ལྟར་ན་རྣམ་པར་ཤེས་པའི་ཁམས་དང་མ་སྐྱེས་པ་དེ་གཉིས་སུ་མ་མཆིས་ཏེ་གཉིས་སུ་བགྱིར་མ་མཆིས་སོ། །དེ་ཅིའི་སླད་དུ་ཞེ་ན། བཅོམ་ལྡན་འདས་དེ་ནི་འདི་ལྟར་མ་སྐྱེས་པ་ནི་གཅིག་མ་ལགས་གཉིས་མ་ལགས་མང་བ་མ་ལགས་ཐ་དད་པ་མ་ལགས་ཏེ། དེའི་སླད་དུ་རྣམ་པར་ཤེས་པའི་ཁམས་ཀྱི་མ་སྐྱེས་པ་གང་ལགས་པ་དེ་རྣམ་པར་ཤེས་པའི་ཁམས་མ་ལགས་སོ། །བཅོམ་ལྡན་འདས་མ་རིག་པའི་མ་སྐྱེས་པ་གང་ལགས་པ་དེ། མ་རིག་པ་མ་ལགས་ཏེ་དེ་ལྟར་ན་མ་རིག་པ་དང་མ་སྐྱེས་པ་དེ་གཉིས་སུ་མ་མཆིས་ཏེ། གཉིས་སུ་བགྱིར་མ་མཆིས་སོ། །དེ་ཅིའི་སླད་དུ་ཞེ་ན། བཅོམ་ལྡན་འདས་དེ་ནི་འདི་ལྟར་མ་སྐྱེས་པ་ནི་གཅིག་མ་ལགས་གཉིས་མ་ལགས་མང་བ་མ་ལགས་ཐ་དད་པ་མ་ལགས་ཏེ། དེའི་སླད་དུ་མ་རིག་པའི་མ་སྐྱེས་པ་གང་ལགས་པ་དེ་མ་རིག་པ་མ་ལགས་སོ། །བཅོམ་ལྡན་འདས་འདུ་བྱེད་དང་རྣམ་པར་ཤེས་པ་དང་མིང་དང་གཟུགས་དང་སྐྱེ་མཆེད་དྲུག་དང་རེག་པ་དང་ཚོར་བ་དང་། སྲེད་[1]པ་དང་ལེན་པ་དང་སྲིད་པ་དང་སྐྱེ་བ་

དང་ཆ་ཤིའི་མ་སྐྱེས་པ་གང་ལགས་པ་དེ། ཆ་ཤི་མ་ལགས་ཏེ་དེ་ལྟར་ན་ཆ་ཤི་དང་མ་སྐྱེས་པ་དེ་གཉིས་སུ་མ་མཆིས་ཏེ་གཉིས་སུ་བགྱིར་མ་མཆིས་སོ། །དེ་⑦ཅིའི་སླད་དུ་ཞེ་ན། བཅོམ་ལྡན་འདས་དེ་ནི་འདི་ལྟར་མ་སྐྱེས་པ་ནི་གཅིག་མ་ལགས་གཉིས་མ་ལགས་མང་བ་མ་ལགས་ཐ་དད་པ་མ་ལགས་ཏེ། དེའི་སླད་དུ་ཆ་ཤིའི་མ་སྐྱེས་པ་གང་ལགས་པ་དེ་ཆ་ཤི་མ་ལགས་སོ། །བཅོམ་ལྡན་འདས་སྦྱིན་པའི་ཕ་རོལ་དུ་ཕྱིན་པའི་མ་སྐྱེས་པ་གང་ལགས་པ་དེ། སྦྱིན་པའི་ཕ་རོལ་དུ་ཕྱིན་པ་མ་ལགས་ཏེ། དེ་ལྟར་ན་སྦྱིན་པའི་ཕ་རོལ་དུ་ཕྱིན་པ་དང་། མ་སྐྱེས་པ་དེ་གཉིས་སུ་མ་མཆིས་ཏེ། གཉིས་སུ་བགྱིར་མ་མཆིས་སོ། །དེ་ཅིའི་སླད་དུ་ཞེ་ན། བཅོམ་ལྡན་འདས་དེ་ནི་འདི་ལྟར་མ་སྐྱེས་པ་ནི་གཅིག་མ་ལགས་གཉིས་མ་ལགས་མང་བ་མ་ལགས་ཐ་དད་པ་མ་ལགས་ཏེ། དེའི་སླད་དུ་སྦྱིན་པའི་ཕ་རོལ་དུ་ཕྱིན་པའི་མ་སྐྱེས་པ་གང་ལགས་པ་དེ་སྦྱིན་པའི་ཕ་རོལ་དུ་ཕྱིན་པ་མ་ལགས་སོ། །བཅོམ་ལྡན་འདས་ཚུལ་ཁྲིམས་ཀྱི་ཕ་རོལ་དུ་ཕྱིན་པ་དང་། བཟོད་པའི་ཕ་རོལ་དུ་ཕྱིན་པ་དང་། བརྩོན་འགྲུས་ཀྱི་ཕ་རོལ་དུ་ཕྱིན་པ་དང་། བསམ་གཏན་གྱི་ཕ་རོལ་དུ་ཕྱིན་པ་དང་། ཤེས་རབ་ཀྱི་ཕ་རོལ་དུ་ཕྱིན་པའི་མ་སྐྱེས་པ་གང་ལགས་པ་དེ༑ ཤེས་རབ་ཀྱི་ཕ་རོལ་དུ་ཕྱིན་པ་མ་ལགས་ཏེ། དེ་ལྟར་ན་ཤེས་རབ་ཀྱི་ཕ་རོལ་དུ་ཕྱིན་པ་དང་། མ་སྐྱེས་པ་དེ་གཉིས་སུ་མ་མཆིས་ཏེ་གཉིས་སུ་བགྱིར་མ་མཆིས་སོ། །དེ་ཅིའི་སླད་དུ་ཞེ་ན། བཅོམ་ལྡན་འདས་དེ་ནི་འདི་ལྟར་མ་སྐྱེས་པ་ནི་གཅིག་མ་ལགས་གཉིས་མ་ལགས་མང་བ་མ་ལགས་ཐ་དད་པ་མ་ལགས་ཏེ། དེའི་སླད་དུ་ཤེས་རབ་ཀྱི་ཕ་རོལ་དུ་ཕྱིན་པའི་མ་སྐྱེས་པ་གང་ལགས་པ་དེ་ཤེས་རབ་ཀྱི་ཕ་རོལ་དུ་ཕྱིན་པ་མ་ལགས་སོ། །བཅོམ་ལྡན་འདས་ནང་སྟོང་པ་ཉིད་ཀྱི་མ་སྐྱེས་པ་གང་ལགས་པ་དེ་ནང་སྟོང་པ་ཉིད་མ་ལགས་ཏེ། དེ་ལྟར་ན་ནང་སྟོང་པ་

ཉིད་དང་། མ་སྐྱེས་པ་དེ་གཉིས་སུ་མ་མཆིས་ཏེ་གཉིས་སུ་བགྱིར་མ་མཆིས་སོ། །དེ་ཅིའི་སླད་དུ་ཞེ་ན། བཅོམ་ལྡན་འདས་དེ་ནི་འདི་ལྟར་མ་སྐྱེས་པ་ནི་གཅིག་མ་ལགས་གཉིས་མ་ལགས་མང་བ་མ་ལགས་ཐ་དད་པ་མ་ལགས་ཏེ། དེའི་སླད་དུ་ནང་སྟོང་པ་ཉིད་ཀྱི་མ་སྐྱེས་པ་གང་ལགས་པ་དེ་ནང་སྟོང་པ་ཉིད་མ་ལགས་སོ། །བཅོམ་ལྡན་འདས་དངོས་པོ་མེད་པའི་ངོ་བོ་ཉིད་སྟོང་པ་ཉིད་ཀྱི་བར་གྱི་མ་སྐྱེས་པ་གང་ལགས་པ་དེ་དངོས་པོ་མེད་པའི་ངོ་བོ་ཉིད་སྟོང་པ་ཉིད་མ་ལགས་ཏེ། དེ་ལྟར་ན་དངོས་པོ་མེད་པའི་ངོ་བོ་ཉིད་སྟོང་པ་ཉིད་དང་། མ་སྐྱེས་པ་དེ་གཉིས་སུ་མ་མཆིས་ཏེ་གཉིས་སུ་བགྱིར་མ་མཆིས་སོ། །དེ་ཅིའི་སླད་དུ་ཞེ་ན། བཅོམ་ལྡན་འདས་དེ་ནི་འདི་ལྟར་མ་སྐྱེས་པ་ནི་གཅིག་མ་ལགས་གཉིས་མ་ལགས། མང་བ་མ་ལགས་ཐ་དད་པ་མ་ལགས་ཏེ། དེའི་སླད་དུ་དངོས་པོ་མེད་པའི་ངོ་བོ་ཉིད་སྟོང་པ་ཉིད་ཀྱི་མ་སྐྱེས་པ་གང་ལགས་པ་དེ་དངོས་པོ་མེད་པའི་ངོ་བོ་ཉིད་སྟོང་པ་ཉིད་མ་ལགས་སོ། །བཅོམ་ལྡན་འདས་དྲན་པ་ཉེ་བར་གཞག་པ་རྣམས་ཀྱི་མ་སྐྱེས་པ་གང་ལགས་པ་དེ་དྲན་པ་ཉེ་བར་གཞག་པ་རྣམས་མ་ལགས་ཏེ། དེ་ལྟར་ན་དྲན་པ་ཉེ་བར་གཞག་པ་རྣམས་དང་། མ་སྐྱེས་པ་དེ་གཉིས་སུ་མ་མཆིས་ཏེ་གཉིས་སུ་བགྱིར་མ་མཆིས་སོ། །དེ་ཅིའི་སླད་དུ་ཞེ་ན། བཅོམ་ལྡན་འདས་དེ་ནི་འདི་ལྟར་མ་སྐྱེས་པ་ནི་གཅིག་མ་ལགས་གཉིས་མ་ལགས་མང་བ་མ་ལགས་ཐ་དད་པ་མ་ལགས་ཏེ། དེའི་སླད་དུ་དྲན་པ་ཉེ་བར་གཞག་པ་རྣམས་ཀྱི་མ་སྐྱེས་པ་གང་ལགས་པ་དེ་དྲན་པ་ཉེ་བར་གཞག་པ་རྣམས་མ་ལགས་སོ། །བཅོམ་ལྡན་འདས་ཡང་དག་པར་སྤོང་བ་རྣམས་དང་། རྫུ་འཕྲུལ་གྱི་རྐང་པ་རྣམས་དང་། དབང་པོ་རྣམས་དང་། སྟོབས་རྣམས་དང་། བྱང་ཆུབ་ཀྱི་ཡན་ལག་རྣམས་དང་། འཕགས་པའི་ལམ་ཡན་ལག་བརྒྱད་པའི་མ་སྐྱེས་པ་གང་ལགས་པ་དེ།

འཕགས་པའི་ལམ་ཡན་ལག་བརྒྱད་པ་མ་ལགས་ཏེ། དེ་ལྟར་ན་འཕགས་པའི་ལམ་ཡན་ལག་བརྒྱད་པ་དང་མ་སྐྱེས་པ་དེ་གཉིས་སུ་མ་མཆིས་ཏེ་གཉིས་སུ་བགྱིར་མ་མཆིས་སོ། །དེ་ཅིའི་སླད་དུ་ཞེ་ན། བཅོམ་ལྡན་འདས་དེ་ནི་འདི་ལྟར་མ་སྐྱེས་པ་ནི་གཅིག་མ་ལགས་གཉིས་མ་ལགས་མང་པོ་མ་ལགས་ཐ་དད་པ་མ་ལགས་ཏེ། དེའི་སླད་དུ་འཕགས་པའི་ལམ་ཡན་ལག་བརྒྱད་པའི་མ་སྐྱེས་པ་གང་ལགས་པ་དེ་འཕགས་པའི་ལམ་ཡན་ལག་བརྒྱད་པ་མ་ལགས་སོ། །བཅོམ་ལྡན་འདས་འཕགས་པའི་བདེན་པ་དང་། བསམ་གཏན་དང་ཚད་མེད་པ་དང་། གཟུགས་མེད་པའི་སྙོམས་པར་འཇུག་པ་དང་རྣམ་པར་ཐར་པ་དང་། མཐར་གྱིས་གནས་པའི་སྙོམས་པར་འཇུག་པ་དང་། སྟོང་པ་ཉིད་དང་[1]མཚན་མ་མེད་པ་དང་སྨོན་པ་མེད་པ་དང་། མངོན་པར་ཤེས་པ་དང་། ཏིང་ངེ་འཛིན་དང་། གཟུངས་ཀྱི་སྒོ་དང་། དེ་བཞིན་གཤེགས་པའི་སྟོབས་བཅུ་དང་། མི་འཇིགས་པ་དང་། སོ་སོ་ཡང་དག་པར་རིག་པ་དང་། སངས་རྒྱས་ཀྱི་ཆོས་མ་འདྲེས་པ་བཅོ་བརྒྱད་[2]ཀྱི་མ་སྐྱེས་པ་གང་ལགས་པ་དེ་སངས་རྒྱས་ཀྱི་ཆོས་མ་འདྲེས་པ་རྣམས་མ་ལགས་ཏེ། དེ་ལྟར་ན་སངས་རྒྱས་ཀྱི་ཆོས་མ་འདྲེས་པ་རྣམས་དང་། མ་སྐྱེས་པ་དེ་གཉིས་སུ་མ་མཆིས་ཏེ། གཉིས་སུ་བགྱིར་མ་མཆིས་སོ། །དེ་ཅིའི་སླད་དུ་ཞེ་ན། བཅོམ་ལྡན་འདས་དེ་ནི་འདི་ལྟར་མ་སྐྱེས་པ་ནི་གཅིག་མ་ལགས་གཉིས་མ་ལགས་མང་པོ་མ་ལགས་ཐ་དད་པ་མ་ལགས་ཏེ། དེའི་སླད་དུ་སངས་རྒྱས་ཀྱི་ཆོས་མ་འདྲེས་པ་རྣམས་ཀྱི་མ་སྐྱེས་པ་གང་ལགས་པ་དེ་སངས་རྒྱས་ཀྱི་ཆོས་མ་འདྲེས་པ་རྣམས་མ་ལགས་སོ། །བཅོམ་ལྡན་འདས་དེ་བཞིན་ཉིད་ཀྱི་མ་སྐྱེས་པ་གང་ལགས་པ་དེ་དེ་བཞིན་ཉིད་མ་ལགས་ཏེ། དེ་ལྟར་ན་དེ་བཞིན་ཉིད་དང་མ་སྐྱེས་པ་དེ་གཉིས་སུ་མ་མཆིས་ཏེ་གཉིས་སུ་བགྱིར་མ་མཆིས་སོ། །དེ་ཅིའི་སླད་དུ་ཞེ་ན། བཅོམ་

ལྡན་འདས་དེ་ནི་འདི་ལྟར་མ་སྐྱེས་པ་ནི་གཅིག་མ་ལགས་གཉིས་མ་ལགས་མང་པ་མ་ལགས་ཐ་དད་པ་མ་ལགས་ཏེ། དེའི་སླད་དུ་དེ་བཞིན་ཉིད་ཀྱི་མ་སྐྱེས་པ་གང་ལགས་པ་དེ་དེ་བཞིན་ཉིད་མ་ལགས་སོ། །བཅོམ་ལྡན་འདས་ཆོས་ཉིད་དང་ཆོས་ཀྱི་དབྱིངས་དང་། ཆོས་སྐྱོན་མེད་པ་ཉིད་དང་། ཡང་དག་པའི་མཐའ་དང་བསམ་གྱིས་མི་ཁྱབ་པའི་དབྱིངས་དང་། ཐམས་①ཅད་ཤེས་པ་ཉིད་དང་། ལམ་གྱི་རྣམ་པ་ཤེས་པ་ཉིད་དང་རྣམ་པ་ཐམས་ཅད་མཁྱེན་པ་ཉིད་ཀྱི་མ་སྐྱེས་པ་གང་ལགས་པ་དེ་རྣམ་པ་ཐམས་ཅད་མཁྱེན་པ་ཉིད་མ་ལགས་ཏེ། དེ་ལྟར་ན་རྣམ་པ་ཐམས་ཅད་མཁྱེན་པ་ཉིད་དང་མ་སྐྱེས་པ་དེ་གཉིས་སུ་མ་མཆིས་ཏེ། གཉིས་སུ་བགྱིར་མ་མཆིས་སོ། །དེ་ཅིའི་སླད་དུ་ཞེ་ན། བཅོམ་ལྡན་འདས་དེ་ནི་འདི་ལྟར་མ་སྐྱེས་པ་ནི་གཅིག་མ་ལགས་གཉིས་མ་ལགས་མང་པ་མ་ལགས་ཐ་དད་པ་མ་ལགས་ཏེ། དེའི་སླད་དུ་རྣམ་པ་ཐམས་ཅད་མཁྱེན་པ་ཉིད་ཀྱི་མ་སྐྱེས་པ་②གང་ལགས་པ་དང་③། རྣམ་པ་ཐམས་ཅད་མཁྱེན་པ་ཉིད་མ་ལགས་སོ། །བཅོམ་ལྡན་འདས་གཟུགས་ཀྱི་འགྲིབ་པ་གང་ལགས་པ་དེ་ནི་གཟུགས་མ་ལགས་ཏེ། དེ་ལྟར་ན་གཟུགས་དང་འགྲིབ་པ་དེ་གཉིས་སུ་མ་མཆིས་ཏེ་གཉིས་སུ་བགྱིར་མ་མཆིས་སོ། །དེ་ཅིའི་སླད་དུ་ཞེ་ན། བཅོམ་ལྡན་འདས་དེ་ནི་འདི་ལྟར་འགྲིབ་པ་ནི། གཅིག་མ་ལགས་གཉིས་མ་ལགས་མང་པ་མ་ལགས་ཐ་དད་པ་མ་ལགས་ཏེ། དེའི་སླད་དུ་གཟུགས་ཀྱི་འགྲིབ་པ་གང་ལགས་པ་དེ་གཟུགས་མ་ལགས་སོ། །བཅོམ་ལྡན་འདས་ཚོར་བ་དང་འདུ་ཤེས་དང་འདུ་བྱེད་དང་རྣམ་པར་ཤེས་པའི་འགྲིབ་པ་གང་ལགས་པ་དེ་ནི་རྣམ་པར་ཤེས་པ་མ་ལགས་ཏེ། དེ་ལྟར་ན་རྣམ་པར་ཤེས་པ་དང་། འགྲིབ་པ་དེ་གཉིས་སུ་མ་མཆིས་ཏེ། གཉིས་སུ་བགྱིར་མ་མཆིས་སོ། །དེ་ཅིའི་སླད་དུ་ཞེ་ན། བཅོམ་ལྡན་འདས་དེ་ནི་འདི་ལྟར་འགྲིབ་པ་ནི་གཅིག་མ་

ལགས་གཉིས་མ་ལགས་མང་བ་མ་ལགས་ཐ་དད་པ་མ་ལགས་ཏེ། དེའི་སླད་དུ་རྣམ་པར་ཤེས་པའི་འགྲིབ་པ་གང་ལགས་པ་དེ་རྣམ་པར་ཤེས་པ་མ་ལགས་སོ། །བཅོམ་ལྡན་འདས་མིག་གི་འགྲིབ་པ་གང་ལགས་པ་དེ་ནི་མིག་མ་ལགས་ཏེ། དེ་ལྟར་ན་མིག་དང་འགྲིབ་པ་དེ་གཉིས་སུ་མ་མཆིས་ཏེ། གཉིས་སུ་བགྱིར་མ་མཆིས་སོ། །དེ་ཅིའི་སླད་དུ་ཞེ་ན། བཅོམ་ལྡན་འདས་དེ་ནི་འདི་ལྟར་འགྲིབ་པ་ནི་གཅིག་མ་ལགས་གཉིས་མ་ལགས་མང་བ་མ་ལགས་ཐ་དད་པ་མ་ལགས་ཏེ། དེའི་སླད་དུ་མིག་གི་འགྲིབ་པ་གང་ལགས་པ་དེ་མིག་མ་ལགས་སོ། །བཅོམ་ལྡན་འདས་རྣ་བ་དང་སྣ་དང་ལྕེ་དང་ལུས་དང་ཡིད་ཀྱི་འགྲིབ་པ་གང་ལགས་པ་དེ་ནི་ཡིད་མ་ལགས་ཏེ། དེ་ལྟར་ན་ཡིད་དང་འགྲིབ་པ་དེ་གཉིས་སུ་མ་མཆིས་ཏེ། གཉིས་སུ་བགྱིར་མ་མཆིས་སོ། །དེ་ཅིའི་སླད་དུ་ཞེ་ན། བཅོམ་ལྡན་འདས་དེ་ནི་འདི་ལྟར་འགྲིབ་པ་ནི་གཅིག་མ་ལགས་གཉིས་མ་ལགས་མང་བ་མ་ལགས་ཐ་དད་པ་མ་ལགས་ཏེ། དེའི་སླད་དུ་ཡིད་ཀྱི་འགྲིབ་པ་གང་ལགས་པ་དེ་ཡིད་མ་ལགས་སོ། །བཅོམ་ལྡན་འདས་གཟུགས་ཀྱི་འགྲིབ་པ་གང་ལགས་པ་དེ་ནི་གཟུགས་མ་ལགས་ཏེ། དེ་ལྟར་ན་གཟུགས་དང་འགྲིབ་པ་དེ་གཉིས་སུ་མ་མཆིས་ཏེ། གཉིས་སུ་བགྱིར་མ་མཆིས་སོ། །དེ་ཅིའི་སླད་དུ་ཞེ་ན། བཅོམ་ལྡན་འདས་དེ་ནི་འདི་ལྟར་འགྲིབ་པ་ནི་གཅིག་མ་ལགས་གཉིས་མ་ལགས་མང་བ་མ་ལགས་ཐ་དད་པ་མ་ལགས་ཏེ། དེའི་སླད་དུ་གཟུགས་ཀྱི་འགྲིབ་པ་གང་ལགས་པ་དེ་གཟུགས་མ་ལགས་སོ། །བཅོམ་ལྡན་འདས་སྒྲ་དང་དྲི་དང་རོ་དང་རེག་དང་ཆོས་ཀྱི་འགྲིབ་པ་གང་ལགས་པ་དེ་ནི་ཆོས་མ་ལགས་ཏེ། དེ་ལྟར་ན་ཆོས་དང་འགྲིབ་པ་དེ་གཉིས་སུ་མ་མཆིས་ཏེ་གཉིས་སུ་བགྱིར་མ་མཆིས་སོ། །དེ་ཅིའི་སླད་དུ་ཞེ་ན། བཅོམ་ལྡན་འདས་དེ་ནི་འདི་ལྟར་འགྲིབ་པ་ནི་གཅིག་མ་ལགས་གཉིས་མ་ལགས་མང་བ་མ་ལགས་ཐ་དད་

པ་མ་ལགས་ཏེ། དེའི་སླད་དུ་ཆོས་ཀྱི་འགྲིབ་པ་གང་ལགས་པ་དེ་ཆོས་མ་ལགས་སོ། །བཅོམ་ལྡན་འདས་མིག་གི་རྣམ་པར་ཤེས་པའི་འགྲིབ་པ་གང་ལགས་པ་དེ་ནི་མིག་གི་རྣམ་པར་ཤེས་པ་མ་ལགས་ཏེ། དེ་ལྟར་ན་མིག་གི་རྣམ་པར་ཤེས་པ་དང་འགྲིབ་པ་དེ་གཉིས་སུ་མ་མཆིས་ཏེ་གཉིས་སུ་བགྱིར་མ་མཆིས་སོ། །དེ་ཅིའི་སླད་དུ་ཞེ་ན། བཅོམ་ལྡན་འདས་དེ་ནི་འདི་ལྟར་འགྲིབ་པ་ནི་གཅིག་མ་ལགས་གཉིས་མ་ལགས་མང་བ་མ་ལགས་ཐ་དད་པ་མ་ལགས་ཏེ། དེའི་སླད་དུ་མིག་གི་རྣམ་པར་ཤེས་པའི་འགྲིབ་པ་གང་ལགས་པ་དེ་མིག་གི་རྣམ་པར་ཤེས་པ་མ་ལགས་སོ། །བཅོམ་ལྡན་འདས་རྣ་བའི་རྣམ་པར་ཤེས་པ་དང་། སྣའི་རྣམ་པར་ཤེས་པ་དང་། ལྕེའི་རྣམ་པར་ཤེས་པ་དང་། ལུས་ཀྱི་རྣམ་པར་ཤེས་པ་དང་། ཡིད་ཀྱི་རྣམ་པར་ཤེས་པའི་འགྲིབ་པ་གང་ལགས་པ་དེ་ནི་ཡིད་ཀྱི་རྣམ་པར་ཤེས་པ་མ་ལགས་ཏེ། དེ་ལྟར་ན་ཡིད་ཀྱི་རྣམ་པར་ཤེས་པ་དང་འགྲིབ་པ་དེ་གཉིས་སུ་མ་མཆིས་ཏེ། གཉིས་སུ་བགྱིར་མ་མཆིས་སོ། །དེ་ཅིའི་སླད་དུ་ཞེ་ན། བཅོམ་ལྡན་འདས་དེ་ནི་འདི་ལྟར་འགྲིབ་པ་ནི་གཅིག་མ་ལགས་གཉིས་མ་ལགས་མང་བ་མ་ལགས་ཐ་དད་པ་མ་ལགས་ཏེ། དེའི་སླད་དུ་ཡིད་ཀྱི་རྣམ་པར་ཤེས་པའི་འགྲིབ་པ་གང་ལགས་པ་དེ་ཡིད་ཀྱི་རྣམ་པར་ཤེས་པ་མ་ལགས་སོ། །བཅོམ་ལྡན་འདས་མིག་གི་འདུས་ཏེ་རེག་པའི་འགྲིབ་པ་གང་ལགས་པ་དེ་ནི་མིག་གི་འདུས་ཏེ་རེག་པ་མ་ལགས་ཏེ། དེ་ལྟར་ན་མིག་གི་འདུས་ཏེ་རེག་པ་དང་། འགྲིབ་པ་དེ་གཉིས་སུ་མ་མཆིས་ཏེ། གཉིས་སུ་བགྱིར་མ་མཆིས་སོ། །དེ་ཅིའི་སླད་དུ་ཞེ་ན། བཅོམ་ལྡན་འདས་དེ་ནི་འདི་ལྟར་འགྲིབ་པ་ནི་གཅིག་མ་ལགས་གཉིས་མ་ལགས་མང་བ་མ་ལགས་ཐ་དད་པ་མ་ལགས་ཏེ། དེའི་སླད་དུ་མིག་གི་འདུས་ཏེ་རེག་པའི་འགྲིབ་པ་གང་ལགས་པ་དེ་མིག་གི་འདུས་ཏེ་རེག་པ་མ་ལགས་སོ། །བཅོམ་ལྡན་འདས་རྣ་བའི་འདུས་ཏེ་

རིག་པ་དང་། སྣའི་འདུས་ཏེ་རིག་པ་དང་། ལྗེའི་འདུས་ཏེ་རིག་པ་དང་། ལུས་ཀྱི་འདུས་ཏེ་རིག་པ་དང་། ཡིད་ཀྱི་འདུས་ཏེ་རིག་པའི་འགྲིབ་པ་གང་ལགས་པ་དེ་ནི་ཡིད་ཀྱི་འདུས་ཏེ་རིག་པ་མ་ལགས་ཏེ། དེ་ལྟར་ན་ཡིད་ཀྱི་འདུས་ཏེ་རིག་པ་དང་འགྲིབ་པ་དེ་གཉིས་སུ་མ་མཆིས་ཏེ་གཉིས་སུ་བགྱིར་མ་མཆིས་སོ། །དེ་ཅིའི་སླད་དུ་ཞེ་ན། བཅོམ་ལྡན་འདས་དེ་ནི་འདི་ལྟར་འགྲིབ་པ་ནི་གཅིག་མ་ལགས་གཉིས་མ་ལགས་མང་བ་མ་ལགས་ཐ་དད་པ་མ་ལགས་ཏེ། དེའི་སླད་དུ་ཡིད་ཀྱི་འདུས་ཏེ་རིག་པའི་འགྲིབ་པ་གང་ལགས་པ་དེ་ཡིད་ཀྱི་འདུས་ཏེ་རིག་པ་མ་ལགས་སོ། །བཅོམ་ལྡན་འདས་མིག་གི་འདུས་ཏེ་རིག་པའི་རྐྱེན་གྱིས་ཚོར་བའི་འགྲིབ་པ་གང་ལགས་པ་དེ་ནི་མིག་གི་འདུས་ཏེ་རིག་པའི་རྐྱེན་གྱིས་ཚོར་བ་མ་ལགས་ཏེ། དེ་ལྟར་ན་མིག་གི་འདུས་ཏེ་རིག་པའི་རྐྱེན་གྱིས་ཚོར་བ་དང་། འགྲིབ་པ་དེ་གཉིས་སུ་མ་མཆིས་ཏེ། གཉིས་སུ་བགྱིར་མ་མཆིས་སོ། །དེ་ཅིའི་སླད་དུ་ཞེ་ན། བཅོམ་ལྡན་འདས་དེ་ནི་འདི་ལྟར་འགྲིབ་པ་ནི་གཅིག་མ་ལགས་གཉིས་མ་ལགས་མང་བ་མ་ལགས་ཐ་དད་པ་མ་ལགས་ཏེ། དེའི་སླད་དུ་མིག་གི་འདུས་ཏེ་རིག་པའི་རྐྱེན་གྱིས་ཚོར་བའི་འགྲིབ་པ་གང་ལགས་པ་དེ། མིག་གི་འདུས་ཏེ་རིག་པའི་རྐྱེན་གྱིས་ཚོར་བ་མ་ལགས་སོ། །བཅོམ་ལྡན་འདས་རྣ་བའི་འདུས་ཏེ་རིག་པའི་རྐྱེན་གྱིས་ཚོར་བ་དང་། སྣའི་འདུས་ཏེ་རིག་པའི་རྐྱེན་གྱིས་ཚོར་བ་དང་། ལྗེའི་འདུས་ཏེ་རིག་པའི་རྐྱེན་གྱིས་ཚོར་བ་དང་། ལུས་ཀྱི་འདུས་ཏེ་རིག་པའི་རྐྱེན་གྱིས་ཚོར་བ་དང་། ཡིད་ཀྱི་འདུས་ཏེ་རིག་པའི་རྐྱེན་གྱིས་ཚོར་བའི་འགྲིབ་པ་གང་ལགས་པ་དེ་ནི་ཡིད་ཀྱི་འདུས་ཏེ་རིག་པའི་རྐྱེན་གྱིས་ཚོར་བ་མ་ལགས་ཏེ། དེ་ལྟར་ན་ཡིད་ཀྱི་འདུས་ཏེ་རིག་པའི་རྐྱེན་གྱིས་ཚོར་བ་དང་། འགྲིབ་པ་དེ་གཉིས་སུ་མ་མཆིས་ཏེ་གཉིས་སུ་བགྱིར་མ་མཆིས་སོ། །དེ་ཅིའི་[7]སླད་

དུ་ཞེ་ན། བཅོམ་ལྡན་འདས་དེ་ནི་འདི་ལྟར་འགྲིབ་པ་ནི་གཅིག་མ་ལགས་གཉིས་མ་ལགས་མང་བ་མ་(༧)ལགས་ཐ་དད་པ་མ་ལགས་ཏེ། དེའི་སླད་དུ་ཡིད་ཀྱི་འདུས་ཏེ་རེག་པའི་རྐྱེན་གྱིས་ཚོར་བའི་འགྲིབ་པ་གང་ལགས་པ་དེ་ཡིད་ཀྱི་འདུས་ཏེ་རེག་པའི་རྐྱེན་གྱིས་ཚོར་བ་མ་ལགས་སོ། །བཅོམ་ལྡན་འདས་སའི་ཁམས་ཀྱི་འགྲིབ་པ་གང་ལགས་པ་དེ་ནི། སའི་ཁམས་མ་ལགས་ཏེ། དེ་ལྟར་ན་སའི་ཁམས་དང་། འགྲིབ་པ་དེ་(༣)གཉིས་སུ་མ་མཆིས་ཏེ་གཉིས་སུ་བགྱིར་མ་མཆིས་སོ། །དེ་ཅིའི་སླད་དུ་ཞེ་ན། བཅོམ་ལྡན་འདས་དེ་ནི་འདི་ལྟར་འགྲིབ་པ་ནི་གཅིག་མ་ལགས་གཉིས་མ་ལགས་མང་བ་མ་ལགས་ཐ་དད་པ་མ་ལགས་ཏེ། དེའི་སླད་དུ་སའི་ཁམས་ཀྱི་འགྲིབ་པ་གང་ལགས་པ་དེ་སའི་ཁམས་མ་ལགས་སོ། །བཅོམ་ལྡན་འདས་ཆུའི་ཁམས་དང་། མེའི་ཁམས་དང་། རླུང་གི་ཁམས་དང་། ནམ་མཁའི་ཁམས་དང་། རྣམ་པར་ཤེས་པའི་ཁམས་ཀྱི་འགྲིབ་པ་གང་ལགས་པ་དེ་ནི་རྣམ་པར་ཤེས་པའི་ཁམས་མ་ལགས་ཏེ། དེ་ལྟར་ན་རྣམ་པར་ཤེས་པའི་ཁམས་ཀྱི་(༣)འགྲིབ་པ་དེ་གཉིས་སུ་མ་མཆིས་ཏེ་གཉིས་སུ་བགྱིར་མ་མཆིས་སོ། །དེ་ཅིའི་སླད་དུ་ཞེ་ན། བཅོམ་ལྡན་འདས་དེ་ནི་འདི་ལྟར་འགྲིབ་པ་ནི་གཅིག་མ་ལགས་གཉིས་མ་ལགས་མང་བ་མ་ལགས་ཐ་དད་པ་མ་ལགས་ཏེ། དེའི་སླད་དུ་རྣམ་པར་ཤེས་པའི་ཁམས་ཀྱི་འགྲིབ་པ་གང་ལགས་པ་དེ་རྣམ་པར་ཤེས་པའི་ཁམས་མ་ལགས་སོ། །བཅོམ་ལྡན་འདས་མ་རིག་པའི་འགྲིབ་པ་གང་ལགས་པ་དེ་ནི་མ་རིག་པ་མ་ལགས་ཏེ། དེ་ལྟར་ན་མ་རིག་པ་དང་འགྲིབ་པ་དེ་གཉིས་སུ་མ་མཆིས་ཏེ་གཉིས་སུ་བགྱིར་མ་མཆིས་སོ། །དེ་ཅིའི་སླད་དུ་ཞེ་ན། བཅོམ་ལྡན་འདས་དེ་ནི་འདི་ལྟར་འགྲིབ་པ་ནི་གཅིག་མ་ལགས་གཉིས་མ་ལགས་མང་བ་མ་ལགས༔ཐ་དད་(༦)པ་མ་ལགས་ཏེ། དེའི་སླད་དུ་མ་རིག་པའི་འགྲིབ་པ་གང་ལགས་པ་དེ་མ་རིག་པ་མ་ལགས་སོ། །

བཅོམ་ལྡན་འདས་འདུ་བྱེད་དང་། རྣམ་པར་ཤེས་པ་དང་མིང་དང་གཟུགས་དང་སྐྱེ་མཆེད་དྲུག་དང་། རེག་པ་དང་ཚོར་བ་དང་སྲེད་པ་དང་ལེན་པ་དང་སྲིད་པ་དང་སྐྱེ་བ་དང་རྒ་ཤིའི་འགྲིབ་པ་གང་ལགས་པ་དེ་ནི་རྒ་ཤི་མ་ལགས་ཏེ། དེ་ལྟར་ན་རྒ་ཤི་དང་འགྲིབ་པ་དེ་གཉིས་སུ་མ་མཆིས་ཏེ་གཉིས་སུ་བགྱིར་མ་མཆིས་སོ༑ ། དེ་ཅིའི་སླད་དུ་ཞེ་ན། བཅོམ་ལྡན་འདས་དེ་ནི་འདི་ལྟར་འགྲིབ་པ་ནི་གཅིག་མ་ལགས་གཉིས་མ་ལགས་མང་བ་མ་ལགས་ཐ་དད་པ་མ་ལགས་ཏེ། དེའི་སླད་དུ་རྒ་ཤིའི་འགྲིབ་པ་གང་ལགས་པ་དེ་[1]རྒ་ཤི་མ་ལགས་སོ།། ། །

ཤེས་རབ་ཀྱི་ཕ་རོལ་དུ་ཕྱིན་པ་སྟོང་ཕྲག་ཉི་ཤུ་ལྔ་པ། བམ་པོ་ཉི་ཤུ་ལྔ་པ། བཅོམ་ལྡན་འདས་སྦྱིན་པའི་ཕ་རོལ་ཏུ་ཕྱིན་པའི་འགྲིབ་པ་གང་ལགས་པ་དེ་ནི། སྦྱིན་པའི་ཕ་རོལ་དུ་ཕྱིན་པ་མ་ལགས་ཏེ། དེ་ལྟར་ན་སྦྱིན་པའི་ཕ་རོལ་དུ་ཕྱིན་པ་དང་འགྲིབ་པ་དེ་གཉིས་སུ་མ་མཆིས་ཏེ། གཉིས་སུ་བགྱིར་མ་མཆིས་སོ། །དེ་ཅིའིཿསླད་དུ་[2]ཞེ་ན། བཅོམ་ལྡན་འདས་དེ་ནི་འདི་ལྟར་འགྲིབ་པ་ནི་གཅིག་མ་ལགས་གཉིས་མ་ལགས་མང་བ་མ་ལགས་ཐ་དད་པ་མ་ལགས་ཏེ། དེའི་སླད་དུ་སྦྱིན་པའི་ཕ་རོལ་དུ་ཕྱིན་པའི་འགྲིབ་པ་གང་ལགས་པ་དེ། སྦྱིན་པའི་ཕ་རོལ་དུ་ཕྱིན་པ་མ་ལགས་སོ། །བཅོམ་ལྡན་འདས་ཚུལ་ཁྲིམས་ཀྱི་ཕ་རོལ་དུ་ཕྱིན་པ་དང་། བཟོད་པའི་ཕ་རོལ་དུ་ཕྱིན་པ་དང་། བརྩོན་འགྲུས་ཀྱི་ཕ་རོལ་དུ་ཕྱིན་པ་དང་། བསམ་གཏན་གྱི་ཕ་རོལ་དུ་ཕྱིན་པ་དང་། ཤེས་རབ་ཀྱི་ཕ་རོལ་དུ་ཕྱིན་པའི་འགྲིབ་པ་གང་ལགས་པ་དེ་ནི། ཤེས་རབ་ཀྱི་ཕ་རོལ་དུ་ཕྱིན་པ་མ་ལགས་ཏེ། དེ་ལྟར་ན་ཤེས་རབ་ཀྱི་ཕ་རོལ་དུ་ཕྱིན་པ་དང་། འགྲིབ་པ་དེ་གཉིས་སུ་མ་མཆིས་ཏེ༑ གཉིས་སུ་བགྱིར་མ་མཆིས་སོ། །དེ་ཅིའི་སླད་དུ་ཞེ་ན། བཅོམ་ལྡན་འདས་དེ་ནི་འདི་ལྟར་འགྲིབ་པ་ནི་གཅིག་མ་[3]ལགས་གཉིས་མ་ལགས་མང་བ་མ་

ལགས་ཐ་དད་པ་མ་ལགས་ཏེ། དེའི་སླད་དུ་ཤེས་རབ་ཀྱི་ཕ་རོལ་ཏུ་ཕྱིན་པའི་འགྲིབ་པ་གང་ལགས་པ་དེ། ཤེས་རབ་ཀྱི་ཕ་རོལ་ཏུ་ཕྱིན་པ་མ་ལགས་སོ། །བཅོམ་ལྡན་འདས་ནང་སྟོང་པ་ཉིད་ཀྱི་འགྲིབ་པ་གང་ལགས་པ་དེ་ནི་ནང་སྟོང་པ་ཉིད་མ་ལགས་ཏེ། དེ་ལྟར་ན་ནང་སྟོང་པ་ཉིད་(༡)དང་། འགྲིབ་པ་དེ་གཉིས་སུ་མ་མཆིས་ཏེ། གཉིས་སུ་བགྱིར་མ་མཆིས་སོ། །དེ་ཅིའི་སླད་དུ་ཞེ་ན། བཅོམ་ལྡན་འདས་དེ་ནི་འདི་ལྟར་འགྲིབ་པ་ནི་གཅིག་མ་ལགས་གཉིས་མ་ལགས་མང་བ་མ་(༢)ལགས་ཐ་དད་པ་མ་ལགས་ཏེ། དེའི་སླད་དུ་ནང་སྟོང་པ་ཉིད་ཀྱི་འགྲིབ་པ་གང་ལགས་པ་དེ་ནང་སྟོང་པ་ཉིད་མ་ལགས་སོ། །བཅོམ་ལྡན་འདས་དངོས་པོ་མེད་པའི་ངོ་བོ་ཉིད་སྟོང་པ་ཉིད་ཀྱི་བར་གྱི་འགྲིབ་པ་གང་ལགས་པ་དེ་ནི། དངོས་པོ་མེད་པའི་ངོ་བོ་ཉིད་སྟོང་པ་ཉིད་མ་ལགས་ཏེ། དེ་ལྟར་ན་དངོས་པོ་མེད་པའི་ངོ་བོ་ཉིད་སྟོང་པ་ཉིད་དང་། འགྲིབ་པ་དེ་གཉིས་སུ་མ་མཆིས་ཏེ། གཉིས་སུ་བགྱིར་མ་མཆིས་སོ། །དེ་ཅིའི་སླད་དུ་ཞེ་ན། བཅོམ་ལྡན་འདས་དེ་ནི་འདི་ལྟར་འགྲིབ་པ་ནི་གཅིག་མ་ལགས་གཉིས་མ་ལགས་མང་བ་མ་ལགས་ཐ་དད་པ་མ་ལགས་ཏེ(༣)། དེའི་སླད་དུ་དངོས་པོ་མེད་པའི་ངོ་བོ་ཉིད་སྟོང་པ་ཉིད་ཀྱི་འགྲིབ་པ་གང་ལགས་པ་དེ། དངོས་པོ་མེད་པའི་ངོ་བོ་ཉིད་(༤)སྟོང་པ་ཉིད་མ་ལགས་སོ། །བཅོམ་ལྡན་འདས་དྲན་པ་ཉེ་བར་གཞག་པ་རྣམས་ཀྱི་འགྲིབ་པ་གང་ལགས་པ་དེ་ནི་དྲན་པ་ཉེ་བར་གཞག་པ་རྣམས་མ་ལགས་ཏེ། དེ་ལྟར་ན་དྲན་པ་ཉེ་བར་གཞག་པ་རྣམས་དང་། འགྲིབ་པ་དེ་གཉིས་སུ་མ་མཆིས་ཏེ་གཉིས་སུ་བགྱིར་མ་མཆིས་སོ། །དེ་ཅིའི་སླད་དུ་ཞེ་ན། བཅོམ་ལྡན་འདས་(༥)དེ་ནི་འདི་ལྟར་འགྲིབ་པ་ནི་གཅིག་མ་ལགས་གཉིས་མ་ལགས་མང་བ་མ་ལགས་ཐ་དད་པ་མ་ལགས་ཏེ། དེའི་སླད་དུ་དྲན་པ་ཉེ་བར་གཞག་པའི་འགྲིབ་པ་གང་ལགས་པ་དེ། དྲན་པ་ཉེ་བར་གཞག་པ་

རྣམས་མ་ལགས་སོ། །བཅོམ་ལྡན་འདས་ཡང་དག་པར་སྤོང་བ་རྣམས་དང་། རྫུ་འཕྲུལ་གྱི་རྐང་པ་རྣམས་དང་། དབང་པོ་རྣམས་དང་། སྟོབས་རྣམས་དང་། བྱང་ཆུབ་ཀྱི་ཡན་ལག་རྣམས་དང་། འཕགས་པའི་ལམ་ཡན་ལག་བརྒྱད་པའི་འགྲིབ་པ་གང་ལགས་པ་དེ་ནི། འཕགས་པའི་ལམ་ཡན་ལག་བརྒྱད་[1]པ་མ་ལགས་ཏེ། དེ་ལྟར་ན་འཕགས་པའི་ལམ་ཡན་ལག་བརྒྱད་པ་དང་། འགྲིབ་པ་དེ་གཉིས་སུ་མ་མཆིས་ཏེ་གཉིས་སུ་བགྱིར་མ་མཆིས་སོ། །དེ་ཅིའི་སླད་དུ་ཞེ་ན། བཅོམ་ལྡན་འདས་དེ་ནི་འདི་ལྟར་འགྲིབ་པ་ནི་གཅིག་མ་ལགས་གཉིས་མ་ལགས་མང་བ་མ་ལགས་ཐ་དད་པ་མ་ལགས་ཏེ། དེའི་སླད་དུ་འཕགས་པའི་ལམ་ཡན་ལག་བརྒྱད་པའི་འགྲིབ་པ་གང་ལགས་པ་དེ་འཕགས་པའི་ལམ་ཡན་ལག་བརྒྱད་པ་མ་ལགས་སོ། །བཅོམ་ལྡན་འདས་འཕགས་པའི་བདེན་པ་དང་། བསམ་གཏན་དང་ཚད་མེད་པ་དང་། གཟུགས་མེད་པའི་སྙོམས་པར་འཇུག་པ་དང་། ༔རྣམ་པར་ཐར་པ་དང་མཐར་གྱིས་གནས་པའི་སྙོམས་པར་འཇུག་པ་དང་[2]སྟོང་པ་ཉིད་དང་མཚན་མ་[3]མེད་པ་དང་སྨོན་པ་མེད་པ་དང་མངོན་པར་ཤེས་པ་དང་། ཏིང་ངེ་འཛིན་དང་། གཟུངས་ཀྱི་སྒོ་དང་། དེ་བཞིན་གཤེགས་པའི་སྟོབས་བཅུ་དང་། མི་འཇིགས་པ་དང་སོ་སོ་ཡང་དག་པར་རིག་པ་དང་། སངས་རྒྱས་ཀྱི་ཆོས་མ་འདྲེས་པ་བཅོ་བརྒྱད་ཀྱི་འགྲིབ་པ་གང་ལགས་པ་དེ་ནི། སངས་རྒྱས་ཀྱི་ཆོས་མ་འདྲེས་པ་བཅུ་[4]བརྒྱད་མ་ལགས་ཏེ། དེ་ལྟར་ན་སངས་རྒྱས་ཀྱི་ཆོས་མ་འདྲེས་པ་རྣམས་དང་། འགྲིབ་པ་དེ་གཉིས་སུ་མ་མཆིས་ཏེ། གཉིས་སུ་བགྱིར་མ་མཆིས་སོ། །དེ་ཅིའི་སླད་དུ་ཞེ་ན། བཅོམ་ལྡན་འདས་དེ་ནི་འདི་ལྟར་འགྲིབ་པ་ནི་གཅིག་མ་ལགས་གཉིས་མ་ལགས་མང་བ་མ་[5]ལགས་ཐ་དད་པ་མ་ལགས་ཏེ། དེའི་སླད་དུ་སངས་རྒྱས་ཀྱི་ཆོས་མ་འདྲེས་པ་རྣམས་ཀྱི་འགྲིབ་པ་གང་

ལགས་པ་དེ་ནི། སངས་རྒྱས་ཀྱི་ཆོས་མ་འདྲེས་པ་རྣམས་མ་ལགས་སོ། །བཅོམ་ལྡན་འདས་དེ་བཞིན་དུ་དེ་བཞིན་ཉིད་དང་། མ་ནོར་བ་དེ་བཞིན་ཉིད་དང་། གཞན་མ་ཡིན་པ་དེ་བཞིན་ཉིད་དང་། ཆོས་ཉིད་དང་ཆོས་ཀྱི་དབྱིངས་དང་ཆོས་ཀྱི་གནས་ཉིད་དང་། ཆོས་མི་འགྱུར་བ་ཉིད་དང་ཡང་དག་པའི་མཐའ་དང་བསམ་གྱིས་མི་ཁྱབ་པའི་དབྱིངས་ནས། རྣམ་པ་ཐམས་ཅད་མཁྱེན་པ་ཉིད་ཀྱི་བར་གྱི་འགྲིབ་པ་གང་ལགས་པ་དེ་ནི་རྣམ་པ་ཐམས་ཅད་མཁྱེན་པ་ཉིད་མ་ལགས་ཏེ། དེ་ལྟར་ན་རྣམ་པ་ཐམས་ཅད་མཁྱེན་པ་ཉིད་དང་འགྲིབ་པ་དེ་གཉིས་སུ་མ་[1]མཆིས་ཏེ་གཉིས་སུ་བགྱིར་མ་མཆིས་སོ། །དེ་ཅིའི་སླད་དུ་ཞེ་ན། བཅོམ་ལྡན་འདས་དེ་ནི་འདི་ལྟར་འགྲིབ་པ་ནི་གཅིག་མ་ལགས་གཉིས་མ་ལགས་མང་བ་མ་ལགས་ཐ་དད་པ་མ་ལགས་ཏེ། དེའི་སླད་དུ་རྣམ་པ་ཐམས་ཅད་མཁྱེན་པ་ཉིད་[2]འགྲིབ་པ་གང་ལགས་པ་དེ། རྣམ་པ་ཐམས་ཅད་མཁྱེན་པ་ཉིད་མ་ལགས་སོ། །བཅོམ་ལྡན་འདས་གང་ཡང་གཟུགས་ཞེས་བགྱི་བ་འདི་ནི་གཉིས་སུ་མ་མཆིས་ཤིང་། ཉམ་[3]པ་མ་མཆིས་པའི་ཆོས་ཀྱི་རྣམ་གྲངས་སུ་བགྱིས་པའོ། །གང་ཡང་ཚོར་བ་དང་འདུ་ཤེས་དང་འདུ་བྱེད་དང་རྣམ་པར་ཤེས་པ་ཞེས་བགྱི་བ་འདི་ནི་གཉིས་སུ་མ་མཆིས་ཤིང་[4]། ཉམ་[5]པ་མ་མཆིས་པའི་ཆོས་ཀྱི་རྣམ་གྲངས་སུ་བགྱིས་པའོ། །གང་ཡང་མིག་ཅེས་བགྱི་བ་འདི་ནི་གཉིས་སུ་མ་མཆིས་ཤིང་ཉམ་[6]པ་མ་མཆིས་པའི་ཆོས་ཀྱི་རྣམ་གྲངས་སུ་བགྱིས་པའོ། །གང་ཡང་རྣ་བ་དང་སྣ་དང་ལྕེ་དང་ལུས་དང་ཡིད་ཅེས་བགྱི་བ་འདི་ནི་གཉིས་སུ་མ་མཆིས་ཤིང་། ཉམ་[7]པ་མ་མཆིས་པའི་ཆོས་ཀྱི་རྣམ་གྲངས་སུ་བགྱིས་པའོ། །གང་ཡང་གཟུགས་ཞེས་བགྱི་བ་འདི་ནི་གཉིས་སུ་མ་མཆིས་ཤིང་། ཉམ་[8]པ་མ་མཆིས་པའི་ཆོས་ཀྱི་རྣམ་གྲངས་སུ་བགྱིས་པའོ། །གང་ཡང་སྒྲ་དང་དྲི་དང་རོ་དང་རེག་དང་ཆོས་ཞེས་བགྱི་བ་འདི་ནི་

གཉིས་སུ་མ་མཆིས་ཞིང་། ཉམ་[༡]པ་མ་མཆིས་པའི་ཆོས་ཀྱི་རྣམ་གྲངས་སུ་བགྱིས་པའོ། །གང་ཡང་མིག་གི་རྣམ་པར་ཤེས་པ་ཞེས་བགྱི་བ་འདི་ནི་གཉིས་སུ་མ་མཆིས་ཞིང་། ཉམ་[༢]པ་མ་མཆིས་པའི་ཆོས་ཀྱི་རྣམ་གྲངས་སུ་བགྱིས་པའོ། །གང་ཡང་རྣ་བའི་རྣམ་པར་ཤེས་པ་དང་། སྣའི་རྣམ་པར་ཤེས་པ་དང་། ལྕེའི་རྣམ་པར་ཤེས་པ་དང་། ལུས་ཀྱི་རྣམ་པར་ཤེས་པ་དང་། ཡིད་ཀྱི་རྣམ་པར་ཤེས་པ་ཞེས་བགྱི་བ་འདི་ནི་གཉིས་སུ་མ་མཆིས་ཞིང་། ཉམ་[༣]པ་མ་མཆིས་པའི་ཆོས་ཀྱི་རྣམ་གྲངས་སུ་བགྱིས་[༤]པའོ། །གང་ཡང་མིག་གི་འདུས་ཏེ་རེག་པ་ཞེས་བགྱི་བ་འདི་ནི་གཉིས་སུ་མ་མཆིས་ཞིང་། ཉམ་[༥]པ་མ་མཆིས་པའི་ཆོས་ཀྱི་རྣམ་གྲངས་སུ་བགྱིས་པའོ། །གང་ཡང་རྣ་བའི་འདུས་ཏེ་རེག་པ་དང་། སྣའི་འདུས་ཏེ་རེག་པ་དང་། ལྕེའི་འདུས་ཏེ་རེག་པ་དང་། ལུས་ཀྱི་འདུས་ཏེ་རེག་པ་དང་། ཡིད་ཀྱི་འདུས་ཏེ་རེག་པ་ཞེས་བགྱི་བ་འདི་ནི་གཉིས་སུ་མ་མཆིས་ཞིང་། ཉམ་[༦]པ་མ་མཆིས་པའི་ཆོས་ཀྱི་རྣམ་གྲངས་སུ་བགྱིས་པའོ། །གང་ཡང་མིག་གི་འདུས་ཏེ་རེག་པའི་རྐྱེན་གྱིས་ཚོར་བ་ཞེས་བགྱི་བ་འདི་ནི་གཉིས་སུ་མ་མཆིས་ཞིང་། ཉམ་[༧]པ་མ་མཆིས་པའི་ཆོས་ཀྱི་རྣམ་གྲངས་སུ་བགྱིས་པའོ། །གང་ཡང་རྣ་བའི་འདུས་ཏེ་རེག་པའི་རྐྱེན་གྱིས་ཚོར་བ་དང་། སྣའི་འདུས་ཏེ་རེག་པའི་རྐྱེན་གྱིས་[༨]ཚོར་བ་དང་། ལྕེའི་འདུས་ཏེ་རེག་པའི་རྐྱེན་གྱིས་ཚོར་བ་དང་། ལུས་ཀྱི་འདུས་ཏེ་རེག་པའི་རྐྱེན་གྱིས་ཚོར་བ་དང་། ཡིད་ཀྱི་འདུས་ཏེ་རེག་པའི་རྐྱེན་གྱིས་ཚོར་བ་ཞེས་བགྱི་བ་འདི་ནི་གཉིས་སུ་མ་མཆིས་ཞིང་། ཉམ་[༩]པ་མ་མཆིས་པའི་ཆོས་ཀྱི་རྣམ་གྲངས་སུ་བགྱིས་པའོ། །གང་ཡང་དྲན་པ་ཉེ་བར་གཞག་པ་རྣམས་ཞེས་བགྱི་བའི་[༡༠]བར་འདི་ནི་གཉིས་སུ་མ་མཆིས་ཞིང་། ཉམ་[༡༡]པ་མ་མཆིས་པའི་ཆོས་ཀྱི་རྣམ་གྲངས་སུ་བགྱིས་པའོ། །གང་ཡང་འཕགས་པའི་ལམ་ཡན་ལག་བརྒྱད་པ་ཞེས་བགྱི་བ་[༡༢]

འདི་ནི་གཉིས་སུ་མ་མཆིས་ཤིང་། ཉམ་[1]པ་མ་མཆིས་པའི་ཆོས་ཀྱི་རྣམ་གྲངས་སུ་བགྱིས་པའོ[2]། །གང་ཡང་སངས་རྒྱས་ཀྱི་ཆོས་མ་འདྲེས་པ་བཅོ་བརྒྱད་ཅེས་བགྱི་བའི་བར་འདི་ནི་གཉིས་སུ་མ་མཆིས་ཤིང་། ཉམ་[3]པ་མ་མཆིས་པའི་ཆོས་ཀྱི་རྣམ་གྲངས་སུ་བགྱིས་[4]པའོ། །གང་ཡང་རྣམ་པ་ཐམས་ཅད་མཁྱེན་པ་ཉིད་ཅེས་བགྱི་བའི་བར་འདི་ནི་གཉིས་སུ་མ་མཆིས་ཤིང་། ཉམ་[5]པ་མ་མཆིས་པའི་ཆོས་ཀྱི་རྣམ་གྲངས་སུ་བགྱིས་པའོ། །ཤེས་རབ་ཀྱི་ཕ་རོལ་ཏུ་ཕྱིན་པ་སྟོང་ཕྲག་ཉི་ཤུ་ལྔ་པ་ལས་ལེའུ་བཅུ་གཉིས་པའོ།། ||

དེ་ནས་ཚེ་དང་ལྡན་པ་ཤ་ར་དྭ་ཏིའི་བུས། ཚེ་དང་ལྡན་པ་རབ་འབྱོར་ལ་འདི་སྐད་ཅེས་སྨྲས་སོ། །ཚེ་དང་ལྡན་པ་རབ་འབྱོར་བྱང་ཆུབ་སེམས་དཔའ་སེམས་དཔའ་ཆེན་པོ་ཤེས་རབ་ཀྱི་ཕ་རོལ་ཏུ་ཕྱིན་པ་ལ་སྤྱོད་པའི་ཚེ། ཆོས་འདི་དག་ལ་ནི་ཇི་ལྟར་ཡོངས་སུ་རྟོག[6] །ཚེ་དང་ལྡན་པ་རབ་འབྱོར་བྱང་ཆུབ་སེམས་དཔའ་ནི་གང་། ཤེས་རབ་ཀྱི་ཕ་རོལ་ཏུ་ཕྱིན་པ་ནི་གང་། ཡོངས་སུ་བརྟག་པ་ནི་གང་དེ་སྐད་ཅེས་སྨྲས་པ་དང་། ཚེ་དང་ལྡན་པ་རབ་འབྱོར་གྱིས་ཚེ་དང་ལྡན་པ་ཤ་ར་དྭ་ཏིའི་བུ་ལ་འདི་སྐད་ཅེས་སྨྲས་སོ། །ཚེ་དང་ལྡན་པ་ཤ་ར་དྭ་ཏིའི་བུ་གང་ཡང་འདི་སྐད་དུ་བྱང་ཆུབ་སེམས་དཔའ་གང་ཞེས་ཟེར་བ་ནི་གང་གི་ཕྱིར་སེམས་ཅན་བྱང་ཆུབ་ཡིན་པ་དེའི་ཕྱིར་བྱང་ཆུབ་སེམས་དཔའ་ཞེས་བྱའོ། །བྱང་ཆུབ་དེས་ཀྱང་ཆོས་ཐམས་ཅད་ཀྱི་རྣམ་པ་ཤེས་ཏེ་ཆོས་དེ་དག་ལ་མངོན་པར་ཆགས་པ་མེད་དོ། །ཆོས་གང་གི་རྣམ་པ་ཤེས་ཤེ་ན། གཟུགས་ཀྱི་རྣམ་པ་ཤེས་ཏེ། དེ་ལ་མངོན་པར་ཆགས་པ་མེད་དོ། །ཚོར་བ་དང་འདུ་ཤེས་དང་[7]འདུ་བྱེད་དང་། རྣམ་པར་ཤེས་པའི་རྣམ་པ་ཤེས་ཏེ། དེ་ལ་མངོན་པར་ཆགས་པ་མེད་དོ། །སྐྱེ་

མཆེད་དང་ཁམས་དང་རྟེན་ཅིང་འབྲེལ་བར་འབྱུང་བའི་རྣམ་པ་ཤེས་ཏེ། དེ་ལ་
མངོན་པར་ཆགས་པ་མེད་དོ། །ཕ་རོལ་ཏུ་ཕྱིན་པ་རྣམས་དང་། སྟོང་པ་ཉིད་
ཐམས་ཅད་དང་། བྱང་ཆུབ་ཀྱི་ཕྱོགས་ཀྱི་ཆོས་སུམ་ཅུ་རྩ་བདུན་གྱི་རྣམ་པ་ཤེས་ཏེ།
དེ་ལ་མངོན་པར་ཆགས་པ་མེད་དོ། །འཕགས་པའི་བདེན་པ་དང་། བསམ་
གཏན་དང་ཚད་མེད་པ་དང་། གཟུགས་མེད་པའི་སྙོམས་པར་འཇུག[1]པ་དང་
རྣམ་པར་ཐར་པ་དང་། མཐར་གྱིས་གནས་པའི་སྙོམས་པར་འཇུག་པ་དང་།
སྟོང་པ་ཉིད་དང་མཚན་མ་མེད་པ་དང་སྨོན་པ་མེད་པ་དང་མངོན་པར་ཤེས་པ་
དང་། ཏིང་ངེ་འཛིན་དང་གཟུངས་ཀྱི་སྒོ་དང་དེ་བཞིན་གཤེགས་པའི་སྟོབས་
བཅུ་དང་། མི་འཇིགས་པ་རྣམས་དང་སོ་སོ་ཡང་དག་པར་རིག་པ་རྣམས་དང་།
སངས་རྒྱས་ཀྱི་ཆོས་མ་འདྲེས་པ་བཅོ་བརྒྱད་ཀྱི་རྣམ་པ་ཤེས་ཏེ། དེ་ལ་མངོན་པར་
ཆགས་པ་མེད་དོ། །སྨྲས་པ་ཚེ་དང་ལྡན་པ་རབ་འབྱོར་ཆོས་ཐམས་ཅད་ཀྱི་རྣམ་
པ་གང་ཡིན། རབ་འབྱོར་གྱིས་སྨྲས་པ། ཚེ་དང་ལྡན་པ་ཤ་ར་དྭ་ཏིའི་བུ་རྣམ་
པ་གང་དང་ཚུལ་གང་དང་མཚན་མ་གང་གིས་ཆོས་རྣམས་རྣམ་པ་ཡོད་པར་བྱ་བ་སྟེ།
འདི་ལྟར་འདུས་བྱས་དང་འདུས་མ་བྱས་ཀྱི་ཆོས་རྣམས་གཟུགས་སམ་སྒྲའམ་དྲིའམ་
རོའམ་རེག་གམ་ཕྱི་ནང་གི་ཆོས་ཀྱང་ཤེས་ཏེ། རྣམ་པ་གང་དང་ཚུལ་གང་དང་
མཚན་མ་གང་གིས་རྣམ་པར[3]ཡོད་པར་བྱ་བ་འདི་དག་ནི་ཆོས་ཐམས་ཅད་ཀྱི་རྣམ་
པ་ཞེས་བྱའོ། །ཚེ་དང་ལྡན་པ་ཤ་ར་དྭ་ཏིའི་བུ་གང་ཡང་འདི་སྐད་དུ། ཤེས་
རབ་ཀྱི་ཕ་རོལ་ཏུ་ཕྱིན་པ་གང་ཞེས་ཟེར་བ་ནི། ཚེ་དང་ལྡན་པ་ཤ་ར་དྭ་ཏིའི་བུ་
གང་ལ་ཤེས་རབ་ཀྱི་ཕ་རོལ་ཏུ་ཕྱིན་པ་ཞེས་བྱ་བ་དེ་ནི་རིང་དུ་སོང་བ་སྟེ། གང་
ལས་རིང་དུ་སོང་བ་ཞེས་བྱ་ཞེ་ན། ཚེ་དང་ལྡན་པ་ཤ་ར་དྭ་ཏིའི་བུ་ཕུང་པོ་རྣམས་
ལས་རིང་དུ་སོང་བས་ན། དེའི་ཕྱིར་རིང་དུ་སོང་བ་ཞེས་བྱའོ། །སྐྱེ་མཆེད་

རྣམས་དང་། ཁམས་རྣམས་ལས་རིང་དུ་སོང་བས་ན། དེའི་ཕྱིར་རིང་དུ་སོང་བ་ཞེས་བྱའོ། །ཉོན་མོངས་པ་ཐམས་ཅད་དང་། ལྟ་བའི་རྣམ་པ་ཐམས་ཅད་དང་། འགྲོ་བ་དྲུག་ལས་རིང་དུ་སོང་བས་ན། དེའི་ཕྱིར་རིང་དུ་སོང་བ་ཞེས་བྱའོ། །སྦྱིན་པའི་ཕ་རོལ་ཏུ་ཕྱིན་པ་ལས་རིང་དུ་སོང་བས་ན། དེའི་ཕྱིར་རིང་དུ་སོང་བ་ཞེས་བྱའོ། །ཚུལ་ཁྲིམས་ཀྱི་ཕ་རོལ་ཏུ་ཕྱིན་པ་དང་། བཟོད་པའི་ཕ་རོལ་ཏུ་ཕྱིན་པ་དང་། བརྩོན་འགྲུས་ཀྱི་ཕ་རོལ་ཏུ་ཕྱིན་པ་དང་། བསམ་གཏན[7]ཀྱི་ཕ་རོལ་ཏུ་ཕྱིན་པ་དང་། ཤེས་རབ་ཀྱི་ཕ་རོལ་ཏུ་ཕྱིན་པ་ལས་རིང་དུ་སོང་བས་ན། དེའི་ཕྱིར་རིང་དུ་སོང་བ་ཞེས་བྱའོ། །ནང་སྟོང་པ་ཉིད་ལས་རིང་དུ་སོང་བས་ན། དེའི་ཕྱིར་རིང་དུ་སོང་བ་ཞེས་བྱའོ། །ཕྱི་སྟོང་པ་ཉིད་ལས་རིང་དུ་སོང་བས་ན། དེའི་ཕྱིར་རིང་དུ་སོང་བ་ཞེས་བྱའོ། །ཕྱི་ནང་སྟོང་པ་ཉིད་ལས་རིང་དུ་སོང་བས་ན། དེའི་ཕྱིར་རིང་དུ་སོང་བ་ཞེས་བྱའོ། །དངོས་པོ་མེད་པའི་ངོ་བོ་ཉིད་སྟོང་པ་ཉིད་ཀྱི་བར་ལས་རིང་དུ་སོང་བས་ན། དེའི་ཕྱིར་རིང་དུ་སོང་བ་ཞེས་བྱའོ། །དྲན་པ་ཉེ་བར་གཞག་པ་རྣམས་ལས་རིང་དུ་སོང་བས་ན། དེའི་ཕྱིར་རིང་དུ་སོང་བ་ཞེས་བྱའོ། །ཡང་དག་པར་སྤོང་བ་རྣམས་དང་། རྫུ་འཕྲུལ་གྱི་རྐང་པ་རྣམས་དང་། དབང་པོ་རྣམས་དང་། སྟོབས་རྣམས་དང་། བྱང་ཆུབ་ཀྱི་ཡན་ལག་རྣམས་དང་། འཕགས་པའི་ལམ་ཡན་ལག་བརྒྱད་པ་ལས་རིང་དུ་སོང་བས་ན། དེའི་ཕྱིར་རིང་དུ་སོང་བ་ཞེས་བྱའོ།། འཕགས་པའི་བདེན་པ་རྣམས་དང་། བསམ་གཏན་རྣམས་དང་། ཚད་མེད་པ་རྣམས་དང་། གཟུགས་མེད་པའི་སྙོམས་པར་འཇུག་པ་རྣམས་དང་། རྣམ་པར་ཐར་པ་རྣམས་དང་། མཐར་གྱིས་གནས་པའི་སྙོམས་པར་འཇུག་པ་རྣམས་དང་། སྟོང་པ་ཉིད་དང་མཚན་མ་མེད་པ་དང་། སྨོན་པ་མེད་པ་དང་།

མངོན་པར་ཤེས་པ་རྣམས་དང་། ཏིང་ངེ་འཛིན་རྣམས་དང་། གཟུངས་ཀྱི་སྒོ་རྣམས་ལས་རིང་དུ་སོང་བས་ན། དེའི་ཕྱིར་རིང་དུ་སོང་བ་ཞེས་བྱའོ། །དེ་བཞིན་གཤེགས་པའི་སྟོབས་རྣམས་དང་། མི་འཇིགས་པ་རྣམས་དང་། སོ་སོ་ཡང་དག་པར་རིག་པ་རྣམས་དང་། སངས་རྒྱས་ཀྱི་ཆོས་མ་འདྲེས་པ་རྣམས་ལས། རིང་དུ་སོང་བས་ན། དེའི་ཕྱིར་རིང་དུ་སོང་བ་ཞེས་བྱའོ། །རྣམ་པ་ཐམས་ཅད་མཁྱེན་པ་ཉིད་ཀྱི་བར་ལས་རིང་དུ་སོང་བས་ན། དེའི་ཕྱིར་རིང་དུ་སོང་བ་ཞེས་བྱའོ། །ཚེ་དང་ལྡན་པ་ཤ་ར་དྭ་ཏིའི་བུ་རྣམ་གྲངས་དེས་ན། རིང་དུ་སོང་བ་སྟེ། དེ་ནི་ཤེས་རབ་ཀྱི་ཕ་རོལ་ཏུ་ཕྱིན་པའོ། །ཚེ་དང་ལྡན་པ་ཤ་ར་དྭ་ཏིའི་བུ་གང་ཡང་འདི་སྐད་དུ་ཡོངས་སུ་བརྟག་པ་གང་ཞེས་ཟེར་བ་ནི། ཚེ་དང་ལྡན་པ་ཤ་ར་དྭ་ཏིའི་བུ་འདི་ལ་བྱང་ཆུབ་སེམས་དཔའ་སེམས་དཔའ་ཆེན་པོ་ཤེས་རབ་ཀྱི་ཕ་རོལ་ཏུ་ཕྱིན་པ་ལ་སྤྱོད་པའི་ཚེ། གཟུགས་རྟག་ཅེས་བྱ་བ་དང་། མི་རྟག་ཅེས་བྱ་བར་ཡོངས་སུ་མི་རྟོག་གོ། །བདེ་ཞེས་བྱ་བ་དང་སྡུག་བསྔལ་ཞེས་བྱ་བར་ཡོངས་སུ་མི་རྟོག་གོ། །བདག་ཅེས་བྱ་བ་དང་བདག་མེད་ཅེས་བྱ་བར་ཡོངས་སུ་མི་རྟོག་གོ། །སྡུག་ཅེས་བྱ་བ་དང་མི་སྡུག་ཅེས་བྱ་བར་ཡོངས་སུ་མི་རྟོག་གོ། །སྟོང་ཞེས་བྱ་བ་དང་མི་སྟོང་ཞེས་②བྱ་བར་ཡོངས་སུ་མི་རྟོག་གོ། །མཚན་མ་ཡོད་ཅེས་བྱ་བ་དང་། མཚན་མ་མེད་ཅེས་བྱ་བར་ཡོངས་སུ་མི་རྟོག་གོ། །སྨོན་པ་ཡོད་ཅེས་བྱ་བ་དང་། སྨོན་པ་མེད་ཅེས་བྱ་བར་ཡོངས་སུ་མི་རྟོག་གོ། །ཞི་ཞེས་བྱ་བ་དང་མ་ཞི་ཞེས་བྱ་བར་ཡོངས་སུ་མི་རྟོག་གོ། །དབེན་ཞེས་བྱ་③བ་དང་མི་དབེན་ཞེས་བྱ་བར་ཡོངས་སུ་མི་རྟོག་གོ། །ཚོར་བ་དང་འདུ་ཤེས་དང་འདུ་བྱེད་དང་རྣམ་པར་ཤེས་པ་རྟག་ཅེས་བྱ་བ་དང་། མི་རྟག་ཅེས་བྱ་བར་ཡོངས་སུ་མི་རྟོག་གོ། །བདེ་ཞེས་བྱ་བ་དང་སྡུག་བསྔལ་ཞེས་བྱ་བར་ཡོངས་སུ་མི་རྟོག་གོ། །

བདག་ཅེས་བྱ་བ་དང་བདག་མེད་ཅེས་བྱ་བར་ཡོངས་སུ་མི་རྟོག་གོ། །སྡུག་ཅེས་
བྱ་བ་དང་མི་སྡུག་ཅེས་བྱ་བར་ཡོངས་སུ་མི་རྟོག་གོ། །སྟོང་ཞེས་བྱ་བ་དང་མི་སྟོང་
ཞེས་བྱ་བར་ཡོངས་སུ་མི་རྟོག་གོ། །མཚན་མ་ཡོད་ཅེས་བྱ་བ་དང་། མཚན་མ་[༡]
མེད་ཅེས་བྱ་བར་ཡོངས་སུ་མི་རྟོག་གོ། །སྨོན་པ་ཡོད་ཅེས་བྱ་བ་དང་། སྨོན་པ་
མེད་ཅེས་བྱ་བར་ཡོངས་སུ་མི་རྟོག་གོ། །ཞི་ཞེས་བྱ་བ་དང་མ་ཞི་ཞེས་བྱ་བར་
ཡོངས་སུ་མི་རྟོག་གོ། །དབེན་ཞེས་བྱ་བ་དང་མི་དབེན་ཞེས་བྱ་བར་ཡོངས་སུ་མི་
རྟོག་གོ། །མིག་[༣]རྟག་ཅེས་བྱ་བ་དང་། མི་རྟག་ཅེས་བྱ་བར་ཡོངས་སུ་མི་རྟོག་
གོ། །བདེ་ཞེས་བྱ་བ་དང་སྡུག་བསྔལ་ཞེས་བྱ་བར་ཡོངས་སུ་མི་རྟོག་གོ། །
བདག་ཅེས་བྱ་བ་དང་བདག་མེད་ཅེས་བྱ་བར་ཡོངས་སུ་མི་རྟོག་གོ། །སྡུག་ཅེས་
བྱ་བ་དང་མི་སྡུག་ཅེས་བྱ་བར་ཡོངས་སུ་མི་རྟོག་གོ། །སྟོང་ཞེས་བྱ་བ་དང་མི་སྟོང་
ཞེས་བྱ་བར་ཡོངས་སུ་མི་རྟོག་གོ། །མཚན་མ་ཡོད་ཅེས་བྱ་བ་དང་མཚན་མ་མེད་
ཅེས་བྱ་བར་ཡོངས་སུ་མི་རྟོག་གོ། །སྨོན་པ་ཡོད་ཅེས་བྱ་བ་དང་སྨོན་པ་མེད་ཅེས་
བྱ་བར་ཡོངས་སུ་མི་རྟོག་གོ། །ཞི་ཞེས་བྱ་བ་དང་མ་ཞི་ཞེས་བྱ་བར་ཡོངས་སུ་མི་
རྟོག་གོ། །དབེན་ཞེས་བྱ་བ་དང་མི་དབེན་ཞེས་བྱ་བར་ཡོངས་སུ་མི་རྟོག་གོ། །
རྣ་བ་དང་སྣ་དང་ལྕེ་དང་ལུས་དང་ཡིད་རྟག་ཅེས་བྱ་བ་དང་མི་རྟག་ཅེས་བྱ་བར་
ཡོངས་སུ་མི་རྟོག་གོ། །བདེ་ཞེས་བྱ་བ་དང་སྡུག་བསྔལ་ཞེས་བྱ་བར་ཡོངས་སུ་མི་
རྟོག་གོ། །བདག་ཅེས་བྱ་བ་དང་བདག་མེད་ཅེས་བྱ་བར་ཡོངས་སུ་མི་རྟོག་གོ། །
སྡུག་ཅེས་བྱ་བ་དང་མི་སྡུག་ཅེས་བྱ་བར་ཡོངས་སུ་མི་རྟོག་གོ། །སྟོང་ཞེས་བྱ་བ་
དང་མི་སྟོང་ཞེས་བྱ་བར་ཡོངས་སུ་མི་རྟོག་གོ། །མཚན་མ་ཡོད་ཅེས་བྱ་བ་དང་
མཚན་མ་མེད་ཅེས་བྱ་བར་ཡོངས་སུ་མི་རྟོག་གོ། །སྨོན་པ་ཡོད་ཅེས་བྱ་བ་དང་
སྨོན་པ་མེད་ཅེས་བྱ་བར་ཡོངས་སུ་མི་རྟོག་གོ། །ཞི་ཞེས་བྱ་བ་དང་མ་ཞི་ཞེས་བྱ་

བར་ཡོངས་སུ་མི་རྟོག་གོ། །དབེན་ཞེས་བྱ་བ་དང་མི་དབེན་ཞེས་བྱ་བར་ཡོངས་སུ་མི་རྟོག་གོ། །གཟུགས་རྟག་ཅེས་བྱ་བ་དང་། མི་རྟག་ཅེས་བྱ་བར་ཡོངས་སུ་མི་རྟོག་གོ། །བདེ་ཞེས་བྱ་བ་དང་སྡུག་བསྔལ་ཞེས་བྱ་བར་ཡོངས་སུ་མི་རྟོག་གོ། །བདག་ཅེས་བྱ་བ་དང་བདག་མེད་ཅེས་བྱ་བར་ཡོངས་སུ་མི་རྟོག་གོ། །སྡུག་ཅེས་བྱ་བ་དང་མི་སྡུག་ཅེས་བྱ་བར་ཡོངས་སུ་མི་རྟོག་གོ། །སྟོང་ཞེས་བྱ་བ་དང་མི་སྟོང་ཞེས་བྱ་བར་ཡོངས་སུ་མི་རྟོག་གོ། །མཚན་མ་ཡོད་ཅེས་བྱ་བ་དང་མཚན་མ་མེད་ཅེས་བྱ་བར་ཡོངས་སུ་མི་རྟོག་གོ། །སྨོན་པ་ཡོད་ཅེས་བྱ་བ་དང་སྨོན་པ་མེད་ཅེས་བྱ་བར་ཡོངས་སུ་མི་རྟོག་གོ། །ཞི་ཞེས་བྱ་བ་དང་མ་ཞི་ཞེས་བྱ་བར་[༡]ཡོངས་སུ་མི་རྟོག་གོ། །དབེན་ཞེས་བྱ་བ་དང་མི་དབེན་ཞེས་བྱ་བར་ཡོངས་སུ་མི་རྟོག་གོ། །སྒྲ་དང་དྲི་དང་རོ་དང་རེག་དང་ཆོས་རྟག་ཅེས་བྱ་བ་དང་མི་རྟག་ཅེས་བྱ་བར་ཡོངས་སུ་མི་རྟོག་གོ། །བདེ་ཞེས་བྱ་བ་དང་སྡུག་བསྔལ་ཞེས་བྱ་བར་ཡོངས་སུ་མི་རྟོག་གོ། །བདག་ཅེས་བྱ་བ་དང་བདག་མེད་ཅེས་བྱ་བར་ཡོངས་སུ་མི་རྟོག་གོ། །སྡུག་ཅེས་བྱ་བ་དང་མི་སྡུག་ཅེས་བྱ་བར་ཡོངས་སུ་མི་རྟོག་གོ། །སྟོང་ཞེས་བྱ་བ་དང་མི་སྟོང་ཞེས་བྱ་བར་ཡོངས་སུ་མི་རྟོག་གོ། །མཚན་མ་ཡོད་ཅེས་བྱ་བ་དང་མཚན་མ་མེད་ཅེས་བྱ་བར་ཡོངས་སུ་མི་རྟོག་གོ། །སྨོན་པ་ཡོད་ཅེས་བྱ་བ་དང་སྨོན་པ་མེད་ཅེས་བྱ་བར་ཡོངས་སུ་མི་རྟོག་གོ། །ཞི་ཞེས་བྱ་བ་དང་མ་ཞི་ཞེས་བྱ་བར་[༢]ཡོངས་སུ་མི་རྟོག་གོ། །དབེན་ཞེས་བྱ་བ་དང་མི་དབེན་ཞེས་བྱ་བར་ཡོངས་སུ་མི་རྟོག་གོ། །མིག་གི་རྣམ་པར་ཤེས་པ་རྟག་ཅེས་བྱ་བ་དང་མི་རྟག་ཅེས་བྱ་བར་ཡོངས་སུ་མི་རྟོག་གོ། །བདེ་ཞེས་བྱ་བ་དང་སྡུག་བསྔལ་ཞེས་བྱ་བར་ཡོངས་སུ་མི་རྟོག་གོ། །བདག་ཅེས་བྱ་བ་དང་བདག་མེད་ཅེས་བྱ་བར་ཡོངས་སུ་མི་རྟོག་གོ། །སྡུག་ཅེས་བྱ་བ་དང་མི་སྡུག་ཅེས་བྱ་བར་ཡོངས་སུ་མི་རྟོག་གོ། །སྟོང་ཞེས་བྱ་བ་

དང་མི་སྟོང་ཞེས་བྱ་བར་ཡོངས་སུ་མི་རྟོག་གོ། །མཚན་མ་ཡོད་ཅེས་བྱ་བ་དང་···མཚན་མ་མེད་ཅེས་བྱ་བར་ཡོངས་སུ་མི་རྟོག་གོ། །སྨོན་པ་ཡོད་ཅེས་བྱ་བ་དང་···སྨོན་པ་མེད་ཅེས་བྱ་བར་ཡོངས་སུ་མི་རྟོག་གོ། །ཞི་ཞེས་བྱ་བ་དང་མ་ཞི་ཞེས་①བྱ་བར་ཡོངས་སུ་མི་རྟོག་གོ། །དབེན་ཞེས་བྱ་བ་དང་མི་དབེན་ཞེས་བྱ་བར་ཡོངས་སུ་མི་རྟོག་གོ། །རྣ་བའི་རྣམ་པར་ཤེས་པ་དང་། སྣའི་རྣམ་པར་ཤེས་པ་དང་། ལྕེའི་རྣམ་པར་ཤེས་པ་དང་། ལུས་ཀྱི་རྣམ་པར་ཤེས་པ་དང་། ཡིད་ཀྱི་རྣམ་པར་ཤེས་པ་རྟག་ཅེས་བྱ་བ་དང་མི་རྟག་ཅེས་བྱ་བར་ཡོངས་སུ་མི་རྟོག་གོ། །བདེ་ཞེས་བྱ་བ་དང་སྡུག་བསྔལ་ཞེས་བྱ་བར་ཡོངས་སུ་མི་རྟོག་གོ། །བདག་ཅེས་བྱ་བ་དང་བདག་མེད་ཅེས་བྱ་བར་ཡོངས་སུ་མི་རྟོག་གོ། །སྡུག་ཅེས་བྱ་བ་དང་མི་སྡུག་ཅེས་བྱ་བར་ཡོངས་སུ་མི་རྟོག་གོ། །སྟོང་ཞེས་བྱ་བ་དང་མི་སྟོང་ཞེས་བྱ་བར་ཡོངས་སུ་མི་རྟོག་གོ། །མཚན་མ་ཡོད་ཅེས་བྱ་བ་དང་མཚན་མ་མེད་ཅེས་བྱ་བར་ཡོངས་སུ་མི་རྟོག་གོ། །སྨོན་པ་ཡོད་ཅེས་བྱ་བ་དང་སྨོན་པ་མེད་ཅེས་བྱ་བར་ཡོངས་སུ་མི་རྟོག་གོ། །ཞི་ཞེས་བྱ་བ་དང་མ་ཞི་ཞེས་བྱ་བར་ཡོངས་སུ་མི་རྟོག་གོ། །དབེན་ཞེས་བྱ་བ་དང་མི་དབེན་ཞེས་བྱ་བར་ཡོངས་སུ་མི་རྟོག་གོ། །མིག་གི་འདུས་ཏེ་རེག་པ་རྟག་ཅེས་བྱ་བ་དང་མི་རྟག་ཅེས་བྱ་བར་ཡོངས་སུ་མི་རྟོག་གོ། །བདེ་ཞེས་བྱ་བ་དང་སྡུག་བསྔལ་ཞེས་བྱ་བར་ཡོངས་སུ་མི་རྟོག་གོ། །བདག་ཅེས་···བྱ་བ་དང་བདག་མེད་ཅེས་བྱ་བར་ཡོངས་སུ་མི་རྟོག་གོ། །སྡུག་ཅེས་བྱ་བ་དང་མི་སྡུག་ཅེས་བྱ་བར་ཡོངས་སུ་མི་རྟོག་གོ། །སྟོང་ཞེས་བྱ་བ་དང་མི་སྟོང་ཞེས་བྱ་བར་ཡོངས་སུ་མི་རྟོག་གོ། །མཚན་མ་ཡོད་ཅེས་བྱ་བ་དང་མཚན་མ་མེད་ཅེས་བྱ་བར་ཡོངས་སུ་མི་རྟོག་གོ། །སྨོན་པ་ཡོད་ཅེས་བྱ་བ་དང་སྨོན་པ་མེད་ཅེས་བྱ་བར······ཡོངས་སུ་མི་རྟོག་གོ། །ཞི་ཞེས་བྱ་བ་དང་མ་ཞི་ཞེས་བྱ་བར་ཡོངས་སུ་མི་རྟོག་གོ། །

དབེན་ཞེས་བྱ་བ་དང་མི་དབེན་ཞེས་བྱ་བར་ཡོངས་སུ་མི་རྟོག་གོ། །རྣ་བའི་
འདུས་ཏེ་རེག་པ་དང་། སྣའི་འདུས་ཏེ་རེག་པ་དང་། ལྕེའི་འདུས་ཏེ་རེག་པ་
དང་། ལུས་ཀྱི་འདུས་ཏེ་རེག་པ་དང་། ཡིད་ཀྱི་འདུས་ཏེ་རེག་པ་རྟག་ཅེས་བྱ་
བ་དང་མི་རྟག་ཅེས་བྱ་བར་ཡོངས་སུ་མི་རྟོག་གོ། །བདེ་ཞེས་བྱ་བ་དང་སྡུག་
བསྔལ་ཞེས་བྱ་བར་ཡོངས་སུ་མི་རྟོག་གོ། །བདག་ཅེས་བྱ་བ་དང་བདག་མེད་ཅེས་
བྱ་བར་ཡོངས་སུ་མི་རྟོག་གོ། །སྡུག་ཅེས་བྱ་བ་དང་མི་སྡུག་ཅེས་བྱ་བར་ཡོངས་སུ་
མི་རྟོག་གོ། །སྟོང་ཞེས་བྱ་བ་དང་མི་སྟོང་ཞེས་བྱ་བར་ཡོངས་སུ་མི་རྟོག་གོ། །
མཚན་མ་ཡོད་ཅེས་བྱ་བ་དང་མཚན་མ་མེད་ཅེས་བྱ་བར་ཡོངས་སུ་མི་རྟོག་གོ། །
སྨོན་པ་ཡོད་ཅེས་བྱ་བ་དང་སྨོན་པ་མེད་ཅེས་བྱ་བར་ཡོངས་སུ་མི་རྟོག་གོ། །ཞི་
ཞེས་བྱ་བ་དང་མ་ཞི་ཞེས་བྱ་བར་ཡོངས་སུ་མི་རྟོག་གོ། །དབེན་ཞེས་བྱ་བ་དང་མི་
དབེན་ཞེས་བྱ་[༧]བར་ཡོངས་སུ་མི་རྟོག་གོ། །མིག་གི་འདུས་ཏེ་རེག་པའི་རྐྱེན་གྱིས་
ཚོར་བ་རྟག་ཅེས་བྱ་བ་དང་མི་རྟག་ཅེས་བྱ་བར་ཡོངས་སུ་མི་རྟོག་གོ། །བདེ་ཞེས་
བྱ་བ་དང་སྡུག་བསྔལ་ཞེས་བྱ་བར་ཡོངས་སུ་མི་རྟོག་གོ། །བདག་ཅེས་བྱ་བ་དང་
བདག་མེད་ཅེས་བྱ་བར་ཡོངས་སུ་མི་རྟོག་གོ། །སྡུག་ཅེས་བྱ་བ་དང་མི་སྡུག་ཅེས་
བྱ་བར་ཡོངས་སུ་མི་རྟོག་གོ། །སྟོང་ཞེས་བྱ་བ་དང་མི་སྟོང་ཞེས་བྱ་བར་ཡོངས་སུ་
མི་རྟོག་གོ། །མཚན་མ་ཡོད་ཅེས་བྱ་བ་དང་མཚན་མ་མེད་ཅེས་བྱ་བར་ཡོངས་སུ་
མི་རྟོག་གོ། །སྨོན་པ་ཡོད་ཅེས་བྱ་བ་དང་སྨོན་པ་མེད་ཅེས་བྱ་བར་ཡོངས་སུ་མི་
རྟོག་གོ། །ཞི་ཞེས་བྱ་བ་དང་མ་ཞི་ཞེས་བྱ་བར་ཡོངས་སུ་མི་རྟོག་གོ། །དབེན་
ཞེས་བྱ་བ་དང་མི་དབེན་ཞེས་བྱ་བར་ཡོངས་སུ་མི་རྟོག་གོ། །རྣ་བའི་འདུས་ཏེ་
རེག་པའི་རྐྱེན་གྱིས་[༡]ཚོར་བ་དང་། སྣའི་འདུས་ཏེ་རེག་པའི་རྐྱེན་གྱིས་[༡]ཚོར་བ་
དང་། ལྕེའི་འདུས་ཏེ་རེག་པའི་རྐྱེན་གྱིས་ཚོར་བ་དང་། ལུས་ཀྱི་འདུས་ཏེ་

རིག་པའི་རྐྱེན་གྱིས་[2]ཚོར་བ་དང་། ཡིད་ཀྱི་འདུས་ཏེ་རིག་པའི་རྐྱེན་[3]གྱིས་ཚོར་བ་རྟག་ཅེས་བྱ་བ་དང་མི་རྟག་ཅེས་བྱ་བར་ཡོངས་སུ་མི་རྟོག་གོ། །བདེ་ཞེས་བྱ་བ་དང་སྡུག་བསྔལ་ཞེས་བྱ་བར་ཡོངས་སུ་མི་རྟོག་གོ། །བདག་ཅེས་བྱ་བ་དང་བདག་མེད་ཅེས་བྱ་བར་ཡོངས་སུ་མི་རྟོག་གོ། །སྡུག་ཅེས་བྱ་བ་དང་མི་སྡུག་ཅེས་བྱ་བར་ཡོངས་སུ་མི་རྟོག་གོ། །སྟོང་ཞེས་བྱ་བ་དང་མི་སྟོང་ཞེས་བྱ་བར་ཡོངས་སུ་མི་རྟོག་གོ། །མཚན་མ་ཡོད་ཅེས་བྱ་བ་དང་མཚན་མ་མེད་ཅེས་བྱ་བར་ཡོངས་སུ་མི་རྟོག་གོ། །སྨོན་པ་ཡོད་ཅེས་བྱ་བ་དང་སྨོན་པ་མེད་ཅེས་བྱ་བར་ཡོངས་སུ་མི་རྟོག་གོ། །ཞི་ཞེས་བྱ་བ་དང་མ་ཞི་ཞེས་བྱ་བར་ཡོངས་སུ་མི་རྟོག་གོ། །དབེན་ཞེས་བྱ་བ་དང་མི་དབེན་ཞེས་བྱ་བར་ཡོངས་སུ་མི་རྟོག་གོ། །སའི་ཁམས་རྟག་ཅེས་བྱ་བ་དང་མི་རྟག་ཅེས་བྱ་བར་ཡོངས་སུ་མི་རྟོག་གོ། །བདེ་ཞེས་བྱ་བ་དང་སྡུག་བསྔལ་ཞེས་བྱ་བར་ཡོངས་སུ་མི་རྟོག་གོ། །བདག་ཅེས་བྱ་བ་དང་བདག་མེད་ཅེས་བྱ་བར་ཡོངས་སུ་མི་རྟོག་གོ། །སྡུག་ཅེས་བྱ་བ་དང་མི་སྡུག་ཅེས་བྱ་བར་ཡོངས་སུ་མི་རྟོག་གོ། །སྟོང་ཞེས་བྱ་བ་དང་མི་སྟོང་ཞེས་བྱ་བར་ཡོངས་སུ་མི་རྟོག་གོ། །མཚན་མ་ཡོད་ཅེས་བྱ་བ་དང་མཚན་མ་མེད་ཅེས་བྱ་བར་ཡོངས་སུ་མི་རྟོག་གོ། །སྨོན་པ་ཡོད་ཅེས་བྱ་བ་དང་སྨོན་པ་མེད་ཅེས་བྱ་བར་ཡོངས་སུ་མི་རྟོག་གོ། །ཞི་ཞེས་བྱ་བ་དང་མ་ཞི་ཞེས་བྱ་བར་ཡོངས་སུ་མི་རྟོག་གོ། །དབེན་ཞེས་བྱ་བ་དང་མི་དབེན་ཞེས་བྱ་བར་ཡོངས་སུ་མི་རྟོག་གོ། །ཆུའི་ཁམས་དང་མེའི་ཁམས་དང་རླུང་གི་ཁམས་དང་། ནམ་མཁའི་ཁམས་དང་རྣམ་པར་ཤེས་པའི་ཁམས་རྟག་ཅེས་བྱ་བ་དང་མི་རྟག་ཅེས་བྱ་བར་ཡོངས་སུ་མི་རྟོག་གོ། །བདེ་ཞེས་བྱ་བ་དང་སྡུག་བསྔལ་ཞེས་བྱ་བར་ཡོངས་སུ་མི་རྟོག་གོ། །བདག་ཅེས་བྱ་བ་དང་བདག་མེད་ཅེས་བྱ་བར་[4]ཡོངས་སུ་མི་རྟོག་གོ། །སྡུག་ཅེས་བྱ་བ་དང་མི་སྡུག་ཅེས་བྱ་བར་ཡོངས་སུ་མི་རྟོག་གོ། །

སྟོང་ཞེས་བྱ་བ་དང་མི་སྟོང་ཞེས་བྱ་བར་ཡོངས་སུ་མི་རྟོག་གོ། །མཚན་མ་ཡོད་ཅེས་བྱ་བ་དང་མཚན་མ་མེད་ཅེས་བྱ་བར་ཡོངས་སུ་མི་རྟོག་གོ། །སྨོན་པ་ཡོད་ཅེས་བྱ་བ་དང་སྨོན་པ་མེད་ཅེས་བྱ་བར་ཡོངས་སུ་མི་རྟོག་གོ། །ཞི་ཞེས་བྱ་བ་དང་མ་ཞི་ཞེས་བྱ་བར་ཡོངས་སུ་མི་རྟོག་གོ། །དབེན་ཞེས་བྱ་བ་དང་མི་དབེན་ཞེས་བྱ་བར་ཡོངས་སུ་མི་རྟོག་གོ། །མ་རིག་པ་རྟག་ཅེས་བྱ་བ་དང་མི་རྟག་ཅེས་བྱ་བར་ཡོངས་སུ་མི་རྟོག་གོ། །བདེ་ཞེས་བྱ་བ་དང་སྡུག་བསྔལ་ཞེས་བྱ་བར་ཡོངས་སུ་མི་རྟོག་གོ། །བདག་ཅེས་བྱ་བ་དང་བདག་མེད་ཅེས་བྱ་བར་ཡོངས་སུ་མི་རྟོག་གོ། །སྡུག་ཅེས་བྱ་བ་དང་མི་སྡུག་ཅེས་བྱ་བར་ཡོངས་སུ་མི་རྟོག་གོ། །སྟོང་ཞེས་བྱ་བ་དང་མི་སྟོང་ཞེས་བྱ་བར་ཡོངས་སུ་མི་རྟོག་གོ། །མཚན་མ་ཡོད་ཅེས་བྱ་བ་དང་མཚན་མ་མེད་ཅེས་བྱ་བར་ཡོངས་སུ་མི་རྟོག་གོ། །སྨོན་པ་ཡོད་ཅེས་བྱ་བ་དང་སྨོན་པ་མེད་ཅེས་བྱ་བར་ཡོངས་སུ་མི་རྟོག་གོ། །ཞི་ཞེས་བྱ་བ་དང་མ་ཞི་ཞེས་བྱ་བར་ཡོངས་སུ་མི་རྟོག་གོ། །དབེན་ཞེས་བྱ་བ་དང་མི་དབེན་ཞེས་བྱ་བར་ཡོངས་སུ་མི་རྟོག་གོ། །འདུ་བྱེད་དང་རྣམ་པར་ཤེས་པ་དང་མིང་དང་གཟུགས་དང་སྐྱེ་མཆེད་དྲུག་དང་རེག་པ་དང་ཚོར་བ་དང་། སྲེད་པ་དང་ལེན་པ་དང་སྲིད་པ་དང་སྐྱེ་བ་དང་རྒ་ཤི་རྟག་ཅེས་བྱ་བ་དང་མི་རྟག་ཅེས་བྱ་བར་ཡོངས་སུ་མི་རྟོག་གོ། །བདེ་ཞེས་བྱ་བ་དང་སྡུག་བསྔལ་ཞེས་བྱ་བར་ཡོངས་སུ་མི་རྟོག་གོ། །བདག་ཅེས་བྱ་བ་དང་བདག་མེད་ཅེས་བྱ་བར་ཡོངས་སུ་མི་རྟོག་གོ། །སྡུག་ཅེས་བྱ་བ་དང་མི་སྡུག་ཅེས་བྱ་བར་ཡོངས་སུ་མི་རྟོག་གོ། །སྟོང་ཞེས་བྱ་བ་དང་མི་སྟོང་ཞེས་བྱ་བར་ཡོངས་སུ་མི་རྟོག་གོ། །མཚན་མ་ཡོད་ཅེས་བྱ་བ་དང་མཚན་མ་མེད་ཅེས་བྱ་བར་ཡོངས་སུ་མི་རྟོག་གོ། །སྨོན་པ་ཡོད་ཅེས་བྱ་བ་དང་སྨོན་པ་མེད་ཅེས་བྱ་བར་ཡོངས་སུ་མི་རྟོག་གོ། །ཞི་ཞེས་བྱ་བ་དང་མ་ཞི་ཞེས་བྱ་བར་ཡོངས་སུ་མི་རྟོག་གོ། །

དབེན་ཞེས་བྱ་བ་དང་མི་དབེན་ཞེས་བྱ་བར་ཡོངས་སུ་མི་རྟོག་གོ། །སྦྱིན་པའི་ཕ་རོལ་ཏུ་ཕྱིན་པ་རྟག་ཅེས་བྱ་བ་དང་མི་རྟག་ཅེས་བྱ་བར་ཡོངས་སུ་མི་རྟོག་གོ། །བདེ་ཞེས་བྱ་བ་དང་སྡུག་བསྔལ་ཞེས་བྱ་བར་ཡོངས་སུ་མི་རྟོག་གོ། །བདག་ཅེས་བྱ་བ་དང་བདག་མེད་ཅེས་བྱ་བར་ཡོངས་སུ་མི་རྟོག་གོ། །སྡུག་ཅེས་བྱ་བ་དང་མི་སྡུག་ཅེས་བྱ་བར་ཡོངས་སུ་མི་རྟོག་གོ། །སྟོང་ཞེས་བྱ་བ་དང་མི་སྟོང་ཞེས་བྱ་བར་ཡོངས་སུ་མི་རྟོག་གོ། །མཚན་མ་ཡོད་ཅེས་བྱ་བ་དང་མཚན་མ་མེད་ཅེས་བྱ་བར་ཡོངས་སུ་མི་རྟོག་གོ། །སྨོན་པ་ཡོད་ཅེས་བྱ་བ་དང་སྨོན་པ་མེད་ཅེས་བྱ་བར་ཡོངས་སུ་མི་རྟོག་གོ། །ཞི་ཞེས་བྱ་བ་དང་མ་ཞི་ཞེས་བྱ་བར་ཡོངས་སུ་མི་རྟོག་གོ། །དབེན་ཞེས་བྱ་བ་དང་མི་དབེན་ཞེས་བྱ་བར་ཡོངས་སུ་མི་རྟོག་གོ། །ཚུལ་ཁྲིམས་ཀྱི་ཕ་རོལ་ཏུ་ཕྱིན་པ་དང་། བཟོད་པའི་ཕ་རོལ་ཏུ་ཕྱིན་པ་དང་། བརྩོན་འགྲུས་ཀྱི་ཕ་རོལ་ཏུ་ཕྱིན་པ་དང་། བསམ་གཏན་གྱི་ཕ་རོལ་ཏུ་ཕྱིན་པ་དང་། ཤེས་རབ་ཀྱི་ཕ་རོལ་ཏུ་ཕྱིན་པ་རྟག་ཅེས་བྱ་བ་དང་མི་རྟག་ཅེས་བྱ་བར་ཡོངས་སུ་མི་རྟོག་གོ། །བདེ་ཞེས་བྱ་བ་དང་སྡུག་བསྔལ་ཞེས་བྱ་བར་ཡོངས་སུ་མི་རྟོག་གོ། །བདག་ཅེས་བྱ་བ་དང་བདག་མེད་ཅེས་བྱ་བར་ཡོངས་སུ་མི་རྟོག་གོ། །སྡུག་ཅེས་བྱ་བ་དང་མི་སྡུག་ཅེས་བྱ་བར་ཡོངས་སུ་མི་རྟོག་གོ། །སྟོང་ཞེས་བྱ་བ་དང་མི་སྟོང་ཞེས་བྱ་བར་ཡོངས་སུ་མི་རྟོག་གོ། །མཚན་མ་ཡོད་ཅེས་བྱ་བ་དང་མཚན་མ་མེད་ཅེས་བྱ་བར་ཡོངས་སུ་མི་རྟོག་གོ། །སྨོན་པ་ཡོད་ཅེས་བྱ་བ་དང་སྨོན་པ་མེད་ཅེས་བྱ་བར་ཡོངས་སུ་མི་རྟོག་གོ། །ཞི་ཞེས་བྱ་བ་དང་མ་ཞི་ཞེས་བྱ་བར་ཡོངས་སུ་མི་རྟོག་གོ། །དབེན་ཞེས་བྱ་བ་དང་མི་དབེན་ཞེས་བྱ་བར་ཡོངས་སུ་མི་རྟོག་གོ། །ནང་སྟོང་པ་ཉིད་རྟག་ཅེས་བྱ་བ་དང་མི་རྟག་ཅེས་བྱ་བར་ཡོངས་སུ་མི་རྟོག་གོ། །བདེ་ཞེས་བྱ་བ་དང་སྡུག་བསྔལ་ཞེས་བྱ་བར་ཡོངས་སུ་མི་རྟོག་གོ། །བདག་ཅེས་

བྱ་བ་དང་བདག་མེད་ཅེས་བྱ་བར་ཡོངས་སུ་མི་རྟོག་གོ། །སྡུག་ཅེས་བྱ་བ་དང་མི་
སྡུག་ཅེས་བྱ་བར་ཡོངས་སུ་མི་རྟོག་གོ། །སྟོང་ཞེས་བྱ་བ་དང་མི་སྟོང་ཞེས་བྱ་བར་
ཡོངས་སུ་མི་རྟོག་གོ། །མཚན་མ་ཡོད་ཅེས་བྱ་བ་དང་མཚན་མ་མེད་ཅེས་བྱ་བར་
ཡོངས་སུ་མི་རྟོག་གོ། །སྨོན་པ་ཡོད་ཅེས་བྱ་བ་དང་སྨོན་པ་མེད་ཅེས་བྱ་བར་
ཡོངས་སུ་མི་རྟོག་གོ། །ཞི་ཞེས་བྱ་བ་དང་མ་ཞི་ཞེས་བྱ་བར་ཡོངས་སུ་མི་རྟོག་གོ། །
དབེན་ཞེས་བྱ་བ་དང་མི་དབེན་ཞེས་བྱ་བར་ཡོངས་སུ་མི་རྟོག་གོ། །དངོས་པོ་
མེད་པའི་ངོ་བོ་ཉིད་སྟོང་པ་ཉིད་ཀྱི་བར་དུ་རྟག་ཅེས་བྱ་བ་དང་མི་རྟག་ཅེས་བྱ་བར་
ཡོངས་སུ་མི་རྟོག་གོ། །བདེ་[1]ཞེས་བྱ་བ་དང་སྡུག་བསྔལ་ཞེས་བྱ་བར་ཡོངས་སུ་
མི་རྟོག་གོ། །བདག་ཅེས་བྱ་བ་དང་བདག་མེད་ཅེས་བྱ་བར་ཡོངས་སུ་མི་རྟོག་གོ། །
སྡུག་ཅེས་བྱ་བ་དང་མི་སྡུག་ཅེས་བྱ་བར་ཡོངས་སུ་མི་རྟོག་གོ། །སྟོང་ཞེས་བྱ་བ་
དང་མི་སྟོང་ཞེས་བྱ་བར་ཡོངས་སུ་མི་རྟོག་གོ། །མཚན་མ་ཡོད་ཅེས་བྱ་བ་དང་
མཚན་མ་མེད་ཅེས་བྱ་བར་ཡོངས་སུ་མི་རྟོག་གོ། །སྨོན་པ་ཡོད་ཅེས་བྱ་བ་དང་
སྨོན་པ་མེད་ཅེས་བྱ་བར་ཡོངས་སུ་མི་རྟོག་གོ། །ཞི་ཞེས་བྱ་བ་དང་མ་ཞི་ཞེས་བྱ་
བར་ཡོངས་སུ་མི་རྟོག་གོ། །དབེན་ཞེས་བྱ་བ་དང་མི་དབེན་ཞེས་བྱ་བར་ཡོངས་
སུ་མི་རྟོག་གོ། །དྲན་པ་ཉེ་བར་གཞག་པ་རྣམས་རྟག་ཅེས་བྱ་བ་དང་མི་རྟག་ཅེས་
བྱ་བར་ཡོངས་སུ་མི་རྟོག་གོ། །བདེ་ཞེས་བྱ་བ་དང་སྡུག་བསྔལ་ཞེས་བྱ་བར་
ཡོངས་སུ་མི་རྟོག་གོ། །བདག་ཅེས་བྱ་བ་དང་བདག་མེད་ཅེས་བྱ་བར་ཡོངས་སུ་
མི་རྟོག་གོ། །སྡུག་ཅེས་བྱ་བ་དང་མི་སྡུག་ཅེས་བྱ་བར་ཡོངས་སུ་མི་རྟོག་གོ། །
སྟོང་ཞེས་བྱ་བ་དང་མི་སྟོང་ཞེས་བྱ་བར་ཡོངས་སུ་མི་རྟོག་གོ། །མཚན་མ་ཡོད་
ཅེས་བྱ་བ་དང་མཚན་མ་མེད་ཅེས་བྱ་བར་ཡོངས་སུ་མི་རྟོག་གོ། །སྨོན་པ་ཡོད་
ཅེས་བྱ་བ་དང་སྨོན་པ་མེད་ཅེས་བྱ་བར་ཡོངས་སུ་མི་རྟོག་གོ། །ཞི་ཞེས་བྱ་བ་དང་

མ་ཞི་ཞེས་བྱ་བར་ཡོངས་སུ་མི་རྟོག་གོ། །དབེན་ཞེས་བྱ་བ་དང་མི་དབེན་ཞེས་བྱ་བར་ཡོངས་སུ་མི་རྟོག་གོ། །ཡང་དག་པར་སྤོང་བ་རྣམས་དང་། རྫུ་འཕྲུལ་གྱི་རྐང་པ་རྣམས་དང་། དབང་པོ་རྣམས་དང་། སྟོབས་རྣམས་དང་། བྱང་ཆུབ་ཀྱི་ཡན་ལག་རྣམས་དང་། འཕགས་པའི་ལམ་ཡན་ལག་བརྒྱད་པ་རྟག་ཅེས་བྱ་བ་དང་མི་རྟག་ཅེས་བྱ་བར་ཡོངས་སུ་མི་རྟོག་གོ། །བདེ་ཞེས་བྱ་བ་དང་སྡུག་བསྔལ་ཞེས་བྱ་བར་ཡོངས་སུ་མི་རྟོག་གོ། །བདག་ཅེས་བྱ་བ་དང་བདག་མེད་ཅེས་བྱ་བར་ཡོངས་སུ་མི་རྟོག་གོ། །སྡུག་ཅེས་བྱ་བ་དང་མི་སྡུག་ཅེས་བྱ་བར་ཡོངས་སུ་མི་རྟོག་གོ། །སྟོང་ཞེས་བྱ་བ་དང་མི་སྟོང་ཞེས་བྱ་བར་ཡོངས་སུ་མི་རྟོག་གོ། །མཚན་མ་ཡོད་ཅེས་བྱ་བ་དང་མཚན་མ་མེད་ཅེས་བྱ་བར་ཡོངས་སུ་མི་རྟོག་གོ། །སྨོན་པ་ཡོད་ཅེས་བྱ་བ་དང་སྨོན་པ་མེད་ཅེས་བྱ་བར་ཡོངས་སུ་མི་རྟོག་གོ། །ཞི་ཞེས་བྱ་བ་དང་མ་ཞི་ཞེས་བྱ་བར་ཡོངས་སུ་མི་རྟོག་གོ། །དབེན་ཞེས་བྱ་བ་དང་མི་དབེན་ཞེས་བྱ་བར་ཡོངས་སུ་མི་རྟོག་གོ། །འཕགས་པའི་བདེན་པ་རྣམས་དང་། བསམ་གཏན་རྣམས་དང་། ཚད་མེད་པ་རྣམས་དང་། གཟུགས་མེད་པའི་སྙོམས་པར་འཇུག་པ་རྣམས་དང་། རྣམ་པར་ཐར་པ་རྣམས་དང་། མཐར་གྱིས་གནས་པའི་སྙོམས་པར་འཇུག་པ་རྣམས་དང་། རྣམ་པར་ཐར་པའི་སྒོ་སྟོང་པ་ཉིད་དང་མཚན་མ་མེད་པ་དང་སྨོན་པ་མེད་པ་དང་མངོན་པར་ཤེས་པ་རྣམས་དང་། ཏིང་ངེ་འཛིན་རྣམས་དང་། གཟུངས་ཀྱི་སྒོ་རྣམས་དང་། དེ་བཞིན་གཤེགས་པའི་སྟོབས་རྣམས་དང་། མི་འཇིགས་པ་རྣམས་དང་། སོ་སོ་ཡང་དག་པར་རིག་པ་རྣམས་དང་། སངས་རྒྱས་ཀྱི་ཆོས་མ་འདྲེས་པ་རྣམས་རྟག་ཅེས་བྱ་བ་དང་མི་རྟག་ཅེས་བྱ་བར་ཡོངས་སུ་མི་རྟོག་གོ། །བདེ་ཞེས་བྱ་བ་དང་སྡུག་བསྔལ་ཞེས་བྱ་བར་ཡོངས་སུ་མི་རྟོག་གོ། །བདག་ཅེས་བྱ་བ་དང་བདག་མེད་

ཅེས་བྱ་བར་ཡོངས་སུ་མི་རྟོག་གོ། །སྡུག་ཅེས་བྱ་བ་དང་མི་སྡུག་ཅེས་བྱ་བར་ཡོངས་སུ་མི་རྟོག་གོ། །སྟོང་ཞེས་བྱ་བ་དང་མི་སྟོང་ཞེས་བྱ་བར་ཡོངས་སུ་མི་རྟོག་གོ།། །མཚན་མ་ཡོད་ཅེས་བྱ་བ་དང་མཚན་མ་མེད་ཅེས་བྱ་བར་ཡོངས་སུ་མི་རྟོག་གོ།། །སྨོན་པ་ཡོད་ཅེས་བྱ་བ་དང་སྨོན་པ་མེད་ཅེས་བྱ་བར་ཡོངས་སུ་མི་རྟོག་གོ། །ཞི་ཞེས་བྱ་བ་དང་མ་ཞི་ཞེས་བྱ་བར་ཡོངས་སུ་མི་རྟོག་གོ། །དབེན་ཞེས་བྱ་བ་དང་མི་དབེན་ཞེས་བྱ་བར་ཡོངས་སུ་མི་རྟོག་གོ། །རྣམ་པ་ཐམས་ཅད་མཁྱེན་པ་ཉིད་ཀྱི་བར་དུ་རྟག་ཅེས་བྱ་བ་དང་མི་རྟག་ཅེས་བྱ་བར་ཡོངས་སུ་མི་རྟོག་གོ། །བདེ་ཞེས་བྱ་བ་དང་སྡུག་བསྔལ་ཞེས་བྱ་བར་ཡོངས་སུ་མི་རྟོག་གོ། །བདག་ཅེས་བྱ་བ་དང་བདག་མེད་ཅེས་བྱ་བར་ཡོངས་སུ་མི་རྟོག་གོ། །སྡུག་ཅེས་བྱ་བ་དང་མི་སྡུག་ཅེས་བྱ་བར་ཡོངས་སུ་མི་རྟོག་གོ། །སྟོང་ཞེས་བྱ་བ་དང་མི་སྟོང་ཞེས་བྱ་བར་ཡོངས་སུ་མི་རྟོག་གོ། །མཚན་མ་ཡོད་ཅེས་བྱ་བ་དང་མཚན་མ་མེད་ཅེས་བྱ་བར་ཡོངས་སུ་མི་རྟོག་གོ། །སྨོན་པ་ཡོད་ཅེས་བྱ་བ་དང་སྨོན་པ་མེད་ཅེས་བྱ་བར་ཡོངས་སུ་མི་རྟོག་གོ། །ཞི་ཞེས་བྱ་བ་དང་མ་ཞི་ཞེས་བྱ་བར་ཡོངས་སུ་མི་རྟོག་གོ། །དབེན་ཞེས་བྱ་བ་དང་མི་དབེན་ཞེས་བྱ་བར་ཡོངས་སུ་མི་རྟོག་གོ། །༔འདི་ལྟ་སྟེ[1]ཚེ་དང་ལྡན་པ་ཤཱ་ར་དྭ་ཏིའི་བུ་བྱང་ཆུབ་སེམས་དཔའ་སེམས་དཔའ[2]ཆེན་པོ་ཤེས་རབ་ཀྱི་ཕ་རོལ་ཏུ་ཕྱིན་པ་ལ་སྤྱོད་པའི་ཚེ། ཆོས་འདི་དག་ལ་ཡོངས་སུ་རྟོག་པ་མེད་པའི་ཚུལ་གྱིས་དེ་ལྟར་ཡོངས་སུ་རྟོག་གོ། །སླས་པ་ཚེ་དང་ལྡན་པ་རབ་འབྱོར་ཅིའི་ཕྱིར་ན་དེ་སྐད་དུ་གཟུགས་ཀྱི་མ་སྐྱེས་པ་གང་ཡིན་པ་དེ་ནི་གཟུགས་མ་ཡིན། ཚོར་བ་དང་འདུ་ཤེས་དང་འདུ་བྱེད་དང་རྣམ་པར་ཤེས་པའི་མ་སྐྱེས་པ་གང་ཡིན་པ་དེ་ནི་རྣམ་པར་ཤེས་པ་མ་ཡིན་ཞེས་ཟེར། ཚེ་དང་ལྡན་པ་རབ་འབྱོར་ཅིའི་ཕྱིར་ན། དེ་སྐད་དུ་སྐྱེ་མཆེད་དང་ཁམས་དང་རྟེན་ཅིང་འབྲེལ་བར་

འབྱུང་བ་དང་། ཕ་རོལ་ཏུ་ཕྱིན་པ་རྣམས་དང་། སྟོང་པ་ཉིད་ཐམས་ཅད་དང་། བྱང་ཆུབ་ཀྱི་ཕྱོགས་ཀྱི་ཆོས་ཐམས་ཅད་དང་། འཕགས་པའི་བདེན་པ་རྣམས་དང་། བསམ་གཏན་རྣམས་དང་། ཚད་མེད་པ་རྣམས་དང་། གཟུགས་མེད་པའི་སྙོམས་པར་འཇུག་པ་རྣམས་དང་། རྣམ་པར་ཐར་པ་རྣམས་དང་མཐར་གྱིས་གནས་པའི་སྙོམས་པར་འཇུག་པ་རྣམས་དང་། རྣམ་པར་ཐར་པའི་སྒོ་སྟོང་པ་ཉིད་དང་། མཚན་མ་མེད་པ་དང་། སྨོན་པ་མེད་པ་དང་། མངོན་པར་ཤེས་པ་རྣམས་དང་། ཏིང་ངེ་འཛིན་རྣམས་དང་། གཟུངས་ཀྱི་སྒོ་རྣམས་དང་། དེ་བཞིན་གཤེགས་པའི་སྟོབས་རྣམས་དང་། མི་འཇིགས་པ་རྣམས་དང་། སོ་སོ་ཡང་དག་པར་རིག་པ་རྣམས་དང་། སངས་རྒྱས་ཀྱི་ཆོས་མ་འདྲེས་པ་རྣམས་དང་། རྣམ་པ་ཐམས་ཅད་མཁྱེན་པ་ཉིད་ཀྱི་མ་སྐྱེས་པ་གང་ཡིན་པ་དེ་ནི་རྣམ་པ་ཐམས་ཅད་མཁྱེན་པ་ཉིད་མ་ཡིན་ཞེས་ཟེར། རབ་འབྱོར་གྱིས་སྨྲས་པ་ཚེ་དང་ལྡན་པ་ཤ་ར་དྭ་ཏིའི་བུ་གཟུགས་ནི་གཟུགས་ཀྱིས་སྟོང་སྟེ། གང་སྟོང་པ་དེ་ནི་གཟུགས་མ་ཡིན་ཏེ། སྐྱེ་བ་མེད་དོ། །ཚེ་དང་ལྡན་པ་ཤ་ར་དྭ་ཏིའི་བུ་རྣམ་གྲངས་དེས་ན། གཟུགས་ཀྱི་མ་སྐྱེས་པ་གང་ཡིན་པ་དེ་ནི་གཟུགས་མ་ཡིན་ནོ། །ཚེ་དང་ལྡན་པ་ཤ་ར་དྭ་ཏིའི་བུ་ཚོར་བ་དང་འདུ་ཤེས་དང་འདུ་བྱེད་དང་རྣམ་པར་ཤེས་པ་ནི་རྣམ་པར་ཤེས་པས་སྟོང་སྟེ། གང་སྟོང་པ་དེ་ནི་རྣམ་པར་ཤེས་པ་མ་ཡིན་ཏེ་སྐྱེ་བ་མེད་དོ། །ཚེ་དང་ལྡན་པ་ཤ་ར་དྭ་ཏིའི་བུ་རྣམ་གྲངས་དེས་ན། རྣམ་པར་ཤེས་པའི་མ་སྐྱེས་པ་གང་ཡིན་པ་དེ་རྣམ་པར་ཤེས་པ་མ་ཡིན་ནོ། །ཚེ་དང་ལྡན་པ་ཤ་ར་དྭ་ཏིའི་བུ་སྐྱེ་མཆེད་དང་ཁམས་དང་རྟེན་ཅིང་འབྲེལ་བར་འབྱུང་བ་ནི་རྟེན་ཅིང་འབྲེལ་བར་འབྱུང་བས་སྟོང་སྟེ། གང་སྟོང་བ་དེ་ནི་རྟེན་ཅིང་འབྲེལ་བར་འབྱུང་བ་མ་ཡིན་ཏེ་སྐྱེ་བ་མེད་དོ། །ཚེ་དང་

ལྡན་པ་ཤ་ར་དྭ་ཏིའི་བུ་རྣམ་གྲངས་དེས་ན། རྟེན་ཅིང་འབྲེལ་བར་འབྱུང་བའི་མ་སྐྱེས་པ་གང་ཡིན་པ་དེ་རྟེན་ཅིང་འབྲེལ་བར་འབྱུང་བ་མ་ཡིན་ནོ། །ཚེ་དང་ལྡན་པ་ཤ་ར་དྭ་ཏིའི་བུ་སྦྱིན་པའི་ཕ་རོལ་ཏུ་ཕྱིན་པ་ནི། སྦྱིན་པའི་ཕ་རོལ་ཏུ་ཕྱིན་པས་སྟོང་སྟེ། གང་སྟོང་པ་དེ་ནི་སྦྱིན་པའི་ཕ་རོལ་ཏུ་ཕྱིན་པ་མ་ཡིན་ཏེ་སྐྱེ་བ་མེད་དོ། །ཚེ་དང་ལྡན་པ་ཤ་ར་དྭ་ཏིའི་བུ་རྣམ་གྲངས་དེས་ན། སྦྱིན་པའི་ཕ་རོལ་ཏུ་ཕྱིན་པའི་མ་སྐྱེས་པ་གང་ཡིན་པ་དེ་སྦྱིན་པའི་ཕ་རོལ་ཏུ་ཕྱིན་པ་མ་ཡིན་ནོ། །ཚེ་དང་ལྡན་པ་ཤ་ར་དྭ་ཏིའི་བུ་ཚུལ་ཁྲིམས་ཀྱི་ཕ་རོལ་ཏུ་ཕྱིན་པ་དང་། བཟོད་པའི་ཕ་རོལ་ཏུ་ཕྱིན་པ་དང་། བརྩོན་འགྲུས་ཀྱི་ཕ་རོལ་ཏུ་ཕྱིན་པ་དང་། བསམ་གཏན་གྱི་ཕ་རོལ་ཏུ་ཕྱིན་པ་དང་། ཤེས་རབ་ཀྱི་ཕ་རོལ་ཏུ་ཕྱིན་པ་ནི་ཤེས་རབ་ཀྱི་ཕ་རོལ་ཏུ་ཕྱིན་པས་སྟོང་སྟེ། གང་སྟོང་པ་དེ་ནི་ཤེས་རབ་ཀྱི་ཕ་རོལ་ཏུ་ཕྱིན་པ་མ་ཡིན་ཏེ་སྐྱེ་བ་མེད་དོ། །ཚེ་དང་ལྡན་པ་ཤ་ར་དྭ་ཏིའི་བུ་རྣམ་གྲངས་དེས་ན། ཤེས་རབ་ཀྱི་ཕ་རོལ་ཏུ་ཕྱིན་པའི་མ་སྐྱེས་པ་གང་ཡིན་པ་དེ་ནི་[1]ཤེས་རབ་ཀྱི་ཕ་རོལ་ཏུ་ཕྱིན་པ་མ་ཡིན་ནོ། །ཚེ་དང་ལྡན་པ་ཤ་ར་དྭ་ཏིའི་བུ་ནང་སྟོང་པ་ཉིད་ནི་ནང་སྟོང་པ་ཉིད་ཀྱིས་སྟོང་སྟེ། གང་སྟོང་པ་དེ་ནི་ནང་སྟོང་པ་ཉིད་མ་ཡིན་ཏེ་སྐྱེ་བ་མེད་དོ། །ཚེ་དང་ལྡན་པ་ཤ་ར་དྭ་ཏིའི་བུ་རྣམ་གྲངས་དེས་ན། ནང་སྟོང་པ་ཉིད་ཀྱི་མ་སྐྱེས་པ་གང་ཡིན་པ་དེ་ནང་སྟོང་པ་ཉིད་མ་ཡིན་ནོ། །ཚེ་དང་ལྡན་པ་ཤ་ར་དྭ་ཏིའི་བུ་ཕྱི་སྟོང་པ་ཉིད་ནི་ཕྱི་སྟོང་པ་ཉིད་ཀྱིས་སྟོང་སྟེ། གང་སྟོང་པ་དེ་ནི་ཕྱི་སྟོང་པ་ཉིད་མ་ཡིན་ཏེ་སྐྱེ་བ་མེད་དོ། །ཚེ་དང་ལྡན་པ་ཤ་ར་དྭ་ཏིའི་བུ་རྣམ་གྲངས་དེས་ན། ཕྱི་སྟོང་པ་ཉིད་ཀྱི་མ་སྐྱེས་པ་གང་ཡིན་པ་དེ་ཕྱི་སྟོང་པ་ཉིད་མ་ཡིན་ནོ། །ཚེ་དང་ལྡན་པ་ཤ་ར་དྭ་ཏིའི་བུ་ཕྱི་ནང་སྟོང་པ་ཉིད་ནི་ཕྱི་ནང་སྟོང་པ་ཉིད་ཀྱིས་སྟོང་སྟེ། གང་སྟོང་པ་དེ་ནི་ཕྱི་ནང་སྟོང་པ་ཉིད་མ་ཡིན་ཏེ་སྐྱེ་བ་མེད་དོ།།

ཚེ་དང་ལྡན་པ་ཤཱ་ར་དྭ་ཏིའི་བུ་རྣམ་གྲངས་དེས་ན། ཕྱི་ནང་སྟོང་པ་ཉིད་ཀྱི་(༧)མ་སྐྱེས་པ་གང་ཡིན་པ་དེ་(༣)ཕྱི་ནང་སྟོང་པ་ཉིད་མ་ཡིན་ནོ། །ཚེ་དང་ལྡན་པ་ཤཱ་ར་དྭ་ཏིའི་བུ་དངོས་པོ་མེད་པའི་ངོ་བོ་ཉིད་སྟོང་པ་ཉིད་ཀྱི་བར་ནི། དངོས་པོ་མེད་པའི་ངོ་བོ་ཉིད་སྟོང་པ་ཉིད་ཀྱིས་སྟོང་སྟེ། གང་སྟོང་པ་དེ་ནི་དངོས་པོ་མེད་པའི་ངོ་བོ་ཉིད་སྟོང་པ་ཉིད་མ་ཡིན་ཏེ་སྐྱེ་བ་མེད་དོ། །ཚེ་དང་ལྡན་པ་ཤཱ་ར་དྭ་ཏིའི་བུ་རྣམ་གྲངས་དེས་ན། དངོས་པོ་མེད་པའི་ངོ་བོ་ཉིད་སྟོང་པ་ཉིད་ཀྱི་མ་སྐྱེས་པ་གང་ཡིན་པ་དེ་དངོས་པོ་མེད་པའི་ངོ་བོ་ཉིད་སྟོང་པ་ཉིད་མ་ཡིན་ནོ། །ཚེ་དང་ལྡན་པ་ཤཱ་ར་དྭ་ཏིའི་བུ་དྲན་པ་ཉེ་བར་གཞག་པ་རྣམས་ནི་དྲན་པ་ཉེ་བར་གཞག་པ་རྣམས་ཀྱིས་སྟོང་སྟེ། གང་སྟོང་པ་དེ་ནི་དྲན་པ་ཉེ་བར་གཞག་པ་རྣམས་མ་ཡིན་ཏེ་སྐྱེ་བ་མེད་དོ། །ཚེ་དང་ལྡན་པ་ཤཱ་ར་དྭ་ཏིའི་བུ་རྣམ་གྲངས་དེས་ན། དྲན་པ་ཉེ་བར་གཞག་པ་རྣམས་ཀྱི་མ་སྐྱེས་པ་གང་ཡིན་པ་དེ་དྲན་པ་ཉེ་བར་གཞག་པ་རྣམས་མ་ཡིན་ནོ། །ཚེ་དང་ལྡན་པ་ཤཱ་ར་དྭ་ཏིའི་བུ་ཡང་དག་པར་སྤོང་བ་རྣམས་དང་། རྫུ་འཕྲུལ་གྱི་རྐང་པ་(༣)རྣམས་དང་། དབང་པོ་རྣམས་དང་སྟོབས་རྣམས་དང་། བྱང་ཆུབ་ཀྱི་ཡན་ལག་རྣམས་དང་། འཕགས་པའི་ལམ་ཡན་ལག་བརྒྱད་པ་ནི། འཕགས་པའི་ལམ་ཡན་ལག་བརྒྱད་པས་སྟོང་སྟེ། གང་སྟོང་པ་དེ་ནི་འཕགས་(༨)པའི་ལམ་ཡན་ལག་བརྒྱད་པ་མ་ཡིན་ཏེ་སྐྱེ་བ་མེད་དོ། །ཚེ་དང་ལྡན་པ་ཤཱ་ར་དྭ་ཏིའི་བུ་རྣམ་གྲངས་དེས་ན། འཕགས་པའི་ལམ་ཡན་ལག་བརྒྱད་པའི་མ་སྐྱེས་པ་གང་ཡིན་པ་དེ། འཕགས་པའི་ལམ་ཡན་ལག་བརྒྱད་པ་མ་ཡིན་ནོ། །ཚེ་དང་ལྡན་པ་ཤཱ་ར་དྭ་ཏིའི་བུ་འཕགས་པའི་བདེན་པ་རྣམས་དང་། བསམ་གཏན་རྣམས་དང་ཚད་མེད་པ་རྣམས་དང་། གཟུགས་མེད་པའི་སྙོམས་པར་འཇུག་པ་རྣམས་དང་། རྣམ་པར་ཐར་པ་རྣམས་དང་། མཐར་གྱིས་

གནས་པའི་སྙོམས་པར་འཇུག་པ་རྣམས་དང་། རྣམ་པར་ཐར་པའི་སྒོ་སྟོང་པ་ཉིད་དང་མཚན་མ་མེད་པ་དང་། སྨོན་པ་མེད་པ་དང་མངོན་པར་ཤེས་པ་རྣམས[1] དང་། ཏིང་ངེ་འཛིན་རྣམས་དང་། གཟུངས་ཀྱི་སྒོ་རྣམས་དང་། དེ་བཞིན་གཤེགས་པའི་སྟོབས་རྣམས་དང་། མི་འཇིགས་པ་རྣམས་དང་། སོ་སོ་ཡང་དག་པར་རིག་པ་རྣམས་དང་། སངས་རྒྱས་ཀྱི་ཆོས་མ་འདྲེས་པ་རྣམས་ནི། སངས་རྒྱས་ཀྱི་ཆོས་མ་འདྲེས་པ་རྣམས་ཀྱིས་སྟོང་སྟེ[2]། གང་སྟོང་པ་དེ་ནི་སངས་རྒྱས་ཀྱི་ཆོས་མ་འདྲེས་པ་རྣམས་མ་ཡིན་ཏེ་སྐྱེ་བ་མེད་དོ། །ཚེ་དང་ལྡན་པ་ཤཱ་ར་དྭ་ཏིའི་བུ་རྣམ་གྲངས་དེས་ན། སངས་རྒྱས་ཀྱི་ཆོས་མ་འདྲེས་པ་རྣམས་ཀྱི་མ་སྐྱེས་པ་གང་ཡིན་པ་དེ། སངས་རྒྱས་ཀྱི་ཆོས་མ་འདྲེས་པ་རྣམས་མ་ཡིན་ནོ། །ཚེ་… དང་ལྡན་པ་ཤཱ་ར་དྭ་ཏིའི་བུ་རྣམ་པ་ཐམས་ཅད་མཁྱེན་པ་ཉིད་ཀྱི་བར་དུ། རྣམ་པ་ཐམས་ཅད་མཁྱེན་པ་ཉིད་ཀྱིས་སྟོང་སྟེ། གང་སྟོང་པ་དེ་ནི་རྣམ་པ་ཐམས་ཅད་མཁྱེན་པ་ཉིད་མ་ཡིན་ཏེ། སྐྱེ་བ་མེད་དོ། །ཚེ་དང་ལྡན་པ་ཤཱ་ར་དྭ་ཏིའི་བུ…… རྣམ་གྲངས་དེས་ན། རྣམ་པ་ཐམས་ཅད་མཁྱེན་པ་ཉིད་ཀྱི་མ་སྐྱེས་པ་གང་ཡིན་པ་དེ། རྣམ་པ་ཐམས་ཅད་མཁྱེན་པ་ཉིད་མ་ཡིན་ནོ། །སྨྲས་པ་ཚེ་དང་ལྡན་པ་… རབ་འབྱོར་ཅིའི་ཕྱིར་ན་འདི་སྐད་དུ། གཟུགས་ཀྱི་འགྲིབ་པ་གང་ཡིན་པ་དེ་ནི་… གཟུགས་མ་ཡིན་ནོ། །ཚོར་བ་དང་འདུ་ཤེས་དང་འདུ་བྱེད་དང་རྣམ་པར་ཤེས་… པའི་འགྲིབ་པ་གང་ཡིན་པ་དེ་ནི་རྣམ་པར[3]ཤེས་པ་མ་ཡིན་ནོ། །སྐྱེ་མཆེད་དང་ཁམས་དང་རྟེན་ཅིང་འབྲེལ་བར་འབྱུང་བ་དང་ཕ་རོལ་ཏུ་ཕྱིན་པ་ཐམས་ཅད་དང་། སྟོང་པ་ཉིད་ཐམས་ཅད་དང་། བྱང་ཆུབ་ཀྱི་ཕྱོགས་ཀྱི་ཆོས་རྣམས་དང་། འཕགས་པའི་བདེན་པ་དང་། བསམ་གཏན་དང་ཚད་མེད་པ་དང་། གཟུགས་མེད་པའི་སྙོམས་པར་འཇུག་པ་དང་། རྣམ་པར་ཐར་པ་དང་།

མཐར་གྱིས་གནས་པའི་སྙོམས་པར་འཇུག་པ་དང་། རྣམ་པར་ཐར་པའི་སྒོ་སྟོང་པ་ཉིད་དང་། མཚན་མ་མེད་པ་དང་སྨོན་པ་མེད་པ་དང་། མངོན་པར་ཤེས་པ་དང་། ཏིང་ངེ་འཛིན་དང་། གཟུངས་[༧]ཀྱི་སྒོ་དང་། དེ་བཞིན་གཤེགས་པའི་སྟོབས་དང་། མི་འཇིགས་པ་དང་སོ་སོ་ཡང་དག་པར་རིག་པ་དང་། སངས་རྒྱས་ཀྱི་ཆོས་མ་འདྲེས་པ་རྣམས་ཀྱི་འགྲིབ་པ་གང་ཡིན་པ་དེ་ནི། སངས་རྒྱས་ཀྱི་ཆོས་མ་འདྲེས་པ་རྣམས་མ་ཡིན། རྣམ་པ་ཐམས་ཅད་མཁྱེན་པ་ཉིད་ཀྱི་བར་གྱི་འགྲིབ་པ་གང་ཡིན་པ་དེ་ནི། རྣམ་པ་ཐམས་ཅད་མཁྱེན་པ་ཉིད་མ་ཡིན་ཞེས་ཟེར། རབ་འབྱོར་གྱིས་སྨྲས་པ། ཚེ་དང་ལྡན་པ་ཤཱ་ར་དྭ་ཏིའི་བུ་འདི་ལྟར་འགྲིབ་པ་གང་ཡིན་པ་དང་གཟུགས་གང་ཡིན་པ་དང་། གཉིས་སུ་བྱར་[༣]མེད་པ་གང་ཡིན་པ་དང་། འགྲིབ་པ་གང་ཡིན་པ་དང་། ཚོར་བ་དང་འདུ་ཤེས་དང་འདུ་བྱེད་དང་རྣམ་པར་ཤེས་པ་གང་ཡིན་པ་དང་། གཉིས་སུ་བྱར་མེད་པ་གང་ཡིན་པའི་ཆོས་དེ་དག་ཐམས་ཅད་ཀྱང་ལྡན་པ་ཡང་མ་ཡིན། མི་ལྡན་པ་ཡང་མ་ཡིན། གཟུགས་མེད་པ་བལྟར་མེད་པ་ཐོགས་པ་མེད་པ་སྟེ། འདི་ལྟར་མཚན་ཉིད་མེད་པར་མཚན་ཉིད་གཅིག་པའོ། །འགྲིབ་པ་གང་ཡིན་པ་དང་། སྐྱེ་མཆེད་དང་ཁམས་དང་རྟེན་ཅིང་འབྲེལ་བར་འབྱུང་བ་གང་ཡིན་པ་དང་། གཉིས་སུ་བྱར་མེད་པའི་ཆོས་གང་ཡིན་པ་དེ་དག་ཐམས་ཅད་ཀྱང་ལྡན་པ་ཡང་མ་ཡིན༏ མི་ལྡན་པ་ཡང་མ་ཡིན་གཟུགས་མེད་པ་བལྟར་མེད་པ་ཐོགས་པ་མེད་པ་སྟེ༏ འདི་ལྟར་མཚན་ཉིད་མེད་པར་མཚན་ཉིད་གཅིག་པའོ། །འགྲིབ་པ་[༣]གང་ཡིན་པ་དང་ཕ་རོལ་ཏུ་ཕྱིན་པ་རྣམས་དང་། སྟོང་པ་ཉིད་ཐམས་ཅད་དང་བྱང་ཆུབ་ཀྱི་ཕྱོགས་ཀྱི་ཆོས་རྣམས་དང་། འཕགས་པའི་བདེན་པ་རྣམས་དང་། བསམ་གཏན་རྣམས་དང་། ཚད་མེད་པ་རྣམས་དང་གཟུགས་མེད་པའི་སྙོམས་

པར་འཇུག་པ་རྣམས་དང་། རྣམ་པར་ཐར་པ་རྣམས་དང་། མཐར་གྱིས་གནས་པའི་སྙོམས་པར་འཇུག་པ་རྣམས་དང་། རྣམ་པར་ཐར་པའི་སྒོ་སྟོང་པ་ཉིད་དང་། མཚན་མ་མེད་པ་དང་སྨོན་པ་མེད་པ་དང་མངོན་པར་ཤེས་པ་རྣམས་[7] དང་། ཏིང་ངེ་འཛིན་རྣམས་དང་། གཟུངས་ཀྱི་སྒོ་རྣམས་དང་། དེ་བཞིན་གཤེགས་པའི་སྟོབས་རྣམས་དང་། མི་འཇིགས་པ་རྣམས་དང་། སོ་སོ་ཡང་དག་པར་རིག་པ་རྣམས་དང་། སངས་རྒྱས་ཀྱི་ཆོས་མ་འདྲེས་པ་རྣམས་དང་རྣམ་པ་ཐམས་ཅད་མཁྱེན་པ་ཉིད་ཀྱི་བར་གང་ཡིན་པ་དང་། གཉིས་སུ་བྱར་མེད་པའི་ཆོས་གང་ཡིན་པ་དེ་དག་ཐམས་ཅད་ཀྱང་ལྡན་པ་ཡང་མ་ཡིན་མི་ལྡན་པ་ཡང་མ་ཡིན་གཟུགས་མེད་པ་བལྟར་མེད་པ་ཐོགས་པ་མེད་པ་སྟེ། འདི་ལྟར་མཚན་ཉིད་མེད་པར་མཚན་ཉིད་གཅིག་པའོ། །ཚེ་དང་ལྡན་པ་ཤ་ར་དྭ་ཏིའི་བུ་རྣམ་གྲངས་དེས་ན། གཟུགས་ཀྱི་འཁྲིབ་པ་གང་ཡིན་པ་དེ་ཡང་གཟུགས་མ་ཡིན། ཚོར་བ་དང་འདུ་ཤེས་དང་འདུ་བྱེད་དང་རྣམ་པར་ཤེས་པའི་འཁྲིབ་པ་གང་ཡིན་པ་དེ་ཡང་རྣམ་པར་ཤེས་པ་མ་ཡིན། སྐྱེ་མཆེད་དང་ཁམས་དང་རྟེན་ཅིང་འབྲེལ་བར་འབྱུང་བའི་འཁྲིབ་པ་གང་ཡིན་པ་དེ་ཡང་རྟེན་ཅིང་འབྲེལ་བར་འབྱུང་བ་མ་ཡིན། ཕ་རོལ་ཏུ་ཕྱིན་པ་རྣམས་དང་སྟོང་པ་ཉིད་ཐམས་ཅད་དང་། བྱང་ཆུབ་ཀྱི་ཕྱོགས་ཀྱི་ཆོས་རྣམས་དང་། འཕགས་པའི་བདེན་པ་རྣམས་དང་། བསམ་གཏན་རྣམས་དང་ཚད་མེད་པ་རྣམས་དང་། གཟུགས་མེད་པའི་སྙོམས་པར་འཇུག་པ་རྣམས་དང་། རྣམ་པར་ཐར་པ་རྣམས་དང་། མཐར་གྱིས་གནས་པའི་སྙོམས་པར་འཇུག་པ་རྣམས་དང་། རྣམ་པར་ཐར་པའི་སྒོ་སྟོང་པ་ཉིད་དང་མཚན་མ་མེད་པ་དང་། སྨོན་པ་མེད་པ་དང་། མངོན་པར་ཤེས་པ་རྣམས་དང་། ཏིང་ངེ་འཛིན་རྣམས་དང་། གཟུངས་ཀྱི་སྒོ་རྣམས་དང་། དེ་བཞིན་གཤེགས་

པའི་སྟོབས་རྣམས་དང་མི་འཇིགས་པ་རྣམས་དང་། སོ་སོ་ཡང་དག་པར་རིག་པ་རྣམས་དང་། སངས་རྒྱས་ཀྱི་ཆོས་མ་འདྲེས་པ་རྣམས་དང་། རྣམ་པ་ཐམས་ཅད་མཁྱེན་པ་ཉིད་ཀྱི་བར་གྱི་འགྲིབ་པ་གང་ཡིན་པ། དེ་ཡང་རྣམ་པ་ཐམས་ཅད་མཁྱེན་པ་ཉིད་མ་ཡིན་ནོ། །སྨྲས་པ། རབ་འབྱོར་ཅིའི་ཕྱིར་ན་དེ་སྐད་དུ་གང་འདི་གཟུགས་ཤེས་བྱ་བ་དེ་ནི་གཉིས་སུ་མེད་པའི་གྲངས་སུ་བྱས་པའོ། །གང་འདི་ཚོར་བ་དང་འདུ་ཤེས་དང་འདུ་བྱེད་དང་རྣམ་པར་ཤེས་པ་ཞེས་བྱ་བ་དེ་ནི་གཉིས་སུ་མེད་པའི་གྲངས་སུ་བྱས་པའོ། །གང་འདི་རྣམ་པ་ཐམས་ཅད་མཁྱེན་པ་ཉིད་ཀྱི་བར་ཞེས་བྱ་བ་དེ་ནི་གཉིས་སུ་མེད་པའི་གྲངས་སུ་བྱས་པའོ། །ཞེས་ཟེར། རབ་འབྱོར་གྱིས་སྨྲས་པ། ཚེ་དང་ལྡན་པ་ཤ་རའི་བུ་འདི་ལྟར་གཟུགས་ཀྱང་གཞན་མ་ཡིན། མ་སྐྱེས་པ་ཡང་གཞན་མ་ཡིན་ཏེ། མ་སྐྱེས་པ་ཉིད་ཀྱང་གཟུགས། གཟུགས་ཉིད་ཀྱང་མ་སྐྱེས་པ་ཏེ[1]། ཚེ་དང་ལྡན་པ་ཤ་རའི་བུ་རྣམ་གྲངས་དེས་ན། [2]འདི་གཟུགས་ཤེས་བྱ་བ་དེ་ནི་གཉིས་སུ་མེད་པའི་གྲངས་སུ་བྱས་པའོ། །འདི་ལྟར་ཚོར་བ་དང་འདུ་ཤེས་དང་འདུ་བྱེད་དང་། རྣམ་པར་ཤེས་པ་ཡང་གཞན་མ་ཡིན་མ་སྐྱེས་པ་[3]ཡང་གཞན་མ་ཡིན་ཏེ[4]། མ་སྐྱེས་པ་ཉིད་ཀྱང་རྣམ་པར་ཤེས་པ་རྣམ་པར་ཤེས་པ་ཉིད་ཀྱང་མ་སྐྱེས་པ་སྟེ། ཚེ་དང་ལྡན་པ་ཤ་རའི་བུ་རྣམ་གྲངས་དེས་ན། གང་འདི་རྣམ་པར་ཤེས་པ་ཞེས་བྱ་བ་འདི་ནི་གཉིས་སུ་མེད་པའི་གྲངས་སུ་བྱས་པའོ། །འདི་ལྟར་སྐྱེ་མཆེད་དང་ཁམས་དང་རྟེན་ཅིང་འབྲེལ་བར་འབྱུང་བ་དང་། ཕ་རོལ་ཏུ་ཕྱིན་པ་རྣམས་དང་། སྟོང་པ་ཉིད་ཐམས་ཅད་དང་། བྱང་ཆུབ་ཀྱི་ཕྱོགས་ཀྱི་ཆོས་རྣམས་དང་། འཕགས་པའི་བདེན་པ་[5]དང་བསམ་གཏན་རྣམས་དང་། ཚད་མེད་པ་[6]རྣམས་དང་། གཟུགས་མེད་པའི་སྙོམས་པར་འཇུག་པ་རྣམས་དང་། རྣམ་པར་ཐར་

པ་རྣམས་དང་། མཐར་གྱིས་གནས་པའི་སྙོམས་པར་འཇུག་པ་རྣམས་དང་། རྣམ་པར་ཐར་པའི་སྒོ་སྟོང་པ་ཉིད་དང་། མཚན་མ་མེད་པ་དང་། སྨོན་པ་མེད་པ་དང་མངོན་པར་ཤེས་པ་རྣམས་དང་། ཏིང་ངེ་འཛིན་རྣམས་དང་། གཟུངས་ཀྱི་སྒོ་རྣམས་དང་། དེ་བཞིན་གཤེགས་པའི་སྟོབས་རྣམས་དང་། མི་འཇིགས་པ་རྣམས་དང་། སོ་སོ་ཡང་དག་པར་རིག་པ་རྣམས་དང་། སངས་རྒྱས་ཀྱི་ཆོས་མ་འདྲེས་པ་རྣམས་ཀྱང་གཞན་མ་ཡིན། མ་སྐྱེས་པ་ཡང་གཞན་མ་ཡིན་ཏེ། མ་སྐྱེས་པ་ཉིད་ཀྱང་སངས་རྒྱས་ཀྱི་ཆོས་མ་འདྲེས་པ་རྣམས། སངས་རྒྱས་ཀྱི་ཆོས་མ་འདྲེས་པ་ཉིད་ཀྱང་མ་སྐྱེས་པ་སྟེ། ཚེ་དང་ལྡན་པ་ཤཱ་ར་དྭ་ཏིའི་བུ་རྣམ་གྲངས་དེས་ན། གང་འདི་སངས་རྒྱས་ཀྱི་ཆོས་མ་འདྲེས་པ་རྣམས་ཞེས་བྱ་བ་དེ་ནི་གཉིས་སུ་མེད་པའི་གྲངས་སུ་བྱས་པའོ། །འདི་ལྟར་རྣམ་པ་ཐམས་ཅད་མཁྱེན་པ་ཉིད་ཀྱི་བར་ཡང་གཞན་མ་ཡིན། མ་སྐྱེས་པ་ཡང་གཞན་མ་ཡིན་ཏེ། མ་སྐྱེས་པ་ཉིད་ཀྱང་རྣམ་པ་ཐམས་ཅད་མཁྱེན་པ་ཉིད། རྣམ་པ་ཐམས་ཅད་མཁྱེན་པ་ཉིད་ཀྱང་མ་སྐྱེས་པ་སྟེ། ཚེ་དང་ལྡན་པ་ཤཱ་ར་དྭ་ཏིའི་བུ་རྣམ་གྲངས་དེས་ན། གང་འདི་རྣམ་པ་ཐམས་ཅད་མཁྱེན་པ་ཉིད་ཅེས་བྱ་བ་དེ་ནི་གཉིས་སུ་མེད་པའི་གྲངས་སུ་བྱས་པའོ། །དེ་ནས་ཚེ་དང་ལྡན་པ་རབ་འབྱོར་གྱིས་བཅོམ་ལྡན་འདས་ལ་འདི་སྐད་ཅེས་གསོལ་ཏོ། །བཅོམ་ལྡན་འདས་གང་གི་ཚེ་ན། བྱང་ཆུབ་སེམས་དཔའ་སེམས་དཔའ་ཆེན་པོ་ཤེས་རབ་ཀྱི་ཕ་རོལ་ཏུ་ཕྱིན་པ་ལ་སྤྱོད་ཅིང་། ཆོས་དེ་དག་ལ་དེ་ལྟར་ཡོངས་སུ་རྟོག་པ་དེའི་ཚེ། ཤིན་ཏུ་རྣམ་པར་དག་པའི་སླད་དུ་གཟུགས་ཀྱི་མ་སྐྱེས་པ་མཐོང་བར་འགྱུར། ཤིན་ཏུ་རྣམ་པར་དག་པའི་སླད་དུ། ཚོར་བ་དང་། འདུ་ཤེས་དང་། འདུ་བྱེད་དང་། རྣམ་པར་ཤེས་པའི་མ་སྐྱེས་པ་མཐོང་བར་འགྱུར། ཤིན་ཏུ་རྣམ་པར་དག་པའི་སླད་དུ

སྐྱེ་མཆེད་རྣམས་དང་ཁམས་རྣམས་དང་རྟེན་ཅིང་འབྲེལ་བར་འབྱུང་བ་རྣམས་ཀྱི་མ་སྐྱེས་པ་མཐོང་བར་འགྱུར། ཤིན་ཏུ་རྣམ་པར་དག་པའི་སླད་དུ་སྦྱིན་པའི་ཕ་རོལ་དུ་ཕྱིན་པའི་མ་སྐྱེས་པ་མཐོང་བར་འགྱུར། ཤིན་ཏུ་རྣམ་པར་དག་པའི་སླད་དུ་ཚུལ་ཁྲིམས་ཀྱི་ཕ་རོལ་དུ་ཕྱིན་པ་དང་། བཟོད་པའི་ཕ་རོལ་དུ་ཕྱིན་པ་དང་། བརྩོན་འགྲུས་ཀྱི་ཕ་རོལ་དུ་ཕྱིན་པ་དང་། བསམ་གཏན་གྱི་ཕ་རོལ་དུ་ཕྱིན་པ་དང་། ཤེས་རབ་ཀྱི་ཕ་རོལ་དུ་ཕྱིན་པའི་མ་སྐྱེས་པ་⑦མཐོང་བར་འགྱུར། ཤིན་ཏུ་རྣམ་པར་དག་པའི་སླད་དུ། ནང་སྟོང་པ་ཉིད་ཀྱི་མ་སྐྱེས་པ་མཐོང་བར་འགྱུར། ཤིན་ཏུ་རྣམ་པར་དག་པའི་སླད་དུ། དངོས་པོ་མེད་པའི་ངོ་བོ་ཉིད་སྟོང་པ་ཉིད་ཀྱི་བར་གྱི་མ་སྐྱེས་པ་མཐོང་བར་འགྱུར། ཤིན་ཏུ་རྣམ་པར་དག་པའི་སླད་དུ། དྲན་པ་ཉེ་བར་གཞག་པ་རྣམས་ཀྱི་མ་སྐྱེས་པ་མཐོང་བར་འགྱུར། ཤིན་ཏུ་རྣམ་པར་དག་པའི་སླད་དུ། ཡང་དག་པར་སྤོང་བ་རྣམས་དང་རྫུ་③འཕྲུལ་གྱི་རྐང་པ་རྣམས་དང་། དབང་པོ་རྣམས་དང་། སྟོབས་རྣམས་དང་བྱང་ཆུབ་ཀྱི་ཡན་ལག་རྣམས་དང་། འཕགས་པའི་ལམ་ཡན་ལག་བརྒྱད་པའི་མ་སྐྱེས་པཿམཐོང་བར་①འགྱུར། ཤིན་ཏུ་རྣམ་པར་དག་པའི་སླད་དུ་འཕགས་པའི་བདེན་པ་རྣམས་དང་། བསམ་གཏན་རྣམས་དང་ཚད་མེད་པ་རྣམས་དང་། གཟུགས་མེད་པའི་སྙོམས་པར་འཇུག་པ་རྣམས་དང་། རྣམ་པར་ཐར་པ་རྣམས་དང་། མཐར་གྱིས་གནས་པའི་སྙོམས་པར་འཇུག་པ་རྣམས་དང་། རྣམ་པར་ཐར་པའི་སྒོ་སྟོང་པ་ཉིད་དང་། མཚན་མ་མེད་པ་དང་། སྨོན་པ་མེད་པ་དང་མངོན་པར་ཤེས་པ་རྣམས་དང་ཏིང་ངེ་འཛིན་རྣམས་དང་གཟུངས་ཀྱི་སྒོ་རྣམས་དང་། དེ་བཞིན་གཤེགས་པའི་སྟོབས་རྣམས་དང་། མི་འཇིགས་པ་རྣམས་དང་། སོ་སོ་ཡང་དག་པར་རིག་པ་རྣམས་དང་། སངས་རྒྱས་ཀྱི་ཆོས་མ་འདྲེས་པ་བཅོ་

བརྒྱད་ཀྱི་མ་སྐྱེས་པ་མཐོང་བར་འགྱུར། ཤིན་དུ་རྣམ་པར་དག་པའི་སླད་དུ་རྣམ་པ་ཐམས་ཅད་མཁྱེན་པ་ཉིད་ཀྱི་བར་གྱི་མ་སྐྱེས་པ་མཐོང་བར་འགྱུར། ཤིན་དུ་རྣམ་པར་དག་པའི་སླད་དུ། སོ་སོའི་སྐྱེ་བོའི་མ་སྐྱེས་པ་མཐོང་བར་འགྱུར། ཤིན་དུ་རྣམ་པར་དག་པའི་སླད་དུ། སོ་སོའི་སྐྱེ་བོའི་ཆོས་རྣམས་ཀྱི་མ་སྐྱེས་པ་མཐོང་བར་འགྱུར། ཤིན་དུ་རྣམ་པར་དག་པའི་སླད་དུ། རྒྱུན་དུ་ཞུགས་པ་དང་རྒྱུན་དུ་ཞུགས་པའི་ཆོས་རྣམས་ཀྱི་མ་སྐྱེས་པ་མཐོང་བར་འགྱུར། ཤིན་དུ་རྣམ་པར་དག་པའི་སླད་དུ། ལན་ཅིག་ཕྱིར་འོང་བ་དང་། ལན་ཅིག་ཕྱིར་[1]འོང་བའི་ཆོས་རྣམས་དང་ཕྱིར་མི་འོང་ཿབ་དང་[2]ཕྱིར་མི་འོང་བའི་ཆོས་རྣམས་དང་། དགྲ་བཅོམ་པ་དང་དགྲ་བཅོམ་པའི་ཆོས་རྣམས་དང་། རང་སངས་རྒྱས་དང་རང་སངས་རྒྱས་ཀྱི་ཆོས་རྣམས་དང་། བྱང་ཆུབ་སེམས་དཔའ་དང་བྱང་ཆུབ་སེམས་དཔའི་ཆོས་རྣམས་དང་། སངས་རྒྱས་ཀྱི་མ་སྐྱེས་པ་མཐོང་བར་འགྱུར། ཤིན་དུ་རྣམ་པར་དག་པའི་སླད་དུ། སངས་རྒྱས་ཀྱི་ཆོས་རྣམས་ཀྱི་མ་སྐྱེས་པ་མཐོང་བར་འགྱུར་རོ། །དེ་ནས་ཚེ་དང་ལྡན་པ་ཤཱ་ར་དྭ་ཏིའི་བུས། ཚེ་དང་ལྡན་པ་རབ་འབྱོར་ལ་འདི་སྐད་ཅེས་སྨྲས་སོ། །ཚེ་དང་ལྡན་པ་རབ་འབྱོར་གྱིས་སྨྲས་པའི་དོན་བདག་གིས་ཤེས་པ་ལྟར་ན། གཟུགས་ཀྱང་མ་སྐྱེས་ལ་ཚོར་བ་དང་འདུ་ཤེས་དང་འདུ་བྱེད་དང་། རྣམ་པར་ཤེས་པ་ཡང་མ་སྐྱེས། སྐྱེ་མཆེད་རྣམས་ཀྱང་མ་སྐྱེས། ཁམས་རྣམས་ཀྱང་མ་སྐྱེས། རྟེན་ཅིང་འབྲེལ་བར་འབྱུང་བ་རྣམས་ཀྱང་མ་སྐྱེས། ཕ་རོལ་ཏུ་ཕྱིན་པ་རྣམས་ཀྱང་མ་སྐྱེས། སྟོང་པ་ཉིད་ཐམས་ཅད་ཀྱང་མ་སྐྱེས། བྱང་ཆུབ་ཀྱི་ཕྱོགས་ཀྱི་ཆོས་སུམ་ཅུ་རྩ་བདུན་ཡང་མ་སྐྱེས༑ འཕགས་པའི་བདེན་པ་རྣམས་དང་བསམ་གཏན་རྣམས་དང་། ཚད་མེད་པ་རྣམས་དང་། གཟུགས་མེད་པའི་སྙོམས་པར་འཇུག་པ་རྣམས་ཀྱང་མ་སྐྱེས།

རྣམ་པར་ཐར་པ་རྣམས་དང་མཐར་གྱིས་གནས་པའི་སྙོམས་པར་འཇུག་པ་རྣམས་དང་། རྣམ་པར་ཐར་པའི་སྒོ་སྟོང་པ་ཉིད་དང་། མཚན་མ་མེད་པ་དང་སྨོན་པ་མེད་པ་ཡང་མ་སྐྱེས། མངོན་པར་ཤེས་པ་རྣམས་དང་། ཏིང་ངེ་འཛིན་རྣམས་དང་གཟུངས་ཀྱི་སྒོ་རྣམས་ཀྱང་མ་སྐྱེས། དེ་བཞིན་གཤེགས་པའི་སྟོབས་རྣམས་དང་། མི་འཇིགས་པ་རྣམས་དང་། སོ་སོ་ཡང་དག་པར་རིག་པ་རྣམས་དང་སངས་རྒྱས་ཀྱི་ཆོས་མ་འདྲེས་པ་བཅོ་བརྒྱད་ཀྱང་མ་སྐྱེས། རྣམ་པ་ཐམས་ཅད་མཁྱེན་པ་ཉིད་ཀྱི་བར་ཡང་མ་སྐྱེས། སོ་སོའི་སྐྱེ་བོ་ཡང་མ་སྐྱེས། སོ་སོའི་སྐྱེ་བོའི་ཆོས་རྣམས་ཀྱང་མ་སྐྱེས། རྒྱུན་དུ་ཞུགས་པ་ཡང་མ་སྐྱེས། རྒྱུན་དུ་ཞུགས་པའི་ཆོས་ཀྱང་མ་སྐྱེས། ལན་ཅིག་ཕྱིར་འོང་བ་ཡང་མ་སྐྱེས། ལན་ཅིག་ཕྱིར་འོང་བའི་ཆོས་ཀྱང་མ་སྐྱེས་ཕྱིར་མི་འོང་བ་ཡང་མ་སྐྱེས། ཕྱིར་མི་འོང་བའི་ཆོས་ཀྱང་མ་སྐྱེས། དགྲ་བཅོམ་པ་ཡང་མ་སྐྱེས། དགྲ་བཅོམ་པའི་ཆོས་ཀྱང་མ་སྐྱེས། རང་སངས་རྒྱས་ཀྱང་མ་སྐྱེས། རང་སངས་རྒྱས་ཀྱི་ཆོས་ཀྱང་མ་སྐྱེས༑ བྱང་ཆུབ་སེམས་དཔའ་ཡང་མ་སྐྱེས། བྱང་ཆུབ་སེམས་དཔའི་ཆོས་ཀྱང་མ་སྐྱེས། སངས་རྒྱས་ཀྱང་མ་སྐྱེས། སངས་རྒྱས་ཀྱི་ཆོས་ཀྱང་མ་སྐྱེས་པ་ཡིན་ན། ཚེ་དང་ལྡན་པ་རབ་འབྱོར་དེ་ལྟར་གལ་ཏེ་གཟུགས་ཀྱང་སྐྱེ་བ་མེད། སངས་རྒྱས་ཀྱི་ཆོས་མ་འདྲེས་པ་བཅོ་བརྒྱད་ཀྱི་བར་ཡང་སྐྱེ་བ་མེད། རྣམ་པ་ཐམས་ཅད་མཁྱེན་པ་ཉིད་ཀྱི་བར་ཡང་སྐྱེ་བ་མེད། སོ་སོའི་སྐྱེ་བོ་ཡང་སྐྱེ་བ་མེད། སོ་སོའི་སྐྱེ་བོའི་ཆོས་ཀྱང་སྐྱེ་བ་མེད། རྒྱུན་དུ་ཞུགས་པ་དང་རྒྱུན་དུ་ཞུགས་པའི་ཆོས་ཀྱང་སྐྱེ་བ་མེད། ལན་ཅིག་ཕྱིར་འོང་བ་དང་། ལན་ཅིག་ཕྱིར་འོང་བའི་ཆོས་ཀྱང་སྐྱེ་བ་མེད། ཕྱིར་མི་འོང་བ་དང་ཕྱིར་མི་འོང་བའི་ཆོས་ཀྱང་སྐྱེ་བ་མེད༑ དགྲ་བཅོམ་པ་དང་དགྲ་བཅོམ་པའི་ཆོས་ཀྱང་སྐྱེ་བ་མེད། རང་སངས་

རྒྱས་དང་རང་སངས་རྒྱས་ཀྱི་[༡]ཆོས་ཀྱང་སྐྱེ་བ་མེད། བྱང་ཆུབ་སེམས་དཔའ་ཡང་སྐྱེ་བ་མེད། བྱང་ཆུབ་སེམས་དཔའི་ཆོས་ཀྱང་སྐྱེ་བ་མེད། སངས་རྒྱས་ཀྱང་སྐྱེ་བ་མེད། སངས་རྒྱས་ཀྱི་ཆོས་ཀྱང་སྐྱེ་བ་མེད་ན་ནི། ཉན་ཐོས་ཀྱི་ཐེག་པ་པ་རྣམས་[༢]ཀྱིས་ཀྱང་། རྒྱུན་དུ་ཞུགས་པའི་འབྲས་བུ་དང་། ལན་ཅིག་ཕྱིར་འོང་བའི་འབྲས་བུ་དང་། ཕྱིར་མི་འོང་བའི་འབྲས་བུ་དང་དགྲ་བཅོམ་པ་ཉིད་ཐོབ་བྱིན་པར་འགྱུར་རོ། །རང་སངས་རྒྱས་ཀྱི་ཐེག་པ་པ་རྣམས་ཀྱིས་ཀྱང་། རང་སངས་རྒྱས་ཀྱི་བྱང་ཆུབ་ཐོབ་བྱིན་པར་འགྱུར་རོ། །བྱང་ཆུབ་སེམས་དཔའ་སེམས་དཔའ་ཆེན་པོས་ཀྱང་། རྣམ་པ་ཐམས་ཅད་མཁྱེན་པ་ཉིད་ཐོབ་བྱིན་པར་འགྱུར་རོ། །འགྲོ་བ་ལྔ་རྣམས་ཀྱང་ཐ་མི་དད་པར་འགྱུར་རོ། །བྱང་ཆུབ་སེམས་དཔའ་སེམས་དཔའ་ཆེན་པོས་ཀྱང་བྱང་ཆུབ་རྣམ་[༣]ལྔ་ཐོབ་བྱིན་པར་འགྱུར་རོ། །ཚེ་དང་ལྡན་པ་རབ་འབྱོར་གལ་ཏེ་ཆོས་ཐམས་ཅད་མ་སྐྱེས་པ་ཡིན་ན། ཅིའི་ཕྱིར་རྒྱུན་དུ་ཞུགས་པས་ནི། ཀུན་དུ་སྦྱོར་བ་གསུམ་སྤང་བའི་ཕྱིར་ལམ་བསྒོམས། ལན་ཅིག་ཕྱིར་འོང་བས་ནི་འདོད་ཆགས་དང་། ཞེ་སྡང་དང་གཏི་མུག་བསྲབས་[༤]པའི་ཕྱིར་ལམ་བསྒོམས། ཕྱིར་མི་འོང་བས་ནི། དམ་པ་མ་ཡིན་པའི་ཆ་ཅན་གྱི། ཀུན་དུ་སྦྱོར་བ་ལྔ་སྤང་བའི་ཕྱིར་ལམ་བསྒོམས། དགྲ་བཅོམ་པས་ནི་བླ་མའི་ཆ་ཅན་གྱི། ཀུན་དུ་སྦྱོར་བ་རྣམས་སྤང་བའི་ཕྱིར་ལམ་བསྒོམས། རང་སངས་རྒྱས་ཀྱི་ཐེག་པ་ལ་ཞུགས་པས་ནི། རང་བྱང་ཆུབ་ཀྱི་དོན་དུ་ལམ་བསྒོམས། ཅིའི་ཕྱིར་བྱང་ཆུབ་སེམས་དཔའ་སེམས་དཔའ་ཆེན་པོ་ནི། སེམས་ཅན་རྣམས་ཀྱི་དོན་དུ་དེ་ལྟར་སྡུག་བསྔལ་ཉམས་སུ་མྱོང་བར་བྱེད་ཅིང་དཀའ་བའི་སྤྱད་པ་སྤྱོད་ཅིང་[༥]། ཅིའི་ཕྱིར་དེ་བཞིན་གཤེགས་པས་ནི། བླ་ན་མེད་པ་ཡང་དག་པར་རྫོགས་པའི་བྱང་ཆུབ་ཏུ་མངོན་པར་རྫོགས་པར་སངས་རྒྱས།

ཅིའི་ཕྱིར་དེ་བཞིན་གཤེགས་པས་ནི། .ཆོས་ཀྱི་འཁོར་ལོ་བསྐོར། དེ་སྐད་ཅེས་
སྨྲས་པ་དང་། ཚེ་དང་ལྡན་པ་རབ་འབྱོར་གྱིས། ཚེ་དང་ལྡན་པ་ཤཱ་ར་དྭ་ཏིའི་
བུ་ལ་འདི་སྐད་ཅེས་སྨྲས་སོ། །ཚེ་དང་ལྡན་པ་ཤཱ་ར་དྭ་ཏིའི་བུ་བདག་ནི་ཆོས་མ་
སྐྱེས་པ་ལ་འཐོབ་པ་ཡོད་པ་དང་། ཁོང་དུ་ཆུད་པ་ཡོད་པར་མི་འདོད་དོ[1]། །
མ་སྐྱེས་པ་ལ་རྒྱུན་དུ་ཞུགས་པ་ཡོད་པར་མི་འདོད་དོ། །རྒྱུན་དུ་ཞུགས་པའི་
འབྲས་བུ་ཡོད་པར་མི་འདོད་དོ། །མ་སྐྱེས་པ་ལ་ལན་ཅིག་ཕྱིར་འོང་བ་ཡོད་
པར་མི་འདོད་དོ། །ལན་ཅིག་ཕྱིར་འོང་བའི་འབྲས་བུ་ཡོད་པར་མི་འདོད་དོ། །
མ་སྐྱེས་པ་ལ་ཕྱིར་མི་འོང་བ་ཡོད་པར་མི་འདོད་དོ། །ཕྱིར་མི་འོང་བའི་འབྲས་བུ་
ཡོད་པར་མི་འདོད་དོ། །མ་སྐྱེས་པ་ལ་དགྲ་བཅོམ་པ་ཡོད་པར་མི་འདོད་དོ། །
དགྲ་བཅོམ་པ་ཉིད་མངོན་དུ་བྱ་བ་ཡོད་པར་མི་འདོད་དོ། །མ་སྐྱེས་པ་ལ་རང་···
སངས་རྒྱས་ཡོད་པར་མི་འདོད་དོ། །རང་བྱང་ཆུབ་ཡོད་པར་མི་འདོད་དོ། །
ཚེ་དང་ལྡན་པ་ཤཱ་ར་དྭ་ཏིའི་བུ་བདག་ནི་བྱང་ཆུབ་སེམས་དཔའ་སེམས་དཔའ་ཆེན་
པོ༔ དཀའ་བའི་སྤྱད་པ་སྤྱོད་པ་ཡོད་པར་མི་འདོད་དོ། །བྱང་ཆུབ་སེམས····
དཔའ་སེམས་དཔའ་ཆེན་པོ་ཡང་དཀའ་བ་སྤྱོད་པའི་འདུ་ཤེས་ཀྱིས་མི་སྤྱོད་དོ། །
དེ་ཅིའི་ཕྱིར་ཞེ་ན། ཚེ་དང་ལྡན་པ[2]ཤཱ་ར་དྭ་ཏིའི་བུ་སྡུག་བསྔལ་གྱི་འདུ་ཤེས····
བསྐྱེད་ན། སེམས་ཅན་ཚད་མེད་གྲངས་མེད་པའི་དོན་བྱ་བར་མི་ནུས་ཀྱི། ཚེ་
དང་ལྡན་པ་ཤཱ་ར་དྭ་ཏིའི་བུ་སེམས་ཅན་རྣམས་ལ་མར་འདུ་ཤེས་བསྐྱེད་པ་དང་།
ཕར་འདུ་ཤེས་བསྐྱེད་པ་དང་། བདག་ཏུ་འདུ་ཤེས་བསྐྱེད་པ་དང་། བུར་འདུ་
ཤེས་བསྐྱེད་པས། སེམས་ཅན་གྲངས་མེད་ཚད་མེད་པའི་དོན་བྱ་བ་དེ་ཡང་མི་
དམིགས་པའི་ཚུལ་དུ་ནུས་པར་འགྱུར་རོ། །བྱང་ཆུབ་སེམས་དཔའ་སེམས་དཔའ་
ཆེན་པོ་ནི་འདི་ལྟར་སེམས་བསྐྱེད་དེ། ཇི་ལྟར་བདག་བདག་ཅེས་བྱ་བ[3]ཡང་དེ་

ཉི་ཐམས་ཅད་དུ་ཐམས་ཅད་རྣམ་པ་ཐམས་ཅད་དུ་ཐམས་ཅད་མེད་ཅིང་མི་དམིགས་པ་དེ་བཞིན་དུ་ཕྱི་ནང་གི་ཆོས་རྣམས་ལ་ཡང་འདུ་ཤེས་བསྐྱེད་དེ། དེ་ལྟར་འདུ་ཤེས་བསྐྱེད་ཀྱང་དགའ་[1]བའི་འདུ་ཤེས་མི་བསྐྱེད་དོ། །དེ་ཅིའི་ཕྱིར་ཞེ་ན། འདི་ལྟར་དེ་ནི་ཆོས་གང་ཡང་མི་ལེན་མི་གནས་པའི་ཕྱིར་རོ། །ཚེ་དང་ལྡན་པ་ཤཱ་ར་དྭ་ཏིའི་བུ་བདག་ནི་མ་སྐྱེས་པ་ལ་དེ་བཞིན་གཤེགས་པ་ཡོད་པར་མི་འདོད་དོ། །བླ་ན་མེད་པ་ཡང་དག་པར་རྫོགས་པའི་བྱང་ཆུབ་ཀྱང་ཡོད་པར་མི་འདོད་དོ[2]། །དེ་བཞིན་གཤེགས་པས་ཆོས་ཀྱི་འཁོར་ལོ་བསྐོར་[3]བ་ལྟར་ན། མ་སྐྱེས་པའི་ཆོས་ཀྱིས་འཐོབ་པའམ་འཐོབ་པར་བྱ་བ་མེད་དོ། །སྨྲས་པ་ཚེ་དང་ལྡན་པ་རབ་འབྱོར་ཁྱོད་ཆོས་སྐྱེས་པས་འཐོབ་པར་འདོད་དམ། འོན་ཏེ་མ་སྐྱེས་པའི་ཆོས་ཀྱིས་འཐོབ་པར་འདོད། རབ་འབྱོར་གྱིས་སྨྲས་པ། ཚེ་དང་ལྡན་པ་ཤཱ་ར་དྭ་ཏིའི་བུ་བདག་ནི་སྐྱེས་པའི་ཆོས་ཀྱིས་ཀྱང་འཐོབ་པར་ཡང་མི་འདོད་དོ། །མ་སྐྱེས་པའི་ཆོས་ཀྱིས་ཀྱང་འཐོབ་པར་མི་འདོད་དོ། །སྨྲས་པ་ཚེ་དང་ལྡན་པ་རབ་འབྱོར་འོ་ན་འཐོབ་པ་མེད་ལ་མངོན་པར་རྟོགས་པ་མེད་དམ། རབ་འབྱོར་གྱིས་སྨྲས་པ། ཚེ་དང་ལྡན་པ་ཤཱ་ར་དྭ་ཏིའི་བུ་འཐོབ༔པར་ཡང་[4]ཡོད། མངོན་པར་རྟོགས་པ་ཡང་ཡོད་དེ། གཉིས་ཀྱིས་མ་ཡིན་གྱི། ཚེ་དང་ལྡན་པ་ཤཱ་ར་དྭ་ཏིའི་བུ་འཐོབ་པའམ་མངོན་པར་རྟོགས་པ་ནི་འཇིག་རྟེན་གྱི་ཐ་སྙད་ཀྱིས་གདགས་པའོ། །རྒྱུན་དུ་ཞུགས་པའམ། ལན་ཅིག་ཕྱིར་འོང་བའམ། ཕྱིར་མི་འོང་བའམ། དགྲ་བཅོམ་པའམ། རང་སངས་རྒྱས་སམ། བྱང་ཆུབ་སེམས་དཔའ་འམ། སངས་རྒྱས་དག་ཀྱང་འཇིག་རྟེན་གྱི་ཐ་སྙད་ཀྱིས་གདགས་པ་སྟེ། དོན་དམ་པར་ནི་འཐོབ་པའམ། མངོན་པར་རྟོགས་པའམ། རྒྱུན་དུ་ཞུགས་པའམ། ལན་ཅིག་ཕྱིར་འོང་བའམ། ཕྱིར་མི་འོང་བའམ། དགྲ་བཅོམ་

པའམ༑ རང་སངས་རྒྱས་སམ། བྱང་ཆུབ་སེམས་དཔའ་འམ། སངས་རྒྱས་སུ་གདགས་པ་མེད་དོ། །སླས་པ་ཚེ་དང་ལྡན་པ་རབ་འབྱོར་ཐོབ་①པ་དང་། མངོན་པར་རྫོགས་པར་བྱ་བ་འཇིག་རྟེན་གྱི་ཐ་སྙད་དུ་ཡོད་པ་དེ་བཞིན་དུ་འགྲོ་བ་ལྔ་དག་ཀྱང་འཇིག་རྟེན་གྱི་ཐ་སྙད་དུ་ཐ་དད་ཀྱི་དོན་དམ་པར་མ་ཡིན་ནམ། སླས་པ་ཚེ་དང་ལྡན་པ་ཤ་ར་དྭ་ཏིའི་བུ་དེ་དེ་བཞིན་ཏེ། ཇི་ལྟར་ཐོབ་②པ་དང་། མངོན་པར་རྫོགས་པར་འཇིག་རྟེན་གྱི་ཐ་སྙད་དུ་ཡོད་པ་དེ་བཞིན་དུ་འགྲོ་བ་ལྔ་དག་ཀྱང་འཇིག་རྟེན་གྱི་ཐ་སྙད་དུ་ཐ་དད་ཀྱི་དོན་དམ་པར་མ་ཡིན་ནོ། །དེ་ཅིའི་ཕྱིར་ཞེ་ན། ཚེ་དང་ལྡན་པ་ཤ་ར་དྭ་ཏིའི་བུ་དོན་དམ་པར་ནི་ལས་ཀྱང་མེད། ལས་ཀྱི་རྣམ་པར་སྨིན་པ་ཡང་མེད། སྐྱེ་བ་ཡང་མེད། འགག་③པ་ཡང་མེད། ཀུན་ནས་ཉོན་མོངས་པ་ཡང་མེད། རྣམ་པར་བྱང་བ་ཡང་མེད་དོ། །སླས་པ་ཚེ་དང་ལྡན་པ་རབ་འབྱོར་མ་སྐྱེས་པའི་ཆོས་སྐྱེ་བར་འགྱུར་རམ། འོན་ཏམ་སྐྱེས་པའི་ཆོས་སྐྱེ་བར་འགྱུར། རབ་འབྱོར་གྱིས་སྨྲས་པ། ཚེ་དང་ལྡན་པ་ཤ་ར་དྭ་ཏིའི་བུ་བདག་ནི་མ་སྐྱེས་པའི་ཆོས་ཀྱང་སྐྱེ་བར་མི་འདོད་དོ། །སྐྱེས་པའི་ཆོས་ཀྱང་སྐྱེ་བར་མི་འདོད་དོ།། ||

ཤེས་རབ་ཀྱི་ཕ་རོལ་ཏུ་ཕྱིན་པ་སྟོང་ཕྲག་ཉི་ཤུ་ལྔ་པ། བམ་པོ་ཉི་ཤུ་དྲུག་པ། སླས་པ་ཚེ་དང་ལྡན་པ་རབ་འབྱོར་མ་སྐྱེས་པའི་ཆོས་སྐྱེ་བར་④མི་འདོད་པ་གང་ཡིན། རབ་འབྱོར་གྱིས་སྨྲས་པ། ཚེ་དང་ལྡན་པ་ཤ་ར་དྭ་ཏིའི་བུ་བདག་ནི་གཟུགས་མ་སྐྱེས་པ་རང་བཞིན་གྱིས་སྟོང་པ་སྐྱེ་བར་མི་འདོད་དོ། །ཚེ་དང་ལྡན་པ་ཤ་ར་དྭ་ཏིའི་བུ་བདག་ནི་ཚོར་བ་དང་འདུ་ཤེས་དང་འདུ་བྱེད་དང་རྣམ་པར་ཤེས་པ་མ་སྐྱེས་པ་རང་བཞིན་གྱིས་སྟོང་པ་སྐྱེ་བར་མི་འདོད་དོ། །ཚེ་དང་ལྡན་པ་ཤ་ར་དྭ་ཏིའི་བུ་བདག་ནི་སྐྱེ་མཆེད་རྣམས་དང་། ཁམས་རྣམས་དང་། རྟེན་ཅིང་

འབྲེལ་བར་འབྱུང་བ་རྣམས་དང་། ཕ་རོལ་ཏུ་ཕྱིན་པ་རྣམས་དང་། སྟོང་པ་ཉིད་ཐམས་ཅད་དང་། བྱང་ཆུབ་ཀྱི་ཕྱོགས་ཀྱི་ཆོས་རྣམས་དང་། འཕགས་པའི་བདེན་པ་རྣམས་དང་། བསམ་གཏན་རྣམས་དང་། ཚད་མེད་པ་རྣམས་དང་། གཟུགས་མེད་པའི་སྙོམས་པར་འཇུག་པ་རྣམས་དང་། རྣམ་པར་ཐར་པ་རྣམས་དང་། མཐར་གྱིས་གནས་པའི་སྙོམས་པར་འཇུག་པ་རྣམས་དང་། རྣམ་པར་ཐར་པའི་སྒོ་སྟོང་པ་ཉིད་དང་། མཚན་མ་མེད་པ་དང་སྨོན་པ་མེད་པ་དང་། མངོན་པར་ཤེས་པ་རྣམས་དང་། ཏིང་ངེ་འཛིན་རྣམས་དང་། གཟུངས་ཀྱི་སྒོ་རྣམས་དང་། དེ་བཞིན་གཤེགས་པའི་སྟོབས་རྣམས་དང་། མི་འཇིགས་པ་རྣམས་དང་། སོ་སོ་ཡང་དག་པར་རིག་པ་རྣམས་དང་། སངས་རྒྱས་ཀྱི་ཆོས་མ་འདྲེས་པ་རྣམས་མ་སྐྱེས་པ་རང་བཞིན་གྱིས་སྟོང་པ་སྐྱེ་བར་མི་འདོད་དོ། །ཚེ་དང་ལྡན་པ་ཤ་ར་དྭ་ཏིའི་བུ་བདག་ནི་རྣམ་པ་ཐམས་ཅད་མཁྱེན་པ་ཉིད་ཀྱི་བར་དུ་[7]མ་སྐྱེས་པ་རང་བཞིན་གྱིས་སྟོང་པ་སྐྱེ་བར་མི་འདོད་དོ། །སྐྱེས་པ་ཚེ་དང་ལྡན་པ་རབ་འབྱོར་ཆོས་སྐྱེས་པ་སྐྱེ་བར་མི་འདོད་པ་གང་། སྐྱེས་པ་ཚེ་དང་ལྡན་པ་ཤ་ར་དྭ་ཏིའི་བུ་བདག་ནི་གཟུགས་སྐྱེས་པ་རང་བཞིན་གྱིས་སྟོང་པ་སྐྱེ་བར་མི་འདོད་དོ། །ཚེ་དང་ལྡན་པ་ཤ་ར་དྭ་ཏིའི་བུ་བདག་ནི་ཚོར་བ་དང་འདུ་ཤེས་དང་འདུ་བྱེད་དང་རྣམ་པར་ཤེས་པ་སྐྱེས་པ། རང་བཞིན་གྱིས་སྟོང་པ་སྐྱེ་བར་མི་འདོད་དོ། །ཚེ་དང་ལྡན་པ་ཤ་ར་དྭ་ཏིའི་བུ་བདག་ནི་སྐྱེ་མཆེད་དང་ཁམས་དང་རྟེན་ཅིང་འབྲེལ་བར་འབྱུང་བ་དང་། ཕ་རོལ་ཏུ་ཕྱིན་པ་རྣམས་དང་། སྟོང་པ་ཉིད་ཐམས་ཅད་དང་། བྱང་ཆུབ་ཀྱི་ཕྱོགས་ཀྱི་ཆོས་རྣམས་དང་། འཕགས་པའི་བདེན་པ་རྣམས་དང་བསམ་གཏན་རྣམས་དང་། ཚད་མེད་པ་རྣམས་དང་། གཟུགས་མེད་པའི་སྙོམས་པར་འཇུག་པ་རྣམས་དང་། རྣམ་

པར་ཐར་པ་རྣམས་དང་མཐར་གྱིས་གནས་པའི་སྙོམས་པར་འཇུག་པ་རྣམས་དང་། རྣམ་པར་ཐར་པའི་སྒོ་སྟོང་པ་ཉིད་དང་མཚན་མ་མེད་པ་དང་། སྨོན་པ་མེད་པ་དང་མངོན་པར་ཤེས་པ་རྣམས་དང་། ཏིང་ངེ་འཛིན་རྣམས་དང་། གཟུངས་ཀྱི་སྒོ་རྣམས་དང་དེ་བཞིན་གཤེགས་པའི་སྟོབས་རྣམས་དང་། མི་འཇིགས་པ་རྣམས་དང་སོ་སོ་ཡང་དག་པར་རིག་པ་རྣམས་དང་། སངས་རྒྱས་ཀྱི་ཆོས་མ་འདྲེས་པ་རྣམས་སྐྱེས་པ་རང་བཞིན་གྱིས་སྟོང་པ་སྐྱེ་བར་མི་འདོད་དོ། །ཚེ་དང་ལྡན་པ་ཤཱ་ར་དྭ་ཏིའི་བུ་བདག་ནི་རྣམ་པ་ཐམས་[1]ཅད་མཁྱེན་པ་ཉིད་ཀྱི་བར་དུ་སྐྱེས་པ་རང་བཞིན་གྱིས་སྟོང་པ་སྐྱེ་བར་མི་འདོད་དོ། །སྨྲས་པ་ཚེ་དང་ལྡན་པ་རབ་འབྱོར་སྐྱེ་བ་སྐྱེའམ[2]། འོན་ཏམ་སྐྱེ་བ་མི་[3]སྐྱེ། སྨྲས་པ་ཚེ་དང་ལྡན་པ་ཤཱ་ར་དྭ་ཏིའི་བུ་སྐྱེ་བ་ཡང་མི་སྐྱེ་མི་སྐྱེ་བ་ཡང་མི་སྐྱེའོ། །དེ་ཅིའི་ཕྱིར་ཞེ་ན། འདི་ལྟར་ཚེ་དང་ལྡན་པ་ཤཱ་ར་དྭ་ཏིའི་བུ་སྐྱེ་བ་གང་ཡིན་པ་དང་སྐྱེ་བ་མེད་པ་གང་ཡིན་པའི་ཆོས་དེ་གཉིས་ཀ་ཡང་ལྡན་པ་ཡང་མ་ཡིན། མི་ལྡན་པ་ཡང་མ་ཡིན། གཟུགས་མེད་པ་བལྟར་[4]མེད་པ་ཐོགས་པ་མེད་པ་སྟེ། འདི་ལྟར་མཚན་ཉིད་མེད་པར་མཚན་ཉིད་གཅིག་པའོ། །ཚེ་དང་ལྡན་པ་ཤཱ་ར་དྭ་ཏིའི་བུ་དེ་ལྟར་རྣམ་གྲངས་དེས་ན། སྐྱེ་བ་ཡང་མི་སྐྱེ་མི་སྐྱེ་བ་ཡང་མི་སྐྱེའོ། །ཤཱ་ར་དྭ་ཏིའི་བུས་སྨྲས་པ། ཚེ་དང་ལྡན་པ་རབ་འབྱོར་མ་སྐྱེས་པའི་ཆོས་མ་སྐྱེས་པའི་ཆོས་ཞེས་བྱ་བར་[5]བརྗོད་པར་ཁྱོད་ཀྱིས་སྤོབས་ན། ཚེ་དང་ལྡན་པ་རབ་འབྱོར་[6]མ་སྐྱེས་པ་རྣམས་ཀྱི་སྐྱེ་བ་མེད་པ་ལ་ཡང་བརྗོད་དུ་སྤོབས་པར་འགྱུར་རམ། རབ་འབྱོར་གྱིས་སྨྲས་པ། ཚེ་དང་ལྡན་པ་ཤཱ་ར་དྭ་ཏིའི་བུ་མ་སྐྱེས་པའི་ཆོས་མ་སྐྱེས་པའི་ཆོས་ཞེས་བྱ་བ་བརྗོད་པར་ཁྱོད་ཀྱིས་སྤོབས་སོ། །ཞེས་ཟེར་བ་ནི། ཚེ་དང་ལྡན་པ་ཤཱ་ར་དྭ་ཏིའི་བུ་མ་སྐྱེས་པའི་ཆོས་མ་སྐྱེས་པའི་ཆོས་ཞེས་བྱ་བ་བརྗོད་པ་ལ་བདག

གིས་སྤོབས་པ་མེད་དོ། །ཚེ་དང་ལྡན་པ་ཤ་ར་དྭ་ཏིའི་བུ་ཆོས་མ་སྐྱེས་པ་རྣམས་ཀྱི་སྐྱེ་བ་མེད་པ་ཡང་བདག་གིས་བརྗོད་པར་སྤོབས་པ་མེད་དེ། དེ་ཅིའི་ཕྱིར་ཞེ་ན། ཚེ་དང་ལྡན་པ་ཤ་ར་དྭ་ཏིའི་བུ་འདི་ལྟར་མ་སྐྱེས་པའི་ཆོས་གང་ཡིན་པ་དང་། སྐྱེ་བ་མེད་པ་གང་ཡིན་པ་དང་། སྤོབས་པ་གང་ཡིན་པ་དང་། བརྗོད་པ་གང་ཡིན་པ་དང་། མི་སྐྱེ་བ་གང་ཡིན་པའི་ཆོས་དེ་དག་ཐམས་ཅད་ཀྱང་ལྡན་པ་ཡང་མ་ཡིན། མི་ལྡན་པ་ཡང་མ་ཡིན། གཟུགས་མེད་པ་བལྟར་མེད་པ་ཐོགས་པ་མེད་པ་སྟེ། འདི་ལྟར་མཚན་ཉིད་མེད་པར་མཚན་ཉིད་གཅིག་པ་དག་གོ། །སྨྲས་པ་ཚེ་དང་ལྡན་པ་རབ་འབྱོར་བརྗོད་པ་ནི་སྐྱེ་བ་མེད་ཅེས་བྱ་བ་ཡིན་ཏེ། སྤོབས་པ་ཡང་སྐྱེ་བ་མེད་ལ་ཆོས་ཀྱང་སྐྱེ་བ་མེད་དེ། གང་ལས་བརྩམས་ཤིང་བརྗོད་པར་སྤོབས་པའི་ཆོས་དེ་དག་ཀྱང་སྐྱེ་བ་མེད་པ་ཡིན་ནམ། རབ་འབྱོར་གྱིས་སྨྲས་པ་ཚེ་དང་ལྡན་པ་ཤ་ར་དྭ་ཏིའི་བུ་དེ་དེ་བཞིན་ཏེ། བརྗོད་པ་ནི་མ་སྐྱེས་པའོ༐ །སྤོབས་པ་ནི་མ་སྐྱེས་པའོ། །ཆོས་ནི་མ་སྐྱེས་པའོ། །གང་ལས་བརྩམས་ཏེ་སྨྲ་བར་སྤོབས་པའི་ཆོས་དེ་དག་ཀྱང་མ༔སྐྱེས་པའོ[1]། །དེ་ཅིའི་ཕྱིར་ཞེ་ན༐ ཚེ་དང་ལྡན་པ་ཤ་ར་དྭ་ཏིའི་བུ་དེ་ནི་འདི་ལྟར་གཟུགས་སྐྱེ་བ་མེད་དོ། །ཚོར་བ་དང་འདུ་ཤེས་དང་འདུ་བྱེད་དང་རྣམ་པར་ཤེས་པ་སྐྱེ་བ་མེད་དོ། །མིག་སྐྱེ་བ་མེད་དོ། །རྣ་བ་དང་སྣ་དང་ལྕེ་དང་ལུས་དང་ཡིད་སྐྱེ་བ་མེད་དོ། །གཟུགས་སྐྱེ་བ་མེད་དོ། །སྒྲ་དང་དྲི་དང་རོ་དང་རེག་དང་ཆོས་སྐྱེ་བ་མེད་དོ། །མིག་གི་རྣམ་པར་ཤེས་པ་སྐྱེ་བ་མེད་དོ། །རྣ་བའི་རྣམ་པར་ཤེས་པ་དང་། སྣའི་རྣམ་པར་ཤེས་པ་དང་། ལྕེའི་རྣམ་པར་ཤེས་པ་དང་། ལུས་ཀྱི་རྣམ་པར་ཤེས་པ་དང་། ཡིད་ཀྱི་རྣམ་པར་ཤེས་པ་སྐྱེ་བ་མེད་དོ། །མིག་གི་འདུས་ཏེ་རེག་པ་སྐྱེ་བ་མེད་དོ། །རྣ་བའི་འདུས་ཏེ་རེག་པ་དང་། སྣའི་འདུས་ཏེ་རེག་པ་དང་།

ལྗེའི་འདུས་ཏེ་རེག་པ་དང་། ལུས་ཀྱི་འདུས་ཏེ་རེག་པ་དང་། ཡིད་ཀྱི་འདུས་ཏེ་རེག་པ་སྐྱེ་བ་མེད་དོ། །མིག་གི་འདུས་ཏེ་རེག་པའི་རྐྱེན་གྱིས་[1]ཚོར་བ་སྐྱེ་བ་མེད་དོ། །རྣ་བའི་འདུས་ཏེ་རེག་པའི་རྐྱེན་གྱིས་ཚོར་བ་དང་། སྣའི་འདུས་ཏེ་རེག་པའི་རྐྱེན་གྱིས་ཚོར་བ་དང་། ལྗེའི་འདུས་ཏེ་རེག་པའི་རྐྱེན་གྱིས་ཚོར་བ་དང་། ལུས་ཀྱི་འདུས་ཏེ་རེག་པའི་རྐྱེན་གྱིས་ཚོར་བ་དང་། ཡིད་ཀྱི་འདུས་ཏེ་རེག་པའི་རྐྱེན་གྱིས་ཚོར་བ་སྐྱེ་བ་མེད་དོ། །སའི་ཁམས་སྐྱེ་བ་མེད་དོ། །ཆུའི་ཁམས་སྐྱེ་བ་མེད་དོ[2]། །མེའི་ཁམས་དང་། རླུང་གི་ཁམས་དང་། ནམ་མཁའི་ཁམས་དང་། རྣམ་པར་ཤེས་པའི་ཁམས་སྐྱེ་བ་མེད་དོ། །མ་རིག་པ་སྐྱེ་བ་མེད་དོ། །འདུ་བྱེད་དང་རྣམ་པར་ཤེས་པ་དང་། མིང་དང་གཟུགས་དང་སྐྱེ་མཆེད་དྲུག་དང་། རེག་པ་དང་ཚོར་བ་དང་སྲེད་པ་དང་ལེན་པ་དང་སྲིད་པ་དང་སྐྱེ་བ་དང་རྒ་ཤི་སྐྱེ་བ་མེད་དོ། །སྦྱིན་པའི་ཕ་རོལ་ཏུ་ཕྱིན་པ་སྐྱེ་བ་མེད་དོ། །ཚུལ་ཁྲིམས་ཀྱི་ཕ་རོལ་ཏུ་ཕྱིན་པ་དང་། བཟོད་པའི་ཕ་རོལ་ཏུ་ཕྱིན་པ་དང་། བརྩོན་འགྲུས་ཀྱི་ཕ་རོལ་ཏུ་ཕྱིན་པ་དང་། བསམ་གཏན་གྱི་ཕ་རོལ་ཏུ་ཕྱིན་པ་དང་། ཤེས་རབ་ཀྱི་ཕ་རོལ་ཏུ་ཕྱིན་པ་སྐྱེ་བ་མེད་དོ། །ནང་སྟོང་པ་ཉིད་སྐྱེ་བ་མེད་དོ། །ཕྱི་སྟོང་པ་ཉིད་སྐྱེ་བ་མེད་དོ། །ཕྱི་ནང་སྟོང་པ་ཉིད་སྐྱེ་བ་མེད་དོ། །དངོས་པོ་མེད་པའི་ངོ་བོ་ཉིད་སྟོང་པ་ཉིད་ཀྱི་བར་དུ་སྐྱེ་བ་མེད་དོ། །དྲན་པ་ཉེ་བར་གཞག་པ་རྣམས་སྐྱེ་བ་མེད་དོ། །ཡང་དག་པར་སྤོང་བ་རྣམས་དང་། རྫུ་འཕྲུལ་གྱི་རྐང་པ་རྣམས་དང་། དབང་པོ་རྣམས་དང་། སྟོབས་རྣམས་དང་། བྱང་ཆུབ་ཀྱི་ཡན་ལག་རྣམས་དང་། འཕགས་པའི་ལམ་ཡན་ལག་བརྒྱད་པ་སྐྱེ་བ་མེད་དོ། །འཕགས་པའི་བདེན་པ་རྣམས་དང་། བསམ་གཏན་རྣམས་དང་། ཚད་མེད་པ་རྣམས་དང་། གཟུགས་མེད་པའི་སྙོམས་པར་འཇུག་པ་རྣམས་དང་།

རྣམ་པར་ཐར་པ་རྣམས་དང་། མཐར་གྱིས་གནས་པའི་སྙོམས་པར་འཇུག་པ་རྣམས་དང་། རྣམ་པར་ཐར་པའི་སྒོ་སྟོང་པ་ཉིད་དང་མཚན་མ་མེད་པ་དང་སྨོན་པ་མེད་པ་དང་མངོན་པར་ཤེས་པ་རྣམས་དང་། ཏིང་ངེ་འཛིན་རྣམས་དང་། གཟུངས་ཀྱི་སྒོ་རྣམས་དང་། དེ་བཞིན་གཤེགས་པའི་སྟོབས་རྣམས་དང་། མི་འཇིགས་པ་རྣམས་དང་། སོ་སོ་ཡང་དག་པར་རིག་པ་རྣམས་དང་། སངས་རྒྱས་ཀྱི་ཆོས་མ་འདྲེས་པ་རྣམས་སྐྱེ་བ་མེད་དོ། །ཚེ་དང་ལྡན་པ་ཤཱ་ར་དྭ་ཏིའི་བུ་རྣམ་གྲངས་དེས་ན། བརྗོད་པ་ནི་སྐྱེ་བ་མེད་པ་སྟེ། སྤོབས་པ་ཡང་སྐྱེ་བ་མེད་ལ་ཆོས་ཀྱང་སྐྱེ་བ་མེད་དེ་གང་ལས་བརྩམས་ཤིང་བརྗོད་པར་སྤོབས་པའི་ཆོས་དེ་དག་ཀྱང་སྐྱེ་བ་མེད་པའོ། །སྨྲས་པ་ཚེ་དང་ལྡན་པ་རབ་འབྱོར་ནི་ཆོས་སྨྲ་བའི་ནང་ན་མཆོག་ཏུ་བྱ་བར་འོས་པ[༡]སྟེ། དེ་ཅིའི་ཕྱིར་ཞེ་ན། འདི་ལྟར་གནས་བརྟན[༢]རབ་འབྱོར་ནི་གང་དང་གང་ཡོངས་སུ་དྲིས་པ་དེ་དང་དེ་ལ་ཐོགས་པ་མེད་དོ། །རབ་འབྱོར་གྱིས་སྨྲས་པ་ཚེ་དང་ལྡན་པ་ཤཱ་ར་དྭ་ཏིའི་བུ་དེ་ནི་བཅོམ་ལྡན་འདས་ཀྱི་ཉན་ཐོས། ཆོས་ཐམས་ཅད་ལ་གནས་པ་མེད་པ་དག་གི[༣]ཆོས་ཉིད་དེ། དེ་དག་ནི་གང་དང་གང་ཡོངས་སུ་དྲིས་པ་དེ་དང་དེ་ལ་ཐོགས་པ་མེད་དོ། །དེ་ཅིའི་ཕྱིར་ཞེ་ན། འདི་ལྟར་ཆོས་ཐམས་ཅད་ནི་མི་གནས་པའི་ཕྱིར་རོ། །སྨྲས་པ་ཚེ་དང་ལྡན་པ་རབ་འབྱོར་ཇི་ལྟར་ན་ཆོས་ཐམས་ཅད་སྟོང་པ་ཉིད་མི་གནས་པ་ཡིན། རབ་འབྱོར་གྱིས་སྨྲས་པ། ཚེ་དང་ལྡན་པ་ཤཱ་ར་དྭ་ཏིའི་བུ་གཟུགས་རང་བཞིན་གྱིས་སྟོང་པ་སྟེ། དེ་ནི་ནང་ན་ཡང་མི་གནས་ཕྱི་རོལ་ན་ཡང་མི་གནས། གཉིས་ཀ་མེད་པར་ཡང་མི་དམིགས་སོ། །ཚེ་དང་ལྡན་པ་ཤཱ་ར་དྭ་ཏིའི་བུ་ཚོར་བ་དང་འདུ་ཤེས་དང་འདུ་བྱེད་དང་རྣམ་པར་ཤེས་པ་ནི་རང་བཞིན་གྱིས་སྟོང་པ་སྟེ། དེ་ནི་ནང་ན་ཡང་མི་གནས་ཕྱི་རོལ་ན་ཡང་མི་གནས་གཉིས་ཀ་མེད་པར་ཡང་མི་

དམིགས་སོ། །ཚེ་དང་ལྡན་པ་ཤ་ར་དྭ་ཏིའི་བུ་མིག་ནི་རང་བཞིན་གྱིས་སྟོང་པ་སྟེ། དེ་ནི་ནང་ན་ཡང་མི་གནས་ཕྱི་རོལ་ན་ཡང་མི་གནས་(༡)གཉིས་ཀ་མེད་པར་ཡང་མི་དམིགས་སོ། །ཚེ་དང་ལྡན་པ་ཤ་ར་དྭ་ཏིའི་བུ་རྣ་བ་དང་སྣ་དང་ལྗེ་དང་ལུས་དང་ཡིད་ནི་རང་བཞིན་གྱིས་སྟོང་པ་སྟེ། དེ་ནི་ནང་ན་ཡང་མི་གནས་ཕྱི་རོལ་ན་ཡང་མི་གནས་གཉིས་ཀ་མེད་པར་ཡང་མི་དམིགས་སོ། །ཚེ་དང་ལྡན་པ་ཤ་ར་དྭ་ཏིའི་བུ་གཟུགས་ནི་རང་བཞིན་གྱིས་སྟོང་པ་སྟེ། དེ་ནི་ནང་ན་ཡང་མི་གནས་ཕྱི་རོལ་ན་ཡང་མི་གནས་གཉིས་ཀ་མེད་པར་ཡང་མི་དམིགས་སོ། །ཚེ་དང་ལྡན་པ་ཤ་ར་དྭ་ཏིའི་བུ་སྒྲ་དང་དྲི་དང་རོ་དང་རེག་དང་ཆོས་ནི་རང་བཞིན་གྱིས་སྟོང་པ་སྟེ། དེ་ནི་ནང་ན་ཡང་མི་གནས་ཕྱི་རོལ་ན་ཡང་མི་གནས་གཉིས་ཀ་མེད་པར་(༢)ཡང་མི་དམིགས་སོ། །ཚེ་དང་ལྡན་པ་ཤ་ར་དྭ་ཏིའི་བུ་མིག་གི་རྣམ་པར་ཤེས་པ་ནི་རང་བཞིན་གྱིས་སྟོང་པ་སྟེ། དེ་ནི་ནང་ན་ཡང་མི་གནས་ཕྱི་རོལ་ན་ཡང་མི་གནས་གཉིས་ཀ་མེད་པར་ཡང་མི་དམིགས་སོ། །ཚེ་དང་ལྡན་པ་ཤ་ར་དྭ་ཏིའི་བུ་རྣ་བའི་རྣམ་པར་ཤེས་པ་དང་། སྣའི་རྣམ་པར་ཤེས་པ་དང་། ལྗེའི་རྣམ་པར་ཤེས་པ་དང་། ལུས་ཀྱི་རྣམ་པར་ཤེས་པ་དང་། ཡིད་ཀྱི་རྣམ་པར་ཤེས་པ་ནི་རང་བཞིན་གྱིས་སྟོང་པ་སྟེ། དེ་ནི་ནང་ན་ཡང་མི་གནས་ཕྱི་རོལ་ན་ཡང་མི་གནས་གཉིས་ཀ་མེད་པར་ཡང་མི་དམིགས་སོ། །ཚེ་དང་ལྡན་པ་ཤ་ར་དྭ་ཏིའི་བུ་མིག་གི་འདུས་ཏེ་རེག་པ་ནི་རང་བཞིན་གྱིས་སྟོང་པ་སྟེ། དེ་ནི་ནང་ན་ཡང་མི་གནས་ཕྱི་རོལ་ན་ཡང་མི་གནས་གཉིས་ཀ་མེད་པར་ཡང་མི་དམིགས་སོ། །ཚེ་དང་ལྡན་པ་ཤ་ར་དྭ་ཏིའི་བུ་རྣ་བའི་འདུས་ཏེ་རེག་པ་དང་། སྣའི་འདུས་ཏེ་རེག་པ་དང་། ལྗེའི་འདུས་ཏེ་རེག་པ་དང་། ལུས་ཀྱི་འདུས་ཏེ་རེག་པ་དང་། ཡིད་ཀྱི་འདུས་ཏེ་རེག་པ་ནི་རང་བཞིན་གྱིས་སྟོང་པ་སྟེ། དེ་ནི་ནང་ན་ཡང་མི་གནས་ཕྱི་རོལ་ན་

ཡང་མི་གནས་གཉིས་ཀ་མེད་པར་ཡང་མི་དམིགས་སོ། །ཚེ་དང་ལྡན་པ་ཤ་ར་དྭ་ཏིའི་བུ་མིག་གི་འདུས་ཏེ་རེག་པའི་རྐྱེན་གྱིས་ཚོར་བ་ནི་རང་བཞིན་གྱིས་སྟོང་པ་སྟེ། དེ་ནི་ནང་ན་ཡང་མི་གནས་ཕྱི་རོལ་ན་ཡང་མི་གནས་གཉིས་ཀ་མེད་པར་ཡང་མི་དམིགས་སོ། །ཚེ་དང་ལྡན་པ་ཤ་ར་དྭ་ཏིའི་བུ་རྣ་བའི་འདུས་ཏེ་རེག་པའི་རྐྱེན་གྱིས་ཚོར་བ་དང་། སྣའི་འདུས་ཏེ་རེག་པའི་རྐྱེན་གྱིས་ཚོར་བ་དང་། ལྕེའི་འདུས་ཏེ་རེག་པའི་རྐྱེན་གྱིས་ཚོར་བ་དང་། ལུས་ཀྱི་འདུས་ཏེ་རེག་པའི་རྐྱེན་གྱིས་ཚོར་བ་དང་། ཡིད་ཀྱི་འདུས་ཏེ་རེག་པའི་རྐྱེན་གྱིས་ཚོར་བ་ནི་རང་བཞིན་གྱིས་སྟོང་པ་སྟེ། དེ་ནི་ནང་ན་ཡང་མི་གནས་ཕྱི་རོལ་ན་ཡང་མི་གནས་གཉིས་ཀ་མེད་པར་ཡང་མི་དམིགས་སོ། །ཚེ་དང་ལྡན་པ་ཤ་ར་དྭ་ཏིའི་བུ་སའི་ཁམས་ནི་རང་བཞིན་གྱིས་སྟོང་པ་སྟེ། དེ་ནི་ནང་ན་ཡང་མི་གནས་ཕྱི་རོལ་ན་ཡང་མི་གནས་གཉིས་ཀ་མེད་པར་ཡང་མི་དམིགས་སོ། །ཚེ་དང་ལྡན་པ་ཤ་ར་དྭ་ཏིའི་བུ་ཆུའི་ཁམས་དང་མེའི་ཁམས་དང་རླུང་གི་ཁམས་དང་ནམ་མཁའི་ཁམས་དང་རྣམ་པར་ཤེས་པའི་ཁམས་ནི་རང་བཞིན་གྱིས་སྟོང་པ་སྟེ། དེ་ནི་ནང་ན་ཡང་མི་གནས་ཕྱི་རོལ་ན་ཡང་མི་གནས་གཉིས་ཀ་མེད་པར་ཡང་མི་དམིགས་སོ། །ཚེ་དང་ལྡན་པ་ཤ་ར་དྭ་ཏིའི་བུ་མ་རིག་པ་ནི་རང་བཞིན་གྱིས་སྟོང་པ་སྟེ། དེ་ནི་ནང་ན་ཡང་མི་གནས་ཕྱི་རོལ་ན་ཡང་མི་གནས་གཉིས་ཀ་མེད་པར་ཡང་མི་དམིགས་སོ། །ཚེ་དང་ལྡན་པ་ཤ་ར་དྭ་ཏིའི་བུ་འདུ་བྱེད་དང་རྣམ་པར་ཤེས་པ་དང་མིང་དང་གཟུགས་དང་སྐྱེ་མཆེད་དྲུག་དང་རེག་པ་དང་ཚོར་བ་དང་སྲེད་པ་དང་ལེན་པ་དང་སྲིད་པ་དང་སྐྱེ་བ་དང་རྒ་ཤི་ནི་རང་བཞིན་གྱིས་སྟོང་པ་སྟེ། དེ་ནི་ནང་ན་ཡང་མི་གནས་ཕྱི་རོལ་ན་ཡང་མི་གནས་གཉིས་ཀ་མེད་པར་ཡང་མི་དམིགས་སོ། །ཚེ་དང་ལྡན་པ་ཤ་ར་དྭ་ཏིའི་བུ་[༡]སྦྱིན་པའི་ཕ་རོལ་ཏུ་ཕྱིན་པ་ནི་རང་བཞིན་གྱིས་སྟོང་པ་སྟེ། དེ་

ནི་ནང་ན་ཡང་མི་གནས་ཕྱི་རོལ་ན་ཡང་མི་གནས་གཉིས་ཀ་མེད་པར་ཡང་མི་དམིགས་སོ། །ཚེ་དང་ལྡན་པ་ཤཱ་ར་དྭ་ཏིའི་བུ་ཚུལ་ཁྲིམས་ཀྱི་ཕ་རོལ་ཏུ་ཕྱིན་པ་དང་། བཟོད་པའི་ཕ་རོལ་ཏུ་ཕྱིན་པ་དང་། བརྩོན་འགྲུས་ཀྱི་ཕ་རོལ་ཏུ་ཕྱིན་པ་དང་། བསམ་གཏན་གྱི་ཕ་རོལ་ཏུ་ཕྱིན་པ་དང་། ཤེས་རབ་ཀྱི་ཕ་རོལ་ཏུ་ཕྱིན་པ་ནི་རང་བཞིན་གྱིས་སྟོང་པ་སྟེ། དེ་ནི་ནང་ན་ཡང་མི་གནས་ཕྱི་རོལ་ན་ཡང་མི་གནས་གཉིས་ཀ་མེད་པར་ཡང་མི་དམིགས་སོ། །ཚེ་དང་ལྡན་པ་ཤཱ་ར་དྭ་ཏིའི་བུ་ནང་སྟོང་པ་ཉིད་ནི་རང་བཞིན་གྱིས་སྟོང་པ་སྟེ། དེ་ནི་ནང་ན་ཡང་མི་གནས་ཕྱི་རོལ་ན་ཡང་མི་གནས་གཉིས་ཀ་མེད་པར་ཡང་མི་དམིགས་སོ། །ཚེ་དང་ལྡན་པ་ཤཱ་ར་དྭ་ཏིའི་བུ་དངོས་པོ་མེད་པའི་ངོ་བོ་ཉིད་སྟོང་པ་ཉིད་ཀྱི་བར་ནི་རང་བཞིན་གྱིས་སྟོང་པ་སྟེ། དེ་ནི་ནང་ན་ཡང་མི་གནས་ཕྱི་རོལ་ན་ཡང་མི་གནས་གཉིས་ཀ་མེད་པར་ཡང་མི་དམིགས་སོ། །ཚེ་དང་ལྡན་པ་ཤཱ་ར་དྭ་ཏིའི་བུ་དྲན་པ་ཉེ་བར་གཞག་པ་རྣམས་ནི་རང་བཞིན་གྱིས་སྟོང་པ་སྟེ། དེ་ནི་ནང་ན་ཡང་མི་གནས་ཕྱི་རོལ་ན་ཡང་མི་གནས་གཉིས་ཀ་མེད་པར་ཡང་མི་དམིགས་སོ། །ཚེ་དང་ལྡན་པ་ཤཱ་ར་དྭ་ཏིའི་བུ་ཡང་དག་པར་སྤོང་བ་རྣམས་དང་། རྫུ་འཕྲུལ་གྱི་རྐང་པ་རྣམས་དང་། དབང་པོ་རྣམས་དང་། སྟོབས་རྣམས་དང་། བྱང་ཆུབ་ཀྱི་ཡན་ལག་རྣམས་དང་། འཕགས་པའི་ལམ་ཡན་ལག་བརྒྱད་པ་ནི་རང་བཞིན་གྱིས་སྟོང་པ་སྟེ། དེ་ནི་ནང་ན་ཡང་མི་གནས་ཕྱི་རོལ་ན་ཡང་མི་གནས་གཉིས་ཀ་མེད་པར་ཡང་མི་དམིགས་སོ། །འཕགས་པའི་བདེན་པ་རྣམས་དང་། བསམ་གཏན་རྣམས་དང་ཚད་མེད་པ་རྣམས་དང་། གཟུགས་མེད་པའི་སྙོམས་པར་འཇུག་པ་རྣམས་དང་། རྣམ་པར་ཐར་པ་བརྒྱད་དང་། མཐར་གྱིས་གནས་པའི་སྙོམས་པར་འཇུག་པ་དགུ་དང་། སྟོང་པ་ཉིད་དང་མཚན་མ་མེད་པ་དང་

སྨོན་པ་མེད་པ་དང་། མངོན་པར་ཤེས་པ་རྣམས་དང་ཏིང་ངེ་འཛིན་རྣམས་དང་། གཟུངས་ཀྱི་སྒོ་རྣམས་དང་། དེ་བཞིན་གཤེགས་པའི་སྟོབས་བཅུ་དང་མི་འཇིགས་པ་བཞི་དང་། སོ་སོ་ཡང་དག་པར་རིག་པ་བཞི་དང་། སངས་རྒྱས་ཀྱི་ཆོས་མ་འདྲེས་པ་བཅོ་བརྒྱད་ནི་རང་བཞིན་གྱིས་སྟོང་པ་སྟེ། དེ་ནི་ནང་ན་ཡང་མི་གནས་ཕྱི་རོལ་ན་ཡང་མི་གནས་གཉིས་ཀ་མེད་པར་ཡང་མི་དམིགས་སོ། །ཚེ་དང་ལྡན་པ་ཤཱ་ར་དྭ་ཏིའི་བུ་རྣམ་པ་ཐམས་ཅད་མཁྱེན་པ་ཉིད་ཀྱི་བར་ནི་རང་བཞིན་གྱིས་སྟོང་པ་སྟེ། དེ་ནི་ནང་ན་ཡང་མི་གནས་ཕྱི་རོལ་ན་ཡང་མི་གནས་གཉིས་ཀ་མེད་པར་ཡང་མི་དམིགས་སོ། །ཚེ་དང་ལྡན་པ་ཤཱ་ར་དྭ་ཏིའི་བུ་རྣམ[༡]གྲངས་དེས་ན། ཆོས་ཐམས་ཅད་ནི་རང་བཞིན་གྱིས་སྟོང་པ་ཉིད་ཀྱི་ཕྱིར་མི་གནས་སོ། །ཚེ་དང་ལྡན་པ་ཤཱ་ར་དྭ་ཏིའི་བུ་བྱང་ཆུབ་སེམས་དཔའ་སེམས་དཔའ་ཆེན་པོ་ཕ་རོལ་ཏུ་ཕྱིན་པ་དྲུག་ལ་སྤྱོད་པས། དེ་ལྟར་གཟུགས་ཡོངས་སུ་སྤྱད་པར[༢]བྱའོ། །ཚོར་བ་དང་འདུ་ཤེས་དང་འདུ་བྱེད་དང་རྣམ་པར་ཤེས་པ་ཡོངས་སུ་སྦྱང་བར[༣]བྱའོ། །སྐྱེ་མཆེད་དང་། ཁམས་དང་། རྟེན་ཅིང་འབྲེལ་བར་འབྱུང་བ་ཡོངས་སུ་སྤྱད་པར[༤]བྱའོ། །ཕ་རོལ་ཏུ་ཕྱིན་པ་རྣམས་དང་། སྟོང་པ་ཉིད་ཐམས་ཅད་དང་། བྱང་ཆུབ་ཀྱི་ཕྱོགས་ཀྱི་ཆོས་སུམ་ཅུ་རྩ་བདུན་དང་། འཕགས་པའི་བདེན་པ་རྣམས་དང་། བསམ་གཏན་རྣམས་དང་། ཚད་མེད་པ་རྣམས་དང་། གཟུགས་མེད་པའི་སྙོམས་པར་འཇུག་པ་རྣམས་དང་། རྣམ་པར་ཐར་པ་བརྒྱད་དང་། མཐར་གྱིས་གནས་པའི་སྙོམས་པར་འཇུག་པ་དགུ་དང་། སྟོང་པ་ཉིད་དང་མཚན་མ་མེད་པ་དང་། སྨོན་པ་མེད་པ་དང་མངོན་པར་ཤེས་པ་རྣམས་དང་། ཏིང་ངེ་འཛིན་རྣམས་དང་། གཟུངས་ཀྱི་སྒོ་རྣམས་དང་། དེ་བཞིན་གཤེགས་པའི་སྟོབས་བཅུ་དང་མི་འཇིགས་པ་བཞི་དང་སོ་སོ་ཡང་དག་པར་རིག་པ་

བཞི་དང༌། བྱམས་པ་ཆེན་པོ་དང་སྙིང་རྗེ་ཆེན་པོ་དང༌། སངས་རྒྱས་ཀྱི་ཆོས་མ་འདྲེས་པ་བཅོ་བརྒྱད་ཡོངས་སུ་སྤྱད་པར་⑦བྱའོ། །རྣམ་པ་ཐམས་ཅད་མཁྱེན་པ་ཉིད་ཀྱི་བར་དུ་ཡོངས་སུ་སྦྱང་བར་⑧བྱའོ། །དེ་ནས་ཚེ་དང་ལྡན་པ་ཤཱ་ར་དྭ་ཏིའི་བུས་ཚེ་དང་ལྡན་པ་རབ་འབྱོར་ལ་འདི་སྐད་ཅེས་སྨྲས་སོ། །ཚེ་དང་ལྡན་པ་རབ་འབྱོར་ཇི་ལྟར་ན། བྱང་ཆུབ་སེམས་དཔའ་སེམས་དཔའ་ཆེན་པོ་ཕ་རོལ་ཏུ་ཕྱིན་པ་དྲུག་ལ་སྤྱོད་པའི་ཚེ། བྱང་ཆུབ་ཀྱི་ལམ་ཡོངས་སུ་སྦྱོང་བ་⑨ཡིན། རབ་འབྱོར་གྱིས་སྨྲས་པ། ཚེ་དང་ལྡན་པ། ཤཱ་ར་དྭ་ཏིའི་བུ་སྦྱིན་པའི་ཕ་རོལ་ཏུ་ཕྱིན་པ་ནི་འཇིག་རྟེན་པ་ཡང་ཡོད། འཇིག་རྟེན་ལས་འདས་པ་ཡང་ཡོད། ཚུལ་ཁྲིམས་ཀྱི་ཕ་རོལ་ཏུ་ཕྱིན་པ་དང༌། བཟོད་པའི་ཕ་རོལ་ཏུ་ཕྱིན་པ་དང༌། བརྩོན་འགྲུས་ཀྱི་ཕ་རོལ་ཏུ་ཕྱིན་པ་དང༌། བསམ་གཏན་གྱི་ཕ་རོལ་ཏུ་ཕྱིན་པ་དང༌། ཤེས་རབ་ཀྱི་ཕ་རོལ་ཏུ་ཕྱིན་པ་ནི་འཇིག་རྟེན་པ་ཡང་ཡོད། འཇིག་རྟེན་ལས་འདས་པ་ཡང་ཡོད་དོ། །སྨྲས་པ་ཚེ་དང་ལྡན་པ་རབ་འབྱོར་འཇིག་རྟེན་པའི་སྦྱིན་པའི་ཕ་རོལ་ཏུ་ཕྱིན་པ་ནི་གང་འཇིག་རྟེན་ལས་འདས་པ་ནི་གང༌། རབ་འབྱོར་གྱིས་སྨྲས་པ། ཚེ་དང་ལྡན་པ་ཤཱ་ར་དྭ་ཏིའི་བུ་འདི་ལ་བྱང་ཆུབ་སེམས་དཔའ་སེམས་དཔའ་ཆེན་པོ་སྦྱིན་པ་བྱེད་ཅིང༌། སྦྱིན་བདག་ཏུ་གྱུར་པ་དགེ་སྦྱོང་དང༌། བྲམ་ཟེ་དང༌། ཕོངས་པ་དང༌། སྡུགས་པ་དང༌། འདྲོན་པ་དང༌། སློང་བ་ཟས་འདོད་པ་ལ་ནི་ཟས་སྐོམ་དང༌། ཐེག་པ་དང་གོས་དང༌། མེ་ཏོག་དང་ཕྲེང་བ་དང་སྤོས་དང་བྱུག་པ་དང་གནས་དང་མལ་སྟན་དང་ཡོ་བྱད་དང་སྨན་དང་མིའི་ཡོ་བྱད་གཞན་གང་ཅི་ཡང་རུང་བའི་བར་དུ། ཡོངས་སུ་གཏོང་སྟེ། བུ་ཕོ་འདོད་པ་ལ་ནི་བུ་ཕོ་ཡོངས་སུ་གཏོང་བུ་མོ་འདོད་པ་ལ་ནི་⑩བུ་མོ། ཆུང་མ་འདོད་པ་ལ་ནི་ཆུང་མ། རྒྱལ་སྲིད་འདོད་པ་ལ་ནི་རྒྱལ་སྲིད། མགོ་འདོད་པ་

ལ་ནི་མགོ། ཡན་ལག་དང་ཉིང་ལག་འདོད་པ་ལ་ནི་ཡན་ལག་དང་ཉིང་ལག །ཤ་དང་ཁྲག་དང་ཁང་འདོད་པ་ལ་ནི་[1] ཤ་དང་ཁྲག་དང་ཁང་ཡོངས་སུ་གཏོང་སྟེ། དེ་ཡང་གནས་ཤིང་ཡོངས་སུ་གཏོང་ལ། དེ་འདི་སྙམ་དུ་བདག་ནི་ཡོངས་སུ་གཏོང་བའོ། །འདི་ནི་ལེན་པའོ། །འདི་ནི་སྦྱིན་པའོ། །བདག་ནི་སེར་སྣ་མེད་པའོ། །བདག་ནི་སྦྱིན་པའི་བདག་པོའོ། །བདག་ནི་བདོག་པ་ཐམས་ཅད་གཏོང་བའོ། །བདག་ནི་སངས་རྒྱས་ཀྱི་བཀའ་བཞིན་དུ་བྱེད་[2] པའོ། །བདག་ནི་སྦྱིན་པའི་ཕ་རོལ་ཏུ་ཕྱིན་པ་ལ་སྤྱོད་པའོ་ཞེས་ཟེར་ཏེ་སྦྱིན་པ་དེ་བྱིན་ནས་ཀྱང་དམིགས་པའི་ཚུལ་གྱིས། སེམས་ཅན་ཐམས་ཅད་དང་ཐུན་མོང་དུ་བྱས་ཏེ། བླ་ན་མེད་པ་ཡང་དག་པར་རྫོགས་པའི་བྱང་ཆུབ་ཏུ་བསྔོ་[3] ཞིང་། བདག་གི་སྦྱིན་པའི་འབྲས་བུ་འདིས་སེམས་ཅན་འདི་དག་ཚེ་འདི་ཉིད་ལ་བདེ་བ་དང་ཉེ་བར་ལེན་པ་མེད་པར། ཡོངས་སུ་མྱ་ངན་ལས་འདས་པར་གྱུར་ཅིག་ཅེས་ཡོངས་སུ་བསྔོ་[4] སྟེ། དེ་ཆགས་པ་གསུམ་ལ་ཆགས་ཤིང་། སྦྱིན་པ་དེ་ཡོངས་སུ་གཏོང་ངོ་། །གསུམ་གང་ཞེ་ན། འདི་ལྟར་བདག་ཏུ་འདུ་ཤེས་པ་དང་གཞན་དུ་འདུ་ཤེས་པ་དང་སྦྱིན་པར་འདུ་ཤེས་པ་འདི་གསུམ་ལ་ཆགས་ནས། སྦྱིན་པ་དེ་དག་ཡོངས་སུ་གཏོང་སྟེ། འདི་ནི་འཇིག་རྟེན་པའི་སྦྱིན་པའི་ཕ་རོལ་ཏུ་ཕྱིན་པ་ཞེས་བྱའོ། །ཅིའི་ཕྱིར་འཇིག་རྟེན་པའི་སྦྱིན་པའི་ཕ་རོལ་ཏུ་ཕྱིན་པ་ཞེས་བྱ་ཞེ་ན། དེ་ནི་འདི་ལྟར་འཇིག་རྟེན་ལས་མི་གཡོ་མི་འཕགས་[5] མི་འདའ་བས་དེའི་ཕྱིར་འཇིག་རྟེན་པའི་སྦྱིན་པའི་ཕ་རོལ་ཏུ་ཕྱིན་པ་ཞེས་བྱའོ། །དེ་ལ་འཇིག་རྟེན་ལས་འདས་པའི་སྦྱིན་པའི་ཕ་རོལ་ཏུ་ཕྱིན་པ་གང་ཞེ་ན། འདི་ལྟར་འཁོར་གསུམ་ཡོངས་སུ་དག་པ་སྟེ། དེ་ལ་འཁོར་གསུམ་ཡོངས་སུ་དག་པ་གང་ཞེ་ན། ཚེ་དང་ལྡན་པ་ཤཱ་རིའི་བུ་འདི་ལ་བྱང་ཆུབ་སེམས་དཔའ་སེམས་དཔའ་ཆེན་པོ་སྦྱིན་པ་གཏོང་བའི་ཚེ།

བདག་མི་དམིགས་ལེན་པ་མི་དམིགས་སྦྱིན་པ་མི་དམིགས་རྣམ་པར་སྨིན་པ་ལ་ཡང་
དགའ་བར་མི་བྱེད་པ་སྟེ། ཚེ་དང་ལྡན་པ་ཤཱ་ར་དྭ་ཏིའི་བུ་འདི་ནི་བྱང་ཆུབ་
སེམས་དཔའ་སེམས་དཔའ་ཆེན་པོའི་འཁོར་གསུམ་ཡོངས་སུ་དག་པའོ། །ཚེ་དང་
ལྡན་པ་ཤཱ་ར་དྭ་ཏིའི་བུ་གཞན་ཡང་བྱང་ཆུབ་སེམས་དཔའ་སེམས་དཔའ་ཆེན་པོ་
སྦྱིན་པ་ཡོངས་སུ་གཏོང་ཞིང་། སྦྱིན་པ་དེ་སེམས་ཅན་ཐམས་ཅད་ལ་གཏོང་སྟེ།
སེམས་ཅན་དེ་དག་ཀྱང་མི་དམིགས་པར། བླ་ན་མེད་པ་ཡང་དག་པར་རྫོགས་
པའི་བྱང་ཆུབ་ཏུ་བསྔོ[༡]ཞིང་། མཚན་མ་ཙུང་ཟད་ཀྱང་ཡང་དག་པར་རྗེས་སུ་མི་
མཐོང་བ་འདི་ནི། ཚེ་དང་ལྡན་པ་ཤཱ་ར་དྭ་ཏིའི་བུ་འཇིག་རྟེན་ལས་འདས་པའི་
སྦྱིན་པའི་ཕ་རོལ་ཏུ་ཕྱིན་པ་ཞེས་བྱའོ། །ཅིའི་ཕྱིར་འཇིག་རྟེན་ལས་འདས་པའི་
སྦྱིན་པའི་ཕ་རོལ་དུ་ཕྱིན་པ་ཞེས་བྱ་ཞེ་ན། དེ་ནི་འདི་ལྟར་འཇིག་རྟེན་ལས་གཡོ་
ཞིང་འཕགས[༢]ལ་འདའ་བས། དེའི་ཕྱིར་འཇིག་རྟེན་ལས་འདས་པའི་སྦྱིན་པའི་
ཕ་རོལ་དུ་ཕྱིན་པ་ཞེས་བྱའོ། །ཚེ་དང་ལྡན་པ་ཤཱ་ར་དྭ་ཏིའི་བུ་ཚུལ་ཁྲིམས་ཀྱི་ཕ་
རོལ་དུ་ཕྱིན་པ་དང་། བཟོད་པའི་ཕ་རོལ་དུ་ཕྱིན་པ་དང་། བརྩོན་འགྲུས་ཀྱི་
ཕ་རོལ་དུ་ཕྱིན་པ་དང་། བསམ་གཏན་གྱི་ཕ་རོལ་དུ་ཕྱིན་པ་དང་། ཤེས་རབ་
ཀྱི་ཕ་རོལ་དུ་ཕྱིན་པ་ནི་འཇིག་རྟེན་པ་ཡང་ཡོད། འཇིག་རྟེན་ལས་འདས་པ་ཡང་
ཡོད་དེ། དེ་ལ་འཇིག་རྟེན་པའི་ཚུལ་ཁྲིམས་ཀྱི་ཕ་རོལ་དུ་ཕྱིན་པ་གང་ཞེ་ན།
ཚེ་དང་ལྡན་པ་ཤཱ་ར་དྭ་ཏིའི་བུ་འདི་ལ་བྱང་ཆུབ་སེམས་དཔའ་སེམས་དཔའ་ཆེན་
པོ་ཚུལ་ཁྲིམས་སྲུང་ཞིང་། དེ་ཡང་གནས་པས་སྲུང་[༣]སྟེ། དེ་འདི་སྙམ་དུ་
བདག་ནི་སེམས་ཅན་ཐམས་ཅད་ཀྱི་དོན་དུ་ཚུལ་ཁྲིམས་སྲུང་[༤]ངོ་། །འདི་ནི་ཚུལ་
ཁྲིམས་སོ། །བདག་ནི་སངས་རྒྱས་ཀྱི་བཀའ་བཞིན་བྱེད་དོ། །ཞེས་བྱ་བ་ནས་
དེ་འདི་ལྟར་བདག་ཏུ་འདུ་ཤེས་པ་དང་། གཞན་དུ་འདུ་ཤེས་པ་དང་ཚུལ་ཁྲིམས་

སུ་འདུ་ཤེས་པ་དང་། ཆགས་པ་འདི་དག་གསུམ་ཞེས་བྱ་བའི་བར་ལ་ཆགས་ཤིང་། ཚུལ་ཁྲིམས་སྲུང་(༡)སྟེ། འདི་ནི་འཇིག་རྟེན་པའི་ཚུལ་ཁྲིམས་ཀྱི་ཕ་རོལ་དུ་ཕྱིན་པ་ཞེས་བྱའོ། །དེ་ཅིའི་ཕྱིར་འཇིག་རྟེན་པའི་ཚུལ་ཁྲིམས་ཀྱི་ཕ་རོལ་དུ་ཕྱིན་པ་ཞེས་བྱ་ཞེ་ན། དེ་ནི་འདི་ལྟར་འཇིག་རྟེན་ལས་མི་གཡོ་མི་འཕགས་(༢)མི་འདའ་བས། དེའི་ཕྱིར་འཇིག་རྟེན་པ་ཞེས་བྱའོ། །དེ་ལ་འཇིག་རྟེན་ལས་འདས་པའི་ཚུལ་ཁྲིམས་ཀྱི་ཕ་རོལ་དུ་ཕྱིན་པ་གང་ཞེ་ན། འདི་ལྟར་འཁོར་གསུམ་ཡོངས་སུ་དག་པ་སྟེ། དེ་ལ་འཁོར་གསུམ་ཡོངས་སུ་དག་པ་གང་ཞེ་ན། ཚེ་དང་ལྡན་པ་ཤཱ་ར་དྭ་ཏིའི་(༣)བུ་འདི་ལ་བྱང་ཆུབ་སེམས་དཔའ་སེམས་དཔའ་ཆེན་པོའི་(༤)ཚུལ་ཁྲིམས་སྲུང་(༥)བའི་ཚེ། བདག་མི་དམིགས་སེམས་ཅན་མི་དམིགས། ཚུལ་ཁྲིམས་མི་དམིགས། རྣམ་པར་སྨིན་པ་ལ་ཡང་དགའ་བར་མི་བྱེད་ཅིང་། ཚུལ་ཁྲིམས་དེ་ཡང་སེམས་ཅན་ཐམས་ཅད་ལ་གཏོང་སྟེ། སེམས་ཅན་དེ་དག་ཀྱང་མི་དམིགས་པར་བླ་ན་མེད་པར་(༦)ཡང་དག་པར་རྫོགས་པའི་བྱང་ཆུབ་ཏུ་བསྔོ་ཞིང་། མཚན་མ་ཅུང་ཟད་ཀྱང་ཡང་དག་པར་རྗེས་སུ་མི་མཐོང་བ་འདི་ནི། འཇིག་རྟེན་ལས་འདས་པའི་ཚུལ་ཁྲིམས་ཀྱི་ཕ་རོལ་དུ་ཕྱིན་པ་ཞེས་བྱ་སྟེ། དེ་ནི་འདི་ལྟར་འཇིག་རྟེན་ལས་གཡོ་ཞིང་འཕགས་(༧)ལ་འདའ་བས། དེའི་ཕྱིར་འཇིག་རྟེན་ལས་འདས་པ་ཞེས་བྱའོ། །དེ་ལ་འཇིག་རྟེན་པའི་བཟོད་པའི་ཕ་རོལ་དུ་ཕྱིན་པ་གང་ཞེ་ན། ཚེ་དང་ལྡན་པ་ཤཱ་ར་དྭ་ཏིའི་བུ་འདི་ལ་བྱང་ཆུབ་སེམས་དཔའ་སེམས་དཔའ་ཆེན་པོ་བཟོད་པ་སྒོམ་(༨)ཞིང་། དེ་ཡང་གནས་པས་སྒོམ་(༩)སྟེ། དེ་འདི་སྙམ་དུ་བདག་ནི་སེམས་ཅན་ཐམས་ཅད་ཀྱི་དོན་དུ་བཟོད་པ་བསྒོམ་(༡༠)མོ། །འདི་ནི་བཟོད་པའོ། །བདག་ནི་སངས་རྒྱས་ཀྱི་བཀའ་བཞིན་བྱེད་དོ། །ཞེས་བྱ་བ་ནས་དེ་འདི་ལྟར་བདག་ཏུ་འདུ་ཤེས་པ་དང་། གཞན་དུ་འདུ་ཤེས་པ་དང་།

བཟོད་པར་འདུ་ཤེས་པ་དང་། ཆགས་པ་འདི་གསུམ་ཞེས་བྱ་བའི་བར་ལ་ཆགས་
ཤིང་བཟོད་པ་སྒོམ་(༡)སྟེ། འདི་ནི་འཇིག་རྟེན་པའི་བཟོད་པའི་ཕ་རོལ་དུ་ཕྱིན་པ་
ཞེས་བྱའོ། །དེ་ཅིའི་ཕྱིར་འཇིག་རྟེན་པའི་བཟོད་པའི་ཕ་རོལ་དུ་ཕྱིན་པ་ཞེས་བྱ་
ཞེ་ན། དེ་ནི་འདི་ལྟར་འཇིག་རྟེན་ལས་མི་གཡོ་མི་འཕགས་(༢)མི་འདའ་བས།
དེའི་ཕྱིར་འཇིག་རྟེན་པ་ཞེས་བྱའོ། །དེ་ལ་འཇིག་རྟེན་ལས་འདས་པའི་བཟོད་
པའི་ཕ་རོལ་དུ་ཕྱིན་པ་གང་ཞེ་ན། འདི་ལྟར་འཁོར་གསུམ་ཡོངས་སུ་དག་པ་སྟེ།
དེ་ལ་འཁོར་གསུམ་ཡོངས་སུ་དག་པ་གང་ཞེ་ན། ཚེ་དང་ལྡན་པ་ཤ་ར་དྭ་ཏིའི་བུ་
འདི་ལ་བྱང་ཆུབ་སེམས་དཔའ་སེམས་དཔའ་ཆེན་པོ་བཟོད་པ་སྒོམ་(༣)པའི་ཚེ།
བདག་མི་དམིགས་སེམས་ཅན་མི་དམིགས་བཟོད་པ་མི་དམིགས། རྣམ་པར་སྨིན་
པ་ལ་ཡང་དགའ་བར་མི་བྱེད་ཅིང་། བཟོད་པ་དེ་ཡང་སེམས་ཅན་ཐམས་ཅད་ལ་
གཏོང་སྟེ། སེམས་ཅན་དེ་དག་ཀྱང་མི་དམིགས་པར་བླ་ན་མེད་པ་ཡང་དག་པར་
རྫོགས་པའི་བྱང་ཆུབ་ཏུ་བསྔོ་ཞིང་། མཚན་མ་ཙུང་ཟད་ཀྱང་ཡང་དག་པར་རྗེས་
སུ་མི་མཐོང་བ་འདི་ནི། འཇིག་རྟེན་ལས་འདས་པའི་བཟོད་པའི་ཕ་རོལ་དུ་ཕྱིན་
པ་ཞེས་བྱ་སྟེ། དེ་ནི་འདི་ལྟར་འཇིག་རྟེན་ལས་གཡོ་ཞིང་འཕགས་(༤)ལ་འདའ་
བས། དེའི་ཕྱིར་འཇིག་རྟེན་ལས་འདས་པ་ཞེས་བྱའོ། །དེ་ལ་འཇིག་རྟེན་
པའི་བརྩོན་འགྲུས་ཀྱི་ཕ་རོལ་དུ་ཕྱིན་པ་གང་ཞེ་ན། ཚེ་དང་ལྡན་པ་ཤ་ར་དྭ་ཏིའི་
བུ་འདི་ལ་བྱང་ཆུབ་སེམས་དཔའ་སེམས་དཔའ་ཆེན་པོ་བརྩོན་འགྲུས་རྩོམ་ཞིང་།
དེ་ཡང་གནས་པས་རྩོམ་སྟེ(༥)། དེ་འདི་སྙམ་དུ་བདག་ནི་སེམས་ཅན་ཐམས་ཅད་
ཀྱི་དོན་དུ་བརྩོན་འགྲུས་(༦)རྩོམ་མོ(༧)། །འདི་ནི་ལུས་སོ། །འདི་ནི་སེམས་སོ། །
འདི་ནི་བརྩོན་འགྲུས་སོ། །བདག་ནི་སངས་རྒྱས་ཀྱི་བཀའ་བཞིན་དུ་བྱེད་དོ། །
ཞེས་བྱ་བ་ནས་དེ༔འདི་ལྟར་(༨)བདག་ཏུ་འདུ་ཤེས་པ་དང་། གཞན་དུ་འདུ་ཤེས་

པ་དང་། བརྩོན་འགྲུས་སུ་འདུ་ཤེས་པ་དང་། ཆགས་པ་འདི་གསུམ་ཞེས་བྱ་བའི་བར་ལ་ཆགས་ཤིང་བརྩོན་འགྲུས་རྩོམ①སྟེ། འདི་ནི་འཇིག་རྟེན་པའི་བརྩོན་འགྲུས་ཀྱི་ཕ་རོལ་དུ་ཕྱིན་པ་ཞེས་བྱའོ། །དེ་ཅིའི་ཕྱིར་འཇིག་རྟེན་པའི་བརྩོན་འགྲུས་ཀྱི་ཕ་རོལ་དུ་ཕྱིན་པ་ཞེས་བྱ་ཞེ་ན། དེ་ནི་འདི་ལྟར་འཇིག་རྟེན་ལས་མི་གཡོ་མི་འཕགས②མི་འདའ་བས། དེའི་ཕྱིར་འཇིག་རྟེན་པ་ཞེས་བྱའོ། །དེ་ལ་འཇིག་རྟེན་ལས་འདས་པའི་བརྩོན་འགྲུས་ཀྱི་ཕ་རོལ་དུ་ཕྱིན་པ་གང་ཞེ་ན། འདི་ལྟར་འཁོར་གསུམ་ཡོངས་སུ་དག་པ་སྟེ། དེ་ལ་འཁོར་གསུམ་ཡོངས་སུ་དག་པ་གང་ཞེ་ན། ཚེ་དང་ལྡན་པ་ཤཱ་ར་དྭ་ཏིའི་བུ་འདི་ལ་བྱང་ཆུབ་སེམས་དཔའ་སེམས་དཔའ་ཆེན་པོ་བརྩོན་འགྲུས་རྩོམ་པའི་ཚེ། བདག་མི་དམིགས་སེམས་ཅན་མི་དམིགས་བརྩོན་འགྲུས་མི་དམིགས། རྣམ་པར་སྨིན་པ་ལ་ཡང་དགའ་བར་མི་བྱེད་ཅིང་། བརྩོན་འགྲུས་དེ་ཡང་སེམས་ཅན་ཐམས་ཅད་ལ་གཏོང་སྟེ། སེམས་ཅན་དེ་དག་ཀྱང་མི་དམིགས་པར་བླ་ན་མེད་པ་ཡང་དག་པར་རྫོགས་པའི་བྱང་ཆུབ་ཏུ་བསྔོ་ཞིང་། མཚན་མ་ཙུང་ཟད་ཀྱང་ཡང་དག་པར་རྗེས་སུ་མི་མཐོང་བ་འདི་ནི། འཇིག་རྟེན་ལས་འདས་པའི་བརྩོན་འགྲུས③ཀྱི་ཕ་རོལ་ཏུ་ཕྱིན་པ་ཞེས་བྱ་སྟེ། དེ་ནི་འདི་ལྟར་འཇིག་རྟེན་ལས་གཡོ་ཞིང་འཕགས④ལ་འདའ་བས། དེའི་ཕྱིར་འཇིག་རྟེན་ལས་འདས་པ་ཞེས་བྱའོ། །དེ་ལ་འཇིག་རྟེན་པའི་བསམ་གཏན་གྱི་ཕ་རོལ་དུ་ཕྱིན་པ་གང་ཞེ་ན། ཚེ་དང་ལྡན་པ་ཤཱ་ར་དྭ་ཏིའི་བུ་འདི་ལ་བྱང་ཆུབ་སེམས་དཔའ་སེམས་དཔའ་ཆེན་པོ་བསམ་གཏན་ལ་སྙོམས་པར་འཇུག་ཅིང་། དེ་ཡང་གནས་པས་སྙོམས་པར་འཇུག་སྟེ། དེ་འདི་སྙམ་དུ་བདག་ནི་སེམས་ཅན་ཐམས་ཅད་ཀྱི་དོན་དུ་བསམ་གཏན་ལ་སྙོམས་པར་འཇུག་གོ། །འདི་ནི་བསམ་གཏན་ནོ། །བདག་ནི་སངས་རྒྱས་ཀྱི་བཀའ་བཞིན་བྱེད་དོ། །ཞེས་བྱ་བ་

ནས་དེ་འདི་ལྟར་བདག་ཏུ་འདུ་ཤེས་པ་དང་། གཞན་དུ་འདུ་ཤེས་པ་དང་། བསམ་གཏན་དུ་འདུ་ཤེས་པ་དང་། ཆགས་པ་འདི་གསུམ་ཞེས་བྱ་བའི་བར་ལ་ཆགས་ཤིང་བསམ་གཏན་ལ་སྙོམས་པར་འཇུག་སྟེ། འདི་ནི་འཇིག་རྟེན་པའི་བསམ་གཏན་གྱི་ཕ་རོལ་ཏུ་ཕྱིན་པ་ཞེས་བྱའོ། །དེ་ཅིའི་ཕྱིར་འཇིག་རྟེན་པའི་བསམ་གཏན་གྱི་ཕ་རོལ་ཏུ་ཕྱིན་པ་ཞེས་བྱ་ཞེ་ན། དེ་ནི་འདི་ལྟར་འཇིག་རྟེན་ལས་མི་གཡོ་མི་འཕགས[༡]མི་འདའ་བས། དེའི་ཕྱིར་འཇིག་རྟེན་པ་ཞེས་བྱའོ། །དེ་ལ་འཇིག་རྟེན་ལས་འདས་པའི་བསམ་གཏན་གྱི་ཕ་རོལ་ཏུ་ཕྱིན་པ་གང་ཞེ་ན། འདི་ལྟར་འཁོར་གསུམ་ཡོངས་སུ་དག་པ་སྟེ། དེ་ལ་འཁོར་གསུམ་ཡོངས་སུ་དག་པ་གང་ཞེ་ན། ཚེ་དང་ལྡན་པ་ཤ་ར་དྭ་ཏིའི་བུ་འདི་ལ་བྱང་ཆུབ་སེམས་དཔའ་སེམས་དཔའ་ཆེན་པོ་བསམ་གཏན་ལ་སྙོམས་པར་འཇུག་པའི་ཚེ་བདག་མི་དམིགས་སེམས་ཅན་མི་དམིགས་བསམ་གཏན་མི་དམིགས་རྣམ་པར་སྨིན་པ་ལ་ཡང་དགའ་བར་མི་བྱེད་དོ[༢]། །བསམ་གཏན་དེ་ཡང་སེམས་ཅན་ཐམས་ཅད་ལ་གཏོང་སྟེ། སེམས་ཅན་དེ[༣]དག་ཀྱང་མི་དམིགས་པར་བླ་ན་མེད་པ་ཡང་དག་པར་རྫོགས་པའི་བྱང་ཆུབ་ཏུ་བསྔོ་ཞིང་། མཚན་མ་ཙམ་ཟད་ཀྱང་ཡང་དག་པར་རྗེས་སུ་མི་མཐོང་བ་འདི་ནི། འཇིག་རྟེན་ལས་འདས་པའི་བསམ་གཏན་གྱི་ཕ་རོལ་ཏུ་ཕྱིན་པ་ཞེས་བྱ་སྟེ། དེ[༤]ནི་འདི་ལྟར་འཇིག་རྟེན་ལས་གཡོ་ཞིང་འཕགས[༥]ལ་འདའ་བས། དེའི་ཕྱིར་འཇིག་རྟེན་ལས་འདས་པ་ཞེས་བྱའོ། །དེ་ལ་འཇིག་རྟེན་པའི་ཤེས་རབ་ཀྱི་ཕ་རོལ་ཏུ་ཕྱིན་པ་གང་ཞེ་ན། ཚེ་དང་ལྡན་པ་ཤ་ར་དྭ་ཏིའི་བུ། འདི་ལ་བྱང་ཆུབ་སེམས་དཔའ་སེམས་དཔའ་ཆེན་པོ་ཤེས་རབ་སྒོམ[༦]ཞིང་། དེ་ཡང་གནས་པས་སྒོམ[༧]སྟེ། དེ་འདི་སྙམ་དུ་བདག་ནི་སེམས་ཅན་ཐམས་ཅད་ཀྱི་དོན་དུ་ཤེས་རབ་སྒོམ[༨]མོ། །འདི་ནི་ཤེས་རབ་པོ། །བདག་ནི་སངས་རྒྱས་ཀྱི་བཀའ་

བཞིན་བྱེད་དོ་ཞེས་བྱ་བ་ནས། དེ་འདི་ལྟར་བདག་ཏུ་འདུ་ཤེས་པ་དང་། གཞན་དུ་འདུ་ཤེས་པ་དང་། ཤེས་རབ་ཏུ་འདུ་ཤེས་པ་དང་། ཆགས་པ་འདི་གསུམ་ཞེས་བྱ་བའི་བར་ལ་ཆགས་ཤིང་། ཤེས་རབ་སྒོམ[1]སྟེ། འདི་ནི་འཇིག་རྟེན་པའི་ཤེས་རབ་ཀྱི་ཕ་རོལ་ཏུ་ཕྱིན་པ་ཞེས་བྱའོ། །དེ་ཅིའི་ཕྱིར་འཇིག་རྟེན་པའི་ཤེས་རབ་ཀྱི་ཕ་རོལ་ཏུ་ཕྱིན་པ་ཞེས་བྱ་ཞེ་ན། དེ་ནི་འདི་ལྟར་འཇིག་རྟེན་ལས་མི་གཡོ་མི་འཕགས[2]མི་འདའ་བས། དེའི་ཕྱིར་འཇིག་རྟེན་པ་ཞེས་བྱའོ། །དེ་ལ་འཇིག་རྟེན་ལས་འདས་པའི་ཤེས་རབ་ཀྱི་ཕ་རོལ་ཏུ་ཕྱིན་པ་གང་ཞེ་ན། འདི་ལྟར་འཁོར་གསུམ་ཡོངས་སུ་དག་པ་སྟེ། དེ་ལ་འཁོར་གསུམ་ཡོངས་སུ་དག་པ་གང་ཞེ་ན། ཚེ་དང་ལྡན་པ་ཤཱ་རིའི་བུ། འདི་ལ་བྱང་ཆུབ་སེམས་དཔའ་སེམས་དཔའ་ཆེན་པོ་ཤེས་རབཿཀྱི་ཕ་རོལ་ཏུ་ཕྱིན་པ[3]སྒོམ[4]པའི་ཚེ། བདག་མི་དམིགས་སེམས་ཅན་མི་དམིགས། ཤེས་རབ་མི་དམིགས། རྣམ་པར་སྨིན་པ་ལ་ཡང་དགའ་བར་མི་བྱེད་ཅིང་། ཤེས་རབ་དེ་ཡང་སེམས་ཅན་ཐམས་ཅད་ལ་གཏོང་སྟེ། སེམས་ཅན་དེ་དག་ཀྱང་མི་དམིགས་པར། བླ་ན་མེད་པ་ཡང་དག་པར་རྫོགས་པའི་བྱང་ཆུབ་ཏུ་བསྔོ་ཞིང་། མཚན་མ་ཅུང་ཟད་ཀྱང་ཡང་དག་པར་རྗེས་སུ་མི་མཐོང་བ་འདི་ནི། འཇིག་རྟེན་ལས་འདས་པའི། ཤེས་རབ་ཀྱི་ཕ་རོལ་ཏུ་ཕྱིན་པ་ཞེས་བྱ་སྟེ། དེ་ནི་འདི་ལྟར། འཇིག་རྟེན་ལས་གཡོ་ཞིང་འཕགས[5]ལ་འདའ་བས། དེའི་ཕྱིར། འཇིག་རྟེན་ལས་འདས་པ་ཞེས་བྱའོ། །ཚེ་དང་ལྡན་པ་ཤཱ་རིའི་བུ་དེ་ལྟར་ན། བྱང་ཆུབ་སེམས་དཔའ་སེམས་དཔའ་ཆེན་པོ་ཕ་རོལ་ཏུ་ཕྱིན་པ་དྲུག་ལ་སྤྱོད་ཅིང་། བྱང་ཆུབ་ཀྱི་ལམ་ཡོངས་སུ་སྦྱོང་བ་ཡིན་ནོ། །སྨྲས་པ། ཚེ་དང་ལྡན་པ་རབ་འབྱོར་བྱང་ཆུབ་སེམས་དཔའ་སེམས་དཔའ་ཆེན་པོའི་བྱང་ཆུབ་ཀྱི་ལམ་གང་ཡིན། རབ་འབྱོར་

ཀྱིས་བསྡུས་པ། ཚེ་དང་ལྡན་པ་ཤཱ་ར་དྭ་ཏིའི་བུ། སྦྱིན་པའི་ཕ་རོལ་ཏུ་ཕྱིན་པ་ནི། བྱང་ཆུབ་སེམས་དཔའ་སེམས་དཔའ་ཆེན་པོའི་བྱང་ཆུབ་ཀྱི་ལམ་མོ། །ཚུལ་ཁྲིམས་ཀྱི་ཕ་རོལ་ཏུ་ཕྱིན་པ་དང་། བཟོད་པའི་ཕ་རོལ་ཏུ་ཕྱིན་པ་དང་། བརྩོན་འགྲུས་ཀྱི་ཕ་རོལ་ཏུ་ཕྱིན་པ་དང་། བསམ་གཏན་གྱི་ཕ་རོལ་ཏུ་ཕྱིན་པ་དང་། ཤེས་རབ་ཀྱི་ཕ་རོལ་ཏུ་ཕྱིན་པ་ནི། བྱང་ཆུབ་སེམས་དཔའ་སེམས་དཔའ་ཆེན་པོའི། བྱང་ཆུབ་ཀྱི་ལམ་མོ། །ཚེ་དང་ལྡན་པ་ཤཱ་ར་དྭ་ཏིའི་བུ། ནང་སྟོང་པ་ཉིད་ནི། བྱང་ཆུབ་སེམས་དཔའ་སེམས་དཔའ་ཆེན་པོའི་བྱང་ཆུབ་ཀྱི་ལམ་མོ། །ཕྱི་སྟོང་པ་ཉིད་ནི། བྱང་ཆུབ་སེམས་དཔའ་སེམས་དཔའ་ཆེན་པོའི་བྱང་ཆུབ་ཀྱི་ལམ་མོ། །ཕྱི་ནང་སྟོང་པ་ཉིད་ནི། བྱང་ཆུབ་སེམས་དཔའ་སེམས་དཔའ་ཆེན་པོའི། བྱང་ཆུབ་ཀྱི་ལམ་མོ། །དངོས་པོ་མེད་པའི་ངོ་བོ་ཉིད་སྟོང་པ་ཉིད་ཀྱི་བར་ནི། བྱང་ཆུབ་སེམས་དཔའ་སེམས་དཔའ་ཆེན་པོའི་བྱང་ཆུབ་ཀྱི་ལམ་མོ། །ཚེ་དང་ལྡན་པ་ཤཱ་ར་དྭ་ཏིའི་བུ། དྲན་པ་ཉེ་བར་གཞག་པ་བཞི་ནི། བྱང་ཆུབ་སེམས་དཔའ་སེམས་དཔའ་ཆེན་པོའི་བྱང་ཆུབ་ཀྱི་ལམ་མོ། །ཡང་དག་པར་སྤོང་བ་བཞི་དང་། རྫུ་འཕྲུལ་གྱི་རྐང་པ་བཞི་དང་། དབང་པོ་ལྔ་དང་། སྟོབས་ལྔ་དང་། བྱང་ཆུབ་ཀྱི་ཡན་ལག་བདུན་དང་། འཕགས་པའི་ལམ་ཡན་ལག་བརྒྱད་པ་ནི། བྱང་ཆུབ་སེམས་དཔའ་སེམས་དཔའ་ཆེན་པོའི་བྱང་ཆུབ་ཀྱི་ལམ་མོ། །ཚེ་དང་ལྡན་པ་ཤཱ་ར་དྭ་ཏིའི་བུ། འཕགས་པའི་བདེན་པ་བཞི་ནི། བྱང་ཆུབ་སེམས་དཔའ་སེམས་དཔའ་ཆེན་པོའི་བྱང་ཆུབ་ཀྱི་ལམ་མོ། །བསམ་གཏན་བཞི་དང་། ཚད་མེད་པ་བཞི་དང་། གཟུགས་མེད་པའི་སྙོམས་པར་འཇུག་པ་བཞི་དང་། རྣམ་པར་ཐར་པ་བརྒྱད་དང་། མཐར་གྱིས་གནས་པའི་སྙོམས་པར་འཇུག་པ་དགུ་དང་། སྟོང་པ་ཉིད་དང་། མཚན་མ་མེད་

པ་དང་། སྨོན་པ་མེད་པ་དང་། མངོན་པར་ཤེས་པ་ལྔ་དང་། ཏིང་ངེ་འཛིན་ཐམས་ཅད་དང་། གཟུངས་ཀྱི་སྒོ་ཐམས་ཅད་ནི། བྱང་ཆུབ་སེམས་དཔའ་སེམས་དཔའ་ཆེན་པོའི་བྱང་ཆུབ་ཀྱི་ལམ་མོ། །དེ་བཞིན་གཤེགས་པའི་སྟོབས་བཅུ་ནི། བྱང་ཆུབ་སེམས་དཔའ་སེམས་དཔའ་ཆེན་པོའི་བྱང་ཆུབ་ཀྱི་ལམ་མོ༔ །མི་འཇིགས་པ་བཞི་དང་། སོ་སོ་ཡང་དག་པར་རིག་པ་བཞི་དང་། བྱམས་པ་ཆེན་པོ་དང་། སྙིང་རྗེ་ཆེན་པོ་དང་། སངས་རྒྱས་ཀྱི་ཆོས་མ་འདྲེས་པ་བཅོ་བརྒྱད་ནི། བྱང་ཆུབ་སེམས་དཔའ་སེམས་དཔའ་ཆེན་པོའི་བྱང་ཆུབ་ཀྱི་ལམ་མོ། །སྨྲས་པ། ཚེ་དང་ལྡན་པ་རབ་འབྱོར་ལེགས་སོ་ལེགས་སོ། །བྱང་ཆུབ་ཀྱི་ལམ་འདི་ཕ་རོལ་དུ་ཕྱིན་པ་གང་གི་མཐུ་ཡིན། རབ་འབྱོར་གྱིས་སྨྲས་པ། ཚེ་དང་ལྡན་པ་ཤཱ་ར་དྭ་ཏིའི་བུ་དེ་ནི། ཤེས་རབ་ཀྱི་ཕ་རོལ་ཏུ་ཕྱིན་པའི་མཐུ་སྟེ། དེ་ཅིའི་ཕྱིར་ཞེ་ན། ཚེ་དང་ལྡན་པ་ཤཱ་ར་དྭ་ཏིའི་བུ་དེ་ནི། འདི་ལྟར་ཤེས་རབ་ཀྱི་ཕ་རོལ་ཏུ་ཕྱིན་པ་ནི། ཉན་ཐོས་ཀྱི་ཆོས་དང་། རང་སངས་རྒྱས་ཀྱི་ཆོས་དང་། བྱང་ཆུབ་སེམས་དཔའི་ཆོས་དང་། སངས་རྒྱས་ཀྱི་ཆོས་དང་། དགེ་བའི་ཆོས་ཐམས་ཅད་སྐྱེད[1]་པའོ། །ཚེ་དང་ལྡན་པ་ཤཱ་ར་དྭ་ཏིའི་བུ། ཤེས་རབ་ཀྱི་ཕ་རོལ་ཏུ་ཕྱིན་པ་ནི། ཉན་ཐོས་ཀྱི་ཆོས་དང་། རང་སངས་རྒྱས་ཀྱི་ཆོས་དང་། བྱང་ཆུབ་སེམས་དཔའི་ཆོས་དང་། སངས་རྒྱས་ཀྱི་ཆོས་དང་། དགེ་བའི་ཆོས་ཐམས་ཅད་ཡོངས་སུ་སྟུད་ཅིང་ཡང་དག་པར་སྡུད་པའོ། །ཚེ་དང་ལྡན་པ་ཤཱ་ར་དྭ་ཏིའི་བུ། སྔོན་གྱི་དེ་བཞིན་གཤེགས་པ་དགྲ་བཅོམ་པ་ཡང་དག་པར་རྫོགས་པའི་སངས་རྒྱས་རྣམས་ཀྱིས་ཀྱང་། ཤེས་རབ་ཀྱི་ཕ་རོལ་ཏུ་ཕྱིན་པ་འདི་ལ་སྤྱད་དེ[2]། བླ་ན་མེད་པ་ཡང་དག་པར་རྫོགས་པའི་བྱང་ཆུབ་ཏུ་མངོན་པར[3] སངས་རྒྱས་སོ། །ཚེ་དང་ལྡན་པ་ཤཱ་ར་དྭ་ཏིའི་བུ། མ་བྱོན་པའི་དེ་བཞིན་

གཤེགས་པ་དགྲ་བཅོམ་པ་ཡང་དག་པར་རྫོགས་པའི་སངས་རྒྱས་[1]རྣམས་ཀྱིས་ཀྱང་ཤེས་རབ་ཀྱི་ཕ་རོལ་ཏུ་ཕྱིན་པ་འདི་ཉིད་ལ་སྤྱོད་[2]ཅིང་། བླ་ན་མེད་པ་ཡང་དག་པར་རྫོགས་པའི་བྱང་ཆུབ་ཏུ་མངོན་པར་རྫོགས་པར་འཚང་རྒྱའོ། །ཚེ་དང་ལྡན་པ་ཤཱ་ར་དྭ་ཏིའི་བུ། ༑ད་ལྟར་[3]ཕྱོགས་བཅུའི་འཇིག་རྟེན་གྱི་ཁམས་ན། དེ་བཞིན་གཤེགས་པ་དགྲ་བཅོམ་པ་ཡང་དག་པར་རྫོགས་པའི་སངས་རྒྱས་གང་དེ་སྙེད་ཅིག་བཞུགས་ཤིང་། འཚོ་[4]སྐྱོང་བ་དེ་དག་གིས་ཀྱང་། ཤེས་རབ་ཀྱི་ཕ་རོལ་ཏུ་ཕྱིན་པ་འདི་ཉིད་ལ་སྤྱོད་དེ། བླ་ན་མེད་པ་ཡང་དག་པར་རྫོགས་པའི་བྱང་ཆུབ་ཏུ་མངོན་པར་རྫོགས་པར་[5]སངས་རྒྱས་སོ། །ཚེ་དང་ལྡན་པ་ཤཱ་ར་དྭ་ཏིའི་བུ། གལ་ཏེ་ཤེས་རབ་ཀྱི་ཕ་རོལ་ཏུ་ཕྱིན་པ་བཤད་པའི་ཚེ། བྱང་ཆུབ་སེམས་དཔའ་སེམས་དཔའ་ཆེན་པོ་ཉེམ་ཉུར་འམ་[6]། སྔངས་པར་མི་འགྱུར་ན། ཚེ་དང་ལྡན་པ་ཤཱ་ར་དྭ་ཏིའི་བུ་བྱང་ཆུབ་སེམས་དཔའ་སེམས་དཔའ་ཆེན་པོ་དེ་ནི་འདི་ལྟར། སེམས་ཅན་ཐམས་ཅད་བསྐྱབ་པ་དང་། སེམས་ཅན་ཐམས་ཅད་ཡོངས་སུ་མི་གཏོང་[7]བའི་ཕྱིར། དེ་མི་དམིགས་པའི་ཚུལ་གྱིས་རྣམ་པར་སྤྱོད་པ་འདི་[8]རྣམ་པར་སྤྱོད་པར་ཤེས་པར་བྱའོ། །བྱང་ཆུབ་སེམས་དཔའ་སེམས་དཔའ་ཆེན་པོ་དེ་ནི་འདི་ལྟར་[9]། སྙིང་རྗེ་ཆེན་པོ་ཡིད་ལ་བྱ་བའི་ཡིད་ལ་བྱ་བ་དེ་དང་མ་བྲལ་བར་ཤེས་པར་བྱའོ། །སྨྲས་པ་ཚེ་དང་ལྡན་པ་རབ་འབྱོར་རྣམ་པར་སྤྱོད་པ་འདིས་རྣམ་པར་སྤྱོད་ཅིང་འདི་ལྟ་སྟེ། སྙིང་རྗེ་ཆེན་པོ་ཡིད་ལ་བྱ་བའི་ཡིད་ལ་བྱ་བ་དེ་དང་མ་བྲལ་བས། བྱང་ཆུབ་སེམས་དཔའ་སེམས་དཔའ་[10]ཆེན་པོར་འདོད་[11]ན། ཚེ་དང་ལྡན་པ་རབ་འབྱོར་དེ་ལྟ་[12]ན་ནི། སེམས་ཅན་ཐམས་ཅད་ཀྱང་བྱང་ཆུབ་སེམས་དཔར་འགྱུར་རོ། །དེ་ཅིའི་ཕྱིར་ཞེ་ན། ཚེ་དང་ལྡན་པ་རབ་འབྱོར་སེམས་ཅན་ཐམས་ཅད་ཀྱང་ཡིད་ལ་བྱ་བ་དང་ནི་མ་བྲལ་ལོ། །རབ་འབྱོར་

གྱིས་སྨྲས་པ། ཚེ་དང་ལྡན་པ་ཤ་ར་དྭ་ཏིའི་བུ་ལེགས་སོ་ལེགས་སོ། །དྲིའོ་དྲིའོ་སྙམ་པའི་དོན་དེ་ཉིད། ཚེ་དང་ལྡན་པ་ཤ་ར་དྭ་ཏིའི་བུས། ཡང་དག་པའི་ཚིག་བརྗོད་པས་ཡོངས་སུ་བཟུང་ངོ་། །དེ་ཅིའི་ཕྱིར་ཞེ་ན། འདི་ལྟར་ཚེ་དང་ལྡན་པ་ཤ་ར་དྭ་ཏིའི་བུ། སེམས་ཅན་མེད་པའི་ཕྱིར། ཡིད་ལ་བྱེད་པ་མེད་པར་རིག་པར་བྱའོ། །སེམས་ཅན་དངོས་པོ་མེད་པའི་ཕྱིར། ཡིད་ལ་བྱེད་པ་དངོས་པོ་མེད་པར་རིག་པར་བྱའོ། །སེམས་ཅན་རང་བཞིན་མེད་པའི་ཕྱིར། ཡིད་ལ་བྱེད་པ་རང་བཞིན་མེད་པར་རིག་པར་བྱའོ། །སེམས་ཅན་སྟོང་པ་ཉིད་ཀྱི་ཕྱིར། ཡིད་ལ་བྱེད་པ་སྟོང་པ་ཉིད་དུ་རིག་པར་བྱའོ། །སེམས་ཅན་དབེན་པའི་ཕྱིར་ཡིད་ལ་བྱེད་པ་དབེན་པར་རིག་པར་བྱའོ། །སེམས་ཅན་མངོན་པར་རྫོགས་པར་འཚང་མི་རྒྱ་བའི་ཕྱིར། ཡིད་ལ་བྱེད་པ་མངོན་པར་རྫོགས་པར་འཚང་མི་རྒྱ་བར་རིག་པར་བྱའོ། །ཚེ་དང་ལྡན་པ་ཤ་ར་དྭ་ཏིའི་བུ། གཟུགས་མེད་པའི་ཕྱིར་ཡིད་ལ་བྱེད་པ་མེད་པར་རིག་པར་བྱའོ། །གཟུགས་དངོས་པོ་མེད་པའི་ཕྱིར་ཡིད་ལ་བྱེད་པ་དངོས་པོ་མེད་པར་རིག་པར་བྱའོ། །གཟུགས་རང་བཞིན་མེད་པའི་ཕྱིར། ཡིད་ལ་བྱེད་པ་རང་བཞིན་མེད་པར་རིག་པར་བྱའོ། །གཟུགས་སྟོང་པ་ཉིད་ཀྱི་ཕྱིར་ཡིད་ལ་བྱེད་པ་སྟོང་པ་ཉིད་དུ་རིག་པར་བྱའོ། །གཟུགས་དབེན་པའི་ཕྱིར་ཡིད་ལ་བྱེད་པ་དབེན་པར་རིག་པར་བྱའོ། །གཟུགས་མངོན་པར་རྫོགས་པར་འཚང་མི་རྒྱ་བའི་ཕྱིར། ཡིད་ལ་བྱེད་པ་མངོན་པར་རྫོགས་པར་འཚང་མི་རྒྱ་བར་རིག་པར་བྱའོ། །ཚེ་དང་ལྡན་པ་ཤ་ར་དྭ་ཏིའི་བུ་ཚོར་བ་དང་འདུ་ཤེས་དང་འདུ་བྱེད་དང་རྣམ་པར་ཤེས་པ་མེད་པའི་ཕྱིར་ཡིད་ལ་བྱེད་པ་མེད་པར་རིག་པར་བྱའོ། །རྣམ་པར་ཤེས་པ་དངོས་པོ་མེད་པའི་ཕྱིར་ཡིད་ལ་བྱེད་པ་དངོས་པོ་མེད་པར་རིག་པར་བྱའོ། །རྣམ་པར་ཤེས་པ་རང་བཞིན་མེད་

པའི་ཕྱིར་ཡིད་ལ་བྱེད་པ་རང་བཞིན་མེད་[7]པར་རིག་པར་བྱའོ། །རྣམ་པར་ཞེས་པ་སྟོང་པ་ཉིད་ཀྱི་ཕྱིར་ཡིད་ལ་བྱེད་པ་སྟོང་པ་ཉིད་དུ་རིག་པར་བྱའོ། །རྣམ་པར་ཞེས་པ་དབེན་པའི་ཕྱིར་ཡིད་ལ་བྱེད་པ་དབེན་པར་རིག་པར་བྱའོ། །རྣམ་པར་ཞེས་པ་མངོན་པར་རྫོགས་པར་འཚང་མི་རྒྱ་བའི་ཕྱིར། ཡིད་ལ་བྱེད་པ་མངོན་པར་རྫོགས་པར་འཚང་མི་རྒྱ་བར་རིག་པར་བྱའོ། །ཚེ་དང་ལྡན་པ་ཤཱ་ར་དྭ་ཏིའི་བུ། སྐྱེ་མཆེད་དང་། ཁམས་དང་། རྟེན་ཅིང་འབྲེལ་བར་འབྱུང་བ་མེད་པའི་ཕྱིར་ཡིད་ལ་བྱེད་པ་མེད་པར་རིག་པར་བྱའོ། །རྟེན་ཅིང་འབྲེལ་བར་འབྱུང་བ་དངོས་པོ་མེད་པའི་ཕྱིར་ཡིད་ལ་བྱེད་པ་དངོས་པོ་མེད་པར་རིག་པར་བྱའོ། །རྟེན་ཅིང་འབྲེལ་བར་འབྱུང་བ་རང་བཞིན་མེད་པའི་ཕྱིར་ཡིད་ལ་བྱེད་པ་རང་བཞིན་མེད་པར་རིག་པར་བྱའོ། །རྟེན་ཅིང་འབྲེལ་བར་འབྱུང་བ་སྟོང་པ་ཉིད་ཀྱི་ཕྱིར་ཡིད་ལ་བྱེད་པ་སྟོང་པ་ཉིད་དུ་རིག་པར་བྱའོ། །རྟེན་ཅིང་འབྲེལ་བར་འབྱུང་བ་དབེན་པའི་ཕྱིར་ཡིད་ལ་བྱེད་པ་དབེན་པར་རིག་པར་བྱའོ། །རྟེན་ཅིང་འབྲེལ་བར་འབྱུང་བ་མངོན་པར་རྫོགས་པར་འཚང་མི་རྒྱ་བའི་ཕྱིར། ཡིད་ལ་བྱེད་པ་མངོན་པར་རྫོགས་པར་འཚང་མི་རྒྱ་བར་རིག་པར་བྱའོ། །ཚེ་དང་ལྡན་པ་ཤཱ་ར་དྭ་ཏིའི་བུ། སྦྱིན་པའི་ཕ་རོལ་ཏུ་ཕྱིན་པ་མེད་པའི་ཕྱིར་ཡིད་ལ་བྱེད་པ་མེད་པར་རིག་པར་བྱའོ། །སྦྱིན་པའི་ཕ་རོལ་ཏུ་ཕྱིན་པ་དངོས་པོ་མེད་པའི་ཕྱིར། ཡིད་ལ་བྱེད་པ་དངོས་པོ་མེད་པར་རིག་པར་བྱའོ། །སྦྱིན་པའི་ཕ་རོལ་ཏུ་ཕྱིན་པ་རང་བཞིན་མེད་པའི་ཕྱིར། ཡིད་ལ་བྱེད་པ་རང་བཞིན་མེད་པར་རིག་པར་བྱའོ། །སྦྱིན་པའི་ཕ་རོལ་ཏུ་ཕྱིན་པ་སྟོང་པ་ཉིད་ཀྱི་ཕྱིར། ཡིད་ལ་བྱེད་པ་སྟོང་པ་ཉིད་དུ་རིག་པར་བྱའོ། །སྦྱིན་པའི་ཕ་རོལ་ཏུ་ཕྱིན་པ་དབེན་པའི་ཕྱིར་ཡིད་ལ་བྱེད་པ་དབེན་པར་རིག་པར་བྱའོ། །སྦྱིན་པའི་ཕ་རོལ་ཏུ་ཕྱིན་པ་མངོན་པར་རྫོགས་པར་

འཚང་མི་རྒྱ་བའི་ཕྱིར། ཡིད་ལ་བྱེད་པ་མངོན་པར་རྫོགས་པར་འཚང་མི་རྒྱ་བར་རིག་པར་བྱའོ། །ཆེ་དང་ལྡན་པ་ཤ་ར་དྭ་ཏིའི་བུ། ཚུལ་ཁྲིམས་ཀྱི་ཕ་རོལ་ཏུ་ཕྱིན་པ་དང་། བཟོད་པའི་ཕ་རོལ་ཏུ་ཕྱིན་པ་དང་། བརྩོན་འགྲུས་ཀྱི་ཕ་རོལ་ཏུ་ཕྱིན་པ་དང་། བསམ་གཏན་གྱི་ཕ་རོལ་ཏུ་ཕྱིན་པ་དང་། ཤེས་རབ་ཀྱི་ཕ་རོལ་ཏུ་ཕྱིན་པ་མེད་པའི་ཕྱིར། ཡིད་ལ་བྱེད་པ་མེད་པར་རིག་པར་བྱའོ། །ཤེས་རབ་ཀྱི་ཕ་རོལ་ཏུ་ཕྱིན་པ་དངོས་པོ་མེད་པའི་ཕྱིར། ཡིད་ལ་བྱེད་པ་དངོས་པོ་མེད་པར་རིག་པར་བྱའོ། །ཤེས་རབ་ཀྱི་ཕ་རོལ་ཏུ་ཕྱིན་པ་རང་བཞིན་མེད་པའི་ཕྱིར། ཡིད་ལ་བྱེད་པ་རང་བཞིན་མེད་པར་རིག་པར་བྱའོ། །ཤེས་རབ་ཀྱི་ཕ་རོལ་ཏུ་ཕྱིན་པ་སྟོང་པ་ཉིད་ཀྱི་ཕྱིར། ཡིད་ལ་བྱེད་པ་སྟོང་པ་ཉིད་དུ་རིག་པར་བྱའོ། །ཤེས་རབ་ཀྱི་ཕ་རོལ་ཏུ་ཕྱིན་པ་དབེན་པའི་ཕྱིར། ཡིད་ལ་བྱེད་པ་དབེན་པར་རིག་པར་བྱའོ། །ཤེས་རབ་ཀྱི་ཕ་རོལ་ཏུ་ཕྱིན་པ་མངོན་པར་རྫོགས་པར་འཚང་མི་རྒྱ་བའི་ཕྱིར། ཡིད་ལ་བྱེད་པ་མངོན་པར་རྫོགས་པར་འཚང་མི་རྒྱ་བར་རིག་པར་བྱའོ། །ཆེ་དང་ལྡན་པ་ཤ་ར་དྭ་ཏིའི་བུ། ནང་སྟོང་པ་ཉིད་[1] ཡིད་ལ་བྱེད་པ་མེད་པར་རིག་པར་བྱའོ། །ནང་སྟོང་པ་ཉིད་དངོས་པོ་མེད་པའི་ཕྱིར། ཡིད་ལ་བྱེད་པ་དངོས་པོ་མེད་པར་རིག་པར་བྱའོ། །ནང་སྟོང་པ་ཉིད་རང་བཞིན་མེད་པའི་ཕྱིར། ཡིད་ལ་བྱེད་པ་རང་བཞིན་མེད་པར་རིག་པར་བྱའོ། །ནང་སྟོང་པ་ཉིད་སྟོང་པ་ཉིད་ཀྱི་ཕྱིར་ཡིད་ལ་བྱེད་པ་སྟོང་པ་ཉིད་དུ་རིག་པར་བྱའོ། །ནང་སྟོང་པ་ཉིད་དབེན་པའི་ཕྱིར། ཡིད་ལ་བྱེད་པ་དབེན་པར་རིག་པར་བྱའོ། །ནང་སྟོང་པ་ཉིད་མངོན་པར་རྫོགས་པར་འཚང་མི་རྒྱ་བའི་ཕྱིར། ཡིད་ལ་བྱེད་པ་མངོན་པར་རྫོགས་པར་འཚང་མི་རྒྱ་བར་རིག་པར་བྱའོ། །ཆེ་དང་ལྡན་པ་ཤ་ར་དྭ་ཏིའི་བུ། དངོས་པོ་མེད་པའི་ངོ་བོ་ཉིད་སྟོང་པ་ཉིད་ཀྱི་བར་དུ་མེད་པའི་ཕྱིར།

ཡོད་ལ་བྱེད་པ་མེད་པར་རིག་པར་བྱའོ། །དངོས་པོ་མེད་པའི་ངོ་བོ་ཉིད་སྟོང་པ་ཉིད་དངོས་པོ་མེད་པའི་ཕྱིར། ཡོད་ལ་བྱེད་པ་དངོས་པོ་མེད་པར་རིག་པར་བྱའོ།། དངོས་པོ་མེད་པའི་ངོ་བོ་ཉིད་སྟོང་པ་ཉིད་རང་བཞིན་མེད་པའི་ཕྱིར། ཡོད་ལ་བྱེད་པ་རང་བཞིན་མེད་པར་རིག་པར་བྱའོ། །དངོས་པོ་མེད་པའི་ངོ་བོ་ཉིད་སྟོང་པ་ཉིད་༧ཀྱི་ཕྱིར། ཡོད་ལ་བྱེད་པ་སྟོང་པ་ཉིད་དུ་རིག་པར་བྱའོ། །དངོས་པོ་མེད་པའི་ངོ་བོ་ཉིད་སྟོང་པ་ཉིད་དབེན་པའི་ཕྱིར། ཡོད་ལ་བྱེད་པ་དབེན་པར་རིག་པར་བྱའོ། །དངོས་པོ་མེད་པའི་ངོ་བོ་ཉིད་སྟོང་པ་ཉིད་མངོན་པར་རྫོགས་པར་འཚང་མི་རྒྱ་བའི་ཕྱིར། ཡོད་ལ་བྱེད་པ་མངོན་པར་རྫོགས་པར་འཚང་མི་རྒྱ་བར་རིག་པར་བྱའོ། །ཚེ་དང་ལྡན་པ་ཤཱ་ར་དྭ་ཏིའི་བུ། དྲན་པ་ཉེ་བར་གཞག་པ་མེད་པའི་ཕྱིར། ཡོད་ལ་བྱེད་པ་མེད་པར་རིག་པར་བྱའོ། །དྲན་པ་ཉེ་བར་གཞག་པ་དངོས་པོ་མེད་པའི་ཕྱིར། ཡོད་ལ་བྱེད་པ་དངོས་པོ་མེད་པར་རིག་པར་བྱའོ། །དྲན་པ་ཉེ་བར་གཞག་པ་རང་བཞིན་མེད་པའི་ཕྱིར། ཡོད་ལ་བྱེད་པ་རང་བཞིན་མེད་པར་རིག་པར་བྱའོ། །དྲན་པ་ཉེ་བར་གཞག་པ་སྟོང་པ་ཉིད་ཀྱི་ཕྱིར། ཡོད་ལ་བྱེད་པ་སྟོང་པ་ཉིད་དུ་རིག་པར་བྱའོ། །དྲན་པ་ཉེ་བར་གཞག་པ་དབེན་པའི་ཕྱིར། ཡོད་ལ་བྱེད་པ་དབེན་པར་རིག་པར་བྱའོ། །དྲན་པ་ཉེ་བར་གཞག་པ་མངོན་པར་རྫོགས་པར་འཚང་མི་རྒྱ་བའི་ཕྱིར། ཡོད་ལ་བྱེད་པ་མངོན་པར་རྫོགས་པར་འཚང་མི་རྒྱ་བར་རིག་པར་བྱའོ། །ཚེ་དང་ལྡན་པ་ཤཱ་ར་དྭ་ཏིའི་བུ། ཡང་དག་པར་སྤོང་བ་དང་། རྫུ་འཕྲུལ་གྱི་རྐང་པ་དང་། དབང་པོ་དང་། སྟོབས་དང་། བྱང་ཆུབ་ཀྱི་ཡན་ལག་དང་། འཕགས་པའི་ལམ་ཡན་ལག་བརྒྱད་པ་མེད་པའི་ཕྱིར། ཡོད་ལ་བྱེད་པ་མེད་པར་རིག་པར་བྱའོ།། འཕགས་པའི་ལམ་ཡན་ལག་བརྒྱད་པ་དངོས་པོ་མེད་པའི་ཕྱིར། ཡོད་ལ་བྱེད་པ་

དངོས་པོ་མེད་པར་རིག་པར་བྱའོ། །འཕགས་པའི་ལམ་ཡན་ལག་བརྒྱད་པ་རང་བཞིན་མེད་པའི་ཕྱིར། ཡིད་ལ་བྱེད་པ་རང་བཞིན་མེད་པར་རིག་པར་བྱའོ། །འཕགས་པའི་ལམ་ཡན་ལག་བརྒྱད་པ་སྟོང་པ་ཉིད་ཀྱི་ཕྱིར། ཡིད་ལ་བྱེད་པ་སྟོང་པ་ཉིད་དུ་རིག་པར་བྱའོ། །འཕགས་པའི་ལམ་ཡན་ལག་བརྒྱད་པ་དབེན་པའི་ཕྱིར། ཡིད་ལ་བྱེད་པ་དབེན་པར་རིག་པར་བྱའོ། །འཕགས་པའི་ལམ་ཡན་ལག་བརྒྱད་པ་མངོན་པར་རྫོགས་པར་འཚང་མི་རྒྱ་བའི་ཕྱིར། ཡིད་ལ་བྱེད་པ་མངོན་པར་རྫོགས་པར་འཚང་མི་རྒྱ་བར་རིག་པར་བྱའོ། །འཕགས་པའི་བདེན་པ་རྣམས་དང་། བསམ་གཏན་རྣམས་དང་། ཚད་མེད་པ་རྣམས་དང་། གཟུགས་མེད་པའི་སྙོམས་པར་འཇུག་པ་རྣམས་དང་། རྣམ་པར་ཐར་པ་རྣམས་དང་། མཐར་གྱིས་གནས་པའི་སྙོམས་པར་འཇུག་པ་དགུ་དང་། སྟོང་པ་ཉིད་དང་། མཚན་མ་མེད་པ་དང་། སྨོན་པ་མེད་པ་དང་། མངོན་པར་ཤེས་པ་རྣམས་དང་། ཏིང་ངེ་འཛིན་རྣམས་དང་། གཟུངས་ཀྱི་སྒོ་རྣམས་དང་། དེ་བཞིན་གཤེགས་པའི་སྟོབས་བཅུ་དང་། མི་འཇིགས་པ་བཞི་དང་། སོ་སོ་ཡང་དག་པར་རིག་པ་བཞི་དང་། བྱམས་པ་ཆེན་པོ་དང་། སྙིང་རྗེ་ཆེན་པོ་དང་། སངས་རྒྱས་ཀྱི་ཆོས་མ་འདྲེས་པ་མེད་པའི་ཕྱིར། ཡིད་ལ་བྱེད་པ་མེད་པར་རིག་པར་བྱའོ། །སངས་རྒྱས་ཀྱི་ཆོས་མ་འདྲེས་པ་དངོས་པོ་མེད་པའི་ཕྱིར། ཡིད་ལ་བྱེད་པ་དངོས་པོ་མེད་པར་རིག་པར་བྱའོ། །སངས་རྒྱས་ཀྱི་ཆོས་མ་འདྲེས་པ་རང་བཞིན་མེད་པའི་ཕྱིར། ཡིད་ལ་བྱེད་པ་རང་བཞིན་མེད་པར་རིག་པར་བྱའོ། །སངས་རྒྱས་ཀྱི་ཆོས་མ་འདྲེས་པ་སྟོང་པ་ཉིད་ཀྱི་ཕྱིར། ཡིད་ལ་བྱེད་པ་སྟོང་པ་ཉིད་དུ་རིག་པར་བྱའོ། །སངས་རྒྱས་ཀྱི་ཆོས་མ་འདྲེས་པ་དབེན་པའི་ཕྱིར། ཡིད་ལ་བྱེད་པ་དབེན་པར་རིག་པར་བྱའོ། །སངས་རྒྱས་ཀྱི་ཆོས་མ་འདྲེས་པ་

མངོན་པར་རྫོགས་པར་འཚང་མི་རྒྱ་བའི་ཕྱིར། ཡིད་ལ་བྱེད་པ་མངོན་པར་རྫོགས་པར་འཚང་མི་རྒྱ་བར་རིག་པར་བྱའོ། །ཚེ་དང་ལྡན་པ་ཤ་ར་དྭ་ཏིའི་བུ། བྱང་ཆུབ་ཀྱི་བར་དུ་མེད་པའི་ཕྱིར། ཡིད་ལ་བྱེད་པ་མེད་པར་རིག་པར་བྱའོ། །བྱང་ཆུབ་དངོས་པོ་མེད་པའི་ཕྱིར། ཡིད་ལ་བྱེད་པ་དངོས་པོ་མེད་པར་རིག་པར་བྱའོ། །བྱང་ཆུབ་རང་བཞིན་མེད་པའི་ཕྱིར། ཡིད་ལ་བྱེད་པ་རང་བཞིན་མེད་པར་རིག་པར་བྱའོ། །བྱང་ཆུབ་སྟོང་པ་ཉིད་ཀྱི་ཕྱིར། ཡིད་ལ་བྱེད་པ་སྟོང་པ་ཉིད་དུ་རིག་པར་བྱའོ། །བྱང་ཆུབ་དབེན་པའི་ཕྱིར། ཡིད་ལ་བྱེད་པ་དབེན་པར་རིག་པར་བྱའོ། །བྱང་ཆུབ་མངོན་པར་རྫོགས་པར་འཚང་མི་རྒྱ་བའི་ཕྱིར། ཡིད་ལ་བྱེད་པ་མངོན་པར་རྫོགས་པར་འཚང་མི་རྒྱ་བར་རིག་པར་བྱའོ། །ཚེ་དང་ལྡན་པ་ཤ་ར་དྭ་ཏིའི་བུ། རྣམ་[༧]གྲངས་དེས་ན། བྱང་ཆུབ་སེམས་དཔའ་སེམས་དཔའ་ཆེན་པོ། འདི་ལྟ་སྟེ། སྙིང་རྗེ་ཆེན་པོ་ཡིད་ལ་བྱེད་པ་ཉིད་དང་མི་འབྲལ་[༢]བར་རིག་པར་བྱའོ། །དེ་ནས་བཅོམ་ལྡན་འདས་ཀྱིས་[༣]ཚེ་དང་ལྡན་པ་རབ་འབྱོར་ལ། ༔འདི་སྐད་ཅེས་[༤]ལེགས་སོ་[༥]ཞེས་བྱ་བ་གནང་སྟེ། རབ་འབྱོར་ལེགས་སོ་ལེགས་སོ། །དེ་ལྟར་དེ་བཞིན་གཤེགས་པའི་མཐུས། རབ་འབྱོར་ཁྱོད་ཇི་ལྟར་སྟོན་པ་དེ་བཞིན་དུ། བྱང་ཆུབ་སེམས་དཔའ་སེམས་དཔའ་ཆེན་པོ་རྣམས་ལ། ཤེས་རབ་ཀྱི་ཕ་རོལ་ཏུ་ཕྱིན་པ་བསྟན་པར་བྱའོ། །བྱང་ཆུབ་སེམས་དཔའ་སེམས་དཔའ་ཆེན་པོས་ཀྱང་ཇི་ལྟར་ཁྱོད་ཀྱིས་བསྟན་པ་དེ་བཞིན་དུ། ཤེས་རབ་ཀྱི་ཕ་རོལ་ཏུ་ཕྱིན་པ་ལ་བསླབ་པར་བྱའོ། །ཤེས་རབ་ཀྱི་ཕ་རོལ་ཏུ་ཕྱིན་པའི་ལེའུ་འདི། ཚེ་དང་ལྡན་པ་རབ་འབྱོར་གྱིས་སྨྲས་པའི་ཚེ། སྟོང་གསུམ་གྱི་སྟོང་ཆེན་པོའི་འཇིག་རྟེན་གྱི་ཁམས་འདི་རྣམ་པ་དྲུག་ཏུ་གཡོས་ཏེ། གཡོས་སོ། །རབ་ཏུ་གཡོས་སོ། །ཀུན་དུ་གཡོས་སོ། །འགུལ་ཏོ། །རབ་ཏུ་

འགུལ་ཏོ། །ཀུན་ཏུ་འགུལ་ཏོ། །ལྡིག་གོ། །རབ་ཏུ་ལྡིག་གོ། །ཀུན་ཏུ་ལྡིག་གོ། །ཆེམ་ཆེམ། རབ་ཏུ་ཆེམ་ཆེམ། ཀུན་ཏུ་ཆེམ་ཆེམ[1]། ཁྲོར་ཁྲོར་རབ་ཏུ་ཁྲོར་ཁྲོར། ཀུན་ཏུ་ཁྲོར་ཁྲོར་རོ། །ཤར་ཕྱོགས་དམའ་བར་གྱུར་ན། ནུབ་ཕྱོགས་མཐོ་བར་གྱུར་ཏོ། །ཤར་ཕྱོགས་མཐོ་བར་གྱུར་ན། ནུབ་ཕྱོགས་དམའ་བར་གྱུར་ཏོ། །བྱང་ཕྱོགས་དམའ་བར་གྱུར་ན། ལྷོ་ཕྱོགས་མཐོ་བར་གྱུར་ཏོ། །ལྷོ་ཕྱོགས་དམའ་བར་གྱུར་ན། བྱང་ཕྱོགས་མཐོ་བར་གྱུར་ཏོ། །དབུས་དམའ་བར་གྱུར་[2]ན། མཐའ་མཐོ་བར་གྱུར་ཏོ། །མཐའ་དམའ་བར་གྱུར་ན། དབུས་མཐོ་བར་གྱུར་ཏོ། །དེ་ནས་བཅོམ་ལྡན་འདས་ཀྱིས་དེའི་ཚེ་འཛུམ་པ་མཛད་དོ། །དེ་ནས་ཚེ་དང་ལྡན་པ་རབ་འབྱོར་གྱིས། བཅོམ་ལྡན་འདས་[3]ལ་འདི་སྐད་ཅེས་གསོལ་ཏོ། །བཅོམ་ལྡན་འདས་ཅིའི་རྒྱུ་ཅིའི་རྐྱེན་གྱིས་འཛུམ་[4]པ་མཛད། དེ་སྐད་ཅེས་གསོལ་པ་དང་། བཅོམ་ལྡན་འདས་ཀྱིས་ཚེ་དང་ལྡན་པ་རབ་འབྱོར་ལ། འདི་སྐད་ཅེས་བཀའ་སྩལ་ཏོ། །རབ་འབྱོར་ཇི་ལྟར་ང་འཇིག་རྟེན་གྱི་ཁམས་མི་མཇེད་འདི་ན་ཤེས་རབ་ཀྱི་ཕ་རོལ་ཏུ་ཕྱིན་པ་སྟོན་པ་དེ་བཞིན་དུ་ཤར་ཕྱོགས་ཀྱི་འཇིག་རྟེན་གྱི་ཁམས་ཚད་མེད་གྲངས་མེད་པ་དག་ན་ཡང་། དེ་བཞིན་གཤེགས་པ་དགྲ་བཅོམ་པ་ཡང་དག་པར་རྫོགས་པའི་སངས་རྒྱས་རྣམས། ཤེས་རབ་ཀྱི་ཕ་རོལ་ཏུ་ཕྱིན་པ་འདི་ཉིད། བྱང་ཆུབ་སེམས་དཔའ་སེམས་དཔའ་ཆེན་པོ་རྣམས་ལ་སྟོན་པ་མཛད་དོ། །རབ་འབྱོར་ཇི་ལྟར་ང་[5]འཇིག་རྟེན་གྱི་ཁམས་མི་མཇེད་འདི་ན། ཤེས་རབ་ཀྱི་ཕ་རོལ་ཏུ་ཕྱིན་པ་སྟོན་པ་དེ་བཞིན་དུ་ལྷོ་དང་། ནུབ་དང་། བྱང་དང་། བྱང་ཤར་དང་། ཤར་ལྷོ་དང་། ལྷོ་ནུབ་དང་། ནུབ་བྱང་དང་། འོག་དང་། སྟེང་གི་ཕྱོགས་ཀྱི་ཕྱོགས་རེ་རེའི་འཇིག་རྟེན་གྱི་ཁམས་ཚད་མེད་གྲངས་མེད་པ་དག་ན་ཡང་། དེ་བཞིན་གཤེགས་པ་

དགྲ་བཅོམ་པ་ཡང་དག་པར་རྫོགས་པའི་སངས་རྒྱས་རྣམས། ཤེས་རབ་ཀྱི་ཕ་རོལ་ཏུ་ཕྱིན་པ་འདི་ཉིད། བྱང་ཆུབ་སེམས་དཔའ་སེམས་དཔའ་ཆེན་པོ་རྣམས་ལ་སྟོན་པ་མཛད་དོ། །ཤེས་རབ་ཀྱི་ཕ་རོལ་ཏུ་ཕྱིན་པ་བསྟན་པ་འདི་བཤད་པའི་ཚེ། ལྷ་དང་མིའི་སྐྱེ་དགུ་ཁྲག་ཁྲིག་ཕྲག་བཅུ་གཉིས་མི་སྐྱེ་བའི་ཆོས་ལ་བཟོད་པ་སྐྱེས་སོ། །ཕྱོགས་བཅུ་ཀུན་ཏུ་འཇིག་རྟེན་གྱི་ཁམས་སུ། སངས་རྒྱས་བཅོམ་ལྡན་འདས་རྣམས་ཀྱིས། ཤེས་རབ་ཀྱི་ཕ་རོལ་ཏུ་ཕྱིན་པ་འདི་བསྟན་པའི་ཚེ་ཡང་། སེམས་ཅན་ཚད་མེད་གྲངས་མེད་པ་དག་①བླ་ན་མེད་པ་ཡང་དག་པར་རྫོགས་པའི་བྱང་ཆུབ་ཏུ་སེམས་སྐྱེས་སོ། །ཤེས་རབ་ཀྱི་ཕ་རོལ་ཏུ་ཕྱིན་པ་སྟོང་ཕྲག་ཉི་ཤུ་ལྔ་པ་ལས། རབ་འབྱོར་གྱི་ལེའུ་སྟེ་བཅུ་གསུམ་པའོ།། ||

དེ་ནས་སྟོང་གསུམ་གྱི་སྟོང་ཆེན་པོའི། འཇིག་རྟེན་གྱི་ཁམས་འདི་ན། རྒྱལ་ཆེན་བཞིའི་རིས་ཀྱི་ལྷ། ཇི་སྙེད་ཅིག་ཡོད་པ་དེ་དག་ཐམས་ཅད་ཀྱང་། ལྷ་བྱེ་བ་ཁྲག་ཁྲིག་བརྒྱ་སྟོང་དུ་མ་དང་ལྷན་ཅིག་འཁོར་དེ་ཉིད་དུ་འདུས་པར་གྱུར། སྟོང་གསུམ་གྱི་སྟོང་ཆེན་པོའི་འཇིག་རྟེན་གྱི་ཁམས་ན། ལྷའི་དབང་པོ་བརྒྱ་བྱིན་ཇི་སྙེད་ཡོད་པ་དེ་དག་ཐམས་ཅད་ཀྱང་། ལྷའི་བུ་བྱེ་བ་ཁྲག་ཁྲིག་བརྒྱ་སྟོང་དུ་མ་དང་ལྷན་ཅིག་འཁོར་དེ་ཉིད་དུ་འདུས་པར་གྱུར། སྟོང་གསུམ་གྱི་སྟོང་ཆེན་པོའི་འཇིག་རྟེན་གྱི་ཁམས་ན། ལྷའི་བུ་རབ་མཆོག་ཇི་སྙེད་ཡོད་པ་དང་། ལྷའི་བུ་རབ་དགའ་ལྡན་ཇི་སྙེད་ཡོད་པ་དང་། ལྷའི་བུ་རབ་འཕྲུལ་དགའ་②ཇི་སྙེད་ཡོད་པ་དང་། ལྷའི་བུ་③གཞན་འཕྲུལ་དབང་བྱེད་ཇི་སྙེད་ཡོད་པ་དེ་དག་ཐམས་ཅད་ཀྱང་། ལྷའི་བུ་བྱེ་བ་ཁྲག་ཁྲིག་བརྒྱ་སྟོང་དུ་མ་དང་ལྷན་ཅིག་འཁོར་དེ་ཉིད་དུ་འདུས་པར་གྱུར། སྟོང་གསུམ་གྱི་སྟོང་ཆེན་པོའི་འཇིག་རྟེན་གྱི་ཁམས་ན།

ཚངས་པ་ཛེ་སྐྱེད་[༡]ཡོད་པ་དེ་དག་ཐམས་ཅད་ཀྱང་། ལྷའི་བུ་བྱེ་བ་ཁྲག་ཁྲིག་བརྒྱ་སྟོང་དུ་མ་དང་ལྷན་ཅིག་འཁོར་དེ་ཉིད་དུ་འདུས་པར་གྱུར། སྟོང་གསུམ་གྱི་སྟོང་ཆེན་པོའི་འཇིག་རྟེན་གྱི་ཁམས་ན། གནས་གཙང་མའི་བར་གྱི་ལྷའི་བུ་ཛེ་སྐྱེད་ཡོད་པ་དེ་དག་ཐམས་ཅད་ཀྱང་། ལྷའི་བུ་བྱེ་བ་ཁྲག་ཁྲིག་བརྒྱ་སྟོང་དུ་མ་དང་ལྷན་ཅིག་འཁོར་དེ་ཉིད་དུ་འདུས་པར་གྱུར་ཏེ[༢]། རྒྱལ་ཆེན་བཞིའི་རིས་ཀྱི་ལྷ་རྣམས་ཀྱི་ལས་ཀྱི་རྣམ་པར་སྨིན་པ་ལས་སྐྱེས་པའི་ལུས་ཀྱི་འོད་གང་ཡིན་པ་དང་། སུམ་ཅུ་རྩ་གསུམ་གྱི་ལྷ་དང་། མཚེ་མའི་ལྷ་དང་། དགའ་ལྡན་གྱི་ལྷ་དང་། འཕྲུལ་དགའི་ལྷ་དང་། གཞན་འཕྲུལ་དབང་བྱེད་ཀྱི་ལྷ་དང་། ཚངས་རིས་ཀྱི་ལྷ་དང་། ཀུན་སྣང་དང་བའི་ལྷ་དང་། དགེ་རྒྱས་ཀྱི་ལྷ་དང་། འབྲས་བུ་ཆེ་བའི་ལྷ་དང་། གནས་གཙང་མའི་ལྷ་རྣམས་ཀྱི། ལས་ཀྱི་རྣམ་པར་སྨིན་པ་ལས་སྐྱེས་པའི་ལུས་ཀྱི་འོད་གང་ཡིན་པ་དེ་དག་གིས། དེ་བཞིན་གཤེགས་པའི་རང་བཞིན་གྱི་འོད་ཀྱི། བརྒྱའི་ཆར་ཡང་ཉེ་བར་མ་སོང་། སྟོང་གི་ཆར་ཡང་ཉེ་བར་མ་སོང་། བརྒྱ་སྟོང་གི་ཆར་ཡང་ཉེ་བར་མ་སོང་། བྱེ་བ་ཁྲག་ཁྲིག་བརྒྱ་སྟོང་གི་ཆར་ཡང་ཉེ་བར་མ་སོང་། གྲངས་དང་། ཆ་དང་། བགྲང་བ་དང་། དཔེར་ཡང་མ་བཟོད་དེ། འདི་ལྟ་སྟེ་དཔེར་ན། འཛམ་བུ་ཆུ་ནད་དའི་[༣]གསེར་གྱི་དྲུང་ན༑ ཞུགས་ནག་པོའམ། མགལ་དུམ་ལྟམ་མེ་མ་ཡིན། ལྷན་ནེ་མ་ཡིན། ལྷང་ངེ་མ་ཡིན་པ་དེ་བཞིན་དུ། དེ་བཞིན་གཤེགས་པའི་རང་བཞིན་གྱི་འོད་ཀྱི་དྲུང་ན། ལྷའི་ལས་ཀྱི་རྣམ་པར་སྨིན་པ་ལས་སྐྱེས་པའི་འོད་དེ་དག་ཐམས་ཅད། ལྟམ་མེ་མ་ཡིན༑ ལྷན་ནེ་མ་ཡིན། ལྷང་ངེ་མ་ཡིན་གྱི། དེ་བཞིན་གཤེགས་པའི་འོད་འབའ་ཞིག་དེ་དག་གི་ནང་ན་དམ་པར་སྣང་ངོ་། །གཙོ་བོར་སྣང་ངོ་། །གྱ་ནོམ་པར་སྣང་ངོ་། །འཕགས་པར་སྣང་ངོ་། །མཆོག་ཏུ་སྣང་ངོ་། །རབ་ཏུ་སྣང་ངོ་། །ཕུལ་དུ་

སྣང་ངོ་། །ཀླ་ན་མེད་པར་སྣང་ངོ་། །ཀོང་ན་མེད་པར་སྣང་ངོ་། །དེ་ནས་ལྷའི་དབང་པོ་བརྒྱ་བྱིན་གྱིས། ཚེ་དང་ལྡན་པ་རབ་འབྱོར་ལ། འདི་སྐད་ཅེས་སྨྲས་སོ། །བཙུན་པ་རབ་འབྱོར་སྟོང་གསུམ་གྱི་སྟོང་ཆེན་པོའི། འཇིག་རྟེན་གྱི་ཁམས་ན། རྒྱལ་ཆེན་བཞིའི་རིས་ཀྱི་ལྷ་དང་། སུམ་ཅུ་རྩ་གསུམ་གྱི་ལྷ་དང་། མཚེ་མའི་ལྷ་དང་། དགའ་ལྡན་གྱི་ལྷ་དང་། འཕྲུལ་དགའི་ལྷ་དང་། གཞན་འཕྲུལ་དབང་བྱེད་ཀྱི་ལྷ་དང་། ཚངས་རིས་ཀྱི་ལྷ་དང་། གནས་གཙང་མའི་རིས་ཀྱི་བར་གྱི་ལྷ་གང་ཇི་སྙེད་པ་དེ་དག་ཐམས་ཅད། ཤེས་རབ་ཀྱི་ཕ་རོལ་ཏུ་ཕྱིན་པ་གཏན་ལ་བབ་པར་བསྟན་པ་ཐོས་པར་འདོད་ན[7]། ཆོས་ཉན་པར་འདོད་པའི་ཕྱིར་ལྷགས་ན། བྱང་ཆུབ་སེམས་དཔའ་སེམས་དཔའ་ཆེན་པོས་ནི་ཇི་ལྟར། ཤེས་རབ་ཀྱི་ཕ་རོལ་ཏུ་ཕྱིན་པ་ལ་གནས་པར་བྱ། བྱང་ཆུབ་སེམས་དཔའ་སེམས་དཔའ་ཆེན་པོའི། ཤེས་རབ་ཀྱི་ཕ་རོལ་ཏུ་ཕྱིན་པ་ནི་གང་ཡིན། བྱང་ཆུབ་སེམས་དཔའ་སེམས་དཔའ་ཆེན་པོས། ཤེས་རབ་ཀྱི་ཕ་རོལ་ཏུ་ཕྱིན་པ་ལ་ནི། ཇི་ལྟར་བསླབ་པར་བྱ། དེ་སྐད་ཅེས་སྨྲས་པ་དང་། ཚེ་དང་ལྡན་པ་རབ་འབྱོར་གྱིས། ལྷའི་དབང་པོ་བརྒྱ་བྱིན་ལ་འདི་སྐད་ཅེས་སྨྲས་སོ།། །།

བསྡུར་མཆན།

༣ (༡)མཚན་བྱང་འདི་ཆོས་ཚན་འདིའི་མཚན་བོད་སྐད་དུ་སྨོས་པ་ལྟར་བཀོད། (༢)«གཡུང་»«སྣར་»«ཚོལ་»ས། (༣)«གཡུང་»ཀ (༤)«གཡུང་»ཏ། (༥)«ལི་»པོ། (༦)«གཡུང་»«པེ་»པའི། (༧)«གཡུང་»«ལི་»«པེ་»«སྣར་»«ཅོ་»འཕུངས་པ། «ཚོལ་»ཕུང་པོ། (༨)«སྣར་»ཅིག (༩)«སྣར་»«ཚོལ་»+ཀུན་ཏུ།

༤ (༡)«ཁྲུ་»གྲུས། (༢)«ཁྲུ་»ཆོས། (༣)«གཡུང་»«པེ་»བསག

༥ (༡)«ལི་»«སྣར་»«ཅོ་»«ཚོལ་»ཀྱི། (༢)«ཁྲུ་»བདེན། (༣)«གཡུང་»«ལི་»«པེ་»«སྣར་»«ཅོ་»«ཚོལ་»+ལས་དང་ཉོན་མོངས་པ་ཐམས་ཅད་སྤངས་པ།

༦ (༡)«ལི་»འཇིག (༢)«གཡུང་»«པེ་»སྒྲུབ། (༣)«སྣར་»ཅིག

༧ (༡)«གཡུང་»«པེ་»འཛོམ། (༢)«སྣར་»ཅིག (༣)«གཡུང་»«པེ་»དཀྱིལ་མོ་དཀྲུང་། «ལི་»«ཅོ་»སྐྱིལ་མོ་དཀྲུང་། (༤)«གཡུང་»«ལི་»«པེ་»«སྣར་»«ཅོ་»«ཚོལ་»དེ་ན། (༥)«ཁྲུ་»པ། (༦)«གཡུང་»«པེ་»+ཛྲ། (༧)«གཡུང་»«ལི་»«པེ་»«སྣར་»«ཅོ་»«ཚོལ་»ལོའི། (༨)«གཡུང་»«ལི་»«པེ་»བཅུ། (བོད་འདིའི་ནང་དུ་དྲུག་ཅུ་དང་སུམ་ཅུ་སོགས་ཀྱི་ཅུ་ཞེས་པ་རྣམས་«གཡུང་»«ལི་»«པེ་»ལ་བཅུ་དང་«ཅོ་»«ཁྲུ་»ལ་སྐབས་འགར་བཅུ་ཞེས་འབྱོད་ཀྱང་གཞམ་དུ་བསྡུར་མཆན་དུ་བཀོད་མེད།)

༨ (༡)«གཡུང་»«ལི་»«པེ་»«སྣར་»«ཅོ་»«ཚོལ་»+ཐུག (༢)«ཚོལ་»པས། (༣)«སྣར་»«ཚོལ་»ཀྱང་། (༤)«གཡུང་»«པེ་»ཀྱིས།

༩ (༡)«སྣར་»«ཚོལ་»ཀྱང་། (༢)«གཡུང་»«ལི་»«པེ་»«ཅོ་»མདབ།

༡༠ (༡)«གཡུང་»—ཀྱི་ཆོས། (༢)«གཡུང་»«ལི་»«པེ་»«སྣར་»«ཅོ་»—དག (༣)«གཡུང་»«པེ་»—ན།

༡༡ (༡)«གཡུང་»«པེ་»བསྐྱེད། «ཚོལ་»སྐྱེས། (༢)«ཚོལ་»གཅིག (༣)«པེ་»དང་། (༤)«སྣར་»«ཚོལ་»བཙལ། (བོད་འདིའི་ནང་དུ་ཕྱག་འཚལ་ཞེས་པ་རྣམས་«སྣར་»«ཚོལ་»ལ་ཕྱག་བཙལ་ཞེས་འབྱོད་ཀྱང་གཞམ་དུ་བསྡུར……མཆན་དུ་བཀོད་མེད།)

༡༢ (༡)«ཅོ་»ཧོ།

༡༣ (༡)«ཅོ་»བོ། (༢)«གཡུང་»«ལི་»«པེ་»«སྣར་»«ཅོ་»«ཚོལ་»+དུ། (༣)«གཡུང་»«པེ་»«ཚོལ་»རྟོག (༤)«ཁྲུ་»—ཚེ། (༥)«གཡུང་»«ལི་»«པེ་»«སྣར་»«ཅོ་»«ཚོལ་»དབེན། (༦)«གཡུང་»«པེ་»སྦྱོད། (༧)«གཡུང་»རྒྱུའ་བ། «པེ་»རྒྱུར་བ།

༡༤ (༡)«ལི་»ཀྱི། (༢)«ཚོལ་»ལྡམ། (༣)«གཡུང་»«པེ་»ཀྱི་གདོན། (༤)«ཁྲུ་»ལྡན། (༥)«སྣར་»«ཚོལ་»ཀྱང་།

༡༥ (༡)«ལི་»«ཅོ་»ཀྱིས། (༢)«གཡུང་»«པེ་»ཀྱི། (༣)«སྣར་»«ཚོལ་»པུཏྲ། (༤)«གཡུང་»«ལི་»«པེ་»«སྣར་»

«ཚོ་»«ཞོལ་»སོང་། (༥)«སྐར་»«ཞོལ་»ཕུ་ཏྲ། (༦)«ཁྲུ་»རོ།

༡༦ (༡)«གཡུང་»«པེ་»ཀྱིས་བྱིན་གྱིས་རླབས། «ལི་»«སྐར་»«ཚོ་»ཀྱིས་བྱིན་གྱིས་བརླབས། (༢)«ལི་»«ཚོ་»ཀྱིས། (༣)«ཁྲུ་»ལྡན། (༤)«ལི་»«པེ་»«ཚོ་»–དེ། (༥)«གཡུང་»«པེ་»གའི།

༡༧ (༡)«ཁྲུ་»བྱུ། (༢)«ལི་»«སྐར་»«ཚོ་»«ཞོལ་»ཀྱི། (༣)«གཡུང་»«པེ་»ལྷ། (༤)«ཞོལ་»ཛམྦུའི། (༥)«གཡུང་»«པེ་»གླང་། «ལི་»«སྐར་»«ཚོ་»«ཞོལ་»སླང་། (༦)«ཚོ་»ལྷ། (༧)«ཁྲུ་»–དེ། (༨)«ཚོ་»པའི།

༡༨ (༡)«གཡུང་»«པེ་»གའི། (༢)«སྐར་»ཅིག (༣)«གཡུང་»«ལི་»«པེ་»«སྐར་»«ཚོ་»«ཞོལ་»+དེ་བཞིན་དུ། (༤)«གཡུང་»«ལི་»«པེ་»«ཚོ་»ཤེས།

༢༠ (༡)«སྐར་»«ཞོལ་»ཞིག (པོད་འདིའི་ནང་དུ་སོང་ཤིག་ཅེས་པ་རྣམས་«སྐར་»«ཞོལ་»ལ་སོང་ཞིག་ཅེས་འཁོད་ཀྱང་གཤམ་དུ་བསྒྱུར་མཚན་དུ་བཀོད་མེད།) (༢)«ལི་»«སྐར་»«ཚོ་»«ཞོལ་»མདོག (༣)«གཡུང་»«པེ་»མདབ། (༤)«ཞོལ་»གྱི། (༥)«གཡུང་»«པེ་»«ཚོ་»མདབ།

༢༡ (༡)«ཚོ་»སྐྱི། (༢)«ཁྲུ་»+སངས་རྒྱས། (༣)«གཡུང་»«པེ་»བསྐྱིར། (༤)«གཡུང་»«པེ་»«ཚོ་»སྐྱི། (པོད་འདིའི་ནང་དུ་བསྐྱི་སྐྱང་ཞེས་པ་རྣམས་«གཡུང་»«པེ་»«ཚོ་»ལ་སྐྱི་སྐྱང་དང་«ལི་»ལ་ཕལ་ཆེ་བར་སྐྱི་སྐྱང་ཞེས······འཁོད་ཀྱང་གཤམ་དུ་བསྒྱུར་མཚན་དུ་བཀོད་མེད།) (༥)«གཡུང་»«ལི་»«པེ་»«སྐར་»«ཚོ་»«ཞོལ་»མདོག

༢༢ (༡)«གཡུང་»«ལི་»«པེ་»«སྐར་»«ཚོ་»«ཞོལ་»ཏེ།

༢༣ (༡)«ལི་»«ཚོ་»–རབ་ཏུ།

༢༤ (༡)«ཁྲུ་»ན། (༢)«གཡུང་»«པེ་»«ཚོ་»མདབ། (༣)«གཡུང་»«ལི་»«པེ་»«སྐར་»«ཚོ་»«ཞོལ་»མདོག (༤)«ལི་»«སྐར་»སྤྱད། (༥)«ཚོ་»མདབ། (༦)«ཚོ་»+ཀྱང་། (༧)«གཡུང་»«པེ་»བགྱིས། (༨)«ཞོལ་»གྱི། (༩)«གཡུང་»«པེ་»«ཚོ་»མདབ།

༢༥ (༡)«ཁྲུ་»འགྲོར། (༢)«ལི་»«སྐར་»«ཚོ་»«ཞོལ་»མདོག (༣)«གཡུང་»«པེ་»«ཚོ་»མདབ།

༢༧ (༡)«ཚོ་»སློ། (༢)«གཡུང་»དེ་བཞིན་གཤེགས་པར། (༣)«གཡུང་»«ཚོ་»མདབ།

༢༨ (༡)«ལི་»«སྐར་»«ཚོ་»«ཞོལ་»མདོག (༢)«གཡུང་»«ལི་»«ཚོ་»མདབ། (༣)«གཡུང་»«པེ་»བགྱིས། (༤)«ཞོལ་»གྱི། (༥)«གཡུང་»«ཚོ་»མདབ། (༦)«ལི་»«ཚོ་»ཀྱིས།

༢༩ (༡)«ལི་»«ཚོ་»«ཞོལ་»མདོག་བདེའམ། «སྐར་»མདོག་བདོའམ། (༢)«གཡུང་»«པེ་»མདབ། (༣)«གཡུང་»«སྐར་»«ཞོལ་»ཏེ།

༣༠ (༡)«ཁྲུ་»བསྐྱིར། (༢)«ཁྲུ་»པོས།

༣༡ (༡)«ཁྲུ་»པའི། (༢)«ཚོ་»མདབ། (༣)«ཚོ་»བཀུར་སྟེ། (༤)«ཁྲུ་»+ལ། (༥)«ལི་»«སྐར་»«ཚོ་»«ཞོལ་»མདོག

༣༢ (༡)«ཚོ་»མདབ། (༢)«གཡུང་»«པེ་»བགྱིས། (༣)«ཞོལ་»གྱི། (༤)«ཚོ་»མདབ། (༥)«ཁྲུ་»གྲོགས།

༣༣ (༡)«ལི་»«སྐར་»«ཚོ་»«ཞོལ་»མདོག

༣༤ (༡)«གཡུང་»«ལི་»«པེ་»«སྐར་»«ཚོ་»«ཞོལ་»མཚམས། (༢)«གཡུང་»«པེ་»གྱི།

༣༥ ①«ཅོ་»པར། ②«གཡུང་»མདབ། ③«ལི་»«ཅོ་»བཀུར་སྡེ།

༣༦ ①«ལི་»«སྣར་»«ཅོ་»«ཞོལ་»མདོག ②«གཡུང་»«ཅོ་»མདབ། ③«གཡུང་»«ལི་»«པེ་»«སྣར་»«ཅོ་»«ཁུ་»«ཞོལ་»དེར། ④«ཞོལ་»གྱི། ⑤«གཡུང་»མདབ།

༣༧ ①«ལི་»«སྣར་»«ཅོ་»«ཞོལ་»མདོག ②«གཡུང་»«པེ་»གཞི།

༣༨ ①«གཡུང་»«ཅོ་»མདབ། ②«ལི་»«ཅོ་»སྡེ། ③«ལི་»«སྣར་»«ཅོ་»«ཞོལ་»མདོག

༤༠ ①«ཞོལ་»གྱི། ②«གཡུང་»«པེ་»མདབ། ③«གཡུང་»«པེ་»«སྣར་»«ཁུ་»«ཞོལ་»ཕྲིང་བ་དང་། «ལི་»«ཅོ་»–འཕྲིང་བ་དང་། ④«གཡུང་»«ལི་»«པེ་»«སྣར་»«ཅོ་»«ཞོལ་»པར། ⑤«སྣར་»ནྲ།

༤༡ ①«ལི་»«ཅོ་»ཀྱིས། ②«ལི་»«སྣར་»«ཅོ་»«ཞོལ་»མདོག ③«གཡུང་»«ཅོ་»མདབ། ④«ལི་»གིས།

༤༢ ①«གཡུང་»«ལི་»«པེ་»«སྣར་»«ཅོ་»«ཞོལ་»པར། ②«གཡུང་»«པེ་»གཞུགས། ③«གཡུང་»«པེ་»མཆོ།

༤༣ ①«ལི་»«ཅོ་»བཀུར།

༤༤ ①«གཡུང་»«ལི་»«པེ་»«སྣར་»«ཅོ་»«ཞོལ་»–ལ། ②«ལི་»«སྣར་»«ཅོ་»«ཞོལ་»མདོག ③«གཡུང་»སྣངས། ④«ཅོ་»ཡིད་ཀྱིས། «ཞོལ་»ཡིན་གྱི། ⑤«གཡུང་»«པེ་»མདབ། ⑥«ཁུ་»བྱས་པ།

༤༥ ①«ལི་»«སྣར་»«ཅོ་»«ཞོལ་»མདོག ②«གཡུང་»མདབ། ③«ཁུ་»+བཞིན། ④«ཁུ་»+དག

༤༦ ①«གཡུང་»«ལི་»«པེ་»«སྣར་»«ཅོ་»«ཞོལ་»པར།

༤༧ ①«གཡུང་»མདབ།

༤༨ ①«གཡུང་»«ལི་»«པེ་»«སྣར་»«ཅོ་»«ཞོལ་»–ལ། ②«ལི་»«སྣར་»«ཅོ་»«ཞོལ་»མདོག ③«ཞོལ་»གྱི། ④«གཡུང་»མདབ། ⑤«གཡུང་»«པེ་»མཆོ།

༤༩ ①«ལི་»«སྣར་»«ཅོ་»«ཞོལ་»མདོག ②«གཡུང་»བདབ།

༥༠ ①«གཡུང་»«ལི་»«པེ་»«སྣར་»«ཅོ་»«ཞོལ་»པར། ②«གཡུང་»«པེ་»གང་གཞི། ③«གཡུང་»«པེ་»+ལྡེ།

༥༡ ①«གཡུང་»«པེ་»སྒྲུབ། ②«གཡུང་»མདབ།

༥༢ ①«ལི་»«ཅོ་»སྡེ། ②«ལི་»«སྣར་»«ཅོ་»«ཞོལ་»མདོག ③«ཞོལ་»གྱི། ④«གཡུང་»«པེ་»མདབ།

༥༣ ①«ལི་»«སྣར་»«ཅོ་»«ཞོལ་»མདོག ②«གཡུང་»«པེ་»མདབ།

༥༤ ①«ཁུ་»རོ། ②«གཡུང་»«ལི་»«པེ་»«སྣར་»«ཅོ་»«ཞོལ་»པར།

༥༥ ①«ལི་»«སྣར་»«ཅོ་»«ཞོལ་»–པ། ②«ཁུ་»–སངས་རྒྱས།

༥༦ ①«ལི་»«སྣར་»«ཅོ་»«ཞོལ་»མདོག ②«གཡུང་»མདབ། ③«ཞོལ་»གྱི། ④«གཡུང་»མདབ།

༥༧ ①«གཡུང་»«ལི་»«པེ་»«སྣར་»«ཅོ་»«ཞོལ་»མདོག ②«གཡུང་»མདབ། ③«གཡུང་»–ན།

༥༨ ①«གཡུང་»«པེ་»«ཞོལ་»གཅིག （པོད་འདིའི་ནང་དུ་ཐང་ཅིག་དང་ལན་ཅིག་སོགས་ཀྱི་ཅིག་ཅེས་པ་རྣམས……«གཡུང་»«པེ་»«ཞོལ་»ལ་གཅིག་དང་«ལི་»«སྣར་»«ཅོ་»«ཁུ་»ལ་སྐབས་འགར་གཅིག་ཅེས་འཁོད་ཀྱང……

གསལ་དུ་བསྒྱུར་མཚན་དུ་བཀོད་མེད།) ②«སྣར་»«ཞོལ་»པོས། ③«གཡུང་»«པེ་»ཀྱི། ④«ཁུ་»བའི། ⑤«ལི་»«ཅོ་»ཀྱི། ⑥«ལི་»བསྟན།

༥༩ ①«གཡུང་»«པེ་»ཤྭ་རིའི། «ཁུ་»ཤྭ་ར། ②«གཡུང་»«པེ་»«ཅོ་»ཤྭ་ར་དྭ། «སྣར་»«ཞོལ་»ཤྭ་རདྭ། (ཕོད་འདིའི་ནང་དུ་ཤ་ར་དྭ་ཞེས་པ་རྣམས་«གཡུང་»«པེ་»«ཅོ་»ལ་ཤྭ་ར་དྭ་ཞེས་དང་«སྣར་»«ཞོལ་»ལ་ཤྭ······ རདྭ་དང་«ཁུ་»ལ་སྐབས་འགར་ཤྭ་ར་དྭ་ཞེས་འཕོད་ཀྱང་གསལ་དུ་བསྒྱུར་མཚན་དུ་བཀོད་མེད།) ③«ཁུ་»རྣ་བ། ④«གཡུང་»དམིགས། ⑤«གཡུང་»«ལི་»«པེ་»«སྣར་»«ཅོ་»མྱུང་།

༦༠ ①«སྣར་»«ཞོལ་»བཞག (ཕོད་འདིའི་ནང་དུ་ཉེ་བར་གཞག་ཅེས་པ་རྣམས་«སྣར་»«ཞོལ་»ལ་ཉེ་བར་བཞག་ཅེས་འཕོད་ཀྱང་གསལ་དུ་བསྒྱུར་མཚན་དུ་བཀོད་མེད།) ②«གཡུང་»«པེ་»«སྣར་»«ཞོལ་»+ལ། ③«གཡུང་»«ལི་»«པེ་»འབྱུན།

༦༡ ①«ཞོལ་»བརྟེན། ②«ལི་»–པ། ③«གཡུང་»«པེ་»ཤེས་པ་སྒོམ། «ཁུ་»བཤེས་པ་བསྒོམ།

༦༢ ①«གཡུང་»«ལི་»«པེ་»བཙྭ། «སྣར་»«ཅོ་»«ཞོལ་»བཙོ། (ཕོད་འདིའི་ནང་དུ་བཙྭ་བརྒྱད་ཅེས་པ་རྣམས་«གཡུང་»«ལི་»«པེ་»ལ་བཙྭ་བརྒྱད་དང་«སྣར་»«ཅོ་»«ཞོལ་»ལ་བཙོ་བརྒྱད་ཅེས་འཕོད་ཀྱང་གསལ་དུ་བསྒྱུར་མཚན་དུ་བཀོད་མེད།) ②«གཡུང་»«པེ་»པའི། ③«ཅོ་»བར།

༦༣ ①②«པེ་»«སྣར་»«ཞོལ་»གནོན། ③«གཡུང་»མནན། «སྣར་»«ཅོ»«ཞོལ་»གནོན། ④«གཡུང་»ན་འདི ⑤«གཡུང་»«པེ་»བསྒོམས། ⑥«ལི་»«ཅོ་»གཞག ⑦«ཁུ་»པོ།

༦༤ ①«གཡུང་»ཏེ། ②«གཡུང་»«པེ་»«སྣར་»བཟུང་།

༦༥ ①«པེ་»སྤང་། ②«གཡུང་»«པེ་»བཅད། «སྣར་»«ཞོལ་»ཆད། ③«ཁུ་»གདའ།

༦༦ ①«ཁུ་»སྒོམ། ②«གཡུང་»«ལི་»«པེ་»«སྣར་»«ཅོ་»«ཞོལ་»སྨན། ③«གཡུང་»«ལི་»«པེ་»«ཅོ་»དུ་རུ། ④«སྣར་»«ཞོལ་»བྲུ། ⑤«སྣར་»«ཞོལ་»ནའང་། (ཕོད་འདིའི་ནང་དུ་ན་ཡང་དང་པ་ཡང་སོགས་ཀྱི་ཡང་ཞེས་པ་རྣམས་«སྣར་»«ཞོལ་»ལ་ནའང་དང་པའང་ཞེས་འཕོད་ཀྱང་གསལ་དུ་བསྒྱུར་མཚན་དུ་བཀོད་མེད།) ⑥«གཡུང་»«པེ་»གང་གའི།

༦༧ ①«ཁུ་»མཐའ།

༦༨ ①②«ཁུ་»གཏྲའི། ③«ཁུ་»གཏྲའི། ④«པེ་»གཙོད། «སྣར་»«ཞོལ་»ཆད། ⑤«ཁུ་»པ། ⑥«གཡུང་»«པེ་»གཙོད། «སྣར་»«ཞོལ་»ཆད།

༧༠ ①«ཅོ་»སྙིང་། ②«ཁུ་»ནས། ③«ཞོལ་»ཡང་། ④«ཁུ་»གཞལ།

༧༡ ①«གཡུང་»«ལི་»«པེ་»དཀྱིལ་མོ་དཀྲུང་། «ཅོ་»སྐྱིལ་མོ་དཀྲུང་། ②«གཡུང་»«པེ་»གཉིག ③«གཡུང་»«པེ་»ཅིག (ཕོད་འདིའི་ནང་དུ་ཕྲེང་བ་གཅིག་དང་རྒྱུན་གཅིག་སོགས་ཀྱི་གཅིག་ཅེས་པ་རྣམས་«གཡུང་»«པེ་»ལ་ཅིག་ཅེས་འཕོད་ཀྱང་གསལ་དུ་བསྒྱུར་མཚན་དུ་བཀོད་མེད།) ④«ཁུ་»པ།

༧༢ ①«ཁུ་»པ། ②«གཡུང་»«པེ་»གང་གའི། ③«ལི་»«སྣར་»«ཅོ་»«ཞོལ་»འགོད། ④«ཁུ་»བཞུགས།

༧༣ ①«སྣར་»«ཞོལ་»འདའ། ②«གཡུང་»«ལི་»«པེ་»«སྣར་»«ཅོ་»«ཞོལ་»–ཕྱིན་པ་འདི་ལྟར་ཕྱིན་ན་ནི།

༧༥ ①«ཁྲུ་»བགྱི་བ། ②«ཁྲུ་»–པ། ③«གཡུང་»«ལི་»«པེ་»«སྣར་»«ཅོ་»«ཞོལ་»འཁྲུག ④«ཁྲུ་»བྱ་བ། ⑤«ཁྲུ་»པོས།

༧༦ ①«གཡུང་»«པེ་»«སྣར་»«ཅོ་»«ཁྲུ་»«ཞོལ་»+ད། ②«གཡུང་»«པེ་»ལ་སླབ།

༧༧ ①«ཅོ་»སྟོང་། ②«ལི་»«སྣར་»དཔའི། ③«གཡུང་»འཁྲུང་། ④«གཡུང་»«པེ་»བསྐྱེད།

༧༨ ①«གཡུང་»«ལི་»«པེ་»«སྣར་»«ཅོ་»«ཞོལ་»བསྒོམས། ②«ཁྲུ་»གི། ③«གཡུང་»«པེ་»གང་གའི། ④«ལི་»«ཅོ་»གིས།

༧༩ ①«སྣར་»«ཞོལ་»བཅད། ②«གཡུང་»«པེ་»«སྣར་»«ཞོལ་»ཀྱིས། ③«གཡུང་»«པེ་»«ཞོལ་»ཅི། ④«ཞོལ་»བསླག

༨༠ ①«ཁྲུ་»+ཀྱི། ②«གཡུང་»«པེ་»«ཅོ་»ཀྱིས། ③«ཁྲུ་»གཟུངས་པར། ④«ཞོལ་»བསླག ⑤«གཡུང་»«ལི་»«པེ་»«སྣར་»«ཅོ་»«ཞོལ་»+རབ་ཏུ། ⑥«པེ་»བམ། ⑦«གཡུང་»«པེ་»གང་གའི། ⑧«གཡུང་»«ལི་»«པེ་»«སྣར་»«ཅོ་»«ཞོལ་»བ།

༨༡ ①«ལི་»«ཅོ་»–དེ་དག ②«ཅོ་»ཏེ།

༨༢ ①«སྣར་»«ཞོལ་»མུན། ②«གཡུང་»«པེ་»«ཞོལ་»གི། ③«གཡུང་»«ཅོ་»ལྡང་། ④«གཡུང་»«པེ་»«སྣར་»«ཞོལ་»གི། ⑤«གཡུང་»«ལི་»«པེ་»«སྣར་»«ཅོ་»«ཞོལ་»བྱའོ།

༨༣ ①«ཁྲུ་»གྱུར། ②«ཞོལ་»བསྒྲིང་། ③«གཡུང་»«ཞོལ་»གནོན། «སྣར་»གནན། ④«གཡུང་»གནན། «སྣར་»«ཞོལ་»མནན། ⑤«གཡུང་»མདབ། ⑥«གཡུང་»«པེ་»ཀྱིས་ཐིལ། ⑦«ལི་»«ཅོ་»–ས། ⑧«སྣར་»«ཞོལ་»མམ། ⑨«གཡུང་»«ལི་»«པེ་»བཙུ་འམ། ⑩«གཡུང་»«ལི་»«པེ་»«སྣར་»«ཅོ་»«ཞོལ་»རྒྱ་སྐྱེ།

༨༤ ①«ཅོ་»ཏུ།

༨༥ ①«ཁྲུ་»པོ། ②«གཡུང་»«པེ་»ཏག ③«གཡུང་»«པེ་»རྒྱན། ④«ཁྲུ་»ཏུག

༨༦ ①«གཡུང་»«པེ་»ལ། ②«པེ་»ཚོད།

༨༧ ①«གཡུང་»«ལི་»«པེ་»«སྣར་»«ཅོ་»«ཞོལ་»–ཡང་། ②«གཡུང་»«པེ་»གང་གའི།

༨༨ ①«སྣར་»–རྣམས། ②«ཁྲུ་»གྱུར། ③«པེ་»འདི། ④«གཡུང་»«ལི་»«པེ་»«སྣར་»+བྱ། ⑤«གཡུང་»«ལི་»«པེ་»«སྣར་»«ཅོ་»«ཞོལ་»སུ།

༨༩ ①«གཡུང་»«ལི་»«པེ་»«སྣར་»«ཅོ་»«ཞོལ་»དགོད། ②«གཡུང་»«པེ་»སྤྱོད། ③«གཡུང་»«ལི་»«པེ་»«ཅོ་»སྟེན། «སྣར་»«ཞོལ་»བརྟེན། ④«གཡུང་»«པེ་»སྤྱོད། ⑤«པེ་»བྱའོ། ⑥«གཡུང་»«པེ་»ཟ། ⑦«གཡུང་»«པེ་»ནི།

༩༠ ①«གཡུང་»«པེ་»སྤྱོད། ②«ཁྲུ་»+སེམས་དཔའ། ③«སྣར་»«ཞོལ་»བརྟེ།

༩༡ ①«གཡུང་»«པེ་»རྗོད། ②«གཡུང་»«ལི་»«པེ་»«སྣར་»«ཅོ་»«ཞོལ་»–རྣམས། ③«ཁྲུ་»ལྟས། ④«གཡུང་»«པེ་»དག ⑤«ཅོ་»+ཡ།

༩༣ ①«གཡུང་»«ལི་»«པེ་»«སྣར་»«ཅོ་»+ཡང་། ②«ལི་»ཡང་། «ཅོ་»ལང་། ③«གཡུང་»ནུབ། ④«ཁུ་»དེ།

༩༤ ①«སྣར་»«ཞོལ་»ཞེས། (པོད་འདིའི་ནང་དུ་ཚིག་ཕྲད་ཅེས་ཞེས་ཤེས་གསུམ་རྣམས་དཔེ་ཁག་འགའ་རེར་བཟ······སྦྱོད་ཀྱི་འགྲོས་དང་མི་མཐུན་པར་གོ་རིམ་ངེས་མེད་དུ་འབྱུང་བ་དང་། ཡང་སྐབས་འགར་«སྡེ་»ལ་གོ་ལྡོག་སྟེ་གཅིག··གྱུར་མིན་པས་འདིར་གསལ་བཤད་ཀྱིས་འཐུས་པར་བྱས་ཏེ་གཤམ་དུ་བསྡུར་མཚན་དུ་བཀོད་མེད།)

༩༥ ①«གཡུང་»«ལི་»«པེ་»«སྣར་»«ཅོ་»«ཞོལ་»+ཡང་།

༩༦ ①«གཡུང་»མི་པ་དགལ། «ཞོལ་»མི་འགལ། ②«ཅོ་»འཛམ། ③«གཡུང་»«པེ་»ཀྱི། ④«ལི་»«ཅོ་»གནན།

༩༧ ①«ཞོལ་»མི་འགལ། ②«གཡུང་»བླ། ③«གཡུང་»«པེ་»«ཁུ་»གི། ④«ཞོལ་»མི་འགལ། ⑤«ཞོལ་»མི་འགལ། ⑥«སྣར་»«ཅོ་»«ཞོལ་»གིས། ⑦«གཡུང་»«པེ་»–བྱེ་བ་ཁྲག་ཁྲིག་སྟོང་གི་ཚ་དང་།

༩༨ ①«ཁུ་»ཀྱི། ②«གཡུང་»«ལི་»«པེ་»«སྣར་»«ཅོ་»«ཞོལ་»འདི། ③«གཡུང་»«ལི་»«པེ་»«སྣར་»«ཅོ་»«ཞོལ་»པ། ④«ལི་»«ཅོ་»གི། ⑤«གཡུང་»«པེ་»སྤྱོད། ⑥«སྣར་»«ཞོལ་»འདའོ།

༩༩ ①«སྣར་»«ཞོལ་»འདི། ②«གཡུང་»«པེ་»གང་། ③«སྣར་»«ཞོལ་»འདའོ། ④«གཡུང་»«པེ་»དཔའ། ⑤«ལི་»«ཅོ་»ཀྱིས། ⑥«གཡུང་»གང་ཉན་ན། «པེ་»གང་ཉན། ⑦«གཡུང་»«པེ་»གདག ⑧«ལི་»«སྣར་»«ཅོ་»«ཞོལ་»གི།

༡༠༠ ①«སྣར་»«ཞོལ་»འདའོ། ②«གཡུང་»«པེ་»དཔའ། ③«སྣར་»«ཞོལ་»འདའོ། ④«ལི་»«ཅོ་»«ཞོལ་»གིས། ⑤«ཁུ་»+མ།

༡༠༡ ①«སྣར་»«ཞོལ་»འདའ། ②③«ཞོལ་»ཛམྦུའི། ④«སྣར་»«ཞོལ་»འདའོ། ⑤«ཁུ་»ཐོབ།

༡༠༢ ①«གཡུང་»«ལི་»«ཞོལ་»སྦྱོང་ངོ་། ②«གཡུང་»«པེ་»ཚོད། ③«སྣར་»འདུགས།

༡༠༣ ①«ཁུ་»+ད།

༡༠༤ ①«གཡུང་»«ལི་»«པེ་»«སྣར་»«ཅོ་»«ཞོལ་»+དེ། ②«ལི་»གསམ། ③«པེ་»+ཉིད།

༡༠༥ ①«གཡུང་»–དང་། «པེ་»ང་།

༡༠༦ ①«གཡུང་»«པེ་»དོ།

༡༠༧ ①«ཁུ་»+ནི།

༡༠༨ ①«གཡུང་»«པེ་»ལ། «ཁུ་»པས།

༡༡༠ ①«ཁུ་»+ཉིད།

༡༡༡ ①«གཡུང་»«པེ་»–བ། ②«ཞོལ་»ཡར། ③«ལི་»སྲིད།

༡༡༢ ①«གཡུང་»«ལི་»«པེ་»«སྣར་»«ཅོ་»«ཞོལ་»ལ་བརྟེན་པའམ་མི་བརྟེན་པ། ②«ཁུ་»ཏེ། ③«གཡུང་»«པེ་»«སྣར་»«ཞོལ་»སྤུད། ④«གཡུང་»«པེ་»+མེད། ⑤⑥«གཡུང་»«པེ་»«སྣར་»«ཞོལ་»སྤུད།

༡༡༤ ①«ཁུ»+དུ། ②«གཡུང་»དེ།

༡༡༥ ①«གཡུང་»«པེ་»«ཅོ་»«ཞོལ་»མི། ②«གཡུང་»+པ་དང་།

༡༡༦ ①«གཡུང་»–དུ། ②«པེ་»འཐོད་དེ།

༡༡༩ ①«གཡུང་»«ལི་»«པེ་»«སྣར་»«ཅོ་»«ཞོལ་»+དེ་ནི་འདི་ལྟར། ②«གཡུང་»«ལི་»«པེ་»«སྣར་»«ཅོ་»«ཞོལ་»+རྣམས།

༡༢༠ ①«པེ་»–པ།

༡༢༡ ①«ལི་»ཞིས། ②«ཞོལ་»–དང་།

༡༢༢ ①«པེ་»དཔའི། ②«ཅོ་»དོ།

༡༢༤ ①«གཡུང་»«པེ་»གང་གའི། ②«ལི་»«ཅོ་»འགྲོར། ③«གཡུང་»«པེ་»གང་གའི།

༡༢༥ ①«ཁུ་»འགྱུར་བ། ②«གཡུང་»«པེ་»སྐྱོད། ③«སྣར་»«ཞོལ་»མཐུན། ④«གཡུང་»«པེ་»«ཁུ་»གསལ། ⑤«གཡུང་»«པེ་»གང་གའི། ⑥«ལི་»«སྣར་»«ཅོ་»«ཞོལ་»སྤྱང་།

༡༢༦ ①«གཡུང་»«ལི་»«པེ་»«སྣར་»«ཅོ་»«ཞོལ་»སྤྱང་། ②«ཅོ་»པོའི། ③«ལི་»«སྣར་»«ཅོ་»«ཞོལ་»སྤྱང་།

༡༢༧ ①«གཡུང་»«ལི་»«པེ་»«སྣར་»«ཅོ་»«ཞོལ་»སྤྱང་། ②«གཡུང་»«པེ་»པོ།

༡༢༨ ①«གཡུང་»«པེ་»ཀྱིས། ②«གཡུང་»གང་ན།

༡༢༩ ①«གཡུང་»«པེ་»–ནོ།

༡༣༠ ①«སྣར་»«ཞོལ་»+ཀྱི་བར། ②«གཡུང་»«ལི་»«པེ་»«སྣར་»«ཅོ་»«ཞོལ་»བྱ། ③«གཡུང་»«པེ་»གཙོའོ། ④«གཡུང་»«པེ་»ཞེས།

༡༣༡ ①«གཡུང་»«སྣར་»«ཞོལ་»དེ།

༡༣༢ ①«ལི་»«སྣར་»«ཅོ་»དབྱེན། ②«ལི་»གཞིན། ③«ཁུ་»–མ། ④«གཡུང་»«པེ་»དཔའི། ⑤«གཡུང་»«ལི་»«པེ་»«སྣར་»«ཅོ་»«ཞོལ་»སྐྱེད། ⑥«ཁུ་»དེ།

༡༣༣ ①«ལི་»«ཅོ་»རབ། ②«གཡུང་»«སྣར་»«ཞོལ་»གཞོག

༡༣༤ ①«ལི་»«སྣར་»«ཅོ་»«ཞོལ་»བྲལ། ②«སྣར་»«ཅོ་»«ཞོལ་»རིང་། ③«གཡུང་»«པེ་»བརྟུལ། ④«གཡུང་»འདོ།

༡༣༥ ①«གཡུང་»«པེ་»གཏང་། ②«གཡུང་»«ལི་»«པེ་»གཏང་།

༡༣༦ ①«གཡུང་»«པེ་»«ཅོ་»སྐྱེའོ། ②«གཡུང་»«པེ་»བསྐལ།

༡༣༧ ①«གཡུང་»«པེ་»སྐོར། ②«གཡུང་»«པེ་»གཏང་། ③«གཡུང་»«པེ་»ཐའ།

༡༣༨ ①«ཅོ་»སྤྱད་པ་སྤྱོད། ②«གཡུང་»«ལི་»«པེ་»«སྣར་»«ཅོ་»«ཞོལ་»བསྟན་ཏེ། «ཁུ་»དྲན་སྟེ། ③«ལི་»ཀྱི།

༡༣༩ ①«པེ་»–གྲག ②«ཁུ་»+གང་། ③«གཡུང་»«པེ་»རྫོད། ④«ཁུ་»–པ། ⑤«གཡུང་»བཞིགས།

༡༤༠ ①«ལི་»«སྣར་»«ཅོ་»«ཞོལ་»བཞུགས། ②«གཡུང་»«པེ་»«ཁུ་»ཐོབ།

༡༤༡ ①«ཁུ་»—ཡང་། ②«ཅོ་»པའི་དེ།

༡༤༢ ①«གཡུང་»«ལི་»«པེ་»«སྣར་»«ཅོ་»—བསམ་གཏན་རྣམས་དང་། ②«སྣར་»«ཞོལ་»དང་། ③«གཡུང་»«པེ་»གཟུང་། ④«གཡུང་»«ལི་»«པེ་»«སྣར་»«ཅོ་»«ཞོལ་»—རྣམས།

༡༤༣ ①«གཡུང་»«ལི་»«པེ་»«སྣར་»«ཅོ་»—ཆུད་པར། ②«གཡུང་»«པེ་»སྐྱུལ།

༡༤༤ ①«གཡུང་»«པེ་»བརྟག ②«གཡུང་»«པེ་»སྒྱུབ། ③«གཡུང་»«པེ་»གཞོན། ④«སྣར་»«ཞོལ་»བསྒྱུབ། ⑤«ཅོ་»བཀོད།

༡༤༥ ①«གཡུང་»«ལི་»«པེ་»«སྣར་»«ཅོ་»«ཞོལ་»—བ། ②«སྣར་»«ཞོལ་»འདའ། ③«ལི་»«སྣར་»«ཅོ་»«ཞོལ་»འདོང་། ④«གཡུང་»«ལི་»«པེ་»«སྣར་»«ཅོ་»«ཞོལ་»བསྒྱུབ།

༡༤༦ ①«སྣར་»«ཞོལ་»འདོང་། ②«གཡུང་»«ལི་»«སྣར་»«ཁུ་»«ཞོལ་»ཕྱི། ③«གཡུང་»«པེ་»«སྣར་»«ཞོལ་»བསྒྱུབ། ④«སྣར་»«ཞོལ་»བསྐྱེད། ⑤«ལི་»ཐེགས།

༡༤༧ ①«གཡུང་»«ལི་»«པེ་»«སྣར་»«ཅོ་»«ཞོལ་»—དག ②«ཅོ་»+རྣམ་པ། ③«ལི་»«ཅོ་»འགྲོ།

༡༤༨ ①«གཡུང་»«ལི་»«པེ་»«ཅོ་»དེ་ཡང་། «སྣར་»«ཞོལ་»དེའང་། ②«གཡུང་»«ལི་»«སྣར་»«ཅོ་»དོ། ③«ཁུ་»འདི། ④⑤⑥«ཞོལ་»གྱི།

༡༤༩ ①«གཡུང་»«ལི་»«པེ་»«སྣར་»«ཅོ་»«ཞོལ་»+ཡོངས་སུ། ②«ཅོ་»འཆད།

༡༥༡ ①«གཡུང་»«པེ་»ཐུག ②«གཡུང་»«པེ་»པའི།

༡༥༣ ①«གཡུང་»མོངས། ②«གཡུང་»«པེ་»རྣམ།

༡༥༤ ①«གཡུང་»«ལི་»«པེ་»«སྣར་»«ཅོ་»«ཞོལ་»+དག ②③«སྣར་»«ཞོལ་»བསྒོམ།

༡༥༥ ①«ཁུ་»འདུན། ②③④⑤«སྣར་»«ཞོལ་»བསྒོམ། ⑥«གཡུང་»«པེ་»«སྣར་»«ཞོལ་»བསྒོམ།

༡༥༦ ①«གཡུང་»དེ། ②«གཡུང་»«ལི་»«པེ་»—སེམས་དཔའ། ③«ཁུ་»པོའི།

༡༥༧ ①«ཅོ་»+བ། ②«ཞོལ་»དཔའི། ③«གཡུང་»«ལི་»«པེ་»«སྣར་»«ཅོ་»«ཞོལ་»པོས།

༡༥༨ ①«གཡུང་»«པེ་»ནང་བའི། ②«ཅོ་»འདི་ནི།

༡༥༩ ①«ལི་»«པེ་»«སྣར་»«ཅོ་»«ཞོལ་»སྐོམས།

༡༦༠ ①«ཁུ་»གྱུས། ②«ལི་»«སྣར་»«ཅོ་»བསྟན། «ཞོལ་»བསྟེན། ③«ལི་»«སྣར་»«ཅོ་»«ཞོལ་»རིས།

༡༦༡ ①«ཁུ་»འགྲོ། ②«གཡུང་»«ལི་»«པེ་»«སྣར་»«ཅོ་»«ཞོལ་»+རྗོགས་པར། ③«གཡུང་»«ལི་»«པེ་»«སྣར་»«ཅོ་»«ཞོལ་»མི་ལྡོག་པར། ④«ཁུ་»དེ།

༡༦༢ ①«ཅོ་»གང་གའི། ②«གཡུང་»«པེ་»རྗོད། ③«གཡུང་»«པེ་»རྗོད། ④«གཡུང་»«ལི་»«པེ་»«སྣར་»«ཅོ་»«ཞོལ་»འདིའི་ཚེ་ནི།

༡༦༣ ①«གཡུང་»ལ་ཏང་། ②«གཡུང་»«ལི་»«པེ་»«སྣར་»«ཅོ་»«ཞོལ་»+ཆོས། ③«ཅོ་»འདིའི།

༡༦༤ ①«གཡུང་»«པེ་»རྗོད། ②«གཡུང་»«ལི་»«པེ་»«སྣར་»«ཅོ་»«ཞོལ་»+ཕ་རོལ་ཏུ་ཕྱིན་པ་ཐམས་ཅད་དང་། ③«གཡུང་»«ལི་»«པེ་»«སྣར་»«ཅོ་»«ཞོལ་»+པོ་འདི་དག ④«གཡུང་»«ལི་»«པེ་»«སྣར་»

«ཅོ་»«ཞོལ་»སྐྱེད། ⑤«གཡུང་»«པེ་»བརྟེག

༡༦༥ ①«གཡུང་»«པེ་»དཀྱིལ་མོ་དཀྲུང་། «ལི་»སྐྱིལ་མོང་གྲུང་། ②«གཡུང་»«ལི་»«པེ་»«སྣར་»«ཅོ་»«ཞོལ་»བར། ③«ཕུ་»+ཆུ་ལ། ④«ལི་»«ཅོ་»ལགས། ⑤«གཡུང་»«པེ་»ཀྱི། ⑥«ཅོ་»+ཉིད། ⑦«ལི་»«སྣར་»«ཅོ་»«ཞོལ་»འདི། ⑧«གཡུང་»«ལི་»«པེ་»«སྣར་»«ཅོ་»«ཞོལ་»+དུ་མ། ⑨«སྣར་»«ཞོལ་»བསྒྲུབ། ⑩«པེ་»སྣན།

༡༦༦ ①«གཡུང་»«ལི་»«པེ་»«སྣར་»«ཅོ་»«ཞོལ་»བསྒྲུབ། ②«ཕུ་»དང་།

༡༦༧ ①②«གཡུང་»«ལི་»«པེ་»«ཅོ་»ཆུ། ③«གཡུང་»«ལི་»«པེ་»«སྣར་»«ཅོ་»–དོག་པའི་སེམས་...... རབ་ཏུ་ཞེས་སོ།།

༡༦༨ ①«གཡུང་»«ལི་»«པེ་»«སྣར་»«ཅོ་»«ཕུ་»«ཞོལ་»བསྒྲུབ། ②«གཡུང་»«ལི་»«པེ་»«སྣར་»«ཅོ་»«ཞོལ་»བསྒྲུབ།

༡༦༩ ①«ཕུ་»དེ། ②«གཡུང་»«པེ་»དོན། ③«པེ་»མིད་རིགས། ④«གཡུང་»«ལི་»«པེ་»«སྣར་»«ཅོ་»«ཞོལ་»བསྒྲུབ། ⑤«གཡུང་»«ལི་»«པེ་»«སྣར་»«ཅོ་»«ཞོལ་»མིའི། ⑥«ཕུ་»སོ།

༡༧༠ ①«པེ་»བའི། ②«གཡུང་»«ལི་»«པེ་»«སྣར་»«ཅོ་»+ལྷའི་ནང་དུ། ③«གཡུང་»«ཕུ་»ཏོ། ④«ལི་»«སྣར་»«ཅོ་»«ཞོལ་»གིས། ⑤⑥«གཡུང་»«ལི་»«པེ་»«སྣར་»«ཅོ་»«ཞོལ་»བསྒྲུབ།

༡༧༡ ①«གཡུང་»«ལི་»«པེ་»«སྣར་»«ཅོ་»«ཞོལ་»+ཀྱང་།

༡༧༢ ①«གཡུང་»«ལི་»«པེ་»«སྣར་»«ཅོ་»«ཞོལ་»ནས། ②«པེ་»«སྣར་»«ཞོལ་»སྤྱོད་པ། ③«ཅོ་»–ཀྱང་།

༡༧༣ ①«གཡུང་»ཏེ།

༡༧༥ ①«གཡུང་»«ལི་»«པེ་»«ཅོ་»ཡང་། ②«གཡུང་»«ལི་»«པེ་»«སྣར་»«ཅོ་»«ཞོལ་»ནོ། ③«ཅོ་»ཏོ། ④«གཡུང་»«ལི་»«པེ་»«སྣར་»«ཅོ་»«ཞོལ་»ལ། ⑤«ལི་»«ཅོ་»གཙུགས།

༡༧༦ ①«གཡུང་»«པེ་»དོ། ②«གཡུང་»«པེ་»བཅོམ་ལྡན་འདས་ཀྱི། «ལི་»«སྣར་»«ཅོ་»«ཞོལ་»བཅོམ་ལྡན་འདས་ཀྱིས། «ཕུ་»སངས་རྒྱས་ཀྱིས། ③«གཡུང་»མཛོད།

༡༧༧ ①«གཡུང་»«ལི་»«པེ་»བཟར། ②«གཡུང་»«ལི་»«པེ་»«སྣར་»མོད་གལ། «ཕུ་»མོང་གལ། «ཞོལ་»མོའུ་འགལ། ③«གཡུང་»«པེ་»བཞེས། ④«གཡུང་»«པེ་»བསྒྲུང་། «ལི་»«སྣར་»«ཅོ་»«ཞོལ་»སྲུང་། ⑤«ལི་»«སྣར་»+ནི།

༡༧༨ ①«གཡུང་»«པེ་»+དེ། ②«གཡུང་»«ལི་»«པེ་»«སྣར་»«ཅོ་»«ཞོལ་»མཁའ།

༡༧༩ ①«ལི་»«ཅོ་»བཏོང་། ②«ལི་»«ཅོ་»བཏོང་། ③«སྣར་»«ཞོལ་»བསྲུང་། ④«སྣར་»བསྒོམ།

༡༨༠ ①«སྣར་»བརྫོམ། ②«ལི་»«ཅོ་»བརྫོམ། «ཞོལ་»བརྩམ། ③«སྣར་»བསྐྱེད། ④«ཞོལ་»བསྐྱེད།

༡༨༡ ①«སྣར་»བསྒོམ། ②«ཞོལ་»བསྒོམ། ③«གཡུང་»«པེ་»འགྱུར། ④«ཅོ་»སྤྱོད། ⑤«གཡུང་»«པེ་»བསྐྱེས། ⑥«ཕུ་»འགྱུར།

༡༨༢ ①«སྣར་»བསྐོར། ②«ཞོལ་»བསྐོར། ③«ཅོ་»ཏོ། ④«ཕུ་»ལོ། ⑤«གཡུང་»«པེ་»རིགས།

⑥«ཁུ་»–པ།

༧༨༣ ①«སྣར་»«ཞོལ་»བྱུ། ②«སྣར་»«ཞོལ་»བསྲུང་། ③«སྣར་»«ཞོལ་»བསྒོམ། ④«སྣར་»«ཞོལ་»བརྩོམ།

༧༨༤ ①«སྣར་»«ཞོལ་»བསྐྱེད། ②③«སྣར་»«ཞོལ་»བསྒོམ། ④«སྣར་»«ཞོལ་»བརྟེན། ⑤«གཡུང་»«པེ་»«ཞོལ་»གཏམས། «སྣར་»བལྟམས། ⑥«གཡུང་»«លི་»«པེ་»«ཅོ་»«ཞོལ་»+ལྟ་བུ། «སྣར་»+ལྟར་བུ།

༧༨༥ ①«ཁུ་»ལྟ། ②«གཡུང་»«པེ་»དེ་སོང་། «ལི་»«སྣར་»«ཅོ་»དེང་སོང་། ③«གཡུང་»«ལི་»«པེ་»«སྣར་»«ཅོ་»སྐོར།

༧༨༦ ①«གཡུང་»«པེ་»རིགས། ②«གཡུང་»«པེ་»ནུ་ཏ། «ལི་»«ཅོ་»–ད། ③«སྣར་»«ཞོལ་»སུཏྲ། ④«ཁུ་»+དེ། ⑤«ཁུ་»ནས།

༧༨༧ ①«གཡུང་»«ལི་»«པེ་»«སྣར་»«ཅོ་»«ཞོལ་»+དེ། ②«གཡུང་»«པེ་»ཏེ། ③«གཡུང་»«ལི་»«པེ་»«སྣར་»«ཅོ་»«ཞོལ་»–ནི། ④«གཡུང་»«ལི་»«པེ་»«སྣར་»«ཅོ་»«ཞོལ་»+ནི། ⑤«གཡུང་»«ལི་»«པེ་»«སྣར་»«ཅོ་»«ཞོལ་»–ནི། ⑥«གཡུང་»«པེ་»གཙུགས། «ལི་»«ཅོ་»བརྩུགས།

༧༨༨ ①«གཡུང་»«པེ་»བཞེད། ②«སྣར་»བརྩོམ། «ཞོལ་»བརྩམ། ③«ཞོལ་»ཆས།

༧༨༩ ①«སྣར་»«ཞོལ་»བརྗོད། ②«ཅོ་»–བྱང་ཆུབ་། ③«གཡུང་»«པེ་»གིས། ④«ཞོལ་»དྭགས། (པོད་འདིའི་ནང་དུ་ཡི་དགས་དང་ལྷ་དགས་སོགས་ཀྱི་དགས་ཞེས་པ་རྣམས་«ཞོལ་»ལ་དྭགས་ཞེས་འཕོད་ཀྱང་གཤམ་དུ་བསྒྱུར་མཆན་དུ་བཀོད་མེད།)

༧༩༡ ①«ལི་»བདགས། «ཅོ་»བཏགས། ②«གཡུང་»«ལི་»«པེ་»«སྣར་»«ཅོ་»«ཞོལ་»གྱིས། ③«གཡུང་»«ལི་»«པེ་»«སྣར་»«ཅོ་»«ཞོལ་»དུ། ④«ཅོ་»–ནི། ⑤«གཡུང་»«ལི་»«པེ་»«སྣར་»«ཅོ་»«ཞོལ་»གྱིས། ⑥«གཡུང་»«ལི་»«པེ་»«སྣར་»«ཅོ་»«ཞོལ་»དུ། ⑦«ལི་»«ཅོ་»བརྟགས།

༧༩༢ ①«ལི་»«ཅོ་»གཏགས། ②«ལི་»«ཅོ་»བརྟགས།

༧༩༣ ①«གཡུང་»«ལི་»«པེ་»«སྣར་»«ཅོ་»«ཞོལ་»+དེ།

༧༩༤ ①«ལི་»«སྣར་»«ཅོ་»གིས། ②«གཡུང་»«ལི་»«པེ་»«ཅོ་»འཛིང་། ③«ལི་»«ཅོ་»ལྷའི། ④«ཁུ་»གདགས། ⑤«པེ་»པ།

༧༩༦ ①«ལི་»«ཅོ་»བཟ།

༧༩༧ ①«གཡུང་»«པེ་»མཐོང་།

༧༩༩ ①«གཡུང་»«པེ་»+ཐ།

༨༠༡ ①«གཡུང་»«པེ་»སྤེལ།

༨༠༣ ①«ཅོ་»མའི།

༨༠༤ ①«ལི་»«ཅོ་»–མི། ②«གཡུང་»མང་། ③«ཁུ་»བདམ།

༢༠༦ ①«གཡུང་»«པེ་»མཐོ།

༢༠༧ ①«ཅོ་»—ལས།

༢༡༠ ①«གཡུང་»«པེ་»«སྣར་»«ཁུ་»«ཞོལ་»གྱིས། ②«ལི་»+པ། ③«གཡུང་»«པེ་»«སྣར་»«ཁུ་»«ཞོལ་» ཀྱི།

༢༡༡ ①«གཡུང་»«ལི་»«པེ་»«སྣར་»«ཅོ་»«ཞོལ་»བྱ་སྟེ། (པོད་འདིའི་ནང་དུ་བྱས་ཏེ་ཞེས་པ་རྣམས་«གཡུང་» «ལི་»«པེ་»«སྣར་»«ཅོ་»«ཞོལ་»ལ་བྱ་སྟེ་ཞེས་འཁོད་ཀྱང་གཞམ་དུ་བསྟར་མཚན་དུ་བཀོད་མེད།) ②«གཡུང་»«པེ་»—ཡང་། ③«ལི་»«ཅོ་»—ཡང་།

༢༡༢ ①②«ལི་»«ཅོ་»—ཡང་།

༢༡༣ ①«ལི་»ཤིའི། ②«གཡུང་»«ལི་»«པེ་»«ཅོ་»+ཡང་། «སྣར་»«ཞོལ་»ལའང་། ③«ལི་»དགས། ④«ཁུ་»གྱུར་པ།

༢༡༥ ①«ལི་»«ཅོ་»ཏོ། «སྣར་»«ཞོལ་»རོ། ②«ཁུ་»—དུ། ③«གཡུང་»«པེ་»འཆད། ④«སྣར་» «ཞོལ་»སླམ་མམ། (པོད་འདིའི་ནང་དུ་སླམའམ་དང་གསུམའམ་སོགས་ཀྱི་འམ་ཞེས་པ་རྣམས་«སྣར་»«ཞོལ་» ལ་མམ་ཞེས་འཁོད་ཀྱང་གཞམ་དུ་བསྟར་མཚན་དུ་བཀོད་མེད།)

༢༡༦ ①«ཁུ་»—སེམས་དཔའ།

༢༡༧ ①«ལི་»«ཅོ་»ཡོད། ②«ལི་»སླམས། ③«གཡུང་»«པེ་»ཡིན། ④«གཡུང་»«པེ་»—དཔའ། «ཁུ་» སེམས་དཔའ།

༢༢༢ ①«ཁུ་»+མ།

༢༢༤ ①«ལི་»«ཅོ་»—ཉིད།

༢༢༦ ①«སྣར་»ལེགས།

༢༢༨ ①«ལི་»«ཅོ་»ཡོད།

༢༣༡ ①«ཞོལ་»—ཉིད།

༢༣༢ ①«གཡུང་»«པེ་»—ཉིད། ②«གཡུང་»—དཔའ།

༢༣༣ ①«གཡུང་»«པེ་»+གང་།

༢༣༤ ①«གཡུང་»«པེ་»ལ་ཡང་། «སྣར་»«ཞོལ་»ལའང་།

༢༣༥ ①«གཡུང་»«པེ་»«ཁུ་»ལ་ཡང་། «ལི་»ལ་བྱང་། «སྣར་»«ཞོལ་»ལའང་། ②«གཡུང་»«ལི་»«པེ་» «སྣར་»«ཅོ་»«ཁུ་»«ཞོལ་»ཡོད།

༢༣༦ ①«ལི་»«ཅོ་»ཚིགས།

༢༣༧ ①«གཡུང་»«པེ་»«ཁུ་»«ཞོལ་»—མ། ②«གཡུང་»«པེ་»+མ། ③«ཅོ་»ཚིགས། ④«གཡུང་»«པེ་» +མ། ⑤«གཡུང་»«པེ་»—པ།

༢༣༨ ①«ཅོ་»«ཁུ་»ཚིགས། ②«གཡུང་»«པེ་»དཔའ། ③«ཅོ་»—ཡང་། ④«གཡུང་»དཔབ། «པེ་»

དཔའ། ⑤«གཡུང་»«ལི་»«པེ་»«སྣར་»«ཅོ་»«ཞོལ་»འགྱུར། ⑥«ལི་»སྒྲིག

༢༤༠ ①«གཡུང་»«པེ་»དཔའ། ②«ཁུ་»བསླབས། ③«ཅོ་»+བ།

༢༤༢ ①«ལི་»ལྷགས། ②«གཡུང་»«ལི་»«པེ་»«སྣར་»«ཅོ་»«ཁུ་»«ཞོལ་»སླམ།

༢༤༥ ①«གཡུང་»«ལི་»«པེ་»«སྣར་»«ཅོ་»«ཞོལ་»+བྱང་ཆུབ་སེམས་དཔའ།

༢༤༦ ①«ཁུ་»གྱུར་པ།

༢༤༧ ①«སྣར་»ཤེས། ②«གཡུང་»«པེ་»+མ། ③«ཅོ་»+ས།

༢༤༨ ①«ཁུ་»—དང་།

༢༥༡ ①«གཡུང་»«ལི་»«པེ་»«སྣར་»«ཅོ་»«ཞོལ་»—ཡང་། ②«སྣར་»«ཞོལ་»དངངས། ③«གཡུང་»«ལི་»«པེ་»«སྣར་»«ཅོ་»«ཞོལ་»—ཀུན་ཏུ་ཞུམ་པར་མི་འགྱུར།

༢༥༢ ①«གཡུང་»«པེ་»—དང་།

༢༥༣ ①«གཡུང་»«ལི་»«པེ་»«སྣར་»«ཅོ་»«ཞོལ་»མི། ②«སྣར་»«ཞོལ་»དངངས། ③«གཡུང་»ཚོན།

༢༥༤ ①«གཡུང་»«པེ་»རྟོག

༢༥༥ ①«ལི་»བྱེ། ②«ལི་»ཕ།

༢༥༦ ①«ཁུ་»ངགས། ②«གཡུང་»«པེ་»ཅོམ།

༢༥༨ ①«ཞོལ་»པར། ②«ཅོ་»འཛིག

༢༥༩ ①«ཅོ་»ལས།

༢༦༠ ①«ཞོལ་»བརྐྱབ། ②«ཅོ་»གྱིའི། ③«གཡུང་»«པེ་»—ཚིག

༢༦༡ ①«གཡུང་»«པེ་»«ཅོ་»མཉམ། «ལི་»ཉམ། ②«སྣར་»«ཞོལ་»བསྒྲིག ③«ཁུ་»པར།

༢༦༢ ①«གཡུང་»«པེ་»རིའི། ②«ཅོ་»རྟེན། ③«གཡུང་»«པེ་»+ཞེ།

༢༦༣ ①②«སྣར་»«ཞོལ་»མཐུན།

༢༦༤ ①«ལི་»«སྣར་»སྟོན། ②«ཁུ་»བྱའོ། ③«ཁུ་»ཏན།

༢༦༥ ①«ལི་»«སྣར་»«ཞོལ་»མཐུན། ②«ལི་»«སྣར་»«ཅོ་»«ཞོལ་»+ངོ་། ③«ལི་»མཐོ།

༢༦༦ ①«ཞོལ་»—པ།

༢༧༠ ①«གཡུང་»«ལི་»«པེ་»«སྣར་»«ཅོ་»«ཞོལ་»དེ། ②«ཁུ་»+གྱི། ③«གཡུང་»«ལི་»«པེ་»«སྣར་»«ཅོ་»«ཞོལ་»པའམ།

༢༧༡ ①«ལི་»«ཅོ་»གྱི།

༢༧༢ ①«ཅོ་»འཛིག ②«ཁུ་»བཞི།

༢༧༣ ①«གཡུང་»«པེ་»«སྣར་»«ཞོལ་»ཀྱི། ②«ལི་»བྱིན། ③«གཡུང་»«པེ་»ནི། ④⑤«ཞོལ་»བསྒྲག ⑥«ཁུ་»མཉམ།

༢༧༤ ①«ཞོལ་»བསྒྲག ②«གཡུང་»«པེ་»འཆད།

༢༧༧ ①«གཡུང་»«པེ་»གིས། ②«ཞོལ་»+ན།

༢༧༨ ①«ཅོ་»པ། ②«ལི་»—མ།

༢༧༩ ①«གཡུང་»«ལི་»«པེ་»«སྣར་»«ཅོ་»«ཁུ་»«ཞོལ་»གི། ②«པེ་»བར་དག

༢༨༢ ①«ཅོ་»—མ། ②«གཡུང་»«ལི་»«པེ་»«སྣར་»«ཅོ་»«ཞོལ་»—པ།

༢༨༤ ①«གཡུང་»«ལི་»«པེ་»«སྣར་»«ཅོ་»«ཞོལ་»མ།

༢༨༥ ①«ཁུ་»ཞེས། ②«གཡུང་»«པེ་»+པ།

༢༨༦ ①«ཁུ་»འམ། ②«གཡུང་»«ཞོལ་»གམ། «སྣར་»འམ། ③«གཡུང་»«པེ་»སོ། ④«སྣར་»བསྐྱེད།
⑤«གཡུང་»«པེ་»གང་གིས། ⑥«སྣར་»«ཞོལ་»དངངས་ཤིང་།

༢༨༨ ①«གཡུང་»ཀྱི་སློ། «པེ་»ཀྱི།

༢༨༩ ①«གཡུང་»«པེ་»སྡེ།

༢༩༡ ①«ལི་»—པ། ②«ཁུ་»སྡེ། ③«གཡུང་»«པེ་»«སྣར་»«ཁུ་»«ཞོལ་»—སྟོང་པ། ④«གཡུང་»«པེ་»གྱི།

༢༩༥ ①«གཡུང་»«པེ་»བསྒྲུབས། ②«གཡུང་»«ལི་»«པེ་»«སྣར་»«ཅོ་»«ཞོལ་»བགྱི།

༢༩༦ ①«ལི་»—པ། ②«གཡུང་»རེ། ③«སྣར་»«ཞོལ་»+ཉིད། ④«ལི་»ཀྱི།

༢༩༧ ①«ལི་»ཀྱི། ②«ཅོ་»གཟུག

༢༩༨ ①«གཡུང་»བསྡུག་པ། ②«གཡུང་»«ལི་»«པེ་»«སྣར་»«ཅོ་»«ཞོལ་»ཅེས།

༣༠༢ ①«གཡུང་»«པེ་»རྣམས།

༣༠༣ ①«ཁུ་»—པར། ②«ཞོལ་»པོར།

༣༠༤ ①«ལི་»དེས།

༣༠༥ ①«ཁུ་»དུ། ②«པེ་»མི།

༣༠༦ ①«གཡུང་»«པེ་»«ཁུ་»མཐའ།

༣༠༧ ①«གཡུང་»«པེ་»གཟུང་།

༣༠༨ ①«གཡུང་»«པེ་»—གཟུགས་ནི་མཚན་མའོ།།

༣༠༩ ①«ལི་»གཞིག ②«སྣར་»«ཞོལ་»བརྟེན། ③«ལི་»+མ། «ཅོ་»+དང་། ④«ཅོ་»—མ།

༣༡༠ ①«གཡུང་»«ལི་»«པེ་»«སྣར་»«ཅོ་»བཟུང་། ②«གཡུང་»«པེ་»མི། ③«གཡུང་»«པེ་»—ཡང་།
④«པེ་»ནང་། ⑤«པེ་»ནང་།

༣༡༡ ①«གཡུང་»«ལི་»«པེ་»«སྣར་»«ཅོ་»«ཞོལ་»—བར་གྱི། ②«གཡུང་»«པེ་»ནས། ③«གཡུང་»«ལི་»
«པེ་»«སྣར་»«ཅོ་»«ཁུ་»བཟུང་། ④«སྣར་»«ཅོ་»«ཁུ་»བཟུང་། ⑤«སྣར་»བཟུང་། ⑥«པེ་»མི།
⑦«གཡུང་»«ལི་»«པེ་»«སྣར་»«ཅོ་»བཟུང་། ⑧«སྣར་»བཟུང་།

༣༡༢ ①«ལི་»གྱི།

༣༡༣ ①«གཡུང་»+ས། «པེ་»+པ། ②«ལི་»ལགས། ③«ཁུ་»གཟུང་།

༣༡༤ ①«གཡུང་»«ལི་»«པེ་»«སྣར་»«ཅོ་»«ཞོལ་»བཟུང་། ②«གཡུང་»«པེ་»མཐའ། ③«གཡུང་»«པེ་»
—ཀྱི་ཕ། ④«གཡུང་»«པེ་»རྟག ⑤«ལི་»«སྣར་»དཔའི། ⑥«ཕུ་»འདི།

༣༡༥ ①«ཕུ་»ཇོ་བོ། ②«གཡུང་»«པེ་»—མི། ③«གཡུང་»མི།

༣༡༧ ①«སྣར་»«ཞོལ་»དངངས།

༣༡༨ ①«གཡུང་»སྦྲ།

༣༡༩ ①«ལི་»—དང་། ②«ལི་»«ཅོ་»ཀྱིས།

༣༢༠ ①«གཡུང་»«པེ་»—གཟུགས་ལ། ②«སྣར་»བརྟེན།

༣༢༢ ①«སྣར་»«ཞོལ་»འཐོབ། ②«གཡུང་»«པེ་»—དང་། «ལི་»«སྣར་»«ཅོ་»དང་རྒྱུ། ③«ལི་»«སྣར་»
«ཅོ་»རྒྱུ། ④«ལི་»མིའི། ⑤«སྣར་»«ཞོལ་»བརྫུས། ⑥«གཡུང་»«པེ་»གཏང་། «ཞོལ་»གཏོང་།
⑦«གཡུང་»«ལི་»«པེ་»«སྣར་»«ཅོ་»«ཞོལ་»བྱ་སྟེ། ⑧«གཡུང་»«པེ་»ཏེའ།

༣༢༣ ①«གཡུང་»—ཕ། ②«ཅོ་»དོ། ③«ཕུ་»ཚན། ④«ལི་»གྱི།

༣༢༤ ①«ཕུ་»ད།

༣༢༥ ①«གཡུང་»«པེ་»«སྣར་»«ཞོལ་»དེ།

༣༢༦ ①«གཡུང་»«པེ་»སྨོས། ②«ཕུ་»དོ། ③«ཕུ་»+པ།

༣༢༧ ①«གཡུང་»«པེ་»—བ། ②«ལི་»འདུས། ③«གཡུང་»«པེ་»«སྣར་»«ཞོལ་»བརླབས། «ལི་»«ཅོ་»
བརློབས།

༣༢༩ ①«ཕུ་»ཞེས། ②«གཡུང་»«པེ་»—བ། ③④«ཕུ་»ཞེས། ⑤«གཡུང་»ཀྱིང་། ⑥«གཡུང་»«པེ་»པའི།
⑦«ཕུ་»དེ། ⑧«གཡུང་»«པེ་»—ཕྱོགས་ཀྱི།

༣༣༠ ①«ཞོལ་»བར། ②«གཡུང་»«པེ་»སྤྱད། ③«གཡུང་»«ལི་»«པེ་»«སྣར་»«ཅོ་»«ཞོལ་»—མི་སྤྱོད་
ཀྱང་།

༣༣༡ ①«གཡུང་»—ན། ②«པེ་»ནི། ③«གཡུང་»«པེ་»—ཉིད། ④«གཡུང་»«པེ་»+དེ།

༣༣༢ ①«པེ་»འདའ། ②«ཕུ་»+དོ། ③«སྣར་»བརྟེ།

༣༣༣ ①«སྣར་»«ཞོལ་»ཉམས། ②«པེ་»སྦྲིལ།

༣༣༤ ①«སྣར་»«ཞོལ་»བརྟེན། ②«སྣར་»«ཞོལ་»+པ།

༣༣༥ ①«ཞོལ་»མེད། ②«སྣར་»བཀལ། «ཞོལ་»བརྫལ། ③«ཕུ་»འགྱུར་བ། ④«ཕུ་»འདས་པ།

༣༣༦ ①«སྣར་»«ཞོལ་»གྱུར་པ། ②«སྣར་»«ཞོལ་»མཐུན།

༣༣༧ ①«གཡུང་»«པེ་»«ཅོ་»དོ། ②«ཞོལ་»དོ།

༣༣༨ ①«གཡུང་»«ལི་»«པེ་»«སྣར་»«ཅོ་»«ཞོལ་»—དེ། ②«ཞོལ་»ཏོ།

༣༣༩ ①«ཕུ་»པའོ། ②«ལི་»«ཅོ་»—ལ། ③«གཡུང་»«པེ་»—པ།

༣༤༠ ①«པེ་»དེས། ②«གཡུང་»«པེ་»ཅི། ③«ལི་»སླབ། ④«ཅོ་»—ཚོས།

༣༤༡ ①«ལི་»ཀྱི། «ཅོ་»གྱི། ②«གཡུང་»«ལི་»«པེ་»«སྣར་»«ཅོ་»«ཞོལ་»–སྲོག་དང་། ③«གཡུང་»
«པེ་»ཤེས། ④«ཞོལ་»ཤེད། ⑤«གཡུང་»«ལི་»«པེ་»«ཅོ་»+རོ།

༣༤༢ ①«ལི་»པའི།

༣༤༣ ①«ཅོ་»–ཕྱིར། ②«གཡུང་»«ལི་»«པེ་»«སྣར་»«ཅོ་»«ཞོལ་»སྲིད།

༣༤༤ ①«ལི་»«ཕུ་»མཆིས། ②«ཕུ་»–ནི། ③«ལི་»ཕྱིན། ④«གཡུང་»«པེ་»«ཕུ་»«ཞོལ་»–མ། ⑤«ལི་»
ཞེས་མ། «ཅོ་»ཞེས་ན།

༣༤༦ ①«ཕུ་»གྱི། ②«པེ་»བཏགས། ③«ཕུ་»–བུ།

༣༤༧ ①«ཕུ་»ལའི།

༣༤༨ ①«གཡུང་»«ལི་»«པེ་»«སྣར་»«ཅོ་»«ཞོལ་»–ཅི། ②«ཞོལ་»དྲིའི། ③«གཡུང་»«ལི་»«པེ་»«སྣར་»
«ཅོ་»ཅིང་། ④«ཅོ་»«ཕུ་»«ཞོལ་»བ་དང་། ⑤«གཡུང་»«པེ་»ལས།

༣༤༩ ①«ལི་»འདུ་སྔེ། ②«ཞོལ་»གྱི།

༣༥༠ ①«གཡུང་»བཞན།

༣༥༢ ①«ཕུ་»གྱུར། ②«གཡུང་»«པེ་»–པ།

༣༥༣ ①«ཞོལ་»དང་།

༣༥༤ ①«གཡུང་»པོ་ནི། «པེ་»པོ་ན། ②«ལི་»–པ། ③«གཡུང་»«པེ་»«སྣར་»«ཞོལ་»+པོ། ④«གཡུང་»
«པེ་»བསླབ།

༣༥༥ ①«པེ་»སྣན། ②«ལི་»–མཁྱེན། ③«གཡུང་»«པེ་»བསྣན།

༣༥༦ ①«པེ་»སྤངས་པ། «སྣར་»«ཞོལ་»དངངས་པ། «ཕུ་»དངང་བ། ②«ཞོལ་»མི། ③«གཡུང་»སྤང་བ།
«པེ་»སྤངས་པ། «སྣར་»«ཞོལ་»དངངས་པ། ④«གཡུང་»སྤང་། «པེ་»སྤངས། «སྣར་»«ཞོལ་»
དངངས།

༣༥༧ ①«ལི་»རྟོགས། ②«གཡུང་»«པེ་»«ཕུ་»ཀྱིས།

༣༥༨ ①«ཕུ་»+པའི།

༣༥༩ ①«ཕུ་»བཞི།

༣༦༠ ①«ལི་»«ཅོ་»དངང་། «སྣར་»«ཞོལ་»དངངས།

༣༦༡ ①«གཡུང་»«པེ་»+ཏེ། ②«ཕུ་»པོ། ③«གཡུང་»སྤང་། «པེ་»སྤངས། «སྣར་»«ཞོལ་»དངངས།

༣༦༢ ①«གཡུང་»«པེ་»པར། ②«གཡུང་»བྱིང་། ③«གཡུང་»སྤང་། «པེ་»སྤངས། «སྣར་»«ཞོལ་»
དངངས༔ ④«ལི་»–གོ།

༣༦༣ ①«གཡུང་»སྤང་། «པེ་»སྤངས། «སྣར་»«ཞོལ་»དངངས། ②«ཕུ་»རྟོགས། ③«ཞོལ་»གྱིས།
④«ཞོལ་»གསམ།

༣༦༤ ①«གཡུང་»«ལི་»«ཅོ་»སྤང་། «པེ་»སྤངས། «སྣར་»«ཞོལ་»དངངས། ②«ལི་»«ཅོ་»གྱིས། ③«ཅོ་»

+ཉིད།

༣༦༥ ①«གཡུང་»«པེ་»+ཉིད།

༣༦༦ ①«ལི་»+ངོ་། ②«གཡུང་»«པེ་»སྲིད། ③④«གཡུང་»སྦང་། «པེ་»སྦངས། «སྣར་»«ཞོལ་»དངངས། ⑤«གཡུང་»«པེ་»དགང་། ⑥«ཁུ་»རྟོག

༣༦༨ ①«ལི་»«སྣར་»པོ།

༣༦༩ ①«ཅོ་»བ། ②«གཡུང་»«པེ་»«ཅོ་»«ཁུ་»«ཞོལ་»པོའི། ③«གཡུང་»ནི་མིགས། «པེ་»ནི་དམིགས།

༣༧༠ ①«ལི་»དམིག ②«གཡུང་»«པེ་»–པ།

༣༧༡ ①«ཅོ་»པ། ②«ཁུ་»རྟོག

༣༧༢ ①«གཡུང་»«པེ་»–སྨོན་པ།

༣༧༤ ①«ཞོལ་»–ལས། ②«གཡུང་»«པེ་»–མི།

༣༧༧ ①«ལི་»འབྱུང་།

༣༧༨ ①«ལི་»«ཅོ་»–གྱིས། ②«གཡུང་»–བ།

༣༧༩ ①«གཡུང་»«པེ་»སྟོར། ②«ཅོ་»–གཉིན། ③«པེ་»སྦངས། «སྣར་»«ཞོལ་»དངངས། ④«གཡུང་»སྦང་། «པེ་»སྦངས། «སྣར་»«ཞོལ་»དངངས། ⑤«ལི་»«ཅོ་»སྤྱི། ⑥«གཡུང་»«པེ་»«སྣར་»«ཞོལ་»ལྷུང་།

༣༨༡ ①«ཅོ་»+བྱ་བར་ཡིད་ལ། ②«གཡུང་»«པེ་»«སྣར་»«ཞོལ་»–ཡང་།

༣༨༣ ①«ལི་»+པ།

༣༨༤ ①«ཅོ་»–པོ་མེད། ②«གཡུང་»དེའ།

༣༨༥ ①«ཅོ་»བཏན། ②«ཁུ་»ཏེ། ③④«གཡུང་»སྦང་། «པེ་»སྦངས། «སྣར་»«ཞོལ་»དངངས། ⑤«གཡུང་»«ལི་»«པེ་»«ཅོ་»«ཞོལ་»ལྷུང་།

༣༨༦ ①«ཞོལ་»གྱི། ②«ཞོལ་»བསྐྱག ③«ཁུ་»–ཀྱི། ④«ཁུ་»དང་། ⑤«ཁུ་»བཟློག ⑥«ཅོ་»པ།

༣༨༧ ①«ཅོ་»+དུ། ②«གཡུང་»«པེ་»«ཅོ་»«ཞོལ་»གླིང་། ③«གཡུང་»«ལི་»«པེ་»«སྣར་»«ཅོ་»«ཞོལ་»–རྣམ་པ། ④«ལི་»«ཅོ་»–མིག

༣༨༨ ①«ལི་»+ག

༣༨༩ ①«ཞོལ་»ཕྱོག ②«པེ་»«སྣར་»«ཅོ་»«ཁུ་»«ཞོལ་»འདོམས། ③«ལི་»ཧག་སྨི། «ཁུ་»བདག་ནི།

༣༩༠ ①②«སྣར་»«ཞོལ་»ཕྱོག ③«གཡུང་»«པེ་»གཅད། ④«ཞོལ་»གྱི། ⑤«ཁུ་»བྱེད། ⑥«ལི་»བཙོར།

༣༩༡ ①«ཁུ་»དག ②«ལི་»སྣ།

༣༩༢ ①«གཡུང་»«པེ་»–སྡུག་བསྔལ་བ་དང་།

༣༩༣ ①«གཡུང་»«པེ་»དེ་དག་མིག་གིས། ②«གཡུང་»གཞན། ③«གཡུང་»«པེ་»–པ། ④«གཡུང་»«པེ་»གྲོག

༣༩༤ ①«གཡུང་»«ལི་»«པེ་»«སྣར་»«ཅོ་»«ཞོལ་»སྤྱང་། ②«ལི་»«ཅོ་»སྐན།

༣༩༥ ①《གཡུང་》《པེ་》《སྣར་》《ཞོལ་》+དེ་བཞིན་ཉིད་ལ་གནས་མེད་དོ།།

༣༩༦ ①《ལི་》+ཏེ། ②《ཅོ་》–དཔེར་ན།

༣༩༧ ①《ཅོ་》–ཕ། ②《གཡུང་》《པེ་》–ལ།

༤༠༡ ①《ལི་》《ཅོ་》–མ་རིག་པ་དེ་མེད་པའི་ཕྱིར་ཏེ།

༤༠༢ ①《ཞོལ་》ཛོག ②《གཡུང་》–སེམས། ③《གཡུང་》བ་རྣམ།

༤༠༣ ①《གཡུང་》《པེ་》པའི། ②《ལི་》《ཅོ་》–མངོན་པར་འདུ་བྱ་བ་མེད་པ་དང་།

༤༠༤ ①《ཁུ་》མཆི།

༤༠༥ ①《སྣར་》《ཞོལ་》+རྣམས། ②《ཞོལ་》–དང་།

༤༠༦ ①《ཅོ་》–ཚོས། ②《ཁུ་》དེ།

༤༠༧ ①《གཡུང་》–ལ། ②《ལི་》སོད། ③《སྣར་》དཔྱའི། ④《ཅོ་》–མ།

༤༠༩ ①《སྣར་》ཐོག ②《ལི་》–ཆུབ། ③《གཡུང་》《ལི་》《པེ་》《སྣར་》《ཅོ་》《ཞོལ་》–ཛེ་ལྟར། ④《གཡུང་》《པེ་》–ཚོས། ⑤《གཡུང་》《ལི་》《པེ་》《སྣར་》《ཅོ་》《ཞོལ་》–ལུང་དུ་བསྟན་པ་དང་། ⑥《ཁུ་》འདུ།

༤༡༠ ①《སྣར་》《ཞོལ་》+དངོས། ②《ཁུ་》སོད།

༤༡༡ ①《ཞོལ་》ཏེ། ②③④⑤⑥⑦⑧《ཅོ་》+དུ།

༤༡༢ ①《གཡུང་》《པེ་》《སྣར་》《ཞོལ་》པས། ②《ཁུ་》སློས། ③《པེ་》པའི།

༤༡༣ ①《ཅོ་》ལ། ②《གཡུང་》《པེ་》པས། ③《པེ་》ཤེ་བ།

༤༡༥ ①《ཁུ་》སྟོབ། ②《ཞོལ་》+པ། ③《གཡུང་》《ལི་》《པེ་》《སྣར་》《ཅོ་》《ཞོལ་》+མེད་པ། 《ཁུ་》
+མེད་པ་པ།

༤༡༦ ①《ཁུ་》–པ། ②《ཁུ་》འདུ། ③《ཁུ་》+པ། ④《ལི་》ཁྲབས། ⑤《ཁུ་》སོངས།

༤༡༧ ①《གཡུང་》《པེ་》+ལ། ②《སྣར་》《ཞོལ་》–ལ། ③《སྣར་》《ཅོ་》《ཞོལ་》–ལ།

༤༡༨ ①《གཡུང་》《པེ་》《སྣར་》《ཞོལ་》+ཆེན་པོ། ②《གཡུང་》《པེ་》སོ། ③《གཡུང་》《ལི་》《པེ་》《སྣར་》
《ཅོ་》《ཞོལ་》གཏང་། ④《སྣར་》《ཞོལ་》འདབ། ⑤《སྣར་》《ཞོལ་》འདས། ⑥《གཡུང་》《པེ་》
བཟླས། ⑦《གཡུང་》《ལི་》《པེ་》《སྣར་》《ཞོལ་》སྤྱད། ⑧《གཡུང་》《པེ་》བརྫོམས།

༤༡༩ ①《ཁུ་》སོའི། ②《གཡུང་》《པེ་》–བསླབ་པར། ③《པེ་》–པ། ④《གཡུང་》《ལི་》《པེ་》《སྣར་》
《ཅོ་》《ཁུ་》《ཞོལ་》གོང་། ⑤《སྣར་》《ཞོལ་》འདས། ⑥《སྣར་》《ཞོལ་》འདས།

༤༢༠ ①②《གཡུང་》《པེ་》སྐྱེད། ③《གཡུང་》སྐྱེད། ④《གཡུང་》《ལི་》《པེ་》《ཅོ་》སྐྱེད། ⑤《གཡུང་》
《པེ་》སྐྱེད། ⑥⑦⑧《སྣར་》《ཞོལ་》བསྐུལ།

༤༢༡ ①《ཅོ་》–ཆེན།

༤༢༢ ①《ལི་》《སྣར་》《ཅོ་》གྱིས།

༤༢༣ ①《གཡུང་》–བ།

༤༢༤ (༡)«གཡུང་»«ལི་»«པེ་»«སྣར་»«ཅོ་»«ཁུ་»«ཞོལ་»བསྐྱེད། (༢)«གཡུང་»«པེ་»«སྣར་»«ཞོལ་»བསྐྱེད། (༣)«གཡུང་»«ལི་»«པེ་»«སྣར་»«ཅོ་»«ཞོལ་»བསྐྱེད། (༤)«སྣར་»«ཞོལ་»བསྐྱེད།

༤༢༥ (༡)«སྣར་»«ཁུ་»«ཞོལ་»བསྐྱེད། (༢)«སྣར་»«ཞོལ་»བསྐྱེད། (༣)«གཡུང་»«པེ་»ལྟ། (༤)«ལི་»«ཅོ་»བསྐྱེད༑ (༥)«ལི་»མཐུན།

༤༢༦ (༡)«ཁུ་»–པ། (༢)«གཡུང་»«པེ་»ཏུ། (༣)«ཁུ་»པོ།

༤༢༧ (༡)«གཡུང་»«པེ་»ཆགས། (༢)«གཡུང་»«པེ་»«སྣར་»«ཅོ་»«ཁུ་»«ཞོལ་»དོ། (༣)«གཡུང་»«ལི་»«པེ་»«སྣར་»«ཅོ་»«ཞོལ་»མ།

༤༢༨ (༡)«ཁུ་»མི།

༤༢༩ (༡)«གཡུང་»«པེ་»–དོ།

༤༣༠ (༡)«གཡུང་»«ལི་»«པེ་»«སྣར་»«ཅོ་»བསྐྱེད། (༢)(༣)«སྣར་»«ཞོལ་»བསྲུང་། (༤)(༥)«སྣར་»«ཞོལ་»བསྒོམ༑ (༦)«སྣར་»«ཞོལ་»བརྩོམ།

༤༣༡ (༡)«སྣར་»«ཞོལ་»བརྩོམ། (༢)(༣)«ཞོལ་»བསྐྱེད། (༤)«གཡུང་»«པེ་»ཅེའི། (༥)(༦)«སྣར་»«ཞོལ་»བསྒོམ། (༧)(༨)«སྣར་»«ཞོལ་»འདའ། (༩)«གཡུང་»«པེ་»–ཏུ། (༡༠)«ཅོ་»སྦྱོར།

༤༣༢ (༡)(༢)«ཅོ་»སྦྱོར། (༣)«སྣར་»«ཞོལ་»བསྐྱེད། (༤)«གཡུང་»«པེ་»«སྣར་»«ཅོ་»«ཁུ་»«ཞོལ་»+ལ། (༥)«ལི་»«ཅོ་»སོངས།

༤༣༣ (༡)«ཁུ་»–སུ། (༢)«སྣར་»«ཁུ་»«ཞོལ་»ཉམས།

༤༣༤ (༡)«ཁུ་»–ཡིན་པ་ཡང་མི། (༢)«ལི་»«ཅོ་»སོངས། (༣)«གཡུང་»«པེ་»«སྣར་»«ཞོལ་»བསྒོ། (༤)«ཞོལ་»–པ།

༤༣༥ (༡)«ལི་»«ཅོ་»སོངས། (༢)«གཡུང་»«ལི་»«པེ་»«སྣར་»«ཅོ་»«ཞོལ་»བསྒོ། (༣)«གཡུང་»«པེ་»སྐྱོ། (༤)«སྣར་»«ཞོལ་»ཉམས།

༤༣༦ (༡)«གཡུང་»«ལི་»«པེ་»«སྣར་»«ཅོ་»«ཞོལ་»བསྒོ། (༢)«གཡུང་»ཅན། (༣)«ལི་»ཁྲིམ། (༤)«ལི་»«ཅོ་»«ཁུ་»སོངས། (༥)«གཡུང་»«ལི་»«པེ་»«སྣར་»«ཅོ་»«ཞོལ་»བསྒོ།

༤༣༧ (༡)«ལི་»«ཅོ་»སོངས། (༢)«གཡུང་»«ལི་»«པེ་»«སྣར་»«ཅོ་»«ཞོལ་»བསྒོ། (༣)«སྣར་»«ཞོལ་»བསྲུང་། (༤)«གཡུང་»«ལི་»«པེ་»«སྣར་»«ཅོ་»«ཞོལ་»བསྒོ། (༥)«གཡུང་»«ལི་»«པེ་»«ཅོ་»ཉམ།

༤༣༩ (༡)«གཡུང་»«ལི་»«པེ་»«སྣར་»«ཅོ་»«ཁུ་»«ཞོལ་»བསྒོ། (༢)«སྣར་»«ཞོལ་»བསྲུང་། (༣)«གཡུང་»«ལི་»«པེ་»«སྣར་»«ཅོ་»«ཞོལ་»བསྒོ།

༤༤༠ (༡)«སྣར་»«ཁུ་»«ཞོལ་»ཉམས། (༢)«གཡུང་»«པེ་»«ཅོ་»ངེས། (༣)«གཡུང་»«ལི་»«པེ་»«སྣར་»«ཅོ་»«ཞོལ་»བསྒོ།

༤༤༡ (༡)«གཡུང་»«ལི་»«པེ་»«སྣར་»«ཅོ་»«ཞོལ་»བསྒོ། (༢)«ཁུ་»བྱས་པས། (༣)«སྣར་»«ཞོལ་»བསྲུང་། (༤)«གཡུང་»«ལི་»«པེ་»«སྣར་»«ཅོ་»«ཞོལ་»བསྒོ།

༩༩༢ ①«སྣར་»«ཞོལ་»བསྒོམ། ②«ཁུ་»བསྒོ། ③«སྣར་»«ཞོལ་»ཉམས། ④«གཡུང་»«ལི་»«པེ་»«སྣར་»«ཅོ་»«ཞོལ་»བསྒོ། ⑤«ཁུ་»སྔོན། ⑥«ཁུ་»དཔའི། ⑦«ཅོ་»བས། ⑧«གཡུང་»«པེ་»པ། ⑨«གཡུང་»«ལི་»«པེ་»«སྣར་»«ཅོ་»«ཞོལ་»བསྒོ།

༩༩༣ ①«ལི་»«ཅོ་»སོངས། ②«གཡུང་»«ལི་»«པེ་»«སྣར་»«ཅོ་»«ཞོལ་»བསྒོ། ③«གཡུང་»–དཔའ། ④«པེ་»དགེ་བའི། ⑤«གཡུང་»+སུ། ⑥«གཡུང་»«ལི་»«པེ་»«སྣར་»«ཅོ་»«ཞོལ་»བསྒོ།

༩༩༤ ①«སྣར་»«ཞོལ་»བསྲུང་། ②«གཡུང་»«ལི་»«པེ་»«སྣར་»«ཅོ་»«ཞོལ་»བསྒོ། ③«གཡུང་»«པེ་»ལ་སོས། «ཅོ་»པ་ལགས། ④«སྣར་»«ཞོལ་»བརྟེན། ⑤«གཡུང་»«ལི་»«པེ་»«སྣར་»«ཅོ་»«ཞོལ་»བསྒོ། ⑥«སྣར་»«ཁུ་»«ཞོལ་»ཉམས། ⑦«ལི་»«ཅོ་»སོངས།

༩༩༥ ①②③«གཡུང་»«ལི་»«པེ་»«སྣར་»«ཅོ་»«ཞོལ་»བསྒོ།

༩༩༦ ①«ལི་»«ཅོ་»འཇུགས།

༩༩༧ ①«གཡུང་»«པེ་»གའི། ②«གཡུང་»ཀྱིང་། ③«སྣར་»«ཞོལ་»སྒྲིགས། ④«ལི་»«སྣར་»«ཅོ་»«ཞོལ་»བརྗོད། ⑤«གཡུང་»«ལི་»«པེ་»«སྣར་»«ཅོ་»«ཞོལ་»–པ།

༩༩༨ ①«པེ་»གཙུགས། ②«གཡུང་»«པེ་»བསྟོད། «ཁུ་»སྟོད། ③«པེ་»གཙུགས། ④«གཡུང་»«པེ་»བསྟོད། «ཁུ་»སྟོད་མཐའ། ⑤«གཡུང་»«པེ་»+རྣམ་པར་ལྡང་བའི་ཚེ་ཡང་། «སྣར་»«ཞོལ་»+རྣམ་པར་ལྡང་བའི་ཚེའང་། ⑥«གཡུང་»«ལི་»«པེ་»«སྣར་»«ཅོ་»«ཞོལ་»བསྒོ། ⑦«ཁུ་»ཏེ།

༩༩༩ ①«པེ་»གཙུགས། ②«གཡུང་»«པེ་»བསྟོད། ③«གཡུང་»«པེ་»+དེ། ④«པེ་»གཙུགས། ⑤«གཡུང་»«པེ་»«སྣར་»ཏེ། ⑥«གཡུང་»–པ། ⑦«གཡུང་»«པེ་»«སྣར་»«ཅོ་»«ཞོལ་»བརྗོད།

༩༥༠ ①«གཡུང་»+པ། ②«སྣར་»«ཞོལ་»ཉམས།

༩༥༡ ①«གཡུང་»–སེམས་དཔའ། ②«གཡུང་»«པེ་»–དཔའ།

༩༥༢ ①«སྣར་»«ཞོལ་»བསྒོམ། ②③«སྣར་»«ཞོལ་»བསྒོམ། ④«གཡུང་»«ལི་»«པེ་»«སྣར་»«ཅོ་»«ཞོལ་»ཏེའི།

༩༥༣ ①«གཡུང་»«ལི་»«པེ་»«སྣར་»«ཅོ་»«ཞོལ་»བསྒོ། ②«གཡུང་»«པེ་»པ། ③«གཡུང་»«པེ་»«སྣར་»བསྐྱེད། ④«གཡུང་»«པེ་»གིས། ⑤«ཅོ་»ཡིད། ⑥«གཡུང་»«པེ་»གི།

༩༥༤ ①«ཅོ་»ཡང་། ②«གཡུང་»«ལི་»«པེ་»«སྣར་»«ཅོ་»པོའི། ③«ལི་»ཐེགས།

༩༥༥ ①«གཡུང་»«པེ་»བར། ②«གཡུང་»–ནྭ།

༩༥༦ ①«གཡུང་»«པེ་»–ལ།

༩༥༧ ①②③④«སྣར་»«ཞོལ་»བསྒོམ། ⑤«ཁུ་»འབྲིས། ⑥«སྣར་»«ཞོལ་»བསྒོམ།

༩༥༨ ①②③«སྣར་»«ཞོལ་»བསྒོམ།

༩༥༩ ①«ལི་»མཆེན། ②«གཡུང་»«པེ་»+དང་།

༩༦༠ ①«ལི་»+ང་། ②«གཡུང་»ཆེན།

༩༦༡ ① «སྣར་» «ཞོལ་» བསྐོར། ② «གཡུང་» «པེ་» གའི།

༩༦༢ ① «གཡུང་» «ལི་» «པེ་» «སྣར་» «ཅོ་» སྐོར་བ། «ཞོལ་» སྐོར་བར། ② «གཡུང་» «པེ་» དབྱིངས།
③ «གཡུང་» «པེ་» སྐོར་བ། «ལི་» «སྣར་» «ཅོ་» «ཞོལ་» སྐོར་བར། ④ «གཡུང་» «པེ་» དབྱིངས།
⑤ «གཡུང་» «ལི་» «པེ་» རྫོད།

༩༦༣ ① «གཡུང་» «པེ་» སྒྲོད་དོ། «སྣར་» «ཞོལ་» བསྒྲོད་དོ།

༩༦༤ ① «སྣར་» «ཞོལ་» བསྒྲོད། ② «ལི་» «སྣར་» «ཅོ་» «ཞོལ་» བསྒྲོད། ③ «སྣར་» «ཞོལ་» བརྫོད།
④ «གཡུང་» «ལི་» «པེ་» «ཅོ་» གཞུགས། ⑤ «གཡུང་» «པེ་» སྐྱེས། ⑥ «གཡུང་» «ལི་» «པེ་» གཞུགས།
⑦ «གཡུང་» «ལི་» «པེ་» «ཅོ་» མཚན།

༩༦༥ ① «གཡུང་» «པེ་» མཚན། ② «སྣར་» «ཞོལ་» བསྒྲལ། «ཅོ་» དགྲོལ། ③ «ལི་» ལག ④⑤ «གཡུང་»
«ལི་» «པེ་» «ཅོ་» རྡུ་རྩའི།

༩༦༦ ① «ལི་» «ཅོ་» གཞོན། ② «ཕུ་» པའི་དོད། ③ «ལི་» རྣམ། ④ «གཡུང་» «ལི་» «པེ་» «ཅོ་» རྡུ་རྩ།
⑤ «སྣར་» «ཞོལ་» བྱུ། ⑥ «གཡུང་» «ལི་» «ཅོ་» བཻ་རྡུ་རྩ། «པེ་» བེ་རྡུ་རྩ། ⑦ «སྣར་» «ཞོལ་» བྱུ།
⑧ «གཡུང་» «ལི་» «པེ་» «སྣར་» «ཅོ་» «ཞོལ་» པར། ⑨ «ཕུ་» ནིའི། ⑩ «གཡུང་» «པེ་» མཚན།
⑪ «སྣར་» «ཞོལ་» ཤིག

༩༦༧ ① «གཡུང་» མཚན། ② «གཡུང་» «པེ་» «སྣར་» «ཅོ་» «ཞོལ་» —ལ། ③ «གཡུང་» «པེ་» «སྣར་» «ཞོལ་»
བ༑ ④ «ལི་» འཇིག

༩༦༨ ① «ཞོལ་» རང་། ② «གཡུང་» མཚན། ③ «སྣར་» «ཞོལ་» ཤིག ④ «གཡུང་» མཚན། ⑤ «ཞོལ་» རང་།

༩༦༩ ① «ཕུ་» དབྱིགས། ② «སྣར་» «ཞོལ་» བརྗེག ③ «གཡུང་» མཚན། ④ «སྣར་» «ཞོལ་» ཤིག
⑤ «གཡུང་» «ལི་» «པེ་» «སྣར་» «ཅོ་» «ཞོལ་» སྦྱོར། ⑥ «གཡུང་» «པེ་» འགོད། ⑦ «གཡུང་» «པེ་»
མཚན༑ ⑧ «སྣར་» +ཉིད་ཡིན།

༩༧༠ ① «སྣར་» «ཞོལ་» བསྐུལ། ② «གཡུང་» མཚན། ③ «སྣར་» «ཞོལ་» ཤིག ④ «གཡུང་» མཚན། «ཕུ་»
ཆན།

༩༧༡ ① «སྣར་» «ཞོལ་» བསྐུལ། ② «གཡུང་» «ལི་» «པེ་» «ཅོ་» སྐུལ། ③ «སྣར་» «ཞོལ་» བསྐུལ།
④ «གཡུང་» «པེ་» སྐུལ། ⑤ «གཡུང་» «པེ་» མཚན། ⑥ «ཕུ་» ཞིག

༩༧༢ ① «གཡུང་» མཚན། ② «གཡུང་» «པེ་» «སྣར་» «ཞོལ་» པོས། ③ «གཡུང་» བྱ་བོ། ④ «གཡུང་» «ལི་»
«པེ་» «ཅོ་» «ཕུ་» སྐུལ་ཞིང་། «སྣར་» «ཞོལ་» བསྐུལ་ཞིང་། ⑤ «སྣར་» «ཞོལ་» བསྐུལ། ⑥ «སྣར་»
«ཞོལ་» བསྐུལ།

༩༧༣ ① «གཡུང་» མཚན། ② «ཞོལ་» ཤིག ③ «གཡུང་» «ལི་» «པེ་» «སྣར་» «ཅོ་» «ཞོལ་» ནས། ④ «ཞོལ་»
བསྐུལ།

༩༧༤ ① «གཡུང་» «ལི་» «པེ་» «སྣར་» «ཅོ་» «ཞོལ་» ཀྱི། ② «ཞོལ་» བསྐུལ།

༤༧༥ ①«གཡུང་»མཚན། ②«སྣར་»«ཞོལ་»ཤིག ③«གཡུང་»«པེ་»ཅིང་། ④«གཡུང་»མཚན།
⑤«གཡུང་»«པེ་»–དྲུག ⑥«ལི་»«ཅོ་»ཅིང་། ⑦«གཡུང་»«ལི་»«པེ་»«སྣར་»«ཅོ་»«ཞོལ་»–གང་།
⑧«གཡུང་»«པེ་»ཀྱིས། ⑨«གཡུང་»«ལི་»«པེ་»«སྣར་»«ཅོ་»«ཁུ་»«ཞོལ་»+སེམས་དཔའ།
⑩«གཡུང་»«པེ་»+དེ། ⑪«གཡུང་»«པེ་»ཀྱི།

༤༧༦ ①«གཡུང་»«པེ་»–ཅིག

༤༧༧ ①«ཁུ་»བུའམ། ②«སྣར་»«ཞོལ་»ཤིག ③«ཁུ་»ཁྱུ།

༤༧༨ ①«ཞོལ་»–ཅད།

༤༧༩ ①«ལི་»+དང་། ②«གཡུང་»«པེ་»–ནི། ③«གཡུང་»«པེ་»གྱིས།

༤༨༠ ①«གཡུང་»«པེ་»དཔའ། ②«ཅོ་»+དེ། ③«གཡུང་»«པེ་»གིས།

༤༨༡ ①«གཡུང་»«པེ་»+དོ།

༤༨༢ ①«གཡུང་»«ལི་»«པེ་»«སྣར་»«ཅོ་»«ཞོལ་»དོ། ②«གཡུང་»«ལི་»«པེ་»«སྣར་»«ཅོ་»«ཞོལ་»–དེ་
ཅིའི་ཕྱིར་ཞེ་ན། དེ་ཤིན་ཏུ་མི་དམིགས་པའི་ཕྱིར་རོ།།

༤༨༣ ①«ལི་»ནི།

༤༨༤ ①«གཡུང་»«པེ་»–ཚ།

༤༨༥ ①«གཡུང་»«པེ་»+ཕྱི། ②«ལི་»«ཅོ་»+སྟོང་པ་ཉིད། ③«གཡུང་»སྟོ།

༤༩༠ ①«གཡུང་»«པེ་»+མ། ②«ཅོ་»སྟེ། ③«སྣར་»«ཞོལ་»+མ་བཅིངས་མ་གྲོལ་བའི།

༤༩༡ ①«ལི་»«ཅོ་»དེས། ②«ཁུ་»–བ་དེ། མ་བཅིངས་མ་གྲོལ། ③«གཡུང་»«པེ་»སྒྲུབ་པར། ④«ཞོལ་»
བསྒོར།

༤༩༢ ①«ཁུ་»དེ། ②«གཡུང་»«པེ་»གཉིང་། ③«གཡུང་»«པེ་»སྟོ། ④«གཡུང་»«པེ་»ཀྱི།

༤༩༣ ①«སྣར་»«ཞོལ་»བསྐུལ། ②«སྣར་»«ཞོལ་»བསྐུལ། ③«གཡུང་»«པེ་»ཀྱིས།

༤༩༤ ①②«སྣར་»«ཞོལ་»བསྐུལ།

༤༩༥ ①«གཡུང་»«ལི་»«པེ་»«སྣར་»«ཅོ་»«ཞོལ་»–ཏེ།

༤༩༦ ①«ཁུ་»+དོ། ②«པེ་»–སྟོང་པ་ཉིད། ③«ཁུ་»+རོ། ④«པེ་»–དོན་དམ་པ་སྟོང་པ་ཉིད་གང་ཞེ་ན།

༤༩༧ ①«པེ་»–ཏེ། ②«ཅོ་»འཇིགས། ③«པེ་»པས།

༤༩༨ ①«གཡུང་»«པེ་»སྨིན། ②«ཅོ་»འཇིགས།

༥༠༠ ①«གཡུང་»«པེ་»པོ། ②«ལི་»པོད། ③«སྣར་»བསྟེ།

༥༠༡ ①«སྣར་»«ཞོལ་»–ལ། ②«སྣར་»«ཞོལ་»ཉམས། ③«སྣར་»«ཅོ་»«ཞོལ་»ཞེས། ④«སྣར་»
«ཞོལ་»ཞེས། ⑤«སྣར་»«ཞོལ་»བརྟེན།

༥༠༢ ①«གཡུང་»«ལི་»«པེ་»«ཅོ་»–འོད་བྱེད་པ་ཞེས་པའི་ཏིང་ངེ་འཛིན་དང་། «སྣར་»«ཞོལ་»འོད་བྱེད་པ་
ཞེས་བྱ་བའི་ཏིང་ངེ་འཛིན་དང་། ②«གཡུང་»«པེ་»ཀྱི།

༥༠༣ ①《གཡུང་》སྟོང་། ②《སྣར་》བརྒྱལ། 《ཞོལ་》བརྒལ།

༥༠༤ ①《སྣར་》《ཞོལ་》མཐུན། ②《གཡུང་》མི།

༥༠༥ ①《སྣར་》《ཞོལ་》+ཡིད་ཀྱི་སྐྱོན་ཡང་དག་པར་སེལ་བ་ཀུན་རྟོག་པ་ནམ་མཁའ་ལྟ་བུའི་ཏིང་ངེ་འཛིན་དང་། ②《གཡུང་》《པེ་》《སྣར་》《ཁུ་》《ཞོལ་》ལ། ③《གཡུང་》《པེ་》–ངེ་།

༥༠༦ ①《སྣར་》《ཞོལ་》+མཐའ། ②《སྣར་》《ཞོལ་》+རྒྱལ། ③《གཡུང་》《លི་》《པེ་》《ཅོ་》–དེ་ལ་ཆོས་ཐམས་...... ཏིང་ངེ་འཛིན་ཏོ།། (ཞེས་པའི་གཡུང་དྲུང་རྟགས་བར་[དེབ་འདིའི་ལྡེབ་༥༠༥ང༢༡—༥༠༦ང༣] གྱི་ཡི་གེ་རྣམས་《གཡུང་》《ལི་》《པེ་》《ཅོ་》ལ་ཆད།) ④《ཞོལ་》–ལྟར།

༥༠༧ ①《གཡུང་》《པེ་》ཀྱིས།

༥༠༨ ①《སྣར་》《ཞོལ་》ཉམས། ②③《སྣར་》《ཞོལ་》ཉམས། ④《གཡུང་》《ལི་》《པེ་》《སྣར་》《ཅོ་》《ཞོལ་》ཀྱིས།

༥༠༩ ①《ཞོལ་》པར། ②③④《སྣར་》《ཞོལ་》བརྟེན།

༥༡༠ ①《གཡུང་》གཞས། ②《གཡུང་》《པེ་》མེད་པ། ③《ལི་》《ཅོ་》པའི།

༥༡༡ ①《ལི་》《ཅོ་》+མ། ②③《ཞོལ་》ཕམ། ④《གཡུང་》《ལི་》《པེ་》《ཅོ་》–དེ་ལ་མི་འཕམ་...... འཛིན་ཏོ།། (ཞེས་པའི་གཡུང་དྲུང་རྟགས་བར་གྱི་ཡི་གེ་རྣམས་《གཡུང་》《ལི་》《པེ་》《ཅོ་》ལ་ཆད།) ⑤《གཡུང་》ཀྱི······འབར༔ 《པེ་》ཀྱི་འགྱུར། ⑥《ཞོལ་》–ཟད།

༥༡༢ ①《གཡུང་》《ལི་》《པེ་》《སྣར་》《ཅོ་》《ཞོལ་》–ཀྱི། ②《སྣར་》《ཞོལ་》–ཤེས་རབ་ཀྱི། ③《སྣར་》《ཞོལ་》སེལ། ④《གཡུང་》《ལི་》《པེ་》《ཅོ་》–དེ་ལ་ཤེས་རབ་...... ཏིང་ངེ་འཛིན་ཏོ།། (ཞེས་པའི་གཡུང་དྲུང་རྟགས་བར་གྱི་ཡི་གེ་རྣམས་《གཡུང་》《ལི་》《པེ་》《ཅོ་》ལ་ཆད།) ⑤《གཡུང་》《པེ་》དོ། ⑥《གཡུང་》《པེ་》བུར།

༥༡༣ ①《གཡུང་》《པེ་》ཡི། ②《གཡུང་》《པེ་》+བ། ③《གཡུང་》《པེ་》མཐའ།

༥༡༤ ①《སྣར་》《ཞོལ་》བསྔོས།

༥༡༥ ①《སྣར་》《ཞོལ་》བརྒལ། ②《སྣར་》བརྒྱལ། 《ཞོལ་》བརྒལ། ③《གཡུང་》《པེ་》ཀྱིས།

༥༡༦ ①《གཡུང་》《པེ་》ཉམ། ②《གཡུང་》དཀྱི།

༥༡༧ ①《པེ་》+མི། ②《གཡུང་》《པེ་》–པས།

༥༡༨ ①《གཡུང་》《པེ་》《ཅོ་》སྤྱོད་པ། ②《ལི་》《ཅོ་》སྤྱོད་པ། ③《གཡུང་》《པེ་》《ཅོ་》《ཁུ་》མི།

༥༢༠ ①②③《སྣར་》《ཞོལ་》མཐུན། ④《གཡུང་》《པེ་》–འོད། ⑤《པེ་》མའི།

༥༢༡ ①《གཡུང་》གིས་ཚོ། 《ལི་》《པེ་》《ཅོ་》གི་ཚེ། 《སྣར་》《ཞོལ་》གི་འཚོ། ②《གཡུང་》《པེ་》བ།

༥༢༢ ①《སྣར་》《ཞོལ་》+དེ་ལ་ཡིད་ཀྱི་སྐྱོན་ཡང་དག་པར་སེལ་བ་ཞེས་བྱ་བའི་ཏིང་ངེ་འཛིན་གང་ཞེ་ན། ཏིང་ངེ་འཛིན་དེ་ལ་གནས་ཤིང་། ཏིང་ངེ་འཛིན་ཐམས་ཅད་ཡིད་ཀྱི་ལས་མི་དམིགས་པ་སྟེ། འདི་ནི་ཡིད་ཀྱི་སྐྱོན་ཡང་དག་པར་སེལ་བ་ཞེས་བྱ་བའི་ཏིང་ངེ་འཛིན་ཏོ།།

༥༢༣ ①«པེ་»+གནས། ②«གཡུང་»«པེ་»པ་སྟེ། ③«ཞོལ་»ཏོ། ④«གཡུང་»«པེ་»པོས། ⑤«གཡུང་»«པེ་»ཞིང་།

༥༢༤ ①«པེ་»བདེ། ②«པེ་»ཕིའི། ③«གཡུང་»«པེ་»ཞིང་། ④«གཡུང་»པ། ⑤«ཅོ་»རྟོགས། ⑥«གཡུང་»«པེ་»ཕྱིའི། ⑦«གཡུང་»«པེ་»–ཀྱི།

༥༢༥ ①«གཡུང་»«པེ་»སོ། «ལི་»«ཅོ་»སྟེ། ②«ཁུ་»–སེམས་དཔའ། ③«གཡུང་»«པེ་»«སྣར་»«ཅོ་»«ཞོལ་»བསལ། ④«གཡུང་»«པེ་»གསལ།

༥༢༦ ①«གཡུང་»«པེ་»«སྣ¯་»«ཅོ་»«ཞོལ་»བསལ། ②«གཡུང་»«པེ་»སོ། «སྣར་»«ཞོལ་»ཏེ། ③«གཡུང་»«པེ་»སྐོར། ④«པེ་»མཚན། ⑤⑥«གཡུང་»«པེ་»སྐོར། ⑦«གཡུང་»«པེ་»–རབ་ཏུ། ⑧⑨«གཡུང་»«པེ་»སྐོར།

༥༢༧ ①«གཡུང་»«པེ་»སོ། ②«ཅོ་»ཅིང་། ③④«སྣར་»«ཞོལ་»བཤན། ⑤«གཡུང་»«པེ་»མཚན། ⑥«གཡུང་»«པེ་»ཕྱི། ⑦«ཁུ་»འམ།

༥༢༨ ①«གཡུང་»«ལི་»«པེ་»«ཅོ་»ཅན། ཀླད་པ་དང་། སྐྲ་མན་ཅན། «སྣར་»«ཞོལ་»ཆད། ཀླད་པ་དང་། སྐྲ་མན་ཆད། ②«གཡུང་»«པེ་»ལྷགས། ③«སྣར་»«ཞོལ་»ཆད། ④«ཅོ་»བ། ⑤«གཡུང་»«པེ་»ལྷགས། ⑥«ཅོ་»ག ⑦⑧«གཡུང་»«པེ་»ཀླད། ⑨«གཡུང་»«པེ་»དཀར། ⑩«གཡུང་»«པེ་»དཀར། ⑪«སྣར་»«ཞོལ་»ཆད། ⑫«སྣར་»«ཞོལ་»ཆད། ⑬«གཡུང་»«པེ་»ལྷགས། ⑭«གཡུང་»«པེ་»«ཁུ་»ཅན།

༥༢༩ ①«གཡུང་»«པེ་»པར། ②«གཡུང་»«པེ་»ལྷགས། ③«ལི་»«ཅོ་»«ཞོལ་»ག ④«གཡུང་»«པེ་»ཞིང་། ⑤«གཡུང་»དུ། ⑥«གཡུང་»པོད། ⑦«གཡུང་»«པེ་»པ་དང་། ⑧«ལི་»«ཅོ་»རྣག ⑨«གཡུང་»«ལི་»«པེ་»«སྣར་»«ཅོ་»–རྣམ་པར་གཞིགས་པའམ། «ཁུ་»རྣམ་པར་གཞིག་པའམ།

༥༣༠ ①«གཡུང་»«པེ་»གསལ། ②«གཡུང་»«པེ་»«ཁུ་»གིའམ། ③«གཡུང་»«པེ་»སྦྱུད། ④«ཅོ་»རྣག ⑤«གཡུང་»«ལི་»«པེ་»«སྣར་»«ཅོ་»«ཞོལ་»སུངས།

༥༣༡ ①«གཡུང་»«པེ་»–ལུས་ཀྱི། ②«གཡུང་»ཀྱི་རློས། «པེ་»–ཀྱིས་ལུས། ③«ཁུ་»པ་དང་། ④«གཡུང་»«པེ་»ཞིང་། ⑤«པེ་»+ས།

༥༣༢ ①«གཡུང་»«པེ་»ལུས། ②«གཡུང་»«པེ་»–ལུས་ཀྱི། ③«གཡུང་»«པེ་»པའོ། ④«གཡུང་»«པེ་»–ཉེ་བར་སྦྱོར་ཏེ། «ལི་»ཉེ་བར་སྦོར་ཏེ།

༥༣༣ ①«གཡུང་»«པེ་»འཛིང་། ②«གཡུང་»«པེ་»བུའི། ③«སྣར་»འོངས། ④«གཡུང་»«པེ་»–ལུས་ཀྱི། ⑤«གཡུང་»«པེ་»མི།

༥༣༤ ①«གཡུང་»«པེ་»–སེམས་དཔའ། ②«གཡུང་»«པེ་»བྱའི། ③«སྣར་»«ཞོལ་»རྡུལ། ④«གཡུང་»«པེ་»+ཞིང་། ⑤«གཡུང་»«པེ་»ཀྱི། ⑥«ལི་»བཞི། ⑦«ཁུ་»ཀྱི། ⑧«གཡུང་»«པེ་»«སྣར་»«ཅོ་»«ཞོལ་»བསལ།

༥༣༥ (༡)«གཡུང་»«པེ་»པའི། (༢)«གཡུང་»«པེ་»«ཁུ་»པ་སྐྱེད། «ལི་»«སྣར་»«ཅོ་»«ཞོལ་»པ་བསྐྱེད། (༣)«ལི་»«སྣར་»«ཅོ་»«ཞོལ་»བསྐྱེད། (༤)«གཡུང་»«པེ་»པའི། (༥)«ཁུ་»སྦྱོང་། (༦)«ལི་»«སྣར་»«ཅོ་»«ཞོལ་»བསྐྱེད། (༧)«གཡུང་»«པེ་»བརྩོམ། (༨)«ལི་»«སྣར་»«ཅོ་»«ཞོལ་»བསྐྱེད། (༩)(༡༠)«གཡུང་»«ལི་»«པེ་»«སྣར་»«ཅོ་»«ཞོལ་»བསྐྱེད། (༡༡)«སྣར་»«ཅོ་»«ཁུ་»«ཞོལ་»པ། (༡༢)«ལི་»«སྣར་»«ཅོ་»«ཞོལ་»བསྐྱེད། (༡༣)«ལི་»«ཅོ་»བརྩོམ། (༡༤)«ལི་»«སྣར་»«ཅོ་»«ཞོལ་»བསྐྱེད། (༡༥)«གཡུང་»«པེ་»སོ། (༡༦)«ཁུ་»ལ།

༥༣༦ (༡)«གཡུང་»«པེ་»པ། (༢)«སྣར་»«ཞོལ་»བསྒོམ། (༣)«གཡུང་»«པེ་»གམས། (༤)(༥)(༦)«སྣར་»«ཞོལ་»བསྒོམ།

༥༣༧ (༡)«ལི་»«ཅོ་»སྡེ། (༢)«གཡུང་»«པེ་»པས། (༣)«སྣར་»«ཞོལ་»བསྒོམ། (༤)«ཅོ་»སྤྲུང་བ། (༥)«སྣར་»«ཞོལ་»བསྒོམ། (༦)«གཡུང་»དག (༧)«སྣར་»«ཞོལ་»བསྒོམ།

༥༣༨ (༡)«སྣར་»«ཞོལ་»བསྒོམ། (༢)«གཡུང་»«ལི་»«པེ་»«སྣར་»«ཅོ་»«ཁུ་»«ཞོལ་»+སེམས་དཔའ། (༣)«ལི་»«ཅོ་»–བ། (༤)«ཁུ་»–བ།

༥༣༩ (༡)«ཁུ་»བཤེས། (༢)«གཡུང་»«ལི་»«པེ་»«སྣར་»«ཅོ་»«ཞོལ་»སྤང་། (༣)«གཡུང་»«པེ་»«ཅོ་»«ཁུ་»པ།

༥༤༠ (༡)«གཡུང་»«པེ་»བྱ་བའོ། (༢)«གཡུང་»«ལི་»«པེ་»«ཅོ་»ཤེས། (༣)«ལི་»རྟོགས། (༤)«ལི་»«ཅོ་»རྟོགས། (༥)«གཡུང་»«པེ་»+པ།

༥༤༡ (༡)«གཡུང་»«པེ་»ཆོས་ཀྱི། «སྣར་»ཆོ་ཀྱིས། (༢)«ཞོལ་»ཤིང་། (༣)«གཡུང་»«པེ་»–པ། (༤)«གཡུང་»«ལི་»«པེ་»«ཅོ་»སྡེ། (༥)«གཡུང་»«པེ་»–པ། (༦)«གཡུང་»«པེ་»«སྣར་»«ཅོ་»«ཞོལ་»མེད། (༧)«གཡུང་»«པེ་»བྱ་སྡེ། (༨)«ལི་»བཞིན། (༩)«གཡུང་»སྐྱོ།

༥༤༢ (༡)«གཡུང་»«པེ་»«ཞོལ་»ཀྱི། (༢)«གཡུང་»«པེ་»སྐྱེ་བའི། (༣)«གཡུང་»«པེ་»«ཁུ་»བཞིའོ།

༥༤༣ (༡)«པེ་»གཙུགས། (༢)«གཡུང་»མཐའ། (༣)«གཡུང་»«པེ་»«སྣར་»«ཅོ་»«ཞོལ་»དམིགས། (༤)«པེ་»གཙུགས། (༥)«ལི་»མཐའས། (༦)«གཡུང་»–མཐའ།

༥༤༤ (༡)«ལི་»«སྣར་»«ཅོ་»གྱིས། (༢)«གཡུང་»«པེ་»ལ། (༣)«ཁུ་»སྐྱབས།

༥༤༥ (༡)«གཡུང་»ཤིང་། (༢)«གཡུང་»ཏེ། (༣)«གཡུང་»«པེ་»དབྱོད། (༤)«གཡུང་»«པེ་»«སྣར་»«ཞོལ་»བས། (༥)«གཡུང་»«པེ་»–ཡང་། (༦)«ཞོལ་»–དུ།

༥༤༦ (༡)«ལི་»«ཅོ་»སྐྱབས། (༢)(༣)(༤)(༥)«ཅོ་»སྐྱབས། (༦)«གཡུང་»«ལི་»«པེ་»«སྣར་»«ཅོ་»«ཞོལ་»པར།

༥༤༧ (༡)«གཡུང་»«པེ་»གྱིས། (༢)«གཡུང་»«པེ་»«ཁུ་»«ཞོལ་»དང་། (༣)«གཡུང་»«པེ་»ཏོ། (༤)«ལི་»«ཅོ་»–ས། (༥)«ཁུ་»ཆེ། (༦)«གཡུང་»«པེ་»བུའི། (༧)«ལི་»«སྣར་»«ཅོ་»–སེམས་དཔའ།

༥༤༨ (༡)«གཡུང་»«པེ་»–ཡང་། (༢)«གཡུང་»«པེ་»སྒྲུག (༣)«པེ་»བསྒྲུག (༤)«གཡུང་»«པེ་»བསྒོར། (༥)«གཡུང་»བསྟེན་ས། (༦)«གཡུང་»བསྟེན་ན། «ལི་»«པེ་»«ཅོ་»བསྟེན་ནས། «སྣར་»«ཁུ་»«ཞོལ་»

བརྟེན་ན།

༥༤༩ ①«པེ་»བསྒྲིག ②«གཡུང་»«པེ་»བར། ③«གཡུང་»«པེ་»«སྣར་»«ཁུ་»«ཞོལ་»དེ། ④«ལི་»«ཅོ་»བརྐབས།

༥༥༠ ①«ལི་»«ཅོ་»ཚོགས། ②«གཡུང་»«པེ་»—སེམས་དཔའ། ③«ལི་»«སྣར་»—ལས། ④«གཡུང་»«ལི་»«པེ་»«ཅོ་»གཞག

༥༥༡ ①«ཅོ་»འཁྲིན། ②«ལི་»གསུངས། ③«ཅོ་»འཁྲིན། ④«གཡུང་»«པེ་»—པ། ⑤«ལི་»གཟུང་། ⑥«གཡུང་»«པེ་»ཀླུ། ⑦«གཡུང་»«པེ་»ནྲྀ། ⑧«གཡུང་»«པེ་»ནྲ།

༥༥༢ ①«གཡུང་»«པེ་»བ། ②«ཅོ་»བཅིང་བ། ③«གཡུང་»«པེ་»«སྣར་»«ཁུ་»«ཞོལ་»ཉ། ④«གཡུང་»«པེ་»—རོ། ⑤«ཅོ་»འཆད། ⑥«སྣར་»«ཞོལ་»གི།

༥༥༣ ①«གཡུང་»«ལི་»«པེ་»«སྣར་»«ཅོ་»«ཞོལ་»ཀླ། ②«གཡུང་»«པེ་»ཀླཱ། «ལི་»«སྣར་»«ཅོ་»«ཞོལ་»ཀློཿ ③«གཡུང་»«པེ་»ཀ། ④«ལི་»«སྣར་»«ཞོལ་»པོང་བ། ⑤«གཡུང་»«པེ་»ཀྲ། «ལི་»«ཞོལ་»ཿ ⑥«ལི་»«ཅོ་»«ཁུ་»ཐ། ⑦«ལི་»«ཅོ་»བསྒྱུབས། ⑧«ཅོ་»རྟོགས། ⑨«སྣར་»«ཞོལ་»ཡ།

༥༥༤ ①«ཅོ་»«ཁུ་»སྒོའོ། ②«སྣར་»«ཞོལ་»ཆད། ③«གཡུང་»«ལི་»«པེ་»«སྣར་»«ཅོ་»«ཞོལ་»གི། ④«ཁུ་»—དེ་ཅིའི་ཕྱིར་ཞེ་ན། ⑤«གཡུང་»«པེ་»ཆང་། ⑥«སྣར་»«ཞོལ་»བཀླག ⑦«གཡུང་»«པེ་»—ནི༑ ⑧«གཡུང་»«ལི་»«པེ་»«སྣར་»«ཅོ་»«ཞོལ་»ཕོངས་སུ། ⑨«ཁུ་»+གཞན་ཡང་། ⑩«གཡུང་»«པེ་»«སྣར་»«ཅོ་»«ཞོལ་»སོགས། ⑪«སྣར་»«ཞོལ་»བསྒྲུབ། ⑫«ཁུ་»བྱའི། ⑬«གཡུང་»«པེ་»ཅོམ།

༥༥༥ ①«གཡུང་»«ལི་»«པེ་»«སྣར་»«ཅོ་»«ཞོལ་»པ་སྟེ། ②«གཡུང་»«པེ་»—བ། ③«གཡུང་»«པེ་»པར། ④«གཡུང་»«པེ་»«ཅོ་»«ཁུ་»+ལ། ⑤«གཡུང་»«པེ་»པོའ།

༥༥༦ ①«ཅོ་»འགོ། ②«ལི་»རློམས། ③«གཡུང་»«པེ་»པས། ④«ལི་»«ཅོ་»རློམས། ⑤«ལི་»གཉིས།

༥༥༧ ①«སྣར་»«ཞོལ་»པོ། ②«ལི་»«སྣར»«ཅོ་»«ཞོལ་»གཏང་། ③«གཡུང་»«པེ་»—དུ། ④«གཡུང་»«པེ་»—ཀྱང་། «ལི་»ཀྱང་རློམས། ⑤«གཡུང་»«པེ་»རློམས།

༥༥༨ ①«གཡུང་»«པེ་»«སྣར་»«ཞོལ་»+གནས་པས། ②«ཞོལ་»གཏང་། ③«གཡུང་»«པེ་»གཏང་། «ཞོལ་»གཏོང་། ④«ཞོལ་»གཏོང་། ⑤«གཡུང་»«ལི་»«པེ་»«སྣར་»«ཅོ་»«ཞོལ་»འདས་པ། ⑥«གཡུང་»«པེ་»གཏང་། ⑦«སྣར་»«ཞོལ་»བསྔོས། «ཁུ་»སྔོ། ⑧«ལི་»«སྣར་»«ཅོ་»བཏང་། ⑨«ཁུ་»སླང་། ⑩«གཡུང་»«པེ་»«ཅོ་»སྟོད།

༥༥༩ ①«སྣར་»«ཞོལ་»ཐེ་ཚོམ། «ཁུ་»ཐོ་ཚོམ། ②«གཡུང་»«ཁུ་»རངས་སུ་གཞག «ལི་»«སྣར་»«ཅོ་»རང་སུ་གཞུག «པེ་»«ཞོལ་»རངས་སུ་གཞུག ③«གཡུང་»«པེ་»སློངས། ④⑤«ལི་»«སྣར་»ཞུམས། ⑥⑦«ཅོ་»«ཞོལ་»སློང་།

༥༦༠ ①«སྣར་»«ཞོལ་»བརྟེན། ②③«སྣར་»«ཁུ་»«ཞོལ་»བརྟེན། ④⑤«སྣར་»«ཞོལ་»བརྟེན། ⑥«སྣར་»

«ཅོ་»རྫོགས། (༧)«གཡུང་»«པེ་»པར་འདུ། (༨)«གཡུང་»«པེ་»+དེ། (༩)«གཡུང་»«པེ་»པ། (༡༠)(༡༡)«སྣར་»«ཞོལ་»བཟློག

༥༦༡ (༡)«གཡུང་»«ལི་»«པེ་»«སྣར་»«ཅོ་»«ཁུ་»«ཞོལ་»+སེམས་དཔའ། (༢)«ལི་»«སྣར་»«ཅོ་»ཆུབ། (༣)«ཞོལ་»ལྷ། (༤)«གཡུང་»བརྟག (༥)«ལི་»«པེ་»«ཅོ་»«ཞོལ་»པོ། (༦)«གཡུང་»དེ་གྲུབ། «པེ་»ད་གྲུབ། (༧)«གཡུང་»«ལི་»«པེ་»«ཅོ་»སྒྲུབ། (༨)«ལི་»«སྣར་»«ཅོ་»བསམ་ཤིང་། «ཞོལ་»བསམས་ཞིང་། (༩)«གཡུང་»«ལི་»«པེ་»«སྣར་»«ཞོལ་»བྱ་བའོ།

༥༦༢ (༡)«གཡུང་»«པེ་»འགྲོ། (༢)«གཡུང་»«ལི་»«པེ་»«ཅོ་»—པ། (༣)«གཡུང་»«པེ་»«སྣར་»«ཅོ་»«ཞོལ་»སོགས།

༥༦༣ (༡)«གཡུང་»«ལི་»«པེ་»«ཅོ་»གཤིས། (༢)(༣)«གཡུང་»«ལི་»«པེ་»གཤིས། (༤)«གཡུང་»«པེ་»—ལ། (༥)«ལི་»གཤིས། (༦)«སྣར་»«ཞོལ་»འཚོལ། (༧)«ཅོ་»རབ།

༥༦༤ (༡)«གཡུང་»«པེ་»པ། (༢)«ཅོ་»སྤྱོད་པའོ། «ཁུ་»སྦྱོར་བའོ། (༣)«ཁུ་»གསལ། (༤)«གཡུང་»«པེ་»—སེམས་དཔའ།

༥༦༥ (༡)«གཡུང་»«ལི་»«པེ་»«ཅོ་»པོ། (༢)«གཡུང་»«པེ་»«སྣར་»«ཅོ་»«ཞོལ་»པོ་ས་གཉིས་པ་ལ་གནས་པའི། «ལི་»པོ་སའི་གཉིས་པ་ལ་གནས་པའི། (༣)«གཡུང་»«ལི་»«པེ་»«སྣར་»«ཅོ་»«ཞོལ་»པ། (༤)«གཡུང་»«པེ་»གྱུར་པའི། (༥)«ཁུ་»ཐོ།

༥༦༦ (༡)«གཡུང་»«པེ་»«ཁུ་»«ཞོལ་»བྱ་བའོ། (༢)(༣)«གཡུང་»«ལི་»«པེ་»«སྣར་»«ཅོ་»«ཞོལ་»གཏང་། (༤)«ཞོལ་»+དཔའ། (༥)«གཡུང་»«པེ་»«སྣར་»«ཞོལ་»གཤགས། (༦)«གཡུང་»«པེ་»ཅིང་། (༧)«སྣར་»«ཞོལ་»+ལ། (༨)«ཅོ་»«ཁུ་»—ལ། (༩)«གཡུང་»«པེ་»པོ། (༡༠)«སྣར་»«ཞོལ་»འཚོལ།

༥༦༧ (༡)«སྣར་»«ཞོལ་»འཚོལ། (༢)«གཡུང་»«པེ་»པོ། (༣)«སྣར་»«ཞོལ་»འཚོལ། (༤)«གཡུང་»«པེ་»པོ། (༥)«སྣར་»བཟུང་། (༦)«གཡུང་»«པེ་»སྐྱིད། (༧)«གཡུང་»«ལི་»«སྣར་»«ཞོལ་»སྦྱོང་བའི། (༨)«གཡུང་»«ལི་»«པེ་»«ཅོ་»«ཁུ་»སྐྱིད། (༩)«གཡུང་»«པེ་»«སྣར་»«ཞོལ་»བསྟན།

༥༦༨ (༡)«ལི་»«སྣར་»«ཅོ་»«ཁུ་»«ཞོལ་»སྟོན། (༢)«ཁུ་»བཞིན། (༣)«གཡུང་»«ལི་»«པེ་»«སྣར་»«ཅོ་»«ཞོལ་»གཏང་། (༤)«གཡུང་»«ལི་»«པེ་»«སྣར་»«ཅོ་»«ཞོལ་»པོ། (༥)«གཡུང་»«པེ་»བསྐྱེད། (༦)«ལི་»ཐློབས། (༧)«ཁུ་»སྦྱོང་བའི། (༨)«གཡུང་»«ལི་»«པེ་»«སྣར་»«ཅོ་»«ཞོལ་»གཏང་།

༥༦༩ (༡)«ཁུ་»འདས་པ། (༢)«སྣར་»«ཞོལ་»བསྟོས། (༣)«སྣར་»«ཞོལ་»བསྟོས། (༤)«སྣར་»«ཞོལ་»བརྩུས།

༥༧༠ (༡)«གཡུང་»«པེ་»བྱའོ། (༢)«ལི་»བསྒོང་། (༣)«གཡུང་»«ལི་»«པེ་»«སྣར་»«ཅོ་»«ཞོལ་»པོས། (༤)«ཁུ་»གི། (༥)«ཞོལ་»སྒྲུབ། (༦)«ཁུ་»དང་། (༧)«ཁུ་»«ཞོལ་»བྱ་བའོ། (༨)«ཁུ་»པོའི། (༩)«གཡུང་»«པེ་»པོ། (༡༠)«ཁུ་»པོའི།

༥༧༡ (༡)«གཡུང་»«པེ་»«སྣར་»«ཅོ་»«ཞོལ་»འཐབ། (༢)«ཁུ་»པོའི། (༣)«གཡུང་»«པེ་»བཅད། (༤)«ཞོལ་»ཀྱི། (༥)«སྣར་»«ཞོལ་»སྦྱོང་། (༦)«སྣར་»«ཞོལ་»པོས། (༧)«ཁུ་»—ཞེ་ན། (༨)«གཡུང་»«པེ་»དེད།

⑨«གཡུང་»«པེ་»སུ།

༥༧༢ ①«ཁུ་»–དཔའ། ②«ཅོ་»ཏེ།

༥༧༣ ①«གཡུང་»«པེ་»པོས། ②«གཡུང་»«པེ་»སྲིད། ③«གཡུང་»«པེ་»སྐྱོངས། ④«ཅོ་»གསག ⑤«ཅོ་»
བྱའོ། ⑥«ཅོ་»པར། ⑦«ཅོ་»བཏང་། ⑧«གཡུང་»«པེ་»སྤྱངས་པར།

༥༧༤ ①«ཁུ་»པོ། ②«ཞོལ་»པོའི། ③«ཁུ་»བརྒྱུར། ④«གཡུང་»«པེ་»པོ།

༥༧༥ ①«གཡུང་»«པེ་»བརྟན། ②«གཡུང་»«པེ་»«སྣར་»«ཅོ་»«ཞོལ་»བརྟེན།

༥༧༦ ①«གཡུང་»«པེ་»–ན། ②«པེ་»བྱ། ③«གཡུང་»«པེ་»«ཞོལ་»གྱི། ④«ཞོལ་»ལྷ།

༥༧༧ ①«ཁུ་»ལྡར། ②«གཡུང་»«པེ་»«སྣར་»«ཞོལ་»+ན། ③«གཡུང་»«པེ་»པོའི། ④«ཞོལ་»པོས།

༥༧༨ ①«ཅོ་»སེམ། ②«གཡུང་»«པེ་»«སྣར་»«ཁུ་»«ཞོལ་»རྟོག ③«ཅོ་»རྟོགས།

༥༧༩ ①«ལི་»«སྣར་»«ཅོ་»བརྩེ། ②«སྣར་»བརྩེ། ③«གཡུང་»«པེ་»ནམ།

༥༨༠ ①«གཡུང་»«པེ་»«སྣར་»«ཞོལ་»+རྣམ་པར། ②«སྣར་»བརྩེ། ③«པེ་»བདུག ④«ཁུ་»སྡེ། ⑤«ཁུ་»
–ཀྱི།

༥༨༡ ①«ཁུ་»ཏོ། ②«གཡུང་»«པེ་»བཞག ③«གཡུང་»«པེ་»གྲུབ། ④«ལི་»«ཅོ་»བསམ། ⑤⑥«ཅོ་»
ལྟར།

༥༨༢ ①«ཁུ་»པོའི། ②«གཡུང་»«པེ་»ཁོངས། ③«ཁུ་»སོའི། ④«ཞོལ་»སོའི། ⑤«གཡུང་»«པེ་»པའི།
⑥«གཡུང་»«པེ་»མངའ། ⑦«སྣར་»«ཞོལ་»བརྫུས།

༥༨༣ ①«གཡུང་»«པེ་»+སུ། ②«སྣར་»«ཞོལ་»པོའི།

༥༨༤ ①«གཡུང་»«ལི་»«པེ་»«ཅོ་»བི་རྨ་ཏར། «སྣར་»«ཞོལ་»བི་ཧྲུ་ཏར། ②«ཞོལ་»+སྣ། ③«གཡུང་»
«ལི་»«པེ་»«སྣར་»«ཅོ་»འགང་། ④«གཡུང་»«ལི་»«པེ་»«སྣར་»«ཅོ་»«ཞོལ་»པོ།

༥༨༥ ①«ཅོ་»པོར།

༥༨༦ ①«གཡུང་»«པེ་»–པ། ②«ཅོ་»«ཞོལ་»འབྱུང་།

༥༨༧ ①«གཡུང་»«པེ་»–རྣམས། ②«པེ་»«ཅོ་»བྱུང་། ③«ཁུ་»+པ།

༥༩༠ ①«ཁུ་»ནས། ②«ཅོ་»གིས། ③«ལི་»«ཅོ་»ཀྱིས། ④«ཁུ་»–དེ་ནི། ⑤«ཅོ་»«ཁུ་»གིས།

༥༩༡ ①«ཅོ་»ཀྱིས། ②«ཞོལ་»ཀྱི། ③«ཅོ་»བ། ④«གཡུང་»«པེ་»«ཅོ་»ཀྱིས། ⑤«གཡུང་»«པེ་»སྒྱུ།

༥༩༢ ①«གཡུང་»«པེ་»གྱིས། ②«ཅོ་»ཀྱི།

༥༩༣ ①«ཅོ་»+གང་། ②«ལི་»«ཅོ་»ཀྱིས།

༥༩༤ ①«ཁུ་»–རྣམས། ②«གཡུང་»«པེ་»«སྣར་»«ཞོལ་»+ཀྱི་ངོ་བོ་ཉིད། ③«གཡུང་»«པེ་»ཀྱི། ④«ལི་»
གྱི། ⑤«ཅོ་»འདུགས། ⑥«ཅོ་»ཀྱིས།

༥༩༥ ①«གཡུང་»«པེ་»«སྣར་»«ཞོལ་»+རྣམས། ②«གཡུང་»དམ། ③«གཡུང་»«པེ་»གྱི། ④«གཡུང་»
«པེ་»ཟོད། ⑤«གཡུང་»«པེ་»ཀྱིས།

༥༩༦ ①«གཡུང་»«པེ་»ཀྱིས། ②«ལི་»«ཅོ་»ཀྱིས། ③«ཅོ་»ཀྱིས།

༥༩༧ ①«ལི་»བཞུགས།

༥༩༨ ①«གཡུང་»«པེ་»ཀྱི། ②«ཅོ་»རྣམ།

༥༩༩ ①②«སྣར་»«ཞོལ་»+ནི། ③«ཅོ་»ཀྱིས། ④⑤«སྣར་»«ཞོལ་»+ནི།

༦༠༠ ①«གཡུང་»«ལི་»«སྣར་»«ཅོ་»«ཞོལ་»འབྱུང་བ་མེད། «པེ་»འབྱུང་བ་མེད་དོ། ②«གཡུང་»«ལི་»
«པེ་»«སྣར་»«ཅོ་»«ཞོལ་»+པ་མེད་པ། ③«གཡུང་»«པེ་»+ནི།

༦༠༡ ①«གཡུང་»«པེ་»མཁའ། ②«ལི་»མས། ③«ལི་»དབྱིང་། ④«གཡུང་»«པེ་»ཀྱིས།

༦༠༢ ①«ཅོ་»ཡིད། ②«ཅོ་»–ལ། ③«ཅོ་»–ཡང་།

༦༠༣ ①«གཡུང་»«ལི་»«པེ་»«སྣར་»«ཅོ་»«ཞོལ་»–རབ་འབྱོར། ②«གཡུང་»«སྣར་»«ཞོལ་»–ནི།
③«ཅོ་»རོག

༦༠༤ ①«གཡུང་»པོའོ། ②«ལི་»ཀྱིས།

༦༠༥ ①«ཅོ་»ཀྱིས། ②«ཁུ་»ནས།

༦༠༦ ①«གཡུང་»དང་། «པེ་»བ་དང་། ②«ཅོ་»–མ། ③«ཅོ་»སྨི།

༦༠༩ ①«གཡུང་»«པེ་»+དང་།

༦༡༠ ①«ཁུ་»གྱི། ②«ཅོ་»འཇུགས། ③«ལི་»ཀྱི། ④«ལི་»–པ་ཆེན། ⑤«ལི་»«ཅོ་»–ཡང་། ⑥«གཡུང་»
«པེ་»མི།

༦༡༡ ①«ཁུ་»འདི།

༦༡༢ ①«གཡུང་»ཟུན། ②«ཅོ་»+ཡང་།

༦༡༣ ①«ཁུ་»པ་ཉིད་ཀྱི། ②«གཡུང་»«པེ་»བཟའ། ③«ཅོ་»འགགས།

༦༡༤ ①«གཡུང་»«པེ་»«སྣར་»«ཅོ་»«ཁུ་»«ཞོལ་»+ནི། ②«ལི་»ཀྱི། ③«ཁུ་»འདི།

༦༡༥ ①«གཡུང་»«པེ་»–རོ།

༦༡༦ ①«གཡུང་»«པེ་»སོ། ②«ཅོ་»འཇུགས། ③«གཡུང་»«ལི་»«པེ་»«སྣར་»«ཅོ་»«ཞོལ་»–རྣམས།

༦༡༧ ①«ལི་»–པར་དག

༦༡༨ ①«ཅོ་»+ནོ།

༦༢༠ ①«ལི་»«ཅོ་»པ། ②«ལི་»དམིག

༦༢༡ ①«ལི་»–ཞེ། ②«ཅོ་»+མི།

༦༢༢ ①«ཅོ་»+མི། ②«ཅོ་»–བ། ③«ལི་»དམིག ④«གཡུང་»«པེ་»«ཁུ་»+མེད་པ།

༦༢༤ ①«གཡུང་»«པེ་»གནོན། ②«པེ་»ནམ་ལངས།

༦༢༥ ①«ཅོ་»ཤེས། ②«ཅོ་»དང་།

༦༢༦ ①«གཡུང་»–རབ། ②«ལི་»བཞིན།

༤༢༧ ①«ཅོ་»པར། ②«ཁུ་»ཅིག ③«གཡུང་»«ལི་»«པེ་»«ཅོ་»བསྒྲུབ། ④«ཅོ་»བསྒྲུབ།

༤༢༨ ①«ལི་»«ཅོ་»བསྒྲུབ། ②«གཡུང་»«པེ་»+པ།

༤༢༩ ①«ཅོ་»བསྒྲུབ། ②«ཁུ་»པོའི།

༤༣༡ ①«ཅོ་»གནན། ②«ཁུ་»ནམ། ③«ལི་»«ཅོ་»སྐྱེད།

༤༣༢ ①«ཁུ་»བཏན།

༤༣༣ ①«ཅོ་»པ། ②«གཡུང་»«པེ་»འཛིན། ③«ཁུ་»ཀྱིས།

༤༣༤ ①«ལི་»+བརྟན། ②«ཅོ་»པོ། ③«ལི་»བརྟག

༤༣༥ ①«ཅོ་»གནས།

༤༣༦ ①«ཁུ་»པོས། ②«ཅོ་»སྟེ།

༤༣༨ ①«ཅོ་»འགྱུར། ②«ཅོ་»ཀྱིས།

༤༣༩ ①«ཅོ་»ཀྱིས། ②«ཁུ་»སའི།

༤༤༠ ①«ཁུ་»–ན།

༤༤༡ ①«གཡུང་»«ལི་»«པེ་»«སྣར་»«ཅོ་»«ཞོལ་»ཏུ། ②«སྣར་»«ཅོ་»«ཁུ་»«ཞོལ་»ཆད། ③«གཡུང་»«ལི་»«པེ་»«སྣར་»«ཅོ་»«ཞོལ་»ཏུ། ④«ཁུ་»+ཀྱང་། ⑤«གཡུང་»«པེ་»བུའི།

༤༤༣ ①«ལི་»«སྣར་»«ཅོ་»«ཞོལ་»གྱི། ②«ཅོ་»གྱིས། ③«ཅོ་»པས། ④«ལི་»«སྣར་»«ཅོ་»གི།

༤༤༤ ①«ཅོ་»+ད། ②«ཁུ་»–པ། ③«ཞོལ་»ཀྱིས། ④«གཡུང་»«ལི་»«པེ་»སྐོར། ⑤«གཡུང་»«ལི་»«པེ་»«སྣར་»«ཅོ་»«ཞོལ་»ནུས། ⑥«གཡུང་»«པེ་»«ཅོ་»ཀྱི། ⑦«གཡུང་»«པེ་»སྐོར། ⑧«གཡུང་»«པེ་»«ཅོ་»«ཁུ་»+ལས། ⑨«ལི་»«སྣར་»«ཅོ་»གིས། ⑩«ཁུ་»འདས།

༤༤༥ ①«གཡུང་»«པེ་»སྟེང་། ②«པེ་»ངོ།

༤༤༦ ①«གཡུང་»«ལི་»«པེ་»«སྣར་»«ཅོ་»«ཞོལ་»–གང་བ་མེད་དོ།། ②«གཡུང་»«ལི་»«པེ་»«སྣར་»«ཅོ་»«ཞོལ་»–གང་བ་མེད། ③«གཡུང་»«པེ་»–ཆེན་པོ། ④«སྣར་»«ཞོལ་»མཐར། ⑤«གཡུང་»«པེ་»བར། ⑥«གཡུང་»«ལི་»«པེ་»«སྣར་»«ཅོ་»–པ། ⑦«གཡུང་»«ལི་»«པེ་»«སྣར་»«ཅོ་»«ཞོལ་»–ལུང་དུ་བསྟན་པ་མ་ཡིན། ⑧«གཡུང་»«ལི་»«པེ་»«སྣར་»«ཅོ་»«ཞོལ་»–ལུང་དུ་བསྟན་པ་མ་ཡིན། ⑨«གཡུང་»«ལི་»«པེ་»«སྣར་»«ཅོ་»«ཞོལ་»–པ།

༤༤༧ ①«གཡུང་»«ལི་»«པེ་»«སྣར་»«ཅོ་»«ཞོལ་»–པ། ②③«གཡུང་»«པེ་»བསྒོམ། ④⑤⑥«གཡུང་»«ལི་»«པེ་»«སྣར་»«ཅོ་»«ཞོལ་»–པ།

༤༤༨ ①«གཡུང་»«ལི་»«པེ་»«སྣར་»«ཅོ་»«ཞོལ་»–པ། ②«ཅོ་»དོ། ③«གཡུང་»«ལི་»«པེ་»«སྣར་»«ཅོ་»«ཞོལ་»–པ། ④«ལི་»«སྣར་»«ཞོལ་»རྟོག ⑤«ཅོ་»དོ།

༤༤༩ ①«གཡུང་»«ལི་»«པེ་»«སྣར་»«ཅོ་»«ཞོལ་»–པ། ②«གཡུང་»«ལི་»«པེ་»«སྣར་»«ཅོ་»«ཞོལ་»–རང་སངས་རྒྱས་མེད་དོ། །སངས་རྒྱས་མེད་དོ།། ③«གཡུང་»«ལི་»«པེ་»«སྣར་»«ཅོ་»«ཞོལ་»–དོ། །

རང་སངས་རྒྱས་མེད་དོ། །སངས་རྒྱས་མེད། ④⑤«གཡུང་»«ལི་»«པེ་»«སྣར་»«ཅོ་»«ཞོལ་»–པ།

༦༥༠ ①②«གཡུང་»«ལི་»«པེ་»«སྣར་»«ཅོ་»«ཞོལ་»–པ། ③«གཡུང་»«པེ་»«ཅོ་»«ཁུ་»+ཏེ། ④⑤«གཡུང་»«ལི་»«པེ་»«སྣར་»«ཅོ་»«ཞོལ་»–པ། ⑥«གཡུང་»«པེ་»–ཡང་། ⑦«གཡུང་»«ལི་»«པེ་»«སྣར་»«ཅོ་»«ཞོལ་»–པ།

༦༥༡ ①②«གཡུང་»«ལི་»«པེ་»«སྣར་»«ཅོ་»«ཞོལ་»–པ། ③«ཅོ་»«ཁུ་»རྣམས། ④«ཅོ་»+པ། ⑤«ལི་»«སྣར་»«ཅོ་»«ཞོལ་»–ནམ་མཁའ་གང་ཡིན་པ་དང་།

༦༥༣ ①«ཅོ་»རིགས། ②«ཁུ་»+པོ། ③«ཅོ་»རིགས། ④«ཅོ་»–ཀྱང་།

༦༥༦ ①«ཁུ་»–བ། ②«ཅོ་»བསམས།

༦༥༨ ①«གཡུང་»གྲུངས། ②«ཁུ་»ནམས། ③«ཁུ་»–རོ།

༦༥༩ ①«ཅོ་»«ཁུ་»རིག ②«ཁུ་»དཔོག ③«ཁུ་»རེག

༦༦༣ ①«ཅོ་»རྣམ། ②«ལི་»–བ། ③«གཡུང་»«པེ་»+ཡེ་དྷརྨཱ་ཧེ་ཏུ་པྲ་བྷ་ཝཱ་ཧེ་ཏུནྟེ་ཥཱན་ཏ་ཐཱ་ག་ཏོ་ཧྱ་བ་དཏ། ཏེ་ཥཱཉྩ་ཡོ་ནི་རོ་དྷ་ཨེ་ཝཾ་བཱ་དཱི་མ་ཧཱ་ཤྲ་མ་ཎཿ།། །།སརྦ་པཱ་པསྱ་ཀ་ར་ཎཾ། ཀུ་ཤ་ལསྱོ་པསམྤ་དཾ། སྭ་ཙིཏྟཾ་པ་རི་ད་མ་ནཾ། ཨེ་ཏདྦུདྡྷཱ་ནུ་ཤཱ་ས་ནཾ།། །། «ལི་»+ཡེ་དྷརྨཱ་ཧེ་ཏུ་པྲ་བྷ་ཝཱ་ཧེ་ཏུནྟེ་ཥཱན་ཏ་ཐཱ་ག་ཏོ་ཧྱ་བ་དཏ། ཏེ་ཥཱཉྩ་ཡོ་ནི་རོ་དྷ་ཨེ་ཝཾ་བཱ་དཱི་མ་ཧཱ་ཤྲ་མ་ཎཿ། །མངྒ་ལཾ་བྷ་ཝནྟུ། «ཅོ་»+ཡེ་དྷརྨཱ་ཧེ་ཏུ་པྲ་བྷ་ཝཱ་ཧེ་ཏུནྟེ་ཥཱན་ཏ་ཐཱ་ག་ཏོ་ཧྱ་བ······དཏ། ཏེཥཱཉྩ་ཡོ་ནི་རོ་དྷ་ཨེ་བཾ་བཱ་དཱི་མ་ཧཱ་ཤྲ་མ་ཎཿ། །མངྒ་ལཾ་བྷ་ཝནྟུ།། །། ④«གཡུང་»«ལི་»«པེ་»«ཅོ་»+དུམ་བུ་གཉིས་པ། ⑤«པེ་»པ། «སྣར་»«ཞོལ་»པོའི་བར་དུ།

༦༦༤ ①«གཡུང་»–ཀྱང་ཐེག་པ་ཆེན་པོ། ②«སྣར་»«ཞོལ་»དེས།

༦༦༥ ①«སྣར་»«ཞོལ་»དེས།

༦༦༧ ①②③«སྣར་»«ཞོལ་»དེས། ④«ལི་»དཔོག

༦༦༨ ①«ཁུ་»སོར།

༦༦༩ ①«སྣར་»«ཞོལ་»དེས། ②«གཡུང་»«པེ་»«སྣར་»«ཞོལ་»–གང་ཡིན་པ།

༦༧༠ ①«སྣར་»«ཞོལ་»དེས། ②«ཁུ་»བྱ་བ།

༦༧༡ ①«སྣར་»«ཞོལ་»དེས།

༦༧༢ ①«གཡུང་»«པེ་»–པ། ②«སྣར་»«ཞོལ་»དེས།

༦༧༣ ①«པེ་»+ད། ②«སྣར་»«ཞོལ་»དེས།

༦༧༤ ①«གཡུང་»«པེ་»+ཆེན་པོ། ②«ལི་»བདག ③«ལི་»«ཅོ་»+གནས་པ་ཞེས་བྱ་བ་ཡང་མེད། ④«པེ་»«སྣར་»«ཞོལ་»འགྲོ། «ཅོ་»འདོར།

༦༧༦ ①«ཁུ་»ནས། ②«གཡུང་»«པེ་»–ཀྱང་། ③«ཁུ་»ནས། ④«གཡུང་»«པེ་»རོ།

༦༧༨ ①«ཁུ་»+གནས། ②«ལི་»གྱུར། ③«ཁུ་»–ཀྱང་།

༦༧༩ ①«གཡུང་»«པེ་»–ཏེ། ②«གཡུང་»–ནས། ③«གཡུང་»–བ། ④«ཁུ་»ནས།

༦༨༡ ①«ཁུ་»+དང་།

༦༨༢ ①«ལི་»–པ།

༦༨༣ ①«གཡུང་»«པེ་»–ནས།

༦༨༤ ①«གཡུང་»«པེ་»–བ། ②«གཡུང་»«པེ་»+རོལ།

༦༨༥ ①«གཡུང་»–ཀྱང་།

༦༨༦ ①«ལི་»+ནང་། ②«ལི་»«ཅོ་»–བར་གྱི།

༦༨༩ ①«གཡུང་»–མི།

༦༩༡ ①«ཁུ་»ཀྱི། ②«གཡུང་»«ལི་»«པེ་»«སྣར་»«ཅོ་»«ཞོལ་»+ན། ③«གཡུང་»«པེ་»+ཡང་། «སྣར་»«ཞོལ་»བའང་། ④«ཁུ་»–སོ། ⑤«ཁུ་»+སོ། ⑥«སྣར་»«ཞོལ་»–དེ།

༦༩༢ ①«གཡུང་»«པེ་»སྤེ། ②«ལི་»«ཅོ་»–པ། ③«ཁུ་»ཀྱིས་ཉམ། ④«ལི་»འཛིགས། ⑤«ལི་»འཛིགས།

༦༩༣ ①«ལི་»མེད། ②«པེ་»དོ།

༦༩༤ ①«ཁུ་»དོ། ②«གཡུང་»«པེ་»«ཁུ་»དེ། ③«གཡུང་»«པེ་»གྱུར་པ། ④«གཡུང་»«པེ་»«ཁུ་»«ཞོལ་»དེ༑ ⑤«ལི་»–སུ། ⑥«ལི་»–ནི། ⑦«གཡུང་»«པེ་»པའི། ⑧«གཡུང་»མི་ཉམ།

༦༩༥ ①«ཁུ་»ཇིན། ②«ཁུ་»+མི། ③«ཞོལ་»+མི།

༦༩༦ ①«གཡུང་»«པེ་»ཡག

༦༩༧ ①«ལི་»«ཅོ་»+མི། ②«ཁུ་»འདྲིས། ③«གཡུང་»«པེ་»+མི།

༦༩༨ ①«གཡུང་»–བྱུང།

༦༩༩ ①«གཡུང་»«པེ་»བྱེད། ②«གཡུང་»«པེ་»«སྣར་»«ཞོལ་»པོའི། ③«ལི་»གྱི། «ཅོ་»གྱ། ④«གཡུང་»«པེ་»–ལ། ⑤«ཁུ་»གྲང་།

༧༠༠ ①«སྣར་»«ཁུ་»«ཞོལ་»བསྒོ། ②«སྣར་»«ཞོལ་»མཐུན།

༧༠༡ ①«ལི་»པའི། ②«ལི་»གྱིས། ③«ལི་»པོའི།

༧༠༢ ①«ཁུ་»དེ། ②«གཡུང་»«པེ་»–ཟ་བའི་འདུས་ཏེ་རིག་པ་གང་ཡིན་པ་དང་།

༧༠༥ ①«གཡུང་»«པེ་»ནི། ②«སྣར་»«ཞོལ་»མཐུན། ③«ཁུ་»གྱིས།

༧༠༧ ①«གཡུང་»«པེ་»«སྣར་»«ཞོལ་»+བྱང་ཆུབ་སེམས་དཔའ། ②«ཁུ་»གྱི། ③«ཅོ་»རིམ། ④«ཅོ་»–རྗེས་སུ། ⑤«སྣར་»«ཞོལ་»གྲུབ། ⑥«སྣར་»«ཞོལ་»གྲུབ། ⑦«སྣར་»«ཞོལ་»གྲུབ། ⑧«སྣར་»«ཞོལ་»གྲུབ།

༧༠༨ ①«སྣར་»«ཞོལ»ཏེ། ②«སྣར་»«ཞོལ་»དངངས།

༧༠༩ ①«ཅོ་»མི། ②«ཁུ་»སླུས།

༧༡༠ ①«སྣར་»«ཞོལ་»དངངས། ②«གཡུང་»«པེ་»«ཁུ་»–སུ།

༧༡༡ ①«ཁུ་»དོ། ②«ཁུ་»མཐའི། ③«ལི་»གང་།

༧༡༢ ①«གཡུང་»«པེ་»–ཕྱིར།

༧༡༤ ①«ཅོ་»བ། ②«ལི་»–སོ། ③«ཁུ་»མཆེ། ④«ཁུ་»ད། ⑤«གཡུང་»«པེ་»«སྣར་»«ཅོ་»«ཁུ་»
«ཞོལ་»+དང་། ⑥«ཁུ་»པར།

༧༡༦ ①«གཡུང་»བཏན་གྱིས། «པེ་»གཏན་གྱིས།

༧༡༧ ①«སྣར་»–དུ། ②«གཡུང་»+དང་། ③«གཡུང་»«པེ་»–དཔའ། ④«སྣར་»–དུ།

༧༡༩ ①«གཡུང་»–ཉིད།

༧༢༠ ①«པེ་»ཉི།

༧༢༡ ①«ལི་»ན། ②«གཡུང་»«ལི་»«པེ་»«སྣར་»«ཅོ་»«ཞོལ་»+ཏིང་ངེ་འཛིན་དང་།

༧༢༢ ①«ཁུ་»+རྒྱས།

༧༢༥ ①«ཁུ་»ཏང་།

༧༢༧ ①«གཡུང་»«པེ་»«སྣར་»«ཁུ་»«ཞོལ་»+མེད་པ།

༧༢༨ ①«ལི་»–གཞན།

༧༢༩ ①«ཁུ་»མཐའ། ②«ཁུ་»+བསམ་གྱིས་མི་ཁྱབ་པའི་དབྱིངས། ③«གཡུང་»«པེ་»–དཔའ།

༧༣༠ ①«ལི་»བཞན

༧༣༡ ①«ལི་»ལན། ②«ལི་»«སྣར་»+དང་།

༧༣༢ ①«གཡུང་»«པེ་»ཡང་གཞན་མ་ཡིན། ②«ལི་»+གང་ཡིན། ③«གཡུང་»«པེ་»–དག

༧༣༣ ①«གཡུང་»«པེ་»–དག

༧༣༤ ①«གཡུང་»«པེ་»–དག ②«གཡུང་»«པེ་»+སུ།

༧༣༥ ①«གཡུང་»«པེ་»–དག ②«ཁུ་»བྱ། ③«པེ་»པའི།

༧༣༦ ①«ཅོ་»+པས། ②«གཡུང་»དཔེའ།

༧༣༨ ①«གཡུང་»«པེ་»ཡག ②«ཁུ་»ང་།

༧༣༩ ①«གཡུང་»«པེ་»པར། ②«གཡུང་»«པེ་»པར། ③«ཁུ་»ཕྲིན།

༧༤༠ ①«གཡུང་»«ལི་»«ཞོལ་»མ། ②«ཁུ་»བཅིའི། ③«གཡུང་»«པེ་»–མི།

༧༤༡ ①«གཡུང་»དམིག

༧༤༢ ①«ཁུ་»རྣའི།

༧༤༣ ①«པེ་»ན།

༧༤༥ ①«གཡུང་»«པེ་»+མིག་གི་འདུས་ཏེ་རེག་པ་ལས་བྱུང་བའི་ཚོར་བ་ལ་མེད་ཅིང་མི་དམིགས་སོ། །ལུས་ཀྱི་འདུས་
ཏེ་རེག་པ་ལས་བྱུང་བའི་ཚོར་བ་ནི། ②«ལི་»–བའི་ཚོར།

༧༤༦ ①«གཡུང་»བ་གཞི། ②«པེ་»དང་། ③«སྣར་»«ཞོལ་»+དུ། ④«གཡུང་»«པེ་»«ཁུ་»–སྟོང་པ་ཉིད།
⑤«གཡུང་»«ལི་»«པེ་»«སྣར་»«ཅོ་»«ཞོལ་»+གྱི་བར།

༧༤༧ ①«ཁུ་»བཞི། ②«གཡུང་»«ལི་»«པེ་»«སྣར་»«ཅོ་»«ཁུ་»«ཞོལ་»ནི།

༧༤༨ ①«ལི་»«སྣར་»«ཅོ་»སོ། ②«ཁུ་»སོ། ③«ཁུ་»+ཅིང་། ④«གཡུང་»«པེ་»པར།

༧༥༠ ①«གཡུང་»«ལི་»«པེ་»«སྣར་»«ཅོ་»«ཞོལ་»དུ།

༧༥༡ ①«གཡུང་»ཞེན།

༧༥༢ ①«གཡུང་»«པེ་»+རྣམས། ②«གཡུང་»«པེ་»+རྣམས།

༧༥༤ ①«གཡུང་»«པེ་»–པ། ②«ཁུ་»འབྱུང་།

༧༥༦ ①«གཡུང་»«པེ་»འགྲུབ། ②«ཅོ་»ལ།

༧༥༧ ①«ཁུ་»–བྱུང་བའི།

༧༥༨ ①«ལི་»–དག «ཁུ་»–པར།

༧༦༢ ①«ལི་»«ཅོ་»+མི། ②«ལི་»–མ།

༧༦༣ ①«ལི་»–མ། ②«ལི་»སྐྱོང་།

༧༦༤ ①«ལི་»–མ། ②«གཡུང་»«པེ་»དེའི།

༧༦༥ ①«ལི་»ལན།

༧༦༦ ①«ཁུ་»–དག ②«སྣར་»འདུས།

༧༦༧ ①«གཡུང་»«པེ་»«སྣར་»«ཅོ་»«ཁུ་»«ཞོལ་»+ལ།

༧༦༨ ①«ཁུ་»ལས།

༧༦༩ ①«ལི་»–པ།

༧༧༠ ①«ལི་»–ལ།

༧༧༣ ①«གཡུང་»«ལི་»«པེ་»«ཅོ་»–གཉིས་ནི། ②«གཡུང་»«ལི་»«པེ་»«སྣར་»«ཅོ་»«ཁུ་»«ཞོལ་»མེད།

༧༧༤ ①«ཁུ་»པ། ②«གཡུང་»«པེ་»«སྣར་»«ཁུ་»«ཞོལ་»པར། ③«གཡུང་»དོ།

༧༧༥ ①«ལི་»–པར། ②«ཁུ་»ལྟེ། ③«ཅོ་»+རིག

༧༧༦ ①«གཡུང་»བར། ②«ལི་»སྲུ།

༧༧༧ ①«ལི་»+པ།

༧༧༨ ①«སྣར་»«ཞོལ་»དངངས། ②«གཡུང་»«པེ་»སྣན།

༧༧༩ ①«སྣར་»«ཞོལ་»དངངས། ②«གཡུང་»«པེ་»བགྱི། ③«ལི་»–མི་དམིགས་ཤིང་།

༧༨༠ ①«གཡུང་»སྲ། ②«གཡུང་»«པེ་»དོ། ③«གཡུང་»«པེ་»འགྱིད།

༧༨༡ ①«གཡུང་»«པེ་»«ཅོ་»«ཁུ་»«ཞོལ་»བར། ②«གཡུང་»–པ།

༧༨༣ ①«ལི་»«ཅོ་»–ཇོ་།

༧༨༥ ①«ལི་»རྣམས། ②«ལི་»+རྣམ། ③«ཅོ་»«ཞོལ་»–མ། ④«ཁུ་»ན།

༧༨༧ ①«ལི་»ལག ②«ལི་»སྲིད།

༧༨༨ ①《ཞོལ་》–དེ།

༧༩༠ ①《ཁུ་》–དང་། ②《ལི་》བརྒྱ།

༧༩༡ ①《ལི་》ཐམ། ②《ཁུ་》–པ། ③《གཡུང་》《པེ་》《སྣར་》《ཁུ་》《ཞོལ་》དེ།

༧༩༤ ①《གཡུང་》《པེ་》ཅའི།

༧༩༥ ①《ཞོལ་》–མ། 《ཁུ་》མང་། ②《ལི་》《ཅོ་》དང་། ③《གཡུང་》《པེ་》《ཞོལ་》དང་། 《ལི་》《སྣར་》《ཅོ་》–ཀྱི། ④《ཁུ་》པ་དང་།

༧༩༦ ①《ཅོ་》–དེ། ②《ཁུ་》ཕྱིར། ③《ལི་》ལམ།

༧༩༧ ①《ལི་》+ན། ②《ཅོ་》–མ། ③《ཁུ་》སྤྱི། ④《ཅོ་》–ཉིད། ⑤《ལི་》–འདས།

༧༩༨ ①《གཡུང་》《པེ་》–བརྒྱད། ②《ལི་》《ཅོ་》–རྣམ་པར་...... འཇུག་པ་དང་། ③《ཅོ་》–མ། ④《ཅོ་》《ཁུ་》བཟློ། ⑤《ལི་》+བ།

༧༩༩ ①《ཅོ་》–མ། ②《གཡུང་》《པེ་》《སྣར་》《ཁུ་》《ཞོལ་》+ཀྱི། ③《པེ་》མཉམ། 《སྣར་》《ཞོལ་》ཉམས། ④《ལི་》《སྣར་》《ཅོ་》+གཉིས་སུ། ⑤《པེ་》མཉམ། 《སྣར་》《ཞོལ་》ཉམས། ⑥《གཡུང་》《པེ་》མཉམ། 《སྣར་》《ཞོལ་》ཉམས། ⑦《གཡུང་》《པེ་》མཉམ། 《སྣར་》《ཞོལ་》ཉམས། ⑧《གཡུང་》《པེ་》མཉམ། 《སྣར་》《ཞོལ་》ཉམས།

༨༠༠ ①《གཡུང་》《པེ་》མཉམ། 《སྣར་》《ཞོལ་》ཉམས། ②《གཡུང་》《པེ་》མཉམ། 《སྣར་》《ཞོལ་》ཉམས། ③《པེ་》མཉམ། 《སྣར་》《ཞོལ་》ཉམས། ④《ལི་》《ཅོ་》བཀྱི། ⑤⑥⑦《གཡུང་》《པེ་》མཉམ། 《སྣར་》《ཞོལ་》ཉམས། ⑧《ཁུ་》ཀྱི། ⑨《གཡུང་》《པེ་》མཉམ། 《སྣར་》《ཞོལ་》ཉམས། ⑩《སྣར་》བའོ། ⑪《གཡུང་》《པེ་》མཉམ། 《སྣར་》《ཞོལ་》ཉམས། ⑫《གཡུང་》《པེ་》《སྣར་》《ཞོལ་》བའི་བར།

༨༠༡ ①《གཡུང་》《པེ་》མཉམ། 《སྣར་》《ཞོལ་》ཉམས། ②《ཁུ་》བ་ཀྱི་བའོ། ③《གཡུང་》《པེ་》མཉམ། 《སྣར་》《ཞོལ་》ཉམས། ④《ལི་》《ཁུ་》བཀྱི། ⑤《པེ་》མཉཾ། 《སྣར་》《ཞོལ་》ཉམས། ⑥《གཡུང་》+མ། ⑦《ལི་》–དང་།

༨༠༢ ①《ལི་》འཇུ། ②《སྣར་》《ཞོལ་》པ།

༨༠༣ ①《གཡུང་》–གཏན།

༨༠༤ ①《ལི་》མི། ②《གཡུང་》–བྱ།

༨༠༥ ①《གཡུང་》《པེ་》+མེད། ②《གཡུང་》《པེ་》–མིག

༨༠༦ ①《ཁུ་》བ། ②《ཁུ་》བ།

༨༠༧ ①《ལི་》+ཞེས།

༨༠༨ ①《ཁུ་》+བར། ②《གཡུང་》ཀྱི། ③《ལི་》ཀྱི།

༨༠༩ ①《ལི་》ཀྱི། ②《ལི་》+པའི། ③《ལི་》བ།

༨༡༢ ①《ཅོ་》+བ།

༨༡༤ ①《གཡུང་》《པེ་》དེ་ལྟར་ན། 《ལི་》《སྣར་》《ཅོ་》《ཞོལ་》དེ་ལྟར། ②《གཡུང་》《པེ་》+སེམས་དཔའ།

༨༡༥ ①《གཡུང་》《པེ་》–ནི།

༨༡༦ ①《གཡུང་》《པེ་》–ནི།

༨༡༧ ①《ཁུ་》ནི། ②《སྣར་》《ཞོལ་》+ནི། ③《གཡུང་》《པེ་》–པ། ④《ལི་》+ས།

༨༡༨ ①《ལི་》རྣམ། 《ཁུ་》–རྣམས། ②《ཁུ་》ཏེ། ③《ལི་》པ།

༨༡༩ ①《ཁུ་》བཟུངས། ②《ལི་》《ཅོ་》–གྱུར། ③《གཡུང་》《པེ་》–པ།

༨༢༠ ①《ལི་》རྣམ།

༨༢༡ ①《གཡུང་》《པེ་》《སྣར་》《ཁུ་》《ཞོལ་》སྟེ། ②《གཡུང་》《པེ་》《སྣར་》《ཞོལ་》+གང་། ③《ཁུ་》–པ།
④《གཡུང་》《པེ་》སྟེ། ⑤《གཡུང་》《པེ་》+རྣམས། ⑥《ཅོ་》+དང་།

༨༢༢ ①《གཡུང་》–པ། ②《ཁུ་》རྫུན། ③《ཁུ་》མཐོང་པར།

༨༢༣ ①《གཡུང་》《པེ་》+མི། ②《གཡུང་》《པེ་》བའང་།

༨༢༤ ①《གཡུང་》《པེ་》+ཆོས་ཀྱི། ②《ཅོ་》རྣམ། ③《ལི་》《སྣར་》《ཅོ་》《ཞོལ་》+པ། ④《གཡུང་》《པེ་》
བསྡུབ། 《ཁུ་》བསགས། ⑤《ཁུ་》–ཅིང་།

༨༢༥ ①《གཡུང་》《པེ་》དེ། ②《ཁུ་》པར། ③《གཡུང་》《པེ་》–བ།

༨༢༦ ①《གཡུང་》《ལི་》《པེ་》《ཁུ་》《ཞོལ་》དཀའ། ②《གཡུང་》《ལི་》《པེ་》《སྣར་》《ཅོ་》《ཞོལ་》དེ།
③《ལི་》《སྣར་》《ཅོ་》སྐོར། ④《གཡུང་》《པེ་》《སྣར་》《ཁུ་》《ཞོལ་》པ་ཡང་། 《ལི་》《ཅོ་》–ཡང་།

༨༢༧ ①②《སྣར་》《ཞོལ་》འཐོབ། ③《ཅོ་》འགགས། 《ཁུ་》དགག ④《ཁུ་》པ།

༨༢༨ ①《ལི་》《སྣར་》《ཅོ་》《ཞོལ་》–དུ།

༨༢༩ ①《ལི་》ཐམ། ②《གཡུང་》《པེ་》སྐྱེས་འམ། ③《གཡུང་》《པེ་》མི་སྐྱེ་བ། ④《གཡུང་》《པེ་》《ཅོ་》
ལྟར། ⑤《གཡུང་》《པེ་》བ། ⑥《གཡུང་》《པེ་》+ཆོས།

༨༣༠ ①《ཁུ་》སྐྱེ་བའོ།

༨༣༡ ①《ལི་》ཀྱི། ②《གཡུང་》《པེ་》དང་།

༨༣༢ ①《ཅོ་》པ། ②《ལི་》ཏན། ③《གཡུང་》《པེ་》གིས།

༨༣༣ ①《ལི་》–གནས། ②《ལི་》པ།

༨༣༤ ①《གཡུང་》–བུ།

༨༣༥ ①《ལི་》རྣམས། ②《ལི་》《ཁུ་》སྤྱང་བར། ③《གཡུང་》《པེ་》《སྣར་》《ཞོལ་》སྤྱད་པར། ④《ཁུ་》
སྤྱང་བར།

༨༣༦ ①《ལི་》《ཁུ་》སྤྱང་བར། ②《གཡུང་》《པེ་》《སྣར་》《ཅོ་》《ཞོལ་》སྤྱད་པར། ③《གཡུང་》《པེ་》《ཅོ་》
《ཞོལ་》སྤྱོད་པ། ④《གཡུང་》《པེ་》–ནི།

༨༣༧ ①《གཡུང་》《པེ་》–ནི། ②《ཅོ་》བགྱིད། ③④《གཡུང་》《པེ་》སྟོ། ⑤《གཡུང་》《པེ་》འཕག

༨༤༡ ①«གཡུང་»«པེ་»སྟོ། ②«གཡུང་»«པེ་»འཕག ③④«སྣར་»«ཞོལ་»བསྲུང་།

༨༤༢ ①«སྣར་»«ཁུ་»«ཞོལ་»བསྲུང་། ②«གཡུང་»«པེ་»འཕག ③«གཡུང་»«པེ་»ཏའི། ④«སྣར་»«ཞོལ་»པོ། ⑤«སྣར་»«ཞོལ་»བསྲུང་། ⑥«གཡུང་»«པེ་»«སྣར་»«ཁུ་»«ཞོལ་»པ། ⑦«གཡུང་»«པེ་»འཕག ⑧⑨«སྣར་»«ཞོལ་»བསྒོམ། ⑩«གཡུང་»«པེ་»«ཁུ་»སྒོམ།

༨༤༣ ①«སྣར་»«ཞོལ་»བསྒོམ། ②«གཡུང་»«པེ་»འཕག ③«སྣར་»«ཞོལ་»བསྒོམ། ④«གཡུང་»«ལི་»«པེ་»འཕག ⑤«ལི་»ཏེ། ⑥«ཁུ་»འབྲུས། ⑦«ཁུ་»—མོ། ⑧«ཅོ་»བཞིན་དུ།

༨༤༤ ①«ཁུ་»བཙོམ། ②«གཡུང་»«པེ་»འཕག ③«སྣར་»འབྲུས། ④«གཡུང་»«པེ་»འཕག

༨༤༥ ①«གཡུང་»«པེ་»འཕག ②«གཡུང་»«པེ་»«སྣར་»«ཞོལ་»ཅིང་། ③«གཡུང་»«པེ་»—དེ། ④«ལི་»«སྣར་»«ཅོ་»«ཞོལ་»འདི། ⑤«གཡུང་»«པེ་»འཕག ⑥⑦⑧«སྣར་»«ཞོལ་»བསྒོམ།

༨༤༦ ①«སྣར་»«ཞོལ་»བསྒོམ། ②«གཡུང་»«པེ་»འཕག ③«གཡུང་»«པེ་»—ཀྱི་ཕ་རོལ་དུ་ཕྱིན་པ། ④«སྣར་»«ཞོལ་»བསྒོམ། ⑤«གཡུང་»«པེ་»འཕག

༨༤༨ ①«སྣར་»«ཞོལ་»བསྐྱེད། ②«ཅོ་»དོ། ③«སྣར་»«ཁུ་»«ཞོལ་»+རྫོགས་པར།

༨༤༩ ①«ལི་»—སངས་རྒྱས། ②«གཡུང་»«ལི་»«པེ་»«སྣར་»«ཅོ་»སྤྱད། ③«གཡུང་»«ལི་»«པེ་»«སྣར་»«ཅོ་»«ཞོལ་»—ད་ལྟར། ④«གཡུང་»«པེ་»མཆོ། ⑤«གཡུང་»«པེ་»—རྫོགས་པར། ⑥«སྣར་»«ཞོལ་»རམ། ⑦«གཡུང་»«ལི་»«ཅོ་»«ཞོལ་»གཏང་། «སྣར་»བཏང་། ⑧«གཡུང་»«པེ་»«སྣར་»«ཞོལ་»འདིས། ⑨«གཡུང་»«ལི་»«པེ་»«སྣར་»«ཅོ་»«ཞོལ་»ལྟ་སྟེ། ⑩«ལི་»«སྣར་»«ཅོ་»«ཞོལ་»—སེམས་དཔའ། ⑪«ཁུ་»འདོན། ⑫«གཡུང་»«པེ་»ལྟར།

༨༥༡ ①«ཁུ་»+པ།

༨༥༢ ①«གཡུང་»«པེ་»«སྣར་»«ཅོ་»«ཁུ་»«ཞོལ་»+མེད་པའི་ཕྱིར།

༨༥༣ ①«གཡུང་»«པེ་»«སྣར་»«ཁུ་»«ཞོལ་»+སྟོང་པ་ཉིད།

༨༥༥ ①«ལི་»«ཅོ་»རྣམས། ②«ཁུ་»བྲལ། ③«ཁུ་»ལ། ④«གཡུང་»«པེ་»—འདི་སྐད་ཅེས། ⑤«གཡུང་»«པེ་»—སོ།

༨༥༦ ①«སྣར་»«ཞོལ་»+མོ། ②«གཡུང་»«པེ་»འགྱུར། ③«ལི་»—འདས། ④«གཡུང་»«པེ་»མཇུམ། ⑤«གཡུང་»«པེ་»ན།

༨༥༧ ①«ཁུ་»དང་། ②«ཁུ་»དགའི། ③«གཡུང་»«ལི་»«པེ་»«སྣར་»«ཅོ་»«ཞོལ་»+རབ།

༨༥༨ ①«ཁུ་»སྣོད། ②«ཁུ་»སྟེ། ③«པེ་»རྒྱ་གླུང་གི། «ཅོ་»ན་དེའི།

༨༥༩ ①«གཡུང་»«པེ་»«སྣར་»«ཁུ་»«ཞོལ་»ནས།

བསྡུར་འབྲས་རེའུ་མིག

ཤེར་ཕྱིན།

དཔེ་གཞི།	སྡེ་ཚན།	པོད་རྟགས།	ཚན་གྲངས།	ལེའུ།	བམ་པོ།	ལྡེབ།	ཕྲེང་།	ཚིག་ཁྲིམ།
སྡེ་དགེ།	ཉི་ཁྲི།	ཀ	༡	༡—༡༣	༡—༢༦	༡ན༡ – ༣༨༢ན༨	༥༣༢༨	༢༨༨༥༥༧
གཡུང་ལོ།	ཉི་ཁྲི།	ཀ	༡	༡—༡༣	༡—༢༠	༡ན༡ – ༣༠༠ན༦	༧༤༨༢	༢༨༨༣༣༤
		ཁ			༢༡ – ༢༦	༡ན༡ – ༨༩བ༣	༡༧༡༡	
ལི་ཐང་།	ཉི་ཁྲི།	ཀ	༡	༡—༡༣	༡—༢༠	༡ན༡ – ༢༩༣ན༢	༧༦༤༢	༢༨༨༣༠༣
		ཁ			༢༡ – ༢༦	༡ན༡—༩༡བ༢	༡༧༧༨	
པེ་ཅིན།	ཉི་ཤུ་ལྔ་པ།	ཉི	༡	༡ – ༡༣	༡ – ༢༠	༡ན༡ – ༣༠༠ན༦	༧༤༨༢	༢༨༨༣༥༩
		ཏི			༢༡ – ༢༦	༡ན༡ – ༨༩བ༣	༡༧༡༡	
སྣར་ཐང་།	ཉི་ཁྲི།	ཀ	༡	༡ – ༡༣	༡ – ༢༦	༡ན༡ – ༥༢༥བ༥	༤༣༣༧	༢༨༨༥༩༢
ཅོ་ནེ།	ཉི་ཁྲི།	ཀ	༡	༡ – ༡༣	༡ – ༢༠	༡ན༡ – ༣༥༣ན༨	༥༦༢༥	༢༨༨༣༣༢
		ཁ			༢༡ – ༢༦	༡ན༡ – ༡༠༡ན༡	༡༥༨༨	
ཁུ་རེ།	ཉི་ཁྲི།	ཀ	༡	༡ – ༡༣	༡ – ༢༦	༡ན༡ – ༣༨༢ན༨	༥༣༢༨	༢༨༨༥༦༣
ཞོལ།	ཉི་ཁྲི།	ཀ	༡	༡ – ༡༣	༡ – ༢༦	༡ན༡ – ༥༣༤བ༥	༤༥༠༤	༢༨༨༦༣༡

༄། །སངས་རྒྱས་ཀུན་གྱི་ཡེ་ཤེས་ཐུགས། །མངོན་མཚན་བྱང་ཆུབ་མཆོད་པའི་རྟེན། །

༄། །བཀའ་འགྱུར་ལས་འབུམ། ཉི་ཁྲི།

བརྒྱད་སྟོང་བཞུགས་སོ། །

ཉི་ཁྲི། ཀ

ཀྲུང་གོའི་བོད་རིག་པ་ཞིབ་འཇུག་ལྟེ་གནས་ཀྱི་བཀའ་བསྟན་
དཔེ་སྡུར་ཁང་གིས་དཔེ་སྡུར་ཞུས།

*

ཀྲུང་གོའི་བོད་རིག་པ་དཔེ་སྐྲུན་ཁང་གིས་བསྐྲུན་ཏེ་བཀྲམ།
ཀྲུང་གོའི་གློག་བརྙན་དཔེ་སྐྲུན་ཁང་པར་ཁང་གིས་དཔར་བཏབ།
སྤྱི་ལོ་༢༠༡༢ལོའི་ཟླ་༨པར་པར་གཞི་དང་པོ་བསྒྲིགས།
སྤྱི་ལོ་༢༠༡༢ལོའི་ཟླ་༨པར་པར་ཐེངས་དང་པོ་བཏབ།
དེབ་ཚད། ༡༧༨mm × ༡༠༩༢mm ༡/༡༦
དཔར་གྲངས། ༠༠༠༡—༡༠༠༠
ISBN 978 - 7—80253—528 - 2/B · 146
རིན་གོང(དེབ་༡—༡༦པ) | ༣༩༠༠.༠༠

图书在版编目(CIP)数据

甘珠尔－般若部:全16册:藏文/
中国藏学研究中心《大藏经》对勘局对勘,

－北京:中国藏学出版社,2012.6
ISBN 978－7－80253－528－2
Ⅰ.①甘… Ⅱ.①中…Ⅲ.①大藏经－藏语 Ⅳ.①B941.

中国版本图书馆CIP数据核字(2012)第127635号

甘珠尔·般若部

第十三卷

中国藏学研究中心《大藏经》对勘局对勘

*

中国藏学出版社出版发行
(北京北四环东路131号)

中国电影出版社印刷厂印刷

*

开本:787mm×1092mm 1/16 总印张:880.25
2012年8月第1版 2012年8月第1次印刷
印数:0001—1000册
ISBN 978－7－80253－528－2/B·146
定价(全套1－16册):3900.00元